EDITORA AlfaCon Concursos Públicos

MPCE

MINISTÉRIO PÚBLICO DO CEARÁ

TÉCNICO MINISTERIAL

Diretor Presidente
Evandro Guedes

Diretor da Editora/Operações e Gestão
Javert Falco

Diretor de Marketing/TI
Jadson Siqueira

Coordenadores Editoriais
Wilza Castro / Fábio Oliveira

Supervisora Editorial
Mariana Castro

Supervisor de Editoração
Alexandre Rossa

Analista de Conteúdo
Mateus Ruhmke Vazzoller

Assistente Editorial
Tatiane Zmorzenski

Capa
Alexandre Rossa

Projeto Gráfico e Diagramação
Alexandre Rossa
Nara Azevedo

Língua Portuguesa
Adriano Paciello
Giancarla Bombonato
Glaucia Cansian

Redação
Giancarla Bombonato

Noções de Direito Administrativo
Evandro Guedes

Noções de Direito Constitucional
Gustavo Muzy
Daniel Sena

Noções de Administração
Giovana Carranza
Marisol Bufemann

Noções de Direito Civil
Lilian Novakoski

Noções de Direito Processual Civil
Damião Tenório

Noções de Direito Penal
Evandro Guedes
Rafael Medeiros
Eduardo Labruna

Noções de Direito Processual Penal
Irineu Ruiz
Marcelo Adriano
Thállius Moraes

C35mpce

CASTRO, Wilza (Org.) - **Técnico Ministerial - Ministério Público Procuradoria Geral de Justiça - CE.** Cascavel: Editora AlfaCon, 2020.

772 p 20,5 x 27,5

ISBN: 978-85-8339-495-2

MPCE. Língua Portuguesa. Redação. Ética no Serviço Público. Noções de. Direito Administrativo. Direito Constitucional. Administração. Direito Civil. Direito Processual Civil. Direito Penal. Direito Processual Penal. Concurso Público. AlfaCon.

CDU: 342

Data de fechamento 1ª impressão: 08/01/2020

Dúvidas?
Acesse: www.alfaconcursos.com.br/atendimento
Rua: Paraná, nº 3193, Centro - Cascavel/PR
CEP: 85.810-010
SAC: (45) 3037-8888

Atualizações e erratas
Esta obra é vendida como se apresenta. Atualizações - definidas a critério exclusivo da Editora AlfaCon, mediante análise pedagógica – e erratas serão disponibilizadas no site www.alfaconcursos.com.br/codigo, por meio do código disponível no final do material didático Ressaltamos que há a preocupação de oferecer ao leitor uma obra com a melhor qualidade possível, sem a incidência de erros técnicos e/ou de conteúdo. Caso ocorra alguma incorreção, solicitamos que o leitor, atenciosamente, colabore com sugestões, por meio do setor de atendimento do AlfaCon Concursos Públicos.

AlfaCon
Concursos Públicos

Rua Paraná, 3193 - Centro | Cascavel- PR
www.alfaconcursos.com.br/apostilas

APRESENTAÇÃO

Fazer parte do serviço público é o objetivo de muitas pessoas. Por esse motivo, os processos seletivos relacionados a essa área de atuação costumam ser muito concorridos.

Nesse sentido, a obra Técnico Ministerial - Ministério Público Procuradoria Geral de Justiça - CE, reúne todos os conteúdos cobrados no último edital do concurso. Na elaboração deste material, a Editora AlfaCon teve o cuidado de trazer as indicações mais importantes dos tópicos que fazem parte do conteúdo programático das disciplinas abordadas. Além disso, durante a explanação dos conteúdos, o estudante encontrará dicas essenciais à sua compreensão (no box "Fique Ligado"), e a cada capítulo constam exercícios gabaritados, provenientes de vários concursos anteriores. Toda essa disposição de assuntos foi pensada para auxiliar o concurseiro na melhor compreensão e fixação do conteúdo.

Outra informação relevante: os conteúdos das disciplinas de Legislação Estadual e Legislação Aplicada ao Ministério Público, Noções de Direito Processual Civil e Noções de Direito Processual Penal, serão disponibilizados em formato PDF/videoaulas, os quais você poderá acessar por meio do código presente ao final deste livro.

O material também se destaca por agregar ao seu estudo a tecnologia educacional AlfaCon Notes, ferramenta cuja funcionalidade consiste em registrar suas anotações por meio do QR Code. O objetivo é justamente o de deixar tudo organizado e acessível na área do aluno AlfaCon e em seu smartphone. Por isso, você tem em mãos um material que é um grande facilitador para seus estudos, pois a finalidade maior é auxiliar você a compreender os conteúdos de forma didática e eficaz.

Trata-se, então, de uma obra de excelência, resultado da experiência e da competência da Editora e dos Autores, que são especializados em suas respectivas disciplinas. Ressaltamos a importância e a necessidade de haver uma preparação direcionada e organizada, pois somente assim o candidato pode ter o desempenho que almeja nas provas. Tenha a certeza de que esta obra será o diferencial para a conquista de sua aprovação.

Bons estudos e rumo à sua aprovação!

AlfaCon
Concursos Públicos

TUDO SOBRE O MATERIAL

Veja a seguir como este material está organizado.

Fique Ligado: são dicas sobre o conteúdo abordado, que dão ênfase a algum tópico relevante e importante para a compreensão e fixação do assunto.

Questões: seleção de questões relativas ao assunto abordado no capítulo a que pertence esta seção, com o gabarito de cada exercício.

Gabaritos das Questões relacionadas a Seção Questões.

Fique por dentro e acesse:

Videoaulas;

Atualizações, complementos, erratas;

Notícias sobre concursos e muito mais;

www.alfaconcursos.com.br

AlfaCon Concursos Públicos

Utilize seu código de acesso e descubra mais sobre o seu material didático!

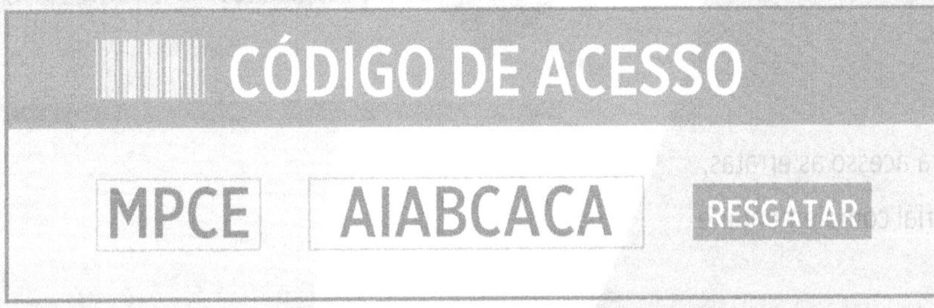

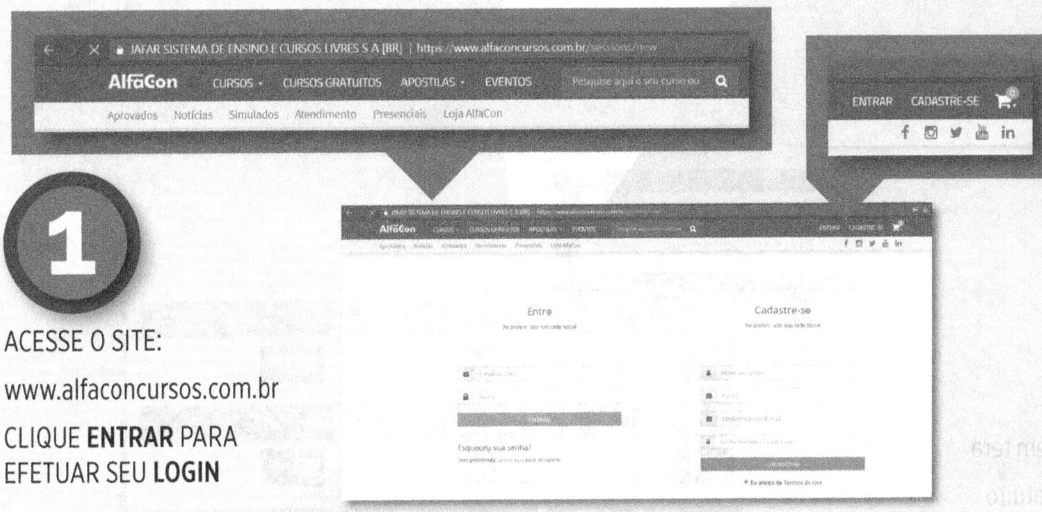

1

ACESSE O SITE:

www.alfaconcursos.com.br

CLIQUE **ENTRAR** PARA EFETUAR SEU **LOGIN**

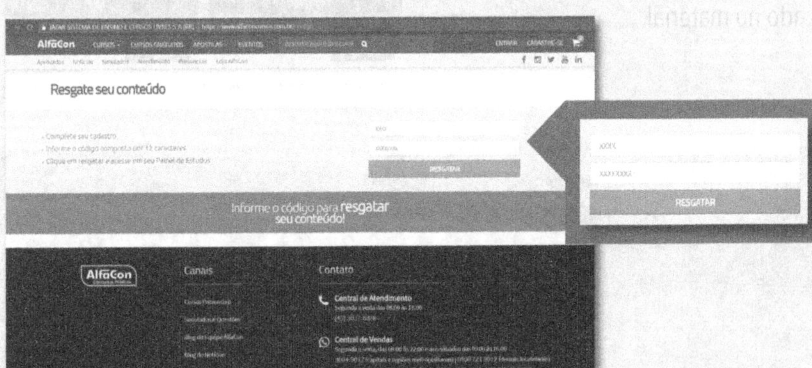

2

DIGITE O CÓDIGO:

Insira o **código** que se encontra Na **última página** do material.

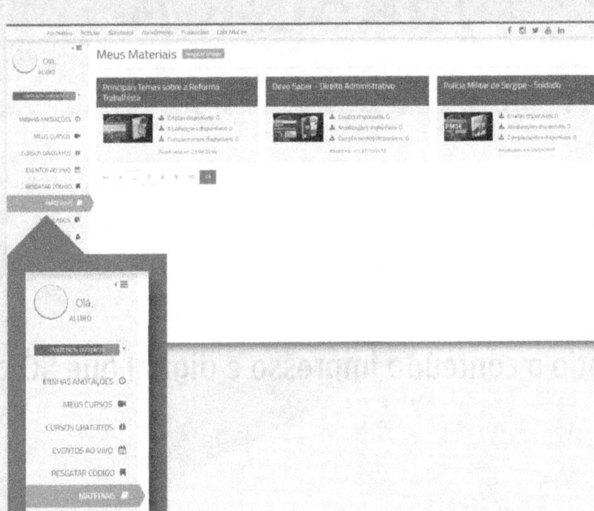

3

VISUALIZE SEUS MATERIAIS:

Você será redirecionado para a página onde constam os seus **materiais**

4

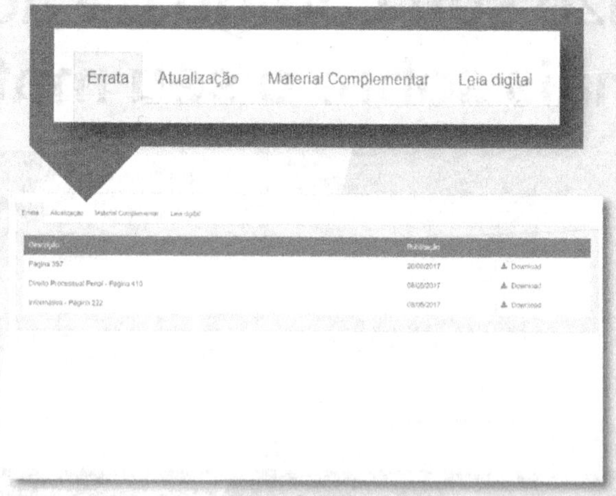

CLIQUE:

Nessa tela você terá acesso as erratas, atualizações, material complementar e o leia digital.

5

Navegue:

Nessa tela você também terá aesso ao conteúdo gratuito disponibilizado no material.

CÓDIGO DE ACESSO

MPCE | AIABCACA | RESGATAR

Pronto!

Agora é só aproveitar todo o conteúdo impresso e digital que SÓ o AlfaCon proporciona para você!

Neste livro você encontra o **AlfaCon Notes** que é um App perfeito para registrar suas anotações de leitura, mantendo tudo **organizado e acessível** em seu smartphone. Deixe **sua leitura mais prática** e armazene tudo que puder! Viva a experiência AlfaCon Notes. É só seguir o passo a passo para instalação do App.

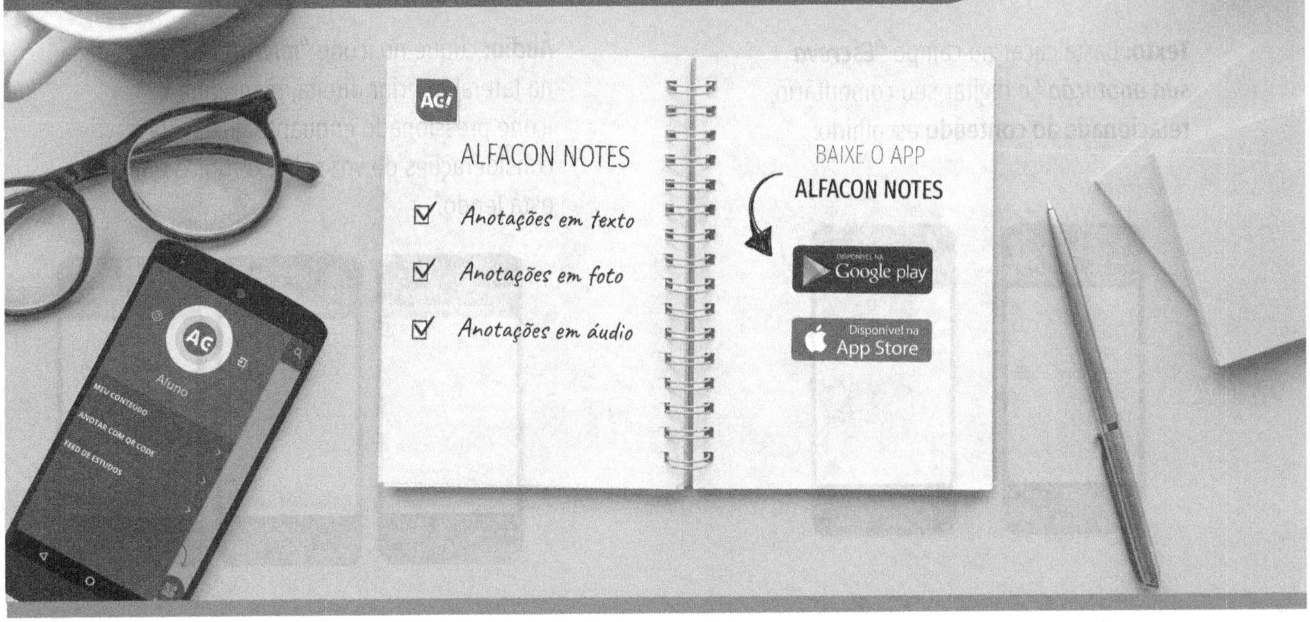

Passo 01:

Instale o **Aplicativo AlfaCon Notes** em seu smartphone.

DISPONÍVEL NA Google play

Disponível na App Store

Passo 02:

Faça o cadastro na plataforma **AlfaCon** ou entre com seu Facebook.

Passo 03:

Você terá acesso ao seu Feed de estudos, no qual poderá encontrar todas as suas anotações.

App AlfaCon Notes

Para criar uma nova anotação, clique no ícone localizado no canto inferior direito da tela.

Passo 04:

Cada tópico de seu livro contém **um Código QR** ao lado.

App AlfaCon Notes

Escolha o tópico e faça a leitura do Código QR utilizando o aplicativo AlfaCon Notes para registrar sua anotação.

Passo 05:

Pronto! Agora você poderá escolher o formato de suas anotações:

Texto: Basta clicar no campo ***"Escreva sua anotação"*** e digitar seu comentário, **relacionado ao conteúdo** escolhido.

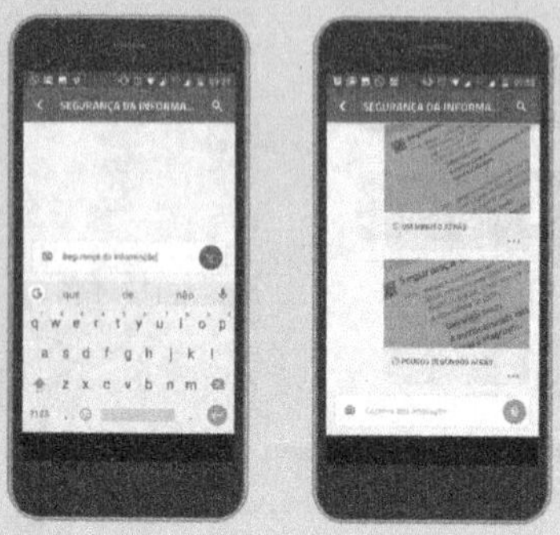

Áudio: clique no ícone ***"microfone"***, na lateral inferior direita, mantenha o ícone pressionado enquanto grava suas considerações de voz sobre o tópico que está lendo.

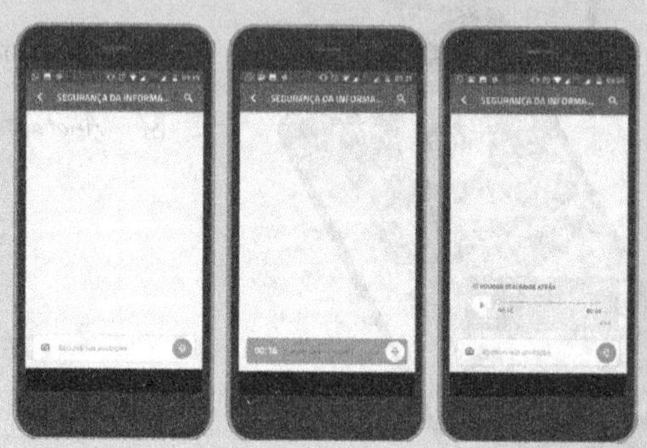

Foto:

1) Clique no ícone, na lateral **inferior esquerda**.

2) **Fotografe** as anotações realizadas durante sua leitura.

3) Envie no ícone na lateral **inferior direita**.

» Agora você tem suas **anotações organizadas** e sempre à mão. Elas ficarão **disponíveis** em seu smartphone.

» Pronto para essa **nova experiência?** Então, baixe o app **AlfaCon Notes** e crie suas anotações, anotou? ;)

Mais que um livro. É uma experiência!

COMO ESTUDAR COM SEU MATERIAL DIDÁTICO

INTRODUÇÃO

Com a profissionalização das formas de preparar-se para um concurso público, não basta simplesmente estudar o conteúdo. É preciso que sejam usadas ferramentas, como o plano de estudo, que ajudem o concurseiro na organização e manutenção do que foi visto. Por isso, organizamos esta seção, que traz indicações de como estudar para concursos. Vale destacar que as informações aqui disponibilizadas são o produto de muitos anos de experiência nessa area. Além disso, estudar de forma direcionada traz ótimos resultados para o aluno.

ORGANIZAÇÃO

A organização é fundamental e começa pelo conhecimento do edital que regrará o concurso público. Geralmente, os concursos seguem uma tendência e as matérias são previsíveis. Por isso, conhecer o conteúdo programático é essencial para um estudo eficiente. Usar o edital anterior como base é uma boa maneira de nortear os estudos; afinal, há um núcleo de matérias comuns que englobam 85% dos editais. Dessa maneira, quem estuda com base em um núcleo comum precisa somente ajustar os estudos quando os editais são publicados. Eis o segredo de uma preparação eficiente e, sobretudo, eficaz.

O PLANO DE ESTUDO

Organizar um plano de estudo é fundamental para que se estude corretamente e se tenha um aprendizado uniforme, seguindo o conteúdo programático do edital.
Depois de conhecer as disciplinas, as regras determinadas para seu concurso e as características das bancas examinadoras, é preciso construir uma tabela de horários, em que todas as matérias e atividades desenvolvidas na fase preparatória estejam dispostas.

PASSO A PASSO

ABAIXO, VOCÊ CONFERE OS PASSOS FUNDAMENTAIS PARA SUA ORGANIZAÇÃO

PASSO 1

onar as disciplinas serão estudadas.

PASSO 2

Organizar sua rotina diária: marcar pontualmente tudo o que é feito durante 24 horas, inclusive o tempo que é destinado para dormir, por exemplo.

PASSO 3

Organizar a tabela semanal: dividir o horário para que você estude duas matérias por dia e também destine um tempo para a resolução de exercícios e/ou revisão de conteúdos.

PASSO 4

Seguir rigorosamente o que está na tabela. Ou seja, destinar o mesmo tempo de estudo para cada matéria. Por exemplo: 2 horas diárias para cada disciplina.

PASSO 5

Reservar um dia por semana para fazer exercícios e também simulados.

Esta tabela é uma sugestão de como você pode organizar seu plano de estudo. Para cada dia, você deve reservar um tempo para duas disciplinas e também para a resolução de exercícios e/ou revisão de conteúdos. Fique atento ao fato de que o horário precisa ser determinado por você. Ou seja, a duração e o momento do dia em que será feito o estudo é você quem escolhe.

AlfaCon Concursos Públicos

TABELA SEMANAL

SEMANA	SEGUNDA	TERÇA	QUARTA	QUINTA	SEXTA	SÁBADO	DOMINGO
1							
2							
3							
4							

SUMÁRIO

LÍNGUA PORTUGUESA 15

1. ESTRUTURA E FORMAÇÃO DE PALAVRAS 17
2. MORFOLOGIA - SUBSTANTIVO E ADJETIVO 21
3. MORFOLOGIA - ARTIGO, INTERJEIÇÃO E NUMERAL 25
4. MORFOLOGIA - ADVÉRBIO, CONJUNÇÃO E PREPOSIÇÃO 27
5. MORFOLOGIA - PRONOME, PALAVRAS "QUE" E "SE" 29
6. MORFOLOGIA - VERBO 33
7. SINTAXE DA ORAÇÃO 38
8. SINTAXE DO PERÍODO 43
9. CONCORDÂNCIA VERBAL E NOMINAL 46
10. COLOCAÇÃO PRONOMINAL 50
11. REGÊNCIA VERBAL E NOMINAL 52
12. CRASE 55
13. PONTUAÇÃO 57
14. REESCRITURA DE FRASES E PARÁGRAFOS DO TEXTO 59
15. INTERPRETAÇÃO E COMPREENSÃO DE TEXTO 63
16. TIPOLOGIA E GÊNEROS TEXTUAIS 67
17. FIGURAS DE LINGUAGEM 73
18. VARIAÇÕES LINGUÍSTICAS 76
19. ORTOGRAFIA 79
20. ACORDO ORTOGRÁFICO DA LÍNGUA PORTUGUESA 83
21. ACENTUAÇÃO GRÁFICA 87

REDAÇÃO 91

1. REDAÇÃO PARA CONCURSOS PÚBLICOS 92
2. DISSERTAÇÃO EXPOSITIVA E ARGUMENTATIVA 98

ÉTICA NO SERVIÇO PÚBLICO 103

1. ÉTICA NO SERVIÇO PÚBLICO 104
2. IMPROBIDADE ADMINISTRATIVA 113

NOÇÕES DE DIREITO ADMINISTRATIVO 119

1. INTRODUÇÃO AO DIREITO ADMINISTRATIVO 121
2. ADMINISTRAÇÃO PÚBLICA 124
3. ÓRGÃO PÚBLICO 131
4. ATO ADMINISTRATIVO 135
5. RESPONSABILIDADE CIVIL DO ESTADO 141
6. AGENTES PÚBLICOS 144
7. LICITAÇÃO 146
8. CONTROLE DA ADMINISTRAÇÃO PÚBLICA 156
9. RESPONSABILIDADE CIVIL DO ESTADO 162

NOÇÕES DE DIREITO CONSTITUCIONAL 167

1. PRINCÍPIOS FUNDAMENTAIS DA REPÚBLICA FEDERATIVA DO BRASIL 169
2. DIREITOS FUNDAMENTAIS - DIREITOS E GARANTIAS INDIVIDUAIS E COLETIVOS 173
3. DIREITOS SOCIAIS 189
4. DIREITOS DE NACIONALIDADE 197
5. DIREITOS POLÍTICOS E PARTIDOS POLÍTICOS 201
6. ORGANIZAÇÃO POLÍTICO-ADMINISTRATIVA DO ESTADO 206
7. ADMINISTRAÇÃO PÚBLICA 213
8. PODER LEGISLATIVO, EXECUTIVO E JUDICIÁRIO 228
9. FUNÇÕES ESSENCIAIS À JUSTIÇA 248

NOÇÕES DE ADMINISTRAÇÃO 259

1. TEORIAS ADMINISTRATIVAS 262
2. ADMINISTRAÇÃO PÚBLICA 273
3. NOÇÕES DE GESTÃO DE PESSOAS 286
4. LIDERANÇA 290
5. RECRUTAMENTO DE PESSOAS 293
6. TREINAMENTO 299
7. DESENVOLVIMENTO DE PESSOAS 302
8. CONFLITOS NAS ORGANIZAÇÕES 311
9. COMPORTAMENTO ORGANIZACIONAL 317
10. PROCESSO ADMINISTRATIVO (ORGANIZACIONAL) 324
11. CULTURA ORGANIZACIONAL 353
12. COMUNICAÇÃO ORGANIZACIONAL 359
13. GESTÃO DE PROJETOS 362
14. PLANEJAMENTO ESTRATÉGICO 370
15. PROCESSO DECISÓRIO 380

16. GESTÃO DE PROCESSOS 383
17. BALANCED SCORECARD 389
NOÇÕES DE DIREITO CIVIL 393
1. LEI DE INTRODUÇÃO ÀS NORMAS DO DIREITO BRASILEIRO - LINDB 395
2. DAS PESSOAS 398
3. BENS 404
4. CONTRATOS 406
5. DIREITO DE FAMÍLIA 413
6. LEI Nº 8.069/90 - ESTATUTO DA CRIANÇA E DO ADOLESCENTE 416
7. DIREITOS DO CONSUMIDOR 450
8. PRODUTOS E SERVIÇOS 453
9. PRÁTICAS COMERCIAIS 459
10. PROTEÇÃO CONTRATUAL 462
11. SANÇÕES ADMINISTRATIVAS 464
NOÇÕES DE DIREITO PROCESSUAL CIVIL 469
1. NORMAS FUNDAMENTAIS 473
2. JURISDIÇÃO 476
3. AÇÃO 479
4. COMPETÊNCIA 482
5. CONEXÃO E CONTINÊNCIA 487
6. DAS PARTES E DOS PROCURADORES 490
7. INTERVENÇÃO DE TERCEIROS 493
8. ATOS PROCESSUAIS 502
9. PETIÇÃO INICIAL E POSIÇÕES DO JUIZ DIANTE DA PETIÇÃO INICIAL 506
10. IMPROCEDÊNCIA LIMINAR 509
11. COMUNICAÇÃO DOS ATOS PROCESSUAIS 511
12. RESPOSTAS DO RÉU 516
13. REVELIA 520
14. PROVIDÊNCIAS PRELIMINARES/SANEAMENTO 522
15. JULGAMENTO CONFORME O ESTADO DO PROCESSO 523
16. DIREITO PROBATÓRIO 526
17. DAS AUDIÊNCIAS – AUDIÊNCIA DE CONCILIAÇÃO OU DE MEDIAÇÃO E AUDIÊNCIA DE INSTRUÇÃO E JULGAMENTO 533
18. SENTENÇA 536
19. COISA JULGADA 540
20. TEORIA E PARTE GERAL DOS RECURSOS 542
21. RECURSOS EM ESPÉCIE 549
22. LIQUIDAÇÃO DE SENTENÇA 556
23. CUMPRIMENTO DE SENTENÇA 559
24. INCIDENTE DE RESOLUÇÃO DE DEMANDAS REPETITIVAS 563
NOÇÕES DE DIREITO PENAL 567
1. INTRODUÇÃO AO DIREITO PENAL E APLICAÇÃO DA LEI PENAL 569
2. DO CRIME 579
3. DOS CRIMES CONTRA A PESSOA 591
4. DOS CRIMES CONTRA O PATRIMÔNIO 618
5. DOS CRIMES CONTRA A DIGNIDADE SEXUAL 640
6. DOS CRIMES CONTRA ADMINISTRAÇÃO PÚBLICA 644
7. LEI Nº 8.072/1990 LEI DOS CRIMES HEDIONDOS 675
8. LEI MARIA DA PENHA - LEI Nº 11.340/2006 684
NOÇÕES DE DIREITO PROCESSUAL PENAL 697
1. INTRODUÇÃO AO DIREITO PROCESSUAL PENAL 699
2. INQUÉRITO POLICIAL 701
3. AÇÃO PENAL 709
4. JURISDIÇÃO E COMPETÊNCIA 715
5. PROVA 723
6. DAS CITAÇÕES E INTIMAÇÕES 732
7. DA PRISÃO, DAS MEDIDAS CAUTELARES E DA LIBERDADE PROVISÓRIA 737
8. CONCEITO DE SENTENÇA NO PROCESSO PENAL 746
9. *HABEAS CORPUS* E SEU PROCESSO 758
10. LEI Nº 9.099/1995 - JUIZADOS ESPECIAIS CÍVEIS E CRIMINAIS 763

1. ESTRUTURA E FORMAÇÃO DE PALAVRAS ... 17
1.1 Estrutura das Palavras ... 17
1.2 Processos de Formação de Palavras ... 18
2. MORFOLOGIA - SUBSTANTIVO E ADJETIVO ... 21
2.1 Substantivo ... 21
2.2 Flexão do Substantivo ... 23
2.3 Adjetivo ... 23
3. MORFOLOGIA - ARTIGO, INTERJEIÇÃO E NUMERAL ... 25
3.1 Artigo ... 25
3.2 Interjeição ... 25
3.3 Numeral ... 25
4. MORFOLOGIA - ADVÉRBIO, CONJUNÇÃO E PREPOSIÇÃO ... 27
4.1 Advérbio ... 27
4.2 Conjunção ... 27
4.3 Preposição ... 27
5. MORFOLOGIA - PRONOME, PALAVRAS "QUE" E "SE" ... 29
5.1 Pronome ... 29
5.2 Palavra Que ... 31
5.3 Palavra Se ... 31
6. MORFOLOGIA - VERBO ... 33
6.1 Verbos ... 33
7. SINTAXE DA ORAÇÃO ... 38
7.1 Frase ... 38
7.2 Oração ... 38
8. SINTAXE DO PERÍODO ... 43
8.1 Período Composto por Coordenação ... 43
8.2 Período Composto por Subordinação ... 43
9. CONCORDÂNCIA VERBAL E NOMINAL ... 46
9.1 Concordância Verbal ... 46
9.2 Concordância Nominal ... 48
10. COLOCAÇÃO PRONOMINAL ... 50
Ênclise ... 50
Mesóclise ... 50
Próclise ... 50
11. REGÊNCIA VERBAL E NOMINAL ... 52
11.1 Regência Verbal ... 52
11.2 Regência Nominal ... 53
12. CRASE ... 55
12.1 Regras Obrigatórias ... 55
12.2 Regras Facultativas ... 55
12.3 Regras Proibitivas ... 55
12.4 Crase – Casos Especiais ... 55
13. PONTUAÇÃO ... 57
13.1 Principais Sinais e Usos ... 57

14. REESCRITURA DE FRASES E PARÁGRAFOS DO TEXTO 59
14.1 Substituição de Palavras ou de Trechos de Texto 59
14.2 Retextualização de Diferentes Gêneros e Níveis de Formalidade 60

15. INTERPRETAÇÃO E COMPREENSÃO DE TEXTO 63
Ambiguidade 63
Coesão 63
Coerência Textual 63
Dissertação 64
Discurso 65

16. TIPOLOGIA E GÊNEROS TEXTUAIS 67
Tipologia Textual 67
Gêneros Textuais 67

17. FIGURAS DE LINGUAGEM 73

18. VARIAÇÕES LINGUÍSTICAS 76
18.1 Funções da Linguagem 76
18.2 Língua Falada e Língua Escrita 76
18.3 Fatores que Interferem os Usos Diferentes da Língua 76
18.4 Níveis de Emprego da Fala e da Escrita 76
18.5 Tipos de Variações Linguísticas 77

19. ORTOGRAFIA 79
19.1 Regras Para o Emprego de Letras 79
19.2 Homônimos 80
19.3 Uso Dos Porquês 81
19.4 Parônimos 81

20. ACORDO ORTOGRÁFICO DA LÍNGUA PORTUGUESA 83
20.1 Trema 83
20.2 Regras de Acentuação 83
20.3 Hífen com Compostos 84
20.4 Uso do Hífen com Palavras Formadas por Prefixos 84
20.5 Síntese das Principais Regras do Hífen 85
20.6 Quadro-Resumo do Emprego do Hífen com Prefixos 85

21. ACENTUAÇÃO GRÁFICA 87
Proparoxítona 87
Monossílabos 87
Oxítonas 87
Paroxítonas 87
Ditongos Abertos 87
Hiato 87
Trema 87
Acentos Diferenciais 87

1. ESTRUTURA E FORMAÇÃO DE PALAVRAS

1.1 Estrutura das Palavras

Radical

O radical é o elemento básico e significativo das palavras.

cert-o

cert-eza

in-**cert**-eza

Afixos

Afixos são elementos secundários (geralmente sem vida autônoma) que se agregam a um radical para formar palavras derivadas.

Quando são colocados antes do radical, os afixos recebem o nome de prefixos.

inativo (prefixo)

Quando surgem depois do radical, os afixos são chamados de sufixos.

igual**mente** (sufixo)

Prefixos de origem grega

a-, an-: Afastamento, privação, negação, insuficiência, carência.
Ex.: anônimo, amoral, ateu, afônico

ana- : Inversão, mudança, repetição.
Ex.: analogia, análise, anagrama, anacrônico

anfi- : Em redor, em torno, de um e outro lado, duplicidade.
Ex.: anfiteatro, anfíbio, anfibologia

anti- : Oposição, ação contrária.
Ex.: antídoto, antipatia, antagonista, antítese

apo- : Afastamento, separação.
Ex.: apoteose, apóstolo, apocalipse, apologia

arqui-, arce- : Superioridade hierárquica, primazia, excesso.
Ex.: arquiduque,arquétipo, arcebispo, arquimilionário

cata- : Movimento de cima para baixo.
Ex.: cataplasma, catálogo, catarata

di-: Duplicidade.
Ex.: dissílabo, ditongo, dilema

dia- : Movimento através de, afastamento.
Ex.: diálogo, diagonal, diafragma, diagrama

dis- : Dificuldade, privação.
Ex.: dispneia, disenteria, dispepsia, disfasia

ec-, ex-, exo-, ecto- : Movimento para fora.
Ex.: eclipse, êxodo, ectoderma, exorcismo

en-, em-, e-: Posição interior, movimento para dentro.
Ex.: encéfalo, embrião, elipse, entusiasmo

endo- : Movimento para dentro.
Ex.: endovenoso, endocarpo, endosmose

epi- : Posição superior, movimento para.
Ex.: epiderme, epílogo, epidemia, epitáfio

eu- : Excelência, perfeição, bondade.
Ex.: eufemismo, euforia, eucaristia, eufonia

hemi- : Metade, meio.
Ex.: hemisfério, hemistíquio, hemiplégico

hiper- : Posição superior, excesso.
Ex.: hipertensão, hipérbole, hipertrofia

hipo- : Posição inferior, escassez.
Ex.: hipocrisia, hipótese, hipodérmico

meta- : Mudança, sucessão.
Ex.: metamorfose, metáfora, metacarpo

para- : Proximidade, semelhança, intensidade.
Ex.: paralelo, parasita, paradoxo, paradigma

peri- : Movimento ou posição em torno de.
Ex.: periferia, peripécia, período, periscópio

pro- : Posição em frente, anterioridade.
Ex.: prólogo, prognóstico, profeta, programa

pros- : Adjunção, em adição a.
Ex.: prosélito, prosódia

proto- : Início, começo, anterioridade.
Ex.: proto-história, protótipo, protomártir

poli- : Multiplicidade.
Ex.: polissílabo, polissíndeto, politeísmo

sin-, sim- : Simultaneidade, companhia.
Ex.: síntese, sinfonia, simpatia, sinopse

tele- : Distância, afastamento.
Ex.: elevisão, telepatia, telégrafo

Prefixos de origem latina

a-, ab-, abs- : Afastamento, separação.
Ex.: aversão, abuso, abstinência, abstração

a-, ad- : Aproximação, movimento para junto.
Ex.: adjunto,advogado, advir, aposto

ante- : Anterioridade, procedência.
Ex.: antebraço, antessala, anteontem, antever

ambi- : Duplicidade.
Ex.: ambidestro, ambiente, ambiguidade, ambivalente

ben(e)-, bem- : Bem, excelência de fato ou ação.
Ex.: benefício, bendito

bis-, bi-: Repetição, duas vezes.
Ex.: bisneto, bimestral, bisavô, biscoito

circu(m) - : Movimento em torno.
Ex.: circunferência, circunscrito, circulação

cis- : Posição aquém.
Ex.: cisalpino, cisplatino, cisandino

co-, con-, com- : Companhia, concomitância.
Ex.: colégio, cooperativa, condutor

contra- : Oposição.
Ex.: contrapeso, contrapor, contradizer

de- : Movimento de cima para baixo, separação, negação.

Ex.: decapitar, decair, depor

de(s)-, di(s)- : Negação, ação contrária, separação.

Ex.: desventura, discórdia, discussão

e-, es-, ex- : Movimento para fora.

Ex.: excêntrico, evasão, exportação, expelir

en-, em-, in- : Movimento para dentro, passagem para um estado ou forma, revestimento.

Ex.: imergir, enterrar, embeber, injetar, importar

extra- : Posição exterior, excesso.

Ex.: extradição, extraordinário, extraviar

i-, in-, im- : Sentido contrário, privação, negação.

Ex.: ilegal, impossível, improdutivo

inter-, entre- : Posição intermediária.

Ex.: internacional, interplanetário

intra- : Posição interior.

Ex.: intramuscular, intravenoso, intraverbal

intro- : Movimento para dentro.

Ex.: introduzir, introvertido, introspectivo

justa- : Posição ao lado.

Ex.: justapor, justalinear

ob-, o- : Posição em frente, oposição.

Ex.: obstruir, ofuscar, ocupar, obstáculo

per- : Movimento através.

Ex.: percorrer, perplexo, perfurar, perverter

pos- : Posterioridade.

Ex.: pospor, posterior, pós-graduado

pre- : Anterioridade.

Ex.: prefácio, prever, prefixo, preliminar

pro- : Movimento para frente.

Ex.: progresso, promover, prosseguir, projeção

re- : Repetição, reciprocidade.

Ex.: rever, reduzir, rebater, reatar

retro- : Movimento para trás.

Ex.: retrospectiva, retrocesso, retroagir, retrógrado

so-, sob-, sub-, su- : Movimento de baixo para cima, inferioridade.

Ex.: soterrar, sobpor, subestimar

super-, supra-, sobre- : Posição superior, excesso.

Ex.: supercílio, supérfluo

soto-, sota- : Posição inferior.

Ex.: soto-mestre, sota-voga, soto-pôr

trans-, tras-, tres-, tra- : Movimento para além, movimento através.

Ex.: transatlântico, tresnoitar, tradição

ultra- : Posição além do limite, excesso.

Ex.: ultrapassar, ultrarromantismo, ultrassom, ultraleve, ultravioleta

vice-, vis- : Em lugar de.

Ex.: vice-presidente, visconde, vice-almirante

Desinências

Desinências são os elementos terminais indicativos das flexões das palavras.

Existem dois tipos:

Desinências nominais: flexões de gênero (masculino e feminino) e de número (singular e plural).

Ex.: alun**o**/aluno**s**/alun**a**/aluna**s**

Em palavras como mesa, tribo, por exemplo, não temos desinência nominal de gênero. Já em pires, lápis, ônibus não temos desinência nominal de número.

Desinências verbais: indicam as flexões de número e pessoa e de modo e tempo dos verbos.

Ex.: escolh**o** (indica 1ª pessoa do singular/modo indicativo/tempo: presente)

Vogal temática

Vogal temática é a vogal que se junta ao radical, preparando-o para receber as desinências.

Nos verbos, distinguem-se três vogais temáticas:

A: Caracteriza os verbos da 1ª conjugação: buscar, buscavas etc.

E: Caracteriza os verbos da 2ª conjugação: bater, batemos etc.

I: Caracteriza os verbos da 3ª conjugação: permitir, permitirá etc.

1.2 Processos de Formação de Palavras

Derivação

Processo pelo qual novas palavras são formadas a partir de uma palavra, denominada *primitiva*, pelo acréscimo de novos elementos que modificam ou alteram o sentido primitivo. As novas palavras, assim formadas, são chamadas *derivadas*.

Os processos de derivação podem ocorrer de diversas maneiras:

Derivação prefixal: ocorre quando há o acréscimo de um **prefixo** ao radical.

contrapor: contra + por
prefixo radical

Derivação sufixal: ocorre quando há o acréscimo de um **sufixo** ao radical.

felizmente: feliz + mente
radical sufixo

Derivação prefixal e sufixal: ocorre quando há o acréscimo simultâneo de um **sufixo** e um **prefixo** ao radical.

infelizmente: in + feliz + mente
prefixo radical sufixo

Derivação Parassintética: ocorre quando há o acréscimo simultâneo de um **sufixo** e um **prefixo** ao radical, de forma que a palavra não exista só com o prefixo ou só com o sufixo:

empobrecer: em + pobre + cer
prefixo radical sufixo

Note que a palavra infelizmente, formada por prefixo e sufixo, pode ser formada somente com prefixo ou somente com sufixo. Essa possibilidade não existe no caso de empobrecer. Essa é a diferença entre derivação parassintética e prefixal e sufixal.

Derivação regressiva: ocorre quando há a eliminação de sufixos ou desinências. Na maioria das vezes, são substantivos formados a partir de verbos.

Ex.: consumir – consumo

Derivação imprópria: ocorre quando há mudança na classe gramatical.

Temos que fechar bem os armários, pois nessa época aparecem **baratas**.
substantivo

Compramos várias coisas, pois achamos que estavam muito **baratas**.
adjetivo

A sala estava cheia de **crianças**.
substantivo

Apesar de adulto, ele ainda é muito **criança**.
substantivo adjetivado

Uma palavra pode exercer diferentes funções em uma oração. Por isso, é importante observar o sentido do que ela representa para identificar a classe gramatical.

Eu amo meu **trabalho**!

Eu **trabalho** muito!

Composição

Processo pelo qual novas palavras são formadas através da união de dois radicais. A composição pode ser por aglutinação ou justaposição.

Composição por justaposição: quando não há alteração fonética nos radicais.

Exs.:

Pontapé: ponta + pé

Pé-de-meia: pé + de + meia

Composição por aglutinação: quando há alteração fonética nos radicais.

Planalto: plano + alto

Fidalgo: filho + de + algo

Hibridismo

As palavras formadas por elementos provenientes de diferentes línguas são denominadas hibridismos.

Exs.:

Bis + avô: bisavô
Radical latino

Crono + metro: cronômetro
Radical grego

Onomatopeia

São as palavras que imitam sons.

Exs.:

Tique-taque

Reco-reco

Pingue-pongue

Questões

01. (FUNCAB) O elemento destacado em ANTIbiótico significa:

a) repetição.
b) embaixo de
c) movimento para trás.
d) movimento para dentro.
e) oposição.

02. (CESGRANRIO) Algumas palavras são formadas pelo acréscimo de prefixos ou de sufixos. É o caso de "contracultura", que é formada pela combinação entre o prefixo "contra" e a palavra "cultura". O grupo que é formado por palavras em que "contra" é um prefixo que expressa "sentido contrário" é

a) contraexemplo, contraveneno
b) contrátil, contraespionagem
c) contrassenha, contratual
d) contratura, contraversão
e) contração, contrato

03. (FGV) Os vocábulos "aliena" e "alienante" são chamados cognatos por pertencerem à mesma família de palavras.

Assinale a opção que apresenta os vocábulos que não pertencem à mesma família.

a) Estudar / estudante
b) Ler / leitura
c) Ver / visão
d) Escrever / escrivão
e) Amar / amizade

04. (FGV) "... acabar com os criadouros de mosquitos".

O vocábulo sublinhado tem um sufixo (-douro) indicando "lugar", que também está presente em

a) "No ano vindouro, pretendia viajar à Europa."
b) "Com a crise, o bebedouro estava quase seco."
c) "Nutria por ela um sentimento duradouro."
d) "Pretendia criar algo imorredouro."
e) "Passou por intenso suadouro no verão."

05. (Vunesp) Assinale a alternativa que é formada por prefixo.

a) Máquina.
b) Brilhantismo.
c) Hipertexto.
d) Textualidade.
e) Arquivamento.

06. (FGV) Assinale a alternativa que mostra um vocábulo do texto formado sem a ajuda de um prefixo.

a) Descriminalização.
b) Impróprio.
c) Anteprojeto.
d) Desintoxicação.
e) Internação.

07. (Vunesp) A forma plural das palavras está correta na alternativa:

a) A empresa foi condenada por não pagar os salário-famílias.

b) Preferimos evitar males-entendidos; é melhor pacificar os ânimos.

c) As reuniões ocorrem sempre às segundas-feiras pela manhã.

d) Tomamos conhecimento dos abaixos-assinados apresentados pelos grevistas.

e) Já foram publicados os decreto-leis?

08. (Vunesp) Observe a forma verbal destacada na frase:

A internet é um espaço usado para **compartilhar** mensagens e imagens.

O verbo **compartilhar** é formado com o acréscimo do prefixo **com**, que indica união, companhia, à forma **partilhar**.

Assinale a alternativa cujo termo destacado contém um prefixo com sentido equivalente ao de **compartilhar**.

a) O homem confessou **compactuar** com os colegas na execução do crime.

b) Nossa família decidiu **comprar** uma casa maior.

c) A palestra deverá **começar** em instantes.

d) O atleta olímpico não teve condições de **completar** a prova.

e) O uso incorreto da medicação poderá **complicar** o estado do paciente.

09. (FUNCAB) Em "...externamos nossos sentimentos para vivê-los mais INTENSAMENTE" e

"Os amores silenciosos podem provocar o CHORO", as palavras destacadas são formadas, respectivamente, a partir de processos de:

a) derivação sufixal e composição por justaposição.

b) composição por justaposição e derivação regressiva.

c) derivação sufixal e derivação regressiva.

d) derivação regressiva e derivação parassintética.

e) derivação parassintética e derivação prefixal.

10. (FCC) Das palavras a seguir, a única formada por derivação prefixal e sufixal é

a) destinação.

b) desocupação.

c) criminológico.

d) carcereiro.

e) preventivamente.

11. (IBFCI) Considerado a estrutura das palavras abaixo, percebe-se que em todas elas os prefixos aproximam-se quanto ao valor semântico, EXCETO em uma. Assinale-a.

a) "impróprias"

b) "desníveis"

c) "coabitamos"

d) "irregulares"

12. (IOBV) "Infelizmente as cheias de 2011 castigaram de forma severa o Vale do Itajaí."

Na frase acima (elaborada para fins de concurso) temos o caso da expressão "Infelizmente". A palavra pode ser assim decomposta: in + feliz + mente. Aponte qual a função da partícula in dentro do processo de estruturação das palavras.

a) Radical.

b) Sufixo.

c) Prefixo.

d) Interfixo.

13. (FUNRIO) Um publicitário recebeu a incumbência de criar o nome de um novo brinquedo a ser lançado no mercado. Tratava-se de um boneco de aparência sobrenatural com oito tentáculos. Usando corretamente o radical erudito correspondente ao número oito, o publicitário apresentou ao cliente a palavra:

a) exomístico.

b) octamístico.

c) hexamístico.

d) hipomístico.

e) heptamístico.

14. (FGV) Entre os substantivos abaixo, aquele que NÃO é formado a partir de verbo é:

a) Constituição;

b) pressão;

c) inclusão;

d) redução;

e) população.

15. (CONSESP) A palavra "recriar" tem como prefixo "re" que dá ideia de:

a) abastecer.

b) criar novamente.

c) divertir.

d) atravessar.

e) delatar.

16. (FGV) Neologismo é o processo de criação de uma palavra devido à necessidade de designar novos objetos ou novos conceitos ligados às áreas tecnológica, artística, econômica, esportiva etc.

Assinale a frase que mostra um exemplo de neologismo.

a) "Quem inventou o trabalho não tinha o que fazer." (Barão de Itararé)

b) "Apaixonar-se é criar uma religião que tem um deus falível." (Borges)

c) "Nem ditadura, nem democratura... liberdade!" (Higgins)

d) "Paranoia é a ilusão de que seus inimigos estão organizados." (A. Hlavaty)

e) "E ninguém é eu, e ninguém é você. Esta é a solidão." (Clarice Lispector)

Gabaritos

01	E	09	C
02	A	10	B
03	E	11	C
04	B	12	C
05	C	13	B
06	E	14	E
07	C	15	B
08	A	16	C

2. MORFOLOGIA - SUBSTANTIVO E ADJETIVO

2.1 Substantivo

Todos os seres recebem nomes, e este nome é a classe gramatical chamada substantivo. Os substantivos nomeiam os seres: pessoas, objetos, fenômenos, sentimentos, qualidades, lugares ou ações. Observe os exemplos:

Exs.:

O **carro** está estacionado na **rua**.
objeto lugar

Estava cansada da **corrida**.
ação

A **sinceridade** é uma virtude desejável nos amigos.
qualidade

A **chuva** nos obrigou a cancelar, com **tristeza**, a festa na piscina.
fenômeno estado

Os substantivos são classificados em:

Comum

São os substantivos que indicam nomes comuns, como os que aparecem no início deste capítulo: carro, rua, chuva. Não indicam nada específico.

Próprio

São os substantivos que individualizam os seres. Nesta classe estão os nomes próprios:

Maria Clara
Porto Alegre
Pernambuco
Japão

Classificam-se, aqui, os nomes próprios de:

Pessoas
Cidades
Estados
Países
Rios
Ruas

> Os substantivos próprios se diferem dos comuns porque devem ser escritos com a inicial maiúscula.

Concreto

São os substantivos que indicam seres (reais ou imaginários) cuja existência é independente de outros seres.

Ex.: *Casa, Brasil, cama, fada.*

Abstrato

São os substantivos que indicam seres (reais ou imaginários) cuja existência depende de outros seres.

Exs.: Banho: **Alguém** toma banho.

Cansaço: **Alguém** fica cansado.

Felicidade: **Alguém** fica feliz.

Portanto, são abstratos os substantivos que indicam sentimentos, ações, estados e qualidades.

> Tradicionalmente, estuda-se a noção de substantivo concreto ou abstrato considerando abstratos os substantivos que indicassem seres invisíveis, como os sentimentos. Porém, é preciso atentar-se ao fato de que os fenômenos da natureza, como vento e calor, embora não sejam palpáveis, tem existência independente e, por isso, são substantivos concretos.

Coletivo

São substantivos comuns que, apesar de estarem no singular, indicam mais de um ser da mesma espécie.

Exs.: Enxame: grupo de insetos.

Manada: grupo de búfalos, elefantes ou cavalos.

Século: período de cem anos.

Relação de Alguns Substantivos Coletivos

Acervo: bens patrimoniais, obras de arte;
Alavão: ovelhas leiteiras;
Álbum: fotografias, selos;
Alcateia: lobos, feras;
Antologia: reunião de textos literários;
Armada: navios de guerra;
Arquipélago: ilhas;
Arsenal: armas;
Assembleia: parlamentares, membros de associações;
Atilho: espigas;
Atlas: mapas reunidos em livros;
Bagagem: objetos de viagem;
Baixela: utensílios de mesa;
Bandeira: garimpeiros, exploradores de minérios;
Banca: examinadores, advogados;
Banda: músicos;
Bandeira: exploradores;
Bando: aves, ciganos, crianças, salteadores;
Batalhão: soldados;
Bateria: peças de guerra ou de cozinha; instrumentos de percussão;
Biblioteca: livros;
Boiada: bois;
Boana: peixes miúdos;
Cabido: cônegos (conselheiros de bispo);
Cacho: bananas, uvas, cabelos;
Cáfila: camelos;
Cainçalha: cães;
Cambada: caranguejos, malandros, chaves;
Cancioneiro: canções, de poesias líricas;

Canzoada: cães;
Caravana: viajantes, peregrinos, estudantes;
Cardume: peixes;
Casario: casas;
Caterva: desordeiros, vadios;
Choldra: assassinos, malfeitores, canalhas;
Chusma: populares, marinheiros, criados;
Cinemateca: filmes;
Claque: pessoas pagas para aplaudir;
Clero: a classe dos clérigos (padres, bispos, cardeais...);
Clientela: clientes de médicos, de advogados;
Código: leis;
Conciliábulo: feiticeiros, conspiradores;
Concílio: bispos em assembleia;
Conclave: cardeais para a eleição do Papa;
Colmeia: cortiço de abelhas;
Confraria: pessoas religiosas;
Congregação: professores, religiosos;
Conselho: vereadores, diretores, juízes, militares;
Consistório: cardeais, sob a presidência do Papa;
Constelação: estrelas;
Corja: vadios, tratantes, velhacos, ladrões;
Coro: anjos, cantores;
Corpo: jurados, eleitores, alunos;
Correição: formigas;
Cortiço: abelhas, casas velhas;
Elenco: atores, artistas;
Enxame: abelhas, insetos;
Enxoval: roupas e adornos;
Esquadra: navios de guerra;
Esquadrilha: aviões;
Falange: soldados, anjos;
Fato: cabras;
Fauna: animais de uma região;
Feixe: lenha, capim, varas;
Filmoteca: filmes;
Fornada: pães, tijolos;
Frota: navios mercantes, ônibus;
Galeria: quadros, estátuas;
Girândola: foguetes, fogos de artifício;
Grei: gado miúdo, paroquianos, políticos;
Hemeroteca: jornais, revistas;
Hostes: inimigos, soldados;
Irmandade: membros de associações religiosas ou beneficentes;
Junta: médicos, credores, examinadores;
Júri: jurados;
Legião: anjos, soldados, demônios;
Magote: pessoas, coisas;
Malta: desordeiros, ladrões, bandidos, capoeiras;
Mapoteca: mapas;
Matilha: cães de caça;
Matula: desordeiros, vagabundos, vadios;
Magote: pessoas, coisas;
Manada: bois, búfalos, elefantes, porcos;
Maquinaria: máquinas;
Miríade: astros, insetos, anjos;
Molho: chaves, verdura, capim;
Multidão: pessoas;
Ninhada: pintos;
Nuvem: gafanhotos, mosquitos, poeira;
Panapaná: borboletas em bando migratório;
Pelotão: soldados;
Penca: bananas, chaves, frutos;
Pente: balas de arma automática;
Pinacoteca: quadros, telas;
Piquete: soldados montados, grevistas;
Plantel: atletas, animais de raça;
Plateia: espectadores;
Plêiade: poetas, artistas;
Pomar: árvores frutíferas;
Prole: filhos de um casal;
Quadrilha: ladrões, bandidos, assaltantes;
Ramalhete: flores;
Rancho: pessoas em passeio ou jornada, romeiros;
Récua: cavalgaduras (bestas de carga);
Rebanho: ovelhas, carneiros, cabras, reses;
Renque: árvores, pessoas ou coisas enfileiradas;
Repertório: peças teatrais ou musicais interpretadas por artistas;
Resma: quinhentas folhas de papel;
Réstia: cebolas, alhos;
Revoada: aves voando;
Ronda: grupo de soldados que percorre as ruas garantindo a ordem;
Rol: lista, relação (de pessoas ou coisas);
Ror: grande quantidade de coisas;
Roda: pessoas, amigos;
Romanceiro: conjunto de poesias narrativas;
Súcia: pessoas desonestas, velhacos, patifes;
Sínodo: párocos (sacerdotes, vigários);
Tertúlia: amigos, intelectuais em reunião;
Talha: lenha;
Tríade: conjunto de três pessoas ou três coisas;
Tríduo: período de três dias;
Tripulação: aeroviários, marinheiros;
Tropilha: cavalos;
Tropa: muares;
Trouxa: roupas;
Turma: estudantes, trabalhadores;
Vara: porcos;
Vocabulário: palavras.

2.2 Flexão do Substantivo

O substantivo é uma classe variável. Ou seja: os nomes sofrem alterações (variações) para indicar gênero, número e grau.

gato (**substantivo masculino**)

gata (**mudança de gênero: feminino**)

gatinha (**mudança de grau: diminutivo**)

gatão (**mudança de grau: aumentativo**)

A alteração do substantivo para formar o feminino não ocorre em todos os casos e nem sempre da mesma maneira. Acontecerá nos substantivos biformes, que são os que apresentam uma forma para o masculino e outra para o feminino.

Formação do Feminino

Nos substantivos biformes, alguns casos, por indicarem nomes de seres vivos, geralmente indicam o sexo ao qual pertence o ser, apresentando uma forma para o masculino e outra para o feminino.

Exs.: menino – menina
leão – leoa

O feminino pode ser formado de diferentes formas:

> Alterando a terminação o por a:

aluno – aluna.

> Alterando a terminação e por a:

mestre – mestra.

> Acrescentando a no final da palavra:

português – portuguesa.

> Alterando a terminação ão por ã, oa ou ona:

Exs.: aldeão – aldeã;
varão – varoa;
comilão – comilona.

> Acrescentando esa, essa, isa, ina ou triz:

Exs.: barão – baronesa;
ator – atriz.

Em alguns casos, o feminino é indicado com uma palavra diferente:

Exs.: homem – mulher;
carneiro – ovelha.

Substantivos Uniformes

Em alguns casos, há apenas um substantivo para indicar tanto o sexo feminino quanto o masculino. Esses substantivos classificam-se em:

Epicenos

São os substantivos uniformes que indicam nomes de animais e para especificar o sexo, utiliza-se macho ou fêmea.

Exs.: a girafa fêmea;
a girafa macho.

Sobrecomuns

São substantivos uniformes que indicam tanto masculino quanto feminino. A identificação do sexo correspondente se dará através do contexto.

O indivíduo (**homem ou mulher).**

Criança de oito anos comove público ao competir em triatlo carregando irmão deficiente.

Comovente a atitude de Noah Aldrich, de 8 anos, que não queria participar sozinho de uma competição de triatlo infantil nos Estados Unidos e resolveu levar o irmão caçula, Lucas, de 6 anos, com ele. Porém, Lucas sofre de deficiência cerebral, que o impede de andar ou falar. Noah se preparou durante três meses para as provas de natação, corrida e ciclismo e usou um carrinho, uma bicicleta e um pequeno bote adaptado para que Lucas pudesse acompanhá-lo.

Fonte: http://amazonrunners1.blogspot.com.br/2014/07/menino-de-oito-anos-comove-publico-ao.html (adaptado)

Comuns de dois gêneros

São substantivos que utilizam a mesma forma para indicar tanto o masculino quanto o feminino. A diferença, nesse caso, é o artigo, que será variável para indicar o sexo:

Exs.:

O colega;

A colega;

O chefe;

A chefe.

Mudança de gênero com mudança de sentido

Em alguns casos, a mudança de gênero implicará na mudança de sentido do substantivo.

Exs.:

O moral: ânimo;

A moral: caráter;

O capital: valores (bens ou dinheiro);

A capital: cidade;

O cabeça: líder;

A cabeça: parte do corpo;

O grama: unidade de medida de peso;

A grama: planta rasteira;

O rádio: aparelho sonoro;

A rádio: estação;

2.3 Adjetivo

A palavra que caracteriza o substantivo é chamada adjetivo. Estas características, denominadas qualidades, podem ser positivas ou negativas.

Formação do Adjetivo

O adjetivo, assim como o substantivo, pode ser formado de diversas maneiras. Ele pode ser:

Primitivo

Quando não é derivado de nenhuma outra palavra:

Ex.: A menina era tão **bonita**!

Derivado

Quando deriva de outras palavras, como verbos ou substantivos:

Ex.: Rancorosa, a avó não quis atender o neto.

(derivado do substantivo rancor)

Simples

Assim como ocorre no substantivo, o adjetivo simples é aquele formado por apenas um radical:

Ex.: As ruas da cidade estão **agitadas**.

Composto

Assim como ocorre no substantivo, o adjetivo composto é aquele formado por mais de um radical:

Ex.: A Literatura **afro-brasileira** vem ganhando destaque.

O adjetivo não aparece sozinho na oração, sem um substantivo que o complemente. Quando isso acontecer, ele assumirá a função de substantivo. Observe:

Exs.: O professor carioca se adaptou bem ao Norte.

O carioca se adaptou bem ao Norte.

No primeiro enunciado, o termo carioca expressa uma característica ao substantivo professor. No segundo caso, não há substantivo, e o termo carioca assume a função de substantivo, sendo precedido por um artigo.

Questões

01. (CESPE - 2017) "Mesmo sem insistir em tal ou qual ação secundária das novas condições de vida física e social e de contato com os indígenas (e posteriormente com os africanos), é óbvio que a língua popular brasileira tinha de diferençar-se inelutavelmente da de Portugal, e, com o correr dos tempos, desenvolver um coloquialismo."

Os vocábulos "africanos" e "correr", originalmente pertencentes à classe dos adjetivos e dos verbos, respectivamente, foram empregados como substantivos no texto.

Certo ( ) Errado ( )

02. (CESPE - 2017) Haveria prejuízo gramatical para o texto caso a palavra "procedimentos-padrão" fosse alterada para procedimentos-padrões.

Certo ( ) Errado ( )

03. (CESPE - 2018) "Maus hábitos cotidianos muitas vezes são, na verdade, práticas antiéticas e até ilegais, que devem, sim, ser combatidas."

Os termos "antiéticas", "ilegais" e "combatidas" qualificam a palavra "práticas".

Certo ( ) Errado ( )

04. (CESPE - 2017) "No início da Idade Média, as monarquias germânicas continuaram sendo teoricamente, e por vezes praticamente, eletivas, como a monarquia visigótica."

Julgue o item: o adjetivo "germânicas" expressa um atributo negativo de "monarquias".

Certo ( ) Errado ( )

05. (CESPE - 2019) "A própria palavra "crise" é bem mais a expressão de um movimento do espírito que de um juízo fundado em argumentos extraídos da razão ou da experiência."

Os sentidos e a correção gramatical do texto seriam mantidos se fosse inserido o vocábulo do imediatamente após a palavra "espírito".

Certo ( ) Errado ( )

Gabaritos

01	CERTO
02	ERRADO
03	ERRADO
04	ERRADO
05	CERTO

3. MORFOLOGIA - ARTIGO, INTERJEIÇÃO E NUMERAL

3.1 Artigo

Observe a oração a seguir:

Uma ligação mudou meu dia: era o médico de minha mãe, dizendo que eu podia buscá-la.

O artigo é um nome que acompanha o substantivo, definindo-o. Observe que no primeiro caso destacado, o artigo indefine o substantivo, mostrando que é uma ligação como qualquer outra, nada específico. Já no segundo caso temos um artigo definido, especificando a pessoa: não era um médico indeterminado, mas o médico específico.

Observa-se, portanto, que o artigo classifica-se em definido ou indefinido.

Artigo definido: utilizado para especificar o substantivo - *o, a, os, as*.

Ex.: A encomenda chegou.

Artigo indefinido: utilizado para apresentar o substantivo como algo não específico, como parte de um grupo, e não um ser determinado.

Encontrei **uma** vizinha na festa.

Combinações e Contrações dos Artigos				
Preposições	Artigos			
	o, os	a, as	um, uns	uma, umas
a	ao, aos	à, às	-	-
de	do, dos	da, das	dum, duns	duma, dumas
em	no, nos	na, nas	num, nuns	numa, numas
por (per)	pelo, pelos	pela, pelas	-	-

3.2 Interjeição

Observe o exemplo a seguir:

Ex.: Cuidado! O piso está molhado.

Algumas palavras são utilizadas para expressar advertência, surpresa, alegria etc. Essas palavras são classificadas como interjeições. Geralmente, aparecem sozinhas na frase, podendo ser seguidas ou não por ponto de exclamação:

Exs.: Parabéns! O trabalho ficou lindo!

Adeus, meninas, foi um prazer conhecê-las.

Aleluia! Meu projeto ficou pronto!

Puxa! A festa foi maravilhosa!

Locução Interjetiva

Em alguns casos, a interjeição poderá ser formada por mais de uma palavra:

Exs.: Meu Deus! Você viu essa notícia?

Que pena, não conseguirei chegar a tempo.

Advertência	Calma! Olha! Cuidado! Atenção!
Agradecimento	Obrigado!
Alegria	Oh! Oba! Viva!
Alívio	Ufa!
Animação	Força! Coragem! Firme!
Apelo	Psiu! Hei! Socorro!
Aplauso	Parabéns! Ótimo! Viva! Bis!
Concordância	Pois não! Claro! tá!
Desejo	Tomara! Oxalá!
Dor	Ai! Ui! Que pena!
Admiração	Opa! Puxa!
Pena	Coitado!
Satisfação	Boa! Oba! Opa! Upa!
Saudação	Olá! Salve! Adeus! Viva! Alô!
Silêncio	Calada! Silêncio! Psiu!
Susto	Valha-me, Deus! Nossa!
Medo	Credo! Cruzes! Ui!

3.3 Numeral

Outra classe de palavras que se relaciona com o substantivo é o numeral. Observe as orações a seguir:

Exs.: Comprei maçãs hoje cedo.

Comprei **quatro** maçãs hoje cedo.

O numeral especifica o substantivo dando a ideia de quantidade, ordem, multiplicação ou fração. Observe os exemplos:

Exs.: Encontrei **dois** amigos do tempo da faculdade.
(quantidade)

Ele foi classificado em **segundo** lugar na prova.
(ordem)

O preço daqui é quase o **dobro** do que era no ano passado.
(multiplicação)

Metade das contas foi paga com atraso.
(fração)

De acordo com a ideia expressa pelo numeral é que se fará sua classificação. O numeral pode ser:

Cardinal

Quando expressa a ideia de quantidade: um, oito, trinta.

Ordinal

Quando expressa a ideia de ordem: primeiro, décimo, milésimo

Multiplicativo

Quando expressa a ideia de multiplicação: dobro, triplo, quádruplo.

Fracionário

Quando expressa a ideia de fração: terço, sexto, oitavo.

Questões

01. (CESPE - 2019) "O aspecto da implantação do português no Brasil explica por que tivemos, de início, uma língua literária pautada pela do Portugal contemporâneo."

O emprego do artigo definido imediatamente antes do topônimo "Portugal" torna-se obrigatório devido à presença do adjetivo "contemporâneo".

Certo ( ) Errado ( )

02. (CESPE - 2019) "Mas e antes dos sensores, como é que se fazia? Imagino que algum funcionário trepava na antena mais alta no topo do maior arranha-céu e, ao constatar a falência da luz solar, acionava um interruptor, e a cidade toda se iluminava."

A substituição da locução "a cidade toda" por toda cidade preservaria os sentidos e a correção gramatical do período.

Certo ( ) Errado ( )

03. (CESPE - 2019) Julgue a proposta de reescrita para o trecho: "Ainda hoje, em muitos rincões do nosso país, são encontrados administradores públicos cujas ações em muito se assemelham às de Nabucodonosor, rei do império babilônico".

Muitos rincões do nosso país, ainda hoje, têm administradores públicos cujas as ações muito assemelham-se as ações do imperador babilônico Nabucodonosor.

Certo ( ) Errado ( )

04. (CESPE - 2017) "Eu seria o último dos mortais a duvidar que os bons escritores foram abençoados com uma dose inata de fluência mais sintaxe e memória para as palavras. Ninguém nasceu com competência para redigir."

A palavra "último" foi empregada com valor de substantivo.

Certo ( ) Errado ( )

05. (CESPE - 2017) No trecho "em uma época anterior à dos dinossauros", o emprego do sinal indicativo de crase decorre da regência do adjetivo "anterior" (l.3) e presença do artigo feminino antes do termo elíptico "época".

Certo ( ) Errado ( )

Gabaritos

01	CERTO
02	ERRADO
03	ERRADO
04	CERTO
05	CERTO

4. MORFOLOGIA - ADVÉRBIO, CONJUNÇÃO E PREPOSIÇÃO

4.1 Advérbio

Observe os exemplos a seguir:

Pegamos nossas coisas **rapidamente**.
Modo

Corremos muito **naquele dia**.
Tempo

A menina caiu **na escada**.
Lugar

O advérbio indica ou modifica a ação expressa pelo verbo. Pode indicar:

Tempo	Ontem, hoje, agora, já, sempre etc.
Lugar	Aqui, lá, perto, longe etc.
Modo	Rapidamente, tranquilamente (a maioria dos advérbios de modo terminará em -mente).
Intensidade	Muito, pouco, tão, tanto etc.
Afirmação	Sim, certamente etc.
Negação	Não, tampouco etc.
Dúvida	Talvez, porventura, possivelmente etc.

Locução Adverbial

Os netos foram almoçar **apressadamente**.
Advérbio de modo

Os netos foram almoçar **com pressa**.
Locução adverbial

Considera-se locução adverbial o conjunto de duas ou mais palavras que formam o advérbio, como no caso acima, em que "com pressa" é o advérbio de modo.

Exs.: O casal se animou com o passeio **a cavalo**.

A entrevista foi feita **ao vivo**.

Os filhos almoçam com ele **de vez em quando**.

Adjetivos Adverbializados

Observe a afirmação a seguir, que faz parte de uma crônica de Luis Fernando Veríssimo:

"A sintaxe é uma questão de uso, não de princípios. Escrever bem é escrever claro, não necessariamente certo. Por exemplo: dizer "escrever claro" não é certo mas é claro, certo?"

Escrever **claro** = escrever **claramente**.

Escrever **certo** = escrever **corretamente**.

Os adjetivos adverbializados são adjetivos empregados no lugar do advérbio. Normalmente isso ocorre na linguagem coloquial.

4.2 Conjunção

Conjunção é o elemento que liga duas orações ou dois termos em uma mesma oração.

Ela é uma menina doce, **mas** quando precisa, vira uma fera.

As aulas vão começar **logo que** o professor chegar.

Ela pode ser:

Coordenativa: Quando liga duas orações independentes:

Ex.: Vendeu tudo **e** mudou de cidade.

Subordinativa: Quando liga duas orações dependentes:

Ex.: Soube **que** a empresa vai fechar.

Classificação das Conjunções

Coordenativas

Aditivas: E, nem, mas também, como também, bem como, mas ainda.

Adversativas: Mas, porém, todavia, contudo, pelo contrário, não obstante, apesar de.

Alternativas: Ou...ou, ora.... ora, quer.... quer.

Explicativas: Pois (antes do verbo), porque, que, porquanto.

Conclusivas: Pois (depois do verbo), logo, portanto, por conseguinte, por isso.

Subordinativas

Temporais

Quando, enquanto, logo que, desde que, assim que, até que.

Mal será conjunção subordinativa temporal quando equivaler a logo que:

Mal cheguei e já me cobraram o projeto.

Causais: Porque, visto que, já que, uma vez que, como, desde que.

Condicionais: Se, caso, contanto que, desde que, salvo se.

Proporcionais: À medida que, à proporção que, ao passo que.

Finais: fim de que, para que.

Consecutivas: De modo que, de maneira que, de sorte que, que, para que.

Concessivas: Embora, conquanto, se bem que, ainda que, mesmo que.

Comparativas: Como, tal qual, assim como, tanto quanto.

Conformativas: Conforme, segundo, como.

Integrantes:

Que, se.

As conjunções integrantes introduzem orações substantivas (que equivalem a substantivos):

Ex.: Não sei se ele virá (não sei da sua **vinda**).

4.3 Preposição

Observe o exemplo a seguir:

Exs.: Gosto muito das músicas **de** Chico Buarque;

Chegou da viagem **com** febre.

As palavras em destaque estabelecem uma relação entre outros termos. Elas são chamadas de preposição. São elas:

A, ante, após, até, com, contra, de, desde, em, entre, para, pelo, perante, por, sem, sobre, sob, trás.

Algumas palavras pertencentes a outras classes gramaticais podem, eventualmente, aparecer como preposição em alguns casos. Por exemplo: salvo, fora, durante, segundo etc.

As preposições podem ser:

> Essenciais: quando são sempre preposição. São as palavras listadas acima;
> Acidentais: quando não são preposições essenciais mas em alguns casos exercem a função de preposição;
> Puras: quando não há junção com artigo;
> Contrações: quando aparecem junto com o artigo. Por exemplo: de+a, per+o etc.

Relação estabelecida pela preposição	
Assunto	Conversamos **sobre** a viagem.
Autoria	Apaixonei-me por um quadro **de** Picasso.
Causa	Foi preso **por** roubar dinheiro público.
Companhia	Fui jantar com meu marido.
Conteúdo	Traga, por favor, um copo **de** (com) água.
Destino	Vou **para** casa mais cedo.
Distância	A casa fica **a** duas quadras da praça.
Finalidade	Eles vieram **para** a palestra.
Instrumento	Ele abriu a embalagem **com** uma faca.
Limite	As meninas correram **até** a casa da tia.
Lugar	Gostava de ficar **em** casa. As coisas estão **sobre** a mesa.
Matéria	Comprei um brinco **de** ouro.
Meio	Tivemos que fazer a viagem **de** ônibus.
Modo	As coisas foram resolvidas **com** tranquilidade.
Oposição	O movimento do bar aumenta nos dias de jogos do Brasil **contra** a Argentina.
Origem	Eles vieram **do** interior.
Posse	Gostei da camiseta **de** Raul.
Preço	Estava feliz com meu livro **de** dez reais. Vendia as tortas **por** vinte reais.
Tempo	Tivemos que sair **após** a discussão. Chegaremos **em** uma hora.

Questões

01. (CESPE - 2018) "Primeiro fazia uma cara de indecisão, depois um sorriso triste contrabalançado por um olhar heroicamente exultante, até que esse exame de consciência era cortado pela voz do interlocutor, que começava a falar chãmente em outras coisas, que, aliás, o Juca não estava ouvindo..."

Caso o advérbio "heroicamente" (L.2) fosse deslocado para logo após "contrabalançado" (L.1), haveria alteração de sentido do texto, embora fosse preservada sua correção gramatical.

Certo ( ) Errado ( )

02. (CESPE - 2013) "Oficialmente, o presidente Nazarbayev justificou a mudança alegando o risco permanente de terremoto em Almaty e a falta de espaço para crescimento."

Julgue o próximo item, referente às ideias e aos aspectos linguísticos do texto acima. Os vocábulos "Oficialmente" e "permanente" pertencem à mesma classe gramatical.

Certo ( ) Errado ( )

03. (CESPE - 2018) "O trabalho desenvolvido pela contrainteligência tem foco na defesa contra ameaças como a espionagem, a sabotagem, o vazamento de informações e o terrorismo, patrocinadas por instituições, grupos ou governos estrangeiros."

O sentido do texto seria prejudicado, embora sua correção gramatical fosse preservada, caso a preposição presente na expressão "contra ameaças" fosse substituída pela preposição de.

Certo ( ) Errado ( )

04. (CESPE - 2018) "O sistema de aprendizagem de máquina diminui a ocorrência de falsos positivos e deve contribuir para cortes de gastos. Contudo, não podemos deixar de considerar uma pessoa que esteja por trás do sistema, pronta para lidar com casos realmente duvidosos, que mereçam ser mais bem avaliados."

Na linha 2, o termo "Contudo" foi empregado com o mesmo sentido de Porquanto.

Certo ( ) Errado ( )

05. (CESPE - 2019) "Se observarmos bem, essas ondas longas da história, como as chamava Braudel, tornaram-se cada vez mais curtas. Acabamos de nos recuperar da ultrapassagem da agricultura pela indústria, ocorrida no século XX, e, em menos de um século, um novo salto de época nos tomou de surpresa, lançando-nos na confusão."

O sentido original e a correção gramatical do texto seriam mantidos se a palavra "como" fosse substituída por conforme.

Certo ( ) Errado ( )

Gabaritos

01	CERTO
02	ERRADO
03	CERTO
04	ERRADO
05	CERTO

5. MORFOLOGIA - PRONOME, PALAVRAS "QUE" E "SE"

5.1 Pronome

Observe o trecho a seguir:

O bebê de Daniela nasceu perfeito. O bebê de Daniela tem olhos azuis. As mãos do bebê de Daniela são fortes, e os cabelos do bebê de Daniela são claros.

Para que não haja esta repetição desagradável durante a comunicação, utilizamos os pronomes:

O bebê de Daniela nasceu perfeito. Ele tem olhos azuis, suas mãos são fortes e seus cabelos são claros.

Os pronomes são palavras que substituem ou acompanham os substantivos. Eles podem indicar qualquer uma das três pessoas do discurso:

1ª pessoa: quem fala;

2ª pessoa: com quem se fala;

3ª pessoa: de quem se fala.

Classificação dos Pronomes

Pronomes Pessoais

Pessoa do discurso	Retos	Oblíquos
1ª pessoa do singular	Eu	Me, mim, comigo
2ª pessoa do singular	Tu	Te, ti, contigo
3ª pessoa do singular	Ele/Ela	O, a, lhe, se, si, consigo
1ª pessoa do plural	Nós	Nos, conosco
2ª pessoa do plural	Vós	Vos, convosco
3ª pessoa do plural	Eles/Elas	Os, as, lhes, se, si, consigo

Os pronomes pessoais funcionam como **sujeito** da oração.

Ex.: Eu estava cansada ontem.

Os pronomes oblíquos funcionam como **complementos**.

Ex.: Eu **lhe** escrevi uma carta.

Observe que o verbo escrever é transitivo direto e indireto: quem escreve, escreve algo a alguém. O objeto direto, o que se escreveu, é "uma carta", e o objeto indireto, a quem se escreveu, é o pronome oblíquo lhe, que tem valor de objeto indireto porque possui a preposição a subentendida. Ou seja: lhe equivale a a ele/a ela.

As formas o, a, os, as sofrem modificações dependendo da terminação do verbo que acompanham. Observe:

> Quando o verbo terminar em **r**, **s** ou **z**, ficarão **lo, la, los, las**:

Exs.: Começa**r**: começá-**los**;

Celebramo**s**: celebramo-**lo**.

Fi**z**: fi-**lo**.

> Quando o verbo terminar em som nasal, ficarão **no**, **na**, **nos**, **nas**:

Exs.: Comemora**m**: comemora**m-no**;

Vira**m**: vira**m-no**.

O pronome oblíquo jamais inicia frase. Por isso, ele aparecerá, em início de frase, depois do verbo, ou utiliza-se algum termo para que ele possa aparecer antes do verbo:

Ex.: Eu te liguei.

Liguei-te.

Pronomes de Tratamento

São pronomes utilizados para dirigir-se ou referir-se a autoridades ou pessoas com quem se tem menos contato. Os mais utilizados são:

PRONOMES DE TRATAMENTO		USADOS PARA
Você		Usado para um tratamento íntimo, familiar.
Senhor, Senhora	Sr., Sr.ª	Pessoas com as quais mantemos um certo distanciamento mais respeitoso.
Vossa Senhoria	V. S.ª	Pessoas com um grau de prestígio maior. Usualmente, os empregamos em textos escritos, como: correspondências, ofícios, requerimentos etc.
Vossa Excelência	V. Ex.ª	Usados para pessoas com alta autoridade, como: Presidente da República, Senadores, Deputados, Embaixadores etc.
Vossa Alteza	V. A.	Príncipes e duques.
Vossa Santidade	V.S.	Para o Papa.
Vossa Magnificência	V. Mag.ª	Reitores de Universidades.
Vossa Majestade	V. M.	Reis e Rainhas.

> O pronome de tratamento concorda com o verbo na 3ª pessoa:

Vossa Excelência me **permite** fazer uma observação?

> Quando o pronome for utilizado para referir-se à 3ª pessoa, o pronome **Vossa** será substituído por **Sua**:

Sua Alteza, o Príncipe William, casou-se com uma plebeia.

Pronomes Possessivos

São pronomes que indicam posse. Observe os exemplos:

Exs.:

Andei tanto que **meus** pés estão doendo.

Pegue **tuas** coisas e vamos embora.

Marina ficou feliz ao ver que **sua** mala não estava perdida.

Os pronomes destacados indicam quem é o possuidor dos itens das orações: pés, coisas e malas. Observe que pelo pronome é possível identificar a pessoa. Isso acontece porque há um pronome possessivo específico para cada pessoa:

Pessoa do discurso	Pronomes possessivos
1ª pessoa do singular 2ª pessoa do singular 3ª pessoa do singular	Meu, minha, meus, minhas Teu, tua, teus, tuas Seu, sua, seus, suas
1ª pessoa do plural 2ª pessoa do plural 3ª pessoa do plural	Nosso, nossa, nossos, nossas Vosso, vossa, vossos, vossas Seu, sua, seus, suas

O pronome possessivo concorda:

> Em pessoa, com o possuidor:

Ex.: Meu irmão chegou de viagem.

1ª pessoa do singular

> Em número, com o que se possui:

Ex.: Teus filhos são lindos!

Masculino plural

Pronomes Demonstrativos

São os pronomes que indicam a posição de algo em relação à pessoa do discurso. Observe os exemplos:

Exs.:

Este mês está sendo ótimo para o comércio graças a Dia das Mães. (mês atual);

Na última semana tivemos quatro provas. **Essa** semana foi uma correria! (passado próximo);

Quando meus filhos eram pequenos, viajamos para a Europa. **Aquela** foi uma viagem inesquecível. (passado distante)

O mesmo ocorre com os mesmos pronomes em relação à localização no espaço. Observe:

Exs.:

Acho que **esta** camiseta ficou bem em mim. (próximo à pessoa que fala);

Esse chapéu ficou ótimo em você! (próximo à pessoa com que se fala);

Você sabe de quem é **aquela** pasta? (distante de quem fala e da pessoa com que se fala).

Pronomes Demonstrativos	
Variáveis	Invariáveis
Este, estas, estes, estas Esse, essa, esses, essas Aquele, aquela, aqueles, aquelas	Isto Isso aquilo

Pronomes Indefinidos

São pronomes que se referem à 3ª pessoas mas sem a função de determinar ou definir. Pelo contrário: são pronomes que dão um sentido vago, impreciso sobre quem ou o que se fala.

Exs.:

Muitos querem sucesso, mas **poucos** estão dispostos a pagar pelo seu preço.

Não se sabe sobre quem ou quantas pessoas se fala, por isso são utilizados pronomes que dão a ideia de quantidade indefinida.

Pronomes indefinidos	
Variáveis	Invariáveis
algum, alguns, alguma, algumas; certo, certos, certa, certas; nenhum, nenhuns, nenhuma, nenhumas; todo, todos, toda, todas; outro, outros, outra, outras; muito, muitos, muita, muitas; pouco, poucos, pouca, poucas; vário, vários, vária, várias; tanto, tantos, tanta, tantas; quanto, quantos, quanta, quantas.	Alguém Ninguém Outrem Tudo Nada Cada Algo Mais Menos

Pronomes Interrogativos

São os pronomes utilizados nas perguntas diretas e indiretas. Observe o exemplo:

Exs.:

Quantas pessoas se matricularam no curso?

Quem estava aqui ontem?

Gostaria de saber **que** dia você viajará.

Pronomes interrogativos
Quem, quanto, quantos, quanta, quantas, qual, quais, que

Pronomes Relativos

São pronomes que se relacionam com termos já citados na oração, evitando a repetição.

Exs.:

Trouxe um livro.

O livro que eu trouxe é o livro que você me pediu.

O pronome relativo que indica e especifica o livro ao qual o interlocutor se refere:

Trouxe o livro **que** você pediu.

O pronome relativo concordará:

> Com o seu antecedente:

As **ruas** pelas quais passou traziam lembranças.

Exceção: pronome cujo (e variações), que concorda com o consequente:

Estou lendo um livro cuja **capa** foi feita pelo meu irmão.

> A regência do pronome relativo seguirá a regra da regência pedida pelo verbo:

Exs.:

É uma menina **de** quem todos **gostam**.

Era uma pessoa **a** quem todos **admiravam**.

Pronomes Substantivos

Em alguns casos, o pronome atuará como substantivo, substituindo-o. Observe:

Poucos conhecem o segredo de viver em paz.

Pronome indefinido – substitui o substantivo

Pronomes Adjetivos

Em alguns casos, o pronome atuará como adjetivo, atribuindo uma característica ao substantivo. Observe:

Este quadro é **meu**.

Pronome possessivo adjetivo

5.2 Palavra Que

A palavra "que" possui diversas funções e costuma gerar muitas dúvidas. Por isso, para entender cada função e identificá-las, observe os exemplos a seguir:

Substantivo

Senti um **quê** de falsidade naquela fala.

Neste caso, o "que" está precedido por um determinante – um artigo, e é acentuado, pois assume o papel de um substantivo. Poderia ser substituído por outro substantivo:

Senti um **ar** de falsidade naquela fala.

Quanto atua como substantivo, o quê será sempre acentuado e precedido por um artigo, pronome ou numeral.

Pronome

Exs.:

Que beleza de festa!

pronome exclamativo

O livro **que** comprei estava em promoção.

pronome relativo

Que dia é a prova?

pronome interrogativo

Interjeição

Exs.: Quê? Não entendi.

Quê! Ela sabe sim!

Preposição

Temos **que** chegar cedo.

Observe que a regência do verbo ter exige a preposição "de": *Temos de chegar cedo.* No entanto, na fala coloquial, já é aceito o uso do "que" como preposição.

Advérbio

Que bela está a casa!

Neste caso, antecede um adjetivo, modificando-o: **como** a casa está bela!

Que longe estava da cidade!

Neste caso, antecede um advérbio, intensificando-o: Estava **muito longe** da cidade.

Conjunção

Exs.:

Que gostem ou **que** não gostem, tomei minha decisão.

conjunção alternativa

Pode entrar na fila **que** não será atendida.

conjunção adversativa

Não falte à aula **que** o conteúdo é importante.

conjunção explicativa

Conjunção Subordinativa

Exs.:

Estava tão cansada **que** não quis recebê-lo.

conjunção subordinativa consecutiva

Gostei da viagem, cara **que** tenha sido.

conjunção subordinativa concessiva

Não corra **que** o chão está molhado!

conjunção subordinativa causal

Partícula Expletiva (de realce)

Que bonito **que** está o seu cabelo!

(não tem função na oração, apenas realça o que está sendo falado)

5.3 Palavra Se

A palavra "se", assim como o "que", possui diversas funções e costuma gerar muitas dúvidas. Por isso, para entender cada função e identificá-las, observe os exemplos a seguir:

Partícula Apassivadora

Vendem-**se** plantas.

(É possível passar a oração para a voz passiva analítica: Plantas são vendidas)

Neste caso, o "se" nunca será seguido por preposição.

Pronome Reflexivo

Ex.: Penteou-**se** com capricho.

Pronome Recíproco

Ex.: Amaram-**se** durante anos.

Partícula Expletiva (de realce)

Ex.: Foi-**se** o tempo em que confiávamos nos políticos.

(não possui função na oração, apenas realça o que foi dito)

Pronome indeterminador do sujeito

Transforma o sujeito em indeterminado.

Exs.:

Precisa-**se** de secretária.

(não se pode passar a oração para a voz passiva analítica)

Nessa casa, come-**se** muito.

Parte do verbo pronominal

Alguns verbos exigem a presença da partícula "se" para indicar que a ação é referente ao sujeito que a pratica:

Ex.: Arrependeu-**se** de ter ligado.

Outros exemplos de verbos pronominais: Lembrar-**se**, queixar-**se**, enganar-**se**, suicidar-**se**.

Conjunção

Exs.:

Vou chegar no horário **se** não chover.

conjunção condicional

Não sei **se** dormirei em casa hoje.
conjunção integrante

Se vai ficar aqui, então fale comigo.
conjunção adverbial causal

Se queria ser mãe, nunca demonstrou amor pelas crianças.
conjunção concessiva

Questões

01. (CESPE - 2017) "...Ver você me deu muito prazer. ...A menina está muito engraçadinha."

Como modificadora das palavras "prazer" e "engraçadinha", a palavra "muito" que as acompanha é, do ponto de vista morfossintático, um advérbio.

Certo ( ) Errado ( )

02. (CESPE - 2017) "Qualquer língua, escrita ou não, tem uma gramática que é complexa. Do ponto de vista naturalista, não faz sentido afirmar que há gramáticas melhores e gramáticas piores."

A palavra "Qualquer" foi empregada no texto no sentido de toda.

Certo ( ) Errado ( )

03. (CESPE - 2018) "Em 2016, foram registrados 16 acidentes, com 303 vítimas fatais, e o último episódio, com um avião de passageiros de maiores proporções: a queda do Avro RJ85, operado pela empresa LaMia, próximo de Medellín, na Colômbia. O desastre, que completou um ano no último dia 28 de novembro, matou 71 pessoas, em sua maior parte atletas do time brasileiro da Chapecoense."

Com relação a aspectos linguísticos do texto, JULGUE O ITEM. A substituição do termo "que" por o qual prejudicaria a correção gramatical do texto.

Certo ( ) Errado ( )

04. (CESPE - 2018) No dia seguinte, estando na repartição, recebeu Camilo este bilhete de Vilela: "Vem já, já, à nossa casa; preciso falar-te sem demora". Era mais de meio-dia. Camilo saiu logo; na rua, advertiu que teria sido mais natural chamá-lo ao escritório; por que em casa?(...) A cartomante foi à cômoda, sobre a qual estava um prato com passas, tirou um cacho destas, começou a despencá-las e comê-las, mostrando duas fileiras de dentes que desmentiam as unhas. (...) Tanto em "recebeu Camilo este bilhete de Vilela" (l. 1) quanto em "tirou um cacho destas" (l.5-6), os pronomes demonstrativos foram empregados para retomar termos antecedentes.

Certo ( ) Errado ( )

05. (CESPE - 2016) "É a primeira vez, desde a regulamentação da medida, em 2011, que o mecanismo é adotado no país."

No período do texto Situação de emergência, o vocábulo "que" foi empregado como conjunção integrante.

Certo ( ) Errado ( )

Gabaritos

01	ERRADO
02	CERTO
03	ERRADO
04	ERRADO
05	CERTO

6. MORFOLOGIA - VERBO

6.1 Verbos

O estudo dos verbos representa uma parte bastante importante da gramática da Língua Portuguesa. A maioria das circunstâncias comunicativas acontece em torno dessa classe gramatical. Em provas, não se costuma cobrar toda uma conjugação de determinado verbo. Todavia, pode-se solicitar a análise da mudança semântica a partir da modificação das conjugações, ou mesmo se alguma conjugação está correta. Muitas vezes, as conjugações verbais trazem uma significação completamente diferente, dependendo do contexto em que aparecem.

Exs.: Não **matarás**.

(verbo no futuro do presente, mas com conotação de proibição).

Pudera eu ser milionário.

(verbo no pretérito-mais-que-perfeito, mas com conotação de hipótese).

Conjugações do Verbo

Todos os verbos em Língua Portuguesa, quando no infinitivo, terminarão em **ar, er** ou **ir**. Essa classificação é chamada de conjugação:

1ª conjugação: Verbos terminados em AR

2ª conjugação: Verbos terminados em ER

3ª conjugação: Verbos terminados em IR

Locução Verbal

É formada por um ou mais verbos auxiliares e um principal na forma nominal (infinitivo, gerúndio ou particípio).

Exs.: Vou Querer/Pode ter ocorrido/Deve ter sido feito/Estou estudando.

Modo Indicativo

Indica certeza. Conseguimos precisar quando algo realmente acontece, aconteceu ou acontecerá. Mas isso nem sempre é recorrente, muitas vezes, dependendo do tempo verbal, teremos noção hipótese também.

Presente

Indica algo que se faz neste exato momento, algo que se faça rotineiramente, algo que se fará no futuro ou, muitas vezes, pode adquirir até uma conotação de passado (presente histórico).

Reaver: defectivo, possui apenas algumas pessoas no presente do modo indicativo e **inexiste** no presente do modo subjuntivo.

Nós reavemos e vós reaveis.

Aderir: eu adiro, tu aderes, ele adere, nós aderimos, vós aderis, eles aderem. (Competir e repelir seguem a mesma conjugação.)

Intermediar: eu intermedeio, tu intermedeias, ele intermedeia, nós intermediamos, vós intermediais, eles intermedeiam (MEDIAR, ANSIAR, REMEDIAR, INCENDIAR e ODIAR seguem a mesma conjugação).

Aprazer: eu aprazo, tu aprazes, ele apraz, nós aprazemos, vós aprazeis, eles aprazem. (ter prazer)

Pretérito Perfeito

Indica uma ação terminada, concluída no passado. Atenção para as gírias, muitas vezes elas aparecem na linguagem do dia a dia, mas a normal culta condena o uso delas. É o caso do exemplo: "Festa hoje? Fui!". Perceba que o verbo FUI indica uma certeza de algo, porém, na linguagem tradicional, o normal seria VOU ou IREI, mantendo a ideia certa de presença no evento.

Reaver: eu reouve, tu reouveste, ele reouve, nós reouvemos, vós reouvestes, eles reouveram.

Ter: eu tive, tu tiveste, ele teve, nós tivemos, vós tivestes, eles tiveram (Derivados do Ter se conjugam igualmente, **reter, manter, obter, abster, entreter, deter, conter**).

Vir: eu vim, tu vieste, ele veio, nós viemos, vós viestes, eles vieram. (Derivados do VIR se conjugam igualmente, **intervir, advir, provir, convir**.)

Prover: eu provi, tu proveste, ele proveu, nós provemos, vós provestes, eles proveram.

Pretérito Imperfeito

Indica uma ação não concluída no passado. Noção de movimento, algo em andamento, mas no passado. Existe a tendência de usá-lo como ação não feita, tal qual o futuro do pretérito.

Pôr: eu punha, tu punhas, ele punha, nós púnhamos, vós púnheis, eles punham. (Derivados do PÔR se conjugam igualmente, **supor, predispor, propor, repor, transpor, justapor, depor, compor, decompor, opor** etc.)

Amar: eu amava, tu amavas, ele amava, nós amávamos, vós amáveis, eles amavam.

Reaver: eu reavia, tu reavias, ele reavia, nós reavíamos, vós reavíeis, eles reaviam.

Ter: eu tinha, tu tinhas, ele tinha, nós tínhamos, vós tínheis, eles tinham. (Derivados do Ter se conjugam igualmente, **reter, manter, obter, abster, entreter, deter, conter**).

Pretérito-Mais-Que-Perfeito

Indica uma ação anterior ao pretérito perfeito ou uma ação hipotética.

Ex.: Eu abri a garrafa que eu pegara (**PEGUEI** ou **TINHA PEGADO**).

Trazer: eu trouxera, tu trouxeras, ele trouxera, nós trouxéramos, vós trouxéreis, eles trouxeram.

Saber: eu soubera, tu souberas, ele soubera, nós soubéramos, vós soubéreis, eles souberam.

Fazer: eu fizera, tu fizeras, ele fizera, nós fizéramos, vós fizéreis, eles fizeram. (**SATISFAZER** conjuga-se da mesma maneira).

Futuro do Presente

Ação futura ou proibição. Muitas vezes esse tempo verbal pode ser trocado pelo Presente do Indicativo ou pelo Imperativo Negativo, tudo dependendo do contexto!

Querer: eu quererei, tu quererás, ele quererá, nós quereremos, vós querereis, eles quererão.

Aniversariar: eu aniversariarei, tu aniversariarás, ele aniversariará, nós aniversariaremos, vós aniversariareis, eles aniversariarão.

Muitas bancas podem colocar verbos na mesma conjugação na locução, mas com semântica diferente.

Ex.: QUEREREI ≠ DEVEREI QUERER, não se equivalem. QUEREREI indica certeza, DEVEREI QUERER, hipótese.

O correto é **VOU VIR,** e não **VOU VIM**, construção frequente na linguagem coloquial.

Futuro do Pretérito

Indica ação não feita, hipótese, expressão de desejo e ação no passado. Aqui temos o exemplo típico de hipótese. É o tempo verbal do indicativo com mais simbologias, portanto fique atento ao discurso.

Fazer: eu faria, tu farias, ele faria, nós faríamos, vós faríeis, eles fariam. (**SATISFAZER** se conjuga da mesma maneira).

Querer: eu quereria, tu quererias, ele quereria, nós quereríamos, vós quereríeis, eles quereriam.

Dizer: eu diria, tu dirias, ele diria, nós diríamos, vós diríeis, eles diriam. (**MALDIZER** se conjuga da mesma maneira).

Modo Subjuntivo

Hipótese: Usa-se esse modo quando não se sabe a precisão dos fatos. Quando tal modo aparece, consegue-se imaginar certo tom de dúvida, de hipótese. Imaginemos determinado anfitrião perguntando a uma visita: "você quer que eu PEGUE um copo d'água?". O tempo usado é o correto, porque não se sabe qual resposta será dada.

Presente (que)

Vale lembrar que não só a conjunção QUE determina a flexão nesse tempo verbal, pode-se também usar AINDA, QUE, EMBORA etc.

Aderir	Caber	Intervir
adira	caiba	intervenha
adiras	caibas	intervenhas
adira	caiba	intervenha
adiramos	caibamos	intervenhamos
adirais	caibais	intervenhais
adiram	caibam	intervenham

Obs.: os verbos defectivos **INEXISTEM** nesta conjugação, tais como REAVER, EXTORQUIR, FALIR, COLORIR.

Pretérito Imperfeito (se)

Vale lembrar que não só a conjunção SE determina a flexão nesse tempo verbal, pode-se também usar CASO, AINDA QUE etc.

Reaver	Requerer	Intervir	Manter
reouvesse	requeresse	interviesse	mantivesse
reouvesses	requeresses	interviesses	mantivesses
reouvesse	requeresse	interviesse	mantivesse
reouvéssemos	requerêssemos	interviéssemos	mantivéssemos
reouvésseis	requerêsseis	interviésseis	mantivésseis
reouvessem	requeressem	interviessem	mantivessem

Futuro (quando)

Destaca-se que não só a conjunção QUANDO determina a flexão nesse tempo verbal, pode-se também usar SE, CASO etc.

Ver	Vir	Pôr	Manter
Vir	Vier	Puser	Mantiver
Vires	Vieres	Puseres	Mantiveres
Vir	Vier	Puser	Mantiver
Virmos	Viemos	Pusermos	Mantivemos
Virdes	vierdes	Puserdes	Mantiverdes
Virem	vierem	puserem	mantiverem

Muitos tempos verbais no futuro do subjuntivo são conjugados do mesmo modo que o infinitivo impessoal. É o caso do verbo AMAR.

Ex.: Ele falou para eu AMAR (infinitivo).
Quando eu AMAR (futuro do subjuntivo).

Modo Imperativo

Imperativo: pode indicar ordem ou proibição.

Afirmativo

Ordem. Em linguagem coloquial, nota-se que, muitas vezes, o imperativo afirmativo é usado de forma inadequada, sem que o próprio falante se dê conta. Deveríamos usar a conjugação em terceira pessoa, já que esta é bastante frequente nas situações comunicativas cotidianas. O tratamento de VOCÊ é muito mais comum que o de TU. Porém, quando se usa o imperativo, nota-se a constante opção pela conjugação em segunda pessoa: TU.

Presente do Indicativo		Imperativo Afirmativo		Presente do Subjuntivo
Eu compro		-		Que eu compre
Tu compras	sem o **s**	Compra tu		Que tu compres
Ele compra		Compre você		**Que ele compre**
Nós compramos	sem o **s**	Compremos nós		**Que nós compremos**
Vós comprais		Comprai vós		Que vós compreis
Eles compram		Comprem vocês		**Que eles comprem**

Obs.: Todos os verbos se conjugam assim, com exceção de SER. SÊ tu, SEJA você, SEJAMOS nós, SEDE vós, SEJAM vocês.

Negativo

Proibição. Existe uma equivalência com uma dos significados do futuro do indicativo.

Imperativo Negativo		Presente do Subjuntivo
Não sejas tu	←	Que tu sejas
Não seja você	←	Que ele seja
Não sejamos nós	←	Que nós sejamos
Não sejais vós	←	Que vós sejais

Correlação Verbal

As conjugações dos verbos, na maioria das bancas de concurso, não são cobradas de modo direto, senão pela correlação verbal. Ela consiste em situações cujas conjugações verbais aparecem de modo correlato, numa sintonia lógica ao que se queira dizer. Muitas vezes, ficar atento à conjunção ajuda bastante.

Exs.: Ainda que ela **suponha** a solução, nada **mudará**.

Ainda que ela **supusesse** a solução, nada **mudaria**.

Ainda que ela **supuser** a solução, nada **mudará**.

Caso nós **cheguemos** cedo, **iremos** ao show.

Caso nós **chegássemos** cedo, **iríamos** ao show. (Percebe-se que, pela conjugação verbal, tem-se a certeza de que ninguém foi ao show).

Caso nós **chegarmos** cedo, **iremos** ao show.

Vale ressaltar que unir o conhecimento do idioma com a conjugação certa dos verbos é um estudo bastante eficaz para se entender a gramática e compreender como as bancas abordam tal recurso.

Verbos Abundantes

Geralmente, os verbos trazem apenas um particípio, que pode ser regular ou irregular. No caso dos verbos abundantes, os particípios podem aparecer de duas formas: regular (-**do**) e irregular.

Exs.: nascer: nasci**do** → nato

benzer: benzi**do** → bento

morrer: morri**do** → morto

inserir: inseri**do** → inserto

pagar: paga**do** → pago

pegar: pega**do** → pego

enxugar: enxuga**do** → enxuto

Observações:

Usamos o particípio regular (-do), com os verbos auxiliares **TER** e **HAVER**.

Usamos o particípio irregular com os verbos auxiliares **SER** e **ESTAR**.

Ex.: Os boletos **foram pagos**.

A menina **tinha pagado** os boletos.

Obs.: TINHA PAGO é aceito.

Os padres **haviam benzido** o bebê.

Os bebês **estão bentos**.

Vozes Verbais

Indicam a relação que o sujeito mantém com o verbo. A abordagem desse tema é muito comum em provas de concurso. Geralmente, nos enunciados das questões, as vozes verbais podem aparecer associadas a uma palavra que gera dúvidas aos candidatos: transposição.

As vozes verbais são divididas em três: analítica, reflexiva e sintética.

Voz Passiva Analítica

Formada por verbos auxiliares e particípios. Nela, o sujeito recebe a ação e é chamado de sujeito paciente.

Exs.: Eu **corto** o pão. (voz ativa)

O pão **é cortado** por mim. (voz passiva analítica)

Percebe-se que o tempo verbal na voz ativa determina o tempo do verbo auxiliar na voz passiva. Fique atento nas provas, muitas vezes a transposição da voz ativa para a passiva é possível, mas o verbo aparece em outro tempo e você pode se prejudicar. Exemplo: Ele CORTA a maçã/A maçã É CORTADA por ela. Veja que os verbos CORTA e É estão no mesmo tempo verbal.

Exs.: Pintei – foi pintado.

Pintara – fora pintado.

Pintava – era pintado.

Pintará – será pintado.

Pintaria – seria pintado.

Estou Pintando – está sendo pintado.

Estava Pintando – estava sendo pintado.

Os verbos que aceitam transposição são os **transitivos diretos**, ou seja, aqueles que aceitam como complemento **algo** ou **alguém**.

Cortar, ver, pintar, amar, selecionar, ultrapassar, transpor, prejudicar etc.: percebemos que todos estes verbos pedem complemento **algo** ou **alguém**.

Não existe **voz passiva analítica** com verbos que exigem, no complemento, uma preposição.

Exs.: Eu gosto **de** você.

Eu assisti **ao** jogo.

Eu preciso **de** ajuda.

Como não existe sujeito preposicionado, não existe a possibilidade de haver **voz passiva analítica**.

Exceção: verbos OBEDECER e DESOBEDECER:

Exs.: Nós desobedecemos **ao** pai → **O pai foi desobedecido por nós**.

Eu obedeço **ao** pai → **O pai é obedecido por mim**.

Existem transposições que fogem do comum, mas estão perfeitamente corretas.

Exs.: Vives rodeado de mulheres. (Mulheres te rodeiam - **voz ativa**)

Pareceis cercado de problemas. (Problemas vos cercam - **voz ativa**)

Reflexiva

Caracteriza-se pela presença de pronome reflexivo, ou seja, o sujeito faz e recebe a ação simultaneamente.

Ex.: Eu **me** penteio - Ele **se** cortou.

Vejamos as formas reflexivas e seus respectivos pronomes.

eu **me** - tu **te** - ele(a)(s) **se** - nós **nos** - vós **vos**.

Sintética

Quando SE é um pronome apassivador ou partícula apassivadora, é possível transformar tal oração em voz passiva analítica. O verbo concorda com o sujeito. Assim, quando o sujeito estiver no plural, o verbo também estará.

Ex.: Vendem-**se** casas. - Casas **são vendidas**.

Pronome apassivador

Ex.: Fazem-**se** reparos. – Reparos **são feitos**.

Aqui **se** analisam as propostas.

Alugam-se salas.

Entender o conceito é o melhor caminho. Em provas, temos alguns exemplos que podem trazer confusão. Portanto, encontrar o sujeito sempre é uma saída. Descobre-se também a concordância correta quando passamos a oração para a voz passiva analítica.

Exs.: Não se **contrapuseram** nossos pontos de vista. → Nossos pontos de vista não **foram contrapostos**.

Aqui se **veem** problemas por toda parte. → Problemas **são vistos** por toda parte.

Verbos Impessoais

Não possibilitam a alguém exercer a ação. Só existem na 3ª pessoa do singular (em todos os tempos e modos). Aparecem em orações cujo sujeito é inexistente. São 4 os verbos impessoais:

Haver (no sentido de existir)

Na sala, **há** alunos.

Há = Existem

Exs.: Haverá problemas. (vai haver)

Existirão problemas. (vão existir)

Quando for utilizado o verbo EXISTIR, o sujeito se torna PROBLEMAS. Há diferença gramatical, mas não semântica, ou seja, o sentido continua o mesmo. Cuidado: muitas vezes, a locução verbal pode trazer mudança semântica. Desse modo, se a locução for DEVERÁ HAVER PROBLEMAS, existe a possibilidade de haver ou não problemas.

Fazer (indicando tempo decorrido)

Exs.: Hoje **faz** 15 anos que me formei.

Lá **faz** invernos rigorosos.

Verbos que Indicam Fenômenos da Natureza

Exs.: Chove sem parar.

Amanheceu muito tarde.

Na oração "**O dia** amanheceu tarde", a semântica é a mesma. Porém, há sujeito. Desse modo, o verbo, mesmo representando semanticamente um fenômeno da natureza, deixa de ser impessoal.

Ser

Sentido de tempo e quantidade: pode vir no plural, ainda assim será impessoal.

Ex.: É meia-noite.

É 01 de maio.

É meio-dia e meia.

SÃO 14 horas.

É (dia) / **SÃO** 25 de agosto.

100 reais **É** suficiente.

Vimos como os verbos são determinantes em uma prova. Saber a conjugação para entender a correlação e os sentidos que dão ao texto é fundamental. Conhecer as regras gramaticais ajuda, porém, entender cada forma como o verbo se mostra e as relações que possui é primordial ao entendimento de uma mensagem, de um texto. Verbo é essencial em Língua Portuguesa e sempre estará presente em qualquer assunto gramatical.

Transitividade Verbal

Os verbos dividem-se conforme a sua transitividade. São eles:

Intransitivo: Quando o sentido do verbo é completo e não exige complemento.

Ex.: Meu vizinho morreu.

Transitivo: Quando o sentido do verbo não é completo e é necessário um complemento para que faça sentido. Dentre os transitivos, pode ser:

Transitivo Direto: Quando exige um complemento que não é seguido por preposição (objeto direto):

Ex.: Comprei uma bolsa.

Transitivo Indireto: Quando exige um complemento que é seguido por preposição (objeto indireto):

Ex.: Gosto de cantar.

Transitivo Direto e Indireto (bitransitivo): Quando exige dois complementos para fazer sentido:

Ex.: Entreguei uma carta ao porteiro.

Verbo de Ligação: Quando não exprime uma ação e sim uma característica do sujeito:

Ex.: Marina é bonita.

São verbos de ligação:

Ser

Estar

Continuar

Andar

Parecer

Permanecer

Ficar

Tornar-se

Virar

Questões

01. (CESPE - 2019) Raras vezes na história humana, o trabalho, a riqueza, o poder e o saber mudaram simultaneamente. A coerência e a correção gramatical do texto seriam preservadas se a forma verbal "mudaram" fosse substituída por mudam.

Certo ( ) Errado ( )

02. (CESPE - 2018) "É a época em que a burguesia, que assumira o poder havia pouco tempo, executava uma espécie de junção entre a moral e a natureza."

Julgue o item a seguir.

Com o emprego da forma verbal "assumira", exprime-se a anterioridade de uma ação em relação a outra.

Certo ( ) Errado ( )

03. (CESPE - 2018) "O Juca era da categoria das chamadas pessoas sensíveis, dessas a que tudo lhes toca e tange. Se a gente lhe perguntasse: "Como vais, Juca?", ao que qualquer pessoa normal responderia "Bem, obrigado!" — com o Juca a coisa não era assim tão simples."

Na linha 4, caso a forma verbal "era" fosse substituída por seria, a respectiva afirmação sobre o comportamento de Juca seria mais categórica que a que se verifica no texto.

Certo ( ) Errado ( )

04. (CESPE - 2018) "Os professores fazem cursos, acumulam certificados, sem que isso corresponda a mudança ou responda aos desafios que encaram na sala de aula."

Sem prejuízo das informações veiculadas no texto, a forma verbal "responda" poderia ser substituída por atenda.

Certo ( ) Errado ( )

05. (CESPE - 2018) "O ano de 2017 foi o mais seguro da história da aviação comercial, de acordo com a organização holandesa Aviation Safety Network (ASN). Foram dez acidentes — nenhum deles envolvendo linhas comerciais regulares —, com 79 mortos, 44 entre passageiros e tripulantes e outras 35 pessoas que estavam em terra."

A correção gramatical do texto seria preservada caso se substituísse a forma verbal "Foram" por Houveram.

Certo ( ) Errado ( )

Gabaritos

01	CERTO
02	CERTO
03	ERRADO
04	CERTO
05	ERRADO

7. SINTAXE DA ORAÇÃO

7.1 Frase

Observe os exemplos:

Cuidado!

Estou cansada.

Passei no concurso!

Mentira!

Jura?

Anda logo!

Toda palavra ou conjunto de palavras organizada de maneira coerente e que transmita informações ou tenha sentido é considerada **frase**.

Classificação da Frase

De acordo com o seu **significado**, uma frase pode ser:

Declarativa ou afirmativa: Eu gosto de você.

Interrogativa: Você sabe que dia é a prova?

Exclamativa: Mentira!

Imperativa: Fique onde está.

Nominal

Quando não possui verbos:

Exs.:

Silêncio!

Bom dia!

Verbal

Quando possui verbos:

Exs.:

João **gosta** de Química.

As crianças **brincavam** no quintal.

Os meninos **são** muito agitados.

A frase verbal também é considerada *oração*.

7.2 Oração

Todo enunciado que faz sentido e que possui verbo é considerado oração.

Exs.:

***Cansei** de esperar.*

Eles **estão estudando** muito para a prova.

As meninas **passaram** horas se **arrumando** para a festa.

É preciso observar que:

- Nem toda frase é oração

Somente será oração quando houver verbo. Portanto, alguns enunciados serão apenas frases, pois terão sentido completo mas sem a presença de verbos:

Ex.: Que calor!

- Nem toda oração é frase

Em alguns casos, a oração não fará sentido sem um complemento. Portanto, haverá a presença de verbo, mas não será considerada uma frase:

Ex.: *Gostei | de você ter falado o que sentia.*

Observe que o primeiro verbo não faz sentido sem o complemento, sendo, portanto, uma oração, e não uma frase.

Período: Toda oração é chamada também de período, que pode ser:

Simples: Quando possui apenas um verbo, ou seja, apenas uma oração:

Exs.:

Eles **gostaram** do bolo.

As roupas **secaram** no varal.

Composto: Quando possui mais de um verbo, ou seja, mais de uma oração:

Exs.: Queremos que as coisas **sejam resolvidas** logo.

1ª oração 2ª oração

Era tarde quando **chegamos** do trabalho.

1ª oração 2ª oração

Quando houver uma locução verbal, será contado apenas o verbo principal, ou seja, será apenas uma oração:

Vai ficar tarde para **ligar** para ela.

1ª oração 2ª oração

Termos Essenciais da Oração

Observe o trecho a seguir:

Os alunos gostam das aulas de Inglês.

A oração faz sentido porque possui dois elementos essenciais: sujeito e predicado.

Sujeito é o termo sobre o qual a oração fala.

Predicado é o que se fala sobre o sujeito.

Os **alunos** <u>gostam das aulas de Inglês</u>.

Sujeito Predicado

Sujeito

Núcleo do sujeito: É o termo essencial na identificação do sujeito:

Os alunos.

Artigo substantivo

Núcleo do sujeito: alunos

Tipos de sujeito

Determinado: Quando é possível identificar o sujeito, ele é chamado sujeito determinado. Ele pode ser:

Simples: Quando possui apenas um núcleo:

Meus filhos gostam de almoçar aqui.

Núcleo: filhos.

Composto: Quando possui mais de um núcleo:

Meus filhos e meus netos gostam de almoçar aqui.

Núcleo: filhos, netos.

Oculto: Quando o sujeito não aparece na oração, mas é possível identificá-lo através do verbo:

Gostei de almoçar aqui.

Sujeito: eu.

Fomos embora cedo.

Sujeito: nós.

Indeterminado: Pode ser representado de duas maneiras:

01. Verbo na 3ª pessoa do plural.

Chegaram atrasado.

Falaram sobre ele.

Reclamaram dos preços.

Disseram que a fila estava enorme.

Note que nos períodos acima não é possível identificar o agente das ações. Por isso, é chamado sujeito indeterminado.

Observação: dependendo do contexto, o verbo na 3ª pessoa não significará sujeito indeterminado.

Exs.: Os meninos vieram do banco. Disseram que a fila estava enorme.

Sujeito: os meninos – implícito na oração e identificado graças ao contexto.

02. Verbo + partícula "se"

Confia-se muito em medicamentos.

Sujeito: ?

A partícula "se", nesse caso, atua como índice de indeterminação do sujeito. Essa construção ocorrerá com verbos transitivos indiretos, verbos intransitivos e verbos de ligação. Observe:

Ex.: Precisa-se de vendedores.
verbo transitivo indireto

Quem precisa?

Sujeito indeterminado.

Ex.: Vive-se melhor no campo.
verbo intransitivo

Quem vive?

Sujeito indeterminado.

> Note que as orações anteriores não estão na voz passiva, pois não é possível convertê-las para a voz ativa:
> Vive-se melhor no campo.
> Precisa-se de vendedores.
> Diferentemente dos exemplos acima, a construção de "verbo + se" também pode indicar voz passiva sintética. Veja o exemplo a seguir:
> Vende-se terreno.
> verbo transitivo direto
> Nesse caso, a partícula "se" é pronome apassivador, e o sujeito é "terreno". A oração na voz ativa ficará: Terreno é vendido.

Oração sem Sujeito

Em alguns casos, a ação expressa pelo verbo não terá sujeito. São eles:

Haver: Quando significar existir, acontecer, realizar:

Exs.:

Há muita gente passando fome. (existe)

O que **houve**? (aconteceu)

Houve uma cerimônia rápida em homenagem aos pais. (realizou-se)

Fazer, ser e estar: Quando significar tempo decorrido ou tempo decorrido de um fenômeno da natureza:

Exs.:

Faz dias que não a vejo.

Faz dias que chove.

Estava calor.

Verbos que expressam fenômenos da natureza

Amanheceu, embora ninguém tivesse dormido.

Choveu a noite inteira.

Faz anos que não **neva** aqui.

Predicado: embora seja possível existir oração sem sujeito, não existe oração sem predicado.

Ex.: Faz duas semanas que não a vejo.
Predicado

O predicado se divide em 3 tipos: verbal, nominal e verbo-nominal.

Predicado verbal: é o predicado cujo verbo indica uma ação:

Ex.:

Os **meninos levantaram** com pressa.

As águas **correm** depressa nessa parte do rio.

O núcleo do predicado verbal sempre será o verbo:

Os meninos **levantaram** cedo.
Sujeito Predicado
Núcleo do predicado: levantaram

Predicado nominal: é o predicado cujo verbo indica um estado do sujeito:

Ex.:

Os alunos **parecem** cansados.

Raul **estava** atrasado quando me encontrou.

Os verbos do predicado nominal são os **verbos de ligação**, que não indicam ação mas características do sujeito. Os principais verbos de ligação são:

Andar

Continuar

Estar

Ficar

Parecer

Permanecer

Ser

Assim como ocorre no predicado verbal, o núcleo do predicado nominal será o verbo de ligação:

Os alunos (Sujeito) **parecem** cansados. (Predicado; Núcleo do predicado: **parecem**)

Predicado verbo-nominal: em alguns casos, o predicado verbal e o predicado nominal aparecerão juntos, ou seja, o predicado indicará uma ação e um estado do sujeito:

Os meninos (Sujeito) **subiram** (Ação) as escadas apressados. (Estado (Estavam apressados))

O predicado verbo-nominal apresentará dois núcleos: os verbo de ação e o verbo de ligação.

No exemplo apresentado acima, o núcleo será: *subiram* e *apressados*.

Termos Integrantes da Oração

Em alguns casos, o verbo ou nome expresso na oração não apresenta sentido completo, exigindo um complemento para que a informação seja transmitira. Estes complementos, por não serem opcionais mas obrigatórios, são chamados de termos integrantes da oração. Eles são divididos em: objeto direto, objeto indireto, complemento nominal e agente da passiva.

Objeto direto: é o termo que completa o sentido do verbo transitivo direto. Observe o exemplo a seguir:

Ex.: Compramos frutas na feira.

O verbo comprar não possui sentido completo. Ou seja: é um verbo transitivo e exige um complemento para que a oração fique clara.

Como este complemento é ligado a ele de maneira direta, sem o auxilio de uma preposição, é chamado **objeto direto**.

Objeto indireto: é o termo que completa o sentido do verbo transitivo indireto. Observe o exemplo a seguir:

Eu **gostei** da viagem.

O verbo gostar não possui sentido completo. Ou seja: é um verbo transitivo e exige um complemento para que a oração fique clara.

Como este complemento é ligado a ele de maneira indireta, com o auxilio de uma preposição, é chamado **objeto indireto**.

Complemento nominal: em alguns casos, o termo que terá o sentido incompleto e exigirá um complemento será um nome (substantivo, adjetivo ou advérbio). Observe o exemplo a seguir:

Ex.: A saudade (Substantivo) **de casa** (complemento nominal) agitava a menina.

Agente da passiva: quando o verbo aparece na voz passiva, ou seja, com sujeito paciente, o termo que pratica a ação verbal será chamado **agente da passiva**:

Ex.: A festa (Sujeito paciente) foi paga **pelos funcionários do banco.** (Agente da passiva)

Se a oração for passava para voz ativa, o agente da passiva será sujeito:

Os funcionários do banco (sujeito) pagaram a festa.

Termos Acessórios da Oração

Adjunto adnominal: assim como o complemento nominal, o adjunto adnominal completa o sentido de um nome, caracterizando-o.

As luzes **de Natal** enfeitavam **a** sala.

Adjunto adnominal: as, de natal, a.

Os termos que completam o sentido de um nome podem ser artigos, adjetivos ou numerais:

Ex.: A (Artigo) cidade inteira acordou com **uma** (numeral) sensação **estranha.** (adjetivo)

Diferença entre adjunto adnominal e complemento nominal

Considerando que ambos completam o sentido de um nome, é comum ter dúvidas entre o adjunto adnominal e o complemento nominal. Para distingui-los, é importante observar os critérios abaixo:

Complemento nominal	Adjunto adnominal
Sempre com preposição	Nem sempre com preposição
Se relaciona com substantivos, adjetivos e	Se relaciona somente com substantivos, nunca com adjetivos ou advérbios
Nunca se relaciona com substantivos concretos	Se relaciona com substantivos concretos
	Transmite a ideia de **posse**

Adjunto Adverbial

Este é um dos termos da oração, muito abordado em provas de concurso. Tem-se observado que a nomenclatura dos adjuntos adverbiais não é visada pelas bancas; o que se aborda é a significação que tais palavras adquirem no contexto de um enunciado.

É importante frisar que o ADVÉRBIO está ligado ao verbo, e não o complementa. Sua função é modificar um verbo ou outro advérbio.

Exs.:

Eu moro **longe.** (Modificando um verbo)

Eu moro **muito** (Modificando outro advérbio) longe.

É possível perceber que as nomenclaturas representam realmente o que simbolizam.

De tempo (quando?): Termo que sempre vai designar ideia de tempo.

Ex.: Hoje, geralmente, amanhã, ontem, nunca, jamais etc.

De lugar (onde?): Termo que sempre vai designar ideia de lugar.

Ex.: Aqui, lá, acolá, ali etc.

De afirmação: Termo que sempre vai designar ideia de afirmação.

Ex.: Sim, certamente, com certeza, sem dúvida, amém etc.

De negação: Termo que sempre vai designar ideia de negação.

Ex.: Não, nunca, jamais etc.

De dúvida: Termo que sempre vai designar ideia de dúvida.

Ex.: Talvez, quiçá, oxalá, provavelmente etc.

De causa: Termo que sempre vai designar ideia de causa.

Exs.: Tremeu **com a palavra**.

Vibrou **com a notícia**.

De instrumento: Termo que sempre vai designar ideia de instrumento.

Exs.: Feriu-se **com o anzol**.

Enforcou-se **com a corda**.

De companhia: Termo que sempre vai designar ideia de companhia.

Exs.: Saí **com minha tia.**

Viajamos **com a mãe.**

De modo: Termo que sempre vai designar ideia de modo.

Ex.: Erroneamente, facilmente, às claras, às escuras etc.

De intensidade: Termo que sempre vai designar ideia de intensidade.

Ex.: Muito, pouco, menos, mais, bastante etc.

De assunto: Termo que sempre vai designar ideia de assunto.

Ex.: Falei **sobre gramática**.

De proporção: Termo que sempre vai designar ideia de proporção.

Ex.: À medida que, à proporção que, conforme, quanto mais, quanto menos etc.

De finalidade: Termo que sempre vai designar ideia de finalidade.

Ex.: Para que, a fim de (que), para etc.

De consequência: Termo que sempre vai designar ideia de consequência.

Ex.: Tanto que, tamanho que, tal que, tão que etc.

De concessão: Termo que sempre vai designar ideia de concessão.

Ex.: Embora, ainda que, por mais, apesar de, conquanto etc.

De condição: Termo que sempre vai designar ideia de condição.

Ex.: Se, caso, desde que, contanto que etc.

De comparação: Termo que sempre vai designar ideia de comparação.

Ex.: Como, tal qual, (do) que, qual, quão etc.

De conformidade: Termo que sempre vai designar ideia de conformidade.

Ex.: Como, conforme, segundo, consoante, de acordo etc.

De meio: Termo que sempre vai designar ideia de meio.

Exs.: Fui **de trem.**

Mandei **via correio**.

Aposto: Observe o exemplo a seguir:

João, **morador do térreo**, reclamou do barulho das crianças na garagem.

O termo destacado acrescenta uma informação sobre o sujeito, identificando-o ou caracterizando-o. Este termo é chamado *aposto.*

São Paulo, **maior cidade do país**, luta contra a poluição.

Fascinadas com o parque, as meninas não queriam ir embora.

> Geralmente, o aposto aparece entre vírgulas. Entretanto, quando aparece sem elas, é chamado aposto restritivo. Observe a diferença:
>
> Os alunos da tarde que vão viajar devem entregar a autorização até amanhã.
>
> Os alunos da tarde, que vão viajar, devem entregar a autorização até amanhã.
>
> No 1º caso, entende-se que apenas os alunos da tarde que vão viajar precisam entregar a autorização. Trata-se, portanto, de aposto restritivo.
>
> No 2º caso, entende-se que TODOS vão viajar e o aposto, portanto, é uma informação que cabe a todos os alunos da tarde. Trata-se, portanto, de aposto explicativo.

Vocativo

Observe os exemplos a seguir:

Marina, você viu o edital do concurso?

Crianças, já bateu o sinal!

Corram, **meninas**, vocês vão se atrasar!

Observe que os termos assinalados não possuem relação sintática com os enunciados. Trata-se de uma **interlocução**, uma relação entre quem fala e quem ouve.

Questões

01. (CESPE - 2018) "A liderança é uma questão de redução da incerteza do grupo, e o comportamento pelo qual se consegue essa redução é a escolha, a tomada de decisão."

No período "A liderança (...) tomada de decisão", a expressão "A liderança" exerce a função de sujeito da forma verbal "é" em suas duas ocorrências.

Certo ( ) Errado ( )

02. (CESPE - 2019) "Quando indaguei a alguns escritores de sucesso que manuais de estilo tinham consultado durante seu aprendizado, a resposta mais comum foi "nenhum". Disseram que escrever, para eles, aconteceu naturalmente."

No que se refere ao texto precedente, julgue o item a seguir. O sujeito da oração iniciada pela forma verbal "Disseram" é indeterminado.

Certo ( ) Errado ( )

03. (CESPE - 2018) "... a sageza e prudência de não acreditar cegamente naquilo que supõe saber, que daí é que vêm os enganos piores, não da ignorância."

O vocábulo "daí" e a expressão "da ignorância" exercem a mesma função sintática no período em que ocorrem.

Certo ( ) Errado ( )

04. (CESPE - 2016) "Ademais, em segundo plano, tal atribuição fiscalizatória advém dos preceitos morais que impõem a necessidade de contenção dos vícios eleitorais... Não há dúvida de que o voto é a melhor arma de que dispõe o eleitor..."

Os verbos "impor" e "dispor", empregados, respectivamente, nas linhas, recebem a mesma classificação no que se refere à transitividade.

Certo ( ) Errado ( )

05. (CESPE - 2018) "A unidade surgiu como delegacia especializada em setembro de 2004. Agentes e delegados de atendimento a grupos vulneráveis realizam atendimento às vítimas, centralizam procedimentos relativos a crimes contra o público vulnerável registrados em outras delegacias, abrem inquéritos e termos circunstanciados e fazem investigações de queixas."

Os termos "a crimes contra o público" e "de queixas" complementam, respectivamente, os termos "relativos" e "investigações".

Certo ( ) Errado ( )

Gabaritos

01	ERRADO
02	ERRADO
03	CERTO
04	ERRADO
05	CERTO

8. SINTAXE DO PERÍODO

Observe as orações a seguir:

Fui à fazenda.

Cheguei à fazenda e **corri** para ver o lago.

Gostei de **andar** pela fazenda.

A primeira oração possui apenas um verbo e o sentido completo. Trata-se, portanto, de um **período simples**, ou uma **oração absoluta.**

No segundo caso, temos duas orações, ou seja, dois verbos, com sentidos completos e independentes uma da outra.

Ex.: Cheguei à fazenda. **Corri** para ver o lago.

Cheguei à fazenda e **corri** para ver o lago.

Por possuir mais de um verbo, trata-se de um **período composto.**

Por serem as orações independentes, trata-se de um período composto por coordenação. As orações são **coordenadas.**

No terceiro caso, as duas orações não possuem sentido completo e independente:

Ex.: Gostei de **andar** pela fazenda.

As orações dependem uma da outra para ter sentido, não sendo, portanto, independentes. Neste caso, trata-se de um período composto por subordinação. Há uma oração principal e uma **oração subordinada.**

8.1 Período Composto por Coordenação

As orações coordenadas são aquelas que possuem sentido independente.

As orações coordenadas podem ser:

Sindéticas: quando possuem elemento de ligação, normalmente representado pelas conjunções:

Ex.: Cheguei tarde **e** logo dormi.

Assindéticas: quando não possuem elemento de ligação, normalmente representado pelas conjunções:

Ex.: Tentou, (1ª oração) cansou, (2ª oração) desistiu. (3ª oração)

Aditivas: são as orações que dão a ideia de adição. Normalmente são ligadas por uma conjunção aditiva:

Ex.: Chegou cansada **e** logo foi dormir.

Alternativas: são as orações que dão a ideia de alternância. Normalmente são ligadas por uma conjunção alternativa:

Ex.: Ou chega atrasado **ou** sai mais cedo.

Adversativas: são as orações que dão a ideia de oposição. Normalmente são ligadas por uma conjunção adversativa:

Ex.: Chegou cansada, **mas** deu atenção aos filhos.

Explicativas: são as orações que dão a ideia de explicação. Normalmente são ligadas por uma conjunção explicativa:

Ex.: Estava chateado, **pois** *não* conseguiu o emprego que queria.

Conclusivas: são as orações que dão a ideia de conclusão. Normalmente são ligadas por uma conjunção conclusiva:

Ex.: Choveu o dia inteiro, **portanto** não poderemos realizar a reunião no gramado.

8.2 Período Composto por Subordinação

O período composto por subordinação é caracterizado pela presença de uma oração principal e uma a ela subordinada.

A classificação das orações subordinadas é semelhante à classificação dos termos no período simples. A diferença é que o termo será representado por uma oração.

Oração Subordinada Substantiva

As orações subordinadas substantivas classificam-se em:

Oração subordinada substantiva	Função
Subjetiva	Sujeito da oração principal
Objetiva direta	Objeto direto da oração principal
Objetiva indireta	Objeto indireto da oração principal
Completiva nominal	Complemento nominal (de um termo) da oração principal
Apositiva	Aposto da oração principal
Predicativa	Predicativo do sujeito da oração principal

As orações subordinadas substantivas exercem a mesma função sintática que os substantivos exerceriam na oração. Observe:

Ex.: Mariana gosta (VTI) de doces. (OI)

Ex.: Mariana gosta (VTI) de passear com o cachorro.

de passear com o cachorro: por possuir verbo, é uma oração subordinada com função de OI. Portanto, trata-se de uma oração subordinada substantiva objetiva indireta.

Subjetiva: a oração subordinada substantiva subjetiva tem a função de sujeito da oração principal:

Exs.: Não **convém** falar mal dos outros.

Foi **avisado** que a reunião ia demorar.

Objetiva direta: a oração subordinada objetiva direta tem a função de objeto direto da oração principal:

Ex.: As meninas **falaram** (VTD) que você gostou do presente.

Objetiva indireta: a oração subordinada objetiva indireta tem a função de objeto indireto da oração principal:

Os alunos **gostaram** (VTI) de falar sobre as férias

Completiva nominal: a oração subordinada completiva nominal tem a função de complemento nominal de um nome da oração principal:

Ex.: Nós ficamos **cansados** (nome incompleto) por viajar tanto tempo.

Apositiva: a oração subordinada apositiva tem a função de aposto da oração principal:

Ex.: Uma coisa era certa: **nada seria como antes**.

Predicativa: a oração subordinada predicativa tem a função de predicado da oração principal.

Acontece quando a oração principal apresenta um verbo de ligação:

Meu medo ***era*** que ***chovesse no dia da viagem***.

Orações subordinadas adverbiais: têm valor de advérbio e formam um total de 9 tipos de orações. O mais comum em provas é cobrar o valor da conjunção. Atenção: **oração = verbo** - *subordinada = dependência* - adverbial = valor de advérbio.

Oração subordinada adverbial temporal: possui valor de tempo e traz conjunções como QUANDO, DESDE QUE, ENQUANTO, ASSIM QUE, LOGO QUE etc.

Desde que trabalho, meus sonhos acontecem.

Conj. temporal

Trabalho = modo indicativo (tempo)

Oração subordinada adverbial condicional: possui valor de condição e traz conjunções como SE, CASO, DESDE QUE, CONTANTO QUE etc.

Desde que trabalhe, meus sonhos acontecerão.

Conj. condicional

Trabalhe = subjuntivo (hipótese)

Oração subordinada adverbial proporcional: possui valor de proporção e traz conjunções como À MEDIDA QUE, À PROPORÇÃO QUE, CONFORME, QUANTO MAIS, ASSIM COMO etc.

Ex.: **À medida que leio,** mais inteligente fico.

Conj. proporcional

Existem muitas conjunções que podem aparecer com valores distintos. Portanto, decorar não é a solução. Dependendo de como elas apareçam na oração e de como se relacionam com verbos, o valor de tais conectivos muda.

Oração subordinada adverbial consecutiva: possui valor de consequência e traz conjunções como TANTO QUE, TÃO QUE, TAMANHO QUE etc.

Ex.: O tombo foi **tão** feio **que** desmaiou.

Conj. consecutiva

Oração subordinada adverbial causal: possui valor de causa e traz conjunções como PORQUE, COMO, JÁ QUE, UMA VEZ QUE etc.

Exs.: **Como** você não apareceu, fui ao cinema.

Conj. causal

Nosso produto vende mais, **porque** é fresquinho.

Conj. causal

É comum confundir conjunções causais com as explicativas. Para não cair em armadilhas, pergunte "O que acontece primeiro?". A causa sempre vem primeiro, se houver conjunção na causa, a conjunção terá valor de causa, se não, terá valor de explicativa.

Oração subordinada adverbial conformativa: possui valor de conformidade e traz conjunções como CONFORME, COMO, SEGUNDO, CONSOANTE, DESTA FORMA etc.

Ex.: Segui as instruções **como** nós havíamos combinado.

Conj. conformativa

Oração subordinada adverbial comparativa: possui valor de comparação e traz conjunções como QUE, TAL QUAL, QUAL, QUÃO, COMO etc.

Ex.: Ela me tratou **como** se eu não existisse.

Conj. comparativa

Oração subordinada adverbial final: possui valor de finalidade e traz conjunções como A FIM DE (QUE), PARA QUE, PARA etc.

Ex.: Rezei **para que** a prova fosse adiada.

Conj. final

Oração subordinada adverbial concessiva: possui valor de concessão (ceder) e traz conjunções como EMBORA, AINDA QUE, CONQUANTO, APESAR DE, POR MAIS QUE etc.

Ex.: **Embora** odeie minha sogra, dependo dela.

Conj. concessiva

Orações Subordinadas Adjetivas

Orações que têm valor de adjetivo. Se houver conectivos nessas orações, serão pronomes relativos QUE, O(A)(S) QUAL(IS), CUJO (A)(S) etc. Não é comum aparecerem nas provas com essa nomenclatura, porém é a vírgula quem dá toda a diferença delas. Fique atento à semântica, ao entendimento do contexto das orações.

O gelo **FRIO** – adjetivo explicativo.

Que é frio

A mulher **GANANCIOSA** – adjetivo restritivo.

Que é gananciosa

QUE é um pronome relativo.

Para transformar adjetivos em orações, colocamos verbos neles.

Adjetiva explicativa: são aquelas orações que têm valor de adjetivo explicativo, ou seja, se retiradas não fazem diferença numa oração. Sempre são isoladas por vírgulas.

Exs.: A mãe, **que tem filhos,** detesta fraldas de pano.

Este menino, **que rouba livros**, é analfabeto.

A menina, **que nunca foi santa**, aprontou mais uma.

Perceba que aqui o entendimento da oração, do idioma, fica mais evidente que a nomenclatura gramatical. Perceba que todas as orações em destaque não fazem diferença na mensagem. Todo padre faz seminário. Já se sabe quem enforcou o rato e, se a menina aprontou MAIS UMA, significa que ela nunca foi santa.

Adjetiva restritiva: são aquelas orações que têm valor de adjetivo restritivo, ou seja, são essenciais para pontuar uma mensagem. Literalmente restringem uma informação. A vírgula depois dela, uma só, é opcional.

O padre **que é bêbado** (,) sempre atrasa a missa.

O cão **que latiu** (,) estava bravo.

Perceba que não é qualquer padre ou qualquer cão, todos eles estão especificados, ou seja, restritos. Na terceira oração, o tempo verbal faz a diferença, veja que se falou do "cão que latiu", apenas dele.

Exs.: Almocei com meu irmão **que se casou.** (restritiva)

Almocei com meu irmão, **que se casou.** (explicativa)

A diferença entre as duas é gritante. Na primeira, o sujeito possui mais de um irmão, ele especifica com qual deles almoçou. Na segunda, ele possui apenas um irmão.

As nomenclaturas reforçam a tese. Repare que na segunda, sendo explicativa, já se sabe com qual irmão ele almoçou. Na primeira ele restringe com qual irmão almoçou.

Exs.: Vi o senador **que é meu vizinho.** (restritiva)

Vi o senador, **que é meu vizinho.** (explicativa)

Na primeira, sei de qual senador o sujeito se refere. Na segunda, pode-se falar que o sujeito esteja na Câmara do Senado, por especificar qual senador, entre muitos que lá trabalham, ele viu.

Vimos neste capítulo como o valor das conjunções pode e vai confundir você, caso sua mente não esteja atenta. Saber quais são as conjunções é válido, porém saber o valor que possuem é ainda mais útil e eficaz para êxito numa prova de concurso. Assim como na coordenadas, as subordinadas pedem uma atenção ainda maior. O lado positivo é que representam literalmente o nome que recebem. Já nas substantivas, não se esqueça de que a conjunção é sempre integrante e que você consegue substituir toda uma oração substantiva por ISSO. Nas adjetivas, as vírgulas diferenciam uma da outra, entretanto estar atento à mensagem é o essencial para ter êxito nas provas.

Questões

01. (CESPE - 2017) "Mas é claro que a gramática do inglês não é a mesma gramática do português"

Em relação às ideias e aos aspectos linguísticos do texto precedente, julgue o item que se segue. A oração "que a gramática do inglês não é a mesma gramática do português" exerce a função de complemento do vocábulo "claro".

Certo ( ) Errado ( )

02. (CESPE - 2017) "A política pública enquanto área de conhecimento e disciplina acadêmica surgiu nos Estados Unidos da América (EUA), em um rompimento com a tradição europeia de estudos e pesquisas nessa área, que se concentravam, então, mais na análise sobre o Estado e suas instituições do que na produção dos governos."

A oração "que se concentravam, então, mais na análise sobre o Estado e suas instituições do que na produção dos governos" introduz, no período em que ocorre, além de uma explicação sobre "estudos e pesquisas nessa área", uma comparação.

Certo ( ) Errado ( )

03. (CESPE - 2017) No trecho "ele me leva a um restaurante que, apesar de simpático, me pareceu um pouco estranho", o elemento "que" introduz oração de natureza restritiva, intercalada por estrutura de valor adverbial.

Certo ( ) Errado ( )

04. (CESPE - 2017) "Embora não possamos desconsiderar o avanço científico a que os últimos séculos assistiram — as revoluções consideráveis no campo da medicina, da física, da química e das próprias ciências sociais e humanas —, essa ciência capitalista, androcêntrica e colonial não tem conseguido dar conta de resolver o problema que ela própria ajudou a construir."

Considerando as ideias e estruturas linguísticas do texto, julgue o item a seguir. O conectivo "Embora" introduz no período em que ocorre uma ideia de concessão.

Certo ( ) Errado ( )

(CESPE - 2017) "Quem não sabe deve perguntar, ter essa humildade, e uma precaução tão elementar deveria tê-la sempre presente o revisor, tanto mais que nem sequer precisaria sair de sua casa, do escritório onde agora está trabalhando, pois não faltam aqui os livros que o elucidariam se tivesse tido a sageza e prudência de não acreditar cegamente naquilo que supõe saber, que daí é que vêm os enganos piores, não da ignorância."

O vocábulo "que" recebe a mesma classificação em ambas as ocorrências no trecho "que daí é que vêm os enganos piores".

Certo ( ) Errado ( )

Gabaritos

01	ERRADO
02	CERTO
03	CERTO
04	CERTO
05	ERRADO

9. CONCORDÂNCIA VERBAL E NOMINAL

9.1 Concordância Verbal

A concordância verbal é dos assuntos mais cobrados em provas de concurso, justamente pela complexidade que envolve a detecção de certos erros. O assunto por si só gera problemas, e as bancas agravam a abordagem do conteúdo, conduzindo, muitas vezes, o candidato ao erro. Saber as regras é importante, mas seguir alguns passos para isso é ainda melhor. Uma dica: em primeiro lugar, deve-se encontrar o sujeito. Fazendo isso, o candidato perceberá a relação do verbo com o sujeito, de modo que fica mais fácil unir o conhecimento das regras à coerência da mensagem.

A concordância verbal ocorre quando o verbo concorda com o núcleo do sujeito. Porém, levar isso à risca é perigoso, pois nem todos os casos seguem tal teoria e definição. Por isso, atenção aos exemplos. Vale lembrar que todos os verbos seguem as mesmas regras, com exceção de SER, que possui uma regra específica.

1ª pessoa	2ª pessoa	3ª pessoa
eu, nós	tu, vós	ele(a)(s)

Eu e tu **fizemos.**
(nós)

Tu e ele **fizestes** – ou – Tu e ele **fizeram.**
(vós) **(eles)**

Percebe-se que a ordem de aparição dos sujeitos pode mudar a concordância do verbo:

Eu, ela, Maria e Paula **fizemos**.
(nós)

Quando o sujeito vier posposto ao verbo, a concordância pode ser feita de duas formas: com os núcleos ou com o mais próximo.

Exs.: Fizemos eu, ela, Maria e Paula.

Fiz eu, ela, Maria e Paula.

Casos de concordância verbal

Um(a) dos(as) que

Um dos que: pode-se concordar com o mais próximo ou a quem que se quer dar ênfase:

Ela é uma **das** que **vieram** – ou – veio.

Muitas vezes, a mudança de concordância dos verbos pode influenciar em prejuízo semântico. A ênfase pode mudar. Saber unir seu domínio do idioma com as regras gramaticais é essencial para ter êxito em uma prova.

Núcleos com sinônimos

A concordância é feita de duas formas, com os núcleos ou no singular, como se fosse uma coisa apenas.

Dor e sofrimento

Guiam – ou – guia minha vida.

(dor e sofrimento são sinônimos)

Sujeito oracional

Verbo sempre no SINGULAR.

Ex.: Amar e agir não **denota** a mesma coisa.

OU como inclusão no plural

Ex.: Manga **ou** mexerica me **aprazem**.
valor de E

Aposto resumitivo

Verbo concorda com ele. Único caso em que o verbo não concordará com o núcleo do sujeito.

Ex.: Cinema, música, arte, dança, **tudo** me **agrada**.
aposto

Preposição COM

Duas concordâncias, com um dos núcleos ou com os dois.

Exs.: José **com** o cão **passeou** – ou – **passearam**.

José passeou com o cão. – mesma semântica

Coletivo pelo determinante

Duas concordâncias, com o coletivo e com os determinantes.

Exs.: A maioria **das pessoas** sofre – ou – sofrem.

Parte **dos alunos vieram** – ou – veio.

Mais de / Menos de

Ex.: Mais de um cliente **surgiu** – Menos de dois clientes **surgiram**.

Mais de um caminhão **se chocaram**.

Por causa do SE (pronome reflexivo), acredita-se que seja mais de um carro mesmo, ou seja, no mínimo dois.

Com pronomes

Ex.: Nem eu nem ele **vamos**.

Equivale a "eu e ele vamos".

(Nenhum) Nem um nem outro **vai**.

Ninguém apareceu.

Ex.: Quem de nós **foi**? – Qual de nós **vai**?

Concordando sempre com o pronome no singular.

Ex.: Quantos de **nós** vão – ou – **vamos**?

Pronomes no plural, tanto faz concordar com o coletivo ou com o determinante.

Sujeito deslocado

Muitas vezes, achar o sujeito é o meio mais seguro de saber se a concordância está correta. Claro que saber a regra constitui um aliado. Em provas, o mais comum é a mescla dos dois.

Ex.: Não se **contrapuseram** o meu e o seu ponto de vista.

Sujeito

São dois os pontos de vista. Verifica-se que tudo fica no singular para induzir o candidato ao erro.

Couberam (**coube**) a mim, um ator jovem, num mundo de ambição, o papel de mordomo e o de vilão.

Sujeito: o papel de mordomo e o de vilão. São dois os papéis.

Verifica-se que o verbo, por anteceder o sujeito, poderia vir no singular. Mas, em um concurso, a banca tende a induzir o candidato ao erro. Nota-se que não existe uma palavra no plural, e isso pode confundir o candidato. A flexão no singular COUBE é aceita porque o verbo está anteposto, podendo concordar com o primeiro núcleo do sujeito, no caso, PAPEL.

Vejamos algumas orações que podem causar dúvida quanto à concordância verbal:

Exs.: Soaram 10 horas no relógio.

Deu meio-dia nos relógios.

Deram 1 hora **nos relógios**.

Que / Quem

Fui eu **que fiz.**

Quem fiz.

Quem fez.

Fomos nós **que fizemos.**

Quem fizemos.

Quem fez.

Países / Estados

Mesmo que o nome esteja no plural, o verbo ficará no singular, a menos que apareça um artigo, daí o verbo se flexiona no plural.

Exs.: Estados Unidos **invade** o Iraque – **Os** Estados Unidos **invadem** o Iraque.

Minas Gerais **abraça** o Brasil – **As** Minas Gerais **abraçam** o Brasil.

Os lusíadas **narra / narram** a saga portuguesa.

Pronomes de tratamento

Sempre 3ª pessoa do singular.

Vossa Santidade está bem?

Locução verbal

O verbo auxiliar concorda com o núcleo do sujeito.

Eles **vão** sair.

Exceção ao verbo auxiliar PARECER, que pode flexionar concordando com o núcleo ou ficar no singular.

Eles **parecem** dormir – Eles parece **dormirem**.

Haja Vista

Pode concordar com o termo sucessor no plural ou ficar invariável.

Ex.: (...) **HAJA** VISTA **o problema** da saúde.

(...) **HAJAM** VISTA **os problemas** da saúde.

(haja vista)

Silepse de Pessoa

O verbo concorda com um termo implícito.

Os brasileiros **estamos** calmos. (**nós**, termo implícito)

(**estão**)

Concordância do Verbo Ser

As regras do verbo SER são diferentes. Ele concorda com o pronome do caso reto e/ou com pessoas, independente se estiverem no sujeito ou no predicado. Na ausência dessas duas possibilidades, o verbo SER concorda com quem estiver no plural.

Exs.: As crianças são o inferno.

Meu sonho **são meus pais**.

O rei **somos nós**.

Tudo **são** (é) **flores**.

O verbo "ser", quando indica tempo ou distância, concordará com o predicativo:

Ex.: São seis quilômetros daqui até a cidade.

→ Se a oração estiver na voz passiva, com sujeito indeterminado, o verbo ficará na terceira pessoa do singular:

Ex.: Precisa-se de vendedores.

→ Se o verbo vier acompanhado do pronome apassivador "se", deverá concordar com o sujeito:

Ex.: Alugam-se barcos.

→ Quando o sujeito for composto, o verbo ficará no plural quando aparecer depois do sujeito:

Ex.: Filhos e netos aplaudiram o discurso do jardineiro.

→ Quando o verbo aparecer antes do sujeito composto, poderá aparecer no plural ou no singular concordando com o primeiro termo:

Exs.: Chegaram a filha, o genro e os netos.

Chegou a filha, o genro e os netos.

→ Verbos que indicam fenômenos da natureza, por não possuírem sujeito, ficarão sempre na terceira pessoa do singular:

Exs.: Ventou a semana toda.

Choveu por três dias.

→ O verbo "haver", quando apresentar o sentido de "existir", será impessoal e ficará sempre na terceira pessoa do singular:

Ex.: Há várias coisas para fazer aqui.

→ Os verbos "haver" e "fazer", quando indicarem tempo, também serão impessoais e ficarão sempre na terceira pessoa do singular:

Exs.: Faz duas semanas que não como doces.

Há meses que não vou até lá.

9.2 Concordância Nominal

Muitas vezes, a concordância nominal aparece junto à verbal. As bancas têm o hábito de colocar as duas num mesmo exercício. O grau de atenção que o tópico pede é o mesmo que o da concordância verbal.

A concordância nominal ocorre quando existe a concordância com o nome em gênero (masculino e feminino) e número (singular e plural).

Quando houver os dois gêneros, na concordância, sempre prevalecerá o masculino.

Comprei toalha e tapete **amarelos**. (concorda com os dois)

Comprei toalha e tapete **amarelo**. (concorda apenas com TAPETE)

Comprei toalha **amarela** e tapete. (concorda apenas com TOALHA e deve estar "colado" ao termo feminino)

Comprei **amarela** toalha e tapete. (concorda com o mais próximo)

Comprei **amarelos** toalha e tapete. (concorda com os dois)

Exs.: A cerveja que desce **REDONDO**.

(advérbio, sem variação)

É **PROIBIDO** entrada de estranhos.

É **PROIBIDA A** entrada de estranhos.

(artigo muda o gênero)

Casos de concordância nominal

Anexo

Ex.: Seguem **ANEXAS** as planilhas.

Seguem **EM ANEXO** as planilhas.

Bom / Boa

Exs.: Salada é **bom.**

A salada é **boa**.

Meio / Meia

Exs.: Ela ficou **MEIO** tensa. (advérbio)

Já é meio-dia e **meia**. (numeral)

Menos

Ex.: Faça **MENOS** força.

Mesmo

Ex.: Joana **MESMA** fez o bolo.

Joana fez o bolo **MESMO.**

Só

Exs.: Ele ficou SÓ com a menina. (concorda com o sujeito)

Eles ficaram **SÓS** com a menina. (concorda com o sujeito)

A Sós

Exs.: Ele ficou **A SÓS** com ela.

Eles ficaram **A SÓS** com ela.

(ambos são advérbios, portanto, não há variação)

Quite/Quites

Exs.: Eu estou **QUITE**.

Nós estamos **QUITES.**

Alerta

Ex.: As pessoas ficaram **ALERTA**.

Muitas vezes, saber a quem o termo se refere ajuda, e muito, para entender o conceito de concordância. Em provas, é comum deslocar a concordância do termo com o qual ela se relaciona, e o candidato pode ser induzido ao erro.

Ex.: Achei **LINDA**, entre todos os presentes, homens de negócio, ambiciosos cujo poder suplanta qualquer caráter, **a sua atitude**.

Adjetivos Compostos

Quando há dois adjetivos, em um mesmo termo, apenas o segundo se flexiona em concordância ao nome.

Reuniões afro-**brasileiras.**

Clínicas médico-**cirúrgicas.**

Exceção:

Crianças **SURDAS-MUDAS.**

Cores

Cores compostas, apenas **CLARO e ESCURO flexionam,** os demais termos não.

Exs.: Blusas verde-**claras.**

Calças verde-**escuras.**

Sutiãs verde-abacate.

Cuecas vermelho-sangue.

Quando a cor funcionar também como substantivo, apenas o substantivo flexionará o adjetivo, ou seja, a cor não. O plural de CINZA, como substantivo ficará CINZAS, a cor não.

Exs.: Saias laranja.

Camisas vinho.

Blusas violeta.

Calcinhas creme.

Sapatos cinza.

Vimos, neste capítulo, como a atenção ao sujeito é primordial para que tanto a concordância nominal como a verbal fiquem claras para o aluno. Saber as regras é importante, porém entender os conceitos e, principalmente, dominar a semântica da Língua Portuguesa é ainda mais essencial. A leitura ajuda muito. Quem lê bastante acaba dominando as mensagens, mesmo as mais peculiares que os discursos trazem.

Questões

01. (CESPE - 2019) "Desse modo, o poder de tributar está na origem do Estado ou do ente político, a partir da qual foi possível que as pessoas deixassem de viver no que Hobbes definiu como o estado natural (ou a vida pré-política da humanidade) e passassem a constituir uma sociedade de fato, a geri-la mediante um governo, e a financiá-la, estabelecendo, assim, uma relação clara entre governante e governados."

O referente da forma verbal "passassem" é o termo "as pessoas".

Certo ( ) Errado ( )

02. (CESPE - 2018) "Ao voltarmos, o futebol ininterrupto que jogávamos com bola de borracha na porta da fábrica em frente parou e a molecada correu até nós."

O sujeito da forma verbal "parou" (L. 5) é "fábrica" (L. 5).

Certo ( ) Errado ( )

03. (CESPE - 2018) "Na realidade, cada cientista recebe vários casos ao mesmo tempo. A maioria dos laboratórios acredita que o acúmulo de trabalho é o maior problema que enfrentam, e boa parte dos pedidos de aumento no orçamento baseia-se na dificuldade de dar conta de tanto serviço."

Seria mantida a correção gramatical do texto caso a forma verbal "acredita" (L.2) fosse flexionada no plural: acreditam.

Certo ( ) Errado ( )

04. (CESPE - 2018) "O VTS é um sistema eletrônico de auxílio à navegação, com capacidade de monitorar ativamente o tráfego aquaviário, melhorando a segurança e eficiência desse tráfego, nas áreas em que haja intensa movimentação de embarcações ou risco de acidente de grandes proporções"

A forma verbal "haja" (L.3) poderia ser flexionada no plural — hajam —, preservando-se a correção gramatical e os sentidos do texto.

Certo ( ) Errado ( )

05. (CESPE - 2018) "Era preciso colocar no papel e compartilhar a dor daquelas pessoas que, mesmo ao fim do processo e com a sentença prolatada, não me deixavam esquecê-las."

A alteração da forma verbal "deixavam" para o singular — deixava — não comprometeria a correção gramatical do período em que tal forma aparece, mas modificaria seu sentido original.

Certo ( ) Errado ( )

Gabaritos

01	CERTO
02	ERRADO
03	CERTO
04	ERRADO
05	CERTO

10. COLOCAÇÃO PRONOMINAL

A colocação pronominal caracteriza-se quando o pronome oblíquo aparece relacionado ao verbo. Existem 3 formas de o pronome oblíquo aparecer junto ao verbo: depois, no meio e antes dele. Apesar de a próclise ser a mais recorrente em concursos, a colocação pronominal é comum nas provas, independentemente da banca.

Ênclise

Caracteriza-se quando o pronome oblíquo aparece depois do verbo. É a forma natural de o pronome aparecer. Existe apenas uma regra. É comum chamar o pronome oblíquo numa ênclise de pronome **enclítico**.

Jamais se inicia oração com pronomes oblíquos.

Ex.: Dê-**me** – Fale-**me** - Compre-**o** – Diga-**lhe**– Faça-**o**- Fizeram-**me**.

Não importa o pronome, importa que a ele seja dado o nome de enclítico quando vier depois do verbo.

A ênclise só é obrigatória nessas situações, fora isso, a próclise, quando o pronome oblíquo aparece antes do verbo, também pode ser correta.

> Não é interessante decorar regras. Entender o conceito é muito mais seguro para uma prova. Observemos a oração a seguir.

Ex.: Aqui (se) trabalha(**-se**).

O pronome SE viria antes ou depois do verbo?

É aqui que a Língua Portuguesa traz mais uma vez suas particularidades. Se a resposta for "depende", haveria alguns ajustes a serem feitos.

Vejamos a sentença a seguir:

Ex.: Aqui **se** trabalha.

A posição do pronome não só é correta como também é obrigatória, porque o termo AQUI é um advérbio, uma palavra atrativa, ou seja, o pronome oblíquo se torna proclítico, obrigatoriamente.

Ex.: Aqui, trabalha-**se.**

Caso se opte pela ênclise, significa que a vírgula, opcional, deve aparecer na sentença. O início da oração traz um advérbio reduzido, com isso, o uso da vírgula é opcional.

Caso se opte por colocar a vírgula, a oração vai se iniciar depois dela, logo aplica-se a regra da ênclise de jamais se iniciar oração por pronome oblíquo. O pronome tem de ser enclítico, obrigatoriamente.

Exs.: Em janeiro, permite-**se** tudo.

Lá, perseguem-**me**.

Vejamos a oração:

Ex.: As meninas, ontem, (me) ligaram(-me).

Percebe-se que, se a regra de colocação pronominal for meramente decorada, com certeza, o candidato seria induzido ao erro. Na oração citada, tanto faz colocar o pronome antes ou depois do verbo.

O termo ONTEM, isolado por vírgulas, está no meio da oração, é como "se ele não existisse", é possível retirá-lo, de modo que a oração não será modificada sintaticamente. Convém observar que a oração começa com AS MENINAS.

Conforme já afirmamos no início da abordagem desse tema, a próclise é tradicional no Brasil. Portanto, **tanto faz** falar "me ligaram" ou "ligaram-me".

Como as vírgulas são opcionais, ao retirá-las, o termo ONTEM (uma palavra atrativa) fica em evidência. Dessa forma, a oração apenas ficará certa com a seguinte formação:

Ex.: As meninas ontem **ME** ligaram.

> A ênclise inexiste no particípio e nos futuros do presente e do pretérito do modo indicativo.
> **Ex.:** Comprado-me – Dito-lhe – Compraria-me – Darei-lhe.

Mesóclise

Caracteriza-se quando o pronome oblíquo aparece no meio do verbo. Os verbos que aceitam a mesóclise são os conjugados nos tempos futuro do presente e futuro do pretérito do modo indicativo. A mesóclise só será obrigatória em início de oração, caso contrário, a próclise também estará certa.

Exs.: Dar-**LHE**-ei - Comprar-**TE**-íamos

Ligá-**LO**-ei - Trá-**LA**-á.

Vejamos a mesóclise em exemplos apontados a seguir. Verifica-se que, obrigatoriamente, os verbos estão no início da oração. Por isso, o pronome mesoclítico é a única forma correta:

Exs.: Comparemos a ti (TE) o pão (O).

Comprar-**TO**-emos.

Darei a ela (LHE) a palavra (A).

Dar-**LHA**-ei.

> Percebe-se que, quando mesóclise não aparecer n início, a próclise també estará certa. Tanto faz "(casamento REALIZAR-SE-/ à noite" ou "O casamento S REALIZARÁ à noite".

Próclise

Ocorre quando o pronome oblíquo aparece **antes** do verbo. É a forma mais comum no Brasil. Por isso, são as mais cobradas pelas bancas. A próclise só estará errada se aparecer no início da oração. Para que ela seja OBRIGATÓRIA, existem as palavras atrativas.

Vejamos as regras:

Advérbio

Ex.: Não **me** desanime.

Pronome indefinido, demonstrativo

Exs.: Isso **o** desapontou.

Tudo **me** anima.

Pronome relativo

Ex.: Este é o homem que **lhe** desobedecerá.

Conjunção subordinativa

Ex.: Ela falou que **me** deve dinheiro.

Frases exclamativas e interrogativas

Exs.: Como **te** maltrataram!

Onde **a** deixaram?

Expressão de desejo / Imprecação (desejo ruim)

Ex.: Deus **o** ilumine. O diabo **te** carregue.

Verbo no gerúndio precedido, porém, de outra oração.

Ex.: Em **se** falando de política, cale-se.

Nas orações a seguir, é possível observar que ambas estão certas:

Ex.: Joana disse **que** a festa se realizará amanhã.

A conjunção subordinada atrai o pronome oblíquo, mas não de forma obrigatória, a ênclise também estaria certa aqui.

Ex.: Joana disse **que** vai chamar-me.

Mesmo que haja a palavra atrativa, existe uma locução verbal e o verbo principal no infinitivo, assim, mesmo se tivermos a oração abaixo, também estaria correta.

Exs.: Joana disse **que** vai me chamar. – Joana disse **que** me vai chamar.

Não irá convidar-me.

Não irá me convidar.

Não me irá convidar.

> *Não existe ênclise com verbos no particípio. Assim como nem toda locução verbal exigirá o pronome oblíquo igual ao exemplo anterior. Ex.: O padre (ME) tinha (ME) chamado.*

Vimos, neste capítulo, como a próclise predomina na colocação pronominal. Claro que saber as regras ajuda, e muito, a usar adequadamente os pronomes oblíquos em uma oração. Porém, perceber que tais termos em nada mudarão a semântica em uma mensagem é fundamental para que não se cometam erros ao se resolver uma questão.

Questões

01. (CESPE - 2019) "Em razão disso, todos os países, lugares e pessoas passam a se comportar, isto é, a organizar sua ação, como se tal "crise" fosse a mesma para todos e como se a receita para a afastar devesse ser geralmente a mesma."

A correção gramatical do texto seria mantida caso, no trecho "passam a se comportar", o vocábulo "se" fosse deslocado para depois da forma verbal "comportar", da seguinte maneira: passam a comportar-se.

Certo ( ) Errado ( )

02. (CESPE - 2018) Em "Mas não me deixe sentar", a colocação do pronome "me" após a forma verbal "deixe" — deixe-me — prejudicaria a correção gramatical do trecho.

Certo ( ) Errado ( )

03. (CESPE - 2018) Seriam mantidos os sentidos e a correção gramatical do texto 1A1AAA caso se substituísse o trecho "Temendo-se" por Se temendo. (Temendo-se a naturalização da moral, moraliza-se a natureza...)

Certo ( ) Errado ( )

04. (CESPE - 2018) Sem prejuízo para a correção gramatical e para o sentido do texto, o trecho "que ele poderia ter-me absolvido" poderia ser assim reescrito: que ele poderia ter absolvido-me.

Certo ( ) Errado ( )

05. (CESPE - 2018) "Em 1988, o SUS passou a fazer parte da Constituição Federal. Nós nos tornamos o único país com mais de 100 milhões de habitantes que ousou oferecer saúde para todos."

A correção gramatical do texto seria preservada caso se substituísse "nos tornamos" por tornamo-nos.

Certo ( ) Errado ( )

Gabaritos

01	CERTO
02	CERTO
03	ERRADO
04	ERRADO
05	CERTO

11. REGÊNCIA VERBAL E NOMINAL

11.1 Regência Verbal

A relação correta entre o verbo e seus complementos, ou seja, os termos regidos por ele.

Os verbos que exigem complemento, chamados transitivos, se relacionam de duas maneiras com seus complementos:

> Verbos transitivos diretos:

São os verbos que exigem preposição antes de seus complementos:

Ex.: Comprei frutas hoje cedo.

> Verbos transitivos indiretos:

São os verbos que não exigem preposição antes de seus complementos:

Exs.: Os moradores **gostaram da** pintura do prédio.

Fui à cidade de ônibus.

> Verbos transitivos diretos e indiretos:

São verbos que exigem dois complementos, sendo um ligado por preposição:

Ex.: Entreguei a carta **ao diretor**.

> Verbos intransitivos:

São verbos que não exigem complemento:

Ex.: O vizinho do apartamento ao lado **morreu**.

Em alguns casos, o emprego ou não de preposição poderá alterar o sentido do verbo:

Assistir:

Verbo transitivo direto quando tiver o sentido de ajudar.

Verbo transitivo indireto quando tiver o sentido de ver.

Ex.: Assistimos **ao** filme na minha casa.

O médico assistiu **os** pacientes mesmo fora de seu horário.

Verbo	Sentido	Regência/Preposição	Pronomes	Exemplos
Chamar	convocar	TD (por)	o,a	O Diretor o chamou à sua presença. Chamei por você. (ODp)
	apelidar	TD TI > a	o,a lhe	Chamaram-no (de) charlatão. (PO) Chamaram-lhe (de) charlatão. (PO)
Chegar, vir, ir	-	VI > a	-	Chegou ao Rio ontem.
Custar	ser custoso/difícil	TDI > a	lhe	Custa ao homem o perdão.
Implicar	acarretar	TD		Isso implica punição.
Lembrar Esquecer	-	TD	o,a	Lembrou o fato Esqueceu a chave.
Lembrar-se Esquecer-se	-	TI > de	dele	Lembrou-se do fato. Esqueceu-se da chave.
Namorar	-	TD	o,a	Ele namora minha irmã.
Necessitar Precisar	-	TD TI > de	o, a dele	O País precisa (de) agrônomos. O País precisa deles. O País precisa-os.
(Des)obedecer	-	TI > a	lhe (pessoa)	Os filhos obedecem aos pais. Não devemos desobedecer-lhes.
Morar, residir	-	VI > em	-	Mora na Rua XV de Novembro.
Pagar Perdoar	coisa/algo	TD	o, a	Ela pagou a conta do restaurante.
	pessoa	TI > a	lhe	Perdoei aos meus devedores. Perdoei-lhes.
Preferir	algo a alguma coisa	TDI > a		Prefiro água a sucos.
Proceder	dar início/realizar	TI > a	a ele/ela	O professor procedeu-lhe.
Querer	desejar	TD	o,a	Ele não a quis para esposa.
	amar/ter afeto a	TI > a	lhe	Juro que lhe quero muito.
Referir-se		TI > a	a ele	Referiu-se à ajuda coletiva. (a ela)
Responder	dizer/escrever em resposta	TI > a TDI	lhe	Respondeu ao telegrama. Respondeu-lhe que estava doente.

Visar	fazer pontaria pôr visto em	TD	o,a	Visou o alvo e atirou. O banco visou o cheque.
	pretender	TI > a	a ele	O vestiba visa a uma vaga na universidade. (a ela)
Agradar	causar agrado	TI > a	lhe	O vestibular agradou aos calouros.
Ajudar		TD	o,a	O filho ajudava o pai na roça.
Aludir	fazer/referência	TI > a TDI	a ele	Aludiu aos fatos acontecidos. (a eles) Aludiu os fatos aos ouvintes.
Ansiar	causar mal-estar/ angustiar	TD	o,a	O cansaço ansiava-o.
	desejar ardentemente	TD TI > por	o, a por ele	Minha alfa anseia o infinito. Ansiava por me ver fora de casa.
	padecer ânsias	VI	-	Anseio em viagens.
Aspirar	sorver/respirar	TD	o, a	Aspirava o cheiro das rosas abertas.
	desejar/pretender	TI > a	a ele	O vestiba aspira a ser médio. (a isso)
Assistir	prestar assistência	TD	o, a	O médico assiste o doente. Os missionários são assistidos por Deus.
	presenciar/ver	TI > a	a ele	porque não assistes às aulas, vestiba? Tenho assistido a elas (às aulas)
	caber/ser de direito	TI > a	lhe	Não lhe assiste o direito de oprimir os vestibas.
	morar/residir	VI > em	-	Assistirei na capital enquanto estiver estudando.

11.2 Regência Nominal

Observe os exemplos a seguir:

Exs.: Temos muito **admiração pelo** seu trabalho.

A atitude dele durante a reunião foi **contrária ao** esperado.

Tenho certeza de que você tem **capacidade para** fazer um ótimo trabalho.

Observe que os nomes são acompanhados por preposições que lhes dão sentido. Estas preposições ligam os nomes ao termos de maneira coerente.

Cada nome possui um ou mais preposições específicas que devem acompanha-los. Esta colocação correta é chamada **regência nominal.**

Nomes e Respectivas Regências			
Acessível : a	Contíguo: a	Imbuído: de, em	Preferível: a
Acostumado: a, com	Contrário: a	Impróprio: para	Prejudicial: a
Afável: com, para, a	Curioso: de	Imcompatível: com	Presente: a
Aflito: com, por	Descontente: com	Indeciso: em	Prestes: a
Agradável: a	Desejoso: de	Inepto: para	Propenso: a, para
Alheio: a. de	Devoto: a, de	Insensível: a	Propício: a
Alusão: a	Diferente: de	Liberal: com	Próximo: a, de
Ambicioso: de	Entendido: em	Medo: a, de	Relacionado: com, a
Análogo: a	Equivalente: a	Misericordioso: com, para, com	Residente, situado, sito, morador: em
Ansioso: de, para, por	Essencial: para	Natural: de	Respeito: a, com, para com
Apaixonado: de (entusiasmado), por (enamorado)	Fácil: de	Necessário: a	Satisfeito: com, de, em, por
Apto: a, para	Falho: de, em	Nocivo: a	Semelhante: a
Aversão: a, por	Fanático: por	Obediência: a	Sensível: a
Ávido: de, por	Favorável: a	Ódio: a, contra	Suspeito: de

Benéfico: a	Favorável: a	Ojeriza: a. por	União: a, com, de, entre
Capacidade: de, para	Generoso: com	Paralelo: a, com, entre	Único: a, em
Capaz: de, para	Grato: a	Parco: em, de	Útil: a, para
Compatível: com	Hábil: em	Parecido: a, com	Vazio: de
Conforme: a (semelhante), com (coerente), em (concorde)	Habituado: a	Passível: de	Versado: em
Constante: de, em	Horror: a	Possível: de	Vinculado: a
Conteporâneo: a, de	Idêntico: a	Possuído: de, por	

Questões

01. (CESPE - 2019) "Ninguém poderia ficar impassível diante de uma mudança dessa envergadura. Por isso a sensação mais difundida é a desorientação."

Seria mantida a correção gramatical do texto se o trecho "diante de uma mudança" fosse alterado para ante a uma mudança.

Certo ( ) Errado ( )

02. (CESPE - 2019) "Que fique claro: não tenho nenhuma intenção de difamar ou condenar o passado para absolver o presente, nem de deplorar o presente para louvar os bons tempos antigos"

Nos trechos "intenção de difamar" e "nem de deplorar", a preposição "de" poderia ser substituída por em, sem que a correção gramatical do texto fosse comprometida.

Certo ( ) Errado ( )

03. (CESPE - 2019) "À primeira vista, a modernidade parece ser um contrato extremamente complicado, por isso poucos tentam compreender no que exatamente se inscreveram."

No trecho "poucos tentam compreender no que exatamente se inscreveram", a substituição de "no que" por o que comprometeria a correção gramatical do texto.

Certo ( ) Errado ( )

04. (CESPE - 2018) "Também não escapou aos médicos de outrora o fato de que a pessoa diabética urina muito e emagrece. "As carnes se dissolvem na urina", diziam os gregos."

Seriam mantidos a correção gramatical e os sentidos do texto caso o trecho "aos médicos" fosse reescrito como dos médicos.

Certo ( ) Errado ( )

05. (CESPE - 2018) "É de se supor que quem quer casar deseje que a sua futura mulher venha para o tálamo conjugal com a máxima liberdade, com a melhor boa- vontade, sem coação de espécie alguma, com ardor até, com ânsia e grandes desejos; como é então que se castigam as moças que confessam não sentir mais pelos namorados amor ou coisa equivalente?"

Mantendo-se a correção gramatical e os sentidos originais do texto, a forma verbal "deseje" (l.8) poderia ser substituída por aspire a.

Certo ( ) Errado ( )

Gabaritos

01	ERRADO
02	CERTO
03	CERTO
04	ERRADO
05	CERTO

12. CRASE

Assunto mais do que recorrente em qualquer prova, banca e nível. Por ser tão complexa, a crase tronou-se a vilã de qualquer concurso público. O importante é entender o conceito e não apenas decorar regras. Lembre-se de que o acento indicativo da crase é o grave e que crase é o encontro vocálico entre a preposição A e o artigo A.

Existem as regras obrigatórias, as proibitivas e as facultativas. Porém, há que se ter uma base delas para entender como as bancas optam por cobrar esse assunto.

12.1 Regras Obrigatórias

Em locuções conjuntivas

Ex.: à medida que**, à** proporção que.

> A medida que tomei foi a correta. - sem crase

Em locuções adverbiais

Ex.: à direita, à esquerda, à noite, às vezes, à vista, às 10h etc.

> *Quando o assunto se refere aos períodos de tempo, principalmente as horas, é importante saber diferenciar um período de uma hora exata. Observemos que "Ele ficou as 10h em jejum" não leva acento grave, por representar o tempo total do jejum. Deve-se atentar também para as preposições, com exceção do ATÉ - nunca haverá crase com elas: "Estou aqui desde as 9h".*

Em expressões à moda de

Bife à milanesa – Escrevo à Camões – Fiz um gol à Maradona.

Antes de senhora, senhorita e dona

Eu obedeço à senhora – Ele se referiu à dona – Eu paguei à senhorita.

Antes de casa, terra e distância, quando tais palavras vierem determinadas

Exs.: Cheguei à terra **dos meus pais.**

Fomos à casa **amarela.**

Fiquei à distância **de 50 metros.**

12.2 Regras Facultativas

Antes de nomes próprios femininos

Exs.: Ele se referiu (a) (à) Mariana.

Nós obedecemos (a) (à) Carla

Eles pagaram (a) (à) Maria.

Com a preposição ATÉ

Exs.: Todos foram **até (a) (à)** mais bela fantasia.

Ficaremos abertos **até (as) (às)** 23h.

Pronomes possessivos femininos

Exs.: Fomos **(a) (à) sua** casa.

Ele se referiu **(a) (à) minha** mãe.

12.3 Regras Proibitivas

Antes de palavras masculinas

Exs.: Graças **a Deus**

Fomos **a pé**.

Entre palavras repetidas

Exs.: gota **a** gota – uma **a** uma – cara **a** cara – face **a** face.

Antes de verbos

Exs.: Voltamos a apresentar

Contas a pagar

A partir

Antes de palavras no plural sem que haja encontro vocálico

Exs.: Ele se referiu **a mulheres**

Fomos **a missas.**

Observação: verifica-se que só há preposição nos exemplos acima.

Antes de numerais

Exs.: Matrículas de 15 **a 30** de abril.

De segunda **a sexta.**

Ficamos **a 10** metros de distância.

> *Quando existir a contração da preposição DE com o artigo A, haverá uso do acento grave. Ex.: Da primeira à sexta fileiras - Escrevi DA página 1 à 40.*

Antes de pronomes

Exs.: Um beijo **a todos.**

Graças **a Sua Santidade.**

Dei um recado **a ela.**

Este é o filme **a que** assisti.

12.4 Crase – Casos Especiais

Decorar regras de crase pode não ser tão eficiente. É importante atentar para algumas formas de o acento grave ser cobrado em provas. A probabilidade de aparecer isso nas questões é muito grande, principalmente quando a crase aparece com regras implícitas. Vejamos:

Ex.: Vivenciei uma situação análoga à que você contou.

Verifica-se que, pelas regras, antes de pronomes, não haveria acento grave. Mas, no exemplo, há uma palavra implícita: SITUAÇÃO.

A oração ficaria assim:

Ex.: Vivenciei uma situação análoga à **(situação)** que você contou.

Como a palavra não pode ser repetida, pois seria um eco, a crase dá a impressão de estar errada. É preciso ter cuidado com esse tipo de situação.

Ex.: O termo À QUE pode ser trocado por À QUAL (A+A QUAL).

Muitas vezes, saber a regência do verbo ajudará, e muito, no entendimento do uso do acento grave. Além de assimilar o valor correto da mensagem, também trará ao leitor uma exatidão no uso da crase.

Outro Caso

Quando o aluno decora algo e toma aquilo como lei, pode sofrer consequências inesperadas. O acento grave pode aparecer em pronomes demonstrativos. Isso ocorre quando o verbo exigir a preposição A. Nesse caso, saber a regência do verbo é primordial ao entendimento.

Exs.: Ele viu aquilo. (quem vê vê algo)

Obedeci **àquele** homem. (Quem obedece obedece a alguém)

A preposição ligada ao verbo, no caso o A, junta-se ao A do pronome aquele e tem-se tal formação. Mesmo sendo pronome masculino: **a+aquele.**

Ele se referiu **àquilo.**

(Quem se refere se refere a algo) a preposição ligada ao verbo, no caso o A, junta-se ao A do pronome AQUILO e tem-se tal formação: **a+aquilo.**

Crase com Termos Implícitos

Ainda no campo de palavras implícitas, percebamos, nos exemplos abaixo, como o ato de simplesmente decorar pode atrapalhar o aluno.

Ex.: Não só fez uma homenagem à filha do vizinho como também à dele.

Não só fez uma homenagem à filha do vizinho como também (fez uma homenagem) à (filha) dele.

Neste capítulo, vimos como a crase é importantíssima para uma comunicação perfeita. Procuramos salientar como as bancas costumam agir, elaborando questões que tendem a eliminar o candidato que se ocupa em exclusivamente decorar regras. Entender o conceito que o conteúdo traz e associar as regras ao uso correto do acento será primordial para que o assunto se torne corriqueiro e de domínio do aluno, auxiliando-o, inclusive, em suas redações.

Questões

01. (CESPE - 2019) "Dispor de tanta luz assim, porém, tem um custo ambiental muito alto, avisam os cientistas."

Sem prejuízo da correção gramatical e dos sentidos do texto, o primeiro período do terceiro parágrafo poderia ser assim reescrito: Contudo, os cientistas avisam que ter tanta luz à nosso dispor custa muito caro ao meio ambiente.

Certo ( ) Errado ( )

02. (CESPE - 2018) "Tenho ótimas recordações de lá e uma foto da qual gosto muito, da minha infância, às gargalhadas, vestindo um macacão que minha própria mãe costurava, com bastante capricho."

A retirada do sinal indicativo de crase em "às gargalhadas" preservaria os sentidos e a correção gramatical do texto.

Certo ( ) Errado ( )

03. (CESPE - 2019) "A retirada do sinal indicativo de crase em "às gargalhadas" preservaria os sentidos e a correção gramatical do texto."

O uso do acento grave em "à mistura racial" é facultativo.

Certo ( ) Errado ( )

04. (CESPE - 2018) No trecho "Diga não às 'corrupções' do dia a dia", seria correto o emprego do sinal indicativo de crase no vocábulo "a" em "dia a dia".

Certo ( ) Errado ( )

05. (CESPE - 2018) "— A polícia parisiense — disse ele — é extremamente hábil à sua maneira."

A supressão do sinal indicativo de crase em "à sua maneira" manteria a correção gramatical do texto.

Certo ( ) Errado ( )

Gabaritos

01	ERRADO
02	ERRADO
03	ERRADO
04	ERRADO
05	CERTO

13. PONTUAÇÃO

A pontuação assinala a melodia de nossa fala, ou seja, as pausas, a ênfase etc.

13.1 Principais Sinais e Usos

Vírgula

É o sinal mais importante para concurso público.

Usa-se a vírgula para:

→ Separar termos que possuem mesma função sintática no período:

Ex.: **José**, **Maria**, **Antônio** e **Joana** foram ao mercado. (função de núcleo do sujeito)

→ Isolar o vocativo:

Ex.: Então, **minha cara**, não há mais o que se dizer!

→ Isolar um aposto explicativo (cuidado com essa regra, veja que não há verbo no aposto explicativo):

Ex.: O João, **ex-integrante da comissão**, veio fazer parte da reunião.

→ Isolar termos antecipados, como: complemento, adjunto ou predicativo:

Ex.: **Na semana passada**, comemos camarão no restaurante português. (antecipação de adjunto adverbial)

→ Separar expressões explicativas, conjunções e conectivos:

Ex.: isto é, ou seja, por exemplo, além disso, pois, porém, mas, no entanto, assim etc.

→ Separar os nomes dos locais de datas:

Ex.: Cascavel, 02 de maio de 2012.

→ Isolar orações adjetivas explicativas (pronome relativo + verbo + vírgula):

Ex.:O Brasil, **que é um belíssimo país**, possui ótimas praias.

→ Separar termos de uma enumeração:

Ex.: Vá ao mercado e traga **cebola**, **alho**, **sal**, **pimenta e coentro**.

→ Separar orações coordenadas:

Exs.: Esforçou-se muito, **mas não venceu o desafio**. (oração coordenada sindética adversativa)

Roubou todo o dinheiro, **e ainda apareceu na casa**. (oração coordenada sindética aditiva).

A vírgula pode ser utilizada antes da conjunção aditiva "e" caso se queira enfatizar a oração por ela introduzida.

Omitir um termo, elipse (no caso da elipse verbal, chamaremos "zeugma"):

Ex.: De dia era um anjo, de noite um **demônio**. (omissão do verbo "ser")

Separar termos de natureza adverbial deslocado dentro da sentença:

Exs.: **Na semana passada**, trinta alunos foram aprovados no concurso. (locução adverbial temporal)

Se estudar muito, você será aprovado no concurso. (oração subordinada adverbial condicional)

Ponto final

Usa-se o ponto final:

→ Ao final de frases para indicar uma pausa total; é o que marca o fim de um período:

Ex.: Depois de passar no concurso, comprarei um carro.

→ Em abreviaturas:

Ex.: Sr., a. C., Ltda., num., adj., obs., máx., bat., brit. etc.

Ponto e vírgula

Usam-se ponto e vírgula para:

→ Separar itens que aparecem enumerados:

Ex.: Uma boa dissertação apresenta:

Coesão;

Coerência;

Progressão lógica;

Riqueza lexical;

Concisão;

Objetividade;

Aprofundamento.

→ Separar um período que já se encontra dividido por vírgulas:

Ex.: Não gostava de trabalhar; queria, no entanto, muito dinheiro no bolso.

→ Separar partes do texto que se equilibram em importância:

Exs.: Os pobres dão pelo pão o trabalho; os ricos dão pelo pão a fazenda; os de espíritos generosos dão pelo pão a vida; os de nenhum espírito dão pelo pão a alma.(Vieira).

O capitalismo é a exploração do homem pelo homem; o socialismo é exatamente o contrário.

Dois pontos

São usados dois pontos quando:

→ Se vai fazer uma citação ou introduzir uma fala:

Exs.: José respondeu:

- Não, muito obrigado!

→ Se quer indicar uma enumeração:

Ex.: Quero apenas uma coisa: que vocês sejam aprovados no concurso!

Aspas

São usadas aspas para indicar:

→ Citação presente no texto.

Ex.: "Há distinção entre categorias do pensamento" - disse o filósofo.

→ Expressões estrangeiras, neologismos, gírias.

Exs.: Na parede, haviam pintado a palavra "love". (expressão estrangeira)

Ficava "bailarinando", como diria Guimarães. (neologismo)

"Velho", esconde o "cano" aí e "deixa baixo". (gíria)

Reticências

São usadas para indicar supressão de um trecho, interrupção na fala, ou dar ideia de continuidade ao que se estava falando.

Exs.: (...) Profundissimamente hipocondríaco Este ambiente me causa repugnância Sobe-me à boca uma ânsia análoga à ânsia Que se escapa pela boca de um cardíaco(...)

Eu estava andando pela rua quando...

Eu gostei da nova casa, mas da garagem...

Parênteses

São usados quando se quer explicar melhor algo que foi dito ou para fazer simples indicações.

Ex.: Foi o homem que cometeu o crime (o assassinato do irmão).

Travessão

Indica a fala de um personagem:

Exs.: Ademar falou.

- Amigo, preciso contar algo para você.

Isola um comentário no texto.

Ex.: O estudo bem realizado - diga-se de passagem, que quase ninguém faz - é o primeiro passo para a aprovação.

Isola um aposto na sentença.

Ex.: A Semântica – estudo sobre as relações de sentido - é importantíssima para o entendimento da Língua.

Reforçar a parte final de um enunciado.

Ex.: Para passar no concurso, é preciso estudar muito — muito mesmo.

Trocas

A Banca, eventualmente, costuma perguntar sobre a possibilidade de troca de termos, portanto, atenção!

» Vírgulas, travessões e parênteses, quando isolarem um aposto, podem ser trocadas sem prejuízo para a sentença;

» Travessões podem ser trocados por dois pontos, a fim de enfatizar um enunciado.

Regra de ouro

Na ordem natural de uma sentença, é proibido:

→ Separar Sujeito e Predicado com vírgulas:
"Aqueles maravilhosos velhos ensinamentos de meu pai foram de grande utilidade. (certo) Aqueles maravilhosos velhos ensinamentos de meu pai, foram de grande utilidade. (errado)."

→ Separar Verbo de Objeto:
"O presidente do maravilhoso país chamado Brasil assinou uma lei importante. (certo) O presidente do maravilhoso país chamado Brasil assinou, uma lei importante. (errado)"

Questões

01. (CESPE - 2019) "Nas sociedades tribais, o trabalho está em tudo, e praticamente todos trabalham."

Caso o advérbio "praticamente" fosse isolado por vírgulas, a correção gramatical do trecho seria alterada.

Certo ( ) Errado ( )

02. (CESPE - 2019) "Que fique claro: não tenho nenhuma intenção de difamar ou condenar o passado para absolver o presente, nem de deplorar o presente para louvar os bons tempos antigos."

Os dois- pontos foram empregados com a finalidade de introduzir uma síntese das ideias enunciadas no primeiro parágrafo do texto

Certo ( ) Errado ( )

03. (CESPE - 2019) "No primeiro período de construção da identidade nacional, não há a ideia da mistura das três raças, que hoje se consideram constitutivas da nacionalidade, mas somente dos índios e brancos."

Sem prejuízo para a correção gramatical do texto, as vírgulas que isolam a oração "que hoje se consideram constitutivas da nacionalidade" poderiam ser suprimidas.

Certo ( ) Errado ( )

04. (CESPE - 2018) "Seja como for, enquanto não chega esse dia, os livros estão aqui, como uma galáxia pulsante, e as palavras, dentro deles, são outra poeira cósmica flutuando, à espera do olhar que as irá fixar num sentido ou nelas procurará o sentido novo, porque assim como vão variando as explicações do universo, também a sentença que antes parecera imutável para todo o sempre oferece subitamente outra interpretação, a possibilidade duma contradição latente, a evidência do seu erro próprio ."

A vírgula empregada logo após "flutuando" poderia ser suprimida sem prejuízo das informações veiculadas no texto.

Certo ( ) Errado ( )

05. (CESPE - 2018) "Está demonstrado, portanto, que o revisor errou, que se não errou confundiu, que se não confundiu imaginou, mas venha atirar-lhe a primeira pedra aquele que não tenha errado,confundido ou imaginado nunca."

As orações "se não errou" e "se não confundiu" poderiam ser isoladas por vírgulas, sem prejuízo da correção gramatical do texto.

Certo ( ) Errado ( )

Gabaritos

01	ERRADO
02	ERRADO
03	ERRADO
04	CERTO
05	CERTO

14. REESCRITURA DE FRASES E PARÁGRAFOS DO TEXTO

A reescrita ou reescritura de frases é uma paráfrase que visa à mudança da forma de um texto. Para que o novo período esteja correto, é preciso que sejam respeitadas a correção gramatical e o sentido do texto original. Desse modo, quando há qualquer inadequação do ponto de vista gramatical e/ou semântico, o trecho reescrito deve ser considerado incorreto.

Assim, para resolver uma questão que envolve reescritura de trechos ou períodos, é necessário verificar os aspectos gramaticais (principalmente, pontuação, elementos coesivos, ortografia, concordância, emprego de pronomes, colocação pronominal, regência etc.) e aspectos semânticos (significação de palavras, alteração de sentido etc.).

Existem diversas maneiras de se parafrasear uma frase, por isso cada Banca Examinadora pode formular questões a partir de muitas formas. Nesse sentido, é essencial conhecer e dominar as variadas estruturas que uma sentença pode assumir quando ela é reescrita.

14.1 Substituição de Palavras ou de Trechos de Texto

No processo de reescrita, pode haver a substituição de palavras ou trechos. Ao se comparar o texto original e o que foi reestruturado, é necessário verificar se essa substituição mantém ou altera o sentido e a coerência do primeiro texto.

Locuções x palavras

Em muitos casos, há locuções (expressões formadas por mais de uma palavra) que podem ser substituídas por uma palavra, sem alterar o sentido e a correção gramatical. Isso é muito comum com verbos.

Exs.:

Os alunos **têm buscad**o formação profissional.

(locução: têm buscado)

Os alunos **buscam** formação profissional.

(uma palavra: buscam)

Ambas as frases têm sentido atemporal, ou seja, expressam ações constantes, que não têm fim.

Significação das palavras

Ao avaliarmos a significação das palavras, devemos ficar atentos a alguns aspectos: sinônimos, antônimos, polissemia, homônimos e parônimos.

→ **Sinônimos**: palavras que possuem significados próximos, mas não são totalmente equivalentes.

Exs.:

Casa: lar - moradia – residência

Carro: automóvel

Para verificar a validade da substituição, deve-se também ficar atento ao significado contextual. Por exemplo, na frase "As fronteiras entre o bem e o mal", não há menção a limites geográficos, pois a palavra "fronteira" está em sentido conotativo (figurado).

Além disso, nem toda substituição é coerente. Por exemplo, na frase "Eu comprei uma casa", fica incoerente reescrever "Eu comprei um lar".

Antônimos: palavras que possuem significados diferentes, opostos, contrários.

Exs.: Mal / Bem

Ausência / Presença

Subir / Descer

Cheio / Vazio

Possível / Impossível

Polissemia: ocorre quando uma palavra apresenta mais de um significado em diferentes contextos.

Exs.:

Banco (instituição comercial financeira; assento)

Manga (parte da roupa; fruta)

A polissemia está relacionada ao significado contextual, ou seja, uma palavra tem um sentido específico apenas no contexto em que está inserida. Por exemplo: A eleição foi marcada por debates explosivos (ou seja: debates acalorados, e não com sentido de explodir algo).

→ **Homônimos**: palavras com a mesma pronúncia (algumas vezes, a mesma grafia), mas com significados diferentes.

Exs.:

A**c**ender: colocar fogo. A**sc**ender: subir.

Con**c**erto: sessão musical. Con**s**erto: reparo.

→ **Homônimos perfeitos:** palavras com a mesma grafia e o mesmo som.

Exs.:

Eu **cedo** este lugar você. (cedo = verbo)

Cheguei **cedo** para jantar. (cedo = advérbio de tempo)

Percebe-se que o significado depende do contexto em que a palavra aparece. Portanto, deve-se ficar atento à ortografia quando a questão é de reescrita.

→ **Parônimos**: palavras que possuem significados diferentes, mas são muito parecidas na pronúncia e na escrita.

Exs.:

Abso**l**ver: perdoar, inocentar.

Abso**r**ver: aspirar.

C**o**mprimento: extensão.

C**u**mprimento: saudação.

Conectores de mesmo valor semântico

Há palavras, principalmente as conjunções, que possuem valores semânticos específicos, os quais devem ser levados em conta no momento de fazer uma substituição.

Logo, pode-se reescrever um período, alterando-se a conjunção. Para tanto, é preciso que a outra conjunção tenha o mesmo valor semântico. Além disso, é importante verificar como ficam os tempos verbais após a substituição.

Exs.:

Embora fosse tarde, fomos visitá-lo. (conjunção subordinativa concessiva)

Apesar de ser tarde, fomos visitá-lo. (conjunção subordinativa concessiva)

No exemplo acima, o verbo também sofreu alteração.

Exs.:

Toque o sinal **para que** todos entrem na sala.

(conjunção subordinativa final)

Toque o sinal **a fim de que** todos entrem na sala.

(conjunção subordinativa final)

No exemplo acima, o verbo permaneceu da mesma maneira.

Paralelismo

Ocorre quando há uma sequência de expressões com estrutura idêntica.

→ **Paralelismo sintático**: é possível quando a estrutura de termos coordenados entre si é idêntica. Nesse caso, entende-se que "termos coordenados entre si" são aqueles que desempenham a mesma função sintática em um período ou trecho.

João comprou **balas** e **biscoitos**.

Perceba que "balas" e "biscoitos" têm a mesma função sintática (objeto direto). Além disso, ambas são expressões nominais. Assim, apresentam, na sentença, uma estrutura sintática idêntica.

Os formandos estão pensando **na carreira,** isto é**, no futuro.**

Tanto "na carreira" quanto "no futuro" são complementos do verbo pensar. Ademais, as duas expressões são formadas por preposição e substantivo.

→ **Paralelismo semântico**: estrutura-se pela coerência entre as informações.

Lucélia gosta de **maçã** e de **pera.**

Percebe-se que há uma relação semântica entre maçã e pera, pois ambas são frutas.

Lucélia gosta de **livros de ação** e de **pizza.**

Observa-se que os termos "livros de ação" e "pizza" não possuem sentidos semelhantes que garantam a sequência lógica esperada no período.

14.2 Retextualização de Diferentes Gêneros e Níveis de Formalidade

Na retextualização, pode-se alterar o nível de linguagem do texto, dependendo de qual é a finalidade da transformação proposta. Nesse caso, são possíveis as seguintes alterações: linguagem informal para a formal; tipos de discurso; vozes verbais; oração reduzida para desenvolvida; inversão sintática; dupla regência.

Linguagem formal x linguagem informal

Um texto pode estar escrito em linguagem coloquial (informal) ou formal (norma padrão). A proposta de reescrita pode mudar de uma linguagem para outra. Veja o exemplo:

Exs.:

Pra que serve a política? (informalidade)

Para que serve a política? (formalidade)

A oralidade geralmente é mais informal. Portanto, fique atento: a fala e a escrita são diferentes, ou seja, a escrita não reproduz a fala e vice-versa.

Tipos de discurso

Discurso está relacionado à construção de textos, tanto orais quanto escritos, portanto, ele é considerado uma prática social.

Em um texto, podem ser encontrados três tipos de discurso: o discurso direto, o indireto e o indireto livre.

→ **Discurso direto**: são as falas das personagens. Esse discurso pode aparecer em forma de diálogos e citações, e vêm marcadas com alguma pontuação (travessão, dois pontos, aspas etc.). Ou seja, o discurso direto reproduz fielmente a fala de alguém.

O médico disse à paciente:

- Você precisa fazer exercícios físicos regularmente.

→ **Discurso indireto**: é a reprodução da fala de alguém, a qual é feita pelo narrador. Normalmente, esse discurso é escrito em terceira pessoa.

Exs.: O médico disse à paciente que ela precisava fazer exercícios regulamente.

→ **Discurso indireto livre**: é a ocorrência do discurso direto e indireto ao mesmo tempo. Ou seja, o narrador conta a história, mas as personagens também têm voz própria.

No exemplo a seguir, há um discurso direto: "que raiva", que mostra a fala da personagem.

"*Retirou as asas e estraçalhou-a. Só tinham beleza. Entretanto, qualquer urubu... que raiva...*" (Ana Maria Machado)

No trecho a seguir, há uma fala da personagem, mesclada com a narração: "Para que estar catando defeitos no próximo?".

"*D. Aurora sacudiu a cabeça e afastou o juízo temerário. Para que estar catando defeitos no próximo? Eram todos irmãos. Irmãos.*" (Graciliano Ramos)

Nas questões de reescrita que tratam da transposição de discursos, é mais frequente a substituição do direto pelo indireto. Nesse caso, deve-se ficar atento aos tempos verbais.

Exemplo de uma transposição de discurso direto para indireto:

Ana perguntou:

- Qual a resposta correta?

Ana perguntou qual era a resposta correta.

Voz verbal

Um verbo pode apresentar-se na voz ativa, passiva ou reflexiva.

→ **Ativa**: ocorre quando o sujeito é agente, ou seja, pratica a ação expressa pelo verbo.

O aluno resolveu o exercício.

→ **Passiva**: ocorre quando o sujeito é paciente, ou seja, recebe a ação expressa pelo verbo.

O exercício foi resolvido pelo aluno.

→ **Reflexiva**: ocorre quando o sujeito é agente e paciente ao mesmo tempo, ou seja, pratica e recebe a ação.

Ex.: A criança feriu-se com a faca.

Não confunda o emprego reflexivo do verbo com a reciprocidade. Por exemplo:
Os lutadores de MMA feriram-se. (um ao outro)"

Formação da voz passiva

A voz passiva pode ocorrer de forma analítica ou sintética.

→ **Voz passiva analítica**: verbo SER + particípio do verbo principal.

Exs.: A academia de polícia **será pintada**.

O relatório é **feito** por ele.

A variação de tempo é determinada pelo verbo auxiliar (SER), pois o particípio é invariável.

Exs.: João **fez** a tarefa. (pretérito perfeito do indicativo)

A tarefa **foi** feita por João. (pretérito perfeito do indicativo)

João **faz** a tarefa. (presente do indicativo)

A tarefa **é** feita por João. (presente do indicativo)

João **fará** a tarefa. (futuro do presente)

A tarefa **será** feita por João. (futuro do presente)

→ **Voz passiva sintética**: verbo na 3ª pessoa, seguido do pronome apassivador SE.

Abriram-se as inscrições para o concurso.

Transposição da voz ativa para a voz passiva

Pode-se mudar de uma voz para outra sem alterar o sentido da frase.

Exs.: Os médicos brasileiros **lançaram** um tratamento para o câncer.

Um tratamento para o câncer **foi lançado** pelos médicos brasileiros.

Nas questões de concursos, costuma-se cobrar a transposição da voz ativa para a passiva, e da voz passiva sintética para a analítica.

Exs.:

A fiscalização exige o passaporte.

O passaporte é exigido pela fiscalização.

Exige-se comprovante de pagamento.

É exigido comprovante de pagamento.

Oração reduzida x oração desenvolvida

As orações subordinadas podem ser reduzidas ou desenvolvidas. Não há mudança de sentido se houver a substituição de uma pela outra.

Exs.: Ao terminar a aula, todos podem sair. (reduzida de infinitivo)

Quando terminarem a prova, todos podem sair.(desenvolvida)

Os vizinhos ouviram uma criança chorando na rua.(reduzida de gerúndio)

Os vizinhos ouviram uma criança que chorava na rua. (desenvolvida)

Terminada a reforma, a família mudou-se para a nova casa. (reduzida de particípio)

Assim que terminou a reforma, a família mudou-se para a nova casa.(desenvolvida)

Inversão sintática

Um período pode ser escrito na ordem direta ou indireta. Nesse caso, quando ocorre a inversão sintática, a correção gramatical é mantida. Apenas é necessário ficar atento ao sentido do período.

Ordem direta: sujeito – verbo – complementos/adjuntos adverbiais.

Exs.: Os documentos foram levados para o gerente. (direta)

Foram levados os documentos para o gerente. (indireta)

Curiosidade: o Hino Nacional brasileiro é escrito em ordem indireta.

"Ouviram do Ipiranga as margens plácidas
De um povo heroico o brado retumbante."

As margens plácidas do Ipiranga ouviram o brado retumbante de um povo heroico.

Dupla regência

Há verbos que exigem a presença da preposição e outros não. Deve-se ficar atento ao fato de que a regência pode influenciar no significado de um verbo.

→ **Verbos transitivos diretos ou indiretos:** sem alterar o sentido, alguns verbos admitem duas construções: uma transitiva direta e outra indireta. Portanto, a ocorrência ou não da preposição mantém um trecho com o mesmo sentido.

Almejar: Exs.: Almejamos ***a*** paz entre os países que estão em guerra. / Almejamos ***pela*** paz entre os países que estão em guerra.

Atender: Exs.: O gerente atendeu ***os*** meus pedidos. / O gerente atendeu ***aos*** meus pedidos.

Necessitar: Exs.: Necessitamos algumas horas para organizar o evento. / Necessitamos ***de*** algumas horas para organizar o evento.

Transitividade e mudança de significado

Existem alguns verbos que, conforme a mudança de transitividade, têm o sentido alterado.

Aspirar: é transitivo direto no sentido de sorver, inspirar (o ar), inalar.

Ex.: Aspirava o suave perfume. (Aspirava-o.)

Aspirar é transitivo indireto no sentido de desejar, ter como ambição.

Aspirávamos ao cargo de diretor.

Questões

01. (CESPE - 2019) "Se prestarmos atenção à nossa volta, perceberemos que quase tudo que vemos existe em razão de atividades do trabalho humano."

Seriam mantidos os sentidos do texto caso o primeiro período do segundo parágrafo fosse assim reescrito: Quando prestamos atenção a nossa volta, percebemos que quase tudo que vemos existe pelas atividades do trabalho humano.

Certo ( ) Errado ( )

02. (CESPE - 2019) "A luta dos trabalhadores, portanto, não é mais apenas por condições melhores de subsistência, mas pela própria dignidade do ser humano."

A correção gramatical e os sentidos originais do texto seriam mantidos caso o trecho "A luta (...) humano." fosse reescrito da seguinte forma: Logo, a luta dos trabalhadores apenas deixou de ser por mais condições de melhor subsistência para priorizar a própria dignidade do ser humano.

Certo ( ) Errado ( )

03. (CESPE - 2019) "Nesse contexto, a Lei Maria da Penha teria o papel de assegurar o reconhecimento das mulheres em situação de violências (incluída a psicológica) pelo direito; afinal, é constatando as obrigações que temos diante do direito alheio que chegamos a uma compreensão de cada um(a) de nós como sujeitos de direitos."

A substituição da forma verbal "teria" por tem manteria tanto a correção gramatical quanto a coerência do texto.

Certo ( ) Errado ( )

04. (CESPE - 2019) "Nesse contexto, a Lei Maria da Penha teria o papel de assegurar o reconhecimento das mulheres em situação de violências (incluída a psicológica) pelo direito; afinal, é constatando as obrigações que temos diante do direito alheio que chegamos a uma compreensão de cada um(a) de nós como sujeitos de direitos."

Sem prejuízo da correção gramatical do texto, os vocábulos "é" e "que" poderiam ser suprimidos, desde que fosse inserida uma vírgula imediatamente após a palavra "alheio"

Certo ( ) Errado ( )

05. (CESPE - 2019) "A própria palavra "crise" é bem mais a expressão de um movimento do espírito que de um juízo fundado em argumentos extraídos da razão ou da experiência."

Os sentidos e a correção gramatical do texto seriam mantidos se fosse inserido o vocábulo do imediatamente após a palavra "espírito".

Certo ( ) Errado ( )

Gabaritos

01	ERRADO
02	ERRADO
03	CERTO
04	CERTO
05	CERTO

15. INTERPRETAÇÃO E COMPREENSÃO DE TEXTO

Interpretar textos é, antes de tudo, compreender o que se leu. Para que haja essa compreensão, é necessária uma leitura muito atenta e algumas técnicas que veremos no decorrer dos textos. Entre os aspectos que envolvem esse processo de interpretação, é essencial saber o que é ambiguidade, conhecer como se dá a coesão, entender o que é a coerência, dominar algumas características de uma dissertação, e distinguir os tipos de discurso que se podem encontrar num texto.

Ambiguidade

Ambiguidade ou anfibologia é a falta de clareza em um enunciado que lhe permite mais de uma interpretação. É conhecida, também, como duplo sentido. Observe os exemplos a seguir:

Exs.: Maria disse à Ana que sua irmã chegou.

(A irmã é de Maria ou Ana?)

A mãe falou com a filha caída no chão.

(Quem estava caída no chão?)

Está em dúvida quanto à configuração da sua máquina? Então, acabe com ela agora mesmo!

(Acabe com a dúvida, com a configuração ou com a máquina?)

Em alguns casos, especialmente na publicidade e nos textos literários, a ambiguidade é proposital; mas, para que ocorra a compreensão necessária, é preciso que o leitor tenha conhecimento de mundo suficiente para interpretar de maneira literal e não literal.

No entanto, ela se torna um problema nos textos quando causa dúvidas em relação à interpretação. Ela também pode gerar problemas e fazer com que o autor seja mal interpretado, como na frase "Sinto falta da galinha da minha mãe".

Ao escrever, para que não haja problemas relacionados à ambiguidade, é necessária atenção do autor e uma leitura cuidadosa.

É importante observar que os textos não são estáticos e dificilmente apresentarão apenas uma tipologia. É comum que o texto seja, por exemplo, dissertativo-argumentativo, narrativo-descritivo ou descritivo-instrucional. É importante, portanto, identificar a tipologia que predomina.

Coesão

Observe as orações a seguir:

Mariana estava cansada. Viajou a noite toda. Foi trabalhar no dia seguinte.

Perceba que a relação entre elas não está clara. Agora, veja o que acontece quando são inseridos **elementos de coesão**:

Mariana estava cansada **porque** viajou a noite toda. **Mesmo assim**, foi trabalhar no dia seguinte.

Os elementos de coesão são responsáveis por criar a relação correta entre os termos do texto, tornando-o coerente.

Os elementos de coesão são representados pelas conjunções. As principais relações estabelecidas entre eles são:

Concessão	embora – ainda que – se bem que – mesmo que – por mais que.
Adversidade	mas – contudo – no entanto – todavia – se bem que – porém – entretanto.
Conclusão	dessa forma – logo – portanto – assim sendo – por conseguinte
Causa	Porque – pois – já que – visto que – uma vez que
Tempo	quando – na hora em que – logo que – assim que

Leia o trecho a seguir, publicado no jornal Correio Popular:

"Durante a sua carreira de goleiro, iniciada no Comercial de Ribeirão Preto, sua terra natal, Leão, de 51 anos, sempre impôs seu estilo ao mesmo tempo arredio e disciplinado. Por outro lado, costumava ficar horas aprimorando seus defeitos após os treinos. Ao chegar à seleção brasileira em 1970, quando fez parte do grupo que conquistou o tricampeonato mundial, Leão não dava um passo em falso. Cada atitude e cada declaração eram pensados com um racionalismo típico de sua família, já que seus outros dois irmãos são médicos."

Correio Popular, Campinas, 20 out. 2000.

Observe que neste trecho há problemas de coerência.

"(...) costumava ficar horas aprimorando seus defeitos (...)"

Entende-se o que o redator do texto quis dizer, mas a construção é indevida, uma vez que a definição para aprimorar, segundo o dicionário, é *aperfeiçoar, melhorar a qualidade de.* Portanto, se interpretada seguindo esta definição, entender-se-ia que o jogador *melhorava seus defeitos.*

Além da escolha inadequada do vocábulo, há também um problema causado pelo uso indevido dos elementos de coesão. Observe o uso da expressão "Por outro lado", que deveria indicar algo contrário ao que foi dito anteriormente, mas neste caso precede uma afirmação que confirma o que foi dito no período anterior, deixando o texto confuso.

Perceba, portanto, que:

Coesão é a relação entre as afirmações do texto, de maneira a deixá-lo claro e fazer sentido:

Ontem o dia foi bom **porque** vi Lucas.

Ontem o dia foi bom **apesar de** eu ter visto Lucas.

A relação de sentido estabelecida pela conjunção fará o sentido do texto.

Coerência Textual

Em provas de concurso, é muito comum as bancas abordaremos uso da coerência textual nas questões. Portanto, ficar atento ao texto é mais do que essencial, é vital para seu sucesso. Coerência é a união de ideias, é a harmonia entre as partes de um texto. Há um único sentido para o entendimento de um texto. O conteúdo da linguagem usada num texto deve ser compatível, não havendo oposição ou incoerência.

Os nomes das coerências aparecem aqui apenas para divisar e ilustrar cada uma delas. As bancas não cobrarão tais nomenclaturas, porém a palavra COERÊNCIA é mais do que reincidente nos enunciados das questões.

Coerência externa

Usemos a lógica: quando nos referimos à coerência externa, há que se ter o conhecimento geral de mundo, sobre política, esportes, cultura, atualidades; é necessário um conhecimento prévio do assunto. A coerência acaba sendo vital, não somente à prova de gramática, como também ao conteúdo referente a atualidades. Uma informação errada pode gerar outras mais, tornando a propagação deste erro algo tão grande e que se torna impossível ver quais proporções isso pode tomar e quais desastres pode causar. Seja numa prova, numa conversa, as consequências de um domínio falso de determinado assunto é constrangedor, especialmente em dias de globalização com o acesso tão rápido e fácil à informação.

Em uma questão da prova de Oficial de Promotoria/SP, houve uma questão sobre o seguinte *slogan*: "Nossa **guerra** é contra a fome". E o enunciado cobrava a quem ele pertencia? Sim, era do projeto FOME ZERO, do primeiro mandato do governo Lula.

Saber tais informações foi essencial para acertar a questão. Apenas a coerência externa bastaria. Isso em uma redação ajuda, e muito.

Podemos ver a coerência externa e seus benefícios nos exemplos a seguir:

"A **fatídica curva de Ímola** fez o Brasil chorar".

↓

Ayrton Senna, piloto brasileiro de Fórmula 1, morreu em 1º de maio de 1994 numa corrida no circuito de Ímola, Itália.

"O **Boca do Inferno** foi o primeiro escritor brasileiro". →

Gregório de Matos Guerra nasceu no século XVII, no Brasil. Sua obra não foi publicada em vida, mas ficou eternizada na memória do povo. Sua poesia trazia com ironia e sarcasmo situações cômicas da sociedade e do clero baiano.

Nos dois exemplos anteriores, vemos que a coerência externa é essencial para saber quais assuntos são tratados.

Já discutimos, neste estudo, a importância de se ter conhecimento do mundo, quando abordamos o assunto "Crônicas". Agora essa ideia vem reforçada pelo estudo da coerência externa. Verifica-se, inclusive, uma interdisciplinaridade entre gramática e Atualidades nesse caso.

Coerência interna

Acabamos de conceituar a coerência externa, ou seja, aquela que vem fora do texto. A coerência interna acaba sendo o oposto: é aquela que aparece dentro do texto. Para que isso aconteça, há que se ver todo o ambiente que cerca determinado documento, narrativa ou dissertação. A maioria dos textos de concursos aborda tal coerência, principalmente no tocante ao cargo. O exemplo a seguir ilustrará melhor o assunto:

E você vai **rasgar meu papel**.
(...) Serei sempre seu confidente fiel.
E você vai molhar meu papel.
O que **está escrito em mim**
Comigo ficará guardado se quiser saber
A vida segue sempre em frente
O que há de se fazer
Só peço a você um favor se puder
Não me esqueça num canto qualquer.

(O CADERNO, Toquinho)

Se imaginarmos um caderno conversando com uma criança, perceberemos que nada de errado aparece nos versos. A coerência interna fica latente pela proposta do tema. É assim que deve ser feito nos textos. A coerência tem de estar ligada ao tema proposto.

Coerência argumentativa

A argumentação deve concordar com o texto. Em concursos públicos, isso pode aparecer nos exercícios de maneira indireta para que o concursando seja induzido ao erro. Mas vejamos como a propaganda pode fazer isso:

"**Bombril** tem mil e uma utilidades."
(slogan de uma propaganda de palha de aço)

↘ Pagando menos e com mais vantagens

"**Hollywood**, o sucesso"
(***slogan de uma propaganda de cigarros)***

↘ Mesmo prejudicial à saúde, o cigarro pode servir de status a alguém.

Numa prova de concurso, a coerência textual é o fator que mais aparece. A falta de habilidade de leitura dos mecanismos de coerência pode facilmente induzir o leitor ao erro. Vejamos essa característica em uma questão de prova:

Dissertação

A dissertação está presente em qualquer tipo de texto. Predomina em pensamentos, análises. Ela não poderia ficar de fora em concursos públicos, o que justifica sua maior aparição e predominância em tais provas. Este tipo de texto é mais complexo que a narração e a descrição, pois usa de um entendimento mais avançado para determinado assunto.

Dissertar é opinar sobre determinado assunto. Há que se ter, nesse caso, um conhecimento geral suficiente para que o texto possa ser mais lógico e coerente para o leitor. Uma dica: é sempre importante estar atento a noticiários, ler sobre o maior número possível de temas. E, junto a este texto, aparecem as linguagens, cada qual com um estilo, e muitas vezes o estilo do texto, o tema central pede tais linguagens, e estas vão ditar de um modo coerente o que se quer passar ao leitor.

Exemplo de dissertação:

Falar que o Brasil é um país repleto de problemas é como chover no molhado. Identificar os problemas quanto ao crescimento deixou de ser um recomeço. Talvez o lugar comum no Brasil seja mais do que promessas. A fé nunca esteve tão presente. Os sonhos se fortalecem e ficarão tão fortes que este texto acabou de dar mais um passo para o lado.

Uma dissertação está dividida em **três partes** que se interagem:

1ª parte: **introdução, apresentação do assunto**

2ª parte: **desenvolvimento, dados exatos**

informação nova

EVITE: **clichês, ditados populares**.

3ª parte: **conclusão coerente com toda a redação**

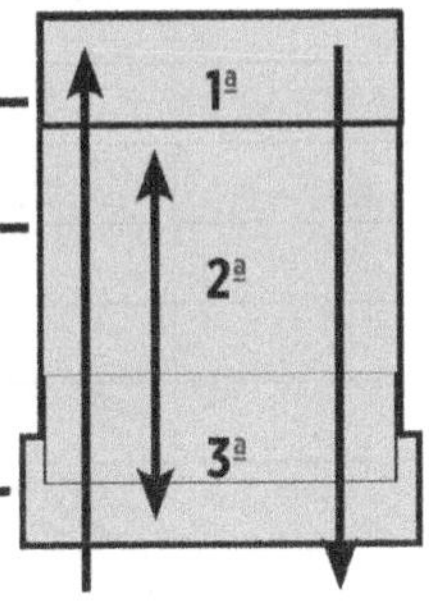

Introdução: falar que o Brasil é um país repleto de problemas é como chover no molhado. Identificar os problemas quanto ao crescimento deixou de ser um recomeço.

Desenvolvimento: talvez o lugar comum no Brasil seja mais do que promessas. A fé nunca esteve tão presente.

Conclusão: os sonhos se fortalecem e ficarão tão fortes que este texto acabou de dar mais um passo para o lado.

Como no esquema citado encontramos um exemplo para textos dissertativos, aproveite-o para usar em suas redações, já que a dissertação é a forma textual mais frequente, no que tange à elaboração de um texto em provas.

Discurso

Discurso é a forma de uma mensagem aparecer. Ele pode vir em forma direta e indireta. Há bancas que pedem principalmente a transposição de um para outro. Ficar atento aos verbos, pronomes e advérbios ajuda, e muito, nos exercícios que as bancas trazem.

→ **Discurso direto**: representa a fala de alguém. Aparece literalmente num diálogo.

Ex.: "Eu não vou à sua casa hoje".

→ **Discurso indireto**: representa a fala de outrem. Aparece indiretamente, por meio da voz de uma pessoa, o que outra acabou proferindo.

Ex.: "Ele disse que não vai à minha casa hoje".

Vimos, neste capítulo, como a coerência rege um texto para que ele tenha um perfil fiel ao que se propõe a fazer. Aliada à dissertação, estilo mais comum nos concursos, ela constitui a base geral de uma comunicação clara e sem ruídos.

Questões

01. (CESPE - 2019) "A vida humana só viceja sob algum tipo de luz, de preferência a do sol, tão óbvia quanto essencial. Somos animais diurnos, por mais que boêmios da pá virada e vampiros em geral discordem dessa afirmativa. Poucas vezes a gente pensa nisso, do mesmo jeito que devem ser poucas as pessoas que acordam se sentindo primatas, mamíferos ou terráqueos, outros rótulos que nos cabem por força da natureza das coisas."

Infere-se do primeiro parágrafo do texto que "boêmios da pá virada e vampiros" diferem biologicamente dos seres humanos em geral, os quais tendem a desempenhar a maior parte de suas atividades durante a manhã e a tarde.

Certo ( ) Errado ( )

02. (CESPE - 2019) "Não consigo pensar em um cargo público mais empolgante que o desse homem. Claro que o cargo, se existia, já foi extinto, e o homem da luz já deve ter se transferido para o mundo das trevas eternas."

É correto inferir do trecho "o homem da luz já deve ter se transferido para o mundo das trevas eternas" que provavelmente o funcionário responsável pelo acionamento da iluminação urbana já morreu.

Certo ( ) Errado ( )

03. (CESPE - 2019) "O nome é o nosso rosto na multidão de palavras. Delineia os traços da imagem que fazem de nós, embora não do que somos (no íntimo). Alguns escondem seus donos, outros lhes põem nos olhos um azul que não possuem. Raramente coincidem, nome e pessoa. Também há rostos quase idênticos, e os nomes de quem os leva (pela vida afora) são completamente díspares, nenhuma letra se igualando a outra."

A afirmação de que alguns nomes põem nos olhos de seus donos "um azul que não possuem" contradiz a ideia de que os nomes definem não as qualidades reais de cada um, mas o modo como os outros o veem.

Certo ( ) Errado ( )

04. (CESPE - 2019) "O nome é o nosso rosto na multidão de palavras. Delineia os traços da imagem que fazem de nós, embora não do que somos (no íntimo). Alguns escondem seus donos, outros lhes põem nos olhos um azul que não possuem. Raramente coincidem, nome e pessoa. Também há rostos quase idênticos, e os nomes de quem os leva (pela vida afora) são completamente díspares, nenhuma letra se igualando a outra."

A informação apresentada pela oração "nenhuma letra se igualando a outra" é redundante em relação à informação apresentada na oração imediatamente anterior, servindo para reforçar-lhe o sentido.

Certo ( ) Errado ( )

05. (CESPE - 2019) "Raras vezes na história humana, o trabalho, a riqueza, o poder e o saber mudaram simultaneamente. Quando isso ocorre, sobrevêm verdadeiras descontinuidades que marcam época, pedras miliares no caminho da humanidade. A invenção das técnicas para controlar o fogo, o início da agricultura e do pastoreio na Mesopotâmia, a organização da democracia na Grécia, as grandes descobertas científicas e geográficas entre os séculos XII e XVI, o advento da sociedade industrial no século XIX, tudo isso representa saltos de época, que desorientaram gerações inteiras."

Dado o emprego da expressão "verdadeiras descontinuidades que marcam época", é possível inferir do primeiro parágrafo do texto que o marco de uma época é fundado em uma descontinuidade, que será considerada verdadeira quando resultar na mudança simultânea do trabalho, da riqueza, do poder e do saber.

Certo ( ) Errado ( )

Gabaritos

01	ERRADO
02	CERTO
03	ERRADO
04	CERTO
05	ERRADO

16. TIPOLOGIA E GÊNEROS TEXTUAIS

Neste capítulo, são apresentados alguns gêneros textuais que circulam na sociedade (artigo, ata, atestado, apostila, carta, charge, certidão, circular, declaração, editorial, entrevista, edital, gênero literário, história em quadrinhos, notícia, ofício, parecer, propaganda, poema, reportagem, requerimento, relatório, portaria). Sobre esse assunto, é importante saber que esses gêneros estão relacionados à tipologia textual. Portanto, vale a pena fazer uma síntese dessas tipologias antes de tratarmos diretamente dos gêneros.

Tipologia Textual

Um texto pode ter várias características. Entre elas, estão a tipologia e o gênero textual. A relação é a seguinte: cada tipologia textual possui diversos gêneros textuais. Além disso, geralmente um texto não é escrito com base em apenas uma tipologia, ou seja, podem ser encontradas várias tipologias num texto, mas sempre há alguma que se torna predominante.

As tipologias mais importantes que devemos estudar são: narração, descrição, dissertação, injunção, predição, dialogal.

Narração

Modalidade textual que tem o objetivo de contar um fato, fictício ou não, que aconteceu num determinado tempo e lugar, e que envolve personagens. Geralmente, segue uma cronologia em relação à passagem de tempo. Nesse tipo de texto, predomina o emprego do pretérito.

Os gêneros textuais mais comuns são: conto, fábula, crônica, romance, novela, depoimento, piada, relato etc.

Descrição

A descrição consiste em fazer um detalhamento, como se fosse um retrato por escrito de um lugar, uma pessoa, um animal ou um objeto. O adjetivo é muito usado nesse tipo de produção textual. As abordagens podem ser tanto físicas quanto psicológicas (que envolvem sentimentos, emoções). Esse tipo de texto geralmente está contido em textos diversos.

Os gêneros textuais mais comuns são: cardápio, folheto turístico, anúncio classificado etc.

Dissertação

Dissertar significa falar sobre algo, explicar um assunto, discorrer sobre um fato, um tema. Nesse sentido, a dissertação pode ter caráter expositivo ou argumentativo.

→ **Dissertação-Expositiva**: o texto expositivo apresenta ideias sobre um determinado assunto. Há informações sobre diferentes temas, em que o autor expõe dados, conceitos de modo objetivo. O objetivo principal é informar, esclarecer.

Os gêneros mais comuns em que se encontra esse tipo de texto são: aula, resumo, textos científicos, enciclopédia, textos expositivos de revistas e jornais etc.

→ **Dissertação-Argumentativa**: um texto argumentativo defende ideias ou um ponto de vista do autor. Além de trazer explicações, esse tipo de texto busca persuadir, convencer o leitor de algo. O texto, além de explicar, também persuade o interlocutor, objetivando convencê-lo de algo. O mais importante é haver uma progressão lógica e coerente das ideias, sem ficar no que é vago, impreciso.

É comum encontrar essa tipologia textual em: sermão, ensaio, monografia, dissertação, tese, ensaio, manifesto, crítica, editorial de jornais e revistas.

Injunção/Instrucional

Com uma linguagem objetiva e concisa, esse tipo de texto orienta como realizar uma ação. Predominantemente, os verbos são empregados no modo imperativo, todavia há também o uso do infinitivo e do futuro do presente do modo indicativo.

Temos como gêneros textuais mais comuns: ordens; pedidos; súplica; desejo; manuais e instruções para montagem ou uso de aparelhos e instrumentos; textos com regras de comportamento; textos de orientação (ex: recomendações de trânsito); receitas, cartões com votos e desejos (de natal, aniversário etc.).

Predição

A predição tem por características a informação e a probabilidade. O intuito é predizer algo ou levar o interlocutor a crer em alguma coisa que ainda irá ocorrer.

Os gêneros em que mais são encontrados essa tipologia são: previsões astrológicas, previsões meteorológicas, previsões escatológicas/apocalípticas.

Dialogal/Conversacional

A base para esta tipologia textual é o diálogo entre os interlocutores. Nesse tipo de texto, temos um locutor (quem fala), um assunto, um receptor (quem recebe o texto). Ou seja, temos um diálogo entre os interlocutores (locutor e receptor).

Os gêneros em que essa tipologia ocorre são: entrevista, conversa telefônica, chat etc.

Gêneros Textuais

Os gêneros textuais podem ser textos orais ou escritos, formais ou informais. Eles possuem características em comum, como a intenção comunicativa, mas há algumas características que os distinguem uns dos outros.

Gêneros textuais e esferas de circulação

Cada gênero textual está vinculado a uma esfera de circulação, ou seja, um lugar comum em que ele pode ser encontrado.

Cotidiana: Adivinhas, Diário, Álbum de Família Exposição Oral, Anedotas, Fotos, Bilhetes, Músicas, Cantigas de Roda, Parlendas, Carta Pessoal, Piadas, Cartão, Provérbios, Cartão Postal, Quadrinhas, Causos, Receitas, Comunicado, Relatos de Experiências Vividas, Convites, Trava-Línguas, *Curriculum Vitae*.

Literária/Artística: Autobiografia, Letras de Músicas, Biografias, Narrativas de Aventura, Contos, Narrativas de Enigma,

Contos de Fadas, Narrativas de Ficção, Contos de Fadas Contemporâneos, Narrativas de Humor, Crônicas de Ficção, Narrativas de Terror, Escultura, Narrativas Fantásticas, Fábulas, Narrativas Míticas, Fábulas Contemporâneas, Paródias, Haicai, Pinturas, Histórias em Quadrinhos, Poemas, Lendas, Romances, Literatura de Cordel, Tankas, Memórias, Textos Dramáticos.

Científica: Artigos, Relato Histórico, Conferência, Relatório, Debate, Palestra, Verbetes, Pesquisas.

Escolar: Ata, Relato Histórico, Cartazes, Relatório, Debate, Regrado, Relatos de Experiências, Diálogo/Discussão Argumentativa Científicas, Exposição Oral, Resenha, Júri Simulado, Resumo, Mapas, Seminário, Palestra, Texto Argumentativo, Pesquisas, Texto de Opinião, Verbetes de Enciclopédias.

Jornalística: Imprensa: Agenda Cultural, Fotos, Anúncio de Emprego, Horóscopo, Artigo de Opinião, Infográfico, Caricatura, Manchete, Carta ao Leitor, Mapas, Mesa Redonda, Cartum, Notícia, Charge, Reportagens, Classificados, Resenha Crítica, Crônica Jornalística, Sinopses de Filmes, Editorial, Tiras, Entrevista (oral e escrita).

Publicidade: Anúncio, Músicas, Caricatura, Paródia, Cartazes, Placas, Comercial para TV, Publicidade Comercial, E-mail, Publicidade Institucional, Folder, Publicidade Oficial, Fotos, Texto Político, Slogan.

Política: Abaixo-Assinado, Debate Regrado, Assembleia, Discurso Político, Carta de Emprego, Fórum, Carta de Reclamação, Manifesto, Carta de Solicitação, Mesa Redonda, Debate, Panfleto.

Jurídica: Boletim de Ocorrência, Estatutos, Constituição Brasileira, Leis, Contrato, Ofício, Declaração de Direitos, Procuração, Depoimentos, Regimentos, Discurso de Acusação, Regulamentos, Discurso de Defesa, Requerimentos.

Social: Bulas, Relato Histórico, Manual Técnico, Relatório, Placas, Relatos de Experiências Científicas, Resenha, Resumo, Seminário, Texto Argumentativo, Texto de Opinião, Verbetes de Enciclopédias.

Midiática: Blog, Reality Show, Chat, Talk Show, Desenho Animado, Telejornal, E-mail, Telenovelas, Entrevista, Torpedos, Filmes, Vídeo Clip, Fotoblog, Videoconferência, Home Page.

Exemplos de gêneros textuais

Artigo: o artigo de opinião é um gênero textual que faz parte da esfera jornalística e tem por finalidade a exposição do ponto de vista sobre um determinado assunto. Assim como a dissertação, ele também se compõe de um título, uma introdução, um desenvolvimento e uma conclusão.

Ata: a ata tem como finalidade registrar ocorrências, resoluções e decisões de reuniões, sessões realizadas por algum órgão, setor, entidade etc.

Estrutura da ata:

> dia, mês, ano e hora (por extenso);

> local da reunião;

> pessoas presente, devidamente qualificadas;

> ordem do dia (pauta);

> fecho.

Observações:

> não há disposição quanto à quantidade de pessoas que deve assinar a ata; pode ser assinada apenas pelo presidente e secretário.

> a ata deve ser redigida de modo que não sejam possíveis alterações posteriores à assinatura (há o emprego de expressões "digo" e "em tempo").

> não há parágrafos ou alíneas.

> a ata é o registro fiel.

Atestado: atestado é o documento mediante o qual a autoridade comprova um fato ou situação de que tenha conhecimento em razão do cargo que ocupa ou da função que exerce. Destina-se à comprovação de fatos ou situações passíveis de modificações frequentes. É uma mera declaração, ao passo que a certidão é uma transcrição. Ato administrativo enunciativo, o atestado é, em síntese, afirmação oficial de fatos.

Partes:

> título ou epígrafe: denominação do ato (atestado).

> texto: exposição do objeto da atestação. Pode-se declarar, embora não seja obrigatório, a pedido de quem e com que finalidade o documento é emitido.

> local e data: cidade, dia, mês e ano da emissão do ato, podendo-se também citar, preferentemente sob forma de sigla, o nome do órgão em que a autoridade signatária do atestado exerce suas funções.

> assinatura: nome e cargo ou função da autoridade que atesta.

Apostila: apostila é a averbação, feita abaixo dos textos ou no verso de decretos e portarias pessoais (nomeação, promoção, ascensão, transferência, readaptação, reversão, aproveitamento, reintegração, recondução, remoção, exoneração, demissão, dispensa, disponibilidade e aposentadoria), para que seja corrigida flagrante inexatidão material do texto original (erro na grafia de nomes próprios, lapso na especificação de datas etc.), desde que essa correção não venha a alterar a substância do ato já publicado.

Tratando-se de erro material em decreto pessoal, a apostila deve ser feita pelo Ministro de Estado que o propôs. Se o lapso houver ocorrido em portaria pessoal, a correção por apostilamento estará a cargo do Ministro ou Secretário signatário da portaria. Nos dois casos, a apostila deve sempre ser publicada no Boletim de Serviço ou Boletim Interno correspondente e, quando se tratar de ato referente a Ministro de Estado, também no Diário Oficial da União.

A finalidade da correção de inexatidões materiais por meio de apostila é evitar que se sobrecarregue o Presidente da República com a assinatura de atos repetidos, e que se onere a Imprensa Nacional com a republicação de atos.

→ **Forma e Estrutura:**

> título, em maiúsculas e centralizado sobre o texto:

APOSTILA;

> texto, no qual deve constar a correção que está sendo feita, a ser iniciada com a remissão ao decreto que autoriza esse procedimento;

- data, por extenso:

Brasília, em 12 de novembro de 1990;

- identificação do signatário, abaixo da assinatura:

NOME (em maiúsculas)

Secretário da Administração Federal

No original do ato normativo, próximo à apostila, deverá ser mencionada a data de publicação da apostila no Boletim de Serviço ou no Boletim Interno.

Carta: pode ter caráter argumentativo quando se trata de uma carta aberta ou carta do leitor. Quando se trata de carta pessoa, há a presença de aspectos narrativos ou descritivos.

A charge é um dos gêneros textuais mais cobrados em questões de concurso. Deve dar atenção à crítica feita pelo autor, a qual pode ser percebida pela relação texto verbal e não verbal (palavras e imagens).

Charge: é um gênero textual em que é feita uma ilustração cômica, irônica, por meio de caricaturas, com o objetivo de satirizar, criticar ou fazer um comentário sobre algum acontecimento, que é atual, em sua grande maioria.

Certidão: certidão é o ato pelo qual se procede à publicidade de algo relativo à atividade Cartorária, a fim de que, sobre isso, não haja dúvidas. Possui formato padrão próprio, termos essenciais que lhe dão suas características. Exige linguagem formal, objetiva e concisão.

Termos essenciais da certidão:

- afirmação: certidão e dou fé que.
- identificação do motivo de sua expedição: a pedido da parte interessada.
- ato a que se refere: revendo os assentamentos constantes deste cartório, não logrei encontrar ação movida contra (nome).
- data de sua expedição:
- assinatura: O Escrivão.

Circular: é utilizada para transmitir avisos, ordens, pedidos ou instruções, dar ciência de leis, decretos, portarias etc.

- destina-se a uma ou mais de uma pessoa/órgão/ empresa. No caso de mais de um destinatário, todas as vias distribuídas devem ser iguais.
- a paragrafação pode seguir o estilo americano (sem entradas de parágrafo), ou estilo tradicional. No caso de estilo americano, todo o texto, a data e a assinatura devem ser alinhados à margem esquerda. No estilo tradicional, devem ser centralizados.

Partes:

- TIMBRE: impresso no alto do papel.
- TÍTULO E NÚMERO: cerca de três linhas do timbre e no centro da folha. O número pode vir seguido do ano.
- DATA: a data deve estar próxima do título e número, ao lado ou abaixo, podendo se apresentar de várias formas:

CIRCULAR Nº 01, DE 2 MARÇO DE 2002

CIRCULAR Nº 01

De 2 de março de 2002

CIRCULAR Nº 01/02 Rio de Janeiro, 2 de março de 2002

- EMENTA (opcional): deve vir abaixo do título e data, cerca de três linhas.

Ementa: Material de consumo.

Ref.: Material de consumo

- INVOCAÇÃO: cerca de quatro linhas do título. Dependendo do assunto e destinatários, a invocação é dispensável.

Excelentíssimo Senhor:

Senhor Prefeito:

Senhores Pais:

→ TEXTO: cerca de três linhas do título. Deve conter:

- exposição do assunto, desenvolvida a partir dos objetivos;
- a sensibilização do receptor/destinatário;
- convite a agir;
- CUMPRIMENTO FINAL:

Respeitosamente,

Atenciosamente,

- ASSINATURA: cerca de quatro linhas do cumprimento final. É composta do nome do emissor (só as iniciais maiúsculas) e cargo ou função (todo em maiúscula):

Herivelto Nascimento

DIRETOR

- ANEXOS: quando houver documentos a anexar, escreve-se a palavra anexo à margem esquerda, seguida da relação do que está anexado:

Anexo: quadro de horários.

Anexa: cópia do documento.

Anexas: tabela de horários e cópia dos documentos.

- INICIAIS: na última linha útil do papel, à esquerda, devemos escrever as iniciais de quem elaborou o texto (redator), seguido das iniciais de quem a datilografou/ digitou (em maiúscula ou minúscula, tanto faz). Quando o redator e o datilógrafo forem a mesma pessoa, basta colocar a barra seguida das iniciais:

PPS/AZ

Pps/az

/pps

/PPS

Declaração: a declaração deve ser fornecida por pessoa credenciada ou idônea que nele assume a responsabilidade sobre uma situação ou a concorrência de um fato. Portanto, é uma comprovação escrita com caráter de documento.

A declaração pode ser manuscrita em papel almaço simples ou digitada. Quanto ao aspecto formal, divide-se nas seguintes etapas:

- timbre: impresso com cabeçalho, contendo o nome do órgão ou empresa. Nas declarações particulares, usa-se papel sem timbre.
- título: no centro da folha, em caixa alta.
- texto:
  - identificação do emissor.

» o verbo atestar ou declarar deve aparecer no presente do indicativo, terceira pessoal do singular ou do plural.

» finalidade do documento: em geral, costuma-se usar o termo "para os devidos fins". Também se pode especificar: "para fins de trabalho", "para fins escolares" etc.

» nome e dados de identificação do interessado.

» citação do fato a ser atestado.

> local e data: deve-se escrevê-lo a cerca de três linhas do texto.

Editorial: é um gênero textual dissertativo-argumentativo que apresenta o posicionamento de uma empresa, revista, jornal sobre determinado assunto.

Entrevista: é um gênero textual em que aparece o diálogo entre o entrevistador e o(s) entrevistado(s), para obter informações sobre o entrevistado ou algum assunto. Podem aparecer elementos expositivos, argumentativos e narrativos.

Edital: é um documento em que são apresentados avisos, citações, determinações.

São diversos os tipos de editais, de acordo com o objetivo: pode comunicar uma citação, um proclame, um contrato, uma exoneração, uma licitação de obras, serviços, tomada de preço etc.

Entre eles, os editais mais comuns são os de concursos públicos, que determinam as etapas dos processos seletivos e as competências necessárias para a sua execução.

Gêneros literários

Os gêneros literários costumam ser cobrados em algumas provas. É importante saber que há a presença tanto da linguagem denotativa quanto da conotativa. Geralmente, as provas trazem fragmentos de textos. Alguns gêneros mais cobrados são: novela, conto, fábula, crônica, ensaio.

Novela: é um texto narrativo longo, em que são narradas várias histórias. Sempre há uma história principal que caracteriza esse gênero. Exemplos: O Alienista, de Machado de Assis, e A Metamorfose, de Kafka.

Conto: é um texto narrativo curto, em que há, geralmente, um enredo (uma história) e poucos personagens.

Fábula: É um texto narrativo em que há uma história curta que termina com uma lição de moral. Geralmente, há a personificação, pois há personagens que não são humanos (animais, objetos) que adquirem características humanas.

Crônica: é uma narrativa breve, relacionada ao cotidiano. Pode ter um tom humorístico ou reflexivo (presença de críticas).

Ensaio: é um texto com caráter também didático, em que são expostas ideias, críticas e reflexões morais e filosóficas a respeito de certo tema. É caracterizado pela defesa de um ponto de vista pessoal e subjetivo sobre um tema (humanístico, filosófico, político, social, cultural, moral, comportamental etc.), sem a necessidade de comprovação científica.

História em quadrinhos

É um gênero narrativo que consiste em contar algo por meio de pequenos quadros. Pode haver diálogos diretos entre personagens. É caracterizado pela linguagem verbal e não verbal.

Notícia

É um texto em que podem aparecer características narrativas e descritivas. Conta-se como ocorreu um determinado fato. Aparecem as seguintes informações: o que ocorreu, como, quando, onde e quem estava envolvido.

Ofício

O ofício tem o objetivo de informar, propor convênios, ajustes, acordos, encaminhar documentos, solicitar providências e/ou informações.

É uma correspondência que pode ser dirigida tanto ao Poder Público quanto a particulares.

Formatação:

> Papel timbrado;

> Número de ordem na margem superior esquerda;

> Local e data na mesma linha do número de ordem, ao lado direito;

> Vocativo (a forma de se dirigir à pessoa a que se destina a correspondência);

> O texto pode ser dividido em parágrafos;

> Fecho;

> Assinatura e cargo do remetente;

> Endereçamento.

Parecer

O parecer é o pronunciamento fundamentado, com caráter opinativo, de autoria de comissão ou de relator, snobre matéria sujeita a seu exame.

Partes de um parecer:

> designação: número do processo, no centro superior do papel. Não é um item obrigatório.

> título: denominação do ato, seguido de numeração (Parecer nº).

> ementa: resumo do assunto do parecer, de maneira concisa, a dois espaços do título.

> texto: introdução (histórico); esclarecimentos (análise do fato); conclusão do assunto.

> fecho: compreende: local e/ou denominação do órgão (sigla);

» data;

» assinatura (nome e cargo de quem emite o parecer).

Propaganda

Caracterizado como um texto expositivo, o objetivo é propagar informações sobre algo, para influenciar o leitor com mensagens que despertam as emoções e a sensibilidade.

Poema

É um texto estruturado em versos (linhas) e pode também ter estrofes (conjunto de linhas). É muito comum haver a descrição e a narração.

Reportagem

É um gênero textual que pertence à esfera jornalística e tem um caráter dissertativo-expositivo. A reportagem tem, por objetivo, informar e levar os fatos ao leitor de uma maneira concisa, clara, e direta.

Requerimento

O requerimento é o instrumento por meio do qual o signatário pede, a uma autoridade, algo que lhe pareça justo ou legal. Qualquer pessoa que tenha interesse no serviço público pode valer-se de um requerimento, que será dirigido a uma autoridade competente para conhecer, analisar e solucionar o caso, podendo ser escrito ou datilografado (digitado).

Os elementos constitutivos do requerimento são:

> vocativo: indica a autoridade a quem se dirige a comunicação (alinhado à esquerda, sem parágrafo, identificando a autoridade e não a pessoa em si;

> texto: nome do requerente (letras maiúsculas), qualificação, objeto do requerimento;

> fecho: pede deferimento, espera deferimento, aguarda deferimento;

> local e data;

> assinatura.

Relatório

Relatório é um documento em que se faz uma descrição de fatos, analisados com o objetivo de orientar o serviço interessado ou o superior imediato para possíveis ações a serem tomadas.

É, em última análise, a exposição circunstanciada de atividades levadas a termo por funcionário, no desempenho das funções do cargo que exerce, ou por ordem de autoridade superior.

É geralmente feito para expor:

> situações de serviço;

> resultados de exames;

> eventos ocorridos em relação a planejamento;

> prestação de contas ao término de um exercício etc.

Suas partes componentes são:

1) Título (a palavra RELATÓRIO), em letras maiúsculas.
2) Vocativo: a palavra Senhor(a), seguida do cargo do destinatário, e de vírgula.
3) Texto paragrafado, composto de introdução, desenvolvimento e conclusão.
   > Introdução: enuncia-se o propósito do relatório;
   > Desenvolvimento: corpo do relatório - a exposição dos fatos;
   > Conclusão: o resultado ou síntese do trabalho, bem como a recomendação de providências cabíveis.
4) Fecho, utilizando as fórmulas usuais de cortesia, como as do ofício.
5) Local e data, por extenso.
6) Assinatura, nome e cargo ou função do signatário.
7) Anexos, complementando o Relatório, com material ilustrativo e/ou ocumental.

Classificação de Relatórios

> Informativo: aborda um problema ou situação e oferece informações.

> Reativo: aborda um problema, examina as causas e as consequências e oferece sugestões.

> Conclusivo: aborda um problema ou situação e oferece conclusões.

Portaria

É um ato pelo qual as autoridades competentes determinam providências de caráter administrativo, dão instruções sobre a execução de leis e de serviços, definem situações funcionais e aplicam medidas de ordem disciplinar.

Partes:

> numeração (classificação): número do ato e data de expedição.

> título: denominação completa de autoridade que expede o ato.

> fundamentação: citação da legislação básica em que a autoridade apoia sua decisão, seguida do termo resolve.

> texto: desenvolvimento do assunto.

> assinatura: nome da autoridade que expede o ato.

Questões

01. (CESPE - 2019) "Raras vezes na história humana, o trabalho, a riqueza, o poder e o saber mudaram simultaneamente. Quando isso ocorre, sobrevêm verdadeiras descontinuidades que marcam época, pedras miliares no caminho da humanidade. A invenção das técnicas para controlar o fogo, o início da agricultura e do pastoreio na Mesopotâmia, a organização da democracia na Grécia, as grandes descobertas científicas e geográficas entre os séculos XII e XVI, o advento da sociedade industrial no século XIX, tudo isso representa saltos de época, que desorientaram gerações inteiras.

Se observarmos bem, essas ondas longas da história, como as chamava Braudel, tornaram-se cada vez mais curtas. Acabamos de nos recuperar da ultrapassagem da agricultura pela indústria, ocorrida no século XX, e, em menos de um século, um novo salto de época nos tomou de surpresa, lançando-nos na confusão. Dessa vez o salto coincidiu com a rápida passagem de uma sociedade de tipo industrial dominada pelos proprietários das fábricas manufatureiras para uma sociedade de tipo pós-industrial dominada pelos proprietários dos meios de informação.

O fórceps com o qual a recém-nascida sociedade pós-industrial foi extraída do ventre da sociedade industrial anterior é representado pelo progresso científico e tecnológico, pela globalização, pelas guerras mundiais, pelas revoluções proletárias, pelo ensino universal e pelos meios de comunicação de massa. Agindo simultaneamente, esses fenômenos produziram uma avalanche ciclópica — talvez a mais irresistível de toda a história humana — na qual nós, contemporâneos, temos o privilégio e a desventura de estar envolvidos em primeira pessoa.

Ninguém poderia ficar impassível diante de uma mudança dessa envergadura. Por isso a sensação mais difundida é a desorientação.

A nossa desorientação afeta as esferas econômica, familiar, política, sexual, cultural... É um sintoma de crescimento, mas é também um indício de um perigo, porque quem está desorientado sente-se em crise, e quem se sente em crise deixa de projetar o próprio futuro. Se deixarmos de projetar nosso futuro, alguém o projetará para nós, não em função de nossos interesses, mas do seu próprio proveito."

Domenico de Masi. Alfabeto da sociedade desorientada: para entender o nosso tempo. Trad. Silvana Cobucci e Federico Carotti. São Paulo: Objetiva, 2017, p. 93-4 (com adaptações).

O texto caracteriza-se como dissertativo-argumentativo, devido, entre outros aspectos, à presença de evidências e fatos históricos utilizados para validar a argumentação do autor.

Certo ( ) Errado ( )

02. (CESPE - 2019) "A modernidade é um contrato. Todos nós aderimos a ele no dia em que nascemos, e ele regula nossa vida até o dia em que morremos. Pouquíssimos entre nós são capazes de rescindi-lo ou transcendê-lo. Esse contrato configura nossa comida, nossos empregos e nossos sonhos; ele decide onde moramos, quem amamos e como morremos.

À primeira vista, a modernidade parece ser um contrato extremamente complicado, por isso poucos tentam compreender no que exatamente se inscreveram. É como se você tivesse baixado algum software e ele te solicitasse assinar um contrato com dezenas de páginas em "juridiquês"; você dá uma olhada nele, passa imediatamente para a última página, tica em "concordo" e esquece o assunto. Mas a modernidade, de fato, é um contrato surpreendentemente simples. O contrato interno pode ser resumido em uma única frase: humanos concordam em abrir mão de significado em troca de poder.

Yuval Noah Harari. Homo Deus: uma breve história do amanhã. São Paulo: Companhia das Letras, 2016 (com adaptações).

Considerando as ideias, os sentidos e os aspectos linguísticos do texto precedente, julgue o item a seguir.

O texto apresenta estratégia argumentativa que visa aproximar o leitor das ideias desenvolvidas pelo autor.

Certo ( ) Errado ( )

03. (CESPE - 2019) "Passávamos férias na fazenda da Jureia, que ficava na região de lindas propriedades cafeeiras. Íamos de automóvel até Barra do Piraí, onde pegávamos um carro de boi. Lembro-me do aboio do condutor, a pé, ao lado dos animais, com uma vara: "Xô, Marinheiro! Vâmu, Teimoso!". Tenho ótimas recordações de lá e uma foto da qual gosto muito, da minha infância, às gargalhadas, vestindo um macacão que minha própria mãe costurava, com bastante capricho. Ela fazia um para cada dia da semana, assim, eu podia me esbaldar e me sujar à vontade, porque sempre teria um macacão limpo para usar no dia seguinte."

Jô Soares. O livro de Jô: uma autobiografia desautorizada. São Paulo: Companhia das Letras, 2017.

Com relação aos aspectos linguísticos desse texto, julgue o item a seguir.

O texto é essencialmente descritivo, pois detalha lembranças acerca das viagens de férias que a personagem e sua família faziam com frequência durante a sua infância.

Certo ( ) Errado ( )

04. (CESPE - 2018) "Narração é diferente de narrativa, uma vez que mantém algo da ideia de acompanhar os fatos à medida que eles acontecem. A narrativa é uma totalidade de acontecimentos encadeados, uma espécie de soma final, e está presente em tudo: na sequência de entrada, prato principal e sobremesa de um jantar; em mitos, romances, contos, novelas, peças, poemas; no Curriculum vitae; na história dos nossos corpos; nas notícias; em relatórios médicos; em conversas, desenhos, sonhos, filmes, fábulas, fotografias. Está nas óperas, nos videoclipes, videogames e jogos de tabuleiro. A narração, por sua vez, é basicamente aquilo que um narrador enuncia.

Uma contagem de palavras na base de dados do Google mostra uma mudança nos usos de narrativa. A palavra vem sendo cada vez mais empregada nas últimas décadas, mas seu sentido vem mudando.

A expressão disputa de narrativas, que teve um boom dos anos 80 do século XX para cá, não costuma dizer respeito à acepção mais literária do termo, como narrativa de um romance. Fala antes sobre trazer a público diferentes formas de narrar o mundo, para que narrativas plurais possam ser elaboradas e disputadas. É um uso do termo que talvez aproxime narrativa de narração, porque sugere que toda narrativa histórica e cultural carrega em si um processo e um movimento e que dentro dela há sempre sinais deixados pelas escolhas de um narrador."

Sofia Nestrovski. Narrativa. Internet: <www.nexojornal.com.br> (com adaptações).

Com relação às ideias e aos aspectos linguísticos do texto CB4A1AAA, julgue o item a seguir.

Dadas a temática apresentada e a presença de referências temporais, como as expressões "nas últimas décadas" e "dos anos 80 do século XX para cá", o texto classifica-se como narrativo.

Certo ( ) Errado ( )

05. (CESPE - 2018) "A atividade de inteligência é o exercício de ações especializadas para a obtenção e análise de dados, produção de conhecimentos e proteção de conhecimentos para o país. Inteligência e contrainteligência são os dois ramos dessa atividade. A inteligência compreende ações de obtenção de dados associadas à análise para a compreensão desses dados. A análise transforma os dados em cenário compreensível para o entendimento do passado, do presente e para a perspectiva de como tende a se configurar o futuro. Cabe à inteligência tratar fundamentalmente da produção de conhecimentos com o objetivo específico de auxiliar o usuário a tomar decisões de maneira mais fundamentada. A contrainteligência tem como atribuições a produção de conhecimentos e a realização de ações voltadas à proteção de dados, conhecimentos, infraestruturas críticas — comunicações, transportes, tecnologias de informação — e outros ativos sensíveis e sigilosos de interesse do Estado e da sociedade. O trabalho desenvolvido pela contrainteligência tem foco na defesa contra ameaças como a espionagem, a sabotagem, o vazamento de informações e o terrorismo, patrocinadas por instituições, grupos ou governos estrangeiros."

Internet: <www.abin.gov.br> (com adaptações).

Julgue o item seguinte, relativo às ideias e aos aspectos linguísticos do texto.

No texto, predomina a tipologia textual expositiva, dado o seu objetivo comunicativo de transmitir ao leitor um conjunto de informações relativas às atividades desenvolvidas sob o rótulo de inteligência.

Certo ( ) Errado ( )

Gabaritos

01	CERTO
02	CERTO
03	ERRADO
04	ERRADO
05	CERTO

17. FIGURAS DE LINGUAGEM

Na Língua Portuguesa, como em qualquer outro idioma, verificam-se expressões que, se observadas exclusivamente a partir de seu significado literal, podem não fazer muito sentido. Todavia, elas são entendidas, compreendidas e, em alguns casos, tornam-se até insubstituíveis. Muitas vezes, algumas dessas expressões chegam a ser consideradas desvios da norma culta; outras vezes, elas são vistas como "um tempero na gramática", algo capaz de provocar, através da linguagem, a formação de imagens (figuras), de modo a criar um efeito linguístico insubstituível do ponto de vista semântico e estilístico.

As figuras de linguagem aparecem em provas de concurso como "um divisor de águas" (acabamos de utilizar uma figura de linguagem!). Quando o assunto é o estudo da gramática, nota-se que nem todos os concursandos se dedicam ao aprofundamento dessa particularidade da linguagem. Portanto, quem se empenhar em conhecer esse tema certamente terá, diante da concorrência, um diferencial em termos de conhecimento. Vejamos quais são as figuras de linguagem mais abordadas em provas de concurso.

Metáfora

Consiste em usar uma palavra com o significado de outra, havendo entre elas alguma relação de semelhança.

Na parede da memória essa lembrança é o **quadro** que dói mais. *(Como Nossos Pais, Belchior)*

> Imaginemos a memória como parede e as lembranças como quadros pendurados.

Comparação

É muito parecida com a metáfora, porém a partícula de comparação, no caso COMO, aparece de forma explícita.

Você é bem **como** eu, conhece o que é ser assim. *(Toda Forma De Amor, Lulu Santos)*

Metonímia

Consiste na troca da parte por um todo. Usa-se uma palavra com o significado de outra numa relação de **implicação mútua**.

Ex.: Ouvia **Mozart**.
Lia **Saramago**.

> Não ouvia o compositor, ouvia as **obras** que ele compôs; não lia Saramago, lia as **obras** que ele escreveu.

Antonomásia

Registra a substituição do nome próprio da pessoa por uma característica pela qual se tornou conhecida.

Era quase impossível derrotar **Mohamed Ali**, parece que o destino escolheu quando perderia.

> Nome adotado pelo boxeador Cassius Marcelus Clay, nas décadas de 60 e 70.

Catacrese

É quase uma metáfora, porém o processo metafórico se desgastou pelo fato de a expressão ser usual demais.

Ex.: O jogador **enterrava** a bola na cesta, fazendo o público vibrar.

> **Enterrar** é um jargão utilizado nos jogos de basquete.

Sinestesia

Reúne sensações originárias de diferentes órgãos de sentidos.

Sentia o **aroma doce** e **áspero**

> Dá o sentido de olfato, paladar e tato.

> *Não é interessante tentar associar o nome da figura ao que ela representa. Isso apenas causará frustrações. O aconselhável é conseguir associar as figuras de linguagem ao rico universo da música, tão presente no cotidiano do ser humano. As músicas, em praticamente toda a sua totalidade, possuem pelo menos uma figura de linguagem presente em sua formação.*

Assíndeto

Omissão de conjunções entre as orações.

Ex.: Pensou em sair, desfez a loucura em segundos, preferiu isolar-se.

> As vírgulas poderiam ser substituídas por **E, MAS** etc.

Polissíndeto

Excesso de conjunções entre as orações.

Nada fez **e** pensou sair **e** deixou-se em paz **e** dormiu **e** sonhou **e** não acordou.

Zeugma

Omissão de um termo já citado anteriormente em uma frase, feita por vírgula.

Ex.: Ele comprou sonhos, ela, realidades.

> A vírgula está omitindo o termo COMPRAR.

Elipse

Omissão de um termo que não foi enunciado anteriormente na oração.

Ex.: "A praia **(?)** deserta, ninguém **(?)** àquela hora na rua". (Autran Dourado)

Omissão do verbo estava.

Aliteração

Repetição de consoantes de mesma natureza ou semelhante no início ou meio de palavras.

Ex.: "Enquanto o**s** ho**m**e**ns** exer**cem** **s**eus **pod**res **pod**eres". (Caetano Veloso)

Anáfora

Repetição da mesma palavra durante o texto.

Ex.: Era **abril**, o sol fervia, era **abril**, a esperança partia, era **abril**, apenas **abril**.

Anacoluto

Termo desconexo na frase, sem função sintática.

Ex.: E o menino perdido, solto como ar, sabíamos ficar de ventos.

Pleonasmo

Repetição de uma palavra já implicada no texto.

Ex.: Sonhei um sonho lindo.

Hipérbato

Inversão na posição normal dos termos da oração.

Ex.: Ouviram do Ipiranga as margens plácidas de um povo heroico o brado retumbante. (Osório Duque Estrada, Hino Nacional)

Silepse

Efetua a concordância com palavras ou noções pressupostas na frase, não com palavras explícitas. Pode ser classificada como:

De **pessoa**: Os brasileiros **somos** injustiçados.

O verbo concorda com NÓS.

De **número**: Todos nós estamos **aberto** a negociações.

ABERTO não concorda com NÓS.

De **gênero**: Basta irmos **à** Carlos Gomes e assistir ao concerto.

A palavra PRAÇA está omissa

Ainda que a silepse seja uma figura de linguagem, é muito comum que ela apareça em exercícios de gramática, já que sua associação está diretamente ligada às concordâncias verbal e nominal.

Epíteto

Qualificação de um nome por uma característica que já é inerente a ela.

Ex.: Aquelas chuvas **úmidas** faziam da paisagem algo a mais.

Não existe chuva seca.

Antítese

Quando há ideias opostas.

Ex.: Corro a ti, cujos **pés cravados ao chão** me abrem o coração.

Ideias opostas

Clímax

Apresenta as ideias de modo gradativo.

Ex.: Vinham de todo lado, **rosnavam**, o **barulho crescia**, a **morte gritava**.

Eufemismo

Figura que visa suavizar algo originalmente grosseiro, triste ou desagradável.

Dez anos passaram, cresceram meus irmãos, e os **anjos levaram minha mãe pelas mãos.** (MARVIN, versão de Nando Reis)

Termo que se usou para descrever a morte de alguém.

Hipérbole

Figura que expressa o exagero.

"Por você **vou roubar os anéis de Saturno.**" (DESCULPE O AUÊ, Rita Lee e Roberto de Carvalho)

Exagero expresso

Ironia

Figura que consiste em dizer justamente o contrário do que se pretende expressar, com o intuito de produzir um efeito satírico, de crítica, ou apenas para promover o humor.

"O meu nome é Dejair, **facinho de confundir com João do caminhão**". (BOIS DON'T CRY, Mamonas Assassinas)

Onomatopeia

Figura que consiste em criar uma palavra ou expressão que imite ou tente imitar algum som. Esse recurso é muito utilizado em histórias em quadrinhos, por exemplo.

Pluct, plact, zum, não vai a lugar nenhum. (O CARIMBADOR MALUCO, Raul Seixas)

Som que lembra batida, velocidade.

Muitas vezes, as figuras de linguagem podem aparecer misturadas em uma só. É o caso, por exemplo, de "Vozes veladas, veludosas vozes/ Volúpias dos violões, vozes veladas/ Vagam nos velhos vórtices velozes/ Dos ventos, vivas, vãs, vulcanizadas", de Cruz e Sousa. Verifica-se uma aliteração imitando o som do vento e dos violões. Ao mesmo tempo, há também uma onomatopeia, lembrando o som do vento.

Paradoxo

Figura que consiste em expressar duas ideias opostas simultaneamente.

"(...) era **provar para todo mundo que eu não precisava provar** nada pra ninguém". (QUASE SEM QUERER, Renato Russo)

Prosopopeia ou personificação

Figura que consiste em atribuir particularidades de seres animados (com vida) a seres inanimados (sem vida). Essa figura também se caracteriza quando são atribuídas características humanas a animais.

O meu cachorro
me **sorriu** latindo. → Características humanas
(O PORTÃO, Roberto Carlos e Erasmo Carlos)

Vimos, neste capítulo, como as figuras de linguagem podem "temperar" um texto e seu conteúdo, atribuindo-lhe outra roupagem. Ficar atento à nomenclatura é importante. Porém, associar os exemplos é uma forma eficiente de entender seu conteúdo.

Questões

01. (Cespe – Adaptada) No texto "A mocidade por viver nessas **alegres barracas de cimento**, nós precisamos de sólidas fortalezas", o excerto em destaque constitui uma metáfora da casa moderna.

Certo ( ) Errado ( )

02. (Cespe) Utilizando-se de metáforas, o autor constrói texto argumentativo em que a democracia é retratada como o oceano e suas ondas, e os que nela não creem, representados como os "espíritos que não veem muito"

Certo ( ) Errado ( )

Gabaritos

01	CERTO	02	CERTO

18. VARIAÇÕES LINGUÍSTICAS

A língua é um conjunto de variedades, ou seja, apesar de altamente organizada, ela é um sistema flexível. Desse modo, os falantes têm a sua disposição várias alternativas para expressar um mesmo significado, podendo escolher aquela que seja a mais adequada para determinada situação. Para entender melhor essa informação, é importante que se estudem as funções da linguagem, a diferença entre fala e escrita e como ocorrem as variações linguísticas.

18.1 Funções da Linguagem

Função referencial ou denotativa

A linguagem transmite uma informação objetiva sobre a realidade, com preferência a dados concretos, fatos e circunstâncias. Essa forma de comunicação é comum em notícias de jornal, discurso científico etc. desse modo, coloca-se em evidência o assunto ao qual a mensagem se refere.

Função expressiva ou emotiva

A forma de se expressar reflete o estado de ânimo do emissor, os seus sentimentos e suas emoções. Uma das características de função é a presença de interjeições e de alguns sinais de pontuação, como as reticências e o ponto de exclamação.

Função apelativa ou conativa

A linguagem tem como objetivo influenciar o receptor ou destinatário, com a intenção de convencê-lo, de persuadi-lo. O emissor se dirige diretamente ao receptor. É a linguagem usada em discursos, sermões e propagandas que se dirigem diretamente ao consumidor.

Função poética

A linguagem poética deixa em evidência a forma da mensagem, ou seja, há uma preocupação em como dizer algo. Está muito presente em textos literários, mas não é exclusiva da poesia nem da literatura em geral, pois se encontra com frequência nas expressões cotidianas de valor metafórico e na publicidade.

Função fática

A linguagem é empregada para estabelecer, prolongar ou interromper a comunicação. É aplicada em situações em que o mais importante não é o que se fala, nem como se fala, mas sim o contato entre o emissor e o receptor. Fática quer dizer "relativa ao fato", ao que está ocorrendo. É a linguagem das falas telefônicas, saudações e similares.

Função metalinguística

Esta função refere-se à metalinguagem, que ocorre quando o emissor explica um código usando o próprio código. É a poesia que fala da poesia, da sua função e do poeta, um texto que comenta outro texto. As gramáticas e os dicionários são exemplos de metalinguagem.

18.2 Língua Falada e Língua Escrita

A fala e a escrita são dois meios de comunicação distintos.

A língua falada é mais espontânea e vem acompanhada de linguagem não verbal, tom de voz, mímicas etc.

A língua escrita é um sistema disciplinado e rígido, uma vez que não conta com mímicas e tom de voz.

A língua portuguesa, assim como todas as línguas, pode sofrer muitas variações. Ela varia conforme:

- o lugar social dos falantes;
- os nossos interlocutores;
- o papel social que exercemos em determinada situação.

Isso mostra que as línguas não são uniformes, homogêneas, pois todas sofrem algum tipo de variação quanto à pronúncia, ao vocabulário, à estrutura gramatical.

18.3 Fatores que Interferem os Usos Diferentes da Língua

Fatores regionais: diferença do português falado por habitantes de regiões diferentes. Também há variações no uso da língua dentro de uma mesma região.

Fatores culturais: é a influência que o grau de escolarização e a formação cultural de um indivíduo têm em relação ao uso da língua.

Fatores contextuais: a forma de comunicar-se é influenciada pelo contexto social, econômico, cultural etc. Por exemplo: há diferença de vocabulário, de expressões entre um encontro de amigos e uma reunião profissional.

Fatores profissionais: algumas atividades profissionais exigem o domínio de uma linguagem técnica. Isso pode ser percebido pelo emprego de termos específicos de engenheiros, biólogos, matemáticos, médicos, linguistas etc.

Fatores naturais: alguns fatores como idade e sexo influenciam o uso da língua.

> Mesmo que existam diferenças quanto à forma de se comunicar, não se pode afirmar que uma variedade regional, por exemplo, é um erro, pois a língua é empregada de acordo com o contexto social, econômico, político, educacional etc.

18.4 Níveis de Emprego da Fala e da Escrita

Nível coloquial-popular: é a linguagem que se utiliza no dia a dia, principalmente em situações informais. Esse nível da fala é mais espontâneo, pois não há uma preocupação em falar de acordo com a norma padrão, com as regras.

Nível formal-culto: é a linguagem que se utiliza em situações formais. Caracteriza-se por um cuidado maior com o vocabulário e pela obediência às regras gramaticais.

18.5 Tipos de Variações Linguísticas

Variações diafásicas

As variações ocorrem de acordo com o contexto comunicativo, ou seja, o momento é que determina a forma como alguém se dirige ao próprio interlocutor, se deve ser formal ou informal. 5.2 Variações diatópicas As variações surgem por causa de diferenças regionais. Um exemplo é o termo mandioca, que pode adquirir nomenclaturas diferentes em razão de um lugar (macaxeira, aipim)

Variações diastráticas

As variações ocorrem em razão da convivência entre os grupos sociais. Um exemplo é a linguagem relacionada ao ambiente profissional, como a linguagem dos advogados, dos surfistas etc.

Questões

01. (IBFC)

Notícia de Jornal

(Fernando Sabino)

Leio no jornal a notícia de que um homem morreu de fome. Um homem de cor branca, 30 anos presumíveis, pobremente vestido, morreu de fome, sem socorros, em pleno centro da cidade, permanecendo deitado na calçada durante 72 horas, para finalmente morrer de fome.

Morreu de fome. Depois de insistentes pedidos e comentários, uma ambulância do Pronto Socorro e uma radiopatrulha foram ao local, mas regressaram sem prestar auxílio ao homem, que acabou morrendo de fome. Um homem que morreu de fome. O comissário de plantão (um homem) afirmou que o caso (morrer de fome) era da alçada da Delegacia de Mendicância, especialista em homens que morrem de fome. E o homem morreu de fome. O corpo do homem que morreu de fome foi recolhido ao Instituto Anatômico sem ser identificado. Nada se sabe dele, senão que morreu de fome. Um homem morre de fome em plena rua, entre centenas de passantes. Um homem caído na rua. Um bêbado. Um vagabundo. Um mendigo, um anormal, um tarado, um pária, um marginal, um proscrito, um bicho, uma coisa - não é um homem. E os outros homens cumprem seu destino de passantes, que é o de passar. Durante setenta e duas horas todos passam, ao lado do homem que morre de fome, com um olhar de nojo, desdém, inquietação e até mesmo piedade, ou sem olhar nenhum. Passam, e o homem continua morrendo de fome, sozinho, isolado, perdido entre os homens, sem socorro e sem perdão.

Não é da alçada do comissário, nem do hospital, nem da radiopatrulha, por que haveria de ser da minha alçada? Que é que eu tenho com isso? Deixa o homem morrer de fome.

E o homem morre de fome. De trinta anos presumíveis. Pobremente vestido. Morreu de fome, diz o jornal. Louve-se a insistência dos comerciantes, que jamais morrerão de fome, pedindo providências às autoridades. As autoridades nada mais puderam fazer senão remover o corpo do homem. Deviam deixar que apodrecesse, para escarmento dos outros homens. Nada mais puderam fazer senão esperar que morresse de fome.

E ontem, depois de setenta e duas horas de inanição, tombado em plena rua, no centro mais movimentado da cidade do Rio de Janeiro, Estado da Guanabara, um homem morreu de fome.

(Disponível em http://www.fotolog.com.br/spokesman_/70276847/: Acesso em 10/09/14)

Texto II

O Bicho (Manuel Bandeira) Vi ontem um bicho Na imundície do pátio Catando comida entre os detritos. Quando achava alguma coisa, Não examinava nem cheirava: Engolia com voracidade. O bicho não era um cão, Não era um gato, Não era um rato. O bicho, meu Deus, era um homem.

(Disponível em: http://www.casadobruxo.com.br/poesia/m/bicho.htm, acesso em 10/09/2014)

Tanto na crônica (Texto I) quanto no poema (Texto II) os enunciadores não se limitam a apresentar o fato; eles também buscam causar comoção em seus leitores. A função de linguagem que melhor retrata esse objetivo e os trechos que podem representar esse aspecto são, respectivamente:

a) Função metalinguística; "Morreu de Fome" (texto I) e " Meu Deus" (texto II).

b) Função fática; "Leio no jornal" (texto I) e "Vi ontem um bicho" (texto II).

c) Função poética; "Leio no jornal" (texto I) e "Vi ontem um bicho" (texto II).

d) Função conativa, "Morreu de Fome" (texto I) e " Meu Deus" (texto II).

e) Função referencial; "Um homem de cor branca" (texto I); Na imundície do pátio"" (texto II)

02. (UFSC)

Texto 4

Glossário:
Intempestivamente: por impulso, subitamente.
Zefir: um tecido feito de algodão.
Incontinente: que não se contém.
WATTERSON, Bill. O melhor de Calvin. *O Estado de S. Paulo*, São Paulo, 27 ago. 2002.

Com relação ao Texto 4, analise as afirmativas abaixo.

I. I. Nos três primeiros quadrinhos, é utilizada uma variedade linguística característica de situações informais de comunicação.

II. II. As palavras "delinquente" e "traste" são antônimos.

III. III. No último quadrinho, Calvin sugere que a variedade linguística empregada no seriado é artificial.

IV. IV. O uso da conjugação de segunda pessoa, a ocorrência de inversão sintática e a escolha do vocabulário contribuem para o estranhamento causado no leitor nos três primeiros quadrinhos, por se tratar de um uso informal da língua.

Assinale a alternativa CORRETA.

a) Somente as afirmativas I e III estão corretas.

b) Somente as afirmativas I, II e IV estão corretas.

c) Somente as afirmativas I e II estão corretas.

d) Somente as afirmativas III e IV estão corretas.

e) Somente as afirmativas II e IV estão corretas.

03. (FUMARC)

Quem são nossos ídolos?

Claudio de Moura Castro

Eu estava na França nos idos dos anos 80. Ligando a televisão, ouvi por acaso uma entrevista com um jovem piloto de Fórmula 1. Foi-lhe perguntado em quem se inspirava como piloto iniciante. A resposta foi pronta: Ayrton Senna. O curioso é que nessa época Senna não havia ganho uma só corrida importante. Mas bastou ver o piloto brasileiro se preparando para uma corrida: era o primeiro a chegar no treino, o único a sempre fazer a pista a pé, o que mais trocava ideias com os mecânicos e o último a ir embora. Em outras palavras, sua dedicação, tenacidade, atenção aos detalhes eram tão descomunais que, aliadas a seu talento, teriam de levar ao sucesso.

Por que tal comentário teria hoje alguma importância?

Cada época tem seus ídolos, pois eles são a tradução de anseios, esperanças, sonhos e identidade cultural daquele momento. Mas, ao mesmo tempo, reforçam e ajudam a materializar esses modelos de pensar e agir.

Já faz muito tempo, Heleno de Freitas foi um grande ídolo do futebol. Segundo consta, jactava-se de tomar uma cachacinha antes do jogo, para aumentar a criatividade. Entrava em campo exibindo seu bigodinho e, após o gol, puxava o pente e corrigia o penteado. O ídolo era a genialidade pura do futebol-arte.

Mais tarde, Garrincha era a expressão do povo, com sua alegria e ingenuidade. Era o jogador cujo estilo brotava naturalmente. Era a espontaneidade, como pessoa e como jogo, e era facilmente amado pelos brasileiros, pois materializava as virtudes da criação genial.

Para o jogador "cavador", cabia não mais do que um prêmio de consola- ção. Até que veio Pelé. Genial, sim. Mas disciplinado, dedicado e totalmente comprometido a usar todas as energias para levar a cabo sua tarefa. E de atleta completo e brilhante passou a ser um cidadão exemplar.

É bem adiante que vem Ayrton Senna. Tinha talento, sem dúvida. Mas tinha mais do que isso. Tinha a obsessão da disciplina, do detalhe e da dedicação total e completa. Era o talento a serviço do método e da premeditação, que são muito mais críticos nesse desporto.

Há mais do que uma coincidência nessa evolução. Nossa escolha de ídolos evoluiu porque evoluímos. Nossos ídolos do passado refletiam nossa imaturidade. Era a época de Macunaíma. Era a apologia da genialidade pura. Só talento, pois esforço é careta. Admirávamos quem era talentoso por graça de Deus e desdenhávamos o sucesso originado do esforço. Amadurecemos. Cresceu o peso da razão nos ídolos. A emoção ingênua recuou. Hoje criamos espaço para os ídolos cujo êxito é, em grande medida, resultado da dedicação e da disciplina – como Pelé e Senna.

Mas há o outro lado da equação, vital para nossa juventude. Necessitamos de modelos que mostrem o caminho do sucesso por via do esforço e da dedicação. Tais ídolos trazem um ideário mais disciplinado e produtivo.

Nossa educação ainda valoriza o aluno genial, que não estuda – ou que, paradoxalmente, se sente na obrigação de estudar escondido e jactar-se de não fazê-lo. O cê-dê-efe é diminuído, menosprezado, é um pobre-diabo que só obtém bons resultados porque se mata de estudar. A vitória comemorada é a que deriva da improvisação, do golpe de mestre. E, nos casos mais tristes, até competência na cola é motivo de orgulho.

Parte do sucesso da educação japonesa e dos Tigres Asiáticos provém da crença de que todos podem obter bons resultados por via do esforço e da dedicação. Pelo ideário desses países, pobres e ricos podem ter sucesso, é só dar duro.

O êxito em nossa educação passa por uma evolução semelhante à que aconteceu nos desportos – da emoção para a razão. É preciso que o sucesso escolar passe a ser visto como resultado da disciplina, do paroxismo de dedica- ção, da premeditação e do método na consecução de objetivos.

A valorização da genialidade em estado puro é o atraso, nos desportos e na educação. O modelo para nossos estudantes deverá ser Ayrton Senna, o supremo cê-dê-efe de nosso esporte. Se em seu modelo se inspirarem, vejo bons augúrios para nossa educação.

Disponível em: http://veja.abril.com.br/idade/educacao/060601/ponto_de_vista.html. Acesso em: jul. 2016.

Sobre a constituição do texto, é correto afirmar, EXCETO:

a) No 1º parágrafo, o autor faz uso da 1ª pessoa do singular, o que não atrapalha a confiabilidade de seu texto.

b) No 3º parágrafo, apresenta-se a tese que será defendida ao longo do texto.

c) Utiliza-se de uma linguagem formal, o que dá ao leitor a ideia de um batepapo.

d) Utiliza-se da exemplificação, para melhor compreensão do tema a ser tratado.

Gabaritos

01	D
02	D
03	C

19. ORTOGRAFIA

A ortografia em provas de concurso costuma ser cobrada com palavras homógrafas, homófonas e parônimas. Aborda-se também o uso de grafias similares em determinados níveis de comunicação. Nesse sentido, o hábito da leitura e o uso de dicionários ajudam muito na assimilação gradativa da grafia das palavras, bem como no processo de compreensão e de interpretação de uma mensagem.

Ortho= correto, *graphos* = escrita

A ortografia das palavras pode ser assimilada de várias formas. As mais eficazes, conforme acabamos de afirmar, consistem na leitura e na consulta ao dicionário. Todas as grafias têm sua lógica proveniente da etimologia (origem das palavras). Algumas, porém, possuem também regras que as determinam.

19.1 Regras Para o Emprego de Letras

Letras E e I

Emprega-se E.

> Em sílabas finais dos verbos terminados em -oar, -uar.

Exs.: magoar - magoe, magoes; continuar- continue, continues.

> Em palavras formadas com o prefixo ante- (antes, anterior).

Exs.: antebraço, antecipar.

> Em vocábulos como:

Exs.: cadeado, confete, disenteria, empecilho, irrequieto, mexerico, orquídea etc.

Emprega-se I.

> Em sílabas finais dos verbos terminados em -air, -oer, -uir.

Exs.: cair- cai / doer- dói / influir- influi.

> Em palavras formadas com o prefixo anti- (contra)

Exs.: Anticristo, antitetânico.

> Nos seguintes vocábulos:

Exs.: aborígine, artimanha, chefiar, digladiar, penicilina, privilégio etc.

Letras O e U

O emprego de o/u determina a diferença de significado de algumas palavras.

Exs.: comprimento (extensão) e cumprimento (saudação, realização) / soar (emitir som) e suar (transpirar).

Grafam-se com a letra O: bolacha, bússola, costume, moleque.

Grafam-se com a letra U: camundongo, jabuti, Manuel, tábua.

Letra X e dígrafo Ch

Emprega-se X.

> Após um ditongo.

Exs.: caixa, frouxo, peixe.

Exceção: recauchutar e seus derivados.

> Após a sílaba inicial "en".

Exs.: enxame, enxada, enxaqueca.

Exceção: palavras iniciadas por "ch" que recebem o prefixo "en-": encharcar (de charco), enchiqueirar (de chiqueiro), encher e seus derivados (enchente, enchimento, preencher...)

> Após a sílaba inicial "me-".

Exs.: mexer, mexerica, mexicano, mexilhão.

Exceção: mecha.

> Em vocábulos de origem indígena ou africana e nas palavras inglesas aportuguesadas.

Exs.: abacaxi, xavante, orixá, xará, xerife, xampu.

> Outros casos.

Exs.: bexiga, bruxa, coaxar, faxina, graxa, lagartixa, lixo, puxar, rixa, oxalá, praxe, roxo, vexame, xadrez, xarope, xaxim, xícara, xale, xingar etc.

Emprega-se Ch.

> Em vocábulos como:

Exs.: bochecha, bucha, cachimbo, chalé, charque, chimarrão, chuchu, chute, cochilo, debochar, fachada, fantoche, ficha, flecha, mochila, pechincha, salsicha, tchau etc.

Letra G

> Nos substantivos terminados em -agem, -igem, -ugem.

Exs.: barragem, miragem, viagem, origem, ferrugem.

Exceção: pajem.

> Nas palavras terminadas em -ágio, -égio, -ígio, -ógio, -úgio.

Exs.: estágio, privilégio, prestígio, relógio, refúgio.

> Nas palavras derivadas de outras que se grafam com g

Exs.: engessar (de gesso), massagista (de massagem), vertiginoso (de vertigem).

> Outros casos:

Exs.: algema, auge, bege, estrangeiro, geada, gengiva, gibi, gilete, hegemonia, herege, megera, monge, rabugento, vagem.

Letra J

> Nas formas dos verbos terminados em -jar ou -jear.

Exs.: arranjar: arranjo, arranje, arranjem / espejar:despejo, despeje, despejem / gorjear: gorjeie, gorjeiam, gorjeando / enferrujar: enferruje, enferrujem / viajar: viajo, viaje, viajem.

> Nas palavras de origem tupi, africana, árabe ou exótica.

Exs.: biju, jiboia, canjica, pajé, jerico, manjericão, Moji.

> Nas palavras derivadas de outras que já apresentam j.

Exs.: laranja - laranjeira / loja - lojista / cereja: cerejeira.

> Outros casos.

Exs.: berinjela, cafajeste, jeca, jegue, majestade, jeito, jejum, laje, traje, pegajento.

Letras S e Z

Emprega-se S.

> Nas palavras derivadas de outras que já apresentam s no radical.

Exs.: análise – analisar / casa – casinha / catálise – catalisador.

> Nos sufixos -ês e -esa, ao indicarem nacionalidade, título ou origem.

Exs.: burguês – burguesa / inglês – inglesa.

> Nos sufixos formadores de adjetivos -ense, -oso e -osa.

Exs.: catarinense, gostoso, teimosa.

> Nos sufixos gregos -ese, -isa, -osa.

Exs.: catequese, diocese, poetisa, profetisa, sacerdotisa, glicose, metamorfose, virose.

> Após ditongos.

Exs.: coisa, pouso, lousa, náusea.

> Nas formas dos verbos pôr e querer, bem como em seus derivados.

Exs.: pus, pôs, pusemos, puseram, pusera, pusesse, puséssemos / quis, quisemos, quiseram, quiser, quisera, quiséssemos / repus, repusera, repusesse, repuséssemos.

> Outros casos.

Exs.: abuso, asilo, através, aviso, besouro, brasa, cortesia, decisão, despesa, empresa, /freguesia, fusível, maisena, mesada, paisagem, paraíso, pêsames, presépio, presídio, querosene, raposa, surpresa, tesoura, usura, vaso, vigésimo, visita etc.

Emprega-se Z.

> Nas palavras derivadas de outras que já apresentam z no radical.

Exs.: deslize – deslizar / razão – razoável.

> Nos sufixos -ez, -eza, ao formarem substantivos abstratos a partir de adjetivos.

Exs.: inválido – invalidez / limpo – limpeza.

> Nos sufixos -izar, ao formar verbos e -ização, ao formar substantivos.

Exs.: civilizar – civilização.

19.2 Homônimos

Os homônimos se diferenciam entre palavras **homógrafas** e as **homófonas**. São vocábulos que se pronunciam ou se escrevem da mesma forma e que diferem no sentido.

Homônimos Perfeitos

Possuem som e grafia idênticos, mas significado diferente.

Vela: substantivo e verbo (velar).

Saia: substantivo e verbo (sair).

Homógrafas

Mesma grafia; som, classe gramatical e significado diferentes.

Exs.: **Almoço**: substantivo.

Almoço: verbo almoçar, 1ª pessoa do presente.

Colher: verbo.

Colher: substantivo, talher.

Conserto: substantivo.

Conserto: verbo consertar, 1º pessoa do presente.

Polissemia

Mesmo som e grafia, mesma classe gramatical, mas significado diferente.

Cabo: patente militar, acidente geográfico, fio, haste da panela (substantivos).

Palavras homônimas são aquelas que possuem som e grafia iguais, mas classes gramaticais diferentes. Palavras polissêmicas possuem som e grafia iguais; além disso, pertencem às mesmas classes gramaticais.

Homófonas

Mesmo som; grafia e significado diferentes.

Xá: título Persa.

Chá: bebida.

Xeque: título honorífico, posto em prova.

Cheque: ordem de pagamento, talonário.

Caçar: matar.

Cassar: tirar os direitos políticos de alguém.

Intenção: desejo.

Intensão: intensidade.

Cozer: cozinhar.

Coser: costurar.

Incerto: não certo.

Inserto: inserido.

Descente: que desce.

Decente: honesto.

Passo: verbo passar.

Paço: palácio.

Expectador: que tem expectativa.

Espectador: que assiste a algo, que vê.

Experto: perito.

Esperto: inteligente.

Incipiente: iniciante.

Insipiente: ignorante.

Seção ou **secção:** divisão, departamento.

Sessão: divisão de horário, reunião.

Cessão: ato de ceder.

Mau: adjetivo, contrário de bom.

Mal: advérbio, contrário de bem.

Extrato: aquilo que foi extraído.

Estrato: faixa, camada.

Taxar: determinar taxa.

Tachar: censurar, pôr defeito.

Com quanto: quantidade.

Conquanto: conjunção concessiva (embora).

Censo: recenseamento.

Senso: juízo, entendimento.

Calda: creme.

Cauda: rabo.

Porquanto: porque (justificativa).

Por quanto: quantidade.

Ainda com relação às palavras **homófonas**, temos particularidades que são bastante recorrentes em provas.

Senão / Se Não

Se não: caso (conjunção condicional) não (advérbio). Geralmente, essa expressão traz um verbo explícito ligado a ela.

Se não chover, haverá festa.

Nem sempre o verbo ligado a este termo aparecerá explícito.

Ex.: Ele fará da mesma forma, SE NÃO (fizer) melhor.

Respondam SE SIM ou SE NÃO.

Senão: caso contrário. Semanticamente, é igual ao SE NÃO, mas o verbo estará implícito.

Faça o certo, **senão** seus erros dormirão ao seu lado.

O verbo FIZER está implícito, logo depois do termo. Porém, se tornarmos o verbo explícito, o SE NÃO será escrito separado.

Ex.: FAÇA o certo, SE NÃO fizer, seus erros dormirão ao seu lado.

Senão: a não ser.

Ex.: Ele nada fez, **senão** (a não ser) dormir o dia todo.

Senão: mas sim. MAS é uma conjunção com valor de adversidade; o oposto de SIM é Não. Logo, esse termo, sempre que aparecer com essa intenção, implicará um NÃO, na oração.

Ex.: NÃO quis fugir, **SENÃO** (mas sim) buscar ajuda.

19.3 Uso Dos Porquês

Por que: Como pronome interrogativo. (Nem sempre quando aparecer em frases interrogativas, o termo virá assim.)

Ex.: Por que eles odeiam gramática?

Por que: No meio da oração, pode ser substituído por O MOTIVO PELO QUAL, ou A RAZÃO PELA QUAL, ou somente por PELO(A) QUAL.

Exs.: Não sei **por que** ela se foi. (o motivo pelo qual)

Perguntamos **por que** a vida é injusta.(o motivo pelo qual)

A causa **por que** lutamos é digna. (pela qual)

Por quê:

Ex.: Perto de pontuação. A pontuação deve vir logo após o termo.

Por quê?

Não responderam como nem **POR QUÊ**.

Não se sabe **POR QUÊ,** mas a aula atrasou.

Porque: Justificativa. (Mas pode aparecer em frases interrogativas, conforme veremos adiante.)

Exs.: Eles odeiam gramática, **porque** preferem números.

Porque a mãe dele quis, ele se formou médico?

Obs.: pode-se perceber que a resposta será “sim”, “não” ou “talvez”. Esse termo virá escrito assim (PORQUE), mesmo que a frase seja interrogativa.

Porquê: *Substantivado, precedido por termos determinantes (adjetivos, artigos, pronomes, numerais).*

Exs.: O **porquê** não apareceu.

Dois **porquês** não apareceram na pauta.

19.4 Parônimos

A seguir, veremos alguns parônimos que são recorrentes em provas. Parônimos apresentam som e grafia parecidos.

Descriminar: relatar, livrar do crime.

Discriminar: isolar, separar.

Mandato: período de cumprimento de um cargo, procuração.

Mandado: ordem judicial.

Eminente: sublime, elevado.

Iminente: inevitável.

Deferimento: aprovação.

Diferimento: adiamento.

Flagrante: pego no ato.

Fragrante: aroma.

Inflação: alta de valores, alta de preços.

Infração: ato proibido.

Descrição: ato de descrever.

Discrição: ato de ser discreto.

Vultoso: volumoso, pomposo.

Vultuoso: congestão facial.

Delatar: revelar.

Dilatar: aumentar.

Em princípio: em tese.

A princípio: no início.

Retificar: consertar.

Ratificar: confirmar.

Tráfego: andar, trafegar, movimento.

Tráfico: comércio ilegal.

De encontro: discordar.

Ao encontro: concordar.

Ao invés de: inverso.

Em vez de: no lugar de.

Evasão: sair.

Invasão: entrar.

Vimos, neste capítulo, algumas observações de como a ortografia pode se apresentar em provas de concurso. É bastante importante atentar para os termos homônimos, envolvendo palavras homófonas e homógrafas. Tais conteúdos são determinantes para solucionar questões que podem induzir o candidato a erro. Vale lembrar que, nesse sentido, os parônimos também são recorrentes em concursos. Mais uma vez, ressalta-se a importância da leitura e do uso do dicionário para a assimilação desse conteúdo.

Questões

01. (CESPE - 2018) Segundo preconiza o Novo Acordo Ortográfico, o vocábulo "contrassensos" é grafado conforme as mesmas regras que antissocial.

Certo ( ) Errado ( )

02. (CESPE - 2013) Julgue os fragmentos de texto apresentados no seguinte item com relação à grafia das palavras.

Dotar todas as escolas com as condições necessárias para receber dignamente alunos e professores é o mínimo que se espera do poder público.

Certo ( ) Errado ( )

03. (CESPE - 2013) "Compreende-se que a festa, representando tal paroxismo de vida e rompendo de um modo tão violento com as pequenas preocupações da existência cotidiana, surja ao indivíduo como outro mundo, em que ele se sente amparado e transformado por forças que o ultrapassam."

O vocábulo "cotidiana" pode ser corretamente substituído por quotidiana.

Certo ( ) Errado ( )

04. (CESPE - 2018) "Nos demais casos, as forças policiais estaduais e distrital empreendem essas atividades, no âmbito de sua competência."

A forma verbal "empreendem" poderia corretamente ser substituída por emprendem, visto que ambas as formas são abonadas na língua portuguesa como sinônimas.

Certo ( ) Errado ( )

05. (CESPE - 2006) O advérbio "tampouco" admite como variante a forma tãopouco.

Certo ( ) Errado ( )

Gabaritos

01	CERTO
02	CERTO
03	CERTO
04	ERRADO
05	ERRADO

20. ACORDO ORTOGRÁFICO DA LÍNGUA PORTUGUESA

O Novo Acordo Ortográfico busca simplificar as regras ortográficas da Língua Portuguesa e unificar a nossa escrita e a das demais nações de língua portuguesa: Portugal, Angola, Moçambique, Cabo Verde, Guiné-Bissau, São Tomé e Príncipe e Timor-Leste.

Sua implementação no Brasil passou por algumas etapas:

> 2009 – vigência ainda não obrigatória

> 2010 a 2015: adaptação completa às novas regras

> A partir de 1º de janeiro de 2016: emprego obrigatório, o novo acordo ortográfico passa a ser o único formato da língua reconhecido no Brasil.

Entre as mudanças na língua portuguesa decorrentes da reforma ortográfica, podemos citar o fim do trema, alterações da forma de acentuar palavras com ditongos abertos e que sejam hiatos, supressão dos acentos diferenciais e dos acentos tônicos, novas regras para o emprego do hífen e inclusão das letras w, k e y ao idioma.

Entre a proposta (em 1990) e a entrada em vigor (2016) são 16 anos. Esse processo foi longo porque era necessário que fossem alcançadas as três decisões para que o acordo fosse cumprido. Em 2006, São Tomé e Príncipe e Cabo Verde se uniram ao Brasil e ratificaram o novo acordo. Em maio de 2008, Portugal também ratificou o acordo para unificar a ortografia em todas as nações de língua portuguesa.

20.1 Trema

Não se usa mais o trema (¨), sinal colocado sobre a letra u para indicar que ela deve ser pronunciada nos grupos gue, gui, que, qui.

Exs.: aguentar, bilíngue, cinquenta, delinquente, eloquente, ensanguentado, frequente, linguiça, quinquênio, sequência, sequestro, tranquilo.

Obs.: o trema permanece apenas nas palavras estrangeiras e em suas derivadas. Exemplos: Müller, mülleriano.

20.2 Regras de Acentuação

Ditongos abertos em paroxítonas

Não se usa mais o acento dos ditongos abertos éi e ói das palavras paroxítonas (palavras que têm acento tônico na penúltima sílaba).

Exs.: alcateia, androide, apoia, apoio (verbo), asteroide, boia, celuloide, claraboia, colmeia, Coreia, debiloide, epopeia, estoico, estreia, geleia, heroico, ideia, jiboia, joia, odisseia, paranoia, paranoico, plateia, tramoia.

A palavra ideia não leva mais acento, assim como heroico. Mas o termo herói é acentuado.

Obs.: a regra é somente para palavras paroxítonas. Assim, continuam a ser acentuadas as palavras oxítonas e os monossílabos tônicos terminados em éi(s), ói(s). Exemplos: papéis, herói, heróis, dói (verbo doer), sóis etc.

I e U tônicos depois de um ditongo

Nas palavras paroxítonas, não se usa mais o acento no i e no u tônicos quando vierem depois de um ditongo.

baiuca, bocaiuva (tipo de palmeira), cauila (avarento)

Obs.:

> se a palavra for oxítona e o i ou o u estiverem em posição final (ou seguidos de s), o acento permanece. Exemplos: tuiuiú, tuiuiús, Piauí;

> se o i ou o u forem precedidos de ditongo crescente, o acento permanece. Exemplos: guaíba, Guaíra.

Hiatos EE e OO

Não se usa mais acento em palavras terminadas em eem e oo(s).

Exs.: abençoo, creem, deem, doo, enjoo, leem, magoo, perdoo, povoo, veem, voos, zoo

Acento diferencial

Não se usa mais o acento que diferenciava os pares pára/para, péla(s)/pela(s), pêlo(s)/pelo(s), pólo(s)/polo(s) e pêra/pera.

Exs.:

Ele para o carro.

Ele foi ao polo Norte.

Ele gosta de jogar polo.

Esse gato tem pelos brancos.

Comi uma pera.

Obs.:

> Permanece o acento diferencial em pôde/pode. Pôde é a forma do passado do verbo poder (pretérito perfeito do indicativo), na 3ª pessoa do singular. Pode é a forma do presente do indicativo, na 3ª pessoa do singular.

Ex.: Ontem, ele não pôde sair mais cedo, mas hoje ele pode.

> Permanece o acento diferencial em pôr/por. Pôr é verbo. Por é preposição. Exemplo: Vou pôr o livro na estante que foi feita por mim.

> Permanecem os acentos que diferenciam o singular do plural dos verbos ter e vir, assim como de seus derivados (manter, deter, reter, conter, convir, intervir, advir etc.).

Exs.:

Ele tem dois carros. / Eles têm dois carros.

Ele vem de Sorocaba. / Eles vêm de Sorocaba.

Ele mantém a palavra. / Eles mantêm a palavra.

Ele convém aos estudantes. / Eles convêm aos es tudantes.

Ele detém o poder. / Eles detêm o poder.

Ele intervém em todas as aulas. / Eles intervêm em todas as aulas.

> É facultativo o uso do acento circunflexo para diferenciar as palavras forma/fôrma. Em alguns casos, o uso do acento deixa a frase mais clara. Veja este exemplo: Qual é a forma da fôrma do bolo?

Acento agudo no u tônico

Não se usa mais o acento agudo no u tônico das formas (tu) arguis, (ele) argui, (eles) arguem, do presente do indicativo dos verbos arguir e redarguir.

20.3 Hífen com Compostos

Palavras compostas sem elementos de ligação

Usa-se o hífen nas palavras compostas que não apresentam elementos de ligação.

Exs.: guarda-chuva, arco-íris, boa-fé, segunda-feira, mesa-redonda, vaga-lume, joão-ninguém, porta-malas, porta-bandeira, pão-duro, bate-boca.

Exceções: Não se usa o hífen em certas palavras que perderam a noção de composição, como girassol, madressilva, mandachuva, pontapé, paraquedas, paraquedista, paraquedismo.

Compostos com palavras iguais

Usa-se o hífen em compostos que têm palavras iguais ou quase iguais, sem elementos de ligação.

Exs.: reco-reco, blá-blá-blá, zum-zum, tico-tico, tique-taque, cri-cri, glu-glu, rom-rom, pingue-pongue, zigue-zague, esconde-esconde, pega-pega, corre-corre.

Compostos com elementos de ligação

Não se usa o hífen em compostos que apresentam elementos de ligação.

Exs.: pé de moleque, pé de vento, pai de todos, dia a dia, fim de semana, cor de vinho, ponto e vírgula, camisa de força, cara de pau, olho de sogra.

Obs.: Incluem-se nesse caso os compostos de base oracional. maria vai com as outras, leva e traz, diz que diz que, deus me livre, deus nos acuda, cor de burro quando foge, bicho de sete cabeças, faz de conta.

Exceções: água-de-colônia, arco-da-velha, cor-de-rosa, mais-que-perfeito, pé-de-meia, ao deus-dará, à queima-roupa.

Topônimos

Usa-se o hífen nas palavras compostas derivadas de topônimos (nomes próprios de lugares), com ou sem elementos de ligação.

Exs.:

Belo Horizonte: belo-horizontino
Porto Alegre: porto-alegrense
Mato Grosso do Sul: mato-grossense-do-sul
Rio Grande do Norte: rio-grandense-do-norte
África do Sul: sul-africano

20.4 Uso do Hífen com Palavras Formadas por Prefixos

Casos gerais

→ **Antes de H:** usa-se o hífen diante de palavra iniciada por h.

Exs.:

anti-higiênico	proto-história
anti-histórico	sobre-humano
macro-história	super-homem
mini-hotel	ultra-humano

→ **Letras iguais:** usa-se o hífen se o prefixo terminar com a mesma letra com que se inicia a outra palavra.

Exs.:

micro-ondas	sub-bibliotecário
anti-inflacionário	inter-regional

→ **Letras diferentes:** não se usa o hífen se o prefixo terminar com letra diferente daquela com que se inicia a outra palavra.

Exs.:

autoescola	superinteressante
antiaéreo	agroindustrial
intermunicipal	aeroespacial
supersônico	semicírculo

Obs.: se o prefixo terminar por vogal e a outra palavra começar por r ou s, dobram-se essas letras.

Exs.:

minissaia	ultrassom
antirracismo	semirreta

Casos particulares

→ **Prefixos SUB e SOB:** com os prefixos sub e sob, usa-se o hífen também diante de palavra iniciada por r.

Exs.:

sub-região	sub-regional
sub-reitor	sob-roda

→ **Prefixos CIRCUM e PAN:** com os prefixos circum e pan, usa-se o hífen diante de palavra iniciada por m, n e vogal.

Exs.:

circum-murado
circum-navegação
pan-americano

→ **Outros prefixos:** usa-se o hífen com os prefixos ex, sem, além, aquém, recém, pós, pré, pró, vice.

Exs.:

além-mar	pós-graduação
além-túmulo	pré-história
aquém-mar	pré-vestibular
ex-aluno	pró-europeu
ex-diretor	recém-casado
ex-hospedeiro	recém-nascido
ex-prefeito	sem-terra
ex-presidente	vice-rei

→ **Prefixo CO:** o prefixo co junta-se com o segundo elemento, mesmo quando este se inicia por o ou h. Neste último caso, corta-se o h. Se a palavra seguinte começar com r ou s, dobram-se essas letras.

Exs.:

coobrigação	corréu
coedição	corresponsável
coeducar	cosseno
cofundador	
coabitação	
coerdeiro	

→ **Prefixos PRE e RE:** com os prefixos pre e re, não se usa o hífen, mesmo diante de palavras começadas por e.

Exs.:

preexistente	reescrever
preelaborar	reedição

→ **Prefixos AB, OB e AD:** na formação de palavras com ab, ob e ad, usa-se o hífen diante de palavra começada por b, d ou r.

Exs.:

ad-digital	ob-rogar
ad-renal	ab-rogar

Outros casos do uso do hífen

→ **NÃO e QUASE:** não se usa o hífen na formação de palavras com não e quase.

Exs.:

(acordo de) não agressão

(isto é um) quase delito

→ **MAL:** com mal*, usa-se o hífen quando a palavra seguinte começar por vogal, h ou l.

Exs.:

mal-entendido	mal-humorado
mal-estar	mal-limpo

Obs.: quando mal significa doença, usa-se o hífen se não houver elemento de ligação.

Ex.: mal-francês.

Se houver elemento de ligação, escreve-se sem o hífen.

Ex.: mal de lázaro, mal de sete dias.

→ **Tupi-guarani:** usa-se o hífen com sufixos de origem tupi-guarani que representam formas adjetivas: açu, guaçu, mirim.

Exs.:

capim-açu

amoré-guaçu	anajá-mirim

→ **Combinação ocasional:** usa-se o hífen para ligar duas ou mais palavras que ocasionalmente se combinam, formando não propriamente vocábulos, mas encadeamentos vocabulares.

Exs.:

ponte Rio-Niterói

eixo Rio-São Paulo

→ **Hífen e translineação:** para clareza gráfica, se no final da linha a partição de uma palavra ou combinação de palavras coincidir com o hífen, ele deve ser repetido na linha seguinte.

Exs.:

Na cidade, conta-

- se que ele foi viajar.

O diretor foi receber os ex-

-alunos.

guarda-

-chuva

Por favor, diga-

-nos logo o que aconteceu.

20.5 Síntese das Principais Regras do Hífen

Síntese do Hífen		
Letras diferentes	Não use hífen	Infraestrutura, extraoficial, supermercado
Letras iguais	Use hífen	Anti-inflamatório, contra-argumento, inter-racial, hiper-realista
Vogal + r ou s	Não use hífen (duplique r ou s)	Corréu, cosseno, minissaia, autorretrato
Bem	Use hífen	Bem-vindo, bem-humorado

20.6 Quadro-Resumo do Emprego do Hífen com Prefixos

Prefixos	Letra que inicia a palavra seguinte
Ante-, Anti-, Contra-, Entre-, Extra-, Infra-, Intra-, Sobre-, Supra-, Ultra-	**H / VOGAL IDÊNTICA À QUE TERMINA O PREFIXO** Exemplos com H: ante-hipófise / anti-higiênico / anti-herói / contra-hospitalar / entre-hostil / xtra-humano / infra-hepático / sobre-humano / supra-hepático / ultra-hiperbólico. Exemplos com vogal idêntica: anti-inflamatório / contra-ataque / infra-axilar, sobre-estimar / supra-auricular / ultra-aquecido.
Ab-, Ad-, Ob-, Sob-	**B - R - D** (Apenas com o prefixo "Ad") Exemplos: ab-rogar (pôr em desuso) / ad-rogar (adotar) / ob-reptício (astucioso) / sob-roda / ad-digital
Circum-, Pan-	**H / M / N / VOGAL** Exemplos: circum-meridiano / circum-navegação / circum-oral / pan-americano / pan-mágico / pan-negritude.
Ex- (no sentido de estado anterior), Sota-, Soto-, Vice-, Vizo-	**DIANTE DE QUALQUER PALAVRA** Exemplos: ex-namorada / sota-soberania (não total) / soto-mestre (substituto) / vice-reitor / vizo-rei.
Hiper-, Inter-, Super-	**H / R** Exemplos: hiper-hidrose / hiper-raivoso / inter-humano / inter-racial / super-homem / super-resistente.
Pós-, Pré-, Pró- (tônicos e com significados próprios)	**DIANTE DE QUALQUER PALAVRA** Exemplos: pós-graduação / pré-escolar / pró-democracia. Obs.: se os prefixos não forem autônomos, não haverá hífen. Exemplos: predeterminado / pressupor / pospor / propor.

Sub-	**B - H - R** Exemplos: sub-bloco / sub-hepático / sub-humano / sub-região. Obs.: "subumano" e "subepático" também são aceitas.
Pseudoprefixos (diferem-se dos prefixos por apresentarem elevado grau de independência e possuírem uma significação mais ou menos delimitada, presente à consciência dos falantes.) Aero-, Agro-, Arqui-, Auto-, Bio-, Eletro-, Geo-, Hidro-, Macro-, Maxi-, Mega, Micro-, Mini-, Multi-, Neo-, Pluri-, Proto-, Pseudo-, Retro-, Semi-, Tele-	**H / VOGAL IDÊNTICA À QUE TERMINA O PREFIXO** Exemplos com H: geo-histórico / mini-hospital / neo-helênico / proto-história / semi-hospitalar. Exemplos com vogal idêntica: arqui-inimigo / auto-observação / eletro-ótica / micro-ondas / micro-ônibus / neo-ortodoxia / semi-interno / tele-educação.

1) Não se utilizará o hífen em palavras iniciadas pelo prefixo 'co-'.

Ex.: *coadministrar, coautor, coexistência, cooptar, coerdeiro corresponsável, cosseno.*

2) Prefixos des- e in- + segundo elemento sem o "h" inicial.

Ex.: *desarmonia, desumano, desumidificar, inábil, inumano etc.*

3) Não se utilizará o hífen com a palavra não.

Ex.: não violência, não agressão, não comparecimento.

4) Não se utiliza o hífen em palavras que possuem os elementos "bi", "tri", "tetra", "penta", "hexa" etc.

Ex.: bicampeão, bimensal, bimestral, bienal, tridimensional, trimestral, triênio, tetracampeão, tetraplégico, pentacampeão, pentágono etc.

5) Em relação ao prefixo "hidro", em alguns casos pode haver duas formas de grafia.

Ex.: hidroelétrica e hidrelétrica

6) No caso do elemento "socio", o hífen será utilizado apenas quando houver função de substantivo (= de associado).

Ex.: sócio-gerente / socioeconômico

Questões

01. (CESPE - 2005) É correta a forma variante de grafia do vocábulo "projeto de lei" com hífen.

Certo ( ) Errado ( )

02. (CESPE - 2014) Com base no que dispõe o novo Acordo Ortográfico da Língua Portuguesa, julgue o próximo item.

Está correta a grafia dos seguintes vocábulos: bilíngue, sagui, sequência, quinquênio, Müller, colmeia, joia, paranoico, papéis, feiúra, perdoo, pera, pôde (3.ª pessoa do sing. do pretérito), sobre-humano, co-herdeiro, subumano, coedição, capim-açu, semi-analfabeto, vice-almirante, contrarregra, infrassom, semi--interno, sub-bibliotecário, panamericano.

Certo ( ) Errado ( )

03. (CESPE - 2004) "Melhorar o mecanismo de solução de controvérsias é um dos requisitos para o fortalecimento do MERCOSUL, vide as últimas divergências entre Brasil e Argentina."

Mantém-se a obediência à norma culta escrita ao se substituir a palavra "vide" por haja visto, uma vez que as relações sintáticas permanecem sem alteração.

Certo ( ) Errado ( )

04. (CESPE - 2000) "O atual prefeito da cidade Hélio Queiroz (PSDB) recolheu centenas de notas fiscais que garante serem frias e que teriam permitido a seu antessessor Paulo Marinho (PFL) desviar mais de R$ 1 milhão do caixa municipal"

No terceiro período, há um erro gráfico na palavra "antessessor".

Certo ( ) Errado ( )

05. (CESPE - 2018) "Mas e antes dos sensores, como é que se fazia? Imagino que algum funcionário trepava na antena mais alta no topo do maior arranha-céu e, ao constatar a falência da luz solar, acionava um interruptor, e a cidade toda se iluminava."

A substituição da locução "a cidade toda" por toda cidade preservaria os sentidos e a correção gramatical do período.

Certo ( ) Errado ( )

Gabaritos

01	ERRADO
02	ERRADO
03	ERRADO
04	CERTO
05	ERRADO

21. ACENTUAÇÃO GRÁFICA

A acentuação gráfica, em provas de concurso, acaba aparecendo sempre de modo decisivo. Observa-se que, com o advento da informática e com a comodidade proveniente dos corretores automáticos de texto, muitas pessoas deixam de usar os acentos gráficos. Todavia, quando se trata de concurso, é essencial que se domine o uso da acentuação, independentemente da banca elaboradora.

O acento gráfico é usado, na maioria das vezes, para indicar o acento tônico das palavras. São considerados acentos gráficos:

> acento agudo (´);

> acento circunflexo (^);

> acento grave (`) (apenas para indicar a ocorrência de crase).

RuIM - oxítona, quando a última sílaba é a tônica.

Exs.: col**her**, cate**ter**, ure**ter** etc.

Re**COR**de - **paroxítona**, quando a penúltima sílaba é a tônica

Exs.: ru**bri**ca, pu**di**co, a**va**ro etc.

ÍNterim - **proparoxítona**, quando a antepenúltima (limite de sílaba tônica) sílaba é a tônica.

Proparoxítona

Todas as **proparoxítonas recebem acento gráfico. Proparoxítonas são palavras que trazem a antepenúltima sílaba** como sendo a tônica

Exs.: ca**tás**trofe, bom**bás**tico, átomo etc.

Monossílabos

Acentuam-se os monossílabos tônicos terminados por **a, e, o(s)**.

Exs.: pá, fé, más, pés, dó, pós etc.

Obs.: monossílabos com "i" e "u" não recebem acento.

Ii, mi, cru, nu etc.

Oxítonas

Acentuam-se as oxítonas terminadas por **a, e, o(s)**.

Exs.: maracu**já**, i**pê**, ca**fés**, ci**pó**, domi**nós**, vata**pás** etc.

Acentuam-se as oxítonas terminadas por **em, ens**.

Exs.: amém, re**fém**, con**têm**, inter**véns**, para**béns** etc.

Paroxítonas

Acentuam-se as paroxítonas terminadas por **R, X, N, L**.

Exs.: **hí**fen, **lá**tex, re**vól**ver, **mó**vel etc.

Acentuam-se as paroxítonas terminadas por **i(s), u(s)**.

Exs.: sa**fá**ri, **lá**pis, ô**nus**, **bô**nus, **ví**rus etc.

Acentuam-se as paroxítonas terminadas por **on, ons**.

Exs.: **pró**ton, e**lé**trons, âni**on**, **í**ons etc.

Acentuam-se as paroxítonas terminadas por **um, uns**.

Exs.: ál**bum**, **mé**dium, **fó**rum, **quó**runs etc.

Acentuam-se as paroxítonas terminadas por **ps**.

Exs.: **bí**ceps, **fór**ceps, **trí**ceps etc.

Acentuam-se as paroxítonas terminadas por ão(s) ã(s).

Exs.: **ór**gão, **ór**fãos, **í**mãs etc.

Acentuam-se as paroxítonas terminadas por **ditongo(s)**.

Exs.: vocabu**lário**, ân**sia**, **tê**nue, ín**dios**, secre**tárias** etc.

O plural de hífen pode ser dois: hifens (sem acento) e hífenes. Existem duas separações silábicas para paroxítonas terminadas por ditongo.

Ex.: VO.CA.BU.LÁ.RIO - VO.CA.BU.LÁ.RI.O (chamada, neste caso, de proparoxítona eventual)

Ditongos Abertos

Acentuam-se os ditongos abertos **ÉI(s), ÉU(s), ÓI(s)**, somente os monossílabos e as oxítonas. As paroxítonas **não possuem** acento.

Exs.: pa**péis**, **sóis**, cha**péus**, he**rói** etc.

Hiato

Quando existe a junção de duas vogais, temos o hiato. As vogais se separam formando sílabas sozinhas.

Ex.: po.**e**.ta

Acentuam-se os **i(s), u(s) tônicos** formadores de hiato.

Exs.: sa**ú**de, saída, mi**ú**do, ba**ú**s, saíste etc.

Acentuam-se os hiatos precedidos por ditongos, somente nas proparoxítonas e nas oxítonas. As paroxítonas não possuem acento.

Exs.: Piau**í**, tuiui**ú**, fei**í**ssimo etc.

Ainda que exista hiato na vogal "i", se esta vier seguida de NH ou por outra vogal "i", o acento deixará de existir.

Ex.: rainha, xiita etc.

A exceção é a palavra iídiche, que recebe acento por ser uma proparoxítona.

Trema

> Utiliza-se o trema (¨) em palavras de origem estrangeira.

Exs.: **Mü**ller, **Füh**rer etc.

Acentos Diferenciais

Os acentos diferenciais existem para literalmente diferenciar palavras, a fim de que não haja problemas na comunicação. Nos verbos TER, VIR e seus derivados, os acentos diferenciais também estão presentes.

PÔR (verbo) e POR (preposição) - PODE (presente) e PÔDE (pretérito) - TEM (singular) e TÊM (plural) etc.

Obs.: em **FORMA** e **FÔRMA** o acento é opcional.

Vimos, neste capítulo, como a acentuação se apresenta em provas de concurso. É importante dar atenção aos acentos nas paroxítonas e, principalmente, em diferentes classes de palavras. Vale lembrar que não há regras que priorizem classes de palavras, todas as palavras recebem um mesmo acento pela mesma regra que o justifica.

Questões

01. (CESPE - 2019) O emprego de acento agudo nas palavras "juízo", "extraídos" e "período" justifica-se pela mesma regra de acentuação gráfica.

Certo ( ) Errado ( )

02. (CESPE - 2018) O emprego do acento gráfico nas palavras "Dói", "só" e "nós" justifica-se pela mesma regra de acentuação.

Certo ( ) Errado ( )

03. (CESPE - 2018) Os vocábulos "trás", "é" e "nós" recebem acento gráfico em obediência à mesma regra de acentuação.

Certo ( ) Errado ( )

04. (CESPE - 2017) O emprego de acento na palavra "memória" pode ser justificado por duas regras de acentuação distintas.

Certo ( ) Errado ( )

05. (CESPE - 2016) Presentes no texto, os vocábulos "caráter", "intransferível" e "órgãos" são acentuados em decorrência da regra gramatical que classifica as palavras paroxítonas.

Certo ( ) Errado ( )

Gabaritos

01	ERRADO
02	ERRADO
03	CERTO
04	CERTO
05	CERTO

Redação

1. REDAÇÃO PARA CONCURSOS PÚBLICOS 92

1.1 Posturas em Relação à Redação 92

1.2 Apresentação do Texto 92

1.3 O Texto Dissertativo 94

1.4 Critérios de Correção da Redação para Concursos Públicos 95

1.5 Critérios de Correção das Bancas 96

1.6 Propostas de Redação 97

2. DISSERTAÇÃO EXPOSITIVA E ARGUMENTATIVA 98

2.1 Dissertação Expositiva 98

2.2 Dissertação Argumentativa 101

1. REDAÇÃO PARA CONCURSOS PÚBLICOS

Os editais de concurso público disponibilizam o conteúdo programático das matérias que serão cobradas nas provas, mas nem sempre deixam explícito como se preparar para a prova discursiva, ou prova de redação - que, na grande maioria dos concursos, é uma etapa eliminatória.

Portanto, é necessário preparar-se com bastante antecedência, para que possa haver melhoras gradativas durante o processo de produção de um texto.

1.1 Posturas em Relação à Redação

Antes de começar a desenvolver a prática de escrita, é preciso que ter algumas posturas em relação ao processo de composição de um texto. Em posse dessas posturas, percebe-se que escrever não é tão complexo se você estiver orientado e fizer da escrita um ato constante.

Leitura

Apenas a leitura não garante uma boa escrita. Então, deve-se associar a leitura constante com a escrita constante, pois uma prática complementa a outra.

E o que ler?

Direcione sua prática de leitura da seguinte forma: fique atento às ATUALIDADES, que é um conteúdo geralmente previsto na prova de conhecimentos gerais. Ademais, conheça a instituição e o cargo a que você pretende candidatar-se, como as FUNÇÕES e RESPONSABILIDADES exigidas, as quais estão previstas no edital de abertura de um concurso. E, também, tenha uma visão crítica sobre os conhecimentos específicos, porque a tendência dos concursos é relacionar um tema ao contexto de trabalho.

Considere que, nas provas de redação, também podem ser abordados temas sobre algum assunto desafiante para o cargo ao qual o candidato está concorrendo. Uma dica é estar atento às informações veiculadas sobre o órgão público no qual pretende ingressar.

Produção do texto

A produção de um texto não depende de talento ou de um dom. No processo de elaboração de um texto, pode-se dizer que um por cento (1%) é inspiração e noventa e nove por cento (99%) é trabalho. Escrever um excelente texto é um processo que exige esforço, planejamento e organização.

Escrita

O ato de escrever é sempre desta maneira: basta começar. Escrever para ser avaliado por um corretor é colocar pensamentos organizados e articulados, num papel, a partir de um posicionamento sobre um tema estabelecido na proposta de redação.

Tema

O seu texto deve estar cem por cento (100%) adequado à proposta exigida na prova, ou seja, você não pode escrever o que quer, mas o que a proposta determina. Desse modo, antes de começar a escrever, é necessário entender o TEMA da prova.

O tema é o assunto proposto que deve ser desenvolvido. Portanto, cabe a você entendê-lo, problematizá-lo e delimitá-lo, com base no comando da proposta.

Objetividade

Seu texto deve ser objetivo, isto é, o enfoque do assunto deve ser direto, sem rodeios. Além disso, as bancas dão preferência a uma linguagem simples e objetiva. E não confunda linguagem simples com coloquialismos, pois é necessário sempre manter a sua escrita baseada na norma padrão da língua portuguesa.

Além disso, é fundamental o candidato colocar-se na posição do leitor. É um momento de estranhamento do próprio texto para indagar-se: o que escrevi é interessante e de fácil entendimento?

1.2 Apresentação do Texto

Para que se consiga escrever um bom texto, é preciso aliar duas posturas: ter o hábito da leitura e praticar a escrita de textos. Além disso, é importante conhecer as propostas das bancas e saber quais são os critérios de correção previstos em edital.

Letra - legibilidade

Escreva sempre com letra legível. Pode ser letra cursiva ou de imprensa. Tenha atenção para o espaçamento entre as letras/palavras e para a distinção entre maiúsculas e minúsculas.

Respeito às margens

As margens (tanto esquerda quanto direita) existem para serem respeitadas, portanto, não as ultrapasse no momento em que escreve a versão definitiva. Tampouco deixe "buracos" entre as palavras.

Indicação de parágrafos

É preciso deixar um espaço antes de iniciar um parágrafo (mais ou menos dois centímetros).

Título

Colocar título na redação vale mais pontos?

Se o título for solicitado, ele será obrigatório. Caso não seja colocado na redação, haverá alguma perda, mas não muito. Os editais, em geral, não informam pontuações exatas. No caso de o título não ser solicitado, ele se torna facultativo. Logo, se o candidato decidir inseri-lo, ele fará parte do texto, sendo analisado como tal, mas não terá um valor extra por isso.

O título era obrigatório, e não o coloquei... E agora?

Quando há a obrigatoriedade, a ausência do título não anula a questão, a menos que haja essa orientação nas instruções dadas na prova. Não há um desconto considerável em relação ao esquecimento do título, porque a maior pontuação, em uma redação para concurso, está relacionada ao conteúdo do texto.

É preciso pular linha após o título?

Em caso de obrigatoriedade do título, procure não pular linha entre o título e o início do texto, porque essa linha em branco não é contada durante a correção.

Quando se deve escrever o título?

O título é a síntese de sua redação, portanto, prefira escrevê-lo ao término da redação.

Erros na versão final

Quando você está escrevendo e, por distração, erra uma palavra, você deve passar um traço sobre a palavra e escrevê-la corretamente logo em seguida:

Ex.: ~~exeção~~ exceção

> Não rasure seu texto.
> Não escreva a palavra entre parênteses, mesmo se estiver riscada: (exeção) (~~exeção~~).
> Não use a expressão "digo".

Translineação

Quando não dá para escrever uma palavra completa ao final da linha, deve-se escrever até o limite, sem ultrapassar a margem direita da linha, e o sinal de separação será sempre o hífen.

Sempre respeite as regras de separação silábica. Nunca uma palavra será separada de maneira a desrespeitar as sílabas:

tran-
sformação

Caso a próxima sílaba não caiba no final da linha, embora ainda haja um espaço, deixe-a e continue na próxima linha.

trans-
formação

> Em relação ao posicionamento do hífen de separação, deixe-o ao lado da sílaba. Nunca acima.

Quando a palavra for escrita com hífen e a separação ocorrer justo nesse espaço, você deve usar duas marcações. Por exemplo: entende-se

entende-
-se

Se a palavra não tiver hífen em sua estrutura, use apenas uma marcação:

apresen-
tação

Impessoalidade

O texto dissertativo (expositivo-argumentativo) é impessoal. Portanto, pode-se escrever com verbos em:

> **3ª pessoa:**

Ex.: A qualidade no atendimento **precisa** ser prioridade.

Percebe-se que a qualidade no atendimento é essencial.

Notam-se várias mudanças no setor público.

> **1ª pessoa do plural:**

Observamos muitas mudanças e melhorias no serviço público.

NÃO escreva na 1ª pessoa do singular:

Ex.: Observo mudanças significativas.

Adequação vocabular

Adequação vocabular diz respeito ao desempenho linguístico de acordo com o nível de conhecimento exigido para o cargo/área/especialidade, e a adequação do nível de linguagem adotado à produção proposta.

Portanto, devem-se escolher palavras adequadas, evitando-se o uso de jargões, chavões, termos muito técnicos que possam dificultar a compreensão.

Domínio da norma padrão da língua

Deve-se ficar atento aos aspectos gramaticais, principalmente:

- Estrutura sintática de orações e períodos
- Elementos coesivos
- Concordância verbal e nominal
- Pontuação
- Regência verbal e nominal
- Emprego de pronomes
- Flexão verbal e nominal
- Uso de tempos e modos verbais
- Grafia
- Acentuação

Repetição

Prejudica a coesão textual, e ocorre quando se usa muitas vezes a mesma palavra ou ideia, as quais poderiam ser substituídas por sinônimos e conectivos.

Informações óbvias

Explicações que não precisam ser mencionadas, pois já se explicam por si próprias.

Generalização

É percebida quando se atribui um conceito que é específico de uma forma generalizada.

Exs.: Os menores infratores saem dos centros de ressocialização e retornam ao o do crime. (isso ocorre com todos?)

É preciso que o governo tome medidas urgentes para resolver esse problema. (que medidas?)

Gerúndio

É muito comum usarmos o gerúndio na fala, mas não se usa com tanta recorrência na escrita.

1.3 O Texto Dissertativo

Dissertar é escrever sobre algum assunto e pressupõe ou defender uma ideia, analisá-la criticamente, discuti-la, opinar, ou apenas esclarecer conceitos, dar explicações, apresentar dados sobre um assunto, tudo de maneira organizada, quer dizer, com início, meio e fim bem claros e objetivos.

A dissertação pode ser classificada quanto à maneira como o assunto é abordado:

EXPOSITIVA: são expostos fatos (de conhecimento e domínio público, divulgados em diversos meios de comunicação), mas não é apresentada uma discussão, um ponto de vista.

A dissertação expositiva também é usada quando a proposta exige um texto técnico. Este tipo de texto pode ter duas abordagens: Estudo de Caso (em que é feito um parecer a partir de sua situação hipotética) e Questão Teórica (em que é preciso apresentar conceitos, normas, regras, diretrizes de um determinado conteúdo).

ARGUMENTATIVA: há a exposição de pontos de vista pessoais, com juízos de valor sobre um fato ou assunto.

E qual a melhor maneira de abordar um assunto numa prova de redação para concursos públicos?

Para que seu texto seja MUITO BEM avaliado, o ideal é conseguir chegar a uma forma mista de abordagem, ou seja, escrever um texto dissertativo em que você expõe um assunto e, ao mesmo tempo, dá sua opinião sobre ele. Desse modo, os fatos que são conhecidos (domínio público) podem se transformar em exemplificação atualizada, a qual pode ser relacionada à sua argumentação de forma contextualiza e crítica.

Aspectos gerais da produção de textos

Em face da limitação de espaço, é muito difícil apresentar muitos enfoques relativos ao tema. Por essa razão, dependendo do limite em relação à quantidade de linhas, a dissertação deve conter de 4 a 5 parágrafos, sendo UM para Introdução, DOIS a TRÊS para Desenvolvimento e UM para Conclusão.

Além disso, cada parágrafo deve possuir, no mínimo, dois períodos. Cuidado com as frases fragmentadas, ambiguidades e os erros de paralelismo.

Procure elaborar uma introdução que contenha, de maneira clara e direta, o tema, o primeiro enfoque, o segundo enfoque, etc. E mantenha sempre o caráter dissertativo. Por isso, no desenvolvimento, dê um parágrafo para cada enfoque selecionado, e empregue os articuladores adequados. Por fim, fundamente sempre suas ideias.

Quanto aos exemplos, procure selecionar aqueles que sejam de domínio público, os que tenham saído na mídia: jornais, revistas, TV. E nunca analise temas por meio de emoções exageradas – especialmente política, futebol, religião, etc.

Nunca use frases feitas, chavões.

Não repita palavras ou expressões. Use sinônimos.

Jamais converse com o leitor: nunca use você ou tu. Não empregue verbos no imperativo.

Estrutura de um texto dissertativo

Para escrever uma dissertação, é preciso que haja uma organização do texto a fim de que se obtenha um texto claro e bem articulado:

1. **INTRODUÇÃO**: consiste na apresentação do assunto a fim de deixar claro qual é o recorte temático e qual a ideia que será defendida e/ou esclarecida, ou seja, a TESE.
2. **DESENVOLVIMENTO**: é a parte em que são elaborados os parágrafos argumentativos e/ou informativos, nos quais você explica a sua TESE. É o momento mais importante do texto, por isso, É NECESSÁRIO que a TESE seja explicada, justificada, e isso pode ser feito por meio de exemplos e explicações.
3. **CONCLUSÃO**: esta parte do texto não traz informações novas, muito menos argumentos, porque consiste no fechamento das ideias apresentadas, ou seja, é feita uma reafirmação da TESE. Dependendo do comando da proposta de redação e do tema, pode ser apresentada uma hipótese de solução de um problema apresentado na TESE.

TESE	**Introdução**	- Assunto - Recorte temático - TESE
	Desenvolvimento	- Tópico/TESE + justificativa
	Conclusão	- Retomada da introdução - Reafirmação da TESE

1. Introdução

É o primeiro parágrafo e serve de apresentação da dissertação, por essa razão deve estar muito bem elaborada, ser breve e apresentar apenas informações sucintas. Deve apenas apresentar o TEMA e os ENFOQUES e ter em torno de cinco linhas.

2. Desenvolvimento

É a redação propriamente dita. Deve ser constituído de dois a três parágrafos (a depender do tema da proposta), um para cada enfoque apresentado na Introdução. É a parte da redação em que argumentos são apresentados para explicitar, em um parágrafo distinto, cada um dos enfoques. Cada parágrafo deve ter de 5 a 8 linhas. Pode-se desenvolver os argumentos por meio de relações que devem ser usadas para deixar seu texto coeso e coerente.

Conectores

As relações comentadas acima são estabelecidas com CONECTORES:

Prioridade, relevância: em primeiro lugar, antes de mais nada, antes de tudo, em princípio, primeiramente, acima de tudo, principalmente, primordialmente, sobretudo.

Tempo: atualmente, hoje, frequentemente, constantemente às vezes, eventualmente, por vezes, ocasionalmente, sempre, raramente, não raro, ao mesmo tempo, simultaneamente, nesse ínterim, enquanto, quando, antes que, depois que, logo que, sempre que, assim que, desde que, todas as vezes que, cada vez que, então, enfim, logo, logo depois, imediatamente, logo após, a princípio, no momento em que, pouco antes, pouco depois, anteriormente, posteriormente, em seguida, afinal, por fim, finalmente, agora.

Semelhança, comparação, conformidade: de acordo com, segundo, conforme, sob o mesmo ponto de vista, tal qual, tanto quanto, como, assim como, como se, bem como, igualmente, da mesma forma, assim também, do mesmo modo, semelhantemente, analogamente, por analogia, de maneira idêntica, de conformidade com.

Condição, hipótese: se, caso, eventualmente.

Adição, continuação: além disso, demais, ademais, outrossim, ainda mais, por outro lado, também, e, nem, não só ... mas também, não só... como também, não apenas ... como também, não só ... bem como, com, ou (quando não for excludente).

Dúvida: talvez, provavelmente, possivelmente, quiçá, quem sabe, é provável, não é certo, se é que.

Certeza, ênfase: certamente, decerto, por certo, inquestionavelmente, sem dúvida, inegavelmente, com toda a certeza.

Ilustração, esclarecimento: por exemplo, só para ilustrar, só para exemplificar, isto é, quer dizer, em outras palavras, ou por outra, a saber, ou seja, aliás.

Propósito, intenção, finalidade: com o fim de, a fim de, com o propósito de, com a finalidade de, com o intuito de, para que, a fim de que, para.

Resumo, recapitulação, conclusão: em suma, em síntese, em conclusão, enfim, em resumo, portanto, assim, dessa forma, dessa maneira, desse modo, logo, dessa forma, dessa maneira, assim sendo.

Explicação: por consequência, por conseguinte, como resultado, por isso, por causa de, em virtude de, assim, de fato, com efeito, tão (tanto, tamanho)... que, porque, porquanto, pois, já que, uma vez que, visto que, como (= porque), portanto, logo, que (= porque), de tal sorte que, de tal forma que, haja vista.

Contraste, oposição, restrição: pelo contrário, em contraste com, salvo, exceto, menos, mas, contudo, todavia, entretanto, no entanto, embora, apesar de, apesar de que, ainda que, mesmo que, posto que, conquanto, se bem que, por mais que, por menos que, só que, ao passo que, por outro lado, em contrapartida, ao contrário do que se pensa, em compensação.

Contraposição: é possível que... no entanto...

É certo que... entretanto...

É provável que ... porém...

Organização de ideias: em primeiro lugar ..., em segundo ..., por último ...; por um lado ..., por outro ...; primeiramente, ...,em seguida, ..., finalmente, ...

Enumeração: é preciso considerar que ...; Também não devemos esquecer que ...; Não podemos deixar de lembrar que...

Reafirmação/Retomada: compreende-se, então, que ...

É bom acrescentar ainda que ...

É interessante reiterar ...

3. Conclusão

É o último parágrafo. Deve ser breve, contendo em torno de cinco linhas. Na conclusão, deve-se retomar o tema e fazer o fechamento das ideias apresentadas em todo o texto e não somente em relação às ideias contidas no último parágrafo do desenvolvimento.

Pode-se concluir:

- Fazendo uma síntese das ideias expostas.
- Esclarecendo um posicionamento e/ou questionamento, desde que coerente, com o desenvolvimento.
- Estabelecendo uma dedução ou demonstrando uma consequência dos argumentos expostos.
- Levantando uma hipótese ou uma sugestão coerente com as afirmações feitas durante o texto.
- Apresentando possíveis soluções para os problemas expostos no desenvolvimento, buscando prováveis resultados.

Conectores

Pode-se iniciar o parágrafo da conclusão com:

Assim; Assim sendo; Portanto; Mediante os fatos expostos; Dessa forma; Diante do que foi dito; Resumindo; Em suma; Em vista disso, pode-se concluir que; Finalmente; Nesse sentido; Com esses dados, conclui-se que; Considerando as informações apresentadas, entende-se que; A partir do que foi discutido.

1.4 Critérios de Correção da Redação para Concursos Públicos

Conteúdo

Neste critério, observa-se se há apresentação marcada do recorte temático, o qual deve nortear o desenvolvimento do texto; se o recorte está contextualizado no texto, por exemplo: quando a proposta propuser uma situação hipotética, ela deve estar diluída em seu texto.

Lembre-se: a proposta não faz parte de seu texto, ou seja, sua produção não pode depender da proposta para ter sentido claro e objetivo.

Em outras palavras: se há algum texto ou uma coletânea de textos, eles têm caráter apenas motivador. Portanto, não faça cópias de trechos dos textos, tampouco pense que o tema da redação é o assunto desses textos. É preciso verificar o recorte temático, o qual fica evidente no corpo da proposta.

O único gênero textual que permite a referência ao texto motivador, bem como a cópia de alguns trechos, é o estudo de caso, pois é preciso fazer uma análise em relação a uma situação hipotética.

Gênero

Neste critério, verifica-se se a produção textual está adequada à modalidade redacional, ou seja, se o texto expressa o domínio da linguagem do gênero: narrar, relatar, argumentar, expor, descrever ações, etc.

Os concursos públicos, quase em sua totalidade, têm como gênero textual a dissertação argumentativa ou o texto expositivo-argumentativo. Desse modo, a banca avalia a objetividade e o posicionamento frente ao tema, a articulação dos argumentos, a consistência e a coerência da argumentação.

Isso significa que há uma valorização quanto do conteúdo do texto: a opinião, a justificativa dessa opinião e a seletividade de informações sobre o tema.

Coerência

Neste critério, avalia-se se há atendimento total do comando, com informações novas que evidenciam conhecimento de mundo e que atestam excelente articulação entre os aspectos exigidos pela proposta, o recorte temático e o gênero textual requisitado. Ou seja, é preciso trazer informações ao texto que não estão disponíveis na proposta. Além disso, é essencial garantir a progressão textual, quer dizer, seu texto precisa ter uma evolução e não pode trazer a mesma informação em todos os parágrafos.

Coesão e Gramática

Neste critério, percebe-se se há erros gramaticais; se os períodos estão bem organizados e articulados, com uso de vocabulário e conectivos adequados; e se os parágrafos estão divididos de modo consciente, a fim de garantir a progressão textual.

1.5 Critérios de Correção das Bancas

Cada Banca Examinadora delimita, na publicação do edital de abertura de um concurso, que critérios serão utilizados para corrigir as redações. Por isso, é essencial que se conheça quais são esses critérios e como cada Banca os organiza. A seguir, são apresentados critérios de algumas Bancas. Você perceberá que são predominantemente os mesmos itens; o que muda é a nota atribuída para cada um e como a proposta é organizada.

Banca Cespe

Aspectos Macroestruturais

1. Apresentação (legibilidade, respeito às margens e indicação de parágrafos) e estrutura textual (organização das ideais em texto estruturado).

2. Desenvolvimento do tema: tópicos da proposta

Aspectos Microestruturais

Ortografia

Morfossintaxe

Propriedade vocabular

Quando forem apresentados tópicos, deve-se escrever 1 (um) parágrafo para cada tópico.

Banca FCC

O candidato deverá desenvolver texto dissertativo a partir de proposta única, sobre assunto de interesse geral. Considerando que o texto é único, os itens discriminados a seguir serão avaliados em estreita correlação:

Conteúdo: até 40 (quarenta) pontos:

> perspectiva adotada no tratamento do tema;

> capacidade de análise e senso crítico em relação ao tema proposto;

> consistência dos argumentos, clareza e coerência no seu encadeamento.

Obs.: A nota será prejudicada, proporcionalmente, caso ocorra abordagem tangencial, parcial ou diluída em meio a divagações e/ou colagem de textos e de questões apresentados na prova.

Estrutura: até 30 (trinta) pontos:

> respeito ao gênero solicitado;

> progressão textual e encadeamento de ideias;

> articulação de frases e parágrafos (coesão textual).

Expressão: até 30 (trinta) pontos:

A avaliação da expressão não será feita de modo estanque ou mecânico, mas sim de acordo com sua estreita correlação com o conteúdo desenvolvido. A avaliação será feita considerando-se:

> desempenho linguístico de acordo com o nível de conhecimento exigido para o cargo/área/especialidade;

> adequação do nível de linguagem adotado à produção proposta e coerência no uso;

> domínio da norma culta formal, com atenção aos seguintes itens: estrutura sintática de orações e períodos, elementos coesivos; concordância verbal e nominal; pontuação; regência verbal e nominal; emprego de pronomes; flexão verbal e nominal; uso de tempos e modos verbais; grafia e acentuação.

Banca Cesgranrio

A Redação será avaliada conforme os critérios a seguir:

> adequação ao tema proposto;

> adequação ao tipo de texto solicitado;

> emprego apropriado de mecanismos de coesão (referenciação, sequenciação e demarcação das partes do texto);

> capacidade de selecionar, organizar e relacionar de forma coerente argumentos pertinentes ao tema proposto; e

> pleno domínio da modalidade escrita da norma-padrão (adequação vocabular, ortografia, morfologia, sintaxe de concordância, de regência e de colocação).

Banca Esaf

A avaliação da prova discursiva abrangerá:

Quanto à capacidade de desenvolvimento do tema proposto: a compreensão, o conhecimento, o desenvolvimento e a adequação da argumentação, a conexão e a pertinência, a objetividade e a sequência lógica do pensamento, o alinhamento ao assunto abordado e a cobertura dos tópicos apresentados, valendo, no máximo, 20 (vinte) pontos para cada questão, que serão aferidos pelo examinador com base nos critérios a seguir indicados:

→ Conteúdo da resposta (seguem os pontos a deduzir para cada questão):

> Capacidade de argumentação (até 6)

> Sequência lógica do pensamento (até 4)

> Alinhamento ao tema (até 4)

> Cobertura dos tópicos apresentados (até 6)

Quanto ao uso do idioma: a utilização correta do vocabulário e das normas gramaticais, valendo, no máximo, 10 (dez) pontos para cada questão, que serão aferidos pelo examinador com base nos critérios a seguir indicados:

→ **Tipos de erro (seguem os pontos a deduzir):**

> **Aspectos formais:** Erros de forma em geral e erros de ortografia (-0,25 cada erro).

> **Aspectos Gramaticais:** Morfologia, sintaxe de emprego e colocação, sintaxe de regência e pontuação (-0,50 cada erro).

> **Aspectos Textuais:** Sintaxe de construção (coesão prejudicada); concordância; clareza; concisão; unidade temática/estilo; coerência; propriedade vocabular; paralelismo semântico e sintático; paragrafação (-0,75 cada erro).

> Cada linha excedente ao máximo exigido (-0,40).

> Cada linha não escrita, considerando o mínimo exigido (-0,80).

1.6 Propostas de Redação

Proposta 01

As vendas de automóveis de passeio e de veículos comerciais leves alcançaram 340 706 unidades em junho de 2012, alta de 18,75%, em relação a junho de 2011, e de 24,18%, em relação a maio de 2012, segundo informou, nesta terça-feira, a Federação Nacional de Distribuição de Veículos Automotores (Fenabrave). Segundo a entidade, este é o melhor mês de junho da história do setor automobilístico.

Disponível em: <http://br.financas.yahoo.com>. Acesso em: 3 jul. 2012 (adaptado).

Na capital paulista, o trânsito lento se estendeu por 295 km às 19 h e superou a marca de 293 km, registrada no dia 10 de junho de 2009. Na cidade de São Paulo, registrou-se, na tarde desta sexta-feira, o maior congestionamento da história, segundo a Companhia de Engenharia de Tráfego (CET). Às 19 h, eram 295 km de trânsito lento nas vias monitoradas pela empresa. O índice superou o registrado no dia 10 de junho de 2009, quando a CET anotou, às 19 h, 293 km de congestionamento.

Disponível em: <http://noticias.terra.com.br>. Acesso em: 03 jul. 2012 (adaptado).

O governo brasileiro, diante da crise econômica mundial, decidiu estimular a venda de automóveis e, para tal, reduziu o imposto sobre produtos industrializados (IPI). Há, no entanto, paralelamente a essa decisão, a preocupação constante com o desenvolvimento sustentável, por meio do qual se busca a promoção de crescimento econômico capaz de incorporar as dimensões socioambientais.

Considerando que os textos acima têm caráter unicamente motivador, redija um texto dissertativo sobre sistema de transporte urbano sustentável, contemplando os seguintes aspectos:

> Conceito de desenvolvimento sustentável; (valor: 3,0 pontos)

> Conflito entre o estímulo à compra de veículos automotores e a promoção da sustentabilidade; (valor: 4,0 pontos)

> Ações de fomento ao transporte urbano sustentável no Brasil. (valor: 3,0 pontos)

Proposta 02

I

Venham de onde venham, imigrantes, emigrantes e refugiados, cada vez mais unidos em redes sociais, estão aumentando sua capacidade de incidência política sobre uma reivindicação fundamental: serem tratados como cidadãos, em vez de apenas como mão de obra (barata ou de elite).

(Adaptado de: http://observatoriodadiversidade.org.br)

II

A intensificação dos fluxos migratórios internacionais das últimas décadas provocou o aumento do número de países orientados a regulamentar a imigração. Os argumentos alegados não são novos: o medo de uma "invasão migratória", os riscos de desemprego para os trabalhadores autóctones, a perda da identidade nacional.

III

Ainda não existe uma legislação internacional sólida sobre as migrações internacionais. Assim, enquanto que os direitos relativos ao investimento estrangeiro foram se reforçando cada vez mais nas regras estabelecidas para a economia global, pouca atenção vem sendo dada aos direitos dos trabalhadores.

(II e III adaptados de: http://www.migrante.org.br)

Considerando o que se afirma em I, II e III, desenvolva um texto dissertativo-argumentativo, posicionando-se a respeito do seguinte tema:

Mobilidade Humana e Cidadania na atualidade.

2. DISSERTAÇÃO EXPOSITIVA E ARGUMENTATIVA

2.1 Dissertação Expositiva

Na dissertação expositiva, o objetivo do texto é passar conhecimento para o leitor de maneira clara, imparcial e objetiva.

Nesse tipo textual, não se faz necessariamente a defesa de uma ideia, pois não há intenção de convencer o leitor, nem criar debate. Trabalha-se o assunto de maneira atemporal.

Distinção entre texto expositivo e descritivo

É bastante comum que se confunda o texto dissertativo-expositivo com o texto descritivo. Vamos à distinção:

O texto expositivo tem por objetivo principal informar com clareza e objetividade. Predomina a linguagem impessoal e objetiva. De forma geral, segue a estrutura da dissertação (introdução, desenvolvimento, conclusão). Como exemplo desse tipo de texto, temos aqueles encontrados em livros didáticos, enciclopédias, jornais, revistas (científicas, informativas, etc.).

> É bastante comum que um texto (um gênero textual) apresente diversos tipos textuais em sua estrutura, o que dificulta a diferenciação.

O tipo descritivo está relacionado à caracterização minuciosa de algo, sem, necessariamente, ter o objetivo de informar ao leitor. A linguagem utilizada na descrição nem sempre é objetiva ou impessoal, e sua estrutura não obedece necessariamente a regras.

Partes do texto dissertativo-expositivo

Tipos de introdução

→ **Introdução Simples**

É uma introdução direta, na qual é exposta apenas a delimitação do tema.

→ **Introdução com Paráfrase**

A paráfrase é uma reescrita de frases sem que haja alteração de sentido. Para que essa reescrita seja coerente, é necessário que seja mantido o paralelismo semântico. Este tipo de introdução geralmente é usado quando o tema da redação é uma afirmação.

→ **Introdução com Conceituação**

Neste tipo de introdução, a autor do texto apresenta seu ponto de vista ou a ideia central por meio da definição de algum conceito que tenha relação com o núcleo do tema.

→ **Introdução com Indicação do Desenvolvimento**

São apresentados o tema e os tópicos que serão esclarecidos no desenvolvimento. Numa dissertação-expositiva enumeram-se os aspectos que serão relatadas ao longo do texto.

É muito importante ter atenção com a ordem dessa enumeração, pois é necessário que ela seja mantida no decorre do desenvolvimento para que se garanta conexão lógica e a progressividade textual. Além disso, todos os itens enumerados devem ser abordados no desenvolvimento.

É imprescindível, também, que se trate cada tópico em um parágrafo diferente, porque facilita, para o examinador, a identificação de que foi redigido tudo o que foi apresentado.

Tipos de desenvolvimento

O desenvolvimento deve conter a exposição de cada um dos aspectos enumerados na introdução. Não há uma forma específica para se escrever esta parte da redação. A continuidade do texto será dada de acordo com a introdução. Ou seja, a sequência do desenvolvimento deve estar já delimitada no parágrafo introdutório.

> Procure escrever, em cada parágrafo, alguma palavra-chave sobre o tema e os fundamentos abordados na redação.

Nunca deixe mencionar tudo o que é solicitado na proposta. Se deixar em branco, será atribuída nota zero na correção da redação. Isso significa que você deve responder ao questionamento, sem se desviar do tema.

Tipos de conclusão

→ **Confirmação**

É a forma mais simples. É feita uma síntese do que foi escrito na redação ou uma confirmação (reforço) da tese que orientou o texto e foi afirmado na introdução.

→ **Solução**

Este tipo é muito usado em pareceres e relatórios, pois há apresentação de solução ou soluções para a tese apresentada na introdução.

→ **Expansão**

Neste tipo de conclusão, usa-se o melhor argumento ou a melhor ideia exposta (no desenvolvimento) e é feita uma conexão com o desenvolvimento, de forma encerrar a discussão ou o assunto.

→ **Finalização do desenvolvimento**

O parágrafo de conclusão também pode trazer algum aspecto relevante sobre o tema, em vez de expor uma "conclusão, síntese, expansão ou solução".

Para que a redação não fique sem fechamento, é recomendável que se use alguma expressão que indique conclusão, como: "por fim", "finalmente", "por último", "em último lugar", "em conclusão", etc.

Propostas de Dissertação Expositiva

Proposta 01

Convocada pela Defensoria Pública do Rio, a comunidade do Complexo do Alemão começou a chegar duas horas antes do combinado. Enfileiraram-se em busca, principalmente, de carteiras de identidade e de trabalho, ícones da entrada na sociedade formal. Houve duas dúzias de coleta de material genético para exames de comprovação de paternidade. Foram entrevistadas 180 moradoras sobre saúde, maternidade e violência doméstica. Uma cidadã transexual foi atrás de orientação para trocar de nome. Mães pediram tratamento psicológico para filhos com sintomas de síndrome do pânico. Segundo a presidenta da Associação de Defensores Públicos do Estado do Rio de Janeiro, "quando conversamos, percebemos que a violência permeia o discurso. Mas os moradores têm outras demandas. Denunciam a falta de alguma instituição que os defenda da vulnerabilidade". A agenda dos moradores do Alemão envolve cinco ações: moradia, saneamento, educação técnico-profissional, políticas para jovens e espaços de lazer, esporte e cultura.

Flávia Oliveira. Demanda cidadã. In: O Globo, 27/5/2015, p. 28 (com adaptações).

Considerando que o fragmento de texto acima tem caráter unicamente motivador, redija um texto dissertativo acerca do seguinte tema.

SEGURANÇA PÚBLICA: POLÍCIA E POLÍTICAS PÚBLICAS

Ao elaborar seu texto, faça o que se pede a seguir.

> Disserte a respeito da segurança como condição para o exercício da cidadania. [valor: 25,50 pontos]

> Dê exemplos de ação do Estado na luta pela segurança pública. [valor: 25,50 pontos]

> Discorra acerca da ausência do poder público e a presença do crime organizado. [valor: 25,00 pontos]

Padrão de Resposta da Banca

Espera-se que, relativamente ao primeiro aspecto proposto (a segurança como condição para o exercício da cidadania), o candidato afirme a impossibilidade real e concreta do pleno exercício da cidadania em um cenário de dramática insegurança. Tal como dicionarizado, o conceito de cidadania remete ao "indivíduo que, como membro de um Estado, usufrui de direitos civis e políticos garantidos pelo mesmo Estado e desempenha os deveres que lhe são atribuídos". Viver em paz, sem o contínuo temor de ser vítima de agressão — venha de onde vier — passa a ser entendido como direito essencial à vida em comunidade assentada nos princípios da cidadania.

Em relação ao segundo aspecto (exemplos de ação do Estado na luta pela segurança pública), espera-se que o candidato seja capaz de apontar alguns exemplos da necessária ação do poder público para a conquista e a manutenção do clima de segurança coletiva nas mais diversas comunidades, sobretudo as mais vulneráveis. Nesse sentido, basta que o candidato se reporte ao próprio texto motivador, tendo em vista que policiamento adequado e atendimento às demandas básicas da sociedade são faces de uma mesma moeda.

Por fim, no que concerne ao terceiro aspecto (ausência do poder público e a presença do crime organizado), convém que o candidato faça referência a uma preocupante realidade, por todos sabida: onde há omissão do Estado, a tendência é que esse vazio seja ocupado por grupos criminosos no atendimento às demandas das comunidades. Essa realidade está presente, inclusive, em instituições penitenciárias.

Proposta 02

Um relatório do Conselho de Segurança da Organização das Nações Unidas constatou que 15 mil pessoas viajaram à Síria e ao Iraque para combater pelo Estado Islâmico e por grupos extremistas semelhantes. De acordo com o relatório, essas pessoas saíram de mais de 80 países, o que inclui um grupo de países que não havia enfrentado desafios anteriores com relação à Al Qaeda. Os números reforçam recentes estimativas dos serviços de inteligência dos Estados Unidos da América sobre o escopo do problema dos combatentes estrangeiros, que, conforme o relatório, se agravou apesar das ações agressivas das forças antiterroristas e das redes mundiais de vigilância. Os números referentes ao período iniciado em 2010 são superiores aos números referentes ao total de combatentes estrangeiros nas fileiras terroristas entre 1990 e 2010 — e continuam crescendo.

Folha de S.Paulo, 1.º/11/2014, p. 10, caderno Mundo 2 (com adaptações).

Considerando que o fragmento de texto acima tem caráter unicamente motivador, redija um texto dissertativo acerca do tema a seguir.

A CIVILIZAÇÃO CONTEMPORÂNEA E O TERRORISMO

Ao elaborar seu texto, aborde, necessariamente, os seguintes aspectos:

> o 11 de Setembro de 2001 e a nova escalada terrorista; [valor: 4,00 pontos]

> o Estado Islâmico: intolerância e agressividade; [valor: 4,00 pontos]

> a reação mundial ao terrorismo. [valor: 4,00 pontos]

Padrão de Resposta da Banca

Espera-se que, relativamente ao primeiro aspecto (O 11 de setembro de 2001 e a nova escalada terrorista), o candidato mencione o impacto causado em todo o mundo pela ação do terror (Al Qaeda) em território norte-americano, atingindo o prédio do Pentágono, em Washington, e destruindo por completo as torres do World Trade Center, em Nova Iorque. A pronta e vigorosa reação dos EUA (governo Bush) alterou a legislação do país, com algum tipo de cerceamento das liberdades, e se estendeu por várias partes do mundo, a começar pela identificação de países considerados fontes permanentes de ações agressivas contra os EUA, definidos como "Eixo do Mal". Em verdade, o 11 de setembro de 2001 deu inédita visibilidade ao terrorismo impulsionado pelo fanatismo religioso, que se manifestou em outros locais, como, por exemplo, Londres e Madri.

Quanto ao segundo aspecto (Estado Islâmico: intolerância e agressividade), o candidato poderá destacar a intenção do grupo de instituir um califado muçulmano, com a conquista de territórios hoje integrantes da Síria e do Iraque, sua absoluta subordinação a uma visão estreita e radical do islã, além da chocante violência de seus atos, como a decapitação de prisioneiros, em cenas gravadas e divulgadas pelo mundo afora. Outro direcionamento para o segundo aspecto é o aliciamento de jovens para a luta armada por meio das redes sociais, por exemplo.

Por fim, o terceiro aspecto a ser focalizado (A reação mundial ao terrorismo) deverá levar o candidato a se referir às manifestações da opinião pública mundial, que tende a repudiar maciçamente atitudes dessa natureza, à ação de organismos internacionais (como a citada ONU) e à reação objetiva de muitos países (particularmente os ocidentais, à frente os EUA), agindo civil e militarmente para frear a ação terrorista. Além disso, ao abordar os aspectos citados no comando da prova, espera-se que o candidato mencione o interesse econômico subjante às atividades terroristas, o que decorre sobretudo do interesse por fontes naturais, tais como petróleo e gás natural.

Proposta 03

Em um lixão de Gana, carcaças de computadores espalhadas em meio a todo o tipo de dejetos chamam a atenção por etiquetas que identificam sua procedência: delegacias, conselhos públicos e até universidades britânicas. O mesmo acontece em lixões da China, com produtos oriundos da Europa ou dos Estados Unidos da América (EUA). Já na América Central, um navio saído dos EUA passa por países pobres tentando encontrar um terreno que aceite o depósito do que dizem ser fertilizante, mas que na verdade são cinzas de produtos eletrônicos. Parte do material, rico em arsênio, chumbo e outras substâncias tóxicas, é jogado em uma praia do Haiti, outra parte atirada no oceano. Não tão distante, 353 toneladas de resíduos de televisores são trazidos dos EUA em contêineres ao Porto de Navegantes, em Santa Catarina (carga devolvida à origem).

O Globo, 24/8/2015, p. 21 (com adaptações).

Considerando que o fragmento de texto acima tem caráter unicamente motivador, redija um texto dissertativo acerca do seguinte tema.

LIXO ELETRÔNICO: O PLANETA EM PERIGO

Ao elaborar seu texto, aborde os seguintes aspectos:

> lixo eletrônico: a outra face do desenvolvimento; [valor: 3,50 pontos]

> a globalização da rota do tráfico de resíduos eletrônicos; [valor: 3,00 pontos]

> os lucros gerados pelos resíduos e a ação do crime organizado. [valor: 3,00 pontos]

Padrão de resposta da banca

Espera-se que, em relação ao primeiro tópico proposto (lixo eletrônico: a outra face do desenvolvimento), o candidato identifique nesses resíduos eletrônicos a outra e danosa face do desenvolvimento trazido pelo processo de transformação do sistema produtivo conhecido como Revolução Industrial. O certo é que, em muitos países, ainda não há legislação plenamente ativa para controlar o descarte de eletrônicos. No Brasil, verifica-se reiterada tentativa de burlar a legislação a respeito. Esse descarte, feito de modo inadequado, agride violentamente o meio ambiente.

Quanto ao segundo aspecto (a globalização da rota do tráfico de resíduos eletrônicos), espera-se que o candidato aponte a relação existente entre a globalização da economia e a do tráfico desses resíduos. Em geral, como indicado no texto motivador, esse descarte criminoso é feito pelas economias mais desenvolvidas na direção de países periféricos e mais pobres.

Relativamente ao terceiro ponto (os lucros gerados pelos resíduos e a ação do crime organizado), espera-se que o candidato lembre que, devido à falta de monitoramento e à fragilidade da fiscalização, essa atividade ilegal torna-se por demais atraente em termos financeiros, sem maiores riscos para quem dela se ocupa. É onde entra o crime organizado global, que tem se diversificado e investido em resíduos. O próprio texto motivador deixa transparecer que o descarte do lixo eletrônico, tal como visto nos exemplos citados, acaba sendo mais um ramo do crime organizado global, integrando a extensa teia que envolve lavagem de dinheiro, comércio de armas, tráfico humano, fraudes na área esportiva, avanço ilegal sobre a biodiversidade, entre tantos outros.

Proposta 04

Considerando que o contexto que envolve as drogas ilícitas, redija um texto dissertativo que atenda, necessariamente, ao que se pede a seguir:

AS DROGAS ILÍCITAS NA CONTEMPORANEIDADE

> O problema social das drogas ilícitas no mundo contemporâneo

> O fracasso da política antidrogas militarizada

> Alternativas à atual política antidrogas

Padrão de resposta da banca

Espera-se que, em relação ao primeiro item ("O problema social das drogas ilícitas no mundo contemporâneo"), o candidato aponte as drogas como um grave problema social da contemporaneidade. Sem distinção de classes sociais e presente em todas elas, o uso de drogas ilícitas instalou-se no interior das sociedades, e é, sob muitos aspectos, elemento fundamental para a desestruturação familiar e para a exacerbação da violência. Além disso, contribui decisivamente para o adensamento do crime organizado, cuja atuação, cada vez mais, ocorre em escala global.

No que concerne ao segundo item ("O fracasso da política antidrogas militarizada"), espera-se que o candidato pondere, por exemplo, que o custo do combate às drogas é elevado, seja no que se refere a vidas humanas, seja no que se refere ao dinheiro nele aplicado. Em suma, pode-se afirmar que, se determinados instrumentos utilizados por cinco décadas não apresentaram resultados, esses métodos são ineficazes, o que leva à reflexão sobre a conveniência de substituí-los.

Por fim, em relação ao terceiro item ("Alternativas à atual política antidrogas"), espera-se que o candidato alegue que estão em marcha atitudes que podem ser uma alternativa interessante à atual política antidrogas militarizada, por exemplo, a rejeição à pulverização pura e simples dos campos de cultivo de coca, planta da qual é feita a cocaína; a permissão para o cultivo de pequenas plantações de coca; a plantação de maconha para fins medicinais e, sobretudo, ação de lideranças políticas (no Brasil, com destaque para o ex-presidente Fernando Henrique Cardoso), que defendem a descriminalização do uso da maconha, a qual distingue claramente o usuário e o traficante.

Proposta 05

Considerando o contexto que envolve as drogas ilícitas, redija um texto dissertativo que atenda, necessariamente, ao que se pede a seguir:

A MOBILIDADE HUMANA NA MODERNIDADE

> fatores que levam milhares de pessoas a enfrentar a perigosa travessia do Mediterrâneo
> o dilema moral vivido pela Europa entre receber ou rejeitar os imigrantes
> o papel da opinião pública internacional na sociedade contemporânea

Padrão de resposta da banca

Espera-se que, ao abordar o primeiro item proposto (fatores que levam milhares de pessoas a enfrentar a perigosa travessia do Mediterrâneo), o candidato enfatize, no mínimo, dois aspectos determinantes para as atuais levas de milhares de imigrantes que buscam, na Europa, as condições elementares de uma vida razoavelmente digna que não mais encontram em seus países de origem. De um lado, a fome e a miséria, quadro que tão bem representa a situação vivida, em larga medida, por habitantes da África subsaariana. De outro, a ação truculenta de governos despóticos e corruptos, além da multiplicação de guerras civis, às vezes, ensejando autênticos genocídios. Especificamente em relação ao Oriente Médio, destaca-se a caótica realidade experimentada pela Síria, na qual se associam um governo ditatorial, rivalidades religiosas levadas ao extremo e a ação implacável do terrorismo.

Em relação ao segundo tópico (o dilema moral vivido pela Europa entre receber ou rejeitar os imigrantes), espera-se que o candidato se reporte ao intenso debate travado no âmbito da União Europeia, quando alguns membros compreenderam a imperiosa necessidade de se encontrarem meios para a recepção de certo número de imigrantes, como é o caso, por exemplo, da Alemanha, enquanto outros, particularmente na Europa do Leste, ofereciam resistência explícita ao acolhimento desses imigrantes.

Por fim, quanto ao terceiro ponto (o papel da opinião pública internacional na sociedade contemporânea), espera-se que o candidato lembre ser este um elemento definidor da contemporaneidade: milhares de pessoas saem às ruas e se manifestam, por todos os meios, em face de determinados acontecimentos, como atos terroristas e o desespero desses milhares de imigrantes. Esse fenômeno de participação cidadã tem forçado os governos a tomarem certas atitudes que, muitas vezes, não se situavam em seu campo de alternativas.

2.2 Dissertação Argumentativa

A dissertação argumentativa consiste na exposição de ideias a respeito de um tema, de forma técnica e impessoal, com base em raciocínios e argumentações. Tem por objetivo a defesa ou a contestação de um ponto de vista por meio da persuasão. Por isso, a coerência entre as ideias e a clareza na forma de expressão são elementos fundamentais.

Estrutura

A estrutura lógica da dissertação consiste em: introdução (apresenta o tema a ser discutido); desenvolvimento (expõe os argumentos e ideias sobre o tema, com fundamento em fatos, exemplos, testemunhos e provas do que se pretende demonstrar); e conclusão (traz o desfecho da redação, com a finalidade de reforçar a ideia inicial).

Parágrafo

O parágrafo é uma unidade do todo que é o texto. Perceba que a redação trata de um único assunto, que é aquele apresentado no comando. Assim, dividimos o texto em parágrafos para que a leitura seja fluida, de acordo com a abordagem reservada a cada um dos parágrafos.

Elementos contidos em um parágrafo

Todo parágrafo possui uma ideia central, que é o tópico principal. Geralmente, ela se encontra na introdução do parágrafo. Em torno dessa ideia central, temos ideias secundárias que dão desenvolvimento ao parágrafo. Vale ressaltar que muitos parágrafos ainda possuem uma conclusão, a qual tem como função sintetizar o conteúdo dele.

Outro elemento não obrigatório, mas de suma importância, é o termo que faz a relação entre os parágrafos. Geralmente se encontra do segundo parágrafo em diante e objetiva fazer a conexão lógica das ideais presentes em cada parágrafo. Logo, podemos afirmar que um parágrafo adequado possui clareza, objetividade, coerência, coesão e conteúdo adequado.

Quanto ao tamanho dos parágrafos, é importante que haja uma harmonia entre eles. Dessa forma, deve-se redigir parágrafos de tamanhos semelhantes, não necessariamente iguais. Ademais, é importante não fazer parágrafos muito grandes.

Como cada parágrafo possui uma ideia principal, não se recomenda escrever um parágrafo com apenas um período ou misturar ideias em um mesmo parágrafo. Dessa maneira, o ideal é reservar um parágrafo para cada ideia e(ou) argumentação abordada ou então daquelas contidas na enumeração feita na introdução.

Cada assunto deve ser objeto de um parágrafo específico.

Por fim, vamos novamente às regrinhas básicas: não faça parágrafos excessivamente longos e confusos, pois o examinador se cansará facilmente e não compreenderá seu texto. Por outro lado, também não faça parágrafos excessivamente curtos, que não contenham o devido desenvolvimento da ideia principal.

Exemplos

A seguir, há dois parágrafos que podem servir como introdução de um texto. Pode-se perceber que há uma organização interna que garante uma leitura rápida e eficaz. Além disso, há dois elementos básicos: a apresentação do assunto e o objetivo do texto.

1. Considera-se a humanização no ambiente de trabalho uma das principais características com a qual a empresa deve preocupar-se a fim de que alcance bons resultados, afinal, o capital humano é o bem mais precioso de uma instituição e o responsável por mantê-la ativa no mercado em geral. Além disso, a CF tem como um de seus fundamentos a dignidade da pessoa humana, a qual garante aos indivíduos um tratamento justo e igualitário para uma vida com qualidade. Logo, por ser um fundamento básico e irradiante, e alcançar todas as áreas do Direito, precisa ser garantido nas relações trabalhistas.

2. A fim de alcançar a cidadania, que de certa forma é um meio para a busca da ordem e do progresso social, o Estado tem o dever, como cita a Constituição Federal, de promover a segurança pública. Por esse motivo, é coerente afirmar que é preciso ofertar, de forma homogênea, a possibilidade de "execução" da cidadania por todos do povo.

Propostas de dissertação expositiva

Proposta 01

Elabore um texto dissertativo-argumentativo abordando o seguinte tema:

É POSSÍVEL CONCILIAR OS INTERESSES PESSOAIS DO TRABALHADOR E OS INTERESSES DA ORGANIZAÇÃO?

Proposta 02

A internet é uma mídia que ainda vai provocar muitas modificações entre as pessoas. Estamos apenas adentrando essa nova era, que, no Brasil, teve início em 1996. Capistrano de Abreu dizia que os colonizadores portugueses ficaram, durante vários séculos, como caranguejos, apenas arranhando as costas do Brasil, sem adentrar seu território, nem dominar as regiões desconhecidas. Em relação à internet, somos os novos caranguejos do início do século XXI, sem desvendar com segurança as possibilidades desse meio de comunicação revolucionário na produção e propagação de saberes. Não sabemos ainda o que acontecerá e como se dará; por isso, não podemos fazer previsões estanques.

SHEPERD, T.; SALIÉS, T. In: Linguística da internet. São Paulo: Contexto, 2012. p.91

Redija um texto dissertativo-argumentativo em que se discuta se o uso da internet trouxe mais benefícios ou mais malefícios ao indivíduo e à sociedade. Apresente argumentos que fundamentem sua posição.

Proposta 03

Apesar da presunção de veracidade que confere autoridade, interesse e sedução a todas as fotos, a obra que os fotógrafos produzem não constitui uma exceção genérica ao comércio usualmente nebuloso entre arte e verdade. Mesmo quando os fotógrafos estão muito mais preocupados em espelhar a realidade, ainda são assediados por imperativos de gosto e de consciência. [...] O problema não é que as pessoas se lembrem através das fotografias, mas que se lembrem apenas das fotografias.

(SONTAG, Susan. "Na caverna de Platão", em Sobre a Fotografia, São Paulo, Companhia das Letras, 2008)

A partir do trecho acima, escreva um texto dissertativo-argumentativo sobre o seguinte tema:

A IMAGEM COMO PRODUTORA DE SENTIDOS NA MODERNIDADE

Proposta 04

Epicuro havia percebido que as leis não educam: que não eram feitas para serem propriamente obedecidas, mas para garantir, sobretudo, a possibilidade de punição. Ele se deu conta, por um lado, de que a educação e as necessidades básicas do ser humano deveriam ser gerenciadas pela pólis (Estado); por outro lado, viu que era preciso, de algum modo, isolar para educar, porém, sem reclusão, porque a virtude do caráter político não se reduz, afinal, a um modelo ou teoria, tampouco ao recinto de uma instituição ou de uma *pólis*.

(Adaptado de: SPINELLI, Miguel. Epicuro e as bases do epicurismo, São Paulo, Paulus, 2013, p. 8)

Com base no excerto acima, escreva uma dissertação justificando amplamente seu ponto de vista.

Proposta 05

I

Para além da fidelidade e integridade da informação, problema que se impunha com os veículos tradicionais da mídia, hoje, com a internet, o homem enfrenta um novo desafio: distinguir, de uma profusão de informações supérfluas, as que lhe importam na formação de um pensamento que garanta sua identidade e papel social.

II

Ponto de vista não é apenas a opinião que desenvolvemos sobre determinado assunto, mas também o lugar a partir de onde consideramos o mundo e que influencia de maneira cabal nossas percepções e ações.

III

Todos os homens voltam para casa.
Estão menos livres mas levam jornais
e soletram o mundo, sabendo que o perdem.

(ANDRADE, Carlos Drummond de. "A flor e a náusea")

Redija um texto dissertativo-argumentativo a partir do que se afirma em I, II e III.

Proposta 06

As Olimpíadas eram uma série de competições esportivas que, de quatro em quatro anos, reuniam atletas das cidades-estado que formavam a Grécia Antiga. Surgiram em 776 a.C. na cidade de Olímpia e se realizaram até 393 d.C. Tinham grande importância por seu caráter religioso, político e esportivo, e buscavam a harmonia entre cidades, com a trégua entre conflitos e guerras, além da valorização da saúde e do corpo saudável. Ressurgiram em 1896, com o objetivo de retomar os ideais olímpicos na interação entre os povos, e estiveram sujeitas a interferências políticas no decorrer do tempo. Os Jogos Panamericanos, mais recentes, também realizados de quatro em quatro anos, são evento multiesportivo, que tem por base os Jogos Olímpicos e, como indica o próprio nome, reúne atletas dos países do continente americano. Na atualidade, no entanto, parece haver confluência de interesses bastante diversos na realização desses eventos, de modo a acirrar o espírito competitivo e a expor o poder, até mesmo financeiro, de alguns países.

Diante do que se expôs acima, redija um texto dissertativo-argumentativo sobre o seguinte tema:

AS COMPETIÇÕES ESPORTIVAS INTERNACIONAIS COMO INSTRUMENTO DE MANUTENÇÃO DA PAZ E DA IGUALDADE NO MUNDO MODERNO.

1. ÉTICA NO SERVIÇO PÚBLICO......104

1.1 Ética e Moral......104

1.2 Ética: Princípios e Valores......105

1.3 Ética e Democracia: Exercício da Cidadania......106

1.4 Ética e Função Pública......107

1.5 Código de Ética Profissional do Serviço Público (Decreto nº 1.171/1994)......107

1.6 Anexo - Código de Ética Profissional do Servidor Público Civil do Poder Executivo Federal...108

1.7 Decreto nº 6.029/2007......110

2. IMPROBIDADE ADMINISTRATIVA......113

2.1 Sujeitos......113

2.2 Regras Gerais......113

2.3 Modalidades......113

2.4 Efeitos da Lei......115

2.5 Das Sanções......115

2.6 Declaração de Bens......116

2.7 Prescrição......116

1. ÉTICA NO SERVIÇO PÚBLICO

Nesta unidade, trabalharemos o seguinte conteúdo: Ética e moral; Ética, princípios e valores; Ética e democracia: exercício da cidadania; Ética e função pública; Ética no setor público: Código de Ética Profissional do Serviço Público (Decreto nº 1.171/1994). Acrescentamos, ao final, o Decreto nº 6.029/2007, que revogou o Decreto nº 1.171/1994 em parte, e que, muito embora não seja mencionado no edital, tem sido cobrado.

O Código de Ética Profissional do Serviço Público (Decreto nº 1.171/1994) contempla essencialmente duas partes.

A primeira, dita de ordem substancial (fundamental), fala sobre os princípios morais e éticos a serem observados pelo servidor, e constitui o Capítulo I, que abrange as regras deontológicas (Seção I), os principais deveres do servidor público (Seção II), bem como as vedações (Seção III).

Já a segunda parte, de ordem formal, dispõe sobre a criação e funcionamento de Comissões de Ética, e constitui o Capítulo II, que trata das Comissões de Ética em todos os órgãos do Poder Executivo Federal (Exposição de Motivos nº 001/94-CE).

Este conteúdo, referente ao Código de Ética Profissional do Serviço Público, considerando os últimos conteúdos cobrados, é um dos mais relevantes e que mais deve ser estudado.

1.1 Ética e Moral

1.1.1 Ética

A palavra "ética" vem do grego *ethos*, que significa "modo de ser" ou "caráter" (índole).

Ética → do grego *ethos* → caráter

A ética é a parte da filosofia que estuda a moralidade das ações humanas, isto é, se são boas ou más. É uma reflexão crítica sobre a moralidade.

A ética faz parte do nosso dia a dia. Em todas as nossas ações e também relações, em algum grau, utilizamos nossos valores éticos. Isso não quer dizer que o homem já nasça com consciência plena do que é bom ou mau. Essa consciência existe, mas se desenvolve a partir do relacionamento com o meio e do autodescobrimento.

> A ética pode ser definida como a teoria ou a ciência do comportamento moral, que busca explicar, compreender, justificar e criticar a moral ou as morais de uma sociedade. Compete à ética chegar, por meio de investigações científicas, à explicação de determinadas realidades sociais, ou seja, ela investiga o sentido que o homem dá a suas ações para ser verdadeiramente feliz. A ética é, portanto, filosófica e científica.

De acordo com o autor espanhol, Adolfo Vázquez, a ética representa uma abordagem científica sobre as constantes morais, ou seja, refere-se àquele conjunto de valores e costumes mais ou menos permanente no tempo e no espaço. Em outras palavras, a ética é a ciência da moral, isto é, de uma esfera do comportamento humano.

Mas a Ética não é puramente teoria; é um conjunto de princípios e disposições voltados para a ação, historicamente produzidos, cujo objetivo é balizar (limitar) as ações humanas.

Todavia, segundo Vázquez, não cabe à ética formular juízos de valor sobre a prática moral de outras sociedades, ou de outras épocas, em nome de uma moral absoluta e universal, mas deve antes explicar a razão de ser desta pluralidade e das mudanças de moral; isto é, deve esclarecer o fato de os homens terem recorrido a práticas morais diferentes e até opostas.

Em um sentido mais amplo, a ética engloba um conjunto de regras e preceitos de ordem valorativa, que estão ligados à prática do bem e da justiça, aprovando ou desaprovando a ação dos homens de um grupo social ou de uma sociedade.

Em suma, a ética é um conjunto de normas que rege a boa conduta humana.

Para que uma conduta possa ser considerada ética, três elementos essenciais devem ser ponderados: a ação (ato moral), a intenção (finalidade), e as circunstâncias (consequências) do ato. Se um único desses três elementos não for bom, correto e certo, o comportamento não é ético.

A norma ética é aquela que prescreve como o homem deve agir. Possui, como uma de suas características, a possibilidade de ser violada, ao contrário da norma legal (lei).

A ética não deve ser confundida com a lei, embora, com certa frequência, a lei tenha como base princípios éticos. Ao contrário da lei, nenhum indivíduo pode ser compelido, pelo Estado ou por outros indivíduos, a cumprir as normas éticas, nem sofrer qualquer sanção pela desobediência a estas.

Para o autor Lázaro Lisboa, a ética tem por objeto o comportamento humano no interior de cada sociedade, e o estudo desse comportamento com o fim de estabelecer níveis aceitáveis que garantam a convivência pacífica dentro das sociedades e entre elas, constitui o objetivo da Ética. (LISBOA; MARTINS, 2011).

O estudo da ética demonstra que a consciência moral nos inclina para o caminho da virtude, que seria uma qualidade própria da natureza humana. Logo, um homem para ser ético precisa necessariamente ser virtuoso, ou seja, praticar o bem usando a liberdade com responsabilidade constantemente.

Segundo a classificação de Eduardo Garcia Maýnez, são quatro as formas de manifestação do pensamento ético ocidental:

- Ética empírica.
- Ética dos bens.
- Ética formal.
- Ética de valores.

A Ética empírica está dividida em:

Ética Anarquista: só tem valor o que não contraria as tendências naturais.

Ética Utilitarista: é bom o que é útil.

Ética Ceticista: não se pode dizer com certeza o que é certo ou errado, bom ou mau, pois ninguém jamais será capaz de desvendar os mistérios da natureza.

Ética Subjetivista: "o homem é a medida de todas as coisas existentes ou inexistentes" (Protágoras).

Já a Ética dos bens divide-se em:

Ética Socrática: para Sócrates (469 - 399 a.C.), o supremo bem, a virtude máxima é a sabedoria. As duas máximas de Sócrates são: "Só sei que nada sei" e "Conhece-te a ti mesmo".

Ética Platônica: para Platão (427 - 347 a.C), todos os fenômenos naturais são meros reflexos de formas eternas, imutáveis, sugerindo o "mundo das ideias".

Ética Aristotélica: para Aristóteles (384 - 322 a.C.), a felicidade só pode ser conseguida com a integração de suas três formas: prazer, virtude (cidadania responsável), sabedoria (filosofia/ciência).

Ética Epicurista: para Epicuro (341 - 270 a.C.), o bem supremo é a felicidade, a ser atingido por meio dos prazeres (eudaimonismo hedonista) e os do espírito são mais elevados que os do corpo. Seu objetivo maior era afastar a dor e os sofrimentos.

Ética Estóica: Zenão (300 a.C.) fundou esta filosofia que ensina a ética da virtude como fim: o estóico não aspira ser feliz, mas ser bom.

Para a ética formal, segundo Kant, uma ação é boa, tem valor, deve ser feita, se obedece o "princípio categórico", que está baseado na ideia do dever (vale sempre e é uma ordem).

Por fim, para a ética de valores, uma ação é boa (e consequentemente é um dever) se estiver fundamentada em um valor.

1.1.2 Moral

Os romanos traduziram o ethos grego para o latim mos, de onde vem a palavra "moral".

O termo "moral", portanto, deriva do latim "mos" ou "mores", que significa "costume" ou "costumes (VÁZQUEZ, 2011).

Moral → do latin *MOS* ou *MORES* →
Costume ou Costumes

A moral é definida como o conjunto de normas, princípios, preceitos, costumes, valores que norteiam o comportamento do indivíduo no seu grupo social. A moral é normativa.

Em outras palavras, a moral é um conjunto de regras de conduta adotadas pelos indivíduos de um grupo social e tem a finalidade de organizar as relações interpessoais segundo os valores do bem e do mal.

A moral é a "ferramenta" de trabalho da ética. Sem os juízos de valor aplicados pela moral seria impossível determinar se a ação do homem é boa ou má.

A moral ocupa-se basicamente de questões subjetivas, abstratas e de interesses particulares do indivíduo e da sociedade, relacionando-se com valores ou condutas sociais.

A moral possui, portanto, um caráter subjetivo, que faz com que ela seja influenciada por vários fatores, alterando, assim, os conceitos morais de um grupo para outro. Esses fatores podem ser sociais, históricos, geográficos etc. Observa-se, então, que a moral é dinâmica, ou seja, ela pode mudar seus juízos de valor de acordo com o contexto em que esteja inserida.

Sendo assim, para Vázquez a moral é mutável e varia historicamente, de acordo com o desenvolvimento de cada sociedade e, com ela, variam os seus princípios e as suas normas. Ela norteia os valores éticos na Administração Pública.

Aristóteles, em seu livro "A Política", assevera que "os pais sempre parecerão antiquados para os seus filhos". Essa afirmação demonstra que, na passagem de uma geração para outra, os valores morais mudam.

Para que um ato seja considerado moral, ou seja, bom, deve ser livre, consciente, intencional e solidário. O ato moral tem, em sua estrutura, dois importantes aspectos: o normativo e o factual. O normativo são as normas e imperativos que enunciam o "dever ser". Ex.: cumpra suas obrigações, não minta, não roube etc. O factual são os atos humanos que se realizam efetivamente, ou seja, é a aplicação da norma no dia a dia, no convívio social.

Apesar de se assemelharem, e mesmo por vezes se confundirem, ética e moral são termos aplicados diferentemente. Enquanto o primeiro trata o comportamento humano como objeto de estudo e normatização, procurando tomá-lo de forma mais abrangente possível, o segundo se ocupa de atribuir um valor à ação. Esse valor tem como referências as normas e conceitos do que vem a ser bom ou mau, baseados no senso comum.

No contexto da ação pública, ética e moral não são considerados termos sinônimos. Portanto, não devem ser confundidos.

Enquanto a ética é teórica e busca explicar e justificar os costumes de uma determinada sociedade, a moral é normativa. Enquanto a ética tem caráter científico, a moral tem caráter prático imediato, visto que é parte integrante da vida cotidiana das sociedades e dos indivíduos. A moral é a aplicação da ética no cotidiano, é a prática concreta. A moral, portanto, não é ciência, mas objeto da ciência; e, neste sentido, é por ela estudada e investigada.

1.2 Ética: Princípios e Valores

1.2.1 Princípios

Segundo o dicionário Houaiss, princípio pode ser considerado o primeiro momento da existência (de algo) ou de uma ação ou processo. Pode também ser definido como um conjunto de regras ou código de (boa) conduta, com base no qual se governa a própria vida e ações.

Dados esses conceitos, percebe-se que os princípios que regem a conduta em sociedade são aqueles conceitos ou regras que se aprendem por meio do convívio, passados de geração para geração.

Esses conhecimentos se originaram, em algum momento, no grupo social em que estão inseridos, convencionando-se que sua aplicação é boa, e assim aceita pelo grupo.

Quando uma pessoa afirma que determinada ação fere seus princípios, ela está se referindo a um conceito ou regra, que foi originado em algum momento em sua vida ou na vida do grupo social em que está inserida, e que foi aceito como ação moralmente boa.

1.2.2 Valores

O conceito de valor tem sido investigado e definido em diferentes áreas do conhecimento (filosofia, sociologia, ciências econômicas, "marketing" etc).

Os valores são as normas, princípios ou padrões sociais aceitos ou mantidos por indivíduos, classe ou sociedade. Dizem, portanto, respeito a princípios que merecem ser buscados.

O valor exprime uma relação entre as necessidades do indivíduo (respirar, comer, viver, posse, reproduzir, prazer, domínio, relacionar, comparar) e a capacidade das coisas, objetos ou serviços de satisfazê-las.

É na apreciação desta relação que se explica a existência de uma hierarquia de valores, segundo a urgência/prioridade das necessidades e a capacidade dos mesmos objetos para as satisfazerem, diferenciadas no espaço e no tempo.

Nas mais diversas sociedades, independentemente do nível cultural, econômico ou social em que estejam inseridas, os valores são fundamentais para se determinar quais são as pessoas que agem tendo por finalidade o bem.

O caráter dos seres, pelo qual são mais ou menos desejados ou estimados por uma pessoa ou grupo, é determinado pelo valor de suas ações.

Todos os termos que servem para qualificar uma ação ou o caráter de uma pessoa têm um peso bom e um peso ruim. Cite-se, como exemplo, os termos verdadeiro e falso, generoso e egoísta, honesto e desonesto, justo e injusto. Os valores dão "peso" à ação ou ao caráter de uma pessoa ou grupo.

Kant afirmava que toda ação considerada boa moralmente deveria ser universal, ou seja, ser boa em qualquer tempo e em qualquer lugar. Infelizmente o ideal kantiano de valor e moralidade está muito longe de ser alcançado, pois as diversidades culturais e sociais fazem com que o valor dado a determinadas ações mude de acordo com o contexto.

O complexo de normas éticas se alicerça em valores, normalmente designados valores do "bem".

"Valores éticos são indicadores da relevância ou do grau de atendimento aos princípios éticos". Por exemplo, a dignidade da pessoa sugere e exige que se valorize o respeito às pessoas.

Esses valores éticos só podem ser atribuídos a pessoas, pois elas são os únicos seres que agem com conhecimento de certo e errado, bem e mal, e com liberdade para agir. Algumas condutas podem ferir os valores éticos.

A prática constante de respeito aos valores éticos conduz as pessoas às virtudes morais." ALONSO, Felix Ruiz; LÓPEZ, Francisco Granizo; CASTRUCCI, Plínio de Laura – Curso de Ética em Administração. São Paulo: Atlas, 2008. (Adaptado).

1.3 Ética e Democracia: Exercício da Cidadania

1.3.1 Ética e Democracia

O Brasil ainda caminha a passos muito lentos no que diz respeito à ética, principalmente no cenário político.

Vários são os fatores que contribuíram para esta realidade, dentre eles, principalmente, os golpes de Estado, a saber, o Golpe de 30 e o Golpe de 64.

Durante o período em que o país vivenciou a ditadura militar e em que a democracia foi colocada de lado, tivemos a suspensão do ensino da filosofia e, consequentemente, da ética, nas escolas e universidades, e além disso, os direitos políticos do cidadão suspensos, a liberdade de expressão caçada e o medo da repressão.

Como consequência dessa série de medidas autoritárias e também arbitrárias, nossos valores morais e sociais foram perdendo espaço para os valores que o Estado queria impor, levando a sociedade a uma espécie de "apatia" social.

Nos dias atuais, estamos presenciando uma nova fase em nosso país, no que tange à aplicabilidade das leis e da ética no poder.

Os crimes de corrupção envolvendo desvio de dinheiro estão sendo mais investigados e a polícia tem trabalhado com mais liberdade de atuação em prol da moralidade e do interesse público, o que tem levado os agentes públicos a refletir mais sobre seus atos antes ainda de praticá-los.

Essa nova fase se deve principalmente à democracia, implantada como regime político com a Constituição de 1988.

Etimologicamente, o termo democracia vem do grego demokratía, em que kratía significa governo e demo, povo. Logo, a democracia, por definição, é o "governo do povo".

A democracia confere ao povo o poder de influenciar na administração do Estado. Por meio do voto, o povo é que determina quem vai ocupar os cargos de direção do Estado. Logo, insere-se nesse contexto a responsabilidade tanto do povo, que escolhe seus dirigentes, quanto dos escolhidos, que deverão prestar contas de seus atos no poder.

A ética exerce papel fundamental em todo esse processo, regulamentando e exigindo dos governantes comportamento adequado à função pública, que lhe foi confiada por meio do voto, e conferindo ao povo as noções e os valores necessários tanto para o exercício e cobrança dos seus direitos quanto para atendimento de seus deveres.

É por meio dos valores éticos e morais – determinados pela sociedade – que podemos perceber se os atos cometidos pelos ocupantes de cargos públicos estão visando ao bem comum e ao interesse público.

1.3.2 Exercício da Cidadania

Em se tratando do exercício da cidadania, podemos afirmar que todo cidadão tem direito a exercer a cidadania, isto é, seus direitos de cidadão; direitos esses garantidos constitucionalmente.

Direitos e deveres andam juntos no que tange ao exercício da cidadania. Não se pode conceber um direito que não seja precedido de um dever a ser cumprido; é uma via de mão dupla.

Os direitos garantidos constitucionalmente, individuais, coletivos, sociais ou políticos, são precedidos de responsabilidades que o cidadão deve ter perante a sociedade. Por exemplo, a Constituição garante o direito à propriedade privada, mas exige-se que o proprietário seja responsável pelos tributos que o exercício desse direito gera, como, por exemplo, o pagamento do Imposto Predial e Territorial Urbano (IPTU).

Exercer a cidadania, por consequência, é ser probo (íntegro, honrado, justo, reto), agir com ética assumindo a responsabilidade que advém de seus deveres enquanto cidadão inserto no convívio social.

1.4 Ética e Função Pública

Função pública é a competência, atribuição ou encargo para o exercício de determinada função. Ressalta-se que essa função não é livre, devendo, portanto, estar o seu exercício sujeito ao interesse público, ou seja, da coletividade.

No exercício das mais diversas funções públicas, os servidores devem respeitar, além das normatizações vigentes nos órgãos e entidades públicas que regulamentam e determinam a forma de agir dos agentes públicos, os valores éticos e morais que a sociedade impõe para o convívio em grupo. A não observação desses valores acarreta uma série de erros e problemas no atendimento ao público e aos usuários do serviço, o que contribui de forma significativa para uma imagem negativa do órgão ou entidade e também do serviço público.

O padrão ético dos servidores públicos, no exercício da função pública, advém de sua natureza, ou seja, do caráter público e de sua relação com o público.

O servidor deve estar atento a esse padrão não apenas no exercício de suas funções, mas também na vida particular. O caráter público do seu serviço deve se incorporar à sua vida privada, a fim de que os valores morais e a boa-fé, amparados constitucionalmente como princípios básicos e essenciais a uma vida equilibrada, sejam inseridos e se tornem uma constante em seu relacionamento com os usuários do serviço bem como com os colegas.

Os princípios constitucionais devem ser observados para que a função pública se integre de forma indissociável ao direito. Os princípios são:

Legalidade: todo ato administrativo deve seguir fielmente os meandros da lei.

Impessoalidade: aplicado como sinônimo de igualdade – todos devem ser tratados de forma igualitária e respeitando o que a lei prevê.

Moralidade: respeito ao padrão moral para não comprometer os bons costumes da sociedade.

Publicidade: refere-se à transparência de todo ato público, salvo os casos previstos em lei.

Eficiência: ser o mais eficiente possível na utilização dos meios que são postos a sua disposição para a execução do seu mister (cargo ou função).

1.4.1 Ética no Setor Público

As questões éticas estão cada vez mais em voga na cena pública brasileira, dada à multiplicação de casos de corrupção e, sobretudo, à reação da sociedade frente a um tal grau de desmoralização das relações políticas e sociais.

Com os escândalos e denúncias de corrupção expostas pela mídia, refletir sobre essas questões traz à tona os conceitos éticos que envolvem a busca por melhores ações tanto na vida pessoal como na vida pública.

A ética é pautada na conduta responsável das pessoas. Daí a importância da escolha de um político com esse caráter, a fim de diminuir o mau uso da máquina pública e evitar que se venha auferir ganhos e vantagens pessoais.

Porém, as normas morais apenas fornecem orientações, cabendo ao político determinar quais são as exigências e limitações e decidir pela melhor alternativa de ação, que detém a responsabilidade em atender as demandas, no papel de representantes democráticos, com integridade e eficiência.

Durante as últimas décadas, o setor público foi alvo, tanto por parte da mídia quanto do senso comum vigente, de um processo deliberado de formação de uma caricatura, que transformou sua imagem no estereótipo de um setor muito burocrático, que não funciona e custa caro à população.

O cidadão, mesmo bem atendido por um servidor público, não consegue sustentar uma boa imagem do servidor e também do serviço público, pois o que faz a imagem de um órgão ou entidade pública parecer boa diante da população é o atendimento de seus funcionários, e por mais que os servidores sérios e responsáveis se esforcem, existe uma minoria que consegue facilmente acabar com todos os esforços levados a cabo por aqueles bons funcionários.

Nesse ponto, a ética se insere de maneira determinante para contribuir e melhorar a qualidade do atendimento, inserindo no âmbito do poder público os princípios e regras necessários ao bom andamento do serviço e ao respeito aos usuários.

Os novos códigos de ética, além de regulamentar a qualidade e o trato dispensados aos usuários e ao serviço público e de trazer punições para os que descumprem as suas normas, também têm a função de proteger a imagem e a honra do servidor que trabalha seguindo fielmente as regras nele contidas, contribuindo, assim, para uma melhoria na imagem do servidor e do órgão ou entidade perante a população.

Em se tratando da ética no serviço público, destacamos o Código de Ética Profissional do Servidor Público do Poder Executivo Federal, aprovado pelo Decreto nº 1.171, de 22 de junho de 1994, que foi revogado em parte pelo Decreto nº 6.029, de 1º de fevereiro de 2007, que institui Sistema de Gestão da Ética do Poder Executivo Federal. Ambos os Decretos seguem na íntegra.

1.5 Código de Ética Profissional do Serviço Público (Decreto nº 1.171/1994)

DECRETO Nº 1.171, DE 22 DE JUNHO DE 1994. Aprova o Código de Ética Profissional do Servidor Público Civil do Poder Executivo Federal.

O PRESIDENTE DA REPÚBLICA, no uso das atribuições que lhe confere o art. 84, incisos IV e VI, e ainda tendo em vista o disposto no art. 37 da Constituição, bem como nos arts. 116 e 117 da Lei nº 8.112, de 11 de dezembro de 1990, e nos arts. 10, 11 e 12 da Lei nº 8.429, de 2 de junho de 1992,

Art. 1º Fica aprovado o Código de Ética Profissional do Servidor Público Civil do Poder Executivo Federal, que com este baixa.

Art. 2º Os órgãos e entidades da Administração Pública Federal direta e indireta implementarão, em sessenta dias, as providências necessárias à plena vigência do Código de Ética, inclusive mediante a Constituição da respectiva Comissão de Ética, integrada por três servidores ou empregados titulares de cargo efetivo ou emprego permanente.

Parágrafo único. A constituição da Comissão de Ética será comunicada à Secretaria da Administração Federal da Presidência da República, com a indicação dos respectivos membros titulares e suplentes.

Art. 3º Este decreto entra em vigor na data de sua publicação.

1.6 Anexo - Código de Ética Profissional do Servidor Público Civil do Poder Executivo Federal

1.6.1 Capítulo I

1.6.1.1 Seção I - Das Regras Deontológicas

I. A dignidade, o decoro, o zelo, a eficácia e a consciência dos princípios morais são primados maiores que devem nortear o servidor público, seja no exercício do cargo ou função, ou fora dele, já que refletirá o exercício da vocação do próprio poder estatal. Seus atos, comportamentos e atitudes serão direcionados para a preservação da honra e da tradição dos serviços públicos.

II. O servidor público não poderá jamais desprezar o elemento ético de sua conduta. Assim, não terá que decidir somente entre o legal e o ilegal, o justo e o injusto, o conveniente e o inconveniente, o oportuno e o inoportuno, mas principalmente entre o honesto e o desonesto, consoante as regras contidas no art. 37, caput, e § 4º, da Constituição Federal.

III. A moralidade da Administração Pública não se limita à distinção entre o bem e o mal, devendo ser acrescida da ideia de que o fim é sempre o bem comum. O equilíbrio entre a legalidade e a finalidade, na conduta do servidor público, é que poderá consolidar a moralidade do ato administrativo.

IV. A remuneração do servidor público é custeada pelos tributos pagos direta ou indiretamente por todos, até por ele próprio, e por isso se exige, como contrapartida, que a moralidade administrativa se integre no Direito, como elemento indissociável de sua aplicação e de sua finalidade, erigindo-se, como consequência, em fator de legalidade.

V. O trabalho desenvolvido pelo servidor público perante a comunidade deve ser entendido como acréscimo ao seu próprio bem-estar, já que, como cidadão, integrante da sociedade, o êxito desse trabalho pode ser considerado como seu maior patrimônio.

VI. A função pública deve ser tida como exercício profissional e, portanto, se integra na vida particular de cada servidor público. Assim, os fatos e atos verificados na conduta do dia a dia em sua vida privada poderão acrescer ou diminuir o seu bom conceito na vida funcional.

VII. Salvo os casos de segurança nacional, investigações policiais ou interesse superior do Estado e da Administração Pública, a serem preservados em processo previamente declarado sigiloso, nos termos da lei, a publicidade de qualquer ato administrativo constitui requisito de eficácia e moralidade, ensejando sua omissão comprometimento ético contra o bem comum, imputável a quem a negar.

VIII. Toda pessoa tem direito à verdade. O servidor não pode omiti-la ou falseá-la, ainda que contrária aos interesses da própria pessoa interessada ou da Administração Pública. Nenhum Estado pode crescer ou estabilizar-se sobre o poder corruptivo do hábito do erro, da opressão ou da mentira, que sempre aniquilam até mesmo a dignidade humana quanto mais a de uma Nação.

IX. A cortesia, a boa vontade, o cuidado e o tempo dedicados ao serviço público caracterizam o esforço pela disciplina. Tratar mal uma pessoa que paga seus tributos direta ou indiretamente significa causar-lhe dano moral. Da mesma forma, causar dano a qualquer bem pertencente ao patrimônio público, deteriorando-o, por descuido ou má vontade, não constitui apenas uma ofensa ao equipamento e às instalações ou ao Estado, mas a todos os homens de boa vontade que dedicaram sua inteligência, seu tempo, suas esperanças e seus esforços para construí-los.

X. Deixar o servidor público ou qualquer pessoa à espera de solução que compete ao setor em que exerça suas funções, permitindo a formação de longas filas, ou qualquer outra espécie de atraso na prestação do serviço, não caracteriza apenas atitude contra a ética ou ato de desumanidade, mas principalmente grave dano moral aos usuários dos serviços públicos.

XI. O servidor deve prestar toda a sua atenção às ordens legais de seus superiores, velando atentamente por seu cumprimento, e, assim, evitando a conduta negligente. Os repetidos erros, o descaso e o acúmulo de desvios tornam-se, às vezes, difíceis de corrigir e caracterizam até mesmo imprudência no desempenho da função pública.

XII. Toda ausência injustificada do servidor de seu local de trabalho é fator de desmoralização do serviço público, o que quase sempre conduz à desordem nas relações humanas.

XIII. O servidor que trabalha em harmonia com a estrutura organizacional, respeitando seus colegas e cada concidadão, colabora e de todos pode receber colaboração, pois sua atividade pública é a grande oportunidade para o crescimento e o engrandecimento da Nação.

1.6.1.2 Seção II - Dos Principais Deveres do Servidor Público

XIV. São deveres fundamentais do servidor público:

a) desempenhar, a tempo, as atribuições do cargo, função ou emprego público de que seja titular;

b) exercer suas atribuições com rapidez, perfeição e rendimento, pondo fim ou procurando prioritariamente resolver situações procrastinatórias, principalmente diante de filas ou de qualquer outra espécie de atraso na prestação dos serviços pelo setor em que exerça suas atribuições, com o fim de evitar dano moral ao usuário;

c) ser probo, reto, leal e justo, demonstrando toda a integridade do seu caráter, escolhendo sempre, quando estiver diante de duas opções, a melhor e a mais vantajosa para o bem comum;

d) jamais retardar qualquer prestação de contas, condição essencial da gestão dos bens, direitos e serviços da coletividade a seu cargo;

e) tratar cuidadosamente os usuários dos serviços aperfeiçoando o processo de comunicação e contato com o público;

f) ter consciência de que seu trabalho é regido por princípios éticos que se materializam na adequada prestação dos serviços públicos;

g) ser cortês, ter urbanidade, disponibilidade e atenção, respeitando a capacidade e as limitações individuais de todos os usuários do serviço público, sem qualquer espécie de preconceito ou distinção de raça, sexo, nacionalidade, cor, idade, religião, cunho político e posição social, abstendo-se, dessa forma, de causar-lhes dano moral;

h) *ter respeito à hierarquia, porém sem nenhum temor de representar contra qualquer comprometimento indevido da estrutura em que se funda o Poder Estatal;*

i) *resistir a todas as pressões de superiores hierárquicos, de contratantes, interessados e outros que visem obter quaisquer favores, benesses ou vantagens indevidas em decorrência de ações imorais, ilegais ou aéticas e denunciá-las;*

j) *zelar, no exercício do direito de greve, pelas exigências específicas da defesa da vida e da segurança coletiva;*

l) *ser assíduo e frequente ao serviço, na certeza de que sua ausência provoca danos ao trabalho ordenado, refletindo negativamente em todo o sistema;*

m) *comunicar imediatamente a seus superiores todo e qualquer ato ou fato contrário ao interesse público, exigindo as providências cabíveis;*

n) *manter limpo e em perfeita ordem o local de trabalho, seguindo os métodos mais adequados à sua organização e distribuição;*

o) *participar dos movimentos e estudos que se relacionem com a melhoria do exercício de suas funções, tendo por escopo a realização do bem comum;*

p) *apresentar-se ao trabalho com vestimentas adequadas ao exercício da função;*

q) *manter-se atualizado com as instruções, as normas de serviço e a legislação pertinentes ao órgão onde exerce suas funções;*

r) *cumprir, de acordo com as normas do serviço e as instruções superiores, as tarefas de seu cargo ou função, tanto quanto possível, com critério, segurança e rapidez, mantendo tudo sempre em boa ordem;*

s) *facilitar a fiscalização de todos atos ou serviços por quem de direito;*

t) *exercer com estrita moderação as prerrogativas funcionais que lhe sejam atribuídas, abstendo-se de fazê-lo contrariamente aos legítimos interesses dos usuários do serviço público e dos jurisdicionados administrativos;*

u) *abster-se, de forma absoluta, de exercer sua função, poder ou autoridade com finalidade estranha ao interesse público, mesmo que observando as formalidades legais e não cometendo qualquer violação expressa à lei;*

v) *divulgar e informar a todos os integrantes da sua classe sobre a existência deste Código de Ética, estimulando o seu integral cumprimento.*

1.6.1.3 Seção III - Das Vedações ao Servidor Público

XV. *É vedado ao servidor público:*

a) *o uso do cargo ou função, facilidades, amizades, tempo, posição e influências, para obter qualquer favorecimento, para si ou para outrem;*

b) *prejudicar deliberadamente a reputação de outros servidores ou de cidadãos que deles dependam;*

c) *ser, em função de seu espírito de solidariedade, conivente com erro ou infração a este Código de Ética ou ao Código de Ética de sua profissão;*

d) *usar de artifícios para procrastinar ou dificultar o exercício regular de direito por qualquer pessoa, causando-lhe dano moral ou material;*

e) *deixar de utilizar os avanços técnicos e científicos ao seu alcance ou do seu conhecimento para atendimento do seu mister;*

f) *permitir que perseguições, simpatias, antipatias, caprichos, paixões ou interesses de ordem pessoal interfiram no trato com o público, com os jurisdicionados administrativos ou com colegas hierarquicamente superiores ou inferiores;*

g) *pleitear, solicitar, provocar, sugerir ou receber qualquer tipo de ajuda financeira, gratificação, prêmio, comissão, doação ou vantagem de qualquer espécie, para si, familiares ou qualquer pessoa, para o cumprimento da sua missão ou para influenciar outro servidor para o mesmo fim;*

h) *alterar ou deturpar o teor de documentos que deva encaminhar para providências;*

i) *iludir ou tentar iludir qualquer pessoa que necessite do atendimento em serviços públicos;*

j) *desviar servidor público para atendimento a interesse particular;*

l) *retirar da repartição pública, sem estar legalmente autorizado, qualquer documento, livro ou bem pertencente ao patrimônio público;*

m) *fazer uso de informações privilegiadas obtidas no âmbito interno de seu serviço, em benefício próprio, de parentes, de amigos ou de terceiros;*

n) *apresentar-se embriagado no serviço ou fora dele habitualmente;*

o) *dar o seu concurso a qualquer instituição que atente contra a moral, a honestidade ou a dignidade da pessoa humana;*

p) *exercer atividade profissional aética ou ligar o seu nome a empreendimentos de cunho duvidoso.*

1.6.2 Capítulo II – Das Comissões de Ética

XVI. *Em todos os órgãos e entidades da Administração Pública Federal direta, indireta autárquica e fundacional, ou em qualquer órgão ou entidade que exerça atribuições delegadas pelo poder público, deverá ser criada uma Comissão de Ética, encarregada de orientar e aconselhar sobre a ética profissional do servidor, no tratamento com as pessoas e com o patrimônio público, competindo-lhe conhecer concretamente de imputação ou de procedimento susceptível de censura.*

XVII. *(Revogado pelo Decreto nº 6.029, de 2007)*

XVIII. *À Comissão de Ética incumbe fornecer, aos organismos encarregados da execução do quadro de carreira dos servidores, os registros sobre sua conduta ética, para o efeito de instruir e fundamentar promoções e para todos os demais procedimentos próprios da carreira do servidor público.*

XIX. *(Revogado pelo Decreto nº 6.029, de 2007)*

XX. *(Revogado pelo Decreto nº 6.029, de 2007)*

XXI. *(Revogado pelo Decreto nº 6.029, de 2007)*

XXII. *A pena aplicável ao servidor público pela Comissão de Ética é a de censura e sua fundamentação constará do respectivo parecer, assinado por todos os seus integrantes, com ciência do faltoso.*

XXIII. *(Revogado pelo Decreto nº 6.029, de 2007)*

XXIV. *Para fins de apuração do comprometimento ético, entende-se por servidor público todo aquele que, por força de lei, contrato ou de qualquer ato jurídico, preste serviços de natureza permanente, temporária ou excepcional, ainda que sem retribuição financeira, desde que ligado direta ou indiretamente a qualquer órgão do poder estatal, como as autarquias, as fundações públicas, as entidades paraestatais, as empresas públicas e as sociedades de economia mista, ou em qualquer setor onde prevaleça o interesse do Estado*

XXV. *(Revogado pelo Decreto nº 6.029, de 2007)*

1.7 Decreto nº 6.029/2007

Considerando que os incisos XVII, XIX, XX, XXI, XXIII e XXV, do Decreto nº 1.171/1994 foram revogados pelo Decreto nº 6.029/2007, e que, muito embora este último não tenha sido mencionado expressamente no edital, seu conteúdo tem sido cobrado, transcrevemo-lo na íntegra a seguir.

1.7.1 Decreta

Art. 1º *Fica instituído o Sistema de Gestão da Ética do Poder Executivo Federal com a finalidade de promover atividades que dispõem sobre a conduta ética no âmbito do Executivo Federal, competindo-lhe:*

I. *integrar os órgãos, programas e ações relacionadas com a ética pública;*

II. *contribuir para a implementação de políticas públicas tendo a transparência e o acesso à informação como instrumentos fundamentais para o exercício de gestão da ética pública;*

III. *promover, com apoio dos segmentos pertinentes, a compatibilização e interação de normas, procedimentos técnicos e de gestão relativos à ética pública;*

IV. *articular ações com vistas a estabelecer e efetivar procedimentos de incentivo e incremento ao desempenho institucional na gestão da ética pública do Estado brasileiro.*

Art. 2º *Integram o Sistema de Gestão da Ética do Poder Executivo Federal:*

I. *a Comissão de Ética Pública - CEP, instituída pelo Decreto de 26 de maio de 1999;*

II. *as Comissões de Ética de que trata o Decreto no 1.171, de 22 de junho de 1994;*

III. *as demais Comissões de Ética e equivalentes nas entidades e órgãos do Poder Executivo Federal.*

Art. 3º *A CEP será integrada por sete brasileiros que preencham os requisitos de idoneidade moral, reputação ilibada e notória experiência em administração pública, designados pelo Presidente da República, para mandatos de três anos, não coincidentes, permitida uma única recondução.*

§ 1º *A atuação no âmbito da CEP não enseja qualquer remuneração para seus membros e os trabalhos nela desenvolvidos são considerados prestação de relevante serviço público.*

§ 2º *O Presidente terá o voto de qualidade nas deliberações da Comissão.*

§ 3º *Os mandatos dos primeiros membros serão de um, dois e três anos, estabelecidos no decreto de designação.*

Art. 4º *À CEP compete:*

I. *atuar como instância consultiva do Presidente da República e Ministros de Estado em matéria de ética pública;*

II. *administrar a aplicação do Código de Conduta da Alta Administração Federal, devendo:*

a) *submeter ao Presidente da República medidas para seu aprimoramento;*

b) *dirimir dúvidas a respeito de interpretação de suas normas, deliberando sobre casos omissos;*

c) *apurar, mediante denúncia, ou de ofício, condutas em desacordo com as normas nele previstas, quando praticadas pelas autoridades a ele submetidas;*

III. *dirimir dúvidas de interpretação sobre as normas do Código de Ética Profissional do Servidor Público Civil do Poder Executivo Federal de que trata o Decreto nº 1.171, de 1994;*

IV. *coordenar, avaliar e supervisionar o Sistema de Gestão da Ética Pública do Poder Executivo Federal;*

V. *aprovar o seu regimento interno; e*

VI. *escolher o seu Presidente.*

Parágrafo único. *A CEP contará com uma Secretaria-Executiva, vinculada à Casa Civil da Presidência da República, à qual competirá prestar o apoio técnico e administrativo aos trabalhos da Comissão.*

Art. 5º *Cada Comissão de Ética de que trata o Decreto nº 1171, de 1994, será integrada por três membros titulares e três suplentes, escolhidos entre servidores e empregados do seu quadro permanente, e designados pelo dirigente máximo da respectiva entidade ou órgão, para mandatos não coincidentes de três anos.*

Art. 6º *É dever do titular de entidade ou órgão da Administração Pública Federal, direta e indireta:*

I. *assegurar as condições de trabalho para que as Comissões de Ética cumpram suas funções, inclusive para que o exercício das atribuições de seus integrantes não lhes resulte qualquer prejuízo ou dano;*

II. *conduzir em seu âmbito a avaliação da gestão da ética conforme processo coordenado pela Comissão de Ética Pública.*

Art. 7º *Compete às Comissões de Ética de que tratam os incisos II e III do art. 2º:*

I. *atuar como instância consultiva de dirigentes e servidores no âmbito de seu respectivo órgão ou entidade;*

II. *aplicar o Código de Ética Profissional do Servidor Público Civil do Poder Executivo Federal, aprovado pelo Decreto 1.171, de 1994, devendo:*

a) *submeter à Comissão de Ética Pública propostas para seu aperfeiçoamento;*

b) *dirimir dúvidas a respeito da interpretação de suas normas e deliberar sobre casos omissos;*

c) *apurar, mediante denúncia ou de ofício, conduta em desacordo com as normas éticas pertinentes;*

d) *recomendar, acompanhar e avaliar, no âmbito do órgão ou entidade a que estiver vinculada, o desenvolvimento de ações objetivando a disseminação, capacitação e treinamento sobre as normas de ética e disciplina;*

III. *representar a respectiva entidade ou órgão na Rede de Ética do Poder Executivo Federal a que se refere o art. 9º; e*

IV. *supervisionar a observância do Código de Conduta da Alta Administração Federal e comunicar à CEP situações que possam configurar descumprimento de suas normas.*

§ 1º *Cada Comissão de Ética contará com uma Secretaria-Executiva, vinculada administrativamente à instância máxima da entidade ou órgão, para cumprir plano de trabalho por ela aprovado e prover o apoio técnico e material necessário ao cumprimento das suas atribuições.*

§ 2º *As Secretarias-Executivas das Comissões de Ética serão chefiadas por servidor ou empregado do quadro permanente da entidade ou órgão, ocupante de cargo de direção compatível com sua estrutura, alocado sem aumento de despesas.*

Art. 8º *Compete às instâncias superiores dos órgãos e entidades do Poder Executivo Federal, abrangendo a administração direta e indireta:*

I. *observar e fazer observar as normas de ética e disciplina;*

II. *constituir Comissão de Ética;*

III. *garantir os recursos humanos, materiais e financeiros para que a Comissão cumpra com suas atribuições; e*

IV. *atender com prioridade às solicitações da CEP.*

Art. 9º *Fica constituída a Rede de Ética do Poder Executivo Federal, integrada pelos representantes das Comissões de Ética de que tratam os incisos I, II e III do art. 2º, com o objetivo de promover a cooperação técnica e a avaliação em gestão da ética.*

Parágrafo único. *Os integrantes da Rede de Ética se reunirão sob a coordenação da Comissão de Ética Pública, pelo menos uma vez por ano, em fórum específico, para avaliar o programa e as ações para a promoção da ética na administração pública.*

Art. 10. *Os trabalhos da CEP e das demais Comissões de Ética devem ser desenvolvidos com celeridade e observância dos seguintes princípios:*

I. *proteção à honra e à imagem da pessoa investigada;*

II. *proteção à identidade do denunciante, que deverá ser mantida sob reserva, se este assim o desejar; e*

III. *independência e imparcialidade dos seus membros na apuração dos fatos, com as garantias asseguradas neste Decreto.*

Art. 11. *Qualquer cidadão, agente público, pessoa jurídica de direito privado, associação ou entidade de classe poderá provocar a atuação da CEP ou de Comissão de Ética, visando à apuração de infração ética imputada a agente público, órgão ou setor específico de ente estatal.*

Parágrafo único. *Entende-se por agente público, para os fins deste Decreto, todo aquele que, por força de lei, contrato ou qualquer ato jurídico, preste serviços de natureza permanente, temporária, excepcional ou eventual, ainda que sem retribuição financeira, a órgão ou entidade da administração pública federal, direta e indireta.*

Art. 12. *O processo de apuração de prática de ato em desrespeito ao preceituado no Código de Conduta da Alta Administração Federal e no Código de Ética Profissional do Servidor Público Civil do Poder Executivo Federal será instaurado, de ofício ou em razão de denúncia fundamentada, respeitando-se, sempre, as garantias do contraditório e da ampla defesa, pela Comissão de Ética Pública ou Comissões de Ética de que tratam os incisos II e III do art. 2º, conforme o caso, que notificará o investigado para manifestar-se, por escrito, no prazo de dez dias.*

§ 1º *O investigado poderá produzir prova documental necessária à sua defesa.*

§ 2º *As Comissões de Ética poderão requisitar os documentos que entenderem necessários à instrução probatória e, também, promover diligências e solicitar parecer de especialista.*

§ 3º *Na hipótese de serem juntados aos autos da investigação, após a manifestação referida no caput deste artigo, novos elementos de prova, o investigado será notificado para nova manifestação, no prazo de dez dias.*

§ 4º *Concluída a instrução processual, as Comissões de Ética proferirão decisão conclusiva e fundamentada.*

§ 5º *Se a conclusão for pela existência de falta ética, além das providências previstas no Código de Conduta da Alta Administração Federal e no Código de Ética Profissional do Servidor Público Civil do Poder Executivo Federal, as Comissões de Ética tomarão as seguintes providências, no que couber:*

I. *encaminhamento de sugestão de exoneração de cargo ou função de confiança à autoridade hierarquicamente superior ou devolução ao órgão de origem, conforme o caso;*

II. *encaminhamento, conforme o caso, para a Controladoria-Geral da União ou unidade específica do Sistema de Correição do Poder Executivo Federal de que trata o Decreto nº 5.480, de 30 de junho de 2005, para exame de eventuais transgressões disciplinares; e*

III. *recomendação de abertura de procedimento administrativo, se a gravidade da conduta assim o exigir.*

Art. 13. *Será mantido com a chancela de "reservado", até que esteja concluído, qualquer procedimento instaurado para apuração de prática em desrespeito às normas éticas.*

§ 1º *Concluída a investigação e após a deliberação da CEP ou da Comissão de Ética do órgão ou entidade, os autos do procedimento deixarão de ser reservados.*

§ 2º *Na hipótese de os autos estarem instruídos com documento acobertado por sigilo legal, o acesso a esse tipo de documento somente será permitido a quem detiver igual direito perante o órgão ou entidade originariamente encarregado da sua guarda.*

§ 3º *Para resguardar o sigilo de documentos que assim devam ser mantidos, as Comissões de Ética, depois de concluído o processo de investigação, providenciarão para que tais documentos sejam desentranhados dos autos, lacrados e acautelados.*

Art. 14. *A qualquer pessoa que esteja sendo investigada é assegurado o direito de saber o que lhe está sendo imputado, de conhecer o teor da acusação e de ter vista dos autos, no recinto das Comissões de Ética, mesmo que ainda não tenha sido notificada da existência do procedimento investigatório.*

Parágrafo único. *O direito assegurado neste artigo inclui o de obter cópia dos autos e de certidão do seu teor.*

Art. 15. *Todo ato de posse, investidura em função pública ou celebração de contrato de trabalho, dos agentes públicos referidos no parágrafo único do art. 11, deverá ser acompanhado da prestação de compromisso solene de acatamento e observância das regras estabelecidas pelo Código de Conduta da Alta Administração Federal, pelo Código de Ética Profissional do Servidor Público Civil do Poder Executivo Federal e pelo Código de Ética do órgão ou entidade, conforme o caso.*

Parágrafo único. *A posse em cargo ou função pública que submeta a autoridade às normas do Código de Conduta da Alta Administração Federal deve ser precedida de consulta da autoridade à Comissão de Ética Pública, acerca de situação que possa suscitar conflito de interesses.*

Art. 16. *As Comissões de Ética não poderão escusar-se de proferir decisão sobre matéria de sua competência alegando omissão do Código de Conduta da Alta Administração Federal, do Código de Ética Profissional do Servidor Público Civil do Poder Executivo Federal ou do Código de Ética do órgão ou entidade, que, se existente, será suprida pela analogia e invocação aos princípios da legalidade, impessoalidade, moralidade, publicidade e eficiência.*

§ 1º *Havendo dúvida quanto à legalidade, a Comissão de Ética competente deverá ouvir previamente a área jurídica do órgão ou entidade.*

§ 2º *Cumpre à CEP responder a consultas sobre aspectos éticos que lhe forem dirigidas pelas demais Comissões de Ética e pelos órgãos e entidades que integram o Executivo Federal, bem como pelos cidadãos e servidores que venham a ser indicados para ocupar cargo ou função abrangida pelo Código de Conduta da Alta Administração Federal.*

Art. 17. *As Comissões de Ética, sempre que constatarem a possível ocorrência de ilícitos penais, civis, de improbidade administrativa ou de infração disciplinar, encaminharão cópia dos autos às autoridades competentes para apuração de tais fatos, sem prejuízo das medidas de sua competência.*

Art. 18. *As decisões das Comissões de Ética, na análise de qualquer fato ou ato submetido à sua apreciação ou por ela levantado, serão resumidas em ementa e, com a omissão dos nomes dos investigados, divulgadas no sítio do próprio órgão, bem como remetidas à Comissão de Ética Pública.*

Art. 19. *Os trabalhos nas Comissões de Ética de que tratam os incisos II e III do art. 2º são considerados relevantes e têm prioridade sobre as atribuições próprias dos cargos dos seus membros, quando estes não atuarem com exclusividade na Comissão.*

Art. 20. *Os órgãos e entidades da Administração Pública Federal darão tratamento prioritário às solicitações de documentos necessários à instrução dos procedimentos de investigação instaurados pelas Comissões de Ética .*

§ 1º *Na hipótese de haver inobservância do dever funcional previsto no caput, a Comissão de Ética adotará as providências previstas no inciso III do § 5º do art. 12.*

§ 2º *As autoridades competentes não poderão alegar sigilo para deixar de prestar informação solicitada pelas Comissões de Ética.*

__Art. 21.__ A infração de natureza ética cometida por membro de Comissão de Ética de que tratam os incisos II e III do art. 2º será apurada pela Comissão de Ética Pública.

__Art. 22.__ A Comissão de Ética Pública manterá banco de dados de sanções aplicadas pelas Comissões de Ética de que tratam os incisos II e III do art. 2º e de suas próprias sanções, para fins de consulta pelos órgãos ou entidades da administração pública federal, em casos de nomeação para cargo em comissão ou de alta relevância pública.

__Parágrafo único.__ O banco de dados referido neste artigo engloba as sanções aplicadas a qualquer dos agentes públicos mencionados no parágrafo único do art. 11 deste Decreto.

__Art. 23.__ Os representantes das Comissões de Ética de que tratam os incisos II e III do art. 2º atuarão como elementos de ligação com a CEP, que disporá em Resolução própria sobre as atividades que deverão desenvolver para o cumprimento desse mister.

__Art. 24.__ As normas do Código de Conduta da Alta Administração Federal, do Código de Ética Profissional do Servidor Público Civil do Poder Executivo Federal e do Código de Ética do órgão ou entidade aplicam-se, no que couber, às autoridades e agentes públicos neles referidos, mesmo quando em gozo de licença.

__Art. 25.__ Ficam revogados os incisos XVII, XIX, XX, XXI, XXIII e XXV do Código de Ética Profissional do Servidor Público Civil do Poder Executivo Federal, aprovado pelo Decreto nº 1.171, de 22 de junho de 1994, os arts. 2º e 3º do Decreto de 26 de maio de 1999, que cria a Comissão de Ética Pública, e os Decretos de 30 de agosto de 2000 e de 18 de maio de 2001, que dispõem sobre a Comissão de Ética Pública.

__Art. 26.__ Este Decreto entra em vigor na data da sua publicação.

2. IMPROBIDADE ADMINISTRATIVA

A improbidade administrativa está prevista no texto constitucional em seu Art. 37, § 4º, que prevê:

> ***Art. 37, § 4º** - Os atos de improbidade administrativa importarão a suspensão dos direitos políticos, a perda da função pública, a indisponibilidade dos bens e o ressarcimento ao erário, na forma e gradação previstas em lei, sem prejuízo da ação penal cabível.*

A norma constitucional determinou que os atos de improbidade administrativa deveriam ser regulamentados para a sua execução, o que ocorreu com a edição da Lei nº 8.429/92, que dispõe sobre as sanções aplicáveis aos agentes públicos nos casos de enriquecimento ilícito no exercício de mandato, cargo, emprego ou função na administração pública direta, indireta ou fundacional e dá outras providências.

2.1 Sujeitos

2.1.1 Sujeito passivo (vítima)

A administração direta, indireta ou fundacional de qualquer dos Poderes da União, dos Estados, do Distrito Federal, dos Municípios, de Território, de empresa incorporada ao patrimônio público ou de entidade para cuja criação ou custeio o erário haja concorrido ou concorra com mais de 50% do patrimônio ou da receita anual.

Entidade que receba subvenção, benefício ou incentivo, fiscal ou creditício, de órgão público, bem como daquelas para cuja criação ou custeio o erário haja concorrido ou concorra com menos de cinquenta por cento do patrimônio ou da receita anual, limitando-se, nesses casos, a sanção patrimonial à repercussão do ilícito sobre a contribuição dos cofres públicos.

2.1.2 Sujeito ativo (pessoa que pratica o ato de improbidade administrativa)

Agente público (exceção agente político sujeito a crime de responsabilidade STF), servidores ou não, com algum tipo de vínculo nas entidades que podem ser vítimas de improbidade administrativa.

Conceito de agente público para aplicação da lei

Reputa-se agente público, para os efeitos dessa lei, todo aquele que exerce, ainda que transitoriamente ou sem remuneração, por eleição, nomeação, designação, contratação ou qualquer outra forma de investidura ou vínculo, mandato, cargo, emprego ou função nas entidades mencionadas no artigo anterior.

Qualquer pessoa que induza ou concorra com o agente público ou que se beneficie do ato.

As disposições dessa lei são aplicáveis, no que couber, àquele que, mesmo não sendo agente público, induza ou concorra para a prática do ato de improbidade ou dele se beneficie sob qualquer forma direta ou indireta.

2.2 Regras Gerais

Os agentes públicos de qualquer nível ou hierarquia são obrigados a velar pela estrita observância dos princípios de legalidade, impessoalidade, moralidade e publicidade no trato dos assuntos que lhe são afetos.

Ocorrendo lesão ao patrimônio público por ação ou omissão, dolosa ou culposa, do agente ou de terceiro, dar-se-á o integral ressarcimento do dano.

No caso de enriquecimento ilícito, perderá o agente público ou terceiro beneficiário os bens ou valores acrescidos ao seu patrimônio.

Quando o ato de improbidade causar lesão ao patrimônio público ou ensejar enriquecimento ilícito, caberá à autoridade administrativa responsável pelo inquérito representar ao Ministério Público, para a indisponibilidade dos bens do indiciado.

A indisponibilidade, a que se refere o *caput* desse artigo, recairá sobre bens que assegurem o integral ressarcimento do dano ou sobre o acréscimo patrimonial resultante do enriquecimento ilícito.

O sucessor daquele que causar lesão ao patrimônio público ou se enriquecer ilicitamente está sujeito às cominações dessa lei até o limite do valor da herança.

2.3 Modalidades

As modalidades estão previstas do Art. 9º ao 11, da Lei nº 8.429/92, e constituem um rol exemplificativo, ou seja, no caso concreto, podem existir outras situações capituladas como improbidade que não estão expressamente previstas no texto da lei.

2.3.1 Enriquecimento ilícito

> ***Art. 9º.** Constitui ato de improbidade administrativa, importando enriquecimento ilícito auferir qualquer tipo de vantagem patrimonial indevida em razão do exercício de cargo, mandato, função, emprego ou atividade nas entidades mencionadas no Art. 1º desta lei, e notadamente:*
>
> ***I.** Receber, para si ou para outrem, dinheiro, bem móvel ou imóvel, ou qualquer outra vantagem econômica, direta ou indireta, a título de comissão, percentagem, gratificação ou presente de quem tenha interesse, direto ou indireto, que possa ser atingido ou amparado por ação ou omissão decorrente das atribuições do agente público;*
>
> ***II.** Perceber vantagem econômica, direta ou indireta, para facilitar a aquisição, permuta ou locação de bem móvel ou imóvel, ou a contratação de serviços pelas entidades referidas no Art. 1º por preço superior ao valor de mercado;*
>
> ***III.** Perceber vantagem econômica, direta ou indireta, para facilitar a alienação, permuta ou locação de bem público ou o fornecimento de serviço por ente estatal por preço inferior ao valor de mercado;*
>
> ***IV.** Utilizar, em obra ou serviço particular, veículos, máquinas, equipamentos ou material de qualquer natureza, de propriedade ou à disposição de qualquer das entidades mencionadas no Art. 1º desta lei, bem como o trabalho de servidores públicos, empregados ou terceiros contratados por essas entidades;*
>
> ***V.** Receber vantagem econômica de qualquer natureza, direta ou indireta, para tolerar a exploração ou a prática de jogos de azar, de lenocínio, de narcotráfico, de contrabando, de usura ou de qualquer outra atividade ilícita, ou aceitar promessa de tal vantagem;*
>
> ***VI.** Receber vantagem econômica de qualquer natureza, direta ou indireta, para fazer declaração falsa sobre medição ou avaliação em obras públicas ou qualquer outro serviço, ou sobre quantidade, peso, medida, qualidade ou característica de mercadorias ou bens fornecidos a qualquer das entidades mencionadas no Art. 1º desta lei;*

> ***VII.*** *Adquirir, para si ou para outrem, no exercício de mandato, cargo, emprego ou função pública, bens de qualquer natureza cujo valor seja desproporcional à evolução do patrimônio ou à renda do agente público;*
>
> ***VIII.*** *Aceitar emprego, comissão ou exercer atividade de consultoria ou assessoramento para pessoa física ou jurídica que tenha interesse suscetível de ser atingido ou amparado por ação ou omissão decorrente das atribuições do agente público, durante a atividade;*
>
> ***IX.*** *Perceber vantagem econômica para intermediar a liberação ou aplicação de verba pública de qualquer natureza;*
>
> ***X.*** *Receber vantagem econômica de qualquer natureza, direta ou indiretamente, para omitir ato de ofício, providência ou declaração a que esteja obrigado;*
>
> ***XI.*** *Incorporar, por qualquer forma, ao seu patrimônio, bens, rendas, verbas ou valores integrantes do acervo patrimonial das entidades mencionadas no Art. 1º dessa lei;*
>
> ***XII.*** *Usar, em proveito próprio, bens, rendas, verbas ou valores integrantes do acervo patrimonial das entidades mencionadas no Art. 1º dessa lei.*

2.3.2 Prejuízo ao erário

Dos atos de improbidade administrativa que causam prejuízo ao erário:

> ***Art. 10.*** *Constitui ato de improbidade administrativa que causa lesão ao erário qualquer ação ou omissão, dolosa ou culposa, que enseje perda patrimonial, desvio, apropriação, malbaratamento ou dilapidação dos bens ou haveres das entidades referidas no Art. 1º desta lei, e notadamente:*
>
> ***I.*** *Facilitar ou concorrer por qualquer forma para a incorporação ao patrimônio particular, de pessoa física ou jurídica, de bens, rendas, verbas ou valores integrantes do acervo patrimonial das entidades mencionadas no Art. 1º desta lei;*
>
> ***II.*** *Permitir ou concorrer para que pessoa física ou jurídica privada utilize bens, rendas, verbas ou valores integrantes do acervo patrimonial das entidades mencionadas no Art. 1º desta lei, sem a observância das formalidades legais ou regulamentares aplicáveis à espécie;*
>
> ***III.*** *Doar à pessoa física ou jurídica bem como ao ente despersonalizado, ainda que de fins educativos ou assistências, bens, rendas, verbas ou valores do patrimônio de qualquer das entidades mencionadas no Art. 1º desta lei, sem observância das formalidades legais e regulamentares aplicáveis à espécie;*
>
> ***IV.*** *Permitir ou facilitar a alienação, permuta ou locação de bem integrante do patrimônio de qualquer das entidades referidas no Art. 1º desta lei, ou ainda a prestação de serviço por parte delas, por preço inferior ao de mercado;*
>
> ***V.*** *Permitir ou facilitar a aquisição, permuta ou locação de bem ou serviço por preço superior ao de mercado;*
>
> ***VI.*** *Realizar operação financeira sem observância das normas legais e regulamentares ou aceitar garantia insuficiente ou inidônea;*
>
> ***VII.*** *Conceder benefício administrativo ou fiscal sem a observância das formalidades legais ou regulamentares aplicáveis à espécie;*
>
> ***VIII.*** *Frustrar a licitude de processo licitatório ou de processo seletivo para celebração de parcerias com entidades sem fins lucrativos, ou dispensá-los indevidamente; (Redação dada pela Lei nº 13.019, de 2014)*
>
> ***IX.*** *Ordenar ou permitir a realização de despesas não autorizadas em lei ou regulamento;*
>
> ***X.*** *Agir negligentemente na arrecadação de tributo ou renda, bem como no que diz respeito à conservação do patrimônio público;*
>
> ***XI.*** *Liberar verba pública sem a estrita observância das normas pertinentes ou influir de qualquer forma para a sua aplicação irregular;*
>
> ***XII.*** *Permitir, facilitar ou concorrer para que terceiro se enriqueça ilicitamente;*
>
> ***XIII.*** *Permitir que se utilize, em obra ou serviço particular, veículos, máquinas, equipamentos ou material de qualquer natureza, de propriedade ou à disposição de qualquer das entidades mencionadas no Art. 1º desta lei, bem como o trabalho de servidor público, empregados ou terceiros contratados por essas entidades.*
>
> ***XIV.*** *Celebrar contrato ou outro instrumento que tenha por objeto a prestação de serviços públicos por meio da gestão associada sem observar as formalidades previstas na lei;*
>
> ***XV.*** *Celebrar contrato de rateio de consórcio público sem suficiente e prévia dotação orçamentária, ou sem observar as formalidades previstas na lei.*
>
> ***XVI.*** *Facilitar ou concorrer, por qualquer forma, para a incorporação, ao patrimônio particular de pessoa física ou jurídica, de bens, rendas, verbas ou valores públicos transferidos pela administração pública a entidades privadas mediante celebração de parcerias, sem a observância das formalidades legais ou regulamentares aplicáveis à espécie; (Incluído pela Lei nº 13.019, de 2014)*
>
> ***XVII.*** *Permitir ou concorrer para que pessoa física ou jurídica privada utilize bens, rendas, verbas ou valores públicos transferidos pela administração pública a entidade privada mediante celebração de parcerias, sem a observância das formalidades legais ou regulamentares aplicáveis à espécie; (Incluído pela Lei nº 13.019, de 2014)*
>
> ***XVIII.*** *Celebrar parcerias da administração pública com entidades privadas sem a observância das formalidades legais ou regulamentares aplicáveis à espécie; (Incluído pela Lei nº 13.019, de 2014)*
>
> ***XIX.*** *Agir negligentemente na celebração, fiscalização e análise das prestações de contas de parcerias firmadas pela administração pública com entidades privadas; (Incluído pela Lei nº 13.019, de 2014, com a redação dada pela Lei nº 13.204, de 2015).*
>
> ***XX.*** *Liberar recursos de parcerias firmadas pela administração pública com entidades privadas sem a estrita observância das normas pertinentes ou influir de qualquer forma para a sua aplicação irregular. (Incluído pela Lei nº 13.019, de 2014, com a redação dada pela Lei nº 13.204, de 2015).*
>
> ***XXI.*** *Liberar recursos de parcerias firmadas pela administração pública com entidades privadas sem a estrita observância das normas pertinentes ou influir de qualquer forma para a sua aplicação irregular. (Incluído pela Lei nº 13.019, de 2014)*

2.3.3 Dos atos de improbidade administrativa decorrentes de concessão ou aplicação indevida de benefício financeiro ou tributário

> ***Art. 10-A.*** *Constitui ato de improbidade administrativa qualquer ação ou omissão para conceder, aplicar ou manter benefício financeiro ou tributário contrário ao que dispõem o caput e o § 1º do art. 8º-A da Lei Complementar nº 116, de 31 de julho de 2003. (Incluído pela Lei Complementar nº 157, de 2016) (Produção de efeito)*

A lei complementar a que o artigo acima se refere é a lei de ISS. Dessa forma, o agente público que conceder, aplicar ou mantiver benefício ligado ao ISS, contrário à lei, estará sujeito à condenação por improbidade administrativa.

2.3.4 Atos que atentem aos princípios da administração pública

Art. 11. *Constitui ato de improbidade administrativa que atenta contra os princípios da Administração Pública qualquer ação ou omissão que viole os deveres de honestidade, imparcialidade, legalidade, e lealdade às instituições, e notadamente:*

I. *Praticar ato visando ao fim proibido em lei ou regulamento ou diverso daquele previsto, na regra de competência;*

II. *Retardar ou deixar de praticar, indevidamente, ato de ofício;*

III. *Revelar fato ou circunstância de que tem ciência em razão das atribuições e que deva permanecer em segredo;*

IV. *Negar publicidade aos atos oficiais;*

V. *Frustrar a licitude de concurso público;*

VI. *Deixar de prestar contas quando esteja obrigado a fazê-lo;*

VII. *Revelar ou permitir que chegue ao conhecimento de terceiro, antes da respectiva divulgação oficial, teor de medida política ou econômica capaz de afetar o preço de mercadoria, bem ou serviço.*

VIII. *Descumprir as normas relativas à celebração, fiscalização e aprovação de contas de parcerias firmadas pela administração pública com entidades privadas. (Redação dada pela Lei nº 13.019, de 2014)*

IX. *Deixar de cumprir a exigência de requisitos de acessibilidade previstos na legislação. (Incluído pela Lei nº 13.146, de 2015)*

X. *transferir recurso a entidade privada, em razão da prestação de serviços na área de saúde sem a prévia celebração de contrato, convênio ou instrumento congênere, nos termos do parágrafo único do art. 24 da Lei nº 8.080, de 19 de setembro de 1990. (Incluído pela Lei nº 13.650, de 2018)*

2.4 Efeitos da Lei

A lei de improbidade administrativa gera quatro efeitos. A suspensão dos direitos políticos e a perda da função pública somente se dão depois do trânsito em julgado da sentença condenatória. A indisponibilidade dos bens não constitui penalidade, mas, sim medida cautelar e pode se dar mesmo antes do início da ação.

O ressarcimento ao erário, por sua vez, constitui a responsabilidade civil do agente, ou seja, a obrigação de reparar o dano.

> Suspensão dos Direitos Políticos;
> Perda da Função Pública;
> Indisponibilidade dos Bens;
> Ressarcimento ao Erário.

2.5 Das Sanções

2.5.1 Natureza das sanções

→ **Administrativa**

- Perda da função pública;
- Proibição de contratar com o poder público;
- Proibição de receber benefícios ou incentivos fiscais do poder público.

→ **Civil**

- Ressarcimento ao erário;
- Perda dos bens;
- Multa.

» **Política:** suspensão dos direitos políticos.

» **Medida cautelar:** a indisponibilidade dos bens visa à garantia da aplicação das penalidades civis.

Não estabelece sanções penais, mas, se o fato também for tipificado como crime, haverá tal responsabilidade.

2.5.2 Penalidades

Enriquecimento ilícito: perda dos bens ou valores acrescidos ilicitamente ao patrimônio; ressarcimento integral do dano, quando houver; perda da função pública; suspensão dos direitos políticos de oito a dez anos; pagamento de multa civil de até três vezes o valor do acréscimo patrimonial; e proibição de contratar com o Poder Público ou receber benefícios ou incentivos fiscais ou creditícios, direta ou indiretamente, ainda que por intermédio de pessoa jurídica da qual seja sócio majoritário, pelo prazo de dez anos.

Prejuízo ao erário: ressarcimento integral do dano; perda dos bens ou valores acrescidos ilicitamente ao patrimônio, se concorrer essa circunstância; perda da função pública; suspensão dos direitos políticos de cinco a oito anos; pagamento de multa civil de até duas vezes o valor do dano; e proibição de contratar com o Poder Público ou receber benefícios ou incentivos fiscais ou creditícios, direta ou indiretamente, ainda que por intermédio de pessoa jurídica da qual seja sócio majoritário, pelo prazo de cinco anos.

Atos que atentem contra os princípios da administração pública: ressarcimento integral do dano, se houver; perda da função pública; suspensão dos direitos políticos de três a cinco anos; pagamento de multa civil de até cem vezes o valor da remuneração percebida pelo agente; e proibição de contratar com o Poder Público ou receber benefícios ou incentivos fiscais ou creditícios, direta ou indiretamente, ainda que por intermédio de pessoa jurídica da qual seja sócio majoritário, pelo prazo de três anos.

Punições

Art. 12 da Lei 8.429/92				
Modalidades / Sanções	Enriquecimento Ilícito (Art. 9º)	Prejuízo ao Erário (Art. 10)	Concessão indevida de benefício tributário (Art. 10-A)	Afronta os Princípios (Art. 11)
Suspensão dos direitos políticos	De 8 a 10 anos	De 5 a 8 anos	De 5 a 8 anos	De 3 a 5 anos
Multa Civil	Até 3X o valor do acréscimo	Até 2X o valor do dano	Até 3X o valor do benefício	Até 100X o valor da remuneração
Proibição de contratar com a Administração	10 anos	5 anos	-------	3 anos

2.5.3 Aplicação das sanções

Na fixação das penas previstas, o juiz levará em conta a extensão do dano causado, assim como o proveito patrimonial obtido pelo agente.

Independe da efetiva ocorrência de dano ao patrimônio público, salvo quanto ao ressarcimento.

Independe de aprovação ou rejeição de contas pelos órgãos de controle.

Concessão ou aplicação indevida de benefício financeiro\ tributário: perda da função pública, suspensão dos direitos políticos de 5 (cinco) a 8 (oito) anos e multa civil de até 3 (três) vezes o valor do benefício financeiro ou tributário concedido. (Incluído pela Lei Complementar nº 157, de 2016)

→ **Características**

> Ocorrendo lesão ao patrimônio público por ação ou omissão, dolosa ou culposa, do agente ou de terceiro, dar-se-á o integral ressarcimento do dano.

> No caso de enriquecimento ilícito, perderá o agente público ou terceiro beneficiário os bens ou valores acrescidos ao seu patrimônio.

> Quando o ato de improbidade causar lesão ao patrimônio público ou ensejar enriquecimento ilícito, caberá à autoridade administrativa responsável pelo inquérito representar ao Ministério Público, para a indisponibilidade dos bens do indiciado.

> O sucessor daquele que causar lesão ao patrimônio público ou se enriquecer ilicitamente está sujeito às cominações dessa lei até o limite do valor da herança.

> Nas ações de improbidade administrativa, admite-se a celebração de acordo de não persecução cível, conforme Art. 17, §1º da Lei 8.429/92 com redação dada pela Lei 13.964/19).

> A aplicação das seguintes penalidades: perda da função pública e suspensão dos direitos políticos depende do trânsito em julgado da sentença condenatória.

> A autoridade judicial ou administrativa competente poderá determinar o afastamento do agente público do exercício do cargo, emprego ou função, sem prejuízo da remuneração, quando a medida se fizer necessária à instrução processual.

> Não existe foro por prerrogativa de função para processos que apuram atos de improbidade administrativa.

2.6 Declaração de Bens

A posse e o exercício de agente público ficam condicionados à apresentação de declaração dos bens e valores que compõem o seu patrimônio privado, a fim de que essa seja arquivada no serviço de pessoal competente.

A declaração compreenderá imóveis, móveis, semoventes, dinheiro, títulos, ações e qualquer outra espécie de bens e valores patrimoniais, localizados no país ou no exterior, e, quando for o caso, abrangerá os bens e valores patrimoniais do cônjuge ou companheiro, dos filhos e de outras pessoas que vivam sob a dependência econômica do declarante, excluídos apenas os objetos e utensílios de uso doméstico.

A declaração de bens será anualmente atualizada e na data em que o agente público deixar o exercício do mandato, cargo, emprego ou função.

Será punido com a pena de demissão, a bem do serviço público, sem prejuízo de outras sanções cabíveis, o agente público que se recusar a prestar declaração dos bens, dentro do prazo determinado, ou que a prestar falsa.

O declarante, a seu critério, poderá entregar cópia da declaração anual de bens apresentada à Delegacia da Receita Federal na conformidade da legislação do Imposto sobre a Renda e proventos de qualquer natureza, com as necessárias atualizações, para suprir a exigência contida na lei.

2.7 Prescrição

Os atos de improbidade administrativa prescrevem, segundo o Art. 23 da Lei nº 8.429/92:

> ***I.*** *Até cinco anos após o término do exercício de mandato, de cargo em comissão ou de função de confiança;*
>
> ***II.*** *Dentro do prazo prescricional previsto em lei específica para faltas disciplinares puníveis com demissão a bem do serviço público, nos casos de exercício de cargo efetivo ou emprego.*
>
> ***III.*** *Até cinco anos da data da apresentação à administração pública da prestação de contas final pelas entidades referidas no parágrafo único do Art. 1º desta Lei. (Incluído pela Lei nº 13.019, de 2014)*

As ações de ressarcimento ao erário são imprescritíveis.

Questões

01. (Cespe) As punições constantes da Lei de Improbidade Administrativa (Lei nº 8.429/1992) são aplicáveis a qualquer agente público, servidor ou não.

Certo ( ) Errado ( )

02. (Cespe) De acordo com a jurisprudência do STJ, estando presente o fumus boni iuris, no que concerne à configuração do ato de improbidade e à sua autoria, dispensa-se, para que seja decretada a indisponibilidade de bens, a demonstração do risco de dano.

Certo ( ) Errado ( )

03. (Cespe) Retardar ou deixar de praticar, indevidamente, ato de ofício configura ato de improbidade administrativa cuja configuração prescinde da presença de elemento doloso.

Certo ( ) Errado ( )

04. (Cespe) É necessária a comprovação de enriquecimento ilícito ou da efetiva ocorrência de dano ao patrimônio público para a tipificação de ato de improbidade administrativa que atente contra os princípios da administração pública.

Certo ( ) Errado ( )

05. (Cespe) Em caso de ato de improbidade, o ressarcimento do poder público só será cabível se causar prejuízo ao erário ou ao patrimônio público.

Certo ( ) Errado ( )

06. (Cespe) Se um agente público tiver percebido vantagem econômica para intermediar liberação de verba pública de qualquer natureza, ele terá praticado ato de improbidade administrativa que importará enriquecimento ilícito e, por essa razão, estará sujeito exclusivamente às sanções impostas na Lei de Improbidade Administrativa.

Certo ( ) Errado ( )

07. (Cespe) Se o suposto autor do ato alegar que não tinha conhecimento prévio da ilicitude, o ato de improbidade restará afastado, por ser o desconhecimento da norma motivo para afastá-lo.

Certo ( ) Errado ( )

08. (Cespe) Os atos de improbidade que importam enriquecimento ilícito sujeitam seus autores, entre outras sanções, à perda da função pública, à suspensão dos direitos políticos de oito a dez anos e à perda dos bens ou valores acrescidos ilicitamente ao patrimônio.

Certo ( ) Errado ( )

09. (Cespe) No sistema adotado pela referida lei; são sujeitos ativos do ato de improbidade os agentes públicos, assim como aqueles que, não se qualificando como tais, induzem ou concorrem para a prática do ato de improbidade ou dele se beneficiam direta ou indiretamente.

Certo ( ) Errado ( )

10. (Cespe) Durante a instrução processual, o agente público poderá ser afastado do seu cargo mediante determinação de autoridade administrativa competente.

Certo ( ) Errado ( )

Gabaritos

01	CERTO	06	ERRADO
02	CERTO	07	ERRADO
03	ERRADO	08	CERTO
04	ERRADO	09	CERTO
05	CERTO	10	CERTO

1. INTRODUÇÃO AO DIREITO ADMINISTRATIVO 121
1.1 Ramos do Direito 121
1.2 Conceito de Direito Administrativo 121
1.3 Objeto do Direito Administrativo 121
1.4 Fontes do Direito Administrativo 121
1.5 Sistemas Administrativos 122
1.6 Regime Jurídico Administrativo 122
1.7 Noções de Estado 123
1.8 Noções de Governo 123
2. ADMINISTRAÇÃO PÚBLICA 124
2.1 Classificação de Administração Pública 124
2.2 Organização da Administração 124
2.3 Administração Direta 125
2.4 Noção de Centralização, Descentralização e Desconcentração 125
2.5 Administração Indireta 126
3. ÓRGÃO PÚBLICO 131
3.1 Teorias 131
3.2 Características 131
3.3 Classificação 131
3.4 AS PARAESTATAIS 132
4. ATO ADMINISTRATIVO 135
4.1 Conceito de Ato Administrativo 135
4.2 Elementos de Validade do Ato 135
4.3 Motivação 135
4.4 Atributos do Ato 136
4.5 Classificação dos Atos Administrativos 136
4.6 Espécies de Atos Administrativos 136
4.7 Extinção dos Atos Administrativos 138
4.8 Convalidação 139
5. RESPONSABILIDADE CIVIL DO ESTADO 141
5.1 Teoria do Risco Administrativo 141
5.2 Teoria da Culpa Administrativa 141
5.3 Teoria do Risco Integral 141
5.4 Danos Decorrentes de Obras Públicas 141
5.5 Responsabilidade Civil Decorrente de Atos Legislativos 142
5.6 Responsabilidade Civil Decorrente de Atos Jurisdicionais 142
5.7 Ação de Reparação de Danos 142
5.8 Ação Regressiva 142

6. AGENTES PÚBLICOS ... 144
6.1 Conceito ... 144
6.2 Classificação ... 144
7. LICITAÇÃO ... 146
7.1 Conceito de Licitação ... 146
7.2 Princípios Explícitos ... 146
7.3 Princípios Implícitos ... 148
7.4 Modalidades de Licitação ... 148
7.5 Obrigatoriedade de Licitação e Casos de Exceções ... 151
8. CONTROLE DA ADMINISTRAÇÃO PÚBLICA ... 156
8.1 Classificação ... 156
8.2 Controle Administrativo ... 158
8.3 Controle Legislativo ... 158
8.4 Controle Judiciário ... 161
9. RESPONSABILIDADE CIVIL DO ESTADO ... 162
9.1 Teoria do Risco Administrativo ... 162
9.2 Teoria da Culpa Administrativa ... 162
9.3 Teoria do Risco Integral ... 162
9.4 Danos Decorrentes de Obras Públicas ... 162
9.5 Responsabilidade Civil Decorrente de Atos Legislativos ... 163
9.6 Responsabilidade Civil Decorrente de Atos Jurisdicionais ... 163
9.7 Ação de Reparação de Danos ... 163
9.8 Ação Regressiva ... 163

1. INTRODUÇÃO AO DIREITO ADMINISTRATIVO

Neste capítulo, vamos conhecer algumas características do Direito Administrativo, seu conceito, sua finalidade, seu regime jurídico peculiar que orienta toda a sua atividade administrativa, seja ela exercida pelo próprio Estado-administrador, ou por particular. Para entendermos melhor tudo isso, é preciso dar início ao nosso estudo pela compreensão adequada do papel do Direito na vida social.

O Direito é um conjunto de normas (regras e princípios) impostas coativamente pelo Estado que regularão a vida em sociedade, possibilitando a coexistência pacífica das pessoas.

1.1 Ramos do Direito

O Direito é historicamente dividido em dois grandes ramos: o Direito Público e o Direito Privado. Em relação ao Direito Privado, vale o princípio da igualdade (isonomia) entre as partes; aqui não há que se falar em superioridade de uma parte sobre a outra. Por esse motivo, dizemos que estamos em uma relação jurídica horizontal ou uma horizontalidade nas relações jurídicas.

O Direito Privado é regulado pelo princípio da autonomia da vontade, o que traduz a regra a qual diz que o particular pode fazer tudo que não é proibido (Art. 5º, II, da Constituição Federal).

No Direito Público, temos o Estado em um dos polos, representando os interesses da coletividade, e um particular desempenhando seus próprios interesses. Sendo assim, o Estado é tratado com superioridade ante ao particular, pois o Estado é o procurador da vontade da coletividade e, representada pelo próprio Estado, deve ser tratada de forma prevalente ante a vontade do particular.

O fundamento dessa relação jurídica vertical é encontrado no Princípio da Supremacia do Interesse Público, que estudaremos com mais detalhes no tópico referente aos princípios. Mas já podemos adiantar que, como o próprio nome o interesse público é supremo. Desse modo, são disponibilizadas ao Estado prerrogativas especiais para que possa atingir os seus objetivos. Essas prerrogativas são os poderes da administração pública.

Esquema da Divisão do Direito

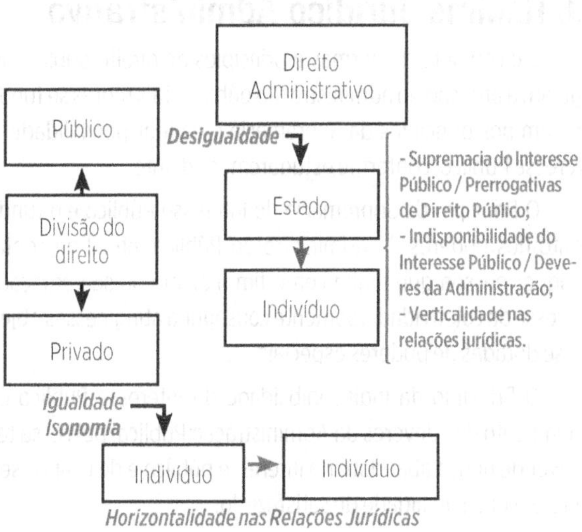

Os dois princípios norteadores do Direito Administrativo são: Supremacia do Interesse Público (gera os poderes) e Indisponibilidade do Interesse Público (gera os deveres da administração).

1.2 Conceito de Direito Administrativo

Vários são os conceitos que podem ser encontrados na doutrina para o Direito Administrativo. Descreveremos dois deles trazidos pela doutrina contemporânea e citados a seguir:

O Direito Administrativo é o ramo do direito público que tem por objeto órgãos, agentes e pessoas jurídicas administrativas que integram a Administração Pública. A atividade jurídica não contenciosa que exerce e os bens que se utiliza para a consecução de seus fins de natureza pública[1].

O Direito Administrativo é o conjunto harmônico de princípios jurídicos que regem órgãos, agentes e atividades públicas que tendem a realizar concreta, direta e imediatamente os fins desejados pelo Estado[2].

1.3 Objeto do Direito Administrativo

Os conceitos de Direito Administrativo foram desenvolvidos de forma que se desdobram em uma sequência natural de tópicos que devem ser estudados ponto a ponto para que a matéria seja corretamente entendida.

Por meio desses conceitos, podemos constatar que o objeto do Direito Administrativo são as relações da administração pública, sejam elas de natureza interna entre as entidades que a compõe, seus órgãos e agentes, ou de natureza externa entre a administração e os administrados.

Além de ter por objeto a atuação da administração pública, também é foco do Direito Administrativo o desempenho das atividades públicas quando exercidas por algum particular, como no caso das concessões, permissões e autorizações de serviços públicos.

Resumidamente, podemos dizer que o Direito Administrativo tem por objeto a administração pública e também as atividades administrativas, independentemente de quem as exerçam.

1.4 Fontes do Direito Administrativo

É o lugar de onde provém algo, no nosso caso, no qual emanam as regras do Direito Administrativo. Esse não está codificado em um único livro. Dessa forma, para o estudarmos de maneira completa, temos que recorrer às fontes, ou seja, a institutos esparsos. Por esse motivo, dizemos que o Direito Administrativo está tipificado (escrito), mas não está codificado em um único instituto.

Lei: fonte principal do Direito Administrativo. A lei deve ser compreendida em seu sentido amplo, o que inclui a Constituição Federal, as normas supra legais, as leis e também os atos normativos da própria administração pública. Temos como exemplo os Arts. 37 ao 41 da Constituição Federal, a Lei nº 8.666/93, a Lei nº 8.112/90, a Lei de Improbidade Administrativa (Lei nº 8.429/92), Processo Administrativo Federal (Lei nº 9.784/99), etc.

Jurisprudência: gênero que se divide entre jurisprudência e doutrina. Jurisprudência são decisões quais são editadas pelos tribunais e não possuem efeito vinculante; são resumos numerados

1 Direito Administrativo, Maria Sylvia Zanella di Pietro, 23ª edição.
2 Conceito de Direito Administrativo do professor Hely Lopes Meirelles.

que servem de fonte de pesquisa do direito materializados em livros, artigos e pareceres.

Doutrina tem a finalidade de tentar sistematizar e melhor explicar o conteúdo das normas de Direito Administrativo; doutrina pode ser utilizada como critério de interpretação de normas, bem como auxiliar a produção normativa.

Costumes: conjunto de regras não escritas, porém, observadas de maneira uniforme, as quais suprem a omissão legislativa acerca de regras internas da Administração Pública.

Segundo o doutrinador do Direito Administrativo, Hely Lopes Meirelles, em razão da deficiência da legislação, a prática administrativa vem suprindo o texto escrito e, sedimentada na consciência dos administradores e administrados, a praxe burocrática passa a saciar a lei e atuar como elemento informativo da doutrina.

Lei e Súmulas Vinculantes são consideradas fontes principais do Direito Administrativo. Jurisprudência, súmulas, doutrina e costumes são considerados fontes secundárias.

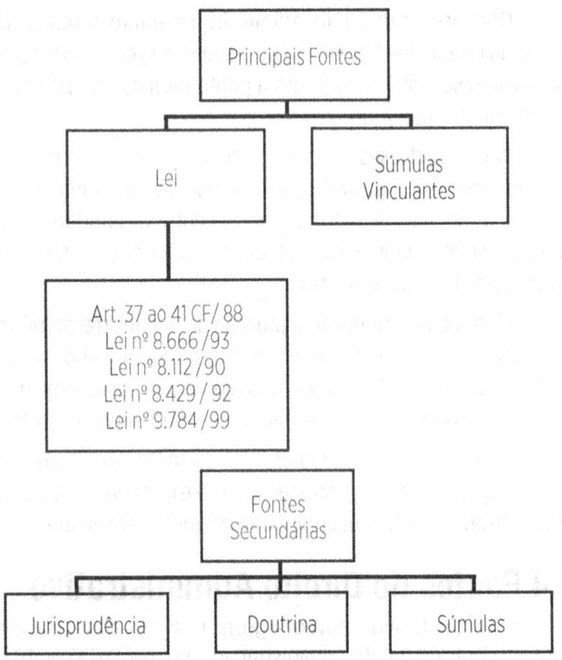

1.5 Sistemas Administrativos

É o regime que o Estado adota para o controle dos atos administrativos ilegais praticados pelo poder público nas diversas esferas e em todos os poderes. Existem dois sistemas que são globalmente utilizados.

O sistema francês (do contencioso administrativo), não utilizado no Brasil, determina que as lides administrativas podem transitar em julgado, ou seja, as decisões administrativas têm força de definibilidade. Nesse sentido, falamos em dualidade de jurisdição, já que existem tribunais administrativos e judiciais, cada qual com suas competências.

O sistema inglês, também chamado de jurisdicional único ou unicidade da jurisdição, é o sistema que atribui somente ao poder judiciário a capacidade de tomar decisões sobre a legalidade administrativa com caráter de coisa julgada ou definitividade.

> A Constituição Federal de 1988 adotou o sistema Inglês ou, o do não contencioso administrativo.

O Direito Administrativo, no nosso sistema, não pode fazer coisa julgada e todas as decisões administrativas podem ser revistas pelo poder judiciário, pois somente ele pode dar resolução em caráter definitivo. Ou seja, não cabem mais recursos, por isso, falamos em trânsito em julgado das decisões judiciais e nunca das decisões administrativas.

1.5.1 Via administrativa de curso forçado

São situações em que o particular é obrigado a seguir todas as vias administrativas até o fim, antes de socorrer ao poder judiciário. Isso é exceção, pois a regra é que, ao particular, é facultado socorrer ao poder judiciário, por força do Art. 5º, XXXV, da Constituição Federal.

> ***XXXV.*** *A lei não excluirá da apreciação do Poder Judiciário lesão ou ameaça a direito.*

Exemplos de via administrativa de curso forçado:

Aqui, o indivíduo deve esgotar as esferas administrativas obrigatoriamente antes de ingressar com ação no poder judiciário.

Justiça desportiva: só são admitidas pelo poder judiciário ações relativas à disciplina e as competições desportivas depois de esgotadas as instâncias da Justiça Desportiva. Art. 217, § 1º, CF.

Ato administrativo ou a omissão da administração pública que contrarie súmula vinculante: só pode ser alvo de reclamação ao STF depois de esgotadas as vias administrativas. Lei nº 11.417/2006, Art. 7º, §1º.

***Habeas data*:** é indispensável para caracterizar o interesse de agir no *Habeas Data* a prova anterior do indeferimento do pedido de informação de dados pessoais ou da omissão em atendê-lo sem que se confirme situação prévia de pretensão. *STF, HD, 22-DF Min. Celso de Mello.*

1.6 Regime Jurídico Administrativo

É o conjunto de normas e princípios de direito público que regulam a atuação da administração pública. Tais regras se fundamentam nos princípios da Supremacia e da Indisponibilidade do Interesse Público, conforme estudaremos adiante.

O Princípio da Supremacia do Interesse Público é o fundamento dos poderes da Administração Pública, afinal de contas, qualquer pessoa que tenha como fim máximo da sua atuação o interesse da coletividade, somente conseguirá atingir esses objetivos se dotadas de poderes especiais.

O Princípio da Indisponibilidade do Interesse Público é o fundamento dos deveres da Administração Pública, pois essa tem o dever de nunca abandonar o interesse público e de usar os seus poderes com a finalidade de satisfazê-lo.

Desses dois princípios decorrem todos os outros princípios e regras que se desdobram no regime jurídico administrativo.

1.7 Noções de Estado

1.7.1 Conceito de Estado

Estado é a pessoa jurídica territorial soberana.

Pessoa: capacidade para contrair direitos e obrigações.

Jurídica: é constituída por meio de uma formalidade documental e não por uma mulher, tal como a pessoa física.

Territorial soberana: quer dizer que, dentro do território do Estado, esse detém a soberania, ou seja, sua vontade prevalece ante a das demais pessoas (sejam elas físicas ou jurídicas). Podemos definir soberania da seguinte forma: soberania é a independência na ordem internacional (lá fora ninguém manda no Estado) e supremacia na ordem interna (aqui dentro quem manda é o Estado).

1.7.2 Elementos do Estado

Território: é a base fixa do Estado (solo, subsolo, mar, espaço aéreo).

Povo: é o componente humano do Estado.

Governo soberano: é o responsável pela condução do Estado. Por ser tal governo soberano, ele não se submete a nenhuma vontade externa, pois, relembrando, lá fora o Estado é independente e aqui dentro sua vontade é suprema, afinal, a vontade do Estado é a vontade do povo.

1.7.3 Formas de Estado

Temos duas formas de Estado:

Estado Unitário: é caracterizado pela centralização política; não existe divisão em estados membros ou municípios, há somente uma esfera política central que emana sua vontade para todo o país. É o caso do Uruguai.

Estado Federado: caracteriza-se pela descentralização política; existem diferentes entidades políticas autônomas que são distribuídas regionalmente e cada uma exerce o poder político dentro de sua área de competência. É o caso do Brasil.

1.7.4 Poderes do Estado

Os poderes do Estado estão previstos no texto Constitucional.

> ***Art. 2º.*** *São Poderes da União, independentes e harmônicos entre si, o Legislativo, o Executivo e o Judiciário.*

Os poderes podem exercer as funções para que foram investidos pela Constituição Federal (funções típicas) ou executar cargos diversas das suas competências constitucionais (funções atípicas). Por esse motivo, não há uma divisão absoluta entre os poderes, e sim relativa, pois o poder Executivo pode executar suas funções típicas (administrar) e pode também iniciar o processo legislativo em alguns casos (pedido de vagas para novos cargos). Além disso, é possível até mesmo legislar no caso de medidas provisórias com força de lei.

Poderes	Funções Típicas	Funções Atípicas
Legislativo	Criar Leis Fiscalizar (Tribunal de Contas)	Administrar Julgar Conflitos
Executivo	Administrar	Criar Leis Julgar Conflitos
Judiciário	Julgar Conflitos	Administrar Criar Leis

É importante notar que a atividade administrativa está presente nos três poderes, por isso, o Direito Administrativo, por ser um dos ramos do Direito Público, disciplina não somente a atividade administrativa do Poder Executivo, mas também a do Poder Legislativo e do Judiciário.

1.8 Noções de Governo

O governo é atividade política e discricionária, tendo conduta independente. Governar está relacionado com a função política do Estado, a de comandar, de coordenar, de direcionar e de fixar planos e diretrizes de atuação do Estado. O governo é o conjunto de Poderes e órgãos constitucionais responsáveis pela função política do Estado.

O governo está diretamente ligado com as decisões tomadas pelo Estado. Exerce a direção suprema e geral, ao fazer uma analogia, podemos dizer que o governo é o cérebro do Estado.

1.8.1 Função de governo e função administrativa

É comum aparecer em provas de concursos públicos questões que confundem as ideias de governo e de administração pública. Para evitar esse erro, analisaremos as diferenças entre as expressões:

Segundo o jurista brasileiro, Hely Lopes Meirelles, o governo é uma atividade política e discricionária e tem conduta independente.

De acordo com ele, a administração é uma atividade neutra, normalmente vinculada à lei ou à norma técnica, e exercida mediante conduta hierarquizada.

Não podemos confundir Governo com Administração Pública, pois governo se encarrega de definir os objetivos do Estado e definir as políticas para o alcance desses objetivos; a Administração Pública se encarrega simplesmente em atingir os objetivos traçados pelo governo.

O governo atua mediante atos de soberania ou, pelo menos, de autonomia política na condução dos negócios públicos. A Administração é atividade neutra, normalmente vinculada à lei ou à norma técnica. Governo é conduta independente, enquanto a Administração é hierarquizada.

O Governo deve comandar com responsabilidade constitucional e política, mas sem responsabilidade técnica e legal pela execução. A administração age sem responsabilidade política, mas com responsabilidade técnica e legal pela execução dos serviços públicos.

1.8.2 Sistemas de governo

Sistema de governo se refere ao grau de dependência entre o poder legislativo e executivo.

1.8.2.1 Parlamentarismo

É caracterizado por uma grande relação de dependência entre o poder legislativo e o executivo.

A chefia do Estado e a do Governo são desempenhadas por pessoas distintas.

Chefe de Estado: responsável pelas relações internacionais.

Chefe de Governo: responsável pelas relações internas, o chefe de governo é o da Administração pública.

1.8.2.2 Presidencialismo

É caracterizado por não existir dependência, ou quase nenhuma, entre o Poder Legislativo e o Executivo.

A chefia do Estado e a do Governo são representadas pela mesma pessoa.

O Brasil adota o presidencialismo.

1.8.3 Formas de governo

Conforme Hely Meirelles, a forma de governo se refere à relação entre governantes e governados.

1.8.3.1 Monarquia

Hereditariedade: o poder é passado de pai para filho.

Vitaliciedade: o detentor do poder fica no cargo até a morte.

Ausência de prestação de contas.

1.8.3.2 República

Eletividade: o governante precisa ser eleito para chegar ao poder.

Temporalidade: ao chegar ao poder, o governante ficará no cargo por tempo determinado.

Dever de prestar contas.

O Brasil adota a república como forma de governo.

2. ADMINISTRAÇÃO PÚBLICA

Antes de fazermos qualquer conceituação doutrinária sobre Administração Pública, podemos entendê-la como a ferramenta utilizada pelo Estado para atingir os seus objetivos. O Estado possui objetivos, e quem escolhe quais são eles é o seu governo, pois a esse é que cabe a função política (atividade eminentemente discricionária) do Estado e que determina as suas vontades, ou seja, o Governo é o cérebro do Estado. Para poder atingir esses objetivos, o Estado precisa fazer algo, e o faz por meio de sua Administração Pública. Sendo assim, essa é a responsável pelo exercício das atividades públicas do Estado.

2.1 Classificação de Administração Pública

2.1.1 Sentido material/objetivo

Em sentido material ou objetivo, a Administração Pública compreende o exercício de atividades pelas quais se manifesta a função administrativa do Estado.

Compõe a Administração Pública material qualquer pessoa jurídica, seus órgãos e agentes que exercem as **atividades** administrativas do Estado. Como exemplo de tais atividades, há a prestação de serviços públicos, o exercício do poder de polícia, o fomento, a intervenção e as atividades da Administração Pública.

Essas são as chamadas atividades típicas do Estado e, pelo critério formal, qualquer pessoa que exerce alguma dessas é Administração Pública, não importa quem seja. Por esse critério, teríamos, por exemplo, as seguintes pessoas na Administração Pública:

> União, Estados, Municípios, DF, Autarquias, Fundações Públicas prestadoras de serviços públicos, Empresa Pública prestadora de serviço público, Sociedade de Economia Mista prestadora de serviços públicos e, ainda, as concessionárias, autorizatárias e permissionárias de serviço público.

Esse critério não é o adotado pelo Brasil. Assim sendo, a classificação feita acima não descreve a Administração Pública Brasileira, que, conforme veremos a seguir, adota o modelo formal de classificação.

2.1.2 Sentido formal/subjetivo

Em sentido formal ou subjetivo, a Administração Pública compreende o conjunto de órgãos e pessoas jurídicas encarregadas, por determinação legal, do exercício da função administrativa do Estado.

Pelo modelo formal, segundo Meirelles, a Administração Pública é o conjunto de entidades (pessoas jurídicas, seus órgãos e agentes) que o nosso ordenamento jurídico identifica como Administração Pública, pouco interessa a sua área de atuação, ou seja, pouco importa a atividade mas, sim, quem a desempenha. A Administração Pública Brasileira que adota o modelo formal é classificada em Administração Direta e Indireta.

2.2 Organização da Administração

A Administração Pública foi definida pela Constituição Federal no Art. 37.

> ***Art. 37.*** *A Administração Pública direta e indireta de qualquer dos Poderes da União, dos Estados, do Distrito Federal e dos Municípios obedecerá aos princípios de legalidade, impessoalidade, moralidade, publicidade e eficiência e, também, ao seguinte:*

O Decreto-Lei nº 200/67 determina quem é Administração Pública Direta e Indireta.

> ***Art. 4º.*** *A Administração Federal compreende:*
>
> ***I.*** *A Administração Direta, que se constitui dos serviços integrados na estrutura administrativa da Presidência da República e dos Ministérios.*
>
> ***II.*** *A Administração Indireta, que compreende as seguintes categorias de entidades, dotadas de personalidade jurídica própria:*
>
> ***a)*** *Autarquias;*
>
> ***b)*** *Empresas Públicas;*
>
> ***c)*** *Sociedades de Economia Mista.*
>
> ***d)*** *Fundações públicas.*

Dessa forma, temos somente quatro pessoas que representam a Administração Direta e nenhuma outra. São consideradas pessoas jurídicas de direito público e possuem várias características. As pessoas da Administração Direta recebem o nome de pessoas políticas do estado.

A Administração Indireta também representa um rol taxativo e não cabe ampliação. Existem quatro pessoas da Administração Indireta e nenhuma outra; elas possuem características marcantes. Contudo, não possuem a mais importante e que diferencia das pessoas políticas do Estado, ou seja, a capacidade de legislar (capacidade política).

2.3 Administração Direta

A Administração Direta é representada pelas entidades políticas. São elas: União, Estados, DF e os Municípios.

A definição no Brasil foi feita pelo Decreto-Lei nº 200/67, que dispõe sobre a organização da Administração Federal e estabelece diretrizes para a Reforma Administrativa.

É importante observar que esse decreto dispõe somente sobre a Administração Pública Federal, todavia, pela aplicação do princípio da simetria, tal regra é aplicada uniformemente por todo o território nacional. Assim sendo, tal classificação utilizada nesse decreto define expressamente a Administração Pública Federal e também, implicitamente, a Administração Pública dos demais entes da federação.

Os entes políticos possuem autonomia política (capacidade de legislar), administrativa (capacidade de auto-organizar-se) e capacidade financeira (capacidade de julgar as próprias contas). Não podemos falar aqui em hierarquia entre os entes, mas sim em cooperação, pois um não dá ordens aos outros, visto que eles são autônomos.

Características

São pessoas jurídicas de direito público interno – tem autonomia.

- Unidas formam a República Federativa do Brasil: pessoa jurídica de direito público externo –tem soberania (independência na ordem externa e supremacia na interna).
- Regime jurídico de direito público.
- Autonomia Política: Administrativa e Financeira.
- Sem subordinação: atuam por cooperação.
- Competências: hauridas da CF.
- Responsabilidade civil - regra - objetiva.
- Bens: públicos, não pode ser objeto de sequestro, arresto, penhora etc.
- Débitos judiciais: são pagos por precatórios.
- Regime de pessoal: regime jurídico único.
- Competência para julgamento de ações judiciais.
  - União = Justiça Federal.
  - Demais Entes Políticos = Justiça Estadual.

2.4 Noção de Centralização, Descentralização e Desconcentração

Centralização administrativa: órgãos e agentes trabalhando para a Administração Direta.

Descentralização administrativa: técnica administrativa em que a Administração direta passa a atividade administrativa, serviço ou obra pública para outras pessoas jurídicas ou físicas (para pessoa física somente por delegação por colaboração). A descentralização pode ser feita por outorga legal (titularidade + execução) ou diante delegação por colaboração (somente execução). A outorga legal cria as pessoas da Administração Indireta. A Delegação por colaboração gera os concessionários, permissionários e Autorizatários de serviços públicos:

- **Descentralização por outorga legal** (também chamada de descentralização técnica, por serviços, ou funcional): é feita por lei e transfere a titularidade e a execução da atividade administrativa por prazo indeterminado para uma pessoa jurídica integrante da administração indireta.
- **Descentralização por delegação** (também chamada de descentralização por colaboração): é feita em regra por um contrato administrativo e, nesses casos, depende de licitação; também pode acontecer descentralização por delegação por meio de um ato administrativo. Transfere somente a execução da atividade administrativa, e não a sua titularidade, por prazo determinado para um particular, pessoa física ou jurídica.

Outorga Legal

- Feita por lei;
- Transfere a titularidade e a execução do serviço público;
- Não tem prazo.

Delegação

- Feita por contrato, exceto as autorizações;
- Os contratos dependem de licitação;
- Transfere somente a execução do serviço público e não a titularidade;
- Há fiscalização do Poder Público. Tal fiscalização decorre do exercício do poder disciplinar;
- Tem prazo.
- **Desconcentração administrativa**: técnica de subdivisão de órgãos públicos para que melhor desempenhem o serviço público ou atividade administrativa. Em outras palavras, na desconcentração, a Pessoa Jurídica distribui competências no âmbito de sua própria estrutura. É a distribuição de competências entre os diversos órgãos integrantes da estrutura de uma pessoa jurídica

da Administração Pública. Somente ocorre na Administração Direta ou Indireta, jamais para particulares, uma vez que não existem órgãos públicos entre particulares.

2.5 Administração Indireta

Pessoas / Entes / Entidades Administrativas

> **F**undações Públicas;
> **A**utarquias;
> **S**ociedades de Economia Mista;
> **E**mpresas Públicas.

2.5.2.1 Características

> Tem personalidade jurídica própria;
> Tem patrimônio e receita próprios;
> Tem autonomia:
» Administrativa;
» Técnica;
» Financeira.

Obs.:

> Não tem autonomia política;.
> Finalidade definida em lei;
> Controle do Estado.

Não há subordinação nem hierarquia entre os entes da administração direta e indireta, mas sim, vinculação que se manifesta por meio da **supervisão ministerial** realizada pelo ministério ou secretaria da pessoa política responsável pela área de atuação da entidade administrativa. Tal supervisão tem por finalidade o exercício do denominado **controle finalístico** ou **poder de tutela**.

Em alguns casos, a entidade administrativa pode estar diretamente vinculada à chefia do poder executivo e, nesse contexto, caberá a essa chefia o exercício do controle finalístico de tal entidade.

> São frutos da descentralização por outorga legal.
> Nomeação de Dirigentes.

Os dirigentes das entidades administrativas são nomeados pelo chefe do poder a que está vinculada a respectiva entidade, ou seja, as entidades administrativas ligadas ao poder executivo federal têm seus dirigentes nomeados pelo chefe de tal poder, que, nesse caso, é o(a) Presidente(a) da República.

É válido lembrar que, em todos os poderes, existe a função administrativa no executivo, de forma típica, e nos demais poderes, de forma atípica. Além disso, a função administrativa de todos os poderes é exercida pela sua Administração Pública (Administração Direta e Indireta), assim sendo, existe Administração Pública Direta e Indireta nos três poderes e, caso uma entidade administrativa seja vinculada ao Poder Legislativo ou Judiciário, caberá ao chefe do respectivo poder a nomeação de tal dirigente.

Excepcionalmente, a nomeação de um dirigente pode depender ainda de aprovação do Poder Legislativo. Na esfera federal, temos como exemplo a nomeação dos dirigentes das agências reguladoras. Tais nomeações são feitas pelo Presidente da República e, para terem efeito, dependem de aprovação do Senado Federal.

Via de regra, lembraremos que a nomeação do dirigente de uma entidade administrativa é feita pelo chefe do Poder Executivo, sendo que, em alguns casos, é necessária a prévia aprovação de outro poder. Excepcionalmente, o Judiciário e o Legislativo poderão nomear dirigentes para essas entidades, desde que vinculadas ao respectivo poder.

2.5.2.1.1 Criação dos entes da administração indireta

A instituição das entidades administrativas depende sempre de uma lei ordinária específica. Essa lei pode criar a entidade administrativa. Nesse caso, nasce uma pessoa jurídica de direito público, as autarquias. A lei também pode autorizar a criação das entidades administrativas. Nessa circunstância, nascem as demais entidades da administração indireta: fundações públicas, empresas públicas e sociedades de economia mista. Pelo fato dessas entidades serem autorizadas por lei, elas são pessoas jurídicas de Direito Privado.

A lei que cria ou que autoriza a criação de uma entidade administrativa é uma **lei ordinária específica.**

Quando a lei autoriza a criação de uma entidade da Administração Indireta, a sua construção será consumada após o registro na serventia registral pertinente (cartório ou junta comercial, conforme o caso).

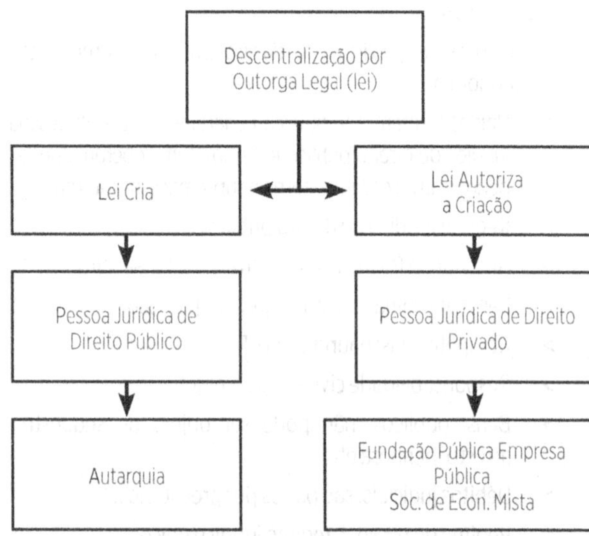

Extinção dos entes da administração indireta:

> Só lei revoga lei.
> Se a lei cria, a lei extingue.
> Se a lei autoriza a criação, autoriza também a extinção.

2.5.2.2 Relação da administração pública direta com a indireta

As entidades compreendidas na Administração Indireta vinculam-se ao Ministério em cuja área de competência estiver enquadrada sua principal atividade. Dessa forma, não há que se falar em hierarquia ou subordinação, mas, sim vinculação.

A vinculação entre a Administração Direta e a Administração Indireta gera o chamado controle finalístico ou supervisão ministerial. Assim, a Administração Direta não pode intervir nas decisões da Indireta, salvo se ocorrer a chamada fuga de finalidade.

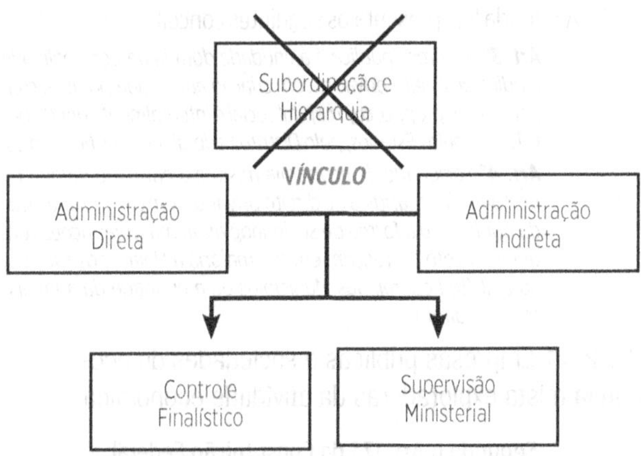

2.5.2.3 Autarquias

Autarquia é a pessoa jurídica de direito público, criada por lei, com capacidade de autoadministração, para o desempenho de serviço público descentralizado (atividade típica do Estado). É o próprio serviço público personificado.

Vejamos a seguir as suas características:

Personalidade Jurídica: Direito Público.

> Recebem todas as prerrogativas do Direito Público.

Finalidade: atividade típica do Estado.

Regime Jurídico: público.

Responsabilidade Civil: objetiva.

Bens: públicos (não podem ser objeto de penhora, arresto, sequestro).

> Ao serem constituídas, recebem patrimônio do Ente Instituidor e, a partir desse momento, seguem com sua autonomia.

Débitos Judiciais: pagamento por precatórios.

Regime de Pessoal: regime jurídico único.

Competência para o julgamento de suas ações judiciais:

> Autarquia Federal = Justiça Federal.

> Outras Esferas = Justiça Estadual.

Ex.: INSS, Banco Central do Brasil.

2.5.2.3.1 Espécies de autarquias

Comum ou Ordinária (de Acordo com Decreto-Lei nº 200/67)

São as autarquias que recebem as características principais, ou seja, criadas diretamente por lei, pessoas jurídicas de direito público e que desempenham um serviço público especializado; seu ato constitutivo é a própria lei.

Sob Regime Especial

As autarquias em regime especial são submetidas a um regime jurídico peculiar, diferente do jurídico relativo às autarquias comuns.

Por autarquia comum deve-se entender as ordinárias, aquelas que se submetem a regime jurídico comum das autarquias. Na esfera federal, o regime jurídico comum das autarquias é o Decreto-Lei nº 200/67.

Se a autarquia além das regras do regime jurídico comum ainda é alcançada por alguma regra especial, peculiar às suas atividades, será considerada uma autarquia em regime especial.

Agências Reguladoras

São responsáveis por regular, normatizar e fiscalizar determinados serviços públicos que foram delegados ao particular. Em razão dessa característica, elas têm mais liberdade e maior autonomia, se comparadas com as Autarquias comuns.

Ex.: ANCINE, ANA, ANAC, ANTAQ, ANATEL, ANEEL, ANP, ANTT.

Autarquia Territorial

É classificado como Autarquia Territorial, o espaço que faça parte do território da União, mas que não se enquadre na definição de Estado membro, DF ou município. No Brasil atual, não existem exemplos de Autarquias Territoriais, mas elas podem vir a ser criadas. Nesse caso, esses Territórios fazem parte da Administração Direta e são Autarquias Territoriais, pois são criados por lei e assumem personalidade jurídica de direito público.

Associações Públicas (Autarquias Interfederativas ou Multifederativas)

Também chamada de consórcio público de Direito Público.

O consórcio público é a pessoa jurídica formada exclusivamente por entes da Federação, na forma da Lei nº 11.107, de 2005, para estabelecer relações de cooperação federativa, inclusive a realização de objetivos de interesse comum, constituída como associação pública, com personalidade jurídica de direito público e natureza autárquica, ou como pessoa jurídica de direito privado, sem fins econômicos.

Sendo assim, não é todo consórcio público que representa uma Autarquia Interfederativa, mas somente os públicos de Direito Público.

Autarquia Fundacional ou Fundação Autárquica

As Fundações Públicas de Direito Público (exceção) são consideradas, na verdade, uma espécie de autarquia.

Agências Executivas

As agências executivas não se configuram como pessoas jurídicas, menos ainda outra classificação qualquer. Representam, na prática, um título que é dado às autarquias e fundações públicas que assinam contrato de gestão com a Administração Pública. Art. 37, §8º.

Conselhos fiscalizadores de profissões são considerados autarquias. Contudo, comportam uma exceção muito importante:

ADI 3.026-DF Min. Eros Graus. 08/06/2006. OAB: Considerada entidade sui generis, um serviço independente não sujeita ao controle finalístico da Administração Direta.

2.5.2.4 Fundação pública

A Fundação Pública é a entidade dotada de personalidade jurídica de Direito Privado, sem fins lucrativos, criada em virtude de autorização legislativa, para o desenvolvimento de atividades que não exijam execução por órgãos ou entidades de direito público, com autonomia administrativa, patrimônio próprio gerido pelos respectivos órgãos de direção e funcionamento custeado por recursos da União e de outras fontes.

2.5.2.4.1 Regra

- Autorizada por lei;
- Pessoa jurídica de Direito Privado;
- Depende de registro dos atos constitutivos na junta comercial;
- Depende de lei complementar que especifique o campo de atuação.

2.5.2.4.2 Exceção

- Criada diretamente por lei;
- Pessoa jurídica de direito público;
- Possui um capital personalizado (diferença meramente conceitual);
- Considerada pela doutrina como autarquia fundacional.

As fundações públicas de Direito Público, são espécie de autarquia, sendo chamadas pela doutrina como autarquias fundacionais.

2.5.2.4.3 Características

- **Personalidade Jurídica:** Direito Privado.
- **Finalidade:** lei complementar definirá – Sem fins lucrativos.
- **Regime Jurídico:** Híbrido (regras de Direito Público + Direito Privado) incontroverso.
- **Responsabilidade Civil:** se for prestadora de serviço público é objetiva, caso contrário é subjetiva.
- **Bens Privados, com exceção:** bens diretamente ligados à prestação de serviço público são bens públicos.
- **Débitos Judiciais:** são pagos por meio do seu patrimônio, com exceção dos bens diretamente ligados à prestação de serviços públicos, que são bens públicos e não se submetem a pagamento de débitos judiciais.
- **Regime de Pessoal:** Regime Jurídico **Único.**

Competência para o julgamento de suas ações judiciais:

- Justiça Federal.
- Outras esferas = Justiça Estadual.
- IBGE, Biblioteca Nacional, FUNAI.

2.5.2.5 Empresas públicas e sociedades de economia mista

São pessoas jurídicas de Direito Privado, criadas pela Administração Direta por meio de autorização da lei, com o respectivo registro, para a prestação de serviços públicos ou a exploração da atividade econômica.

A Lei 13.303/16 dispõe sobre o estatuto jurídico da empresa pública, da sociedade de economia mista e de suas subsidiárias, no âmbito da União, dos Estados, do Distrito Federal e dos Municípios.

A referida lei apresenta os seguintes conceitos:

Art. 3º *Empresa pública é a entidade dotada de personalidade jurídica de direito privado, com criação autorizada por lei e com patrimônio próprio, cujo capital social é integralmente detido pela União, pelos Estados, pelo Distrito Federal ou pelos Municípios.*

Art. 4º *Sociedade de economia mista é a entidade dotada de personalidade jurídica de direito privado, com criação autorizada por lei, sob a forma de sociedade anônima, cujas ações com direito a voto pertençam em sua maioria à União, aos Estados, ao Distrito Federal, aos Municípios ou a entidade da administração indireta.*

2.5.2.5.1 Empresas públicas e sociedades de economia mista exploradoras da atividade econômica

Segundo o Art. 173 da Constituição Federal:

Art. 173. *Ressalvados os casos previstos nesta Constituição, a exploração direta de atividade econômica pelo Estado só será permitida quando necessária aos imperativos da segurança nacional ou a relevante interesse coletivo, conforme definidos em lei.*

§ 1º *- A lei estabelecerá o estatuto jurídico da Empresa Pública, da sociedade de economia mista e de suas subsidiárias que explorem atividade econômica de produção ou comercialização de bens ou de prestação de serviços, dispondo sobre:*

I. *Sua função social e formas de fiscalização pelo Estado e pela sociedade;*

II. *A sujeição ao regime jurídico próprio das empresas privadas, inclusive quanto aos direitos e obrigações civis, comerciais, trabalhistas e tributários;*

III. *Licitação e contratação de obras, serviços, compras e alienações, observados os princípios da Administração Pública;*

IV. *A constituição e o funcionamento dos conselhos de administração e fiscal, com a participação de acionistas minoritários;*

V. *Os mandatos, a avaliação de desempenho e a responsabilidade dos administradores.*

§ 2º *- As empresas públicas e as sociedades de economia mista não poderão gozar de privilégios fiscais não extensivos às do setor privado.*

§ 3º *- A lei regulamentará as relações da Empresa Pública com o Estado e a sociedade.*

§ 4º *- A lei reprimirá o abuso do poder econômico que vise à dominação dos mercados, à eliminação da concorrência e ao aumento arbitrário dos lucros.*

§ 5º *- A lei, sem prejuízo da responsabilidade individual dos dirigentes da pessoa jurídica, estabelecerá a responsabilidade desta, sujeitando-a as punições compatíveis com sua natureza, nos atos praticados contra a ordem econômica e financeira e contra a economia popular.*

2.5.2.5.2 Empresas públicas e sociedades de economia mista prestadoras de serviço público

Essas entidades são criadas para a exploração da atividade econômica em sentido amplo, o que inclui o exercício delas em sentido estrito e também a prestação de serviços públicos que podem ser explorados com o intuito de lucro.

Segundo o Art. 175 da Constituição Federal:

Art. 175. *Incumbe ao Poder Público, na forma da lei, diretamente ou sob regime de concessão ou permissão, sempre através de licitação, a prestação de serviços públicos.*

Parágrafo único. *A lei disporá sobre:*

I. *O regime das empresas concessionárias e permissionárias de serviços públicos, o caráter especial de seu contrato e de sua prorrogação, bem como as condições de caducidade, fiscalização e rescisão da concessão ou permissão;*

II. Os direitos dos usuários;

III. Política tarifária;

IV. A obrigação de manter serviço adequado.

Não se inclui nessa categoria os serviços públicos relativos aos direitos sociais, pois esses não podem ser prestados com o intuito de lucro pelo Estado e, também, não são de titularidade exclusiva do Estado, podendo ser livremente explorados por particulares.

2.5.2.5.3 Características comuns das empresas públicas e sociedades de economia mista

Personalidade Jurídica: Direito Privado.

Finalidade: prestação de serviço público ou a exploração da atividade econômica.

Regime Jurídico Híbrido: se for prestadora de serviço público, o regime jurídico é mais público; se for exploradora da atividade econômica, o regime jurídico é mais privado.

Responsabilidade Civil: se for prestadora de serviço público, a responsabilidade civil é objetiva, se for exploradora da atividade econômica, a civil é subjetiva.

Bens Privados, com exceção: bens diretamente ligados à prestação de serviço público são bens públicos.

Débitos Judiciais: são pagos por meio do seu patrimônio, com exceção dos bens diretamente ligados à prestação de serviços públicos, que são bens públicos e não se submetem a pagamento de débitos judiciais.

Regime de Pessoal: CLT – Emprego Público.

Exemplo de Empresa Pública: Caixa Econômica Federal, Correios.

Exemplo de Sociedade de Economia Mista: Banco do Brasil e Petrobras.

2.5.2.5.4 Sociedade de economia mista

A Sociedade de Economia Mista é uma entidade dotada de personalidade jurídica de Direito Privado, autorizada por lei para a exploração de atividade econômica, sob a forma de sociedade anônima, cujas ações com direito a voto pertençam em sua maioria à União ou a entidade da Administração Indireta:

> Autorizada por lei;
> Pessoa jurídica de Direito Privado;
> Capital 50% + 1 ação no controle da Administração Pública;
> Constituição obrigatória por Sociedade Anônima (S.A.);
> Competência da Justiça Estadual.

2.5.2.6 Empresa pública

Entidade dotada de personalidade jurídica de Direito Privado, com patrimônio próprio e capital exclusivo da União, autorizado por lei para a exploração de atividade econômica que o Governo seja levado a exercer por força de contingência ou de conveniência administrativa, podendo revestir-se de qualquer das formas admitidas em direito.

> Autorizado por lei;
> Pessoa jurídica de Direito Privado;
> 100% na constituição de capital público;
> Constituído de qualquer forma admitido em direito;
> Competência da Justiça Federal.

Esse quadro foi desenvolvido para memorização das características mais importantes das pessoas da Administração Pública indireta.

Tabela Comparativa das Características dos Entes da Administração Pública

CARACTERÍSTICA	ENTIDADES POLÍTICAS	AUTARQUIA	FUNDAÇÃO PÚBLICA	EMPRESA PÚBLICA	SOCIEDADE DE ECONOMIA MISTA
PERSONALIDADE JURÍDICA	Direito Público	Direito Público	Direito Privado	Direito Privado	Direito Privado
FINALIDADE	Competências constitucionais	Atividade típica do Estado	Lei Complementar definirá	Exploração da atividade econômica OU prestação de serviço público	Exploração da atividade econômica OU prestação de serviço público
REGIME JURÍDICO	Direito Público	Direito Público	Híbrido: se PSP + público. Caso desenvolva outra atividade, mais privado.	Híbrido: se EAE + privado; se PSP + público	Híbrido: se EAE + privado; se PSP + público
RESPONSABILIDADE CIVIL	Objetiva: ação Subjetiva: omissão	Objetiva: ação Subjetiva: omissão	PSP = Objetiva, nos demais casos, subjetiva	PSP = Objetiva, EAE = Subjetiva	PSP = Objetiva, EAE = Subjetiva
BENS	Públicos	Públicos	Privados, exceção: bens diretamente ligados à prestação de serviços públicos são bens públicos.	Privados, exceção: bens diretamente ligados à prestação de serviços públicos são bens públicos.	Privados, exceção: bens diretamente ligados à prestação de serviços públicos são bens públicos.
DÉBITOS JUDICIAIS	Precatórios	Precatórios	Patrimônio	Patrimônio	Patrimônio
REGIME DE PESSOAL	Regime Jurídico Único	Regime Jurídico Único	Regime Jurídico Único	CLT	CLT
COMPETÊNCIA PARA JULGAMENTO	União: Justiça Federal; Demais: Justiça Estadual.	Federal: Justiça Federal; Demais: Justiça Estadual.	Federal: Justiça Federal; Demais: justiça Estadual.	Federal: Justiça Federal; Demais: justiça Estadual.	Todas: Justiça Estadual.

* EAE: Exploração da Atividade Econômica.

* PSP: Prestação de Serviço Público.

Questões

01. (Cespe) Em sentido subjetivo, a administração pública compreende o conjunto de órgãos e de pessoas jurídicas ao qual a lei confere o exercício da função administrativa do Estado.

Certo ( ) Errado ( )

02. (Cespe) A administração direta compreende os órgãos e as pessoas jurídicas de direito público que prestam serviços típicos do Estado; no âmbito federal, integram a administração direta os ministérios e as autarquias.

Certo ( ) Errado ( )

03. (Cespe) A desconcentração administrativa consiste na distribuição interna de competências, no âmbito de uma mesma pessoa jurídica; a descentralização administrativa pressupõe a distribuição de competência para outra pessoa, física ou jurídica.

Certo ( ) Errado ( )

04. (Cespe) A delegação ocorre quando a entidade da administração, encarregada de executar um ou mais serviços, distribui competências no âmbito da própria estrutura, a fim de tornar mais ágil e eficiente a prestação dos serviços.

Certo ( ) Errado ( )

05. (Cespe) A administração direta é o conjunto de órgãos que integram a União e exercem seus poderes e competências de modo centralizado, ao passo que a administração indireta é formada pelo conjunto de pessoas administrativas, como autarquias e empresas públicas, que exercem suas atividades de forma descentralizada.

Certo ( ) Errado ( )

06. (Cespe) As entidades compreendidas na administração indireta subordinam-se ao ministério em cuja área de competência estiver enquadrada sua principal atividade, mantendo com esse uma relação hierárquica de índole político-administrativa, mas não funcional.

Certo ( ) Errado ( )

07. (Cespe) As pessoas integrantes da administração indireta podem ser autorizadas e instituídas somente por lei, cujo teor deverá abordar a atividade descentralizada a ser exercida, e serão submetidas ao controle da administração direta da pessoa política a que são vinculadas.

Certo ( ) Errado ( )

08. (Cespe) A autarquia é uma pessoa jurídica criada somente por lei específica para executar funções descentralizadas típicas do Estado.

Certo ( ) Errado ( )

09. (Cespe) Como pessoas jurídicas de direito público, as autarquias têm personalidade jurídica, patrimônio e receita próprios e são criadas com a finalidade de desempenhar atividades próprias e típicas da administração pública.

Certo ( ) Errado ( )

10. (Cespe) A autarquia age por delegação.

Certo ( ) Errado ( )

Gabaritos

01	CERTO	06	ERRADO
02	ERRADO	07	CERTO
03	CERTO	08	CERTO
04	ERRADO	09	CERTO
05	CERTO	10	ERRADO

3. ÓRGÃO PÚBLICO

Neste capítulo, aprenderemos a respeito dos órgãos públicos, sua finalidade, seu papel na estrutura da Administração Pública, bem como as diversas teorias e classificações relativas ao tema. Começaremos a partir das teorias que buscam explicar o que é o órgão público.

3.1 Teorias

São três as teorias criadas para caracterizar e conceituar a ideia de órgão público: a Teoria do Mandato, Teoria da Representação e Teoria Geral do Órgão.

3.1.1 Teoria do mandato

Essa teoria preceitua que o agente, pessoa física, funcionaria como o mandatário da pessoa jurídica, agindo sob seu nome e com a responsabilidade dela, em razão de outorga específica de poderes (não adotado).

3.1.2 Teoria da representação

O agente funcionaria como um tutor ou curador do Estado, que representaria nos atos que necessita participar (não adotado).

3.1.3 Teoria geral do órgão

Tem-se presunção de que a pessoa jurídica exteriora sua vontade por meio dos órgãos, os quais são parte integrante da própria estrutura da pessoa jurídica, de tal modo que, quando os agentes que atuam nesses órgãos manifestam sua vontade, considera-se que essa foi manifestada pelo próprio Estado. Falamos em imputação da atuação do agente, pessoa natural, à pessoa jurídica (adotado pela CF/88).

Alguns órgãos possuem uma pequena capacidade, que é impetrar mandado de segurança para garantir prerrogativas próprias. Contudo, somente os órgãos independentes e autônomos têm essa capacidade.

Segundo o doutrinador Hely Lopes Meirelles, os órgãos não possuem personalidade jurídica, tampouco vontade própria, agem em nome da entidade a que pertencem, mantendo relações entre si e com terceiros, e não possuem patrimônio próprio. Os órgãos manifestam a vontade da Pessoa Jurídica à qual pertencem; os agentes, quando atuam para o Estado, dizemos que estão em imputação à pessoa jurídica a qual estão efetivamente ligados. Assim, falamos em imputação à pessoa jurídica.

Constatamos que órgãos são meros centros de competência, e os agentes que trabalham nesses órgãos estão em imputação à pessoa jurídica a que estão ligados; suas ações são imputadas ao ente federativo. Assim, quando um servidor público federal atua, suas ações são imputadas (como se o próprio Estado estivesse agindo) à União, pois o agente é ligado a um órgão que pertence a esse ente.

Ex.: Quando um Policial Federal está trabalhando, ele é um agente público que atua dentro de um órgão (Departamento de Polícia Federal) e suas ações, quando feitas, são consideradas como se a União estivesse agindo. Por esse motivo, os atos que gerem prejuízo a terceiros são imputados a União, ou seja, é a União que paga o prejuízo e, depois, entra com ação regressiva contra o agente público.

3.2 Características

3.2.1 Não possui personalidade jurídica

Muitas pessoas se assustam com essa regra devido ao fato de o órgão público ter CNPJ, realizar licitações e também por celebrar contratos públicos. Todavia, essas situações não devem ser levadas em consideração nesse momento.

O CNPJ não é suficiente para conferir personalidade jurídica para o órgão público, a sua instituição está ligada ao direito tributário, e realmente o órgão faz licitação, celebra contratos, mas ele não possui direitos, não é responsável pela conduta dos seus agentes e tudo isso por que ele não possui personalidade jurídica, órgão público não é pessoa.

3.2.2 Integram a estrutura da pessoa jurídica que pertencem

O órgão público é simplesmente o integrante da estrutura corporal (orgânica) da pessoa jurídica a que está ligado. O órgão público é para a pessoa jurídica a que está ligado, o que o coração, os rins, o fígado, o estômago e o pulmão, dentre tantos outros órgãos do corpo humano são para nós, essenciais.

- Não possui capacidade processual, salvo os órgãos independentes e autônomos que podem impetrar Mandado de Segurança em defesa de suas prerrogativas constitucionais, quando violadas por outro órgão.
- Não possui patrimônio próprio.
- São hierarquizados.
- São frutos da desconcentração.
- Estão presentes na Administração Direta e Indireta.
- Criação e extinção: por meio de Lei.
- Estruturação: pode ser feita por meio de decreto autônomo, desde que não impliquem em aumento de despesas.
- Os agentes que trabalham nos órgãos estão em imputação à pessoa jurídica que estão ligados.

3.3 Classificação

Dentre as diversas classificações pertinentes ao tema, a partir de agora, abordaremos as classificações quanto à posição estatal que leva em consideração a relação de subordinação e hierarquia, a estrutura que se relaciona com a desconcentração e a composição ou atuação funcional que se relaciona com a quantidade de agentes que agem e manifestam vontade em nome do órgão.

3.3.1 Posição estatal

Quanto à posição estatal, os órgãos são classificados em independentes, autônomos, superiores e subalternos:

3.3.1.1 Órgãos independentes

- São considerados o mais alto escalão do Governo.
- Não exercem subordinação.
- Seus agentes são inseridos por eleição.

- Têm suas competências determinadas pelo texto constitucional.
- Possuem alguma capacidade processual.

3.3.1.2 Órgãos autônomos

- São classificados como órgãos diretivos.
- Possuem capacidade administrativa, financeira e técnica.
- São exemplos os Ministérios e as Secretarias.
- Possuem alguma capacidade processual.

3.3.1.3 Órgãos superiores

- São órgãos de direção, controle e decisão.
- Não possuem autonomia administrativa ou financeira.
- Exemplos são as coordenadorias, gabinetes, etc.

3.3.1.4 Subalternos

- Exercem atribuições de mera execução.
- Exercem reduzido poder decisório.
- São exemplos as seções de expediente ou de materiais.

3.3.2 Estrutura

A classificação quanto à estrutura leva em consideração, a partir do órgão analisado, se existe ou não um processo de desconcentração, se há ramificações que levam a órgãos subordinados ao órgão analisado.

Simples: são aqueles que representam um só centro de competências, sem ramificações, independentemente do número de cargos.

Composto: são aqueles que reúnem em sua estrutura diversos órgãos, ou seja, existem ramificações.

A Presidência da República é um órgão composto, pois dela se origina outros órgãos de menor hierarquia, dentre esses o Ministério da Justiça, por exemplo, que também é órgão composto, pois, a partir dele, tem-se novas ramificações, tais como o Departamento Penitenciário Nacional, o Departamento de Polícia Federal, entre outros.

A partir da Presidência da República, tem-se também um órgão chamado de gabinete, e esse é considerado simples, pois a partir dele não há novos órgãos, ou seja, não nasce nenhuma ramificação a partir do gabinete da Presidência da República.

3.3.3 Atuação funcional/composição

Os órgãos públicos podem ser classificados em singulares ou colegiados:

Órgãos singulares ou unipessoais: a sua atuação ou decisões são atribuições de um único agente.

Ex.: Presidência da República.

Órgão colegiado ou pluripessoal: a atuação e as decisões dos órgãos colegiados acontecem mediante obrigatória manifestação conjunta de seus membros.

Ex.: Congresso Nacional, Tribunais de Justiça.

3.4 As Paraestatais

A expressão "paraestatais" gera divergência em nosso ordenamento jurídico, sendo que podemos mencionar três posicionamentos:

As paraestatais são as autarquias - posição de José Cretella Júnior – entendimento ultrapassado.

As paraestatais são: as fundações públicas, empresas públicas, sociedades de economia mista e os serviços sociais autônomos – posição de Hely Lopes Meirelles - corrente minoritária.

As paraestatais são os serviços sociais autônomos, as fundações de apoio, as organizações sociais – OS, as organizações da sociedade civil de interesse público – OSCIP'S e as organizações da sociedade civil – OSCs – posição de Maria Silvia Zanella di Pietro, entre outros - é o entendimento majoritário.

Obs.: nesse terceiro sentido, as paraestatais equivalem ao chamado terceiro setor. O primeiro setor é o Estado e o segundo setor é o mercado (iniciativa privada que visa ao lucro).

Serviços sociais autônomos – são pessoas jurídicas de direito privado sem fins lucrativos, instituídas por lei e vinculadas a categorias profissionais, sendo mantidas por dotações orçamentárias ou contribuições parafiscais. É o chamado sistema "S".

Ex.: SESI, SESC, SENAI, SENAC, SEBRAE etc. Não integram a Administração Pública nem direta e nem indireta.

Fundações de Apoio - segundo a professora Odete Medauar, são pessoas jurídicas de direito privado que se destinam a colaborar com instituições de ensino e pesquisa, sendo instituídas por professores, pesquisadores ou universitários (ver Lei 8.958/94). Exemplos: FUVEST, FIPE, CNPQ etc.

Organizações Sociais e Organizações da Sociedade Civil de Interesse Público – são pessoas jurídicas de direito privado sem fins lucrativos, instituídas por particulares que desempenham serviços não exclusivos de Estado, como a saúde, cultura, preservação do meio ambiente, etc.

Características comuns entre as Organizações Sociais (Lei 9.637/98) e as Organizações da Sociedade Civil de Interesse Público (Lei 9.790/99).

01. São pessoas jurídicas de direito privado.
02. Sem fins lucrativos.
03. Instituídas por particulares.
04. Desempenham serviços não exclusivos de Estado.
05. Não integram a Administração Pública (seja direta ou indireta).
06. Ambas integram o chamado terceiro setor.
07. Sujeitam-se ao controle da Administração Pública e do Tribunal de Contas.
08. Gozam de imunidade tributária, desde que atendidos os requisitos legais, conforme prevê o Art. 150, VI, "c", da CF/88.

Principais diferenças entre OS e OSCIPs	
Organizações Sociais	Organizações da Sociedade Civil de Interesse Público
- o vínculo com o Estado se dá por Contrato de Gestão;	- o vínculo com o Estado se dá por Termo de Parceria;
- o ato de qualificação é discricionário, dado pelo Ministro da pasta competente;	- o ato de qualificação é vinculado, dado pelo Ministro da Justiça;
- pode ser contratada pela Administração com dispensa de licitação (hipótese de licitação dispensável);	- não há essa previsão;
- o Conselho deve ser formado por representantes do Poder Público;	- não há essa exigência;
- regulada pela Lei n.º 9.637/98[1];	- regulada pela Lei n.º 9.790/99[2];
Ex.: Associação Roquette Pinto, IMPA (Instituto Nacional de Matemática Pura e Aplicada).	**Ex.:** AMI (Amigo do Índio), AMAR (Associação de Amparo às Mães de Alto Risco).

→ Observações sobre as Organizações Sociais:

> O poder público pode destinar para as OSs recursos orçamentários e bens necessários ao cumprimento do contrato de gestão, mediante permissão de uso.

> O poder público pode ceder servidores públicos para as OSs com ônus para a origem.

> A Administração poderá dispensar a licitação nos contratos de prestação de serviços celebrados com as OSs (Art. 24, XXIV da Lei 8.666/93).

Organizações da Sociedade Civil - OSC - As Organizações da Sociedade Civil (OSCs) são entidades do terceiro setor criadas com a finalidade de atuar junto ao Poder Público, em regime de mútua cooperação, na execução de serviços públicos e tem o seu regime jurídico regulado pela Lei n. 13.019/2014.

Essas entidades atuam na prestação de serviço público não exclusivo do Estado e têm vínculo com a Administração Pública, de modo que essa conexão se dá mediante celebração de Termo de Fomento, Termo de Colaboração e Acordo de Cooperação. Vejamos tais conceitos:

Termo de Colaboração (Art. 2º, VII e Art. 16): *instrumento por meio do qual são formalizadas as parcerias estabelecidas pela Administração Pública com organizações da sociedade civil para a consecução de finalidades de interesse público e recíproco propostas pela Administração Pública que envolvam a transferência de recursos financeiros.* Assim, o Termo de Colaboração é utilizado para a execução de políticas públicas nas mais diversas áreas, para consecução de **planos de trabalho de iniciativa da própria Administração**, nos casos em que esta já tem parâmetros consolidados, com indicadores e formas de avaliação conhecidos, abarcando, reitere-se, o **repasse de valores por parte do erário**;

Termo de Fomento (Art. 2º, VIII e Art. 17): *instrumento por meio do qual são formalizadas as parcerias estabelecidas pela Administração Pública com organizações da sociedade civil para a consecução de finalidades de interesse público e recíproco propostas pelas organizações da sociedade civil, que envolvam a transferência de recursos financeiros.* Note-se, portanto, que o Termo de Fomento, ao contrário do Termo de Colaboração, tem como objetivo **incentivar iniciativas das próprias OSCs, para consecução de planos de trabalho por elas propostos**, buscando albergar nas políticas públicas tecnologias sociais inovadoras, promover projetos e eventos nas mais diversas áreas e expandir o alcance das ações desenvolvidas pelas organizações. Assim como no Termo de Colaboração, o Termo de Fomento também enseja a **transferência de recursos financeiros** por parte da Administração Pública;

Acordo de Cooperação (Art. 2º, VIII-A): *instrumento por meio do qual são formalizadas as parcerias estabelecidas pela Administração Pública com organizações da sociedade civil para a consecução de finalidades de interesse público e recíproco que não envolvam a transferência de recursos financeiros.* Portanto, o grande diferencial do Acordo de Cooperação com os demais é justamente a **ausência de repasse de valores financeiros**. O Acordo, como regra, também não exige prévia realização de chamamento público como ocorre no caso do Termo de Fomento e do Termo de Colaboração, o que será abordado mais adiante, salvo quando envolver alguma forma de compartilhamento de recurso patrimonial (comodato, doação de bens etc.).

→ Para facilitar, segue tabela comparativa:

	Iniciativa de plano de trabalho	Transferência de recursos públicos	Previsão na Lei 13.019/14
Termo de Colaboração	Administração	Sim	Art. 2º, VII e Art. 16
Termo de fomento	OSC	Sim	Art. 2º, VIII e Art. 17
Acordo de cooperação	Administração ou OSC	Não	Art. 2º, VIII-A

Chamamento público: trata-se do procedimento que o poder público deverá realizar obrigatoriamente na prospecção de organizações. É a partir desse chamamento que serão avaliadas diferentes propostas para escolher a OSC mais adequada à parceria, ou ainda um grupo de OSCs trabalhando em rede, a fim de tornar mais eficaz a execução do objeto. Tal procedimento deverá adotar procedimentos claros, objetivos e simplificados que orientem os interessados e facilitem o acesso direto aos órgãos e às instâncias decisórias.

Obs.: não se aplicará a Lei 8.666/93 às relações de parceria com as OSCs (Art. 84, Lei 13.019/14), uma vez que agora há lei própria.

→ Organizações não governamentais (ONGs)

A ONG é uma entidade civil sem fins lucrativos, formada por pessoas interessadas em determinado tema, o qual se constitui em seu objetivo e interesse principal. (Ex.: IDEC - Instituto Brasileiro de Defesa do Consumidor).

1 Lei n.º 9.637 de 1998 que dispõe sobre a qualificação de entidades como organizações sociais, a criação do Programa Nacional de Publicização, a extinção dos órgãos e entidades que menciona e a absorção de suas atividades por organizações sociais. http://www.planalto.gov.br/ccivil_03/leis/l9637.htm

2 Lei n.º 9.790 de 1999 que dispõe sobre a qualificação de pessoas jurídicas de direito privado, sem fins lucrativos, como Organizações da Sociedade Civil de Interesse Público, institui e disciplina o Termo de Parceria. http://www.planalto.gov.br/ccivil_03/leis/l9790.htm

Normalmente são iniciativas de pessoas ou grupos que visam colaborar na solução de problemas da comunidade, como mobilizações, educação, conscientização e organização de serviços ou programas para o atendimento de suas necessidades.

Do ponto de vista jurídico, o termo ONG não se aplica. Nosso Código Civil prevê apenas dois formatos institucionais para entidades civis sem fins lucrativos, sendo a Associação Civil (Art. 44, I e Art. 53 ambos do Código Civil) e a Fundação Privada (Art. 44, III e 62, ambos do Código Civil).

Questões

01. (Cespe) Os órgãos são centros de competência com personalidade jurídica própria, cuja atuação é imputada aos agentes públicos que os representam.

Certo ( ) Errado ( )

02. (Cespe) Em regra, os órgãos, por não terem personalidade jurídica, não têm capacidade processual, salvo nas hipóteses em que eles são titulares de direitos subjetivos, o que lhes confere capacidade processual para a defesa de suas prerrogativas e competências.

Certo ( ) Errado ( )

03. (Cespe) Tanto a criação quanto a extinção de órgãos públicos depende da edição de lei específica; contudo, a estruturação e o estabelecimento das atribuições desses órgãos, desde que não impliquem aumento de despesa, podem ser processados por decreto do chefe do Poder Executivo.

Certo ( ) Errado ( )

04. (Cespe) Na Teoria da Representação, o agente funcionaria como um tutor ou curador do Estado, porém não representaria nos atos que necessita participar.

Certo ( ) Errado ( )

05. (Cespe) Segundo classificação doutrinária, quanto ao critério relacionado à posição estatal, os órgãos autônomos são aqueles originários da Constituição e que representam os três poderes do Estado, cujas funções são exercidas por agentes políticos.

Certo ( ) Errado ( )

06. (Cespe) Quanto à posição estatal, as secretarias estaduais e as municipais são consideradas órgãos públicos subalternos.

Certo ( ) Errado ( )

07. (Cespe) Embora, em regra, os órgãos públicos não tenham personalidade jurídica, a alguns órgãos é conferida a denominada capacidade processual, estando eles autorizados por lei a defender em juízo, em nome próprio, determinados interesses ou prerrogativas.

Certo ( ) Errado ( )

08. (Cespe) De acordo com a teoria do órgão da pessoa jurídica aplicada ao direito administrativo, as pessoas jurídicas estatais expressam suas vontades por meio dos seus órgãos, os quais, por sua vez, são representados por seus agentes, que atuam como mandatários da pessoa jurídica estatal.

Certo ( ) Errado ( )

09. (Cespe) As ações dos entes políticos - como União, estados, municípios e DF - concretizam-se por intermédio de pessoas físicas, e, segundo a teoria do órgão, os atos praticados por meio desses agentes públicos devem ser imputados à pessoa jurídica de direito público a que pertencem.

Certo ( ) Errado ( )

10. (Cespe) Órgão público pode ser definido como pessoa jurídica de natureza pública, dotada de personalidade jurídica própria e com atribuições para atuar em prol do interesse público.

Certo ( ) Errado ( )

Gabaritos

01	ERRADO	06	ERRADO
02	CERTO	07	CERTO
03	CERTO	08	ERRADO
04	ERRADO	09	CERTO
05	ERRADO	10	ERRADO

4. ATO ADMINISTRATIVO

4.1 Conceito de Ato Administrativo

Ato administrativo é toda manifestação unilateral de vontade da Administração Pública que, agindo nessa qualidade, tenha por fim imediato adquirir, resguardar, transferir, modificar, extinguir e declarar direitos, ou impor obrigações aos administrados ou a si própria.

Da prática dos atos administrativos gera-se:

- > Superioridade
- > Efeitos jurídicos

4.2 Elementos de Validade do Ato

4.2.1 Competência

Poderes que a lei confere aos agentes públicos para exercer funções com o mínimo de eficácia. A competência tem caráter instrumental, ou seja, é um instrumento outorgado para satisfazer interesses públicos – finalidade pública.

Características da competência:

- > Obrigatoriedade: ela é obrigatória para todos os agentes e órgãos públicos.
- > Irrenunciabilidade: a competência é um poder-dever de agir e não pode ser renunciada pelo detentor do poder-dever. Contudo, tem caráter relativo uma vez que a competência pode ser delegada ou pode ocorrer a avocação.
- > Intransferível: mesmo após a delegação, a competência pode ser retomada a qualquer tempo pelo titular do poder-dever, por meio da figura da revogação.
- > Imodificável: pela vontade do agente, pois somente a lei determina competências.
- > Imprescritível: a competência pode ser executada a qualquer tempo. Somente a lei pode exercer a função de determinar prazos prescricionais. **Ex.:** *o Art. 54 da Lei nº 9.784/99 determina o prazo decadência de cinco anos para anular atos benéficos para o administrado de boa-fé.*

4.2.2 Finalidade

Visa sempre ao interesse público e à finalidade específica prevista em lei. **Ex.:** *remoção de ofício.*

A Lei nº 9.784/99, que trata dos processos administrativos no âmbito da União, reza pelo Princípio do Informalismo, admitindo que existam atos verbais ou por meio de sinais (de acordo com o contexto).

4.2.3 Forma

O ato administrativo é, em regra, formal e escrito.

4.2.4 Motivo

O motivo é a causa imediata do ato administrativo. É a situação de fato e de direito que determina ou autoriza a prática do ato, ou, em outras palavras, o pressuposto fático e jurídico (ou normativo) que enseja a prática do ato.

Art. 40, § 1º, II, "a", CF. Trata da aposentadoria por tempo de contribuição.

4.2.5 Objeto

É o ato em si, ou seja, no caso da remoção o ato administrativo é o próprio instituto da remoção.

Ex.: Demissão: quanto ao ato de demissão deve ter o agente competente para determiná-lo (competência), depois disso, deve ser revertido de forma escrita (forma), a finalidade deve ser o interesse público (finalidade), o motivo deve ser embasado em lei, ou seja, os casos do Art. 132 da Lei nº 8.112/90, o objeto é o próprio instituto da demissão que está prescrito em lei.

4.3 Motivação

É a exteriorização por escrito dos motivos que levaram a produção do ato.

- > Faz parte do elemento forma e não do motivo.
- > Teoria dos Motivos Determinantes.

A motivação é elemento de controle de validade dos atos administrativos. Se ela for falsa, o ato é ilegal, independentemente da sua qualidade (discricionário ou vinculado).

Devem ser motivados:

- > Todos os atos administrativos vinculados;
- > Alguns atos administrativos discricionários (atos punitivos, que geram despesas, dentre outros).

A Lei nº 9.784/99, em seu Art. 50, traz um rol dos atos que devem ser motivados. Veja a seguir:

> ***Art. 50.*** *Os atos administrativos deverão ser motivados, com indicação dos fatos e dos fundamentos jurídicos, quando:*
>
> ***I.*** *Neguem, limitem ou afetem direitos ou interesses;*
>
> ***II.*** *Imponham ou agravem deveres, encargos ou sanções;*
>
> ***III.*** *Decidam processos administrativos de concurso ou seleção pública;*
>
> ***IV.*** *Dispensem ou declarem a inexigibilidade de processo licitatório;*
>
> ***V.*** *Decidam recursos administrativos;*
>
> ***VI.*** *Decorram de reexame de ofício;*
>
> ***VII.*** *Deixem de aplicar jurisprudência firmada sobre a questão ou discrepem de pareceres, laudos, propostas e relatórios oficiais;*
>
> ***VIII.*** *Importem anulação, revogação, suspensão ou convalidação de ato administrativo.*
>
> ***§ 1º*** *- A motivação deve ser explícita, clara e congruente, podendo consistir em declaração de concordância com fundamentos de anteriores pareceres, informações, decisões ou propostas, que, nesse caso, serão parte integrante do ato.*
>
> ***§ 2º*** *- Na solução de vários assuntos da mesma natureza, pode ser utilizado meio mecânico que reproduza os fundamentos das decisões, desde que não prejudique direito ou garantia dos interessados.*
>
> ***§ 3º*** *- A motivação das decisões de órgãos colegiados e comissões ou de decisões orais constará da respectiva ata ou de termo escrito.*

4.4 Atributos do Ato

Qualidades especiais dos atos administrativos que lhes asseguram uma qualidade jurídica superior a dos atos de direito privado.

4.4.1 Presunção de legitimidade e veracidade

Presume-se, em caráter relativo, que os atos da administração foram produzidos em conformidade com a lei e os fatos deles. Para os administrados são obrigatórios. Ocorre aqui, a inversão do ônus da prova (cabe ao administrado provar que o ato é vicioso).

Consequências

Imediata executoriedade do ato administrativo, mesmo impugnado pelo administrado. Até decisão que reconhece o vício ou susta os efeitos do ato.

Impossibilidade de o Poder Judiciário analisar, de ofício, elementos de validade do ato não expressamente impugnados pelo administrado.

4.4.2 Imperatividade

Imperativo, ou seja, é impositivo e independe da anuência do administrado.

Exceção

Atos negociais: a Administração concorda com uma pretensão do Administrado ou reconhece que ela satisfaz os requisitos para o exercício de certo direito (autorização e permissão - discricionário; licença - vinculado).

Relacionado ao poder extroverso do Estado (expressão italiana do autor Renato Aless), esse poder é usado como sinônimo para imperatividade nas provas de concurso.

Atos enunciativos: declaram um fato ou emitem uma opinião sem que tal manifestação produza por si só efeitos jurídicos.

4.4.3 Autoexecutoriedade

O ato administrativo, uma vez produzido pela Administração, é passível de execução imediata, independentemente de manifestação do Poder Judiciário.

Para Hely Lopes Meirelles, deve haver previsão legal, a exceção existe em casos de emergência. Esse atributo incide em todos os atos, com exceção dos enunciativos e negociais. A administração não goza de autoexecutoriedade na cobrança de débito, quando o administrado resiste ao pagamento.

4.4.4 Tipicidade

O ato deve observar a forma e o tipo previsto em lei para sua produção.

4.5 Classificação dos Atos Administrativos

Atos vinculados: são os que a Administração pratica sem margem alguma de liberdade de decisão, pois a lei previamente determinou o único comportamento possível a ser obrigatoriamente adotado sempre que se configure a situação objetiva descrita na lei. Não cabe ao agente público apreciar a situação objetiva descrita nela.

Atos discricionários: a Administração pode praticar, com certa liberdade de escolha, nos termos e limites da lei, quanto ao seu conteúdo, seu modo de realização, sua oportunidade e sua conveniência administrativa.

Atos gerais: caracterizam-se por não possuir destinatários determinados. Os Atos Gerais são sempre determinados e prevalecem sobre os individuais. Podem ser revogados a qualquer tempo. Ex.: são os decretos regulamentares. Esses atos necessitam ser publicados em meio oficial.

Atos individuais: são aqueles que possuem destinatários certos (determinados), produzindo diretamente efeitos concretos, constituindo ou declarando situação jurídicas subjetivas. **Ex.:** nomeação em concurso público e exoneração. Os atos podem ser discricionários ou vinculados e sua revogação somente é passível caso não tenha gerado direito adquirido.

Atos simples: decorrem de uma única manifestação de vontade, de um único órgão.

Atos complexos: necessitam, para formação de seu conteúdo, da manifestação de vontade de dois ou mais órgãos.

Atos compostos: o seu conteúdo depende de manifestação de vontade de um único órgão, contudo, para funcionar, necessita de outro ato que o aprove.

Diferenças entre ato complexo e ato composto:

Ato Complexo	Ato Composto
1 ato	2 atos
2 vontades	2 vontades
2 ou + órgãos	1 órgão com a aprovação de outro

4.6 Espécies de Atos Administrativos

Normativo;

Ordinatórios;

Negociais;

Enunciativos;

Punitivos.

4.6.1 Atos normativos

São atos caracterizados pela generalidade e pela abstração, isto é, um ato normativo não é prescrito para uma situação determinada, mas para todos os eventos assemelhados; a abstração deriva do fato desse ato não representar um caso concreto, determinado, mas, sim, um caso abstrato, descrito na norma e possível de acontecer no mundo real. A regra abstrata deve ser aplicada no caso concreto.

Finalidade: regulamentar as leis e uniformizar procedimentos administrativos.

Características:

- Não possuem destinatários determinados;
- Correspondem aos atos gerais;

- Não pode inovar o ordenamento jurídico;
- Controle.

Regra: os atos administrativos normativos não podem ser atacados mediante recursos administrativos ou judiciais.

Exceção: atos normativos que gerarem efeitos concretos para determinado destinatário podem ser impugnados pelo administrado na via judicial ou administrativa.

Decretos regulamentares, instruções normativas, atos declaratórios normativos.

4.6.2 Atos ordinatórios

São atos administrativos endereçados aos servidores públicos em geral.

Finalidade: divulgar determinações aplicáveis ao adequado desempenho de suas funções.

Características:

- Atos internos;
- Decorrem do exercício do poder hierárquico;
- Vinculam os servidores subordinados ao órgão que o expediu;
- Não atingem os administrados;
- Estão hierarquicamente abaixo dos atos normativos;
- Devem obediência aos atos normativos que tratem da mesma matéria relacionada ao ato ordinatório.

Exs.: Instruções, circulares internas, portarias, ordens de serviço.

4.6.3 Atos negociais

São atos administrativos editados quando o ordenamento jurídico exige que o particular obtenha anuência prévia da Administração para realizar determinada atividade de interesse dele ou exercer determinado direito.

Finalidade: satisfação do interesse público, ainda que essa possa coincidir com o interesse do particular que requereu o ato.

Características:

- Os atos negociais não são imperativos, coercitivos e autoexecutórios;
- Os atos negociais não podem ser confundidos com contratos, pois, nesses existe manifestação de vontade bilateral e, nos atos negociais, nós temos uma manifestação de vontade unilateral da Administração Pública, que é provocada mediante requerimento do particular;
- Podem ser vinculados, discricionários, definitivos e precários.

Atos negociais vinculados: reconhecem um direito subjetivo do particular, mediante um requerimento, desse particular, comprovando preencher os requisitos que a lei exige para a anuência do direito, a Administração obrigatoriamente deve praticar o ato.

Atos negociais discricionários: não reconhecem um direito subjetivo do particular, pois, mesmo que esse atenda às exigências necessárias para a obtenção do ato, a Administração poderá não praticá-lo, decidindo se executa ou não o ato por juízo de conveniência e oportunidade.

Atos negociais definitivos: não comportam revogação, são atos vinculados, mas podem ser anulados ou cassados. Sendo assim, esses atos geram, ao particular, apenas uma expectativa de definitividade.

Atos negociais precários: podem ser revogados a qualquer tempo, são atos discricionários; via de regra, a revogação do ato negocial não gera direito de indenização ao particular.

4.6.3.1 Espécies de atos negociais

Licença: fundamenta-se no poder de polícia da Administração. É ato vinculado e definitivo, pois reconhece um direito subjetivo do particular, mediante um requerimento desse, comprovando preencher os requisitos que a lei exige. Para a anuência do direito, a Administração, obrigatoriamente, deve praticar o ato. A licença não comporta revogação, mas ela pode ser anulada ou cassada, sendo assim, esses atos geram, ao particular, apenas uma expectativa de definitividade.

Ex.: Alvará para a realização de uma obra, alvará para o funcionamento de um estabelecimento comercial, licença para dirigir, licença para exercer uma profissão.

Admissão: é o ato unilateral e vinculado pelo qual a Administração faculta a alguém a inclusão em estabelecimento governamental para o gozo de um serviço público. O ato de admissão não pode ser negado aos que preencham as condições normativas requeridas.

Ex.: Ingresso em estabelecimento oficial de ensino na qualidade de aluno; o desfrute dos serviços de uma biblioteca pública como inscrito entre seus usuários.

Aprovação: é o ato unilateral e discricionário pelo qual a Administração faculta a prática de ato jurídico (aprovação prévia) ou manifesta sua concordância com ato jurídico já praticado (aprovação a posteriori).

Homologação: é o ato unilateral e vinculado de controle pelo qual a Administração concorda com um ato jurídico ou série de atos (procedimento) já praticados, verificando a consonância deles com os requisitos legais condicionadores de sua válida emissão.

Autorização: na maior parte das vezes em que é praticado, fundamenta-se no poder de polícia do Estado quando a lei exige a autorização como condicionante para prática de uma determinada atividade privada ou para o uso de bem público. Todavia, a autorização também pode representar uma forma de descentralizar, por delegação, serviços públicos para o particular.

A autorização é caracterizada por uma predominância do interesse do particular que solicita o ato, todavia, também existe interesse público na prática desse ato.

É um ato discricionário, pois não reconhece um direito subjetivo do particular; mesmo que esse atenda às exigências necessárias para a obtenção do ato, a Administração poderá não praticá-lo, decidindo se desempenha ou não o ato por juízo de conveniência e oportunidade.

É um ato precário, pois pode ser revogado a qualquer tempo. Via de regra, a revogação da autorização não gera direito de indenização ao particular, mas, caso a autorização tenha sido concedida por prazo certo, pode haver o direito de indenização para o particular.

Prazo: a autorização é concedida sem prazo determinado, todavia, pode havê-la outorgada por prazo certo.

Exs.:

> Atividades potencialmente perigosas e que podem colocar em risco a coletividade, por isso, a necessidade de regulação do Estado;

> Autorização para porte de arma de fogo;

> Autorização para a prestação de serviços privados de educação e saúde;

> Autorização de uso de bem público;

> Autorização de serviço público: prestação de serviço de táxi.

Permissão: é o ato administrativo discricionário e precário, pelo qual a Administração Pública consente ao particular o exercício de uma atividade de interesse predominantemente da coletividade.

Características:

> Pode ser concedida por prazo certo;

> Pode ser imposta condições ao particular.

A Permissão é um ato precário, pois pode ser revogada a qualquer tempo. Via de regra, a revogação da permissão não gera direito de indenização ao particular, mas, caso a autorização tenha sido concedida por prazo certo ou sob condições, pode haver o direito de indenização para o particular.

A permissão concedida ao particular, por meio de um ato administrativo, não se confunde com a permissão para a prestação de serviços públicos. Nesse último caso, representa uma espécie de descentralização por delegação realizada por meio de contrato.

Ex.: Permissão de uso de bem público.

4.6.4 Atos enunciativos

São atos administrativos enunciativos aqueles que têm por finalidade declarar um juízo de valor, uma opinião ou um fato.

Características:

> Não produzem efeitos jurídicos por si só;

> Não contêm uma manifestação de vontade da administração.

Certidão, atestado, parecer e apostila.

Certidão: é uma cópia de informações registradas em banco de dados da Administração. Geralmente, é concedida ao particular mediante requerimento da informação registrada pela Administração.

Atestado: declara uma situação de que a Administração tomou conhecimento em virtude da atuação de seus agentes. O atestado não se assemelha à certidão, pois essa declara uma informação constante em banco de dados e aquele declara um fato que não corresponde a um registro de um arquivo da Administração.

Parecer: é um documento técnico, confeccionado por órgão especializado na respectiva matéria tema do parecer, em que o órgão emite sua opinião relativa ao assunto.

Apostila: apostilar significa corrigir, emendar, complementar um documento. É o aditamento de um contrato administrativo ou de um ato administrativo. É um ato de natureza aditiva, pois sua finalidade é adicionar informações a um registro já existente.

Ex.: Anotar alterações na situação funcional de um servidor.

4.6.5 Atos punitivos

São os atos administrativos por meio dos quais a Administração Pública impõe sanções a seus servidores ou aos administrados.

Fundamento

> **Poder disciplinar:** quando o ato punitivo atinge servidores públicos e particulares ligados à Administração por algum vínculo jurídico específico.

> **Poder de polícia:** quando o ato punitivo atinge a particulares não ligados à Administração Pública por um vínculo jurídico específico.

Os atos punitivos podem ser internos e externos:

> **Atos punitivos internos:** têm como destinatários os servidores públicos e aplicam penalidades disciplinares, ou seja, os atos punitivos internos decorrem sempre do poder disciplinar.

> **Atos punitivos externos**: têm como destinatários os particulares. Podem ter fundamento decorrente do poder disciplinar, quando punem particulares sujeitos à disciplina administrativa, ou podem ter fundamento no poder de polícia, quando punem particulares não ligados à Administração Pública.

Todo ato punitivo interno decorre do poder disciplinar, mas nem todo ato que decorre do poder punitivo que surge do poder disciplinar é um ato punitivo interno, pois, quando a Administração aplica punição aos particulares ligados a administração, essa punição decorre do poder disciplinar, mas também representa um ato punitivo externo.

Todo ato punitivo decorrente do poder de polícia é um ato punitivo externo, pois, nesse caso, temos a Administração punindo sempre o particular.

4.7 Extinção dos Atos Administrativos

4.7.1 Anulação ou controle de legalidade

É o desfazimento do ato administrativo que decorre de vício de legalidade ou de legitimidade na prática do ato.

Cabimento

> Ato discricionário;

> Ato vinculado.

Competência para anular

> Entidade da Administração Pública que praticou o ato: pode anular o ato a pedido do interessado ou de ofício em razão do princípio da autotutela.

> Poder Judiciário: pode anular somente por provocação do interessado.

Efeitos da anulação: *ex tunc*, retroagem desde a data da prática do ato, impugnando a validade do ato.

Prazo: 5 (cinco) anos

> Contagem;

> Prática do ato.

No caso de efeitos patrimoniais contínuos, a partir do primeiro pagamento.

4.7.2 Revogação ou controle de mérito

É o desfazimento do ato administrativo por motivos de conveniência e oportunidade.

Cabimento

> Ato discricionário legal, inconveniente e inoportuno;

> Não é cabível a revogação de ato vinculado.

Competência para revogar

Apenas a entidade da Administração Pública que praticou o ato.

Não pode o controle de mérito ser feito pelo Poder Judiciário na sua função típica de julgar. Todavia, a Administração Pública está presente nos três poderes da União e, caso uma entidade dos Poderes Judiciário, Legislativo ou Executivo pratique um ato discricionário legal, que com o passar do tempo, se mostre inconveniente e inoportuno, somente a entidade que criou o ato tem competência para revogá-lo.

Assim, o poder judiciário não tem competência para exercer o controle de mérito dos atos da Administração Pública, mas a essa do Poder Judiciário pratica atos administrativos e cabe somente a ela a revogação dos atos praticados por ela mesma.

Efeitos da revogação: *ex nunc*, não retroagem, ou seja, a revogação gera efeitos prospectivos, para frente.

4.7.3 Cassação

É o desfazimento do ato administrativo decorrente do descumprimento dos requisitos que permitem a manutenção do ato. Na maioria das vezes, a cassação representa uma sanção aplicada ao particular que deixou de atender às condições exigidas para a manutenção do ato.

Como exemplo, temos a cassação da carteira de motorista, que nada mais é do que a cassação de um ato administrativo classificado como licença. A cassação da licença para dirigir decorre da prática de infrações de trânsito praticadas pelo particular, sendo assim, nesse caso, essa cassação é uma punição.

4.8 Convalidação

Convalidação é a correção com efeitos retroativos do ato administrativo com defeito sanável, o qual pode ser considerado:

Vício de Competência relativo à pessoa

Exceção: competência exclusiva (não cabe convalidação).

O vício de competência relativo à matéria não é considerado um defeito sanável e também não cabe convalidação.

Vício de forma

Exceção: a lei determina que a forma seja elemento essencial de validade de determinado ato (também não cabe convalidação).

Convalidação tácita

O Art. 54 da Lei nº 9.784/99 prevê que a Administração tem o direito de anular os atos administrativos de que decorram efeitos favoráveis para os destinatários. O prazo é de cinco anos, contados da data em que forem praticados, salvo comprovada má-fé. Transcorrido esse prazo, o ato foi convalidado, pois não pode ser mais anulado pela Administração.

Convalidação expressa

> ***Art. 55, Lei nº 9.784/99.*** *Em decisão na qual se evidencie não acarretarem lesão ao interesse público nem prejuízo a terceiros, os atos que apresentarem defeitos sanáveis poderão ser convalidados pela própria Administração.*

Questões

01. (Cespe) Como exemplo da incidência do princípio da inafastabilidade do controle jurisdicional relativos aos atos administrativos no ordenamento jurídico brasileiro, é correto citar a vigência, entre nós, do sistema do contencioso administrativo ou sistema francês.

Certo ( ) Errado ( )

02. (Cespe) Ato administrativo complexo é aquele que resulta do somatório de manifestações de vontade de mais de um órgão, podendo-se citar, como exemplo, a aposentadoria.

Certo ( ) Errado ( )

03. (Cespe) De acordo com a teoria dos motivos determinantes, ainda que se trate de ato discricionário sem a exigência de expressa motivação, uma vez sendo manifestada a motivação, essa vincula o agente para sua realização, devendo, obrigatoriamente, haver compatibilidade entre o ato e a motivação, sob pena de vício suscetível de invalidá-lo.

Certo ( ) Errado ( )

04. (Cespe) A competência constitui elemento ou requisito do ato administrativo vinculado, cabendo, entretanto, ao próprio órgão público estabelecer as suas atribuições.

Certo ( ) Errado ( )

05. (Cespe) A legalidade dos atos administrativos vinculados e discricionários está sujeita à apreciação judicial.

Certo ( ) Errado ( )

06. (Cespe) Sempre que a lei expressamente exigir determinada forma para que um ato administrativo seja considerado válido, a inobservância dessa exigência acarretará a nulidade do ato.

Certo ( ) Errado ( )

07. (Cespe) O Poder Judiciário pode, de ofício, apreciar a validade de um ato administrativo e decretar a sua nulidade, caso seja considerado ilegal.

Certo ( ) Errado ( )

08. (Cespe) Atenderá aos atos normativos do MPOG a contratação, por órgão público, de suporte técnico para os seus processos de planejamento e avaliação da qualidade dos serviços de tecnologia da informação, desde que sob a supervisão exclusiva de servidores do órgão.

Certo ( ) Errado ( )

09. (Cespe) O Tribunal de Contas é o órgão que auxilia o Poder Legislativo no exercício do controle financeiro externo da Administração Pública. Por ter função de caráter administrativo, suas decisões poderão ser submetidas ao controle judicial.

Certo ( ) Errado ( )

10. (Cespe) No caso de um administrado alegar a existência de vício de legalidade que invalide determinado ato administrativo, esse indivíduo deverá fundamentar sua alegação com provas dos fatos relevantes, por força da obrigatoriedade de inversão do ônus da prova, originada no princípio da presunção de legitimidade do ato administrativo.

Certo ( ) Errado ( )

Gabaritos

01	ERRADO	06	CERTO
02	CERTO	07	ERRADO
03	CERTO	08	CERTO
04	ERRADO	09	CERTO
05	CERTO	10	CERTO

5. RESPONSABILIDADE CIVIL DO ESTADO

A responsabilidade civil consubstancia-se na obrigação de indenizar um dano patrimonial decorrente de um fato lesivo voluntário. É modalidade de obrigação extracontratual e, para que ocorra, são necessários alguns elementos previstos no Art. 37, § 6º, da Constituição Federal:

> *§6º - As pessoas jurídicas de direito público e as pessoas jurídicas de direito privado prestadoras de serviço público responderão pelos danos seus agentes, nessa qualidade, causarem a terceiros, assegurado o direito de regresso contra o responsável nos casos de dolo ou culpa.*

5.1 Teoria do Risco Administrativo

É a responsabilidade objetiva do Estado, que paga o terceiro lesado, desde que ocorra o dano por ação praticada pelo agente público, mesmo o agente não agindo com dolo ou culpa.

Enquanto para a Administração a responsabilidade independe da culpa, para o servidor, ela depende: aquela é objetiva, esta é subjetiva e se apura pelos critérios gerais do Código Civil.

5.1.1 Requisitos

O fato lesivo causado pelo agente em decorrência de culpa em sentido amplo, a qual abrange o dolo (intenção), e a culpa em sentido estrito, que engloba a negligência, a imprudência e a imperícia.

A ocorrência de um dano patrimonial ou moral.

O nexo de causalidade entre o dano havido e o comportamento do agente, o que significa ser necessário que o dano efetivamente haja decorrido diretamente, da ação ou omissão indevida do agente.

> As Pessoas Jurídicas de Direito Privado prestadoras de serviço público estão também sob a responsabilidade na modalidade risco administrativo.

Situações de quebra do nexo causal da Administração Pública (Rompimento do Nexo Causal).

Caso I

Culpa exclusiva de terceiros ou da vítima.

Ex.: Marco, Agente Federal, dirigindo regularmente viatura oficial em escolta, atropela Sérgio, um suicida. Nessa situação, a Administração Pública não está obrigada a indenizar, pois o prejuízo foi causado exclusivamente pela vítima.

Caso II

Caso fortuito, evento da natureza imprevisível e inevitável.

Ex.: A PRF apreende um veículo em depósito. No local, cai um raio e destrói por completo o veículo apreendido. Nessa situação, a Administração não estará obrigada a indenizar o prejuízo sofrido, uma vez que não ocorreu culpa.

Caso III

Motivo de força maior, evento humano imprevisível e inevitável.

Ex.: A PRF apreende um veículo em depósito. Uma manifestação popular intensa invade-o e depreda todo o veículo, inutilizando-o. Nessa situação, a Administração não estará obrigada a indenizar o prejuízo sofrido, uma vez que não ocorreu culpa.

> Estão incluídas todas as pessoas jurídicas de Direito Público, ou seja, a Administração Direta, as autarquias e as fundações públicas de direito público, independentemente de suas atividades.

5.2 Teoria da Culpa Administrativa

Segundo a Teoria da Culpa Administrativa, também conhecida como Teoria da Culpa Anônima ou Falta de Serviço, o dever do Estado de indenizar o dano sofrido pelo particular somente existe caso seja comprovada a existência de falta de serviço. É possível ainda ocorrer a responsabilização do Estado aos danos causados por fenômenos da natureza quando ficar comprovado que o Estado concorreu de alguma maneira para que se produzisse o evento danoso, seja por dolo ou culpa. Nessa situação, vigora a responsabilidade subjetiva, pois temos a condição de ter ocorrido com dolo ou culpa. A culpa administrativa pode decorrer de uma das três formas possíveis de falta do serviço:

- Inexistência do serviço.
- Mau funcionamento do serviço.
- Retardamento do serviço.

Cabe sempre ao particular prejudicado pela falta comprovar sua ocorrência para fazer justa indenização.

Para os casos de omissão, a regra geral é a responsabilidade subjetiva. No entanto, há casos em que mesmo na omissão a responsabilidade do Estado será objetiva como, por exemplo, no caso de atendimento hospitalar deficiente e de pessoas sob a custódia do Estado, ou seja, o preso, pois, nesse caso, o Estado tem o dever de assegurar integridade física e mental do custodiado.

5.3 Teoria do Risco Integral

A Teoria do Risco Integral representa uma exacerbação da responsabilidade civil da Administração. Segundo essa teoria, basta a existência de evento danoso e do nexo causal para que surja a obrigação de indenizar para a administração, mesmo que o dano decorra de culpa exclusiva do particular.

Alguns autores consideram essa teoria para o caso de acidente nuclear.

5.4 Danos Decorrentes de Obras Públicas

Só fato da obra: sem qualquer irregularidade na sua execução.

Responsabilidade Civil **Objetiva** da Administração Pública ou particular (tanto faz quem execute a obra).

Má Execução da Obra

- **Administração Pública:** responsabilidade civil objetiva, com direito de ação regressiva.
- **Particular:** responsabilidade civil subjetiva.

5.5 Responsabilidade Civil Decorrente de Atos Legislativos

Regra: irresponsabilidade do Estado.

Exceção 1: leis inconstitucionais:

> Depende de declaração de inconstitucionalidade do STF;

> Depende de ajuizamento de ação de reparação de danos.

Exceção 2: leis de efeitos concretos

5.6 Responsabilidade Civil Decorrente de Atos Jurisdicionais

Regra: irresponsabilidade do Estado.

Exceção: erro judiciário – esfera penal, ou seja, erro do judiciário que acarretou na prisão de um inocente ou na manutenção do preso no cárcere por tempo superior ao prolatado na sentença, Art. 5º, LXXV, da CF. Segundo o STF, essa responsabilidade não alcança outras esferas.

Caso seja aplicada uma prisão cautelar a um acusado criminal e ele venha a ser absolvido, o Estado não responderá pelo erro judiciário, pois se entende que a aplicação da medida não constitui erro do judiciário, mas sim, uma medida cautelar pertinente ao processo.

5.7 Ação de Reparação de Danos

Administração Pública X particular:

Pode ser amigável ou judicial.

Não pode ser intentada contra o agente público cuja ação acarretou o dano.

Ônus da prova:

Particular: nexo de causalidade direto e imediato entre o fato lesivo e o dano.

Administração Pública:

> Culpa exclusiva da vítima.

> Força Maior.

> Culpa concorrente da vítima.

Valor da indenização destina-se à cobertura das seguintes despesas:

> O que a vítima perdeu;

> O que a vítima gastou (advogados);

> O que a vítima deixou de ganhar.

Em caso de morte:

> Sepultamento;

> Pensão alimentícia para os dependentes com base na expectativa de vida da vítima.

Prescrição:

***Art. 1º** da Lei nº 9.494/97: 5 anos.*

Tal prazo aplica-se inclusive às delegatárias de serviço público.

5.8 Ação Regressiva

Administração Pública X agente público:

O Art. 37, § 6º, da CF permite à Administração Pública ou delegatária (Concessionárias, Autorizatárias e Permissionárias) de serviço público a ingressar com uma ação regressiva contra o agente cuja atuação acarretou o dano, desde que comprovado dolo ou culpa.

Requisitos:

> Trânsito em julgado da sentença que condenou a Administração ou Delegatária a indenizar.

> Culpa ou dolo do agente público (responsábilidade civil subjetiva).

Regras especiais:

> O dever de reparação se estende aos sucessores até o limite da herança recebida.

> Pode acontecer após a quebra do vínculo entre o agente público e a Administração Pública.

> A ação de ressarcimento ao erário é imprescritível.

O agente ainda pode ser responsabilizado nas esferas administrativa e criminal se a conduta que gerou o prejuízo ainda incorrer em crime ou em falta administrativa, conforme o caso, podendo as penalidades serem aplicadas de forma cumulativa.

Questões

01. (Cespe) De acordo com a CF, as pessoas jurídicas de direito privado, prestadoras de serviços públicos, não respondem objetivamente pelos danos que seus agentes, nessa qualidade, causarem a terceiros.
Certo ( ) Errado ( )

02. (Cespe) No caso de conduta omissiva, a responsabilidade extracontratual do Estado é subjetiva.
Certo ( ) Errado ( )

03. (Cespe) O fato de um detento morrer em estabelecimento prisional devido à negligência de agentes penitenciários configurará hipótese de responsabilização objetiva do Estado.
Certo ( ) Errado ( )

04. (Cespe) As entidades de direito privado prestadoras de serviço público respondem objetivamente pelos prejuízos que seus agentes, nessa qualidade, causarem a terceiros.
Certo ( ) Errado ( )

05. (Cespe) A regra da responsabilidade civil objetiva do Estado se aplica tanto às entidades de direito privado que prestam serviço público como às entidades da administração indireta que executem atividade econômica de natureza privada.
Certo ( ) Errado ( )

06. (Cespe) A responsabilidade do Estado por danos causados por fenômenos da natureza é do tipo subjetiva.
Certo ( ) Errado ( )

07. (Cespe) Incidirá a responsabilidade civil objetiva do Estado quando, em processo judicial, o juiz, dolosamente, retardar providência requerida pela parte.
Certo ( ) Errado ( )

08. (Cespe) A responsabilidade civil do Estado exige três requisitos para a sua configuração: ação atribuível ao Estado, dano causado a terceiros e nexo de causalidade.

Certo ( ) Errado ( )

09. (Cespe) Suponha-se que Maria estivesse conduzindo o seu veículo quando sofreu um acidente de trânsito causado por um ônibus da concessionária do serviço público municipal de transporte público, o qual lhe causou danos materiais. Nessa situação hipotética, eventual direito à indenização pelos danos suportados por Maria somente ocorrerá se ficar provado que o condutor do referido coletivo atuou com culpa ou dolo, já que não haverá responsabilidade objetiva na espécie, pois, na oportunidade, Maria não era usuária do serviço público de transporte público coletivo.

Certo ( ) Errado ( )

10. (Cespe) Para se caracterizar a responsabilidade civil do Estado no caso de conduta omissiva, não basta a simples relação entre a omissão estatal e o dano sofrido, pois a responsabilidade só estará configurada quando estiverem presentes os elementos que caracterizem a culpa.

Certo ( ) Errado ( )

Gabaritos

01	ERRADO	06	CERTO
02	CERTO	07	ERRADO
03	CERTO	08	CERTO
04	CERTO	09	ERRADO
05	ERRADO	10	CERTO

6. AGENTES PÚBLICOS

Neste capítulo estudaremos a respeito dos agentes públicos, sua finalidade, seu papel na estrutura da administração pública, bem como as diversas classificações relativas ao tema.

6.1 Conceito

Considera-se agente público toda pessoa física que exerça, ainda que transitoriamente ou sem remuneração, por eleição, nomeação, designação, contratação ou qualquer outra forma de investidura ou vínculo, mandato, cargo, emprego ou função pública.

6.2 Classificação

> Agentes políticos.
> Agentes administrativos.
> Particulares em colaboração com o poder público.

6.2.1 Agentes políticos

Estão nos mais altos escalões do Poder Público. São responsáveis pela elaboração das diretrizes governamentais e pelas funções de direção, orientação e supervisão geral da Administração Pública.

6.2.1.1 Características

> Sua competência é haurida da Constituição Federal.
> Não se sujeitam às regras comuns aplicáveis aos servidores públicos em geral.
> Normalmente são investidos em seus cargos por meio de eleição, nomeação ou designação.
> Não são hierarquizados, subordinando-se tão somente à Constituição Federal.

Exceção: auxiliares imediatos dos chefes do Executivo são, hierarquizados, pois se subordinam ao líder desse poder.

Ex.: Ministros de Estado; Secretários estaduais e municipais.

Poder	Federal	Estadual	Municipal
Executivo	Presidente da República; Ministros de Estados.	Governadores; Secretários Estaduais.	Prefeitos; Secretários Municipais.
Legislativo	Deputados Federais; Senadores.	Deputados Estaduais.	Vereadores
Judiciário	Membros do Poder Judiciário Federal.	Membros do Poder Judiciário Estadual.	Não há
Ministério Público	Membros do Ministério Público Federal.	Membros do Ministério Público Estadual.	Não há

6.2.2 Agentes administrativos

São as pessoas que exercem atividade pública de natureza profissional, permanente e remunerada, estão sujeitos à hierarquia funcional e ao regime jurídico estabelecido pelo ente ao qual pertencem. O vínculo entre esses agentes e o ente ao qual estão ligados é um vínculo de natureza permanente.

Servidores públicos (estrito): são os titulares de cargos públicos[1] (efetivos e comissionados), são vinculados ao seu cargo por meio de um estatuto estabelecido pelo ente contratante.

Empregados públicos: são os ocupantes de Emprego Público2; são vinculados ao seu emprego por meio da CLT (Consolidação das Leis do Trabalho).

Temporários: são contratados por tempo determinado para atender necessidade temporária de excepcional interesse público. Exercem função pública temporária e remunerada, estão vinculados à administração pública por meio de um contrato de direito público e não de natureza trabalhista. O meio utilizado pelo Estado para selecionar os temporários é o processo seletivo simplificado e não o concurso público.

Algumas doutrinas dividem a classificação dos servidores públicos em sentido amplo e em estrito. Nesse último caso, servidor público é o que consta acima, ou seja, somente os titulares de cargos públicos; já em sentido amplo, adota-se a seguinte regra: servidor público é um gênero que comporta três espécies: os servidores estatutários, os empregados públicos e os servidores temporários. Então, caso se adote o conceito de servidor público em sentido amplo, este será sinônimo de agente administrativo.

Servidor Público (Amplo):

> Servidor Estatutário = servidor público (estrito)
> Empregado Público = empregado público
> Servidor Temporário = temporário

6.2.3 Particulares em colaboração com o poder público

Agentes honoríficos: são cidadãos que transitoriamente são requisitados ou designados para prestar certos serviços públicos específicos em razão da sua honra, da sua conduta cívica ou de sua notória capacidade profissional. Geralmente atuam sem remuneração. São os mesários, jurados, entre outros.

Agentes delegados: são particulares que recebem a incumbência de exercer determinada atividade, obra ou serviço, por sua conta e risco e em nome próprio, sob permanente fiscalização do poder contratante, ou seja, são aquelas pessoas que recebem a incumbência de prestar certas atividades do Estado por meio da descentralização por delegação. São elas:

> Autorizatárias de serviços públicos;
> Concessionárias de serviços públicos;
> Permissionárias de serviços públicos.

Agentes credenciados: são os particulares que recebem a incumbência de representar a administração em determinado ato ou praticar certa atividade específica, mediante remuneração do Poder Público credenciante.

1 Os cargos públicos estão presentes na Administração Direta da União, dos Estados, do DF e dos Municípios, e também nas suas autarquias e fundações públicas.
2 Os empregos públicos estão presentes nas empresas públicas e sociedades de economia mista.

Questões

01. (Cespe) Todos aqueles que exercem função pública, independentemente de sua natureza, ainda que por período determinado, são considerados agentes públicos.

Certo ( ) Errado ( )

02. (Cespe) Os agentes políticos constituem categoria especial, pois gozam de prerrogativas diferenciadas e têm grandes responsabilidades com a sociedade, como é o caso dos prefeitos.

Certo ( ) Errado ( )

03. (Cespe) Os ocupantes de cargo público ou de emprego público têm vínculo estatutário e institucional regido por estatuto funcional próprio, que, no caso da União, é a Lei nº 8.112/1990.

Certo ( ) Errado ( )

04. (Cespe) O Direito Administrativo é o conjunto harmônico de princípios jurídicos que regem órgãos, agentes e atividades públicas que tendem a realizar concreta, direta e imediatamente os fins desejados pelo Estado.

Certo ( ) Errado ( )

05. (Cespe) A categoria denominada servidores públicos celetistas está prevista na CF e caracteriza-se por abranger todos aqueles servidores contratados por prazo determinado para atender necessidade temporária de excepcional interesse público.

Certo ( ) Errado ( )

06. (Cespe) Os agentes de polícia federal ocupam cargos públicos e exercem funções definidas em lei. Contudo, ao contrário dos ministros de Estado, juízes e promotores de justiça, eles são agentes públicos, e não agentes políticos.

Certo ( ) Errado ( )

07. (Cespe - Adaptada) Os particulares em colaboração com o poder público são considerados agentes públicos, mesmo que prestem serviços ao Estado sem vínculo empregatício e sem remuneração.

Certo ( ) Errado ( )

08. (FCC) No âmbito da estrutura administrativa brasileira:

a) os agentes políticos exercem funções governamentais, judiciais e quase judiciais, com elaboração de normas legais, condução dos negócios públicos, decisão e atuação com independência nos assuntos de sua competência.

b) os Poderes de Estado compreendem o Legislativo, o Executivo, o Judiciário e o Ministério Público, e a cada um deles correspondendo funções reciprocamente delegáveis, sendo vinculados e harmônicos entre si.

c) as entidades estatais são unicamente a União, os Estados-membros, os Municípios, os Territórios e o Distrito Federal.

d) os cargos são os encargos administrativos atribuídos e delimitados por lei às funções lotadas nos órgãos públicos. As funções são providas por agentes públicos ou políticos, de forma efetiva e apenas mediante concurso de provas e títulos.

e) a investidura do agente público comissionado para cargos ou funções de confiança, dada a precariedade de sua nomeação, goza da presunção de definitividade, tornando o agente estável após o estágio probatório.

09. (FCC - Adaptada) De acordo com a doutrina, agente público é toda a pessoa física que presta serviços ao Estado e às pessoas jurídicas da Administração Indireta,

a) não se incluindo na categoria os agentes políticos, detentores de mandato eletivo.

b) inclusive os particulares que atuam em colaboração com o poder público, mediante delegação, requisição, nomeação ou designação.

c) não se incluindo na categoria os militares.

d) somente se incluindo na categoria aqueles que possuem vínculo estatutário ou celetista com a Administração.

e) incluindo-se os servidores públicos, estatutários e celetistas, bem como os agentes políticos, estes últimos desde que investidos mediante nomeação e não detentores de mandato eletivo.

10. (FCC) O cidadão que é convocado ou designado para prestar, transitoriamente, determinado serviço ao Poder Público em razão da sua condição cívica ou de sua notória capacidade profissional, mas sem vínculo empregatício, é denominado agente

a) administrativo.

b) político.

c) delegado.

d) credenciado.

e) honorífico.

Gabaritos

01	CERTO	06	ERRADO
02	CERTO	07	CERTO
03	ERRADO	08	A
04	CERTO	09	B
05	ERRADO	10	E

7. LICITAÇÃO

7.1 Conceito de Licitação

Art. 37, XXI. *Ressalvados os casos especificados na legislação, as obras, serviços, compras e alienações serão contratados mediante processo de licitação pública que assegure igualdade de condições a todos os concorrentes, com cláusulas que estabeleçam obrigações de pagamento, mantidas as condições efetivas da proposta, nos termos da lei, o qual somente permitirá as exigências de qualificação técnica e econômica indispensáveis à garantia do cumprimento das obrigações.*

Procedimento administrativo, de observância obrigatória pelas entidades governamentais, em que, observada a igualdade entre os participantes, deve ser selecionada a melhor proposta entre as apresentadas pelos interessados e com elas travar determinadas relações de conteúdo patrimonial, uma vez preenchidos os requisitos mínimos necessários ao bom cumprimento das obrigações a que eles se propõem (preceito da Lei 8.666/93).

7.1.1 Regras gerais sobre licitações

As regras gerais de licitação são de suma importância para quem fará um concurso público, pois, de forma objetiva, conseguimos entender as questões propostas, dessa maneira, iniciaremos com indagações frequentes:

O que é licitação?

Licitação é o procedimento administrativo que autoriza a execução de obras, a prestação de serviços e o fornecimento de bens para atendimento de necessidades públicas; as alienações e locações devem ser contratadas mediante licitações públicas.

Por que licitar?

A Constituição Federal, Art. 37, XXI, prevê, para a Administração Pública, a obrigatoriedade de licitar.

O procedimento de licitação objetiva permite que a administração contrate aqueles que reúnem as condições necessárias para o atendimento do interesse público, levando em consideração aspectos relacionados à capacidade técnica e econômico-financeira do licitante, à qualidade do produto e ao valor do objeto, sempre procurando atender ao princípio da isonomia (igualdade) e objetivando a proposta mais vantajosa.

Quem deve licitar?

Estão sujeitos à regra de licitar, prevista na Lei nº 8.666, de 1993, além dos órgãos integrantes da administração direta, os fundos especiais, as autarquias, as fundações públicas, as empresas públicas, as sociedades da economia mista e demais entidades controladas direta e indiretamente pela União, Estados, Distrito Federal e Municípios.

As concessionárias e permissionárias de serviços públicos sempre devem licitar, isso por força do Art. 175 da Constituição Federal.

Art. 175. *Incumbe ao Poder Público, na forma da lei, diretamente ou sob regime de concessão ou permissão, sempre por meio de licitação, a prestação de serviços públicos.*

ADM. PÚBLICA DIRETA — UNIÃO; ESTADOS; DISTRITO FEDERAL; MUNICÍPIOS.

ADM. PÚBLICA INDIRETA — **F**UNDAÇÃO PÚBLICA; **A**UTARQUIA; **S**OCIEDADE DE ECONOMIA MISTA; **E**MPRESA PÚBLICA.

Como licitar?

Em primeiro lugar, deve ser definido o objeto que se quer contratar. Depois disso, é necessário estimar o valor total da obra, do serviço ou do bem a ser licitado, mediante realização de pesquisa de mercado. É importante, ainda, verificar se há previsão de recursos orçamentários para o pagamento da despesa e se essa se encontrará em conformidade com a Lei de Responsabilidade Fiscal.

Assim, após apuração da estimativa, deve ser adotada a modalidade de licitação adequada, com prioridade especial para o pregão, quando o objeto pretendido referir-se a bens e serviços comuns listados no Decreto nº 3.555, de 8 de agosto de 2002, que regulamenta essa modalidade. Lembrando que a modalidade pregão não está expressamente prevista na Lei nº 8.666/93.

7.2 Princípios Explícitos

> Legalidade;
> Impessoalidade;
> Moralidade e Probidade Administrativa;
> Igualdade;
> Publicidade;
> Vinculação ao Instrumento Convocatório;
> Julgamento Objetivo.

Estão previstos no Art. 3º da Lei nº 8.666/93:

Art. 3º. *A licitação destina-se a garantir a observância do princípio constitucional da isonomia, a seleção da proposta **mais vantajosa** para a Administração e a promoção do desenvolvimento nacional sustentável e será processada e julgada em estrita conformidade com **os princípios básicos da legalidade, da impessoalidade, da moralidade, da igualdade, da publicidade, da probidade administrativa, da vinculação ao instrumento convocatório, do julgamento objetivo e dos que lhes são correlatos.***

O Art. 3º, que trata dos princípios da licitação, determina a estrita obediência a vários princípios básicos expressos. Contudo, dá relevância a um deles, ou seja, **o princípio da isonomia tem um tratamento diferenciado.**

A licitação, por si só, traz uma ideia de disputa isonômica e a finalidade é a de conseguir a proposta mais vantajosa para a Administração a fim da celebração do contrato administrativo. O propósito específico é a realização de obras, serviços, concessão, permissões, compras, alienações ou locações.

Devemos nos atentar, pois a competência para legislar acerca de licitação é privativa da União, sempre sobre normas gerais, e está prevista no Art. 22, XXVII, da Constituição Federal:

Art. 22. Compete privativamente à União legislar sobre:

XXVII. Normas gerais de licitação e contratação, em todas as modalidades, para as administrações públicas diretas, autárquicas e fundacionais da União, Estados, Distrito Federal e Municípios, obedecido o disposto no Art. 37, XXI, e para as empresas públicas e sociedades de economia mista, nos termos do Art. 173, § 1º, III;

É de se notar que os Estados, Distrito Federal e municípios podem legislar sobre normas específicas acerca de licitação pública e contratos administrativos, mesmo sem autorização da União, desde que as leis promulgadas não ofendam a Constituição Federal e também não contrariem as normas gerais.

Dessa forma, é importante frisar que a Lei nº 8.666/93 é aplicável a toda Administração Pública, de acordo com os Arts. 1º e 2º da lei:

Art. 1º. *Esta Lei estabelece normas gerais sobre licitações e contratos administrativos pertinentes a obras, serviços, inclusive de publicidade, compras, alienações e locações no âmbito dos Poderes da União, dos Estados, do Distrito Federal e dos Municípios.*

Parágrafo único. *Subordinam-se ao regime desta Lei, além dos órgãos da administração direta, os fundos especiais, as autarquias, as fundações públicas, as empresas públicas, as sociedades de economia mista e demais entidades controladas direta ou indiretamente pela União, Estados, Distrito Federal e Municípios.*

Art. 2º. *As obras, serviços, inclusive de publicidade, compras, alienações, concessões, permissões e locações da Administração Pública, quando contratadas com terceiros, serão necessariamente precedidas de licitação, ressalvadas as hipóteses previstas nesta Lei.*

Parágrafo único. *Para os fins desta Lei, considera-se contrato todo e qualquer ajuste entre órgãos ou entidades da Administração Pública e particulares, em que haja um acordo de vontades para a formação de vínculo e a estipulação de obrigações recíprocas, seja qual for a denominação utilizada.*

7.2.1 Princípios explícitos em espécie

7.2.1.1 Legalidade

Nos procedimentos de licitação, esse princípio vincula os licitantes e a Administração Pública às regras estabelecidas, nas normas e princípios em vigor, ou seja, o administrador fica vinculado aos ditames na lei, tendo alguma liberdade (discricionariedade) somente quando a própria lei assim autorizar ou determinar, como é o caso da licitação dispensável e licitação dispensada.

Todos os atos de licitação devem estar estritamente na lei. Sendo assim, o administrador público não pode exigir do licitante condições de habilitação econômica com certa margem acima do necessário ao cumprimento das obrigações a serem contratadas. Assim, somente permitirá as exigências de qualificação técnica e econômicas indispensáveis à garantia do cumprimento das obrigações.

7.2.1.2 Impessoalidade

Esse princípio obriga a Administração a observar, nas suas decisões, critérios objetivos previamente estabelecidos, afastando a discricionariedade e o subjetivismo na condução dos procedimentos da licitação. Aqui, o princípio obedece aos ditames da Constituição Federal e tem por finalidade a obediência estrita aos fins coletivos, impedindo, de qualquer modo, a promoção pessoal do administrador e as chamadas "facilidades" para qualquer particular envolvido no procedimento.

7.2.1.3 Moralidade e probidade administrativa

Aqui devemos nos atentar, pois, de acordo com a Constituição Federal, a moralidade administrativa é tida como princípio e a probidade como dever. Contudo, o texto da Lei nº 8.666/93 traz insculpido os dois como sendo princípios norteadores da licitação, em que a conduta dos licitantes e dos agentes públicos tem que ser, além de lícita, compatível com a moral, ética, bons costumes e com as regras da boa administração.

7.2.1.4 Igualdade

É o mais relevante princípio da lei de licitação e significa dar tratamento igual a todos os interessados. É condição essencial para garantir em todas as fases da licitação. Também chamado de princípio da isonomia entre os licitantes. A igualdade aqui tem dois sentidos: primeiro, a administração deve dispensar tratamento isonômico entre os licitantes; segundo, deve a igualdade garantir que a concorrência seja viável entre os particulares.

O Art. 3º, § 2º, da Lei, reza que em igualdade de condições será assegurado à preferência sucessivamente a bens e serviços em caso de empate, seguindo o seguinte critério de desempate:

- Produzidos no país;
- Produzidos ou prestados por empresas brasileiras;
- Produzidos ou prestados por empresas que invistam em pesquisa e no desenvolvimento de tecnologia no país.
- Produzidos ou prestados por empresas que comprovem cumprimento de reserva de cargos prevista em lei para pessoa com deficiência ou para reabilitado da Previdência Social e que atendam às regras de acessibilidade previstas na legislação.

7.2.1.5 Publicidade

O Princípio da Publicidade reza que qualquer interessado deve ter acesso às licitações públicas e seu controle, mediante divulgação dos atos praticados pelos administradores em todas as fases da licitação. No entanto, o conteúdo dos propostos são sigilosos, conforme prevê o Art. 3º, § 3º, Lei nº 8.666/93.

§ 3º. *A licitação não será sigilosa, sendo públicos e acessíveis ao público os atos de seu procedimento, salvo quanto ao conteúdo das propostas, até a respectiva abertura.*

Dessa forma, quanto maior o valor do contrato, maior será a publicidade de seus atos. Assim, no convite, a divulgação será mínima, devido ao reduzido valor do contrato, e, na concorrência, a divulgação será a maior possível.

Os avisos contendo os resumos dos editais das concorrências, das tomadas de preço, dos concursos e dos leilões, embora realizados no local da repartição interessada, deverão ser publicados com antecedência, como dispõe o Art. 21 da Lei de Licitação:

Art. 21. *Os avisos contendo os resumos dos editais das concorrências, das tomadas de preços, dos concursos e dos leilões, embora realizados no local da repartição interessada, deverão ser publicados com antecedência, no mínimo, por uma vez:*

I. *No Diário Oficial da União, quando se tratar de licitação feita por órgão ou entidade da Administração Pública Federal e, ainda, quando se tratar de obras financiadas parcial ou totalmente com recursos federais ou garantidas por instituições federais;*

II. No Diário Oficial do Estado, ou do Distrito Federal quando se tratar, respectivamente, de licitação feita por órgão ou entidade da Administração Pública Estadual ou Municipal, ou do Distrito Federal;

III. em sítio eletrônico oficial do respectivo ente federativo, facultado aos Estados, ao Distrito Federal e aos Municípios, alternativamente, a utilização de sítio eletrônico oficial da União, conforme regulamento do Poder Executivo federal. (Redação dada pela Medida Provisória nº 896, de 2019)

Dessa forma, os prazos do Art. 21 são os seguintes:

Prazo do edital	Modalidades
45 dias para	> Concurso. > Concorrência, quando o contrato a ser celebrado contemplar o regime de empreitada integral ou quando a licitação for do tipo "melhor técnica" ou "técnica e preço".
30 dias para	> Concorrência, nos casos não especificados na alínea "b" do inciso anterior. > Tomada de preços, quando a licitação for do tipo "melhor técnica" ou "técnica e preço".
15 dias para	> Quinze dias para a tomada de preços, nos casos não especificados na alínea "b" do inciso anterior, ou leilão.
5 dias úteis para	> Convite.
8 dias úteis (no mínimo para)	> Pregão.

Esses prazos começam a ser contados a partir:
- da última publicação do edital;
- da expedição do convite;
- da efetiva disponibilidade do edital ou do convite.
Prevalece a data que ocorrer mais tarde.

7.2.1.6 Vinculação ao instrumento convocatório

O instrumento convocatório, que pode ser edital ou carta convite, obriga a administração e o licitante a observarem as normas e condições estabelecidas no ato convocatório. Dessa forma, nada poderá ser criado ou feito sem que haja previsão em relação a esse ato.

7.2.1.7 Julgamento objetivo

O princípio, em tela, determina que o administrador deve observar critérios objetivos definidos no ato convocatório para o julgamento das propostas. Afasta a possibilidade de o julgador utilizar-se de fatores subjetivos ou de critérios não previstos no ato referido, mesmo que em benefício da própria administração.

7.3 Princípios Implícitos

7.3.1 Competitividade

A lei e a própria Constituição Federal estabelecem a obrigatoriedade do caráter competitivo no procedimento licitatório. Isso se dá, pois na competição entre os licitantes não pode haver manipulações de preços. Dessa forma, a administração deve ser capaz de assegurar a obtenção da proposta mais vantajosa a execução dos fins públicos.

Nessa perspectiva, a lei veda a realização de licitação cujo objeto inclua bens e serviços sem similaridade ou de marcas, características e especificações exclusivas, salvo nos casos em que for tecnicamente justificável (Art. 7º, § 5º).

7.3.2 Sigilo das propostas

Decorrência lógica do Art. 3º da Lei de Licitações, uma vez que o princípio explícito é o da publicidades dos atos. Sigilo, somente na apresentação das propostas e, ainda assim, até a abertura das mesmas, que devem ser liberadas ao público após regular escolha do vencedor.

7.3.3 Adjudicação compulsória

Esse princípio diz que a administração só poderá atribuir o objeto da licitação ao vencedor. Não pode tal objeto ser concedido a outro licitante. O vendedor, uma vez que preencheu todos os requisitos formais, tem prevalência na assinatura do contrato. Essa não garante direito adquirido, uma vez que o ato licitatório pode ser revogado pela administração antes da assinatura do contrato. O licitante também pode desistir do contrato caso consiga provar justo motivo.

7.4 Modalidades de Licitação

As licitações, segundo a Lei nº 8.666/93, serão efetuadas no local onde se situar a repartição interessada, salvo por motivo de interesse público devidamente justificado. Essa regra, no entanto, não impede a habilitação de interessados que sejam residentes ou sediados em outros locais.

Modalidade de licitação é a forma específica de conduzir o procedimento licitatório, a partir de critérios definidos em lei. O valor estimado para contratação é o principal fator para escolha da modalidade de licitação, exceto quando se trata de pregão, que não está limitado a valores. Dessa forma, além do leilão e do concurso, as demais modalidades de licitação admitidas são exclusivamente as seguintes:

7.4.1 Concorrência

> Concorrência;
> Tomada de Preço;
> Convite;
> Concurso;
> Leilão;
> Pregão;
> Consulta.

Modalidade da qual podem participar quaisquer interessados que, na fase de habilitação preliminar, comprovem possuir requisitos mínimos de qualificação exigidos no edital para execução do objeto da licitação. Todas as licitações para bens imóveis devem ser feitas nessa modalidade, também as concessões de direito real de uso, para alienações internacionais e para as parcerias público privadas. Seja qual for o valor da licitação, em tese, a concorrência pode ser utilizada.

A concorrência está prevista no **Art. 22, §1º, da Lei nº 8.666/93:**

> ***Art. 22, §1º*** *- Concorrência é a modalidade de licitação entre quaisquer interessados que, na fase inicial de habilitação preliminar, comprovem possuir os requisitos mínimos de qualificação exigidos no edital para execução de seu objeto.*

→ **Características:**

> Possui fase preliminar;
> É considerada mais complexa;
> Admite qualquer valor;
> É a mais competitiva;
> Contratações de maior valor;

→ **A Concorrência é utilizada obrigatoriamente para:**

> Compra ou alienação de imóveis;
> Concessão de direito real de uso;
> Licitações internacionais;
> Concessão de serviços públicos;
> Contrato de parcerias público privada.

7.4.2 Tomada de preços

Modalidade realizada entre interessados devidamente cadastrados ou que atenderem a todas as condições exigidas para cadastramento até o terceiro dia anterior à data do recebimento das propostas, observada a necessária qualificação.

A tomada de preço está prevista no Art. 22, § 2º, da Lei nº 8.666/93:

> ***Art. 22, § 2º.*** *Tomada de preços é a modalidade de licitação entre interessados devidamente cadastrados ou que atenderem a todas as condições exigidas para cadastramento até o terceiro dia anterior à data do recebimento das propostas, observada a necessária qualificação.*

→ **Características:**

Interessados têm que estar devidamente cadastrados, contudo, pelo princípio da competitividade, podem inscrever-se até o terceiro dia anterior à data do recebimento das propostas.

Contratação de valores intermediários.

A modalidade "tomada de preços" não se confunde com o "registro de preços". O chamado "Sistema de Registro de Preços - SRP" não é modalidade de licitação, mas sim um cadastramento formal de prestadores de serviços e fornecedores de bens e seus respectivos preços para as **contratações futuras e habituais**.

O SRP é válido por 12 meses, e para fazer parte dele é necessário participar de licitação na modalidade concorrência ou pregão do tipo menor preço. O SRP é regulado pelo Decreto 7.892/13 e não confere ao licitante o direito adquirido à contratação, entretanto, se a Administração necessitar do bem ou serviço durante a validade do SRP, em igualdade de condições, o cadastrado terá prioridade na contratação.

Obs.: os órgãos e entidades que não participaram do registro de preços, quando desejarem fazer uso da ata de registro de preços, deverão consultar o órgão gerenciador da ata para manifestação sobre a possibilidade de adesão (é a chamada "licitação carona" prevista no Art. 22, §1 º do Dec. 7.892/13).

7.4.3 Convite

A modalidade convite está prevista no Art. 22, § 3º, da Lei nº 8.666/93:

> ***Art. 22, §3º.*** *Convite é a modalidade de licitação entre interessados do ramo pertinente ao seu objeto, cadastrados ou não, escolhidos e convidados em número mínimo de 3 (três) pela unidade administrativa, a qual afixará, em local apropriado, cópia do instrumento convocatório e o estenderá aos demais cadastrados na correspondente especialidade que manifestarem seu interesse com antecedência de até 24 (vinte e quatro) horas da apresentação das propostas.*

Modalidade realizada entre interessados do ramo de que trata o objeto da licitação, escolhidos e convidados em número mínimo de três pela administração.

O convite é a modalidade de licitação mais simples. A administração escolhe quem quer convidar, entre os possíveis interessados, cadastrados ou não. A divulgação deve ser feita mediante afixação de cópia do convite em quadro de avisos do órgão ou entidade, localizado em lugar de ampla divulgação, dispensando a publicação em Diário Oficial.

No convite, é possível a participação de interessados que não tenham sido formalmente convidados, mas que sejam do ramo do objeto licitado, desde que cadastrados no órgão ou entidade licitadora ou no Sistema de Cadastramento Unificado de Fornecedores – SICAF. Esses interessados devem solicitar o convite com antecedência de até 24 horas da apresentação das propostas.

Para que a contratação seja possível no convite, são necessárias pelo menos três propostas válidas, isto é, que atendam a todas as exigências do ato convocatório. Não é suficiente a obtenção de três propostas, é preciso que elas sejam válidas. Caso isso não ocorra, a administração deve repetir o convite e chamar mais um interessado, enquanto existirem cadastrados não convidados nas últimas licitações, ressalvadas as hipóteses de limitação de mercado ou manifesto desinteresse dos incitados, circunstâncias essas que devem ser justificadas no processo de licitação.

A publicação na imprensa e em jornal de grande circulação confere ao convite divulgação idêntica à da concorrência e à tomada de preços, afastando a discricionariedade do agente público.

Quando for impossível a obtenção de três propostas válidas, por limitações do mercado ou manifesto desinteresse dos convidados, essas circunstâncias deverão ser devidamente motivadas e justificadas no processo, sob pena de repetição de convite.

Limitações de mercado ou manifesto desinteresse das empresas convidadas não se caracterizam nem podem ser justificados quando são inseridas, na licitação, condições que só uma ou outra empresa pode atender.

→ **Características:**

> É a modalidade de licitação entre interessados do ramo pertinente ao seu objeto, cadastrados ou não, escolhidos e convidados em número mínimo de três pela unidade administrativa;
> Contratação de menor valor;
> O procedimento é simples, permitindo, excepcionalmente, nas pequenas unidades administrativas, a substituição da comissão por servidor formalmente designado pela autoridade competente.

7.4.4 Concurso

O Art. 22, § 4º, da Lei nº 8.666/93 define a modalidade concurso como sendo a licitação entre quaisquer interessados para a escolha de trabalho técnico, científico ou artístico, mediante à instituição de prêmios ou remuneração aos vencedores do procedimento, sempre conforme previsto em edital publicado na imprensa oficial com antecedência mínima de 45 dias.

O julgamento da modalidade concurso é feita por uma comissão especial. Pode participar da comissão servidor ou não, de acordo com o Art. 51, § 5º.

A modalidade concurso está prevista no **Art. 22, § 4º, da Lei nº 8.666/93:**

> ***Art. 22, §4º.*** *Concurso é a modalidade de licitação entre quaisquer interessados para escolha de trabalho técnico, científico ou artístico, mediante à instituição de prêmios ou remuneração aos vencedores, conforme critérios constantes de edital publicado na imprensa oficial com antecedência mínima de 45 (quarenta e cinco) dias.*

→ **Características:**

> Trabalho técnico;

> Científico;

> Artístico;

> Edital tem que ser publicado com antecedência mínima de 45 dias;

> O que determina a necessidade da realização da **licitação é a natureza do seu objeto,** não o valor do contrato;

> O procedimento é um tanto diverso, pois o julgamento será feito por uma comissão especial integrada por pessoas de **reputação ilibada e reconhecido conhecimento da matéria em exame,** servidor público ou não.

7.4.5 Leilão

É a modalidade de licitação, entre quaisquer interessados, para venda, a quem oferecer o maior lance, igual ou superior ao valor da avaliação, dos seguintes bens:

> Bens móveis inservíveis para a Administração.

> Produtos legalmente apreendidos ou penhorados.

> Bens imóveis da Administração Pública, cuja aquisição haja derivado de procedimentos judiciais ou de dação em pagamento (Art. 19, III).

O leilão, além dessas disposições, está previsto em dois lugares:

Primeiro, no Art. 22, § 5º, da Lei nº 8.666/93:

> ***Art. 22, §5º.*** *Leilão é a modalidade de licitação entre quaisquer interessados para a venda de bens móveis inservíveis para a Administração ou de produtos legalmente apreendidos ou penhorados, ou para a alienação de bens imóveis prevista no Art. 19, a quem oferecer o maior lance, igual ou superior ao valor da avaliação.*

Limitado a bens avaliados, isolada ou globalmente, em quantia não superior a R$ 650.000,00. Acima disso e para bens imóveis, deve ser utilizada a modalidade concorrência.

Segundo, no Art. 53, da Lei nº 8.666/93:

> ***Art. 53.*** *O leilão pode ser cometido a leiloeiro oficial ou a servidor designado pela administração, procedendo-se na forma da legislação pertinente.*
>
> ***§ 1º*** *- Todo bem a ser leiloado será previamente avaliado pela administração para fixação do preço mínimo de arrematação.*
>
> ***§ 2º*** *- Os bens arrematados serão pagos à vista ou no percentual estabelecido no edital, não inferior a 5% (cinco por cento) e, após a assinatura da respectiva ata lavrada no local do leilão, imediatamente entregues ao arrematante, o qual se obrigará ao pagamento do restante no prazo estipulado no edital de convocação, sob pena de perder em favor da administração o valor já recolhido.*
>
> ***§ 3º*** *- Nos leilões internacionais, o pagamento da parcela à vista poderá ser feito em até vinte e quatro horas.*
>
> ***§ 4º*** *- O edital de leilão deve ser amplamente divulgado, principalmente no município em que se realizará.*

7.4.6 Consulta

A modalidade consulta não está prevista na Lei nº 8.666/93. Está prevista na Lei nº 9.472/97 (a mesma que criou a Anatel); é uma modalidade prevista **apenas para as agências reguladoras.**

A lei diz que a consulta é a modalidade de licitação adequada à contratação de bens e serviços não classificados como comuns e que não sejam obras e serviços de engenharia civil.

A consulta é modalidade de licitação exclusiva de agências reguladoras, para aquisição de bens e serviços não comuns, excetuados obras e serviços de engenharia civil, na qual as propostas são julgadas por um júri, segundo critério que leve em consideração, ponderadamente, custo e benefício.

Os valores utilizados para configurar grande, médio ou pequeno vulto constam do Art. 23, I e II da Lei 8.666/93. Tais valores foram atualizados pelo Decreto 9.412/18. Para facilitar a assimilação, apresentamos a tabela abaixo:

	Serviços de Engenharia	Outros serviços ou aquisição de bens
Concorrência	Acima de R$ 3.300.000,00	Acima de R$ 1.430.000,00
Tomada de Preços	Até 3.300.000,00	Até R$ 1.430.000,00
Convite	Até R$ 330.000,00	Até R$ 176.000,00

*O valor de R$ 650.000,00 que consta na pág. 47 deve ser alterado para R$ 1.430.000,00 (Com base no Decreto 9.412/18).

O valor de R$ 4.000,00 que consta na pág. 54 deve ser alterado para R$ 8.800,00 (Com base no Decreto 9.412/18).

*O valor de R$ 80.000,00 que consta na pág. 58 deve ser alterado para R$ 176.000,00 (Com base no Decreto 9.412/18).

*O Decreto 9.507/18, em seu Art. 17, revoga o antigo Decreto 2.271/97 que tratava de terceirização. Sendo assim, o texto da pág. 64 está desatualizado e deve ser retirado. Segue abaixo sugestão de novo texto com base no Decreto 9.507/18.

Modalidade (Art. 22)	Valor (Art. 23)	Nº de Licitantes	Participação	Objeto	Forma de Divulgação (Art. 21)
Concorrência	Grandes valores	Independente	Sem restrição	Sem restrição	Edital publicado com 30 dias de antecedência em relação ao recebimento das propostas (ver Art. 21, § 2º, 45 dias).
Tomada de Preço	Valores médios	Independente	Cadastrado ou que atendam todos os requisitos até 3 dias antes do recebimento da proposta.	Sem restrição	Edital publicado com 15 dias de antecedência.
Convite	Valores pequenos	Pelo menos 3 licitantes	Cadastrado ou não (edital estendendo aos demais cadastrados - manifestação antes de 24 horas do recebimento da proposta).	Sem restrição	Carta-convite remetidas aos interessados com 5 dias de antecedência (fixação no mural).
Concurso	Não interessa o valor	Independente	Sem restrição	Trabalho técnico, científico ou artístico.	Edital publicado com 45 dias de antecedência.
Leilão	Não interessa o valor	Independente	Sem restrição	Alienação de bens inservíveis, produtos apreendidos ou bens imóveis.	Edital com ênfase na localidade em que se realizará o leilão.

7.4.7 Pregão

O pregão constitui a sexta modalidade de licitação e está previsto na Lei nº 10.520/2002, que expressamente o estendeu a todas as esferas da Federação.

É a modalidade de licitação para aquisição de bens e serviços comuns pela União, Estados, Distrito Federal e Municípios, conforme disposto em regulamento, qualquer que seja o valor estimado da contratação, na qual a disputa pelo fornecimento é feita por meio de propostas e lances em sessão pública.

Os licitantes apresentam suas propostas de preço por escrito e por lances verbais, independentemente do valor estimado da contratação.

Ao contrário do que ocorre em outras modalidades, no pregão, a escolha da proposta é feita antes da análise da documentação, razão maior de sua celeridade.

O pregão é a modalidade alternativa ao convite, à tomada de preços e à concorrência para contratação de bens e serviços comuns. Não é obrigatória, mas deve ser prioritária e é aplicável a qualquer valor estimado de contratação.

→ **Características:**

> O pregão é a sexta modalidade de licitação;

> O pregão pode ser utilizado para qualquer valor de contrato;

> É considerado pouco complexo;

> Permite lances verbais;

> Não se leva em consideração o vulto do contrato (valor da contratação), mas sim a característica dos bens ou serviços, que devem ser comuns, simples e rotineiros;

> O tipo da licitação é sempre o de menor preço;

> Não se exige capacitação técnica especializada.

7.5 Obrigatoriedade de Licitação e Casos de Exceções

7.5.1 Licitação obrigatória

A regra constitucional é, pela obrigatoriedade para toda a Administração Pública no que tange a licitar para compras e alienações de bens e serviços, mas a própria Constituição Federal informa que a lei pode prever algumas hipóteses de exceção à realização da licitação.

Todavia, a Constituição Federal informa que, quando o objeto da contração é uma concessão ou permissão de serviço público, a realização da licitação é obrigatória.

Exceções à Obrigatoriedade das Licitações

Apesar de a regra geral instituir a obrigatoriedade das licitações, a própria lei de licitação faz ressalvas acerca dela, ou seja, por determinação legal, pode haver a celebração do contrato administrativo sem a prevalência da obrigação de licitar, e isso ocorre nos casos de Dispensa de Licitação (Licitação Dispensada e Licitação Dispensável) e Inexigibilidade de Litação.

A principal diferença entre dispensa e inexigibilidade é que, na dispensa de licitação, a competição é possível, mas a lei dispensa ou permite que a licitação seja dispensada e na licitação inexigível, a competição é impossível devido à falta de possíveis competidores.

> ***Art. 17.*** *Licitação dispensada* (a lei declarou-a como tal; não se faz licitação).
>
> ***Art. 24.*** *Licitação dispensável* (a administração pode dispensar se assim lhe convier).
>
> ***Art. 25.*** *Licitação inexigível* (quando houver inviabilidade de competição).

7.5.2 Inexigibilidade de licitação

Conforme o Art. 25 da Lei nº 8.666/93, a inexigibilidade de licitação se faz quando há inviabilidade de competição, em razão do bem ou serviço possuir singularidade de fornecimento; desde que devidamente comprovada sua exclusividade, a contratação direta poderá ser efetivada.

Devemos notar que o Art. 25 é um rol exemplificativo, ou seja, a administração no caso concreto pode prever outras situações em que ocorra impossibilidade jurídica de competição e que o serviço possua singularidade.

> ***Art. 25.*** *É inexigível a licitação quando houver inviabilidade de competição, em especial:*
>
> ***I.*** *Para aquisição de materiais, equipamentos, ou gêneros que só possam ser fornecidos por produtor, empresa ou representante comercial exclusivo, vedada a preferência de marca, devendo a comprovação de exclusividade ser feita por meio de atestado fornecido pelo órgão de registro do comércio do local em que se realizaria a licitação ou a obra ou o serviço, pelo Sindicato, Federação ou Confederação Patronal, ou, ainda, pelas entidades equivalentes;*
>
> ***II.*** *Para a contratação de serviços técnicos enumerados no Art. 13 desta Lei, de natureza singular, com profissionais ou empresas de notória especialização, vedada a inexigibilidade para serviços de publicidade e divulgação;*
>
> ***III.*** *Para contratação de profissional de qualquer setor artístico, diretamente ou por meio de empresário exclusivo, desde que consagrado pela crítica especializada ou pela opinião pública.*
>
> ***§ 1º*** *- Considera-se de notória especialização o profissional ou empresa cujo conceito no campo de sua especialidade, decorrente de desempenho anterior, estudos, experiências, publicações, organização, aparelhamento, equipe técnica, ou de outros requisitos relacionados com suas atividades, permita inferir que o seu trabalho é essencial e indiscutivelmente o mais adequado à plena satisfação do objeto do contrato.*
>
> ***§ 2º*** *- Na hipótese deste artigo e em qualquer dos casos de dispensa, se comprovado superfaturamento, respondem solidariamente pelo dano causado à Fazenda Pública o fornecedor ou o prestador de serviços e o agente público responsável, sem prejuízo de outras sanções legais cabíveis.*

Os serviços técnicos profissionais especializados possibilitam a inexigibilidade, mas é fundamental atentar que não é o simples fato de um serviço enquadrar-se como técnico profissional especializante que acarreta a inexigibilidade. É necessário que o serviço tenha natureza singular, ou seja, não pode ser usual e corriqueiro, por essa razão, justifique, a fim de garantir a sua satisfatória prestação, a contratação de um profissional ou de uma empresa de notória especialidade.

A regra geral é que a contratação de serviços técnicos profissionais especializados seja precedida de licitação na modalidade de concurso (Art. 13, § 1º). Somente quando for serviço singular, prestado por profissional ou empresa de notória especialização, é que a licitação será inexigível.

7.5.2.1 Dispensa de licitação

A dispensa de licitação é um gênero que engloba duas espécies, são elas: a licitação dispensada e a licitação dispensável.

7.5.2.1.1 Licitação dispensada

A licitação dispensada diferencia-se da dispensável, pois, nessa, o administrador pode fazer ou não o procedimento, já na dispensada, ele fica impedido de fazer pela própria lei. São os casos descritos no Art. 17.

As alíneas do inciso I do Art. 17 trazem a lista de hipóteses de dispensa de licitação em operações relativas a bens imóveis da Administração, enquanto as alíneas do inciso II do Art. 17 enumeram os casos de licitação dispensada para a alienação de bens móveis.

> ***Art. 17.*** *A alienação de bens da Administração Pública, subordinada à existência de interesse público devidamente justificado, será precedida de avaliação e obedecerá às seguintes normas:*

Dispensa de licitação de bens imóveis

> ***I.*** *Quando imóveis, dependerá de autorização legislativa para órgãos da administração direta e entidades autárquicas e fundacionais, e, para todos, inclusive as entidades paraestatais, dependerá de avaliação prévia e de licitação na modalidade de concorrência, dispensada está nos seguintes casos:*
>
> ***a)*** *Dação em pagamento;*
>
> ***b)*** *Doação, permitida exclusivamente para outro órgão ou entidade da Administração Pública, de qualquer esfera de governo, ressalvado o disposto nas alíneas f, h, e i;*
>
> ***c)*** *Permuta, por outro imóvel que atenda aos requisitos constantes do inciso X do Art. 24 dessa Lei;*
>
> ***d)*** *Investidura;*
>
> ***e)*** *Venda a outro órgão ou entidade da Administração Pública, de qualquer esfera de governo;*
>
> ***f)*** *Alienação gratuita ou onerosa, aforamento, concessão de direito real de uso, locação ou permissão de uso de bens imóveis residenciais construídos, destinados ou efetivamente utilizados no âmbito de programas habitacionais ou de regularização fundiária de interesse social desenvolvidos por órgãos ou entidades da Administração Pública;*
>
> ***g)*** *Procedimentos de legitimação de posse de que trata o art. 29 da Lei nº 6.383, de 7 de dezembro de 1976, mediante iniciativa e deliberação dos órgãos da Administração Pública em cuja competência legal inclua-se tal atribuição;*
>
> ***h)*** *Alienação gratuita ou onerosa, aforamento, concessão de direito real de uso, locação ou permissão de manuseio de bens imóveis de uso comercial de âmbito local com área de até 250 m^2 (duzentos e cinquenta metros quadrados) e inseridos no âmbito de programas de regularização fundiária de interesse social desenvolvidos por órgãos ou entidades da Administração Pública;*
>
> ***i)*** *Alienação e concessão de direito real de uso, gratuita ou onerosa, de terras públicas rurais da União e do Incra, onde incidam ocupações até o limite de que trata o § 1º do art. 6º da Lei nº 11.952, de 25 de junho de 2009, para fins de regularização fundiária, atendidos os requisitos legais; e (Redação dada pela Lei nº 13.465, 2017).*

Dispensa de licitação de bens móveis

> ***II.*** *Quando móveis, dependerá de avaliação prévia e de licitação, dispensada esta nos seguintes casos:*
>
> ***a)*** *Doação, permitida exclusivamente para fins e uso de interesse social, após avaliação de sua oportunidade e conveniência socioeconômica, relativamente à escolha de outra forma de alienação;*
>
> ***b)*** *Permuta, permitida exclusivamente entre órgãos ou entidades da Administração Pública;*
>
> ***c)*** *Venda de ações, que poderão ser negociadas em bolsa, observada a legislação específica;*
>
> ***d)*** *Venda de títulos, na forma da legislação pertinente;*
>
> ***e)*** *Venda de bens produzidos ou comercializados por órgãos ou entidades da Administração Pública, em virtude de suas finalidades;*
>
> ***f)*** *Venda de materiais e equipamentos para outros órgãos ou entidades da Administração Pública, sem utilização previsível por quem deles dispõe.*

7.5.2.1.2 Licitação dispensável

Na licitação dispensável, a Administração tem a faculdade de não realizar o procedimento licitatório para algumas hipóteses determinadas na própria Lei nº 8.666/93.

As situações nas quais a licitação poderá ser dispensável se encontram indicadas no Art. 24, I, "a", XXVIII da Lei Federal nº 8.666/93.

Dessa forma, veremos cada uma das hipóteses de licitação dispensável, salientando que essa listagem também possui caráter taxativo, não cabendo ao administrador à criação de outras situações. Devemos nos atentar, pois as questões de concursos nesse tópico costumam ser texto de lei. Assim, ler e fazer a diferenciação entre licitação dispensável (Art. 24) e inexigibilidade de licitação (Art. 25) é de suma importância.

> ***Art. 24.*** *É dispensável a licitação:*
>
> ***I.*** *Para obras e serviços de engenharia de valor até 10% (dez por cento) do limite previsto na alínea "a", do inciso I do artigo anterior, desde que não se refiram a parcelas de uma mesma obra ou serviço ou ainda para obras e serviços da mesma natureza e no mesmo local que possam ser realizadas conjunta e concomitantemente;*
>
> ***II.*** *Para outros serviços e compras de valor até 10% (dez por cento) do limite previsto na alínea "a", do inciso II do artigo anterior e para alienações, nos casos previstos nesta Lei, desde que não se refiram a parcelas de um mesmo serviço, compra ou alienação de maior vulto que possa ser realizada de uma só vez;*
>
> ***III.*** *Nos casos de guerra ou grave perturbação da ordem;*
>
> ***IV.*** *Nos casos de emergência ou de calamidade pública, quando caracterizada urgência de atendimento de situação que possa ocasionar prejuízo ou comprometer a segurança de pessoas, obras, serviços, equipamentos e outros bens, públicos ou particulares, e somente para os bens necessários ao atendimento da situação emergencial ou calamitosa e para as parcelas de obras e serviços que possam ser concluídas no prazo máximo de 180 (cento e oitenta) dias consecutivos e ininterruptos, contados da ocorrência da emergência ou calamidade, vedada a prorrogação dos respectivos contratos;*
>
> ***V.*** *Quando não acudirem interessados à licitação anterior e esta, justificadamente, não puder ser repetida sem prejuízo para a Administração, mantidas, neste caso, todas as condições pré-estabelecidas;*

Vale ressaltar que temos a chamada licitação deserta, ou seja, quando essa é convocada e não aparece nenhum interessado. Nesse caso, torna-se inviável a licitação, e a administração pode contratar diretamente, contanto que, motivadamente, demonstre que não ocorrerá prejuízo para a administração.

Não existe limite de valor para esse tipo de licitação, e a única exigência é que as cláusulas do contrato original sejam respeitadas.

Faz-se necessário diferenciar licitação deserta de licitação fracassada. Temos essa quando aparecem interessados, mas nenhum é selecionado, em decorrência de inabilitação ou desclassificação das propostas.

> ***§ 3º -*** *Quando todos os licitantes forem inabilitados ou todas as propostas forem desclassificadas, a administração poderá fixar aos licitantes o prazo de oito dias úteis para a apresentação de nova documentação ou de outras propostas escoimadas das causas referidas neste artigo, facultada, no caso de convite, a redução deste prazo para três dias úteis.*

Devemos nos atentar que, em regra, a licitação fracassada não representa uma forma de licitação dispensável. Assim, devemos aplicar o disposto no Art. 48, § 3º, da Lei nº 8.666/93.

> ***VI.*** *Quando a União tiver que intervir no domínio econômico para regular preços ou normalizar o abastecimento;*
>
> ***VII.*** *Quando as propostas apresentadas consignarem preços manifestamente superiores aos praticados no mercado nacional, ou forem incompatíveis com os fixados pelos órgãos oficiais competentes, casos em que, observado o parágrafo único do Art. 48 desta Lei e, persistindo a situação, será admitida a adjudicação direta dos bens ou serviços, por valor não superior ao constante do registro de preços, ou dos serviços;*
>
> ***VIII.*** *Para a aquisição, por pessoa jurídica de direito público interno, de bens produzidos ou serviços prestados por órgão ou entidade que integre a Administração Pública e que tenha sido criado para esse fim específico em data anterior à vigência desta Lei, desde que o preço contratado seja compatível com o praticado no mercado;*
>
> ***IX.*** *Quando houver possibilidade de comprometimento da segurança nacional, nos casos estabelecidos em decreto do Presidente da República, ouvido o Conselho de Defesa Nacional;*
>
> ***X.*** *Para a compra ou locação de imóvel destinado ao atendimento das finalidades precípuas da administração, cujas necessidades de instalação e localização condicionem a sua escolha, desde que o preço seja compatível com o valor de mercado, segundo avaliação prévia;*
>
> ***XI.*** *Na contratação de remanescente de obra, serviço ou fornecimento, em consequência de rescisão contratual, desde que atendida a ordem de classificação da licitação anterior e aceitas as mesmas condições oferecidas pelo licitante vencedor, inclusive quanto ao preço, devidamente corrigido;*
>
> ***XII.*** *Nas compras de hortifrutigranjeiros, pão e outros gêneros perecíveis, no tempo necessário para a realização dos processos licitatórios correspondentes, realizadas diretamente com base no preço do dia;*
>
> ***XIII.*** *Na contratação de instituição brasileira incumbida regimental ou estatutariamente da pesquisa, do ensino ou do desenvolvimento institucional, ou de instituição dedicada à recuperação social do preso, desde que a contratada detenha inquestionável reputação ético-profissional e não tenha fins lucrativos;*
>
> ***XIV.*** *Para a aquisição de bens ou serviços nos termos de acordo internacional específico aprovado pelo Congresso Nacional, quando as condições ofertadas forem manifestamente vantajosas para o Poder Público;*
>
> ***XV.*** *Para a aquisição ou restauração de obras de arte e objetos históricos, de autenticidade certificada, desde que compatíveis ou inerentes às finalidades do órgão ou entidade.*
>
> ***XVI.*** *Para a impressão dos diários oficiais, de formulários padronizados de uso da administração, e de edições técnicas oficiais, bem como para prestação de serviços de informática a pessoa jurídica de direito público interno, por órgãos ou entidades que integrem a Administração Pública, criados para esse fim específico;*
>
> ***XVII.*** *Para a aquisição de componentes ou peças de origem nacional ou estrangeira, necessários à manutenção de equipamentos durante o período de garantia técnica, junto ao fornecedor original desses equipamentos, quando tal condição de exclusividade for indispensável para a vigência da garantia;*

XVIII. *Nas compras ou contratações de serviços para o abastecimento de navios, embarcações, unidades aéreas ou tropas e seus meios de deslocamento quando em estada eventual de curta duração em portos, aeroportos ou localidades diferentes de suas sedes, por motivo de movimentação operacional ou de adestramento, quando a exiguidade dos prazos legais puder comprometer a normalidade e os propósitos das operações e desde que seu valor não exceda ao limite previsto na alínea "a" do inciso II do Art. 23 desta Lei:*

XIX. *Para as compras de material de uso pelas Forças Armadas, com exceção de materiais de uso pessoal e administrativo, quando houver necessidade de manter a padronização requerida pela estrutura de apoio logístico dos meios navais, aéreos e terrestres, mediante parecer de comissão instituída por decreto;*

XX. *Na contratação de associação de portadores de deficiência física, sem fins lucrativos e de comprovada idoneidade, por órgãos ou entidades da Administração Pública, para a prestação de serviços ou fornecimento de mão de obra, desde que o preço contratado seja compatível com o praticado no mercado.*

XXI. *Para a aquisição ou contratação de produto para pesquisa e desenvolvimento, limitada, no caso de obras e serviços de engenharia, a 20% (vinte por cento) do valor de que trata a alínea "b" do inciso I do caput do art. 23; (Incluído pela Lei nº 13.243, de 2016);*

XXII. *Na contratação de fornecimento ou suprimento de energia elétrica e gás natural com concessionário, permissionário ou autorizado, segundo as normas da legislação específica;*

XXIII. *Na contratação realizada por empresa pública ou sociedade de economia mista com suas subsidiárias e controladas, para a aquisição ou alienação de bens, prestação ou obtenção de serviços, desde que o preço contratado seja compatível com o praticado no mercado.*

XXIV. *Para a celebração de contratos de prestação de serviços com as organizações sociais, qualificadas no âmbito das respectivas esferas de governo, para atividades contempladas no contrato de gestão.*

XXV. *Na contratação realizada por Instituição Científica e Tecnológica - ICT ou por agência de fomento para a transferência de tecnologia e para o licenciamento de direito de uso ou de exploração de criação protegida.*

XXVI. *Na celebração de contrato de programa com ente da Federação ou com entidade de sua administração indireta, para a prestação de serviços públicos de forma associada nos termos do autorizado em contrato de consórcio público ou em convênio de cooperação.*

XXVII. *Na contratação da coleta, processamento e comercialização de resíduos sólidos urbanos recicláveis ou reutilizáveis, em áreas com sistema de coleta seletiva de lixo, efetuados por associações ou cooperativas formadas exclusivamente por pessoas físicas de baixa renda reconhecidas pelo poder público como catadores de materiais recicláveis, com o uso de equipamentos compatíveis com as normas técnicas, ambientais e de saúde pública.*

XXVIII. *Para o fornecimento de bens e serviços, produzidos ou prestados no País, que envolvam, cumulativamente, alta complexidade tecnológica e defesa nacional, mediante parecer de comissão especialmente designada pela autoridade máxima do órgão.*

XXIX. *Na aquisição de bens e contratação de serviços para atender aos contingentes militares das Forças Singulares brasileiras empregadas em operações de paz no exterior, necessariamente justificadas quanto ao preço e à escolha do fornecedor ou executante e ratificadas pelo Comandante da Força.*

XXX. *Na contratação de instituição ou organização, pública ou privada, com ou sem fins lucrativos, para a prestação de serviços de assistência técnica e extensão rural no âmbito do Programa Nacional de Assistência Técnica e Extensão Rural na Agricultura Familiar e na Reforma Agrária, instituído por lei federal.*

XXXI. *Nas contratações visando ao cumprimento do disposto nos Arts. 3º, 4º, 5º e 20 da Lei nº 10.973, de 2 de dezembro de 2004, observados os princípios gerais de contratação dela constantes.*

XXXII. *Na contratação em que houver transferência de tecnologia de produtos estratégicos para o Sistema Único de Saúde - SUS, no âmbito da Lei nº 8.080, de 19 de setembro de 1990, conforme elencados em ato da direção nacional do SUS, inclusive por ocasião da aquisição destes produtos durante as etapas de absorção tecnológica.*

XXXIII. *Na contratação de entidades privadas sem fins lucrativos, para a implementação de cisternas ou outras tecnologias sociais de acesso à água para consumo humano e produção de alimentos, para beneficiar as famílias rurais de baixa renda atingidas pela seca ou falta regular de água.*

XXXIV. *Para a aquisição por pessoa jurídica de direito público interno de insumos estratégicos para a saúde produzidos ou distribuídos por fundação que, regimental ou estatutariamente, tenha por finalidade apoiar órgão da administração pública direta, sua autarquia ou fundação em projetos de ensino, pesquisa, extensão, desenvolvimento institucional, científico e tecnológico e estímulo à inovação, inclusive na gestão administrativa e financeira necessária à execução desses projetos, ou em parcerias que envolvam transferência de tecnologia de produtos estratégicos para o Sistema Único de Saúde – SUS, nos termos do inciso XXXII deste artigo, e que tenha sido criada para esse fim específico em data anterior à vigência desta Lei, desde que o preço contratado seja compatível com o praticado no mercado. (Incluído pela Lei nº 13.204, de 2015)*

XXXV. *Para a construção, a ampliação, a reforma e o aprimoramento de estabelecimentos penais, desde que configurada situação de grave e iminente risco à segurança pública. (Incluído pela Lei nº 13.500, de 2017)*

§ 1º - *Os percentuais referidos nos incisos I e II do caput deste Art. serão 20% (vinte por cento) para compras, obras e serviços contratados por consórcios públicos, sociedade de economia mista, empresa pública e por autarquia ou fundação qualificadas, na forma da lei, como Agências Executivas.*

§ 2º - *O limite temporal de criação do órgão ou entidade que integre a Administração Pública estabelecido no inciso VIII do caput deste artigo não se aplica aos órgãos ou entidades que produzem produtos estratégicos para o SUS, no âmbito da Lei nº 8.080, de 19 de setembro de 1990, conforme elencados em ato da direção nacional do SUS.*

§ 3º *- A hipótese de dispensa prevista no inciso XXI do caput, quando aplicada a obras e serviços de engenharia, seguirá procedimentos especiais instituídos em regulamentação específica. (Incluído pela Lei nº 13.243, de 2016)*

§ 4º *- Não se aplica a vedação prevista no inciso I do caput do art. 9º à hipótese prevista no inciso XXI do caput. (Incluído pela Lei nº 13.243, de 2016)*

Licitação Deserta Art. 24 - V	Licitação Fracassada Art. 24 - VII
Não aparecem concorrentes	Aparecem interessados, mas nenhum é selecionado devido ao fato das propostas apresentadas consignarem preços manifestamente superiores aos praticados no mercado nacional, ou forem incompatíveis com os fixados pelos órgãos oficiais competentes.
Licitação dispensável	Abertura de prazo para a apresentação de novas propostas: - 8 dias (regra); - 3 dias (convite).
	Se os preços apresentados forem superiores aos de mercado, podem levar à licitação dispensável.

7.5.2.1.3 Formalidades da dispensa e da inexigibilidade

Os atos de dispensa e de inexigibilidade de licitação devem ser obrigatoriamente motivados, e deverão ser comunicados, dentro de 3 dias, à autoridade superior, para ratificação e publicação na imprensa oficial, no prazo de 5 (cinco) dias, como condição para a eficácia dos atos.

Em casos de dispensa ou inexigibilidade de licitação, se houver superfaturamento da obra, haverá responsabilidade solidária do agente público responsável e também do fornecedor ou prestador de serviços.

Questões

01. (Cespe) É dispensável a licitação para a contratação de artista consagrado pela crítica especializada.

Certo ( ) Errado ( )

02. (Cespe) É constitucional dispositivo de lei que determine a inclusão, na análise da proposta mais vantajosa, dos valores de impostos já pagos pela participante do certame à fazenda pública que realiza a licitação.

Certo ( ) Errado ( )

03. (Cespe) O adjudicatário que se recusar, injustificadamente, a assinar contrato administrativo está sujeito às penalidades pelo descumprimento total da obrigação assumida.

Certo ( ) Errado ( )

04. (Cespe) Em razão de o INSS ser autarquia especial de intervenção no domínio econômico, nos aspectos de ingerência no setor privado, ele não se submeterá a procedimentos licitatórios.

Certo ( ) Errado ( )

05. (Cespe) Suponha que a União pretenda contratar organização social para o desenvolvimento de atividades contempladas em contrato de gestão. Nesse caso, haverá inexigibilidade de licitação.

Certo ( ) Errado ( )

06. (Cespe) Considere que a administração tenha anulado licitação durante a execução do respectivo contrato administrativo. Nessa situação, há dever de indenizar o contratado na parte do contrato que este já houver executado.

Certo ( ) Errado ( )

07. (Cespe) As empresas estatais exploradoras de atividade econômica ou de produção ou comercialização de bens ou de prestação de serviços estão dispensadas de observar os princípios da licitação.

Certo ( ) Errado ( )

08. (Cespe) A contratação de parceria público-privada deve ser precedida de licitação na modalidade convite, estando a abertura do processo licitatório condicionada a autorização, fundamentada em estudo técnico, da autoridade competente.

Certo ( ) Errado ( )

09. (Cespe) É dispensável a licitação para a aquisição ou restauração de obras de arte e objetos históricos, de autenticidade certificada, desde que sejam compatíveis ou inerentes às finalidades do órgão ou entidade adquirente.

Certo ( ) Errado ( )

10. (Cespe) Considere que órgão da Administração Pública abra processo licitatório na modalidade tomada de preços entre interessados do ramo pertinente ao seu objeto devidamente cadastrados ou não. Nessa situação, a unidade administrativa poderá escolher o número mínimo de três interessados, desde que atendam a todas as condições exigidas para cadastramento, até o quinto dia anterior à data do recebimento das propostas, e à necessária qualificação.

Certo ( ) Errado ( )

Gabaritos

01	ERRADO	06	CERTO
02	ERRADO	07	ERRADO
03	CERTO	08	ERRADO
04	ERRADO	09	CERTO
05	ERRADO	10	ERRADO

8. CONTROLE DA ADMINISTRAÇÃO PÚBLICA

É um conjunto de instrumentos que o ordenamento jurídico estabelece a fim de que a própria administração Pública, os três poderes, e, ainda, o povo, diretamente ou por meio de órgãos especializados, possam exercer o poder de fiscalização, orientação e revisão da atuação de todos os órgãos, entidades e agentes públicos, em todas as esferas do poder.

8.1 Classificação

8.1.1 Quanto à origem

8.1.1.1 Controle interno

Acontece dentro do próprio poder, decorrente do princípio da autotutela.

Finalidade:

> ***Art. 74**, CF. Os Poderes Legislativo, Executivo e Judiciário manterão, de forma integrada, sistema de controle interno com a finalidade de:*
>
> ***I.** Avaliar o cumprimento das metas previstas no plano plurianual, a execução dos programas de governo e dos orçamentos da União;*
>
> ***II.** Comprovar a legalidade e avaliar os resultados, quanto à eficácia e eficiência, da gestão orçamentária, financeira e patrimonial nos órgãos e entidades da administração federal, bem como da aplicação de recursos públicos por entidades de direito privado;*
>
> ***III.** Exercer o controle das operações de crédito, avais e garantias, bem como dos direitos e haveres da União;*
>
> ***IV.** Apoiar o controle externo no exercício de sua missão institucional.*
>
> ***§ 1º** - Os responsáveis pelo controle interno, ao tomarem conhecimento de qualquer irregularidade ou ilegalidade, dela darão ciência ao Tribunal de Contas da União, sob pena de responsabilidade solidária.*

Exs.:

Pode ser exercido no âmbito hierárquico ou por órgãos especializados (sem hierarquia);

O controle finalístico (controvérsia doutrinária, alguns autores falam que é modalidade de controle externo);

A fiscalização realizada por um órgão da Administração Pública do Legislativo sobre a atuação dela própria;

O controle realizado pela Administração Pública do poder judiciário nos atos administrativos praticados pela própria Administração Pública desse poder.

8.1.1.2 Controle externo

É exercido por um poder sobre os atos administrativos de outro poder.

A exemplo, temos o controle judicial dos atos administrativos, que analisa aspectos de legalidade dos atos da Administração Pública dos demais poderes; ou o controle legislativo realizado pelo poder legislativo, nos atos da Administração Pública dos outros poderes.

8.1.1.3 Controle popular

É o controle exercido pelos administrados na atuação da Administração Pública dos três poderes, seja por meio da ação popular, do direito de petição ou de outros.

É importante lembrar que os atos administrativos devem ser publicados, salvo os sigilosos. Todavia, uma outra finalidade da publicidade dos atos administrativos é o desenvolvimento do controle social da Administração Pública[1].

8.1.2 Quanto ao momento de exercício

8.1.2.1 Controle prévio

É exercido antes da prática ou antes da conclusão do ato administrativo.

Finalidade:

É um requisito de validade do ato administrativo.

Ex.: A aprovação do Senado Federal da escolha de ministros do STF ou de dirigente de uma agência reguladora federal. Em tais situações, a referida aprovação antecede a nomeação de tais agentes.

8.1.2.2 Controle concomitante

É exercido durante a prática do ato.

Finalidade:

Possibilitar a aferição do cumprimento das formalidades exigidas para a formação do ato administrativo.

Ex.: Fiscalização da execução de um contrato administrativo; acompanhamento de uma licitação pelos órgãos de controle.

8.1.2.3 Controle subsequente/corretivo/posterior

É exercido após a conclusão do ato.

Finalidade:

- Correção dos defeitos sanáveis do ato;
- Declaração de nulidade do ato;
- Revogação do ato discricionário legal inconveniente e inoportuno.
- Cassação do ato pelo descumprimento dos requisitos que são exigidos para a sua manutenção.
- Conferir eficácia ao ato.

Ex.: Homologação de um concurso público.

8.1.3 Quanto ao aspecto controlado

8.1.3.1 Controle de legalidade

Sua finalidade é verificar se o ato foi praticado em conformidade com o ordenamento jurídico, e, por esse, entendemos que o ato tem que ser praticado de acordo com as leis e também com os princípios fundamentais da administração pública.

---

1 Lei de Acesso à Informação Pública - Lei 12.527-Art. 3º. Os procedimentos previstos nesta Lei destinam-se a assegurar o direito fundamental de acesso à informação e devem ser executados em conformidade com os princípios básicos da Administração Pública e com as seguintes diretrizes:
I. observância da publicidade como preceito geral e do sigilo como exceção;
II. divulgação de informações de interesse público, independentemente de solicitações;
III. utilização de meios de comunicação viabilizados pela tecnologia da informação;
IV. fomento ao desenvolvimento da cultura de transparência na Administração Pública;
V. desenvolvimento do controle social da Administração Pública.

Lei deve ser entendida, nessa situação, em sentido amplo, ou seja, a Constituição Federal, as leis ordinárias, complementares, delegadas, medidas provisórias e as normas infralegais.

Exercício

Própria Administração Pública: pode realizar o controle de legalidade a pedido ou de ofício. Em decorrência do princípio da autotutela, é espécie de controle interno.

Poder Judiciário: no exercício da função jurisdicional, pode exercer o controle de legalidade somente por provocação. Nesse caso, é uma espécie de inspeção externo.

Poder Legislativo: somente pode exercer controle de legalidade nos casos previstos na Constituição Federal. É forma de controle externo.

Consequências

Confirmação da validade do ato.

Anulação do ato com vício de validade (ilegal).

Um ato administrativo pode ser anulado pela própria Administração2 que o praticou, por provocação ou de ofício (controle interno) ou pelo poder judiciário. Nesse caso, somente por provocação (controle externo). A anulação gera efeitos retroativos (*ex tunc*), desfazendo todas as relações do ato resultadas, salvo, entretanto, os efeitos produzidos para os terceiros de boa-fé.

Prazo para anulação na via administrativa: cinco anos, contados a partir da prática do ato, salvo comprovada má-fé.

Segundo o STF, quando o controle interno acarretar o desfazimento de um ato administrativo que implique em prejuízo à situação jurídica do administrado, a administração deve antes instaurar um procedimento que garanta a ele o contraditório e a ampla-defesa, para que, dessa forma, possa defender os seus interesses.

Convalidação do ato é a correção com efeitos retroativos do ato administrativo com defeito sanável. Considera-se problema reparável:

> **I.** Vício de competência relativo à pessoa.
>
> » **Exceção**: competência exclusiva (também não cabe convalidação).
>
> » O vício de competência relativo à matéria não é caracterizado como um defeito sanável.

> **II.** Vício de Forma
>
> » **Exceção**: lei determina que a forma seja elemento essencial de validade de determinado ato (também não cabe convalidação).

Sendo assim, somente os vícios nos elementos forma e competência podem ser convalidados. Em todos os demais casos, a administração somente pode anular o ato.

Mesmo quando o defeito admite convalidação, a administração pública tem a possibilidade de anular, pois a regra é a anulação e a convalidação uma faculdade disponível ao agente público em hipóteses excepcionais.

2 Súmula 473, STF. *A Administração pode anular seus próprios atos, quando eivados de vícios que os tornem ilegais, porque deles não se originam direitos; ou revogá-los, por motivo de conveniência ou oportunidade, respeitados os direitos adquiridos, e ressalvada, em todos os casos, a apreciação judicial.*

Convalidação tácita

O Art. 54 da Lei 9.784 prevê que a administração tem o direito de anular os atos administrativos de que decorram efeitos favoráveis; para os destinatários, decai em cinco anos, contados da data em que forem praticados, salvo comprovada má-fé. Transcorrido esse prazo, o ato foi convalidado, pois não pode ser mais anulado pela administração.

Convalidação expressa

> **Art. 55, Lei 9.784/99.** *Em decisão na qual se evidencie não acarretar lesão ao interesse público nem prejuízo a terceiros, os atos que apresentarem defeitos sanáveis poderão ser convalidados pela própria Administração.*

O prazo que a Administração Pública tem para convalidar um ato é o mesmo que ela tem para anular, ou seja, cinco anos contados a partir da data da prática do feito. Como analisamos, a convalidação, se trata de um controle de legalidade que verificou que o ato foi praticado com vício, todavia, na hipótese descrita no Art. 55 da Lei 9.784/99, a autoridade com competência para anular tal ato, pode optar pela sua convalidação.

8.1.3.2 Controle de mérito

Sua finalidade é verificar a conveniência e a oportunidade dos atos administrativos discricionários.

Exercício

Em regra, é exercido discricionariamente pelo próprio poder que praticou o feito.

Excepcionalmente, o poder legislativo tem competência para verificar o mérito de atos administrativos dos outros poderes, esse é um controle de mérito de natureza política.

Não pode ser exercido pelo poder judiciário na sua função típica, mas pode ser executado pela Administração Pública do poder judiciário nos atos dela própria.

Consequências

Manutenção do ato discricionário legal, conveniente e oportuno;

Revogação do ato discricionário legal, inconveniente e inoportuno.

Nas hipóteses em que o Poder Legislativo exerce controle de mérito da atuação administrativa dos outros poderes, não lhe é permitida a revogação de tais atos.

8.1.4 Quanto à amplitude

8.1.4.1 Controle hierárquico

Decorre da hierarquia presente na Administração Pública, que se manifesta na subordinação entre órgãos e agentes, sempre no âmbito de uma mesma pessoa jurídica. Acontece na Administração Pública dos três poderes.

Consequências

É um controle interno permanente (antes/durante/após a prática do ato) e irrestrito, pois verifica aspectos de legalidade e de mérito de um ato administrativo praticado pelos agentes e órgãos subordinados.

Esse controle está relacionado às atividades de supervisão, coordenação, orientação, fiscalização, aprovação, revisão, avocação e aplicação de meios corretivos dos desvios e irregularidades verificados.

8.1.4.2 Controle finalístico/tutela administrativa/ supervisão ministerial

É exercido pela administração direta sobre as pessoas jurídicas da administração indireta.

Efeitos

Depende de norma legal que o estabeleça, não se enquadrando como um controle específico, e sua finalidade é verificar se a entidade está atingindo as suas intenções estatutárias.

8.2 Controle Administrativo

É um controle interno, fundado no poder de autotutela, exercido pelo poder executivo e pelos órgãos administrativos dos poderes legislativo e judiciário sobre suas próprias condutas, tendo em vista aspectos de legalidade e de mérito administrativo3.

> *Súmula 473, STF: A Administração pode anular seus próprios atos, quando eivados de vícios que os tornam ilegais, porque deles não se originam direitos; ou revogá-los, por motivo de conveniência ou oportunidade, respeitados os direitos adquiridos, e ressalvada, em todos os casos, a apreciação judicial.*

O controle administrativo é sempre interno. Pode ser hierárquico, quando é feito entre órgãos verticalmente escalonados integrantes de uma mesma pessoa jurídica, seja da Administração Direta ou Indireta; ou não hierárquico, quando exercido entre órgãos que, embora integrem uma só pessoa jurídica, não estão na mesma linha de escalonamento vertical e também no controle finalístico exercido entre a Administração Direta e a Indireta.

O controle administrativo é um controle permanente, pois acontece antes, durante e depois da prática do ato; também é irrestrito, pois como já foi dito, analisa aspectos de legalidade e de mérito.

Ainda é importante apontar que o controle administrativo pode acontecer de ofício ou a pedido do administrado.

Quando interessado em provocar a atuação da Administração Pública, o administrado pode se valer da reclamação administrativa, que é uma expressão genérica para englobar um conjunto de instrumentos, tais como o direito de petição, a representação, a denúncia, o recurso, o pedido de reconsideração, a revisão, dentre outros meios.

O meio utilizado pela Administração Pública para processar o pedido do interessado é o processo administrativo, que, na esfera federal, é regulado pela Lei nº 9.784/99.

8.3 Controle Legislativo

É a fiscalização realizada pelo Poder Legislativo, na sua função típica de fiscalizar, na atuação da Administração Pública dos três poderes.

Quando exercido na atuação administrativa dos outros poderes, é espécie de controle externo; quando realizado na Administração Pública do próprio poder legislativo, é espécie de controle interno.

3 ALEXANDRINO, Marcelo & PAULO Vicente. Direito Administrativo Descomplicado. 19ª edição. São Paulo - 2011.

8.3.1 Hipóteses de controle

O controle legislativo na atuação da Administração Pública somente pode ocorrer nas hipóteses previstas na Constituição Federal, não sendo permitidas às Constituições Estaduais ou às leis orgânicas criarem novas modalidades de controle legislativo no respectivo território de sua competência. Caso se crie nova forma de controle legislativo por instrumento legal diverso da Constituição Federal, tal norma será inconstitucional.

Como as normas estaduais e municipais não podem criar novas modalidades de controle legislativo, nessas esferas, pelo princípio da simetria, são aplicadas as hipóteses de controle legislativo previstas na Constituição Federal para os estados e municípios. Todavia, vale ressaltar que como o sistema legislativo federal adota o bicameralismo, as hipóteses de controle do Congresso Nacional, do Senado, das comissões e do Tribunal de Contas da União são aplicadas às assembleias legislativas na esfera estadual e às câmaras de vereadores nas esferas municipais.

8.3.2 Modalidades

8.3.2.1 Controle de legalidade

Quando se analisa aspectos de legalidade da atuação da Administração Pública dos três poderes, tais como dos atos e contratos administrativos.

8.3.2.2 Controle de mérito (político)

É um controle de natureza política, que possibilita ao Poder Legislativo, nas hipóteses previstas na Constituição Federal, a intervir na atuação da Administração Pública do Poder Executivo, controlando aspectos de eficiência da atuação e também de conveniência da tomada de determinadas decisões do poder executivo.

> **Ex.:** Quando o Senado tem que aprovar o ato do Presidente da República, que nomeia um dirigente de uma agência reguladora.
>
> **Efeitos**:

Não acarreta revogação do ato, pois esse ainda não conclui o seu processo de formação enquanto não for aprovado pelo poder legislativo, ou seja, tal ato não gera efeitos até a aprovação, por isso, não há o que se falar em revogação.

8.3.2.3 Controle exercido pelo Congresso Nacional

A competência exclusiva do Congresso Nacional vem descrita no Art. 40 da Constituição Federal:

> ***V.** Sustar os atos normativos do Poder Executivo que exorbitem do poder regulamentar ou dos limites de delegação legislativa;*

Tal situação acontece quando, no exercício do poder regulamentar, o presidente da república edite um decreto para complementar determinada lei e, nesse decreto, ele venha a inovar o ordenamento jurídico, ultrapassando os limites da lei. Todavia, a sustação do ato normativo pelo Congresso Nacional não invalida todo o decreto mas somente o trecho dele que esteja exorbitando do exercício do poder regulamentar.

> ***IX.** Julgar anualmente as contas prestadas pelo Presidente da República e apreciar os relatórios sobre a execução dos planos de governo;*

X. Fiscalizar e controlar, diretamente, ou por qualquer de suas Casas, os atos do Poder Executivo, incluídos os da administração indireta;

8.3.2.4 Controle exercido privativamente pelo Senado Federal

As competências privativas do Senado Federal vêm descritas no Art. 52 da Constituição Federal, dentre essas, algumas se referem ao exercício de atividades de controle:

> ***I.*** *Processar e julgar o Presidente e o Vice-Presidente da República nos crimes de responsabilidade, bem como os Ministros de Estado e os Comandantes da Marinha, do Exército e da Aeronáutica nos crimes da mesma natureza conexos com aqueles;*
>
> ***II.*** *Processar e julgar os Ministros do Supremo Tribunal Federal, os membros do Conselho Nacional de Justiça e do Conselho Nacional do Ministério Público, o Procurador-Geral da República e o Advogado-Geral da União nos crimes de responsabilidade;*

Nesses dois primeiros casos, o julgamento será presidido pelo presidente do STF, limitando-se este à condenação, que somente será proferida por dois terços dos votos do Senado Federal.

> ***III.*** *Aprovar previamente, por voto secreto, após arguição pública, a escolha de:*
>
> ***a)*** *Magistrados, nos casos estabelecidos nesta Constituição;*
>
> ***b)*** *Ministros do Tribunal de Contas da União indicados pelo Presidente da República;*
>
> ***c)*** *Governador de Território;*
>
> ***d)*** *Presidente e diretores do Banco Central;*
>
> ***e)*** *Procurador-Geral da República;*
>
> ***f)*** *titulares de outros cargos que a lei determinar.*
>
> ***IV.*** *Aprovar previamente, por voto secreto, após arguição em sessão secreta, a escolha dos chefes de missão diplomática de caráter permanente;*
>
> ***V.*** *Autorizar operações externas de natureza financeira, de interesse da União, dos Estados, do Distrito Federal, dos Territórios e dos Municípios;*
>
> ***VI.*** *Fixar, por proposta do Presidente da República, limites globais para o montante da dívida consolidada da União, dos Estados, do Distrito Federal e dos Municípios;*
>
> ***VII.*** *Dispor sobre limites globais e condições para as operações de crédito externo e interno da União, dos Estados, do Distrito Federal e dos Municípios, de suas autarquias e demais entidades controladas pelo Poder Público Federal;*
>
> ***VIII.*** *dispor sobre limites e condições para a concessão de garantia da União em operações de crédito externo e interno;*
>
> ***IX.*** *Estabelecer limites globais e condições para o montante da dívida mobiliária dos Estados, do Distrito Federal e dos Municípios;*
>
> ***X.*** *Aprovar, por maioria absoluta e por voto secreto, a exoneração, de ofício, do Procurador-Geral da República antes do término de seu mandato;*
>
> ***XI.*** *Avaliar periodicamente a funcionalidade do Sistema Tributário Nacional, em sua estrutura e seus componentes, e o desempenho das administrações tributárias da União, dos Estados e do Distrito Federal e dos Municípios.*

8.3.2.5 Controle exercido pela Câmara dos Deputados

A competência da Câmara dos Deputados vem descrita no Art. 51 da Constituição Federal, e nesse momento analisaremos as competências relativas à área de controle da administração:

> Compete privativamente à Câmara dos Deputados:
>
> ***I.*** *Autorizar, por dois terços de seus membros, a instauração de processo contra o Presidente e o Vice-Presidente da República e os Ministros de Estado;*
>
> ***II.*** *Proceder à tomada de contas do Presidente da República, quando não apresentadas ao Congresso Nacional dentro de sessenta dias após a abertura da sessão legislativa;*

8.3.2.6 Fiscalização contábil, financeira e orçamentária na Constituição Federal

Também chamado de controle financeiro, em sentido amplo, vem descrito no Art. 70 da CF, que traz as seguintes regras:

> ***Art. 70, CF.*** *A fiscalização contábil, financeira, orçamentária, operacional e patrimonial da União e das entidades da administração direta e indireta, quanto à legalidade, legitimidade, economicidade, aplicação das subvenções e renúncia de receitas, será exercida pelo Congresso Nacional, mediante controle externo, e pelo sistema de controle interno de cada Poder.*

Como podemos observar, segundo os ditames do Art. 70 da Constituição Federal, a fiscalização contábil, financeira e orçamentária é realizada tanto por meio de controle interno como de externo.

Áreas alcançadas pelo controle financeiro (amplo):

Contábil: controla o cumprimento das formalidades no registro de receitas e despesas.

Financeira: controla a entrada e a saída de capital, sua destinação.

Orçamentária: fiscaliza e acompanha a execução do orçamento anual, plurianual.

Operacional: controla a atuação administrativa, observando se estão sendo respeitadas as diretrizes legais que orientam a atuação da Administração Pública, bem como avaliando aspectos de eficiência e economicidade.

Patrimonial: controle do patrimônio público, seja ele móvel ou imóvel.

Aspectos Controlados: as áreas alcançadas pelo controle financeiro (sentido amplo) abrangem os seguintes aspectos:

Legalidade: atuação conforme a lei.

Legitimidade: atuação conforme os princípios orientadores da atuação da Administração Pública.

O controle financeiro realizado pelo Congresso Nacional não analisa aspectos de mérito.

Para que o controle financeiro seja eficiente, é necessária a prestação de contas por parte das pessoas físicas ou jurídicas que, de qualquer forma, administrem dinheiro ou direito patrimonial público; tal regra vem descrita no parágrafo único do Art. 70:

> ***Art. 70, Parágrafo único.*** *Prestará contas qualquer pessoa física ou jurídica, pública ou privada, que utilize, arrecade, guarde, gerencie ou administre dinheiros, bens e valores públicos ou pelos quais a União responda, ou que, em nome desta, assuma obrigações de natureza pecuniária.*

8.3.2.7 Controle exercido pelos tribunais de contas

Os Tribunais de Contas são órgãos de controle vinculados ao Poder Legislativo. A finalidade que possuem é auxiliar na função de exercer o controle externo da Administração Pública.

Apesar da expressão órgãos auxiliares, os tribunais de contas não se submetem ao poder legislativo, ou seja, não existe hierarquia nem subordinação entre os tribunais de contas e o poder legislativo.

A Constituição Federal, no Art. 71, estabelece as competências do Tribunal de Contas da União (TCU), e, pelo princípio da simetria, os tribunais de contas estaduais e municipais detêm as mesmas competências nas suas esferas de fiscalização, não sendo permitidas às Constituições Estaduais e às leis orgânicas municipais criar novas hipóteses de controle. Veja as competências dos Tribunais de Contas a seguir.

Hipóteses de controle

> ***Art. 71.*** *O controle externo, a cargo do Congresso Nacional, será exercido com o auxílio do Tribunal de Contas da União, ao qual compete:*
>
> ***I.*** *Apreciar as contas prestadas anualmente pelo Presidente da República, mediante parecer prévio que deverá ser elaborado em sessenta dias a contar de seu recebimento;*
>
> ***II.*** *Julgar as contas dos administradores e demais responsáveis por dinheiros, bens e valores públicos da administração direta e indireta, incluídas as fundações e sociedades instituídas e mantidas pelo Poder Público federal, e as contas daqueles que derem causa a perda, extravio ou outra irregularidade de que resulte prejuízo ao erário público;*
>
> ***III.*** *Apreciar, para fins de registro, a legalidade dos atos de admissão de pessoal, a qualquer título, na administração direta e indireta, incluídas as fundações instituídas e mantidas pelo Poder Público, excetuadas as nomeações para cargo de provimento em comissão, bem como a das concessões de aposentadorias, reformas e pensões, ressalvadas as melhorias posteriores que não alterem o fundamento legal do ato concessório;*
>
> ***IV.*** *Realizar, por iniciativa própria, da Câmara dos Deputados, do Senado Federal, de Comissão técnica ou de inquérito, inspeções e auditorias de natureza contábil, financeira, orçamentária, operacional e patrimonial, nas unidades administrativas dos Poderes Legislativo, Executivo e Judiciário, e demais entidades referidas no inciso II;*
>
> ***V.*** *Fiscalizar as contas nacionais das empresas supranacionais de cujo capital social a União participe, de forma direta ou indireta, nos termos do tratado constitutivo;*
>
> ***VI.*** *Fiscalizar a aplicação de quaisquer recursos repassados pela União mediante convênio, acordo, ajuste ou outros instrumentos congêneres, a Estado, ao Distrito Federal ou a Município;*
>
> ***VII.*** *Prestar as informações solicitadas pelo Congresso Nacional, por qualquer de suas Casas, ou por qualquer das respectivas Comissões, sobre a fiscalização contábil, financeira, orçamentária, operacional e patrimonial e sobre resultados de auditorias e inspeções realizadas;*
>
> ***VIII.*** *Aplicar aos responsáveis, em caso de ilegalidade de despesa ou irregularidade de contas, as sanções previstas em lei, que estabelecerá, entre outras cominações, multa proporcional ao dano causado ao erário;*
>
> ***IX.*** *Assinar prazo para que o órgão ou entidade adote as providências necessárias ao exato cumprimento da lei, se verificada ilegalidade;*
>
> ***X.*** *Sustar, se não atendido, a execução do ato impugnado, comunicando a decisão à Câmara dos Deputados e ao Senado Federal;*
>
> ***XI.*** *Representar ao Poder competente sobre irregularidades ou abusos apurados.*
>
> ***§ 1º*** *- No caso de contrato, o ato de sustação será adotado diretamente pelo Congresso Nacional, que solicitará, de imediato, ao Poder Executivo as medidas cabíveis.*
>
> ***§ 2º*** *- Se o Congresso Nacional ou o Poder Executivo, no prazo de noventa dias, não efetivar as medidas previstas no parágrafo anterior, o Tribunal decidirá a respeito.*
>
> ***§ 3º*** *- As decisões do Tribunal de que resulte imputação de débito ou multa terão eficácia de título executivo.*
>
> ***§ 4º*** *- O Tribunal encaminhará ao Congresso Nacional, trimestral e anualmente, relatório de suas atividades.*

Pontos relevantes

A partir dessas regras, analisaremos alguns aspectos relevantes referentes ao controle da Administração Pública quando feito pelos tribunais de contas, nas suas respectivas áreas de competências:

> Contas do Presidente da República são somente apreciadas mediante parecer prévio do tribunal de contas, a competência para julgá-las é do Congresso Nacional.

Apreciação e julgamento das contas públicas

O TCU tem a competência de apreciar e julgar as contas dos administradores públicos.

O julgamento das contas feito pelo TCU não depende de homologação ou parecer do Poder Legislativo, pois, lembrando, os Tribunais de Contas não são subordinados ao Poder Legislativo.

Julgamento das Contas do Próprio Tribunal de Contas

Como a Constituição Federal não se preocupou em estabelecer quem é que detém a competência para julgar as contas dos Tribunais de Contas, o STF entendeu que podem as Constituições Estaduais e Leis Orgânicas Municipais submeterem as contas dos Tribunais de Contas a julgamentos das suas respectivas casas legislativas.

Controle dos Atos Administrativos

O TCU tem o poder de sustar a execução do ato e, nesse caso, deve dar ciência dessa decisão à Câmara dos Deputados e ao Senado Federal.

> ***Súmula Vinculante nº 3.*** *Nos processos perante ao Tribunal de Contas da União, asseguram-se o contraditório e a ampla defesa quando da decisão puder resultar anulação ou revogação de ato administrativo que beneficie o interessado, excetuada a apreciação da legalidade do ato de concessão inicial de aposentadoria, reforma e pensão.*

Controle dos Contratos Administrativos

Regra: o TCU não pode sustar os contratos administrativos, pois tal competência é do Congresso Nacional, que deve solicitar de imediato ao Poder Executivo a adoção das medidas cabíveis.

Exceção: caso o Congresso Nacional ou o Poder Executivo não tomem as medidas necessárias para a sustação do contrato em 90 dias, o TCU terá competência para efetuar a sua sustação.

Declaração de inconstitucionalidade das Leis

Segundo o STF, os tribunais de contas, no exercício de suas competências, podem declarar uma norma inconstitucional e afastar a sua aplicação nos processos de sua apreciação. Todavia, tal declaração de inconstitucionalidade deve ser feita pela maioria absoluta dos membros dos tribunais de contas.

Súmula 347, STF. *O Tribunal de Contas, no exercício de suas atribuições, pode apreciar a constitucionalidade das leis e dos atos do poder público.*

8.4 Controle Judiciário

É um controle de legalidade (nunca de mérito) realizado pelo poder judiciário, na sua função típica de julgar, nos atos praticados pelas Administração Pública de qualquer poder.

Esse controle por abranger somente aspectos de legalidade, fica restrito à possibilidade de anulação dos atos administrativos ilegais, não podendo o poder judiciário realizar o controle de mérito dos atos administrativos e, em consequência, não podendo revogar os atos administrativos praticados pela Administração Pública.

O controle judiciário somente será exercido por meio da provocação do interessado, não podendo o poder judiciário apreciar um ato administrativo de ofício, em decorrência do atributo da presunção de legitimidade dos atos administrativos.

É importante lembrar que a própria Administração Pública faz o controle de legalidade da sua própria atuação, todavia as decisões administrativas não fazem coisa julgada. Assim sendo, a decisão administrativa pode ser reformada pelo poder judiciário, pois somente as decisões desse poder é que tem o efeito de coisa julgada.

Os meios para provocar a atuação do poder judiciário são vários, dentre eles, encontramos:

> Mandado de Segurança.
> Ação Popular.
> Ação Civil Pública.
> Dentre outros.

Questões

01. (Cespe) O Poder Judiciário pode revogar ato administrativo violador do princípio da legalidade administrativa.

Certo ( ) Errado ( )

02. (Cespe) Considera-se controle administrativo aquele exercido pela Administração Pública sobre sua própria atuação, sob os aspectos de legalidade e mérito. Normalmente denominado de autotutela, esse é um poder que se exerce apenas por iniciativa própria.

Certo ( ) Errado ( )

03. (Cespe) O Poder Judiciário pode examinar os atos da Administração Pública de qualquer natureza, mas sempre a posteriori , ou seja, depois que tais atos forem produzidos e ingressarem no mundo jurídico.

Certo ( ) Errado ( )

04. (Cespe) O controle interno da Administração Pública é realizado pelo Poder Judiciário, com o apoio do Poder Legislativo; o controle externo está a cargo da Controladoria Geral da República.

Certo ( ) Errado ( )

05. (Cespe) O controle sobre as atividades das fundações públicas é realizado pelo Ministério Público.

Certo ( ) Errado ( )

06. (Cespe) No Brasil, o controle judicial é exercido, com exclusividade, pelo Poder Judiciário.

Certo ( ) Errado ( )

07. (Cespe) O termo controle interno exterior pode ser utilizado para designar o controle efetuado pela Administração sobre as entidades da administração indireta.

Certo ( ) Errado ( )

08. (Cespe) O controle que o Poder Legislativo exerce sobre a Administração Pública limita-se às hipóteses previstas na Constituição Federal de 1988 (CF) e abrange aspectos de legalidade e de mérito do ato administrativo.

Certo ( ) Errado ( )

09. (Cespe) No exercício do controle externo, cabe ao Congresso Nacional julgar as contas dos administradores e demais responsáveis por dinheiros, bens e valores públicos da administração direta e indireta, incluídas as fundações e sociedades instituídas e mantidas pelo poder público federal.

Certo ( ) Errado ( )

10. (Cespe) No controle dos atos discricionários, os quais legitimam espaço de liberdade para o administrador, o Poder Judiciário deve, em regra, limitar-se ao exame da legalidade do ato, sendo vedada a análise dos critérios de conveniência e oportunidade adotados pela Administração.

Certo ( ) Errado ( )

Gabaritos

01	ERRADO	06	CERTO
02	ERRADO	07	CERTO
03	ERRADO	08	CERTO
04	ERRADO	09	ERRADO
05	ERRADO	10	CERTO

9. RESPONSABILIDADE CIVIL DO ESTADO

A responsabilidade civil consubstancia-se na obrigação de indenizar um dano patrimonial decorrente de um fato lesivo voluntário. É modalidade de obrigação extracontratual e, para que ocorra, são necessários alguns elementos previstos no Art. 37, § 6º, da Constituição Federal:

> ***§6º** - As pessoas jurídicas de direito público e as pessoas jurídicas de direito privado prestadoras de serviço público responderão pelos danos seus agentes, nessa qualidade, causarem a terceiros, assegurado o direito de regresso contra o responsável nos casos de dolo ou culpa.*

9.1 Teoria do Risco Administrativo

É a responsabilidade objetiva do Estado, que paga o terceiro lesado, desde que ocorra o dano por ação praticada pelo agente público, mesmo o agente não agindo com dolo ou culpa.

Enquanto para a Administração a responsabilidade independe da culpa, para o servidor, ela depende: aquela é objetiva, esta é subjetiva e se apura pelos critérios gerais do Código Civil.

9.1.1 Requisitos

O fato lesivo causado pelo agente em decorrência de culpa em sentido amplo, a qual abrange o dolo (intenção), e a culpa em sentido estrito, que engloba a negligência, a imprudência e a imperícia.

A ocorrência de um dano patrimonial ou moral.

O nexo de causalidade entre o dano havido e o comportamento do agente, o que significa ser necessário que o dano efetivamente haja decorrido diretamente, da ação ou omissão indevida do agente.

Situações de quebra do nexo causal da Administração Pública (Rompimento do Nexo Causal).

Caso I

Culpa exclusiva de terceiros ou da vítima.

Ex.: Marco, Agente Federal, dirigindo regularmente viatura oficial em escolta, atropela Sérgio, um suicida. Nessa situação, a Administração Pública não está obrigada a indenizar, pois o prejuízo foi causado exclusivamente pela vítima.

Caso II

Caso fortuito, evento da natureza imprevisível e inevitável.

Ex.: A PRF apreende um veículo em depósito. No local, cai um raio e destrói por completo o veículo apreendido. Nessa situação, a Administração não estará obrigada a indenizar o prejuízo sofrido, uma vez que não ocorreu culpa.

Caso III

Motivo de força maior, evento humano imprevisível e inevitável.

Ex.: A PRF apreende um veículo em depósito. Uma manifestação popular intensa invade-o e depreda todo o veículo, inutilizando-o. Nessa situação, a Administração não estará obrigada a indenizar o prejuízo sofrido, uma vez que não ocorreu culpa.

> Estão incluídas todas as pessoas jurídicas de Direito Público, ou seja, a Administração Direta, as autarquias e as fundações públicas de direito público, independentemente de suas atividades.

9.2 Teoria da Culpa Administrativa

Segundo a Teoria da Culpa Administrativa, também conhecida como Teoria da Culpa Anônima ou Falta de Serviço, o dever do Estado de indenizar o dano sofrido pelo particular somente existe caso seja comprovada a existência de falta de serviço. É possível ainda ocorrer a responsabilização do Estado aos danos causados por fenômenos da natureza quando ficar comprovado que o Estado concorreu de alguma maneira para que se produzisse o evento danoso, seja por dolo ou culpa. Nessa situação, vigora a responsabilidade subjetiva, pois temos a condição de ter ocorrido com dolo ou culpa. A culpa administrativa pode decorrer de uma das três formas possíveis de falta do serviço:

- Inexistência do serviço.
- Mau funcionamento do serviço.
- Retardamento do serviço.

Cabe sempre ao particular prejudicado pela falta comprovar sua ocorrência para fazer justa indenização.

Para os casos de omissão, a regra geral é a responsabilidade subjetiva. No entanto, há casos em que mesmo na omissão a responsabilidade do Estado será objetiva como, por exemplo, no caso de atendimento hospitalar deficiente e de pessoas sob a custódia do Estado, ou seja, o preso, pois, nesse caso, o Estado tem o dever de assegurar integridade física e mental do custodiado.

9.3 Teoria do Risco Integral

A Teoria do Risco Integral representa uma exacerbação da responsabilidade civil da Administração. Segundo essa teoria, basta a existência de evento danoso e do nexo causal para que surja a obrigação de indenizar para a administração, mesmo que o dano decorra de culpa exclusiva do particular.

Alguns autores consideram essa teoria para o caso de acidente nuclear.

9.4 Danos Decorrentes de Obras Públicas

Só fato da obra: sem qualquer irregularidade na sua execução.

Responsabilidade Civil **Objetiva** da Administração Pública ou particular (tanto faz quem execute a obra).

Má Execução da Obra

- **Administração Pública:** responsabilidade civil objetiva, com direito de ação regressiva.
- **Particular:** responsabilidade civil subjetiva.

9.5 Responsabilidade Civil Decorrente de Atos Legislativos

Regra: irresponsabilidade do Estado.

Exceção 1: leis inconstitucionais:

> Depende de declaração de inconstitucionalidade do STF;
> Depende de ajuizamento de ação de reparação de danos.

Exceção 2: leis de efeitos concretos

9.6 Responsabilidade Civil Decorrente de Atos Jurisdicionais

Regra: irresponsabilidade do Estado.

Exceção: erro judiciário – esfera penal, ou seja, erro do judiciário que acarretou na prisão de um inocente ou na manutenção do preso no cárcere por tempo superior ao prolatado na sentença, Art. 5º, LXXV, da CF. Segundo o STF, essa responsabilidade não alcança outras esferas.

Caso seja aplicada uma prisão cautelar a um acusado criminal e ele venha a ser absolvido, o Estado não responderá pelo erro judiciário, pois se entende que a aplicação da medida não constitui erro do judiciário, mas sim, uma medida cautelar pertinente ao processo.

9.7 Ação de Reparação de Danos

Administração Pública X particular:

Pode ser amigável ou judicial.

Não pode ser intentada contra o agente público cuja ação acarretou o dano.

Ônus da prova:

Particular: nexo de causalidade direto e imediato entre o fato lesivo e o dano.

Administração Pública:

> Culpa exclusiva da vítima.
> Força Maior.
> Culpa concorrente da vítima.

Valor da indenização destina-se à cobertura das seguintes despesas:

> O que a vítima perdeu;
> O que a vítima gastou (advogados);
> O que a vítima deixou de ganhar.

Em caso de morte:

> Sepultamento;
> Pensão alimentícia para os dependentes com base na expectativa de vida da vítima.

Prescrição:

***Art. 1º** da Lei nº 9.494/97: 5 anos.*

Tal prazo aplica-se inclusive às delegatárias de serviço público.

9.8 Ação Regressiva

Administração Pública X agente público:

O Art. 37, § 6º, da CF permite à Administração Pública ou delegatária (Concessionárias, Autorizatárias e Permissionárias) de serviço público a ingressar com uma ação regressiva contra o agente cuja atuação acarretou o dano, desde que comprovado dolo ou culpa.

Requisitos:

> Trânsito em julgado da sentença que condenou a Administração ou Delegatária a indenizar.
> Culpa ou dolo do agente público (responsábilidade civil subjetiva).

Regras especiais:

> O dever de reparação se estende aos sucessores até o limite da herança recebida.
> Pode acontecer após a quebra do vínculo entre o agente público e a Administração Pública.
> A ação de ressarcimento ao erário é imprescritível.

O agente ainda pode ser responsabilizado nas esferas administrativa e criminal se a conduta que gerou o prejuízo ainda incorrer em crime ou em falta administrativa, conforme o caso, podendo as penalidades serem aplicadas de forma cumulativa.

Questões

01. (Cespe) De acordo com a CF, as pessoas jurídicas de direito privado, prestadoras de serviços públicos, não respondem objetivamente pelos danos que seus agentes, nessa qualidade, causarem a terceiros.

Certo ( ) Errado ( )

02. (Cespe) No caso de conduta omissiva, a responsabilidade extracontratual do Estado é subjetiva.

Certo ( ) Errado ( )

03. (Cespe) O fato de um detento morrer em estabelecimento prisional devido à negligência de agentes penitenciários configurará hipótese de responsabilização objetiva do Estado.

Certo ( ) Errado ( )

04. (Cespe) As entidades de direito privado prestadoras de serviço público respondem objetivamente pelos prejuízos que seus agentes, nessa qualidade, causarem a terceiros.

Certo ( ) Errado ( )

05. (Cespe) A regra da responsabilidade civil objetiva do Estado se aplica tanto às entidades de direito privado que prestam serviço público como às entidades da administração indireta que executem atividade econômica de natureza privada.

Certo ( ) Errado ( )

06. (Cespe) A responsabilidade do Estado por danos causados por fenômenos da natureza é do tipo subjetiva.

Certo ( ) Errado ( )

07. (Cespe) Incidirá a responsabilidade civil objetiva do Estado quando, em processo judicial, o juiz, dolosamente, retardar providência requerida pela parte.

Certo ( ) Errado ( )

08. (Cespe) A responsabilidade civil do Estado exige três requisitos para a sua configuração: ação atribuível ao Estado, dano causado a terceiros e nexo de causalidade.

Certo ( ) Errado ( )

09. (Cespe) Suponha-se que Maria estivesse conduzindo o seu veículo quando sofreu um acidente de trânsito causado por um ônibus da concessionária do serviço público municipal de transporte público, o qual lhe causou danos materiais. Nessa situação hipotética, eventual direito à indenização pelos danos suportados por Maria somente ocorrerá se ficar provado que o condutor do referido coletivo atuou com culpa ou dolo, já que não haverá responsabilidade objetiva na espécie, pois, na oportunidade, Maria não era usuária do serviço público de transporte público coletivo.

Certo ( ) Errado ( )

10. (Cespe) Para se caracterizar a responsabilidade civil do Estado no caso de conduta omissiva, não basta a simples relação entre a omissão estatal e o dano sofrido, pois a responsabilidade só estará configurada quando estiverem presentes os elementos que caracterizem a culpa.

Certo ( ) Errado ( )

Gabaritos

01	ERRADO	06	CERTO
02	CERTO	07	ERRADO
03	CERTO	08	CERTO
04	CERTO	09	ERRADO
05	ERRADO	10	CERTO

Noções de Direito Constitucional

1. PRINCÍPIOS FUNDAMENTAIS DA REPÚBLICA FEDERATIVA DO BRASIL 169
1.1 Fundamentos da República Federativa do Brasil 169
1.2 Divisão de Poderes 170
1.3 Objetivos Fundamentais da República Federativa Brasileira 171
1.4 Princípios de Relações Internacionais 171

2. DIREITOS FUNDAMENTAIS - DIREITOS E GARANTIAS INDIVIDUAIS E COLETIVOS 173
2.1 Direitos e Garantias Fundamentais 173
2.2 Direitos e Garantias Individuais e Coletivos 173
2.3 Hipóteses de Prisão 182

3. DIREITOS SOCIAIS 189
3.1 Proteção contra Despedida sem Justa Causa 189
3.2 Seguro-Desemprego 189
3.3 FGTS 189
3.4 Salário-Mínimo 190
3.5 Piso Salarial 190
3.6 Irredutibilidade do Salário 190
3.7 Salário-Mínimo para os que Recebem Remuneração Variável 190
3.8 13º Salário 190
3.9 Adicional Noturno 190
3.10 Proteção ao Salário 190
3.11 Participação nos Lucros e na Gestão das Empresas 191
3.12 Salário-Família 191
3.13 Jornada de Trabalho 191
3.14 Descanso Semanal Remunerado 191
3.15 Horas Extras 191
3.16 Férias 191
3.17 Licença-Maternidade 191
3.18 Licença-Paternidade 191
3.19 Proteção ao Mercado de Trabalho Feminino 192
3.20 Aviso-Prévio 192
3.21 Redução dos Riscos do Trabalho 192
3.22 Adicionais de Penosidade, Insalubridade e Periculosidade 192
3.23 Aposentadoria 192
3.24 Assistência em Creches e Pré-Escolas 192
3.25 Convenções e Acordos Coletivos 192
3.26 Proteção Face à Automação 192
3.27 Seguro contra Acidentes de Trabalho 193
3.28 Ações Trabalhistas 193
3.29 Proibição de Discriminação Profissional 193
3.30 Idade Mínima para o Trabalho 193
3.31 Trabalhador Avulso 193
3.32 Trabalhador Doméstico 193
3.33 Servidor Público 194
3.34 Organização Sindical 194
3.35 Direito de Greve 195
3.36 Participação em Colegiados de Órgãos Públicos 196
3.37 Eleição de Representante pelos Trabalhadores 196

4. DIREITOS DE NACIONALIDADE....197
4.1 Brasileiros Natos....197
4.2 Brasileiros Naturalizados....198
4.3 Equiparação entre o Brasileiro e o Português Residente no Brasil....198
4.4 Proibição de Diferenciação entre Brasileiros Natos e Naturalizados....198
4.5 Cargos Exclusivos de Brasileiros Natos....198
4.6 Perda da Nacionalidade Brasileira....199
4.7 Idioma Oficial e Símbolos da República Federativa do Brasil....199

5. DIREITOS POLÍTICOS E PARTIDOS POLÍTICOS....201
5.1 Direitos Políticos....201
5.2 Partidos Políticos....203

6. ORGANIZAÇÃO POLÍTICO-ADMINISTRATIVA DO ESTADO....206
6.1 Regras Gerais....206
6.2 Bens da União....206
6.3 Competências Administrativas da União....207
6.4 Competências Legislativas da União....207
6.5 Competências Administrativas Comuns à União, Estados, DF e Municípios....208
6.6 Competências Legislativas Comuns à União, Estados e Distrito Federal....208
6.7 Dos Estados....209
6.8 Dos Municípios....209
6.9 Do Distrito Federal e dos Territórios....211
6.10 Da Intervenção....211

7. ADMINISTRAÇÃO PÚBLICA....213
7.1 Administração Direta e Indireta....213
7.2 Disposições Gerais....213
7.3 Servidores Públicos....222

8. PODER LEGISLATIVO, EXECUTIVO E JUDICIÁRIO....228
8.1 O Poder Legislativo....228
8.2 O Poder Executivo....234
8.3 O Poder Judiciário....237

9. FUNÇÕES ESSENCIAIS À JUSTIÇA....248
9.1 Ministério Público....248
9.2 Advocacia Pública....254
9.3 Defensoria Pública....255
9.4 Advocacia....256

1. PRINCÍPIOS FUNDAMENTAIS DA REPÚBLICA FEDERATIVA DO BRASIL

Os princípios fundamentais da República são tratados no Título I de nossa Constituição Federal e abrangem:

- os fundamentos da República;
- os poderes da União;
- os objetivos fundamentais da República; e
- os princípios que devem reger as relações internacionais do Brasil.

Eles são o primeiro Título de nossa Constituição, e vem logo após o preâmbulo, que assim dispõe:

Nós, representantes do povo brasileiro, reunidos em Assembleia Nacional Constituinte para instituir um Estado Democrático, destinado a assegurar o exercício dos direitos sociais e individuais, a liberdade, a segurança, o bem-estar, o desenvolvimento, a igualdade e a justiça como valores supremos de uma sociedade fraterna, pluralista e sem preconceitos, fundada na harmonia social e comprometida, na ordem interna e internacional, com a solução pacífica das controvérsias, promulgamos, sob a proteção de Deus, a seguinte CONSTITUIÇÃO DA REPÚBLICA FEDERATIVA DO BRASIL.

Comecemos, então, pelos fundamentos da República Federativa do Brasil:

1.1 Fundamentos da República Federativa do Brasil

Os fundamentos da República Federativa do Brasil devem ser entendidos como os pilares de sua organização, a sua base ideológica, sem os quais ela não pode existir tal como foi concebida pelo Poder Constituinte Originário.

Funcionam como uma espécie de introdução do texto constitucional, trazendo regras gerais que serão depois desenvolvidas ao longo da Constituição.

Todo o arcabouço constitucional e legal deve obedecer a esses fundamentos.

Sobre tais fundamentos, dispõe o Art. 1º de nossa constituição:

> ***Art. 1º.*** *A República Federativa do Brasil, formada pela união indissolúvel dos Estados e Municípios e do Distrito Federal, constitui-se em Estado Democrático de Direito e tem como fundamentos:*
>
> ***I.*** *A soberania;*
>
> ***II.*** *A cidadania;*
>
> ***III.*** *A dignidade da pessoa humana;*
>
> ***IV.*** *Os valores sociais do trabalho e da livre iniciativa;*
>
> ***V.*** *O pluralismo político.*
>
> ***Parágrafo único.*** *Todo o poder emana do povo, que o exerce por meio de representantes eleitos ou diretamente, nos termos desta Constituição.*

Tratemos de cada um desses fundamentos:

1.1.1 Soberania

Por esse princípio, o Brasil deve preservar e afirmar a exclusividade de seu poder dentro do território nacional, devendo ser tratado de forma igual para igual em seu relacionamento com outros países.

Ser soberano significa não aceitar a autoridade de nenhum outro Estado sobre a sua própria, embora isso também implique em respeitar a soberania alheia.

Importante observar que a submissão de nosso país a regras constantes de acordos internacionais não fere sua soberania, uma vez que essa submissão é voluntária e o acordo pode ser denunciado (rescindido) pelo Brasil.

1.1.2 Cidadania

Não existe um conceito unânime de cidadania, cuja definição variou ao longo do tempo. Modernamente esse termo vem sendo interpretado como o direito do brasileiro a uma vida digna, com a possibilidade de definir o seu futuro e de intervir na vida política de seu país, tendo para isso, acesso a serviços de saúde e educação de qualidade, bem como à informação transparente por parte do Estado.

Ser cidadão inclui votar, mas é mais do que simplesmente poder votar e ser votado, que é a definição restrita de cidadão.

1.1.3 Dignidade da pessoa humana

Todos são merecedores de tratamento digno, não só pelo Estado, mas também pelos particulares, até mesmo os condenados pela lei.

Todos os atos que atentem contra a dignidade humana devem ser rechaçados pelo ordenamento jurídico nacional. Nesse sentido, a Constituição Federal, por exemplo, expressamente condena a tortura e o racismo e outras formas de discriminação.

1.1.4 Valores sociais do trabalho e da livre iniciativa

O Brasil reconhece a importância do trabalho individual e coletivo para o desenvolvimento econômico e social da nação, o qual deve ser exercido com dignidade e mediante condições mínimas.

Com esse princípio, fica implicitamente definido o capitalismo como sistema econômico adotado pelo Brasil, uma vez que, ao contrário do comunismo, este permite a livre iniciativa econômica. Nada impede, porém, que o Estado venha a regulamentar a atividade econômica e até mesmo proibir determinadas ocupações, em proveito da coletividade.

1.1.5 O pluralismo político

Pluralismo político significa multiplicidade de manifestação de ideias, de pensamentos, permitindo que as diferentes vozes dissonantes da sociedade possam se manifestar.

Além disso, como corolário do pluralismo político, a Constituição Federal, em seu Art. 17, garante a multiplicidade de partidos políticos, chamada de pluripartidarismo, visando uma representação mais legítima de todas os grupos sociais. Assim, o Estado não pode dificultar injustificadamente a formação dos partidos políticos, nem embaraçar-lhes o funcionamento, devendo, pelo contrário, estimular a sua formação e atividade.

1.1.6 Outras características da república brasileira

Da análise do caput do Art. 1º, podemos extrair ainda que:

A forma de Estado adotada pelo Brasil foi a de federação e a forma de Governo a República: E em relação à Federação, que garante a autonomia administrativa e financeira dos Estados e Municípios, o Art. 60, §4º, da Constituição, a coloca como uma cláusula pétrea, que não pode ser abolida por emenda constitucional.

Além disso, a Federação brasileira é indissolúvel, o que quer dizer que não existe aqui o direito de secessão, que é o direito que um Estado teria de dizer que não deseja mais pertencer à República Brasileira. Aliás, o Art. 34, I, da Constituição permite que a União intervenha nos Estados para garantir a integridade nacional.

Já a República não é colocada como cláusula pétrea, podendo ser alterada tal forma de Governo através de emenda constitucional, se a sociedade assim o decidir.

Assim, em tese, o Brasil até poderia voltar a ser uma monarquia, bastando que a Constituição fosse alterada para tanto.

Os municípios também são componentes da Federação: a constituição brasileira, de forma singular no mundo, consagra aos municípios a posição de ente federativo, embora suas competências sejam reduzidas. Assim, não são eles simplesmente subdivisões administrativas dos Estados-membros, como ocorre nas demais federações, mas verdadeiras unidades políticas com autonomia garantida pela Constituição, não obstante se submetam à legislação estadual no que couber e aos comandos emanados do Judiciário estadual.

Tal disposição é reforçada pelo Art. 18 da Constituição, que assim dispõe:

> ***Art. 18.*** *A organização político-administrativa da República Federativa do Brasil compreende a União, os Estados, o Distrito Federal e os Municípios, todos autônomos, nos termos desta Constituição.*

O Brasil é um estado democrático de direito: Estado de direito significa que nosso país é regido por leis impessoais (império da lei), e não uma teocracia ou um estado absolutista, por exemplo.

Já a expressão estado democrático indica que o poder, em nosso país, emana do povo, o qual têm a prerrogativa inalienável de eleger seus representantes, conforme aliás, deflui do parágrafo único.

Além disso, a expressão Estado democrático de direito indica que deve haver, por parte do Estado Brasileiro, total respeito aos direitos humanos.

O Brasil é uma democracia representativa: Como ocorre com as democracias em geral, nossa Constituição reconhece que a titularidade do Poder Político pertence ao povo, mas determina que seu exercício será feito por pessoas eleitas pelo povo (representantes). Tal sistema é chamado de democracia representativa ou democracia indireta.

Aliás, isso não poderia ser diferente, uma vez que seria absolutamente inviável que o Poder fosse exercido de forma plena diretamente por todos os cidadãos brasileiros, o que exigiria, por exemplo, que todo e qualquer projeto de lei fosse votado por todos os cidadãos, que qualquer um deles pudesse apresentar um projeto de lei, etc.

No entanto, embora o Brasil seja uma democracia representativa, existem três situações em que o povo exercerá o poder diretamente: apresentação de projeto de lei de iniciativa popular, plebiscito e referendo.

Além disso, o parágrafo único também afirma que as eleições no Brasil serão diretas, sendo que somente existe uma exceção a essa regra, prevista no Art. 81, §1º, da Constituição Federal: se vagarem os cargos de Presidente e Vice-Presidente da República (isso vale também para Governadores e Prefeitos) na segunda metade do mandato presidencial, o Congresso Nacional fará a escolha do novo Presidente e do novo Vice, que assumirão até o final do mandato de seus antecessores.

1.2 Divisão de Poderes

Dispõe o Art. 2º da Constituição:

> ***Art. 2º.*** *São Poderes da União, independentes e harmônicos entre si, o Legislativo, o Executivo e o Judiciário.*

Não obstante a consagração da expressão separação dos poderes, na verdade, o Poder do Estado, que emana do povo, é uno e indivisível.

O que existem são funções distintas exercidas por determinados órgãos, cuja independência é necessária para se evitar a concentração de poder nas mãos de uma ou poucas pessoas e os perigos que disso adviria. Assim, em vez de dizer poderes da União seria mais apropriado falar-se em funções do Estado e em funções legislativa, judiciária e executiva do Estado.

Ao prever a separação de poderes, a Constituição brasileira preenche um dos requisitos do conceito ideal de constituição.

Essa separação de funções, porém, não é absoluta, mas as entidades de cada poder poderão exercer mais de uma função, embora tenha uma como primordial.

Assim, por exemplo, embora o Congresso Nacional, seja detentor precipuamente da atividade legislativa, também exerce ele as atividades administrativas (contratação de empresas para atividades-meio, pagamento de pessoal, etc.) e de julgamento (casos de impeachment do Presidente da República e de ministros do STF, por exemplo).

Além de independentes, os três poderes precisam ser harmônicos, cada um exercendo seu papel e respeitando a competência dos outros. Diferentemente do sistema parlamentarista, que reconhece a preponderância do Poder Legislativo sobre o Executivo, o sistema presidencialista adotado pelo Brasil – de inspiração norte-americana – parte do princípio de igualdade plena entre os poderes.

A independência dos poderes também deve ser respeitada nos Estados e nos Municípios, embora, no caso dos Municípios, não se tenha o Poder Judiciário, mas apenas o Executivo (exercido pelo Prefeito Municipal) e o Legislativo (exercido pela Câmara de Vereadores), sendo que o desrespeito a tal independência pode dar ensejo a intervenção estadual ou municipal.

1.3 Objetivos Fundamentais da República Federativa Brasileira

Tais objetivos estão expostos no Art. 3º da Constituição:

> ***Art. 3º.*** *Constituem objetivos fundamentais da República Federativa do Brasil:*
>
> ***I.*** *Construir uma sociedade livre, justa e solidária;*
>
> ***II.*** *Garantir o desenvolvimento nacional;*
>
> ***III.*** *Erradicar a pobreza e a marginalização e reduzir as desigualdades sociais e regionais;*
>
> ***IV.*** *Promover o bem de todos, sem preconceitos de origem, raça, sexo, cor, idade e quaisquer outras formas de discriminação.*

Esse dispositivo constitucional elege os objetivos principais de nossa república, as principais metas a serem alcançadas, cuja persecução não deve ser interrompida enquanto não alcançadas.

Embora possam parecer objetivos utópicos, descrevem eles um conceito ideal que deve servir de paradigma à nossa nação, sendo principalmente um norte a ser respeitado pelos legisladores e administradores públicos.

1.4 Princípios de Relações Internacionais

O Art. 4º cita os princípios que deverão nortear o Brasil em suas relações com os outros países:

> ***Art. 4º.*** *A República Federativa do Brasil rege-se nas suas relações internacionais pelos seguintes princípios:*
>
> ***I.*** *Independência nacional;*
>
> ***II.*** *Prevalência dos direitos humanos;*
>
> ***III.*** *Autodeterminação dos povos;*
>
> ***IV.*** *Não intervenção;*
>
> ***V.*** *Igualdade entre os Estados;*
>
> ***VI.*** *Defesa da paz;*
>
> ***VII.*** *Solução pacífica dos conflitos;*
>
> ***VIII.*** *Repúdio ao terrorismo e ao racismo;*
>
> ***IX.*** *Cooperação entre os povos para o progresso da humanidade;*
>
> ***X.*** *Concessão de asilo político.*
>
> ***Parágrafo único.*** *A República Federativa do Brasil buscará a integração econômica, política, social e cultural dos povos da América Latina, visando à formação de uma comunidade latino-americana de nações.*

Vejamos cada um deles:

1.4.1 Independência nacional

Decorre da própria soberania o princípio de que o Brasil deve manter uma posição independente frente a outros países, nunca subordinando os interesses nacionais aos estrangeiros.

Ser independente não significa ser arrogante ou inflexível, mas sim pautar seu comportamento de forma autônoma em relação aos demais países, não submetendo automaticamente sua vontade aos desejos e interesses de outras nações.

1.4.2 Prevalência dos direitos humanos

Corolário do fundamento da dignidade da pessoa humana, tal princípio determina que, em suas relações internacionais, nosso país deve sempre respeitar e fazer respeitar os direitos humanos contra qualquer violação por parte de Estados ou particulares, não sobrepondo a esse respeito qualquer interesse econômico ou político.

1.4.3 Autodeterminação dos povos e não intervenção

Assim como o Brasil deseja ser respeitado como um país soberano, também deve respeitar a soberania (autodeterminação) das demais nações, que têm o direito de traçar seu próprio destino, desde que não invadam a esfera de influência da soberania brasileira e de outros países. Assim, a intervenção não autorizada do Brasil em assuntos internos de outros países é rechaçada pelo nosso ordenamento jurídico.

O princípio da não intervenção, porém, é relativo, não impedindo que o Brasil venha a participar de missões organizadas pela ONU, por exemplo, ou que venha a intervir em outros países para resguardar os interesses dos cidadãos brasileiros, ou quando houver justificativa humanitária para tal.

1.4.4 Igualdade entre os estados

Diante do Estado brasileiro, todos as outras nações são iguais, merecendo, em princípio, o mesmo tratamento e respeito, não havendo quaisquer Estados "naturalmente" merecedores de tratamento especial em relação a outros.

Porém, assim como o princípio da igualdade aplicado aos nacionais, esse conceito admite relativização, seja pela reciprocidade, seja pela observância dos direitos humanos nos mais diversos países, seja por razões econômicas, que podem fazer com que o Brasil dê tratamento econômico mais benéfico a alguns países, por exemplo.

Além disso, quando trata dos direitos de nacionalidade, por exemplo, a Constituição concede alguns "benefícios" a cidadãos portugueses ou que sejam originários de países lusófonos.

1.4.5 Defesa da paz e solução pacífica dos conflitos

O Brasil deve sempre pautar-se pela manutenção e imposição da paz e busca de soluções pacíficas para os conflitos, embora se reconheça que, em algumas situações excepcionais, a força possa ser utilizada, desde que de forma proporcional e somente durante o tempo estritamente necessário.

1.4.6 Repúdio ao terrorismo e ao racismo

Nosso país deve deixar claro, em suas relações internacionais, que repudia qualquer forma de terrorismo e racismo, rejeitando qualquer acordo internacional que os estimule de qualquer forma, devendo deixar sua discordância das políticas de países que tolerem tais práticas.

1.4.7 Cooperação dos povos para o progresso da humanidade

O Brasil entende que deve haver cooperação entre as nações, não só a nível militar, mas também nos demais diversos aspectos (econômico, tecnológico, ambiental, etc.), buscando o bem-estar e progresso da raça humana.

Esse é um princípio de larga abrangência e mostra a disposição do Brasil em colaborar com a busca de um mundo melhor.

1.4.8 Concessão de asilo político

Asilo político é o acolhimento de estrangeiro em virtude de perseguição sofrida por ele por parte de seu país ou de terceiros. É um instituto adotado por toda grande democracia.

Entre as causas da perseguição que podem dar azo ao pedido de asilo político, podemos citar: dissidência política, manifestação de pensamento ou crimes relacionados à segurança do Estado e que não configurem delitos no direito penal comum.

A concessão do asilo é ato de soberania estatal, discricionário e de competência do Presidente da República.

1.4.9 Integração da américa latina

Nossa Constituição, no parágrafo único do Art. 4º, coloca expressamente como uma das metas de nossa República a busca da integração latino-americana, culminando com a criação de uma comunidade de nações.

Essa é uma realidade bastante distante, se não utópica, diante das grandes assimetrias, rivalidades históricas e interesses distintos dentro do grande continente ibero-americano.

Não obstante isso, o Brasil tem sido um dos países da região que mais têm engendrado esforços nesse sentido, como podemos observar na iniciativa de criação e desenvolvimento do Mercosul, UNASUL e outros.

Essa integração deve ser promovida por meio de tratados internacionais, os quais serão incorporados ao ordenamento jurídico nacional da mesma forma que os demais tratados, ou seja, somente após a ratificação pelo Congresso Nacional.

Questões

01. Acerca dos princípios, fundamentos e objetivos da Constituição Federal de 1988 (CF), julgue o item a seguir.

Erradicar a pobreza e a marginalização e reduzir as desigualdades sociais e regionais constituem objetivos da República Federativa do Brasil expressos na CF.

Certo ( ) Errado ( )

02. À luz do disposto na Constituição Federal de 1988 (CF), julgue o item a seguir, acerca dos princípios constitucionais e dos direitos fundamentais.

Conforme a CF, o poder emana do povo e é exercido por meio de representantes eleitos, não havendo previsão do exercício do poder diretamente pelo povo.

Certo ( ) Errado ( )

03. À luz da Constituição Federal de 1988, julgue o item a seguir.

A cidadania, a dignidade da pessoa humana e os valores sociais do trabalho e da livre iniciativa encontram-se entre os fundamentos da República Federativa do Brasil.

Certo ( ) Errado ( )

04. De acordo com as disposições da Constituição Federal de 1988 (CF) sobre princípios, direitos e garantias fundamentais, julgue o seguinte item.

A defesa da paz e a solução pacífica de conflitos são fundamentos da República Federativa do Brasil.

Certo ( ) Errado ( )

05. No Brasil, as proibições constitucionais de tortura e tratamento desumano decorrem do fundamento da dignidade da pessoa humana.

Certo ( ) Errado ( )

06. Acerca dos princípios, fundamentos e objetivos da Constituição Federal de 1988 (CF), julgue o item a seguir.

Conforme o princípio democrático, todo o poder emana do povo, que o exerce diretamente ou por meio de representantes eleitos.

Certo ( ) Errado ( )

Gabaritos

01	CERTO	04	ERRADO
02	ERRADO	05	CERTO
03	CERTO	06	CERTO

2. DIREITOS FUNDAMENTAIS - DIREITOS E GARANTIAS INDIVIDUAIS E COLETIVOS

2.1 Direitos e Garantias Fundamentais

Já vimos que, na concepção ideal de constituição, esta deve prever os direitos de defesa do indivíduo contra o Poder do Estado, que são os chamados direitos fundamentais. Porém, modernamente se admite que estes vão muito além dessa limitação, abarcando também o direito a uma vida digna e com plena participação na vida política da nação.

Nossa Constituição estabelece que as normas que consubstanciam direitos fundamentais são de eficácia imediata.

2.1.1 Diferenciação entre direitos e garantias fundamentais

Alguns autores fazem diferenciação entre direitos e garantias fundamentais, afirmando que aqueles preveem a proteção do indivíduo contra o arbítrio estatal e estas proveem meios ao exercício destes direitos, mormente quando violados, tendo assim, um caráter instrumental e assecuratório.

Assim, por exemplo, o direito à liberdade seria um direito fundamental, ao passo que o *habeas corpus* seria uma garantia fundamental.

2.1.2 Gerações dos direitos fundamentais

Embora hoje se fale de direitos fundamentais de até sétima geração, a doutrina tradicionalmente identifica três gerações – ou dimensões – de direitos fundamentais, de acordo com sua evolução histórica, baseando-se na "Teoria das Gerações dos Direitos Fundamentais", aventada pelo professor e jurista alemão Karel Vasak.

A partir da quarta geração, começa a haver divergência entre os constitucionalistas, seja sobre sua existência, seja sobre seu conteúdo, sendo por isso, quase nunca cobrados em provas, que costumam normalmente cobrar até a terceira geração (teoria de Vasak). Ainda assim, apresentam-se as quatro primeiras gerações ou dimensões:

> Direitos de primeira geração: direitos civis e políticos. Constituem as liberdades negativas, clássicas ou formais. Constituem limites à ingerência do Estado na vida privada. Estão ligados fundamentalmente à liberdade do indivíduo.

> Direitos de segunda geração: direitos econômicos, sociais e culturais. Não só impõem limites ao Estado, mas também buscam garantir uma existência digna aos cidadãos. São chamadas de liberdades positivas, e podem ser associados à igualdade.

> Direitos de terceira geração: materializam poderes de titularidade coletiva, cujo exercício e benefício não se atém ao bem do indivíduo somente, mas de toda a coletividade (interesses difusos).

Ex.: Direito a um meio ambiente equilibrado, progresso, a paz. Por não tutelarem direitos individuais nem de uma coletividade específica, estão ligados ao ideal de solidariedade ou fraternidade.

> Direitos de quarta geração: compreendem os direitos à democracia, informação e pluralismo, para uns, e os direitos relativos à biotecnologia, manipulação genética, para outros.

2.1.3 Relatividade dos direitos fundamentais

Embora seja reconhecida a essencialidade dos direitos fundamentais, estes não são absolutos, sofrendo limitações em função de outros direitos fundamentais, tudo para o bem da própria sociedade.

Assim, por exemplo, não se admite que práticas ilícitas sejam acobertadas pelo pretenso exercício de um direito fundamental e, no caso, de conflitos entre direitos fundamentais e outros direitos, esses poderão sofrer restrições.

2.1.4 Destinatários dos direitos fundamentais

Não obstante nossa constituição afirmar que os direitos e garantias fundamentais são assegurados ao brasileiro e ao estrangeiro residente no Brasil, essa titularidade dos direitos deve ser ampliada para abarcar todos aqueles que se encontram no território brasileiro, sejam nacionais ou não.

Da mesma forma, essa extensão alcança também as pessoas jurídicas, no que couber, evidentemente.

2.1.5 Classificação dos direitos fundamentais segundo a nossa constituição

A classificação prevista em nossa Constituição permite identificar cinco classes de direitos e garantias fundamentais:

> Direitos e garantias individuais e coletivos;

> Direitos sociais;

> Direitos de nacionalidade;

> Direitos políticos;

> Direitos relacionados à existência e organização dos partidos políticos.

2.2 Direitos e Garantias Individuais e Coletivos

Os direitos e garantias individuais e coletivos estão elencados no Art. 5º de nossa Constituição Federal, o maior de todos os seus artigos, que, em seus 78 incisos, trata do tema organizando-o por assuntos.

2.2.1 Princípio da igualdade

Art. 5º. *Todos são iguais perante a lei, sem distinção de qualquer natureza, garantindo-se aos brasileiros e aos estrangeiros residentes no País a inviolabilidade do direito à vida, à liberdade, à igualdade, à segurança e à propriedade, nos termos seguintes:*

I. *Homens e mulheres são iguais em direitos e obrigações, nos termos desta Constituição;*

O caput do Art. 5º destaca a importância deste princípio, ao afirmar que *todos são iguais perante a lei.* Não bastasse isso, complementa dizendo *sem distinção de qualquer natureza.* A igualdade é a base de um sistema jurídico justo.

Evidentemente, essa igualdade prevista na Constituição deve ser vista em termos relativos, no sentido de que os iguais devem ser tratados igualmente e as situações distintas devem ser tratadas distintamente, na medida de sua desigualdade, de acordo com a máxima aristotélica de que os *iguais devem ser tratados de forma igual, e os desiguais, de forma desigual, na medida de sua desigualdade.*

O que se veda é a discriminação arbitrária e injustificada. Assim, por exemplo, não seria inconstitucional a norma que preveja a contratação somente de homens para concurso de agente penitenciário de uma prisão masculina, ou o pagamento de determinados benefícios em dinheiro somente para os reconhecidamente pobres, por exemplo.

Embora o *caput* do Art. 5º consagre a igualdade genérica entre todos os brasileiros *sem distinção de qualquer natureza*, o primeiro inciso do Art. 5º de nossa Constituição achou por bem reforçar, em virtude das históricas injustiças contra o sexo feminino, a igualdade entre homens e mulheres.

Note-se que a expressão *nos termos dessa Constituição* indica que a Magna Carta pode estabelecer distinções que, a princípio, não serão julgados à luz desse princípio (como é o caso da isenção do serviço militar às mulheres, em tempos de paz), ao passo que a legislação inferior somente pode estabelecer as distinções que visem o estabelecimento da igualdade (tratar desigualmente os desiguais).

2.2.2 Princípio da legalidade

Dispõe o inciso II do Art. 5º de nossa CF:

> ***II.*** *Ninguém será obrigado a fazer ou deixar de fazer alguma coisa senão em virtude de lei;*

Sendo o Brasil um Estado democrático de direito, a lei encontra-se acima dos particulares e do próprio Estado (império da lei), sendo que a exigência de comando legal para a imposição de obrigações se caracteriza como a principal garantia do cidadão contra o arbítrio estatal e também contra a opressão por parte de outros particulares.

A palavra *lei* aqui deve ser entendida no sentido de uma das espécies normativas previstas no Art. 59 de nossa Constituição Federal:

- Emendas constitucionais (aprovadas, passam a integrar a Constituição Federal sem qualquer distinção em relação às normas originárias);
- Leis complementares;
- Leis ordinárias;
- Leis delegadas;
- Medidas provisórias;
- Decretos legislativos;
- Resoluções.

Evidentemente, para que a lei possa impor obrigações ou restringir direitos, deve ser elaborada de acordo com as regras do processo legislativo e ser materialmente compatível com as normas constitucionais. Se tal não ocorrer, será inconstitucional, não gerando quaisquer efeitos, como se nunca tivesse existido (efeitos *ex tunc* da declaração de inconstitucionalidade).

2.2.2.1 Diferenciação entre o princípio da legalidade e o princípio da reserva legal

Embora a maioria utilize os conceitos como sinônimos, outros, como Alexandre de Moraes e José Afonso da Silva, os distinguem.

De acordo com eles, o princípio da legalidade seria mais amplo, e envolveria todas as espécies normativas previstas na Constituição Federal (conforme vimos).

Já o princípio da reserva legal ocorreria quando a Constituição reservasse o tratamento de determinada matéria à disciplina de lei formal, que é aquela aprovada pelo Poder Legislativo de forma solene, e excluiria, por exemplo, as Medidas Provisórias e as Leis Delegadas. Como exemplo, temos o inciso XXXIX do Art. 5º:

> ***XXXIX.*** *Não há crime sem lei anterior que o defina, nem pena sem prévia cominação legal;*

2.2.3 Proibição da tortura

Além de colocar a dignidade da pessoa humana como um dos fundamentos de nossa República, a Constituição Federal, claramente influenciada pelos excessos do regime ditatorial que lhe antecedeu, expressamente declara no inciso III do Art. 5º a inadmissibilidade da tortura (tanto física como psicológica) e do tratamento desumano ou degradante:

> ***III.*** *Ninguém será submetido a tortura nem a tratamento desumano ou degradante;*

Essa proibição não comporta exceção de qualquer natureza quanto à justificativa e alcança a todos indistintamente, nacionais ou não, até mesmo os criminosos e os que representem sérios riscos à sociedade: esses devem ser neutralizados, todavia sem a utilização da tortura e do tratamento indigno ou cruel.

A norma do inciso III é complementada pelo comando do inciso XLIII:

> ***XLIII.*** *A lei considerará crimes inafiançáveis e insuscetíveis de graça ou anistia a prática da tortura, o tráfico ilícito de entorpecentes e drogas afins, o terrorismo e os definidos como crimes hediondos, por eles respondendo os mandantes, os executores e os que, podendo evitá-los, se omitirem;*

Tal dispositivo, por tratar de norma de direito penal, é de eficácia limitada, e é regulamentada, no que se refere à tortura, pela Lei nº 9.455/97, definindo a tortura como sendo o ato de constranger alguém com emprego de violência ou grave ameaça, causando-lhe sofrimento físico ou mental.

2.2.4 Liberdade de pensamento e direito de resposta

Nossa constituição prevê a plena liberdade de expressão nos incisos IV e IX de seu Art. 5º:

> ***IV.*** *É livre a manifestação do pensamento, sendo vedado o anonimato;*
>
> ***IX.*** *É livre a expressão da atividade intelectual, artística, científica e de comunicação, independentemente de censura ou licença;*

A manifestação do pensamento tem o significado de exteriorização de ideias, e abrange todas as formas de comunicação, não podendo o Estado impor censura ou exigir licença prévia. O Estado não pode proibir ninguém de expressar seu pensamento, porém, uma vez expresso, será possível sempre o controle de sua legalidade, através do Poder Judiciário.

A liberdade de expressão, porém, está condicionada à identificação do autor, para que se evitem manifestações levianas que ofendam terceiros e para que se possa responsabilizar aqueles que as fizerem.

Tal exigência, porém, não impede que o jornalista guarde o sigilo de suas fontes, respondendo ele, porém, no caso de optar por esse sigilo, por declarações injuriosas, difamatórias ou caluniosas sem base fática.

O inciso V assegura o direito de resposta, sem prejuízo da indenização por dano material ou moral:

> ***V.*** *É assegurado o direito de resposta, proporcional ao agravo, além da indenização por dano material, moral ou à imagem;*

Proporcional ao agravo significa que deve ser dado à vítima o direito de resposta no mesmo veículo de comunicação e com o mesmo espaço dado à notícia injuriosa.

2.2.5 Liberdade de consciência e crença religiosa, convicção filosófica ou política

Dispõe o inciso VI, do Art. 5º:

> ***VI.*** *É inviolável a liberdade de consciência e de crença, sendo assegurado o livre exercício dos cultos religiosos e garantida, na forma da lei, a proteção aos locais de culto e a suas liturgias;*

O Brasil é um Estado laico (ou leigo), mas não ateu. O Estado brasileiro não pode subvencionar ou privilegiar qualquer segmento religioso, mas respeita todas as convicções religiosas.

Nossa constituição garante tanto a liberdade de consciência e de crença como a liberdade de culto.

Enquanto a liberdade de crença refere-se à convicção íntima do indivíduo, a liberdade de culto refere-se à exteriorização dessa crença.

E não se contenta a Carta Magna em somente permitir a liberdade de culto, mas também garante a proteção dos locais de culto e às suas liturgias contra a ação de terceiros. Além disso, os templos são isentos do pagamento de impostos.

Nessa mesma linha, temos o inciso VII:

> ***VII.*** *É assegurada, nos termos da lei, a prestação de assistência religiosa nas entidades civis e militares de internação coletiva;*

Sendo o direito à religiosidade um direito fundamental do cidadão, o Estado deve garantir o exercício deste direito àqueles que estiverem custodiados sob sua responsabilidade ou de terceiros, em presídios, hospitais, casernas, manicômios, etc.

A expressão nos termos da lei indica tratar-se de norma de eficácia limitada.

> ***VIII.*** *Ninguém será privado de direitos por motivo de crença religiosa ou de convicção filosófica ou política, salvo se as invocar para eximir-se de obrigação legal a todos imposta e recusar-se a cumprir prestação alternativa, fixada em lei;*

O inciso VIII diz que ninguém pode ser penalizado em virtude de sua crença religiosa, convicção filosófica ou política.

Existe somente uma hipótese em que isto pode ocorrer: recusa ao cumprimento de obrigação a todos imposta. Mesmo nesse caso, porém, deve-se dar ao indivíduo a oportunidade de cumprir prestação alternativa prevista em lei, e somente se este se recusar a cumprir tal prestação, é que poderá sofrer a restrição de direitos.

Exemplo de aplicação desse dispositivo é a recusa de determinadas pessoas em cumprir o tempo de serviço militar obrigatório por convicção filosófica, devendo cumprir a prestação alternativa prevista na Lei nº 8.239/91.

2.2.6 Direito à privacidade e à preservação da honra

> ***X.*** *São invioláveis a intimidade, a vida privada, a honra e a imagem das pessoas, assegurado o direito a indenização pelo dano material ou moral decorrente de sua violação;*

O inciso X do Art. 5º de nossa CF, assegura a inviolabilidade da intimidade, vida privada, honra e imagem dos cidadãos, prevendo indenização em caso de violação indevida.

Intimidade: relações subjetivas e de trato íntimo da pessoa, suas relações familiares e de amizade.

Vida privada: os demais relacionamentos humanos, inclusive os que envolvem relações não íntimas, como relações comerciais, de trabalho, mas que dizem respeito somente ao cidadão e aos demais diretamente envolvidos.

Tal princípio, porém, no que se refere à intimidade e à vida privada, deve ser relativizado quando se tratar das chamadas pessoas públicas, ou seja, pessoas que, devido ao seu ofício ou condição, estão sujeitas a uma maior exposição (artistas, políticos, etc.).

Nesses casos, embora o Judiciário entenda que tais pessoas também tenham direito à proteção à intimidade, seus limites são menos definidos do que os aplicáveis aos cidadãos comuns.

2.2.7 Inviolabilidade do domicílio

> ***XI.*** *A casa é asilo inviolável do indivíduo, ninguém nela podendo penetrar sem consentimento do morador, salvo em caso de flagrante delito ou desastre, ou para prestar socorro, ou, durante o dia, por determinação judicial;*

Como regra geral, ninguém – nem mesmo a polícia ou representantes da Justiça ou mesmo o Presidente da República – pode entrar no domicílio alheio sem permissão do proprietário.

No entanto, existem quatro exceções:

- Caso de flagrante delito (crime que está sendo praticado);
- Caso de desastre (inundação, desabamento, explosão, etc.);
- Para prestar socorro (por exemplo, alguém que sofre um infarto);
- Por determinação judicial, durante o dia (nesse caso, nunca à noite).

Importante observar que, de acordo com o Supremo Tribunal Federal, a expressão **domicílio** abarca não somente a residência, mas qualquer local que constitua um recinto fechado ou de acesso controlado, como um escritório de advocacia, um consultório médico ou um ateliê, uma vez que o que se busca proteger é a privacidade do indivíduo.

2.2.8 Inviolabilidade das comunicações

> ***XII.*** *É inviolável o sigilo da correspondência e das comunicações telegráficas, de dados e das comunicações telefônicas, salvo, no último caso, por ordem judicial, nas hipóteses e na forma que a lei estabelecer para fins de investigação criminal ou instrução processual penal;*

Tal garantia abrange também as comunicações por meios eletrônicos.

A exceção somente se aplica às comunicações telefônicas e nos casos de investigação ou instrução penal, ou seja, em que houver suspeita de prática de crime.

Por último, cabe observar que somente um juiz pode decretar a quebra de sigilo telefônico, respeitadas as condições impostas pela lei.

A jurisprudência tem admitido a possibilidade de quebra de sigilos de comunicações eletrônicas (como e-mails e SMS).

Devido à relatividade dos direitos fundamentais, a jurisprudência admite a interceptação das comunicações epistolares (por meio de cartas) emitidas por detentos, pelo responsável pela unidade prisional.

2.2.9 Liberdade do exercício de profissão

> ***XIII.*** *É livre o exercício de qualquer trabalho, ofício ou profissão, atendidas as qualificações profissionais que a lei estabelecer;*

A priori, o exercício de qualquer trabalho, ofício ou profissão é livre, não havendo a necessidade do preenchimento de qualquer requisito especial.

No entanto, trata-se de norma de eficácia contida, ou seja, a lei pode exigir o preenchimento de determinados requisitos de qualificação profissional para o desempenho de determinadas atividades (por exemplo, exigir diploma para o exercício da medicina, exigir diploma em Direito e aprovação no exame da OAB para o desempenho da advocacia, etc.).

Assim, se a lei não exigir expressamente a comprovação de qualificação profissional, qualquer pessoa poderá exercer qualquer atividade econômica.

No entanto, não basta a existência de lei exigindo a qualificação, mas é necessário que tal exigência seja razoável. Assim, por exemplo, o STF decidiu, no julgamento do Recurso Extraordinário 511.961, que a exigência de diploma universitário para o exercício da profissão de jornalista, imposta pelo Decreto-Lei nº 972/69, era inconstitucional.

2.2.10 Direito à informação

> ***XIV.*** *É assegurado a todos o acesso à informação e resguardado o sigilo da fonte, quando necessário ao exercício profissional;*

Este inciso trata do direito de todas as pessoas de obter informações sobre os assuntos mais diversos e provenientes das mais diversas fontes. Assim, seria inconstitucional uma lei que vedasse o acesso das pessoas a determinada fonte de informações (sites da internet, periódicos, etc.).

O Estado não pode dizer a quais informações e provenientes de quais fontes o cidadão terá acesso.

Visando justamente preservar o direito à informação, a Constituição permite aos profissionais (especialmente jornalistas) não revelar a fonte de informações que divulgam.

Obviamente, o direito à informação não impede que informações de interesse íntimo e privado de alguém sejam protegidas do conhecimento público.

2.2.11 Direito à locomoção dentro do território nacional

> ***XV.*** *É livre a locomoção no território nacional em tempo de paz, podendo qualquer pessoa, nos termos da lei, nele entrar, permanecer ou dele sair com seus bens;*

Não pode haver qualquer limitação à movimentação de pessoas dentro do território nacional. Assim, por exemplo, um Estado-membro da Federação não pode impor uma "tarifa de entrada" para um viajante que venha de outro Estado, nem pode exigir um "visto" para isso.

Essa garantia somente pode ser relativizada em tempos de guerra ou no caso de estado de sítio.

No que se refere ao ingresso de alguém de fora no território nacional, porém, a norma acima é de eficácia contida, podendo a lei estabelecer condições para aqui ingressar, aqui permanecer ou daqui sair com seus bens.

2.2.12 Direito de reunião

> ***XVI.*** *Todos podem reunir-se pacificamente, sem armas, em locais abertos ao público, independentemente de autorização, desde que não frustrem outra reunião anteriormente convocada para o mesmo local, sendo apenas exigido prévio aviso à autoridade competente;*

Nossa constituição garante que todos podem reunir-se em locais públicos sem necessidade de solicitar autorização ao ente público.

Porém, impõe algumas condições:

- A reunião deve ser pacífica;
- Os manifestantes não podem portar armas;
- Não devem frustrar outra manifestação anteriormente convocada para o mesmo local; e
- Deve haver aviso prévio à autoridade competente para que esta possa, por exemplo, verificar se já não há uma reunião marcada para o mesmo local e horário, organizar o trânsito local, garantir a proteção dos que participarão da reunião, etc.

Esse direito de reunião pode ser restringido nos casos de guerra, estado de defesa e estado de sítio.

2.2.13 Direito de associação

> ***XVII.*** *É plena a liberdade de associação para fins lícitos, vedada a de caráter paramilitar;*

Quando a Constituição Federal diz que é plena a liberdade de associação, está a dizer que as pessoas podem se associar para os fins que desejarem, desde que não seja para fins paramilitares.

> ***XVIII.*** *A criação de associações e, na forma da lei, a de cooperativas independem de autorização, sendo vedada a interferência estatal em seu funcionamento;*

O Estado não pode interferir nas associações e cooperativas, que tem o direito de se organizarem conforme quiserem, desde que respeitem as normas legais (por exemplo, Código Civil).

Além disso, o Estado não pode exigir qualquer autorização para a criação de associações. No que se refere às cooperativas, tal norma é de eficácia contida.

> ***XIX.*** *As associações só poderão ser compulsoriamente dissolvidas ou ter suas atividades suspensas por decisão judicial, exigindo-se, no primeiro caso, o trânsito em julgado;*

Para a suspensão (interrupção temporária das atividades) ou para a dissolução (extinção definitiva) de associações exige-se sempre uma decisão judicial.

No caso da dissolução exige-se ainda que de tal decisão não caiba mais nenhum recurso, ou seja, exige-se o trânsito em julgado da decisão judicial.

> ***XX.*** *Ninguém poderá ser compelido a associar-se ou a permanecer associado;*

Assim como é garantido o direito de associação, também se garante o de direito de não se associar ou de desassociar-se a qualquer momento.

O desrespeito a tal preceito pode inclusive configurar crime (Art. 199 do Código Penal).

> ***XXI.*** *As entidades associativas, quando expressamente autorizadas, têm legitimidade para representar seus filiados judicial ou extrajudicialmente;*

Permite-se às associações representar seus filiados perante terceiros e perante o próprio Judiciário (propondo ações judiciais, por exemplo), desde que elas sejam expressamente autorizadas para isso, no estatuto ou em decisão da assembleia geral.

2.2.14 Direito de propriedade

> ***XXII.*** *É garantido o direito de propriedade;*
>
> ***XXIII.*** *A propriedade atenderá a sua função social;*

Nossa Constituição Federal reconhece o direito de propriedade, entendido como o direito de usar, fruir e dispor da coisa. No entanto, tal direito não é absoluto.

A propriedade, no entanto, deve atender sua função social, entendendo-se que o direito de propriedade não pode ser exercido em prejuízo da sociedade (manutenção de uma grande propriedade rural improdutiva, enquanto muitos não possuem terra para plantar, por exemplo).

A Constituição estabelece as condições para que as propriedades urbanas e rurais atendam sua função social.

2.2.15 Função social da propriedade

A Constituição define os requisitos para que as propriedades urbanas e rurais sejam consideradas como cumprindo sua função social:

2.2.15.1 Propriedade urbana

> ***Art. 182*** *(...)*
>
> ***§ 2º.*** *A propriedade urbana cumpre sua função social quando atende às exigências fundamentais de ordenação da cidade expressas no plano diretor.*

2.2.15.2 Propriedade rural

> ***Art. 186.*** *A função social é cumprida quando a propriedade rural atende, simultaneamente, segundo critérios e graus de exigência estabelecidos em lei, aos seguintes requisitos:*
>
> ***I.*** *Aproveitamento racional e adequado;*
>
> ***II.*** *Utilização adequada dos recursos naturais disponíveis e preservação do meio ambiente;*
>
> ***III.*** *Observância das disposições que regulam as relações de trabalho;*
>
> ***IV.*** *Exploração que favoreça o bem-estar dos proprietários e dos trabalhadores.*

2.2.16 Desapropriação

> ***XXIV.*** *A lei estabelecerá o procedimento para desapropriação por necessidade ou utilidade pública, ou por interesse social, mediante justa e prévia indenização em dinheiro, ressalvados os casos previstos nesta Constituição;*

Desapropriação é o ato administrativo pelo qual o Estado retira a propriedade de alguém.

Nossa Constituição traz as razões pelas quais isso pode ser feito: necessidade ou utilidade pública (a coletividade precisa).

- Necessidade pública: a administração está diante de uma situação de risco iminente;
- Utilidade pública: a desapropriação é conveniente ao atendimento do interesse público;
- Interesse social: finalidade de reduzir as desigualdades sociais.

Nessas três hipóteses, o proprietário deverá ser desapropriado pelo desfalque sofrido em seu patrimônio.

O inciso XXIV atribui à lei o procedimento da desapropriação, trazendo, porém, três requisitos em relação à indenização (salvo nos casos excepcionados pela própria Constituição Federal):

- Deverá ser em dinheiro (não se pode pagar com títulos públicos, como ocorre com a desapropriação para reforma agrária, por exemplo);
- Deverá ser prévia (ou seja, o valor deve ser disponibilizado ao proprietário antes da desapropriação efetiva);
- Deverá ser justa, correspondendo realmente ao valor do imóvel desapropriado.

2.2.17 Requisição administrativa

> ***XXV.*** *No caso de iminente perigo público, a autoridade competente poderá usar de propriedade particular, assegurada ao proprietário indenização ulterior, se houver dano;*

Aqui não se trata de desapropriação, uma vez que o dono do imóvel não perde a propriedade. Trata-se da possibilidade de a Administração Pública utilizar-se temporária e compulsoriamente de um imóvel particular, cabível somente no caso de iminente perigo público (desabamento, inundação, etc.).

O dispositivo deixa claro que somente haverá indenização se houver dano (deterioração do imóvel, lucros cessantes, etc.).

2.2.18 Impenhorabilidade do pequeno imóvel rural

> ***XXVI.*** *A pequena propriedade rural, assim definida em lei, desde que trabalhada pela família, não será objeto de penhora para pagamento de débitos decorrentes de sua atividade produtiva, dispondo a lei sobre os meios de financiar o seu desenvolvimento;*

Penhora é o ato judicial através do qual é tomada a propriedade de um bem para pagamento de alguma dívida.

O inciso XXVI proíbe que a pequena propriedade rural (cuja definição cabe à lei), que seja trabalhada pela família (sem utilização de mão de obra de terceiros), sofra penhora para quitar débitos decorrentes de sua própria atividade produtiva.

2.2.19 Direitos dos autores

> ***XXVII.*** *Aos autores pertence o direito exclusivo de utilização, publicação ou reprodução de suas obras, transmissível aos herdeiros pelo tempo que a lei fixar;*

Os autores de obras literárias e artísticas possuem direitos perpétuos sobre as suas obras (mas que podem ser transmitidos a terceiros, se aqueles assim concordarem).

Além disso, seus herdeiros também terão esses mesmos direitos, porém, nesse caso, por tempo limitado, estabelecido em lei ordinária.

2.2.20 Direitos de participação

> ***XXVIII.*** *São assegurados, nos termos da lei:*
>
> ***a)*** *a proteção às participações individuais em obras coletivas e à reprodução da imagem e voz humanas, inclusive nas atividades desportivas;*
>
> ***b)*** *o direito de fiscalização do aproveitamento econômico das obras que criarem ou de que participarem aos criadores, aos intérpretes e às respectivas representações sindicais e associativas.*

Esse dispositivo garante a participação econômica nas obras coletivas, bem como o direito de fiscalização desse aproveitamento econômico.

Deve-se observar que o direito de fiscalização é diferente de direito de disposição, que é o direito de negociar a obra. Assim, embora os participantes tenham o direito de fiscalização, a propriedade não necessariamente pertencerá a eles.

2.2.21 Direitos do inventor e proteção da marca

> ***XXIX.*** *A lei assegurará aos autores de inventos industriais privilégio temporário para sua utilização, bem como proteção às criações industriais, à propriedade das marcas, aos nomes de empresas e a outros signos distintivos, tendo em vista o interesse social e o desenvolvimento tecnológico e econômico do País;*

Diferentemente dos autores de obras literárias e artísticas, os autores de inventos industriais têm titularidade temporária sobre os direitos da criação. Essa limitação visa permitir que a indústria nacional possa se beneficiar mais rapidamente das inovações tecnológicas aqui desenvolvidas.

Ademais, o inciso XXIX também prevê proteção às marcas, aos nomes de empresas e outros signos distintivos (slogans, logotipos, etc.), proteção essa que deve levar em conta não somente o interesse dos titulares, mas também o do País.

2.2.22 Direitos relativos à sucessão *causa mortis*

> ***XXX.*** *É garantido o direito de herança;*
>
> ***XXXI.*** *A sucessão de bens de estrangeiros situados no País será regulada pela lei brasileira em benefício do cônjuge ou dos filhos brasileiros, sempre que não lhes seja mais favorável a lei pessoal do de cujus;*

Além de garantir o direito de herança (transmissão da propriedade do de cujus a seus herdeiros, legais ou testamentários), nossa CF também estabelece que, no caso de um estrangeiro que tiver bens no Brasil vier a falecer, para regular a sucessão desses bens situados no Brasil serão aplicadas as leis brasileiras, no que se refere aos direitos dos filhos ou cônjuge brasileiros, a não ser que lhes seja mais favorável a lei patrícia do falecido.

O seguinte exemplo deve esclarecer o exposto acima:

Imagine que um viúvo saudita (chamado Hassan) que tenha como primogênito um brasileiro (chamado Ubirajara) venha a falecer, deixando entre seus bens uma fazenda no interior do Mato Grosso. Considere ainda que, a lei saudita estabeleça que o primogênito tenha direito à metade da herança do pai e que o de cujus tenha mais três filhos (Mohammed, Ibrahim e Hosni), nascidos na Arábia Saudita.

Nesse caso, qual lei é mais favorável a Ubirajara: a lei brasileira ou a hipotética lei saudita?

A saudita, pois de acordo com a lei brasileira, Ubirajara teria direito a apenas um quarto dos bens, e de acordo com a lei saudita, teria direito à metade.

Assim, aplicar-se-ia a lei saudita em relação à fazenda em Mato Grosso.

Agora, se no lugar de um filho brasileiro, Hassan tivesse uma filha brasileira (chamada Iracema), e a lei saudita, por hipótese dissesse que somente os filhos homens pudessem herdar, seria aplicada a lei brasileira na divisão da fazenda, uma vez que esta seria mais favorável a Iracema.

2.2.23 Direitos do consumidor

> ***XXXII.*** *O Estado promoverá, na forma da lei, a defesa do consumidor;*

Nossa Constituição prevê que o Estado deve tutelar os direitos do consumidor, visto como hipossuficiente em relação às empresas, especialmente os grandes conglomerados.

Hoje, o principal diploma que promove essa proteção é o Código de Defesa do Consumidor (Lei nº 8.078/90).

2.2.24 Direito à obtenção de informações de órgãos públicos

> ***XXXIII.*** *Todos têm direito a receber dos órgãos públicos informações de seu interesse particular, ou de interesse coletivo ou geral, que serão prestadas no prazo da lei, sob pena de responsabilidade, ressalvadas aquelas cujo sigilo seja imprescindível à segurança da sociedade e do Estado;*

A ideia é que o Estado forneça aos cidadãos todas as informações solicitadas por ele, desde que não tenham caráter sigiloso e que não se refiram a informações pessoais de terceiros.

Atualmente, esse dispositivo da Constituição é regulamentado pela Lei nº 12.527/11 (Lei de Acesso à Informação).

No entanto, nem todas as informações podem ser exigidas, uma vez que a CF excetua aquelas que sejam indispensáveis à segurança do Estado, além de também proteger a intimidade de terceiros. Essa restrição, porém, não se aplica aos dados relativos à própria pessoa do solicitante, de acordo com a maioria dos doutrinadores.

2.2.25 Direito de petição e obtenção de certidões

> ***XXXIV.*** *São a todos assegurados, independentemente do pagamento de taxas:*
>
> ***a)*** *o direito de petição aos Poderes Públicos em defesa de direitos ou contra ilegalidade ou abuso de poder;*
>
> ***b)*** *a obtenção de certidões em repartições públicas, para defesa de direitos e esclarecimento de situações de interesse pessoal;*

Todos têm o direito de peticionar, ou seja, de requerer providências do Poder Público, visando a defesa de seus direitos ou para denunciar qualquer ilegalidade ou abuso de poder, não sendo permitida a exigência de pagamento de taxas para o exercício deste direito.

Direito de petição pode ser definido como o direito de invocar a atenção do Poder Público sobre uma questão ou situação.

O direito de petição traz como corolário a exigência de obtenção de resposta em um prazo razoável.

Também é garantido o direito de obtenção de certidões. Certidão é uma declaração de um órgão público sobre um fato determinado. A esse direito corresponde uma obrigação de o Estado, salvo nas hipóteses constitucionais de sigilo, fornecer as informações solicitadas e num prazo razoável, se o mesmo não for fixado em lei.

2.2.26 Apreciação de lesão ou ameaça de lesão pelo poder judiciário

> ***XXXV.*** *A lei não excluirá da apreciação do Poder Judiciário lesão ou ameaça a direito;*

Nenhuma lei pode impedir o Judiciário de apreciar uma alegada lesão ou ameaça de lesão a direito, e, por outro lado, os juízes não podem se furtar de cumprir sua função jurisdicional.

Assim, seria inconstitucional, por exemplo, uma lei que proibisse os contribuintes de recorrerem ao Poder Judiciário para questionar a cobrança de um tributo.

Inexiste, por outro lado, a obrigatoriedade de esgotamento da via administrativa para que a parte possa acessar o Judiciário.

O texto constitucional não proíbe que os particulares, por sua livre e espontânea vontade, ao invés de submeterem a questão ao Judiciário, acordem por delegar a resolução da questão a terceiro, através da chamada arbitragem.

2.2.27 Direito adquirido, ato jurídico perfeito e coisa julgada

> ***XXXVI.*** *A lei não prejudicará o direito adquirido, o ato jurídico perfeito e a coisa julgada;*

O respeito ao direito adquirido, ao ato jurídico perfeito e à coisa julgada é a base da chamada "segurança jurídica". Se eles não fossem respeitados, ficaríamos à mercê de alterações legislativas que poderiam atingir situações jurídicas já consolidadas.

Direito adquirido pode ser definido como o direito que já se incorporou ao patrimônio de seu detentor, mesmo que ainda não tenha sido exercido (por exemplo, direito à aposentadoria).

Ato jurídico perfeito é aquele que se aperfeiçoou, que reuniu todos os elementos necessários à sua formação (por exemplo, contrato assinado).

Por fim, coisa julgada é o objeto da decisão judicial transitada em julgado, ou seja, da qual não caiba mais qualquer recurso, estando a questão definitivamente resolvida pelo Poder Judiciário.

2.2.28 Proibição de juízo de exceção

> ***XXXVII.*** *Não haverá juízo ou tribunal de exceção;*

Juízo é um termo que indica a primeira instância do Poder Judiciário, em que o julgamento é feito de forma monocrática.

Tribunais são as instâncias superiores do Judiciário, em que os julgamentos são feitos de forma colegiada (por um grupo de juízes).

Juízo ou tribunal de exceção é aquele criado especialmente para julgamento de determinados crimes, após a prática desses crimes. Tal tipo de juízo ou tribunal contraria o princípio do juiz natural, que estabelece que as pessoas devem ser julgadas por juízes previamente determinados pela lei.

Isso porque o réu, além de saber de antemão que determinado ato é crime e qual é a pena imputada, também deve saber em qual juízo será julgado, se praticar aquele crime. Tudo para evitar perseguições e julgamentos injustos.

Exemplo de tribunal de exceção foi o Tribunal de Nuremberg, criado para julgar os nazistas por crimes cometidos durante a Segunda Guerra Mundial.

2.2.29 Júri popular

> ***XXXVIII.*** *é reconhecida a instituição do júri, com a organização que lhe der a lei, assegurados:*
>
> ***a)*** *a plenitude de defesa;*
>
> ***b)*** *o sigilo das votações;*
>
> ***c)*** *a soberania dos veredictos;*
>
> ***d)*** *a competência para o julgamento dos crimes dolosos contra a vida;*

O júri é um tribunal formado por sete juízes leigos, escolhidos dentre o povo, que decidirão sobre um processo judicial.

Nossa Constituição garante-lhe uma competência mínima: julgamento dos crimes dolosos contra a vida (não há júri para julgamento cíveis, no Brasil), porém a lei pode ampliar essa competência.

As decisões dos jurados são sigilosas, ou seja, não se sabe o que cada jurado decidiu, sendo que os mesmos não devem sequer conversar entre si durante o julgamento, sobre o assunto do crime que está sendo julgado.

A soberania de seus veredictos implica que os mesmos não podem ser reformados por outro juiz ou tribunal. O máximo que pode ocorrer é a anulação do julgamento, pelo Tribunal de Justiça, para que seja novo julgamento pelo júri – e isso somente pode ser feito uma única vez.

2.2.30 Princípio da reserva legal penal ou princípio da legalidade do direito penal

> ***XXXIX.** Não há crime sem lei anterior que o defina, nem pena sem prévia cominação legal;*

Para que alguém seja condenado por um crime, é necessário que a conduta ilícita praticada por ele tenha sido descrita na norma penal antes de sua prática.

Ou seja, quando o agente comete a ação, ele já saberá que aquilo é crime, uma vez que ninguém pode alegar desconhecimento da lei.

Da mesma forma, a pena imputada àquele crime também deve ter previsão legal anterior à sua prática.

2.2.31 Princípio da irretroatividade da lei penal

> ***XL.** A lei penal não retroagirá, salvo para beneficiar o réu;*

Via de regra, a lei penal (e as leis em geral) não retroagem, o que quer dizer que, uma vez em vigor, a lei penal somente produzirá efeitos para as situações que ocorrerem dali em diante.

Existe, porém, uma exceção: a lei retroagirá se a alteração trazida pela lei ocorrer em benefício do réu (novatio legis in melius).

> **Ex.:** O adultério deixou de ser crime pela Lei nº 11.106, que entrou em vigor dia 29/03/2005. Assim, a partir desse dia, até mesmo aqueles que já haviam sido condenados e cumpriam pena pelo delito tiveram sua pena extinta, sendo que, a "abolitio criminis" trazida pela lei fez com que tudo ocorresse como se o crime nunca tivesse existido.

Também existe retroação da lei, quando esta diminui a pena aplicável ao crime, por exemplo.

2.2.32 Atentado aos direitos e liberdades fundamentais

> ***XLI.** A lei punirá qualquer discriminação atentatória dos direitos e liberdades fundamentais;*

Não basta que o Estado Brasileiro respeite os direitos e liberdades fundamentais, ele deve, além disso, punir àqueles que não os respeitam e fazem discriminações que os ofendam.

Veja-se que, pelo princípio da reserva legal, cabe à lei (em sentido estrito) definir quando ocorrerá essa discriminação atentatória, que pode ser, por exemplo, por motivo de raça, sexo, origem, condição social, etc.

2.2.33 Combate ao racismo

> ***XLII.** A prática do racismo constitui crime inafiançável e imprescritível, sujeito à pena de reclusão, nos termos da lei;*

A sociedade brasileira é multirracial e assim, o racismo, além de ser odioso do ponto de vista individual, acaba sendo prejudicial à própria nação, por isso deve ser combatido pela lei.

Inafiançável: não admite o pagamento de fiança para que o réu responda em liberdade ao processo.

Imprescritível: prescrição é o instituto de direito penal pelo qual o Estado tem um tempo determinado para punir alguém por um delito. No caso do racismo, isso não ocorre, podendo, por exemplo, alguém responder por uma ofensa racista 50 anos depois de tê-la praticado.

Reclusão: tipo mais severo de prisão, que, entre outras coisas, não admite o início de cumprimento da pena no regime aberto.

2.2.34 Combate à tortura, tráfico de drogas, terrorismo, crimes hediondos e cometidos por entidades paramilitares

> ***XLIII.** A lei considerará crimes inafiançáveis e insuscetíveis de graça ou anistia a prática da tortura, o tráfico ilícito de entorpecentes e drogas afins, o terrorismo e os definidos como crimes hediondos, por eles respondendo os mandantes, os executores e os que, podendo evitá-los, se omitirem;*
>
> ***XLIV.** Constitui crime inafiançável e imprescritível a ação de grupos armados, civis ou militares, contra a ordem constitucional e o Estado Democrático;*

O inciso XLIII trata de crimes que o Constituinte entendeu como sendo de gravidade exacerbada e que, por isso, merecem um tratamento mais rigoroso.

O inciso XLIV trata da ação de grupos paramilitares e visa proteger o Estado Democrático de Direito contra a ação de grupos militares extraoficiais. Nesse caso, a lei deve definir tal crime, determinando a Constituição Federal que será inafiançável e imprescritível, assim como ocorre com o crime de racismo.

2.2.35 Intransferibilidade da pena

> ***XLV.** Nenhuma pena passará da pessoa do condenado, podendo a obrigação de reparar o dano e a decretação do perdimento de bens ser, nos termos da lei, estendidas aos sucessores e contra eles executadas, até o limite do valor do patrimônio transferido;*

Esse inciso traz o princípio de que a pena não pode ultrapassar a pessoa do apenado. Ou seja, ninguém (nem mesmo os sucessores do condenado) deve responder pelos crimes executados por outrem.

As únicas exceções que ocorrem são referentes à obrigação de reparar o dano e a decretação da perda de bens, que podem ser estendidas aos sucessores, mas somente até o valor da herança (não é justo que os herdeiros tenham um acréscimo patrimonial enquanto outros sofrem prejuízo causado pelo autor da herança).

2.2.36 Individualização e tipos de penas

> ***XLVI.** a lei regulará a individualização da pena e adotará, entre outras, as seguintes:*
>
> ***a)** privação ou restrição da liberdade;*
>
> ***b)** perda de bens;*
>
> ***c)** multa;*
>
> ***d)** prestação social alternativa;*
>
> ***e)** suspensão ou interdição de direitos;*

Nossa Constituição Federal exige que a gradação (cálculo) e a execução da pena sejam individualizadas, isto é, que sejam adaptadas de acordo com a personalidade e idade do apenado, circunstâncias do crime etc.

A seguir, o inciso traz exemplos de penas que deverão ser adotadas pela lei, e que serão impostas de acordo com o caso concreto.

2.2.37 Penas proibidas

XLVII. *Não haverá penas:*

a) *de morte, salvo em caso de guerra declarada, nos termos do art. 84, XIX;*

b) *de caráter perpétuo;*

c) *de trabalhos forçados;*

d) *de banimento;*

e) *cruéis;*

Pela interpretação a contrariu sensu da alínea "a", extrai-se que a pena de morte é admitida no Brasil em tempos de guerra externa declarada, vedada em qualquer outra época.

Pena de caráter perpétuo não necessariamente significa prisão perpétua, mas qualquer pena que oprima o condenado pelo resto da vida.

Pena de banimento é a pena de exílio.

Pena cruel é a infringe sofrimento físico ou mental, sendo comparável à tortura.

2.2.38 Direitos dos sentenciados

XLVIII. *A pena será cumprida em estabelecimentos distintos, de acordo com a natureza do delito, a idade e o sexo do apenado;*

XLIX. *É assegurado aos presos o respeito à integridade física e moral;*

L. *Às presidiárias serão asseguradas condições para que possam permanecer com seus filhos durante o período de amamentação;*

Embora os condenados devam pagar por seus delitos, é função do Estado fazer com que sejam apenados nos termos da lei, responsabilizando-se por sua integridade física e moral.

Presos de diferentes características e personalidades devem ser segregados, de forma a proteger os mais vulneráveis e, além disso, evitar que os menos perigosos sejam "contaminados" pelos mais perigosos.

2.2.39 Extradição

LI. *Nenhum brasileiro será extraditado, salvo o naturalizado, em caso de crime comum, praticado antes da naturalização, ou de comprovado envolvimento em tráfico ilícito de entorpecentes e drogas afins, na forma da lei;*

LII. *Não será concedida extradição de estrangeiro por crime político ou de opinião;*

Extradição é o envio ao estrangeiro de pessoa que lá tenha cometido crime para que seja julgado e punido.

O brasileiro nato nunca será extraditado. Já o brasileiro naturalizado somente o pode ser em dois casos:

> Se comprovada participação em tráfico de drogas praticado no exterior (nesse caso, não importando se tal crime ocorreu antes ou depois da naturalização); ou

> No caso de crime comum praticado antes da naturalização (crime comum é aquele que não é crime político nem de opinião).

Ninguém será extraditado (seja estrangeiro, seja brasileiro naturalizado) por crime político ou de opinião.

2.2.40 Disposições processuais

LIII. *Ninguém será processado nem sentenciado senão pela autoridade competente;*

LIV. *Ninguém será privado da liberdade ou de seus bens sem o devido processo legal;*

Uma das maiores garantias que um cidadão pode ter é o respeito ao princípio do chamado "juiz natural", que determina que, tal pessoa somente pode ser julgada e sentenciada pela autoridade estabelecida previamente pela lei.

O devido processo legal é um conceito aberto, mas que pode ser resumido como um processo justo, em que as partes tenham direito ao contraditório, ampla defesa, que seja conduzido por um juiz competente e que respeite as prescrições legais.

LV. *Aos litigantes, em processo judicial ou administrativo, e aos acusados em geral são assegurados o contraditório e ampla defesa, com os meios e recursos a ela inerentes;*

LVI. *São inadmissíveis, no processo, as provas obtidas por meios ilícitos;*

Litigantes são as partes de um processo judicial.

A Constituição prevê que não somente em um processo judicial, mas também nos administrativos e nos processos em geral (por exemplo, exclusão de sócio de clube), as partes têm direito ao contraditório (direito de conhecer e rebater os argumentos e provas trazidos pela parte contrária) e à ampla defesa (produzir todas as provas que julgarem necessárias).

Nosso sistema processual não admite as provas produzidas por meios ilícitos (no cível esse princípio é absoluto, na esfera criminal admite raras exceções em benefício do réu). Os fins não justificam os meios.

2.2.41 Presunção de inocência

LVII. *Ninguém será considerado culpado até o trânsito em julgado de sentença penal condenatória.*

O princípio da presunção de inocência, trazido pelo inciso LVII, estabelece que, até prova cabal e definitiva em contrário (consubstanciada na decisão judicial da qual não caiba mais recurso), todos são considerados inocentes.

O estigma de culpado por um crime somente pode ser atribuído a alguém após o término de um processo no qual tenha sido dada oportunidade de ampla defesa ao acusado.

Importante observar que o princípio da presunção de inocência não impede que seja decretada a prisão preventiva do réu, nos casos excepcionais previstos em lei.

2.2.42 Vedação de identificação criminal ao civilmente identificado

LVIII. *O civilmente identificado não será submetido a identificação criminal, salvo nas hipóteses previstas em lei;*

Civilmente identificado é aquele que possui um documento de identidade reconhecido por lei emitido pelo órgão competente.

Exs.: carteira de identificação – RG – expedida pelo órgão estadual ou forças armas; carteira nacional de habilitação; carteira de trabalho e previdência social, carteira da OAB, etc.).

Se alguém suspeito de algum crime apresentar um desses documentos, em regra não será submetido à identificação criminal na delegacia (não precisará tirar foto, imprimir as digitais – "tocar piano", etc.).

Porém, trata-se de norma de eficácia contida, conforme se extrai da expressão *salvo nas hipóteses previstas em lei*, o que quer dizer que a lei pode estabelecer hipóteses em que o civilmente identificado deverá submeter-se à identificação criminal.

Ex.: no caso de suspeita de falsidade do documento apresentado).

2.2.43 Ação penal privada subsidiária

> ***LIX.*** *Será admitida ação privada nos crimes de ação pública, se esta não for intentada no prazo legal;*

Crimes de ação penal pública são aqueles em que o réu somente pode ser acusado e processado por iniciativa do Ministério Público, que apresenta a denúncia e acusa o réu durante o processo. Quase todos os crimes são de ação penal pública.

Crimes de ação pena privada são aqueles em que o processo somente pode ser iniciado por iniciativa do particular, que apresenta a queixa-crime, como ocorre, por exemplo, com os crimes de calúnia, injúria e difamação.

O que o inciso LIX diz é que, no caso de ação penal pública, se o Ministério Público não apresentar a denúncia, não pedir o arquivamento e não solicitar diligências no prazo estabelecido na lei, ou seja, se o MP ficar inerte, o particular poderá apresentar queixa-crime no lugar da denúncia do Ministério Público, para que o acusado não seja beneficiado pela inação do órgão ministerial.

O prazo para o Ministério Público apresentar a denúncia, de acordo com o Código de Processo Penal, é de 5 (cinco) dias se o réu estiver preso, e de 15 (quinze) dias, se estiver solto.

2.2.44 Publicidade dos atos processuais

> ***LX.*** *A lei só poderá restringir a publicidade dos atos processuais quando a defesa da intimidade ou o interesse social o exigirem;*

Via de regra, todos os atos processuais serão públicos, devem ser do conhecimento de todos, o que quer dizer que qualquer pessoa poderá, por exemplo, assistir a audiências, mesmo que o assunto não lhes diga respeito, e poderá pedir para ver um processo, desde que não o retire do cartório e não atrapalhe o trabalho do juiz e das partes. Além disso, todas as decisões tomadas pelo juiz serão publicadas no Diário Oficial.

No entanto, a Constituição Federal estabelece a possibilidade de restrição excepcional dessa publicidade no caso de defesa da intimidade ou do interesse social (como ocorre, por exemplo, em ações de separação litigiosa; estupro com violência; casos em que estejam envolvidos segredos militares, etc.).

2.3 Hipóteses de Prisão

> ***LXI.*** *Ninguém será preso senão em flagrante delito ou por ordem escrita e fundamentada de autoridade judiciária competente, salvo nos casos de transgressão militar ou crime propriamente militar, definidos em lei;*

No caso dos civis, a Constituição Federal somente admite que alguém seja levado à prisão em duas hipóteses: se a pessoa for pega em flagrante (próprio ou impróprio) ou se houver uma ordem judicial para isso (mandado de prisão).

Desta forma, não existe mais a possibilidade da chamada "prisão para averiguação", muito praticada na época ditatorial.

Para os militares, porém, que possuem na hierarquia e disciplina os dois pilares de sua organização, admite-se, além das duas hipóteses anteriores, a prisão administrativa (por ordem de um superior).

2.3.1 Direitos dos presos provisórios

> ***LXII.*** *A prisão de qualquer pessoa e o local onde se encontre serão comunicados imediatamente ao juiz competente e à família do preso ou à pessoa por ele indicada;*

Não podem existir "prisões secretas" no Brasil. Sempre que alguém for preso, tanto o ato da prisão como o local onde a pessoa está detida serão comunicados:

- À família do acusado (ou àquele que ele indicar), para que ele possa ter a assistência necessária (contratação de advogado, recebimento de visitas, etc.).
- Ao juiz competente, para que este possa apreciar a legalidade da prisão. Se a prisão for ilegal, o juiz deverá soltar imediatamente o acusado, conforme dispõe o inciso LXV:

> ***LXV.*** *A prisão ilegal será imediatamente relaxada pela autoridade judiciária;*
>
> ***LXIII.*** *O preso será informado de seus direitos, entre os quais o de permanecer calado, sendo-lhe assegurada a assistência da família e de advogado;*

Imediatamente à prisão do acusado, a autoridade policial deverá informá-lo a respeito de seus direitos, os quais incluem (mas não se resumem a esses):

- Direito a permanecer calado: ninguém pode ser obrigado a produzir prova contra si mesmo. O preso tem o direito de ficar calado perante o delegado e perante o juiz, se preferir não se manifestar.
- Assistência da família.
- Assistência de um advogado.

> ***LXIV.*** *O preso tem direito à identificação dos responsáveis por sua prisão ou por seu interrogatório policial;*

A garantia de que o preso tenha conhecimento de quem o prendeu ou interrogou tem o objetivo de permitir que ele possa representar contra eventuais abusos cometidos, o que ajuda a coibir a prática desses atos.

No entanto, esse direito não é absoluto, podendo ser preservada a identidade dos policiais envolvidos no caso em que sua revelação possa envolver graves e comprovados riscos a esses.

Ex.:, no caso de prisão de chefes de grandes organizações criminosas.

> ***LXVI.*** *Ninguém será levado à prisão ou nela mantido, quando a lei admitir a liberdade provisória, com ou sem fiança;*

A regra geral é a de que a pessoa responda ao processo criminal em liberdade, somente sendo preso após o trânsito em julgado da decisão judicial.

A liberdade provisória é a concessão, ao preso em flagrante, de liberdade, o que sempre deve ser feito se não estiverem presentes os requisitos da prisão preventiva. Isso ocorre porque existem muitos casos que, embora a pessoa tenha sido presa em flagrante, não se justifica a manutenção dessa prisão provisória, por não estarem presentes os requisitos da prisão preventiva (por exemplo, alguém que é preso em flagrante por furtar uma galinha de um vizinho, sendo primário e de bons antecedentes).

Assim, sempre que não estiverem presentes os requisitos da prisão preventiva, ninguém deverá ser ou permanecer preso.

2.3.2 Proibição de prisão por dívidas

> ***LXVII.*** *Não haverá prisão civil por dívida, salvo a do responsável pelo inadimplemento voluntário e inescusável de obrigação alimentícia e a do depositário infiel;*

Via de regra, uma pessoa somente pode ser presa pelo fato de ter cometido um crime. Ou seja, ninguém será preso por dívidas.

Porém, de acordo com a Constituição, haveria dois casos em que pode haver prisão do devedor:

- Inadimplemento voluntário e inescusável de obrigação alimentícia (pensão alimentícia).
- Depositário infiel – alguém que tem a responsabilidade pela guarda de um objeto de outrem e dolosamente não o devolve ou o destrói.

O STF decidiu que a prisão por depositário infiel é inconstitucional, uma vez que o Brasil é signatário do Pacto de San José da Costa Rica sobre direitos humanos (HC 96.772, 09/06/2009; HC 94.013, 10/02/2009).

Ou seja, atualmente somente existe a possibilidade de prisão civil por dívida no caso de não pagamento injustificado de pensão alimentícia.

2.3.3 Remédios constitucionais

Os incisos LXVIII a LXXIII do Art. 5º tratam dos chamados "remédios constitucionais", que são garantias fundamentais que visam oferecer meios processuais rápidos e eficientes para defesa de direitos fundamentais, os quais veremos a seguir:

2.3.3.1 *Habeas corpus*

> ***LXVIII.*** *Conceder-se-á "habeas-corpus" sempre que alguém sofrer ou se achar ameaçado de sofrer violência ou coação em sua liberdade de locomoção, por ilegalidade ou abuso de poder;*

Assim, o que esse remédio constitucional tutela é a liberdade de locomoção do indivíduo, ou seja, seu direito de ir, vir e permanecer.

Somente se pode utilizar do *habeas corpus* para corrigir alguma inidoneidade que implique em coação direta ou indireta à liberdade de ir, vir e permanecer. Desta forma, não se conhecerá do mesmo se seu objetivo for, por exemplo, questionar pena pecuniária imposta ou que possa vir a ser imposta ao acusado.

2.3.3.1.1 Intervenientes

No *habeas corpus*, temos três sujeitos envolvidos:

- Impetrante: quem apresenta, protocoliza o *habeas corpus*.
- Impetrado: quem está sendo acusado de praticar a coação ilegal.
- Paciente: aquele em favor de quem está sendo pedido a ordem de *habeas corpus* (pode ser a mesma pessoa que o impetrante, ou seja, pode-se impetrar *habeas corpus* em defesa própria).

2.3.3.1.2 Impossibilidade de produção de provas em *habeas corpus*

O *habeas corpus*, devido a seu caráter sumaríssimo, não se presta a reexame da análise probatória apreciada em ação anterior.

Também não se admite, via de regra, pedido de produção de provas em *habeas corpus*, ou seja, o impetrante já deverá apresentar, junto com a petição inicial, todas as provas que julgar pertinentes.

Na análise do caso, o juiz ou tribunal não está vinculado à causa de pedir ou pedido formulados, podendo conceder a ordem se vislumbrar razão diversa das alegadas pelo impetrante.

2.3.3.1.3 Legitimação ativa

Legitimação ativa é a capacidade jurídica de alguém de impetrar um *habeas corpus*. Ou seja, é a capacidade de ser autor numa ação de *habeas corpus*.

A legitimação para ajuizamento do *habeas corpus* é a mais ampla possível, não se exigindo nem que seja assinado por advogado.

Qualquer um, nacional ou estrangeiro, independentemente de sua condição civil, ainda que não esteja no gozo dos direitos políticos ou que seja menor de idade, pode recorrer ao chamado "remédio heroico", em seu favor ou de outro, podendo ele mesmo assinar a petição.

Também a pessoa jurídica pode impetrar *habeas corpus* em favor de terceiro pessoa física, não podendo, porém, ser paciente.

O próprio juiz não está obrigado a esperar provocação para conceder a ordem de *habeas corpus*. Neste caso, a ordem será concedida de ofício, não se falando em impetração.

Apesar da ampla legitimidade ativa, é vedada a petição apócrifa (identificação falsa do impetrante ou anônima), podendo o juiz, porém, mesmo não conhecendo do pedido, concedê-lo de ofício.

2.3.3.1.4 Legitimação passiva

Quando se fala de legitimação passiva está se referindo à possibilidade de alguém ter impetrado contra si o *habeas corpus*.

O *habeas corpus* deverá ser impetrado contra o ato do coator, que poderá ser autoridade pública ou simplesmente um particular.

Quando se tratar de ato coator praticado por particular, normalmente a conduta constituirá crime (cárcere privado, constrangimento ilegal), bastando a intervenção da autoridade policial para fazê-la cessar. Isso, porém, não impede a impetração do *habeas corpus*, até porque existem casos em que será difícil ou impossível a intervenção da polícia para fazer cessar a coação ilegal (internações em hospitais ou clínicas psiquiátricas).

Excepcionalmente o *habeas corpus* pode ser utilizado em processos cíveis, não existindo crime (**Ex.:** menor de idade que alegue cerceamento ilegal de seu direito de locomoção por seu responsável ou prisão decretada por não pagamento de pensão).

2.3.3.1.5 Pacientes

Qualquer um pode ser paciente em um *habeas corpus*, desde que, como visto, seu direito de locomoção esteja sendo lesado ou ameaçado.

As pessoas jurídicas, embora possam ser impetrantes, não podem se beneficiar de uma ordem de *habeas corpus*, uma vez que não estão sujeitas ao deslocamento físico.

Nada impede que um mesmo *habeas corpus* tenha mais de um paciente, desde que a causa de pedir (o ato coator ilegal) seja o mesmo.

2.3.3.1.6 *Habeas corpus* preventivo e repressivo

O *habeas corpus* pode ser preventivo (salvo-conduto) ou repressivo (também chamado de liberatório)

O *habeas corpus* preventivo é cabível quando houver ameaça à liberdade de locomoção. Concede um salvo-conduto, que busca prevenir que a ameaça se efetive (**Ex.:** HC impetrado por prostitutas visando garantir o seu direito de "trabalhar"). Evidentemente, o salvo-conduto limitar-se-á aos motivos que ensejaram a ordem e terá a abrangência por ela definidos. Assim, se alguém, processado por furto, consegue um HC para que não seja preso provisoriamente por aquele crime, por ser primário e o crime não ser grave, nada impede que ele seja preso se for flagrado traficando drogas.

Já o *habeas corpus* repressivo (ou liberatório) aplica-se aos casos em que a violência ou coação à liberdade de locomoção esteja ocorrendo. Tem o objetivo de fazer cessar o desrespeito à liberdade de locomoção.

2.3.3.1.7 Liminar em *habeas corpus*

Não obstante seja o rito do *habeas corpus* sumaríssimo e tenha ele prioridade absoluta de julgamento nos Tribunais e juízos singulares, há a possibilidade de concessão de medida liminar, para se evitar possível constrangimento irreparável à liberdade de locomoção.

A possibilidade de concessão de liminar vale tanto para os *habeas corpus* preventivos como liberatórios.

A admissão de decisão liminar não é prevista na lei, mas é resultado da construção jurisprudencial.

A concessão da liminar exige a convergência de dois requisitos: o periculum in mora (possibilidade de dano irreparável) e o fumus boni iuris (elementos da impetração que indiquem a existência de ilegalidade no constrangimento). Esses dois requisitos serão analisados de forma sumária.

2.3.3.1.8 *Habeas corpus* e punições disciplinares militares

O Art. 142, §2º, da CF, estabelece que não caberá *habeas corpus* em relação a punições disciplinares militares.

O que o dispositivo quer dizer, no entanto, é que não caberá HC em relação ao mérito das punições disciplinares administrativas, uma vez que o juiz sempre pode analisar os pressupostos de legalidade de qualquer ato administrativo (competência, forma legal, pena passível de ser aplicada disciplinarmente, etc.).

2.3.3.2 Mandado de segurança

> ***LXIX.*** *Conceder-se-á mandado de segurança para proteger direito líquido e certo, não amparado por "habeas corpus" ou "habeas data", quando o responsável pela ilegalidade ou abuso de poder for autoridade pública ou agente de pessoa jurídica no exercício de atribuições do Poder Público;*

Direito líquido e certo: direito certo é aquele que está determinado, que não necessita de mais provas, que é induvidoso. Por exigir direito certo é que não se admite a produção de provas no bojo processual do MS (o MS não admite dilação probatória). Importante observar que o direito é sempre certo, sendo que os fatos é que podem ser duvidosos.

Liquidar é atribuir um valor. Direito líquido é aquele que já tem seu valor definido, que não precisa de averiguações para se verificar sua extensão econômica. Assim, o direito pode ser certo, mas não líquido.

> **Ex.:** Alguém ganha uma ação de indenização, mas o valor desta indenização será definido somente na liquidação da sentença, até lá o direito é certo, mas não líquido.

Para que o mandado de segurança possa ser conhecido, ambos os requisitos: certeza e liquidez do direito devem estar preenchidos.

Não amparado por *habeas corpus* ou *habeas data*: se o direito for amparado por um desses remédios, o interessado deverá socorrer-se deles, e não do mandado de segurança.

Ilegalidade ou abuso de poder: o ato, para poder ser atacado pelo mandado de segurança deve ser ilegal (no sentido amplo).

Autoridade pública ou agente de pessoa jurídica no exercício de atribuições do Poder Público: o Mandado de Segurança é instrumento de defesa dos direitos individuais do cidadão perante o Estado e, assim, somente terá cabimento contra atos de seus representantes. Assim, vê-se que não caberá mandado de segurança contra particular (a não ser que este aja por delegação do poder público).

Se for particular que estiver ferindo direito líquido e próprio de terceiro, este deverá recorrer a outra ação judicial para fazer cessar o ato ilegal.

2.3.3.2.1 Espécies de mandado de segurança

A exemplo do *habeas corpus*, o Mandado de Segurança pode ser:

- Repressivo, quando visa combater uma ilegalidade já cometida seja, quando o direito líquido e certo do impetrante já foi atingido; ou
- Preventivo, quando o impetrante demonstrar justo receio de sofrer uma violação de direito líquido e certo por parte da autoridade impetrada. Evidentemente, este receio deve ser lastreado em evidências concretas de um ato ou omissão que esteja pondo em risco o direito do impetrante.

2.3.3.2.2 Legitimidade ativa

Possui legitimação ativa para impetrar Mandado de Segurança todo o titular de direito líquido e certo, não amparado por *habeas corpus* ou *habeas data*. Tanto pode ser pessoa física como jurídica, nacional ou estrangeiro, domiciliada ou não em nosso país.

É reconhecida legitimação ativa às universalidades reconhecidas por lei, mesmo não possuindo personalidade jurídica.

> **Ex.:** Espólio e massa falida) e também aos órgãos despersonalizados (Mesas do Congresso, Senado e Câmara, Assembleias, etc.

2.3.3.2.3 Legitimidade passiva

Já vimos que somente podem figurar no polo passivo de um MS autoridade pública ou agente de pessoa jurídica no exercício de atribuições do Poder Público.

2.3.3.2.4 Liminar

O rito do Mandado de Segurança prevê que, ao apresentar a petição inicial, o impetrante poderá requerer a concessão de medida liminar, se presentes o *fumus bonus iuris* e o *periculum in mora*.

Da decisão que conceder ou negar a liminar cabe agravo de instrumento.

2.3.3.3 Mandado de segurança coletivo

> ***LXX.*** *O mandado de segurança coletivo pode ser impetrado por:*
>
> ***a)*** *partido político com representação no Congresso Nacional;*
>
> ***b)*** *organização sindical, entidade de classe ou associação legalmente constituída e em funcionamento há pelo menos um ano, em defesa dos interesses de seus membros ou associados;*

A finalidade do mandado de segurança coletivo é permitir que certas pessoas jurídicas defendam o interesse de seus membros ou associados, ou ainda da sociedade em geral (partidos políticos) evitando-se a multiplicidade de demandas.

2.3.3.3.1 Objeto

Tem por objeto a defesa dos mesmos direitos que podem ser objeto do Mandado de Segurança individual (líquidos e certos), porém direcionado à defesa dos interesses coletivos, tanto da sociedade como um todo, como de uma classe especial, representada por um sindicato ou associação.

2.3.3.3.2 Legitimação ativa

A legitimação para a impetração de mandado de segurança coletivo é extraordinária, e somente é concedida às entidades previstas no Art. 5º, LXX, da CF, quais sejam:

- Partido político com representação no Congresso Nacional;
- Organização sindical ou entidade de classe;
- Associação legalmente constituída e em funcionamento há pelo menos um ano.

No que se refere aos sindicatos, entidades de classe e associações, o objeto do MS deve guardar pertinência temática com seus objetivos institucionais. Em relação aos partidos políticos, a maioria dos doutrinadores os exime da comprovação deste vínculo, mas esta ainda é uma questão controversa.

No caso de sindicatos e associações, não se exige que os mesmos apresentem autorização expressa de cada um de seus associados representados em juízo, bastando uma autorização genérica em seus estatutos sociais.

Não há necessidade de constar na petição inicial o nome de todos os associados, sendo que a situação individual de cada um será levada em conta quando da execução da sentença, devendo a autoridade impetrada, ao cumprir a decisão judicial, exigir que cada beneficiário comprove sua filiação à entidade beneficiária.

2.3.3.4 Mandado de injunção

> ***LXXI.*** *Conceder-se-á mandado de injunção sempre que a falta de norma regulamentadora torne inviável o exercício dos direitos e liberdades constitucionais e das prerrogativas inerentes à nacionalidade, à soberania e à cidadania;*

O mandado de injunção é o instrumento previsto para combater a inércia do Poder Legislativo ou Executivo na regulamentação de direitos e liberdades constitucionais e aqueles relacionados à nacionalidade, à soberania e à cidadania.

Ele visa combater a falta de efetividade das normas constitucionais de eficácia limitada, relacionada àqueles assuntos.

O Supremo Tribunal Federal decidiu pela autoaplicabilidade do inciso LXXI do Art. 5º da Constituição, independentemente de edição de lei regulamentando o mandado de injunção, tendo em vista o Art. 5º, §1º, que determina que as normas definidoras dos direitos e garantias fundamentais têm aplicação imediata.

2.3.3.4.1 Competência

Compete ao STF processar e julgar, originalmente, o mandado de injunção, quando a elaboração da norma regulamentadora for atribuição do Presidente da República, do Congresso Nacional, da Câmara Federal, do Senado Federal, da Mesa de uma dessas Casas, do TCU, de um dos Tribunais Superiores, ou do próprio STF.

Ao STJ compete julgar originariamente o mandado de injunção quando a norma omissa for atribuição de órgão, entidade ou autoridade federal, excetuados os casos de competência do STF, da Justiça Eleitoral, da Justiça do Trabalho e da Justiça Federal.

As Justiças Estaduais também têm competência para julgar o mandado de injunção na forma prevista nas Constituições Estaduais.

2.3.3.4.2 Efeitos da decisão

Uma vez reconhecida, pelo julgamento do Mandado de Injunção, a mora do Poder Legislativo na elaboração da norma regulamentadora, qual deve ser o papel do Judiciário? De acordo com a resposta a essa pergunta, temos duas correntes:

- Corrente não concretista: o Judiciário deve somente reconhecer a inércia do Legislativo, não podendo expedir norma que permita ao impetrante exercer imediatamente seu direito, uma vez que não cabe ao Judiciário legislar, suprindo a omissão do Parlamento.
- Corrente concretista: O Judiciário deve não só reconhecer a inércia do Legislativo como deve permitir o exercício imediato do direito obstado pela falta da norma, dizendo qual solução deve ser aplicada ao caso em questão. A corrente concretista subdivide-se em duas:
  - Concretista Individual: o Judiciário estabelece como o impetrante poderá exerceu o direito prejudicado pela falta da norma, mas os efeitos da decisão só valem para o impetrante.
  - Concretista Geral: o Judiciário estabelece como a ausência da norma será suprida, e essa decisão terá efeitos erga omnes, podendo ser aproveitada por todos que se encontrarem na mesma situação, até que seja editada a norma faltante.

Atualmente o STF tem adotado a corrente concretista geral.

2.3.3.5 *Habeas data*

> ***LXXII.*** *Conceder-se-á habeas data:*
>
> ***a)*** *para assegurar o conhecimento de informações relativas à pessoa do impetrante, constantes de registros ou bancos de dados de entidades governamentais ou de caráter público;*

> ***b)*** *para a retificação de dados, quando não se prefira fazê-lo por processo sigiloso, judicial ou administrativo;*

Diante do texto constitucional, pode-se definir o *habeas data* como o remédio constitucional de que podem se valer todas as pessoas para solicitar judicialmente a exibição dos registros públicos ou privados de caráter público, nos quais estejam incluídos seus dados pessoais, para que deles tome conhecimento e, se necessário for, requerer sua retificação.

Porém, de acordo com a Lei nº 9.507/97, o impetrante deve provar que seu pedido foi negado administrativamente, para que possa recorrer ao *habeas data*.

2.3.3.5.1 Legitimação Ativa

O *habeas data* poderá ser impetrado tanto por pessoa física como por pessoa jurídica, brasileira ou estrangeira.

Somente poderão ser requeridas informações relativas ao próprio impetrante, nunca de terceiros (caráter personalíssimo da ação), embora a jurisprudência tenha admitido que os sucessores do de cujus possa impetrar *habeas data* em nome do mesmo.

Diferentemente do que ocorre com o *habeas corpus*, a petição inicial do *habeas data* deve sempre ser subscrita por advogado.

2.3.3.5.2 Legitimação Passiva

Podem ser sujeitos passivos do *habeas data* os responsáveis por entidades governamentais, da administração pública direta e indireta.

Além disso, o *habeas data* também pode ser impetrado contra representantes de pessoas jurídicas privadas que prestem serviços para o público ou de interesse público, e desde que detenham dados referentes às pessoas físicas ou jurídicas (Ex.: SERASA).

2.3.3.5.3 Liminar em *habeas data*

A exemplo do *habeas corpus*, a lei silencia-se sobre a possibilidade de concessão de liminar em *habeas data*. No entanto, os tribunais têm admitido essa possibilidade, desde que presentes o fumus boni iuris e o periculum in mora.

De observar-se que, nos Tribunais, via de regra, os processos de *habeas data* terão prioridade sobre todos os atos judiciais, exceto *habeas corpus* e mandado de segurança.

2.3.3.6 Ação popular

> ***LXXIII.*** *Qualquer cidadão é parte legítima para propor ação popular que vise a anular ato lesivo ao patrimônio público ou de entidade de que o Estado participe, à moralidade administrativa, ao meio ambiente e ao patrimônio histórico e cultural, ficando o autor, salvo comprovada má-fé, isento de custas judiciais e do ônus da sucumbência;*

A ação popular é um importante instrumento processual que a sociedade tem para controlar os atos dos agentes públicos e anular atos lesivos ao patrimônio público.

É um instrumento bastante democrático e que pode ser exercido por qualquer cidadão brasileiro.

É regulada pela Lei nº 4.717/65, sendo, assim, anterior à própria Constituição Federal de 1988. Na verdade, consta a previsão de ação popular (embora com outro escopo) desde a Constituição de 1824.

Assim, a ação popular tem por finalidade pleitear a anulação ou declaração de nulidade de atos lesivos:

- Ao patrimônio da União, Estados, DF e Municípios, bem como de qualquer entidade em que o tesouro público participe;
- À moralidade administrativa;
- Ao meio-ambiente;
- Patrimônio histórico, cultural, econômico, artístico, estético ou turístico.

2.3.3.6.1 Legitimação Ativa

Pode propor a ação popular qualquer cidadão.

Para esse efeito, considera-se cidadão aquele que esteja apto a votar e a ser votado (conceito restrito de cidadania). A prova da cidadania se faz com a apresentação do título de eleitor.

2.3.3.6.2 Legitimação Passiva

Deverão figurar no polo passivo de uma ação popular:

- União, Estado, DF ou Municípios do qual emanou o ato lesivo;
- Autoridades, funcionários ou administradores que autorizaram, aprovaram, ratificaram, praticaram ou se omitiram em relação ao ato;
- Beneficiários diretos do ato.

2.3.4 Assistência jurídica gratuita

> ***LXXIV.*** *O Estado prestará assistência jurídica integral e gratuita aos que comprovarem insuficiência de recursos;*

Todos têm direito a um advogado, seja para defendê-los em processos criminais, seja para mover ações em defesa de seus direitos (cíveis, trabalhistas, etc.).

A Constituição Federal determina que aqueles que não puderem pagar por um advogado deverão ter um indicado e pago pelo Estado, desde que a pessoa comprove não ter condições de arcar com os honorários.

Atualmente, todos os Estados brasileiros possuem Defensorias Públicas, que visam justamente prestar assistência jurídica gratuita aos reconhecidamente pobres. Além disso, existem também as Defensorias Públicas Federais (que oficiam junto à Justiça Federal).

O STF tem entendido que também as pessoas jurídicas têm direito à justiça gratuita, quando não possuírem condições de pagar por um advogado, sem comprometer seu funcionamento.

2.3.5 Indenização por erro judiciário

> ***LXXV.*** *O Estado indenizará o condenado por erro judiciário, assim como o que ficar preso além do tempo fixado na sentença;*

É sabido que até o Judiciário está sujeito a cometer erros, podendo tanto vir a absolver um culpado como, eventualmente, vir a condenar alguém que, na verdade, era inocente.

No caso de condenação de alguém que não deveria sê-lo, prevê nossa Constituição a possibilidade de indenização dessa pessoa.

Também que, aqueles que ficarem presos mais tempo do que o devido (circunstância relativamente comum, resultado da falta de assistência jurídica de muitos condenados) poderão exigir do Estado essa compensação.

2.3.6 Gratuidades

LXXVI. *São gratuitos para os reconhecidamente pobres, na forma da lei:*

a) *o registro civil de nascimento;*

b) *a certidão de óbito;*

LXXVII. *São gratuitas as ações de "Habeas Corpus" e "Habeas Data", e, na forma da lei, os atos necessários ao exercício da cidadania.*

Para aqueles que comprovarem não terem condições financeiras, o Estado deverá proceder gratuitamente ao registro dos nascimentos e dos óbitos (até porque o correto registro desses eventos interessa também ao próprio Estado).

Também são gratuitas a ações de *habeas corpus* e *habeas data*, bem como os atos necessários ao exercício da cidadania (emissão de documentos, por exemplo). Nesse último caso, na forma que a lei estabelecer (norma de eficácia limitada).

2.3.7 Razoável duração do processo

LXXVIII. *A todos, no âmbito judicial e administrativo, são assegurados a razoável duração do processo e os meios que garantam a celeridade de sua tramitação.*

Existe um binômio que precisa ser levado em consideração na prestação jurisdicional: justiça-celeridade.

Essas duas características, a princípio antagônicas (quanto mais rápido um processo, com menos recursos, menos justo ele tendo a ser, e vice-versa), precisam ser combinadas de forma que se busquem decisões justas, que respeitem o direito ao contraditório, ampla defesa e possibilidade de recursos e que, ao mesmo tempo não sejam por demais tardias.

A Constituição não define o que seja razoável duração do processo, porém essa definição está ligada ao binômio acima, ou seja, deve-se procurar que o processo seja o mais rápido possível, porém não tão rápido de forma a prejudicar a busca da justiça.

O mesmo vale para os processos administrativos.

2.3.8 Disposições gerais

Os parágrafos do Art. 5º da CF trazem uma série de disposições gerais aplicáveis aos direitos e garantias individuais e coletivos:

2.3.8.1 Aplicação imediata das normas definidoras de direitos e garantias fundamentais

§ 1º. *As normas definidoras dos direitos e garantias fundamentais têm aplicação imediata.*

Isso significa que a intenção do constituinte era que as normas constitucionais que tratam de direitos e garantias fossem imediatamente aplicadas. Em se tratando de normas de eficácia limitada, cabe a impetração de mandado de injunção para que a omissão seja suprida.

2.3.8.2 Não taxatividade dos direitos e garantias fundamentais

§ 2º. *Os direitos e garantias expressos nesta Constituição não excluem outros decorrentes do regime e dos princípios por ela adotados, ou dos tratados internacionais em que a República Federativa do Brasil seja parte.*

Além dos direitos e garantias expressos no Art. 5º e em outros artigos da Constituição, o rol pode ser constantemente ampliado por meio de tratados internacionais assinados pelo Brasil.

2.3.8.3 Aprovação de tratados internacionais sobre direitos humanos com status de norma constitucional

§ 3º. *Os tratados e convenções internacionais sobre direitos humanos que forem aprovados, em cada Casa do Congresso Nacional, em dois turnos, por três quintos dos votos dos respectivos membros, serão equivalentes às emendas constitucionais.*

De acordo com o parágrafo 3º do Art. 5º, os tratados internacionais que passarem pelo mesmo rito de aprovação das emendas constitucionais (aprovação na Câmara e no Senado, em dois turnos, por três quintos dos votos dos deputados federais e senadores) terão status de norma constitucional.

Diferente situação ocorre com os tratados internacionais sobre direitos humanos que forem aprovados pela forma ordinária de ratificação de tratados: nesse caso, tais tratados terão o status de norma supralegal, mas hierarquicamente inferior às normas constitucionais.

2.3.8.4 Tribunal penal internacional

§ 4º. *O Brasil se submete à jurisdição de Tribunal Penal Internacional a cuja criação tenha manifestado adesão.*

Para evitar discussões a respeito da legitimidade de julgamento de brasileiros por tribunais internacionais, o parágrafo 4º do Art. 5º deixa claro que, se o Brasil manifestar adesão à criação de um Tribunal Penal Internacional, cidadãos brasileiros poderão ser julgados por esse Tribunal, nos termos estabelecidos no tratado de constituição.

Questões

01. Com base nas disposições constitucionais acerca de princípios, direitos e garantias fundamentais, julgue o item a seguir.

A liberdade de pensamento é exercida com ônus para o manifestante, que deverá se identificar e assumir a autoria daquilo que ele expressar.

Certo ( ) Errado ( )

02. Julgue o item seguinte, relativo aos direitos e deveres individuais e coletivos e às garantias constitucionais.

Conforme texto constitucional vigente, a prisão de qualquer pessoa e o local onde se encontra terão de ser comunicados em até vinte e quatro horas ao juiz competente e à família do preso ou a pessoa por ele indicada.

Certo ( ) Errado ( )

03. Com relação aos direitos e às garantias fundamentais previstos na Constituição Federal de 1988, julgue o item a seguir.

Dada a previsão constitucional de que nenhuma pena passará da pessoa do condenado a outrem, o ordenamento jurídico veda que obrigações de reparação de danos sejam estendidas aos sucessores do condenado.

Certo ( ) Errado ( )

04. A respeito dos direitos e das garantias fundamentais, julgue o item seguinte.

O direito de resposta proporcional a um cidadão que tenha sido ofendido não impede o direito à indenização por dano material, moral ou à imagem.

Certo ( ) Errado ( )

05. Com base nas disposições legais acerca de patrimônio cultural, julgue o próximo item.

A sociedade pode acionar o sistema de proteção do meio ambiente e da cultura por meio de provocação ao Ministério Público e, também, mediante ação popular que vise anular ato lesivo ao patrimônio público.

Certo ( ) Errado ( )

Gabaritos

01	CERTO
02	ERRADO
03	ERRADO
04	CERTO
05	CERTO

3. DIREITOS SOCIAIS

Os direitos sociais são direitos fundamentais típicos da chamada segunda geração, e visam garantir uma existência digna aos cidadãos.

São consideradas verdadeiras obrigações que o Estado possui para com seus nacionais e, precipuamente, buscam garantir melhores condições de vida aos menos favorecidos, funcionando assim como instrumentos de equalização de condições sociais desiguais.

Sua extensão varia de país para país, de acordo com a concepção do papel atribuído ao Estado em cada um deles.

Assim, existem alguns países que reconhecem um número maior de direitos sociais, como é o caso do Brasil e de vários países da Europa continental, sendo chamados de Estados-Provedores ou Estados-Sociais. Por outro lado, existem outros que consideram que o Estado deve possuir menos obrigações em relação ao particular, recebendo normalmente o nome de Estados liberais.

O Art. 6º de nossa Constituição define quais são eles:

> ***Art. 6º*** *São direitos sociais a educação, a saúde, a alimentação, o trabalho, a moradia, o transporte, o lazer, a segurança, a previdência social, a proteção à maternidade e à infância, a assistência aos desamparados, na forma desta Constituição. (Redação dada pela Emenda Constitucional nº 90, de 2015)*

Embora os direitos sociais sejam bastante amplos, conforme se verifica acima, em seu Capítulo II - Direitos Sociais, nossa CF trata basicamente dos direitos trabalhistas, que regem as relações entre patrões e empregados. Outros direitos sociais são abordados em dispositivos diferentes da Constituição Federal.

O Art. 7º da Constituição Federal traz os principais direitos trabalhistas. Importante observar que nem todos se aplicam aos servidores públicos e, mesmo os que se aplicam, podem ser regulamentados de forma diferente por leis específicas, uma vez que os servidores são regidos por estatutos próprios.

Os empregados domésticos também não possuem todos os direitos citados nos incisos do Art. 7º, por conta do disposto em seu parágrafo único, embora a EC nº 72/2013 tenha ampliado significativamente os seus direitos, quase que os equiparando aos demais trabalhadores.

Vejamos o que diz o Art. 7º da Constituição Federal:

> ***Art. 7º*** *São direitos dos trabalhadores urbanos e rurais, além de outros que visem à melhoria de sua condição social:*

O caput do Art. 7º deixa claro que os direitos sociais apresentados em seus incisos se aplicam indistintamente aos trabalhadores urbanos e rurais, e que não excluem outros, previstos na própria Constituição ou em leis específicas. Ou seja, tal artigo traz somente o mínimo considerado necessário pelo constituinte para que o trabalhador possa ter condições de trabalho e de vida dignas.

E os incisos do Art. 7º trazem quais são esses direitos:

3.1 Proteção contra Despedida sem Justa Causa

> ***I.*** *Relação de emprego protegida contra despedida arbitrária ou sem justa causa, nos termos de lei complementar, que preverá indenização compensatória, dentre outros direitos;*

A demissão arbitrária ou sem justa causa pode trazer graves consequências para o trabalhador, inclusive no que se refere ao seu sustento e de sua família.

Diante disso, a Constituição exige que lei complementar o proteja dessa situação, buscando amenizar os impactos decorrentes de tal despedida com o pagamento de uma indenização, entre outras providências que podem ser adicionadas.

Essa lei complementar referida no dispositivo ainda não existe. Diante disso, permanece em vigor disposto no Art. 10 do ADCT (Ato das Disposições Constitucionais Transitórias), que afirma o seguinte:

> ***Art. 10.*** *Até que seja promulgada a lei complementar a que se refere o Art. 7º, I, da Constituição:*
>
> ***I.*** *fica limitada a proteção nele referida ao aumento, para quatro vezes, da porcentagem prevista no Art. 6º, "caput" e § 1º, da Lei nº 5.107/66;*
>
> ***II.*** *fica vedada a dispensa arbitrária ou sem justa causa:*
>
> ***a)*** *do empregado eleito para cargo de direção de comissões internas de prevenção de acidentes, desde o registro de sua candidatura até um ano após o final de seu mandato;*
>
> ***b)*** *da empregada gestante, desde a confirmação da gravidez até cinco meses após o parto.*

A multa citada no inciso I do Art. 10 do ADCT é justamente a multa de 40% do valor depositado pelo empregador na conta do FGTS do empregado, no caso de demissão sem justa causa.

3.2 Seguro-Desemprego

> ***II.*** *Seguro-desemprego, em caso de desemprego involuntário;*

O seguro-desemprego é atualmente regulamentado pela Lei nº 7.998/90, e busca amparar temporariamente o trabalhador, em virtude de despedida sem justa causa.

A lei do seguro-desemprego, além de trazer o pagamento do chamado auxílio-desemprego, também dispõe que o Governo deve oferecer meios para ajudar o trabalhador a encontrar um outro emprego.

3.3 FGTS

> ***III.*** *Fundo de garantia do tempo de serviço;*

Trata-se do FGTS, equivalente a aproximadamente um salário por ano (8% do salário por mês), depositado pelo empregador em conta vinculada e exclusiva do empregado, administrada pela Caixa Econômica Federal e sujeito a saques em hipóteses específicas, como despedida sem justa causa e aposentadoria.

A ideia do FGTS é que o empregador faça uma poupança forçada para o empregado, o qual, por sua vez, somente poderá sacá-la nas hipóteses previstas em lei. Por sua vez, a lei prevê que os recursos "parados" nas contas do FGTS dos empregados brasileiros podem ser usados pelo Governo para financiamento do Sistema Financeiro da Habitação - SFH.

O servidor público estatutário ocupante de cargo efetivo não tem direito ao FGTS.

3.4 Salário-Mínimo

IV. Salário-mínimo, fixado em lei, nacionalmente unificado, capaz de atender a suas necessidades vitais básicas e às de sua família com moradia, alimentação, educação, saúde, lazer, vestuário, higiene, transporte e previdência social, com reajustes periódicos que lhe preservem o poder aquisitivo, sendo vedada sua vinculação para qualquer fim;

O salário-mínimo deveria garantir uma existência digna para uma família com dois filhos. Sabe-se que está muito longe disso. No entanto, um aumento repentino e substancial no salário-mínimo poderia trazer consequências desastrosas para a economia, como por exemplo, demissões em massa, falta de recursos para pagamento de benefícios da Previdência Social, etc. Por conta disso, entende-se que se deve aumentar paulatinamente o valor do salário mínimo, até que ele atenda a todas as necessidades previstas no texto constitucional.

De acordo com o inciso IV do Art. 7º, o salário- mínimo também deve ser:

a) fixado em lei: é o Poder Legislativo quem deve estabelecer o valor do salário-mínimo ou aprovar os critérios para a definição de seu valor.

b) nacionalmente unificado: embora os Estados possam ter salários-mínimos regionais, esses devem ser sempre iguais ou superiores ao salário-mínimo nacional.

c) reajustado periodicamente: esse reajuste é previsto para garantir a preservação do valor do salário- mínimo, diante da inflação. É realizado anualmente.

d) proibido de vinculação para qualquer fim: tem por objetivo não criar "amarras" ao aumento do salário-mínimo.

3.5 Piso Salarial

V. Piso salarial proporcional à extensão e à complexidade do trabalho;

Além do salário-mínimo, que se aplica a todos os trabalhadores brasileiros, a Constituição prevê que haja também pisos salariais, que são salários-mínimos aplicáveis a determinadas categorias profissionais, e cujo valor deve levar em conta a extensão e a complexidade do trabalho em cada uma delas.

Esses pisos salariais são negociados pelos sindicatos de cada categoria profissional junto aos sindicatos dos empregadores, ou podem ser obtidos pelos sindicatos profissionais mediante dissídios coletivos na Justiça do Trabalho.

Obviamente, os valores dos diversos pisos salariais devem ser sempre iguais ou superiores ao valor do salário-mínimo.

3.6 Irredutibilidade do Salário

VI. Irredutibilidade do salário, salvo o disposto em convenção ou acordo coletivo;

Uma vez estabelecido o valor de salário no contrato de trabalho, ele não pode ser reduzido, mesmo que o empregado concorde, exceto se tal redução for aceita por negociação feita junto à respectiva entidade sindical respectiva.

A diferença entre convenção coletiva e acordo coletivo é que a primeira é um pacto firmado entre os sindicatos dos trabalhadores, de um lado, e o sindicato dos empregadores, de outro, ao passo que o acordo coletivo é firmado pelo sindicato dos trabalhadores, de um lado, e um ou mais empregadores, de outro (no acordo coletivo não há participação do sindicato dos empregadores).

Assim, a convenção coletiva vale para os trabalhadores de toda a categoria profissional e o acordo vale somente para os trabalhadores das empresas envolvidas.

De qualquer forma, a redução salarial do empregado pode ser negociada tanto por convenção como por acordo coletivo.

3.7 Salário-Mínimo para os que Recebem Remuneração Variável

VII. Garantia de salário, nunca inferior ao mínimo, para os que percebem remuneração variável;

Esse inciso visa garantir que aqueles que percebem remuneração variável, como os garçons, que recebem, além do salário, gorjetas, ou aqueles que tenham seus salários atrelados a metas de desempenho, que esses também tenham direito a receber todo mês, no mínimo, o valor de um salário-mínimo.

3.8 13º Salário

VIII. Décimo terceiro salário com base na remuneração integral ou no valor da aposentadoria;

O décimo terceiro salário, ou gratificação natalina, deve ser pago até o final do ano, podendo ser dividido em duas parcelas, sendo a primeira paga até dia 30 de novembro e a segunda até dia 20 de dezembro.

É calculado com base na remuneração devida no pagamento de dezembro.

3.9 Adicional Noturno

IX. Remuneração do trabalho noturno superior à do diurno;

O homem tem hábitos diurnos. Por isso, nossa Constituição entendeu que quem trabalha durante o período noturno trabalha fora de seu horário natural e que, portanto, deve receber uma compensação.

De acordo com a Consolidação das Leis do Trabalho - CLT, o trabalho noturno urbano estende-se das 22 horas de um dia às 5 horas do outro. Já nas atividades rurais, é considerado noturno o trabalho executado na lavoura entre 21 horas horas de um dia às 5 horas do dia seguinte, e na pecuária, entre 2 horas às 4 horas do dia seguinte.

Quem trabalhar nesses horários terá direito a um adicional, calculado com base nas horas de trabalho que coincidirem com esses períodos.

3.10 Proteção ao Salário

X. Proteção do salário na forma da lei, constituindo crime sua retenção dolosa;

O salário do trabalhador é o seu sustento, sendo que o empregado conta com ele para o atendimento de suas necessidades básicas e de sua família.

Por isso, a lei deverá protegê-lo, inclusive considerando crime sua retenção intencional por parte do empregador.

3.11 Participação nos Lucros e na Gestão das Empresas

> *XI. Participação nos lucros, ou resultados, desvinculada da remuneração, e, excepcionalmente, participação na gestão da empresa, conforme definido em lei;*

A Constituição estabelece a possibilidade de que os trabalhadores venham a ter participação nos lucros da empresa (a chamada PLR), conforme definido em lei, além de haver a possibilidade - excepcional - de participação na gestão da própria empresa, também nas hipóteses previstas em lei.

A lei que trata sobre a PLR estabelece que a mesma deverá ser negociada entre os sindicatos dos trabalhadores e a empresa.

Para que seja considerado de fato participação nos lucros, o valor recebido pelo empregado não deve estar atrelado à sua remuneração, mas sim à contribuição dada por ele para o atingimento do resultado. Se o valor da PLR estiver vinculado ao salário do empregado, o montante recebido será considerado remuneração e como tal tributado.

3.12 Salário-Família

> *XII. Salário-família pago em razão do dependente do trabalhador de baixa renda, nos termos da lei;*

O salário-família tem a função de auxiliar o trabalhador de baixa renda a sustentar sua família, cabendo à lei definir qual seria o valor de salário considerado como baixo.

Deve ser pago em função do número de dependentes do trabalhador, de forma que aquele que tenha mais filhos receba mais.

3.13 Jornada de Trabalho

> *XIII. Duração do trabalho normal não superior a oito horas diárias e quarenta e quatro semanais, facultada a compensação de horários e a redução da jornada, mediante acordo ou convenção coletiva de trabalho;*

No Brasil a duração da jornada semanal de trabalho é de, no máximo, 44 horas semanais e 8 diárias. O que for trabalhado além disso, seja no limite diário, seja no limite semanal, deve ser pago como hora extra, com os acréscimos legais.

A Constituição, porém, permite a compensação de horários (banco de horas) e a redução da jornada, mediante negociação que envolva o sindicato da categoria profissional.

> *XIV. Jornada de seis horas para o trabalho realizado em turnos ininterruptos de revezamento, salvo negociação coletiva;*

Turno interrupto de revezamento é aquele no qual o trabalhador é obrigado a trabalhar hora num horário, ora em outro, como ocorre com algumas pessoas que trabalham em regime de escala.

Como essa troca de horários traz dificuldades de adaptação e pode até ser prejudicial à saúde do trabalhador, a Constituição Federal estabelece que, nesse caso, a jornada normal máxima será de seis horas diárias, salvo negociação coletiva.

3.14 Descanso Semanal Remunerado

> *XV. Repouso semanal remunerado, preferencialmente aos domingos;*

Todo trabalhador tem direito a pelo menos um dia de descanso remunerado na semana, em que não trabalhará e não terá o dia descontado. Esse dia de descanso deve ser preferencialmente, o domingo, podendo, no entanto, ser estabelecido outro dia, havendo necessidade do empregador. Trabalhando no domingo, o empregado terá direito a um acréscimo em sua remuneração.

Para todos os trabalhadores, o descanso semanal tem a duração de 24 horas consecutivas.

3.15 Horas Extras

> *XVI. Remuneração do serviço extraordinário superior, no mínimo, em cinquenta por cento à do normal;*

O serviço extraordinário condiz com as chamadas horas extras.

Deve-se observar que o valor de 50% é o mínimo de acréscimo. É muito comum que determinadas categorias profissionais consigam acréscimo maior em função de negociação coletiva.

3.16 Férias

> *XVII. Gozo de férias anuais remuneradas com, pelo menos, um terço a mais do que o salário normal;*

As férias são um período de até 30 dias de descanso concedidos a cada trabalhador após 12 meses de trabalho, que serão gozados de uma só vez, salvo em casos excepcionais, em que o período de férias poderá ser dividido em dois períodos, um dos quais não deverá ser inferior a 10 dias consecutivos.

A CLT permite que o empregado venda até 10 dias de suas férias, cabendo ao patrão decidir sobre o momento de concedê-las, não podendo, no entanto, deixar acumular mais de dois períodos de aquisição, sob pena de pagamento de multa.

Durante as férias, o trabalhador receberá, além de seu salário normal, um adicional correspondente a 1/3 desse salário. É o conhecido adicional de férias, concedido ao empregado para que o mesmo tenha meios para, de fato, poder aproveitar o período de descanso.

No caso do servidor público civil, o estatuto federal, estadual ou municipal é que disciplinará a aquisição e o gozo das férias.

3.17 Licença-Maternidade

> *XVIII. Licença à gestante, sem prejuízo do emprego e do salário, com a duração de cento e vinte dias;*

É a licença-maternidade. Embora a Constituição preveja uma licença de 120 dias, atualmente a lei incentiva as empresas a estenderem sua duração até os seis meses, que é o período de amamentação considerado como o mínimo adequado, de acordo com a OMS - Organização Mundial da Saúde.

O objetivo da licença-maternidade é principalmente proteger o recém-nascido, permitindo o contato com a mãe durante um período mínimo, o que é importante tanto pelo aspecto emocional da criança, como também para que ela possa ser devidamente amamentada com leite materno.

3.18 Licença-Paternidade

> *XIX. Licença-paternidade, nos termos fixados em lei;*

Em relação à licença-paternidade, a Constituição não prevê um período mínimo de duração, sendo que, atualmente, a legislação prevê no mínimo 5 dias de afastamento, contados do dia do nascimento da criança.

3.19 Proteção ao Mercado de Trabalho Feminino

XX. Proteção do mercado de trabalho da mulher, mediante incentivos específicos, nos termos da lei;

Essa disposição visa combater a desigualdade entre gêneros em termos de oportunidades no mercado de trabalho.

Norma de eficácia limitada, deve ser regulamentada por lei.

3.20 Aviso-Prévio

XXI. Aviso-prévio proporcional ao tempo de serviço, sendo no mínimo de trinta dias, nos termos da lei;

Aviso prévio é o intervalo de tempo entre a comunicação da intenção da ruptura do contrato de trabalho por uma das partes e sua efetiva rescisão, a fim de que a outra parte se prepare para essa ruptura.

No caso de a iniciativa da rescisão partir do empregador, ele deve avisar o empregado com um prazo que varia de 30 dias a 90 dias de antecedência, dependendo do número de anos que o empregado trabalhou na empresa. Se preferir não o fazer, deverá pagar o salário correspondente a esses dias, no momento da rescisão.

Se a iniciativa da rescisão partir do empregado, ele também tem a obrigação de avisar o empregador com 30 dias de antecedência. Se não o fizer, terá descontado de suas verbas rescisórias o valor correspondente.

3.21 Redução dos Riscos do Trabalho

XXII. Redução dos riscos inerentes ao trabalho, por meio de normas de saúde, higiene e segurança;

A legislação deve cuidar de proteger o trabalhador contra os acidentes e demais riscos no trabalho, como prejuízo à sua saúde, por exemplo. Toda atividade profissional envolve riscos, umas mais outras menos, mas a obrigação do Estado é procurar reduzir esses riscos, principalmente através de normas dirigidas ao empregador, cabendo ao Estado fiscalizar se essas normas estão ou não sendo cumpridas.

Exemplo de aplicação dessa norma é a exigência de que o empregador disponibilize a seus empregados equipamentos de proteção individual – EPI, quando o trabalho envolver riscos físicos, químicos ou biológicos.

3.22 Adicionais de Penosidade, Insalubridade e Periculosidade

XXIII. Adicional de remuneração para as atividades penosas, insalubres ou perigosas, na forma da lei;

Atividades penosas são as tarefas árduas, difíceis, cansativas, que ocasionam um grande desgaste físico ou mental para o trabalhador, como aquelas exercidas sem possibilidade de descanso ou o sujeite a intempéries, ou mesmo que obrigue a levantar muito cedo ou dormir muito tarde.

Atividades insalubres são aquelas que causam prejuízo ou risco à saúde do trabalhador, como ocorre, por exemplo, com trabalhadores em minas subterrâneas, que podem ter seu sistema respiratório comprometido com a aspiração de pequenas partículas de pó, podendo, com o passar do tempo, inclusive desenvolver a silicose, grave doença que causa o endurecimento dos pulmões e que pode levar à morte.

Por fim, atividades perigosas são aquelas que causam risco imediato à vida ou integridade física, como ocorre, por exemplo, com os eletricistas que trabalham na manutenção de redes de alta tensão.

Tratando-se de atividade penosa, insalubre ou perigosa, terá o trabalhador direito a um adicional em sua remuneração, como uma forma de compensação.

3.23 Aposentadoria

XXIV. Aposentadoria;

Aposentadoria é o direito que o trabalhador que preencheu os requisitos legais de tempo de contribuição e/ou idade tem de receber do estado um auxílio para o seu sustento.

É oferecida pela Previdência Social, com exceção da aposentadoria por idade (sem o tempo mínimo de contribuição), que é um benefício da Assistência Social.

Os requisitos para aposentadoria do servidor público são diferenciados daqueles exigidos do trabalhador da iniciativa privada.

3.24 Assistência em Creches e Pré-Escolas

XXV. Assistência gratuita aos filhos e dependentes desde o nascimento até 5 (cinco) anos de idade em creches e pré-escolas;

A partir dos seis anos, a criança deve ser matriculada no ensino regular, que começa com o fundamental.

Antes dessa idade, porém, o Poder Público deve garantir assistência às crianças em creches e pré-escolas públicas.

3.25 Convenções e Acordos Coletivos

XXVI. Reconhecimento das convenções e acordos coletivos de trabalho;

As negociações efetuadas entre os empregadores e os sindicatos representantes das categorias profissionais têm força de lei entre as partes, desde que não desrespeitem os limites impostos pela legislação.

As convenções coletivas são celebradas entre um sindicato patronal e outro profissional e que os acordos coletivos são firmados entre um sindicato profissional e um ou mais empregadores específicos.

3.26 Proteção Face à Automação

XXVII. Proteção em face da automação, na forma da lei;

Automação é a substituição da mão de obra humana pela mecanizada. Essa automação, embora necessária para aprimorar a competitividade da indústria nacional, pode causar sérios prejuízos ao emprego, se seus efeitos não forem bem administrados.

Por isso a Constituição determina que a lei deverá proteger os empregados dos efeitos nocivos dessa automação, por exemplo, providenciando cursos de atualização e mecanismos de realocação desses empregados em outras atividades.

3.27 Seguro contra Acidentes de Trabalho

> ***XXVIII.*** *Seguro contra acidentes de trabalho, a cargo do empregador, sem excluir a indenização a que este está obrigado, quando incorrer em dolo ou culpa;*

A lei deve instituir seguro que indenize o trabalhador em caso de acidente laboral, sendo que esse seguro deve ser pago pelo empregador.

O valor do prêmio do seguro pago pelo empregador depende do grau de risco da atividade desenvolvida pelo empregado.

Se o acidente ocorrer por dolo ou culpa do empregador (que não forneceu os equipamentos de segurança obrigatórios, por exemplo), o trabalhador, além de receber o valor correspondente ao seguro, também poderá cobrar, na Justiça, indenização do empregador.

3.28 Ações Trabalhistas

> ***XXIX.*** *Ação, quanto aos créditos resultantes das relações de trabalho, com prazo prescricional de cinco anos para os trabalhadores urbanos e rurais, até o limite de dois anos após a extinção do contrato de trabalho;*

Esse inciso trata da chamada ação trabalhista, instrumento utilizado pelo empregado ou ex-empregado para cobrar na Justiça direitos não respeitados pelo empregador.

A norma estabelece dois prazos prescritivos, os quais, se não obedecidos, levarão à perda do direito do empregado ou ex-empregado de cobrar tais direitos:

a) prazo para entrar com a ação: máximo de dois anos após a extinção do contrato de trabalho, se o autor entrar com a ação após o fim do vínculo empregatício, que é o que normalmente ocorre, pois é muito raro que alguém entre com uma ação trabalhista enquanto ainda trabalha da empresa acionada;
b) prazo para cobrança dos créditos trabalhistas: somente podem ser cobrados os créditos trabalhistas referentes aos cinco anos anteriores ao ingresso da ação judicial.

3.29 Proibição de Discriminação Profissional

> ***XXX.*** *Proibição de diferença de salários, de exercício de funções e de critério de admissão por motivo de sexo, idade, cor ou estado civil;*

Esse inciso proíbe a discriminação profissional arbitrária, buscando combater o preconceito e a desigualdade no ambiente de trabalho.

> ***XXXI.*** *Proibição de qualquer discriminação no tocante a salário e critérios de admissão do trabalhador portador de deficiência;*

A norma tem o objetivo de facilitar o acesso do deficiente ao mercado de trabalho e impedir que venha a receber menos que outro trabalhador pelo simples fato de ser deficiente.

No entanto, no que se refere a critérios de admissão essa disposição não é absoluta, uma vez que existem determinadas funções que dificilmente podem ser exercidas por deficientes, seja pelas atribuições do emprego (cargo de segurança, por exemplo), seja pela falta de acessibilidade no local de trabalho.

Porém, não havendo tais restrições, o empregador não deve recusar-se a contratar alguém alegando tratar-se de um deficiente.

> ***XXXII.*** *Proibição de distinção entre trabalho manual, técnico e intelectual ou entre os profissionais respectivos;*

Esse inciso evidentemente não proíbe que se paguem diferentes salários em função da complexidade do trabalho (um engenheiro pode e deve ganhar mais do que um porteiro), mas simplesmente veda a diferenciação discriminatória em razão do tipo de trabalho.

Assim, por exemplo, o empregador não pode conceder determinados benefícios somente a determinados empregados e negá-los a outros.

É uma disposição dirigida não só aos empregadores, mas também aos próprios legisladores, para que estes não criem leis que privilegiam determinadas categorias de trabalhadores, em detrimento de outras.

3.30 Idade Mínima para o Trabalho

> ***XXXIII.*** *Proibição de trabalho noturno, perigoso ou insalubre a menores de dezoito e de qualquer trabalho a menores de dezesseis anos, salvo na condição de aprendiz, a partir de quatorze anos;*

O menor de quatorze anos não pode trabalhar em nenhuma hipótese. A partir dessa idade e até dezesseis, somente pode trabalhar como aprendiz (regulamentado pela Lei nº 10.097/2000 e pelo Decreto nº 5.598/2005). A partir de dezesseis anos, pode trabalhar normalmente, sendo vedados somente os trabalhos noturnos, perigosos e insalubres. A partir de dezoito anos, não há restrições.

A Constituição Federal buscou retardar a entrada no mercado de trabalho do jovem como uma forma de que este possa se dedicar melhor aos estudos, na fase inicial de sua vida.

3.31 Trabalhador Avulso

> ***XXXIV.*** *Igualdade de direitos entre o trabalhador com vínculo empregatício permanente e o trabalhador avulso.*

Trabalhador avulso é aquele que, apesar de não ser autônomo, não tem vínculo empregatício com o tomador de seu serviço, sendo vinculado ao chamado Órgão Gestor de Mão de Obra, por força de lei.

É o caso dos estivadores, que são carregadores que trabalham em portos, e de alguns trabalhadores rurais.

A Constituição Federal garante a eles os mesmos direitos do trabalhador com vínculo permanente. Assim, atualmente eles terão direito a benefícios como 13º salário, licença-maternidade e licença-paternidade, férias remuneradas, etc.

3.32 Trabalhador Doméstico

> ***Parágrafo único.*** *São assegurados à categoria dos trabalhadores domésticos os direitos previstos nos incisos IV, VI, VII, VIII, X, XIII, XV, XVI, XVII, XVIII, XIX, XXI, XXII, XXIV, XXVI, XXX, XXXI e XXXIII e, atendidas as condições estabelecidas em lei e observada a simplificação do cumprimento das obrigações tributárias, principais e acessórias, decorrentes da relação de trabalho e suas peculiaridades, os previstos nos incisos I, II, III, IX, XII, XXV e XXVIII, bem como a sua integração à previdência social.*

A Lei nº 5.859/72 traz o conceito de empregado doméstico: é aquele que presta serviços de natureza contínua e de finalidade não lucrativa a pessoa ou família, no âmbito residencial destas.

Enquadram-se nesse conceito: a empregada doméstica, propriamente dita; as babás, os caseiros e motoristas particulares, entre outros, desde que tenham vínculo empregatício com uma pessoa física e prestem serviços na residência dessa pessoa e que seu trabalho não propicie ganhos econômicos a ela.

O trabalhador doméstico não tem exatamente os mesmos direitos dos demais empregados, mas a EC nº 72/2013 ampliou bastante os seus direitos, praticamente equiparando-os com os direitos do trabalhador empregado e do trabalhador avulso.

Atualmente, os únicos direitos trabalhistas garantidos aos demais trabalhadores e que os empregados domésticos não possuem são os seguintes (até porque vários deles são incompatíveis com as características do trabalho do empregado doméstico):

a) piso salarial;
b) participação nos lucros, ou resultados, desvinculada da remuneração, e, excepcionalmente, participação na gestão da empresa, conforme definido em lei;
c) jornada de seis horas para o trabalho realizado em turnos ininterruptos de revezamento, salvo negociação coletiva;
d) proteção do mercado de trabalho da mulher, mediante incentivos específicos, nos termos da lei;
e) adicional de remuneração para as atividades penosas, insalubres ou perigosas, na forma da lei;
f) proteção em face da automação, na forma da lei;
g) proibição de distinção entre trabalho manual, técnico e intelectual ou entre os profissionais respectivos.

3.33 Servidor Público

De acordo com o Art. 39, § 3º, da Constituição, aplicam-se aos servidores públicos os direitos previstos nos incisos IV, VII, VIII, IX, XII, XIII, XV, XVI, XVII, XVIII, XIX, XX, XXII e XXX do Art. 7º, quais sejam:

a) salário-mínimo, fixado em lei, nacionalmente unificado, capaz de atender às suas necessidades vitais básicas e às de sua família com moradia, alimentação, educação, saúde, lazer, vestuário, higiene, transporte e previdência social, com reajustes periódicos que lhe preservem o poder aquisitivo, sendo vedada sua vinculação para qualquer fim;
b) garantia de salário, nunca inferior ao mínimo, para os que percebem remuneração variável;
c) décimo terceiro salário com base na remuneração integral ou no valor da aposentadoria;
d) remuneração do trabalho noturno superior à do diurno;
e) salário-família pago em razão do dependente do trabalhador de baixa renda nos termos da lei;
f) duração do trabalho normal não superior a oito horas diárias e quarenta e quatro semanais, facultada a compensação de horários e a redução da jornada, mediante acordo ou convenção coletiva de trabalho;
g) repouso semanal remunerado, preferencialmente aos domingos;
h) remuneração do serviço extraordinário superior, no mínimo, em cinquenta por cento à do normal;
i) gozo de férias anuais remuneradas com, pelo menos, um terço a mais do que o salário normal;
j) licença à gestante, sem prejuízo do emprego e do salário, com a duração de cento e vinte dias;
k) licença-paternidade, nos termos fixados em lei;
l) proteção do mercado de trabalho da mulher, mediante incentivos específicos, nos termos da lei;
m) redução dos riscos inerentes ao trabalho, por meio de normas de saúde, higiene e segurança;
n) aposentadoria;
o) proibição de diferença de salários, de exercício de funções e de critério de admissão por motivo de sexo, idade, cor ou estado civil;
p) proibição de qualquer discriminação no tocante a salário e critérios de admissão do trabalhador portador de deficiência;
q) proibição de distinção entre trabalho manual, técnico e intelectual ou entre os profissionais respectivos;

No entanto, é importante observar esses direitos mínimos garantidos pela Constituição Federal aos servidores públicos, sendo que os estatutos dos servidores da União, Estados e Municípios costumam conceder muitos outros direitos além desses, como, por exemplo, adicionais de periculosidade e insalubridade e assistências em creches e pré-escolas (através do pagamento de auxílio-creche).

3.34 Organização Sindical

> ***Art. 8º*** *É livre a associação profissional ou sindical, observado o seguinte:*
>
> ***I.*** *A lei não poderá exigir autorização do Estado para a fundação de sindicato, ressalvado o registro no órgão competente, vedadas ao Poder Público a interferência e a intervenção na organização sindical;*

Qualquer categoria profissional (empregados) ou econômica (empregadores) pode criar um sindicato próprio, sendo que não haverá necessidade, para isso, de qualquer autorização do Poder Público, o qual também não poderá intervir na organização dos sindicatos (prática muito comum em regimes ditatoriais, em que se busca controlar a ação política dos sindicatos).

No entanto, todos os sindicatos, para serem reconhecidos como tais, deverão ser registrados junto ao órgão competente.

> ***II.*** *É vedada a criação de mais de uma organização sindical, em qualquer grau, representativa de categoria profissional ou econômica, na mesma base territorial, que será definida pelos trabalhadores ou empregadores interessados, não podendo ser inferior à área de um Município;*

O inciso II traz o chamado princípio da "unicidade sindical" ou do "monismo sindical", o qual determina que, no Brasil, somente poderá haver um sindicato, em cada local, responsável pela representação de cada categoria profissional ou econômica. Desta forma, se já existir, por exemplo, um sindicato dos motoristas de ônibus do Município de Capim Alto, não poderá ser criado outro sindicato dos motoristas de ônibus na mesma região.

Vê-se assim, que não existe a possibilidade de concorrência entre os sindicatos, o que obriga os trabalhadores, se desejarem se sindicalizar, a aderir a um determinado sindicato, o que facilita as negociações com os trabalhadores, que terão somente um interlocutor, e, na visão do constituinte, evita o enfraquecimento do movimento sindical, o que poderia ocorrer se houvesse a possibilidade de sindicatos múltiplos.

Quem define a área de atuação do sindicato são os próprios trabalhadores ou empregadores, sendo que esta não poderá ser inferior à área de um Município.

> ***III.*** *Ao sindicato cabe a defesa dos direitos e interesses coletivos ou individuais da categoria, inclusive em questões judiciais ou administrativas;*

O inciso III deixa claro que os sindicatos existem para representar as diversas categorias profissionais e econômicas, tanto na esfera administrativa (junto à Administração Pública) como na judicial (perante os processos que correm perante o Poder Judiciário).

> *IV. A assembleia geral fixará a contribuição que, em se tratando de categoria profissional, será descontada em folha, para custeio do sistema confederativo da representação sindical respectiva, independentemente da contribuição prevista em lei;*

O inciso IV criou uma nova categoria de contribuição sindical: a contribuição confederativa, que deve ser descontada na folha de pagamento do trabalhador, independentemente do mesmo ser filiado ao sindicato ou não.

O valor dessa contribuição deve ser necessariamente definido pela Assembleia Geral, vedado a sua estipulação, por exemplo, pela Diretoria do sindicato.

> ***V.*** *Ninguém será obrigado a filiar-se ou a manter-se filiado a sindicato;*

Assim como ninguém pode ser obrigado a filiar-se ou manter-se filiado a qualquer associação, conforme dispõe o Art. 5º, XX, da Constituição Federal, também ninguém pode ser obrigado a sindicalizar-se ou a manter-se sindicalizado.

No entanto, deve-se observar que mesmo o trabalhador ou empregador não sindicalizado está sujeito ao pagamento de contribuições impostas pela lei.

> ***VI.*** *É obrigatória a participação dos sindicatos nas negociações coletivas de trabalho;*

Sendo as negociações coletivas de trabalho acordos firmados entre os trabalhadores e os empregadores, e sendo os sindicatos os representantes naturais de ambos, é necessário que as negociações coletivas sejam travadas com a participação desses sindicatos.

Já vimos a diferença entre convenção e acordo coletivo quando comentamos o inciso VI do Art. 7º da Constituição. No caso de acordo coletivo, somente há a necessidade de participação do sindicato dos trabalhadores, uma vez que ele é firmado entre esse e um ou mais empregadores. Já no caso das convenções, deverão sentar-se à mesa de negociações tanto o sindicato dos trabalhadores como o sindicato dos empregadores.

Os acordos e convenções coletivas são assinados pela diretoria do sindicato, mas precisam ser ratificados, ou seja, confirmados, por uma decisão da Assembleia Geral, que reúne todos os trabalhadores associados ao sindicato.

> ***VII.*** *O aposentado filiado tem direito a votar e ser votado nas organizações sindicais;*

Como o sindicato muitas vezes decide questões que são de interesse direito e indireto dos aposentados, a Constituição obriga os sindicatos a permitirem a participação dos aposentados na escolha e na formação das chapas eleitorais. Antes da promulgação da Constituição, a CLT vedava a participação dos inativos na administração dos sindicatos.

> ***VIII.*** *É vedada a dispensa do empregado sindicalizado a partir do registro da candidatura a cargo de direção ou representação sindical e, se eleito, ainda que suplente, até um ano após o final do mandato, salvo se cometer falta grave nos termos da lei.*

O inciso VIII busca proteger o sindicalista de pressões ilegítimas por parte do empregador. Assim, garante ao trabalhador que for candidato a algum cargo no sindicato uma estabilidade temporária, que vai da data em que apresenta o registro de sua candidatura junto ao sindicato até, se eleito, um ano após o final do mandato.

Não houvesse essa proteção, poderia haver fundados receios de represálias do empregador contra aqueles trabalhadores que decidissem assumir algum cargo no sindicato.

Obviamente, se o trabalhador praticar alguma falta grave durante o pedido de estabilidade, poderá ser demitido por justa causa.

> ***Parágrafo único.*** *As disposições deste artigo aplicam-se à organização de sindicatos rurais e de colônias de pescadores, atendidas as condições que a lei estabelecer.*

O objetivo do constituinte foi deixar claro que as regras constantes do Art. 8º aplicam-se também aos sindicatos rurais e de colônias de pescadores.

3.35 Direito de Greve

> ***Art. 9º*** *É assegurado o direito de greve, competindo aos trabalhadores decidir sobre a oportunidade de exercê-lo e sobre os interesses que devam por meio dele defender.*
>
> ***§ 1º.*** *A lei definirá os serviços ou atividades essenciais e disporá sobre o atendimento das necessidades inadiáveis da comunidade.*
>
> ***§ 2º.*** *Os abusos cometidos sujeitam os responsáveis às penas da lei.*

A Constituição Federal garante amplamente o direito de greve dos trabalhadores, diferentemente do tratamento que era dado pela Constituição anterior.

Cabe aos trabalhadores decidir sobre a realização ou não de uma greve e sobre o que irão pleitear por meio dela.

No entanto, o Art. 9º traz duas ressalvas importantes em seus parágrafos:

Para os chamados serviços ou atividades essenciais, definidos pela lei, poderá haver restrição na forma do exercício da greve, de forma a evitar prejuízos demasiados à coletividade. Nesses casos, o direito de greve subsiste, mas estará sujeito à regulamentação, para que se atendam às necessidades inadiáveis da coletividade.

Importante observar que aqui não se trata dos serviços públicos, uma vez que a greve nestes serviços deverá ser regulamentada por outra lei, prevista no Art. 37, VII, da Constituição Federal.

A lei que atualmente trata do direito de greve prevê que, entre outras, são consideradas serviços ou atividades essenciais:

> tratamento e abastecimento de água;
> produção e distribuição de energia elétrica, gás e combustíveis;
> assistência médica e hospitalar;
> distribuição e comercialização de medicamentos e alimentos;
> funerários;
> transporte coletivo;
> captação e tratamento de esgoto e lixo;
> telecomunicações;
> guarda, uso e controle de substâncias radioativas, equipamentos e materiais nucleares;
> processamento de dados ligados a serviços essenciais;
> controle de tráfego aéreo;
> compensação bancária.

Eventuais abusos cometidos no exercício do direito de greve deverão ser punidos, na forma estabelecida em lei. Isso porque não existe direito absoluto, e mesmo um direito legítimo pode ser exercido de forma abusiva, o mesmo aplicando-se em relação ao direito de greve.

3.36 Participação em Colegiados de Órgãos Públicos

Art. 10. É assegurada a participação dos trabalhadores e empregadores nos colegiados dos órgãos públicos em que seus interesses profissionais ou previdenciários sejam objeto de discussão e deliberação.

A participação dos trabalhadores e empregadores nos órgãos mencionados no Art. 10 busca torná-los mais democráticos e representativos e conferir maior legitimidade às suas decisões.

3.37 Eleição de Representante pelos Trabalhadores

Art. 11. Nas empresas de mais de duzentos empregados, é assegurada a eleição de um representante destes com a finalidade exclusiva de promover-lhes o entendimento direto com os empregadores.

A ideia do Art. 11 da Constituição é que, nas empresas maiores (com mais de 200 empregados), os trabalhadores possam eleger um dentre eles, chamado de delegado, que fará a intermediação entre os seus colegas e a Administração da empresa.

Esse delegado será o representante dos empregados dentro da empresa, mas por não ser um representante sindical, não terá direito à estabilidade temporária prevista no Art. 8º, VIII.

Importante observar que o objetivo desse delegado é de facilitar a comunicação entre empregador e empregados e intermediar acordos dentro da empresa, não podendo, por exemplo, celebrar convenções ou acordos coletivos com força de lei, pelo fato de não ser o representante do sindicato.

Questões

01. Acerca de direitos humanos, direitos de minorias e movimentos sociais urbanos, julgue o item seguinte.

A Constituição Federal de 1988, por possuir expressivo conjunto de normas diretamente relacionado aos direitos sociais, preserva os direitos fundamentais das minorias, como, por exemplo, o direito a terra dos povos indígenas e das comunidades quilombolas.

Certo ( ) Errado ( )

02. Considerando o que dispõe a CF acerca dos direitos sociais, direitos de nacionalidade e direitos políticos, bem como dos partidos políticos, julgue o item subsequente.

Por imposição de lei, se um órgão estadual for criado, os servidores ocupantes de cargo efetivo desse órgão poderão, desde que com prévia autorização do órgão estatal competente, fundar sindicato.

Certo ( ) Errado ( )

03. Com relação aos direitos sociais, aos direitos de nacionalidade, aos direitos políticos e aos partidos políticos, julgue o próximo item.

O transporte e o lazer são direitos sociais expressamente previstos na CF.

Certo ( ) Errado ( )

04. Julgue o item a seguir, que se referem aos direitos e garantias fundamentais previstos na CF e à administração pública.

Recentemente, o transporte foi incluído no rol de direitos sociais previstos na CF, que já contemplavam, entre outros, o direito à saúde, ao trabalho, à moradia e à previdência social, bem como a assistência aos desamparados.

Certo ( ) Errado ( )

05. Com referência à CF e às políticas de seguridade, julgue o item subsecutivo.

O artigo da CF que prevê os direitos sociais, em consonância com a Declaração Universal dos Direitos Humanos, de 1948, ainda que represente uma conquista, deixou de contemplar o direito básico à moradia ao cidadão brasileiro.

Certo ( ) Errado ( )

Gabaritos

01	CERTO
02	ERRADO
03	CERTO
04	CERTO
05	ERRADO

4. DIREITOS DE NACIONALIDADE

Os Arts. 12 e 13 da Constituição Federal estão localizados na Seção que faz referência aos chamados direitos de nacionalidade.

Esses direitos dizem respeito à condição, ao *status*, do indivíduo em relação ao Estado.

E em relação ao Estado, a pessoa pode assumir duas condições ou *status*:

> **Nacional**: quem possui a nacionalidade daquele Estado, possuindo um vínculo permanente com ele, sendo formalmente seu súdito. É o caso dos brasileiros, em relação ao Brasil; dos argentinos, em relação à Argentina, etc.

> **Estrangeiro**: quem possui outra nacionalidade que não a daquele país ou não possui nenhuma nacionalidade (nesse último caso, são os chamados apátridas), mas que deve submeter-se à lei do país em que estiver. O estrangeiro pode ser residente, quando morar no país, ou não residente, quando sua estadia for temporária, como é o caso dos turistas e viajantes a negócios.

A definição de quem é nacional e quem é estrangeiro, em relação a um determinado Estado, é importantíssima para definir o status legal da pessoa e a extensão de seus direitos e deveres em relação ao país, de acordo com o que estabelecer o ordenamento jurídico local.

A aquisição da nacionalidade pode ser dar por dois modos: modo originário e modo derivado.

Os que possuem a nacionalidade originária são chamados de cidadãos natos, que quer dizer "nascidos", já os que possuem a nacionalidade derivada são chamados de cidadãos naturalizados.

Assim, o nacional pode ser:

> **Nato:** quem já nasce com aquela nacionalidade ou é equiparado para todos os efeitos àqueles que nascem. Tem o que se chama de nacionalidade originária.

> **Naturalizado:** quem possuía outra nacionalidade originária, mas optou, em determinado momento e na forma da lei, por tornarem-se nacionais daquele país. Sua nacionalidade diz-se derivada.

Embora a maior parte das pessoas possua somente uma nacionalidade originária, nada impede que possua dupla nacionalidade. Nesse caso são chamados de polipátridas. Também existem casos de pessoas que não possuem nenhuma nacionalidade, são os chamados apátridas.

No Direito Constitucional Comparado existem dois critérios utilizados para se definir a nacionalidade originária de alguém, ou seja, para definir quem serão os cidadãos natos, critérios esses que podem ser utilizados de forma simples ou conjugada:

> Critério territorial, também chamado de critério do *ius solis* (direito da terra): os países que adotam esse critério estabelecem que será cidadão daquele Estado quem nascer em seu território, independentemente do fato de seus progenitores serem ou não nacionais daquele país.

É um dos critérios adotados pela Constituição Brasileira, a qual afirma que, via de regra, os nascidos no Brasil são brasileiros, mesmo que de pais estrangeiros, exceto se eles estiverem a serviço de seu país de origem.

> Critério sanguíneo, também chamado de critério do *ius sanguinis* (direito do sangue): os Estados que adotam esse critério consideram que será cidadão nato somente quem for descendente de nacionais, mesmo que nasçam em território daquele país.

O Brasil, como regra geral, adotou-se o critério do *ius solis*, havendo, porém, também aplicação do *ius sanguinis*, de forma relativa e em alguns casos, no que se refere aos filhos de brasileiros nascidos no exterior.

Vejamos o que o Art. 12 da Constituição Federal diz sobre o assunto:

4.1 Brasileiros Natos

Art. 12. *São brasileiros:*

I. *Natos:*

a) *os nascidos na República Federativa do Brasil, ainda que de pais estrangeiros, desde que não estejam a serviço de seu país;*

Exemplo de aplicação do *ius solis*, a alínea "a" do inciso II afirma que, como a regra geral, nascendo alguém no Brasil, será brasileiro, mesmo que seus pais sejam estrangeiros.

Existe somente uma exceção: se um de seus pais estiver aqui a serviço de seu país, como ocorre, por exemplo, com os filhos de embaixadores de outros países lotados aqui no Brasil e de militares estrangeiros que estejam em missão oficial aqui no Brasil (normalmente como adidos em embaixadas). No caso de um dos pais estar a serviço de seu país, seus filhos, mesmo nascidos aqui no Brasil não terão a nacionalidade brasileira.

A grande maioria dos brasileiros tem sua nacionalidade originária definida por esse dispositivo da constituição, ou seja, são brasileiros porque nascem no território brasileiro.

b) *os nascidos no estrangeiro, de pai brasileiro ou mãe brasileira, desde que qualquer deles esteja a serviço da República Federativa do Brasil;*

Aqui, é o outro lado da moeda da exceção vista acima. Via de regra, se alguém nascer no exterior, será estrangeiro. Porém, tratando-se de filho de brasileiro que esteja no exterior a serviço do Brasil, a criança será considerada brasileira, como se aqui tivesse nascido.

Entende-se que, estando algum brasileiro servindo o Brasil no exterior, é justo que nossa nação acolha seus filhos e faça deles também brasileiros, mesmo que nascidos fora do território nacional.

Assim, por exemplo, o filho de um embaixador brasileiro em qualquer país do mundo será considerado brasileiro.

Aliás, isso vale para os filhos de todos os brasileiros que estejam no exterior a serviço de entidades da administração direta ou indireta, de qualquer das entidades da Federação, incluindo as empresas públicas e sociedades de economia mista.

Deve ser observado que nada impede que a criança também tenha a nacionalidade do país onde nasceu, se tal o permitiu a legislação local.

c) os nascidos no estrangeiro de pai brasileiro ou de mãe brasileira, desde que sejam registrados em repartição brasileira competente ou venham a residir na República Federativa do Brasil e optem, em qualquer tempo, depois de atingida a maioridade, pela nacionalidade brasileira;

Esta é a única hipótese de brasileiro nato que não nasce já brasileiro.

Trata-se de filho de brasileiro, que, mesmo nascido no exterior, será considerado brasileiro nato em suas hipóteses:

a) se for registrado por seus pais em repartição brasileira competente (consulado ou embaixada); ou

b) se vier a residir aqui no Brasil e optar, após os 18 anos, pela nacionalidade brasileira.

Ocorrendo uma dessas duas situações, será ele considerado brasileiro nato, sem nenhuma distinção em relação aos demais, exatamente como se tivesse nascido em território nacional.

4.2 Brasileiros Naturalizados

***Art. 12.** São brasileiros:*

***II.** Naturalizados:*

a) os que, na forma da lei, adquiram a nacionalidade brasileira, exigidas aos originários de países de língua portuguesa apenas residência por um ano ininterrupto e idoneidade moral;

Essa é uma norma de eficácia limitada, ou seja, precisa ser regulamentada por lei. Ela é que estabelecerá os critérios exigidos para a naturalização do estrangeiro, podendo exigir, por exemplo, que ele fale português, que tenha emprego, endereço fixo, que more no Brasil há algum tempo, que não tenha condenações criminais, etc.

No entanto, a Constituição Federal determina que, no caso dos estrangeiros oriundos de países lusófonos, que são aqueles onde se fala português, tais como Portugal, Angola, Guiné-Bissau e Moçambique, somente serão exigidas residência no Brasil por um ano ininterrupto e idoneidade moral.

b) os estrangeiros de qualquer nacionalidade, residentes na República Federativa do Brasil há mais de quinze anos ininterruptos e sem condenação penal, desde que requeiram a nacionalidade brasileira.

De acordo com esse dispositivo, os estrangeiros que aqui vivam há mais de 15 anos ininterruptos e que não tenham condenação criminal poderão solicitar sua nacionalização, independentemente de preencher quaisquer outros requisitos.

Vê-se assim, que há duas formas de naturalização:

a) se o estrangeiro tiver menos de quinze anos de residência no Brasil, terá que se submeter às todas as exigências da lei para naturalizar-se;

b) se tiver mais de quinze anos de residência aqui, bastará não ter condenação criminal e solicitar a naturalização;

A Constituição atual, diferentemente das que a precederam, deixou claro que a naturalização depende de solicitação do interessado, não havendo mais a chamada naturalização automática. Assim, se o estrangeiro estiver no Brasil há mais de 15 anos e não tiver condenação criminal, mas não solicitar sua naturalização, continuará sendo estrangeiro.

4.3 Equiparação entre o Brasileiro e o Português Residente no Brasil

***§ 1º.** Aos portugueses com residência permanente no País, se houver reciprocidade em favor de brasileiros, serão atribuídos os direitos inerentes ao brasileiro, salvo os casos previstos nesta Constituição.*

Esse dispositivo equipara um estrangeiro específico – o português – ao brasileiro, desde que presentes os seguintes requisitos:

a) o português seja residente no País;

b) haja reciprocidade nesse tratamento diferenciado em relação aos brasileiros residentes em Portugal, ou seja, para que seja válido, os brasileiros que moram em Portugal devem ter os mesmos direitos do português;

c) haja respeito às diferenciações trazidas pela Constituição.

Embora o texto constitucional não diga, entende-se que o português estaria equiparado ao brasileiro naturalizado.

4.4 Proibição de Diferenciação entre Brasileiros Natos e Naturalizados

***§ 2º.** A lei não poderá estabelecer distinção entre brasileiros natos e naturalizados, salvo nos casos previstos nesta Constituição.*

O único diploma que pode fazer diferenciações entre os brasileiros natos e naturalizados é a Constituição Federal.

E quando o faz, sempre as estipula em benefício do brasileiro nato. Ocorre, assim, por exemplo, quando determina que os brasileiros natos nunca serão extraditados e que os naturalizados em certos casos poderão sê-lo, ou ainda quando reserva determinados públicos somente aos brasileiros natos.

Já a Lei e o Poder Público, através de seus atos administrativos, não podem criar quaisquer distinções entre os brasileiros, independentemente da forma de aquisição de sua nacionalidade, se originária ou derivada.

Assim, seria inconstitucional uma lei que dissesse que determinado cargo (exceto aqueles ressalvados na Constituição) não pudesse ser ocupado por brasileiro naturalizado.

4.5 Cargos Exclusivos de Brasileiros Natos

***§ 3º.** São privativos de brasileiro nato os cargos:*

***I.** De Presidente e Vice-Presidente da República;*

***II.** De Presidente da Câmara dos Deputados;*

***III.** De Presidente do Senado Federal;*

***IV.** De Ministro do Supremo Tribunal Federal;*

***V.** Da carreira diplomática;*

***VI.** De oficial das Forças Armadas.*

***VII.** De Ministro de Estado da Defesa.*

Determinados cargos públicos são considerados vitais para a segurança e desenvolvimento do País.

Por outro lado, deve-se sempre ter em mente que, o brasileiro naturalizado, apesar de possuir a nacionalidade pátria, ainda continua ligado por laços familiares, emocionais e outros, ao seu país de origem.

Assim, o constituinte entendeu que aqueles cargos mais importantes para a condução dos destinos da nação ou para a conservação de sua segurança deveriam ser ocupados somente por brasileiros natos, até para evitar também que outros países eventualmente "plantem" cidadãos seus como brasileiros naturalizados e possam vir a prejudicar os interesses nacionais.

4.6 Perda da Nacionalidade Brasileira

***§ 4º.** Será declarada a perda da nacionalidade do brasileiro que:*

***I.** Tiver cancelada sua naturalização, por sentença judicial, em virtude de atividade nociva ao interesse nacional;*

***II.** Adquirir outra nacionalidade, salvo no casos:*

***a)** de reconhecimento de nacionalidade originária pela lei estrangeira;*

***b)** de imposição de naturalização, pela norma estrangeira, ao brasileiro residente em estado estrangeiro, como condição para permanência em seu território ou para o exercício de direitos civis;*

Existem duas hipóteses de perda da nacionalidade brasileira.

A primeira hipótese trata especificamente do brasileiro naturalizado, que poderá ter sua naturalização cancelada por praticar atividade nociva ao interesse nacional. Nesse caso, porém, a perda somente poderá ocorrer por decisão judicial que tenha transitado em julgado, ou seja, da qual não caiba mais recurso.

A segunda hipótese aplica-se tanto aos brasileiros natos como naturalizados: adquirindo o brasileiro outra nacionalidade, deixará ele de ser brasileiro, exceto em duas situações:

a) De reconhecimento de nacionalidade originária pela lei estrangeira: quer dizer que o país em relação ao qual o brasileiro está se nacionalizando o considerará como um cidadão nato e não naturalizado.

Ex.: Descendentes de italianos que adquirem a cidadania daquele país não deixam de ser brasileiros porque a legislação italiana os considera italiano natos.

b) De imposição de naturalização, pela norma estrangeira, ao brasileiro residente em estado estrangeiro, como condição para permanência em seu território ou para o exercício de direitos civis: nesse caso, o brasileiro não tem opção, ou seja, a naturalização não foi totalmente voluntária. Assim, para não o prejudicar, a Constituição Federal admite que ele acumule as duas nacionalidades.

4.7 Idioma Oficial e Símbolos da República Federativa do Brasil

***Art. 13.** A língua portuguesa é o idioma oficial da República Federativa do Brasil.*

***§ 1º.** São símbolos da República Federativa do Brasil a bandeira, o hino, as armas e o selo nacionais.*

***§ 2º.** Os Estados, o Distrito Federal e os Municípios poderão ter símbolos próprios.*

Dizer que a língua portuguesa é o idioma oficial não proíbe, obviamente, de que se falem outras línguas em nosso país.

O que se está a dizer é que esta língua deverá ser ensinada em todas as escolas e que todas as leis e documentos oficiais devem estar em português.

Embora o idioma nem sempre seja fundamental para a formação de uma identidade nacional, haja vista a existência de vários países que possuem várias línguas oficiais, no caso brasileiro a língua portuguesa teve papel importante na construção de nossa nação, sendo, durante todo o período colonial e até o início de nossa República um dos poucos elementos em comum compartilhados entre os diversos habitantes de nossa extensa pátria e que com certeza ajudou a contribuir para evitar o esfacelamento da antiga colônia de Portugal em diversos países distintos.

Provavelmente por isso a Constituição resolveu formalizar o português como nosso idioma nacional.

Seguem abaixo a representação das armas e do selo nacionais:

Armas Nacionais

Selo Nacional

Por fim, o § 2º do Art. 13 da Constituição permite que os Estados e Municípios tenham suas próprias bandeiras, hinos, armas e selos.

Questões

01. Com relação aos direitos e às garantias fundamentais previstos na Constituição Federal de 1988, julgue o item a seguir.

Ainda que, em regra, inexista distinção entre brasileiros natos e naturalizados, o cargo de oficial das Forças Armadas só poderá ser exercido por brasileiro nato.

Certo ( ) Errado ( )

02. Em relação aos direitos e às garantias fundamentais e às funções essenciais à justiça, julgue o item a seguir, considerando a jurisprudência dos tribunais superiores.

Conforme entendimento do Supremo Tribunal Federal, brasileiro nato que tiver perdido a nacionalidade poderá ser extraditado.

Certo ( ) Errado ( )

03. No que tange aos direitos e garantias fundamentais e ao processo legislativo, conforme disposto na Constituição Federal de 1988 (CF), julgue (C ou E) o item subsequente.

A CF veda a extradição de estrangeiro em razão de crime político ou de opinião.

Certo ( ) Errado ( )

04. A respeito do processo legislativo e dos direitos e garantias fundamentais, conforme disposto na Constituição Federal de 1988, julgue (C ou E) o item subsequente.

A Constituição Federal determina que o brasileiro nato nunca será extraditado e que o brasileiro naturalizado somente será extraditado no caso de ter praticado crime comum antes da naturalização.

Certo ( ) Errado ( )

05. Julgue o item subsequente, relativo aos direitos e garantias fundamentais previstos na CF.

O estrangeiro condenado por autoridades estrangeiras pela prática de crime político poderá ser extraditado do Brasil se houver reciprocidade do país solicitante.

Certo ( ) Errado ( )

Gabaritos

01	CERTO
02	CERTO
03	CERTO
04	ERRADO
05	ERRADO

5. DIREITOS POLÍTICOS E PARTIDOS POLÍTICOS

5.1 Direitos Políticos

A Constituição Federal trata dos direitos políticos em seus Arts. 14 a 16.

> ***Art. 14.*** *A soberania popular será exercida pelo sufrágio universal e pelo voto direto e secreto, com valor igual para todos, e, nos termos da lei, mediante:*
>
> ***I.*** *plebiscito;*
>
> ***II.*** *referendo;*
>
> ***III.*** *iniciativa popular.*

O Art. 1º, parágrafo único, da Constituição Federal, estabelece que todo o poder emana do povo, que o exerce por meio de representantes eleitos ou diretamente, nos termos desta Constituição.

Assim, a regra geral é que o poder será exercido por pessoas escolhidas pelo povo.

A forma de eleição desses representantes será a do voto direto e secreto, de caráter universal (todos os capazes poderão votar).

Além disso, em situações específicas, a Constituição Federal estabelece que a lei deverá permitir a participação direta da população nas decisões políticas, através de três institutos: plebiscito, referendo e iniciativa popular.

5.1.1 Plebiscito

O plebiscito consiste numa consulta feita à população sobre determinado assunto ainda foi votado pelo Legislativo.

É sempre prévio, ou seja, é realizada antes da aprovação da lei pelo Legislativo.

O plebiscito pode:

a) apresentar várias opções de respostas, como ocorreu, por exemplo, no plebiscito de 1993, sobre o regime de governo no Brasil, em que o povo tinha três opções de escolha: república presidencialista, república parlamentarista ou monarquia parlamentarista; ou

b) ser apresentado na forma de quesito (resposta sim ou não).

5.1.2 Referendo

O referendo consiste numa consulta à população para ratificação ou não de lei já aprovada pelo Poder Legislativo. É feito posteriormente à aprovação da lei, mas antes de sua vigência, e podem ter objeto todo o diploma legal ou apenas parte dele.

No referendo, a consulta será feita na forma de quesito (somente admitem-se as respostas "sim" ou "não").

Exemplo de referendo foi aquele que decidiu sobre a não proibição de venda de armas no Brasil (Estatuto do Desarmamento).

5.1.2.1 Competência para Convocação do Plebiscito e do Referendo

De acordo com o Art. 48, XV, da Constituição Federal, compete exclusivamente ao Congresso Nacional autorizar o referendo e convocar plebiscito.

5.1.3 Iniciativa Popular de Projeto de Lei

A iniciativa popular é uma forma de apresentação de proposta de lei (ordinária ou complementar) feita diretamente pela população. Para que o projeto de lei de iniciativa popular seja aceito, deve:

a) ser subscrito por, no mínimo, 1% (um por cento) do eleitorado nacional;

b) tais subscritores devem estar distribuídos por no mínimo 5 (cinco) Estados;

c) em cada um desses Estados, devem ser colhidas as assinaturas de pelo menos 0,3% (três décimos por cento) dos eleitores locais.

5.1.4 Alistamento Eleitoral e Dever de Votar

> ***§ 1º.*** *O alistamento eleitoral e o voto são:*
>
> ***I.*** *obrigatórios para os maiores de dezoito anos;*
>
> ***II.*** *facultativos para:*
>
> ***a)*** *os analfabetos;*
>
> ***b)*** *os maiores de setenta anos;*
>
> ***c)*** *os maiores de dezesseis e menores de dezoito anos.*
>
> *(...)*
>
> ***§ 2º.*** *Não podem alistar-se como eleitores os estrangeiros e, durante o período do serviço militar obrigatório, os conscritos.*

No Brasil, os estrangeiros não podem votar.

Os brasileiros naturalizados podem votar e ser votados, somente não podendo ser candidatos a Presidente da República e Vice-Presidente da República.

Aqueles que estão prestando o serviço militar obrigatório (conscritos) também não poderão votar.

A Constituição Federal estabeleceu dois tipos de eleitores:

a) Eleitores obrigatórios: devem alistar-se eleitoralmente (tirar o título) e votar em todas as eleições. Em regra, são todos os brasileiros com mais de 18 anos.

Deve-se observar que o Código Eleitoral permite que, em vez de votar, o eleitor justifique ou pague multa, podendo fazê-lo sem número de limite de vezes.

b) Eleitores facultativos: não precisam alistar-se eleitoralmente (tirar o título) e, mesmo que o façam, não são obrigados a votar em todas as eleições. São: os analfabetos, quem tem mais de 70 anos e quem tem entre 16 e 18 anos.

No caso do analfabeto, para que seja considerado como tal seu analfabetismo deve ser completo, não sendo considerado eleitor facultativo o chamado "analfabeto funcional", que é aquela pessoa que sabe ler, embora tenha dificuldades para interpretar um texto lido.

5.1.5 Requisitos para Ser Candidato

O § 3º do Art. 14 traz os requisitos para que alguém seja candidato a algum cargo público:

> ***§ 3º*** *São condições de elegibilidade, na forma da lei:*
>
> ***I.*** *a nacionalidade brasileira;*
>
> ***II.*** *o pleno exercício dos direitos políticos;*
>
> ***III.*** *o alistamento eleitoral;*
>
> ***IV.*** *o domicílio eleitoral na circunscrição;*
>
> ***V.*** *a filiação partidária;*

> ***VI.*** *a idade mínima de:*
>
> ***a)*** *trinta e cinco anos para Presidente e Vice-Presidente da República e Senador;*
>
> ***b)*** *trinta anos para Governador e Vice-Governador de Estado e do Distrito Federal;*
>
> ***c)*** *vinte e um anos para Deputado Federal, Deputado Estadual ou Distrital, Prefeito, Vice-Prefeito e juiz de paz;*
>
> ***d)*** *dezoito anos para Vereador.*

Vejamos cada um desses requisitos:

I - a nacionalidade brasileira:

Estrangeiro não pode votar nem ser votado. Brasileiro naturalizado pode votar e ser votado, somente não podendo concorrer aos cargos de Presidente e Vice-Presidente da República e, se eleito senador ou deputado federal, não pode concorrer aos cargos de Presidente da Câmara dos Deputados ou do Senado Federal.

II - o pleno exercício dos direitos políticos:

Aquele que perder seus direitos políticos (ex.: alguém que sofra de incapacidade civil absoluta) ou estiver com eles suspensos (condenado por crime, por exemplo), não poderá ser candidato.

Além disso, o candidato deverá ter votado, ou justificado, ou pago a multa, em todas as eleições anteriores.

III - o alistamento eleitoral:

Para ser candidato, é necessário estar alistado na Justiça Eleitoral, ou seja, deve-se possuir título de eleitor.

IV - o domicílio eleitoral na circunscrição:

Domicílio eleitoral é o município onde o eleitor vota.

O candidato deve estar domiciliado eleitoralmente no local cujo cargo pleiteia. Assim, candidato a vereador de Manaus deve estar alistado em Manaus, candidato a governador de São Paulo deve estar alistado em Município deste Estado, e assim por diante.

V - a filiação partidária:

No Brasil, todo candidato deve estar vinculado a um partido político. Não existe, assim, aqui, a possibilidade dos chamados "candidatos independentes", ou seja, sem filiação partidária.

A legislação eleitoral exige que os candidatos devem estar filiados ao partido pelo qual vão concorrer à eleição um ano antes do pleito.

VI - a idade mínima de:

a) trinta e cinco anos para Presidente e Vice-Presidente da República e Senador;

b) trinta anos para Governador e Vice-Governador de Estado e do Distrito Federal;

c) vinte e um anos para Deputado Federal, Deputado Estadual ou Distrital, Prefeito, Vice-Prefeito e juiz de paz;

d) dezoito anos para Vereador.

De acordo com a Lei das Eleições, o requisito da idade precisa estar preenchido no momento da posse, e não necessariamente no momento do registro da candidatura ou da eleição.

5.1.5.1 Condições de Elegibilidade

Os § 4º e 9º do Art. 14 da Constituição trazem algumas condições adicionais para que alguém seja candidato, trazendo hipóteses de inelegibilidade (casos em que a pessoa não poderá ser candidato):

A inelegibilidade pode ser absoluta (impedindo a pessoa de candidatar-se a qualquer cargo público) ou relativo (impedindo a candidatura para um ou alguns cargos).

> ***§ 4º.*** *São inelegíveis os inalistáveis e os analfabetos.*

O § 4º traz hipóteses de inexigibilidade absoluta.

Inalistável é aquele que não pode ser eleitor. Assim, quem não pode votar não pode também ser votado.

Os analfabetos podem votar, mas não podem ser candidatos. Aqui também, para que seja inelegível, deve o cidadão ser analfabeto completo.

> ***§ 5º.*** *O Presidente da República, os Governadores de Estado e do Distrito Federal, os Prefeitos e quem os houver sucedido, ou substituído no curso dos mandatos poderão ser reeleitos para um único período subsequente.*

A Constituição Federal permite que o ocupante de um cargo eletivo do Executivo concorra apenas uma vez à reeleição.

Se reeleito, somente poderá ser candidato a outro cargo eletivo, não ao mesmo. Mas poderá concorrer de novo ao cargo desde que aguarde o período de um mandato.

Tal restrição se aplica não somente ao ocupante efetivo do cargo, mas também àqueles que o houverem sucedido, em qualquer momento do mandato.

Suceder é assumir o lugar do titular definitivamente. Substituir é assumir o lugar do titular apenas temporariamente.

Assim, por exemplo, se vagar o cargo de Presidente e o Vice-Presidente assumir o seu lugar (em 2015, por exemplo), este poderá disputar a próxima eleição para Presidente (em 2018), mas não poderá concorrer à reeleição para Presidente na eleição seguinte (em 2022), uma vez que exerceu o cargo de Presidente como titular no mandato anterior.

> ***§ 6º.*** *Para concorrerem a outros cargos, o Presidente da República, os Governadores de Estado e do Distrito Federal e os Prefeitos devem renunciar aos respectivos mandatos até seis meses antes do pleito.*

Além de não poderem se reeleger para o mesmo cargo mais de uma vez, os ocupantes de cargos eletivos do Executivo, se quiserem concorrer a outros cargos (como senadores, deputados, vereadores), precisam se desincompatibilizar do cargo que ocupam em até seis meses antes da data da eleição.

Essa restrição não se aplica ao Vice-Presidente, aos Vice-Governadores nem aos Vice-Prefeitos, desde que não tenham sucedido ou substituído o titular nos seis meses anteriores à eleição (Lei Complementar nº 64/90).

> ***§ 7º.*** *São inelegíveis, no território de jurisdição do titular, o cônjuge e os parentes consanguíneos ou afins, até o segundo grau ou por adoção, do Presidente da República, de Governador de Estado ou Território, do Distrito Federal, de Prefeito ou de quem os haja substituído dentro dos seis meses anteriores ao pleito, salvo se já titular de mandato eletivo e candidato à reeleição.*

Essa disposição visa impedir que os ocupantes de cargos se utilizem de sua influência para eleger seus cônjuges ou parentes até o segundo grau, consanguíneos ou afins (pais, filhos, avós, netos, irmãos, sogros, genros e cunhados).

Veja-se que a restrição se aplica somente ao território de jurisdição do titular. Assim, por exemplo, o filho do Governador do

Estado de Minas Gerais não pode concorrer à prefeitura de Belo Horizonte, mas pode ser candidato a Presidente da República.

O texto abre somente uma exceção: se o parente ou cônjuge já for titular de mandato eletivo, ele pode concorrer à reeleição.

De acordo com o STF, a inelegibilidade não é afastada pela dissolução da sociedade ou do vínculo conjugal, no curso do mandato. Ou seja, mesmo que o cônjuge se separe do titular do cargo durante o mandato, continuará inelegível.

> ***§ 8º.*** *O militar alistável é elegível, atendidas as seguintes condições:*
>
> ***I.*** *se contar menos de dez anos de serviço, deverá afastar-se da atividade;*
>
> ***II.*** *se contar mais de dez anos de serviço, será agregado pela autoridade superior e, se eleito, passará automaticamente, no ato da diplomação, para a inatividade.*

Se o militar puder votar também poderá ser candidato, exigindo, porém, a CF, que os que tiverem menos de 10 anos de atividade, deverão afastar-se da atividade (deverão pedir baixa). Já os que tiverem mais de 10 anos somente passarão para a inatividade se forem eleitos.

De qualquer forma, em qualquer hipótese a Constituição Federal veda que um militar da ativa venha a assumir um cargo eletivo.

> ***§ 9º.*** *Lei complementar estabelecerá outros casos de inelegibilidade e os prazos de sua cessação, a fim de proteger a probidade administrativa, a moralidade para exercício de mandato considerada vida pregressa do candidato, e a normalidade e legitimidade das eleições contra a influência do poder econômico ou o abuso do exercício de função, cargo ou emprego na administração direta ou indireta.*

Atualmente, a Lei Complementar que cumpre tal papel é a LC, 64/90, conhecida como "Lei das Inelegibilidades".

> ***§ 10.*** *O mandato eletivo poderá ser impugnado ante a Justiça Eleitoral no prazo de quinze dias contados da diplomação, instruída a ação com provas de abuso do poder econômico, corrupção ou fraude.*

Diplomação é o ato formal pelo qual a Justiça Eleitoral reconhece os candidatos eleitos e seus suplentes, entregando-lhes um certificado (diploma).

> ***§ 11.*** *A ação de impugnação de mandato tramitará em segredo de justiça, respondendo o autor, na forma da lei, se temerária ou de manifesta má-fé.*

5.2 Partidos Políticos

5.2.1 Conceito

Partido político é uma livre associação de pessoas, que possuem interesses em comum e objetivam o exercício do poder político, por meio do voto.

5.2.2 Natureza Jurídica dos Partidos Políticos

Os partidos políticos, segundo previsão expressa da Constituição, possuem ***natureza jurídica de direito privado***. Vejamos o disposto no Art. 17, § 2º:

> ***§ 2º*** *– Os partidos políticos, após adquirirem personalidade jurídica, na forma da lei civil, registrarão seus estatutos no Tribunal Superior Eleitoral.*

Quando a Constituição determina que os partidos devem adquirir sua personalidade jurídica na forma da lei civil, praticamente afirma que devem ser considerados como pessoa jurídica de direito privado, apesar de ser exigido seu registro no TSE.

5.2.3 Criação e Limites dos Partidos

A CF assegura, no *caput* do Art. 17, a liberdade de criação, fusão, incorporação e extinção de partidos políticos:

> ***Art. 17.*** *É livre a criação, fusão, incorporação e extinção de partidos políticos, resguardados* ***a soberania nacional, o regime democrático, o pluripartidarismo, os direitos fundamentais da pessoa humana*** *e observados os seguintes preceitos: (...)* (grifo nosso)

Contudo, essa liberdade não é absoluta, devendo os partidos resguardarem:

> soberania nacional;
> regime democrático;
> pluripartidarismo;
> direitos fundamentais da pessoa humana.

Além disso, os partidos devem observar os seguintes preceitos que funcionam como verdadeiras limitações aos partidos políticos:

> *Art. 17. É livre a criação, fusão, incorporação e extinção de partidos políticos, resguardados a soberania nacional, o regime democrático, o pluripartidarismo, os direitos fundamentais da pessoa humana e observados os seguintes preceitos:*
>
> ***I.*** *caráter nacional;*
>
> ***II.*** *proibição de recebimento de recursos financeiros de entidade ou governo estrangeiros ou de subordinação a estes;*
>
> ***III.*** *prestação de contas à Justiça Eleitoral;*
>
> ***IV.*** *funcionamento parlamentar de acordo com a lei.*
>
> ***§ 4º*** *– É vedada a utilização pelos partidos políticos de organização paramilitar.*

Seriam exemplos de organizações paramilitares as milícias do Rio de Janeiro ou uma facção criminosa.

5.2.4 Autonomia e não verticalização

As regras constitucionais de autonomia dos partidos políticos receberam nova redação pela EC 97/2017. A CF assegura aos partidos políticos autonomia para definir sua estrutura interna e estabelecer regras sobre escolha, formação e duração de seus órgãos permanentes e provisórios e sobre sua organização e seu funcionamento e para adotar os critérios de escolha e o regime de suas coligações nas eleições majoritárias, além de estabelecer normas de disciplina e fidelidade partidária. A EC 97/2017 proibiu a celebração de coligações para as eleições proporcionais.

> ***§ 1º*** *É assegurada aos partidos políticos autonomia para definir sua estrutura interna e estabelecer regras sobre escolha, formação e duração de seus órgãos permanentes e provisórios e sobre sua organização e funcionamento e para adotar os critérios de escolha e o regime de suas coligações nas eleições majoritárias, vedada a sua celebração nas eleições proporcionais, sem obrigatoriedade de vinculação entre as candidaturas em âmbito nacional, estadual, distrital ou municipal, devendo seus* ***estatutos*** *estabelecer normas de disciplina e fidelidade partidária. (Redação dada pela Emenda Constitucional nº 97, de 2017)*[1] *(grifo nosso)*

1 Redação anterior:
§ 1º É assegurada aos partidos políticos autonomia para definir sua estrutura interna, organização e funcionamento e para adotar os critérios de escolha e o regime de suas coligações eleitorais, sem obrigatoriedade de vinculação entre as

A regra da vedação das coligações nas eleições proporcionais só terá aplicação nas eleições de 2020.

Esse dispositivo ainda determina que não é mais exigida a ***regra da verticalização***. Isto é, não é preciso haver vinculação das candidaturas nos diversos níveis federativos (União, Estados, Distrito Federal e Municípios).

5.2.5 Direito de Antena e recursos do fundo partidário

A EC 97/2017 estabeleceu novas regras para que os partidos tenham acesso gratuito ao rádio e à televisão (direito de antena). De acordo com a nova redação do § 3º, só terá direito de antena e acesso a recursos do fundo o partido político que, alternadamente:

> ***§ 3º*** *Somente terão direito a recursos do fundo partidário e acesso gratuito ao rádio e à televisão, na forma da lei, os partidos políticos que* ***alternativamente****:*
>
> ***I.*** *obtiverem, nas eleições para a Câmara dos Deputados, no mínimo, 3% (três por cento) dos votos válidos, distribuídos em pelo menos um terço das unidades da Federação, com um mínimo de 2% (dois por cento) dos votos válidos em cada uma delas; ou*
>
> ***II.*** *tiverem elegido pelo menos quinze Deputados Federais distribuídos em pelo menos um terço das unidades da Federação.* (grifo nosso)

Essa regra, que cria uma nova cláusula de barreira (ou desempenho), no entanto, só vai passar a valer nas eleições de 2030. Até lá funcionará da seguinte forma – **REGRA DE TRANSIÇÃO**:

> ***Parágrafo único.*** *Terão acesso aos recursos do fundo partidário e à propaganda gratuita no rádio e na televisão os partidos políticos que:*
>
> ***I.*** *na legislatura seguinte às eleições de 2018:*
>
> ***a)*** *obtiverem, nas eleições para a Câmara dos Deputados, no mínimo, 1,5% (um e meio por cento) dos votos válidos, distribuídos em pelo menos um terço das unidades da Federação, com um mínimo de 1% (um por cento) dos votos válidos em cada uma delas; ou*
>
> ***b)*** *tiverem elegido pelo menos nove Deputados Federais distribuídos em pelo menos um terço das unidades da Federação;*
>
> ***II.*** *na legislatura seguinte às eleições de 2022:*
>
> ***a)*** *obtiverem, nas eleições para a Câmara dos Deputados, no mínimo, 2% (dois por cento) dos votos válidos, distribuídos em pelo menos um terço das unidades da Federação, com um mínimo de 1% (um por cento) dos votos válidos em cada uma delas; ou*
>
> ***b)*** *tiverem elegido pelo menos onze Deputados Federais distribuídos em pelo menos um terço das unidades da Federação;*
>
> ***III.*** *na legislatura seguinte às eleições de 2026:*
>
> ***a)*** *obtiverem, nas eleições para a Câmara dos Deputados, no mínimo, 2,5% (dois e meio por cento) dos votos válidos, distribuídos em pelo menos um terço das unidades da Federação, com um mínimo de 1,5% (um e meio por cento) dos votos válidos em cada uma delas; ou*
>
> ***b)*** *tiverem elegido pelo menos treze Deputados Federais distribuídos em pelo menos um terço das unidades da Federação.*

candidaturas em âmbito nacional, estadual, distrital ou municipal, devendo seus estatutos estabelecer normas de disciplina e fidelidade partidária. (Redação dada pela Emenda Constitucional nº 52, de 2006)

5.2.6 Desfiliação com justa causa

Sabe-se que o candidato eleito no sistema proporcional que se desfiliar, sem justa causa, perde o mandato, ressalvadas as hipóteses legais de justa causa (Art. 22-A LPP).

A EC 97/2017 trouxe uma hipótese de justa causa para a desfiliação partidária. De acordo com o § 5º do Art. 17, o candidato que for eleito por um partido que não preencher os requisitos para obter recursos do fundo partidário e do tempo de rádio e TV, poderá mudar de partido, sem perder o mandato por infidelidade partidária:

> ***§ 5º*** *Ao eleito por partido que não preencher os requisitos previstos no § 3º deste artigo é assegurado o mandato e facultada a filiação, sem perda do mandato, a outro partido que os tenha atingido, não sendo essa filiação considerada para fins de distribuição dos recursos do fundo partidário e de acesso gratuito ao tempo de rádio e de televisão. (Incluído pela Emenda Constitucional nº 97, de 2017)*

Questões

01. (CESPE - 2018 - Polícia Federal - Escrivão de Polícia Federal) Gilberto, brasileiro nato, completou sessenta e um anos de idade no mês de janeiro de 2018. Neste mesmo ano, transitou em julgado condenação criminal contra ele, tendo sido arbitrada, entre outras sanções, pena privativa de liberdade.

Considerando essa situação hipotética, julgue o item a seguir, com relação aos direitos políticos de Gilberto.

O processo criminal transitado em julgado é hipótese constitucional para a cassação dos direitos políticos de Gilberto pelo tempo de duração dos efeitos da condenação.

Certo ( ) Errado ( )

02. (CESPE - 2018 - Polícia Federal - Escrivão de Polícia Federal) Gilberto, brasileiro nato, completou sessenta e um anos de idade no mês de janeiro de 2018. Neste mesmo ano, transitou em julgado condenação criminal contra ele, tendo sido arbitrada, entre outras sanções, pena privativa de liberdade.

Considerando essa situação hipotética, julgue o item a seguir, com relação aos direitos políticos de Gilberto.

Em razão de sua idade, o ato de votar nas eleições de 2018 é facultativo para Gilberto.

Certo ( ) Errado ( )

03. (CESPE - 2018 - MPE-PI - Analista Ministerial - Área Processual) A propósito do que dispõe a Constituição Federal acerca dos direitos políticos dos analfabetos, julgue o item a seguir.

O voto não é obrigatório para os analfabetos.

Certo ( ) Errado ( )

04. (CESPE - 2018 - MPE-PI - Analista Ministerial - Área Processual)A propósito do que dispõe a Constituição Federal acerca dos direitos políticos dos analfabetos, julgue o item a seguir.

O analfabetismo não representará óbice à elegibilidade dos cidadãos, haja vista a garantia do amplo exercício dos direitos políticos, característica do estado democrático de direito.

Certo ( ) Errado ( )

05. (CESPE - 2018 - MPE-PI - Analista Ministerial - Área Processual)No que se refere a partidos políticos, julgue o próximo item.

Os partidos políticos têm autonomia administrativa garantida pela Constituição Federal e poderão definir o regime de suas coligações eleitorais, que vincularão as candidaturas no âmbito federal, estadual, distrital e no municipal.

Certo ( ) Errado ( )

Gabaritos

01	ERRADO	04	ERRADO
02	ERRADO	05	ERRADO
03	CERTO		

6. ORGANIZAÇÃO POLÍTICO--ADMINISTRATIVA DO ESTADO

A organização político-administrativa do Brasil diz respeito à divisão de competências administrativas e legislativas entre os entes da Federação, bem como às regras gerais de organização desses entes.

Competências administrativas relacionam-se aos atos administrativos, normalmente expedidos pelo Poder Executivo.

Já a competência legislativa diz respeito aos assuntos que sobre os quais o ente pode elaborar leis, relacionam-se assim, às competências do Poder Legislativo.

Tais competências estão previstas nos §§ 18 a 31, de nossa Constituição Federal, e são definidas expressamente como uma forma de evitarem-se conflitos entre os entes da Federação Brasileira.

6.1 Regras Gerais

Os Arts. 18 e 19 de nossa Constituição traz regras gerais relativas à organização da União, Estados, DF e Municípios:

6.1.1 Componentes da federação

> ***Art. 18.*** *A organização político-administrativa da República Federativa do Brasil compreende a União, os Estados, o Distrito Federal e os Municípios, todos autônomos, nos termos desta Constituição.*
>
> ***§ 1º.*** *Brasília é a Capital Federal.*
>
> ***§ 2º.*** *Os Territórios Federais integram a União, e sua criação, transformação em Estado ou reintegração ao Estado de origem serão reguladas em lei complementar.*

Os territórios federais são os que se chamam de "autarquias territoriais", sendo consideradas parte da União, sendo por ela administradas.

Atualmente não existem territórios federais no Brasil, mas nada impede que venham a ser criados. A ideia do conceito de território federal é permitir que a União tutele determinada região do território nacional, preparando-a gradualmente para transformá-la em Estado.

6.1.2 Criação, incorporação, fusão e subdivisão de estados e municípios

> ***§ 3º.*** *Os Estados podem incorporar-se entre si, subdividir-se ou desmembrar-se para se anexarem a outros, ou formarem novos Estados ou Territórios Federais, mediante aprovação da população diretamente interessada, através de plebiscito, e do Congresso Nacional, por lei complementar.*
>
> ***§ 4º.*** *A criação, a incorporação, a fusão e o desmembramento de Municípios, far-se-ão por lei estadual, dentro do período determinado por Lei Complementar Federal, e dependerão de consulta prévia, mediante plebiscito, às populações dos Municípios envolvidos, após divulgação dos Estudos de Viabilidade Municipal, apresentados e publicados na forma da lei.*

Embora os Estados e Municípios não possam declarar sua separação da União, a Constituição permite que eles sejam criados, que venham a se fundir, desmembrar-se ou serem incorporados uns pelos outros, obedecidas as exigências constitucionais, sendo exigido atualmente sempre consulta às populações envolvidas, sendo que, no caso dos Municípios, também se exige a divulgação de Estudos de Viabilidade Municipal, que demonstrem que o novo Município tem condições de manter-se com os tributos que por ele serão arrecadados.

6.1.3 Vedações

> ***Art. 19.*** *É vedado à União, aos Estados, ao Distrito Federal e aos Municípios:*
>
> ***I.*** *Estabelecer cultos religiosos ou igrejas, subvencioná-los, embaraçar-lhes o funcionamento ou manter com eles ou seus representantes relações de dependência ou aliança, ressalvada, na forma da lei, a colaboração de interesse público;*
>
> ***II.*** *Recusar fé aos documentos públicos;*
>
> ***III.*** *Criar distinções entre brasileiros ou preferências entre si.*

O Art. 19 da Constituição traz proibições impostas aos três níveis da Federação:

> ***a)*** *a União, os Estados, o DF e os Municípios não podem manter violar o princípio da separação entre Estado e Igreja, adotando uma ou certas religiões como oficiais, subvencionando-as, assim como não pode "perseguir" outras.*

No entanto, como as entidades religiosas costumam prestar relevantes serviços na área social, a Constituição permite que o Poder Público estabeleça relações de colaboração com tais entidades, podendo inclusive fornecer-lhes recursos, desde que utilizados para atividades de interesse social.

> ***b)*** *recusar fé aos documentos públicos: isso significa que União, Estados, DF e Municípios não podem deixar de considerar como verdadeiros os documentos e declarações feitas pelos entes estatais, como certidões e escrituras públicas.*
>
> ***c)*** *criar distinções entre brasileiros ou preferências entre si: os entes da Federação não podem estabelecer quaisquer diferenciações no tratamento que dão aos outros entes ou àqueles que deles procedem.*

Assim, por exemplo, seria inconstitucional uma Lei do Estado de Mato Grosso que concedesse incentivos para que cidadãos de determinados Estados se estabelecessem em seu território, sem estender tal benefício a provenientes de outros Estados.

6.2 Bens da União

O Art. 20 da Constituição Federal estabelece quais bens são considerados de propriedade da União:

> ***Art. 20.*** *São bens da União:*
>
> ***I.*** *Os que atualmente lhe pertencem e os que lhe vierem a ser atribuídos;*
>
> ***II.*** *As terras devolutas indispensáveis à defesa das fronteiras, das fortificações e construções militares, das vias federais de comunicação e à preservação ambiental, definidas em lei;*
>
> ***III.*** *Os lagos, rios e quaisquer correntes de água em terrenos de seu domínio, ou que banhem mais de um Estado, sirvam de limites com outros países, ou se estendam a território estrangeiro ou dele provenham, bem como os terrenos marginais e as praias fluviais;*
>
> ***IV.*** *As ilhas fluviais e lacustres nas zonas limítrofes com outros países; as praias marítimas; as ilhas oceânicas e as costeiras, excluídas, destas, as que contenham a sede de Municípios, exceto aquelas áreas afetadas ao serviço público e a unidade ambiental federal, e as referidas no Art. 26, II;*
>
> ***V.*** *Os recursos naturais da plataforma continental e da zona econômica exclusiva;*

VI. O mar territorial;

VII. Os terrenos de marinha e seus acrescidos;

VIII. Os potenciais de energia hidráulica;

IX. Os recursos minerais, inclusive os do subsolo;

X. As cavidades naturais subterrâneas e os sítios arqueológicos e pré-históricos;

XI. As terras tradicionalmente ocupadas pelos índios.

§ 1º. É assegurada, nos termos da lei, aos Estados, ao Distrito Federal e aos Municípios, bem como a órgãos da administração direta da União, participação no resultado da exploração de petróleo ou gás natural, de recursos hídricos para fins de geração de energia elétrica e de outros recursos minerais no respectivo território, plataforma continental, mar territorial ou zona econômica exclusiva, ou compensação financeira por essa exploração.

§ 2º. A faixa de até cento e cinquenta quilômetros de largura, ao longo das fronteiras terrestres, designada como faixa de fronteira, é considerada fundamental para defesa do território nacional, e sua ocupação e utilização serão reguladas em lei.

6.3 Competências Administrativas da União

O Art. 21 da Constituição Federal determina quais são as competências administrativas da União:

***Art. 21.** Compete à União:*

***I.** Manter relações com Estados estrangeiros e participar de organizações internacionais;*

***II.** Declarar a guerra e celebrar a paz;*

***III.** Assegurar a defesa nacional;*

***IV.** Permitir, nos casos previstos em lei complementar, que forças estrangeiras transitem pelo território nacional ou nele permaneçam temporariamente;*

***V.** Decretar o estado de sítio, o estado de defesa e a intervenção federal;*

***VI.** Autorizar e fiscalizar a produção e o comércio de material bélico;*

***VII.** Emitir moeda;*

***VIII.** Administrar as reservas cambiais do País e fiscalizar as operações de natureza financeira, especialmente as de crédito, câmbio e capitalização, bem como as de seguros e de previdência privada;*

***IX.** Elaborar e executar planos nacionais e regionais de ordenação do território e de desenvolvimento econômico e social;*

***X.** Manter o serviço postal e o correio aéreo nacional;*

***XI.** Explorar, diretamente ou mediante autorização, concessão ou permissão, os serviços de telecomunicações, nos termos da lei, que disporá sobre a organização dos serviços, a criação de um órgão regulador e outros aspectos institucionais;*

***XII.** Explorar, diretamente ou mediante autorização, concessão ou permissão:*

***a)** os serviços de radiodifusão sonora, e de sons e imagens;*

***b)** os serviços e instalações de energia elétrica e o aproveitamento energético dos cursos de água, em articulação com os Estados onde se situam os potenciais hidroenergéticos;*

***c)** a navegação aérea, aeroespacial e a infra-estrutura aeroportuária;*

***d)** os serviços de transporte ferroviário e aquaviário entre portos brasileiros e fronteiras nacionais, ou que transponham os limites de Estado ou Território;*

***e)** os serviços de transporte rodoviário interestadual e internacional de passageiros;*

***f)** os portos marítimos, fluviais e lacustres;*

***XIII.** Organizar e manter o Poder Judiciário, o Ministério Público do Distrito Federal e dos Territórios e a Defensoria Pública dos Territórios;*

***XIV.** Organizar e manter a polícia civil, a polícia militar e o corpo de bombeiros militar do Distrito Federal, bem como prestar assistência financeira ao Distrito Federal para a execução de serviços públicos, por meio de fundo próprio;*

***XV.** Organizar e manter os serviços oficiais de estatística, geografia, geologia e cartografia de âmbito nacional;*

***XVI.** Exercer a classificação, para efeito indicativo, de diversões públicas e de programas de rádio e televisão;*

***XVII.** Conceder anistia;*

***XVIII.** Planejar e promover a defesa permanente contra as calamidades públicas, especialmente as secas e as inundações;*

***XIX.** Instituir sistema nacional de gerenciamento de recursos hídricos e definir critérios de outorga de direitos de seu uso;*

***XX.** Instituir diretrizes para o desenvolvimento urbano, inclusive habitação, saneamento básico e transportes urbanos;*

***XXI.** Estabelecer princípios e diretrizes para o sistema nacional de viação;*

***XXII.** Executar os serviços de polícia marítima, aeroportuária e de fronteiras;*

***XXIII.** Explorar os serviços e instalações nucleares de qualquer natureza e exercer monopólio estatal sobre a pesquisa, a lavra, o enriquecimento e reprocessamento, a industrialização e o comércio de minérios nucleares e seus derivados, atendidos os seguintes princípios e condições:*

***a)** toda atividade nuclear em território nacional somente será admitida para fins pacíficos e mediante aprovação do Congresso Nacional;*

***b)** sob regime de permissão, são autorizadas a comercialização e a utilização de radioisótopos para a pesquisa e usos médicos, agrícolas e industriais;*

***c)** sob regime de permissão, são autorizadas a produção, comercialização e utilização de radioisótopos de meia-vida igual ou inferior a duas horas;*

***d)** a responsabilidade civil por danos nucleares independe da existência de culpa;*

***XXIV.** Organizar, manter e executar a inspeção do trabalho;*

***XXV.** Estabelecer as áreas e as condições para o exercício da atividade de garimpagem, em forma associativa.*

6.4 Competências Legislativas da União

O Art. 22 da Constituição Federal determina quais são os assuntos que devem ser regulados por leis ordinárias federais.

***Art. 22.** Compete privativamente à União legislar sobre:*

***I.** Direito civil, comercial, penal, processual, eleitoral, agrário, marítimo, aeronáutico, espacial e do trabalho;*

***II.** Desapropriação;*

***III.** Requisições civis e militares, em caso de iminente perigo e em tempo de guerra;*

***IV.** águas, energia, informática, telecomunicações e radiodifusão;*

***V.** Serviço postal;*

***VI.** Sistema monetário e de medidas, títulos e garantias dos metais;*

***VII.** Política de crédito, câmbio, seguros e transferência de valores;*

***VIII.** Comércio exterior e interestadual;*

***IX.** Diretrizes da política nacional de transportes;*

X. Regime dos portos, navegação lacustre, fluvial, marítima, aérea e aeroespacial;

XI. Trânsito e transporte;

XII. Jazidas, minas, outros recursos minerais e metalurgia;

XIII. Nacionalidade, cidadania e naturalização;

XIV. Populações indígenas;

XV. Emigração e imigração, entrada, extradição e expulsão de estrangeiros;

XVI. Organização do sistema nacional de emprego e condições para o exercício de profissões;

XVII. Organização judiciária, do Ministério Público do Distrito Federal e dos Territórios e da Defensoria Pública dos Territórios, bem como organização administrativa destes;

XVIII. Sistema estatístico, sistema cartográfico e de geologia nacionais;

XIX. Sistemas de poupança, captação e garantia da poupança popular;

XX. Sistemas de consórcios e sorteios;

XXI. Normas gerais de organização, efetivos, material bélico, garantias, convocação e mobilização das polícias militares e corpos de bombeiros militares;

XXII. Competência da polícia federal e das polícias rodoviária e ferroviária federais;

XXIII. Seguridade social;

XXIV. Diretrizes e bases da educação nacional;

XXV. Registros públicos;

XXVI. Atividades nucleares de qualquer natureza;

XXVII. Normas gerais de licitação e contratação, em todas as modalidades, para as administrações públicas diretas, autárquicas e fundacionais da União, Estados, Distrito Federal e Municípios, obedecido o disposto no Art. 37, XXI, e para as empresas públicas e sociedades de economia mista, nos termos do Art. 173, § 1º, III;

XXVIII. Defesa territorial, defesa aeroespacial, defesa marítima, defesa civil e mobilização nacional;

XXIX. Propaganda comercial.

***Parágrafo único.** Lei complementar poderá autorizar os Estados a legislar sobre questões específicas das matérias relacionadas neste artigo.*

6.5 Competências Administrativas Comuns à União, Estados, DF e Municípios

O Art. 23 da Constituição define competências administrativas que devem ser exercidas conjuntamente pela União, Estados, Distrito Federal e Municípios:

O exercício de tais competências deve ser feito de forma coordenada entre os entes da Federação, e por isso, o parágrafo único do Art. 23 estabelece que leis complementares fixarão normas para a cooperação entre a União e os Estados, o Distrito Federal e os Municípios, tendo em vista o equilíbrio do desenvolvimento e do bem-estar em âmbito nacional.

***Art. 23.** É competência comum da União, dos Estados, do Distrito Federal e dos Municípios:*

I. Zelar pela guarda da Constituição, das leis e das instituições democráticas e conservar o patrimônio público;

II. Cuidar da saúde e assistência pública, da proteção e garantia das pessoas portadoras de deficiência;

III. Proteger os documentos, as obras e outros bens de valor histórico, artístico e cultural, os monumentos, as paisagens naturais notáveis e os sítios arqueológicos;

IV. Impedir a evasão, a destruição e a descaracterização de obras de arte e de outros bens de valor histórico, artístico ou cultural;

V. Proporcionar os meios de acesso à cultura, à educação, à ciência, à tecnologia, à pesquisa e à inovação;

VI. Proteger o meio ambiente e combater a poluição em qualquer de suas formas;

VII. Preservar as florestas, a fauna e a flora;

VIII. Fomentar a produção agropecuária e organizar o abastecimento alimentar;

IX. Promover programas de construção de moradias e a melhoria das condições habitacionais e de saneamento básico;

X. Combater as causas da pobreza e os fatores de marginalização, promovendo a integração social dos setores desfavorecidos;

XI. Registrar, acompanhar e fiscalizar as concessões de direitos de pesquisa e exploração de recursos hídricos e minerais em seus territórios;

XII. Estabelecer e implantar política de educação para a segurança do trânsito.

6.6 Competências Legislativas Comuns à União, Estados e Distrito Federal

O Art. 24 da Constituição traz assuntos que devem ser regulados de forma concomitante por leis federais e estaduais.

Os parágrafos do referido artigo estabelecem que, nesses casos, a competência da União limitar-se-á a estabelecer normas gerais, sendo que a competência da União para legislar sobre normas gerais não exclui a competência suplementar dos Estados.

Inexistindo lei federal sobre normas gerais, os Estados exercerão a competência legislativa plena, para atender as suas peculiaridades, e posteriormente, ocorrendo a superveniência de lei federal sobre normas gerais, tal lei suspenderá a eficácia da lei estadual, no que lhe for contrário.

Vejamos quais são os assuntos que são objeto da competência legislativa comum da União, Estados e Distrito Federal:

***Art. 24.** Compete à União, aos Estados e ao Distrito Federal legislar concorrentemente sobre:*

I. Direito tributário, financeiro, penitenciário, econômico e urbanístico;

II. Orçamento;

III. Juntas comerciais;

IV. Custas dos serviços forenses;

V. Produção e consumo;

VI. Florestas, caça, pesca, fauna, conservação da natureza, defesa do solo e dos recursos naturais, proteção do meio ambiente e controle da poluição;

VII. Proteção ao patrimônio histórico, cultural, artístico, turístico e paisagístico;

VIII. Responsabilidade por dano ao meio ambiente, ao consumidor, a bens e direitos de valor artístico, estético, histórico, turístico e paisagístico;

IX. Educação, cultura, ensino, desporto, ciência, tecnologia, pesquisa, desenvolvimento e inovação;

X. Criação, funcionamento e processo do juizado de pequenas causas;

XI. Procedimentos em matéria processual;

XII. Previdência social, proteção e defesa da saúde;

XIII. Assistência jurídica e Defensoria pública;

XIV. Proteção e integração social das pessoas portadoras de deficiência;

XV. Proteção à infância e à juventude;

XVI. Organização, garantias, direitos e deveres das polícias civis.

6.7 Dos Estados

O Art. 25 da Constituição traz regras gerais em relação à organização dos Estados:

***Art. 25.** Os Estados organizam-se e regem-se pelas Constituições e leis que adotarem, observados os princípios desta Constituição.*

***§1º.** São reservadas aos Estados as competências que não lhes sejam vedadas por esta Constituição.*

***§2º.** Cabe aos Estados explorar diretamente, ou mediante concessão, os serviços locais de gás canalizado, na forma da lei, vedada a edição de medida provisória para a sua regulamentação.*

***§3º.** Os Estados poderão, mediante lei complementar, instituir regiões metropolitanas, aglomerações urbanas e microrregiões, constituídas por agrupamentos de municípios limítrofes, para integrar a organização, o planejamento e a execução de funções públicas de interesse comum.*

Os Estados possuem competência legislativa residual, ou seja, aqueles assuntos que não estiverem inseridos nas competências legislativa e administrativa da União e dos Municípios são de competência dos Estados.

6.7.1 Bens dos Estados

O Art. 26 da Constituição traz os bens que são considerados de propriedade dos Estados:

***Art. 26.** Incluem-se entre os bens dos Estados:*

***I.** As águas superficiais ou subterrâneas, fluentes, emergentes e em depósito, ressalvadas, neste caso, na forma da lei, as decorrentes de obras da União;*

***II.** As áreas, nas ilhas oceânicas e costeiras, que estiverem no seu domínio, excluídas aquelas sob domínio da União, Municípios ou terceiros;*

***III.** As ilhas fluviais e lacustres não pertencentes à União;*

***IV.** As terras devolutas não compreendidas entre as da União.*

6.7.2 Número de Deputados Estaduais

O Art. 27 da Constituição determina o número de deputados estaduais que comporão as respectivas Assembleias Legislativas:

***Art. 27.** O número de Deputados à Assembleia Legislativa corresponderá ao triplo da representação do Estado na Câmara dos Deputados e, atingido o número de trinta e seis, será acrescido de tantos quantos forem os Deputados Federais acima de doze.*

***§ 1º.** Será de quatro anos o mandato dos Deputados Estaduais, aplicando-se-lhes as regras desta Constituição sobre sistema eleitoral, inviolabilidade, imunidades, remuneração, perda de mandato, licença, impedimentos e incorporação às Forças Armadas.*

***§ 2º** O subsídio dos Deputados Estaduais será fixado por lei de iniciativa da Assembleia Legislativa, na razão de, no máximo, setenta e cinco por cento daquele estabelecido, em espécie, para os Deputados Federais, observado o que dispõem os Arts. 39, § 4º; 57, § 7º; 150, II; 153, III; e 153, § 2º, I.*

6.7.3 Eleições para Governador

O Art. 28 da Constituição trata sobre as eleições para Governador de Estado:

***Art. 28.** A eleição do Governador e do Vice-Governador de Estado, para mandato de quatro anos, realizar-se-á no primeiro domingo de outubro, em primeiro turno, e no último domingo de outubro, em segundo turno, se houver, do ano anterior ao do término do mandato de seus antecessores, e a posse ocorrerá em primeiro de janeiro do ano subsequente(...).*

***§ 1º.** Perderá o mandato o Governador que assumir outro cargo ou função na administração pública direta ou indireta, ressalvada a posse em virtude de concurso público.*

***§ 2º.** Os subsídios do Governador, do Vice-Governador e dos Secretários de Estado serão fixados por lei de iniciativa da Assembleia Legislativa(...).*

6.8 Dos Municípios

O Art. 29 estabelecerá os princípios que deverão ser obedecidos pelos Municípios na edição de suas respectivas Leis Orgânicas, inclusive quanto ao número de vereadores permitidos:

***Art. 29.** O Município reger-se-á por lei orgânica, votada em dois turnos, com o interstício mínimo de dez dias, e aprovada por dois terços dos membros da Câmara Municipal, que a promulgará, atendidos os princípios estabelecidos nesta Constituição, na Constituição do respectivo Estado e os seguintes preceitos:*

***I.** Eleição do Prefeito, do Vice-Prefeito e dos Vereadores, para mandato de quatro anos, mediante pleito direto e simultâneo realizado em todo o País;*

***II.** Eleição do Prefeito e do Vice-Prefeito realizada no primeiro domingo de outubro do ano anterior ao término do mandato dos que devam suceder, aplicadas as regras do Art. 77, no caso de Municípios com mais de duzentos mil eleitores;*

***III.** Posse do Prefeito e do Vice-Prefeito no dia 1º de janeiro do ano subsequente ao da eleição;*

***IV.** Para a composição das Câmaras Municipais, será observado o limite máximo de:*

***a)** 9 (nove) Vereadores, nos Municípios de até 15.000 (quinze mil) habitantes;*

***b)** 11 (onze) Vereadores, nos Municípios de mais de 15.000 (quinze mil) habitantes e de até 30.000 (trinta mil) habitantes;*

***c)** 13 (treze) Vereadores, nos Municípios com mais de 30.000 (trinta mil) habitantes e de até 50.000 (cinquenta mil) habitantes;*

***d)** 15 (quinze) Vereadores, nos Municípios de mais de 50.000 (cinquenta mil) habitantes e de até 80.000 (oitenta mil) habitantes;*

***e)** 17 (dezessete) Vereadores, nos Municípios de mais de 80.000 (oitenta mil) habitantes e de até 120.000 (cento e vinte mil) habitantes;*

***f)** 19 (dezenove) Vereadores, nos Municípios de mais de 120.000 (cento e vinte mil) habitantes e de até 160.000 (cento sessenta mil) habitantes;*

***g)** 21 (vinte e um) Vereadores, nos Municípios de mais de 160.000 (cento e sessenta mil) habitantes e de até 300.000 (trezentos mil) habitantes;*

***h)** 23 (vinte e três) Vereadores, nos Municípios de mais de 300.000 (trezentos mil) habitantes e de até 450.000 (quatrocentos e cinquenta mil) habitantes;*

***i)** 25 (vinte e cinco) Vereadores, nos Municípios de mais de 450.000 (quatrocentos e cinquenta mil) habitantes e de até 600.000 (seiscentos mil) habitantes;*

j) *27 (vinte e sete) Vereadores, nos Municípios de mais de 600.000 (seiscentos mil) habitantes e de até 750.000 (setecentos cinquenta mil) habitantes;*

k) *29 (vinte e nove) Vereadores, nos Municípios de mais de 750.000 (setecentos e cinquenta mil) habitantes e de até 900.000 (novecentos mil) habitantes;*

l) *31 (trinta e um) Vereadores, nos Municípios de mais de 900.000 (novecentos mil) habitantes e de até 1.050.000 (um milhão e cinquenta mil) habitantes;*

m) *33 (trinta e três) Vereadores, nos Municípios de mais de 1.050.000 (um milhão e cinquenta mil) habitantes e de até 1.200.000 (um milhão e duzentos mil) habitantes;*

n) *35 (trinta e cinco) Vereadores, nos Municípios de mais de 1.200.000 (um milhão e duzentos mil) habitantes e de até 1.350.000 (um milhão e trezentos e cinquenta mil) habitantes;*

o) *37 (trinta e sete) Vereadores, nos Municípios de 1.350.000 (um milhão e trezentos e cinquenta mil) habitantes e de até 1.500.000 (um milhão e quinhentos mil) habitantes;*

p) *39 (trinta e nove) Vereadores, nos Municípios de mais de 1.500.000 (um milhão e quinhentos mil) habitantes e de até 1.800.000 (um milhão e oitocentos mil) habitantes;*

q) *41 (quarenta e um) Vereadores, nos Municípios de mais de 1.800.000 (um milhão e oitocentos mil) habitantes e de até 2.400.000 (dois milhões e quatrocentos mil) habitantes;*

r) *43 (quarenta e três) Vereadores, nos Municípios de mais de 2.400.000 (dois milhões e quatrocentos mil) habitantes e de até 3.000.000 (três milhões) de habitantes;*

s) *45 (quarenta e cinco) Vereadores, nos Municípios de mais de 3.000.000 (três milhões) de habitantes e de até 4.000.000 (quatro milhões) de habitantes;*

t) *47 (quarenta e sete) Vereadores, nos Municípios de mais de 4.000.000 (quatro milhões) de habitantes e de até 5.000.000 (cinco milhões) de habitantes;*

u) *49 (quarenta e nove) Vereadores, nos Municípios de mais de 5.000.000 (cinco milhões) de habitantes e de até 6.000.000 (seis milhões) de habitantes;*

v) *51 (cinquenta e um) Vereadores, nos Municípios de mais de 6.000.000 (seis milhões) de habitantes e de até 7.000.000 (sete milhões) de habitantes;*

w) *53 (cinquenta e três) Vereadores, nos Municípios de mais de 7.000.000 (sete milhões) de habitantes e de até 8.000.000 (oito milhões) de habitantes; e*

x) *55 (cinquenta e cinco) Vereadores, nos Municípios de mais de 8.000.000 (oito milhões) de habitantes.*

V. *Subsídios do Prefeito, do Vice-Prefeito e dos Secretários Municipais fixados por lei de iniciativa da Câmara Municipal, observado o que dispõem os Arts. 37, XI; 39, § 4º; 150, II; 153, III; e 153, § 2º, I;*

VI. *O subsídio dos Vereadores será fixado pelas respectivas Câmaras Municipais em cada legislatura para a subsequente, observado o que dispõe esta Constituição, observados os critérios estabelecidos na respectiva Lei Orgânica e os seguintes limites máximos:*

a) *em Municípios de até dez mil habitantes, o subsídio máximo dos Vereadores corresponderá a vinte por cento do subsídio dos Deputados Estaduais;*

b) *em Municípios de dez mil e um a cinquenta mil habitantes, o subsídio máximo dos Vereadores corresponderá a trinta por cento do subsídio dos Deputados Estaduais;*

c) *em Municípios de cinquenta mil e um a cem mil habitantes, o subsídio máximo dos Vereadores corresponderá a quarenta por cento do subsídio dos Deputados Estaduais;*

d) *em Municípios de cem mil e um a trezentos mil habitantes, o subsídio máximo dos Vereadores corresponderá a cinquenta por cento do subsídio dos Deputados Estaduais;*

e) *em Municípios de trezentos mil e um a quinhentos mil habitantes, o subsídio máximo dos Vereadores corresponderá a sessenta por cento do subsídio dos Deputados Estaduais;*

f) *em Municípios de mais de quinhentos mil habitantes, o subsídio máximo dos Vereadores corresponderá a setenta e cinco por cento do subsídio dos Deputados Estaduais;*

VII. *O total da despesa com a remuneração dos Vereadores não poderá ultrapassar o montante de cinco por cento da receita do Município;*

VIII. *Inviolabilidade dos Vereadores por suas opiniões, palavras e votos no exercício do mandato e na circunscrição do Município;*

IX. *Proibições e incompatibilidades, no exercício da vereança, similares, no que couber, ao disposto nesta Constituição para os membros do Congresso Nacional e na Constituição do respectivo Estado para os membros da Assembleia Legislativa;*

X. *Julgamento do Prefeito perante o Tribunal de Justiça;*

XI. *Organização das funções legislativas e fiscalizadoras da Câmara Municipal;*

XII. *Cooperação das associações representativas no planejamento municipal;*

XIII. *Iniciativa popular de projetos de lei de interesse específico do Município, da cidade ou de bairros, através de manifestação de, pelo menos, cinco por cento do eleitorado;*

XIV. *Perda do mandato do Prefeito, nos termos do Art. 28, parágrafo único.*

Art. 29-A. *O total da despesa do Poder Legislativo Municipal, incluídos os subsídios dos Vereadores e excluídos os gastos com inativos, não poderá ultrapassar os seguintes percentuais, relativos ao somatório da receita tributária e das transferências previstas no § 5º do Art. 153 e nos Arts. 158 e 159, efetivamente realizado no exercício anterior:*

I. *7% (sete por cento) para Municípios com população de até 100.000 (cem mil) habitantes;*

II. *6% (seis por cento) para Municípios com população entre 100.000 (cem mil) e 300.000 (trezentos mil) habitantes;*

III. *5% (cinco por cento) para Municípios com população entre 300.001 (trezentos mil e um) e 500.000 (quinhentos mil) habitantes;*

IV. *4,5% (quatro inteiros e cinco décimos por cento) para Municípios com população entre 500.001 (quinhentos mil e um) e 3.000.000 (três milhões) de habitantes;*

V. *4% (quatro por cento) para Municípios com população entre 3.000.001 (três milhões e um) e 8.000.000 (oito milhões) de habitantes*

VI. *3,5% (três inteiros e cinco décimos por cento) para Municípios com população acima de 8.000.001 (oito milhões e um) habitantes.*

§ 1º. *A Câmara Municipal não gastará mais de setenta por cento de sua receita com folha de pagamento, incluído o gasto com o subsídio de seus Vereadores.*

§ 2º. *Constitui crime de responsabilidade do Prefeito Municipal:*

I. *Efetuar repasse que supere os limites definidos neste artigo;*

II. *Não enviar o repasse até o dia vinte de cada mês; ou*

III. *Enviá-lo a menor em relação à proporção fixada na Lei Orçamentária.*

§ 3º. *Constitui crime de responsabilidade do Presidente da Câmara Municipal o desrespeito ao § 1º deste artigo.*

6.8.1 Competências dos Municípios

O Art. 30 da Constituição Federal traz as competências reservadas pela Constituição aos Municípios:

> ***Art. 30.*** *Compete aos Municípios:*
>
> ***I.*** *Legislar sobre assuntos de interesse local;*
>
> ***II.*** *Suplementar a legislação federal e a estadual no que couber;*
>
> ***III.*** *Instituir e arrecadar os tributos de sua competência, bem como aplicar suas rendas, sem prejuízo da obrigatoriedade de prestar contas e publicar balancetes nos prazos fixados em lei;*
>
> ***IV.*** *Criar, organizar e suprimir distritos, observada a legislação estadual;*
>
> ***V.*** *Organizar e prestar, diretamente ou sob regime de concessão ou permissão, os serviços públicos de interesse local, incluído o de transporte coletivo, que tem caráter essencial;*
>
> ***VI.*** *Manter, com a cooperação técnica e financeira da União e do Estado, programas de educação infantil e de ensino fundamental;*
>
> ***VII.*** *Prestar, com a cooperação técnica e financeira da União e do Estado, serviços de atendimento à saúde da população;*
>
> ***VIII.*** *Promover, no que couber, adequado ordenamento territorial, mediante planejamento e controle do uso, do parcelamento e da ocupação do solo urbano;*
>
> ***IX.*** *Promover a proteção do patrimônio histórico-cultural local, observada a legislação e a ação fiscalizadora federal e estadual.*

6.8.2 Fiscalização dos Municípios

> ***Art. 31.*** *A fiscalização do Município será exercida pelo Poder Legislativo Municipal, mediante controle externo, e pelos sistemas de controle interno do Poder Executivo Municipal, na forma da lei.*
>
> ***§ 1º.*** *O controle externo da Câmara Municipal será exercido com o auxílio dos Tribunais de Contas dos Estados ou do Município ou dos Conselhos ou Tribunais de Contas dos Municípios, onde houver.*
>
> ***§ 2º.*** *O parecer prévio, emitido pelo órgão competente sobre as contas que o Prefeito deve anualmente prestar, só deixará de prevalecer por decisão de dois terços dos membros da Câmara Municipal.*
>
> ***§ 3º.*** *As contas dos Municípios ficarão, durante sessenta dias, anualmente, à disposição de qualquer contribuinte, para exame e apreciação, o qual poderá questionar-lhes a legitimidade, nos termos da lei.*
>
> ***§ 4º.*** *É vedada a criação de Tribunais, Conselhos ou órgãos de Contas Municipais;*

6.9 Do Distrito Federal e dos Territórios

6.9.1 Distrito Federal

O Art. 32 da Constituição Federal trata de um ente sui generis da Federação: o Distrito Federal – DF.

Embora Brasília, localizada no Distrito Federal, sirva como sede dos poderes e principais órgãos federais, nem Brasília nem o Distrito Federal pertencem à União, sendo este último um ente autônomo.

Embora muitas vezes se usem os termos "Brasília" e "Distrito Federal" como sinônimos, eles são distintos.

Brasília é formada pelo "Plano Piloto" e pelo Parque Nacional de Brasília, ao passo que o Distrito Federal ocupa uma área de 5.802 km2, abrangendo também as chamadas "cidades satélites", que são distritos administrativos.

De acordo com o Art. 32 da Constituição, o Distrito Federal não pode se dividir em Municípios, sendo que, por isso, acumulará as competências de um Estado e de um Município.

Segue abaixo o Art. 32:

> ***Art. 32.*** *O Distrito Federal, vedada sua divisão em Municípios, reger-se-á por lei orgânica, votada em dois turnos com interstício mínimo de dez dias, e aprovada por dois terços da Câmara Legislativa, que a promulgará, atendidos os princípios estabelecidos nesta Constituição.*
>
> ***§ 1º.*** *Ao Distrito Federal são atribuídas as competências legislativas reservadas aos Estados e Municípios.*
>
> ***§ 2º.*** *A eleição do Governador e do Vice-Governador, observadas as regras do Art. 77, e dos Deputados Distritais coincidirá com a dos Governadores e Deputados Estaduais, para mandato de igual duração.*
>
> ***§ 3º.*** *Aos Deputados Distritais e à Câmara Legislativa aplica-se o disposto no Art. 27.*
>
> ***§ 4º.*** *Lei federal disporá sobre a utilização, pelo Governo do Distrito Federal, das polícias civil e militar e do corpo de bombeiros militar.*

6.9.2 Territórios

O Art. 33 da Constituição Federal trata dos territórios federais, autarquias territoriais da União, os quais podem ser criados por Lei Complementar.

> ***Art. 33.*** *A lei disporá sobre a organização administrativa e judiciária dos Territórios.*
>
> ***§ 1º.*** *Os Territórios poderão ser divididos em Municípios, aos quais se aplicará, no que couber, o disposto no Capítulo IV deste Título.*
>
> ***§ 2º.*** *As contas do Governo do Território serão submetidas ao Congresso Nacional, com parecer prévio do Tribunal de Contas da União.*
>
> ***§ 3º.*** *Nos Territórios Federais com mais de cem mil habitantes, além do Governador nomeado na forma desta Constituição, haverá órgãos judiciários de primeira e segunda instância, membros do Ministério Público e defensores públicos federais; a lei disporá sobre as eleições para a Câmara Territorial e sua competência deliberativa.*

6.10 Da Intervenção

Os Arts. 34 a 36 da Constituição Federal tratam sobre intervenção federal, que é quando a União intervém em Estado ou no Distrito Federal, e sobre intervenção estadual, que é quando um Estado intervém em um de seus municípios.

Embora a regra seja a autonomia dos entes da federação, tais artigos trazem hipóteses em que um ente poderá intervir na administração de outro:

> ***Art. 34.*** *A União não intervirá nos Estados nem no Distrito Federal, exceto para:*
>
> ***I.*** *Manter a integridade nacional;*
>
> ***II.*** *Repelir invasão estrangeira ou de uma unidade da Federação em outra;*
>
> ***III.*** *Pôr termo a grave comprometimento da ordem pública;*
>
> ***IV.*** *Garantir o livre exercício de qualquer dos Poderes nas unidades da Federação;*
>
> ***V.*** *Reorganizar as finanças da unidade da Federação que:*
>
> ***a)*** *suspender o pagamento da dívida fundada por mais de dois anos consecutivos, salvo motivo de força maior;*
>
> ***b)*** *deixar de entregar aos Municípios receitas tributárias fixadas nesta Constituição, dentro dos prazos estabelecidos em lei;*
>
> ***VI.*** *Prover a execução de lei federal, ordem ou decisão judicial;*
>
> ***VII.*** *Assegurar a observância dos seguintes princípios constitucionais:*
>
> ***a)*** *forma republicana, sistema representativo e regime democrático;*

b) direitos da pessoa humana;

c) autonomia municipal;

d) prestação de contas da administração pública, direta e indireta.

e) aplicação do mínimo exigido da receita resultante de impostos estaduais, compreendida a proveniente de transferências, na manutenção e desenvolvimento do ensino e nas ações e serviços públicos de saúde.

***Art. 35.** O Estado não intervirá em seus Municípios, nem a União nos Municípios localizados em Território Federal, exceto quando:*

***I.** Deixar de ser paga, sem motivo de força maior, por dois anos consecutivos, a dívida fundada;*

***II.** Não forem prestadas contas devidas, na forma da lei;*

***III.** Não tiver sido aplicado o mínimo exigido da receita municipal na manutenção e desenvolvimento do ensino e nas ações e serviços públicos de saúde;*

***IV.** o Tribunal de Justiça der provimento a representação para assegurar a observância de princípios indicados na Constituição Estadual, ou para prover a execução de lei, de ordem ou de decisão judicial.*

***Art. 36.** A decretação da intervenção dependerá:*

***I.** No caso do Art. 34, IV, de solicitação do Poder Legislativo ou do Poder Executivo coacto ou impedido, ou de requisição do Supremo Tribunal Federal, se a coação for exercida contra o Poder Judiciário;*

***II.** No caso de desobediência a ordem ou decisão judiciária, de requisição do Supremo Tribunal Federal, do Superior Tribunal de Justiça ou do Tribunal Superior Eleitoral;*

***III.** De provimento, pelo Supremo Tribunal Federal, de representação do Procurador-Geral da República, na hipótese do Art. 34, VII, e no caso de recusa à execução de lei federal.*

***§ 1º.** O decreto de intervenção, que especificará a amplitude, o prazo e as condições de execução e que, se couber, nomeará o interventor, será submetido à apreciação do Congresso Nacional ou da Assembleia Legislativa do Estado, no prazo de vinte e quatro horas.*

***§ 2º.** Se não estiver funcionando o Congresso Nacional ou a Assembleia Legislativa, far-se-á convocação extraordinária, no mesmo prazo de vinte e quatro horas.*

***§ 3º.** Nos casos do Art. 34, VI e VII, ou do Art. 35, IV, dispensada a apreciação pelo Congresso Nacional ou pela Assembleia Legislativa, o decreto limitar-se-á a suspender a execução do ato impugnado, se essa medida bastar ao restabelecimento da normalidade.*

***§ 4º.** Cessados os motivos da intervenção, as autoridades afastadas de seus cargos a estes voltarão, salvo impedimento legal.*

Questões

01. (Cespe) Considere que, prevista competência concorrente para legislar sobre determinada matéria de interesse público e inexistindo lei federal que o fizesse, o estado de Goiás tenha editado lei contendo normas gerais sobre tal matéria. Nessa situação, lei federal superveniente sobre a matéria não revogará a lei estadual, cuja eficácia será suspensa apenas no que contrariar a lei federal.

Certo ( ) Errado ( )

Acerca da organização político-administrativa e da administração pública, julgue o próximo item.

02. (Cespe) São considerados bens da União os lagos, os rios e quaisquer correntes de água em terrenos que sirvam de limites com outros países ou se estendam a território estrangeiro ou dele provenham.

Certo ( ) Errado ( )

Acerca da organização político-administrativa do Estado e da administração pública, julgue o item a seguir.

03. (Cespe) A forma federativa de Estado adotada pela CF consiste na descentralização política e na soberania dos estados-membros, os quais são capazes de se auto organizar mediante a elaboração de constituições estaduais.

Certo ( ) Errado ( )

04. A respeito da organização político-administrativa do Estado brasileiro e da administração pública, julgue o item seguinte.

Será compartilhado o domínio de rio que banhe mais de um estado-membro, pertencendo a cada um deles a parte que adentrar o seu território.

Certo ( ) Errado ( )

05. Considerando o disposto na Constituição Federal de 1988 (CF), julgue o item seguinte, relativo ao Estado federal brasileiro e à sua organização político-administrativa.

A União, os estados-membros e os municípios têm competência concorrente para desenvolver políticas públicas que visem à redução de doenças, à proteção e à recuperação da saúde.

Certo ( ) Errado ( )

06. Acerca da disciplina constitucional da segurança pública, do Poder Judiciário, do MP e das atribuições da PF, julgue o seguinte item.

É concorrente a competência da União e dos estados para legislar sobre a organização, os direitos e os deveres das polícias civis dos estados.

Certo ( ) Errado ( )

Gabaritos

01	CERTO	04	ERRADO
02	CERTO	05	ERRADO
03	ERRADO	06	CERTO

7. ADMINISTRAÇÃO PÚBLICA

7.1 Administração Direta e Indireta

No Brasil, os órgãos que compõem a Administração Pública dividem-se em dois grandes ramos: Administração Direta, também chamada de centralizada, e Administração Indireta, a qual também recebe o nome de descentralizada.

7.1.1 Administração Direta

A Administração Direta integra os próprios poderes que compõem as pessoas jurídicas de direito público com capacidade política. É o que costumamos chamar de entidades e órgãos do Governo, e compreende a União, Estados, Distrito Federal e Municípios, bem como seus respectivos órgãos, como os Ministérios, Secretarias, Gabinetes, Departamentos, etc.

As divisões internas da Administração Direta, chamadas de órgãos, não possuem personalidade jurídica, o que quer dizer que não possuem existência desvinculada da União, Estados, DF e Municípios.

7.1.2 Administração Indireta

A Administração Indireta corresponde ao conjunto de entidades criadas pela Administração Direta para o exercício de determinadas atividades, e que possuem autonomia em relação à União, Estados, DF e Municípios, possuindo personalidade jurídica própria, o que significa, por exemplo, que podem ter patrimônio e corpo de funcionários próprios, podem ser autoras ou rés em ações judiciais, etc.

Tanto a União, como os Estados e o DF e o Municípios podem criar entidades da Administração Indireta.

Essas entidades dividem-se, de acordo com o Decreto-Lei nº 200/67, em quatro categorias: autarquias, fundações públicas, sociedades de economia mista e empresas públicas.

As autarquias são criadas para exercer uma atividade que seja própria de Governo, normalmente um serviço público.

Como todas as entidades da Administração Indireta possuem existência distinta das entidades que as criaram, mas submetem-se ao mesmo regime jurídico de direito público, o que significa que possuem as mesmas prerrogativas e sujeitam-se às mesmas restrições da Administração Direta. Assim, por exemplo, as autarquias possuem imunidade de impostos e não podem ter os seus bens penhorados para pagamentos de dívidas.

Como exemplos de autarquias, temos o Banco Central, o Instituto Nacional da Seguridade Social – INSS e o IBAMA, todas federais, mas também existem muitas estaduais e municipais.

As fundações públicas são o que se chamam de universalidades de bens personalizadas ou patrimônio personalizados, instituídas para uma finalidade específica, estabelecida em lei complementar. Na criação de fundações públicas, a União, Estado ou Município destaca uma parte de seu patrimônio, destina-o a um fim determinado, concede-lhe personalidade jurídica e define como ele será administrado.

Seu regime jurídico, via de regra, será o mesmo das autarquias, exceto no que se refere às chamadas fundações públicas de direito privado, que, no entanto, são exceções.

Entre os exemplos de fundações públicas temos o CNPq. Conselho Nacional de Desenvolvimento Científico e Tecnológico e as Universidades Federais.

Já as sociedades de economia mista e as fundações públicas são entidades criadas pela Administração Pública para exercerem atividades de mercado, voltadas normalmente para a venda de bens e serviços e que concorrem com as empresas privadas.

Por serem voltadas ao mercado, e até pelo fato de concorrerem com o particular, sujeitam-se às mesmas regras das empresas privadas, com algumas pequenas diferenças, estando, assim, submetidas ao que se chama de regime jurídico de direito privado.

A diferença entre as sociedades de economia mista e as empresas públicas está nas composições de seus capitais, que no caso das sociedades de economia mista reúnem recursos públicos e privados, e nas empresas públicas conjugam somente recursos públicos, não havendo participação do particular em seu capital.

Como exemplos de sociedades de economia mista, temos o Banco do Brasil e a Petrobras, e de empresas públicas temos a Caixa Econômica Federal e os Correios.

O estudo mais aprofundado da Administração Direta, bem como das diversas entidades que integram a Administração Indireta é feito na disciplina Direito Administrativo.

7.2 Disposições Gerais

7.2.1 Princípios da Administração Pública

O Art. 37 da Constituição Federal traz várias disposições acerca da Administração Pública no Brasil, aplicando-se às três esferas de governo: federal, estadual e municipal, bem como à Administração Direta e Indireta de cada uma delas.

Vejamos o que diz o seu caput:

> ***Art. 37.*** *A administração pública direta e indireta de qualquer dos Poderes da União, dos Estados, do Distrito Federal e dos Municípios obedecerá aos princípios de legalidade, impessoalidade, moralidade, publicidade e eficiência e, também, ao seguinte:*

A partir do texto constitucional, podemos extrair os cinco princípios que, segunda a Constituição Federal, deverão nortear as ações da Administração Direta e Indireta.

Observa-se que, além desses princípios que estudaremos a seguir, existem outros, tanto previstos pela lei como aqueles que estão implícitos na ação de administrar os bens públicos.

Os cinco princípios previstos na Constituição Federal são:

7.2.1.1 Princípio da legalidade

O princípio da legalidade aqui referido é o chamado princípio da legalidade estrita, o qual se aplica à Administração Pública e determina que os seus agentes somente podem fazer o que a lei permite, diferentemente do particular, que pode fazer tudo o que a lei não proíba.

Assim, por exemplo, um Agente Penitenciário não pode multar alguém por uma infração de trânsito, pela simples razão de que a lei que regulamenta seu cargo não lhe dá essa atribuição.

Também pela mesma razão um guarda de trânsito não pode lavrar uma certidão em um processo judicial.

A lei tanto pode exigir ou proibir que o agente público aja de uma ou de outra forma, como pode conceder a ele uma faculdade (permissão) para agir.

7.2.1.2 Princípio da impessoalidade

Esse princípio determina que a Administração Pública deve ser impessoal, ou seja, deve haver completa separação entre a pessoa que ocupa o cargo público e o agente público que essa pessoa representa. Assim, a Administração Pública deve ser exercida com imparcialidade, nunca buscando atender os interesses pessoais do agente público, mas sempre o bem comum da coletividade.

Por esse princípio, por exemplo, o administrador não deve utilizar-se de sua posição para lograr proveito pessoal, para si ou para outrem, bem como não deve também usar de seus poderes para perseguir quem quer que seja.

Também como decorrência da separação desse princípio, tem-se que os atos praticados por um agente público, enquanto no exercício regular de suas atribuições, continuam válidos mesmo após sua saída do cargo e substituição por outro, pois o que importa para a validade desses atos não é a pessoa que exerce a função, mas sim se o agente possuía ou não competência para produzi-los.

7.2.1.3 Princípio da moralidade

Mais adequado seria a Constituição chamá-lo de Princípio da Ética, uma vez que moralidade é diferente de ética, que é do que se trata aqui. No entanto a expressão moralidade, embora não seja a mais apropriada, já foi consagrada pelo uso.

De acordo com o princípio da moralidade, o administrador público deve não só obedecer à lei, seguindo o princípio da legalidade, mas também agir com ética, de forma a não ferir a moral pública. Assim, além de se preocupar em obedecer ao texto da lei, o agente público deve também preocupar-se em agir de forma ética.

Isso porque nem tudo que é legal, ou seja, permitido pela lei, é ético, é um comportamento aceitável.

O seguinte exemplo pode servir para ilustrar essa diferença:

Imagine-se que determinada autoridade pública tenha permissão da lei para nomear, como seu assessor imediato, qualquer pessoa de sua confiança, e que ela resolva nomear como seu auxiliar um antigo amigo seu de infância, o qual, apesar da proximidade com o nomeante, não possui as características necessárias para bem exercer o cargo, tendo inclusive um conceito pouco recomendável perante a comunidade, havendo fundadas suspeitas de que ele já tenha participado de desvios de recursos públicos em outras gestões.

Nesse caso, se a autoridade nomear esse amigo, em princípio não estaria cometendo nenhuma legalidade, pois a lei permite que ele nomeie qualquer pessoa. No entanto, essa nomeação não estaria obedecendo à ética e, assim, feriria o princípio da moralidade.

O Art. 5º, LXIII, da Constituição, inclusive afirma que qualquer cidadão pode impetrar ação popular com vistas a anular ato que seja lesivo à moralidade administrativa.

7.2.1.4 Princípio da publicidade

Esse princípio determina que, via de regra, os atos administrativos devem ser de conhecimento de toda a coletividade, ou seja, devem ser públicos.

Isso é importante para que a sociedade em geral possa conhecer dos atos praticados pelos agentes públicos e apreciar sua legalidade, oportunidade e conveniência.

Essa publicidade deve dar-se pelos meios oficiais, como o Diário Oficial, mas também podem ser usados outros mecanismos de comunicação que sejam mais efetivos, como, por exemplo, sites na internet.

Alguns poucos atos administrativos não estão sujeitos à publicidade, quando, por exemplo, ferirem a intimidade de alguém ou quando sua revelação colocar em risco a coletividade, mas, nesse caso, deve haver previsão legal para a sua não publicação.

Quando a publicidade do ato for exigida, que é o mais comum, a comunicação do mesmo pelos meios oficiais é requisito para sua eficácia, não gerando efeitos enquanto não for dado conhecimento à sociedade de sua existência.

7.2.1.5 Princípio da eficiência

Acrescentado ao Art. 37 pela Emenda Constitucional nº 18/98, o princípio da eficiência busca trazer ao serviço público parte da cultura da iniciativa privada de busca de resultados.

Por ele, não basta que a Administração Pública faça o que deve ser feito: ela deve fazê-lo de forma bem-feita e com economia de recursos, inclusive de tempo.

Se a busca da eficiência é importante no setor privado, muito mais o deve ser na área pública, a qual lida com recursos que pertencem, não a uma pessoa específica, mas à coletividade em geral.

7.2.2 Acesso aos cargos e empregos públicos

> ***I.*** *Os cargos, empregos e funções públicas são acessíveis aos brasileiros que preencham os requisitos estabelecidos em lei, assim como aos estrangeiros, na forma da lei;*

A regra é que os cargos e empregos públicos sejam acessíveis somente aos brasileiros, e que estes atendam aos requisitos previstos em lei. Ou seja, de forma geral, a ocupação de cargos e empregos públicos por estrangeiros é vedada pela Constituição.

No entanto, a parte final do inciso estabelece que a lei pode permitir excepcionalmente o acesso de estrangeiros a esses cargos e empregos, na forma que ela previr.

Ex.: A Lei nº 8.112/90 permite a contratação de professores e cientistas estrangeiros por universidades e instituições de pesquisa federais.

7.2.3 Provimento de cargos

> ***II.*** *A investidura em cargo ou emprego público depende de aprovação prévia em concurso público de provas ou de provas e títulos, de acordo com a natureza e a complexidade do cargo ou emprego, na forma prevista em lei, ressalvadas as nomeações para cargo em comissão declarado em lei de livre nomeação e exoneração;*

Investidura em um cargo público significa ocupar um cargo vago, tomar posse nele.

Como regra geral, para que alguém ocupe um cargo público deverá prestar um concurso público, que exigirá do candidato conhecimentos e habilidades condizentes com a natureza e complexidade do cargo.

A exigência de concurso público, um dos grandes avanços de nossa Constituição atual, tem por objetivo garantir a igualdade de condições de acesso ao cargo, permitindo que qualquer pessoa nele aprovada (desde que dentro do número de vagas existentes) possa ocupar o posto vago, independentemente, por exemplo, de ter ligações com governantes ou de pertencer a famílias ditas tradicionais.

O servidor concursado ocupa o que se chama de cargo efetivo, e terá direito à estabilidade no mesmo após completar três anos de efetivo exercício.

No entanto, em contraposição à regra geral, existem alguns cargos que podem ser providos sem concurso: são os cargos de confiança, que são destinados às funções de direção, assessoramento e chefia.

A não realização de concurso nesses casos justifica-se porque, para essas funções, é importante haver uma relação de proximidade, de conhecimento mútuo, entre a autoridade nomeante e o servidor nomeado.

Quem é titular de cargo em comissão, diferentemente do que ocorre com o servidor efetivo, não adquire estabilidade no cargo e pode ser desligado do mesmo a qualquer momento, por uma simples decisão da autoridade competente.

Resumindo, então, existem dois tipos de cargos públicos:

> **Cargos de confiança:** seus ocupantes não possuem estabilidade, sendo nomeados sem concurso público por determinação de determinada autoridade e podendo ser exonerados a qualquer hora, a critério da mesma autoridade. São reservados para cargos de chefia, assessoramento e direção, casos em que é necessário haver a possibilidade rápida de substituição do servidor por perda de confiança ou de fraco desempenho.

> **Cargos efetivos:** seus ocupantes possuem estabilidade. Somente podem ser preenchidos por aprovados em concurso público. É a regra geral.

7.2.4 Prazo de validade dos concursos

__III.__ O prazo de validade do concurso público será de até dois anos, prorrogável uma vez, por igual período;

__IV.__ Durante o prazo improrrogável previsto no edital de convocação, aquele aprovado em concurso público de provas ou de provas e títulos será convocado com prioridade sobre novos concursados para assumir cargo ou emprego, na carreira;

O concurso público terá o prazo de validade previsto no edital. Durante esse prazo, os candidatos aprovados no concurso poderão ser chamados e terão preferência sobre aqueles que foram aprovados em concursos posteriores.

Esse período de validade será de no máximo dois anos, sendo que a Administração, se quiser, poderá prorrogá-lo, mas somente uma vez e pelo mesmo período inicial.

Assim, por exemplo, se um concurso para determinado cargo tiver o prazo de validade de 12 meses, poderá ser prorrogado uma única vez por mais 12 meses. Durante esse período (no caso 24 meses) os candidatos aprovados poderão ser nomeados pela Administração. Passado esse prazo, esses candidatos não poderão mais ser chamados, devendo prestar um outro concurso, se ainda tiverem interesse de ocupar o cargo.

Além disso, durante o prazo de validade, prorrogado ou não, os aprovados no concurso deverão ser chamados antes daqueles que forem aprovados em outro concurso que foi realizado posteriormente.

Assim, imagine-se que seja realizado concurso para determinado cargo em janeiro de 2014, com prazo de validade de 2 (dois) anos. Imagine-se ainda que ele seja prorrogado (por mais 2 anos). Nessa situação, se for realizado outro concurso para o mesmo cargo até janeiro de 2018 (2 anos de validade + 2 anos de prorrogação), os aprovados no concurso de 2014 deverão ser chamados antes dos aprovados no novo concurso.

7.2.5 Cargos de confiança

__V.__ As funções de confiança, exercidas exclusivamente por servidores ocupantes de cargo efetivo, e os cargos em comissão, a serem preenchidos por servidores de carreira nos casos, condições e percentuais mínimos previstos em lei, destinam-se apenas às atribuições de direção, chefia e assessoramento;

A Constituição Federal divide os cargos de confiança em duas categorias:

> **Funções de confiança:** são cargos que, apesar de não exigirem concurso e não darem direito à estabilidade nos mesmos, deverão ser ocupados exclusivamente por servidores efetivos do próprio órgão. Exemplo de função de confiança é o de chefe de cartório no Poder Judiciário, também chamado de escrivão, o qual somente pode ser ocupado por um escrevente.

> **Cargos em comissão:** são cargos de confiança que podem ser ocupados por qualquer pessoa, mesmo que não seja servidor, embora a lei possa estabelecer percentual mínimo de servidores efetivos que os ocupem. Exemplo de cargo em comissão é o de Ministro de Estado.

O inciso V determina que tanto as funções de confiança como os cargos em comissão destinam-se somente às atividades de direção, chefia e assessoramento.

Assim, a lei não se pode um criar um cargo de atribuições de execução e estabelecer que se trata de um cargo em comissão, pois não é nem de direção, nem de chefia, nem de assessoramento.

Tal restrição se justifica pelo fato de que os cargos em comissão não são preenchidos por concurso, e assim, devem ser criados de forma excepcional.

7.2.6 Direito de greve e associação sindical do servidor

__VI.__ É garantido ao servidor público civil o direito à livre associação sindical;

__VII.__ O direito de greve será exercido nos termos e nos limites definidos em lei específica;

Nossa Constituição, diferentemente do que estabelecia a anterior, permite que o servidor público civil possa se filiar a sindicato e que possa fazer greve.

No entanto, devido à importância do trabalho do servidor público para a coletividade, a CF determina que seja feita lei específica para definir como a greve no serviço público poderá ser feita.

Enquanto não for aprovada tal lei, o STF decidiu que se aplica à greve no serviço público a mesma lei que rege a paralisação do serviço privado.

Deve-se observar que o servidor público militar continua impedido de sindicalizar-se e fazer greve, uma vez que a permissão se aplica somente ao servidor civil.

7.2.7 Reserva de vagas para deficientes

> ***VIII.*** *A lei reservará percentual dos cargos e empregos públicos para as pessoas portadoras de deficiência e definirá os critérios de sua admissão;*

Conhecedora das grandes dificuldades enfrentadas pelos deficientes para inserirem-se no mercado de trabalho, tanto por falta de acessibilidade no trabalho como por preconceito por parte dos empregadores, a Constituição determina que a lei reserve a eles, tanto deficientes físicos como mentais, um percentual de vagas no serviço público.

Atualmente, a lei prevê que, em um concurso público, deverão ser reservadas aos deficientes no mínimo 5% (cinco por cento) e no máximo 20% (vinte por cento) das vagas disponibilizadas em um concurso público.

Os deficientes podem optar por concorrer às vagas destinadas a eles ou podem escolher disputar as vagas de ampla concorrência, caso em que disputarão em igualdade de condições com os não deficientes.

A comprovação da deficiência é feita por laudo expedido por junta médica oficial.

Evidentemente, as atribuições do cargo deverão ser compatíveis com as limitações impostas pela deficiência. Desta forma, alguns deficientes mentais ou físicos que forem portadores de limitações muito grandes não poderão ocupar nenhum cargo público. Além disso, para cada candidato deficiente, a junta médica oficial deve verificar se suas limitações não o impedem de exercer as funções do cargo.

7.2.8 Contratações temporárias no serviço público

> ***IX.*** *A lei estabelecerá os casos de contratação por tempo determinado para atender a necessidade temporária de excepcional interesse público;*

A Constituição permite que, em situações de excepcional interesse público possam ser contratados servidores públicos temporários.

Cabe à lei definir quais seriam essas hipóteses e a forma como tais servidores seriam contratados.

No que se refere à União, tal regulamentação atualmente é feita pela Lei nº 8.745/93, que prevê quando tais contratações serão possíveis na esfera federal. Entre os exemplos citados pela lei, temos: assistência a situações de calamidade pública ou a emergências em saúde pública, realização de recenseamentos e outras pesquisas efetuadas pelo IBGE e admissão de professor substituto e professor visitante.

Os servidores contratados de forma temporária não terão estabilidade e trabalharão somente pelo prazo determinado em lei, que poderá, inclusive, prever a dispensa de concurso para o preenchimento desses cargos (a Lei nº 8.745/93, por exemplo, prevê que, via de regra, será feito um processo seletivo simplificado).

7.2.9 Remuneração do servidor

> ***X.*** *A remuneração dos servidores públicos e o subsídio de que trata o § 4º do Art. 39 somente poderão ser fixados ou alterados por lei específica, observada a iniciativa privativa em cada caso, assegurada revisão geral anual, sempre na mesma data e sem distinção de índices;*

A Constituição Federal exige que a remuneração dos servidores públicos e dos membros de Poder (juízes, parlamentares, Presidente da República e Membros do Ministério Público) seja fixada por lei específica, que será de iniciativa privativa do Poder pertinente.

Assim, somente o Poder Executivo pode propor um projeto de lei alterando a remuneração de seus servidores, o mesmo ocorrendo em relação aos demais poderes.

A expressão lei específica significa que a lei que tratar de remuneração no serviço público não poderá tratar de nenhum outro assunto.

O inciso X também assegura a revisão anual dos valores da remuneração.

O objetivo da revisão anual é corrigir todos os anos a remuneração dos servidores, evitando que ela seja corroída pela inflação. Essa revisão deveria ser feita sempre na mesma data e utilizando-se o mesmo índice de correção para todos os servidores.

No entanto, tal dispositivo precisa de regulamentação para definir, por exemplo, qual a data da revisão e qual será o índice de inflação utilizado (IPCA, IGPM, etc.). Enquanto a regulamentação não ocorre, esse comando constitucional continua não sendo aplicado.

7.2.10 Teto salarial no serviço público

> ***XI.*** *A remuneração e o subsídio dos ocupantes de cargos, funções e empregos públicos da administração direta, autárquica e fundacional, dos membros de qualquer dos Poderes da União, Estados, Distrito Federal e Municípios, dos detentores de mandato eletivo e dos demais agentes políticos e os proventos, pensões ou outra espécie remuneratória, percebidos cumulativamente ou não, incluídas as vantagens pessoais ou de qualquer outra natureza, não poderão exceder o subsídio mensal, dos Ministros do Supremo Tribunal Federal, aplicando-se como limite, nos Municípios, o subsídio do Prefeito, e nos Estados e Distrito Federal, o subsídio do Governador no âmbito do Poder Executivo, o subsídio dos Deputados Estaduais e Distritais no âmbito do Legislativo e o subsídio dos Desembargadores do Tribunal de Justiça, limitado a 90,25% do subsídio mensal, em espécie, dos Ministros do Supremo Tribunal Federal, no âmbito do Judiciário, aplicável este limite aos membros do Ministério Público, Procuradores e Defensores Públicos.*

O inciso XI que, por sinal, é o maior da Constituição, limita a remuneração dos servidores e ocupantes de cargos eletivos, estabelecendo um teto e, nos Estados e Municípios, ainda um subteto.

Primeiro ele diz que, na Administração Direta, nas autarquias e nas fundações públicas, ninguém, ativo ou inativo, poderá receber mais do que recebe mensalmente o Ministro do Supremo

Tribunal Federal: este é o chamado teto, que vale para todo e qualquer servidor ou membro de Poder.

No entanto, o dispositivo estabelece também subtetos nos Estados e Municípios, afirmando o seguinte:

Nos Municípios, ninguém poderá mais do que o Prefeito, o qual, por sua vez, não poderá receber mais que um Ministro do STF. Assim, por exemplo, o máximo que um Secretário Municipal ou um médico da rede municipal receberá será o salário do Prefeito.

Nos Estados, haverá um subteto diferenciado para cada Poder:

> Tratando-se de servidor do Poder Executivo Estadual, não poderá ele receber uma remuneração maior do que a do Governador, o qual não pode receber mais do que aufere mensalmente um Ministro do STF;

> Se for um servidor da Assembleia Legislativa Estadual, não poderá ganhar mais do que recebem os Deputados Estaduais (os quais, por sua vez, não podem receber mais do que 75% do que ganham os Deputados Federais, conforme prevê o Art. 26, § 2º, da Constituição);

> Se for um servidor do Poder Judiciário, Ministério Público Procuradoria ou Defensoria Estaduais, não poderá receber mais do que a remuneração de um Desembargador do Tribunal de Justiça, a qual, por seu turno, corresponderá a no máximo 90,25% do salário de um Ministro do STF.

Deve observar-se que o § 12 do mesmo Art. 37 permite que os Estados e Distrito Federal, se quiserem, unifiquem os subtetos dos três poderes, adotando como limite único a remuneração dos Desembargadores do Tribunal de Justiça.

A parcela da remuneração do servidor que exceder ao teto (servidores federais) ou o subteto respectivo (servidores estaduais e municipais) será deduzida diretamente em seu contracheque, dedução essa conhecida como "abate-teto".

Deve-se observar que, via de regra, esses limites todos não se aplicam aos funcionários de sociedades de economia mista ou empresas públicas, as quais, por atuarem no mercado, precisam pagar um salário condizente com o pago pela iniciativa privada, ainda que superiores ao teto e subtetos.

Assim, um diretor do Banco do Brasil pode ganhar mais do que recebe um Ministro do STF, o mesmo ocorrendo com um diretor da Petrobras, por exemplo.

No entanto, o § 9º do Art. 37 afirma que se determinada empresa pública, sociedade de economia mista ou subsidiária de uma delas, receber recursos da União, dos Estados, do Distrito Federal ou dos Municípios para pagamento de despesas de pessoal ou de custeio em geral, deverão, sim, submeter-se ao teto e subtetos previstos neste inciso.

7.2.11 Proibição de vencimentos superiores aos pagos pelo poder executivo

> ***XII.*** *Os vencimentos dos cargos do Poder Legislativo e do Poder Judiciário não poderão ser superiores aos pagos pelo Poder Executivo;*

Provavelmente a intenção do Constituinte foi a de estabelecer uma isonomia de remuneração para aqueles cargos que são encontrados nos diversos poderes, como motoristas, seguranças, etc. Isso porque, ao dizer que no Legislativo e no Judiciário não se poderia ganhar mais do que no Executivo, a Constituição acabaria por igualar esses salários, uma vez que justamente é o Poder Executivo que costuma ter menos margem orçamentária para aumentar a remuneração de seus servidores.

O problema está na palavra utilizada. Isso porque a palavra vencimentos de acordo com a Lei nº 8.112/90, é sinônimo de salário-base, e não de remuneração total.

Isso quer dizer que, havendo cargos equivalentes nos diferentes Poderes, o salário-base pago pelo Judiciário e Legislativo não poderá ser maior que o pago pelo Executivo, mas isso não se aplica à remuneração como um todo.

Na prática, a grande diferenciação que se observa entre cargos equivalentes nos diferentes poderes deve-se a diversos adicionais acrescidos ao salário-base, uma vez que a definição legal de vencimentos permite essa brecha, reforçada pelo Art. 39, §1º, da Constituição.

7.2.12 Vedação à equiparação de vencimentos

> ***XIII.*** *É vedada a vinculação ou equiparação de quaisquer espécies remuneratórias para o efeito de remuneração de pessoal do serviço público;*

Os salários não devem ser vinculados entre si, salvo as exceções previstas na Constituição Federal, para evitar-se o chamado efeito cascata, em que o aumento da remuneração de um cargo leva ao aumento automático do salário de outros cargos cuja remuneração esteja vinculada ao primeiro.

O inciso XIII não proíbe que dois ou mais cargos tenham os salários numericamente iguais, principalmente se tiverem natureza e complexidade semelhantes. O que ele veda é uma vinculação ou equiparação permanente e automática entre eles.

7.2.13 Vedação de capitalização de acréscimos pecuniários

> ***XIV.*** *Os acréscimos pecuniários percebidos por servidor público não serão computados nem acumulados para fins de concessão de acréscimos ulteriores;*

O inciso XIV do Art. 37 visa evitar o efeito chamado de juros sobre juros em relação aos acréscimos que o servidor público receber em seu salário, estabelecendo que, havendo um acréscimo na remuneração do servidor por alguma razão, os eventuais aumentos posteriores concedidos pela mesma razão não deverão incidir sobre os acréscimos que foram dados antes.

Assim, por exemplo, imaginemos que um servidor tenha direito todo ano a um anuênio no valor de 1% sobre seus vencimentos, ou seja, a cada ano haverá um acréscimo de 1% em seu salário-base.

Para facilitar, vamos imaginar que o salário-base do servidor permanece fixo a cada ano e que é de R$ 2.000,00.

Ao final do primeiro ano o seu salário será majorado em 1%, tendo, portanto, R$ 20,00 de aumento, passando seus vencimentos a R$ 2.020,00. Ao final do segundo ano, ele terá direito a outro anuênio, que será calculado também sobre R$ 2.000,00, e não sobre R$ 2.020,00, uma vez que o acréscimo anterior (R$ 20,00) não deve ser computado para acréscimos posteriores pela mesma razão, para não se calcularem anuênios sobre anuênios.

7.2.14 Irredutibilidade dos vencimentos do servidor

> ***XV.*** *Os vencimentos dos servidores públicos são irredutíveis, ressalvado o disposto nos incisos XI e XIV deste artigo e nos Arts. 39, § 4º, 150, II, 153, III, e 153, § 2º, I.*

Assim como acontece com o trabalhador da iniciativa privada, o salário do servidor público não poderá ser reduzido.

O salário do cargo, no entanto, pode ser reduzido, mas isso somente valerá para aqueles que forem admitidos posteriormente, sendo que os que já estiverem admitidos não poderão ser afetados pela redução.

As ressalvas previstas referem-se à hipóteses de redução para obedecer a algumas determinações constitucionais (como a observância ao teto e subtetos de remuneração, por exemplo) e à possibilidade de cobrança de imposto de renda sobre a remuneração do servidor.

7.2.15 Acumulação de cargos públicos

> ***XVI.*** *É vedada a acumulação remunerada de cargos públicos, exceto, quando houver compatibilidade de horários, observado em qualquer caso o disposto no inciso XI.*
>
> ***a)*** *a de dois cargos de professor;*
>
> ***b)*** *a de um cargo de professor com outro técnico ou científico;*
>
> ***c)*** *a de dois cargos ou empregos privativos de profissionais de saúde, com profissões regulamentadas;*

A regra geral é a de que o servidor somente pode ter um cargo público, com o objetivo de evitar-se a prática, relativamente comum antes da Constituição de 1988, de servidores que possuíam diversos cargos públicos e não exerciam de fato nenhum deles, apesar de receber remuneração de todos.

No entanto, o próprio inciso XVI cita três exceções em que o servidor poderá ter, ao mesmo tempo, dois cargos públicos (mais de dois, jamais), desde que, obviamente, haja compatibilidade nos horários de expediente.

As hipóteses de acumulação permitida são:

> Dois cargos de professor

Assim, alguém pode ser professor em universidade estadual e professor em uma universidade federal, por exemplo, ou professor da rede estadual e municipal de ensino ao mesmo tempo.

> Um cargo de professor com outro cargo técnico ou científico

Para que um cargo seja considerado técnico ou científico, não basta que tenha essa denominação, como Técnico Judiciário, por exemplo, mas de acordo com a doutrina e jurisprudência, cargo técnico ou científico, para fins de acumulação remunerada, é tanto o cargo de nível superior que exige uma habilitação específica quanto o cargo de nível médio que exige curso técnico específico.

Assim, será considerado técnico o cargo que exija um curso superior em determinada área, assim como aquele que exija o diploma de nível médio de técnico, como técnico em enfermagem, por exemplo.

> Dois cargos ou empregos privativos de profissionais de saúde, com profissões regulamentadas

Em sua redação original, a Constituição falava em dois cargos privativos de médico, mas atualmente permite a acumulação de quaisquer dois cargos públicos privativos de profissionais de saúde, desde que tenham suas profissões regulamentadas.

Profissões regulamentadas são aquelas definidas por lei e que possuem uma regulação própria. São exemplos de profissões regulamentadas na área de saúde: médico, enfermeiro, fonoaudiólogo e técnico em radiologia.

Mesmo no caso das acumulações permitidas pela Constituição, a soma das remunerações recebidas pelo servidor não poderá ultrapassar o limite previsto no inciso XI, que no caso dos servidores federais é o subsídio do Ministro do Supremo Tribunal Federal.

Por fim, observe-se que, a proibição de acumulação somente envolve cargos e empregos públicos, nada impedindo que o servidor acumule um cargo público com outro ou outros na área privada, desde que não haja expressa vedação legal ou qualquer conflito de interesses, exigindo, também, evidentemente que haja compatibilidade de horários.

> ***XVII.*** *A proibição de acumular estende-se a empregos e funções e abrange autarquias, fundações, empresas públicas, sociedades de economia mista, suas subsidiárias, e sociedades controladas, direta ou indiretamente, pelo poder público;*

Esse dispositivo estende a vedação de acumulação de cargos públicos (com suas exceções) a todas as entidades da Administração Direta e Indireta, bem como todas as sociedades controladas, direta ou indiretamente, pelo poder público.

Assim, um empregado do Banco do Brasil, por exemplo, não poderá também ocupar um cargo de Escrevente de Tribunal de Justiça, por não se enquadrar em nenhuma das três hipóteses de acumulação.

7.2.16 Precedência da administração fazendária

> ***XVIII.*** *A administração fazendária e seus servidores fiscais terão, dentro de suas áreas de competência e jurisdição, precedência sobre os demais setores administrativos, na forma da lei;*

A Administração Fazendária compreende o conjunto dos órgãos responsáveis pela arrecadação e cobrança de tributos, tanto na esfera federal como na estadual e municipal, e que normalmente recebem o nome de Ministério da Fazenda e Secretarias da Fazenda ou Finanças, e dentro delas, as chamadas Receitas ou Fiscos.

Precedência significa preferência, prioridade. Assim, as requisições feitas pela Receita Federal, por exemplo, deverão ser atendidas com prioridade pelos demais órgãos administrativos. Além disso, esse dispositivo permite, por exemplo, que a Receita Federal requisite o auxílio da Polícia Federal e Militar na realização de operações.

A citada precedência será exercida nos termos da lei.

7.2.17 Criação de entidades da administração indireta e suas subsidiárias

> ***XIX.*** *Somente por lei específica poderá ser criada autarquia e autorizada a instituição de empresa pública, de sociedade de economia mista e de fundação, cabendo à lei complementar, neste último caso, definir as áreas de sua atuação;*

Esse inciso trata da criação de entidades da Administração Indireta, estabelecendo o seguinte:

As autarquias são criadas por lei específica.

Já as demais entidades da Administração Indireta (empresas públicas, sociedades de economia mista e fundações públicas) têm a sua criação autorizada por lei específica, mas são criadas por ato do Executivo, sendo que, no caso das fundações, suas áreas de atuação devem ser definidas através de lei complementar.

Lei específica é a lei que somente trata de um determinado assunto, no caso, criação de autarquia ou autorização para criação de outra entidade da Administração Indireta.

O inciso XX estende essa obrigatoriedade de previsão legal à criação de subsidiárias das entidades citadas no inciso XIX, bem como à participação das mesmas em qualquer empresa privada:

> ***XX.*** *Depende de autorização legislativa, em cada caso, a criação de subsidiárias das entidades mencionadas no inciso anterior, assim como a participação de qualquer delas em empresa privada;*

Subsidiária nada mais é do que uma empresa que é controlada por outra, chamada de controladora.

Assim, se uma entidade da Administração Indireta resolver criar uma empresa controlada ou se for participar do capital de uma empresa privada, comprando parte de seu capital, deverá antes obter a aprovação dessa operação, por lei.

7.2.18 Licitação

> ***XXI.*** *Ressalvados os casos especificados na legislação, as obras, serviços, compras e alienações serão contratados mediante processo de licitação pública que assegure igualdade de condições a todos os concorrentes, com cláusulas que estabeleçam obrigações de pagamento, mantidas as condições efetivas da proposta, nos termos da lei, o qual somente permitirá as exigências de qualificação técnica e econômica indispensáveis à garantia do cumprimento das obrigações.*

Licitação é um procedimento administrativo que busca obter a proposta mais vantajosa para a Administração quando da celebração de um contrato, em que os interessados são chamados para apresentar suas propostas e a Comissão de Licitação escolhe aquela que melhor atender ao interesse público.

Toda licitação é regida por um edital ou carta-convite, que regulamenta o procedimento e em que se definem, entre outras coisas, o objeto da licitação, as regras para participação dos interessados e os critérios que serão levados em consideração para a definição do vencedor (menor preço, por exemplo).

Atualmente, as licitações são regulamentadas por dois diplomas legais: a Lei nº 8.666/93, que se aplica às modalidades: concorrência, tomada de preços, convite, concurso e leilão, e a Lei nº 10.520/02, que trata do pregão.

O inciso XXI do Art. 37 deixa claro que a regra é que toda contratação pela Administração Pública seja precedida de licitação. No entanto, o mesmo dispositivo, ao afirmar "ressalvados os casos especificados na legislação", deixa claro que a lei pode estabelecer hipóteses em que não haverá necessidade de licitação, sendo que a Lei nº 8.666/93 divide essas situações excepcionais em dois grupos: casos de dispensa de licitação (a licitação seria possível, mas não há necessidade de realizá-la) e casos de inexigibilidade (situações em que não haveria possibilidade de realizar-se licitação por impossibilidade de competição).

A Constituição também exige que seja dado tratamento isonômico a todos os participantes da licitação, sem qualquer favorecimento ou detrimento de qualquer dos licitantes, sendo que o vencedor estará obrigado a cumprir o que prometeu na proposta, sob pena de sofrer penalidades.

Por fim, visando permitir que a licitação tenha a participação do maior número possível de interessados, o inciso XXI afirma que a lei somente deve permitir que o edital faça as exigências de qualificação técnica e econômica indispensáveis à garantia do cumprimento das obrigações. Isso porque, se o edital apresentar condições muito restritivas de qualificação, pode inviabilizar indevidamente a participação de muitos dos interessados.

7.2.19 Essencialidade da administração tributária

> ***XXII.*** *As administrações tributárias da União, dos Estados, do Distrito Federal e dos Municípios, atividades essenciais ao funcionamento do Estado, exercidas por servidores de carreiras específicas, terão recursos prioritários para a realização de suas atividades e atuarão de forma integrada, inclusive com o compartilhamento de cadastros e de informações fiscais, na forma da lei ou convênio.*

Administração tributária é o mesmo que administração fazendária. Vê-se assim, que o dispositivo acima complementa o estabelecido no inciso XVIII, que se aplica aos mesmos órgãos.

A arrecadação de tributos é essencial para que o Governo possa atender às necessidades coletivas. A Constituição Federal busca garantir que as administrações tributárias tenham sempre recursos para suas atividades, pois, sem eles, os serviços públicos não podem ser prestados à população.

Prevê também a colaboração e troca de informações entre as administrações tributárias federal, estaduais e municipais, visando melhor eficiência arrecadatória e fiscalizatória, o que, no entanto, deve ser sempre feito na forma de lei ou convênio, para garantir uma maior transparência das ações desses órgãos.

7.2.20 Proibição de uso da publicidade oficial para promoção pessoal

> ***§ 1º.*** *A publicidade dos atos, programas, obras, serviços e campanhas dos órgãos públicos deverá ter caráter educativo, informativo ou de orientação social, dela não podendo constar nomes, símbolos ou imagens que caracterizem promoção pessoal de autoridades ou servidores públicos.*

É importante que o Governo informe constantemente a população sobre ações, programas e obras, e isso é feito através da chamada publicidade oficial.

No entanto, proíbe-se que a publicidade oficial, que é bancada com recursos públicos, seja utilizada para promoção pessoal do governante, através do emprego de nome, símbolos ou imagens que visem ligar essas ações, programas e obras com o nome do administrador.

A promoção pessoal do governante deve ser feita obedecendo-se à legislação eleitoral e sempre com a utilização de recursos do próprio político ou de seu partido político.

Assim, numa obra pública, por exemplo, pode-se e deve-se colocar uma placa com as informações mais importantes sobre a construção, como finalidade, valor total, fontes de financiamento e prazo de conclusão, e essa placa pode ser paga com recursos públicos, por se tratar de publicidade oficial. No entanto, não se pode mandar escrever na placa: mais obra do Prefeito Fulano de Tal, pois isso caracteriza promoção pessoal.

7.2.21 Nulidade de concursos públicos que não obedecerem ao disposto no Art. 37

> ***§ 2º.*** *A não observância do disposto nos incisos II e III implicará a nulidade do ato e a punição da autoridade responsável, nos termos da lei.*

O inciso II estipula que, salvo nos casos dos cargos em comissão, as vagas no serviço público deverão ser preenchidas por concurso.

Por sua vez, o inciso III afirma que o prazo de validade do concurso será de até dois anos, podendo ser prorrogado uma única vez, pelo mesmo período original.

Se alguém for nomeado para um cargo efetivo sem concurso público ou for nomeado fora do prazo de validade do mesmo, o ato de nomeação será anulado e a lei deverá haver a punição da autoridade responsável pela desobediência aos comandos constitucionais.

7.2.22 Participação do usuário na Administração Pública

> ***§ 3º.*** *A lei disciplinará as formas de participação do usuário na administração pública direta e indireta, regulando especialmente:*
>
> ***I.*** *As reclamações relativas à prestação dos serviços públicos em geral, asseguradas a manutenção de serviços de atendimento ao usuário e a avaliação periódica, externa e interna, da qualidade dos serviços;*
>
> ***II.*** *O acesso dos usuários a registros administrativos e a informações sobre atos de governo, observado o disposto no Art. 5º, X e XXXIII;*
>
> ***III.*** *A disciplina da representação contra o exercício negligente ou abusivo de cargo, emprego ou função na administração pública.*

A preocupação do § 3º do Art. 37 é permitir uma maior participação da sociedade em geral na administração pública e um maior controle dessa mesma sociedade sobre os atos públicos.

Tais ações são essenciais para que tenhamos uma democracia efetiva e estável, uma vez que, democracia não é somente um regime em que o povo elege seus representantes, mas, muito mais do que isso, é o regime em que há uma efetiva participação popular nas ações de governo.

A lei deve prever a facilitação da apresentação de reclamações dos cidadãos em relação à prestação de serviços, criando serviços de atendimento ao usuário, regulando também como serão apuradas as denúncias contra os atos ilegais praticados por agentes públicos.

Além disso, deve também regular o acesso das pessoas em geral aos registros da Administração Pública. Atualmente a lei que trata sobre isso é a Lei nº 12.527/11, conhecido como Lei de Acesso à Informação.

7.2.23 Atos de improbidade administrativa

> ***§ 4º.*** *Os atos de improbidade administrativa importarão a suspensão dos direitos políticos, a perda da função pública, a indisponibilidade dos bens e o ressarcimento ao erário, na forma e gradação previstas em lei, sem prejuízo da ação penal cabível.*

Atos de improbidade administrativa são atos que causam prejuízos ao erário público, que causam enriquecimento ilícito ou que ofendam os princípios constitucionais administrativos, de acordo com a Lei de Improbidade Administrativa (Lei nº 8.429/92).

A Lei de Improbidade, além de definir o que são os atos de improbidade, também traz as penas que deverão ser aplicadas pelo juiz contra quem os praticar, e entre elas, estão aquelas previstas no § 4º:

- **Perda da função:** se o agente que praticar o ato for servidor público, poderá ser demitido do cargo. Nesse caso, a Lei nº 8.112/90 estabelece que o servidor não mais poderá ocupar outro cargo público (demissão a bem do serviço público).
- **Suspensão dos direitos políticos:** que é a perda temporária dos direitos de votar e de ser candidato (a Lei nº 8.429/92 estabelece o prazo de até oito anos de suspensão).
- **Indisponibilidade dos bens:** ordem do juiz que proíbe o praticante do ato de improbidade de vender ou doar seus bens até o fim do processo de ressarcimento dos cofres públicos. Também é chamada de congelamento de bens.
- **Ressarcimento aos cofres públicos:** nem todo ato de improbidade causa prejuízo ao erário. No entanto, se isso ocorrer, o condenado deverá devolver aos cofres públicos os valores desfalcados, devidamente corrigidos.

Além de todas essas penalidades, aquele que praticou o ato de improbidade ainda poderá responder criminalmente, ou seja, ainda poderá perder sua liberdade. Importante observar, porém, que a questão criminal será julgada em ação à parte, em outro processo, uma vez que o processo de improbidade não tem natureza penal.

7.2.24 Prescrição e imprescritibilidade

> ***§ 5º.*** *A lei estabelecerá os prazos de prescrição para ilícitos praticados por qualquer agente, servidor ou não, que causem prejuízos ao erário, ressalvadas as respectivas ações de ressarcimento.*

Embora a responsabilização penal e administrativa do servidor ou terceiro que praticar um ato ilícito tenha um prazo para prescrever estabelecido pela lei, a Constituição Federal estipula que a ação civil para ressarcimento ao erário não prescreverá, ou seja, quem causar prejuízo aos cofres públicos poderá ser cobrado a qualquer tempo na Justiça, mesmo que eventualmente o crime correspondente tenha já prescrevido.

7.2.25 Responsabilidade civil objetiva do poder público

§ 6º. As pessoas jurídicas de direito público e as de direito privado prestadoras de serviços públicos responderão pelos danos que seus agentes, nessa qualidade, causarem a terceiros, assegurado o direito de regresso contra o responsável nos casos de dolo ou culpa.

Esse dispositivo prevê a responsabilidade civil objetiva da Administração Pública, afirmando que, sempre que um servidor, empregado público ou agente de concessionário causar prejuízos a alguém, o Estado será obrigado a pagar a indenização respectiva à vítima, mesmo que o agente do Estado, causador do dano, não tenha agido com dolo (intenção) ou culpa (imperícia, imprudência ou negligência).

Agora, se o causador do dano agiu como dolo ou culpa, o Estado também terá que indenizar a vítima, mas aí terá o direito de regresso contra o responsável, ou seja, poderá cobrar do agente o valor que teve que pagar à vítima.

Assim, por exemplo, se um servidor público estiver dirigindo um veículo oficial e o freio do carro falhar, sem nenhuma culpa do motorista, e vier atingir outro automóvel, a Administração Pública deverá pagar os prejuízos sofridos pelo particular e, nesse caso, nada cobrará do servidor.

Se, porém, a colisão ocorrer porque o servidor atravessou um cruzamento no semáforo vermelho, sem nenhuma justificativa, o Estado ainda assim terá que indenizar o particular, mas poderá cobrar do servidor o valor da indenização, uma vez que nesse caso ele agiu com imprudência, ou seja, culpa.

Essa responsabilidade civil objetiva estende-se também aos concessionários de serviços públicos.

7.2.26 Acesso a informações privilegiadas

§ 7º A lei disporá sobre os requisitos e as restrições ao ocupante de cargo ou emprego da administração direta e indireta que possibilite o acesso a informações privilegiadas.

Informações privilegiadas são aquelas às quais alguém tem acesso de forma exclusiva ou antes do público em geral e que possam interferir, de alguma forma no ganho ou perda de valores no mercado.

um servidor da Comissão de Valores Mobiliários tem acesso, antes do mercado, ao balanço de um banco. Esse servidor poderia utilizar-se dessa informação antecipada para comprar ou vender ações da instituição financeira antes que o mercado altere o seu preço.

7.2.27 Contratos de gestão

§ 8º A autonomia gerencial, orçamentária e financeira dos órgãos e entidades da administração direta e indireta poderá ser ampliada mediante contrato, a ser firmado entre seus administradores e o poder público, que tenha por objeto a fixação de metas de desempenho para o órgão ou entidade, cabendo à lei dispor sobre:

I. O prazo de duração do contrato;

II. Os controles e critérios de avaliação de desempenho, direitos, obrigações e responsabilidade dos dirigentes

III. A remuneração do pessoal.

O § 8º trata dos chamados contratos de gestão, que são acordos assinados entre o Chefe do Poder Executivo ou seus auxiliares diretos, de um lado, e representantes de entidades ou órgãos da Administração Direta ou Indireta, de outro, e que visam aumentar a autonomia dessas entidades ou órgãos em troca do atingimento de metas de desempenho.

O objetivo é obter uma maior eficiência administrativa, através da cobrança de resultados, característica do chamado modelo gerencial de gestão pública.

7.2.28 Extensão do limite de remuneração

§ 9º O disposto no inciso XI aplica-se às empresas públicas e às sociedades de economia mista, e suas subsidiárias, que receberem recursos da União, dos Estados, do Distrito Federal ou dos Municípios para pagamento de despesas de pessoal ou de custeio em geral.

Via de regra, os empregados de sociedades de economia mista, empresas públicas e suas subsidiárias não se submetem aos limites de remuneração estipulados pelo inciso XI. No entanto, o § 9º deixa claro que, se essas entidades receberem recursos públicos para pagamento de pessoal ou para suas despesas correntes, deverão, sim, submeter-se ao teto e subtetos previstos na Constituição.

7.2.29 Vedação de acumulação de proventos de aposentadoria com vencimentos de cargo público

§ 10. É vedada a percepção simultânea de proventos de aposentadoria decorrentes do Art. 40 ou dos Arts. 42 e 142 com a remuneração de cargo, emprego ou função pública, ressalvados os cargos acumuláveis na forma desta Constituição, os cargos eletivos e os cargos em comissão declarados em lei de livre nomeação e exoneração.

Via de regra, o servidor público aposentado pelo regime público de previdência não poderá continuar a trabalhar de forma remunerada no serviço público, acumulando os proventos da aposentadoria com os vencimentos de outro cargo.

Essa possibilidade de acumulação de proventos da aposentadoria com o salário de um outro cargo somente pode se dar em três situações:

> Se o cargo em que se deu a aposentadoria for acumulável com o cargo da ativa.

> Se o servidor aposentado for eleito para algum cargo político (vereador, Prefeito ou Vice, deputado estadual, Governador e Vice-Governador, deputado federal, senador ou Presidente da República ou Vice).

> Se o cargo atualmente exercido pelo servidor aposentado for um cargo em comissão de livre nomeação e exoneração.

7.2.30 Parcelas indenizatórias da remuneração

§ 11. Não serão computadas, para efeito dos limites remuneratórios de que trata o inciso XI do caput deste artigo, as parcelas de caráter indenizatório previstas em lei.

O que o § 11 está a dizer é que, em se tratando de parcelas indenizatórias da remuneração, ou seja, aqueles valores destinados a compensar o servidor por uma perda sofrida, não serão elas consideradas para verificação do limite do teto e subtetos da remuneração.

Em outras palavras, a remuneração do servidor poderá ultrapassar os limites do inciso XI se:

> Houver pagamento de parcelas indenizatórias em sua remuneração (ressarcimento de danos sofridos pelo servidor); e

> O limite que exceder os tetos ou subtetos não ultrapassar o valor das parcelas indenizatórias.

7.2.31 Possibilidade de adoção de subteto único para os servidores estaduais e distritais

§ 12. Para os fins do disposto no inciso XI do caput deste artigo, fica facultado aos Estados e ao Distrito Federal fixar, em seu âmbito, mediante emenda às respectivas Constituições e Lei Orgânica, como limite único, o subsídio mensal dos Desembargadores do respectivo Tribunal de Justiça, limitado a noventa inteiros e vinte e cinco centésimos por cento do subsídio mensal dos Ministros do Supremo Tribunal Federal, não se aplicando o disposto neste parágrafo aos subsídios dos Deputados Estaduais e Distritais e dos Vereadores.

A remuneração do servidor público estadual está sujeita a subtetos diferenciados, de acordo com o Poder em que o servidor trabalha. No entanto, o dispositivo acima permite que, se o Estado ou Distrito Federal desejar, poderá fixar um limite único para os três poderes estaduais que, neste caso, será o subsídio recebido pelos Desembargadores do Tribunal de Justiça.

7.2.32 Servidor eleito para cargo público

***Art. 38.** Ao servidor público da administração direta, autárquica e fundacional, no exercício de mandato eletivo, aplicam-se as seguintes disposições:*

***I.** Tratando-se de mandato eletivo federal, estadual ou distrital, ficará afastado de seu cargo ou emprego;*

***II.** Investido no mandato de Prefeito, será afastado do cargo, emprego ou função, sendo-lhe facultado optar pela sua remuneração;*

***III.** Investido no mandato de Vereador, havendo compatibilidade de horários, perceberá as vantagens de seu cargo, emprego ou função, sem prejuízo da remuneração do cargo eletivo, e, não havendo compatibilidade, será aplicada a norma do inciso anterior;*

O Art. 38 trata da questão do afastamento e do recebimento de remuneração pelo servidor público eleito para um cargo político, estabelecendo as seguintes regras.

No caso do servidor ter sido eleito para os cargos de Presidente da República, Deputado Federal, Senador, Deputado Estadual/Distrital ou Governador, ou seja, para qualquer cargo federal e estadual, será ele afastado sem remuneração do cargo que ocupa, ou seja, receberá a remuneração do cargo eletivo para o qual foi escolhido.

No caso de ter sido Prefeito Municipal, será afastado do cargo, mas poderá escolher entre a remuneração do cargo efetivo e a de Prefeito. Isso porque, em muitos municípios, o salário de prefeito é menor do que o de muitos cargos públicos efetivos federais e estaduais.

Por fim, no caso do servidor ter sido eleito Vereador, existem duas possibilidades:

> Havendo compatibilidade de horário entre o período de trabalho como vereador e como servidor, ele não será afastado e trabalhará em ambos os cargos e, portanto, perceberá as tanto o salário de vereador como o do cargo efetivo;

> Não havendo compatibilidade de horário, será afastado do cargo, podendo escolher qual salário receberá, ou seja, nessa situação, aplicar-se-á a mesma regra do servidor eleito para Prefeito.

Em qualquer hipótese de afastamento, assim que terminar o mandato do servidor eleito, se não houver reeleição, deverá ele retornar ao exercício do cargo efetivo.

7.3 Servidores Públicos

Embora a Constituição Federal já estabeleça várias regras sobre os servidores públicos no Art. 37, em seus Arts. 39 e 40 traz outras disposições sobre o tratamento que deve ser dispensado a eles.

Primeiramente, deve-se entender que os servidores públicos são pessoas que trabalham na Administração Direta (União, Estados, Distrito Federal e Municípios) ou em autarquias ou em fundações públicas de direito público e cuja relação com esse ente é regida por uma lei específica, chamada normalmente de estatuto.

No caso dos servidores públicos civis federais, o estatuto é a Lei nº 8.112/90.

Ou seja, os servidores públicos não se sujeitam às regras da CLT – Consolidação das Leis do Trabalho, mas são regidos por lei própria.

Os funcionários públicos que são regidos pela CLT são chamados de empregados públicos, e normalmente trabalham em sociedades de economia mista e empresas públicas (embora haja a possibilidade de funcionários de autarquias serem regidos pela CLT, caso em que também serão empregados públicos).

Vejamos o que a CF diz a respeito:

7.3.1 Política de remuneração do serviço público

***Art. 39.** A União, os Estados, o Distrito Federal e os Municípios instituirão conselho de política de administração e remuneração de pessoal, integrado por servidores designados pelos respectivos Poderes.*

A ideia é que a União, Estados, DF e Municípios tratem seus servidores de maneira semelhante, com remunerações próximas para atividades assemelhadas.

Para isso, deveria ser criado um Conselho de Política de Administração e Remuneração de Pessoal, integrado por servidores dos diversos poderes das três esferas de governo.

7.3.2 Critérios para definição da remuneração do servidor público

§ 1º. A fixação dos padrões de vencimento e dos demais componentes do sistema remuneratório observará:

***I.** A natureza, o grau de responsabilidade e a complexidade dos cargos componentes de cada carreira*

***II.** Os requisitos para a investidura;*

***III.** As peculiaridades dos cargos.*

Esse dispositivo traz os critérios que devem ser observados para a definição da remuneração dos diversos cargos públicos, tanto do Poder Executivo, como do Legislativo e do Judiciário.

Cabe à lei estabelecer o valor da remuneração de cada cargo.

7.3.3 Escolas de governo

> ***§ 2º.*** *A União, os Estados e o Distrito Federal manterão escolas de governo para a formação e o aperfeiçoamento dos servidores públicos, constituindo-se a participação nos cursos um dos requisitos para a promoção na carreira, facultada, para isso, a celebração de convênios ou contratos entre os entes federados.*

A Constituição pretende que o servidor público esteja sempre atualizado e em constante aperfeiçoamento.

Por isso determina que a União e os Estados criem e mantenham escolas destinadas a oferecer cursos de aperfeiçoamento aos servidores, inclusive determinando que a participação nesses cursos seja obrigatória para a promoção na carreira.

Como exemplo de escola desse tipo na Administração Federa temos a Esaf – Escola Superior de Administração Fazendária, vinculada ao Ministério da Fazenda.

7.3.4 Direitos trabalhistas aplicáveis ao servidor público

> ***§ 3º.*** *Aplica-se aos servidores ocupantes de cargo público o disposto no Art. 7º, IV, VII, VIII, IX, XII, XIII, XV, XVI, XVII, XVIII, XIX, XX, XXII e XXX, podendo a lei estabelecer requisitos diferenciados de admissão quando a natureza do cargo o exigir.*

O servidor público está sujeito a direitos e deveres diferentes do trabalhador da iniciativa privada.

No entanto, o § 3º diz quais os direitos do trabalhador comum que os servidores também terão assegurados. São os seguintes:

> ***a)*** *salário-mínimo;*
> ***b)*** *garantia de salário, nunca inferior ao mínimo, para os que percebem remuneração variável;*
> ***c)*** *décimo terceiro salário;*
> ***d)*** *remuneração do trabalho noturno superior à do diurno;*
> ***e)*** *salário-família pago em razão do dependente do trabalhador de baixa renda;*
> ***f)*** *duração do trabalho normal não superior a oito horas diárias e quarenta e quatro semanais;*
> ***g)*** *repouso semanal remunerado;*
> ***h)*** *remuneração do serviço extraordinário superior, no mínimo, em cinquenta por cento à do normal;*
> ***i)*** *gozo de férias anuais remuneradas com, pelo menos, um terço a mais do que o salário normal;*
> ***j)*** *licença à gestante;*
> ***k)*** *licença-paternidade;*
> ***l)*** *proteção do mercado de trabalho da mulher;*
> ***m)*** *redução dos riscos inerentes ao trabalho, por meio de normas de saúde, higiene e segurança;*
> ***n)*** *adicional de remuneração para as atividades penosas, insalubres ou perigosas, na forma da lei;*
> ***o)*** *proibição de diferença de salários, de exercício de funções e de critério de admissão por motivo de sexo, idade, cor ou estado civil.*

Embora a Constituição garanta aos servidores públicos tais direitos, eles poderão ser regulamentados de forma diferente do que quando aplicados ao trabalhador da iniciativa privada.

Ex.: A CLT determina que o trabalhador da iniciativa privada somente pode ter parceladas as suas férias em dois períodos. Já o servidor público federal pode gozá-las divididas em três períodos.

Além dos direitos previstos no § 3º, o estatuto do servidor também pode estabelecer outros.

7.3.5 Remuneração por subsídio

> ***§ 4º.*** *O membro de Poder, o detentor de mandato eletivo, os Ministros de Estado e os Secretários Estaduais e Municipais serão remunerados exclusivamente por subsídio fixado em parcela única, vedado o acréscimo de qualquer gratificação, adicional, abono, prêmio, verba de representação ou outra espécie remuneratória, obedecido, em qualquer caso, o disposto no Art. 37, X e XI.*

Os cargos citados acima devem receber por subsídio de parcela única. Ou seja, sua remuneração não deve possuir os chamados "penduricalhos", que são diversos valores, normalmente variáveis, que integram a remuneração de diversos cargos públicos, e que normalmente tornam muito difícil saber o valor exato de seu salário.

A intenção da Constituição é garantir uma maior transparência a respeito dos valores recebidos pelos Membros de Poder, políticos, Ministros e Secretários.

7.3.6 Relação entre maior e menor remuneração

> ***§ 5º.*** *Lei da União, dos Estados, do Distrito Federal e dos Municípios poderá estabelecer a relação entre a maior e a menor remuneração dos servidores públicos, obedecido, em qualquer caso, o disposto no Art. 37, XI.*

A lei pode definir, para cada cargo, qual a relação entre a maior remuneração, paga normalmente para servidores mais antigos no cargo, e a menor, que é normalmente reservada àqueles que ingressaram mais recentemente.

7.3.7 Publicidade da remuneração dos servidores e empregados públicos

> ***§ 6º.*** *Os Poderes Executivo, Legislativo e Judiciário publicarão anualmente os valores do subsídio e da remuneração dos cargos e empregos públicos.*

A ideia da Constituição é de que a remuneração no serviço público seja transparente, com a publicação anual dos valores pagos aos servidores e empregados públicos.

7.3.8 Investimentos em capacitação e modernização

> ***§ 7º.*** *Lei da União, dos Estados, do Distrito Federal e dos Municípios disciplinará a aplicação de recursos orçamentários provenientes da economia com despesas correntes em cada órgão, autarquia e fundação, para aplicação no desenvolvimento de programas de qualidade e produtividade, treinamento e desenvolvimento, modernização, reaparelhamento e racionalização do serviço público, inclusive sob a forma de adicional ou prêmio de produtividade.*

Norma de finança pública, o § 7º estabelece que a lei deva prever a aplicação de "sobras orçamentárias" (recursos provenientes da economia com despesas correntes) em programas de aperfeiçoamento dos servidores e do serviço público como um todo.

A intenção é estimular a boa gestão de recursos, inclusive permitindo que parte dessa economia de despesas retorne ao bolso dos servidores, sob a forma de adicional ou prêmio de produtividade.

7.3.9 Aposentadoria do servidor público

> ***Art. 40.*** *Aos servidores titulares de cargos efetivos da União, dos Estados, do Distrito Federal e dos Municípios, incluídas suas autarquias e fundações, é assegurado regime de previdência de caráter contributivo e solidário, mediante contribuição do respectivo ente público, dos servidores ativos e inativos e dos pensionistas, observados critérios que preservem o equilíbrio financeiro e atuarial.*

A Constituição estabelece duas categorias de regimes de previdência social:

- Regime Geral de Previdência Social (RGPS), destinado aos trabalhadores da iniciativa privada, empregados públicos (que trabalhem em sociedades de economia mista ou empresas públicas) e ocupantes de cargos em comissão, o qual é normatizado pela Constituição em seu Art. 201; e
- Regime Próprio de Previdência do Serviço Público, aplicável aos servidores públicos estatutários;

O Art. 40 trata justamente do Regime Próprio de Previdência do Serviço Público, estabelecendo, logo em seu caput, diversas características desse regime:

Será aplicável aos servidores da Administração Direta, autarquias e fundações públicas (servidores estatutários), tanto na esfera Federal, como na Estadual e Municipal.

Será de caráter contributivo e solidário: para ter direito aos benefícios do seu regime de previdência, o servidor deverá contribuir. Além disso, o regime é chamado de solidário porque nenhum servidor contribuirá para formar um fundo pessoal para sua aposentadoria, mas todos deverão contribuir para quem estiver inativo, ou seja, o fundo é único para todos os servidores.

O fundo de previdência deve receber contribuições do respectivo ente público ao qual o servidor esteja vinculado (União, Estado, DF, Município, autarquia ou fundação), do próprio servidor e ainda dos aposentados e pensionistas (diferentemente do regime geral de Previdência que não admite contribuição dos aposentados e pensionistas).

Devem ser observados critérios que preservem o equilíbrio financeiro e atuarial, o que quer dizer que o sistema deve ser sustentável ao longo do tempo, sendo que futuros desequilíbrios devem ser detectados e corrigidos, com medidas como aumento da contribuição ou mudanças nas regras de aposentadoria, por exemplo.

> ***§ 1º.*** *Os servidores abrangidos pelo regime de previdência de que trata este artigo serão aposentados, calculados os seus proventos a partir dos valores fixados na forma dos §§ 3º e 17:*
>
> ***I.*** *Por invalidez permanente, sendo os proventos proporcionais ao tempo de contribuição, exceto se decorrente de acidente em serviço, moléstia profissional ou doença grave, contagiosa ou incurável, na forma da lei;*
>
> ***II.*** *Compulsoriamente, com proventos proporcionais ao tempo de contribuição, aos 70 (setenta) anos de idade, ou aos 75 (setenta e cinco) anos de idade, na forma de lei complementar; (Redação dada pela Emenda Constitucional nº 88, de 2015)*
>
> ***III.*** *Voluntariamente, desde que cumprido tempo mínimo de dez anos de efetivo exercício no serviço público e cinco anos no cargo efetivo em que se dará a aposentadoria, observadas as seguintes condições:*
>
> ***a)*** *sessenta anos de idade e trinta e cinco de contribuição, se homem, e cinquenta e cinco anos de idade e trinta de contribuição, se mulher;*
>
> ***b)*** *sessenta e cinco anos de idade, se homem, e sessenta anos de idade, se mulher, com proventos proporcionais ao tempo de contribuição.*

O § 1º prevê três formas de aposentadoria do servidor público:

7.3.9.1 Aposentadoria por invalidez permanente

Nesse caso, a regra geral é que o servidor aposente-se recebendo proporcionalmente ao tempo de contribuição.

O servidor somente receberá sua aposentadoria integral se a invalidez decorrer de acidente em serviço, moléstia profissional ou doença grave, contagiosa ou incurável, na forma da lei.

Assim, por exemplo, se um servidor do sexo masculino que tenha 10 anos de contribuição e, durante uma viagem de carro nas férias, sofra um acidente e venha a ficar inválido, receberá o valor equivalente a 10/35 avos do valor que receberia se a invalidez fosse decorrente de um acidente em serviço.

7.3.9.2 Aposentadoria compulsória

Atingindo a idade de 70 (setenta) anos, prevê a Constituição que o servidor seja aposentado compulsoriamente, isso é, obrigatoriamente, sendo que receberá proporcionalmente ao tempo de contribuição.

No entanto, se já tiver contribuído o tempo mínimo exigido, receberá os proventos integralmente.

7.3.9.3 Aposentadoria voluntária

Por fim, a Constituição prevê que o servidor possa aposentar-se de forma voluntária, ou seja, a pedido, desde que preenchidos os seguintes requisitos:

- Tenha pelo menos 10 (dez) anos de serviço público;
- Tenha pelo menos 5 (cinco) anos de exercício do cargo em que se dará a aposentadoria;
- Tenha 60 (sessenta) anos de idade e 35 (trinta e cinco) anos de contribuição, se for homem, e 55 (cinquenta e cinco) anos de idade e 30 (trinta) anos de contribuição, se for mulher.

Mesmo que não tenha preenchido o requisito de tempo de contribuição, o servidor poderá aposentar-se, a partir dos 65 (sessenta e cinco) anos, se homem, e 60 (sessenta) anos, se mulher, mas, neste caso, receberá proporcionalmente ao tempo que contribuiu.

> ***§ 4º.*** *É vedada a adoção de requisitos e critérios diferenciados para a concessão de aposentadoria aos abrangidos pelo regime de que trata este artigo, ressalvados, nos termos definidos em leis complementares, os casos de servidores:*
>
> ***I.*** *portadores de deficiência;*
>
> ***II.*** *que exerçam atividades de risco;*
>
> ***III.*** *cujas atividades sejam exercidas sob condições especiais que prejudiquem a saúde ou a integridade física.*

O § 4º estabelece, como regra geral, que não poderão ser estabelecidos critérios diferentes para a concessão de aposentadoria no serviço público, fazendo somente exceção às chamadas aposentadorias especiais, que são aposentadorias em que permitem regras diferenciadas, exigindo-se, por exemplo, um menor tempo de contribuição. Somente são admitidas nos três casos previstos acima.

> ***§ 5º.*** *Os requisitos de idade e de tempo de contribuição serão reduzidos em cinco anos, em relação ao disposto no § 1º, III, "a", para o professor que comprove exclusivamente tempo de efetivo exercício das funções de magistério na educação infantil e no ensino fundamental e médio.*

Tal dispositivo cria uma aposentadoria especial para os professores que tenham atuado exclusivamente na educação infantil e nos ensinos fundamental e médio, permitindo que tais profissionais se aposentem cinco anos antes dos demais servidores.

> ***§ 6º.*** *Ressalvadas as aposentadorias decorrentes dos cargos acumuláveis na forma desta Constituição, é vedada a percepção de mais de uma aposentadoria à conta do regime de previdência previsto neste artigo.*

As aposentadorias somente podem ser acumuladas se os cargos a que elas se referem também o forem, na forma do inciso XVI do Art. 37.

7.3.10 Pensão por morte do servidor

> ***§ 7º.*** *Lei disporá sobre a concessão do benefício de pensão por morte, que será igual:*
>
> ***I.*** *Ao valor da totalidade dos proventos do servidor falecido, até o limite máximo estabelecido para os benefícios do regime geral de previdência social de que trata o Art. 201, acrescido de setenta por cento da parcela excedente a este limite, caso aposentado à data do óbito; ou*
>
> ***II.*** *Ao valor da totalidade da remuneração do servidor no cargo efetivo em que se deu o falecimento, até o limite máximo estabelecido para os benefícios do regime geral de previdência social de que trata o Art. 201, acrescido de setenta por cento da parcela excedente a este limite, caso em atividade na data do óbito.*

A pensão por morte recebida pelos familiares do servidor ou inativo falecido sofrerá uma redução em relação à remuneração ou proventos do falecido, se estes forem superiores ao teto do INSS.

Essa redução será de 30% sobre os valores que excederem tal teto.

7.3.11 Reajustamento dos benefícios

> ***§ 8º.*** *É assegurado o reajustamento dos benefícios para preservar-lhes, em caráter permanente, o valor real, conforme critérios estabelecidos em lei.*

Assim como ocorre com os benefícios do regime geral de previdência, o objetivo é evitar que os valores dos benefícios recebidos pelo servidor, inativo ou pensionista, sejam prejudicados pela inflação, pelo que devem ser corrigidos periodicamente.

7.3.12 Contagem recíproca de tempo

> ***§ 9º.*** *O tempo de contribuição federal, estadual ou municipal será contado para efeito de aposentadoria e o tempo de serviço correspondente para efeito de disponibilidade.*

Tal parágrafo prevê que a contagem de tempo de contribuição do servidor será única, tenha ele contribuído para a caixa de previdência da União, de Estado ou de Município. É chamada de contagem recíproca do tempo de contribuição entre os entes públicos.

7.3.13 Proibição de contagem de tempo fictício

> ***§ 10.*** *A lei não poderá estabelecer qualquer forma de contagem de tempo de contribuição fictício.*

Antes da Emenda Constitucional nº 19/98, a legislação, em algumas situações específicas, permitia que determinados períodos fossem considerados como de contribuição sem que de fato ela tivesse ocorrido. Era o caso de algumas hipóteses de contagem em dobro do tempo de contribuição.

Com a citada emenda, proibiu-se terminantemente qualquer contagem fictícia de tempo de contribuição fictício.

Aplicação do limite de remuneração aos proventos de aposentadoria.

> ***§ 11.*** *Aplica-se o limite fixado no Art. 37, XI, à soma total dos proventos de inatividade, inclusive quando decorrentes da acumulação de cargos ou empregos públicos.*

Recebendo o servidor mais de uma aposentadoria do serviço público, a soma delas deverá obedecer aos tetos e subtetos previstos no inciso XI do art. 37.

7.3.14 Aplicação subsidiária das regras do regime geral de previdência

> ***§ 12.*** *Além do disposto neste artigo, o regime de previdência dos servidores públicos titulares de cargo efetivo observará, no que couber, os requisitos e critérios fixados para o regime geral de previdência social.*

O que o dispositivo quer dizer é que, fora as especificidades do regime próprio de previdência do serviço público apontadas pelo Art. 40, ele se submeterá às mesmas regras do regime geral de previdência social.

Em outras palavras, aplicam-se subsidiariamente ao regime próprio de previdência do servidor as regras do regime geral, naquilo que não diferenciado pela Constituição.

7.3.15 Aplicação do regime geral de previdência ao ocupante de cargo em comissão

> ***§ 13.*** *Ao servidor ocupante, exclusivamente, de cargo em comissão declarado em lei de livre nomeação e exoneração bem como de outro cargo temporário ou de emprego público, aplica-se o regime geral de previdência social.*

Já vimos que o regime próprio de previdência somente aplica-se ao servidor público estatutário. O ocupante de cargo em comissão, o servidor temporário e o empregado público serão vinculados ao mesmo regime de previdência dos trabalhadores da iniciativa privada, ou seja, o regime geral de previdência social – RGPS.

7.3.16 Possibilidade de aplicação do teto de inss às aposentadorias do serviço público

> ***§ 14.*** *A União, os Estados, o Distrito Federal e os Municípios, desde que instituam regime de previdência complementar para os seus respectivos servidores titulares de cargo efetivo, poderão fixar, para o valor das aposentadorias e pensões a serem concedidas pelo regime de que trata este artigo, o limite máximo estabelecido para os benefícios do regime geral de previdência social de que trata o Art. 201.*

O § 14 permite que os entes públicos limitem o valor máximo das aposentadorias e pensões concedidas, adotando o mesmo teto aplicado às aposentadorias e pensões do Regime Geral de Previdência Social.

Para isso, porém, precisam antes regulamentar e criar um fundo de previdência complementar para seus servidores.

Na esfera federal e em diversos Estados, essa situação já é realidade, sendo que aqueles que atualmente ingressam no serviço público da União, quando aposentarem-se, somente receberão até o teto do INSS, podendo, se desejarem, optar por ingressar em um fundo de previdência público, no qual, além da contribuição mensal do próprio servidor, deverão ser feitos aportes de recursos federais.

> ***§ 15.*** *O regime de previdência complementar de que trata o § 14 será instituído por lei de iniciativa do respectivo Poder Executivo, observado o disposto no art. 202 e seus parágrafos, no que couber, por intermédio de entidades fechadas de previdência complementar, de natureza pública, que oferecerão aos respectivos participantes planos de benefícios somente na modalidade de contribuição definida.*

Os fundos públicos de previdência complementar citados no parágrafo anterior deverão ser criados por lei proposta pelo Poder Executivo de cada esfera de poder e não poderão ser administrados por entidades privadas.

Além disso, esse fundo público somente poderá oferecer planos de contribuição definida, que são aqueles em que as contribuições mensais são definidas, mas os valores dos benefícios da aposentadoria ou pensão somente serão calculados exatamente no momento do início de seu pagamento.

> ***§ 16.*** *Somente mediante sua prévia e expressa opção, o disposto nos §§ 14 e 15 poderá ser aplicado ao servidor que tiver ingressado no serviço público até a data da publicação do ato de instituição do correspondente regime de previdência complementar.*

Aqueles que já estiverem no serviço público na data de publicação do ato de instituição do fundo de previdência complementar, como regra geral, continuarão seguindo as regras do regime antigo ao qual já estavam vinculados. No entanto, se esses servidores desejarem, poderão migrar para o regime novo, devendo, para tanto, apresentar uma opção expressa e irretratável.

7.3.17 Correção dos salários de contribuição

> ***§ 17.*** *Todos os valores de remuneração considerados para o cálculo do benefício previsto no § 3º serão devidamente atualizados, na forma da lei.*

Trata-se aqui da correção do chamado salário-de-contribuição, que é o valor descontado todo mês do servidor, e não da correção do valor do benefício, a qual é prevista no § 8º.

A correção dos salários de contribuição é importante para garantir a sustentabilidade do sistema.

7.3.18 Contribuição previdenciária do servidor aposentado

> ***§ 18.*** *Incidirá contribuição sobre os proventos de aposentadorias e pensões concedidas pelo regime de que trata este artigo que superem o limite máximo estabelecido para os benefícios do regime geral de previdência social de que trata o art. 201, com percentual igual ao estabelecido para os servidores titulares de cargos efetivos.*

Diferentemente do que ocorre no Regime Geral de Previdência Social, os aposentados e pensionistas do Regime Próprio dos Servidores Públicos contribuirão para o caixa da previdência.

Essa contribuição, no entanto, somente ocorrerá se o aposentado ou pensionista receber mais do que o teto do INSS, sendo que o valor da contribuição será calculado justamente sobre esse excedente, aplicando-se o mesmo percentual cobrado dos servidores da ativa, e que atualmente é de 11% (onze por cento) na esfera federal.

7.3.19 Abono de permanência

> ***§ 19.*** *O servidor de que trata este artigo que tenha completado as exigências para aposentadoria voluntária estabelecidas no § 1º, III, a, e que opte por permanecer em atividade fará jus a um abono de permanência equivalente ao valor da sua contribuição previdenciária até completar as exigências para aposentadoria compulsória contidas no § 1º, II.*

Trata-se aqui do chamado "abono de permanência", que é um valor pago ao servidor que já preencheu os requisitos de idade e tempo de contribuição para aposentar-se, mas opta por continuar trabalhando.

O valor desse abono será equivalente ao da contribuição previdenciária do servidor, e ele o receberá até que venha a se aposentar.

7.3.20 Proibição de acumulação de aposentadorias pelo regime próprio de previdência do serviço público

> ***§ 20.*** *Fica vedada a existência de mais de um regime próprio de previdência social para os servidores titulares de cargos efetivos, e de mais de uma unidade gestora do respectivo regime em cada ente estatal, ressalvado o disposto no Art. 142, § 3º, X.*

Em cada esfera de poder deve haver regras únicas para a aposentadoria do servidor público e deve existir somente uma entidade gestora dos recursos.

A exceção citada refere-se aos servidores militares, os quais poderão submeter-se a algumas regras diferenciadas.

7.3.21 Isenção para portadores de doenças incapacitantes

> ***§ 21.*** *A contribuição prevista no § 18 deste artigo incidirá apenas sobre as parcelas de proventos de aposentadoria e de pensão que superem o dobro do limite máximo estabelecido para os benefícios do regime geral de previdência social de que trata o Art. 201 desta Constituição, quando o beneficiário, na forma da lei, for portador de doença incapacitante.*

Já vimos que, via de regra, o servidor inativo contribuirá com 11% para a previdência social sobre o valor que ultrapassar o teto do INSS.

O que o dispositivo em questão está dizendo é que, se o aposentado ou pensionista for portador de alguma doença incapacitante reconhecida em lei, ele somente contribuirá sobre o valor que superar o dobro do teto do INSS, aplicando-se, assim, o limite de isenção de contribuição para essas pessoas.

7.3.22 Estabilidade

> ***Art. 41.*** *São estáveis após três anos de efetivo exercício os servidores nomeados para cargo de provimento efetivo em virtude de concurso público.*
>
> ***§ 1º.*** *O servidor público estável só perderá o cargo:*
>
> ***I.*** *Em virtude de sentença judicial transitada em julgado;*
>
> ***II.*** *Mediante processo administrativo em que lhe seja assegurada ampla defesa;*

III. *Mediante procedimento de avaliação periódica de desempenho, na forma de lei complementar, assegurada ampla defesa.*

§ 2º. *Invalidada por sentença judicial a demissão do servidor estável, será ele reintegrado, e o eventual ocupante da vaga, se estável, reconduzido ao cargo de origem, sem direito a indenização, aproveitado em outro cargo ou posto em disponibilidade com remuneração proporcional ao tempo de serviço.*

§ 3º. *Extinto o cargo ou declarada a sua desnecessidade, o servidor estável ficará em disponibilidade, com remuneração proporcional ao tempo de serviço, até seu adequado aproveitamento em outro cargo.*

§ 4º. *Como condição para a aquisição da estabilidade, é obrigatória a avaliação especial de desempenho por comissão instituída para essa finalidade.*

Os servidores efetivos, ou seja, concursados, terão direito à estabilidade no cargo após o decurso de determinado período de efetivo exercício. Esse prazo, que era de dois anos na redação original da Constituição, passou para 3 (três) com a EC nº 19/98.

Uma vez adquirida a estabilidade, de acordo com o Art. 41, o servidor somente poderá perder o cargo nos casos de:

> Sentença judicial transitada em julgado que reconheça a prática de algum ilícito por parte do servidor que justifique a sua demissão; ou

> Processo administrativo disciplinar que também confirme a prática de alguma ilegalidade que leve à demissão, observado que, assim como ocorre com o processo judicial, o servidor deverá ter assegurada ampla defesa.

> Desempenho insuficiente em procedimento periódico de avaliação, o qual, no entanto, necessita de regulamentação por lei complementar, não podendo ainda ser aplicado.

De observar-se que, além das três hipóteses acima, o Art. 169, § 4º, da Constituição prevê a possibilidade de servidores perderem o cargo no caso de a União, Estado, DF ou Município onde trabalha o servidor estourar o limite de gastos com pessoal estabelecido em lei complementar, desde que já tenham sido tomadas as seguintes providências: redução em pelo menos 20% das despesas com cargos em comissão e funções de confiança e todos os servidores não estáveis tenham sido exonerados.

O § 2º estipula que se a demissão do servidor estável for anulada por decisão judicial, será ele reintegrado ao cargo e o eventual ocupante da vaga, se estável, será reconduzido ao cargo de origem, sem direito a indenização, ou então aproveitado em outro cargo ou então posto em disponibilidade com remuneração proporcional ao tempo de serviço.

No caso de um cargo ser extinto ou considerado desnecessário por lei, seu ocupante ficará em disponibilidade, com remuneração proporcional ao tempo de serviço, até seu adequado aproveitamento em outro cargo. Ou seja, nesse caso, enquanto o servidor não for aproveitado em outro cargo, ficará ele licenciado e recebendo proporcionalmente ao tempo de serviço.

Por fim, o § 4º do Art. 41 coloca como condição para a aquisição da estabilidade pelo servidor, sua avaliação por comissão especial de desempenho, que deve ser criada para tal finalidade.

Questões

01. Considerando a jurisprudência do STF a respeito do direito de greve dos servidores públicos, julgue o item seguinte.

Os servidores públicos, sejam eles civis ou militares, possuem direito a greve.

Certo ( ) Errado ( )

02. A respeito do que dispõe a Constituição Federal de 1988 (CF) sobre o regime jurídico da administração pública e o Poder Judiciário, julgue o item seguinte.

As funções de confiança devem ser exercidas exclusivamente por servidores ocupantes de cargo efetivo e se destinam apenas às atribuições de direção, chefia e assessoramento.

Certo ( ) Errado ( )

03. No que diz respeito a agentes públicos, licitações e contratos administrativos, improbidade administrativa e desapropriação, julgue o item a seguir.

O tempo de serviço prestado por empregados de empresas públicas e de sociedades de economia mista estaduais que mudarem para o regime estatutário deverá ser considerado como tempo de efetivo no serviço público para fins de aposentadoria, disponibilidade, promoção e estabilidade.

Certo ( ) Errado ( )

04. Julgue o item que se segue, a respeito do regime jurídico dos servidores públicos, da Lei de Responsabilidade Fiscal, da Lei de Improbidade Administrativa e da garantia empregatícia de servidores efetivos e vitalícios.

A despeito do caráter compulsório da aposentadoria aos setenta anos de idade, o detentor de cargo público vitalício poderá exercê-lo até os oitenta anos de idade.

Certo ( ) Errado ( )

05. (Cespe) Julgue o próximo item, acerca da responsabilidade do Estado perante a CF.

A responsabilidade objetiva do Estado dispensa a demonstração de nexo de causalidade entre a conduta do agente administrativo e o dano sofrido pela vítima.

Certo ( ) Errado ( )

06. (Cespe) Acerca das disposições referentes à administração pública, às competências constitucionais dos entes federados e ao Poder Judiciário, julgue o item a seguir.

Os cargos, empregos e funções públicas são acessíveis apenas a brasileiros natos e naturalizados que preencham os requisitos estabelecidos em lei.

Certo ( ) Errado ( )

Gabaritos

01	ERRADO	04	ERRADO
02	CERTO	05	ERRADO
03	ERRADO	06	ERRADO

8. PODER LEGISLATIVO, EXECUTIVO E JUDICIÁRIO

Neste capítulo, trataremos dos três poderes. Seguiremos falando sobre o Poder Legislativo; a fiscalização contábil, financeira e orçamentária; o Tribunal de Contas da União; o Poder Executivo; o Poder Judiciário; e o Ministério Público.

8.1 O Poder Legislativo

A principal atribuição do Poder Legislativo é elaborar leis. No entanto, ele também exerce outras funções importantes, como fiscalizar os demais poderes e autorizar ou ratificar diversos atos praticados pelo Presidente da República.

Na esfera federal, o Poder Legislativo é exercido pelo Congresso Nacional, que é composto pela Câmara dos Deputados e Senado Federal.

Na esfera estadual, é exercido pelas Assembleias Legislativas e, nos municípios, pelas Câmaras de Vereadores ou Câmaras Municipais.

8.1.1 Câmara dos Deputados

De acordo com o Art. 45 da Constituição Federal, a Câmara dos Deputados compõe-se de representantes do povo, eleitos, pelo sistema proporcional, em cada Estado, em cada Território e no Distrito Federal.

O número total de Deputados, bem como a representação por Estado e pelo Distrito Federal, será estabelecido por lei complementar, proporcionalmente à população, procedendo-se aos ajustes necessários, no ano anterior às eleições, para que nenhuma daquelas unidades da Federação tenha menos de oito ou mais de setenta Deputados.

Assim, o Estado da Federação mais populoso elege 70 (setenta) deputados federais, o menos populoso elege 8 (oito) e o número de deputados dos demais Estados será calculado, dentro desses limites, de forma proporcional à sua população.

Na hipótese de existência de Territórios Federais, cada um deles elegerá quatro Deputados.

O mandato dos deputados federais é de 4 (quatro) anos.

8.1.2 Senado Federal

O Senado Federal é a Casa que representa os interesses dos Estados e do Distrito Federal.

Cada Estado e o Distrito Federal elegerão três Senadores, com mandato de oito anos.

O § 2º do Art. 46 da CF estabelece que a representação de cada Estado e do Distrito Federal será renovada de quatro em quatro anos, alternadamente, por um e dois terços.

O presidente do Senado será também o presidente do Congresso Nacional.

8.1.3 Atribuições do Congresso Nacional

Quando se fala de atribuições do Congresso Nacional, está a se falar de decisões que serão tomadas de forma conjunta, pelos deputados e senadores.

Enquanto o Art. 48 da Constituição Federal estabelece atribuições do Congresso Nacional que serão exercidas com a posterior sanção do Presidente da República, o Art. 49 traz as competências exclusivas do Congresso Nacional, em que não há participação do Poder Executivo:

> ***Art. 48.*** *Cabe ao Congresso Nacional, com a sanção do Presidente da República, não exigida esta para o especificado nos Arts. 49, 51 e 52, dispor sobre todas as matérias de competência da União, especialmente sobre:*
>
> ***I.*** *Sistema tributário, arrecadação e distribuição de rendas;*
>
> ***II.*** *Plano plurianual, diretrizes orçamentárias, orçamento anual, operações de crédito, dívida pública e emissões de curso forçado;*
>
> ***III.*** *Fixação e modificação do efetivo das Forças Armadas;*
>
> ***IV.*** *Planos e programas nacionais, regionais e setoriais de desenvolvimento;*
>
> ***V.*** *Limites do território nacional, espaço aéreo e marítimo e bens do domínio da União;*
>
> ***VI.*** *Incorporação, subdivisão ou desmembramento de áreas de Territórios ou Estados, ouvidas as respectivas Assembleias Legislativas;*
>
> ***VII.*** *Transferência temporária da sede do Governo Federal;*
>
> ***VIII.*** *Concessão de anistia;*
>
> ***IX.*** *Organização administrativa, judiciária, do Ministério Público e da Defensoria Pública da União e dos Territórios e organização judiciária e do Ministério Público do Distrito Federal;*
>
> ***X.*** *Criação, transformação e extinção de cargos, empregos e funções públicas, observado o que estabelece o Art. 84, VI, b;*
>
> ***XI.*** *Criação e extinção de Ministérios e órgãos da administração pública;*
>
> ***XII.*** *Telecomunicações e radiodifusão;*
>
> ***XIII.*** *Matéria financeira, cambial e monetária, instituições financeiras e suas operações;*
>
> ***XIV.*** *Moeda, seus limites de emissão, e montante da dívida mobiliária federal.*
>
> ***XV.*** *Fixação do subsídio dos Ministros do Supremo Tribunal Federal, observado o que dispõem os Arts. 39, § 4º; 150, II; 153, III; e 153, § 2º, I.*
>
> ***Art. 49.*** *É da competência exclusiva do Congresso Nacional:*
>
> ***I.*** *Resolver definitivamente sobre tratados, acordos ou atos internacionais que acarretem encargos ou compromissos gravosos ao patrimônio nacional;*
>
> ***II.*** *Autorizar o Presidente da República a declarar guerra, a celebrar a paz, a permitir que forças estrangeiras transitem pelo território nacional ou nele permaneçam temporariamente, ressalvados os casos previstos em lei complementar;*
>
> ***III.*** *Autorizar o Presidente e o Vice-Presidente da República a se ausentarem do País, quando a ausência exceder a quinze dias;*
>
> ***IV.*** *Aprovar o estado de defesa e a intervenção federal, autorizar o estado de sítio, ou suspender qualquer uma dessas medidas;*
>
> ***V.*** *Sustar os atos normativos do Poder Executivo que exorbitem do poder regulamentar ou dos limites de delegação legislativa;*
>
> ***VI.*** *Mudar temporariamente sua sede;*
>
> ***VII.*** *Fixar idêntico subsídio para os Deputados Federais e os Senadores, observado o que dispõem os Arts. 37, XI, 39, § 4º, 150, II, 153, III, e 153, § 2º, I;*
>
> ***VIII.*** *Fixar os subsídios do Presidente e do Vice-Presidente da República e dos Ministros de Estado, observado o que dispõem os Arts. 37, XI, 39, § 4º, 150, II, 153, III, e 153, § 2º, I;*

IX. *Julgar anualmente as contas prestadas pelo Presidente da República e apreciar os relatórios sobre a execução dos planos de governo;*

X. *Fiscalizar e controlar, diretamente, ou por qualquer de suas Casas, os atos do Poder Executivo, incluídos os da administração indireta;*

XI. *Zelar pela preservação de sua competência legislativa em face da atribuição normativa dos outros Poderes;*

XII. *Apreciar os atos de concessão e renovação de concessão de emissoras de rádio e televisão;*

XIII. *Escolher dois terços dos membros do Tribunal de Contas da União;*

XIV. *Aprovar iniciativas do Poder Executivo referentes a atividades nucleares;*

XV. *Autorizar referendo e convocar plebiscito;*

XVI. *Autorizar, em terras indígenas, a exploração e o aproveitamento de recursos hídricos e a pesquisa e lavra de riquezas minerais;*

XVII. *Aprovar, previamente, a alienação ou concessão de terras públicas com área superior a dois mil e quinhentos hectares.*

8.1.4 Convocação e prestação de informações por Ministros de Estado e titulares de órgãos diretamente subordinados à presidência da república

O Art. 50 da Constituição permite que o Congresso convoque Ministros de Estado e titulares de órgãos diretamente subordinados à Presidência da República ou solicite a eles informações, sendo que o não comparecimento sem justificativa e o não fornecimento das informações é considerado um crime de responsabilidade:

> ***Art. 50.*** *A Câmara dos Deputados e o Senado Federal, ou qualquer de suas Comissões, poderão convocar Ministro de Estado ou quaisquer titulares de órgãos diretamente subordinados à Presidência da República para prestarem, pessoalmente, informações sobre assunto previamente determinado, importando crime de responsabilidade a ausência sem justificação adequada.*
>
> ***§ 1º*** *Os Ministros de Estado poderão comparecer ao Senado Federal, à Câmara dos Deputados, ou a qualquer de suas Comissões, por sua iniciativa e mediante entendimentos com a Mesa respectiva, para expor assunto de relevância de seu Ministério.*
>
> ***§ 2º*** *As Mesas da Câmara dos Deputados e do Senado Federal poderão encaminhar pedidos escritos de informações a Ministros de Estado ou a qualquer das pessoas referidas no caput deste artigo, importando em crime de responsabilidade a recusa, ou o não. atendimento, no prazo de trinta dias, bem como a prestação de informações falsas.*

8.1.5 Competências privativas da Câmara dos Deputados

O Art. 51 da Constituição Federal estabelece as competências privativas da Câmara dos Deputados:

> ***Art. 51.*** *Compete privativamente à Câmara dos Deputados:*
>
> ***I.*** *Autorizar, por dois terços de seus membros, a instauração de processo contra o Presidente e o Vice-Presidente da República e os Ministros de Estado;*
>
> ***II.*** *Proceder à tomada de contas do Presidente da República, quando não apresentadas ao Congresso Nacional dentro de sessenta dias após a abertura da sessão legislativa;*
>
> ***III.*** *Elaborar seu regimento interno;*
>
> ***IV.*** *Dispor sobre sua organização, funcionamento, polícia, criação, transformação ou extinção dos cargos, empregos e funções de seus serviços, e a iniciativa de lei para fixação da respectiva remuneração, observados os parâmetros estabelecidos na lei de diretrizes orçamentárias;*
>
> ***V.*** *Eleger membros do Conselho da República, nos termos do Art. 89, VII."*

8.1.6 Competências privativas do Senado Federal

O Art. 52 da Constituição traz as atribuições privativas do Senado Federal:

> ***Art. 52.*** *Compete privativamente ao Senado Federal:*
>
> ***I.*** *Processar e julgar o Presidente e o Vice-Presidente da República nos crimes de responsabilidade, bem como os Ministros de Estado e os Comandantes da Marinha, do Exército e da Aeronáutica nos crimes da mesma natureza conexos com aqueles;*
>
> ***II.*** *Processar e julgar os Ministros do Supremo Tribunal Federal, os membros do Conselho Nacional de Justiça e do Conselho Nacional do Ministério Público, o Procurador-Geral da República e o Advogado-Geral da União nos crimes de responsabilidade;*
>
> ***III.*** *Aprovar previamente, por voto secreto, após arguição pública, a escolha de:*
>
> ***a)*** *Magistrados, nos casos estabelecidos nesta Constituição;*
>
> ***b)*** *Ministros do Tribunal de Contas da União indicados pelo Presidente da República;*
>
> ***c)*** *Governador de Território;*
>
> ***d)*** *Presidente e diretores do banco central;*
>
> ***e)*** *Procurador-Geral da República;*
>
> ***f)*** *titulares de outros cargos que a lei determinar;*
>
> ***IV.*** *Aprovar previamente, por voto secreto, após arguição em sessão secreta, a escolha dos chefes de missão diplomática de caráter permanente;*
>
> ***V.*** *Autorizar operações externas de natureza financeira, de interesse da União, dos Estados, do Distrito Federal, dos Territórios e dos Municípios;*
>
> ***VI.*** *Fixar, por proposta do Presidente da República, limites globais para o montante da dívida consolidada da União, dos Estados, do Distrito Federal e dos Municípios;*
>
> ***VII.*** *Dispor sobre limites globais e condições para as operações de crédito externo e interno da União, dos Estados, do Distrito Federal e dos Municípios, de suas autarquias e demais entidades controladas pelo Poder Público federal;*
>
> ***VIII.*** *Dispor sobre limites e condições para a concessão de garantia da União em operações de crédito externo e interno;*
>
> ***IX.*** *Estabelecer limites globais e condições para o montante da dívida mobiliária dos Estados, do Distrito Federal e dos Municípios;*
>
> ***X.*** *Suspender a execução, no todo ou em parte, de lei declarada inconstitucional por decisão definitiva do Supremo Tribunal Federal;*
>
> ***XI.*** *Aprovar, por maioria absoluta e por voto secreto, a exoneração, de ofício, do Procurador-Geral da República antes do término de seu mandato;*
>
> ***XII.*** *Elaborar seu regimento interno;*
>
> ***XIII.*** *Dispor sobre sua organização, funcionamento, polícia, criação, transformação ou extinção dos cargos, empregos e funções de seus serviços, e a iniciativa de lei para fixação da respectiva remuneração, observados os parâmetros estabelecidos na lei de diretrizes orçamentárias;*

XIV. Eleger membros do Conselho da República, nos termos do Art. 89, VII.

XV. Avaliar periodicamente a funcionalidade do Sistema Tributário Nacional, em sua estrutura e seus componentes, e o desempenho das administrações tributárias da União, dos Estados e do Distrito Federal e dos Municípios.

***Parágrafo único.** Nos casos previstos nos incisos I e II, funcionará como Presidente o do Supremo Tribunal Federal, limitando-se a condenação, que somente será proferida por dois terços dos votos do Senado Federal, à perda do cargo, com inabilitação, por oito anos, para o exercício de função pública, sem prejuízo das demais sanções judiciais cabíveis.*

8.1.7 Dos Deputados e Senadores

Os Arts. 53 a 56 da Constituição Federal trazem uma série de disposições aplicáveis aos deputados federais e senadores:

***Art. 53.** Os Deputados e Senadores são invioláveis, civil e penalmente, por quaisquer de suas opiniões, palavras e votos.*

***§ 1º.** Os Deputados e Senadores, desde a expedição do diploma, serão submetidos a julgamento perante o Supremo Tribunal Federal.*

***§ 2º.** Desde a expedição do diploma, os membros do Congresso Nacional não poderão ser presos, salvo em flagrante de crime inafiançável. Nesse caso, os autos serão remetidos dentro de vinte e quatro horas à Casa respectiva, para que, pelo voto da maioria de seus membros, resolva sobre a prisão.*

***§ 3º.** Recebida a denúncia contra o Senador ou Deputado, por crime ocorrido após a diplomação, o Supremo Tribunal Federal dará ciência à Casa respectiva, que, por iniciativa de partido político nela representado e pelo voto da maioria de seus membros, poderá, até a decisão final, sustar o andamento da ação.*

***§ 4º.** O pedido de sustação será apreciado pela Casa respectiva no prazo improrrogável de quarenta e cinco dias do seu recebimento pela Mesa Diretora.*

***§ 5º.** A sustação do processo suspende a prescrição, enquanto durar o mandato.*

***§ 6º.** Os Deputados e Senadores não serão obrigados a testemunhar sobre informações recebidas ou prestadas em razão do exercício do mandato, nem sobre as pessoas que lhes confiaram ou deles receberam informações.*

***§ 7º.** A incorporação às Forças Armadas de Deputados e Senadores, embora militares e ainda que em tempo de guerra, dependerá de prévia licença da Casa respectiva.*

***§ 8º.** As imunidades de Deputados ou Senadores subsistirão durante o estado de sítio, só podendo ser suspensas mediante o voto de dois terços dos membros da Casa respectiva, nos casos de atos praticados fora do recinto do Congresso Nacional, que sejam incompatíveis com a execução da medida.*

***Art. 54.** Os Deputados e Senadores não poderão:*

***I.** Desde a expedição do diploma:*

***a)** firmar ou manter contrato com pessoa jurídica de direito público, autarquia, empresa pública, sociedade de economia mista ou empresa concessionária de serviço público, salvo quando o contrato obedecer a cláusulas uniformes;*

***b)** aceitar ou exercer cargo, função ou emprego remunerado, inclusive os de que sejam demissíveis 'ad nutum', nas entidades constantes da alínea anterior;*

***II.** Desde a posse:*

***a)** ser proprietários, controladores ou diretores de empresa que goze de favor decorrente de contrato com pessoa jurídica de direito público, ou nela exercer função remunerada;*

***b)** ocupar cargo ou função de que sejam demissíveis "ad nutum", nas entidades referidas no inciso I, "a";*

***c)** patrocinar causa em que seja interessada qualquer das entidades a que se refere o inciso I, "a";*

***d)** ser titulares de mais de um cargo ou mandato público eletivo.*

***Art. 55.** Perderá o mandato o Deputado ou Senador:*

***I.** Que infringir qualquer das proibições estabelecidas no artigo anterior;*

***II.** Cujo procedimento for declarado incompatível com o decoro parlamentar;*

***III.** Que deixar de comparecer, em cada sessão legislativa, à terça parte das sessões ordinárias da Casa a que pertencer, salvo licença ou missão por esta autorizada;*

***IV.** Que perder ou tiver suspensos os direitos políticos;*

***V.** Quando o decretar a Justiça Eleitoral, nos casos previstos nesta Constituição;*

***VI.** Que sofrer condenação criminal em sentença transitada em julgado.*

***§ 1º.** É incompatível com o decoro parlamentar, além dos casos definidos no regimento interno, o abuso das prerrogativas asseguradas a membro do Congresso Nacional ou a percepção de vantagens indevidas.*

***§ 2º.** Nos casos dos incisos I, II e VI, a perda do mandato será decidida pela Câmara dos Deputados ou pelo Senado Federal, por maioria absoluta, mediante provocação da respectiva Mesa ou de partido político representado no Congresso Nacional, assegurada ampla defesa.*

***§ 3º.** Nos casos previstos nos incisos III a V, a perda será declarada pela Mesa da Casa respectiva, de ofício ou mediante provocação de qualquer de seus membros, ou de partido político representado no Congresso Nacional, assegurada ampla defesa.*

***§ 4º.** A renúncia de parlamentar submetido a processo que vise ou possa levar à perda do mandato, nos termos deste artigo, terá seus efeitos suspensos até as deliberações finais de que tratam os §§ 2º e 3º.*

***Art. 56.** Não perderá o mandato o Deputado ou Senador:*

***I.** Investido no cargo de Ministro de Estado, Governador de Território, Secretário de Estado, do Distrito Federal, de Território, de Prefeitura de Capital ou chefe de missão diplomática temporária;*

***II.** Licenciado pela respectiva Casa por motivo de doença, ou para tratar, sem remuneração, de interesse particular, desde que, neste caso, o afastamento não ultrapasse cento e vinte dias por sessão legislativa.*

***§ 1º.** O suplente será convocado nos casos de vaga, de investidura em funções previstas neste artigo ou de licença superior a cento e vinte dias.*

***§ 2º.** Ocorrendo vaga e não havendo suplente, far-se-á eleição para preenchê-la se faltarem mais de quinze meses para o término do mandato.*

***§ 3º.** Na hipótese do inciso I, o Deputado ou Senador poderá optar pela remuneração do mandato.*

8.1.8 Das reuniões do Congresso Nacional

O Art. 57 da Constituição estabelece que o Congresso Nacional se reunirá, anualmente, na Capital Federal, de 2 de fevereiro a 17 de julho e de 1º de agosto a 22 de dezembro, sendo que as reuniões marcadas para essas datas serão transferidas para o primeiro dia útil subsequente, quando recaírem em sábados, domingos ou feriados.

Por sua vez, o § 2º do mesmo artigo afirma que a sessão legislativa não será interrompida sem a aprovação do projeto de lei de diretrizes orçamentárias. Ou seja, mesmo que chegue o dia

17 de julho, se o Congresso Nacional ainda não tiver aprovado a lei de diretrizes orçamentária - LDO, os deputados e senadores não poderão sair de recesso, até que a mesma seja aprovada. Tal disposição é importante para evitar atrasos na aprovação da lei orçamentária anual - LOA, a qual, para ser proposta, depende da prévia aprovação da LDO.

8.1.8.1 Hipóteses de reunião conjunta

O § 3º do Art. 57 estabelece que, além de outros casos previstos na Constituição, a Câmara dos Deputados e o Senado Federal reunir-se-ão em sessão conjunta para:

> ***I.*** *Inaugurar a sessão legislativa;*
>
> ***II.*** *Elaborar o regimento comum e regular a criação de serviços comuns às duas Casas;*
>
> ***III.*** *Receber o compromisso do Presidente e do Vice-Presidente da República;*
>
> ***IV.*** *Conhecer do veto e sobre ele deliberar.*

8.1.9 Convocações extraordinárias do Congresso Nacional

O Art. 57, §6º, da Constituição determina que será feita convocação extraordinária do Congresso Nacional:

> ***I.*** *Pelo Presidente do Senado Federal, em caso de decretação de estado de defesa ou de intervenção federal, de pedido de autorização para a decretação de estado de sítio e para o compromisso e a posse do Presidente e do Vice-Presidente-Presidente da República;*
>
> ***II.*** *Pelo Presidente da República, pelos Presidentes da Câmara dos Deputados e do Senado Federal ou a requerimento da maioria dos membros de ambas as Casas, em caso de urgência ou interesse público relevante (...).*

Na sessão legislativa extraordinária, o Congresso Nacional somente poderá deliberar sobre a matéria para a qual foi convocado, ressalvada a hipótese de haver medidas provisórias em vigor na data de convocação, quando a ocasião será aproveitada para votação das mesmas.

É vedado o pagamento de parcela indenizatória, em razão da convocação.

8.1.10 Das comissões

O Art. 58 da Constituição Federal estipula que o Congresso Nacional e suas Casas terão comissões permanentes e temporárias, constituídas na forma e com as atribuições previstas no respectivo regimento ou no ato de que resultar sua criação.

Na constituição das Mesas e de cada Comissão, deve ser assegurada, tanto quanto possível, a representação proporcional dos partidos ou dos blocos parlamentares que participam da respectiva Casa.

A essas comissões, em razão da matéria de sua competência, cabe:

> ***I.*** *Discutir e votar projeto de lei que dispensar, na forma do regimento, a competência do Plenário, salvo se houver recurso de um décimo dos membros da Casa;*
>
> ***II.*** *Realizar audiências públicas com entidades da sociedade civil;*
>
> ***III.*** *Convocar Ministros de Estado para prestar informações sobre assuntos inerentes a suas atribuições;*
>
> ***IV.*** *Receber petições, reclamações, representações ou queixas de qualquer pessoa contra atos ou omissões das autoridades ou entidades públicas;*
>
> ***V.*** *Solicitar depoimento de qualquer autoridade ou cidadão;*
>
> ***VI.*** *Apreciar programas de obras, planos nacionais, regionais e setoriais de desenvolvimento e sobre eles emitir parecer.*

8.1.10.1 Comissões Parlamentares de Inquérito – CPI

O § 3º do Art. 58 da Constituição Federal estabelece que as comissões parlamentares de inquérito - CPI, terão poderes de investigação próprios das autoridades judiciais, além de outros previstos nos regimentos das respectivas Casas.

As CPI serão criadas pela Câmara dos Deputados e pelo Senado Federal, em conjunto ou separadamente, mediante requerimento de um terço de seus membros, para a apuração de fato determinado e por prazo certo, sendo suas conclusões, se for o caso, encaminhadas ao Ministério Público, para que promova a responsabilidade civil ou criminal dos infratores.

Embora as CPIs tenham poderes de investigação próprios das autoridades judiciais, existem algumas limitações à sua atuação, quando comparado com os poderes dos juízes. Assim, por exemplo, as CPIs não podem:

- Decretar prisões;
- Determinar instauração de "grampos telefônicos" (mas podem determinar a quebra do sigilo telefônico sobre ligações já feitas);
- Decretar a busca e apreensão domiciliar (mas podem determinar a apreensão de documentos em órgãos públicos).

8.1.10.2 Comissão representativa de recesso

O Art. 58, § 4º, da Constituição determina que, durante o recesso do Congresso Nacional, deverá haver uma Comissão representativa, eleita por suas Casas na última sessão ordinária do período legislativo, com atribuições definidas no regimento comum, cuja composição reproduzirá, quanto possível, a proporcionalidade da representação partidária.

8.1.11 Do processo legislativo

O Art. 59 da Constituição estabelece que o processo legislativo compreende a elaboração de:

> ***I.*** *Emendas à Constituição;*
>
> ***II.*** *Leis complementares;*
>
> ***III.*** *Leis ordinárias;*
>
> ***IV.*** *Leis delegadas;*
>
> ***V.*** *Medidas provisórias;*
>
> ***VI.*** *Decretos legislativos;*
>
> ***VII.*** *Resoluções.*

8.1.11.1 Emendas constitucionais

A Constituição poderá ser emendada mediante proposta:

> ***I.*** *De um terço, no mínimo, dos membros da Câmara dos Deputados ou do Senado Federal;*
>
> ***II.*** *Do Presidente da República;*

> ***III.*** *De mais da metade das Assembleias Legislativas das unidades da Federação, manifestando-se, cada uma delas, pela maioria relativa de seus membros.*

A Constituição não poderá ser emendada na vigência de intervenção federal, de estado de defesa ou de estado de sítio.

A proposta de emenda constitucional deverá ser discutida e votada em cada Casa do Congresso Nacional, em dois turnos, considerando-se aprovada se obtiver, em ambos, três quintos dos votos dos respectivos membros.

Após a aprovação na forma do parágrafo acima, a emenda à Constituição será promulgada pelas Mesas da Câmara dos Deputados e do Senado Federal.

O § 4º do Art. 60 da Constituição Federal estabelece as chamadas "cláusulas pétreas", determinando que não será objeto de deliberação a proposta de emenda tendente a abolir:

> ***I.*** *A forma federativa de Estado;*
>
> ***II.*** *O voto direto, secreto, universal e periódico;*
>
> ***III.*** *A separação dos Poderes;*
>
> ***IV.*** *Os direitos e garantias individuais.*

A matéria constante de proposta de emenda rejeitada ou havida por prejudicada não pode ser objeto de nova proposta na mesma sessão legislativa.

8.1.11.2 Leis complementares e ordinárias

A diferença entre as leis complementares e ordinárias reside no quórum para sua aprovação: enquanto as leis ordinárias são aprovadas por maioria simples (maioria dos presentes à sessão de votação), as complementares exigem maioria absoluta (maioria do total de membros da Câmara ou do Senado).

De acordo com o Art. 61 da Constituição, a iniciativa das leis complementares e ordinárias cabe a qualquer membro ou Comissão da Câmara dos Deputados, do Senado Federal ou do Congresso Nacional, ao Presidente da República, ao Supremo Tribunal Federal, aos Tribunais Superiores, ao Procurador-Geral da República e aos cidadãos, na forma e nos casos previstos na própria Constituição.

Por exemplo, são de iniciativa privativa do Presidente da República as leis que:

> ***I.*** *Fixem ou modifiquem os efetivos das Forças Armadas;*
>
> ***II.*** *Disponham sobre:*
>
> ***a)*** *criação de cargos, funções ou empregos públicos na administração direta e autárquica ou aumento de sua remuneração;*
>
> ***b)*** *organização administrativa e judiciária, matéria tributária e orçamentária, serviços públicos e pessoal da administração dos Territórios;*
>
> ***c)*** *servidores públicos da União e Territórios, seu regime jurídico, provimento de cargos, estabilidade e aposentadoria;*
>
> ***d)*** *organização do Ministério Público e da Defensoria Pública da União, bem como normas gerais para a organização do Ministério Público e da Defensoria Pública dos Estados, do Distrito Federal e dos Territórios;*
>
> ***e)*** *criação e extinção de Ministérios e órgãos da administração pública, observado o disposto no Art. 84, VI;*
>
> ***f)*** *militares das Forças Armadas, seu regime jurídico, provimento de cargos, promoções, estabilidade, remuneração, reforma e transferência para a reserva.*

O projeto de lei aprovado por uma Casa do Congresso Nacional (chamada iniciadora) será revisto pela outra (chamada revisora), em um só turno de discussão e votação, e enviado à sanção ou promulgação, se a Casa revisora o aprovar, ou arquivado, se o rejeitar.

Se o projeto for alterado pela Casa revisora, voltará à Casa iniciadora.

A Casa na qual tenha sido concluída a votação enviará o projeto de lei ao Presidente da República, que, se concordar com ele, o sancionará.

No entanto, se o Presidente da República considerar o projeto, no todo ou em parte, inconstitucional ou contrário ao interesse público, vetá-lo-á total ou parcialmente, no prazo de quinze dias úteis, contados da data do recebimento, e comunicará, dentro de quarenta e oito horas, ao Presidente do Senado Federal os motivos do veto.

O veto parcial somente poderá abranger texto integral de artigo, de parágrafo, de inciso ou de alínea, não podendo, assim, ser vetadas palavras ou frases isoladas.

Decorrido o prazo de quinze dias, o silêncio do Presidente da República significará sanção.

O veto será apreciado pelo Congresso Nacional em sessão conjunta, dentro de trinta dias a contar de seu recebimento, só podendo ser rejeitado pelo voto da maioria absoluta dos Deputados e Senadores.

Se o veto não for mantido, será o projeto enviado, para promulgação, ao Presidente da República.

Em qualquer caso, se a lei não for promulgada dentro de quarenta e oito horas pelo Presidente da República, o Presidente do Senado a promulgará, e, se este não o fizer em igual prazo, caberá ao Vice-Presidente do Senado fazê-lo.

De acordo com o Art. 67 da Constituição, a matéria constante de projeto de lei rejeitado somente poderá constituir objeto de novo projeto, na mesma sessão legislativa, mediante proposta da maioria absoluta dos membros de qualquer das Casas do Congresso Nacional.

8.1.11.3 Medidas provisórias

O Art. 62 da CF estabelece que, em caso de relevância e urgência, o Presidente da República poderá adotar medidas provisórias. MP, com força de lei, devendo submetê-las de imediato ao Congresso Nacional.

No entanto, é vedada a edição de medidas provisórias sobre matéria:

> ***I.*** *Relativa a:*
>
> ***a)*** *nacionalidade, cidadania, direitos políticos, partidos políticos e direito eleitoral;*
>
> ***b)*** *direito penal, processual penal e processual civil;*
>
> ***c)*** *organização do Poder Judiciário e do Ministério Público, a carreira e a garantia de seus membros;*
>
> ***d)*** *planos plurianuais, diretrizes orçamentárias, orçamento e créditos adicionais e suplementares, ressalvado o previsto no Art. 167, § 3º;*
>
> ***II.*** *Que vise a detenção ou sequestro de bens, de poupança popular ou qualquer outro ativo financeiro;*
>
> ***III.*** *Reservada a lei complementar;*

IV. Já disciplinada em projeto de lei aprovado pelo Congresso Nacional e pendente de sanção ou veto do Presidente da República.

A medida provisória que implique instituição ou majoração de impostos só produzirá efeitos no exercício financeiro seguinte se houver sido convertida em lei até o último dia daquele em que foi editada, exceto em relação aos tributos aos quais não se aplica o princípio da anterioridade.

Após a edição pelo Presidente da República, as medidas provisórias são submetidas à apreciação do Congresso Nacional, o qual, se aprová-las, as converterá em lei. Durante esse prazo, a medida provisória produzirá efeitos normalmente.

Se as medidas provisórias não forem convertidas em lei no prazo de sessenta dias, prorrogável uma única vez por igual período, perderão eficácia (situação chamada de caducidade da medida provisória), devendo o Congresso Nacional disciplinar, por decreto legislativo, as relações jurídicas decorrentes (o prazo suspende-se durante os períodos de recesso do Congresso Nacional).

Porém, se a medida provisória não for apreciada em até quarenta e cinco dias contados de sua publicação, entrará em regime de urgência, subsequentemente, em cada uma das Casas do Congresso Nacional, ficando sobrestadas, até que se ultime a votação, todas as demais deliberações legislativas da Casa em que estiver tramitando (Art. 60, § 6º, da CF).

O § 10 do Art. 60 da CF estipula que é vedada a reedição, na mesma sessão legislativa, de medida provisória que tenha sido rejeitada ou que tenha perdido sua eficácia por decurso de prazo.

Se a medida provisória caducar pela expiração do prazo para aprovação, e não for editado, em até 60 dias, decreto legislativo regulando as relações jurídicas surgidas durante a vigência da medida, tais relações serão consideradas como por ela regidas, ou seja, serão consideradas como válidas, mesmo que a medida provisória não tenha sido aprovada.

8.1.11.4 Leis delegadas

De acordo com o Art. 68 da Constituição Federal, as leis delegadas serão elaboradas pelo Presidente da República, que deverá solicitar a delegação ao Congresso Nacional.

Não podem ser objeto de delegação os atos de competência exclusiva do Congresso Nacional, os de competência privativa da Câmara dos Deputados ou do Senado Federal, a matéria reservada à lei complementar, nem a legislação sobre:

I. Organização do Poder Judiciário e do Ministério Público, a carreira e a garantia de seus membros;

II. Nacionalidade, cidadania, direitos individuais, políticos e eleitorais;

III. Planos plurianuais, diretrizes orçamentárias e orçamentos.

A delegação ao Presidente da República será feita por meio de resolução do Congresso Nacional, que especificará seu conteúdo e os termos de seu exercício.

A resolução delegatória poderá determinar que a lei seja posteriormente apreciada pelo Congresso. Se isso ocorrer, este a fará em votação única, vedada qualquer emenda.

8.1.12 Fiscalização Contábil, Financeira e Orçamentária

Nossa Constituição prevê mecanismos de controle entre os poderes da União (controle externo). Além disso, determina que cada um desses poderes deve possuir mecanismos internos de controle (controle interno).

Quando se fala de controle externo, que é o controle de um poder sobre o outro, o principal é aquele que é exercido pelo Poder Legislativo sobre os Poderes Executivo, principalmente, e Judiciário.

E os Arts. 70 e 71 da Constituição determinam que tal controle será exercido pelo Congresso Nacional, com o auxílio do Tribunal de Contas da União:

Art. 70. *A fiscalização contábil, financeira, orçamentária, operacional e patrimonial da União e das entidades da administração direta e indireta, quanto à legalidade, legitimidade, economicidade, aplicação das subvenções e renúncia de receitas, será exercida pelo Congresso Nacional, mediante controle externo, e pelo sistema de controle interno de cada Poder.*

Parágrafo único. *Prestará contas qualquer pessoa física ou jurídica, pública ou privada, que utilize, arrecade, guarde, gerencie ou administre dinheiros, bens e valores públicos ou pelos quais a União responda, ou que, em nome desta, assuma obrigações de natureza pecuniária.*

Art. 71. *O controle externo, a cargo do Congresso Nacional, será exercido com o auxílio do Tribunal de Contas da União, ao qual compete:*

I. Apreciar as contas prestadas anualmente pelo Presidente da República, mediante parecer prévio que deverá ser elaborado em sessenta dias a contar de seu recebimento;

II. Julgar as contas dos administradores e demais responsáveis por dinheiros, bens e valores públicos da administração direta e indireta, incluídas as fundações e sociedades instituídas e mantidas pelo Poder Público federal, e as contas daqueles que derem causa a perda, extravio ou outra irregularidade de que resulte prejuízo ao erário público;

III. Apreciar, para fins de registro, a legalidade dos atos de admissão de pessoal, a qualquer título, na administração direta e indireta, incluídas as fundações instituídas e mantidas pelo Poder Público, excetuadas as nomeações para cargo de provimento em comissão, bem como a das concessões de aposentadorias, reformas e pensões, ressalvadas as melhorias posteriores que não alterem o fundamento legal do ato concessório;

IV. Realizar, por iniciativa própria, da Câmara dos Deputados, do Senado Federal, de Comissão técnica ou de inquérito, inspeções e auditorias de natureza contábil, financeira, orçamentária, operacional e patrimonial, nas unidades administrativas dos Poderes Legislativo, Executivo e Judiciário, e demais entidades referidas no inciso II;

V. Fiscalizar as contas nacionais das empresas supranacionais de cujo capital social a União participe, de forma direta ou indireta, nos termos do tratado constitutivo;

VI. Fiscalizar a aplicação de quaisquer recursos repassados pela União mediante convênio, acordo, ajuste ou outros instrumentos congêneres, a Estado, ao Distrito Federal ou a Município;

VII. Prestar as informações solicitadas pelo Congresso Nacional, por qualquer de suas Casas, ou por qualquer das respectivas Comissões, sobre a fiscalização contábil, financeira, orçamentária, operacional e patrimonial e sobre resultados de auditorias e inspeções realizadas;

> ***VIII.*** *Aplicar aos responsáveis, em caso de ilegalidade de despesa ou irregularidade de contas, as sanções previstas em lei, que estabelecerá, entre outras cominações, multa proporcional ao dano causado ao erário;*
>
> ***IX.*** *Assinar prazo para que o órgão ou entidade adote as providências necessárias ao exato cumprimento da lei, se verificada ilegalidade;*
>
> ***X.*** *Sustar, se não atendido, a execução do ato impugnado, comunicando a decisão à Câmara dos Deputados e ao Senado Federal;*
>
> ***XI.*** *Representar ao Poder competente sobre irregularidades ou abusos apurados.*
>
> ***§ 1º.*** *No caso de contrato, o ato de sustação será adotado diretamente pelo Congresso Nacional, que solicitará, de imediato, ao Poder Executivo as medidas cabíveis.*
>
> ***§ 2º.*** *Se o Congresso Nacional ou o Poder Executivo, no prazo de noventa dias, não efetivar as medidas previstas no parágrafo anterior, o Tribunal decidirá a respeito.*
>
> ***§ 3º.*** *As decisões do Tribunal de que resulte imputação de débito ou multa terão eficácia de título executivo.*
>
> ***§ 4º.*** *O Tribunal encaminhará ao Congresso Nacional, trimestral e anualmente, relatório de suas atividades.*

8.1.13 Controle interno

O Art. 74 da Constituição Federal dispõe o sistema de controle interno que cada poder deve instituir:

> ***Art. 74.*** *Os Poderes Legislativo, Executivo e Judiciário manterão, de forma integrada, sistema de controle interno com a finalidade de:*
>
> ***I.*** *Avaliar o cumprimento das metas previstas no plano plurianual, a execução dos programas de governo e dos orçamentos da União;*
>
> ***II.*** *Comprovar a legalidade e avaliar os resultados, quanto à eficácia e eficiência, da gestão orçamentária, financeira e patrimonial nos órgãos e entidades da administração federal, bem como da aplicação de recursos públicos por entidades de direito privado;*
>
> ***III.*** *Exercer o controle das operações de crédito, avais e garantias, bem como dos direitos e haveres da União;*
>
> ***IV.*** *Apoiar o controle externo no exercício de sua missão institucional.*
>
> ***§ 1º*** *Os responsáveis pelo controle interno, ao tomarem conhecimento de qualquer irregularidade ou ilegalidade, dela darão ciência ao Tribunal de Contas da União, sob pena de responsabilidade solidária.*
>
> ***§ 2º*** *Qualquer cidadão, partido político, associação ou sindicato é parte legítima para, na forma da lei, denunciar irregularidades ou ilegalidades perante o Tribunal de Contas da União.*

8.1.14 Tribunal de Contas da União

O Tribunal de Contas da União (TCU) é uma entidade com autonomia administrativa, orçamentária e financeira, cuja principal função é a de auxiliar o Congresso Nacional exercer o controle externo sobre os demais poderes, sendo por isso considerado como integrante do Poder Legislativo, sendo que, apesar do nome, ele não é um Tribunal Judiciário.

Embora possa ser considerado integrante do Poder Legislativo, o TCU não se submete institucionalmente ao Congresso Nacional, em virtude de sua autonomia.

O Art. 73 da Constituição Federal trata a respeito da composição do TCU, bem como da forma de nomeação e prerrogativas aplicáveis aos seus integrantes:

> ***Art. 73.*** *O Tribunal de Contas da União, integrado por nove Ministros, tem sede no Distrito Federal, quadro próprio de pessoal e jurisdição em todo o território nacional, exercendo, no que couber, as atribuições previstas no Art. 96.*
>
> ***§ 1º.*** *Os Ministros do Tribunal de Contas da União serão nomeados dentre brasileiros que satisfaçam os seguintes requisitos:*
>
> ***I.*** *Mais de trinta e cinco e menos de sessenta e cinco anos de idade;*
>
> ***II.*** *Idoneidade moral e reputação ilibada;*
>
> ***III.*** *Notórios conhecimentos jurídicos, contábeis, econômicos e financeiros ou de administração pública;*
>
> ***IV.*** *Mais de dez anos de exercício de função ou de efetiva atividade profissional que exija os conhecimentos mencionados no inciso anterior.*
>
> ***§ 2º*** *Os Ministros do Tribunal de Contas da União serão escolhidos:*
>
> ***I.*** *Um terço pelo Presidente da República, com aprovação do Senado Federal, sendo dois alternadamente dentre auditores e membros do Ministério Público junto ao Tribunal, indicados em lista tríplice pelo Tribunal, segundo os critérios de antiguidade e merecimento;*
>
> ***II.*** *Dois terços pelo Congresso Nacional.*
>
> ***§ 3º*** *Os Ministros do Tribunal de Contas da União terão as mesmas garantias, prerrogativas, impedimentos, vencimentos e vantagens dos Ministros do Superior Tribunal de Justiça, aplicando-se lhes, quanto à aposentadoria e pensão, as normas constantes do Art. 40.*
>
> ***§ 4º*** *O auditor, quando em substituição a Ministro, terá as mesmas garantias e impedimentos do titular e, quando no exercício das demais atribuições da judicatura, as de juiz de Tribunal Regional Federal.*

8.2 O Poder Executivo

8.2.1 Do Presidente e do Vice-Presidente da República

O Art. 76 da Constituição Federal estabelece que o Poder Executivo será exercido pelo Presidente da República, auxiliado pelos Ministros de Estado.

8.2.1.1 Eleição do Presidente e do Vice-Presidente da República

Sobre isso dispõe o Art. 77 da Constituição:

> ***Art. 77.*** *A eleição do Presidente e do Vice-Presidente da República realizar-se-á, simultaneamente, no primeiro domingo de outubro, em primeiro turno, e no último domingo de outubro, em segundo turno, se houver, do ano anterior ao do término do mandato presidencial vigente.*
>
> ***§ 1º.*** *A eleição do Presidente da República importará a do Vice-Presidente com ele registrado.*
>
> ***§ 2º.*** *Será considerado eleito Presidente o candidato que, registrado por partido político, obtiver a maioria absoluta de votos, não computados os em branco e os nulos.*
>
> ***§ 3º.*** *Se nenhum candidato alcançar maioria absoluta na primeira votação, far-se-á nova eleição em até vinte dias após a proclamação do resultado, concorrendo os dois candidatos mais votados e considerando-se eleito aquele que obtiver a maioria dos votos válidos.*
>
> ***§ 4º.*** *Se, antes de realizado o segundo turno, ocorrer morte, desistência ou impedimento legal de candidato, convocar-se-á, dentre os remanescentes, o de maior votação.*
>
> ***§ 5º.*** *Se, na hipótese dos parágrafos anteriores, remanescer, em segundo lugar, mais de um candidato com a mesma votação, qualificar-se-á o mais idoso.*

8.2.1.2 Posse do Presidente e do Vice-Presidente da República

O Art. 78 da Constituição Federal estabelece que o Presidente e o Vice-Presidente da República tomarão posse em sessão do Congresso Nacional, prestando o compromisso de manter, defender e cumprir a Constituição, observar as leis, promover o bem geral do povo brasileiro, sustentar a união, a integridade e a independência do Brasil.

Se, decorridos dez dias da data fixada para a posse, o Presidente ou o Vice-Presidente, salvo motivo de força maior, não tiver assumido o cargo, este será declarado vago.

8.2.1.3 Funções do Vice-Presidente

> ***Art. 79.*** *Substituirá o Presidente, no caso de impedimento, e suceder-lhe-á, no de vaga, o Vice-Presidente.*
>
> ***Parágrafo único.*** *O Vice-Presidente da República, além de outras atribuições que lhe forem conferidas por lei complementar, auxiliará o Presidente, sempre que por ele convocado para missões especiais.*

8.2.1.4 Linha de substituição do Presidente da República

O Art. 80 da Constituição afirma que, em caso de impedimento do Presidente e do Vice-Presidente, ou vacância dos respectivos cargos, serão sucessivamente chamados ao exercício da Presidência:

- o Presidente da Câmara dos Deputados;
- o Presidente do Senado Federal; e
- o Presidente do Supremo Tribunal Federal.

No entanto, tais pessoas apenas assumirão o cargo temporariamente, devendo convocar novas eleições se a ausência do Presidente e do Vice for definitiva.

8.2.1.5 Vacância dos cargos de Presidente e Vice-Presidente

A vacância dos cargos de Presidente e Vice-Presidente ocorre quando o País ficar definitivamente sem ambos.

Nesse caso, estabelece o Art. 81 da Constituição que:

> ***Art. 81.*** *Vagando os cargos de Presidente e Vice-Presidente da República, far-se-á eleição noventa dias depois de aberta a última vaga.*
>
> ***§ 1º.*** *Ocorrendo a vacância nos últimos dois anos do período presidencial, a eleição para ambos os cargos será feita trinta dias depois da última vaga, pelo Congresso Nacional, na forma da lei.*
>
> ***§ 2º.*** *Em qualquer dos casos, os eleitos deverão completar o período de seus antecessores.*

8.2.1.6 Mandato e ausência do Presidente da República

O Art. 82 da Constituição Federal estabelece que o mandato do Presidente da República é de quatro anos e terá início em primeiro de janeiro do ano seguinte ao da sua eleição.

Por sua vez, o Art. 83 estipula que o Presidente e o Vice-Presidente da República não poderão, sem licença do Congresso Nacional, ausentar-se do País por período superior a quinze dias, sob pena de perda do cargo.

8.2.1.7 Atribuições do Presidente da República

O Art. 84 traz as competências privativas do Presidente da República:

> ***Art. 84.*** *Compete privativamente ao Presidente da República:*
>
> ***I.*** *Nomear e exonerar os Ministros de Estado;*
>
> ***II.*** *Exercer, com o auxílio dos Ministros de Estado, a direção superior da administração federal;*
>
> ***III.*** *Iniciar o processo legislativo, na forma e nos casos previstos nesta Constituição;*
>
> ***IV.*** *Sancionar, promulgar e fazer publicar as leis, bem como expedir decretos e regulamentos para sua fiel execução;*
>
> ***V.*** *Vetar projetos de lei, total ou parcialmente;*
>
> ***VI.*** *Dispor, mediante decreto, sobre*
>
> ***a)*** *organização e funcionamento da administração federal, quando não implicar aumento de despesa nem criação ou extinção de órgãos públicos;*
>
> ***b)*** *extinção de funções ou cargos públicos, quando vagos;*
>
> ***VII.*** *Manter relações com Estados estrangeiros e acreditar seus representantes diplomáticos;*
>
> ***VIII.*** *Celebrar tratados, convenções e atos internacionais, sujeitos a referendo do Congresso Nacional;*
>
> ***IX.*** *Decretar o estado de defesa e o estado de sítio;*
>
> ***X.*** *Decretar e executar a intervenção federal;*
>
> ***XI.*** *Remeter mensagem e plano de governo ao Congresso Nacional por ocasião da abertura da sessão legislativa, expondo a situação do País e solicitando as providências que julgar necessárias;*
>
> ***XII.*** *Conceder indulto e comutar penas, com audiência, se necessário, dos órgãos instituídos em lei;*
>
> ***XIII.*** *Exercer o comando supremo das Forças Armadas, nomear os Comandantes da Marinha, do Exército e da Aeronáutica, promover seus oficiais-generais e nomeá-los para os cargos que lhes são privativos;*
>
> ***XIV.*** *Nomear, após aprovação pelo Senado Federal, os Ministros do Supremo Tribunal Federal e dos Tribunais Superiores, os Governadores de Territórios, o Procurador-Geral da República, o presidente e os diretores do banco central e outros servidores, quando determinado em lei;*
>
> ***XV.*** *Nomear, observado o disposto no Art. 73, os Ministros do Tribunal de Contas da União;*
>
> ***XVI.*** *Nomear os magistrados, nos casos previstos nesta Constituição, e o Advogado-Geral da União;*
>
> ***XVII.*** *Nomear membros do Conselho da República, nos termos do Art. 89, VII;*
>
> ***XVIII.*** *Convocar e presidir o Conselho da República e o Conselho de Defesa Nacional;*
>
> ***XIX.*** *Declarar guerra, no caso de agressão estrangeira, autorizado pelo Congresso Nacional ou referendado por ele, quando ocorrida no intervalo das sessões legislativas, e, nas mesmas condições, decretar, total ou parcialmente, a mobilização nacional;*
>
> ***XX.*** *Celebrar a paz, autorizado ou com o referendo do Congresso Nacional;*
>
> ***XXI.*** *Conferir condecorações e distinções honoríficas;*
>
> ***XXII.*** *Permitir, nos casos previstos em lei complementar, que forças estrangeiras transitem pelo território nacional ou nele permaneçam temporariamente;*
>
> ***XXIII.*** *Enviar ao Congresso Nacional o plano plurianual, o projeto de lei de diretrizes orçamentárias e as propostas de orçamento previstos nesta Constituição;*

XXIV. Prestar, anualmente, ao Congresso Nacional, dentro de sessenta dias após a abertura da sessão legislativa, as contas referentes ao exercício anterior;

XXV. Prover e extinguir os cargos públicos federais, na forma da lei;

XXVI. Editar medidas provisórias com força de lei, nos termos do Art. 62;

XXVII. Exercer outras atribuições previstas nesta Constituição.

***Parágrafo único.** O Presidente da República poderá delegar as atribuições mencionadas nos incisos VI, XII e XXV, primeira parte, aos Ministros de Estado, ao Procurador-Geral da República ou ao Advogado-Geral da União, que observarão os limites traçados nas respectivas delegações.*

8.2.1.8 Responsabilidade do Presidente da República

O Art. 85 estabelece que são crimes de responsabilidade os atos do Presidente da República que atentem contra a Constituição Federal e, especialmente, contra:

> a existência da União;
> o livre exercício do Poder Legislativo, do Poder Judiciário, do Ministério Público e dos Poderes constitucionais das unidades da Federação;
> o exercício dos direitos políticos, individuais e sociais;
> a segurança interna do País;
> a probidade na administração;
> a lei orçamentária;
> o cumprimento das leis e das decisões judiciais.

O parágrafo único do mesmo artigo estabelece que esses crimes serão definidos em lei especial, que estabelecerá as normas de processo e julgamento.

E o Art. 86 afirma que, admitida a acusação contra o Presidente da República, por dois terços da Câmara dos Deputados, será ele submetido a julgamento perante o Supremo Tribunal Federal, nas infrações penais comuns, ou perante o Senado Federal, nos crimes de responsabilidade.

A Constituição Federal determina ainda que o Presidente ficará suspende de suas funções:

> nas infrações penais comuns, se recebida a denúncia ou queixa-crime pelo Supremo Tribunal Federal;
> nos crimes de responsabilidade, após a instauração do processo pelo Senado Federal.

No entanto, se decorrido o prazo de cento e oitenta dias, o julgamento não estiver concluído, cessará o afastamento do Presidente, sem prejuízo do regular prosseguimento do processo.

Enquanto não sobrevier sentença condenatória, nas infrações comuns, o Presidente da República não poderá ser preso.

8.2.2 Dos Ministros de Estado

Os Ministros de Estado são os auxiliares diretos do Presidente da República.

De acordo com o Art. 87 da Constituição, os Ministros de Estado serão escolhidos dentre brasileiros maiores de vinte e um anos e no exercício dos direitos políticos.

8.2.2.1 Competências dos Ministros

De acordo com a Constituição, compete ao Ministro de Estado, além de outras atribuições estabelecidas na Constituição e na lei:

I. Exercer a orientação, coordenação e supervisão dos órgãos e entidades da administração federal na área de sua competência e referendar os atos e decretos assinados pelo Presidente da República;

II. Expedir instruções para a execução das leis, decretos e regulamentos;

III. Apresentar ao Presidente da República relatório anual de sua gestão no Ministério;

IV. Praticar os atos pertinentes às atribuições que lhe forem outorgadas ou delegadas pelo Presidente da República.

8.2.3 Do Conselho da República

O Conselho da República é, de acordo com a Constituição, órgão superior de consulta do Presidente da República.

8.2.3.1 Composição

De acordo com o Art. 89 da Constituição, participam do Conselho da República:

I. O Vice-Presidente da República;

II. O Presidente da Câmara dos Deputados;

III. O Presidente do Senado Federal;

IV. Os líderes da maioria e da minoria na Câmara dos Deputados;

V. Os líderes da maioria e da minoria no Senado Federal;

VI. O Ministro da Justiça;

VII. Seis cidadãos brasileiros natos, com mais de trinta e cinco anos de idade, sendo dois nomeados pelo Presidente da República, dois eleitos pelo Senado Federal e dois eleitos pela Câmara dos Deputados, todos com mandato de três anos, vedada a recondução.

O Presidente da República poderá convocar o Ministro de Estado para participar da reunião do Conselho, quando constar da pauta questão relacionada com o respectivo Ministério.

8.2.3.2 Competência

De acordo com o Art. 90 da CF, cabe ao Conselho da República pronunciar-se sobre:

I. Intervenção federal, estado de defesa e estado de sítio; e

II. As questões relevantes para a estabilidade das instituições democráticas.

8.2.4 Conselho de Defesa Nacional

O Art. 91 da Constituição estipula que o Conselho de Defesa Nacional é órgão de consulta do Presidente da República nos assuntos relacionados com a soberania nacional e a defesa do Estado democrático.

8.2.4.1 Composição

Participam do Conselho de Defesa Nacional:

I. O Vice-Presidente da República;

II. O Presidente da Câmara dos Deputados;

III. O Presidente do Senado Federal;

IV. O Ministro da Justiça;

V. O Ministro de Estado da Defesa;

VI. O Ministro das Relações Exteriores;

VII. O Ministro do Planejamento.

VIII. Os Comandantes da Marinha, do Exército e da Aeronáutica.

8.2.4.2 Competência

Compete ao Conselho de Defesa Nacional:

> Opinar nas hipóteses de declaração de guerra e de celebração da paz, nos termos desta Constituição;

> Opinar sobre a decretação do estado de defesa, do estado de sítio e da intervenção federal;

> Propor os critérios e condições de utilização de áreas indispensáveis à segurança do território nacional e opinar sobre seu efetivo uso, especialmente na faixa de fronteira e nas relacionadas com a preservação e a exploração dos recursos naturais de qualquer tipo;

> Estudar, propor e acompanhar o desenvolvimento de iniciativas necessárias a garantir a independência nacional e a defesa do Estado democrático.

8.3 O Poder Judiciário

A Constituição Federal, em seu Título III, Capítulo III, traz a organização do Poder Judiciário, definindo sua estrutura, composição e competência de seus órgãos.

Veremos aqui os pontos mais importantes para concursos públicos.

8.3.1 Órgãos do Poder Judiciário

O Art. 92 da CF traz os órgãos que compõem o Poder Judiciário:

***Art. 92.** São órgãos do Poder Judiciário:*

***I.** O Supremo Tribunal Federal;*

I-A. O Conselho Nacional de Justiça;

***II.** O Superior Tribunal de Justiça;*

II-A. O Tribunal Superior do Trabalho; (Incluído pela Emenda Constitucional nº 92, de 2016)

***III.** Os Tribunais Regionais Federais e Juízes Federais;*

***IV.** Os Tribunais e Juízes do Trabalho;*

***V.** Os Tribunais e Juízes Eleitorais;*

***VI.** Os Tribunais e Juízes Militares;*

***VII.** Os Tribunais e Juízes dos Estados e do Distrito Federal e Territórios."*

O § 1º do Art. 92 estipula que o Supremo Tribunal Federal (STF), o Conselho Nacional de Justiça (CNJ) e os Tribunais Superiores têm sede na Capital Federal.

Por sua vez, o § 2º do mesmo artigo afirma que o Supremo Tribunal Federal e os Tribunais Superiores têm jurisdição em todo o território nacional.

8.3.2 Lei orgânica da magistratura

O Art. 93 da CF fala a respeito da chamada Lei Orgânica da Magistratura (LOM), lei complementar de iniciativa do STF que deve definir com detalhes a organização do Poder Judiciário, trazendo este artigo algumas disposições que tal lei deve conter:

***Art. 93.** Lei complementar, de iniciativa do Supremo Tribunal Federal, disporá sobre o Estatuto da Magistratura, observados os seguintes princípios:*

***I.** Ingresso na carreira, cujo cargo inicial será o de juiz substituto, mediante concurso público de provas e títulos, com a participação da Ordem dos Advogados do Brasil em todas as fases, exigindo-se do bacharel em direito, no mínimo, três anos de atividade jurídica e obedecendo-se, nas nomeações, à ordem de classificação;*

***II.** Promoção de entrância para entrância, alternadamente, por antiguidade e merecimento, atendidas as seguintes normas:*

***a)** é obrigatória a promoção do juiz que figure por três vezes consecutivas ou cinco alternadas em lista de merecimento;*

***b)** a promoção por merecimento pressupõe dois anos de exercício na respectiva entrância e integrar o juiz a primeira quinta parte da lista de antiguidade desta, salvo se não houver com tais requisitos quem aceite o lugar vago;*

***c)** aferição do merecimento conforme o desempenho e pelos critérios objetivos de produtividade e presteza no exercício da jurisdição e pela frequência e aproveitamento em cursos oficiais ou reconhecidos de aperfeiçoamento;*

***d)** na apuração de antiguidade, o tribunal somente poderá recusar o juiz mais antigo pelo voto fundamentado de dois terços de seus membros, conforme procedimento próprio, e assegurada ampla defesa, repetindo-se a votação até fixar-se a indicação;*

***e)** não será promovido o juiz que, injustificadamente, retiver autos em seu poder além do prazo legal, não podendo devolvê-los ao cartório sem o devido despacho ou decisão;*

Entrância é uma das divisões da 1ª instância do Poder Judiciário. As comarcas são divididas em entrâncias de acordo com a população local, o número de processos e o tamanho da economia dos municípios abrangidos.

Via de regra, na Justiça Estadual há três entrâncias na 1ª instância. O juiz começa sua carreira de titular em comarcas de entrância inicial, podendo buscar depois a promoção para comarcas de entrância intermediária e por fim para comarcas de entrância final, para só depois poder pleitear sua promoção para a 2ª instância.

Já na Justiça Federal há somente uma entrância.

No Poder Judiciário, a promoção (tanto de entrância para entrância, no primeiro grau, como da primeira para a segunda instância) se dá alternadamente por antiguidade e merecimento. Quer dizer que se a última vaga foi preenchida por antiguidade, a próxima será por merecimento, e assim por diante.

***III.** O acesso aos tribunais de segundo grau far-se-á por antiguidade e merecimento, alternadamente, apurados na última ou única entrância;*

***IV.** Previsão de cursos oficiais de preparação, aperfeiçoamento e promoção de magistrados, constituindo etapa obrigatória do processo de vitaliciamento a participação em curso oficial ou reconhecido por escola nacional de formação e aperfeiçoamento de magistrados;*

***V.** O subsídio dos Ministros dos Tribunais Superiores corresponderá a noventa e cinco por cento do subsídio mensal fixado para os Ministros do Supremo Tribunal Federal e os subsídios dos demais magistrados serão fixados em lei e escalonados, em nível federal e estadual, conforme as respectivas categorias da estrutura judiciária nacional, não podendo a diferença entre uma e outra ser superior a dez por cento ou inferior a cinco por cento, nem exceder a noventa e cinco por cento do subsídio mensal dos Ministros dos Tribunais Superiores, obedecido, em qualquer caso, o disposto nos Arts. 37, XI, e 39, § 4º;*

***VI.** A aposentadoria dos magistrados e a pensão de seus dependentes observarão o disposto no art. 40;*

VII. *O juiz titular residirá na respectiva comarca, salvo autorização do tribunal;*

VIII. *O ato de remoção, disponibilidade e aposentadoria do magistrado, por interesse público, fundar-se-á em decisão por voto da maioria absoluta do respectivo tribunal ou do Conselho Nacional de Justiça, assegurada ampla defesa;*

VIII-A. A remoção a pedido ou a permuta de magistrados de comarca de igual entrância atenderá, no que couber, ao disposto nas alíneas a, b, c e e do inciso II;

IX. *Todos os julgamentos dos órgãos do Poder Judiciário serão públicos, e fundamentadas todas as decisões, sob pena de nulidade, podendo a lei limitar a presença, em determinados atos, às próprias partes e a seus advogados, ou somente a estes, em casos nos quais a preservação do direito à intimidade do interessado no sigilo não prejudique o interesse público à informação;*

X. *As decisões administrativas dos tribunais serão motivadas e em sessão pública, sendo as disciplinares tomadas pelo voto da maioria absoluta de seus membros;*

XI. *Nos tribunais com número superior a vinte e cinco julgadores, poderá ser constituído órgão especial, com o mínimo de onze e o máximo de vinte e cinco membros, para o exercício das atribuições administrativas e jurisdicionais delegadas da competência do tribunal pleno, provendo-se metade das vagas por antiguidade e a outra metade por eleição pelo tribunal pleno;*

XII. *A atividade jurisdicional será ininterrupta, sendo vedado férias coletivas nos juízos e tribunais de segundo grau, funcionando, nos dias em que não houver expediente forense normal, juízes em plantão permanente;*

XIII. *O número de juízes na unidade jurisdicional será proporcional à efetiva demanda judicial e à respectiva população;*

XIV. *Os servidores receberão delegação para a prática de atos de administração e atos de mero expediente sem caráter decisório;*

XV. *A distribuição de processos será imediata, em todos os graus de jurisdição.*

8.3.3 Quinto constitucional

O Art. 94 da CF estabelece que um quinto dos lugares dos Tribunais Regionais Federais, dos Tribunais dos Estados, e do Distrito Federal e Territórios será composto de:

- membros do Ministério Público, com mais de dez anos de carreira; e
- de advogados de notório saber jurídico e de reputação ilibada, com mais de dez anos de efetiva atividade profissional.

Esses membros do MP e advogados são indicados em lista sêxtupla pelos órgãos de representação de suas classes.

Recebidas essas indicações, o tribunal forma uma lista tríplice, enviando-a ao Poder Executivo, que, nos vinte dias subsequentes, escolhe um de seus integrantes para nomeação.

8.3.4 Garantias dos juízes

A fim de garantir a independência e imparcialidade do Poder Judiciário, a CF concede a seus membros diversas garantias:

Art. 95. *Os juízes gozam das seguintes garantias:*

I. *Vitaliciedade, que, no primeiro grau, só será adquirida após dois anos de exercício, dependendo a perda do cargo, nesse período, de deliberação do tribunal a que o juiz estiver vinculado, e, nos demais casos, de sentença judicial transitada em julgado;*

II. *Inamovibilidade, salvo por motivo de interesse público, na forma do art. 93, VIII;*

III. *Irredutibilidade de subsídio, ressalvado o disposto nos Arts. 37, X e XI, 39, § 4º, 150, II, 153, III, e 153, § 2º, I.*

8.3.5 Vedações aos juízes

Enquanto o caput do Art. 95 traz as garantias da magistratura, seu parágrafo único traz vedações aos juízes:

(...) Aos juízes é vedado:

I. *Exercer, ainda que em disponibilidade, outro cargo ou função, salvo uma de magistério;*

II. *Receber, a qualquer título ou pretexto, custas ou participação em processo;*

III. *Dedicar-se à atividade político-partidária.*

IV. *Receber, a qualquer título ou pretexto, auxílios ou contribuições de pessoas físicas, entidades públicas ou privadas, ressalvadas as exceções previstas em lei;*

V. *Exercer a advocacia no juízo ou tribunal do qual se afastou, antes de decorridos três anos do afastamento do cargo por aposentadoria ou exoneração.*

8.3.6 Competências privativas dos tribunais

O Art. 96 da CF traz algumas competências privativas dos Tribunais. Por serem privativas, tais competências não podem ser delegadas:

Art. 96. *Compete privativamente:*

I. *Aos tribunais:*

a) *eleger seus órgãos diretivos e elaborar seus regimentos internos, com observância das normas de processo e das garantias processuais das partes, dispondo sobre a competência e o funcionamento dos respectivos órgãos jurisdicionais e administrativos;*

b) *organizar suas secretarias e serviços auxiliares e os dos juízos que lhes forem vinculados, velando pelo exercício da atividade correicional respectiva;*

c) *prover, na forma prevista nesta Constituição, os cargos de juiz de carreira da respectiva jurisdição;*

d) *propor a criação de novas varas judiciárias;*

e) *prover, por concurso público de provas, ou de provas e títulos, (...) os cargos necessários à administração da Justiça, exceto os de confiança assim definidos em lei;*

f) *conceder licença, férias e outros afastamentos a seus membros e aos juízes e servidores que lhes forem imediatamente vinculados;*

II. *Ao Supremo Tribunal Federal, aos Tribunais Superiores e aos Tribunais de Justiça propor ao Poder Legislativo respectivo (...):*

a) *a alteração do número de membros dos tribunais inferiores;*

b) *a criação e a extinção de cargos e a remuneração dos seus serviços auxiliares e dos juízos que lhes forem vinculados, bem como a fixação do subsídio de seus membros e dos juízes, inclusive dos tribunais inferiores, onde houver;*

c) *a criação ou extinção dos tribunais inferiores;*

d) *a alteração da organização e da divisão judiciárias;*

III. *Aos Tribunais de Justiça julgar os juízes estaduais e do Distrito Federal e Territórios, bem como os membros do Ministério Público, nos crimes comuns e de responsabilidade, ressalvada a competência da Justiça Eleitoral.*

8.3.7 Juizados especiais

Visando uma prestação jurisdicional mais célere e eficiente para casos de menor complexidade (processos cíveis) ou de menor gravidade (processos penais), a Constituição Federal prevê a criação de juizados especiais, tanto na Justiça Federal como nas Justiças Estaduais.

Entre as vantagens da criação desses juizados especiais estão: maior rapidez no julgamento, uma vez que o rito de julgamento é sumaríssimo e menor burocracia para acesso à Justiça pelo cidadão, sendo que, em determinados casos cíveis, o autor da ação nem sequer precisa constituir advogado.

> ***Art. 98.*** *A União, no DF e nos Territórios, e os Estados criarão:*
>
> ***I.*** *Juizados especiais, providos por juízes togados, ou togados e leigos, competentes para conciliação, julgamento e execução de causas cíveis de menor complexidade e infrações penais de menor potencial ofensivo, mediante procedimentos oral e sumaríssimo, permitidos, nas hipóteses da lei, a transação e o julgamento de recursos por turmas de juízes de primeiro grau;*
>
> ***II.*** *Justiça de paz, remunerada, composta de cidadãos eleitos pelo voto direto, universal e secreto, com mandato de quatro anos e competência para, na forma da lei, celebrar casamentos, verificar, de ofício ou em face de impugnação, o processo de habilitação e exercer atribuições conciliatórias, sem caráter jurisdicional, além de outras previstas na legislação.*
>
> ***§ 1º*** *Lei federal disporá sobre a criação de juizados especiais no âmbito da Justiça Federal.*

8.3.8 Autonomia do Poder Judiciário

Os três poderes, de acordo com o Art. 2º de nossa Constituição Federal, são independentes e harmônicos entre si.

O Art. 99 fala da autonomia administrativa (relativa à capacidade de autogerir-se) e financeira (relativa aos recursos monetários), essenciais para que haja, de fato, independência do Poder Judiciário.

> ***Art. 99.*** *Ao Poder Judiciário é assegurada autonomia administrativa e financeira.*
>
> ***§ 1º.*** *Os tribunais elaborarão suas propostas orçamentárias dentro dos limites estipulados conjuntamente com os demais Poderes na lei de diretrizes orçamentárias.*
>
> ***§ 2º.*** *O encaminhamento da proposta, ouvidos os outros tribunais interessados, compete:*
>
> ***I.*** *No âmbito da União, aos Presidentes do Supremo Tribunal Federal e dos Tribunais Superiores, com a aprovação dos respectivos tribunais;*
>
> ***II.*** *No âmbito dos Estados e no do Distrito Federal e Territórios, aos Presidentes dos Tribunais de Justiça, com a aprovação dos respectivos tribunais.*
>
> ***§ 3º.*** *Se os órgãos referidos no § 2º não encaminharem as respectivas propostas orçamentárias dentro do prazo estabelecido na lei de diretrizes orçamentárias, o Poder Executivo considerará, para fins de consolidação da proposta orçamentária anual, os valores aprovados na lei orçamentária vigente, ajustados de acordo com os limites estipulados na forma do § 1º deste artigo.*
>
> ***§ 4º.*** *Se as propostas orçamentárias de que trata este artigo forem encaminhadas em desacordo com os limites estipulados na forma do § 1º, o Poder Executivo procederá aos ajustes necessários para fins de consolidação da proposta orçamentária anual.*

8.3.9 Precatórios

Os precatórios são autorizações orçamentárias para pagamento de decisões judiciais desfavoráveis à União, Estados e Municípios. Isso porque, diferentemente do que ocorre com o particular, o Poder Público tem a prerrogativa da impenhorabilidade de seus bens, o que faz com que não seja possível penhorar-se bens públicos para pagamento de débitos judiciais.

O Art. 100 da Constituição Federal traz as regras referentes aos precatórios. Abaixo apresentamos os dispositivos mais importantes desse artigo:

> ***Art. 100.*** *Os pagamentos devidos pelas Fazendas Públicas Federal, Estaduais, Distrital e Municipais, em virtude de sentença judiciária, far-se-ão exclusivamente na ordem cronológica de apresentação dos precatórios e à conta dos créditos respectivos, proibida a designação de casos ou de pessoas nas dotações orçamentárias e nos créditos adicionais abertos para este fim.*
>
> ***§ 1º.*** *Os débitos de natureza alimentícia compreendem aqueles decorrentes de salários, vencimentos, proventos, pensões e suas complementações, benefícios previdenciários e indenizações por morte ou por invalidez, fundadas em responsabilidade civil, em virtude de sentença judicial transitada em julgado, e serão pagos com preferência sobre todos os demais débitos, exceto sobre aqueles referidos no § 2º deste artigo.*
>
> ***§ 2º.*** *Os débitos de natureza alimentícia cujos titulares tenham 60 (sessenta) anos de idade ou mais na data de expedição do precatório, ou sejam portadores de doença grave, definidos na forma da lei, serão pagos com preferência sobre todos os demais débitos, até o valor equivalente ao triplo do fixado em lei para os fins do disposto no § 3º deste artigo, admitido o fracionamento para essa finalidade, sendo que o restante será pago na ordem cronológica de apresentação do precatório.*
>
> ***§ 3º.*** *O disposto no caput deste artigo relativamente à expedição de precatórios não se aplica aos pagamentos de obrigações definidas em leis como de pequeno valor que as Fazendas referidas devam fazer em virtude de sentença judicial transitada em julgado.*
>
> ***§ 4º.*** *Para os fins do disposto no § 3º, poderão ser fixados, por leis próprias, valores distintos às entidades de direito público, segundo as diferentes capacidades econômicas, sendo o mínimo igual ao valor do maior benefício do regime geral de previdência social.*
>
> ***§ 5º.*** *É obrigatória a inclusão, no orçamento das entidades de direito público, de verba necessária ao pagamento de seus débitos, oriundos de sentenças transitadas em julgado, constantes de precatórios judiciários apresentados até 1º de julho, fazendo-se o pagamento até o final do exercício seguinte, quando terão seus valores atualizados monetariamente.*
>
> ***§ 6º.*** *As dotações orçamentárias e os créditos abertos serão consignados diretamente ao Poder Judiciário, cabendo ao Presidente do Tribunal que proferir a decisão exequenda determinar o pagamento integral e autorizar, a requerimento do credor e exclusivamente para os casos de preterimento de seu direito de precedência ou de não alocação orçamentária do valor necessário à satisfação do seu débito, o sequestro da quantia respectiva.*
>
> ***§ 7º.*** *O Presidente do Tribunal competente que, por ato comissivo ou omissivo, retardar ou tentar frustrar a liquidação regular de precatórios incorrerá em crime de responsabilidade e responderá, também, perante o Conselho Nacional de Justiça.*
>
> ***§ 8º.*** *É vedada a expedição de precatórios complementares ou suplementares de valor pago, bem como o fracionamento, repartição ou quebra do valor da execução para fins de enquadramento de parcela do total ao que dispõe o § 3º deste artigo.*
>
> ***§ 9º.*** *No momento da expedição dos precatórios, independentemente de regulamentação, deles deverá ser abatido, a título de compensação, valor correspondente aos débitos líquidos e certos, inscritos ou não em dívida ativa e constituídos contra o credor original pela Fazenda Pública devedora, incluídas parcelas vincendas de parcelamentos, ressalvados aqueles cuja execução esteja suspensa em virtude de contestação administrativa ou judicial.*

> ***§ 10.*** *Antes da expedição dos precatórios, o Tribunal solicitará à Fazenda Pública devedora, para resposta em até 30 (trinta) dias, sob pena de perda do direito de abatimento, informação sobre os débitos que preencham as condições estabelecidas no § 9º, para os fins nele previstos.*
>
> ***§ 11.*** *É facultada ao credor, conforme estabelecido em lei da entidade federativa devedora, a entrega de créditos em precatórios para compra de imóveis públicos do respectivo ente federado.*
>
> ***§ 12.*** *A partir da promulgação desta Emenda Constitucional [EC 62/2009], a atualização de valores de requisitórios, após sua expedição, até o efetivo pagamento, independentemente de sua natureza, será feita pelo índice oficial de remuneração básica da caderneta de poupança, e, para fins de compensação da mora, incidirão juros simples no mesmo percentual de juros incidentes sobre a caderneta de poupança, ficando excluída a incidência de juros compensatórios.*
>
> ***§ 13.*** *O credor poderá ceder, total ou parcialmente, seus créditos em precatórios a terceiros, independentemente da concordância do devedor, não se aplicando ao cessionário o disposto nos §§ 2º e 3º.*
>
> ***§ 14.*** *A cessão de precatórios somente produzirá efeitos após comunicação, por meio de petição protocolizada, ao tribunal de origem e à entidade devedora.*
>
> ***§ 15.*** *Sem prejuízo do disposto neste artigo, lei complementar a esta Constituição Federal poderá estabelecer regime especial para pagamento de crédito de precatórios de Estados, Distrito Federal e Municípios, dispondo sobre vinculações à receita corrente líquida e forma e prazo de liquidação.*
>
> ***§ 16.*** *A seu critério exclusivo e na forma de lei, a União poderá assumir débitos, oriundos de precatórios, de Estados, Distrito Federal e Municípios, refinanciando-os diretamente.*

Resumo sobre precatórios

Segue a seguir um resumo sobre as principais disposições do Art. 100 sobre precatórios:

Ordem de pagamento: ordem cronológica de apresentação dos precatórios, proibida a designação de casos ou de pessoas nas dotações orçamentárias e nos créditos adicionais abertos para este fim.

Exceções à ordem de pagamento cronológica:

- Créditos de pequeno valor (não se sujeitam ao regime de precatórios). É vedado o fracionamento do valor da execução para fins de enquadramento de parcela do total ao pequeno valor.
- Maiores de 60 anos na data de expedição do precatório e portadores de doença grave (créditos de natureza alimentícia) terão preferência sobre todos os demais débitos, até o valor equivalente ao triplo daquele considerado como de pequeno valor, admitido o fracionamento para essa finalidade, sendo que o restante será pago na ordem cronológica de apresentação do precatório.
- Débitos de natureza alimentícia (decorrentes de salários, vencimentos, proventos, pensões e suas complementações, benefícios previdenciários e indenizações por morte ou por invalidez, fundadas em responsabilidade civil, em virtude de sentença judicial transitada em julgado) serão pagos com preferência sobre todos os demais débitos, exceto sobre aqueles referidos no item b).

Inclusão no orçamento: é obrigatória a inclusão no orçamento de verba necessária ao pagamento de precatórios apresentados até 1º de julho, fazendo-se o pagamento até o final do exercício seguinte, quando terão seus valores atualizados monetariamente. No entanto, Lei complementar poderá estabelecer regime especial para pagamento de crédito de precatórios de Estados, Distrito Federal e Municípios, dispondo sobre vinculações à receita corrente líquida e forma e prazo de liquidação.

Compensação com créditos da Fazenda Pública: no momento da expedição dos precatórios deverão ser compensados valores correspondente aos débitos líquidos e certos da Fazenda Pública devedora contra o beneficiário (incluindo parcelas vincendas de parcelamentos).

Antes da expedição dos precatórios, o Tribunal solicitará à Fazenda Pública devedora, para resposta em até 30 (trinta) dias, sob pena de perda do direito de abatimento, informação sobre os eventuais créditos para compensação.

Cessão de créditos de precatórios: o credor poderá ceder, total ou parcialmente, seus créditos em precatórios a terceiros, independentemente da concordância do devedor, comunicado o Tribunal de origem e a Fazenda Pública.

8.3.10 Do Supremo Tribunal Federal - STF

8.3.10.1 Composição e nomeação dos Ministros do STF

O Art. 101 estabelece que o Supremo Tribunal Federal – STF compõe-se de onze Ministros, escolhidos dentre cidadãos com mais de trinta e cinco e menos de sessenta e cinco anos de idade, de notável saber jurídico e reputação ilibada.

Tais Ministros serão nomeados pelo Presidente da República, depois de aprovada a escolha pela maioria absoluta do Senado Federal.

8.3.10.2 Competências do STF

O Art. 102 traz as competências originárias e recursais do STF.

As competências originárias referem-se aos casos que serão julgados diretamente no STF, ou seja, as ações relativas a eles serão propostas no próprio STF.

Já as competências recursais referem-se aos assuntos que serão apreciados pelo STF em grau de recurso, reanalisando, a pedido da parte interessada, decisões tomadas em instâncias inferiores:

> ***Art. 102.*** *Compete ao Supremo Tribunal Federal, precipuamente, a guarda da Constituição, cabendo-lhe:*
>
> ***I.*** *Processar e julgar, originariamente:*
>
> ***a)*** *a ação direta de inconstitucionalidade de lei ou ato normativo federal ou estadual e a ação declaratória de constitucionalidade de lei ou ato normativo federal;*
>
> ***b)*** *nas infrações penais comuns, o Presidente da República, o Vice-Presidente, os membros do Congresso Nacional, seus próprios Ministros e o Procurador-Geral da República;*
>
> ***c)*** *nas infrações penais comuns e nos crimes de responsabilidade, os Ministros de Estado e os Comandantes da Marinha, do Exército e da Aeronáutica, ressalvado o disposto no Art. 52, I, os membros dos Tribunais Superiores, os do Tribunal de Contas da União e os chefes de missão diplomática de caráter permanente;*

d) o "habeas corpus", sendo paciente qualquer das pessoas referidas nas alíneas anteriores; o mandado de segurança e o "habeas-data" contra atos do Presidente da República, das Mesas da Câmara dos Deputados e do Senado Federal, do Tribunal de Contas da União, do Procurador-Geral da República e do próprio Supremo Tribunal Federal;

e) o litígio entre Estado estrangeiro ou organismo internacional e a União, o Estado, o Distrito Federal ou o Território;

f) as causas e os conflitos entre a União e os Estados, a União e o Distrito Federal, ou entre uns e outros, inclusive as respectivas entidades da administração indireta;

g) a extradição solicitada por Estado estrangeiro;

h) REVOGADO PELA EC 45/2004

i) o habeas corpus, quando o coator for Tribunal Superior ou quando o coator ou o paciente for autoridade ou funcionário cujos atos estejam sujeitos diretamente à jurisdição do Supremo Tribunal Federal, ou se trate de crime sujeito à mesma jurisdição em uma única instância;

j) a revisão criminal e a ação rescisória de seus julgados;

l) a reclamação para a preservação de sua competência e garantia da autoridade de suas decisões;

m) a execução de sentença nas causas de sua competência originária, facultada a delegação de atribuições para a prática de atos processuais;

n) a ação em que todos os membros da magistratura sejam direta ou indiretamente interessados, e aquela em que mais da metade dos membros do tribunal de origem estejam impedidos ou sejam direta ou indiretamente interessados;

o) os conflitos de competência entre o Superior Tribunal de Justiça e quaisquer tribunais, entre Tribunais Superiores, ou entre estes e qualquer outro tribunal;

p) o pedido de medida cautelar das ações diretas de inconstitucionalidade;

q) o mandado de injunção, quando a elaboração da norma regulamentadora for atribuição do Presidente da República, do Congresso Nacional, da Câmara dos Deputados, do Senado Federal, das Mesas de uma dessas Casas Legislativas, do Tribunal de Contas da União, de um dos Tribunais Superiores, ou do próprio Supremo Tribunal Federal;

r) as ações contra o Conselho Nacional de Justiça e contra o Conselho Nacional do Ministério Público;

II. Julgar, em recurso ordinário:

a) o "habeas corpus", o mandado de segurança, o "habeas-data" e o mandado de injunção decididos em única instância pelos Tribunais Superiores, se denegatória a decisão;

b) o crime político;

III. Julgar, mediante recurso extraordinário, as causas decididas em única ou última instância, quando a decisão recorrida:

a) contrariar dispositivo desta Constituição;

b) declarar a inconstitucionalidade de tratado ou lei federal;

c) julgar válida lei ou ato de governo local contestado em face desta Constituição.

d) julgar válida lei local contestada em face de lei federal.

§ 2º. As decisões definitivas de mérito, proferidas pelo Supremo Tribunal Federal, nas ações diretas de inconstitucionalidade e nas ações declaratórias de constitucionalidade produzirão eficácia contra todos e efeito vinculante, relativamente aos demais órgãos do Poder Judiciário e à administração pública direta e indireta, nas esferas federal, estadual e municipal.

§ 3º. No recurso extraordinário o recorrente deverá demonstrar a repercussão geral das questões constitucionais discutidas no caso, nos termos da lei, a fim de que o Tribunal examine a admissão do recurso, somente podendo recusá-lo pela manifestação de dois terços de seus membros.

8.3.11 Conselho Nacional de Justiça

O Conselho Nacional de Justiça – CNJ, foi criado pela Emenda Constitucional 45/2004, como um órgão de controle de Poder Judiciário.

Sobre ele, dispõe o Art. 103-B:

Art. 103-B. *O Conselho Nacional de Justiça compõe-se de 15 (quinze) membros com mandato de 2 (dois) anos, admitida 1 (uma) recondução, sendo:*

I. O Presidente do Supremo Tribunal Federal;

II. Um Ministro do Superior Tribunal de Justiça, indicado pelo respectivo tribunal;

III. Um Ministro do Tribunal Superior do Trabalho, indicado pelo respectivo tribunal;

IV. Um desembargador de Tribunal de Justiça, indicado pelo Supremo Tribunal Federal;

V. Um juiz estadual, indicado pelo Supremo Tribunal Federal;

VI. Um juiz de Tribunal Regional Federal, indicado pelo Superior Tribunal de Justiça;

VII. Um juiz federal, indicado pelo Superior Tribunal de Justiça;

VIII. Um juiz de Tribunal Regional do Trabalho, indicado pelo Tribunal Superior do Trabalho;

IX. Um juiz do trabalho, indicado pelo Tribunal Superior do Trabalho;

X. Um membro do Ministério Público da União, indicado pelo Procurador-Geral da República;

XI. Um membro do Ministério Público estadual, escolhido pelo Procurador-Geral da República dentre os nomes indicados pelo órgão competente de cada instituição estadual;

XII. Dois advogados, indicados pelo Conselho Federal da Ordem dos Advogados do Brasil;

XIII. Dois cidadãos, de notável saber jurídico e reputação ilibada, indicados um pela Câmara dos Deputados e outro pelo Senado Federal.

§ 1º. O Conselho será presidido pelo Presidente do Supremo Tribunal Federal e, nas suas ausências e impedimentos, pelo Vice-Presidente do Supremo Tribunal Federal.

§ 2º. Os demais membros do Conselho serão nomeados pelo Presidente da República, depois de aprovada a escolha pela maioria absoluta do Senado Federal.

§ 3º. Não efetuadas, no prazo legal, as indicações previstas neste artigo, caberá a escolha ao Supremo Tribunal Federal.

§ 4º. Compete ao Conselho o controle da atuação administrativa e financeira do Poder Judiciário e do cumprimento dos deveres funcionais dos juízes, cabendo-lhe, além de outras atribuições que lhe forem conferidas pelo Estatuto da Magistratura:

I. Zelar pela autonomia do Poder Judiciário e pelo cumprimento do Estatuto da Magistratura, podendo expedir atos regulamentares, no âmbito de sua competência, ou recomendar providências;

II. Zelar pela observância do Art. 37 e apreciar, de ofício ou mediante provocação, a legalidade dos atos administrativos praticados por membros ou órgãos do Poder Judiciário, podendo desconstituí-los, revê-los ou fixar prazo para que se adotem as providências necessárias ao exato cumprimento da lei, sem prejuízo da competência do Tribunal de Contas da União;

III. Receber e conhecer das reclamações contra membros ou órgãos do Poder Judiciário, inclusive contra seus serviços auxiliares, serventias e órgãos prestadores de serviços notariais e de registro que atuem por delegação do poder público ou oficializados, sem prejuízo da competência disciplinar e correicional dos tribunais, podendo avocar processos disciplinares em curso e determinar a remoção, a disponibilidade ou a aposentadoria com subsídios ou proventos proporcionais ao tempo de serviço e aplicar outras sanções administrativas, assegurada ampla defesa;

__IV.__ Representar ao Ministério Público, no caso de crime contra a administração pública ou de abuso de autoridade;

__V.__ Rever, de ofício ou mediante provocação, os processos disciplinares de juízes e membros de tribunais julgados há menos de um ano;

__VI.__ Elaborar semestralmente relatório estatístico sobre processos e sentenças prolatadas, por unidade da Federação, nos diferentes órgãos do Poder Judiciário;

__VII.__ Elaborar relatório anual, propondo as providências que julgar necessárias, sobre a situação do Poder Judiciário no País e as atividades do Conselho, o qual deve integrar mensagem do Presidente do Supremo Tribunal Federal a ser remetida ao Congresso Nacional, por ocasião da abertura da sessão legislativa.

8.3.12 Superior Tribunal de Justiça - STJ

8.3.12.1 Composição e nomeação

Sobre isso, dispõe o Art. 104 da Constituição:

__Art. 104.__ O Superior Tribunal de Justiça compõe-se de, no mínimo, trinta e três Ministros.

__Parágrafo único.__ Os Ministros do Superior Tribunal de Justiça serão nomeados pelo Presidente da República, dentre brasileiros com mais de trinta e cinco e menos de sessenta e cinco anos, de notável saber jurídico e reputação ilibada, depois de aprovada a escolha pela maioria absoluta do Senado Federal, sendo:

__I.__ Um terço dentre juízes dos Tribunais Regionais Federais e um terço dentre desembargadores dos Tribunais de Justiça, indicados em lista tríplice elaborada pelo próprio Tribunal;

__II.__ Um terço, em partes iguais, dentre advogados e membros do Ministério Público Federal, Estadual, do Distrito Federal e Territórios, alternadamente, indicados na forma do Art. 94."

8.3.12.2 Competências

O art. 105 traz as competências originárias e recursais do STJ:

__Art. 105.__ Compete ao Superior Tribunal de Justiça:

__I.__ Processar e julgar, originariamente:

__a)__ nos crimes comuns, os Governadores dos Estados e do Distrito Federal, e, nestes e nos de responsabilidade, os desembargadores dos Tribunais de Justiça dos Estados e do Distrito Federal, os membros dos Tribunais de Contas dos Estados e do Distrito Federal, os dos Tribunais Regionais Federais, dos Tribunais Regionais Eleitorais e do Trabalho, os membros dos Conselhos ou Tribunais de Contas dos Municípios e os do Ministério Público da União que oficiem perante tribunais;

__b)__ os mandados de segurança e os habeas data contra ato de Ministro de Estado, dos Comandantes da Marinha, do Exército e da Aeronáutica ou do próprio Tribunal;

__c)__ os habeas corpus, quando o coator ou paciente for qualquer das pessoas mencionadas na alínea "a", ou quando o coator for tribunal sujeito à sua jurisdição, Ministro de Estado ou Comandante da Marinha, do Exército ou da Aeronáutica, ressalvada a competência da Justiça Eleitoral;

__d)__ os conflitos de competência entre quaisquer tribunais, ressalvado o disposto no art. 102, I, "o", bem como entre tribunal e juízes a ele não vinculados e entre juízes vinculados a tribunais diversos;

__e)__ as revisões criminais e as ações rescisórias de seus julgados;

__f)__ a reclamação para a preservação de sua competência e garantia da autoridade de suas decisões;

__g)__ os conflitos de atribuições entre autoridades administrativas e judiciárias da União, ou entre autoridades judiciárias de um Estado e administrativas de outro ou do Distrito Federal, ou entre as deste e da União;

__h)__ o mandado de injunção, quando a elaboração da norma regulamentadora for atribuição de órgão, entidade ou autoridade federal, da administração direta ou indireta, excetuados os casos de competência do Supremo Tribunal Federal e dos órgãos da Justiça Militar, da Justiça Eleitoral, da Justiça do Trabalho e da Justiça Federal;

__i)__ a homologação de sentenças estrangeiras e a concessão de exequatur às cartas rogatórias;

__II.__ Julgar, em recurso ordinário:

__a)__ os "habeas corpus" decididos em única ou última instância pelos Tribunais Regionais Federais ou pelos tribunais dos Estados, do Distrito Federal e Territórios, quando a decisão for denegatória;

__b)__ os mandados de segurança decididos em única instância pelos Tribunais Regionais Federais ou pelos tribunais dos Estados, do Distrito Federal e Territórios, quando denegatória a decisão;

__c)__ as causas em que forem partes Estado estrangeiro ou organismo internacional, de um lado, e, do outro, Município ou pessoa residente ou domiciliada no País;

__III.__ Julgar, em recurso especial, as causas decididas, em única ou última instância, pelos Tribunais Regionais Federais ou pelos tribunais dos Estados, do Distrito Federal e Territórios, quando a decisão recorrida:

__a)__ contrariar tratado ou lei federal, ou negar-lhes vigência;

__b)__ julgar válido ato de governo local contestado em face de lei federal;

__c)__ der a lei federal interpretação divergente da que lhe haja atribuído outro tribunal.

__Parágrafo único.__ Funcionarão junto ao Superior Tribunal de Justiça:

__I.__ A Escola Nacional de Formação e Aperfeiçoamento de Magistrados, cabendo-lhe, dentre outras funções, regulamentar os cursos oficiais para o ingresso e promoção na carreira;

__II.__ O Conselho da Justiça Federal, cabendo-lhe exercer, na forma da lei, a supervisão administrativa e orçamentária da Justiça Federal de primeiro e segundo graus, como órgão central do sistema e com poderes correicionais, cujas decisões terão caráter vinculante.

8.3.13 Tribunais Regionais Federais e Juízes Federais - TRFs

8.3.13.1 Conceito de Justiça Federal

Quando a Constituição usa o termo "Justiça Federal", o faz em seu sentido estrito, abarcando somente os Juízes Federais, na primeira instância, e os Tribunais Regionais Federais (TRFs), na segunda.

É como dispõe o Art. 106:

__Art. 106.__ São órgãos da Justiça Federal:

__I.__ Os Tribunais Regionais Federais;

__II.__ Os Juízes Federais.

8.3.13.2 Composição dos TRFs

O Art. 107, por sua vez, fala sobre a composição dos TRFs e nomeação de seus juízes, chamados normalmente de "desembargadores federais":

__Art. 107.__ Os Tribunais Regionais Federais compõem-se de, no mínimo, sete juízes, recrutados, quando possível, na respectiva região e nomeados pelo Presidente da República dentre brasileiros com mais de trinta e menos de sessenta e cinco anos, sendo:

I. Um quinto dentre advogados com mais de dez anos de efetiva atividade profissional e membros do Ministério Público Federal com mais de dez anos de carreira;

II. Os demais, mediante promoção de juízes federais com mais de cinco anos de exercício, por antiguidade e merecimento, alternadamente.

§ 1º A lei disciplinará a remoção ou a permuta de juízes dos Tribunais Regionais Federais e determinará sua jurisdição e sede.

§ 2º Os Tribunais Regionais Federais instalarão a justiça itinerante, com a realização de audiências e demais funções da atividade jurisdicional, nos limites territoriais da respectiva jurisdição, servindo-se de equipamentos públicos e comunitários.

§ 3º Os Tribunais Regionais Federais poderão funcionar descentralizadamente, constituindo Câmaras regionais, a fim de assegurar o pleno acesso do jurisdicionado à justiça em todas as fases do processo.

8.3.13.3 Competências dos TRFs

***Art. 108.** Compete aos Tribunais Regionais Federais:*

I. Processar e julgar, originariamente:

a) os juízes federais da área de sua jurisdição, incluídos os da Justiça Militar e da Justiça do Trabalho, nos crimes comuns e de responsabilidade, e os membros do Ministério Público da União, ressalvada a competência da Justiça Eleitoral;

b) as revisões criminais e as ações rescisórias de julgados seus ou dos juízes federais da região;

c) os mandados de segurança e os "habeas-data" contra ato do próprio Tribunal ou de juiz federal;

d) os "habeas corpus", quando a autoridade coatora for juiz federal;

e) os conflitos de competência entre juízes federais vinculados ao Tribunal;

II. Julgar, em grau de recurso, as causas decididas pelos juízes federais e pelos juízes estaduais no exercício da competência federal da área de sua jurisdição.

8.3.13.4 Competência dos Juízes Federais

***Art. 109.** Aos juízes federais compete processar e julgar:*

I. As causas em que a União, entidade autárquica ou empresa pública federal forem interessadas na condição de autoras, rés, assistentes ou oponentes, exceto as de falência, as de acidentes de trabalho e as sujeitas à Justiça Eleitoral e à Justiça do Trabalho;

II. As causas entre Estado estrangeiro ou organismo internacional e Município ou pessoa domiciliada ou residente no País;

III. As causas fundadas em tratado ou contrato da União com Estado estrangeiro ou organismo internacional;

IV. Os crimes políticos e as infrações penais praticadas em detrimento de bens, serviços ou interesse da União ou de suas entidades autárquicas ou empresas públicas, excluídas as contravenções e ressalvada a competência da Justiça Militar e da Justiça Eleitoral;

V. Os crimes previstos em tratado ou convenção internacional, quando, iniciada a execução no País, o resultado tenha ou devesse ter ocorrido no estrangeiro, ou reciprocamente;

V-A. As causas relativas a direitos humanos a que se refere o § 5º deste artigo;

VI. Os crimes contra a organização do trabalho e, nos casos determinados por lei, contra o sistema financeiro e a ordem econômico-financeira;

VII. Os "habeas-corpus", em matéria criminal de sua competência ou quando o constrangimento provier de autoridade cujos atos não estejam diretamente sujeitos a outra jurisdição;

VIII. Os mandados de segurança e os "habeas-data" contra ato de autoridade federal, excetuados os casos de competência dos tribunais federais;

IX. Os crimes cometidos a bordo de navios ou aeronaves, ressalvada a competência da Justiça Militar;

X. Os crimes de ingresso ou permanência irregular de estrangeiro, a execução de carta rogatória, após o "exequatur", e de sentença estrangeira, após a homologação, as causas referentes à nacionalidade, inclusive a respectiva opção, e à naturalização;

XI. A disputa sobre direitos indígenas.

§ 1º. As causas em que a União for autora serão aforadas na seção judiciária onde tiver domicílio a outra parte.

§ 2º. As causas intentadas contra a União poderão ser aforadas na seção judiciária em que for domiciliado o autor, naquela onde houver ocorrido o ato ou fato que deu origem à demanda ou onde esteja situada a coisa, ou, ainda, no Distrito Federal.

§ 3º. Serão processadas e julgadas na justiça estadual, no foro do domicílio dos segurados ou beneficiários, as causas em que forem parte instituição de previdência social e segurado, sempre que a comarca não seja sede de vara do juízo federal, e, se verificada essa condição, a lei poderá permitir que outras causas sejam também processadas e julgadas pela justiça estadual.

§ 4º. Na hipótese do parágrafo anterior, o recurso cabível será sempre para o Tribunal Regional Federal na área de jurisdição do juiz de primeiro grau.

§ 5º. Nas hipóteses de grave violação de direitos humanos, o Procurador-Geral da República, com a finalidade de assegurar o cumprimento de obrigações decorrentes de tratados internacionais de direitos humanos dos quais o Brasil seja parte, poderá suscitar, perante o Superior Tribunal de Justiça, em qualquer fase do inquérito ou processo, incidente de deslocamento de competência para a Justiça Federal.

8.3.14 Justiça do Trabalho

8.3.14.1 Órgãos da Justiça do Trabalho

O Art. 111 traz os órgãos que compõem a Justiça do Trabalho:

***Art. 111.** São órgãos da Justiça do Trabalho:*

I. O Tribunal Superior do Trabalho;

II. Os Tribunais Regionais do Trabalho;

III. Juízes do Trabalho.

Desde 2009, não existem mais as antigas Juntas de Conciliação e Julgamento.

8.3.14.2 Tribunal Superior do Trabalho - TST

O TST é o órgão máximo da Justiça do Trabalho. O Art. 111-A trata sobre ele:

***Art. 111-A.** O Tribunal Superior do Trabalho compor-se-á de vinte e sete Ministros, escolhidos dentre brasileiros com mais de trinta e cinco anos e menos de sessenta e cinco anos, de notável saber jurídico e reputação ilibada, nomeados pelo Presidente da República após aprovação pela maioria absoluta do Senado Federal, sendo: (Redação dada pela Emenda Constitucional nº 92, de 2016)*

I. Um quinto dentre advogados com mais de dez anos de efetiva atividade profissional e membros do Ministério Público do Trabalho com mais de dez anos de efetivo exercício, observado o disposto no Art. 94;

II. Os demais dentre juízes dos Tribunais Regionais do Trabalho, oriundos da magistratura da carreira, indicados pelo próprio Tribunal Superior.

§ 1º. A lei disporá sobre a competência do Tribunal Superior do Trabalho.

§ 2º. Funcionarão junto ao Tribunal Superior do Trabalho:

I. A Escola Nacional de Formação e Aperfeiçoamento de Magistrados do Trabalho, cabendo-lhe, dentre outras funções, regulamentar os cursos oficiais para o ingresso e promoção na carreira;

II. O Conselho Superior da Justiça do Trabalho, cabendo-lhe exercer, na forma da lei, a supervisão administrativa, orçamentária, financeira e patrimonial da Justiça do Trabalho de primeiro e segundo graus, como órgão central do sistema, cujas decisões terão efeito vinculante.

§ 3º Compete ao Tribunal Superior do Trabalho processar e julgar, originariamente, a reclamação para a preservação de sua competência e garantia da autoridade de suas decisões. (Incluído pela Emenda Constitucional nº 92, de 2016)

8.3.14.3 Varas da Justiça do Trabalho

As varas da Justiça do Trabalho são os locais onde atuam os Juízes do Trabalho. Sobre isso, dispõe o Art. 112 da Constituição:

***Art. 112.** A lei criará varas da Justiça do Trabalho, podendo, nas comarcas não abrangidas por sua jurisdição, atribuí-la aos juízes de direito, com recurso para o respectivo Tribunal Regional do Trabalho.*

***Art. 113.** A lei disporá sobre a constituição, investidura, jurisdição, competência, garantias e condições de exercício dos órgãos da Justiça do Trabalho.*

***Art. 116.** Nas Varas do Trabalho, a jurisdição será exercida por um juiz singular.*

8.3.14.4 Competência da Justiça do Trabalho

O Art. 114 da Constituição trata da competência da Justiça do Trabalho:

***Art. 114.** Compete à Justiça do Trabalho processar e julgar:*

***I.** As ações oriundas da relação de trabalho, abrangidos os entes de direito público externo e da administração pública direta e indireta da União, dos Estados, do Distrito Federal e dos Municípios;*

***II.** As ações que envolvam exercício do direito de greve;*

***III.** As ações sobre representação sindical, entre sindicatos, entre sindicatos e trabalhadores, e entre sindicatos e empregadores;*

***IV.** Os mandados de segurança, habeas corpus e habeas data, quando o ato questionado envolver matéria sujeita à sua jurisdição;*

***V.** Os conflitos de competência entre órgãos com jurisdição trabalhista, ressalvado o disposto no Art. 102, I, o;*

***VI.** As ações de indenização por dano moral ou patrimonial, decorrentes da relação de trabalho;*

***VII.** As ações relativas às penalidades administrativas impostas aos empregadores pelos órgãos de fiscalização das relações de trabalho;*

***VIII.** A execução, de ofício, das contribuições sociais previstas no Art. 195, I, a, e II, e seus acréscimos legais, decorrentes das sentenças que proferir;*

***IX.** Outras controvérsias decorrentes da relação de trabalho, na forma da lei.*

***§ 1º.** Frustrada a negociação coletiva, as partes poderão eleger árbitros.*

***§ 2º.** Recusando-se qualquer das partes à negociação coletiva ou à arbitragem, é facultado às mesmas, de comum acordo, ajuizar dissídio coletivo de natureza econômica, podendo a Justiça do Trabalho decidir o conflito, respeitadas as disposições mínimas legais de proteção ao trabalho, bem como as convencionadas anteriormente.*

***§ 3º.** Em caso de greve em atividade essencial, com possibilidade de lesão do interesse público, o Ministério Público do Trabalho poderá ajuizar dissídio coletivo, competindo à Justiça do Trabalho decidir o conflito.*

8.3.14.5 Tribunais Regionais do Trabalho - TRTs

Os Tribunais Regionais do Trabalho compõem a segunda instância da Justiça do Trabalho. Sobre eles dispõe o Art. 115 da Constituição:

***Art. 115.** Os Tribunais Regionais do Trabalho compõem-se de, no mínimo, sete juízes, recrutados, quando possível, na respectiva região, e nomeados pelo Presidente da República dentre brasileiros com mais de trinta e menos de sessenta e cinco anos, sendo:*

***I.** Um quinto dentre advogados com mais de dez anos de efetiva atividade profissional e membros do Ministério Público do Trabalho com mais de dez anos de efetivo exercício, observado o disposto no Art. 94;*

***II.** Os demais, mediante promoção de juízes do trabalho por antiguidade e merecimento, alternadamente.*

***§ 1º.** Os Tribunais Regionais do Trabalho instalarão a justiça itinerante, com a realização de audiências e demais funções de atividade jurisdicional, nos limites territoriais da respectiva jurisdição, servindo-se de equipamentos públicos e comunitários.*

***§ 2º.** Os Tribunais Regionais do Trabalho poderão funcionar descentralizadamente, constituindo Câmaras regionais, a fim de assegurar o pleno acesso do jurisdicionado à justiça em todas as fases do processo.*

8.3.15 Justiça Eleitoral

Os órgãos que compõem a Justiça Eleitoral estão no Art. 118 da Constituição:

***Art. 118.** São órgãos da Justiça Eleitoral:*

***I.** O Tribunal Superior Eleitoral;*

***II.** Os Tribunais Regionais Eleitorais;*

***III.** Os Juízes Eleitorais;*

***IV.** As Juntas Eleitorais.*

8.3.15.1 Tribunal Superior Eleitoral - TSE

O TSE é o órgão máximo da Justiça Eleitoral. Sobre ele trata o Art. 119 da CF:

***Art. 119.** O Tribunal Superior Eleitoral compor-se-á, no mínimo, de sete membros, escolhidos:*

***I.** Mediante eleição, pelo voto secreto:*

***a)** três juízes dentre os Ministros do Supremo Tribunal Federal;*

***b)** dois juízes dentre os Ministros do Superior Tribunal de Justiça;*

***II.** Por nomeação do Presidente da República, dois juízes dentre seis advogados de notável saber jurídico e idoneidade moral, indicados pelo Supremo Tribunal Federal.*

***Parágrafo único.** O Tribunal Superior Eleitoral elegerá seu Presidente e o Vice-Presidente dentre os Ministros do Supremo Tribunal Federal, e o Corregedor Eleitoral dentre os Ministros do Superior Tribunal de Justiça.*

8.3.15.2 Tribunais Regionais Eleitorais - TREs

Os TREs compõem a segunda instância da Justiça Eleitoral.

O Art. 120 da CF dispõe sobre eles:

Art. 120. Haverá um Tribunal Regional Eleitoral na Capital de cada Estado e no Distrito Federal.

§ 1º. Os Tribunais Regionais Eleitorais compor-se-ão:

I. Mediante eleição, pelo voto secreto:

a) de dois juízes dentre desembargadores do Tribunal de Justiça;

b) de dois juízes, dentre juízes de direito, escolhidos pelo Tribunal de Justiça;

II. De um juiz do Tribunal Regional Federal com sede na Capital ou no Distrito Federal, ou, não havendo, de juiz federal, escolhido, em qualquer caso, pelo Tribunal Regional Federal respectivo;

III. Por nomeação, pelo Presidente da República, de dois juízes dentre seis advogados de notável saber jurídico e idoneidade moral, indicados pelo Tribunal de Justiça.

§ 2º. O Tribunal Regional Eleitoral elegerá seu Presidente e o Vice-Presidente- dentre os desembargadores.

8.3.15.3 Disposições gerais sobre a Justiça Eleitoral

O Art. 121 traz diversas disposições gerais aplicáveis à Justiça Eleitoral:

Art. 121. Lei complementar disporá sobre a organização e competência dos tribunais, juízes de direito e juntas eleitorais.

§ 1º. Os membros dos tribunais, os juízes de direito e os integrantes das juntas eleitorais, no exercício de suas funções, e no que lhes for aplicável, gozarão de plenas garantias e serão inamovíveis.

§ 2º. Os juízes dos tribunais eleitorais, salvo motivo justificado, servirão por dois anos, no mínimo, e nunca por mais de dois biênios consecutivos, sendo os substitutos escolhidos na mesma ocasião e pelo mesmo processo, em número igual para cada categoria.

§ 3º. São irrecorríveis as decisões do Tribunal Superior Eleitoral, salvo as que contrariarem esta Constituição e as denegatórias de «habeas-corpus» ou mandado de segurança.

§ 4º. Das decisões dos Tribunais Regionais Eleitorais somente caberá recurso quando:

I. Forem proferidas contra disposição expressa desta Constituição ou de lei;

II. Ocorrer divergência na interpretação de lei entre dois ou mais tribunais eleitorais;

III. Versarem sobre inelegibilidade ou expedição de diplomas nas eleições federais ou estaduais;

IV. Anularem diplomas ou decretarem a perda de mandatos eletivos federais ou estaduais;

V. Denegarem "habeas corpus", mandado de segurança, "habeas data" ou mandado de injunção.

8.3.16 Justiça Militar

O Art. 122 da Constituição estipula quais são os órgãos da Justiça Militar no Brasil:

Art. 122. São órgãos da Justiça Militar:

I. O Superior Tribunal Militar;

II. Os Tribunais e Juízes Militares instituídos por lei.

8.3.16.1 Superior Tribunal Militar - STM

O STM é o órgão máximo da Justiça Militar, e o Art. 123 trata da forma de nomeação de seus Ministros:

Art. 123. O Superior Tribunal Militar compor-se-á de quinze Ministros vitalícios, nomeados pelo Presidente da República, depois de aprovada a indicação pelo Senado Federal, sendo três dentre oficiais-generais da Marinha, quatro dentre oficiais-generais do Exército, três dentre oficiais-generais da Aeronáutica, todos da ativa e do posto mais elevado da carreira, e cinco dentre civis.

Parágrafo único. Os Ministros civis serão escolhidos pelo Presidente da República dentre brasileiros maiores de trinta e cinco anos, sendo:

I. Três dentre advogados de notório saber jurídico e conduta ilibada, com mais de dez anos de efetiva atividade profissional;

II. Dois, por escolha paritária, dentre juízes auditores e membros do Ministério Público da Justiça Militar.

8.3.16.2 Competência da Justiça Militar

O Art. 124 trata genericamente da competência da Justiça Militar, deixando, porém, a organização, o funcionamento e o detalhamento da competência desse ramo da Justiça a cargo da lei:

Art. 124. À Justiça Militar compete processar e julgar os crimes militares definidos em lei.

Parágrafo único. A lei disporá sobre a organização, o funcionamento e a competência da Justiça Militar.

8.3.17 Justiça Estadual

Os Arts. 125 e 126 da Constituição tratam sobre a Justiça Estadual:

Art. 125. Os Estados organizarão sua Justiça, observados os princípios estabelecidos nesta Constituição.

§ 1º. A competência dos tribunais será definida na Constituição do Estado, sendo a lei de organização judiciária de iniciativa do Tribunal de Justiça.

§ 2º. Cabe aos Estados a instituição de representação de inconstitucionalidade de leis ou atos normativos estaduais ou municipais em face da Constituição Estadual, vedada a atribuição da legitimação para agir a um único órgão.

§ 3º. A lei estadual poderá criar, mediante proposta do Tribunal de Justiça, a Justiça Militar estadual, constituída, em primeiro grau, pelos juízes de direito e pelos Conselhos de Justiça e, em segundo grau, pelo próprio Tribunal de Justiça, ou por Tribunal de Justiça Militar nos Estados em que o efetivo militar seja superior a vinte mil integrantes.

§ 4º. Compete à Justiça Militar estadual processar e julgar os militares dos Estados, nos crimes militares definidos em lei e as ações judiciais contra atos disciplinares militares, ressalvada a competência do júri quando a vítima for civil, cabendo ao tribunal competente decidir sobre a perda do posto e da patente dos oficiais e da graduação das praças.

§ 5º. Compete aos juízes de direito do juízo militar processar e julgar, singularmente, os crimes militares cometidos contra civis e as ações judiciais contra atos disciplinares militares, cabendo ao Conselho de Justiça, sob a presidência de juiz de direito, processar e julgar os demais crimes militares.

§ 6º. O Tribunal de Justiça poderá funcionar descentralizadamente, constituindo Câmaras regionais, a fim de assegurar o pleno acesso do jurisdicionado à justiça em todas as fases do processo.

§ 7º. O Tribunal de Justiça instalará a justiça itinerante, com a realização de audiências e demais funções da atividade jurisdicional, nos limites territoriais da respectiva jurisdição, servindo-se de equipamentos públicos e comunitários.

Art. 126. Para dirimir conflitos fundiários, o Tribunal de Justiça proporá a criação de varas especializadas, com competência exclusiva para questões agrárias.

Parágrafo único. Sempre que necessário à eficiente prestação jurisdicional, o juiz far-se-á presente no local do litígio.

Questões

01. (Esaf) Em relação às competências do Congresso Nacional, da Câmara dos Deputados e do Senado Federal, assinale a opção correta.

a) Compete privativamente ao Senado Federal autorizar, por dois terços de seus membros, a instauração de processo contra o Presidente e o Vice-Presidente da República e os Ministros de Estado.

b) Compete privativamente à Câmara dos Deputados processar e julgar o Presidente e o Vice-Presidente da República nos crimes de responsabilidade.

c) Compete ao Congresso Nacional, por meio de iniciativa do Presidente do Senado Federal, proceder à tomada de contas do Presidente da República, quando não apresentadas dentro de sessenta dias após a abertura da sessão legislativa.

d) Compete privativamente ao Senado Federal autorizar o Presidente da República e o Vice- Presidente da República a se ausentarem do País, quando a ausência exceder a quinze dias.

e) Compete privativamente ao Senado Federal processar e julgar os Ministros do Supremo Tribunal Federal, os membros do Conselho Nacional de Justiça e do Conselho Nacional do Ministério Público, o Procurador-Geral da República e o Advogado-Geral da União nos crimes de responsabilidade.

02. (Esaf) Em relação aos Poderes do Estado, é correto afirmar que:

a) O Congresso Nacional se compõe da Câmara dos Deputados, integrada por representantes dos Estados e do Distrito Federal, e do Senado Federal, que é formado pelos representantes do povo.

b) É competência exclusiva do Congresso Nacional resolver definitivamente sobre tratados, acordos ou atos internacionais que acarretem encargos ou compromissos gravosos ao patrimônio nacional.

c) Compete privativamente ao Presidente da República nomear, após aprovação pelo Congresso Nacional, os Ministros do Supremo Tribunal Federal e dos Tribunais Superiores, os Governadores de Territórios, o Procurador-Geral da República, o presidente e os diretores do Banco Central e outros servidores, quando determinado em lei.

d) Compete ao Supremo Tribunal Federal processar e julgar, originariamente, as causas e os conflitos entre a União e os Estados, a União e o Distrito Federal, a União e os Municípios, ou entre uns e outros, inclusive as respectivas entidades da administração indireta.

e) Em caso de impedimento do Presidente e do Vice- Presidente, ou vacância dos respectivos cargos, serão sucessivamente chamados ao exercício da Presidência, o Presidente do Senado Federal, o da Câmara dos Deputados e o do Supremo Tribunal Federal.

03. (Esaf) A respeito da capacidade de fiscalizar do Poder Legislativo, é correto afirmar que:

a) o poder investigativo da Comissão Parlamentar de Inquérito é amplo e irrestrito, daí não dever observância nem mesmo à separação dos poderes e à autonomia dos Estados membros, Distrito Federal e Municípios, pois se assim não fosse a amplitude do poder investigativo ficaria comprometida.

b) o Tribunal de Contas da União. TCU emite parecer prévio sobre as contas anuais do Presidente da República no prazo de 60 dias a contar do seu recebimento. O julgamento a despeito de ser político, feito pelo Congresso Nacional, vincula-se ao parecer emitido pelo TCU em razão dos fundamentos técnicos, os quais, via de regra, são bem consistentes.

c) conforme entendimento do Supremo Tribunal Federal, as Cortes de Contas são dotadas de autonomia e de autogoverno, todavia isso não lhe dá o direito de iniciativa reservada para instaurar processo legislativo que pretenda alterar sua organização e seu funcionamento, pois para isso a iniciativa deve ser do Congresso Nacional.

d) as multas aplicadas pelo TCU têm força de título executivo e cabe ao Tribunal providenciar a cobrança, por intermédio da Advocacia-Geral da União, a quem caberá o ajuizamento da execução.

e) as funções de Ministério Público junto ao Tribunal de Contas da União serão exercidas por instituição que integra os quadros do Ministério Público da União especializado, assim como ocorre com o Ministério Público Militar e do Trabalho.

04. (Esaf) Marque a opção correta, nos termos do disposto na Constituição Federal de 1988.

a) Constitui objetivo fundamental da República Federativa do Brasil, segundo preceitua o artigo 3 o da Constituição Federal da República/88, o respeito aos valores sociais do trabalho e da livre iniciativa.

b) Compete privativamente ao Senado Federal resolver definitivamente sobre tratados, acordos ou atos internacionais que acarretem encargos ou compromissos gravosos ao patrimônio nacional.

c) A matéria constante de projeto de lei rejeitado não poderá constituir objeto de novo projeto, na mesma sessão legislativa, mediante proposta da maioria absoluta dos membros de qualquer das Casas do Congresso Nacional.

d) Vagando os cargos de Presidente e Vice-Presidente da República na primeira metade do mandato far-se-á eleição noventa dias depois de aberta a última vaga.

e) São órgãos do Poder Judiciário os Tribunais e Juízes Militares, os Tribunais Arbitrais e o Conselho Nacional de Justiça.

05. (Esaf) O Conselho da República e o Conselho de Defesa Nacional são órgãos de consulta do Presidente da República. Ambos têm composição e atribuições previstas na Constituição Federal. Sobre eles, assinale a opção correta.

a) Entre outros membros o Conselho de Defesa Nacional é composto pelo Vice-Presidente da República, pelo Presidente da Câmara dos Deputados, pelo Presidente do Senado e por seis brasileiros natos, indicados, dois pela Câmara dos Deputados, dois pelo Senado e dois pelo Presidente da República, que opinam nas hipóteses de declaração de guerra e celebração da paz.

b) O Conselho da República opina sobre intervenção federal, estado de sítio, estado de defesa, e sobre questões relevantes para a estabilidade das instituições democráticas bem como sobre o uso efetivo das áreas de faixa de fronteira.

c) O Conselho da República é composto pelo Vice- Presidente da República, pelo Presidente da Câmara dos Deputados, pelo Presidente do Senado e pelo Ministro da Justiça e se incumbe de opinar nos casos de pedido de asilo formulado ao Brasil.

d) O Conselho de Defesa Nacional é composto pelo Vice-Presidente da República, pelo Presidente da Câmara dos Deputados, pelo Presidente do Senado, pelo Ministro da Justiça, pelo Ministro de Estado da Defesa, entre outros, e compete-lhe opinar sobre declaração de guerra e celebração da paz.

e) Os membros do Conselho da República e do Conselho de Defesa Nacional são julgados, em casos da prática de crime comum, pelo Supremo Tribunal Federal.

06. (FCC) Na estrutura do Poder Judiciário brasileiro há um Tribunal:

a) Regional do Trabalho em cada Estado.

b) Regional Federal em cada uma das cinco Regiões brasileiras.

c) Regional Eleitoral em cada uma das cinco Regiões brasileiras.

d) de Justiça organizado e mantido pela União para o Distrito Federal e Territórios.

e) de Justiça Militar em cada Estado da Federação com mais de duzentos mil habitantes.

07. (Esaf) Processar e julgar originariamente nos crimes comuns e nos crimes de responsabilidade os membros dos Tribunais de Contas dos Estados é competência do

a) Tribunal de Justiça do Estado e Superior Tribunal de Justiça, respectivamente.

b) Supremo Tribunal Federal.

c) Superior Tribunal de Justiça e Supremo Tribunal Federal, respectivamente.

d) Supremo Tribunal Federal e Superior Tribunal de Justiça, respectivamente.

e) Superior Tribunal de Justiça.

08. (FCC) Nos termos da Constituição Federal, o Ministério Público é considerado instituição permanente e :

a) essencial à função jurisdicional do Estado, integrando a estrutura do Poder Judiciário.

b) incumbida da defesa do regime democrático e da ordem jurídica, integrando a estrutura do Poder Executivo.

c) responsável, privativamente, pela defesa dos direitos sociais e individuais indisponíveis em Juízo.

d) responsável pela defesa do regime democrático e da ordem jurídica, integrando a estrutura do Poder Legislativo.

e) incumbida de promover a defesa da ordem jurídica, gozando de autonomia e independência funcional.

09. (FCC) Considere a seguinte situação hipotética: O Presidente da República praticou ato que atentou contra o livre exercício do Poder Legislativo. Neste caso, segundo a Constituição Federal, o Presidente da República:

a) praticou crime de responsabilidade, sendo que admitida a acusação, por dois terços da Câmara dos Deputados, será ele submetido a julgamento perante o Senado Federal.

b) praticou crime comum, sendo que admitida a acusação, por dois terços da Câmara dos Deputados, será ele submetido a julgamento perante o Supremo Tribunal Federal.

c) praticou crime de responsabilidade, sendo que admitida a acusação, por dois terços da Câmara dos Deputados, será ele submetido a julgamento perante o Supremo Tribunal Federal.

d) praticou crime comum, sendo que admitida a acusação, por dois terços da Câmara dos Deputados, será ele submetido a julgamento perante o Senado Federal.

e) não praticou conduta que tipifique crime, devendo sofrer sanções administrativas, dependendo de deliberação de, no mínimo, dois terços do Congresso Nacional.

10. (FCC) A teor do art. 47 da Constituição: Salvo disposição constitucional em contrário, as deliberações de cada Casa e de suas Comissões serão tomadas por maioria dos votos, presente a maioria absoluta de seus membros.

Essa regra aplica-se, entre outras hipóteses, às deliberações parlamentar de:

a) lei ordinária e medida provisória.

b) lei ordinária e emenda à Constituição.

c) lei ordinária e lei complementar.

d) decreto legislativo e emenda à Constituição.

e) decreto legislativo e lei complementar.

Gabaritos

01	E	06	D
02	B	07	E
03	D	08	E
04	D	09	A
05	D	10	A

9. FUNÇÕES ESSENCIAIS À JUSTIÇA

As funções essenciais à justiça estão previstas expressamente do Art. 127 ao 135 da Constituição Federal, elas são representadas pelas seguintes instituições:

Ministério Público;

Advocacia Pública;

Defensoria Pública;

Advocacia.

Ao contrário do que muitos pensam, essas instituições não fazem parte do Poder Judiciário, mas desempenham suas funções junto a esse poder. Sua atuação é essencial ao exercício jurisdicional, razão pela qual foram classificadas como funções essenciais. Essa necessidade se justifica em razão da impossibilidade de o Judiciário agir de ofício, ou seja, toda a atuação jurisdicional demanda provocação, a qual será titularizada por uma dessas instituições.

Esses organismos são representados por agentes públicos ou privados cuja função principal é provocar a atuação do Poder Judiciário, o qual se mantém inerte e imparcial, aguardando o momento certo para agir. São em sua essência "advogados".

O Ministério Público é o advogado da Sociedade, pois, conforme prevê o *caput* do Art. 127, incumbe-lhe a tarefa de defender a ordem jurídica, o regime democrático e os interesses sociais e individuais indisponíveis:

> ***Art. 127.*** *O Ministério Público é instituição permanente, essencial à função jurisdicional do Estado, incumbindo-lhe a defesa da ordem jurídica, do regime democrático e dos interesses sociais e individuais indisponíveis.*

A Advocacia Pública advoga para o Estado representando os entes públicos judicial e extrajudicialmente ou mesmo desempenhando atividades de assessoria e consultoria jurídica.

A Defensoria Pública tem como atribuição principal advogar para os necessitados. São os defensores públicos responsáveis pela defesa dos hipossuficientes, aqueles que não possuem recursos financeiros para contratarem advogados privados.

E, por último, há a Advocacia, que, pela lógica, é privada, formada por advogados particulares, os quais são inscritos na Ordem dos Advogados do Brasil e atuam de forma autônoma e independente dentro dos limites estabelecidos em lei.

O objetivo desta breve introdução é apresentar a diferença funcional básica entre as instituições de forma a facilitar o estudo que, a partir de agora, será mais aprofundado, visando a possíveis questões em provas de concursos públicos. Então, analisaremos, a partir de agora, as Funções Essenciais à Justiça.

9.1 Ministério Público

A compreensão dessa instituição inicia-se pela leitura do próprio texto constitucional, que prevê:

O Ministério Público é uma instituição permanente, de natureza política, cujas atribuições possuem natureza administrativa, sem que com isso esteja subordinada ao Poder Executivo.

Fala-se em uma instituição independente e autônoma aos demais Poderes, motivo pelo qual está posicionada constitucionalmente em capítulo à parte na organização dos poderes como uma função essencial à justiça. Como função essencial à justiça, o Ministério Público é responsável pela provocação do Poder Judiciário em defesa da sociedade, quando se tratar de direitos sociais e individuais indisponíveis.

O Ministério Público no Brasil, além de obedecer às regras constitucionais, também é regido por duas normas: Lei Complementar nº 75/93 e a Lei nº 8.625/93. Essa regula o Ministério Público Nacional e é aplicável aos Ministérios Públicos dos Estados. Aquela é específica para o Ministério Público da União. Cada Estado da Federação poderá organizar o seu órgão ministerial editando sua própria Lei Orgânica Estadual.

A seguir, será feita uma leitura da instituição sob a ótica constitucional sem aprofundar nas estruturas lançadas nas referidas leis orgânicas, o que será feito em momento oportuno.

9.1.1 Estrutura Orgânica

Para viabilizar o exercício de suas funções, a Constituição Federal organizou o Ministério Público no Art. 128:

> ***Art. 128.*** *O Ministério Público abrange:*
>
> ***I.*** *o Ministério Público da União, que compreende:*
>
> ***a)*** *o Ministério Público Federal;*
>
> ***b)*** *o Ministério Público do Trabalho;*
>
> ***c)*** *o Ministério Público Militar;*
>
> ***d)*** *o Ministério Público do Distrito Federal e Territórios;*
>
> ***II.*** *os Ministérios Públicos dos Estados.*

Fique atento a essa classificação, pois o rol é taxativo e, em prova, os examinadores costumam mencionar a existência de um "Ministério Público Eleitoral" ao se fazer comparativo com a estrutura do Poder Judiciário. Na organização do MPU, não foi prevista a existência de Ministério Público com atribuição Eleitoral, função essa de competência do Ministério Público Federal e do Ministério Público Estadual, conforme prevê a Lei Complementar n° 75/93 (Arts. 72 a 80 da LC n° 75/93).

Como se pode perceber, o Ministério Público está dividido em Ministério Público da União e Ministério Público dos Estados, cada um com sua própria autonomia organizacional e chefia própria. O Ministério Público da União, por sua vez, abrange:

- Ministério Público Federal;
- Ministério Público do Trabalho;
- Ministério Público Militar;
- Ministério Público do Distrito Federal e Territórios.

Existe ainda o Ministério Público junto ao Tribunal de Contas, o qual possui natureza diversa do Ministério Público aqui estudado. Sua organização está atrelada ao Tribunal de Contas do qual faz parte, mas aos seus membros são estendidas as disposições aplicáveis aos Membros do Ministério Público:

> ***Art. 130.*** *Aos membros do Ministério Público junto aos Tribunais de Contas aplicam-se as disposições desta seção pertinentes a direitos, vedações e forma de investidura.*

9.1.2 Atribuições

Suas atribuições se apoiam na defesa da ordem jurídica, do regime democrático e dos interesses sociais e individuais indisponíveis. É um verdadeiro defensor da sociedade e fiscal dos poderes públicos. Em rol meramente exemplificativo, a Constituição previu como funções institucionais o Art. 129:

> ***Art. 129.*** *São funções institucionais do Ministério Público:*
>
> ***I.*** *promover, privativamente, a ação penal pública, na forma da lei;*
>
> ***II.*** *zelar pelo efetivo respeito dos Poderes Públicos e dos serviços de relevância pública aos direitos assegurados nesta Constituição, promovendo as medidas necessárias a sua garantia;*
>
> ***III.*** *promover o inquérito civil e a ação civil pública, para a proteção do patrimônio público e social, do meio ambiente e de outros interesses difusos e coletivos;*
>
> ***IV.*** *promover a ação de inconstitucionalidade ou representação para fins de intervenção da União e dos Estados, nos casos previstos nesta Constituição;*
>
> ***V.*** *defender judicialmente os direitos e interesses das populações indígenas;*
>
> ***VI.*** *expedir notificações nos procedimentos administrativos de sua competência, requisitando informações e documentos para instruí-los, na forma da lei complementar respectiva;*
>
> ***VII.*** *exercer o controle externo da atividade policial, na forma da lei complementar mencionada no artigo anterior;*
>
> ***VIII.*** *requisitar diligências investigatórias e a instauração de inquérito policial, indicados os fundamentos jurídicos de suas manifestações processuais;*
>
> ***IX.*** *exercer outras funções que lhe forem conferidas, desde que compatíveis com sua finalidade, sendo-lhe vedada a representação judicial e a consultoria jurídica de entidades públicas.*
>
> ***§ 1º.*** *A legitimação do Ministério Público para as ações civis previstas neste artigo não impede a de terceiros, nas mesmas hipóteses, segundo o disposto nesta Constituição e na lei.*
>
> ***§ 2º.*** *As funções do Ministério Público só podem ser exercidas por integrantes da carreira, que deverão residir na comarca da respectiva lotação, salvo autorização do chefe da instituição (Redação dada pela Emenda Constitucional nº 45, de 2004).*
>
> ***§ 3º.*** *O ingresso na carreira do Ministério Público far-se-á mediante concurso público de provas e títulos, assegurada a participação da Ordem dos Advogados do Brasil em sua realização, exigindo-se do bacharel em direito, no mínimo, três anos de atividade jurídica e observando-se, nas nomeações, a ordem de classificação (Redação dada pela Emenda Constitucional nº 45, de 2004).*
>
> ***§ 4º.*** *Aplica-se ao Ministério Público, no que couber, o disposto no Art. 93 (Redação dada pela Emenda Constitucional nº 45, de 2004).*
>
> ***§ 5º.*** *A distribuição de processos no Ministério Público será imediata (Incluído pela Emenda Constitucional nº 45, de 2004).*

No desempenho das suas funções institucionais, algumas características foram previstas pela Constituição, as quais são muito importantes para a prova.

Os §§ 2º e § 3º afirmam que as funções do Ministério Púbico só podem ser exercidas por integrantes da carreira, ou seja, por Membros aprovados em concurso público de provas e títulos, assegurada a participação da OAB durante a sua realização, entre os quais são exigidos os seguintes requisitos:

- Ser bacharel em direito;
- Possuir, no mínimo, três anos de atividade jurídica.

Em relação à atividade jurídica, deve-se salientar a regulamentação feita pela Resolução nº 40 do Conselho Nacional do Ministério Público, a qual prevê, entre outras atividades, o exercício da advocacia ou de cargo, função e emprego que exija a utilização preponderante de conhecimentos jurídicos, ou até mesmo a realização de cursos de pós-graduação dentro dos parâmetros estabelecidos pela referida resolução. É importante lembrar que esse requisito deverá ser comprovado no momento da investidura no cargo, ou seja, na posse[1], depois de finalizadas todas as fases do concurso.

A Constituição exige ainda que o Membro do Ministério Público resida na comarca de lotação, salvo quando houver autorização do chefe da Instituição. Em razão da semelhança e importância com a carreira da magistratura, a Constituição previu expressamente a aplicação do Art. 93 aos membros do Ministério Público, no que for compatível com a carreira. E, por fim, determina que a distribuição dos processos aos órgãos ministeriais seja feita de forma imediata.

No âmbito de suas atribuições, algumas funções merecem destaque:

9.1.2.1 Titular da Ação Penal Pública

Segundo o inciso I do Art. 129, compete ao Ministério Público promover, privativamente, a ação penal pública, na forma da lei. A doutrina classifica esse dispositivo como espécie de norma de eficácia contida possuindo aplicabilidade direta e imediata, permitida a regulamentação por lei.

Essa competência é corroborada pela possibilidade de requisição de diligências investigatórias e da instauração de inquérito policial, para que o órgão ministerial formule sua convicção sobre o ilícito penal, o que está previsto no inciso VIII do Art. 129.

Essa exclusividade conferida pela Constituição Federal encontra limitação no próprio texto constitucional, ao permitir o cabimento de ação penal privada subsidiária da pública nos casos em que o Ministério Público fique inerte e não cumpra com sua obrigação[2].

Dessa competência decorre o poder de investigação do Ministério Público, o qual tem sido alvo de muita discussão nos tribunais. Quem não concorda com esse poder sustenta ser a atividade de investigação criminal uma atividade exclusiva da autoridade policial nos termos do Art. 144 da CF.

O posicionamento que tem prevalecido na doutrina e na jurisprudência é no sentido de que o Ministério Público tem legitimidade para promover a investigação criminal, haja vista ser ele o destinatário das informações sobre o fato delituoso produzido no inquérito policial. Ademais, por ter caráter administrativo, o inquérito policial é dispensável, não dependendo o MP da sua existência para promover a persecução penal.

Para a solução desse caso, tem-se aplicado a Teoria dos Poderes Implícitos. Segundo a teoria, as competências expressamente previstas no texto constitucional carregam consigo os meios necessários para sua execução, ou seja, a existência de uma competência explícita implica existência de competências implicitamente previstas e necessárias para execução da atribuição principal. Em suma, se ao Ministério Público compete o oferecimento exclusivo da Ação Penal Pública, por consequência da aplicação dessa teoria, compete também a execução das atividades necessárias à formação da sua opinião sobre o delito. Significa dizer que o poder de investigação criminal está implicitamente previsto no poder de oferecimento da ação penal pública.

1 Resolução do CNMP nº 87, de 27 de junho de 2012.

2 Ações Diretas de Inconstitucionalidade, Ações Declaratórias de Constitucionalidade, Arguição de Descumprimento de Preceito Fundamental.

9.1.2.2 Legitimidade para Promover o Inquérito Civil e a Ação Civil Pública

O Ministério Público também é competente para promover o inquérito civil e a ação civil pública nos termos do inciso III do Art. 129. Essas ferramentas são utilizadas para a proteção do patrimônio público e social, do meio ambiente e de outros interesses difusos e coletivos.

Entendem-se como interesses difusos aqueles de natureza indivisível, cujos titulares não se podem determinar apesar de estarem ligados uns aos outros pelas circunstâncias fáticas. Interesses coletivos se diferenciam dos difusos na medida em que é possível determinar quem são os titulares do direito.

Segundo a Constituição Federal, a ação civil pública não é medida exclusiva a ser adotada pelo Ministério Público:

> ***Art. 129**, § 1º. A legitimação do Ministério Público para as ações civis previstas neste artigo não impede a de terceiros, nas mesmas hipóteses, segundo o disposto nesta Constituição e na lei.*

A lei de Ação Civil Pública (Lei nº 7.347/85) prevê que são legitimados para propor tal ação, além do MP:

A Defensoria Pública;

A União, os Estados, o Distrito Federal e os Municípios;

A autarquia, empresa pública, fundação ou sociedade de economia mista;

A associação que concomitantemente esteja constituída há pelo menos 1 (um) ano nos termos da lei civil e inclua entre suas finalidades institucionais a proteção ao meio ambiente, ao consumidor, à ordem econômica, à livre concorrência ou ao patrimônio artístico, estético, histórico, turístico e paisagístico.

Já o inquérito civil é procedimento investigatório de caráter administrativo, que poderá ser instaurado pelo Ministério Público com o fim de colher os elementos de prova necessários para a sua convicção sobre o ilícito e, posteriormente, instrução da Ação Civil Pública.

9.1.2.3 Controle de Constitucionalidade

Função das mais relevantes desempenhada pelos órgãos ministeriais ocorre no Controle da Constitucionalidade das leis e atos normativos. Essa atribuição é inerente à sua função de guardião da ordem jurídica. Como protetor da ordem jurídica, compete ao Ministério Público oferecer as ações de controle abstrato de constitucionalidade[3], bem como a Representação Interventiva para fins de intervenção da União e dos Estados nas hipóteses previstas na Constituição Federal.

9.1.2.4 Controle Externo da Atividade Policial

A Constituição Federal determina que o Ministério Público realize o controle externo da atividade policial. Fala-se em controle externo haja vista o Ministério Público não pertencer à mesma estrutura das forças policiais. É uma instituição totalmente autônoma a qualquer órgão policial, razão pela qual não se pode falar em subordinação dos organismos policiais ao Parquet. A justificativa para essa atribuição decorre do fato de ser ele o destinatário final da atividade policial.

Se, por um lado, o controle externo objetiva a fiscalização das atividades policiais para que elas não sejam desenvolvidas além dos limites legais, preservando os direitos e garantias fundamentais dos investigados, por outro, garante o seu perfeito desenvolvimento, prevenindo e corrigindo a produção probatória, visando ao adequado oferecimento da ação penal.

O controle externo da atividade policial desenvolvido pelo Ministério Público, além de regulamentado nas respectivas leis orgânicas, está normatizado na Resolução nº 20 do CNMP. Ressalte-se que o controle externo não exime a instituição policial de realizar o seu próprio controle interno por meio das corregedorias e órgãos de fiscalização.

Sujeitam-se ao citado controle externo todas as instituições previstas no Art. 144 da Constituição Federal[4], bem como as demais instituições que possuam parcela do poder de polícia desde que estejam relacionadas com a segurança pública e a persecução criminal.

9.1.3 Conselho Nacional do Ministério Público

O Conselho Nacional do Ministério Público, a exemplo do Conselho Nacional de Justiça, foi criado pela Emenda Constitucional nº 45/2004 com o objetivo de efetuar a fiscalização administrativa e financeira do Ministério Público, bem como o cumprimento dos deveres funcionais de seus membros.

9.1.3.1 Composição

Segundo o texto constitucional, o CNMP é composto de 14 membros, nomeados pelo Presidente da República, depois de aprovada a escolha pela maioria absoluta do Senado Federal, para um mandato de dois anos, sendo permitida apenas uma recondução. Veja-se a composição prevista pela Constituição Federal no Art. 130-A:

> ***Art. 130-A.** O Conselho Nacional do Ministério Público compõe-se de quatorze membros nomeados pelo Presidente da República, depois de aprovada a escolha pela maioria absoluta do Senado Federal, para um mandato de dois anos, admitida uma recondução, sendo:*
>
> ***I.** o Procurador-Geral da República, que o preside;*
>
> ***II.** quatro membros do Ministério Público da União, assegurada a representação de cada uma de suas carreiras;*
>
> ***III.** três membros do Ministério Público dos Estados;*
>
> ***IV.** dois juízes, indicados um pelo Supremo Tribunal Federal e outro pelo Superior Tribunal de Justiça;*
>
> ***V.** dois advogados, indicados pelo Conselho Federal da Ordem dos Advogados do Brasil;*
>
> ***VI.** dois cidadãos de notável saber jurídico e reputação ilibada, indicados um pela Câmara dos Deputados e outro pelo Senado Federal.*
>
> ***§ 1º.** Os membros do Conselho oriundos do Ministério Público serão indicados pelos respectivos Ministérios Públicos, na forma da lei.*

9.1.3.2 Atribuições

Vejamos as atribuições previstas constitucionalmente para o CNMP:

3 Art. 5º, LIX, da CF. *Será admitida ação privada nos crimes de ação pública, se esta não for intentada no prazo legal.*

4 Art. 144. *A segurança pública, dever do Estado, direito e responsabilidade de todos, é exercida para a preservação da ordem pública e da incolumidade das pessoas e do patrimônio, através dos seguintes órgãos: I - polícia federal; II - polícia rodoviária federal; III - polícia ferroviária federal; IV - polícias civis; V - polícias militares e corpos de bombeiros militares.*

§ 2º. Compete ao Conselho Nacional do Ministério Público o controle da atuação administrativa e financeira do Ministério Público e do cumprimento dos deveres funcionais de seus membros, cabendo-lhe:

***I.** zelar pela autonomia funcional e administrativa do Ministério Público, podendo expedir atos regulamentares, no âmbito de sua competência, ou recomendar providências;*

***II.** zelar pela observância do Art. 37 e apreciar, de ofício ou mediante provocação, a legalidade dos atos administrativos praticados por membros ou órgãos do Ministério Público da União e dos Estados, podendo desconstituí-los, revê-los ou fixar prazo para que se adotem as providências necessárias ao exato cumprimento da lei, sem prejuízo da competência dos Tribunais de Contas;*

***III.** receber e conhecer das reclamações contra membros ou órgãos do Ministério Público da União ou dos Estados, inclusive contra seus serviços auxiliares, sem prejuízo da competência disciplinar e correicional da instituição, podendo avocar processos disciplinares em curso, determinar a remoção, a disponibilidade ou a aposentadoria com subsídios ou proventos proporcionais ao tempo de serviço e aplicar outras sanções administrativas, assegurada ampla defesa;*

***IV.** rever, de ofício ou mediante provocação, os processos disciplinares de membros do Ministério Público da União ou dos Estados julgados há menos de um ano;*

***V.** elaborar relatório anual, propondo as providências que julgar necessárias sobre a situação do Ministério Público no País e as atividades do Conselho, o qual deve integrar a mensagem prevista no Art. 84, XI.*

***§ 3º.** O Conselho escolherá, em votação secreta, um Corregedor nacional, dentre os membros do Ministério Público que o integram, vedada a recondução, competindo-lhe, além das atribuições que lhe forem conferidas pela lei, as seguintes:*

***I.** receber reclamações e denúncias, de qualquer interessado, relativas aos membros do Ministério Público e dos seus serviços auxiliares;*

***II.** exercer funções executivas do Conselho, de inspeção e correição geral;*

***III.** requisitar e designar membros do Ministério Público, delegando-lhes atribuições, e requisitar servidores de órgãos do Ministério Público.*

***§ 4º.** O Presidente do Conselho Federal da Ordem dos Advogados do Brasil oficiará junto ao Conselho.*

***§ 5º.** Leis da União e dos Estados criarão ouvidorias do Ministério Público, competentes para receber reclamações e denúncias de qualquer interessado contra membros ou órgãos do Ministério Público, inclusive contra seus serviços auxiliares, representando diretamente ao Conselho Nacional do Ministério Público.*

9.1.4 Princípios Institucionais

A Constituição Federal prevê expressamente no § 1º do Art. 127 os chamados Princípios Institucionais, os quais norteiam o desenvolvimento das atividades dos Órgãos Ministeriais:

> ***§ 1º.** São princípios institucionais do Ministério Público a unidade, a indivisibilidade e a independência funcional.*

O **Princípio da Unidade** revela que os membros do Ministério Público integram um órgão único chefiado por um Procurador-Geral. Essa unidade é percebida dentro de cada ramo do Ministério Público, não existindo unidade entre o Ministério Público estadual e da União, ou entre os diversos Ministérios Públicos estaduais, ou ainda entre os ramos do Ministério Público da União. Qualquer divisão que exista dentro de um dos Órgãos Ministeriais possui caráter meramente funcional.

Já o **Princípio da Indivisibilidade**, que decorre do Princípio da Unidade, revela a possibilidade de os membros se substituírem sem qualquer prejuízo ao processo, pois o Ministério Público é uno e indivisível. Os membros agem em nome da instituição e nunca em nome próprio, pois pertencem a um só corpo. Esse princípio veda a vinculação de um membro a um processo permitindo, inclusive, a delegação da denúncia a outro membro. Ressalte-se que, como no Princípio da Unidade, a Indivisibilidade só ocorre dentro de um mesmo ramo do Ministério Público.

E, por fim, há o **Princípio da Independência Funcional,** com uma dupla acepção: em relação aos membros e em relação à instituição. No que tange aos membros, o referido Princípio garante uma atuação independente no exercício das suas atribuições sujeitando-se apenas às determinações constitucionais, legais e de sua consciência jurídica, não havendo qualquer hierarquia ou subordinação intelectual entre os membros. Sob a perspectiva da instituição, o Princípio da Independência Funcional elimina qualquer subordinação do Ministério Público a outro Poder. Apesar da Independência Funcional, verifica-se a existência de uma mera hierarquia administrativa.

Além desses princípios expressos na Constituição Federal, a doutrina e a Jurisprudência reconhecem a existência de um princípio implícito no texto constitucional: **Princípio do Promotor Natural**. Esse princípio decorre da interpretação do Art. 129, § 2º, da Constituição, que afirma:

> ***§ 2º.** As funções do Ministério Público só podem ser exercidas por integrantes da carreira, que deverão residir na comarca da respectiva lotação, salvo autorização do chefe da instituição.*

O Princípio do Promotor Natural veda a designação de membros do Ministério Público fora das hipóteses constitucionais e legais, exigindo que sua atuação seja predeterminada por critérios objetivos aplicáveis a todos os membros da carreira, evitando, assim, que haja designações arbitrárias. O princípio também impede a nomeação de promotor *ad hoc* ou de exceção considerando que as funções do Ministério Público só podem ser desempenhadas por membros da carreira.

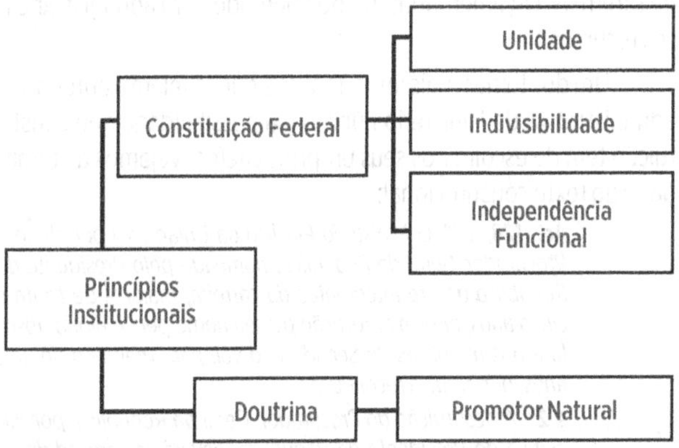

9.1.5 Garantias

O Ministério Público, em razão da importância de sua função, recebeu da Constituição Federal algumas garantias que lhe asseguram a independência necessária para bem desempenhar suas atribuições. E não é só a instituição que possui garantias, mas os membros também. Vejamos o que diz a Constituição sobre as garantias institucionais e dos membros:

> ***Art. 127**, § 2º. Ao Ministério Público é assegurada autonomia funcional e administrativa, podendo, observado o disposto no Art. 169, propor ao Poder Legislativo a criação e extinção de seus cargos e serviços auxiliares, provendo-os por concurso público de provas ou de provas e títulos, a política remuneratória e os planos de carreira; a lei disporá sobre sua organização e funcionamento.*
>
> ***§ 3º**. O Ministério Público elaborará sua proposta orçamentária dentro dos limites estabelecidos na lei de diretrizes orçamentárias.*
>
> ***§ 4º** Se o Ministério Público não encaminhar a respectiva proposta orçamentária dentro do prazo estabelecido na lei de diretrizes orçamentárias, o Poder Executivo considerará, para fins de consolidação da proposta orçamentária anual, os valores aprovados na lei orçamentária vigente, ajustados de acordo com os limites estipulados na forma do § 3º.*
>
> ***§ 5º**. Se a proposta orçamentária de que trata este artigo for encaminhada em desacordo com os limites estipulados na forma do § 3º, o Poder Executivo procederá aos ajustes necessários para fins de consolidação da proposta orçamentária anual.*
>
> ***§ 6º**. Durante a execução orçamentária do exercício, não poderá haver a realização de despesas ou a assunção de obrigações que extrapolem os limites estabelecidos na lei de diretrizes orçamentárias, exceto se previamente autorizadas, mediante a abertura de créditos suplementares ou especiais.*

O Art. 127, §§ 2º a 6º, trata das chamadas **Garantias Institucionais.** Essas garantias visam a conceder maior autonomia à instituição, além de proteger sua independência no exercício de suas atribuições constitucionais. As Garantias Institucionais são de três espécies:

Autonomia funcional: ao desempenhar sua função, o Ministério Público não se subordina a qualquer outra autoridade ou poder, sujeitando-se apenas às determinações constitucionais, legais e de sua consciência jurídica.

Autonomia administrativa: é a capacidade de autogestão, autoadministração e autogoverno. O Ministério Público tem competência para propor ao Legislativo a criação, extinção e organização de seus cargos e carreiras bem como demais atos de gestão.

Autonomia financeira: o Ministério Público pode elaborar sua proposta orçamentária dentro dos limites estabelecidos na Lei de Diretrizes Orçamentárias, tendo liberdade para administrar esses recursos.

Um dos temas mais importantes e que revelam a autonomia administrativa do Ministério Público é a possibilidade que a instituição tem de escolher os seus próprios chefes. Vejamos a literalidade do texto constitucional:

> ***Art. 128**, § 1º. O Ministério Público da União tem por chefe o Procurador-Geral da República, nomeado pelo Presidente da República dentre integrantes da carreira, maiores de trinta e cinco anos, após a aprovação de seu nome pela maioria absoluta dos membros do Senado Federal, para mandato de dois anos, permitida a recondução.*
>
> ***§ 2º**. A destituição do Procurador-Geral da República, por iniciativa do Presidente da República, deverá ser precedida de autorização da maioria absoluta do Senado Federal.*

No âmbito dessa autonomia, a Constituição previu expressamente que o Procurador-Geral será escolhido pela própria instituição dentre os membros da carreira. No caso do Ministério Público da União, a chefia ficará a cargo do Procurador-Geral da República, o qual será nomeado pelo Presidente da República dentre os membros da carreira com mais de 35 anos de idade, desde que sua escolha seja aprovada pelo voto da maioria absoluta do Senado Federal. O Procurador-Geral da República exercerá seu mandato por dois anos, permitida a recondução. Ao permitir a recondução, a Constituição não estabeleceu limites, de forma que o Procurador-Geral da República poderá ser reconduzido por quantas vezes o Presidente considerar conveniente. Se o Presidente pode nomear o Chefe do MPU, ele também poderá destituí-lo do cargo, desde que autorizado pelo Senado pela mesma quantidade de votos, qual seja, maioria absoluta.

Já em relação à Chefia dos Ministérios Públicos dos Estados e do Distrito Federal e Territórios a regra é um pouco diferente:

> ***Art. 128, § 3º**. Os Ministérios Públicos dos Estados e o do Distrito Federal e Territórios formarão lista tríplice dentre integrantes da carreira, na forma da lei respectiva, para escolha de seu Procurador-Geral, que será nomeado pelo Chefe do Poder Executivo, para mandato de dois anos, permitida uma recondução.*
>
> ***§ 4º**. Os Procuradores-Gerais nos Estados e no Distrito Federal e Territórios poderão ser destituídos por deliberação da maioria absoluta do Poder Legislativo, na forma da lei complementar respectiva.*

A escolha dos Procuradores-Gerais de Justiça dependerá de nomeação pelo Chefe do Poder Executivo[5], com base em lista tríplice formada dentre os integrantes da carreira, sendo permitida uma recondução. Diferentemente do Procurador-Geral da República, que poderá ser reconduzido várias vezes, o Procurador-Geral de Justiça só poderá ser reconduzido uma única vez. A destituição desses Procuradores-Gerais dependerá da deliberação da maioria absoluta do Poder Legislativo.

Já o Art. 128, §5º, apresenta as **Garantias dos Membros.**

> ***Art. 128, § 5º**. Leis complementares da União e dos Estados, cuja iniciativa é facultada aos respectivos Procuradores-Gerais, estabelecerão a organização, as atribuições e o estatuto de cada Ministério Público, observadas, relativamente a seus membros:*
>
> ***I**. as seguintes garantias:*
>
> ***a)** vitaliciedade, após dois anos de exercício, não podendo perder o cargo senão por sentença judicial transitada em julgado;*
>
> ***b)** inamovibilidade, salvo por motivo de interesse público, mediante decisão do órgão colegiado competente do Ministério Público, pelo voto da maioria absoluta de seus membros, assegurada ampla defesa;*
>
> ***c)** irredutibilidade de subsídio, fixado na forma do Art. 39, § 4º, e ressalvado o disposto nos Arts. 37, X e XI, 150, II, 153, III, 153, § 2º, I;*

São duas espécies de garantias dos membros: **Garantias de Independência e Garantias de Imparcialidade.**

As **Garantias de Independência** são prerrogativas inerentes ao cargo e estão previstas no inciso I do referido artigo, as quais visam a garantir aos membros maior liberdade, independência e autonomia no exercício de sua função ministerial. Tais garantias são indisponíveis, proibindo o titular do cargo de dispensar qualquer das prerrogativas. São as garantias da vitaliciedade, inamovibilidade e irredutibilidade dos subsídios.

A **Vitaliciedade** é como se fosse uma estabilidade só que muito mais vantajosa. O membro, ao ingressar na carreira mediante concurso público, torna-se vitalício após o efetivo exercício no cargo pelo prazo de dois anos. Uma vez vitalício só perderá o cargo

5 No caso do Ministério Público do Distrito Federal e Territórios, a nomeação do seu chefe será feita pelo Presidente da República e sua destituição dependerá do voto da maioria absoluta do Senado Federal mediante provocação do Presidente da República.

por sentença judicial transitada em julgado. Após passar pelo estágio probatório de dois anos, um Membro do Ministério Público só perderá o cargo por sentença judicial transitada em julgado.

A **Inamovibilidade** impede a movimentação do membro *ex-ofício* contra a sua vontade. Em regra, o Membro do Ministério Público só poderá ser removido ou promovido por sua própria iniciativa, ressalvados os casos em que houver interesse público. E mesmo quando o interesse público exigir, a remoção dependerá de decisão do órgão colegiado competente pelo voto da maioria absoluta de seus membros, assegurando-se o direito à ampla defesa.

A **Irredutibilidade dos Subsídios** diz respeito à proteção da remuneração do membro ministerial. Subsídio é a forma de retribuição pecuniária paga ao membro do Ministério Público a qual se caracteriza por ser uma parcela única. Com essa garantia, o Membro do Ministério Público poderá trabalhar sem medo de perder sua remuneração.

Ressalta-se que o Supremo Tribunal Federal já entendeu tratar-se esta irredutibilidade como meramente nominal, não protegendo o subsídio da desvalorização provocada por perdas inflacionárias. Lembre-se também de que essa garantia não é absoluta, pois comporta exceções previstas nos Arts. 37, X e XI, 150, II, 153, III, e 153, § 2º, I, da Constituição Federal. Em suma, a irredutibilidade não impedirá a redução do subsídio quando ultrapassar o teto constitucional ou em razão da cobrança do imposto de renda.

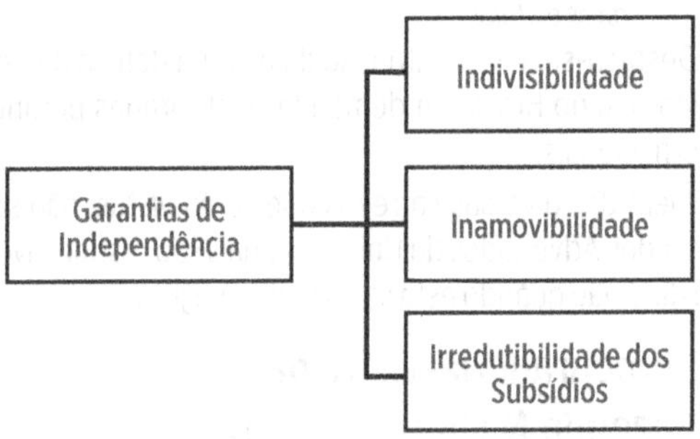

As **Garantias de Imparcialidade** são verdadeiras vedações e visam a garantir uma atuação isenta de qualquer interferência política ou pessoal.

> ***Art. 128, § 5º, II.*** *as seguintes vedações:*
>
> ***a)*** *receber, a qualquer título e sob qualquer pretexto, honorários, percentagens ou custas processuais;*
>
> ***b)*** *exercer a advocacia;*
>
> ***c)*** *participar de sociedade comercial, na forma da lei;*
>
> ***d)*** *exercer, ainda que em disponibilidade, qualquer outra função pública, salvo uma de magistério;*
>
> ***e)*** *exercer atividade político-partidária (Redação dada pela Emenda Constitucional nº 45, de 2004);*
>
> ***f)*** *receber, a qualquer título ou pretexto, auxílios ou contribuições de pessoas físicas, entidades públicas ou privadas, ressalvadas as exceções previstas em lei (Incluída pela Emenda Constitucional nº 45, de 2004).*
>
> ***§ 6º****. Aplica-se aos membros do Ministério Público o disposto no Art. 95, parágrafo único, V (Incluído pela Emenda Constitucional nº 45, de 2004).*

Antes de explorar essas regras, faz-se necessária a menção ao Art. 29, § 3º, da ADCT:

> ***§ 3º****. Poderá optar pelo regime anterior, no que respeita às garantias e vantagens, o membro do Ministério Público admitido antes da promulgação da Constituição, observando-se, quanto às vedações, a situação jurídica na data desta.*

Esse dispositivo retrata uma peculiaridade interessante a respeito dos Membros do Ministério Público. Antes da promulgação da Constituição Federal de 1988, o regime jurídico a que estavam sujeitos era diferente. A ADCT permitiu aos membros que ingressaram antes de 1988 a escolha do regime jurídico a que estariam sujeitos a partir de então. Os membros que ingressaram na carreira antes de 1988 e que possuíam inscrição na OAB podem advogar desde que tenham optado pelo regime jurídico anterior a 1988. Para os membros que ingressaram na carreira depois da promulgação da Constituição Federal, essa escolha não é permitida, pois estão sujeitos apenas ao regime constitucional atual. Feita essa consideração, passa-se à análise das garantias vigentes.

Deve-se compreender a abrangência das vedações do inciso II do § 5º do Art. 128 da Constituição Federal.

É vedado aos membros do Ministério Público receber, a qualquer título e sob qualquer pretexto, honorários, percentagens ou custas processuais, bem como receber auxílios ou contribuições de pessoas físicas, entidades públicas ou privadas, ressalvadas as exceções previstas em lei. Tais vedações visam a impedir que membros sejam motivados indevidamente a exercer suas funções sob a expectativa de receberem maiores valores pela sua atuação. Percebe-se que a vedação encontra exceção quando a contribuição está prevista em lei. Dessa forma, não ofende a Constituição Federal o recebimento de valores em razão da venda de livros, do exercício do magistério ou mesmo da ministração de palestra.

Outra vedação aplicável aos membros do Parquet é em relação ao exercício da advocacia. Acerca desse impedimento, deve-se ressaltar a situação dos membros do Ministério Público da União que ingressaram na carreira antes de 1988 e que tenham optado pelo regime jurídico anterior, nos termos do § 3º do Art. 29 da ADCT, os quais poderão exercer a advocacia nos termos da Resolução nº 8 do CNMP, com a nova redação dada pela Resolução nº 16.

Ademais, o texto constitucional estendeu aos Membros do Ministério Público a mesma vedação aplicável aos Magistrados no Art. 95, parágrafo único, V, qual seja, a de exercer a advocacia no juízo ou tribunal do qual se afastou, antes de decorridos três anos do afastamento do cargo por aposentadoria ou exoneração. A doutrina tem chamado essa vedação de quarentena.

Os membros do Ministério Público não podem participar de sociedade comercial, na forma da lei. Essa vedação encontra regulamentação na Lei nº 8.625/93, a qual prevê a possibilidade de participação como cotista ou acionista[6].

Também não podem exercer, ainda que em disponibilidade, qualquer outra função pública, salvo uma de magistério. Ressalta-se que o CNMP regulamentou o exercício do magistério, que poderá ser público ou privado, por no máximo 20 horas aula por semana, desde que o horário seja compatível com as atribuições ministeriais e o seu exercício se dê inteiramente em sala de aula[7].

Para evitar que sua atuação seja influenciada por pressões políticas, a Constituição vedou o exercício de atividade político-partidária aos Membros do Ministério Público. Isso significa que, se um membro quiser se filiar ou mesmo exercer um cargo político, deverá se afastar do cargo no Ministério Público. Essa vedação tem caráter absoluto desde a Emenda Constitucional nº 45/2004, a qual foi

6 Lei Orgânica Nacional do Ministério Público, Lei nº 8.625/93, Art. 44, III.
7 Resolução nº 3/2005 – CNMP.

regulamentada pelo Conselho Nacional do Ministério Público, que determinou a aplicação da vedação apenas aos membros que tenham ingressado na carreira após a promulgação da emenda[8].

9.2 Advocacia Pública

A Advocacia Pública é a função essencial à justiça responsável pela defesa dos interesses dos entes estatais, tanto judicialmente quanto extrajudicialmente, bem como as atividades de consultoria e assessoramento jurídico do Poder Executivo.

No âmbito da União, essa atividade é exercida pela Advocacia-Geral da União, enquanto nos Estados, Distrito Federal e nos Municípios, a Advocacia Pública será exercida pelas Procuradorias.

Apesar de não haver previsão constitucional para as Procuradorias Municipais, elas são perfeitamente possíveis desde que previstas na Lei Orgânica do Município ou permitidas sua criação pela Constituição Estadual.

São vistas, a seguir, quais instituições compõem a Advocacia Pública no Brasil.

9.2.1 Advocacia-Geral da União - AGU

A AGU é responsável pela assistência jurídica da União, conforme prevê o texto constitucional:

> ***Art. 131.*** *A Advocacia-Geral da União é a instituição que, diretamente ou através de órgão vinculado, representa a União, judicial e extrajudicialmente, cabendo-lhe, nos termos da lei complementar que dispuser sobre sua organização e funcionamento, as atividades de consultoria e assessoramento jurídico do Poder Executivo.*
>
> ***§ 1º.*** *A Advocacia-Geral da União tem por chefe o Advogado-Geral da União, de livre nomeação pelo Presidente da República dentre cidadãos maiores de trinta e cinco anos, de notável saber jurídico e reputação ilibada.*

A chefia desse órgão fica a cargo do Advogado-Geral da União, o qual é nomeado livremente pelo Presidente da República, entre os cidadãos maiores de trinta e cinco anos, com notável saber jurídico e reputação ilibada. Segundo a Lei nº 10.683/03, em seu Art. 25, o Advogado-Geral da União é considerado Ministro de Estado, sendo-lhe aplicadas todas as prerrogativas inerentes ao *status*. Atente-se para isso em prova, visto que, para ser o Chefe dessa Instituição, não é necessário ser membro da carreira nem depende de aprovação do Senado Federal. É um cargo de livre nomeação e exoneração cuja confiança do Presidente da República se torna o principal critério para a escolha do seu titular.

Um detalhe muito importante e que pode ser cobrado em prova é que a Constituição Federal, ao apontar as competências dessa instituição, afirmou que a AGU representa judicial e extrajudicialmente a União e em relação a consultoria e assessoramento jurídico apenas ao Poder Executivo. Essas competências foram confirmadas na Lei Orgânica da Advocacia-Geral da União (Lei Complementar nº 73/93):

> ***Art. 1º.*** *A Advocacia-Geral da União é a instituição que representa a União judicial e extrajudicialmente.*
>
> ***Parágrafo único.*** *À Advocacia-Geral da União cabem as atividades de consultoria e assessoramento jurídicos ao Poder Executivo, nos termos desta Lei Complementar.*

Enquanto a atividade de consultoria e assessoramento jurídico restringe-se apenas ao Poder Executivo, a representação judicial e extrajudicial abrangerá todos os Poderes da União (Executivo, Legislativo e Judiciário), bem como suas autarquias e fundações públicas, conforme esclarece a Lei nº 9.028/95:

> ***Art. 22.*** *A Advocacia-Geral da União e os seus órgãos vinculados, nas respectivas áreas de atuação, ficam autorizados a representar judicialmente os titulares e os membros dos Poderes da República, das Instituições Federais referidas no Título IV, Capítulo IV, da Constituição, bem como os titulares dos Ministérios e demais órgãos da Presidência da República, de autarquias e fundações públicas federais, e de cargos de natureza especial, de direção e assessoramento superiores e daqueles efetivos, inclusive promovendo ação penal privada ou representando perante o Ministério Público, quando vítimas de crime, quanto a atos praticados no exercício de suas atribuições constitucionais, legais ou regulamentares, no interesse público, especialmente da União, suas respectivas autarquias e fundações, ou das Instituições mencionadas, podendo, ainda, quanto aos mesmos atos, impetrar Habeas Corpus e mandado de segurança em defesa dos agentes públicos de que trata este artigo.*

É importante lembrar também que o ingresso na carreira da AGU depende de aprovação em concurso público de provas e títulos nos termos do Art. 131, § 2º:

> ***§ 2º.*** *O ingresso nas classes iniciais das carreiras da instituição de que trata este artigo far-se-á mediante concurso público de provas e títulos.*

Destaca-se ainda a atuação da AGU na defesa da República Federativa do Brasil em demandas instauradas perante Cortes Internacionais.

Além das diversas carreiras que serão vistas, não se pode esquecer dos Advogados da União, os quais são responsáveis pela defesa da União quando esta se encontra em juízo.

9.2.2 Procuradoria-Geral da Fazenda Nacional - PGFN

A PGFN é órgão vinculado a AGU responsável pelas ações de natureza tributária, cujo objetivo principal é garantir o recebimento de recursos de origem fiscal. A Constituição assim define sua competência no Art. 131:

> ***Art. 131, § 3º.*** *Na execução da dívida ativa de natureza tributária, a representação da União cabe à Procuradoria-Geral da Fazenda Nacional, observado o disposto em lei.*

9.2.3 Procuradoria-Geral Federal

A Procuradoria-Geral Federal, órgão vinculado à AGU, é responsável pela representação judicial e extrajudicial das autarquias e fundações públicas da União por meio dos Procuradores Federais. Sua previsão não é constitucional, mas está descrita na Lei nº 10.480/2002:

> ***Art. 10.*** *À Procuradoria-Geral Federal compete a representação judicial e extrajudicial das autarquias e fundações públicas federais, as respectivas atividades de consultoria e assessoramento jurídicos, a apuração da liquidez e certeza dos créditos, de qualquer natureza, inerentes às suas atividades, inscrevendo-os em dívida ativa, para fins de cobrança amigável ou judicial.*

Em relação ao Banco Central, autarquia vinculada a União, foi prevista carreira própria regulamentada na Lei nº 9.650/98, a qual localizou o Procurador do Banco Central como membro de carreira da própria instituição. Apesar disso, o Procurador do Banco Central está vinculado à AGU.

8 Resolução nº 5/2006 – CNMP.

9.2.4 Procuradoria-Geral dos Estados e do Distrito Federal

No âmbito dos Estados e do Distrito Federal, a consultoria jurídica e a representação judicial serão realizadas pelos Procuradores dos Estados e do Distrito Federal, conforme preleciona o Art. 132 da Constituição Federal:

> ***Art. 132.*** *Os Procuradores dos Estados e do Distrito Federal, organizados em carreira, na qual o ingresso dependerá de concurso público de provas e títulos, com a participação da Ordem dos Advogados do Brasil em todas as suas fases, exercerão a representação judicial e a consultoria jurídica das respectivas unidades federadas.*
>
> ***Parágrafo único.*** *Aos procuradores referidos neste artigo é assegurada estabilidade após três anos de efetivo exercício, mediante avaliação de desempenho perante os órgãos próprios, após relatório circunstanciado das corregedorias.*

Segundo a Constituição, o ingresso na carreira depende de concurso público de provas e títulos, cuja participação da OAB é obrigatória em todas as suas fases, não sendo admitido, portanto, que as atividades de representação judicial e de consultoria jurídica sejam realizadas por ocupantes de cargos em comissão.

Apesar de não haver previsão constitucional, o STF já decidiu que devem ser aplicadas simetricamente as mesmas regras da União para a nomeação do Procurador-Geral das Unidades Federadas. Dessa forma, o Governador detém a competência de nomear e exonerar livremente o chefe da Instituição, não se exigindo que o titular do referido cargo seja membro da carreira.

Por fim, a Constituição Federal garantiu aos procuradores estaduais e do Distrito Federal, estabilidade após três anos de efetivo exercício mediante avaliação de desempenho perante os órgãos próprios, após relatório circunstanciado das corregedorias.

9.2.5 Procuradoria dos Municípios

Conforme já estudado, não existe previsão constitucional para a criação das procuradorias municipais, não havendo da mesma forma qualquer impedimento para sua criação. Logo, cada município poderá criar sua própria procuradoria, desde que prevista essa possibilidade na Constituição Estadual ou na Lei Orgânica do Município.

9.3 Defensoria Pública

Como instituição essencial ao funcionamento da Justiça, a Defensoria Pública é responsável, em primeiro plano, pela assistência jurídica e gratuita dos hipossuficientes, os quais não possuem recursos financeiros para contratar um advogado. Essa função tipicamente realizada pela Defensoria concretiza o direito fundamental expresso no Art. 5º, LXXIV, da Constituição:

> ***Art. 5º**, LXXIV. O Estado prestará assistência jurídica integral e gratuita aos que comprovarem insuficiência de recursos.*

Complementando esse dispositivo, a Constituição previu no Art. 134 algumas regras sobre a Defensoria:

> ***Art. 134.*** *A Defensoria Pública é instituição permanente, essencial à função jurisdicional do Estado, incumbindo-lhe, como expressão e instrumento do regime democrático, fundamentalmente, a orientação jurídica, a promoção dos direitos humanos e a defesa, em todos os graus, judicial e extrajudicial, dos direitos individuais e coletivos, de forma integral e gratuita, aos necessitados, na forma do inciso LXXIV do Art. 5º desta Constituição Federal. (Redação dada pela Emenda Constitucional nº 80, de 2014)*
>
> ***§ 1º.*** *Lei complementar organizará a Defensoria Pública da União e do Distrito Federal e dos Territórios e prescreverá normas gerais para sua organização nos Estados, em cargos de carreira, providos, na classe inicial, mediante concurso público de provas e títulos, assegurada a seus integrantes a garantia da inamovibilidade e vedado o exercício da advocacia fora das atribuições institucionais.*
>
> ***§ 2º.*** *Às Defensorias Públicas Estaduais são asseguradas autonomia funcional e administrativa e a iniciativa de sua proposta orçamentária dentro dos limites estabelecidos na lei de diretrizes orçamentárias e subordinação ao disposto no Art. 99, § 2º.*
>
> ***§ 3º*** *Aplica-se o disposto no § 2º às Defensorias Públicas da União e do Distrito Federal. (Incluído pela Emenda Constitucional nº 74, de 2013)*
>
> ***§ 4º*** *São princípios institucionais da Defensoria Pública a unidade, a indivisibilidade e a independência funcional, aplicando-se também, no que couber, o disposto no Art. 93 e no inciso II do Art. 96 desta Constituição Federal. (Incluído pela Emenda Constitucional nº 80, de 2014)*

Atualmente, cada Unidade Federativa é responsável pela organização da sua Defensoria Pública, havendo ainda uma Defensoria no âmbito da União e no Distrito Federal.

As Defensorias Estaduais possuem autonomia funcional e administrativa não se admitindo sua subordinação a nenhum dos poderes. Sua autonomia avança ainda nas questões orçamentárias permitindo que tenha iniciativa própria para apresentação de proposta orçamentária dentro dos limites estabelecidos na lei de diretrizes orçamentárias.

A Emenda Constitucional nº 74, de 06 de agosto de 2013, introduziu o § 3º ao Art. 134, da CF para conferir autonomia funcional e administrativa e a iniciativa de proposta orçamentária também às Defensorias Públicas da União e do Distrito Federal.

Segundo a Lei Complementar nº 80/94 que organiza a Defensoria Pública:

> ***Art. 2º.*** *A Defensoria Pública abrange:*
>
> ***I.*** *a Defensoria Pública da União;*
>
> ***II.*** *a Defensoria Pública do Distrito Federal e dos Territórios;*
>
> ***III.*** *as Defensorias Públicas dos Estados.*

Cabe aos Defensores Públicos a assistência jurídica integral dos hipossuficientes, não se limitando apenas à defesa judicial. A Lei Complementar nº 80/94 traz extenso rol de atribuições:

> ***Art. 4º.*** *São funções institucionais da Defensoria Pública, dentre outras:*
>
> ***I.*** *prestar orientação jurídica e exercer a defesa dos necessitados, em todos os graus (Redação dada pela Lei Complementar nº 132, de 2009);*
>
> ***II.*** *promover, prioritariamente, a solução extrajudicial dos litígios, visando à composição entre as pessoas em conflito de interesses, por meio de mediação, conciliação, arbitragem e demais técnicas de composição e administração de conflitos;*
>
> ***III.*** *promover a difusão e a conscientização dos direitos humanos, da cidadania e do ordenamento jurídico;*
>
> ***IV.*** *prestar atendimento interdisciplinar, por meio de órgãos ou de servidores de suas Carreiras de apoio para o exercício de suas atribuições;*
>
> ***V.*** *exercer, mediante o recebimento dos autos com vista, a ampla defesa e o contraditório em favor de pessoas naturais e jurídicas, em processos administrativos e judiciais, perante todos os órgãos e em todas as instâncias, ordinárias ou extraordinárias, utilizando todas as medidas capazes de propiciar a adequada e efetiva defesa de seus interesses;*

VI. representar aos sistemas internacionais de proteção dos direitos humanos, postulando perante seus órgãos;

VII. promover ação civil pública e todas as espécies de ações capazes de propiciar a adequada tutela dos direitos difusos, coletivos ou individuais homogêneos quando o resultado da demanda puder beneficiar grupo de pessoas hipossuficientes;

VIII. exercer a defesa dos direitos e interesses individuais, difusos, coletivos e individuais homogêneos e dos direitos do consumidor, na forma do inciso LXXIV do Art. 5º da Constituição Federal;

IX. impetrar Habeas Corpus, mandado de injunção, Habeas Data e mandado de segurança ou qualquer outra ação em defesa das funções institucionais e prerrogativas de seus órgãos de execução;

X. promover a mais ampla defesa dos direitos fundamentais dos necessitados, abrangendo seus direitos individuais, coletivos, sociais, econômicos, culturais e ambientais, sendo admissíveis todas as espécies de ações capazes de propiciar sua adequada e efetiva tutela;

XI. exercer a defesa dos interesses individuais e coletivos da criança e do adolescente, do idoso, da pessoa portadora de necessidades especiais, da mulher vítima de violência doméstica e familiar e de outros grupos sociais vulneráveis que mereçam proteção especial do Estado;

XIV. acompanhar inquérito policial, inclusive com a comunicação imediata da prisão em flagrante pela autoridade policial, quando o preso não constituir advogado (Incluído pela Lei Complementar nº 132, de 2009);

XV. patrocinar ação penal privada e a subsidiária da pública (Incluído pela Lei Complementar nº 132, de 2009);

XVI. exercer a curadoria especial nos casos previstos em lei (Incluído pela Lei Complementar nº 132, de 2009);

XVII. atuar nos estabelecimentos policiais, penitenciários e de internação de adolescentes, visando a assegurar às pessoas, sob quaisquer circunstâncias, o exercício pleno de seus direitos e garantias fundamentais (Incluído pela Lei Complementar nº 132, de 2009);

XVIII. atuar na preservação e reparação dos direitos de pessoas vítimas de tortura, abusos sexuais, discriminação ou qualquer outra forma de opressão ou violência, propiciando o acompanhamento e o atendimento interdisciplinar das vítimas (Incluído pela Lei Complementar nº 132, de 2009);

XIX. atuar nos Juizados Especiais (Incluído pela Lei Complementar nº 132, de 2009);

XX. participar, quando tiver assento, dos conselhos federais, estaduais e municipais afetos às funções institucionais da Defensoria Pública, respeitadas as atribuições de seus ramos (Incluído pela Lei Complementar nº 132, de 2009);

XXI. executar e receber as verbas sucumbenciais decorrentes de sua atuação, inclusive quando devidas por quaisquer entes públicos, destinando-as a fundos geridos pela Defensoria Pública e destinados, exclusivamente, ao aparelhamento da Defensoria Pública e à capacitação profissional de seus membros e servidores(Incluído pela Lei Complementar nº 132, de 2009);

XXII. convocar audiências públicas para discutir matérias relacionadas às suas funções institucionais(Incluído pela Lei Complementar nº 132, de 2009).

Por fim, cabe destacar que, assim como os Advogados Públicos, os Defensores Públicos são remunerados por meio de subsídio:

> ***Art. 135.*** *Os servidores integrantes das carreiras disciplinadas nas Seções II e III deste Capítulo serão remunerados na forma do Art. 39, § 4º.*

9.4 Advocacia

Quando a Constituição Federal se refere à Advocacia, fala-se do advogado privado, profissional autônomo, indispensável à função jurisdicional. Os advogados estão vinculados à Ordem dos Advogados do Brasil, entidade de classe de natureza especial, não vinculada aos Poderes do Estado e que tem como atribuições controlar, fiscalizar e selecionar novos profissionais para o exercício da Carreira.

Segundo a Constituição Federal:

> ***Art. 133.*** *O advogado é indispensável à administração da justiça, sendo inviolável por seus atos e manifestações no exercício da profissão, nos limites da lei.*

Esse dispositivo revela dois princípios que regem a advocacia no Brasil: o princípio da indispensabilidade e o da inviolabilidade.

Segundo o princípio da indispensabilidade, o advogado é indispensável à administração da Justiça, pois só ele possui a chamada capacidade postulatória. Logicamente, esse princípio não goza de caráter absoluto, sendo permitida a capacidade de postular ao próprio interessado em situações expressamente previstas na Constituição Federal como no *Habeas Corpus* e nos juizados especiais.

Destaca-se ainda que nos processos administrativos disciplinares a ausência de defesa técnica por meio de advogado não gera nulidade ao procedimento[9].

Já o princípio da inviolabilidade constitui norma que visa a garantir ao advogado o exercício das suas atribuições de forma independente e autônoma às demais instituições do Estado. Da mesma forma, esse princípio não goza de caráter absoluto, sendo possível a limitação quando seus atos e atribuições não estiverem ligados ao exercício da profissão nos termos do Estatuto da Advocacia[10].

Como condição para o exercício dessa profissão, o STF já declarou que é constitucional a necessidade de aprovação do Exame de Ordem aplicado pela OAB aos bacharéis em direito.

A amplitude desse tema requer análise aprofundada, a qual é feita em disciplina própria. Aqui foi feita uma breve análise constitucional do instituto.

Ministério Público →	**Defende a sociedade**
Advocacia Pública →	**Defende o Estado**
Advocacia Privada →	**Defende os particulares**
Defensoria Pública →	**Defende os pobres**

9 Súmula Vinculante nº 5: *A falta de defesa técnica por advogado no processo administrativo disciplinar não ofende a Constituição.*
10 Lei nº 8.906/94.

Questões

01. (FCC - Adaptada) Uma das funções institucionais atribuídas pela Constituição da República ao Ministério Público consiste em exercer funções que forem compatíveis com sua finalidade de defesa da ordem jurídica e do regime democrático, tais como a representação judicial e a consultoria jurídica de entidades públicas, quando necessárias.

Certo ( ) Errado ( )

02. (FCC - Adaptada) Sobre a organização institucional do Ministério Público, é correto afirmar que não abrange o Ministério Público junto ao Tribunal de Contas, que não dispõe de fisionomia institucional própria e - não obstante as expressivas garantias de ordem subjetiva concedidas aos seus membros - se encontra consolidado na "intimidade estrutural" da Corte de Contas.

Certo ( ) Errado ( )

03. (Cespe - Adaptada) Ao MP cabe a defesa da ordem jurídica, do regime democrático e dos interesses sociais e coletivos; para isso, ele possui, por exemplo, legitimidade para ajuizar ACP em defesa do patrimônio público e do meio ambiente.

Certo ( ) Errado ( )

04. (FCC - Adaptada) O Ministério Público é essencial à função jurisdicional do Estado, sendo que o ingresso em sua carreira far-se-á mediante concurso público de provas e títulos, exigindo-se do bacharel em direito, no mínimo, cinco anos de atividade jurídica.

Certo ( ) Errado ( )

05. (Cespe) Compete privativamente ao MP promover o inquérito civil e a ação civil pública para a proteção do patrimônio público e social, do meio ambiente e de outros interesses difusos e coletivos.

Certo ( ) Errado ( )

06. (FCC - Adaptada) O Ministério Público possui, dentre seus princípios institucionais, a unidade, a indivisibilidade e a dependência funcional.

Certo ( ) Errado ( )

07. (Cespe) Os membros do MP gozam de vitaliciedade, após dois anos de exercício, e só perderão o cargo por sentença judicial transitada em julgado.

Certo ( ) Errado ( )

08. (FCC - Adaptada) Ministério Público da União tem por chefe o Procurador-Geral da República, nomeado pelo Presidente da República dentre integrantes da carreira, maiores de trinta e cinco anos, após a aprovação de seu nome pela maioria do Congresso Nacional, para mandato de dois anos, permitida a recondução.

Certo ( ) Errado ( )

09. (Cespe) Incumbe à AGU, diretamente ou mediante órgão vinculado, exercer a representação judicial e extrajudicial da União, assim como as atividades de consultoria e assessoramento jurídico dos Poderes Executivo, Legislativo e Judiciário, no âmbito federal.

Certo ( ) Errado ( )

10. (Cespe) A CF estabelece expressamente que a representação da União, na execução da dívida ativa de natureza tributária, cabe à Procuradoria-Geral da Fazenda Nacional, observado o disposto em lei.

Certo ( ) Errado ( )

11. (Cespe) Na defesa dos hipossuficientes, a defensoria pública tem legitimidade para ajuizar ação coletiva.

Certo ( ) Errado ( )

Gabaritos

01	ERRADO	07	CERTO
02	CERTO	08	ERRADO
03	CERTO	09	ERRADO
04	ERRADO	10	CERTO
05	ERRADO	11	CERTO
06	ERRADO		

1. TEORIAS ADMINISTRATIVAS 262
1.1 Conceito de Administração 262
1.2 Teorias Administrativas - Principais Escolas - Características Básicas e Contribuições 262

2. ADMINISTRAÇÃO PÚBLICA 273
2.1 Formas de Administração Pública (Patrimonialista, Burocrática e Gerencial) 273
2.2 O Paradigma Pós-Burocrático 275
2.3 Rumo à Administração Gerencial 275
2.4 O Retrocesso de 1988 275
2.5 O Aparelho do Estado e as Formas de Propriedade 278
2.6 Os Setores do Estado 278
2.7 Setores do Estado e Tipos de Gestão 278
2.8 Experiências de Reformas Administrativas 279
2.9 Governabilidade / Governança / Accountability 279
2.10 Evolução da Administração Gerencial 281
2.11 Governo Eletrônico e Transparência 282
2.12 Empreendedorismo Governamental e Novas Lideranças no Setor Público 283

3. NOÇÕES DE GESTÃO DE PESSOAS 286
3.1 Escola das Relações Humanas 286
3.2 Histórico da Gestão de Pessoas (GEP) 287
3.3 As Pessoas como Parceiras da Organização 288

4. LIDERANÇA 290
4.1 Tipos de Liderança 291

5. RECRUTAMENTO DE PESSOAS 293
5.1 Interno 293
5.2 Externo 293
5.3 Recrutamento Misto 293
5.4 Avaliação dos Resultados do Recrutamento 294
5.5 Seleção de Pessoas 294

6. TREINAMENTO 299
6.1 Processos de Treinamento 299

7. DESENVOLVIMENTO DE PESSOAS 302
7.1 Tutoria 302
7.2 Aconselhamento 303
7.3 A Gestão de Pessoas com Base em Competências 305
7.4 Desenvolvimento Organizacional 306
7.5 Motivação 307
7.6 Evolução da Forma de Ver as Pessoas nas Organizações 309

8. CONFLITOS NAS ORGANIZAÇÕES 311
8.1 Cultura Organizacional 311
8.2 Conflito Funcional X Conflito Disfuncional 313

9. COMPORTAMENTO ORGANIZACIONAL 317
9.1 Conceitos 317
9.2 Características do Comportamento 317
9.3 Fatores do Comportamento 317
9.4 Diferenças Pessoais 317
9.5 Clima Organizacional 318
10. PROCESSO ADMINISTRATIVO (ORGANIZACIONAL) 324
10.1 Planejamento 324
10.2 Organização 329
10.3 Direção 335
10.4 Controle 349
11. CULTURA ORGANIZACIONAL 353
11.1 Dimensões da Cultura 353
11.2 Funções da Cultura 353
11.3 Como os Funcionários Aprendem a Cultura 353
11.4 Aspectos Formais e Abertos x Aspectos Informais e Fechados 354
11.5 Níveis da Cultura 354
11.6 Elementos da Cultura Organizacional 354
11.7 Os Reforçadores de Culturas de Torquato 355
11.8 Vantagens e Desvantagens da Cultura Organizacional 355
11.9 Características da Cultura Organizacional 355
11.10 Gestão da Cultura Organizacional 356
11.11 Clima Organizacional 356
11.12 Tipos de Clima Organizacional 357
11.13 Diagnóstico de Clima Organizacional 357
11.14 Gestão do Clima Organizacional 357
12. COMUNICAÇÃO ORGANIZACIONAL 359
12.1 Comunicabilidade 359
12.2 Comunicação Organizacional 360
13. GESTÃO DE PROJETOS 362
13.1 Projetos X Operações 362
13.2 Gerenciamento de Projetos 362
13.3 Ciclo de Vida do Projeto 363
13.4 PMO – Escritório de Projetos 364
13.5 Partes Interessadas no Projeto - Stakeholders 365
13.6 Curiosidades Sobre o Assunto 367
14. PLANEJAMENTO ESTRATÉGICO 370
14.1 Processo de Planejamento 370
14.2 Níveis de Planejamento 370
15. PROCESSO DECISÓRIO 380
15.1 O Ambiente da Tomada de Decisão 380

15.2 Tipos de Decisões....380
15.3 Modelos de Tomada de Decisão....380
15.4 Armadilhas Psicológicas na Tomada de Decisão....381

16. GESTÃO DE PROCESSOS....383
16.1 Conceitos....383
16.2 Níveis de Detalhamento dos Processos....384
16.3 O Guia BPM CBOK....384
16.4 Mapeamento de Processos....385
16.5 Projeto de Mapeamento e Modelagem de Processos....387
16.6 Diferenciando BPM e BPMS....387
16.7 Ciclo PDCA....388

17. BALANCED SCORECARD....389
17.1 Processo de Elaboração do BSC....389
17.2 Adaptação do BSC às Instituições Públicas....389
17.3 Mapa Estratégico....391

1. TEORIAS ADMINISTRATIVAS

1.1 Conceito de Administração

A Administração (do latim: administratione) é o conjunto de atividades voltadas à direção de uma organização. Tais atividades devem fazer uso de técnicas de gestão para que seus objetivos sejam alcançados de forma eficaz e eficiente, com responsabilidade social e ambiental.

Lacombe (2003, p.4) afirma que a essência do trabalho do administrador é obter resultados por meio das pessoas que ele coordena. A partir desse raciocínio de Lacombe, temos o papel do "Gestor Administrativo" que, com sua capacidade de gestão com as pessoas, consegue obter os resultados esperados.

Drucker (1998, p. 2) conceitua que administrar é manter as organizações coesas, fazendo-as funcionar.

Administrar como processo significa **planejar, organizar, dirigir (coordenar e liderar)**, e controlar organizações e/ou tarefas, tendo como objetivo maior produtividade e/ou lucratividade. Para se chegar a isso, o administrador avalia os objetivos organizacionais e desenvolve as estratégias necessárias para alcançá-los. Este profissional, no entanto, não tem apenas função teórica, ele é responsável pela implantação de tudo que planejou e, portanto, vai ser aquele que define os programas e métodos de trabalho, avaliando os resultados e corrigindo os setores e procedimentos que estiverem com problemas. Como é função do administrador que a produtividade e/ou lucros sejam altos, ele também terá a função de fiscalizar a produção e, para isso, é necessário que fiscalize cada etapa do processo, controlando inclusive os equipamentos e materiais (recursos) envolvidos na produção, para evitar desperdícios e prejuízos para a organização.

A Administração é uma ciência como qualquer outra e, como ocorre com todas as ciências, foi necessário o desenvolvimento de teorias que explicassem e orientassem as organizações. De vez em quando essa evolução é abordada em concursos, e quando isso acontece, o conteúdo está especificado como Teorias Administrativas ou Teoria Científica, Clássica, Burocrática, Relações Humanas, Estruturalista, Sistêmica e Contingencial.

1.2 Teorias Administrativas - Principais Escolas - Características Básicas e Contribuições

1.2.1 A Administração Científica (Taylorismo)

Para compreender esta teoria, precisamos nos localizar no tempo. Com a Revolução Industrial, as relações de trabalho e as condições em que a produção ocorria se transformaram tremendamente. A máquina a vapor proporcionou uma melhoria nos transportes (principalmente no que tange aos navios a vapor e trens). Isso permitiu que uma empresa "entregasse" seus produtos para um público cada vez maior e mais distante. Além disso, este novo maquinário levou a um novo tipo de processo produtivo: a produção em massa.

A produtividade e a velocidade de produção foram ampliadas enormemente. A pequena oficina aos poucos deu espaço a grandes indústrias, em que o ambiente de trabalho era insalubre e perigoso, com jornadas de trabalho de mais de doze horas diárias.

E quem eram os operários? A indústria na época contratava, em grande parte, os moradores do campo, que eram atraídos por melhores salários. Assim, estes trabalhadores chegavam às indústrias sem qualificação específica e efetuavam um trabalho basicamente manual (ou "braçal").

Então, procuremos imaginar a situação: a empresa precisava de produtividade, mas os funcionários não tinham a capacitação necessária; era um caos total.

Com isso, existia um ambiente de grande desperdício e baixa eficiência nas indústrias. O primeiro teórico a buscar mudar esta realidade foi Frederick Taylor, por isso que a Teoria Científica pode ser chamada também de Taylorismo.

Nas fábricas, os funcionários faziam seu trabalho de forma empírica, ou seja, na base da tentativa e do erro. Os gerentes não estudavam as melhores formas de se trabalhar. Os funcionários não se comprometiam com os objetivos (de acordo com Taylor, ficavam "vadiando") e cada um fazia o trabalho como "achava melhor" – não existia, assim, uma padronização dos processos de trabalho. Os funcionários utilizavam técnicas diferentes para realizar o mesmo trabalho e eram propensos a "pegar leve".

Taylor acreditava que o trabalho poderia ser feito de modo muito mais produtivo. A Administração Científica buscou, então, a melhoria da eficiência e da produtividade.

Foco da Teoria Científica → EFICIÊNCIA E PRODUTIVIDADE

Frederick Taylor era engenheiro mecânico e constantemente se irritava com a ineficiência e incompetência dos funcionários.

Texto retirado e adaptado de: (CHIAVENATO, História da Administração: entendendo a Administração e sua poderosa influência no mundo moderno, 2009)

(Andrade &Amboni, 2011) - (CHIAVENATO, Introdução à teoria geral da Administração, 2011)

Taylorismo: *é sinônimo de Administração Científica. Muitos autores se referem a esta teoria fazendo alusão ao nome de seu principal autor: Frederick Taylor.*

Ele passou a estudar então a "melhor maneira" de se fazerem as tarefas. Este trabalho foi chamado de **estudo de tempos e movimentos**. O trabalho do operário era analisado e cronometrado, de modo que os gerentes pudessem determinar a maneira mais eficiente – "The One Best Way" ou a maneira certa de se fazer uma tarefa. Após a definição do modo mais rápido e fácil de executar uma tarefa (por exemplo, a montagem de uma roda), os funcionários eram treinados para executá-las desta forma – criando, assim, uma **padronização** do trabalho.

Esta padronização evitaria a execução de tarefas desnecessárias por parte dos empregados. Tudo isso ajudaria na economia de esforços e evitaria uma rápida **fadiga humana**. Para Taylor, a Administração Científica deveria analisar os movimentos efetuados pelos trabalhadores para conseguir desenhar um processo com um mínimo de esforço em cada tarefa.

Contexto da Administração Científica

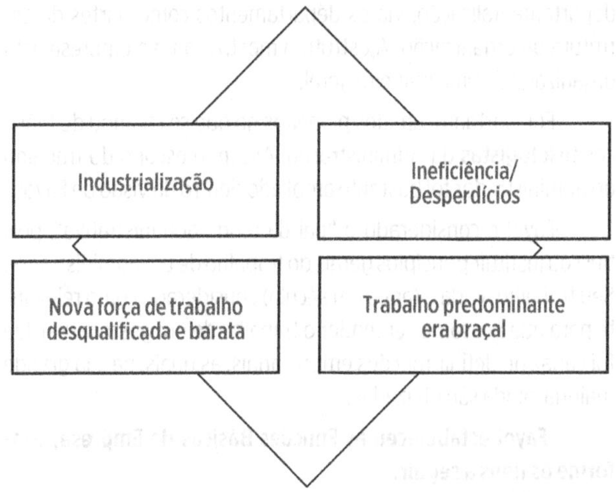

Outro aspecto importante foi a **divisão do trabalho**. De acordo com os teóricos da Administração Científica, seria muito mais fácil treinar e capacitar um funcionário a executar uma tarefa específica (parafusar um assento, por exemplo) do que fazer todo o trabalho sozinho (montar uma bicicleta inteira, por exemplo).

Texto retirado de: (Certo & Certo, 2006), (Sobral &Peci, 2008), (Daft, 2005).

Este conceito foi a base da linha de montagem – processo produtivo em que a peça a ser feita vai passando de funcionário a funcionário, até que todos tenham montado "sua parte".

Chamamos isso de especialização. O empregado ficava restrito a uma pequena parte do processo produtivo, de modo que seu treinamento e adaptação à "melhor maneira" (o modo padronizado de se trabalhar) fosse facilitada.

Taylor também buscou aumentar o incentivo ao funcionário. Ele acreditava que a remuneração por hora não trazia nenhum incentivo ao funcionário. Assim, ele indicou o pagamento por produtividade (pagamento por peça, por exemplo) como essencial para que este funcionário buscasse um maior esforço.

Portanto, Taylor acreditava que o incentivo material levava a uma maior motivação para o trabalho. Isso foi a base do conceito do "Homo Economicus". Ou seja, a ideia de que a principal motivação de uma pessoa no trabalho seria a remuneração (ou benefícios materiais). Acreditava-se que pagando mais o funcionário seria mais produtivo.

A especialização surge em decorrência da divisão de trabalho. Preparar alunos para concursos, por exemplo, é uma atividade complexa. Por isso, ocorre a divisão: um professor ministra apenas a disciplina de Administração, outro leciona apenas Direito Constitucional, e assim por diante. Desse modo, quando um indivíduo executa apenas uma atividade, ele acaba se tornando especialista no assunto e executa a sua função de uma maneira mais adequada.

Entretanto, a Administração Científica pecou por não analisar a organização em todo o seu contexto. Ou seja, apenas analisava seu ambiente interno e seus problemas e as demandas de produção (ou seja, os problemas do "chão de fábrica"). Assim, não captava toda a complexidade em que a Administração estava envolvida. Analisar só a tarefa ou o trabalho em si não permite que a empresa toda seja gerenciada com sucesso. O foco era muito limitado.

A Teoria Científica, por ignorar (não considerar) o meio onde ela estava inserida (por exemplo, concorrentes, fornecedores, economia, governo, influências e inter-relações entre as demais organizações), é considerada uma teoria de sistema fechado. Seria como analisar uma empresa "no vácuo", sem imaginar a resposta dos seus consumidores ao aumento do preço de um produto, por exemplo.

No campo prático, a contribuição mais famosa para a Administração Científica foi a de Henry Ford (1863-1947), que deu origem ao fenômeno conhecido como Fordismo. Ford era um empresário da indústria automobilística americana. Basicamente, aplicando princípios de racionalização da produção. Ele acreditava que, com a produção em massa e padronizada, conseguiria transformar o sonho americano. O automóvel, que era um bem de luxo, passaria a ser mais barato, acessível a mais pessoas.

Ele *"acreditava também que o trabalho deveria ser altamente especializado, realizando cada operário uma única tarefa. Além disso, propunha boa remuneração e jornada de trabalho menor para aumentar a produtividade dos operários"*. O Fordismo é, portanto, identificado com uma experiência prática de produção em massa ou em larga escala que aplicou princípios da Administração Científica e do Taylorismo.

Taylor procurou implementar uma mudança entre os trabalhadores e a Administração, estabelecendo diretrizes claras para melhorar a eficiência da produção. São elas:

> Análise do trabalho e estudo dos tempos e movimentos: o trabalho deveria ser feito de uma maneira simples, evitando movimentos desnecessários e com tempo médio estabelecido.

> Divisão do trabalho e especialização.

> Desenho de cargos e tarefas: estabelecer o conjunto de funções, responsabilidades e tarefas que o indivíduo deve executar e as relações com os demais cargos existentes.

> Padronização: obter a uniformidade dos processos e reduzir custos.

> Estudo da fadiga humana: a fadiga diminui a produtividade, aumenta os acidentes de trabalho e a rotatividade de pessoal, devem ser adotados métodos de trabalho para reduzi-la.

> Supervisão funcional: a supervisão seria feita por especialistas e não mais por um único chefe centralizador.

> Homem econômico: a motivação do indivíduo está vinculada diretamente com as recompensas salariais e materiais.

Características da Administração Científica

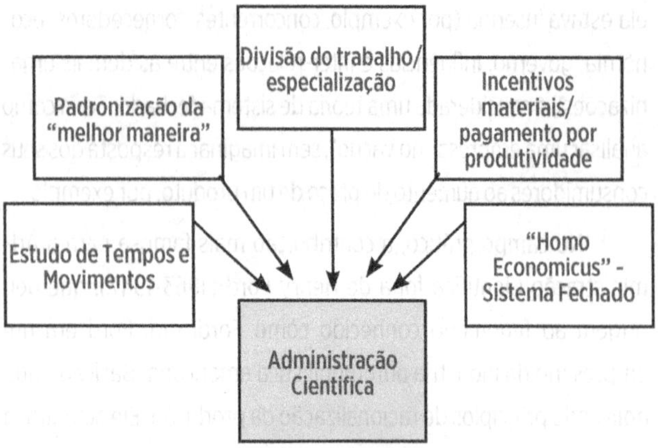

A Administração Científica, como qualquer teoria, recebeu críticas. Apresentamos algumas delas:

> O mecanicismo - a ideia de que a organização funcionaria como uma "máquina" e seus funcionários seriam "engrenagens" que deveriam funcionar no máximo da eficiência.

> A superespecialização do trabalhador – se as tarefas mais simples eram mais fáceis de serem treinadas e padronizadas, também tornavam o trabalho extremamente "chato"! Em pouco tempo o trabalhador já não tinha mais desafios e sua motivação diminuía.

> Visão microscópica do homem – a Administração Científica focava principalmente no trabalho manual (não se preocupando com sua criatividade) e se baseava na ideia de que o homem se motivava principalmente por influência dos incentivos materiais (sem atentar para outros fatores, como um ambiente desafiador, por exemplo).

> A Abordagem de sistema fechado – Taylor não se preocupou com o ambiente externo – o mercado de trabalho, os concorrentes, os fornecedores etc. Sua visão é voltada para dentro da empresa somente.

> A exploração dos empregados – apesar de Taylor propor um relacionamento "ganha-ganha" entre patrões e empregados, na prática a aplicação dos preceitos da Administração Científica levou a uma maior exploração dos empregados.

> Recompensas limitadas – para Taylor, o ser humano era motivado apenas por incentivos materiais. Atualmente, sabemos que existem diversos outros fatores que servem de motivadores para as pessoas.

1.2.2 A Teoria Clássica

Em um contexto semelhante ao da Administração Científica (pois foram criadas na mesma época), a Teoria Clássica da Administração, desenvolvida por Henri Fayol, buscou a melhoria da eficiência por meio do **foco nas estruturas organizacionais**.

Foco da Teoria Clássica
→ ESTRUTURAS ORGANIZACIONAIS

Dessa forma, o foco com Fayol saiu das tarefas para a estrutura. Ele tinha uma visão de "cima para baixo" das empresas. Por meio dos estudos da departamentalização, via os departamentos como partes da estrutura da organização. A estrutura mostra como a empresa está organizada de uma maneira geral.

Foi, portanto, um dos pioneiros no que se chamou de teóricos **fisiologistas** da Administração. Assim, o escopo do trabalho do administrador foi bastante ampliado dentro da visão de Fayol.

Fayol é considerado o "pai da teoria administrativa", pois buscou instituir princípios gerais do trabalho de um administrador. Seu trabalho ainda é (após um século) considerado como relevante para que possamos entender o trabalho de um gestor atual. Ele foi capaz de definir funções empresariais, as quais, na sua grande maioria, ainda são utilizadas.

Fayol estabeleceu as Funções Básicas da Empresa, conforme os itens a seguir:

> Técnica - aquilo para que a empresa existe, o que ela faz, o que ela sabe fazer.

> Comercial - compra, venda e troca de mercadorias e serviços.

> Financeira - aplicação dos recursos com o objetivo de aumentar a riqueza da empresa.

> Contábil - fiscalizar e controlar os atos da empresa (balanços, relatórios, inventários, etc.).

> Segurança - manutenção e segurança dos operários e do patrimônio da empresa.

> Administrativa - responsável pelo controle e operacionalização das demais.

Essa última seria a responsável pela coordenação das outras funções.

Além disso, Fayol definiu o trabalho de um administrador dentro do que ele chamou de **processo administrativo** – as funções do administrador. De acordo com Fayol, elas são:

> Prever: visualizar o futuro e traçar o programa de ação em médio e longo prazos.

> Organizar: constituir a estrutura material e humana para realizar o empreendimento da empresa.

> Comandar: dirigir e orientar o pessoal para mantê-lo ativo na empresa.

> Coordenar: ligar e harmonizar todos os atos e todos os esforços coletivos.

> Controlar: cuidar para que tudo se realize de acordo com os planos da empresa.

Estes seriam elementos que estariam presentes no trabalho de cada administrador, independentemente de seu nível hierárquico. Assim, tanto o presidente da empresa quanto um mero supervisor deveriam desempenhar estas funções em seu dia a dia. Atualmente fala-se em:

> planejar;

> organizar;

> dirigir (coordenar e liderar);

> controlar.

Observando-se detalhadamente tais considerações, percebe-se a importância de Fayol nas teorias administrativas contemporâneas.

A Teoria Clássica também se baseava na mesma premissa do Taylorismo: a de que o homem seria motivado por incentivos financeiros e materiais, ou seja, o conceito de "*Homo Economicus*".

Além disso, também se preocupava mais com os aspectos internos das organizações, sem analisar as inter-relações e trocas entre a organização e o seu ambiente externo. Assim, *também era uma teoria de sistema fechado*.

Fayol estabeleceu quatorze princípios gerais da Administração, que orientariam a gestão das organizações para buscar maior eficiência e produtividade:

> Divisão do trabalho: consiste na especialização das tarefas e das pessoas para aumentar a eficiência.

> Autoridade e responsabilidade: autoridade é o direito de dar ordens e o poder de esperar obediência. A responsabilidade é uma consequência natural da autoridade e significa executar corretamente o trabalho de acordo com a confiança depositada.

> Disciplina: depende de obediência, aplicação, energia, comportamento e respeito aos acordos, regras e normas estabelecidas.

> Unidade de comando: cada empregado deve receber ordens de apenas um superior, evita a ambiguidade.

> Unidade de direção: uma cabeça e um plano para cada conjunto de atividades que tenham o mesmo objetivo, a empresa tem que seguir um rumo, uma direção.

> Subordinação dos interesses individuais aos gerais: os interesses pessoais devem estar em segundo plano e os organizacionais em primeiro.

> Remuneração do pessoal: deve haver justa e garantida satisfação para os empregados e para a organização em termos de retribuição, pagamento de acordo com a produtividade.

> Centralização: refere-se à concentração da autoridade no topo da hierarquia da organização ou nas mãos de poucos.

> Cadeia escalar: linha de autoridade que vai do escalão mais alto ao mais baixo da hierarquia; é necessário respeitar a ordem hierárquica das chefias.

> Ordem: um lugar para cada coisa e cada coisa em seu lugar.

> Equidade: amabilidade e justiça para alcançar a lealdade dos empregados.

> Estabilidade do pessoal: a rotatividade do pessoal é prejudicial para a eficiência da organização, pois o primeiro impacto é o aumento de custos.

> Iniciativa: a capacidade de visualizar um plano e assegurar pessoalmente seu sucesso.

> Espírito de equipe: a harmonia e a união entre as pessoas são grandes forças para a organização.

Não se deve confundir Teoria Clássica com Abordagem Clássica, a Teoria Clássica é a de Fayol; a Abordagem Clássica envolve a Teoria Científica, a Teoria Clássica e a Burocrática.

Como problemas da Teoria Clássica, podemos citar a falta de preocupação com a organização informal das organizações (apenas focava na organização formal – linhas de autoridade, descrição de cargos, hierarquia etc.), além de uma ênfase exagerada na centralização, como o princípio da unidade de comando exemplifica. A ideia de uma organização flexível ainda não estava sendo tomada em consideração.

Fayol ignorava as relações interpessoais de amizade e inimizade, conflitos e sentimentos dos funcionários (desconsiderava a organização informal).

A Teoria Clássica também não se preocupou muito com os aspectos ligados às pessoas. Temas como: comunicação, motivação, negociação e liderança ainda eram pouco relevantes nestes estudos.

1.2.2.1 Taylor Versus Fayol

Tanto Fayol quanto Taylor fazem parte da abordagem clássica. As teorias deles, porém, são diferentes, e temos que ter isso em mente, porque esse assunto é muito abordado em concursos.

A principal diferença está na ênfase: Taylor tinha como ênfase a tarefa, enquanto Fayol tinha como ênfase a estrutura. Assim, enquanto a Administração Científica partia do específico (tarefa) para o geral, a Teoria Clássica analisava do geral para o específico, ou seja, das funções, princípios e hierarquia para o particular.

Outra diferença refere-se às relações de comando. Enquanto Fayol era forte defensor do princípio da unidade de comando, segundo o qual cada trabalhador deve receber ordens de apenas um chefe, Taylor defendia o princípio da supervisão funcional, o que permitia que cada trabalhador fosse supervisionado por múltiplos chefes, segundo as áreas de especialização de cada um.

Apesar disso, ambas as abordagens têm muitas coisas em comum. O próprio Fayol chegou a declarar que elas não deviam ser vistas como opostas, e sim como complementares. Ambas propuseram que a Administração deveria considerada uma ciência; ambas sugeriram um estudo sistemático do funcionamento da organização. Elas observaram a organização como um sistema fechado, desconsiderando a dimensão ambiente, e concentraram-se nos aspectos formais da organização.

A preocupação com a organização informal (relações interpessoais, amizades, inimizades, conflitos) e assuntos como motivação, liderança e frustrações só foi estudada pela Teoria das Relações Humanas. Mas antes de estudarmos essa teoria, veremos outra: a Burocracia.

1.2.3 Teoria Burocrática

Muitas vezes, o termo Burocracia é associado à ideia de lentidão, papelada, excesso de regras e normas, mas na verdade essas são as suas disfunções. Burocracia significa organização do trabalho. O termo é derivado do termo francês "bureau" (que significa escritório) e do termo grego "kratia", que se relaciona a poder ou regra. Dessa forma, a Burocracia seria um modelo em que o "escritório" ou os servidores públicos de carreira seriam os detentores do poder.

Com a industrialização e a introdução de regimes democráticos, no fim do século XIX, as sociedades ficaram cada vez mais complexas. A introdução da máquina a vapor acarretou uma evolução tremenda dos meios de transporte. Se antes eram necessários meses para realizar uma viagem do Brasil para a Europa, por exemplo, uma viagem por meio de navios a vapor passou a ser feita em poucos dias.

O trem a vapor fez a mesma revolução no transporte interno. Dessa forma, as notícias passaram a "correr" muito mais rápido e os produtos de cada região puderam passar a ser comercializados em cada vez mais mercados consumidores.

Estes fatores levaram a uma urbanização acelerada, pois as indústrias, agora com máquinas, necessitavam de cada vez mais "braços" para poder produzir em larga escala. Diante do aumento da demanda por trabalhadores no setor industrial, os salários na indústria ficaram melhores do que os do campo. Desta forma, o êxodo rural (massa de trabalhadores saindo do campo e se dirigindo para as cidades em busca de trabalho) foi marcante neste período.

Essas pessoas encontravam na cidade grande uma realidade totalmente diferente da qual estavam acostumadas, pois tinham necessidades que o Estado (que tinha uma filosofia liberal) ainda não estava capacitado para atender. Era o início do que iríamos denominar de "sociedade de massa".

As empresas e os governos necessitavam de uma administração mais racional e que maximizasse os recursos, além de ter uma maior estabilidade e previsibilidade em suas operações e processos de trabalho.

O Estado, por exemplo, que antes só se preocupava em manter a ordem interna e externa, passou a ter de se organizar cada vez mais para induzir o crescimento econômico, aumentar a infraestrutura do país e para prestar cada vez mais serviços à população.

O Patrimonialismo (modelo de gestão pública em que o patrimônio público se "mesclava" com o privado, e as relações se baseavam na confiança e não no mérito) não conseguia mais atender a este novo Estado, que concentrava cada vez mais atividades em sua máquina.

> *O modelo burocrático de Weber tinha como objetivo uma maior previsibilidade e padronização do desempenho dos seus funcionários, atingindo, assim, uma maior eficiência.*

A Burocracia também pode ser alcunhada de Moldes Weberianos, pois Max Weber foi o idealizador dessa teoria e, muitas vezes, o nome do teórico é dado à teoria. Pode ser chamada também de Caráter Racional-Legal.

O **modelo Burocrático,** inspirado por Max Weber, veio então suprir esta necessidade de impor uma administração adequada aos novos dEsafios do Estado moderno, com o objetivo de combater o nepotismo e a corrupção. Ou seja, uma administração mais racional e impessoal. No caso das grandes empresas, o modelo buscava o aumento consistente da produção, com maior eficiência.

Dessa forma, o modelo burocrático surgiu como uma necessidade histórica baseada em uma sociedade cada vez mais complexa, em que as demandas sociais cresceram, e havia um ambiente com empresas cada vez maiores, com uma população que buscava uma maior participação nos destinos dos governos. **Portanto, não se podia mais "depender" do arbítrio de um só indivíduo.**

Uma coisa que devemos ter em mente é que a Burocracia foi uma grande evolução do modelo patrimonialista. Weber concebeu a Burocracia como o modelo mais racional existente, o qual seria mais eficiente na busca dos seus objetivos.

Continuando, as características principais da Burocracia são:

Formalidade – a autoridade deriva de um conjunto de normas e leis, expressamente escritas e detalhadas. O poder do chefe é restrito aos objetivos propostos pela organização e somente é exercido no ambiente de trabalho - não na vida privada. As comunicações internas e externas também são todas padronizadas e formais.

Impessoalidade – os direitos e deveres são estabelecidos em normas. As regras são aplicadas de forma igual a todos, conforme seu cargo em função na organização. Segundo Weber, a Burocracia deve evitar lidar com elementos humanos, como a raiva, o ódio, o amor, ou seja, as emoções e as irracionalidades. As pessoas devem ser promovidas por mérito, e não por ligações afetivas. O poder é ligado não às pessoas, mas aos cargos – só se tem o poder em decorrência de estar ocupando um cargo.

Profissionalização – as organizações são comandadas por especialistas, remunerados em dinheiro e não em honrarias, títulos de nobreza, sinecuras (cargos rendosos), prebendas (de pouco trabalho), etc., contratados pelo seu mérito e seu conhecimento (e não por alguma relação afetiva ou emocional).

O modelo burocrático, que se caracterizou pela meritocracia na forma de ingresso nas carreiras públicas, mediante concursos públicos, buscou eliminar o hábito arraigado do modelo patrimonialista de ocupar espaço no aparelho do Estado por meio de trocas de cargos públicos por favores pessoais ao soberano.

Neste modelo, as pessoas seriam nomeadas por seus conhecimentos e habilidades, não por seus laços familiares ou de amizade. Prebendas e sinecuras, características do modelo patrimonialista, ou seja, aquelas situações em que pessoas ocupam funções no governo ganhando uma remuneração em troca de pouco ou nenhum trabalho, são substituídas pelo concurso público e pela noção de carreira.

Desta forma, o que se busca é a **profissionalização** do funcionário, sua especialização. De acordo com Weber, cada funcionário deve ser um especialista no seu cargo. Assim, deve ser contratado com base em sua competência técnica e ter um plano de carreira, sendo promovido devido à sua capacidade.

A impessoalidade no tratamento foi pensada de modo a evitar as emoções nos julgamentos e decisões. Seria, portanto, um modo de alcançar uma isonomia no tratamento das pessoas e uma maior racionalidade na tomada de decisões. Se mal conhecemos nossos funcionários, tenderemos a nos concentrar nos aspectos mais "concretos" dos problemas, não é mesmo?

A comunicação formal ajudaria nisso, pois os canais de transmissão de informações (como os ofícios e memorandos) não abrem espaço para um contato mais íntimo e pessoal. Boatos e "fofocas" não são usualmente escritos em cartas, não é verdade?

Além disso, outra característica importante da Burocracia é a noção de hierarquia. Toda a organização é feita de modo hierarquizado, com a autoridade sendo baseada nas normas e leis internas que determinam a competência de cada cargo. Assim, seu chefe tem o poder e a autoridade concedidos a ele por deter um cargo acima do seu. A obediência é ao cargo e não à pessoa.

Portanto, as organizações são estruturadas em vários níveis hierárquicos, em que o nível de cima controla o de baixo. É o que chamamos de estrutura verticalizada, na qual as decisões são tomadas na cúpula (topo da hierarquia ou nível estratégico).

Essa situação acaba gerando uma demora na tomada de decisões e no fluxo de informações dentro da organização.

Dentre as principais vantagens que a Burocracia trouxe, podemos citar: o predomínio de uma lógica científica sobre uma lógica da intuição, do "achismo"; a redução dos favoritismos e das práticas clientelistas; uma mentalidade mais democrática, que possibilitou igualdade de oportunidades e tratamento baseado em leis e regras aplicáveis a todos.

Atualmente, o termo "Burocracia" virou sinônimo de ineficiência e lentidão, pois conhecemos os defeitos do modelo (que chamamos de disfunções da Burocracia), mas ele foi um passo adiante na sua época. A Burocracia veio para modernizar o Estado e a sua gestão.

Na Burocracia, existe uma desconfiança extrema em relação às pessoas. Portanto, são desenvolvidos controles dos processos e dos procedimentos, de forma a evitar os desvios. Acreditava-se que, com o controle rigoroso, eliminar-se-iam a corrupção e o nepotismo, e a eficiência seria alcançada.

Ou seja, os funcionários tinham pouca discricionariedade, ou liberdade de escolha da melhor estratégia para resolver um problema ou atender seus clientes. Tudo era padronizado, manualizado. Com isso, os servidores passaram a se preocupar mais em seguir regulamentos do que em atingir bons resultados.

Devemos entender que **nenhum modelo existiu isoladamente**, mas que todos conviveram e convivem juntos. O modelo de gestão pública almejado no presente momento é o gerencial, mas ainda é muito forte a presença do modelo burocrático e, infelizmente, do próprio modelo patrimonialista na Administração Pública brasileira. Ou seja, **nunca aplicamos o modelo "puro" da Burocracia Weberiana**. Atenção: as bancas costumam cobrar muito isso.

A Burocracia foi implementada, mas nunca consolidada no Brasil. Atualmente, com o modelo Gerencial, busca-se a qualidade e a eficiência, mas isso já é outro assunto - é Administração Pública - e nós estamos focando na Administração Geral.

As principais disfunções da Burocracia são:

Dificuldade de resposta às mudanças no meio externo – visão voltada excessivamente para as questões internas (sistema fechado, ou seja, autorreferente, com a preocupação não nas necessidades dos clientes, mas nas necessidades internas da própria Burocracia).

Rigidez e apreço extremo às regras – o controle é sobre procedimentos e não sobre resultados, levando à falta de criatividade e ineficiências.

Perda da visão global da organização – a divisão de trabalho pode levar a que os funcionários não tenham mais a compreensão da importância de seu trabalho nem quais são as necessidades dos clientes.

Lentidão no processo decisório – hierarquia, formalidade e falta de confiança nos funcionários levam a uma demora na tomada de decisões importantes.

Excessiva formalização – em um ambiente de mudanças rápidas, não é possível padronizar e formalizar todos os procedimentos e tarefas, gerando uma dificuldade da organização de se adaptar a novas demandas. A formalização também dificulta o fluxo de informações dentro da empresa.

1.2.4 Teoria das Relações Humanas

O crescimento das ciências sociais, como a Psicologia, levou a diversos estudos dentro do contexto do homem no trabalho. Além disso, no início da década de 1930, a economia passou por uma grande depressão em todo o mundo. Com a crise, o desemprego cresceu muito. As más condições de trabalho predominavam na indústria, e os conflitos entre trabalhadores e patrões estavam aumentando. Nessa época ocorreram muitas greves e conflitos nas fábricas por todo o mundo.

A ideia de que o homem deveria ser uma engrenagem de uma "máquina" passou a não ser mais aceita. O Taylorismo começou a ser criticado por não se preocupar com o aspecto humano. Além disso, a produtividade prometida, muitas vezes, não se concretizou. Neste cenário, a Teoria das Relações Humanas começou a tomar forma.

Assim, a Teoria das Relações Humanas buscou o aumento da produtividade por meio de uma atenção especial às pessoas. De acordo com seus teóricos, se os gestores entendessem melhor seus funcionários e se "adaptassem" a eles, as suas organizações teriam um maior sucesso.

Foco da Teoria das Relações Humanas → PESSOAS

Dentre os estudos que impulsionaram esta teoria, destacou-se o trabalho de um pesquisador de Harvard: Elton Mayo.

Este autor desenvolveu uma pesquisa dentro de uma indústria da empresa Western Electric, em **Hawthorne**. Seu intuito inicial foi o de entender o efeito da iluminação no desempenho humano.

Ele iniciou os estudos em um grupo de mulheres operárias de uma fábrica. Dividiu o grupo em duas partes: uma ele deixou da mesma forma de antes, serviria como grupo de controle; e o outro grupo seria cuidadosamente estudado e observado.

A Teoria de Relações Humanas utilizou métodos científicos de pesquisa.

A surpresa de Mayo foi descobrir que a mudança na iluminação - seja ela qual fosse – aumentava a motivação dos empregados. Ele ficou sem compreender, aperfeiçoou o estudo e percebeu que a motivação interferia na produtividade. As funcionárias que estavam sendo observadas se sentiram especiais, e isso foi, na verdade, o que as motivou, e não a iluminação em si.

Essas trabalhadoras passaram a se sentir importantes. Passaram a perceber que seu trabalho estava sendo observado e medido por pesquisadores. Com isso, esforçavam-se mais. A iluminação em si era um aspecto menor. Já o sentimento de orgulho por fazer um trabalho bem feito era fundamental para o aumento da produtividade.

Com essas descobertas, todo o enfoque da Administração foi alterado. O foco de um gestor não deveria ser voltado aos aspectos fisiológicos do trabalhador, mas aos aspectos emocionais e psicológicos. Com esse aparecimento da noção de que a produtividade está ligada ao relacionamento entre as pessoas e o funcionamento dos grupos dentro de uma empresa, nasceu essa nova teoria. O conceito que se firmou, então, foi o de **homem social**.

De acordo com Sobral, as conclusões da pesquisa de Hawthorne foram:

> A integração social afeta a produtividade – assim, não é capacidade individual de cada funcionário o que define sua produtividade, e sim a sua capacidade social, sua integração no grupo.

> O comportamento é determinado pelas regras do grupo – os funcionários não agem isoladamente ou "no vácuo", mas como membros de um grupo.

> As organizações são formadas por grupos informais e formais – volta-se o foco para os grupos que existem de modo informal na empresa e que não são relacionados aos cargos e funções.

> A supervisão mais cooperativa aumenta produtividade – o supervisor mais eficaz é aquele que tem habilidade e capacidade de motivar e liderar seus funcionários em torno dos objetivos da empresa.

> A autoridade do gerente deve se basear em competências sociais – o gerente deve ser capaz de interagir, motivar e comandar seus funcionários. Apenas o fato de ter conhecimento técnico dos métodos de produção não é mais visto como o bastante.

Desta maneira, a Teoria das Relações Humanas trouxe para o debate a necessidade de se criar um ambiente de trabalho mais dEsafiador e de se compreender a influência da motivação e dos aspectos de liderança na produtividade das organizações.

Além disso, as recompensas não poderiam ficar reduzidas aos aspectos materiais. O reconhecimento social é uma força motivadora, e um ambiente de trabalho saudável também influencia na produtividade.

Apesar disso, a Teoria das Relações Humanas recebeu muitas críticas. A primeira delas é a de que permaneceu a análise da organização como se ela existisse "no vácuo", sem se relacionar com o "mundo exterior". Ou seja, **a abordagem de sistema fechado se manteve**.

A segunda é a de que nem sempre funcionários "felizes" e satisfeitos são produtivos. Ou seja, apenas os aspectos psicológicos e sociais não explicam de todo o fator produtividade. Outra crítica é a de que existiu uma "negação" do conflito inerente entre os funcionários e a empresa. Os objetivos individuais são muitas vezes diferentes dos objetivos organizacionais. Este conflito deve ser administrado, e não "negado".

Assim, podemos dizer que a Teoria das Relações Humanas se "esqueceu" dos aspectos técnicos envolvidos na produtividade. O aspecto humano é importante, mas não é a única variável da produtividade e do sucesso de uma organização.

E observarmos com atenção, cada teoria tinha uma visão muito limitada de como conseguir a eficiência: a Teoria Científica focava a Tarefa; a Teoria Clássica, a estrutura; a Teoria Burocrática, as regras, normas e processos; e a Teoria das Relações Humanas, só as pessoas. As teorias atuais não tentam eliminar as teorias anteriores, e sim aproveitar os aspectos positivos de cada uma e ter uma visão mais abrangente da organização.

1.2.5 Abordagem Comportamental da Administração

A teoria Comportamental da Administração, também conhecida como Comportamentalista ou Behaviorismo (do inglês behavior, comportamento), trouxe uma nova concepção e um novo enfoque dentro da Teoria Administrativa: a abordagem da ciência do comportamento (Behavioral Sciences Approach), é um movimento de oposição às Teorias Clássica e de Administração Científica, que, respectivamente, focaram a estrutura e a produção (o processo). Essa abordagem é uma evolução da teoria das relações humanas, a qual se preocupa com o indivíduo e como ele funciona - como age e reage aos estímulos externos, o que deu início aos estudos sobre o comportamento organizacional.

Portanto, os comportamentalistas foram estudiosos preocupados com o indivíduo, sua importância e seu impacto nas organizações, tendo contribuição tanto da Teoria Clássica, como da Escola das Relações Humanas. Tal teoria surgiu nos Estados Unidos em 1947, com a contribuição principalmente de McGregor, Maslow e Herzberg, entre outros.

A Abordagem Comportamental enfatiza as Ciências do Comportamento na Teoria da Administrativa e a busca de saídas democráticas e flexíveis para os problemas organizacionais. É por meio dessa abordagem que a ansiedade com a estrutura se arrasta para a preocupação com os processos e com o comportamento das pessoas na organização. Além disso, predomina a ênfase nas pessoas, inaugurada com a Teoria das Relações Humanas, mas dentro de um contexto organizacional.

A ciência comportamental é, portanto, o produto da expansão das fronteiras da ciência para incluir o comportamento humano e a mentalidade, processo grupal, e todos os processos peculiares e intrincados de que a mente do homem é capaz.

1.2.5.1 Comportamento Organizacional

O Comportamento Organizacional é um campo de estudos que investiga o impacto que indivíduos, grupos e a estrutura têm sobre o comportamento dentro das organizações, com o propósito de utilizar este conhecimento para melhorar a eficácia organizacional. O Comportamento Organizacional se preocupa com o estudo do que as pessoas fazem nas organizações e de como esse comportamento afeta o desempenho das empresas.

Os componentes que constituem a área de estudos do Comportamento Organizacional incluem motivação, comportamento e poder de liderança, comunicação interpessoal, estrutura e processos de grupos, aprendizado, desenvolvimento de atitudes e percepção, processos de mudanças, conflitos, planejamento do trabalho, estresse no trabalho, entre outros que compõem os fatores que influenciam o comportamento das pessoas.

1.2.5.2 Principais Teorias sobre Motivação

Para explicar o comportamento organizacional, a teoria comportamental fundamenta-se no comportamento individual das pessoas. Para explicar como as pessoas se comportam, estuda-se a motivação humana. O administrador precisa conhecer as necessidades humanas para melhor compreender o comportamento humano e utilizar a motivação humana como poderoso meio para melhorar a qualidade de vida, dentro das organizações.

Motivação é o motivo que a pessoa tem para agir.

Motivo é tudo aquilo que impulsiona a pessoa a agir de determinada forma ou, pelo menos, que dá origem a um comportamento específico. Porém, os motivos variam de acordo com valores, expectativas e anseios de cada pessoa, pois estas realizam atividades, trabalhos por interesses distintos e possuem atitudes diferentes, e consequentemente, comportam-se de maneira específica. O impulso à ação pode ser provocado por um estímulo externo (extrínseco - provindo do ambiente) e pode também ser gerado internamente (intrínseco) nos processos mentais do indivíduo.

1.2.6 Abordagem Neoclássica da Administração

No início da década de 1950, na Teoria Administrativa, ocorreu um período de intensa remodelação. A Segunda Guerra Mundial havia terminado e o mundo passou a conhecer um extraordinário surto de desenvolvimento industrial e econômico sem antecedentes. Em outras palavras, o mundo das organizações introduziu-se em uma etapa de grandes mudanças e transformações. Criada por Peter Drucker, Harold Koontz e Cyril O'Donnell, a qualificação de Teoria Neoclássica é, na verdade, um tanto exagerada, já que seus criadores não desenvolvem exatamente uma escola, mas um movimento que apresenta mais de uma fase ou sistema.

A Teoria Neoclássica da Administração surgiu da necessidade de se utilizarem os conceitos válidos e relevantes da Teoria Clássica, expurgando-os dos exageros e distorções típicos do pioneirismo, e condensando-os com outros conceitos válidos e relevantes oferecidos por outras teorias administrativas mais recentes.

Ela é identificada por algumas características marcantes:

> Ênfase na prática da Administração, reafirmação relativa (e não absoluta) dos postulados clássicos.

> Ênfase nos princípios clássicos de Administração.

> Ênfase nos resultados e objetivos e, sobretudo, no ecletismo aberto e receptivo.

> Talvez a essencial implicação da Teoria Neoclássica refira-se aos tipos de organização formal, que envolvem a estrutura organizacional, filosofia, diretrizes, normas e regulamentos. Destacam-se algumas características básicas tais como: a divisão do trabalho, especialização, hierarquia, distribuição de autoridade e responsabilidade e racionalismo da organização formal.

Nesse sentido, considera a Administração como uma técnica social básica, a qual leva à necessidade de haver conhecimentos técnicos, bem como aspectos relacionados com a direção de pessoas dentro da organização.

Na teoria Neoclássica, enfatizam-se novamente as funções do administrador: planejamento, organização, direção e controle, sendo a primeira função aquela que determina antecipadamente os objetivos e o que deve ser feito para alcançá-los.

A função Organização consiste no agrupamento das atividades necessárias para realizar o que foi planejado.

A Direção orienta e guia o comportamento das pessoas na direção dos objetivos a serem alcançados e, por último, o Controle que visa a assegurar se o que foi planejado, organizado e dirigido realmente cumpriu os objetivos pretendidos.

1.2.6.1 Administração por Objetivos

A Teoria Neoclássica deslocou progressivamente a atenção antes colocada nas chamadas atividades-meio para os objetivos ou finalidades da organização. O enfoque baseado no processo e a preocupação maior com as atividades (meios) passaram a ser substituídos por enfoque nos resultados e objetivos alcançados (fins).

A preocupação de "como" administrar passou à preocupação de "por que" ou "para que" administrar. A ênfase em fazer corretamente o trabalho (The Best Way, de Taylor), para alcançar a eficiência, passou a dar ênfase em fazer o trabalho mais relevante aos objetivos da organização para alcançar a eficácia. O trabalho passou de um fim em si mesmo a um meio de obter resultados.

A APO (Administração por Objetivos), também conhecida por Administração por Resultados, constitui um modelo administrativo bastante difundido e plenamente identificado com o espírito pragmático e democrático da Teoria Neoclássica. Seu aparecimento deu-se em 1954.

Peter F. Drucker publicou um livro (Prática de Administração de Empresas), no qual caracterizava pela primeira vez a APO, sendo considerado seu criador.

1.2.6.1.1 Características da APO

A APO é uma técnica de direção de esforços por meio do planejamento e do controle administrativo, fundamentados no princípio de que, para atingir resultados, a organização precisa, antes, definir em que negócio está atuando e que objetivos pretende alcançar.

A Administração por Objetivos é um processo pelo qual os gerentes, superior e subordinado, de uma organização identificam objetivos comuns, definem as áreas de responsabilidade de cada um, em termos de resultados esperados, e usam esses objetivos como guias para a operação dos negócios. Obtêm-se objetivos comuns e firmes que eliminam qualquer hesitação do gerente, ao lado de uma coesão de esforços em direção aos objetivos principais da organização.

Na realidade, a APO é um sistema dinâmico que integra a necessidade da companhia de alcançar seus objetivos de lucro e crescimento, a par da necessidade do gerente de contribuir para o seu próprio desenvolvimento. É um estilo exigente e compensador de Administração.

Em suma, a APO apresenta as seguintes características principais:

Estabelecimento do conjunto de objetivos entre o executivo e o seu supervisor; tanto o executivo quanto o seu superior participam do processo de estabelecimento e fixação de objetivos.

Estabelecimento de objetivos para cada departamento ou posição basicamente; a APO está fundamentada no estabelecimento de objetivos por posições de gerência.

Interligação dos objetivos departamentais; sempre existe alguma forma de correlacionar os objetivos dos vários órgãos ou gerentes envolvidos, mesmo que nem todos os objetivos estejam apoiados nos mesmos princípios básicos. Elaboração de planos táticos e de planos operacionais, com ênfase na mensuração e no controle a partir dos objetivos departamentais traçados. O executivo e o seu superior (ou somente o executivo que, posteriormente, obtém a aprovação de seu superior) elaboram os Planos Táticos adequados para alcançá-los da melhor maneira. Assim, os planos táticos constituirão os meios capazes de alcançar aqueles objetivos departamentais. Na sequência, os planos táticos serão desdobrados e melhor detalhados em planos operacionais. Em todos esses planos, a APO enfatiza a quantificação, a mensuração e o controle. Torna-se necessário mensurar os resultados obtidos e compará-los com os resultados planejados. São exatamente a mensuração e o controle que causam as maiores dificuldades de implantação da APO, pois, se o resultado não pode ser medido, é melhor esquecer o assunto.

Contínua avaliação, revisão e reciclagem dos planos. Praticamente todos os sistemas de APO possuem alguma forma de avaliação e de revisão regular do processo efetuado, por meio dos objetivos já alcançados e dos objetivos a serem alcançados, permitindo que algumas providências sejam tomadas e que novos objetivos sejam fixados para o período seguinte.

Participação atuante da chefia; há grande participação do superior. A maior parte dos sistemas de APO envolve mais o superior do que o subordinado. Há casos em que o superior estabelece os objetivos, mensura-os e avalia o progresso. Esse progresso, frequentemente usado, é muito mais característico do controle por objetivos do que da Administração por Objetivos.

A APO, sem dúvida alguma, representa uma evolução na TGA, apresentando uma nova metodologia de trabalho, reconhecendo o potencial dos funcionários das empresas, ampliando o seu campo de atuação para outros tipos de organizações (e não somente indústrias), permitindo estilos mais democráticos de Administração.

Essa Teoria já existe há várias décadas e predomina ainda hoje em algumas organizações.

1.2.7 Teoria Estruturalista

A Teoria Estruturalista veio como uma crítica tanto às teorias clássicas quanto à Teoria das Relações Humanas. Um de seus mais importantes teóricos, **Amitai Etzione**, considerava a organização como "um complexo de grupos sociais cujos interesses podem ou não ser conflitantes". Dessa maneira, tal teoria buscou "complementar" ou sintetizar as teorias anteriores (clássicas e humanas), pois acreditava que estas focavam apenas em partes do todo. Assim, a ideia principal foi considerar a organização em todos os aspectos como uma só estrutura – integrando todas as "visões" anteriores.

Assim, um aspecto importante foi a busca de uma análise tanto da **organização formal** (abordada na teoria clássica) quanto da **informal** (abordada na teoria das relações humanas). Dessa maneira, deveria existir um equilíbrio destas duas visões.

Para os estruturalistas, a sociedade moderna seria uma sociedade de organizações. O homem dependeria dessas organizações para tudo, e nelas cumpriria uma série de "papéis" diferentes. Assim, apareceu o conceito de **homem organizacional**. Seria o homem que desempenha diversos papéis nas diversas organizações. Outro conceito foi trazido por Gouldner: as diferentes concepções das organizações. Para este autor, existiria o modelo racional e o modelo natural de organização.

O **modelo racional** seria baseado no controle e no planejamento. A ideia era a de um **sistema fechado**, com pouca incerteza e preocupação para com o "mundo externo" à organização.

O outro modelo era o **natural**. Nele, existiria a noção de que a realidade é incerta e de que a organização é um conjunto de órgãos inter-relacionados e que são interdependentes. Assim, é um modelo que se preocupa com as "trocas" com o ambiente externo, ou seja, trata-se de um **modelo de sistema aberto**.

1.2.8 Teoria dos Sistemas

A Teoria dos Sistemas na Administração - TGS foi derivada do trabalho do biólogo Ludwig Von Bertalanffy. Este teórico criou então a TGS, que buscou ser uma teoria que integrasse todas as áreas do conhecimento.

Um sistema, de acordo com Bertalanffy, é um conjunto de unidades reciprocamente relacionadas para alcançar um propósito ou objetivo. Assim, a Teoria dos Sistemas acolheu o conceito no qual as organizações são **sistemas abertos**, ou seja, que trocam continuamente energia (ou matéria-prima, informações etc.) com o meio ambiente. Portanto, não podemos entender uma organização sem saber o contexto em que ela opera. Do mesmo modo, uma organização é a soma de suas partes (gerência de marketing, gerência de finanças etc.), e uma área depende da outra – o conceito de interdependência. Ou seja, é inútil uma área da empresa se sair muito bem (área de vendas, por exemplo) se outra área está tendo dificuldades (produção, por exemplo).

> Atualmente, as organizações são vistas como sistemas abertos.

No caso citado, a empresa perderia os clientes por não conseguir cumprir as vendas efetuadas. Dessa forma, o administrador deve ter uma visão do todo. De como as áreas da organização interagem e quais são as interdependências.

Os principais conceitos da Teoria dos Sistemas são:

- > **Entrada** – relaciona-se com tudo o que o sistema recebe do ambiente externo para poder funcionar: recursos, insumos, dados, etc.
- > **Saída** – é o que o sistema produz. Uma saída pode ser: uma informação, um produto, um serviço etc.
- > **Feedback** – é o retorno sobre o que foi produzido, de modo que o sistema possa se corrigir ou se modificar.

- **Caixa preta** – se relaciona com um sistema em que o "interior" não é facilmente acessível (como o corpo humano, por exemplo). Assim, só temos acesso aos elementos de entrada e saída para sabermos como ele funciona.

Vejamos outros conceitos importantes a seguir, os quais são muito abordados em concursos públicos:

- Organizações são sistemas abertos, que influenciam o ambiente e são influenciados por ele.
- Organização é um sistema complexo, com partes inter-relacionadas e interdependentes.
- Organização está em constante interação com meio ambiente.
- **Feedback** – retroalimentação, controle dos resultados, retroinformação.
- **Sinergia** – o trabalho em sinergia mostra que o todo tem um resultado maior do que a soma das partes.
- **Holismo** – o sistema é um todo. Mudança em uma parte afeta as outras partes.
- **Homeostase** – o sistema busca o equilíbrio; é a capacidade de a organização fazer mudanças internas para se adaptar às mudanças externas.
- **Equifinalidade** – objetivos podem ser alcançados de várias maneiras; não existe um único modo; é possível partir de vários pontos e chegar ao mesmo objetivo.
- **Entropia** – tendência de qualquer sistema de se desintegrar, entrar em desordem, ficar obsoleto, entrar em desuso e morrer; é necessário evitar a entropia e buscar a entropia negativa.
- **Entropia Negativa** – recarga de "energia" e recursos no sistema, de maneira a evitar a desintegração, por meio de inovação, melhoria, crescimento, desenvolvimento e treinamento.

1.2.9 Teoria Contingencial

Antigamente, só existiam fábricas e indústrias e estabelecer regras e normas para um gerenciamento poderia trazer bons resultados. Mas atualmente existem organizações de diferentes tipos, inclusive virtuais, que oferecem produtos ou serviços. Ou seja, já não podemos afirmar que há uma única e correta maneira de administrar.

Para a Teoria da Contingência, que pode ser chamada de Situacional também, não existe uma "fórmula mágica" para se resolver os problemas das organizações. Cada situação pede uma resposta diferente. Assim, tudo é relativo. Tudo depende.

Ou seja, antes que um administrador possa determinar qual é o "caminho" correto para uma empresa, é necessária uma análise ambiental. Assim, dependendo da situação da empresa, sua estratégia ou a tecnologia envolvida, o "caminho" será de uma maneira ou de outra.

Estes fatores principais - como o tamanho da empresa e seu ambiente - são considerados contingências, que devem ser analisadas antes de se determinar um curso de ação. Portanto, não existe mais a "melhor maneira" de se administrar uma organização.

Do mesmo modo, esta teoria postula que existem várias maneiras de se alcançar um objetivo. O que um gestor deve buscar é um ajuste constante entre a organização e seu meio, suas contingências.

Dentre estas contingências importantes, Sobral cita: o ambiente interno e externo, a tecnologia, o tamanho e o tipo de tarefa.

Uma consequência prática destas ideias no mundo organizacional foi a tendência das organizações se tornarem mais flexíveis (para que possam reagir mais rápido às mudanças no ambiente).

Dentre os novos modelos adotados, temos as organizações em rede. Estas são muito mais flexíveis e dependem de uma nova visão. De acordo com Motta, o ambiente é uma rede formada por diversas organizações interligadas. Desta forma, o mercado automobilístico é formado por diversas montadoras, oficinas, seguradoras, fábricas de peças etc.

Além disso, a própria organização é composta por diversas redes sociais internas. Os diversos departamentos e áreas são dependentes uns dos outros. Como estas áreas ou grupos estão sempre em contato, seus membros recebem uma pressão ou influência que é derivada deste contato.

Nas organizações em rede, em vez da empresa "verticalizar" sua produção e "fazer tudo sozinha" - como comprar uma indústria e contratar funcionários - faz um contrato com um parceiro que passa a cumprir esta função.

Entretanto, apesar desta teoria acertar ao identificar a realidade e a complexidade da atuação das organizações atualmente, acaba "caindo" em um relativismo exagerado. Ou seja, para a Teoria da Contingência tudo depende. Desta maneira, não existem prescrições que possam ser generalizadas. Cada caso será sempre um caso específico e que deve ser analisado dentro de seu contexto.

Além disso, as contingências que influenciam a situação de uma organização são, muitas vezes, inúmeras. Ou seja, a definição do "caminho" a ser seguido por uma empresa pode ser um trabalho bastante complexo.

1.2.9.1 O Ambiente

Como na Teoria Contingencial é preciso levar em conta o ambiente, é necessário também entender o que é o "ambiente". Ele pode ser compreendido como o contexto que envolve externamente a organização. É a situação dentro da qual uma organização está inserida. Pode ser multivariado e complexo. Torna-se necessário dividi-lo para poder analisá-lo de acordo com o seu conteúdo. Sendo assim, é necessário entender o ambiente como o ambiente geral, e o ambiente de tarefa, conforme a exposição a seguir:

Ambiente Geral - é o macroambiente, ou seja, ambiente genérico e comum a todas as organizações. Tudo o que acontece no ambiente geral afeta direta ou indiretamente todas as organizações. O ambiente geral é constituído de um conjunto de condições comuns para todas as organizações. As principais condições são: condições tecnológicas, legais, políticas, econômicas, demográficas, ecológicas e culturais.

Ambiente de Tarefa - é o ambiente mais próximo e imediato da organização. É o segmento do ambiente geral do qual uma determinada organização extrai as suas entradas e deposita as suas saídas. É o ambiente de operações de cada organização. O ambiente de tarefa é constituído por: fornecedores de entradas, clientes ou usuários, concorrentes e entidades reguladoras.

1.2.9.1.1 Classificação de Ambientes

Os ambientes podem ser classificados de acordo com a sua diferenciação (estrutura) e conforme a sua dinâmica:

→ **Quanto à sua diferenciação:**

Ambiente Homogêneo: quando é composto de fornecedores, clientes e concorrentes semelhantes. O ambiente é homogêneo quando há pouca segmentação ou diferenciação dos mercados.

Ambiente Heterogêneo: quando ocorre muita diferenciação entre fornecedores, clientes e concorrentes, provocando uma diversidade de problemas à organização. O ambiente é heterogêneo quando há muita diferenciação dos mercados.

→ **Quanto à sua dinâmica:**

Ambiente Estável: é o ambiente que se caracteriza por pouca ou nenhuma mudança. É o ambiente em que quase não ocorrem mudanças, ou que, se houver, são mudanças lentas e perfeitamente previsíveis. É um ambiente tranquilo e previsível.

Ambiente Instável: é o ambiente dinâmico, que se caracteriza por muitas mudanças. É o ambiente em que os agentes estão constantemente provocando mudanças e influências recíprocas, formando um campo dinâmico de forças. A instabilidade provocada pelas mudanças gera incerteza para a organização. Sendo assim, a análise ambiental é feita pela análise das variáveis do ambiente de tarefa e do ambiente geral e também pela identificação da dinâmica e da diferenciação ambiental.

De uma forma geral, a abordagem contingencial coloca a sua maior ênfase no ambiente, de onde se identificam ameaças e oportunidades que condicionam as estratégias de ação. Também existe forte ênfase na tecnologia, que constitui tanto uma variável interna da organização, como externa (ambiental). Ela também concilia as abordagens de sistemas abertos e fechados e cria novas tendências para as organizações.

Questões

01. A respeito de administração, julgue o próximo item.

A existência de roteiros-padrão a serem seguidos na execução de tarefas em um órgão público guarda similaridade com procedimentos típicos da teoria clássica da administração.

Certo ( ) Errado ( )

02. Julgue o item seguinte, relativo a gestão de pessoas.

Entre os estilos de liderança, o democrático é, em regra, o mais eficaz para instituições públicas alcançarem melhores resultados operacionais e maior qualidade de atendimento.

Certo ( ) Errado ( )

03. No que se refere à evolução das teorias da administração e sua aplicabilidade à gestão pública brasileira, julgue o item subsequente.

Divisão do trabalho, autoridade, unidade de direção e de comando são princípios típicos da teoria neoclássica da administração.

Certo ( ) Errado ( )

04. No que se refere à evolução das teorias da administração e sua aplicabilidade à gestão pública brasileira, julgue o item subsequente.

A administração científica elege uma única forma de se executar uma tarefa, com o intuito de que a especificação seja o meio ideal para maximização de eficiência.

Certo ( ) Errado ( )

05. No que se refere à evolução das teorias da administração e sua aplicabilidade à gestão pública brasileira, julgue o item subsequente.

A abordagem clássica da administração é marcada pelo foco na estratégia organizacional, que é admitida como catalisadora do desempenho.

Certo ( ) Errado ( )

Gabaritos

01	CERTO
02	ERRADO
03	ERRADO
04	CERTO
05	ERRADO

2. ADMINISTRAÇÃO PÚBLICA

2.1 Formas de Administração Pública (Patrimonialista, Burocrática e Gerencial)

O Brasil passou por três tentativas de reformas administrativas. Tais reformas caracterizam as chamadas "Formas de Administração Pública", classificadas em patrimonialista, burocrática e gerencial.

2.1.1 Patrimonialista

O termo patrimonialismo significa a incapacidade ou a relutância do príncipe em distinguir entre o patrimônio público e seus bens privados (são interdependentes). O aparelho do Estado funciona como uma extensão do poder do soberano, e os seus auxiliares, servidores, possuem status de nobreza real. Os cargos são considerados prebendas ou sinecuras (empregos rendosos que exigem pouco ou nenhum esforço de quem os exerce, e são distribuídos da forma mais adequada ao soberano). A res publica ("a coisa pública" – os bens públicos) não é diferenciada da res principis (patrimônio do príncipe ou do soberano). Em consequência, a corrupção e o nepotismo são inerentes a esse tipo de Administração. No momento em que o capitalismo e a democracia se tornam dominantes, o mercado e a sociedade civil passam a se distinguir do Estado, tornando-se a Administração patrimonialista abominável.

2.1.2 Burocrática

Surge na segunda metade do século XIX, na época do Estado liberal, como forma de combater a corrupção e o nepotismo patrimonialista. Baseada nos princípios de Administração do exército prussiano, constituía-se em uma alternativa muito superior à Administração patrimonialista do Estado. Tal modelo foi adotado inicialmente nas empresas, principalmente em organizações industriais, em decorrência da necessidade de ordem e exatidão e das reivindicações dos trabalhadores por um tratamento justo e imparcial.

A autoridade não mais tem origem no soberano, e sim no cargo que a pessoa ocupa na organização, e a obediência é devida às leis e aos regulamentos, formalmente definidos. Qualquer organização ou grupo que se baseie em leis racionais é uma burocracia.

O tipo ideal de burocracia, segundo Weber, apresenta como características principais:

O caráter racional-legal das normas e regulamentos, caráter formal das comunicações, profissionalização, ideia de carreira, hierarquia funcional e disciplina, impessoalidade, formalismo, divisão do trabalho, competência técnica e meritocracia, rotinas e procedimentos padronizados, separação da propriedade.

Weber distinguiu três tipos de autoridade ou dominação:

> tradicional – transmitida por herança, conservadora;
> carismática – baseada na devoção afetiva e pessoal e no arrebatamento emocional dos seguidores em relação à pessoa do líder;
> racional legal ou burocrática – baseada em normas legais racionalmente definidas e impostas a todos.

Para Weber, a burocracia é a organização eficiente por excelência e para conseguir essa eficiência, precisa detalhar antecipadamente e nos mínimos detalhes como as coisas deverão ser feitas.

Teve como pano de fundo o liberalismo econômico, que pregava que o Estado deveria se restringir a suas funções típicas (defesa nacional, aplicação da justiça, elaboração de leis, diplomacia, etc.). Todavia, não conseguiu eliminar completamente o Patrimonialismo, passando os dois modelos a subsistirem juntos. A autoridade burocrática não se confunde com a autoridade tradicional.

Os controles administrativos que visam evitar a corrupção e o nepotismo são sempre a priori.

Por outro lado, o controle - a garantia do poder do Estado – transforma-se na própria razão de ser do funcionário. Em consequência, o Estado volta-se para si mesmo, perdendo a noção de sua missão básica, que é servir à sociedade. A qualidade fundamental da Administração Burocrática é a efetividade no controle dos abusos; seus defeitos: a ineficiência, a autorreferência, o clientelismo e o fisiologismo. Esse modelo surgiu com o advento do Departamento Administrativo de Serviço Público – DASP, em 1938, com objetivos de centralização das atribuições de reforma e de reorganização do setor público e a racionalização de métodos e processos administrativos.

Voltado cada vez mais para si mesmo, o modelo burocrático tradicional vinha caminhando para um sentido contrário aos anseios dos cidadãos. A incapacidade de responder às demandas destes, a baixa eficiência de suas estruturas, aliadas à captura do Estado por interesses privados e ao processo de globalização e de transformações tecnológicas, desencadearam a CRISE DO ESTADO, cujas manifestações mais evidentes foram:

Crise fiscal: perda em maior grau de crédito público e incapacidade crescente do Estado de realizar uma poupança pública que lhe permitisse financiar políticas públicas, devido principalmente à grave crise econômica mundial dos anos 70 e 80.

Esgotamento das formas de intervenção do estado: crise do "Estado de Bem-Estar Social" ou "Welfare State" no Primeiro Mundo, o esgotamento da industrialização por substituição de importações nos países em desenvolvimento e o colapso do estatismo nos países comunistas.

Obsolescência na forma burocrática de administrar o estado: serviços sociais prestados com baixa qualidade, ineficientes e com custos crescentes. Era preciso urgentemente aumentar a eficiência governamental. Este cenário impulsionou o surgimento de um novo modelo de Administração Pública, mais preocupado com os resultados e não com procedimentos e que levava em consideração, sobretudo, a eficiência: produzir mais aproveitando ao máximo os recursos disponíveis, com a maior produtividade possível. O Estado teria que inovar, ser criativo, e se aproximar mais dos princípios que regem a Administração de Empresas Privadas, reduzindo custos e maximizando resultados.

2.1.2.1 Disfunções da Burocracia

Perrow afirmava que o tipo ideal de Weber nunca é alcançado, porque as organizações são essencialmente sistemas sociais, feitas de pessoas, e as pessoas não existem apenas para as organizações. Estas têm interesses independentes e levam para dentro das organizações em que trabalham toda a sua vida externa. Além disso, a organização burocrática que Weber idealizou parece servir melhor para lidar com tarefas estáveis e rotinizadas. Não trata das organizações dinâmicas, para as quais a mudança é constante; somente as organizações mecanicistas, orientadas basicamente para as atividades padronizadas e repetitivas. Perrow apontou quatro disfunções da burocracia:

Particularismo: as pessoas levam para dentro das organizações os interesses do grupo de que participam fora dela.

Satisfação de interesses pessoais: utilização da organização para fins pessoais do funcionário.

Excesso de regras: as burocracias exageram na tentativa de regulamentar tudo o que for possível a respeito do comportamento humano, criando regras em excesso, e muitos funcionários ficam encarregados de fiscalizar o cumprimento de tais regras.

Hierarquia: para Perrow seria a negação da autonomia, liberdade, iniciativa, criatividade, dignidade e independência. Seria a maior responsável pela resistência às mudanças, as quais atrapalham o comodismo dos que estão no topo da hierarquia.

Merton também critica o modelo weberiano que, em sua opinião, negligencia o peso do fator humano e não é racional, como ele retrata. Para ele, as principais disfunções da burocracia são:

Exagerado apego aos regulamentos e superconformidade às rotinas e procedimentos: as regras passam a se transformar de meios em objetivos. O funcionário esquece que a flexibilidade é uma das principais características de qualquer atividade racional. Trabalha em função do regulamento e não em função dos objetivos organizacionais.

Excesso de formalismo e papelório: devido à necessidade de se documentar por escrito todas as comunicações e procedimentos.

Resistência às mudanças: o funcionário, por se tornar um mero executor de rotinas e procedimentos definidos, passa a dominar seu trabalho com segurança e tranquilidade. Qualquer possibilidade de mudança que surja no horizonte passa a ser interpretada como ameaça à sua posição e, portanto, é altamente indesejável. Tal resistência pode ser manifestada de forma velada e discreta ou ativa e agressiva.

Despersonalização do relacionamento: o chefe não considera mais os funcionários como indivíduos, mas sim como ocupantes de cargos, sendo conhecidos pelo título do cargo e até mesmo pelo número interno que a organização lhes fornece.

Categorização como base do processo decisorial: a burocracia se assenta em uma rígida hierarquização da autoridade. Ou seja, na burocracia quem toma as decisões são as pessoas que estão no mais alto nível da hierarquia, mesmo que não saibam nada do assunto, visto que são os únicos com real poder de decisão.

Utilização intensiva de sinais de status: identifica os que estão no topo da hierarquia, tais como broches, tamanho de sala ou de mesa; pode ser interpretada como excessiva, prejudicial, visto que os funcionários que não as dispõem podem se sentir desprestigiados, em situação inferior aos demais, perdendo motivação e diminuindo sua produtividade.

Gerencial: emerge na segunda metade do século XX, como resposta, de um lado, à expansão das funções econômicas e sociais dos Estados e, de outro ao desenvolvimento tecnológico e à globalização da economia mundial.

No começo da década de 80, o modelo gerencial puro, denominado managerialism ou gerencialismo, sugeriu três providências básicas:

Corte de gastos: inclusive de pessoal;

Aumento da eficiência: com a introdução da lógica da produtividade existente no setor privado;

ATUAÇÃO MAIS FLEXÍVEL DO APARATO BUROCRÁTICO.

A reforma do aparelho do Estado passa a ser orientada predominantemente pelos valores da eficiência e qualidade na prestação de serviços públicos e pelo desenvolvimento de uma cultura gerencial nas organizações. A forma de controle deixa de basear-se nos processos (meios) para concentrar-se nos resultados (fins).

A Administração Pública Gerencial constitui um avanço e, até certo ponto, um rompimento com a Administração Pública Burocrática. Isto não significa, entretanto, que negue todos os seus princípios. Pelo contrário, a Administração Pública Gerencial está apoiada na anterior, da qual conserva, embora flexibilizando, alguns dos seus princípios fundamentais, como a admissão segundo rígidos critérios de mérito, a existência de um sistema estruturado e universal de remuneração, as carreiras, a avaliação constante de desempenho, o treinamento sistemático. A diferença fundamental está na forma de controle, que deixa de basear-se nos processos para concentrar-se nos resultados, e não na rigorosa profissionalização da Administração Pública, que continua um princípio fundamental.

O modelo gerencial busca a inserção e o aperfeiçoamento da máquina administrativa voltada para a gestão e a avaliação a posteriori de resultados em detrimento ao controle burocrático e a priori de processos. Enquanto a Administração Burocrática pressupõe uma racionalidade absoluta, a Administração Gerencial pensa na sociedade como um campo de conflito, cooperação e incerteza. Seu marco inicial surgiu na década de 60 com a publicação do Decreto-Lei nº 200/67.

Na Administração Pública Gerencial, a estratégia volta-se para a definição precisa dos objetivos que o administrador público deverá atingir em sua unidade, para a garantia de autonomia do administrador na gestão dos recursos humanos, materiais e financeiros que lhe forem colocados à disposição para que possa atingir os objetivos contratados, e para o controle ou cobrança a posteriori dos resultados.

No plano da estrutura organizacional, a descentralização e a redução dos níveis hierárquicos tornam-se essenciais. Em suma, afirma-se que a Administração Pública deve ser permeável à maior participação dos agentes privados e/ou das organizações da sociedade civil e deslocar a ênfase dos procedimentos (meios) para os resultados (fins).

A Administração Pública Gerencial vê o cidadão como contribuinte de impostos e como cliente dos seus serviços. O paradigma gerencial contemporâneo, fundamentado nos princípios da confiança e da descentralização da decisão, exige formas flexíveis de gestão, horizontalização de estruturas, descentralização de funções, incentivos à criatividade.

2.2 O Paradigma Pós-Burocrático

O paradigma gerencial contemporâneo, fundamentado nos princípios da confiança e da descentralização da decisão, exige formas flexíveis de gestão, horizontalização de estruturas, descentralização de funções, incentivos à criatividade. Contrapõe-se à ideologia do formalismo e do rigor técnico da burocracia tradicional. À avaliação sistemática, a recompensa pelo desempenho e a capacitação permanente, que já eram características da boa Administração Burocrática, acrescentam-se os princípios da orientação para o cidadão-cliente; do controle por resultados, e da competição administrada.

No presente momento, uma visão realista da reconstrução do aparelho do Estado em bases gerenciais deve levar em conta a necessidade de equacionar as assimetrias de correntes da persistência de aspectos patrimonialistas na Administração contemporânea, bem como dos excessos formais e anacronismos do modelo burocrático tradicional. Para isso, é fundamental ter clara a dinâmica da Administração Racional-Legal ou Burocrática. Não se trata simplesmente de descartá-la, mas sim de considerar os aspectos em que está superada e as características que ainda se mantêm válidas como formas de garantir efetividade à Administração Pública.

O modelo gerencial tornou-se realidade no mundo desenvolvido quando, por meio da definição clara de objetivos para cada unidade da Administração, da descentralização, da mudança de estruturas organizacionais e da adoção de valores e de comportamentos modernos no interior do Estado, revelou-se mais capaz de promover o aumento da qualidade e da eficiência dos serviços sociais oferecidos pelo setor público.

2.3 Rumo à Administração Gerencial

Tendo em vista as inadequações do modelo, a Administração Burocrática implantada a partir de 1930 sofreu sucessivas tentativas de reforma. Não obstante, as experiências se caracterizaram, em alguns casos, pela ênfase na extinção e criação de órgãos, e, em outros, pela constituição de estruturas paralelas visando a alterar a rigidez burocrática. Na própria área da reforma administrativa, esta última prática foi adotada, por exemplo, no Governo JK, com a criação de comissões especiais, como a **Comissão de Estudos e Projetos Administrativos**, objetivando a realização de estudos para simplificação dos processos administrativos e reformas ministeriais, e a **Comissão de Simplificação Burocrática**, que visava à elaboração de projetos direcionados para reformas globais e descentralização de serviços.

A reforma operada em 1967 pelo Decreto-Lei nº 200, entretanto, constitui um marco na tentativa de superação da rigidez burocrática, podendo ser considerada como um primeiro momento da Administração Gerencial no Brasil. Mediante o referido decreto-lei, realizou-se a transferência de atividades para autarquias, fundações, empresas públicas e sociedades de economia mista, a fim de obter-se maior dinamismo operacional por meio da descentralização funcional. Instituíram-se como princípios de racionalidade administrativa o planejamento e o orçamento, o descongestionamento das chefias executivas superiores (desconcentração/descentralização), a tentativa de reunir competência e informação no processo decisório, a sistematização, a coordenação e o controle.

O paradigma gerencial da época, compatível com o monopólio estatal na área produtiva de bens e serviços, orientou a expansão da Administração indireta, em uma tentativa de "flexibilizar a Administração" com o objetivo de atribuir maior operacionalidade às atividades econômicas do Estado.

Entretanto, as reformas operadas pelo Decreto-Lei no 200/67 não desencadearam mudanças no âmbito da Administração Burocrática central, permitindo a coexistência de núcleos de eficiência e competência na Administração indireta e formas arcaicas e ineficientes no plano da Administração direta ou central. O núcleo burocrático foi, na verdade, enfraquecido indevidamente por meio de uma, estratégia oportunista do regime militar, que não desenvolveu carreiras de administradores públicos de alto nível, preferindo, ao invés disso, contratar os escalões superiores da Administração por meio das empresas estatais.

Em meados dos anos 1970, uma nova iniciativa modernizadora da Administração Pública teve início, com a criação da **SEMOR - Secretaria da Modernização**. Reuniu-se em torno dela um grupo de jovens administradores públicos, muitos deles com formação em nível de pós-graduação no exterior, que buscou implantar novas técnicas de gestão, e particularmente de administração de recursos humanos, na Administração Pública federal.

No início dos anos 1980, registrou-se uma nova tentativa de reformar a burocracia e orientá-la na direção da Administração Pública Gerencial, com a criação do Ministério da Desburocratização e do **Programa Nacional de Desburocratização - PRND**, cujos objetivos eram a revitalização e a agilização das organizações do Estado, a descentralização da autoridade, a melhoria e simplificação dos processos administrativos e a promoção da eficiência. As ações do PRND voltaram-se inicialmente para o combate à burocratização dos procedimentos. Posteriormente, foram dirigidas para o desenvolvimento do Programa Nacional de Desestatização, em um esforço para conter os excessos da expansão da Administração descentralizada, estimulada pelo Decreto-Lei nº 200/67.

2.4 O Retrocesso de 1988

As ações rumo a uma Administração Pública Gerencial, são, entretanto, paralisadas na transição democrática de 1985 que, embora representasse uma grande vitória democrática, teve como um de seus custos mais surpreendentes o loteamento dos cargos públicos da Administração indireta e das delegacias dos ministérios nos Estados para os políticos dos partidos vitoriosos. Um novo populismo patrimonialista surgia no País. De outra parte, a alta burocracia passava a ser acusada, principalmente pelas forças conservadoras, de ser a culpada da crise do Estado, na medida em que favorecera seu crescimento excessivo.

A conjunção desses dois fatores leva, na Constituição de 1988, a um retrocesso burocrático sem precedentes. Sem que houvesse maior debate público, o Congresso Constituinte promoveu um surpreendente engessamento do aparelho estatal, ao estender para os serviços do Estado e para as próprias empresas estatais praticamente as mesmas regras burocráticas rígidas adotadas no núcleo estratégico do Estado. A nova Constituição determinou a perda da autonomia do Poder Executivo para tratar da estruturação dos órgãos públicos, instituiu a obrigatoriedade de regime jurídico único para os servidores civis da União, dos

Estados-Membros e dos Municípios, e retirou da Administração indireta a sua flexibilidade operacional, ao atribuir às fundações e autarquias públicas normas de funcionamento idênticas às que regem a Administração direta.

Este retrocesso burocrático foi em parte uma reação ao clientelismo que dominou o país naqueles anos. Foi também uma consequência de uma atitude defensiva da alta burocracia que, sentindo-se injustamente acusada, decidiu defender-se de forma irracional.

O retrocesso burocrático não pode ser atribuído a um suposto fracasso da descentralização e da flexibilização da Administração Pública que o Decreto-Lei no 200 teria promovido. Embora alguns abusos tenham sido cometidos em seu nome, seja em termos de excessiva autonomia para as empresas estatais, seja em termos do uso patrimonialista das autarquias e fundações (onde não havia a exigência de processo seletivo público para a admissão de pessoal), não é correto afirmar que tais distorções possam ser imputadas como causas do mesmo. Na medida em que a transição democrática ocorreu no Brasil, em meio à crise do Estado, essa última foi equivocadamente identificada pelas forças democráticas como resultado, entre outros, do processo de descentralização que o regime militar procurara implantar. Por outro lado, a transição democrática foi acompanhada por uma ampla campanha contra a estatização, que levou os constituintes a aumentar os controles burocráticos sobre as empresas estatais e a estabelecer normas rígidas para a criação de novas empresas públicas e de subsidiárias das já existentes.

Afinal, geraram-se dois resultados: de um lado, o abandono do caminho rumo a uma Administração Pública Gerencial e a reafirmação dos ideais da Administração Pública Burocrática clássica; de outro lado, dada a ingerência patrimonialista no processo, a instituição de uma série de privilégios, que não se coadunam com a própria Administração Pública Burocrática. Como exemplos, temos a estabilidade rígida para todos os servidores civis, diretamente relacionada à generalização do regime estatutário na Administração direta e nas fundações e autarquias, a aposentadoria com proventos integrais sem correlação com o tempo de serviço ou com a contribuição do servidor.

Todos estes fatos contribuíram para o desprestígio da Administração Pública brasileira, não obstante o fato de que os administradores públicos brasileiros são majoritariamente competentes, honestos e dotados de espírito público. Estas qualidades, que eles demonstraram desde os anos 1930, quando a Administração Pública profissional foi implantada no Brasil, foram um fator decisivo para o papel, estratégico que o Estado jogou no desenvolvimento econômico brasileiro.

As distorções provocadas pela nova Constituição logo se fizeram sentir. No governo Collor, entretanto, a resposta a elas foi equivocada e apenas agravou os problemas existentes, na medida em que se preocupava em destruir ao invés de construir. O governo Itamar Franco buscou essencialmente recompor os salários dos servidores, que haviam sido violentamente reduzidos no governo anterior. O discurso de reforma administrativa assume uma nova dimensão a partir de 1994, quando a campanha presidencial introduz a perspectiva da mudança organizacional e cultural da Administração Pública no sentido de uma Administração Gerencial.

A **Administração Gerencial**, em sua fase inicial, implica administrar a república de forma semelhante ao setor privado, de forma eficiente, com a utilização de ferramentas que consigam maximizar a riqueza do acionista, ou a satisfação do usuário (considerando-se a realidade do serviço público). Nesse sentido, buscar-se-á a adoção de uma postura mais empresarial, empreendedora, aberta a novas ideias e voltada para o incremento na geração de receitas e no maior controle dos gastos públicos. Esse modelo é mais bem entendido considerando o cenário em que foi concebido: no plano econômico, dada a crise do petróleo na década de 1970, esgotaram-se as condições que viabilizavam a manutenção do Welfare State (Estado de Bem-Estar Social), onde prevalecia o entendimento de que cabia ao Estado proporcionar uma gama enorme de serviços à população, respondendo esse por saúde, educação, habitação etc. A partir daí, começa a ser difundida a ideia de devolução ao setor privado daqueles serviços que o Poder Público não tem condições de prestar com eficiência (privatizações), devendo o Estado desenvolver aquilo que cabe intrinsecamente a ele fazer (Diplomacia, Segurança, Fiscalização etc.). O Estado Mínimo volta a ganhar força.Ou seja, o que se propôs, na verdade, foi a quebra de um paradigma, a redefinição do que caberia efetivamente ao Estado fazer e o que deveria ser delegado ao setor privado. Como referência, é possível citar a obra de Osbome & Gaebler, Reinventando o Governo, na qual são destacados princípios a serem observados na construção deste modelo, tais como:

> formação de parcerias;
> foco em resultados;
> visão estratégica;
> Estado catalisador, ao invés de remador;
> visão compartilhada; e
> busca da excelência.

Assim, o modelo gerencial (puro, inicial), buscou responder com maior agilidade e eficiência aos anseios da sociedade, insatisfeita com os serviços recebidos do setor público.

A preocupação primeira do modelo gerencial foi o incremento da eficiência, tendo em vista as disfunções do modelo burocrático. Nessa fase, o usuário do serviço público é visto tão somente como o financiador do sistema.

No Consumerism, que foi uma corrente, há o incremento na busca pela qualidade, decorrente da mudança do modo de ver o usuário do serviço, de mero contribuinte para cliente consumidor de serviços públicos. Nesse momento, há uma alteração no foco da organização. A burocracia, que normalmente é autorreferenciada, ou seja, voltada para si mesma, passa a observar com maior cuidado a razão de sua existência: a satisfação de seu consumidor. Com isso, buscar-se-á conhecê-lo por meio, dentre outras coisas, de pesquisas de opinião e procurar-se-á proporcionar um atendimento diferenciado com vistas no atendimento de necessidades individualizadas.

Na fase mais recente, o entendimento de que o usuário do serviço deve ser visto como cliente-consumidor perdeu força, principalmente porque a ideia de consumidor poderia levar a um atendimento melhor para alguns e pior para outros, em um universo em que todos têm os mesmos direitos. É possível perceber isso quando levamos em consideração que clientes mais bem organizados e estruturados teriam mais poder para pleitear mais ou melhores serviços, culminando em prejuízo para os menos estruturados. Por isso, nesta abordagem é preferível o uso de conceito de cidadão, que ao invés de buscar a sua satisfação, estaria voltado para a consecução do bem comum. Com isso, o que se busca é a equidade, ou seja, o tratamento igual a todos os que se encontram em situações equivalentes.

Os cidadãos teriam, além de direitos, obrigações perante a sociedade, tais como a fiscalização da república, vindo a cobrar, inclusive, que os maus gestores sejam responsabilizados (accountability) por atos praticados com inobservância da Legislação ou do interesse público.

A fim de aprimorar o aprendizado e complementar os estudos para a prova, a partir de agora este material reproduzirá extratos do **Plano Diretor da Reforma do Aparelho do Estado**.

Estado e sociedade formam, em uma democracia, um todo indivisível: a competência e os limites de atuação do Estado estão definidos precipuamente na Constituição. Deriva seu poder de legislar e de tributar a população, da legitimidade que lhe outorga a cidadania, via processo eleitoral. A sociedade, por seu turno, manifesta seus anseios e demandas por canais formais ou informais de contato com as autoridades constituídas. É pelo diálogo democrático entre o Estado e a sociedade que se definem as prioridades a que o Governo deve ater-se para a construção de um país mais próspero e justo.

Nos últimos anos, assistimos em todo o mundo a um debate acalorado - ainda longe de concluído - sobre o papel que o Estado deve desempenhar na vida contemporânea e o grau de intervenção que deve ter na economia. No Brasil, o tema adquire relevância particular, tendo em vista que o Estado, em razão do modelo de desenvolvimento adotado, desviou-se de suas funções precípuas para atuar com grande ênfase na esfera produtiva. Essa maciça interferência do Estado no mercado acarretou distorções crescentes neste último, que passou a conviver com artificialismos que se tornaram insustentáveis na década de 1990. Sem dúvida, em um sistema capitalista, Estado e mercado, direta ou indiretamente, são as duas instituições centrais que operam na coordenação dos sistemas econômicos. Dessa forma, se uma delas apresenta funcionamento irregular, é inevitável que nos depararemos com uma crise. Foi assim nos anos 1920 e 1930, em que claramente foi o mau funcionamento do mercado que trouxe em seu bojo uma crise econômica de grandes proporções. Já nos anos 1980, é a crise do Estado que põe em cheque o modelo econômico em vigência.

É importante ressaltar que a redefinição do papel do Estado é um tema de alcance universal nos anos 1990. No Brasil, esta questão adquiriu importância decisiva, tendo em vista o peso da presença do Estado na economia nacional. Tornou-se, consequentemente, inadiável equacionar a questão da reforma ou da reconstrução do Estado, que já não consegue atender com eficiência à sobrecarga de demandas a ele dirigidas, sobretudo na área social. A reforma do Estado não é, assim, um tema abstrato: ao contrário, é algo cobrado pela cidadania, que vê frustradas suas demandas e expectativas.

A crise do Estado teve início nos anos 1970, mas só nos anos 1980 se tornou evidente. Paralelamente ao descontrole fiscal, diversos países passaram a apresentar redução nas taxas de crescimento econômico, aumento do desemprego e elevados índices de inflação. Após várias tentativas de explicação, ficou claro, afinal, que a causa da desaceleração econômica nos países desenvolvidos e dos graves desequilíbrios na América Latina e no Leste Europeu era a crise do Estado, que não soubera processar de forma adequada a sobrecarga de demandas a ele dirigidas. A desordem econômica expressava agora a dificuldade do Estado em continuar a administrar as crescentes expectativas em relação à política de bem-estar aplicada com relativo sucesso no pós-guerra.

A Primeira Grande Guerra Mundial e a Grande Depressão foram o marco da crise do mercado e do Estado liberal. Surge em seu lugar um novo formato de Estado, que assume um papel decisivo na promoção do desenvolvimento econômico e social. A partir desse momento, o Estado passa a desempenhar um papel estratégico na coordenação da economia capitalista, promovendo poupança forçada alavancando o desenvolvimento econômico, corrigindo as distorções do mercado e garantindo uma distribuição de renda mais igualitária.

Não obstante, nos últimos 20 anos, esse modelo mostrou-se superado, vítima de distorções decorrentes da tendência observada em grupos de empresários e de funcionários, que buscam utilizar o Estado em seu próprio benefício, e vítima também da aceleração do desenvolvimento tecnológico e da globalização da economia mundial, que tornaram a competição entre as nações muito mais aguda. A crise do Estado define-se, então, como uma crise fiscal, caracterizada pela crescente perda do crédito por parte do Estado e pela poupança pública que se torna negativa; como o esgotamento da estratégia estatizante de intervenção do Estado, a qual se reveste de várias formas: o Estado do bem-estar social nos países desenvolvidos, a estratégia de substituição de importações no terceiro mundo e o estatismo nos países comunistas; e como a superação da forma de administrar o Estado, isto é, a superação da Administração Pública Burocrática.

No Brasil, embora esteja presente desde os anos 1970, a crise do Estado somente se tornará clara a partir da segunda metade dos anos 1980. Suas manifestações mais evidentes são a própria crise fiscal e o esgotamento da estratégia de substituição de importações, que se inserem em um contexto mais amplo de superação das formas de intervenção econômica e social do Estado. Adicionalmente, o aparelho do Estado concentra e centraliza funções, e se caracteriza pela rigidez dos procedimentos e pelo excesso de normas e regulamentos.

A reação imediata à crise - ainda nos anos 1980, logo após a transição democrática - foi ignorá-la. Uma segunda resposta igualmente inadequada foi a neoliberal, caracterizada pela ideologia do Estado mínimo. Ambas revelaram-se irrealistas: a primeira, porque subestimou tal desequilíbrio; a segunda, porque foi utópica. Só em meados dos anos 1990 surge uma resposta consistente com o desafio de superação da crise: a ideia da reforma ou reconstrução do Estado, de forma a resgatar sua autonomia financeira e sua capacidade de implementar políticas públicas.

Neste sentido, são inadiáveis: o ajustamento fiscal duradouro; as reformas econômicas orientadas para o mercado, que, acompanhadas de uma política industrial e tecnológica, garantam a concorrência interna e criem as condições para o enfrentamento da competição internacional; a reforma da previdência social;

a inovação dos instrumentos de política social, proporcionando maior abrangência e promovendo melhor qualidade para os serviços sociais; e a reforma do aparelho do Estado, com vistas a aumentar sua "governança", ou seja, sua capacidade de implementar de forma eficiente políticas públicas.

Cabe aos ministérios da área econômica, particularmente aos da Fazenda e do Planejamento, proporem alternativas com vistas à solução da crise fiscal. Aos ministérios setoriais, compete rever as políticas públicas, em consonância com os novos princípios do desenvolvimento econômico e social. A atribuição do Ministério da Administração Federal e Reforma do Estado é estabelecer as condições para que o governo possa aumentar sua governança.

Para isso, sua missão específica é a de orientar e instrumentalizar a reforma do aparelho do Estado, nos termos definidos pela Presidência por meio desse Plano Diretor.

2.5 O Aparelho do Estado e as Formas de Propriedade

Para enfrentar os principais problemas que representam obstáculos à implementação de um aparelho do Estado moderno e eficiente, torna-se necessário definir um modelo conceitual, que distinga os segmentos fundamentais característicos da ação do Estado. A opção pela construção deste modelo tem como principal vantagem permitir a identificação de estratégias específicas para cada segmento de atuação do Estado, evitando a alternativa simplista de proposição de soluções genéricas a problemas que são peculiares dependendo do setor. Entretanto, tem a desvantagem da imperfeição intrínseca dos modelos, que sempre representam uma simplificação da realidade. Estas imperfeições, caracterizadas por eventuais omissões e dificuldades de estabelecimento de limites entre as fronteiras de cada segmento, serão aperfeiçoadas na medida do aprofundamento do debate.

O Estado é a organização burocrática que possui o poder de legislar e tributar sobre a população de um determinado território. O Estado é, portanto, a única estrutura organizacional que possui o "poder extroverso", ou seja, o poder de constituir unilateralmente obrigações para terceiros, com extravasamento dos seus próprios limites.

O aparelho do Estado ou Administração Pública lato senso, compreende um núcleo estratégico ou governo, constituído pela cúpula dos três Poderes, um corpo de funcionários e uma força militar e policial.

O aparelho do Estado é regido basicamente pelo Direito Constitucional e pelo Direito Administrativo, enquanto que o Estado é fonte ou sancionador e garantidor desses e de todos os demais direitos. Quando somamos ao aparelho do Estado todo o sistema institucional-legal, que regula não apenas o próprio aparelho do Estado, mas toda a sociedade, temos o Estado.

2.6 Os Setores do Estado

No aparelho do Estado, é possível distinguir quatro setores:

2.6.1 Núcleo Estratégico

Corresponde ao governo, em sentido lato. É o setor que define as leis e as políticas públicas, e cobra o seu cumprimento. É, portanto, o setor onde as decisões estratégicas são tomadas. Corresponde aos Poderes Legislativo e Judiciário, ao Ministério Público e, no Poder Executivo, ao Presidente da República, aos ministros e aos seus auxiliares e assessores diretos, responsáveis pelo planejamento e formulação das políticas públicas.

2.6.2 Atividades Exclusivas

É o setor em que são prestados serviços que só o Estado pode realizar. São serviços em que se exerce o poder extroverso do Estado - o poder de regulamentar, fiscalizar, fomentar. Como exemplos, temos: a cobrança e fiscalização dos impostos, a polícia, a previdência social básica, o serviço de desemprego, a fiscalização do cumprimento de normas sanitárias, o serviço de trânsito, a compra de serviços de saúde pelo Estado, o controle do meio ambiente, o subsídio à educação básica, o serviço de emissão de passaportes etc.

2.6.3 Serviços Não Exclusivos

Corresponde ao setor onde o Estado atua simultaneamente com outras organizações públicas não estatais e privadas. As instituições desse setor não possuem o poder de Estado. Este, entretanto, está presente porque os serviços envolvem direitos humanos fundamentais, como os da educação e da saúde, ou porque possuem "economias externas" relevantes, na medida em que produzem ganhos que não podem ser apropriados por esses serviços por meio do mercado. As economias produzidas imediatamente se espalham para o resto da sociedade, não podendo ser transformadas em lucros. São exemplos deste setor: as universidades, os hospitais, os centros de pesquisa e os museus.

2.6.4 Produção de Bens e Serviços para o Mercado

Corresponde à área de atuação das quatro empresas. É caracterizado pelas atividades econômicas voltadas para o lucro que ainda permanecem no aparelho do Estado como, por exemplo, as do setor de infraestrutura. Estão no Estado, seja porque faltou capital ao setor privado para realizar o investimento, seja porque são atividades naturalmente monopolistas, nas quais o controle via mercado não é possível, tornando-se necessária no caso de privatização, a regulamentação rígida.

2.7 Setores do Estado e Tipos de Gestão

Cada um destes quatro setores referidos apresenta características peculiares, tanto no que se refere às suas prioridades, quanto aos princípios administrativos adotados.

No núcleo estratégico, o fundamental é que as decisões sejam as melhores, e, em seguida, que sejam efetivamente cumpridas. A efetividade é mais importante que a eficiência. O que importa saber é, primeiramente, se as decisões que estão sendo tomadas pelo governo atendem eficazmente ao interesse nacional, se correspondem aos objetivos mais gerais, aos quais a sociedade brasileira está voltada, ou não. Em segundo lugar, se, uma vez tomadas as decisões, estas são de fato cumpridas. Já no campo das atividades exclusivas de Estado, o que importa é atender milhões de cidadãos com boa qualidade a um custo baixo.

Como já vimos, existem ainda hoje duas formas de Administração Pública relevantes: a Administração Pública Burocrática e a Administração Pública Gerencial. A primeira, embora sofrendo do excesso de formalismo e da ênfase no controle dos processos, tem como vantagens a segurança e a efetividade das decisões. Já a Administração Pública Gerencial caracteriza-se fundamentalmente pela eficiência dos serviços prestados a milhares, senão milhões, de cidadãos. Nestes termos, no núcleo estratégico, em que o essencial é a correção das decisões tomadas e o princípio administrativo fundamental é o da efetividade, entendido como a capacidade de ver obedecidas e implementadas com segurança as decisões tomadas; é mais adequado que haja um misto de Administração Pública Burocrática e Gerencial.

No setor das atividades exclusivas e de serviços competitivos ou não exclusivos, o importante é a qualidade e o custo dos serviços prestados aos cidadãos. O princípio correspondente é o da eficiência, ou seja, a busca de uma relação ótima entre qualidade e custo dos serviços colocados à disposição do público. Logo, a Administração deve ser necessariamente Gerencial. O mesmo se diga, obviamente, do setor das empresas, que, enquanto estiverem com o Estado, deverão obedecer aos princípios gerenciais de Administração.

2.8 Experiências de Reformas Administrativas

2.8.1 A Administração Pública Gerencial no Brasil (O Governo FHC)

Em termos de Administração Pública, o marco de referência da era FHC foi a implantação do Plano Diretor da Reforma do Aparelho do Estado (1995), fundamentado em princípios da Administração Pública Gerencial.

Com a finalidade de colaborar com o trabalho que a sociedade e o governo estão tentando fazer para mudar o Brasil, o então Presidente da República, Fernando Henrique Cardoso, determinou a elaboração do "Plano Diretor da Reforma do Aparelho do Estado" definindo objetivos e estabelecendo diretrizes para a "futura" reforma da Administração Pública brasileira a ser aprovada pelo Poder Legislativo.

A seguir, transcrevemos alguns trechos desse documento para análise dos candidatos, no que tange aos rumos da Administração Pública em nosso país.

Este "Plano Diretor" procura criar condições para a construção pública em bases modernas e racionais. No passado, constituiu grande avanço à implementação de uma Administração Pública formal, baseada em princípios racionais e burocráticos, os quais se contrapunham ao patrimonialismo, ao clientelismo, ao nepotismo, vícios estes que ainda persistem e que precisam ser extirpados. Mas o sistema introduzido, ao limitar-se a padrões hierárquicos rígidos e ao concentrar-se no controle dos processos e não dos resultados, revelou-se lento e ineficiente para a magnitude e a complexidade dos desafios que o País passou a enfrentar diante da globalização econômica. A situação agravou-se a partir do início da década de 90, como resultado de reformas administrativas apressadas, as quais desorganizaram centros decisórios importantes, afetaram a "memória administrativa", a par de desmantelarem sistemas de produção de informações vitais para o processo decisório governamental.

"Entende-se por aparelho do Estado a Administração Pública em sentido amplo, ou seja, a estrutura organizacional do Estado, em seus três Poderes (Executivo, Legislativo e Judiciário) e três níveis (União, Estados-Membros e Municípios). O aparelho do Estado é constituído pelo governo, isto é, pela cúpula dirigente nos três Poderes, por um corpo de funcionários, e pela força militar. O Estado, por sua vez, é mais abrangente que o aparelho, porque compreende adicionalmente o sistema constitucional legal, que regula a população nos limites de um território. O Estado é a organização burocrática que tem o monopólio da violência legal, é o aparelho que tem o poder de legislar e tributar a população de um determinado território".

Estes conceitos permitem distinguir a reforma do Estado da reforma do aparelho do Estado. A reforma do Estado é um projeto amplo que diz respeito às áreas do governo e, ainda, ao conjunto da Sociedade Brasileira, enquanto que a reforma do aparelho do Estado tem um escopo mais restrito: está orientada para tornar a Administração Pública mais eficiente e mais voltada para a cidadania.

Este Plano Diretor focaliza sua atenção na Administração. A reforma do aparelho do Estado tem um escopo mais público federal, mas muitas das suas diretrizes e propostas podem também ser aplicadas em nível estadual e municipal. *"A reforma do Estado deve ser entendida dentro do contexto da definição do papel do Estado, que deixa de ser o responsável direto pelo desenvolvimento econômico e social pela via da produção de bens e serviços, para fortalecer-se na função de promotor e regulador desse desenvolvimento".*

"Nesse sentido, são inadiáveis:

> o ajustamento fiscal duradouro;

> reformas econômicas orientadas para o mercado, que, acompanhadas de uma política industrial e tecnológica, garantam a concorrência interna criem as condições para o enfrentamento da competição internacional;

> a reforma da previdência social;

> a inovação dos instrumentos de política social, proporcionando maior abrangência e promovendo melhor qualidade para os serviços; e

> a reforma do aparelho do Estado, com vista a aumentar sua 'governança', ou seja, sua capacidade de implementar de forma eficiente políticas públicas,"

2.9 Governabilidade / Governança / *Accountability*

2.9.1 Governança e Governabilidade

A reforma do Estado envolve múltiplos aspectos. O ajuste fiscal devolve ao Estado a capacidade de definir e implementar políticas públicas. Por meio da liberalização comercial, o Estado abandona a estratégia protecionista da substituição de importações. O programa de privatizações reflete a conscientização da gravidade da crise fiscal e da correlata limitação da capacidade do

Estado de promover poupança forçada por meio das empresas estatais. Por meio desse programa, transfere-se para o setor privado a tarefa da produção que, em princípio, este realiza de forma mais eficiente. Finalmente, por meio de um programa de publicização, transfere-se para o setor público não estatal a produção dos serviços competitivos ou não exclusivos de Estado, estabelecendo-se um sistema de parceria entre Estado e sociedade para seu financiamento e controle.

Desse modo, o Estado reduz seu papel de executor ou prestador direto de serviços, mantendo-se, entretanto, no papel de regulador e provedor ou promotor destes, principalmente dos serviços sociais, como educação e saúde, que são essenciais, para o desenvolvimento, na medida em que envolvem investimento em capital humano: para a democracia, na medida em que promovem cidadãos; e para uma distribuição de renda mais justa, na medida em que o mercado é incapaz de garantir, dada a oferta muito superior à demanda de mão de obra não especializada. Como promotor desses serviços, o Estado continuará a subsidiá-los, buscando, ao mesmo tempo, o controle social direto e a participação da sociedade.

Nesta nova perspectiva, busca-se o fortalecimento das funções de regulação e de coordenação do Estado, particularmente no nível federal, e a progressiva descentralização vertical, para os níveis estadual e municipal, das funções executivas no campo da prestação de serviços sociais e de infraestrutura.

Considerando esta tendência, pretende-se reforçar a governança - a capacidade de governo do Estado - por meio da transição programada de um tipo de Administração Pública Burocrática, rígida e ineficiente, voltada para si própria e para o controle interno, para uma Administração Pública Gerencial, flexível e eficiente, voltada para o atendimento do cidadão. O governo brasileiro não carece de "governabilidade", ou seja, de poder para governar, dada sua legitimidade democrática e o apoio com que conta na sociedade civil. Enfrenta, entretanto, um problema de governança, na medida em que sua capacidade de implementar as políticas é limitada pela rigidez e ineficiência da máquina administrativa.

2.9.2 *Accountability*

É um termo abrangente que vai além da prestação de contas, pura e simples, pelos gestores da coisa pública. *Accountability* diz respeito à sensibilidade das autoridades públicas em relação ao que os cidadãos pensam, à existência de mecanismos institucionais efetivos, que permitam chamá-los à fala quando não cumprirem suas responsabilidades básicas. No âmbito da Secretaria Federal de Controle, o termo *accountability* é traduzido, por alguns, como "responsabilidade".

A busca da *accountability* passa também pela reforma da sociedade; ela precisa saber e querer cobrar; precisa interessar-se pela gestão pública, deve entender a relação da boa Administração com a qualidade de vida; em suma, deve ser mais cidadã.

É importante o papel do cidadão no processo, considerando que o verdadeiro controle do Governo, o controle efetivo, é consequência da cidadania organizada, já que a sociedade desmobilizada não será capaz de garantir a *accountability*.

2.9.3 Qualidade do Governo

O marco de referência para essa reestruturação de qualidade do Estado, de modo a torná-lo mais eficiente e transparente quanto ao uso dos recursos públicos, e mais eficaz quanto aos resultados de suas ações em termos de prestação de serviços de interesse coletivo foi o lançamento do bestseller "Reinventando o Governo", de autoria de David Osborne e Ted Gaebler, nos EUA, em 1994. Os autores propõem um receituário estratégico, organizado em torno de dez princípios básicos, voltado para a reinvenção do governo, ou seja, um novo paradigma de Estado. Resumiremos os dez princípios:

> Governo catalisador: aquele que escolhe "navegar em vez de remar"; o que, em outras palavras, significa um governo que é forte porque se limita a decidir e a dirigir, deixando a execução para outrem.

> Participação da população no governo: mediante a transferência do poder decisório da burocracia para as comunidades, de tal maneira que elas possam ser corresponsáveis com o governo pelo controle dos serviços públicos.

> Competição nos serviços públicos: a competição não deve ocorrer apenas entre os setores público e privado, mas também entre os próprios órgãos públicos, pois a competição sadia estimula a inovação e o aumento da eficiência.

> Governo orientado por missões: em contraposição às organizações públicas rigidamente dirigidas por normas e regulamentos, as organizações orientadas por missões são mais racionais, eficazes, criativas, têm maior flexibilidade operativa e moral mais elevado.

> Governo de resultados: no qual se privilegiam os resultados a atingir e não simplesmente os recursos.

> Ênfase no cliente: consiste em aproximar os órgãos governamentais dos usuários de serviços públicos, de modo a identificar os seus anseios e incorporar as críticas, a fim de moldar a prestação de serviços conforme as suas reais necessidades.

> Governo empreendedor: é aquele que gera receitas (extratributárias) ao invés de simplesmente incorrer em gastos.

> Papel preventivo: preocupação com a prevenção de problemas evitáveis e com a previsão (antecipação) de dificuldades futuras.

> Descentralização: para responder com maior rapidez a mudanças nas circunstâncias ou nas necessidades de seus clientes; o governo descentralizado é mais eficiente, inovador, produtivo e mais comprometido com os resultados.

> Governo orientado para o mercado: é uma forma de usar o poder de alavancagem do setor público para orientar as decisões dos agentes privados, de modo a alcançar mais eficientemente as metas coletivas.

Uma primeira mudança de comportamento, produzida pela introdução da Administração flexível, ocasionou uma transformação na visão de mundo da Administração Pública: a sociedade não é composta por súditos ou concorrentes, mas sim por clientes e cidadãos. O gestor público deverá dar uma atenção especial ao cliente, entendendo que:

> o público é o elemento mais importante em qualquer atividade governamental;
> o público é a razão da existência do governo;
> a autoridade, no setor público, deriva de um consentimento e fundamenta-se em uma delegação;
> o público não interrompe o trabalho do funcionalismo; ele é o propósito desse trabalho;
> o público é parte essencial da atividade do Estado; não é descartável;
> o público é quem paga o salário de todos, desde o dirigente ao do faxineiro dos órgãos governamentais;
> pesquisar a vontade pública e procurar entender as aspirações e queixas da sociedade é função de todo governo moderno e democrático;
> a cortesia não é apenas uma atitude pessoal, mas uma obrigação;
> o público não é apenas quem paga a conta, mas a razão das atividades do governo;
> a ideia de que o governo não tem concorrente como as empresas, é falsa. O governo é uma opção livre pelo menos de eleição em eleição. Manter o público satisfeito para que se lembre do seu partido na próxima eleição é função dos dirigentes.

2.10 Evolução da Administração Gerencial

Dentro de um contexto de governos neoliberais da década de 80 do século passado, com Ronald Regan, nos Estados Unidos, e Margaret Thatcher, na Inglaterra, começam a ser implantados os ideários do gerencialismo. Embora o contexto inicial fosse neoliberal, logo se percebeu que o Estado Mínimo era inviável para o gerencialismo. As razões disso são as demandas cada vez maiores dos cidadãos por melhores e mais diversificados serviços, ou seja, as pessoas não querem um Estado que apenas cuida da educação e da saúde.

Ao invés de um Estado Mínimo, a ideia passa a ser a de um Estado Menor, reduzir ao efetivamente necessário, não ao mínimo. Nesse formato, grande parte dos investimentos em infraestrutura e das prestações de serviços é realizada por parte da iniciativa privada. Ao Estado cabe regular as atividades para garantir o bom funcionamento.

2.10.1 Gerencialismo Puro

Em um primeiro momento, o gerencialismo focou na eficiência, a qualquer preço, considerando o cidadão como um contribuinte (tax payer), ou seja, é aquele que banca o governo.

A Emenda Constitucional 19/98 é a marca legal da introdução da Administração Gerencial no Brasil. O grande foco dessa fase era corrigir os problemas que vieram da burocracia, por meio da redução de gastos públicos e do aumento da produtividade do setor público, ou seja, buscava-se a eficiência governamental.

2.10.1.1 Características do Gerencialismo Puro

> aplicação de conhecimentos/teorias oriundas da iniciativa privada;
> foco na Administração voltada para a mudança de cultura no setor público;
> corte de custos, redução salarial, demissões, racionalização de processos etc.

Vejamos os problemas/críticas da primeira fase do gerencialismo.

Ausência de mensuração da efetividade (impacto) dos serviços prestados.
Preocupação excessiva com a relação custo e produção, na questão financeira.
O cidadão é visto como um mero contribuinte.

Consumerism

No Consumerism, a preocupação estende-se para a qualidade (efetividade). O usuário do serviço público agora é visto como um cliente/consumidor, em alusão aos termos utilizados nas empresas. A satisfação do cliente vira o foco, e a qualidade do serviço é a ferramenta principal. A ideia era fazer com que o setor público ficasse mais ágil e competitivo, descentralizando serviços, implantando inovações para o atendimento ao público, incentivando a competição entre os órgãos públicos. Sobre a descentralização, convém demonstrarmos como ela é realizada na Administração Pública brasileira.

O controle no gerencialismo, como vimos, enfatiza os resultados, ao invés de destacar os gastos, como fazia a burocracia weberiana implantada por Getúlio Vargas em meados de 1930. Passando o resultado a ser o centro das atenções, é preciso demonstrar meios para se trabalhar com resultados, modernizando o serviço público.

2.10.2 Public Service Oriented – PSO

O *Public Service Oriented* é uma evolução do modelo gerencial: parte para a equidade/justiça, relacionada com a *accountability* (responsabilização). O usuário é visto como um cidadão. Essa mudança de cliente para cidadão é fundamental. O tratamento de um cliente é proporcional ao que ele gasta. Com o cidadão, isso não acontece. O cidadão tem, além de direitos, obrigações perante a sociedade, como a fiscalização da "coisa pública", devendo cobrar os maus gestores (responsabilizando-os - *accountability*).

A descentralização promovida pela PSO não visa somente à eficiência do serviço ou à qualidade do atendimento. Na Public Service Oriented, a descentralização é uma forma de promover a participação política dos cidadãos.

Aos poucos, foram-se delineando os contornos da nova Administração Pública:

> descentralização do ponto de vista político, transferindo recursos e atribuições para os níveis políticos regionais e locais;
> descentralização administrativa, por meio da delegação de autoridade para os administradores públicos transformados em gerentes crescentemente autônomos;
> organizações com poucos níveis hierárquicos ao invés de piramidal;
> pressuposto da confiança limitada e não da desconfiança total;
> controle por resultados, a posteriori, ao invés do controle rígido, passo a passo, dos processos administrativos; e
> Administração voltada para o atendimento do cidadão, ao invés de autorreferida.

2.11 Governo Eletrônico e Transparência

2.11.1 Infovia Brasil

O projeto Infovia Brasil consiste na obtenção de uma rede de comunicação de voz, dados e imagens de alta velocidade, com abrangência nacional, o que irá permitir a integração de todos os órgãos da Administração Pública federal no País.

2.11.1.1 Benefícios da Infovia

O primeiro ponto a ser levado em conta para a implementação do projeto é a redução e um melhor controle de gastos, além de contribuir para a padronização e aumentar a confiança e a segurança das informações governamentais que trafegam nas redes.

2.11.2 Padrões de Interoperabilidade de Governo Eletrônico (e-PING)

A arquitetura e-PING define um conjunto mínimo de premissas, políticas e padrões que regulamentam a utilização da Tecnologia de Informação e Comunicação (TIC) no Governo Federal, estabelecendo as condições de interação com os demais Poderes e esferas de governo e com a sociedade em geral. Em outras palavras, significa fazer com que os diferentes sistemas de informação existentes nas diferentes esferas de governo consigam "falar entre si", o que não acontece atualmente.

Alguns dos benefícios que a arquitetura e-PING pode trazer ao governo e à sociedade em geral são a unificação dos cadastros sociais, a unificação dos sistemas de segurança, a unificação dos DETRANs, entre outros.

Para que se estabeleçam os objetivos da e-PING, é fundamental que se defina claramente o que se entende por interoperabilidade. A seguir, apresentamos alguns conceitos:

> habilidade de transferir e utilizar informações de maneira uniforme e eficiente entre várias organizações e sistemas de informações (governo da Austrália);
> intercâmbio coerente de informações entre serviços e sistemas. Deve possibilitar a substituição de qualquer componente ou produto usado nos pontos de interligação por outro de especificação similar, sem comprometer as funcionalidades do sistema (governo do Reino Unido);
> habilidade de dois ou mais sistemas (computadores, meios de comunicação, redes e outros componentes de TI) de interagir e intercambiar dados de acordo com um método definido, de forma a obter os resultados esperados (ISO).

2.11.3 Diretrizes Gerais para o Governo Eletrônico

A seguir são apresentadas as diretrizes gerais de implantação e operação do governo eletrônico no âmbito dos comitês técnicos de governo eletrônico e de toda a Administração Pública federal. Essas diretrizes devem servir como referência geral para estruturar as estratégias de intervenção, adotadas como orientações para todas as ações de governo eletrônico, gestão do conhecimento e gestão da TI no Governo Federal.

01. A prioridade do governo eletrônico é a promoção da cidadania.

A política de governo eletrônico do governo brasileiro abandona a visão que vinha sendo adotada, que apresentava o cidadão-usuário, antes de tudo, como "cliente" dos serviços públicos, em uma perspectiva de provisão de inspiração neoliberal. O deslocamento não é somente semântico. Significa que o governo eletrônico tem como referência os direitos coletivos e uma visão de cidadania que não se restringe à somatória dos direitos dos indivíduos. Assim, forçosamente incorpora a promoção da participação e do controle social e a indissociabilidade entre a prestação de serviços e sua afirmação como direito dos indivíduos e da sociedade. Essa visão, evidentemente, não abandona a preocupação em atender às necessidades e demandas dos cidadãos individualmente, mas a vincula aos princípios da universalidade, da igualdade perante a lei e da equidade na oferta de serviços e informações.

02. A inclusão digital é indissociável do governo eletrônico.

A inclusão digital deve ser tratada como um elemento constituinte da política de governo eletrônico, para que esta possa configurar-se como política universal. Esta visão funda-se no entendimento da inclusão digital como direito de cidadania e, portanto, objeto de políticas públicas para sua promoção. Entretanto, a articulação à política de governo eletrônico não pode levar a uma visão instrumental da inclusão digital. Esta deve ser vista como estratégia para construção e afirmação de novos direitos e consolidação de outros pela facilitação de acesso a eles. Não se trata, portanto, de contar com iniciativas de inclusão digital somente como recurso para ampliar a base de usuários (e, portanto, justificar os investimentos em governo eletrônico), nem de reduzi-la a elemento de aumento da empregabilidade de indivíduos ou de formação de consumidores para novos tipos ou canais de distribuição de bens e serviços. Além disso, enquanto a inclusão digital concentra-se apenas em indivíduos, ela cria benefícios individuais, mas não transforma as práticas políticas. Não é possível falar destas sem que se fale também da utilização da Tecnologia da Informação pelas organizações da sociedade civil em suas interações com os governos, o que evidencia o papel relevante da transformação dessas mesmas organizações pelo uso de recursos tecnológicos.

03. O software livre é um recurso estratégico para a implementação do governo eletrônico

O software livre deve ser entendido como opção tecnológica do Governo Federal, em que, na medida do possível, deve ser promovida sua utilização. Para tanto, devem-se priorizar soluções, programas e serviços baseados em softwares livres que promovam a otimização de recursos e investimentos em Tecnologia da Informação. Entretanto, a opção pelo software livre não pode ser entendida somente como motivada por aspectos econômicos, mas pelas possibilidades que abre no campo da produção e circulação de conhecimento, no acesso a novas tecnologias e no estímulo ao desenvolvimento de software em ambientes colaborativos e ao desenvolvimento de software nacional. A escolha do software livre como opção prioritária onde cabível encontra suporte também na preocupação em garantir ao cidadão o direito de acesso aos serviços públicos sem obrigá-lo a usar plataformas específicas.

04. A gestão do conhecimento é um instrumento estratégico de articulação e gestão das políticas públicas do governo eletrônico.

A gestão do conhecimento é compreendida, no âmbito das políticas de governo eletrônico, como um conjunto de processos sistematizados, articulados e intencionais, capazes de assegurar a habilidade de criar, coletar, organizar, transferir e compartilhar conhecimentos estratégicos que podem servir para a tomada de decisões, para a gestão de políticas públicas e para inclusão do cidadão como produtor de conhecimento coletivo.

05. O governo eletrônico deve racionalizar o uso de recursos.

O governo eletrônico não deve significar aumento dos dispêndios do Governo Federal na prestação de serviços e em Tecnologia da Informação. Ainda que seus benefícios não possam ficar restritos a este aspecto, é inegável que deve produzir redução de custos unitários e racionalização do uso de recursos. Grande parte das iniciativas de governo eletrônico pode ser realizada por meio do compartilhamento de recursos entre órgãos públicos. Este compartilhamento pode se dar tanto no desenvolvimento quanto na operação de soluções, inclusive por meio do compartilhamento de equipamentos e recursos humanos. Destaque especial deve merecer o desenvolvimento compartilhado em ambiente colaborativo, envolvendo múltiplas organizações.

06. O governo eletrônico deve contar com um arcabouço integrado de políticas, sistemas, padrões e normas.

O sucesso da política de governo eletrônico depende da definição e publicação de políticas, padrões, normas e métodos para sustentar as ações de implantação e operação do governo eletrônico que cubram uma série de fatores críticos para o sucesso das iniciativas.

07. Integração das ações de governo eletrônico com outros níveis de governo e outros Poderes.

A implantação do governo eletrônico não pode ser vista como um conjunto de iniciativas de diferentes atores governamentais que podem manter-se isoladas entre si. Pela própria natureza do governo eletrônico, este não pode prescindir da integração de ações e de informações. A natureza federativa do Estado brasileiro e a divisão dos Poderes não pode significar obstáculo para a integração das ações de governo eletrônico. Cabe ao Governo Federal um papel de destaque nesse processo, garantindo um conjunto de políticas, padrões e iniciativas que garantam a integração das ações dos vários níveis de governo e dos três Poderes.

A presença do governo eletrônico na prática da cidadania inclui a transparência nos assuntos de:

- > orçamento;
- > fiscalização e controle;
- > prevenção e combate à corrupção;
- > prestação de contas;
- > denúncias.

O Programa de Governo Eletrônico brasileiro conta com um comitê executivo e oito comitês técnicos responsáveis pelo desenvolvimento das políticas e ações definidas nos princípios e diretrizes estabelecidas para toda a Administração Pública federal.

O comitê executivo foi criado no âmbito do Conselho de Governo pelo Decreto de 18 de outubro de 2000. O Ministério do Planejamento, Orçamento e Gestão exerce as atribuições de Secretaria-Executiva e garante o apoio técnico-administrativo necessário ao funcionamento do comitê.

Já os comitês técnicos foram criados pelo Decreto não numerado de 29 de outubro de 2003 para atuar nos seguintes segmentos:

- > implementação do software livre;
- > inclusão digital;
- > integração de sistemas;
- > sistemas legados e licenças de software;
- > gestão de sítios e serviços on-line;
- > infraestrutura de rede;
- > governo para governo; e
- > gestão de conhecimentos e informação estratégica.

2.12 Empreendedorismo Governamental e Novas Lideranças no Setor Público

Empreendedor é a qualificação dada a um indivíduo que possui determinadas características, tais como inovador, realizador, arrojado, autoconfiante, capaz de assumir riscos calculados, agente de transformação/mudança. Esse conceito não se restringe às empresas, podendo aparecer a figura do empreendedor em um projeto específico ou em uma ação isolada dentro de uma comunidade.

Podemos chamar de empreendedor o fundador de uma empresa, já que normalmente ele constrói algo partindo do nada, em situações difíceis. Uma pessoa com características de empreendedor acredita ser importante sentir-se útil para o grupo em que está inserida, possuindo necessidade de obter poder e de se tornar realizada em suas ações, buscando sempre diversas oportunidades. É importante mencionar que é possível treinar pessoas para se tornarem empreendedoras. Segundo Filion, "o treinamento para a atividade empreendedora deve capacitar o empreendedor para imaginar e identificar visões, desenvolver habilidades para sonhos realistas."

Quando falamos em empreendedorismo governamental, é essencial citarmos o livro "Reinventando o Governo", de Ted Gaebler e David Osborne. Baseado em ideais de geração de competitividade dentro do Governo, os princípios dessa obra influenciaram os Governos de Bill Clinton e de Fernando Henrique Cardoso.

O livro se desenvolve dando ênfase a administradores que buscaram em seus governos alternativas para melhorar a qualidade de vida da população buscando não só a prestação de serviço, mas sim a união entre o setor privado e o público. Segundo o livro, os governantes teriam de deixar o papel de coletar impostos e prestar serviços para aprenderem a solução de problemas pela união de esforços entre iniciativa privada e pública, "aprender a navegar em vez de remar", o governo não precisa prestar todo o serviço, mas garantir que seja prestado.

No entendimento da maioria das pessoas, existem dois setores, público e privado, totalmente diferentes entre si, sendo que um não deveria intervir no outro; mas ao contrário desse entendimento, os dois setores deveriam trabalhar juntos, em parcerias para melhor prestarem os serviços necessários à população, e não devemos esquecer as organizações voluntárias ou não lucrativas, entidades não governamentais que muitas vezes prestam os serviços de forma muito eficaz.

A competitividade entre setor público e privado traz vantagens, em diversos serviços, como limpeza pública, educação, saúde transporte, controle do tráfego entre outros, reduzindo com isso o risco do monopólio.

A respeito das vantagens de governos orientados por missão em vez de regras, quando governos deixam seus funcionários livres para que eles busquem as melhores formas de realizar os serviços tendo com isso grandes vantagens sendo mais efetiva e flexível, criados a partir da desburocratização das atividades, tirando todo o peso de regras e regulamentos desnecessários mantendo somente o necessário.

As organizações que qualificam os resultados de seus trabalhos conseguem com essas informações grande poder de transformação, tudo o que se precisa fazer é qualificar algumas coisas e, com isso, buscar avaliar se o resultado é o desejado ou não. Com isso, buscam-se alternativas para a correção. O governo empreendedor busca formas de gerar lucros e não despesas.

2.12.1 Gestão de Resultados na Produção de Serviços Públicos

Os empreendedores públicos sabem que enquanto as instituições forem financiadas da forma tradicional, poucas razões terão para se esforçarem na busca de desempenhos mais satisfatórios. Contudo, se forem financiadas segundo um critério de avaliação de resultados, em um instante ficarão obcecados por maior performance. Por não mensurarem os resultados, os governos burocratizados raramente logram grandes conquistas.

Se uma organização não avalia os resultados e é incapaz de identificar o que dá certo no momento em que o fenômeno acontece, não poderá aprender com a experiência. Sem o devido feedback em termos de resultados, qualquer iniciativa renovadora já nasce morta.

A Gestão para Resultados é uma estratégia de gestão centrada no desempenho para o desenvolvimento e na melhora da Administração Pública. Proporciona um marco coerente para a eficácia do desenvolvimento na qual a informação sobre o desempenho é usada para melhorar a tomada de decisão, e inclui ferramentas práticas como planejamento estratégico, programação e execução orçamentária, gestão de riscos, e monitoramento e avaliação dos resultados.

O planejamento é necessário, o improviso custa caro e se fica refém do diagnóstico do presente. Segundo Peter Druker (1999) "O planejamento não diz respeito a decisões futuras, mas às implicações futuras de decisões presentes".

Qualquer atividade humana realizada sem qualquer tipo de preparo é uma atividade aleatória que conduz, em geral, o indivíduo e as organizações a destinos não esperados, altamente emocionantes e em regra a situações piores que aquelas anteriormente existentes. A qualidade é fruto de um esforço direcionado de um indivíduo ou grupo para fazer algo acontecer conforme o que foi anteriormente desejado e estabelecido, portanto a qualidade somente poderá ser alcançada por meio de um trabalho planejado.

A maior eficiência do gasto público é uma condição necessária para que o Brasil possa obter mais crescimento econômico, menor desigualdade, mais oportunidades de trabalho, menos violência e uma vida mais longa e recompensadora para sua população. Nesse contexto, deve-se refletir sobre como gestores e servidores públicos podem atuar para buscar essa maior eficiência. Para tanto, mostra-se, inicialmente, que o Estado brasileiro gasta muito e gasta mal.

É notória a importância e a necessidade dos programas de qualidade, independentemente da escolha. Mas considerando os objetivos e as melhorias a serem alcançadas, um ou outro terão melhor adaptação na empresa. Considerando-se que a finalidade inicial de uma gestão de qualidade é tornar os processos mais eficientes, melhorar os resultados das organizações e o bem-estar dos trabalhadores, vale ressaltar que são contínuos os aprimoramentos dos programas de qualidade. E assim devem ser, pois as novas demandas, não importando as origens, exigem dinâmica na melhoria constante.

Entretanto, é necessário considerar que, mesmo tratando-se de "qualidade", depara-se com o tangível e o intangível no dia a dia, uma vez que não podemos desconsiderar a importância do modelo de gestão desenvolvido na empresa. Em rápida reflexão, constata-se que as empresas que possuem uma gestão direcionada para a visão holística obtêm melhores resultados qualitativos, com foco nas pessoas e no ambiente, agregando a tecnologia como meio de execução, logicamente sem deixar de lado a administração científica, ou seja, a racionalização do trabalho por meio da estrutura exigida no nível estratégico, tático e operacional.

Observa-se também que as empresas que atuam com ênfase nas tarefas, estrutura e tecnologia não atingem os resultados projetados. Em um passado remoto, esse foi o modelo de sucesso adotado, mas as mudanças e as evoluções na base da Teoria da Administração e seus principais enfoques, seguidas por mudanças nos negócios e exigências dos clientes incumbiram de expurgar do mercado essa antiga visão.

A qualidade traz ganhos substanciais para toda a empresa, apesar de a maior garantia de resultados convergir para o ambiente interno/externo, a visão, o clima e/ou cultura empresarial, refletindo enormemente e positivamente sobre as pessoas/colaboradores, tornando a empresa sólida, apta ao crescimento, podendo afiançar um desempenho irrepreensível, mas isso, por si só não garante os melhores resultados financeiros

Questões

01. A respeito de administração, julgue o próximo item.

A supremacia do interesse público deve ser prioridade em organizações da administração pública e privada.

Certo ( ) Errado ( )

02. A respeito de organização administrativa, julgue o item que segue.

Fundação pública é a entidade da administração indireta vinculada ao ministério cuja área de competência enquadre a principal atividade dessa fundação.

Certo ( ) Errado ( )

03. A respeito de organização administrativa, julgue o item que segue.

Nos órgãos públicos, os avanços da tecnologia da informação representam vantagens para o atendimento público ao possibilitar a centralização das decisões e a descentralização dos controles sobre os serviços prestados.

Certo ( ) Errado ( )

04. A respeito de organização administrativa, julgue o item que segue.

Caso uma interpretação equivocada possa ocasionar problemas para a administração em um órgão público, será conveniente, para maior controle, que a decisão a respeito do equívoco seja centralizada.

Certo ( ) Errado ( )

05. Julgue o próximo item, a respeito das políticas públicas elaboradas no âmbito do governo federal brasileiro, com base em uma perspectiva territorial.

Na definição de políticas públicas, a temática territorial permitiu a emergência de um discurso de revalorização do meio rural.

Certo ( ) Errado ( )

Gabaritos

01	ERRADO
02	CERTO
03	ERRADO
04	CERTO
05	CERTO

3. NOÇÕES DE GESTÃO DE PESSOAS

3.1 Escola das Relações Humanas

A Escola das Relações Humanas surgiu como oposição à Teoria Clássica da Administração, surgida na década de 1920. Essa escola, desde sua origem, apresentou como principal objetivo estabelecer uma relação de humanização nas empresas, pois o elemento humano tem suma importância nas relações de produção. Tal pensamento era inovador, visto que em propostas anteriores, como o Taylorismo e o Fordismo, a figura humana era controlada como máquina.

3.1.1 Taylorismo - A Racionalização da Produção

Também conhecido como Administração Científica, o Taylorismo é um sistema de organização industrial criado pelo engenheiro mecânico e economista norte-americano, Frederick Winslow Taylor, no final do século XIX. A principal característica desse sistema é a organização e divisão de tarefas dentro de uma empresa com o objetivo de obter o máximo de rendimento e eficiência com o mínimo de tempo e atividade, ou seja, Taylor tenta otimizar resultados respondendo à seguinte pergunta: como aumentar o consumo e o lucro diminuindo o tempo de produção e o custo?

As respostas são:

> Divisão das tarefas de trabalho dentro de uma empresa;

> Especialização do trabalhador;

> Treinamento e preparação dos trabalhadores de acordo com as aptidões apresentadas;

> Análise dos processos produtivos dentro de uma empresa com o objetivo de otimização do trabalho;

> Adoção de métodos para diminuir a fadiga e os problemas de saúde dos trabalhadores;

> Implantação de melhorias nas condições e nos ambientes de trabalho;

> Uso de métodos padronizados para reduzir custos e aumentar a produtividade;

> Criação de sistemas de incentivos e recompensas salariais para motivar os trabalhadores e aumentar a produtividade;

> Uso de supervisão humana especializada para controlar o processo produtivo;

> Disciplina na distribuição de atribuições e responsabilidades;

> Uso de métodos de trabalho que já foram testados e planejados para eliminar o improviso.

3.1.2 Fordismo

A melhor maneira de definir o Fordismo é entender que ele foi uma aplicação prática do Taylorismo. Funciona assim: Taylor pensa, mas é Ford que aplica. Isso mesmo, Ford ganhou dinheiro com a ideia de Taylor.

A principal característica do Fordismo é a **fabricação em massa**, baseada numa linha de montagem. Assim, temos uma redução significativa dos custos de produção, o que barateia o produto e possibilita a venda para o maior número possível de consumidores. Dentro desse sistema de produção, uma esteira rolante conduzia ao produto, no caso da Ford, os automóveis. Cada funcionário executava uma pequena etapa. Assim, os funcionários não precisavam sair do seu local de trabalho, o que resultava em uma maior velocidade de produção. Também não era necessária a utilização de mão de obra muito capacitada, pois cada trabalhador executava apenas uma pequena tarefa, todo dia, dentro de uma etapa de produção. Isso gerava um barateamento no processo produtivo.

O declínio do Fordismo pode ser observado a partir dos anos 70, quando foi substituído pelo Toyotismo.

Daí a necessidade daquilo que chamamos de humanização. O homem, a partir de então, passa a ser visto como um todo. O homem apresenta necessidades físicas, psicológicas e sociais. Tais necessidades passaram a interessar à organização, já que se compreendeu que o elemento humano é o capital mais precioso dentro de uma organização empresarial. Satisfação no trabalho, interação entre as pessoas, relações pessoais, interpessoais e sociais, aspectos relacionados à motivação, entre outros, acabam traçando os rumos das pesquisas na área de relações humanas.

3.1.3 Pirâmide de Maslow x Necessidades do Trabalhador

Pirâmide de Maslow

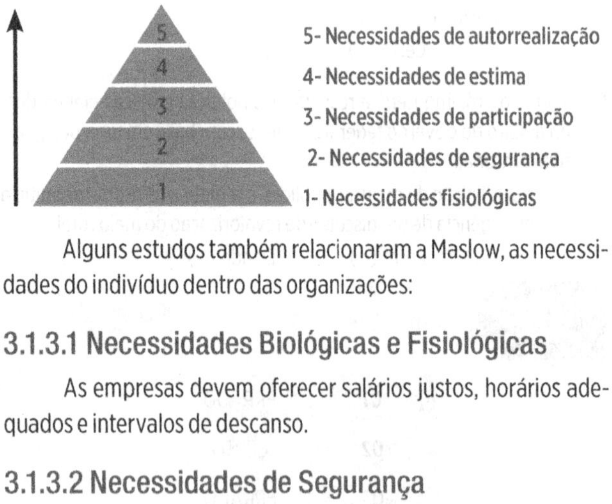

Alguns estudos também relacionaram a Maslow, as necessidades do indivíduo dentro das organizações:

3.1.3.1 Necessidades Biológicas e Fisiológicas

As empresas devem oferecer salários justos, horários adequados e intervalos de descanso.

3.1.3.2 Necessidades de Segurança

As empresas devem deixar claro para seus funcionários que estão dentro das normas de segurança e de trabalho; e oferecer benefícios, como seguro de vida, planos de saúde e de aposentadoria.

3.1.3.3 Necessidades de Participação

Mostrar aos colaboradores, por meio de projetos e palestras em grupo, a necessidade do trabalho em equipe e a importância das relações interpessoais.

3.1.3.4 Necessidades de Estima

Reconhecer o trabalho e o esforço dos colaboradores por meio de elogios, promoções e premiações, não propriamente financeiras.

3.1.3.5 Necessidades de Autorrealização

Viabilizar ideias dos funcionários, fazer com que estes participem das tomadas de decisões relacionadas ao seu trabalho; promover cursos de atualização e oferecer oportunidades dentro da empresa.

O autor Antônio Carlos Gil em sua obra Gestão de Pessoas: um enfoque profissional apresenta a seguinte definição:

É o ramo especializado da Ciência da Administração que envolve todas as ações que têm por objetivo a integração do colaborador no contexto da organização e no aumento de sua produtividade.

Para o autor Chivenato, gestão de pessoas: É o conjunto de decisões integradas sobre as relações de emprego que influenciam a eficácia dos funcionários e das organizações.

Segundo Merras: É o conjunto de políticas e práticas necessárias para conduzir os aspectos da posição gerencial relacionados com as pessoas, incluindo recrutamento, seleção, treinamento, recompensas e avaliação de desempenho.

3.2 Histórico da Gestão de Pessoas (GEP)

A evolução da GEP está atrelada à história da Administração, conforme já mencionamos. Usando como base fundamental as Escolas Administrativas, podemos observar o enfoque dado, em cada período, aos recursos humanos dentro da visão organizacional, assim distribuída:

3.2.1 Até 1930 – Fase Contábil

Período constituído por contexto histórico conturbado, marcado pela ênfase na alternância política entre São Paulo e Minas Gerais, no período conhecido como República do café-com-leite. Nessa época, a questão social era considerada caso de polícia. Não havia ainda uma legislação trabalhista e as condições do trabalho eram extremamente precárias. Essa fase é pioneira na gestão pessoal e, também, chamada de "pré-histórica" por alguns autores. Caracterizava-se pela preocupação existente com os custos da organização. Os trabalhadores eram vistos exclusivamente sob o enfoque contábil: comprava-se a mão de obra e, portanto, as entradas e saídas provenientes dessa conta deveriam ser registradas contabilmente, sem o estabelecimento direto da relação humana.

3.2.2 De 1930 a 1950 – Fase Legal

Com as transformações políticas a partir da Revolução de 1930 e da Era Vargas, também observamos mudanças no setor de gestão pessoal. Registramos o aparecimento da função de chefe de pessoal, profissional cuja preocupação estava centrada no acompanhamento e na manutenção das recém criadas leis trabalhistas da era getulista. As leis trabalhistas já estavam presentes na Constituição de 1934 e incluíam, entre outras coisas; descanso semanal remunerado, jornada de trabalho, férias, salário mínimo, etc. O poder até então, unicamente, centrado na figura dos feitores (chefes de produção) sobre os empregados, passou para as mãos do chefe de pessoal pelo domínio exercido sobre as regras e normas jurídicas, impostas pela CLT de 01 de maio de 1943.

3.2.3 De 1950 a 1965 – Fase Tecnicista

Período marcado pelo populismo político e pelo desenvolvimentismo econômico. A abertura da economia brasileira ao capital estrangeiro foi significativa nesse período. Uma industrialização intensa ampliou a mão de obra e as necessidades de emprego. Na Fase Tecnicista foi implantado no Brasil o modelo americano de gestão de recursos humanos e isso alavancou a função de RH ao status orgânico de gerência. Os empresários incluíram nos organogramas a figura do gerente de relações industriais. Isso representou, para as organizações e para os trabalhadores, um grande avanço na qualidade das relações entre capital e trabalho. Foi nessa fase que a área de RH passou a operacionalizar serviços como os de treinamento, recrutamento e seleção, cargos e salários, higiene e segurança, entre outros.

3.2.4 De 1965 a 1985 – Fase Administrativa ou Sindicalista

Enfrentamos nesse contexto a fase da República Militar, em que ações populares eram vistas como uma "ameaça à ordem nacional". A Fase Administrativa criou um marco histórico nas relações entre capital e trabalho, uma vez que parte das conquistas é produto das lutas empreendidas pelos próprios trabalhadores. Implementou-se o movimento sindical denominado 'novo sindicalismo'. Nessa fase, registrou-se nova mudança significativa na denominação e na responsabilidade do até aqui gerente de relações industriais. O cargo passou a ser chamado como gerente de recursos humanos. Pretendia-se, com essa mudança, transferir a ênfase em procedimentos burocráticos e puramente operacionais para responsabilidades de ordem mais humanísticas, voltadas para os indivíduos e suas relações com os sindicatos, a sociedade, etc.

3.2.5 Posterior a 1985 – Fase Estratégica

A redemocratização do Brasil e as mudanças oriundas da Constituição de 1988 foram o fundamento dessa fase, demarcada operacionalmente pela introdução dos primeiros programas de planejamento estratégico de RH, atrelado ao planejamento central das organizações. Nessa fase é que se registraram as primeiras preocupações de longo prazo, por parte da direção das empresas, em relação aos trabalhadores. Iniciou-se uma nova alavancagem organizacional do cargo de gerente de recursos humanos, que, de posição gerencial, de terceiro escalão, em nível ainda tático, passou a ser reconhecido como diretoria, em nível estratégico nas organizações.

As etapas evolutivas da área de RH, podem ser sintetizadas em quatro, a saber:

> Administração de Pessoal;
> Relações Industriais;
> Administração de Recursos Humanos;
> Gestão de Pessoas.

> Podemos concluir que a Gestão de Pessoas surge da necessidade de conciliar os elementos humanos e operacionais dentro de uma visão estratégica do setor empresarial que se divide em:
> Provisão de Recursos Humanos;
> Aplicação de Recursos Humanos;
> Desenvolvimento de Recursos Humanos;
> Manutenção de Recursos Humanos;
> Monitoração de Recursos Humanos;

3.2.5.1 Processo de Provisão

Consiste em abastecer a empresa com uma mão de obra que seja qualificada. É uma referência ao **recrutamento** e **seleção pessoal**.

3.2.5.1.1 Planejamento de Recursos Humanos

Processo que diz respeito à decisão relativa aos recursos humanos, necessários para alcançar os objetivos organizacionais dentro de um tempo determinado. É uma visão sobre a necessidade da força de trabalho e dos talentos humanos para realizar a ação organizacional futura. O Planejamento Estratégico do RH é parte integrante do Planejamento Estratégico da Organização e deve ter como objetivo o alcance das metas e a inclusão das necessidades individuais.

3.2.5.1.2 Recrutamento

É o conjunto de técnicas e procedimentos que visa a atrair candidatos potencialmente qualificados e capazes de ocupar cargos dentro da organização. O recrutamento é feito a partir das necessidades presentes e futuras de Recursos Humanos da organização.

3.2.5.1.3 Seleção de Pessoal

É a escolha dos candidatos recrutados que melhor se ajustam ao cargo em aberto. O objetivo essencial da seleção de pessoal é **escolher** e **classificar** os candidatos adequados às necessidades da organização.

3.2.5.2 Processo de Aplicação

Consiste na análise e na descrição de cargos e na avaliação de desempenho.

3.2.5.3 Clima Organizacional

É o modo como se desenvolve a conciliação entre a expectativa e a realidade dentro do ambiente de trabalho. Há um impacto do clima organizacional sobre a motivação, o desempenho e a satisfação no trabalho, pois é ele que cria certos tipos de expectativas, cujas consequências são decorrentes de diferentes ações. As pessoas esperam certas recompensas e satisfações. Assim, o clima organizacional é o conjunto de fatores que interferem na satisfação ou no descontentamento no trabalho. É o conjunto de variáveis que busca identificar os aspectos que precisam ser melhorados, em busca da satisfação e do bem-estar dos colaboradores.

3.2.5.4 Educação Corporativa

É a prática coordenada de gestão de pessoas e de gestão do conhecimento, tendo como orientação a estratégia de longo prazo de uma organização.

3.2.5.5 Tecnologia em RH

É a otimização da gestão e dos custos de serviço por empregado; diminui a relação de dependência entre o empregado e os Recursos Humanos; dá mais autonomia aos empregados, que se tornam responsáveis pelo uso e benefício que obtêm dos sistemas e reduz os custos das tarefas administrativas.

Objetivos Organizacionais	Objetivos Individuais
Crescimento sustentado	Melhores salários
Lucratividade	Melhores benefícios
Produtividade	Estabilidade/segurança no emprego
Qualidade dos produtos/serviços	Qualidade de vida
Novos mercados	Oportunidades de crescimento
Novos clientes	Liberdade de atuação
Competitividade	Lazer
Imagem no mercado	Reconhecimento e valorização

As organizações necessitam de pessoas para realizarem suas funções. Assim, com o crescimento da empresa, aumenta também a necessidade de recursos humanos que possam gerir os recursos materiais, financeiros e tecnológicos, com eficiência e eficácia.

Com isso, as pessoas passam a ser um diferencial na empresa, ou seja, constroem a competência básica da empresa em um cenário empresarial instável, globalizado e fortemente concorrencial.

3.3 As Pessoas como Parceiras da Organização

Dentro das organizações, todo processo produtivo de uma participação conjunta de diversos parceiros, que contribuam com algum recurso.

Os fornecedores contribuem com matérias-primas, insumos básicos, serviços e tecnologias. Os acionistas e investidores contribuem com capital e investimentos que permitem o aporte financeiro para a aquisição de recursos. Os empregados contribuem com seus conhecimentos, capacidades e habilidades, proporcionando decisões e ações que dinamizam a organização. Os clientes e consumidores contribuem, a dquirindo seus bens ou serviços colocados no mercado.

Mas, a relação não consiste numa unilateralidade, pois cada um dos parceiros tem alguma expectativa de retorno que sirva como estímulo para continuar seu investimento.

As pessoas devem ser visualizadas como parceiras das organizações, pois constituem parte integrante do capital intelectual. As organizações bem sucedidas se deram conta disso e tratam seus funcionários como parceiros do negócio e fornecedores de competências, e não mais como simples empregados contratados.

Nesse sentido, a gestão de pessoas é um ramo muito sensível e instável, pois vários fatores influenciam para que alcancem seus objetivos. Entre esses fatores, podemos destacar:

> Políticas organizacionais;
> Contexto ambiental;
> Tecnologia empregada;
> Formas de gestão.

No cenário do mundo globalizado, as instituições estão atuando de forma estratégica. Assim, um processo produtivo é realizado com o auxílio de vários colaboradores, os quais auxiliam com algum recurso. Nesse cenário, são os principais parceiros das empresas os ***stakeholders***.

3.3.1 Stakeholders

São as pessoas que afetam ou são afetadas de alguma forma pelas políticas das empresas. Também são considerados como públicos estratégicos, já que, de modo indireto ou direto, influenciam fortemente nos resultados das organizações. Podem estar divididos em dois grandes grupos: Diretos e Indiretos.

3.3.1.1 Diretos

São as pessoas que possuem uma relação direta com a organização, como: acionistas, clientes, fornecedores e funcionários.

Stakeholders Diretos	Relação de Troca com a Organização	
	Entregam	Esperam
Acionistas	Recursos financeiros (em forma de ações, empréstimos ou financiamentos)	Lucros para a Organização. Que a organização obtenha lucros
Fornecedores	Matéria - prima para a organização	Retorno financeiro e possibilidade de novos negócios
Empregados	Força de trabalho, esforço, conhecimento	Incentivos como remuneração e benefícios
Clientes	Dinheiro	Produtos de qualidade por um preço justo

3.3.1.2 Indiretos

Possuem significância mais indireta na empresa, como o governo a mídia e a sociedade.

Stakeholders Indiretos	Relação de Troca com a Organização	
	Entregam	Esperam Receber
Governo	Incentivos para que a organização se instale na cidade ou país (incentivos fiscais, doação de terrenos).	Os impostos pagos pelas organizações e o desenvolvimento da cidade ou país, já que as organizações geram emprego e desenvolvimento nos locais onde se instalam.
Mídia	Propaganda, que ajuda a organização a ser bem vista pelos seus clientes.	Pagamento por serviço prestado.
Sociedade	Os clientes, os empregados e os fornecedores.	Não apenas a obtenção de lucros, mas o desenvolvimento da sociedade.

Há três fatores que indicam a importância dos *Stakeholders* para a organização:

> **Urgência**: quando se necessita atenção imediata, pois sua necessidade é sensível ao tempo.
> **Poder:** quando, pela força ou poder coercitivo, se impõe em relação à organização.
> **Legitimidade:** quando o relacionamento é pautado ou protegido por leis ou normas legítimas.

3.3.2 Aspectos Fundamentais

Alguns aspectos são fundamentais para a gestão de pessoas:

3.3.2.1 Pessoas como Seres Humanos

Reconhecer que as pessoas não são meramente recursos da empresa, mas são seres dotados de inteligência, personalidade, histórias particulares diferenciadas e possuidores de conhecimento e de capacidade adequada para a gestão dos demais recursos da organização. Isso implica no rompimento com a visão taylorista/fordista na qual as pessoas devem apenas reproduzir aquilo que lhes é ordenado. É perceptível a capacidade das pessoas em auxiliar, constantemente no processo de desenvolvimento da empresa.

3.3.2.2 Pessoas como Elementos Impulsionadores

Num cenário globalizado de constantes transformações, as pessoas geram a competitividade, já que dinamizam a organização, não sendo apenas agentes passivos e estáticos, mas agentes envolvidos no processo.

3.3.2.3 Pessoas como Parceiros da Organização

As pessoas movimentam e levam a empresa ao sucesso, pois são parceiras das organizações. Investindo nelas, há sempre um retorno.

3.3.2.4 Pessoas como Talento

As pessoas são seres repletos de talentos e competências e, com isso, levam a organização ao sucesso. Visto que uma organização não pode ser formada apenas de máquinas e tecnologia, há sempre necessidade de alguém que as opere.

3.3.2.5 Pessoas como Capital

As pessoas são o principal ativo organizacional, já que agregam conhecimento e inteligência à organização.

3.3.3 Objetivos

Os objetivos da Gestão de Pessoas são amplos, mas devem contribuir sempre para a eficácia organizacional por meio das seguintes ações:

> Corroborar para que a organização alcance sua missão e seus objetivos;
> Proporcionar maior competitividade à organização, otimizando a capacidade produtiva das pessoas para melhorar o atendimento aos parceiros;

- Propiciar pessoas bem treinadas e motivadas à organização, começando por manter um projeto de capacitação contínuo e o reconhecimento dos esforços depreendidos. Recompensar quem desempenha bem seu papel, não apenas com remuneração;
- Propiciar a satisfação e aumentar a autoavaliação, pois hoje as pessoas satisfeitas no trabalho são necessariamente mais produtivas, pois, com pessoas felizes, a organização ruma para o sucesso;
- Desenvolver a qualidade de vida no trabalho, já que a confiança nas organizações é fundamental para que a produtividade das pessoas seja maximizada. Devido a isso, as empresas estão investindo em programas para melhorar a qualidade e o ambiente de trabalho, visando à satisfação das necessidades individuais e proporcionando um local atraente e satisfatório para os trabalhadores;
- Ficar atendo às mudanças e adaptar-se a elas, contribuindo para o sucesso da organização;
- Trabalhar com princípios e valores éticos e responsabilidade social;
- Desenvolver uma equipe e uma empresa. Para isso, não basta cuidar das pessoas, é necessário levar em consideração a organização do trabalho e o estilo de gestão.

3.3.4 Processos Organizacionais

A Gestão de Pessoas utiliza seis processos básicos:

- **Processos de agregar pessoas:** são os processos utilizados para incluir novas pessoas na empresa. Podem ser também denominados de processos de provisão ou suprimento de pessoas. Incluem as funções de recrutamento e seleção de pessoas.
- **Processos de aplicar pessoas:** são os processos utilizados para desenhar as atividades que as pessoas irão realizar na empresa, assim como, de orientar e acompanhar seu desempenho. Incluem as funções de desenho de cargos e de avaliação de desempenho.
- **Processos de recompensar pessoas:** são os processos utilizados para incentivar as pessoas e satisfazer suas necessidades individuais. Incluem as funções de remuneração e benefícios.
- **Processos de desenvolver pessoas:** são os processos utilizados para capacitar e incrementar o desenvolvimento profissional e pessoal. Incluem as funções de treinamento e de desenvolvimento.
- **Processos de manter pessoas:** são os processos utilizados para criar condições ambientais e psicológicas satisfatórias para as atividades das pessoas. Incluem as funções de higiene e segurança no trabalho, assim como de relações trabalhistas.
- **Processos de monitorar pessoas:** são os processos utilizados para acompanhar e controlar as atividades das pessoas e verificar os resultados. Incluem as funções de banco de dados e sistemas de informações gerenciais.

4. LIDERANÇA

A força de trabalho e o seu poder é o principal efeito da liderança, já que esta dá ritmo e energia ao trabalho desenvolvido que move uma organização.

Liderar

É conectar os empregados ao seu negócio.

É obter e manter empregados que ajam e trabalhem como proprietários.

Liderança

É a arte de fazer com que os outros tenham vontade de fazer algo que você está convencido de que deve ser feito.

É a arte de mobilizar os outros a batalhar por aspirações compartilhadas.

É a arte de obter resultados desejados, acordados e esperados por meio de empregados engajados.

Líder

É o portador da autoridade legitimada, ou seja, aquele em quem se reconhecem motivos para ser ouvido, acatado e seguido. *(Benedito Milioni)*

As empresas vêm buscando líderes e não apenas gerentes. Assim, uma característica marcante entre os líderes é a naturalidade de trabalhar em equipe, já que eles não podem agir sozinhos. Existem quatro competência comuns aos líderes:

- ***Atenção:*** o líder desperta a atenção e consegue o comprometimento de sua equipe, pois seus membros passam a querer participar dessa visão e alcançar os objetivos propostos pela liderança.
- ***Significado:*** os líderes possuem grande habilidade para a comunicação. Assim, conseguem passar de forma clara e concisa as informações para a sua equipe.
- ***Confiança:*** o líder inspira confiança, pois tem objetivos e propósitos consistentes.
- ***Conhecimento pessoal:*** os líderes sabem explorar seus pontos fortes e, ao mesmo tempo, buscam melhorar seus pontos fracos.

Em quaisquer definições de liderança, sempre haverá uma ou duas palavras, no máximo, que, se retiradas, mudam o significado de liderança para gerência ou chefia. Vejamos:

Gerenciar

É colocar para trabalhar os empregados no seu negócio.

É obter e manter empregados que ajam e trabalhem como empregados.

Gerência

É a arte de fazer com que os outros façam algo que você está convencido de que deva ser feito.

É a arte de mobilizar os outros a batalhar.

É a arte de obter resultados desejados, acordados e esperados por meio de empregados.

Diferenças entre Gerente e Líder	
Gerente	**Líder**
Administra	Inova
Prioriza as tarefas	Prioriza as pessoas
Prevê curto prazo	Estabelece longo prazo
Exerce o controle	Inspira a confiança
É eficiente	É eficaz

4.1 Tipos de Liderança

4.1.1 Liderança Formal

Quando é conferida por alguém da organização, ou seja, a organização designa alguém para liderar, o que os torna gestores. Assim, nem todo gestor é um líder.

4.1.2 Liderança Informal

São pessoas que não possuem o poder formal para liderar, porém lideram. Elas surgem normalmente dentro de um grupo sem serem designadas pela organização.

Gestor	Líder
Liderança baseada em leis impostas pela organização, fixa poder de comando.	Liderança baseada na confiança que os liderados têm nas qualidades de líder.
Os subordinados obedecem a autoridade imposta pela empresa, e não o gestor.	Os seguidores concordam com as ideias e visões que o líder possui.
Utiliza-se do poder coercitivo das regras da organização para forçar a obediência.	O poder vem da massa que o segue.

4.1.3 Liderança Autocrática

Baseia-se numa relação de submissão, já que o líder tem uma postura dominadora e agressiva, não dando liberdade alguma a seus subordinados.

4.1.4 Liderança Democrática

Consiste em uma liderança participativa, ou seja, o líder consegue motivar os liderados a participarem das decisões, pois possui caráter comunicativo. Esse tipo de liderança pode ser subdividido em duas subcategorias:

> **Consultivo:** ele pede a opinião dos liderados, porém, toma a decisão final sozinho.

> **Participativo:** ouve a opinião dos liderados, fazendo com que as decisões sejam tomadas pelo grupo, sendo orientadas pelo líder, mas decididas em coletivo.

4.1.5 Liderança Liberal

Esse tipo de liderança é caracterizada, basicamente, pela ausência de líderes, já que o próprio grupo é quem toma as decisões.

4.1.6 Liderança Orientada pelas Tarefas

A preocupação central desse tipo de liderança é com a tarefa e não com a equipe que a executa. Assim, acaba se tornando uma liderança preocupada demasiadamente com tarefas, metas e objetivos a serem cumpridos.

4.1.7 Liderança Orientada para as Pessoas

O foco está na equipe de trabalho, O processo administrativo deve tornar o ambiente de trabalho confortável para as pessoas.

4.1.8 Liderança Diretiva

Esse tipo de liderança esclarece as atividades e o que ele espera de seus subordinados, além de organizar as diretrizes, metas e objetivos de maneira clara.

4.1.9 Liderança Apoiadora

É o líder que se mostra sensível às necessidades e expectativas das pessoas que compõem a sua equipe.

4.1.10 Liderança Orientada para a Conquista

Esse tipo de liderança impõe metas e objetivos desafiadores e espera de seus liderados que demonstrem desempenho máximo.

Liderança Carismática

É exercida pelo líder consegue obter a confiança de seus liderados, atribuindo a ele características de herói. Um líder carismático deve:

> Possuir visão;

> Dispor-se a correr riscos para alcançar essa visão;

> Ser sensível às necessidades de seus liderados;

> Ter comportamento diferente do comum.

Um líder não necessita nascer carismático; ele pode desenvolver um carisma se seguir três etapas, a saber:

> Visão otimista consiste em desenvolver uma aura de carisma, tendo sempre uma visão otimista e demonstrando isso com linguagem corporal. É aquela que utiliza paixão em tudo o que faz.

> Criação de confiança em seus liderados para segui-lo.

> Potencial - consegue extrair potencial de seus liderados.

4.1.11 Liderança Visionária

Segundo Robbins, a liderança visionária é a habilidade para criar e articular uma visão do futuro, realista, digna de crédito e atraente, que cresce a partir do presente e o aperfeiçoa.

Questões

No que concerne às atribuições da área de gestão de pessoas, julgue o item a seguir.

01. (Cespe) A gestão de pessoas abrange amplo conjunto de sistemas que englobam atividades como recrutamento e seleção, análise e descrição de cargos, relações com sindicatos, treinamento e auditoria de recursos humanos.

Certo ( ) Errado ( )

02. (Cespe) Com base no enfoque sistêmico, a gestão de pessoas concebe que os fenômenos relativos aos indivíduos e grupos são causados por um único fator.

Certo ( ) Errado ( )

A administração de recursos humanos está relacionada a todas as funções do processo administrativo, referindo-se a políticas e práticas necessárias para se administrar o trabalho das pessoas. A esse respeito, julgue os itens a seguir.

03. (Cespe) Liderança é a habilidade de influenciar pessoas, dirigir seu comportamento em direção ao alcance de objetivos e metas, podendo ser orientada para pessoas e também para tarefas.

Certo ( ) Errado ( )

A administração de recursos humanos está relacionada a todas as funções do processo administrativo, referindo-se a políticas e práticas necessárias para se administrar o trabalho das pessoas. A esse respeito, julgue os itens a seguir.

04. (Cespe) Em uma organização, existem, basicamente, três estilos de liderança: o autocrático, voltado para o líder; o democrático, voltado para o líder e o subordinado; e o liberal, voltado para o subordinado.

Certo ( ) Errado ( )

05. (Cespe) Ao contrário de um cargo hierárquico, arbitrado pela burocracia, a liderança emerge de forma espontânea no grupo social. Enquanto um gerente ou supervisor toma posse pela autoridade burocrática, o líder é eleito pela coletividade. É líder aquele que desperta a cooperação espontânea nas pessoas pelo exercício do compartilhamento de valores. Considerando os conceitos de liderança expostos no texto acima,julgue os itens que se seguem. O líder deve despertar virtudes pessoais em cada indivíduo e apontar um norte para a direção dos esforços do grupo.

Certo ( ) Errado ( )

06. (Cespe) O compartilhamento de valores interfere negativamente na cooperação espontânea em apoio ao líder.

Certo ( ) Errado ( )

07. (Cespe) Liderança não é uma qualidade intrínseca da organização formal, surgindo de forma natural nos agrupamentos humanos.

Certo ( ) Errado ( )

08. (Cespe) Em qualquer situação, o estilo de liderança positiva, participativa e cordial é o mais apropriado.

Certo ( ) Errado ( )

No contexto das organizações, pesquisadores ligados ao estudo da liderança situacional têm apresentado diversas propostas de modelos para serem aplicados em instituições. Um desses modelos baseia-se em três aspectos inter-relacionados: o comportamento de tarefa, o comportamento de relacionamento e a maturidade dos subordinados. Com base nessas informações, julgue os itens que se seguem, referentes à liderança situacional.

09. (Cespe) A maturidade de um grupo ou de um liderado deve ser considerada globalmente, e não somente em relação à tarefa específica a ser realizada.

Certo ( ) Errado ( )

10. (Cespe) Consideram-se comportamento de tarefa o apoio socioemocional e o encorajamento dado pelo líder.

Certo ( ) Errado ( )

Gabaritos

01	CERTO	06	ERRADO
02	ERRADO	07	CERTO
03	CERTO	08	ERRADO
04	CERTO	09	ERRADO
05	CERTO	10	ERRADO

5. RECRUTAMENTO DE PESSOAS

Recrutamento de pessoas é a forma como a empresa divulga o seu processo seletivo, tendo como objetivo comunicar oportunidades de emprego e atrair candidatos. Há uma relação estreita entre as metas e objetivos da organização e as pessoas que são necessárias para isso, tanto quantitativamente, ou seja, número de pessoas, como qualitativamente, ou seja, profissionais adequados para a execução dos objetivos.

Assim, podemos dizer que o planejamento de um recrutamento se divide em três fases:

> Diagnóstico das necessidades internas;
> Diagnóstico das alternativas disponíveis no mercado;
> Análise e definição de técnicas a serem aplicadas.

Conforme sua aplicação, podemos dividir o recrutamento em interno e externo.

5.1 Interno

Tem como objetivo preencher as vagas com os colaboradores que já trabalham para a empresa, promovendo oferta de emprego dentro da mesma área ou transferindo-os, oferta de emprego em área distinta, o que envolve outras habilidades. Assim, o recrutamento interno busca aproveitar melhor as competências e talentos que a empresa já possui, dando oportunidades melhores dentro da organização.

Vantagens	Desvantagens
Aproveita melhor o potencial humano da organização.	Pode bloquear a entrada de novas ideias, experiências e expectativas.
Motiva e encoraja o desenvolvimento profissional dos atuais funcionários.	Facilita o conservantismo e favorece a rotina atual
Incentiva a permanência e a fidelidade dos funcionários na organização.	Mantém quase inalterado o atual patrimônio humano da organização.
Ideal para situações de estabilidade e pouca mudança ambiental.	Ideal para empresas burocráticas e mecanicistas.
Não requer socialização organizacional de novos membros.	Mantém e conserva a cultura organizacional existente.
Probabilidade de melhor seleção, pois os candidatos são bem conhecidos.	
Custa Financeiramente menos do que fazer recrutamento externo	

Fonte: Idalberto Chiavenato, Gestão de Pessoas

5.2 Externo

Visa a alcançar pessoas de fora da organização e submetê-las a um processo de seleção, buscando aquisição de habilidades e competências externas. Dessa forma, a empresa gera um banco de talentos atualizado e disponível para futuros recrutamentos.

Esse processo inicia-se com o preenchimento da proposta de emprego pelo candidato, ou seja, um formulário fornecido pela empresa em que o candidato anota seus dados pessoais, experiências profissionais, escolaridade, endereço e telefone.

Vantagens	Desvantagens
Introduz sangue novo na organização: talentos, habilidades e expectativas.	Afeta negativamente a motivação dos atuais funcionários da organização.
Enriquece o patrimônio humano, pelo aporte de novos talentos e habilidades.	Reduz a fidelidade dos funcionários ao oferecer oportunidade a estranhos.
Aumenta o capital intelectual ao incluir novos conhecimentos e destrezas.	Requer aplicação de técnicas seletivas para escolha dos candidatos externos. Isso significa custos operacionais.
Renova a cultura organizacional e a enriquece com novas aspirações.	Exige esquemas de socialização organizacional para os novos funcionários.
Indicado para enriquecer mais intensa e rapidamente o capital intelectual.	É mais custoso, oneroso, demorado e inseguro que o recrutamento interno.

Fonte: Idalberto Chiavenato, Gestão de Pessoas

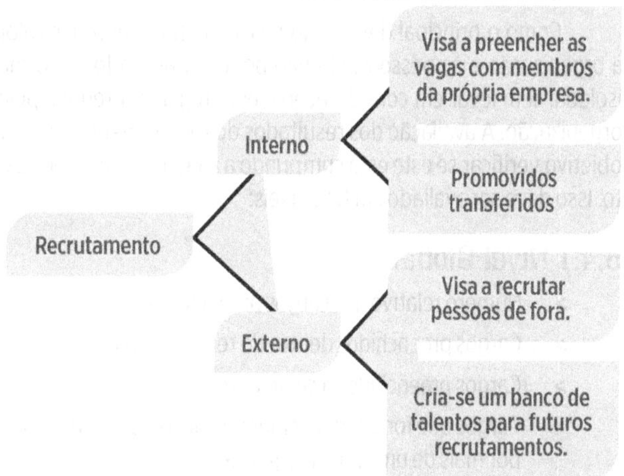

Um recrutamento adequado é aquele que atinge os objetivos empresarias levando em consideração as vantagens e desvantagens. Porém, como alguns cuidados devem ser tomados, o acompanhamento dos processos de recrutamento deve ser feito da forma mais criteriosa possível. A economia com custos e rapidez pode desenvolver problemas futuros com o colaborador recrutado. Uma outra possibilidade é que, não tendo certeza se a pessoa escolhida internamente atende às necessidades da organização, pode-se abrir um processo externo em paralelo e, posteriormente, escolher a melhor opção.

5.3 Recrutamento Misto

Utiliza-se dos dois tipos de recrutamento anteriores, mas vale ressaltar que são utilizadas as duas formas (interna e externa) para prover uma mesma vaga. Pode variar conforme a ordem utilizada:

Externo + Interno: nesse caso, a prioridade é o recrutamento externo, ou seja, trazer novas pessoas para a organização. Porém, quando esse não consegue cumprir de forma eficiente seu papel, utiliza-se o recrutamento interno para completá-lo.

Interno + Externo: nesse caso, a organização opta, primeiro, pelo recrutamento interno, ou seja, a prioridade é utilizar os recursos já existentes na organização e valorizar os seus funcionários. Porém, se no final da seleção ainda restarem vagas a serem preenchidas, utiliza-se o recrutamento externo para completar.

Interno e Externo: quando a necessidade é urgente, visando a maximizar as possibilidades, empregam-se as duas técnicas simultaneamente.

> Princípio de Peter ou Princípio da incompetência de Peter: significa que chegará um momento em que a pessoa promovida não terá mais capacidade de responder de forma satisfatória às exigências impostas pelo novo cargo, ou seja, elevação ao máximo da incompetência.

5.4 Avaliação dos Resultados do Recrutamento

Como o principal desafio do recrutamento é agregar valor à organização e às pessoas, ele não pode ser avaliado de forma isolada, sem levar em consideração a estratégia empregada pela organização. A avaliação dos resultados do recrutamento tem por objetivo verificar se este está cumprindo a sua função e a que custo. Isso deve ser avaliado em três níveis:

5.4.1 Nível Global

- Número relativo aos cargos preenchidos;
- Cargos preenchidos dentro do tempo normal;
- Cargos preenchidos a custo baixo;
- Cargos que foram preenchidos e que as pessoas ficaram por mais de um ano na organização;
- Cargos preenchidos por pessoas que estão satisfeitas com seus novos cargos.

5.4.2 Critérios Orientadores para o Recrutador

- Número de entrevistas realizadas;
- Qualidade dos entrevistados;
- Porcentagem de candidatos recomendados que são admitidos;
- Custo por entrevista;
- Porcentagem dos candidatos recomendados que são contratados e que desempenham bem a sua função.

5.4.3 Critério para o Método de Recrutamento

- Número de candidatos apresentados;
- Número de candidatos qualificados apresentados;
- Custo por candidato;
- Custo por admissão;
- Qualidade dos candidatos;
- Tempo depreendido.

O recrutamento influencia diretamente os resultados obtidos e deve ser realizado buscando os ideais da empresa. Pessoas afinadas com os mesmos ideais, em sintonia com a metodologia de trabalho, podem garantir a diferença e o sucesso com a concorrência de mercado. O custo de contratação de um colaborador que esteja afinado com a empresa torna-se muito alto, não só em termos financeiros, mas também com a mudança de gestão em relação ao que já está dando certo. Uma pessoa que não esteja comprometida pode influenciar o ambiente e reduzir significativamente os resultados em qualquer gestão.

MICHEL, Murilo. Disponível em:<http://faef.revista.inf.br/imagens_arquivos/arquivos_destaque/dBGH58nixEbJRER_2013-4-30-10-37-37.pdf.Adaptado.

5.5 Seleção de Pessoas

Começaremos esse item de uma maneira diferente, com a análise de uma questão.

> A partir dessa questão, podemos observar que Seleção é diferente de Recrutamento, já estudado no item anterior. Não é raro os concursos causarem uma pequena confusão de ideias ao misturar os dois termos.

A seleção é realizada após o recrutamento, pois, dentre os vários candidatos recrutados, visa a selecionar os mais adequados para ocupar os cargos disponíveis na empresa e que esses relacionados sejam compatíveis com as políticas dela. Parafraseando Mateus, 22:14, muitos serão chamados, mas poucos serão escolhidos.

Recrutamento	X	Seleção
O recrutamento é uma atitude de atração, divulgação e comunicação, portanto, uma atividade tipicamente positiva e convidativa.		A seleção é, ao contrário do recrutamento, uma atividade de escolha, de classificação e de decisão e, portanto, restrita e abstrativa.

A seleção de pessoas pode ser vista como um processo de comparação entre os requisitos do cargo a ser preenchido e o perfil dos candidatos que se apresentam para preenchê-lo, uma vez que o **Total de Recrutados é sempre superior ao Total de Selecionados.** A seleção de pessoas também pode ser vista como um processo de decisão e de escolha, pois, se vários candidatos preenchem as características do cargo, a área requisitante precisará tomar uma decisão acerca do candidato mais adequado. Isso implica em dizer que a seleção é responsabilidade de linha (de cada chefe ou gerente da área que requisitou) e função de staff (prestação de serviço pelo RH, recomendando candidatos).

→ **Nesse processo de decisão, a seleção comporta quatro modelos, segundo Chiavenato:**

Modelo de Colocação: há um só candidato e uma só vaga a ser preenchida. O candidato apresentado deve ser admitido;

Modelo de Seleção: há vários candidatos e apenas uma vaga a ser preenchida. Como há inúmeras alternativas, a organização tem liberdade de escolha do mais adequado;

Modelo de Classificação: existem vários candidatos para cada vaga e várias vagas para cada candidato. É um processo que consiste em comparar um mesmo candidato para vários cargos: se é recusado em um, passa a ser considerado para outro;

Modelo de Agregação de valor: esse modelo foge da mera comparação entre cargo e candidato e foca na avaliação das competências que cada candidato pode agregar à organização. Se as competências individuais do candidato interessam à organização, ele é admitido.

Já, como etapas da seleção, podemos ressaltar:

> **Triagem:** consiste em selecionar entre os que foram recrutados aqueles que apresentam os requisitos mínimos para o preenchimento da vaga. Pode ser realizada de duas maneiras: análise de currículo e entrevista;
>
> **Testes de seleção:** podem ser de conhecimento, desempenho ou psicológico;
>
> **Entrevista.**
>
> **Referências do candidato.**
>
> **Exame Médico.**

Como o ser humano é complexo, em um processo seletivo, não há como dissociar a história de vida e a carga emocional da sua ficha técnica. Assim, a empresa busca colaboradores que se adequem melhor a seu estilo e forma de trabalho, levando sempre em consideração as variáveis.

→ **Há várias técnicas utilizadas para a seleção dos candidatos em um processo seletivo, como:**

Entrevista e seleção	Entrevista dirigida (com roteiro preestabelecido) Entrevista livre (sem roteiro definido)
Provas de conhecimento ou de capacidade	Gerais (cultura geral, línguas) Específicas (conhecimentos técnicos, cultura profissional)
Teste Psicológico	Teste de aptidão (gerais, específicos)
Técnica de simulação	Psicodrama Dramatização (Role Playing)

Entrevistas: podem ter um roteiro predefinido ou não. A entrevista pode ser de triagem (mais superficial), técnica (realizada pelo gerente de linha) e entrevista de seleção (mais complexa e detalhada).

→ **Dentro da entrevista de seleção, podemos destacar:**

Tipos de Entrevista	Característica
Coletiva	Vários candidatos respondem algumas perguntas diante de todos.
Diretiva	Utiliza-se de um roteiro com várias perguntas que vão gradativamente aumentando a sua complexidade.
Não-diretiva	São realizadas questões para o candidato, mas não há um roteiro predefinido.
Por competência	Não há um roteiro, mas as questões são direcionadas para as competências exigidas para desempenhar o cargo.
Com o gestor	Diretamente com o chefe visa a avaliar o conhecimento específico do candidato.

Provas de Capacidade e Conhecimentos: o teste de conhecimento engloba tanto conhecimentos gerais como conhecimentos inerentes ao cargo pretendido. Já o teste de capacidade consiste na realização de uma tarefa inerente ao cargo, utilizada para verificar o desempenho.

Eles podem ser classificados de acordo com:

> **Aplicação:** podem ser Orais (perguntas sobre um conteúdo específico) ou Escritos (semelhante a um vestibular);
>
> **Abrangência:** podem ser Específicos (sobre conhecimentos técnicos) ou Gerais (noções gerais);
>
> **Forma:** podem ser tradicionais (dissertação e exposição) ou objetivas (provas de múltipla escolha).

→ ***Testes Psicológicos:*** **fazem parte os testes de aptidão gerais e específicos.**

Diferenças	
Gerais	**Específicas**
Predisposição natural.	Habilidade adquirida.
Existe sem exercício prévio.	Surge com o treinamento.
Permite a verificação do futuro do candidato.	Diagnostica o presente.
Permite o encaminhamento futuro para outros cargos.	Possibilita a colocação imediata em um cargo.

Testes de Personalidade: visam a avaliar e a analisar os traços adquiridos (determinados pelo caráter) e os traços inatos (determinados pelo temperamento). Os testes de personalidade são genéricos quando revelam traços gerais de personalidade em uma síntese global e recebem o nome de psicodiagnósticos.

Nessa categoria, estão os chamados testes expressivos (expressão corporal), como **PMK - Psicodiagnósticos Miocinético de Mira y Lopez-e** os chamados testes projetivos (projeção da personalidade), como o **Psicodiagnósticos de Rorchac**, o teste de **Percepção Temática** e o teste da **Árvore de Koch**.

Os testes de personalidade são chamados específicos quando pesquisam determinados traços ou aspectos de personalidade, como equilíbrio emocional, frustrações, interesses, motivação, etc. Nessa categoria, estão os inventários de interesse, de motivação e de frustração. Tanto a aplicação como a interpretação dos testes de personalidade exigem, necessariamente, a participação de um psicólogo.

Técnicas de simulação: consistem em simular situações com as quais a pessoa irá lidar quando estiver trabalhando.

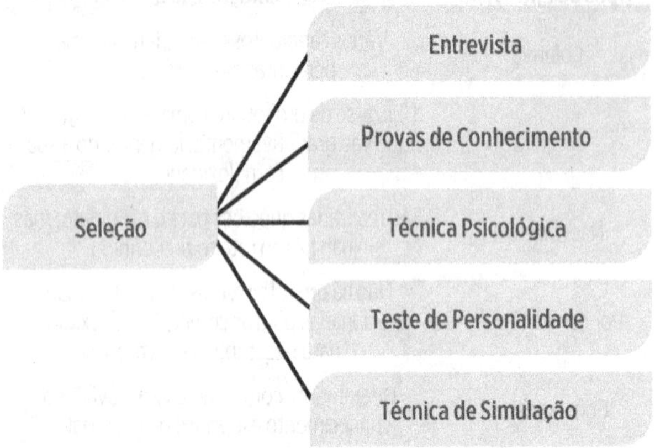

A escolha da técnica de seleção dependerá do perfil da vaga. Os testes psicológicos utilizados nos processos seletivos focalizam, principalmente, as aptidões. Há duas abordagens utilizadas para esta finalidade:

→ **Teoria Multifatorial de Thurstone:**
  - **Fator V – Aptidão verbal:** redação e expressão escrita, precisão das palavras;
  - **Fator W – Fluência verbal:** oratória, escrita, facilidade de falar e de escrever, argumentação;
  - **Fator N – Aptidão numérica:** capacidade de lidar com números, cálculos e matemática;
  - **Fator S – Aptidão espacial:** capacidade de lidar com espaços, geometria, pintura, escultura e arquitetura;
  - **Fator M – Memória associativa:** facilidade em memorizar eventos, pessoas, locais, coisas ou situações;
  - **Fator P – Aptidão perceptiva:** atenção concentrada, facilidade com detalhes, capricho e atenção;
  - **Fator R – Raciocínio abstrato:** raciocínio lógico, abstração, conceitualização e visão global.

→ **Inteligências de Gardner:**
  - Inteligência lógico-matemática: matemático, estatístico, físico, engenheiro, médico, filósofo;
  - Inteligência verbal: escritor, intérprete, comunicador, poeta, ator, advogado, professor, jornalista, vendedor;
  - Inteligência musical: músico, compositor, cantor;
  - Inteligência espacial: arquiteto, astrônomo, escultor, pintor, geógrafo, meteorologista, decorador, desenhista;
  - Inteligência corporal-cinestésica: capacidade de lidar com o próprio corpo (ator, dançarino, atleta, mímico);
  - Inteligência interpessoal: professor, líder, chefe, psicólogo, médico e sociólogo;
  - Inteligência intrapessoal: filosofo, poeta, romancista.

5.5.1 Avaliação dos Resultados da Seleção

Há vários processos de seleção que podem ser aplicados individualmente ou combinados entre si. Para que o processo de seleção seja eficiente e eficaz, as organizações devem determinar os processos e etapas que apresentam melhores resultados.

Eficiência: consiste em aplicar técnicas de seleção adequadas para os objetivos que pretendem ser alcançados pela organização.

Eficácia: consiste em alcançar os resultados, ou seja, trazer os melhores talentos para a empresa.

5.5.2 Avaliação de Desempenho Humano

Esse procedimento é utilizado para mensurar o dinamismo a competência de um colaborador no cargo que ocupa, descobrindo assim, seu potencial de desenvolvimento e sua contribuição para o sucesso da organização.

Para isso, a abordagem técnica utilizada deverá ser por meio de formulário pensado de forma isenta que deverá contemplar os aspectos profissionais do cargo que ocupa.

Essa avaliação tem como objetivo gerar benefícios às organizações e às pessoas. Para isso, necessita atender alguns princípios básicos:

- Os objetivos e os metas a serem cumpridas devem ser avaliados juntamente com o desempenho nas atividades atuais;
- A avaliação deve ter caráter objetivo, ou seja, não deve se deixar influenciar por avaliações subjetivas, como o empenho que o colaborador tem depreendido. O relevante deve se avaliar se a atividade tem sido desempenhada corretamente e se as metas estipuladas foram alcançadas;
- Essa avaliação deve ser feita por ambas as partes: empresa e colaborador, pois deve haver benefícios para ambos;
- Deve promover o aumento da produtividade do colaborador junto com sua eficiência e eficácia.

5.5.3 Pontos Fracos

Os pontos fracos observados nesse processo de avaliação são:

- Quando as pessoas que desenvolvem a avaliação veem uma oportunidade para punir ou recompensar o colaborador, por desempenhos passados;
- Quando a importância recai sobre os formulários, em detrimento dos objetivos e da avaliação crítica;
- Quando o colaborador se sente injustiçado pela avaliação;
- Quando o colaborador não aceita as críticas feitas pelo avaliador;
- Quando a avaliação é mal elaborada, ou seja, pautada em fatores que não contribuem para o sucesso da organização.

5.5.4 Realização da Avaliação

Como a avaliação visa estabelecer uma política adequada às necessidades da empresa e potencializar o sucesso da organização, pode ser realizada das seguintes formas:

Autoavaliação de desempenho: cada pessoa deve avaliar seu desempenho na organização. Isso, em algumas empresas, ocorre com a ajuda de um supervisor, que elabora critérios para que os colaboradores realizem suas próprias avaliações, visando a eliminação da subjetividade. Essa avaliação possibilita, por parte do colaborador, identificar suas qualidades e também seus pontos fortes, cooperando para o aumento da eficiência e eficácia;

Gerente: nesse contexto, o gerente faz a avaliação de seus subordinados, pautado em critérios e meios estabelecidos pelo RH da empresa. Assim, o gerente se torna um efetivo gestor do seu pessoal;

Indivíduo e gerente: nessa hipótese, o gerente desenvolve a função de orientador enquanto o colaborador é quem faz a sua avaliação. Dessa forma, o gerente fornece os recursos e meios, e o colaborador, os resultados e informações;

Equipe de trabalho: nessa hipótese, a equipe de trabalho é responsável pela sua avaliação em grupo e pela avaliação individual de cada um de seus membros;

360°: nesse contexto, a avaliação é feita pelo círculo de pessoas que mantém contato com o avaliado, incluindo: gerentes, subordinados, fornecedores, clientes e colegas de trabalho. Assim, há um abrangência maior com opiniões vindas de todas as perspectivas;

Para cima: esta é uma variante da avaliação pelo gerente, porém, nesse caso, a avaliação é feita pela equipe a respeito de seu gerente. Algumas organizações utilizam-se dessa técnica para que a organização seja avaliada pelos seus colaboradores;

Comissão: a avaliação, nesse caso, é realizada por uma equipe constituída, especialmente, para isso, por pessoas de várias unidades que tenham interesse direto ou indireto no bom desempenho dos colaboradores. Assim, essa comissão pode ser formada por membros efetivos (presidente da organização) e membros temporários (os gerentes de cada avaliado);

RH: uma técnica que está em desuso, pois centraliza e torna o processo de avaliação muito burocrático. Consiste, então, em responsabilizar apenas o órgão de RH pela execução da todas as avaliações dos colaboradores da organização.

5.5.5 Métodos de Avaliação - Modelo Tradicional

Há vários métodos para a avaliação, pode-se dizer que todos visam a especificar critérios de equidade e justiça, estimulando as pessoas. As organizações procuram estabelecer métodos próprios de avaliação que se adequem a sua realidade.

Há alguns métodos tradicionais que são amplamente utilizados,como:

Escalas gráficas: é baseado em um tabela na qual as linhas são os fatores de avaliação e as colunas são os graus de avaliação. Esse método avalia por meio de fatores previamente definidos e valorizados pela organização. Esses fatores são utilizados para todos os cargos e funções, tendo o mínimo de 5 e o máximo de 10 aspectos. Os aspectos que caracterizam este método são subjetividade, generalização e superficialidade.

Vantagens	Desvantagens
Fácil planejamento	Muito genérico
Simples utilização e compreensão	Não leva em consideração as características individuais.
Comparam-se os funcionários com facilidade.	Os fatores de avaliação são limitados
Facilidade em apresentar os resultados.	Não há participação dos colaboradores.

Escolha forçada: esse método consiste na aplicação de um questionário em que constam blocos de frases descritivas. Cada bloco possui no mínimo duas frases, das quais o examinador deve forçadamente escolher apenas uma, para avaliar o desempenho do funcionário.

Vantagens	Desvantagens
Menos genérico	Difícil planejamento e compreensão.
Impede a subjetividade do examinador.	Não permite comparações e dificulta a apresentação dos resultados para os colaboradores.
Os avaliadores não precisam ser treinados.	Difícil de tirar conclusão dos resultados.
	Não há participação dos colaboradores.

Pesquisa de campo: é considerado um dos métodos mais completos, já que é realizado em conjunto pelos especialistas em avaliação e os gerentes do avaliado, ou seja, a partir da entrevista com cada gerente, o especialista preenche um formulário para cada colaborador que foi avaliado.

Vantagens	Desvantagens
Integração entre especialistas e gerentes	Custo elevado
Permite o planejamento a longo prazo com treinamentos e orientações.	Processo demorado
Dá ênfase no alcance e desempenho de resultados.	Pouca participação dos colaboradores
Produz uma avaliação profunda.	

Incidentes Críticos: é um método simples que se baseia em características extremas: desempenhos elevadamente positivos ou elevadamente negativos. Não se preocupa com o desempenho normal, visa a avaliar os colaboradores.

Vantagens	Desvantagens
Foca no desempenho extremo (bom ou ruim).	Exclui os aspectos de desempenho normal.
Pontos positivos devem ser incentivados enquanto pontos negativos devem ser eliminados.	Tendenciosidade
Fácil utilização e montagem	Parcialidade

Listas de verificação: consiste em uma lista de fatores que são considerados a respeito de cada funcionário. Esse método é considerado uma simplificação do método de escalas gráficas.

→ **Avaliação de desempenho Módulo AD360**

> **Avaliação de Desempenho**
>
> » Competências (com pesos)
>
> » (Avaliação por Entregas - menor subjetividade)
>
> » Resultados (Metas com pesos)

> **Relatórios Gerenciais**
>
> » Avaliações individuais por gestor.
>
> » Distribuição por área da empresa.
>
> » Comparativo por área da empresa.

> Análise de desempenho, resultados e potencial em função de:
>
> » Nível de escolaridade.
>
> » Tempo de empresa.
>
> » Faixa etária.
>
> » Tempo de cargo.

> Análise das avaliações de competências para planejamento em T&D:

> **Relatório Individual de Avaliação**
>
> » Avaliação de competências (90º/360º)
>
> » Avaliação de resultados (por metas)
>
> » Avaliação de potencial.
>
> » Quadrante de desempenho.
>
> » Quadrante de desenvolvimento.

> **Relatório Analítico**
>
> » Pesquisa por quadrante de desempenho.
>
> » Pesquisa por quadrante de desenvolvimento.
>
> » Pesquisa por área de interesse para Movimentação interna.

Questões

Acerca de administração de desempenho, de treinamento e desempenho e de mecanismos de recrutamento e seleção de pessoal,julgue o item subsequente.

01. (Cespe) Diferentemente do processo de seleção, que está associado à área estratégica de gestão de pessoas, o recrutamento, cujo objetivo é atrair os candidatos para o processo de seleção, constitui tarefa da área operacional.

Certo ( ) Errado ( )

Acerca do recrutamento e da seleção, julgue o próximo item.

02. (Cespe) Para evitar a ocorrência do "princípio de Peter", o gerente de RH deve utilizar o recrutamento interno.

Certo ( ) Errado ( )

03. (Cespe) Considere que, em determinado tribunal, se pretenda recrutar internamente um servidor para assumir cargo comissionado. Nessa situação, um possível problema para a realização desse recrutamento é a ocorrência do princípio de Peter.

Certo ( ) Errado ( )

04. (Cespe) O selecionador que quiser obter informações de um candidato por intermédio de perguntas e respostas padronizadas deverá adotar uma entrevista diretiva.

Certo ( ) Errado ( )

Gabaritos

01	ERRADO
02	ERRADO
03	CERTO
04	CERTO

6. TREINAMENTO

Visa ao desenvolvimento de qualidades dos colaboradores a fim de torná-los mais produtivos e capazes de contribuir de forma mais adequada para o alcance dos objetivos organizacionais.

6.1 Processos de Treinamento

O treinamento é um processo cíclico e contínuo composto de quatro etapas. Para Chiavenato, muito parecido com a perspectiva de Rosemberg, citado por Abbad, que apresenta:

> **Diagnóstico:** é o levantamento das necessidades de treinamento a serem satisfeitas. Essas necessidades podem ser passadas, presentes ou futuras;

> **Desenho :** é a elaboração de um programa de treinamento para atender às necessidades diagnosticadas;

> **Implementação:** é a aplicação e a condução do programa de treinamento;

> **Avaliação :** é a verificação dos resultados do treinamento.

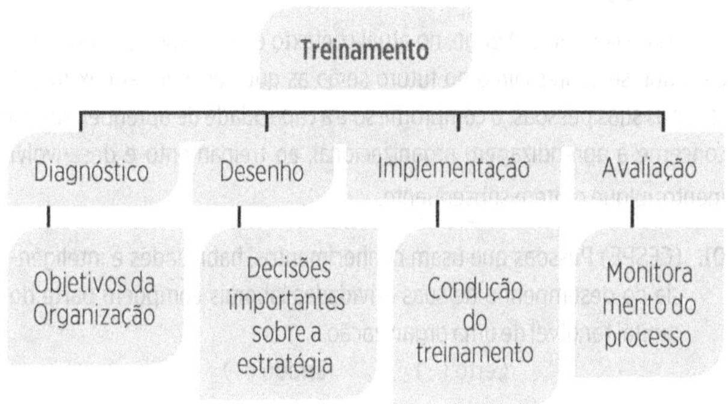

6.1.1 Diagnóstico

Tem por função identificar as necessidades de treinamentos a serem realizados, podendo essa necessidade ser passada, presente ou futura. As necessidades nem sempre são claras e, para serem apuradas, há quatro níveis de análise:

> **Organizacional:** analisa a organização como um todo, determinando os treinamentos necessários para que a missão, a visão e os objetivos da empresa sejam alcançados.

> **Recursos Humanos:** tem seu foco nos treinamentos necessários para que as pessoas possam contribuir para que os objetivos organizacionais sejam alcançados.

> **Estrutura de cargos**: analisa os quadros de cargos e determina quais são os treinamentos necessários para que as pessoas possam desenvolver adequadamente os cargos ou funções que ocupam.

> **Treinamento**: designa os objetivos que servirão de parâmetro para a avaliação da eficácia e da eficiência do programa de treinamento.

6.1.2 Desenho

Tem por função elaborar os projetos de treinamentos para as necessidades encontradas no diagnóstico. Esse treinamento deve ser coeso e integrado. Para isso, deve conter seis itens básicos: quem deve ser treinado, como treiná-lo, em que treinar, por que treinar, onde treinar, quando treinar e para que treinar.

Assim, os treinamentos devem estar intimamente ligados às necessidades da empresa. Nem sempre a compra de pacotes de treinamento dará resultados, já que eles não são pautados na organização e sim em um contexto genérico.

Quem treinar	Como treinar	Em que treinar
Treinados	Métodos de treinamento	Conteúdo dos treinamentos
Por quem	Quando treinar	Para que treinar
Instrutor	Horário de treinamento	Objetivo do treinamento

6.1.3 Implementação

Trata-se da efetiva execução e condução dos projetos de treinamento. Existem várias técnicas de treinamento, destacando-se:

> **Leitura:** é um dos métodos mais utilizados. O instrutor apresentar verbalmente o treinamento e os treinados apenas ouvirem. A vantagem é que o instrutor pode passar uma vasta gama de conhecimento em um curto espaço de tempo; contudo, há pouco esclarecimento de dúvidas e, basicamente, nenhuma prática, o que acaba por não gerar, significativas mudanças na organização.

> **Instrução programada:** é uma técnica que utiliza-se de programas para que as informações sejam transmitidas. Assim, não necessita de instrutor e é realizada aos poucos, dividida em blocos nos quais constam questões para o treinado responder e avaliar seu aprendizado.

> **Treinamento em classe:** é o mais utilizado, este é realizado em sala de aula, com o auxílio de um instrutor ou gerente que ministra o conteúdo.

- ***Computer-based training* (CTB):** é realizado a partir da utilização de tecnologias da informação, como a ajuda de CD's, DVD's ou ajudas gráficas. O treinamento fica restrito à entrega de instruções aos participantes.
- ***E-learning*:** utiliza-se a integração de diversas soluções propiciadas com o uso de tecnologias da internet, baseando-se em 3 princípios:

Criação de uma rede, também chamada de *network*, em que a atualização das instruções é feita instantaneamente.

Facilidade na entrega do treinamento aos participantes, pois são utilizados ferramentas padrão da internet.

Possibilita um aprendizado amplo, pois não se limita à simples entrega de instruções.

Vantagens do *E-Learning*

- Custo baixo;
- Fácil adaptação: pode ser regido ou adaptado às pessoas a quem será ministrado o conteúdo;
- Atualização instantânea;
- Pode ser acessado de qualquer lugar pela internet;
- Motiva a aprendizagem organizacional;
- Não tem limite de treinados, pode ser feito para 10 ou 1000 pessoas sem custo adicional.

6.1.4 Avaliação

É a análise dos resultados obtidos com a implementação do treinamento, a fim de saber se o treinamento alcançou o seu objetivo. É a etapa final do treinamento, utilizada para medir a eficácia do trabalho desenvolvido.

Dessa forma, é necessário que algumas medidas sejam levadas em consideração para a realização da avaliação do treinamento, sendo elas: custo, qualidade, serviço, rapidez e resultado.

CUSTO – que foi investido no projeto de treinamento.

QUALIDADE – se as expectativas foram obtidas.

SERVIÇO – se as necessidades dos participantes foram cumpridas.

RAPIDEZ – se os desafios oferecidos foram cumpridos.

RESULTADOS – quais foram os resultados apresentados pelo programa.

A avaliação ajuda a determinar fatores importantes, como se os objetivos propostos para a realização de treinamento estão sendo alcançados. Para isso, há 5 níveis diferentes de resultados: reação, aprendizado, desempenho, resultado e avaliação do investimento.

- **Reação:** quando o treinamento modifica apenas a primeira reação do funcionário, mas sem grandes colaborações para o futuro.
- **Aprendizado:** o funcionário realmente absorve o que o treinamento lhe passou e transforma esse conhecimento em aprendizado.
- **Desempenho:** o treinamento foi recepcionado de forma positiva pelo funcionário, já que surtiu efeitos concretos em relação ao seu desempenho.
- **Resultado:** se, após o treinamento foram observardas mudanças consideráveis nos resultados obtidos pelos funcionários, minimizando os pontos fracos da organização.
- **Avaliação de investimento:** o treinamento será considerado satisfatório se o resultado alcançado justificar o investimento depreendido pela organização.

Questões

De acordo com Peter Senge, no atual contexto de mudanças, as organizações que se sobressairão no futuro serão as que conseguirem extrair, de todas as suas pessoas, o compromisso e a capacidade de aprender. No que concerne à aprendizagem organizacional, ao treinamento e desenvolvimento, julgue os item subsequente.

01. (CESPE) Pessoas que usam conhecimentos, habilidades e inteligência no desempenho de suas atividades laborais compõem parte do capital tangível de uma organização.

Certo ( ) Errado ( )

Julgue os itens a seguir, acerca de gestão por competências e avaliação de desempenho.

02. (CESPE) O planejamento estratégico e o sistema de gestão do desempenho organizacional fornecem insumos relevantes ao processo de avaliação de necessidades de treinamento.

Certo ( ) Errado ( )

03. (CESPE) Em treinamentos realizados por meio de método de estudo de caso, enfatiza-se a busca de uma única resposta correta, que deve ser objeto de consenso no grupo que analisa o caso.

Certo ( ) Errado ( )

04. (CESPE) As informações obtidas por meio de desempenho em cargo não são indicadas, em geral, para fornecer dados para o levantamento de necessidades de treinamento de cargos relativos ao nível hierárquico mais alto da organização.

Certo ( ) Errado ( )

Acerca de administração de desempenho, de treinamento e desempenho e de mecanismos de recrutamento e seleção de pessoal, julgue os itens subsequentes.

05. (CESPE) Ao utilizar a técnica de alargamento horizontal de tarefas para o desenvolvimento de pessoas, o gestor de recursos humanos atribui tarefas com grau progressivamente maior de complexidade aos colaboradores.

Certo ( ) Errado ( )

No que concerne às atribuições da área de gestão de pessoas, julgue os itens subsecutivos.

06. (CESPE) A avaliação de treinamento pode envolver quatro critérios - reação, aprendizado, comportamento e resultados - e cada um deles é indicador do sucesso no treinamento, havendo grande correlação entre eles.

Certo ( ) Errado ( )

Acerca de treinamento e desenvolvimento, julgue os itens a seguir.

07. (CESPE) Os resultados passíveis de serem mensurados que podem ser atingidos na implementação de treinamento em uma organização são a reação e o aprendizado.

Certo ( ) Errado ( )

Gabaritos

01	ERRADO	05	ERRADO
02	CERTO	06	ERRADO
03	ERRADO	07	CERTO
04	CERTO		

7. DESENVOLVIMENTO DE PESSOAS

O desenvolvimento de pessoas está mais relacionado com a educação e com a orientação para o futuro do que com o treinamento. Afirmamos ser ele um projeto a longo prazo que visa à manutenção pessoal na organização. **Educação é o processo de desenvolvimento relacionado com a formação da personalidade e da melhoria da capacidade para compreender e interpretar o conhecimento.** O desenvolvimento está voltado para o crescimento do empregado numa progressão geométrica, que leva em consideração o interesse pessoal no crescimento organizacional, visando à carreira futura, mais do que ao cargo atual.

Vejamos como Chiavenato diferencia desenvolvimento, treinamento e educação:

Desenvolvimento de RH: *é o conjunto de experiências organizadas de aprendizagem (intencionais e propositais) proporcionadas pela organização, dentro de um específico período de tempo, para oferecer a oportunidade de melhoria no desempenho e/ou crescimento humano. Inclui três áreas de atividades: treinamento, educação e desenvolvimento.*

Desenvolvimento Pessoal: *são as experiências não necessariamente relacionadas com o cargo atual, mas que proporcionam oportunidades para o desenvolvimento e o crescimento profissional.*

Treinamento: *são experiências organizadas de aprendizagem centradas na posição atual da organização. O treinamento deve aumentar a possibilidade de o funcionário desempenhar melhor suas atuais responsabilidades.*

Educação: *são as experiências de aprendizagem que preparam a pessoa para enfrentar futuros deveres na organização.*

→ **Podemos apontar alguns métodos de desenvolvimento de pessoas no cargo atual:**

Rotação de cargos: entende-se como a movimentação das pessoas em vários cargos na organização com o objetivo de expandir suas habilidades, conhecimentos e capacidades. Permite expor as pessoas a um grau de complexidade crescente, estimulando novas ideias e aumentando experiências. Característica comum dos modelos de produção pós década de 70 do século XX, quando foi introduzido o sistema toyotista de produção.

Posições de assessoria: alocar, por exemplo, uma pessoa com alto potencial para trabalhar como assessor de um gerente de alto desempenho, para que o empregado possa realizar diferentes tarefas sob a supervisão de um gerente apoiador que estimule a manutenção das aptidões funcionais e o desenvolvimento de novas habilidades dentro do ambiente de trabalho, proporcionando o crescimento do empregado.

Aprendizagem prática: o treinando é designado para realizar um trabalho de tempo integral para analisar e resolver problemas em certos projetos ou outros departamentos. Em alguns casos podem ser criadas equipes que colaborem mutuamente.

Atribuição de comissões: dar oportunidades para que o empregado participe de comissões especiais de trabalho, observando discussões, posturas, capacidade gerencial e compartilhando a tomada de decisão.

Participação em cursos e seminários externos: é uma forma tradicional de desenvolvimento, na qual o empregado pode adquirir novas habilidades e conhecimentos. Pode ser realizado presencialmente ou à distância, variando conforme a intenção e a disponibilidade do grupo.

Exercícios de simulação: exercícios de simulação incluem dramatizações (*role playing*), jogos de empresas, estudos de caso, etc.

Treinamento fora da empresa (*outdoor*): são treinamentos realizados por consultoria especializada, cujo foco primário é ressaltar a importância do trabalho em equipe e a força que esse tipo de trabalho tem no mundo globalizado contemporâneo.

Centros de desenvolvimento interno: são centros localizados na empresa, destinados a expor os gerentes e empregados a exercícios realísticos para desenvolver e melhorar as habilidades pessoais. É o caso das universidades corporativas.

Ainda no quesito Desenvolvimento de Pessoas, podemos citar os métodos de desenvolvimento de pessoas fora do cargo. São dois: **Tutoria e Aconselhamento.**

7.1 Tutoria

É assistência dada aos empregados escolhidos para ascender dentro da empresa. Dá-se o nome a este processo de *mentoring/coaching*. Um gerente da organização exerce um papel ativo na condução do empregado aspirante a um posto mais elevado. Ele guia, aconselha, faz críticas e sugestões, dá suporte profissional e político.

Mentoring	Coaching
Relação entre o protetor e o protegido	Relação entre o líder e o subordinado
Foco no longo prazo e no futuro	Foco no curto prazo e no cotidiano
Estilo de desenvolvimento na carreira	Estilo de liderança e supervisão
Orientação profissional por alguma pessoa da organização	Condução ativa da pessoa pelo supervisor imediato
Impulso na carreira futura	Impulso no trabalho atual

7.1.1 As Quatro Etapas do Processo de Coaching

Primeira Etapa: sem dúvida é a mais crítica, afinal, consiste na construção de uma parceria sólida e consciente, que garanta alto nível de confiança e maturidade entre o *coach* e o cliente, em que ambas as partes possam assumir e cumprir todas as responsabilidades acordadas. Precisa de uma avaliação coerente e racional para o estabelecimento de laços sólidos.

Segunda Etapa: diz respeito ao que o cliente **deseja** realizar: a sua visão de futuro. O *coach* deve estimular o cliente a sonhar e, ao "vender" esses sonhos, deixar sempre clara a possibilidade viável de realizá-los.

Terceira Etapa: consiste na análise da "bagagem de mão", ou seja, a trajetória de realização de ambos. É o estabelecimento de uma reciprocidade baseada na quebra da barreira de resistência, estabelecida naturalmente pelos seres humanos. É muito importante que *coach* e cliente se conheçam bem, para que explorem com competência os talentos um do outro. **Envolve realização da síntese da história de vida de ambos - valores, atitudes, padrões de comportamento, pontos fortes e fracos (competências), resultados (sucessos e fracassos). Deve ser feita tomando como referência o projeto que o cliente quer realizar e não deve ser uma sessão de avaliação do cliente. O objetivo é avaliar o que será usado e o que será descartado.**

Quarta Etapa ou Plano de Ação: conhecendo melhor o cliente, o *coach* pode ajudá-lo a identificar os gaps (GAPS é um termo em inglês que significa um distanciamento, afastamento, separação, uma lacuna ou um vácuo) entre sua visão, situação e competências atuais. O *coach* deverá observar se essa distância não está muito além do que se pode cumprir, pois isso só causaria ansiedade.

7.1.2 Princípios do Coaching

> Todos os seres humanos sonham com a possibilidade de se satisfazerem e merecem a oportunidade de o fazer da melhor forma possível.

> As pessoas criam a sua própria experiência de vida e um *coach* pode ajudá-las a criar a que realmente querem.

> A compreensão intelectual não é suficiente. Uma mudança requer uma ação.

> O fracasso é algo que não existe. Se a pessoa não consegue o que quer, ela encontra outra maneira. Fracasso é apenas uma maneira, a curto prazo, de dizer que não se conseguiu alcançar o que queria ainda.

> Todas as pessoas têm todos os recursos necessários ou então pode criá-los. Não existe ninguém que não tenha esses recursos. O cliente tem as respostas; o *coach*, as perguntas.

> Um *coach* trabalha para aumentar a quantidade de escolhas na vida do cliente.

> O *coaching* é uma parceria sinérgica e equitativa.

7.2 Aconselhamento

É um método semelhante ao da abordagem da tutoria. Mas, no aconselhamento, o gerente responsável atua no eventual surgimento de problemas. **Quando o empregado apresenta um comportamento e desempenho inconsistentes, o gerente deve intervir e identificar o problema.** O papel de conselheiro exige grande capacidade auditiva (de ouvir) e persuasiva (de persuadir).

No entanto, alguns teóricos discordam da abordagem de Chiavenato e indicam que o aconselhamento (*counseling*) é, essencialmente, exercido por um psicólogo qualificado para atividades terapêuticas.

Vejamos abaixo, as diferenças no conceito entre *mentoring, coaching* e *counseling* (aconselhamento):[1]

1 Extraído de http://drh-talent.com/site/coaching-2/

7.2.1 Modelos de Apoio

7.2.1.1 Coaching

O que é?

Processo para avaliar e orientar o desenvolvimento contínuo das competências de uma pessoa ou equipe, que serão utilizadas na realização de metas e objetivos.

Quem oferece?

Profissional especializado e credenciado, de fora ou de dentro da empresa.

Quem utiliza?

Pessoa ou equipe que precise desenvolver suas habilidades e competências para a realização de suas metas e objetivos.

Para que serve?

Promover mudanças de comportamento para atingir novo objetivo, auxiliando o desenvolvimento das próprias competências, para a realização de metas/ objetivos.

Quanto dura? Como é aplicado?

Em reuniões semanais, em média de 10 semanas. Pode ser aplicado individualmente ou em grupo.

7.2.1.2 Coaching de Skills & Competências

O que é?

Focado em um projeto atual de *coachee* ou equipe. Pode ser um método, estratégia ou comportamento relacionado ao sucesso de um projeto.

Quem oferece?

Profissional especializado e credenciado, de fora ou de dentro da empresa.

Quem utiliza?

Pessoa ou equipe que busque desenvolver competência na qual sente carência de desempenho e/ou para alcançar uma meta específica.

Para que serve?

Promover mudanças de comportamento e desenvolver competências para atingir um objetivo.

Quanto dura? Como é aplicado?

Curta duração, vinculada ao alcance do propósito preestabelecido.

7.2.1.3 Coaching de Performance

O que é?

Foco na efetividade do *coachee* ou equipe no cargo ou papel atual.

Quem oferece?

Profissional especializado e credenciado, de fora ou de dentro da empresa.

Quem utiliza?

Pessoa ou equipe que busque melhorar no contexto profissional ou pessoal

Para que serve?

Melhoria de desempenho profissional ou pessoal.

Quanto dura? Como é aplicado?

Duração pode ser de alguns meses.

7.2.1.4 Coaching de Desenvolvimento

O que é?

Foco em desafios de cargo futuro ou no futuro da carreira.

Quem oferece?

Profissional especializado e credenciado, de fora ou de dentro da empresa.

Quem utiliza?

Pessoa que busque chances de promoção ou oportunidade de carreira.

Para que serve?

Desenvolver e/ou adquirir competência para alcançar objetivo de carreira

Quanto dura? Como é aplicado?

Duração vinculada ao alcance do propósito pré-estabelecido. Pode ser de vários meses a 1 ano

7.2.1.5 Coaching para Negócios (Sounding Board)

O que é?

Foco em competências que gerem melhores resultados de negócios e em macro-situações diretivas e estratégicas. Não é focado em habilidades específicas e relaciona-se mais à administração.

Quem oferece?

Necessariamente um profissional de fora, especializado, credenciado e experiente na gestão de empresas.

Quem utiliza?

Dirigente líder de empresa ou de instituição.

Para que serve?

Oportunidade do líder discutir situações e competências que não seriam possíveis discutir com alguém de seu meio.

Quanto dura? Como é aplicado?

A duração pode ser de vários anos, de formatos mais flexíveis e encontros mais esporádicos.

Coaching de Vida ou de Carreira

O que é?

Motivar o *coachee* a ser o melhor que pode como ser humano, indo além dos limites que se impôs, com foco no equilíbrio, no bem-estar e na qualidade de vida.

Quem oferece?

Preferencialmente um profissional especializado e credenciado, de fora da empresa, mais vivido e experiente.

Quem utiliza?

Pessoa que se encontre em fase de transição de vida e/ou carreira.

Pessoa que sinta que pode/deve ter uma vida melhor, mas não sabe o que fazer.

Para que serve?

Motivar o *coachee* a ir além dos seus limites e ser o melhor que pode como ser humano, para realizar o seu potencial total na vida.

Quanto dura? Como é aplicado?

Duração vinculada ao alcance do propósito pré-estabelecido.

7.2.1.6 Consulting

O que é?

Apoio especializado para diagnóstico e solução de problemas empresariais.

Quem oferece?

Consultor especializado, geralmente de fora da empresa.

Quem utiliza?

Empresa e/ou departamento da empresa.

Para que serve?

Diagnosticar problemas e oferecer soluções.

Quanto dura? Como é aplicado?

Pontual. Em forma de projeto, com prazo predeterminado, correspondente ao cronograma acordado.

7.2.1.7 Mentoring

O que é?

Orientação de caráter amplo, que aguça a visão aponta caminhos e cria diretrizes para o assessorado.

Quem oferece?

Normalmente uma pessoa mais experiente, que pode ser de dentro ou fora da empresa e que conhece o ambiente em que ele e/ou o assessorado atuam.

Quem utiliza?

Profissional em fase inicial de transformação ou de desenvolvimento de carreira.

Para que serve?

O mentor, passando suas experiências e conhecimentos, facilita, apoia e direciona o crescimento profissional do assessorado.

Quanto dura? Como é aplicado?

Em reuniões pré-programadas ou quando o mentor e /ou assessorado sentirem necessidade, durante a fase de desenvolvimento profissional.

7.2.1.8 Counseling

O que é?

Aconselhamento para ajudar a resolver evento pontual, de carreira ou emocional que o assessorado não tenha condições de definir ou necessite de apoio.

Quem oferece?

Profissional especializado, geralmente de fora da empresa. Usualmente são praticados por psicólogo ou assistente social.

Quem utiliza?

Pessoa, em geral do topo da empresa, que necessitar, tomar decisões importantes de vida ou de trabalho.

Para que serve?

Mapear a situação e sugerir rotas, em aconselhamento de carreira ou para problemas emocionais de executivos.

Quanto dura? Como é aplicado?

De forma pontual e com duração enquanto a decisão está sendo tomada.

7.3 A Gestão de Pessoas com Base em Competências

A forma de gerir pessoas sofreu grandes transformações ao longo dos últimos anos. Dentre as principais, citam-se:

Alteração no perfil das pessoas exigido pelas empresas. Ao perfil obediente e disciplinado, prefere-se um perfil autônomo e empreendedor. A mudança no padrão de exigência gerou a necessidade de uma cultura organizacional que estimulasse e apoiasse a iniciativa individual, a criatividade e a busca autônoma de resultados para a empresa ou o negócio.

Deslocamento do foco da gestão de pessoas por meio do controle para o foco por meio do desenvolvimento. A marca dos sistemas tradicionais de gestão de pessoas, inspirada no paradigma fordista e taylorista de administração, é o controle das pessoas. Segundo esse paradigma, os indivíduos são controláveis, portanto, espera-se deles uma postura passiva. Hoje, há uma grande pressão para que a gestão de pessoas seja orientada para a ideia de desenvolvimento mútuo. A empresa, ao se desenvolver, desenvolve as pessoas, e estas, ao se desenvolverem, fazem o mesmo com a organização. A pessoa é vista como a gestora de sua relação com a empresa, bem como do seu desenvolvimento profissional.

Maior participação das pessoas no sucesso do negócio ou da empresa. O comprometimento integral dos indivíduos com a organização ou negócio mobiliza não somente os músculos e parte da inteligência, mas todo o seu potencial criador, sua intuição, sua capacidade de interpretar o contexto e de agir sobre ele, gerando vantagens competitivas únicas. As pessoas são depositárias do patrimônio intelectual da empresa, bem como da capacidade e da agilidade de resposta da organização aos estímulos do ambiente e, ainda, da capacidade de visualização e exploração de oportunidades de negócios.

7.3.1 Conceitos de Competências

O entendimento do que faz a diferença entre funcionário com desempenho padrão e o com desempenho excepcional é a base do conceito de Competências. Segundo o dicionário Aurélio da Língua Portuguesa competência é:

Qualidade de quem é capaz de apreciar e resolver certo assunto, fazer determinada coisa; capacidade, habilidade, aptidão, idoneidade.

Conhecimento aplicado e orientado para melhorar o desempenho do indivíduo, da equipe e da organização. Deve ser certificável, isto é, medida segundo certos padrões.

Um agrupamento de conhecimentos, habilidades e atitudes correlacionados, que afeta parte considerável da atividade de alguém, que se relaciona com o desempenho, que pode ser medido segundo padrões preestabelecidos, e que pode ser melhorado por meio de treinamento e desenvolvimento (Scott B. Parry – The quest for competences. Training, July 1996).

Para Maria Tereza Fleury (2000), Competência significa Saber agir de maneira responsável (...) implica mobilizar, integrar, transferir conhecimentos, recursos, habilidades, que agreguem valor econômico à organização e valor social ao indivíduo.

Há uma relação íntima entre as competências organizacionais e as individuais, de modo que, o estabelecimento das competências individuais deve estar vinculado à reflexão sobre as competências organizacionais, uma vez que há uma influência mútua entre elas.

Após a publicação do Artigo *The Core Competences of the Corporation* (As Competências Essenciais das Organizações), por C. K. Prahalad e Gary Hamel, na década de 90, a Competência passou a ser compreendida por muitas pessoas e por alguns teóricos da Administração como um conjunto de **C**onhecimentos, **H**abilidades e **A**titudes, necessários para que a pessoa desenvolva suas atribuições e responsabilidades.

7.3.2 Classificação das Competências

→ **Alguns autores as classificam como:**

Competências Genéricas: competências que são necessárias/desejáveis em qualquer área ou processo em que o profissional atua. Exemplo: interrelacionamento pessoal, conhecimentos em informática, comprometimento com a qualidade, trabalho em equipe, autodesenvolvimento, planejamento, comunicação etc.

Competências Específicas: competências que estão diretamente relacionadas a determinada área ou processo. Exemplo: negociações sindicais, atendimento ao cliente, idiomas, administração de projetos, seleção, desenvolvimento de sistemas, análise de fluxo de caixa etc.

→ **Outros as denominam como:**

Competências Técnicas: conhecimentos necessários para a execução do processo, diretamente relacionadas à formação profissional. Exemplo: conhecimentos de informática, gerenciamento de qualidade, pesquisa, sistema de telecomunicações.

Competências de Gestão: competências de natureza administrativa, vinculadas à prestação de serviços ou ao fornecimento de produtos. Exemplo: planejamento, gerenciamento de contratos, organização, cumprimento de metas etc.

Competências Interpessoais: competências que envolvem o relacionamento entre pessoas no ambiente de trabalho. Exemplo: liderança, comunicação, senso de equipe, delegação etc.

Competências Intelectuais: Competências que abrangem as características pessoais, os processos cognitivos e emocionais, necessários à tomada de decisões e solução de problemas. Exemplo: raciocínio lógico, criatividade, objetividade, capacidade de síntese, capacidade analítica etc.

7.4 Desenvolvimento Organizacional

Segundo Chiavenato, Desenvolvimento Organizacional é um esforço de longo prazo, apoiado pela alta direção, no sentido de melhorar os processos de resolução de problemas e de renovação organizacional, particularmente através de um eficaz e colaborativo diagnóstico e administração da cultura organizacional - com ênfase especial nas equipes formais de trabalho, equipes temporárias e cultura intergrupal - com a assistência de um consultor-facilitador e a utilização da teoria e tecnologia das ciências do comportamento, incluindo ação e pesquisa.

→ **Outras definições:**

DO é a aplicação dos conhecimentos das ciências comportamentais num esforço a longo prazo para melhorar a capacidade da organização, de modo que permite confrontar-se com as mudanças no ambiente externo aumentando suas habilidades para solução de problemas.

DO é um conjunto de intervenções planejadas de mudança, construído a partir de valores humanísticos e democráticos que procuram incrementar a eficácia organizacional e o bem-estar dos funcionários.

7.4.1 Pressupostos do DO

A constante e rápida mutação do ambiente.

A necessidade contínua de adaptação.

A interação entre a organização e o ambiente.

Uma organização sensível e flexível, tendo capacidade e versatilidade de redistribuir rapidamente seus recursos, de maneira a maximizar a sua aplicação.

A interação entre indivíduo e organização. O DO parte de uma filosofia acerca do homem: o ser humano tem aptidões para a produtividade, que podem permanecer inativas se o ambiente em que ele vive e trabalha é hostil.

Os objetivos individuais e os objetivos organizacionais. É plenamente possível o esforço no sentido de se conseguir que as metas dos indivíduos se integrem com os objetivos da organização, num plano em que o significado do trabalho seja realmente estimulante e gratificante.

Há mudança organizacional deve ser planejada.

A necessidade de participação e comprometimento.

O incremento da eficácia organizacional e do bem-estar da organização dependem de uma correta compreensão e aplicação dos conhecimentos acerca da natureza humana.

Um objetivo essencial das organizações é o de melhorar a qualidade de vida. Não basta as meras alterações estruturais ou funcionais (alterações de rotinas e procedimentos). É preciso considerar que os métodos científicos que visam a melhorar a eficiência organizacional.

→ **O DO utiliza um processo dinâmico composto de três fases distintas:**

> **Diagnóstico**. A partir da pesquisa sobre a situação atual. Geralmente, o diagnóstico é uma percepção a respeito da necessidade de mudança na organização ou em parte dela. O diagnóstico deve ser obtido por meio de entrevistas com as pessoas ou grupos envolvidos.

> **Intervenção**. Uma ação para alterar a situação atual. Geralmente, a intervenção é definida e planejada por meio de *workshops* e discussões entre as pessoas e os grupos envolvidos para determinar as ações e os rumos adequados para a mudança.

> **Reforço**. Um esforço para estabilizar e manter a nova situação, por meio de retroação. Geralmente, o reforço é obtido em reuniões e avaliações periódicas que servem de retroinformação a respeito da mudança alcançada.

7.4.2 Técnicas de DO

→ **Segundo Chiavenato, as principais técnicas de DO são:**

Treinamento da sensitividade ou treinamento da sensibilidade: constitui a técnica mais antiga e ampla de DO. Consiste em reunir grupos chamados ***T-groups*** (grupos de treinamento) e que são orientados por um líder treinado para aumentar a sensibilidade quanto às suas habilidades e dificuldades de relacionamento interpessoal. O resultado consiste em maior criatividade (menos temor dos outros e menos posição de defesa), menor hostilidade quanto aos outros (devido à melhor compreensão dos outros) e maior sensitividade às influências sociais e psicológicas sobre o comportamento em trabalho. Isso favorece a flexibilidade do comportamento das pessoas em relação aos outros. Em geral, é aplicada de cima para baixo, começando na cúpula da organização e descendo até os níveis mais baixos.

Análise Transacional (AT): é uma técnica que visa ao autodiagnóstico das relações interpessoais. As relações interpessoais ocorrem por meio de transações. Uma transação significa qualquer forma de comunicação, mensagem ou de relação com os demais. A AT é uma técnica destinada a indivíduos e não a grupos, pois se concentra nos estilos e conteúdos das comunicações entre as pessoas. Ela ensina as pessoas a enviar mensagens que sejam claras e ágeis e a dar respostas que sejam naturais e razoáveis. O objetivo é reduzir os hábitos destrutivos de comunicação – os chamados "jogos" – nos quais a intenção ou o significado das comunicações fica obscuro ou distorcido. A AT assemelha-se a uma terapia psicológica para melhorar o relacionamento interpessoal, permitindo a cada indivíduo autodiagnosticar sua inter-relação com os outros para modificá-la e melhorá-la gradativamente.

Desenvolvimento de equipes: é uma técnica de alteração comportamental na qual várias pessoas, de vários níveis e áreas da organização, se reúnem sob a coordenação de um consultor ou líder e criticam-se mutuamente, procurando um ponto de encontro em que a colaboração seja mais frutífera, eliminando-se as barreiras interpessoais de comunicação pelo esclarecimento e compreensão de suas causas. Ao final, a equipe autoavalia o seu comportamento a partir de determinadas variáveis. A ideia básica é construir equipes por meio da abertura de mentalidade e de ação das pessoas. No trabalho em equipe são eliminadas as diferenças hierárquicas e os interesses específicos de cada departamento ou especialidade, proporcionando uma predisposição sadia para a interação e, consequentemente, para a criatividade e inovação.

Consultoria de procedimentos: é uma técnica em que cada equipe é coordenada por um consultor, cuja atuação varia enormemente. A coordenação permite certas intervenções para tornar a equipe mais sensível aos seus processos internos de estabelecer metas e objetivos, de participação, sentimentos, liderança, tomada de decisões, confiança e criatividade. O consultor trabalha com os membros da equipe para ajudá-los a compreender a dinâmica de suas relações de trabalho em situações de grupo e auxiliá-los a desenvolver o diagnóstico de barreiras e as habilidades de solução de problemas para fortalecer o senso de unidade entre seus membros, incrementar as relações interpessoais, melhorar o cumprimento das tarefas e aumentar a sua eficácia.

Reunião de confrontação: É uma técnica de alteração comportamental com a ajuda de um consultor interno ou externo (denominado terceira parte). Dois grupos antagônicos em conflito (desconfiança recíproca, discordância, antagonismo, hostilidade etc.) podem ser tratados por meio de uma reunião de confrontação que dura um dia, na qual cada grupo se autoavalia, bem como avalia o comportamento do outro, como se fosse colocado diante de um espelho. Nessa reunião, cada grupo apresenta ao outro os resultados das avaliações e é interrogado no que se refere a suas percepções. Segue-se uma discussão, inicialmente acalorada, tendendo a uma posição de compreensão e de entendimento recíprocos quanto ao comportamento das partes envolvidas. O consultor facilita a confrontação, com total isenção de ânimo, ponderando as críticas, moderando os trabalhos, orientando a discussão para a solução construtiva do conflito e eliminando as barreiras intergrupais. A reunião de confrontação é uma técnica de enfoque socioterapêutico para melhorar a saúde da organização, incrementando as comunicações e as relações entre diferentes departamentos ou equipes, além de planejar ações corretivas ou profiláticas.

Retroação de dados (*feedback* de dados): É uma técnica de mudança de comportamento que parte do princípio de que, quanto mais dados cognitivos o indivíduo recebe, tanto maior será a sua possibilidade de organizar os dados e agir criativamente. A retroação de dados proporciona aprendizagem de novos dados a respeito de si mesmo, dos outros, dos processos grupais ou da dinâmica de toda a organização – dados que nem sempre são levados em consideração. A retroação refere-se às atividades e processos que refletem e espelham a maneira pela qual uma pessoa é percebida ou visualizada pelas demais pessoas. Requer intensa comunicação e um fluxo adequado de informação dentro da organização para atualizar os membros e permitir que eles próprios possam conscientizar-se das mudanças e explorar as oportunidades que geralmente se encontram encobertas dentro da organização. As técnicas de DO são geralmente aplicadas em uma sequência. O ponto de partida é a melhora inicial da sensibilidade intrapessoal das pessoas para posteriormente melhorar e incentivar os seus relacionamentos interpessoais. A seguir, inicia-se a formação e o desenvolvimento de equipes com técnicas intragrupais, às quais se seguem as técnicas intergrupais necessárias para integrar equipes entre si e, mais adiante, as técnicas intraorganizacionais para definir os objetivos organizacionais a serem alcançados, mediante o trabalho conjunto e coordenado das diferentes equipes envolvidas.

7.5 Motivação

Primeiramente, quando falamos em motivação, temos que desvincular do conceito coloquial, já que estamos falando de uma área da gestão de pessoas. Motivação é a vontade de dispor de um grande esforço em prol das metas da organização. Dessa forma, deve-se levar em consideração que se trata de pessoas que possuem vontades internas ou externas, que precisam ser estimuladas para que alcancem o sucesso desejado.

7.5.1 Comprometimento

As pessoas, quando entram em uma organização para trabalharem, trazem consigo anseios e objetivos individuais e esperam que a organização atenda. Quando essa expectativa é correspondida, aumenta a possibilidade do funcionário se comprometer com a tarefa que lhe foi atribuída pela organização.

Dessa forma, quanto ao comprometimento psicológico que os funcionários possuem com a organização, podemos subdividir em três espécies:

Comprometimento afetivo: é caracterizado pela identificação que o colaborador tem com a organização, já que o mesmo internalizou os valores e os objetivos organizacionais. Dessa forma, os comportamentos são orientados visando à permanência na instituição e baseiam-se na percepção de coerência entre as posturas adotadas pela organização e as suas particulares.

Comprometimento instrumental: essa forma de comprometimento está baseada na troca estabelecida entre a organização (recompensas financeiras) e o trabalhador (força de trabalho).

Comprometimento normativo: baseia-se na percepção por parte do funcionário de uma obrigação em permanecer na organização, decorrente de um reconhecimento que já tenha recebido e da obrigação legal/moral.

Quadro Resumo	
Forma de Comprometimento	Característica
Afetivo	Funcionários permanecem na organização porque querem.
Instrumental	Os colaboradores continuam na organização porque precisam (visam à remuneração).
Normativo	Os funcionários permanecem na organização porque se sentem, de alguma maneira, obrigados.

7.5.2 Teorias da Motivação

Há muito tempo, são realizadas pesquisas sobre a motivação. Assim, as teorias foram agrupadas conforme a época em que foram produzidas, divididas então em:

- Teorias de motivação de conteúdo estático;
- Teorias do processo de motivação;
- Teorias baseadas no ambiente.

7.5.3 Motivação de Conteúdo Estático

7.5.3.1 Teoria das Necessidades de Maslow

Nessa teoria, Abraham Maslow pesquisou a relação entre as necessidades dos seres humanos e as suas motivações para realizarem alguns feitos. Assim, ele constatou que a motivação seria uma forma de buscarmos a satisfação das necessidade que se mostram dominantes em dado momento.

Dessa forma, foram agrupadas as necessidades humanas em cinco categorias:

> **Necessidades fisiológicas:** têm uma força maior, já que representam as necessidades básicas humanas para a sobrevivência, como: alimento, vestuário e moradia.

> **Necessidades de segurança**: englobam as necessidades de evitar o perigo físico, como a conservação do emprego ou da propriedade.

> **Necessidades de participação:** como o ser humano é um ser social, existe a necessidade de participar de um grupo e por ele ser aceito.

> **Necessidades de estima:** refletem o desejo que temos de não apenas participarmos de um grupo, mas também sermos reconhecidos e respeitados pelos outros.

> **Necessidades de autorrealização:** é o desejo de desenvolver suas potencialidades, tonar-se aquilo que é capaz de ser.

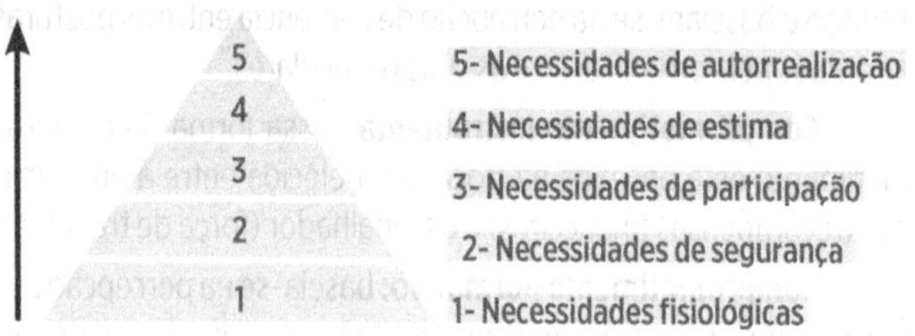

7.5.3.2 Teoria de Erc de Clayton Alderfer

Essa teoria foi desenvolvida a partir da teoria de Maslow, porém Alderfer reduziu as categorias de necessidades humanas em:

Existência: corresponde aos dois primeiros níveis, isto é, as necessidades fisiológicas e as de segurança;

Relacionamento: correspondente ao terceiro e ao quarto níveis, isto é, necessidade de participação e estima;

Crescimento: corresponde à necessidade de autorrealização.

7.5.3.3 Teoria das Necessidades Aprendidas

Essa teoria foi desenvolvida por McCelland. Ele acreditava que as necessidades são aprendidas e estão diretamente ligadas à cultura. Assim, ele subdividiu as necessidades em três graus diferentes:

Necessidade de afiliação: é o desejo de participar da sociedade e de ter uma interação social;

Necessidade de poder: as pessoas têm a necessidade de ter autoridade ou poder, o que pode ser:

> **Positivo:** efeito de persuasão, inspirador;

> **Negativo**: efeito de submissão, dominação;

Necessidade de realização: é o desejo de ter responsabilidades para resolver problemas, realizar-se correndo riscos e alcançando metas.

7.5.3.4 Teoria dos Dois Fatores de Herzberg

Herzberg conclui em suas pesquisas que as necessidades humanas se dividem em duas categorias, independentes entre si:

Maslow considera que: necessidades satisfeitas não motivam; as pessoas podem ser afetadas por vários níveis de necessidades ao mesmo tempo; os níveis mais baixos são prioridades, pois as pessoas buscam a sua satisfação primeiro.
Necessidades primárias: são a base da pirâmide e constituem necessidades fisiológicas e de segurança.
Necessidades Secundárias: é o topo da pirâmide, são as necessidades de estima, participação e autorrealização.

Aspectos Higiênicos (também conhecidos como extrínsecos): fazem parte do ambiente em que estamos inseridos. Pode-se destacar: modelo de gestão, condições de trabalho, relações interpessoais e remuneração.

Aspectos Motivadores (também conhecidos como intrínsecos): estão relacionados ao trabalho. Pode-se destacar: realização, reconhecimento, trabalhos desafiadores, crescimento, responsabilidade e o próprio trabalho.

7.5.4 Teorias do Processo de Motivação

7.5.4.1 Teoria da Expectativa de Victor Vroom

Victor Vroom foi um psicólogo que observou a motivação como decorrente dos objetivos e das expectativas em relação a esses objetivos. Assim, ele criou uma fórmula para a motivação:

Valência: é a importância que o resultado alcançado tem para a pessoa.

Instrumentalidade: esta relacionada ao esforço que a pessoa está disposta a empreender para alcançar esse objetivo.

Expectativa: é a probabilidade que o desprendimento do esforço tem de realmente alcançar o objetivo.

7.5.4.2 Teoria do Estabelecimento de Metas de Edwin Locke

Essa teoria sugere que a motivação do funcionário advém da definição, pelos gestores, de metas e objetivos claros a serem perseguidos pelos colaboradores. Assim, o conhecimento da meta a ser alcançada ajuda a manter o foco no objetivo e a canaliza as energias para que esse objetivo seja alcançado de maneira satisfatória.

7.5.4.3 Teoria da Avaliação Cognitiva de Deci

Como a motivação é um motorzinho que move as pessoas em prol de um determinado objetivo, o autor observou que a motivação provém de fontes intrínsecas, extrínsecas ou mesmo, da falta de motivação.

Intrínsecas: relacionada à satisfação e ao prazer;

Extrínsecas: relacionada à pela inserção e ao reconhecimento social, podendo ser de:

Aspecto controlador: quando se sente pressionado a obter os resultados preestabelecidos, sentindo-se ameaçado e, consequentemente, diminuindo a sua motivação intrínseca.

Aspectos informais: provêm de informações que permitem a própria pessoa avaliar seu desempenho naquilo que está realizando.

7.5.5 Motivação Baseada no Ambiente

7.5.5.1 Teoria do Condicionamento e Reforço Operantes de Skinner

Skinner baseou a sua teoria em experiências realizadas com ratos em laboratório, nas quais, para cada objetivo alcançado, os animais recebiam uma recompensa e o êxito aumentava quanto mais reforçado era o esforço. Ele afirma que a recompensa tem o poder de estimular e de aumentar as chances de alcançar os objetivos.

Skinner dividiu esse comportamento em:

Reforço positivo: quando há um benefício pela manutenção do comportamento por parte do funcionário. Por exemplo: bater as metas.

Reforço negativo: quando se recompensa o funcionário pela realização de um malefício.

Punição: quando se pune um funcionário pelo cometimento de um comportamento considerado como sendo um malefício. Por exemplo: chegar assiduamente atrasado, então, desconta-se uma porcentagem de sua remuneração.

Extinção: retirada de um benefício.

7.5.5.2 Teoria da Comparação Social de Festinger

Esta teoria defende que as pessoas buscam constantemente, melhorar a imagem que têm de si mesmas e dos grupos dos quais participam. Assim, o foco está em ser diferente, mas socialmente aceito.

7.5.5.3 Teoria da Equidade de Adams

Esta teoria deriva da teoria da comparação social, porém aqui o psicólogo Stacy Adams constata que as pessoas avaliam a relação esforço-recompensa que conseguem obter e comparam com aquela alcançada por outros trabalhadores.

Assim, cria-se o sentimento de equidade, ou seja de, igualdade de oportunidades, já que as pessoas esperam receber recompensas iguais para esforços iguais. Quando há uma desigualdade gera-se uma tensão visando a reestabelecer o equilíbrio.

7.5.5.4 Teoria X e Teoria Y

Basicamente, essas teorias tratam de dois perfis de personalidade e de comportamento de funcionários - aspectos que, muitas vezes, os próprios indivíduos não percebem que possuem. Em uma das teorias, o funcionário é relaxado, preguiçoso e gosta pouco de trabalhar. Já na outra, o funcionário gosta e busca as responsabilidades dentro da empresa. Adiante, comentaremos, detalhadamente, cada uma delas.

Douglas McGregor desenvolveu essas duas teorias visando uma análise dos fatores motivacionais relacionados ao trabalho.

7.5.5.4.1 Teoria X

Essa teoria possui uma visão negativa do ser humano, já que os gestores tem que ter posturas impositivas e coercitivas com os seus subordinados. Dessa forma, essa teoria visa a demonstrar que é impossível associar prazer e trabalho e que, para que os subordinados produzam, o gerente deve ser autocrático.

Baseia-se nas seguintes concepções sobre a natureza humana:

O ser humano é indolente e preguiçoso por natureza e procura evitar ao máximo o trabalho. Dessa forma, tem como características:

Não possuir ambição, já que não gosta de assumir responsabilidades e prefere ser dirigido para se sentir mais seguro.

Ser naturalmente egocêntrico, ou seja, colocar os seus interesses pessoais acima dos objetivos da empresa.

Ser resistente a mudanças e evitar correr risco, pois procura sempre a forma mais segura.

Não ser capaz de autodisciplina e autocontrole; por isso, precisa ser controlado e dirigido.

A administração baseada nessa teoria passa a observar:

- Organização dos recursos da empresa.
- Direção dos esforços.
- Punição, recompensa e coação às pessoas.
- Incentivos econômicos.

Baseada nessas concepções, a Teoria X desenvolve um estilo de direção em que o controle da energia humana é direcionado, unicamente, ao alcance dos objetivos empresarias.

7.5.5.4.2 Teoria Y

Já a teoria Y procura ver o ser humano de uma maneira mais positiva, ou seja, o gerente pode utilizar modelos participativos de gerência, deixando que os subordinados encontrem seus próprios caminhos para a motivação e encontrem prazer no trabalho.

Baseia-se nas seguintes concepções sobre a natureza humana:

O trabalho pode ser fonte de prazer e de satisfação para o ser humano, quando é realizado de forma voluntária, ou pode ter caráter punitivo, quando é desagradável e evitado pelas pessoas.

As pessoas possuem capacidade de assumir responsabilidades, ter autodireção e autocontrole. Dessa forma, o controle, a punição e a ameaça não se tornam a única forma de obter dedicação e alcançar os objetivos, como é afirmado na Teoria X.

Nessa teoria é amplamente incentivado a imaginação e a criatividade para a resolução de problemas.

7.6 Evolução da Forma de Ver as Pessoas nas Organizações

Como o pensamento administrativo e a forma como as organizações se relacionam com seus empregados evoluiu, também evoluiu a forma como as pessoas são vistas perante à organização:

Homem econômico racional: o homem era considerado passivo, um indivíduo sobre o qual a organização deveria exercer o comando total.

Homem social: a necessidade de relacionamento e afiliação (participar e sentir-se parte do grupo) começou a ser percebida pela organização.

Homem que se renova com as necessidades: a organização passou a aceitar que existe auto-motivação e autocontrole por parte de seus colaboradores.

Homem complexo: está inserido em um contexto moderno, onde a organização passou a olhar seus funcionários como pessoas diferentes e individuais, dotadas de características próprias, qualidades e competências, mas também defeitos.

Questões

01. (Cespe) Os conhecimentos sobre comportamento organizacional proporcionam uma melhor compreensão dos indivíduos e grupos que integram organizações. A respeito das situações relacionadas ao trabalho, julgue o item que se segue. As intervenções que busquem agregar aspectos motivacionais extrínsecos tendem a ser eficazes para a manutenção da motivação dos indivíduos com forte necessidade de realização.

Certo ( ) Errado ( )

02. (Cespe) O valor que um indivíduo atribui ao alcance de um resultado - por exemplo, uma promoção - é fator determinante do seu nível de motivação em relação à determinada atividade.

Certo ( ) Errado ( )

A administração de recursos humanos está relacionada a todas as funções do processo administrativo, referindo-se a políticas e práticas necessárias para se administrar o trabalho das pessoas. A esse respeito, julgue o item a seguir.

03. (Cespe) A Teoria dos Dois Fatores, de Herzberg, pode ser representada por meio de uma pirâmide constituída de dois tipos de necessidade das pessoas: uma básica, a necessidade de segurança; e outra, mais complexa e difícil de ser atingida, a necessidade de autorrealização.

Certo ( ) Errado ( )

04. No modelo piramidal, criado por Maslow, para explicar a motivação, constam as seguintes necessidades humanas, dispostas em ordem hierárquica: fisiológicas, segurança, social, estima e autorrealização.

Certo ( ) Errado ( )

05. No trabalho de motivação dos funcionários, pesquisas recentes recomendam que os profissionais de gestão de pessoas adotem, sem restrições, a teoria de Maslow.

Certo ( ) Errado ( )

Uma empresa de seguros resolveu empregar, como agentes de venda, funcionários temporários, oriundos de abrigos de pessoas que sofreram violência. Na interpretação dos gestores dessa organização, esses indivíduos têm uma motivação especial para o trabalho por necessitar satisfazer o nível mais baixo na pirâmide de necessidades. Essa iniciativa remunerava os vendedores em 10% do valor do seguro colocado. Os funcionários já anteriormente contratados, ao perceberem a ameaça dessa ação para seus empregos, dobraram o faturamento médio esperado por colaborador.

06. (UFBA) Diante desse exemplo, é correto afirmar que o fator motivacional que originou a reação dos trabalhadores dessa empresa é condizente com a teoria X de McGregor.

Certo ( ) Errado ( )

07. (UFBA) Diante desse exemplo, é correto afirmar que nos estudos motivacionais, a teoria do reforço é uma abordagem comportamental que condiciona a atitude do indivíduo a estímulos externos, tais como um aumento salarial ou um elogio.

Certo ( ) Errado ( )

08. (UFBA) A maioria das teorias sobre motivação se baseia em padrões americanos que privilegiam a qualidade de vida e as necessidades sociais como as mais elevadas na hierarquia de valores.

Certo ( ) Errado ( )

09. (Cespe) Necessidades são razões para que o ser humano se ponha em movimento para buscar determinados fins.

Certo ( ) Errado ( )

Gabaritos

01	ERRADO	06	CERTO
02	CERTO	07	ERRADO
03	CERTO	08	CERTO
04	ERRADO	09	ERRADO
05	ERRADO		

8. CONFLITOS NAS ORGANIZAÇÕES

As organizações são formadas por seres humanos diferentes, dotados de capacidades, competências e individualidades. Porém, quando esses pontos são ignorados pela organização, os conflitos são gerados, principalmente quando, de alguma maneira, um dos funcionários sente seus interesses ameaçados.

Os conflitos devem ser vistos como algo inevitável dentro de uma organização. O importante é saber que existem diferentes níveis da abrangência de conflitos:

> **Pessoal:** conflitos dentro do próprio indivíduo;

> **Interpessoal:** conflito entre os indivíduos;

> **Intragrupal:** conflito entre as pessoas de um mesmo grupo;

> **Intergrupal:** conflito entre pessoas de diferentes grupos, defendendo o interesse de seu respectivo grupo;

> **Interorganizacional:** conflito entre organizações diferentes.

Robbins (2002), que possui uma visão interacionista, diz que os conflitos não são sempre bons, já que existem os conflitos funcionais, ou seja, que atuam de forma construtiva, apoiando os objetivos do grupo e melhorando o desempenho, e existem os conflitos disfuncionais, que atrapalham o desempenho do grupo. Assim, Robbins faz uma classificação quanto ao motivo do conflito e apresenta as seguintes classificações:

→ **Conflito de tarefa:**

> Quando envolve o objetivo da tarefa;

→ **Conflito de relacionamento:**

> Quando envolve os relacionamentos interpessoais;

→ **Conflito de processos:**

> Quando envolve a forma de realizar determinada tarefa.

O significado da palavra conflito, segundo o **Dicionário Aurélio, é**: "1. Luta, combate; 2. Guerra; 3. Enfrentamento; 4. Oposição entre duas ou mais partes; 5. Desavença entre pessoas, grupos; 6. Divergência, discordância de ideais, de opiniões".

→ **Os conflitos são negativos quando:**

> Geram competição entre os departamentos e setores da organização;

> Diminuem a visão das pessoas, provocando a impossibilidade de identificação de novas alternativas;

> Provocam esquecimento de metas traçadas e de objetivos particulares;

→ **Os conflitos têm efeitos positivos quando trazem benefícios para a organização, tais como:**

> Melhoria no nível de coesão: no caso de conflitos intergrupais, as pessoas passam a defender os interesses coletivos do grupo, como uma família que se encontra ameaçada;

> Aumento no nível de empenho e comprometimento: estar em uma situação de conflito faz com que as pessoas queiram superar os seus próprios limites;

> Aperfeiçoamento do processo de integração: por tomarem parte em um conflito, as pessoas tendem a se sentir envolvidas, aumentando o seu comprometimento.

Como pode ser visto, as causas dos conflitos podem ter origens diversas, e a maneira como as identificamos e tratamos poderá acentuar o problema ou resolvê-lo sem maiores danos.

A Terceira Lei de Newton, também denominada de princípio da ação e reação, diz: **"Se um corpo A aplicar uma força sobre um corpo B receberá deste uma força de mesma intensidade, mesma direção e de sentido contrário".** A lei defende que, para cada ação produzida, há uma reação em sentido oposto, de mesma intensidade. No relacionamento interpessoal, precisamos entender que a forma como nos comunicamos e nos posicionamos frente às situações, faz toda a diferença.

O princípio 90/10 de Stephen Covey diz que **"os 10% da vida estão relacionados com o que se passa com você e os 90% restantes, estão relacionados com a forma como você reage ao que se passa com você".** Tomando por base a afirmação de Stephen Covey, a maior parte da nossa vida está relacionada com o comportamento que adotamos frente às circunstâncias impostas pela vida. A maneira de agir e reagir faz toda a diferença. Se eu desisto facilmente ou se luto bravamente diante das circunstâncias impostas pela vida, isso determina vitória/derrota e sucesso/fracasso.

Em muitos casos, a falta de conhecimento e experiência em lidar com situações de adversidades, lutas ou discordâncias entre pessoas ou grupos, gera baixo desempenho na execução das atividades operacionais, pois se perde a capacidade de interação e de relacionamento funcional; assim, metas e objetivos são comprometidos. Por isso, empresários, diretores, gerentes, supervisores e outras pessoas que ocupam cargos de confiança precisam aprender a lidar com situações de conflito, pois a maneira de gerenciá-las pode causar desmotivação, absenteísmo, *turn over* (rotatividade), insubordinação, etc. Agora, quando o líder sabe gerir essas situações de maneira eficiente, pode até acontecer conflitos, mas haverá satisfação, confiança, compromisso, empenho, busca de soluções, crescimento e, sobretudo, melhoria nos resultados organizacionais.

O conflito pode ser um problema sério em uma organização. Ele é capaz de gerar condições caóticas que tornam praticamente impossível que os funcionários trabalharem em conjunto. Por outro lado, o conflito também tem o seu lado positivo, menos conhecido.

8.1 Cultura Organizacional

A palavra cultura pode ter vários significados. Em seu conceito original, encontrado no dicionário, cultura significa:

"Ação ou maneira de cultivar a terra ou as plantas; cultivo: a cultura das flores. Desenvolvimento de certas espécies microbianas: caldo de cultura. Terreno cultivado: a extensão das culturas. Categoria de vegetais cultivados: culturas forrageiras. Arte de utilizar certas produções naturais: a cultura do algodão. Criação de certos animais: a cultura de abelhas. Fig. Conjunto dos conhecimentos adquiridos; a instrução, o saber: uma sólida cultura. Sociologia Conjunto das estruturas sociais, religiosas etc. Das manifestações intelectuais, artísticas etc., que caracteriza uma sociedade: a cultura inca; a cultura helenística. Aplicação do espírito a uma coisa: a cultura das ciências. Desenvolvimento das faculdades naturais: a cultura do espírito. Apuro, elegância: a cultura do estilo. Cultura de massa, conjunto dos fatos ideológicos comuns a um grupo de pessoas consideradas fora das distinções de estrutura social, e difundidos em seu seio por meio de técnicas industriais. Cultura física, desenvolvimento racional do corpo por exercícios apropriados. Ato, modo ou efeito de cultivar: a cultura dos campos. Estado de quem tem desenvolvimento intelectual. Utilização industrial de certos produtos naturais. Estudo. Elegância, esmero. (Ant.) O mesmo que culteranismo".

(Cf. Jac. Freire, D. João de Castro, p. VIII).

Porém, quando esse conceito é abordado referindo-se ao ser humano, cultura significa a forma como o ser humano encara as coisas, como observa o mundo e o sentido da vida. Assim, o termo cultura organizacional é definido como:

"Cultura Organizacional é o modelo de pressupostos básicos que um grupo assimilou na medida em que resolveu os seus problemas de adaptação externa e integração interna e que, por ter sido suficientemente eficaz, foi considerado válido e repassado (ensinado) aos demais (novos) membros como a maneira correta de perceber, pensar e sentir em relação àqueles problemas[1]"

A cultura organizacional se apresenta em três diferentes níveis:

> **Artefatos**: são as coisas concretas que cada um vê, ouve e sente quando se depara com uma organização. Incluem produtos, serviços, e padrões de comportamento dos membros de uma organização. Podem ser observados na forma como as pessoas se vestem, falam, sobre o que conversam, como se comportam. Os símbolos, as histórias, os heróis, os lemas e as cerimônias anuais são exemplos de artefatos.

> **Valores compartilhados:** são os valores relevantes que se tornam importantes para as pessoas e que definem as razões pelas quais elas fazem o que fazem; funcionam como justificativas aceitas por todos.

> **Pressuposições básicas:** constituem o nível mais profundo da cultura organizacional. São as crenças inconscientes, percepções, sentimentos e pressuposições dominantes em que as pessoas acreditam.

8.1.1 Mudanças na Cultura Organizacional

A cultura organizacional pode ser um fator de sucesso ou de fracasso das organizações. Ela pode ser flexível e impulsionar a organização, como também pode ser rígida e travar o seu desenvolvimento. A parte mais visível da cultura – a ponta do iceberg– em que estão os padrões e estilos de comportamento dos funcionários, é a mais fácil de mudar. Contudo, no nível invisível, estão os valores compartilhados e as pressuposições desenvolvidas ao longo da história da organização. Esse segundo nível é mais difícil de mudar. As mudanças no primeiro nível – padrões e estilos comportamentais – ao longo do tempo provocam mudanças nas crenças mais profundas.

1 SCHEIN, Edgar. Organizational culture and leadership. California: Jossey-Bass Publisher,1997.

Há vários tipos de culturas, podemos identificar algumas:

Cultura do tipo "equipe de futebol": valoriza o talento, a ação empreendedora e o desempenho pelo comprometimento; oferece grandes recompensas financeiras e reconhecimento individual.

Cultura do tipo "clube": enfatiza a lealdade, o trabalho para o bem do grupo e o prestigio ao direito das pessoas - valoriza os generalistas e o processo degrau por degrau na carreira profissional.

Cultura do tipo "fortaleza": oferece pouca segurança no emprego; opera com uma mentalidade de sobrevivência, que enfatiza cada indivíduo a fazer uma diferença e que focaliza a atenção nas oportunidades de fazer reviravoltas;

Cultura do tipo "academia": valoriza as relações a longo prazo; enfatiza o desenvolvimento sistemático da carreira, o treinamento regular e o avanço profissional, baseado no ganho de experiência e de habilidade de conhecimentos funcionais.

O seu futuro na carreira dependerá da sua escolha em trabalhar para uma organização que permita uma adequação entre suas características pessoais de personalidade e as características da cultura corporativa.

→ **Como mudar uma cultura organizacional?**

> Uma crise dramática;

> Modificações de lideranças (de topo);

> Organização pequena e jovem;

> Cultura fraca.

A cultura organizacional é aprendida de diversas formas, mais notadamente de quatro:

Histórias: contos e passagens sobre o fundador da empresa, lembranças sobre dificuldades ou eventos especiais, regras de conduta, etc.;

Rituais e Cerimônias: são sequências repetitivas de atividades que expressam e reforçam os valores principais da organização. As cerimônias de fim de ano e as comemorações de aniversário da organização são exemplos.

Símbolos materiais: a arquitetura do edifício, os móveis, o tamanho e o arranjo físico dos escritórios constituem símbolos que definem o grau de igualdade ou de diferença entre as pessoas e o tipo de comportamento desejado pela organização.

Linguagem: as organizações desenvolvem termos singulares para descrever equipamentos, escritórios, pessoas-chave, fornecedores, clientes ou produtos. Também a maneira como as pessoas se vestem e os documentos utilizados constituem formas de expressar a cultura organizacional.

8.1.2 Cultura nas Organizações

Todas as organizações possuem uma cultura própria, ou seja, um conjunto de costumes, crenças e valores que as identificam. A cultura é responsável por fixar a marca da empresa e orientar o comportamento daqueles que a formam.

Dessa forma, a cultura é composta por:

8.1.2.1 Valores

Estão relacionados ao estabelecimento de padrões de comportamento, imagem e avaliação, ou seja, em uma empresa, os valores demonstram quais as prioridades e os caminhos que a organização deseja seguir para alcançar os seus objetivos.

8.1.2.2 Ritos

Estão correlacionados às ações diárias, já que visam a tornar a cultura organizacional homogênea e a difundir os valores organizacionais. Os ritos podem ser agrupados em várias categorias, os principais são:

Ritos de iniciação: referente à entrada em uma determinada situação. Exemplo: os trotes realizados nas universidades ou a apresentação de um empregado novo nos departamentos da organização;

Ritos de passagem: referentes às celebrações que marcam a mudança de uma situação para outra. Exemplo: casamento ou formatura.

8.1.2.3 Mitos

Estão relacionados a figuras imaginárias utilizadas para reforçar crenças organizacionais na tentativa de manter valores considerados históricos. Exemplo "a empresa é uma grande família".

Segundo Schein (1992), a cultura organizacional pode ser analisada sob três camadas:

Artefatos: referem-se às atitudes visíveis das pessoas da organização (padrões de comportamento);

Valores compartilhados: referem-se às essências no quadro funcional da organização, podendo representar um intenso mecanismo de motivação para as pessoas (crenças);

Pressuposições básicas: tratam-se da camada mais profunda da análise cultural (valores); aspecto subjetivo da cultura, formado pela informalidade, a qual é construída com base nas experiências.

8.2 Conflito Funcional X Conflito Disfuncional

A visão interacionista não propõe que todos os conflitos sejam bons. Na verdade, alguns conflitos apoiam os objetivos do grupo e melhoram seu desempenho; esses são os conflitos funcionais, formas construtivas de conflito. Por outro lado, existem conflitos que atrapalham o desempenho do grupo; são formas destrutivas ou disfuncionais de conflito.

O que diferencia um conflito funcional de um disfuncional? As evidências indicam que precisamos observar o tipo de conflito. Existem três tipos de conflito: de tarefa, de relacionamento e de processo.

O **Conflito de Tarefa** está relacionado ao conteúdo e aos objetivos do trabalho. O **Conflito de Relacionamento** se refere às relações interpessoais. O **Conflito de Processo** relaciona-se à maneira como o trabalho é realizado.

Os estudos demonstram que os conflitos de relacionamento são quase sempre disfuncionais. Por quê? Aparentemente, o atrito e as hostilidades interpessoais inerentes aos conflitos de relacionamento aumentam os choques de personalidades e reduzem a compreensão mútua, o que impede a realização das tarefas organizacionais. Por outro lado, níveis reduzidos de conflito de processo e níveis de baixos a moderados de conflito de tarefas são funcionais. Para que o conflito de processo seja produtivo, seu nível tem de ser baixo. A discussão intensa sobre quem deve fazer o quê torna-se disfuncional quando gera incertezas sobre os papéis de cada um, aumenta o tempo de realização das tarefas e leva os membros a trabalhar com propósitos difusos. Um nível baixo ou moderado de conflito de tarefa demonstra, consistentemente, um efeito positivo no desempenho do grupo por estimular a discussão de ideias que ajudam o trabalho em equipe.

8.2.1 O Conflito sob a Visão das Relações Humanas

De acordo com a conceituação de relações humanas, o conflito é uma ocorrência natural nos grupos e organizações. Por ser inevitável, essa escola defende a sua aceitação. Seus seguidores racionalizam a existência do conflito: ele não pode ser eliminado e há ocasiões em que pode ser até benéfico para o desempenho do grupo. A visão das Relações Humanas dominou a teoria sobre conflitos do final dos anos 40, até a metade da década de 1970.

8.2.2 O Conflito sob a Visão Interacionista

A abordagem de relações humanas aceita o conflito; a visão interacionista o encoraja, no sentido de que um grupo harmonioso, pacífico, tranquilo e cooperativo está na iminência de tornar-se estático, apático e insensível à necessidade de mudança e inovação. A principal contribuição desta abordagem, portanto, é encorajar os líderes de grupos a manter, constantemente, um nível mínimo de conflito – o suficiente para fazer com que o grupo continue viável, autocrítico e criativo.

8.2.3 Técnicas de Resolução de Conflitos

Para que o gerenciamento dos conflitos seja eficaz, é preciso conhecer as formas de agir numa situação conflituosa. Por isso, conhecer o campo no qual se travará a batalha e saber como atuar durante o embate é importante para não causar feridas irreparáveis ou incendiar ainda mais a situação. A estratégia adotada define o comportamento para a solução das divergências.

A partir do momento em que identificamos os tipos e as causas dos conflitos, temos condições de determinar "as estratégias" que devem ser adotadas para administrá-los. Todavia, a estratégia escolhida deve ser utilizada a partir de uma análise ampla, coerente, sincera e correta da situação. O sucesso da escolha de uma estratégia não é garantia de sucesso em outros momentos de conflitos. Cada situação deve ser estudada e planejada.

Existem muitas definições de Conflito. Apesar dos diferentes sentidos que o termo adquiriu, vários temas comuns estão presentes na maioria das definições. O conflito precisa ser percebido pelas partes envolvidas; a sua existência ou não é uma questão de percepção. Se ninguém tiver noção da existência, há um acordo geral de que não existe. Outros aspectos comuns nas definições são a oposição ou incompatibilidade em algumas formas de interação. Esses aspectos estabelecem as condições que determinam o ponto inicial do processo de conflito.

Podemos definir Conflito, então, também como um processo que tem início quando uma das partes percebe que a outra parte afeta, ou pode afetar negativamente alguma coisa que a primeira considera importante.

Essa definição descreve aquele ponto em qualquer atividade quando a interação "passa dos limites" e se torna um conflito para as partes envolvidas. Engloba um amplo escopo de conflitos experimentados pelas pessoas nas organizações – incompatibilidade de objetivos, diferenças na interpretação dos fatos, desacordos baseados em expectativas de comportamento e assim por diante.

Pode-se conceituar Administração de Conflitos como: a arte de identificar, lidar e resolver situações divergentes entre pessoas ou grupos no relacionamento interpessoal ou intrapessoal.

O conflito tem sua principal causa na divergência de interesses, ideologias ou opiniões a respeito de certo assunto, procedimento ou realização. Diferentemente do que a maioria das pessoas imagina, os conflitos bem administrados podem gerar mudanças positivas no comportamento das pessoas, pois motivam a busca de soluções. Por outro lado, os conflitos administrados de maneira errada, causam tensão, levam à agressão e geram ambientes improdutivos.

8.2.4 Papel do Gerente

Como uma das atribuições inerentes ao cargo de gerência é estar formalmente investido de autoridade, o gerente deve trabalhar para que as metas e objetivos organizacionais sejam alcançados de forma satisfatória. Isso inclui utilizar do poder dado a ele pela organização, para influenciar comportamentos e resolver os conflitos internos.

8.2.5 Sintomas dos Conflitos

Os gerentes devem ser capazes de identificar os sintomas de conflitos organizacionais. Por isso, devem observar:

> Problemas de comunicação;
> Hostilidade e inveja;
> Problemas interpessoais;
> Excessivo surgimento de regras e normas.

8.2.6 Tipos de Conflitos

O conflito é necessário. Por mais que se desenvolvam esforços no sentido de eliminá-lo, não poderemos ignorá-lo ou impedi-lo. É importante entender as suas causas, compreender suas origens, perceber a expressão do sentimento do outro, saber qual é a dimensão do problema e se estamos preparados para administrá-los. Isso determina o nosso comportamento frente à situação.

Existem vários tipos de conflito e sua identificação pode auxiliar a detectar a estratégia mais adequada para administrá-lo. No artigo **Administração de Conflitos**, de Eunice Maria Nascimento e Kassem Mohamed El Sayed, publicado pela Revista Capital Humano, são mencionados os seguintes tipos de conflitos:

Conflito latente: não é declarado e não há, mesmo por parte dos elementos envolvidos, uma clara consciência de sua existência. Eventualmente não precisa ser trabalhado. Para lidar com conflitos, é importante conhecê-los, saber qual é sua amplitude e como estamos preparados para trabalhar com eles;

Conflito percebido: os elementos envolvidos percebem, racionalmente, a existência do conflito, embora não haja manifestações abertas do mesmo;

Conflito sentido: é aquele que atinge ambas as partes, e que provoca emoção de forma consciente;

Conflito manifesto: trata-se do conflito que atingiu ambas as partes, é percebido por terceiros e pode interferir na dinâmica da organização.

8.2.7 Causas dos Conflitos

Assim como os sintomas, identificar as causas de um conflito é essencial para que o mesmo possa ser solucionado e não traga prejuízos para a organização. São exemplos de causas:

> Dependência mútua da tarefa;
> Assimetrias relacionadas à tarefa: quando funcionários que desenvolvem a mesma atividade são tratados de maneiras diferentes;
> Critérios de desempenho e recompensa: quando incentiva-se o individualismo em detrimento do trabalho em equipe, já que a organização reconhece e recompensa desempenhos individuais ao invés de dar destaque a objetivos alcançados de forma coletiva;
> Diferenciação organizacional:
  » **Horizontal:** refere-se ao nível de fracionamento do trabalho, quanto mais fracionado, maior a probabilidade de ocorrem conflitos;
  » **Vertical:** relacionado à quantidade de níveis hierárquicos existentes, podendo gerar conflitos se houver um grande distanciamento entre quem "manda" e quem "faz";
> Obstáculos na comunicação: a comunicação é essencial para alcançar metas e objetivos e evitar conflitos. Nesse caso, a geração de conflitos pode ser potencializada pelo excesso ou pela comunicação falha;
> Habilidades e traços pessoais: devido as pessoas terem características e personalidades diferentes, elas podem ter também opiniões divergente em alguns assuntos, o que pode levar à geração de conflitos organizacionais.

Retirada	Um lado se retira do problema, fugindo ou adiando a solução.
Compromisso/ Colaboração	Criação de uma solução mista, cada um cedendo um pouco. Usada quando os relacionamentos são iguais. Solução perde-perde.
Força	A pessoa com o poder toma a decisão.
Apaziguamento	Adesão à paz, evitando outras possíveis soluções. É o que na linguagem popular se trata como "colocar panos quentes".
Negociação	Busca de uma solução intermediária na qual cada pessoa cede um pouco, chegando a um acordo. Ganha-ganha.

8.2.8 Fases da Solução de Conflito

> Identificar a causa do problema;
> Procurar soluções, não culpados;
> Analisar e escolher a melhor solução;
> Manter um clima de respeito durante todo o momento;
> Aperfeiçoar a habilidade de ouvir e falar, compreendendo o que houve e sendo claro na transmissão da sua mensagem;
> Colocar-se no lugar do outro;
> Ser construtivo ao fazer uma crítica;
> Procurar a solução Ganha-ganha;
> Agir sempre no sentido de eliminar as causas do conflito;
> Reconhecer quando estiver errado;
> Não varrer os problemas para debaixo do tapete;
> Agir com resiliência.

8.2.9 A Administração de Conflitos como Competência

Dentro das organizações, os conflitos começam por lutas pelo poder, frustrações, choques de interesse, falhas na comunicação, dentre outros motivos. A falta de administração de conflitos causa tensão e faz com que o ambiente se torne improdutivo.

Entretanto, os conflitos têm um lado positivo, pois permitem a análise de pontos de vistas diferentes e motivam a busca de soluções.

A competência na Administração de Conflitos avalia a capacidade de lidar com problemas e obstáculos e a estratégia de posicionamento que o indivíduo tem frente aos conflitos. Mensura a condição do indivíduo enfrentar, encarar e vencer situações de confronto, moderando ou conduzindo demandas de pressão e crise.

Os profissionais com a competência pouco desenvolvida na Administração de Conflitos evitam os conflitos e não se expõem frente aos embates. Atuam de forma cômoda, moderando e conciliando, colocando "panos quentes" e evitando tomar as decisões que a situação requer.

Em contrapartida, o profissional com essa competência desenvolvida de forma equivocada e em excesso expõe o que pensa sem moderação, explicitando os problemas, o que acaba por catalisar a confusão.

Uma Administração de Conflitos eficiente está no profissional que encara facilmente os problemas e mantém uma postura política na hora de solucioná-los. Mantém, ainda, um clima de respeito e é construtivo ao fazer uma crítica.

Para administrar conflitos de forma assertiva, é preciso analisar a situação, desenvolver a habilidade de ouvir e procurar soluções, ao invés de procurar os culpados.

Entre as várias competências do líder moderno, uma se destaca no rol de competências procuradas pelas empresas, a Resiliência. Resiliência é um termo utilizado pela física que demonstra a capacidade de um material voltar ao seu estado original depois de ter sofrido uma pressão. Isso quer dizer - **ter capacidade de reagir com flexibilidade às situações de conflitos ou ter a capacidade de se moldar frente às dificuldades.** Hoje o mundo vive em constante mudança. Cada dia desenvolvem mais tecnologias, surgem as necessidades de redução de custos, de mão de obra disponível, de famílias destruídas, problemas emocionais não resolvidos, maiores exigências dos consumidores, pressão do governo sobre empresas, proliferação de doenças, problemas ambientais, etc. Por tudo isso, os profissionais precisam se moldar frente às dificuldades e reagir com flexibilidade.

Outro aspecto importante é a adoção da imparcialidade quando o conflito envolver a necessidade de julgamento de um terceiro. É preciso lembrar que: o comportamento humano também é determinado pelos hábitos e costumes adquiridos na criação da pessoa, além disso, é claro, das variáveis encontradas no ambiente. Nesse caso, um julgamento mal feito pode destruir a vida ou a carreira de uma pessoa.

A, administração de conflitos faz parte do nosso cotidiano e requer constante aprendizado. Por isso, cuidar da nossa vida espiritual, afetiva, familiar, intelectual, emocional e profissional contribui para um bom desempenho. Administrar empresas implica em gerir conflitos internos e externos resultantes do relacionamento entre as pessoas. Os conflitos não desaparecerão, isso seria um sonho.

Precisamos entender que, das situações de conflitos, podemos extrair experiências de crescimento e de desenvolvimento humano, que, se bem aproveitadas, gerarão mudanças e oportunidades de crescimento mútuo entre os envolvidos.

8.2.10 Postura Diante de um Conflito

> **Evitar:** o conflito não têm tanta importância para uma das partes, por isso ela evita que o conflito inicie;
> **Acomodar-se:** quando o assunto não é relevante para uma das partes, ela prefere satisfazer as necessidades da outra;
> **Competir**: quando satisfazer os próprios interesses é a maior preocupação, importa a uma das partes vencer o conflito;
> **Colaborar:** quando o objeto do conflito é importante, e há grande colaboração das partes para resolver o impasse;
> **Negociar**
> **Distributiva:** quando há um lado vencedor e outro perdedor;
> **Integrativa:** quando os dois lados abrem mão de algo e assim os dois saem ganhando.

8.2.11 Participação de Terceiros

> **Conciliador:** alguém de confiança de ambas as partes tenta conciliar e resolver o conflito;
> **Mediador:** utiliza-se da razão para tentar resolver o conflito, age como pacificador;
> **Árbitro:** pessoas que possuem autoridade para resolverem o assunto gerador do conflito.

Questões

01. (CESPE) O processo de socialização de novo funcionário é uma das formas de transmissão da cultura organizacional.

Certo ( ) Errado ( )

02. (CESPE) São níveis da cultura organizacional: artefatos observáveis, valores e pressupostos básicos.

Certo ( ) Errado ( )

03. (CESPE) A cultura da ausência do grupo de trabalho contribui mais para o absenteísmo que as políticas organizacionais de uma empresa.

Certo ( ) Errado ( )

Com relação a recursos humanos, julgue o item seguinte.

04. (CESPE) Cultura e clima organizacional são conceitos similares que se inter-relacionam, de modo que o clima depende do tipo de cultura estabelecido pela organização e a cultura é refletida pelas percepções que os indivíduos têm em relação ao clima.

Certo ( ) Errado ( )

O novo diretor de determinado órgão público, objetivando apagar da memória dos servidores a máxima "manda quem quer, obedece quem tem juízo", instituída na cultura da organização pelo antigo diretor, que permanecera no cargo durante trinta anos, anunciou a realização de certame para a escolha de uma canção comemorativa dos quarenta anos de existência do órgão, por meio da qual seriam enaltecidos valores e princípios positivos que norteam o órgão. O anúncio foi feito durante a tradicional reunião de prestação de contas mensal, em que são comunicadas notícias internas, como promoções, exonerações e apresentação de novos colaboradores. Considerando essas situação hipotética, julgue os próximos itens, a respeito de clima e cultura organizacional.

05. (CESPE) A canção escolhida para representar o órgão constitui um valor da cultura organizacional.

Certo ( ) Errado ( )

A cultura organizacional dispõe de indicadores importantes que o administrador deve sempre acompanhar, visto que o bom convívio interno contribui para que as empresas enfrentem um mercado cada vez mais competitivo. A respeito da gestão de recursos humanos focada na cultura organizacional, julgue o item que se segue.

06. (CESPE) Entre as classificações mecanicista e orgânica, as repartições públicas são enquadradas nesta última.

Certo ( ) Errado ( )

No item que se seque, é apresentada uma situação hipotética acerca do trabalho em equipe e do comportamento profissional, seguida de uma assertiva a ser julgada.

07. (CESPE) Pedro, analista judiciário de um tribunal do trabalho, está em exercício há 5 anos. Recentemente, Pedro foi convidado a assumir a gerência de seu setor devido a sua competência técnica e interpessoal. Em situações de conflito, Pedro busca identificar o problema e resolvê-lo por meio de discussão aberta, evitando o enfrentamento dos envolvidos, minimizando as diferenças entre as partes conflitantes, enfatizando os interesses comuns e propondo, quando necessário, a participação em treinamento de relações humanas. Nessa situação, é correto afirmar que Pedro é habilidoso na administração de conflitos interpessoais.

Certo ( ) Errado ( )

08. (CESPE) Em situações de trabalho compartilhadas por duas ou mais pessoas, há atividades a serem executadas, interações e sentimentos envolvidos. Acerca das relações humanas no trabalho, julgue o próximo item.

Os conflitos interpessoais são de natureza disfuncional, traduzida pela intensidade, estágio de evolução, contexto e forma como são tratados e, por tais motivos, esses conflitos devem ser evitados no contexto de trabalho.

Certo ( ) Errado ( )

Gabaritos

01	CERTO	05	ERRADO
02	CERTO	06	ERRADO
03	ERRADO	07	CERTO
04	ERRADO	08	ERRADO

9. COMPORTAMENTO ORGANIZACIONAL

9.1 Conceitos

O comportamento organizacional, tem por significado estudar e analisar o comportamento das pessoas nas organizações, e a maneira como esse comportamento atinge a atuação das pessoas nas empresas.

Comportamento organizacional é o estudo do comportamento humano no local de trabalho, a interação entre as pessoas e a organização em si. As principais metas do comportamento organizacional são a explicação, prevenção e controle do comportamento (DUBRIN, 2003).

O comportamento organizacional são as ações do indivíduo na empresa, sua personalidade, atitude, percepção, aprendizagem e motivação. As pessoas passam a maior parte de seu tempo vivendo ou trabalhando dentro de organizações, isso gera impacto sobre a vida e sobre a qualidade de vida das pessoa, em geral.

Segundo Robbins (1999), o comportamento organizacional é um campo de estudo que investiga o impacto que os indivíduos, os grupos e a estrutura têm sobre o comportamento dentro das organizações com o propósito de aplicar este conhecimento em prol do aprimoramento da eficácia de uma organização.

Para Robbins (2005), o comportamento organizacional ajuda os administradores a entenderem melhor o que se passa em relação ao comportamento de seus funcionários e usar isso de forma a estimular essas pessoas, oferecendo a elas a criação de um ambiente de trabalho melhor e mais saudável, fazendo com que ambas as partes ganhem nesse sentido.

9.2 Características do Comportamento

As pessoas fazem parte das organizações como recursos humanos, mas não se deve esquecer que são pessoas, e, como tal, apresentam características predominantes como personalidade, vida particular fora da empresa, objetivos pessoais entre outros. É por esse fato que se determinam seis características comuns do comportamento das pessoas, são elas:

O homem é proativo: os indivíduos têm iniciativas conforme estímulos, objetivos pessoais e aspirações do meio em que vivem, tanto da empresa como da vida pessoal; as pessoas podem colaborar ou não com a organização. Desse modo, observa-se que o comportamento é guiado para os objetivos pessoais. Para que o funcionário colabore com a empresa, é necessário que boas estratégias de liderança sejam adotadas.

O homem é social: ninguém é capaz de viver sozinho, por isso, as pessoas interagem umas com as outras, vivem em grupos como, por exemplo, no trabalho. Essa convivência impacta com informações que o indivíduo busca descobrir de si mesmo, e usa dessas informações para determinar o seu autoconceito.

O homem tem diferentes necessidades: os indivíduos estão cercados de necessidades e estas são supridas através de motivações. Cada pessoa tem necessidades diferentes, o comportamento pode ser motivado de diferentes formas, e o que pode ser motivador para um, pode não ser para o outro.

O homem percebe e avalia: as pessoas associam o ambiente às experiências já vivenciadas e as que estão passando no momento em termos de necessidades e valores, por isso, denomina-se o que é um processo ativo.

O homem pensa e escolhe: o indivíduo tem a capacidade de escolher, desenvolver, executar e alcançar seus objetivos.

O homem tem limitada capacidade de resposta: devido as diferenças dos indivíduos existem várias formas de comportamento; o homem tem sua capacidade de resposta limitada; não consegue se comportar de todas as formas possíveis. Dessa forma, torna-se limitada a capacidade mental e física do indivíduo.

Para atingir os objetivos das organizações, é preciso fazer com que as pessoas façam as coisas. O administrador deve saber o comportamento de seus funcionários e prevê-lo novas ações.

9.3 Fatores do Comportamento

Os fatores importantes do comportamento dos indivíduos que influenciam na organização são:

→ **Atitude: reflete o que o indivíduo sente em relação a algo. Quando o indivíduo expressa o que sente, ele está tomando uma atitude;**

Personalidade: é a descrição que usamos para definir traços psicológicos de uma pessoa, como, por exemplo, se ela é calma, nervosa, ansiosa, se tem paciência, entre outros;

Percepção: as pessoas podem ter percepções diferentes sobre uma mesma coisa. A percepção é um processo no qual os indivíduos interpretam o que está diante de seus olhos;

Aprendizado: é qualquer mudança que ocorra no comportamento do indivíduo e aconteça de forma a agregar como experiência para o indivíduo.

9.4 Diferenças Pessoais

Uma pessoa nunca será igual a outra, por isso, existem tantas diferenças entre os indivíduos. As diferenças individuais podem ser de forma bastante expressiva em relação à mesma situação frente a dois indivíduos, pois cada um pensa e age de forma diferente; o que para um pode ser bom para o outro pode não ser tão bom assim. Compreender as diferenças entre as pessoas é fundamental e influencia na análise do comportamento entre as pessoas no ambiente organizacional.

O entendimento das diferenças individuais é importante em muitos aspectos da administração das organizações, pois compreender como as pessoas são e como agem ajuda a preparar e a tomar decisões, a trabalhar em grupo, a liderar equipes e a melhorar o clima organizacional.

Cada indivíduo possui características próprias, que são adquiridas ao longo de sua vida, através de experiência, aprendizagem, imitação, entre outros. Pode-se citar várias características que agregam valor ao ser humano, como: percepção, aptidão, inteligência, atitude, personalidade, opinião, valor e variáveis biográficas:

> **Percepção:** é a interpretação dos estímulos que o ambiente oferece; um mesmo estímulo pode causar diversas reações, depende de cada observador;

> **Aptidão:** potencial de cada pessoa para realizar tarefas ou qualquer atividade; algumas pessoas exercem algumas atividades melhores que outras. Isso demonstra que essas pessoas têm maiores habilidades, ou seja, mais aptidões que as demais;
> **Inteligência:** é a capacidade de lidar com algo complexo que exige um grau de inteligência maior;
> **Atitude:** influencia a avaliação dos estímulos; dependendo das atitudes, a avaliação pode ser tanto positiva quanto negativa;
> **Personalidade:** faz parte deste tópico todos os outros que já foram citados, como percepção, atitude, aptidão, entre outros, pois a personalidade é moldada a partir dessas características. Ela representa o desenvolvimento do sistema psicológico do indivíduo;
> **Opinião:** é a forma de expressar conceitos, julgamentos ou hipóteses a respeito de algo ou alguma coisa;
> **Valor:** é a formação de juízo em relação ao comportamento e conduta; o que é certo ou errado. Exemplos de valores são: liberdade, segurança, igualdade, honestidade, entre outros;
> **Variáveis biográficas:** estão relacionadas à idade, sexo, situação conjugal, etc. Este item pode afetar o desempenho humano, a produtividade, a satisfação no trabalho, entre outros.

9.5 Clima Organizacional

As organizações prestam cada vez mais atenção no comportamento de seus funcionários para tentar, pelo menos, diminuir as diferenças individuais, pois acreditam que isso é fundamental para ter um bom clima organizacional.

9.5.1 Conceitos

O clima organizacional difere de empresa para empresa, pois cada organização tem sua própria cultura, costumes, valores e lida com diferentes tipos de pessoas. O conceito de clima, muitas vezes, é de difícil compreensão, pois é composto de elementos incompreensíveis, como angústias, excitações, frustrações, tensões que são componentes de difícil medição;

Algumas situações, como a estrutura da organização, as responsabilidades, o reconhecimento são variáveis da cultura. Se houver alguma alteração nesses níveis de cultura, o clima organizacional será automaticamente afetado;

Segundo os autores Matos e Almeida, na obra Análise do ambiente Corporativo "o clima organizacional depende das condições econômicas da organização, do estilo de liderança utilizado, das políticas e valores existentes, da estrutura organizacional, das características das pessoas que participam da organização, da natureza (ramo de atividade) e do estágio da vida da organização;

O clima pode se tornar favorável ou desfavorável. O que diz respeito à parte favorável é caracterizada por oferecer satisfação das necessidades pessoais e elevação do moral dos funcionários da empresa. O desfavorável é caracterizado por implicar em insucesso das necessidades pessoais, por isso, o clima organizacional é caracterizada por influenciar a motivação dos funcionários;

O estudo do clima organizacional é um canal de comunicação que busca aproximar os níveis mais altos da empresa com os demais níveis, e pode ser percebido facilmente pelos clientes;

O clima demonstra o grau de satisfação material e emocional das pessoas no trabalho, suas percepções, opiniões e sentimentos. Nota-se que esse clima influencia profundamente o comportamento, a produtividade do indivíduo e, consequentemente, da empresa. Assim sendo, ele deve ser favorável e proporcionar motivação e interesse nos colaboradores, favorecendo uma boa relação entre os funcionários e a empresa.

9.5.2 Características

Para o bom andamento no clima da empresa, é necessário:

> Integrar as metas pessoais e organizacionais;
> Ter uma estrutura organizacional adequada;
> Democratizar a organização e gerar oportunidades de participação a todos os funcionários;
> Apresentar tratamento justo, com políticas e práticas de relações prudentes para as pessoas;
> Confiar mutuamente para que os diferentes níveis da empresa possam se apoiar;
> Evitar conflitos, de maneira que os indivíduos discutam essa questão abertamente;
> Liderar adequadamente conforme a situação de trabalho exigir;
> Consentir o contrato psicológico entre o indivíduo e a empresa;
> Respeitar as diferenças individuais dos funcionários, suas expectativas e necessidades;
> Oferecer sistemas justos de remuneração, levando em conta o caráter do indivíduo;
> Preocupar-se com a qualidade de vida tanto profissional como em relação ao cargo;
> Oferecer chances de desenvolvimento na carreira profissional e pessoal.
> Fazer com que as pessoas se sintam parte da organização, para que se tornem leais e percebam que são valorizadas pela empresa.

Todas as características citadas são primordiais para que o clima da organização prevaleça sempre de forma positiva e favorável. O gerente deve ser o exemplo da empresa, pois ele será imitado pelas outras pessoas da organização e é um dos elementos principais do clima organizacional.

Conforme for o clima organizacional, favorável, mais ou menor ou desfavorável, ele provocará comportamentos diferentes nos seus colaboradores, conforme mostrado no quadro a seguir:

Quadro 1: Clima organizacional e comportamento dos colaboradores

Clima Organizacional		
Desfavorável	**Mais Ou Menos**	**Favorável**
Frustração	Indiferença	Satisfação
Desmotivação	Apatia	Motivação
Falta de integração empresa/ funcionários	Baixa integração empresa/ funcionários	Alta integração empresa/ funcionários
Falta de credibilidade mútua, empresa/ funcionários	Baixa credibilidade mútua empresa/funcionários	Alta credibilidade mútua empresa/ funcionários
Falta de retenção de talentos	Baixa retenção de talentos	Alta retenção de talentos
Improdutividade	Baixa produtividade	Alta produtividade
Pouca adaptação às mudanças	Média adaptação às mudanças	Maior adaptação às mudanças
Alta rotatividade	Média rotatividade	Alta rotatividade
Alta obtenção	Média obtenção	Baixa obtenção
Pouca dedicação	Média dedicação	Alta dedicação
Baixo comprometimento com a qualidade	Médio comprometimento com a qualidade	Alto comprometimento com a qualidade
Clientes insatisfeitos	Clientes indiferentes	Clientes satisfeitos
Pouco aproveitamento nos treinamentos	Médio aproveitamento nos treinamentos	Alto aproveitamento nos treinamentos
Falta de envolvimento com os negócios	Baixo de envolvimento com os negócios	Alto envolvimento com os negócios
Crescimento das doenças psicossomáticas	Algumas doenças psicossomáticas	Raras doenças psicossomáticas
Insucesso nos negócios	Estagnação nos negócios	Sucesso nos negócios

9.5.3 Principais Aspectos

Para obter um bom desempenho e a melhoria da produtividade, é necessário ter um clima organizacional adequado, caso contrário, esses índices irão cair. O clima ainda pode ser descrito em seis aspectos principais: clareza, compromisso, padrão, responsabilidade, reconhecimento e trabalho de equipe.

Clareza, compromisso e padrões: a organização deve estabelecer objetivos que sejam claros para que possam ser cumpridos; é através desses objetivos que os funcionários desempenharão seu trabalho e seguirão os padrões exigidos.

Responsabilidade: a empresa deve oferecer maior autonomia aos seus funcionários, e fazer com que eles se sintam mais responsáveis.

Reconhecimento: é um importante aspecto que a empresa deve notar. O reconhecimento é essencial para que o funcionário continue desempenhando seu papel de maneira correta, o reconhecimento pode ocorrer por meio de um elogio, de incentivos, recompensas, etc.

Trabalho de equipe: a empresa deve ter um alto grau de confiança com seu funcionário e incentivar para que as atividades sejam desenvolvidas em grupos, para que o resultado seja cada vez melhor.

O clima das empresas pode influenciar na decisão por uma vaga de emprego, e é justamente em função do clima organizacional que algumas empresas atraem mais e outras menos candidatos a um posto de trabalho. Há aquelas que chamam atenção pela sua receptividade, outras pela formalidade, outras, ainda, pelo calor humano ou mesmo apatia. Não existe um clima ideal, mas as pessoas devem identificar-se com a empresa e com o seu ambiente de trabalho para manter um alto nível de motivação. O clima organizacional influencia o desempenho das pessoas e a satisfação com o trabalho.

9.5.4 Dimensões ou Fatores do Clima Organizacional

O clima dentro da organização pode ser influenciado por diversos fatores, pois o clima favorece a interação com as pessoas, os sentimentos, os interesses, entre outros, e influenciando o desenvolvimento da empresa.

O clima da empresa está diretamente relacionado ao nível de motivação dos colaboradores, às políticas de remuneração, à qualidade de vida no trabalho, ao relacionamento interpessoal, à liderança e à comunicação, entre outros fatores ou dimensões que influenciam na satisfação das pessoas, com relação ao ambiente organizacional. A seguir, são elencados alguns dos fatores:

9.5.4.1 Motivação

A motivação está relacionada ao alto grau de disposição para realizar algo, de qualquer espécie, e está relacionada diretamente com o comportamento dos indivíduos. A motivação é o processo pelo qual as pessoas se interessam pela realização das metas da organização.

Pode-se definir a motivação como a vontade de exercer altos níveis de esforço para alcançar os objetivos organizacionais, condicionado pela capacidade de esforço de satisfazer alguma necessidade individual.

Para os administradores motivarem os seus funcionários, eles podem oferecer algumas situações, como: reconhecer as diferenças individuais, utilizar metas, individualizar as recompensas, ligar as recompensas ao desempenho, melhorar as condições físicas de trabalho, melhorar a comunicação e o relacionamento entre todos, entre outros. Os quais servirão para motivar a equipe para que atinjam resultados e ao mesmo tempo, aumentar a satisfação em relação ao clima da organização.

9.5.4.2 Remuneração

A remuneração deve ser vista com muita cautela pelos administradores da organização, pois é o principal fator para atrair, manter e motivar os colaboradores, e também é o principal custo da empresa.

Todos os funcionários em troca de seu esforço, desempenho e habilidade, desenvolvidos no seu emprego, buscam receber uma retribuição adequada por esta prestação de serviços. A organização, tende a investir em quem alcança os objetivos da empresa.

Existem três componentes que atuam na remuneração total, nela constam a remuneração básica, os incentivos salariais e os benefícios.

Remuneração básica: toda empresa contém esse tipo de remuneração, que se refere ao pagamento pelo serviço prestado pelo funcionário durante o mês ou pagas por horas de trabalho.

Incentivos salariais: essa remuneração entra como programa de desempenho; os incentivos, como bônus e participação nos resultados, são concedidos aos funcionários que obtiveram resultados frente à organização.

Benefícios: também pode ser chamada de remuneração indireta, que incluem planos de saúde, plano odontológico, vale alimentação, seguro de vida, etc.

Os três componentes básicos da remuneração são mostrados com maior clareza na figura abaixo:

Os três componentes da remuneração total.

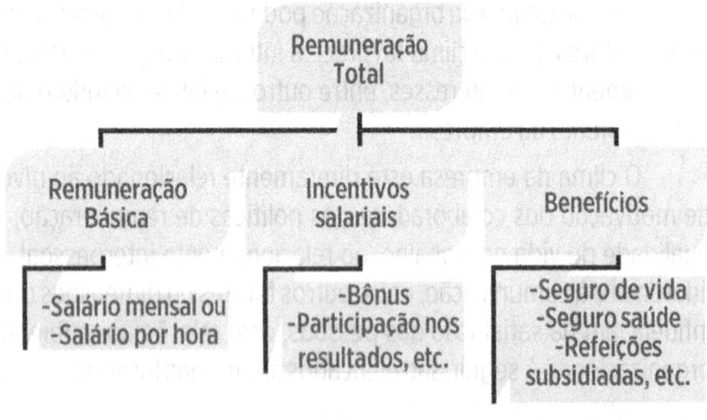

O sistema de remuneração de uma empresa deve estar de acordo com ela; se uma organização funciona de forma transparente, o modelo de remuneração deve seguir o mesmo padrão.

A razão de ter um sistema de recompensas eficaz é atrair e reter indivíduos talentosos e competentes que podem ajudar a organização a cumprir sua missão e seus objetivos. O funcionário recebe igualmente em relação ao papel que ele desenvolve na organização; se o colaborador possui mais responsabilidade, mais experiência, mais habilidade, com certeza seu salário vai ser maior que os demais.

A importância do salário pode ser analisada sob dois prismas distintos: o prisma do empregado e sobre o da organização. Para o empregado significa retribuição, sustento, padrão de vida e reconhecimento. Para a organização representa custo influência no clima organizacional e na produtividade.

A remuneração oferecida aos funcionários depende de vários fatores, como: tamanho da empresa, tempo de casa desempenho do empregado, tipo de trabalho desempenhado, natureza do negócio, sindicalização, intensiva em capital ou trabalho, filosofia da administração, localização geográfica e lucratividade da empresa. Ao levar todos esses fatores em conta, a administração espera estabelecer um sistema de pagamento justo, equitativo e motivador, que permita à organização recrutar e manter uma força de trabalho produtiva.

9.5.4.3 Qualidade de Vida

As organizações passaram a observar mais um fator importante relacionado ao funcionário: a qualidade de vida. A qualidade de vida envolve todos os aspectos físicos e ambientais, juntamente com os aspectos psicológicos do local de trabalho.

A qualidade de vida no trabalho assimila duas posições antagônicas: de um lado, a reivindicação dos empregados quanto ao bem-estar e a satisfação no trabalho; e, de outro, o interesse das organizações quanto aos seus efeitos potencializados sobre a produtividade e a qualidade.

Qualidade de vida no trabalho pode compreender desde os cuidados médicos até as atividades de lazer, motivação que decorrem, voluntariamente, de empregados ou empregadores. Todos esses fatores levam a condições de bem estar dos funcionários no trabalho.

Pode-se dizer também que a qualidade de vida não é somente determinada pelos fatores individuais como valores, necessidades, expectativa, mas juntamente pelas características organizacionais. Os funcionários, além de suprir suas necessidades individuais, precisam se sentir bem dentro da organização onde trabalham.

Existem três grupos que influenciam na qualidade de vida no trabalho, sendo as condições ambientais, as de tempo e as sociais:

> **Condições ambientais de trabalho**: estão relacionadas ao ambiente físico da empresa que envolve o funcionário, enquanto ele desempenha sua função. Alguns exemplos são: temperatura, umidade, iluminação, ruídos, etc.

> **Condições de tempo**: referem-se ao tempo em relação ao trabalho como: horas extras, períodos de descanso, carga horária do funcionário, entre outros.

> **Condições sociais**: este item refere-se ao status, ao relacionamento interpessoal, entre outros.

A preocupação das empresas em relação à qualidade de vida no trabalho vem de muito pouco tempo; é resultado de uma sociedade cada vez mais complexa e atenta ao ser humano, um dos recursos mais escassos é o de mão de obra em relação à qualificação profissional.

9.5.4.4 Liderança

É de suma importância para qualquer organização, a presença de um líder, pois ele é capaz de influenciar outras pessoas por meio do poder que dispõe. Lideres defendem valores que representam um objetivos comuns, de vontade coletiva, caso contrário, não exerceria essa função, pois seria incapaz de mobilizar outras pessoas a acompanhá-lo.

O líder é a pessoa que influencia as outras para alcançar objetivos. Na organização, o líder é de maneira geral. Na maioria das vezes, o gerente da empresa, que influencia seus subordinados a realizarem os objetivos propostos pela organização.

Além disso, é importante citar a existência de dois tipos de líder, o líder informal e o líder formal. O líder formal é aquele designado por alguém da administração da empresa, já o líder informal não é um líder oficial, ele desempenha o papel de líder sem nenhuma denominação específica. Mesmo sem ter cargo de liderança lidera os demais funcionários da empresa.

O líder empresarial deve ser capaz de alcançar objetivos por meio dos liderados e, para isso, conforme o tipo de liderado e a ocasião, age de diferentes maneiras: ele ordena, comanda, motiva, persuade, dá exemplos pessoais, compartilha os problemas e ações, ou delega e cobra resultados, alterando a forma de agir de acordo com a necessidade de cada momento e com o tipo de liderado, visando aos objetivos da empresa.

→ **Todo líder deve desenvolver quatro responsabilidades básicas:**

O líder deve ter desenvolvido uma imagem mental de um estado futuro possível e desejável da organização: ter visão de futuro, enxergar o que ninguém consegue ver, fazer com que os demais entendam que os objetivos são melhor realizados se houver um propósito comum no objetivo do grupo, e não no seu próprio objetivo.

O líder deve comunicar a nova visão: ter uma boa comunicação com os funcionários da organização para que, se houver mudança, o líder consiga transmiti-las para os funcionários, de modo que eles entendam, de maneira clara e objetiva, o propósito da empresa a ser alcançado e, ao mesmo tempo, fazer com que se sintam motivados com essa mudança.

O líder precisa criar confiança por meio do posicionamento: todo líder precisa mostrar honestidade e coragem para que seus subordinados passem a confiar nele. É primordial para os funcionários, saber em que posição o líder se encontra em relação à organização.

Líderes são aprendizes perpétuos: conhecimento nunca é demais, portanto, o líder deve sempre estar em fase de aprendizado. Assim, ele incentiva os demais funcionários a aprenderem com ele e, dessa forma, novas ideias e desafios podem surgir.

A liderança não é qualidade nata; é possível desenvolver e treinar as pessoas para a liderança, pois, na maioria das vezes, as pessoas são treinadas para serem líderes dentro de seu próprio local de trabalho, já que lá é que o indivíduo passa a maior parte do tempo.

Algumas teorias de liderança dizem que o líder já nasce feito, que a liderança é geneticamente transmitida. Outras dizem que a liderança depende dos traços que são herdados e, com o tempo, o indivíduo precisa aprender a lidar com esses traços, pois, se não, de nada adianta. Consideramos que a liderança deva ser aprendida.

Os líderes são orientados a buscar resultados e a alcançar objetivos. A grande maioria deles são respeitados pelos subordinados. Isso não quer dizer, de forma alguma que os líderes são amados por todos. Porém, com o tempo, o grupo de subordinados pode produzir sentimentos distintos em relação ao seu líder.

9.5.4.5 Comunicação

As organizações dependem de uma boa comunicação para serem competitivas no mercado. As pessoas transferem informações umas as outras dentro de uma empresa que, se denomina comunicação; as pessoas compartilham, através da comunicação, sentimentos, conhecimentos, experiências, entre outros.

Um importante elemento que está vinculado com o processo de comunicação é a percepção. Ao receber qualquer informação, o indivíduo aciona o procedimento de processamento dela e, a partir deste artifício, ele elege o que é bom ou ruim. Por esse motivo, conclui-se que cada pessoa desenvolve conceitos para interpretar as informações a ela concedidas.

→ **A comunicação interpessoal pode utilizar três principais meios para ocorrer:**

Comunicação oral: meio mais utilizado para comunicar-se; uma das suas principais vantagens é a rapidez e o *feedback*, ou seja, se o receptor da mensagem não entender o que o emissor quis dizer ele, imediatamente, pode pedir para que a pessoa o formule de outra maneira para que possa ser mais clara a sua mensagem. Sua principal desvantagem ocorre quando a mensagem deve ser passada a um grande número de pessoas, pois, os equívocos serão maiores. No caso de uma organização, geram-se grandes problemas em relação à má comunicação oral.

Comunicação escrita: é mais utilizada em caso de mensagem mais extensa, podem ficar armazenadas por longos períodos e, a qualquer dúvida, podem ser acessadas facilmente. Também possui desvantagens como demandar mais tempo e não possuir feedback, pois não teremos a certeza se uma carta enviada, por exemplo, chegará e se será lida pelo seu destinatário certo.

Comunicação não verbal: enquadra-se, nesse tópico, os gestos como olhar, sorrir, franzir as sobrancelhas, entre outros. Geralmente, essa comunicação está ligada à comunicação verbal para transmitir o real significado da mensagem a ser transmitida.

A comunicação organizacional tem a função de facilitar e coordenar os esforços de indivíduos e grupos e contribuindo para a realização das metas organizacionais.

Apesar das várias formas de comunicação e utilização de vários meios para se expressar o que se pensa e sente, existem também diversas barreiras que podem dificultar a comunicação, como:

Filtragem: baseia-se na manipulação das informações, fazendo com que o emissor distorça, a mensagem e, como consequência, induza o receptor a ouvir somente a parte favorável da história, por exemplo.

Percepção seletiva: o receptor ouve só aquilo que lhe convém, com base nas suas necessidades, desejos, motivações. Através de seus interesses, o indivíduo interpreta s mensagem.

Sobrecarga de informação: são os excessos de informações acumuladas. Esses excessos são chamados de sobrecarga de informação. Quando isso ocorre, acabamos selecionando as informações e, às vezes, deixamos de lado informações importantes.

Emoções: dependendo do estado emocional das pessoas, a comunicação pode ser afetada e tomar outro sentido. Geralmente acontece com casos emocionais extremos, como: depressão e euforia.

Linguagem: podemos falar o mesmo idioma, mas nem sempre a mesma linguagem. Essa é uma das grandes dificuldades das organizações, pois os funcionários podem vir de diversas regiões e, a mesma palavra para ambos, pode ter significado totalmente diferente, interferindo em uma boa comunicação.

Medo da comunicação: problemas com a comunicação oral implicam, principalmente, ao falar em público. Muitas pessoas evitam de se comunicar por medo, deixando, assim, o processo muito lento. Em uma empresa a comunicação é essencial, pois, na maior parte do nosso trabalho, estamos nos comunicando.

Outra parte importante no processo de comunicação e que faz diferença é saber ouvir, ou seja, ouvir o outro pode ser um importante fator para o sucesso dos negócios. Muitas organizações investem quantidades consideráveis de tempo e de energia para entenderem melhor os pensamentos, valores e padrões de comportamento dos clientes.

9.5.4.6 Relacionamento Interpessoal

O relacionamento e a integração entre os indivíduos e a organização não é um desafio recente. A organização pode destruir a personalidade de cada indivíduo se impuser muitas regras e procedimentos no sentido de não valorizar o relacionamento das pessoas. Aos poucos, a abordagem humana ficou mais centrada e voltada para o homem e o grupo social. A ênfase voltada para a tecnologia cedeu lugar às relações humanas.

As atividades de relações com os funcionários têm como maior objetivo a criação de confiança, respeito e consideração entre colaboradores e colaborados. Com isso, busca-se maior eficácia organizacional, rompendo, assim, barreiras que impedem os funcionários de participarem da organização. Essas barreiras podem ser pessoais ou organizacionais. Havendo comunicação e relação com os subordinados, as barreiras podem ser quebradas, proporcionando assistência mútua e envolvimento. A empresa deve sempre tratar seus empregados com respeito e confiança, oferecendo maneiras de atender suas necessidades tanto pessoais como familiares.

O relacionamento interpessoal está associado, primeiramente, com a própria pessoa, com o seu "eu". O conhecimento dos próprios sentimentos, da formação profunda e verdadeira de si mesmo proporciona um bom nível de autoconhecimento. Como resultado prático desse autoconhecimento, temos:

> Processo de pensamento consciente;

> Autorreflexão;

> Senso ou intuição da realidade externa, ou seja, sair de dentro de si e olhar como um observador que entende a realidade externa.

Ao percebermos a realidade externa, estamos nos conectando com estados de consciência mais expandidos, isto é, estamos nos interessando pelo "outro" de forma consciente e verdadeira. Essa aptidão é bastante valorizada atualmente, pois as pessoas com essa capacidade conseguem estabelecer relacionamentos interpessoais mais produtivos. Dessa forma, o saber trabalhar em equipe origina-se na formação "intrapessoal". Se me conheço, consigo entender qual seria o melhor formato para estabelecer e manter relacionamentos saudáveis, reconhecendo o outro.

Quando a empresa enfrenta problemas de relacionamento, a área de Recursos Humanos junto à gerência tem a missão de sanar a dificuldade o quanto antes para não comprometer o clima de trabalho. É necessário identificar as causas para minimizar o efeito que esse fator pode gerar, assim como sensibilizar os colaboradores para que eles não deixem que essa variável prejudique o desenvolvimento das tarefas, pois os clientes internos e externos poderão não ser atendidos com responsabilidade, resultando em queda na qualidade do atendimento e na produtividade.

As divergências e as "brigas" internas podem ser resolvidas com um bom treinamento e atividades grupais, que valorizem a integração e foquem na importância de se ter um excelente relacionamento com os membros da equipe. O gerente também terá que fazer o seu papel, dando apoio, feedbacks e fazendo *coaching* com seus colaboradores, evitando, assim, qualquer tipo de atrito que possa ocorrer futuramente no time. Contudo, isso não depende somente do gestor: todos tem que estar envolvidos nesse processo. Os funcionários também têm um papel importante para a construção de um ambiente saudável, pois suas condutas e atitudes podem diminuir os problemas de relacionamento.

Para manter um clima agradável e sem manifestações de atritos, é necessário que as pessoas deixem de agir de forma individualizada e passem a interagir como uma equipe, promovendo relações amigáveis e fazendo com que cada um procure cooperar com o outro. Para isso, é preciso que cada um faça a sua parte.

Além desses fatores, existem algumas dimensões propostas por Litwin e Stringer e, sobretudo, na teoria das necessidades de McClelland, produzida no ano de 1971. Essas teorias explicitaram a relação existente entre as dimensões desenvolvidas e os estratos motivacionais, conforme as seguintes dimensões descritas abaixo:

Conformismo: sentimento de que existem muitas limitações externamente impostas na organização. O grau em que os membros sentem a existência de inúmeras regras, procedimentos, políticas e práticas, as quais, os indivíduos devem se ajustar para serem capazes de fazer seu trabalho como gostariam de fazê-lo;

Responsabilidade: responsabilidade pessoal aos membros da organização para realizarem sua parte nos objetivos da organização, grau em que os membros sentem que podem tomar decisões e resolver problemas sem terem de verificar com os superiores em cada etapa;

Padrões: ênfase que a organização coloca na qualidade do desempenho e na produção elevada, incluindo o grau de rendimento que os membros da organização sentem que ela colocando objetivos estimulantes, comunicando-lhes o comprometimento com esses objetivos;

Recompensas: grau em que os membros sentem que estão sendo reconhecidos e recompensados por um bom trabalho, ao invés de serem ignorados, criticados ou punidos quando algo sai errado;

Clareza organizacional: sentimento entre os membros, de que as coisas são bem organizadas e os objetivos claramente definidos, ao invés de desordenados, confusos ou caóticos;

Calor e apoio: sentimento de que a amizade é uma forma valorizada na organização, e que os membros confiam uns nos outros e oferecem apoio mútuo. O sentimento de que boas relações prevalecem no ambiente de trabalho;

Liderança: disposição dos membros da organização para aceitar a liderança e a direção de outros qualificados. Quando surgem necessidades de liderança, os membros sentem-se livres para assumi-la e são recompensados por uma liderança bem sucedida. A liderança é baseada na perícia. A organização não pode ser dominada por uma ou duas pessoas, como não pode depender delas somente.

Outras dimensões que se assemelham aos demais fatores citados anteriormente, mas que também contribuem para o entendimento sobre o que influencia no clima organizacional, são as dimensões citadas por Luz (2001) conforme a seguir:

Imagem da empresa: detectar a imagem que o empregado tem hoje da organização e como percebe a composição da imagem do banco junto aos clientes externos;

Sentido de realização: detectar como o empregado percebe seu grau de satisfação com relação à empresa e ao seu trabalho;

Relacionamento interpessoal: detectar a percepção dos empregados quanto ao relacionamento entre os colegas de trabalho, bem como a colaboração e o trabalho em equipe;

Estilo de chefia: detectar a percepção dos empregados quanto às habilidades técnicas e comportamentais das chefias de sua área;

Comunicação: detectar a percepção dos empregados quanto à eficácia da rede de comunicação vigente na empresa;

Desempenho e qualidade: detectar como o empregado percebe o seu entendimento e comprometimento com relação à questão da qualidade e do desempenho e como essas dimensões estão sendo vivenciadas dentro da empresa;

Política de recursos humanos e benefícios: detectar a percepção dos empregados quanto aos valores que permeiam os posicionamentos da empresa nas suas relações de trabalho;

Ambiente e condições de trabalho: detectar a percepção dos empregados quanto às condições ambientais e técnicas, disponíveis para a execução de seu trabalho;

Qualidade de vida e saúde: detectar a percepção dos empregados quanto aos aspectos bio-psico-sociais que determinam seu estilo de vida.

Questões

01. (CESPE) O comportamento organizacional relaciona-se ao conjunto de ações, atitudes e expectativas humanas no ambiente de trabalho e abrange os níveis pessoal, grupal e institucional.

Certo ( ) Errado ( )

02. (AlfaCon) Pode-se dizer que algumas das dimensões ou fatores que influenciam o clima organizacional são: a imagem da empresa, o estilo de liderança, os programas motivacionais, levando em conta que para a análise do clima é preciso considerar se o colaborador é proativo, dinâmico e social e se está de acordo com o perfil e os requisitos para sua função.

Certo ( ) Errado ( )

03. (CESPE) Ênio, gestor de qualidade de uma organização pública, tem empatia com seus colaboradores no trabalho. Nessa situação, Ênio é capaz de escutar ativamente, reconhecer as opiniões e influenciar o comportamento de seus colaboradores.

Certo ( ) Errado ( )

Todos se viraram para ver o que acontecia. No meio da pista de um aeroporto, João gritava com seu gerente de embarque: "Não quero ouvir desculpas. Quero que você ponha esses aviões para voar". Como chefe de operações da VOABEM, João sentia-se constantemente frustrado com o comportamento de seus funcionários. "Eles não escutam o que digo. Acham que está tudo uma beleza e rejeitam todas as modificações que proponho. Não dão a menor importância para o respeito ao cronograma". Se João critica seu pessoal, a recíproca é verdadeira. Todos os seus subordinados o detestam. Em uma pesquisa de clima organizacional, os funcionários disseram: "Ele é totalmente insensível às nossas necessidades". "Ele acha que gritando vai fazer as coisas melhorarem". "Trabalho aqui há 4 anos. Antes da chegada dele, era um bom lugar para se trabalhar. Agora não é mais". "Fico constantemente com medo de ser massacrada".

Com base no texto acima e analisando os resultados da pesquisa de clima, julgue os itens que se seguem:

04. (VUNESP - Adaptada) Estudos de clima organizacional têm caráter avaliativo e a percepção que os funcionários têm de João pode ser falsa.

Certo ( ) Errado ( )

05. (VUNESP - Adaptada) Se a pesquisa de clima organizacional reflete o universo da empresa e os tipos de pessoas que a organização atrai, João deve ser despedido.

Certo ( ) Errado ( )

06. (VUNESP - Adaptada) O clima organizacional não é influenciado pela estrutura de poder dominante e desse modo, embora os funcionários reclamem de João, o clima pode ser positivo.

Certo ( ) Errado ( )

Gabaritos

01	CERTO	04	CERTO
02	ERRADO	05	ERRADO
03	CERTO	06	ERRADO

10. PROCESSO ADMINISTRATIVO (ORGANIZACIONAL)

A Administração (do latim: *administratione*) é o conjunto de atividades voltadas à direção de uma organização. Tais atividades devem fazer uso de técnicas de gestão para que seus objetivos sejam alcançados de forma eficaz e eficiente, com responsabilidade social e ambiental. E o que são as organizações?

Segundo a banca Cespe, *"uma organização é o produto da combinação de esforços individuais, visando à realização de propósitos coletivos. Por meio de uma organização, é possível perseguir ou alcançar objetivos que seriam inatingíveis para uma pessoa"*.

Organizações são, portanto, empreendimentos coletivos, com um fim comum. No sentido clássico da Administração Geral, podem ser analisados como organizações: as empresas (uma padaria ou o Google), os órgãos públicos, os partidos políticos, as igrejas, as associações de bairro e outros agrupamentos humanos.

Uma característica essencial das organizações é que elas são sistemas sociais, com divisão de tarefas.

Lacombe (2003, p.4) diz que a essência do trabalho do administrador é obter resultados por meio das pessoas que ele coordena. A partir desse raciocínio de Lacombe, temos o papel do "Gestor Administrativo" que, com sua capacidade de gestão com as pessoas, consegue obter os resultados esperados. **Drucker** (1998, p. 2) diz que administrar é manter as organizações coesas, fazendo-as funcionar.

Administrar como processo significa **planejar**, **organizar**, **dirigir** e **controlar** organizações e/ou tarefas, tendo como objetivo maior produtividade e/ou lucratividade. Para se chegar a isso, o administrador avalia os objetivos organizacionais e desenvolve as estratégias necessárias para alcançá-los. Este profissional, no entanto, não tem apenas função teórica, ele é responsável pela implantação de tudo que planejou e, portanto, será aquele que definirá os programas e métodos de trabalho, avaliando os resultados e corrigindo os setores e procedimentos que estiverem com problemas. Como é função do administrador que a produtividade e/ou lucros sejam altos, ele também terá a função de fiscalizar a produção e, para isso, é necessário que fiscalize cada etapa do processo, controlando, inclusive, os equipamentos e materiais envolvidos na produção, para evitar desperdícios e prejuízos para a organização.

A realidade das empresas de hoje é muito diferente das empresas administradas no passado. Com o surgimento de várias inovações tecnológicas e com o próprio desenvolvimento intelectual do homem, é necessário muito mais do que intuição e percepção das oportunidades. A administração necessita de um amplo conhecimento e a aplicação correta dos princípios técnicos até agora formulados, a necessidade de combinar os meios e objetivos com eficiência e eficácia.

10.5.4.1 Principais Funções Administrativas

- Fixar objetivos.
- Analisar: conhecer os problemas.
- Solucionar problemas.
- Organizar e alocar recursos (financeiros, materiais, ambientais, humanos e tecnológicos).
- Comunicar, dirigir e motivar as pessoas (liderar).
- Negociar.
- Tomar as decisões.
- Mensurar e avaliar (controlar).

> Esse conjunto de funções administrativas: Planejar, Organizar, Dirigir e Controlar corresponde ao Processo Organizacional, que pode ser chamado também de Processo Administrativo.

10.1 Planejamento

O trabalho do administrador não se restringe ao presente, ao atual, ao corrente. Ele precisa extrapolar o imediato e se projetar para frente. O administrador precisa tomar decisões estratégicas e planejar o futuro de sua organização. Ao tomar decisões, o administrador configura e reconfigura continuamente a sua organização ou a unidade organizacional que administra. Ele precisa saber em qual rumo deseja que sua organização vá em frente, tomar as decisões necessárias e elaborar os planos para que isso realmente aconteça. O planejamento está voltado para o futuro. E o futuro requer uma atenção especial. É para ele que a organização deve estar preparada a todo instante.

Planejamento é a função administrativa que define objetivos e decide sobre os recursos e tarefas necessários para alcançá-los adequadamente. Como principal decorrência do planejamento, estão os planos. Os planos facilitam a organização no alcance de suas metas e objetivos. Além disso, os planos funcionam como guias ou balizamentos para assegurar os seguintes aspectos:

01. Os planos definem os recursos necessários para alcançar os objetivos organizacionais.
02. Os planos servem para integrar os vários objetivos a serem alcançados em um esquema organizacional que proporciona coordenação e integração.
03. Os planos permitem que as pessoas trabalhem em diferentes atividades consistentes com os objetivos definidos; eles dão racionalidade ao processo; são racionais, porque servem de meios para alcançar adequadamente os objetivos traçados.
04. Os planos permitem que o alcance dos objetivos possa ser continuamente monitorado e avaliado em relação a certos padrões ou indicadores, a fim de permitir a ação corretiva necessária quando o progresso não seja satisfatório.

O primeiro passo do planejamento consiste na definição dos objetivos para a organização. Objetivos são resultados específicos que se pretende atingir. Os objetivos são estabelecidos para cada uma das subunidades da organização, como suas divisões ou departamentos etc. Uma vez definidos, os programas são estabelecidos para alcançar os objetivos de maneira sistemática e racional. Ao selecionar objetivos e desenvolver programas, o administrador deve considerar sua viabilidade e aceitação pelos gerentes e funcionários da organização.

10.1.1 Objetivos e Metas

Objetivo é um resultado desejado que se pretende alcançar dentro de um determinado período de tempo. Os objetivos organizacionais podem ser rotineiros, inovadores e de aperfeiçoamento. A partir dos objetivos se estabelece a estratégia adequada para alcançá-los. Enquanto os objetivos são qualitativos, as **metas** são quantitativas. **Ex.:** uma determinada empresa estabeleceu como objetivo aumentar as vendas, e a meta é de R$ 500.000,00 (quinhentos mil reais); os objetivos só serão alcançados se as vendas chegarem às metas estabelecidas.

> *Os objetivos e as metas têm em comum o fato de que devem ser reais, alcançáveis; devem ter prazo; são hierárquicos, específicos e desafiadores.*

10.1.2 Estratégias

Estratégia organizacional refere-se ao comportamento global e integrado da empresa em relação ao ambiente externo. A estratégia é formulada a partir da missão, da visão e dos objetivos organizacionais, da análise ambiental (o que há no ambiente) e da análise organizacional (o que temos na empresa) para definir o que devemos fazer. A estratégia é a maneira racional de aproveitar as oportunidades externas e de neutralizar as ameaças externas, bem como de aproveitar as forças potenciais internas e neutralizar as fraquezas potenciais internas.

Geralmente, a estratégia organizacional envolve os seguintes aspectos fundamentais:

- É definida pelo nível institucional da organização.
- É projetada em longo prazo e define o futuro e destino da organização.
- Envolve a empresa na sua totalidade.
- É um mecanismo de aprendizagem organizacional.

Planejar significa olhar para frente, visualizar o futuro e o que deverá ser feito; elaborar bons planos é ajudar as pessoas a fazer hoje as ações necessárias para melhor enfrentar os desafios do amanhã. Em outros termos, o planejamento, constitui hoje uma responsabilidade essencial em qualquer tipo de organização ou de atividade.

O planejamento constitui a função inicial da administração. Antes que qualquer função administrativa seja executada, a administração precisa planejar, ou seja, determinar os objetivos e os meios necessários para alcançá-los adequadamente.

10.1.3 O Planejamento como uma Função Administrativa

De acordo com Idalberto Chiavenato:

O planejamento pode estar voltado para a estabilidade, no sentido de assegurar a continuidade do comportamento atual em um ambiente previsível e estável. Também pode estar voltado para a melhoria do comportamento para assegurar a reação adequada a frequentes mudanças em um ambiente mais dinâmico e incerto. Pode ainda estar voltado para as contingências no sentido de antecipar-se a eventos que podem ocorrer no futuro e identificar as ações apropriadas para quando eles eventualmente ocorrerem.

Como todo planejamento se subordina a uma filosofia de ação, Ackoff aponta três tipos de filosofia do planejamento:

01. **Planejamento conservador:** É o planejamento voltado para a estabilidade e para a manutenção da situação existente. As decisões são tomadas no sentido de obter bons resultados, mas não necessariamente os melhores possíveis, pois dificilmente o planejamento procurará fazer mudanças radicais na organização. Sua ênfase é conservar as práticas atualmente vigentes. O planejamento conservador está mais preocupado em identificar e sanar deficiências e problemas internos do que em explorar oportunidades ambientais futuras. Sua base é predominantemente retrospectiva no sentido de aproveitar a experiência passada e projetá-la para o futuro.
02. **Planejamento otimizante (retrospectivo):** É o planejamento voltado para a adaptabilidade e inovação dentro da organização. As decisões são tomadas no sentido de obter os melhores resultados possíveis para a organização, seja minimizando recursos para alcançar um determinado desempenho ou objetivo, seja maximizando o desempenho par melhor utilizar os recursos disponíveis. O planejamento otimizante geralmente está baseado em uma preocupação em melhorar as práticas atualmente vigentes na organização. Sua base é predominantemente incremental no sentido de melhorar continuamente, tornando as operações melhores a cada dia que passa.
03. **Planejamento adaptativo (ofensivo):** É o planejamento voltado para as contingências e para o futuro da organização. As decisões são tomadas no sentido de compatibilizar os diferentes interesses envolvidos, elaborando uma composição capaz de levar a resultados para o desenvolvimento natural da empresa e ajustá-la às contingências que surgem no meio do caminho. O planejamento adaptativo procura reduzir o planejamento retrospectivo voltado para a eliminação das deficiências localizadas no passado da organização. Sua base é predominantemente aderente no sentido de ajustar-se às demandas ambientais e preparar-se para as futuras contingências.

Em todos os casos, o planejamento consiste na tomada antecipada de decisões. Trata-se de decidir , no momento presente, o que fazer antes da ocorrência da ação necessária. Não se trata simplesmente da previsão das decisões que deverão ser tomadas no futuro, mas da tomada de decisões que produzirão efeitos e consequências futuras.

10.1.4 O Processo de Planejamento

O planejamento é um processo constituído de uma série sequencial de seis passos, a saber:

- **Estabelecer a Missão e Visão no caso do Planejamento Estratégico.** As organizações não existem a esmo. Todas elas têm uma missão a cumprir. **Missão** significa uma incumbência que se recebe, a razão de existência de uma organização. A missão funciona como o propósito orientador para as atividades de uma organização e para aglutinar os esforços dos seus membros. Enquanto a missão define o credo da organização, a **visão** define o que a organização pretende ser no futuro. A visão funciona como o projeto do que a organização gostaria de ser, ou seja, define os objetivos organizacionais mais relevantes.

> **Definir os objetivos.** Os objetivos da organização devem servir de direção a todos os principais planos, servindo de base aos objetivos departamentais e a todos os objetivos das áreas subordinadas. Os objetivos devem especificar resultados desejados e os pontos finais aonde se pretende chegar, para conhecer os passos intermediários.

> **Diagnóstico.** Verificar qual a situação atual em relação aos objetivos. Simultaneamente, a definição dos objetivos, deve-se avaliar a situação atual em contraposição aos objetivos desejados, verificar onde se está e o que precisa ser feito.

> **Prognóstico, estabelecer estratégias.** Premissas constituem os ambientes esperados dos planos em operação. Como a organização opera em ambientes complexos, quanto mais pessoas estiverem atuando na elaboração e compreensão do planejamento e quanto mais se obter envolvimento para utilizar premissas consistentes, tanto mais coordenado será o planejamento. Trata-se de gerar cenários alternativos para os estados futuros das ações, analisar o que pode ajudar ou prejudicar o progresso em direção aos objetivos. A previsão é um aspecto importante no desenvolvimento de premissas. A previsão está relacionada com pressuposições antecipatórias a respeito do futuro.

> **Analisar as alternativas de ação (estratégias).** Trata-se de relacionar e avaliar as ações que devem ser tomadas, escolher uma delas para perseguir um ou mais objetivos, fazer um plano para alcançar os objetivos.

> **Escolher um curso de ação entre as várias alternativas.** Trata-se de uma tomada de decisão, em que se escolhe uma alternativa e se abandonam as demais. A alternativa escolhida se transforma em um plano para o alcance dos objetivos.

> **Implementar o plano e avaliar os resultados.** Fazer aquilo que o plano determina e avaliar cuidadosamente os resultados para assegurar o alcance dos objetivos, seguir através do que foi planejado e tomar as ações corretivas à medida que se tornarem necessárias.

Nem sempre o planejamento é feito por administradores ou por especialistas trancados em salas e em apenas algumas épocas predeterminadas. Embora seja uma atividade voltada para o futuro, o planejamento deve ser contínuo e permanente e, se possível, abrangendo o maior número de pessoas na sua elaboração e implementação. Em outras palavras, o planejamento deve ser constante e participativo. A descentralização proporciona a participação e o envolvimento das pessoas em todos os aspectos do seu processo. É o chamado planejamento participativo.

Para fazer o planejamento, é vital que se conheça o contexto em que a organização está inserida. Em outras palavras, qual é o seu microambiente, qual a sua missão e quais os seus objetivos básicos. Sobretudo, quais os fatores-chave para o seu sucesso. A partir daí, pode-se começar a pensar em planejamento.

10.1.5 Fatores Críticos de Sucesso

Mas, o que são fatores críticos (chave) de sucesso?

Os **fatores críticos de sucesso**, em inglês ***critical success factor*** (CSF), são os pontos-chave que definem o sucesso ou o fracasso de um objetivo definido por um planejamento de determinada organização. Estes fatores precisam ser encontrados pelo estudo sobre os próprios objetivos, derivados deles, e tomados como condições fundamentais a serem cumpridas para que a instituição sobreviva e tenha sucesso na sua área. Quando bem definidos, os fatores críticos de sucesso se tornam um ponto de referência para toda a organização em suas atividades voltadas para a sua missão.

Exemplo: se a empresa quer melhorar o atendimento ao cidadão, um exemplo de fator crítico de sucesso é treinar os funcionários e colocar mais pessoas no setor de atendimento.

Os fatores críticos de sucesso são os elementos principais no alcance dos objetivos e metas da instituição, são aspectos ligados diretamente ao seu sucesso. Se eles não estiverem presentes, os objetivos não serão alcançados.

Como poderemos identificar os fatores críticos de sucesso?

Os fatores críticos de sucesso podem ser identificados de duas maneiras. Uma delas é perguntar ao cliente ao que ele atribui mais importância na hora de adquirir o produto ou serviço.

Por exemplo, o que um indivíduo que é concurseiro deve fazer para alcançar o seu objetivo que é ser servidor público? A resposta é óbvia: ele deve estudar, resolver questões, tirar dúvidas, assistir às aulas etc. Então podemos dizer que esses são exemplos de fatores críticos de sucesso.

Outra maneira para identificar os fatores críticos de sucesso é analisar profundamente os recursos organizacionais e o mercado, de maneira imaginativa, para identificar os segmentos que são mais decisivos e importantes. Para essa pesquisa, a ferramenta de *benchmarking* pode ser utilizada.

O *benchmarking* é um dos mais úteis instrumentos de gestão para melhorar o desempenho das empresas e conquistar a superioridade em relação à concorrência. Baseia-se na aprendizagem das melhores experiências de empresas similares e ajuda a explicar todo o processo que envolve uma excelente "performance" empresarial. A essência deste instrumento parte do princípio de que nenhuma empresa é a melhor em tudo, o que implica reconhecer que existe no mercado quem faz melhor do que nós. Habitualmente, um processo de *benchmarking* arranca quando se constata que a empresa está diminuindo a sua rentabilidade. Quando a aprendizagem resultante de um processo de *benchmarking* é aplicada de forma correta, facilita a melhoria do desempenho em situações críticas no seio de uma empresa.

Em outras palavras, *benchmarking* é a técnica por meio da qual a organização compara o seu desempenho com o de outra. Por meio do benchmarking, uma organização procura

imitar outras organizações, concorrentes ou não, do mesmo ramo de negócios ou de outros, que façam algo de maneira particularmente bem feita (essa frase já apareceu de maneira idêntica em provas tanto da FCC como da Cespe).

Questões importantes a serem identificadas na elaboração do planejamento:

> É possível fazer?
> Vale a pena fazer?
> Quem faz?
> Como fazer bem?
> Funciona?

10.1.6 Benefícios do Planejamento

As empresas estão cada vez mais inseridas em ambientes altamente mutáveis e complexos; enfrentam uma enorme variedade de pessoas, fornecedores e concorrentes. Do lado externo, temos os concorrentes, o governo e suas regulamentações, a tecnologia, a economia globalizada, os fornecedores etc. No ambiente interno, existe a necessidade de trabalhar de forma cada vez mais eficiente, novas estruturas organizacionais, funcionários, recursos e muitos desafios administrativos.

O planejamento oferece inúmeras vantagens nessas situações, inclusive melhora a capacidade da empresa de se adaptar às mudanças (flexibilidade organizacional), ajuda na coordenação e na administração do tempo.

Vejamos algumas vantagens:

> permite utilizar os recursos de forma eficaz (alcance de resultados) e eficiente (economia);
> aumenta o conhecimento sobre o negócio/projeto e seu potencial de mercado;
> facilita a percepção de novas oportunidades ou riscos e aumenta a sensibilidade do empresário/executivo frente a problemas futuros;
> cria um "espírito de negócio" e comprometimento com o negócio/projeto, tanto em relação ao "dono" ou responsável pelo negócio, como também junto aos funcionários/parceiros envolvidos;
> determina tarefas e prazos com responsabilidade definida, viabilizando o controle do processo e do andamento do negócio;
> deixa claro para o empresário/executivo qual é o diferencial competitivo de seu negócio;
> pode ser utilizado como suporte para conseguir credibilidade e apoio financeiro interno e/ou no mercado;
> maior flexibilidade;
> agilidade nas tomadas de decisões;
> melhor conhecimento dos seus concorrentes;
> melhor comunicação entre os funcionários;
> maior capacitação gerencial, até dos funcionários de níveis inferiores;
> orientação maior nos comportamentos de funcionários;
> maior capacitação, motivação e comprometimento dos envolvidos;
> consciência coletiva;
> melhor conhecimento do ambiente em que os funcionários trabalham;
> melhor relacionamento entre empresa-ambiente;
> maior capacidade e rapidez de adaptação dentro da empresa;
> visão de conjunto;
> aumenta o foco (concentração de esforços) e a flexibilidade (facilidade de se adaptar e ajustar);
> melhora a coordenação e o controle.

De acordo com Chiavenato: "O planejamento ajuda o administrador em todos os tipos de organização a alcançar o melhor desempenho, porque:

01. **O planejamento é orientado para resultados**. Cria um senso de direção, de desempenho orientado para metas e resultados a serem alcançados.
02. **O planejamento é orientado para prioridades**. Assegura que as coisas mais importantes receberão atenção principal.
03. **O planejamento é orientado para vantagens**. Ajuda a alocar e a dispor recursos para sua melhor utilização e desempenho.
04. **O planejamento é orientado para mudanças**. Ajuda a antecipar problemas que certamente aparecerão e a aproveitar oportunidades à medida que se defronta com novas situações."

10.1.7 Tipos de Planejamento

O planejamento é feito através de planos. O administrador deve saber lidar com diferentes tipos de planos. Estes podem incluir períodos de longo, médio e curto prazo, como podem envolver a organização inteira, uma divisão ou departamento ou ainda uma tarefa. O planejamento é uma função administrativa que se distribui entre, todos os níveis organizacionais. Embora o seu conceito seja exatamente o mesmo, em cada nível organizacional, o planejamento apresenta características diferentes.

O planejamento envolve uma volumosa parcela da atividade organizacional. Com isso, queremos dizer que toda organização está sempre planejando: o nível institucional elabora genericamente o planejamento estratégico, o nível intermediário segue-o com planos táticos e o nível operacional traça detalhadamente os planos operacionais. Cada qual dentro de sua área de competência e em consonância com os objetivos globais da organização. O planejamento impõe racionalidade e proporciona o rumo às ações da organização. Além disso, estabelece coordenação e integração de suas várias unidades, que proporcionam a harmonia e sinergia da organização no caminho em direção aos seus objetivos principais.

Os planos podem abranger diferentes horizontes de tempo. Os planos de curto prazo cobrem um ano ou menos; os planos intermediários, um a dois anos; e os planos de longo prazo abrangem cinco ou mais anos. Os objetivos do planejamento devem ser mais específicos, no curto prazo, e mais abertos, no longo prazo. As organizações precisam de planos para todas as extensões de tempo. O administrador do nível institucional está mais voltado para planos de longo prazo que atinjam a organização inteira para proporcionar aos demais administradores um senso de direção para o futuro.

Uma pesquisa desenvolvida por Elliot Jaques mostra como as pessoas variam em sua capacidade de pensar, organizar e trabalhar com eventos situados em diferentes horizontes de tempo. Muitas pessoas trabalham confortavelmente com amplitudes de apenas três meses; um pequeno grupo trabalha melhor com uma amplitude de tempo de um ano; e somente poucas pessoas podem enfrentar o desafio de 20 anos pela frente. Como o administrador pode trabalhar em vários níveis de autoridade, ele deve planejar em função de diferentes períodos de tempo. Enquanto o planejamento de um supervisor desafia o espaço de três meses, um gerente pode lidar com períodos de um ano, enquanto um diretor lida com uma amplitude que pode ir de três, cinco, dez anos ou mais. O progresso nos níveis mais elevados da hierarquia administrativa pressupõe habilidades conceituais a serem trabalhadas, bem como uma visão projetada em longo prazo de tempo.

10.1.8 Planejamento Estratégico

O planejamento estratégico apresenta cinco características fundamentais.

01. **O planejamento estratégico está relacionado com a adaptação da organização a um ambiente mutável.** Está voltado para as relações entre a organização e seu ambiente de tarefa. Portanto, sujeito à incerteza a respeito dos eventos ambientais. Por se defrontar com a incerteza, tem suas decisões baseadas em julgamentos e não em dados concretos. Reflete uma orientação externa que focaliza as respostas adequadas às forças e pressões que estão situadas do lado de fora da organização.
02. **O planejamento estratégico é orientado para o futuro.** Seu horizonte de tempo é o longo prazo. Durante o curso do planejamento, a consideração dos problemas atuais é dada apenas em função dos obstáculos e barreiras que eles possam provocar para um desejado lugar no futuro. É mais voltado para os problemas do futuro do que daqueles de hoje.
03. **O planejamento estratégico é compreensivo.** Ele envolve a organização como uma totalidade, abarcando todos os seus recursos, no sentido de obter efeitos sinergísticos de todas as capacidades e potencialidades da organização. A resposta estratégica da organização envolve um comportamento global, compreensivo e sistêmico.
04. **O planejamento estratégico é um processo de construção de consenso.** Dada a diversidade dos interesses e necessidades dos parceiros envolvidos, o planejamento oferece um meio de atender todos eles na direção futura que melhor convenha a todos.
05. **O planejamento estratégico é uma forma de aprendizagem organizacional.** Como está orientado para a adaptação da organização ao contexto ambiental, o planejamento constitui uma tentativa constante de aprender a ajustar-se a um ambiente complexo, competitivo e mutável.

O planejamento estratégico se assenta sobre três parâmetros: a visão do futuro, os fatores ambientais externos e os fatores organizacionais internos. Começa com a construção do consenso sobre o futuro que se deseja: é a visão que descreve o mundo em um estado ideal. A partir daí, examinam-se as condições externas do ambiente e as condições internas da organização.

10.1.9 Planejamento Tático

O planejamento tático é o planejamento focado no médio prazo e que enfatiza as atividades correntes das várias unidades ou departamentos da organização. O administrador utiliza o planejamento tático para delinear o que as várias partes da organização, como departamentos ou divisões, devem fazer para que a organização alcance sucesso. Os planos táticos geralmente são desenvolvidos para as áreas de produção, *marketing*, pessoal, finanças e contabilidade. Para ajustar-se ao planejamento tático, o exercício contábil da organização e os planos de produção, de vendas, de investimentos etc., abrangem geralmente o período anual.

Os planos táticos geralmente envolvem:

01. **Planos de produção.** Envolvendo métodos e tecnologias necessárias para as pessoas em seu trabalho arranjo físico do trabalho e equipamentos como suportes para as atividades e tarefas.
02. **Planos financeiros.** Envolvendo captação e aplicação do dinheiro necessário para suportar as várias operações da organização.
03. **Planos de marketing.** Envolvendo os requisitos de vender e distribuir bens e serviços no mercado e atender o cliente.
04. **Planos de recursos humanos.** Envolvendo recrutamento, seleção e treinamento das pessoas nas várias atividades dentro da organização. Recentemente, as organizações estão também se preocupando com a aquisição de competências essenciais para o negócio por meio da gestão do conhecimento corporativo.

Contudo, os planos táticos podem também se referir à tecnologia utilizada pela organização (tecnologia da informação, tecnologia de produção etc.), investimentos, obtenção de recursos etc.

10.1.9.1 Políticas

As políticas constituem exemplos de planos táticos que funcionam como guias gerais de ação. Elas funcionam como orientações para a tomada de decisão. Geralmente, refletem um objetivo e orienta as pessoas em direção a esses objetivos em situações que requeiram algum julgamento. As políticas servem para que as pessoas façam escolhas semelhantes ao se defrontarem com situações similares. As políticas constituem afirmações genéricas baseadas nos objetivos organizacionais e visam oferecer rumos para as pessoas dentro da organização.

10.1.10 Planejamento Operacional

O planejamento operacional é focalizado para o curto prazo e abrange cada uma das tarefas ou operações individualmente. Preocupa-se com "o que fazer" e com o "como fazer" as atividades quotidianas da organização. Refere-se especificamente às tarefas e operações realizadas no nível operacional. Como está inserido na lógica de sistema fechado, o planejamento operacional está voltado para a otimização e maximização de resultados, enquanto o planejamento tático está voltado para a busca de resultados satisfatórios.

O planejamento operacional é constituído de uma infinidade de planos operacionais que proliferam nas diversas áreas e funções dentro da organização. Cada plano pode consistir em muitos subplanos com diferentes graus de detalhamento. No fundo, os planos operacionais cuidam da administração da rotina para assegurar que todos executem as tarefas e operações de acordo com os procedimentos estabelecidos pela organização, a fim de que esta possa alcançar os seus objetivos. Os planos operacionais estão voltados para a eficiência (ênfase nos meios), pois a eficácia (ênfase nos fins) é problema dos níveis institucional e intermediário da organização.

Apesar de serem heterogêneos e diversificados, os planos operacionais podem ser classificados em quatro tipos, a saber:

01. **Procedimentos.** São os planos operacionais relacionados com métodos.
02. **Orçamentos.** São os planos operacionais relacionados com dinheiro.
03. **Programas (ou programações).** São os planos operacionais relacionados com tempo.
04. **Regulamentos.** São os planos operacionais relacionados com comportamentos das pessoas.

10.2 Organização

10.2.1 Definição de Organização

"Organização da empresa é a ordenação e o agrupamento de atividades e recursos, visando ao alcance de objetivos e resultados estabelecidos". (Djalma, 2002, p. 84).

Segundo Maximiano, uma **organização** é um sistema de recursos que procura alcançar objetivos. Em outras palavras, Organizar é desenhar/montar a estrutura da empresa/instituição de modo a facilitar o alcance dos resultados.

Os níveis da organização são:

Abrangência	Conteúdo	Tipo de Desenho	Resultado
Nível Institucional	A instituição como uma totalidade	Desenho organizacional	Tipo de organização
Nível intermediário	Caso departamento isoladamente	Desenho departamental	Tipo de departamentalização
Nível operacional	Cada tarefa ou operação	Desenho de cargos e tarefas	Análise e descrição de cargos

10.2.2 Estrutura Organizacional

VASCONCELOS (1989) entende estrutura como o resultado de um processo no qual a autoridade é distribuída, as atividades são especificadas (desde os níveis mais baixos até a alta administração) e um sistema de comunicação é delineado, permitindo que as pessoas realizem as atividades e exerçam a autoridade que lhes compete para o alcance dos objetivos da organização.

Estrutura organizacional: forma pela qual as atividades de uma organização são divididas, organizadas e coordenadas. (Stoner, 1992, p.230).

10.2.3 Estrutura Formal e Informal

Estrutura Formal: é aquela representada pelo organograma. Todas as relações são formais. Não se pode descartá-la e deixar funcionários se relacionarem quando eles não devem ter relações diretas. Na **Estrutura Formal (Organização Formal)**, conseguimos identificar os departamentos, os cargos, a definição das linhas de autoridade e de comunicação entre os departamentos e cargos envolvidos.

Já a **Estrutura Informal (Organização Informal)** é a rede de relações sociais e pessoais que não é representada ou requerida pela estrutura formal. Surge da interação social das pessoas, o que significa que se desenvolve, espontaneamente, quando as pessoas se reúnem. Portanto, apresenta relações que, usualmente, não são formalizadas e **não aparecem no organograma da empresa**. A organização informal envolve as emoções, atitudes e ações das pessoas em termos de suas necessidades, e não de procedimentos ou regras.

10.2.4 Elementos da Estrutura Organizacional

10.2.4.1 Especialização

Consequência da divisão do trabalho: cada unidade ou cargo passa a ter funções e tarefas específicas e especializadas.

A especialização pode dar-se em dois sentidos: vertical e horizontal.

A horizontal representa a tendência de criar departamentos especializados no mesmo nível hierárquico, cada qual com suas funções e tarefas. Exemplo: gerência de *Marketing*, gerência de Produção, gerência de Recursos Humanos.

A vertical caracteriza-se pelos níveis hierárquicos (chefia), pois, na medida em que ocorre a especialização horizontal do trabalho, é necessário coordenar essas diferentes atividades e funções. **Ex.:** Presidência, Diretoria-Geral, Gerências, Coordenadorias, Seções.

10.2.5 Centralização/Descentralização/ Delegação

10.2.5.1 Centralização

CENTRALIZAÇÃO significa que a autoridade para decidir está localizada no topo da organização, ou seja, a maioria das decisões relativas ao trabalho que está sendo executado não é tomada por aqueles que o executam, mas em um ponto mais alto da organização.

Vantagens	• decisões mais consistentes com os objetivos gerais; • maior uniformidade de procedimentos; • aproveitamento da capacidade dos líderes generalistas; • redução dos riscos de erros por parte dos subordinados; • maior controle global do desempenho da organização.
Desvantagens	• decisões e administradores distanciados dos fatos locais; • dependência dos subordinados; • diminuição da motivação, criatividade; • maior demora na implementação das decisões • maior custo operacional.

10.2.5.2 Descentralização

Por outro lado, podemos dizer que **DESCENTRALIZAÇÃO** significa que a maioria das decisões relativas ao trabalho que está sendo executado é tomada pelos que o executam, ou com sua participação. A autoridade para decidir está dispersa nos níveis organizacionais mais baixos. A tendência moderna ocorre no intuito de descentralizar para proporcionar melhor uso dos recursos humanos.

Vantagens	• maior agilidade e flexibilidade nas decisões; • decisões mais adaptadas aos fatos locais; • maior motivação, autonomia e disponibilidade dos líderes; • maior facilidade do controle específico do desempenho de unidades e gerentes.
Desvantagens	• perda de uniformidade das decisões; • maiores desperdícios e duplicação de recursos; • canais de comunicação mais dispersos; • dificuldade de encontrar responsáveis e controlar o desempenho da organização como um todo; • mais cara.

10.2.5.3 Delegação

Segundo Oliveira (2010, p. 189), delegação é o processo de transferência de determinado nível de autoridade de um chefe para seu subordinado, criando o correspondente compromisso pela execução da tarefa delegada.

Em outras palavras, delegação é o processo de transmitir certas tarefas e obrigações de uma pessoa para outra, em geral, de um superior para um colaborador. Aquele que recebe o poder delegado tem autoridade suficiente para concluir o trabalho, mas aquele que delega fica com a total responsabilidade pelo seu êxito ou fracasso.

Não se deve confundir descentralizar com delegação. DELEGAR é um instrumento específico de uma chefia para um subordinado. Delegação é o processo pelo qual o administrador transfere autoridade e responsabilidade aos seus subordinados que estão abaixo na hierarquia. Já DESCENTRALIZAR implica consistente delegação ao longo da cadeia hierárquica.

10.2.6 Cadeia de Comando/Escalar ou Linha de Comando

A cadeia de comando de uma organização mostra, basicamente, quem "manda em quem". Ou seja, descreve as linhas de autoridade, desde a cúpula da empresa até o seu nível mais baixo. A cadeia de comando mostra, portanto, a relação de subordinação dentro da estrutura e mostra como funciona a hierarquia funcional. Esta "estrutura hierárquica" é o que chamamos de "cadeia de comando".

É uma linha de autoridade que liga a cúpula aos níveis mais baixos da organização

↓

Demonstra quem é subordinado a cada chefe

↓

Conceito é derivado da unidade de comando

10.2.7 Amplitude Administrativa/Controle

Amplitude administrativa (ou amplitude de comando, ou de controle) é o número de subordinados/áreas que um gestor tem sob seu comando/supervisão. Em qualquer nível, cada gestor tem um determinado número de pessoas que se reportam a ele, pessoas estas que podem estar agrupadas em conjuntos de cargos ou em departamentos. Uma decisão importante no processo de organização é a definição da amplitude ideal de comando, ou seja, a quantidade de áreas e pessoas que um chefe tem capacidade de gerir com eficácia.

10.2.8 Organograma

É uma representação gráfica da estrutura da uma empresa/instituição, a divisão do trabalho em suas unidades/departamentos, a hierarquia e os canais de comunicação.

> **Divisão do trabalho:** quadros (retângulos) representam cargos ou unidades de trabalho (departamentos). Eles indicam o critério de divisão e de especialização das áreas, ou seja, como as responsabilidades estão divididas dentro da organização.

> **Autoridade e Hierarquia:** a quantidade de níveis verticais em que os retângulos estão agrupados mostra a cadeia de comando, ou seja, como a autoridade está distribuída, do diretor que tem mais autoridade, no topo da estrutura, até o funcionário que tem menos autoridade, na base da estrutura.

> **Canais de comunicação:** as linhas que verticais e horizontais que ligam os retângulos mostram as relações/comunicações entre as unidades de trabalho.

10.2.8.1 Formalização

Grau de controle da organização sobre o indivíduo, definido pelas normas e procedimentos, limitando a atuação e o comportamento.

10.2.8.2 Responsabilidade

Dever de desempenhar a tarefa ou atividade, ou cumprir um dever para o qual se foi designado. Nada mais é do que executar a tarefa adequadamente, de acordo com a confiança depositada.

O grau de responsabilidade é, geralmente, diretamente proporcional ao grau de autoridade da pessoa. Dessa forma, os cargos de alto escalão possuem maior autoridade e maior responsabilidade que os cargos mais baixos.

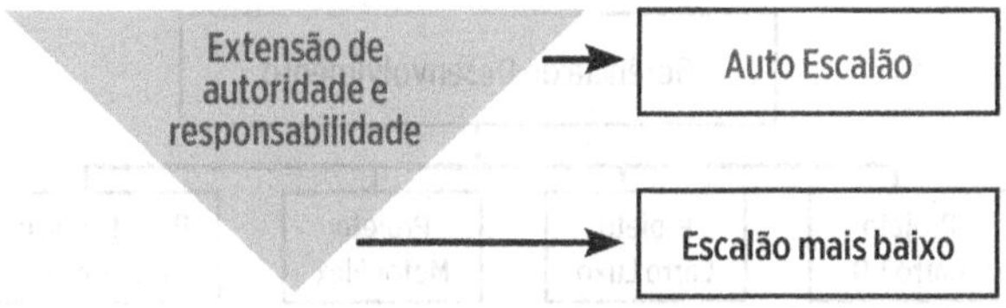

10.2.9 Departamentalização

Diferenciação horizontal que permite simplificar o trabalho, aproveitando os recursos de forma mais racional. É o agrupamento dos indivíduos em unidades gerenciáveis para facilitar a coordenação e o controle.

Um departamento é um "pedaço" da organização. É um setor que está focado em um aspecto de seu funcionamento. O departamento é uma unidade de trabalho que concentra um conjunto de tarefas.

10.2.9.1 Tipos de Departamentalização

10.2.9.1.1 Departamentalização por Função (Funcional)

É a divisão lógica de acordo com as funções a serem desempenhadas, ou seja, é a divisão departamental que segue o princípio da especialização.

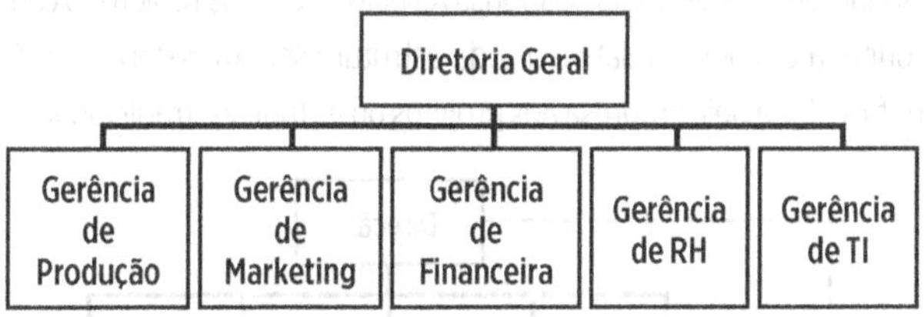

Vantagens	• agrupa vários especialistas em uma mesma unidade; • simplifica o treinamento e orienta as pessoas para uma função específica, concentrando sua competência e habilidades técnicas; • permite economia de escala pelo uso integrado de pessoas, máquinas e produção em massa; • indicada para situações estáveis, tarefas rotineiras e para produtos ou serviços que permaneçam longos ciclos sem mudanças.
Desvantagens	• reduz a cooperação interdepartamental (ênfase nas especialidades); • é inadequada para ambiente e tecnologia em constante mudança, pois dificulta a adaptação e a flexibilidade às mudanças externas; • foco na especialidade em detrimento do objetivo organizacional global.

10.2.9.1.2 Departamentalização Base Territorial ou Geográfica

É a diferenciação e o agrupamento das atividades de acordo com o local onde o trabalho será desempenhado, ou então a área de mercado a ser servida pela empresa. É utilizada geralmente por empresas que cobrem grandes áreas geográficas e cujos mercados são extensos e diversificados, ou seja, quando as circunstâncias externas indicam que o sucesso da organização depende particularmente do seu ajustamento às condições e às necessidades locais e regionais.

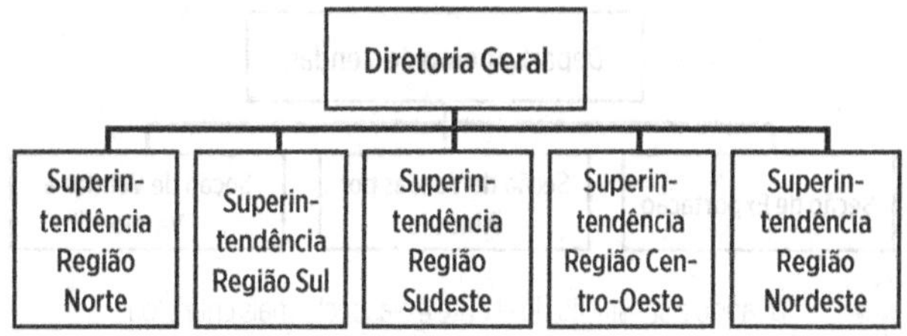

Vantagens	• amplia a área de atuação, atingindo maior número de clientes; • permite fixar a responsabilidade de lucro e de desempenho no comportamento local ou regional, além de encorajar os executivos a pensar em termos de sucesso de território; • as características da empresa podem acompanhar adequadamente as variações de condições e características locais.
Desvantagens	• o enfoque territorial pode deixar em segundo plano a coordenação, tanto dos aspectos de planejamento e execução, quanto de controle como um todo, em face do grau de liberdade e autonomia nas regiões; • em situações de instabilidade externa em determinada região, pode gerar temores e ansiedades na força de trabalho em função da possibilidade de desemprego ou prejuízo funcional.

10.2.9.1.3 Departamentalização por Produto/Serviço

Descentraliza as atividades e decisões de acordo com os produtos ou serviços executados. É realizada quando as atividades inerentes a cada um dos produtos ou serviços possuem diferenciações significativas e, por isso, fica mais fácil administrar cada produto/serviço individualmente.

Vantagens	• fixa a responsabilidade dos departamentos para uma linha de produto; • facilita a coordenação entre as diferentes áreas: a preocupação principal é o produto, e as atividades das áreas envolvidas dão pleno suporte; • facilita a inovação, pois requer cooperação e comunicação dos vários grupos que contribuem para gerar o produto.
Desvantagens	• dispersa os especialistas nos diversos subgrupos orientados para os produtos; • não é indicada para circunstâncias externas não mutáveis, empresas com pouca variabilidade dos produtos, por trazer custos operacionais elevados; • em situações de instabilidade externa, pode gerar temores e ansiedades na força de trabalho de determinada linha de produto, em função da possibilidade de desemprego ou prejuízo funcional; • pode enfatizar a coordenação em detrimento da especialização.

10.2.9.1.4 Departamentalização por Cliente

Envolve a diferenciação e o agrupamento das atividades de acordo com o tipo de pessoa/grupo/empresa para quem o trabalho é executado. Divide as unidades organizacionais para que cada uma possa servir a um grupo de clientes, sendo indicada quando as características dos clientes – idade, sexo, nível socioeconômico – são determinantes para o sucesso do negócio e requerem diferentes abordagens para as vendas, os produtos, os serviços adicionais.

Vantagens	• quando a satisfação do cliente é o aspecto mais crítico da organização, ou seja, quando o cliente é o mais importante, e os produtos e serviços devem ser adaptados às suas necessidades. • dispõe os executivos e todos os participantes da organização para a tarefa de satisfazer as necessidades e os requisitos dos clientes; • permite à organização concentrar seus conhecimentos sobre as distintas necessidades e exigências dos canais mercadológicos.
Desvantagens	• as demais atividades da organização – produção, finanças – podem se tornar secundárias ou acessórias, em face da preocupação compulsiva com o cliente; • os demais objetivos da organização – lucratividade, produtividade – podem ser deixados de lado ou sacrificados.

10.2.9.1.5 Departamentalização por Processos

Processo é um conjunto de atividades inter-relacionadas e cíclicas que transforma insumos (entradas) em produtos (saídas). A departamentalização por fases do processo é utilizada quando o produto final é tão complexo que se faz necessário fabricá-lo a partir da divisão em processos menores, com linhas de produção distintas. Exemplo: indústria automobilística. Uma linha de produção é um arranjo físico de máquinas e equipamentos. Essa linha define o agrupamento de pessoas e de materiais para processar as operações.

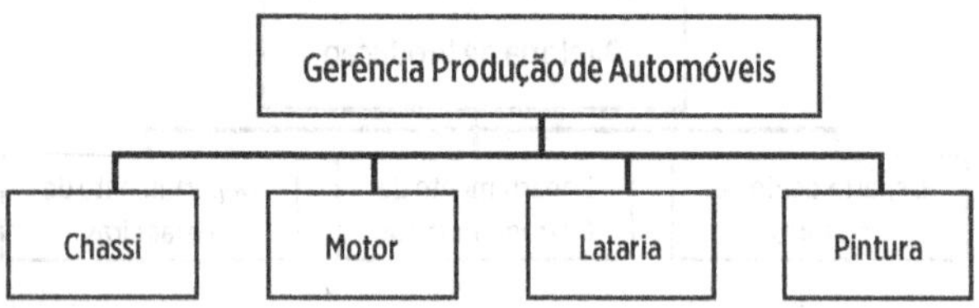

Vantagens	• fixa a responsabilidade e a união dos esforços em determinado processo; • extrai vantagens econômicas oferecidas pela própria natureza do equipamento ou da tecnologia. A tecnologia passa a ser o foco e o ponto de referência para o agrupamento de unidades e posições.
Desvantagens	• quando a tecnologia utilizada sofre mudanças e desenvolvimento revolucionários, a ponto de alterar profundamente os processos; • deve haver especial cuidado com a coordenação dos distintos processos.

10.2.9.1.6 Departamentalização por Projetos

Projeto é um evento temporário e não repetitivo, caracterizado por uma sequência lógica de atividades, com início, meio e fim, que se destina a atingir um objetivo claro e definido, sendo conduzido por pessoas dentro de parâmetros predefinidos de tempo, custo, recursos e qualidade.

A departamentalização por projetos, portanto, é utilizada em empresas cujos produtos envolvem grandes concentrações de recursos por um determinado tempo (navios, fábricas, usinas hidrelétricas, pontes, estradas), que exigem tecnologia sofisticada e pessoal especializado. Como o produto é de grande porte, exige planejamento individual e detalhado e um extenso período de tempo para execução; cada produto é tratado como um projeto.

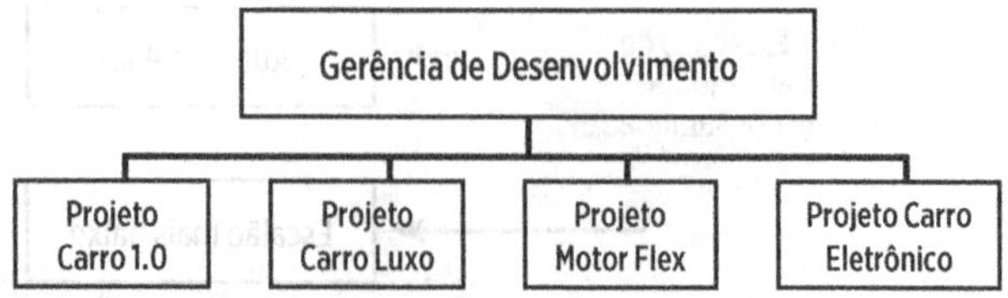

Vantagens	• concentração de recursos e especialistas para realizar um trabalho complexo; • foco no resultado; • melhoria no controle da execução.
Desvantagens	• cada projeto é único, inédito, e envolve muitas habilidades e conhecimentos dispersos na empresa ao longo de seu ciclo de execução. Assim, quando termina uma fase, ou mesmo o projeto, a empresa pode ser obrigada a dispensar pessoal ou a paralisar máquinas e equipamentos se não tiver outro projeto em vista.

10.2.9.1.7 Departamentalização Matricial

Chama-se matricial, pois combina duas formas de estrutura formando uma espécie de grade. Trata-se de uma estrutura mista, híbrida, que combina geralmente a departamentalização funcional com a de produtos ou de projetos.

Os projetos seriam as áreas-fim, enquanto a estrutura funcional seria a área-meio, responsável pelo apoio aos projetos. A autonomia e o poder relativo a cada estrutura seriam decorrentes da ênfase dada pela empresa aos projetos ou às funções tradicionais.

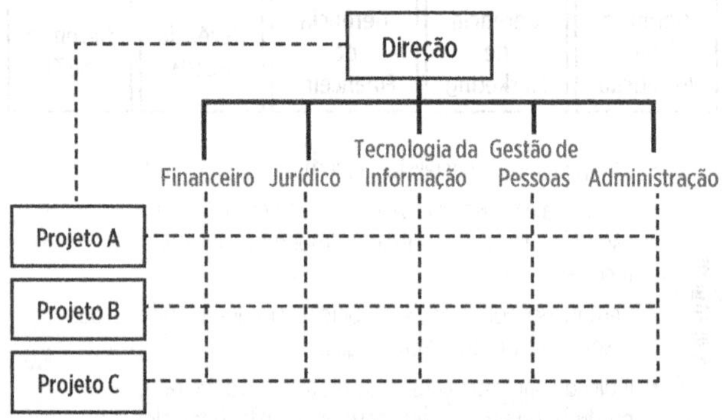

Vantagens	• maior versatilidade e otimização dos recursos humanos; • forma efetiva para conseguir resultados ou resolver problemas complexos; • mais fortemente orientada para resultados; • maior grau de especialização.
Desvantagens	• conflito linha/projeto; • duplicidade de autoridade e comando.

10.2.9.1.8 Departamentalização Mista/Híbrida/Combinada

É praticamente impossível encontrar, na prática, a aplicação pura de um único tipo de departamentalização em toda uma empresa. Geralmente, encontra-se uma reunião de diversos tipos de departamentalização em todos os níveis hierárquicos, a qual se denomina **Departamentalização Mista** ou **Combinada**.

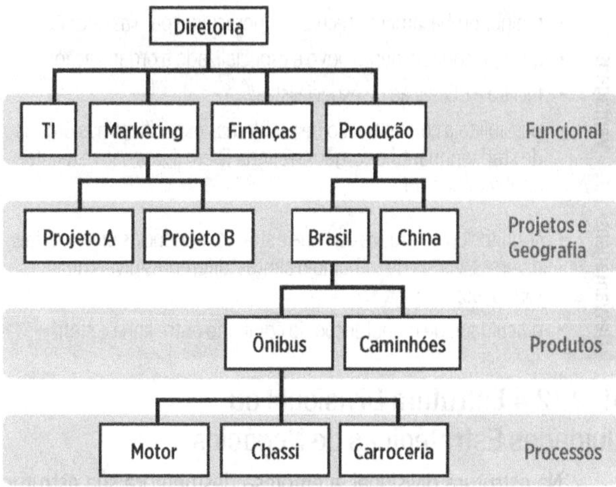

10.2.10 Modelos de Estrutura Organizacional

10.2.10.1 Desenho/Estrutura Vertical (Modelo Mecanicista)

O desenho é piramidal, caracterizando centralização das decisões. Geralmente é a estrutura de organizações tradicionais, forma burocrática, autoridade centralizada, hierarquizadas, mais rígidas, regras e procedimentos padronizados, divisão de trabalho, amplitude administrativa estreita e meios formais de coordenação.

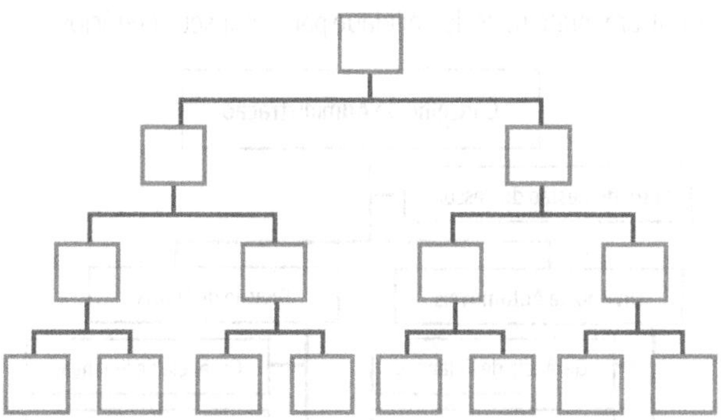

10.2.10.2 Desenho/Estrutura Horizontal (Modelo Orgânico)

As estruturas são mais achatadas e flexíveis, denotando a descentralização de decisões. *Downsizing* – estratégia administrativa para reduzir número de níveis e aspectos burocráticos da empresa. *Adhocráticos*, adaptativos, mais horizontais, com poucas regras e procedimentos, pouca divisão de trabalho, amplitudes administrativas maiores e mais meios pessoais de coordenação.

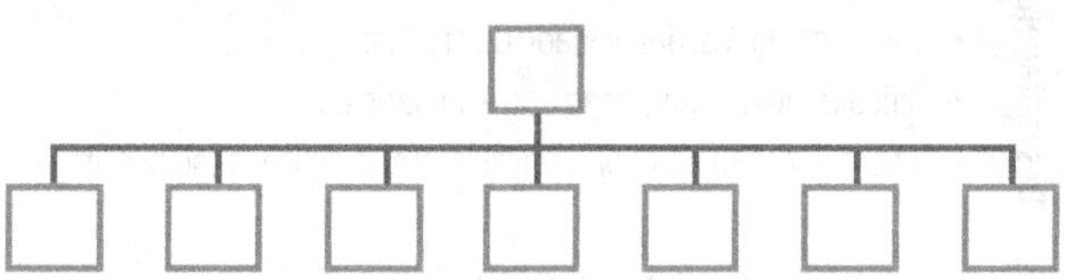

10.2.11 Variáveis Condicionantes da Estrutura Organizacional

01. **Ambiente:** instável, estável, homogêneo, heterogêneo (estrutura se adapta ao ambiente).
02. **Estratégia:** estabilidade ou crescimento (estrutura segue a estratégia), a mudança da estrutura em função da estratégia se chama covariação estrutural.
03. **Tecnologia:** em massa, por processo, unitária; sequencial, mediadora, intensiva (estrutura depende da tecnologia).
04. **Ciclo de vida e tamanho:** nascimento, crescimento, juventude, maturidade (estrutura se ajusta ao tamanho).
05. **Pessoas:** conhecimento x reposição.

10.2.12 Tipos de Estruturas Organizacionais

Cada estrutura deverá se adequar a um modelo, ora mais mecanicista, ora mais orgânico, a depender das variáveis condicionantes.

Os diferentes tipos de organização são decorrência da estrutura organizacional, ou seja, da arquitetura ou formato organizacional que assegura a divisão e a coordenação das atividades dos membros da instituição. A estrutura é o esqueleto que sustenta e articula as partes integrantes. Cada subdivisão recebe o nome de unidade, departamento, divisão, seção, equipe, grupo de trabalho.

10.2.12.1 Estrutura Linear

É a forma mais simples e antiga, originada dos exércitos e organizações eclesiásticas. O nome "linear" se dá em função das linhas diretas e únicas de autoridade e responsabilidade entre superiores e subordinados, resultando em um formato piramidal de organização. Cada gerente recebe e transmite tudo o que se passa na sua área de competência, pois as linhas de comunicação são rigidamente estabelecidas.

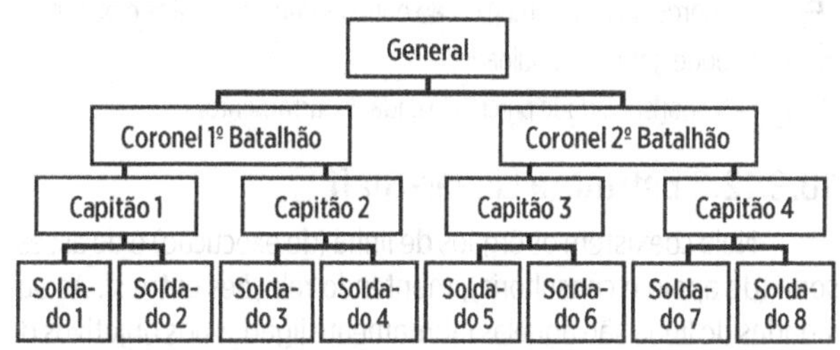

Vantagens	• estrutura simples e de fácil compreensão e implantação; • clara delimitação das responsabilidades dos órgãos – nenhum órgão ou cargo interfere em área alheia; • estabilidade e disciplina garantidas pela centralização do controle e da decisão. • evita a ambiguidade; • unidade de comando, cada subordinado recebe ordens de um único chefe; • ideal para ambientes estáveis; • aproveita o conhecimento das - chefias generalistas; • geralmente só é vantajoso em empresas pequenas.
Desvantagens	• o formalismo das relações pode levar à rigidez e à inflexibilidade, dificultando a inovação e adaptação a novas circunstâncias; • a autoridade linear baseada no comando único e direto pode tornar-se autocrática, dificultando o aproveitamento de boas ideias; • chefes tornam-se generalistas e ficam sobrecarregados em suas atribuições na medida em que tudo tem que passar por eles; • com o crescimento da organização, as linhas formais de comunicação se congestionam e ficam lentas, pois tudo deve passar por elas.

10.2.12.2 Estrutura Funcional

É o tipo de organização em que se aplica o princípio funcional ou princípio da especialização. Cada área é especializada em um determinado assunto; é a autoridade em um tema. Dessa forma, ela presta seus serviços às demais áreas de acordo com sua especialidade.

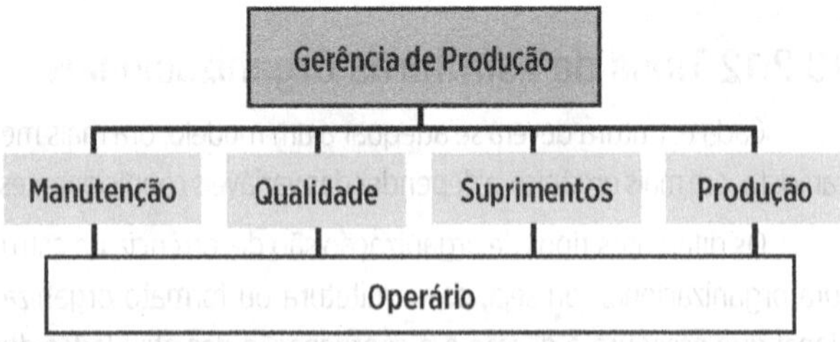

Vantagens	• proporciona especialização e aperfeiçoamento; • permite a melhor supervisão técnica possível; • comunicações diretas, sem intermediação, mais rápidas e menos sujeitas a distorções; • separa as funções de planejamento e de controle das funções de execução: há uma especialização do planejamento e do controle, bem como da execução, permitindo plena concentração de cada atividade.
Desvantagens	• não há unidade de mando, o que dificulta o controle das ações e a disciplina; • subordinação múltipla pode gerar tensão e conflitos dentro da organização; • concorrência entre os especialistas, cada um impondo seu ponto de vista de acordo com sua área de atuação; • coordenação e comunicação entre os departamentos é péssima; • pode gerar ambiguidade; • responsabilidade parcial de cada departamento.

10.2.12.3 Estrutura Linear-Staff

Nela coexistem os órgãos de linha (de execução) e de assessoria (de apoio e consultoria), mantendo relações entre si. As atividades de linha são aquelas intimamente ligadas aos objetivos da organização (áreas-fim). As atividades de *staff* são as áreas-meio, ou seja, prestam serviços especializados que servem de suporte às atividades-fim.

A autoridade para decidir e executar é do órgão de linha. A área de *staff* apenas assessora, sugere, dá apoio e presta serviços especializados. A relação deve ser sinérgica, pois a linha necessita do *staff* para poder desenvolver suas atividades, enquanto o *staff* necessita da linha para poder atuar.

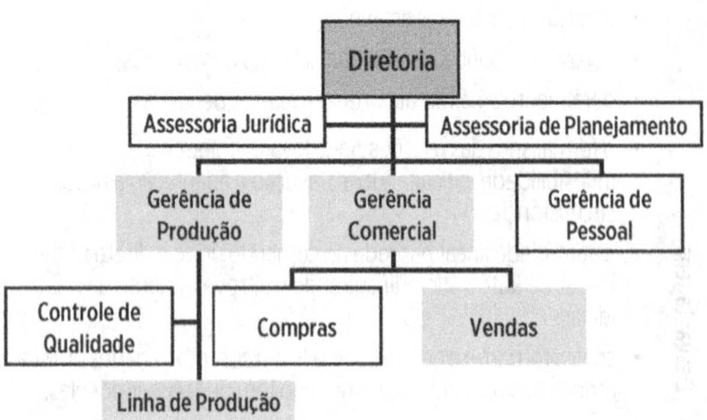

Vantagens	• melhor embasamento técnico e operacional para as decisões; • agregar conhecimento novo e especializado à organização; • facilita a utilização de especialistas; • possibilita a concentração de problemas específicos nos órgãos de staff, enquanto os órgãos de linha ficam livres para executar as atividades-fim.
Desvantagens	• conflitos entre órgãos de linha e staff: experiências profissionais diversas, visões de trabalho distintas, diferentes níveis de formação; • dificuldade de manutenção do equilíbrio entre linha e staff.

10.2.12.4 Estrutura Divisional ou Unidades Estratégicas de Negócios

Na estrutura divisional, a empresa desmembra sua estrutura em divisões, agregando os recursos e pessoas de acordo com os produtos, clientes e/ou mercados que são considerados importantes.

A vantagem deste modelo é que cada divisão funciona de maneira quase autônoma, independente, facilitando sua gestão. Cada divisão passa a ter seus próprios setores de pessoal, de *marketing*, e logística.

Com isso, estas divisões podem escolher estratégias distintas para atingir seus objetivos. Naturalmente, estas divisões não ficam "totalmente livres" do controle da cúpula da empresa, mas encontram muito mais flexibilidade para gerir seus negócios.

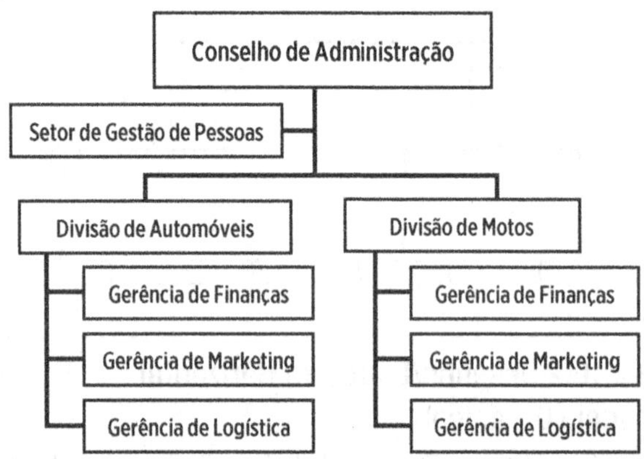

Vantagens	• foco no resultado; • coordenação em razão do produto e serviço; • favorece a inovação e o crescimento; • comunicação e coordenação intradepartamentais boas.
Desvantagens	• custos elevados, duplicidade de órgãos; • dificuldade de integração entre unidades; • a comunicação e a coordenação entre as divisões são péssimas.

10.2.12.5 Estrutura Matricial

Estas estruturas são um modelo híbrido, que conjuga duas estruturas em uma só. Normalmente, é um somatório de uma estrutura funcional com outra estrutura horizontal, temporária, focada em projetos.

As empresas que atuam com esta estrutura buscam associar as vantagens das duas estruturas, juntando os especialistas funcionais nos projetos mais estratégicos, sempre que necessário.

Ela é chamada de matricial porque seu aspecto é parecido com o de uma matriz. Sua criação foi uma tentativa de conciliar, em uma estrutura rígida e hierárquica, a flexibilidade de uma estrutura temporária.

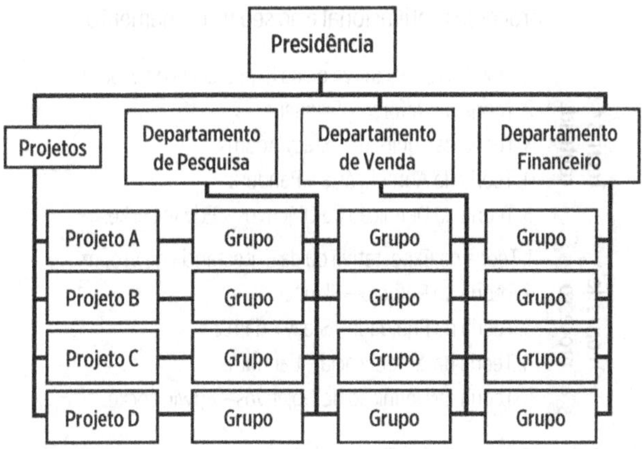

Vantagens	• máximo aproveitamento de pessoal; • redução de custos; • flexibilidade para aumento e redução de quadro organizacional; • facilidade de apuração de resultado e controle de prazos e custos por projeto; • maior ganho de experiência prática do pessoal; • comunicação e coordenação intradepartamentais boas.
Desvantagens	• menor lealdade à instituição; • possibilidade de falta de contato entre elementos da mesma especialidade que trabalham em projetos diferentes; • responsabilidade parcial; • comunicação e coordenação interdepartamentais péssimas.

10.2.12.6 Estrutura em Virtual ou em Rede

A antiga ideia de uma organização que "fazia de tudo" (ou verticalizada) ficou para trás. Como ninguém é "bom em tudo", devemos nos aliar a diferentes parceiros, dependendo da necessidade do momento.

Esta é a ideia central das redes organizacionais. Estas surgiram como uma necessidade de que as organizações fossem mais **flexíveis e adaptáveis às mudanças no ambiente**. Desta maneira, se uma empresa necessita de um novo design para seu novo produto, contrata um escritório de *design*. O mesmo ocorre quando esta empresa necessita de distribuir seu produto em um novo mercado – contrata uma empresa especializada em distribuição.

Assim sendo, a empresa pode estabelecer um foco naquilo que melhor sabe fazer e "mudar de rumo" sempre que for necessário. De acordo com este pensamento, surgiram as "organizações em rede" ou as "redes organizacionais".

Como as pessoas demandam cada vez mais produtos e serviços "customizados", essa tendência tem se acelerado. Mais estratégico do que ter capacidades "internas" (e mais estáveis, claro) é ter parceiros dentro de uma rede de atuação que deem este *Know-how* ou competências que possam ser "adquiridas" sempre que necessário.

A flexibilidade ocorre porque a organização passa a contratar qualquer serviço ou produto que precisar diretamente no mercado. Se em um segundo momento esses produtos e serviços não forem mais demandados, poderá cancelar o contrato e trocar de fornecedor, sem precisar demitir funcionários, vender maquinários, dentre outros custos e problemas.

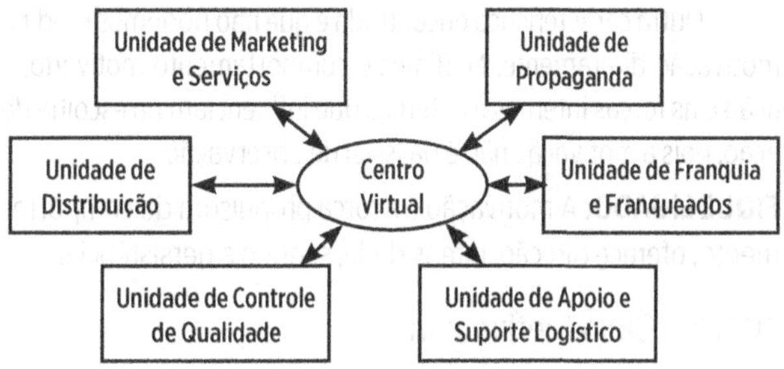

Vantagens	• negócios virtuais ou unidades de negócios; • baixo custo operacional e administrativo; • competitividade global; • flexibilidade e adaptabilidade a ambientes complexos. • rapidez de respostas às demandas ambientais.
Desvantagens	• controle global difícil, riscos e incertezas; • dificuldade de cultura corporativa e lealdades fracas.

10.3 Direção

A direção é a função administrativa que se refere ao relacionamento interpessoal do administrador com seus subordinados. Para que o planejamento e a organização possam ser eficazes, eles precisam ser complementados pela orientação e pelo apoio às pessoas, por meio de adequada comunicação, liderança e motivação, características estas que um administrador deve possuir para conseguir dirigir pessoas com eficiência. Enquanto as outras funções administrativas – planejamento, organização e controle – são impessoais, a direção constitui um processo interpessoal que define as relações entre os indivíduos.

A direção está relacionada diretamente com a atuação sobre as pessoas da organização. Por essa razão, constitui uma das mais complexas funções da administração. Alguns autores preferem substituir a palavra *direção* por liderança ou influenciação. Outros ainda preferem o termo *coaching*. A direção é a fusão de outras duas funções, a coordenação (ajustamento do trabalho) e a liderança.

Para podermos aprofundar na função *direção*, precisamos estudar motivação, pois é questão certa na sua prova também.

10.3.1 Motivação

A motivação define-se pelo desejo de exercer altos níveis de esforço em direção a determinados objetivos, organizacionais ou não, condicionados pela capacidade de satisfazer algumas necessidades individuais.

A motivação é relativa às forças internas ou externas que fazem uma pessoa se entusiasmar e persistir na busca de um objetivo.

Podemos dizer que as principais características básicas da motivação consistem no fato de que ela é um fenômeno individual, ou seja, somos únicos e devemos ser tratados com tal; a motivação é intencional, uma vez que está sob o controle do trabalhador; a motivação é multifacetada, depende tanto do estímulo como da escolha do comportamento empregado.

Outra característica encontrada é que não podemos medir a motivação diretamente. Medimos o comportamento motivado, a ação e as forças internas e externas que influenciam na escolha de ação, pois a motivação não é passível de observação.

FIQUE LIGADO: A motivação é a força propulsora do comportamento; oferece direção, intensidade, sentido e persistência.

10.3.1.1 Ciclo Motivacional

Em todo estado de motivação existe um ciclo motivacional. Ele começa com o surgimento de uma necessidade; portanto, sem essa necessidade, não há ciclo. A necessidade traz um estado psicológico no indivíduo causando um desconforto levando a um motivo para sair de determinada situação. Quando as pessoas estão em estado estável, sem essa necessidade, elas tendem a ficar estáticas, acomodando-se nos lugares que ocupam. Por um lado, isso é bom, mas por outro, seres estáticos se acomodam com a situação atual e acabam ficando para trás. Por isso, este incômodo pode ser visto como algo positivo, pois é ele que faz as pessoas se moverem e conseguirem grandes realizações e avanços como seres humanos ou para qualquer outra coisa.

No ciclo motivacional nem sempre a necessidade pode ser satisfeita. Nesses casos ela é liberada na forma de frustrações, causando desconfortos psicológicos como apatia, depressão, entre outros. Porém, quando não é liberada em aspectos psicológicos, pode ser levada para vias fisiológicas, causando problemas no organismo. A necessidade pode também ser transferida para outro lugar, como, por exemplo, a não conquista de uma necessidade é compensada por algum outro benefício.

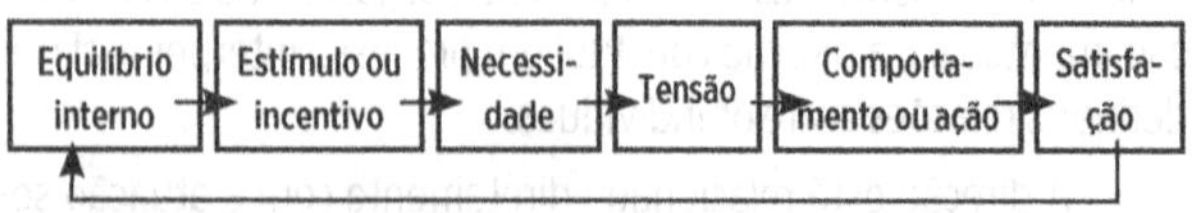

As etapas do ciclo motivacional, envolvendo a satisfação de uma necessidade

10.3.1.2 Tipos de Motivação

Observamos uma divisão no tipo de motivação sabendo que são diversas as causas motivacionais do indivíduo, suas necessidades e expectativas.

Chamamos a motivação de **INTRÍNSECA** quando ela está relacionada com recompensas psicológicas: reconhecimento, respeito, *status*. Esse tipo motivacional está intimamente ligado às ações individuais dos gerentes em relação aos seus subordinados.

Por outro lado, fala-se de motivação **EXTRÍNSECA** quando as causas estão baseadas em recompensas tangíveis: salários, benefícios, promoções, sendo que estas causas independem da gerência intermediária, pois geralmente são determinadas pela alta administração, pelos gerentes gerais.

10.3.2 Principais Teorias Motivacionais

Algumas provas, por exemplo, podem buscar a classificação das teorias em **teorias de conteúdo e teorias de processo**:

- As **teorias de conteúdo** são aquelas que se referem ao conteúdo da motivação, ou seja, **o que** leva o indivíduo a se motivar.
- As **teorias de processos** são aquelas que se referem ao processo motivacional e ao seu funcionamento.

Teorias de conteúdo	1. Teoria da Expectativa ou da Expectância de Vroom. 2. Teoria do Reforço - Skinner. 3. Teoria da Equidade - Stacy Adams. 4. Teoria da Autoeficácia - Bandura. 5. Teoria da Definição de Objetivos - Edwin Locke.
Teorias de processo	1. Teoria da Expectativa ou da Expectância de Vroom. 2. Teoria do Reforço - Skinner. 3. Teoria da Equidade - Stacy Adams. 4. Teoria da Autoeficácia - Bandura. 5. Teoria da Definição de Objetivos - Edwin Locke.

10.3.2.1 Teorias de Conteúdo

As teorias de conteúdo partem do princípio de que os motivos do comportamento humano residem no próprio indivíduo. A motivação para agir e se comportar é originada das forças existentes no indivíduo. Assim, cada pessoa reage de forma diferente a estímulos recebidos.

10.3.2.1.1 Teoria da Hierarquia das Necessidades de Maslow

É a teoria mais conhecida sobre motivação , foi proposta pelo psicólogo americano Abraham H. Maslow, baseia-se na ideia de que cada ser humano esforça-se muito para satisfazer suas necessidades pessoais e profissionais. É um esquema que apresenta uma divisão hierárquica em que as necessidades consideradas de nível mais baixo devem ser satisfeitas antes das necessidades de nível mais alto. Segundo esta teoria, cada indivíduo tem de realizar uma "escalada" hierárquica de necessidades para atingir a sua plena autorrealização.

Para tanto, **Maslow** definiu uma série de cinco necessidades do ser, que são explicadas uma a uma a seguir:

Autorrealização	Desejo da pessoa de se tornar "tudo o que é capaz", crescimento profissional, etc.
Estima	Necessidade de respeito próprio, reconhecimento, status, etc.
Sociais	Necessidade de pertencimento: ter amigos, ter um bom ambiente de trabalho, etc.
Segurança	Ausência de ameaças e perigos: trabalho seguro, sem poluição, tranquilidade financeira
Fisiológicas	Necessidades mais básicas de todo ser-humano: ar, comida, água, etc.

Alguns aspectos sobre a Hierarquia de Necessidades de Maslow

- Para alcançar uma nova etapa, a anterior deve estar satisfeita. Isso se dá uma vez que, quando uma etapa está satisfeita, ela deixa de ser o elemento motivador do comportamento do ser, fazendo com que outra necessidade tenha destaque como motivação.

- Os 4 primeiros níveis dessas necessidades podem ser satisfeitos por aspectos extrínsecos (externos) ao ser humano, e não apenas por sua vontade.
- **Importante!** A necessidade de autorrealização nunca é saciada, ou seja, quanto mais se sacia, mais a necessidade aumenta.
- Acredita-se que as necessidades fisiológicas já nascem com o indivíduo. As outras mostradas no esquema acima se adquirem com o tempo.
- As necessidades primárias, ou básicas, satisfazem-se mais rapidamente que as necessidades secundárias, ou superiores.
- O indivíduo será sempre motivado pelas necessidades que se apresentarem mais importantes para ele.
- De acordo com Maslow, há uma hierarquia na satisfação das necessidades, indo da base para o topo.
- De acordo com os teóricos atuais, não há hierarquia entre as necessidades; tudo depende da prioridade de cada indivíduo. (BOLD)

Essa teoria está perdendo cada vez mais força, mas ainda é considerada importante pela excelente divisão das necessidades.

10.3.2.1.2 Teoria ERC ou ERG de Clayton Alderfer

Basicamente, é uma adaptação da teoria da hierarquia das necessidades de Maslow.

Alderfer procurou adequar os estudos de Maslow para que a teoria pudesse refletir os dados de suas pesquisas.

A primeira diferença é o fato de que Alderfer reduziu os níveis hierárquicos para três: de existência, de relacionamento e de crescimento (em inglês: *grow*).

01. **Necessidades de existência (*existence*):** incluem as necessidades de bem-estar físico: existência, preservação e sobrevivência. Abarcam as necessidades básicas de Maslow, ou seja, as fisiológicas e as de segurança.
02. **Necessidades de relacionamento (*relatedness*):** são as necessidades de relacionamentos interpessoais, ou seja, de sociabilidade e relacionamento social. Podem ser associadas às necessidades sociais e de estima de Maslow.
03. **Necessidades de crescimento (*grow*):** são as necessidades que o ser humano tem de desenvolver seu potencial e crescer. Relacionam-se com as necessidades de realização de Maslow.

Outra diferença está no fato de que na teoria ERC não existe uma hierarquia tão rígida. Vários níveis de necessidades podem ser estimulados ao mesmo tempo – a satisfação de um nível anterior não seria um pré-requisito para a satisfação do nível seguinte.

Além disso, se um nível de necessidade superior não for atendido, isso pode levar a pessoa a aumentar a necessidade de nível inferior. Exemplo: a falta de reconhecimento no trabalho poderia aumentar a demanda por melhores salários.

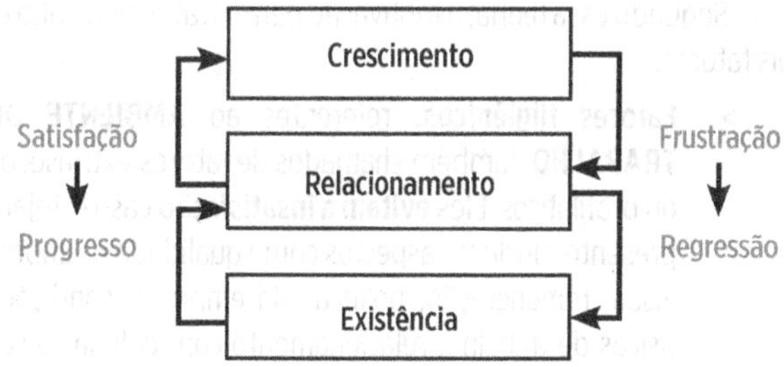

10.3.2.1.3 Teoria das Necessidades Adquiridas de David McClelland

De acordo com McClelland, a motivação é relacionada com a satisfação de certas necessidades adquiridas dos indivíduos. Estas necessidades seriam geradas por meio da própria experiência das pessoas, de sua vivência.

01. **Necessidade de Realização (Competir):** é o desejo de ser excelente, de ser melhor, de ser mais eficiente; as pessoas com essas necessidades gostam de correr riscos calculados, de ter responsabilidades, de traçar metas.
02. **Necessidade de Poder (Exercer influência):** é o desejo de controlar os outros e de influenciá-los. Pessoas assim têm grande poder de argumentação e esse poder pode ser tanto positivo quanto negativo; elas procuram assumir cargos de liderança.
03. **Necessidade de Afiliação (Relacionar-se):** reflete o desejo de interação social, de contatos interpessoais, de amizades e de poucos conflitos. Pessoas com essas necessidades colocam seus relacionamentos acima das tarefas.

→ **As principais conclusões que podemos tirar dessa teoria são:**

01. As pessoas se sentem muito motivadas quando o trabalho tem bastante responsabilidade, um grau médio de riscos e bastante *feedback*.
02. Uma grande necessidade de realização não faz de alguém, necessariamente, um bom gestor, mas faz com que ela busque o desempenho para atingir as metas fixadas. Isso acontece porque pessoas preocupadas demais em realizar os objetivos não costumam se importar tanto em fazer com que os membros de uma equipe melhorem seu desempenho. Os bons gerentes gerais não costumam ter uma alta necessidade de realização.
03. As necessidades de poder e afiliação estão intimamente ligadas ao sucesso gerencial. Os melhores gestores são aqueles que possuem grande necessidade de poder e baixa necessidade de afiliação. Pode-se considerar que uma grande motivação pelo poder é requisito para a eficácia administrativa.

Trata-se, como se vê, de uma teoria com bastante suporte, mas que possui dificuldades em se operacionalizar, dado que é custoso e demorado conseguir identificar as necessidades do indivíduo sob esta teoria, já que elas são subconscientes.

10.3.2.1.4 Teoria dos Dois Fatores de Herzberg

A Teoria dos Dois Fatores de Herzberg é uma das teorias motivacionais mais importantes, sendo também chamada de Teoria da Higiene-Motivação.

Segundo essa teoria, a motivação para o trabalho resulta de dois fatores:

> **Fatores Higiênicos:** referentes ao **AMBIENTE DE TRABALHO**, também chamados de fatores extrínsecos ou profiláticos. Eles **evitam a insatisfação** caso estejam presentes. Incluem aspectos como qualidade da supervisão, remuneração, políticas da empresa, condições físicas de trabalho, relacionamento com colegas e segurança no emprego, benefícios, estilos de gestão, políticas da empresa;

> **Fatores Motivacionais:** referentes ao **CONTEÚDO DO CARGO**, ou seja, ao próprio trabalho, sendo também chamados de fatores intrínsecos. São responsáveis pela existência de satisfação dos funcionários. Incluem aspectos como chances de promoção, oportunidades de crescimento pessoal, reconhecimento, responsabilidades e realização.

Fatores Motivacionais	Fatores Higiênicos
Trabalho em si.	Condições de trabalho.
Realização.	Administração da empresa.
Reconhecimento.	Salário.
Progresso.	Relações com o supervisor.
Responsabilidade.	Benefícios e incentivos sociais.

> A satisfação no cargo depende dos fatores motivacionais.

> A insatisfação no cargo depende dos fatores higiênicos.

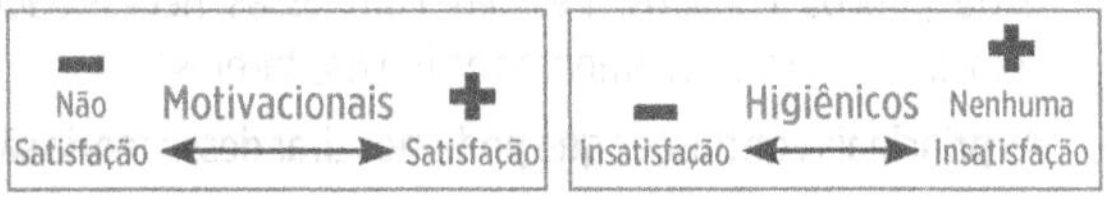

Convém compreender que, para a Teoria dos Dois Fatores, **a satisfação não é o oposto da insatisfação**. (TODA A FRASE EM BOLD)

Na verdade, na ausência de fatores higiênicos, haveria a insatisfação; enquanto que, na sua presença, chegar-se-ia a um "ponto neutro", chamado de não insatisfação.

Enquanto isso, na ausência de fatores motivacionais, haveria, quanto a esses fatores, um estado de não satisfação. Se eles estiverem presentes, haveria um estado de satisfação.

Para que o trabalhador se sinta motivado, é necessário que ele possua fatores extrínsecos satisfeitos (para evitar a desmotivação) e fatores motivacionais também satisfeitos (para que se gere a motivação).

10.3.2.1.5 Teoria X e Y de Douglas McGregor

As Teorias X e Y são antagônicas quanto à sua visão do ser humano. Ambas foram desenvolvidas por Douglas McGregor, de acordo com sua observação do comportamento dos gestores com relação aos funcionários.

De acordo com os pressupostos da **Teoria X**, as pessoas: são preguiçosas e indolentes; evitam o trabalho; evitam a responsabilidade para se sentirem mais seguras; precisam ser controladas e dirigidas; são ingênuas e sem iniciativa.

Se o gestor tem esta visão negativa das pessoas, ele tende a ser mais controlador e repressor, a tratar os subordinados de modo mais rígido, a ser autocrático, a não delegar responsabilidades.

Nas pressuposições da **Teoria Y**, o trabalho é uma atividade tão natural como brincar ou descansar, portanto, as pessoas: são esforçadas e gostam de ter o que fazer; procuram e aceitam responsabilidades e desafios; podem ser automotivadas e autodirigidas; são criativas e competentes.

Como o gestor acredita no potencial dos funcionários, ele incentiva a participação, delega poderes e cria um ambiente mais democrático e empreendedor.

Teoria X	Teoria Y
Um indivíduo comum, em situações comuns, evitará sempre que possível o trabalho.	O indivíduo comum não só aceita a responsabilidade do trabalho, como também as procura.
Alguns indivíduos só trabalham sob forte pressão.	O controle externo e a ameaça não são meios adequados de se obter trabalho.
Precisam ser forçados, contralados para que se esforcem em cumprir os objetivos.	O dispêndio de esforço no trabalho é algo natural.
É preguiçoso e prefere ser dirigido, evita as responsabilidades, tem ambições e, acima de tudo, deseja sua própria segurança.	São criativos e incentivos, buscam sempre a solução para os problemas da empresa.
O indivíduo é motivado pelo menor esforço, demandando um acompanhamento por parte do líder.	São pessoas motivadas pelo máximo esforço, demandando uma participação maior nas decisões e negociações inerentes ao seu trabalho.
São ameaçados com punições severas para que se esforcem em cumprir os objetivos estabelecidos pela organização.	O atingimento dos objetivos da organização está ligado às recompensas associadas e não ao controle rígido e às punições.
O homem comum busca, basicamente, segurança.	Os indivíduos são criativos e inventivos, buscam sempre a solução para os problemas da empresa.

10.3.2.2 Teorias de Processo

Enquanto as teorias de conteúdo se preocupam com as necessidades, as teorias de processo procuram verificar como o comportamento é ativado, dirigido, mantido e ativado.

10.3.2.2.1 Teoria da Expectativa ou da Expectância de Vroom

A Teoria da Expectativa (também chamada de Expectância), de Victor Vroom, é uma das teorias da motivação mais amplamente aceitas para o contexto organizacional atual.

Sua ideia central é a seguinte: os funcionários ficarão motivados para um trabalho quando acreditarem que seu esforço gerará o desempenho esperado pela organização e que esse desempenho fará com que ele receba recompensas da organização, que servirão para a satisfação de suas metas pessoais.

Parece complexo, mas vamos desdobrar o que foi dito acima em três aspectos centrais. Assim, as relações que influenciam a motivação do funcionário na organização são as seguintes:

01. **Relação esforço-desempenho (Expectância):** trata-se da crença do funcionário de que seu esforço gerará o desempenho esperado e que esse resultado será percebido pela organização em sua avaliação de desempenho.

02. **Relação desempenho-recompensa (Instrumentalidade):** trata-se da crença de que ao atingir os objetivos fixados para si, o funcionário receberá recompensas da organização, como remuneração variável, bônus, folgas, etc.

03. **Relação recompensa-metas pessoais (Valência):** trata-se do grau em que as recompensas que o funcionário recebe da organização servem para que ele possa atingir as próprias metas pessoais.

10.3.2.2.2 Teoria do Reforço - Skinner

A ideia principal dessa teoria é a de que o reforço condiciona o comportamento, sendo que este é determinado por experiências negativas ou positivas, devendo o gerente estimular comportamentos desejáveis e desencorajar comportamentos não agradáveis.

O reforço positivo se dá de várias formas, tais como: premiações, promoções e até um simples elogio a um trabalho bem feito. São motivadores vistos que incentivam o alto desempenho.

O reforço negativo condiciona o funcionário a não se comportar de maneira desagradável. Tal reforço atua por meio de repreensões, chegando até a demissão.

Conforme Schermerhorn (1996 apud CHIAVENATO, 2005, p. 486-487), **existem quatro estratégias de modificação de comportamento organizacional**:

> **Reforço positivo:** para aumentar a frequência ou intensidade do comportamento desejável, relacionando com as consequências agradáveis e contingentes à sua ocorrência. Exemplo: um administrador que demonstra aprovação por uma atitude de um funcionário; uma organização que concede um prêmio financeiro a um funcionário por uma boa sugestão.

> **Reforço negativo:** para aumentar a frequência ou intensidade do comportamento desejável pelo fato de evitar uma consequência desagradável e contingente à sua ocorrência. Um gerente deixa de repreender o funcionário faltoso ou deixa de exigir que não mais cometa determinada falta.

> **Punição:** para diminuir a frequência ou eliminar um comportamento indesejável pela aplicação da consequência desagradável e contingente à sua ocorrência. Um administrador repreende o funcionário ou suspende o pagamento de bônus ao funcionário que atrasa indevidamente o seu trabalho.

> **Extinção:** para diminuir a frequência ou eliminar um comportamento indesejável pela remoção de uma consequência agradável e contingente à sua ocorrência. Um administrador observa que um empregado faltoso recebe aprovação social de seus colegas e aconselha os colegas a não praticarem mais tal aprovação. A extinção não encoraja nem recompensa.

10.3.2.2.3 Teoria da Equidade - Stacy Adams

Para Stacy Adams, todos fazem uma comparação entre o que "entrega" e o que "recebe" em troca (pela empresa e colegas). Assim, a noção de que a relação é justa teria um impacto significativo na motivação.

Equidade, neste caso, é a relação entre a contribuição que o indivíduo dá em seu trabalho e as recompensas que recebe, comparadas com as recompensas que os outros recebem em troca dos esforços empregados. É uma relação de comparação social.

A Teoria da Equidade focaliza a relação dos resultados para os esforços empreendidos em relação à razão percebida pelos demais, existindo assim a EQUIDADE. Porém, quando essa relação resulta em um sentimento de desigualdade, ocorre a INEQUIDADE, podendo esta ser *negativa*, quando o trabalhador recebe menos que os outros, e positiva, quando o trabalhador recebe mais que os outros.

Se alguma dessas duas condições acontece, o indivíduo poderá se comportar da seguinte forma:

> Apresentará uma redução ou um aumento em nível de esforço.

> Poderá fazer tentativas para alterar os resultados.

> Poderá distorcer recursos e resultados.

> Poderá mudar de setor ou até de emprego.

> Poderá provocar mudanças nos outros.

> E, por fim, poderá trocar o grupo ao qual está se comparando.

A equidade é subjetiva: o que pode parecer justo para o superior pode não parecer justo para o subordinado. Por isso, a maior importância recai sobre o que o ambiente percebe como justo, e não sobre o que o gerente acredita ser justo.

10.3.2.2.4 Teoria da Autoeficácia – Bandura

Autoeficácia é a percepção que temos de que somos capazes, competentes e aptos para realizar um trabalho. Assim, torna-se necessária para a motivação. Masquando é elevada demais, é um obstáculo para o aprendizado, pois o indivíduo acredita que já não precisa melhorar mais, porque está no nível de excelência.

Segundo esta teoria, a motivação e o desempenho de um indivíduo podem ser determinados pelo quanto este indivíduo acredita que pode ser eficiente desenvolvendo as tarefas (SPECTOR, 2006). Isso significa que pessoas com alto nível de **autoeficácia** são motivadas a fazer tarefas, pois acreditam que podem desempenhá-las bem, e pessoas com baixo nível de **autoeficácia** não se motivam por certas tarefas por não acreditarem no sucesso de suas ações para desenvolvê-las.

Utilizando o pensamento de Bandura, *apud* Yassudaetall (2005), pode-se dizer que a teoria da autoeficácia prevê que a confiança que o indivíduo tem em sua capacidade é uma grande fonte de motivação e é reguladora de suas atitudes. Quando uma pessoa se percebe capaz de realizar algo, esforça-se mais e tem mais motivação para concluir sua tarefa do que o indivíduo com baixo nível de autoeficácia.

Assim, este estudo afirma que uma pessoa esforça-se mais em tarefas que acredita ter maior grau de autoeficácia para realizar, e que a autoeficácia das pessoas pode variar de acordo com a tarefa que terão que realizar (SPECTOR, 2006).

Bandura também apresenta quatro fontes possíveis para autoeficácia: a fonte mais importante seria o próprio desempenho da pessoa nas tarefas em um determinado domínio. A autoeficácia também pode ser influenciada pela observação do desempenho de outras pessoas - que pode nos levar a concluir que faríamos melhor ou pior do que os outros fazem. Outra fonte da autoeficácia seria a persuasão verbal de outras pessoas, que podem nos convencer de que somos ou não capazes de realizar algo. Finalmente, a percepção de nossos estados fisiológicos também pode afetar nossa autoeficácia, pois se nos sentimos ansiosos, amedrontados frente a certas tarefas, podemos inferir que nos sentimos assim porque não somos capazes de realizá-las (BANDURA *apud* YASSUDA *et all*, 2005, p.1).

10.3.2.2.5 Teoria da Definição de Objetivos – Edwin Locke

A Teoria da Definição de Objetivos desenvolvida por Edwin Locke preconiza que a motivação das pessoas está intrinsecamente ligada à busca de alcance de objetivos. O objetivo sinaliza às pessoas o que precisa ser feito e quanto esforço elas terão de despender para o seu alcance.

É uma abordagem cognitiva que sustenta que o comportamento de uma pessoa é orientado por seus propósitos.

Está fundamentada em alguns pressupostos:

01. Objetivos bem definidos e mais difíceis de serem alcançados levam a melhores resultados do que metas genéricas e abrangentes.
02. Objetivos difíceis, para pessoas capacitadas, elevam o desempenho.
03. A retroação a respeito do desempenho provoca melhor desempenho. Quando a retroação é autogerenciada, é mais poderosa que a retroação externa.
04. Objetivos construídos com a participação dos funcionários, que terão que atingi-los para que surtam mais resultados.
05. Pessoas com alta autoeficácia tendem a concluir com êxito as tarefas. Pessoas com baixa autoeficácia precisam de maior retroação externa.
06. A definição individual de objetivos funciona melhor para tarefas individuais e independentes.

10.3.3 Estilos de Direção

10.3.3.1 Os Sistemas Administrativos

Dentro desse filão, Likert, outro expoente da teoria comportamental, fez uma pesquisa levando em conta algumas variáveis comportamentais importantes. Dentre elas, estão o processo decisorial, os sistemas de comunicação, o relacionamento interpessoal dos membros e os sistemas de punições e recompensas adotados pelas organizações.

> **Processo decisorial.** O administrador pode centralizar totalmente em suas mãos todas as decisões dentro da organização (centralização) ou pode descentralizar totalmente as decisões de maneira conjunta e participativa com as pessoas envolvidas (descentralização). Ele pode adotar uma supervisão direta, rígida e fechada sobre as pessoas (estilo autocrático) até uma supervisão genérica, aberta, democrática e orientadora que permite ampla autodireção e autocontrole por parte das pessoas (estilo democrático).

> **Sistemas de comunicação.** O administrador pode adotar fluxos descendentes de ordens e instruções e fluxos ascendentes de relatórios para informação (comunicação vertical e rígida), ou pode adotar sistemas de informação desenhados para proporcionar acesso a todos os dados necessários ao desempenho (comunicação vertical e horizontal intensa e aberta).

> **Relacionamento interpessoal.** O administrador pode adotar cargos com tarefas segmentadas e especializadas (cargos especializados, individualizados e confinados em que as pessoas não podem se comunicar entre si) ou pode adotar desenhos de cargos que permitam o trabalho em grupo ou em equipe em operações autogerenciadas e autoavaliadas (cargos enriquecidos e abertos).

> Sistemas de punições e recompensas. O administrador pode adotar um esquema de punições que obtenha a obediência por meio da imposição de castigos e medidas disciplinares (ênfase nas punições e no medo), ou pode adotar um esquema de recompensas materiais e simbólicas para obter a aceitação, a motivação positiva e o comprometimento das pessoas (ênfase nas recompensas e no estímulo).

Likert chegou à conclusão de que as variáveis comportamentais escolhidas para sua pesquisa variam e se comportam como continuons.

Em função dessa continuidade, chegou à conclusão de que existem quatro sistemas administrativos.

10.3.3.1.1 Sistema 1: Autoritário-Coercitivo

No extremo esquerdo do *continuum*, o Sistema 1 constitui o sistema mais fechado, duro e arbitrário de administrar uma organização. É totalmente coercitivo e coativo, impondo regras e regulamentos, e exige rígida e cega obediência. As decisões são monopolizadas na cúpula da organização. Impede a liberdade, nega a informação, restringe o indivíduo e faz com que ele trabalhe isoladamente dos demais. Há forte desconfiança em relação às pessoas e impede-se qualquer contato interpessoal. Para incentivar as pessoas a trabalharem, utiliza punições e castigos - a motivação negativa - de modo a impor intimidação e medo e reforçar a obediência cega.

10.3.3.1.2 Sistema 2: Autoritário-Benevolente

O Sistema 2 é também um sistema autoritário. Todavia, é benevolente e menos coercitivo e fechado do que o anterior. Permite alguma delegação das decisões em níveis mais baixos, desde que essas decisões sejam repetitivas e operacionais e sujeitas à confirmação da cúpula. As restrições à liberdade são menores do que no Sistema I; oferece-se alguma informação, já que o fluxo vertical de informações traz ordens e comandos de cima para baixo e informações de baixo para cima a fim de abastecer o processo decisório. Existe ainda uma grande desconfiança das pessoas, mas permite-se algum relacionamento entre elas, como certa condescendência da organização. O sistema utiliza punições e castigos, mas já se preocupa com recompensas, que são estritamente materiais e salariais, frias e calculistas.

10.3.3.1.3 Sistema 3: Consultivo

O Sistema 3 já é mais aberto do que os anteriores. Deixa de ser autocrático e impositivo para dar alguma margem de contribuição das pessoas. Daí a sua denominação do sistema consultivo. Proporciona descentralização e delegação das decisões, permitindo que as pessoas possam envolver-se no processo decisorial da organização. O sistema se apoia em boa dose de confiança nas pessoas, permitindo que elas trabalhem ocasionalmente em grupos ou em equipes. As comunicações são intensas e o seu fluxo é vertical - acentuadamente ascendente e descendente - com algumas repercussões laterais ou horizontais. O sistema utiliza mais recompensas - que são predominantemente materiais e ocasionalmente sociais - e poucas punições.

10.3.3.1.4 Sistema 4: Participativo

No extremo direito do *continuum* está o Sistema 4, que constitui o sistema mais aberto e democrático de todos. É denominado sistema participativo, pois incentiva total descentralização e delegação das decisões aos níveis mais baixos da organização, exigindo apenas um controle dos resultados por parte da cúpula. As decisões passam a ser tomadas diretamente pelos executores das tarefas. O sistema se apoia em total confiança nas pessoas e no seu *empoderamento* (*empowerment*), incentivando a responsabilidade e o trabalho conjunto em equipe. As comunicações constituem o núcleo de integração do sistema, e seu fluxo é tanto vertical como horizontal para proporcionar envolvimento total das pessoas no negócio da organização. O sistema utiliza amplamente as recompensas salariais como parte do seu esquema de remuneração variável pelo alcance de metas e resultados, bem como recompensas sociais ou simbólicas. As punições são raras e, quando acontecem, são decididas e administradas pelas equipes ou grupos de trabalho.

Mas, o que determina o tipo de administração a ser desenvolvido pelo administrador? Geralmente, a consistência entre meios e fins. E aqui reside um dos principais aspectos da teoria administrativa. Essa consistência depende de conceitos e teorias a respeito da natureza das pessoas, como elas se comportam nas organizações e como os administradores devem se comportar nesse conjunto. Os sistemas administrativos de Likert constituem uma notável contribuição da escola comportamental para a avaliação do grau de abertura e democratização das organizações. As organizações bem-sucedidas estão migrando decidida e rapidamente para o lado direito do *continuum* descrito - Sistema 4 - e adotando posturas altamente participativas e democráticas com relação às pessoas que nelas trabalham.

10.3.4 O Papel da Direção

Para a Teoria Comportamental, o papel do administrador é promover a integração e articulação entre as variáveis organizacionais e as variáveis humanas, focalizando o ambiente e, mais especificamente, o cliente. De um lado, as variáveis organizacionais, como missão, objetivos, estrutura, tecnologia, tarefas etc.; e de outro, as variáveis humanas, como habilidades, atitudes, competências, valores, necessidades individuais etc., que devem ser devidamente articuladas e balanceadas. As ações de planejar, organizar, controlar e, principalmente, dirigir servem exatamente para proporcionar essa integração e articulação.

Para alcançar uma adequada integração e articulação entre as variáveis organizacionais e as variáveis humanas, o administrador deve utilizar vários mecanismos, como as variáveis comportamentais estudadas por Likert: o processo decisório, os sistemas de comunicação, o relacionamento interpessoal dos membros e o sistema de punições e recompensas.

Por meio desses mecanismos de integração, o papel do administrador se estende por uma ampla variedade de alternativas, que vão desde o Sistema I até o Sistema 4 de Likert. O administrador exerce direção, toma decisões e influencia e motiva as pessoas. Ele comunica e estrutura as organizações e desenha cargos e tarefas que repercutem no relacionamento interpessoal dos membros. Ele incentiva as pessoas sob diferentes aspectos. Em cada uma dessas áreas, o papel do administrador pode variar entre comportamentos ou abordagens alternativos.

10.3.4.1 A Direção e as Pessoas

As mais recentes abordagens administrativas enfatizam que são as pessoas que fazem a diferença nas organizações. Em outras palavras, em um mundo onde a informação é rapidamente disponibilizada e compartilhada pelas organizações, sobressaem aquelas que são capazes de transformá-la rapidamente em oportunidades em termos de novos produtos e serviços antes que outras organizações o façam. E isso somente pode ser conseguido com a ajuda das pessoas que sabem utilizá-la adequadamente, e não apenas com a tecnologia que pode ser adquirida no mercado. São as pessoas - e não apenas a tecnologia - que fazem a diferença. A tecnologia pode ser adquirida por qualquer organização com relativa facilidade nos balcões do mercado. Bons funcionários requerem um investimento muito mais longo em termos de capacitação quanto a habilidades e conhecimentos e, sobretudo, de confiança e comprometimento pessoal.

Ouchi deu o nome de **Teoria Z** para descrever o esquema de administração adotado pelos japoneses, cujos princípios são:

- Filosofia de emprego em longo prazo.
- Poucas promoções verticais e movimentos em cargos laterais.
- Ênfase no planejamento e desenvolvimento da carreira.
- Participação e consenso na tomada de decisões.
- Envolvimento dos funcionários.

É certo que todos esses princípios são válidos para o Japão e sua peculiar cultura oriental e tradições milenares. Mas todos eles podem ser simplesmente transplantados para um país como o nosso, com hábitos e costumes totalmente diferentes. Contudo, alguns aspectos mostram que confiança, consenso e envolvimento das pessoas no negócio são fatores inequívocos de sucesso organizacional. Em qualquer lugar do mundo, é bom não perdê-los de vista.

10.3.4.2 Conceito de Grupo Social

No passado, prevaleceu por longas décadas a noção de que os indivíduos constituíam o elemento básico na construção dos blocos organizacionais e da dinâmica organizacional. O tempo, a experiência e os resultados serviram para descartar essa noção míope e errônea, e as organizações mais avançadas passaram a redesenhar os seus processos organizacionais construídos sobre e ao redor de indivíduos para remodelá-los inteiramente no nível de grupos de trabalho. Um grande número de organizações está caminhando rápida e definitivamente nessa direção: a ideia é sair do nível do átomo ou da molécula e passar a selecionar grupos - e não mais indivíduos - treinar, remunerar, promover, liderar e motivar grupos, e uma enorme extensão de atividades organizacionais, no sentido de utilizar não mais as pessoas de maneira confinada e isolada, mas grupos de trabalho atuando coesa e conjuntamente. Chegou, portanto, a hora de levar os grupos a sério.

Um grupo pode ser definido como um conjunto de dois ou mais indivíduos que estabelecem contatos pessoais, significativos e propositais, uns com os outros, em uma base de continuidade, para alcançar um ou mais objetivos comuns. Nesse sentido, um grupo é muito mais do que um simples conjunto de pessoas, pois seus membros se consideram mutuamente dependentes para alcançar os objetivos e interagem uns com os outros regularmente para o alcance desses objetivos no decorrer do tempo. Todas as pessoas pertencem a vários grupos, dentro e fora de organizações. Por outro lado, os administradores estão participando e liderando as atividades de muitos e diferentes grupos em suas organizações.

Existem grupos formais e informais. Um grupo formal é um grupo oficialmente designado para atender a um específico propósito dentro de uma organização. Algumas unidades de grupo são permanentes e até podem aparecer nos organogramas de muitas organizações na figura de departamentos (como departamentos de pesquisa de mercado), divisões (como divisão de produtos de consumo) ou de equipes (como equipe de montagem de produtos). Um grupo permanente pode variar de tamanho, indo desde um pequeno departamento ou uma equipe de poucas pessoas até grandes divisões com centenas de pessoas envolvidas. Em todos esses casos, os grupos formais compartilham a característica comum de serem criados oficialmente para desempenhar certas tarefas em uma base duradoura, e continuam sua existência até que alguma decisão mude ou reconfigure a organização por alguma razão.

Os grupos temporários são criados para específicos propósitos e se dissolvem quando tal propósito é alcançado ou cumprido. Certos comitês ou forças-tarefa designados para resolver problemas específicos ou cumprir atribuições especiais são exemplos típicos de grupos temporários. O presidente de uma organização pode solicitar uma força-tarefa para estudar a viabilidade de adotar horário flexível para o pessoal de nível gerencial da empresa. Alguns grupos temporários requerem apenas um líder ou orientador, e não um gerente para alcançar bons resultados.

Por outro lado, muitas organizações utilizam grupos informais que emergem extraoficialmente e que não são reconhecidos como parte da estrutura formal da organização. São grupos amigáveis que se compõem de pessoas com afinidades naturais entre si e que trabalham juntas com mais facilidade. Os grupos de interesses são compostos de pessoas que compartilham interesses comuns e que podem ter interesses relacionados com o trabalho, como serviços comunitários, esportes ou religião.

Quaisquer que sejam os tipos de grupos de trabalho, é inegável a sua enorme utilidade para as organizações.

10.3.5 Trabalho em Equipe

A formação de uma boa equipe que conquiste excelentes resultados tem sido uma busca cada vez mais frequente em qualquer tipo de organização. A tradicional reunião de pessoas em busca de objetivos comuns, que, no passado, era chamada de equipe, hoje é entendida como sendo, na verdade, apenas agrupamento, ou grupo. A verdadeira equipe é aquela que possui objetivos claros, sabe exatamente onde deve chegar, cresce enquanto equipe, mas que respeita e incentiva o crescimento de cada um dos seus componentes. Dessa forma, muito mais do que retratar o papel das equipes na organização, pretende-se descrever os tipos de personalidade, de modo que se consiga uma formação, por meio de uma melhor análise, de equipes de elevado desempenho, com personalidades que venham sempre a somar.

10.3.5.1 O que é uma Equipe?

A equipe é um grupo de pessoas, em que seus participantes se conhecem, relacionam-se diretamente, havendo ainda uma unidade de espírito e de ação. Quando se focalizam as equipes, verifica-se que os resultados que elas querem atingir são os objetivos da organização.

A equipe traz consigo a ação, a execução do trabalho, agrupando profissionais de categorias diferentes ou não, complementando-se, articulando-se e dependendo uns dos outros para objetivos comuns.

10.3.5.1.1 Objetivos do Trabalho em Equipe

As organizações que se baseiam no trabalho em equipe buscam evitar condições opressivas de trabalho e as substituem por processos e políticas que estimulam as pessoas a trabalharem efetivamente para objetivos comuns. Conforme MOSCOVICI (1996) *"(...) desenvolver uma equipe é ajudar a aprender e a institucionalizar um processo constante de autoexame e avaliação das condições que dificultam seu funcionamento efetivo, além de desenvolver habilidades para lidar eficazmente com esses problemas."*

É necessário que uma equipe possua objetivos, para que consiga se manter e se desenvolver. Os objetivos são de suma importância para o trabalho em equipe, pois guiam as ações dos participantes do grupo, que coordenam e planejam seus esforços. Servem ainda para delimitar critérios a fim de resolver conflitos interpessoais, de maneira a promover a melhoria do trabalho, que passa a ser constantemente avaliado, analisado e revisado. Os objetivos, quando imediatos, têm maior significado para a equipe. Devem servir como passos intermediários para os objetivos principais.

10.3.5.1.2 Tipos de Equipes

PARKER (1995) divide as equipes em três tipos específicos, cada qual com as suas características.

A **equipe funcional** é formada por um chefe e seus subordinados diretos e tem sido a marca da empresa moderna. Questões como autoridade, relações, tomada de decisão, liderança e gerenciamento demarcado são simples e claras.

A **equipe autogerenciável** é um grupo íntegro de colaboradores responsáveis por todo um processo ou segmento de trabalho, que oferece um produto ou serviço a um cliente interno ou externo. Em diferentes instâncias, os membros da equipe trabalham em conjunto para melhorar as suas operações, lidar com os problemas do dia a dia e planejar e controlar as suas atividades.

E a **equipe interfuncional**, às vezes chamada de **equipe multidisciplinar**, faz parte da silenciosa revolução que atualmente vem abrangendo as organizações. PARKER (1995) diz que "*(...) as possibilidades para esse tipo de equipe parecem ser ilimitadas. Encontro-as nos mais diversos ramos de atividade, desempenhando uma gama de funções igualmente amplas, até então praticadas isoladamente.*" Ainda sob o enfoque de PARKER (1995), "*(...) equipes interfuncionais estão ajudando a agilizar o processo de desenvolvimento de produtos, melhorar o enfoque dado ao cliente, aumentar a capacidade criativa da empresa, oferecer um fórum para o aprendizado organizacional e servir de ponto único de contato para clientes, fornecedores e outros envolvidos.*"

Equipe virtual - as pessoas estão separadas fisicamente, mas unidas pela TI (Tecnologia da Informação).

Equipe temporária - as pessoas estão unidas por um período de tempo específico; após esse prazo, a equipe é desfeita.

Equipe força-tarefa - é uma equipe temporária, montada para resolver um problema específico.

Equipe transversal - é formada por pessoas de departamentos diferentes e níveis organizacionais diferentes.

10.3.5.1.3 Estágio de Desempenho de Equipes

De acordo com KATZENBACH e SMITH (apud MOSCOVICI, 1996), a curva de desempenho da equipe permite classificá-la de acordo com o modo de funcionamento em uma das cinco posições:

Pseudo-equipe: neste grupo, pode-se definir um trabalho, mas não há preocupação com o desempenho coletivo apreciável. Prevalece a individualidade.

Grupos de trabalho: não existe estímulo para transformar-se em equipe. Os membros partilham informações entre si, porém são mantidas, de forma individual, as responsabilidades e objetivos. Não se produz desempenho coletivo.

Equipe potencial: existe intenção de produzir o desempenho coletivo. Necessita-se assumir compromisso quanto ao resultado de grupo e se requerem esclarecimentos das finalidades, dos objetivos e da abordagem de tarefa.

Equipe real: composta de pessoas que, além de possuírem habilidades que se complementam, comprometem-se umas com as outras, por meio da missão e dos objetivos comuns e da abordagem de trabalho bem definida. Existe confiança entre os membros do grupo, assumindo responsabilidade plena sobre o desempenho.

Equipe de elevado desempenho: equipe com membros profundamente comprometidos com o crescimento pessoal de cada indivíduo e com o sucesso deles mesmos e dos outros. Possuem resultados muito além das expectativas. Na análise de MANZ e SIMS (1996), com coautores de Empresas sem chefes, instalando equipes de elevado desempenho, tem-se:

a) aumento na produtividade;
b) melhora na qualidade;
c) melhora na qualidade de vida profissional dos funcionários;
d) redução no nível de rotatividade de pessoal e absenteísmo;
e) redução no nível de conflito;
f) aumento na inovação;
g) aumento na flexibilidade; e
h) obtenção de economia de custos da ordem de 30% a 70%.

É necessário aprender a trabalhar em equipe, sabendo-se que uma equipe não começa a funcionar eficientemente no momento em que é criada. Conforme KOPITTKE (2000) "*é necessário um tempo para que a equipe se alinhe.*" Em um importante estudo, feito nos anos 70, o psicólogo Tuckman identificou quatro estágios de desenvolvimento de equipes que visam ao sucesso, conforme relata KOPITTKE (2000), sendo eles:

a) **formação:** neste estágio, as pessoas ainda estão aprendendo a lidar umas com as outras; pouco trabalho é feito;
b) **tormenta:** tem-se uma época de difícil negociação das condições sob as quais a equipe vai trabalhar;
c) **aquiescência:** é a época na qual os papéis são aceitos (posse do problema) e as informações circulam livremente;
d) **realização:** quando a execução do trabalho atinge níveis ótimos (não há mais problema).

10.3.5.1.4 Habilidades para o Trabalho em Equipe

As competências para um bom desempenho no trabalho em equipe diferem das competências necessárias ao trabalho individual. A seguir, estão explicitadas essas competências:

a) **cooperar:** participar voluntariamente, apoiar as decisões da equipe, fazer a sua parte do trabalho;
b) **compartilhar informações:** manter as pessoas informadas e atualizadas sobre o processo do grupo;
c) **expressar expectativas positivas:** esperar o melhor das capacidades dos outros membros do grupo, falando dos membros da equipe para os outros com aprovação. Apelar para a racionalidade em situações de conflito e não assumir posição polêmica nesses casos;
d) **estar disposto a aprender com os companheiros:** valorizar a experiência dos outros, solicitar dados e interagir pedindo e valorizando ideias;
e) **encorajar os outros:** dar crédito aos colegas que tiveram bom desempenho tanto dentro como fora da equipe;
f) **construir um espírito de equipe:** tomar atitudes especiais para promover clima amigável, moral alto e cooperação entre os membros da equipe;
g) **resolver conflitos:** trazer à tona o conflito dentro da equipe e encorajar ou facilitar uma solução construtiva para a equipe. Não esconder ou evitar o problema, mas tentar resolvê-lo da forma mais rápida possível.

As diferenças entre as mentalidades		
Fatores	Ênfase em "você"	Ênfase em "nós"
Estrutura	Trabalho individual centralizado nos departamentos.	Trabalho por processos realizado por times semiautônomos.
Hierarquia	Rígida, com muitos níveis.	Poucos níveis para facilitar a comunicação e agilizar a tomada de decisões.
Carreira	Baseada em cargos e em tempo de serviço.	O funcionário ganha projeção à medida que adquire mais habilidades.
Execução de projetos	Uma área ou pessoa é eleita para levar adiante um projeto.	As equipes multidisciplinares, formadas por pessoas de diversos setores, assumem o projeto.
Tomada de decisão	Todas as decisões operacionais são de responsabilidade do supervisor.	As decisões sobre detalhes do dia a dia do funcionário são tomadas por ele mesmo. A autonomia acelera os processos e aumenta a produtividade.
Remuneração fixa	Baseada em cargos, tempo de serviço e formação.	Baseada nas habilidades que agregam valor aos produtos da empresa
Remuneração variável	Não há participação nos resultados.	Participação nos resultados proporcional às metas alcançadas variável pelo time ou pelo cumprimento de projetos individuais.
Comunicação	A comunicação é truncada, pois há dificuldade de transmissão das informações entre os departamentos. Crença de que a competição interna gera lucros para a empresa.	Estímulo à comunicação aberta entre todos os níveis. A internet tem sido o veículo mais utilizado e as reuniões viraram hábito diário.
Competição	Crença de que a competição interna gera lucros para a empresa.	Diminuição da competitividade. As promoções são baseadas nas habilidades adquiridas e, muitas vezes, só acontecem com o consentimento do grupo.

10.3.5.2 Liderança

Para o empregado de hoje, ter sucesso significa alcançar a realização pessoal, social e financeira, ser interdependente, contribuir para a solução de problemas, encontrar desafios e atingir metas. As pessoas querem sentir que seus esforços são valorizados e que seu trabalho é o diferencial que contribui para o sucesso da empresa em que trabalham.

O líder de hoje pode se perguntar: "*Quais as habilidades essenciais que preciso ter para obter a lealdade e o comprometimento da minha equipe? Como posso ser ainda mais útil com cada pessoa do meu time?*".

Tais questões serão respondidas adiante, com a intenção de estimular o pensamento e as ações do candidato, desenvolvendo nele as habilidades necessárias para adotar comportamentos de liderança e, ao mesmo tempo, obter êxito na prova de Administração Geral, pois este tema é muito cobrado em concursos.

A fim de conquistar o comprometimento de uma equipe, é necessário que o líder inspire – e não exija – respeito e confiança. Cada pessoa se compromete quando é tratada como se fizesse parte da equipe – quando sabe que sua contribuição é importante. Quando a pessoa percebe que é considerada, compreendida e reconhecida, sua percepção de comprometimento cresce. Um líder que forma outros líderes ensina que são seis os passos que criam condições para o desenvolvimento da lealdade e do comprometimento:

01. Comunicação franca e aberta.
02. Envolvimento e potencialização dos colaboradores.
03. Desenvolvimento profissional e pessoal dos colaboradores.
04. Demonstrar o reconhecimento.
05. Liderar com ética e imparcialidade.
06. Promover o bem-estar no ambiente de trabalho.

Quando Fayol anunciou as funções administrativas, elas eram representadas pela sigla POCCC (Planejamento, Organização, Comando, Coordenação e Controle). Com o passar do tempo, as funções de comando e coordenação foram unificadas na letra D, de direção. Essa função engloba atividades como a tomada de decisão, a comunicação com os subordinados, superiores e pares, a obtenção, a motivação e o desenvolvimento de pessoal.

A liderança nas empresas pode ocorrer de duas maneiras:

a) **liderança decorrente de uma função** (cargo com autoridade de decisão);
b) **liderança como uma qualidade pessoal** (conjunto de atributos e atitudes que tornam uma pessoa um líder.

10.3.5.2.1 Teorias sobre Liderança

As teorias sobre liderança podem ser classificadas em três grandes grupos:

01. Teoria dos traços de liderança.
02. Estilos de liderança.
03. Liderança situacional (contingencial).

Vamos aprofundar, vejamos o que o Idalberto Chiavenato explica:

1ª. Teoria dos Traços de Personalidade

De acordo com esta teoria, já desacreditada, o líder possuiria características marcantes de personalidade que o qualificariam para a função. Essas características eram:

> habilidade de interpretar objetivos e missões;
> facilidade em solucionar problemas e conflitos;
> habilidade de delegar responsabilidade aos outros;

> facilidade em supervisionar e orientar pessoas;
> habilidade de estabelecer prioridades;
> habilidade de planejar e programar atividades em equipe.

De acordo com vários autores, somente seriam líderes potenciais aqueles que possuíssem essas qualidades.

2ª. Estilos de Liderança?

Esta teoria aponta três estilos de liderança: **autocrática, democrática e liberal**. Ela está concentrada mais especificamente no modo como os líderes tomavam decisões, e o efeito que isso produzia nos índices de produtividade e na satisfação geral dos subordinados.

AUTOCRÁTICA	DEMOCRÁTICA	LIBERAL
Apenas o líder fixa as diretrizes, sem qualquer participação do grupo.	As diretrizes são debatidas pelo grupo, estimulado e assistido pelo líder.	Há liberdade completa para as decisões grupais ou individuais, com participação mínima do líder.
O líder determina as providências e as técnicas para a execução das tarefas, cada uma por vez, na medida em que se tornam necessárias e de modo imprevisível para o grupo.	O próprio grupo esboça as providências e as técnicas para atingir o alvo solicitando aconselhamento técnico ao líder quando necessário, passando este a sugerir duas ou mais alternativas para o grupo escolher. As tarefas ganham nova perspectivas com os debates.	A participação do líder no debate é pouca, esclarecendo que poderia fornecer informações desde que as pedissem.
O líder determina qual a tarefa que cada um deve executar e qual o seu companheiro de trabalho.	A divisão das tarefas fica a critério do próprio grupo e cada membro tem liberdade de escolher seus companheiros de trabalho.	Tanto a divisão das tarefas, como a escolha dos companheiros, fica totalmente a cargo do grupo. Absoluta falta de participação do líder.
O líder é Dominador e é "pessoal" nos elogios e nas críticas ao trabalho de cada membro.	O líder procura ser um membro normal do grupo, em espírito, sem encarregar-se muito de tarefas. O líder é "objetivo" e limita-se aos "fatos" em suas críticas e elogios.	**O líder não faz nenhuma tentativa de avaliar ou de regular o curso dos acontecimentos. O líder somente faz comentários irregulares sobre as atividades dos membros quando perguntado.**

As experiências demonstram o seguinte comportamento aos diferentes tipos de liderança a que foram submetidos:

> **Liderança Autocrática.** O comportamento dos grupos mostrou forte tensão, frustração e, sobretudo, agressividade, de um lado; e, de outro, nenhuma espontaneidade nem iniciativa, nem formação de grupos de amizade. Embora aparentemente gostassem das tarefas, não demonstraram satisfação com relação à situação. O trabalho somente se desenvolvia com a presença física do líder. Quando este se ausentava, as atividades paravam e os grupos expandiam seus sentimentos reprimidos, chegando a explosões de indisciplina e de agressividade.

> **Liderança Liberal.** Embora a atividade dos grupos fosse intensa, a produção foi simplesmente medíocre. As tarefas se desenvolviam ao acaso, com muitas oscilações, perdendo-se muito tempo com discussões mais voltadas para motivos pessoais do que relacionadas com o trabalho em si. Notou-se forte individualismo agressivo e pouco respeito com relação ao líder.

> **Liderança Democrática.** Houve formação de grupos de amizade e de relacionamentos cordiais entre os participantes. Líder e subordinados passaram a desenvolver comunicações espontâneas, francas e cordiais. O trabalho mostrou um ritmo suave e seguro sem alterações, mesmo quando o líder se ausentava. Houve um nítido sentido de responsabilidade e comprometimento pessoal.

10.3.5.2.2 Grid Gerencial

Robert R. Blake e Jane S. Mouton (1989) procuraram representar os vários modos de usar autoridade ao exercer a liderança por meio do Grid Gerencial. Esta representação possui duas dimensões: preocupação com a produção e preocupação com as pessoas.

A **preocupação com a produção** refere-se ao enfoque dado pelo líder aos resultados, ao desempenho, à conquista dos objetivos. O líder com este tipo de preocupação empenha-se na mensuração da quantidade e da qualidade do trabalho de seus subordinados.

A **preocupação com as pessoas** diz respeito aos pressupostos e atitudes do líder para com seus subordinados. Este tipo de preocupação revela-se de diversas formas, desde o esforço em assegurar a estima dos subordinados e em obter a sua confiança e respeito, até o empenho em garantir boas condições de trabalho, benefícios sociais e outras vantagens.

O inter-relacionamento entre as duas dimensões do Grid Gerencial expressa o uso de autoridade por um líder.

Ex.: quando uma alta preocupação com as pessoas se associa a uma baixa preocupação com a produção, o líder deseja que as pessoas se relacionem bem e sejam "felizes", o que é bem diferente de quando uma alta preocupação com as pessoas se associa a uma alta preocupação com a produção. O líder, aqui, deseja que as pessoas mergulhem no trabalho e procurem colaborar com entusiasmo (Blake e Mouton, 1989, p.14).

Cinco estilos básicos de uso de autoridade são definidos por Blake e Mouton. Os autores criaram uma grade gerencial para mostrar que a preocupação com a produção e a preocupação com as pessoas são aspectos complementares e não mutuamente excludentes. Os líderes foram dispostos em dois eixos: o eixo horizontal se refere à preocupação com a produção, enquanto o eixo vertical se refere à preocupação com as pessoas. Cada eixo está dividido em nove graduações. A graduação mínima é 1 e significa pouquíssima preocupação por parte do administrador. A graduação máxima é 9 e significa a máxima preocupação possível. A figura subsequente ilustra a grade gerencial.

10.3.5.2.3 Os Cinco Estilos do Grid Gerencial e Seus Significados

ESTILO	SIGNIFICADO	PARTICIPAÇÃO	FRONTEIRAS INTERGRUPAIS
1.1	Mínima preocupação com a produção e com as pessoas.	Pouco envolvimento e comprometimento.	Isolamento. Falta de coordenação intergrupal.
1.9	Enfatiza as pessoas, com mínima preocupação com a produção.	Comportamento superficial e efêmero. Soluções do mínimo denominador comum.	Coexistência pacífica. Grupos evitam problemas para manter harmonia.
9.1	Preocupação máxima com a produção e mínima com as pessoas.	Não há participação das pessoas.	Hostilidade intergrupal. Suspeita e desconfiança mútuas. Atitude de ganhar/perder.
5.5	Estilo meio-termo. Atitude de conseguir alguns resultados sem muito esforço.	Meio caminho e acomodação que deixa todos descontentes.	Trégua inquieta. Transigência, rateios e acomodação para manter a paz.
9.9	Estilo de excelência. Ênfase na produção e nas pessoas.	Elevada participação e envolvimento. Comprometimento das pessoas.	Comunicações abertas e francas. Flexibilidade e atitude para o tratamento construtivo dos problemas.

Vejamos essa mesma grade, de modo mais detalhado, e como é a maneira pela qual cada líder pensa e atua:

> **(1,1):** a preocupação mínima com a produção e com as pessoas caracteriza o líder que desempenha uma gerência empobrecida. Este tipo de líder, em geral, adota uma postura passiva em relação ao trabalho, fazendo o mínimo para garantir sua permanência na organização.

"Faço o suficiente para ir levando. Aceito os fatos, as crenças e as posições que me são fornecidos. Guardo minhas opiniões para mim mesmo, mas respondo quando solicitado. Evito tomar partido, não revelando minhas opiniões, atitudes e ideias. Permaneço neutro ou tento manter-me fora do conflito. Deixo os outros tomarem suas decisões ou me conformo com o que quer que aconteça. Evito fazer críticas".

> **(1,9):** a preocupação máxima com as pessoas e mínima com a produção caracteriza o líder que faz do ambiente do trabalho um clube campestre. Este líder busca sempre a harmonia de relacionamentos, mesmo que tenha que sacrificar a eficiência e a eficácia do trabalho realizado.

"Tomo a iniciativa de ações que ajudem e apoiem os outros. Procuro fatos, crenças e posições que sugiram estar tudo bem. Em benefício da harmonia, não me inclino a contestar os outros. Acato as opiniões, atitudes e ideias dos outros, embora tenha restrições. Evito gerar conflitos, mas se ocorrerem, tento acalmar os ânimos, a fim de manter todos unidos. Busco tomar decisões que preservem as boas relações e estimulo os outros a tomarem decisões sempre que possível. Encorajo e elogio quando ocorre algo positivo, mas evito dar um 'feedback' negativo".

> **(9,1):** a preocupação máxima com a produção e mínima com as pessoas caracteriza o líder que se utiliza da autoridade para alcançar resultados. Este líder, em geral, age de maneira centralizadora e controladora.

"Exijo de mim e dos outros. Investigo os fatos, as crenças e as posições, a fim de manter qualquer situação sob controle e certificar-me de que os outros não estejam cometendo erros. Não abro mão de minhas opiniões, atitudes e ideias, mesmo que isso signifique rejeitar os pontos de vista alheios. Quando o conflito surge, procuro atalhá-lo ou fazer valer minha posição. Dou grande valor a tomar minhas próprias decisões e raramente me deixo influenciar pelos outros. Assinalo fraquezas ou o fracasso em corresponder às expectativas."

> **(5,5):** o meio-termo, ou seja, a preocupação média com a produção e com as pessoas caracteriza o líder que vê as pessoas no trabalho dentro do pressuposto do homem organizacional. Este tipo de líder busca o equilíbrio entre os resultados obtidos e a disposição e ânimo no trabalho.

"Tento manter um ritmo constante. Aceito os fatos mais ou menos pela aparência e investigo os fatos, as crenças e as posições quando surgem discrepâncias óbvias. Expresso minhas opiniões, atitudes e ideias como quem tateia o terreno e tenta chegar a uma concordância por meio de concessões mútuas. Quando surge um conflito, tento encontrar uma posição razoável, considerada conveniente pelos outros. Procuro tomar decisões exequíveis que os outros aceitem. Dou 'feedback' indireto ou informal sobre sugestões para aperfeiçoamento."

> **(9,9):** a máxima preocupação com a produção e com as pessoas caracteriza o líder que vê no trabalho em equipe a única forma de alcançar resultados, estimulando assim, a máxima participação e interação entre seus subordinados na busca de objetivos comuns.

"Exerço esforço vigoroso e os outros aderem entusiasticamente. Procuro e confirmo as informações. Solicito e dou atenção a opiniões, atitudes e ideias diferentes das minhas. Reavalio continuamente meus próprios dados, crenças e posições bem como os dos outros, a fim de estar seguro da sua validade. Julgo importante expressar minhas preocupações e convicções. Reajo a ideias melhores do que as minhas, mudando meu modo de pensar. Quando o conflito surge, procuro saber seus motivos, a fim de solucionar as causas subjacentes. Dou grande valor à tomada de decisões certas. Procuro o entendimento e o acordo. Encorajo o 'feedback' de mão-dupla a fim de fortalecer a operacionalidade".

Blake e Mouton caracterizaram este último estilo como o mais apropriado para conseguir os objetivos das organizações. Os treinamentos realizados por eles em programas de Desenvolvimento Organizacional visavam a fazer com que os líderes adotassem o estilo (9,9). Entretanto, pesquisas empíricas têm revelado que nem sempre este tipo de estilo de liderança é o mais indicado para a eficiência e a eficácia dos resultados.

3ª Teoria Situacional de Liderança

Nesta teoria, o líder pode assumir diferentes padrões de liderança de acordo com a situação e para cada um dos membros da sua equipe.

A Teoria Situacional surgiu diante da necessidade de um modelo significativo na área de liderança, em que é definida a maturidade como a capacidade e a disposição das pessoas de assumir a responsabilidade de dirigir o próprio comportamento. Portanto, entende-se como Liderança Situacional o líder que se comporta de um determinado modo ao tratar individualmente os membros do seu grupo e, de outro, quando se dirigir a este como um todo, dependendo do nível de maturidade das pessoas que tal líder deseja influenciar.

A Liderança Situacional não só sugere o estilo de liderança de alta probabilidade para os vários níveis de maturidade, como indica a probabilidade de sucesso das outras configurações de estilo, se o líder não for capaz de adotar o estilo desejável. Estes conceitos são válidos em qualquer situação em que alguém pretende influenciar o comportamento de outras pessoas. Em um contexto geral, ela pode ser aplicada em qualquer tipo organizacional, quer se trate de uma organização empresarial, educacional, governamental ou militar e até mesmo na vida familiar.

As principais ramificações da Teoria Situacional são:

> A escolha dos padrões de liderança.
> Modelo Contingencial.
> Teoria do Caminho – meta.

A escolha dos padrões de liderança

De acordo com essa teoria, para que o administrador escolha qual o padrão de liderança que desenvolverá em relação aos seus subordinados, ele deve considerar e avaliar três forças.

01. **Forças no administrador**, como:
    a) seu sistema de valores e convicções pessoais;
    b) sua confiança nos subordinados;
    c) suas inclinações pessoais a respeito de como liderar;
    d) seus sentimentos de segurança em situações incertas.
02. **Forças nos subordinados**, como:
    a) sua necessidade de liberdade ou de orientação superior;
    b) sua disposição de assumir responsabilidade;
    c) sua segurança na incerteza;
    d) seu interesse pelo problema ou pelo trabalho;
    e) sua compreensão e identificação do problema;
    f) seus conhecimentos e experiência para resolver o problema;
    g) sua expectativa de participação nas decisões.
03. **Forças na situação**, como:
    a) o tipo de empresa, seus valores e tradições, suas políticas e diretrizes;
    b) a eficiência do grupo de subordinados;
    c) o problema a ser resolvido ou a complexidade do trabalho;
    d) a premência de tempo.

Da abordagem situacional, podem-se inferir as seguintes proposições:

a) Quando as tarefas são rotineiras e respectivas, a liderança é geralmente limitada e sujeita a controles pelo chefe, que passa a se situar em um padrão de liderança próximo ao extremo esquerdo do gráfico.
b) Um líder pode assumir diferentes padrões de liderança para cada um de seus subordinados, de acordo com as forças acima.
c) Para um mesmo subordinado, o líder também pode assumir diferentes padrões de liderança, conforme a situação envolvida. Em situações em que o subordinado apresenta alto nível de eficiência, o líder pode dar-lhe maior liberdade nas decisões; mas se o subordinado apresenta erros seguidos e imperdoáveis, o líder pode impor-lhe maior autoridade pessoal e menor liberdade de trabalho.

Modelo Contingencial de Fiedler

O modelo contingencial de Fiedler enuncia que a liderança eficaz é função da correlação do estilo do líder e o grau de favorabilidade de uma situação. Segundo Hersey & Blanchard (1986), Fiedler enumerou como variáveis determinantes deste último, as relações pessoais entre os atores organizacionais, o modo de estruturação dos processos de trabalho e, ainda, o poder inerente à posição hierárquica do líder.

O autor modera orientações comportamentais com fatores situacionais de modo a prever a eficácia da liderança. A eficácia tanto pode ser conseguida com uma mais elevada orientação para a tarefa como com uma mais elevada orientação para o relacionamento – dependendo do contexto organizacional.

Existem alguns fatores que determinam a eficácia da liderança: relação líder-liderado, o grau de estruturação da tarefa e a quantidade de poder, por exemplo.

Quanto melhor for a relação líder-liderados; quanto mais elevada for a estruturação das tarefas e elevado o poder decorrente da posição ocupada pelo líder, maior será o controle ou influência que ele poderá ter.

Teoria Situacional de Hersey e Blanchard – O ciclo de vida da Liderança

A abordagem de Hersey e Blanchard se apoia no relacionamento entre a maturidade dos empregados e o comportamento do líder em relação ao relacionamento e à tarefa.

De acordo com os autores, os empregados variam muito em seu nível de maturidade - habilidade de fazer seu trabalho de forma independente, de assumir responsabilidade e de desejar o sucesso.

Nesse sentido, o estilo de liderança a ser utilizado depende da maturidade dos funcionários, que pode atingir um dos quatro estágios seguintes:

> **Maturidade 1:** as pessoas demonstram pouca capacidade e disposição para realizar as tarefas e assumir responsabilidades (motivação e capacidade baixas).

> **Maturidade 2:** as pessoas possuem motivação para o trabalho mas não possuem as competências necessárias para realizá-lo (baixa capacidade e alta motivação).

> **Maturidade 3:** as pessoas possuem as competências necessárias para a realização da tarefa, mas não estão motivadas para tal (alta capacidade e baixa motivação).

> **Maturidade 4:** as pessoas possuem as competências necessárias para a realização do trabalho e desejam realizar as tarefas que lhe são passadas (alta capacidade e alta motivação).

Em outras palavras, considerando o estágio da maturidade do grupo, o líder deverá adotar uma das formas de liderança possíveis, considerando tanto o **comportamento de relacionamento** (ou foco no apoio às pessoas), quanto **o comportamento de tarefa** (ou foco nas tarefas/produção), conforme apresentado a seguir:

> **Estilo 1: Narrar/Determinar/Dirigir** (alto comportamento de tarefa e baixo comportamento de relacionamento): é o estilo para grupos com a menor maturidade (M1). Nesse caso, o líder orienta claramente as tarefas a serem realizadas.

> **Estilo 2: Vender/Guiar/Persuadir** (alto comportamento de tarefa e alto comportamento de relacionamento): quando a maturidade está entre baixa e moderada (M2), esse é o estilo ideal. Nele, o líder, ao mesmo tempo em que convence as pessoas, apoia o seu desenvolvimento, pois elas possuem baixa capacitação;

> **Tipo 3: Participar** (baixo comportamento de tarefa e alto comportamento de relacionamento): é o estilo correto para a maturidade de média a alta (M3). Aqui, o papel do líder é muito mais de apoiar as pessoas, enfatizando a criação de motivação, do que de dirigi-las para a realização das tarefas, já que elas são capazes;

> **Tipo 4: Delegar** (baixo comportamento de tarefa e baixo comportamento de relacionamento): trata-se do estilo adequado para liderar pessoas com o maior nível de maturidade (M4). Nessa condição, a maturidade dos liderados permite que eles executem os planos com maior liberdade e menor controle, possibilitando ao líder a delegação das tarefas.

Teoria do Caminho-Meta

No cerne da Teoria do Caminho-Meta, encontra-se a noção de que o propósito primordial do líder é motivar os seus seguidores,, esclarecendo as metas e os melhores caminhos para alcançá-las. Essa abordagem está baseada na teoria da expectativa da motivação.

Segundo a Teoria do Caminho-Meta ou dos Objetivos, os líderes devem aumentar o número e os tipos de recompensas aos subordinados. Além disso, devem proporcionar orientação e aconselhamento para mostrar como essas recompensas podem ser obtidas. Isso significa que o líder deve ajudar os subordinados a terem expectativas realistas e a reduzir as barreiras que impedem o alcance das metas.

As pessoas estão satisfeitas com seu trabalho quando acreditam que ele levará a resultados desejáveis e trabalharão mais se sentirem que esse trabalho dará frutos compensadores. A consequência desses pressupostos para a liderança é que os liderados serão motivados pelo comportamento ou pelo estilo do líder à medida que esse estilo ou comportamento influenciam as expectativas (caminhos para a meta) e as valências (atratividade da meta). (CHIAVENATO, 1999)

Essa teoria propõe quatro estilos de comportamento, que podem permitir aos líderes manipularem as três variáveis motivacionais: liderança diretiva, encorajadora, participativa e orientada para a realização. Vejamos o quadro a seguir.

Estilos de comportamento da Teoria do Caminho-Meta (WAGNER III E HOLLENBECK, 1999, cap.9, p. 262).

Liderança	Características
Diretiva	O líder é autoritário. Os subordinados sabem exatamente o que é esperado deles; e o líder fornece direções específicas. Os subordinados não participam na tomada de decisões.
Encorajadora	O líder é amistoso e acessível e demonstra uma preocupação genuína com os subordinados.
Participativa	O líder pede e usa sugestões dos subordinados, mas ainda toma as decisões.
Orientada para a realização	O líder fixa metas desafiadoras para os subordinados e demonstra confiança em que eles atingirão as metas.

Edward Hollander sugeriu que o processo de liderança é mais bem compreendido como a ocorrência de transações mutuamente gratificantes entre líderes e seguidores dentro de um determinado contexto situacional.

Seu modelo é conhecido como **modelo transacional**.

Liderança é a junção dos três vetores:

Líderes - Seguidores - Situações

Pode-se entender a liderança apenas por meio de uma avaliação das características importantes dessas três forças e dos modos pelos quais interagem. A liderança transacional está baseada em um processo de troca, no qual o líder provê recompensas em troca do esforço de seguidores e desempenho (Bass & Avolio, 1993). Bass (1995) claramente identifica a liderança transacional como sendo baseada em troca material ou econômica.

Teoria da Liderança Transformacional

Em essência, a liderança transformacional é o processo de construção do comprometimento organizacional por meio do *empowerment* dos seguidores para acompanhar esses objetivos. Ocorre quando os líderes elevam os interesses de seus empregados garantindo a aceitação dos propósitos e da missão do grupo e estimulam seus empregados a pensar além de seus interesses em prol dos interesses da organização.

Considerando os líderes transacionais, segundo Bass (1997), esse tipo de liderança ocorre quando o líder utiliza autoridade burocrática, foco na realização da tarefa, e recompensas ou punições.

Os líderes transformacionais preocupam-se com o progresso e o desenvolvimento de seus seguidores. Eles se preocupam em transformar os valores dos seguidores para suportar a visão e os objetivos da organização. Isso cria um clima de confiança no qual a visão pode ser compartilhada.

Bass (1997) afirma que a liderança transformacional, assim como o carisma, tornou-se um tópico popular na literatura recente sobre liderança nas organizações; alguns autores usam os dois termos indistintamente, enquanto outros fazem distinção entre ambos. Define líderes transformacionais basicamente em termos do efeito dos líderes sobre os seguidores. Os seguidores sentem confiança, admiração, lealdade e respeito com relação ao líder, estando motivados a fazer por ele mais do que originalmente é esperado.

10.4 Controle

Como as organizações não operam na base da improvisação e nem ao acaso, elas precisam ser devidamente controladas. Elas requerem um considerável esforço de controle em suas várias operações e atividades para saber se estão no rumo certo e dentro do que foi planejado, organizado e dirigido. O controle constitui a última das funções administrativas, vindo depois do planejamento, da organização e da direção. Controlar significa garantir que o planejamento seja bem executado e que os objetivos estabelecidos sejam alcançados da melhor maneira possível.

A função administrativa de controle está relacionada com a maneira pela qual os objetivos devem ser alcançados por meio da atividade das pessoas que compõem a organização. O planejamento serve para definir os objetivos, traçar as estratégias para alcançá-los e estabelecer os planos de ação. A organização serve para estruturar as pessoas e os recursos de maneira a trabalhar de forma organizada e racional. A direção mostra os rumos e dinamiza as pessoas para que utilizem os recursos da melhor maneira possível. Por fim, o controle serve para que todas as coisas funcionem da maneira certa e no tempo certo.

O controle verifica se a execução está de acordo com o que foi planejado: quanto mais completos, definidos e coordenados forem os planos, mais fácil será o controle. Quanto mais complexo o planejamento e quanto maior for o seu horizonte de tempo, tanto mais complexo será o controle. Quase todos os esquemas de planejamento trazem em seu bojo o seu próprio sistema de controle. Por meio da função de controle, o administrador assegura que a organização e seus planos estejam na trilha certa.

O desempenho de uma organização e das pessoas que a compõem depende da maneira como cada pessoa e cada unidade organizacional desempenha seu papel e se move no sentido de alcançar os objetivos e metas comuns. O controle é o processo pelo qual são fornecidas as informações e retroação para manter as funções dentro de suas respectivas trilhas. É a atividade integrada e monitorada que aumenta a probabilidade de que os resultados planejados sejam atingidos da melhor maneira.

10.4.1 Conceito de Controle

A palavra "controle" pode assumir vários e diferentes significados. Quando se fala em controle, pensa-se em significados como frear, regular, conferir ou verificar, exercer autoridade sobre alguém, comparar com um padrão ou critério. No fundo, todas essas conotações constituem meias verdades a respeito do que seja o controle. Contudo, sob um ponto de vista mais amplo, os três significados mais comuns de controle são:

> **Controle como função restritiva e coercitiva**. Utilizada no sentido de coibir ou restringir certos tipos de desvios indesejáveis ou de comportamentos não aceitos pela comunidade. Nesse sentido, o controle assume um caráter negativo e restritivo, sendo muitas vezes interpretado como coerção, delimitação, inibição e manipulação. É o chamado controle social aplicado nas organizações e nas sociedades para inibir o individualismo e a liberdade das pessoas.

> **Controle como um sistema automático de regulação**. Utilizado no sentido de manter automaticamente um grau constante no fluxo ou funcionamento de um sistema. É o caso do processo de controle automático das refinarias de petróleo, de indústrias químicas de processamento contínuo e automático. O mecanismo de controle detecta possíveis desvios ou irregularidades e proporciona automaticamente a regulação necessária para se voltar à normalidade. É o chamado controle cibernético que é inteiramente autossuficiente na monitoração do desempenho e na correção dos possíveis desvios. Quando algo está sob controle significa que está dentro do normal ou da expectativa.

> **Controle como função administrativa**. É o controle como parte do processo administrativo, como o planejamento, organização e direção.

Trataremos o controle sob o ponto de vista do terceiro significado, isto é, como parte do processo administrativo. Assim, o controle é a função administrativa que monitora e avalia as atividades e resultados alcançados para assegurar que o planejamento, a organização e a direção sejam bem-sucedidos.

Tal como o planejamento, a organização e a direção, o controle é uma função administrativa que se distribui entre todos os níveis organizacionais.

Assim, quando falamos de controle, queremos dizer que o nível institucional efetua o controle estratégico, o nível intermediário faz os controles táticos e o nível operacional, os controles operacionais. Cada qual dentro de sua área de competência. Os três níveis se interligam e se entrelaçam intimamente. Contudo, o processo é exatamente o mesmo para todos os níveis: monitorar e avaliar incessantemente as atividades e operações da organização.

O controle está presente, em maior ou menor grau, em quase todas as formas de ação organizacional. Os administradores passam boa parte de seu tempo observando, revendo e avaliando o desempenho de pessoas, de unidades organizacionais, de máquinas e equipamentos, de produtos e serviços, em todos os três níveis organizacionais.

10.4.2 O Processo de Controle

A finalidade do controle é assegurar que os resultados do que foi planejado, organizado e dirigido se ajustem tanto quanto possível aos objetivos previamente estabelecidos. A essência do controle reside na verificação se a atividade controlada está ou não alcançando os objetivos ou resultados desejados. Nesse sentido, o controle consiste basicamente de um processo que guia a atividade exercida para um fim previamente determinado. O processo de controle apresenta quatro etapas ou fases, a saber:

01. Estabelecimento de objetivos ou padrões de desempenho.
02. Avaliação ou mensuração do desempenho atual.
03. Comparação do desempenho atual com os objetivos ou padrões estabelecidos.
04. Tomada de ação corretiva para corrigir possíveis desvios ou anormalidades.

O processo de controle se caracteriza pelo seu aspecto cíclico e repetitivo. Na verdade, o controle deve ser visualizado como um processo sistêmico em que cada etapa influencia e é influenciada pelas demais.

10.4.3 Estabelecimento de Objetivos ou Padrões

O primeiro passo do processo de controle é estabelecer previamente os objetivos ou padrões que se deseja alcançar ou manter. Os objetivos já foram estudados anteriormente e servem como pontos de referência para o desempenho ou os resultados de uma organização, unidade organizacional ou atividade individual. O padrão é um nível de atividade estabelecido para servir como um modelo para a avaliação do desempenho organizacional. Um padrão significa um nível de realização ou de desempenho que se pretende tomar como referência. Os padrões funcionam como marcos que determinam se a atividade organizacional é adequada ou inadequada ou como normas que proporcionam a compreensão do que se deverá fazer. Eles dependem diretamente dos objetivos e fornecem os parâmetros que deverão balizar o funcionamento do sistema. Os padrões podem ser tangíveis ou intangíveis, específicos ou vagos, mas estão sempre relacionados com o resultado que se deseja alcançar.

Existem vários tipos de padrões utilizados para avaliar e controlar os diferentes recursos da organização, como:

- Padrões de quantidade. Como número de empregados, volume de produção, total de vendas, percentagem de rotação de estoque, índice de acidentes, índice de absenteísmo etc.
- Padrões de qualidade. Como padrões de qualidade de produção, índice de manutenção de máquinas e equipamentos, qualidade dos produtos ou serviços oferecidos pela organização, assistência técnica, atendimento ao cliente etc.
- Padrões de tempo. Como permanência média do empregado na organização, tempos padrões de produção, tempo de processamento dos pedidos de clientes, ciclo operacional financeiro etc.
- Padrões de custo. Como custo de estocagem de matérias-primas, custo do processamento de um pedido, custo de uma requisição de material, custo de uma ordem de serviço, relação custo-benefício de um equipamento, custos diretos e indiretos de produção etc.

10.4.4 Características do Controle

Na verdade, o administrador deve compreender que um sistema eficaz de controle precisa reunir os seguintes aspectos:

Orientação estratégica para resultados. O controle deve apoiar planos estratégicos e focalizar as atividades essenciais que fazem a real diferença para a organização.

Compreensão. O controle deve apoiar o processo de tomada de decisões apresentando dados em termos compreensíveis. O controle deve evitar relatórios complicados e estatísticas enganosas.

Orientação rápida para as exceções. O controle deve indicar os desvios rapidamente, por meio de uma visão panorâmica sobre onde as variações estão ocorrendo e o que deve ser feito para corrigi-las adequadamente.

Flexibilidade. O controle deve proporcionar um julgamento individual e que possa ser modificado para adaptar-se a novas circunstâncias e situações.

Autocontrole. O controle deve proporcionar confiabilidade, boa comunicação e participação entre as pessoas envolvidas.

Natureza positiva. O controle deve enfatizar o desenvolvimento, mudança e melhoria. Deve alavancar a iniciativa das pessoas e minimizar o papel da penalidade e das punições.

Clareza e objetividade. O controle deve ser imparcial e acurado para todos. Deve ser respeitado como um propósito fundamental: a melhoria do desempenho.

10.4.5 Tipos de Controle

Cada organização requer um sistema básico de controles para aplicar seus recursos financeiros, desenvolver pessoas, analisar o desempenho financeiro e avaliar a produtividade operacional. O desafio é saber como utilizar tais controles e aprimorá-los para, com isso, melhorar gradativa e incessantemente o desempenho de toda a organização.

10.4.5.1 Controles Estratégicos

Os controles estratégicos são denominados controles organizacionais: constituem o sistema de decisões de cúpula que controla o desempenho e os resultados da organização como um todo, tendo por base as informações externas — que chegam do ambiente externo - e as informações internas - que sobem internamente por meio dos vários níveis organizacionais.

Existem vários tipos de controles estratégicos, a saber:

10.4.5.1.1 Balanço e Relatórios Financeiros

É um tipo de controle do desempenho global que permite medir e avaliar o esforço total da organização, em vez de medir simplesmente algumas partes dela. O tipo mais utilizado de controle global são os balanços contábeis e relatórios financeiros, ressaltando aspectos como o volume de vendas, volume de produção, volume de despesas em geral, custos, lucros, utilização do capital, retorno sobre o investimento aplicado e outras informações numéricas dentro de um inter-relacionamento que varia de uma organização para outra. Geralmente, é um controle sobre o desempenho passado e sobre os resultados alcançados. Quase sempre permite a transposição de previsões de vendas e a previsão de despesas a serem incorridas, para proporcionar o balanço projetado ou uma espécie de projeção de lucros e perdas como importante ferramenta para o processo decisório da organização.

10.4.5.1.2 Controle dos Lucros e Perdas

O demonstrativo de lucros e perdas (L&P) proporciona uma visão sintética da posição de lucros ou de perdas da organização em um determinado período de tempo, permitindo comparações com períodos anteriores e detectar variações em algumas áreas (como despesas de vendas ou lucro bruto sobre vendas) que necessitam de maior atenção por parte do administrador. Já que a sobrevivência do negócio depende de sua lucratividade, o lucro se coloca como importante padrão para a medida do sucesso da organização como uma totalidade. Quando aplicado a uma unidade específica, o controle sobre L&P se baseia na premissa de que o objetivo do negócio como um todo é gerar lucros, e cada parte da organização deve contribuir para esse objetivo. A capacidade de cada unidade organizacional atingir um determinado lucro esperado passa a ser o padrão adequado para medir seu desempenho e resultados.

10.4.5.1.3 Análise do Retorno Sobre o Investimento (RSI)

Uma das técnicas de controle global utilizadas para medir o sucesso absoluto ou relativo da organização ou de uma unidade organizacional é a razão dos ganhos em relação ao investimento de capital. Trata-se de uma abordagem desenvolvida pela *DuPont Company* como parte do seu sistema de controle global. O sistema utilizado pela *DuPont* envolve os seguintes fatores na análise do RSI:

A análise do RSI permite que a organização avalie suas diferentes linhas de produtos ou unidades de negócios para verificar onde o capital está sendo mais eficientemente empregado. Permite identificar os produtos ou unidades mais rentáveis, como melhorar outros que estão pesando negativamente na balança dos lucros. Com isso, proporciona a possibilidade de fazer uma aplicação balanceada do capital em vários produtos ou unidades organizacionais para alcançar um lucro global maior.

10.4.5.2 Controles Táticos

Os controles táticos são feitos no nível intermediário e referem-se a cada uma das unidades organizacionais - departamentos, divisões ou equipes. Geralmente, estão orientados para o médio prazo, isto é, para o exercício anual. Os tipos de controles táticos mais importantes são:

10.4.5.2.1 Controle Orçamentado

Falamos de orçamento quando estudamos os tipos de planos relacionados com dinheiro. O orçamento é um plano de resultados esperados expressos em termos numéricos. Por meio do orçamento, a atividade da organização é traduzida em resultados esperados, tendo o dinheiro como denominador comum. Quase sempre se fala em planejamento orçamentário, relegando o controle orçamentário a um segundo plano. O controle orçamentário é um processo de monitorar e controlar despesas programadas das várias unidades organizacionais, no decorrer de um exercício anual, apontando possíveis desvios e indicando medidas corretivas.

10.4.5.2.2 Contabilidade de Custos

A contabilidade de custos é considerada um ramo especializado da contabilidade. Trata de informações sobre distribuição e análise de custos considerando algum tipo de unidade-base, como produtos, serviços, componentes, projetos ou unidades organizacionais. A contabilidade de custos classifica os custos em:

- Custos fixos. São os custos que independem do volume de produção ou do nível de atividade da organização. Qualquer que seja a quantidade de produtos produzidos, os custos fixos permanecem inalterados; mesmo que a empresa nada produza, eles se mantêm constantes. Envolvem aluguéis, seguros, manutenção, depreciação, salários dos gerentes, do pessoal de assessoria etc.
- Custos variáveis. São os custos que estão diretamente relacionados com o volume de produção ou com o nível de atividade da organização. Constituem uma variável dependente da produção realizada e englobam custos de materiais diretos (materiais ou matérias-primas que são diretamente transformados em produto ou que participam diretamente na elaboração do produto) e custos de mão de obra direta (salários e encargos sociais do pessoal que realiza as tarefas de produção do produto).

Com base nos custos fixos e variáveis, pode-se calcular o ponto de equilíbrio (break-even point), também chamado ponto de paridade. É possível traçar um gráfico que permite mostrar a relação entre a renda total de vendas e os custos de produção. O ponto de equilíbrio é o ponto de intersecção entre a linha de vendas e a linha de custos totais. É o ponto em que não há lucro nem prejuízo. Ou em outros termos, é o ponto em que o lucro é zero e o prejuízo também.

O gráfico do ponto de equilíbrio é uma técnica de planejamento e de controle que procura mostrar como os diferentes níveis de venda ou de receita afetam os lucros da organização. O ponto de equilíbrio é o ponto em que os custos e as vendas se equiparam. No seu lado esquerdo, está a área de prejuízo e, no seu lado direito, a área de lucro.

10.4.5.3 Controles Operacionais

Os controles operacionais são feitos no nível operacional da organização e são projetados em curto prazo.

10.4.5.3.1 Disciplina

Nas organizações bem-sucedidas, o autocontrole e a autodisciplina das pessoas são sempre preferidos ao controle externo ou disciplina imposta pela força. Para muitos autores, a disciplina é o ato de influenciar o comportamento das pessoas por meio de reprimendas. Preferimos conceituar a disciplina como o processo de preparar uma pessoa de modo que ela possa desenvolver o autocontrole e tomar-se mais eficaz em fazer seu trabalho. O propósito do processo disciplinar desenvolvido pelo administrador é a manutenção de um desempenho humano de acordo com os objetivos organizacionais. O termo "disciplina" apresenta quase sempre uma conotação simplista de dar recompensas ou aplicar punições após o fato, quando, na realidade, a disciplina, em seu próprio contexto, deve ser visualizada como o desenvolvimento da habilidade ou capacidade de analisar situações, determinar qual é o comportamento adequado e decidir a agir favoravelmente no sentido de proporcionar contribuições à organização e receber suas recompensas.

Boa parte das ações corretivas de controle no nível operacional é realizada sobre as pessoas ou sobre o seu desempenho. É a chamada ação disciplinar: a ação disciplinar é a ação corretiva realizada sobre o comportamento de pessoas para orientar e/ou corrigir desvios ou discrepâncias. Seu propósito é reduzir a discrepância entre os resultados atuais e os resultados esperados. A ação disciplinar pode ser positiva ou negativa, dependendo do desvio ou da discrepância ocorridos. A ação positiva toma a forma de encorajamento, recompensas, elogios, treinamento adicional ou orientação pessoal. A ação negativa inclui o uso de advertências, admoestações, penalidades, castigos e até mesmo a demissão do funcionário. Quando é necessária a ação disciplinar negativa, ela deve ser adotada em etapas crescentes. A primeira, dependendo da infração cometida, deve ser uma reprimenda ou advertência. As reincidências devem merecer um crescimento progressivo nas penalidades para cada infração sucessiva: advertência verbal, advertência escrita, suspensão e demissão.

Para que possa ser eficaz, a ação disciplinar deve possuir as seguintes características:

Deve ser esperada. A ação disciplinar deve ser prevista em regras e procedimentos e previamente estabelecida. Não deve ser improvisada, mas planejada. A sanção negativa é imposta a fim de desencorajar a infração.

Deve ser impessoal. A ação disciplinar não deve simplesmente buscar punir uma determinada pessoa ou grupos, mas apenas corrigir a situação. Ela deve basear-se em fatos, e não em opiniões ou em pessoas. Não deve visar à pessoa, mas à discrepância, ao fato, ao comportamento em si. Ela deve fundamentar-se em regras e procedimentos.

Deve ser imediata. A ação disciplinar deve ser aplicada tão logo seja detectado o desvio, para que o infrator associe claramente a sua aplicação com o desvio que provocou.

Deve ser consistente. As regras e os regulamentos devem ser feitos para todas nas pessoas, sem exceções. Devem ser justos e equitativos, sem favoritismo ou tendenciosidade.

Deve ser limitada ao propósito. Depois de aplicada a ação disciplinar, o administrador deve reassumir sua atitude normal em relação ao funcionário faltoso. Tratar o funcionário sempre como faltoso é puni-lo permanentemente, encorajando hostilidade e autodepreciação, quando o certo seria adotar uma atitude positiva e construtiva.

Deve ser informativa. Isto é, deve proporcionar orientação sobre o que se deve fazer e o que não se pode fazer.

As técnicas de reforço positivo ou negativo que vimos anteriormente constituem um excelente ponto de partida para as situações disciplinares do dia a dia.

Questões

Em relação aos conceitos de planejamento, julgue os tens a seguir.

01. (Cespe) O conceito central de planejamento consiste na racionalização das ações, na antecipação de situações organizacionais, na coordenação de atividades e na maximização dos resultados.
Certo ( ) Errado ( )

02. (Cespe) O ciclo clássico e amplo de planejamento constituiu-se de planejamento, implementação, controle e avaliação e realimentação/replanejamento.
Certo ( ) Errado ( )

03. (Cespe) A missão é a razão de ser da organização, a visão de futuro define quantitativamente onde a organização deve chegar.
Certo ( ) Errado ( )

04. (FCC) Quanto ao plano de ação, é necessário definir o responsável pelo plano, a justificativa, os caminhos para se alcançarem os objetivos almejados e, entre outras coisas, a data de início dos trabalhos. Salienta-se ainda que o plano de ação deve ser elaborado após a definição do diagnóstico estratégico e não antes.
Certo ( ) Errado ( )

05. (Cespe) Nas organizações, a departamentalização pode ser identificada por meio da estrutura vertical de seus organogramas.
Certo ( ) Errado ( )

Gabaritos

01	ERRADO	03	CERTO
02	CERTO	04	ERRADO

11. CULTURA ORGANIZACIONAL

De acordo com Schein, cultura:

"É um modelo de pressupostos básicos, que determinado grupo tem inventado, descoberto ou desenvolvido no processo de aprendizagem para lidar com problemas de adaptação externa e integração interna. Uma vez que os pressupostos tenham funcionado bem o suficiente para serem considerados válidos, são ensinados aos demais membros como maneira correta para se proceder, se pensar e sentir-se em relação àqueles problemas. "

Segundo Nassar (2000):

"(...) cultura organizacional é o conjunto de valores, crenças e tecnologias que mantém unidos os mais diferentes membros, de todos os escalões hierárquicos, perante as dificuldades, operações do cotidiano, metas e objetivos. Pode-se afirmar ainda que é a cultura organizacional que produz junto aos mais diferentes públicos, diante da sociedade e mercados o conjunto de percepções, ícones, índices e símbolos que chamamos de imagem corporativa. "

Para Chiavenato,

"A cultura organizacional consiste em padrões explícitos e implícitos de comportamentos adquiridos e transmitidos ao longo do tempo que constituem uma característica própria de cada empresa. " Para esse autor, a cultura organizacional pode ser dividida em um nível visível e outro invisível. "No nível visível, estão os padrões e estilos de comportamento dos empregados. No nível como um iceberg, invisível estão os valores compartilhados e crenças que permanecem durante um longo período de tempo. Este nível é mais difícil de mudar. "

Assim, a cultura organizacional representa o modo institucionalizado de pensar e agir da organização, sendo perceptível na forma que seus funcionários se comportam, na forma de realizar negócios, na lealdade dos funcionários, etc. Trata-se das normas informais e não escritas que orientam o comportamento dos membros da organização, direcionando suas ações para os objetivos organizacionais. Deste modo, os padrões culturais agem como um mecanismo de controle organizacional mais sutil do que os tradicionais.

A cultura é um fator que diferencia uma empresa da outra. Existem culturas inovadoras, que incentivam a tomada de riscos e de novas ideias. Também existem culturas conservadoras, que apreciam a segurança e o cuidado em mudar de direção.

> Cultura é um conjunto de comportamentos, hábitos, costumes, crenças, valores e princípios de um grupo de pessoas.

A cultura dá um senso de identidade aos membros da empresa. Muitas pessoas procuram trabalhar em organizações que valorizam as mesmas coisas do que elas.

11.1 Dimensões da Cultura

Segundo Kanaane (1999)

- Material: instrumentos, processos e recursos materiais utilizados na organização. Está relacionado ao sistema produtivo da organização.
- Ideológica: conjunto de normas e valores, regulamentos, política administrativa, tradições, padrão de conduta esperado, estilo de gestão que governa e controla o funcionamento da organização. Está relacionada com os valores da organização.
- Psicossocial: manifestações afetivas dos indivíduos. Está relacionado às percepções e sentimentos positivos ou negativos, e como relacionamento e interação entre os membros.

As três dimensões formadoras da cultura organizacional – ideológica, material e psicossocial – não são necessariamente equivalentes. Uma ou outra pode predominar na vida organizacional, pode ter maior expressão, atuar com mais força. Há organizações eminentemente voltadas para as questões materiais, outras mais ideológicas, outras ainda em que são mais intensas as relações psicossociais.

11.2 Funções da Cultura

- Papel de definidora de fronteiras, ou seja, cria distinções entre uma organização e as outras.
- Gera senso de identidade aos membros da organização.
- Facilita o comprometimento com algo maior do que os interesses de cada um.
- Estimula a estabilidade do sistema social.
- Gera uma "argamassa social" que ajuda a manter a organização coesa, fornecendo os padrões adequados para aquilo que os funcionários vão fazer ou dizer.
- Serve de mecanismo de controle que orienta e dá forma às atitudes e comportamentos dos funcionários.
- Favorece a integração interna e adaptação externa.
- Ajuda na estabilidade social.

11.3 Como os Funcionários Aprendem a Cultura

Segundo Maximiano (2007) a cultura é transmitida aos funcionários de diversas maneiras, e as mais poderosas são as histórias, os rituais, os símbolos e a linguagem.

Histórias: referem-se a eventos ocorridos com fundadores de empresas, quebras de regras, sucesso estrondosos, reduções da força de trabalho, recolocações de funcionários, reações a antigos erros, lutas organizacionais. Essas narrativas vinculam o presente como passado e oferecem explicações e legitimidade para as práticas vigentes.

Rituais: são sequências repetitivas de atividades que expressam e reforçam os valores fundamentais da organização, quais objetivos são mais importantes.

Símbolos materiais: o tamanho da sede, a elegância do mobiliário, a aparência e vestuário dos executivos, o espaço físico da empresa, o tipo de carro disponível, elevadores etc.

Linguagem: muitas organizações e unidades dentro de organizações utilizam a linguagem como forma de identificação dos membros de sua cultura e subcultura. Ao aprender essa linguagem, os membros demonstram sua aceitação da cultura e, assim fazendo, ajudam a preservá-la.

11.4 Aspectos Formais e Abertos x Aspectos Informais e Fechados

Muitos aspectos da cultura organizacional são percebidos com facilidade e são denominados formais e abertos, enquanto outros são de difícil percepção e são denominados aspectos informais e ocultos. Tal como um iceberg, os aspectos formais ficam na parte visível e envolvem as políticas e diretrizes, métodos e procedimentos, objetivos, estrutura e tecnologia adotada. Os aspectos informais envolvem as percepções, sentimentos, atitudes, valores e interações grupais.

Para Chiavenato, a cultura organizacional pode ser dividida em um nível visível e outro invisível.

"No nível visível, estão os padrões e estilos de comportamento dos empregados. No nível invisível estão os valores compartilhados e crenças que permanecem durante um longo período de tempo. Este nível é mais difícil de mudar."

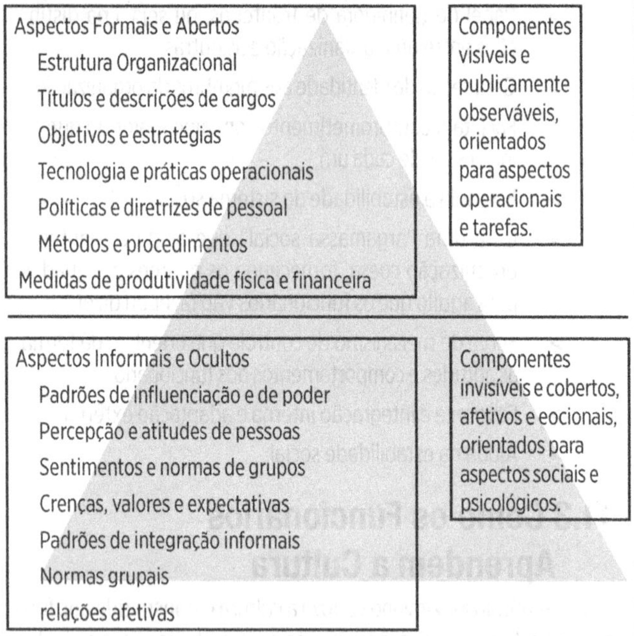

11.5 Níveis da Cultura

A cultura apresenta vários níveis. Nem todos seus aspectos são visíveis. Muitas vezes, temos dificuldade de identificar certos fatores e também de alterá-los.

A classificação mais utilizada, em concursos, destes níveis da cultura organizacional é descrita por Schein. De acordo com ele, a cultura existe em três níveis:

Artefatos - É o primeiro nível, o mais superficial. Basicamente é tudo o que percebemos assim que temos contato com uma organização. Dentro deste nível temos os produtos, padrões comportamentais, o vestuário, o espaço físico, os símbolos, os logotipos, a linguagem, etc.

Valores - Relacionados com a crença no que é certo ou errado dentro da organização. Existe em um nível consciente e são utilizados para explicar e justificar o comportamento dos integrantes. Podem ser percebidos nas histórias, nas lendas, na linguagem e nos símbolos.

Pressupostos Básicos - São as verdades inquestionáveis. Valores tão arraigados que nem mais são explicitados. São as fontes originais dos valores. É o nível mais profundo e difícil de ser mudado. Como os valores, podem ser percebidos nas histórias, nas lendas, na linguagem e nos símbolos.

11.6 Elementos da Cultura Organizacional

Elementos da cultura, segundo Maximiano (2007):

Elemento	Descrição
Artefato	Componentes mais visíveis de uma cultura, compreendendo os veículos, a arquitetura, arranjo físico, as roupas e os produtos utilizados pelas pessoas.
Tecnologia	Repertório de conhecimentos utilizados pela organização e pelos funcionários para resolver problemas e transformar conhecimento e experiência em recursos, produtos e serviços.
Símbolos	Podem ser materiais ou não. Comportamentos e objetos dotados de significados e transmitem mensagens dentro da organização (linguagem, histórias, mitos, heróis - podem ser tanto personagens reais quanto imaginários, rituais, cerimônias e alguns elementos da arquitetura e vestuário).
Valores	Os valores estão no íntimo da cultura. Crenças, preceitos, ideologias, preconceitos e julgamentos compartilhados sobre elementos externos ou internos.

Além disso, a cultura tem uma importante função, relacionada ao controle e à estabilidade. Controle, porque propaga valores e normas desejados, evitando comportamentos que poderiam ser negativos. Estabilidade, porque a cultura é duradoura e de difícil modificação, razão pela qual ela promove certa garantia de mudanças bruscas que poderiam trazer prejuízos.

Valores organizacionais: referem-se à filosofia da empresa. Refletem a visão compartilhada de "como as coisas devem ser", dando uma sensação de direção comum para os seus membros.

Cultura gerencial: é um reflexo dos valores, voltado para o conceito de autoridade na organização, em termos de estilos predominantes de liderança e maneiras de se solucionarem os problemas.

Heróis organizacionais: são modelos de papéis que personificam o sistema de valores culturais e que definem o conceito de sucesso na organização, estabelecendo um padrão de desempenho e motivando os integrantes da empresa.

Histórias e mitos da organização: são narrativas que organizam as crenças sobre a organização e seu sistema de valores, que ajudam a compreender "como as coisas são feitas". Os contadores de histórias da organização difundem o folclore da corporação e dramatizam as façanhas dos heróis da empresa. Mitos são histórias contadas e não comprovadas.

Tabus e rituais da organização: os rituais são as cerimônias especiais, de homenagem ou premiação, festas e reuniões anuais, assim como os rituais diários (hora do cafezinho, reuniões de departamentos). Já os tabus transmitem a ideia dos limites aceitáveis para os comportamentos e interações.

Símbolos culturais (cultura objetiva): artefatos materiais que representam a cultura da empresa. Envolvem mobiliário, automóveis, ambiente de trabalho (escritórios abertos ou fechados, estacionamentos com vagas privativas) e imagens (logotipo, estilo de vestuário).

11.7 Os Reforçadores de Culturas de Torquato

Segundo Torquato (1992), há quatro tipos de reforçadores de culturas dentro das organizações. São eles:

Aspectos históricos: experiência de longos anos da empresa que pesa sobre a comunidade, os costumes e a ordem conservadora. Essa experiência, de alguma maneira, inibe o avanço das mudanças.

Natureza técnica da empresa: produtos e serviços que ela produz.

Gestão da organização: este modelo é representado pelos tipos autocrático e democrático, sendo que o autocrático estabelece a cultura normativa, hermética, em que a hierarquia é levada às últimas consequências. O democrático pressupõe a ideia de participação, desbloqueando canais formais, abrindo fluxos, incentivando a criatividade e impulsionando a comunidade para as mudanças.

Osmose geográfica: caracteriza-se por uma interpenetração de culturas, por conta da proximidade das empresas, por se localizarem na mesma região em que as comunidades costumam incorporar comportamentos semelhantes.

11.8 Vantagens e Desvantagens da Cultura Organizacional

11.8.1 Vantagens

- Uma cultura forte tende a evitar o surgimento de problemas internos, reduzindo o nível de conflitos.
- Uma cultura forte desenvolve uma imagem clara sobre a organização.
- Uma cultura forte proporciona um senso de identidade aos membros de uma organização.
- A cultura demarca claramente as diferenças entre diferentes organizações.
- Uma cultura forte possibilita melhor controle pela gestão.
- Uma cultura adaptativa permite uma melhor adaptação da organização ao meio.
- Uma cultura forte favorece o comprometimento dos colaboradores com a organização.

11.8.2 Desvantagens

Uma cultura forte pode dificultar os processos de mudança e adaptação da organização, fazendo com que as pessoas não aceitem bem os processos de mudança.

Uma cultura forte pode dificultar a aceitação da diversidade na organização.

11.9 Características da Cultura Organizacional

Robbins et al. (2010) argumentam que existem sete características essenciais que ajudam a capturar a essência da cultura de uma organização.

Para considerá-las, é preciso entender que, para cada uma delas, as organizações podem dar muita ou pouca ênfase, existindo inúmeros pontos intermediários entre esses dois extremos. As sete características estão dispostas a seguir:

01. **Grau de inovação:** trata-se do grau de estímulo dado aos funcionários para que sejam inovadores e assumam o risco da inovação.
02. **Atenção aos detalhes:** trata-se da precisão, análise e cuidado com os detalhes que se espera dos funcionários.
03. **Orientação para resultados:** trata-se do grau no qual o foco da direção está direcionado aos resultados e não aos processos e técnicas utilizados para alcançá-los.
04. **Foco na pessoa:** trata-se do grau em que a direção da organização considera o impacto de suas decisões sobre o seu pessoal durante o processo de tomada de decisões.
05. **Foco na equipe:** trata-se do grau em que a organização do trabalho está mais voltada para as equipes e não para os indivíduos.
06. **Agressividade:** trata-se do grau de agressividade e competitividade das pessoas na organização, em oposição à tranquilidade que poderia existir.
07. **Estabilidade:** trata-se do grau de estabilidade enfatizada pela organização, que busca a manutenção do status quo ao invés do crescimento organizacional.

Devemos entender, ainda, que a cultura não é uniforme por toda a organização, havendo uma cultura dominante e diversas subculturas.

11.9.1 Cultura Dominante e Subculturas

As organizações, em sua maioria, possuem uma cultura dominante e diversas subculturas.

De acordo com Robbins,

"uma cultura dominante expressa os valores principais que são compartilhados pela maioria dos seus membros. Quando falamos da cultura de uma organização, nos referimos à cultura dominante."

Cultura dominante: expressa os valores essenciais compartilhados pela maioria dos membros da organização – é a cultura organizacional.

Uma subcultura é um conjunto de valores que não são compartilhados por todos os membros, mas apenas alguns. Ou seja, podem existir outras culturas "dentro" da mesma organização. Muitas empresas possuem uma cultura dominante e algumas subculturas espalhadas por suas diversas divisões e setores.

Subculturas: coexistência de diversas culturas na mesma organização.

Contracultura: peculiar de um grupo que se opõe à cultura mais ampla, contestando seus padrões.

Se as organizações não possuíssem nenhuma cultura dominante e fossem constituídas apenas de diversas subculturas, a importância da cultura organizacional seria consideravelmente reduzida, porque não haveria nenhuma interpretação uniforme do que seria um comportamento adequado ou inadequado. Dessa forma, seria difícil manter a coesão da empresa e o foco nos objetivos principais.

11.9.2 Cultura Forte e Cultura Fraca

Cultura Fraca: é heterogênea - há poucos (ou não há) valores essenciais compartilhados. Não há interpretação uniforme do que seria um comportamento adequado ou inadequado. É difícil manter a coesão e o foco nos objetivos principais.

Cultura Forte: é homogênea - os valores são intensamente acatados e compartilhados.

Quanto mais membros aceitarem os valores e se comprometerem com eles, mais forte será a cultura.

Uma cultura forte aumenta a consistência do comportamento. Nesse sentido, pode-se dizer que uma cultura forte funciona como um substituto da formalização.

As regras e regulamentações da formalização agem para controlar o comportamento dos funcionários. Uma formalização intensa na organização gera previsibilidade, ordem e consistência. Uma cultura forte pode fazer o mesmo sem necessidade de documentação escrita.

11.9.3 Socialização

Para Maximiano (2007),a socialização de um novo funcionário é uma maneira de passar a cultura organizacional.

11.10 Gestão da Cultura Organizacional

Outro aspecto relacionado à cultura organizacional e que costuma ser cobrado em concursos refere-se à sua dinâmica de transformação.

Conforme vimos, a cultura se transforma espontaneamente, no longo prazo, conforme ingressam novas pessoas na organização, conforme há transformações no ambiente e de acordo com acontecimentos internos. Estas transformações colocam alguns desafios à empresa. Por exemplo, na hora de realizar a seleção de novas pessoas que irão ingressar na organização, deve-se observar se elas serão capazes de se alinhar à cultura existente. Além disso, devem ser realizados processos de socialização capazes de ensinar a cultura às novas pessoas, para que elas sejam capazes de agir de acordo com o que é esperado.

Uma pergunta que surge, e a respeito da qual há grande debate teórico, é: a cultura pode ser gerenciada, ou deliberadamente modificada pela organização?

A maioria dos autores entende que sim, a cultura é gerenciável. Mas não é uma tarefa fácil! A cultura é duradoura e tende a ser estável, razão pela qual a mudança da cultura exige grandes esforços dos líderes. Inclusive, uma das tarefas do líder moderno é exatamente influenciar para a criação ou consolidação de uma cultura organizacional positiva, que contribua para a consecução dos objetivos organizacionais.

Conforme afirma Ulrich, *"A cultura, quando gerenciada, pode contribuir para o sucesso da organização. Entretanto, o agente de mudanças encontrará resistências às transformações necessárias"*.

Se uma empresa precisa ter um estilo de gestão democrático, aberto e participativo para atingir os seus resultados, os líderes dessa empresa precisam trabalhar para que essas características passem a fazer parte do "espírito" da empresa, passem a ser um valor natural e compartilhado por todos. O importante é que as intervenções na cultura sejam feitas de maneira planejada e ética.

Uma das maneiras de se modificar a cultura é a administração simbólica. *"Nesse caso, as pessoas investidas em posições estratégicas de mando procuram influenciar valores culturais arraigados e normas organizacionais, modelando elementos culturais de superfície, tais como símbolos, histórias e cerimônias com o intuito de explicitar acordos culturais desejados"*.

Outro ponto de destaque na gestão da cultura é a dificuldade encontrada por empresas multinacionais na adaptação à cultura local de países onde instalam suas filiais. A globalização traz a necessidade de as empresas fornecerem os mesmos produtos com a mesma qualidade em diferentes países. Entretanto, o estilo gerencial nem sempre pode ser o mesmo, sob o risco de enfrentamento de fortes resistências de base cultural. *"Portanto, no processo de adaptação à cultura local devemos identificar e analisar os valores básicos que devem ser mantidos e aperfeiçoados, como os inerentes à personalidade da organização, e os que devem ser moldados à realidade globalizada"*.

(Ulrich apud Rocha-Pinto, p.109)

A gestão da cultura organizacional consiste basicamente em fortalecer a cultura quando ela já está consolidada nos padrões desejados pela alta administração, ou promover mudanças na cultura, quando esta não está favorecendo o bom desempenho organizacional.

11.11 Clima Organizacional

Refere-se a um conjunto de percepções, opiniões e sentimentos que se expressam no comportamento de um grupo ou uma organização, em determinado momento ou situação, sendo, portanto, passageiro e superficial. Caracteriza-se como um fenômeno geralmente de caráter menos profundo e que pode mudar em menor tempo. Diferente da cultura, o clima é avaliativo e descritivo, uma vez que, além de poder ser descrito, pode ser avaliado quanto ao grau de intensidade dos itens que o compõem, por meio da pesquisa de clima organizacional.

O clima organizacional pode ser definido como o grau da satisfação dos agentes da organização com os vários aspectos da cultura organizacional.

É um conceito que se refere ao ambiente interno da organização. Trata-se da manifestação de um conjunto de valores, atitudes e padrões de comportamento, formais e informais, existentes em uma organização.

Enquanto a cultura trata da essência da organização e é relativamente estável, o clima organizacional é a síntese das percepções dos funcionários sobre a organização e o ambiente de trabalho, sendo algo mais temporário. Assim, as mudanças de cultura tendem a ser mais difíceis e demoradas do que a mudança do clima organizacional, que podem ser implementadas em um prazo mais curto.

Segundo George Litwin (apud, ROBBINS,2007) clima organizacional: *"É a qualidade ou propriedade do ambiente organizacional que é percebida ou experimentada pelos membros da organização e influencia o seu comportamento".*

O clima organizacional é uma decorrência da cultura organizacional, tanto de seus aspectos "positivos" e motivadores quanto de seus aspectos "negativos" e geradores de conflitos, sendo mais facilmente perceptível e manejável pela organização do que a sua cultura.

Chiavenato (2007) nos informa que o clima organizacional *"está intimamente relacionado com o grau de motivação de seus participantes. O clima organizacional é a qualidade ou propriedade do ambiente organizacional, percebida ou experimentada pelos participantes da empresa e que influencia o seu comportamento".*

Percebe-se, deste modo, que o clima organizacional está muito relacionado à motivação e comportamentos dos funcionários. Um clima positivo influencia positivamente o trabalho das pessoas, enquanto um clima negativo pode "pesar" e fazer com que os funcionários passem a se sentir menos motivados. Além disso, funcionários desmotivados tendem a gerar um clima organizacional negativo, gerando um ciclo negativo na organização.

Nesse sentido, o clima organizacional pode ser classificado como favorável (ou bom) ou não favorável (ou ruim) ao bom desempenho do trabalho. O clima favorável proporciona as condições para um maior comprometimento por parte dos funcionários enquanto um clima desfavorável pode fazer com que os funcionários se desagreguem no trabalho. De forma diversa, as pessoas dentro da organização podem classificar o clima de várias formas qualitativas, como: bom, ruim, neutro, frio, caloroso, desafiador, "pegando fogo", depressivo, ameaçador, etc.

É preciso ter em conta também que o clima dependerá da cultura como um todo, mas dependerá, na prática, de várias características do dia a dia organizacional, como: o estilo de liderança, as características do líder e dos liderados, a estrutura organizacional, as políticas e valores postos em prática, o ramo de atividade da organização, o momento vivido pela organização etc., que poderão ser avaliadas em pesquisas de clima organizacional para serem geridas com eficácia.

11.12 Tipos de Clima Organizacional

O clima organizacional poderá ser classificado de duas formas, segundo as respostas dos indivíduos aos estímulos organizacionais.

Podemos dizer que o clima é bom quando há um baixo turnover, alto tempo de permanência dos funcionários na empresa, bem como quando estes possuem orgulho em participar da organização.

Em um clima prejudicado ou ruim, há um turnover elevado, conflitos interpessoais, desinteresse pelo cumprimento das tarefas, resistências internas, competição exacerbada, vergonha de trabalhar na empresa. Em um clima prejudicado ou ruim, predomina a falta de motivação.

11.13 Diagnóstico de Clima Organizacional

11.13.1 Indicadores do Clima Organizacional

O início do diagnóstico do clima organizacional pode dar-se a partir da análise de alguns indicadores, como:

> Absenteísmo, verificado por meio do levantamento do número de faltas ao trabalho.
> Demonstrações indiretas de insatisfação com a empresa, materializadas em pichações nos banheiros, bilhetes anônimos, rumores nos corredores.
> Reclamações nas caixas de sugestões localizadas nos setores.
> Feedback nas avaliações de desempenho.
> Participação de funcionários em greves ou outros tipos de manifestações afins.
> Conflitos interpessoais e interdepartamentais, demonstradores de dificuldades na comunicação e falta de diálogo.
> Desperdícios de material, denotando descuido e desinteresse pelo patrimônio da organização.
> Queixas no serviço médico, no setor de psicologia ou serviço social da empresa.

É importante observar que, principalmente em grandes corporações, há a possibilidade de que haja localização de focos problemáticos em alguns setores, enquanto em outros os indicadores são satisfatórios. Cabe, portanto, uma análise cuidadosa neste sentido, a fim de evitar generalizar questões que na verdade são locais.

11.14 Gestão do Clima Organizacional

Para gerir o clima organizacional, é necessário fazer primeiramente um diagnóstico, a partir de uma pesquisa de clima, para saber qual a situação atual em relação às diversas dimensões do clima. O diagnóstico identificará os pontos fortes e fracos do clima organizacional, e, como consequência, deve-se ter um plano de ação para tentar elevar a qualidade do clima, especialmente em relação aos pontos mais críticos. Após a implementação dessas ações, teremos uma nova pesquisa para avaliar o clima, reiniciando, assim, o ciclo de gestão do clima organizacional.

A opção pela gestão do clima mostra que a empresa está preocupada com o lado pessoal dos funcionários. Só o fato de fazer uma pesquisa já deixa a mensagem "Queremos ouvir você, queremos saber a sua opinião". Esse tipo de postura da empresa tende a motivar os empregados.

Por outro lado, essas iniciativas criam expectativas nas pessoas, que esperam ações concretas para sanar as insatisfações levantadas.

Caso a empresa faça o diagnóstico, mas não promova ações de melhoria, o resultado pode ser catastrófico, com uma piora no clima e uma sensação de frustração dos funcionários.

A cultura pode mudar no médio e no longo prazo, enquanto que o clima pode modificar-se no curto e no médio prazo.

Questões

01. (Cespe) A cultura de uma organização varia conforme os níveis organizacionais nos quais estão inseridos os seus colaboradores.

Certo ( ) Errado ( )

02. (Cespe) A cultura organizacional é formada por hábitos, crenças, valores, tradições e normas não escritas da organização.

Certo ( ) Errado ( )

03. (Cespe) Empresas que possuem culturas organizacionais fortes costumam ter baixos índices de rotatividade, uma vez que elas são catalisadoras de mudanças e criam ambientes propícios à diversidade. Diante disso, conclui-se que fusões e aquisições são facilitadas quando envolvem empresas de cultura forte, pois, em geral, seus integrantes se mostram abertos a símbolos, práticas e rituais novos.

Certo ( ) Errado ( )

04. (Cespe) Uma cultura organizacional focada na espiritualidade estimula práticas religiosas no ambiente de trabalho como forma de integrar valores pessoais e espirituais com valores profissionais.

Certo ( ) Errado ( )

Gabaritos

01	ERRADO	03	ERRADO
02	CERTO	04	ERRADO

12. COMUNICAÇÃO ORGANIZACIONAL

Uma organização funciona a partir dos processos de comunicação. Esta é fundamental para assegurar a coesão e a interligação entre todos os membros da organização. Sem comunicação, as pessoas ficam isoladas e sem contato entre si. Quando falamos de comportamento humano e cultura organizacional, a comunicação deve ser a primeira área a ser enfocada, em face de sua importância para o trabalho nestas outras áreas.

A comunicação é o processo pelo qual as pessoas transmitem umas às outras informações a respeito de ideias, sentimentos e emoções. Ela faz parte de todas as interações sociais.

Na interação social, é necessária, além da transferência, a compreensão do significado para evitar falhas de comunicação que podem ter consequências sérias para os envolvidos no processo.

As pessoas transmitem ideias e sentimentos por meio de símbolos, que são formas arbitrárias utilizadas para referirem-se a intenções ou outro objeto. Os símbolos e os significados deles precisam ser socialmente compartilhados, ou seja, para se comunicar com sucesso, é preciso conhecer e dominar as formas de exprimir ideias e sentimentos aceitos na sociedade.

Comunicação é a utilização de algum meio pelo qual a ideia, a informação ou o pensamento são transmitidos de uma pessoa para outra, representando um grande intercâmbio que conecta duas ou mais pessoas.

12.1 Comunicabilidade

A comunicabilidade pode ser interpretada como a adaptação da mensagem ao público-alvo, uma vez que as pessoas devem ser capazes de interpretar corretamente o que está sendo dito.

A comunicabilidade enfatiza a maneira como os indivíduos se comunicam para a comunicação ser compreensível por parte do receptor. Sem a comunicabilidade adequada, a compreensão da mensagem não ocorrerá.

12.1.1 Funções da Comunicação

A comunicação apresenta quatro funções básicas: controle, motivação, expressão emocional e informação.

01. **Controle.** A comunicação apresenta a função de controle quando é utilizada para divulgar normas e procedimentos de trabalho. É um instrumento hierárquico neste sentido. No plano informal um grupo controla outro quando o hostiliza.
02. **Motivação.** Quando a comunicação é utilizada na organização para comunicar metas e definir objetivos ela serve como instrumento para promover a motivação.
03. **Expressão emocional.** É a forma pela qual um grupo pode exprimir seus sentimentos de satisfação ou insatisfação.
04. **Informação.** Proporciona as informações necessárias ao processo de tomada de decisão.

12.1.2 Tipos de Linguagem

No cotidiano, sem perceber, usamos frequentemente a **linguagem verbal**, quando por algum motivo em especial não a utilizamos, então poderemos usar a **linguagem não verbal**.

Linguagem verbal é uso da escrita ou da fala como meio de comunicação.

Linguagem não verbal é o uso de imagens, figuras, desenhos, símbolos, dança, tom de voz, postura corporal, pintura, música, mímica, escultura e gestos como meio de comunicação.

12.1.3 Processo de Comunicação

O modelo de comunicação mais utilizado é o de Shannon, Weaver e Schramm. A comunicação neste modelo é fluxo bem definido. A interrupção do fluxo é geradora de problemas na comunicação. Neste modelo, a comunicação é composta de sete partes:

01. **Fonte. É o emissor ou comunicador da mensagem.** Inicia a comunicação por meio da codificação de uma mensagem. A mensagem é um produto físico: pode ser a fala, a escrita, um quadro, uma música, um gesto. A mensagem é afetada pelo código ou símbolos que utilizamos.
02. **Codificação.** Para ser transmitida, a mensagem precisa ser codificada adequadamente, isto é, seus **símbolos precisam ser traduzidos de forma que se tornem inteligíveis** por intermédio do canal que escolhemos.
03. **Canal. É o veículo ou mídia por meio do qual a mensagem é encaminhada.** É um meio existente fora do comunicador e é escolhido por ele. Pode ser percebido por todos. Pode ser um discurso oral, documentação escrita, comunicação não verbal. Também, podem-se utilizar as modernas tecnologias como veículos: e-mail, telefone, internet. O canal pode ser **formal** quando é determinado pela organização para transmitir informações relativas ao trabalho ou **informal** como as redes sociais e pessoais que transmitem informações de forma espontânea.
04. **Decodificação. É o processo de tradução dos símbolos utilizados na mensagem na mente do receptor.** Quando a imagem decodificada corresponde à imagem transmitida, houve sucesso na comunicação. O receptor deve ser capaz de poder traduzir a mensagem enviada, ou seja, ele precisa ter capacidade para decodificar os símbolos transmitidos, do contrário não haverá comunicação eficaz. Quando se transmite uma mensagem, devem-se levar em conta as capacidades do receptor neste sentido.
05. **Receptor.** É o **sujeito final da mensagem.** É o destinatário da comunicação.
06. **Retroação.** É a verificação do sucesso da comunicação. É o ***feedback*** enviado pelo receptor ao emissor sobre a compreensão da ***mensagem (ou não)***. **A comunicação eficaz é aquela que vai do emissor ao receptor e de retorna ao emissor com retroação positiva, ou seja, com perfeito entendimento da mensagem.** A retroação pode ser verbal ou não verbal. Se houver uma reação inapropriada, significa que a comunicação não foi bem-sucedida.

07. **Ruído. São os fatores que podem distorcer uma mensagem. São perturbações indesejáveis que tendem a alterar, distorcer ou alterar, de maneira imprevisível, a mensagem transmitida.** Pode ocorrer em qualquer etapa do processo de comunicação. Estão incluídos entre os ruídos a geração de boatos, as informações ambíguas, as interferências em comunicações telefônicas (como barulhos, cruzamento de linhas, etc.) que causam falta de compreensão.

O processo de comunicação pode ser eficiente e eficaz. A eficiência se relaciona com o correto uso dos meios utilizados para a comunicação. A eficácia está relacionada com o alcance dos objetivos desejados com a transmissão da mensagem.

A comunicação humana, a despeito das modernas tecnologias, ainda é limitada passível aos mesmos fenômenos que perturbavam a comunicação de nossos antepassados. As diferenças individuais, os traços de personalidade, percepção e atribuição, motivação e limitações humanas influenciam a capacidade humana em termos de comunicação.

Vejamos o quadro abaixo com a esquematização do processo de comunicação.

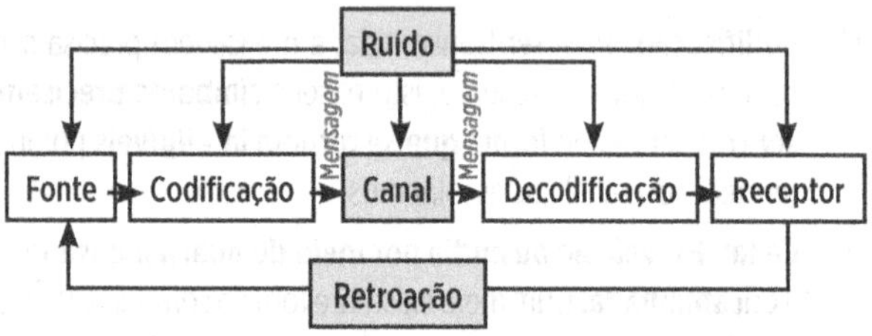

Fonte: Chiavenato (2005)

12.1.4 Barreiras à Comunicação

Vimos acima que nem o processo de comunicação funciona adequadamente. O correto funcionamento depende dos sete componentes que o constituem. Nem sempre a mensagem é decodificada pelo receptor da forma como foi enviada. **Isto acontece porque, em todo processo de comunicação, existem barreiras que servem obstáculos ao perfeito entendimento.**

01. **Barreiras mecânicas ou físicas =** Aparelho de transmissão, como o barulho, ambiente e equipamentos inadequados. A comunicação é bloqueada por fatores físicos.
02. **Barreiras fisiológicas =** Dizem respeito aos problemas genéticos ou de má-formação dos órgãos vitais da fala.
03. ***Barreiras semânticas* =** São as que decorrem do uso inadequado de linguagem não comum ao receptor ou a grupos visados.
04. **Barreiras psicológicas =** São os preconceitos e estereótipos que fazem com que a comunicação fique prejudicada.
05. **Barreiras pessoais =** As pessoas podem facilitar ou dificultar a comunicação. Tudo dependerá da personalidade de cada um, do estado de espírito, das emoções, dos valores etc.
06. **Barreiras administrativas/burocráticas =** Decorrem das formas como as organizações atuam e processam as informações.

12.2 Comunicação Organizacional

A comunicação organizacional pode ser dividida em:

01. **Comunicação formal -** É aquela que ocorre "oficialmente" na empresa, ou seja, entre níveis hierárquicos, visando atender a alguma exigência funcional da organização. É feita por meio de documentos oficiais. Em geral, tem formalização definida pelo regimento interno da empresa ou pela própria redação de expediente ou é representada pela linguagem formal utilizada pelos funcionários dentro das organizações.
02. **Comunicação informal -** Acontece à margem dos fluxos formais, ou seja, surge dentro dos mais diversos contextos e envolve as pessoas, independentemente de posição hierárquica. É aquela representada pelo contato espontâneo entre colegas de trabalho. Apresenta três características: ela não é controlada pela direção da empresa; é tida pela maioria dos funcionários como mais confiável do que os comunicados formais vindos da cúpula da organização; ela é largamente utilizada para servir aos interesses pessoais dos que a integra.

12.2.1 Direção da Comunicação

A comunicação interna é de extrema importância para o sucesso da organização. Em uma empresa, as pessoas convivem, compartilham experiências, criam laços afetivos. A comunicação entre as pessoas facilita a integração e tende a ampliar a afinidade, a identificação. A troca de ideias permite a interação entre os indivíduos.

As comunicações internas (de trabalho) podem fluir em sentido vertical, horizontal ou diagonal.

A dimensão vertical pode ser dividida em direções ascendente e descendente.

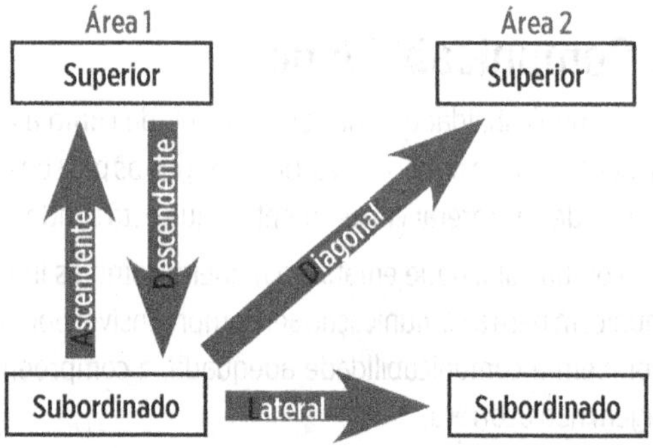

- **Ascendente:** ocorrerá do subordinado para o superior/chefia. É utilizada para fornecer *feedback* aos executivos, informá-los sobre os progressos em relação às metas e relatar os problemas que estão ocorrendo. A comunicação ascendente mantém os dirigentes informados sobre como os funcionários se sentem em relação ao trabalho, aos colegas e à organização em geral. Os executivos também contam com esse tipo de comunicação para obter ideias sobre como as coisas podem ser melhoradas.
- **Descendente:** ocorrerá do superior para o subordinado. Ela é usada pelos líderes para atribuir tarefas, fornecer instruções de trabalho, informar aos subordinados sobre políticas e procedimentos, identificar problemas que necessitam de atenção e fornecer *feedback* sobre desempenho.

> **Lateral:** quando a comunicação se dá entre os membros de um mesmo grupo ou de grupos do mesmo nível, entre executivos do mesmo nível ou entre quaisquer pessoas que estão em um nível horizontal equivalente dentro da organização, diz-se que essa comunicação é lateral ou horizontal.

> **Diagonal:** esse é o tipo de comunicação que ocorre envolvendo transferências entre diferentes níveis hierárquicos e também perpassando fronteiras setoriais (entre diferentes seções ou departamentos). Percebe-se uma mistura dos efeitos citados para a comunicação vertical e horizontal.

É importante ressaltar que as organizações são sistemas abertos e, como tal, intercambiam com o ambiente externo e recebem *feedback*. Portanto, a comunicação organizacional também afeta o ambiente externo à organização, no qual ela está inserida.

12.2.2 Comunicação em Equipes

O trabalho em equipe exige que a informação flua adequadamente para que se solucionem os problemas do dia a dia. Cada tipo de equipe exige um fluxo diferente de comunicação. Equipes que executam atividades complexas e difíceis precisam de informações circulando continuamente entre todos os membros, de forma descentralizada. Por outro lado, quando a equipe executa tarefas rotineiras, a rede de informações pode ser centralizada.

A vantagem da rede centralizada é que ela proporciona soluções mais rápidas para problemas mais simples. Produz poucos erros em relação aos problemas simples e muitos erros em relação aos problemas complexos.

Na rede descentralizada, os problemas complexos são resolvidos de forma mais rápida por que as informações estão compartilhadas entre todos os membros da rede. As decisões são mais rápidas e melhores. É muito acurada na resolução de problemas complexos, e pouco acurada na resolução de problemas simples.

12.2.2.1 Tipos de Comunicação em Equipes

1- Comunicação em roda: neste tipo de comunicação em roda os membros comunicam por de um único membro, ocupando este a posição central. A comunicação neste tipo de rede é mais rápida, é centralizada e o rigor é bom, tem emergência de liderança. A satisfação neste tipo de cadeia é reduzida

2- Comunicação em Y: na rede em Y a comunicação faz-se nos dois sentidos aos diversos níveis da hierarquia. Tem como característica de ser lenta, ao rigor é razoável, é centralizada e tem emergência de liderança. A satisfação é reduzida.

3-Comunicação em cadeia: na rede de comunicação em cadeia, cada indivíduo comunica apenas com o que o antecede e o precede. A velocidade é lenta, o rigor é razoável e a satisfação é reduzida, a centralização é moderada, e tem emergência de liderança.

4-Comunicação em circulo: na comunicação em círculo, o último indivíduo comunica com o primeiro. A velocidade é média, o rigor é bom, a satisfação é elevada , não é centralizada e não tem emergência de liderança.

5- Comunicação em interligação total: todos os membros comunicam com todos; a velocidade é lenta e o rigor é reduzido, e a satisfação é elevada; a emergência de liderança não há, e não ocorre a centralização.

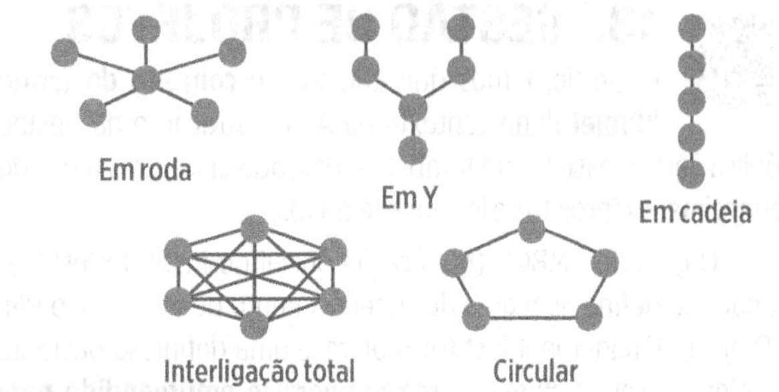

Questões

01. (Cespe) As mensagens verbais são os elementos mais complexos da comunicação nas organizações visto que os vários significados dos gestos e dos comportamentos contribuem para a geração de conflitos e desentendimentos no trabalho.

Certo ( ) Errado ( )

02. (Cespe) Nas relações de trabalho interpessoais, a comunicação organizacional pode enfrentar barreiras físicas, fisiológicas, semânticas e psicológicas. No ambiente organizacional, são encontradas, ainda, barreiras que envolvem processos administrativos e burocráticos, decorrentes do excesso de informações e de comunicações fragmentadas ou distorcidas.

Certo ( ) Errado ( )

03. (Cespe) O encaminhamento de dúvidas ao emissor de uma mensagem a respeito do seu conteúdo é uma forma de *feedback*.

Certo ( ) Errado ( )

04. (Cespe) A comunicação organizacional, por estar embasada em padrões de escrita e estruturas preestabelecidas de mensagem, independe da qualidade da comunicação pessoal.

Certo ( ) Errado ( )

Gabaritos

01	ERRADO	03	CERTO
02	CERTO	04	ERRADO

13. GESTÃO DE PROJETOS

De início, temos que entender o **conceito do termo "Projeto"** no contexto da Administração e da Gestão Pública, já que esse termo também é utilizado em outras áreas do conhecimento (projeto de lei, por exemplo).

O guia do PMBOK (publicação oficial do Instituto Internacional que define as regras de gerenciamento de Projetos, o PMI – Project Management Institute) oferece uma definição bastante simples, projeto é **"um esforço temporário empreendido para criar um produto, serviço ou resultado exclusivo"**.

Outras definições:

Projeto é um empreendimento não repetitivo, caracterizado por uma sequência clara e lógica de eventos, com início, meio e fim, que se destina a atingir um objetivo claro e definido, sendo conduzido por pessoas dentro de parâmetros pré-definidos de tempo, custo, recursos envolvidos e qualidade. (RICARDO VIANA VARGAS)

Projeto é um conjunto de ações, executado de maneira coordenada por uma organização transitória, ao qual são alocados os insumos necessários para, em certo prazo, alcançar ou superar expectativas e necessidades do cliente. (BOENTE)

Vejamos, então, as principais características de um projeto:

FINITUDE: possui início, meio e fim. Atenção, pois o fim de um projeto não é apenas atingido quando os objetivos são alcançados. Um projeto também pode ser finalizado quando se chega à conclusão de que não será possível atingir os objetivos estabelecidos ou quando se percebe que o projeto não é mais necessário. Além disso, a característica de temporalidade não quer dizer que os projetos têm curta duração. Pelo contrário, muitos projetos duram anos. O que é importante fixar é que, em todos os casos, a duração de um projeto é finita. Projetos não são esforços contínuos.

Uma observação importante a fazer é que *"geralmente o termo 'temporário' não se aplica ao produto, serviço ou resultado criado pelo projeto. A maioria dos projetos é realizada para criar um resultado duradouro"*.

FOCO: tem um objetivo claro e definido. Para minimizar as incertezas de um projeto, a definição clara do que se espera é essencial. **Todo o planejamento do projeto será estruturado com base no objetivo a ser atingido**. E só é possível dizer se o projeto foi um sucesso ou não se os objetivos foram definidos e divulgados de maneira clara a todas as partes envolvidas, para que a comparação do resultado alcançado com o resultado esperado seja real.

SINGULARIDADE: visa à criação de um produto, serviço ou resultado ÚNICO, com características exclusivas, mesmo que haja similares, ou que projetos parecidos se repitam de tempos em tempos. Por exemplo, digamos que uma associação médica promova um congresso anual, cada vez em uma cidade diferente. Apesar de todos os anos o congresso acontecer, cada evento será um projeto diferente e único, com resultados exclusivos.

LIMITES: possui parâmetros de custo, recursos, qualidade e tempo. Todo projeto possui restrições, sejam elas de ordem orçamentária, de pessoal, de critérios específicos de aceitação do produto etc.

INCERTEZA: como um projeto visa ao desenvolvimento de algo único e novo, sempre há um componente de incerteza, em menor ou maior grau, na sua execução. Para buscar minimizar tais incertezas, o planejamento e o controle devem ser realizados de maneira muito cuidadosa, com análises de risco e viabilidade, de acordo com o tipo de projeto.

ELABORAÇÃO PROGRESSIVA: significa desenvolver em etapas e continuar por incrementos. Por exemplo, o escopo do projeto será descrito de maneira geral no seu início e se tornará mais explícito e detalhado conforme a equipe do projeto desenvolve um entendimento mais completo dos objetivos e das entregas. A elaboração progressiva não deve ser confundida com aumento do escopo. Ainda neste capítulo veremos em detalhes o significado de escopo e como é feito seu gerenciamento.

INTERDISCIPLINARIEDADE: o desenvolvimento de projetos requer uma gama de conhecimentos diferenciados. A metodologia de gestão de projeto compreende, além de técnicas específicas da área de projetos, ferramentas e conceitos de outras disciplinas tais como administração em geral, planejamento, controle de qualidade, informática, estatística, custos e orçamento, entre outras.

13.1 Projetos X Operações

→ **Semelhanças:**
- realizado por pessoas;
- recursos limitados;
- planejado, executado e controlado.

→ **diferenças:**
- operações são contínuas e repetidas; projetos são temporários e exclusivos;
- projetos atingem seus objetivos e terminam; operações adotam um novo conjunto de objetivos e continuam.

13.2 Gerenciamento de Projetos

13.2.1 O PMI e o PMBOK

Conheceremos agora a instituição que é a maior referência em gestão de projetos atualmente e a referência bibliográfica mais famosa e mais cobrada em concursos nessa área.

O PMI - *Project Management Institute* - foi criado em 1969 na Pensilvânia, Estados Unidos, com o objetivo de ser uma instituição que padronizasse termos e conceitos e divulgasse os conhecimentos em gerência de projetos.

Em 1990, o PMI publicou o *"A Guide to the Project Management Body of Knowledge (PMBOK Guide)"*, um guia que abrange as áreas do conhecimento que regem as regras do gerenciamento de projetos. Este guia se tornou a publicação central do PMI, sendo aceita, desde 1999, como padrão de gerenciamento de projetos pelo ANSI (*American National Standarts Institute*).

Atualmente, o PMI compartilha seus padrões técnicos com a comunidade internacional de Gerência de Projetos por meio de mais de 200.000 associados em 125 países, praticando e estudando o Gerenciamento de Projetos nas mais diferentes atividades, incluindo a indústria aeroespacial, automotiva, gerenciamento de negócios, engenharia de construções, serviços financeiros, Tecnologia da Informação, farmacêutica e telecomunicações.

O principal objetivo do Guia PMBOK é identificar o subconjunto do Conjunto de conhecimentos em gerenciamento de projetos que é amplamente reconhecido como boa prática. "Amplamente reconhecido" significa que o conhecimento e as práticas descritas são aplicáveis à maioria dos projetos na maior parte do tempo, e que existe um consenso geral em relação ao seu valor e sua utilidade. "Boa prática" significa que existe acordo geral de que a aplicação correta dessas habilidades, ferramentas e técnicas podem aumentar as chances de sucesso em uma ampla série de projetos diferentes.

segundo Maximiano, o Guia PMBOK é o documento que sistematiza o campo da administração de projetos, identificando e definindo os principais conceitos e técnicas que as pessoas envolvidas e interessadas nesse campo devem dominar.

Ainda de acordo com Maximiano, os outros objetivos do PMBOK contribuem para a criação de uma linguagem comum para a área e fornecem as bases para programas de treinamento e educação em administração de projetos.

Os projetos são constituídos de Portfólios, Programas, Projetos, Subprojetos.

→ **Portfólio: conjunto de programas ou projetos agrupados, não necessariamente interdependentes ou relacionados.**

→ **Programa: conjunto de projetos (um projeto pode ou não fazer parte de um programa).**

→ **Os subprojetos podem ser chamados de projetos e gerenciados como tal.**

13.3 Ciclo de Vida do Projeto

Determina as fases do projeto, caracterizada pela entrega de um subproduto.

→ **avaliação é realizada no final de cada fase para identificar os pontos de melhoria;**

→ **o ciclo de vida do projeto é diferente do ciclo de vida do produto, pois um produto pode ter muitos projetos associados a ele;**

→ **as fases podem ser:**

> sequenciais: só têm início depois que a anterior termina.
> sobrepostas: têm início antes do término da anterior;
> iterativas: uma fase é planejada e as demais são planejadas à medida que o trabalho avança.

13.3.1 O Ciclo de Vida do Projeto Define

> que trabalho técnico deve ser realizado em cada fase;
> quando as entregas devem ser geradas em cada fase e como cada entrega é revisada, verificada e validada;
> quem está envolvido em cada fase;
> como controlar e aprovar cada fase.

13.3.2 Fases do Ciclo de Vida do Projeto

Fases de Preparação ou Iniciação: identificação da demanda e a necessidade do projeto, com a definição do objetivo e a elaboração de planos preliminares.

Fases de Estruturação (Planejamento): detalhamento do que será realizado, com cronogramas, interdependências entre atividades, recursos envolvidos, custos.

Fases de Desenvolvimento e Implementação: as atividades previstas são efetivamente executadas.

Fases de Controle e monitoramento: podem ocorrer em paralelo com as fases de desenvolvimento, nas quais se corrigem os desvios.

Fases de Finalização ou encerramento: o produto final é entregue e aceito, e a estrutura é desmobilizada.

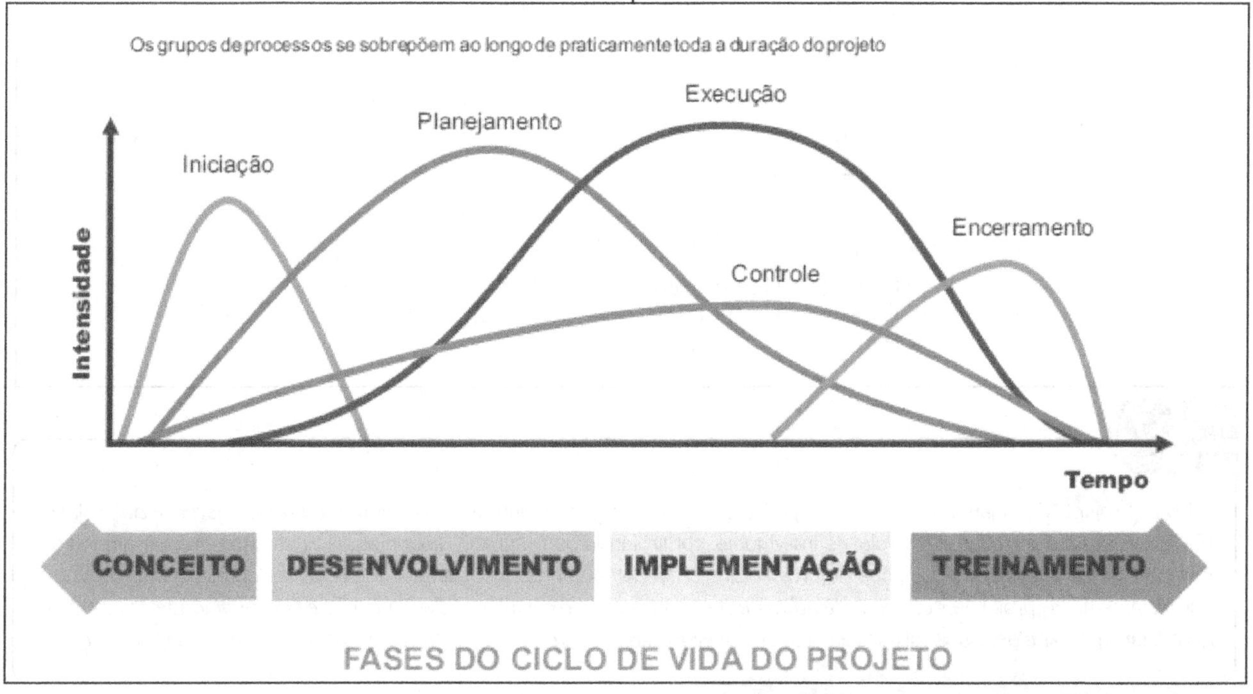

13.3.3 Características do Ciclo de vida

Os níveis de **custo e de pessoal** são baixos no início, máximos na execução e caem rapidamente conforme o projeto é finalizado.

A influência das **partes interessadas**, os riscos e as incertezas são maiores no início e caem ao longo da vida do projeto.

Os custos das **mudanças e correções de erros** aumentam conforme o projeto se aproxima do término. O impacto sobre os custos da mudança é menor no início.

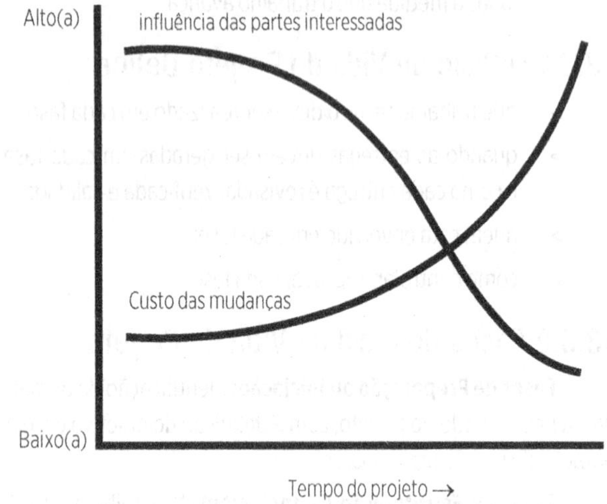

13.4 PMO – Escritório de Projetos

O **escritório de projetos** é uma unidade central que coordena, apoia e gerencia os projetos, podendo executá-los diretamente.

O Escritório de Projetos (*Project Management Office* – PMO) é uma unidade formal criada para tornar a gestão de projetos mais profissional na organização, padronizando procedimentos, orientando os gerentes de projetos técnica e metodologicamente e dando suporte à alta administração.

O PMO é um pequeno grupo de pessoas que têm relacionamento direto com todos os projetos da empresa, seja prestando consultoria e treinamento, seja efetuando auditoria e acompanhamento de desempenho. É importante saber que a configuração de um escritório de projetos é muito variável entre as organizações.

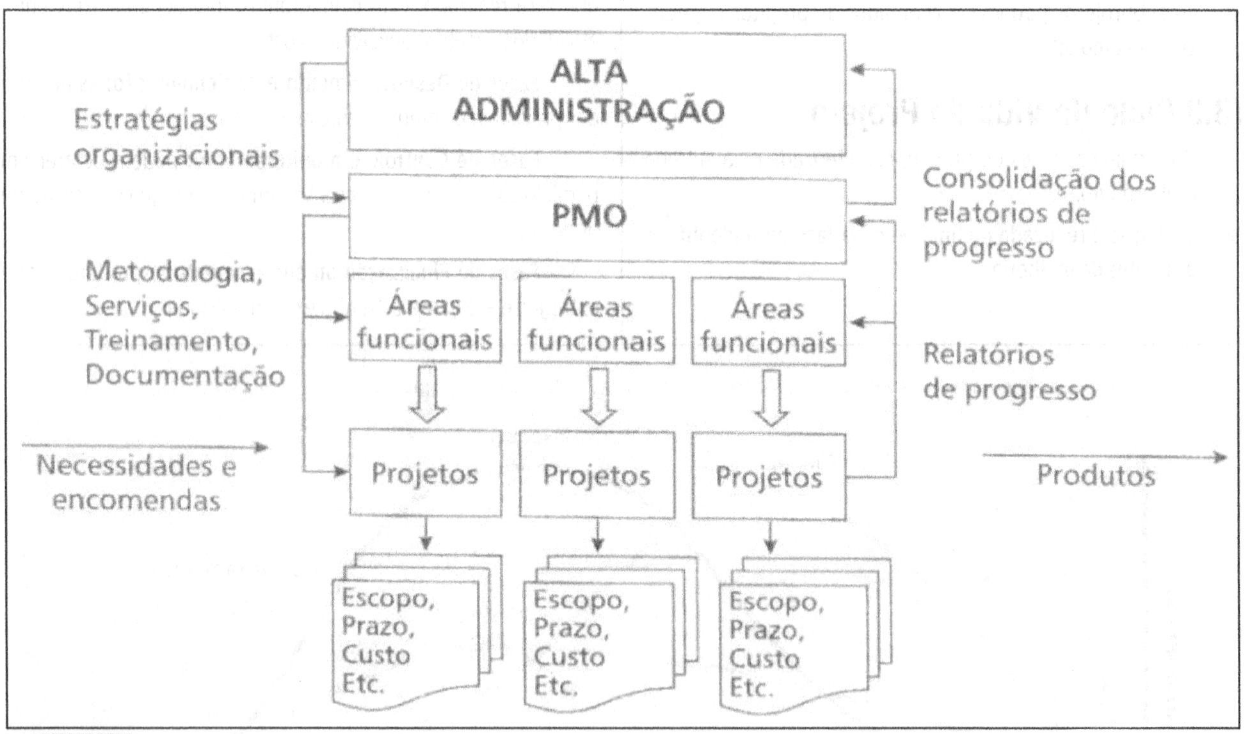

O PMP (Project Management Professional) é o profissional de gerenciamento de projetos, ou seja, o gerente do projeto. Ele gerencia as restrições dos projetos individuais, controlando os recursos disponíveis (orçamento, cronograma etc.) para atingir os objetivos específicos do projeto que está sob sua responsabilidade. Ele deve ter conhecimento sobre o gerenciamento de projetos, ser capaz de aplicar este conhecimento para obter desempenho e ter capacidade de orientar, gerenciar e liderar o seu pessoal para que todos estejam engajados com o projeto, mesmo considerando suas restrições.

13.5 Partes Interessadas no Projeto - Stakeholders

Partes interessadas no projeto ou Stakeholders são pessoas e organizações ativamente envolvidas no projeto ou cujos interesses podem ser afetados como resultado da execução ou do término do projeto. Eles podem também exercer influência sobre os objetivos e resultados do projeto. A equipe de gerenciamento de projetos precisa identificar as partes interessadas, determinar suas necessidades e expectativas e, na medida do possível, gerenciar sua influência em relação aos requisitos para garantir um projeto bem-sucedido.

As principais partes interessadas em todos os projetos incluem:

Gerente de projetos: a pessoa responsável pelo gerenciamento do projeto.

Cliente/usuário: a pessoa ou organização que utilizará o produto do projeto.

Organização executora: a empresa cujos funcionários estão mais diretamente envolvidos na execução do trabalho do projeto.

Membros da equipe do projeto: o grupo que está executando o trabalho do projeto.

Equipe de gerenciamento de projetos: os membros da equipe do projeto que estão diretamente envolvidos nas atividades de gerenciamento de projetos.

Patrocinador: a pessoa ou o grupo que fornece os recursos financeiros, em dinheiro ou em espécie, para o projeto.

Influenciadores: pessoas ou grupos que não estão diretamente relacionados à aquisição ou ao uso do produto do projeto, mas que, devido à posição de uma pessoa na organização do cliente ou na organização executora, podem influenciar, positiva ou negativamente, o andamento do projeto.

PMO: se existir na organização executora, o PMO poderá ser uma parte interessada se tiver responsabilidade direta ou indireta pelo resultado do projeto.

Os Stakeholders podem ser divididos em:

Stakeholders Primários: possuem obrigação contratual ou legal com o projeto. Ex: gerentes funcionais, diretores, gerente de projeto, equipe, clientes, empregados, credores, acionistas.

Stakeholders Secundários: não têm nenhuma relação formal com o projeto, mas podem exercer poder, como ações legais, pressões políticas e sociais, apoio da mídia. Ex.: Organizações sociais, políticas, ambientalistas, concorrentes, comunidade local, mídia, escolas, hospitais.

O gerente do projeto deve conhecer e se comunicar com todos os Stakeholders; conhecer suas expectativas e requisitos e gerenciar suas influências.

13.5.1 Áreas de Conhecimento em Gerenciamento de Projetos

O PMI organiza os processos da gerência de projetos em **dez áreas de conhecimento**, também chamadas de "**dez gerências**" por alguns autores.

Essa é uma divisão que considera o conteúdo do que se está gerenciando, a temática dos processos. As DEZ áreas de conhecimento (ATUALIZADA PELO PMBOK 5ªedição) são:

Gerência da Integração: envolve os processos necessários para assegurar que os diversos elementos do projeto sejam adequadamente coordenados. No contexto do gerenciamento de projetos, a integração inclui características de unificação, consolidação, articulação e ações integradoras que são essenciais para o término do projeto, para atender com sucesso às necessidades do cliente e de outras partes interessadas e para gerenciar as expectativas.

Gerência do Escopo: inclui os processos que asseguram que o projeto deverá abranger todo o trabalho necessário, e somente o trabalho necessário, para completar o projeto com sucesso. O foco dessa área é a abrangência do projeto, a definição exata do que deve ser realizado, para que a equipe não gaste esforços com atividades não contempladas oficialmente no projeto.

> Estrutura Analítica de Projetos - A EAP é uma decomposição hierárquica orientada à entrega do trabalho a ser executado pela equipe do projeto, para atingir os objetivos do projeto e criar as entregas necessárias. A EAP organiza e define o escopo total do projeto. A EAP subdivide o trabalho do projeto em partes menores e mais facilmente gerenciáveis, em que cada nível descendente da EAP representa uma definição cada vez mais detalhada do trabalho do projeto. É possível agendar, estimar custos, monitorar e controlar o trabalho planejado contido nos componentes de nível mais baixo da EAP, denominados pacotes de trabalho. A EAP envolve as entradas, as ferramentas e técnicas empregadas e as saídas do projeto.

Gerência do Tempo: contempla os processos necessários para garantir que o projeto termine dentro do prazo estipulado. Envolve definição, sequência e estimativa de duração das atividades, assim como elaboração e controle do cronograma.

Gerência do Custo: estabelece os processos que garantem que o projeto seja finalizado dentro do orçamento calculado. Engloba planejamento de recursos, estimativa, orçamento e controle de custos.

Gerência da Qualidade: incorpora os processos que buscam garantir que as necessidades que originaram o desenvolvimento do projeto sejam atendidas.

Gerência dos Recursos Humanos: busca utilizar, da melhor forma, as habilidades das pessoas envolvidas no projeto. Está relacionada à montagem e ao desenvolvimento da equipe.

Gerência das Comunicações: objetiva a geração, a captura, a distribuição, o armazenamento e a apresentação das informações do projeto sejam feitas de forma adequada e no tempo correto. Inclui o planejamento das comunicações e relato de desempenho, dentre outros processos.

Gerência dos Riscos: engloba a identificação, análise e respostas aos riscos do projeto. É composta por identificação, quantificação e análise de riscos, além do desenvolvimento e controle das respostas aos riscos.

O PMBOK traz um modelo de EAR-Estrutura Analítica de Riscos, que corresponde a uma representação dos riscos identificados, organizada hierarquicamente, em que os riscos são ordenados por categoria e subcategoria, com identificação das diversas áreas e causas de riscos potenciais. Os objetivos da análise de riscos são: reduzir a probabilidade e o impacto de eventos negativos e aumentar a de eventos positivos.Trata-se de uma atividade recente (que vem ganhando destaque) e parte significativa dos projetos ainda não inclui o gerenciamento de riscos – embora muitos autores afirmem que "gerenciar projetos é gerenciar riscos".

Técnica Delphi: é uma técnica usada no gerenciamento de riscos que serve para se buscar um consenso entre especialistas em uma determinada área. Ela é especialmente útil para que especialistas gerem ideias sobre os riscos enfrentados, no processo de identificação de riscos. Eles participam de maneira anônima, respondendo questões a sobre alguns aspectos do projeto. Essas respostas são resumidas e redistribuídas para que os especialistas façam novos comentários. Este processo é repetido por algumas rodadas até que seja alcançado um consenso, reduzindo a parcialidade que decorre da influência indevida de algum dos especialistas.

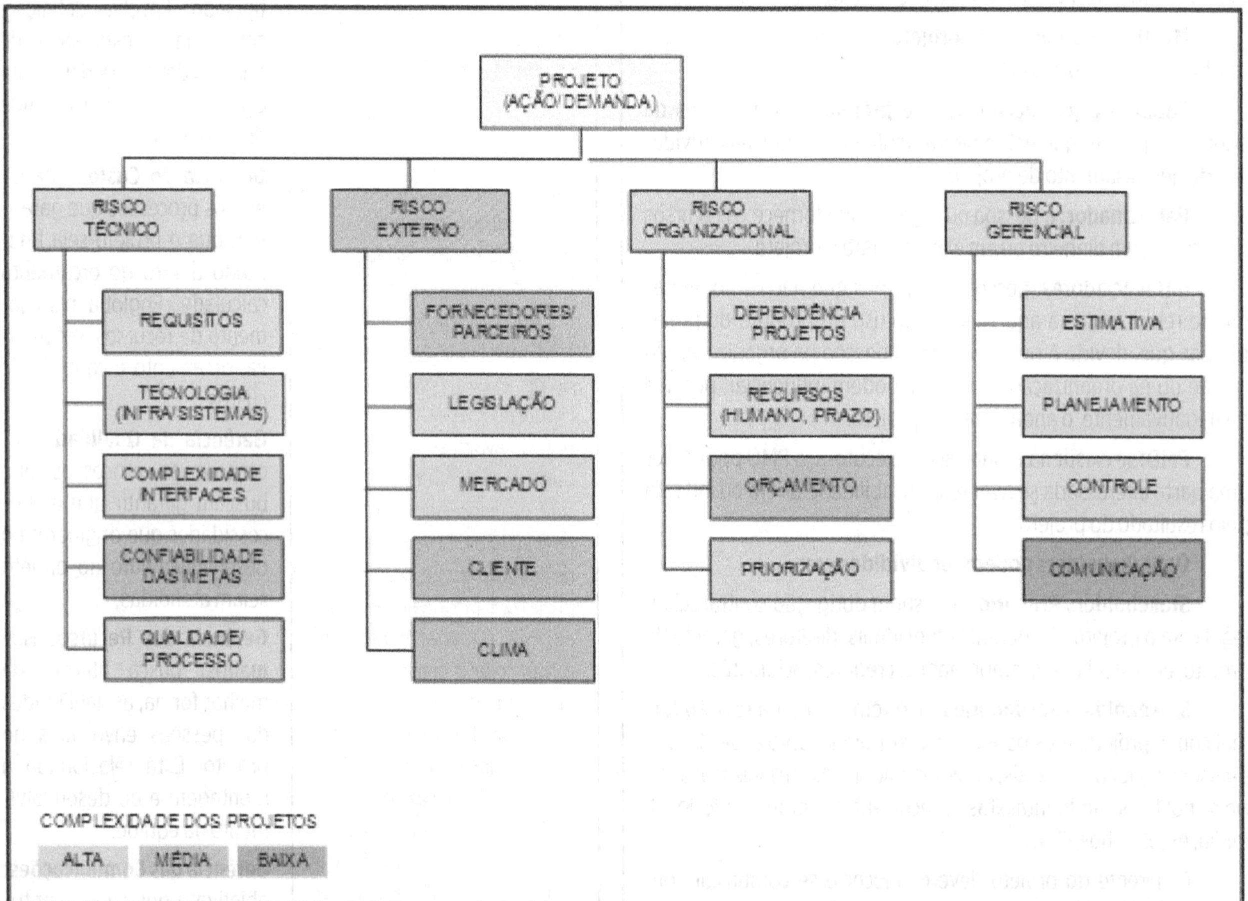

Gerência das aquisições: envolve os processos utilizados para aquisições de mercadorias, serviços e resultados necessários ao desenvolvimento do projeto, como o planejamento das aquisições, obtenção de propostas, seleção de fornecedores e administração de contratos.

Gerência das Partes Interessadas: são indivíduos ou organizações que estejam ativamente envolvidos no projeto de forma positiva e também negativa e que possuem seus interesses próprios relacionados ao projeto. São eles: clientes, fornecedores, gerente e equipe de projeto, usuários do produto do projeto, organizações governamentais e não governamentais, meio ambiente, etc.

13.5.2 Grupos de Processos

O PMBOK define que existem cinco grupos de processos de gerência de projetos que descrevem a natureza dos processos. Os grupos de processos não são fases do projeto. DAG: VERIFIQUE O TAMANHO DO SUBLINHADO ABAIXO ESTÃO DIFERENTES

> Grupos de Processos Iniciação: definir o projeto ou uma nova fase do projeto por meio da obtenção de autorização.

> Grupos de Processos Planejamento: definir escopo, refinar objetivos, desenvolver curso de ação para alcançar objetivos.

> Grupos de Processos Execução: executar o trabalho definido no plano de gerenciamento do projeto conforme especificações.

> Grupos de Processos Monitoramento e controle: verificar o progresso e o desempenho, áreas de mudança no plano e iniciar mudanças.

> Grupos de Processos Encerramento: para finalizar todas as atividades, para encerrar o projeto.

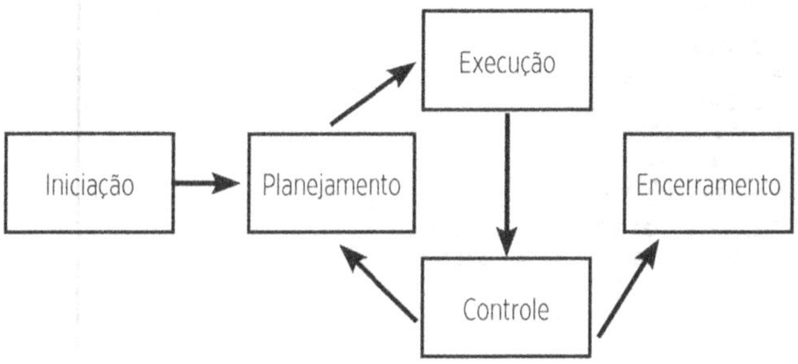

Esses **5 grupos de processos** abrangem **10 áreas de conhecimento**. A partir desta combinação de grupos de processos com áreas de conhecimento, o Guia PMBOK® 5ª edição apresenta **47 processos** que são sugeridos como necessários e aplicáveis para se gerenciar um projeto, desde o seu início até a sua entrega.

Os grupos de processos NÃO são fases ou etapas do projeto! Apesar de os nomes serem parecidos, é preciso compreender que as etapas representam o ciclo de vida do projeto, com início, meio e fim (4 etapas). Os Grupos de processos (5 grupos) se repetem ao longo das várias fases estabelecidas para o seu projeto. Assim, no projeto como um todo, haverá a execução dos diferentes processos, em diferentes grupos, ao longo de todo o projeto! Não há mistério aqui, é preciso apenas memorizar!

13.6 Curiosidades Sobre o Assunto

CPM – Critical Path Method (ou Método do Caminho Crítico) – é uma metodologia utilizada no planejamento de projetos: ele está diretamente relacionado com o **planejamento do tempo do projeto**, no sentido de minimizar o tempo total de sua duração; é elaborado para otimizar/minimizar o tempo de realização do projeto. No entanto, uma vez definidas as atividades críticas e estabelecido o período total de tempo – **esse tempo representa o prazo máximo de duração do projeto:** o caminho crítico passa a representar o prazo máximo aceito para a realização do projeto.

O **caminho crítico** identifica as atividades principais/críticas/gargalo; aquelas que não podem atrasar, visto que comprometeriam a realização do projeto: é utilizado para definir um conjunto de atividades a serem executadas em uma sequência lógico-evolutiva, e que devem ser realizadas nas datas previamente estabelecidas, sem atrasos, para que o projeto possa ser concluído dentro do prazo definido.

Nessa lógica, se o prazo total foi excedido, é porque **ao menos uma atividade do caminho crítico** foi concluída com atraso. Por outro lado, é possível que determinada(s) atividade(s) – **que não faça(m) parte do caminho crítico** – seja(m) concluída(s) fora do prazo e, mesmo assim, o projeto seja executado no prazo esperado.

> Somente as atividades críticas fazem parte do caminho crítico: essas atividades condicionam o tempo total de duração do projeto.

A técnica **PERT** - *Program Evaluation and Review Technique* - também é utilizada no planejamento do tempo estimado do projeto, de forma similar ao método CPM. Ambos utilizam o conceito de redes para planejar, visualizar e coordenar as atividades do projeto.

A diferença, no entanto, consiste no seguinte: o **método CPM** utiliza o caminho crítico, cujas atividades não podem sofrer atrasos sem que se reflita em atraso na duração do tempo total do projeto; o **método PERT** calcula o tempo a partir da média ponderada de três estimativas de tempo das atividades: provável, pessimista e otimista. Assim, afirma-se que o PERT é probabilístico e o CPM, determinístico.

Tanto o PERT como o CPM permitem visualizar as relações de interdependência das/entre as atividades, por meio de uma **rede**, assim como determinar o tempo total de duração do projeto e o tipo de folga que existe entre as atividades.

COBIT é um guia de melhores práticas utilizado na gestão de Tecnologia da Informação; apresentado como *framework*, contém um sumário executivo, objetivos do controle, mapas de auditoria, ferramentas e técnicas de gerenciamento e controle. O COBIT independe da tecnologia adotada e vem sendo utilizado como forma de otimizar os recursos de TI. Sua estrutura compreende dezenas de processos, medidas para monitoramento/avaliação, e **quatro dimensões/domínios: Planejar e Organizar; Adquirir e Implementar; Entregar e Dar Suporte; Monitorar e Avaliar.**

O modelo COBIT tem como princípios: **gerir e controlar os recursos de TI, identificar os investimentos necessários (com base nos requisitos do negócio) e fornecer as informações que a organização precisa.**

O COBIT parte dos requisitos do negócio e é bastante utilizado na análise de riscos, atividades de controle e na **priorização de projetos,** pois permite identificar quais projetos têm maiores chances de sucesso e podem ser executados mais rapidamente.

Áreas de Conhecimento	Iniciação	Planejamento	Execução	Monitoramento e controle	Encerramento
Integração	1.1. Desenvolver o termo de abertura do projeto	1.2. Desenvolver o plano de gerenciamento do projeto	1.3. Orientar e gerenciar o trabalho do projeto	1.4. Monitorar e controlar o trabalho do projeto 1.5. Realizar o controle integrado de mudanças	1.6. Encerrar o projeto ou fase
Escopo		2.1. Planejar o Gerenciamento do Escopo 2.2. Coletar os requisitos 2.3. Definir o escopo 2.4. Criar a EAP		2.5. Validar o escopo 2.6. Controlar o escopo	
Tempo		3.1. Planejar o gerenciamento do Cronograma 3.2. Definir as atividades 3.3. Sequenciar atividades 3.4. Estimar os recursos das atividades 3.5. Estimar as durações das atividades 3.6. Desenvolver o cronograma		3.7. Controlar o cronograma	
Custos		4.1. Planejar o gerenciamento dos Custos 4.2. Estimar custos 4.3. Determinar o orçamento		4.4. Controlar os custos	
Qualidade		5.1. Planejar o gerenciamento da qualidade	5.2. Realizar a garantia de qualidade	5.3. Controlar a qualidade	
Recursos Humanos		6.1. Planejar o gerenciamento dos recursos humanos	6.2. Mobilizar a equipe do projeto 6.3. Desenvolver a equipe do projeto 6.4. Gerenciar a equipe do projeto		
Comunicações		7.1 Planejar o gerenciamento das comunicações	7.2. Gerenciar as comunicações	7.3. Controlar as comunicações	
Riscos		8.1. Planejar o gerenciamento dos riscos 8.2. Identificar os riscos 8.3. Realizar a análise qualitativa dos riscos 8.4. Realizar a análise quantitativa dos riscos 8.5. Planejar as respostas aos riscos		8.6. Controlar os riscos	
Aquisição		9.1. Planejar o gerenciamento das aquisições	9.2. Conduzir as aquisições	9.3. Controlar as aquisições	9.4. Encerrar as aquisições
Partes Interessadas	10.1. Identificar partes interessadas	10.2. Planejar o gerenciamento das partes interessadas	10.3. Gerenciar o envolvimento das partes interessadas	10.4. Controlar o envolvimento das partes interessadas	

Questões

01. Julgue o item a seguir, a respeito de modelagem de processo, gestão de projetos e tomada de decisão.

a) Se um sistema de análise eletrônica de dados realiza sessenta análises em um período de seis horas, então se trata de uma análise de velocidade, haja vista as técnicas de análise e mensuração de processos.

Certo ( ) Errado ( )

02. No que concerne à gestão de processos, julgue o item subsecutivo.

Na execução de um processo, ao ser identificado que os fluxos de trabalho estão desestruturados ou que os resultados apresentados não são aqueles esperados, será adequada a realização de um mapeamento para promover a reorganização do processo.

Certo ( ) Errado ( )

03. No que concerne à gestão de processos, julgue o item subsecutivo.

Os processos de uma organização devem ser constantemente monitorados para que se evitem desvios e seja possível tomar medidas corretivas em caso de inconformidades na execução. Para isso, é fundamental o envolvimento dos monitores com as causas para a prevenção de eventuais problemas.

Certo ( ) Errado ( )

04. No que concerne à gestão de processos, julgue o item subsecutivo.

Para o cliente final, os benefícios de uma eficiente gestão de processos são imperceptíveis, pois se trata de um procedimento restrito ao âmbito interno da organização.

Certo ( ) Errado ( )

05. Acerca da gestão de pessoas e de processos no setor público, julgue o próximo item.

Macroprocesso compreende uma visão mais geral do problema, abrangendo, em regra, vários processos principais ou secundários e envolvendo mais de uma função organizacional.

Certo ( ) Errado ( )

Gabaritos

01	ERRADO
02	CERTO
03	CERTO
04	ERRADO
05	CERTO

14. PLANEJAMENTO ESTRATÉGICO

14.1 Processo de Planejamento

Maximiano descreve o planejamento como o processo de tomar *decisões para o futuro*. De forma mais completa, Chiavenato diz que *planejar é definir os objetivos e escolher antecipadamente o melhor curso de ação para alcançá-los.*

Para Felipe Sobral e Alketa Peci, o planejamento tem a dupla atribuição de definir o *que* deve ser feito – objetivos – e *como* deve ser feito – planos:

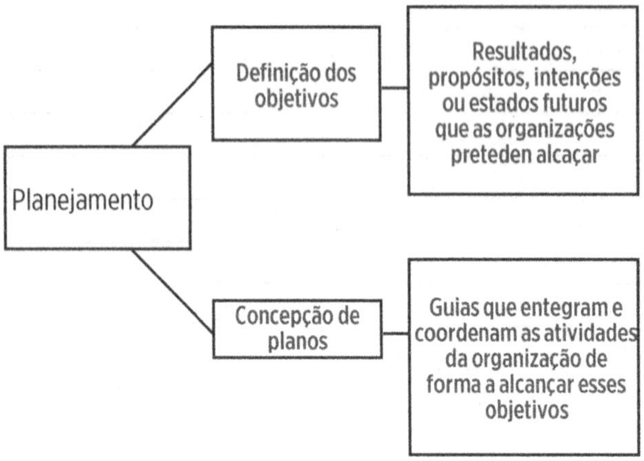

Na lição de Chiavenato (2006), o planejamento pode ser considerado como um processo constituído de uma série sequencial de seis passos:

01. Definição dos objetivos: o primeiro passo do planejamento é o estabelecimento dos objetivos que se pretende alcançar, ou seja, os objetivos da organização devem orientar todos os principais planos, servindo de base os objetivos departamentais. Os objetivos devem especificar resultados desejados e os pontos finais a que se pretende chegar, para se conhecer quais os passos intermediários para chegar lá.
02. Verificação da situação atual em relação aos objetivos: simultaneamente à definição dos objetivos, deve-se avaliar a situação atual em contraposição aos objetivos desejados, verificar onde se está e o que precisa ser feito.
03. Desenvolver premissas quanto às condições futuras: premissas constituem os ambientes esperados dos planos em operação. Como a organização opera em ambientes complexos. Trata-se de gerar cenários alternativos para os estados futuros das ações, analisando o que pode ajudar ou prejudicar o progresso em relação aos objetivos.
04. Analisar as alternativas de ação: o quarto passo do planejamento é a busca e análise dos cursos alternativos de ação. Trata-se de relacionar e avaliar as ações que devem ser empreendidas.
05. Escolher um curso de ação entre as várias alternativas: o quinto passo é selecionar o curso de ação adequada para alcançar os objetivos propostos. Trata-se de uma tomada de decisão, em que se escolhe uma alternativa e se abandona as demais. A alternativa escolhida se transforma em um plano para alcance dos objetivos.
06. Implementar o plano e avaliar os resultados: fazer aquilo que o plano determina e avaliar cuidadosamente os resultados para assegurar o alcance dos objetivos, seguir por meio do que foi planejado e empreender as ações corretivas à medida que se tornarem necessárias.

14.2 Níveis de Planejamento

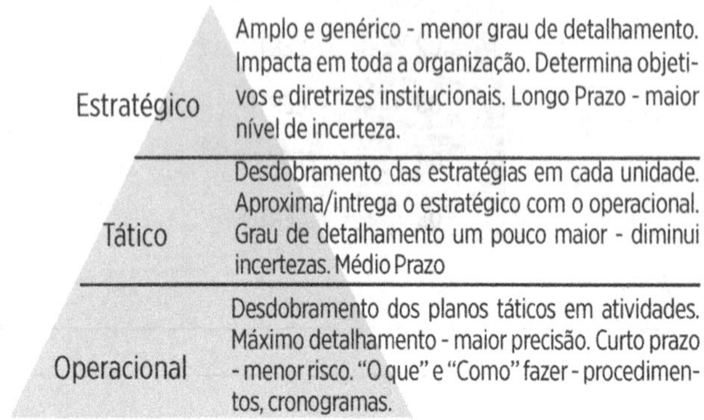

Planos Estratégicos	Definem a missão, o futuro e as formas de atuar no ambiente (produtos e serviços, clientes e mercados, vantagens competitivas), bem como os objetivos de longo prazo.
Planos Funcionais ou Administrativos	Definem os objetivos e curso de açãodas áreas funcionais (marketing, finanças, oprações, recursos humanos) para realizar os planos estratégicos.
Planos operacionais	Definem atividades, recursos e formas de controle necessários para realizar os cursos de ação escolhidos.

O planejamento estratégico é insuficiente de forma isolada para que as organizações alcancem vantagem competitiva, sendo necessário o desenvolvimento e a implantação dos planejamentos táticos e operacionais de forma integrada e alinhada.

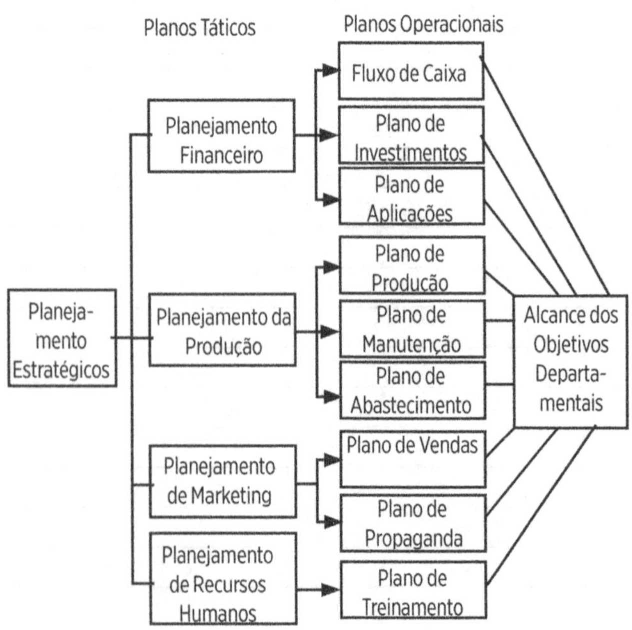

14.2.1 Planejamento Estratégico

O ambiente cheio de incertezas em que estão inseridas as organizações faz com que elas busquem se adaptar constantemente. E, nesse sentido, uma ferramenta indispensável é o planejamento estratégico, que proporciona flexibilidade na gestão das organizações com técnicas e processos administrativos.

No entanto, Matos e Chiavenato (1999) lecionam que o planejamento estratégico apresenta cinco características fundamentais:

> O planejamento estratégico está relacionado com a adaptação da organização a um ambiente mutável: ou seja, sujeito à incerteza a respeito dos eventos ambientais. Por se defrontar com a incerteza, tem suas decisões baseadas em julgamentos, e não em dados concretos. Reflete uma orientação externa que focaliza as respostas adequadas às forças e pressões que estão situadas do lado de fora da organização.

> O planejamento estratégico é orientado para o futuro: seu horizonte de tempo é o longo prazo. Durante o curso do planejamento, a consideração dos problemas atuais é dada em função dos obstáculos e barreiras que eles possam provocar para um almejado lugar no futuro.

> O planejamento estratégico é compreensivo: ele envolve a organização como uma totalidade, abarcando todos os seus recursos, no sentido de obter efeitos sinergéticos de todas as capacidades e potencialidades da organização. A resposta estratégica da organização envolve um comportamento global, compreensivo e sistêmico. A participação das pessoas é fundamental nesse aspecto, pois o planejamento estratégico não deve ficar apenas no papel, mas na cabeça e no coração de todos os envolvidos. São eles que o realizam e o fazem acontecer.

> O planejamento estratégico é um processo de construção de consenso: devido à diversidade dos interesses e necessidades dos parceiros envolvidos, o planejamento deve oferecer um meio de atender a todos na direção futura que melhor convenha para que a organização possa alcançar seus objetivos. Para isso, é preciso aceitação ampla e irrestrita para que o planejamento estratégico possa ser realizado, por meio dessas pessoas, em todos os níveis da organização.

> O planejamento estratégico é uma forma de aprendizagem organizacional: por estar orientado para a adaptação da organização ao contexto ambiental, o planejamento constitui uma tentativa constante de aprender a ajustar-se a um ambiente complexo, competitivo e suscetível a mudanças.

14.2.1.1 Etapas do Planejamento Estratégico

Para Maximiano, o planejamento estratégico é uma sequência de análises e decisões que compreende os seguintes componentes principais:

> Entendimento da missão. (Em que ponto estamos?)

> Análise do ambiente externo. (Quais são as ameaças e oportunidades do ambiente?)

> Análise do ambiente interno. (Quais são os pontos fortes e fracos dos sistemas internos da organização?)

> Definição do plano estratégico. (Para onde devemos ir? O que devemos fazer para chegar lá?)

Por seu turno, Chiavenato descreve sete etapas do planejamento estratégico:

> determinação dos objetivos;

> análise ambiental externa;

> análise organizacional interna;

> formulação de alternativas;

> elaboração do planejamento;

> implementação e execução;

> avaliação dos resultados.

Ademais, Djalma Rebouças de Oliveira dispõe que o planejamento estratégico compõe-se por quatro fases básicas:

Fase I – Diagnóstico estratégico – também denominada auditoria de posição, deve-se determinar "como se está". As pessoas representativas devem analisar os aspectos inerentes à realidade interna e externa da empresa. Essa fase pode ser dividida em cinco etapas básicas: (a) identificação da visão; (b) identificação dos valores; (c) análise externa; (d) análise interna; e (e) análise dos concorrentes.

Fase II – Missão da empresa – nesse momento, deve ser estabelecida a razão de ser da empresa, bem como o seu posicionamento estratégico. Essa fase divide-se em cinco etapas: (a) estabelecimento da missão da empresa; (b) estabelecimento dos propósitos atuais e potenciais; (c) estruturação e debate de cenários; (d) estabelecimento da postura estratégica; e (e) estabelecimento das macroestratégias e macropolíticas.

Fase III – Instrumentos prescritivos e quantitativos – nessa fase, deve-se estabelecer "de onde se quer chegar" e de "como chegar à situação que se deseja". Assim, pode-se dividi-la em dois instrumentos perfeitamente interligados: (a) instrumentos prescritivos (explicitação do que deve ser feito pela empresa); e (b) instrumentos quantitativos (projeções econômico-financeiras do planejamento orçamentário).

Fase IV – Controle e avaliação – deve verificar "como a empresa está indo" para a situação desejada.

14.2.2 Missão, Visão, Valores, Questões e Objetivos

A **missão significa a razão de ser da empresa**. A missão deve expressar o motivo da existência da organização e o que ela faz. Trata-se do propósito fundamental ou razão de existir de uma organização, independentemente de ser pública ou privada. É um referencial para as ações desempenhadas pela instituição.

Por outro lado, **a visão representa o consenso dos membros da organização sobre o futuro que se deseja**. Na hora de definir a visão, deve-se olhar para o futuro e identificar a forma como a organização deve ser vista por colaboradores, clientes, fornecedores e a sociedade em geral.

Por sua vez, os **valores são princípios, crenças, normas e padrões** que devem orientar o comportamento das pessoas na organização.

Ex.: Profissionalismo, Equidade, Ética e Transparência.

Por fim, os **objetivos são resultados que a empresa pretende alcançar; enquanto as metas são os desdobramentos dos objetivos**. As estratégias representam o caminho a ser seguido para alcançar os objetivos.

14.2.3 Evolução do Pensamento Estratégico

O pensamento estratégico vem evoluindo com o passar do tempo, sendo manifestado por meio de várias correntes. Moysés Filho et al. (2003, p. 15-30) descrevem as fases de evolução do pensamento estratégico empresarial, desde 1950 até os dias de hoje, por meio de seis escolas que se sucedem e se complementam no decorrer do tempo.

Evolução do Pensamento Estratégico

A primeira fase é correspondente **à Escola do Planejamento Financeiro**, segundo a qual a alta administração aprovava um orçamento visando apenas ao controle financeiro do desempenho.

A segunda fase, caracterizada pela **Escola do Planejamento a Longo Prazo**, baseava-se na projeção do futuro por meio da elaboração de cenários na premissa de que o futuro seria estimado pela projeção de indicadores passados e atuais, podendo ser melhorados a longo prazo pela intervenção ativa no presente.

A terceira fase, chamada de **Escola do Planejamento Estratégico**, caracterizou-se por se basear principalmente na análise das forças-fraquezas internas e das oportunidades-ameaças do ambiente, calçada na premissa de que as estratégias eficazes derivam de um processo de pensamento rigidamente formado, dando ênfase ao planejamento.

Já a quarta escola, definida com**o Escola da Administração Estratégica**, embora aceitasse a maioria das premissas desenvolvidas anteriormente, concentrou sua abordagem no argumento de que a implantação das estratégias era tão importante quanto a sua formulação, focando consequentemente a abordagem prescritiva do pensamento estratégico.

Na quinta fase, **Escola da Gestão Estratégica**, a abordagem sistêmica foi inserida a todo o processo, em que além do ato de planejar estrategicamente, era também necessário organizar, dirigir e coordenar estrategicamente, proporcionando, com isso, uma abordagem mais integrada e menos centralizada.

A sexta escola, chamada de **Gestão Estratégica Competitiva**, é descrita como uma tendência do pensamento estratégico contemporâneo. Esta Escola tem como premissa básica a ideia de que a estratégia deve assumir a forma de um processo de aprendizado ao longo do tempo, integrando oito características básicas: Atuação Global; Proatividade e Foco Participativo; Incentivo à Criatividade; Controle pelo Balanced Scorecard; Organização em Unidades Estratégicas de Negócios; Ênfase em Alianças Responsabilidade Social Aprendizagem Contínua.

Escola de Pensamento	Caracteristicas Principais	Sistemas de Valores	Problemas	Predominância
Planejamento Financeiro	- Orçamento Anual - Controle Financeiro -Administração por objetivos (APO)	-Cumprir o Orçamento	-Promover a Miopia	Década de 1950
Planejamento a longo prazo	-Projeção de Tendências -Análise de Lacunas - Estudos de Cenários	-Projetar o Futuro	-Não prever descontinuidades	Década de 1960
Planejamento estratégico	-Pensamento Estratégico -Analise de Mudanças no Ambiente -Analise dos Recursos internos e Competências - Alocação de Recursos - Foco na Formulação	-Definir a Estratégia	-Falta de Foco na Implementação	Década de 1970
Administração Estratégica	-Analise da Estrutura da Industria -Contexto Econômico e Competitivo -Estratégia Genéricas -Cadeia de Valor -Foco na análise e Implementação -Pesquisa e Informações com Base Analítica	-Definir as Atividades da Industria	-Não Desenvolver a Abordagem Sistêmica	Década de 1980

Gestão Estratégica	-Pensamento Sistêmico -Integração entre Planejamento e Controle -Coordenação de todos os Recursos para o Objetivo -Organização Estratégica -Direção Estratégica -Foco nos Objetivos Financeiros	-Buscar Sintonia Entre os Ambientes Internos e Externos	-Falta de Alinhamento com a Filosofia Organizacional	Década de 1990
Gestão Estratégica Competitiva	-Atuação Global -Proatividade e Foco Participativo -Incentivo à Criatividade -Controle pelo Balanced Scorecard -Organização em Unidades Estratégicas de Negócios -Enfase em Alianças -Responsabilidade Social -Aprendisagem Continua	-Estratégia como processo de Aprendisagem Continua e Integrada	--------------	Início do Século XXI

14.2.4 Análise SWOT

A técnica SWOT surgiu da tentativa de correção do planejamento corporativo, conhecido na época como planejamento estratégico malsucedido (Chiavenato 2000).

O planejamento estratégico, segundo Chiavenato (2000), é um método pelo qual uma organização deseja implantar uma determinada estratégia de negócios, crescimento e desenvolvimento almejando os objetivos propostos. Para Philip KOTLER (1975), o conceito de planejamento estratégico é um método gerencial pelo qual uma corporação estabelece sua direção a ser seguida, considerando a maximização da interação com o ambiente interno e externo. A direção estabelecida pela corporação deve considerar o âmbito de atuação, políticas funcionais, macropolíticas, estratégias funcionais, filosofia de atuação, macroestratégia, macro-objetivos e objetivos funcionais.

Segundo Andrade, et al. (2008),

*"A sigla S.W.O.T., deriva da língua inglesa e traduz-se: **sthreats** (forças), **Weaknesses** (fraquezas), **Opportunities** (oportunidades) e **Sthreats** (ameaças). Esta análise procura avaliar os pontos fortes e pontos fracos no ambiente interno da organização e as oportunidades e as ameaças no ambiente externo." (Andrade, et al. 2008).*

> **S** – Sthreats: Pontos fortes (Forças) – Descreve os pontos fortes da empresa que estão sob influência do próprio administrador;

> **W** – Weaknesses: Pontos fracos (Fraquezas) – Competências que estão sob influência do administrador, mas por algum motivo atrapalham ou não geram vantagem competitiva;

> **O** - Opportunities: oportunidades – Forças externas à empresa, influenciando positivamente, porém não estão sob controle do administrador.

> **T** - Threats: ameaças – Forças externas à empresa, que tendem a pesar negativamente nos negócios da empresa.

As Forças e Fraquezas são fatores que estão caracterizados como internos de criação ou de destruição de valores. Estes valores podem ser ativos, habilidades ou recursos financeiros e humanos que uma organização possui a disposição em relação aos seus concorrentes (Value Based Management, 2011).

Já as Oportunidades e as Ameaças são consideradas como fatores externos de criação ou de destruição de valores, não controlados pela empresa. Estes valores podem ser fatores demográficos, políticos, sociais, legais e Tecnológicos. (Value Based Management, 2011).

A análise SWOT é uma técnica que sintetiza os principais fatores internos e externos das organizações empresariais e sua capacidade estratégica de influenciar uma tendência de causar maior impacto no desenvolvimento da estratégia (Johnson, et al. 2007). O objetivo desta ferramenta "(...) é identificar o grau em que as forças e fraquezas atuais são relevantes para, e capazes de, lidar com as ameaças ou capitalizar as oportunidades no ambiente empresarial." (JOHNSON, et al. 2007).

Há várias vantagens na utilização desta técnica, dentre elas estão:

> Auxiliar a empresa a identificar o que a torna mais efetiva (forças), aumentando a confiança nas ações a serem tomadas, indicando um caminho mais seguro para sua ação no mercado.

> Planejar ações de correção e ajuste, identificando os pontos de melhoria da empresa (fraquezas).

> Usufruir das oportunidades identificadas.

> Diminuir os riscos referentes às ameaças identificadas.

> Alcance de um maior grau de conhecimento diante do negócio, ambiente e do nicho de mercado da empresa.

> Domínio do Problema.

A Análise SWOT ou Matriz SWOT, pode ser adotada por uma organização, unidade ou até mesmo por uma equipe favorecendo uma série de objetivos do projeto, podendo esta ser utilizada para avaliar um produto ou marca; uma terceirização de uma função de negócios; uma parceria ou aquisição. Além de que, quando bem aplicada pode trazer **benefícios** para o desenvolvimento de uma negociação, a aplicação de uma tecnologia específica ou uma fonte de alimentação especial.

> Neutralidade Aplicação: a análise SWOT é realizada por meio da identificação de um objetivo/problema, sendo assim deve se realizar uma sessão de Brainstorming utilizada para identificar os fatores internos e externos que são favoráveis e desfavoráveis para a realização

deste objetivo. Permanecendo este mesmo critério para análise com finalidade de apoio ao planejamento estratégico, análise de oportunidades, análise competitiva, desenvolvimento de negócios ou processos de desenvolvimento de produtos.

> Análise Multinível: consiste em informações valiosas sobre as chances de seu objetivo, podendo ser fornecidas por meio da visualização de cada um dos quatro elementos das forças de análise SWOT (Forças, Fraquezas, Oportunidades e Ameaças), de forma independente ou em combinação.
> Integração de Dados: a análise SWOT propõe que as informações quantitativas e qualitativas a partir de um número de fontes devem ser combinadas, facilitando o acesso a uma gama de dados de múltiplas fontes, a fim de melhorar a comunicação, o nível de planejamento e tomada de decisões da empresa, auxiliando na coordenação de suas operações.
> Simplicidade: esse método de análise não requer habilidades técnicas nem treinamento. Sendo assim, ela pode ser realizada por qualquer pessoa com domínio e competência de realização sobre o negócio, ou setor em que ela opera. O processo envolve uma sessão de Brainstorming, em que serão discutidas as quatro dimensões de análise SWOT, como resultado, as crenças individuais de cada participante, os conhecimentos e os julgamentos são agregados em uma avaliação coletiva assegurada pelo grupo como um todo, com a finalidade de chegar a acordo/ solução.
> Custo: por meio da simplicidade de realização do método SWOT, a empresa pode escolher um membro da equipe em vez de contratar um consultor externo, reduzindo assim o custo de investimento. Além disso, pode ser realizado em um curto período de tempo já que o membro da empresa que irá realizar este método de análise já possui conhecimento sobre o negócio e a conduta da empresa.

14.2.4.1 As Desvantagens em Não Utilizar a Matriz SWOT

A MATRIZ SWOT é uma ferramenta que proporciona para as empresas a facilidade de poder identificar quais são seus pontos fortes e fracos, quais são suas oportunidades e ameaças. Com a sua implantação, pode trazer a capacidade de a empresa conseguir enxergar as características principais da empresa de um modo mais específico, profundo e detalhado.

Com a identificação dessas características, traz a facilidade de se fazer ou implantar melhorias em seu processo produtivo, e também aumenta sua vantagem competitiva no mercado. O importante é que as empresas se adequem a essa ferramenta, pois ela traz pode trazer um benefício qualitativo, e pode também agregar valor para a empresa e torna a empresa mais competitiva do ponto de vista da concorrência.

Empresas que não a implantam possuem grande dificuldade de identificar os pontos a serem melhorados, e quais são seus aspectos que podem lhe proporcionar oportunidades de melhoria? Não implantar a MATRIZ SWOT traz como consequência a baixa vantagem competitiva no mercado.

Empresas que optam por não a implantar podem conseguir sucesso, mas não com a mesma forma repentina e ágil de empresas que a implantam.

ESQUEMAS

Ambiente interno (variáveis controláveis):
Pontos fortes (Strengths) - são competências, fatores ou características internas positivas que a organização possui – Ex.: funcionários capacitados; e
Pontos fracos (Weaknesses) - são deficiências, fatores ou características internas negativas que prejudicam o desempenho e o cumprimento da missão organizacional – Ex.: funcionários não capacitados.
Ambiente externo (variáveis não controláveis):
Oportunidades (Opportunities) - as oportunidades são as forças externas à organização que influenciam positivamente no cumprimento da missão, mas que não temos controle sobre elas – Ex.: mercado internacional em expansão; e
Ameaças (Threats) - são aspectos externos à organização que impactam negativamente no desempenho e no cumprimento da missão – Ex.: governo cria um novo imposto.

Forças	Fraquezas
- Boa imagem - Qualidade do produto - Baixo custo - Parcerias - Distribuição - Liderança de mercado - Competência Tecnologia própria	- Falta de direção e estratégia - Pouco investimento em inovação - Linha de produtos muito reduzida - Distribuição limitada - Custos Altos - Problemas operacionais internos - Falta de experiência da administração - Falta de formação dos funcionários
Oportunidades	**Ameaças**
- Rápido crescimento de mercado -Abertura aos mercados estrangeiros - Empresa rival enfrenta dificuldade - Encontrados novos usos do produto - Novas tecnologias - Mudanças demográficas - Novos métodos de distribuição - Diminuição da regulamentação	- Receção - Nova tecnologia - Mudanças demográficas - Empresas rivais adaptam novas estratégias - Barreiras ao comércio exterior - Desempenho negativos das empresas associadas - Aumento da regulamentação

CURIOSIDADES

Uma das afirmações categóricas da abordagem sistêmica e amplamente divulgada e utilizada nas organizações contemporâneas é a de que a organização, sem dúvida, interage com o seu ambiente de atuação. Nesse sentido, Vasconcelos (1979) diz que o grau de interação entre uma organização e seu ambiente pode assumir três formatos: **positivo**, **neutro** ou **negativo**, a depender do comportamento estratégico assumido pela organização.
Esse comportamento assumido pela organização irá refletir em algumas consequências. Vejamos:

Graus de interação	Comprotamento	Consequências
Negativoi ↓ [Dinossauro]	- Não reage - Não adapitativo - Não inovativo	Sobrevivência curto prazo ↓ [extinção]
Neutro ↓ [camaleão]	- Reagente - Adaptativo	Sobrevivência longo prazo ↓ [estagnação]
Positivo ↓ [homo sapiens]	- Reagente - Adaptativo - Inovativo	Sobrevivência longo prazo ↓ [desenvolvimento]

O cruzamento entre os quatro pontos da análise SWOT gera uma moldura em que a organização pode desenvolver suas estratégias e melhor aproveitar suas vantagens competitivas. Vamos utilizar, para essa demonstração, a nomenclatura FOFA:

FOFA		AMBIENTE INTERNO	
		Forças (S)	Fraquezas (W)
AMBIENTE EXTERNO	Oportunidades (O)	SO (máx.-máx.)- ALAVANCAGEM	WO (min.-máx.)- LIMITAÇÕES
		Tirar o máximo partido dos pontos fortes para aproveitar o máximo das oportunidades.	Minimizar ou superar os efeitos negativos dos pontos fracos e aproveitar oportunidades.
	Ameaças (T)	ST (máx. - min.)- VULNERABILIDADE	WT(min. - min.)- PROBLEMAS
		Tirar o máximo partido dos pontos fortes para minimizar efeitos das ameaças detectadas.	Minimizar ou ultrapassar pontos fracos e fazer face às ameaças.

14.2.4.2 Tipos de Estratégias

O executivo poderá escolher determinado tipo de estratégia que seja o mais adequado, tendo em vista a sua capacitação e o objetivo estabelecido. Entretanto, deverá estar ciente de que a escolha poderá nortear o seu desenvolvimento por um período de tempo que poderá ser longo.

As estratégias podem ser estabelecidas de acordo com a situação da empresa: podem estar voltadas à sobrevivência, à manutenção, ao crescimento ou ao desenvolvimento, conforme postura estratégica da empresa.

A combinação de estratégias deve ser feita de forma que aproveite todas as oportunidades possíveis, e utilizando a estratégia certa no memento certo.

14.2.4.2.1 Estratégia de Sobrevivência

Este tipo de estratégia deve ser adotado pela empresa quando não existir outra alternativa para ela, ou seja, apenas quando o ambiente e a empresa estão em situação inadequada com muitas dificuldades ou quando apresentam péssimas perspectivas (alto índice de pontos fracos internos e ameaças externas). Em qualquer outra situação, quando a empresa adota esta estratégia como precaução, as consequências podem ser desastrosas, pois numa postura de sobrevivência, normalmente a primeira decisão do executivo é parar os investimentos e reduzir, ao máximo, as despesas.

A sobrevivência pode ser uma situação adequada como condição mínima para atingir outros objetivos mais tangíveis no futuro, como lucros maiores, vendas incrementadas, maior participação no mercado, etc., mas não como um objetivo único da empresa, ou seja, estar numa situação de "sobreviver por sobreviver".

Os tipos que se enquadram na situação de estratégia de sobrevivência são:

> Redução de custos: utilizada normalmente em período de recessão, que consiste na redução de todos os custos possíveis para que a empresa possa subsistir.

> Desinvestimento: quando as empresas encontram-se em conflito com linhas de produtos que deixam de ser interessantes, portanto, é melhor desinvestir do que comprometer toda a empresa.

Se nenhuma estratégia básica de sobrevivência der certo, o executivo penderá para a adoção da estratégia de - Liquidação de negócio: estratégia usada em último caso, quando não existe outra saída, a não ser fechar o negócio.

14.2.4.2.2 Estratégia de Manutenção

Neste caso, a empresa identifica um ambiente com predominância de ameaças; entretanto, ela possui uma série de pontos fortes (disponibilidade financeira, recursos humanos, tecnologia etc.) acumulados ao longo dos anos, que possibilitam ao administrador, além de querer continuar sobrevivendo, também manter a sua posição conquistada até o momento. Para tanto, deverá sedimentar e usufruir ao máximo os seus pontos fortes, tendo em vista, inclusive, minimizar os seus pontos fracos, tentando ainda, maximizar os pontos fracos e minimizar os pontos fortes dos concorrentes.

A estratégia de manutenção é uma postura preferível quando a empresa está enfrentando ou espera encontrar dificuldades, e a partir dessa situação prefere tomar uma atitude defensiva diante das ameaças.

A estratégia de manutenção pode apresentar três situações:

> Estratégia de estabilidade: procura, principalmente, a manutenção de um estado de equilíbrio ameaçado, ou ainda, o seu retorno em caso de sua perda.

> Estratégia de especialização: a empresa busca conquistar ou manter a liderança no mercado por meio da concentração dos esforços de expansão numa única ou em poucas atividades da relação produto/mercado. Sua vantagem é a redução dos custos unitários, e a desvantagem é a vulnerabilidade pela alta dependência de poucas modalidades de fornecimento de produção e vendas.

> Estratégia de nicho: a empresa procura dominar um segmento de mercado que ela atua, concentrando o seu esforço e recursos em preservar algumas vantagens competitivas. Pode ficar entendido que este tipo de empresa tem um ambiente ecológico bem restrito, não procura expandir-se geograficamente e segue a estratégia do menor risco, executando-se aquele que é inerente a quem se encontra num só segmento. Assim a empresa dedica-se a um único produto, mercado ou tecnologia, pois não há interesse em desviar os seus recursos para outras atenções.

14.2.4.2.3 Estratégia de Crescimento

Nesta situação, o ambiente está proporcionando situações favoráveis que podem transformar-se em oportunidades, quando efetivamente é usufruída a situação favorável pela empresa. Normalmente, o executivo procura, nesta situação, lançar novos produtos, aumentar o volume de vendas etc.

Algumas das estratégias inerentes à postura de crescimento são:

- Estratégia de inovação: a empresa procura antecipar-se aos concorrentes por meio de frequentes desenvolvimentos e lançamentos de novos produtos e serviços; portanto, a empresa deve ter acesso rápido e direto a todas as informações necessárias num mercado de rápida evolução tecnológica.
- Estratégia de joint venture: trata-se de uma estratégia usada para entrar em novo mercado onde duas empresas se associam para produzir um produto. Normalmente, uma empresa entra no negócio com capital e a outra com a tecnologia necessária.
- Estratégia de internacionalização: a empresa estende suas atividades para fora do seu país de origem. Embora o processo seja lento e arriscado, esta estratégia pode ser muito interessante para empresas de grande porte, pela atual evolução de sistemas, como logísticos e comunicação.
- Estratégia de expansão: o processo de expansão das empresas deve ser muito bem planejado, pois caso contrário, elas podem ser absorvidas pelo Governo ou outras empresas nacionais ou multinacionais. Muitas vezes, a não expansão na hora certa pode provocar uma perda de mercado, de modo que a única providência da empresa perante esta situação seja a venda ou a associação com empresas de maior porte.

A decisão em investir na expansão é mais comum que na diversificação, pois esta última envolve uma mudança mais radical dos produtos, e dos seus usos atuais, enquanto a expansão aproveita uma situação de sinergia potencial muito forte.

14.2.4.2.4 Estratégia de Desenvolvimento

Neste caso, a predominância na situação da empresa é de pontos fortes e de oportunidades. Diante disso, o executivo deve procurar desenvolver a sua empresa por meio de duas direções: podem-se procurar novos mercados e clientes ou então, novas tecnologias diferentes daquelas que a empresa domina. A combinação destas permite ao executivo construir novos negócios no mercado.

- Desenvolvimento de mercado: ocorre quando a empresa procura maiores vendas, levando seus produtos a novos mercados.
- Desenvolvimento de produto ou serviços: ocorre quando a empresa procura maiores vendas mediante o desenvolvimento de melhores produtos e/ou serviços para seus mercados atuais. Este desenvolvimento pode ocorrer por meio de novas características do produto/serviço; variações de qualidade; ou diferentes modelos e tamanhos (proliferação de produtos).
- Desenvolvimento financeiro: união de duas ou mais empresas por meio da associação ou fusão, para a formação de uma nova empresa. Isto ocorre quando uma empresa apresenta poucos recursos financeiros e muitas oportunidades; enquanto a outra empresa tem um quadro totalmente ao contrário; e ambas buscam a união para o fortalecimento em ambos os aspectos.
- Desenvolvimento de capacidades: ocorre quando a associação é realizada entre uma empresa com ponto fraco em tecnologia e alto índice de oportunidades usufruídas e/ou potenciais, e outra empresa com ponto forte em tecnologia, mas com baixo nível de oportunidades ambientais.
- Desenvolvimento de estabilidade: corresponde a uma associação ou fusão de empresas que procuram tornar as suas evoluções uniformes, principalmente quanto ao aspecto mercadológico.

Entretanto a estratégia mais forte do desenvolvimento de uma empresa corresponde à diversificação, que é dividida em dois modelos:

- Diversificação horizontal: por meio desta estratégia, a empresa concentra o seu capital, pela compra ou associação com empresas similares. A empresa atua em ambiente econômico que lhe é familiar, porque os consumidores são do mesmo tipo. O potencial de ganhos de sinergia neste tipo de diversificação é baixo, com exceção da sinergia comercial, uma vez que os mesmos canais de distribuição são usados.
- Diversificação vertical: ocorre quando a empresa passa a produzir novo produto ou serviço, que se acha entre o seu mercado de matérias-primas e o consumidor final do produto que já se fabrica.
- Diversificação concêntrica: diversificação da linha de produtos, com o aproveitamento da mesma tecnologia ou força de vendas, oferecendo-se uma quantidade maior de produtos no mesmo mercado. A empresa pode ter ganhos substanciais em termos de flexibilidade.
- Diversificação conglomerada: consiste na diversificação de negócios em que a empresa não aproveitará a mesma tecnologia ou força de vendas.
- Diversificação interna: corresponde a uma situação em que a diversificação da empresa é, basicamente, gerada pelos fatores internos, e sofre menos influência dos fatores externos.
- Diversificação mista: trata-se de uma situação em que a empresa apresenta mais que um tipo anterior de diversificação ao mesmo tempo.

Diagnóstico		Interno	Interno
		Pontos Fracos	Pontos Forte
		Postura Estratégica de Sobrevivência	Postura Estratégica de Manutenção
EXTERNO	PREDOMINÂNCIA DE AMEAÇAS	Redução de Custos	Estabilidade
		Desinvestimento	Nicho
		Liquidação de Negocio	Especialização
		Postura Estratégica de Crescimento	Postura Estratégica de Desenvolvimento
	PREDOMINÂNCIA DE OPORTUNIDADES	Inovação	de Mercado
		Internacionalização	de Produção
		Joint Venture	Financeiro
		Expansão	de Capacidades
			de Estabilidade
			Diversificação

14.2.4.3 Resumo dos tipos básicos de estratégias:

14.2.4.3.1 Análise competitiva e estratégias genéricas de Michael Porter

Michael Porter desenvolveu um modelo de cinco forças competitivas. Esses fatores são os seguintes:

Ameaça de Novos Entrantes – Alto investimento necessário e economias de escala são alguns dos fatores que podem dificultar a entrada de um novo competidor em um mercado. Naturalmente, é mais difícil abrir uma nova indústria aeronáutica do que uma nova loja de roupas. Dessa forma, as empresas que estão em setores com altas barreiras à entrada sofrem menos competição dos que as que estão em mercados com baixas barreiras de entrada.

Poder de Negociação dos Clientes – Quanto mais informados estão os clientes, mais eles normalmente podem exigir das empresas qualidade, preço e serviços. Os clientes são poderosos quando são poucos, ou compram em grande quantidade, quando os custos de trocar de fornecedor são baixos, quando eles conhecem as estruturas de custos das empresas e quando podem deixar de consumir os produtos ou fabricá-los internamente.

Poder de Negociação dos Fornecedores – Muitos dos fatores que podem deixar os clientes fortes podem deixar os fornecedores poderosos se forem invertidos. Os fornecedores são fortes: quando são poucos e/ou dominam o mercado; quando o custo de trocar de fornecedor é alto; quando os clientes são pouco importantes; e quando podem se tornar competidores, ou seja, passar a concorrer no mercado do cliente.

Ameaça de Produtos Substitutos – Um produto é substituto quando satisfaz a mesma necessidade dos clientes (exemplo: manteiga e margarina). Se existem muitos produtos que podem substituir o produto que sua empresa fornece, a posição estratégica é difícil e o setor será menos atraente e lucrativo.

Rivalidade entre os Concorrentes – Se existem muitos concorrentes em um mercado e se a força deles é semelhante, pode ocorrer uma guerra de preços, levando a uma queda na atratividade do setor. Outros fatores que levam a isso são: custos fixos elevados, que podem levar as empresas a buscar operar com capacidade total, e uma grande barreira de saída, como instalações caras, de difícil venda, maquinário específico e altas indenizações, que podem levar empresas a continuar investindo e operando em mercados com lucratividades baixas.

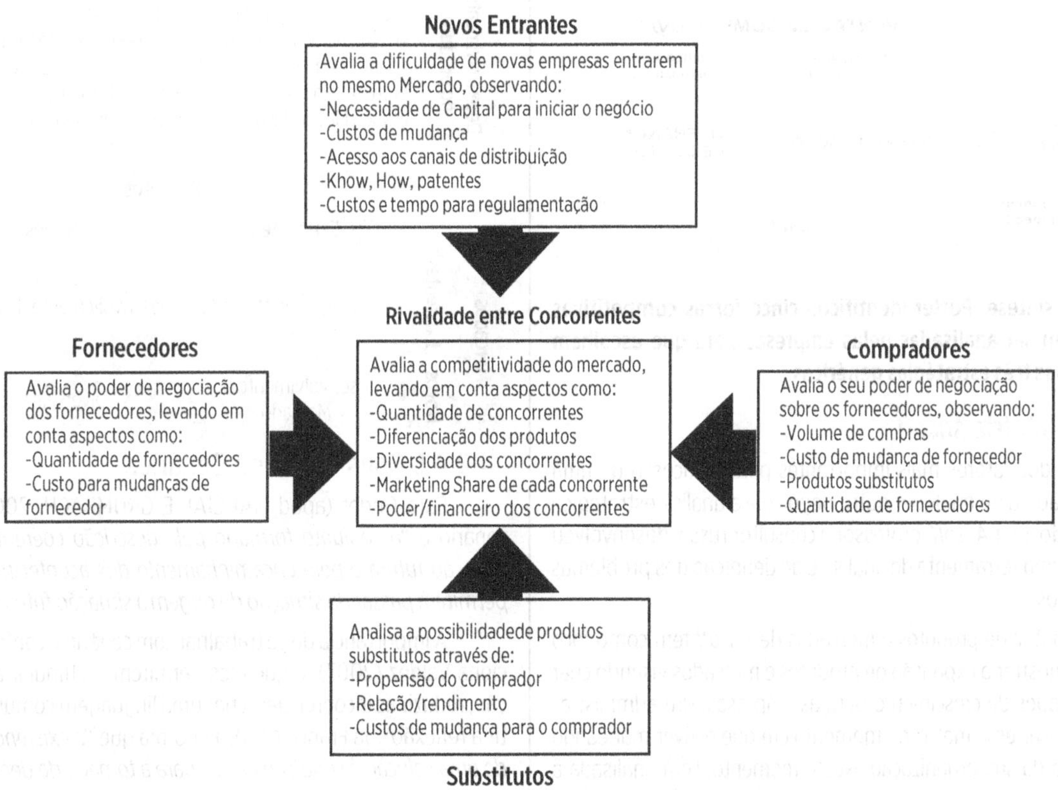

A partir das características de cada um dos fatores acima, as empresas podem tomar uma das **três estratégicas genéricas propostas por Porter: liderança em custo, diferenciação e foco (também chamado enfoque ou estratégia de nicho).**

Liderança em custos – Nessa estratégia, a empresa busca ser a mais eficiente na produção de produtos e serviços em seu mercado, de modo que tenha vantagem competitiva em relação aos seus concorrentes. Pode-se alcançar isso com: economias de escala, acesso a matérias-primas mais baratas, entre outras. Essa posição de custo mais baixo que seus concorrentes permite uma série de vantagens, como operar com lucratividade quando seus concorrentes estão perdendo dinheiro, por exemplo.

Diferenciação – Uma empresa também pode ter vantagens competitivas tendo produtos com características únicas na percepção de seus clientes, que lhe possibilitem cobrar um preço mais alto sem perder sua clientela. Um exemplo atual é a Apple. Essa empresa, com seus produtos inovadores, como o iPhone e o iPad, tem conquistado uma maior lealdade de seus clientes e maior lucratividade. A diferenciação pode ocorrer na qualidade do produto, no atendimento, no estilo do produto, na marca etc.

Foco ou Enfoque – Também é chamada de estratégia de nicho. Nessa situação, a empresa foca seus esforços em um mercado pequeno (seja geográfico, produto ou clientela) de modo a conseguir uma vantagem específica naquele mercado, que não tenha como conseguir em todo o mercado (a Ferrari buscou essa estratégia com o foco em carros de alto desempenho, pois era pequena para concorrer no mercado de automóveis populares, muito maior, antes de ser comprada pela Fiat).

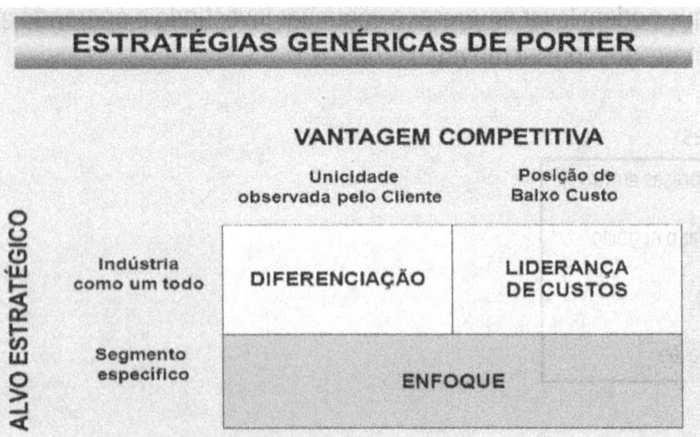

Em síntese, Porter identificou cinco forças competitivas que devem ser analisadas pelas empresas para que escolham uma de suas três estratégias genéricas.

14.2.4.4 Matriz *Ansoff*

Um dos fatores mais importantes para o sucesso de uma organização ou de qualquer outro negócio é a análise estratégica do mercado. Igor *Ansoff*, professor e consultor russo, desenvolveu em 1965, uma ferramenta de análise e de definição dos problemas estratégicos.

A matriz de produtos e mercados de *Ansoff* tem como foco principal mostrar a expansão de produtos e mercados visando criar oportunidades de crescimento para as empresas. Um administrador pode usar essa matriz no momento em que estiver mapeando o portfólio da sua organização. Neste momento, será analisada a receita criada pelos produtos existentes, de modo a compará-la com a receita que a organização pretende alcançar. A matriz permite estruturar e definir a estratégia para esse crescimento.

A matriz *Ansoff* é um quadrante composto por duas dimensões: produtos e mercados. Do lado direito, encontram-se os produtos novos; e do esquerdo, os existentes. Essa combinação forma quatro estratégias para o crescimento e o desenvolvimento da empresa. Essas estratégias são: o desenvolvimento do mercado, a penetração no mercado, a diversificação e o desenvolvimento do produto.

A definição desse quadro mostra em qual mercado sua organização deseja atuar.

Desenvolvimento do mercado	No desenvolvimento de mercado, a empresa deseja vender seus produtos existentes em um mercado novo. Essa estratégia de desenvolvimento de mercado deve analisar os mercados parecidos com o seu, e pensar na expansão de seus negócios. Essa expansão deve analisar alguns fatores como localização geográfica e idade. Imaginemos uma loja de camisas on-line que vende apenas em um Estado. Ela pode expandir suas vendas para outras unidades federativas, incluindo outros serviços de entrega. Se o público-alvo dessa loja for composto por homens de uma determinada faixa etária, ela pode aumentar esse público ao incluir outras idades.
Penetração de mercado	A penetração de mercado visa vender os produtos existentes em um mercado existente, ou seja, pretende-se desenvolver uma estratégia para aumentar sua presença onde ela já atua. Essa estratégia pode ser feita por meio de liquidações, fidelização de clientes, promoções, entre outras ações.
Diversificação	A diversificação é uma estratégia que objetiva criar produtos, para atuar em novos mercados. Essa estratégia busca a inovação que inevitavelmente proporciona riscos, pois a empresa está entrando em um campo desconhecido. Logo, não tem muito como fugir desse fator. Criar uma estratégia para crescer e desenvolver nesse mercado é inerente a uma organização na maioria das vezes.
Desenvolvimento do produto	Essa estratégia sugere o desenvolvimento de novos produtos em mercados existentes. Isso pode ser feito por meio de aperfeiçoamento do produto e de melhorias tecnológicas. Um bom exemplo é a ação de empresas de refrigerantes que incluem em seu MIX de sucos e refrigerantes, versões diet e light.

		Produtos	
		Existentes	Novos
Mercados	Existentes	Penetração de Mercado	Desenvolvimento de produtos
	Novos	Desenvolvimento de Mercado	Diversificação

14.2.4.5 Construção de Cenários

Para Godet (apud MARCIAL E GRUMBACH, 2008, p. 47), cenário é *"o conjunto formado pela descrição coerente de uma situação futura e pelo encaminhamento dos acontecimentos que permitem passar da situação de origem à situação futura".*

A importância de se trabalhar com cenários, conforme menciona Valdez (2007), é que eles permitem "estimular a imaginação, reduzir as incoerências, criar uma linguagem comum e permitir a reflexão". Já Franco (2007) informa que *"a existência de mais de uma solução é condição básica para a tomada de decisão e uma das bases do planejamento estratégico".*

No tocante à atividade de planejamento estratégico, Cortez (2007) anota dois tipos de enfoques que explicam os estudos referentes ao futuro: **a abordagem projetiva e a prospectiva.**

Segundo esse autor, a **abordagem projetiva** se refere a cenário único. É a abordagem clássica. Para os seguidores dessa linha de pensamento, as forças que atuaram no passado até o presente serão as mesmas que atuarão no presente até o futuro. Com esse raciocínio, acreditam poder prever o que ocorrerá. Naturalmente, a previsão clássica não considera o ambiente macro, tendo somente a visão parcial do problema.

A figura a seguir apresenta de maneira simples esta abordagem:

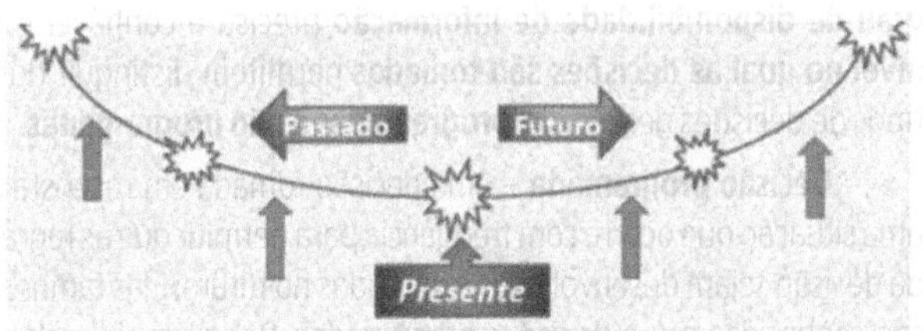

Figura 1 – Abordagem Projetiva

Pelo entendimento de Santos (2004), a abordagem prospectiva trata de vários cenários prováveis de ocorrer no futuro, dentro de um horizonte de tempo determinado. A abordagem prospectiva indica que as forças que atuaram no passado até o presente não necessariamente serão as mesmas que atuarão até o futuro. Desta forma, não existirá somente um só cenário.

A figura 2 exemplifica o raciocínio prospectivo:

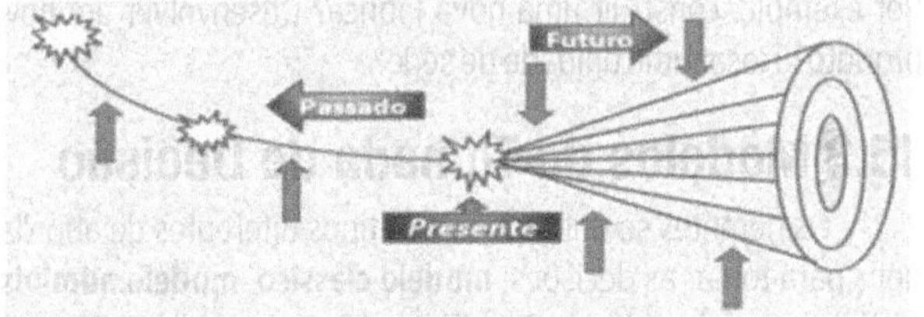

Figura 2 – Abordagem Prospectiva

O que se percebe é a criação de um cone (cone de futuro), em que o passado e o presente são conhecidos, sendo este último o vértice e os diversos caminhos até sua base os cenários que poderão vir a ocorrer.

A lógica dessa abordagem, segundo Marcial (2008), é no sentido de que, conhecendo os diversos caminhos, o homem pode influir na constituição de um futuro melhor. Isso requer que se considere o ambiente como um todo, levando em consideração as variáveis econômicas, ambientais, políticas, tecnológicas, entre outras, bem como os diversos agentes, clientes, governo, concorrentes etc. Perceber a intensidade dessas forças e, se possível, interferir para obter o melhor resultado é o propósito maior da análise prospectiva.

Questões

01. (Cespe) Por meio do planejamento, definem-se os objetivos e decide-se sobre os recursos e tarefas necessários para alcançá-los adequadamente, dividindo-se o trabalho, atribuindo-se responsabilidades às pessoas e estabelecendo-se mecanismos de comunicação e coordenação.

Certo ( ) Errado ( )

02. (Cespe) O conjunto de decisões que determinam o desempenho das organizações no curto prazo constitui o planejamento estratégico. No médio ou longo prazo, esse conjunto é denominado gestão estratégica.

Certo ( ) Errado ( )

03. (Cespe) Caso a situação atual seja diagnosticada e se estabeleçam os objetivos a serem alcançados, o planejamento estratégico terá cumprido seu objetivo.

Certo ( ) Errado ( )

04. (Cespe) A missão da organização deverá ser definida no planejamento estratégico.

Certo ( ) Errado ( )

05. (Cespe) Na análise SWOT, considera-se ameaça algo que existe internamente na organização e que pode impactar negativamente no cumprimento da missão como, por exemplo, uma equipe de colaboradores pouco capacitada.

Certo ( ) Errado ( )

06. (Cespe) No cenário denominado manutenção tem-se a preponderância de forças em contraposição às ameaças.

Certo ( ) Errado ( )

Gabaritos

01	ERRADO	04	CERTO
02	ERRADO	05	ERRADO
03	ERRADO	06	CERTO

15. PROCESSO DECISÓRIO

De forma sintética, o **processo decisório representa a sequência de passos necessários para analisar e escolher as alternativas para determinado problema**.

Podemos apresentar cinco passos principais do processo decisório:

Identificação do problema ou oportunidade: é a fase em que se percebe que o problema está ocorrendo e que é necessário tomar uma decisão.

Diagnóstico: consiste em procurar entender o problema ou oportunidade e identificar suas causas e consequências. Há algumas técnicas que podem ser utilizadas para analisar os problemas de forma sistemática, estudando suas causas, consequências e prioridades, a exemplo do diagrama de causa e efeito e do princípio de Pareto.

Geração de alternativas: em algumas situações, será necessário criar alternativas para solucionar o problema, utilizando ferramentas específicas, como o ***brainstorming*** (tempestade de ideias).

Escolha de uma alternativa viável: nesse momento, as decisões devem ser avaliadas, julgadas e comparadas para, então, escolher a alternativa mais adequada para solucionar o problema.

Avaliação da decisão: após implementar a decisão, torna-se necessário avaliar os seus efeitos. Assim, inicia-se um novo ciclo, que pode gerar outras decisões ou processos de resolver problemas.

15.1 O Ambiente da Tomada de Decisão

Assim, as **condições para a tomada de decisão** envolvem a **certeza**, a **incerteza**, o **risco** e a **ambiguidade**.

Certeza: situação na qual toda a informação necessária para a tomada de decisão se encontra disponível. Seria o caso em que a pessoa que decide possui todas as informações sobre as alternativas e seus resultados. Por exemplo, um investidor precisa escolher entre duas opções de aplicações. Ele possui todas as informações sobre os rendimentos e possui 100% de certeza que eles se confirmarão. Assim, ele poderá tomar uma decisão com total certeza. Contudo, devemos destacar que esse tipo de situação dificilmente irá ocorrer na vida real. Praticamente em todos os ambientes haverá um mínimo de incerteza sobre as decisões dos administradores.

Risco: situação na qual não é possível prever com certeza os resultados associados a cada alternativa, mas há informação suficiente para estimar suas probabilidades de ocorrência. Assim, o risco é a probabilidade de algo acontecer e ter impacto, normalmente negativo, nos trabalhos. Para estimar os riscos, as organizações utilizam ferramentas probabilísticas, designando as chances ou não de um evento vir a acontecer. Em geral, quase toda decisão em uma organização envolve um determinado nível de risco.

Incerteza: situação na qual a informação sobre as alternativas e suas consequências é incompleta e imprecisa. Assim, os administradores não conseguem estimar os riscos associados a cada alternativa disponível. Com isso, o tomador de decisão vai escolher uma alternativa sem conhecer totalmente as opções disponíveis ou sem ter certeza de seus resultados. Normalmente, as decisões das organizações são tomadas com algum nível de incerteza.

Ambiguidade: condição na qual as metas a serem alcançadas ou o problema a ser resolvido não estão claros; é difícil definir as alternativas, e as informações sobre os resultados não estão disponíveis. É como ter que desenvolver um projeto sem receber diretrizes, orientações ou qualquer direção a seguir. Não se sabe o que se deve fazer, qual problema deve ser resolvido e quais os resultados esperados.

15.2 Tipos de Decisões

Nesse contexto, as decisões podem ser tomadas em diferentes contextos, o que vai gerar diferentes tipos de decisões. O **grau de disponibilidade de informação** precisa e confiável e o **nível no qual as decisões são tomadas** permitem distinguir dois tipos de decisões gerenciais: **programadas** e **não programadas**.

Decisão programada – uma decisão tomada em resposta a uma situação que ocorre com frequência para permitir que as regras da decisão sejam desenvolvidas e aplicadas no futuro. Elas também são conhecidas como **decisões estruturadas**. Por exemplo, a decisão de recompor o papel e o cartucho de tinta quando os estoques estão baixos são decisões programadas. Normalmente, as decisões programadas são tomadas nos níveis mais baixos da organização.

Decisão não programada – uma decisão tomada em resposta a uma situação isolada, mal definida, e, em grande parte, desestruturada, com importantes consequências para a organização. As decisões estratégicas da organização, por envolverem incertezas, podem ser consideradas decisões não programadas. Por exemplo: construir uma nova fábrica? Desenvolver um novo produto? Trocar uma unidade de sede?

15.3 Modelos de Tomada de Decisão

Os gerentes se utilizam de três tipos diferentes de abordagens para tomar as decisões: **modelo clássico, modelo administrativo e modelo político**. Para Richard Daft, a escolha do modelo depende da preferência pessoal, do tipo de decisão (programada ou não programada) e a extensão na qual a decisão é caracterizada pelo risco, pela incerteza e pela ambiguidade.

O **modelo clássico** é baseado na suposição de que os gerentes devem tomar decisões lógicas que estejam de acordo com os melhores interesses da organização. Nesse contexto, presume-se que as metas são conhecidas e acordadas e que os problemas são precisamente formulados.

Em síntese, entende-se, no modelo clássico, que o tomador de decisões possui condições de analisar logicamente o problema, pois todos os elementos necessários são conhecidos e previamente definidos, bastando, por conseguinte, escolher a melhor alternativa.

Já o **modelo administrativo** explica como os gerentes tomam as decisões em situações caracterizadas por decisões não programadas, incerteza e ambiguidade.

O modelo administrativo considera que os gerentes vivem em um ambiente de racionalidade limitada, que pressupõe que as pessoas têm o tempo e a capacidade cognitiva para processar somente uma quantidade limitada de informações. Assim, não possuem capacidade para analisar 100% das informações. Isso ocorre porque as organizações são extremamente complexas, fazendo com que as decisões não sejam inteiramente racionais.

Além disso, o modelo administrativo considera que os gerentes não buscam a decisão ótima, mas apenas uma decisão satisfatória. Isso quer dizer que os administradores escolhem a primeira alternativa de solução que satisfaça os critérios mínimos de decisão. Exemplificaremos como isso acontece:Imaginemos que Carlos irá participar de uma reunião muito importante, na qual ele está encarregado de apresentar um novo projeto para uma empresa parceira. Carlos sabe que o sucesso nessa apresentação pode significar uma promoção, com um aumento significativo no salário. Minutos antes da reunião, Carlos derruba café em sua camisa.

O que Carlos vai fazer? Ele corre para a primeira loja que encontrar, a fim de comprar a primeira camisa que resolver o seu problema. Ou seja, Carlos sabe que, na cidade, há centenas de lojas que podem vender o mesmo produto por condições melhores, mas ele vai fechar o negócio, pois sua preocupação, naquele instante, é resolver o problema. Assim, Carlos tomou a decisão satisfatória, mesmo sabendo que, com mais tempo, ele teria capacidade de decidir melhor.

Dessa forma, o modelo administrativo considera que as decisões se fundamentam na racionalidade limitada e na decisão satisfatória.

Por fim, o **modelo político** é útil para tomar decisões não programadas, em que as condições são incertas, as informações são limitadas e os gerentes podem estar em desacordo sobre quais metas perseguir ou qual curso de ação tomar. Assim, as pessoas formam uma coalização, isto é, uma aliança informal entre os gerentes que apoiam uma meta específica.

O modelo político parte do pressuposto segundo o qual as organizações são formadas por grupos com diferentes interesses, metas e valores.

Ademais, as informações são ambíguas e incompletas, e os gerentes não possuem tempo, recursos e capacidade para analisar todas as alternativas. Assim, os gerentes se envolvem em debates e, por meio de barganha e discussões, formam coalizões para defender o seu ponto de vista.

15.4 Armadilhas Psicológicas na Tomada de Decisão

O último assunto a ser abordado sobre a tomada de decisões corresponde às armadilhas.

Como vimos anteriormente, as decisões, de uma maneira geral, são tomadas em um ambiente de racionalidade limitada. O modelo clássico pode ser aplicado em raras exceções, uma vez que, comumente, as informações não são completas, ou não há tempo ou capacidade para analisá-las.

Assim, os tomadores de decisão utilizam um conjunto de regras empíricas, conhecidas como princípios heurísticos, que orientam implicitamente o julgamento do tomador de decisão. Ou seja, ao invés de tentar analisar todas as informações, as pessoas costumam basear-se em informações pré-estabelecidas ou de fácil acesso.

Isso facilita a tomada de decisão, tornando-a mais rápida. Contudo, as pessoas podem sofrer o que chamamos de "armadilhas psicológicas" na tomada de decisão, que são desvios psicológicos que geram tendências involuntárias e intuitivas, levando à perpetuação de erros na avaliação de situações e decisões.

Para melhorar as suas decisões, os administradores devem aprender a reconhecer e a evitar essas armadilhas.

Segundo Hammond e Raiffa, *apud* Sobral e Peci, existem oito tipos de armadilhas psicológicas na tomada de decisão:

Ancoragem: tendência de ancorar o julgamento em uma informação inicial, dificultando assim o ajuste diante de informações posteriores. Lembremo-nos do famoso ditado "***A primeira impressão é a que fica***". É mais ou menos isso que ocorre.

Perpetuação do *status quo*: é o medo de mudar. Consiste na tendência a favorecer as alternativas que perpetuam a continuidade e evitem a mudança. Nesse tipo de armadilha, quando estiver diante de duas alternativas, o tomador de decisão tende a escolher aquela que não gera grandes mudanças.

Custo irrecuperável: tendência de fazer escolhas que justifiquem suas decisões passadas, mesmo que essas decisões tenham se revelado erradas. É como decidir estudar para uma área e depois perceber que o concurso pelo qual tanto se esperava ainda demorará vários anos para acontecer. Ainda assim, o concurseiro não deixa de estudar o material que já adquiriu, pois não quer reconhecer a perda de dinheiro.

Evidência confirmadora: é a tendência de buscar informações que corroborem seu instinto ou seu ponto de vista, de modo a evitar informações que o contradigam. As decisões são baseadas em informações não confirmadas, mas, ainda assim, assumidas, mesmo que de forma polêmica. O gerente quer tomar uma posição e, para isso, buscará somente as informações que podem ajudá-lo.

Formulação do problema: está na forma como o problema é descrito. Às vezes, um mesmo problema pode ser descrito de maneira diferente, levando a mesma pessoa a decidir de forma distinta, sem saber que se tratava da mesma situação. Ou seja, um problema mal descrito pode gerar distorções e minar o processo decisório.

Excesso de confiança: tendência de confiar demais na precisão de suas previsões, o que pode levar a falhas no julgamento e na avaliação de decisões.

Lembrança: tendência a valorizar os acontecimentos que estão presentes na memória. Ou seja, a pessoa decide com base nas informações que estão "frescas" na memória.

Prudência: é o medo de errar, em especial em decisões muito importantes. Assim, as pessoas podem fazer estimativas e projeções muito seguras ou muito conservadoras.

Questões

01. (Cespe) O modelo racional de tomada de decisão exige que o gestor se apoie em informações consideradas perfeitas e que tome, com base nelas, decisões de forma totalmente imparcial.

Certo ( ) Errado ( )

02. (Cespe) Um dos principais objetivos do processo decisório é incrementar constantemente a base de decisões programadas das organizações para economizar tempo e energia intelectual e evitar o desgaste de resolver problemas que já contam com solução definida.

Certo ( ) Errado ( )

03. (Cespe) De acordo com o modelo racional, um dos fatores que afeta a tomada de decisão é a limitação cognitiva do agente, levando-o a tomar decisões satisfatórias, e não ótimas.

Certo ( ) Errado ( )

04. Com relação a processo decisório, descentralização e delegação, julgue o item subsecutivo.

Decisões operacionais dão o suporte necessário às decisões estratégicas, provendo a ligação necessária entre o estratégico e o tático.

Certo ( ) Errado ( )

05. Com relação a processo decisório, descentralização e delegação, julgue o item subsecutivo.

Efeitos de status e diferenças culturais são barreiras à comunicação, interferindo em sua eficácia.

Certo ( ) Errado ( )

06. No que se refere ao processo administrativo e aos múltiplos aspectos relacionados a esse assunto, julgue o item seguinte.

O elemento composto pelos critérios de preferência que o tomador de decisão usa para fazer sua escolha é denominado sistema de valores.

Certo ( ) Errado ( )

Gabaritos

01	CERTO	04	ERRADO
02	CERTO	05	ERRADO
03	ERRADO	06	CERTO

16. GESTÃO DE PROCESSOS

16.1 Conceitos

As organizações privadas ou públicas podem ser vistas como um conjunto de processos. Todo processo deve ter, **no mínimo**, entrada, processamento e saída. Os produtos mais típicos da saída são: bens, serviços e informações. É no "processamento" que estão concentradas as atividades do processo.

> *O processo existe em todas as empresas – de forma bem definida ou de forma fragmentada (ainda que as empresas não consigam visualizá-lo e defini-lo como tal).*

O valor é o cliente quem atribui, reconhecendo sua importância e demonstrando disposição em pagar o preço estabelecido. Fonte: Agostinho Paludo, Administração Pública, 3ª edição, Editora Elsevier, 2013, página 339.

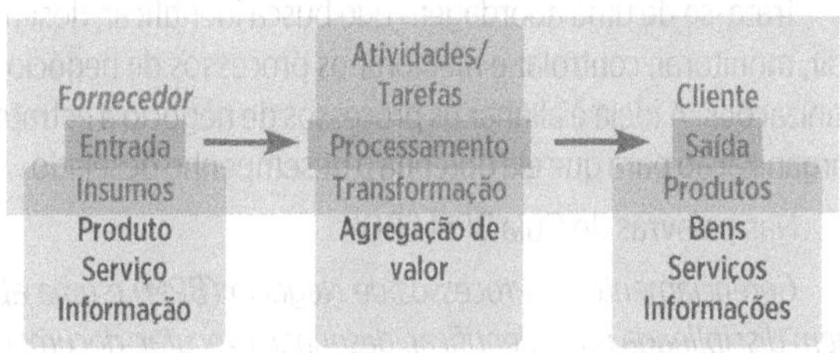

Um processo compreende uma série de atividades, racionalmente sequenciais e inter-relacionadas, que devem ser executadas para se obter determinado resultado pretendido. É um modo de transformar insumos em produtos para atender à necessidade de algum cliente. O processo inicia com a identificação de uma necessidade e termina com a entrega do produto (bem ou serviço) ao cliente.

Na visão de Thomas Davenport *o processo é uma ordenação específica das atividades de trabalho no tempo e no espaço, com um começo e um fim,* ***inputs*** *e* ***outputs*** *claramente identificados.* Segundo o mesmo autor, tais atividades são estruturadas com a finalidade de agregar valor às entradas *(inputs)*, resultando em um produto para um cliente.

Desta maneira, todo tipo de trabalho importante em uma organização faz parte de algum processo. Não existe produto ou serviço fornecido sem que exista um processo organizacional por trás.

Harrington define processo como a utilização de recursos da empresa para oferecer resultados objetivos aos seus clientes. Assim sendo, **o processo seria um fluxo de trabalho**, em que existiriam os *inputs* (materiais, informação, equipamentos etc.) que seriam trabalhados, de forma a agregar valor. Desta forma, o fluxo resultaria em uma série de *outputs* (produtos e serviços desejados pelos clientes).

Para o GesPública (2011), o *processo é um conjunto de decisões que transformam insumos em valores gerados ao cliente/cidadão.*

Portanto, cada atividade destas pode agregar valor ou não ao processo, pois um erro ou demora em uma delas acabará por prejudicar o cliente.

Assim, quando pensamos em processo, temos de entender que estas atividades estão interligadas e que não adianta uma delas ser muito bem feita se outra for deficiente.

Desta forma, a gestão por processos implica uma ênfase em "como" o produto ou serviço é feito, ao contrário do foco no "quê" é feito, característica das organizações tradicionais.

Assim, é possível afirmar que toda vez que tivermos um conjunto de atividades e tarefas sendo executadas de forma integrada para produzir um produto (bem ou serviço) com vistas a atender a necessidades de clientes – teremos um processo – seja ele reconhecido ou não, nominado ou não, compreendido como tal ou não.

> *De acordo com Nunes,*
> *"O modelo de organização orientado por processos passou a ser considerado como alternativa mais adequada para promover uma maior efetividade organizacional. O pressuposto foi ode que nessa forma de organização ocorresse uma eliminação de barreiras dentro da empresa, possibilitando a visualização da organização como um todo e uma maior inter-relação entre os diferentes agentes da cadeia de valor (cliente, fornecedor, executores do processo)".*

16.1.1 Cadeia de Valor

Cadeia de Valor, para Michael Porter, é o conjunto de atividades tecnológicas e econômicas distintas que uma organização utiliza para entregar produtos e serviços aos seus clientes.

Cada uma dessas atividades (produção, distribuição, comercialização etc.) deve entregar algum "valor". Quanto mais valor agregado, mais competitiva fica a empresa. Este é um conceito relacionado com a vantagem competitiva.

Os processos podem ser assim classificados:

Processos negócio/principais/primários/chaves/essenciais/finalísticos, que são os processos que resultam na entrega de algum bem ou serviço ao cliente final – devem satisfazer as necessidades e expectativas dos clientes e demais partes interessadas. Ex.: produção de um bem/prestação de serviço direto ao cliente final.

Processos secundários/administrativo/de suporte/auxiliares/meio, que são os processos internos que geram apenas bens e serviços internos, mas que, ao mesmo tempo, são indispensáveis para que os processos principais possam ser executados (dão suporte à execução dos processos principais), contribuindo para o sucesso da organização. Ex.: gestão de pessoas, compras, manutenção em geral, contas a pagar, processos de recursos humanos etc.

Processos gerenciais, ligados às estratégias e utilizados na tomada de decisão, no estabelecimento de metas, na coordenação dos demais processos e na avaliação dos resultados. Ex.: planejamento estratégico, gestão do conhecimento, avaliação de desempenho, avaliação da satisfação dos clientes etc.

Resumindo:

Percebe-se que os **processos de negócio** são os mais importantes para a organização, constituindo o cerne de sua existência, pois eles são responsáveis pelo atendimento das necessidades dos clientes, diferenciando a organização de suas concorrentes no mercado.

Os **processos organizacionais**, por sua vez, são aqueles que dão o devido suporte e apoio para que os processos de negócio possam funcionar bem e agregar valor para os clientes.

Os **processos gerenciais**, por sua vez, são aqueles relacionados às ações dos gerentes. Trata-se da tomada de decisões gerenciais pelos gerentes para que a organização possa seguir rumo ao futuro.

Por fim, apresenta-se outra visão, que divide os processos em:

Processos primários: são aqueles que agregam valor para o cliente e que vão de ponta a ponta na organização. São equivalentes aos processos de negócio ou de clientes.

Processos secundários: dão o suporte necessário para que os processos primários funcionem adequadamente. Relacionam-se com os processos de gerenciamento e administrativos.

16.2 Níveis de Detalhamento dos Processos

Em toda empresa, existem alguns processos mais complexos e outros mais simples. Além disso, existem processos mais importantes e outros menos importantes. O nível de detalhamento de um processo está relacionado com a sua complexidade.

Quanto mais complexo (mais atividades, entradas ou produtos resultantes), mais provável que tenhamos de "decompô-lo" em subprocessos para que seja mais fácil a análise e o controle.

A decomposição de um processo segue a seguinte lógica:

Macroprocesso: compreende a visão mais geral do processo, que, em regra, abrange vários processos principais ou secundários e envolvem mais de uma função organizacional;

Processo: conjunto de operações (atividades e tarefas) que recebe um insumo, agrega valor e transforma em um produto (bem/serviço) destinado ao atendimento de necessidades dos clientes internos e externos;

Subprocesso: refere-se a uma parte específica do processo, composto por um conjunto de atividades que demandam insumos próprios e resultam em subproduto(s) que concorre(m) para o produto final do processo;

Atividade: é um conjunto de tarefas com procedimentos definidos que descrevem o passo a passo para a execução de acordo com algum método/técnica. A atividade terá nome próprio, será precedida por um ***input*** (entrada) e resultará em um ***output*** (saída), em um produto parcial que concorre para o produto final do processo.

Atenção → São as atividades que agregam valor ao processo, assim, a cada atividade executada o processo deve adquirir um valor maior.

> **Tarefa:** é a menor divisão do trabalho, exclusivamente operacional, que corresponde ao fazer. É uma partição da atividade com rotina ou procedimento específico.

Atenção → Nos macroprocessos a visão é geral, sem detalhamentos, nos processos tem-se um nível intermediário de detalhamento, já para as atividades e tarefas o nível de detalhamento deve ser amplo, de forma a permitir que cada detalhe importante que compõe o processo possa ser claramente visualizado e compreendido.

Macroprocessos → Visão Geral
Processos → Detalhamento Intermediário
Atividades/Tarefas → Detalhamento Amplo

16.3 O Guia BPM CBOK

O gerenciamento de processos na Administração Pública brasileira utiliza as boas práticas previstas no guia *Business Process Management Common Book Of Knowledge* (BPM CBOK) - cujo nome pode ser traduzido como *Guia para o Corpo Comum de Conhecimentos sobre* ***Gerenciamento de Processos de Negócio.***

Trata-se de uma abordagem que busca identificar, desenhar, medir, monitorar, controlar e melhorar os processos de negócio nas organizações. A ideia é alinhar os processos de negócio à estratégia da organização para que ela obtenha o desempenho desejado.

Nas palavras do Guia BPM CBOK:

Gerenciamento de Processos de Negócio (BPM) é uma abordagem disciplinada para identificar, desenhar, executar, documentar, medir, monitorar, controlar e melhorar processos de negócio automatizados ou não para alcançar os resultados pretendidos consistentes e alinhados com as metas estratégicas de uma organização. BPM envolve a definição deliberada, colaborativa e cada vez mais assistida por tecnologia, melhoria, inovação e gerenciamento de processos de negócio ponta a ponta que conduzem a resultados de negócios, criam valor e permitem que uma organização cumpra com seus objetivos de negócio com mais agilidade. BPM permite que uma organização alinhe seus processos de negócio à sua estratégia organizacional, conduzindo a um desempenho eficiente em toda a organização por meio de melhorias das atividades específicas de trabalho em um departamento, a organização como um todo ou entre organizações.

O gerenciamento de processos do BPM é estabelecido com base em um ciclo de vida que possui seis etapas:

01. **planejamento;**
02. **análise;**
03. **desenho e modelagem;**
04. **implantação;**
05. **monitoramento e controle;**
06. **refinamento;**

16.3.1 Planejamento

É a primeira etapa do ciclo de gerenciamento de processos. É nesta fase que é desenvolvido um plano e uma estratégia dirigida aos processos da organização, estabelecendo a estratégia e o direcionamento do BPM. O início do plano se dá por meio do entendimento das estratégias e metas que são desenhadas para garantir que o cliente perceba valor nos processos de negócio da organização. A estrutura e o direcionamento dos processos centrados no cliente são baseados no plano.

O planejamento deve assegurar que a abordagem de gestão dos processos de negócio integre a estratégia, as pessoas, processos e sistemas ao longo dos limites funcionais.

É aqui também que são identificados os papéis e responsabilidades organizacionais de gerenciamento de projetos, o patrocínio executivo, metas, expectativas quanto à medição do desempenho e as metodologias a serem utilizadas.

16.3.2 Análise

Após considerar as metas e objetivos desejados, a análise dos processos busca entender os processos atuais, também chamados de *AS IS* (do inglês - "como é" - em oposição aos processos a serem implementados no futuro, chamados de *TO BE* ("como será"), no contexto das metas e dos objetivos desejados.

Segundo o Guia de Gestão de Processos de Governo do GesPública, a análise reúne informações oriundas de planos estratégicos, modelos de processo, medições de desempenho, mudanças no ambiente externo e outros fatores, a fim de compreender os processos no escopo da organização como um todo. Nessa etapa são vistos alguns pontos como: objetivos da modelagem de negócio, ambiente do negócio que será modelado, principais *stakeholders* e escopo da modelagem de processos relacionados com o objetivo geral.

A análise dos processos leva em conta diferentes metodologias para facilitar as atividades de identificação do contexto e de diagnóstico da situação atual, que constituem o foco desta etapa.

16.3.3 Desenho e Modelagem

O desenho está focado sobre o desenho intencional e cuidadoso dos processos de negócio que entregam valor ao cliente. É no desenho que se definem as especificações dos processos de negócio, de modo que fique claro *o que, quando, onde, quem* e *como o trabalho* será realizado.

Conforme consta no Guia CBOK, o desenho dos processos trata da

Criação de especificações para processos de negócio novos ou modificados dentro do contexto dos objetivos de negócio, objetivos de desempenho de processo, fluxo de trabalho, aplicações de negócio, plataformas tecnológicas, recursos de dados, controles financeiros e operacionais, e integração com outros processos internos e externos.

Sobre a modelagem do processo, o Guia de Gestão de Processos de Governo do GesPública afirma o seguinte:

Já a modelagem de processo é definida como 'um conjunto de atividades envolvidas na criação de representações de um processo de negócio existente ou proposto', tendo por objetivo 'criar uma representação do processo em uma perspectiva ponta a ponta que o descreva de forma necessária e suficiente para a tarefa em questão'. Alternativamente chamada de fase de 'identificação', a modelagem pode ser também definida como 'fase na qual ocorre a representação do processo presente exatamente como o mesmo se apresenta na realidade, buscando-se ao máximo não recorrer à redução ou simplificação de qualquer tipo.

O Guia CBOK ressalta, no entanto, que a modelagem de processos pode ser executada tanto para o mapeamento dos processos atuais como para o mapeamento de propostas de melhoria.

Implementação

Para a realização das atividades de implementação, subentende-se que as fases anteriores criaram e aprovaram um conjunto de especificações que podem ser executados sofrendo apenas pequenos ajustes pontuais.

Deste modo, a implementação nada mais é do que a realização do desenho do processo de negócio aprovado. Ela se dá por meio de procedimentos e fluxos de trabalho documentados, testados e operacionais.

16.3.4 Monitoramento e Controle

Esta etapa busca fornecer informações-chave de desempenho de processos por meio de métricas ligadas às metas estabelecidas e ao valor para a organização. A análise do desempenho realizada nesta etapa pode fazer com que se desenvolvam atividades de melhoria, redesenho ou reengenharia.

16.3.5 Refinamento

Segundo o Guia BPM CBOK, *o refinamento trata aspectos de ajustes e melhorias pós-implementação de processos com base nos indicadores e informações-chave de desempenho.*

Estes ajustes são feitos com base nas informações obtidas por meio da medição e do monitoramento de processos de negócio.

O Guia de Gestão de Processos de Governo afirma que esta etapa também pode ser chamada de "encenação", revendo o modelo de processo e implantando as mudanças propostas após o estudo de variados cenários.

16.4 Mapeamento de Processos

Para que possamos melhorar um processo necessitamos antes conhecê-lo. Desta maneira, precisamos analisar o processo, de forma a entender o fluxo de trabalho envolvido, quais são os setores e pessoas envolvidas e as decisões que devem ser tomadas durante o processo.

Portanto, o trabalho de "entender" e visualizar um processo de trabalho é chamado de **mapeamento de processos**. Este trabalho é executado, normalmente, por meio de uma ferramenta chamada de fluxograma, que será analisada posteriormente.

16.4.1 Técnicas de Mapeamento, Análise e Melhoria de Processos

Para que um profissional possa mapear um processo, ele deve primeiro compreendê-lo. Para que isso ocorra, existem diversas técnicas que podem ser utilizadas. As principais são:

- entrevistas e reuniões;
- observação das atividades *in loco*;
- análise da documentação e dos sistemas existentes;
- coleta de dados e evidências

Ao mapearmos um processo, este será descrito desde o início, deforma a representar cada atividade e decisão envolvida nele. Desta forma, a pessoa que estiver fazendo o mapeamento deverá compreender os elementos: (fornecedores, entradas, processo, saídas e clientes) de modo a descrever todos os aspectos do processo.

Entre os benefícios que uma organização pode ter ao mapear seus processos, temos:

- compreender o impacto que o processo tem para a organização e seus clientes;
- entender a relação de dependência entre os setores no processo;
- compreender quais são os "atores" envolvidos no processo;
- analisar se o processo é necessário e se é bem executado;
- propor mudanças no processo;
- identificar quais são os fatores críticos no processo.

16.4.1.1 Principais Técnicas para Mapeamento de Processos

Segundo DE MELLO (2008, p. 27), a literatura apresenta algumas técnicas de mapeamento com diferentes enfoques tornando a correta interpretação destas técnicas fundamental no processo de mapeamento.

Dentre as diversas técnicas de mapeamento podemos citar:

SIPOC: o SIPOC é uma ferramenta que consiste na identificação clara dos elementos dos processos, incluindo o próprio processo, suas entradas e saídas, além dos clientes e fornecedores do processo.

Trata-se de uma técnica utilizada antes mesmo do trabalha com o processo começar. Ela é anterior à construção de um mapa do processo ou fluxograma, pois identifica os fornecedores, a entrada dos insumos da empresa, todo o conjunto de atividades de processamento (tais como transporte, montagem, armazenamento etc.), os produtos finais do processo e a destinação para os clientes.

Discutindo a técnica, Lobato e Lima (2010, p. 350) apresentam os seguintes conceitos segundo Mello et. al. (2002): *fornecedor é aquele que propicia as entradas necessárias, podendo ser interno e externo; entrada é o que será transformado na execução do processo; processo é a representação esquemática da sequência de atividades que levam a um resultado esperado; saída é o produto ou serviço como solicitado pelo cliente; cliente é quem recebe o produto ou serviço.*

Blueprinting: é uma técnica que permite retratar o processo de serviço, os pontos de contato e as evidências físicas de um serviço do ponto de vista do cliente. É uma verdadeira "impressão digital" do processo, representando um verdadeiro mapa das transações em um processo de prestação de serviço.

Segundo Frazzon *et al.* (2014) *O uso do Service Blueprint surgiu como uma técnica para identificação de pontos de falha no processo, porém seu uso foi expandido para a área estratégica, pois ele também permite identificar as áreas prioritárias para o cumprimento dos objetivos operacionais estratégicas da organização (GIANESI; CORREA, 1994). Assim como contribui para decisões referentes ao posicionamento estratégico da organização de serviços (SHOSTACK, 1987).*

Essa ferramenta possibilita uma visualização de todo o processo de serviço em um diagrama, especialmente dos encontros de serviço com o cliente, também chamados de momentos da verdade, em que as evidências físicas da prestação de serviço são demonstradas, permitindo ainda a separação dos processos primários dos processos de apoio.

Fluxograma: esta é uma ferramenta muito utilizada para que se possa visualizar com facilidade o fluxo de ações para que determinado processo possa ser concluído.

Trata-se de um gráfico que representa o fluxo ou sequencia normal de qualquer trabalho, produto, documento, informação etc., utilizando-se de diferentes símbolos que esclarecem o que está acontecendo em cada etapa.

Mapafluxograma: o mapafluxograma apresenta o fluxo de movimentação física de um determinado item com base em uma rotina produtiva preestabelecida. É como um fluxograma de como o material deverá se movimentar no espaço físico para que o processo seja desempenhado de acordo com o que está previsto no fluxograma.

Assim, o mapafluxograma permite, em conjunto com o fluxograma, o estudo do processo como um todo, tanto do ponto de vista do conjunto de atividades desempenhadas como da movimentação de material no espaço físico.

IDEF: (*Integration Definition for Function Modeling* – Definição integrada para modelagem de funções).

Segundo o CBOK, O IDEF é um padrão federal de processamento de informação (FIPS – *Federal Information Processing Standard*) desenvolvido pela Força Aérea dos EUA. **OIDEF é utilizado para criar uma descrição clara e detalhada de um processo ou um sistema.**

- Utiliza-se quando for preciso descrever formalmente um processo, para garantir um resultado detalhado, claro e preciso.
- Utiliza-se quando o processo for complexo, e outros métodos fossem resultar em um diagrama mais complexo.
- Utiliza-se quando houver tempo hábil para trabalhar em entender e produzir uma descrição completa e correta do processo.
- IDEF 0 – Modelo de funções (processos)
- IDEF 1 – Modelo de informações (dados)
- IDEF 2 – Modelo dinâmico (comportamento)
- IDEF 3 – Modelo de fluxo de trabalho (*workflow*)

O IDEF 0, mais utilizado da família na modelagem de processo, destina-se a descrever graficamente o processo de transformação ou produção de um bem ou serviço.

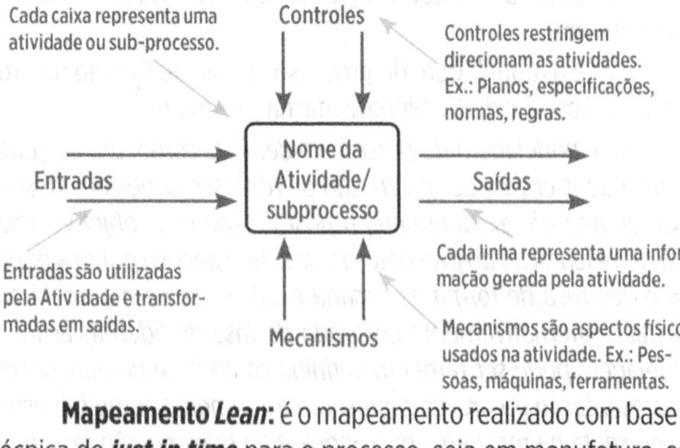

Mapeamento *Lean*: é o mapeamento realizado com base na técnica do ***just in time*** para o processo, seja em manufatura, seja em serviço, tentando gerar economias ao longo do processamento para um processo enxuto. Sua base é a redução de desperdícios e de custos, eliminando do processo as atividades que não agregam valor, gerando um fluxo de valor. Por isso, a técnica também é conhecida como ***mapeamento do fluxo de valor do processo***.

16.5 Projeto de Mapeamento e Modelagem de Processos

O BPMN (Business *Process Modeling Notation*) é o padrão utilizado para o desenho (ou modelagem) dos processos em uma organização.

Consiste de um conjunto de **notações gráficas**, ou seja, um conjunto de símbolos padronizados que servem para que possamos descrever e redesenhar um processo. Esse diagrama, que nos permite visualizar um processo, também é conhecido como **fluxograma.**

Assim, essa é a ferramenta utilizada para efetuar o mapeamento e a modelagem dos processos. Desta forma, ele é utilizado para **descrever, de modo gráfico, um processo por meio do uso de símbolos e linhas.**

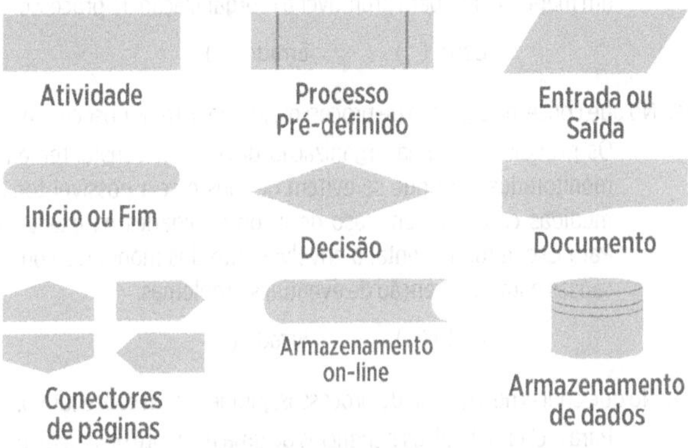

16.5.1 Grau de Maturidade em Processos

O grau de maturidade na Gestão de Processos de Negócio define a maturidade a partir de níveis, que medem a evolução da organização/instituição quanto às práticas de gestão/gerenciamento de processos.

O Guia de Gestão de Processos no Governo do GesPública (2011) descreve a maturidade do processo em 5 níveis, a partir de dois modelos. Esses níveis refletem a transformação da organização na medida em que seus processos e capacidades são aperfeiçoados.

Na **visão do CBOK** – *Business Process Maturity*, os níveis (exceto o primeiro) são compostos por **áreas de processos**, estruturadas com vistas a atingir metas de criação, suporte e sustentação específicas de cada nível. Nessas áreas a **ênfase é nas melhores práticas**, indicando o que deve ser feito (mas não de que forma devem fazer).

Nível 1, Inicial: os processos são executados de maneira ***ad-hoc***, o gerenciamento não é consistente e é difícil prever os resultados.

Nível 2, Gerenciado: a gestão equilibra os esforços nas unidades de trabalho, garantindo que sejam executados de modo que se possa repetir o procedimento e satisfazer os compromissos primários dos grupos de trabalho. No entanto, outras unidades de trabalho que executam tarefas similares podem usar diferentes procedimentos.

Nível 3, Padronizado: os processos padrões são consolidados com base nas melhores práticas identificadas pelos grupos de trabalho, e procedimentos de adaptação são oferecidos para suportar diferentes necessidades do negócio. Os processos padronizados propiciam uma economia de escala e base para o aprendizado por meio de meios comuns e experiências.

Nível 4, Previsível: as capacidades habilitadas pelos processos padronizados são exploradas e devolvidas às unidades de trabalho. O desempenho dos processos é gerenciado estatisticamente durante a execução de todo o ***workflow***, entendendo e controlando a variação, de forma que os resultados dos processos sejam previstos ainda em estados intermediários.

Nível 5, Otimizado: ações de melhorias proativas e oportunistas buscam inovações que possam fechar os ***gaps*** entre a capacidade atual da organização e a capacidade requerida para alcançar seus objetivos de negócio.

16.6 Diferenciando BPM e BPMS

O BPM não aceita o conceito de processos da forma trazida pelos ERPs ou SIGs – ele tem entendimento próprio e separado. **Para o BPM o processo não se restringe à execução no sistema** – mas pode ser alterado, adaptado, melhorado, monitorado em tempo real e disponibilizado por toda a organização.

Assim, para dar suporte às novas exigências do BPM é que surgiram os BPMS. Mas o que são os BPMS?

> Os BPMS – ***Business Process Management Systems*** – correspondem ao sistema informatizado que dá suporte para a gestão de processos nas organizações/instituições; correspondem à tecnologia que suporta o conceito e as tarefas de gestão de processos do BPM.

> Os BPMS fazem referência a um sistema computacional que suporta a gestão da informação pela organização, com foco no gerenciamento de processos.

> Os BPMS constituem uma peça de *software* que dá suporte às atividades como modelagem, análise e aprimoramento de processos de negócio.

> Os BPMS correspondem à plataforma que dá suporte aos processos de negócio.

BPM → Foco no negócio e na gestão

BPMS → Foco em TI-Tecnologia da Informação

16.6.1 Reengenharia

Na década de 1980 (pode constar em prova também década de 90), a reengenharia foi um marco para a divulgação da administração de processos e do aprimoramento de processos. O autor desse conceito foi Michael Hammer, que o divulgou no artigo "Promovendo a reengenharia do trabalho: não automatize, destrua". Nesse texto, Hammer usa o verbo *"to reengineer"* (sem equivalente em português; ficaria "reengenheirar" se fosse traduzido literalmente) com o sentido de reformular a maneira de conduzir os negócios. Hammer afirmava que a tecnologia da informação tinha sido usada de forma incorreta pela maioria das empresas. O que elas faziam, geralmente, era automatizar os processos de trabalho de forma como estavam projetados. Elas deveriam, em vez disso, redesenhar os processos.

Em seu livro de 1993, *Reengeneering the corporation*, escrito em parceria com James Champy, as ideias originais foram ampliadas e acrescidas de uma metodologia para a implantação da reengenharia. Nesse livro, os autores apresentaram as bases da administração de processos e do aprimoramento dos processos.

A reengenharia firmou-se como proposta de redesenhar a organização em torno de seus processos, para torná-la mais ágil e eficiente. Moreira (1994) apresentou a reengenharia como uma proposição audaciosa:

Fazer a reengenharia é reinventar a empresa, desafiando suas doutrinas, práticas e atividades existentes, para, em seguida, redesenhar seus recursos de maneira inovadora, em processos que integram as funções departamentais. Esta reinvenção tem como objetivo otimizar a posição competitiva da organização, seu valor para os acionistas e sua contribuição para a sociedade.

16.7 Ciclo PDCA

O Ciclo PDCA teve origem com Shewhart, nos Estados Unidos, mas tornou-se conhecido como ciclo de Deming a partir de 1950, no Japão. Para o glossário do GesPública, Ciclo PDCA é *uma ferramenta que busca a lógica para fazer certo desde a primeira vez.*

É uma técnica simples para o controle de processos, que também pode ser utilizada para o gerenciamento contínuo das atividades de uma organização. **É um método** usado para controlar e melhorar as atividades de um processo.

O PDCA:

- padroniza as informações de controle;
- reduz e evita erros lógicos;
- facilita o entendimento das informações;
- melhora a realização das atividades; e
- proporciona resultados mais confiáveis.

Também chamado Ciclo da Melhoria Contínua, o PDCA é uma "ferramenta oficial da qualidade", utilizado em processos de trabalho com vistas a maximizar a eficiência e alcançar a excelência de produtos e serviços.

O PDCA parte da insatisfação com o "estado atual das coisas" e analisa os processos com vistas a realizá-los de maneira otimizada. Inclui as seguintes etapas:

- **planejamento (*plan*):** estabelecer objetivos, metas e os meios para alcançá-los;
- **execução (*do*):** executar as atividades propostas no planejamento;
- **controle/ verificação (*check/control*):** monitora/ controla a execução e verifica o grau de cumprimento do que foi planejado;
- **ação avaliativa (*act*):** identifica eventuais falhas e corrige-as, a fim de melhorar a execução.

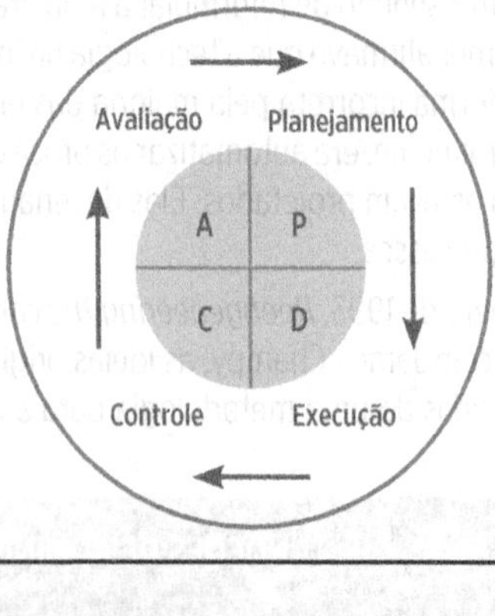

Questões

01. Julgue o item a seguir, a respeito de modelagem de processo, gestão de projetos e tomada de decisão.

Se um sistema de análise eletrônica de dados realiza sessenta análises em um período de seis horas, então se trata de uma análise de velocidade, haja vista as técnicas de análise e mensuração de processos.

Certo ( ) Errado ( )

02. No que concerne à gestão de processos, julgue o item subsecutivo.

Na execução de um processo, ao ser identificado que os fluxos de trabalho estão desestruturados ou que os resultados apresentados não são aqueles esperados, será adequada a realização de um mapeamento para promover a reorganização do processo.

Certo ( ) Errado ( )

03. No que concerne à gestão de processos, julgue o item subsecutivo.

Os processos de uma organização devem ser constantemente monitorados para que se evitem desvios e seja possível tomar medidas corretivas em caso de inconformidades na execução. Para isso, é fundamental o envolvimento dos monitores com as causas para a prevenção de eventuais problemas.

Certo ( ) Errado ( )

04. No que concerne à gestão de processos, julgue o item subsecutivo.

Para o cliente final, os benefícios de uma eficiente gestão de processos são imperceptíveis, pois se trata de um procedimento restrito ao âmbito interno da organização.

Certo ( ) Errado ( )

05. Acerca da gestão de pessoas e de processos no setor público, julgue o próximo item.

Macroprocesso compreende uma visão mais geral do problema, abrangendo, em regra, vários processos principais ou secundários e envolvendo mais de uma função organizacional.

Certo ( ) Errado ( )

Gabaritos

01	ERRADO
02	CERTO
03	CERTO
04	ERRADO
05	CERTO

17. BALANCED SCORECARD

O Balanced Scorecard é um Painel Balanceado de Indicadores, conceito desenvolvido por Robert Kaplan e David Norton, que detectaram que o controle dos resultados baseados em indicadores financeiros não mais atendia. A geração de valor dependia do acompanhamento do desempenho estratégico organizacional por meio da medição de indicadores de desempenho.

Serve como instrumento de alinhamento entre o planejamento estratégico e o operacional.

Compreende a tradução da visão e da estratégia de uma organização em um conjunto integrado de objetivos e indicadores de desempenho que formam a base para um sistema de gerenciamento estratégico e de comunicação.

Atualmente, o BSC passou a ser utilizado como uma metodologia de gestão estratégica, servindo, em muitos casos, como instrumento representativo da estrutura dos processos gerenciais das organizações e como ferramenta de gestão.

Nesse contexto, as perspectivas podem ser descritas assim:

Perspectiva financeira: analisa o negócio do ponto de vista financeiro. Relaciona-se normalmente com indicadores de lucratividade, como receita líquida, margem líquida, retorno sobre o investimento, entre outros. Indica se a estratégia da empresa está se traduzindo em resultados financeiros.

Perspectiva dos clientes: nesse ponto de vista, busca-se identificar os segmentos (de clientes e de mercados) em que a empresa atuará e as medidas de desempenho que serão aceitas. Geralmente envolve indicadores como: satisfação dos clientes, retenção de clientes, lucro por cliente e participação de mercado. Essa perspectiva possibilita ao gestor as estratégias de mercado que permitirão atingir resultados superiores no futuro.

Perspectiva de processos internos: identifica os processos críticos que a empresa deve focar para ter sucesso. Ou seja, mapeia os processos que causam o maior impacto na satisfação dos consumidores e na obtenção dos objetivos financeiros da organização. Devem ser melhorados os processos existentes e desenvolvidos os que serão importantes no futuro.

Perspectiva do aprendizado e do crescimento: identifica as medidas que a empresa deve tomar de modo a se capacitar para os desafios futuros. As principais variáveis são as pessoas, os sistemas e os procedimentos organizacionais. Dessa forma, as empresas devem treinar e desenvolver seu pessoal, desenvolver sistemas melhores e procedimentos que alinhem os incentivos aos objetivos corretos.

17.1 Processo de Elaboração do BSC

O processo de elaboração do *Balanced Scorecard* descrito por Christiane Ogassawara (2009) possui **cinco princípios**:

> Traduzir a estratégia em guias operacionais: cria-se um referencial para a descrição e implementação das estratégias: o mapa estratégico. Esse mapa descreve a estratégia e fornece os fundamentos que guiarão o projeto de um BSC.

> Alinhar a organização à estratégia: as áreas ou unidades de negócio se ligam à estratégia corporativa.

> Transformar a estratégia em tarefa de todos: essa transformação ocorre por meio da comunicação da estratégia (de cima para baixo), que deve ser traduzida em linguajar claro para que todos os colaboradores da organização a entendam e direcionem sua atuação para ela. São necessários treinamentos para transmitir aos funcionários os conceitos estratégicos e demais informações relacionadas à remuneração por incentivos e ao trabalho em conjunto para a execução da estratégia.

> Converter a estratégia em processo contínuo: na implementação do processo de gerenciamento da estratégia nas empresas, três passos foram identificados: a conexão da estratégia ao processo orçamentário, objetivando conciliar as iniciativas de longo prazo com o desempenho esperado no curto prazo; a realização de reuniões gerenciais para avaliação da estratégia; e o aprendizado organizacional, com adaptação da estratégia.

> Mobilizar a mudança por meio da liderança executiva: a implementação da estratégia demanda trabalho contínuo e em equipe. Caso a alta direção da organização não se envolva ou atue com pouca dedicação, a estratégia não será implementada. Esse princípio contempla: a mobilização para a mudança organizacional (esclarecimento sobre a importância da mudança), e a definição do processo de governança que orientará e direcionará as mudanças (há um rompimento da estrutura tradicional de poder).

Três pessoas que desempenham papéis críticos na construção do BSC foram identificadas por Kaplan e Norton (1997): o arquiteto, o agente de mudanças e o comunicador. **O arquiteto** corresponde a um alto executivo da organização designado como responsável pela construção do BSC e pela sua inclusão ao sistema gerencial – esse executivo deve ter capacidade para educar a equipe e orientar o processo de tradução da estratégia em indicadores; **o agente** de mudanças corresponde a um representante do executivo principal, designado para moldar as ações de rotina decorrentes do novo sistema gerencial; e **o comunicador**, que tem a responsabilidade de conquistar o apoio e a adesão de todos os membros da organização quanto ao novo sistema gerencial a ser implementado.

17.2 Adaptação do BSC às Instituições Públicas

A utilização do BSC no meio público insere-se tanto no contexto da nova Administração Pública, iniciada com a reforma gerencial de 1995, quanto no contexto do planejamento estratégico – amplamente utilizado pelos órgãos públicos no âmbito federal.

O BSC despertou particular atenção no meio público, haja vista que, na prestação de serviços, os indicadores tradicionais de desempenho se mostraram insuficientes e ineficientes. A atribuição de responsabilidades e a cobrança por resultados (mediante a utilização de indicadores) inserem-se no bojo da reforma gerencial de 1995 – agora o BSC também permite avaliar redução de tempo, qualidade e satisfação do cidadão-usuário.

Segundo Kaplan e Norton (1997), o BSC *pode proporcionar foco, motivação e responsabilidade em empresas públicas e instituições sem fins lucrativos*. Além dos aspectos já abordados, Vera Osório (2003) acredita que o BSC no meio público possibilita *maior integração do orçamento na elaboração dos planos e expressa a importância do aprendizado e do crescimento institucional dos profissionais como um grande diferencial para a sustentabilidade da organização ao longo do tempo.*

> Embora Kaplan e Norton tenham sugerido um modelo para o setor público, até o momento não foi padronizado um modelo de BSC para a área pública: o que existem são diversos modelos semelhantes sendo adaptados à realidade de cada ente público.

Quanto às perspectivas utilizadas, os próprios autores, Kaplan e Norton (1997), sugerem que **as perspectivas do BSC devem funcionar como modelo, e não como "camisa de força"**. Assim, é possível alterar ou inserir perspectivas de acordo com a natureza e função social de cada ente público.

Mas algumas questões já podem ser definidas. **A mudança radical aqui ocorre em relação à perspectiva mais importante:** no meio público, o cumprimento da missão institucional (prestar serviços à sociedade) é a principal perspectiva, e deve estar no topo do BSC. Para os indicadores, os termos mais adequados são Orçamentários e Não Orçamentários.

A perspectiva financeira/orçamentária é deslocada para a base do BSC, visto que no meio público **ela é condição** indispensável, e não resultado final. Mas ao mesmo tempo em que é deslocada, ela condicionará a atuação pública, pois não se pode realizar nenhuma despesa que não se encontre aprovada no orçamento anual. **Recursos orçamentários adequados contribuem para o alcance dos objetivos de todas as demais perspectivas**. Assim, a perspectiva financeira se torna um meio de obtenção dos recursos necessários ao cumprimento da função social de competência do ente público.

A **perspectiva do cliente** também é mais bem definida como **cliente-cidadão** ou **cidadão-cliente**, visto que, no contexto público, o cidadão é o centro: como financiador, como usuário e como titular da coisa pública – o que exige, no mínimo, equidade no tratamento.

A **perspectiva fiduciária** sugerida por Kaplan e Norton, **não é obrigatória, mas, se utilizada**, reflete os objetivos dos interessados, como os contribuintes ou doadores (que fornecem recursos para o custeio da máquina pública). Se forem bem atendidos, eles poderão contribuir para o aumento da arrecadação de recursos. Quanto aos processos internos, os conceitos são bastante semelhantes.

No que concerne à perspectiva de aprendizado e crescimento, cabe ressaltar que existe maior dificuldade em se tratar com as pessoas/servidores no meio público, haja vista a existência de normas legais específicas que, por um lado, garantem estabilidade ao servidor público, e, por outro, acabam por dificultar a flexibilidade necessária às inovações – além da cultura existente no meio público, que em regra é refratária a mudanças. No entanto, são as pessoas que poderão tornar as organizações públicas excelentes ou não. Mariani (2002) considera que a valorização do servidor é condição essencial nesse processo, e que a qualidade dos servidores e sua motivação são condições necessárias à realização dos objetivos das demais perspectivas.

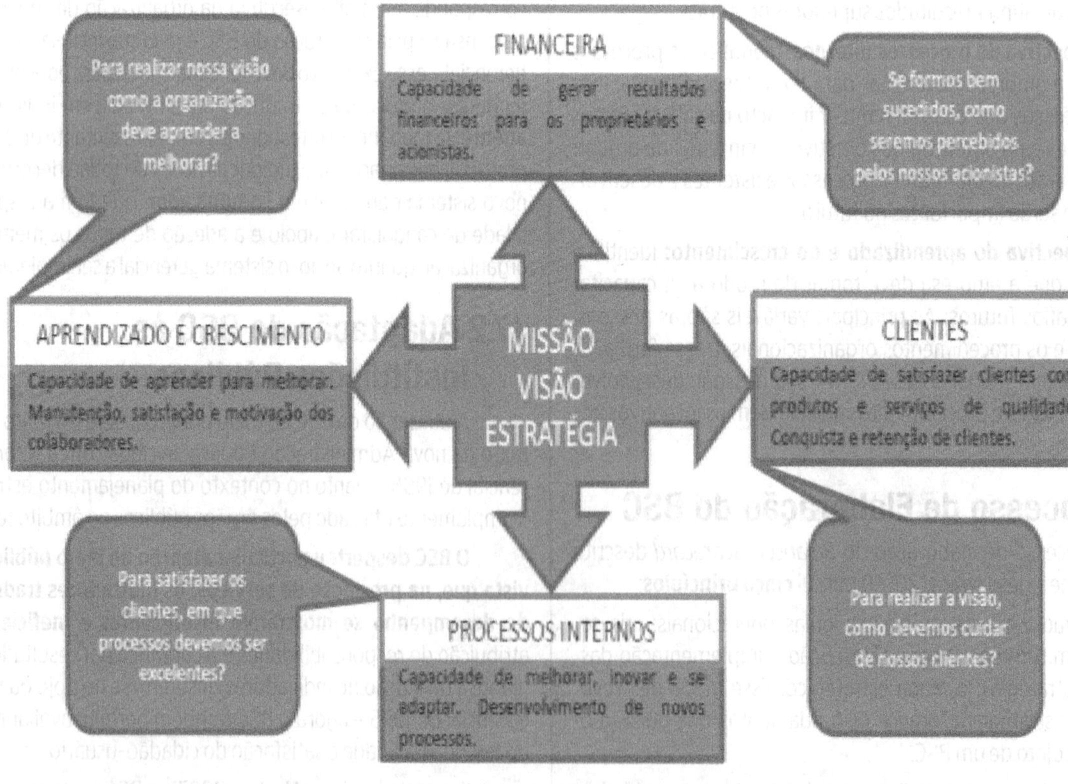

Modelo gráfico do *Balanced Scorecard*, adaptado de Kaplan e Norton[31], 2004.

17.3 Mapa Estratégico

Como vimos acima, o Balanced Scorecard é uma ferramenta utilizada para traduzir a estratégia e a visão em objetivos, metas, medidas e iniciativas claras e bem definidas. Assim, o BSC envolve um conjunto de indicadores financeiros e não financeiros para demonstrar como a organização está em relação aos seus objetivos principais.

Dessa forma, Kaplan e Norton desenvolveram uma ferramenta, chamada de mapa estratégico, que serve como referencial geral para a implementação da estratégia. Segundo os autores, o mapa estratégico é tão importante como os referenciais utilizados pelos gerentes financeiros.

Mapa Estratégico
Descreve a estratégia da empresa através de objetivos relacionados entre si e distribuídores nas quatro dimensões

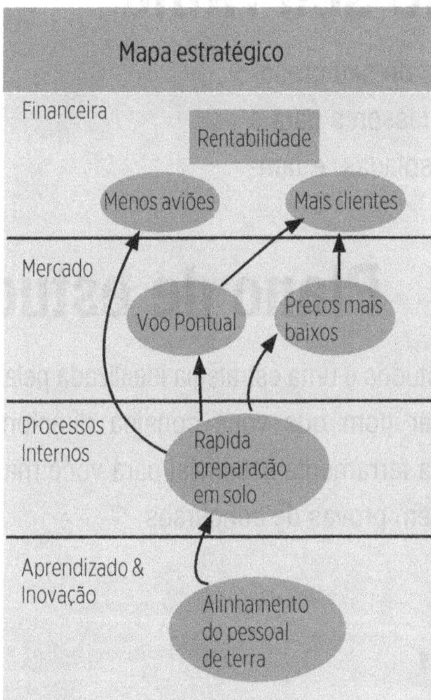

Objetivo Estratégico	**Indicador**	**Meta**	**Plano de Ação**
O que deve ser alcançado e o que é crítico para o sucesso da organização	Como será medido e acompanhado o sucesso do alcance do objetivo	O nível de desempenho ou a taxa de melhoria necessário	Programas de ação chave necessários para se alcançar os objetivos

Objetivos	Indicadores	Meta	Iniciativa
-Rápida Preparação em solo	-Tempo de pouso -Partida Pontual	-30 Minutos -90%	-Programa de otimização da duração do ciclo

O BSC permite:
- Esclarecer e traduzir a visão e a estratégia;
- Comunicar a associar objetivos e medidas estratégicas;
-Planejar, estabelecer metas e alinhar iniciativas estratégicas;
-Melhorar o feedback e o aprendizado estratégico.

Questões

01. Considerando os temas relativos ao planejamento baseado em cenários, aos modelos de gestão estratégica, aos sistemas e indicadores de desempenho e ao BSC (balanced scorecard), julgue o item que se segue.

Uma instituição que vise à valorização do conhecimento dos seus empregados e adote o modelo de gestão por competências foca na perspectiva de um modelo de gestão estratégica de pessoas.

Certo ( ) Errado ( )

02. Considerando os temas relativos ao planejamento baseado em cenários, aos modelos de gestão estratégica, aos sistemas e indicadores de desempenho e ao BSC (balanced scorecard), julgue o item que se segue.

De acordo com a utilização da metodologia BSC, as competências dos profissionais de uma instituição fazem parte dos ativos intangíveis e são classificadas na perspectiva interna.

Certo ( ) Errado ( )

03. Considerando os temas relativos ao planejamento baseado em cenários, aos modelos de gestão estratégica, aos sistemas e indicadores de desempenho e ao BSC (balanced scorecard), julgue o item que se segue.

Utilizando-se a metodologia BSC, o objetivo estratégico de uma empresa que estabeleça "Ser o principal agente de saúde da classe C" deve ser representando na perspectiva financeira.

Certo ( ) Errado ( )

04. A respeito do uso de ferramentas gerenciais na gestão pública, julgue o item que se segue.

O balanced scorecard é uma ferramenta para gestão do desempenho e, em sua elaboração, devem ser incluídas as perspectivas financeira, de processos, do cliente e de aprendizagem para a organização.

Certo ( ) Errado ( )

Gabaritos

01	CERTO	03	ERRADO
02	ERRADO	04	CERTO

1. LEI DE INTRODUÇÃO ÀS NORMAS DO DIREITO BRASILEIRO - LINDB 395
1.1 Introdução 395
1.2 Disposições da LINDB 395
2. DAS PESSOAS 398
2.1 Introdução 398
2.2 Pessoas Naturais 398
2.3 Das Pessoas Jurídicas 401
3. BENS 404
3.1 Introdução 404
3.2 Distinção entre Bem e Coisa 404
3.3 Classificação dos Bens 404
3.4 Bem de Família 405
4. CONTRATOS 406
4.1 Introdução e Conceitos 406
4.2 Evicção 406
4.3 Promessa de Fato de Terceiro 406
4.4 Proposta 406
4.5 Estipulação em Favor de Terceiro 406
4.6 Contrato com Pessoa a Declarar 406
4.7 Classificação dos Contratos 407
4.8 Vício Redibitório 407
4.9 Extinção dos Contratos 407
4.10 Contratos em Espécies 407
4.11 Doação 408
4.12 Da Transação 412
4.13 Atos Unilaterais de Vontade 412
5. DIREITO DE FAMÍLIA 413
5.1 Casamento 413
5.2 Parentesco 414
5.3 União Estável 414
5.4 Alimentos 415
6. LEI Nº 8.069/90 - ESTATUTO DA CRIANÇA E DO ADOLESCENTE 416
6.1 Conceitos e breve histórico 416
6.2 Disposições Preliminares 416
6.3 Direitos Fundamentais 417
6.4 Direito à Educação, à Cultura, ao Esporte e ao Lazer 425
6.5 Do Direito à Profissionalização e à Proteção no Trabalho 425
6.6 Da Prevenção 426
6.7 Dos Produtos e Serviços 426

SUMÁRIO

6.8 Política de Atendimento 428
6.9 Das Medidas de Proteção 430
6.10 Prática de Ato Infracional 432
6.11 Das Medidas Pertinentes aos Pais ou Responsável 435
6.12 Do Conselho Tutelar 435
6.13 Aspectos Processuais 436
6.14 Dos Crimes e das Infrações Administrativas 445
6.15 Da Infiltração de Agentes de Polícia para a Investigação de Crimes contra a Dignidade Sexual de Criança e de Adolescente 445

7. DIREITOS DO CONSUMIDOR 450
7.1 Política Nacional de Relações de Consumo 450
7.2 Direitos Básicos do Consumidor 451

8. PRODUTOS E SERVIÇOS 453
8.1 Qualidade de Produtos e Serviços, Prevenção e Reparação dos Danos 453

9. PRÁTICAS COMERCIAIS 459
9.1 Oferta 459
9.2 Publicidade 459
9.3 Práticas Abusivas 459
9.4 Cobranças de Dívidas 460
9.5 Bancos de Dados e Cadastros de Consumidores 460

10. PROTEÇÃO CONTRATUAL 462
10.1 Cláusulas Abusivas 462
10.2 Contratos de Adesão 463

11. SANÇÕES ADMINISTRATIVAS 464
11.1 Contrapropaganda 464
11.2 Infrações Penais 464
11.3 Defesa do Consumidor em Juízo 465
11.4 Ações Coletivas e Competência 466
11.5 Ações de Fazer e Não Fazer 466
11.6 Custas 466
11.7 Coisa Julgada 466

1. LEI DE INTRODUÇÃO ÀS NORMAS DO DIREITO BRASILEIRO - LINDB

1.1 Introdução

A antiga LICC virou Lei de Introdução às Normas do Direito Brasileiro (LINDB), redação dada pela Lei 12.376, de 2010. Assim, o Decreto-Lei 4.657/42 é aplicável a quase todos os ramos do direito, pois tem a função de:

> Regular a vigência da lei e a eficácia das normas jurídicas (Arts. 1º e 2º);

> Apresentar soluções ao conflito de normas no tempo e espaço;

> Fornecer critérios de hermenêutica (Art. 5º);

> Estabelecer mecanismos de integração de normas quando houver lacunas (Art. 4º);

> Garantir a eficácia da lei não admitindo o erro de direito (Art. 3º);

> Regulamentar o Direito Internacional Privado (Arts. 7º ao 17) ;

> Manter a segurança e estabilidade do ordenamento jurídico, preservando as situações em que o interesse individual prevalece.

Cabe antes de adentrar a LINDB, conceituar o que é Direito Objetivo e o que é Direito Subjetivo, visto que frequentemente aparece na lei e em algumas provas de concurso:

Direito objetivo (*norma agendi*): é o complexo de normas jurídicas, que, de forma obrigatória, prescreve uma sanção no caso de sua violação (direito material);

Direito subjetivo (*facultas agendi*): é a autorização dada por meio de norma jurídica, permitindo fazer ou não algo para ter ou não determinada coisa, ou, ainda, a autorização para exigir, por meio dos órgãos competentes do Poder Público, ou por meio dos processos, em caso de prejuízo causado por violação de norma (por exemplo, uma indenização por um acidente de trânsito), o cumprimento da norma infringida ou a reparação do mal sofrido, é a faculdade que cada um tem de agir dentro das regras da lei e de invocar a sua proteção e aplicação na defesa de seus legítimos interesses (direito processual).

1.2 Disposições da LINDB

1.2.1 Vigência da Lei no Tempo e Espaço

Após o processo legislativo com a promulgação e a publicação no Diário Oficial, a lei passa a vigorar. No que se refere à vigência no espaço, em razão da soberania, a lei se aplica em determinado espaço delimitado pelas fronteiras. Porém, em certos casos, a lei poderá ser aplicada no estrangeiro.

Atente-se para o Art. 7º:

Art. 7º *A lei do país em que domiciliada a pessoa determina as regras sobre o começo e o fim da personalidade, o nome, a capacidade e os direitos de família.*

§ 1º *Realizando-se o casamento no Brasil, será aplicada a lei brasileira quanto aos impedimentos dirimentes e às formalidades da celebração.*

§ 2º *O casamento de estrangeiros poderá celebrar-se perante autoridades diplomáticas ou consulares do país de ambos os nubentes.*

§ 3º *Tendo os nubentes domicílio diverso, regerá os casos de invalidade do matrimônio a lei do primeiro domicílio conjugal.*

Em resumo, quando uma lei é publicada, ela passa a ter vigência, validade, sendo aplicada em um determinado território (espaço) e, em regra, por tempo indeterminado (tempo).

Assim, uma lei federal tem aplicação no Brasil todo, já uma lei municipal se restringe ao território daquele município.

1.2.1.1 Inicio da Vigência da Lei

Se a lei não determinar o contrário, passará a vigorar 45 dias após sua publicação (Art. 1º da LINDB). Poderá a lei determinar prazo maior ou de vigência imediata (entra em vigor na data da sua publicação).

O período de intervalo entre a publicação da lei e sua entrada em vigor denomina-se vacatio legis.

Se, no período de *vacatio legis*, o texto da lei sofrer qualquer alteração e for novamente publicado, inicia-se novamente o prazo a partir da nova publicação. Se ocorrer nova modificação após a entrada em vigor da lei, considera-se lei nova.

→ **Podemos esquematizar:**

Antes de Publicar a Lei	Sem a Vacatio Legis	Retificação
Durante a Vacatio Legis	Alteração na Lei	Inicia novo prazo a partir da publicação
Após a entrada em vigor	Alteração de Lei	Será Lei nova

Se a lei brasileira for admitida no exterior, a sua obrigatoriedade se inicia após três meses a contar da sua publicação.

Atente-se para a LC 107/2001: determina que se inclui a data da publicação na contagem da vacatio legis, entrando a lei em vigor no dia seguinte:

§ 1º *A contagem do prazo para entrada em vigor das leis que estabeleçam período de vacância far-se-á com a inclusão da data da publicação e do último dia do prazo, entrando em vigor no dia subseqüente à sua consumação integral.*

§ 2º *As leis que estabeleçam período de vacância deverão utilizar a cláusula 'esta lei entra em vigor após decorridos (o número de) dias de sua publicação oficial.*

→ Para ficar mais claro como é feita a contagem do prazo, vamos ao exemplo:

Suponha que uma determinada lei tenha sido publicada no dia 10 de setembro do ano XXXX e no último artigo esteja escrito: "Esta Lei entra em vigor no prazo de trinta dias, a partir da data de sua publicação"

Qual o dia que ela estará em vigor?

10 de setembro de XXXX contando 30 dias o prazo fecharia em 30 de outubro de XXXX e entraria em vigor no dia 11 de outubro de XXXX.

E se cair em feriado, fim de semana? Não importa, a lei entra em vigor no dia subsequente ao fim do prazo.

Outras questões que são abordadas constantemente em concursos versam sobre o casamento e bens móveis e imóveis de uma pessoa.

Para resumir o disposto no Art. 7º da LINDB, que já foi citado anteriormente, podemos esquematizar:

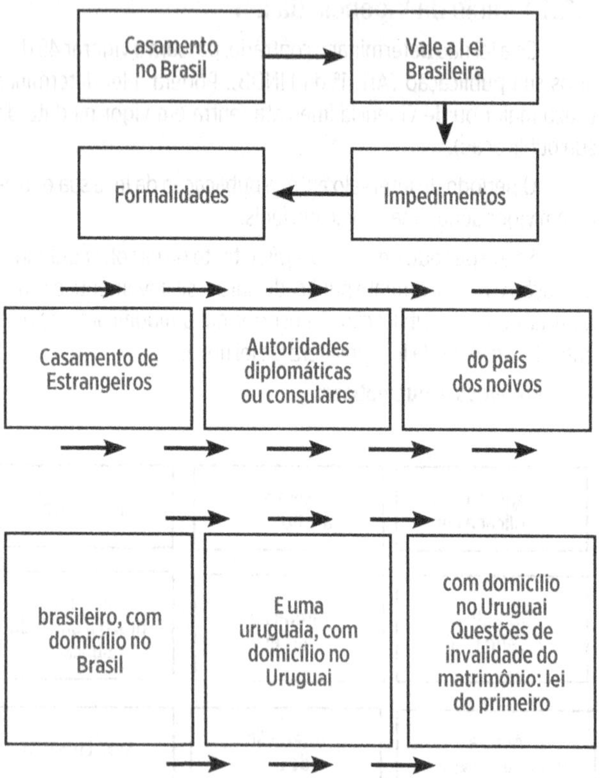

→ Quanto aos bens móveis e imóveis de uma pessoa a regra é: conheça o artigo 8º da LINDB:

Vejamos o Art. 8º:

> ***Art. 8º*** *Para qualificar os bens e regular as relações a eles concernentes, aplicar-se-á a lei do país em que estiverem situados.*
>
> ***§ 1º*** *Aplicar-se-á a lei do país em que for domiciliado o proprietário, quanto aos bens moveis que ele trouxer ou se destinarem a transporte para outros lugares.*
>
> ***§ 2º*** *O penhor regula-se pela lei do domicílio que tiver a pessoa, em cuja posse se encontre a coisa apenhada.*

1.2.2 Revogação da Lei

A lei vigora por tempo indeterminado, salvo se estiver estipulada a vigência temporária.

1.2.2.1 Vigência Temporária-extinção:

> Advento ou termo fixado para sua duração;

> Implemento de condição resolutiva;

> Consecução de seus fins (quando a lei é criada para determinada finalidade e esta se cumpre. Exemplo: uma lei que seja criada especificamente para a Copa do Mundo).

A revogação de uma lei poderá ocorrer também com a publicação de nova lei, apresentando duas espécies:

> **Ab-rogação:** revogação total de uma lei.

> **Derrogação:** revogação parcial de uma lei.

A revogação poderá ser expressa quando a nova lei declara em seu texto extinta a norma antiga em todos os seus dispositivos (ab-rogação) ou quais os dispositivos que deixarão de produzir efeitos (derrogação). Já a revogação tácita decorre da incompatibilidade dos dispositivos da lei nova com a lei antiga.

Uma lei nova que estabelece disposições gerais ou especiais a par das já existentes (que tratarem da mesma matéria, exemplo: os contratos, que tem disposições no Código Civil e no Código de Defesa do Consumidor), não revoga a lei anterior (Art. 2º parágrafo segundo da LINDB).

O instituto da repristinação, que é dar nova vigência a lei que foi revogada é vedado pela Lei Brasileira, em regra, e seu conceito, disposto no parágrafo terceiro do Art. 2º da LINDB, é cobrado em provas:

"Salvo disposição em contrário, a lei revogada não se restaura por ter lei revogadora perdido a vigência"

1.2.3 Integração de Leis

Quando a lei for omissa, o juiz decidirá o caso conforme analogia, costumes e princípios (ver Arts. 4º e 5º da LICC).

Isto é, o juiz não pode se eximir de julgar questões que lhe são apresentadas, e quando a lei for omissa no caso concreto, o juiz poderá se utilizar de tais instrumentos.

Quando o fato que está sendo julgado se enquadra no conceito da lei (fato típico) temos o fenômeno da Subsunção, caso contrário, deverá ser realizada a integração da lei.

→ Assim, podemos conceituar:

> **A analogia:** aplicar, no caso concreto não previsto em lei, norma já existente para outro caso distinto, mais semelhante.

> **Os costumes:** é a prática constante e geral de um ato com a convicção de sua necessidade jurídica, sem jamais ir contra a lei, temos como exemplo o cheque pré-datado.

> **Os princípios gerais de direito:** estão na norma de forma implícita, como por exemplo: dar a cada um o que é seu de direito, agir sempre com ética, entre outros.

Cuidado com a equidade: ela não é considerada integração nas provas de concurso, por não estar expressa no texto de lei.

→ A equidade é buscar fazer o correto, aplicar a justiça ao fato. Podemos dividi-la em:

> **Equidade Legal:** está prevista no texto da lei.

> **Equidade Judicial:** a lei determina que o juiz deve julgar por equidade.

A lei sempre será interpretada, para que possamos descobrir seu sentido e alcance, existindo métodos para tal, que é a chamada hermenêutica.

1.2.4 Interpretação e Integração da Leis

A LINDB levanta conceitos de interpretação da lei que você já pode ter ouvido no estudo de outras disciplinas, vamos a eles:

→ Ninguém se escusa de cumprir a lei, alegando que não a conhece: em regra, "não adianta alegar não sabia que era proibido" (é o famoso erro de direito).

→ Na aplicação da lei, o juiz atenderá aos fins sociais a que ela se dirige e às exigências do bem comum.

→ A lei em vigor terá efeito imediato e geral, respeitados o ato jurídico perfeito, o direito adquirido e a coisa julgada.

→ E o que é o ato jurídico perfeito, direito adquirido e coisa julgada, que possuem esta "proteção legal" quando das mudanças da lei? Vamos resumir em:

> O ato jurídico perfeito é aquele consumado segundo a lei vigente ao tempo. Exemplo: o novo Código Civil de 2002 estabeleceu que o regime de comunhão de bens aplicado como regra entre os nubentes é o de comunhão parcial de bens, caso não optem por outro. Já no Código Civil de 1916 o regime era o de Comunhão Universal. Portanto, os casamentos celebrados na vigência do Código anterior são perfeitamente válidos, são atos jurídicos perfeitos.

> O direito adquirido é aquele que se incorpora definitivamente ao patrimônio, personalidade da pessoa, como o direito a aposentadoria.

> E a coisa julgada é a decisão judicial que já não cabe mais recursos.

1.2.5 Fontes do Direito:

> Fontes formais: a lei, a analogia (aplicar no caso concreto não previsto diretamente em lei, norma prevista para outro caso distinto, mais semelhante), os costumes (é a prática constante e geral de um ato com a convicção de sua necessidade jurídica, sem jamais ir contra a lei) e os princípios gerais de direito (estão na norma de forma implícita).

> Fontes não formais: a doutrina (é opinião e estudo realizado por juristas e/ ou estudiosos sobre determinado ramo ou tema de direito) e a jurisprudência (conjunto de interpretações das normas do direito proferidas pela Justiça).

Princípios Básicos do Direito Civil: socialidade (prevalência dos valores coletivos sobre os individuais), eticidade (prioriza a equidade, a boa-fé e demais critérios éticos) e operabilidade (a norma dever ser efetiva e clara).

Questões

01. A respeito do ato jurídico perfeito, julgue o item subsecutivo.

O ato jurídico perfeito é aquele já consumado segundo a lei vigente ao tempo em que tenha sido efetuado.

Certo ( ) Errado ( )

02. A respeito de interpretação de lei, pessoas jurídicas e naturais, negócio jurídico, prescrição, adimplemento de obrigações e responsabilidade civil, julgue o item a seguir.

Na interpretação sistemática de lei, o intérprete busca o sentido da norma em consonância com as que inspiram o mesmo ramo do direito.

Certo ( ) Errado ( )

03. Uma nova lei, que disciplinou integralmente matéria antes regulada por outra norma, foi publicada oficialmente sem estabelecer data para a sua entrada em vigor e sem prever prazo de sua vigência. Sessenta dias após a publicação oficial dessa nova lei, foi ajuizada uma ação em que as partes discutem um contrato firmado anos antes sobre o assunto objeto das referidas normas.

Tendo como referência essa situação hipotética, julgue o seguinte item, com base na Lei de Introdução às Normas do Direito Brasileiro

No momento do ajuizamento da ação, a nova lei já estava em vigor.

Certo ( ) Errado ( )

04. Diante da existência de normas gerais sobre determinado assunto, publicou-se oficialmente nova lei que estabelece disposições especiais acerca desse assunto. Nada ficou estabelecido acerca da data em que essa nova lei entraria em vigor nem do prazo de sua vigência. Seis meses depois da publicação oficial da nova lei, um juiz recebeu um processo em que as partes discutiam um contrato firmado anos antes.

A partir dessa situação hipotética, julgue o item a seguir, considerando o disposto na Lei de Introdução às Normas do Direito Brasileiro.

A nova lei começou a vigorar no país quarenta e cinco dias depois de oficialmente publicada e permanecerá em vigor até que outra lei a modifique ou a revogue.

Certo ( ) Errado ( )

Gabaritos

01	CERTO	03	CERTO
02	CERTO	04	CERTO

2. DAS PESSOAS

2.1 Introdução

Quando se usa o termo "pessoas", abrange-se tanto pessoas naturais como pessoas jurídicas. Esse é um tema constantemente cobrado em concursos públicos.

2.2 Pessoas Naturais

2.2.5.1 Personalidade e Capacidade

As pessoas naturais são seres humanos, também sujeitos das relações jurídicas (Pontes de Miranda dita que: "relação jurídica é a relação inter-humana, a que a regra jurídica, incidindo sobre os fatos, torna jurídica") com aptidão para adquirir direitos e contrair obrigações.

→ **As pessoas naturais são dotadas de:**

> **Personalidade**: é a aptidão para adquirir direitos e contrair obrigações ou deveres. Conforme previsto no Art. 2º do Código Civil, a pessoa natural adquire personalidade com o nascimento com vida, porém, existe proteção legal desde a concepção (nascituro).

Agora você pode estar se perguntando: E se a criança nascer morta?

Nesta caso teremos a figura do **natimorto**. Este tem proteção no que tange os direitos de personalidade (que trataremos em seguida), como um nome, proteção a sua imagem e também a sepultura.

→ Sobre a questão da personalidade, surgem duas teorias:

> **Natalista**: personalidade se inicia com o nascimento com a vida;

> **Concepcionalista**: corrente minoritária, defende que a personalidade se inicia com a concepção.

→ **Capacidade:** é a medida da personalidade. Divide-se em:

> **De direito** ou de gozo: consiste na capacidade para a aquisição de direito, que ocorre com o início da personalidade;

> **De fato** ou de exercício: consiste na aptidão para o exercício de seus direitos por si mesmo (início, com a maioridade, aos 18 anos completos, ou emancipação). Também se adquire em casos em que cessem as causas da incapacidade.

2.2.5.2 Incapacidade

Algumas pessoas não possuem sua capacidade plena. Todas as pessoas são capazes de direitos, porém, nem todas são consideradas capazes de fato.

Essa restrição imposta por lei é a chamada "incapacidade", que pode ser total (Art. 3º do CC) ou parcial (Art. 4º CC):

→ **Absoluta** – prevista no Art. 3º do Código Civil – menores de 16 anos

> **Efeitos:** exige a representação.

> **Relativa** – prevista no Art. 4º do Código Civil – maiores de 16 anos e menores de 18 anos, ébrios habituais, viciados em tóxicos, aqueles que, por causa transitória ou permanente, não puderem exprimir sua vontade e os pródigos.

» **Efeitos:** o incapaz pratica os atos assistido.

Quando os incapazes são representados ou assistidos falamos que há o suprimento da incapacidade!

A capacidade do índio (silvícola) é regulada por lei própria: Lei 6.001/73.

Em regra, os índios isolados são absolutamente incapazes.

Vale ressaltar o Art. 8º da Lei 6.001/73:

> *§ 8º São nulos os atos praticados entre índios não integrados e qualquer pessoa estranha à comunidade indígena quando não tenha havido assistência do órgão tutelar competente.*
>
> ***Parágrafo único.** Não se aplica a regra deste artigo no caso em que o índio revele consciência e conhecimento do ato praticado, desde que não lhe seja prejudicial, e da extensão dos seus efetivos*

O Art. 9º da lei supracitada estabelece regras para que o silvícola possa solicitar ao judiciário a sua capacidade plena, sendo a FUNAI a responsável pela representação dos índios.

2.2.5.3 Cessação da Incapacidade:

A incapacidade cessa quando cessarem as causas que lhe deram origem. A menoridade cessa aos dezoito anos completos, quando a pessoa fica habilitada à prática de todos os atos da vida civil, porém, poderá cessar antes dos dezoito anos, quando ocorre a emancipação.

→ Ocorre a emancipação das seguintes maneiras:

> **Voluntária:** concedida pelos pais (idade mínima de 16 anos) por meio de escritura pública;

> **Judicial:** deferida pelo juiz ao menor com idade mínima de 16 anos, após ouvido o Ministério Público e o Tutor, por meio de sentença;

> **Legal:** de maneira automática nos casos previstos no Art. 5º, do inciso II ao V do CC:

> ***II.** Pelo casamento;*
>
> ***III.** pelo exercício de emprego público efetivo;*
>
> ***IV.** pela colação de grau em curso de ensino superior;*
>
> ***V.** pelo estabelecimento civil ou comercial, ou pela existência de relação de emprego, desde que, em função deles, o menor com dezesseis anos completos tenha economia própria.*

A regra é que a emancipação é irrevogável, porém poderá ser inválida se o ato que a concedeu for nulo ou anulável.

Pense na seguinte situação como exemplo: uma jovem de 16 anos casa-se com um rapaz de 19 anos. Um ano após a celebração do casamento ocorre o divórcio do casal. A jovem encontra-se com 17 anos de idade (idade em que seria considerada relativamente incapaz), porém, como o casamento foi válido e a jovem emancipada por tal ato, continua sendo capaz, mesmo com o divórcio.

Agora, no mesmo caso, se o casamento fosse considerado nulo, poderia esta emancipação ser considerada invalidada.

Também é importante ressaltar o Enunciado 397 da V Jornada de Direito Civil:

> ***Art. 5º.*** *A Emancipação por concessão dos pais ou por sentença do juiz está sujeita a desconstituição por vício de vontade.*

Ou seja, o vício poderá anular o ato.

2.2.5.4 Individualização da Pessoa Natural

Cada pessoa é única e se identifica pelo nome, estado e domicílio.

> **Nome:** composto por prenome (que pode ser simples ou composto) e sobrenome ou patronímico ou apelido de família (também pode ser simples ou composto).

Também existe o agnome (sinal distintivo de pessoas da mesma estirpe) e o que conhecemos por "apelido", que aqui será chamado de alcunha.

A regra é: o nome é imutável, porém, há casos em que a lei permite alteração, são eles:

» Expõe ao ridículo;

» Erro gráfico evidente;

» Proteção à testemunha;

» Uso prolongado e constante de nome diverso do registro civil;

» No primeiro ano após a maioridade (não podendo prejudicar o sobrenome);

» Inclusão de alcunha;

» Para evitar a homonímia;

» Adoção;

» Tradução;

» Mudança do estado familiar (exemplo: casamento).

→ **Estado**

> **Individual:** relaciona-se a idade (maior ou menor), ao sexo e a saúde mental e física.

> **Familiar:** situação na família. O "estado civil" ou o vínculo de parentesco (consanguínio, por afinidade ou civil).

> **Político:** relação com o Estado, se brasileiro nato ou naturalizado e estrangeiro.

→ **Domicílio**

> **Voluntário**: O domicilio é o local onde o sujeito exerce seus direitos e deveres de ordem privada (onde pode ajuizar uma ação por danos morais nas relações de consumo, por exemplo). O domicílio é dividido em: escolhido livremente pela pessoa para sua residência (geral), trabalho, existe o animo de constituir ali seu domicilio.

» **Cuidado**: domicilio é diferente de residência!

> **Contratual**: os contratantes especificam para que cumpram os direitos e obrigações firmados em contrato (eleição);

» A simples mudança de residência não configura mudança de domicílio, deve-se ter a intenção de mudança do domicílio.

> **Legal ou necessário**: determinado em lei:

> ***Art. 76.*** *Têm domicílio necessário o incapaz, o servidor público, o militar, o marítimo e o preso.*
>
> ***Parágrafo único.*** *O domicílio do incapaz é o do seu representante ou assistente; o do servidor público, o lugar em que exercer permanentemente suas funções; o do militar, onde servir, e, sendo da Marinha ou da Aeronáutica, a sede do comando a que se encontrar imediatamente subordinado; o do marítimo, onde o navio estiver matriculado; e o do preso, o lugar em que cumprir a sentença.*

> **Plural:** quando a pessoa natural tiver mais de uma residência, onde alternadamente viva, sendo considerada seu domicílio qualquer uma e quando for incerto, onde for encontrado.

2.2.5.5 Direitos da Personalidade

São direitos subjetivos que possuem como objeto os valores fundamentais da pessoa.

Não existe um rol taxativo (podendo surgir mais, não há uma limitação), com previsão nos Arts. 11 a 21 do Código Civil.

Vale ressaltar inicialmente o Art. 11 do Código Civil, que vem sendo abordado em diversas provas, vejamos:

> ***Art. 11.*** *Com exceção dos casos previstos em lei, os direitos da personalidade são intransmissíveis e irrenunciáveis, não podendo o seu exercício sofrer limitação voluntária.*

Como se percebe na leitura do artigo, os direitos de personalidade não podem sofrer limitação voluntária, porém, o Enunciado 4 da I Jornada de Direito, dita que "o exercício dos direitos da personalidade pode sofrer limitação voluntária, desde que não seja permanente nem geral", como é o caso do direito de imagem. Portanto, é uma regra que admite exceções.

Porém, cuidado com o comando da questão: se solicitar de acordo com o texto legal, assinale de acordo com o texto da lei.

Visam essencialmente a proteção da vida, honra, imagem, integridade física, liberdade, entre outros, sendo:

> **Intransmissíveis**: não existe à possibilidade de passar para terceiros;

> **Irrenunciáveis**: não há como renunciar o seu uso, visto que todo indivíduo nasce e morre com ele;

> **Imprescritíveis**: não recaem regras de prescrição;

> **Impenhoráveis**: sobre estes não recairá penhora;

> **Ilimitados**: não existe um rol taxativo, muitos outros poderão existir;

> **Absolutos**: é oponível erga omnes, isto é, todos têm o dever de abstenção, de respeito a estes direitos;

> **Inexpropriáveis**: ninguém terá sua propriedade.

No Art. 13 e nos seguintes, estão previstas diversas disposições sobre a personalidade, lembrando que não são taxativos:

> É proibida a disposição do próprio corpo quando importar diminuição permanente da integridade física, ou contrariar os bons costumes, salvo por exigência médica e para transplante conforme previsto em lei;

- É permitida, com cunho científico, ou altruístico, a disposição gratuita do próprio corpo, no todo ou em parte, para depois da morte, podendo este ato ser revogado a qualquer tempo;
- Ninguém pode ser constrangido a submeter-se, quando expõe sua vida em risco, a tratamento médico ou a intervenção cirúrgica;
- Toda pessoa tem direito ao nome, compreendendo o prenome e o sobrenome e este não pode ser empregado por outrem em publicações ou representações que a exponham ao desprezo público, ainda quando não haja intenção difamatória;
- Sem que haja autorização, não se pode usar o nome alheio em propaganda comercial;
- O pseudônimo adotado para atividades lícitas goza da proteção que se dá ao nome das pessoas;
- Salvo se autorizadas, ou se necessárias à administração da justiça ou à manutenção da ordem pública, a divulgação de escritos, a transmissão da palavra, ou a publicação, a exposição ou a utilização da imagem de uma pessoa poderão ser proibidas, por meio de seu requerimento e sem prejuízo da indenização que couber, caso lhe atingirem a honra, a boa fama ou a respeitabilidade, ou se destinem a fins comerciais e caso a pessoa seja falecida ou ausente. São partes legítimas para requerer essa proteção o cônjuge, os ascendentes ou os descendentes;
- A vida privada da pessoa natural é inviolável, e o juiz, a requerimento do interessado, adotará as providências necessárias para impedir ou fazer cessar ato contrário a essa disposição.

Os Arts. 20 e 21 (dois últimos pontos, que tratam sobre a divulgação de material biográfico e sobre a vida privada das pessoas) do Código Civil foram objeto de Ação de Inconstitucionalidade.

Assim, cabe ressaltar a ADIN 4815 , publicada em 01.02.2016:

O Tribunal, por unanimidade e nos termos do voto da Relatora, julgou procedente o pedido formulado na ação direta para dar interpretação conforme à Constituição aos artigos 20 e 21 do Código Civil, sem redução de texto, para, em consonância com os direitos fundamentais à liberdade de pensamento e de sua expressão, de criação artística, produção científica , declarar inexigível o consentimento de pessoa biografada relativamente a obras biográficas literárias ou audiovisuais, sendo por igual desnecessária autorização de pessoas retratadas como coadjuvantes (ou de seus familiares, em caso de pessoas falecidas)

Ação direta de inconstitucionalidade. Arts. 20 E 21 da lei n. 10.406/2002 (Código civil). Preliminar de ilegitimidade ativa rejeitada. Requisitos legais observados. Mérito: aparente conflito entre princípios constitucionais: liberdade de expressão, de informação, artística e cultural, independente de censura ou autorização prévia (art. 5º incs. Iv, ix, xiv; 220, §§ 1º e 2º) e inviolabilidade da intimidade, vida privada, honra e imagem das pessoas (art. 5º, inc. X). Adoção de critério da ponderação para interpretação de princípio constitucional. Proibição de censura (estatal ou particular). Garantia constitucional de indenização e de direito de resposta. Ação direta julgada procedente para dar interpretação conforme à constituição aos arts. 20 E 21 do código civil, sem redução de texto.

(...)

2. O objeto da presente ação restringe-se à interpretação dos arts. 20 e 21 do Código Civil relativas à divulgação de escritos, à transmissão da palavra, à produção, publicação, exposição ou utilização da imagem de pessoa biografada.

3. A Constituição do Brasil proíbe qualquer censura. O exercício do direito à liberdade de expressão não pode ser cerceada pelo Estado ou por particular.

(...)

5. Biografia é história. A vida não se desenvolve apenas a partir da soleira da porta de casa.

6. Autorização prévia para biografia constitui censura prévia particular. O recolhimento de obras é censura judicial, a substituir a administrativa. O risco é próprio do viver. Erros corrigem-se segundo o direito, não se coartando liberdades conquistadas. A reparação de danos e o direito de resposta devem ser exercidos nos termos da lei.

(...)

9. Ação direta julgada procedente para dar interpretação conforme à Constituição aos arts. 20 e 21 do Código Civil, sem redução de texto, para, em consonância com os direitos fundamentais à liberdade de pensamento e de sua expressão, de criação artística, produção científica, declarar inexigível autorização de pessoa biografada relativamente a obras biográficas literárias ou audiovisuais, sendo também desnecessária autorização de pessoas retratadas como coadjuvantes (ou de seus familiares, em caso de pessoas falecidas ou ausentes).

2.2.5.6 Fim da Personalidade da Pessoa Natural

→ **A morte é o fim da pessoa natural, extinguindo sua personalidade. Lembrando que, mesmo com a cessação da personalidade, alguns direitos permanecem, permitindo inclusive ação quando houver lesão a imagem ou a honra do de cujus (falecido). Podendo ocorrer das seguintes maneiras:**

- **Morte Real:** quando o corpo da pessoa natural cessa suas atividades vitais morte cerebral (se atesta a morte com prova direta, isto é, um médico poderá atestar que aquele corpo não tem mais vida);
- **Morte Presumida:** ocorre nos casos de ausência ou desaparecimento da pessoa natural, sendo declarada da seguinte maneira (em Ação de Morte Presumida):
  - Sem decretação de ausência: se for extremamente provável a morte daquele que estava em perigo, desaparecido em campanha, feito prisioneiro de guerra ou, após o término da guerra, esteja desaparecido há mais de dois anos (Art. 7º do CC);
  - Com decretação de ausência: quando a pessoa desaparece sem deixar vestígios (Art. 6º CC) como costumamos falar: pessoa em LINS (lugar incerto e não sabido).

Nesses casos de ausência, decorrido um ano da arrecadação dos bens (estabelecido um curador, de preferência as pessoas citadas no Art. 25 do CC), ou decorridos três anos se este deixou um representante, os interessados poderão requerer a abertura da sucessão provisória.

São interessados, de acordo com o Código Civil:

> ***Art. 27.*** *Para o efeito previsto no artigo anterior, somente se consideram interessados:*
>
> ***I.*** *o cônjuge não separado judicialmente;*
>
> ***II.*** *os herdeiros presumidos, legítimos ou testamentários;*
>
> ***III.*** *os que tiverem sobre os bens do ausente direito dependente de sua morte;*
>
> ***IV.*** *os credores de obrigações vencidas e não pagas.*

Cuidado com a pegadinha em concurso: a Lei não traz nenhuma limitação quanto ao regime de bens quanto ao cônjuge. Ou seja, o cônjuge é interessado independente do regime de bens.

Após o período de dez anos da sentença que concedeu a abertura da sucessão provisória, poderá ser requerida a sucessão definitiva, com o levantamento das cauções prestadas na sucessão provisória, diminuindo o prazo para cinco anos se o ausente contar com mais de 80 anos de idade.

Assim, conclui-se que existem três fases da Ausência:

- » Curadoria dos bens;
- » Sucessão Provisória (atente-se que a sentença só produzirá efeitos 180 dias após publicada na impressa);
- » Sucessão Definitiva.

- > **Morte simultânea:** a chamada comoriência, quando duas pessoas morrem em uma mesma ocasião, sem que possa ser determinado qual faleceu primeiro.

Tais situações são importantes quando tratamos de direitos sucessórios, falecendo ao mesmo tempo pessoas da mesma família e com direitos sucessórios entre si, exemplo um pai e um filho.

A comoriência é uma presunção relativa (iuris *tantum*) podendo ser afastada por laudo médico.

Por fim, atente aos artigos 9 e 10 do CC:

> ***Art. 9º*** *Serão registrados em registro público:*
>
> ***I.*** *os nascimentos, casamentos e óbitos;*
>
> ***II.*** *a emancipação por outorga dos pais ou por sentença do juiz;*
>
> ***III.*** *a interdição por incapacidade absoluta ou relativa;*
>
> ***IV.*** *a sentença declaratória de ausência e de morte presumida.*
>
> ***Art. 10.*** *Far-se-á averbação em registro público:*
>
> ***I.*** *das sentenças que decretarem a nulidade ou anulação do casamento, o divórcio, a separação judicial e o restabelecimento da sociedade conjugal;*
>
> ***II.*** *dos atos judiciais ou extrajudiciais que declararem ou reconhecerem a filiação;*

2.3 Das Pessoas Jurídicas

"Pessoas são entidades a que a lei confere personalidade, capacitando-as a serem sujeitos de direitos e obrigações".

(Carlos Roberto Gonçalves).

As pessoas jurídicas são conjuntos de bens ou pessoas que acabam por adquirir personalidade jurídica por força da lei, ganhando uma "vida própria".

Portanto, a pessoa jurídica não pode ser confundida com as pessoas naturais (como por exemplo os sócios de uma empresa) que são membros daquela.

Com esta breve conceituação, vamos estudar os principais tópicos relacionado as pessoas jurídicas.

2.3.5.1 Classificação

- > **Direito Público Interno:** União, Estados, Distrito Federal e os Territórios, Municípios, Autarquias (inclusive associações públicas) e demais entidades de caráter público criadas por lei;
- > **Direito Público Externo:** Estados estrangeiros e todas as pessoas que forem regidas pelo direito internacional público;
- > **Direito Privado:** Associações, Sociedades, Fundações, organizações religiosas, os partidos políticos e as empresas individuais de responsabilidade limitada.

Assim, as pessoas jurídicas são uma união de diversas pessoas naturais, com um objetivo comum.

A pessoa jurídica tem uma "vida própria", sendo autorizada por lei, tendo capacidade para adquirir direitos e contrair obrigações.

→ **Assim, podemos resumir que as pessoas jurídicas são caracterizadas:**

- > Organização de pessoas ou de bens;
- > Licitude de seus propósitos ou fins;
- > Capacidade jurídica reconhecida por norma jurídica.

2.3.5.2 Início da Personalidade Jurídica

- > **Da Pessoa Jurídica de Direito Público:** "inicia-se em razão de fatos históricos, de criação constitucional, de lei especial e de tratados internacionais, se se tratar de pessoa jurídica de direito público externo" (Maria Helena Diniz).
- > **Da Pessoa Jurídica de Direito Privado:** com a inscrição do ato constitutivo no respectivo registro (juntas comerciais, cartórios de registros de pessoas jurídicas, etc.).

Atenção ao Art. 45:

> ***Art. 45.*** *Começa a existência legal das pessoas jurídicas de direito privado com a inscrição do ato constitutivo no respectivo registro, precedida, quando necessário, de autorização ou aprovação do Poder Executivo, averbando-se no registro todas as alterações por que passar o ato constitutivo.*
>
> ***Parágrafo único.*** *Decai em três anos o direito de anular a constituição das pessoas jurídicas de direito privado, por defeito do ato respectivo, contado o prazo da publicação de sua inscrição no registro.*

As pessoas jurídicas têm os mesmos direitos de personalidade da pessoa natural, no que couber, inclusive o dano moral, conforme a Súmula 227 do STJ determina:

Pessoa Jurídica - Dano Moral

A pessoa jurídica pode sofrer dano moral.

2.3.5.3 Das Pessoas Jurídicas de Direito Privado

→ **As Pessoas Jurídicas de Direito Privado, previstas no Art. 44 do CC, são:**

> **Associações:** pessoas naturais que se organizam para fins não econômicos;

Não há, entre os associados, direitos e obrigações recíprocos e os associados devem ter iguais direitos, porém, o estatuto poderá instituir categorias de associados com vantagens especiais, conforme previsto no Art. 55 do Código Civil.

Podem realizar atividades que tenham finalidade lucrativa, devendo o lucro ser revertido em favor da associação.

→ **Ainda, cabe ressaltar que a associação é organizada da seguinte maneira:**

> Presidência;

> Conselho Deliberativo;

> Conselho Fiscal;

> Assembleia Geral.

Caberá à assembleia geral destituir os administradores e alterar o estatuto.

Seu ato constitutivo é o Estatuto sendo o registro realizado no Cartório de Registro de Pessoa Jurídica.

> **Fundações:** constituídas por ato de seu instituidor, escritura pública ou testamento, por meio de dotação de bens, especificando sua finalidade e declarando, se quiser, como devem ser administradas. Também não possuem fins econômicos e podem ter a finalidade

I. assistência social;

II. cultura, defesa e conservação do patrimônio histórico e artístico;

III. educação;

IV. saúde;

V. segurança alimentar e nutricional;

VI. defesa, preservação e conservação do meio ambiente e promoção do desenvolvimento sustentável;

VII. pesquisa científica, desenvolvimento de tecnologias alternativas, modernização de sistemas de gestão, produção e divulgação de informações e conhecimentos técnicos e científicos;

VIII. promoção da ética, da cidadania, da democracia e dos direitos humanos;

IX. atividades religiosas;

Velará pelas fundações o Ministério Público do Estado onde situadas. Caso funcione do DF ou em Território, cabe ao Ministério Público do Distrito Federal e Territórios e se estenderem a atividade por mais de um Estado, caberá o encargo, em cada um deles, ao respectivo Ministério Público.

O artigo 67 do CC impõe regras para a alteração do Estatuto da Fundação,

***Art. 67.** Para que se possa alterar o estatuto da fundação é mister que a reforma:*

I. seja deliberada por dois terços dos competentes para gerir e representar a fundação;

II. não contrarie ou desvirtue o fim desta;

III. seja aprovada pelo órgão do Ministério Público no prazo máximo de 45 (quarenta e cinco) dias, findo o qual ou no caso de o Ministério Público a denegar, poderá o juiz supri-la, a requerimento do interessado.

> **Sociedades:** são pessoas naturais que se organizam com fins econômicos;

Temos uma divisão em sociedades simples (aquelas formadas para prestação de serviços, como por exemplo, sociedades de advogados, de médicos etc) e sociedades empresariais (atividade volta-da a produção e comercialização de produtos e serviços).

As empresas públicas e sociedades de economia mista tem personalidade jurídica de direito privado, mesmo contando com capital público.

Cabe ressaltar o Enunciado 69 da I Jornada de Direito Civil que trata das sociedades cooperativas, vejamos:

"As sociedades cooperativas são sociedades simples sujeitas a inscrição nas juntas comerciais"

As sociedades são estudadas de modo aprofundado no Direito Empresarial.

> **Organizações Religiosas:** organizações com fins religiosos (igrejas, templos), sem fins lucrativos. O Estado não poderá negar sua existência.

> **Partidos Políticos:** pessoas organizadas de modo formal e legal, têm por base a mesma ideologia política, visando à disputa do poder político do país.

> **As Empresas Individuais de Responsabilidade Limitada: São empresas constituídas por uma única pessoa que é a titular da totalidade do capital social. Foi inserida no Código Civil através da Lei 12.441 de 2011.**

Por fim, atentem também para a determinação do artigo 46 do Código Civil, que dita dados que devem estar presentes no registro:

***Art. 46.** O registro declarará:*

I. a denominação, os fins, a sede, o tempo de duração e o fundo social, quando houver;

II. o nome e a individualização dos fundadores ou instituidores, e dos diretores;

III. o modo por que se administra e representa, ativa e passivamente, judicial e extrajudicialmente;

IV. se o ato constitutivo é reformável no tocante à administração, e de que modo;

V. se os membros respondem, ou não, subsidiariamente, pelas obrigações sociais;

VI. as condições de extinção da pessoa jurídica e o destino do seu patrimônio, nesse caso.

Ainda, existem os chamados **Entes Despersonalizados** isto é, desprovidos de personalidade jurídica.

São exemplos de entes despersonalizados: a massa falida e o condomínio.

2.3.5.4 Domicílio das Pessoas Jurídicas

Assim como pessoas naturais, as pessoas jurídicas também possuem um domicílio, onde responderão pelos direitos e deveres assumidos.

O domicílio das pessoas jurídicas de direito público (Art. 75 CC), são:

> **União** = Distrito Federal;

> **Estados** = Respectivas Capitais;

> **Municípios** = Local de sua administração do município.

Quanto às pessoas jurídicas de direito privado, segue a regra do Art. 75, IV:

IV. Das demais pessoas jurídicas, o lugar onde funcionarem as respectivas diretorias e administrações, ou onde elegerem domicílio especial no seu estatuto ou atos constitutivos.

§ 1º Tendo a pessoa jurídica diversos estabelecimentos em lugares diferentes, cada um deles será considerado domicílio para os atos nele praticados.

§ 2º Se a administração, ou diretoria, tiver a sede no estrangeiro, haver-se-á por domicílio da pessoa jurídica, no tocante às obrigações contraídas por cada uma das suas agências, o lugar do estabelecimento, sito no Brasil, a que ela corresponder.

2.3.5.5 Desconsideração da Personalidade Jurídica

Determina o Art. 50 do Código Civil:

"Em caso de abuso da personalidade jurídica, caracterizado pelo desvio de finalidade, ou pela confusão patrimonial, pode o juiz decidir, a requerimento da parte, ou do Ministério Público quando lhe couber intervir no processo, que os efeitos de certas e determinadas relações de obrigações sejam estendidos aos bens particulares dos administradores ou sócios da pessoa jurídica."

A desconsideração é a responsabilização da pessoa física pela má administração, sendo as obrigações estendidas ao seu patrimônio particular.

São legitimados para propor:

> Os interessados;

> O Ministério Público, no que couber.

2.3.5.6 Extinção da Pessoa Jurídica

> **Convencional**: os sócios acordam na dissolução;

> **Administrativa**: quando, por exemplo, a autorização concedida para funcionamento por órgão público é cancelada;

> **Judicial**: ocorre com a determinação judicial;

> **Fato Natural:** ocorrendo a morte dos membros da sociedade, e caso seu ato constitutivo não preveja o prosseguimento das atividades pelos herdeiros, a pessoa jurídica estará extinta.

A extinção da pessoa jurídica possui algumas regras, não ocorrendo de modo automático, atente assim, as regras do Art. 51 do Código Civil:

***Art. 51.** Nos casos de dissolução da pessoa jurídica ou cassada a autorização para seu funcionamento, ela subsistirá para os fins de liquidação, até que esta se conclua.*

§ 1º Far-se-á, no registro onde a pessoa jurídica estiver inscrita, a averbação de sua dissolução.

§ 2º As disposições para a liquidação das sociedades aplicam-se, no que couber, às demais pessoas jurídicas de direito privado.

§ 3º Encerrada a liquidação, promover-se-á o cancelamento da inscrição da pessoa jurídica.

***Art. 52.** Aplica-se às pessoas jurídicas, no que couber, a proteção dos direitos da personalidade.*

Questões

01. A respeito de interpretação de lei, pessoas jurídicas e naturais, negócio jurídico, prescrição, adimplemento de obrigações e responsabilidade civil, julgue o item a seguir.

Com a dissolução da pessoa jurídica, a personalidade desse ente não desaparece, mas subsiste até que a liquidação seja concluída.

Certo ( ) Errado ( )

02. Com relação à classificação da Constituição, à competência dos entes federativos, ao ato jurídico e à personalidade jurídica, julgue (C ou E) o item que se segue.

Considera-se personalidade jurídica a capacidade in abstracto de ser sujeito de direitos ou obrigações, ou seja, de exercer determinadas atividades e de cumprir determinados deveres decorrentes da convivência em sociedade.

Certo ( ) Errado ( )

03. Julgue o item seguinte, relativo à desconsideração da personalidade jurídica, à responsabilidade civil e à ausência.

Situação hipotética: João e José são sócios da empresa J&J Comércio de Produtos Eletrônicos Ltda. — J&J —, sendo o primeiro sócio administrador. Afetados pela crise econômica que se instaurou no Brasil no ano de 2016, eles encerraram, de forma irregular, as atividades da pessoa jurídica e, em seguida, abriram a empresa C&M Eletrônica Ltda., em outro ponto da cidade, tendo sido integralizado o capital desta com os bens da empresa J&J. Os credores da empresa J&J são exclusivamente fornecedores. Assertiva: Nessa situação, segundo o entendimento do Superior Tribunal de Justiça, o encerramento, de forma irregular, das atividades da sociedade J&J é, por si só, causa para que os credores indiquem como caracterizada a desconsideração da personalidade jurídica, na forma do Código Civil.

Certo ( ) Errado ( )

04. À luz da legislação e da jurisprudência dos tribunais superiores, julgue o item a seguir, a respeito dos direitos da personalidade, do direito de família, dos direitos reais e da prescrição.

O companheiro sobrevivente tem legitimidade para requerer medida judicial para que cesse lesão a direito da personalidade da pessoa falecida com quem possuía união estável.

Certo ( ) Errado ( )

Gabaritos

01	CERTO	03	ERRADO
02	CERTO	04	CERTO

3. BENS

3.1 Introdução

Os bens configuram objetos que podem ser apropriados por todas as pessoas, naturais e jurídicas.

3.2 Distinção entre Bem e Coisa

Coisa é tudo o que existe na natureza e bem é aquilo que pode ser apropriável (que liga a posse, pode ser apropriado pelo homem) e apreciável (ter valor econômico), podendo ser corpóreo (objetos materiais) ou imateriais (ideais - bens imateriais).

3.2.1 Patrimônio

São os conjuntos de bens, tanto corpóreos quanto incorpóreos, que pertencem a determinada pessoa. Em sentido mais amplo, são também seus direitos e obrigações.

3.3 Classificação dos Bens

Dos considerados em si:

→ **De Acordo com a Tangibilidade**

> **Materiais ou corpóreos (ex.:** cadeira, celular);

> **Imateriais ou incorpóreos (ex.:** músicas).

> **De acordo com a mobilidade**

> **Móveis**: podem ser classificados em: móveis por natureza (bens que podem ser transportados de um local para o outro sem deteriorar); móveis por antecipação (aqueles mobilizados pelo homem em atenção a sua finalidade econômica, como flores para colheita e venda); móveis por determinação legal (são os direitos reais sobre os bens móveis, como a energia elétrica) e; semoventes (animais: movem-se naturalmente).

> **Imóveis**: são classificados da seguinte maneira: imóveis por natureza, imóveis por acessão física artificial ou natural (é o que o homem incorpora definitivamente no solo ou surge naturalmente); imóveis por determinação legal (são assim considerados os bens que recebem uma proteção jurídica maior).

Os materiais desprendidos de construção para uma "reforma" que posteriormente forem colocados no imóvel novamente não perdem a característica de imóvel. Já se forem retirados definitivamente, tornam-se móveis.

Atenção para o Art. 80 do Código Civil:

Art. 80. *Consideram-se imóveis para os efeitos legais:*

I. *os direitos reais sobre imóveis e as ações que os asseguram;*

II. *o direito à sucessão aberta*

→ **Quanto à Fungibilidade**

> **Fungível** considerado aquele que pode ser substituído por outro da mesma espécie, qualidade e quantidade.

> **Infungível** é insubstituível.

→ **Quanto à Consuntibilidade**

> **Consumíveis:**

» **de fato**: consumo imediato, como os alimentos.

» **de direito**: destinados à cessão, como revistas em consultórios.

> **Inconsumíveis:** são os bens que podem ser utilizados de modo contínuo sem que se deteriorem.

→ **De acordo com a Divisibilidade**

> **Divisíveis:** podem ser divididos sem alterar sua substância e diminuição considerável de seu valor e destinação. Podem tornar-se indivisíveis caso haja determinação legal ou caso as partes assim desejem.

> **Indivisíveis:** naturalmente não podem ser divididos sem que a substância ou valor sejam alterados.

» Por determinação legal (a lei determina sua indivisibilidade).

» Por vontade das partes (as partes estipulam, por meio de contrato, que o bem não pode ser dividido, como uma servidão).

→ **Quanto à Individualidade**

> **Singulares ou Individuais**: mesmo reunidos, consideram-se de per si independentemente dos demais;

> **Coletivos ou Universais:** podemos dividir em duas espécies: de fato: pluralidade de coisas homogêneas (biblioteca); e de direito: complexo de relações jurídicas de uma pessoa, que possui valor econômico (herança).

→ **De Acordo com a Reciprocidade ou Dependência**

> **Principais**: existem sem depender de outro.

> **Acessórios**: existem em razão do bem principal. A regra geral é que o acessório sempre seguirá o bem principal, porém, pode haver exceções (quando as partes acordam ou a lei estipula em sentido contrário a tal regra).

Os bens acessórios são divididos nas seguintes espécies:

» **Pertença**: são bens que destinam-se de modo duradouro ao uso, serviço. Apesar de serem acessórios, não seguem o bem principal, salvo se o contrário for estipulado pelas partes ou a lei determinar que seguirá o principal;

» **Benfeitoria**: são os melhoramentos, obras realizadas, podendo ser para aumentar seu uso (benfeitorias úteis), evitar sua deterioração (benfeitorias necessárias) ou para lazer, um conforto maior (benfeitorias voluptuárias);

» **Fruto**: são os resultados, a utilidade que a coisa produz de forma periódica e que mantém a substância da coisa intacta, podendo ser civis (rendimentos), naturais (que se renovam periodicamente), industriais (quando o homem intervém sobre a natureza), pendentes (os que ainda estão unidos à coisa), percebidos (aqueles já desvinculados da coisa), estantes (aqueles que estão armazenados para a venda ou disposição), percipiendos (aqueles que deveriam ter sido retirados e não foram) e consumidos (os que já foram utilizados/vendidos e não existem mais);

» **Produto**: não se produz periodicamente, demorando anos para surgir (petróleo).

→ **Quanto à Titularidade do Domínio**

> **Bens Particulares:** os bens que pertençam às pessoas físicas e jurídicas de direito privado.

3.3.1 Bens Públicos

> Pertencentes às pessoas jurídicas de direito público interno, sendo classificados como:

» **De Uso Comum do Povo:** aqueles que podem ser utilizados por todos, sendo este uso gratuito ou oneroso;

» **De Uso Especial:** são os bens que tem sua fruição atribuída a determinada pessoa jurídica de direito público, para a prestação de serviços público;

» **Dominicais**: sãos os bens que integram o patrimônio público, mas que não são utilizados pelo povo nem pela administração pública, podendo ser alienados (seguindo as exigências impostas em lei), diferentemente dos demais bens públicos.

3.3.1.1 Características dos Bens Públicos

Os bens públicos são inalienáveis (bens de uso comum do povo e de uso especial), imprescritíveis (não recaindo o usucapião - Art. 102, do Código Civil e 191 parágrafo único da Constituição Federal) e impenhoráveis (não podem ser dados em garantia de dívidas).

3.4 Bem de Família

Conforme previsto na Lei 8.009/90, visando a proteger o imóvel residencial próprio do casal ou família, este é impenhorável, não respondendo por qualquer tipo de dívida civil, fiscal, comercial, previdenciária ou de qualquer outra natureza. Nisso incluem-se o bens móveis, plantações, benfeitorias que existirem no imóvel, excluindo-se obras de arte, veículos de transporte e bens suntuosos e desnecessários, sendo também exceção a proteção legal quando a ação versar:

> Sobre créditos trabalhistas de empregados domésticos (incluída a dívida previdenciária);

> Decorrente de financiamento destinado à construção ou aquisição do imóvel (respeitado o limite dos créditos e acréscimos constituídos em função do contrato de financiamento);

> Movida pelo credor de pensão alimentícia;

> Para cobrança de impostos predial ou territorial, taxas e contribuições devidas em função do imóvel;

> Movida para execução de hipoteca que recai sobre o imóvel;

> Por obrigação decorrente de fiança em contrato de locação;

> Por ter sido o imóvel adquirido em razão de crime ou para a execução de sentença penal condenatória a ressarcimento, indenização ou perdimento de bens.

O bem de família voluntário é aquele a que os cônjuges ou entidade familiar, por meio de escritura pública ou testamento, destinam parte de seu patrimônio, como sendo bem de família - Art. 1.711 do Código Civil.

O bem de família poderá ser extinto quando houver acordo entre os cônjuges, família ou por determinação legal.

Atenção à Súmula 364 do STJ:

Súm. 364: *O conceito de impenhorabilidade de bem de família abrange também o imóvel pertencente a pessoas solteiras, separadas e viúvas.*

Vimos neste capítulo os principais tópicos referentes aos bens, agora, vamos verificar como é cobrado em concursos:

Questões

01. (CESPE) Os bens públicos de uso especial, integrados no patrimônio do ente político e afetos à execução de um serviço público, são inalienáveis e imprescritíveis.

Certo ( ) Errado ( )

02. (CESPE) Os bens considerados em si mesmos têm como espécies a coisa principal e a acessória.

Certo ( ) Errado ( )

03. A respeito de bens públicos, julgue o item subsequente.

Os bens públicos dominicais são inalienáveis.

Certo ( ) Errado ( )

Gabaritos

01	CERTO
02	ERRADO
03	ERRADO

4. CONTRATOS

4.1 Introdução e Conceitos

Os contratos são negócios jurídicos bilaterais, pois há dois polos que manifestam a vontade. Diferem do contrato bilateral, já que neste existe obrigação das duas partes (exemplo: compra e venda), tendo como princípios:

> Autonomia privada (autonomia da vontade, ou liberdade de contratar);

> Supremacia da ordem pública (o Estado intervém para que não ocorram abusos);

> Função social (equilíbrio nas contratações);

> Força obrigatória (Pacta Sunt Servanda: os contratos devem ser cumpridos, pois são a lei entre as partes);

> Consensualismo (consenso das partes);

> Relatividade contratual (gera efeitos entre as partes, exceto: promessa de fato a terceiro, estipulação em favor de terceiro e sucessão mortis causal);

> Boa-fé (pautado na probidade e boa-fé, aqui a boa-fé objetiva);

> Revisão contratual (rebus sic stantibus: é a teoria da imprevisão; quando, por fato superveniente, o contrato se torna excessivamente oneroso, tendo uma vantagem extrema para a outra parte).

Cabe também, fazermos um breve comentário a respeito do contrato de adesão, em que o aderente não poderá discutir as cláusulas contratuais. O importante é lembrar as suas restrições:

Cláusula ambígua: se existe, deve ser interpretada em favor do aderente (art. 423 CC);

Cláusula que importe a renúncia antecipada pelo aderente a direito inerente àquele negócio (424 CC);

Pacta Corvina: é a celebração de contrato sobre herança de pessoa viva (art. 426 CC).

4.2 Evicção

A evicção é a perda da coisa por força judicial, conferindo ao seu verdadeiro dono. O que perde o bem (chamado de evicto) deve ser indenizado pelo alienante. Pode a responsabilidade ser aumentada, diminuída ou excluída (deve ser por cláusula expressa).

→ Partes:

> Alienante: é o vendedor, não importa se de boa-fé ou má-fé, responde pelos riscos da evicção;

> Evicto: adquirente do bem. Será indenizado;

> Evictor: "Verdadeiro dono", que reivindica o bem.

4.3 Promessa de Fato de Terceiro

Artigo 439. Aquele que tiver prometido fato de terceiro responderá por perdas e danos, quando este o não executar.

A responsabilidade não existirá se o cônjuge do promitente for o terceiro; depender de sua anuência o ato e pelo regime de bem do casal; recair a indenização sobre seus bens.

A promessa poderá ser de modo tácito ou expresso e a inexecução somente acarretará ônus ao promitente, exceto se o terceiro aceitar expressamente.

4.4 Proposta

Aquele que propõe algo por meio de um orçamento, por exemplo, está obrigado a cumprir.

Dos artigos 428 e 429, estão previstas situações que deixam de ser obrigatórias:

> ***Art. 427.*** *A proposta de contrato obriga o proponente, se o contrário não resultar dos termos dela, da natureza do negócio, ou das circunstâncias do caso.*
>
> *Art. 428. Deixa de ser obrigatória a proposta:*
>
> ***I.*** *se, feita sem prazo a pessoa presente, não foi imediatamente aceita. Considera-se também presente a pessoa que contrata por telefone ou por meio de comunicação semelhante;*
>
> ***II.*** *se, feita sem prazo a pessoa ausente, tiver decorrido tempo suficiente para chegar a resposta ao conhecimento do proponente;*
>
> ***III.*** *se, feita a pessoa ausente, não tiver sido expedida a resposta dentro do prazo dado;*
>
> ***IV.*** *se, antes dela, ou simultaneamente, chegar ao conhecimento da outra parte a retratação do proponente.*
>
> ***Art. 429.*** *A oferta ao público equivale a proposta quando encerra os requisitos essenciais ao contrato, salvo se o contrário resultar das circunstâncias ou dos usos.*
>
> *Parágrafo único. Pode revogar-se a oferta pela mesma via de sua divulgação, desde que ressalvada esta faculdade na oferta realizada.*

Atenção ao artigo 433 CC:

> ***Art. 433.*** *Considera-se inexistente a aceitação, se antes dela ou com ela chegar ao proponente a retratação do aceitante.*

4.5 Estipulação em Favor de Terceiro

> ***Art. 436.*** *O que estipula em favor de terceiro pode exigir o cumprimento da obrigação.*
>
> *Parágrafo único. Ao terceiro, em favor de quem se estipulou a obrigação, também é permitido exigi-la, ficando, todavia, sujeito às condições e normas do contrato, se a ele anuir, e o estipulante não o inovar nos termos do art. 438.*

→ Partes:

> Beneficiário: qualquer pessoa, não sendo necessário o aceite, podendo, porém, recusar;

> Promitente: deve cumprir a obrigação;

> Estipulante: convenciona a obrigação.

» Poderão ser estipulados encargos.

4.6 Contrato com Pessoa a Declarar

> ***Art. 467.*** *No momento da conclusão do contrato, pode uma das partes reservar-se a faculdade de indicar a pessoa que deve adquirir os direitos e assumir as obrigações dele decorrentes.*
>
> ***Art. 468.*** *Essa indicação deve ser comunicada à outra parte no prazo de cinco dias da conclusão do contrato, se outro não tiver sido estipulado.*
>
> *Parágrafo único. A aceitação da pessoa nomeada não será eficaz se não se revestir da mesma forma que as partes usaram para o contrato.*

Serão produzidos efeitos entre os contratantes originários se não houver a indicação, aceite ou o indicado for incapaz ou insolvente.

4.7 Classificação dos Contratos

- → Partes
  - > Unilateral: Uma pessoa tem obrigações, a outra vantagens (Contrato de Doação: um irá receber um bem sem dar nada em troca, e o outro dispor de um bem seu).
  - > Bilateral: obrigações para duas partes (Compra e Venda, um entrega o bem e o outro paga).
- → Benefício das Partes
  - > Gratuito.
  - > Oneroso.
- → Riscos no Contrato
  - > Cumulativo: prestações determinadas.
  - > Aleatório: prestações indeterminadas (risco chamado de "álea").
- → Previsão Legal
  - > Típicos ou nominados: estão expressos na lei.
  - > Atípicos ou inominados: ao contrário dos típicos, não estão expressos no texto legal.
- → Forma de Aperfeiçoamento
  - > Consensuais: manifestação de vontade.
  - > Reais: entrega de bens.
- → Consideração Recíproca
  - > Principais (ex.: locação).
  - > Acessórias (ex.: exigir fiança para a locação).
- → Momento da Execução
  - > Execução Instantânea (paga-se no ato).
  - > Execução Diferida (paga-se tudo de uma vez, mas em momento posterior).
  - > Execução de trato sucessivo (paga-se em parcela).
- → Discussão de Cláusulas
  - > Adesão.
  - > Paritários ("em pé de igualdade").
  - > Contratos tipo-formulário.
- → Formalidade
  - > Formais: possui uma forma prescrita pela legislação para que seja válido (exemplo: para compra de um imóvel, deve-se ter um contrato escrito).
  - > Informais: sem exigência de formalidade legal.
- → Solenidade
  - > Solenes: para que o contrato se aperfeiçoe, deve-se verificar se há solenidade, como por exemplo a necessidade de escritura para aquisição.
  - > Não-solenes
- → Definitividade
  - > Preliminares: antecede o definitivo, isto é, há uma obrigação de tornar este contrato definitivo, exceto se houver cláusula de arrependimento.
  - > Definitivos

4.8 Vício Redibitório

É o vício oculto que torna impróprio o bem para o fim que se destina ou lhe diminua excessivamente o valor, podendo aquele que recebe o bem receber a coisa com abatimento de preço ou rejeitá-la.

Se o alienante conhecia o vício: restitui com perdas e danos.

Se o alienante desconhecia o vício: restitui o valor recebido mais as despesas do contrato.

O prazo decadencial para a propositura da Ação Redibitória (para desfazer o negócio) ou Ação Estimatória (para abater o valor e não desfazer o negócio) é de 30 dias para bens móveis e de 1 ano para bens imóveis.

Caso o adquirente já esteja na posse do bem (tradição brevi manu) esse prazo se reduz pela metade (art. 445 CC).

4.9 Extinção dos Contratos

- > Extinção normal (pagamento da prestação);
- > Extinção por fatos anteriores: invalidade contratual (artigos 166 e 167 CC); cláusula de arrependimento; cláusula resolutiva expressa;
- > Extinção por fatos posteriores: quando do não cumprimento ou quando não há mais interesse das partes.
- → Resolução: resolve-se o contrato por:
  - > Inexecução voluntária;
  - > Inexecução involuntária;
  - > Onerosidade excessiva;
- → Resilição: dissolução contratual por:
  - > Distrato (por vontade das partes);
  - > Denúncia (por uma das partes, por descumprimento com previsão contratual ou legal), por meio de renúncia (daquele que recebe os direitos) ou por revogação (daquele que cede os direitos).
- → Extinção pela morte: contratos personalíssimos.

4.10 Contratos em Espécies

Como vimos, o tema contratos se dividem em uma "parte geral" e os contratos em espécies. Vamos abordar os principais, e os pontos que poderão ser abordados na sua prova.

Lembrando que é importantíssimo que você faça a leitura do texto da lei.

4.10.1 Compra e Venda

Uma parte se obriga a entregar determinado bem a outra mediante pagamento de certo preço.

Partes: vendedor e comprador

→ Se concretiza:
  > Imóvel: registro.
  > Móvel: tradição.
  > Partes: vendedor e comprador.

→ Existem em tais contratos cláusulas especiais:
  > Retrovenda (devolve o valor pago e indeniza as benfeitorias realizadas no prazo determinado).
    » Prazo máximo: 3 anos.
  > Venda a Contento (comprador manifesta a vontade de comprar o bem) o comprador vai "conhecer"o bem.
  > Venda sujeita a prova (depende da qualidade) o comprador já "conhece"o bem.
  > Preferência ou Preempção (exemplo dos condomínios indivisíveis, em que se dá preferência de compra).
  > Atente para o artigo 513 do Código, que consta o prazo:

  Art. 513. *A preempção, ou preferência, impõe ao comprador a obrigação de oferecer ao vendedor a coisa que aquele vai vender, ou dar em pagamento, para que este use de seu direito de prelação na compra, tanto por tanto.*

  Parágrafo único. O prazo para exercer o direito de preferência não poderá exceder a cento e oitenta dias, se a coisa for móvel, ou a dois anos, se imóvel.

  > Venda com reserva de domínio (é uma condição suspensiva, oponível contra terceiros através de Registro).
  > Venda sobre documentos (a tradição é substituída por documentos).

Em regra, é contrato bilateral, cumulativo, mas poderá vir com riscos. Quando temos o risco podem existir duas cláusulas:

  > Emptio spei = o risco é sobre a existência da coisa.
  > Empritio spei speratae = o risco é sobre a quantidade.

→ Na compra e venda, existem também algumas restrições a sua autonomia:
  > Venda de descendente para ascendente (art.496CC);
  > Entre cônjuges (art. 499 CC);
  > Bens sob administração (art. 497 CC);
  > Condomínio ou coisa comum (art.504 CC).

→ Disposições sobre o Preço:
  > Atente para os artigos abaixo, que tratam da fixação de valores:

  Art. 485. *A fixação do preço pode ser deixada ao arbítrio de terceiro, que os contratantes logo designarem ou prometerem designar. Se o terceiro não aceitar a incumbência, ficará sem efeito o contrato, salvo quando acordarem os contratantes designar outra pessoa.*

  Art. 486. Também se poderá deixar a fixação do preço à taxa de mercado ou de bolsa, em certo e determinado dia e lugar.

  Art. 487. *É lícito às partes fixar o preço em função de índices ou parâmetros, desde que suscetíveis de objetiva determinação*

  Art. 489. Nulo é o contrato de compra e venda, quando se deixa ao arbítrio exclusivo de uma das partes a fixação do preço.

4.10.2 Contrato Estimatório (Venda em Consignação)

Entrega de bem móvel para venda, pagando-se determinado preço ou, caso estabelecido, restituindo-se o bem consignado.

Partes: consignante ou consignatário

4.11 Doação

Transferência do patrimônio para outra.

Partes: doador (ofertante) e donatário (aceitante).

A doação pode ser pura/simples ou onerosa (quando tem encargos).

Para a doação existem restrições:

  » doação por insolvente;
  » sobre todos os bens sem nada para sua subsistência;
  » sobre bens de que não pode dispor por testamento.

A doação é ato formal, far-se-á por escritura pública ou instrumento particular, podendo ser verbal quando versar sobre bens móveis e de pequeno valor, se lhe seguir imediatamente a tradição.

4.11.1 Revogação

A doação poderá ser revogada por ingratidão ou inexecução de encargo.

Art. 557: *podem ser revogadas por ingratidão as doações:*

I. *Se o donatário atentou contra a vida do doador ou cometeu crime de homicídio doloso contra ele;*

II. *Se cometeu contra ele ofensa física;*

III. *Se o injuriou gravemente ou o caluniou;*

IV. *Se, podendo ministrá-los, recusou ao doador os alimentos de que este necessitava;*

Art. 558: *quando o ofendido, nos casos do artigo anterior, for o cônjuge, ascendente, descendente, ainda que adotivo, ou irmão do doador.*

A revogação por tais motivos, deverá ser pleiteada dentro de um ano, a contar de quando chegue ao conhecimento do doador o fato.

O direito de revogar a doação não se transmite aos herdeiros do doador, nem prejudica os do donatário. Mas aqueles podem prosseguir na ação iniciada pelo doador, continuando-a contra os herdeiros do donatário, se este falecer depois de ajuizada a lide (artigo 560 CC), porém, quando tratar-se de homicídio doloso do doador, a ação caberá aos seus herdeiros, exceto se aquele houver perdoado, expressa ou tacitamente (através de atos inequívocos do doador ao donatário).

Assim, todos os atos do donatário praticados antes da revogação, são validos.

A doação onerosa pode ser revogada por inexecução do encargo, se o donatário incorrer em mora.

Não havendo prazo para o cumprimento, o doador poderá notificar judicialmente o donatário, concedendo prazo razoável para que cumpra a obrigação assumida.

Art. 563. *A revogação por ingratidão não prejudica os direitos adquiridos por terceiros, nem obriga o donatário a restituir os frutos percebidos antes da citação válida; mas sujeita-o a pagar os posteriores, e, quando não possa restituir em espécie as coisas doadas, a indenizá-la pelo meio termo do seu valor.*

Art. 564. *não se revogam por ingratidão:*

I. As doações puramente remuneratórias;

II. As oneradas com encargo já cumprido;

III. As que se fizerem em cumprimento de obrigação natural;

IV. As feitas para determinado casamento.

4.11.2 Empréstimo

O empréstimo nada mais é que a utilização de bem gratuitamente, se subdividindo em:

> Comodato: é um empréstimo para uso de coisa infungível. Partes: Comodante e Comodatário.

> Mútuo: é um empréstimo para consumo de coisa fungível. Partes: mutuante e mutuário.

O empréstimo é um contrato que constantemente aparece, vamos as principais disposições:

4.11.2.1 Comodato

Prazo: Poderá ser estabelecido um prazo para o contrato, porém, se não for estipulado prazo, presumir-se-lhe-á o necessário para o uso concedido.

Não pode o comodante, salvo necessidade imprevista e urgente, reconhecida pelo juiz, suspender o uso e gozo da coisa emprestada, antes de findo o prazo convencional, ou o que se determine pelo uso outorgado.

→ Obrigação do comodatário

Art. 582. *O comodatário é obrigado a conservar, como se sua própria fora, a coisa emprestada, não podendo usá-la senão de acordo com o contrato ou a natureza dela, sob pena de responder por perdas e danos. O comodatário constituído em mora, além de por ela responder, pagará, até restituí-la, o aluguel da coisa que for arbitrado pelo comodante.*

Art. 585. Se duas ou mais pessoas forem simultaneamente comodatárias de uma coisa, ficarão solidariamente responsáveis para com o comodante.

4.11.2.2 Mútuo

No contrato de mútuo, o mutuário é obrigado a restituir ao mutuante o que dele recebeu em coisa do mesmo gênero, qualidade e quantidade.

Este empréstimo transfere o domínio da coisa emprestada ao mutuário, por cuja conta correm todos os riscos dela desde a tradição.

O mútuo feito a pessoa menor, sem prévia autorização daquele sob cuja guarda estiver, não pode ser reavido nem do mutuário, nem de seus fiadores.

Art. 589. *Cessa a disposição do artigo antecedente:*

I. se a pessoa, de cuja autorização necessitava o mutuário para contrair o empréstimo, o ratificar posteriormente;

II. se o menor, estando ausente essa pessoa, se viu obrigado a contrair o empréstimo para os seus alimentos habituais;

III. se o menor tiver bens ganhos com o seu trabalho. Mas, em tal caso, a execução do credor não lhes poderá ultrapassar as forças;

IV. se o empréstimo reverteu em benefício do menor;

V. se o menor obteve o empréstimo maliciosamente.

4.11.3 Prestação de Serviços ou Locação de Serviços

O contrato de prestação de serviços se caracteriza pelo comprometimento de um sujeito realizar uma determinada atividade em favor do outro, mediante remineração.

→ Assim determina o artigo 594 do Código Civil:

Art. 594. *Toda a espécie de serviço ou trabalho lícito, material ou imaterial, pode ser contratada mediante retribuição.*

Aquele que realiza o serviço é chamado de prestador de serviço e o que tem interesse nesta atividade é o tomador.

Cabe também ressaltar que se aplicam as regras do CC quando o serviço não esteja sujeito às leis trabalhistas ou à lei especial.

Grande parte dos serviços incide o Código de Defesa do Consumidor, que é chamado de serviço de consumo. Alguns dos nossos doutrinadores defendem que as regras do Código Civil aplicam-se de maneira complementar as normas, por exemplo, que foram citadas, outros defendem que aplicam-se ambas, desde que não estejam em conflito. Portanto, na prova, atente para o comando da questão: segundo o disposto no CC NÃO se aplica.

→ Assim, reza o artigo 593 CC:

Art. 593. *A prestação de serviço, que não estiver sujeita às leis trabalhistas ou a lei especial, reger-se-á pelas disposições deste Capítulo*

No artigo 595 do Código Civil, é previsto que quando uma das partes não souber ler, nem escrever, o instrumento poderá ser assinado a rogo (outra pessoa assina por ele) e subscrito por duas testemunhas.

Atente, que o contrato não poderá ser por tempo indeterminado, não podendo também ultrapassar 4 anos. E se foi realizado contrato para determinada obra e esta não foi concluída? Decorridos os quatro anos, dar-se-á por findo o contrato, mesmo que a obra (quando prestação de serviços) não tenha sido concluída.

→ Atenção para o artigo 599 do Código:

Art. 599. *Não havendo prazo estipulado, nem se podendo inferir da natureza do contrato, ou do costume do lugar, qualquer das partes, a seu arbítrio, mediante prévio aviso, pode resolver o contrato.*

Parágrafo único. Dar-se-á o aviso:

I. com antecedência de oito dias, se o salário se houver fixado por tempo de um mês, ou mais;

II. com antecipação de quatro dias, se o salário se tiver ajustado por semana, ou quinzena;

III. de véspera, quando se tenha contratado por menos de sete dias.

Claro, temos o limite dos quatro anos, porém, o artigo nos levanta a situação da possibilidade da resilição, mediante denúncia, quando não houver prazo nem puder se determinar em razão de sua natureza ou costume.

No parágrafo único, a lei determina os prazos para que o sujeito realize a denúncia.

Ainda tratando de prazos e obrigações, quando o prestador de serviço, por culpa sua, ou seja negligência ou impudência, ação ou omissão, deixar de servir, o prazo para pagamento por parte do tomador de serviço será suspenso.

O artigo 601 do CC, reza que "Não sendo o prestador de serviço contratado para certo e determinado trabalho, entender-se-á que se obrigou a todo e qualquer serviço compatível com as suas forças e condições, significa dizer que, quando o prestador de serviços não for contratado para um serviço em específico, deve atender as determinações do tomador, que também não poderá abusar do seu direito.

Os contratos de prestação de serviços poderão ser extintos por justa causa ou sem justa causa.

Quando o prestador de serviço for contratado por tempo certo, ou por obra determinada, não se pode ausentar, ou despedir, sem justa causa, antes de preenchido o tempo, ou concluída a obra. Caso se despedir sem justa causa, terá direito à retribuição vencida, mas responderá por perdas e danos. O mesmo dar-se-á, se despedido por justa causa.(artigo 602 CC)

Caso o prestador de serviço for despedido sem justa causa, a outra parte será obrigada a pagar-lhe por inteiro a retribuição vencida, e por metade a que lhe tocaria de então ao final do contrato (artigo 603 CC).

O contrato de prestação de serviço também finda com a morte de qualquer das partes. Termina, ainda, pelo escoamento do prazo, pela conclusão da obra, pela rescisão do contrato mediante aviso prévio, por inadimplemento de qualquer das partes ou pela impossibilidade da continuação do contrato, motivada por força maior (artigo 607 CC).

Ao final do contrato, o prestador de serviço tem direito a exigir da outra parte a declaração de que o contrato foi concluído, sendo garantido igual direito, se for despedido sem justa causa, ou se tiver havido motivo justo para deixar o serviço.

4.11.4 Empreitada

Realização de obras, pessoalmente ou por terceiros.

Partes: empreiteiro e dono da obra.

A principal diferença entre a prestação de serviços e a empreitada é que nesta o objeto é a obra em si não se modificando a remuneração conforme o tempo demandado, bem como, na prestação de serviços há fiscalização por parte do tomador do serviço, existindo uma subordinação, que não há na empreitada, pois a direção compete ao empreiteiro.

Dita o artigo 610 que o empreiteiro poderá contribuir com seu trabalho ou com ele e materiais. O obrigação de fornecer materiais jamais de presume: ou deriva de lei ou contrato.

> ***§ 2º*** *O contrato para elaboração de um projeto não implica a obrigação de executá-lo, ou de fiscalizar-lhe a execução.*

Quando o empreiteiro fornece os materiais, correm por sua conta os riscos até o momento da entrega da obra, a contento de quem a encomendou, se este não estiver em mora de receber. Mas se estiver, por sua conta correrão os riscos (artigo 611 CC).

→ Assim, empreitada poderá ser:

> De lavor: é só a obrigação de fazer

Importante, neste caso, o artigo 613 CC:

> ***Art. 613.*** *Sendo a empreitada unicamente de lavor (art. 610), se a coisa perecer antes de entregue, sem mora do dono nem culpa do empreiteiro, este perderá a retribuição, se não provar que a perda resultou de defeito dos materiais e que em tempo reclamara contra a sua quantidade ou qualidade.*

> De lavor e materiais: aqui temos a obrigação de fazer e dar. Caso o empreiteiro, se por imperícia ou negligência, inutilizar os materiais que recebeu, tem a obrigação de pagá-lo.

> Administração: somente administrar a obra no interesses do dono.

O empreiteiro responde pelos riscos da obra, solidez e segurança da obra, que seja perfeita isto é, dentro das normas estabelecidas, contra os danos que venha causar a terceiros e os materiais, nos casos de inutilizar por negligência ou imprudência.

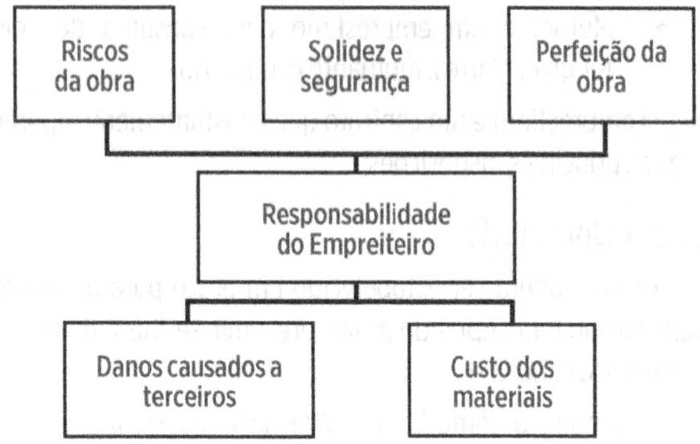

Ainda, nos contratos de empreitada de edifícios ou outras construções consideráveis, o empreiteiro de materiais e execução responderá, durante o prazo irredutível de cinco anos, pela solidez e segurança do trabalho, assim em razão dos materiais, como do solo (artigo 618 CC), desde que o dono da obra proponha ação contra o empreiteiro nos cento e oitenta dias seguintes do aparecimento do vício ou defeito.

Ainda, poderá ocorrer a suspensão, que poderá se dar pelo Dono da Obra, desde que pague ao empreiteiro as despesas e lucros relativos aos serviços já feitos, mais indenização razoável, de acordo com o artigo 623 do CC.

Quando for suspensa sem justa causa pelo empreiteiro, responderá por perdas e danos.

→ Atenção as causas que permitem o empreiteiro suspender a obra:

> ***Art. 625.*** *Poderá o empreiteiro suspender a obra:*
>
> ***I.*** *por culpa do dono, ou por motivo de força maior;*
>
> ***II.*** *quando, no decorrer dos serviços, se manifestarem dificuldades imprevisíveis de execução, resultantes de causas geológicas ou hídricas, ou outras semelhantes, de modo que torne a empreitada excessivamente onerosa, e o dono da obra se opuser ao reajuste do preço inerente ao projeto por ele elaborado, observados os preços;*
>
> ***III.*** *se as modificações exigidas pelo dono da obra, por seu vulto e natureza, forem desproporcionais ao projeto aprovado, ainda que o dono se disponha a arcar com o acréscimo de preço.*

Não se extingue o contrato de empreitada pela morte de qualquer das partes, salvo se ajustado em consideração às qualidades pessoais do empreiteiro.

4.11.5 Mandato

O contrato de mandato é aquele que alguém recebe de outrem poderes para, em seu nome, praticar atos ou administrar interesses, sendo a procuração é o instrumento do mandato.

→ Partes:

> Mandante.

> Mandatário ou Procurador.

→ O mandato poderá ser:

> Legal: deriva de lei, independendo de instrumento (exemplo: pais em relação aos seus filhos incapazes).

> Judicial: decorre de uma ação judicial (exemplo: o inventariante em relação ao espólio).

> Convencional que se subdivide em: ad judicia (privativo dos advogados) e ad negotia (é o extrajudicial).

O mandato pode ser classificado como oneroso ou gratuito, é contrato bilateral, intuito personae (ou personalíssimo) e consensual. Em regra, sua forma é livre, porém, em casos especiais previstos em lei, deverá ser realizado por instrumento público.

Também, é exigida a manifestação da vontade, o silencio aqui não se presume aceite ao encargo de mandatário. A manifestação poderá ser expressa ou tácita.

As pessoas capazes poderão dar procuração, através de instrumento particular, que valerá desde que tenha a assinatura do outorgante.

O instrumento particular deve conter a indicação do lugar onde foi passado, a qualificação do outorgante e do outorgado, a data e o objetivo da outorga com a designação e a extensão dos poderes conferidos (art. 654 CC).

Atente que, um terceiro poderá exigir, para a conclusão do negócio jurídico, firma reconhecida.

O mandato quando em termos gerais só confere poderes de administração, ou seja, para alienar, hipotecar, transigir, ou praticar outros quaisquer atos que exorbitem da administração ordinária, depende a procuração de poderes especiais e expressos para tais fins. O poder de transigir não importa o de firmar compromisso.

→ Atenção para o artigo 662 CC:

> ***Art. 662.*** *Os atos praticados por quem não tenha mandato, ou o tenha sem poderes suficientes, são ineficazes em relação àquele em cujo nome foram praticados, salvo se este os ratificar.*
>
> *Parágrafo único. A ratificação há de ser expressa, ou resultar de ato inequívoco, e retroagirá à data do ato.*
>
> *Art. 663. Sempre que o mandatário estipular negócios expressamente em nome do mandante, será este o único responsável; ficará, porém, o mandatário pessoalmente obrigado, se agir no seu próprio nome, ainda que o negócio seja de conta do mandante.*

Quanto ao poder de substabelecer, isto é, o procurador passar para outro os poderes por ele recebido, deve-se atentar se existe ou não a proibição. Se é proibido substabelecer, os atos praticados pelo substabelecido não obrigam o mandante, salvo ratificação expressa, que retroagirá à data do ato.

Mesmo quando se outorgue mandato por instrumento público, pode substabelecer-se, isto é "passar a terceiro" os poderes, mediante instrumento particular.

Sendo omissa a procuração quanto ao substabelecimento, o procurador será responsável se o substabelecido proceder culposamente (667, parágrafo quarto do CC).

Ainda, quando o mandatário não entregar os valores devidos ao mandante, ou utilizar os valores para despesas em seu proveito, responderá pelos juros desde o momento que abusou do seu poder.

Lembre-se, o substabelecimento pode ser com ou sem reserva de poderes:

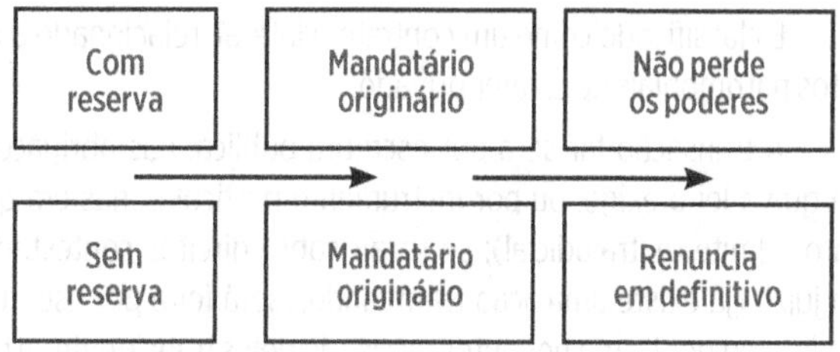

→ Atenção aos artigos 674, 690 e 691 do Código Civil:

Agora, imagine a situação:o sujeito deu procuração para outro para a venda de um imóvel e, o mandante falece, como fica?? O artigo 674 responde:

> ***Art. 674.*** *Embora ciente da morte, interdição ou mudança de estado do mandante, deve o mandatário concluir o negócio já começado, se houver perigo na demora.*
>
> *Art. 690. Se falecer o mandatário, pendente o negócio a ele cometido, os herdeiros, tendo ciência do mandato, avisarão o mandante, e providenciarão a bem dele, como as circunstâncias exigirem.*
>
> *Art. 691. Os herdeiros, no caso do artigo antecedente, devem limitar-se às medidas conservatórias, ou continuar os negócios pendentes que se não possam demorar sem perigo, regulando-se os seus serviços dentro desse limite, pelas mesmas normas a que os do mandatário estão sujeitos.*

4.11.6 Seguro

Garantia de riscos predeterminados. Partes: segurador e segurado.

→ Pode se subdividir em:

> Específica: abrange um único risco.

> Plúrima: abrange diversos riscos.

> Aberta: o risco se desenvolve no contrato.

Nos seguros de vida, para o beneficiário fazer jus ao prêmio, exige-se a carência de 2 anos. Porém, já é entendimento do STJ (Súmula 61) que devem cobrir o suicídio não premeditado, isto é, a Seguradora deve comprovar que havia intenção.

Segurado em mora: artigo 763 CC.

Seguro de vida não é herança e, consequentemente, não responde por dívidas.

4.11.7 Transporte

Transportar pessoas ou objetos de um local para outro. Partes: transportador e passageiro/transportado (passageiro) ou contratante (objetos).

O transporte é obrigação de resultado, eximindo-se da responsabilidade em casos de força maior.

Em casos de danos causados por terceiros, caberá ação de regresso, isto é, responderá igual.

Nos casos de culpa do passageiro, o transportador poderá ter sua responsabilidade reduzida ou excluída.

4.12 Da Transação

4.12.1 Conceito e Classificação

A transação é um contrato onde as partes põem fim ou previnem um litígio.

É classificado como um contrato bilateral, relacionado a direitos patrimoniais de caráter privado.

A transação far-se-á por escritura pública, nas obrigações em que a lei o exige, ou por instrumento particular, nas em que ela o admite (extrajudicial); se recair sobre direitos contestados em juízo (já existe uma ação tramitando), será feita por escritura pública, ou por termo nos autos, assinado pelos transigentes e homologado pelo juiz (judicial), conforme determina o Art. 842 CC.

A transação interpreta-se restritivamente, e por ela não se transmitem, apenas se declaram ou reconhecem direitos (Art. 843 CC).

4.12.1.1 Proibições e Invalidades

> A transação só é permitida com relação a direitos patrimoniais de caráter privado

> A transação não extingue a ação penal pública, só é possível para resolve questões patrimoniais (exemplo um crime de homicídio doloso. Só podem transigir sobre reparação de danos, não sobre a pena imposta pela legislação penal).

> É permitido que conste pena convencional

> Nulidade: Art. 850. É nula a transação a respeito do litígio decidido por sentença passada em julgado, se dela não tinha ciência algum dos transatores, ou quando, por título ulteriormente descoberto, se verificar que nenhum deles tinha direito sobre o objeto da transação.

> Anula: a transação eivada de dolo, coação ou erro essencial quanto a pessoa ou coisa controversa. O erro de direito não anula questões que foram objeto de controvérsia entre as partes (artigo 849 CC)

> Por fim: Art. 848. Sendo nula qualquer das cláusulas da transação, nula será esta.

4.13 Atos Unilaterais de Vontade

(Artigos 854 a 860 CC)

> Promessa de recompensa: por meio de publicidade o proponente compromete-se em entregar recompensa para quem desempenhe determinado serviço ou condição;

> Gestão de negócios: terceiro intervém em negócios e administra segundo interesses e vontade do "dono";

> Pagamento indevido: aquele que recebe de boa-fé faz jus aos frutos e benfeitorias do bem;

> Enriquecimento sem causa - artigos 884 a 886 CC.

Questões

01. (CESPE) Considere que Alfredo, com o objetivo de vender imóvel de sua propriedade, tenha firmado, a título gratuito, contrato de mandato com Mário. Nessa situação hipotética, a partir da formalização do contrato, Alfredo não poderá impedir a realização do negócio, salvo se ficar demonstrada a incapacidade civil de Mário.

Certo ( ) Errado ( )

02. (CESPE) Acerca de capacidade, negócio jurídico, obrigações, contratos e responsabilidade civil, julgue os seguintes itens. A proposta de contrato obriga o proponente, mesmo quando a proposta foi feita por agente capaz e este tenha se tornado relativamente incapaz posteriormente.

Certo ( ) Errado ( )

03. O ilícito contratual caracteriza-se apenas pelo descumprimento de regras expressamente convencionadas, devendo o descumprimento de deveres anexos ser discutido na seara da responsabilidade civil.

Certo ( ) Errado ( )

04. Considerando o que dispõe o Código Civil acerca de negócios jurídicos e contratos, julgue o item a seguir.

Nos contratos de adesão, as cláusulas que estipulem renúncia antecipada do aderente a direito resultante da natureza do negócio serão consideradas abusivas, sendo, portanto, nulas

Certo ( ) Errado ( )

05. Considerando o que dispõe o Código Civil acerca de negócios jurídicos e contratos, julgue o item a seguir.

Nos contratos onerosos, a responsabilidade do alienante pela evicção pode ser excluída por convenção das partes em cláusula expressa.

Certo ( ) Errado ( )

06. A respeito das regras dispostas no Código Civil quanto aos negócios jurídicos e aos contratos, julgue o item a seguir.

Em decorrência do princípio da autonomia da vontade, podem as partes de contrato oneroso pactuar, de forma expressa, pela exclusão de responsabilidade pela evicção, mas, mesmo nessa situação, o evicto terá direito a receber o preço que pagou pela coisa perdida se desconhecia o risco efetivo de evicção à época do contrato.

Certo ( ) Errado ( )

Gabaritos

01	ERRADO	04	CERTO
02	CERTO	05	CERTO
03	ERRADO	06	CERTO

5. DIREITO DE FAMÍLIA

5.1 Casamento

O casamento é ato solene, que estabelece a união entre homem e mulher, com a finalidade de constituir família, tendo por base a igualdade de direitos e deveres, sendo proibido a qualquer pessoa interferir na vida familiar instituída. Tem como requisito essencial a capacidade (idade núbil a partir dos 16 anos, com a autorização de seus representantes até os 18 anos).

Cabe fazer uma ressalva quanto à união homoafetiva. Em decisão do STF foi reconhecida a União Estável entre casais do mesmo sexo. Há também inúmeras decisões judiciais pelo nosso país inclusive que reconhecem o casamento entre estes casais, assunto que será citado nas páginas seguintes.

Pressupostos:

> Diversidade de sexos;
> Consentimento;
> Celebração por autoridade competente.

O casamento religioso poderá ter efeito civil se seguir a regra do artigo 1515 e 1516:

> ***Art. 1.516.*** *O registro do casamento religioso submete-se aos mesmos requisitos exigidos para o casamento civil.*
>
> ***§ 1º*** *O registro civil do casamento religioso deverá ser promovido dentro de noventa dias de sua realização, mediante comunicação do celebrante ao ofício competente, ou por iniciativa de qualquer interessado, desde que haja sido homologada previamente a habilitação regulada neste Código. Após o referido prazo, o registro dependerá de nova habilitação.*
>
> ***§ 2º*** *O casamento religioso, celebrado sem as formalidades exigidas neste Código, terá efeitos civis se, a requerimento do casal, for registrado, a qualquer tempo, no registro civil, mediante prévia habilitação perante a autoridade competente e observado o prazo do art. 1.532.*
>
> ***§ 3º*** *Será nulo o registro civil do casamento religioso se, antes dele, qualquer dos consorciados houver contraído com outrem casamento civil.*

5.1.1 Celebração do Casamento

Após o processo de habilitação (quando ocorre a verificação da documentação, capacidade e inexistência de impedimento), publicações de editais (dispensado somente em casos de urgência) e emissão do certificado de habilitação (eficácia: 90 dias), será celebrado o casamento.

O casamento é ato revestido de solenidade realizado por autoridade competente (juiz de paz).

→ **Além desta forma "comum", o Código estabelece outras:**

> Casamento por procuração: o casamento também poderá ser realizado por Procuração (feita através de escritura pública), tendo sua eficácia por 90 dias e somente por instrumento público poderá ser revogado;
> Casamento perante autoridade consular ou diplomática: quando realizado no exterior;
> Casamento nuncupativo: quando um dos nubentes encontra-se em risco de vida, não havendo tempo para o formalismo previsto.

5.1.2 Deveres Conjugais

→ **São deveres conjugais:**

> Fidelidade recíproca;
> Vida em comum em domicílio conjugal (existem exceções);
> Mútua assistência;
> Sustento, guarda e educação dos filhos;
> Respeito e consideração mútuos.

5.1.3 Regimes de Bens

→ **São os regimes de bens previstos no Código Civil:**

> Comunhão Parcial de bens: patrimônio em comum é o que se adquire na constância do casamento. No artigo 1.659 do CC, estão previstos os bens que não se comunicam. Os que se comunicam encontram-se no artigo 1.661 do CC;
> Comunhão Universal de bens: todos os bens se comunicam. Nesse caso, há a figura do "cônjuge meeiro". O artigo 1.668 do CC prevê situações em que há exclusão do regime;
> Participação Final de Aquestos: permite a separação dos bens individuais durante a união conjugal e, com a dissolução a participação final nesses bens;
> Separação de bens: não há comunicação de bens. Pode ocorrer a obrigatoriedade do regime (legal) ou ser de modo convencional. Atente para a Súmula 377 do STJ, que permite a divisão de bens adquiridos na constância do casamento.

Os cônjuges poderão, em casos excepcionais, alterar o regime de bens, desde que autorizado judicialmente, com pedido motivado por ambos e apurada a procedência das razões, ressalvados os direitos de terceiros.

Pacto Antenupcial: ato solene (feito por meio de escritura pública) que estipula o regime de bens.

5.1.4 Impedimentos

→ **A lei proíbe o casamento nas seguintes situações:**

> Ascendentes com descendentes (natural ou civil);
> Afins em linha reta(sogro, sogra, enteados e avós, netos e bisnetos do cônjuge);
> Adotante com quem foi cônjuge de adotado, bem como adotado com adotante;
> Irmãos unilaterais (irmãos só por parte de pai ou de mãe), bilaterais (mesmo pai e mãe) e demais colaterais até terceiro grau (tio, sobrinho);
> Adotado com filho de adotante;
> Casados;
> Cônjuge sobrevivente com o condenado por homicídio ou tentativa contra seu consorte.

5.1.5 Causas Suspensivas

As causas suspensivas não impedem o casamento nem o tornam nulo ou anulável, mas há uma sanção caso a lei seja descumprida.

→ **São os casos previstos no artigo 1.523 CC:**

> ***Art. 1.523.*** *Não devem casar:*
>
> ***I.*** *o viúvo ou a viúva que tiver filho do cônjuge falecido, enquanto não fizer inventário dos bens do casal e der partilha aos herdeiros;*
>
> ***II.*** *a viúva, ou a mulher cujo casamento se desfez por ser nulo ou ter sido anulado, até dez meses depois do começo da viuvez, ou da dissolução da sociedade conjugal;*
>
> ***III.*** *o divorciado, enquanto não houver sido homologada ou decidida a partilha dos bens do casal;*
>
> ***IV.*** *o tutor ou o curador e os seus descendentes, ascendentes, irmãos, cunhados ou sobrinhos, com a pessoa tutelada ou curatelada, enquanto não cessar a tutela ou curatela, e não estiverem saldadas as respectivas contas.*

A sanção aplicada é a imposição do regime de separação de bens. As partes podem requerer ao juiz que deixe de aplicar tal sanção provando a impossibilidade ou inexistência de confusão dos bens.

5.1.6 Invalidade do Casamento

Casamento inexistente: quando falta algum elemento essencial, o casamento não produz nenhum efeito.

→ **Será Nulo:**

> ***Art. 1.548.*** *É nulo o casamento contraído:*
>
> ***I.*** *pelo enfermo mental sem o necessário discernimento para os atos da vida civil;*
>
> ***II.*** *por infringência de impedimento.*

→ **Será Anulável:**

> ***Art. 1.550.*** *É anulável o casamento:*
>
> ***I.*** *de quem não completou a idade mínima para casar;*
>
> ***II.*** *do menor em idade núbil, quando não autorizado por seu representante legal;*
>
> ***III.*** *por vício da vontade, nos termos dos arts. 1.556 a 1.558;*
>
> ***IV.*** *do incapaz de consentir ou manifestar, de modo inequívoco, o consentimento;*
>
> ***V.*** *realizado pelo mandatário, sem que ele ou o outro contraente soubesse da revogação do mandato, e não sobrevindo coabitação entre os cônjuges;*
>
> ***VI.*** *por incompetência da autoridade celebrante.*

O Ministério Público não poderá intervir, sendo que tal intervenção cabe somente aos interessados. Prazo para anular: artigo 1560 do CC.

Casamento Putativo: embora nulo ou anulável, se contraído de boa-fé produz todos os efeitos até sentença judicial anulatória de cônjuge que ignorava o vício do casamento.

5.1.7 Fim do Casamento

A dissolução do vínculo matrimonial ocorre em decorrência de morte, divórcio ou nulidade/anulação do casamento.

→ **A EC 66/2010 alterou o art. 226:**

> ***§ 6º*** *O casamento civil pode ser dissolvido pelo divórcio.*

Portanto, não é mais exigida a separação (judicial ou de fato), como na redação anterior, sendo possível o "divórcio direto". Porém, continua existindo a Ação cautelar de separação de corpos, por meio da qual se tem reconhecimento da ruptura da vida em comum, além das Ações de separação em trâmite.

5.1.8 Divórcio:

É a extinção voluntária do casamento que rompe o vínculo de forma definitiva, põe fim aos deveres conjugais, possibilitando novo casamento.

→ **O divórcio poder ocorrer de duas formas:**

- Judicial (litigioso ou consensual);
- Extrajudicial (somente consensual, não podendo existir filhos menores).

Se o divórcio ocorrer no exterior, somente será reconhecido no Brasil após um ano da data da sentença.

5.2 Parentesco

É a relação entre o grupo família, de origem biológica ou social.

- Parentesco em linha reta e colateral (natural ou civil);
- Por afinidade: o cônjuge/companheiro passa a ter vínculo com a família do outro (ascendentes, descendentes e irmãos). Com o fim do casamento, somente deixará de ter parentesco com os colaterais;
- Filiação: os filhos nascidos do matrimônio ou não e adotados.

Na questão dos filhos, presume-se concebidos na constância do casamento os nascidos até 300 dias após a dissolução do casamento.

Na União Estável, não há presunção *pater is*, podendo ser afastada tal presunção caso haja impotência para gerar.

> ***Art. 1.597.*** *Presumem-se concebidos na constância do casamento os filhos:*
>
> ***I.*** *nascidos cento e oitenta dias, pelo menos, depois de estabelecida a convivência conjugal;*
>
> ***II.*** *nascidos nos trezentos dias subsequentes à dissolução da sociedade conjugal, por morte, separação judicial, nulidade e anulação do casamento;*
>
> ***III.*** *havidos por fecundação artificial homóloga, mesmo que falecido o marido;*
>
> ***IV.*** *havidos, a qualquer tempo, quando se tratar de embriões excedentários, decorrentes de concepção artificial homóloga;*
>
> ***V.*** *havidos por inseminação artificial heteróloga, desde que tenha prévia autorização do marido.*

5.3 União Estável

> ***Art. 1.723.*** *É reconhecida como entidade familiar a união estável entre o homem e a mulher, configurada na convivência pública, contínua e duradoura e estabelecida com o objetivo de constituição de família.*

→ **São requisitos para a caracterização da União Estável:**

- Diversidade de sexo;
- Inexistência de impedimento matrimonial;
- Notoriedade ou publicidade da relação;
- Aparência de casamento perante a sociedade.

Existem mais dois requisitos que são amplamente discutidos, havendo divergências na doutrina e jurisprudência:

> **Coabitação** – atenção para a Súmula 382 do STJ, que não torna a coabitação um requisito indispensável.

> **Tempo de Convivência** – não há um mínimo estipulado, devendo somente ser duradouro e contínuo.

A união estável gera efeitos semelhantes ao casamento, se aplicando o regime de comunhão parcial de bens. Também, devem os companheiros obedecer os mesmos deveres conjugais previstos para o matrimônio.

Ainda, existe a questão do concubinato, que é uma união informal entre homem e mulher impedidos de casar, se subdividindo em:

> Concubinato adulterino;

> Concubinato Incestuoso.

Já no que se refere à União homoafetiva, o STF ampliou a interpretação do artigo 1723, aplicando-se as regras do Código Civil sobre a união estável em relação aos companheiros do mesmo sexo, inclusive com a conversão em casamento, depois de homologação judicial, conforme prevê o artigo 1726 CC.

5.4 Alimentos

Podem os parentes, cônjuges/companheiros pedir entre si alimentos de que necessitem (visando à condição social).

Partes da relação: alimentante e alimentado.

→ **Assim, são princípios da obrigação alimentar:**

> Reciprocidade;

> Preferência;

> Complementariedade;

> Mutuabilidade;

> Transmissibilidade;

> Alternatividade;

> Irrenunciabilidade.

O marco inicial dos alimentos é o reconhecimento da paternidade (Súmula 277 STJ).

Em regra, quando o cônjuge se separa, deverá pagar alimentos, subdividindo-se em:

> **Alimentos civis:** ou côngruos, para manter seu padrão social;

> **Alimentos naturais:** o indispensável para sua sobrevivência (quando o "culpado" pelo fim do matrimônio necessitar).

5.4.8.1 Alimentos Gravídicos

Ocorre a obrigação antes do nascimento e depois da concepção, visando à proteção do nascituro, devidos a gestante.

Introduzido pela Lei 11.804/2004, levando-se em consideração a simples presença de indícios de paternidade.

Questões

01. (MPE) A morte dos pais ou a do filho, a emancipação deste, a maioridade do filho e a adoção são as únicas hipóteses legais capazes de embasar a extinção do poder familiar.

Certo ( ) Errado ( )

02. (MPE) O homem e a mulher com dezesseis anos podem casar, exigindo-se autorização de ambos os pais ou de seus representantes legais, enquanto não atingida a maioridade civil.

Certo ( ) Errado ( )

03. Julgue o item a seguir acerca de direitos da personalidade, de registros públicos, de obrigações e de bens.

Para que tenham efeitos perante terceiros, as convenções antenupciais que disponham sobre regime de bens devem ser registradas pelo oficial do cartório de registro de imóveis do domicílio conjugal.

Certo ( ) Errado ( )

04. Ainda com relação à tutela dos direitos difusos, coletivos e individuais homogêneos, julgue o item subsecutivo.

Situação hipotética: Carlos, proprietário de um imóvel residencial, pretende instituir esse imóvel como bem de família por meio de escritura pública na qual irá declarar que sua família é domiciliada no local. Assertiva: Nessa situação, o imóvel ficará isento de eventuais execuções por dívida contra Carlos.

Certo ( ) Errado ( )

05. Texto associado

Determinado indivíduo deseja buscar, por via judicial, o reconhecimento de paternidade biológica, embora já possua vínculo de paternidade baseado em relação socioafetiva declarada em registro público.

Considerando essa situação hipotética, julgue o item subsequente de acordo com o entendimento do STF.

A paternidade socioafetiva, por estar declarada em registro público, impede o reconhecimento do vínculo de filiação baseado na origem biológica.

Certo ( ) Errado ( )

06. À luz da legislação e da jurisprudência dos tribunais superiores, julgue o item a seguir, a respeito dos direitos da personalidade, do direito de família, dos direitos reais e da prescrição.

A obrigação dos avós de prestar alimentos aos netos possui natureza complementar e subsidiária, somente surgindo em caso de comprovação da impossibilidade total ou parcial dos dois genitores de proverem os alimentos de seus filhos.

Certo ( ) Errado ( )

07. Em relação ao direito de família e ao direito das sucessões, julgue o item subsequente.

A existência de estado gravídico é hipótese excepcional de permissão para casamento de pessoa que não tenha atingido a idade núbil.

Certo ( ) Errado ( )

Gabaritos

01	ERRADO	05	ERRADO
02	CERTO	06	CERTO
03	CERTO	07	CERTO
04	CERTO		

6. LEI Nº 8.069/90 - ESTATUTO DA CRIANÇA E DO ADOLESCENTE

6.1 Conceitos e breve histórico

O Estatuto da Criança e do Adolescente, Lei 8.069 de 1990, versa sobre a proteção dirigida à criança e ao adolescente bem como a aplicação de medidas no caso da prática de ato infracional.

A ideia é a proteção integral do menor, garantindo seus direitos.

Antes do atual Estatuto, o primeiro instrumento de proteção aos menores foi promulgado em 1927. Tal instrumento cuidava dos menores em situação de abandono ou quando da prática de atos infracionais (havia a denominação delinquente na época).

A Lei 6.697 de 1979 foi uma revisão do primeiro Código de Menores, mantendo as características do primeiro, introduzindo ao conceito de menor em situação irregular.

O que ambos os instrumentos tinham em comum, era a arbitrariedade.

Na década de 80 do século XX, precisamente em 1988, temos a promulgação da nossa atual Constituição, que procurou assegurar a proteção da criança e do adolescente.

Hoje, temos a atual redação do artigo 227 da CF:

> ***Art. 227.*** *É dever da família, da sociedade e do Estado assegurar à criança, ao adolescente e ao jovem, com absoluta prioridade, o direito à vida, à saúde, à alimentação, à educação, ao lazer, à profissionalização, à cultura, à dignidade, ao respeito, à liberdade e à convivência familiar e comunitária, além de colocá-los a salvo de toda forma de negligência, discriminação, exploração, violência, crueldade e opressão.*

Assim, podemos afirmar que o ECA é um microssistema para a proteção integral da criança e do adolescente, ditando normas em matéria civil, penal (aqui teremos uma diferenciação, pelo princípio da especialidade), administrativa, prevendo a responsabilização daqueles que não observem as disposições do Estatuto.

O primeiro aspecto a ser observado quando estudamos o Estatuto da Criança e do Adolescente é o que dispõe o artigo 1° da Lei, que prevê a proteção integral à criança e ao adolescente, reconhecendo a necessidade de direitos específicos para a criança e o adolescente.

O nosso Estatuto é considerado um dos mais evoluídos do mundo, pois protege a criança e o adolescente de uma forma ampla e específica.

6.2 Disposições Preliminares

Quando se fala em Estatuto da Criança e do Adolescente, a primeira diferenciação a se fazer é entre criança e adolescente. Criança é aquele indivíduo tem menos de 12 anos (12 anos incompletos) e adolescente é aquele que tem entre 12 anos e 18 anos (maior que 12 anos e menor que 18 anos).

Em casos excepcionais, o Estatuto poderá ser aplicado ao jovem até 21 anos de idade, principalmente nos casos de ato infracional praticado antes de atingir a maioridade.

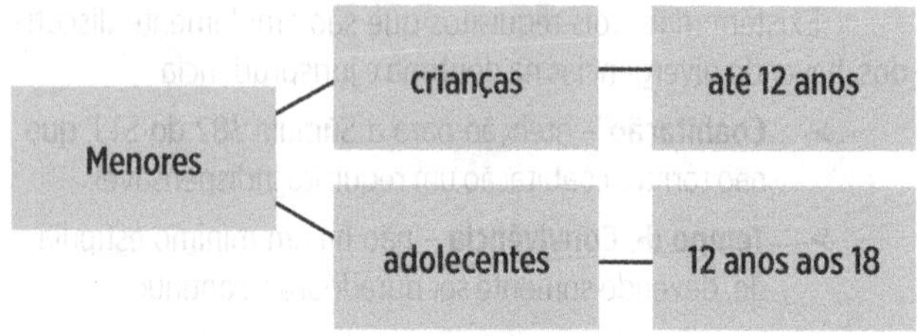

Além do Estatuto, o menor também é objeto de proteção da Constituição Federal e, por isso, goza de todos os direitos fundamentais inerentes à pessoa humana, sem prejuízo da proteção integral de que trata esta Lei, assegurando-se-lhes, por lei ou por outros meios, todas as oportunidades e facilidades, a fim de lhes facultar o desenvolvimento físico, mental, moral, espiritual e social, em condições de liberdade e de dignidade.

Os direitos referentes à vida, à saúde, à alimentação, à educação, ao esporte, ao lazer, à profissionalização, à cultura, à dignidade, ao respeito, à liberdade e à convivência familiar e comunitária devem ser assegurados pela família, comunidade, sociedade em geral e pelo poder público, pois constituem seus deveres.

Os direitos enunciados no Estatuto aplicam-se a todas as crianças e adolescentes, sem discriminação de nascimento, situação familiar, idade, sexo, raça, etnia ou cor, religião ou crença, deficiência, condição pessoal de desenvolvimento e aprendizagem, condição econômica, ambiente social, região e local de moradia ou outra condição que diferencie as pessoas, as famílias ou a comunidade em que vivem.

A garantia de prioridade compreende (artigo 4° do ECA):

> Preferência de receber proteção e socorro em quaisquer circunstâncias: existindo o perigo, os menores terão preferência no atendimento.

> Precedência de atendimento nos serviços públicos ou de relevância pública: um exemplo é o atendimento preferencial para uma gestante.

> Preferência na formulação e na execução das políticas sociais públicas: voltada para o Legislativo e Executivo, na elaboração de leis e execução das políticas.

> Destinação privilegiada de recursos públicos nas áreas relacionadas com a proteção à infância e à juventude.

No ECA, os direitos fundamentais vêm abordados nos artigos 3° e 4°, que vêm aparados na prioridade dada às crianças e aos adolescentes, em sua peculiar condição de pessoas humanas em desenvolvimento.

Nesta parte "introdutória" do Eca, temos princípios que regem o Estatuto. Dois principais princípios que regem as normas do Estatuto: da prioridade absoluta e da proteção integral à criança e ao adolescente.

O princípio da proteção integral visa que deve orientar a atuação de todos, em especial do Poder Público, para defesa e aplicação dos direitos previstos para as crianças e os adolescentes.

Em resumo, podemos afirmar que são princípios aplicados:

> Da Proteção Integral.

> Da Prioridade Absoluta.

> Da Condição Peculiar como Pessoa em Desenvolvimento.

- Da Ouvida e Participação Progressiva: leva-se em consideração a opinião da criança e do adolescente progressivamente, ou seja, conforme sua maturidade.
- Do Melhor Interesse: deve-se aplicar o melhor no caso concreto.
- Da Autonomia da Família.
- Da Responsabilidade Parental.
- Da Proporcionalidade: as medidas aplicadas devem ser proporcionais ao fato.
- Da Intervenção precoce e mínima.

Na aplicação dos direitos e interpretação de casos que envolvam as crianças e adolescentes, frequentemente trataremos dos princípios da proteção integral e do melhor interesse.

Os direitos enunciados no ECA aplicam-se a todas as crianças e adolescentes, sem discriminação de nascimento, situação familiar, idade, sexo, raça, etnia ou cor, religião ou crença, deficiência, condição pessoal de desenvolvimento e aprendizagem, condição econômica, ambiente social, região e local de moradia ou outra condição que diferencie as pessoas, as famílias ou a comunidade em que vivem.

Ainda nas disposições preliminares, o Estatuto determina que nenhuma criança ou adolescente será objeto de qualquer forma de negligência, discriminação, exploração, violência, crueldade e opressão, punido na forma da lei qualquer atentado, por ação ou omissão, aos seus direitos fundamentais, determinando de forma ampla a proteção destes tutelados.

Por fim, determina o artigo 6º do ECA:

> ***Art. 6º.*** *Na interpretação desta Lei levar-se-ão em conta os fins sociais a que ela se dirige, as exigências do bem comum, os direitos e deveres individuais e coletivos, e a condição peculiar da criança e do adolescente como pessoas em desenvolvimento.*

Este dispositivo trata da hermenêutica do Estatuto, ou seja, orienta como os estudiosos e operadores do direito, como um juiz, por exemplo, devem aplicar a norma menorista. Quando se trata de levar em conta os fins sociais e a exigência do bem comum, o legislador determina que o intérprete busque a finalidade da lei e da justiça, que no caso do ECA é, respectivamente, a busca pela proteção integral da criança e do adolescente e o interesse social.

Portanto, para fins de prova, é importante atentar: o ECA visa à proteção dos menores!

6.3 Direitos Fundamentais

6.3.1 Do direito à Vida e à Saúde

Como gozam de direitos fundamentais, o ECA elenca a proteção de forma específica quanto à Vida e à Saúde. Trata da proteção à gestante, garantindo o bom desenvolvimento da criança, desde a sua concepção e após o nascimento.

A criança e o adolescente têm direito à proteção à vida e à saúde, mediante a efetivação de políticas sociais públicas que permitam o nascimento e o desenvolvimento sadio e harmonioso, em condições dignas de existência. Ou seja, o Estado Social deve garantir tal direito por meio de políticas sociais públicas, que são ações em esfera federal, estadual e municipal visando ao atendimento do bem coletivo.

O ECA determina ações que devem ser observadas, quais sejam:

- É assegurado a todas as mulheres o acesso aos programas e às políticas de saúde da mulher e de planejamento reprodutivo e, às gestantes, nutrição adequada, atenção humanizada à gravidez, ao parto e ao puerpério e atendimento pré-natal, perinatal e pós-natal integral no âmbito do Sistema Único de Saúde.
- O atendimento pré-natal será realizado por profissionais da atenção primária e os profissionais de saúde de referência da gestante garantirão sua vinculação, no último trimestre da gestação, ao estabelecimento em que será realizado o parto, garantido o direito de opção da mulher.
- Os serviços de saúde nos quais o parto for realizado assegurarão às mulheres e aos seus filhos recém-nascidos alta hospitalar responsável e contrarreferência na atenção primária, bem como o acesso a outros serviços e a grupos de apoio à amamentação.
- Incumbe ao poder público proporcionar assistência psicológica à gestante e à mãe, no período pré e pós-natal, inclusive como forma de prevenir ou minorar as consequências do estado puerperal. A assistência psicológica deverá ser prestada também a gestantes e mães que manifestem interesse em entregar seus filhos para adoção, bem como a gestantes e mães que se encontrem em situação de privação de liberdade.
- A gestante e a parturiente têm direito a 1 (um) acompanhante de sua preferência durante o período do pré-natal, do trabalho de parto e do pós-parto imediato.
- A gestante deverá receber orientação sobre aleitamento materno, alimentação complementar saudável e crescimento e desenvolvimento infantil, bem como sobre formas de favorecer a criação de vínculos afetivos e de estimular o desenvolvimento integral da criança.
- A gestante tem direito a acompanhamento saudável durante toda a gestação e a parto natural cuidadoso, estabelecendo-se a aplicação de cesariana e outras intervenções cirúrgicas por motivos médicos.
- A atenção primária à saúde fará a busca ativa da gestante que não iniciar ou que abandonar as consultas de pré-natal, bem como da puérpera que não comparecer às consultas pós-parto.
- Incumbe ao poder público garantir, à gestante e à mulher com filho na primeira infância que se encontrem sob custódia em unidade de privação de liberdade, ambiência que atenda às normas sanitárias e assistenciais do Sistema Único de Saúde para o acolhimento do filho, em articulação com o sistema de ensino competente, visando ao desenvolvimento integral da criança.
- O poder público, as instituições e os empregadores propiciarão condições adequadas ao aleitamento materno, inclusive aos filhos de mães submetidas à medida privativa de liberdade.

- Os profissionais das unidades primárias de saúde desenvolverão ações sistemáticas, individuais ou coletivas, visando ao planejamento, à implementação e à avaliação de ações de promoção, proteção e apoio ao aleitamento materno e à alimentação complementar saudável, de forma contínua.
- Os serviços de unidades de terapia intensiva neonatal deverão dispor de banco de leite humano ou unidade de coleta de leite humano.
- É assegurado acesso integral às linhas de cuidado voltadas à saúde da criança e do adolescente, por intermédio do Sistema Único de Saúde, observado o princípio da equidade no acesso a ações e serviços para promoção, proteção e recuperação da saúde.
- A criança e o adolescente com deficiência serão atendidos, sem discriminação ou segregação, em suas necessidades gerais de saúde e específicas de habilitação e reabilitação.
- Incumbe ao poder público fornecer gratuitamente, àqueles que necessitarem, medicamentos, órteses, próteses e outras tecnologias assistivas relativas ao tratamento, habilitação ou reabilitação para crianças e adolescentes, de acordo com as linhas de cuidado voltadas às suas necessidades específicas.
- Os profissionais que atuam no cuidado diário ou frequente de crianças na primeira infância receberão formação específica e permanente para a detecção de sinais de risco para o desenvolvimento psíquico, bem como para o acompanhamento que se fizer necessário.
- Os estabelecimentos de atendimento à saúde, inclusive as unidades neonatais, de terapia intensiva e de cuidados intermediários, deverão proporcionar condições para a permanência em tempo integral de um dos pais ou responsável, nos casos de internação de criança ou adolescente.
- Os casos de suspeita ou confirmação de castigo físico, de tratamento cruel ou degradante e de maus-tratos contra criança ou adolescente serão obrigatoriamente comunicados ao Conselho Tutelar da respectiva localidade, sem prejuízo de outras providências legais.
- As gestantes ou mães que manifestem interesse em entregar seus filhos para adoção serão obrigatoriamente encaminhadas, sem constrangimento, à Justiça da Infância e da Juventude.
- Os serviços de saúde em suas diferentes portas de entrada, os serviços de assistência social em seu componente especializado, o Centro de Referência Especializado de Assistência Social (CREAS) e os demais órgãos do Sistema de Garantia de Direitos da Criança e do Adolescente deverão conferir máxima prioridade ao atendimento das crianças na faixa etária da primeira infância com suspeita ou confirmação de violência de qualquer natureza, formulando projeto terapêutico singular que inclua intervenção em rede e, se necessário, acompanhamento domiciliar.
- O Sistema Único de Saúde promoverá programas de assistência médica e odontológica para a prevenção das enfermidades que ordinariamente afetam a população infantil, e campanhas de educação sanitária para pais, educadores e alunos.
- É obrigatória a vacinação das crianças nos casos recomendados pelas autoridades sanitárias.
- O Sistema Único de Saúde promoverá a atenção à saúde bucal das crianças e das gestantes, de forma transversal, integral e intersetorial com as demais linhas de cuidado direcionadas à mulher e à criança.
- A atenção odontológica à criança terá função educativa protetiva e será prestada, inicialmente, antes de o bebê nascer, por meio de aconselhamento pré-natal, e, posteriormente, no sexto e no décimo segundo anos de vida, com orientações sobre saúde bucal.
- A criança com necessidade de cuidados odontológicos especiais será atendida pelo Sistema Único de Saúde.

A Lei 13.798/2019 instituiu, dentro dos aspectos da saúde, a Semana Nacional de Prevenção da Gravidez na Adolescência:

> ***Art. 8º-A.*** *Fica instituída a Semana Nacional de Prevenção da Gravidez na Adolescência, a ser realizada anualmente na semana que incluir o dia 1º de fevereiro, com o objetivo de disseminar informações sobre medidas preventivas e educativas que contribuam para a redução da incidência da gravidez na adolescência.*
>
> ***Parágrafo único.*** *As ações destinadas a efetivar o disposto no caput deste artigo ficarão a cargo do poder público, em conjunto com organizações da sociedade civil, e serão dirigidas prioritariamente ao público adolescente*

Ainda, determina artigo 10 do ECA:

> ***Art. 10.*** *Os hospitais e demais estabelecimentos de atenção à saúde de gestantes, públicos e particulares, são obrigados a:*
>
> ***I.*** *manter registro das atividades desenvolvidas, através de prontuários individuais, pelo prazo de dezoito anos;*
>
> ***II.*** *identificar o recém-nascido mediante o registro de sua impressão plantar e digital e da impressão digital da mãe, sem prejuízo de outras formas normatizadas pela autoridade administrativa competente;*
>
> ***III.*** *proceder a exames visando ao diagnóstico e terapêutica de anormalidades no metabolismo do recém-nascido, bem como prestar orientação aos pais;*
>
> ***IV.*** *fornecer declaração de nascimento onde constem necessariamente as intercorrências do parto e do desenvolvimento do neonato;*
>
> ***V.*** *manter alojamento conjunto, possibilitando ao neonato a permanência junto à mãe.*
>
> ***VI.*** *acompanhar a prática do processo de amamentação, prestando orientações quanto à técnica adequada, enquanto a mãe permanecer na unidade hospitalar, utilizando o corpo técnico já existente.*

6.3.2 Do Direito à Liberdade, ao Respeito e à Dignidade

Dentro dos Direitos Fundamentais, também será resguardado o direito à Liberdade, ao Respeito e à Dignidade.

Cada um é conceituado de forma diferenciada no ECA. Vejamos:

→ Direito à liberdade: compreende os seguintes aspectos:

> Ir, vir e estar nos logradouros públicos e espaços comunitários, ressalvadas as restrições legais.

> Opinião e expressão.

> Crença e culto religioso.

> Brincar, praticar esportes e divertir-se.

> Participar da vida familiar e comunitária, sem discriminação.

> Participar da vida política, na forma da lei.

> Buscar refúgio, auxílio e orientação.

Direito ao respeito: consiste na inviolabilidade da integridade física, psíquica e moral da criança e do adolescente, abrangendo a preservação da imagem, da identidade, da autonomia, dos valores, ideias e crenças, dos espaços e objetos pessoais.

Direito à dignidade: como pessoas humanas em processo de desenvolvimento e como sujeitos de direitos civis, humanos e sociais garantidos na Constituição e nas leis, é dever de todos velar pela dignidade da criança e do adolescente, pondo-os a salvo de qualquer tratamento desumano, violento, aterrorizante, vexatório ou constrangedor.

Com os diversos casos de abusos nos castigos por parte dos pais ou responsáveis, já que em nossa cultura é muito forte a ideia de bater para educar, foi publicada a Lei 13.010/2014, que ficou conhecida como Lei da Palmada ou Menino Bernardo. Ela acrescentou dispositivos sobre a dignidade. Vejamos:

> ***Art. 18-A.*** *A criança e o adolescente têm o direito de ser educados e cuidados sem o uso de castigo físico ou de tratamento cruel ou degradante, como formas de correção, disciplina, educação ou qualquer outro pretexto, pelos pais, pelos integrantes da família ampliada, pelos responsáveis, pelos agentes públicos executores de medidas socioeducativas ou por qualquer pessoa encarregada de cuidar deles, tratá-los, educá-los ou protegê-los.*
>
> ***Parágrafo único.*** *Para os fins desta Lei, considera-se:*
>
> ***I.*** *castigo físico: ação de natureza disciplinar ou punitiva aplicada com o uso da força física sobre a criança ou o adolescente que resulte em:*
>
> ***a)*** *sofrimento físico; ou*
>
> ***b)*** *lesão;*
>
> ***II.*** *tratamento cruel ou degradante: conduta ou forma cruel de tratamento em relação à criança ou ao adolescente que:*
>
> ***a)*** *humilhe; ou*
>
> ***b)*** *ameace gravemente; ou*
>
> ***c)*** *ridicularize.*

O artigo 18-B prevê sanções quando imposto tratamento cruel ou degradante ou castigo físico:

> ***Art. 18-B.*** *Os pais, os integrantes da família ampliada, os responsáveis, os agentes públicos executores de medidas socioeducativas ou qualquer pessoa encarregada de cuidar de crianças e de adolescentes, tratá-los, educá-los ou protegê-los que utilizarem castigo físico ou tratamento cruel ou degradante como formas de correção, disciplina, educação ou qualquer outro pretexto estarão sujeitos, sem prejuízo de outras sanções cabíveis, às seguintes medidas, que serão aplicadas de acordo com a gravidade do caso:*
>
> ***I.*** *encaminhamento a programa oficial ou comunitário de proteção à família;*
>
> ***II.*** *encaminhamento a tratamento psicológico ou psiquiátrico;*
>
> ***III.*** *encaminhamento a cursos ou programas de orientação;*
>
> ***IV.*** *obrigação de encaminhar a criança a tratamento especializado;*
>
> ***V.*** *advertência.*
>
> ***Parágrafo único.*** *As medidas previstas neste artigo serão aplicadas pelo Conselho Tutelar, sem prejuízo de outras providências legais.*

Percebe-se que o parágrafo único prevê aplicação das medidas pelo Conselho Tutelar, sem prejuízo de medidas que possam ser adotadas pelo Poder Judiciário. Inclusive, dependendo da gravidade, os pais podem ser suspensos do poder familiar.

6.3.3 Do Direito à Convivência Familiar

É direito da criança e do adolescente ser criado e educado no seio de sua família e, excepcionalmente, em família substituta, assegurada a convivência familiar e comunitária, em ambiente que garanta seu desenvolvimento integral.

Família natural é aquela formada por pai, mãe, irmãos... ou seja, formada pelos pais (ou qualquer deles) e seus descendentes.

Já a família substituta vem substituir aquela, por meio, por exemplo, da adoção.

Além disso, é importante conceituar que família extensa ou ampliada é aquela formada por parentes próximos com os quais o menor convive e mantém vínculos de afetividade e afinidade. Tal conceito de família vai além da unidade de pais e filhos ou da unidade do casal.

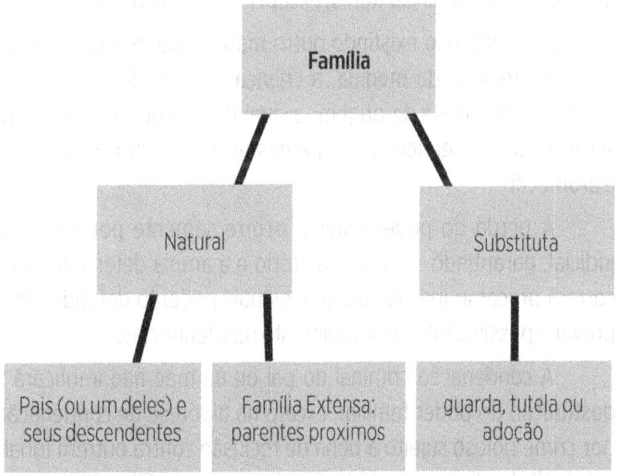

O ECA determina que se o menor estiver inserido em programa de acolhimento familiar ou institucional, a sua situação será reavaliada, no máximo a cada três meses, devendo a autoridade judiciária fundamentar pela reintegração familiar ou colocação em família substituta.

Mas o que é o acolhimento institucional ou familiar? O acolhimento é realizado em instituições para tal finalidade ou em residências de famílias previamente cadastradas. Tal acolhimento é considerado uma medida protetiva. Assim, o menor passa a viver com outra família ou em uma instituição para regressar à sua família ou destinar-se a uma família substituta.

O acolhimento institucional é a "ultima opção", ocorre de maneira subsidiária.

Devemos ter em mente que as ações articuladas pelo Estado devem respeitar o máximo possível os princípios da autonomia da família e da responsabilidade parental.

O menor permanecerá acolhido institucionalmente por, no máximo, 18 meses, exceto em situação que atenda a seu próprio interesse.

É importante ressaltar que não haverá diferenciação entre os filhos havidos no casamento e os fora dele, como também não haverá diferenciação em relação aos filhos adotados, o que em tempos remotos ocorreu em nosso país.

Cabe aos pais (pai e mãe), de forma igualitária, exercer o poder familiar (expressão que antes era denominada pátrio poder), que poderá ser perdido caso não cumpram seu dever de sustento, guarda e educação dos filhos menores e as determinações judiciais.

A falta ou a carência de recursos materiais não constituem motivos suficientes para a perda ou a suspensão do poder familiar. Caso seja necessário, a família será incluída em programas oficiais de auxílio. Cuidado: frequentemente aparece nos concursos que a falta de recursos materiais é causa da perda da guarda do menor.

O ECA deixa expresso que a manutenção ou a reintegração de criança ou adolescente à sua família terão preferência em relação a qualquer outra providência, caso em que será esta incluída em serviços e programas de proteção, apoio e promoção.

A ideia do Estatuto é sempre manter o menor em sua família de origem, com seus genitores, excepcionalmente retirá-los.

Portanto, não existindo outro motivo que, por si só, autorize a decretação da medida, a criança ou o adolescente serão mantidos na família de origem, a qual deverá obrigatoriamente ser incluída em serviços e programas oficiais de proteção, apoio e promoção.

A perda do poder familiar ocorre somente por sentença judicial, garantindo-se o contraditório e a ampla defesa, ou seja, correrá processo judicial, no qual os pais poderão defender-se e provar a possível falta de fundamento das denúncias.

A condenação criminal do pai ou da mãe não implicará a destituição do poder familiar, exceto na hipótese de condenação por crime doloso sujeito à pena de reclusão contra outrem igualmente titular do mesmo poder familiar ou contra filho, filha ou outro descendente.

Será garantida a convivência da criança e do adolescente com a mãe ou o pai privado de liberdade, por meio de visitas periódicas promovidas pelo responsável ou, nas hipóteses de acolhimento institucional, pela entidade responsável, independentemente de autorização judicial.

Será garantida a convivência integral da criança com a mãe adolescente que estiver em acolhimento institucional.

A mãe adolescente será assistida por equipe especializada multidisciplinar.

6.3.4 Da genitora que deseja entregar filho para adoção

A gestante ou mãe que manifeste interesse em entregar seu filho para adoção, antes ou logo após o nascimento, será encaminhada à Justiça da Infância e da Juventude, sendo devidamente ouvida por equipe interprofissional da Justiça.

Após a oitiva, a equipe apresentará relatório à autoridade judiciária, devendo levar em consideração eventuais efeitos do estado gestacional e puerperal.

Com o relatório em mãos, a autoridade poderá determinar o encaminhamento da gestante ou mãe, quando esta concordar, para recebimento de tratamento especializado em saúde e assistência médica, na rede pública.

Na sequência, busca-se a família extensa para verificar a possibilidade de inserção da criança na própria família, existindo interessados aptos.

A lei determina que a busca à família extensa, conforme definida na lei, respeitará o **prazo máximo de 90 (noventa) dias, prorrogável por igual período.**

Na hipótese de não haver a indicação do genitor e de não existir outro representante da família extensa apto a receber a guarda, a autoridade judiciária competente deverá decretar a extinção do poder familiar e determinar a colocação da criança sob a guarda provisória de quem estiver habilitado a adotá-la ou de entidade que desenvolva programa de acolhimento familiar ou institucional.

Após o nascimento da criança, a vontade da mãe ou de ambos os genitores, se houver pai registral ou pai indicado, deve ser manifestada na audiência (seguindo até mesmo regras da adoção, em que os genitores devem manifestar a concordância com a medida), na qual será acolhida concordância para colocação em família substituta, garantido o sigilo sobre a entrega.

Os detentores da guarda possuem o prazo de 15 (quinze) dias para propor a ação de adoção, contado do dia seguinte à data do término do estágio de convivência. Ou seja, nesse momento se inicia o procedimento de adoção, com a antecedência do prazo de estágio de convivência.

Na hipótese de desistência pelos genitores - manifestada em audiência ou perante a equipe interprofissional - da entrega da criança após o nascimento, a criança será mantida com os genitores, e será determinado pela Justiça da Infância e da Juventude o acompanhamento familiar pelo **prazo de 180 (cento e oitenta) dias.**

É garantido à mãe o direito ao sigilo sobre o nascimento, respeitada a possibilidade de o menor conhecer sua origem biológica.

→ Atenção aos prazos:
- 90 dias: busca de família extensa;
- 180 dias: acompanhamento familiar na desistência de entrega da criança.

6.3.4.1 Apadrinhamento

O ECA prevê a possibilidade de apadrinhamento, que pode ser de forma afetiva ou financeira, de crianças e adolescentes em acolhimento institucional.

O apadrinhamento, conforme conceitua a lei, consiste em estabelecer e proporcionar à criança e ao adolescente vínculos externos à instituição para fins de convivência familiar e comunitária e colaboração com o seu desenvolvimento nos aspectos social, moral, físico, cognitivo, educacional e financeiro. Existe a possibilidade de pessoas jurídicas poderem apadrinhar criança ou adolescente a fim de colaborar para o seu desenvolvimento.

O perfil da criança ou do adolescente a ser apadrinhado será definido no âmbito de cada programa de apadrinhamento, com prioridade para crianças ou adolescentes com remota possibilidade de reinserção familiar ou colocação em família adotiva. Os programas ou serviços de apadrinhamento apoiados pela Justiça da Infância e da Juventude poderão ser executados por órgãos públicos ou por organizações da sociedade civil.

Se ocorrer violação das regras de apadrinhamento, os responsáveis pelo programa e pelos serviços de acolhimento deverão imediatamente notificar a autoridade judiciária competente, que tomará as medidas necessárias.

6.3.4.2 Da Família Natural

Conforme já conceituado, família natural é a comunidade formada pelos pais (ou qualquer deles) e seus descendentes. A família extensa ou ampliada é aquela formada por parentes próximos com os quais o menor convive e mantém vínculos de afetividade e afinidade, que vai além da unidade de pais e filhos ou da unidade do casal.

O reconhecimento de paternidade para os filhos havidos fora do casamento poderá ser feito, conjunta ou separadamente:

- → por próprio termo do nascimento;
- → por testamento;
- → mediante escritura; ou
- → por outro documento público.

O reconhecimento pode preceder o nascimento do filho ou suceder-lhe ao falecimento, se deixar descendentes.

O reconhecimento do estado de filiação é direito personalíssimo, indisponível e imprescritível, podendo ser exercitado contra os pais ou seus herdeiros, sem qualquer restrição.

Além disso, não haverá nenhuma distinção entre os filhos. Aos pais incumbe o dever de sustento, guarda e educação dos filhos menores.

Aos pais também cabe cuidar dos interesses dos seus filhos quanto à obrigação de cumprir e fazer cumprir as determinações judiciais (exemplo: pensão alimentícia, herança).

A mãe e o pai, ou os responsáveis, têm direitos iguais e deveres e responsabilidades compartilhados no cuidado e na educação da criança, devendo ser resguardado o direito de transmissão familiar de suas crenças e culturas.

6.3.5 Da Família Substituta

6.3.5.1 Primeiras considerações

A colocação em família substituta será feita mediante guarda, tutela ou adoção.

A colocação do adolescente em família substituta dependerá de seu consentimento, porém, sempre que possível, o menor será ouvido por equipe interprofissional, como, por exemplo, psicólogo, buscando sempre o que é melhor para o menor.

Os irmãos serão colocados sob guarda, tutela ou adoção da mesma família substituta, ressalvada a existência de risco de abuso ou outra excepcionalidade, evitando-se o rompimento do vínculo familiar.

Em se tratando de criança ou adolescente indígena ou proveniente de comunidade remanescente de quilombo, é ainda obrigatório:

a) que sejam consideradas e respeitadas sua identidade social e cultural, os seus costumes e tradições, bem como suas instituições, desde que não sejam incompatíveis com os direitos fundamentais reconhecidos pelo ECA e pela Constituição Federal;

b) que a colocação familiar ocorra, prioritariamente, no seio de sua comunidade ou junto a membros da mesma etnia;

c) a intervenção e oitiva de representantes do órgão federal responsável pela política indigenista, no caso de crianças e adolescentes indígenas, e de antropólogos, perante a equipe interprofissional ou multidisciplinar que irá acompanhar o caso.

Caso se revele, por qualquer modo, incompatibilidade com a natureza da medida ou não oferecimento de ambiente familiar adequado, não será deferida a colocação em família substituta.

Não será admitida a transferência de criança ou adolescente (que tenham sido colocados em família substituta) a terceiros ou a entidades governamentais ou não governamentais, sem autorização judicial.

A colocação em família substituta estrangeira constitui medida excepcional, somente admissível na modalidade de adoção.

Aquele que assumir a guarda ou tutela se compromete a desempenhar o encargo bem e fielmente.

O poder público estimulará, por meio de assistência jurídica, incentivos fiscais e subsídios, o acolhimento, sob a forma de guarda, de criança ou adolescente afastados do convívio familiar.

A inclusão de criança ou adolescente em programas de acolhimento familiar terá preferência a seu acolhimento institucional, sempre resguardando o caráter temporário e excepcional da medida.

No caso de acolhimento familiar, a pessoa ou casal cadastrado no programa poderá receber a criança ou adolescente mediante guarda, observado o que dispõe a lei sobre a matéria.

A União apoiará a implementação de serviços de acolhimento em família acolhedora como política pública, os quais deverão dispor de equipe que organize o acolhimento temporário de crianças e de adolescentes em residências de famílias selecionadas, capacitadas e acompanhadas que não estejam no cadastro de adoção.

Ainda prevê o ECA que poderão ser utilizados recursos federais, estaduais, distritais e municipais para a manutenção dos serviços de acolhimento em família acolhedora, facultando-se o repasse de recursos para a própria família acolhedora.

6.3.5.2 Da Guarda

A guarda destina-se a regularizar a posse de fato, podendo ser deferida, liminar ou incidentalmente, nos procedimentos de tutela e adoção, exceto no de adoção por estrangeiros e. Além disso, a guarda obriga a prestação de assistência material, moral e educacional à criança ou ao adolescente, conferindo a seu detentor o direito de opor-se a terceiros, inclusive aos pais.

Ou seja, por meio da guarda, o menor fica sob a responsabilidade e companhia daquele determinado como seu guardião em processo judicial.

Excepcionalmente, poderá ser concedida a guarda fora dos casos de tutela e adoção, para atender a situações peculiares ou suprir a falta eventual dos pais ou responsável.

A guarda confere à criança ou ao adolescente a condição de dependente, para todos os fins e efeitos de direito, inclusive previdenciários.

Já a guarda conferida a terceiros não retira dos pais o direito de visitas e o dever de prestar alimentos, salvo expressa e fundamentada determinação em contrário, da autoridade judiciária.

O poder público estimulará, por meio de assistência jurídica, incentivos fiscais e subsídios, o acolhimento, sob a forma de guarda, de criança ou adolescente afastado do convívio familiar.

A guarda poderá ser revogada a qualquer tempo, mediante ato judicial fundamentado, ouvido o Ministério Público.

6.3.5.3 Da Tutela

A tutela será deferida a pessoa de até 18 (dezoito) anos incompletos e seu deferimento pressupõe a prévia decretação da perda ou suspensão do poder familiar e implica necessariamente o dever de guarda.

Determina o Código Civil que o menor será posto sob tutela:

> ***Art. 1.728.*** *Os filhos menores são postos em tutela:*
>
> ***I.*** *com o falecimento dos pais, ou sendo estes julgados ausentes;*
>
> ***II.*** *em caso de os pais decaírem do poder familiar.*

O tutor nomeado por testamento ou qualquer documento autêntico, conforme previsto na lei civil, deverá, no prazo de 30 (trinta) dias após a abertura da sucessão, ingressar com pedido destinado ao controle judicial do ato.

Mesmo se os pais nomearem um tutor, este será avaliado se é a melhor opção para o menor e se tem condições de assumir o encargo.

Em falta de tutor nomeado pelos pais, incumbe a tutela aos parentes consanguíneos do menor, por esta ordem:

- aos ascendentes, preferindo o de grau mais próximo ao mais remoto;
- aos colaterais até o terceiro grau, preferindo os mais próximos aos mais remotos, e, no mesmo grau, os mais velhos aos mais moços; em qualquer dos casos, o juiz escolherá entre eles o mais apto a exercer a tutela em benefício do menor.

A tutela será destituída quando o tutor não cumprir com seus deveres e obrigações; dar-se-á por meio de processo judicial, garantido o contraditório e a ampla defesa.

6.3.5.4 Da Adoção

A adoção é medida excepcional e irrevogável, não podendo ser feita por procuração.

É possível até mesmo casar por procuração (quando outro realiza ato em seu lugar), mas na adoção, isso é expressamente vedado!

A adoção atribui a condição de filho ao adotado, com os mesmos direitos e deveres dos filhos legítimos, inclusive sucessórios, desligando-o de qualquer vínculo com pais e parentes, salvo impedimentos matrimoniais.

O adotando (quem é adotado) deve contar com, no máximo, dezoito anos à data do pedido, salvo se já estiver sob a guarda ou tutela dos adotantes (quem adota).

Se um dos cônjuges ou concubinos adota o filho do outro, mantêm-se os vínculos de filiação entre o adotado e o cônjuge ou concubino do adotante e os respectivos parentes.

Os maiores de 18 anos podem adotar, exceto se forem ascendentes ou irmãos do adotando, e o adotante precisa ser, pelo menos, dezesseis anos mais velho do que o adotando.

É possível a adoção conjunta, desde que os adotantes sejam casados civilmente ou mantenham união estável, comprovada a estabilidade da família.

Os divorciados, os judicialmente separados e os ex-companheiros podem adotar conjuntamente, contanto que acordem sobre a guarda (que poderá ser compartilhada) e o regime de visitas e desde que o estágio de convivência tenha sido iniciado na constância do período de convivência, restando comprovada a existência de vínculos de afinidade e afetividade com aquele não detentor da guarda, que justifiquem a excepcionalidade da concessão.

A adoção poderá ser deferida ao adotante que, após inequívoca manifestação de vontade, vier a falecer no curso do procedimento, antes de prolatada a sentença.

Assim sendo, é importante observar:

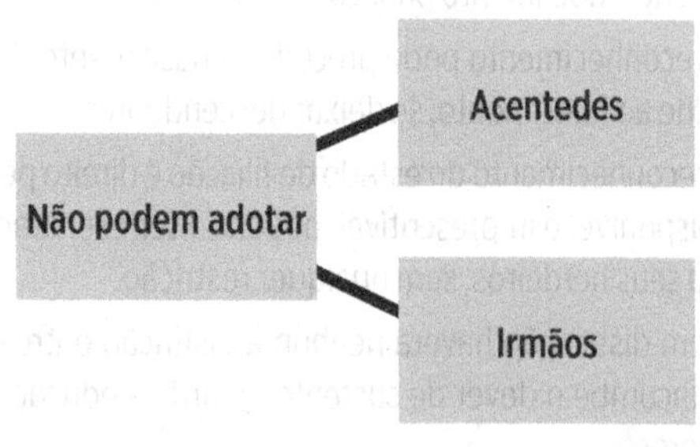

A morte dos adotantes não restabelece o poder familiar dos pais naturais.

O tutor ou o curador somente pode adotar o pupilo ou curatelado depois que der conta de sua administração e saldar o seu alcance.

O Código Civil, em seu art. 1.620, conservou o mesmo princípio: "Enquanto não der contas de sua administração e não saldar o débito, não poderá o tutor ou curador adotar o pupilo ou o curatelado".

A adoção depende do consentimento dos pais ou do representante legal do adotando e, em sendo o caso, do adolescente. Esse consentimento será dispensado no caso de crianças com pais desconhecidos ou sem o poder familiar.

A adoção será precedida de estágio de convivência com a criança ou adolescente, por no máximo 90 dias (podendo o juiz pode prorrogar por igual prazo) observadas as peculiaridades do caso e a idade do menor, podendo ser dispensada caso o adotando já estiver sob a tutela ou guarda legal do adotante durante tempo suficiente para que seja possível avaliar a conveniência da constituição do vínculo, não dispensando, por si só, a guarda de fato.

Em caso de adoção por pessoa ou casal residente ou domiciliado fora do País, o estágio de convivência, cumprido no território nacional, será de, no mínimo, 30 dias e, no máximo, 45 dias, prorrogável por igual período, uma única vez, por decisão judicial fundamentada.

Após este esse período, equipe interprofissional emitirá laudo recomendando ou não a adoção.

Não é tema frequente, porém, fica de complementação o procedimento da adoção internacional, previsto no artigo Art. 52 do ECA:

> ***Art. 52.*** *A adoção internacional observará o procedimento previsto nos arts. 165 a 170 desta Lei, com as seguintes adaptações:*
>
> ***I.*** *a pessoa ou casal estrangeiro, interessado em adotar criança ou adolescente brasileiro, deverá formular pedido de habilitação à adoção perante a Autoridade Central em matéria de adoção internacional no país de acolhida, assim entendido aquele onde está situada sua residência habitual;*
>
> ***II.*** *se a Autoridade Central do país de acolhida considerar que os solicitantes estão habilitados e aptos para adotar, emitirá um relatório que contenha informações sobre a identidade, a capacidade jurídica e adequação dos solicitantes para adotar, sua situação pessoal, familiar e médica, seu meio social, os motivos que os animam e sua aptidão para assumir uma adoção internacional;*
>
> ***III.*** *a Autoridade Central do país de acolhida enviará o relatório à Autoridade Central Estadual, com cópia para a Autoridade Central Federal Brasileira;*
>
> ***IV.*** *o relatório será instruído com toda a documentação necessária, incluindo estudo psicossocial elaborado por equipe interprofissional habilitada e cópia autenticada da legislação pertinente, acompanhada da respectiva prova de vigência;*
>
> ***V.*** *os documentos em língua estrangeira serão devidamente autenticados pela autoridade consular, observados os tratados e convenções internacionais, e acompanhados da respectiva tradução, por tradutor público juramentado;*
>
> ***VI.*** *a Autoridade Central Estadual poderá fazer exigências e solicitar complementação sobre o estudo psicossocial do postulante estrangeiro à adoção, já realizado no país de acolhida;*
>
> ***VII.*** *verificada, após estudo realizado pela Autoridade Central Estadual, a compatibilidade da legislação estrangeira com a nacional, além do preenchimento por parte dos postulantes à medida dos requisitos objetivos e subjetivos necessários ao seu deferimento, tanto à luz do que dispõe esta Lei como da legislação do país de acolhida, será expedido laudo de habilitação à adoção internacional, que terá validade por, no máximo, 1 (um) ano;*
>
> ***VIII.*** *de posse do laudo de habilitação, o interessado será autorizado a formalizar pedido de adoção perante o Juízo da Infância e da Juventude do local em que se encontra a criança ou adolescente, conforme indicação efetuada pela Autoridade Central Estadual.*
>
> ***§ 1º*** *Se a legislação do país de acolhida assim o autorizar, admite-se que os pedidos de habilitação à adoção sejam intermediados por organismos credenciados.*
>
> ***§ 2º*** *Incumbe à Autoridade Central Federal Brasileira o credenciamento de organismos nacionais e estrangeiros encarregados de intermediar pedidos de habilitação à adoção internacional, com posterior comunicação às Autoridades Centrais Estaduais e publicação nos órgãos oficiais de imprensa e em sítio próprio da internet.*
>
> ***§ 3º*** *Somente será admissível o credenciamento de organismos que:*
>
> ***I.*** *sejam oriundos de países que ratificaram a Convenção de Haia e estejam devidamente credenciados pela Autoridade Central do país onde estiverem sediados e no país de acolhida do adotando para atuar em adoção internacional no Brasil;*
>
> ***II.*** *satisfizerem as condições de integridade moral, competência profissional, experiência e responsabilidade exigidas pelos países respectivos e pela Autoridade Central Federal Brasileira;*
>
> ***III.*** *forem qualificados por seus padrões éticos e sua formação e experiência para atuar na área de adoção internacional;*
>
> ***IV.*** *cumprirem os requisitos exigidos pelo ordenamento jurídico brasileiro e pelas normas estabelecidas pela Autoridade Central Federal Brasileira.*
>
> ***§ 4º*** *Os organismos credenciados deverão ainda*
>
> ***I.*** *perseguir unicamente fins não lucrativos, nas condições e dentro dos limites fixados pelas autoridades competentes do país onde estiverem sediados, do país de acolhida e pela Autoridade Central Federal Brasileira;*
>
> ***II.*** *ser dirigidos e administrados por pessoas qualificadas e de reconhecida idoneidade moral, com comprovada formação ou experiência para atuar na área de adoção internacional, cadastradas pelo Departamento de Polícia Federal e aprovadas pela Autoridade Central Federal Brasileira, mediante publicação de portaria do órgão federal competente;*
>
> ***III.*** *estar submetidos à supervisão das autoridades competentes do país onde estiverem sediados e no país de acolhida, inclusive quanto à sua composição, funcionamento e situação financeira;*
>
> ***IV.*** *apresentar à Autoridade Central Federal Brasileira, a cada ano, relatório geral das atividades desenvolvidas, bem como relatório de acompanhamento das adoções internacionais efetuadas no período, cuja cópia será encaminhada ao Departamento de Polícia Federal;*
>
> ***V.*** *enviar relatório pós-adotivo semestral para a Autoridade Central Estadual, com cópia para a Autoridade Central Federal Brasileira, pelo período mínimo de 2 (dois) anos. O envio do relatório será mantido até a juntada de cópia autenticada do registro civil, estabelecendo a cidadania do país de acolhida para o adotado;*
>
> ***VI.*** *tomar as medidas necessárias para garantir que os adotantes encaminhem à Autoridade Central Federal Brasileira cópia da certidão de registro de nascimento estrangeira e do certificado de nacionalidade tão logo lhes sejam concedidos.*
>
> ***§ 5º*** *A não apresentação dos relatórios referidos no § 4º deste artigo pelo organismo credenciado poderá acarretar a suspensão de seu credenciamento.*
>
> ***§ 6º*** *O credenciamento de organismo nacional ou estrangeiro encarregado de intermediar pedidos de adoção internacional terá validade de 2 (dois) anos.*
>
> ***§ 7º*** *A renovação do credenciamento poderá ser concedida mediante requerimento protocolado na Autoridade Central Federal Brasileira nos 60 (sessenta) dias anteriores ao término do respectivo prazo de validade.*
>
> ***§ 8º*** *Antes de transitada em julgado a decisão que concedeu a adoção internacional, não será permitida a saída do adotando do território nacional.*

§ 9º Transitada em julgado a decisão, a autoridade judiciária determinará a expedição de alvará com autorização de viagem, bem como para obtenção de passaporte, constando, obrigatoriamente, as características da criança ou adolescente adotado, como idade, cor, sexo, eventuais sinais ou traços peculiares, assim como foto recente e a aposição da impressão digital do seu polegar direito, instruindo o documento com cópia autenticada da decisão e certidão de trânsito em julgado.

***§ 10.** A Autoridade Central Federal Brasileira poderá, a qualquer momento, solicitar informações sobre a situação das crianças e adolescentes adotados*

***§ 11.** A cobrança de valores por parte dos organismos credenciados, que sejam considerados abusivos pela Autoridade Central Federal Brasileira e que não estejam devidamente comprovados, é causa de seu descredenciamento.*

***§ 12.** Uma mesma pessoa ou seu cônjuge não podem ser representados por mais de uma entidade credenciada para atuar na cooperação em adoção internacional.*

***§ 13.** A habilitação de postulante estrangeiro ou domiciliado fora do Brasil terá validade máxima de 1 (um) ano, podendo ser renovada.*

***§ 14.** É vedado o contato direto de representantes de organismos de adoção, nacionais ou estrangeiros, com dirigentes de programas de acolhimento institucional ou familiar, assim como com crianças e adolescentes em condições de serem adotados, sem a devida autorização judicial.*

***§ 15.** A Autoridade Central Federal Brasileira poderá limitar ou suspender a concessão de novos credenciamentos sempre que julgar necessário, mediante ato administrativo fundamentado.*

O vínculo de adoção constitui-se por sentença judicial que será inscrita no registro civil mediante mandado do qual não se fornecerá certidão. A inscrição consignará o nome dos adotantes como pais, bem como o nome de seus ascendentes e o mandado judicial cancelará o registro original do adotado. Caso deseje, o adotante poderá pedir para que o novo registro seja lavrado no Cartório de Registro Civil do município de sua residência.

A sentença conferirá ao adotado o nome (patronímico) do adotante e poderá ser modificado também o prenome a pedido do adotante ou do adotado, se for do adotante, o adotado deverá ser ouvido e ser for maior de 12 anos, dependerá de seu consentimento.

A adoção produz efeitos a partir do trânsito em julgado da sentença constitutiva, salvo na hipótese de deferimento de adoção à pessoa falecida, e desde que iniciado processo de adoção anteriormente, produzirão efeitos a partir do óbito.

Para não esquecer:

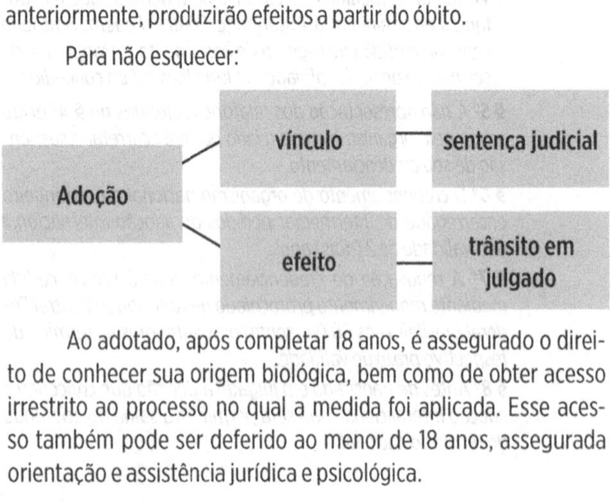

Ao adotado, após completar 18 anos, é assegurado o direito de conhecer sua origem biológica, bem como de obter acesso irrestrito ao processo no qual a medida foi aplicada. Esse acesso também pode ser deferido ao menor de 18 anos, assegurada orientação e assistência jurídica e psicológica.

A autoridade judiciária manterá, em cada comarca ou foro regional, um registro de crianças e adolescentes em condições de serem adotados e outro de pessoas interessadas na adoção.

Para isso, serão criados e implementados cadastros estaduais e o nacional de crianças e adolescentes em condições de serem adotados e de pessoas ou casais habilitados à adoção.

A alimentação do cadastro e a convocação criteriosa dos postulantes à adoção serão fiscalizadas pelo Ministério Público.

Adoção Internacional

Adoção internacional é aquela na qual a pessoa ou casal postulante é residente ou domiciliado fora do Brasil.

A adoção internacional de criança ou adolescente brasileiro ou domiciliado no Brasil somente terá lugar quando restar comprovado:

> que a colocação em família substituta é a solução adequada ao caso concreto;

> que foram esgotadas todas as possibilidades de colocação da criança ou adolescente em família substituta brasileira, após consulta aos cadastros anteriormente mencionados;

> que, em se tratando de adoção de adolescente, este foi consultado, por meios adequados ao seu estágio de desenvolvimento, e que se encontra preparado para a medida, mediante parecer elaborado por equipe interprofissional.

Os brasileiros residentes no exterior terão preferência aos estrangeiros, nos casos de adoção internacional de criança ou adolescente brasileiro.

Resumindo: sobre a família:

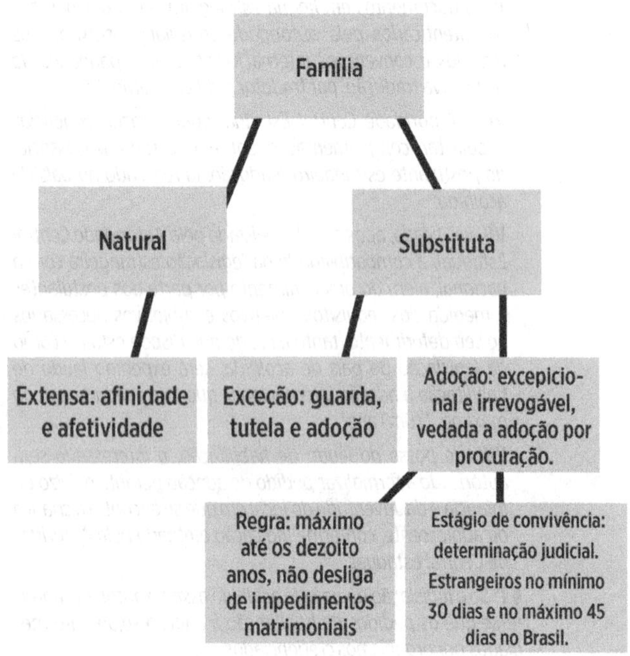

6.4 Direito à Educação, à Cultura, ao Esporte e ao Lazer

A criança e o adolescente têm direito à educação, visando ao pleno desenvolvimento de sua pessoa, ao preparo para o exercício da cidadania e à qualificação para o trabalho, assegurando-se-lhes:

> igualdade de condições para o acesso e a permanência na escola;
> direito de ser respeitado por seus educadores;
> direito de contestar critérios avaliativos, podendo recorrer às instâncias escolares superiores;
> direito de organização e participação em entidades estudantis;
> acesso à escola pública e gratuita próxima de sua residência.

É dever do Estado assegurar à criança e ao adolescente:

> ensino fundamental, obrigatório e gratuito, inclusive para os que a ele não tiveram acesso na idade própria;
> progressiva extensão da obrigatoriedade e gratuidade ao ensino médio;
> atendimento educacional especializado aos portadores de deficiência, preferencialmente na rede regular de ensino (no caso de atendimento médico, este será especializado);
> atendimento em creche e pré-escola às crianças de zero a cinco anos de idade;
> acesso aos níveis mais elevados do ensino, da pesquisa e da criação artística, segundo a capacidade de cada um;
> oferta de ensino noturno regular, adequado às condições do adolescente trabalhador;
> atendimento no ensino fundamental, por meio de programas suplementares de material didático-escolar, transporte, alimentação e assistência à saúde.

O acesso ao ensino obrigatório e gratuito é direito público subjetivo e o seu não oferecimento pelo poder público importa em responsabilidade da autoridade competente.

Apesar de o ensino obrigatório e gratuito ser um dever do Estado, os pais ou responsável têm a obrigação de matricular seus filhos ou pupilos na rede regular de ensino.

O ECA também traz obrigação aos dirigentes de estabelecimentos de ensino fundamental, que deverão comunicar ao Conselho Tutelar os casos de:

> maus-tratos envolvendo seus alunos;
> reiteração de faltas injustificadas e de evasão
> escolar, esgotados os recursos escolares;
> elevados níveis de repetência.

O dirigente poderá ser responsabilizado caso não cumpra com o dever de comunicar.

O poder público estimulará pesquisas, experiências e novas propostas relativas a calendário, seriação, currículo, metodologia, didática e avaliação, com vistas à inserção de crianças e adolescentes excluídos do ensino fundamental obrigatório.

No processo educacional respeitar-se-ão os valores culturais, artísticos e históricos próprios do contexto social da criança e do adolescente, garantindo-se a estes a liberdade da criação e o acesso às fontes de cultura.

Os municípios, com apoio dos estados e da União, estimularão e facilitarão a destinação de recursos e espaços para programações culturais, esportivas e de lazer voltadas para a infância e a juventude.

6.5 Do Direito à Profissionalização e à Proteção no Trabalho

Quando tratamos do direito ao trabalho dos menores, devemos ter atenção à idade mínima admitida para o trabalho, pois o ECA e a Constituição trazem redações diferentes.

Dita o artigo 60 do ECA:

> ***Art. 60.*** *É proibido qualquer trabalho a menores de quatorze anos de idade, salvo na condição de aprendiz.*

Esse artigo era compatível com o texto constitucional na época em que o ECA foi publicado. No entanto, com a Emenda Constitucional 20/98, ele passou a dispor em contrário:

> ***Art. 5º*** *XXXIII - Proibição de trabalho noturno, perigoso ou insalubre a menores de dezoito e de qualquer trabalho a menores de dezesseis anos, salvo na condição de aprendiz, a partir de quatorze anos.*

Com isso, perde sentido também o artigo 64, a saber:

> ***Art. 64.*** *Ao adolescente até quatorze anos de idade é assegurada bolsa de aprendizagem.*

Como proceder no momento da prova? Caso a questão solicite o texto expresso do ECA, a idade correspondente é a de 14 anos. Caso não solicite o texto expresso, a idade certa será 16 anos. Convém analisar, na prática, uma questão, para que este tema fique claro:

Aprendizagem é a formação técnico-profissional ministrada segundo as diretrizes e bases da legislação de educação em vigor.

A formação técnico-profissional obedecerá aos seguintes princípios:

> Garantia de acesso e frequência obrigatória ao ensino regular.
> Atividade compatível com o desenvolvimento do adolescente.
> Especial para o exercício das atividades.
> Ao adolescente portador de deficiência é assegurado trabalho protegido.
> Ao adolescente aprendiz, maior de quatorze anos, são assegurados os direitos trabalhistas e previdenciários.

6.5.1 Vedações no Trabalho

Ao adolescente empregado, aprendiz, em regime familiar de trabalho, aluno de escola técnica, assistido em entidade governamental ou não governamental, é vedado trabalho:

> noturno, realizado entre as vinte e duas horas de um dia e as cinco horas do dia seguinte;
> perigoso, insalubre ou penoso;

- realizado em locais prejudiciais à sua formação e ao seu desenvolvimento físico, psíquico, moral e social;
- realizado em horários e locais que não permitam a frequência à escola.

6.5.2 Trabalho Educativo

Trabalho educativo é a atividade laboral em que as exigências pedagógicas relativas ao desenvolvimento pessoal e social do educando prevalecem sobre o aspecto produtivo.

O programa social que tenha por base o trabalho educativo, sob responsabilidade de entidade governamental ou não governamental sem fins lucrativos, deverá assegurar ao adolescente que dele participe condições de capacitação para o exercício de atividade regular remunerada.

A remuneração que o adolescente recebe pelo trabalho efetuado ou a participação na venda dos produtos de seu trabalho não desfiguram o caráter educativo.

O adolescente tem direito à profissionalização e à proteção no trabalho, observados os seguintes aspectos, entre outros:

- Respeito à condição peculiar de pessoa em desenvolvimento.
- Capacitação profissional adequada ao mercado de trabalho.

6.6 Da Prevenção

6.6.1 Informação, Cultura, Lazer, Esportes, Diversões e Espetáculos

Todos devem prevenir a ocorrência de ameaça ou violação dos direitos da criança e do adolescente, tendo estes direito à informação, à cultura, ao lazer, aos esportes, às diversões, aos espetáculos e aos produtos e serviços que respeitem sua condição peculiar de pessoa em desenvolvimento.

A inobservância das normas de prevenção importará em responsabilidade de pessoa física ou jurídica, nos termos desta Lei.

Quanto aos espetáculos e diversões:

- Toda criança ou adolescente terá acesso às diversões e espetáculos públicos classificados como adequados à sua faixa etária.
- As crianças menores de dez anos somente poderão ingressar e permanecer nos locais de apresentação ou exibição quando acompanhadas dos pais ou responsável.
- O poder público, por meio do órgão competente, regulará as diversões e espetáculos públicos, informando sobre a natureza deles, as faixas etárias a que não se recomendem, locais e horários em que sua apresentação se mostre inadequada e os responsáveis pelas diversões e espetáculos públicos deverão afixar, em lugar visível e de fácil acesso, à entrada do local de exibição, informação destacada sobre a natureza do espetáculo e a faixa etária especificada no certificado de classificação.
- As emissoras de rádio e televisão somente exibirão, no horário recomendado para o público infantojuvenil, programas com finalidades educativas, artísticas, culturais e informativas.
- Nenhum espetáculo será apresentado ou anunciado sem aviso de sua classificação, antes de sua transmissão, apresentação ou exibição.
- Os proprietários, diretores, gerentes e funcionários de empresas que explorem a venda ou aluguel de fitas de programação em vídeo cuidarão para que não haja venda ou locação em desacordo com a classificação atribuída pelo órgão competente, devendo ainda as fitas exibir, no invólucro, informação sobre a natureza da obra e a faixa etária a que se destinam.

No que tange ao direito à informação:

- As revistas e publicações contendo material impróprio ou inadequado a crianças e adolescentes deverão ser comercializadas em embalagem lacrada, com a advertência de seu conteúdo.
- As editoras cuidarão para que as capas que contenham mensagens pornográficas ou obscenas sejam protegidas com embalagem opaca.
- As revistas e publicações destinadas ao público infantojuvenil não poderão conter ilustrações, fotografias, legendas, crônicas ou anúncios de bebidas alcoólicas, tabaco, armas e munições, e deverão respeitar os valores éticos e sociais da pessoa e da família.

Além disso, o ECA determina que os responsáveis por estabelecimentos que explorem comercialmente bilhar, sinuca ou congênere ou por casas de jogos, assim entendidas as que realizem apostas, ainda que eventualmente, cuidarão para que não seja permitida a entrada e a permanência de crianças e adolescentes no local, afixando aviso para orientação do público.

6.7 Dos Produtos e Serviços

Os menores são consumidores, usufruem de produtos e serviços que estão no mercado de consumo. Porém, alguns produtos e serviços que são proibidos a menores. O ECA proíbe a comercialização para crianças e adolescentes de:

- armas, munições e explosivos;
- bebidas alcoólicas;
- produtos cujos componentes possam causar dependência física ou psíquica ainda que por utilização indevida;
- fogos de estampido e de artifício, exceto aqueles que, pelo seu reduzido potencial, sejam incapazes de provocar qualquer dano físico em caso de utilização indevida;
- revistas e publicações com materiais impróprios;
- bilhetes lotéricos e equivalentes.

Da mesma forma, é proibida a hospedagem de criança ou adolescente em hotel, motel, pensão ou estabelecimento congênere, salvo se autorizado ou acompanhado pelos pais ou responsável.

Questões

01. (CESPE) Julgue o item subsecutivo, acerca do Estatuto da Criança e do Adolescente (ECA).

É responsabilidade dos pais ou responsáveis matricular seus filhos na rede regular de ensino, devendo os dirigentes de estabelecimentos de ensino comunicar ao Conselho Tutelar os casos de reiteração de faltas injustificadas.

Certo ( ) Errado ( )

02. (FGV) Mãe de criança com 10 meses de idade ingressa com ação judicial em face do Município, para que este pague a mensalidade de seu filho em creche particular próxima de sua residência, uma vez que a unidade de ensino da rede municipal fica distante de sua casa, exigindo transporte para que a criança possa se deslocar.

Certo ( ) Errado ( )

03. (Quadrix) Acerca do Direito Administrativo, julgue o item a seguir.

Conforme o Estatuto da Criança e do Adolescente (ECA), os dirigentes de estabelecimentos de Ensino Fundamental devem comunicar ao Conselho Tutelar os casos de evasão escolar, não sendo necessária tal providência na hipótese de reiteração de faltas injustificadas.

Certo ( ) Errado ( )

04. (CESPE – 2017) Com base no disposto no ECA, julgue o item a seguir.

É cabível a aplicação de medida socioeducativa de internação ao penalmente imputável com idade entre dezoito e vinte e um anos e que era menor à época da prática do ato infracional.

Certo ( ) Errado ( )

05. (CESPE – 2017) Segundo o ECA, "A criança e o adolescente têm o direito de ser educados e cuidados sem o uso de castigo físico ou de tratamento cruel ou degradante, como formas de correção, disciplina, educação ou qualquer outro pretexto, pelos pais, pelos integrantes da família ampliada, pelos responsáveis, pelos agentes públicos executores de medidas socioeducativas ou por qualquer pessoa encarregada de cuidar deles, tratá-los, educá-los ou protegê-los."

Nesse sentido, entende-se por tratamento cruel ou degradante a conduta ou forma cruel de tratamento em relação à criança ou ao adolescente que lhes humilhe, ameace gravemente ou ridicularize.

Certo ( ) Errado ( )

06. (CESPE – 2016) É crime hospedar em hotel, pensão, motel ou congênere criança ou adolescente desacompanhado dos pais ou responsável, ou sem autorização escrita destes ou da autoridade judiciária.

Certo ( ) Errado ( )

07. (CESPE – 2017) Em determinado dia — dia X —, foi registrado flagrante relativo ao cometimento de condutas tidas por criminosas por: André, com dez anos de idade, Bruna, com treze anos de idade, Carla, com dezessete anos de idade, e Diego, com dezoito anos de idade completados no referido dia.

Na situação hipotética descrita no texto, conforme as disposições do ECA e da Convenção Internacional sobre os Direitos da Criança, no dia X, Bruna, Carla e Diego não seriam considerados crianças à luz do ECA, ao passo que, conforme a Convenção Internacional sobre os Direitos da Criança, André, Bruna e Carla seriam considerados como tal.

Certo ( ) Errado ( )

08. (CESPE – 2016) Por ser crime material, o crime de corrupção de menores consuma-se no momento em que há a efetiva prova da prática do delito e a efetiva participação do inimputável na empreitada criminosa. Assim, se o adolescente possuir condenações transitadas em julgado na vara da infância e da juventude, em decorrência da prática de atos infracionais, o crime de corrupção de menores será impossível, dada a condição de inimputável do corrompido.

Certo ( ) Errado ( )

Gabaritos

01	CERTO	05	CERTO
02	CERTO	06	ERRADO
03	ERRADO	07	CERTO
04	CERTO	08	ERRADO

6.7.1 Autorização para Viagem

6.7.1.1 Viagens nacionais

Em regra, nenhuma criança ou adolescente menor de 16 anos poderá viajar para fora de sua comarca (normalmente compreendida como a área de um município), desacompanhada dos pais ou responsável, sem expressa autorização judicial.

A autoridade judiciária poderá, a pedido dos pais ou responsável, conceder autorização válida por dois anos.

No entanto, existem alguns casos em que a criança e o adolescente, menores de 16 anos, poderão sair da comarca onde residem, são eles:

- Se for viajar para comarca contígua à de sua residência, sendo que permaneça no mesmo Estado da federação, ou para comarca incluída em região metropolitana.
- Se estiver acompanhada:
  - de ascendente (avós) ou colateral maior, até o terceiro grau (tios e irmãos), comprovado documentalmente o parentesco;
  - de pessoa maior, expressamente autorizada pelo pai, mãe ou responsável.

Viagens Internacionais

Quando falamos em viagens internacionais, a regra é mais rígida, primeiramente porque as restrições são extensíveis às crianças e aos adolescentes e também porque são diminuídas as hipóteses de exceções.

A viagem ao exterior também pode se dar por autorização judicial. Essa autorização é dispensável se:

- a criança ou adolescente viajar na companhia de um dos pais, autorizado expressamente pelo outro, por meio de documento com firma reconhecida.

Sem prévia e expressa autorização judicial, nenhuma criança ou adolescente nascido em território nacional poderá sair do País em companhia de estrangeiro residente ou domiciliado no exterior.

6.8 Política de Atendimento

A política de atendimento dos direitos da criança e do adolescente far-se-á por meio de um conjunto articulado de ações governamentais e não governamentais da União, dos estados, do Distrito Federal e dos municípios.

A ideia do ECA é a de garantir os direitos da criança e do adolescente, incluindo toda a sociedade, e articular com diversos órgãos a efetivação destes direitos. A descentralização é a principal diferença com o anterior Código de Menores, no qual o juiz tinha um poder absoluto.

A política de atendimento dos direitos da criança e do adolescente, previsto do artigo 90 e seguintes do ECA, far-se-á por meio de um conjunto articulado de ações governamentais e não governamentais, da União, dos estados, do Distrito Federal e dos municípios. A atuação ocorre nos níveis da seguinte maneira:

- Em nível federal, cabe ao CONANDA – Conselho Nacional dos Direitos da Criança e Adolescente, conforme dispõe a Lei 9.242 de 1991.
- Em nível estadual, há os Conselhos Estaduais dos Direitos da Criança e do Adolescente (CEDCA).
- Em nível municipal, temos os Conselhos Municipais dos Direitos das Crianças e dos Adolescentes e também por meio dos Conselhos Tutelares.

São linhas da política de atendimento:

> ***Art. 87.*** *São linhas de ação da política de atendimento:*
>
> ***I.*** *políticas sociais básicas;*
>
> ***II.*** *serviços, programas, projetos e benefícios de assistência social de garantia de proteção social e de prevenção e redução de violações de direitos, seus agravamentos ou reincidências;*
>
> ***III.*** *serviços especiais de prevenção e atendimento médico e psicossocial às vítimas de negligência, maus-tratos, exploração, abuso, crueldade e opressão;*
>
> ***IV.*** *serviço de identificação e localização de pais, responsável, crianças e adolescentes desaparecidos;*
>
> ***V.*** *proteção jurídico-social por entidades de defesa dos direitos da criança e do adolescente.*
>
> ***VI.*** *políticas e programas destinados a prevenir ou abreviar o período de afastamento do convívio familiar e a garantir o efetivo exercício do direito à convivência familiar de crianças e adolescentes;*
>
> ***VII.*** *campanhas de estímulo ao acolhimento sob forma de guarda de crianças e adolescentes afastados do convívio familiar e à adoção, especificamente inter-racial, de crianças maiores ou de adolescentes, com necessidades específicas de saúde ou com deficiências e de grupos de irmãos.*

São diretrizes:

> ***Art. 88.*** *São diretrizes da política de atendimento:*
>
> ***I.*** *municipalização do atendimento;*
>
> ***II.*** *criação de conselhos municipais, estaduais e nacional dos direitos da criança e do adolescente, órgãos deliberativos e controladores das ações em todos os níveis, assegurada a participação popular paritária por meio de organizações representativas, segundo leis federal, estaduais e municipais;*
>
> ***III.*** *criação e manutenção de programas específicos, observada a descentralização político-administrativa;*
>
> ***IV.*** *manutenção de fundos nacional, estaduais e municipais vinculados aos respectivos conselhos dos direitos da criança e do adolescente;*
>
> ***V.*** *integração operacional de órgãos do Judiciário, Ministério Público, Defensoria, Segurança Pública e Assistência Social, preferencialmente em um mesmo local, para efeito de agilização do atendimento inicial a adolescente a quem se atribua autoria de ato infracional;*
>
> ***VI.*** *integração operacional de órgãos do Judiciário, Ministério Público, Defensoria, Conselho Tutelar e encarregados da execução das políticas sociais básicas e de assistência social, para efeito de agilização do atendimento de crianças e de adolescentes inseridos em programas de acolhimento familiar ou institucional, com vista na sua rápida reintegração à família de origem ou, se tal solução se mostrar comprovadamente inviável, sua colocação em família substituta, em quaisquer das modalidades previstas no Art. 28 desta Lei;*
>
> ***VII.*** *mobilização da opinião pública para a indispensável participação dos diversos segmentos da sociedade;*

> ***VIII.*** *especialização e formação continuada dos profissionais que trabalham nas diferentes áreas da atenção à primeira infância, incluindo os conhecimentos sobre direitos da criança e sobre desenvolvimento infantil;*
>
> ***IX.*** *formação profissional com abrangência dos diversos direitos da criança e do adolescente que favoreça a intersetorialidade no atendimento da criança e do adolescente e seu desenvolvimento integral;*
>
> ***X.*** *realização e divulgação de pesquisas sobre desenvolvimento infantil e sobre prevenção da violência.*

A função de membro do Conselho Nacional e dos Conselhos Estaduais e Municipais dos Direitos da Criança e do Adolescente é considerada de interesse público relevante e não será remunerada.

6.8.1 Entidades de atendimento

Com previsão dos artigos 90 a 97 do ECA, as entidades de atendimento atendem crianças e adolescentes em situação de direitos violados ou ameaçados, bem como abrigam aqueles adolescentes que comentem atos infracionais.

As entidades são responsáveis pela manutenção das próprias unidades, assim como pelo planejamento e execução de programas de proteção e socioeducativos destinados a crianças e adolescentes, em regime de:

I - orientação e apoio sociofamiliar;

II - apoio socioeducativo em meio aberto;

III - colocação familiar;

IV - acolhimento institucional;

V - prestação de serviços à comunidade;

VI - liberdade assistida;

VII - semiliberdade; e

VIII - internação.

As entidades governamentais e não governamentais deverão proceder à inscrição de seus programas, especificando os regimes de atendimento, na forma definida em lei, no Conselho Municipal dos Direitos da Criança e do Adolescente, o qual manterá registro das inscrições e de suas alterações, do que fará comunicação ao Conselho Tutelar e à autoridade judiciária.

Os programas em execução serão reavaliados pelo Conselho Municipal dos Direitos da Criança e do Adolescente, no máximo, a cada 2 (dois) anos, constituindo-se critérios para renovação da autorização de funcionamento, conforme dispõe o artigo:

> ***I.*** *o efetivo respeito às regras e princípios do Estatuto, bem como às resoluções relativas à modalidade de atendimento prestado expedidas pelos Conselhos de Direitos da Criança e do Adolescente, em todos os níveis;*
>
> ***II.*** *a qualidade e eficiência do trabalho desenvolvido, atestadas pelo Conselho Tutelar, pelo Ministério Público e pela Justiça da Infância e da Juventude;*
>
> ***III.*** *em se tratando de programas de acolhimento institucional ou familiar, serão considerados os índices de sucesso na reintegração familiar ou de adaptação à família substituta, conforme o caso.*

As entidades não governamentais somente poderão funcionar depois de registradas no Conselho Municipal dos Direitos da Criança e do Adolescente, o qual comunicará o registro ao Conselho Tutelar e à autoridade judiciária da respectiva localidade.

Será negado o registro à entidade que:

- > não ofereça instalações físicas em condições adequadas de habitabilidade, higiene, salubridade e segurança;
- > não apresente plano de trabalho compatível com os princípios desta Lei;
- > esteja irregularmente constituída;
- > tenha em seus quadros pessoas inidôneas.
- > não se adequar ou deixar de cumprir as resoluções e deliberações relativas à modalidade de atendimento prestado expedidas pelos Conselhos de Direitos da Criança e do Adolescente, em todos os níveis.

O registro terá validade máxima de 4 (quatro) anos, cabendo ao Conselho Municipal dos Direitos da Criança e do Adolescente, periodicamente, reavaliar o cabimento de sua renovação, observando critérios da lei.

O artigo 92 do ECA prevê princípios que as entidades devem seguir:

> ***Art. 92.*** *As entidades que desenvolvam programas de acolhimento familiar ou institucional deverão adotar os seguintes princípios:*
>
> ***I.*** *preservação dos vínculos familiares e promoção da reintegração familiar;*
>
> ***II.*** *integração em família substituta, quando esgotados os recursos de manutenção na família natural ou extensa;*
>
> ***III.*** *atendimento personalizado e em pequenos grupos;*
>
> ***IV.*** *desenvolvimento de atividades em regime de coeducação;*
>
> ***V.*** *não desmembramento de grupos de irmãos;*
>
> ***VI.*** *evitar, sempre que possível, a transferência para outras entidades de crianças e adolescentes abrigados;*
>
> ***VII.*** *participação na vida da comunidade local;*
>
> ***VIII.*** *preparação gradativa para o desligamento;*
>
> ***IX.*** *participação de pessoas da comunidade no processo educativo.*

O dirigente de entidade que desenvolve programa de acolhimento institucional é equiparado ao guardião, para todos os efeitos de direito e deverão remeter ao juiz no máximo a cada 6 meses relatório circunstanciado acerca da situação de cada criança ou adolescente acolhido e sua família, para fins da reavaliação.

O descumprimento das disposições do Estatuto pelo dirigente de entidade que desenvolva programas de acolhimento familiar ou institucional é causa de sua destituição, sem prejuízo da responsabilidade criminal, por exemplo.

As entidades que mantenham programa de acolhimento institucional poderão, em caráter excepcional e de urgência, acolher crianças e adolescentes sem prévia determinação da autoridade competente, fazendo comunicação do fato em até 24 (vinte e quatro) horas ao Juiz da Infância e da Juventude, sob pena de responsabilidade, visto ser regra que o acolhimento só ocorrerá por determinação judicial.

Recebida a comunicação, a autoridade judiciária, ouvido o Ministério Público e se necessário com o apoio do Conselho Tutelar local, tomará as medidas necessárias para promover a imediata reintegração familiar da criança ou do adolescente ou, se por qualquer razão não for isso possível ou recomendável, para seu encaminhamento a programa de acolhimento familiar, institucional ou a família substituta.

As entidades que desenvolvem programas de internação têm as seguintes obrigações estipuladas em lei, aplicando-se, no que couber, as obrigações constantes deste artigo às entidades que mantêm programas de acolhimento institucional e familiar:

> ***I.*** *observar os direitos e garantias de que são titulares os adolescentes;*
>
> ***II.*** *não restringir nenhum direito que não tenha sido objeto de restrição na decisão de internação;*
>
> ***III.*** *oferecer atendimento personalizado, em pequenas unidades e grupos reduzidos;*
>
> ***IV.*** *preservar a identidade e oferecer ambiente de respeito e dignidade ao adolescente;*
>
> ***V.*** *diligenciar no sentido do restabelecimento e da preservação dos vínculos familiares;*
>
> ***VI.*** *comunicar à autoridade judiciária, periodicamente, os casos em que se mostre inviável ou impossível o reatamento dos vínculos familiares;*
>
> ***VII.*** *oferecer instalações físicas em condições adequadas de habitabilidade, higiene, salubridade e segurança e os objetos necessários à higiene pessoal;*
>
> ***VIII.*** *oferecer vestuário e alimentação suficientes e adequados à faixa etária dos adolescentes atendidos;*
>
> ***IX.*** *oferecer cuidados médicos, psicológicos, odontológicos e farmacêuticos;*
>
> ***X.*** *propiciar escolarização e profissionalização;*
>
> ***XI.*** *propiciar atividades culturais, esportivas e de lazer;*
>
> ***XII.*** *propiciar assistência religiosa àqueles que desejarem, de acordo com suas crenças;*
>
> ***XIII.*** *proceder a estudo social e pessoal de cada caso;*
>
> ***XIV.*** *reavaliar periodicamente cada caso, com intervalo máximo de seis meses, dando ciência dos resultados à autoridade competente;*
>
> ***XV.*** *informar, periodicamente, o adolescente internado sobre sua situação processual;*
>
> ***XVI.*** *comunicar às autoridades competentes todos os casos de adolescentes portadores de moléstias infectocontagiosas;*
>
> ***XVII.*** *fornecer comprovante de depósito dos pertences dos adolescentes;*
>
> ***XVIII.*** *manter programas destinados ao apoio e acompanhamento de egressos;*
>
> ***XIX.*** *providenciar os documentos necessários ao exercício da cidadania àqueles que não os tiverem;*
>
> ***XX.*** *manter arquivo de anotações onde constem data e circunstâncias do atendimento, nome do adolescente, seus pais ou responsável, parentes, endereços, sexo, idade, acompanhamento da sua formação, relação de seus pertences e demais dados que possibilitem sua identificação e a individualização do atendimento.*

As entidades, públicas ou privadas, que abriguem ou recepcionem crianças e adolescentes, ainda que em caráter temporário, devem ter, em seus quadros, profissionais capacitados a reconhecer e reportar ao Conselho Tutelar suspeitas ou ocorrências de maus-tratos, visando sempre à proteção dos menores.

As entidades governamentais e não governamentais tratadas neste tópico serão fiscalizadas pelo Judiciário, pelo Ministério Público e pelos Conselhos Tutelares.

Poderão ser aplicadas às entidades de atendimento que descumprirem obrigações citadas acima, sem prejuízo da responsabilidade civil e criminal de seus dirigentes ou prepostos:

I - às entidades governamentais:

a) advertência;
b) afastamento provisório de seus dirigentes;
c) afastamento definitivo de seus dirigentes;
d) fechamento de unidade ou interdição de programa.

II - às entidades não governamentais:

a) advertência;
b) suspensão total ou parcial do repasse de verbas públicas;
c) interdição de unidades ou suspensão de programa;
d) cassação do registro.

6.9 Das Medidas de Proteção

As medidas de proteção à criança e ao adolescente são aplicáveis sempre que os direitos previstos no ECA forem ameaçados ou violados:

- por ação ou omissão da sociedade ou do Estado (como, por exemplo: falta de escolas adequadas e seguras, vagas em creches);
- por falta, omissão ou abuso dos pais ou responsável (exemplo: abandono, morte dos pais, expulsão do filho de seu lar...);
- em razão de sua conduta (exemplo: uso de entorpecentes, prática de ato infracional).

As medidas visam evitar e afastar ou afastar qualquer perigo da criança ou do adolescente.

Na aplicação das medidas levar-se-ão em conta as necessidades pedagógicas, preferindo-se aquelas que visem ao fortalecimento dos vínculos familiares e comunitários. Também serão levados em conta os seguintes princípios, previstos no Estatuto:

- Condição da criança e do adolescente como sujeitos de direitos: crianças e adolescentes são os titulares dos direitos previstos nesta e em outras Leis, bem como na Constituição Federal.
- Proteção integral e prioritária: a interpretação e aplicação de toda e qualquer norma contida no Estatuto da Criança e do Adolescente deve ser voltada à proteção integral e prioritária dos direitos de que crianças e adolescentes são titulares.
- Responsabilidade primária e solidária do poder público: a plena efetivação dos direitos assegurados às crianças e aos adolescentes por esta Lei e pela Constituição Federal, salvo nos casos por esta expressamente ressalvados, é de responsabilidade primária e solidária das 3 (três) esferas de governo, sem prejuízo da municipalização do atendimento e da possibilidade da execução de programas por entidades não governamentais.
- Interesse superior da criança e do adolescente: a intervenção deve atender, prioritariamente, aos interesses e direitos da criança e do adolescente, sem prejuízo da consideração que for devida a outros interesses legítimos no âmbito da pluralidade dos interesses presentes no caso concreto.

- Privacidade: a promoção dos direitos e proteção da criança e do adolescente deve ser efetuada no respeito pela intimidade, direito à imagem e reserva da sua vida privada.
- Intervenção precoce: a intervenção das autoridades competentes deve ser efetuada logo que a situação de perigo seja conhecida.
- Intervenção mínima: a intervenção deve ser exercida, exclusivamente, pelas autoridades e instituições cuja ação seja indispensável à efetiva promoção dos direitos e à proteção da criança e do adolescente.
- Proporcionalidade e atualidade: a intervenção deve ser a necessária e adequada à situação de perigo em que a criança ou o adolescente se encontram no momento em que a decisão é tomada.
- Responsabilidade parental: a intervenção deve ser efetuada de modo que os pais assumam os seus deveres para com a criança e o adolescente.
- Prevalência da Família: na promoção de direitos e na proteção da criança e do adolescente deve ser dada prevalência às medidas que os mantenham ou reintegrem na sua família natural ou extensa ou, se isso não for possível, que promovam a sua integração em família adotiva;
- Obrigatoriedade da informação: a criança e o adolescente, respeitado seu estágio de desenvolvimento e capacidade de compreensão, seus pais ou responsável devem ser informados dos seus direitos, dos motivos que determinaram a intervenção e da forma como esta se processa.
- Oitiva obrigatória e participação: a criança e o adolescente, em separado ou na companhia dos pais, de responsável ou de pessoa por si indicada, bem como os seus pais ou responsável, têm direito a ser ouvidos e a participar nos atos e na definição da medida de promoção dos direitos e de proteção, sendo sua opinião devidamente considerada pela autoridade judiciária competente.

A autoridade competente poderá determinar as seguintes medidas de proteção (que podem ser aplicadas isolada ou cumulativamente):

- encaminhamento aos pais ou responsável, mediante termo de responsabilidade;
- orientação, apoio e acompanhamento temporários;
- matrícula e frequência obrigatórias em estabelecimento oficial de ensino fundamental;
- inclusão em serviços e programas oficiais ou comunitários de proteção, apoio e promoção da família, da criança e do adolescente;
- requisição de tratamento médico, psicológico ou psiquiátrico, em regime hospitalar ou ambulatorial;
- inclusão em programa oficial ou comunitário de auxílio, orientação e tratamento a alcoólatras e toxicômanos;
- acolhimento institucional;
- inclusão em programa de acolhimento familiar;
- colocação em família substituta.

O acolhimento institucional e o acolhimento familiar são medidas provisórias e excepcionais, utilizáveis como forma de transição para reintegração familiar ou, não sendo esta possível, para colocação em família substituta, não implicando privação de liberdade.

O afastamento da criança ou adolescente do convívio familiar é de competência exclusiva da autoridade judiciária (Juiz da Vara da Infância e Juventude) e importará na deflagração, a pedido do Ministério Público ou de quem tenha legítimo interesse, de procedimento judicial contencioso, no qual se garanta aos pais ou ao responsável legal o exercício do contraditório e da ampla defesa.

Crianças e adolescentes somente poderão ser encaminhados às instituições que executam programas de acolhimento institucional, governamentais ou não, por meio de uma Guia de Acolhimento, expedida pela autoridade judiciária, na qual obrigatoriamente constarão, dentre outros:

- sua identificação e a qualificação completa de seus pais ou de seu responsável, se conhecidos;
- o endereço de residência dos pais ou do responsável, com pontos de referência;
- os nomes de parentes ou de terceiros interessados
- em tê-los sob sua guarda;
- os motivos da retirada ou da não reintegração ao convívio familiar.

Imediatamente após o acolhimento da criança ou do adolescente, a entidade responsável pelo programa de acolhimento institucional ou familiar elaborará um plano individual de atendimento, visando à reintegração familiar, ressalvada a existência de ordem escrita e fundamentada por autoridade judiciária competente, caso em que também deverá contemplar sua colocação em família substituta, observadas as regras e princípios do ECA.

O plano individual será elaborado sob a responsabilidade da equipe técnica do respectivo programa de atendimento e levará em consideração a opinião da criança ou do adolescente e a oitiva dos pais ou do responsável.

Constarão do plano individual, dentre outros:

- os resultados da avaliação interdisciplinar;
- os compromissos assumidos pelos pais ou responsável pela previsão das atividades a serem desenvolvidas com a criança ou com o adolescente acolhido e seus pais ou responsável, com vista na reintegração familiar ou, caso seja esta vedada por expressa e fundamentada determinação judicial, as providências a serem tomadas para sua colocação em família substituta, sob direta supervisão da autoridade judiciária.

O acolhimento familiar ou institucional ocorrerá no local mais próximo à residência dos pais ou do responsável e, como parte do processo de reintegração familiar, sempre que identificada a necessidade, a família de origem será incluída em programas oficiais de orientação, de apoio e de promoção social, sendo facilitado e estimulado o contato com a criança ou com o adolescente acolhido.

Verificada a possibilidade de reintegração familiar, o responsável pelo programa de acolhimento familiar ou institucional fará imediata comunicação à autoridade judiciária, que dará vista ao Ministério Público, pelo prazo de 5 (cinco) dias, decidindo em igual prazo:

Vistas MP → 5 dias → Volta para o juiz decidir → 5 dias

Em sendo constatada a impossibilidade de reintegração da criança ou do adolescente à família de origem, após seu encaminhamento a programas oficiais ou comunitários de orientação, apoio e promoção social, será enviado relatório fundamentado ao Ministério Público, no qual conste a descrição pormenorizada das providências tomadas e a expressa recomendação, subscrita pelos técnicos da entidade ou responsáveis pela execução da política municipal de garantia do direito à convivência familiar, para a destituição do poder familiar, ou destituição de tutela ou guarda.

Recebido o relatório, o Ministério Público terá o prazo de 30 (trinta) dias para o ingresso com a ação de destituição do poder familiar, salvo se entender necessária a realização de estudos complementares ou outras providências que entender indispensáveis ao ajuizamento da demanda.

A autoridade judiciária manterá, em cada comarca ou foro regional, um cadastro contendo informações atualizadas sobre as crianças e adolescentes em regime de acolhimento familiar e institucional sob sua responsabilidade, com informações pormenorizadas sobre a situação jurídica de cada um, bem como as providências tomadas para sua reintegração familiar ou colocação em família substituta, mediante guarda, tutela ou adoção.

Terão acesso ao cadastro o Ministério Público, o Conselho Tutelar, o órgão gestor da Assistência Social e os Conselhos Municipais dos Direitos da Criança e do Adolescente e da Assistência Social, aos quais incumbe deliberar sobre a implementação de políticas públicas que permitam reduzir o número de crianças e adolescentes afastados do convívio familiar e abreviar o período de permanência em programa de acolhimento.

As medidas de proteção serão acompanhadas de registro civil. Se inexistente, o assento de nascimento da criança ou do adolescente será feito à vista dos elementos disponíveis, mediante requisição da autoridade judiciária.

Os registros e certidões necessários à regularização para aplicação da medida de proteção são isentos de multas, custas e emolumentos, gozando de absoluta prioridade.

Se a paternidade do menor for indefinida, o MP intentará a ação de investigação de paternidade, sendo este dispensável se, após o não comparecimento ou a recusa do suposto pai em assumir a paternidade a ele atribuída, a criança for encaminhada para adoção.

6.10 Prática de Ato Infracional

Ato infracional é a conduta descrita como infração penal: crime ou contravenção penal.

São penalmente inimputáveis os menores de dezoito anos, sujeitos às medidas previstas no ECA.

Teoria da atividade: para os efeitos do ECA, deve ser considerada a idade do adolescente à data do fato.

se um adolescente cometer ato infracional no dia anterior ao seu aniversário de 18 anos, às 23h40min, sendo apreendido à 01h do dia do seu aniversário, será aplicado o ECA, pois o fato ocorreu quando ainda era menor.

Se um ato infracional for cometido por criança, ela será submetida às medidas de proteção e não sofrerá processo de investigação de ato infracional.

6.10.1 Dos direitos individuais

As crianças não podem ter sua liberdade privada e, para os adolescentes terem sua liberdade privada, deverá ser ou em flagrante de ato infracional ou por ordem escrita e fundamentada da autoridade judiciária competente.

O adolescente terá direito à identificação dos responsáveis pela sua apreensão, devendo ser informado acerca de seus direitos.

A apreensão de qualquer adolescente e o local onde se encontra recolhido serão comunicados à autoridade judiciária competente e à família do apreendido ou à pessoa por ele indicada sob pena de cometer crime, previsto no ECA.

Examinar-se-á, desde logo e sob pena de responsabilidade, a possibilidade de liberação imediata.

A internação, antes da sentença de aplicação de medida socioeducativa, pode ser determinada pelo prazo máximo de quarenta e cinco dias.

O adolescente civilmente identificado não será submetido à identificação compulsória pelos órgãos policiais, de proteção e judiciais, salvo para efeito de confrontação, havendo dúvida fundada.

6.10.2 Das garantias processuais

O ECA prevê garantias processuais, ou seja, no decorrer de procedimento judicial que apure a prática de ato infracional. Vejamos:

→ Nenhum adolescente será privado de sua liberdade sem o devido processo legal e será assegurada ao adolescente, entre outras, as seguintes garantias:
  - Pleno e formal conhecimento da atribuição de ato infracional, mediante citação ou meio equivalente.
  - Igualdade na relação processual, podendo confrontar- se com vítimas e testemunhas e produzir todas as provas necessárias à sua defesa.
  - Defesa técnica por advogado.
  - Assistência judiciária gratuita e integral aos necessitados, na forma da lei.
  - Direito de ser ouvido pessoalmente pela autoridade competente.
  - Direito de solicitar a presença de seus pais ou responsável em qualquer fase do procedimento.

6.10.3 Das medidas socioeducativas

Se uma criança comete ato infracional, será ela submetida a uma medida de proteção. Se um adolescente comete ato infracional, será ele submetido a uma medida socioeducativa ou uma medida de proteção.

São medidas socioeducativas:

a) **Advertência** - consiste em uma admoestação verbal, reduzida a termo e assinada.

b) **Obrigação de reparar o dano** - sempre que o ato infracional tiver reflexos patrimoniais.

c) **Prestação de serviços à comunidade** - consiste na realização de tarefas gratuitas de interesse geral, por período não excedente a 6 meses, junto a entidades assistenciais, hospitais, escolas e outros estabelecimentos congêneres, bem como em programas comunitários ou governamentais.

As tarefas serão atribuídas conforme as aptidões do adolescente, devendo ser cumpridas durante jornada máxima de oito horas semanais, aos sábados, domingos e feriados ou em dias úteis, de modo a não prejudicar a frequência à escola ou à jornada normal de trabalho.

d) **Liberdade assistida** - consiste na designação de pessoa capacitada (orientador) para acompanhar o caso, a qual poderá ser recomendada por entidade ou programa de atendimento e será fixada pelo prazo mínimo de seis meses, podendo a qualquer tempo ser prorrogada, revogada ou substituída por outra medida, ouvido o orientador, o Ministério Público e o defensor.

São incumbências do orientador, com o apoio e a supervisão da autoridade competente, a realização dos seguintes encargos, entre outros:

> promover socialmente o adolescente e sua família, fornecendo-lhes orientação e inserindo-os, se necessário, em programa oficial ou comunitário de auxílio e assistência social;

> supervisionar a frequência e o aproveitamento escolar do adolescente, promovendo, inclusive, sua matrícula;

> diligenciar no sentido da profissionalização do adolescente e de sua inserção no mercado de trabalho;

> apresentar relatório do caso.

e) **Inserção em regime de semiliberdade** - que pode ser determinado desde o início, ou como forma de transição para o meio aberto, possibilitada a realização de atividades externas, independente de autorização judicial. No regime de semiliberdade são obrigatórias a escolarização e a profissionalização, devendo, sempre que possível, ser utilizados os recursos existentes na comunidade e a medida não comporta prazo determinado aplicando-se, no que couber, as disposições relativas à internação.

f) **Internação em estabelecimento educacional.**

Uma das medidas de proteção, salvo acolhimento institucional ou familiar e colocação em família substituta.

As medidas previstas de b a f serão impostas desde que existam provas suficientes da autoria e materialidade da infração. A medida aplicada ao adolescente levará em conta a sua capacidade de cumpri-la, as circunstâncias e a gravidade da infração.

Para aplicação da advertência, basta a prova da materialidade e os indícios suficientes de autoria.

Em hipótese alguma e sob pretexto algum, será admitida a prestação de trabalho forçado.

Os adolescentes portadores de doença ou deficiência mental receberão tratamento individual e especializado, em local adequado às suas condições.

g) **Internação**

A internação é uma medida privativa da liberdade aplicada ao adolescente que comete ato infracional e possui as seguintes características:

> Brevidade: o adolescente ficará interno o tempo necessário, porém, o mais breve possível.

> Excepcionalidade: não é a regra.

> Respeito à condição peculiar do adolescente.

A medida será declarada judicialmente e não comporta prazo determinado, devendo sua manutenção ser avaliada, no máximo, a cada seis meses, e a internação não excederá a três anos, devendo após esse prazo, o adolescente ser liberado, colocado em regime de semiliberdade ou de liberdade assistida, sempre precedido de autorização judicial, ouvido o Ministério Público.

A liberação será compulsória aos vinte e um anos de idade. O adolescente internado será autorizado à realização de atividades externas, a critério da equipe técnica, salvo expressa determinação judicial em contrário, podendo a determinação judicial de internação ser revista a qualquer tempo.

A medida de internação será aplicada da seguinte maneira:

> Ato infracional cometido mediante grave ameaça ou violência à pessoa - 03 anos.

> Reiteração no cometimento de outras infrações graves - 03 anos.

> Descumprimento reiterado e injustificável da medida anteriormente imposta - 03 meses.

Em nenhuma hipótese será aplicada a internação, havendo outra medida adequada.

A internação deverá ser cumprida em entidade exclusiva para adolescentes, em local distinto daquele destinado ao abrigo, obedecida rigorosa separação por critérios de idade, compleição física e gravidade da infração.

Durante o período de internação, inclusive provisória, serão obrigatórias atividades pedagógicas.

→ Direitos do adolescente privado da liberdade.

São direitos do adolescente privado de liberdade, entre outros, os seguintes:

> Entrevistar-se pessoalmente com o representante do Ministério Público.

> Peticionar diretamente a qualquer autoridade.

> Avistar-se reservadamente com seu defensor.

> Ser informado de sua situação processual, sempre que solicitada.

> Ser tratado com respeito e dignidade.

- Permanecer internado na mesma localidade ou naquela mais próxima ao domicílio de seus pais ou responsável.
- Receber visitas, ao menos, semanalmente.
- Corresponder-se com seus familiares e amigos.
- Ter acesso aos objetos necessários à higiene e ao asseio pessoal.
- Habitar alojamento em condições adequadas de higiene e salubridade.
- Receber escolarização e profissionalização.
- Realizar atividades culturais, esportivas e de lazer.
- Ter acesso aos meios de comunicação social.
- Receber assistência religiosa, segundo a sua crença, e desde que assim o deseje.
- Manter a posse de seus objetos pessoais e dispor de local seguro para guardá-los, recebendo comprovante daqueles porventura depositados em poder da entidade.
- Receber, quando de sua desinternação, os documentos pessoais indispensáveis à vida em sociedade.

6.10.4 Apuração de ato infracional

Para apuração de ato infracional do adolescente apreendido em flagrante, determina o artigo 173 do ECA que, em caso de flagrante de ato infracional cometido mediante violência ou grave ameaça à pessoa, são deveres da autoridade policial:

- Lavrar auto de apreensão, ouvidos as testemunhas e o adolescente.
- Apreender o produto e os instrumentos da infração.
- Requisitar as perícias e os exames necessários à comprovação da materialidade e autoria da infração.

Nas demais hipóteses de flagrante, a lavratura do auto poderá ser substituída por boletim de ocorrência circunstanciada.

- Comparecendo qualquer dos pais ou responsável, o adolescente será prontamente liberado pela autoridade policial, sob termo de compromisso e responsabilidade de sua apresentação ao representante do Ministério Público, no mesmo dia ou, sendo impossível, no primeiro dia útil imediato, exceto quando, pela gravidade do ato infracional e sua repercussão social, deva o adolescente permanecer sob internação para garantia de sua segurança pessoal ou manutenção da ordem pública.
- Caso não seja liberado:

  Art. 175. *Em caso de não liberação, a autoridade policial encaminhará, desde logo, o adolescente ao representante do Ministério Público, juntamente com cópia do auto de apreensão ou boletim de ocorrência.*

  § 1º *Sendo impossível a apresentação imediata, a autoridade policial encaminhará o adolescente à entidade de atendimento, que fará a apresentação ao representante do Ministério Público no prazo de vinte e quatro horas.*

  § 2º *Nas localidades onde não houver entidade de atendimento, a apresentação far-se-á pela autoridade policial. À falta de repartição policial especializada, o adolescente aguardará a apresentação em dependência separada da destinada a maiores, não podendo, em qualquer hipótese, exceder o prazo referido no parágrafo anterior.*

- O adolescente a quem se atribua autoria de ato infracional não poderá ser conduzido ou transportado em compartimento fechado de veículo policial, em condições atentatórias à sua dignidade, ou que impliquem risco à sua integridade física ou mental, sob pena de responsabilidade.

Questões

01. (CESPE) De acordo com o disposto no Estatuto da Criança e do Adolescente (ECA), julgue o item que se segue. É dispensada a autorização paterna quando uma criança ou adolescente viaja ao exterior em companhia da mãe; já em viagens interestaduais, a criança poderá estar acompanhada por um responsável desde que tenha autorização, registrada em cartório, de um dos pais.

Certo ( ) Errado ( )

02. (CESPE) De acordo com o disposto no Estatuto da Criança e do Adolescente (ECA), julgue o item subsequente. O dirigente de entidade que desenvolve programa de acolhimento institucional é equiparado, para todos os efeitos de direito, ao guardião, de modo que deve remeter anualmente à autoridade judiciária relatório detalhado acerca do desenvolvimento de cada criança ou adolescente acolhido.

Certo ( ) Errado ( )

03. (CESPE) Acerca de ato infracional e medidas socioeducativas, bem como dos crimes e infrações praticados contra a criança e o adolescente, julgue o item a seguir.

Caso um adolescente que faça parte de um grupo formado por adultos e que já tenha praticado, comprovadamente, diversos roubos com uso de arma de fogo seja apreendido, a ele deverá ser imposta — após o devido procedimento judicial — a medida socioeducativa denominada liberdade assistida.

Certo ( ) Errado ( )

Gabaritos

01	ERRADO	03	ERRADO
02	ERRADO		

6.10.5 Da Remissão

Determina o artigo 126 do ECA:

> ***Art. 126.*** *Antes de iniciado o procedimento judicial para apuração de ato infracional, o representante do Ministério Público poderá conceder a remissão, como forma de exclusão do processo, atendendo às circunstâncias e consequências do fato, ao contexto social, bem como à personalidade do adolescente e sua maior ou menor participação no ato infracional.*
>
> ***Parágrafo único.*** *Iniciado o procedimento, a concessão da remissão pela autoridade judiciária importará na suspensão ou extinção do processo.*

A remissão não implica necessariamente o reconhecimento ou comprovação da responsabilidade do adolescente, nem prevalece para efeito de antecedentes, podendo ser aplicada qualquer das medidas previstas no Estatuto, exceto a colocação em regime de semiliberdade e a internação.

A medida aplicada por força da remissão poderá ser revista judicialmente, a qualquer tempo, mediante pedido:

- expresso do adolescente ou de seu representante legal; do Ministério Público.

6.11 Das Medidas Pertinentes aos Pais ou Responsável

Não são raras as situações em que os pais ou responsáveis pelos menores acabam por violar os direitos destes ou não conseguem suprir o necessário para seus filhos ou pupilos, por situação alheia à sua vontade.

Assim, são previstas medidas aplicáveis aos pais ou responsável, no artigo 129 do ECA:

- Encaminhamento a serviços e programas oficiais ou comunitários de proteção, apoio e promoção da família.
- Inclusão em programa oficial ou comunitário de auxílio, orientação e tratamento a alcoólatras e toxicômanos.
- Encaminhamento a tratamento psicológico ou psiquiátrico.
- Encaminhamento a cursos ou programas de orientação.
- Obrigação de matricular o filho ou pupilo e acompanhar sua frequência e aproveitamento escolar.
- Obrigação de encaminhar a criança ou o adolescente a tratamento especializado.
- Advertência.
- Perda da guarda.
- Destituição da tutela.
- Suspensão ou destituição do poder familiar.

Não serão aplicadas as medidas de destituição da tutela e suspensão do poder familiar se os pais deixarem de cumprir o dever de sustento por falta ou carência de recursos materiais e, caso sejam aplicadas, serão decretadas judicialmente.

Ou seja, a falta de recursos materiais não é o suficiente para tirar dos pais a guarda de um filho!

Se for verificado que os pais ou responsáveis estão agindo em relação aos menores com maus-tratos, abuso sexual ou opressão, o juiz poderá determinar, como medida cautelar, o afastamento do agressor da moradia comum e fixação provisória dos alimentos que de necessitam a criança ou o adolescente dependentes do agressor.

6.12 Do Conselho Tutelar

O Conselho Tutelar é um órgão permanente e autônomo, encarregado pela sociedade de zelar pelo cumprimento dos direitos da criança e do adolescente.

Ele é um órgão não jurisdicional e será composto de cinco membros, escolhidos pela comunidade local para mandato de quatro anos, permitida recondução.

Em cada Município e em cada Região Administrativa do Distrito Federal haverá, no mínimo, 1 (um) Conselho Tutelar como órgão integrante da administração pública local, para a candidatura a membro do Conselho Tutelar, serão exigidos os seguintes requisitos:

- Reconhecida idoneidade moral.
- Idade superior a vinte e um anos.
- Residir no município.

Vejamos o que dispõe o artigo 134 do ECA:

> ***Art. 134.*** *Lei municipal ou distrital disporá sobre o local, dia e horário de funcionamento do Conselho Tutelar, inclusive quanto à remuneração dos respectivos membros, aos quais é assegurado o direito a:*
>
> ***I.*** *cobertura previdenciária;*
>
> ***II.*** *gozo de férias anuais remuneradas, acrescidas de 1/3 (um terço) do valor da remuneração mensal;*
>
> ***III.*** *licença-maternidade;*
>
> ***IV.*** *licença-paternidade;*
>
> ***V.*** *gratificação natalina.*
>
> ***Parágrafo único.*** *Constará da lei orçamentária municipal e da do Distrito Federal previsão dos recursos necessários ao funcionamento do Conselho Tutelar e à remuneração e formação continuada dos conselheiros tutelares.*

O local, dia e horário de funcionamento do Conselho Tutelar e a remuneração de seus membros serão previstos em lei municipal, e quanto aos recursos necessários ao funcionamento do Conselho, estarão previstos na lei orçamentária municipal.

O exercício efetivo da função de conselheiro constituirá serviço público relevante, estabelecerá presunção de idoneidade moral.

Além disso, o ECA prevê:

> ***Art. 140.*** *São impedidos de servir no mesmo Conselho marido e mulher, ascendentes e descendentes, sogro e genro ou nora, irmãos, cunhados, durante o cunhadio, tio e sobrinho, padrasto ou madrasta e enteado.*
>
> ***Parágrafo único.*** *Estende-se o impedimento do conselheiro, na forma deste artigo, em relação à autoridade judiciária e ao representante do Ministério Público com atuação na Justiça da Infância e da Juventude, em exercício na comarca, foro regional ou distrital.*

No que tange à escolha dos membros:

> ***Art. 139.*** *O processo para a escolha dos membros do Conselho Tutelar será estabelecido em lei municipal e realizado sob a responsabilidade do Conselho Municipal dos Direitos da Criança e do Adolescente, e a fiscalização do Ministério Público. (Redação dada pela Lei nº 8.242, de 12.10.1991)*

***§ 1º** O processo de escolha dos membros do Conselho Tutelar ocorrerá em data unificada em todo o território nacional a cada 4 (quatro) anos, no primeiro domingo do mês de outubro do ano subsequente ao da eleição presidencial. (Incluído pela Lei nº 12.696, de 2012)*

***§ 2º** A posse dos conselheiros tutelares ocorrerá no dia 10 de janeiro do ano subsequente ao processo de escolha. (Incluído pela Lei nº 12.696, de 2012)*

***§ 3º** No processo de escolha dos membros do Conselho Tutelar, é vedado ao candidato doar, oferecer, prometer ou entregar ao eleitor bem ou vantagem pessoal de qualquer natureza, inclusive brindes de pequeno valor*

6.12.1 Das Atribuições do Conselho

São atribuições do Conselho, atender crianças e adolescentes nas hipóteses em que deva ser aplicada medida de proteção, salvo inclusão em programa de acolhimento familiar e colocação em família substituta e atender e aconselhar os pais ou responsáveis, aplicando as medidas aplicáveis aos pais e responsáveis, salvo medidas aplicáveis somente judicialmente (perda da guarda, destituição da tutela, suspensão ou destituição do poder familiar) e promover a execução de suas decisões, podendo para tanto:

> Requisitar serviços públicos nas áreas de saúde, educação, serviço social, previdência, trabalho e segurança.

> Representar junto à autoridade judiciária nos casos de descumprimento injustificado de suas deliberações.

> Encaminhar ao Ministério Público notícia de fato que constitua infração administrativa ou penal contra os direitos da criança ou do adolescente.

> sua competência.

> Providenciar a medida estabelecida pela autoridade judiciária, dentre as previstas como medida de proteção (exceto acolhimento institucional, inclusão em programa de acolhimento familiar e colocação em família substituta), para o adolescente autor de ato infracional.

> Expedir notificações.

> Requisitar certidões de nascimento e de óbito de criança ou adolescente quando necessário.

> Assessorar o Poder Executivo local na elaboração da proposta orçamentária para planos e programas de atendimento dos direitos da criança e do adolescente.

> Representar, em nome da pessoa e da família, contra a violação dos direitos previstos no art. 220, § 3º, inciso II, da Constituição Federal.
>
> ***Art. 220, § 3º, inciso II** - Estabelecer os meios legais que garantam à pessoa e à família a possibilidade de se defenderem de programas ou programações de rádio e televisão que contrariem o disposto no Art. 221, bem como da propaganda de produtos, práticas e serviços que possam ser nocivos à saúde e ao meio ambiente.*

> Representar ao Ministério Público para efeito das ações de perda ou suspensão do poder familiar, depois de esgotadas as possibilidades de manutenção da criança ou do adolescente junto à família natural.

6.12.2 Disposições finais

Se, no exercício de suas atribuições, o Conselho Tutelar entender necessário o afastamento do convívio familiar, comunicará incontinenti o fato ao Ministério Público, prestando-lhe informações sobre os motivos de tal entendimento e as providências tomadas para a orientação, o apoio e a promoção social da família.

As decisões do Conselho Tutelar somente poderão ser revistas pela autoridade judicial.

6.13 Aspectos Processuais

A partir do artigo 141 do ECA, está previsto o acesso à Justiça, tratando de aspectos processuais. Abordaremos o que determina o texto de lei quanto aos procedimentos judiciais.

É princípio constitucional a garantia do acesso à Justiça.

Ninguém poderá ser impedido de ter acesso à Justiça, muito menos as crianças e os adolescentes.

Assim, toda a criança e todo o adolescente têm garantido o acesso à Defensoria Pública, ao Ministério Público e ao Poder Judiciário, por qualquer de seus órgãos.

A Defensoria Pública tem a incumbência de defender aqueles que não possuem e não podem pagar por um advogado particular, garantindo-se a assistência judiciária gratuita. Porém, nada impede que este tenha assistência de um advogado. Quando não existir Defensoria Pública na localidade, a lei garante a nomeação de advogado, ou seja, sem defesa técnica, o menor não ficará.

Para facilitar ainda mais o acesso, as ações judiciais da competência da Justiça da Infância e da Juventude são isentas de custas e emolumentos (não se pagará para entrar com ação), ressalvada a hipótese de litigância de má-fé (por exemplo, quando alterar a verdade dos fatos).

Nas ações que envolvem crianças e adolescentes, os menores de dezesseis anos serão representados, e os maiores de dezesseis serão assistidos por seus pais, tutores, na forma da legislação civil ou processual.

Além disso, a lei prevê que a autoridade judiciária dará curador especial à criança ou ao adolescente, sempre que os interesses destes colidirem com os de seus pais ou responsável (imaginemos um adolescente que deseja casar e seus pais não permitem sem justificativa plausível), ou quando carecerem de representação ou assistência legal, ainda que eventual.

Todos os atos judiciais, policiais e administrativos que envolvam crianças e adolescentes devem resguardar segredo, vedada a divulgação de qualquer informação.

Enquanto em uma ação de cobrança, em regra, qualquer pessoa pode ter acesso ao processo e assistir a uma audiência, por ser pública, quando se trata de menores, isso não ocorrerá pelo segredo de justiça.

Além do mais, assegura o Estatuto que os estados e o Distrito Federal poderão criar Varas especializadas e exclusivas da Infância e da Juventude, cabendo ao Poder Judiciário estabelecer sua proporcionalidade por número de habitantes, dotá-las de infraestrutura e dispor sobre o atendimento, inclusive em plantões.

Nesse sentido, estudaremos as figuras que fazem parte do processo, conforme dispõe o ECA.

6.13.1 Do Juiz

A autoridade constantemente referenciada no ECA é o Juiz da Infância e da Juventude, ou o juiz que exerce essa função, na forma da lei de organização judiciária local.

A competência do juízo será determinada:

→ pelo domicílio dos pais ou responsável;

→ pelo lugar onde se encontre a criança ou o adolescente, à falta dos pais ou responsável.

→ nos casos de ato infracional, será competente a autoridade do lugar da ação ou omissão, observadas as regras de conexão, continência e prevenção.

A execução das medidas poderá ser delegada à autoridade competente da residência dos pais ou responsável, ou do local onde sediar-se a entidade que abrigar a criança ou o adolescente.

Em caso de infração cometida através de transmissão simultânea de rádio ou televisão, que atinja mais de uma comarca, será competente, para aplicação da penalidade, a autoridade judiciária do local da sede estadual da emissora ou rede, tendo a sentença eficácia para todas as transmissoras ou retransmissoras do respectivo estado.

Atentemos para as competências da Justiça da Infância e Juventude:

> ***Art. 148.*** *A Justiça da Infância e da Juventude é competente para:*
>
> ***I.*** *conhecer de representações promovidas pelo Ministério Público, para apuração de ato infracional atribuído a adolescente, aplicando as medidas cabíveis;*
>
> ***II.*** *conceder a remissão, como forma de suspensão ou extinção do processo;*
>
> ***III.*** *conhecer de pedidos de adoção e seus incidentes;*
>
> ***IV.*** *conhecer de ações civis fundadas em interesses individuais, difusos ou coletivos afetos à criança e ao adolescente, observado o disposto no art. 209;*
>
> ***V.*** *conhecer de ações decorrentes de irregularidades em entidades de atendimento*
>
> *aplicando as medidas cabíveis;*
>
> ***VI.*** *aplicar penalidades administrativas nos casos de infrações contra norma de proteção à criança ou adolescente;*
>
> ***VII.*** *conhecer de casos encaminhados pelo Conselho Tutelar, aplicando as medidas cabíveis.*
>
> ***Parágrafo único.*** *Quando se tratar de criança ou adolescente nas hipóteses do art. 98, é também competente a Justiça da Infância e da Juventude para o fim de:*
>
> ***a)*** *conhecer de pedidos de guarda e tutela;*
>
> ***b)*** *conhecer de ações de destituição do poder familiar, perda ou modificação da tutela ou guarda;*
>
> ***c)*** *suprir a capacidade ou o consentimento para o casamento;*
>
> ***d)*** *conhecer de pedidos baseados em discordância paterna ou materna, em relação ao exercício do poder familiar; (Expressão substituída pela Lei nº 12.010, de 2009) Vigência*
>
> ***e)*** *conceder a emancipação, nos termos da lei civil, quando faltarem os pais;*
>
> ***f)*** *designar curador especial em casos de apresentação de queixa ou representação, ou de outros procedimentos judiciais ou extrajudiciais em que haja interesses de criança ou adolescente;*
>
> ***g)*** *conhecer de ações de alimentos;*
>
> ***h)*** *determinar o cancelamento, a retificação e o suprimento dos registros de nascimento e óbito.*
>
> ***Art. 149.*** *Compete à autoridade judiciária disciplinar, através de portaria, ou autorizar, mediante alvará:*
>
> ***I.*** *a entrada e permanência de criança ou adolescente, desacompanhado dos pais ou responsável, em:*
>
> ***a)*** *estádio, ginásio e campo desportivo;*
>
> ***b)*** *bailes ou promoções dançantes;*
>
> ***c)*** *boate ou congêneres;*
>
> ***d)*** *casa que explore comercialmente diversões eletrônicas;*
>
> ***e)*** *estúdios cinematográficos, de teatro, rádio e televisão.*
>
> ***II.*** *a participação de criança e adolescente em:*
>
> ***a)*** *espetáculos públicos e seus ensaios;*
>
> ***b)*** *certames de beleza.*
>
> ***§ 1º*** *Para os fins do disposto neste artigo, a autoridade judiciária levará em conta, dentre outros fatores:*
>
> *Os princípios desta Lei;*
>
> ***b)*** *as peculiaridades locais;*
>
> ***c)*** *a existência de instalações adequadas;*
>
> ***d)*** *o tipo de frequência habitual ao local;*
>
> ***e)*** *a adequação do ambiente a eventual participação ou frequência de crianças e adolescentes;*
>
> ***f)*** *a natureza do espetáculo.*

6.13.2 Serviços Auxiliares

Cabe ao Poder Judiciário, na elaboração de sua proposta orçamentária, prever recursos para manutenção de equipe interprofissional (assistentes sociais, psicólogos etc.) destinada a assessorar a Justiça da Infância e da Juventude.

Compete à equipe interprofissional, dentre outras atribuições que lhe forem reservadas pela legislação local, fornecer subsídios por escrito, mediante laudos, ou verbalmente, na audiência, e bem assim desenvolver trabalhos de aconselhamento, orientação, encaminhamento, prevenção e outros, tudo sob a imediata subordinação à autoridade judiciária, assegurada a livre manifestação do ponto de vista técnico.

Na ausência ou insuficiência de servidores públicos integrantes do Poder Judiciário responsáveis pela realização dos estudos psicossociais ou de quaisquer outras espécies de avaliações técnicas exigidas por esta Lei ou por determinação judicial, a autoridade judiciária poderá proceder à nomeação de perito.

6.13.3 Procedimentos

Aos procedimentos se subsidiariamente as normas gerais previstas na legislação processual pertinente.

Os processos e procedimentos amparados no Estatuto têm prioridade absoluta, sob pena de responsabilidade, assim como a execução dos atos e diligências judiciais a eles referentes. Ou seja, devem tramitar com celeridade.

Os prazos estabelecidos nesta Lei e aplicáveis aos seus procedimentos são contados em dias corridos, excluído o dia do começo e incluído o dia do vencimento, vedado o prazo em dobro para a Fazenda Pública e o Ministério Público.

Caso seja necessária medida não prevista no Estatuto, o legislador prevê a possibilidade de atuação de ofício, ouvido o Ministério Público, conforme artigo 153 do Estatuto:

> ***Art. 153.*** *Se a medida judicial a ser adotada não corresponder a procedimento previsto nesta ou em outra lei, a autoridade judiciária poderá investigar os fatos e ordenar de ofício as providências necessárias, ouvido o Ministério Público.*
>
> ***Parágrafo único.*** *O disposto neste artigo não se aplica para o fim de afastamento da criança ou do adolescente de sua família de origem e em outros procedimentos necessariamente contenciosos.*

6.13.4 Da Perda e da Suspensão do Poder Familiar

O procedimento para a perda ou a suspensão do poder familiar terá início por provocação do Ministério Público ou de quem tenha legítimo interesse.

O artigo 156 do Estatuto prevê que a petição inicial deverá indicar:

> ***I.*** *a autoridade judiciária a que for dirigida;*
>
> ***II.*** *o nome, o estado civil, a profissão e a residência do requerente e do requerido, dispensada a qualificação em se tratando de pedido formulado por representante do Ministério Público;*
>
> ***III.*** *a exposição sumária do fato e o pedido;*
>
> ***IV.*** *as provas que serão produzidas, oferecendo, desde logo, o rol de testemunhas e documentos.*

Caso exista algum motivo grave, o juiz, após ouvir o Ministério Público, decreta a suspensão poder familiar, liminar ou incidentalmente, até o julgamento definitivo da causa, de modo que a criança ou o adolescente fiquem confiados a uma pessoa idônea, mediante termo de responsabilidade.

Com a suspensão, o réu no processo é citado para, no prazo de dez dias, oferecer resposta escrita, indicando as provas a serem produzidas e oferecendo desde logo o rol de testemunhas e documentos.

É necessário atentar para o disposto no Art. 158 do ECA:

> ***Art. 158.*** *O requerido será citado para, no prazo de dez dias, oferecer resposta escrita, indicando as provas a serem produzidas e oferecendo desde logo o rol de testemunhas e documentos.*
>
> ***§ 1º*** *A citação será pessoal, salvo se esgotados todos os meios para sua realização.*
>
> ***§ 2º*** *O requerido privado de liberdade deverá ser citado pessoalmente.*
>
> ***§ 3o*** *Quando, por 2 (duas) vezes, o oficial de justiça houver procurado o citando em seu domicílio ou residência sem o encontrar, deverá, havendo suspeita de ocultação, informar qualquer pessoa da família ou, em sua falta, qualquer vizinho do dia útil em que voltará a fim de efetuar a citação, na hora que designar, nos termos do art. 252 e seguintes da Lei no 13.105, de 16 de março de 2015 (Código de Processo Civil).*
>
> ***§ 4º*** *Na hipótese de os genitores encontrarem-se em local incerto ou não sabido, serão citados por edital no prazo de 10 (dez) dias, em publicação única, dispensado o envio de ofícios para a localização.*

A defesa será feita por advogado, que será nomeado dativo caso o réu não tenha condições de pagar.

Assim, dita o artigo 159 que poderá requerer, em cartório, que lhe seja nomeado dativo, ao qual incumbirá a apresentação de resposta, contando-se o prazo a partir da intimação do despacho de nomeação.

A citação será pessoal, salvo se esgotados todos os meios para sua realização. Quando o requerido estiver privado de liberdade, deverá ser citado pessoalmente.

Se não houver contestação, dará vista dos autos ao Ministério Público, por cinco dias, salvo quando este for o requerente, decidindo em igual prazo.

Caso seja apresentada a resposta, a autoridade judiciária dará vista dos autos ao Ministério Público, por cinco dias, salvo quando este for o requerente, e quando concluído o estudo social ou perícia por equipe interprofissional ou multisiciplinar, designando, desde logo, audiência de instrução e julgamento.

Na audiência, presentes as partes e o Ministério Público, serão ouvidas as testemunhas, colhendo-se oralmente o parecer técnico, salvo quando apresentado por escrito, manifestando-se sucessivamente o requerente, o requerido e o Ministério Público, pelo tempo de vinte minutos cada um, prorrogável por mais dez. A decisão será proferida na audiência, podendo a autoridade judiciária, excepcionalmente, designar data para sua leitura no prazo máximo de cinco dias.

Dentro do procedimento de perda e suspensão do poder familiar, o juiz de ofício ou a requerimento das partes ou do Ministério Público, determinará a realização de estudo social ou perícia por equipe interprofissional ou multidisciplinar, bem como a oitiva de testemunhas que comprovem a presença de uma das causas de suspensão ou destituição do poder familiar previstas no Código Civil.

Sendo os pais oriundos de comunidades indígenas, o Estatuto prevê que é ainda obrigatória a intervenção, junto à equipe profissional ou multidisciplinar, de representantes do órgão federal responsável pela política indigenista, a FUNAI (Fundação Nacional do Índio)

Se o pedido importar em modificação de guarda, será obrigatória, desde que possível e razoável, a oitiva da criança ou do adolescente, respeitado seu estágio de desenvolvimento e grau de compreensão sobre as implicações da medida.

Além disso, é obrigatória a oitiva dos pais sempre que esses forem identificados e estiverem em local conhecido. Se o pai ou a mãe estiverem privados de liberdade, a autoridade judicial requisitará sua apresentação para a oitiva.

O prazo máximo para conclusão do procedimento será de 120 (cento e vinte) dias e a sentença será averbada à margem do registro de nascimento da criança ou do adolescente.

6.13.5 Destituição da Tutela

Na destituição da tutela, observar-se-á o procedimento para a remoção de tutor previsto na lei processual civil e, no que couber, o disposto na perda e suspensão do poder familiar.

Temos previsão na norma processual no artigo 759 e seguintes do Novo Código de Processo Civil.

6.13.6 Colocação em Família Substituta

Quando não existe mais a possibilidade de a criança ou o adolescente estarem inseridos na sua família natural (pela falta dos pais, perda do poder família...), teremos a colocação em família substituta, que deve atender aos requisitos:

> ***Art. 165.*** *São requisitos para a concessão de pedidos de colocação em família substituta:*
>
> ***I.*** *qualificação completa do requerente e de seu eventual cônjuge, ou companheiro, com expressa anuência deste;*
>
> ***II.*** *indicação de eventual parentesco do requerente e de seu cônjuge, ou companheiro, com a criança ou adolescente, especificando se tem ou não parente vivo;*
>
> ***III.*** *qualificação completa da criança ou adolescente e de seus pais, se conhecidos;*
>
> ***IV.*** *indicação do cartório onde foi inscrito nascimento, anexando, se possível, uma cópia da respectiva certidão;*
>
> ***V.*** *declaração sobre a existência de bens, direitos ou rendimentos relativos à criança ou ao adolescente.*
>
> ***Parágrafo único.*** *Em se tratando de adoção, observar-se-ão também os requisitos específicos.*

Se os pais forem falecidos, tiverem sido destituídos ou suspensos do poder familiar, ou houverem aderido expressamente ao pedido de colocação em família substituta, este poderá ser formulado diretamente em cartório, em petição assinada pelos próprios requerentes, dispensada a assistência de advogado.

Convém notar que a lei prevê que o consentimento dos titulares do poder familiar será precedido de orientações e esclarecimentos prestados pela equipe interprofissional da Justiça da Infância e da Juventude, em especial, no caso de adoção, sobre a irrevogabilidade da medida.

Na hipótese de concordância dos pais, esses serão ouvidos pela autoridade judiciária e pelo representante do Ministério Público, tomando-se por termo as declarações.

O consentimento é retratável até a data da publicação da sentença constitutiva da adoção e somente terá valor se for dado após o nascimento da criança.

Para a família substituta é devida orientação por intermédio de equipe técnica interprofissional a serviço do Poder Judiciário, preferencialmente com apoio dos técnicos responsáveis pela execução da política municipal de garantia do direito à convivência familiar.

O juiz, de ofício ou a requerimento das partes ou do Ministério Público, determinará a realização de estudo social ou, se possível, perícia por equipe interprofissional, decidindo sobre a concessão de guarda provisória, bem como, no caso de adoção, sobre o estágio de convivência, ao qual será entregue mediante termo de responsabilidade.

Apresentado o relatório social ou o laudo pericial, e ouvidos, sempre que possível, a criança ou o adolescente, dar-se-á vista dos autos ao Ministério Público, pelo prazo de cinco dias, decidindo a autoridade judiciária em igual prazo.

Nas hipóteses em que a destituição da tutela, a perda ou a suspensão do poder familiar constituir pressuposto lógico da medida principal de colocação em família

6.13.7 Disposições Finais da Apuração de Ato Infracional

Em caso de não apresentação, o representante do Ministério Público notificará os pais ou responsáveis para apresentação do adolescente, podendo requisitar o concurso das polícias civil e militar.

Feita tal etapa, o representante do Ministério Público poderá:

> promover o arquivamento dos autos;
> conceder a remissão;
> representar à autoridade judiciária para aplicação de medida socioeducativa.

Cumpre observar que a súmula 108 do STJ prevê que

"A aplicação de medidas socioeducativas ao adolescente, pela prática de ato infracional, é da competência exclusiva do juiz."

Caso o MP promova o arquivamento ou conceda remissão, esta deverá ser homologada pelo juiz, cabendo recurso de apelação da decisão que não homologar, conforme entendimento do STJ.

Homologado o arquivamento ou a remissão, a autoridade judiciária determinará, conforme o caso, o cumprimento da medida.

Discordando, a autoridade judiciária fará remessa dos autos ao Procurador-Geral de Justiça, mediante despacho fundamentado, e este oferecerá representação, designará outro membro do Ministério Público para apresentá-la, ou ratificará o arquivamento ou a remissão, que só então estará a autoridade judiciária obrigada a homologar.

A representação será oferecida por petição, que conterá o breve resumo dos fatos e a classificação do ato infracional e, quando necessário, o rol de testemunhas, podendo ser deduzida oralmente, em sessão diária instalada pela autoridade judiciária, independentemente de prova pré-constituída da autoria e materialidade.

Por analogia ao CPP, na prática se admitem 8 testemunhas.

O prazo máximo e improrrogável para a conclusão do procedimento previsto do ECA, estando o adolescente internado provisoriamente, será de quarenta e cinco dias, que visa coibir o constrangimento ilegal.

Oferecida a representação, a autoridade judiciária designará audiência de apresentação do adolescente, decidindo, desde logo, sobre a decretação ou manutenção da internação, observado o prazo de 45 dias.

O adolescente e seus pais ou responsável serão cientificados do teor da representação, e notificados a comparecer à audiência, acompanhados de advogado.

Caso os pais ou responsável não forem localizados, a autoridade judiciária dará curador especial ao adolescente, e não sendo localizado o adolescente, a autoridade judiciária expedirá mandado de busca e apreensão, determinando o sobrestamento do feito, até a efetiva apresentação.

No caso do adolescente internado, será requisitada a sua apresentação, sem prejuízo da notificação dos pais ou responsável.

Jamais a internação, decretada ou mantida pela autoridade judiciária, não poderá ser cumprida em estabelecimento prisional. Caso não exista tal estabelecimento na Comarca entidade para abrigar o adolescente, este será transferido para a localidade mais próxima.

Sendo impossível a pronta transferência, o adolescente aguardará sua remoção em repartição policial, desde que em seção isolada dos adultos e com instalações apropriadas, não podendo ultrapassar o prazo máximo de cinco dias, sob pena de responsabilidade.

Sendo o fato grave, passível de aplicação de medida de internação ou colocação em regime de semiliberdade, a autoridade judiciária, verificando que o adolescente não possui advogado constituído, nomeará defensor, designando, desde logo, audiência em continuação, podendo determinar a realização de diligências e estudo do caso.

O advogado constituído ou o defensor nomeado, no prazo de três dias contado da audiência de apresentação, oferecerá defesa prévia e rol de testemunhas.

Se o adolescente, devidamente notificado, não comparecer, injustificadamente à audiência de apresentação, a autoridade judiciária designará nova data, determinando sua condução coercitiva.

A remissão, como forma de extinção ou suspensão do processo, poderá ser aplicada em qualquer fase do procedimento, antes da sentença.

A remissão extingue a ação quando a remissão é própria ou cumulada com advertência. Nas demais situações, implicará a suspensão.

Atentemos para o artigo 189 e 190 do Estatuto:

> ***Art. 189.*** *A autoridade judiciária não aplicará qualquer medida, desde que reconheça na sentença:*
>
> ***I.*** *estar provada a inexistência do fato;*
>
> ***II.*** *não haver prova da existência do fato;*
>
> ***III.*** *não constituir o fato ato infracional;*
>
> ***IV.*** *não existir prova de ter o adolescente concorrido para o ato infracional.*
>
> ***Parágrafo único.*** *Na hipótese deste artigo, estando o adolescente internado, será imediatamente colocado em liberdade.*
>
> ***Art. 190.*** *A intimação da sentença que aplicar medida de internação ou regime de semiliberdade será feita:*
>
> ***I.*** *ao adolescente e ao seu defensor;*
>
> ***II.*** *quando não for encontrado o adolescente, a seus pais ou responsável, sem prejuízo do defensor.*
>
> ***§ 1º*** *Sendo outra a medida aplicada, a intimação far-se-á unicamente na pessoa do defensor.*
>
> ***§ 2º*** *Recaindo a intimação na pessoa do adolescente, deverá este manifestar se deseja ou não recorrer da sentença.*

6.13.8 Da Apuração de Irregularidades em Entidade de Atendimento

O procedimento de apuração de irregularidades em entidade governamental e não governamental terá início mediante portaria da autoridade judiciária ou representação do Ministério Público ou do Conselho Tutelar, onde conste, necessariamente, resumo dos fatos.

Havendo motivo grave, poderá o juiz, após ouvir o Ministério Público, decretar liminarmente o afastamento provisório do dirigente da entidade, mediante decisão fundamentada.

O dirigente da entidade será citado e terá o prazo de dez dias para oferecer resposta escrita, podendo juntar documentos e indicar as provas a produzir.

Apresentada ou não a resposta, e sendo necessário, o juiz designará audiência de instrução e julgamento, intimando as partes.

Salvo manifestação em audiência, as partes e o Ministério Público terão cinco dias para oferecer alegações finais, decidindo a autoridade judiciária em igual prazo.

Quando do afastamento provisório ou definitivo de dirigente de entidade governamental, o juiz oficiará à autoridade administrativa imediatamente superior ao afastado, marcando prazo para a substituição e antes de aplicar qualquer das medidas, poderá fixar prazo para a remoção das irregularidades verificadas.

Satisfeitas as exigências, o processo será extinto, sem julgamento de mérito. A multa e a advertência serão impostas ao dirigente da entidade ou programa de atendimento.

6.13.9 Da Apuração de Infração Administrativa às Normas de Proteção à Criança e ao Adolescente

Dita o artigo 194 do ECA:

> ***Art. 194.*** *O procedimento para imposição de penalidade administrativa por infração às normas de proteção à criança e ao adolescente terá início por representação do Ministério Público, ou do Conselho Tutelar, ou auto de infração elaborado por servidor efetivo ou voluntário credenciado, e assinado por duas testemunhas, se possível.*
>
> ***§ 1º*** *No procedimento iniciado com o auto de infração, poderão ser usadas fórmulas impressas, especificando-se a natureza e as circunstâncias da infração.*
>
> ***§ 2º*** *Sempre que possível, à verificação da infração seguir-se-á a lavratura do auto, certificando-se, em caso contrário, dos motivos do retardamento.*

O requerido terá prazo de dez dias para apresentação de defesa, contado da data da intimação, que será feita:

> ***I.*** *pelo autuante, no próprio auto, quando este for lavrado na presença do requerido;*
>
> ***II.*** *por oficial de justiça ou funcionário legalmente habilitado, que entregará cópia do auto ou da representação ao requerido, ou a seu representante legal, lavrando certidão;*
>
> ***III.*** *por via postal, com aviso de recebimento, se não for encontrado o requerido ou seu representante legal;*

6.13.10 Da Habilitação de Pretendentes à Adoção

O ECA, precisamente no artigo 50 do Estatuto, prevê cadastros (da comarca ou foro regional, estadual e federal) para a casais ou pessoas que desejam adotar, sendo o mais utilizado o local da comarca ou foro regional.

Nos artigos 197-A ao 197-E estão descritos tais procedimentos, incluídos no ECA pela Lei 12.010/2009.

Inicialmente, o Estatuto determina os postulantes à adoção com:

> ***I.*** *qualificação completa;*
>
> ***II.*** *dados familiares;*
>
> ***III.*** *cópias autenticadas de certidão de nascimento ou casamento, ou declaração relativa ao período de união estável;*
>
> ***IV.*** *cópias da cédula de identidade e inscrição no Cadastro de Pessoas Físicas;*
>
> ***V.*** *comprovante de renda e domicílio;*
>
> ***VI.*** *atestados de sanidade física e mental;*
>
> ***VII.*** *certidão de antecedentes criminais;*
>
> ***VIII.*** *certidão negativa de distribuição cível.*

O juiz, no prazo de 48 horas, dará vista dos autos ao Ministério Público, que no prazo de 5 (cinco) dias poderá:

> apresentar quesitos a serem respondidos pela equipe interprofissional encarregada de elaborar o estudo técnico a que se refere o art. 197-C do ECA.

Tal dispositivo determina que equipe interprofissional a Serviço da Justiça da Infância e da Juventude, que deverá elaborar estudo psicossocial, que conterá subsídios que permitam aferir a capacidade e o preparo dos postulantes para o exercício de uma paternidade ou maternidade responsável.

Os postulantes deverão participar de programa oferecido pela Justiça da Infância e da Juventude preferencialmente com apoio dos técnicos responsáveis pela execução da política municipal de garantia do direito à convivência familiar, que inclua preparação psicológica, orientação e estímulo à adoção inter-racial, de crianças maiores ou de adolescentes, com necessidades específicas de saúde ou com deficiências e de grupos de irmãos.

Também existe a previsão, quando possível, de os postulantes terem contato com crianças e adolescentes em acolhimento familiar ou institucional em condições de adoção.

> requerer a designação de audiência para oitiva dos postulantes em juízo e testemunhas;

> requerer a juntada de documentos complementares e a realização de outras diligências que entender necessárias.

Certificada nos autos a conclusão da participação no programa referido acima, o juiz, no prazo de 48 horas, decidirá acerca das diligências requeridas pelo Ministério Público e determinará a juntada do estudo psicossocial, designando, conforme o caso, audiência de instrução e julgamento.

Caso não sejam requeridas diligências, ou sendo essas indeferidas, o juiz determinará a juntada do estudo psicossocial, abrindo a seguir vista dos autos ao Ministério Público, por 5 (cinco) dias, decidindo em igual prazo.

Quando deferida a habilitação, o postulante será inscrito nos cadastros, sendo a sua convocação para a adoção feita de acordo com ordem cronológica de habilitação e conforme a disponibilidade de crianças ou adolescentes adotáveis.

Esta ordem cronológica poderá ser ignorada, quando for comprovado ser a melhor solução para o adotando, nas seguintes hipóteses:

> tratar-se de pedido de adoção unilateral, quando um dos cônjuges ou companheiro adotar o filho do outro;

> for formulada por parente com o qual a criança ou o adolescente mantenham vínculos de afinidade e afetividade;

> oriundo o pedido de quem detém a tutela ou guarda legal de criança maior de 3 (três) anos ou adolescente, desde que o lapso de tempo de convivência comprove a fixação de laços de afinidade e afetividade, e não seja constatada a ocorrência de má-fé ou qualquer das situações previstas nos arts. 237 ou 238 desta Lei (crimes previstos no Estatuto).

A recusa sistemática na adoção das crianças ou adolescentes indicados importará na reavaliação da habilitação concedida, não tendo um número de recusas estipuladas pelo ECA.

6.13.11 Recursos

O artigo 198 do ECA prevê que nos procedimentos afetos à Justiça da Infância e da Juventude, inclusive os relativos à execução das medidas socioeducativas, adotar-se-á o sistema recursal da Código de Processo Civil com as seguintes adaptações:

> ***I.*** *os recursos serão interpostos independentemente de preparo;*
>
> ***II.*** *em todos os recursos, salvo nos embargos de declaração, o prazo para o Ministério Público e para a defesa será sempre de 10 (dez) dias;*
>
> ***III.*** *os recursos terão preferência de julgamento e dispensarão revisor;*
>
> ***VII.*** *antes de determinar a remessa dos autos à superior instância, no caso de apelação, ou do instrumento, no caso de agravo, a autoridade judiciária proferirá despacho fundamentado, mantendo ou reformando a decisão, no prazo de cinco dias;*
>
> ***VIII.*** *mantida a decisão apelada ou agravada, o escrivão remeterá os autos ou o instrumento à superior instância dentro de vinte e quatro horas, independentemente de novo pedido do recorrente; se a reformar, a remessa dos autos dependerá de pedido expresso da parte interessada ou do Ministério Público, no prazo de cinco dias, contados da intimação.*
>
> ***Art. 199.*** *Contra as decisões proferidas com base no art. 149 (quando o juiz determina, através de portaria, ou autorizar, mediante alvará por exemplo a entrada permanência de criança ou adolescente, desacompanhado dos pais ou responsável em estádio) caberá recurso de apelação.*

Quando a sentença deferir adoção, produzirá efeitos desde logo, estando sujeita à apelação no efeito devolutivo, salvo nos casos de adoção internacional ou se houver perigo de dano irreparável ou de difícil reparação ao adotando.

A sentença que destituir ambos ou qualquer dos genitores do poder familiar fica sujeita à apelação, que deverá ser recebida apenas no efeito devolutivo.

Portanto, podemos esquematizar:

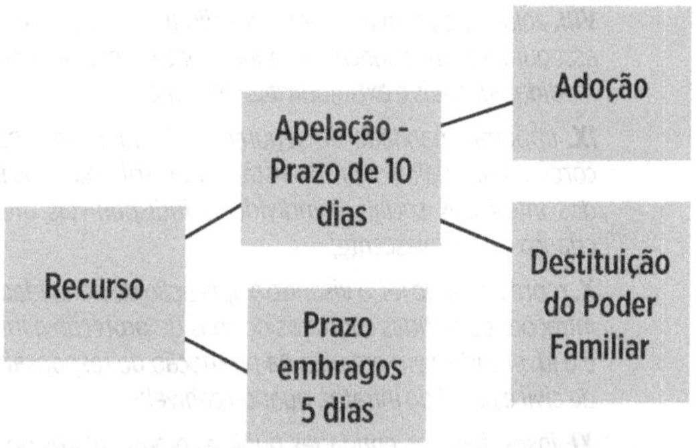

Os recursos nos procedimentos de adoção e de destituição de poder familiar, em face da relevância das questões, serão processados com prioridade absoluta, devendo ser imediatamente distribuídos, ficando vedado que aguardem, em qualquer situação, oportuna distribuição, e serão colocados em mesa para julgamento sem revisão e com parecer urgente do Ministério Público, devendo o relator inserir processo para julgamento no prazo máximo de 60 dias contados da sua conclusão (art. 199 – D).

O Ministério Público será intimado da data do julgamento e poderá na sessão, se entender necessário, apresentar oralmente seu parecer. O Ministério Público poderá requerer a instauração de procedimento para apuração de responsabilidades se constatar o descumprimento das providências e do prazo previstos.

6.13.12 Do Ministério Público e do Advogado

As funções do Ministério Público previstas no Estatuto serão exercidas nos termos da respectiva lei orgânica. O artigo 201 do ECA determina as competências do Ministério Público, vejamos:

> ***Art. 201.*** *Compete ao Ministério Público:*
>
> ***I.*** *conceder a remissão como forma de exclusão do processo;*
>
> ***II.*** *promover e acompanhar os procedimentos relativos às infrações atribuídas a adolescentes;*
>
> ***III.*** *promover e acompanhar as ações de alimentos e os procedimentos de suspensão e destituição do poder familiar, nomeação e remoção de tutores, curadores e guardiães, bem como oficiar em todos os demais procedimentos da competência da Justiça da Infância e da Juventude;*
>
> ***IV.*** *promover, de ofício ou por solicitação dos interessados, a especialização e a inscrição de hipoteca legal e a prestação de contas dos tutores, curadores e quaisquer administradores de bens de crianças e adolescentes nas hipóteses do art. 98;*
>
> ***V.*** *promover o inquérito civil e a ação civil pública para a proteção dos interesses individuais, difusos ou coletivos relativos à infância e à adolescência, inclusive os definidos no art. 220, § 3º inciso II, da Constituição Federal;*
>
> ***VI.*** *instaurar procedimentos administrativos e, para instruí-los:*
>
> ***a)*** *expedir notificações para colher depoimentos ou esclarecimentos e, em caso de não comparecimento injustificado, requisitar condução coercitiva, inclusive pela polícia civil ou militar;*
>
> ***b)*** *requisitar informações, exames, perícias e documentos de autoridades municipais, estaduais e federais, da administração direta ou indireta, bem como promover inspeções e diligências investigatórias;*
>
> ***c)*** *requisitar informações e documentos a particulares e instituições privadas;*
>
> ***VII.*** *instaurar sindicâncias, requisitar diligências investigatórias e determinar a instauração de inquérito policial, para apuração de ilícitos ou infrações às normas de proteção à infância e à juventude;*
>
> ***VIII.*** *zelar pelo efetivo respeito aos direitos e garantias legais assegurados às crianças e adolescentes, promovendo as medidas judiciais e extrajudiciais cabíveis;*
>
> ***IX.*** *impetrar mandado de segurança, de injunção e habeas corpus, em qualquer juízo, instância ou tribunal, na defesa dos interesses sociais e individuais indisponíveis afetos à criança e ao adolescente;*
>
> ***X.*** *representar ao juízo visando à aplicação de penalidade por infrações cometidas contra as normas de proteção à infância e à juventude, sem prejuízo da promoção da responsabilidade civil e penal do infrator, quando cabível;*
>
> ***XI.*** *inspecionar as entidades públicas e particulares de atendimento e os programas de que trata esta Lei, adotando de pronto as medidas administrativas ou judiciais necessárias à remoção de irregularidades porventura verificadas;*
>
> ***XII.*** *requisitar força policial, bem como a colaboração dos serviços médicos, hospitalares, educacionais e de assistência social, públicos ou privados, para o desempenho de suas atribuições.*
>
> ***§ 1º*** *A legitimação do Ministério Público para as ações cíveis previstas neste artigo não impede a de terceiros, nas mesmas hipóteses, segundo dispuserem a Constituição e esta Lei.*
>
> ***§ 2º*** *As atribuições constantes deste artigo não excluem outras, desde que compatíveis com a finalidade do Ministério Público.*
>
> ***§ 3º*** *O representante do Ministério Público, no exercício de suas funções, terá livre acesso a todo local onde se encontre criança ou adolescente.*
>
> ***§ 4º*** *O representante do Ministério Público será responsável pelo uso indevido das informações e documentos que requisitar, nas hipóteses legais de sigilo.*
>
> ***§ 5º*** *Para o exercício da atribuição de que trata o inciso VIII deste artigo, poderá o representante do Ministério Público:*
>
> ***a)*** *reduzir a termo as declarações do reclamante, instaurando o competente procedimento, sob sua presidência;*
>
> ***b)*** *entender-se diretamente com a pessoa ou autoridade reclamada, em dia, local e horário previamente notificados ou acertados;*
>
> ***c)*** *efetuar recomendações visando à melhoria dos serviços públicos e de relevância pública afetos à criança e ao adolescente, fixando prazo razoável para sua perfeita adequação.*

O Estatuto também determina que nos processos e procedimentos em que não for parte, atuará obrigatoriamente o Ministério Público na defesa dos direitos e interesses de que cuida a lei, como um fiscal, hipótese em que terá vista dos autos depois das partes, podendo juntar documentos e requerer diligências, usando os recursos cabíveis.

A intimação do Ministério Público, em qualquer caso, será feita pessoalmente, e a falta de intervenção acarreta a nulidade do feito, declarada pelo juiz ou requerida pelo interessado.

No que tange ao advogado, o artigo 206 do Estatuto prevê que "A criança ou o adolescente, seus pais ou responsável, e qualquer pessoa que tenha legítimo interesse na solução da lide poderão intervir nos procedimentos de que trata esta Lei, através de advogado, o qual será intimado para todos os atos, pessoalmente ou por publicação oficial, respeitado o segredo de justiça."

Igualmente, temos a previsão da assistência judiciária integral e gratuita àqueles que dela necessitarem, e nenhum adolescente a quem se atribua a prática de ato infracional, ainda que ausente ou foragido, será processado sem defensor, que na falta, será nomeado pelo juiz.

A ausência do defensor não determinará o adiamento de nenhum ato do processo, devendo o juiz nomear substituto, ainda que provisoriamente, ou para o só efeito do ato.

6.13.13 Da Proteção Judicial dos Interesses Individuais, Difusos e Coletivos

O artigo 208 do Eca traz um rol exemplificativo, de situações que merecem a tutela do Estado, cabendo todas as espécies de ações pertinentes.

> ***Art. 208.*** *Regem-se pelas disposições desta Lei as ações de responsabilidade por ofensa aos direitos assegurados à criança e ao adolescente, referentes ao não oferecimento ou oferta irregular:*
>
> ***I.*** *do ensino obrigatório;*
>
> ***II.*** *de atendimento educacional especializado aos portadores de deficiência;*
>
> ***III.*** *de atendimento em creche e pré-escola às crianças de zero a cinco anos de idade;*
>
> ***IV.*** *de ensino noturno regular, adequado às condições do educando;*
>
> ***V.*** *de programas suplementares de oferta de material didático-escolar, transporte e assistência à saúde do educando do ensino fundamental;*

VI. *de serviço de assistência social visando à proteção à família, à maternidade, à infância e à adolescência, bem como ao amparo às crianças e adolescentes que dele necessitem;*

VII. *de acesso às ações e serviços de saúde;*

VIII. *de escolarização e profissionalização dos adolescentes privados de liberdade.*

IX. *de ações, serviços e programas de orientação, apoio e promoção social de famílias e destinados ao pleno exercício do direito à convivência familiar por crianças e adolescentes.*

X. *de programas de atendimento para a execução das medidas socioeducativas e aplicação de medidas de proteção.*

§ 1º *As hipóteses previstas neste artigo não excluem da proteção judicial outros interesses individuais, difusos ou coletivos, próprios da infância e da adolescência, protegidos pela Constituição e pela Lei.*

§ 2º *A investigação do desaparecimento de crianças ou adolescentes será realizada imediatamente após notificação aos órgãos competentes, que deverão comunicar o fato aos portos, aeroportos, Polícia Rodoviária e companhias de transporte interestaduais e internacionais, fornecendo-lhes todos os dados necessários à identificação do desaparecido.*

As ações serão propostas no foro do local onde ocorreu ou deva ocorrer a ação ou omissão, cujo juízo terá competência absoluta para processar a causa, ressalvadas a competência da Justiça Federal e a competência originária dos tribunais superiores.

Entrando na esfera dos direitos coletivos, cabe conceituar direitos difusos e coletivos:

> Direitos difusos: são indivisíveis e os titulares são pessoas indeterminadas ligadas a um fato.

> Direitos coletivos: são indivisíveis e os titulares referem-se a grupo, categoria ou classe de pessoas ligadas entre si ou com a parte contrária por uma relação jurídica base.

São legitimados concorrentes, para as ações cíveis fundadas em interesses coletivos ou difusos:

a) o Ministério Público;

b) a União, os estados, os municípios, o Distrito Federal e os territórios;

c) as associações legalmente constituídas há pelo menos um ano e que incluam entre seus fins institucionais a defesa dos interesses e direitos protegidos por esta Lei, dispensada a autorização da assembleia, se houver prévia autorização estatutária.

Admitir-se-á litisconsórcio facultativo entre os Ministérios Públicos da União e dos estados na defesa dos interesses e direitos previstos no ECA e, em caso de desistência ou abandono da ação por associação legitimada, o Ministério Público ou outro legitimado poderá assumir a titularidade ativa.

Os órgãos públicos legitimados poderão tomar dos interessados compromisso de ajustamento de sua conduta às exigências legais, o qual terá eficácia de título executivo extrajudicial. Ou seja, prevê-se uma solução rápida.

Contra atos ilegais ou abusivos de autoridade pública ou agente de pessoa jurídica no exercício de atribuições do poder público, que lesem direito líquido e certo previsto no ECA, caberá ação mandamental, que se regerá pelas normas da lei do mandado de segurança.

Na ação que tenha por objeto o cumprimento de obrigação de fazer ou não fazer, o juiz concederá a tutela específica da obrigação ou determinará providências que assegurem o resultado prático equivalente ao do adimplemento.

Sendo relevante o fundamento da demanda e havendo justificado receio de ineficácia do provimento final, é lícito ao juiz conceder a tutela liminarmente ou após justificação prévia, citando o réu, podendo o juiz impor multa diária, independentemente de pedido do autor, fixando prazo razoável para cumprimento da obrigação.

A multa só será exigível do réu após o trânsito em julgado da sentença favorável ao autor, sendo devida desde o dia em que se houver configurado o descumprimento, sendo o valor revertido ao fundo gerido pelo Conselho dos Direitos da Criança e do Adolescente do respectivo município.

As multas não recolhidas até trinta dias após o trânsito em julgado da decisão serão exigidas por meio de execução promovida pelo Ministério Público, nos mesmos autos, facultada igual iniciativa aos demais legitimados.

Se não tivermos o fundo regulamentado, o valor será depositado em estabelecimento oficial de crédito, em conta com correção monetária.

Da decisão, cabe recurso. Prevê o Eca, no artigo 125, que o juiz poderá conferir efeito suspensivo aos recursos, para evitar dano irreparável à parte. Neste aspecto, é um "poder-dever" do magistrado.

Nas ações que tratamos neste ponto, não haverá adiantamento de custas, emolumentos, honorários periciais e quaisquer outras despesas.

É imprescindível a leitura dos demais dispositivos:

Art. 216. *Transitada em julgado a sentença que impuser condenação ao poder público, o juiz determinará a remessa de peças à autoridade competente, para apuração da responsabilidade civil e administrativa do agente a que se atribua a ação ou omissão.*

Art. 217. *Decorridos sessenta dias do trânsito em julgado da sentença condenatória sem que a associação autora lhe promova a execução, deverá fazê-lo o Ministério Público, facultada igual iniciativa aos demais legitimados.*

Art. 218. *O juiz condenará a associação autora a pagar ao réu os honorários advocatícios arbitrados na conformidade do § 4º do art. 20 da Lei n.º 5.869, de 11 de janeiro de 1973 (Código de Processo Civil), quando reconhecer que a pretensão é manifestamente infundada.*

Parágrafo único. *Em caso de litigância de má-fé, a associação autora e os diretores responsáveis pela propositura da ação serão solidariamente condenados ao décuplo das custas, sem prejuízo de responsabilidade por perdas e danos.*

Art. 219. *Nas ações de que trata este Capítulo, não haverá adiantamento de custas, emolumentos, honorários periciais e quaisquer outras despesas.*

Art. 220. *Qualquer pessoa poderá e o servidor público deverá provocar a iniciativa do Ministério Público, prestando-lhe informações sobre fatos que constituam objeto de ação civil, e indicando-lhe os elementos de convicção.*

Art. 221. *Se, no exercício de suas funções, os juízos e tribunais tiverem conhecimento de fatos que possam ensejar a propositura de ação civil, remeterão peças ao Ministério Público para as providências cabíveis.*

Art. 222. *Para instruir a petição inicial, o interessado poderá requerer às autoridades competentes as certidões e informações que julgar necessárias, que serão fornecidas no prazo de quinze dias.*

Art. 223. *O Ministério Público poderá instaurar, sob sua presidência, inquérito civil, ou requisitar, de qualquer pessoa, organismo público ou particular, certidões, informações, exames ou perícias, no prazo que assinalar, o qual não poderá ser inferior a dez dias úteis.*

§ 1º *Se o órgão do Ministério Público, esgotadas todas as diligências, se convencer da inexistência de fundamento para a propositura da ação cível, promoverá o arquivamento dos autos do inquérito civil ou das peças informativas, fazendo-o fundamentadamente.*

§ 2º *Os autos do inquérito civil ou as peças de informação arquivados serão remetidos, sob pena de se incorrer em falta grave, no prazo de três dias, ao Conselho Superior do Ministério Público.*

§ 3º *Até que seja homologada ou rejeitada a promoção de arquivamento, em sessão do Conselho Superior do Ministério público, poderão as associações legitimadas apresentar razões escritas ou documentos, que serão juntados aos autos do inquérito ou anexados às peças de informação.*

§ 4º *A promoção de arquivamento será submetida a exame e deliberação do Conselho Superior do Ministério Público, conforme dispuser o seu regimento.*

§ 5º *Deixando o Conselho Superior de homologar a promoção de arquivamento, designará, desde logo, outro órgão do Ministério Público para o ajuizamento da ação.*

Art. 224. *Aplicam-se subsidiariamente, no que couber, as disposições da Lei n.º 7.347, de 24 de julho de 1985*

Questões

01. (MPE-SC) Analise o enunciado da questão abaixo e indique se ele é Certo ou Errado.

Acerca dos recursos afetos ao Estatuto da Criança e do Adolescente, serão interpostos independentemente de preparo e antes de determinar a remessa dos autos à superior instância, no caso de apelação, ou do instrumento, no caso de agravo, a autoridade judiciária proferirá despacho fundamentado, mantendo ou reformando a decisão, no prazo de quarenta e oito horas.

Certo ( ) Errado ( )

Gabaritos

01	ERRADO

6.14 Dos Crimes e das Infrações Administrativas

Neste capítulo, estudaremos as infrações administrativas e os crimes previstos no ECA.

Estes são aplicados aos adultos, quando da prática de alguns dos tipos previstos na lei, em situações de desrespeito e violação dos direitos de crianças e adolescentes.

Atenção: criança e adolescente cometem ato infracional!

O que é abordado nos concursos é o texto de lei, geralmente descrevendo uma conduta, situação, e qual tipo penal ou infração representa.

A diferença entre crime e infração é que os crimes geram sanções de natureza penal, podendo restringir a liberdade do indivíduo com prisão, e as infrações têm natureza administrativa, gerando multa, sendo forma de expressão do poder de polícia da Administração Pública.

6.15 Da Infiltração de Agentes de Polícia para a Investigação de Crimes contra a Dignidade Sexual de Criança e de Adolescente

A infiltração de agentes de polícia na internet com o fim de investigar os crimes contra dignidade sexual previstos no Código Penal e no ECA deve seguir os seguintes procedimentos:

> será precedida de autorização judicial devidamente circunstanciada e fundamentada, que estabelecerá os limites da infiltração para obtenção de prova, ouvido o Ministério Público;

> dar-se-á mediante requerimento do Ministério Público ou representação de delegado de polícia e conterá a demonstração de sua necessidade, o alcance das tarefas dos policiais, os nomes ou apelidos das pessoas investigadas e, quando possível, os dados de conexão ou cadastrais que permitam a identificação dessas pessoas;

> não poderá exceder o prazo de 90 (noventa) dias, sem prejuízo de eventuais renovações, desde que o total não exceda a 720 (setecentos e vinte) dias e seja demonstrada sua efetiva necessidade, a critério da autoridade judicial.

A autoridade judicial e o Ministério Público poderão requisitar relatórios parciais da operação de infiltração antes do término do prazo.

Se as provas puderem ser obtidas de outra forma, não será admitida a infiltração do agente na internet.

As informações da operação de infiltração serão encaminhadas diretamente ao juiz responsável pela autorização da medida, que zelará por seu sigilo e antes da conclusão da operação, o acesso aos autos será reservado ao juiz, ao Ministério Público e ao delegado de polícia responsável pela operação, com o objetivo de garantir o sigilo das investigações.

Não comete crime o policial que oculta a sua identidade para, por meio da internet, colher indícios de autoria e materialidade dos crimes previstos neste Estatuto (nos arts. 240, 241, 241-A, 241-B, 241-C e 241-D do ECA e nos arts. 154-A, 217-A, 218, 218-A e 218-B do Decreto-Lei nº 2.848, de 7 de dezembro de 1940 do Código Penal) porém poderá responder se não observar a finalidade da investigação e cometer excessos.

Os órgãos de registro e cadastro público poderão incluir nos bancos de dados próprios, mediante procedimento sigiloso e requisição da autoridade judicial, as informações necessárias à efetividade da identidade fictícia criada.

Concluída a investigação, todos os atos eletrônicos praticados durante a operação deverão ser registrados, gravados, armazenados e encaminhados ao juiz e ao Ministério Público, juntamente com relatório circunstanciado. Os atos eletrônicos registrados serão reunidos em autos apartados e apensados ao processo criminal, juntamente com o inquérito policial, assegurando-se a preservação da identidade do agente policial infiltrado e a intimidade das crianças e dos adolescentes envolvidos.

→ Consideram-se:

> dados de conexão: informações referentes à hora, à data, ao início, ao término, à duração, ao endereço de Protocolo de Internet (IP) utilizado e ao terminal de origem da conexão;

> dados cadastrais: informações referentes a nome e endereço de assinante ou de usuário registrado ou autenticado para a conexão a quem o endereço de IP, a identificação de usuário ou o código de acesso tenham sido atribuídos no momento da conexão.

6.15.1 Dos Crimes

O ECA prevê um capítulo sobre os crimes praticados contra a criança e o adolescente, por **ação ou omissão**, sem prejuízo do disposto na legislação penal, aplicando as normas da Parte Geral do Código Penal e o que for pertinente do Código de Processo Penal.

Os crimes definidos são de **ação pública incondicionada**, ou seja, independem da vontade da vítima ou de qualquer pessoa para a proposição da ação.

Abordaremos quais os crimes previstos no ECA:

> ***Art. 228.*** *Deixar o encarregado de serviço ou o dirigente de estabelecimento de atenção à saúde de gestante de manter registro das atividades desenvolvidas, na forma e prazo referidos no art. 10 desta Lei, bem como de fornecer à parturiente ou a seu responsável, por ocasião da alta médica, declaração de nascimento, onde constem as intercorrências do parto e do desenvolvimento do neonato:*
>
> ***Pena*** *- detenção de seis meses a dois anos.*
>
> ***Parágrafo único.*** *Se o crime é culposo:*
>
> ***Pena*** *- detenção de dois a seis meses, ou multa.*
>
> ***Art. 229.*** *Deixar o médico, enfermeiro ou dirigente de estabelecimento de atenção à saúde de gestante de identificar corretamente o neonato e a parturiente, por ocasião do parto, bem como deixar de proceder aos exames referidos no art. 10 desta Lei:*
>
> ***Pena*** *- detenção de seis meses a dois anos.*
>
> ***Parágrafo único.*** *Se o crime é culposo:*
>
> ***Pena*** *- detenção de dois a seis meses, ou multa.*
>
> ***Art. 230.*** *Privar a criança ou o adolescente de sua liberdade, procedendo à sua apreensão sem estar em flagrante de ato infracional ou inexistindo ordem escrita da autoridade judiciária competente:*

Pena - *detenção de seis meses a dois anos.*

Parágrafo único. *Incide na mesma pena aquele que procede à apreensão sem observância das formalidades legais.*

Art. 231. *Deixar a autoridade policial responsável pela apreensão de criança ou adolescente de fazer imediata comunicação à autoridade judiciária competente e à família do apreendido ou à pessoa por ele indicada:*

Pena - *detenção de seis meses a dois anos.*

Art. 232. *Submeter criança ou adolescente sob sua autoridade, guarda ou vigilância a vexame ou a constrangimento:*

Pena - *detenção de seis meses a dois anos.*

Art. 234. *Deixar a autoridade competente, sem justa causa, de ordenar a imediata liberação de criança ou adolescente, tão logo tenha conhecimento da ilegalidade da apreensão:*

Pena - *detenção de seis meses a dois anos.*

Art. 235. *Descumprir, injustificadamente, prazo fixado nesta Lei em benefício de adolescente privado de liberdade:*

Pena - *detenção de seis meses a dois anos.*

Art. 236. *Impedir ou embaraçar a ação de autoridade judiciária, membro do Conselho Tutelar ou representante do Ministério Público no exercício de função prevista nesta Lei:*

Pena - *detenção de seis meses a dois anos.*

Art. 237. *Subtrair criança ou adolescente ao poder de quem o tem sob sua guarda em virtude de lei ou ordem judicial, com o fim de colocação em lar substituto:*

Pena - *reclusão de dois a seis anos, e multa.*

Art. 238. *Prometer ou efetivar a entrega de filho ou pupilo a terceiro, mediante paga ou recompensa:*

Pena - *reclusão de um a quatro anos, e multa.*

Parágrafo único. *Incide nas mesmas penas quem oferece ou efetiva a paga ou recompensa.*

Art. 239. *Promover ou auxiliar a efetivação de ato destinado ao envio de criança ou adolescente para o exterior com inobservância das formalidades legais ou com o fito de obter lucro:*

Pena - *reclusão de quatro a seis anos, e multa.*

Parágrafo único. *Se há emprego de violência, grave ameaça ou fraude: (Incluído pela Lei nº 10.764, de 12.11.2003)*

Pena - *reclusão, de 6 (seis) a 8 (oito) anos, além da pena correspondente à violência.*

Art. 240. *Produzir, reproduzir, dirigir, fotografar, filmar ou registrar, por qualquer meio, cena de sexo explícito ou pornográfica, envolvendo criança ou adolescente: (Redação dada pela Lei nº 11.829, de 2008)*

Pena. reclusão, de 4 (quatro) a 8 (oito) anos, e multa. (Redação dada pela Lei nº 11.829, de 2008)

§ 1º *Incorre nas mesmas penas quem agencia, facilita, recruta, coage, ou de qualquer modo intermedeia a participação de criança ou adolescente nas cenas referidas no caput deste artigo, ou ainda quem com esses contracena. (Redação dada pela Lei nº 11.829, de 2008)*

§ 2º *Aumenta-se a pena de 1/3 (um terço) se o agente comete o crime: (Redação dada pela Lei nº 11.829, de 2008)*

I. *no exercício de cargo ou função pública ou a pretexto de exercê-la; (Redação dada pela Lei nº 11.829, de 2008)*

II. *prevalecendo-se de relações domésticas, de coabitação ou de hospitalidade; ou (Redação dada pela Lei nº 11.829, de 2008)*

III. *prevalecendo-se de relações de parentesco consanguíneo ou afim até o terceiro grau, ou por adoção, de tutor, curador, preceptor, empregador da vítima ou de quem, a qualquer outro título, tenha autoridade sobre ela, ou com seu consentimento. (Incluído pela Lei nº 11.829, de 2008)*

Art. 241. *Vender ou expor à venda fotografia, vídeo ou outro registro que contenha cena de sexo explícito ou pornográfica envolvendo criança ou adolescente: (Redação dada pela Lei nº 11.829, de 2008)*

Pena. reclusão, de 4 (quatro) a 8 (oito) anos, e multa. (Redação dada pela Lei nº 11.829, de 2008)

Art. 241-A. *Oferecer, trocar, disponibilizar, transmitir, distribuir, publicar ou divulgar por qualquer meio, inclusive por meio de sistema de informática ou telemático, fotografia, vídeo ou outro registro que contenha cena de sexo explícito ou pornográfica envolvendo criança ou adolescente: (Incluído pela Lei nº 11.829, de 2008)*

Pena. reclusão, de 3 (três) a 6 (seis) anos, e multa. (Incluído pela Lei nº 11.829, de 2008)

§ 1º *Nas mesmas penas incorre quem: (Incluído pela Lei nº 11.829, de 2008)*

I. *assegura os meios ou serviços para o armazenamento das fotografias, cenas ou imagens de que trata o caput deste artigo; (Incluído pela Lei nº 11.829, de 2008)*

II. *assegura, por qualquer meio, o acesso por rede de computadores às fotografias, cenas ou imagens de que trata o caput deste artigo. (Incluído pela Lei nº 11.829, de 2008)*

§ 2º *As condutas tipificadas nos incisos I e II do § 1º deste artigo são puníveis quando o responsável legal pela prestação do serviço, oficialmente notificado, deixa de desabilitar o acesso ao conteúdo ilícito de que trata o caput deste artigo. (Incluído pela Lei nº 11.829, de 2008)*

Art. 241-B. *Adquirir, possuir ou armazenar, por qualquer meio, fotografia, vídeo ou outra forma de registro que contenha cena de sexo explícito ou pornográfica envolvendo criança ou adolescente: (Incluído pela Lei nº 11.829, de 2008)*

Pena. reclusão, de 1 (um) a 4 (quatro) anos, e multa. (Incluído pela Lei nº 11.829, de 2008)

§ 1º *A pena é diminuída de 1 (um) a 2/3 (dois terços) se de pequena quantidade o material a que se refere o caput deste artigo. (Incluído pela Lei nº 11.829, de 2008)*

§ 2º *Não há crime se a posse ou o armazenamento tem a finalidade de comunicar às autoridades competentes a ocorrência das condutas descritas nos arts. 240, 241, 241-A e 241-C desta Lei, quando a comunicação for feita por: (Incluído pela Lei nº 11.829, de 2008)*

I. *agente público no exercício de suas funções; (Incluído pela Lei nº 11.829, de 2008)*

II. *membro de entidade, legalmente constituída, que inclua, entre suas finalidades institucionais, o recebimento, o processamento e o encaminhamento de notícia dos crimes referidos neste parágrafo; (Incluído pela Lei nº 11.829, de 2008)*

III. *representante legal e funcionários responsáveis de provedor de acesso ou serviço prestado por meio de rede de computadores, até o recebimento do material relativo à notícia feita à autoridade policial, ao Ministério Público ou ao Poder Judiciário. (Incluído pela Lei nº 11.829, de 2008)*

§ 3º *As pessoas referidas no § 2º deste artigo deverão manter sob sigilo o material ilícito referido. (Incluído pela Lei nº 11.829, de 2008)*

Art. 241-C. *Simular a participação de criança ou adolescente em cena de sexo explícito ou pornográfica por meio de adulteração, montagem ou modificação de fotografia, vídeo ou qualquer outra forma de representação visual: (Incluído pela Lei nº 11.829, de 2008)*

Pena. reclusão, de 1 (um) a 3 (três) anos, e multa. (Incluído pela Lei nº 11.829, de 2008)

Parágrafo único. *Incorre nas mesmas penas quem vende, expõe à venda, disponibiliza, distribui, publica ou divulga por qualquer meio, adquire, possui ou armazena o material produzido na forma do caput deste artigo. (Incluído pela Lei nº 11.829, de 2008)*

Art. 241-D. *Aliciar, assediar, instigar ou constranger, por qualquer meio de comunicação, criança, com o fim de com ela praticar ato libidinoso: (Incluído pela Lei nº 11.829, de 2008)*

Pena. reclusão, de 1 (um) a 3 (três) anos, e multa. (Incluído pela Lei nº 11.829, de 2008)

Parágrafo único. *Nas mesmas penas incorre quem: (Incluído pela Lei nº 11.829, de 2008)*

I. *facilita ou induz o acesso à criança de material contendo cena de sexo explícito ou pornográfica com o fim de com ela praticar ato libidinoso; (Incluído pela Lei nº 11.829, de 2008)*

II. *pratica as condutas descritas no caput deste artigo com o fim de induzir criança a se exibir de forma pornográfica ou sexualmente explícita. (Incluído pela Lei nº 11.829, de 2008)*

Art. 241-E. *Para efeito dos crimes previstos nesta Lei, a expressão "cena de sexo explícito ou pornográfica" compreende qualquer situação que envolva criança ou adolescente em atividades sexuais explícitas, reais ou simuladas, ou exibição dos órgãos genitais de uma criança ou adolescente para fins primordialmente sexuais (Incluído pela Lei nº 11.829, de 2008)*

Art. 242. *Vender, fornecer ainda que gratuitamente ou entregar, de qualquer forma, a criança ou adolescente arma, munição ou explosivo:*

Pena *- reclusão, de 3 (três) a 6 (seis) anos. (Redação dada pela Lei nº 10.764, de 12.11.2003)*

Art. 243. *Vender, fornecer, servir, ministrar ou entregar, ainda que gratuitamente, de qualquer forma, a criança ou a adolescente, bebida alcoólica ou, sem justa causa, outros produtos cujos componentes possam causar dependência física ou psíquica: (Redação dada pela Lei nº 13.106, de 2015)*

Pena *- detenção de 2 (dois) a 4 (quatro) anos, e multa, se o fato não constitui crime mais grave. (Redação dada pela Lei nº 13.106, de 2015)*

Art. 244. *Vender, fornecer ainda que gratuitamente ou entregar, de qualquer forma, a criança ou adolescente fogos de estampido ou de artifício, exceto aqueles que, pelo seu reduzido potencial, sejam incapazes de provocar qualquer dano físico em caso de utilização indevida:*

Pena *- detenção de seis meses a dois anos, e multa.*

Art. 244-A. *Submeter criança ou adolescente, como tais definidos no caput do art. 2º desta Lei, à prostituição ou à exploração sexual: (Incluído pela Lei nº 9.975, de 23.6.2000)*

Pena *– reclusão de quatro a dez anos e multa, além da perda de bens e valores utilizados na prática criminosa em favor do Fundo dos Direitos da Criança e do Adolescente da unidade da Federação (Estado ou Distrito Federal) em que foi cometido o crime, ressalvado o direito de terceiro de boa-fé.*

§ 1º *Incorrem nas mesmas penas o proprietário, o gerente ou o responsável pelo local em que se verifique a submissão de criança ou adolescente às práticas referidas no caput deste artigo. (Incluído pela Lei nº 9.975, de 23.6.2000)*

§ 2º *Constitui efeito obrigatório da condenação a cassação da licença de localização e de funcionamento do estabelecimento. (Incluído pela Lei nº 9.975, de 23.6.2000)*

Art. 244-B. *Corromper ou facilitar a corrupção de menor de 18 (dezoito) anos, com ele praticando infração penal ou induzindo-o a praticá-la: (Incluído pela Lei nº 12.015, de 2009)*

Pena *- reclusão, de 1 (um) a 4 (quatro) anos. (Incluído pela Lei nº 12.015, de 2009)*

§ 1º *Incorre nas penas previstas no caput deste artigo quem pratica as condutas ali tipificadas utilizando-se de quaisquer meios eletrônicos, inclusive salas de bate-papo da internet. (Incluído pela Lei nº 12.015, de 2009)*

§ 2º *As penas previstas no caput deste artigo são aumentadas de um terço no caso de a infração cometida ou induzida estar incluída no rol do art. 1º da Lei no 8.072, de 25 de julho de 1990. (Incluído pela Lei nº 12.015, de 2009)*

6.15.2 Infrações Administrativas

As infrações têm natureza administrativa como consequência de violação dos direitos da criança e do adolescente, punível com multa.

Art. 245. *Deixar o médico, professor ou responsável por estabelecimento de atenção à saúde e de ensino fundamental, pré-escola ou creche, de comunicar à autoridade competente os casos de que tenha conhecimento, envolvendo suspeita ou confirmação de maus-tratos contra criança ou adolescente:*

Pena *- multa de três a vinte salários de referência, aplicando-se o dobro em caso de reincidência.*

Art. 246. *Impedir o responsável ou funcionário de entidade de atendimento o exercício dos direitos constantes nos incisos II, III, VII, VIII e XI do art. 124 desta Lei:*

Pena *- multa de três a vinte salários de referência, aplicando-se o dobro em caso de reincidência.*

Art. 247. *Divulgar, total ou parcialmente, sem autorização devida, por qualquer meio de comunicação, nome, ato ou documento de procedimento policial, administrativo ou judicial relativo a criança ou adolescente a que se atribua ato infracional:*

Pena *- multa de três a vinte salários de referência, aplicando-se o dobro em caso de reincidência.*

§ 1º *Incorre na mesma pena quem exibe, total ou parcialmente, fotografia de criança ou adolescente envolvido em ato infracional, ou qualquer ilustração que lhe diga respeito ou se refira a atos que lhe sejam atribuídos, de forma a permitir sua identificação, direta ou indiretamente.*

§ 2º *Se o fato for praticado por órgão de imprensa ou emissora de rádio ou televisão, além da pena prevista neste artigo, a autoridade judiciária poderá determinar a apreensão da publicação ou a suspensão da programação da emissora até por dois dias, bem como da publicação do periódico até por dois números. (Expressão declara inconstitucional pela ADIN 869-2).*

Art. 249. *Descumprir, dolosa ou culposamente, os deveres inerentes ao poder familiar ou decorrente de tutela ou guarda, bem assim determinação da autoridade judiciária ou Conselho Tutelar: (Expressão substituída pela Lei nº 12.010, de 2009) Vigência.*

Pena *- multa de três a vinte salários de referência, aplicando-se o dobro em caso de reincidência.*

Art. 250. *Hospedar criança ou adolescente desacompanhado dos pais ou responsável, ou sem autorização escrita desses ou da autoridade judiciária, em hotel, pensão, motel ou congênere: (Redação dada pela Lei nº 12.038, de 2009).*

Pena. multa. (Redação dada pela Lei nº 12.038, de 2009).

§ 1º *Em caso de reincidência, sem prejuízo da pena de multa, a autoridade judiciária poderá determinar o fechamento do estabelecimento por até 15 (quinze) dias. (Incluído pela Lei nº 12.038, de 2009).*

§ 2º *Se comprovada a reincidência em período inferior a 30 (trinta) dias, o estabelecimento será definitivamente fechado e terá sua licença cassada. (Incluído pela Lei nº 12.038, de 2009).*

Art. 251. *Transportar criança ou adolescente, por qualquer meio, com inobservância do disposto nos arts. 83, 84 e 85 desta Lei:*

Pena *- multa de três a vinte salários de referência, aplicando-se o dobro em caso de reincidência.*

Art. 252. *Deixar o responsável por diversão ou espetáculo público de afixar, em lugar visível e de fácil acesso, à entrada do local de exibição, informação destacada sobre a natureza da diversão ou espetáculo e a faixa etária especificada no certificado de classificação:*

Pena *- multa de três a vinte salários de referência, aplicando-se o dobro em caso de reincidência.*

Art. 253. *Anunciar peças teatrais, filmes ou quaisquer representações ou espetáculos, sem indicar os limites de idade a que não se recomendem:*

Pena *- multa de três a vinte salários de referência, duplicada em caso de reincidência, aplicável, separadamente, à casa de espetáculo e aos órgãos de divulgação ou publicidade.*

Art. 254. *Transmitir, através de rádio ou televisão, espetáculo em horário diverso do autorizado ou sem aviso de sua classificação:*

Pena *- multa de vinte a cem salários de referência; duplicada em caso de reincidência a autoridade judiciária poderá determinar a suspensão da programação da emissora por até dois dias.*

Art. 255. *Exibir filme, trailer, peça, amostra ou congênere classificado pelo órgão competente como inadequado às crianças ou adolescentes admitidos ao espetáculo:*

Pena *- multa de vinte a cem salários de referência; na reincidência, a autoridade poderá determinar a suspensão do espetáculo ou o fechamento do estabelecimento por até quinze dias.*

Art. 256. *Vender ou locar a criança ou adolescente fita de programação em vídeo, em desacordo com a classificação atribuída pelo órgão competente:*

Pena *- multa de três a vinte salários de referência; em caso de reincidência, a autoridade judiciária poderá determinar o fechamento do estabelecimento por até quinze dias.*

Art. 257. *Descumprir obrigação constante dos arts. 78 e 79 desta Lei:*

Pena *- multa de três a vinte salários de referência, duplicando-se a pena em caso de reincidência, sem prejuízo de apreensão da revista ou publicação.*

Art. 258. *Deixar o responsável pelo estabelecimento ou o empresário de observar o que dispõe esta Lei sobre o acesso de criança ou adolescente aos locais de diversão, ou sobre sua participação no espetáculo: (Vide Lei nº 12.010, de 2009) Vigência*

Pena *- multa de três a vinte salários de referência; em caso de reincidência, a autoridade judiciária poderá determinar o fechamento do estabelecimento por até quinze dias.*

Art. 258-A. *Deixar a autoridade competente de providenciar a instalação e operacionalização dos cadastros previstos no art. 50 e no § 11 do art. 101 desta Lei: (Incluído pela Lei nº 12.010, de 2009)*

Pena *- multa de R$ 1.000,00 (mil reais) a R$ 3.000,00 (três mil reais). (Incluído pela Lei nº 12.010, de 2009)*

Parágrafo único. *Incorre nas mesmas penas a autoridade que deixa de efetuar o cadastramento de crianças e de adolescentes em condições de serem adotadas, de pessoas ou casais habilitados à adoção e de crianças e adolescentes em regime de acolhimento institucional ou familiar. (Incluído pela Lei nº 12.010, de 2009)*

Art. 258-B. *Deixar o médico, enfermeiro ou dirigente de estabelecimento de atenção à saúde de gestante de efetuar imediato encaminhamento à autoridade judiciária de caso de que tenha conhecimento de mãe ou gestante interessada em entregar seu filho para adoção: (Incluído pela Lei nº 12.010, de 2009)*

Pena *- multa de R$ 1.000,00 (mil reais) a R$ 3.000,00 (três mil reais). (Incluído pela Lei nº 12.010, de 2009) Vigência*

Parágrafo único. *Incorre na mesma pena o funcionário de programa oficial ou comunitário destinado à garantia do direito à convivência familiar que deixa de efetuar a comunicação referida no caput deste artigo. (Incluído pela Lei nº 12.010, de 2009)*

Art. 258-C. *Descumprir a proibição estabelecida no inciso II do art. 81: (Redação dada pela Lei nº 13.106, de 2015)*

Pena *- multa de R$ 3.000,00 (três mil reais) a R$ 10.000,00 (dez mil reais); (Redação dada pela Lei nº 13.106, de 2015)*

Medida Administrativa - interdição do estabelecimento comercial até o recolhimento da multa aplicada. (Redação dada pela Lei nº 13.106, de 2015)

Questões

01. (CESPE) Jonas, policial militar em serviço velado no interior de uma viatura descaracterizada em estacionamento público próximo a uma casa de eventos, onde ocorria grande espetáculo de música, percebeu a presença de Mauro, com vinte e quatro anos de idade, que já ostentava condenação transitada em julgado por crime de receptação. Na oportunidade, Jonas viu que Mauro usou um pequeno canivete para abrir um automóvel e neste ingressou rapidamente. Fábio, com dezessete anos de idade, e que acompanhava Mauro, entrou pela porta direita do passageiro e sentou-se no banco. Mauro usou o mesmo canivete para dar partida na ignição do motor e se evadir do local na condução do veículo. Jonas informou sobre o fato a outros agentes em viaturas policiais, os quais, em diligências, localizaram o veículo conduzido por Mauro e prenderam-no cerca de dez minutos depois da abordagem. Em revista pessoal realizada por policiais militares em Mauro, foi apreendida arma de fogo que se encontrava em sua cintura: um revólver de calibre 38, municiado com dois projéteis, do qual o portador não tinha qualquer registro ou porte legalmente válido em seu nome. O canivete foi encontrado na posse de Fábio.

Com referência à situação hipotética acima relatada, julgue o item que se segue. Mauro cometeu crime de corrupção de menores, previsto no ECA.

Certo ( ) Errado ( )

02. (CESPE) Com relação às causas extintivas da punibilidade, julgue o item a seguir.

A multa prevista no Estatuto da Criança e do Adolescente como sanção às infrações administrativas sujeita-se ao prazo prescricional de dois anos quando for a única cominada ou aplicada.

Certo ( ) Errado ( )

03. (CESPE) Acerca dos procedimentos afetos às crianças e aos adolescentes, julgue o item seguinte.

O valor das multas aplicadas em face de crimes e infrações administrativas cometidas pelos órgãos auxiliares será revertido ao fundo gerido pelo conselho dos direitos da criança e do adolescente do estado no qual esteja localizado o órgão.

Certo ( ) Errado ( )

04. (CESPE) Determinado cidadão, penalmente responsável, valendo-se de um adolescente de treze anos de idade, sexualmente corrompido, produziu imagens eróticas em cenário previamente montado, divulgando-as por meio de sistema de informática em sítio da Internet. O mantenedor do sítio, tão logo divulgadas as imagens, foi notificado pelo Juiz da Infância e da Juventude do conteúdo ilícito do material e, de imediato, desabilitou o acesso às imagens. Com referência à situação hipotética acima, julgue o item a seguir à luz do Estatuto da Criança e do Adolescente.

Na situação considerada, é viável a prisão em flagrante do mantenedor do sítio, porquanto a sua conduta é classificada como crime permanente, uma vez ultrapassada a fase de notificação e não desativado o acesso.

Certo ( ) Errado ( )

05. (CESPE) Para a configuração da conduta do criador das imagens em relação ao tipo penal descrito como produzir imagem pornográfica envolvendo adolescente, exige-se a prática de relação sexual entre o agente e o menor, não se demandando qualquer correção moral do adolescente.

Certo ( ) Errado ( )

06. (CESPE) A respeito dos crimes praticados contra a criança e o adolescente, contra o meio ambiente e daqueles previstos no Estatuto do Idoso, julgue o item a seguir.

Divulgar, sem autorização devida, por qualquer meio de comunicação, o nome de criança ou adolescente envolvido em procedimento policial a que se atribua ato infracional não é conduta criminosa, mas mera infração administrativa.

Certo ( ) Errado ( )

Gabaritos

01	CERTO	04	CERTO
02	ERRADO	05	ERRADO
03	ERRADO	06	CERTO

7. DIREITOS DO CONSUMIDOR

7.1 Política Nacional de Relações de Consumo

Além dos princípios basilares previstos no Art. 1º do CDC, existe previsão no Art. 4º e no Art. 6º do CDC de outros princípios e objetivos, nos quais o Código se fundamenta.

Segundo o Art. 4º, do CDC, são objetivos da Política Nacional de Relação de Consumo:

> Atendimento das necessidades dos consumidores;
> Respeito à dignidade, à saúde e à segurança dos consumidores;
> Proteção dos interesses econômicos dos consumidores;
> Melhoria da qualidade de vida dos consumidores;
> Transparência e harmonia das relações de consumo.

Em relação aos princípios norteadores das Relações de Consumo, há:

I. *Reconhecimento da vulnerabilidade do consumidor no mercado de consumo;*

Tal princípio afirma que o consumidor é a parte fraca da relação jurídica, gozando dos direitos previstos no CDC.

II. *Ação governamental no sentido de proteger efetivamente o consumidor:*

a) *por iniciativa direta;*

b) *por incentivos à criação e desenvolvimento de associações representativas;*

c) *pela presença do Estado no mercado de consumo;*

d) *pela garantia dos produtos e serviços com padrões adequados de qualidade, segurança, durabilidade e desempenho.*

Ser vulnerável é diferente de ser hipossuficiente!

O Estado deve intervir nas relações de consumo visando à qualidade e o equilíbrio nas relações de consumo.

III. *Harmonização dos interesses dos participantes das relações de consumo e compatibilização da proteção do consumidor com a necessidade de desenvolvimento econômico e tecnológico, de modo a viabilizar os princípios nos quais se funda a ordem econômica (Art. 170, da Constituição Federal), sempre com base na boa-fé e equilíbrio nas relações entre consumidores e fornecedores;*

Aqui, há um princípio importantíssimo e muito cobrado em concursos: a Boa-fé.

O CDC contempla a Boa-fé objetiva, que nada mais é que "uma regra de conduta, isto é, o dever das partes de agir conforme certos parâmetros de honestidade e lealdade, a fim de se estabelecer o equilíbrio nas relações de consumo1".

Tal princípio se faz fundamental para a harmonização dos interesses dos participantes da relação jurídica.

IV. *Educação e informação de fornecedores e consumidores, quanto aos seus direitos e deveres, com vistas à melhoria do mercado de consumo;*

1 Comentários ao Código de Defesa do Consumidor, Rizzatto Nunes, 6ª edição, editora Saraiva, 2011, página 196.

Os consumidores têm direito de conhecer os produtos e serviços expostos no mercado de consumo para que possam exercer livremente seu direito de escolha. Assim, tanto o Poder Público como os fornecedores devem educar e informar os consumidores para que ajam com consciência.

V. *Incentivo à criação pelos fornecedores de meios eficientes de controle de qualidade e segurança de produtos e serviços, assim como de mecanismos alternativos de solução de conflitos de consumo;*

O fornecedor deve buscar meios eficientes para expor produtos/serviços de qualidade e com segurança no mercado de consumo.

VI. *Coibição e repressão eficientes de todos os abusos praticados no mercado de consumo, inclusive a concorrência desleal e utilização indevida de inventos e criações industriais das marcas e nomes comerciais e signos distintivos que possam causar prejuízos aos consumidores;*

Os fornecedores não devem utilizar marcas idênticas ou parecidas com marcas "famosas" para buscar vantagem, ludibriando os consumidores.

Portanto, não se deve utilizar a mesma marca, cores idênticas, enfim, todo tipo de sinal que possa confundir o consumidor, levando-o a pensar que está adquirindo um produto/serviço da marca "famosa".

VII. *Racionalização e melhoria dos serviços públicos;*

Todos devem usufruir dos serviços de água, luz, entre outros.

VIII. *Estudo constante das modificações do mercado de consumo.*

Tal princípio abrange as modificações que vêm ocorrendo no mercado de consumo. O mundo vem evoluindo e, com isso, as relações de consumo modificam-se constantemente, novos produtos e serviços surgem no mercado de consumo, bem como novas formas de acesso a tais produtos e setores; uma prova disso é o crescimento das compras pela internet.

Para que se efetivem os princípios previstos no Código de Defesa do Consumidor, prevê o Art. 5º:

Art. 5º. *Para a execução da Política Nacional das Relações de Consumo, contará o poder público com os seguintes instrumentos, entre outros:*

I. *Manutenção de assistência jurídica, integral e gratuita para o consumidor carente;*

II. *Instituição de Promotorias de Justiça de Defesa do Consumidor, no âmbito do Ministério Público;*

III. *Criação de delegacias de polícia especializadas no atendimento de consumidores vítimas de infrações penais de consumo;*

IV. *Criação de Juizados Especiais de Pequenas Causas e Varas Especializadas para a solução de litígios de consumo;*

V. *Concessão de estímulos à criação e desenvolvimento das Associações de Defesa do Consumidor.*

Portanto, são os mecanismos utilizados para que se cumpra a Política Nacional de Consumo:

→ **Assistência jurídica integral e gratuita:**

Lei nº 1.060/50 e Art. 5º, LXXIV, da CF. *O Estado prestará assistência jurídica integral e gratuita aos que comprovarem insuficiência de recursos.*

Portanto, todos devem ter acesso à justiça, tendo uma atenção especial aos necessitados.

Promotorias de Justiça e Associações de Defesa do Consumidor: o Ministério Público tem um papel fundamental na aplicação das normas estabelecidas no CDC, por exemplo, tem a legitimidade de defesa dos direitos individuais homogêneos (Capítulo 06), bem como as associações de defesa do consumidor, como a Associação Brasileira de Defesa do Consumidor, entre outras.

Delegacias Especializadas: para se buscar a efetiva punição dos que cometem infrações previstas no CDC.

Juizados Especiais e Varas Especializadas de Consumo: visando a facilitação de defesa dos consumidores, o CDC prevê a criação de Juizados e Varas especializadas para julgamento somente de tais demandas (esses órgãos não existem em todas as comarcas de nosso país, sendo suprida essa falta pelas existentes).

7.2 Direitos Básicos do Consumidor

Direitos básicos do consumidor é um assunto recorrente nos concursos públicos, e, muitas vezes, é apenas uma cópia das provas elaboradas pelas bancas examinadoras.

Tais direitos encontram-se no Art. 6º, sendo este um rol mínimo, portanto, não taxativo, podendo ser ampliado inclusive por acordos e tratados internacionais que o Brasil seja signatário, conforme citado no primeiro capítulo.

Portanto, segundo o Art. 6º do CDC, existem os seguintes direitos básicos:

> ***Art. 6º.*** *São direitos básicos do consumidor:*
>
> ***I.*** *A proteção da vida, saúde e segurança contra os riscos provocados por práticas no fornecimento de produtos e serviços considerados perigosos ou nocivos;*

Os consumidores não podem ser expostos a produtos/serviços que os colocam em risco, os que normalmente os expõem aos riscos.

> ***II.*** *A educação e a divulgação sobre o consumo adequado dos produtos e serviços, asseguradas a liberdade de escolha e a igualdade nas contratações;*

O consumidor não pode ser coagido a comprar um determinado produto, deve ser garantida a liberdade de escolha por meio de informações.

> ***III.*** *A informação adequada e clara sobre os diferentes produtos e serviços, com especificação correta de quantidade, características, composição, qualidade, tributos incidentes e preço, bem como sobre os riscos que apresentem;*

Conforme explica Roberta Densa2, "está intimamente ligado ao direito à educação, traduz o direito do consumidor a todas as informações relativas ao produto ou serviço, devendo o fornecedor especificar a qualidade, a quantidade, as características, a composição, os preços e os riscos que ele apresenta."

Esse princípio também é conhecido como princípio da transparência, em que o fornecedor deve sempre informar a "verdade" aos consumidores.

Ainda, os fornecedores devem deixar claro em tikets, notas, entre outros os tributos que incidem no preço da mercadoria que o consumidor está adquirindo.

2 Roberta Densa é especialista em Direito das Obrigações, Contrato e Responsabilidade Civil pela ESA/SP.

> ***IV.*** *A proteção contra a publicidade enganosa e abusiva, métodos comerciais coercitivos ou desleais, bem como contra práticas e cláusulas abusivas ou impostas no fornecimento de produtos e serviços;*

O consumidor deve ser protegido de tais práticas, por exemplo, de uma publicidade na televisão que desmoralize sua crença religiosa.

A publicidade enganosa e abusiva, os métodos comerciais coercitivos ou desleais, bem como as práticas e cláusulas abusivas ou impostas no fornecimento de produtos e serviços estão dispostas no decorrer do Código e serão estudadas nos capítulos seguintes.

> ***V.*** *A modificação das cláusulas contratuais que estabeleçam prestações desproporcionais ou sua revisão em razão de fatos supervenientes que as tornem excessivamente onerosas;*

O CDC prevê uma ampla proteção quando se fala de contratos de consumo, podendo o consumidor, inclusive, buscar o poder judiciário para modificar cláusulas contratuais que estabeleçam obrigações desproporcionais, como juros e multas claramente abusivas que coloquem o consumidor em extrema desvantagem em relação ao fornecedor.

> ***VI.*** *A efetiva prevenção e reparação de danos patrimoniais e morais, individuais, coletivos e difusos;*

Os fornecedores devem buscar todos os meios, respeitando as regras legais, para evitar que o consumidor tenha danos; caso este venha a sofrer qualquer dano, ele deve ser reparado, não importando se é dano individual, coletivo e difuso. Isso também será estudado nos próximos capítulos, mais precisamente na Defesa do Consumidor em Juízo.

> ***VII.*** *O acesso aos órgãos judiciários e administrativos com vistas à prevenção ou reparação de danos patrimoniais e morais, individuais, coletivos ou difusos, assegurada a proteção jurídica, administrativa e técnica aos necessitados;*

Os consumidores devem ter acesso facilitado à justiça e aos órgãos da administração pública, visando sua proteção ou reparação dos danos que eventualmente venham a sofrer.

> ***VIII.*** *A facilitação da defesa de seus direitos, inclusive com a inversão do ônus da prova, a seu favor, no processo civil, quando, a critério do juiz, for verossímil a alegação ou quando for ele hipossuficiente, segundo as regras ordinárias de experiências;*

Outro princípio muito cobrado em concursos públicos: a inversão do ônus da prova quando o consumidor for considerado hipossuficiente ou verossímeis suas alegações.

Atenção com o detalhe do "ou" no inciso acima, pois faz toda a diferença.

Existe um ditado popular que diz: quem alegue, que prove. Com a inversão do ônus da prova, o consumidor que alega pode se "livrar" do ônus de comprovar o seu direito, passando tal responsabilidade ao fornecedor, desde que o juiz verifique que o consumidor é hipossuficiente (o consumidor que possui dificuldades de provar seu direito por vulnerabilidade técnica, econômica ou judicial; por exemplo, o consumidor que não tem conhecimento nem acesso aos sistemas bancários) ou é verossímil sua alegação. Não são necessários os dois requisitos, apenas com base em um deles o juiz poderá conceder tal benefício. Muitas questões colocam o "e" em vez de "ou" na questão, por isso é importante dar atenção aos detalhes.

***X.** A adequada e eficaz prestação dos serviços públicos em geral.*

Mais uma vez, o CDC vem com a exigência para o poder público: que sejam adequados e eficazes os serviços públicos por estes prestados.

> ***Parágrafo único.*** *A informação de que trata o inciso III do caput deste artigo deve ser acessível à pessoa com deficiência, observado o disposto em regulamento. (Incluído pela Lei nº 13.146, de 2015).*

Questões

01. (CESPE) O recall é dever imposto pela lei ao fornecedor que, conhecendo a periculosidade do produto após a sua introdução no mercado, deverá comunicar o fato imediatamente às autoridades competentes e aos consumidores, mediante anúncios publicitários.

Certo ( ) Errado ( )

02. (CESPE) A inversão do ônus da prova, direito básico, mas não absoluto, do consumidor, só será a este concedido quando o juiz verificar, de forma cumulativa, a sua hipossuficiência e a verossimilhança de suas alegações.

Certo ( ) Errado ( )

Gabaritos

01	CERTO	02	ERRADO

8. PRODUTOS E SERVIÇOS

8.1 Qualidade de Produtos e Serviços, Prevenção e Reparação dos Danos

8.1.1 Proteção à Saúde e Segurança

O consumidor é amplamente protegido pelo Código de Defesa do Consumidor, inclusive de riscos que os produtos e serviços podem causar a sua saúde, segurança e vida, e, caso venha a sofrer algum dano em razão desses ou se os mesmos não atenderem ao fim a que se destinam por "falhas", devem os fornecedores ser responsabilizados.

O CDC prevê a proteção dos consumidores, e estes não podem ser expostos a produtos/serviços que tragam riscos à saúde, segurança e vida.

Porém, existem produtos que podem conter algum "risco" sem que seja vedada sua comercialização, como exemplo, os remédios, os produtos de risco considerado normal e previsível, em decorrência de sua natureza e fruição (Art. 8º do CDC).

Assim, a doutrina classifica a periculosidade dos produtos e serviços como:

Nocividade/Periculosidade Latente ou Inerente: é a previsível e deve ser amplamente informado ao consumidor, como remédios, agrotóxicos, etc..

Nocividade/Periculosidade Adquirida: esta é imprevisível, isto é, um determinado produto que não apresentaria uma periculosidade normalmente, mas por "falha" coloca a segurança do consumidor em risco. O exemplo clássico é dos carros que apresentam uma falha no freio.

Nocividade/Periculosidade Exagerada: este tipo de produto é vedado no mercado de consumo, pois expõe os consumidores a um risco extremo, como as drogas consideradas ilícitas.

8.1.1.1 Informação Obrigatória (Recall)

Quando algum produto colocado no mercado de consumo apresentar nocividade ou periculosidade, deve-se informar essa situação às autoridades competentes e ao consumidor, mediante anúncio publicitário em televisão, rádio, entre outros.

Por exemplo, o *Recall*, previsto no Art. 10 do CDC, ocorre quando, no intervalo de um programa de televisão, aparece uma montadora de veículos anunciando que o modelo X, ano X e série X apresentou um problema X que precisa ser solucionado/trocado.

8.1.2 Responsabilidade Civil

Em síntese, a responsabilidade civil é a obrigação que incube alguém de reparar o dano causado a outro por fato próprio, por fato de outra pessoa ou coisas que dela dependam.

A Responsabilidade Civil poderá ser Objetiva (em regra no CDC) ou Subjetiva:

Subjetiva: faz-se necessária a comprovação da culpa ou dolo (quando não há intenção ou existe a intenção de causar dano, respectivamente) do causador do dano, bem como o nexo de causalidade e dano sofrido.

Objetiva: somente é necessário demonstrar o nexo de causalidade e dano (Regra no CDC).

8.1.2.1 Nexo de Causalidade

O Nexo de Causalidade é uma ação (no caso do fornecedor) que venha a causar dano ao consumidor. Por exemplo, se ocorre uma queda de energia elétrica que danifica um eletrodoméstico de um consumidor, este não precisa provar que houve dolo ou culpa por parte da companhia elétrica (como um funcionário que cometeu uma falha), basta mostrar que a queda da energia danificou o eletrodoméstico.

Antes de adentrarmos na responsabilidade do CDC, prevista nos Arts. 12 ao 25, cabe diferenciar as palavras defeito e vício.

No CDC, esses conceitos estão dispostos, muitas vezes, de modo confuso, pois não estão no sentido convencional a que se está acostumado.

8.1.2.1.1 Vícios

De acordo com Rizzatto Nunes, "são considerados vícios as características de qualidade ou quantidade que tornem os serviços (ou produtos) impróprios ou inadequados ao consumo a que se destinam e também que lhe diminuam o valor. Da mesma forma, são considerados vícios o que decorre da disparidade havida em relação às indicações constantes do recipiente, embalagem, oferta ou mensagem publicitária".

Portanto, o vício é o que chamamos normalmente de "defeito": é a televisão nova que não liga, a bateria do celular que dura apenas meia hora, uma mancha no carro novo que lhe diminui o valor de mercado, o perfume que informa na embalagem que o frasco vem com 100 ml e na verdade só tem 70 ml, o extravio da bagagem pela companhia área, uma casa mal pintada, entre outros eventos.

Tais vícios podem ser aparentes ou ocultos:

Aparente: é aquele facilmente identificado;

Um fogão novo com a lateral amassada e cheia de riscos.

Oculto: aquele identificado após algum tempo da aquisição e uso, visto ser difícil sua percepção;

Uma falha mecânica no carro.

8.1.2.1.2 Defeitos

O defeito decorre de um vício, mas gera consequências bem mais graves do que o vício, como acidentes, podendo causar danos morais, materiais e estéticos.

Quando se trata de acidente de consumo, é defeito.

Portanto, o acidente de carro, provocado, em que o consumidor acaba internado em um hospital e passa por cirurgias, por falha de fabricação nos freios, é um defeito que decorre do vício dos freios que não estavam funcionando como deveriam, causando danos matérias e morais; ou uma reforma mal feita em um apartamento que causa um rompimento num cano de água, infiltração e danos na pintura e no piso do apartamento, provocando prejuízos de ordem material, visto que danificou parede e piso por causa de um serviço mal feito.

Após essa breve explicação sobre conceitos essenciais, compreender-se-á a responsabilidade prevista no Código de Defesa do Consumidor.

8.1.3 Responsabilidade pelo Fato do Produto e do Serviço

Esta seção da lei trata de um produto defeituoso (inseguro) que causa um acidente de consumo.

O Art. 12, quando tratar-se do Fato do Produto, chama a responsabilidade o Fabricante, produtor, construtor, nacional ou estrangeiro, e o importador, vejamos:

> ***Art. 12.*** *O fabricante, o produtor, o construtor, nacional ou estrangeiro, e o importador respondem, independentemente da existência de culpa, pela reparação dos danos causados aos consumidores por defeitos decorrentes de projeto, fabricação, construção, montagem, fórmulas, manipulação, apresentação ou acondicionamento de seus produtos, bem como por informações insuficientes ou inadequadas sobre sua utilização e riscos.*

Se um consumidor, que acabou de adquirir um veículo, sofrer um acidente de carro, causado por uma falha nos freios, logo após sair da concessionária, que lhe cause danos materiais e morais, este acidente é considerado um fato (defeito) do produto, aplicando-se o artigo citado.

Assim, quem deve reparar o consumidor é a fabricante e não o comerciante (concessionária) em regra.

O produto é considerado defeituoso quando não oferecer a segurança que dele legitimamente se espera, devendo ser observado:

> ***I.*** *Sua apresentação;*
>
> ***II.*** *O uso e os riscos que razoavelmente dele se esperam;*
>
> ***III.*** *A época em que foi colocado em circulação.*

Ainda, o produto não é considerado defeituoso pelo fato de outro de melhor qualidade ter sido colocado no mercado.

Quando temos a situação do Fato do Produto, em regra o comerciante não responderá. Mas a lei traz algumas exceções, respondendo subsidiariamente, veja o que dita o Art. 13 do CDC:

> ***Art. 13.*** *O comerciante é igualmente responsável, nos termos do artigo anterior, quando:*
>
> ***I.*** *O fabricante, o construtor, o produtor ou o importador não puderem ser identificados;*
>
> ***II.*** *O produto for fornecido sem identificação clara do seu fabricante, produtor, construtor ou importador;*
>
> ***III.*** *Não conservar adequadamente os produtos perecíveis.*
>
> ***Parágrafo único.*** *Aquele que efetivar o pagamento ao prejudicado poderá exercer o direito de regresso contra os demais responsáveis, segundo sua participação na causação do evento danoso.*

Assim, no caso de não conseguir identificar quem fabricou o veículo com a falha do freio ou um produto perecível, que causa problemas de saúde em um consumidor por má conservação, quem responde é o comerciante e não o fabricante ou produtor.

O parágrafo único do Art. 13, supracitado, trata da possibilidade da ação de regresso. Por meio desta ação, aquele que teve de "pagar sozinho" pelo dano, pode cobrar de outros fornecedores que tenham colaborado no evento danoso.

Vamos supor que um determinado ônibus da transportadora X esteja indo para a cidade de Curitiba com 20 passageiros. No meio do percurso o freio do ônibus falha e faz com que motorista perca o controle, e colida com um posto de gasolina matando diversas pessoas que ali se encontravam e também os passageiros do ônibus. Após perícia, para saber a real causa do acidente, verifica-se a falha dos freios por problemas na fabricação. Os familiares das vítimas poderão acionar para que paguem os danos tanto a transportadora X como a fabricante dos freios, ou apenas a transportadora. Caso a transportadora somente seja acionada, esta pagará os danos e poderá posteriormente, em ação de regresso, cobrar "parte do prejuízo" da fabricante, que foi solidariamente responsável pelo acidente.

Aqui não cabe a chamada Denunciação da Lide (em resumo, onde o réu, no exemplo acima a transportadora X, chamaria ao processo terceiro, a fabricante buscando assegurar seu direito) e chamamento ao processo para evitar demoras nas ações e, consequentemente, na reparação dos danos.

Quanto ao Fato do serviço, o Art. 14 do CDC estabelece que:

> ***Art. 14.*** *O fornecedor de serviços responde, independentemente da existência de culpa, pela reparação dos danos causados aos consumidores por defeitos relativos à prestação dos serviços, bem como por informações insuficientes ou inadequadas sobre sua fruição e riscos.*
>
> ***§ 1º.*** *O serviço é defeituoso quando não fornece a segurança que o consumidor dele pode esperar, levando-se em consideração as circunstâncias relevantes, entre as quais:*
>
> ***I.*** *O modo de seu fornecimento;*
>
> ***II.*** *O resultado e os riscos que razoavelmente dele se esperam;*
>
> ***III.*** *A época em que foi fornecido.*
>
> ***§ 2º.*** *O serviço não é considerado defeituoso pela adoção de novas técnicas.*

O CDC também prevê situações que o fornecedor não precisará indenizar. Vejamos o § 3º dos Arts. 12 e 14, do CDC, respectivamente:

> ***Art. 12, § 3º.*** *O fabricante, o construtor, o produtor ou importador só não será responsabilizado quando provar:*
>
> ***I.*** *Que não colocou o produto no mercado;*
>
> ***II.*** *Que, embora haja colocado o produto no mercado, o defeito inexiste;*
>
> ***III.*** *A culpa exclusiva do consumidor ou de terceiro.*
>
> ***Art. 14, § 3º.*** *O fornecedor de serviços só não será responsabilizado quando provar:*
>
> ***I.*** *Que, tendo prestado o serviço, o defeito inexiste;*
>
> ***II.*** *A culpa exclusiva do consumidor ou de terceiro.*

8.1.3.1 Os Profissionais Liberais

Quanto aos profissionais liberais, a responsabilidade será diferente, aqui não se aplica a regra da responsabilidade objetiva, e sim a subjetiva, portanto, é uma exceção à regra do CDC.

Os profissionais liberais são, em geral, dentistas, médicos, entre outros.

No caso destes profissionais, a responsabilidade pessoal deve ser apurada, se comprovada a culpa.

Portanto, sempre que nos concursos, aparecer o "profissional liberal" lembre-se que este é uma exceção, e somente responderá após comprovada sua culpa, isto é, que causou dano por ser negligente ou imprudente.

Situação	Quem responde	Requisitos	
Fato do Produto	Fabricante, Produtor, Construtor e Importador subsidiariamente o comerciante	Nexo de Causalidade e Dano	
Fato do Serviço	Prestador do Serviço (fornecedor) e demais que sejam solidariamente responsáveis.	Nexo de Causalidade e Dano	No caso de Profissionais liberais deve ser apurada a culpa

8.1.4 Responsabilidade por Vício do Produto e do Serviço

O Produto/Serviço com vício é inadequado para os fins aos quais se destina, como visto anteriormente nos conceitos iniciais.

Os artigos dizem o seguinte:

8.1.4.1 Vício dos Produtos

8.1.4.1.1 Qualidade

> ***Art. 18.*** *Os fornecedores de produtos de consumo duráveis ou não duráveis respondem solidariamente pelos vícios de qualidade ou quantidade que os tornem impróprios ou inadequados ao consumo a que se destinam ou lhes diminuam o valor, assim como por aqueles decorrentes da disparidade, como as indicações constantes do recipiente, da embalagem, rotulagem ou mensagem publicitária, respeitadas as variações decorrentes de sua natureza, podendo o consumidor exigir a substituição das partes viciadas.*
>
> ***§ 1º.*** *Não sendo o vício sanado no prazo máximo de trinta dias, pode o consumidor exigir, alternativamente e à sua escolha:*
>
> ***I.*** *A substituição do produto por outro da mesma espécie, em perfeitas condições de uso;*
>
> ***II.*** *A restituição imediata da quantia paga, monetariamente atualizada, sem prejuízo de eventuais perdas e danos;*
>
> ***III.*** *O abatimento proporcional do preço.*

Assim, quando o produto apresenta um vício, o fornecedor (nesta situação, não há distinção, e pode-se também acionar o comerciante) tem um prazo de 30 dias para solucionar o problema e, caso não solucione, o consumidor pode trocar por outro igual, pedir o valor pago ou o abatimento do preço, conforme previsto no Art. 18 do CDC.

O prazo de 30 dias poderá ser ampliado ou reduzido, se o fornecedor e o consumidor desejarem, não podendo ser inferior a sete dias nem superior a cento e oitenta dias. A lei ainda determina que, nos contratos de adesão, a cláusula de prazo deverá ser convencionada em separado, por meio de manifestação expressa do consumidor.

Nos casos de necessidade, poderá o consumidor exigir, de imediato, a troca do produto, por exemplo, uma cadeira de rodas para um deficiente físico (que é considerado um produto essencial) ou a devolução dos valores pagos, no caso de vício em um quadro raro que esteja riscado, fato que lhe diminui o valor e não há possibilidade de troca ou reparação do vício.

Nos casos de produtos *in natura* (aquele que não passa por um processo de industrialização, como as frutas e verduras), o fornecedor imediato será o responsável, podendo também ser acionado o produtor, quando for identificado. O § 6º, do Art. 18, do CDC, trata dos produtos impróprios para o consumo:

> ***§ 6º.*** *São impróprios ao uso e consumo:*
>
> ***I.*** *Os produtos cujos prazos de validade estejam vencidos;*
>
> ***II.*** *Os produtos deteriorados, alterados, adulterados, avariados, falsificados, corrompidos, fraudados, nocivos à vida ou à saúde, perigosos ou, ainda, aqueles em desacordo com as normas regulamentares de fabricação, distribuição ou apresentação;*
>
> ***III.*** *Os produtos que, por qualquer motivo, se revelem inadequados ao fim a que se destinam.*

Os produtos impróprios não podem ser comercializados. Caso o consumidor adquira tais produtos, poderá exigir o valor pago ou a troca, conforme previsto acima no vício de qualidade. Ainda, o fornecedor ficará sujeito a sanções penais caso comercialize produtos considerados impróprios.

O Art. 18 trata dos produtos com vícios de qualidade, e o Art. 19 fala sobre os vícios de quantidade:

> ***Art. 19.*** *Os fornecedores respondem solidariamente pelos vícios de quantidade do produto sempre que, respeitadas as variações decorrentes de sua natureza, seu conteúdo líquido for inferior às indicações constantes do recipiente, da embalagem, rotulagem ou de mensagem publicitária, podendo o consumidor exigir, alternativamente e à sua escolha:*
>
> ***I.*** *O abatimento proporcional do preço;*
>
> ***II.*** *Complementação do peso ou medida;*
>
> ***III.*** *A substituição do produto por outro da mesma espécie, marca ou modelo, sem os aludidos vícios;*
>
> ***IV.*** *A restituição imediata da quantia paga, monetariamente atualizada, sem prejuízo de eventuais perdas e danos.*
>
> ***§ 2º.*** *O fornecedor imediato será responsável quando fizer a pesagem ou a medição e o instrumento utilizado não estiver aferido segundo os padrões oficiais.*

Tanto nos vícios de qualidade como nos vícios de quantidade, o consumidor que desejar a troca do produto por outro da mesma espécie, marca e modelo, porém não for possível, pode trocar por outro similar mediante complementação do preço, caso o valor seja superior ao originalmente pago ou a restituição seja de valor inferior.

8.1.4.2 Vícios dos Serviços

Dita o Art. 20 do CDC:

> ***Art. 20.*** *O fornecedor de serviços responde pelos vícios de qualidade que os tornem impróprios ao consumo ou lhes diminuam o valor, assim como por aqueles decorrentes da disparidade com as indicações constantes da oferta ou mensagem publicitária, podendo o consumidor exigir, alternativamente e à sua escolha:*
>
> ***I.*** *A reexecução dos serviços, sem custo adicional e quando cabível;*
>
> ***II.*** *A restituição imediata da quantia paga, monetariamente atualizada, sem prejuízo de eventuais perdas e danos;*
>
> ***III.*** *O abatimento proporcional do preço.*
>
> ***§ 1º.*** *A reexecução dos serviços poderá ser confiada a terceiros devidamente capacitados, por conta e risco do fornecedor.*
>
> ***§ 2º.*** *São impróprios os serviços que se mostrem inadequados para os fins que razoavelmente deles se esperam, bem como aqueles que não atendam às normas regulamentares de prestabilidade.*

Com relação aos vícios de serviços, segue-se a linha dos vícios de produto, não existindo, nessa situação, um prazo estabelecido para resolver os problemas.

Portanto, constatado o vício, o consumidor pode de imediato exigir a reexecução do serviço, restituição da quantia paga ou abatimento do preço.

Só existe a previsão do prazo de 30 dias para o fornecedor solucionar os vícios quando se referirem aos vícios de qualidade

Quando o serviço for de reparação de produtos, o fornecedor deve utilizar componentes de reposição originais, salvo se o consumidor autorizar o contrário.

Maria leva seu carro na oficina para trocar a bateria. A oficina mecânica tem a obrigação de substituir por uma nova original ou manter as especificações técnicas do fabricante. Além disso, caso Maria queira trocar o volante e o som do seu carro, se ela autorizasse, as peças poderiam ser trocadas por usadas.

8.1.4.3 Serviços Públicos

O CDC prevê um artigo especial ao tratar dos órgãos públicos prestadores de serviços:

> ***Art. 22.*** *Os órgãos públicos, por si ou suas empresas, concessionárias, permissionárias ou sob qualquer outra forma de empreendimento, são obrigados a fornecer serviços adequados, eficientes, seguros e, quanto aos essenciais, contínuos.*
>
> ***Parágrafo único.*** *Nos casos de descumprimento, total ou parcial, das obrigações referidas neste artigo, serão as pessoas jurídicas compelidas a cumpri-las e a reparar os danos causados, na forma prevista neste código.*

Contemplam-se, também, as concessionárias ou permissionárias, isto é, empresas privadas que contratam com o poder público e realizem ou forneçam um serviço público (água, luz, telefone, etc.).

Para o CDC, os prestadores de serviços públicos são como qualquer outro, e devem submeter-se a todas as demais regras previstas.

8.1.4.4 Considerações finais sobre a responsabilidade dos fornecedores

Em nenhum momento, o fornecedor poderá se eximir de sua responsabilidade alegando ignorância, só está "desobrigado" nas situações abordadas anteriormente.

A garantia legal de adequação do produto ou serviço independe de termo expresso, vedada a exoneração contratual do fornecedor.

É vedada a estipulação contratual de cláusula que impossibilite, exonere ou atenue a obrigação de indenizar, prevista nesta e nas seções anteriores.

Sempre que a questão trouxer mais de um responsável pelo dano, todos responderão solidariamente (respondem juntos), exceto nos casos de responsabilidade fato do produto (defeitos em razão do vício do produto – Art. 12 CDC), em que o fabricante, construtor, produtor e importador são os que respondem, sendo o comerciante subsidiário.

Sendo o dano causado por componente ou peça incorporada ao produto ou serviço, são responsáveis solidários o fabricante, o construtor ou importador e o que realizou a incorporação (encaixa-se na situação as montadoras de veículos).

8.1.5 Decadência e Prescrição

Primeiramente, cabe diferenciar o que é decadência e o que é prescrição.

Decadência: é a perda do direito em si, "é a extinção do direito pela inércia do titular, quando a eficácia desse direito estava originalmente subordinada ao exercício dentro de determinado prazo que se esgotou, sem o respectivo exercício." (Sílvio Salvo Venosa).

Prescrição: em resumo, é a perda do direito de agir, por exemplo, de iniciar um processo na justiça. Não fere o direito em si, mas a pretensão à reparação.

8.1.5.1 Decadência

Os prazos de decadências estão previstos no Art. 26 do CDC e são os seguintes:

Vícios	Produto/ Serviço Durável	Produto/ Serviço Não Durável	Início
Aparentes, de fácil constatação	90 dias	30 dias	Da entrega do produtos ou término do serviço
Ocultos	90 dias	30 dias	Do momento em que for percebido

Esses prazos são os previstos para que o consumidor "reclame" do vício para o fornecedor.

Exs.: José comprou um computador no dia 14 de fevereiro e, ao chegar, constatou que o aparelho não ligava. José tem o prazo de 90 dias para reclamar, contando o prazo a partir de 14 fevereiro, pois é um bem durável (ele perdura no tempo, não "estraga" rápido, facilmente).

Joana comprou um sapato pela internet dia 10 de janeiro e o recebeu em sua casa no dia 20 de janeiro. Constatando que eram de tamanhos diferentes e a sola de um estava danificada, Joana tem o prazo de 90 dias para reclamar do vício, iniciando esse prazo a partir de 20 de janeiro.

Márcia comprou um celular no dia 20 de janeiro. O aparelho apresentou problemas de fabricação em 20 de novembro. Márcia tem 90 dias para reclamar, iniciando o prazo a partir de 20 de novembro, por ser vício oculto.

Carlos comprou um fardo de farinha em 10 de março e, quando o abriu, verificou que havia pacotes de farinha vencidos e violados. Assim, Carlos tem 30 dias para reclamar do vício, iniciando o prazo a partir de 10 de março.

Existem situações em que esses prazos poderão ser obstaculizados.

No §2º, do Art. 26, estão previstas duas situações que obstam a decadência:

> ***I.*** *A reclamação comprovadamente formulada pelo consumidor junto ao fornecedor, até a resposta negativa, transmitida de modo inequívoco.*

Pedro comprou um celular em 15 de maio e o aparelho apresentou um vício de qualidade. No dia 20 de maio, enviou uma reclamação via carta ao comerciante, que somente no dia 15 de agosto enviou uma resposta, negando uma solução do vício apresentado no celular de Pedro. Pedro pode acionar o fabricante ou valer-se do previsto no artigo 18, tendo ainda 85 dias (os cinco primeiros dias são descontados), pois, enquanto aguardava resposta, teve seu prazo suspenso.

***III.** A instauração de inquérito civil até que este se encerre.*

Isto é, caso o Ministério Público instaure um inquérito para verificar um vício em um produto adquirido pelo consumidor, este poderá aguardar o fim do inquérito para efetuar sua reclamação.

Tal possibilidade de inquérito, a título de curiosidade, encontra-se na Lei nº 7.347, Lei da Ação Civil Pública.

8.1.5.2 Prescrição

> ***Art. 27.** Prescreve em cinco anos a pretensão à reparação pelos danos causados por fato do produto ou do serviço, previsto na Seção II deste Capítulo, iniciando-se a contagem do prazo a partir do conhecimento do dano e de sua autoria.*

Esse prazo é para que o consumidor busque uma indenização por defeitos.

8.1.6 Desconsideração da Personalidade Jurídica

Portanto, nos casos de vícios, o prazo que rege é o decadencial e, nos defeitos (do Art. 12 ao 14 do CDC), é o de prescrição.

A desconsideração, em síntese, ocorre quando os sócios respondem com seus bens particulares. Por exemplo, pagar uma indenização ao consumidor com seu patrimônio e não somente com o patrimônio da empresa, quando ocorrem fraudes, má administração, entre outras situações que venham a causar prejuízos aos consumidores.

Em regra, os sócios não respondem com seus bens particulares por danos decorrentes da atividade, e sim quem responde é a empresa e, portanto, com patrimônio da empresa.

> ***Art. 28.** O juiz poderá desconsiderar a personalidade jurídica da sociedade quando, em detrimento do consumidor, houver abuso de direito, excesso de poder, infração da lei, fato ou ato ilícito ou violação dos estatutos ou contrato social. A desconsideração também será efetivada quando houver falência, estado de insolvência, encerramento ou inatividade da pessoa jurídica provocados por má administração.*

As bancas examinadoras, ao cobrar a desconsideração, costumam ligar o tipo de sociedade com a responsabilidade, fazendo uma "troca", para confundir o candidato, por exemplo: a afirmativa traz que as empresas consorciadas respondem de modo subsidiário.

Responsabilidade das Sociedades:

Tipos de Sociedade	Responsabilidade
Empresas Consorciadas	Solidárias
Empresas Coligadas	Só responderão por culpa
Sociedades integrantes de grupos societários e sociedades controladas	Subsidiária

Questões

01. (CESPE) Em se tratando de ações de responsabilidade civil de fornecedor de produtos e serviços de consumo, o réu que houver contratado seguro de responsabilidade não poderá chamar ao processo o segurador, uma vez que o CDC veda qualquer espécie de intervenção de terceiros nesse tipo de ação.

Certo ( ) Errado ( )

02. (CESPE) O fornecedor de produtos alimentícios responde objetivamente pela reparação dos danos eventualmente causados aos consumidores. Já em caso de informações insuficientes ou inadequadas sobre os riscos dos produtos, a responsabilização depende da comprovação do dolo ou culpa.

Certo ( ) Errado ( )

03. (CESPE) Caso um profissional liberal da área médica cause danos a paciente consumidor, no exercício da prestação de serviços, a responsabilidade pessoal desse profissional liberal será apurada mediante a verificação de sua culpa.

Certo ( ) Errado ( )

04. (CESPE) Ricardo adquiriu um carro há cerca de um mês e, nesse período, por três vezes, não conseguiu trancar a porta do veículo. Com relação a essa situação hipotética, julgue o item subsequente.

Ricardo, ainda que deseje a substituição imediata do produto comprado, deverá, antes disso, conceder prazo para o fornecedor sanar o defeito.

Certo ( ) Errado ( )

05. (CESPE) Leonardo adquiriu um aparelho elétrico em uma loja de ticos, recebendo-o em embalagem fechada e com a indicação do fabricante. Quando o aparelho foi ligado na residência de Leonardo, um defeito do produto causou um acidente, feriu gravemente Leonardo e também seu vizinho Flávio. Considerando essa situação hipotética, julgue os itens a seguir de com o estabelecido no CDC.

Caso se comprove que o acidente ocorreu em razão de defeito produto, a loja que comercializou o aparelho elétrico pelos danos.

Certo ( ) Errado ( )

06. (CESPE) Se, no contrato de compra e venda do aparelho elétrico assinado por Leonardo, constar cláusula que atenue a responsabilidade do fornecedor, a indenização deverá ser fixada segundo as limitações estabelecidas nessa cláusula.

Certo ( ) Errado ( )

07. (CESPE) Flávio tem direito de buscar a reparação dos danos sofridos em o acidente.

Certo ( ) Errado ( )

08. (CESPE) O fornecedor de produtos alimentícios responde objetivamente pela reparação dos danos eventualmente causados aos consumidores. Já em caso de informações insuficientes ou inadequadas sobre os riscos dos produtos, a responsabilização depende da comprovação do dolo ou culpa.

Certo ( ) Errado ( )

09. (CESPE) Caso um profissional liberal da área médica cause danos a paciente consumidor, no exercício da prestação de serviços, a responsabilidade pessoal desse profissional liberal será apurada mediante a verificação de sua culpa.

Certo ( ) Errado ( )

Gabaritos

01	ERRADO	06	ERRADO
02	ERRADO	07	CERTO
03	CERTO	08	ERRADO
04	CERTO	09	CERTO
05	ERRADO		

9. PRÁTICAS COMERCIAIS

As práticas comerciais dizem respeito a todos os mecanismos e as técnicas empregadas por uma empresa (tanto de forma direta como indireta) para promover a circulação de produtos e serviços. Dentre os vários conceitos sobre esse assunto, podemos destacar o de Roberto Densa, o qual afirma que "As práticas comerciais abrangem as técnicas e os métodos utilizados pelos fornecedores para fomentar a comercialização dos produtos e serviços destinados ao consumidor, bem como os mecanismos de cobrança e serviço de proteção de crédito".

9.1 Oferta

> ***Art. 30.*** *Toda informação ou publicidade, suficientemente precisa, veiculada por qualquer forma ou meio de comunicação com relação a produtos e serviços oferecidos ou apresentados, obriga o fornecedor que a fizer veicular ou dela se utilizar e integra o contrato que vier a ser celebrado.*

Toda forma de oferta e apresentação de produtos ou serviços deve constar de informações corretas, claras, precisas, ostensivas e em língua portuguesa sobre suas características, qualidades, quantidade, composição, preço, garantia, prazos de validade e origem, entre outros dados, bem como sobre os riscos que apresentam à saúde e à segurança dos consumidores.

Portanto, fica nítida que a intenção do legislador foi que o consumidor tenha conhecimento do produto ou serviço que pretende adquirir.

Ainda é imposta pela lei que quando tratar-se de produtos refrigerados oferecidos ao consumidor, serão gravadas de forma indelével, para que as informações não sejam apagadas.

O CDC também impõe aos fornecedores que:

- Os fabricantes e importadores deverão assegurar a oferta de componentes e peças de reposição enquanto não cessar a fabricação ou importação do produto e, quando cessadas a produção ou importação, a oferta deverá ser mantida por período razoável de tempo, não prevendo expressamente no CDC qual será este prazo, somente que será na forma da lei.
- O fornecedor do produto ou serviço é solidariamente responsável pelos atos de seus prepostos ou representantes autônomos.
- Em caso de oferta ou venda por telefone ou reembolso postal, deve constar o nome do fabricante e endereço na embalagem, publicidade e em todos os impressos utilizados na transação comercial.

Qualquer *folder*, telemarketing, orçamento, entre outros, é considerado oferta.

O fornecedor deve cumprir o que foi ofertado.

Caso o fornecedor faça um orçamento para a reforma de uma casa e preveja que ficará pronto em 30 dias e a pintura será cor-de-rosa, isso deve ser cumprido.

Caso o fornecedor recuse, poderá o consumidor, a sua livre escolha:

> ***I.*** *Exigir o cumprimento forçado da obrigação, nos termos da oferta, apresentação ou publicidade;*
>
> ***II.*** *Aceitar outro produto ou prestação de serviço equivalente;*
>
> ***III.*** *Rescindir o contrato, com direito à restituição de quantia eventualmente antecipada, monetariamente atualizada, e a perdas e danos.*

9.2 Publicidade

O CDC prevê que a publicidade deve ser veiculada de tal forma que o consumidor, fácil e imediatamente, identifique-a como tal, devendo fornecedor, na publicidade de seus produtos ou serviços, manter, em seu poder, para informação dos legítimos interessados, os dados fáticos, técnicos e científicos que dão sustentação à mensagem.

A publicidade é o que chamamos de propaganda (aqui a propaganda é toda mensagem ideológica, de cunho político, por exemplo).

Como princípio visto no Art. 6º, que o consumidor deve ser protegido de toda e qualquer publicidade enganosa e abusiva, são vedadas pelo CDC:

- Publicidade enganosa, que se subdivide em por omissão e comissão (preço falso, deixar de apresentar informações importantes, etc.).
- Publicidade abusiva (faz piadas sobre religião, etnias, induz a comportamento perigoso, etc.).
- Publicidade clandestina (mensagens subliminares, previstas doutrinariamente).

O ônus da prova da veracidade e correção da informação ou comunicação publicitária cabe a quem as patrocina e não ao consumidor.

A publicidade por telefone é permitida, porém, não poderá ser onerosa para o consumidor!

9.3 Práticas Abusivas

O Art. 39, do CDC, prevê um rol de práticas vedadas ao fornecedor:

> ***I.*** *Condicionar o fornecimento de produto ou de serviço ao fornecimento de outro produto ou serviço, bem como, sem justa causa, a limites quantitativos;*

É a famosa "venda casada", isto é, só se pode comprar um produto se levar outro junto.

O consumidor quer realizar um financiamento, porém, deve adquirir também um seguro.

Já a venda quantitativa (última parte do inciso) consiste em exigir que o consumidor, em vez de um produto, leve dois.

> ***II.*** *Recusar atendimento às demandas dos consumidores, na exata medida de suas disponibilidades de estoque, e, ainda, de conformidade com os usos e costumes;*

Ocorre quando o consumidor trata os consumidores de modo desigual, impedindo-o de ter acesso a produtos/serviços que oferece, exceto se, por exemplo, não tiver condições de atender por motivo excepcional.

> ***III.*** *Enviar ou entregar ao consumidor, sem solicitação prévia, qualquer produto, ou fornecer qualquer serviço;*

O fornecedor não deve enviar produtos ou fornecer qualquer serviço sem que o consumidor solicite.

Caso o fornecedor envie, por exemplo, uma revista sem que o consumidor solicite, será amostra grátis e não poderá cobra-lá.

> ***IV.*** *Prevalecer-se da fraqueza ou ignorância do consumidor, tendo em vista sua idade, saúde, conhecimento ou condição social, para impingir-lhe seus produtos ou serviços;*

Como já dito anteriormente, o consumidor é a parte "fraca" da relação, é vulnerável, e há uma prática abusiva quando, além dessa vulnerabilidade, o fornecedor se aproveitar da ignorância ou idade para impingir-lhe seus produtos ou serviços.

Um hospital exige um cheque caução para a internação até que o plano de saúde faça a liberação, visto que o consumidor encontra-se com sua saúde fragilizada. Ou então, ludibriar um idoso, cobrando valores altíssimos para a aquisição de um produto que tenha valor inferior no mercado de consumo.

> ***V.*** *Exigir do consumidor vantagem manifestamente excessiva;*

Aqui, basta exigir, nem precisa ser aceito.

O fornecedor obriga o consumidor a assinar um contrato, exonerando-o de indenizar qualquer dano que o consumidor venha a sofrer.

Esse inciso será bem trabalhado nas cláusulas abusivas nos contratos de consumo (Art. 51 do CDC).

> ***VI.*** *Executar serviços sem a prévia elaboração de orçamento e autorização expressa do consumidor, ressalvadas as decorrentes de práticas anteriores entre as partes;*

Antes de executar qualquer serviço, os fornecedores deverão informar qual o serviço, o que estará incluso e seu valor, que é o orçamento (Art. 40 do CDC).

O orçamento terá um prazo de dez dias, salvo se for estipulado o contrário.

Uma vez que isso é aceito pelo consumidor, deverá ser cumprido por ambas as partes e, caso haja "acréscimos" no decorrer dos serviços, o consumidor não será onerado.

> ***VII.*** *Repassar informação depreciativa, referente a ato praticado pelo consumidor, no exercício de seus direitos;*

Uma situação em que um comerciante fala para outro que um consumidor adora reclamar da qualidade dos produtos ou que já o denunciou ao Procon. Tal prática, conhecida também como intercâmbio de dados e informações depreciativas pela doutrina, é considerada abusiva.

> ***VIII.*** *Colocar, no mercado de consumo, qualquer produto ou serviço em desacordo com as normas expedidas pelos órgãos oficiais competentes ou, se normas específicas não existirem, pela Associação Brasileira de Normas Técnicas ou outra entidade credenciada pelo Conselho Nacional de Metrologia, Normalização e Qualidade Industrial (Conmetro);*

O fornecedor coloca no mercado de consumo um liquidificador com decibéis superiores ao determinado pelas normas técnicas.

> ***IX.*** *Recusar a venda de bens ou a prestação de serviços, diretamente a quem se disponha a adquiri-los, mediante pronto pagamento, ressalvados os casos de intermediação regulados em leis especiais;*

O consumidor que quer comprar uma blusa à vista e o fornecedor recusa, deixando claro que a venda só pode ser feita parcelada.

> ***X.*** *Elevar sem justa causa o preço de produtos ou serviços.*

O fornecedor tem a liberdade de aumentar os preços de seus produtos e serviços, respeitando as disposições legais, mas é considerado abusivo e sem justa causa se o fornecedor vender o produto por um preço hoje e, amanhã, na hora do pagamento, informá-lo que o valor aumentou.

> ***XI.*** *Deixar de estipular prazo para o cumprimento de sua obrigação ou deixar a fixação de seu termo inicial a seu exclusivo critério.*

É o clássico exemplo de um pintor que compromete-se a pintar uma casa, mas só quando terminar um outro serviço, sem estipular uma data ou prazo para tal.

> ***XII.*** *Aplicar fórmula ou índice de reajuste diverso do legal ou contratualmente estabelecido.*

Nada mais é que a modificação, no decorrer do contrato, do índice de reajuste previamente ajustado, considerada prática abusiva nas relações de consumo.

9.4 Cobranças de Dívidas

O fornecedor tem todo o direito de cobrar o consumidor inadimplente, desde que dentro dos limites legais.

Dessa forma, determina o Art. 42 do CDC:

> ***Art. 42.*** *Na cobrança de débitos, o consumidor inadimplente não será exposto a ridículo, nem será submetido a qualquer tipo de constrangimento ou ameaça.*
>
> ***Parágrafo único.*** *O consumidor cobrado em quantia indevida tem direito à repetição do indébito, por valor igual ao dobro do que pagou em excesso, acrescido de correção monetária e juros legais, salvo hipótese de engano justificável.*

Isto é, não pode o fornecedor falar para os familiares e amigos do consumidor que este está devendo, nem cobrá-lo em seu local de trabalho, etc.

E caso haja cobrança indevida, o inadimplente tem direito a quantia paga em dobro.

Um instrumento que o fornecedor pode valer-se, e é muito popular no Brasil, são os Órgãos de Proteção ao Crédito (OPC), os conhecidos SCPC e SERASA, nos quais são inscritos os consumidores inadimplentes.

Hoje, temos também o cadastro positivo, em que os consumidores que cumprem com suas obrigações poderão ter seus dados registrados, previsto pela Lei nº 12.414, de 2011.

Finalmente, atente que o Art. 42-A impõe ao fornecedor que:

> ***Art. 42-A.*** *Em todos os documentos de cobrança de débitos apresentados ao consumidor, deverão constar o nome, o endereço e o número de inscrição no Cadastro de Pessoas Físicas – CPF ou no Cadastro Nacional de Pessoa Jurídica – CNPJ do fornecedor do produto ou serviço correspondente.*

9.5 Bancos de Dados e Cadastros de Consumidores

O consumidor terá acesso às informações existentes em qualquer cadastro, ficha, registros e dados pessoais e de consumo arquivados sobre ele, bem como sobre as suas respectivas fontes, devendo ser objetivos, claros, verdadeiros e em linguagem de fácil compreensão, não podendo conter informações negativas referentes a um período superior a cinco anos e, após tal prazo, não será fornecida qualquer informação que possa impedir o consumidor de ter acesso ao crédito.

É importante, também, ressaltar que o consumidor deve ser informado pela entidade que mantém os bancos de dados e pelo fornecedor que seu nome será "negativado".

Cuidado com o prazo de cinco anos: com frequência, ele aparece nos concursos.

Atente, com relação à notificação do consumidor, o que traz a Súm. 404 do STJ:

***Súm. 404**: É dispensável o Aviso de Recebimento (AR) na carta de comunicação ao consumidor sobre a negativação de seu nome em bancos de dados e cadastros.*

Toda a abertura de cadastro, ficha, registro e dados pessoais e de consumo deverá ser comunicada por escrito ao consumidor, quando não solicitada por ele, para que tenha o direito de corrigir qualquer dado incorreto que verifique, tendo a empresa o prazo de cinco dias úteis para corrigir os dados.

Vale ressaltar que os bancos de dados e cadastros relativos a consumidores, os serviços de proteção ao crédito e congêneres são considerados entidades de caráter público, mesmo mantido por empresa privada.

Além disso, segundo o § 6º, incluído pela Lei nº 13.146/2015, é necessário que todas essas informações sejam disponibilizadas em formatos acessíveis, inclusive para pessoa com deficiência, mediante solicitação do consumidor.

Ainda com relação aos OPC, um tema frequentemente abordado em concursos é a inscrição indevida do consumidor em órgãos de proteção ao crédito. Já está pacificado que é caso de dano moral presumido, isto é, teve anotação indevida, o consumidor poderá buscar reparação por danos morais, sem precisar provar o abalo que teve, só demonstrar que a inscrição foi imerecida.

Porém, atenção à Súmula 385 do Superior Tribunal de Justiça:

> ***Súm. 385, do STJ.** Da anotação irregular em cadastro de proteção ao crédito, não cabe indenização por dano moral, quando preexistente legítima inscrição, ressalvado o direito ao cancelamento.*

Finalmente, assim como existem os cadastros de consumidores inadimplentes, existem cadastros dos fornecedores que tiveram reclamações, veja o que dispõe o Art. 44 do CDC:

> ***Art. 44.** Os órgãos públicos de defesa do consumidor manterão cadastros atualizados de reclamações fundamentadas contra fornecedores de produtos e serviços, devendo divulgá-lo pública e anualmente. A divulgação indicará se a reclamação foi atendida ou não pelo fornecedor.*
>
> ***§ 1º.** É facultado o acesso às informações lá constantes para orientação e consulta por qualquer interessado.*
>
> ***§ 2º.** Aplicam-se a este artigo, no que couber, as mesmas regras enunciadas no artigo anterior e as do parágrafo único do Art. 22 deste código.*

Questões

01. (CESPE) O CDC dispõe expressamente que as informações a respeito da oferta e apresentação de produtos refrigerados oferecidos aos consumidores devem ser gravadas de forma indelével.

Certo ( ) Errado ( )

(CESPE) Assinale certo ou errado a opção correta a respeito de serviços de proteção ao crédito.

02. É indispensável o aviso de recebimento na carta de comunicação enviada ao consumidor para informá-lo sobre a negativação de seu nome em bancos de dados e cadastros.

Certo ( ) Errado ( )

03. A retirada do nome de consumidor de cadastro de inadimplentes, requerida em antecipação de tutela e(ou) medida cautelar, somente será deferida se, cumulativamente, a ação for fundada em questionamento integral ou parcial do débito, houver demonstração de que a cobrança indevida se funda na aparência do bom direito e em jurisprudência consolidada do STF ou do STJ e houver depósito da parcela incontroversa ou for prestada a caução fixada conforme o prudente arbítrio do juiz.

Certo ( ) Errado ( )

04. O consumidor cujo nome é irregularmente anotado em cadastro de proteção ao crédito tem direito a pleitear tanto indenização por dano moral quanto o cancelamento da anotação, ainda que preexista legítima inscrição.

Certo ( ) Errado ( )

05. Cabe ao credor da dívida providenciar a notificação do devedor antes de proceder à inscrição de seu nome em órgão de proteção ao crédito.

O serviço de proteção ao crédito pode manter a inscrição do nome do devedor até o efetivo pagamento da dívida, desde que o credor ajuize ação de execução.

Certo ( ) Errado ( )

Gabaritos

01	CERTO
02	ERRADO
03	CERTO
04	ERRADO
05	ERRADO

10. PROTEÇÃO CONTRATUAL

Os contratos geram a obrigação de serem cumpridos pelas partes (princípio da *pacta sunt servanta*), pois, se ambas acordaram, manifestaram a vontade de celebrar um contrato. Desse modo, este é valido e deve ser cumprido, porém, existem situações em que ocorrem abusos, desequilibrando as relações, principalmente com relação aos consumidores, assim, alguns contratos podem, inclusive, ser revistos.

Ainda, o CDC prevê sanções que o poder público pode exercer, além de crimes, as chamadas infrações cometidas contra os consumidores.

O CDC visa à proteção da parte mais fraca da relação jurídica como amplamente discutido, isto é, o consumidor, dando uma atenção especial no que versa sobre os contratos, tendo o consumidor o direito de ter conhecimento de todas as obrigações a ele impostas e todo o seu conteúdo.

Antes de adentrar no assunto, vale citar os princípios que regem os contratos de consumo:

Transparência: o consumidor deve conhecer todo o contrato, o qual deve ser redigido de maneira clara, de fácil compreensão.

Interpretação mais Favorável: a interpretação das cláusulas contratuais é de maneira mais favorável ao consumidor.

Vinculação da Oferta: toda oferta, orçamento, pré-contratos, entre outros, obriga o fornecedor a cumpri-la, ou seja, não pode eximir-se.

Direito do Arrependimento: "O consumidor pode desistir do contrato, no prazo de 7 (sete) dias a contar de sua assinatura ou do ato de recebimento do produto ou serviço, **sempre que a contratação de fornecimento de produtos e serviços ocorrer fora do estabelecimento comercial**, especialmente por telefone ou a domicílio." Portanto, se alguém comprou um determinado produto pela internet e não era o que esperava quando chegou, tem o prazo de 7 dias para a devolução.

Cabe, também, ressaltar que o Art. 50 do CDC prevê que a garantia contratual é complementar à legal e será conferida mediante termo escrito.

Assim determina o Art. 50 do CDC:

> ***Art. 50.*** *A garantia contratual é complementar à legal e será conferida mediante termo escrito.*
>
> ***Parágrafo único.*** *O termo de garantia ou equivalente deve ser padronizado e esclarecer, de maneira adequada em que consiste a mesma garantia, bem como a forma, o prazo e o lugar em que pode ser exercitada e os ônus a cargo do consumidor, devendo ser-lhe entregue, devidamente preenchido pelo fornecedor, no ato do fornecimento, acompanhado de manual de instrução, de instalação e uso do produto em linguagem didática, com ilustrações.*

Ex.: Uma pessoa compra um celular e ganha um ano de garantia. Após um ano da compra, o celular apresenta vícios de qualidade, ficando comprovado que é falha na fabricação. Por ter passado o ano de garantia dado pelo fornecedor, o consumidor fica no prejuízo, sem direito de reclamar? Não, tem o prazo de 90 dias (aquele prazo de decadência) para reclamar, a contar da data em que o celular apresentou o vício.

10.1 Cláusulas Abusivas

O Art. 51 prevê a nulidade de pleno direito das clausulas abusivas, isto é, não tem validade nenhuma no contrato, sendo as seguintes:

- Cláusula de não indenizar: isto é, desobriga o fornecedor de reparar qualquer dano.
- Renúncia ou disposição de direitos pelo consumidor: como norma de ordem pública, os direitos previstos no CDC não podem ser renunciados.
- Limitação da indenização ao consumidor
- Subtraia o direito de reembolso de quantia paga.
- Transferência de Responsabilidade a terceiros.

Um consumidor contrata um pacote turístico com uma determinada agência, e está no contrato que qualquer dano sofrido deve ser cobrado do hotel.

- Desvantagem exagerada para o consumidor e cláusula incompatível com a boa-fé e equidade: é o caso do plano de saúde que limita o tempo de internação (Súmula 302 do STJ).

No parágrafo primeiro do Art. 51 do CDC está conceituado o que é presumido exagerado:

> ***§ 1º.*** *Presume-se exagerada, entre outros casos, a vantagem que:*
>
> ***I.*** *Ofende os princípios fundamentais do sistema jurídico a que pertence;*
>
> ***II.*** *Restringe direitos ou obrigações fundamentais inerentes à natureza do contrato, de tal modo a ameaçar seu objeto ou equilíbrio contratual;*
>
> ***III.*** *Se mostra excessivamente onerosa para o consumidor, considerando-se a natureza e conteúdo do contrato, o interesse das partes e outras circunstâncias peculiares ao caso.*

- Cláusulas que estabeleçam a inversão do ônus da prova em prejuízo do consumidor.
  - **Arbitragem compulsória:** com a arbitragem, o consumidor fica impedido de buscar reparação de eventuais danos na justiça, portanto, não pode ser obrigado a aceitá-la. Um exemplo que caracterizaria a arbitragem compulsória são os contratos de adesão, em que o consumidor não tem liberdade de discutir as cláusulas contratuais.
  - **Imposição de representante:** obriga o consumidor a aceitar que terceiro termine a negociação.
- Cláusulas criadoras de vantagens especiais para o fornecedor, como exemplo, rescindir o contrato unilateralmente, sem tal possibilidade ser dada ao consumidor.
- Cláusulas que possibilitam a violação de normas ambientais.

A nulidade de cláusula abusiva não invalida o contrato, apenas retira aquela cláusula.

Uma cláusula que seja considerada nula não invalida o contrato, exceto quando de sua ausência, apesar dos esforços de integração, decorrer ônus excessivo a qualquer das partes. Fique atento: é ônus para ambas as partes nesta situação, e não somente para o consumidor.

Ainda, a lei estabelece que é facultado a qualquer consumidor ou entidade que o represente requerer ao Ministério Público que ajuíze a competente ação para ser declarada a nulidade de cláusula contratual que contrarie o disposto neste código ou, de qualquer forma, não assegure o justo equilíbrio entre direitos e obrigações das partes.

Percebe-se no estudo da proteção contratual uma preocupação com o consumidor, para que não seja lesado e sejam afastadas cláusulas que possam o deixar em extrema desvantagem.

Por ser o consumidor vulnerável, a Súmula 381 do STJ é extremamente criticada pelos estudiosos do direito e vem caindo com frequência nos concursos, sendo uma excelente pegadinha pois, tem-se a ideia de proteção ao consumidor, vejamos a Súmula:

> ***Súm. 381.*** *Nos contratos bancários, é vedado ao julgador conhecer, de ofício, da abusividade das cláusulas.*

10.1.1 Contratos de Financiamento

Quando se trata de financiamento, o CDC também prevê uma proteção especial, visto que há o costume de ludibriar o consumidor na hora do financiamento.

> Leia o Art. 51 do Código de Defesa do Consumidor.

O Art. 52 prevê a obrigatoriedade de constar algumas informações em tais contratos:

> ***Art. 52.*** *No fornecimento de produtos ou serviços que envolva outorga de crédito ou concessão de financiamento ao consumidor, o fornecedor deverá, entre outros requisitos, informá-lo prévia e adequadamente sobre:*
>
> ***I.*** *Preço do produto ou serviço em moeda corrente nacional;*
>
> ***II.*** *Montante dos juros de mora e da taxa efetiva anual de juros;*
>
> ***III.*** *Acréscimos legalmente previstos;*
>
> ***IV.*** *Número e periodicidade das prestações;*
>
> ***V.*** *Soma total a pagar, com e sem financiamento.*

É previsto, também, que as multas de mora não podem ser superiores a dois por cento do valor da prestação, sendo também assegurada a liquidação antecipada do débito, total ou parcialmente, com a redução proporcional dos juros e demais acréscimos, não podendo a instituição financeira recusar a liquidação.

Outra previsão interessante está no Art. 53, em que fica vedado ao fornecedor reter todo o valor pago em razão da inadimplência:

> ***Art. 53.*** *Nos contratos de compra e venda de móveis ou imóveis mediante pagamento em prestações, bem como nas alienações fiduciárias em garantia, consideram-se nulas de pleno direito as cláusulas que estabeleçam a perda total das prestações pagas em benefício do credor que, em razão do inadimplemento, pleitear a resolução do contrato e a retomada do produto alienado.*

Nos casos de contratos de consórcio, o Art. 53, §2º, prevê que da restituição das parcelas pagas poderá ser deduzida a vantagem econômica aferida e os prejuízos suportados pelo grupo.

10.2 Contratos de Adesão

O contrato de adesão é aquele no qual o consumidor não possui direito de discutir cláusulas contratuais, simplesmente assina um contrato previamente elaborado.

Contratos de seguro, telefonia, entre outros, pois são serviços oferecidos em "larga escala".

Assim, o CDC define o contrato de adesão:

> ***Art. 54.*** *Contrato de adesão é aquele cujas cláusulas tenham sido aprovadas pela autoridade competente ou estabelecidas unilateralmente pelo fornecedor de produtos ou serviços, sem que o consumidor possa discutir ou modificar substancialmente seu conteúdo.*

Os contratos de adesão devem ser escritos de maneira clara, de forma a facilitar o entendimento do consumidor de todas suas obrigações e direitos, bem como as do fornecedor.

O CDC também determina que as cláusulas que implicarem limitação de direito do consumidor deverão ser redigidas com destaque, permitindo sua imediata e fácil compreensão. Esse destaque deve estar em letras maiores, cores diferentes, enfim, de forma que chame a atenção do consumidor, para que não reste qualquer dúvida.

Questões

01. (CESPE) João, mecânico de automóveis, empregou peças de reposição já usadas ao efetuar o conserto de certo automóvel, sem autorização do proprietário do veículo. Nessa situação, João praticou crime contra as relações de consumo, estando sujeito a multa e a pena de três meses a um ano de detenção.

Certo ( ) Errado ( )

02. Havendo, no contrato, uma cláusula considerada abusiva e sendo de consumo a relação jurídica contratada, é irrelevante tratar-se de contrato de adesão ou de contrato de comum acordo, para que o negócio jurídico receba a proteção do CDC e a referida cláusula seja considerada nula de pleno direito.

Certo ( ) Errado ( )

03. Se o contrato de consumo for concluído fora do estabelecimento comercial do fornecedor, poderá o consumidor, no prazo de reflexão, arrepender-se e desistir do contrato, sendo-lhe assegurado o direito à devolução imediata das quantias pagas, corrigidas monetariamente, deduzidas as despesas com frete ou outros encargos suportados pelo fornecedor para fazer chegar às mãos do consumidor o produto contratado.

Certo ( ) Errado ( )

04. A garantia contratual é mera faculdade, que pode ser concedida por liberalidade do fornecedor. Portanto, os termos e o prazo dessa garantia ficam ao alvedrio exclusivo do fornecedor, que os estipulará de acordo com a sua conveniência.

Certo ( ) Errado ( )

Considere a seguinte situação hipotética:

05. Maria recebeu, por via postal, em sua residência, uma conhecida revista técnica, com ordem para devolvê-la à editora com recusa expressa, caso não a aceitasse sob a modalidade de assinatura. Nessa situação, se Maria não recusar a revista por escrito, considera-se ter aceito tacitamente a assinatura da revista, tornando-se devedora da editora.

Certo ( ) Errado ( )

Gabaritos

01	CERTO	04	CERTO
02	CERTO	05	ERRADO
03	ERRADO		

11. SANÇÕES ADMINISTRATIVAS

A União, os Estados e o Distrito Federal poderão editar normas que regulamentem a produção, a industrialização, o consumo de produtos e serviços e a distribuição pautados nos princípios e regras estabelecidos pelo Código de Defesa do Consumidor.

Além de tal poder, deve fiscalizar e controlar o mercado de consumo com a finalidade de proteção dos consumidores.

Assim, dita o Art. 56 do CDC:

> ***Art. 56.*** *As infrações das normas de defesa do consumidor ficam sujeitas, conforme o caso, às seguintes sanções administrativas, sem prejuízo das de natureza civil, penal e das definidas em normas específicas:*
>
> ***I.*** *Multa;*
>
> ***II.*** *Apreensão do produto;*
>
> ***III.*** *Inutilização do produto;*
>
> ***IV.*** *Cassação do registro do produto junto ao órgão competente;*
>
> ***V.*** *Proibição de fabricação do produto;*
>
> ***VI.*** *Suspensão de fornecimento de produtos ou serviço;*
>
> ***VII.*** *Suspensão temporária de atividade;*
>
> ***VIII.*** *Revogação de concessão ou permissão de uso;*
>
> ***IX.*** *Cassação de licença do estabelecimento ou de atividade;*
>
> ***X.*** *Interdição, total ou parcial, de estabelecimento, de obra ou de atividade;*
>
> ***XI.*** *Intervenção administrativa;*
>
> ***XII.*** *Imposição de contrapropaganda.*
>
> ***Parágrafo único.*** *As sanções previstas neste artigo serão aplicadas pela autoridade administrativa, no âmbito de sua atribuição, podendo ser aplicadas cumulativamente, inclusive por medida cautelar, antecedente ou incidente de procedimento administrativo.*

As multas podem ser aumentadas de acordo com a gravidade da infração, a vantagem auferida e a condição econômica do fornecedor.

O índice para auferir o montante das multas é chamado de Unidade Fiscal de Referência (UFIR).

As penas de apreensão, de inutilização de produtos, de proibição de fabricação de produtos, de suspensão do fornecimento de produto ou serviço, de cassação do registro do produto e revogação da concessão ou permissão de uso serão aplicadas pela administração após procedimento administrativo, assegurada ampla defesa por parte do fornecedor, quando forem constatados vícios de quantidade ou de qualidade por inadequação ou insegurança do produto ou serviço.

Já as penas de cassação de alvará de licença, de interdição e de suspensão temporária da atividade, bem como as de intervenção administrativa, serão aplicadas através de um procedimento administrativo, assegurada ampla defesa quando o fornecedor reincidir na prática das infrações de maior gravidade, previstas neste código e na legislação de consumo.

Considera-se reincidência quando o fornecedor for condenado e, após essa condenação, cometer nova falha.

A pena de cassação da concessão será aplicada à concessionária de serviço público quando violar obrigação legal ou contratual; já a intervenção administrativa será aplicada sempre que as circunstâncias de fato desaconselharem a cassação de licença, a interdição ou suspensão da atividade.

Caso exista ação judicial discutindo a imposição de penalidade administrativa, não haverá reincidência até o trânsito em julgado da sentença, o que significa dizer que não há mais discussão sobre o assunto, não se poderá mais recorrer.

11.1 Contrapropaganda

A contrapropaganda é muito temida pelos fornecedores, pela qual eles devem "desfazer" a publicidade enganosa ou abusiva em jornais, revistas, internet, entre outros meios, com previsão no Art. 60 do CDC.

11.2 Infrações Penais

As infrações são condutas cometidas pelos fornecedores e são tidas como crimes.

Caso apareça num concurso, as bancas geralmente "copiam" o texto de lei:

Omitir dizeres ou sinais ostensivos sobre a nocividade ou periculosidade de produtos:

> ***Art. 63.*** *Omitir dizeres ou sinais ostensivos sobre a nocividade ou periculosidade de produtos nas embalagens, nos invólucros, recipientes ou publicidade:*
>
> ***Pena -*** *Detenção de seis meses a dois anos e multa.*
>
> ***§ 1º.*** *Incorrerá nas mesmas penas quem deixar de alertar, mediante recomendações escritas ostensivas, sobre a periculosidade do serviço a ser prestado.*
>
> ***§ 2º.*** *Se o crime é culposo:*
>
> ***Pena -*** *Detenção de um a seis meses ou multa.*

Omissão de comunicação sobre a nocividade e periculosidade dos produtos e serviços:

> ***Art. 64.*** *Deixar de comunicar à autoridade competente e aos consumidores a nocividade ou periculosidade de produtos cujo conhecimento seja posterior à sua colocação no mercado:*
>
> ***Pena -*** *Detenção de seis meses a dois anos e multa.*
>
> ***Parágrafo único.*** *Incorrerá nas mesmas penas quem deixar de retirar do mercado, imediatamente quando determinado pela autoridade competente, os produtos nocivos ou perigosos, na forma deste artigo.*

Execução de Serviços Perigosos:

> ***Art. 65.*** *Executar serviço de alto grau de periculosidade, contrariando determinação de autoridade competente:*
>
> ***Pena -*** *Detenção de seis meses a dois anos e multa.*
>
> ***Parágrafo único.*** *As penas deste artigo são aplicáveis sem prejuízo das correspondentes à lesão corporal e à morte.*

Fraude em oferta:

> ***Art. 66.*** *Fazer afirmação falsa ou enganosa, ou omitir informação relevante sobre a natureza, característica, qualidade, quantidade, segurança, desempenho, durabilidade, preço ou garantia de produtos ou serviços:*
>
> ***Pena -*** *Detenção de três meses a um ano e multa.*
>
> ***§ 1º.*** *Incorrerá nas mesmas penas quem patrocinar a oferta.*
>
> ***§ 2º.*** *Se o crime é culposo;*
>
> ***Pena -*** *Detenção de um a seis meses ou multa.*

Publicidade abusiva ou enganosa:

> ***Art. 67.*** *Fazer ou promover publicidade que sabe ou deveria saber ser enganosa ou abusiva:*
>
> ***Pena -*** *Detenção de três meses a um ano e multa.*

Publicidade Prejudicial/Perigosa:

Art. 68. Fazer ou promover publicidade que sabe ou deveria saber ser capaz de induzir o consumidor a se comportar de forma prejudicial ou perigosa, a sua saúde ou segurança:

Pena - Detenção de seis meses a dois anos e multa:

Uma publicidade que incite um menor a dirigir bebendo e em alta velocidade.

Omissão de dados:

Art. 69. Deixar de organizar dados fáticos, técnicos e científicos que dão base à publicidade:

Pena - Detenção de um a seis meses ou multa.

Emprego não autorizado pelo consumidor de componentes usados:

Art. 70. Empregar, na reparação de produtos, peça ou componentes de reposição usados, sem autorização do consumidor:

Pena - Detenção de três meses a um ano e multa.

Está aqui, novamente previsto, agora como uma conduta infracionária, o fato de utilizar-se componentes novos, salvo se o consumidor autorizar o contrário.

Cobrança Vexatória:

Art. 71. Utilizar, na cobrança de dívidas, de ameaça, coação, constrangimento físico ou moral, afirmações falsas, incorretas, enganosas ou de qualquer outro procedimento, que exponham o consumidor, injustificadamente, ao ridículo ou interfiram com seu trabalho, descanso ou lazer:

Pena - Detenção de três meses a um ano e multa.

Além de gerar indenização, é considerada uma infração expor o consumidor ao ridículo nas cobranças.

Impedir acesso a informações e incorreções em bancos de dados:

Temos duas condutas nesse sentido:

Art. 72. Impedir ou dificultar o acesso do consumidor às informações que sobre ele constem em cadastros, banco de dados, fichas e registros:

Pena - Detenção de seis meses a um ano ou multa.

Art. 73. Deixar de corrigir imediatamente informação sobre consumidor constante de cadastro, banco de dados, fichas ou registros que sabe ou deveria saber ser inexata:

Pena - Detenção de um a seis meses ou multa.

Omissão na entrega de termo de garantia contratual:

Art. 74. Deixar de entregar ao consumidor o termo de garantia adequadamente preenchido e com especificação clara de seu conteúdo;

Pena - Detenção de um a seis meses ou multa.

Concurso de Pessoas:

Todos que "participarem" das infrações sofrerão as penas na medida de sua culpa:

Art. 75. Quem, de qualquer forma, concorrer para os crimes referidos neste código, incide as penas a esses cominadas, na medida de sua culpabilidade, bem como o diretor, administrador ou gerente da pessoa jurídica que promover, permitir ou, por qualquer modo, aprovar o fornecimento, oferta, exposição à venda ou manutenção em depósito de produtos ou a oferta e prestação de serviços nas condições por ele proibidas.

No Art. 76, existe a previsão de situações que agravam os crimes citados:

Art. 76. São circunstâncias agravantes dos crimes tipificados neste código:

I. Serem cometidos em época de grave crise econômica ou por ocasião de calamidade;

II. Ocasionarem grave dano individual ou coletivo;

III. Dissimular-se a natureza ilícita do procedimento;

IV. Quando cometidos:

a) por servidor público ou por pessoa cuja condição econômico-social seja manifestamente superior a da vítima;

b) em detrimento de operário ou rurícola; de menor de dezoito ou maior de sessenta anos ou de pessoas portadoras de deficiência mental, interditadas ou não;

V. Serem praticados em operações que envolvam alimentos, medicamentos ou quaisquer outros produtos ou serviços essenciais.

11.3 Defesa do Consumidor em Juízo

O consumidor que venha a sofrer danos tem o direito de ser reparado.

Para que isso se efetive, o CDC prevê mecanismos para buscar a reparação, bem como a defesa de interesses e direitos dos consumidores judicialmente.

Os meios de defesa dos interesses e defesa do consumidor perante a Justiça, estão previstos do Art. 81 ao 107 do Código do Consumidor.

São normas processuais (versam sobre como devem ocorrer os processos) contra as práticas abusivas por parte dos fornecedores.

Tem legitimidade concorrente para propor ações em defesa dos consumidores:

- Ministério Público;
- União, Estados, Municípios e DF;
- Administração Pública, desde que especificamente destinados à defesa dos interesses e direitos previstos no Código do Consumidor;
- Associações constituídas há mais de um ano, que incluam, em fins institucionais, a defesa dos interesses e direitos previstos no Código do Consumidor.

Ainda, visando novamente à proteção dos consumidores, foram criados mecanismos na lei para a facilitação da defesa do consumidor em juízo, muitos já estudados nos capítulos anteriores.

São estes meios:

- Instrumentos previstos na política nacional de relações de consumo, na qual se encontra a previsão da assistência judiciária gratuita, promotorias, juizados especiais, etc.
- A Inversão do ônus da prova: caso o consumidor comprove sua hipossuficiência (técnica, jurídica ou econômica) ou a verossimilhança de suas alegações, o juiz pode inverter o ônus da prova, imputando ao fornecedor a obrigação de demonstrar que os fatos alegados pelo consumidor inexistem.
- Foro privilegiado: o domicílio do consumidor prevalece, isto é, o consumidor pode interpor ação judicial em seu domicílio, mesmo que um contrato celebrado com uma instituição financeira, em seu final, dite que o foro para dirimir qualquer divergência sobre o contrato é da Comarca da cidade tal, distante do consumidor (Art. 112 do Código de Processo Civil).

Além de tais instrumentos, a grande inovação é a possibilidade de ação coletiva ou que verse sobre direitos difusos.

Assim, o consumidor pode ingressar em juízo de modo individual ou de modo coletivo.

11.4 Ações Coletivas e Competência

Poderão ocorrer ações coletivas quando versem sobre:

Direitos difusos: são indivisíveis e os titulares são pessoas indeterminadas ligadas a um **fato**. São direitos difusos, por exemplo, o direito a um meio ambiente saudável.

Direitos coletivos: são indivisíveis e os titulares se dividem em grupo, categoria ou classe de pessoas ligadas entre si ou com a parte contrária por uma **relação jurídica** base. Por exemplo, as pessoas ligadas por um grupo de consórcio.

Direitos individuais homogêneos: interesses ou direitos individuais homogêneos, assim entendidos como os decorrentes de **origem comum**.

Quando proposta a ação, será publicado edital no órgão oficial, a fim de que os interessados possam intervir no processo como litisconsortes, sem prejuízo de ampla divulgação pelos meios de comunicação social por parte dos órgãos de defesa do consumidor. (Art. 94 do CDC)

Caso o pedido seja julgado procedente, a condenação é genérica, devendo ser realizada a liquidação da sentença e sua execução, que poderá ser promovida pela vítima ou seus sucessores, além claro, dos demais legitimado, que veremos a seguir.

O Art. 98 do CDC dita que a execução pode ser coletiva, veja:

> ***Art. 98.*** *A execução poderá ser coletiva, sendo promovida pelos legitimados de que trata o Art. 82, abrangendo as vítimas cujas indenizações já tiveram sido fixadas em sentença de liquidação, sem prejuízo do ajuizamento de outras execuções.*
>
> ***§ 1º.*** *A execução coletiva far-se-á com base em certidão das sentenças de liquidação, da qual deverá constar a ocorrência ou não do trânsito em julgado.*
>
> ***§ 2º.*** *É competente para a execução o juízo:*
>
> ***I.*** *Da liquidação da sentença ou da ação condenatória, no caso de execução individual;*
>
> ***II.*** *Da ação condenatória, quando coletiva a execução.*

Decorrido o prazo de um ano sem habilitação de interessados em número compatível com a gravidade do dano, poderão os legitimados abaixo promover a liquidação e execução da indenização devida (Art. 100 do CDC).

> Os Juizados Especiais Federais e Cíveis e Criminais não têm competência para julgar ações coletivas.

11.5 Ações de Fazer e Não Fazer

As ações de fazer e não fazer são ações que visam a forçar o cumprimento de uma obrigação ou impedir ou cessar alguma ação respectivamente.

Dessa forma, determina o Art. 84 do CDC:

> ***Art. 84.*** *Na ação que tenha por objeto o cumprimento da obrigação de fazer ou não fazer, o juiz concederá a tutela específica da obrigação ou determinará providências que assegurem o resultado prático equivalente ao do adimplemento.*
>
> ***§ 1º.*** *A conversão da obrigação em perdas e danos somente será admissível se por elas optar o autor ou se impossível a tutela específica ou a obtenção do resultado prático correspondente.*
>
> ***§ 3º.*** *Sendo relevante o fundamento da demanda e havendo justificado receio de ineficácia do provimento final, é lícito ao juiz conceder a tutela liminarmente ou após justificação prévia, citado o réu.*
>
> ***§ 5º.*** *Para a tutela específica ou para a obtenção do resultado prático equivalente, poderá o juiz determinar as medidas necessárias, tais como busca e apreensão, remoção de coisas e pessoas, desfazimento de obra, impedimento de atividade nociva, além de requisição de força policial.*

11.6 Custas

As custas são valores pagos pela parte quando do ajuizamento da ação, ou para que seja realizado algum ato como a intimação, entre outros.

Quanto as demandas coletivas, prevê o Art. 87:

> ***Art. 87.*** *Nas ações coletivas de que trata este código não haverá adiantamento de custas, emolumentos, honorários periciais e quaisquer outras despesas, nem condenação da associação autora, salvo comprovada má-fé, em honorários de advogados, custas e despesas processuais.*
>
> ***Parágrafo único.*** *Em caso de litigância de má-fé, a associação autora e os diretores responsáveis pela propositura da ação serão solidariamente condenados em honorários advocatícios e ao décuplo das custas, sem prejuízo da responsabilidade por perdas e danos.*

11.7 Coisa Julgada

Coisa é a sentença que não cabe mais recurso, não tem mais discussão, sendo imutável, gerando efeitos.

Terá os seguintes efeitos:

- → **Versando sobre Direitos Difusos:**
  - > Procedente: *Erga Omnes*
  - > Improcedente:
    - » Por falta de Provas: sem eficácia
    - » Outros: *Erga Omnes*
- → **Direitos Coletivos:**
  - > Procedente: *Ultra Partes*
  - > Improcedente:
    - » Por falta de Provas: sem eficácia
    - » Outros: *Ultra Partes*
- → **Direitos Individuais Homogêneos:**
  - > Procedente: *Erga Omnes*
  - > Improcedente: Sem eficácia

11.7.1.1 Liquidação e Execução Individual e Coletiva da Sentença

A liquidação e a execução podem ser individuais ou coletivas, e até mesmo pelos sucessores da vítima, bem como pelos legitimados citados acima.

A execução coletiva far-se-á com base em certidão das sentenças de liquidação, e o juízo competente para a execução será:

> ***I.*** *Da liquidação da sentença ou da ação condenatória, no caso de execução individual;*
>
> ***II.*** *Da ação condenatória, quando coletiva a execução.*

Questões

01. (CESPE) A demanda coletiva ajuizada em face da publicidade de um medicamento emagrecedor milagroso visa tutelar os interesses difusos, também denominados transindividuais, de natureza indivisível, de que sejam titulares pessoas indeterminadas e indetermináveis, ligadas por circunstâncias fáticas, não cabendo mencionar relação jurídica anterior entre os titulares desse tipo de direito.

Certo ( ) Errado ( )

02. (CESPE) Se ocorrer uma explosão no interior de estabelecimento empresarial que atue com a venda de pólvora e produtos congêneres, em razão do inadequado acondicionamento de alguns produtos, e essa explosão causar sérios danos materiais e morais a pessoas que se encontrem no interior e nas proximidades do estabelecimento, a Procuradoria de Assistência Judiciária terá legitimidade para propor ação civil pública em busca da indenização pelos danos materiais e morais carreados a todos os prejudicados.

Certo ( ) Errado ( )

03. (CESPE) Se, em razão do aumento abusivo das mensalidades devidas à empresa prestadora de plano de assistência à saúde, o Ministério Público tiver ajuizado ação em defesa dos direitos dos consumidores, a existência de ação coletiva obsta o ajuizamento de ações individuais por parte dos consumidores.

Certo ( ) Errado ( )

04. (CESPE) Nas ações coletivas para a defesa de interesses individuais homogêneos, em caso de procedência do pedido, a condenação é específica, fixando exatamente o valor a ser pago aos consumidores lesados.

Certo ( ) Errado ( )

Gabaritos

01	ERRADO	03	ERRADO
02	CERTO	04	ERRADO

1. NORMAS FUNDAMENTAIS 473

1.1 Principais Normas Fundamentais do CPC/2015 473

1.2 Contraditório e Ampla Defesa 473

1.3 Razoável Duração do Processo/Primazia da Decisão de Mérito 473

1.4 Igualdade Processual 473

1.5 Autorregramento da Vontade 474

1.6 Iniciativa da Parte e Impulso Oficial 474

1.7 Cooperação 474

1.8 Cronologia 475

2. JURISDIÇÃO 476

2.1 Conceito 476

2.2 Características da Jurisdição 476

2.3 Substitutividade 476

2.4 Lide 476

2.5 Inércia 476

2.6 Definitividade 476

2.7 Equivalentes da jurisdição/formas alternativas de solução dos conflitos 476

2.8 Autotutela 476

2.9 Autocomposição 476

2.10 Mediação/Conciliação 477

2.11 Arbitragem 477

2.12 Da Jurisdição Voluntária 477

3. AÇÃO 479

3.1 Teorias da Ação 479

3.2 Condições da Ação 479

3.3 Interesse de Agir 480

3.4 Legitimidade 480

3.5 Elementos da Ação 480

3.6 Partes 480

3.7 Pedido 480

3.8 Causa de Pedir 481

4. COMPETÊNCIA 482

4.1 Conceito 482

4.2 Fixação ou Determinação da Competência (art. 43, CPC). *Perpetuatio Jurisdictiones* *482*

4.3 Critérios de Distribuição da Competência 482

4.4 Regime Jurídico da Competência: Competência Absoluta X Competência Relativa 484

4.5 DaJurisdição Internacional 484

4.6 Conflito de Competência 485

5. CONEXÃO E CONTINÊNCIA 487

5.1 Fundamento/Conceito 487

5.2 Efeitos Processuais 487

5.3 Legitimidade e Forma de Alegação da Conexão/Continência 488

5.4 Prevenção do Juízo: juízo no qual as causas serão reunidas 488

6. DAS PARTES E DOS PROCURADORES....490
6.1 Definição de Partes e Procuradores....490
6.2 Exigência da Procuração para o Advogado Postular em Juízo....490
6.3 Espécies de Procuração....491
6.4 Da Sucessão das Partes e dos Procuradores....491
7. INTERVENÇÃO DE TERCEIROS....493
7.1 Aspectos gerais....493
7.2 Assistência....493
7.3 Assistência Simples....493
7.4 Assistência litisconsorcial....494
7.5 Denunciação da Lide....495
7.6 Chamamento ao processo....497
7.7 Amicus curiae....498
7.8 Incidente de Desconsideração da Personalidade Jurídica....499
8. ATOS PROCESSUAIS....502
8.1 O Princípio da Publicidade dos Atos Processuais....502
8.2 Classificação dos Atos Processuais....503
8.3 Do registro e da Distribuição....505
9. PETIÇÃO INICIAL E POSIÇÕES DO JUIZ DIANTE DA PETIÇÃO INICIAL....506
9.1 Aspectos Introdutórios....506
9.2 Requisitos da petição inicial....506
9.3 Emenda da petição inicial....507
9.4 Indeferimento da petição inicial....507
10. IMPROCEDÊNCIA LIMINAR....509
10.1 Aspectos Gerais....509
10.2 Cabimento....509
10.3 Observância do Contraditório....509
10.4 Sistemática Recursal na Improcedência Liminar....510
11. COMUNICAÇÃO DOS ATOS PROCESSUAIS....511
11.1 Aspectos Introdutórios....511
11.2 Citação....511
11.3 Intimação....514
12. RESPOSTAS DO RÉU....516
12.1 Contestação....516
12.2 Reconvenção....517
13. REVELIA....520
13.1 Conceito....520
14. PROVIDÊNCIAS PRELIMINARES/SANEAMENTO....522
14.1 Das Providências Preliminares e do Saneamento....522
14.2 Ordem para Indicação das Provas a Produzir em Caso De Revelia....522
14.3 Oitiva do Autor em Réplica....522

15. JULGAMENTO CONFORME O ESTADO DO PROCESSO 523
15.1 Extinção do Processo sem Análise de Mérito 523
15.2 Extinção do Processo com Resolução de Mérito, Fundamentada no Art. 487, II E III, do CPC/2015 523
16. DIREITO PROBATÓRIO 526
16.1 Teoria Geral da Prova 526
16.2 Provas em Espécie 527
17. DAS AUDIÊNCIAS – AUDIÊNCIA DE CONCILIAÇÃO OU DE MEDIAÇÃO E AUDIÊNCIA DE INSTRUÇÃO E JULGAMENTO 533
17.1 Notas Introdutórias 533
17.2 Audiência de Conciliação ou de Mediação 533
17.3 Da Audiência de Instrução e Julgamento 534
18. SENTENÇA 536
18.1 Conceito Legal de Sentença 536
18.2 Classificação da Sentença 536
18.3 Elementos da Sentença 536
18.4 Momento de Prolação da Sentença 537
18.5 Vícios da sentença 537
18.6 Modificação da Sentença pelo Juízo Sentenciante (Princípio da Inalterabilidade da Sentença) 538
19. COISA JULGADA 540
19.1 Coisa Julgada 540
19.2 Hipóteses que Não Fazem Coisa Julgada 540
19.3 Coisa Julgada nas Relações Jurídicas de Trato Continuado 540
19.4 Eficácia Preclusiva da Coisa Julgada 540
19.5 Limites Subjetivos da Coisa Julgada: Sobre Quem Recai a Coisa Julgada 540
20. TEORIA E PARTE GERAL DOS RECURSOS 542
20.1 Conceito de Recurso e Sucedâneos Recursais 542
20.2 Classificação dos Recursos 542
20.3 Fungibilidade 545
20.4 Juízo de Admissibilidade 546
20.5 Pressupostos Recursais 546
20.6 Pressupostos Extrínsecos 547
20.7 Juízo de Mérito 548
21. RECURSOS EM ESPÉCIE 549
21.1 Embargos de Declaração 549
21.2 Agravo de Instrumento 550
21.3 Apelação 552
22. LIQUIDAÇÃO DE SENTENÇA 556
22.1 Aspectos Introdutórios 556
22.2 Natureza Jurídica da Liquidação 556
22.3 Objeto da Liquidação 556

22.4 Espécies de Liquidação 556
22.5 Procedimento da Liquidação 558
22.6 A questão Recursal no Incidente de Liquidação de Sentença 558

23. CUMPRIMENTO DE SENTENÇA 559

23.1 Aspectos Introdutórios 559
23.2 Do Cumprimento Provisório da Sentença que Reconhece a Exibilidade de Obrigação de Pagar Quantia Certa 559
23.3 Do Cumprimento Definitivo da Sentença que Reconhece a Exigibilidade de Obrigação de Pagar Quantia Certa 560
23.4 Do Cumprimento da Sentença que Reconhece a Exigibilidade de Obrigação de Prestar Alimentos 560
23.5 Do Cumprimento da Sentença que Reconhece a Exigibilidade de Obrigação de Pagar Quantia Certa para a Fazenda Pública 561
23.6 Do Cumprimento da Sentença que Reconhece a Exigibilidade de Obrigação de Fazer, de Não Fazer ou de Entregar Coisa 561

24. INCIDENTE DE RESOLUÇÃO DE DEMANDAS REPETITIVAS 563

24.1 Definição de Incidente de Resolução de Demandas Repetitivas (IRDR) 563
24.2 Cabimento: Requisitos Legais (Art. 976, CPC/15) 563
24.3 Legitimidade para Instauração do IRDR 563
24.4 Competência 563
24.5 Divulgação e Publicidade 563
24.6 Legitimidade para Intervenção no IRDR 564
24.7 Procedimento 564
24.8 Recursos 564

1. NORMAS FUNDAMENTAIS

O CPC/15 inicia-se com a previsão de normas fundamentais, que deverão reger todos os processos submetidos a esta lei. O título contém 12 artigos; contudo, enfatiza-se que as normas fundamentais estão espalhadas por todo o Código, não se restringindo aos artigos 1º a 12.

Tais normas podem ser princípios ou regras. Não é o foco deste trabalho adentrar com profundidade na diferença entre estas duas categorias, objeto de grandes divergências doutrinárias. Por isso, utilizaremos a distinção mais objetiva: as regras são mais concretas, e os princípios, mais abstratos. Nesse contexto, a regra pode ou não ser aplicada, e o princípio pode ser aplicado de modo parcial, o que não ocorreria com as regras.

1.1 Principais Normas Fundamentais do CPC/2015

> ***Art. 1°*** *O processo civil será ordenado, disciplinado e interpretado conforme os valores e as normas fundamentais estabelecidos na Constituição da República Federativa do Brasil, observando-se as disposições deste Código.*

É importante fazer uma análise do art. 1º do CPC, o qual se submete explicitamente aos ditames constitucionais. Esse artigo, em tese, é desnecessário, porque em um sistema constitucional que preza pela força normativa da Constituição e pela submissão das demais normas a esta, resta óbvio que o CPC deve obediência à Constituição. Contudo, o que pretendeu o legislador foi robustecer a necessária submissão da norma processual à Constituição.

1.2 Contraditório e Ampla Defesa

> ***Art. 5º****, LV - aos litigantes, em processo judicial ou administrativo, e aos acusados em geral são assegurados o contraditório e ampla defesa, com os meios e recursos a ela inerentes;*
>
> ***Art. 9°*** *Não se proferirá decisão contra uma das partes sem que ela seja previamente ouvida.*
>
> ***Parágrafo único.*** *O disposto no caput não se aplica:*
>
> ***I.*** *à tutela provisória de urgência;*
>
> ***II.*** *às hipóteses de tutela da evidência previstas no art. 311, incisos II e III;*
>
> ***III.*** *à decisão prevista no art. 701.*
>
> ***Art. 10.*** *O juiz não pode decidir, em grau algum de jurisdição, com base em fundamento a respeito do qual não se tenha dado às partes oportunidade de se manifestar, ainda que se trate de matéria sobre a qual deva decidir de ofício.*

O contraditório consiste na possibilidade de a parte poder ser ouvida, de "ter voz" no processo (a bilateralidade de audiência) em sua concepção formal. Considerando o aspecto substancial, seria o poder da parte de exercer uma real influência no provimento jurisdicional. Materializa-se pelo binômio ciência + participação.

No novo CPC, houve uma reformulação do contraditório, de modo a enfatizar sua perspectiva material (poder der influência). O art. 9º veda decisões surpresa, com exceção da tutela de urgência, tutela de evidência e a decisão que manda expedir mandado monitório. Enfatiza-se que só se faz necessário intimar a parte para se manifestar caso haja possibilidade de a decisão ser prejudicial a ela. Se favorável, não é necessária a intimação.

Por sua vez, o art. 10 consagra a impossibilidade de decisões surpresa, determinando que o juiz oportuniza o contraditório às partes mesmo em relação às questões de ofício.

1.3 Razoável Duração do Processo/ Primazia da Decisão de Mérito

> ***Art. 5º***
>
> ***LXXVIII.*** *a todos, no âmbito judicial e administrativo, são assegurados a razoável duração do processo e os meios que garantam a celeridade de sua tramitação.*
>
> ***Art. 4°*** *As partes têm o direito de obter em prazo razoável a solução integral do mérito, incluída a atividade satisfativa.*

Introduzida na CF pela EC 45/2004 e agora expressamente positivada no CPC, a duração razoável significa que o feito deve durar o tempo necessário para que haja uma justa decisão, sem dilações desnecessárias. É uma garantia dos jurisdicionados contra o Estado, sendo cláusula que visa proteger o indivíduo contra a ação abusiva daquele e combater a ineficiência da prestação do serviço público judicial.

Uma das principais alterações promovidas pelo novo CPC foi a ênfase dada à resolução do mérito. Nesse contexto, o encerramento do processo sem a resolução de mérito deverá ser exceção, devendo o juiz trabalhar de modo a que isso não ocorra, sendo-lhe facultado corrigir vícios processuais para promover a apreciação do mérito.

É um princípio que pode ser percebido ao longo de todo o Código:

a) O juiz tem o dever de determinar o suprimento de pressupostos processuais e saneamento de demais vícios (art. 139, IX).
b) Oportunização de a parte corrigir o vício antes que seja proferida decisão terminativa (art. 317).
c) O juiz pode se retratar da apelação contra decisão que indeferiu a petição inicial ou realizou julgamento liminar de mérito (art. 331, caput e 332, § 3º).
d) O relator deve antes de considerar inadmissível o recurso, conceder prazo de 5 dias para o saneamento do defeito (art. 932, parágrafo único).
e) Os Tribunais Superiores podem desconsiderar vícios formais, desde que não se reputem graves (art. 1029, § 3º).

1.4 Igualdade Processual

> ***Art. 7°*** *É assegurada às partes paridade de tratamento em relação ao exercício de direitos e faculdades processuais, aos meios de defesa, aos ônus, aos deveres e à aplicação de sanções processuais, competindo ao juiz zelar pelo efetivo contraditório.*

Contempla a ideia de isonomia (igualdade material), isto é, "tratar os iguais de forma igual e os desiguais de forma desigual, na medida de sua desigualdade". As partes devem contar com os mesmos ônus e privilégios durante o processo, salvo algumas exceções, por exemplo, os prazos dilatados para a Fazenda Pública e a isenção do pagamento de custas processuais para as partes contempladas pela gratuidade da justiça.

→ **Conforme Didier Jr., exige a observância de 4 aspectos:**

> imparcialidade do Juiz;

> igualdade no acesso à Justiça;

> redução das dificuldades financeiras, geográficas (ex.: sustentação oral por videoconferência), comunicação (por libras) do acesso à Justiça;

> paridade de informações.

1.5 Autorregramento da Vontade

> ***Art. 190.*** *Versando o processo sobre direitos que admitam autocomposição, é lícito às partes plenamente capazes estipular mudanças no procedimento para ajustá-lo às especificidades da causa e convencionar sobre os seus ônus, poderes, faculdades e deveres processuais, antes ou durante o processo.*

O autorregramento da vontade é o conjunto de poderes que podem ser praticados pelas plartes, com liberdade variada. Objetiva que as partes litiguem em um ambiente processual no qual possam exercitar a autonomia privada, com limitações mínimas.

Fredie Didier Jr. traz hipóteses que demonstram a presença do princípio do autorregramento da vontade no CPC/15, como a estruturação do Código de modo a estimular a solução do conflito por autocomposição, utilizando-se da mediação e da conciliação; a cláusula geral de negociação processual; e a existência de uma série de negócios processuais típicos, como o negócio para a indicação prévia sobre a preferência de penhora de um bem em específico (art. 848, II) e o de anuência prévia para aditamento ou alteração do pedido ou da causa de pedir até o saneamento (art. 329, II).

1.6 Iniciativa da Parte e Impulso Oficial

> ***Art. 2º*** *O processo começa por iniciativa da parte e se desenvolve por impulso oficial, salvo as exceções previstas em lei.*

Essas duas regras já eram previstas nos arts. 2º e 262 no CPC/73, sendo equivalentes ao art. 2º do CPC/15.

Como aponta Didier, há possibilidade de o juiz iniciar o cumprimento de sentença de obrigação de fazer ou não fazer ou dar coisa, não sendo possível que o faça em casos de obrigação de pagamento de quantia, a qual depende de pedido da parte interessada. Vê-se, no entanto, que em ambos os casos não se inicia nova ação, mas apenas se dá seguimento ao processo, para que chegue ao seu fim natural, a execução e o adimplemento da obrigação.

A iniciativa da parte é essencial, pois quebra, por meio da petição inicial, a inércia inerente ao órgão judiciário, legitimando-o a jurisdição atuar para a consecução de seu fim precípuo: alcançar a resolução de um conflito com definitividade. O impulso oficial é consequência disso, pois, a partir do início da ação, o ônus de dar prosseguimento ao feito é do Judiciário, não sendo necessárias novas provocações da parte.

1.7 Cooperação

> ***Art. 6º*** *Todos os sujeitos do processo devem cooperar entre si para que se obtenha, em tempo razoável, decisão de mérito justa e efetiva.*

A cooperação processual é fruto de um novo modelo de condução do processo, que busca a formação de uma comunidade de trabalho composta, principalmente, pelas partes e pelo juiz, mas que também conta com todos os sujeitos que participem do processo.

O C2PC/15 adota o modelo cooperativo de processo, o que confere deveres tanto à parte como ao juiz. São eles: dever de prevenção, esclarecimento, consulta e auxílio.

O dever de prevenção, na concepção de Lorena Miranda, é a obrigação de o tribunal avisar as partes sobre quaisquer deficiências ou lacunas em suas alegações ou pedidos. As insuficiências devem ser indicadas especificamente pelo juiz, para que seja possível a sua correção. Deve ser utilizado sempre que vícios sanáveis possam comprometer a validade do processo.

O dever de esclarecimento divide-se em duas vertentes, uma direcionada ao juiz e a outra, às partes. O objetivo é proporcionar às partes a igualdade processual e o julgamento do processo de modo adequado.

Os atores do processo devem expor seus pensamentos de modo claro e coerente nas peças. Ao julgador, é obrigatório que esclareça todas as dúvidas que possua acerca das alegações das partes, para que sua confusão não prejudique o processo, e que solucione às questões das partes relativas aos seus pronunciamentos.

O dever de consulta se materializa sempre que o juiz for apreciar questão ainda não alegada pelas partes. Em consequência deste dever, o julgador deve oportunizar as partes direito de se manifestar sobre os pontos que não foram trazidos ao processo por elas.

Por exemplo, quando o juiz percebe a ausência de legitimidade de uma das partes. Ao invés de extinguir imediatamente o feito sem resolução de mérito, surpreendendo as partes, ele tem o deve consultá-las, para possibilitar a elas o exercício do contraditório material, permitindo às partes a possibilidade de influenciar na decisão do magistrado. Sobredito dever está explicitamente positivado no art. 10 do CPC/15.

Por fim, o auxílio consiste no "dever de auxiliar as partes na remoção das dificuldades ao exercício dos seus direitos ou faculdades ou no cumprimento de ônus ou deveres processuais".

Art. 139. O juiz dirigirá o processo conforme as disposições deste Código, incumbindo-lhe: IX - determinar o suprimento de pressupostos processuais e o saneamento de outros vícios processuais;

DIDIER JUNIOR, Fredie. Curso de Direito Processual Civil. 17. ed. Salvador: Juspodivm, 2015, vol. 1, p. 97.

NOGUEIRA, Pedro Henrique Pedrosa. Negócios jurídicos processuais. Salvador: Juspodivm, 2016, p. 136

Idem p. 137-139.

Art. 848. As partes poderão requerer a substituição da penhora se:(...)

II - ela não incidir sobre os bens designados em lei, contrato ou ato judicial para o pagamento;

Art. 329. O autor poderá:(...)

II - até o saneamento do processo, aditar ou alterar o pedido e a causa de pedir, com consentimento do réu, assegurado o contraditório mediante a possibilidade de manifestação deste no prazo mínimo de 15 (quinze) dias, facultado o requerimento de prova suplementar.

DIDIER, JR. op cip. p. 145.

1.7.1 Deveres = PECA

Prevenção	Obrigação de o tribunal avisar as partes sobre quaisquer deficiências ou lacunas em suas alegações ou pedidos.
Esclarecimento	Os atores do processo devem expor seus pensamentos de modo claro e coerente. Ao julgador, é obrigatório que esclareça todas as dúvidas que possua acerca das alegações das partes.
Consulta	Necessidade de se oportunizar às partes o direito de se manifestar sobre os pontos que não foram trazidos ao processo por elas.
Auxílio	Dever de auxiliar as partes na remoção das dificuldades ao exercício dos seus direitos ou faculdades ou no cumprimento de ônus ou deveres processuais.

1.8 Cronologia

Art. 12. *Os juízes e os tribunais atenderão, preferencialmente, à ordem cronológica de conclusão para proferir sentença ou a 3 córdão.*

Esta regra refere-se à ordem de julgamento dos processos pelos julgadores, os quais, na primeira versão do CPC aprovado, teriam que obrigatoriamente julgar os processos de acordo com a sua ordem de conclusão (é prevista uma série de exceções a esta regra). No entanto, o art. 12 foi modificado pela Lei nº 13.256/2016, transformando essa obrigatoriedade em mera preferência.

Dessa forma, ainda não se sabe se o dispositivo restou inútil em virtude da nova redação ou se ainda há obrigatoriedade. É preciso analisar a aplicação do dispositivo na prática forense. No entanto, já que ainda é possível que os juízes utilizem esse tipo de organização de seu cartório judicial, explicitaremos aqui as questões mais relevantes sobre o assunto.

Pela regra da cronologia, os processos serão preferencialmente julgados de acordo com a ordem em que forem conclusos para a sentença. Assim, o juiz deve dar preferência aos processos que estão na fila, sem considerar a complexidade deles (assim, não poderia julgar logo o processo mais simples para depois apreciar um de maior complexidade). A lista com a ordem de julgamento é pública (§ 1º A lista de processos aptos a julgamento deverá estar permanentemente à disposição para consulta pública em cartório e na rede mundial de computadores).

Para que a atividade judicial não ficasse excessivamente presa à ordem, foram previstas situações em que não deve ser observada a ordem cronológica de conclusão.

§ 2º *Estão excluídos da regra do caput:*

I. *as sentenças proferidas em audiência, homologatórias de acordo ou de improcedência liminar do pedido;*

II. *o julgamento de processos em bloco para aplicação de tese jurídica firmada em julgamento de casos repetitivos;*

III. *o julgamento de recursos repetitivos ou de incidente de resolução de demandas repetitivas;*

IV. *as decisões proferidas com base nos arts. 485 (Decisões que não resolvem o mérito) e 932; (decisões monocráticas do relator)*

V. *o julgamento de embargos de declaração;*

VI. *o julgamento de agravo interno;*

VII. *as preferências legais e as metas estabelecidas pelo Conselho Nacional de Justiça;*

VIII. *os processos criminais, nos órgãos jurisdicionais que tenham competência penal;*

IX. *a causa que exija urgência no julgamento, assim reconhecida por decisão fundamentada.*

Se houver necessidade de nova diligência ou reabertura da instrução, o processo sairá da fila. Resolvida a questão, retorna para a mesma posição de onde saiu. O processo sentenciado cuja sentença foi anulada retorna para a 1 a posição na fila.

Questões

01. Com referência às normas fundamentais do processo civil, julgue o item a seguir.

O julgamento de incidente de resolução de demandas repetitivas se submete à regra de atendimento da ordem cronológica de conclusão.

Certo ( ) Errado ( )

02. Com referência às normas fundamentais do processo civil, julgue o item a seguir.

Não cabe ao Estado promover a solução consensual de conflitos: ela depende unicamente de iniciativa privada e deverá ser realizada entre os jurisdicionados.

Certo ( ) Errado ( )

03. Com referência às normas fundamentais do processo civil, julgue o item a seguir.

O exercício do direito ao contraditório compete às partes, cabendo ao juiz zelar pela efetividade desse direito.

Certo ( ) Errado ( )

04. Com referência às normas fundamentais do processo civil, julgue o item a seguir.

Ainda que detenha competência para decidir de ofício determinado assunto, o juiz só poderá fazê-lo se permitir às partes a manifestação expressa sobre a matéria.

Certo ( ) Errado ( )

Gabaritos

01	ERRADO	03	ERRADO
02	ERRADO	04	CERTO

BARREIROS, Lorena Miranda Santos. **Fundamentos constitucionais do princípio da cooperação processual.** Salvador: Juspodivm, 2013, p.19

SOUSA, Miguel Teixeira de. **Estudos sobre o novo processo civil.** 2. ed. Lisboa: Lex, 1997, p. 65-66.

Art. 10. O juiz não pode decidir, em grau algum de jurisdição, com base em fundamento a respeito do qual não se tenha dado às partes oportunidade de se manifestar, ainda que se trate de matéria sobre a qual deva decidir de ofício.

GOUVEIA, Lúcio de Grassi. Op. cit., p. 484.

2. JURISDIÇÃO

2.1 Conceito

Conforme ensina Daniel Amorim Assumpção Neves, *"a jurisdição deve ser entendida como uma atuação estatal, visando à aplicação do direito objetivo ao caso concreto, de modo a resolver com definitividade uma situação de crise jurídica, e assim promover a pacificação social".*

O novo CPC, tratando do tema, prevê, no art. 13, que a jurisdição civil será regida, em regra, pelas normas processuais brasileiras, ressalvadas disposições específicas. Já o art. 16, por sua vez, identifica os juízes e tribunais como os órgãos que exercem a jurisdição civil, contenciosa e voluntária, no território nacional.

A compreensão sobre o conceito de jurisdição foi tema cobrado no concurso do TJ do Pará, para o cargo de analista judiciário - área judiciária, realizado em 2009 pela FCC, concurso em que uma certa questão, perguntando sobre o conceito de jurisdição, considerou como sendo CERTA a alternativa: *"(C) o poder das autoridades judiciárias regularmente investidas no cargo de dizer o direito no caso concreto."*

2.2 Características da Jurisdição

Como principais características da Jurisdição apontadas pela doutrina, podem-se citar a **substitutividade, a lide, a inércia, a definitividade**, conforme o que será abordado nos tópicos a seguir.

2.3 Substitutividade

Como regra geral, a jurisdição é dotada de substitutividade, porque "substitui a vontade das partes pela vontade da lei no caso concreto, resolvendo o conflito existente entre elas". **Mas tal característica não está presente em todas as atuações jurisdicionais, a exemplo do caso em que não há conflito entre as vontades das partes e estas (ex. divórcio consensual)**, portanto, não precisam ser substituídas pela vontade da lei, mas se necessita, sim, da função jurisdicional apenas para conferir eficácia jurídica ao acordo das partes envolvidas.

2.4 Lide

Lide é o conflito de interesses qualificado por uma pretensão resistida, como define Carnelutti, em uma conceituação clássica. Ocorre, em outras palavras, quando uma das partes pretende obter determinado bem da vida, enquanto a outra busca impedir tal obtenção.[1]

2.5 Inércia

Pela característica da inércia, entende-se que o início da função jurisdicional se dá pela provocação do Estado-Juiz por parte do interessado, sendo vedado ao juiz iniciar um processo de ofício.

O novo CPC contempla, no art. 2º, o princípio da inércia da jurisdição, pelo qual se aduz que a jurisdição depende da provocação do interessado apenas para iniciar-se, sendo garantido, após tal provocação inicial, o desenvolvimento do processo independentemente de qualquer provocação.

> O novo CPC não mais traz a exceção à inércia da jurisdição antes prevista no art. 989 do CPC/1973, que permitia o início de ofício do processo de inventário. O professor Alexandre Câmara entende que a restauração de autos, prevista no art. 712 do CPC, seria o novo exemplo de exceção à inércia da jurisdição.

2.6 Definitividade

Essa característica individualiza e particulariza o exercício da jurisdição, pois soluciona a controvérsia de modo definitivo e imutável, sendo certo que a decisão final proferida por meio da jurisdição deve prevalecer. Em verdade, a definitividade é a prova de que a atividade jurisdicional proporciona segurança jurídica e pacificação social nas relações humanas.

2.7 Equivalentes da jurisdição/ formas alternativas de solução dos conflitos

Equivalentes jurisdicionais ou formas alternativas de solução de conflitos são as espécies admitidas pelo Direito para a solução dos litígios, sem, contudo, integrarem o exercício da jurisdição, consistindo em formas de administração dos conflitos que ocorrem fora do Poder Judiciário.

São as espécies: autotutela, autocomposição, mediação e arbitragem.

2.8 Autotutela

Trata-se da imposição da vontade de uma das partes em conflito à vontade da outra, pelo uso da força, seja força física, econômica, afetiva ou outra. É excepcional no ordenamento brasileiro, já que não condiz com os princípios do Estado Democrático de Direito, constituindo uma forma imediata de solução de conflitos, que sempre poderá ser revista jurisdicionalmente.

São exemplos da autotutela o desforço imediato no esbulho (art. 1210, parag. 1º, do CC) e a legítima defesa (art. 188, I, do CC).

2.9 Autocomposição

É uma forma consensual de solução dos conflitos, assim como a mediação, pois é a vontade dos sujeitos envolvidos que põe fim ao litígio, mas difere daquela, sobretudo, porque a autocomposição não conta com a participação de um terceiro para a composição entre as partes.

Como explica Daniel Amorim Assumpção Neves, a autocomposição consiste "no sacrifício total ou parcial do interesse das partes envolvidas no conflito mediante a vontade unilateral ou bilateral de tais sujeitos".

NEVES, Daniel Amorim Assumpção. **Manual de Direito Processual Civil**. 8. Ed. Salvador: Juspodivm, 2016, p.
NEVES, Daniel Amorim Assumpção. **Manual de Direito Processual Civil**. 8. Ed. Salvador: Juspodivm, 2016, p.

Assim, tem-se que a autocomposição, que pode ocorrer judicial ou extrajudicialmente, é gênero, subdividido nas espécies: 1) transação, quando há sacrifícios parciais e recíprocos de interesses feitos pelas partes; 2) submissão, quando um dos sujeitos se submete totalmente à pretensão contrária; 3) renúncia, quando o titular do alegado direito abdica tal direito em questão.

O novo CPC, no art. 3º, parágrafos 2º e 3º, trata das técnicas de solução consensual dos conflitos, a serem promovidas pelo Estado, em especial, a mediação e a conciliação.

O concurso do TCU, para o cargo de auditor federal do controle externo, realizado pela banca CESPE, em 2015, tratando do tema da autocomposição e relacionando-a com a jurisdição, considerou como **ERRADA** a assertiva: "na jurisdição contenciosa, o Estado, em substituição às partes, resolve a lide submetida a sua apreciação, sendo inadmitida, após a instauração do processo contencioso, a composição entre as partes."

2.10 Mediação/Conciliação

Como distinções entre a mediação e a conciliação, podem-se elencar as seguintes: 1) inexistência, na mediação, de sacrifício total ou parcial dos interesses das partes envolvidas, pois tal técnica é centrada nas causas do conflito: 2) não proposição da solução da crise por parte do mediador, o qual apenas induz as partes a chegarem a tal ponto; 3) ser a mediação preferencialmente indicada aos casos de conflito em que[2] havia anterior liame, ou vínculo continuado entre as partes (art. 165, parágrafos 2º e 3º, do novo CPC).

É importante destacar os princípios informadores da mediação e da conciliação, previstos no art. 166, *caput* e parágrafo 4º, do novo CPC: da independência, da imparcialidade, da autonomia da vontade, da confidencialidade, da oralidade, da informalidade e da decisão informada.

2.11 Arbitragem

O art. 3º, abrigando o princípio da inafastabilidade de jurisdição, contempla, no seu parágrafo 1º, a permissão para a arbitragem na forma da Lei nº. 9307/96.

A arbitragem consiste na escolha de terceiro que detém a confiança das partes, o qual ficará responsável pela solução da situação conflituosa de interesses e cuja decisão se impõe no caso concreto.

> A arbitragem se volta apenas para solução das questões que versam sobre direitos patrimoniais disponíveis (art. 1º, caput, Lei nº 9307/96), e que a decisão do árbitro constitui sentença arbitral, não mais sujeita à homologação pelo Judiciário para ser título executivo judicial (art. 515, VII, do novo CPC).

[15]NEVES, Daniel Amorim Assumpção. Manual de Direito Processual Civil. 8. ed. Salvador: Juspodivm, 2016, p.

2.12 Da Jurisdição Voluntária

Os arts. 719 a 725 do novo CPC tratam da chamada jurisdição voluntária ou graciosa, espécie **excepcional de manifestação da jurisdição**, uma vez que a jurisdição contenciosa é a regra geral no exercício da atividade jurisdicional.

A jurisdição voluntária ocorre, basicamente, quando inexiste lide entre as partes e estas buscam, por exigência legal, o Judiciário para obter o bem da vida pretendido. Cita-se como exemplo a ação de divórcio consensual.

Tal jurisdição tem natureza jurídica controvertida na doutrina, e duas teorias que buscam explicá-la podem ser citadas: a teoria clássica e a revisionista.

A primeira teoria, também chamada de teoria administrativa, entende, conforme ensina Daniel Amorim Assumpção Neves, que, nessa espécie de jurisdição, o juiz exerce, em verdade, mera atividade administrativa, tratando-se de administração pública de interesses privados. Já segundo a teoria revisionista ou jurisdicionalista, na jurisdição voluntária há, sim, verdadeiro exercício da atividade jurisdicional.[3]

A doutrina majoritária aponta as principais características da jurisdição voluntária, são elas: 1) inexistência de caráter substitutivo; 2) ausência de lide; 3) inexistência de partes, mas de meros interessados ; 4) inexistência de processo, mas de mero procedimento (para a teoria clássica); 5) inexistência de coisa julgada material.

Questões

01. A respeito da jurisdição, julgue o item que se segue.

O princípio do juiz natural, ao impedir que alguém seja processado ou sentenciado por outra que não a autoridade competente, visa coibir a criação de tribunais de exceção.

Certo ( ) Errado ( )

02. A respeito da jurisdição, julgue o item que se segue.

Entre os princípios que regem a jurisdição, o da investidura é aquele que determina que o juiz exerça a atividade judicante dentro de um limite espacial sujeito à soberania do Estado.

Certo ( ) Errado ( )

03. À luz das disposições do Código de Processo Civil (CPC), julgue o próximo item.

Ao tratar dos limites da jurisdição nacional, o CPC determina que a justiça brasileira possui competência concorrente para conhecer de ações relativas a imóveis situados no Brasil.

Certo ( ) Errado ( )

04. A respeito de jurisdição, julgue o item a seguir.

Na jurisdição voluntária não há lide: trata-se de uma forma de a administração pública participar de interesses privados.

Certo ( ) Errado ( )

[16]O erro da assertiva está em dizer que não se admite a composição das partes, depois de instaurado processo, pois, **ao contrário do que se afirma, a conciliação, a mediação e outras técnicas de solução consensual de conflitos são sempre estimuladas, no curso do processo, nos termos do art. 3º, parágrafos 2º e 3º do novo CPC, inclusive havendo a inovação trazida por tal diploma processual, contida no art. 319, VII, pela qual o autor, ao propor a demanda judicial, deve informar na petição o interesse de realizar ou não a audiência de conciliação ou de mediação.**

05. O Código de Processo Civil em vigor exige expressamente, para se postular em juízo, que haja interesse, legitimidade e possibilidade jurídica do pedido.

Certo ( ) Errado ( )

06. Ninguém poderá pleitear direito alheio em nome próprio, salvo nos casos autorizados pelo ordenamento jurídico. Havendo substituição processual, o substituído poderá intervir como assistente litisconsorcial.

Certo ( ) Errado ( )

07. No exercício do direito de ação, o interesse do autor pode limitar-se à declaração da existência, da inexistência ou do modo de ser de uma relação jurídica, bem como da autenticidade ou da falsidade de documento. O CPC/2015 admite a ação meramente declaratória, ressalvados os casos em que tenha ocorrido a violação do direito.

Certo ( ) Errado ( )

Gabaritos

01	CERTO	05	ERRADO
02	ERRADO	06	CERTO
04	ERRADO	07	ERRADO
05	CERTO		

3. AÇÃO

A ação pode ser entendida como o direito público subjetivo **e abstrato** de se requerer a prestação da tutela jurisdicional do Estado.

3.1 Teorias da Ação

Teorias que versam sobre a natureza jurídica da ação são temas costumeiramente cobrados em certames públicos. Elas buscam explicar em que consiste o direito de ação; eis as principais teorias:

3.1.1 Teoria Imanentista ou Civilista

Já superada, a Teoria Imanentista entendia que o direito de ação não era autônomo em relação ao direito material, mas que eles seriam, na verdade, apenas estados diferentes do mesmo direito.

Pode-se afirmar que a Teoria Imanentista defende que o direito de ação é considerada como o próprio direito material em movimento, reagindo a uma agressão ou a uma ameaça de agressão.

3.1.2 Teoria Concreta da Ação

Também já superada, a Teoria Concreta, criada por Wach, na Alemanha, reconhece a autonomia do direito de ação com relação ao direito material, já que entende que são distintos, mas não defende a independência entre ambos, sendo o direito de ação, segundo a referida teoria, condicionando à existência do direito material.

No concurso do TJ do Amazonas, para o cargo de juiz substituto, realizado pela banca CESPE, em 2016, foi considerada ERRADA a alternativa: *"(D) conforme a Teoria Concreta da ação, o direito de agir é autônomo e independe do reconhecimento do direito material supostamente violado."* Nota-se que o erro está na afirmação da independência entre o direito material e o direito de ação, não reconhecida pela teoria em questão.

3.1.3 Teoria Abstrata do Direito de Ação

A Teoria Abstrata, assim como a Teoria Concreta, entende ser autônomo o direito de ação, mas, inovando com relação à teoria anterior, acrescenta que o direito de ação não depende do direito material.

Para a Teoria Abstrata, o direito de ação é abstrato, genérico e **incondicionado**, não existindo, para os defensores da teoria, as condições de exercício da ação, as quais seriam, na verdade, matérias de mérito (a inexistência das condições de ação extinguiria o processo com resolução de mérito).

3.1.4 Teoria Eclética

A Teoria Eclética, criada por Liebman, utiliza-se de pressupostos da Teoria Abstrata com algumas diversidades. Para a Teoria Eclética, o direito de ação é autônomo, independente, **mas não é incondicional e genérico**, pois depende de certos requisitos formais para ser exercido no caso concreto.

Esses requisitos são as condições da ação, que, se preenchidas, permitem ao juiz analisar o mérito do pedido do autor. Nota-se que as condições da ação, para essa teoria, não são matérias de mérito, e, assim, se ausentes, geram uma sentença de extinção do processo sem resolução de mérito, sem formação de coisa julgada material.

O concurso do TRT-16ª Região, para o cargo de juiz do trabalho substituto, em 2011, considerou CERTA a assertiva: *"III - Segundo a teoria de Liebman, as condições da ação são requisitos necessários à configuração do próprio direito à tutela jurisdicional, o qual, em virtude do seu caráter abstrato, não se confunde com o direito material vindicado."*

OBS.: essa foi a teoria adotada pelo Código Processual Civil, já que o diploma legal trata, no seu art. 485, VI, da sentença de extinção do processo por ausência de legitimidade ou de interesse de agir, classificando-a como sentença terminativa, que não faz coisa julgada material.

No concurso do TCM de Goiás, para o cargo de auditor do controle externo, realizado pela FCC, em 2015, foi considerada CERTA a alternativa "A": *"para que o juiz possa examinar o pedido inicial deve examinar preliminarmente tanto as condições da ação como os pressupostos processuais, ambos antecedendo a análise da pretensão meritória do autor."* Tal assertiva está correta, pois demonstra que as condições de ação (atualmente relativas à legitimidade e ao interesse de agir, segundo o novo CPC) não são matérias de mérito, conforme o entendimento da Teoria Eclética adotada pelo Código Processual Civil.

3.1.5 Teoria da Asserção

Daniel Amorim Assumpção Neves, tratando do tema, explica que, de acordo com a teoria da asserção, "a presença das condições da ação deve ser analisada pelo juiz com os elementos fornecidos pelo próprio autor em sua petição inicial, sem nenhum desenvolvimento cognitivo."

Segundo a teoria da asserção, basta a mera alegação do autor para haver as condições de ação, e sempre que o juiz precise realizar uma cognição mais aprofundada para decidir pela presença ou não das condições de ação, estas passarão a ser, na verdade, matérias de mérito. Assim, constatada a ausência de uma condição da ação a partir dessa cognição aprofundada, haveria sentença de improcedência do pedido, com resolução do mérito.

Reforçando o que aqui se explica, no concurso do TJ do Amazonas, para o cargo de juiz substituto, realizado pela banca CESPE, em 2016, considerou-se CERTA a alternativa: *"(A) segundo a teoria da asserção, a análise das condições da ação é feita pelo juiz com base nas alegações apresentadas na petição inicial".*

3.2 Condições da Ação

As condições de ação constituem os requisitos formais mínimos aos quais a ação deve satisfazer para que a pretensão do autor seja apreciada judicialmente em seu mérito. No novo CPC, a doutrina entende que ainda persistem as condições da ação no sistema processual. Sendo assim, há quem acredite que o interesse de agir e a legitimidade continuam , sim, a existir.

OBS.: no Novo Código de Processo Civil, não há mais menção a condição da ação **possibilidade jurídica** do pedido. Sendo assim, orienta-se não considerar como corretas assertivas em concurso que afirmem que a possibilidade jurídica do pedido é condição da ação!

As condições de ação são matérias de ordem pública, podendo, por isso, ser reconhecidas de ofício em qualquer tempo e grau de jurisdição e não estando sujeitas à preclusão (art. 485, parágrafo 3º, do novo CPC). No concurso do TRT - 12ª Região, para o cargo de analista judiciário - área judiciária, realizado pela FCC, em 2013, considerou-se CERTA a alternativa: *"(C) em primeiro grau de jurisdição, o juiz conhecerá de ofício, em qualquer tempo, enquanto não proferida a sentença de mérito, de sua ocorrência ou não".*

3.3 Interesse de Agir

O artigo 17 do novo CPC trata dessa condição da ação ao prever que para se postular em juízo é preciso ter interesse e legitimidade.

O interesse de agir relaciona-se com a **utilidade** da tutela jurisdicional pretendida com a ação, devendo ser analisado, segundo a doutrina, sob os aspectos da **necessidade** e da **adequação**.

Nesta condição da ação, a parte autora deverá demonstrar, a um só tempo, a necessidade de ir ao Poder Judiciário para assegurar o bem da vida pretendido, bem como a utilidade da tutela jurisdicional pretendida e que se vale do meio adequado para ver assegurado o respectivo direito.

3.4 Legitimidade

Também chamada de *legitimidade ad causam,* é a permissão, prevista em lei, para que um sujeito ocupe o polo ativo, sendo este o autor da ação, e outro sujeito, o polo passivo da demanda judicial.

[1]O art. 18 do novo CPC consagra a legitimidade ordinária como regra no sistema. Com efeito, aduz que não se pode pleitear em nome próprio direito alheio, salvo quando autorizado pelo ordenamento.

Sendo assim, a existência da legitimação extraordinária ou substituição processual, quando alguém pleiteia em nome próprio direito alheio, é mencionada na parte final do art. 18 e ocorre excepcionalmente, nos casos previstos em lei, mas também quando decorrer logicamente do sistema.

Não se deve confundir a legitimação extraordinária com a **sucessão processual**, pois nesta um terceiro passa a ocupar o lugar do antigo integrante de um dos polos da demanda. Da mesma forma, não se devem considerar como expressões sinônimas a substituição processual e a **representação processual**, situação na qual o representante atua em nome alheio, na defesa de direito alheio.

Tratando do tema, demonstrando que a legitimação extraordinária é o mesmo que a substituição processual, o concurso do TRT-16ª Região, para o cargo de juiz do trabalho substituto, em 2011, considerou CERTA a assertiva: *"II - O fenômeno processual da substituição processual constitui hipótese excepcional onde o direito de ação é exercido em nome próprio por quem não é detentor do direito material, apenas quando houver expressa previsão legal autorizativa".*

3.5 Elementos da Ação

Os elementos da ação, identificados como: 1) partes; 2) pedido; e 3) causa de pedir, são de suma importância para identificação de cada ação e para estabelecer relações de semelhanças e identidade entre duas ou mais ações, o que tem relevante reflexo em diversos institutos do Processo Civil, tais como a litispendência, a conexão e a coisa julgada.

[1] NEVES, Daniel Amorim Assumpção. **Manual de Direito Processual Civil.** 8. Ed. Salvador: Juspodivm, 2016, p.

3.6 Partes

As partes são os sujeitos parciais do processo; são os que pedem ou em face de quem se pede algo em juízo; podem estar defendendo direito próprio ou alheio.

3.7 Pedido

Na análise sobre o que representa o pedido, pode-se subdividi-lo em dois: o pedido imediato, que seria a espécie de tutela jurisdicional requerida com a ação, e pedido mediato, que seria o bem da vida pretendido pelo autor.

> O amicus curiae, conforme entendimento do STF, é apenas um colaborador informal da Corte, não sendo parte no processo. Ocorre que, no novo CPC, o amicus curiae está inserido no rol das espécies de intervenção de terceiros, sendo, portanto, parte ao ingressar no processo, com a peculiaridade, no entanto, de não ter legitimidade recursal, salvo para interpor embargos de execução (art. 138, parágrafo 1º)

O pedido deve ser certo e determinado, nos termos do art. 322, *caput,* do novo CPC. Mesmo sendo a certeza a regra geral dos pedidos, admitem-se pedidos implícitos, não expressos, nos casos do art. 322, parágrafos 1º e 2º, e do art. 323 do novo CPC: juros legais ou moratórios (art. 404, 406 do novo CPC e Súmula 254 do STF), correção monetária, verbas de sucumbência, honorários advocatícios, prestações vincendas e inadimplidas no curso do processo em caso de contratos de trato sucessivo.

Quanto à regra da determinação dos pedidos, admitem-se, excepcionalmente, os pedidos genéricos, na forma do art. 324, parágrafo 1º, I, II e III.

O art. 327 do novo CPC permite a cumulação de pedidos, mesmo que não haja entre eles conexão, condicionando a cumulação aos requisitos do parágrafo 1º: 1) que os pedidos sejam compatíveis entre si; 2) que tenham o mesmo juízo competente; 3) que sejam adequados para todos os tipos de procedimento escolhido.

Vale, por fim, fazer distinções sobre as espécies possíveis de cumulação de pedidos, mencionadas nos arts. 325 e 326 do novo CPC: cumulação própria e imprópria. A primeira, por sua vez, subdivide-se em cumulação própria simples e própria sucessiva, enquanto a segunda se subdivide em cumulação imprópria subsidiária e imprópria alternativa.

Conforme ensina Daniel Amorim Assumpção Neves, na cumulação própria, é possível a procedência simultânea de todos os pedidos, mas já na cumulação imprópria, só um dos pedidos pode ser concedido. Na cumulação própria simples, o resultado de um dos pedidos não condiciona o do outro, enquanto na cumulação própria sucessiva, há relação de prejudicialidade entre os pedidos.

Na cumulação imprópria subsidiária, o segundo pedido só será analisado se o primeiro não for concedido. Na cumulação imprópria alternativa, cabe ao juiz a escolha de um entre os pedidos indicados.

3.8 Causa de Pedir

No CPC, **a teoria da substanciação** é que prevalece acerca da causa de pedir . Com efeito, ao prever, no art. 319, III, do novo CPC, exigência **da narrativa dos fatos** como requisito da petição inicial , bem como os **fundamentos jurídicos** (liame jurídico entre fatos e pedido), o Código encampou expressamente o que apregoam os partidários da referida teoria.

Tratando do tema em questão, o concurso público da Prefeitura Municipal de Salvador- BA, para o cargo de Procurador do Município, 2ª classe, realizado pela banca CESPE, em 2015, considerou ERRADA a alternativa: *"(C) O CPC adotou a teoria da individuação da causa de pedir, de acordo com a qual a c**ausa petendi** corresponde à relação jurídica afirmada na petição inicial pelo autor."*

Questões

01. Julgue o item a seguir, a respeito das ações no processo civil.

O código de processo civil estabelece duas condições para se postular em juízo: o interesse de agir e a legitimidade da parte.

Certo ( ) Errado ( )

02. Julgue o item a seguir, a respeito das ações no processo civil.

A teoria eclética da ação, adotada pelo ordenamento jurídico brasileiro, define ação como um direito autônomo e abstrato, independente do direito subjetivo material, condicionada a requisitos para que se possa analisar o seu mérito.

Certo ( ) Errado ( )

03. Julgue o item a seguir, a respeito das ações no processo civil.

A ação de conhecimento ou cognição visa prevenir, conservar, defender ou assegurar a eficácia de um direito.

Certo ( ) Errado ( )

04. Conforme o Código de Processo Civil vigente, julgue o item seguinte, a respeito da função jurisdicional, dos deveres das partes e de procuradores, do litisconsórcio e da assistência.

O modo de ser de uma relação jurídica pode ser objeto de ação declaratória.

Certo ( ) Errado ( )

Gabaritos

01	CERTO	03	ERRADO
02	CERTO	04	CERTO

4. COMPETÊNCIA

4.1 Conceito

É a quantidade de poder jurisdicional que se atribui a um determinado órgão, para que este possa, legitimamente, aplicar o direito objetivo no caso concreto. A competência está intimamente ligada ao Estado de Direito. É por isso que se diz que a competência é a medida da jurisdição.

Em verdade, as regras de competência servem para **distribuir** o trabalho jurisdicional entre os diferentes órgãos jurisdicionais, com a finalidade de se buscar a **organização** da atividade jurisdicional, desta forma, melhorando a **qualidade** da prestação jurisdicional.

4.2 Fixação ou Determinação da Competência (art. 43, CPC). *Perpetuatio Jurisdictiones*

É o momento em que se define o julgador que irá julgar a causa, pois só com a leitura da lei não se sabe qual o juiz competente.

Divide-se o artigo em três partes para uma melhor compreensão:

> ***Art. 43.*** *CPC: Determina-se a competência no momento do registro ou da distribuição da petição inicial,* ***sendo irrelevantes as modificações do estado de fato ou de direito ocorridas posteriormente****, salvo quando suprimirem órgão judiciário ou alterarem a competência absoluta.*

a) 1ª parte

No momento em que ação é proposta, é o momento em que será possível saber qual é o juízo da causa.

Considera-se proposta a ação: a data da distribuição (quando houver mais de uma vara) ou pelo registro (comarca com uma só vara).

b) 2ª parte

Em regra, determinada a competência, é irrelevante qualquer fato superveniente, porque a causa vai continuar no juízo onde se fixou a competência. A ideia é estabilizar o processo. Essa segunda parte do artigo consagra o princípio da perpetuação da jurisdição *(Perpetuatio jurisdictiones)*. É uma regra que compõe a estabilidade do processo (o processo não pode mais mudar de competência).

c) 3ª parte

Exceções ao Princípio da *Perpetuatio jurisdictiones*. São duas situações que, se acontecerem, a perpetuação se quebra e o processo deverá ser remetido a outro juízo.

A 1ª situação é a supressão do órgão judicial.

A 2ª situação ocorre se um fato superveniente geral alterar a competência absoluta.

OBS.: o fato que alterar a competência absoluta tem que ocorrer até a prolação da decisão; uma vez decidido, não há mais porque ser redistribuído.

4.3 Critérios de Distribuição da Competência

Inicialmente, é importante salientar que são critérios que não se excluem, e sim convivem. Sempre que for necessário fazer um juízo de abstração acerca do juízo competente, faz-se necessário analisar os critérios a seguir propostos:

Dividem-se em três grupos:

4.3.1 Critério objetivo (divisão proposta por Fredie Didier Jr.)

É o que leva em consideração o conteúdo da relação jurídica em juízo. Relaciona-se com o litígio, a demanda, ou seja, aquilo que é levado à apreciação pelo Poder Judiciário. A demanda tem três elementos: partes, pedido e causa de pedir.

Em razão disso, há três subcritérios objetivos:

a) Competência em razão da matéria – causa de pedir. Natureza da relação jurídica discutida. Ex.: vara penal, de família etc.
b) Competência de acordo com o valor da causa – pedido. Fixada de acordo com o valor da demanda. Ex.: Juizados Especiais.
c) Competência em razão da pessoa – partes. Sujeitos principais do processo. Ex.: varas de Fazenda Pública.

OBS.:

01. As competências em razão da pessoa e em razão da matéria são, em regra, absolutas.
02. Quanto à competência em razão do valor da causa, a observação refere-se aos Juizados Especiais. Nos Juizados Estaduais, quando o autor ajuíza uma ação acima do teto, ele está renunciando o excedente; por outro lado, até o teto, o Juizado Especial é uma opção. Já nos Juizados Federais e nos Juizados Especiais da Fazenda Pública, há uma determinação que até o seu limite (60 SM) os Juizados são obrigatórios, ou seja, trata-se de uma competência absoluta em razão do valor.

Juizados Especiais Estaduais – opcional – relativa.

Juizados Especiais Federais e Juizados Especiais da Fazenda Pública – obrigatório – absoluta.

03. A competência objetiva é sempre de uma vara, de um juízo. Às vezes há uma combinação desses critérios. Ex.: Vara da FP (pessoa), apenas para causas de servidores públicos (matéria).

4.3.2 Critério funcional

Quando o legislador reúne as diversas atribuições (funções), que devam ser exercidas ao longo do processo, e as distribui para diversos Órgãos Jurisdicionais, fala-se em competência funcional. Exemplos de funções: julgar um recurso, executar uma sentença. Trata-se de competência absoluta.

4.3.3 Critério Territorial

Determina qual é o território onde a causa deve ser julgada; em que foro (lugar) a causa vai ser julgada. (Foro – área onde exerce a jurisdição.)

As unidades territoriais da Justiça Estadual são chamadas de comarcas. Já da Justiça Federal chama-se seção judiciária. A JF pode se subdividir em subseções e a JE pode dividir a sua comarca em distritos. As comarcas têm o nome de Cidade e os distritos têm o nome de Bairro. As Seções Judiciárias têm nome de Estado e as subseções têm nome de Cidade.

Justiça Estadual	Justiça Federal
Comarcas → Cidade	Seção → Estado
Distrito → Bairro	Subseção → Cidade

Em regra, é competência relativa; contudo, existem casos em que a competência territorial é absoluta.

Exemplos em que ocorre a competência territorial absoluta:

> ***Art. 2º da Lei de Ação Civil Pública:*** *A competência é do local do dano, ou seja, é competência territorial absoluta.*

> ***Art. 209 ECA:*** *As ações previstas neste capítulo serão propostas no* ***foro do local onde ocorreu ou deva ocorrer a ação ou omissão****, cujo juízo terá competência absoluta para processar a causa, ressalvadas a competência da Justiça Federal e a competência originária dos Tribunais Superiores.*

Na Lei de ACP e no ECA a competência territorial é absoluta nas causas que envolvam litígios coletivos.

Principais Foros *(obs.: muitas das questões de concurso sobre competência exigirão conhecimento sobre essas hipóteses de competência; recomenda-se uma leitura atenta desses casos)*

O CPC/2015 trouxe importante novidade: a cláusula de eleição de foro abusiva pode ser alegada em qualquer contrato, não só no de adesão (art. 63, § 4º)

AÇÃO	FORO
Direito pessoal ou direito real sobre móveis.	1) Domicílio do réu. / Tendo o réu mais de um - qualquer um. 2) Sendo incerto, onde o réu for encontrado ou no foro de domicílio do autor. 3) Réu sem domicílio no Brasil, domicílio do autor. / Réu e autor sem domicílio no Brasil – qualquer foro. 4) Dois ou mais réus com diferentes domicílios – qualquer um deles. 5)Execução fiscal – foro de domicílio do réu, o de sua residência ou lugar onde for encontrado (art. 46).
Direito real sobre imóveis.	1) Foro de situação da coisa. 2) Se não versar sobre propriedade, vizinhança, servidão, divisão e demarcação de terras e nunciação de obra nova, o autor pode optar pelo foro de domicílio do réu ou foro de eleição. (art. 47).
Ação possessória imobiliária.	Foro de situação da coisa (art. 47, §2º).
Inventário, partilha, arrecadação, cumprimento de disposições de última vontade, impugnação ou anulação de partilha extrajudicial e todas as ações em que o espólio for réu.	1) Foro de domicílio do autor da herança, ainda que a morte tenha ocorrido no estrangeiro. 2) Se autor da herança não tinha domicílio certo: a) foro de situação dos imóveis; b) se imóveis em foros diferentes, qualquer destes; c) se não houver bens imóveis, o foro do local de qualquer dos bens do espólio (art. 48).
Ação em que ausente é réu.	Foro de seu último domicílio.
Ação em que incapaz for réu.	Foro de domicílio de seu representante ou assistente (art. 50).
Ação em que União é autora.	Foro de domicílio do réu (art. 51, caput).
Ação em que União é ré.	Foro de domicílio do autor ou de ocorrência do ato ou fato que originou a demanda ou o de situação da coisa ou Distrito Federal (art. 51, parágrafo único).
Ação em que Estado ou Distrito Federal é autor.	Foro de domicílio do réu (art. 52, caput).
Ação em que Estado ou DF é réu.	Foro de domicílio do autor ou de ocorrência do ato ou fato que originou a demanda ou o de situação da coisa ou capital do respectivo ente federado (art. 51, parágrafo único).
Ação de divórcio, separação, anulação de casamento e reconhecimento ou dissolução de união estável.	1) Foro de domicílio do guardião de filho incapaz 2) Foro do último domicílio do casal, caso não haja filho incapaz. 3) Foro de domicílio do réu, se nenhuma das partes residir no antigo domicílio do casal (art. 53, I).
Ação em que se pedem alimentos.	Foro de domicílio do alimentando (art. 53, II).
Ação de reparação de dano.	Foro do lugar do ato ou fato (art. 53, IV).
Ação de reparação de dano sofrido em razão de delito ou acidente de veículo, inclusive aeronaves.	Foro de domicílio do autor ou do local do fato (art. 53, V).
Ação que verse sobre direito previsto no Estatuto do Idoso.	Foro de domicílio do idoso (art. 53, III, e).
Ação que tenha como ré pessoa jurídica.	Local da sede (art. 53, III, a).

4.4 Regime Jurídico da Competência: Competência Absoluta X Competência Relativa

As regras que tratam de fixar ou determinar a competência de um órgão jurisdicional podem atender aos interesses das partes, possibilitando que estas estabeleçam, por exemplo, onde a causa deva tramitar por meio de uma cláusula no contrato, ou podem atender ao interesse público. Neste caso, sendo uma norma de ordem pública, as partes não terão qualquer espécie de ingerência para modificar a competência estabelecida pelo legislador.

Levando em consideração a possibilidade ou não de alteração pelas partes dessas normas, podem-se distinguir regras de competência absoluta *(indisponível e não modificável por vontade das partes, pois prevalece o interesse público)* e de competência relativa *(disponível e modificável por vontade das partes).*

COMPETÊNCIAS	
Absoluta	**Relativa**
As regras de competência absoluta são criadas para atender ao interesse público.	As regras de competência relativa são criadas para atender ao interesse das partes.
O juiz de ofício e a qualquer tempo e grau de jurisdição pode reconhecer a incompetência absoluta.	O juiz não pode, de ofício, reconhecer a incompetência relativa (Súm. 33 do STJ).
Ainda que a parte não alegue a incompetência absoluta, esta não se prorrogará.	Caso a parte ré não alegue a incompetência relativa, esta se prorrogará (art. 65 do CPC).
Quaisquer das partes, bem como o MP (*seja como parte ou fiscal da ordem jurídica*) possuem legitimidade para alegar a incompetência absoluta.	O réu e o MP (*seja como parte ou fiscal da ordem jurídica*) possuem legitimidade para alegar a incompetência relativa **OBS.: com o art. 65 parágrafo único do novo CPC, o MP passa a ter legitimidade para suscitar a incompetência relativa.**
O vício da incompetência absoluta enseja o ajuizamento de ação rescisória (art. 966, II, CPC).	O vício da incompetência relativa não enseja o ajuizamento de ação rescisória (art. 966, II, CPC).

Observação importante: era comum distinguir a competência relativa e a absoluta pela forma de alegar a incompetência, bem como pelos efeitos da decisão proferida pelo juízo incompetente. Com o CPC/2015, **independentemente da espécie de incompetência, será alegada pelo réu em preliminar de contestação (art. 64 CPC)**. Com relação aos efeitos da decisão proferida pelo juízo incompetente, segundo o § 4º, do art. 64 do CPC, **os efeitos serão conservados até que outra decisão seja proferida pelo juízo competente**. Sendo assim, os atos praticados pelo juízo incompetente são válidos, ou seja, durante o período de remessa dos autos ao juízo competente, os atos praticados no juízo originário continuam a repercutir efeitos.

> ***Art. 64.*** *A incompetência,* ***absoluta ou relativa, será alegada como questão preliminar de contestação.***
>
> *(omissis)*
>
> ***§ 4º*** *Salvo decisão judicial em sentido contrário,* ***conservar-se-ão os efeitos de decisão proferida pelo juízo incompetente até que outra seja proferida****, se for o caso, pelo juízo competente.*

Nota: na sistemática do Juizados Especiais Cíveis, o reconhecimento da incompetência do juizado implica a extinção do processo (art. 51, inc. III, da Lei 9.099/95):

> ***Art. 51. Extingue-se o processo****, além dos casos previstos em lei:*
>
> *(...)*
>
> ***III. quando for reconhecida a incompetência territorial;***

OBS.: em regra, as competências (absoluta e relativa) não extinguem o processo, e sim geram a remessa dos autos ao juízo competente.

4.5 DaJurisdição Internacional

Com o CPC/2015, a infeliz expressão *competência internacional* do CPC/73 cede espaço; em seu lugar, adota-se a nomenclatura *jurisdição internacional*. Em verdade, o disciplinamento dos arts. 21 a 23 do Novo Código de Processo Civil dizem respeito aos limites da jurisdição dos tribunais brasileiros, e não somente de suas competências.

4.5.3.1 Competência internacional concorrente e exclusiva

a) Competência concorrente:

A previsão de competência concorrente está estabelecida nos arts. 21 e 22 do CPC. Nestes dispositivos, os juízos nacionais e estrangeiros possuem competência para processar e julgar a causa. O Brasil julga, mas aceita que outros países também o façam, sendo certo que o processamento da causa perante um juízo estrangeiro não se tornará um óbice para uma eventual homologação da sentença estrangeira pelo STJ no Brasil. Imaginemos uma ação de alimentos de um brasileiro, proposta em face de um pai que reside no Chile. Nessa situação, o fato de o processo ser conduzido pela justiça chilena não impede que a sentença, após a homologação do STJ, venha a repercutir efeitos no Brasil. É que a justiça chilena e a brasileira possuem competência concorrente para processar a referida causa. Eis as situações de competência concorrente, previstas no CPC:

> ***Art. 21.*** *Compete à autoridade judiciária brasileira processar e julgar as ações em que:*
>
> ***I.*** *o réu, qualquer que seja a sua nacionalidade, estiver domiciliado no Brasil;*
>
> ***II.*** *no Brasil tiver de ser cumprida a obrigação;*
>
> ***III.*** *o fundamento seja fato ocorrido ou ato praticado no Brasil.*
>
> ***Parágrafo único.*** *Para o fim do disposto no inciso I, considera-se domiciliada no Brasil a pessoa jurídica estrangeira que nele tiver agência, filial ou sucursal.*
>
> ***Art. 22. Compete, ainda, à autoridade judiciária brasileira processar e julgar as ações:***
>
> ***I. de alimentos, quando:***
>
> ***a) o credor tiver domicílio ou residência no Brasil;***
>
> ***b) o réu mantiver vínculos no Brasil, tais como posse ou propriedade de bens, recebimento de renda ou obtenção de benefícios econômicos;***
>
> ***II. decorrentes de relações de consumo, quando o consumidor tiver domicílio ou residência no Brasil;***
>
> ***III. em que as partes, expressa ou tacitamente, se submeterem à jurisdição nacional.(as hipóteses da art. 22 não tinham previsão no CPC revogado)***

OBS.: *de acordo com o art. 24 do CPC, a* ***ação proposta perante tribunal estrangeiro não induz litispendência*** *e não obsta a que a autoridade judiciária brasileira conheça da mesma causa e das que lhe são conexas, ressalvadas as disposições em contrário de tratados internacionais e acordos bilaterais em vigor no Brasil. No parágrafo único, aduz-se o seguinte:* ***a pendência de causa perante a jurisdição brasileira não impede a homologação de sentença judicial estrangeira*** *quando exigida para produzir efeitos no Brasil.*

A partir da disposição legal pode-se concluir que não existirá litispendência nas hipóteses de competência concorrente estrangeira. Sendo assim, é possível que haja mais de uma ação em curso com as mesmas partes, causa de pedir e pedido. Ademais, se houver a homologação da sentença estrangeira antes do trânsito em julgado da causa que tramitava no Brasil, esta deve ser extinta sem resolução do mérito por ofensa superveniente à coisa julgada! Por outro lado, caso já haja o trânsito em julgado da causa no Brasil, o STJ não poderá homologar a sentença estrangeira (informativos 463 e 584 do STJ).

b) Competência internacional exclusiva:

Nesta situação, nenhuma autoridade judiciária, senão a brasileira, poderá julgar a causa; o processo somente poderá ser deflagrado perante os órgãos jurisdicionais brasileiros. Logo, nos casos de competência internacional exclusiva, a única sentença que poderá repercutir efeitos é sentença proferida por juiz brasileiro, sendo absolutamente vedada a homologação de sentença estrangeira que julgue as seguintes hipóteses:

> ***Art. 23.*** *Compete à autoridade judiciária brasileira, com exclusão de qualquer outra:*
>
> ***I.*** *conhecer de* ***ações relativas a imóveis situados no Brasil;***
>
> ***II. em matéria de sucessão hereditária, proceder à confirmação de testamento particular e ao inventário e à partilha de bens situados no Brasil,*** *ainda que o autor da herança seja de nacionalidade estrangeira ou tenha domicílio fora do território nacional;*
>
> ***III.*** *em divórcio, separação judicial ou dissolução de união estável,* ***proceder à partilha de bens situados no Brasil,*** *ainda que o titular seja de nacionalidade estrangeira ou tenha domicílio fora do território nacional.*

É importante destacar que, nas situações de competência internacional exclusiva, o critério comum é que os **bens estejam situados no Brasil.**

4.6 Conflito de Competência

O conflito de competência ocorre quando dois ou mais julgadores discutem em torno da competência para julgar uma ou mais de uma causa. Duas são as espécies de conflito: a) **Conflito positivo** – quando dois ou mais juízes se consideram competentes para julgar a causa (art. 66, I, CPC); b) **Conflito negativo** – quando dois ou mais juízes se consideram incompetentes para julgar a causa (art. 66, II, CPC).

O conflito de competência consiste em um incidente processual julgado por um tribunal. *A legitimação para suscitar é dos próprios juízes conflitantes por ofício, pelas partes e pelo MP por petição (art. 951 c/c art. 953 do CPC).*

OBS.: se o MP não suscitar o conflito, a sua intervenção somente será obrigatória nos conflitos cujos processos exigirem sua participação como fiscal da ordem jurídica, ou seja, nas situações previstas no art. 178 do CPC. É importante atentar que não é correto dizer que em todo e qualquer conflito de competência não suscitado pelo MP ele deva ser ouvido; é que nas causas em que não haja uma das hipóteses previstas do art. 178 do CPC, por mais importante que seja sempre a participação do órgão ministerial, não se considerou obrigatória sua intervenção.

> ***Parágrafo único*** *do art. 951.* ***O Ministério Público somente será ouvido nos conflitos de competência relativos aos processos previstos no*** *art. 178, mas terá qualidade de parte nos conflitos que suscitar.*

Notas:

01. Não faz sentido instaurar o conflito de competência quando uma das causas já está acobertada pelo manto da coisa julgada.

> ***Súmula*** *59 do STJ: "Não há conflito de competência se já existe sentença com trânsito em julgado, proferida por um dos juízos conflitantes."*

02. Caso a parte já tenha suscitado a incompetência relativa, não poderá instaurar o conflito de competência.

> ***Art. 952. Não pode suscitar conflito a parte que,*** *no processo, arguiu incompetência relativa.*
>
> ***Parágrafo único.*** *O conflito de competência* ***não obsta,*** *porém,* ***a que a parte que não o arguiu suscite a incompetência.***

03. Não se pode falar em conflito de competência se existir diferença hierárquica entre os órgãos conflitantes. Ex.: STJ não conflita com TJ. O STF não conflita com nenhum outro órgão jurisdicional, por ser a mais alta Corte do país.
04. Segundo o art. 955 do CPC, quando se tratar de conflito negativo de competência, o relator poderá designar um dos juízes para resolver as medidas que demandem urgência.
05. Quando decidir um conflito, o tribunal deverá manifestar-se sobre a validade dos atos praticados pelo juízo incompetente (art. 957 do CPC).

4.6.3.1 A competência para Julgar Conflito de Competência:

STF – tem competência para julgar os s conflitos de competência entre Tribunais Superiores (art. 102, I, "o" da CF).

STJ – tem competência para julgar o conflito entre juízes vinculados a tribunais diferentes, e o conflitos entre tribunais (**art. 105, I, "d" da CF**) Ex.: TJ e juiz federal, juiz estadual investido de jurisdição federal e juiz estadual no exercício de jurisdição federal de região diferente. OBS.: Súmula 3 do STJ: "Compete ao TRF dirimir conflito de competência verificado, na respectiva região, entre Juiz Federal e Juiz Estadual investido de jurisdição federal."

TRF/TJ – compete julgar conflito entre juízes vinculados ao respectivo tribunal.

> ***Súmula 428/STJ. Compete ao Tribunal Regional Federal decidir os conflitos de competência entre juizado especial federal e juízo federal da mesma seção judiciária.***

Questões

01. Com base nas normas que regem o processo civil, julgue o item seguinte, acerca da função jurisdicional; do Ministério Público; de nulidades processuais; e de sentença.

Na cooperação jurídica internacional, poderá ser prestado auxílio direto caso a medida requerida não decorra diretamente de decisão jurisdicional que, proferida por autoridade estrangeira, será submetida a juízo de delibação no Brasil.

Certo ( ) Errado ( )

TEXTO PARA AS QUESTÕES 2 E 3

Túlio, cidadão idoso, natural de Aracaju - SE e domiciliado em São Paulo - SP, caminhava na calçada em frente a um edifício em sua cidade natal quando, da janela de um apartamento, caiu uma garrafa de refrigerante cheia, que lhe atingiu o ombro e provocou a fratura de sua clavícula e de seu braço. Em razão do incidente, Túlio permaneceu por dois meses com o membro imobilizado, o que impossibilitou seu retorno a São Paulo para trabalhar. Por essas razões, Túlio decidiu ajuizar ação de indenização por danos materiais. Apesar da tentativa, ele não descobriu de qual apartamento caiu ou foi lançada a garrafa.

Certo ( ) Errado ( )

02. Considerando essa situação hipotética, julgue o item que se segue.

Em relação à ação de dano por acidente proposta por Túlio, o foro de São Paulo tem competência absoluta em razão da pessoa, haja vista a condição de idoso de Túlio.

Certo ( ) Errado ( )

03. Considerando essa situação hipotética, julgue o item que se segue.

A ação de reparação de danos materiais deverá ser ajuizada por Túlio na capital paulista, conforme a previsão do Código de Processo Civil de que, em situações como a descrita, o foro competente para o julgamento da ação é o do domicílio do autor.

Certo ( ) Errado ( )

04. Considerando as regras do atual Código de Processo de Civil acerca das competências e da formação do processo, julgue o seguinte item.

Em regra, as demandas devem ser distribuídas aos órgãos jurisdicionais de acordo com critérios de competência, observando-se os princípios do juiz natural e da perpetuação da jurisdição, os quais compõem o sistema de estabilidade do processo.

Certo ( ) Errado ( )

05. A respeito da formação do processo, da penhora e do cumprimento de sentença, julgue o item que se segue.

De acordo com o Novo Código de Processo Civil, considera-se proposta a ação quando a petição inicial for protocolada, sendo que o efeito da prevenção está vinculado à distribuição ou ao registro da petição inicial.

Certo ( ) Errado ( )

Gabaritos

01	ERRADO	04	CERTO
02	ERRADO	05	CERTO
03	ERRADO		

5. CONEXÃO E CONTINÊNCIA

5.1 Fundamento/Conceito

A conexão e a continência são institutos do processo *cuja finalidade é a de evitar decisões conflitantes* em causas que possuam uma ligação entre si. Sendo assim, quando for comum o pedido ou causa pedir (*conexão art. 55 do CPC) ou quando entre duas ou mais ações houver identidade de parte e causa de pedir e o pedido de uma, por ser mais amplo, abranger o das demais (continência art. 56 do CPC)* haverá, regra geral, a reunião das ações para julgamento conjunto.

> ***Art. 55.*** *Reputam-se* ***conexas*** *2 (duas) ou mais ações* ***quando lhes for comum o pedido ou a causa de pedir.***
>
> ***Art. 56.*** *Dá-se a* ***continência*** *entre 2 (duas) ou mais ações* ***quando houver identidade quanto às partes e à causa de pedir, mas o pedido de uma, por ser mais amplo, abrange o das demais.***

Antes mesmo da entrada em vigor do CPC/2015, alguns autores já defendiam que a conexão entre duas ou mais ações deveria ser reconhecida ainda que o objeto (pedido) ou causa de pedir fossem diferentes, bastando uma mera relação de prejudicialidade (conexão por prejudicialidade) entre as causas para se admitir a reunião das ações para julgamento conjunto (Teoria Materialista da Conexão).

Na prática, a jurisprudência já adotava essa posição doutrinária ao admitir, por exemplo, a reunião de uma ação declaratória de inexistência de relação jurídica e uma ação de execução, desde que não implicasse modificação da competência absoluta.

Sendo assim, é possível reunir, por conexão, ação de execução e conhecimento?

SIM. O posicionamento que prevalece na doutrina e no STJ (**Resp. 1.221.941/RJ, 4T, STJ**) é o de que é possível reunir em um mesmo juízo para evitar comportamentos contraditórios (um manda executar e o outro anular um contrato, por exemplo). A prejudicialidade é nítida.

Vejamos o caso da ação de despejo por falta de pagamento dos aluguéis ao locador e a ação de consignação de pagamento dos valores considerados justos pelo locatário dos aluguéis. Neste exemplo, apesar de não ter pedido (despejar e consignar em pagamento) ou causa de pedir iguais, há uma clara relação de prejudicialidade entre as causas. Nessa situação, impõe-se a reunião dos processos para que não existam decisões contraditórias, mesmo sem conexão entre as causas.

Com o Novo Código de Processo, essa situação foi contemplada expressamente no art. 55, § 3° do CPC, bem como houve uma ampliação das hipóteses de conexão no § 2° do mesmo artigo:

> ***§ 3°*** *Serão reunidos para julgamento conjunto os processos que possam gerar risco de prolação de decisões conflitantes ou contraditórias caso decididos separadamente,* ***mesmo sem conexão entre eles.***
>
> ***§ 2°*** *Aplica-se o disposto no caput:*
>
> ***I. à execução de título extrajudicial e à ação de conhecimento relativa ao mesmo ato jurídico;***
>
> ***II.*** *às execuções fundadas no mesmo título executivo.*

Questão interessante, introduzida pelo CPC/2015, diz respeito à falta de interesse de agir se ação continente for proposta anteriormente e, logo depois, a parte intentar a ação contida. Imaginemos que já tenha sido intentada ação buscando a decretação de nulidade do contrato (ação continente) e, posteriormente, a outra parte intente uma outra pretendendo discutir a abusividade dessa cláusula desse mesmo contrato (ação contida). Neste caso, essa segunda ação, obviamente, será extinta sem resolução do mérito por absoluta falta de interesse de agir. Ora, se o contrato for anulado, não haverá mais que falar em abusividade ou não de cláusula do contrato. Vejamos o que diz o art. 57 do CPC:

> Percebe-se que toda continência é uma conexão. Cumpre observar que toda continência exige que a causa de pedir seja igual; logo, a continência está contida na conexão. A conexão, por ter menos requisitos, é mais abrangente, incorporando um dos requisitos da continência, qual seja: identidade causa de pedir. Disso se depreende que onde houver continência haverá conexão; o contrário não se aplica, nem sempre que houver conexão haverá continência.

> ***Art. 57. Quando houver continência e a ação continente tiver sido proposta anteriormente, no processo relativo à ação contida será proferida sentença sem resolução de mérito,*** *caso contrário, as ações serão necessariamente reunidas.*

5.2 Efeitos Processuais

Preliminarmente, deve-se deixar claro que não se confunde o fenômeno processual (conexão/continência) com a incidência dos seus efeitos processuais (reunião das causas para julgamento conjunto). Com efeito, apesar da existência de vínculo entre as causas que são conexas, pode acontecer de o sistema não permitir a reunião.

O art. 54 do CPC deixa claro que somente a competência relativa é que pode ser modificada pela conexão e continência:

> ***Art. 54. A competência relativa*** *poderá modificar-se pela conexão ou pela continência, observado o disposto nesta Seção.*

Desta forma, se duas causas estão tramitando em juízos com competências absolutas distintas, não é possível reuni-las (há conexão, mas esta não tem aptidão para gerar a reunião dos processos). Imaginemos duas causas conexas em que uma tramite perante a Justiça Estadual e a outra perante a Justiça Federal, ou, ainda, uma causa sendo processada por uma vara cível e uma outra que lhe é conexa perante uma vara de família.

Outros exemplos em que há a conexão (vínculo entre ações), mas não há a reunião (consequência da conexão):

01. ***Súmula 235 – STJ (art. 55, § 1 do CPC):*** *"A conexão não determina a reunião dos processos, se um deles já foi julgado."*

02. **Causas conexas em instâncias diferentes.** Como as causas estão em instâncias diversas, haveria a mudança da competência funcional, que é absoluta e que não pode ser mudada.

03. **Causas com procedimentos forem diversos** (MS e Ação Ordinária).

Em situações em que existe a conexão, mas não pode haver a reunião dos processos, qual postura se deve adotar?

Deve haver a suspensão de um dos processos para que não haja decisões conflitantes. O fundamento do instituto da conexão é justamente o de proporcionar *economia processual, duração razoável* do processo *(com uma só sentença se julga duas ou mais causas!)* e para evitar decisões conflitantes *(harmonia dos julgados)*. Logo, para assegurar os objetivos do instituto no sistema, deve-se aplicar o art. 313, V, "a", do CPC):

> ***Art. 313.*** *Suspende-se o processo:*
>
> ***V.*** *quando a sentença de mérito:*
>
> ***a)*** *depender do julgamento de outra causa ou da declaração de existência ou de inexistência de relação jurídica que constitua o objeto principal de outro processo pendente.*

5.3 Legitimidade e Forma de Alegação da Conexão/Continência

A conexão e a continência podem ser examinadas ***ex officio. Além disso, podem ser suscitadas por qualquer das partes e a qualquer tempo.*** O réu, regra geral, suscita conexão e continência como preliminar de contestação (art. 337, inc. VIII, do CPC); por outro lado, o autor pode fazê-lo na própria petição inicial ou por mera petição simples.

OBS.: como bem enfatiza Fredie Didier Jr., "o órgão jurisdicional pode, ex officio, conhecer da modificação legal da competência relativa (conexão e continência), mas não pode conhecer de ofício da incompetência relativa. São fatos distintos a modificação da competência, alegável a qualquer tempo e cognoscível de ofício, e a incompetência relativa, que somente pode ser alegada pelo réu:

Modificação da competência relativa (conexão e continência) ≠	**Incompetência Relativa**
Juiz pode conhecer de ofício.	Juiz não pode conhecer de ofício.
Quaisquer das partes podem alegar.	Só o réu pode alegar e MP.
Pode alegar a qualquer tempo.	Tem prazo, sob pena de preclusão.
Remessa dos autos ao juízo prevento.	Remessa dos autos ao juízo competente.

5.4 Prevenção do Juízo: juízo no qual as causas serão reunidas

Quando ficar constatada a conexão/continência entre as causas, estas deverão ser reunidas no juízo prevento, sendo função da prevenção definir qual o juízo que terá a incumbência de processar e julgar conjuntamente as ações.

Há no CPC dois dispositivos que disciplinam o tema da prevenção:

> ***Art. 58. A reunião das ações*** *propostas em separado* ***far-se-á no juízo prevento****, onde serão decididas simultaneamente.*
>
> ***Art. 59. O registro*** *ou* ***a distribuição*** *da petição inicial* ***torna prevento o juízo.***

Percebe-se que o CPC/2015 encerrou a inexplicável dicotomia que existia entre a prevenção nas causas perante juízos com a mesma competência territorial (despacho) e a prevenção perante juízos com competências territoriais distintas (citação válida). Sendo assim, conforme prevê o art. 59 do CPC, pouco importa o critério estabelecido pelo Código revogado. Sob a égide do CPC/2015, o que importa é o REGISTRO ou A DISTRIBUIÇÃO da petição inicial.

Questões

01. (CESPE) **A respeito de competência em Direito Processual Civil, julgue o item a seguir.**

Reconhecida a conexão entre os processos, o juiz poderá determinar a remessa dos autos ao juízo prevento, mesmo após a prolação da sentença, a fim de evitar decisões contraditórias.

Certo ( ) Errado ( )

02. (CESPE) **Acerca do processo civil, julgue o item que se segue.**

A competência, em razão do território, não é modificada pela conexão ou continência: reputam-se conexas duas ou mais ações, quando lhes seja comum o objeto ou a causa de pedir; já a continência ocorre entre duas ou mais ações, sempre que haja identidade quanto às partes e à causa de pedir, mas o objeto de uma, por ser mais amplo, abranja o das outras.

Certo ( ) Errado ( )

03. A empresa Soluções Indústria de Eletrônicos Ltda. veiculou propaganda considerada enganosa relativa a determinado produto: as especificações eram distintas das indicadas no material publicitário. Em razão do anúncio, cerca de duzentos mil consumidores compraram o produto. Diante desse fato, uma associação de defesa do consumidor constituída havia dois anos ajuizou ação civil pública com vistas a obter indenização para todos os lesados.

Com referência a essa situação hipotética, julgue o item seguinte.

Na hipótese de existir outra ação com idêntica causa de pedir da ação civil pública proposta e de tal ação ter sido sentenciada por outro juízo, o fenômeno da conexão exigirá que as duas demandas sejam reunidas.

Certo ( ) Errado ( )

04. A respeito da competência, julgue o item subsequente com base no entendimento doutrinário e jurisprudencial sobre o assunto.

O CPC permite à parte a propositura de ação de execução de título extrajudicial simultaneamente à ação de conhecimento relativa ao mesmo ato jurídico, desde que haja conexão entre as demandas.

Certo ( ) Errado ( )

05. A respeito da competência, julgue o item subsequente com base no entendimento doutrinário e jurisprudencial sobre o assunto.

Segundo o entendimento do STJ, ainda que possível o reconhecimento da conexão entre dois processos, será impossível a sua reunião quando isso puder implicar modificação de competência absoluta, devendo-se, nesse caso, reconhecer questão de prejudicialidade entre as demandas e suspender uma delas.

Certo ( ) Errado ( )

Gabaritos

01	ERRADO	04	ERRADO
02	ERRADO	05	CERTO
03	ERRADO		

6. DAS PARTES E DOS PROCURADORES

6.1 Definição de Partes e Procuradores

Em uma relação processual, pode-se dizer que os seus protagonistas são as partes. São elas que, em um procedimento em contraditório, tentarão fazer prevalecer o direito que supõem ter. No polo ativo da relação processual, tem-se o autor, o qual deflagrará o início do curso do processo com a petição inicial, levando ao Poder Judiciário a pretensão que alega ter. Por outro lado, no polo passivo, tem-se a figura do réu, ou seja, aquele contra o qual o **autor** formula sua pretensão. É interessante mencionar que, durante do transcorrer do processo, essa posição inicial do polo ativo e passivo pode ser invertida. É absolutamente possível que o **réu** originário da demanda possa formular pretensão em desfavor do autor. Basta imaginar o réu apresentando reconvenção no processo.

OBS.: em concursos públicos, é interessante adotar a posição de que na jurisdição voluntária não há partes, mas meros interessados. Prevalece o entendimento de que nos procedimentos de jurisdição voluntária não há lide, pois não há conflito de interesses. Desta forma, não existe processo, mas mero procedimento.

Embora as partes tenham o protagonismo do processo, não possuem a aptidão técnica para formularem suas pretensões diretamente ao Poder Judiciário, é que o sistema exige do sujeito que pretenda praticar atos postulatórios no processo **a capacidade postulatória**, a qual, segundo o art. 103 do CPC, é atribuída ao **advogado** regularmente inscrito na Ordem dos Advogado do Brasil. Da mesma forma, detêm a capacidade postulatória os membros da **Defensoria Pública**, do **Ministério Público** e, excepcionalmente, *a própria parte nas causas que não suplantem 20 salários mínimos processadas nos Juizados Especiais Cíveis (art. 9 da Lei 9.099/95), ou quando possuir habilitação legal.* Art. 103. A parte será representada em juízo por ***advogado*** regularmente inscrito na Ordem dos Advogados do Brasil.

> ***Parágrafo único.*** *É lícito à parte postular em causa própria **quando tiver habilitação legal.***
>
> ***Art. 9º*** *(Lei 9.099/95) Nas causas de valor até vinte salários mínimos, as **partes comparecerão pessoalmente**, podendo ser assistidas por advogado; nas de valor superior, a assistência é obrigatória.*

Nota: percebe-se que ao postular em causa própria, o advogado demandante cumulará, a um só tempo, a capacidade de ser parte, a capacidade processual e a capacidade postulatória.

A legislação trabalhista e o Código de Processo Penal também preveem hipóteses de postulação pela parte em juízo sem a presença de advogado, senão vejamos:

> ***Art. 791*** *- Os empregados e os empregadores poderão reclamar **pessoalmente** perante a Justiça do Trabalho e acompanhar as suas reclamações até o final.*
>
> ***Art. 654.*** *O **habeas corpus** poderá ser impetrado por **qualquer pessoa**, em seu favor ou de outrem, bem como pelo Ministério Público.*

6.2 Exigência da Procuração para o Advogado Postular em Juízo

Sendo certo que a atuação da parte em juízo está condicionada à capacidade postulatória, esta, por sua vez, exige que o profissional do direito esteja devidamente habilitado para poder postular em nome da parte perante o Poder Judiciário. Desta forma, *o advogado da parte deve ser constituído por instrumento procuratório que lhe outorgue poderes para a defesa dos direitos do seu cliente,* **sob pena de se reputarem ineficazes os atos praticados por causídico sem procuração nos autos.** Assim dispõe o art. 104 do CPC/2105:

> ***Art. 104. O advogado não será admitido a postular em juízo sem procuração,*** *salvo para evitar preclusão, decadência ou prescrição, ou para praticar ato considerado urgente.*

Convém observar que a parte final do artigo deixa margem para atuação do advogado, ainda que não tenha procuração nos autos. Sendo assim, para evitar **a) preclusão; b) decadência ou prescrição; c) praticar ato considerado urgente,** a lei admite, excepcionalmente, que haja a postulação sem que seja considerada viciada a iniciativa do representante da parte no caso específico. Basta imaginar que o cliente do advogado se envolva em grave acidente automobilístico ficando em estado de coma e a seguradora de saúde não queira proceder com determinado tratamento cirúrgico a que faz jus o segurado. Nesta situação, resta claro que o Advogado pode postular em juízo, ainda que sem procuração, para propor uma ação com pedido de tutela antecipada para obrigar a seguradora de saúde a submetê-lo ao tratamento necessário (**praticar ato considerado urgente**).

Ocorrendo uma dessas situações, o advogado terá que, posteriormente, exibir a procuração **no prazo de 15 dias, prorrogáveis por igual período** por despacho do juiz **independentemente de caução**. Caso o advogado não é importante observar essa exigência, o ato será considerado **ineficaz** relativamente àquele em nome de quem foi praticado o ato, ficando ainda o advogado sujeito às despesas e a eventuais perdas e danos. É o que dispõem os parágrafos § 1º e § 2º do art. 104 do CPC:

> Em concursos públicos, é comum os examinadores afirmarem que a atuação do advogado sem procuração exige caução, bem como que o prazo de 15 dias para exibição da procuração é improrrogável. Bastante cuidado com questões capciosas nesse sentido.

> ***Art. 104*** *(...)*
>
> ***§ 1º*** *Nas hipóteses previstas no caput, o advogado deverá, **independentemente de caução**, exibir a **procuração no prazo de 15 (quinze) dias, prorrogável por igual período** por despacho do juiz.*
>
> ***§ 2º*** *O ato não ratificado será considerado **ineficaz** relativamente àquele em cujo nome foi praticado, respondendo o advogado pelas despesas e por perdas e danos.*

6.3 Espécies de Procuração

A depender da espécie de ato que deva ser praticado pelo advogado no processo, a procuração deverá conter poderes especiais ao representante da parte. Sendo assim, há duas espécies de procuração:

→ **Procuração geral para o foro:**

A procuração geral para o foro pode ser outorgada por instrumento público ou particular pela parte, sendo que habilita o advogado para a prática de atos ordinários no curso do processo (ex.: receber intimação, apresentar contestação, interpor recurso etc.). Nesta espécie de mandato judicial, não se exige qualquer espécie de cláusula específica para o livre exercício da profissão pelo advogado. Ademais, segundo o § 4º do CPC, a procuração outorgada na fase de conhecimento é eficaz para todas as fases do processo, inclusive para o cumprimento de sentença:

> ***§ 4º*** *Salvo disposição expressa em sentido contrário constante do próprio instrumento, a procuração outorgada na fase de conhecimento é eficaz para todas as fases do processo, inclusive para o cumprimento de sentença. (Grifo nosso)*

→ **Procuração com poderes especiais:**

A procuração judicial pode conferir poderes especiais (cláusula et extra) para o advogado realizar atos no processo que transcendem as questões eminentemente processuais. É que determinados atos que são praticados pelo causídico estão relacionados à disponibilidade do próprio direito material da parte. Portanto, atos como confessar, reconhecer a procedência do pedido, transigir, desistir, devem constar de cláusula específica:

> ***Art. 105.*** *A procuração geral para o foro,* ***outorgada por instrumento público ou particular*** *assinado pela parte, habilita o advogado a praticar todos os atos do processo, e* ***xceto receber citação, confessar, reconhecer a procedência do pedido, transigir, desistir, renunciar ao direito sobre o qual se funda a ação, receber, dar quitação, firmar compromisso e assinar declaração de hipossuficiência econômica, que devem constar de cláusula específica.***

Nota: nas provas, é interessante que o candidato é importante observar qual o tipo de ato que esteja a praticar o advogado. Em muitas questões, o examinador para induzir o candidato em erro afirma, por exemplo, que o advogado com mandato com poderes gerais para o foro poderá **receber citação**.

O CPC/2015 exige que a procuração contenha o nome da sociedade de advogados, seu número de registro na OAB e o endereço completo caso o advogado pertença a um escritório de advocacia:

> ***§ 3º*** *Se o outorgado integrar sociedade de advogados,* ***a procuração também deverá conter o nome dessa, seu número de registro na Ordem*** *dos Advogados do Brasil* ***e endereço completo****.*

Por fim, deve-se enfatizar que, se houver qualquer espécie de vício relativo à capacidade postulatória no processo, o juiz deverá observar as normas fundamentais da cooperação e da primazia do julgamento de mérito. Logo, não poderá de imediato extinguir o processo se o vício for ocasionado pelo autor ou considerar revel o réu se este tiver dado causa ao vício, **sem antes intimar as partes para a correção dos vícios**. Sendo assim, deverá suspender o processo e designar um prazo razoável para que seja sanado o vício. Essa determinação encontra-se estabelecida no art. 76 do CPC:

> ***Art. 76.*** *Verificada a incapacidade processual ou* ***a irregularidade da representação da parte****, o juiz* ***suspenderá o processo e designará prazo razoável*** *para que seja sanado o vício.*

6.4 Da Sucessão das Partes e dos Procuradores

Inicialmente, vale dizer que o CPC/2015 corrigiu uma grave atecnia do dispositivo legal do CPC/73 (art. 41) que corresponde ao atual art. 108 do CPC. Ao eliminar a expressão "substituição" do antigo Código e empregar o termo "sucessão", promove a adequada categorização do instituto disciplinada pelo processo. Com efeito, não há que se confundir a sucessão processual com a substituição processual. A sucessão ocorre quando uma parte toma o lugar da outra no curso do processo, ou quando um advogado ingressa no lugar de outro na causa. Por outro lado, na substituição, o que existe é um sujeito em nome próprio, pleiteando direito alheio (art. 18 do CPC) nas situações em que o ordenamento jurídico permite. Percebe-se que não há entrada de uma parte no lugar de outra no processo.

Em virtude da estabilidade subjetiva do processo (*perpetuatio legitimationes)*, regra geral, é vedada a sucessão processual das partes no curso do processo, salvo os casos expressos em lei. Eis a conclusão a que se chega pela disposição constante no art. 108 do CPC/2015:

> ***Art. 108.*** *No curso do processo,* ***somente é lícita a sucessão voluntária das partes*** *nos casos expressos em lei.*

Fixada essa premissa básica, importa tratar do mais relevante tema do instituto para fins de concurso público. Sem dúvida, a sucessão das partes pela alienação da coisa ou do direito litigioso é, de longe, o tema da maior predileção da maioria das bancas de concurso público do país. Portanto, ter-se-á um cuidado maior no trato da matéria aqui (sugiro uma leitura atenta do art. 109 do CPC).

A sucessão das partes em virtude da alienação da coisa ou do direito litigioso encontra previsão no art. 109 do CPC:

> ***Art. 109.*** *A alienação da coisa ou do direito litigioso por ato entre vivos, a título particular,* ***não altera a legitimidade das partes.***
>
> ***§ 1º*** *O adquirente ou cessionário* ***não poderá ingressar em juízo,*** *sucedendo o alienante ou cedente,* ***sem que o consinta a parte contrária****.*
>
> ***§ 2º*** *O adquirente ou cessionário* ***poderá intervir no processo como assistente litisconsorcial*** *do alienante ou cedente.*
>
> ***§ 3º Estendem-se os efeitos da sentença*** *proferida entre as partes originárias* ***ao adquirente ou cessionário****.*

Convém notar que uma situação muito interessante ocorre no processo quando há a alienação da coisa ou do direito litigioso: **não há a alteração da legitimidade das partes.** Sendo assim, o autor/réu originário (demandante/demandado) não perde legitimidade na causa que estava a participar. Ou seja, **ele passará da condição de legitimado ordinário para substituto processual ou legitimado extraordinário.** Continuará no processo, agora, a pleitear em nome próprio direito alheio (atuará na condição de substituto processual do adquirente ou cessionário).

Percebe-se que da dicção do § 1º do art. 109, o só fato da alienação da coisa ou do direito litigioso não legitima o ingresso do adquirente ou cessionário no curso do processo. A lei exige o **consentimento** do adversário do alienante ou cedente para a sucessão processual, sem o qual o ingresso do adquirente ou cessionário está vedado no processo.

Caso não haja o consentimento, o adquirente ou o cessionário poderá participar do processo na condição de ***assistente***

litisconsorcial do alienante ou do cedente. Em verdade, dada a natureza da atuação prevista no CPC, atuará como verdadeira parte no processo, tendo em vista o claro interesse jurídico na causa. Tanto é assim, que **os efeitos da sentença proferida entre as partes originárias serão estendidos ao adquirente ou cessionário participando ou não do processo.**

É importante observar que as situações tratadas pelo art. 109 e parágrafos do CPC dizem respeito à sucessão processual entre vivos. Caso a sucessão processual se dê por **causa mortis**, o espólio ou os sucessores é que ingressarão no curso do processo para defender o direito do **de cujus**:

> ***Art. 110.*** *Ocorrendo a morte de qualquer das partes,* ***dar-se-á a sucessão pelo seu espólio ou pelos seus sucessores****, observado o disposto no art. 313, §§ 1º e 2º.*

O Código também disciplina a sucessão de advogados no curso do processo. A parte pode manifestar seu desinteresse em continuar com o advogado que constituiu anteriormente e revogar o mandato, caso em que deverá incontinenti nomear um outro (art. 111 do CPC). Não sendo designado novo advogado, o juiz deverá aplicar o disposto no art. 76 do CPC:

> ***Art. 111. A parte que revogar o mandato*** *outorgado a seu advogado constituirá,* ***no mesmo ato****, outro que assuma o patrocínio da causa.*
>
> ***Parágrafo único. Não sendo constituído novo procurador no prazo de 15 (quinze) dias****, observar-se-á o disposto no art. 76.*

Por outro lado, constitui direito do advogado, a qualquer tempo, renunciar ao mandato, bastando provar que deu ciência ao mandante para que este possa nomear um substituto. Neste caso, tem o dever de permanecer no patrocínio da causa durante os 10 dias subsequentes, desde que seja necessário para evitar prejuízo ao representado. A comunicação será dispensada quando na procuração houver a constituição de vários advogados e um deles permanecer na defesa dos interesses do constituído. Vejamos o que disciplina o art. 112 do CPC:

> ***Art. 112. O advogado poderá renunciar ao mandato a qualquer tempo, provando****, na forma prevista neste Código,* ***que comunicou a renúncia ao mandante,*** *a fim de que este nomeie sucessor.*
>
> ***§ 1º Durante os 10 (dez) dias seguintes****, o advogado continuará a representar o mandante, desde que necessário para lhe evitar prejuízo*
>
> ***§ 2º Dispensa-se a comunicação referida no caput quando a procuração tiver sido outorgada a vários advogados*** *e a parte continuar representada por outro, apesar da renúncia.*

Questões

01. (CESPE) Acerca da capacidade postulatória e do litisconsórcio, julgue o item a seguir.

A capacidade postulatória, definida como a autorização legal para atuar em juízo, é prerrogativa de advogados públicos e privados e defensores públicos, por exemplo.

Certo ( ) Errado ( )

02. Com base nas normas que regem o processo civil, julgue o item seguinte, acerca da função jurisdicional; do Ministério Público; de nulidades processuais; e de sentença.

O Ministério Público será intimado a se manifestar em todas as causas em que a fazenda pública figurar em um dos polos, visto que essa hipótese é de interesse público e social.

Certo ( ) Errado ( )

03. Acerca de tutela provisória, cumprimento de sentença e processos nos tribunais, julgue o item a seguir.

Situação hipotética: Proposta pelo estado do Amazonas ação de rescisão contratual cumulada com perdas e danos contra uma empreiteira, o juízo acolheu o pedido e fixou honorários sucumbenciais. Depois de transitada em julgado a decisão e liquidada a sentença, a requerimento do ente autor, a referida empreiteira foi intimada para o cumprimento voluntário da obrigação, não tendo, contudo, cumprido tal obrigação e tampouco apresentado impugnação à medida. Assertiva: Nesse caso, devem ser fixados novos honorários advocatícios referentes à fase de cumprimento de sentença.

Certo ( ) Errado ( )

04. Considerando as disposições do CPC pertinentes aos sujeitos do processo, julgue o item a seguir.

O advogado poderá renunciar ao mandato a qualquer tempo, sendo indispensável a comunicação da renúncia ao mandante, ainda que a procuração tenha sido outorgada a vários advogados e a parte continue representada.

Certo ( ) Errado ( )

05. Considerando as disposições do CPC pertinentes aos sujeitos do processo, julgue o item a seguir.

Ao postular em juízo sem procuração para evitar a prescrição, o advogado se encontrará na situação de incapacidade postulatória, a qual deverá ser sanada pela apresentação do documento de representação no prazo de quinze dias.

Certo ( ) Errado ( )

Gabaritos

01	CERTO	04	ERRADO
02	ERRADO	05	ERRADO
03	CERTO		

7. INTERVENÇÃO DE TERCEIROS

7.1 Aspectos gerais

A intervenção de terceiros consiste no ingresso da relação processual de um terceiro que até então não participava da relação processual em curso. Por isso, o professor Alexandre Câmara bem explica que "o terceiro só é terceiro antes da intervenção, ou seja, **a partir do momento em que ingressa no processo ele passa a ser um de seus sujeitos e, portanto, adquire a qualidade de parte".**

As modalidades de intervenção de terceiros encontram-se previstas em lei e trazem, como finalidade precípua, a economia processual e a prevenção contra decisões contraditórias.

Como regra geral, as modalidades interventivas foram previstas para aplicação em processo ou fase de conhecimento. No entanto, algumas delas podem aparecer no processo ou na fase de execução (ex.: incidente de desconsideração da personalidade jurídica).

> Muito comum nas provas das mais diversas bancas de concurso a afirmação de que o mero interesse econômico legitima o ingresso de terceiro no processo alheio (ERRADO). Na verdade, regra geral, a espécie de interesse que permite ao terceiro ingressar em uma relação processual já em curso é o <u>interesse jurídico!</u> Sendo assim, o interesse unicamente econômico não viabiliza a entrada do terceiro no processo para adquirir a condição de parte.ç

→ **Classificação das Intervenções de Terceiros**

a) **Espontânea/voluntária:** ocorre quando a iniciativa de participar do processo parte do próprio terceiro, ex.: assistência.

b) **Provocada/forçada:** neste caso, o ingresso do terceiro no processo independe de sua vontade, ou seja, ele é trazido ao processo por inciativa das partes. Ex.: denunciação da lide, chamamento ao processo.

O Novo CPC deixou de considerar intervenção de terceiros a oposição (agora, prevista como procedimento especial, artigos 682 a 686, CPC/15) e a nomeação à autoria (prevista nos artigos 338 e 339, CPC/15, alocados entre os dispositivos que regulam a contestação).

7.2 Assistência

Consiste a assistência em espécie de intervenção de terceiros por meio da qual um sujeito alheio à demanda originária ingressa, **unicamente em razão de sua vontade e demonstrando interesse jurídico**, para auxiliar um dos polos a obter uma sentença favorável.

Deste modo, ainda que o interesse do terceiro se baseie em prejuízo econômico ou moral, não será admissível a assistência.

Pela dicção do art. 119, parágrafo único do CPC, caberá a assistência em qualquer tipo de procedimento, e em todos os graus de jurisdição:

> ***Art. 119.*** *Pendendo causa entre 2 (duas) ou mais pessoas, <u>o terceiro **juridicamente** interessado</u> em que a sentença seja favorável a uma delas poderá intervir no processo para assisti-la.*
>
> ***Parágrafo único.*** *<u>A assistência será admitida</u> em **qualquer procedimento e em todos os graus de jurisdição**, recebendo o assistente o processo no estado em que se encontre.*

Muito cuidado com essa situação. A doutrina autorizada (Alexandre Câmara, Teresa Wambier) perfilha o entendimento de que não cabe a assistência no processo de execução ou fase de execução, tendo em vista que na execução não seria possível o assistente auxiliar a parte na busca de uma sentença favorável. No entanto, caso o examinador esteja a cobrar a literalidade da lei (provas da FCC, principalmente), é mais fácil defender sua posição na prova adotando o texto da norma.

No procedimento sumaríssimo dos Juizados Especiais Cíveis (Lei 9.099/1995), não se admite qualquer espécie de intervenção de terceiros:

> ***Art. 10.*** *Não se admitirá, no processo, qualquer forma de intervenção de terceiro nem de assistência. Admitir-se-á o litisconsórcio.*

O assistente ingressará no feito a qualquer tempo, recebendo o processo no estado em que esteja, revestindo-se todos os atos praticados anteriormente pelo fenômeno da preclusão (artigo 119, Novo CPC).

O pedido de assistência poderá ser indeferido pelo juiz, inclusive liminarmente, em razão de não se encontrarem presentes os seus requisitos essenciais, tais como a existência de interesse jurídico no resultado do processo, ou em razão de não ser possível a intervenção no procedimento do caso concreto. Sobre o indeferimento, *manifestar-se-ão as partes no prazo de quinze dias.* **O requerimento de assistência não suspende o processo principal.**

Da decisão que acatar, ou não, o pedido de assistência, caberá agravo de instrumento apenas no efeito devolutivo (artigo 1.015, IX, CPC/15). Excepcionalmente, admite-se o efeito suspensivo (artigo 1.019, I, e 995, Novo Código de Processo Civil).

7.3 Assistência Simples

A assistência simples é a forma tradicional de assistência, também chamada de adesiva. Neste caso, intervém, no processo, um terceiro que não mantém relação jurídica direta com o adversário do assistido, não é titular da relação jurídica deduzida no processo.

Imaginemos a ação de despejo em que o locador pretende destituir o locatário do imóvel. Deve-se observar que o sublocatário terá interesse jurídico em assistir o locatário nesta ação. Ora, caso a ação seja julgada procedente, o sublocatário (assistente simples) é quem vai ter que sair do imóvel, pois está na posse direta do bem. Sendo assim, o assistente atuará na busca de uma sentença favorável ao assistido para que não haja interferência em sua esfera de interesses jurídicos.

Em resumo, são requisitos para que se proceda à assistência simples em processo judicial:

a) A existência de relação jurídica não controvertida entre o terceiro interventor e a parte processual assistida, mas não entre o terceiro interventor e a parte contrária, não sendo suficiente a alegação de interesse econômico;

b) A relação jurídica deverá ser afetada pelo resultado do processo.

Verifica-se aqui, com base nesses requisitos, uma situação de mero interesse econômico em que não seria admitida a assistência:

Imaginemos uma ação de cobrança entre o credor "A" e o devedor "B" relativa a um inadimplemento de um contrato de compra e venda. Agora suponhamos que esse mesmo devedor "B" tenha um contrato de empréstimo assinado com um sujeito "C". Tomando conhecimento da ação proposta por "A" em desfavor de "B", "C" deseja ingressar na condição de assistente simples da parte demandada na ação de cobrança já em curso. A despeito de existir relação jurídica entre o terceiro ("C") e o réu no litígio ("B"), não poderá ser autorizado o seu ingresso no processo por possuir um interesse meramente econômico no caso. A relação jurídica que mantém com o réu do processo permanecerá inalterada. Percebe-se que o contrato de compra e venda inadimplido pelo réu "B" em nada repercute no contrato de empréstimo com "C", ao contrário, permanecerá em seus estritos termos. Há risco de alteração, é bem verdade, da situação patrimonial do devedor "B", o que traduz simples interesse econômico, incapaz de ensejar o cabimento de assistência simples.

Por atuar como auxiliar da parte principal (assistido), não poderá o assistente simples praticar ato que contrarie a vontade e o interesse do assistido. Caso o assistido vede a prática de determinado ato por parte do assistente, este não o poderá fazer. Da mesma forma, não tem poder para impedir atos de disposição de direito por parte do assistido, tais como: reconhecimento da procedência do pedido, desistência da ação, renúncia ao direito sobre o que se funda a ação ou transação sobre direitos controvertidos. É o que prevê o art. 122 do CPC:

> ***Art. 122.*** *A assistência simples* ***não obsta*** *a que a parte principal reconheça a procedência do pedido, desista da ação, renuncie ao direito sobre o que se funda a ação ou transija sobre direitos controvertidos.*

Na hipótese de permanecer silente o assistido, praticará o ato, nos limites de seu livre arbítrio, o assistente.

7.3.1 A assistência e a imutabilidade da justiça da decisão

Dispõe o caput do artigo 123 do Novo Código de Processo Civil que o trânsito em julgado torna imutáveis os fundamentos fáticos e jurídicos da decisão, não apenas o dispositivo, para o assistente (a justiça da decisão). Nesta ótica, a intervenção se torna mais ampla do que a coisa julgada material, que apenas atinge o dispositivo da decisão.

Por outro lado, a imutabilidade comporta exceções, sendo, neste sentido, mais restrita do que a coisa julgada material.

Desta forma, não mais poderá o assistente discutir, em futura demanda, questões discutidas e resolvidas no processo em que atuou.

Vejamos o que significa a imutabilidade da justiça da decisão no didático exemplo do prof. Daniel Neves:

> *Promovida a ação de reparação de danos por acidente automobilístico, ingressando a seguradora como assistente do réu (que poderia tê-la denunciado à lide, mas não o fez) e acolhido o pedido do autor com o fundamento que o réu deu causa ao acidente, não poderá a seguradora – assistente na primeira demanda – na futura ação regressiva a ser promovida pelo segurado – assistido na primeira demanda – alegar que não deve ressarcir porque a responsabilidade pelo acidente é de terceiros e o contrato não cobre tal circunstância.*

No entanto, de acordo com os incisos do artigo 123 do CPC/15, não haverá imutabilidade da justiça da decisão sempre que o assistente comprovar que:

> ***I.*** *pelo estado em que recebeu o processo ou pelas declarações e pelos atos do assistido, foi impedido de produzir provas suscetíveis de influir na sentença, ou*
>
> ***II.*** *desconhecia a existência de alegações ou de provas das quais o assistido, por dolo ou culpa, não se valeu.*

Trata-se da exceptio male gesti processus, **exceção de má gestão processual.**

7.4 Assistência litisconsorcial

A assistência litisconsorcial ou assistência qualificada, prevista no artigo 124 do CPC de 2015, é admitida nos casos em que o assistente tem relação jurídica com ambas as partes processuais. ***O assistente litisconsorcial é titular da relação jurídica de direito material discutida no processo***, portanto tem interesse direto no resultado da demanda.

Por óbvio, ideal seria a indicação de todos os titulares do direito no início do processo. Contudo, em situações excepcionais, admite-se a ulterior indicação (casos de legitimação extraordinária, substituição processual e casos de cotitulares que não precisam participar do processo a fim de que lhes sejam concedidas validez e eficácia).

Então, a assistência litisconsorcial será possível no caso de litisconsórcio facultativo, em que, por vontade do autor, alguns titulares do direito ficaram de fora da relação processual, podendo nela ingressar posteriormente.

São exemplos de assistência litisconsorcial:

a) A intervenção dos demais condôminos que não fizeram parte da relação processual originária deflagrada pelo condômino que iniciou o processo. É tranquilamente possível que, posteriormente, um dos condôminos que não iniciou o processo, venha a integrar a relação processual já em curso.
b) A intervenção do terceiro adquirente de bem litigioso (artigo 109, Novo CPC), quando o autor não anuir com a alteração do polo passivo, hipótese em que o alienante atuará, semelhantemente, na curiosa posição de substituto processual do assistente.

Atuará o assistente litisconsorcial, ao contrário do simples, com autonomia e independência, de modo que **não dependerá da anuência do assistido para a prática de qualquer ato.**[1]

Qualquer ato de renúncia, transação, reconhecimento de pedido ou desistência deverá contar com a anuência do assistente litisconsorcial, não se aplicando o que dispõe o artigo 122 do

1 NEVES, Daniel Amorim Assumpção. Manual de Direito Processual Civil. Volume Único. 8. ed. Bahia, Juspodivm: 2016.

Novo Código de Processo Civil. Sendo tratado o assistente como litisconsorte unitário, terão prazo em dobro assistente e assistido, sempre que dispuserem de procuradores distintos que não pertençam ao mesmo escritório de advocacia e quando os autos não forem eletrônicos.

7.4.1 A questão da coisa julgada material na assistência

Conforme já se adiantou, dispõe o caput do artigo 123 do Novo Código de Processo Civil que o trânsito em julgado torna imutável para o assistente (simples) os fundamentos fáticos e jurídicos da decisão, não apenas o dispositivo. Nesta ótica, a intervenção se torna mais ampla do que a coisa julgada material, a qual apenas atinge o dispositivo da decisão.

Por outro lado, a imutabilidade comporta exceções, sendo, neste sentido, mais restrita do que a coisa julgada material.

O **assistente litisconsorcial** sofrerá os efeitos da coisa julgada material, tendo participado, ou não, do litígio, porque é titular do direito material discutido no processo.

Acerca da existência de algum direito apenas gerado pela participação, no processo, do assistente litisconsorcial, há duas correntes doutrinárias (isso é muito difícil de cair em prova pela divergência doutrinária que existe; o examinador estaria arriscando a manutenção da questão pelos inúmeros recursos que seriam apresentados!):

A primeira defende o entendimento de que o assistente litisconsorcial seria um litisconsorte ulterior, parte processual, não terceiro, de modo que não se aplicariam, a ele, os efeitos descritos no artigo 123 do Novo Código de Processo Civil. Sua participação ou não no processo seria irrelevante para a formação da coisa julgada, que a ele aplicar-se-ia de todo modo.

A segunda corrente entende que os efeitos do artigo 123 do Novo Código de Processo Civil aplicar-se-iam ao assistente litisconsorcial, visto como verdadeiro terceiro interventor. A coisa julgada será formada independentemente de sua participação processual. Contudo, a imutabilidade da justiça da decisão apenas a ele vincula quando lhe for oportunizada a participação no processo.

7.5 Denunciação da Lide

A doutrina conceitua a denunciação da lide, a partir das hipóteses de cabimento previstas no artigo 125 do Código de Processo Civil de 2015: seria a integração à lide de terceiro responsável pelo potencial prejuízo advindo ao denunciante em razão do resultado da demanda (por evicção ou por obrigação legal e contratual). Traduziria, então, o direito regressivo da parte processual contra um terceiro ou contra a própria parte contrária, em situação excepcional:

> ***Art. 125. É admissível*** *a denunciação da lide, promovida por qualquer das partes:*
>
> ***I.*** *ao alienante imediato, no processo relativo à coisa cujo domínio foi transferido ao denunciante,* ***a fim de que possa exercer os direitos que da evicção lhe resultam;***
>
> ***II.*** *àquele que estiver obrigado,* ***por lei ou pelo contrato,*** *a indenizar,* ***em ação regressiva,*** *o prejuízo de quem for vencido no processo.*

Consiste a denunciação da lide em **demanda incidente** (instaurada em processo já em andamento), regressiva (fundada em direito de regresso), **eventual** (tem relação de prejudicialidade em relação à demanda principal, ou seja, inexistindo prejuízo para o denunciante, perde o objeto a denunciação) e **antecipada** (no momento da denunciação, não há interesse de agir do denunciante, que tem, ainda, por incerto o prejuízo. Contudo, neste caso, priorizou-se a economia processual).

Realizada a denunciação da lide, o processo passa a contar com uma demanda principal e outra secundária; não se trata de alteração dos polos da demanda principal.

A denunciação corresponde a tipo coercitivo/provocado de intervenção de terceiro, de modo que o denunciado vincular-se-á ao processo independentemente de sua vontade, por simples citação.

A sua aplicação independe de petição exclusiva, de modo que poderá constar de tópico da inicial ou da contestação, com a expressa indicação da fundamentação jurídica, enquadrada em uma das hipóteses do artigo 125 do Novo Código de Processo Civil:

> ***I.*** *ao alienante imediato, no processo relativo à coisa cujo domínio foi transferido ao denunciante, a fim de que possa exercer os direitos que da evicção lhe resultam.*

Segundo a redação do inciso, o comprador evicto apenas poderá agir regressivamente contra o alienante imediato sempre que o terceiro reivindicar a coisa. **Não mais se admite a denunciação per saltum de qualquer sujeito participante da cadeia de transmissão do bem (revogação do artigo 456, CC/02, pelo artigo 1.072, II, Novo Código de Processo Civil).**

> ***II.*** *àquele que estiver obrigado, por lei ou pelo contrato, a indenizar, em ação regressiva, o prejuízo de quem for vencido no processo.*

Hipótese mais abrangente de denunciação da lide: caso da seguradora, obrigada contratualmente, ou do empregador, obrigado legalmente a responder pelos atos dos empregados.

OBS.: a Administração Pública responde, independentemente de culpa, objetivamente pelos danos causados por seus agentes. Poderá o prejudicado demandar, exclusivamente, o Poder Público, o qual disporá de direito de regresso contra o servidor responsável, com o qual divide responsabilidade solidária. Quando denunciada a lide o servidor público, com fundamento no direito de regresso, tratar-se-á de questão jurídica alheia à demanda originária, devendo-se comprovar a culpa do preposto, que goza de responsabilidade subjetiva, ao contrário do ente público. O STJ entende pela inaplicabilidade da intervenção de terceiro no caso de violação da economia e da celeridade processuais (REsp 1.187.456/RJ, 2ª Turma, Min. Castro Meira, j. 16/11/2010, DJe 01/12/2010, REsp 955.352/RN, 2ª Turma, Rel. Min. Eliana Calmon, j. 18/06/2009, DJe 29/06/2009).

Aceita-se, por outro lado, a discussão de culpa na demanda principal, quando se tratar de responsabilização do Estado por ato de servidor público, sempre que se alegar culpa exclusiva da vítima ou culpa concorrente, não representando qualquer espécie de ampliação objetiva indevida.

7.5.1 Facultatividade ou Obrigatoriedade?

A denunciação da lide, a despeito da previsão do artigo 70 do CPC de 1973, sempre foi entendida, pela melhor doutrina, como ato processual facultativo. A norma processual não teria, jamais, o condão de extinguir uma relação de direito material, impedindo o posterior direito de regresso do sujeito que poderia ter atuado como denunciante, porém não o fez. Seria absurda a situação, o denunciante teria o seu direito material comprometido pelo só fato de não demandar a denunciação! Ademais, seria privilegiar o ardil de quem, por exemplo, alienou algo que não lhe pertencia, uma clara hipótese de enriquecimento ilícito de quem não poderia ser acionado por ação autônoma posteriormente.

O Superior Tribunal de Justiça (REsp 1.332.112/GO, rel. Min. Luís Felipe Salomão, j. 21/03/2013, 4ª Turma, STJ) já afastava a obrigatoriedade da denunciação da lide, inclusive durante a vigência do artigo 70, I, do CPC/73, tendo em vista que a desautorização de posterior ação de regresso significaria enriquecimento ilícito do sujeito que poderia ter sido denunciado.

Assim, o caput do artigo 125 do Novo Código de Processo Civil consagra entendimento de que a denunciação da lide é facultativa. **Inclusive, o parágrafo único do artigo em questão dispõe que o direito de regresso será veiculado em ação autônoma sempre que a denunciação for indeferida, deixar de ser promovida ou não for permitida.**

Enunciado 120 do Fórum Permanente de Processualistas Civis: A ausência de denunciação da lide gera apenas a preclusão do direito de a parte promovê-la, sendo possível ação autônoma de regresso.

7.5.2 A posição processual do denunciado após a denunciação

Conforme se depreende dos artigos 127 e 128, I, do CPC/15, a denunciação da lide cria, na demanda principal, um **litisconsórcio entre denunciante e denunciado**. Este litisconsórcio será: **ulterior** (formado no decorrer do processo), passivo ou ativo (a depender da posição do denunciante), **facultativo** (porque não há a extinção do processo sem análise meritória se não se proceder à realização da denunciação, muito menos a extinção do direito de regresso), **unitário** (a decisão para o denunciante e denunciado será a mesma). Na demanda secundária, por sua vez, denunciante e denunciado são adversários.

7.5.3 Cumprimento de sentença contra o denunciado

Por questões pragmáticas, o Superior Tribunal de Justiça vem entendendo pela possibilidade de condenação e execução direta, em cumprimento de sentença, da seguradora denunciada. Neste sentido, dá-se o seguinte entendimento sumulado:

> ***Súmula 537,*** *STJ: Em ação de reparação de danos, a seguradora denunciada, se aceitar a denunciação ou contestar o pedido do autor, pode ser condenada, direta e solidariamente junto com o segurado, ao pagamento da indenização devida à vítima, nos limites contratados na apólice.*

O Novo Código de Processo Civil, respaldando o entendimento já consolidado do STJ, sanando o dissenso doutrinário e privilegiando aspectos práticos de justiça processual, optou pela autorização de execução direta do denunciado, na estrita medida de sua responsabilidade regressiva. É o que consta no art. 128, parágrafo único, do CPC:

> ***Parágrafo único.*** *Procedente o pedido da ação principal,* ***pode o autor,*** *se for o caso,* ***requerer o cumprimento da sentença também contra o denunciado,*** *nos limites da condenação deste na ação regressiva.*

Enunciado 121 do Fórum Permanente de Processualistas Civis - FPPC: O cumprimento da sentença diretamente contra o denunciado é admissível em qualquer hipótese de denunciação da lide fundada no inciso II do artigo 25.

7.5.4 Denunciação sucessiva

Inovou o Novo Código de Processo Civil ao prever, em seu artigo 125, parágrafo 2º, a possibilidade de que o denunciado pelo autor ou pelo réu denuncie a demanda a um terceiro: trata-se da denunciação sucessiva.

Durante a vigência do CPC/73, entendia-se, predominantemente, pela inadmissibilidade de denunciação sucessiva, por receio de comprometimento da celeridade e economia processual, sob o risco de que se prolongasse demasiadamente a cadeia de denunciados, tornando complexa a relação jurídica processual.

A fim de dirimir tal questão, o mesmo parágrafo 2º do artigo 125 do CPC/15 previu a limitação da denunciação sucessiva a uma única vez:

> ***§ 2º Admite-se uma única denunciação sucessiva,*** *promovida pelo denunciado, contra seu antecessor imediato na cadeia dominial ou quem seja responsável por indenizá-lo,* ***não podendo o denunciado sucessivo promover nova denunciação,*** *hipótese em que eventual direito de regresso será exercido por ação autônoma.*

7.5.5 Denunciação da lide feita pelo autor/réu

Quando feita pelo autor, a denunciação da lide deverá ser feita no prazo de propositura da ação originária, de modo que a citação do denunciado seja efetuada juntamente com a do réu (artigo 127, Novo CPC). O artigo 126 do Novo Código de Processo Civil indica a simples elaboração de tópico na petição inicial indicando a causa de pedir da denunciação, bem como requerendo a citação do denunciado.

Nos casos de denunciação da lide feita pelo autor, a citação do denunciado à lide será requerida juntamente com a do réu.

A denunciação feita pelo autor suspende o curso do procedimento principal até que se efetue a citação do denunciado. Quanto aos prazos para realização da citação, prevê o artigo 131 do CPC/15:

> ***Art. 131.*** *A citação daqueles que devam figurar em litisconsórcio passivo será requerida pelo réu na contestação e deve ser promovida no prazo de 30 (trinta) dias, sob pena de ficar sem efeito o chamamento.*
>
> ***Parágrafo único.*** *Se o chamado residir em outra comarca, seção ou subseção judiciárias, ou em lugar incerto, o prazo será de 2 (dois) meses.*

O procedimento ficará sem efeito caso o prazo não seja respeitado por culpa do denunciante. **Neste caso, o denunciado será litisconsorte do autor em petição inicial já apresentada.** A causa de pedir e o pedido não poderão ser alterados pelo denunciado, sendo-lhe permitido, porém, acrescentar à exordial novos argumentos.

Quando feita pelo réu, como acontece com mais frequência, a denunciação da lide deverá ser indicada na contestação por questões de economia processual (artigo 126, Novo Código de Processo Civil). Conterá a causa de pedir (enquadramento em uma das situações previstas no artigo 125 do Novo Código de Processo Civil) e o pedido de citação do terceiro interventor.

Nos casos de denunciação da lide feita pelo réu, a citação do denunciado à lide será requerida no prazo para contestar.

Do mesmo modo, o prazo para a efetuação da denunciação encontra-se estabelecido no artigo 131 do CPC/15. O procedimento ficará sem efeito caso o prazo não seja respeitado por culpa do denunciante.

No artigo 128 do Novo Código de Processo Civil, estabelecem-se as reações possíveis do denunciado pelo réu. Convém verificar:

> ***Art. 128.*** *Feita a denunciação pelo réu:*
>
> ***I.*** *se o denunciado contestar o pedido formulado pelo autor, o processo prosseguirá tendo, na ação principal, em litisconsórcio, denunciante e denunciado;*

Neste caso, o denunciado deixa de trazer, à demanda, a discussão acerca dos motivos ensejadores de sua intervenção, não impugnando o direito regressivo do réu. A denunciação é coercitiva, não devendo o denunciado aceitá-la.

> ***II.*** *se o denunciado for revel, o denunciante pode deixar de prosseguir com sua defesa, eventualmente oferecida, e abster-se de recorrer, restringindo sua atuação à ação regressiva;*

Há revelia, neste caso, em relação às duas ações: a demanda principal e a secundária (denunciação). Presumir-se-ão verdadeiros os fatos alegados pelo réu-denunciante, o qual poder-se-á abster de recorrer na ação principal. A regra corrobora com o que prevê o artigo 456 do CC/02.

> ***III.*** *se o denunciado confessar os fatos alegados pelo autor na ação principal, o denunciante poderá prosseguir com sua defesa ou, aderindo a tal reconhecimento, pedir apenas a procedência da ação de regresso.*

É importante observar, no entanto, que a confissão não é prova absoluta de veracidade dos fatos alegados pelo autor. A confissão reforça a carga valorativa da prova, mas não vincula o magistrado, que deve colocar em prática seu convencimento motivado.

7.6 Chamamento ao processo

De acordo o artigo 130 do Novo Código de Processo Civil, constitui o chamamento ao processo a modalidade interventiva provocada pelo réu (chamante) para que o terceiro (chamado), em processo cognitivo, ligado a situações de garantia simples, em que se verifique uma coobrigação gerada pela existência de mais de um responsável pelo cumprimento da obrigação venha a responder perante o credor. Art. 130 do CPC:

> ***Art. 130.*** *É admissível o chamamento ao processo, requerido pelo réu:*
>
> ***I.*** *do afiançado, na ação em que o fiador for réu;*
>
> ***II.*** *dos demais fiadores, na ação proposta contra um ou alguns deles;*
>
> ***III.*** *dos demais devedores solidários, quando o credor exigir de um ou de alguns o pagamento da dívida comum.*

O inciso I do artigo 130 prevê a relação entre devedor principal e fiador. Sendo assim, é possível que o fiador traga a relação processual, quando diretamente acionado, o seu afiançado para que possa fazer uso do benefício de ordem quando o processo chegar a fase de expropriação de bens. No inciso II do artigo 130 vê-se a figura da cofiança entre os fiadores, na verdade, existe uma verdadeira solidariedade entre os cofiadores, de tal sorte que se um ou alguns dos cofiadores forem demandados, poderão fazer uso do chamamento ao processo para haver uma ampla responsabilização dos coobrigados. Por fim, o inciso III do artigo 130 permite que quando o credor exigir a dívida comum de um ou de alguns dos devedores solidários (art. 275 do CC), o coobrigado demandado poderá se valer do chamamento ao processo para que possa, se for o caso, exigir o pagamento dos demais no caso de pagar a dívida comum.

Em relação ao réu, o chamamento ao processo é facultativo, podendo-se valer de ação autônoma posterior. Em relação ao terceiro, o chamamento é coercitivo, bastando que seja citado para se vincular ao processo, à decisão e à coisa julgada material.

Na prática, percebe-se que o terceiro interventor, ainda que não seja chamado litisconsorte, atuará como tal (no mínimo, como assistente litisconsorcial), já que também é titular do direito discutido.

Sob o risco de contrariar o que prevê o artigo 132 do Novo Código de Processo Civil, não se mostraria adequado o entendimento de que, vencido o litígio, o autor apenas poderia demandar o réu, e este poderia, então, demandar o terceiro interventor, com base em direito regressivo.

Se o autor suportou todos os percalços de uma demanda complexa, agregada com minuciosos atos relacionados à intervenção de terceiro, deve, semelhantemente, ver reconhecido o direito de executar todos os codevedores que participaram, direta ou indiretamente, da demanda judicial.

A despeito da contradição existente entre o dispositivo 275 do CC/02 e o dispositivo 130 do Novo Código de Processo Civil, mostra-se mais justo e coerente com o ordenamento jurídico brasileiro o reconhecimento da formação de litisconsórcio passivo ulterior, restando, ao autor, a opção por executar qualquer dos coobrigados litisconsortes.

> Muito cuidado com a situação de fiança, principalmente, por se tratar a fiança de contrato acessório. Desta forma, demandado o devedor principal, não poderá chamar ao processo o fiador. Caso o devedor principal não goze de capacidade de satisfazer o crédito do autor, deverá este mover nova demanda judicial contra o fiador (são muito comuns questões capciosas sobre o tema).

7.6.1 Cabimento

Percebe-se que nesta espécie interventiva, o terceiro é devedor solidário do credor, juntamente com o réu contra quem o autor escolheu litigar. **Diferentemente do denunciado à lide**, o chamado ao processo é, igualmente, titular do direito material discutido processualmente.

Permite-se, acertadamente, ao magistrado, o indeferimento do chamamento ao processo nos casos em que haja litisconsórcio multitudinário, capaz de atrasar o andamento processual e prejudicar a satisfação do direito autoral (artigo 113, § 1º, Novo CPC).

7.6.2 Procedimento

Prevê o artigo 131 do Novo Código de Processo Civil que o réu procederá ao chamamento ao processo em contestação, sob pena de preclusão temporal:

> ***Art. 131.*** *A citação daqueles que devam figurar em litisconsórcio passivo será requerida pelo réu na contestação e deve ser promovida no prazo de 30 (trinta) dias, sob pena de ficar sem efeito o chamamento.*
>
> ***Parágrafo único.*** *Se o chamado residir em outra comarca, seção ou subseção judiciárias, ou em lugar incerto, o prazo será de 2 (dois) meses. (Grifo nosso)*

Do mesmo modo, o prazo para a efetuação do chamamento encontra-se estabelecido no artigo 131 do CPC/15. O procedimento ficará sem efeito caso o prazo não seja respeitado por culpa do chamante.

A sentença de procedência valerá como título executivo para o réu que efetuar o integral pagamento, podendo exigi-lo dos codevedores, no que concerne às suas quotas, bem como ao devedor principal integralmente.

> ***Art. 132. A sentença de procedência valerá como título executivo em favor do réu que satisfizer a dívida, a fim de que possa exigi-la, por inteiro, do devedor principal, ou, de cada um dos codevedores, a sua quota,*** *na proporção que lhes tocar.*

7.7 Amicus curiae

O instituto é previsto pelo artigo 138 do Novo Código de Processo Civil como intervenção de terceiro típica:

> ***Art. 138. O juiz ou o relator,*** *considerando a relevância da matéria, a especificidade do tema objeto da demanda ou a repercussão social da controvérsia,* ***poderá****, por decisão irrecorrível,* ***de ofício ou a requerimento das partes ou de quem pretenda manifestar-se,*** *solicitar ou admitir a participação de pessoa natural ou jurídica, órgão ou entidade especializada, com representatividade adequada, no prazo de 15 (quinze) dias de sua intimação.*

O amicus curiae é instituto previsto desde o Direito Romano, tendo-se desenvolvido com maior notabilidade no Direito Norte-americano. Qualificado pela atuação de um terceiro que intenciona contribuir, com o seu conhecimento, para a formação do convencimento do juízo, o chamado "amigo da corte" é instrumento para a otimização da prestação jurisdicional.

Sua participação processual é legitimada pelo interesse institucional na melhor solução da controvérsia, não se confundindo com o interesse público, muito menos com qualquer tipo de direito subjetivo.

Parte da doutrina entende que não se reduz a figura do amicus curiae a um terceiro, devendo ser considerado um auxiliar do juízo. Outra parcela doutrinária entende ser o amicus curiae espécie de terceiro interventor atípico, não ingressando na demanda para defender interesses próprios ou alheios, mas, sim, para contribuir com a qualidade da decisão final.

A fim de que se justifique o ingresso de terceiro como amicus curiae no processo, é preciso preencher os seguintes requisitos:

a) Deverá ser relevante a matéria objeto da intervenção (complexidade fática/jurídica);
b) Dever-se-ão analisar as especificidades do tema levado à discussão; e
c) A matéria deverá ser objeto de grande repercussão social.

Nos casos de controle concentrado de constitucionalidade, poderá o relator indeferir o ingresso de amicus curiae, caso entenda que as alegações apresentadas por autor e réu são suficientes ao julgamento de qualidade.

Igualmente, não se deve reputar automática a qualificação de toda demanda que trate de controle de constitucionalidade como "relevante", sob pena de tornar letra morta o dispositivo legal que prevê os requisitos para a atuação do amicus curiae.

Da leitura do artigo 138 do Novo Código de Processo Civil, depreende-se que serão potenciais amicus curiae uma pessoa jurídica, uma associação civil, um instituto, um órgão, um professor de direito, um arquiteto, um médico, um cientista, dentre outros. Para o ingresso na causa, o terceiro deverá demonstrar a sua capacidade em contribuir com o julgamento de qualidade (tradição de atuação da pessoa jurídica, vasto conhecimento técnico da pessoa natural acerca da matéria), bem como o interesse institucional no processo.

Sobre a atuação da pessoa jurídica, prevê o enunciado 127, do Fórum Permanente de Processualistas Civis (FPPC): A representatividade adequada exigida do **amicus curiae** não pressupõe a concordância unânime daqueles a quem representa.

Já decidiu o STJ que a recorrente presença de determinado sujeito em inúmeras demandas em que se discuta o mesmo assunto de recurso representativo não é suficiente à sua admissão como amicus curiae (REsp 1.371.128/RS, rel. Min. Mauro Campbell Marques, j. 10/09/2014, 1ª Seção, Informativo 547/STJ).

7.7.1 Procedimento

Segundo o § 1º do artigo 138 do Novo Código de Processo Civil, a atuação do amicus curiae **não é capaz de modificar a competência em razão da pessoa, nem autoriza a interposição de recursos**, com exceção dos embargos de declaração e do recurso contra decisão que julgar o incidente de resolução de demandas repetitivas (IRDR), previsto no § 3º do mesmo artigo.

> ***§ 1º*** *A intervenção de que trata o caput* ***não implica alteração de competência nem autoriza a interposição de recursos,*** *ressalvadas a oposição de embargos de declaração e a hipótese do § 3º.*
>
> ***§ 2º*** *Caberá ao juiz ou ao relator, na decisão que solicitar ou admitir a intervenção, definir os poderes do* ***amicus curiae.***
>
> ***§ 3º O amicus curiae pode recorrer da decisão que julgar o incidente de resolução de demandas repetitivas.***

Conforme se depreende do § 2º do art. 138 do CPC/2015, caberá ao juiz ou ao relator a delimitação, desde logo, dos poderes do amicus curiae, em decisão irrecorrível. Há expressa vedação legal de recurso por parte do amicus curiae (exceção a possibilidade de interpor Embargos de Declaração e Recurso da decisão que resolver o IRDR). Admitem-se a manifestação escrita e a sustentação oral do amicus curiae.

Na vigência do CPC/73, o STF vinha admitindo a recorribilidade da decisão do relator que indeferia o ingresso, no processo, do amicus curiae, por meio de **agravo regimental.**

Hoje, da decisão do relator que deferir ou convocar terceiro para atuar como amicus curiae não caberá recurso. Já da decisão que indeferir o seu ingresso, caberá agravo regimental, nos termos do artigo 1.021, CPC/15.

No primeiro grau de jurisdição, da decisão do juiz que deferir ou convocar terceiro para atuar como amicus curiae não caberá recurso. Já da decisão que indeferir o seu ingresso, caberá agravo de instrumento, nos termos do artigo 1.015, IX, CPC/15.

7.8 Incidente de Desconsideração da Personalidade Jurídica

O Novo Código de Processo Civil, em postura inovadora, incluiu o incidente de desconsideração da personalidade jurídica na categoria de intervenção de terceiros. O incidente que já tinha os requisitos previstos em legislações esparsas (artigos 50, CC, 28, CDC, 2º, §2º, CLT, 135, CTN, 4º, Lei nº 9.605/1998, 18, § 3º, Lei nº 9.847/1999, 34, Lei nº 12.529/2011, 117, 158, 245 e 246, Lei nº 6.404/1976).

Aplica-se o referido incidente, igualmente, aos processos de competência dos Juizados Especiais (artigo 1.062, Novo Código de Processo Civil).

Trata-se de uma modalidade interventiva forçada, pois o ingresso do terceiro no processo ocorre com a citação, ou seja, o terceiro não ingressa no processo por sua própria vontade. Em caso de não acolher a desconsideração, deverá o juiz excluir o terceiro do processo; por outro lado, em caso de acolhimento, o terceiro que fora incluído no processo passará à condição de réu em litisconsórcio com o réu originário da demanda.

A aplicação do procedimento previsto no Código é obrigatória (artigo 795, § 4º, Novo Código de Processo Civil), com exceção do que prevê o artigo 134, §2º, Novo Código de Processo Civil, ocasião em que se dispensa a sua obediência. Trata-se de incidente processual, não de ação autônoma.

Cria-se, por meio da desconsideração, uma nova situação jurídica, dotando-se, assim, de natureza constitutiva.

O § 1º do artigo 133 do Novo Código de Processo Civil prevê que a desconsideração da personalidade jurídica observará os pressupostos tratados em legislação que trate do direito material.

Na desconsideração clássica (artigos 50 do CC e 28 do CDC), a sociedade empresarial figura como devedora, e os sócios como responsáveis patrimoniais secundários: responderão pela satisfação da dívida, ainda que não sejam devedores.

A jurisprudência já vem interpretando de forma extensiva a previsão legal, de modo a criar: a desconsideração da personalidade jurídica entre empresas do mesmo grupo econômico (AgRg no REsp 1.229.579/MG, rel. Min. Raul Araújo, j. 18/12/2012, 4ª Turma, STJ, Informativo 513), bem como a desconsideração da personalidade jurídica inversa (REsp 948.117/MS, rel. Min. Nancy Andrighi, j. 22/06/2010, 3ª Turma, STJ, Informativo 440).

Na desconsideração inversa, o sócio figura como devedor, e a sociedade empresária, como responsável patrimonial, na hipótese de haver o sócio transferido patrimônio pessoal para a sociedade, com o intuito de frustrar a satisfação dos credores pessoais. Prevê o §2º do artigo 133 que o procedimento previsto também será aplicado à desconsideração inversa.

> *§ 2º Aplica-se o disposto neste Capítulo à hipótese de desconsideração inversa da personalidade jurídica.*

Para o STJ (REsp 1.180.191/RJ, rel. Min. Luis Felipe Salomão, j. 05/04/2011, STJ), a desconsideração poderá acontecer a qualquer momento processual, não havendo que se falar em decadência de direito potestativo. O Novo Código de Processo Civil previu no artigo 134 do Novo Código de Processo Civil que o incidente é cabível em todas as fases do processo de conhecimento, no cumprimento de sentença e na execução fundada em título executivo extrajudicial.

> ***Art. 134. O incidente*** *de desconsideração* ***é cabível em todas as fases do processo de conhecimento****, no* ***cumprimento de sentença*** *e na* ***execução fundada em título executivo extrajudicial.***

OBS.: Na desconsideração da personalidade jurídica em execução (processo autônomo ou cumprimento de sentença), incluir-se-á o responsável patrimonial, ainda que não faça parte do título executivo.

7.8.1 Procedimento

Segundo o art. 133 do CPC, o incidente de desconsideração da personalidade jurídica será instaurado a pedido da parte ou do Ministério Público, **mas nunca de ofício pelo magistrado.**

> ***Art. 133. O incidente de desconsideração*** *da personalidade jurídica* <u>*será instaurado*</u> ***a pedido da parte*** *ou* ***do Ministério Público****, quando lhe couber intervir no processo.*

Enunciado 123, Fórum Permanente de Processualistas Civis (FPPC): É desnecessária a intervenção do Ministério Público, como fiscal da ordem jurídica, no incidente de desconsideração da personalidade jurídica, salvo nos casos em que deva intervir obrigatoriamente, previstos no art. 178.

A petição por meio da qual se requer a desconsideração da personalidade jurídica deve conter a fundamentação (demonstração do preenchimento dos requisitos legais de desconsideração, não necessariamente por meio de prova pré-constituída) e o pedido de desconsideração e penhora sobre bens do responsável patrimonial, conforme prevê o artigo 134 do Novo Código de Processo Civil.

Sempre que necessário, haverá instrução probatória no incidente (artigos 135 e 136, Novo Código de Processo Civil). Todos os meios lícitos de prova serão admitidos, de modo que o juiz apenas decidirá o incidente após a sua produção (opção do legislador pelo contraditório convencional).

A despeito da previsão do artigo 795, § 4º, do Novo Código de Processo Civil, a instauração do incidente será dispensada sempre que a desconsideração for requerida na petição inicial, ocasião em que o réu deverá impugná-la, caso deseje, juntamente com os outros pontos da causa.

Enunciado 248, Fórum Permanente de Processualistas Civis (FPPC): incumbe ao sócio ou à pessoa jurídica, na contestação impugnar não somente a própria desconsideração, mas também os demais pontos da causa.

A instauração do incidente será comunicada ao distribuidor, a fim de que tome as providências cabíveis (artigo 134, § 1º, Novo Código de Processo Civil). Haverá suspensão do processo no caso da instauração da desconsideração incidental (artigo 134, § 3º, Novo Código de Processo Civil), porém, quando o pedido for formulado em petição inicial, não haverá suspensão do processo naquilo que depender da resolução da questão.

> ***§ 1º*** *A instauração do incidente será imediatamente comunicada ao distribuidor para as anotações devidas.*
>
> ***§ 2º*** *Dispensa-se a instauração do incidente se a desconsideração da personalidade jurídica for requerida na petição inicial, hipótese em que será citado o sócio ou a pessoa jurídica.*
>
> ***§ 3º A instauração do incidente suspenderá o processo,*** *salvo na hipótese do § 2º.*

Considera-se instaurado o incidente no momento em que a parte apresenta o pedido ao juízo. Há dissenso doutrinário, de modo que parcela dos juristas entende que o procedimento seria instaurado apenas no momento da decisão judicial que o defere, a qual, infelizmente, poderá demandar maior tempo para ser proferida, dando-se margem, então, à prática de atos fraudulentos pela parte a quem prejudicaria. (É pouco provável que tal assunto seja cobrado nas provas objetivas até que os tribunais resolvam a questão.)

Há a necessidade de instauração do contraditório, com prazo para manifestação dos sócios ou da sociedade antes de proferida a decisão (artigo 135, Novo Código de Processo Civil). Nada impede, porém, a adoção do contraditório diferido, excepcional, no caso de preenchimento dos requisitos da tutela de urgência, conforme decidiu o STJ, com fundamento no poder geral de cautela do juiz (REsp 1.182.620/SP, rel. Min. Raul Araújo, j. 10/12/2013, Dje 04/02/2014, 4ª Turma, STJ).

A manifestação referida deverá ser procedida pelo terceiro potencial responsável patrimonial, não pela parte demandada em processo judicial principal. A dicção do artigo 135 do Novo Código de Processo Civil diferencia a desconsideração convencional da inversa.

> ***Art. 135.*** *Instaurado o incidente, o sócio ou a pessoa jurídica será citado para manifestar-se e requerer as provas cabíveis no prazo de 15 (quinze) dias.*

7.8.2 Recursos cabíveis no incidente de desconsideração: agravo de instrumento e agravo interno

A decisão interlocutória que deferir, indeferir ou resolver terminativamente o incidente de desconsideração da personalidade jurídica será recorrível por agravo de instrumento se a decisão for proferida no primeiro grau de jurisdição (artigo 1.015, IV, do Novo Código de Processo Civil).

Anterior falta de uniformização jurisprudencial do STJ quanto à legitimidade para recorrer foi superada pelo CPC/15, que prevê que os sócios ou a sociedade são terceiros intervenientes ou partes (desconsideração pedida na petição inicial).

O incidente aqui tratado poderá ser instaurado em processo de competência originária de tribunal ou mesmo em grau recursal, conforme prevê o artigo 134 do Novo Código de Processo Civil. Sendo assim, caberá agravo interno se a decisão for proferida pelo relator (artigo 136, Novo Código de Processo Civil).

> ***Art. 136.*** *Concluída a instrução, se necessária, o incidente será resolvido por decisão interlocutória.*
>
> ***Parágrafo único.*** *Se a decisão for proferida pelo relator, cabe agravo interno.*

7.8.3 Fraude à execução

Prevê o artigo 137 do Novo Código de Processo Civil que, **tão logo seja acolhido o pedido de desconsideração da personalidade jurídica,** a alienação ou oneração de bens, havidos em fraude à execução, será ineficaz.

> ***Art. 137. Acolhido o pedido de desconsideração, a alienação ou a oneração de bens,*** *havida em fraude de execução,* ***será ineficaz em relação ao requerente.***

Questões

01. (CESPE) **Com relação à intervenção de terceiros e à resposta do réu, julgue o item subsequente.**

A denunciação à lide é modalidade de intervenção de terceiros forçada, fundada em direito de regresso, por meio da qual se gera cumulação de ações judiciais. Se o denunciante for o réu, essa modalidade de intervenção deverá ser apresentada no prazo para contestar.

Certo ( ) Errado ( )

02. (CESPE) A **respeito do litisconsórcio, da assistência e da intervenção de terceiros, julgue o item a seguir:**

De acordo com entendimento do STJ, não há óbice ao chamamento ao processo dos devedores solidários da dívida comum em fase de execução do título executivo extrajudicial cujo crédito tenha sido discutido em processo de conhecimento prévio à execução.

Certo ( ) Errado ( )

03. Julgue o item seguinte, a respeito da intervenção de terceiros e do processo de execução.

Deverá ser decidido pelo relator do processo o incidente de desconsideração da personalidade jurídica, modalidade de intervenção de terceiros cabível em todas as fases do processo de conhecimento, no cumprimento de sentença e na execução, quando for instaurado originariamente no tribunal.

Certo ( ) Errado ( )

04. Considerando as disposições do CPC pertinentes aos sujeitos do processo, julgue o item a seguir.

O terceiro juridicamente interessado em determinada causa poderá intervir no processo como assistente, devendo, para tanto, requerer a assistência até o fim do prazo para a interposição de recurso contra a sentença.

Certo ( ) Errado ( )

05. À luz das disposições do Código de Processo Civil (CPC), julgue o próximo item.

De acordo com o CPC, a ausência de denunciação da lide acarreta a perda do direito de regresso que o réu eventualmente possua contra aquele que estiver obrigado, por lei ou por contrato, a lhe ressarcir.

Certo ( ) Errado ( )

06. A respeito de recursos nos tribunais, meios de impugnação das decisões judiciais, processo de execução e mandado de segurança, julgue o item a seguir.

O amicus curiae possui legitimidade para interpor recurso especial ou extraordinário contra acórdão de tribunal que tiver julgado incidente de resolução de demandas repetitivas.

Certo ( ) Errado ( )

07. No que tange à doutrina da desconsideração da personalidade jurídica, à classificação, às características e às distinções entre as sociedades empresárias e à falência e à recuperação judicial e extrajudicial, julgue o item que se segue.

A desconsideração inversa é caracterizada pelo afastamento da autonomia patrimonial da sociedade, resultando na execução de bens da sociedade por obrigações pessoais de um de seus sócios.

Certo ( ) Errado ( )

Gabaritos

01	CERTO	05	ERRADO
02	CERTO	06	ERRADO
03	CERTO	07	CERTO
04	CERTO		

8. ATOS PROCESSUAIS

8.8.1 Aspectos Introdutórios

Como se sabe, o processo traduz um conjunto ordenado de atos, os quais devem atender ao contraditório e à ampla defesa para que o exercício da jurisdição possa ser efetivado de forma legítima. Os atos praticados pelos diversos sujeitos que participam do processo, regra geral, **são públicos e não dependentes de forma**.

Como se verá mais adiante, as manifestações de vontade (atos processuais) dos sujeitos que de qualquer forma participam do processo serão praticadas em **tempo** e **lugar** próprios segundo a legislação vigente. Ora, não se imagina que um ato praticado pelo réu, por exemplo, possa ser praticado sem limite temporal, nem tampouco, mostra-se adequada uma sessão de julgamento em que exista a necessidade de preservar a intimidade e vida privada das partes e que possa ser realizada em praça pública. Logo, o **tempo**, a **forma** e **lugar** dos atos processuais precisam ter um delineamento mínimo pelo legislador até mesmo para proteger o sistema de justiça e as próprias partes.

8.8.2 Forma dos Atos Processuais

Antes de qualquer consideração, apontaremos como vetor interpretativo do tema a seguinte premissa: o processo civil não pode ser visto como um fim em si mesmo, mas como um mero instrumento do direito material. Seria uma verdadeira afronta ao acesso à justiça a burocratização do procedimento, a forma como se devem praticar os atos do processo, para que se possa apreciar o direito material do jurisdicionado. Absolutamente, não é isso que pretendeu o legislador do CPC/2015. Com base na premissa fixada acima, pode-se dizer que os atos processuais independem de forma determinada, **senão quando a própria lei expressamente exigir**. Aliás, essa perspectiva encontra previsão expressa no atual Art. 188 do CPC/2015. Vejamos:

> ***Art. 188.*** *Os atos e os termos processuais* **independem de forma determinada**, *salvo quando a lei expressamente a exigir, considerando-se válidos os que, realizados de outro modo, lhe preencham a finalidade essencial. (Grifo nosso)*

Não poderia ser diferente, afinal, o processo civil não é destino, mas um mero caminho do direito material que se pretende ver reconhecido em juízo. No entanto, o legislador, com a finalidade de proteção do próprio jurisdicionado, tomou o cuidado de conferir certa formalidade a alguns dos atos processuais mais importantes. Como imaginar o mandado de citação destituído de qualquer formalidade? Sem, por exemplo, ter que indicar os nomes das partes, o juízo que está a conduzir a causa ou a finalidade da própria citação? Com certeza, uma situação dessa natureza deixaria desprotegido o cidadão do direito fundamental da ampla defesa e do contraditório constitucionalmente garantido pela Carta Política de 1988. Sendo assim, busca-se, por intermédio da forma, uma prestação jurisdicional adequada que respeite o devido processo legal. Repita-se: o que não se admite é a forma pela forma, o exacerbado formalismo no processo. A Instrumentalidade das Formas dos Atos do Processo

Como já ficou bem claro, percebe-se que a preocupação com a forma não deve ser a tônica do operador do direito quando estiver a participar de uma relação processual. Assim, ainda que a lei exija certa formalidade e esta não venha a ser atendida, é provável que o ato venha a ser considerado válido a despeito de não a observar, **desde que atinja a sua finalidade**. Não é por outro motivo que a parte final do mencionado Art. 188 estabelece **que se consideram válidos os atos que, realizados de outro modo, preencham a finalidade essencial**. Como bem explica parcela da doutrina, o processo não é um fim em si mesmo, mas um meio para solucionar o objeto litigioso apresentado. Aquele tem natureza instrumental. Por isso, **a instrumentalidade das formas, que rege a prática dos atos processuais, baliza-se pelo não prejuízo às partes e pela segurança jurídica**, a se evitar a constante decretação de invalidades no curso do processo. A título de exemplo, imaginemos que um mandado de citação venha a ser efetivado na pessoa que divide apartamento com o réu que fora o alvo da ação judicial (sabe-se que a citação deve ser feita PESSOALMENTE ao réu). Agora suponhamos que a pessoa que veio a receber o mandado de citação no lugar do verdadeiro réu tenha o cuidado de comunicar a ele o que se passou. Nesta situação, se o verdadeiro réu se dirigir ao juízo para comunicar o vício e, logo em seguida apresenta defesa, pode-se dizer que a despeito de não ter sido observada a forma (a citação deveria ter sido feita na pessoa do réu!) o ato atingiu a sua finalidade? Pois bem, são nessas e noutras situações que a instrumentalidade das formas tem uma função nobre no processo, qual seja: evitar que se decrete uma invalidação do processo por um mero formalismo, sem que haja um efetivo prejuízo para a parte.

8.1 O Princípio da Publicidade dos Atos Processuais

Como regra geral, **os atos processuais são públicos**. Tendo como base essa ideia, não se pode restringir o acesso dos autos à consulta por quem quer que seja, bem como, não se pode proibir o ingresso de qualquer pessoa às audiências. Ressalte-se que o cidadão poderá assistir à audiência ou consultar um processo, ainda que não tenha interesse na causa.

Esta ideia central de ampla publicidade dos atos e termos do processo tem uma importante razão de ser: é que a publicidade dos atos processuais permite uma melhor fiscalização dos atos do Poder Judiciário, de modo que seja possível inibir e controlar eventuais arbitrariedades praticadas no curso do processo.

É importante levar em consideração que, em algumas situações, essa ampla publicidade pode comprometer um importante direito fundamental daqueles que participam de uma relação processual como o direito à intimidade e à vida privada. Neste caso, a publicidade deve ceder espaço para que se preserve a intimidade das partes. Por esse motivo, estatui o Art. 189 do CPC que o processo corre em segredo de justiça nas seguintes situações:

> ***Art. 189.*** *Os atos processuais são públicos, todavia* ***tramitam em segredo de justiça os processos:***
>
> ***I.*** *em que o exija o interesse público ou social;*
>
> ***II.*** *que versem sobre casamento, separação de corpos, divórcio, separação, união estável, filiação, alimentos e guarda de crianças e adolescentes;*
>
> ***III.*** *em que constem dados protegidos pelo direito constitucional à intimidade;*

IV. que versem sobre arbitragem, inclusive sobre cumprimento de carta arbitral, desde que a confidencialidade estipulada na arbitragem seja comprovada perante o juízo.

§ 1º O direito de consultar os autos de processo que tramite em segredo de justiça e de pedir certidões de seus atos é restrito às partes e aos seus procuradores.

§ 2º O terceiro que demonstrar interesse jurídico pode requerer ao juiz certidão do dispositivo da sentença, bem como de inventário e de partilha resultantes de divórcio ou separação. (Grifo nosso)

Pelas restrições do Art. 189, percebe-se que o legislador teve uma atenção especial ao importante direito fundamental da intimidade e da vida privada das partes em causas nas quais tais interesses estejam em discussão. Em virtude disso, percebe-se que o direito de consulta aos autos do processo e o pedido de certidões restaram sobremaneira restritos às partes e aos seus advogados.

8.2 Classificação dos Atos Processuais

8.2.1 Atos das Partes

Como se sabe, o processo somente pode se iniciar com o requerimento da parte. Logo, o processo é inaugurado por um ato da parte autora (petição inicial) em homenagem ao princípio da inércia. Os atos das partes podem ser classificados como atos postulatórios, probatórios e dispositivos.

Os **atos postulatórios** são aqueles em que as partes se servem de argumentos fático-jurídicos para pleitear algo em juízo. Ex. petição inicial, contestação, recursos etc. Os **atos probatórios** são aqueles em que as partes buscam demonstrar o fato constitutivo do seu direito (autor) ou o fato impeditivo, modificativo ou extintivo do direito (réu). Acima de tudo, com os atos probatórios, os agentes do processo objetivam formar o convencimento do magistrado para a tese que defendem em juízo. Ex.: depoimento pessoal da parte. Os **atos dispositivos** são aqueles em que as partes abdicam das suas prerrogativas processuais ou até do próprio direito material no curso do processo. Ex.: desistência da ação, desistência do recurso, renúncia sobre o direito em que se funda a ação, o reconhecimento jurídico do pedido. No que diz respeito aos atos das partes, é importante que se tenha em mente que, segundo estabelece o Art. 200 do CPC, os atos das partes consistentes em declarações unilaterais ou bilaterais de vontade produzem **imediatamente** a constituição, modificação ou extinção de direitos processuais.

> O parágrafo único do Art. 200 do CPC dispõe que a desistência da ação somente produzirá efeitos após homologação judicial.

8.2.2 Atos do Juiz

O julgador tem uma função relevante na condução do processo, pois, a partir da quebra da inércia pela iniciativa da parte autora, o processo se desenvolve por impulso oficial. Sendo assim, o juiz tem o dever de dar seguimento à atividade processual para que o processo chegue ao seu fim com um provimento jurisdicional, se possível, de mérito. O legislador entendeu por bem categorizar cada um dos atos do juiz na lei. Com efeito, ao analisar o Art. 203 do CPC, vê-se que, com precisão, estão delineados os atos que podem ser praticados pelo julgador.

Art. 203. *Os pronunciamentos do juiz consistirão em sentenças, decisões interlocutórias e despachos.*

*§ 1º Ressalvadas as disposições expressas dos procedimentos especiais, **sentença** é o pronunciamento por meio do qual o juiz, com fundamento nos Arts. 485 e 487, põe fim à fase cognitiva do procedimento comum, bem como extingue a execução.*

*§ 2º **Decisão interlocutória** é todo pronunciamento judicial de natureza decisória que não se enquadre no § 1º.*

*§ 3º São **despachos** todos os demais pronunciamentos do juiz praticados no processo, de ofício ou a requerimento da parte.*

§ 4º Os atos meramente ordinatórios, como a juntada e a vista obrigatória, independem de despacho, devendo ser praticados de ofício pelo servidor e revistos pelo juiz quando necessário. (Grifo nosso)

Sendo assim, os atos do juiz são classificados em sentenças, decisões interlocutórias e despachos. Percebe-se que a definição legal do despacho pode ser extraída de forma residual, de tal sorte que, se o ato judicial não se enquadrar na categoria de sentença ou decisão interlocutória, será considerado despacho.

Segundo o Art. 226 do CPC, os **despachos** deverão ser proferidos no prazo de **05 dias**, enquanto as **decisões interlocutórias** em **10 dias** e as **sentenças** em **30 dias** (em todos os casos, trata-se de prazo impróprio). Atos do Escrivão ou Chefe de Secretaria

Os auxiliares da justiça desempenham um papel fundamental no processo, são eles que possuem a incumbência de auxiliar o julgador no impulsionamento do processo, ou seja, o regular andamento da relação processual conta com esse apoio inestimável do escrivão ou chefe de secretaria.

Os atos que são de responsabilidade dos referidos auxiliares da justiça consistem basicamente em **documentar**, **movimentar** e **certificar** os atos processuais que são praticados em cada um dos processos que tramitam no âmbito do cartório ou da secretaria judicial. Por exemplo, cumpre ao escrivão ou chefe de secretaria ao receber a petição inicial do autor, autuá-la, identificando o juízo, a espécie de causa, o número de registro, os nomes das partes etc.

OBS.: quando se tratar de autos físicos (será a exceção do sistema com a difusão do processo virtual), o chefe de secretaria terá que numerar e rubricar cada uma das folhas dos autos do processo para que se confira uma maior segurança às partes e ao próprio servidor de que nenhuma folha venha ser retirada, inserida ou falsificada. Evita-se um grave prejuízo a todos aqueles que estão envolvidos no processo.

Como se adiantou acima, incumbem ao escrivão ou chefe de secretaria, atos de impulsionamento e deflagração do andamento do processo. Sendo assim, cabe a eles determinar a conclusão dos autos do processo ao juiz, a abertura de vistas do processo às partes, bem como a confecção de mandados e ofícios para o regular andamento do feito. Ademais, observada a situação de segredo de justiça, eles têm a função de emitir certidão de quaisquer atos ou termos do processo, isto sem a necessidade de prévio despacho do juiz os autorizando. Do Tempo, Lugar e Prazo dos Atos Processuais

> Quando se tratar da prática de ato eletrônico, este pode ocorrer em qualquer horário até as 24h do último dia do prazo. Sendo certo que o horário vigente no juízo perante o qual o ato deve ser praticado será considerado para fins de atendimento do prazo (Art. 213 do CPC).

Como regra geral, os atos processuais devem ser praticados nos dias úteis. Ou seja, somente em situações excepcionais admite-se a prática de atos em feriados. Segundo a lei, *são considerados* feriados os **sábados**, os **domingos** e os **dias em que não haja expediente forense**.

Nos dias úteis, os atos processuais devem ser praticados das **6h às 20h**, levando em consideração o horário adotado no juízo em que deverá ser praticado o respectivo ato processual. Ressalte-se que deverão ser concluídos após as 20h os atos iniciados antes, quando o adiamento prejudicar a diligência ou causar grave dano.

No que pertine aos atos praticados nas férias forenses e nos feriados, o CPC elenca um conjunto de atos que excepcionalmente poderão ser efetivados durante esse período, é caso das citações, intimações, penhoras, bem como das ações de alimentos, dos procedimentos de jurisdição voluntária. Vejamos o que dispõem os Arts. 212, § 2°, e 215 do CPC:

> ***Art. 212**, § 2° Independentemente de autorização judicial, **as citações, intimações e penhoras poderão realizar-se no período de férias forenses**, onde as houver, **e nos feriados ou dias úteis fora do horário estabelecido neste Art.**, observado o disposto no Art. 5°, inciso XI, da Constituição Federal.*
>
> ***Art. 215. Processam-se durante as férias forenses**, onde as houver, **e não se suspendem pela superveniência delas:***
>
> ***I. os procedimentos de jurisdição voluntária** e os necessários à conservação de direitos, quando puderem ser prejudicados pelo adiamento;*
>
> ***II. a ação de alimentos** e os processos **de nomeação ou remoção de tutor e curador**;*
>
> ***III.** os processos que a lei determinar. (Grifo nosso)*

Quanto ao lugar, os atos processuais realizar-se-ão ordinariamente na sede do juízo, ou, **excepcionalmente, em outro lugar em razão de deferência, de interesse da justiça, da natureza do ato ou de obstáculo arguido pelo interessado** e acolhido pelo juiz.

No que tange aos prazos processuais, estes podem ser de três naturezas:

01. Legal (determinado pela lei);
02. Judicial (fixado pelo juiz);
03. Convencional (fixado pela vontade das partes). Em regra, prevalecem os prazos estabelecidos pela lei.

Desta forma, devem as partes observá-los para que estes não venham a ser considerados intempestivos, incidindo a ideia de preclusão temporal. Para os julgadores, por outro lado, os prazos são impróprios. Ou seja, ainda que não observados, serão considerados válidos e eficazes, aptos a gerar efeitos.

Quando a lei for omissa em fixar um prazo, autoriza-se ao juiz fixá-lo tendo como parâmetro a complexidade do ato. Ocorre que pode acontecer de a lei ser omissa e ainda assim o juiz não venha a fixar o prazo para a prática do ato. Nesses casos, **será de 5 dias o prazo para a prática de ato processual a cargo das partes**. Vejamos o que dispõe a lei: Art. 218. Os atos processuais serão realizados nos prazos prescritos em lei.

> ***§ 1° Quando a lei for omissa, o juiz determinará os prazos em consideração à complexidade do ato.***
>
> ***§ 2°** Quando a lei ou o juiz não determinar prazo, as intimações somente obrigarão a comparecimento após decorridas 48 (quarenta e oito) horas.*
>
> ***§ 3° Inexistindo preceito legal ou prazo determinado pelo juiz, será de 5 (cinco) dias o prazo para a prática de ato processual a cargo da parte.***
>
> ***§ 4°** Será considerado tempestivo o ato praticado antes do termo inicial do prazo. (Grifo nosso)*

Uma das grandes novidades trazidas pelo CPC foi considerar tempestivo o ato praticado antes do termo inicial do prazo (Art. 218, § 4°). Desta forma, não será possível um julgador, por exemplo, considerar intempestivo um recurso porque a parte não esperou a publicação da decisão no Diário da Justiça. Essa inovação aniquilou um forte entendimento jurisprudencial das cortes superiores que consideravam "prematuros" alguns recursos que eram interpostos antes da publicação da decisão. Com o Novo Código de Processo Civil, isso não pode mais ocorrer!

O Art. 224 do CPC estipula regra tradicional de contagem de prazo: o primeiro dia se exclui e o último dia se inclui. Ou seja, salvo disposição em contrário, **os prazos serão contados excluindo o dia do início e incluindo o dia do vencimento.**

Com o Art. 219 do Novo Código de Processo Civil, na contagem de prazo em dias, estabelecido por lei ou pelo juiz, computar-se-ão somente os DIAS ÚTEIS. Logo, a contagem de dias corridos que era comum pela legislação passada, não mais prevalece com a novel legislação.

O Novo Código de Processo Civil trouxe também uma grande novidade e que, praticamente, concede um período de férias para os advogados nos dias compreendidos entre 20 de dezembro e 20 de janeiro. No referido período, haverá uma SUSPENSÃO do curso do prazo do processo. Ou seja, durante a suspensão do prazo nesse período, não haverá, inclusive, a realização de audiência ou sessão de julgamento. É o que dita o Art. 220 do CPC:

> ***Art. 220. Suspende-se o curso do prazo processual** nos dias compreendidos **entre 20 de dezembro e 20 de janeiro, inclusive.***
>
> ***§ 1°** Ressalvadas as férias individuais e os feriados instituídos por lei, os juízes, os membros do Ministério Público, da Defensoria Pública e da Advocacia Pública e os auxiliares da Justiça exercerão suas atribuições durante o período previsto no caput.*
>
> ***§ 2° Durante a suspensão do prazo, não se realizarão audiências nem sessões de julgamento.** (Grifo nosso)*

Por fim, no que tange ao tema prazos processuais, é preciso atentar à importante situação de prática de atos processuais em que existam litisconsortes no processo. É que se os **litisconsortes tiverem diferentes procuradores, vinculados a escritórios de advocacia distintos e os autos forem físicos, os atos praticados serão praticados no dobro do prazo previamente fixado**. Muita atenção para as situações em que os autos do processo sejam eletrônicos. Neste caso, não haverá ampliação do prazo para nenhum dos litisconsortes. Vejamos o que dispõe o Art. 229 do CPC:

> ***Art. 229.*** *Os litisconsortes que tiverem diferentes procuradores, de escritórios de advocacia distintos,* ***terão prazos contados em dobro para todas as suas manifestações****, em qualquer juízo ou tribunal, independentemente de requerimento.*
>
> ***§ 1º*** *Cessa a contagem do prazo em dobro se, havendo apenas 2 (dois) réus, é oferecida defesa por apenas um deles.*
>
> ***§ 2º Não se aplica o disposto no caput aos processos em autos eletrônicos.*** *(Grifo nosso)*

8.3 Do registro e da Distribuição

O registro é o ato de documentação do processo. Trata-se de uma mera identificação das principais peculiaridades de uma relação processual, tais como as partes do processo, a natureza da causa, o tipo de procedimento, a data do protocolo da petição inicial. É considerado ato obrigatório do processo.

> ***Art. 284. Todos os processos estão sujeitos a registro****, devendo ser distribuídos onde houver mais de um juiz. (Grifo nosso)*

Com o Novo Código de Processo Civil, segundo o Art. 59, o registro torna prevento o juízo. Observar que essa prevenção deverá ocorrer nas comarcas, seções ou subseções em que não haja mais de um juízo. É que se a comarca ou seção for de múltiplas varas, o critério de prevenção será a **distribuição**. Conforme já se disse, a distribuição consiste no ato processual por meio do qual se determina a competência do órgão jurisdicional para julgar determinada causa nas unidades jurisdicionais que possuem mais de um juízo abstratamente competente para processar e julgar uma determinada demanda.

Com a finalidade de distribuir igualitariamente a carga de trabalho entre os julgadores, bem como para inibir a escolha do juiz que vai conduzir a causa, o Art. 285 do CPC estabelece que a distribuição deva ser feita por sorteio, de forma alternada e aleatória, observando-se a rigorosa igualdade.

No entanto, nem sempre o critério de distribuição se sujeitará a esse procedimento. Existem situações em que, com a finalidade de evitar burla ao sistema de distribuição ou para uma melhor prestação da tutela jurisdicional, a distribuição será realizada **por dependência**. Ou seja, a causa será direcionada diretamente a um determinado órgão jurisdicional que estará prevento para processá-la e julgá-la. Eis as hipóteses:

> ***Art. 286. Serão distribuídas por dependência as causas de qualquer natureza:***
>
> ***I. quando se relacionarem, por conexão ou continência,*** *com outra já ajuizada; (Grifo nosso)*

Nesta situação, a distribuição atende à necessidade de se tutelar uma prestação jurisdicional harmoniosa. Ora, seria muito ruim e também motivo de descrédito para o Poder Judiciário a prolação de decisões conflitantes no âmbito do Judiciário. Essa exigência também contribui com a duração razoável do processo, pois com um só ato judicial, o magistrado dá prosseguimento a duas causas.

> ***II.*** *quando,* ***tendo sido extinto o processo sem resolução de mérito, for reiterado o pedido, ainda que em litisconsórcio com outros autores ou que sejam parcialmente alterados os réus da demanda;*** *(Grifo nosso)*

Caso não existisse essa regra de distribuição por dependência prevista no sistema, a parte autora poderia facilmente violar o princípio da livre distribuição e da garantia constitucional do juiz natural. Bastava ajuizar sucessivas ações idênticas e desistir delas, até que o sorteio tivesse como resultado a vara escolhida.

III - quando houver ajuizamento de ações nos termos do Art. 55, § 3º, ao juízo prevento. (Grifo nosso)

Neste caso, ainda que não haja conexão propriamente dita, ou seja, mesmo que não haja coincidência entre o pedido e a causa de pedir da ação a ser distribuída e da outra promovida anteriormente, deve a primeira ser distribuída por dependência, caso se constante o perigo de serem prolatadas decisões conflitantes. É o famoso caso da ação de despejo e da ação de consignação em pagamento relativa ao mesmo contrato, apesar de não apresentarem identidade quanto aos elementos objetivos, devem ser distribuídas por dependência.

> ***Parágrafo único.*** *Havendo intervenção de terceiro, reconvenção ou outra hipótese de ampliação objetiva do processo, o juiz, de ofício, mandará proceder à respectiva anotação pelo distribuidor.*

Questões

01. (MPE-SC) Nos termos do novo Código de Processo Civil, o juiz pode dilatar os prazos processuais e alterar a ordem de produção dos meios de prova, adequando-os às necessidades do conflito de modo a conferir maior efetividade à tutela do direito.

Certo ( ) Errado ( )

02. Acerca de normas processuais, atos processuais, tutela provisória e atuação do Ministério Público no processo civil, julgue o item subsequente.

As normas que versem sobre procedimento possuem natureza cogente, sendo vedado às partes, ainda que sejam capazes e que o processo verse sobre direitos disponíveis, estabelecer mudanças no rito previamente estabelecido pelo legislador.

Certo ( ) Errado ( )

03. Julgue o item seguinte, relativo a atos processuais, mandado de segurança e processo de execução.

São exemplos de negócios processuais típicos: a fixação de calendário processual para a prática dos atos processuais; a eleição de foro; as hipóteses da tutela provisória.

Certo ( ) Errado ( )

04. Acerca dos atos processuais, julgue o seguinte item.

De acordo com o código de processo civil, os atos do juiz consistem em sentenças, decisões interlocutórias e atos ordinatórios.

Certo ( ) Errado ( )

Gabaritos

01	CERTO	03	ERRADO
02	ERRADO	04	ERRADO

9. PETIÇÃO INICIAL E POSIÇÕES DO JUIZ DIANTE DA PETIÇÃO INICIAL

9.1 Aspectos Introdutórios

A petição inicial é um instrumento da demanda. Tem que ter todos os elementos da demanda, quais sejam: pedido, partes e causa de pedir. Caso não possua pedido, causa de pedir ou partes, é considerada inepta.

Pode-se afirmar, também, que a petição inicial é um pressuposto de existência e de validade do processo. Com efeito, não se pode falar em existência do processo se a parte autora não apresentar uma petição inicial em juízo para deflagrar a atividade processual. Ademais, se a petição inicial não apresentar os requisitos exigidos pela lei, será considerada inválida.

9.2 Requisitos da petição inicial

a) Endereçamento

Deve-se endereçar a petição inicial ao órgão competente, que será aquele de acordo com a competência.

b) Qualificação das partes

O autor tem que se qualificar informando a sua nacionalidade, endereço (inclusive o eletrônico), estado civil (inclusive união estável), profissão e inscrição no CPF.

No polo passivo pode acontecer de o autor não saber a qualificação do réu. Nesses casos, a lei permite que o autor requeira ao juiz diligências para sua obtenção. É certo que a petição não será indeferida se, a despeito da falta de informações sobre a qualificação ou endereço do réu, tornar impossível ou excessivamente oneroso o acesso à justiça. Ex.: nas ações possessórias em que o polo passivo é imenso, seria possível particularizar cada um dos vários réus? É claro que não. Neste caso, colocam-se os nomes que são conhecidos e se mencionam genericamente todos aqueles que estejam ocupando o imóvel.

c) O fato e os fundamentos jurídicos do pedido (Causa de pedir)

No CPC, a teoria da substanciação é que prevalece acerca da causa de pedir. Com efeito, ao prever, no art. 319, III, do Novo CPC, exigência da narrativa dos fatos como requisito da petição inicial, bem como os fundamentos jurídicos (liame jurídico entre fatos e pedido), o Código encampou expressamente o que apregoam os partidários da referida teoria.

d) O pedido com as suas especificações

Na análise sobre o que representa o pedido, pode-se subdividi-lo em dois: o pedido imediato, que seria a espécie de tutela jurisdicional requerida com a ação, e o pedido mediato, que seria o bem da vida pretendido pelo autor.

O pedido deve ser certo e determinado, nos termos do art. 322, caput, do novo CPC. Mesmo sendo a certeza a regra geral dos pedidos, admitem-se pedidos implícitos, não expressos, nos casos do art. 322, parágrafos 1º e 2º, e do art. 323 do novo CPC: juros legais ou moratórios (art. 404, 406 do novo CPC e Súmula 254 do STF), correção monetária, verbas de sucumbência, honorários advocatícios, prestações vincendas e inadimplidas no curso do processo em caso de contratos de trato sucessivo.

Quanto à regra da determinação dos pedidos, admitem-se, excepcionalmente, os pedidos genéricos, na forma do art. 324, parágrafo 1º, I, II e III.

O art. 327 do novo CPC permite a cumulação de pedidos, mesmo que não haja entre eles conexão, condicionando a cumulação aos requisitos do parágrafo 1º: 1) que os pedidos sejam compatíveis entre si; 2) que tenham o mesmo juízo competente; 3) que sejam adequados para todos os tipos de procedimento escolhido.

Vale, por fim, fazer distinções sobre as espécies possíveis de cumulação de pedidos, mencionadas nos arts. 325 e 326 do novo CPC: cumulação própria e imprópria. A primeira, por sua vez, subdivide-se em cumulação própria simples e própria sucessiva, enquanto a segunda se subdivide em cumulação imprópria subsidiária e imprópria alternativa.

Conforme ensina Daniel Amorim Assumpção Neves, na cumulação própria, é possível a procedência simultânea de todos os pedidos, mas já na cumulação imprópria, só um dos pedidos pode ser concedido. Na cumulação própria simples, o resultado de um dos pedidos não condiciona o do outro, enquanto na cumulação própria sucessiva, há relação de prejudicialidade entre os pedidos.

Na cumulação imprópria subsidiária, o segundo pedido só será analisado se o primeiro não for concedido. Na cumulação imprópria alternativa, cabe ao juiz a escolha de um entre os pedidos indicados.

CUMULAÇÃO DO PEDIDO

- **Própria** E
  - **Simples:** todos podem ser acolhidos, sem relação de subordinação, ex.: danos morais + danos materiais.
  - **Sucessiva:** há relação de subordinação, ex.: investigação de paternidade + alimentos. **"B", só se "A".**
- **Imprópria**
  - **Subsidiária ou eventual:** hierarquia entre os pedidos, ex.: anular ou revisar o contrato **"B", só se não "A" – art. 326** **OU**
  - **Alternativa:** não há hierarquia entre os pedidos.

e) Valor da Causa

Essa exigência deve ser analisada com bastante cuidado. É que, em muitos casos, a ação não tem um conteúdo econômico. Mas, mesmo assim, exige-se do autor que coloque um valor ainda que módico. Ex.: ação de reconhecimento de paternidade.

f) As provas com que o autor pretende demonstrar a verdade dos fatos alegados

É importante levar em consideração que neste momento do processo o autor somente postula pelas provas que entenda mais adequadas. Desta forma, ele só vai especificar as provas quando o processo se encontrar em um estágio mais avançado. Na prática, o magistrado intima com antecedência as partes para que estas manifestem o seu desejo de produzir/especificar as provas que serão colhidas, regra geral, na audiência de instrução e julgamento.

> Uma importante novidade trazida pelo CPC nesse aspecto, sem dúvida, foi a previsão constante no art. 292, V, do CPC. Este dispositivo exige que o autor formule nas ações indenizatórias pedido certo do valor do dano moral!

g) A opção do autor pela realização ou não da audiência de conciliação ou de mediação

O art. 319, VII, do CPC/2015, trouxe uma inovação no que diz respeito aos requisitos da petição inicial. Trata-se da manifestação do autor acerca da intenção de participar da audiência de conciliação e mediação. Daniel Neves entende que não havendo qualquer manifestação de vontade do autor sobre o seu interesse de participar da referida audiência, tem-se uma mera irregularidade. Isso porque, caso seja omisso, compreende-se que o autor não se recusa a participar da audiência, que assim será regularmente realizada.

h) Documentos indispensáveis à propositura da ação[1]

A doutrina costuma dividi-lo em duas espécies:

a) Documentos expressamente exigidos pela lei: é o caso do título executivo na execução, prova escrita na ação monitória, procuração.

b) Documentos a que o autor fez referência na petição inicial. Se o autor citou determinado(s) documento(s) ele(s) se torna(m) indispensável(is). Caso o autor não tenha o documento citado, ele deverá pedir a exibição do documento. No bojo da própria petição inicial o autor já faz o pedido de exibição.

9.3 Emenda da petição inicial

A emenda é a retificação da petição inicial, é o seu conserto. Se faltar algum requisito na petição inicial, o juiz tem o dever de mandar que o autor a emende em 15 dias. A petição inicial defeituosa não pode ser rejeitada sem que se abra prazo para que o autor a corrija - direito à emenda (art. 321 do CPC). **Trata-se de um direito público subjetivo do autor. Resp 1.143.968/RJ**

NEVES, Daniel Amorim Assumpção. Manual de Direito Processual Civil. 8. ed. Salvador: Juspodivm, 2016, p.

9.4 Indeferimento da petição inicial

O indeferimento da petição inicial é uma **<u>decisão liminar</u>** na qual o magistrado rejeita a petição inicial do demandante obstando o prosseguimento do processo. O indeferimento é uma decisão feita antes da citação do réu. Indeferir a petição inicial é não deixar que o réu seja sequer citado, ou seja, <u>é sempre uma decisão proferida antes da citação do réu</u>. Isso quer dizer que a decisão é a seu favor.

Se o juiz não se aperceber das matérias que poderiam levar ao indeferimento na inicial e mandar citar o réu e este venha a alegar em sua contestação essas matérias, o juiz não pode mais indeferir a inicial, pois o indeferimento é uma forma especial de decisão, sem a participação do réu. O que o juiz pode fazer é extinguir o processo sem resolução do mérito (**art. 485 do CPC**).

O indeferimento da inicial não condena o pagamento de honorários advocatícios porque o réu não foi citado ainda.

A decisão que indefere a petição inicial é desafiada por APELAÇÃO. Essa apelação, EXCEPCIONALMENTE, permite RETRATAÇÃO pelo juiz – art. 331 do CPC. É um caso raro de juízo de retratação na apelação. **Se o juiz não se retratar, a Apelação sobe ao Tribunal com contrarrazões.** (Com o Novo Código de Processo Civil, art. 331, § 1º, o réu será ouvido nesta Apelação.)

O indeferimento pode ser da petição inicial de ação de competência originária de Tribunal; o indeferimento será ou um acórdão do Tribunal ou uma decisão monocrática de relator. Em qualquer um dos casos, NÃO caberá Apelação. Se for monocrática de relator, caberá AGRAVO INTERNO e, se for acórdão, podem caber vários recursos, a depender do caso. Assim, **só cabe a apelação contra a decisão de juiz de 1º grau que indefere totalmente a petição inicial.**

O indeferimento da petição inicial pode ser: com ou sem exame de mérito (essa é a regra). *A regra é que o indeferimento seja sem exame do mérito,* mas há casos de indeferimento com exame do mérito. Significa que o juiz, antes de ouvir o réu, rejeita liminarmente o pedido do autor – improcedência liminar do pedido do autor.

Eis as hipóteses de indeferimento previstas no art. 330 do CPC:

> ***Art. 330.*** *A petição inicial será indeferida quando:*
>
> ***I.*** *for inepta;*
>
> ***II.*** *a parte for manifestamente ilegítima;*
>
> ***III.*** *o autor carecer de interesse processual;*
>
> ***IV.*** *não atendidas as prescrições dos arts. 106 e 321.*
>
> ***§ 1º*** *Considera-se inepta a petição inicial quando:*
>
> ***I.*** *lhe faltar pedido ou causa de pedir;*
>
> ***II.*** *o pedido for indeterminado, ressalvadas as hipóteses legais em que se permite o pedido genérico;*
>
> ***III.*** *da narração dos fatos não decorrer logicamente a conclusão;*
>
> ***IV.*** *contiver pedidos incompatíveis entre si.*
>
> ***§ 2º*** *Nas ações que tenham por objeto a revisão de obrigação decorrente de empréstimo, de financiamento ou de alienação de bens, o autor terá de, sob pena de inépcia, discriminar na petição inicial, dentre as obrigações contratuais, aquelas que pretende controverter, além de quantificar o valor incontroverso do débito.*
>
> ***§ 3º*** *Na hipótese do § 2º, o valor incontroverso deverá continuar a ser pago no tempo e modo contratados.*

Questões

01. (CESPE) Acerca da formação, da suspensão e da extinção do processo, julgue o item a seguir. Considera-se proposta a ação somente após a citação válida do réu.

Certo ( ) Errado ( )

02. À luz das disposições do CPC relativas aos atos processuais, julgue o item subsequente.

É vedado ao juiz julgar pedido realizado em petição inicial sem antes citar o réu, em atenção aos princípios do contraditório e da ampla defesa.

Certo ( ) Errado ( )

03. Considerando as regras do atual Código de Processo de Civil acerca das competências e da formação do processo, julgue o seguinte item.

Considera-se proposta a ação na data do protocolo da petição inicial, o que gera a litispendência, que somente produzirá efeitos para o réu a partir de sua primeira manifestação nos autos do processo.

Certo ( ) Errado ( )

04. A respeito da petição inicial, da tutela provisória, da suspensão do processo e das nulidades, julgue o próximo item à luz do Código de Processo Civil vigente.

A ausência de requerimento de citação do réu na inicial não inviabiliza o ato, pois o juiz poderá determiná-lo de ofício.

Certo ( ) Errado ( )

Gabaritos

01	ERRADO	03	ERRADO
02	ERRADO	04	CERTO

10. IMPROCEDÊNCIA LIMINAR

10.1 Aspectos Gerais

O instituto foi melhorado substancialmente com o Novo Código de Processo Civil. Será, sem dúvida, um mecanismo que irá diminuir a repetição de ações que já tenham jurisprudência consolidada em sentido contrário, de modo a contribuir com a celeridade e duração razoável do processo retirando do Poder Judiciário demandas que não possuem a mínima viabilidade diante dos precedentes que já estejam firmados pelo sistema de justiça.

A improcedência liminar do pedido é uma espécie de decisão judicial em que, antes mesmo da citação do réu, o juiz já pode encerrar o processo com uma sentença de mérito negando a pretensão formulada pelo autor da ação. Frise-se que a sentença extingue o processo com resolução de mérito, fazendo coisa julgada material. Ou seja, o caso encerrar-se-á de forma definitiva antes mesmo de o réu ser citado.

É importante deixar claro que a aplicação do referido instituto em nada afronta o princípio do contraditório e da ampla defesa assegurado na Constituição. Percebe-se que embora não haja sequer a citação do réu, este não sofre qualquer espécie de prejuízo com o julgamento nos moldes do art. 332 do CPC. Ora, **trata-se de julgamento de improcedência. O réu sagrar-se-á vitorioso sem mesmo ingressar no processo!**

Com o novo CPC, ao ser constatado que **a causa dispense a fase instrutória e que estejam presentes algumas das hipóteses previstas no art. 332**, o magistrado julgará improcedente (com resolução de mérito) antes mesmo da citação do réu. Vejamos as hipóteses previstas no Novo Código de Processo Civil:

> Fique ligado! O sistema permite que o juiz julgue a causa em desfavor do autor sem citar o réu (julga improcedente a ação). Sendo assim, seria absurdo admitir o contrário, ou seja, o juiz julgar procedente a ação sem citar o réu. São desnecessárias delongas para explicar que estaríamos diante de uma absurda violação ao contraditório e à ampla defesa da parte demandada.

> ***Art. 332. Nas causas que dispensem a fase instrutória**, o juiz, **independentemente da citação do réu**, julgará liminarmente **improcedente** o pedido que contrariar:*
>
> ***I.** enunciado de súmula do Supremo Tribunal Federal ou do Superior Tribunal de Justiça;*
>
> ***II.** acórdão proferido pelo Supremo Tribunal Federal ou pelo Superior Tribunal de Justiça em julgamento de recursos repetitivos;*
>
> ***III.** entendimento firmado em incidente de resolução de demandas repetitivas ou de assunção de competência;*
>
> ***IV.** enunciado de súmula de tribunal de justiça sobre direito local. (Grifo nosso)*

10.2 Cabimento

Percebe-se que as causas que poderão se sujeitar ao regramento do art. 332 não devem exigir dilação probatória, fase instrutória. Sendo assim, somente nas causas que desnecessitem de provas é que o juiz, sem citar o réu, poderá se valer da previsão do art. 332.

OBS.: pode haver provas, mas somente as juntadas pelo autor; se for necessária a produção de provas dentro do processo, não pode haver improcedência liminar. Essa dispensa decorre da presunção da veracidade das alegações do autor.

Cabe aqui esclarecer que a improcedência liminar do pedido pode ser aplicada tanto no primeiro grau de jurisdição (neste caso, o ato judicial que encerrará o processo será uma apelação), como também no segundo grau de jurisdição em situação de competência originária do tribunal (neste caso, o ato judicial pode ser uma decisão monocrática do relator ou um acórdão se a decisão for proferida por órgão colegiado).

10.2.2.1 Hipóteses legais de improcedência liminar

O art. 332 do CPC, em seus incisos e parágrafo primeiro, estabelece as específicas situações em que magistrado estará autorizado a aplicar determinados precedentes e encerrar o processo bem no início quando o pedido contrariá-los. Vejamos:

> ***Art. 332. Nas causas que dispensem a fase instrutória**, o **juiz, independentemente da citação do réu,** julgará liminarmente **improcedente** o pedido que contrariar:*
>
> ***I.** enunciado de **súmula** do Supremo Tribunal Federal ou do Superior Tribunal de Justiça;*
>
> ***II. acórdão** proferido pelo Supremo Tribunal Federal ou pelo Superior Tribunal de Justiça em **julgamento de recursos repetitivos;***
>
> ***III. entendimento** firmado **em incidente de resolução de demandas repetitivas** ou de **assunção de competência;***
>
> ***IV.** enunciado de **súmula** de tribunal de justiça **sobre direito local.***
>
> ***§ 1º O juiz também poderá julgar liminarmente improcedente o pedido se verificar**, desde logo, a ocorrência de **decadência ou de prescrição.***

10.3 Observância do Contraditório

Conforme já foi dito, deve-se ressaltar que inexiste afronta ao contraditório e à ampla defesa do réu nos casos previstos no art. 332 do CPC. O juiz somente aplicará o referido dispositivo no caso de INDEFERIMENTO do pedido do autor. Logo, o réu sequer terá participado do processo para se sagrar vitorioso. Caso o magistrado pretenda acolher o pedido do autor, obviamente, terá que citar o réu para que o exercício do contraditório e da ampla defesa possa ocorrer no caso concreto.

Uma questão sobre o contraditório muito relevante e que é alvo de intenso debate na doutrina (pouco provável em questões objetivas, porém, importante em questões subjetivas) é a discussão sobre a necessidade ou não de o juiz, antes de julgar improcedente liminarmente o pedido do autor, ter de intimá-lo, com base no art. 9 e 10 do CPC. A grande maioria da doutrina entende que é necessário.

> ***Art. 9º Não se proferirá decisão contra uma das partes sem que ela seja previamente ouvida.***
>
> ***Parágrafo único.** O disposto no **caput** não se aplica:*

I. à tutela provisória de urgência;

II. às hipóteses de tutela da evidência previstas no art. 311, incisos II e III;

III. à decisão prevista no art. 701.

Art. 10. O juiz não pode decidir, *em grau algum de jurisdição,* ***com base em fundamento a respeito do qual não se tenha dado às partes oportunidade de se manifestar,*** *ainda que se trate de matéria sobre a qual deva decidir de ofício.*

O professor Alexandre Câmara, por exemplo, entende que " não poderá o juiz proferir a sentença de improcedência liminar sem antes dar ao autor oportunidade de manifestar-se sobre ser ou não o caso de se rejeitar desde logo a demanda (arts. 9º e 10)".

OBS.: por disposição expressa do art. 487, parágrafo único do CPC, se o motivo do julgamento de improcedência liminar for a PRESCRIÇÃO ou a DECADÊNCIA, o juiz não estará obrigado a intimar o autor para aplicar o art. 332 e julgar a causa em seu desfavor:

Parágrafo único. Ressalvada a hipótese *do § 1º do art. 332, a prescrição e a decadência não serão reconhecidas sem que antes seja dada às partes oportunidade de manifestar-se.*

Portanto, no momento da prova, é interessante que o candidato tenha em mente que na situação de reconhecimento LIMINAR de prescrição e decadência, fundada no art. 332 do CPC, o juiz não precisa intimar o autor para se pronunciar sobre a questão.

O Novo Código de Processo Civil também exige que, uma vez transitado em julgado o caso por improcedência liminar do pedido do autor, o réu seja intimado para tomar conhecimento da decisão para que possa, no futuro, alegar uma eventual ofensa à coisa julgada, caso o autor pretenda reproduzir novamente a demanda:

§ 2º *Não interposta a apelação, o réu será intimado do trânsito em julgado da sentença, nos termos do art. 241.*

10.4 Sistemática Recursal na Improcedência Liminar

O ato judicial que julga liminarmente improcedente o pedido enquadra-se na categoria de SENTENÇA. Desta forma, o recurso que deverá interpor a parte autora para se insurgir é o RECURSO DE APELAÇÃO.

Como se sabe, o recuso de apelação, regra geral, não enseja juízo de retratação por parte do juiz. No entanto, no presente caso, segundo o art. 332, § 3º do CPC, o magistrado poderá se retratar no prazo de 5 dias:

§ 3º *Interposta a apelação, o juiz poderá retratar-se* ***em 5 (cinco) dias****.*

Caso o julgador se retrate, deverá determinar o prosseguimento do feito; por outro lado, caso o juiz não se retrate, deverá citar o réu para que apresente contrarrazões no prazo de 15 dias:

§ 4º Se houver retratação, o juiz determinará o prosseguimento do processo, com a citação do réu, e, se não houver retratação, determinará a citação do réu para apresentar contrarrazões, no prazo de 15 (quinze) dias.

Questões

01. (CESPE) Considere que uma pessoa tenha sido denunciada pela prática de determinado fato definido como crime, que, em seguida, foi descriminalizado pela lei A. Posteriormente, foi editada a lei B, que revogou a lei A e voltou a criminalizar aquela conduta. Nessa situação, a última lei deve ser aplicada ao caso.

Certo ( ) Errado ( )

02. (CESPE) A lei penal que, de qualquer modo, beneficia o agente tem, em regra, efeito extra-ativo, ou seja, pode retroagir ou avançar no tempo e, assim, aplicar-se ao fato praticado antes de sua entrada em vigor, como também seguir regulando, embora revogada, o fato praticado no período em que ainda estava vigente. A única exceção a essa regra é a lei penal excepcional ou temporária que, sendo favorável ao acusado, terá somente efeito retroativo.

Certo ( ) Errado ( )

03. (CESPE) Segundo o Código Penal Brasileiro vigente, a lei posterior que, de qualquer forma, favorecer o agente delituoso aplica-se aos fatos a ela anteriores, desde que não decididos por sentença penal condenatória transitada em julgado.

Certo ( ) Errado ( )

04. (CESPE) A extra-atividade da lei penal constitui exceção à regra geral de aplicação da lei vigente à época dos fatos.

Certo ( ) Errado ( )

05. (CESPE) No que diz respeito ao tema lei penal no tempo, a regra é a aplicação da lei apenas durante o seu período de vigência; a exceção é a extra-atividade da lei penal mais benéfica, que comporta duas espécies: a retroatividade e a ultratividade.

Certo ( ) Errado ( )

Gabaritos

01	CERTO	04	ERRADO
02	ERRADO	05	ERRADO
03	CERTO		

11. COMUNICAÇÃO DOS ATOS PROCESSUAIS

11.1 Aspectos Introdutórios

As partes necessitam tomar conhecimento dos atos processuais praticados no processo para que possam, no prazo fixado pela lei ou pelo julgador, adotar as medidas judiciais cabíveis dos atos judiciais que possam afetar sua esfera de direito, bem como cumprir a ordem judicial que eventualmente venha a ser determinada.

Não se pode perder de vista que o processo, como um procedimento ordenado de atos, deve atender ao contraditório e à ampla defesa para que o exercício da jurisdição possa ser efetivado de forma legítima. Ora, como se poderia resguardar tão importante direito fundamental sem ao menos dar conhecimento às partes dos atos processuais que são praticados no processo? **Essa exigência de comunicação dos atos é decorrência lógica do devido processo legal, precisamente, da necessidade de observar o contraditório e a ampla defesa no processo.**

Basicamente, duas são as modalidades de comunicação dos atos processuais: citação e intimação.

11.2 Citação

O CPC/2015 em oportuna redação dada ao Art. 238 do Código melhorou substancialmente o conceito de citação em relação ao dispositivo correspondente do CPC/73. O Art. estabelece que a citação é o ato pelo qual são convocados o réu, o executado ou interessado para **integrar a relação processual.** Art. 238 do CPC:

> ***Art. 238.*** *Citação é o ato pelo qual são convocados o réu, o executado ou o interessado para* ***integrar a relação processual****. (Grifo nosso)*

Portanto, com a nova legislação processual, não é mais correto se afirmar que a finalidade exclusiva da citação é integrar o réu para se defender. Até porque, é absolutamente possível que o sujeito venha a ser citado no processo para compor o polo ativo do processo. Basta imaginar a denunciação da lide feita pelo autor. Neste caso, em um primeiro momento, o denunciado deverá ser citado para acrescentar argumentos à petição inicial do autor (Art. 127 do CPC).

Com a citação, efetiva-se a angularização da relação processual. É neste momento que se visualiza a legitimação do contraditório para o sujeito que é integrado ao processo. **Para parcela da doutrina, a citação constitui pressuposto processual de existência do processo**. Por outro lado, **há quem entenda que se trate de condição de eficácia do processo para o réu.**

Diante dessa divergência doutrinária, é muito pouco provável que o tema venha a ser cobrado em provas objetivas. O examinador estaria colocando em risco a manutenção da questão no certame pelos numerosos recursos que iriam ser apresentados pelos candidatos. No entanto, em prova subjetiva, sempre é interessante o candidato demonstrar conhecimento mais amplo citando mais de uma doutrina.

11.2.1 A instrumentalidade das formas na citação: comparecimento espontâneo do réu para alegar a falta ou nulidade da citação

É importante que se diga que não basta existir a citação; faz-se necessário que este ato formal venha a ser efetivado regularmente. Em outras palavras, o sistema exige que o ato citatório preencha todos os requisitos de sua validade para que o processo possa prosseguir sem qualquer espécie de vício. **Sob essa perspectiva, pode-se afirmar que a citação constitui pressuposto processual de validade do processo.**

Como já ficou bem consignado em outras passagens, percebe-se que a preocupação com a forma não deve ser a tônica do operador do direito quando estiver a participar de uma relação processual. Assim, ainda que a lei exija certa formalidade e esta não venha a ser atendida, é provável que o ato venha a ser considerado válido a despeito de não observá-la, **desde que atinja a sua finalidade.**

Não é por outro motivo que o Art. 239, § 1º do CPC estabelece que o comparecimento espontâneo do réu ou do executado supre a falta ou a nulidade da citação se este comparecimento não causar prejuízo para a parte:

> ***Art. 239.*** *<u>Para a **validade** do processo é indispensável a citação do réu ou do executado</u>, ressalvadas as hipóteses de indeferimento da petição inicial ou de improcedência liminar do pedido.*
>
> ***§ 1º O comparecimento espontâneo do réu ou do executado supre a falta ou a nulidade da citação****, fluindo a partir desta data o prazo para apresentação de contestação ou de embargos à execução. (Grifo nosso)*

Com essa nova disposição, é interessante perceber que a fluência do prazo para apresentar a contestação ou os embargos à execução conta-se do próprio comparecimento. No sistema anterior, esse prazo era deflagrado da intimação da decisão que reconhecia o pedido de decretação da nulidade do ato.

Por fim, caso o réu compareça para alegar a falta ou vício de citação e o juiz venha a rejeitar tal requerimento, segundo o § 2º do Art. 239 do CPC, duas serão as consequências: caso se trate de processo de conhecimento, o réu será considerado revel; caso se trata de execução, o processo terá o seu prosseguimento:

> ***§ 2º*** *Rejeitada a alegação de nulidade, tratando-se de processo de:*
>
> ***I.*** *conhecimento,* ***o réu será considerado revel****;*
>
> ***II.*** *execução, o* ***feito terá seguimento****. (Grifo nosso)*

11.2.2 A pessoalidade da citação como regra do sistema processual

Como não poderia deixar de ser, a regra no sistema processual é a de que a citação deve ser realizada **pessoalmente**. Ou seja, para garantir uma maior segurança ao jurisdicionado, o destino da citação deve ser o **réu**, o **executado** ou o **interessado**. No entanto, a própria lei prevê que a citação também poderá ser feita na pessoa do representante ou procurador do réu, do executado ou interessado. Caso se trate de pessoa jurídica, a citação será realizada, como regra, na pessoa que tiver essa incumbência em virtude de poderes conferidos por convenção ou por estatuto.

O disciplinamento do que foi exposto encontra respaldo no Art. 242 do CPC:

> ***Art. 242.* A citação será pessoal**, *podendo, no entanto, ser feita na pessoa do representante legal ou do procurador do réu, do executado ou do interessado. (Grifo nosso)*

O CPC trata de casos especiais de citação em que a regra da pessoalidade é relativizada seja para garantir a efetividade da citação, seja para assegurar a boa-fé. É importante atentar às situações, por serem bastante cobradas em prova:

01. Na ausência do citando, a citação será feita na pessoa de seu mandatário, administrador, preposto ou gerente, quando a ação se originar de atos por eles praticados.
02. O locador que se ausentar do Brasil sem cientificar o locatário de que deixou, na localidade onde estiver situado o imóvel, procurador com poderes para receber citação será citado na pessoa do administrador do imóvel encarregado do recebimento dos aluguéis, que será considerado habilitado para representar o locador em juízo.
03. A citação da União, dos Estados, do Distrito Federal, dos Municípios e de suas respectivas autarquias e fundações de direito público será realizada perante o órgão de Advocacia Pública responsável por sua representação judicial.
04. Nos condomínios edilícios ou nos loteamentos com controle de acesso, será válida a entrega do mandado a funcionário da portaria responsável pelo recebimento de correspondência, que, entretanto, poderá recusar o recebimento, se declarar, por escrito, sob as penas da lei, que o destinatário da correspondência está ausente.

11.2.3 Vedações legais à efetivação da citação

O Código de Processo Civil não permite, **a não ser para evitar o perecimento do direito**, que se faça a citação em determinadas circunstâncias. Como se verá, o legislador no Art. 244 do CPC preservou o jurisdicionado de se sujeitar ao recebimento de citação em momentos sensíveis da sua vida, tais como: casamento, morte de um ente querido, grave enfermidade etc.:

a) de quem estiver participando de ato de culto religioso.

Neste caso, independentemente da religião do citando, se estiver a participar do culto religioso não poderá ser citado. No entanto, não se deve concluir que a pessoa não possa vir a ser citada no local do culto. É absolutamente possível que isso venha a ser feito. O que não permite a lei é que a citação ocorra no momento em que o réu esteja **participando** de ato de culto religioso.

b) de cônjuge, de companheiro ou de qualquer parente do morto, consanguíneo ou afim, em linha reta ou na linha colateral em segundo grau, no dia do falecimento e nos 7 (sete) dias seguintes.

No denominado "período de nojo", ou seja, no momento absolutamente sensível pela perda de um ente querido, o legislador preserva o réu da efetivação da citação como um mecanismo de proteger o seu real direito ao contraditório e à ampla defesa. Não há dúvidas de que o ânimo do réu para municiar o seu procurador de documentos e fatos para fortalecer a sua defesa restará comprometido, tendo em vista seu estado psicológico pelo evento morte.

c) de noivos, nos 3 (três) primeiros dias seguintes ao casamento.

Também no conhecido "período de gala" o legislador considerou oportuno preservar os nubentes de um possível constrangimento quando da comemoração do seu enlace matrimonial.

d) de doente, enquanto grave o seu estado.

A presente vedação tem como objetivo proteger todos aqueles que, em virtude de grave enfermidade, não teriam condições de subsidiar uma defesa efetiva diante do seu quadro crítico. É importante observar que **esta hipótese não pode se sujeitar a um prazo pré-estabelecido**. Ora, pode acontecer de o estado grave de saúde perdurar por meses ou até anos!

11.2.4 Efeitos da citação

A citação válida, conforme o Art. 240 do CPC, ainda que ordenada por juízo incompetente, **a) induz litispendência**; **b) faz litigiosa a coisa**; e **c) constitui em mora o devedor.**

Com o CPC/2015, a prevenção não constitui mais um dos efeitos da citação. O Art. 59 do CPC estabelece que a prevenção do juízo se dará com **o registro ou a distribuição da petição inicial**. Ademais, o Novo Código estabeleceu um novo marco para que se considere a interrupção da prescrição. Com efeito, o § 1º do Art. 240 estatui que o termo inicial da interrupção da prescrição é **o despacho que ordena a citação**, portanto, não é mais a citação válida que produz tal efeito.

Eis o teor das disposições legais que regulam o tema em estudo:

> ***Art. 240.*** *A citação válida, ainda quando ordenada por juízo incompetente, induz litispendência, torna litigiosa a coisa e constitui em mora o devedor, ressalvado o disposto nos Arts. 397 e 398 da Lei no 10.406, de 10 de janeiro de 2002 (Código Civil).*
>
> ***§ 1º*** *A interrupção da prescrição, operada pelo despacho que ordena a citação, ainda que proferido por juízo incompetente, retroagirá à data de propositura da ação. (Grifo nosso)*

11.2.5 Modalidades de citação

O Art. 246 do CPC estabelece as seguintes modalidades de citação existentes no sistema; a) correio; b) por oficial de justiça; c) por escrivão ou chefe de secretaria; d) por edital; e) por meio eletrônico.

> ***Art. 246.*** *A citação será feita:*
>
> ***I.*** *pelo* ***correio;***
>
> ***II.*** *por* ***oficial de justiça;***
>
> ***III.*** *pelo* ***escrivão ou chefe de secretaria,*** *se o citando comparecer em cartório;*
>
> ***IV.*** *por* ***edital;***
>
> ***V.*** *por* ***meio eletrônico,*** *conforme regulado em lei. (Grifo nosso)*

11.2.6 Citação pelo correio

É a regra geral do sistema. Trata-se de uma hipótese de citação **real**. Sem dúvida, até a completa implementação do processo judicial eletrônico, é modalidade mais econômica de comunicação processual. Isso se justifica porque quase a totalidade do nosso território é atendida pela empresa que tem a incumbência de realizar esse serviço (ECT), além de dispensar a figura do oficial de justiça dessa tarefa (afinal, são poucos os oficiais de justiça em comparação com todos os carteiros do país!).

Segundo o Art. 247, a citação será feita pelo correio, para qualquer comarca do País, exceto nas seguintes hipóteses:

> ***Art. 247.*** *A citação será feita pelo correio para qualquer comarca do país, exceto:*
>
> ***I.*** *nas ações de estado, observado o disposto no Art. 695, § 3º;*
>
> ***II.*** *quando o citando for incapaz;*
>
> ***III.*** *quando o citando for pessoa de direito público;*
>
> ***IV.*** *quando o citando residir em local não atendido pela entrega domiciliar de correspondência;*
>
> ***V.*** *quando o autor, justificadamente, a requerer de outra forma.*

Salvo quando a lei dispuser de forma contrária, quando a citação for feita via Correios, a deflagração do prazo começa a contar a partir da data da juntada aos autos do aviso de recebimento (Art. 231, I, CPC).

11.2.7 Citação por oficial de justiça

Ao contrário da citação pelos Correios, a citação por oficial de justiça é **subsidiária**. Sendo assim, somente nas situações previstas em lei ou quando restar frustrada a citação, é que caberá a citação por mandado. Trata-se, também, de uma hipótese de citação real. O Código enumera, no Art. 247, as hipóteses de citação por mandado:

- nas ações de estado, observado o disposto no Art. 695, § 3º;
- quando o citando for incapaz;
- quando o citando for pessoa de direito público;
- quando o citando residir em local não atendido pela entrega domiciliar de correspondência;
- quando o autor, justificadamente, a requerer de outra forma.

O atual Código de Processo exclui o processo de execução do rol das hipóteses em que a citação é realizada por oficial de justiça. Inclusive, era questão de concurso muito abordada em provas!

Nas comarcas contíguas de fácil comunicação e nas que se situem na mesma região metropolitana, o oficial de justiça poderá efetuar, em qualquer delas, citações.

Salvo quando a lei dispuser de forma contrária, quando a citação for feita por oficial de justiça, a deflagração do prazo começa a contar **a partir da data da juntada aos autos do mandado cumprido** (Art. 231, II, CPC).

11.2.8 Citação por hora certa

Esta modalidade nada mais é do que um desdobramento de uma frustrada citação pelo oficial de justiça. Trata-se de uma hipótese de citação **ficta**. Ocorrerá quando, **por duas vezes (no CPC revogado eram três!)**, o oficial de justiça houver procurado o citando em seu domicílio ou residência sem o encontrar, deverá, havendo suspeita de ocultação, intimar qualquer pessoa da família ou, em sua falta, qualquer vizinho de que, no dia útil imediato, voltará a fim de efetuar a citação, na hora que designar. No dia e hora designados, o oficial de justiça, independentemente de novo despacho, comparecerá ao domicílio ou residência do citando, a fim de realizar a diligência. Se o citando não estiver presente, o oficial de justiça procurará informar-se das razões da ausência, dando por feita a citação, ainda que o citando se tenha ocultado em outra comarca, seção judiciária. Da certidão da ocorrência, o oficial de justiça deixará contrafé com pessoa da família ou com qualquer vizinho, conforme o caso, declarando-lhe o nome.

11.2.9 Citação por edital

Trata-se de uma espécie de citação **ficta**. Para que venha a se efetivar no caso concreto, deve ocorrer uma das situações previstas no Art. 256 do CPC:

> Art. 256. A citação por edital será feita:
>
> ***I.*** *quando* ***desconhecido ou incerto o citando;***
>
> ***II.*** *quando* ***ignorado, incerto*** *ou* ***inacessível*** *o lugar em que se encontrar o citando;*
>
> ***III.*** *nos* ***casos expressos em lei.***
>
> ***§ 1º*** *Considera-se inacessível, para efeito de citação por edital, o país que recusar o cumprimento de carta rogatória.*
>
> ***§ 2º*** *No caso de ser inacessível o lugar em que se encontrar o réu, a notícia de sua citação será divulgada também pelo rádio, se na comarca houver emissora de radiodifusão.*
>
> ***§ 3º*** *O réu será considerado em local ignorado ou incerto se infrutíferas as tentativas de sua localização, inclusive mediante requisição pelo juízo de informações sobre seu endereço nos cadastros de órgãos públicos ou de concessionárias de serviços públicos. (Grifo nosso)*

É importante mencionar que não basta publicar o edital. Faz-se necessária a sua publicação com os específicos requisitos de validade constantes no Art. 257 do CPC. São eles:

> ***Art. 257.*** *São requisitos da citação por edital:*
>
> ***I.*** *a afirmação do autor ou a certidão do oficial informando a presença das circunstâncias autorizadoras;*
>
> ***II.*** *a publicação do edital na rede mundial de computadores, no sítio do respectivo tribunal e na plataforma de editais do Conselho Nacional de Justiça, que deve ser certificada nos autos;*
>
> ***III.*** *a determinação, pelo juiz, do prazo, que variará entre 20 (vinte) e 60 (sessenta) dias, fluindo da data da publicação única ou, havendo mais de uma, da primeira;*
>
> ***IV.*** *a advertência de que será nomeado curador especial em caso de revelia.*
>
> ***Parágrafo único.*** *O juiz poderá determinar que a publicação do edital seja feita também em jornal local de ampla circulação ou por outros meios, considerando as peculiaridades da comarca, da seção ou da subseção judiciárias.*

11.2.10 Citação pelo escrivão ou chefe de secretaria

O legislador percebeu a grande utilidade de tal comunicação, principalmente, quando o citando comparecia em cartório para alegar vício ou nulidade da citação. Nesta situação, o escrivão ou chefe de secretaria, de imediato, procederá com a realização da citação (Art. 246, III, CPC). Trata-se, também, de uma hipótese de citação **real**.

11.2.11 Citação por meio eletrônico

A Lei nº 11.419/06 introduziu no ordenamento brasileiro a possibilidade de a citação ser realizada por meio eletrônico. Futuramente, quando todos os processos forem virtualizados, será a principal fonte de comunicação de atos processuais do sistema. Não resta dúvida de que é a mais célere, efetiva e eficiente espécie de citação do sistema. Trata-se de uma hipótese de citação **real**.

É princípio basilar dessa espécie de citação a autorresponsabilidade da parte. Com efeito, o marco da citação é o momento em que o citando acessa o sistema eletrônico ou quando decorrido o prazo de 10 dias da publicação do ato. Neste caso, o sistema considerará presumidamente citada a parte do processo. Ou seja, todo o ônus com a eventual negligência no acesso será de inteira responsabilidade da parte.

Para que se operacionalize esse mecanismo de comunicação do ato processual, exige-se um prévio cadastro no sistema a ser utilizado pelos órgãos jurisdicionais. O CPC tem previsão nesse sentido, a saber:

> ***Art. 246.*** *A citação será feita:*
>
> *(...);*
>
> ***V.*** *por* ***meio eletrônico****, conforme regulado em lei.*
>
> ***§ 1º Com exceção das microempresas e das empresas de pequeno porte****, as empresas públicas e privadas são obrigadas a manter cadastro nos sistemas de processo em autos eletrônicos,* ***para efeito de recebimento de citações e intimações****, as quais serão efetuadas preferencialmente por esse meio.*
>
> ***§ 2º*** *O disposto no § 1º aplica-se à* ***União****, aos* ***Estados****, ao Distrito Federal, aos Municípios e às* ***entidades da administração indireta****. (Grifo nosso)*

Exceto quando a lei dispuser de forma contrária, quando a citação ou intimação for eletrônica, considera-se o dia do começo do prazo para o réu o dia útil seguinte à consulta ao teor da citação ou da intimação ou ao término do prazo para que a consulta se dê, conforme dispõe o Art. 231, V, do CPC.

11.3 Intimação

Intimação é a espécie de ato pelo qual se dá ciência a alguém dos atos e termos do processo, para que faça ou deixe de fazer alguma coisa. Traduz a ideia, regra geral, de que já existe uma relação jurídica processual já formada. Eis o que dispõe o Código:

> ***Art. 269.*** *Intimação é o ato pelo qual se dá ciência a alguém dos atos e dos termos do processo.*

11.3.1 Modalidades

Assim como a citação, são várias as formas de se concretizar essa comunicação no processo. São Elas:

11.3.1.1 Por meio eletrônico

É o meio preferencial do sistema. Com efeito, a lei fala que, **sempre que possível**, as intimações deverão ocorrer **por meio eletrônico**. Art. 270 do CPC:

> ***Art. 270.*** *As intimações realizam-se, sempre que possível, por meio eletrônico, na forma da lei. (Grifo nosso)*

Cumpre observar que somente será por meio eletrônico quando isso for possível, sobremaneira, quando os destinatários já tiverem realizado o respectivo cadastro no tribunal.

11.3.1.2 Por publicação no Diário da Justiça

O Art. 272 do CPC prevê que somente quando não realizadas por meio eletrônico, consideram-se feitas as intimações pela publicação dos atos no órgão oficial. Nessa situação, as intimações serão consideradas realizadas, nas capitais dos Estados e no DF e em todas as comarcas do interior em que haja órgão de imprensa, que oficialmente mantenha publicação das intimações judiciais, pela só publicação do aviso no Diário da Justiça ou no órgão de impressa local. Eis os requisitos do Art. 272 para a validade da publicação:

> ***§ 1º*** *Os advogados poderão requerer que, na intimação a eles dirigida, figure apenas o nome da sociedade a que pertençam, desde que devidamente registrada na Ordem dos Advogados do Brasil.*
>
> ***§ 2º*** *Sob pena de nulidade, é indispensável que da publicação constem os nomes das partes e de seus advogados, com o respectivo número de inscrição na Ordem dos Advogados do Brasil, ou, se assim requerido, da sociedade de advogados.*
>
> ***§ 3º*** *A grafia dos nomes das partes não deve conter abreviaturas.*
>
> ***§ 4º*** *A grafia dos nomes dos advogados deve corresponder ao nome completo e ser a mesma que constar da procuração ou que estiver registrada na Ordem dos Advogados do Brasil.*
>
> ***§ 5º*** *Constando dos autos pedido expresso para que as comunicações dos atos processuais sejam feitas em nome dos advogados indicados, o seu desatendimento implicará nulidade.*

11.3.1.3 Pelos Correios

Assim como ocorre na citação, a intimação da parte pode ser feita pelos Correios. Nesta situação, existe um dever das partes de manter os seus endereços atualizados. É que, se houver qualquer espécie de modificação temporária ou definitiva, e não houver comunicação ao juízo da causa, ter-se-ão como válidas as intimações dirigidas ao endereço indicado inicialmente, contabilizando-se os prazos a partir da juntada aos autos do comprovante de entrega da correspondência.

Uma importante novidade trazida pelo CPC/2105 **foi a possibilidade de o advogado realizar a intimação do advogado da parte contrária pelos Correios**. Vejamos o que dispõe o § 1º do Art. 269 do CPC:

> ***Art. 269*** *(...)*
>
> ***§ 1º É facultado aos advogados promover a intimação do advogado da outra parte por meio do correio****, juntando aos autos, a seguir, cópia do ofício de intimação e do aviso de recebimento. (Grifo nosso)*

11.3.1.4 Por oficial de justiça

Esta espécie de intimação no processo tem caráter secundário, ou seja, somente será feita quando não restar frutífera a realização por meio eletrônico ou pelos Correios. Nesta espécie de intimação a ser realizada pelo oficial de justiça (**atentar que o escrivão ou chefe de secretaria também poderão fazê-lo**), deverão ser atendidos alguns requisitos estabelecidos no § 1º do Art. 275 do CPC, o qual estabelece:

> ***Art. 275.*** *A intimação será feita por oficial de justiça quando frustrada a realização por meio eletrônico ou pelo correio.*
>
> ***§ 1º*** *A certidão de intimação deve conter:*
>
> ***I.*** *a indicação do lugar e a descrição da pessoa intimada, mencionando, quando possível, o número de seu documento de identidade e o órgão que o expediu;*
>
> ***II.*** *a declaração de entrega da contrafé;*

III. a nota de ciente ou a certidão de que o interessado não a após no mandado.

§ 2º Caso necessário, a intimação poderá ser efetuada com hora certa ou por edital.

Por fim, é importante observar que analogamente à citação, o **§ 2º do Art. mencionado admite que a intimação possa ser feita por hora certa ou por edital!**

Questões

01. Com base no Código de Processo Civil e no entendimento jurisprudencial e doutrinário acerca de processo civil, julgue o seguinte item.

É válida a entrega de mandado de citação de pessoa jurídica feito pelo correio a funcionário responsável pelo recebimento de correspondências, bem como é válida a entrega de mandado de citação de pessoa física residente em condomínios edilícios a funcionário da portaria.

Certo ( ) Errado ( )

02. Acerca dos atos processuais, julgue o item subsequente.

O administrador do imóvel locado, quando a ação se originar de atos por ele praticados, poderá receber citação em ação movida contra o locador, se este estiver ausente.

Certo ( ) Errado ( )

03. A respeito da formação do processo, da penhora e do cumprimento de sentença, julgue o item que se segue.

O juiz nomeará curador especial ao réu revel citado por edital enquanto este não for encontrado.

Certo ( ) Errado ( )

04. Acerca dos atos processuais, julgue o item subsequente.

Se o oficial de justiça verificar que o réu que reside em condomínio edilício está se ocultando para não receber a citação, o juiz deverá intimar o funcionário da portaria a informar o citando sobre o dia e o horário que o oficial de justiça retornará para efetuar a citação.

Certo ( ) Errado ( )

05. (CESPE) No que diz respeito às normas processuais, aos atos e negócios processuais e aos honorários de sucumbência, julgue o item que se segue, com base no disposto no novo Código de Processo Civil.

No que se refere à comunicação dos atos processuais, aplica-se às entidades da Administração Pública direta e indireta a obrigatoriedade de manter cadastro nos sistemas de processo em autos eletrônicos, para o recebimento de citações e intimações, que serão preferencialmente realizadas por meio eletrônico.

Certo ( ) Errado ( )

Gabaritos

01	CERTO	04	ERRADO
02	CERTO	05	CERTO
03	ERRADO		

12. RESPOSTAS DO RÉU

12.1 Contestação

Pode-se dizer que a contestação é a modalidade de defesa por excelência do réu. Com o Novo Código de Processo Civil, a contestação foi robustecida, tendo em vista que muitos mecanismos de defesa do réu que eram instaurados por incidentes autônomos (ex.: impugnação ao valor da causa), agora, são trazidos no bojo da contestação. Inicialmente, valer ressaltar que a resposta é um ônus do réu, já que não é obrigatória. Portanto, não constitui um dever da parte, pois não existe uma obrigação da parte de apresentar contestação. Ocorre que a não apresentação pode colocar a parte em uma situação de desvantagem no processo (a parte pode se submeter aos efeitos da revelia). Sendo assim, ao cumprir o ônus de apresentar defesa a situação do réu pode ficar mais confortável no processo.

Cumpre aqui abordar os assuntos que têm maior incidência em concursos sobre resposta do réu. Quanto a este aspecto, objetivamos tranquilizar o concursando. As bancas são muito repetitivas sobre o tema, ou seja, as questões abordam poucos assuntos da resposta do réu como um todo.

12.1.1 Prazo e termo inicial para apresentação da defesa

O prazo para apresentação da contestação é de 15 dias. Com o art. 335 do novo CPC, esse prazo terá como termo inicial as seguintes situações:

> ***I.*** *audiência de conciliação ou de mediação quando qualquer parte comparecer ou, comparecendo, não houver autocomposição;*
>
> ***II.*** *da data do protocolo de pedido de cancelamento da audiência, caso ambos (autor e réu) não a queiram;*

Obs. 1: no litisconsórcio passivo, o prazo conta de cada protocolo, individualmente.

> ***III.*** *nos casos em que não é designada audiência (direito não autocomponível, quando as duas não querem): o réu é citado de forma tradicional, o prazo começa a correr da juntada do mandado de citação ou do AR da carta.*

Obs. 2: prazo dobrado p/ Fazenda Pública, MP, DP e Litisconsortes com diferentes procuradores (processo físico).

12.1.2 Espécies de defesa na contestação

→ **Defesas processuais peremptórias e dilatórias**

a) **Peremptória**: é a defesa que, se acolhida no processo, implica a extinção do processo, ou seja, haverá o encerramento da relação processual. Exemplos: carência de ação, litispendência, ofensa a coisa julgada etc.

b) **Dilatória**: é aquela defesa cujo acolhimento não vai implicar a extinção do processo, ou seja, o seu reconhecimento vai apenas dilatar o curso do processo. Exemplos: incompetência, conexão.

OBS.: as incompetências absoluta ou relativa serão dilatórias; o seu reconhecimento não implica extinção do processo, mas a remessa dos autos ao juízo competente.

O art. 337 do CPC estabelece as defesas processuais que poderão ser alegadas pelo réu antes de discutir o mérito:

> ***Art. 337.*** *Incumbe ao réu,* ***antes de discutir o mérito****, alegar: (defesas preliminares)*
>
> ***I.*** *inexistência ou nulidade da citação;*
>
> ***II. incompetência absoluta e relativa****; (o juiz não pode reconhecer de ofício a incompetência relativa)*
>
> ***III. incorreção do valor da causa****; (não mais se alega por incidente)*
>
> ***IV.*** *inépcia da petição inicial;*
>
> ***V.*** *perempção;*
>
> ***VI.*** *litispendência;*
>
> ***VII.*** *coisa julgada;*
>
> ***VIII.*** *conexão;*
>
> ***IX.*** *incapacidade da parte, defeito de representação ou falta de autorização;*
>
> ***X. convenção de arbitragem****; (o juiz não pode reconhecer de ofício a arbitragem)*
>
> ***XI.*** *ausência de legitimidade ou de interesse processual;*
>
> ***XII.*** *falta de caução ou de outra prestação que a lei exige como preliminar;*
>
> ***XIII. indevida concessão do benefício de gratuidade de justiça****. (não mais se alega por incidente)* ***(omissis).***
>
> ***§ 5º Excetuadas a convenção de arbitragem e a incompetência relativa, o juiz conhecerá de ofício das matérias enumeradas neste artigo.***

Neste dispositivo, há também uma grande novidade trazida pelo Novo Código: é que **a incorreção ao valor da causa e a indevida concessão da justiça gratuita** são alegadas agora como preliminar de contestação. No CPC antigo, estas situações eram alegadas por meio de incidente processual. Bastante cuidado! O examinador tende a cobrar muito essa modificação quanto à forma de se alegar tais questões.

> É importante registrar que praticamente todas as matérias que constam como preliminares de contestação podem ser reconhecidas pelo juiz de ofício. No entanto, como prevê o § 5º do art. 337, CONVENÇÃO DE ARBITRAGEM E INCOMPETÊNCIA RELATIVA NÃO PODERÃO SER RECONHECIDAS DE OFÍCIO PELO JUIZ.

→ **Defesa de mérito direta e indireta**

a) **Defesa direta**: é espécie de defesa que não insere no processo fato novo. O réu formula sua defesa sem ampliar o objeto da lide. Imaginemos o réu se limitando a negar todas as alegações fáticas do autor ou reconhecendo a existência desses fatos, mas negando as suas consequências jurídicas (percebe-se que não há inserção de fato novo no processo).

OBS.: quando o réu formular defesa direta, o ônus da prova pertence todo do autor. Ademais, não haverá necessidade de o juiz intimar o autor para apresentar a réplica, que é a manifestação do autor sobre a contestação. Seria um verdadeiro excesso intimar o autor para replicar, quando na contestação o réu só se defende diretamente sem agregar fato novo, não há a menor necessidade de manifestação do autor.

b) **Defesa indireta:** ao contrário da defesa direta, na defesa indireta **o réu traz ao processo fato** novo modificativo, impeditivo ou extintivo do direito do autor. Os exemplos mais comuns em provas de concurso sobre defesa indireta são os seguintes: **1 – Exceção de contrato não cumprido; 2 – Pagamento; 3 – Compensação.**

OBS.: quando o réu formular defesa indireta, o ônus da prova lhe pertencerá, ou seja, o juiz julgará procedente o pedido do autor em desfavor do réu se este não provar o fato modificativo, extintivo ou impeditivo do direito do autor (imaginemos que ele alegue pagamento parcial e não comprove). Ademais, nos casos de defesas indiretas, o juiz terá que intimar o autor para apresentação de réplica, faz-se necessário instaurar um contraditório sobre os fatos novos trazidos ao processo pelo réu.

> Nas provas, é muito comum o examinador utilizar as expressões "exceção substancial direta" (defesa de mérito direta) e "exceção substancial indireta" (defesa de mérito indireta). Portanto, é importante ter em mente que essas expressões possuem um mesmo significado nas provas.

12.1.3 Princípios inerentes à Contestação

A contestação se sujeita a dois pilares básicos, a saber:

12.1.4 Regra da concentração da defesa ou da eventualidade

Segundo o art. 336 do CPC, O réu tem que apresentar, na contestação, toda sua matéria de defesa sob pena de se tornarem preclusas as matérias não deduzidas na contestação:

> ***Art. 336. Incumbe ao réu alegar, na contestação, toda a matéria de defesa**, expondo as razões de fato e de direito com que impugna o pedido do autor e especificando as provas que pretende produzir.*

Cumpre reiterar que se alguma tese de defesa for omitida nessa fase, ocorrerá preclusão, e não poderá o réu, em regra, formular novas alegações em fases posteriores do processo (**princípio da eventualidade/concentração da defesa**).

Este princípio não é absoluto, ou seja, a depender da espécie de matéria que não tenha sido aduzida pelo réu na contestação, ainda assim, o réu poderá fazê-lo em um momento posterior. Na verdade, basta a situação se enquadrar em uma das hipóteses do art. 342 do CPC, a saber:

> ***Art. 342. Depois da contestação**, só é lícito ao réu deduzir novas alegações quando:*
>
> ***I.** relativas a direito ou a fato superveniente;*
>
> ***II. competir ao juiz conhecer delas de ofício;***
>
> ***III.** por expressa autorização legal, puderem ser formuladas em qualquer tempo e grau de jurisdição. (Grifo nosso)*

Para exemplificar, basta imaginar que o réu se esqueça de alegar a incompetência absoluta do juízo. Nesta situação, tem-se uma matéria que claramente o juiz pode conhecer de ofício (lembre-se: o juiz só não pode conhecer de ofício a incompetência relativa) e em qualquer tempo e grau de jurisdição. Sendo assim, inobstante o réu não tenha alegado como preliminar no corpo da sua contestação, poderá a vir fazê-lo por uma mera petição simples em uma fase ulterior do procedimento. Ora, o inciso II do art. 342 do CPC permite que o réu deduza nova alegações (incompetência absoluta) quando competir ao juiz conhecer delas de ofício (o juiz pode de ofício reconhecer a incompetência absoluta).

12.1.5 Ônus da impugnação especificada

Segundo o art. 341 do CPC, o réu na sua defesa tem o dever de impugnar especificadamente cada uma das alegações de fato deduzidas pelo autor na sua petição inicial. Consequência lógica da aplicação da referida regra é a seguinte: **não se admite a contestação genérica, ou seja, a contestação por negativa geral.** Sendo assim, formulações genéricas do tipo "são todas inverídicas as afirmações feitas pelo autor", ou "não condizem com a realidade fática os fatos trazidos na inicial", não serão admitidas no processo. Logo, o fato não impugnado especificadamente será reputado como ocorrido, presumindo-se verdadeiro. Vejamos o que estabelece o art. 341 do Código:

> ***Art. 341. Incumbe** também **ao réu manifestar-se precisamente sobre as alegações de fato constantes da petição inicial, presumindo-se verdadeiras as não impugnadas,** salvo se:*
>
> ***I.** não for admissível, a seu respeito, a confissão;*
>
> ***II.** a petição inicial não estiver acompanhada de instrumento que a lei considerar da substância do ato;*
>
> ***III.** estiverem em contradição com a defesa, considerada em seu conjunto.*
>
> ***Parágrafo único. O ônus da impugnação especificada dos fatos não se aplica ao defensor público, ao advogado dativo e ao curador especial.***

Assim como a regra da eventualidade ou da concentração, o ônus da impugnação especificada também sofre relativizações. Resta bastante claro na lei que o não cumprimento do ônus, nas hipóteses previstas nos incisos do art. 341, não dará ensejo a que o juiz presuma verdadeiras as alegações trazidas pelo autor pelo só fato de o réu não a impugnar especificadamente. Basta imaginar uma ação de dissolução de casamento sem vir acompanhada pela certidão de casamento. Percebe-se que a petição não está acompanhada de instrumento que a lei considera da substância do ato (hipótese do inciso II do art. 341), sendo assim, não se podem presumir verdadeiras as alegações pelo só fato do descumprimento do ônus da impugnação especificada.

Por fim, conforme se depreende do parágrafo único do dispositivo, alguns sujeitos estão dispensados deste ônus da impugnação especificada, são eles: **defensor público, o advogado dativo e o curador especial.** Este é um dos temas mais cobrados em provas sobre resposta do réu! Convém atentar para o fato de o MP não ser mais enquadrado como um dos sujeitos do processo que estão dispensados da ônus da impugnação especificada. A referência ao MP há muito já não tinha razão de ser. Em algumas situações o MP era acionado para atuar como um verdadeiro advogado da parte; hoje em dia, quem faz essa defesa é o defensor público.

12.2 Reconvenção

Trata-se de um contra-ataque do réu. É a ação do réu (réu-reconvinte) contra o autor (autor-reconvindo) no mesmo processo em que ele foi originariamente demandado. O réu que reconvém não está apenas se defendendo e, sim, atacando.

É importante destacar que, ao contrário da contestação, **a reconvenção amplia objetivamente o processo.** Com a reconvenção o objeto do processo passa a ficar mais amplo, pois se tem um novo pedido trazido pelo réu.

Esse novo pedido trazido ao processo com a reconvenção não implicará a instauração de um novo processo. **Sobretudo, porque o Novo Código de Processo Civil no art. 343, caput, estatui que a reconvenção seja apresentada na própria contestação.** Vislumbramos que o examinador deverá cobrar muito isso em prova! Muito cuidado! Não se pode mais falar que a contestação e a reconvenção devem ser apresentadas em peças separadas e simultaneamente. Percebe-se que **em uma só petição a parte apresentará CONTESTAÇÃO E RECONVENÇÃO.**

Embora o Novo Código tenha estabelecido essa grande alteração na forma de se apresentar a reconvenção, não se deve concluir que a reconvenção perdeu sua autonomia, ou seja, sua natureza de ação, bem como, não se deve intuir que a parte somente poderá fazer uso da reconvenção se contestar. De forma alguma! A lei deixa bem clara essa ideia. Vejamos:

> ***Art. 343.*** *Na contestação, é lícito ao réu propor reconvenção para manifestar pretensão própria, conexa com a ação principal ou com o fundamento da defesa.*
>
> ***§ 1º*** *Proposta a reconvenção, o autor será* ***intimado, na pessoa de seu advogado, para apresentar resposta no prazo de 15 (quinze) dias.***
>
> ***§ 2º A desistência da ação ou a ocorrência de causa extintiva que impeça o exame de seu mérito não obsta ao prosseguimento do processo quanto à reconvenção.***
>
> ***§ 3º*** *A reconvenção pode ser proposta contra o autor e terceiro.*
>
> ***§ 4º*** *A reconvenção pode ser proposta pelo réu em litisconsórcio com terceiro.*
>
> ***§ 5º*** *Se o autor for substituto processual, o reconvinte deverá afirmar ser titular de direito em face do substituído, e a reconvenção deverá ser proposta em face do autor, também na qualidade de substituto processual.*
>
> ***§ 6º O réu pode propor reconvenção independentemente de oferecer contestação.***

Conforme se depreende dos §§ 2º e 6º do art. 343, a autonomia da reconvenção restou mantida no Novo Código. Não poderia ser diferente. Ora, o acesso à justiça do réu não poderia ser restringido pelo mero fato de o autor, por exemplo, desistir da ação originária. Da mesma forma, o fato de o réu não pretender contestar, não poderia ser um óbice ao seu desejo de demandar em desfavor do autor originário da ação.

Segundo o § 1º do art. 343, uma vez apresentada a reconvenção pelo réu, o autor será **intimado, na pessoa do seu advogado**, para apresentar resposta **no prazo de 15 dias**. Fizemos questão de grifar essas informações, pois são alvos de muitas questões capciosas em provas. Geralmente, os examinadores trocam os termos corretos. Sendo assim, é comum se afirmar que o autor será CITADO, PESSOALMENTE, para se manifestar no prazo de 10 dias sobre a reconvenção (tudo errado!). Quando o candidato for responder às questões, verá que é comum a ação do examinador tentar induzi-lo a erro. Portanto, cuidado com os termos e os prazos corretos! **INTIMAÇÃO, PESSOA DO ADVOGADO E PRAZO DE 15 DIAS!**

Embora não exista mais previsão expressa nesse sentido, ação e reconvenção devem ser julgadas na mesma sentença. São normas fundamentais do processo a eficiência e a duração razoável. De tal sorte que, julgando a ação e a reconvenção em uma só sentença, o magistrado estaria a proteger as normas fundamentais da eficiência e duração razoável.

À luz do § 3º do art. 343, pode o réu reconvinte reconvir contra uma terceira pessoa e o autor originário. De forma expressa, o Novo Código de Processo Civil prevê uma ampliação subjetiva do processo. Ou seja, a reconvenção pode ser dirigida a outra pessoa que não seja apenas o autor originário. Por exemplo, é absolutamente possível demandar contra terceiro, quando este tenha que ser inserido na ação reconvencional na qualidade de litisconsorte necessário do autor.

Embora seja episódio raro, é possível a reconvenção da reconvenção (isso já foi cobrado em prova!).

De acordo com o § 5º do art. 343, pode o réu reconvir quando o autor for um substituto processual. Neste caso, o reconvinte deverá afirmar ser titular de direito em face do substituído, sendo que a reconvenção deverá ser proposta em face do autor, também na qualidade de substituto processual. Ex.: "A" demanda contra "B", mas "A" é substituto processual de "C" ("A" está em nome próprio defendendo interesse de "C" contra "B"). B pode reconvir segundo o Novo Código de Processo Civil. Agora é importante observar: **pode reconvir, desde que o pedido da reconvenção seja dirigido ao substituído processual (autor), mas que o pedido seja feito contra o substituído ("C").** Na reconvenção o autor também deve funcionar como substituto. Ou seja, "B" pode reconvir contra "C", mas quem vai responder é o autor "A" (substituto processual passivo).

Para sedimentar, vejamos um exemplo prático trazido pelo professor Fredie Didier "administradora de consórcio vai cobrar o dinheiro que não é dela (é dos consorciados). Agora, se o réu reconviesse para pedir dinheiro contra a administradora de consórcio não seria possível, pois estaria se demandando contra a administradora e não contra o autor da ação principal."

12.2.1 Pressupostos processuais na reconvenção

Competência: o juízo competente para a ação originária deverá também ser absolutamente competente para apreciar a reconvenção. O réu somente visualizará sua reconvenção sendo processada, se o juiz tiver competência para julgá-la; é que se ele não tiver competência, sequer examinará a reconvenção.

Litispendência: é pressuposto lógico da reconvenção que já exista uma ação em curso para que o réu possa propor a reconvenção. Portanto, sem ação originária, não há reconvenção.

Identidade procedimental: o procedimento da ação intentada pelo meio da reconvenção não pode ter procedimento distinto da original. Ex.: em procedimento ordinário e procedimento especial não pode ser instaurada a reconvenção. Ademais, não é em todo procedimento que se admite a reconvenção. Ela é proibida nos Juizados Especiais pelo art. 31 da Lei dos Juizados:

> ***Art. 31. Não se admitirá a reconvenção.*** *É lícito ao réu, na contestação, formular pedido em seu favor, nos limites do art. 3º desta Lei, desde que fundado nos mesmos fatos que constituem objeto da controvérsia.*

Conexão: a reconvenção deve ser conexa com a ação principal ou com os fundamentos de defesa. Ou seja, se a reconvenção tiver alguma espécie de ligação com a ação principal ou com os fundamentos de defesa, será possível ao réu demandar.

12.2.2 Reconvenção na ação declaratória

É importante deixar bem claro que, regra geral, não cabe reconvenção em ação declaratória para pedir declaração contrária. Em outros termos, não teria interesse de agir a parte que demandasse reconvenção em uma ação declaratória. A razão é que a ação meramente declaratória é dúplice, basta a contestação para obter a declaração contrária. Ex.: em uma ação em que se pretenda obter a declaração de certeza da existência de uma relação jurídica, não cabe reconvenção para pedir a declarar de inexistência dessa mesma relação jurídica. O caráter dúplice da ação torna desnecessário o pedido do réu por meio da reconvenção. A declaração de inexistência é consequência lógica do julgamento de improcedência.

OBS.: isso não quer dizer que não cabe reconvenção em ação declaratória, inclusive porque há previsão em súmula do STF nesse sentido (**Súmula 258 do STF**). Assim, **cabe reconvenção em ação declaratória, desde que seja para pedir algo diferente da declaração contrária.**

Questões

01. Túlio, cidadão idoso, natural de Aracaju - SE e domiciliado em São Paulo - SP, caminhava na calçada em frente a um edifício em sua cidade natal quando, da janela de um apartamento, caiu uma garrafa de refrigerante cheia, que lhe atingiu o ombro e provocou a fratura de sua clavícula e de seu braço. Em razão do incidente, Túlio permaneceu por dois meses com o membro imobilizado, o que impossibilitou seu retorno a São Paulo para trabalhar. Por essas razões, Túlio decidiu ajuizar ação de indenização por danos materiais. Apesar da tentativa, ele não descobriu de qual apartamento caiu ou foi lançada a garrafa.

Considerando essa situação hipotética, julgue o item que se segue.

Eventual impugnação do réu relativa à competência do foro no qual a ação foi ajuizada deverá ser manejada por meio de exceção de incompetência.

Certo ( ) Errado ( )

02. A respeito das regras do atual Código de Processo Civil acerca da resposta do réu, julgue o item que se segue.

A reconvenção, incidente processual no qual o réu apresenta pretensão conexa com a ação principal contra o autor, deve ser instrumentalizada em petição avulsa e pode ser apresentada a qualquer tempo.

Certo ( ) Errado ( )

03. A respeito das regras do atual Código de Processo Civil acerca da resposta do réu, julgue o item que se segue.

O réu que não contestar tempestivamente os fatos a ele imputados pelo autor na inicial será considerado revel e os referidos fatos serão presumidos verdadeiros, ainda que o litígio verse sobre direitos indisponíveis.

Certo ( ) Errado ( )

04. A respeito das regras do atual Código de Processo Civil acerca da resposta do réu, julgue o item que se segue.

Caso o réu alegue sua ilegitimidade em contestação, indicando quem ele entende como o correto sujeito passivo, o autor terá o prazo de quinze dias para alterar a petição inicial, podendo substituir o sujeito passivo ou nela incluir o indicado como litisconsorte passivo.

Certo ( ) Errado ( )

05. Acerca do procedimento comum, julgue o item que se segue.

Havendo mais de um réu, se apenas um deles deixar de contestar a ação, sobre este incidirão os efeitos da revelia.

Certo ( ) Errado ( )

06. (CESPE) Julgue o item a seguir, referente ao processo de conhecimento e ao cumprimento de sentença. Alegada a ilegitimidade passiva na contestação, será facultado ao autor alterar a petição inicial, seja para substituir o réu, seja para incluir, como litisconsorte passivo, o sujeito indicado pelo réu.

Certo ( ) Errado ( )

07. (CESPE) Julgue o item seguinte, relativo à intervenção de terceiros e à resposta do réu. A arguição de questões preliminares de litispendência, coisa julgada e defeito de representação constituem modalidades de defesa de natureza dilatória, devendo ser apresentadas na contestação.

Certo ( ) Errado ( )

Gabaritos

01	ERRADO	05	ERRADO
02	ERRADO	06	CERTO
03	ERRADO	07	ERRADO
04	CERTO		

13. REVELIA

13.1 Conceito

É o fenômeno processual que ocorre quando a parte não apresenta a contestação ou a apresenta de forma intempestiva. É importante alertar que nem sempre que o réu for revel, os efeitos da revelia incidirão. Não se pode confundir a revelia com os seus efeitos.

13.1.1 Efeitos da revelia:

Material: o efeito mais severo da revelia é a presunção de veracidade das alegações de fato afirmadas pelo autor. A incidência do efeito material desonera o autor do ônus da prova que lhe incumbe no processo. Sendo assim, não recairá sobre si o ônus de demonstrar o fato constitutivo do seu direito. Conforme o art. 344 do CPC, todas as alegações de fato serão consideradas verdadeiras.

No entanto, nem sempre o efeito mencionado do art. 344 (presunção de veracidade dos fatos alegados pelo autor) ocorrerá, ainda que o réu não apresente contestação ou a apresente de forma intempestiva. O art. 345 do CPC elenca um conjunto de situações que, se acontecerem no processo, não farão repercutir o efeito material da revelia:

> ***Art. 345. A revelia não produz o efeito mencionado no art. 344 se:***
>
> ***I.*** *havendo pluralidade de réus, algum deles contestar a ação;*
>
> ***II.*** *o litígio versar sobre direitos indisponíveis;*
>
> ***III.*** *a petição inicial não estiver acompanhada de instrumento que a lei considere indispensável à prova do ato;*
>
> ***IV.*** *as alegações de fato formuladas pelo autor forem inverossímeis ou estiverem em contradição com prova constante dos autos. (Grifo nosso)*
>
> ***Art. 345****, I: A revelia não ocorrerá se houver litisconsórcio e um for revel e o outro contestar – a contestação de um evita a revelia do outro.*

A situação prevista no art. 345, I, aplica-se sempre que o litisconsórcio for unitário. Se o litisconsórcio passivo for simples, essa regra somente se aplica em relação aos fatos comuns. O juiz não poderia adotar posição contraditória, ou seja, afirmar que o fato aconteceu para um dos réus e para o outro não!

> ***Art. 345****, II: não se aplica a revelia se o litígio versa sobre direitos indisponíveis. Portanto, nas ações de estado e que tratem de direitos da personalidade, a revelia não faz presumir verdadeiros os fatos alegados pelo autor.*
>
> ***Art. 345****, III: não se aplica a revelia se a petição inicial não estiver acompanhada do instrumento público que a lei considere indispensável à prova do ato. Ou seja, a revelia não supre a falta do instrumento. Ex.: ação de dissolução de casamento (certidão de casamento).*
>
> ***Art. 345****, IV: é importante perceber que a revelia não significa procedência do pedido. O fato de um réu ser revel não implica que não possa se sagrar vitorioso na ação.* ***A revelia não pode ser óbice intransponível a uma eventual vitória do réu revel no processo. É possível que autor não tenha direito algum. A revelia não pode transformar em verdade um fato absurdo alegado pelo autor. Ademais, mesmo o réu sendo revel, o juiz tem o poder de determinar a produção da prova que entenda adequada. Logo, se as provas constantes dos autos estiverem em contradição com as alegações de fato do autor, o juiz não lhe dará ganho de causa, embora exista um réu revel no processo.*** *Para confirmar o que foi defendido aqui, vejamos as disposições dos arts. 348 e 349 do CPC/15 sobre o tema:*
>
> ***Art. 348.*** *Se o réu não contestar a ação,* ***o juiz, verificando a inocorrência do efeito da revelia previsto no art. 344, ordenará que o autor especifique as provas que pretenda produzir****, se ainda não as tiver indicado.*
>
> ***Art. 349. Ao réu revel será lícita a produção de provas,*** *contrapostas às alegações do autor,* ***desde que se faça representar nos autos a tempo de praticar os atos processuais indispensáveis a essa produção.***

Processual: o réu revel não terá a prerrogativa de ser intimado dos prazos que venham a ser deflagrados no curso do processo. A teor do art. 346 do CPC, contra o réu revel que não tenha patrono nos autos, **os prazos fluirão da data de publicação do ato decisório no órgão oficial:**

> ***Art. 346.*** *Os prazos contra o revel que não tenha patrono nos autos fluirão da data de publicação do ato decisório no órgão oficial.*
>
> ***Parágrafo único.*** *O revel poderá intervir no processo em qualquer fase, recebendo-o no estado em que se encontrar.*

É importante ter em mente que o efeito processual da revelia não incidirá se o réu revel tiver patrono nos autos. Ora, em uma interpretação a contrario senso, a outra conclusão não se poderia chegar. A lei fala que o revel que não tenha patrono nos autos não será intimado dos prazos. No entanto, é possível que o réu seja revel e tenha patrono nos autos! Basta imaginar a situação em que o advogado do réu se restrinja a apresentar reconvenção (não apresente contestação) em nome do seu cliente. Nesta situação, o réu será revel (a modalidade de defesa que impede a revelia é a contestação!), mas terá patrono nos autos. Portanto, o efeito processual não poderá repercutir em uma situação dessa natureza.

Julgamento antecipado do mérito: embora a doutrina divirja acerca de o julgamento antecipado ser ou não efeito de revelia, nos concursos são comuns questões cobrando o conhecimento sobre o tema (é o que importa para o candidato no momento). Portanto, incumbe explicar o tema para obter êxito na prova. No processo, caso ocorram algumas situações que não exijam uma robusta produção da prova na fase de instrução, o juiz julgará antecipadamente o pedido e encerrará o processo com resolução de mérito; dentre essas situações encontra-se a revelia. Vejamos o que dispõe o art. 355 do CPC:

> ***Art. 355. O juiz julgará antecipadamente o pedido,*** *proferindo sentença com resolução de mérito, quando:*
>
> ***I.*** *não houver necessidade de produção de outras provas;*
>
> ***II. o réu for revel, ocorrer o efeito previsto no art. 344 e não houver requerimento de prova, na forma do art. 349.***

Questões

01. (IBFC) Faz coisa julgada a decisão que se pronunciar sobre a questão prejudicial, no caso de revelia.

Certo ( ) Errado ( )

02. (VUNESP) Se o réu for revel e ocorrerem os efeitos da revelia, não havendo requerimento para produção de outras provas, o juiz poderá proceder ao julgamento antecipado do mérito do processo.

Certo ( ) Errado ( )

03. (FCC) Se um dos litisconsortes passivos contestar a ação, esse fato não obstará a ocorrência dos efeitos da revelia em relação a quem não a contestou.

Certo ( ) Errado ( )

04. (CESPE) Não se verifica o efeito material da revelia na hipótese que verse acerca de direitos indisponíveis.

Certo ( ) Errado ( )

05. (CESPE) Os prazos contra o revel que não tenha patrono nos autos fluirão da data do ato decisório.

Certo ( ) Errado ( )

Gabaritos

01	ERRADO	04	CERTO
02	CERTO	05	ERRADO
03	ERRADO		

14. PROVIDÊNCIAS PRELIMINARES/ SANEAMENTO

14.1 Das Providências Preliminares e do Saneamento

Trata o Capítulo IX do Título I do Livro I da Parte Especial do Código de Processo Civil de 2015 das providências preliminares e do saneamento do processo, orientando a atuação do magistrado após o decurso do prazo para resposta do réu.

O artigo 347 do Novo CPC dispõe que, após a apresentação de contestação pelo demandado, tomará o juiz as providências previstas em lei. Frise-se que a literalidade do dispositivo revela confusão entre gênero e espécie, entendendo-se, por contestação, qualquer uma das respostas do réu cabíveis ao caso.

A existência da fase de providências preliminares não será de estrita obrigatoriedade no procedimento. Sua presença queda condicionada à realidade do caso concreto.

Enumeram-se, nos subtópicos posteriores, as providências preliminares dispostas em lei.

14.2 Ordem para Indicação das Provas a Produzir em Caso De Revelia

Na circunstância de ausência de apresentação de qualquer resposta por parte do réu, a atuação do juiz da causa dependerá da aplicação, ou não, do efeito da revelia disposto no artigo 344 do CPC/2015.

Presumindo-se verdadeiros os fatos alegados pelo autor, mostrar-se-á adequado o julgamento antecipado do mérito, conforme previsto pelo inciso II do artigo 335 do Código Processual em vigor.

Na impossibilidade de aplicação do efeito presuntivo, será oportunizada, ao autor, a indicação das provas que pretende produzir, conforme dicção do artigo 348 do Novo CPC. Em razão da ausência de previsão de prazo para o ato, entende-se por adequado o tratamento homogêneo entre essa e as demais providências preliminares legais, com a previsão de prazo de quinze dias.

Convém notar, também, ser de ampla difusão o entendimento jurisprudencial e doutrinário acerca da possibilidade de indicação das provas a produzir independentemente da constatação de revelia, contrariando a literalidade do artigo 348 do Código de Processo Civil. Por parte do autor, tal indicação se costuma dar na petição inicial, e, por parte do réu, por ocasião de sua resposta.

Previsão do artigo 349 do CPC/2015 possibilita, ao réu revel, a produção de prova nos autos, as quais sejam capazes de contrapor as provas produzidas pelo autor, desde que o faça em tempo hábil, ou seja, antes da fase decisória.

14.3 Oitiva do Autor em Réplica

Sempre que o réu alegar fato impeditivo, modificativo e extintivo do direito do autor, bem como quando aduzir preliminares em sua resposta, será ouvido em réplica no prazo de quinze dias, conforme disposição dos artigos 350 e 351 do Novo CPC.

Manifestar-se-á o autor sempre que o réu trouxer, ao litígio, fato não narrado em inicial ou situação processual não prevista na peça inaugural, alegando defesa de mérito indireta e/ou defesa processual.

Quando verificar a existência de vícios corrigíveis, o magistrado concederá, ao autor, prazo máximo de trinta dias para o seu saneamento, conforme previsão do artigo 352 do CPC.

Constitui verdadeira aclamação ao princípio do Contraditório a previsão legal para apresentação de réplica por parte do autor, nos estritos casos de alegação de fato novo ou de preliminar processual pelo réu.

Ocorre, entretanto, nos tribunais pátrios, uma ilegal e injustificada generalização da concessão de prazo para réplica, aplicada a todos os casos, inclusive àqueles em que o réu apenas apresenta defesa de mérito direta.

Questões

01. Ao réu revel não será lícita a produção de provas, contrapostas às alegações do autor, ainda que que se faça representar nos autos a tempo de praticar os atos processuais indispensáveis a essa produção.

Certo ( ) Errado ( )

02. Se o réu alegar fato impeditivo, modificativo ou extintivo do direito do autor, este será ouvido no prazo de 10 (dez) dias, permitindo-lhe o juiz a produção de prova.

Certo ( ) Errado ( )

03. Cumpridas as providências preliminares ou não havendo necessidade delas, o juiz proferirá julgamento conforme o estado do processo, observado o disposto no capítulo correspondente no Novo Código de Processo Civil.

Certo ( ) Errado ( )

Gabaritos

01	ERRADO
02	ERRADO
03	CERTO

15. JULGAMENTO CONFORME O ESTADO DO PROCESSO

Após a superação da fase de providências preliminares, quando existente, ocorrerá o julgamento conforme o estado do processo. Proferirá o juiz decisão de mérito, em uma das quatro modalidades possíveis, com a extinção da lide, ou proferirá decisão interlocutória de natureza saneadora, com posterior ingresso em fase probatória, conforme seja o caso.

15.1 Extinção do Processo sem Análise de Mérito

A primeira possibilidade de prolação de decisão sentencial constitui aquela por meio da qual o magistrado não analisa o mérito da demanda, em razão de defeito formal insanável, conforme disposto nos artigos 337 e 485 do Novo CPC.

Por óbvio, tratando-se de matéria de ordem pública, portanto apreciável de ofício, poderia ter sido abordada, pelo juízo da causa, em momento anterior a tal fase processual. Restando intangível pela preclusão, a causa da extinção terminativa do processo poderá ser abordada a qualquer tempo.

A referência a uma possibilidade de extinção parcial do processo, estampada no parágrafo único do artigo 354 do CPC/2015, merece críticas. Prevê o dispositivo legal que toda decisão terminativa ou de mérito que resolva parcela do processo será impugnável por agravo de instrumento, em razão de contrariar a definição de sentença prevista no artigo 203, parágrafo 1º, do Código Processual, segundo o qual se define como tal toda decisão que põe fim à fase cognitiva ou à execução.

O julgamento parcial (terminativo ou meritório) não extingue o procedimento, muito menos fase dele, enquadrando-se, portanto, no conceito de decisão interlocutória (artigo 203, parágrafo 2º, CPC/2015). Não há, então, sentenças recorríveis por agravo de instrumento, ao contrário da literalidade do artigo 354 do Novo CPC.

Do mesmo modo, mostram-se desnecessárias as previsões específicas de cabimento de agravo de instrumento da decisão parcial de mérito nos casos de prescrição, decadência e homologação de autocomposição (artigo 487, II, III, b, CPC/2015). A previsão do artigo 1.015, II, do Novo CPC queda suficiente para abarcar todas as situações previstas no parágrafo único do artigo 354 do Novo CPC.

Convém notar que o cabimento de agravo de instrumento de decisão parcial terminativa, que reduza os limites objetivos e subjetivos da lide, caberá, também, em outros momentos processuais que não o julgamento conforme o estado do processo. **Mostra-se cabível, por exemplo, a extinção da reconvenção por decisão interlocutória terminativa.**

Enunciado 103 do Fórum Permanente de Processualistas Civis (FPPC): A decisão parcial proferida no curso do processo com fundamento no art. 487, I, sujeita-se a recurso de agravo de instrumento.

15.2 Extinção do Processo com Resolução de Mérito, Fundamentada no Art. 487, II E III, do CPC/2015

Em sutil distinção legislativa, percebe-se a opção do legislador de 2015 em não incluir as decisões fundamentadas no artigo 487, II e III, do Novo CPC, dentre aquelas abarcadas pelo julgamento antecipado do processo, previstas no artigo 355 do Novo CPC.

Isto porque as decisões fundamentadas no artigo 487, II e III (prescrição, decadência e homologação de autocomposição), seriam abrangidas, expressamente, pela extinção do processo por sentença e por decisão interlocutória parcial, conforme previsão do artigo 354, caput, enquanto as decisões que acolham ou rejeitem o pedido formulado na ação ou na reconvenção (artigo 487, I), seriam as únicas genuinamente meritórias, podendo ser abrangidas pelo julgamento antecipado, conforme previsão do artigo 355, todos do Novo Código de Processo Civil.

A despeito da aparente diferenciação legislativa, as hipóteses previstas nos artigos II e III do artigo 487 do Novo CPC devem ser tratadas como decisões de mérito. **Há, portanto, coisa julgada material nestas espécies de sentença.**

> *O não reconhecimento dessas situações em fase de julgamento conforme o estado do processo não impede a posterior prolação de tais sentenças. O não reconhecimento dessas situações em fase de julgamento conforme o estado do processo não impede a posterior prolação de tais sentenças.*

15.2.1 Julgamento Antecipado de Mérito

Por meio do artigo 355 do Novo CPC, o legislador previu mais um caminho de extinção do processo, desta vez com resolução de mérito, sempre que o juiz acolher ou rejeitar o pedido do autor. Trata-se do julgamento antecipado do mérito, e não da lide, em correção do texto do Código de 1973.

Clássica divisão revela o processo como integrado por quatro fases: fase postulatória, fase de saneamento, fase instrutória e fase decisória. Na situação epigrafada, a desnecessidade da produção de provas antecipa a fase decisória.

A primeira hipótese de supressão da fase instrutória decorre da desnecessidade de produção de outras provas (artigo 355, I, Novo CPC). Também, quando a lide envolver, tão somente, questões de direito, não havendo objeto a ser tratado em instrução probatória, ou mesmo quando os fatos alegados independerem de prova (artigo 374, CPC/2015), haverá julgamento antecipado do mérito.

Convém lembrar que o juízo de primeiro grau não é o único a apreciar os fatos que circundam o litígio. Por esta razão, não deve incidir em equívoco ao indeferir provas pertinentes em razão de já se haver convencido em sentido contrário ou ao indeferir provas por entender que a interpretação do direito não favorece o autor. A não realização de provas enseja cerceamento de defesa, gerando anulação da sentença, perda de tempo e de recursos financeiros.

A segunda hipótese de julgamento antecipado do processo previsto em lei dar-se-á quando o réu for revel, ocorrer o efeito presuntivo previsto no art. 344 e não houver requerimento de prova, na forma do art. 349, todos do CPC/2015 (artigo 355, II, Novo CPC).

Quando houver a presunção de veracidade dos fatos alegados pelo autor, dificilmente o réu terá oportunidade de comparecer aos autos em tempo de pedir a produção de provas antes do julgamento antecipado do mérito. Por outro lado, quando o efeito presuntivo for afastado, ao autor caberá a produção de provas dos fatos alegados (artigo 348, Novo CPC).

O problema surge quando o réu apresenta contestação intempestiva com pedido de produção de provas ou quando comparece aos autos, após o prazo para contestação, apenas para solicitar a produção de provas. Nestes casos, levando-se ao pé da letra o dispositivo legal, não caberia julgamento antecipado, por consequência do pedido de produção de prova por parte do réu.

Em decorrência do exposto, torna-se criticável o dispositivo legal. Alguns doutrinadores, como Daniel Amorim Assumpção Neves, consideram possível o julgamento antecipado nestas situações, pois a presunção de veracidade ocorreria ainda que o réu pedisse a produção de provas.

15.2.2 Julgamento Antecipado Parcial do Mérito

O artigo 356 do Novo CPC consagrou a figura do julgamento antecipado parcial de mérito, quando um ou mais dos pedidos formulados ou parcela deles encontrarem-se incontroversos (parcial reconhecimento jurídico do pedido) ou estiverem em condições de imediato julgamento, nos termos do art. 355 do mesmo diploma.

Alguns doutrinadores, sob a vigência do CPC/1973, classificavam a possibilidade de julgamento parcial de mérito como tutela antecipada, enquanto outros a consideravam julgamento antecipado da lide, com cognição exauriente e alcance pela coisa julgada material.

O Novo Código de Processo Civil, em vigor desde março do ano de 2016, afastou o princípio da unicidade do julgamento de mérito, apresentado por Chiovenda, para possibilitar o seu julgamento fracionado. O julgamento antecipado parcial de mérito afastou a classificação da figura como espécie de tutela antecipada, para reconhecer a necessidade de cognição exauriente e de alcance pela coisa julgada material.

O caso do inciso I do artigo 355 do Novo CPC trata de incontrovérsia do pedido, não dos fatos. A única forma de incontrovérsia de **pedido** é por meio de autocomposição unilateral do réu. A parcela incontroversa será julgada por meio de sentença homologatória de mérito (artigo 487, III, a, do Novo CPC).

O inciso II trata dos casos em que a produção de provas se torna desnecessária, seja em razão da anterior produção de provas suficientes à formação do livre convencimento motivado, seja em razão da desnecessidade da produção de quaisquer provas.

O capítulo que decide a questão parcial de mérito transitará em julgado e produzirá coisa julgada material, não podendo ser modificado posteriormente.

O parágrafo 1º do artigo 356 do CPC/2015 não possui consequências práticas relevantes, tendo em vista a intuitividade da conclusão acerca da possibilidade de liquidez ou iliquidez da obrigação reconhecida em julgamento antecipado parcial.

O parágrafo 2º do diploma legal em comento reconhece a possibilidade de imediata liquidação e execução da obrigação reconhecida na decisão que julgar parcialmente o mérito, ainda que haja recurso, independentemente de caução, enquanto o parágrafo 5º, em casamento perfeito, prevê que o recurso cabível será agravo de instrumento (recurso sem efeito suspensivo).

É patente a contradição legal ao impossibilitar a imediata execução da decisão meritória recorrível por apelação (recurso com efeito suspensivo) e ao possibilitar a execução imediata da obrigação reconhecida pelo julgamento antecipado parcial do mérito.

Não se pode exigir a caução prevista no artigo 520, IV, portanto, sob pena de prejuízo à letra do artigo 356, parágrafo 2º, todos do Novo CPC.

A previsão de dois recursos distintos para atacar a resolução do mérito, ao mesmo tempo em que serve para evitar a interposição de mais de uma apelação em momentos diversos, gera o problema de se ter, em segundo grau, dois meios diferentes para atacar a mesma coisa: o mérito da demanda. Suscita-se, ainda, a existência de um maior número de garantias ao recorrente em apelação.

O prazo para interposição dos dois recursos foi unificado (15 dias), nenhum conta com revisor, e resta aplicável a ambos a técnica do julgamento substitutivo dos embargos infringentes. Por outro lado, a sustentação oral apenas é garantida na apelação, além da distinção de efeitos entre os recursos.

O parágrafo 4º do artigo 356 do Novo CPC prevê regra cartorial: a possibilidade de abertura de autos suplementares para a liquidação e cumprimento da decisão que julgue parcialmente o mérito, a fim de que não se embaralhe o procedimento principal, referente à parcela ainda não julgada.

15.2.3 Saneamento e Organização do Processo

Sempre que não for possível a extinção do processo (terminativa ou meritória), nos termos do que fora explanado, dar-se-á o **saneamento do processo.**

O artigo 357 do Novo CPC prevê o saneamento e a organização do processo, excluindo, deste momento procedimental, a tentativa de autocomposição, ao contrário do que previa o CPC/1973. Isto em razão de existir outra oportunidade para tanto, em audiência específica, realizada por conciliador ou mediador pertencente ao Centro Judiciário de Solução de Conflitos, e não pelo juiz da causa.

→ **Na fase de saneamento processual, o juiz:**

- resolverá as questões processuais pendentes, se houver. Zelando pela perfeição formal do processo, o juiz torná-lo-á apto a prosseguir para as fases instrutória e decisória;

- delimitará as questões de fato sobre as quais recairá a atividade probatória, especificando os meios de prova admitidos. Há, nesta etapa, a fixação dos pontos controvertidos, otimizando a fase instrutória, determinando quais fatos interessam ser provados para a formação do convencimento. Poderá haver produção de provas por meios não pedidos, de ofício, conforme previsão do artigo 370 do Novo CPC;
- definirá a distribuição do ônus da prova, observado o artigo 373 do Novo CPC. Necessário será o respeito ao contraditório na referida distribuição, a fim de que a parte não seja tomada de assalto, ao final da instrução, com a informação de que o ônus probandi a si pertencia (artigo 373, parágrafo 2º, Novo CPC);

A distribuição do ônus da prova poderá ocorrer, ainda, depois do saneamento (artigo 373, parágrafo 1º, do Novo CPC). Contudo, deverá o juiz reabrir a instrução, o que não se torna adequado, em razão do que preceituam os princípios da duração razoável do processo e da economia processual.

- delimitará as questões de direito relevantes para a decisão do mérito. Convém relembrar que as questões de fato deverão ser provadas. Já as questões de direito não se submetem a tal obrigatoriedade, em razão da máxima dahim factum dabo tibu ius;
- designará, se necessário, audiência de instrução e julgamento. As partes apresentarão rol de testemunhas em quinze dias (parágrafo 4º, artigo 357, Novo CPC).

Caso haja designação de audiência, as partes deverão, neste ato, apresentar o rol de testemunhas, que não ultrapassará o número de dez pessoas, correspondendo, no máximo, três pessoas para cada fato provado (parágrafos 5º e 6º, artigo 357, Novo CPC).

O juiz poderá delimitar o número de testemunhas arroladas (parágrafo 7º, artigo 357, Novo CPC). Determinando a realização de prova pericial, o juiz nomeará perito e fixará prazo para a entrega do laudo (artigo 465, CPC/2015), conforme previsão do parágrafo 8º do mesmo diploma legal.

Prestigiou-se, no Código de 2015, o saneamento escrito. A realização de audiência (com intimação na pessoa do advogado) será reservada aos casos de maior complexidade, nos quais será solicitada a cooperação das partes, sobretudo para esclarecer suas alegações, quando necessário: trata-se do saneamento compartilhado (artigo 357, parágrafo 3º, Novo CPC).

As audiências de saneamento deverão ser realizadas com um intervalo mínimo de uma hora, a fim de que o magistrado devote a necessária atenção ao caso, o qual, em regra, mas nem sempre, envolve complexidade fática ou jurídica (artigo 357, parágrafo 9º, Novo CPC).

Enunciado 298 do Fórum Permanente de Processualistas Civis (FPPC): A audiência de saneamento e organização do processo em cooperação com as partes poderá ocorrer independentemente de a causa ser complexa.

Segundo o parágrafo 1º do artigo 357 do Novo CPC, as partes poderão pedir esclarecimentos ou solicitar ajustes no prazo de cinco dias após a decisão de saneamento, seja ele escrito ou realizado em audiência. Da decisão interlocutória de saneamento, não caberá agravo de instrumento, com exceção da distribuição do ônus da prova (artigo 1.015, XI, CPC/2015).

Questiona-se, então, a existência da possibilidade de modificação das delimitações de fato e de direito após o saneamento, em razão da superveniência de fatos, leis ou entendimentos jurisprudenciais. Considera-se, aí, que fatos novos exigem nova decisão e, não, alteração de decisão anterior.

Em acorde ao que prevê o artigo 357, parágrafo 2º, do CPC/2015, dever-se-á submeter a delimitação consensual das questões de fato e de direito relevantes à solução do litígio à homologação do juiz, classificando-se, portanto, como negócio plurilateral (incisos II e IV do mesmo dispositivo). Acima do respeito ao negócio consensual das partes, prezará o juízo pela qualidade da tutela jurisdicional ofertada.

Questões

01. Com base nas normas que regem o processo civil, julgue o item seguinte, acerca da função jurisdicional; do Ministério Público; de nulidades processuais; e de sentença.

Em processo que envolva interesse de incapaz, tendo sido verificado que o parquet não foi intimado, o juiz decretará, de ofício, a nulidade do processo.

Certo ( ) Errado ( )

02. Conforme o Código de Processo Civil vigente, julgue o item seguinte, a respeito da função jurisdicional, dos deveres das partes e de procuradores, do litisconsórcio e da assistência.

O pedido de julgamento antecipado da lide pelo assistido impede o assistente simples de requerer perícia.

Certo ( ) Errado ( )

03. Julgue o item que se segue, referentes ao procedimento comum no processo civil.

Em julgamento antecipado parcial de mérito, o magistrado pode reconhecer a existência de obrigação líquida ou ilíquida, e, em qualquer dessas hipóteses, a interposição de recurso contra a decisão do juiz não obsta a liquidação ou execução da decisão interlocutória de mérito, independentemente do oferecimento de caução pelo autor.

Certo ( ) Errado ( )

04. Em relação a análise de petição inicial e julgamento antecipado parcial de mérito, julgue o seguinte item.

Cabe recurso de apelação contra julgamento antecipado parcial de mérito proferido sobre matéria incontroversa

Certo ( ) Errado ( )

Gabaritos

01	CERTO	03	CERTO
02	CERTO	04	ERRADO

16. DIREITO PROBATÓRIO

16.1 Teoria Geral da Prova

No Direito Processual Civil, a prova é, em linhas gerais, o meio pelo qual será formado o convencimento do magistrado sobre a verdade (formal) dos fatos suscitados no processo, geralmente pelas próprias partes, que tenham se tornado controvertidos no curso do processo e que, para este, sejam relevantes.

A prova é **destinada** ao **juiz** que poderá determinar a produção probatória, inclusive, de ofício, e indeferir a produção de provas requeridas pelas partes que não considerar úteis ao deslinde da controvérsia que se pretende dirimir; e também às partes, na medida em que o resultado obtido com a prova pode determinar os rumos do processo, inclusive, independentemente da atuação do juízo.

> ***Art. 370.*** *Caberá ao juiz, de ofício ou a requerimento da parte, determinar as provas necessárias ao julgamento do mérito.*
>
> ***Parágrafo único.*** *O juiz indeferirá, em decisão fundamentada, as diligências inúteis ou meramente protelatórias.*

É importante notar que a produção de provas é, antes de tudo, um direito da parte, pelo qual tentará persuadir o julgador acerca dos fatos controvertidos existentes no processo. Trata-se de direito fundamental que, inclusive, é previsto em tratados e convenções internacionais dos quais o Brasil é signatário e possui respaldo no art. 369 do Código de Processo Civil de 2015 nos seguintes termos:

> ***Art. 369.*** *As partes têm o direito de empregar todos os meios legais, bem como os moralmente legítimos, ainda que não especificados neste Código, para provar a verdade dos fatos em que se funda o pedido ou a defesa e influir eficazmente na convicção do juiz.*

O ônus da prova se constitui em ato atribuído à parte para elucidar os fatos por ela apresentados em juízo e pode ser dividido em Subjetivo e Objetivo, nos seguintes termos:

- Subjetivo: é dirigido às partes e consiste em onerá-las com a prova dos fatos, ligando a parte que alegou a provar os fatos suscitados ou a produzir contraprova do fato alegado pela parte adversa.
- Objetivo: dirige-se ao magistrado, indicando como deverá julgar na hipótese de as provas produzidas serem insuficientes para dirimir a controvérsia. O princípio do non liquet impede que o magistrado se exima de solucionar uma lide pela inexistência de dúvida quanto à veracidade de fatos. Desta feita, o juiz deve verificar, com base em critérios previstos em Lei, qual das partes deverá suportar o risco inerente ao mau êxito da prova.

A distribuição do ônus da prova feita pelo CPC é de, em regra, incumbe à parte provar os fatos por ela alegados, de sorte que o autor deve fazer prova dos fatos constitutivos de seu direito e o réu, dos fatos impeditivo, modificativo ou extintivo do direito da parte autora. Vejamos:

> ***Art. 373.*** *O ônus da prova incumbe:*
>
> ***I.*** *ao autor, quanto ao fato constitutivo de seu direito;*
>
> ***II.*** *ao réu, quanto à existência de fato impeditivo, modificativo ou extintivo do direito do autor.*

Contudo, há de se considerar que nem sempre essa disposição será suficiente para atender às nuances de cada lide, de sorte que a **Teoria Dinâmica de Distribuição do ônus da Prova**, já entabulada pelo art. 6º do CDC, presta-se a permitir uma flexibilização do comando contido no caput do artigo 373.

O Código de Processo Civil de 2015 cuidou de traçar os contornos desta dinamicidade da produção probatória nos parágrafos do artigo 373.

Com efeito, o parágrafo 1º do referido artigo contempla a distribuição dinâmica da prova, permitindo que em casos em que seja muito difícil, ou até mesmo impossível, a produção da prova pela parte que alegou o fato, o magistrado determine a inversão do ônus que recairá sobre a parte que tem maior facilidade de produzir a prova em questão:

> ***§ 1º*** *Nos casos previstos em lei ou diante de peculiaridades da causa relacionadas à impossibilidade ou à excessiva dificuldade de cumprir o encargo nos termos do caput ou à maior facilidade de obtenção da prova do fato contrário, poderá o juiz atribuir o ônus da prova de modo diverso, desde que o faça por decisão fundamentada, caso em que deverá dar à parte a oportunidade de se desincumbir do ônus que lhe foi atribuído.*
>
> ***§ 2º*** *A decisão prevista no § 1º deste artigo não pode gerar situação em que a desincumbência do encargo pela parte seja impossível ou excessivamente difícil.*

Convém notar que o Novo Código de Processo Civil também possibilita a realização de negócios processuais que contemplem a distribuição dinâmica do ônus probatório, desde que não recaia sobre direito indisponível ou que não dificulte o exercício do direito da parte:

> ***§ 3º*** *A distribuição diversa do ônus da prova também pode ocorrer por convenção das partes, salvo quando:*
>
> ***I.*** *recair sobre direito indisponível da parte;*
>
> ***II.*** *tornar excessivamente difícil a uma parte o exercício do direito.*
>
> ***§ 4º*** *A convenção de que trata o § 3º pode ser celebrada antes ou durante o processo.*

Importa mencionar que há fatos que independem da produção de provas, consoante a previsão do artigo 374 do Novo Código de Processo Civil, que assim dispõe:

> ***Art. 374.*** *Não dependem de prova os fatos:*
>
> ***I.*** *notórios;*
>
> ***II.*** *afirmados por uma parte e confessados pela parte contrária;*
>
> ***III.*** *admitidos no processo como incontroversos;*
>
> ***IV.*** *em cujo favor milita presunção legal de existência ou de veracidade.*

Ademais, fatos impertinentes ao litígio também não serão objeto de produção de provas.

De salutar importância no estudo do direito probatório é a ideia de que a Constituição da República aplica o status de direito fundamental do jurisdicionado à vedação à produção de prova ilícita, nos termos do artigo 5º, LVI.

> ***Art. 5º*** *[...]*
>
> ***LVI.*** *são inadmissíveis, no processo, as provas obtidas por meios ilícitos;*

A prova também poderá ser ilícita por derivação. Trata-se de provas lícitas, mas originadas a partir de uma prova ilícita, ocasião em que prevalecerá a aplicação da Teoria dos frutos da árvore venenosa, segunda a qual o vício se transmite da prova ilícita à prova lícita (STF- HC 69.912-RS).

Trata-se de regra que objetiva assegurar a materialização do devido processo legal. Com base em tal vedação, provas tais como coação em depoimento pessoal da parte, prova documental obtida mediante furto, provas obtidas em inobservância ao contraditório, dentre outros exemplos, não podem ser toleradas no processo, uma vez que desatendem ao ordenamento jurídico.

A decisão fundada exclusivamente em prova ilícita será, portanto, decisão nula.

Há ocasiões em que a produção da prova é considerada impossível ou extremamente difícil à parte, trata-se do que a doutrina nomeou de **Prova Diabólica,** que abrange, além da prova de fato negativo, a impossibilidade de produção da prova por aquele que deveria fazê-lo, ocasião em que se poderá, se for o caso, empregar a distribuição dinâmica da prova para obter sua produção.

Por fim, cumpre destacar que o artigo 372 do CPC de 2015 trouxe dispositivo não existente no Código de 1973, que contempla a chamada Prova Emprestada, que nada mais é do que a possibilidade de que uma determinada prova, produzida em outro processo, seja importada à relação processual como prova documental, observando, para tanto, o devido contraditório.

> ***Art. 372.*** *O juiz poderá admitir a utilização de prova produzida em outro processo, atribuindo-lhe o valor que considerar adequado, observado o contraditório.*

16.2 Provas em Espécie

16.2.1 Ata Nnotarial – Modalidade de Prova Documental

Registre-se, inicialmente, a novidade trazida pelo CPC de 2015 que abre o rol das provas em espécie, na forma de prova documental, trata-se da ata notarial, documento público que se prestará, no bojo do processo, a provar, de maneira relativa (juris tantum), a existência de determinado fato, lavrado pelo tabelião:

> ***Art. 384.*** *A existência e o modo de existir de algum fato podem ser atestados ou documentados, a requerimento do interessado, mediante ata lavrada por tabelião.*
>
> ***Parágrafo único.*** *Dados representados por imagem ou som gravados em arquivos eletrônicos poderão constar da ata notarial.*

A ata notarial será utilizada no processo como prova documental e se trata de documento que vem ganhando relevância especialmente em relação à prova de fatos ocorridos em meio eletrônico. A parte interessada levará a existência e o modo de existir do fato ao conhecimento do tabelião que, por ter fé pública, conferirá ao documento presunção de veracidade, a qual deverá ser impugnada pela parte adversa sobre quem recairá o ônus de desconstituir a prova.

16.2.2 Depoimento Pessoal

O depoimento pessoal está previsto no artigo 385 do CPC e é meio que utiliza as partes como fonte de prova. Deve ser requerido pela parte adversa e obrigatório sob pena de confissão ficta.

Importa destacar que há determinados fatos que não obrigarão o depoimento sobre eles, excetuando-se as hipóteses de ação de estado e de família, nos termos do artigo 388 do CPC:

> ***Art. 388.*** *A parte não é obrigada a depor sobre fatos:*
>
> ***I.*** *criminosos ou torpes que lhe forem imputados;*
>
> ***II.*** *a cujo respeito, por estado ou profissão, deva guardar sigilo;*
>
> ***III.*** *acerca dos quais não possa responder sem desonra própria, de seu cônjuge, de seu companheiro ou de parente em grau sucessível;*
>
> ***IV.*** *que coloquem em perigo a vida do depoente ou das pessoas referidas no inciso III.*
>
> ***Parágrafo único.*** *Esta disposição não se aplica às ações de estado e de família.*

Inovação interessante trazida pelo Código de 2015 é a previsão expressa da utilização da videoconferência (ou de outro recurso tecnológico de transmissão de som e imagem em tempo real) para a colheita do depoimento pessoal da parte que residir em comarca, seção ou subseção judiciária distinta daquela onde tramita a demanda. Extremamente oportuna, a previsão legal consolida o uso de instrumento tecnológico muito útil e eficaz para o alcance de economia, eficiência e celeridade processuais.

> ***Art. 385***
>
> *[...]*
>
> ***§ 3º*** *O depoimento pessoal da parte que residir em comarca, seção ou subseção judiciária diversa daquela onde tramita o processo poderá ser colhido por meio de videoconferência ou outro recurso tecnológico de transmissão de sons e imagens em tempo real, o que poderá ocorrer, inclusive, durante a realização da audiência de instrução e julgamento.*

Há de se mencionar, ainda, a existência de uma regra geral de escusa de depor, prevista no artigo 386 do CPC, que permite ao juiz, na hipótese de negativa de depoimento, avaliar se há justo motivo que justifique a negativa:

> ***Art. 386.*** *Quando a parte, sem motivo justificado, deixar de responder ao que lhe for perguntado ou empregar evasivas, o juiz, apreciando as demais circunstâncias e os elementos de prova, declarará, na sentença, se houve recusa de depor.*

> Não há que se confundir confissão com reconhecimento do pedido. Convém notar que reconhecimento do pedido diz respeito não há um fato em si, mas à pretensão levada a juízo pela parte adversa. Enquanto a confissão, por seu turno, versa sobre fatos específicos contrários aos interesses do confitente. Nesse sentido, é possível confessar um fato sem reconhecer a procedência do pedido a ele relacionado.

16.2.3 Confissão

Haverá prova sob a forma de confissão quando restar reconhecida a existência de um fato contrário ao interesse da parte que confessa e favorável à parte adversa.

> ***Art. 389.*** *Há confissão, judicial ou extrajudicial, quando a parte admite a verdade de fato contrário ao seu interesse e favorável ao do adversário.*

A confissão pode ocorrer dentro ou fora do processo (judicial ou extrajudicial). Trata-se de ato jurídico e admite sua realização por procurador com poderes específico (art.390, § 1º). É irrevogável (art. 393) e, em regra, indivisível (art.395), e não poderá recair sobre fatos que versem acerca de direitos considerados indisponíveis (art. 392).

Confessar também é ato diverso de admitir. Enquanto a confissão é conduta tida como positiva, decorrente de ato comissivo da parte, a admissão está relacionada à ideia de omissão, a exemplo do que se convencionou denominar de confissão ficta.

Por ser ato jurídico, embora não se admita a revogação, há de se ter em conta que vícios ou defeitos que eventualmente recaiam sobre os a confissão poderão acarretar a sua anulação, consoante prescreve o artigo 214 do Código Civil:

> ***Art. 214.*** *A confissão é irrevogável, mas pode ser anulada se decorreu de erro de fato ou de coação.*

16.2.4 5.2.4 Prova Documental

Documento é a coisa que exterioriza a representação de um fato produzido pela atividade humana. Para que o documento passe a ser considerado **prova documental**, deverá ingressar nos autos, de sorte que a prova documental é o meio pelo qual o documento em si será levado à apreciação do magistrado.

O documento tem a aptidão de representar o fato de modo permanente e duradouro, ou seja, é uma fonte de prova estável/segura. Por essa razão, é tida como prova de salutar importância, especialmente se esse tipo de prova for produzida por ente dotado de fé pública, a exemplo da já citada ata notarial. Tal relevância pode ser constatada, inclusive quando o Código Civil em seu artigo 108 dispõe sobre a necessidade de escritura pública para a validade de certos negócios jurídicos.

> ***Art. 108.*** *Não dispondo a lei em contrário, a escritura pública é essencial à validade dos negócios jurídicos que visem à constituição, transferência, modificação ou renúncia de direitos reais sobre imóveis de valor superior a trinta vezes o maior salário mínimo vigente no País.*

Convém notar que, para além da já mencionada ata notarial, o legislador expressou em outros dispositivos a relevância do documento público como meio de prova, consoante se constata dos dispositivos do CPC abaixo elencados:

> ***Art. 405.*** *O documento público faz prova não só da sua formação, mas também dos fatos que o escrivão, o chefe de secretaria, o tabelião ou o servidor declarar que ocorreram em sua presença.*
>
> ***Art. 406.*** *Quando a lei exigir instrumento público como da substância do ato, nenhuma outra prova, por mais especial que seja, pode suprir-lhe a falta.*
>
> ***Art. 407.*** *O documento feito por oficial público incompetente ou sem a observância das formalidades legais, sendo subscrito pelas partes, tem a mesma eficácia probatória do documento particular.*

Inobstante à sua relevância, haverá hipóteses em que a prova documental poderá representar certa dificuldade por se tratar de uma forma "passiva" de prova, que poderá se apresentar de forma obscura ou incompreensível, o que poderia ser contornado se a prova em questão recaísse sobre uma fonte "ativa" de prova, a exemplo da prova testemunhal ou do depoimento pessoal.

Desta feita é que se revela de suma importância a inexistência de hierarquia entre os meios de prova, que deverão ser valoradas pelo magistrado a fim de formar seu convencimento, nos termos do artigo 371 do CPC.

Importa destacar que a doutrina estabelece parâmetros acerca dos elementos do documento, tais como autoria, conteúdo e suporte. Assim:

Quanto à autoria: o autor do documento é a pessoa a quem se atribui sua formação. A autoria poderá ser material, que corresponde a quem criou o suporte que representará o fato; ou ainda autoria intelectual/imaterial, que é a pessoa que determinou a criação.

Se há somente autoria material, o documento é autógrafo (art. 410, I).

Se há autor material e autor imaterial, o documento é heterógrafo (art. 410, II).

> Documento público: quando seu autor é agente investido de função pública (no exercício da função).

O Código Civil atribui o status de prova plena ao documento lavrado por tabelião, nos termos do artigo 215:

> ***Art. 215.*** *A escritura pública, lavrada em notas de tabelião, é documento dotado de fé pública, fazendo prova plena.*

> Documento particular: a autoria do documento se dá por ação de um particular.

As formas de identificação da autoria do documento dar-se-ão por meio de assinatura, autenticação mecânica ou assinatura digital.

OBS.: o documento anônimo poderá ser considerado válido? Se por algum outro meio se puder comprovar sua autoria, a exemplo do exame grafológico, será possível a utilização de documento anônimo.

Quanto à autenticidade: o documento será considerado autêntico quando efetivamente for proveniente do autor nele indicado.

> Em se tratando de documento público, a autoria é presumida (art.405). Além disso, se o tabelião reconhece a firma, seja por autenticidade ou por semelhança, também se presume autêntico (art.411, I).

> Quanto ao documento particular, que não tenha firma reconhecida, será considerado autêntico se a parte contrária não impugnar a sua autenticidade (art.430/433).

Quanto ao conteúdo: a classificação doutrinária do documento quanto ao seu conteúdo destaca a existência de documentos positivos, entendidos como aqueles que exteriorizam uma declaração de vontade (ex.: contrato de compra e venda); e documentos testemunhais, que são aqueles que declaram a ciência ou a narrativa quanto a determinado fato (ex.: recibo).

Quanto ao suporte: é considerado **suporte** o meio físico pelo qual o documento é representado, como papel, mídias, como CD e pen-drive, DVD etc. Convém notar que quando o suporte for papel, a simples apresentação nos autos já suprirá a produção da prova, o que não acontece com mídias como CD e DVD; sua exposição será realizada em audiência, intimando-se previamente as partes (art.434, parágrafo único).

> ***Originais, cópias, certidões e traslados:*** importa destacar que, em regra, não há que apresentar documentos originais ou autenticados, nos termos do artigo 422 do CPC, exceto se a conformidade com o original for impugnada pela parte adversa:
>
> ***Art. 422.*** *Qualquer reprodução mecânica, como a fotográfica, a cinematográfica, a fonográfica ou de outra espécie, tem aptidão para fazer prova dos fatos ou das coisas representadas, se a sua conformidade com o documento original não for impugnada por aquele contra quem foi produzida.*

Ademais, importa salientar que o artigo 425 traz hipóteses de reproduções que farão a mesma prova que os documentos originais:

> ***Art. 425.*** *Fazem a mesma prova que os originais:*

I. as certidões textuais de qualquer peça dos autos, do protocolo das audiências ou de outro livro a cargo do escrivão ou do chefe de secretaria, se extraídas por ele ou sob sua vigilância e por ele subscritas;

II. os traslados e as certidões extraídas por oficial público de instrumentos ou documentos lançados em suas notas;

III. as reproduções dos documentos públicos, desde que autenticadas por oficial público ou conferidas em cartório com os respectivos originais;

IV. as cópias reprográficas de peças do próprio processo judicial declaradas autênticas pelo advogado, sob sua responsabilidade pessoal, se não lhes for impugnada a autenticidade;

V. os extratos digitais de bancos de dados públicos e privados, desde que atestado pelo seu emitente, sob as penas da lei, que as informações conferem com o que consta na origem;

VI. as reproduções digitalizadas de qualquer documento público ou particular, quando juntadas aos autos pelos órgãos da justiça e seus auxiliares, pelo Ministério Público e seus auxiliares, pela Defensoria Pública e seus auxiliares, pelas procuradorias, pelas repartições públicas em geral e por advogados, ressalvada a alegação motivada e fundamentada de adulteração.

> **Documento eletrônico**

Para que se possa atribuir valor probatório ao chamado documento eletrônico, é necessário avaliar o grau de segurança do documento, o que se dará por meio da utilização de determinadas técnicas de segurança, tais como:

- assinatura digitalizada (diferente de assinatura digital): é uma imagem da assinatura que pode ser lançada no documento;
- firmas biométricas (exame de retina, impressão digital, timbre de voz);
- senhas pessoais;
- criptografia: a mensagem é cifrada e transformada em um código que só pode ser compreendido por quem conheça o padrão (chave) para a decifração.

> **Produção da prova documental**

O momento pertinente para a produção da prova documental será, em regra, na primeira manifestação da parte no processo, de sorte que o autor o fará na propositura da ação e o réu, na contestação.

Art. 434. *Incumbe à parte instruir a petição inicial ou a contestação com os documentos destinados a provar suas alegações.*

Convém notar que, em regra, o momento da proposição da prova documental é coincidente com o momento de sua produção, excepcionando-se o documento que contemple gravação sonora ou audiovisual, cujo momento de produção será em audiência, nos termos do parágrafo único do artigo 434.

Haverá, no entanto, casos em que será possibilitada a juntada posterior de documentos, notadamente quando se tratar de documento relativo a fato ocorrido posteriormente ou ainda documento destinado a contrapor outra prova produzida nos autos.

Art. 435. *É lícito às partes, em qualquer tempo, juntar aos autos documentos novos, quando destinados a fazer prova de fatos ocorridos depois dos articulados ou para contrapô-los aos que foram produzidos nos autos.*

Parágrafo único. *Admite-se também a juntada posterior de documentos formados após a petição inicial ou a contestação, bem como dos que se tornaram conhecidos, acessíveis ou disponíveis após esses atos, cabendo à parte que os produzir comprovar o motivo que a impediu de juntá-los anteriormente e incumbindo ao juiz, em qualquer caso, avaliar a conduta da parte de acordo com o art. 5º..*

Quanto à manifestação acerca do documento produzido pela parte adversa, reza o artigo 437 que o réu o fará na contestação (impugnando os documentos anexados à inicial), e o autor manifestar-se-á na réplica sobre os documentos anexados à contestação. Em documentos apresentados fora dessas hipóteses, será concedido à parte o prazo de 15 (quinze) dias para manifestar-se.

16.2.5 Exibição de Documento ou Coisa

Os artigos 396 a 404 trazem o procedimento para exibição de documento ou coisa que tem emprego quando a parte que teria, inicialmente, o ônus de trazer aos autos determinado documento ou coisa necessários ao deslinde da lide não pode fazê-lo (seja em inicial ou contestação) em virtude de que tal meio de prova esteja em poder da outra parte ou ainda de um terceiro.

Nessa hipótese, a Lei Processual dá ao juiz o poder de determinar a exibição requerida:

Art. 396. *O juiz pode ordenar que a parte exiba documento ou coisa que se encontre em seu poder.*

Para tanto, a parte interessada deverá formular o pedido com a especificação do documento ou da coisa, o fato que pretende provar com a exibição e as razões pelas quais acredita que a coisa ou documento estejam em poder da outra parte ou do terceiro indicado, nos termos do art. 397.

Importa destacar que o artigo 404 traz um rol de hipóteses em que a parte indicada para a exibição poderá se escusar de fazê-lo. Entretanto, se a escusa for imotivada, serão admitidos como verdadeiros os fatos que a parte pretendia provar com a exibição, nos termos do artigo 400.

Art. 404. *A parte e o terceiro se escusam de exibir, em juízo, o documento ou a coisa se:*

I. concernente a negócios da própria vida da família;

II. sua apresentação puder violar dever de honra;

III. sua publicidade redundar em desonra à parte ou ao terceiro, bem como a seus parentes consanguíneos ou afins até o terceiro grau, ou lhes representar perigo de ação penal;

IV. sua exibição acarretar a divulgação de fatos a cujo respeito, por estado ou profissão, devam guardar segredo;

V. subsistirem outros motivos graves que, segundo o prudente arbítrio do juiz, justifiquem a recusa da exibição;

VI. houver disposição legal que justifique a recusa da exibição.

Art. 400. *Ao decidir o pedido, o juiz* ***admitirá como verdadeiros os fatos que, por meio do documento ou da coisa, a parte pretendia provar*** *se:*

I. o requerido não efetuar a exibição nem fizer nenhuma declaração no prazo do art. 398;

II. a recusa for havida por ilegítima.

Parágrafo único. Sendo necessário, o juiz pode adotar medidas indutivas, coercitivas, mandamentais ou sub-rogatórias para que o documento seja exibido.

16.2.6 Prova testemunhal

Na prova testemunhal, assim como no depoimento pessoal, a pessoa é utilizada como um meio de prova. Quando a pessoa em questão é um terceiro na relação processual, surge a prova testemunhal. A testemunha relatará ao juiz sua percepção sobre os fatos, sem realizar juízo de valor.

A regra é de que a prova testemunhal é sempre admissível (art. 442), exceto se a lei dispuser em sentido contrário. O próprio CPC já traz hipóteses em que não será admitida a prova testemunhal, nos termos do artigo 443:

> ***Art. 443.*** *O juiz indeferirá a inquirição de testemunhas sobre fatos:*
>
> ***I.*** *já provados por documento ou confissão da parte;*
>
> ***II.*** *que só por documento ou por exame pericial puderem ser provados.*

No Código de 1973 havia expressa vedação à prova exclusivamente testemunhal com a adoção de critério de valor do contrato. Vejamos a redação do artigo 401 do Código extinto:

CPC de 1973: Art. 401. A prova exclusivamente testemunhal só se admite nos contratos cujo valor não exceda o decuplo do maior salário mínimo vigente no país, ao tempo em que foram celebrados.

O Novo Código de Processo Civil não reproduziu tal regra de exclusão da prova testemunhal, como resta evidente pela redação do artigo 444:

> ***Art. 444.*** *Nos casos em que a lei exigir prova escrita da obrigação, é admissível a prova testemunhal quando houver começo de prova por escrito, emanado da parte contra a qual se pretende produzir a prova.*

Além disso, para dirimir qualquer dúvida acerca da efetiva superação da vedação, o artigo 1.072 tratou de revogar expressamente o artigo 227 do Código Civil que estabelecia que a prova exclusivamente testemunhal só se admitia nos negócios jurídicos cujo valor não ultrapassasse o décuplo do maior salário mínimo vigente no País ao tempo em que foram celebrados.

A testemunha poderá ser qualquer pessoa capaz, desde que não seja impedida ou suspeita (447). Desta feita, **não poderão funcionar como testemunha:**

01. Os incapazes:
    - interditado por enfermidade ou deficiência mental;
    - uem estiver acometido por enfermidade ou retardamento mental, ao tempo em que ocorreram os fatos, não podia discerni-los, ou, ao tempo em que deve depor, não está habilitado a transmitir as percepções;
    - quem tiver menos de 16 (dezesseis) anos;
    - o cego e o surdo, quando a ciência do fato depender dos sentidos que lhes faltam.
02. Os impedidos:
    - o cônjuge, o companheiro, o ascendente e o descendente em qualquer grau e o colateral, até o terceiro grau, de alguma das partes, por consanguinidade ou afinidade, salvo se o exigir o interesse público ou, tratando-se de causa relativa ao estado da pessoa, não se puder obter de outro modo a prova que o juiz repute necessária ao julgamento do mérito;
    - o que é parte na causa;
    - que intervém em nome de uma parte, como o tutor, o representante legal da pessoa jurídica, o juiz, o advogado e outros que assistam ou tenham assistido as partes.
03. Os suspeitos:
    - quem for inimigo da parte ou seu amigo íntimo;
    - aquele que tiver interesse no litígio.

A testemunha é ouvida em audiência de instrução e as perguntas são formuladas pelas partes diretamente à testemunha, começando pela que a arrolou, sob a condução do magistrado que poderá indeferir perguntas que repute não serem relacionadas ao fato ou já terem sido respondidas.

O **direito ao silêncio** da testemunha é regulado pelo artigo 448 e somente será possível quando lhe acarrete grave dano, bem como ao seu cônjuge ou companheiro e aos seus parentes consanguíneos ou afins, em linha reta ou colateral, até o terceiro grau; ou se trate de fatos a respeito dos quais, por estado ou profissão, deva guardar sigilo.

Apresentado o rol, a parte só poderá substituí-lo nas hipóteses de falecimento, enfermidade, impossibilidade de depor, mudança de residência ou local de trabalho que impossibilite a localização da testemunha (art. 451).

16.2.7 Prova Pericial

Far-se-á necessária a produção de prova pericial quando se precisar de conhecimentos técnicos (além do padrão do homem médio) para a elucidação de um determinado fato. Nessa hipótese, o juiz nomeará um perito, que deverá registrar sua opinião técnico-científica, por meio do laudo pericial.

Importa destacar que as partes também poderão, de comum acordo, pactuar acerca da indicação do perito, nos termos trazidos pelo artigo 471. Trata-se de inovação trazida pelo Novo Código de Processo Civil, na esteira dos negócios processuais amplamente difundidos na nova Legislação Processual Civil.

> ***Art. 471.*** *As partes podem, de comum acordo, escolher o perito, indicando-o mediante requerimento, desde que:*
>
> ***I.*** *sejam plenamente capazes;*
>
> ***II.*** *a causa possa ser resolvida por autocomposição.*
>
> ***§ 1º*** *As partes, ao escolher o perito, já devem indicar os respectivos assistentes técnicos para acompanhar a realização da perícia, que se realizará em data e local previamente anunciados.*
>
> ***§ 2º*** *O perito e os assistentes técnicos devem entregar, respectivamente, laudo e pareceres em prazo fixado pelo juiz.*
>
> ***§ 3º*** *A perícia consensual substitui, para todos os efeitos, a que seria realizada por perito nomeado pelo juiz.*

> **Fontes da prova pericial:** o objeto de exame da perícia pode se dar sobre pessoas (vivas ou mortas), coisas ou até mesmo fenômenos.

Obs.1: na esfera cível não é possível coagir a pessoa a se submeter a exame pericial. Contudo, a recusa poderá gerar presunção de veracidade sobre o que se pretendia provar com a perícia, nos termos dos artigos 231 e 232 do Código Civil:

> ***Art. 231.*** *Aquele que se nega a submeter-se a exame médico necessário não poderá aproveitar-se de sua recusa.*
>
> ***Art. 232.*** *A recusa à perícia médica ordenada pelo juiz poderá suprir a prova que se pretendia obter com o exame.*

OBS.: em relação às coisas, não há limite jurídico, mas é possível a existência de dificuldade de acesso ao objeto, ocasião em que o magistrado poderá determinar a exibição. Em havendo descumprimento da ordem, nos termos do art. 400, caberá a adoção de medidas coercitivas ou ainda a presunção de veracidade dos fatos que se pretendia provar.

> **Espécies de perícia:** quanto à prova pericial, ela se apresenta dividida nas modalidades de exame e vistoria; avaliação (art. 464):

Exame e vistoria: consistem no ato de inspeção/observação de pessoas, semoventes e bens móveis (exame), ou de bens imóveis (vistoria);

Avaliação (ou arbitramento): consiste na fixação de valores de coisas ou de direitos.

> **O perito:** o perito tem as atividades presididas e orientadas pelo juiz que fará um exame crítico das conclusões obtidas pelo expert.

Segundo Didier, "O perito é especialista e, determinado campo do saber, que atua como auxiliar eventual do juízo, protagonizando a prova pericial." (DIDIER, 2016)

Convém destacar que o perito não pode exercer juízo valorativo sobre a causa. Sua atuação é exclusivamente sobre os fatos objeto da perícia (473, §2º).

> **Perícia complexa:** abrange mais de uma área do conhecimento especializado. Poderá ser indicado mais de um perito e, consequentemente, mais de um assistente técnico por cada parte (art. 475).

> **Escusa, recusa e substituição do perito:** a escusa se dá por parte do próprio perito, alegando motivos justos, inclusive impedimento e suspeição (arts. 148, II, 157 e 467 do CPC). Prazo de 15 dias. Já a recusa é feita pelas partes, quando o perito tenha sido indicado pelo próprio magistrado, e pode ser tanto por impedimento ou suspeição (art. 467).

Além disso, o perito poderá ser substituído quando não tiver conhecimentos técnicos ou quando descumprir, imotivadamente, o prazo para a entrega do laudo (art. 468).

> **Assistente técnico:** é um auxiliar da parte que acompanha/fiscaliza o trabalho do perito emitindo um parecer técnico.

> **As despesas:** nos termos do "Art. 95. Cada parte adiantará a remuneração do assistente técnico que houver indicado, sendo a do perito adiantada pela parte que houver requerido a perícia ou rateada quando a perícia for determinada de ofício ou requerida por ambas as partes."

Os honorários do perito são por ele apresentados em proposta após sua intimação, e podem ser objeto de impugnação pelas partes.

> **O juiz e a perícia:** quanto à participação do magistrado na perícia:

- O juiz requer a perícia de ofício ou a pedido das partes;
- Nomeia o perito e fixa prazo para a entrega do laudo pericial (art. 465);
- Intima as partes para indicarem seus assistentes técnicos e quesitos para a perícia (art. 465, § 1º);
- Poderá, se considerar a perícia deficiente ou inconclusiva, minorar os honorários incialmente fixados para o perito (465, § 5º);
- Poderá indeferir quesitos que considere impertinentes e também formular quesitos que entenda necessários ao esclarecimento da causa (art. 470);
- Não está adstrito às conclusões periciais para formular seu convencimento, devendo, contudo motivá-lo se decidir de maneira diversa.

16.2.8 Inspeção Judicial

Trata-se de meio de prova que "se concretiza com o ato de percepção pessoal do juiz, com um dos seus sentidos, das propriedades e circunstâncias relativas a pessoa ou coisa (móveis, imóveis e semoventes)." (DIDIER, 2016)

O procedimento está regulado pelos artigos 481 a 484 do Novo Código de Processo Civil

> ***Art. 481.*** *O juiz, de ofício ou a requerimento da parte, pode, em qualquer fase do processo, inspecionar pessoas ou coisas, a fim de se esclarecer sobre fato que interesse à decisão da causa.*

O juiz poderá contar com a ajuda de peritos ao realizar a inspeção judicial (art. 482) e é facultado às partes assistir à inspeção (art. 483, parágrafo único).

A inspeção judicial será cabível, nos termos do artigo 483, quando:

- o juiz julgar necessário para a melhor verificação ou interpretação dos fatos que deva observar;
- a coisa não puder ser apresentada em juízo sem consideráveis despesas ou graves dificuldades;
- o juiz determinar a reconstituição dos fatos.

Ao final da inspeção, o magistrado determinará a lavratura de auto circunstanciado, no qual constará tudo que entender útil ao julgamento da lide, podendo ainda valer-se de desenhos, fotografias e gráficos.

> **Inspeção de pessoa:** a inspeção judicial pode se dar sobre uma pessoa que poderá ser parte ou um terceiro. Se for parte, determina o art. 379, II que a parte deve colaborar com o juízo, submetendo-se à inspeção. Quanto ao terceiro, deverá consentir com a inspeção, uma vez que inexiste determinação de que se submeta à inspeção (ver deveres do terceiro no art. 380).

16.2.9 Produção antecipada de provas

Tratando-se a prova de direito fundamental e de conteúdo complexo, o legislador cuidou e resguardar a possibilidade de que a prova seja produzida de maneira antecipada, a fim de impedir o perecimento do direito à produção da prova pelo decurso do tempo.

Nesse sentido, os artigos 381 a 383 trazem a ação de produção antecipada de prova que será admitida, nos termos do artigo 381 do Novo Código de Processo Civil:

***Art. 381.** A produção antecipada da prova será admitida nos casos em que:*

I. haja fundado receio de que venha a tornar-se impossível ou muito difícil a verificação de certos fatos na pendência da ação;

II. a prova a ser produzida seja suscetível de viabilizar a autocomposição ou outro meio adequado de solução de conflito;

III. o prévio conhecimento dos fatos possa justificar ou evitar o ajuizamento de ação.

A ação em questão esgota-se na própria produção da prova que não chega a ser valorada pelo magistrado (art. 382, §2º). Embora se trate de uma ação com conteúdo acautelatório (resguardar o direito à produção da prova), entende a doutrina que não se trata de uma ação cautelar, mas de um procedimento de jurisdição voluntária.

Os interessados, em havendo cunho contencioso, serão citados e poderão, inclusive, requerer a produção de outra prova além das requeridas pela parte que propôs a ação.

Ao final da produção da prova, os autos permanecerão em cartório durante um mês para extração de cópias e certidões pelos interessados. Findo esse prazo, os autos serão entregues ao promovente da medida. (art.383)

Questões

A respeito das provas no processo civil, julgue os itens.

01. (CESPE) No caso de atuar como parte, o Ministério Público pode requerer a produção de provas, mas não se atuar como fiscal da lei, hipótese em que somente poderá analisar a legalidade das provas requeridas e produzidas pelos litigantes.

Certo ( ) Errado ( )

02. (CESPE) A ausência injustificada da parte ré devidamente intimada para audiência em que lhe seria tomado o depoimento pessoal, importa em reconhecimento jurídico do pedido.

Certo ( ) Errado ( )

03. (CESPE) A inspeção judicial consiste em ato praticado pelo oficial de justiça, por determinação do juiz, para o fim específico de examinar coisa ou pessoa e obter esclarecimentos sobre fatos que interessem ao julgamento da ação.

Certo ( ) Errado ( )

04. (CESPE) Pessoas consideradas impedidas ou suspeitas para depor podem ser ouvidas pelo juiz, que atribuirá aos respectivos depoimentos o valor que possam merecer.

Certo ( ) Errado ( )

05. À luz das disposições do Código de Processo Civil (CPC), julgue o próximo item.

No que se refere à formação do conjunto de provas no processo, a possibilidade de o magistrado atuar de ofício está expressamente prevista em lei e é compatível com a adoção, pelo CPC, de um modelo de processo cooperativo.

Certo ( ) Errado ( )

06. Acerca do procedimento comum, julgue o item que se segue.

Por ser matéria de ordem pública, a distribuição diversa do ônus da prova não é possível por convenção das partes.

Certo ( ) Errado ( )

Gabaritos

01	ERRADO	04	CERTO
02	ERRADO	05	CERTO
03	ERRADO	05	ERRADO

17. DAS AUDIÊNCIAS – AUDIÊNCIA DE CONCILIAÇÃO OU DE MEDIAÇÃO E AUDIÊNCIA DE INSTRUÇÃO E JULGAMENTO

17.1 Notas Introdutórias

O CPC de 2015 apresenta a regulamentação da audiência de conciliação ou de mediação, de natureza obrigatória, em regra; e da audiência de instrução e julgamento. A obrigatoriedade da primeira se dá em razão da tendência manifestada pela Nova Lei Adjetiva em priorizar a autocomposição das partes, estimulando-a sempre que possível.

Vejamos adiante as características específicas de cada tipo.

17.2 Audiência de Conciliação ou de Mediação

Esse tipo de audiência se encontra regulado no artigo 334 do Novo Código de Processo Civil. Sua realização já era possível no Código anterior, mas era subutilizada. Enquanto na Codificação anterior era mera faculdade, na atual é a regra, salvo determinadas exceções.

> Essa obrigatoriedade é conferida aos processos que se pautam pelo RITO COMUM.

A finalidade da audiência de conciliação ou de mediação é, conforme se induz a partir do próprio nome, apenas a realização da **autocomposição**. Será efetuada junto a um conciliador ou mediador, que atuará segundo os termos dos artigos 165 a 175 do Código e da respectiva lei de organização judiciária.

Assim, após o juízo positivo da admissibilidade da petição inicial, o juiz designará a audiência em questão com uma antecedência mínima de 30 dias, ou seja, a audiência não será realizada antes de completados trinta dias da data de sua designação.

A **citação** do réu deverá ser efetuada com uma antecedência mínima de **20 dias** da data da audiência. No ensejo desse ato processual, o réu será citado para integrar a lide e intimado da audiência de conciliação ou mediação. Caso não tenha interesse na autocomposição, peticionará junto ao juízo onde tramita o processo manifestando esse desinteresse, com uma antecedência mínima de **10 dias** da data da audiência.

Convém observar que, no rito comum, a regra é que o réu não seja citado para oferecer contestação, e sim para comparecer à audiência de conciliação ou mediação. Isso porque o prazo para resposta só se abrirá após a realização dessa audiência, na hipótese de insucesso da composição amigável.

OBS.: a intimação do autor da audiência de conciliação ou mediação se dará na pessoa do seu advogado.

O §2º do art. 334 prevê a possibilidade de **fracionamento dessa audiência em mais de uma sessão.** Assim prescreve a referida norma:

> ***Art. 334.*** *[...] § 2º Poderá haver mais de uma sessão destinada à conciliação e à mediação, não podendo exceder a 2 (dois) meses da data de realização da primeira sessão, desde que necessárias à composição das partes.*

Dessa forma, caso se mostre necessário para o sucesso da composição entre as partes, o juiz poderá determinar a realização de outras sessões de conciliação ou mediação, desde que não excedam o período de **2 meses** da data em que se efetuou a primeira. Caso contrário, admitir-se-ia o prolongamento indefinido dessa fase, prejudicando a efetividade e a celeridade processuais.

OBS.: o art. 334, § 7º, prevê a possibilidade de realização da audiência de conciliação ou mediação via meio eletrônico, nos termos da lei.

Há hipóteses em que não se procederá à audiência em questão. São as previstas no § 4º do art. 334, adiante expostas:

a) ambas as partes manifestarem **expressamente** desinteresse na composição;

b) não for admissível autocomposição no caso.

OBS. 1: quanto ao item "a", as partes deverão manifestar o desinteresse na autocomposição nos seguintes momentos:

- **AUTOR**: deverá indicar o referido desinteresse na sua petição inicial.
- **RÉU**: indicará desinteresse por meio de petição, que deverá ser apresentada com 10 dias de antecedência da data designada para a audiência.

OBS. 2: para o fim ora discutido, no caso de **litisconsórcio**, será necessário que todos os litisconsortes manifestem expressamente seu desinteresse na autocomposição. Se pelo menos um deles não fizer essa recusa expressa, a audiência terá lugar, considerando que o silêncio será interpretado como concordância tácita da parte quanto à realização desse ato processual.

OBS. 3: conforme dispõe o art. 335, § 1º, no caso de litisconsórcio passivo, ocorrendo a hipótese do art. 334, § 6º (manifestação de desinteresse por todos os litisconsortes), o termo inicial do prazo para apresentação de contestação será, para cada um dos réus, a data de apresentação de seu respectivo pedido de cancelamento da audiência.

Caso a parte falte injustificadamente à audiência de conciliação ou mediação, essa ausência será considerada ato atentatório à dignidade da justiça, o que é punível por meio da aplicação de multa de até 2% sobre o valor da causa ou da vantagem econômica pretendida na ação. Essa multa será revertida em favor da União ou do Estado-Membro, a depender da justiça em que tramita o feito (federal ou estadual).

OBS.: conforme o § 10 do art. 334, a parte poderá, por meio de procuração específica, constituir **representante** com poderes para negociar e transigir.

Inobstante não haver atividade postulatória na audiência em questão (pois sua finalidade é essencialmente a realização de autocomposição), o Novo Código de Processo Civil prevê, em seu art. 334, §9º, a **necessidade** de a parte comparecer acompanhada por seu **advogado ou defensor público**.

Realizada a audiência de conciliação ou mediação, poderão ocorrer as seguintes hipóteses:

a) É acertada a solução consensual: a autocomposição será reduzida a termo e homologada pelo juiz por sentença.

b) Não ocorre a autocomposição: nesse caso, inicia-se o prazo para o oferecimento de contestação (que será contado da data da audiência ou da última sessão de conciliação ou mediação).

17.3 Da Audiência de Instrução e Julgamento

Essa audiência tem lugar na fase instrutória do processo. Inobstante isso, também nela se procederá inicialmente à tentativa de conciliação entre as partes, conforme dispõe o art. 359, com exceção da hipótese de não se admitir autocomposição. Frustrada essa tentativa, dá-se início à produção de provas, para, então, sendo possível, ser prolatada a sentença, também em audiência.

Verifica-se, portanto, a característica **concentração dos atos processuais** em audiência, com vistas a efetivar a economia e a celeridade processuais. Esse ato também é regido pelo **princípio da oralidade**, pois prevalece a produção de prova oral na audiência, apesar de ser também possível a apresentação de prova documental.

O art. 360 do Novo Código de Processo Civil prevê o importante **poder de polícia do juiz**, afirmando o seguinte:

> ***Art. 360.*** *O juiz exerce o poder de polícia, incumbindo-lhe:*
>
> ***I.*** *manter a ordem e o decoro na audiência;*
>
> ***II.*** *ordenar que se retirem da sala de audiência os que se comportarem inconvenientemente;*
>
> ***III.*** *requisitar, quando necessário, força policial;*
>
> ***IV.*** *tratar com urbanidade as partes, os advogados, os membros do Ministério Público e da Defensoria Pública e qualquer pessoa que participe do processo;*
>
> ***V.*** *registrar em ata, com exatidão, todos os requerimentos apresentados em audiência.*

Verifica-se, a partir da leitura do dispositivo, a clara função do magistrado de manutenção da ordem e de condução apropriada dos atos produzidos em audiência. As partes têm o dever de agir de forma adequada, contribuindo ativamente com a melhor produção dos trabalhos, em face do modelo de processo cooperativo.

Apesar de a audiência de instrução e julgamento ser um ato processual dotado de **publicidade** (art. 368), essa característica poderá ser mitigada pelo magistrado no exercício do seu poder de polícia, tendo em vista que ele poderá ordenar que se retirem da sala de audiência os que se comportarem inconvenientemente ou mesmo limitar o número de pessoas interessadas em assisti-la, tudo em prol da ordem e do sucesso na realização dos trabalhos.

A realização da audiência de instrução e julgamento se funda essencialmente na necessidade de produção de prova oral. Portanto, é nela que se ouvirão as partes, as testemunhas, os peritos e seus assistentes. O art. 361 prevê uma **ordem preferencial na oitiva** desses sujeitos processuais, que se constitui na seguinte:

01. Perito e os assistentes técnicos (responderão aos quesitos de esclarecimentos requeridos no prazo e na forma do art. 477, caso não respondidos anteriormente por escrito).
02. Autor e, em seguida, o réu (prestarão depoimentos pessoais).
03. Testemunhas arroladas pelo autor e pelo réu, respectivamente.

Ressalte-se, como mencionado, que se trata de ordem preferencial, e não obrigatória. Assim, o juiz poderá, ouvidas as partes, alterar a ordem da oitiva, conforme o demandar as peculiaridades do caso concreto.

OBS.: enquanto os sujeitos acima listados estiverem sendo ouvidos, os advogados e o Ministério Público não poderão intervir ou apartear, salvo se o juiz o permitir.

O art. 362 prevê hipóteses as quais dão ensejo ao adiamento da audiência de instrução e julgamento. Isso poderá acontecer por:

a) convenção das partes;

b) ausência justificada de qualquer pessoa que dela deva necessariamente participar;

c) atraso injustificado de seu início em tempo superior a 30 minutos do horário marcado.

OBS. 1: o §2º do art. 362 prevê a possibilidade de o juiz dispensar a produção das provas requeridas pela parte cujo advogado ou defensor público não tenha comparecido à audiência, o que também se aplica ao representante do Ministério Público.

OBS. 2: a pessoa que houver dado causa ao adiamento da audiência arcará com as despesas acrescidas em consequência desse adiamento.

> O impedimento que ensejar o adiamento previsto no item "b" deverá ser comprovado até a abertura da audiência. Caso contrário, o juiz procederá à instrução sem a participação do referido ausente.

Em aplicação do princípio da concentração dos atos processuais, a audiência de instrução e julgamento é una e contínua, conforme descreve o art. 365. Isso, no entanto, não impede que, de modo excepcional e devidamente justificado, haja **cisão da referida audiência,** verificada a ausência de perito ou testemunha. Tal cisão dependerá, no entanto, da concordância das partes.

Da mesma forma, vislumbrada a impossibilidade da realização da instrução, do debate e do julgamento no mesmo dia, o juiz marcará seu prosseguimento para a data mais próxima possível, em pauta preferencial. É importante observar que o Código, em seu art. 365, parágrafo único, menciona prosseguimento da audiência, e não a designação de outra. Isso corrobora a característica da unidade da audiência de instrução e julgamento. Como consequência disso, não poderá haver nova prática de atos preparatórios para audiência, pois já se terá operado a preclusão. Não se trata de nova audiência, mas da continuação da primeira.

A audiência se dará na seguinte sequência:

01. Admitindo-se autocomposição no caso, será realizada a tentativa de conciliação (art. 359).
02. Não havendo conciliação, proceder-se-á à instrução, seguindo-se a ordem preferencial prevista no art. 361 para a produção da prova oral.

03. Concluída a instrução, inicia-se a fase dos **debates**. Terão a palavra, sucessivamente, o advogado do autor e o do réu, pelo prazo de **20min** cada, prorrogável por mais **10min**, a critério do juiz. Se for caso de intervenção do Ministério Público, seu representante também será ouvido nessas condições.

OBS.1: havendo **litisconsorte** ou **terceiro interveniente**, o prazo, que formará com o da prorrogação um só todo, dividir-se-á entre os do mesmo grupo, se não convencionarem de modo diverso (art. 364, § 1º). Assim, o prazo será de 30min, dividido igualmente entre todos, salvo acordo em outro sentido.

OBS.2: em atendimento ao princípio da oralidade, a regra é que as razões finais sejam apresentadas oralmente, na audiência de instrução e julgamento. Entretanto, se a causa apresentar questões complexas de fato ou de direito, o debate oral poderá ser substituído por razões finais escritas (memoriais), que serão apresentadas, sucessivamente, pelo autor, pelo réu e pelo representante do Ministério Público (se for caso de sua intervenção), no prazo de 15 dias cada, assegurada a vista dos autos.

04. Encerrado o debate ou oferecidas as razões finais, o juiz proferirá sentença em audiência ou no prazo de **30 dias.**

O art. 367, § 5º, prevê a possibilidade de gravação integral da audiência em imagem e em áudio, assegurando-se o rápido acesso das partes e dos órgãos julgadores. Essa gravação também poderá ser realizada pelas partes, sem necessidade de autorização judicial para tanto (§ 6º).

A audiência será reduzida a termo, o qual será subscrito pelo juiz, pelos advogados, pelo membro do Ministério Público e pelo escrivão ou chefe de secretaria. É dispensada a subscrição das partes, exceto quando houver ato de disposição para cuja prática os advogados não tenham poderes.

Questões

01. À luz das disposições do CPC relativas aos atos processuais, julgue o item subsequente.

O réu que não comparecer injustificadamente a audiência de conciliação ou mediação designada pelo juiz será considerado revel.

Certo ( ) Errado ( )

Gabaritos

01	ERRADO

18. SENTENÇA

18.1 Conceito Legal de Sentença

O legislador de 2015, no § 1º do artigo 203 do Novo CPC, define sentença como a decisão por meio da qual o magistrado: **a)** põe fim à fase cognitiva do procedimento comum ou extingue a execução (efeitos); **b)** com fundamento em qualquer das matérias previstas nos artigos 485 (sentença terminativa); e 487 (sentença definitiva) do mesmo Código (conteúdo).

18.2 Classificação da Sentença

Os principais critérios para a classificação das sentenças consistem em seu conteúdo e em sua aptidão para resolver o mérito da demanda.

Quanto à resolução de mérito:

→ **Sentença com resolução de mérito (sentença definitiva)**

Quando se apresenta, em juízo, uma pretensão, seja esta uma efetiva decisão do magistrado, seja uma homologação de ato de autocomposição das partes, busca-se a apreciação do pedido pelo juízo, em decisão que resolva o mérito da demanda (decisão definitiva) e que seja abarcada pela **coisa julgada material**, nos termos do artigo 487 do Novo Código de Processo Civil.

> A previsão do parágrafo único do artigo 487 do Novo Código de Processo Civil, em harmonia ao que dispõe o artigo 10 do mesmo diploma legal, assegura às partes processuais o direito de manifestação prévia sobre a possibilidade de reconhecimento de prescrição ou de decadência.

Segundo o art. 487 do CPC, haverá resolução de mérito, portanto, quando o juiz: **a)** acolher ou rejeitar o pedido formulado na ação ou na reconvenção, ocasião em que o mérito é efetivamente analisado; **b)** decidir, de ofício ou a requerimento, sobre a ocorrência de decadência ou prescrição, causa de improcedência prima facie, quando, no CPC/73, configurava caso de indeferimento da inicial; **c)** homologar o reconhecimento da procedência do pedido formulado na ação ou na reconvenção; **d)** homologar a transação; **e)** homologar a renúncia à pretensão formulada na ação ou na reconvenção.

→ **Sentença sem resolução de mérito (sentença terminativa)**

No entanto, há casos de extinção do processo sem que o juízo aprecie o mérito da demanda, sendo prolatada sentença terminativa, concisa, capaz de ensejar, tão somente, a produção de **coisa julgada formal**, nos termos do artigo 485 do Novo Código de Processo Civil.

Cumpre analisar o que prevê o art. 485 do CPC: o juiz não resolverá o mérito quando: **a)** indeferir a petição inicial; **b)** o processo ficar parado por mais de um ano por negligência das partes; **c)** por não promover os atos e diligências que lhe incumbir, o autor abandonar a causa por mais de trinta dias; **d)** verificar a ausência de pressupostos de constituição e de desenvolvimento válido e regular do processo; **e)** reconhecer a existência de perempção, de litispendência ou de coisa julgada, **f)** verificar a ausência de legitimidade ou de interesse processual; **g)** acolher a alegação de existência de convenção de arbitragem ou quando o juízo arbitral reconhecer sua competência; **h)** homologar a desistência da ação; **i)** em caso de morte da parte, a ação for considerada intransmissível por disposição legal; e **j)** nos demais casos prescritos no Novo Código de Processo Civil.

Deve-se observar a previsão do artigo 488 do Novo Código de Processo Civil, que consagra o princípio da prevalência da decisão de mérito, de modo que, desde que possível, o juiz resolverá o mérito sempre que a decisão for favorável à parte a quem aproveitaria eventual pronunciamento nos termos do artigo 485 do CPC/15. A solução do mérito mostra-se infinitamente mais importante do que o acometimento do processo por pequenos vícios formais.

18.3 Elementos da Sentença

Conforme previsão do artigo 489 do Novo Código de Processo Civil, são elementos essenciais da sentença: *o relatório, a fundamentação e o dispositivo.* A ordem dos elementos da sentença pode ser invertida por opção do magistrado, o qual, inclusive, encontra-se autorizado a não proceder à separação da decisão, a ser elaborada em texto uniforme.

18.3.1 Relatório

O relatório precede a fundamentação e a decisão propriamente dita. Conterá os nomes das partes, a identificação do caso, a suma do pedido e da contestação e o registro das principais ocorrências havidas no andamento processual (artigo 489, I, Novo Código de Processo Civil).

Por meio da exigência, assegura-se que o magistrado tenha tomado conhecimento de todos os fatos relevantes para o julgamento do feito, a fim de que se preserve o devido processo legal.

> Nos Juizados Especiais, o relatório é dispensado (Art. 38, Lei nº 9.099/1995).

Admite-se, nos processos conexos julgados em momentos diferentes, nas ações incidentais e nos acórdãos, a elaboração de relatório per relationem, reportando-se o magistrado a relatório elaborado em outra decisão.

A ausência de relatório gerará a nulidade da decisão. Para parte da doutrina, trata-se de nulidade absoluta. Para outra parte, trata-se de nulidade relativa, exigindo-se, aí, a prova concreta de prejuízo.

18.3.2 Fundamentação

É na fundamentação que o juiz enfrentará todas as questões fáticas e jurídicas que circundam o caso concreto, justificando a decisão final propriamente dita: o *dispositivo. A falta de fundamentação da decisão enseja a sua nulidade absoluta. Neste caso, deve-se interpor apelação com alegação de* **error in procedendo** *ou aos embargos declaratórios com efeitos infringentes (modificativos).*

O Novo Código de Processo Civil, resolvendo dissenso doutrinário e contrariando entendimento do Superior Tribunal de Justiça, previu a aplicação da Teoria da Causa Madura no caso de nulidade de sentença por falta de fundamentação (artigo 1.013, § 3º, IV). Nestes casos, o Tribunal procederá ao imediato julgamento do feito, no lugar de devolver o processo para o primeiro grau para prolação de nova sentença.

Como garantia do devido processo legal, o legislador do CPC de 2015 foi muito analítico no momento de disciplinar a fundamentação da decisão judicial: eis o que dispõem os incisos do artigo 489, § 1º, do Novo Código de Processo Civil, **não se considerará decisão judicial fundamentada aquela que**: "**I** – se limitar à indicação, à reprodução ou à paráfrase de ato normativo, sem explicar sua relação com a causa ou a questão decidida, **II** – empregar conceitos jurídicos indeterminados, sem explicar o motivo concreto de sua incidência no caso, **III** – invocar motivos que se prestariam a justificar qualquer outra decisão, **IV** – não enfrentar todos os argumentos deduzidos no processo capazes de, em tese, infirmar a conclusão adotada pelo julgador, **V** – se limitar a invocar precedente ou enunciado de súmula, sem identificar seus fundamentos determinantes nem demonstrar que o caso sob julgamento se ajusta àqueles fundamentos, **VI** – deixar de seguir enunciado de súmula, jurisprudência ou precedente invocado pela parte, sem demonstrar a existência de distinção no caso em julgamento ou a superação do entendimento."

18.3.2.1 Dispositivo

Consiste o dispositivo na decisão propriamente dita. É nele que o magistrado decidirá pelo acolhimento ou rejeição do pedido, ou, ainda, pela extinção do feito sem análise meritória.

Todos os pedidos formulados na demanda, seja na petição inicial, seja na contestação (no caso de ação dúplice: reconvenção, ação declaratória incidental, oposição e denunciação da lide) deverão ser analisados em sede de dispositivo único, sob pena de caracterizar-se como sentença citra petita.

Por outro lado, o juiz não poderá examinar pretensões não formuladas.

Devem-se observar os limites da ação proposta, com as partes, as causas de pedir e os pedidos. Caracteriza-se como sentença extra e *ultra petita* aquela que concede direitos a pessoas que não foram parte do processo, aquela que fundamenta o dispositivo em causas de pedir não formuladas, bem como aquela que concede algo que não foi pedido, em qualidade ou em quantidade (artigo 492, Novo Código de Processo Civil).

Cumpre reiterar: deve o dispositivo ser decorrência lógica da fundamentação. Tão somente o dispositivo da sentença revestir-se-á da **coisa julgada material.**

A sentença sem dispositivo nada decide, desvirtuando-se a natureza do ato decisório. Por isso, **trata-se de inexistência jurídica do ato judicial**, a qual pode ser alegada, inclusive, após o trânsito em julgado da decisão, por meio de ação meramente declaratória.

O vício gravíssimo da inexistência de dispositivo pode ser sanado por meio de apelação ou de embargos declaratórios por omissão.

18.4 Momento de Prolação da Sentença

As sentenças terminativas poderão ser proferidas a qualquer tempo, desde que o magistrado identifique a ausência de condições de prosseguimento da demanda, o que se dá initio litis, com o indeferimento da petição inicial, ou durante o procedimento.

As sentenças de mérito que tratam da rejeição ou do acolhimento do pedido do autor ou do réu reconvinte (artigo 487, I, Novo Código de Processo Civil) podem ser proferidas:

a) De início, nos casos de improcedência prima facie (artigo 332, Novo Código de Processo Civil), caso em que caberá apelação,
b) Desde a configuração da revelia, com presunção dos fatos alegados em inicial, quando não houver pedido de produção de provas (julgamento antecipado da lide: artigo 355, II, Novo Código de Processo Civil).
c) Após a contestação ou a réplica, quando não houver necessidade de produção de outras provas (julgamento antecipado da lide: artigo 355, I, Novo Código de Processo Civil).
d) Após a conclusão da fase de instrução, depois das alegações finais, nos casos em que haja necessidade de fase probatória.

As sentenças de mérito que reconheçam a prescrição ou a decadência poderão ser proferidas prima facie, de acordo com o que prevê o artigo 332, § 1º, do Novo Código de Processo Civil.

18.5 Vícios da sentença

Os vícios estruturais das sentenças, tais como a falta de *relatório, fundamentação ou dispositivo* ensejarão, em regra, a nulidade do ato decisório.

Da mesma forma, será viciada a sentença que não apresente correlação exata com os termos do pedido. O artigo 492 do Novo Código de Processo Civil consagra o princípio da congruência ou da correlação, segundo o qual os limites da sentença residirão, não só ao pedido, mas, também, à causa de pedir (fática) e aos sujeitos processuais.

Excepcionalmente, admite-se a extrapolação dos limites da lide nos casos de pedidos implícitos, de fungibilidade das ações possessórias e das ações cautelares, e de demandas que tenham, como objeto, obrigação de fazer e não fazer, quando o magistrado pode conceder tutela diversa, para garantir resultado prático equivalente (artigo 497 do Novo Código de Processo Civil).

Também, o STF admite a declaração da inconstitucionalidade de normas não impugnadas na ação judicial, por motivo de sua interdependência em relação à norma cuja constitucionalidade se discutiu e se afastou. Trata-se da **inconstitucionalidade por ricochete.**

Além disso, o STJ admite a concessão de benefício previdenciário diverso do requerido em inicial, desde que o beneficiário preencha os requisitos legais para tanto. Reconhece, ainda, a possibilidade de concessão de proteção ambiental a área mais extensa do que a descrita em inicial de ação civil pública. Por entendimento do mesmo Tribunal, as medidas adotadas pelo juiz para assegurar a efetividade do direito requerido poderão superar as medidas descritas em inicial.

18.5.2.1 Sentença extra petita

Ocorre prolação de sentença *extra petita* quando o magistrado extrapola os limites da lide, no que concerne *às partes, à causa de pedir* (fática) e ao *pedido*. Ao juiz, só cabe conceder o que lhe é pedido, nos limites em que lhe é pedido.

A sentença *extra petita* fere a certeza do pedido (artigo 322, Novo Código de Processo Civil), concede tutela jurisdicional diversa da pedida ou bem da vida de gênero alheio ao requerido.

Convém notar que, em relação aos fundamentos jurídicos (causa de pedir jurídica) da decisão, o juiz poderá inovar tanto quanto deseje, em razão dos brocardos *iura novit cúria e da mihi factum dabo tibi ius*. Trata-se do fenômeno da causa de pedir aberta, definida pelo Supremo Tribunal Federal. Quanto aos fundamentos fáticos, apenas poderá decidir o magistrado com base nos dados acostados ao processo.

O defeito da decisão pode ser combatido por meio de apelação ou de *embargos declaratórios*, quando lhes são permitidos *efeitos infringentes*. No caso de *apelação*, o artigo 1.013, § 3º, II, Novo Código de Processo Civil, prevê a possibilidade de o Tribunal julgar, diretamente, a pretensão da causa cuja sentença foi anulada.

Após o trânsito em julgado da decisão viciada, prevalece o entendimento de que haverá nulidade absoluta, sanável por ação rescisória (artigo 966, V, c/c 492, Novo Código de Processo Civil). Não sendo ajuizada ação rescisória, resta sanado o vício pela *coisa julgada material soberana*.

Salientam-se os casos em que, ao magistrado, torna-se possível a concessão de tutela não pedida expressamente: pedidos implícitos, fungibilidade das ações possessórias e das ações cautelares, demandas que tenham, como objeto, obrigação de fazer e não fazer, quando o magistrado concede medida diversa para garantir resultado prático equivalente (artigo 497 do Novo Código de Processo Civil), inconstitucionalidade por ricochete e demandas previdenciárias.

18.5.2.2 Sentença ultra petita

Na sentença *ultra petita*, o *juiz* concede a tutela jurisdicional requerida e o bem da vida pedido na inicial; no entanto, vai além daquilo que fora pedido pela parte incorrendo na extrapolação do *limite* definido na inicial, nos termos do artigo 324 do Novo Código de Processo Civil. Por razoes lógicas, quando o pedido é genérico, não quantificado, não se pode falar em sentença *ultra petita*.

O defeito da decisão pode ser combatido por meio de apelação ou embargos declaratórios, quando lhes são permitidos efeitos infringentes. No caso de apelação, haverá, no máximo, anulação da parte excedente da sentença, nada justificando a sua anulação integral.

Após o trânsito em julgado da decisão viciada, prevalece o entendimento de que haverá nulidade absoluta parcial, no excedente, sanável por ação rescisória (artigo 966, V, c/c 492, Novo Código de Processo Civil). Não sendo ajuizada ação rescisória, resta sanado o vício pela coisa julgada material soberana.

18.5.2.3 Sentença citra petita

Na sentença *citra petita*, o juiz não analisa todas as pretensões apresentadas pelo autor (inicial), pelo réu (reconvenção), ou na contestação (ações de natureza dúplice). Também se considera citra petita a decisão que não decide a causa para todas as partes, bem como não enfrenta todas as causas de pedir e alegações repousantes dos autos.

Convém notar que o juiz não está obrigado a analisar todas as **causas de pedir** e todos os **argumentos de defesa** da parte vitoriosa. Quanto ao autor, o magistrado poderá eleger uma das causas de pedir aduzidas em inicial para julgar pela procedência da demanda. Quanto ao réu, o juízo poderá eleger uma das matérias de defesa apresentadas, a qual levará à improcedência do pedido ou ao reconhecimento de prescrição ou de decadência. Será defeituosa a sentença que não analisa argumento levantado pela parte *fracassada na demanda*.

No que concerne aos **sujeitos processuais**, a possibilidade de exclusão de algum indivíduo no curso da demanda leva à necessidade de analisar as composições dos polos da ação no momento de prolação da sentença, a fim de que se identifique a ocorrência de vício.

Campo fértil para o proferimento de sentença *citra petita* é a cumulação de pedidos. Na **cumulação simples**, os pedidos são autônomos entre si, devendo ser enfrentados um a um. Na **cumulação sucessiva**, o indeferimento de pedido anterior prejudica a apreciação de pedido posterior. Na **cumulação subsidiária**, a procedência de um pedido anterior prejudica os posteriores. Na **cumulação alternativa**, a concessão de um pedido prejudica a análise dos demais, sem ordem de preferência.

Contra referida decisão, poder-se-ão opor *embargos declaratórios por omissão*. Em razão de não possuir o recurso efeito preclusivo, admite-se o enfrentamento do vício por *apelação*.

Por força do que prevê o artigo 1.013, § 3º, II, Novo Código de Processo Civil, aplica-se a Teoria da Causa Madura quando o processo estiver em condições de julgamento imediato. Deverá o Tribunal analisar, desde logo, o pedido da vítima da omissão sentencial.

18.6 Modificação da Sentença pelo Juízo Sentenciante (Princípio da Inalterabilidade da Sentença)

A regra geral no sistema é a de que uma vez publicada a sentença, o juiz não poderá mais alterá-la, tendo em vista a necessidade de se proporcionar um mínimo de segurança jurídica dos jurisdicionados ao se depararem com uma decisão judicial. Ocorre que, em algumas situações, é plenamente justificável que haja a alteração da decisão, ainda que tenha sido publicada.

Com efeito, o artigo 494 do Novo Código de Processo Civil prevê três situações em sede das quais poderá ser alterada a sentença pelo juízo sentenciante:

A qualquer momento, inclusive após o trânsito em julgado da decisão, de ofício ou a requerimento das partes, **a)** para corrigir-lhe inexatidões materiais ou **b)** para retificar-lhe erros de cálculo;

Mediante provocação da parte, no prazo preclusivo de cinco dias, contados da publicação da decisão, **c)** no julgamento de embargos de declaração.

Questões

01. Acerca dos atos processuais, julgue o seguinte item.

Decisão interlocutória consiste no ato pelo qual o juiz põe fim à fase cognitiva do procedimento comum.

Certo ( ) Errado ( )

02. Com base no Código de Processo Civil e no entendimento jurisprudencial e doutrinário acerca de processo civil, julgue o seguinte item.

É prescindível a manifestação das partes acerca de fundamento utilizado em sentença por juiz, quando se trata de matéria a ser decidida de ofício.

Certo ( ) Errado ( )

03. A respeito de sentença e coisa julgada, julgue o item que se segue.

A sentença é composta basicamente de três partes: relatório, fundamentação e dispositivo, determinando a lei processual que o juiz, quando considerar adequado, poderá dispensar o relatório.

Certo ( ) Errado ( )

04. (CESPE) A respeito de sentença e coisa julgada, julgue o item que se segue.

A sentença é composta basicamente de três partes: relatório, fundamentação e dispositivo, determinando a lei processual que o juiz, quando considerar adequado, poderá dispensar o relatório.

Certo ( ) Errado ( )

05. (UEPA) De acordo com o Novo Código de Processo Civil (Lei 13.105/05), julgue a afirmativa abaixo.

Não se considera fundamentado acórdão, que não enfrentar todos os argumentos deduzidos no processo capazes de, em tese, infirmar a conclusão adotada pelos julgadores.

Certo ( ) Errado ( )

Gabaritos

01	ERRADO	04	ERRADO
02	ERRADO	05	CERTO
03	ERRADO		

19. COISA JULGADA

19.1 Coisa Julgada

O referido instituto tem uma importante função no sistema: consagrar a segurança jurídica e promover a estabilização das relações sociais. Seria praticamente inviável a vida em sociedade se não houvesse a coisa julgada como um direito fundamental consagrado na CF/88.

O novo CPC, aparentemente mudou o conceito de coisa julgada:

> ***Art. 502.*** *Denomina-se coisa julgada material a autoridade que torna imutável e indiscutível a decisão de mérito não mais sujeita a recurso.*

Não seria efeito nem qualidade, mas autoridade. Torna imutável e indiscutível a decisão de mérito.

19.1.1 Espécies de Coisa julgada

> Há várias correntes sobre o conceito de coisa julgada. No Brasil, adota-se a teoria de Liebman.

01. Formal: impossibilidade de rediscussão da decisão no âmbito do próprio processo. Tem eficácia meramente endoprocessual; ou seja, dentro do mesmo processo, não se pode mais discutir a decisão. No entanto, não impossibilita a repropositura da demanda pela parte, tendo em vista que a coisa julgada formal não torna indiscutível o objeto da lide que não fora alvo de uma cognição aprofundada pelo julgador.

02. Material: impossibilidade de rediscussão em qualquer outro processo, salvo em ação rescisória, ou demais ações com conteúdo rescisório. Tem conteúdo extraprocessual. Só existe nas decisões que julgam o mérito; além das sentenças, também as decisões interlocutórias que julgam o mérito. Ex.: decisão proveniente do julgamento antecipado parcial de mérito. Trata-se da verdadeira coisa julgada, é a espécie de coisa julgada que consiste na regra do sistema. O Novo Código de Processo Civil privilegia a primazia do julgamento de mérito no sistema (art. 4 do CPC).

03. Soberana: após o decurso do prazo da rescisória, a coisa julgada jamais poderia ser modificada (José Frederico Marques).

19.2 Hipóteses que Não Fazem Coisa Julgada

> ***I.*** *os motivos, ainda que importantes para determinar o alcance da parte dispositiva da sentença;*
>
> ***II.*** *a verdade dos fatos, estabelecida como fundamento da sentença.*

O que deixou bem claro o legislador foi que a coisa julgada não recai na motivação, na questão relativa à base fática, pois, ao apreciar essas questões, vislumbra-se uma análise que não se adequa às situações eminentemente jurídicas, o que não se albergaria pelo manto da coisa julgada. Ex.: Súmula 239 STF: *"Decisão que declara indevida a cobrança do imposto em determinado exercício não faz coisa julgada em relação aos posteriores."*

19.3 Coisa Julgada nas Relações Jurídicas de Trato Continuado

> ***Art. 505.*** *Nenhum juiz decidirá novamente as questões já decididas relativas à mesma lide, salvo:*
>
> ***I.*** *se, tratando-se de relação jurídica de trato continuado, sobreveio modificação no estado de fato ou de direito, caso em que poderá a parte pedir a revisão do que foi estatuído na sentença;*
>
> ***II.*** *Nos demais casos previstos em lei.*

> Se mudar a situação, o afetado terá de entrar com nova ação, no caso, uma ação revisional. Há coisa julgada, mas pode ser rediscutida diante da mudança fática ou jurídica da causa.

As situações de trato sucessivo fazem coisa julgada, contanto que permaneça o elemento de fato e de direito que vigorava no momento da sentença.

19.4 Eficácia Preclusiva da Coisa Julgada

Estabelece o CPC, no seu art. 508, sobre o que recai a coisa julgada:

> ***Art. 508.*** *Transitada em julgado a decisão de mérito, considerar-se-ão deduzidas e repelidas todas as alegações e as defesas que a parte poderia opor tanto ao acolhimento quanto à rejeição do pedido.*

Em verdade, constitui-se em uma proteção que o sistema jurídico outorga à coisa julgada. Ressaltando-se que as alegações e defesas que se consideram preclusas com a formação da coisa julgada são unicamente aquelas que concernem ao mérito da causa. Sendo assim, o alcance do dispositivo não abrange aquelas causas de pedir estranhas ao objeto da lide. Apenas as questões relativas à mesma causa de pedir ficam preclusas em função da aplicação do art. 508 do CPC. (Marinoni)

19.5 Limites Subjetivos da Coisa Julgada: Sobre Quem Recai a Coisa Julgada

> ***Art. 506.*** *A sentença faz coisa julgada às partes entre as quais é dada, não prejudicando terceiros.*

Percebe-se que o referido dispositivo tem uma redação distinta do seu similar do CPC/73 (art. 472), pois suprimiu a parte que dizia **não pode beneficiar**. Hoje, portanto, só não pode prejudicar a parte à luz do CPC de 2015.

A interpretação que pode ser extraída do dispositivo é a de que a norma do CPC/2015 foi mais benéfica aos terceiros, de tal sorte que o terceiro que tiver ligação com a causa discutida em juízo pode se beneficiar. (Ex.: litisconsorte simples que não participou do processo pode invocar a coisa julgada a seu favor).

Questões

01. Acerca do valor da causa, da tutela provisória, do Ministério Público, da advocacia pública, da defensoria pública e da coisa julgada, julgue o item subsequente.

A eficácia subjetiva da coisa julgada formada em ação coletiva de rito ordinário, ajuizada por associação civil na defesa de interesses dos seus associados, somente alcançará os seus filiados residentes no âmbito da jurisdição do órgão julgador se estes tiverem a condição de filiado até a data da propositura da demanda.

Certo ( ) Errado ( )

02. Julgue o item a seguir, considerando as regras do atual Código de Processo Civil acerca das sentenças e dos recursos.

Em atenção à coisa julgada, a sentença terminativa impede que a parte autora proponha novamente a ação.

Certo ( ) Errado ( )

03. A respeito de sentença e coisa julgada, julgue o item que se segue.

A coisa julgada constituída na ação popular, assim como a constituída na ação civil pública, tem eficácia oponível contra todos, nos limites da competência territorial do órgão prolator.

Certo ( ) Errado ( )

Gabaritos

01	CERTO
02	ERRADO
03	ERRADO

20. TEORIA E PARTE GERAL DOS RECURSOS

20.1 Conceito de Recurso e Sucedâneos Recursais

É importante não confundir o conceito de recurso com o de ação autônoma de impugnação e de sucedâneo recursal.

Fredie Didier Jr e Leonardo Carneiro da Cunha[1] definem o recurso como um meio ou instrumento destinado a provocar o reexame da decisão judicial, no mesmo processo em que proferida, com a finalidade de obter-lhe a invalidação, a reforma, o esclarecimento ou a integração.

Didaticamente, Daniel Amorim Assumpção Neves[2] ressalta que o conceito de recurso deve ser construído a partir de 5 características essenciais:

a) voluntariedade;

b) expressa previsão em lei federal;

c) desenvolvimento no próprio processo no qual a decisão impugnada foi proferida;

d) manejável pelas partes, terceiros prejudicados e Ministério Público;

e) com o objetivo de reformar, anular, integrar ou esclarecer decisão judicial.

De outro modo, a ação autônoma de impugnação enseja um novo processo, tendo por objeto a impugnação de uma decisão judicial. Cita-se, como exemplo, a ação rescisória.

Por sua vez, os sucedâneos recursais têm definição residual, sendo aqueles que não se encaixam no conceito de recurso e tampouco no de ação autônoma de impugnação, tal como ocorre com o pedido de reconsideração e o pedido de suspensão de segurança (Lei nº 8.437/1992).

> Há quem prefira utilizar a classificação dividida apenas em recursos e sucedâneos recursais, em que as ações autônomas de impugnação estariam inseridas como espécie deste último.

20.2 Classificação dos Recursos

20.2.1 Quanto ao Objeto Imediato do Recurso

Sob esse prisma, os recursos podem ser classificados em ordinários e extraordinários.

Recursos ordinários são os que admitem a discussão de matérias fáticas e de direito, como, por exemplo, a apelação. Já os recursos extraordinários, tutelam o direito objetivo, restringindo o objeto do recurso apenas a questões de direito, como o recurso especial e o recurso extraordinário.

> Não se deve confundir a classificação dos recursos em ordinários e extraordinários com as espécies recursais (recurso ordinário e recurso extraordinário).

20.2.2 Quanto à Fundamentação

Apesar de todos os recursos necessitarem de fundamentação, a amplitude da matéria pode ser vinculada ou livre.

Em regra, o recurso tem fundamentação livre, podendo o recorrente se valer de ampla liberdade no que tange às matérias alegadas em sua fundamentação legal. Exemplo: apelação.

Todavia, existem também os recursos de fundamentação vinculada, em que o recorrente tem que fundamentar o recurso em conformidade com as matérias previstas em lei. Exemplos: recurso especial e recurso extraordinário.

20.2.3 Quanto à Abrangência da Matéria Impugnada

Conforme Art. 1.002 do CPC, a decisão pode ser impugnada no todo ou em parte. Assim, o recurso será parcial quando a impugnação abranger apenas parte do conteúdo impugnável da decisão, ficando cobertas pela preclusão as demais questões não atacadas. Por sua vez, recurso total é o que abrange completamente o conteúdo impugnável da decisão recorrida.

Há quem entenda ainda pela possibilidade de uma terceira espécie nesta classificação, em que seria recurso integral o que impugnasse toda a matéria da decisão. Sob esse ponto de vista, percebe-se que a diferença entre recurso total e integral é tênue. O recurso será total quando se recorre de toda a matéria possível de ser impugnada, o que não coincide necessariamente com a totalidade da decisão. Exemplo: Maria ajuíza ação indenizatória pleiteando danos morais e materiais em face de João. Em primeiro grau, a sentença acolhe o pedido de danos morais, mas julga improcedente o de danos materiais. Inconformada com a decisão, Maria interpõe apelação a fim de ter o pedido de danos materiais julgado também procedente. Neste exemplo, o recurso interposto por Maria é classificado como total, porque impugnou toda a matéria possível, não sendo integral, porque não englobou toda a decisão, que teria que abranger tanto o pedido de danos materiais como o de morais.

20.2.4 Quanto à (in)dependência

Quanto à dependência, o recurso pode ser classificado em independente ou subordinado.

Conforme Daniel Amorim Assumpção Neves[3], recurso independente é aquele oferecido pela parte dentro do prazo recursal sem importar a postura adotada pela parte contrária da decisão impugnada, enquanto o recurso subordinado seria aquele interposto no prazo de contrarrazões de recurso apresentado pela parte contrária, motivado pela vontade originária de impugnar a decisão, mas como contraposição ao recurso oferecido pela outra parte.

1 DIDIER JUNIOR, Fredie; CUNHA, Leonardo da Cunha. **Curso de Direito Processual Civil.** 13. ed. Salvador: Juspodivm, 2016, vol. 3, p. 87.

2 2DIDIER JUNIOR, Fredie; CUNHA, Leonardo da Cunha. **Curso de Direito Processual Civil.** 13. ed. Salvador: Juspodivm, 2016, vol. 3, p. 87.

3 NEVES, Daniel Amorim Assumpção. **Manual de Direito Processual Civil.** 8. ed.. Salvador: Juspodivm, 2016, p. 1460.

O Art. 997 do CPC estabelece que cada parte interporá o recurso independentemente, no prazo e com observância das exigências legais. Desta forma, o recurso independente é interposto de maneira autônoma, não sendo limitado por qualquer conduta da parte contrária. De outro modo, o recurso subordinado é caracterizado pela dependência de seu conhecimento ao de outro recurso independente interposto pela parte contrária, tal como ocorre com o recurso adesivo.

20.2.5 Recurso Adesivo

O Art. 997, §2º, do CPC dispõe que o recurso adesivo fica subordinado ao recurso independente, sendo-lhe aplicáveis as mesmas regras deste quanto aos requisitos de admissibilidade e julgamento no tribunal, salvo disposição legal diversa, devendo, ainda, observar:

> ***I.*** *será dirigido ao órgão perante o qual o recurso independente fora interposto, no prazo de que a parte dispõe para responder;*
>
> ***II.*** *será admissível na apelação, no recurso extraordinário e no recurso especial;*
>
> ***III.*** *não será conhecido, se houver desistência do recurso principal ou se for ele considerado inadmissível.*

A subordinação do recurso adesivo é nitidamente verificada no item (iii) supramencionado: o recurso adesivo não será conhecido se a parte contrária desistir do recurso independente ou se este for considerado inadmissível.

Ademais, o recurso adesivo não é cabível em todo e qualquer recurso, sendo admitido apenas em sede de apelação, recurso especial e recurso extraordinário. Entretanto, é importante deixar registrado que existe corrente doutrinária defendendo o cabimento de recurso adesivo também em relação ao recurso ordinário, ao recurso inominado dos Juizados Especiais e ao agravo de instrumento interposto em face de decisão interlocutório de mérito.

> O recurso adesivo não é uma espécie recursal, sendo apenas uma forma de interposição de recurso.
>
> Para ser possível a interposição de recurso adesivo, duas condições são necessárias: i) sucumbência recíproca; ii) interposição de recurso independente por apenas uma das partes.

O recurso adesivo é um instrumento que só pode ser utilizado pela parte que não quis recorrer no prazo do recurso principal/independente, motivo pelo qual a parte que já interpôs recurso não pode se valer do recurso adesivo em razão da preclusão consumativa[4].

Quanto à legitimidade, parcela da doutrina entende pela interpretação restritiva do Art. 997, não devendo ser admitido o recurso adesivo interposto pelo terceiro prejudicado ou pelo Ministério Público quando atua como fiscal da lei.

> ***Art. 997**, § 1º. Sendo vencidos autor e réu, ao recurso interposto por qualquer deles poderá aderir o outro.*

No que tange ao momento de interposição, o recurso adesivo deve ser interposto no mesmo prazo das contrarrazões, ou seja, em 15 dias (prazo comum tanto para apelação, recurso especial e extraordinário). Todavia, é admissível que as contrarrazões e o recurso adesivo sejam interpostos em momentos distintos e em peças distintas, desde que observado o prazo legal.

> O novo CPC estabelece que a União, os Estados, o Distrito Federal e os Municípios gozarão de prazo em dobro para todas as suas manifestações processuais, incluindo, portanto, as contrarrazões e, também, o recurso adesivo.

Por ser um recurso subordinado, o julgamento do recurso adesivo está condicionado aos seus próprios pressupostos de admissibilidade e, também, ao conhecimento do recurso principal. Inclusive, a parte contrária pode até mesmo desistir do recurso independente/principal interposto, fazendo com que o julgamento do recurso adesivo reste prejudicado. Porém, o STJ tem decisões no sentido de não aceitar a desistência do recurso principal no caso de patente má-fé do desistente a fim de prejudicar a parte contrária.

20.2.6 Efeitos Recursais

20.2.6.1 Efeito obstativo

O efeito obstativo do recurso impede o trânsito em julgado da decisão impugnada, prolongando, pois o estado de litispendência do processo.

20.2.7 Efeito Devolutivo

Segundo Daniel Amorim Assumpção Neves[5], por efeito devolutivo entende-se a transferência ao órgão ad quem do conhecimento de matérias que já tenham sido objeto de decisão no juízo a quo.

Obs.: o efeito devolutivo do recurso necessita que o julgamento seja feito por órgão distinto daquele que proferiu a decisão impugnada? A doutrina não é pacífica, havendo corrente doutrinária defendendo que basta a transferência de matéria decidida para configuração do efeito devolutivo, independentemente do órgão jurisdicional que realizará o reexame.

Todo recurso gera efeito devolutivo, variando-se somente sua extensão e profundidade. Por extensão entende-se como a dimensão horizontal do efeito devolutivo, estabelecendo qual a matéria impugnada no recurso interposto. Por sua vez, a profundidade (dimensão vertical) é decorrência da dimensão horizontal, devolvendo ao tribunal, conforme os limites da extensão, todas as alegações, fundamentos e questões referentes à matéria devolvida.

20.2.8 Efeito Suspensivo

O Art. 995 do CPC trata do efeito suspensivo dos recursos, dispondo que os recursos não impedem a eficácia da decisão, salvo disposição legal ou decisão judicial em sentido contrário.

4 NEVES, Daniel Amorim Assumpção. **Manual de Direito Processual Civil**. 8. ed.. Salvador: Juspodivm, 2016, p. 1460.

5 NEVES, Daniel Amorim Assumpção. **Manual de Direito Processual Civil**. 8. ed. Salvador: Juspodivm, 2016, p. 1466.

Pelo efeito suspensivo, a decisão impugnada não gera efeitos enquanto pendente o julgamento do recurso interposto.

O efeito suspensivo não é verificado como regra em todos os recursos, porém, ainda assim é possível a sua obtenção quando preenchidos os requisitos legais. A esse respeito, o parágrafo único do Art. 995 do CPC estabelece que a eficácia da decisão recorrida poderá ser suspensa por decisão do relator, se da imediata produção de seus efeitos houver risco de dano grave, de difícil ou impossível reparação, e ficar demonstrada a probabilidade de provimento do recurso.

Portanto, a concessão de efeito suspensivo no caso concreto é depende da observância de dois requisitos: i) risco de dano grave, de difícil ou impossível reparação, gerado pela aplicação imediata dos efeitos da decisão; ii) probabilidade de provimento de recurso.

Obs.: A doutrina reconhece que o efeito suspensivo decorre da mera recorribilidade da decisão a ser impugnada. Destarte, mesmo quando ainda não interposto o recurso, caso este tenha previsão legal de efeito suspensivo, a decisão a ser impugnada ainda não surtirá efeitos. Inclusive, o enunciado 218 do FPPC dispõe que "a inexistência de efeito suspensivo dos embargos de declaração não autoriza o cumprimento provisório da sentença nos casos em que a apelação tenha efeito suspensivo".

20.2.9 Efeito Translativo

Em razão do efeito translativo, o tribunal pode conhecer de matérias de ofício no julgamento do recurso.

O aspecto mais importante relacionado ao efeito translativo é a questão da (im)possibilidade de os tribunais superiores conhecerem originariamente matérias de ofício em sede de recurso especial ou extraordinário.

Quando da vigência do CPC/1973, o Supremo Tribunal Federal e o Superior Tribunal de Justiça entendiam pela impossibilidade de conhecer originariamente matérias de ofício em razão da ausência de prequestionamento.

Com o Novo Código de Processo Civil, existe corrente doutrinária defendendo a superação de tal entendimento, pois o parágrafo único do Art. 1.034 estabelece que sendo ***admitido o recurso extraordinário ou o recurso especial por um fundamento, devolve-se ao tribunal superior o conhecimento dos demais fundamentos para a solução do capítulo impugnado***. Assim, caso o recurso especial ou extraordinário tenha sido conhecido, as matérias de ofício poderão ser conhecidas, ainda que não tenham sido alegadas anteriormente.

Por derradeiro, destaque-se que também existe corrente doutrinária que defende a limitação do efeito translativo à extensão do efeito devolutivo, de modo que somente poderão ser conhecidas de ofício aquelas matérias relacionadas ao capítulo impugnado pelo recorrente, encontrando fundamento no Art. 1.013, § 1º, do CPC/2015.

> ***Art. 1.013.*** *A apelação devolverá ao tribunal o conhecimento da matéria impugnada.*
>
> ***§ 1º*** *Serão, porém, objeto de apreciação e julgamento pelo tribunal todas as questões suscitadas e discutidas no processo, ainda que não tenham sido solucionadas, desde que relativas ao capítulo impugnado.*

20.2.10 Efeito Expansivo

O efeito expansivo do recurso é verificado quando a decisão afeta matéria (efeito expansivo objetivo) ou sujeito (efeito expansivo subjetivo) mais abrangente do que foi realmente impugnado.

O efeito expansivo objetivo é constatado quando o julgamento do recurso afeta matéria além daquela impugnada. Como exemplo, cite-se o caso de sentença anulada em decorrência de prova ilícita colhida na instrução probatória.

Por sua vez, em decorrência do efeito expansivo subjetivo, partes que não participaram do recurso são afetadas pelo seu julgamento, como no caso de recurso interposto pelo litisconsórcio unitário afetando os demais litisconsortes.

> ***Art. 1.005.*** *O recurso interposto por um dos litisconsortes a todos aproveita, salvo se distintos ou opostos os seus interesses.*
>
> ***Parágrafo único.*** *Havendo solidariedade passiva, o recurso interposto por um devedor aproveitará aos outros quando as defesas opostas ao credor lhes forem comuns.*

20.2.11 Efeito Substitutivo

O efeito substitutivo está consubstanciado no Art. 1.008 do CPC, em que o julgamento proferido pelo tribunal substituirá a decisão impugnada no que tiver sido objeto de recurso.

Todavia, cumpre ressaltar que a doutrina entende a aplicação do efeito substitutivo apenas quando o órgão ***ad quem*** julgar o mérito, não sendo aplicável, portanto, quando o recurso sequer é conhecido.

20.2.12 Efeito regressivo

Pelo efeito regressivo, o próprio julgador da decisão impugnada pode rever a decisão proferida, nos casos previstos em lei, tal como ocorre nos agravos e, também, na apelação interposta em face de sentença de improcedência liminar do pedido (Art. 332, § 3º).

20.2.13 Princípios Recursais

20.2.13.1 Duplo Grau de Jurisdição

Em breve síntese, o duplo grau de jurisdição consiste na possibilidade de revisão da decisão.

A doutrina aponta vantagens e desvantagens no duplo grau de jurisdição. Como principais vantagens, o duplo grau de jurisdição possibilita a revisão de decisões, evitando decisões equivocadas ou, até mesmo, arbitrárias e, além disso, pode conferir uma melhor prestação jurisdicional por meio de uma decisão colegiada.

De outro modo, a doutrina também observa desvantagens ao duplo grau de jurisdição, como o embaraço à celeridade processual, a desvalorização do juiz de primeiro grau e a insegurança jurídica em razão da grande quantidade de reformas das decisões.

Questão divergente na doutrina está relacionada à natureza do duplo grau de jurisdição como princípio constitucional, e, ainda, se o duplo grau de jurisdição é um princípio constitucional implícito ou explícito. No entanto, parece haver um consenso na doutrina de que o duplo grau de jurisdição não seria um princípio absoluto, comportando, pois, exceções, como no caso de competência originária dos Tribunais.

20.2.14 Taxatividade (Legalidade)

Em razão do princípio da taxatividade, somente pode ser considerado recurso o instrumento de impugnação que estiver expressamente previsto em lei como tal.

1) A previsão do recurso deve ser feito em lei federal (não se admitindo lei estadual ou municipal), tendo em vista que a Constituição Federal confere privativamente à União tratar de matéria processual.

2) A previsão de recurso em lei federal não se confunde com previsão no Código de Processo Civil, ou seja, é possível a previsão de recursos em outros dispositivos legais.

20.2.15 Singularidade (Unirrecorribilidade ou Unicidade)

Em razão do princípio da singularidade, só existe uma espécie recursal para impugnar cada decisão judicial.

Obs.: é possível que sejam interpostos mais de um recurso em face da mesma decisão, desde que tenham a mesma natureza jurídica, tal como ocorre no caso de sucumbência recíproca em que ambas as partes interpõem apelação em face da sentença.

Exceções ao princípio da singularidade: i) interposição de recurso especial e recurso extraordinário contra o mesmo acórdão; ii) a possibilidade de a parte manejar embargos de declaração e outra espécie recursal.

Por fim, ressalte-se que o STJ[6] já entendeu pela não caracterização de ofensa ao princípio da singularidade a interposição de um mesmo recurso contra duas decisões diferentes, como no caso de duas decisões interlocutórias proferidas em curto espaço de tempo e ambas impugnadas em um mesmo agravo de instrumento.

20.2.16 Voluntariedade

O recurso depende da vontade da parte em impugnar a decisão. Convém ressaltar que o desejo de não recorrer não se exaure na não interposição do recurso, sendo a renúncia e a aquiescência exemplos da vontade de não recorrer.

> ***Art. 999.*** *A renúncia ao direito de recorrer independe da aceitação da outra parte.*
>
> ***Art. 1.000.*** *A parte que aceitar expressa ou tacitamente a decisão não poderá recorrer.*
>
> ***Parágrafo único.*** *Considera-se aceitação tácita a prática, sem nenhuma reserva, de ato incompatível com a vontade de recorrer.*

20.3 Fungibilidade

Pelo princípio da fungibilidade recursal, ainda quando a parte interponha equivocadamente um recurso, é possível o recebimento deste por outro que seja admissível, em prestígio, sobretudo, aos princípios da instrumentalidade das formas e da primazia da decisão de mérito.

Na vigência do CPC/1973, a doutrina e jurisprudência apontavam limites ao princípio da fungibilidade: i) verificação de fundada dúvida a respeito do recurso cabível; ii) inexistência de erro grosseiro; e iii) inexistência de má-fé quanto ao prazo de interposição.

Esse terceiro requisito (ausência de má-fé quanto ao prazo de interposição) deve cair em desuso, visto que o prazo recursal restou unificado em 15 dias pelo CPC/2015, ressalvado o caso de embargos de declaração a ser interposto no prazo de 5 dias.

Ademais, o Art. 1.024, § 3º, do CPC traz um exemplo de aplicação do princípio da fungibilidade recursal, em que o órgão julgador conhecerá dos embargos de declaração como agravo interno se entender ser este o recurso cabível, desde que determine previamente a intimação do recorrente para, no prazo de 5 (cinco) dias, complementar as razões recursais, de modo a ajustá-las às exigências do Art. 1.021, § 1º.

Outra aplicação do princípio da fungibilidade recursal é o caso previsto nos Arts. 1.032 e 1.033 do CPC, em que o STF, ao considerar como reflexa a ofensa à Constituição Federal alegada em recurso extraordinário, por pressupor interpretação de lei federal ou de tratado, remete ao STJ o recurso extraordinário interposto para que seja julgado como recurso especial.

De modo semelhante, se o relator, no Superior Tribunal de Justiça, entender que o recurso especial versa sobre questão constitucional, deverá conceder prazo de 15 (quinze) dias para que o recorrente demonstre a existência de repercussão geral e se manifeste sobre a questão constitucional, remetendo, então, os autos ao STF.

20.3.1 Proibição da Proibição da *Reformatio In Pejus*

Em razão da proibição da ***reformatio in pejus***, o julgamento do recurso interposto pela parte não pode piorar a sua situação. Trata-se de princípio implícito, embora aceito amplamente pela doutrina.

No entanto, segundo Daniel Amorim Assumpção Neves[7], a ***reformatio in pejus***, excepcionalmente, é admitida em decorrência da aplicação do efeito translativo, podendo o órgão julgado conhecer de matéria de ofício, ainda que prejudique o recorrente.

20.3.2 Consumação

Tal princípio está intrinsecamente relacionado à preclusão consumativa. Pelo princípio da consumação, não se pode apresentar mais de um recurso em face da mesma decisão, tampouco aditar um recurso anteriormente interposto.

20.3.3 Primazia do Julgamento do Mérito recursal

O princípio do julgamento do mérito recursal é decorrência do princípio da primazia do julgamento de mérito previsto no Art. 4º do CPC/2015.

> ***Art. 4º*** *As partes têm o direito de obter em prazo razoável a solução integral do mérito, incluída a atividade satisfativa.*

6 Resp 1.112.599/TO.

7 NEVES, Daniel Amorim Assumpção. **Manual de Direito Processual Civil**. 8. ed. Salvador: Juspodivm, 2016, p. 1497

É inquestionável que o processo necessita de formalidades para seu regular andamento. Todavia, não se pode olvidar que a finalidade principal do processo é fornecer aos jurisdicionados uma decisão de mérito que solucione a crise jurídica levada em juízo.

Deve-se, pois, conceder aos jurisdicionados a possibilidade de corrigir vícios sanáveis antes de extinguir a causa sem resolução de mérito ou de não conhecer do recurso.

> ***Art. 932.*** *Parágrafo único. Antes de considerar inadmissível o recurso, o relator concederá o prazo de 5 (cinco) dias ao recorrente para que seja sanado vício ou complementada a documentação exigível.*

20.4 Juízo de Admissibilidade

Para julgar o mérito de uma demanda, o magistrado deve verificar a presença dos pressupostos processuais e as condições da ação. De modo semelhante, o órgão julgador do recurso deve analisar aspectos formais do recurso para que, caso preenchidos, passe a apreciar o mérito recursal.

Deste modo, o juízo de admissibilidade é preliminar ao juízo de mérito, verificando a presença dos pressupostos recursais. Somente com o juízo de admissibilidade positivo é que o mérito do recurso pode ser analisado.

Obs.: o juízo de admissibilidade trata do conhecimento, ou não, do recurso. De outro modo, o juízo de mérito implica na procedência ou improcedência do mérito recursal. Geralmente, quando se fala em juízo de mérito utiliza-se o termo PROVIMENTO OU IMPROVIMENTO.

Em regra, as questões relacionadas ao juízo de admissibilidade podem ser conhecidas de ofício, como no caso de ausência de preparo. Cita-se, como exceção, a ausência de comprovação de interposição do agravo de instrumento em autos físicos (não digital), que necessita de provocação da parte, conforme Art. 1.018, § 3º.

Obs.: à exceção do agravo de instrumento, os recursos são interpostos perante o órgão que proferiu a decisão. Todavia, o juízo a quo não tem competência para fazer juízo de admissibilidade, ressalvados o recurso extraordinário e o recurso especial. Ressalte-se que, em todos os casos, o juízo ad quem tem competência para analisar o juízo de admissibilidade do recurso interposto.

Questão polêmica diz respeito à natureza do juízo de admissibilidade. É majoritário que o julgamento de admissibilidade tem natureza declaratória, pois apenas reconhece uma situação já existente. Entretanto, a fim de evitar danos aos jurisdicionados, prevalece que a decisão que *inadmite* recurso tem natureza declaratória com efeitos *ex nunc*[8].

8 O efeito *ex nunc* da decisão que inadmite o recurso está relacionado principalmente ao prazo de ajuizamento da ação rescisória. O art. 495 do CPC/1973 estabelecia que a ação rescisória deveria ser ajuizada no prazo de 2 anos a partir do trânsito em julgado da decisão impugnada. Caso a decisão declaratória operasse com efeitos *ex tunc*, se o órgão julgador demorasse mais de 2 anos para proferir a decisão inadmitindo o recurso, o prazo da ação rescisória já teria transcorrido. Deste modo, para evitar prejuízo ao jurisdicionado em razão da mora do Poder Judiciário em decidir a inadmissão do recurso, defendeu-se que os efeitos de tal decisão deveriam ser *ex nunc*, fazendo com que o prazo da ação rescisória só tivesse início a partir da decisão que inadmitisse o recurso.

20.5 Pressupostos Recursais

Intrínsecos	Extrínsecos
Cabimento	Tempestividade
Legitimidade	***Preparo***
Interesse recursal	***Regularidade formal***
Inexistência de fato impeditivo ou extintivo do poder de recorrer	

20.5.1 Pressupostos Intrínsecos

20.5.1.1 Cabimento

O cabimento está relacionado à possibilidade de impugnação da decisão e, também, à adequação do recurso para impugnar a referida decisão.

Deste modo, não tem cabimento recurso interposto em face de despacho, que é irrecorrível por expressa disposição legal (Art. 1.001). Igualmente, também se revela incabível o recurso de apelação contra decisão interlocutória, por não ser o recurso adequado, e sim o agravo de instrumento.

Obs.: O cabimento do recurso pode ser relativizado em razão do princípio da fungibilidade recursal.

20.5.1.2 Legitimidade

Conforme Art. 966 do CPC, o recurso pode ser interposto pela parte vencida, pelo terceiro prejudicado e pelo Ministério Público, como parte ou como fiscal da ordem jurídica.

O parágrafo único ainda estabelece que cumpre ao terceiro demonstrar a possibilidade de a decisão sobre a relação jurídica submetida à apreciação judicial atingir direito de que se afirme titular ou que possa discutir em juízo como substituto processual.

Por fim, cumpre destacar que apesar de o Art. 966 se referir à "parte vencida", tal expressão também deve abranger os terceiros intervenientes, como o assistente e o denunciado à lide.

20.5.2 Interesse Recursal

Partindo da mesma noção de utilidade da prestação jurisdicional em relação ao interesse de agir, o interesse recursal requer a demonstração de necessidade e de adequação.

A necessidade é traduzida na utilidade que o recurso pode trazer ao recorrente, enquanto a adequação está relacionada à aptidão do recurso em melhorar a condição do recorrente.

Sobre a adequação, Daniel Amorim Assumpção Neves[9] cita o exemplo da sentença contendo dois fundamentos distintos, cada qual isoladamente apto a manter a decisão, motivo pelo qual eventual recurso (apelação) deve impugnar ambos os argumentos, pois se mantido um deles, a decisão não será reformada.

Além disso, ressalte-se que o interesse recursal nem sempre está relacionado com a sucumbência, como no caso de recurso interposto pelo Ministério Público atuando como fiscal da lei ou, também, quando a parte interpõe embargos de declaração.

9 NEVES, Daniel Amorim Assumpção. **Manual de Direito Processual Civil.** 8. ed. Salvador: Juspodivm, 2016, p. 1519.

Obs.: sob a vigência do CPC/1973, afirmava-se que não se poderia recorrer da decisão apenas para discutir a sua fundamentação. Com o advento do CPC/2015, Fredie Didier entende que esse posicionamento deve ser visto com temperamentos, citando 4 situações que infirmam essa premissa: i) embargos de declaração; ii) recurso nos casos de coisa julgada **secundum eventum probationis**; iii) extensão da coisa julgada à questão prejudicial incidental; iv) formação de precedente obrigatório.

20.5.3 Inexistência de Fato Impeditivo ou Extintivo do Poder de Recorrer

Trata-se de requisitos negativos de admissibilidade do recurso, isto é, não devem estar presentes para que o recurso possa ser admissível.

O Art. 998 dispõe que o recorrente poderá, a qualquer tempo, sem a anuência do recorrido ou dos litisconsortes, desistir do recurso. Entretanto, o parágrafo único do mesmo dispositivo estabelece que a desistência do recurso não impede a análise de questão cuja repercussão geral já tenha sido reconhecida e daquela objeto de julgamento de recursos extraordinários ou especiais repetitivos.

Ressalte-se que a repercussão geral não obsta a desistência, apenas fazendo com que a matéria seja decidida pelo órgão julgador, sem que essa decisão influencie no processo. Inclusive, neste sentido é o enunciado 213 do FPPC: ***no caso do Art. 998, parágrafo único, o resultado do julgamento não se aplica ao recurso de que se desistiu***.

Enquanto a desistência pressupõe recurso já interposto, a renúncia é feita antes mesmo da interposição do recurso. Há renúncia expressa quando a parte externa a vontade de não recorrer. Já a renúncia tácita ocorre quando a parte permanece inerte quanto ao transcurso do prazo recursal.

Ademais, assim como a desistência, o Art. 999 estabelece que a renúncia ao direito de recorrer independe da aceitação da outra parte.

O Art. 1.000 trata da aquiescência, dispondo que a parte que aceitar expressa ou tacitamente a decisão não poderá recorrer, considerando a aceitação tácita como a prática, sem nenhuma reserva, de ato incompatível com a vontade de recorrer.

20.6 Pressupostos Extrínsecos

20.6.1 Tempestividade

Em razão do pressuposto da tempestividade, o recurso deve ser interposto dentro do prazo legal.

O CPC/2015 unificou o prazo dos recursos em 15 dias, com a única ressalva dos embargos de declaração, que devem ser interpostos no prazo de 5 dias.

> Nos termos do Art. 1.003 do CPC, o prazo para interposição de recurso conta-se da data em que os advogados, a sociedade de advogados, a Advocacia Pública, a Defensoria Pública ou o Ministério Público são intimados da decisão.

Apesar de o prazo ter início a partir da intimação da decisão, nada obsta que o recurso seja interposto antes mesmo do início do prazo recursal, conforme Art. 218, § 4º do CPC. Assim, resta superada a tese do "recurso prematuro", em que os tribunais não conheciam o recurso interposto antes do início do prazo recursal sob a alegação de que o recurso interposto antes da publicação da decisão seria juridicamente inexistente.[10]

> Os prazos dos recursos também são contados em dias úteis.
>
> Daniel Amorim Assumpção Neves entende possível a modificação – tanto a majoração como a redução, desde que respeitada a isonomia - do prazo recursal, com base no Art. 190 a respeito dos negócios processuais. Além disso, o mencionado autor também entende que o juiz pode, unilateralmente, majorar qualquer prazo processual, inclusive o recursal.
>
> NEVES, Daniel Amorim Assumpção. Manual de Direito Processual Civil. 8. ed. Salvador: Juspodivm, 2016, p. 1524.

20.6.2 Preparo

O preparo está relacionado ao custo financeiro a ser arcado pela parte em razão da interposição do recurso.

Obs.: casos em que o preparo não é exigido: a) isenção objetiva: embargos de declaração e agravo em recurso especial e em recurso extraordinário; b) isenção subjetiva: Ministério Público, União, Distrito Federal, Estados, Municípios e respectivas autarquias (Art. 1.007, § 1º, do CPC; pessoas jurídicas de direito público federais, estaduais e municipais (Art. 1º - A da Lei 9.494/1997); beneficiário da assistência judiciária (Art. 98, § 1º, I, do CPC)

De acordo com o caput do Art. 1.007 do CPC, o recorrente deve comprovar o preparo no ato de interposição de recurso, sob pena de deserção. No entanto, o mesmo dispositivo permite que o magistrado conceda o prazo de 5 dias para que o recorrente supra eventual insuficiência no valor.

Obs.: é dispensado o recolhimento do porte de remessa e de retorno no processo em autos eletrônicos.

Mesmo quando o recorrente não comprova, no ato de interposição do recurso, o recolhimento do preparo, ainda assim será intimado, na pessoa de seu advogado, para realizar o devido recolhimento, porém, a título de sanção, em dobro, sob pena de deserção. Neste caso, é vedada a complementação se houver insuficiência parcial do preparo, inclusive porte de remessa e de retorno.

Outra situação que pode desconsiderar a deserção é o caso de justo impedimento, em que o relator relevará a pena de deserção, por decisão irrecorrível, fixando o prazo de 5 (cinco) dias para o recorrente efetuar o preparo.

Obs.: o equívoco no preenchimento da guia de custas não implicará a aplicação da pena de deserção, cabendo ao relator, na hipótese de dúvida quanto ao recolhimento, intimar o recorrente para sanar o vício no prazo de 5 (cinco) dias.

20.6.3 Regularidade Formal

Por derradeiro, o pressuposto de regularidade formal diz respeito à observância das formalidades do recurso interposto.

10 Ressalte-se que antes mesmo a entrada em vigor do CPC/2015 os Tribunais Superiores superaram a tese do "recurso prematuro", passando a admitir o recurso interposto ajuizado antes do prazo. [AI 703269 AgR-ED-ED-EDv-ED/MG, Rel. Min. Luiz Fux, julgado em 5/3/2015 (Info 776)].

Destarte, o recorrente deve observar as formalidades necessárias para todo e qualquer recurso - tais como apresentação de razões, capacidade postulatória, procuração, dentre outros – como também as formalidades específicas do recurso que se interpõe, como peças obrigatórias no agravo de instrumento e o prequestionamento em recurso especial e extraordinário.

20.7 Juízo de Mérito

Caso superado o juízo de admissibilidade, passa-se à análise do mérito recursal.

> O mérito do recurso não necessariamente coincide com o mérito da causa, como no caso de um recurso interposto em razão de uma nulidade processual.
>
> O juízo de admissibilidade trata do conhecimento, ou não, do recurso. De outro modo, o juízo de mérito implica a procedência ou improcedência do mérito recursal. Neste caso, o julgador nega ou dá PROVIMENTO ao recurso.

A causa de pedir recursal pode ter por objeto ***error in iudicando*** ou ***error in procedendo***.

Error in iudicando é o equívoco de julgamento, em razão de má-apreciação de fato ou de direito, ou de ambas, motivo pelo qual se requer a reforma de decisão. O vício encontra-se no conteúdo, ensejando, pois, a reforma da decisão.

De outro modo, o ***error in procedendo*** revela um vício formal na decisão, apto a invalidá-la. Exemplo: decisão que designa perícia, mas não determina a intimação das partes para formulação de quesitos e indicação de assistente técnico.

Enquanto o ***error in iudicando*** trata do conteúdo da decisão, o ***error in procedendo*** está relacionado à validade da decisão, motivo pelo qual a diferenciação entre ambos não se encontra na distinção entre Direito Material ou Direito Processual, pois o ***error in iudicando*** (equívoco no conteúdo) também pode versar sobre Direito Processual.

Em regra, o mérito recursal é julgado perante o órgão ad quem; todavia, nos recursos com efeito regressivo, é possível que o órgão a quo se retrate, como no caso de apelação interposta em face de sentença que indeferiu a petição inicial.

Questões

01. Julgue o item a seguir, considerando as regras do atual Código de Processo Civil acerca das sentenças e dos recursos.

O Ministério Público estará legitimado a interpor recurso contra decisão judicial quando estiver atuando como fiscal da lei.

Certo ( )   Errado ( )

02. A respeito de recursos nos tribunais, meios de impugnação das decisões judiciais, processo de execução e mandado de segurança, julgue o item a seguir.

Situação hipotética: Na interposição de recurso especial, o recorrente não juntou documento comprobatório de feriado local durante o prazo, o que seria necessário para atestar a tempestividade de seu recurso. Assertiva: Nesse caso, segundo o Superior Tribunal de Justiça, o relator deverá conceder prazo para a juntada de documento de comprovação do feriado para sanar o vício.

Certo ( )   Errado ( )

Gabaritos

01	CERTO
02	ERRADO

21. RECURSOS EM ESPÉCIE

21.1 Embargos de Declaração

21.1.1 Cabimento

Os embargos aclaratórios podem ser opostos contra qualquer decisão judicial e têm a finalidade de:

> esclarecer obscuridade na decisão;
> eliminar contradição;
> suprir omissão de ponto ou questão sobre os quais deveria se pronunciar o juiz de ofício ou a requerimento;
> corrigir erro material.→ ≠ erro de julgamento

O cabimento do recurso em questão se limita às hipóteses acima indicadas, razão pela qual o caracterizam como recurso de fundamentação vinculada.

A novidade aqui se situa na última hipótese. A utilização de embargos para a correção de erro material já se admitia na jurisprudência, mas só agora tomou previsão legal expressa. É nessa hipótese que se encontra a situação do julgamento com base em premissa equivocada.

O parágrafo único do Art. 1.022 esclarece algumas hipóteses de omissão na decisão, indicando as hipóteses em que esta:

→ **deixe de se manifestar sobre tese firmada em:**
> julgamento de casos repetitivos; ou
> incidente de assunção de competência aplicável ao caso sob julgamento;

→ **incorra em qualquer das condutas descritas no Art. 489, § 1º[1] (ausência de fundamentação).**

21.1.2 Efeitos

Os embargos não têm efeito suspensivo, ou seja, não obstam a produção de efeitos pela decisão embargada. No entanto, ocasionam a interrupção do prazo para interpor recursos contra aquela mesma decisão.

Com a entrada em vigor da Nova Lei Processual Civil, o referido efeito interruptivo dos embargos passou a existir em qualquer situação, inclusive nos Juizados Especiais. Antes do Novo Código de Processo Civil, a Lei 9.099/95 previa que, em seu rito, a interposição de embargos de declaração teria o efeito de suspender o prazo para interposição de recursos. Constituía, portanto, uma exceção à regra do efeito interruptivo dos embargos, exceção essa que foi revogada pelo Art. 1.065 do CPC/2015.

Quanto ao efeito suspensivo, este poderá ser atribuído pelo julgador a seu critério, dependendo das circunstâncias do caso concreto (efeito suspensivo ***ope judicis***). Afirma o § 1º do Art. 1.026 que:

Art. 1.026. *Os embargos de declaração não possuem efeito suspensivo e interrompem o prazo para a interposição de recurso.*

§ 1º *A eficácia da decisão monocrática ou colegiada poderá ser suspensa pelo respectivo juiz ou relator se demonstrada a probabilidade de provimento do recurso ou, sendo relevante a fundamentação, se houver risco de dano grave ou de difícil reparação.*

21.1.3 Procedimento

O prazo para oposição de embargos declaratórios permaneceu em 5 dias (lembrando que, no entanto, a contagem agora é em dias úteis). Conforme afirma o Art. 1.023, a referida oposição se dará por meio de petição ao juízo prolator da decisão embargada. Como serão julgados pelo mesmo órgão, não se sujeitam a preparo.

> O § 1º do Art. 1.023 deixa clara a aplicabilidade, aos embargos de declaração, da contagem em dobro dos prazos relativos a litisconsortes que tiverem diferentes procuradores, de escritórios de advocacia distintos (no caso de processos físicos).

Será oportunizada a apresentação de contrarrazões pela outra parte na hipótese de possível modificação da decisão embargada no caso de acolhimento (efeitos infringentes). Nesse caso, o juiz intimará o embargado para, querendo, manifestar-se, no prazo de 5 dias, sobre os embargos opostos.

Os §§ 4º e 5º do Art. 1.024 trazem importantes normas acerca das possíveis situações no caso de oposição de embargos contra decisão em face da qual já existe outro recurso em andamento.

Vejamos o texto do Art.:

Art. 1.024. *[...]*

§ 4º *Caso o acolhimento dos embargos de declaração implique modificação da decisão embargada, o embargado que já tiver interposto outro recurso contra a decisão originária tem o direito de complementar ou alterar suas razões, nos exatos limites da modificação, no prazo de 15 (quinze) dias, contado da intimação da decisão dos embargos de declaração.*

§ 5º *Se os embargos de declaração forem rejeitados ou não alterarem a conclusão do julgamento anterior, o recurso interposto pela outra parte antes da publicação do julgamento dos embargos de declaração será processado e julgado independentemente de ratificação.*

Da leitura dos parágrafos acima, podemos concluir que:

Se o acolhimento dos embargos gerou modificação na decisão (verificação de efeitos infringentes)→ o embargado que tiver interposto outro recurso poderá complementar as razões deste no prazo de 15 dias, desde que se atenha à parte modificada pelos embargos. Trata-se de aplicação do princípio da complementaridade.

Se os embargos não tiverem sido acolhidos ou, mesmo acolhidos, não tiverem modificado a decisão recorrida → o embargado não precisará ratificar seu recurso, pois o contexto permanece inalterado. O julgamento prosseguirá independente do referente aos embargos. Nesse sentido, afirma o enunciado 579 da súmula do STJ, acerca do recurso especial:

---

1 Art. 489. [...] § 1º Não se considera fundamentada qualquer decisão judicial, seja ela interlocutória, sentença ou acórdão, que:
I. se limitar à indicação, à reprodução ou à paráfrase de ato normativo, sem explicar sua relação com a causa ou a questão decidida;
II. empregar conceitos jurídicos indeterminados, sem explicar o motivo concreto de sua incidência no caso;
III. invocar motivos que se prestariam a justificar qualquer outra decisão;
IV. não enfrentar todos os argumentos deduzidos no processo capazes de, em tese, infirmar a conclusão adotada pelo julgador;
V. se limitar a invocar precedente ou enunciado de súmula, sem identificar seus fundamentos determinantes nem demonstrar que o caso sob julgamento se ajusta àqueles fundamentos;
VI. deixar de seguir enunciado de súmula, jurisprudência ou precedente invocado pela parte, sem demonstrar a existência de distinção no caso em julgamento ou a superação do entendimento.

> ***Súm. 579-STJ:*** *Não é necessário ratificar o recurso especial interposto na pendência do julgamento dos embargos de declaração, quando inalterado o resultado anterior.*

Obs.: a doutrina defende que restou prejudicado o enunciado nº 418[2] da súmula do STJ. Porém, o Tribunal ainda não o cancelou formalmente. Para quem defende sua validade, deverá haver uma reinterpretação da súmula, sendo sua aplicabilidade restrita aos casos em que se verificar modificação da decisão embargada.

De acordo com o Art. 1.024, os embargos deverão ser julgados no prazo de 5 dias. Se opostos contra decisão de relator ou outra decisão unipessoal proferida em tribunal, o órgão prolator da decisão embargada irá decidi-los de forma monocrática, ou seja, o julgamento não vai para colegiado (§2°).

21.1.3.1 Fungibilidade entre embargos de declaração e agravo interno

Conforme afirma o § 3º do Art. 1.024, o órgão julgador poderá receber os embargos de declaração como agravo interno se entender ser este o recurso cabível. Para tanto, deverá determinar previamente a intimação do recorrente para, no prazo de 5 dias, complementar as razões recursais, de modo a ajustá-las às exigências do Art. 1.021, § 1º.

21.1.3.2 Embargos para efeito de prequestionamento

Os recursos especial e extraordinário têm como pré-requisito o prequestionamento das questões neles apresentadas, ou seja, estas devem ter sido alvo de discussão na instância inferior. Caso uma decisão se mostre omissa quanto a determinado ponto, e a parte interessada quiser discuti-lo em sede de recurso especial ou extraordinário, essa parte deverá opor embargos de declaração, com o objetivo de prequestionar tal questão.

Ocorre que, muitas vezes, a decisão dos embargos não aborda diretamente a matéria a ser prequestionada, dando continuidade à omissão. Isso costumava prejudicar a celeridade processual, pois o embargante acabava tendo que opor novos embargos ou mesmo um recurso especial, alegando violação do Art. 535 do CPC/1973, para ver a questão devidamente enfrentada. Caso contrário, o STJ não consideraria prequestionada aquela matéria.

O CPC/2015, em seu Art. 1.025, tornou desnecessário o efetivo enfrentamento da questão pelo órgão julgador, afirmando ser suficiente a mera suscitação da matéria pelo recorrente em seus embargos. Vejamos o que afirma o texto da norma:

> ***Art. 1.025.*** *Consideram-se incluídos no acórdão os elementos que o embargante suscitou, para fins de prequestionamento, ainda que os embargos de declaração sejam inadmitidos ou rejeitados, caso o tribunal superior considere existentes erro, omissão, contradição ou obscuridade.*

Assim, se o Tribunal Superior constatar existência de erro, omissão, contradição ou obscuridade, o prequestionamento da matéria será considerado realizado, incluindo-se no acórdão os elementos que o embargante suscitou, ainda que os embargos em questão tenham sido inadmitidos ou rejeitados, ou seja, que a matéria permaneça não enfrentada pelo órgão julgador desse recurso.

2 **Súmula 418 - STJ**: É inadmissível o recurso especial interposto antes da publicação do acórdão dos embargos de declaração, sem posterior ratificação.

Em outras palavras, a mera oposição dos embargos suscitando a matéria omitida na decisão já terá o efeito de suprir o prequestionamento exigido para o conhecimento de recursos extraordinário e especial. Diz-se que houve um prequestionamento ficto, já admitido pelo STF em inúmeros casos, mas até então não aceito pelo STJ. Essa Corte exigia pronunciamento do juízo sobre a matéria, conforme podemos ver a partir do enunciado a seguir transcrito:

> ***Súmula 211 – STJ:*** *Inadmissível recurso especial quanto à questão que, a despeito da oposição de embargos declaratórios, não foi apreciada pelo tribunal **a quo**.*

Essa súmula restou prejudicada pelo Art. 1.025 do Novo Código de Processo Civil, que expressamente passou a admitir o prequestionamento ficto.

21.1.3.3 Embargos protelatórios e multa

O CPC/2015 ampliou a margem de valor da multa aplicável no caso de embargos meramente protelatórios para até 2% sobre o valor atualizado da causa[3].

No caso de reiteração dos embargos protelatórios, a multa passa a ser de até **10%** sobre o valor atualizado da causa, e a interposição de outros recursos ficará condicionada ao depósito prévio dessa multa (com exceção da Fazenda Pública e do beneficiário da gratuidade judiciária, que recolherão apenas ao final).

Se houver mais uma reiteração de embargos protelatórios (ou seja, oposição pela terceira vez), estes NÃO serão admitidos. Vejamos o que afirma o § 4º do Art. 1.026:

> ***Art. 1.026. [...] § 4º.*** *Não serão admitidos novos embargos de declaração se os 2 (dois) anteriores houverem sido considerados protelatórios.*

Trata-se de importante avanço na coibição de uso indevido dos embargos para fins de tumultuar o processo, contribuindo para a celeridade e a economia processuais, além do devido processo legal.

21.2 Agravo de Instrumento

21.2.1 Cabimento

O agravo de instrumento é o recurso interposto contra decisões interlocutórias, ou seja, aquelas que resolvem determinadas questões ao longo do processo (inclusive o mérito, desde que parcial), sem encerrar a fase de conhecimento.

Não é, entretanto, qualquer decisão interlocutória que pode ser objeto de recurso imediato. O Art. 1.015 prevê uma série hipóteses de cabimento, constituída pelas seguintes:

- tutelas provisórias;
- mérito do processo;
- rejeição da alegação de convenção de arbitragem;
- incidente de desconsideração da personalidade jurídica;

> O parágrafo único do referido Art. enfatiza o cabimento do agravo não só na fase de conhecimento, mas também no âmbito da liquidação de sentença, do cumprimento de sentença, do processo de execução e do processo de inventário.

3 No CPC/1973, essa multa era de até 1% sobre o valor da causa.

- rejeição do pedido de gratuidade da justiça ou acolhimento do pedido de sua revogação;
- exibição ou posse de documento ou coisa;
- exclusão de litisconsorte;
- rejeição do pedido de limitação do litisconsórcio;
- admissão ou inadmissão de intervenção de terceiros;
- concessão, modificação ou revogação do efeito suspensivo aos embargos à execução;
- redistribuição do ônus da prova nos termos do Art. 373, § 1º;
- outros casos expressamente referidos em lei.

As decisões que versarem sobre questões não existentes no rol acima indicado poderão ser impugnadas na interposição de eventual recurso de apelação ou de contrarrazões à apelação, dependendo do caso. Não serão atingidas pela preclusão, consoante o Art. 1.009, § 1º.

21.2.2 Efeitos

Em regra, no agravo de instrumento é recebido o efeito meramente devolutivo. Não há, portanto, efeito suspensivo automático, mas sim ope judicis, ou seja, concedido a critério do Julgador segundo as circunstâncias do caso concreto. Isso pode ser verificado a partir da leitura do inciso I do Art. 1.019.

21.2.3 Procedimento

Importante modificação trazida pelo Novo Código de Processo Civil ao recurso em estudo é a relativa ao prazo para sua interposição, que deixou de ser de 10 dias para ser de 15 dias úteis, assim como o respectivo prazo para contrarrazões.

O agravo será interposto diretamente no juízo ad quem, por petição que atenda aos requisitos previstos no Art. 1.016. A petição deverá vir acompanhada do instrumento, ou seja, dos documentos necessários ao julgamento do recurso, além daqueles que a parte recorrente reputar necessários. O Art. 1.017 divide os referidos documentos em duas categorias: os de apresentação obrigatória e os de apresentação facultativa.

Documentos obrigatórios (inciso I)	Documentos facultativos (inciso II)
Cópias da: - Petição inicial - Contestação - Petição que ensejou a decisão agravada - Própria decisão agravada - Certidão da respectiva intimação ou outro documento oficial que comprove a tempestividade - Procurações outorgadas aos advogados doagravante e do agravado.	Outras peças que o agravante reputar úteis.

Obs.: não havendo algum dos documentos reputados obrigatórios, deverá ser apresentada declaração de inexistência desse documento pelo advogado do agravante, sob pena de sua responsabilidade pessoal.

21.2.3.1 Possibilidade de saneamento em fase de recurso

Na falta de qualquer dos documentos obrigatórios, o recurso não deverá ser considerado inadmissível de plano. O Relator deverá possibilitar ao recorrente a juntada do documento faltante no prazo de 5 dias, aplicando-se a regra do Art. 932, parágrafo único, do Novo Código de Processo Civil, em face dos princípios da cooperação e da primazia do julgamento de mérito. O mesmo se aplica na hipótese de qualquer outro vício que comprometa a admissibilidade do agravo.

O § 5º do Art. 1.017 traz importantíssima observação: os documentos mencionados no caput só se impõem quando o processo for físico. A regra revelada no caput não se aplica ao processo eletrônico, conforme podemos observar a partir da leitura do referido parágrafo:

> ***Art. 1.017. [...] § 5º.*** *Sendo eletrônicos os autos do processo, dispensam-se as peças referidas nos incisos I e II do caput, facultando-se ao agravante anexar outros documentos que entender úteis para a compreensão da controvérsia.*

O §2º do Art. 1.017 trata das formas de interposição do recurso, a depender da situação. São as seguintes:

- protocolo realizado diretamente no tribunal competente para julgá-lo;
- protocolo realizado na própria comarca, seção ou subseção judiciárias;
- postagem, sob registro, com aviso de recebimento;
- transmissão de dados tipo fac-símile, nos termos da lei;
- outra forma prevista em lei.

Interposto o agravo de instrumento, sendo físicos os autos do processo, o recorrente requererá a juntada nestes de cópia da petição do recurso, do comprovante de sua interposição e da relação dos documentos que o instruíram, fazendo-o no prazo de 3 dias da referida interposição, sob pena de inadmissibilidade. Essa regra NÃO se aplica se o processo for eletrônico. Vejamos o que afirma o Art. 1.018:

> No caso de agravo interposto por sistema de transmissão de dados tipo fac-símile ou similar, as peças devem ser juntadas no momento de protocolo da petição original.

> ***Art. 1.018.*** *O agravante poderá requerer a juntada, aos autos do processo, de cópia da petição do agravo de instrumento, do comprovante de sua interposição e da relação dos documentos que instruíram o recurso.*
>
> ***§ 1º*** *Se o juiz comunicar que reformou inteiramente a decisão, o relator considerará prejudicado o agravo de instrumento.*
>
> ***§ 2º*** *Não sendo eletrônicos os autos, o agravante tomará a providência prevista no caput, no prazo de 3 (três) dias a contar da interposição do agravo de instrumento.*
>
> ***§ 3º*** *O descumprimento da exigência de que trata o § 2º, desde que arguido e provado pelo agravado, importa inadmissibilidade do agravo de instrumento.*

Atenção para o que afirma o § 1º. A norma prevê o prejuízo do recurso na hipótese de reforma total da decisão agravada. Podemos concluir, então, que uma reforma parcial do decisum não prejudicará o agravo de instrumento em sua totalidade, pois seu trâmite continuará quanto à parte não atingida.

O Art. 1.019 indica as possíveis atitudes do Relator do agravo de instrumento quando do recebimento e distribuição deste no Tribunal. Tais atitudes, que serão tomadas no prazo de 5 dias, estão adiante listadas:

> não conhecer de recurso inadmissível, prejudicado ou que não tenha impugnado especificamente os fundamentos da decisão recorrida;

> negar provimento a recurso que for contrário a:

» súmula do STF, do STJ ou do próprio tribunal;

» acórdão proferido pelo STF ou pelo STJ em julgamento de recursos repetitivos;

» entendimento firmado em incidente de resolução de demandas repetitivas ou de assunção de competência;

> sendo o caso, atribuir efeito suspensivo ao recurso ou deferir, em antecipação de tutela, total ou parcialmente, a pretensão recursal, comunicando ao juiz sua decisão;

> ordenar a intimação do agravado pessoalmente, por carta com aviso de recebimento, quando não tiver procurador constituído, ou pelo Diário da Justiça ou por carta com aviso de recebimento dirigida ao seu advogado, para que responda no prazo de 15 dias, facultando-lhe juntar a documentação que entender necessária ao julgamento do recurso;

> determinar a intimação do Ministério Público, preferencialmente por meio eletrônico, quando for o caso de sua intervenção, para que se manifeste no prazo de 15 dias.

Obs.: O relator solicitará dia para julgamento em prazo não superior a 1 mês da intimação do agravado.

21.2.3.2 Possibilidade de sustentação oral

O novo Código de Processo Civil trouxe uma hipótese em que é possível a realização de sustentação oral no julgamento de agravo de instrumento, revelada no inciso VIII do Art. 937:

> ***Art. 937.*** *Na sessão de julgamento, depois da exposição da causa pelo relator, o presidente dará a palavra, sucessivamente, ao recorrente, ao recorrido e, nos casos de sua intervenção, ao membro do Ministério Público, pelo prazo improrrogável de 15 (quinze) minutos para cada um, a fim de sustentarem suas razões, nas seguintes hipóteses, nos termos da parte final do* ***caput*** *do Art. 1.021:*
>
> ***[...] VIII.*** *no agravo de instrumento interposto contra decisões interlocutórias que versem sobre tutelas provisórias de urgência ou da evidência;*

Podemos verificar, portanto, que se admitirá sustentação oral em agravo de instrumento quando a decisão recorrida versão sobre tutela provisória (de urgência ou de evidência).

21.2.3.3 Prosseguimento de julgamento não unânime (técnica de julgamento ampliado– Art. 942)

O novo Código de Processo Civil apresenta um técnica de julgamento a ser aplicada quando o resultado do julgamento do recurso de apelação se der de forma não unânime, ou seja, por maioria, prevendo o prosseguimento desse julgamento em sessão na qual estejam presentes outros julgadores, em número suficiente para garantir a possibilidade da inversão do resultado inicial. A ideia dessa técnica é a mesma inerente ao outrora existente embargos infringentes.

O § 3º do Art. 942 estende a aplicação dessa técnica ao julgamento não unânime proferido em:

> **Ação rescisória**. Quando o resultado for a rescisão da sentença. Nesse caso, seu prosseguimento deverá ocorrer em órgão de maior composição previsto no regimento interno.

> **Agravo de instrumento**. Quando houver reforma da decisão que julgar parcialmente o mérito.

Assim, caso uma decisão interlocutória aprecie o mérito do feito de forma parcial, ou seja, antecipe o julgamento de mérito de algum dos pedidos principais objeto da pretensão do autor, será possível a aplicação dessa técnica de julgamento, diferentemente do que ocorre na apelação, que, para tanto, exige apenas a divergência (não precisa ter havido julgamento de mérito). Outra diferença é que, na aplicação da técnica em julgamento de apelação, será possível sustentação oral (Art. 937, I), o que não é possível no caso do agravo de instrumento.

A técnica de colegiamento NÃO pode ser confundida com recurso, haja vista que não depende de manifestação de vontade das partes.ç

> ***Art. 356.*** *O juiz decidirá parcialmente o mérito quando um ou mais dos pedidos formulados ou parcela deles:*
>
> ***I.*** *mostrar-se incontroverso;*
>
> ***II.*** *estiver em condições de imediato julgamento, nos termos do art. 355.*
>
> ***§ 1º*** *A decisão que julgar parcialmente o mérito poderá reconhecer a existência de obrigação líquida ou ilíquida.*
>
> ***§ 2º*** *A parte poderá liquidar ou executar, desde logo, a obrigação reconhecida na decisão que julgar parcialmente o mérito, independentemente de caução, ainda que haja recurso contra essa interposto.*
>
> ***§ 3º*** *Na hipótese do § 2º, se houver trânsito em julgado da decisão, a execução será definitiva.*
>
> ***§ 4º*** *A liquidação e o cumprimento da decisão que julgar parcialmente o mérito poderão ser processados em autos suplementares, a requerimento da parte ou a critério do juiz.*
>
> ***§ 5º*** *A decisão proferida com base neste Art. é impugnável por agravo de instrumento.*

21.3 Apelação

21.3.1 Cabimento

A apelação é o recurso cabível contra a sentença, conforme claramente dispõe o Art. 1.009 do Novo Código de Processo Civil. É importante atentar, entretanto, para o disposto no § 1º do referido Art., segundo o qual poderão ser impugnadas por meio desse recurso as questões que se verificarem ao longo do processo e não puderem ser objeto de agravo de instrumento. Vejamos o que diz a norma:

É interessante observar a afirmação efetuada no § 3º do Art. supracitado, segundo o qual as questões previstas no Art. 1.015 como impugnáveis por agravo de instrumento serão objeto de apelação quando integrarem capítulo da sentença.

> ***Art. 1.009. [...] § 1º*** *As questões resolvidas na fase de conhecimento, se a decisão a seu respeito não comportar agravo de instrumento, não são cobertas pela preclusão e devem ser suscitadas em preliminar de apelação, eventualmente interposta contra a decisão final, ou nas contrarrazões.*

Essa logística se dá em razão de inovação trazida pelo Novo Código. Com a extinção do agravo retido, aquelas questões que não configurarem hipótese de cabimento do agravo de instrumento (questões não agraváveis) restaram sem possibilidade de recurso imediato. Entretanto, em obediência ao devido processo legal, não serão alvo de preclusão e poderão ser trazidas para questionamento ulteriormente, em preliminar de apelação ou em contrarrazões, a depender de quem alega.

Obs.: questões de fato que não tenham sido propostas no juízo inferior poderão ser suscitadas na apelação se a parte provar que deixou de fazê-lo por motivo de força maior (Art. 1.014).

21.3.1.1 Efeitos

Em regra, a apelação será recebida no duplo efeito, ou seja, nos efeitos devolutivo e suspensivo. O efeito devolutivo relaciona-se à matéria a ser devolvida para reapreciação pelo Judiciário. Já o efeito suspensivo, como o nome já sugere, obsta a produção de efeitos pela sentença impugnada. Trata-se de hipótese de efeito suspensivo ope legis, haja vista que a própria lei prevê sua existência (Art. 1.012, Novo Código de Processo Civil).

O § 1º do Art. 1.012 prevê, entretanto, exceções à regra do efeito suspensivo automático da apelação. Nesses casos, publicada a sentença, o apelado poderá promover o pedido de cumprimento provisório da sentença. Trata-se das seguintes hipóteses:

> homologação de divisão ou demarcação de terras;
> condenação em alimentos;
> decisão terminativa (extinção sem resolução do mérito);
> julgamento improcedente dos embargos do executado;
> julgamento procedente do pedido de instituição de arbitragem;
> confirmação, concessão ou revogação da tutela provisória;
> interdição.

Obs.: esse rol não é exaustivo. O § 1º do Art. 1.012 abre espaço para outras hipóteses previstas em lei.

É importante observar que, nas situações acima indicadas, o efeito suspensivo poderá ser concedido ope judicis, a pedido do apelante, se:

a) demonstrada a probabilidade de provimento do recurso; ou
b) sendo relevante a fundamentação, houver risco de dano grave ou de difícil reparação.

Obs.: o pedido de concessão de efeito suspensivo poderá ser formulado por requerimento dirigido ao Tribunal (se efetuado no período entre a interposição da apelação e sua distribuição[4]) ou ao Relator (se a apelação já tiver sido distribuída).

O Art. 1.013 efetua previsão do efeito devolutivo da apelação, traduzido na transferência, para o Tribunal, da análise das matérias que houverem sido objeto do recurso. A atuação do juízo ad quem, portanto, será limitada aos capítulos que tiverem sido alvo de impugnação (*tantum devolutum quantum appelatum*).

Vejamos o que afirmam as seguintes normas:

> ***Art. 1.013.*** *A apelação devolverá ao tribunal o conhecimento da matéria impugnada.*
>
> ***§ 1º*** *Serão, porém, objeto de apreciação e julgamento pelo tribunal todas as questões suscitadas e discutidas no processo, ainda que não tenham sido solucionadas, desde que relativas ao capítulo impugnado.*
>
> ***§ 2º*** *Quando o pedido ou a defesa tiver mais de um fundamento e o juiz acolher apenas um deles, a apelação devolverá ao tribunal o conhecimento dos demais.*

Os parágrafos acima transcritos revelam a existência de outro efeito na apelação: o translativo. Este permite certa atuação de ofício na análise de determinadas questões, ainda que sobre elas o apelante não tenha se manifestado, mas desde que sejam relativas a capítulo objeto do recurso. Trata-se de manifestação do princípio inquisitivo.

Obs.: é exemplo de verificação do efeito translativo do recurso de apelação a aplicação do Art. 485, § 3° do Novo Código de Processo Civil, na situação em que o Tribunal conhece de ofício, na análise do recurso, alguma das matérias ali constantes.

Outro efeito possível de se verificar na apelação é o efeito regressivo, inerente ao juízo de retratação do órgão prolator da decisão recorrida. O CPC de 1973 admitia a realização desse juízo nas hipóteses de rejeição liminar da petição inicial e de sentença liminar de improcedência em causa repetitiva. O Novo Código de Processo Civil ampliou o rol de hipóteses, podendo ser verificado o efeito regressivo nos seguintes casos:

> indeferimento da petição inicial (Art. 331);

Nas causas que dispensem a fase instrutória, o juiz, independentemente da citação do réu, julgará liminarmente improcedente o pedido que contrariar:

» enunciado de súmula do STF ou do STJ;
» acórdão proferido pelo STF ou pelo STJ em julgamento de recursos repetitivos;
» entendimento firmado em incidente de resolução de demandas repetitivas ou de assunção de competência;

> enunciado de súmula de tribunal de justiça sobre direito local.
> improcedência liminar (Art. 332);
> sentenças terminativas (Art. 485, § 7º).

Interposta a apelação, o juiz terá, nas hipóteses mencionadas, 5 dias para efetuar a retratação, caso assim o entenda.

21.3.2 Procedimento

O prazo para a interposição de apelação permaneceu em 15 dias, assim como o referente às contrarrazões, sendo importante recordar que agora a contagem é em dias úteis. A petição de interposição de recurso será destinada ao juízo de 1º grau, ou seja, ao prolator da decisão, devendo-se atender aos requisitos previstos no Art. 1.010.

A inovação notável trazida pelo Novo Código de Processo Civil, nesse momento do recurso, relaciona-se ao juízo de admissibilidade, o qual será realizado apenas no Tribunal ad quem. O Novo Código, portanto, extingue a análise de admissibilidade recursal efetuada pelo Juízo a quo, que deverá proceder apenas à intimação do apelado, para fins de apresentação de contrarrazões, e à remessa dos autos ao Tribunal. Vejamos o que diz o § 3º do Art. 1.010:

4 Nesse caso, o Relator designado ficará prevento para julgar a apelação.

> ***Art. 1.010. [...]** Após as formalidades previstas nos §§ 1º e 2º, os autos serão remetidos ao tribunal pelo juiz, independentemente de juízo de admissibilidade.*

Chegando o recurso ao Tribunal e efetuada a sua distribuição, o Relator designado poderá tomar as seguintes medidas (Art. 1.011):

Caso o juízo a quo efetue juízo de admissibilidade, violando a norma acima exposta, o apelante que se vir prejudicado poderá apresentar reclamação junto ao Tribunal contra essa decisão, haja vista a ocorrência de usurpação da competência deste. É importante não esquecer que o novo CPC admite o cabimento de reclamação para qualquer Tribunal, e não apenas os superiores.

→ **Decidirá monocraticamente o recurso, nas hipóteses de:**

- Não conhecimento da apelação
  - inadmissível;
  - prejudicada; ou
  - que não tenha impugnado especificamente os fundamentos da decisão recorrida.
- Não provimento da apelação que for contrária a:
  - súmula do STF, do STJ ou do próprio Tribunal;
  - acórdão proferido pelo STF ou pelo STJ em julgamento de recursos repetitivos;
  - entendimento firmado em incidente de resolução de demandas repetitivas ou de assunção de competência;
- Provimento ao recurso se a decisão recorrida for contrária a:
  - súmula do STF, do STJ ou do próprio Tribunal;
  - acórdão proferido pelo STF ou pelo STJ em julgamento de recursos repetitivos;
  - entendimento firmado em incidente de resolução de demandas repetitivas ou de assunção de competência.
- Não sendo caso de decisão monocrática, elaborará seu voto para julgamento do recurso pelo órgão colegiado.

21.3.2.1 Apelação Adesiva

No novo Código de Processo Civil, as hipóteses de cabimento de recurso adesivo são a apelação e os recursos extraordinário e especial, em face da extinção dos embargos infringentes. Na hipótese de o apelado interpor, no prazo que dispuser para contrarrazões, recurso de apelação adesiva, o apelante será intimado para apresentar suas respectivas contrarrazões, conforme dispõe o Art. 1.010.

21.3.2.2 Julgamento imediato pelo Juízo *ad quem*

O § 3° do Art. 1.013 trata das hipóteses em que o Tribunal, ao julgar a apelação, profere de logo decisão de mérito, verificando que o feito está em condições de imediato julgamento (Teoria da Causa Madura). As hipóteses são as seguintes:

- reforma da sentença com fundamento no Art. 485 (julgamento do feito sem resolução do mérito);
- decretação de nulidade da sentença por não ser ela congruente com os limites do pedido ou da causa de pedir (decisão violadora do princípio da congruência);
- constatação de omissão no exame de um dos pedidos (hipótese em que poderá julgar o pedido não apreciado);
- decretação de nulidade de sentença por falta de fundamentação.

O CPC/1973 já previa a aplicação da Teoria da Causa Madura na primeira hipótese, ou seja, no caso de apelação contra sentença terminativa. O Novo Código de Processo Civil ampliou o rol de situações em que o Tribunal efetuará imediato julgamento do feito, quando da análise do recurso interposto.

Obs.: no caso de reforma da sentença que reconheceu a decadência ou a prescrição, o Tribunal, se possível, julgará o mérito, examinando as demais questões, sem determinar o retorno do processo ao juízo de primeiro grau (Art. 1.013, § 4º).

21.3.2.3 Prosseguimento de julgamento não unânime (técnica do Art. 942)

O novo Código de Processo Civil apresenta uma técnica de julgamento a ser aplicada quando o resultado do julgamento do recurso de apelação se der de forma não unânime, ou seja, por maioria, prevendo o prosseguimento desse julgamento em sessão na qual estejam presentes outros julgadores, em número suficiente para garantir a possibilidade da inversão do resultado inicial. A ideia dessa técnica é a mesma inerente aos outrora existentes embargos infringentes.

> A técnica de colegiamento NÃO pode ser confundida com recurso, haja vista que não depende de manifestação de vontade das partes.

O § 3º do Art. 942 estende a aplicação dessa técnica ao julgamento não unânime proferido em:

- **Ação rescisória**. Quando o resultado for a rescisão da sentença. Nesse caso, seu prosseguimento deverá ocorrer em órgão de maior composição previsto no regimento interno;
- **Agravo de instrumento**. Quando houver reforma da decisão que julgar parcialmente o mérito.

Já o § 4º prevê situações em que não será cabível a aplicação dessa regra, que são as seguintes:

- incidentes de assunção de competência e de resolução de demandas repetitivas;
- remessa necessária;
- julgamento não unânime proferido, nos Tribunais, pelo plenário ou pela Corte Especial.

Questões

01. (MPE-SC) O novo Código de Processo Civil prevê expressamente a possibilidade de julgamento antecipado total e parcial do mérito. Enquanto o provimento judicial de julgamento imediato total de mérito é uma sentença impugnável por apelação, a decisão de julgamento antecipado parcial do mérito tem natureza interlocutória, impugnável por agravo de instrumento.

Certo ( ) Errado ( )

02. (MPE-SC) Nos termos do novo Código de Processo Civil, consideram-se incluídos no acórdão os elementos que o embargante suscitou, para fins de prequestionamento, ainda que os embargos de declaração sejam inadmitidos ou rejeitados, caso o tribunal superior considere existentes erro, omissão, contradição ou obscuridade.

Certo ( ) Errado ( )

03. (MPE-SC) No âmbito dos Juizados Especiais Cíveis os embargos de declaração são oferecidos no prazo de cinco dias, contados da ciência da decisão e, uma vez recebidos, suspendem o prazo recursal.

Certo ( ) Errado ( )

Gabaritos

01	CERTO
02	CERTO
03	ERRADO

22. LIQUIDAÇÃO DE SENTENÇA

22.1 Aspectos Introdutórios

De início, deve-se dizer que a fase de liquidação de sentença constitui uma exceção no processo. Dois são os motivos para justificar a assertiva: 1 – o título executivo, seja judicial ou extrajudicial, deve materializar uma obrigação certa, líquida e exigível (Art. 783 do CPC); 2 – o pedido formulado pelo autor deve ser certo e determinado (Art. 322 cc 324 do CPC).

Ora, se em regra geral a obrigação deve ser líquida e o autor tem o dever de formular um pedido certo, não se deve esperar do juiz uma sentença ilíquida. Ocorre que, em algumas situações, é possível ao autor formular pedido genérico e, por consequência, o magistrado proferir uma sentença ilíquida.

Imaginemos que uma vítima de um acidente de veículo obteve judicialmente a condenação do causador do dano à indenização pelas lesões sofridas, inclusive do tratamento médico a que vinha se submetendo, até o seu completo restabelecimento. Nesse ínterim, veio a ser constatada a necessidade de procedimento cirúrgico, antes imprevisível, mas indispensável ao seu completo restabelecimento. Neste caso, o juiz poderia proferir uma sentença ilíquida e a parte poderia instaurar a fase de liquidação para apurar o valor correspondente.

Percebe-se que neste caso seria absolutamente compreensível que o autor formulasse um pedido genérico, tendo em vista que não era possível determinar, desde logo, as consequências das lesões sofridas.

22.2 Natureza Jurídica da Liquidação

Muito se discutia na doutrina acerca da natureza da liquidação sob a égide do CPC/73. Como não é proposta da presente obra se ater a esse tipo de debate, pode-se afirmar que, majoritariamente, prevalece o entendimento de que a liquidação tem natureza de um mero incidente no processo e que não instaura uma nova relação jurídica processual.

Como bem percebeu Luiz Guilherme Marinoni, *o CPC alude a requerimento de liquidação (e não a petição inicial), como se vê do Art. 509. Fala ainda em intimação da parte contrária a respeito deste requerimento (e não citação), como se lê nos Arts. 510 e 511. E, finalmente, no Art. 1.015, parágrafo único, ainda indica expressamente o cabimento de agravo contra a decisão que julga tal incidente (e não apelação). Todos estes elementos apenas confirmam que a necessidade de liquidação não exige nova ação e novo processo.*

O tema resta tão sedimentado que foi cobrado em questão objetiva pelo examinador da FGV no Exame da Ordem, realizado em 2011, no qual fora considerada errada a seguinte assertiva: "A liquidação de sentença tem natureza jurídica de ação autônoma."

> Nem sempre será necessária a instauração da fase de liquidação. Com efeito, quando a sentença for líquida, ou seja, quando o juiz estabelecer de forma precisa o quantum debeatur, torna-se inútil a deflagração da fase processual.

Sendo assim, sugere-se que se adote o posicionamento que é respaldado pelas bancas. Ou seja, sempre que o tema girar em torno da natureza jurídica da liquidação, pode-se afirmar que ela tem natureza jurídica de incidente e que consiste em uma mera fase posterior à sentença e imediatamente anterior à fase de cumprimento da sentença.

22.3 Objeto da Liquidação

A finalidade da deflagração do incidente de liquidação de sentença é de se estabelecer a fixação do *quantum debeatur*, ou seja, toda a atividade cognitiva na fase procedimental deverá incidir sobre esta questão. Sendo assim, não se discutem questões relativas à existência ou não do direito do credor. Por isso, é vedado, na liquidação, discutir de novo a lide, ou modificar a sentença que a julgou (CPC, Art. 509, § 4).

Pode-se afirmar, inclusive, que este tema é um dos mais cobrados sobre liquidação de sentença em certames públicos pelos mais variados institutos. A título de exemplo, no concurso para Juiz Substituto do TJ-PI, em 2015, a FCC considerou errada a seguinte alternativa: "É possível, na liquidação, discutir novamente a lide, bem como modificar eventualmente a sentença que a julgou, por ser introduzido contraditório próprio nos autos".

Convém observar que não é dado à parte se insurgir contra a injustiça da sentença na fase de liquidação. Caso pretenda demonstrar sua insatisfação sobre essa questão, deverá fazê-lo na apelação. O campo de discussão aqui é restrito, ou seja, a atividade cognitiva consiste em verificar a extensão do *quantum debeatur*, de quantificar o valor da condenação estabelecida na sentença ilíquida.

Por fim, o CPC permite que o objeto da liquidação trate apenas de parcela da sentença. Quando na sentença houver uma parte líquida e outra ilíquida, ao credor é lícito promover simultaneamente a execução daquela e, em autos apartados, a liquidação desta (Art. 509, § 1°, CPC).

22.4 Espécies de Liquidação

Segundo o Art. 509 do CPC/2015, duas são as espécies de liquidação: 1 – liquidação por arbitramento; 2 – liquidação por procedimento comum. Doutrina autorizada defende a existência de uma terceira espécie de liquidação: a denominada liquidação por cálculos.

22.4.1 Liquidação por arbitramento

Essa espécie de liquidação será fixada quando: a) determinada pelo juiz na sentença; b) convencionada pelas próprias partes; c) exigir a natureza do objeto da liquidação (Art. 509, I, CPC).

Majoritariamente, a doutrina entende adequada a liquidação por arbitramento quando para se chegar ao valor exato a ser executado, ou seja, ao quantum debeatur, for necessário um conhecimento técnico especializado, um auxílio de um perito. Em outras palavras, exige-se perícia para se aferir o valor ilíquido estabelecido na sentença.

Deve-se esclarecer que o conhecimento do perito deve guardar correlação direta com a espécie de perícia que ele venha a ser convocado para realizar, sob pena de nulidade do procedimento. Assim entendeu o STJ em interessante julgado:

PROCESSUAL CIVIL. LIQUIDAÇÃO POR ARBITRAMENTO. ***VALOR DE AERONAVE. PERÍCIA FEITA POR ENGENHEIRO CIVIL. NULIDADE.*** *INFRINGÊNCIA AOS ARTS. 8º e 9º, DA LEI Nº 5.194/66. - O engenheiro civil, nomeado pelo magistrado como perito, não é habilitado para realizar avaliação no preço de aeronave. -* ***Se o avião que deveria ser indenizado não é mais vendido no mercado, somente um engenheiro que conheça de aviões, seus equipamentos, e acessórios está habilitado para proceder à avaliação do valor daquele bem.*** *- Recurso especial provido. (STJ - REsp: 253072 SP 2000/0028592-7, Relator: Ministro FRANCISCO FALCÃO, Data de Julgamento: 07/11/2000, T1 - PRIMEIRA TURMA, Data de Publicação: <!-- DTPB: 20001211</ br> --> DJ 11/12/2000 p. 178</br> LEXSTJ vol. 141 p. 205</ br> RSTJ vol. 143 p. 122) (sem grifo)*

Em certames públicos, é muito comum as bancas tentarem induzir o candidato ao erro afirmando que o fato que enseja a fixação da liquidação por arbitramento em determinado caso concreto é a necessidade de se alegar e provar fato novo (essa assertiva somente será verdadeira se disser respeito à liquidação por procedimento comum, a qual era chamada no CPC/73 de liquidação por artigos). Vejamos como exemplo a assertiva considerada ERRADA pela banca CESPE no concurso de Analista Judiciário do TJ-DFT, em 2015: *Caberá a denominada liquidação por arbitramento, que deve ser realizada em fase autônoma do processo, com amplo contraditório, nos casos em que seja necessário alegar e provar fato novo para determinar o valor da condenação genérica.*

22.4.2 Liquidação por Procedimento Comum

A liquidação por procedimento comum (no CPC/73 denominava-se liquidação por artigos) é adequada para determinar o valor da condenação quando houver necessidade de se alegar e provar fato novo.

É importante registrar que o fato deve se restringir ao quantum, pois já foi demonstrado que na liquidação não é dado à parte rediscutir novamente a lide ou buscar a modificação da sentença (CPC, Art. 509, § 4). Convém reafirmar, as questões de fato que foram levadas em consideração para fundamentar a sentença ilíquida devem ser discutidas no eventual recurso de apelação da parte sucumbente.

Na liquidação por procedimento comum, a parte terá que, posteriormente, alegar e provar o fato novo que demonstre o efetivo prejuízo a que se submeteu diante do ato ou fato imputado ao responsável condenado na sentença. Em virtude disso, terá que ser deflagrada uma cognição na qual se assegurem o contraditório e a ampla defesa na referida fase do processo. Por isso, de acordo com o Art. 511 do CPC, esta espécie de liquidação deve obedecer ao procedimento comum da parte especial do Código.

22.4.3 Liquidação por Cálculos

Conforme adiantado, vozes autorizadas no processo ainda defendem a existência dessa terceira espécie de liquidação. O professor Luiz Guilherme Marinoni, por exemplo, considera que embora o CPC *não arrole a liquidação por cálculo como uma das formas de liquidação das sentenças (Art. 509), ela é tratada em vários momentos do Código, de modo que não se pode desconsiderar sua existência.*

Com toda a robustez da opinião de um dos maiores processualistas do país, esse entendimento não deve ser adotado em concursos públicos, sobretudo, em provas objetivas! Explica-se. Primeiramente, percebe-se que o próprio autor reconhece que inexiste previsão dessa terceira espécie de liquidação no dispositivo que enumera as espécies de liquidação previstas no sistema. Depois, a liquidação por cálculo dar-se-ia quando a apuração do *quantum debeatur* dependesse apenas de cálculo aritmético a ser feito pelo próprio credor, ou seja, em nenhum momento, seria deflagrada a fase do processo cuja finalidade é justamente apurar esse valor. Ora, se o credor já tem em mãos os valores exatos, faz sentido que instaure uma fase de liquidação? Ou seria mais inteligente, desde logo, deflagrar o cumprimento de sentença? Com certeza, a última opção é a adequada.

22.4.4 A liquidação por Forma Diversa da Estabelecida na Sentença (Súm. 344 do STJ)

No estudo das espécies de liquidação, viu-se que a fixação do valor da condenação pode ser feita de duas formas: a) pela liquidação por arbitramento, quando o juiz determinar ou as partes convencionarem ou, ainda, quando a natureza do objeto da liquidação o exigir. b) pela liquidação por procedimento comum quando, para se estabelecer o quantum da condenação, a parte tiver que provar e alegar fato novo.

Uma importante discussão surgiu nos tribunais do país sobre o tema. Em alguns casos, embora o juiz tivesse fixado na sentença uma forma específica de liquidação na fase conhecimento, instaurada a fase de liquidação, esta ocorria de uma forma diversa da que fora estabelecida na sentença.

Para compreender o caso, imaginemos a seguinte situação hipotética: Paulo ajuizou ação de indenização contra Pedro, julgada procedente em primeiro grau, cuja sentença condenatória determinou que parte do valor da indenização devida seria fixada por meio de liquidação de sentença por arbitramento. A sentença foi confirmada pelo E. Tribunal de Justiça de Pernambuco e transitou em julgado. Com o retorno dos autos à origem, Paulo inicia a fase de liquidação de sentença na forma fixada em sentença e o Magistrado, antes de determinar a intimação da parte contrária na pessoa de seu advogado, determina que a liquidação da sentença seja feita por Arts., argumentando que o vencedor deverá provar fato novo.

É importante observar que a fase de liquidação de sentença inicia de uma forma diversa da estabelecida na sentença condenatória que determinou que o valor da indenização deveria ser fixado por meio de liquidação por arbitramento. Pergunta-se: ofende a coisa julgada a liquidação diversa da estabelecida na sentença?

O Superior Tribunal de Justiça, ao se pronunciar sobre a questão, firmou entendimento consolidado na Súm. 344 de sua jurisprudência: *A liquidação por forma diversa estabelecida na sentença não ofende a coisa julgada.* Deve-se elogiar o entendimento consagrado pela Corte Superior.

Com efeito, não compõe o objeto de cognição do processo a forma como se pretende quantificar uma eventual sentença ilíquida; em outras palavras, não existe direito a uma coisa julgada relativa à forma de liquidação de sentença. Portanto, fixada na sentença segundo a qual a liquidação deve ocorrer por arbitramento, não ofende a coisa julgada caso a fixação do valor venha a acontecer, por exemplo, por liquidação por procedimento comum.

22.5 Procedimento da Liquidação

Como a liquidação constitui uma mera fase de um procedimento já instaurado, seja a liquidação por arbitramento ou por procedimento comum, a deflagração da fase exigirá a intimação da parte e não a sua citação. Inclusive, na liquidação por procedimento comum, o Art. 511 do CPC estabelece que essa intimação será feita na pessoa do advogado da parte ou da sociedade de advogados a que estiver vinculado para, querendo, apresentar contestação no prazo de quinze dias, observando-se o procedimento comum.

> *É importante registrar que a instauração da fase de liquidação não é de legitimidade exclusiva do credor, embora reconheça que, na grande maioria das situações, essa iniciativa parte daquele que logrou êxito na fase de conhecimento. Deve-se reconhecer a legitimidade do devedor, pois a lei civil assegura-lhe o direito de pagar e eximir-se da obrigação. Sendo assim, é absolutamente possível que o devedor venha a deflagrar a fase de liquidação da sentença.*

Já na liquidação por arbitramento, o Art. 510 do CPC exige que o juiz intime as partes para a apresentação de pareceres ou documentos elucidativos e, não podendo decidir de plano, nomeará perito observando o procedimento da prova pericial.

22.6 A questão Recursal no Incidente de Liquidação de Sentença

Uma das questões mais tormentosas do tema diz respeito à natureza do ato judicial que resolve o incidente de liquidação de sentença. O problema surge, sobretudo, pela dicção do Art. 203, § 1º, do CPC, o qual estabelece que sentença é o ato judicial que, com base nos Arts. 485 e 487 do CPC, põe fim ao processo ou a alguma de suas fases. Em essência, o ato judicial que resolve a liquidação se amolda ao conceito de sentença fixado na lei processual.

Nada obstante, o que se deve deixar claro é a opção pragmática do legislador para não admitir recurso de apelação em uma situação como essa (não há dúvida de que o recurso cabível da sentença é a apelação). Ora, grande conturbação processual ocorreria no processo se o sistema admitisse apelação nesse caso. É que a liquidação constitui uma mera fase no procedimento, de tal sorte que a resolução da questão debatida na liquidação não implicaria o encerramento da atividade jurisdicional no primeiro grau. Portanto, como levar todo o processo para o tribunal se ainda se faz necessário instaurar a execução no juízo *a quo?*

Sendo assim, o legislador, desconsiderando a substância do ato judicial, entendeu por bem atribuir ao ato judicial que resolve a liquidação a natureza de decisão, recorrível por meio de agravo de instrumento. Com efeito, o Art. 1015, parágrafo único, do CPC, estabelece que caberá agravo de instrumento contra decisões interlocutórias proferidas na fase de liquidação de sentença ou de cumprimento de sentença, no processo de execução e no processo de inventário.

Outra importante discussão diz respeito à possibilidade de se prosseguir com a instauração da fase de liquidação se a parte que se viu derrotada, ainda na fase de conhecimento, interpuser recurso da sentença ilíquida. Mais interessante fica a questão se o recurso de que fez uso a parte for dotado de efeito suspensivo. Pergunta-se: pode ainda a parte requerer o início da fase de liquidação?

Para bem compreender a situação, é importante perceber que na fase de liquidação de sentença nenhum ato de constrição patrimonial será levado a efeito em desfavor do devedor, portanto, o fato de ser deflagrada a fase de liquidação não importará nenhuma espécie de prejuízo. Convém repetir: o objetivo da liquidação é unicamente de determinar o valor da condenação!

Sendo assim, é absolutamente irrelevante se o recurso é ou não dotado de efeito suspensivo. Para fins de duração razoável e eficiência do processo, seria interessante que tão logo fosse definida a situação no tribunal no julgamento do recurso de apelação (e obviamente mantida a condenação), já tivesse sido encerrada a essa altura a atividade de quantificação do valor da condenação.

O Art. 512 do CPC disciplina o tema da seguinte forma: *A liquidação poderá ser realizada na pendência de recurso, processando-se em autos apartados no juízo de origem, cumprindo ao liquidante instruir o pedido com cópias das peças processuais pertinentes.* Vê-se, portanto, que não somente é possível requerer a liquidação quando a sentença for alvo de recurso com efeito suspensivo, como também não há necessidade de trânsito em julgado para iniciar a liquidação de sentença. O tema é frequentemente abordado pelas principais bancas de concurso.

Questões

01. (ALFACON) A liquidação poderá ser realizada na pendência de recurso, processando-se em autos apartados no juízo de origem, cumprindo ao liquidante instruir o pedido com cópias das peças processuais pertinentes.

Certo ( ) Errado ( )

Gabaritos

01	CERTO

23. CUMPRIMENTO DE SENTENÇA

23.1 Aspectos Introdutórios

O novo Código de Processo Civil, ao disciplinar as formas executivas, deu especial atenção ao cumprimento de sentença, de maneira a reservar-lhe 26 artigos, os quais foram organizados da seguinte maneira:

TÍTULO II - DO CUMPRIMENTO DA SENTENÇA

Capítulo I - Disposições gerais

Capítulo II - Do cumprimento provisório da sentença que reconhece a exigibilidade de obrigação de pagar quantia certa

Capítulo III - Do cumprimento definitivo da sentença que reconhece a exigibilidade de obrigação de pagar quantia certa

Capítulo IV - Do cumprimento da sentença que reconhece a exigibilidade de obrigação de prestar alimentos

Capítulo V - Do cumprimento da sentença que reconhece a exigibilidade de obrigação de pagar quantia certa para a Fazenda Pública

Capítulo VI - Do cumprimento da sentença que reconhece a exigibilidade de obrigação de fazer, de não fazer ou de entregar coisa

Seção I - Do cumprimento da sentença que reconhece a exigibilidade de obrigação de fazer ou de não fazer

Seção II - Do cumprimento da sentença que reconhece a exigibilidade de obrigação de entregar coisa

O cumprimento de sentença representa uma fase da relação processual, na qual, mediante requerimento do exequente, passa-se à execução da obrigação que não foi espontaneamente cumprida pelo executado.

O Art. 515 do Novo Código de Processo Civil elenca os títulos executivos judiciais, os quais estão sujeitos a essa modalidade de execução, a saber: decisões judiciais que reconhecem exigibilidade de obrigação de pagar, fazer, não fazer ou entregar, que homologam autocomposição judicial ou extrajudicial, crédito de auxiliar de justiça aprovado por decisão judicial, sentença penal condenatória, sentença arbitral, sentença estrangeira devidamente homologada pelo STJ, decisão interlocutória estrangeira com *exequatur* do STJ.

A competência para processar e julgar o cumprimento de sentença é estabelecida pelo Art. 516, do mesmo diploma legal: será competente o tribunal nas causas de sua competência originária; será competente o juízo cível que decidiu a causa nas ocasiões em que a formação do título executivo já o tornou prevento, ou de juízo cível pendente à distribuição nos demais casos.

O Código de Processo Civil preconiza que o executado poderá ser intimado acerca da fase de cumprimento de sentença por Diário Oficial na pessoa de seu advogado, não sendo exigida, portanto, a intimação pessoal do devedor. Todavia, quando o executado não possuir advogado constituído nos autos, ou for representado pela Defensoria Pública, sua intimação dar-se-á por carta com aviso de recebimento. No caso de o devedor ser empresa pública ou privada (exceto as microempresas e empresas de pequeno porte), e não houver advogado constituído nos autos, a intimação dar-se-á por meio eletrônico. Caso o executado tenha sido citado por edital na fase de conhecimento e tenha sido considerado revel, sua intimação dar-se-á novamente na modalidade por edital. Todavia, por fim, a intimação deve ocorrer necessariamente na pessoa do devedor, por carta com aviso de recebimento, caso tenha transcorrido mais de um ano do trânsito em julgado da decisão que formou o título.

23.2 Do Cumprimento Provisório da Sentença que Reconhece a Exibilidade de Obrigação de Pagar Quantia Certa

Essa fase executiva é admitida na hipótese de ainda não ter havido o trânsito em julgado da decisão que formou o título executivo, em razão de o recurso que a ela desafiou estar pendente de julgamento e ter sido recebido sem efeito suspensivo, o que, portanto, não impede a execução do título.

O cumprimento provisório de sentença tem início por meio de requerimento da parte exequente, a qual se sujeita à responsabilização em caso de posterior anulação ou modificação do título executivo judicial, resguardando eventuais prejuízos ocasionados à parte executada. Nessa hipótese, a fase se torna sem efeito em relação ao que tiver sido objeto de anulação ou modificação.

A responsabilidade do exequente é garantida pela caução estabelecida pelo inciso IV, do Art. 520, do Código de Processo Civil de 2015, a qual deve ser prestada de maneira prévia, suficiente e idônea a ressarcir eventuais prejuízos causados pela execução de título ainda não transitado em julgado.

Entretanto, a caução pode ser dispensada nas hipóteses de crédito de natureza alimentar, de credor em situação de demonstrada necessidade, de pendência de agravo para destrancar recurso especial e recurso extraordinário, ou em hipótese de haver conformidade entre o teor do título provisoriamente executado e as súmulas do STF, STJ ou acórdão proferido em julgamento de casos repetitivos.

O executado será intimado na forma indicada pelo Art. 513, §2º, do CPC, e, além da possibilidade de apresentar impugnação, o executado possui a opção de realizar depósito do valor cobrado, o que não acarreta em preclusão lógica, mas apenas afasta a incidência de possíveis penalidades. Todavia, caso não haja a satisfação voluntária da obrigação, incidirá multa e honorários advocatícios, ambos fixados em percentual de 10% sobre o valor da obrigação, sem possibilidade de ampliação ou redução fundamentada na discricionariedade do magistrado, conforme disposição do Art. 523, § 1º do Código de Processo Civil e do enunciado 517 da súmula do Superior Tribunal de Justiça[1].

1 Súm. 517, do STJ: São devidos honorários advocatícios no cumprimento de sentença, haja ou não impugnação, depois de escoado o prazo para pagamento voluntário, que se inicia após a intimação do advogado da parte executada.

23.3 Do Cumprimento Definitivo da Sentença que Reconhece a Exigibilidade de Obrigação de Pagar Quantia Certa

Essa modalidade de execução tem lugar nas hipóteses de ter havido trânsito em julgado da decisão formadora do título executivo, de ter ocorrido a liquidação da dívida, bem como na situação de haver valor incontroverso a ser executado.

Nessa fase, que também tem início com o requerimento da parte exequente, ocorre a intimação do executado para que ele pague, voluntariamente, a dívida e eventuais custas processuais no prazo de 15 (quinze) dias. Não ocorrendo o referido pagamento, ou ocorrendo de maneira parcial, serão acrescidos multa e honorários advocatícios, ambos fixados no percentual de 10% (dez por cento) sobre o valor do débito remanescente, bem como terá início imediatamente o prazo de 15 (quinze) dias para que o executado apresente impugnação, independentemente de nova publicação.

O exequente apontará o montante a ser executado, em um demonstrativo que indica o valor acrescido de juros e correção monetária. Entretanto, caso o magistrado entenda que se trate de valor superior ao adequado, limitará a penhora ao valor que julgar correto, ainda que a execução se inicie com base no valor indicado pelo exequente.

A impugnação, a princípio, não impede os atos executivos, salvo se houver requerimento do executado de atribuição de efeito suspensivo, em caso de fundamentos relevantes ou de risco de grave dano ou de incerta reparação decorrente do prosseguimento da execução, dependendo, em ambas as hipóteses, de garantia do juízo, com penhora, caução ou depósito.

Todavia, sendo o efeito suspensivo atribuído, total ou parcialmente, pode o exequente prestar caução suficiente e idônea, nos próprios autos, para que o cumprimento da sentença possa prosseguir, nos termos do Art. 525, § 10, do Código de Processo Civil.

O § 1º do Art. 525 indica as matérias de defesa alegáveis na impugnação do executado, que é um incidente processual, a saber:

> ***§ 1º** Na impugnação, o executado poderá alegar: I - falta ou nulidade da citação se, na fase de conhecimento, o processo correu à revelia;*
>
> ***II.** ilegitimidade de parte;*
>
> ***III.** inexequibilidade do título ou inexigibilidade da obrigação;*
>
> ***IV.** penhora incorreta ou avaliação errônea;*
>
> ***V.** excesso de execução ou cumulação indevida de execuções;*
>
> ***VI.** incompetência absoluta ou relativa do juízo da execução;*
>
> ***VII.** qualquer causa modificativa ou extintiva da obrigação, como pagamento, novação, compensação, transação ou prescrição, desde que supervenientes à sentença.*

Por não existir mais a figura dos embargos de retenção, o Superior Tribunal de Justiça admite a alegação, em sede de impugnação, de retenção por benfeitorias.ç

Caso alegue excesso de execução, a qual consiste na indicação superior ao valor devido na condenação, é dever do executado apresentar demonstrativo acerca da correção do montante, sob pena de não ter seu pedido apreciado.

Caso alegue a inexigibilidade do título executivo fundamentada no fato de a sua formação ter decorrido de lei ou ato normativo declarado inconstitucional, ou ainda, interpretado ou aplicado de forma incompatível com a Constituição Federal, deve-se observar a anterioridade da declaração/interpretação/aplicação pelo plenário do Supremo Tribunal Federal[2] em relação à decisão formadora do título executivo em questão. Em caso superveniência em relação à decisão exequenda, cabe ação rescisória a partir do trânsito em julgado da decisão do STF.

Todavia, antes mesmo de intimado da fase de cumprimento da sentença, o executado pode comparecer em juízo e efetuar o pagamento do valor que entenda devido na execução. Deste ato, o exequente será intimado para se manifestar em 05 (cinco) dias, sob pena de presunção da satisfação da obrigação e consequente extinção do feito, podendo impugnar o pagamento, bem como levantar a parcela incontroversa.

23.4 Do Cumprimento da Sentença que Reconhece a Exigibilidade de Obrigação de Prestar Alimentos

A fase de cumprimento de obrigação de prestar alimentos, a qual pode se dar em face de sentença (alimentos definitivos), bem como de decisão interlocutória (alimentos provisórios), tem início com o requerimento da parte exequente, a qual é seguida da intimação pessoal do executado para que, no prazo de 03 (três) dias: pague o débito; prove que já o fez; ou justifique sua absoluta impossibilidade de fazê-lo, sob risco de protesto do título e prisão civil.

A prisão civil do devedor de alimentos, que é cabível pelo prazo de 01 (um) a 03 (três) meses, em regime fechado, porém separadamente dos presos comuns, é devida em caso de a justificativa apresentada não ser aceita pelo juiz, bem como no caso da ausência pagamento do débito alimentar compreendido pelas 03 (três) prestações anteriores ao ajuizamento da execução e pelas prestações vincendas[3].

Em razão de caráter coercitivo, e não punitivo, da prisão civil do devedor de alimentos, a satisfação da obrigação alimentícia suspende a ordem de prisão, assim como a efetivação da prisão civil não exime o executado do pagamento das parcelas vencidas e vincendas.

O § 9º do Art. 528, do Novo Código de Processo Civil, admite a peculiaridade de o cumprimento da sentença que reconhece a exigibilidade de obrigação de prestar alimentos tramitar no foro de domicílio do exequente, além das demais hipóteses do Art. 516, parágrafo único, anteriormente mencionadas.

Em caso de o executado ser funcionário público, militar, diretor ou gerente de empresa, ou empregado sujeito à legislação do trabalho, é admissível o desconto em folha de pagamento referente à obrigação alimentícia, desde que o montante não ultrapasse 50% de seus rendimentos líquidos, devendo a respectiva autoridade responsável, em caso de determinação judicial, promover tal desconto, sob pena de configurar crime de desobediência.

2 Enunciado n.º 58 do FPPC: As decisões de inconstitucionalidade a que se referem os art. 525, §§ 12 e 13 e 535 §§ 5º e 6º devem ser proferidas pelo plenário do STF.

3 A disposição do art. 528, §7º, do Novo Código de Processo Civil confirmou o entendimento da Súmula 309, do STJ: O débito alimentar que autoriza a prisão civil do alimentante é o que compreende as três prestações anteriores à citação e as que vencerem no curso do processo.

Persistindo a ausência de pagamento, promovem-se atos de penhora, nos termos do Art. 530, combinado com Art. 831 e seguintes, do Código de Processo Civil.

Ademais, a prestação alimentícia, a qual permite fixação adotando como parâmetro o salário mínimo, admite revisão em caso de modificação nas condições econômicas, seja com o intuito de majoração, redução ou extinção.

Por fim, o exequente pode optar por seguir o trâmite do cumprimento de sentença que reconhece a obrigação de pagar quantia certa, ocasião na qual o exequente não poderá se valer da prisão civil do executado, bem como, recaindo a penhora em dinheiro, a concessão do efeito suspensivo à impugnação não obstará o levantamento pelo exequente da prestação mensal.

23.5 Do Cumprimento da Sentença que Reconhece a Exigibilidade de Obrigação de Pagar Quantia Certa para a Fazenda Pública

O procedimento desta modalidade executiva guarda muita semelhança com o procedimento do cumprimento definitivo da sentença que reconhece a exigibilidade de obrigação de pagar quantia certa, sendo pontuais suas diferenças.

O exequente, ao requerer o início da fase de cumprimento de sentença no mesmo processo em que conferida a sentença condenatória, deve apresentar demonstrativo discriminado e atualizado que justifique os valores em execução. Em caso de pluralidade de exequentes, cada parte deve apresentar seu demonstrativo individualmente.

Em razão da disposição do Art. 100, *caput*, da Constituição Federal, que prevê a ordem cronológica de pagamentos de precatórios da Fazenda Pública, não ocorre a intimação preambular para que a executada efetue o pagamento em um determinado prazo, razão pela qual não há, consequente e evidentemente, incidência da multa e dos honorários advocatícios em 10% previstos no Art. 523, § 1º, do Novo Código de Processo Civil.

Desta forma, nos termos do Art. 535, do Novo Código de Processo Civil, a Fazenda Pública será intimada na pessoa de seu representante judicial, por carta, remessa ou meio eletrônico, apenas para, querendo, apresentar impugnação à execução nos próprios autos e no prazo de 30 (trinta) dias.

Caso não haja apresentação de impugnação, caso haja impugnação parcial ou caso seja esta rejeitada, as ordens de pagamento dos valores incontroversos poderão se manifestar de duas maneiras. A depender do valor executado, os pagamentos se apresentam por meio de precatório, o qual é expedido pelo presidente do tribunal competente, ou requisição de pequeno valor, a qual é expedida pelo juiz para a autoridade executada na pessoa de quem o ente foi citado.

23.6 Do Cumprimento da Sentença que Reconhece a Exigibilidade de Obrigação de Fazer, de Não Fazer ou de Entregar Coisa

23.6.1 Do Cumprimento da Sentença que Reconhece a Exigibilidade de Obrigação de Fazer ou de Não Fazer

O início da fase de cumprimento de sentença desta modalidade pode se dar tanto mediante requerimento da parte exequente, quanto de ofício pelo juiz, o que a difere das demais espécies de cumprimento de sentença.

A efetivação da tutela específica ou a obtenção de tutela pelo resultado prático equivalente podem ser alcançadas pela adoção de algumas medidas a serem determinadas pelo juiz, como a imposição de multa, busca e apreensão, remoção de coisas e pessoas, desfazimento de obras e o impedimento de atividade nociva, as quais, caso descumpridas, podem ensejar as penalidades da litigância de má-fé e do crime de desobediência.

A multa em caso de descumprimento pode ser fixada pelo juiz, independentemente de requerimento da parte, na fase de conhecimento – em tutela provisória ou na sentença –, ou na fase de execução, devendo ser compatível com a obrigação executada e com prazo razoável para cumprimento.

Ademais, a multa, que é destinada ao exequente e que é devida desde o dia em que houver o descumprimento da obrigação, pode ser revista para modificar seu valor ou sua periodicidade, em caso de ter-se tornado insuficiente ou excessiva; ou ainda para excluir sua incidência, em caso de cumprimento parcial da obrigação ou de demonstração de que o descumprimento ocorreu por justa causa.

23.6.2 Do Cumprimento da Sentença que Reconhece a Exigibilidade de Obrigação e Entregar Coisa

No tocante a essa modalidade executiva, tem-se a possibilidade de o juiz determinar, de ofício ou a requerimento da parte, a busca e apreensão ou imissão na posse da coisa que não foi entregue após o prazo fixado na sentença.

Não compete, entretanto, ao executado alegar a existência de benfeitorias ou o direito de retenção destas, pois isso deveria ter sido exercido em sua contestação, na fase de conhecimento, e não na impugnação, na fase de cumprimento de sentença.

Questões

01. Quando o juiz decidir relação jurídica sujeita a condição ou termo, o cumprimento da sentença dependerá de demonstração de que se realizou a condição ou de que ocorreu o termo.

Certo ( ) Errado ( )

02. Julgue o item seguinte, relativo a atos processuais, mandado de segurança e processo de execução.

Situação hipotética: Ao ser demandado em uma ação de conhecimento de obrigação de pagar, Pedro foi validamente citado por edital, tendo sido sua defesa patrocinada pela curadoria de ausentes da defensoria pública local, que apresentou contestação por negativa geral. A sentença julgou a ação procedente e, após o trânsito desta em julgado, a parte autora iniciou a fase de cumprimento da sentença. Assertiva: Nessa situação, é desnecessária nova intimação de Pedro para cumprir a sentença, bastando, para dar continuidade ao processo, a intimação da curadoria de ausentes.

Certo ( ) Errado ( )

03. A respeito da formação do processo, da penhora e do cumprimento de sentença, julgue o item que se segue.

Decisão judicial incidente a respeito de parcela incontroversa de dívida observará o rito do cumprimento provisório da sentença.

Certo ( ) Errado ( )

Gabaritos

01	CERTO
02	ERRADO
03	ERRADO

24. INCIDENTE DE RESOLUÇÃO DE DEMANDAS REPETITIVAS

24.1 Definição de Incidente de Resolução de Demandas Repetitivas (IRDR)

O Incidente de Resolução de Demandas Repetitivas é mais um mecanismo criado pelo Novo CPC para a uniformização da jurisprudência dos tribunais, aplicável aos casos de repetição de processos que tratem da mesma temática. Justifica-se a sua criação pela segurança jurídica e pela necessidade de tratamento isonômico de diferentes processos que se repitam, de acordo com o Art. 976, *caput*, do CPC/15.

24.2 Cabimento: Requisitos Legais (Art. 976, CPC/15)

Nos termos do Art. 976, I e II, do Novo CPC, será cabível o IRDR sempre que: a) houver a efetiva repetição de processos que discutam a mesma questão; b) a referida questão seja unicamente de direito; e c) houver risco de ofensa à isonomia e à segurança jurídica.

> ***Art. 976.*** *É cabível a instauração do incidente de resolução de demandas repetitivas quando houver, simultaneamente:*
>
> ***I.*** *efetiva repetição de processos que contenham controvérsia sobre a mesma questão unicamente de direito;*
>
> ***II.*** *risco de ofensa à isonomia e à segurança jurídica.*
>
> ***§ 1º*** *A desistência ou o abandono do processo não impede o exame de mérito do incidente.*
>
> ***§ 2º*** *Se não for o requerente, o Ministério Público intervirá obrigatoriamente no incidente e deverá assumir sua titularidade em caso de desistência ou de abandono.*
>
> ***§ 3º*** *A inadmissão do incidente de resolução de demandas repetitivas por ausência de qualquer de seus pressupostos de admissibilidade não impede que, uma vez satisfeito o requisito, seja o incidente novamente suscitado.*
>
> ***§ 4º*** *É incabível o incidente de resolução de demandas repetitivas quando um dos tribunais superiores, no âmbito de sua respectiva competência, já tiver afetado recurso para definição de tese sobre questão de direito material ou processual repetitiva.*
>
> ***§ 5º*** *Não serão exigidas custas processuais no incidente de resolução de demandas repetitivas.*

Enunciado 342 do Fórum Permanente de Processualistas Civis: O incidente de resolução de demandas repetitivas aplica-se a recurso, a remessa necessária ou a qualquer causa de competência originária.

Ainda que preenchidos os requisitos legais, não será admitido IRDR quando um dos tribunais superiores houver afetado recurso para definição de tese sobre questão de direito material ou processual repetitiva (Art. 976, parágrafo 4º, Novo CPC). A medida funciona como uma prevenção contra decisões conflitantes na fixação da mesma tese jurídica, sobretudo quando um dos tribunais possui abrangência nacional.

24.3 Legitimidade para Instauração do IRDR

A legitimidade para requerer a instauração do incidente encontra-se prevista no Art. 977 do Novo CPC.

O inciso I prevê a possibilidade de instauração de ofício pelo juiz ou relator (quando o processo repetitivo houver chegado às suas mãos em grau recursal, reexame necessário ou em processo de competência originária).

Entende o Superior Tribunal de Justiça que a atuação do MP será ampla e irrestrita quando a matéria envolver direitos difusos e coletivos, ou, no âmbito dos direitos individuais homogêneos, forem estes indisponíveis ou disponíveis com repercussão social.

O inciso III dispõe sobre a legitimidade do Ministério Público e da Defensoria Pública, por petição, uma vez que restam interessados na promoção da economia processual e na harmonização dos julgados. O parágrafo 2º do Art. 976 do Novo CPC prevê que, *se não for o requerente, o Ministério Público intervirá obrigatoriamente no incidente e deverá assumir sua titularidade em caso de desistência ou de abandono.*

24.4 Competência

Enunciado 343 do Fórum Permanente de Processualistas Civis: O incidente de resolução de demandas repetitivas compete a tribunal de justiça ou tribunal regional.

Em âmbito interno, o julgamento do incidente competirá ao órgão indicado pelo regimento, dentre os responsáveis pela uniformização da jurisprudência do tribunal (Art. 978, caput, Novo CPC). O julgamento do recurso, da remessa necessária ou do processo de competência originária caberá ao mesmo órgão (parágrafo único).

24.5 Divulgação e Publicidade

A instauração e o julgamento do incidente deverão ser amplamente divulgados, por meio de registro eletrônico no Conselho Nacional de Justiça (Art. 979, caput, Novo CPC). A medida tem a finalidade de auxílio das partes e do juízo na identificação dos processos que serão suspensos como decorrência natural da instauração. Também, presta-se a divulgação à informação dos interessados na resolução do incidente, podendo eles intervir no decorrer do seu trâmite, nos limites o Art. 983 do Novo CPC.

Os tribunais manterão banco eletrônico de dados atualizados com informações específicas sobre questões de direito submetidas ao incidente, comunicando-o imediatamente ao Conselho Nacional de Justiça para inclusão no cadastro (§ 1º, Art. 979, CPC/15).

Para possibilitar a identificação dos processos abrangidos pela decisão do incidente, o registro eletrônico das teses jurídicas constantes do cadastro conterá, no mínimo, os fundamentos determinantes da decisão e os dispositivos normativos a ela relacionados (§2º, Art. 979, CPC/15).

24.6 Legitimidade para Intervenção no IRDR

Além dos legitimados à instauração do IRDR, restarão legitimados a intervir no incidente:

- o Ministério Público, com participação obrigatória como fiscal da ordem jurídica;
- o juízo em que tramita o processo ensejador do incidente, bem como os juízos em que tramitam os demais processos repetitivos (Art. 982, II, do CPC/15);
- partes do processo ensejador do incidente e demais interessados, *amicus curiae* ou partes nos demais processos repetitivos, inclusive pessoas, órgãos e entidades com interesse na controvérsia (Art. 983, *caput*, CPC/15).

24.7 Procedimento

A propositura do incidente dar-se-á com a apresentação do ofício ou da petição instruída com documentos suficientes à demonstração do preenchimento dos requisitos legais de cabimento (Art. 977, parágrafo único, Novo CPC). O pedido será direcionado ao presidente do tribunal competente.

O juízo de admissibilidade caberá ao órgão competente no âmbito interno do tribunal, em decisão colegiada, considerando os requisitos legais (Art. 981, caput, CPC/15).

A inadmissão do incidente de resolução de demandas repetitivas por ausência de qualquer de seus pressupostos de admissibilidade não impede que, uma vez satisfeito o requisito, seja o incidente novamente suscitado (Art. 976, parágrafo 3º, CPC/15).

Durante o trâmite do IRDR, os processos repetitivos afetos serão suspensos pelo relator do incidente nos limites territoriais de jurisdição do tribunal. Logicamente, a prescrição ficará, do mesmo modo, suspensa.

Enunciado 206 do Fórum Permanente de Processualistas Civis: A prescrição ficará suspensa até o trânsito em julgado do incidente de resolução de demandas repetitivas.

O Art. 982, parágrafo 3º, do Novo CPC prevê a possibilidade de suspensão dos processos além dos limites territoriais de jurisdição do tribunal. Visando à garantia da segurança jurídica, qualquer legitimado mencionado no Art. 977, incisos II e III, poderá requerer, ao tribunal competente para conhecer do recurso extraordinário ou especial, a suspensão de todos os processos individuais ou coletivos em curso no território nacional que versem sobre a questão objeto do incidente já instaurado. Pleiteará a providência a parte de qualquer processo em curso que verse sobre a mesma matéria de direito.

Assim, poder-se-á requerer, ao STF e ao STJ, a suspensão de todos os processos repetitivos em curso no território nacional, ainda que o IRDR tenha sido instaurado no âmbito estadual ou regional.

Cessa a suspensão a que se refere o inciso I do caput deste Art. se não for interposto recurso especial ou recurso extraordinário contra a decisão proferida no incidente (Art. 982, parágrafo 5º, Novo CPC).

O IRDR será julgado no prazo de um ano e terá preferência sobre os demais feitos, ressalvados os que envolvam réu preso e os pedidos de habeas corpus (Art. 980, caput, CPC/15). Findo este prazo, cessará a suspensão dos processos prevista no Art. 982 do CPC/15.

Tratando-se de decisão do relator, caberá agravo interno para o órgão colegiado competente para o julgamento do incidente (Art. 1.021, caput, CPC/15).

Após a exposição do objeto do incidente pelo relator, sustentarão suas razões, sucessivamente, o autor e o réu do processo originário e o Ministério Público, pelo prazo de 30 (trinta) minutos, e os demais interessados, no prazo de 30 (trinta) minutos, divididos entre todos, sendo exigida inscrição com 2 (dois) dias de antecedência (Art. 984, I e II, CPC/15).

Frise-se que a desistência ou o abandono do processo não impede o exame de mérito do incidente (Art. 986, parágrafo 1º, CPC/15), evitando-se que o desinteresse individual obste a resolução de questão amplamente discutida.

O precedente criado na fixação de tese de IRDR terá eficácia vinculante, ou seja, será aplicável ***a todos os processos individuais ou coletivos que versem sobre idêntica questão de direito e que tramitem na área de jurisdição do respectivo tribunal, inclusive àqueles que tramitem nos Juizados Especiais do respectivo Estado ou região*** (Art. 985, I, Novo CPC).

Além da vinculação judicial, se o incidente tiver por objeto questão relativa à prestação de serviço concedido, permitido ou autorizado, o resultado do julgamento será comunicado ao órgão, ao ente ou à agência reguladora competente para fiscalização da efetiva aplicação, por parte dos entes sujeitos a regulação, da tese adotada (§2º).

A tese fixada também será aplicável a processos futuros (*II*). Caberá a concessão de tutela da evidência (Art. 311, *II*, CPC/15) e julgamento liminar de improcedência (Art. 332, *III*, CPC/15).

No caso de inobservância do efeito vinculante da tese fixada em IRDR, caberá reclamação constitucional (Art. 985, parágrafo 1º, CPC/15).

24.8 Recursos

Das decisões interlocutórias monocráticas do relator caberá agravo interno para o órgão colegiado.

Da decisão que inadmite o IRDR não caberá recurso especial. Já do julgamento do mérito do incidente, caberá, assim como caberá recurso extraordinário (Art. 987, caput, Novo CPC). No caso deste último, haverá presunção absoluta de repercussão geral. A ambos os apelos raros será concedido excepcional efeito suspensivo.

De todas as decisões caberão embargos de declaração.

Terão legitimidade recursal:

- todos os sujeitos legitimados para a instauração do IRDR, com exceção do juiz e do relator, dada a inexistência de recurso de ofício no sistema processual brasileiro;

- as partes nos processos individuais ou coletivos que versem sobre a mesma matéria do IRDR, as quais serão afetadas pela fixação de tese vinculante;
- o *amicus curiae* (Art. 138, parágrafo 2º, Novo CPC).

Caberá ao tribunal competente para o julgamento do IRDR a decisão de admissibilidade de RE e REsp. Caso não tenha havido a suspensão nacional de todos os processos que versem sobre a mesma matéria (Art. 982, parágrafo 3º, CPC/15), poderá o órgão colegiado do tribunal superior decidir neste sentido, até de ofício.

Apreciado o mérito do recurso, a tese jurídica adotada pelo Supremo Tribunal Federal ou pelo Superior Tribunal de Justiça será aplicada no território nacional a todos os processos individuais ou coletivos que versem sobre idêntica questão de direito"(Art. 987, parágrafo 2º, Novo CPC). O tribunal superior também decidirá, em grau recursal, o recurso, o reexame necessário ou a ação de competência originária em sede do qual tenha surgido o IRDR.

Questões

01. (MPE-SC) Nos termos do novo Código de Processo Civil, o incidente de assunção de competência é admissível quando envolver relevante questão de direito, com grande repercussão social, sem repetição em múltiplos processos, vinculando todos os juízes e órgãos fracionados. O recurso de agravo, diante de sua precariedade da análise do mérito, não é recurso apto à possível assunção de competência, que decorre apenas de apelação, remessa necessária ou mesmo causa de competência originária do tribunal.

Certo ( ) Errado ( )

02. (MPE-SC) O Novo Código de Processo Civil instituiu o incidente de resolução de demandas repetitivas, que consiste na identificação de processos que contenham a mesma questão de direito, a ser instaurado perante os tribunais de segunda instância, em pedido dirigido ao presidente do respectivo tribunal, que reunirá todos os processos conexos, em legítima supressão de instância, para dar-lhes solução uniforme dentro dos limites da competência territorial do tribunal.

Certo ( ) Errado ( )

03. (MPE-PR) É requisito para a instauração do incidente de resolução de demandas repetitivas a efetiva repetição de processos que contenham controvérsia sobre a mesma questão unicamente de direito e risco de ofensa à isonomia e à segurança jurídica.

Certo ( ) Errado ( )

Gabaritos

01	ERRADO
02	ERRADO
03	CERTO

1. INTRODUÇÃO AO DIREITO PENAL E APLICAÇÃO DA LEI PENAL 569
1.1 Introdução ao Estudo do Direito Penal 569
1.2 Teoria do Crime 569
1.3 Interpretação da Lei Penal 571
1.4 Conflito Aparente de Normas Penais 571
1.5 Lei Penal no Tempo 572
1.6 Crimes Permanentes ou Continuados 573
1.7 Lei Excepcional ou Temporária 573
1.8 Tempo do Crime 574
1.9 Lugar do Crime 574
1.10 Da Lei Penal no Espaço 574
1.11 Eficácia de Sentença Estrangeira 578
1.12 Contagem de Prazo 578
1.13 Frações não Computáveis da Pena 578
1.14 Legislação Especial 578
2. DO CRIME 579
2.1 Relação de Causalidade 579
2.2 Da Consumação e Tentativa 580
2.3 Desistência Voluntária e Arrependimento Eficaz 581
2.4 Arrependimento Posterior 581
2.5 Crime Impossível - "Quase Crime" 582
2.6 Crime Doloso 582
2.7 Crime Culposo 582
2.8 Preterdolo 583
2.9 Erro sobre Elemento do Tipo 583
2.10 Erro sobre a Pessoa 584
2.11 Erro sobre a Ilicitude do Fato 584
2.12 Coação Irresistível e Obediência Hierárquica 585
2.13 Exclusão da Ilicitude 585
2.14 Da Imputabilidade Penal 587
2.15 Emoção e Paixão 587
2.16 Menores de Dezoito Anos 587
2.17 Do Concurso de Pessoas 588
2.18 Circunstâncias Incomunicáveis 589
3. DOS CRIMES CONTRA A PESSOA 591
3.1 Dos Crimes Contra a Vida 591
3.2 Das Lesões Corporais 601
3.3 Da Periclitação da Vida e da Saúde 605
3.4 Da Rixa 607
3.5 Dos Crimes Contra Honra 609
3.6 Exclusão do Crime 613
3.7 Retratação 613
3.8 Dos Crimes contra Liberdade Individual 614

4. DOS CRIMES CONTRA O PATRIMÔNIO.....618
4.1 Do Furto.....618
4.2 Do Roubo e da Extorsão.....621
4.3 Da Usurpação.....627
4.4 Do Dano.....627
4.5 Da Apropriação Indébita.....629
4.6 Do Estelionato e outras Fraudes.....633
4.7 Da Receptação.....637
4.8 Disposições Gerais.....639
5. DOS CRIMES CONTRA A DIGNIDADE SEXUAL.....640
5.1 Estupro.....640
5.2 Violação Sexual Mediante Fraude.....640
5.3 Assédio Sexual.....641
5.4 Dos Crimes Sexuais Contra Vulnerável.....641
5.5 Do Rapto.....642
5.6 Disposições Gerais.....642
5.7 Do Lenocínio e do Tráfico de Pessoa Para Fim de Prostituição ou Outra Forma de Exploração Sexual.642
5.8 Do Ultraje Público ao Pudor.....643
5.9 Disposições Gerais.....643
6. DOS CRIMES CONTRA ADMINISTRAÇÃO PÚBLICA.....644
6.1 Dos Crimes Praticados por Funcionário Público Contra a Administração em Geral.....644
6.2 Dos Crimes Praticados por Particular contra a Administração em Geral.....656
6.3 Dos Crimes Praticados por Particular contra a Administração Pública Estrangeira.....663
6.4 Dos Crimes contra a Administração da Justiça.....663
6.5 Subtração ou Dano de Coisa Própria em Poder de Terceiro.....668
6.6 Dos Crimes contra as Finanças Públicas.....673
7. LEI Nº 8.072/1990 LEI DOS CRIMES HEDIONDOS.....675
7.1 Crimes em Espécie.....675
7.2 Aspectos Processuais e Penais.....679
7.3 Associação Criminosa Qualificada.....681
7.4 Jurisprudências e Temas Relevantes.....681
8. LEI MARIA DA PENHA - LEI Nº 11.340/2006.....684
8.1 Conceitos introdutórios.....684
8.2 Da assistência à mulher em situação de violência doméstica e familiar.....687
8.3 Aspectos processuais relevantes.....689
8.4 Medidas protetivas de urgência.....691
8.5 Da Equipe de Atendimento Multidisciplinar.....694
8.6 Disposições Transitórias.....694
8.7 Disposições Finais.....694
8.8 Alterações legislativas.....695

1. INTRODUÇÃO AO DIREITO PENAL E APLICAÇÃO DA LEI PENAL

1.1 Introdução ao Estudo do Direito Penal

A Infração Penal é gênero que se divide em duas espécies: **crimes** (conduta mais gravosa) e **contravenções penais** (conduta de menor gravidade). Essa divisão é chamada de dicotômica. A diferença básica incide sobre as penas aplicáveis aos infratores, enquanto o crime é punível com pena de reclusão e detenção, as contravenções penais implicam prisão simples e multa, podendo ser aplicada de forma cumulativa ou não.

Para que a conduta seja definida como crime, tem que estar tipificada (escrita) em alguma norma penal. Não somente o próprio Código Penal as descreve como também as Leis Complementares Penais ou Leis Especiais, por exemplo: Estatuto do Desarmamento nº 10.826/2003, Lei de Tortura nº 9.455/97, entre outras. Por conseguinte, as Contravenções Penais estão previstas em Lei específica, nº 3.688/41, esta também é conhecida como **Crime Anão**, visto seu reduzido potencial ofensivo. Como essa conduta não é o cerne do estudo não convém aprofundar o assunto, basta apenas ressaltar que as Contravenções Penais não admitem tentativas, enquanto o Crime é punível, mas, somente se existir previsão legal (Código Penal).

> *O Direito Penal é chamado de Direito das Condutas Ilícitas.*

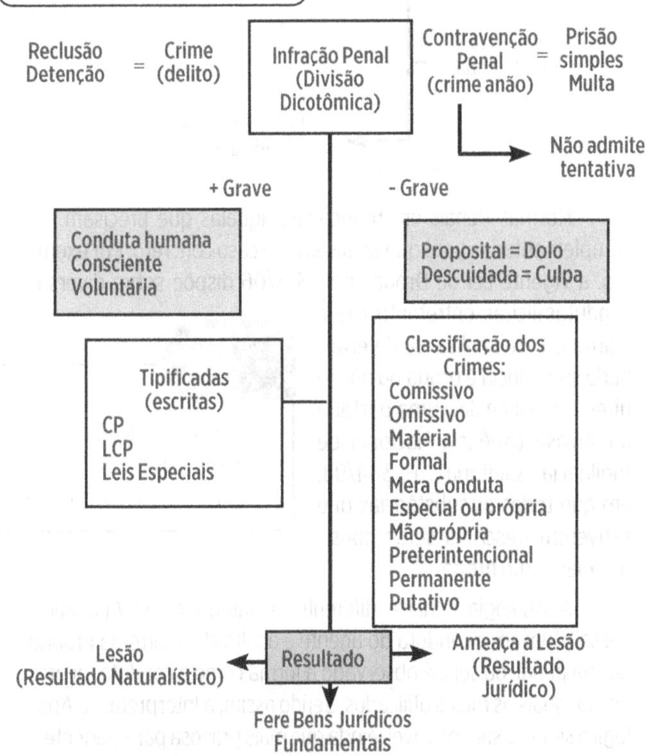

→ **Para configurar em infração penal, são necessários alguns pressupostos:**

Deve ser uma **conduta humana**, ou seja, o simples ataque de um animal não configura em crime, porém, caso ele seja instigado por outra pessoa, passa a ser um mero objeto utilizado na prática da conduta do agressor.

Deve ser uma **ação consciente**, possível de ser prevista pelo agente, quando esse é descuidado responderá de forma culposa, entretanto se realmente houver intenção, o desejo do indivíduo, sua conduta com um propósito específico será dolosa.

Necessita ser **voluntária**, por exemplo, caso o agente venha agredir alguém por conta de um espasmo muscular, essa conduta é tida como involuntária.

→ **A infração penal sempre gera um resultado que pode ser:**

Naturalístico: quando ocorre efetivamente a lesão de um bem jurídico tutelado - protegido - da vítima. Por exemplo, no crime de homicídio, quando a vida de alguém é interrompida, causa um resultado naturalístico, pois modificou o mundo exterior, não somente do de cujus (falecido) como de sua família.

Jurídico: quando a lesão não se consuma, utilizando o mesmo exemplo acima, caso o agressor não tivesse êxito na sua conduta, ele responderia pela tentativa de homicídio, desde que não cause lesão corporal. Convém ressaltar que, embora o agente não obteve êxito no resultado pretendido, o Código Penal sempre irá punir por aquilo que ele queria fazer (elemento subjetivo), contudo nesse caso gerou apenas um resultado jurídico.

> *Todo crime gera um resultado, porém, nem todo crime gera um resultado naturalístico (lesão).*

1.2 Teoria do Crime

Sendo o crime (delito) espécie da infração penal, possui uma nova divisão. Nesse caso, existem diversas correntes doutrinárias para este conceito, entretanto, adotaremos a majoritária, a qual vigora no Direito Penal Brasileiro, classificada como Teoria Finalista Tripartida ou Tripartite.

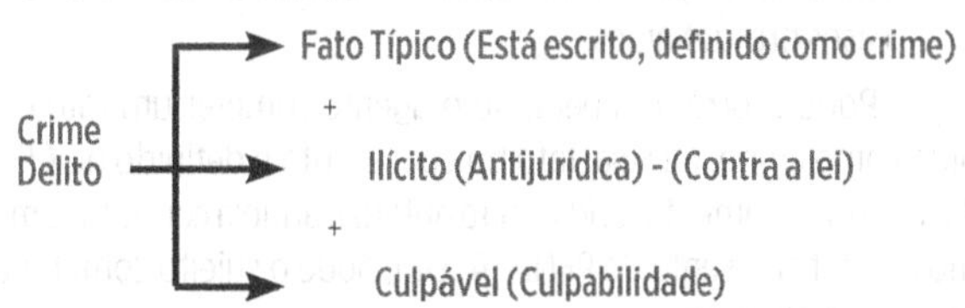

1.2.0.1 Crime se Divide em

→ Fato Típico: para ser considerado fato típico, é fundamental que a conduta esteja tipificada, ou seja, escrita, em alguma norma penal. Não obstante, é necessário que exista:

> Conduta: é a ação do agente, seja ela culposa (descuidada) ou dolosa, intencional; comissiva (ação) ou omissiva (deixar de fazer).

> Resultado: que seja naturalístico (modificação provocada no mundo exterior pela conduta) ou jurídico (quando não houver resultado jurídico não existe crime).

> Nexo Causal: é o elo entre a ação e o resultado, ou seja, se o resultado foi provocado diretamente pela ação do agente, houve nexo causal.

> Tipicidade: tem que ser considerado crime, estar tipificado, escrito.

→ Ilícito (antijurídico): neste quesito a ação do agente tem que ser ilícita, pois, nosso ordenamento jurídico prevê legalidade em determinadas situações em que, mesmo sendo antijurídicas, serão permissivas. São as chamadas de excludentes de ilicitude ou de antijuridicidade, sendo: Legítima Defesa, Estado de Necessidade, Estrito Cumprimento do Dever Legal ou no Exercício Regular de um Direito.

> Caso não existam alguns destes elementos na conduta, pode-se dizer que o fato é atípico.

→ Culpável (culpabilidade): é a capacidade de o agente receber pena. Em alguns casos, mesmo o agente cometendo um fato típico e ilícito, ele não poderá ser culpável, ou seja, não pode ser "preso", pois incidirá nas excludentes de culpabilidade. A mais conhecida é o menor em conflito com a lei, ele pode cometer uma infração penal (crime), mas não poderá ir preso. É quando, no momento da ação ou da omissão, o agente é totalmente incapaz de entender o caráter ilícito do fato, ou de determinar-se de acordo com esse entendimento. Ainda dentro dessa espécie, haverá três desdobramentos que são a imputabilidade, a potencial consciência da ilicitude e a exigibilidade de conduta diversa.

Para que o crime ocorra, é necessário preencher todos os requisitos, caso exclua alguns dos elementos do fato típico ou se não for ilícito/antijurídico, dizemos que **excluiu** o crime; caso não possa ser culpável, o agente será **isento** de pena.

Pode ocorrer de o agente cometer um fato descrito como crime – Matar alguém – e esse fato não ser considerado crime.

Ex.: quem mata em legítima defesa comete um fato típico, ou seja, escrito e definido como crime. Contudo, esse fato não é ilícito, pois a própria lei autoriza o sujeito a matar em certos casos pré-definidos.

Pode ocorrer também, de o agente cometer um fato definido como crime, ou seja, fato típico – escrito e definido no CP – e ilícito, o ordenamento jurídico não autoriza aquela conduta, e mesmo assim ficar isento de PENA. Assim, pode o sujeito cometer um crime e não ter pena.

Ex.: quem é obrigado a cometer um crime. Uma pessoa encosta a arma carregada na cabeça de outra e diz que, se ela não cometer tal crime, irá morrer.

1.2.1 Princípio da Legalidade (Anterioridade - Reserva Legal)

Art. 1º. *Não há crime sem lei anterior que o defina. Não há pena sem prévia cominação legal.*

Somente haverá crime quando existir perfeita correspondência entre a conduta praticada e a previsão legal (Reserva Legal), que não pode ser vaga, deve ser específica. Exige-se que a lei esteja em vigor no momento da prática da infração penal (Anterioridade). Fundamento Constitucional: Art. 5º, XXXIX.

→ Princípio: Nullum crimem, nulla poena sine praevia lege.

As normas penais incriminadoras não são proibitivas e sim descritivas. Por exemplo, o Art. 121 - Matar alguém, no Código Penal, ele não proíbe, ou seja, não matar. Ele descreve uma conduta, que, se cometida possuirá uma sanção (punição).

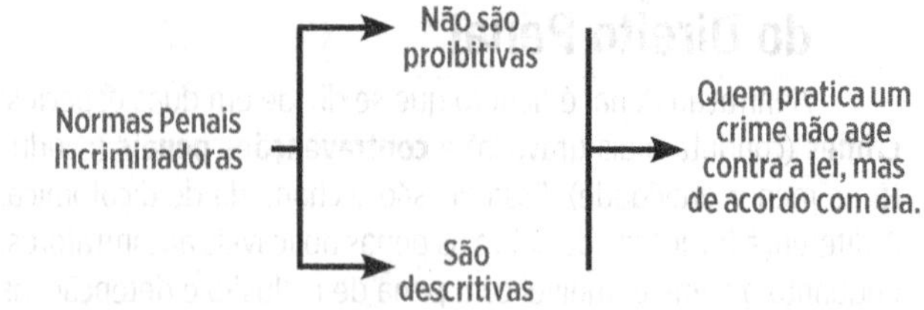

A Analogia no Direito Penal só é aceita para beneficiar o agente. Por exemplo, no antigo ordenamento jurídico, só era permitido realizar o aborto em decorrência do estupro (pênis x vagina), entretanto, a norma penal não abrangia o caso do violento atentado ao pudor (pênis x ânus). Caso a mulher viesse engravidar em decorrência disso, realizava-se a analogia in bonam partem, permitindo também neste caso, o aborto. Ressaltamos que não existe mais o crime de violento atentado ao pudor, atualmente no Código Penal é tido como estupro.

> Medida Provisória não pode dispor sobre matéria penal, criar crimes e cominar penas, Art. 62, § 1º, I, b CF/88, somente Lei Ordinária.

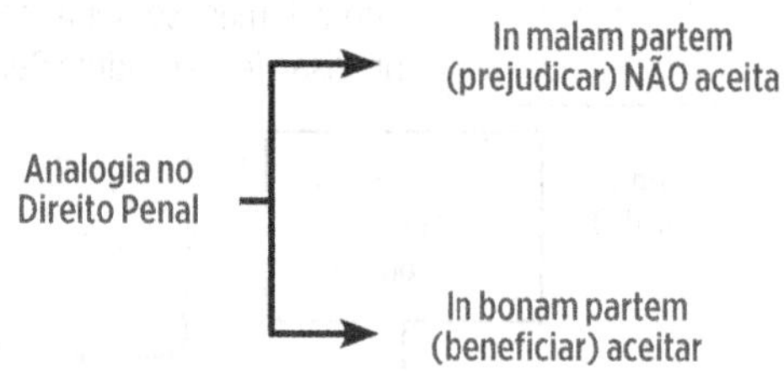

Normas Penais em branco são aquelas que precisam ser complementadas para que analisemos o caso concreto. Por exemplo, a vigente Lei de Drogas nº 11.343/06 dispõe sobre diversas condutas ilícitas, entretanto, o que é droga? Para analisar se determinada substância é droga ou não, o direito penal analisa uma portaria da Anvisa (Agência Nacional de Vigilância Sanitária) nº 344/98, em que todas as substâncias que estiverem descritas serão consideradas como droga.

> O princípio da Reserva Legal admite o uso de Normas Penais em branco.

A Analogia Penal é diferente de Interpretação Analógica, nessa situação, a conduta do agente é analisada dentro da própria norma penal, ou seja, é observado a forma como a conduta foi praticada, quais os meios utilizados. Sendo assim, a Interpretação Analógica sempre será possível, ainda que mais gravosa para o agente.

Art. 121. *Matar alguém:*
Pena *- reclusão, de seis a vinte anos.*
§ 2º. *Se o homicídio é cometido:*

> ***III.** Com emprego de veneno, fogo, explosivo, asfixia, tortura ou outro meio insidioso ou cruel, ou de que possa resultar perigo comum;*
>
> ***Pena** - reclusão, de doze a trinta anos.*

Nessa situação, caso o agente tenha cometido o homicídio utilizando-se de alguma das formas expostas no inciso III, ocorrerá a aplicação de uma pena mais gravosa, é o exemplo de Interpretação Analógica.

1.3 Interpretação da Lei Penal

A matéria **Interpretação da Lei Penal** passou a ser abordada com mais frequência pelos editais de concurso público. No entanto, quando cobrada, não costuma gerar muita dificuldade. Isso porque geralmente a banca examinadora traz na questão uma espécie de interpretação e questiona quanto ao seu significado.

A Interpretação da Lei Penal consiste em buscar o significado e a extensão da letra da lei em relação à realidade e à vontade do legislador.

Assim, a Interpretação da Lei Penal divide-se em:

1.3.1 Quanto ao Sujeito

1.3.1.1 Autêntica ou Legislativa

É aquela realizada pelo mesmo órgão da qual emana, podendo vir no próprio texto legislativo ou em lei posterior: Conceito de funcionário público previsto no Art. 327, CP.

1.3.1.2 Doutrina

É aquela realizada pelos doutrinadores - estudiosos do direito penal - normalmente encontrada em livros, artigos e documentos: Código Penal comentado.

1.3.1.3 Jurisprudencial ou Judicial

É aquela realizada pelo Poder Judiciário na aplicação do caso concreto, na busca pela vontade da lei. É a análise das decisões reiteradas sobre determinado assunto legal: Súmulas do Tribunais Superiores e Súmula Vinculante.

1.3.2 Quanto ao Modo

1.3.2.1 Literal ou Gramatical

É aquela que busca o sentido literal das palavras.

1.3.2.2 Teleológica

É aquela que busca compreender a intenção ou vontade da lei.

1.3.2.3 Histórica

É aquela que busca compreender o sentido da lei por meio da análise do momento e contexto histórico em que foi editada.

1.3.2.4 Sistemática

É aquela que analisa o sentido da lei em conjunto com todo o ordenamento jurídico (as legislações em vigor, os Princípios Gerais de Direito, a Doutrina e a Jurisprudencial).

1.3.2.5 Progressiva

É aquela que busca adaptar a lei aos progressos obtidos pela sociedade.

1.3.3 Quanto ao Resultado

1.3.3.1 Declarativa

É aquela em que se encontra a perfeita correspondência entre a letra da lei e a intenção do legislador.

1.3.3.2 Restritiva

É aquela em que se restringe o alcance da letra da lei para que corresponda à real intenção do legislador. A lei diz mais do que deveria dizer.

1.3.3.3 Extensiva

É aquela em que se amplia o alcance da letra da lei para que corresponda à real intenção do legislador. A lei diz menos do que deveria dizer.

1.3.3.4 Analógica

É aquela em que a Lei Penal permite a ampliação de seu conteúdo por meio da utilização de uma expressão genérica ou aberta pelo legislador: *Art. 121, § 2º, III, CP. Homicídio qualificado por emprego de veneno, fogo, explosivo, asfixia, tortura ou outro meio insidioso ou cruel, ou de que possa resultar perigo comum.*

1.4 Conflito Aparente de Normas Penais

Fala-se em conflito aparente de normas penais quando duas ou mais normas aparentemente parecem reger o mesmo tema. Na prática, uma conduta pode se enquadrar em mais de um tipo penal, mas isso é tão somente aparente, pois os princípios do direito penal resolvem esse fato. São eles os princípios:

a) Princípio da Especialidade;
b) Princípio da Subsidiariedade;
c) Princípio da Consunção;
d) Princípio da Alternatividade.

1.4.1 Princípio da Especialidade

A regra, nesse caso, é que a norma especial prevalecerá sobre a norma geral. Dessa forma, a norma no tipo penal incriminador é mais completa que a prevista na norma geral.

Isso ocorre por exemplo no crime de homicídio e infanticídio. O crime de infanticídio possui em sua elementar dados complementares que o tornam mais especial - completo - que a norma geral.

Repare as elementares do Art. 123 do CP: 1) matar o próprio filho; 2) logo após o parto; 3) sob o estado puerperal. Esses são dados que, se presentes, tornam a conduta de matar alguém um crime específico, diferente do homicídio. Logo, o Art. 123 (infanticídio) é considerado especial em relação ao Art. 121 (homicídio), que pode ser entendido, nesse caso, como uma conduta genérica.

1.4.2 Princípio da Subsidiariedade

Usa-se esse princípio sempre que a norma principal mais grave não puder ser utilizada. Nesse caso, usamos a norma menos grave subsidiária.

A subsidiariedade pode ser expressa ou tácita. Será expressa sempre que o próprio artigo de lei assim determinar. Um bom exemplo é o Art. 239 que trata da simulação de casamento. Ele prevê a pena de detenção, de um a três anos, se o fato não constitui elemento de crime mais grave. Assim, caso não tenha ocorrido crime mais grave será aplicada a pena expressa em lei. Por outro lado, se ocorrer crime mais grave, deve ser aplicado somente esse, ficando atípico o fato menos grave.

A subsidiariedade Tácita ocorre quando não há expressa referência na lei, mas, se um fato mais grave ocorrer, a norma subsidiária ficará afastada. Isso ocorre, por exemplo, no crime do Art. 311 do CTB. Existe, expressa nesse artigo, a proibição da conduta de trafegar em velocidade incompatível com a segurança nas proximidades de escolas, hospitais, estações de embarques e desembarques de passageiros, logradouros estreitos, ou onde houver grande movimentação ou concentração de pessoas, gerando perigo de dano.

Contudo, se o agente estiver conduzindo nessas condições e acabar por atropelar e matar alguém, responderá ele pelo crime do Art. 302 do CTB, que é homicídio culposo na direção de veículo automotor. Assim, esse crime – mais grave – afastará aquele crime de perigo.

1.4.3 Princípio da Consunção

Esse princípio pode ocorrer quando um crime "meio" é necessário ou fase normal de preparação para outro crime. Como, por exemplo, o crime de lesão corporal fica absorvido pelo crime de homicídio, ou mesmo, o crime de invasão de domicílio que fica absorvido pelo crime de furto.

Não estamos falando em norma especial ou geral, mas sim do crime mais grave que absorveu o crime menos grave que simplesmente foi um meio necessário para a execução do crime mais grave.

Ocorre também o princípio da consunção quando, por exemplo, o agente falsifica um documento com o intuito de cometer o crime de estelionato. Como o crime de falso é meio necessário para o crime de estelionato, funcionando como a elementar fraude, fica por esse absorvido.

Nesse sentido o STJ editou a Súmula 17 que diz o seguinte:

> *Súm. 17. Quando o falso se exaure no estelionato, sem mais potencialidade lesiva, é por este absorvido.*

Outro ponto importante é quando falamos acerca do assunto crime progressivo e progressão criminosa. Podemos afirmar o seguinte:

No **crime progressivo** o agente tem um fim específico mais grave, contudo, necessariamente deve passar por fases anteriores menos graves. No final das contas, o crime progressivo é um meio para um fim. Isso ocorre no caso do dolo de matar, em que o agente obrigatoriamente tem que ferir a vítima antes – causando lesões corporais.

Aqui, temos o Princípio da Consunção Imperando. Por outro lado, a progressão criminosa acontece quando o dolo inicial é menos grave e no meio da conduta o agente muda sua intenção para uma mais grave (repare que temos dois dolos).

Temos o exemplo do agente que inicia uma ação com dolo de lesionar desferindo socos na vítima e no meio da ação muda de intenção, vindo a esfaqueá-la, causando sua morte.

Veja que, temos duas intenções, contudo, o código penal punirá o agente somente pelo crime mais grave. Aqui também usaremos o Princípio da Consunção no exemplo em tela.

No entanto, pode ocorrer progressão criminosa com efeito concurso material, ou seja, aplicação de mais de um crime. Isso ocorre, por exemplo, no crime de roubo em que o agente no meio da conduta resolve estuprar a vítima, ou seja, aqui temos uma progressão criminosa com dois dolos, em que o agente responderá por dois crimes diversos.

1.4.4 Princípio da Alternatividade

Temos esse princípio quando tivermos os chamados crimes de ação múltipla ou de conteúdo variado. Aqui, os tipos penais descrevem várias condutas para um único crime. Temos, como exemplo, o Art. 33 da Lei nº 11.343/2006:

> ***Art. 33.*** *Importar, exportar, remeter, preparar, produzir, fabricar, adquirir, vender, expor à venda, oferecer, ter em depósito, transportar, trazer consigo, guardar, prescrever, ministrar, entregar a consumo ou fornecer drogas, ainda que gratuitamente, sem autorização ou em desacordo com determinação legal ou regulamentar:*
>
> ***Pena*** *- reclusão de 5 (cinco) a 15 (quinze) anos e pagamento de 500 (quinhentos) a 1.500 (mil e quinhentos) dias-multa.*

Assim, podemos afirmar que, se o agente tiver em depósito e vender a droga não responderá ele por dois crimes, mas somente por um único. Isso se dá, pois qualquer ação nuclear do tipo representa o mesmo crime. Na prática, não há concurso material, respondendo o agente por uma pena somente.

→ Costume NÃO revoga nem altera lei.

Sendo assim, podemos dizer que temos três princípios intrínsecos no Art. 1º do Código Penal, quais sejam, da Legalidade, da Anterioridade e da Reserva Legal. É importante ressaltar que apenas a Lei Ordinária pode versar sobre matéria penal, tanto para criá-las quanto para extingui-las.

Não obstante, convém ressaltar os preceitos existentes nos tipos penais, por exemplo: Art. 121, CP, Matar alguém. Pena - 6 a 20 anos. O preceito primário seria a conduta do agente - matar alguém - e o preceito secundário seria a cominação da pena - 6 a 20 anos. Para ser considerado crime, é fundamental que existam os dois preceitos.

1.5 Lei Penal no Tempo

> ***Art. 2º.*** *Ninguém pode ser punido por fato que lei posterior deixa de considerar crime, cessando em virtude dela a execução e os efeitos penais da sentença condenatória.*
>
> ***Parágrafo único.*** *A Lei posterior, que de qualquer forma modo favorecer o agente, aplica-se aos fatos anteriores, ainda que decididos por sentença transitada em julgado.*

Conflito Temporal

Regra: Irretroatividade da Lei;

Exceção: Retroatividade para beneficiar o réu.

Retroatividade da Lei

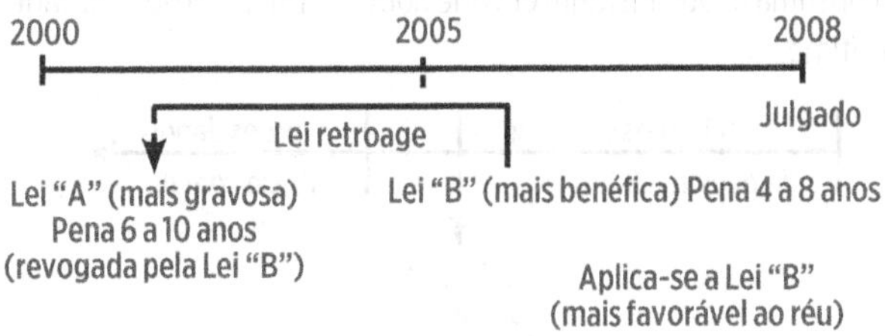

Em regra, o Código Penal sempre adota a Lei vigente, "A", no momento da ação ou omissão do agente, sendo assim, se nesta época é cometido um crime, aquele irá responder sobre o fato descrito no tipo penal. Contudo, por vezes, o processo se estende no tempo, e o julgamento do agente demora a acontecer, nesse lapso temporal, caso surgir uma nova Lei, "B", que torne mais branda a sanção aplicada sobre o agente, esta irá retroagir ao tempo do fato, beneficiando o réu.

Ultra - Atividade da Lei

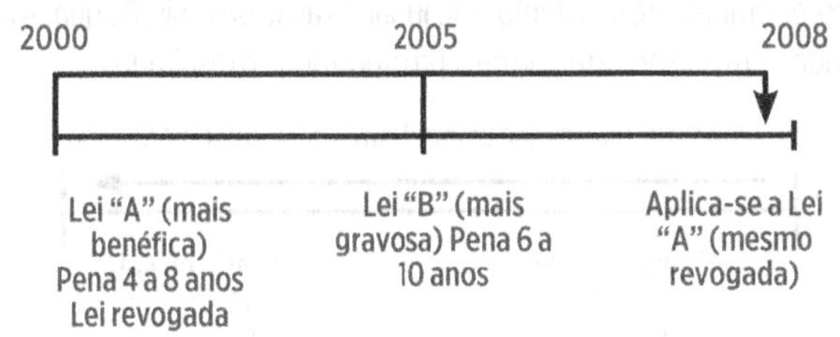

Não obstante, a regra da irretroatividade, pode ocorrer a chamada ultra-atividade de lei mais benéfica. Seria o caso em que, no momento da ação vigorava a Lei "A", entretanto, no decorrer do processo, entrou em vigência nova Lei "B", revogando a Lei "A", tornando mais gravosa a conduta anteriormente praticada pelo agente.

Sendo assim, no momento do julgamento, ocorrerá a ultra-atividade da lei, ou seja, a Lei "A", mesmo não estando mais em vigor, irá ultra-agir ao momento do julgamento para beneficiar o réu, por ser menos gravosa a punição que o agente irá receber.

Abolitio Criminis (Abolição do Crime)

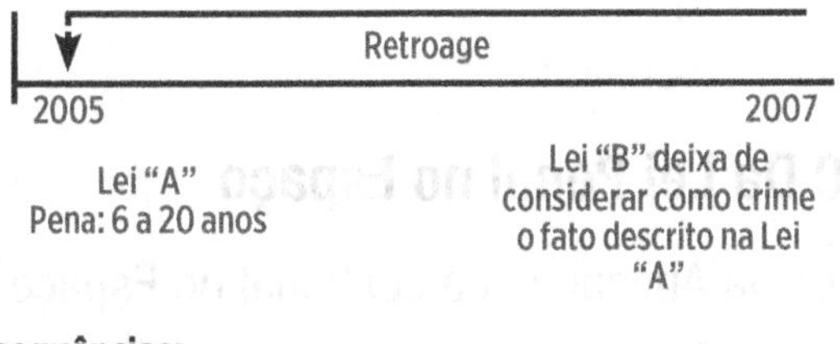

Consequências:

> Tranca e extingue o inquérito policial e a ação penal;

> Cassam imediatamente a execução de todos os efeitos penais.

Abolitio Criminis:

> Não alcança os efeitos Civis da condenação.

Em relação ao Abolitio Criminis, ocorre o seguinte fato: quando uma conduta que antes era tipificada como crime pelo Código Penal, deixa de existir, ou seja, passa a não ser mais considerada crime, dizemos que ocorreu a abolição do crime. Diante disso, cessam imediatamente todos os efeitos penais que incidiam sobre o agente: tranca e extingue o inquérito policial, caso o acusado esteja preso deve ser posto em liberdade. Entretanto, não extingue os efeitos civis, ou seja, caso o agente tenha sido impelido em ressarcir a vítima da sua conduta mediante o pagamento de multa, essa, ainda assim, deverá ser paga.

Importante ressaltar que, a lei que beneficia o réu, não é uma faculdade do Juiz, é um dever, sempre adotada em benefício do acusado.

1.6 Crimes Permanentes ou Continuados

Nos crimes permanentes, ou seja, naqueles em que a consumação se prolonga enquanto não cessa a atividade, aplica-se ao fato a lei que estiver em vigência quando cessada a atividade, mesmo que mais grave (severa) que aquela em vigência quando da prática do primeiro ato executório. O crime se perpetua no tempo, enquanto não cessada a permanência. É o que ocorre, por exemplo, com o crime de sequestro e cárcere privado. Assim, será aplicada lei que estiver em vigência quando da soltura da vítima. Observa-se, então, o momento em que cessa a permanência para daí se determinar qual a norma a ser aplicada. É o que estabelece a Súmula 711 do STF.

Súm. 711. *A lei penal mais grave aplica-se ao crime continuado ou ao crime permanente, se a sua vigência é anterior à cessação da continuidade ou da permanência.*

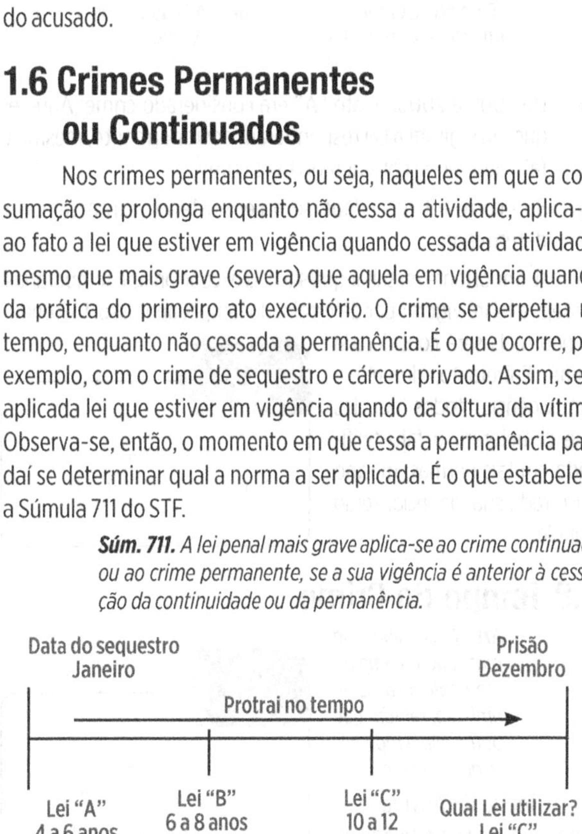

Ex.: O crime de sequestro é um crime que se protrai no tempo, ou seja, a todo instante ele está se consumando, qualquer que seja o momento da prisão ela estará em flagrante. Sendo assim, nos casos dos crimes permanentes ou continuados, aplica-se a pena no momento que cessar a conduta do agente, ainda que mais grave ou mais branda, independe nessa circunstância a quantificação da pena, o que será considerado, será a lei vigente no momento que cessou a conduta do agente ou a privação de liberdade da vítima, com a prisão dos acusados.

1.7 Lei Excepcional ou Temporária

Art. 3º *A Lei excepcional ou temporária, embora decorrido o período de sua duração ou cessada as circunstâncias que a determinaram, aplica-se ao fato praticado durante sua vigência.*

Lei Excepcional: utilizada em períodos de anormalidade social.

Ex.: Guerra, calamidades públicas, enchentes, grandes eventos, etc.

Lei Temporária: período de tempo previamente fixado pelo legislador.

Ex.: Lei que configura o crime de pescar em certa época do ano - piracema -, após lapso de tempo previamente determinado, a Lei deixa de considerar tal conduta como crime.

→ De 2005 a 2006, o fato "A" era considerado crime. Aqueles que infringiram a Lei responderam posteriormente, mesmo o fato não sendo considerado mais crime.

→ Só ocorre retroatividade se a Lei posterior expressamente determinar.

É importante ressaltar que são leis excepcionais e temporárias, ou seja, a lei irá vigorar por determinado tempo, após isso, tal conduta não mais será considerada crime. Entretanto, durante a sua vigência, todos aqueles que cometerem o fato tipificado em tais normas, mesmo encerrada sua vigência, serão punidos.

Não existe "abolitio criminis" de Lei Temporária ou Excepcional.

1.8 Tempo do Crime

***Art. 4º** Considera-se praticado o crime no momento da ação ou omissão, ainda que outro seja o momento do resultado.*

Teoria da Atividade: O crime reputa-se praticado no momento da conduta (momento da execução).

A imputabilidade do agente deve ser aferida no momento em que o crime é praticado.

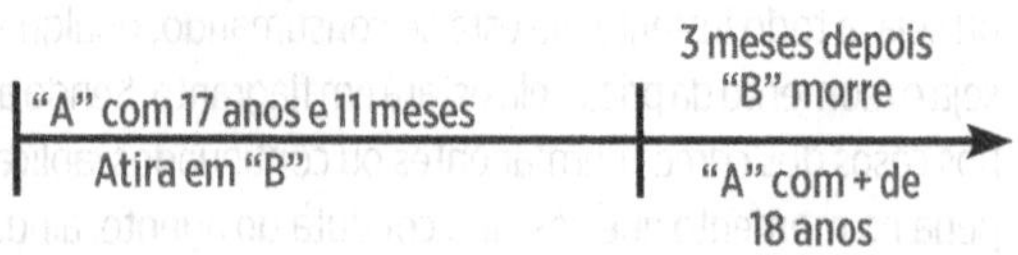

Este princípio traz o momento da ação do crime, ou seja, independente do resultado, para aplicação da lei penal, é considerado o momento exato da prática delituosa, seja ela comissiva - ação - ou omissiva - omissão.

Ex.: Caso um menor "A", cometa disparos de arma de fogo contra "B", vindo a feri-lo, entretanto, devido às lesões causadas pelos disparos, três meses depois do fato, "B" vem a falecer. Nessa época, mesmo "A" tendo completado sua maioridade penal - 18 anos - ainda assim não poderá ser punido, pois, no momento em que praticou a conduta (disparos contra "B"), era inimputável.

Devemos, contudo, ficar atentos aos crimes permanentes e continuados, no caso do sequestro, por exemplo, em que o crime se consuma a todo instante em que houver a privação de liberdade da vítima.

Nesta situação em questão, "A" não será mais inimputável, pois no momento de sua prisão já havia completado 18 anos, não considerado neste caso, o momento em que se iniciou a ação, mas sim, quando cessou.

1.9 Lugar do Crime

***Art. 6º.** Considera-se praticado o crime no lugar em que ocorreu a ação ou omissão, no todo ou em parte, bem como onde se produziu ou deveria produzir-se o resultado.*

Teoria da Ubiquidade: utilizada no caso de um crime ser praticado em território nacional e o resultado ser produzido no estrangeiro. O foro competente será tanto o do lugar da ação ou omissão quanto o do local em que produziu ou deveria produzir-se o resultado.

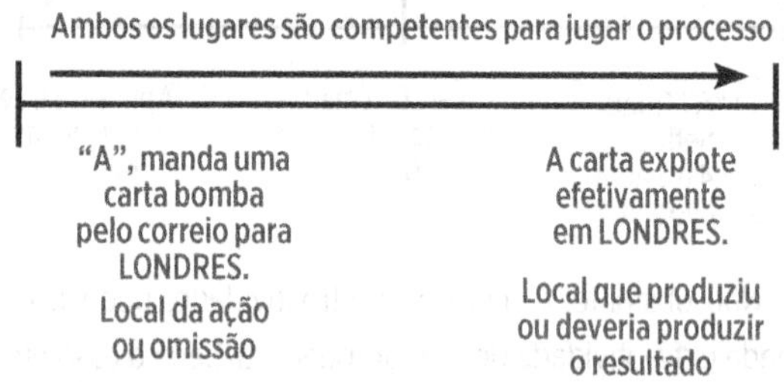

Ex.: Nesse caso "A", residente do Brasil, enviou uma carta bomba pelo correio para Londres, sendo assim, a carta efetivamente explode. Desse modo, tanto o Brasil, quanto a Inglaterra serão competentes para julgá-lo.

Não existe a teoria do "resultado".

São considerados para os crimes à distância, países diferentes.

Não confundir os artigos.

L ugar
U biquidade — Art. 6º
T empo
A tividade — Art. 4º

1.10 Da Lei Penal no Espaço

1.10.1 Da Aplicação da Lei Penal no Espaço

1.10.1.1 Da Territorialidade

Antes de iniciar o estudo do tópico, temos que ter em mente que iremos estudar a Lei Penal e não a Lei Processual Penal, que segue outra regra específica.

Aqui trataremos de como se comporta a Lei Penal Brasileira quando ocorrerem crimes no exterior, ou seja, Extraterritorialidade de lei. Portanto, quando falamos em extraterritorialidade estamos tratando somente da Lei Penal e não da Lei Processual Penal.

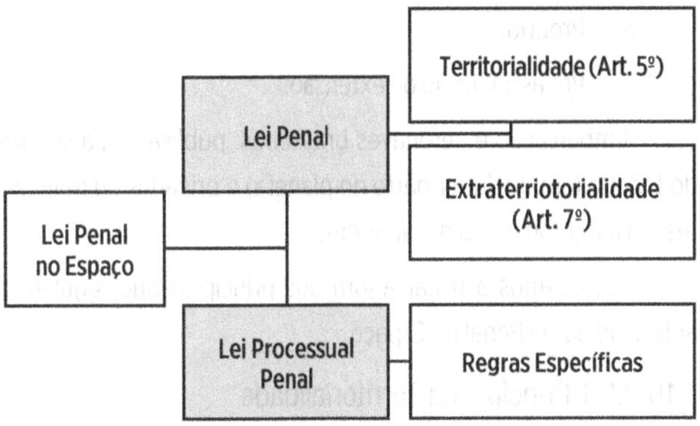

Falamos em Territorialidade quando se faz a aplicação da lei penal dentro do próprio Estado que a editou. Dessa forma, quando aplicamos a lei brasileira em nosso solo, estamos usando o conceito de Territorialidade.

A Territorialidade é tratada no Art. 5°, CP: *aplica-se a lei brasileira, sem prejuízo de convenções, tratados e regras de direito internacional, ao crime cometido no território nacional.*

Território Nacional Próprio

Art. 5º

> Lei Brasileira:
   » Sem prejuízo;
> Convenções, tratados e regras internacionais:
   » Imunidades.

§1º Território por extensão ou assimilação.

Embarcação ou aeronave brasileira pública (em qualquer lugar).

Embarcação ou aeronave brasileira privada a serviço do Estado brasileiro (em qualquer lugar).

Embarcação ou aeronave brasileira mercante ou privada, desde que não esteja em território alheio.

A Extraterritorialidade é tratada no Art 7:

> ***Art. 7º.*** *Ficam sujeitos a Lei Brasileira, embora cometidos no estrangeiro:*
>
> ***I.*** *Os crimes:*
>
> ***a)*** *contra a vida ou a liberdade do Presidente de República;*
>
> ***b)*** *contra o patrimônio ou a fé pública da União, do Distrito Federal, de Estado, de Território, de Município, de empresa pública, sociedade de economia mista, autarquia ou fundação instituída pelo Poder Público;*
>
> ***c)*** *contra a administração pública, por quem está a seu serviço;*
>
> ***d)*** *de genocídio, quando o agente for brasileiro ou domiciliado no Brasil;*
>
> ***II.*** *Os crimes:*
>
> ***a)*** *que, por tratado ou convenção, o Brasil se obrigou a reprimir;*
>
> ***b)*** *praticados por brasileiros;*
>
> ***c)*** *praticados em aeronaves ou embarcações brasileiras, mercantes ou de propriedade privada, quando em território estrangeiro e aí não venham a ser julgados.*
>
> ***§ 1º*** *Nos casos do inciso I, o agente é punido segundo a lei brasileira, ainda que absolvido ou condenado no estrangeiro.*
>
> ***§ 2º*** *Nos casos do inciso II, a aplicação da lei brasileira depende do concurso das seguintes condições:*
>
> ***a)*** *entra o agente no território nacional;*
>
> ***b)*** *ser o fato punível também no país em que foi praticado;*
>
> ***c)*** *estar o crime incluído entre aqueles pelos quais a lei brasileira autoriza a extradição;*
>
> ***d)*** *não ter sido o agente absolvido no estrangeiro ou aí não ter cumprido pena;*
>
> ***e)*** *não ter sido o agente perdoado no estrangeiro, ou, por outro motivo não estar extinta a punibilidade, segundo a lei mais favorável.*
>
> ***§ 3º*** *A lei brasileira aplica-se também ao crime cometido por estrangeiro contra brasileiro fora do Brasil, se reunidas as condições previstas no parágrafo anterior:*
>
> ***a)*** *não pedida ou negada sua extradição;*
>
> ***b)*** *houve requisição do Ministro da Justiça.*

1.10.2 Território Nacional

Podemos conceituar território nacional como sendo o espaço onde certo Estado possui sua soberania.

Elementos que constituem um determinado Estado soberano:

> Território;
> Povo;
> Organização jurídica.

Consideramos como território nacional as limitações que temos no mapa do país e mais o mar territorial, que representa a extensão de 12 milhas do mar a contar da costa, e sempre na maré baixa. O código considera, também, território nacional o espaço aéreo respectivo e o espaço aéreo correspondente ao território nacional. Esse sempre devemos considerar como território próprio.

Temos que considerar, também, como território nacional, o chamado território por extensão, assimilação ou impróprio descrito no §1º do Art. 5º do Código Penal.

> ***§ 1º*** *Para os efeitos penais, consideram-se como extensão do território nacional as embarcações e aeronaves brasileiras, de natureza pública ou a serviço do governo brasileiro, onde quer que se encontrem, bem como as aeronaves e as embarcações brasileiras, mercantes ou de natureza privada, que se achem, respectivamente no espaço aéreo correspondente ou em alto mar.*
>
> ***§ 2º*** *É também aplicável a lei brasileira aos crimes praticados a bordo de aeronaves ou embarcações estrangeiras, de propriedade privada, achando-se aquelas em pouso no território nacional ou em voo no espaço aéreo correspondente, e estas em porto ou mar territorial do Brasil.*

Como mencionado, a Lei Penal aplica-se em todo o território nacional próprio ou por assimilação. Por esse princípio aplica-se aos nacionais ou estrangeiros (mesmo que irregular) a Lei Penal brasileira.

Contudo, em alguns casos, mesmo o fato sendo praticado no Brasil, não será aplicada a Lei Penal a esse fato, isso se deve quando ocorrer por meio de convenções, tratados e regras de direito internacional, aqui o Brasil abre mão de punir, ou seja, nesses casos não se aplicará a Lei Brasileira.

Dessa forma, o Princípio da Territorialidade da Lei Penal é mitigado, isto é, não é adotado de forma absoluta e sim temperada, por esse motivo falamos em Princípio da Territorialidade Temperada.

Podemos dar como exemplo as imunidades diplomáticas e consulares concedidas por meio de adesão do Brasil às convenções de Viena (1961 e 1963), aos diplomatas e aos cônsules que exercem suas atividades no Brasil.

Quando falamos em território nacional, obrigatoriamente temos que pensar em algumas regras: Todas as embarcações ou aeronaves brasileiras de natureza pública, onde quer que se encontrem são consideradas parte do território nacional.

Para as embarcações e aeronaves de natureza privada, serão estas consideradas extensão do território nacional quando se acharem, respectivamente, no mar territorial brasileiro ou no espaço aéreo correspondente. Preste bem atenção, as de natureza privada, sem estar a serviço do Brasil, somente responderão pela lei brasileira se estiverem dentro do Brasil.

Ex.: Um navio brasileiro privado pelo mar da Argentina deverá responder pelas Leis Penais Argentinas, ou seja, caso um brasileiro mate o outro, a lei a ser aplicada é a Lei Penal Argentina, pois o navio não estava a serviço do Brasil.

Por outro lado, se o navio estiver em alto mar (terra de ninguém - aplica-se o princípio do pavilhão ou da bandeira) e ostentar a bandeira brasileira e lá um marujo matar o outro, a competência é da lei brasileira.

A mesma regra utilizamos para aeronaves. Uma questão interessante é por exemplo, se uma aeronave pousar em um país distinto e o piloto cometer um crime e essa aeronave estiver a serviço do Brasil, aplica-se a lei brasileira. Caso a aeronave for particular aplica-se a lei do país em que a aeronave estiver pousada.

Questão interessante é se o piloto sair do aeroporto e lá fora cometer um crime. Nesse caso temos que perguntar se o piloto estava em serviço oficial ou não, se estiver em serviço oficial aplicamos a lei penal brasileira, do contrário, aplica-se a lei do país onde cometeu o crime.

1.10.2.1 Resumo dos Conceitos

Território nacional: é o espaço onde determinado estado exerce com exclusividade sua soberania.

Território próprio: toda a base territorial por nós conhecida (o mapa), acrescida do mar territorial, que é extensão de 12 milhas mar a dentro, a contar da baixa maré.

Território por extensão: embarcações e aeronaves brasileiras: públicas ou a serviço do estado (qualquer lugar do globo) e privadas em águas ou terras de ninguém.

Territorialidade: aplicação da lei penal no território nacional.

Territorialidade absoluta: impossibilidade para aplicação de convenções, tratados e regras de direito internacional, ao crime cometido no território nacional.

Territorialidade temperada: adota como regra a aplicação da lei penal brasileira no território nacional. Entretanto, com determinadas hipóteses, permite a aplicação de lei penal estrangeira a fatos cometidos no Brasil (Art. 5º do CP).

Imunidade: exclusão da aplicação da lei penal.

Imunidade diplomática e consular: são imunidades previstas em convenções internacionais chancelados pelo Brasil.

Imunidade parlamentar: previstas na Constituição Federal aos membros do Poder Legislativo.

1.10.2.2 Território Nacional

- Próprio.
- Por assimilação ou extensão.

Embarcação e aeronaves brasileiras: públicas ou a serviço do Estado (em qualquer parte do planeta) e privadas ou marcantes em águas ou terras de ninguém.

Passaremos a tratar agora dos princípios que regulam a aplicação da Lei Penal no Espaço.

1.10.2.2.1 Princípio da Territorialidade

A lei penal de um país terá aplicação aos crimes cometidos dentro de seu território. Aqui, o Estado soberano tem o dever de exercer jurisdição sobre as pessoas que estejam sem seu território.

1.10.2.2.2 Princípio da Nacionalidade

Classificado também como Princípio da Personalidade. Aqui os cidadãos de um determinado país devem obediência às suas leis, onde quer que se encontrem. Podemos dividir esse princípio em:

1.10.2.2.3 Princípio da Nacionalidade Ativa

Aplica-se a lei nacional ao cidadão que comete crime no estrangeiro, independentemente da nacionalidade do sujeito passivo ou do bem jurídico lesado.

1.10.2.2.4 Princípio da Nacionalidade Passiva

O fato praticado pelo nacional deve atingir um bem jurídico de seu próprio estado ou de um concidadão.

1.10.2.2.5 Princípio da Defesa, Real ou de Proteção

Aqui se leva em consideração a nacionalidade do bem jurídico lesado (sujeito passivo), independentemente da nacionalidade do sujeito ativo ou do local da prática do crime.

1.10.2.2.6 Princípio da Justiça Penal Universal ou da Universalidade

Aqui, todo Estado tem o direito de punir todo e qualquer crime, independentemente da nacionalidade do criminoso ou do bem jurídico lesado, ou do local em que o crime foi praticado, bastando que o criminoso se encontre dentro do seu território. Assim, quem quer que seja que cometa crime dentro do território nacional será processado e julgado aqui.

1.10.2.2.7 Princípio da Representação

A Lei Penal brasileira também será aplicada aos delitos cometidos em aeronaves e embarcações privadas brasileiras quando se encontrarem no estrangeiro e aí não venham a ser julgadas.

1.10.3 Extraterritorialidade

O Código Penal brasileiro adota o princípio da Territorialidade como regra e os outros como exceção. Assim, os outros princípios visam disciplinar a aplicação extraterritorial da Lei Penal brasileira.

Art. 7º. *Ficam sujeitos à lei brasileira, embora cometidos no estrangeiro:*

I. *Os crimes:*

a) *contra a vida ou a liberdade do Presidente da República;*

b) *contra o patrimônio ou a fé pública da União, do Distrito Federal, de Estado, de Território, de Município,de empresa pública, sociedade de economia mista, autarquia ou fundação instituída pelo Poder Público;*

c) *contra a administração pública, por quem está a seu serviço;*

d) *de genocídio, quando o agente for brasileiro ou domiciliado no Brasil;*

II. *Os crimes:*

a) *que, por tratado ou convenção, o Brasil se obrigou a reprimir;*

b) *praticados por brasileiro;*

c) *praticados em aeronaves ou embarcações brasileiras, mercantes ou de propriedade privada, quando em território estrangeiro e aí não sejam julgados.*

§ 1º. *Nos casos do inciso I, o agente é punido segundo a lei brasileira, ainda que absolvido ou condenado no estrangeiro.*

§ 2º. *Nos casos do inciso II, a aplicação da lei brasileira depende do concurso das seguintes condições:*

a) *entrar o agente no território nacional;*

b) *ser o fato punível também no país em que foi praticado;*

c) *estar o crime incluído entre aqueles pelos quais a lei brasileira autoriza a extradição;*

d) *não ter sido o agente absolvido no estrangeiro ou não ter aí cumprido a pena;*

e) *não ter sido o agente perdoado no estrangeiro ou, por outro motivo, não estar extinta a punibilidade, segundo a lei mais favorável.*

§ 3º. *A lei brasileira aplica-se também ao crime cometido por estrangeiro contra brasileiro fora do Brasil, se, reunidas as condições previstas no parágrafo anterior:*

a) *não foi pedida ou foi negada a extradição;*

b) *houve requisição do Ministro da Justiça.*

A regra é de que a lei penal brasileira apenas aplica-se aos crimes praticados no Brasil (conforme estudado no Art. 5º do Código Penal). No entanto, há situações que, por força do Art. 7º, permitem o Estado aplicar sua legislação penal no estrangeiro. Nesta norma, encontram-se diversos princípios, são eles:

Defesa (também chamado de Real): amplia a aplicação da lei penal em decorrência da gravidade da lesão. É o aplicável no Art. 7º nas alíneas do inciso I, são elas:

a) *contra a vida ou a liberdade do Presidente da República.*

Caso seja a prática de latrocínio, não há a extensão da lei brasileira, visto que o latrocínio é considerado crime contra o patrimônio.

b) *contra o patrimônio ou a fé pública da União, do Distrito Federal, de Estado, de Território, de Município, de empresa pública, sociedade de economia mista, autarquia ou fundação instituída pelo Poder Público;*

c) *contra a administração pública, por quem está a seu serviço;*

d) *de genocídio, quando o agente for brasileiro ou domiciliado no Brasil.*

Há discussão qual o princípio aplicável neste caso, havendo quem sustente ser da defesa, outros dizem ser da nacionalidade ativa e outra corrente, ainda, afirmando ser relacionado ao princípio da Justiça Penal Universal.

Justiça Penal Universal (também chamada de Justiça Cosmopolita): amplia a aplicação da legislação penal brasileira em decorrência da de tratado ou convenção que o Brasil é signatário. Vem normatizada peloArt. 7º, II, "a":

a) *Que, por tratado ou convenção, o Brasil se obrigou a reprimir.*

Nacionalidade Ativa: amplia a aplicação da legislação penal brasileiro ao exterior caso o crime seja praticado por brasileiro. Está prevista no Art. 7º, II, "b":

b) *Praticados por brasileiro;*

Representação (também chamado de Pavilhão ou da Bandeira ou da Substituição): amplia a aplicação da legislação penal brasileira em decorrência do local em que o crime é praticado. Vem normatizada pelo Art. 7º, II, "c":

c) *Praticados em aeronaves ou embarcações brasileiras, mercantes ou de propriedade privada, quando em território estrangeiro e aí não sejam julgados.*

Nacionalidade Passiva: amplia a aplicação da legislação penal brasileira em decorrência da nacionalidade da vítima do crime. Vem normatizada pelo Art. 7º, §3º:

§3º. *A lei brasileira aplica-se também ao crime cometido por estrangeiro contra brasileiro fora do Brasil.*

Tais regras, de que a legislação penal brasileira será aplicada no exterior, valem apenas para os crimes e nunca para as contravenções penais. Apesar da lei prever, no Art. 7º, que a lei brasileira também será aplicada no anterior, há determinadas regras para esta aplicação, também normatizadas pelos parágrafos do artigo em questão, vejamos:

Incondicionada: é a prevista para os casos normatizados no Art. 7º, I, alíneas "a" até "d". Segundo o Código Penal, o agente será processado de acordo com a lei brasileira, mesmo que for absolvido ou condenado no exterior (conforme normatizado pelo §1º do Art. 7º). Não exige qualquer condição.

Condicionada: é a prevista para os casos normatizados no Art. 7º, §2º, alíneas "a" até "e": São as condições:

a) *Entrar o agente no território nacional.*

b) *Ser o fato punível também no país em que foi praticado.*

c) *Estar o crime incluído entre aqueles pelos quais a lei brasileira autoriza a extradição.*

d) *Não ter sido o agente absolvido no estrangeiro ou cumprido a pena.*

e) *Não ter sido o agente perdoado no estrangeiro.*

Não estará extinta a punibilidade do agente, seja pela brasileira, seja pela lei estrangeira.

Hipercondicionada: é a prevista para os casos normatizados no Art. 7º, §3º. Chama-se pela doutrina de hipercondicionada porque exige, além das condições da condicionada, outras duas. São condições:

- Não ser pedida ou, se pleiteada, negada a extradição.
- Requisição do Ministro da Justiça.

1.10.4 Pena Cumprida no Estrangeiro

Art. 8º. *A pena cumprida no estrangeiro atenua a pena imposta no Brasil pelo mesmo crime, quando diversas, ou nela é computada, quando idênticas.*

Caso o agente seja processado no exterior e lá, condenado e cumprido pena, estipula-se neste artigo que caso venha no Brasil a ser condenado pelo mesmo fato (no caso da extraterritorialidade incondicionada), deverá se verificar:

Se as penas são idênticas, ou seja, da mesma qualidade, deverá ser computada como cumprida no Brasil.

Ex.: As duas são privativas de liberdade.

Se as penas são diversas, ou seja, de qualidade diferente, deverá haver uma atenuação.

Ex.: no exterior o agente cumpriu pena restritiva de liberdade e, no Brasil, foi condenado e teve sua pena substituída pela prestação de serviços comunitários. Neste caso, deverá se atenuar a pena no Brasil.

1.11 Eficácia de Sentença Estrangeira

> ***Art. 9º.*** *A sentença estrangeira, quando a aplicação da lei brasileira produz na espécie as mesmas consequências, pode ser homologada no Brasil para:*
>
> ***I.*** *Obrigar o condenado à reparação do dano, a restituições e a outros efeitos civis;*
>
> ***II.*** *Sujeitá-lo a medida de segurança.*
>
> ***Parágrafo único.*** *A homologação depende:*
>
> ***a)*** *para os efeitos previstos no inciso I, de pedido da parte interessada;*
>
> ***b)*** *para os outros efeitos, da existência de tratado de extradição com o país de cuja autoridade judiciária emanou a sentença, ou, na falta de tratado, de requisição do Ministro da Justiça.*

A regra geral é de que a sentença penal estrangeira não precisa ser homologada para produzir efeitos no Brasil. No entanto, o Art. 9º traz duas situações que necessitam da homologação para que a sentença produza efeitos no Brasil, são elas:

Para a produção de efeitos civis (Ex.: Reparação de danos, restituições, entre outros). Neste caso, depende do pedido da parte interessada.

Para a aplicação de medida de segurança ao agente da Infração Penal: caso exista tratado de extradição, necessita de requisição do Procurador-Geral da República. Caso inexista tratado de extradição, necessita de requisição do Ministro da Justiça.

1.12 Contagem de Prazo

> ***Art. 10.*** *O dia do começo inclui-se no cômputo do prazo. Contam-se os dias, os meses e os anos pelo calendário comum.*

A regra, aqui, é diversa da processual, visto que o dia do começo do prazo penal inclui-se no cômputo do prazo. Por exemplo, determinado agente pratica uma infração penal em 10 de agosto de 2012. Supondo que esta infração penal possui um prazo prescricional de 08 (oito) anos, a pretensão punitiva irá prescrever em 09 de agosto de 2020.

1.13 Frações não Computáveis da Pena

> ***Art. 11.*** *Desprezam-se, nas penas privativas de liberdade e nas restritivas de direitos, as frações de dia, e, na pena de multa, as frações de cruzeiro.*

Ou seja, caso após o cálculo da pena, remanescer frações de dia (por exemplo: o agente é condenado a pena de 15 (quinze) meses de detenção, com uma causa de aumento de 1/2, a pena torna-se em 22,5 dias. Com a norma deste artigo, despreza-se a fração de metade e a pena final é de 22 dias.

Do mesmo modo, aplica-se a regra à pena de multa, não sendo condenado o agente a pagar os centavos.

1.14 Legislação Especial

> ***Art. 12.*** *As regras gerais deste Código aplicam-se aos fatos incriminados por lei especial, se esta não dispuser de modo diverso.*

As infrações penais não estão apenas descritas no Código Penal, mas também em outras leis, que se denominam de leis especiais. Nestes casos, aplica-se, desde que a lei especial não dispuser de modo diverso, as regras gerais do Código Penal.

Questões

01. (AlfaCon) A analogia em direito penal é amplamente aceita pela doutrina e jurisprudência pátria, inclusive para melhorar e piorar a situação do réu.

Certo ( ) Errado ( )

02. (AlfaCon) As regras gerais deste Código aplicam-se aos fatos incriminados por lei especial, se esta não dispuser de modo diverso.

Certo ( ) Errado ( )

03. (AlfaCon) No Direito Penal brasileiro, em regra, a pessoa jurídica não pode ser sujeito ativo. Por outro lado, sempre poderá ser sujeito passivo de delitos.

Certo ( ) Errado ( )

04. (AlfaCon) De acordo com a doutrina naturalista da ação, o dolo tem caráter normativo, sendo necessário que o agente, além de ter consciência e vontade, saiba que a conduta praticada é ilícita.

Certo ( ) Errado ( )

05. (Cespe) Sujeito ativo do crime é o que pratica a conduta delituosa descrita na lei e o que, de qualquer forma, com ele colabora, ao passo que o sujeito passivo do delito é o titular do bem jurídico lesado ou posto em risco pela conduta criminosa.

Certo ( ) Errado ( )

Gabaritos

01	ERRADO	04	CERTO
02	CERTO	05	CERTO
03	ERRADO		

2. DO CRIME

2.1 Relação de Causalidade

2.1.1 Teoria da Equivalência dos Antecedentes

A ação ou omissão tem que dar causa ao resultado:

Relação de Causalidade

> ***Art. 13.*** *O resultado, de que depende a existência do crime, somente é imputável a quem lhe deu causa. Considera-se causa a ação ou omissão sem a qual o resultado não teria ocorrido.*

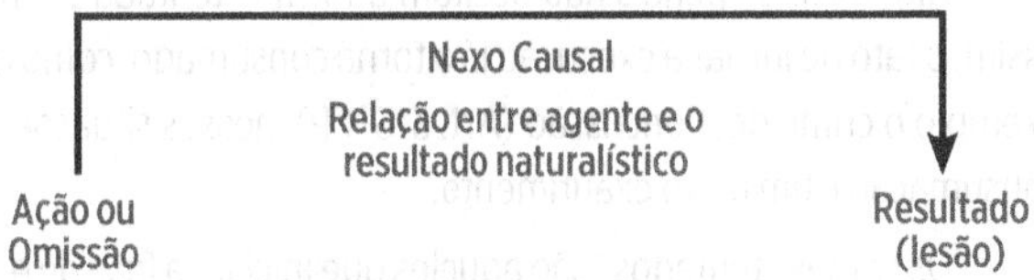

Neste caso, antes de tudo, é importante mencionar sobre a responsabilidade do agente. Para o Código Penal existem duas formas de responsabilidades: subjetiva e objetiva.

Subjetiva: nesta situação, o agente pode ser punido na modalidade culposa, quando não queria o resultado. É o imperito, imprudente ou negligente. Na modalidade dolosa, quando o agente quis ou assumiu o risco do resultado. O Código Penal sempre irá punir sobre aquilo que o agente queria causar, sobre a intenção no momento da conduta.

Objetiva: a responsabilidade objetiva não é mais adotada, visto que sempre haveria a punição por dolo, não se admitindo a forma culposa.

Ex.: "A" dispara dois tiros em "B". Os tiros efetivamente acertam "B" causando sua morte. Nessa situação, a ação de "A" deu causa ao resultado, que é morte de "B", mantendo uma relação de causa x efeito, com resultado naturalístico: morte.

2.1.2 Causa Relativamente Independente

Superveniência de Causa Independente:

> ***§ 1º.*** *A superveniência de causa relativamente independente exclui a imputação quando, por si só, produziu o resultado; os fatos anteriores, entretanto, imputam-se a quem os praticou.*

Ex.: "A" atira em "B", contudo "B" morre devido a um veneno ingerido anteriormente. A causa efetiva da morte de "B" foi o envenenamento e não o disparo efetuado por "A". Nessa situação, "A" responderá apenas por tentativa de homicídio.

Nesta situação, a causa da morte não foi efetivamente o tiro disparado por "A", mas o veneno ingerido anteriormente.

Sendo assim, não foi efetivamente o disparo que causou o resultado naturalístico da morte de "B".

Ex.: "A" atira na cabeça de "B", esse é socorrido em ambulância, no trajeto para o hospital a ambulância capota causando a morte de "B". Mesmo "A" tendo concorrido diretamente para que "B" estivesse na ambulância, o código penal manda que "A" responda somente por tentativa de homicídio.

Fato que ocorre após a conduta do agente, entretanto, não ocorreria se a ação ou omissão não tivesse acontecido.

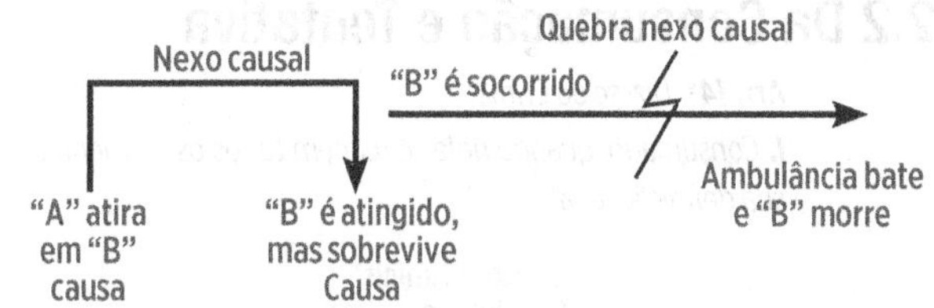

No exemplo citado, digamos que "B" seja socorrido com sucesso. Entretanto, devido ao ferimento na cabeça, tenha que ser submetido à intervenção cirúrgica imprescindível e, durante o procedimento, devido a complicações, vem a falecer. Nesta situação, "A" responderá por homicídio consumado, pois ninguém está obrigado a submeter-se a intervenções cirúrgicas. A mesma situação ocorre se, devido à internação, "B" contraia infecção hospitalar, vindo a falecer. Nessas duas hipóteses, "A" responderá pelo crime consumado, segundo entendimento do STJ - Superior Tribunal de Justiça. Cabe ressaltar que, mesmo "B", estando no hospital, porém, este falece devido a um desmoronamento provocado por um terremoto, haverá novamente a quebra do nexo causal, como no acidente com a ambulância, "A" responderá somente pela tentativa de homicídio.

2.1.3 Relevância da Omissão

O "dever" de agir é um dever Jurídico, é o poder do garantidor ou garantia, ou seja, imposto por Lei. Quando da omissão, o agente tem a possibilidade e o dever jurídico de agir e omite-se.

Ex.: Dois policiais observam uma pessoa sendo vítima de roubo e nada fazem, nesse caso, os agentes, tendo a possibilidade e o dever de agir, omitiram-se. Nesta situação ambos responderão pelo resultado, ou seja, por roubo.

> ***§ 2º.*** *A omissão é penalmente relevante quando o omitente devia e podia agir para evitar o resultado. O dever de agir incumbe a quem:*
>
> ***a)*** *Tenha por Lei obrigação de cuidado, proteção ou vigilância; (**dever legal**).*

Exs.: Pai que deixa de alimentar o filho, e este vem a morrer de inanição.

Carcereiro que observa o preso agonizando à beira da morte e nada faz.

> ***b)*** *De outra forma, assumiu a responsabilidade de impedir o resultado; (**dever do garantidor**).*

Ex.: Babá que descuida da criança e a deixa morrer.Salva-vidas que observa banhista se afogar e nada faz.

> ***c)*** *Com seu comportamento anterior, criou o risco da ocorrência do resultado.*

Ex.: Homem se propõe a ajudar um idoso a atravessar na faixa de pedestres. Porém, no meio do caminho, o homem abandona o idoso e este morre atropelado.

Esses crimes são chamados de crimes omissivos impróprios ou comissivos por omissão, ou ainda participação por omissão. Em todos esses casos, o omitente responderá pelo resultado, a não ser que este não lhe possa ser atribuído nem por dolo nem por culpa. O agente tem que ter consciência de que se encontra na função de agente garantidor.

2.2 Da Consumação e Tentativa

Art. 14º. Diz-se do Crime:

I. Consumado, quando nele se reúnem todos os elementos de sua definição legal.

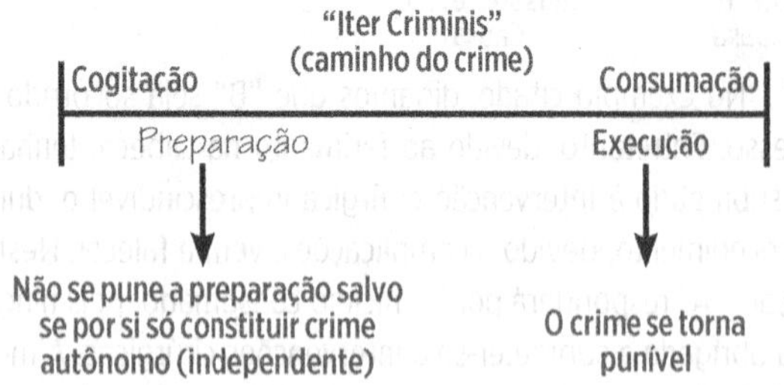

Para que o crime seja consumado, é necessário que ele percorra todas as fases do ***iter criminis***, quais sejam: cogitação, preparação, execução e consumação. O agente, com sua conduta, "caminha" por todas as fases até atingir o resultado.

Ex.: Fabrício, com "animus necandi"(vontade de matar) Pedro, pensa em uma forma de consumar seu desejo (***cogitação***). Para isso, compra um revólver e munições (***preparação***) e desloca-se até a casa da vítima. Ao avistá-lo, inicia os disparos (***execução***) contra Pedro, ferindo-o mortalmente (***consumação***).

O Código Penal não admite a punição nas fases de **cogitação** e **preparação**, salvo se constituírem **crimes autônomos**. No caso citado acima, se Fabrício fosse preso no momento em que estava com o revólver, deslocando-se à casa de Pedro para matá-lo, iria configurar apenas o crime de porte ilegal de arma de fogo, não poderia de forma alguma ser punido pela tentativa de matar Pedro. Só se pode punir a intenção do agente, a partir do momento que entra na esfera de **execução**.

Outra situação, seria a união de 3 ou mais pessoas que planejam assaltar um banco, para isso, compram ferramentas: picaretas, pás, marretas, conseguem a planta do banco, alugam uma casa nas proximidades, contudo, no momento que planejavam a forma como iriam realizar o assalto, são surpreendidos pela polícia com todos os materiais. Nesse caso, essas pessoas não responderão pelo crime de "roubo" (Art. 157 CP), na forma tentada, mas sim pelo crime de "associação criminosa" (Art. 288 CP). Mesmo com a posse de todos os materiais que seriam utilizados, eles não haviam entrado na esfera de execução do roubo.

Por conseguinte, o Código Penal sempre irá punir o agente por aquilo que ele queria cometer (**Elemento Subjetivo**), ou seja, qual era a intenção do agente, ainda que outro seja o resultado.

Ex.: "A", com intenção de matar "B", efetua vários disparos em sua direção, contudo, acerta apenas um tiro no dedo do pé de "B". Independente desse resultado, "A" vai responder por tentativa de homicídio, pois era sua intenção inicial.

É importante sempre atentar-se para a vontade do agente, pois o Código Penal irá puni-lo somente pelo resultado ao qual quis causar, ou seja, sempre pelo Elemento Subjetivo do agente.

2.2.1 Tentativa

Diz que o crime é tentado, quando, iniciada a execução, não se consuma por circunstâncias alheias à vontade do agente.

Não se admite Tentativa para:

> Crime culposo;
> Contravenções Penais (Art. 4º, L, CP);
> Mera conduta;
> Crime Preterdoloso.

Alguns tipos penais não aceitam a forma "tentada", sendo assim, o fato de iniciar a execução já o torna consumado, como por exemplo o crime de: Concussão (Art. 316, CP), nessas situações, a consumação é um mero exaurimento.

Os crimes "tentados" são aqueles que iniciam a fase de execução, mas não chegam à consumação por circunstâncias alheias à vontade do agente, ou seja, o autor quer praticar a conduta, mas é impedido de alguma forma.

Exs.: "A" com intenção de matar "B", compra um revólver; ao encontrar "B", no momento que iria iniciar os disparos, é flagrado por um policial que o impede.

"A" com intenção de matar "B", compra um revólver; ao encontrar "B" do outro lado da rua, no momento que começa a efetuar os disparos, atinge uma caçamba de entulhos que trafegava pela via.

As circunstâncias alheias à vontade do agente podem ser quaisquer fatos, que impeçam que o crime seja consumado.

2.2.2 Pena do Crime Tentado

É a mesma do crime consumado. Devendo ser reduzida de 1/3 a 2/3. Quanto mais próximo o crime chegar da consumação, maior deverá ser a pena.

Se, quando iniciada a execução, o crime não se consumar por circunstâncias alheias à vontade do agente, incidirá a pena do crime consumado, com redução no quantum da pena.

Homicídio: pena de 6 a 20 anos.

Ex.: João fez disparos contra José causando sua morte.

Pena - 12 anos

Tentativa de homicídio: pena de 6 a 20 anos reduzida de 1 a 2/3.

Ex.: João fez disparos contra José que ferido foi socorrido e sobreviveu.

Pena - 4 anos (melhor cenário) - 8 anos (pior cenário).

Ex.: João, armado de pistola, efetua 15 disparos contra José ficando este em coma por 40 dias, quase vindo a falecer, mas sobrevive.

Pena - mesmo nesse caso, haverá redução de pena, nesse caso, à mínima, 1/3 - 8 anos - mas deve ser aplicada.

Existem dois tipo de tentativas, perfeita e imperfeita, ambas podem ser cruentas e incruentas.

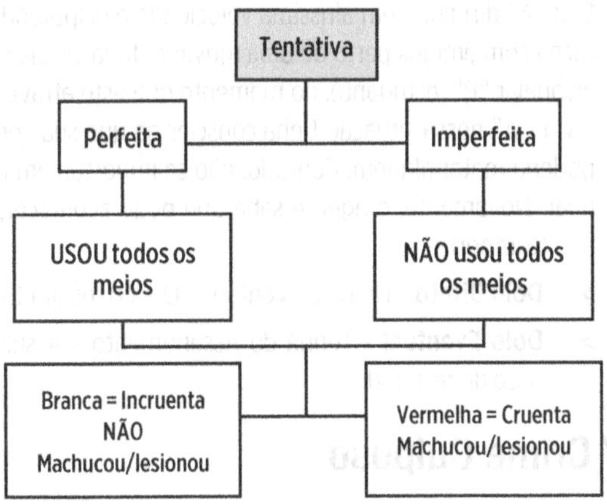

A doutrina ainda classifica a tentativa em idônea ou inidônea (neste último caso, também apelidada de "crime impossível"), quanto à possibilidade de alcançar o resultado.

A tentativa será perfeita - crime falho - quando o agente esgotar todos os meios, vindo a acertar ou não a vítima. E imperfeita, quando **NÃO** esgotou todos os meios, mesmo que já tenha atingido a vítima ou ainda sem feri-la, por circunstâncias alheias à sua vontade.

2.3 Desistência Voluntária e Arrependimento Eficaz

Art. 15. *O agente que, voluntariamente, desiste de prosseguir na execução ou impede que o resultado se produza, só responde pelos atos já praticados.*

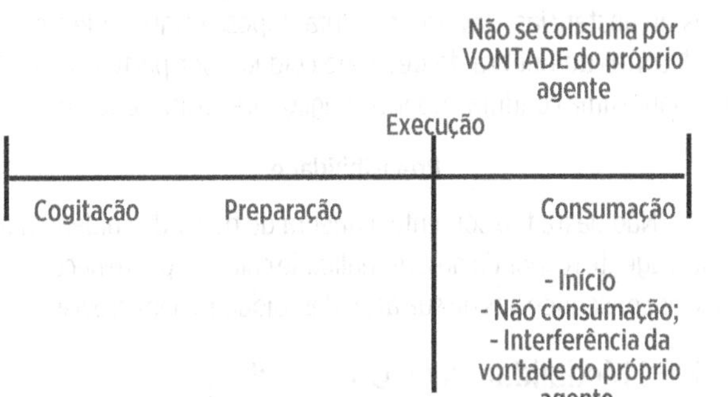

Desistência Voluntária: o agente interrompe voluntariamente a execução do crime impedindo a consumação.

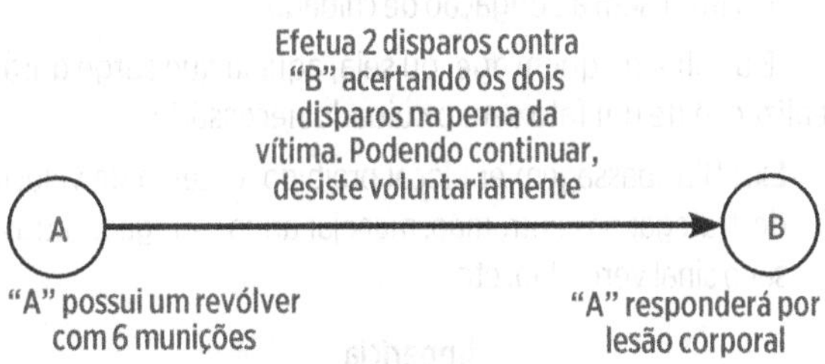

Nessa situação, o agente poderia efetuar mais disparos, porém desiste de continuar a efetuá-los e vai embora, é importante ressaltar que a desistência não teve influência de nenhuma outra circunstância, senão a vontade do próprio agente.

Arrependimento Eficaz: encerrada a execução do crime, o agente voluntariamente impede o resultado. Aqui, ele leva a execução até o fim. Contudo, com sua ação impede que o resultado seja produzido.

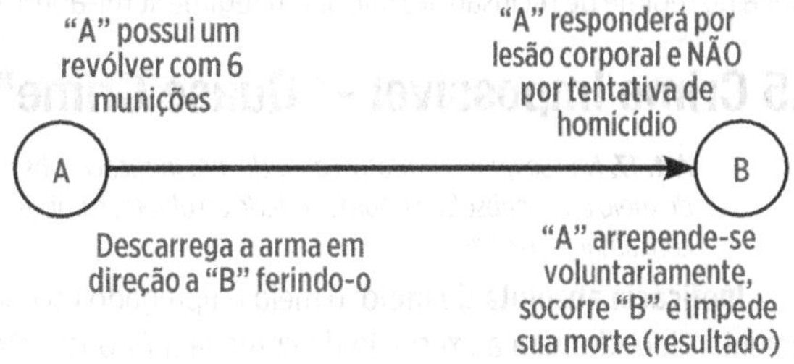

Nesta situação, o agente esgota os meios efetuando todos os disparos, contudo, após finalizá-los, arrepende-se do que fez, socorre "B" levando-o para um hospital, vindo a salvá-lo.

A "desistência voluntária" (ato negativo) e o "arrependimento eficaz" (ato positivo) têm como consequência a DESCLASSIFICAÇÃO DA FIGURA TÍPICA, ou seja, exclui a modalidade tentada. Dessa forma o agente responderá pelos atos até então praticados; nessas situações, considera-se lesão corporal.

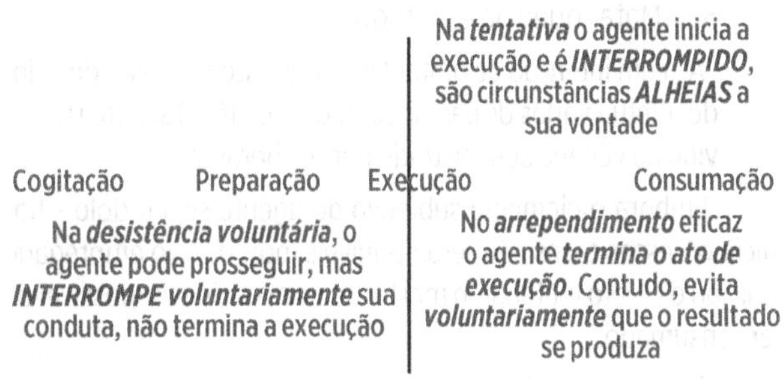

Tentativa: após o início da execução, o crime não se consuma por vontades alheias ao desejo do agente.

Desistência voluntária: mesmo podendo prosseguir, o agente desiste, interrompe por sua vontade própria.

Arrependimento eficaz: finalizados todos os atos de execução, o agente por vontade própria, socorre a vítima, impedindo que o resultado (morte) ocorra.

2.4 Arrependimento Posterior

Art. 16. *Nos crimes cometidos sem violência ou grave ameaça à pessoa, reparado o dano ou restituída a coisa, até o recebimento da denúncia ou da queixa, por ato voluntário do agente, a pena será reduzida de um a dois terços.*

É requisito fundamental que não ocorra violência ou grave ameaça. Após a consumação do crime, antes que do recebimento da denúncia ou queixa - instauração no Poder Judiciário - o agente repara o dano causado anteriormente.

Ex.: Um rapaz é preso pelo furto (Art. 155, CP) de uma televisão de 14 polegadas, antes do recebimento da denúncia, seu advogado - ou representante legal - repara à vítima todos os danos que o agente causou quando subtraiu o bem, nessa hipótese, a pena do agente será reduzida.

Caso a reparação do dano ocorra após o recebimento da denúncia, a pena será atenuada, por exemplo, em vez de iniciar a pena no regime de reclusão, irá iniciar em regime semi-aberto.

2.5 Crime Impossível - "Quase Crime"

> ***Art. 17.*** *Não se pune a tentativa quando, por ineficácia absoluta do meio ou por absoluta impropriedade do objeto, é impossível consumar-se o crime.*

Ineficácia absoluta do meio: o meio empregado ou o instrumento utilizado para a execução do crime jamais o levarão a consumação.

> Tentar matar alguém utilizando uma arma de brinquedo.

> Tentar envenenar alguém com sal.

"A" com intenção de envenenar "B", coloca sal - erro do tipo putativo - em sua comida, pensando ser arsênico.

Impropriedade absoluta do objeto material: Nessa hipótese, a pessoa ou a coisa sobre a qual recai a conduta é absolutamente inidônea para produção de algum resultado lesivo.

> Matar quem já está morto.

"A" com intenção de matar "B", enquanto este está dormindo, efetua vários disparos. Contudo, "B" já estava morto devido ao veneno administrado por "C" horas atrás.

Embora o elemento subjetivo do agente seja o dolo - homicídio - esses casos não serão puníveis, pois o meio empregado "sal" ou o objeto material "o morto" tornam o crime impossível de ser consumado.

Caso a ineficácia absoluta do meio seja relativa, será considerado crime, por exemplo, uma arma antiga de um colecionador, da segunda guerra mundial, seria quase impossível cometer um crime com um meio desses, entretanto, caso ela tenha potencial para causar lesão (esteja funcionando) o crime que o agente tentou praticar com esta arma, será considerado punível.

2.6 Crime Doloso

> ***Art. 18.*** *Diz-se o crime:*
> ***I.*** *doloso, quando o agente quis o resultado ou assumiu o risco de produzi-lo.*

2.6.1 Doloso

> **Doloso direto**: quis resultado.

> **Doloso eventual ou indireto**: assumiu o risco de produzir o resultado.

Ex.: "A" atira em direção de "B" querendo que a morte desse aconteça.

"A", caçador, efetua vários disparos a fim de abater animal. Contudo, é advertido por "B" que naquela direção em que está atirando é local habitado. "A" não se importa e continua os disparos, mesmo consciente que poderia acertar alguém. Um de seus projéteis acerta "C", inocente morador das redondezas. Nessa situação, deverá "A" responder por homicídio doloso - eventual - pois assumiu o risco de produzir o resultado não observando a advertência que "B" lhe havia feito. O agente sabe o que pode vir a causar, mas não se importa com o resultado.

Ex.: "A" dirigindo em altíssima velocidade e disputando um racha com amigos perto de uma movimentada escola vem a atropelar "B", estudante, no momento que este atravessava a via. "A" nessa situação tinha consciência que sua conduta poderia matar alguém. Contudo, não se importou em continuar. Novamente, o agente sabe que pode acontecer, mas não se importa.

> **Dolo Direto** - Teoria da Vontade - Quer o resultado.

> **Dolo Eventual** - Teoria do Assentimento - Assume o risco do resultado.

2.7 Crime Culposo

> ***Art. 18, II.*** *Culposo, quando o agente deu causa ao resultado por imprudência, negligência ou imperícia.*
> ***Parágrafo único.*** *Salvo os casos expressos em lei, ninguém pode ser punido por fato previsto como crime, senão quando o pratica dolosamente.*

2.7.1 Culpa

Na conduta culposa, há uma ação voluntária dirigida a uma finalidade lícita, mas, pela quebra do dever de cuidado a todos exigidos, sobrevém um resultado ilícito não desejado, cujo risco nem sequer foi assumido.

2.7.1.1 Requisitos do Crime Culposo

Quebra do Dever Objetivo de Cuidado

A culpa decorre da comparação que se faz entre o comportamento realizado pelo sujeito no plano concreto e aquele que uma pessoa de prudência normal, mediana, teria naquelas mesmas circunstâncias. Haverá a conduta culposa sempre que o evento decorrer de quebra do dever de cuidado por parte do agente mediante uma conduta imperita, negligente ou imprudente.

Previsibilidade

Não basta tão somente a quebra do dever de cuidado para que o agente responda pela modalidade culposa, pois é necessário que as consequências de sua ação descuidada sejam previsíveis.

2.7.1.2 Modalidades do Crime Culposo

Imprudência

É o fazer sem a obrigação de cuidado.

É a culpa de quem age, ou seja, aquela que surge durante a realização de um fato sem o cuidado necessário.

Ex.: Ultrapassagem em local proibido, excesso de velocidade, trafegar na contramão, manejar arma carregada, atravessar o sinal vermelho, etc.

Imperícia

É a falta de conhecimento técnico ou habilitação para o exercício de profissão ou atividade.

Ex.: Médico ao realizar uma cirurgia e esquece uma pinça dentro do abdômen do paciente. Atirador de elite que acerta a vítima, em vez do criminoso. Médico que faz lipoaspiração e causa a morte de paciente.

Negligência

É o não fazer sem a obrigação de cuidado.

É a culpa na sua forma omissiva. Consiste em deixar alguém de tomar o cuidado devido antes de começar a agir.

Ex.: Deixar de conferir os pneus antes de viajar, bem como de realizar a devida manutenção do veículo. Deixar substância tóxica ao alcance de crianças, etc.

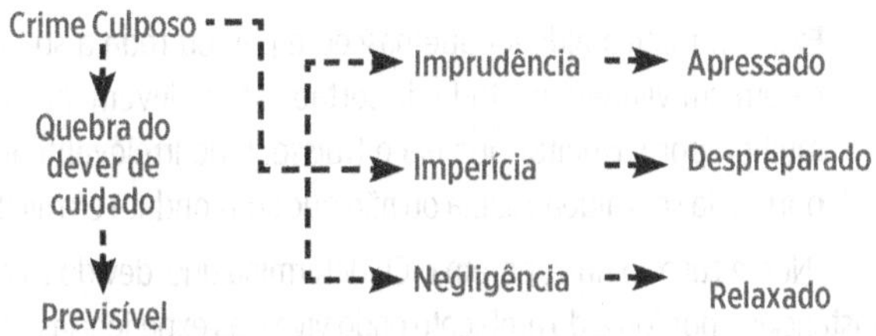

2.7.2 Culpa Consciente

Na culpa consciente, o agente antevê o resultado, mas não o aceita, não se conforma com ele. O agente age na crença de que não causará o resultado danoso:

O atirador - não o substituto - de facas no circo. Ele atira a faca na crença de que, habilidoso que é, acertará a maça. Mas, ao contrário do que acreditava, ele acerta a moça.

2.8 Preterdolo

> ***Art. 19.*** *Pelo resultado que agrava especialmente a pena, só responde o agente que o houver causado ao menos culposamente.*

Quando o resultado agravador for imputado a título de culpa, estaremos diante de um crime PRETERDOLOSO. Nele, o agente quer praticar um crime, mas acaba excedendo-se e produzindo culposamente um resultado mais gravoso do que o desejado.

Ex.: O agente desfere soco no rosto da vítima com intenção de lesioná-la, no entanto, ela perde o equilíbrio, bate a cabeça e morre.

> ***Art. 157.*** *Subtrair coisa móvel alheia, para si ou para outrem, mediante grave ameaça ou violência à pessoa, ou depois de havê-la, por qualquer meio, reduzido à impossibilidade de resistência:*
> ***Pena*** *- Reclusão, de quatro a dez anos, e multa.*
> ***§ 3º.*** *Se da violência resulta lesão corporal grave, a pena é de reclusão, de sete a quinze anos, além da multa; se resulta morte, a reclusão é de vinte a trinta anos, sem prejuízo da multa.*
> ***Art. 129.*** *Ofender a integridade corporal ou a saúde de outrem:*
> ***§ 3º.*** *Se resulta morte e as circunstâncias evidenciam que o agente não quis o resultado, nem assumiu o risco de produzi-los;*
> ***Pena*** *- Reclusão, de quatro a doze anos.*

2.9 Erro sobre Elemento do Tipo

> ***Art. 20.*** *O erro sobre elemento constitutivo do tipo legal de crime exclui o dolo, mas permite a punição por crime culposo, se previsto em lei.*

Elementares: é a descrição típica do crime. Geralmente o próprio *caput*. Quando se extrai a elementar, o crime não existe.

> ***Art. 155.*** *Subtrair coisa alheia móvel: Caso o indivíduo subtraia coisa própria por engano não haverá o crime, pouco importando sua intenção. Assim, se o agente subtrai sua própria bicicleta por "engano", pensando que está a subtrair bicicleta de seu vizinho não comete crime algum. Não há como punir uma pessoa que subtrai suas próprias coisas.*

Circunstâncias: são dados assessórios do crime, que suprimidos não impedem a punição do agente. Só servem para aumentar ou diminuir a pena.

Ladrão que furta um bem de pequeno valor pensando ser de grande valor. Responderá pelo furto simples sem redução de pena do privilégio.

2.9.1 Erro Essencial

Incide sobre situação, de tal importância, para o tipo que se o erro não existisse o agente não teria cometido o crime, ou pelo menos, não naquelas circunstâncias.

2.9.2 Erro Inevitável (Invencível ou Escusável)

É aquele que não podia ter sido evitado, nem mesmo com o emprego de uma diligência mediana.

Nessas duas situações, exclui-se o dolo e a culpa do agente, sendo assim, exclui o crime.

Agente furta caneta pensando que é própria.

Ex.: Sujeito que mantém conjunção carnal com menor de 13 anos que aparenta ter 20 anos pela sua proporção física.

Ex.: Bêbado que sai de uma festa e liga carro alheio com sua chave normalmente, sendo o carro de mesma cor e modelo que o seu.

2.9.3 Erro Evitável (Vencível ou Inescusável)

É aquele que poderia ser evitado pela prudência normal do homem médio. Exclui o dolo, mas permite a modalidade culposa se prevista em lei. Quando não prevista a modalidade culposa, não ocorre o crime.

Exs.: Caçador confunde vulto em uma moita com o animal que caçava e atira, vindo a causar a morte de um lavrador. Nessa situação, caso o fato pudesse ser previsível, deverá o caçador responder por homicídio culposo.

Bêbado sai de uma festa, ao observar carro idêntico ao seu, tenta desativá-lo com a chave do próprio carro, não obtendo êxito, quebra o vidro com uma pedra, força a ignição e vai para sua casa. Nesse caso, o agente será punido na modalidade culposa, embora não tendo a intenção, utilizou-se de uma conduta reprovável.

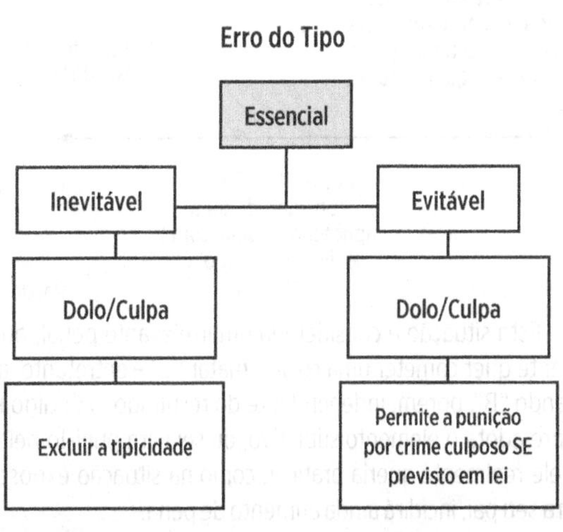

2.9.3.1 Erro do Tipo Acidental

Já o erro do tipo acidental **não exclui nada**, visto que o agente tem o elemento subjetivo do tipo e apenas erra na execução da ação criminosa.

- **Erro sobre o objeto**: o agente furta um quadro que acredita ser verdadeiro, mas no outro dia descobre que é falso. Aqui, ele responde como se tivesse furtado o quadro verdadeiro.
- **Erro sobre a pessoa** (error in persona): o agente tenta matar A, mas mata B, executando fielmente o que havia planejado. Neste caso, responde normalmente por homicídio.
- **Erro sobre a execução** (aberratio ictus): o agente tenta matar a sua namorada ao vê-la com outro, mas por não saber manusear a arma, quando atira, acerta em pessoa diversa. Nesse caso, ele responde como se tivesse matado a namorada.
- **Resultado diverso do esperado** (aberratio criminis): ocorrendo resultado diverso do pretendido, a consequência para o agente é responder pelo crime, a título de culpa (se houver), conforme Art. 74 do CP. Se ocorrer também o resultado pretendido, haverá concurso formal (1 ação = 2 crimes).
- **Erro sucessivo** (Dolo Geral ou aberratio causae): o agente, após acreditar ter matado a sogra por veneno, "desova" o corpo em um lago. Após a perícia analisar o caso, é constatado que não houve morte por envenenamento, mas por afogamento. Nessa situação, o agente responde como se tivesse envenenado a vítima.

2.10 Erro sobre a Pessoa

> ***Art. 20, § 3º.*** *O erro quanto à pessoa contra a qual o crime é praticado não isenta de pena. Não se consideram, neste caso, as condições ou qualidades da vítima, senão as da pessoa contra quem o agente queria praticar o crime.*

É o erro na representação do agente, que olha um desconhecido e o confunde com a pessoa que quer atingir. O erro é tão irrelevante, que o legislador determinou que o autor fosse punido pelo crime que efetivamente cometeu contra o terceiro inocente - vítima efetiva - como se tivesse atingido a pretendida - vítima virtual -, por exemplo:

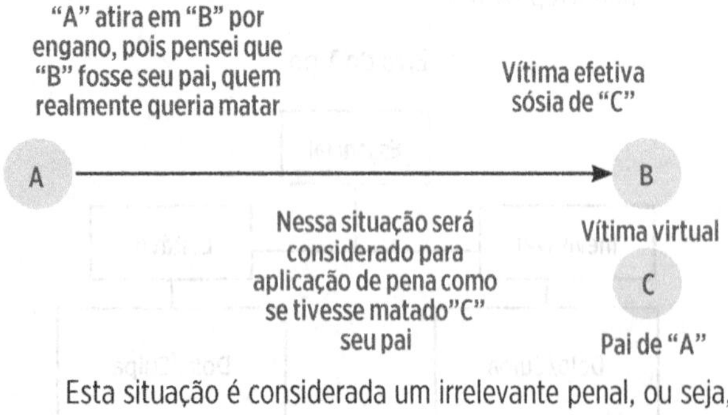

Esta situação é considerada um irrelevante penal, ou seja, o agente quer cometer uma coisa - matar "C" - entretanto, acaba matando "B", porém, independente do resultado, o Código Penal sempre adota o elemento subjetivo, ou seja, irá puni-lo pelo fato que ele realmente queria praticar, como na situação exposta era contra seu pai, incidirá ainda aumento de pena.

2.11 Erro sobre a Ilicitude do Fato

2.11.1 Erro de Proibição

> ***Art. 21.*** *O desconhecimento da lei é inescusável. O erro sobre a ilicitude do fato, se inevitável, isenta de pena; se evitável, poderá diminuí-la de um sexto a um terço.*

É a errada compreensão de uma determinada regra legal. Pode levar o agente a supor que certa conduta seja lícita.

Ex.: Um rústico aldeão, que nasceu e passou toda a sua vida em um vilarejo afastado do sertão, agride levemente sua mulher, por suspeitar que ela o traísse. É de irrelevante importância se o aldeão sabia ou não que sua conduta era ilícita.

Nesse caso é crime, porém o CP determina que, devido às circunstâncias - por força do ambiente onde vive e as experiências acumuladas -, o sujeito não terá PENA, ou seja, exclui-se a culpabilidade.

Nesta situação, devido à origem do agente ser de lugar ermo, e o mesmo não possuiu conhecimento suficiente sobre fatos que não são permitidos, embora sua conduta seja criminosa, nesse caso fático o Juiz não aplicará pena sobre o agente.

2.11.2 Tipos de Erro de Proibição

Erro Inevitável ou Escusável = Isenta de Pena

Dona de casa de prostituição cujo funcionamento era de pleno conhecimento das autoridades fiscais, tendo, inclusive, licença de funcionamento fornecido pela Prefeitura Municipal, circunstância que sugeriam o desempenho de atividade lícita.

> ***Parágrafo único.*** *Considera-se evitável o erro se o agente atua ou se omite sem a consciência da ilicitude do fato, quando lhe era possível, nas circunstâncias, ter ou atingir essa consciência.*

Erro Evitável ou Inescusável = Não isenta de pena, mas terá direito a uma redução de pena 1/6 a 1/3.

Ex.: Atendente de farmácia que, apesar de ciente de que a venda de medicamentos com tarja preta configura transgressão administrativa, não tem consciência de que tal prática, com relação a alguns dos medicamentos controlados, caracteriza também o crime de tráfico de drogas.

Diferenças

Erro de Tipo	X	Erro de Proibição
Agente erra sobre dados do próprio crime. Isenta do dolo e culpa se inevitável e isenta de dolo mas permite a punição por culpa se evitável.		O agente acha que sua conduta é legal, quando na verdade é ilegal. Aqui o agente comete crime, mas não tem pena pois culpabilidade fica excluída.

É importante que diferenciemos bem a relação entre erro do tipo - exclui o crime - com o erro de proibição - isenta de pena . Naquele o agente sabe que sua conduta é ilícita, entretanto, erra sobre o próprio tipo penal, ou seja, sua intenção é realizar uma conduta, mas acaba cometendo outra. Contudo, nesse o agente desconhece o caráter ilícito do fato, imagina estar praticando uma conduta lícita, quando na verdade é ilícita - criminosa.

2.12 Coação Irresistível e Obediência Hierárquica

Art. 22. Se o fato é cometido sob coação irresistível ou em estrita obediência a ordem, não manifestamente ilegal, de superior hierárquico, só é punível o autor da coação ou da ordem.

Para que se possa considerar alguém culpado do cometimento de uma infração penal, é necessário que esta tenha sido praticada em condições e circunstâncias normais, pois, do contrário, não será possível exigir do sujeito conduta diversa da que, efetivamente acabou praticando.

Nessa situação, o agente obriga uma terceira pessoa a cometer um crime ou ao cumprimento de uma ordem ilegal, a pessoa coagida não será punida, mas sim, quem o coagiu e o obrigou a realizar a conduta contra seu consentimento.

2.12.1 Coação Irresistível

É o emprego de força física ou de grave ameaça para que alguém faça ou deixe de fazer alguma coisa.

Coação Física - *vis absoluta* - o sujeito não comete crime.

Ex.: "A" imobiliza "B", depois, coloca uma arma em sua mão e força-o a apertar o gatilho. O disparo acerta "C", que morre. Nessa situação, devido à coação FÍSICA irresistível, "B" ***NÃO*** comete crime. "A" responderá por homicídio.

A coação física recai sobre a conduta do agente - elemento do fato típico - pois este foi forçado, nessa situação, exclui-se o crime.

Coação Moral - *vis relativa* - o sujeito comete crime, mas ocorre isenção de pena.

Ex.: "A" encosta uma arma carregada na cabeça "B" e ordena que ele atire em "C", caso contrário quem irá morrer é "B". "B" atira e "C" morre. Nessa situação, ambos cometem crime ("A" e "B"). Contudo, somente "A" terá PENA, "B" estará ***ISENTO*** de pena devido a coação MORAL irresistível.

Assim sendo, mesmo "B" tendo praticado o ato, sua conduta foi forçada mediante grave ameaça moral, em que este, temendo por sua própria vida, cometeu o crime. Nessa situação a conduta de "B" é típica e ilícita, contudo, não culpável, pois ficará isento de pena.

2.12.2 Obediência Hierárquica

É a obediência à ordem não manifestamente ilegal de superior hierárquico, tornando viciada a vontade do subordinado e afastando a exigência de conduta diversa. Também exclui a culpabilidade.

Ordem de superior hierárquico: é a manifestação de vontade do titular de uma função pública a um funcionário que lhe é subordinado.

Ex.: Um delegado de polícia manda seu subordinado, aspirante recém-chegado da corporação, que prenda um desafeto seu, para que esse aprenda uma lição.

Caso o aspirante cumpra esta ordem ilegal de seu superior, ambos estarão cometendo crime, abuso de autoridade; pois, embora ordem de superior, o aspirante no caso não é obrigado a cumpri-la.

Ordem manifestamente não ilegal: a ordem deve ser aparentemente legal. Se for manifestamente ilegal, deve o subordinado responder pelo crime.

Ex.: Delegado de polícia determina que agente prenda Antônio, indiciado por crime de latrocínio e alega que Antônio tem contra si um mandado de prisão expedido pela autoridade judiciária. O agente então prende Antônio e o conduz até a delegacia. Acontece que não existia mandado algum contra Antônio. Nessa situação, tanto o delegado quanto o agente cometeram crime de abuso de autoridade. Contudo, somente o delegado terá PENA, o agente ficará isento devido à "aparência" de ordem manifestamente NÃO ilegal.

Nessa conduta, o agente pensava estar praticando uma ação lícita, entretanto, este foi enganado por seu superior, sob alegação de posse de falso mandado de prisão.

2.13 Exclusão da Ilicitude

Art. 23. Não há crime quando o agente pratica o fato:

I. Em estado de necessidade;

II. Em legítima defesa;

III. Em estrito cumprimento de dever legal ou no exercício regular de direito.

2.13.1 Excesso Punível

Parágrafo único. O agente, em qualquer das hipóteses deste artigo, responderá pelo excesso doloso ou culposo.

O agente que extrapolar os limites das excludentes deve responder pelo resultado produzido de forma dolosa ou culposa.

Ex.: João saca sua arma para matar Manoel, esse, prevendo o ocorrido, vale-se de sua arma e atira primeiro, ferindo João. Mesmo após a cessação da agressão por parte de João, Manoel efetua mais dois disparos para garantir o resultado.

Nessa situação, Manoel excedeu-se e deverá responder por homicídio na modalidade dolosa.

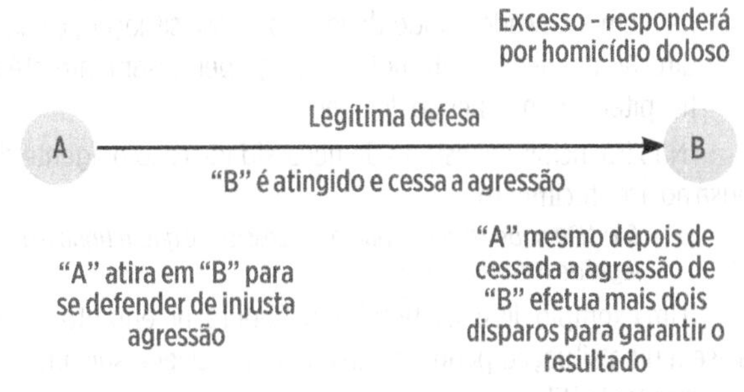

Não obstante, as excludentes de ilicitude, como o próprio nome já diz, excluem o caráter ilícito do fato, tornando a conduta lícita e jurídica.

Ocorrendo o fato diante de uma dessas excludentes, exclui-se também o crime.

São situações em que a norma penal permite que se cometa crime em determinadas situações, pois, apesar de serem condutas ilícitas, o agente não será punido.

2.13.2 Estado de Necessidade

> ***Art. 24.*** *Considera-se em estado de necessidade quem pratica o fato para salvar de perigo atual, que não provocou por sua vontade, nem podia de outro modo evitar, direito próprio ou alheio, cujo sacrifício, nas circunstâncias, não era razoável exigir-se.*

Ocorre quando um bem é lesado para se salvar outro bem em perigo de ser igualmente ofendido. Ambos possuidores desses bens têm direito de agir para proteger-se.

→ **Requisitos para configuração do estado de necessidade:**

> Perigo atual.

> Direito próprio ou alheio.

> Perigo não causado voluntariamente pelo agente.

> Inevitabilidade de comportamento.

> Razoabilidade do sacrifício.

> Requisito subjetivo.

Ex.: Em um cruzeiro marítimo, 10 passageiros estão a bordo de um navio. No entanto, só existem 9 salva-vidas e o navio está afundando em alto-mar. O único que ficou sem o apetrecho não sabe nadar e para salvar sua vida do perigo atual desfere facadas em outro passageiro a fim de conseguir se salvar.

Trabalhador desempregado e vendo os filhos passarem fome, entra em supermercado e furta dois pacotes de arroz e um pedaço de carne seca (furto famélico).

Cidadão não tem carteira de motorista e observa um motorista em avançado estado de infarto, nessa situação, toma a direção de veículo automotor e dirige perigosamente até o hospital, gerando perigo de dano.

Não irá incidir em estado de necessidade caso o agente dê causa ao acontecimento.

> ***§ 1º*** *Não pode alegar estado de necessidade quem tinha o deve legal de enfrentar o perigo.*

Um exemplo disso é o bombeiro. Poderá, no entanto, recusar-se a uma situação perigosa quando impossível o salvamento ou o risco for inútil.

2.13.3 Legítima Defesa

> ***Art. 25.*** *Entende-se em legítima defesa quem, usando moderadamente dos meios necessários, repele injusta agressão, atual ou iminente, a direito seu ou de outrem.*

Ocorre um efetivo ataque ilícito contra o agente ou terceiro, legitimando repulsa.

Requisitos para que subsista a legítima defesa:

> Agressão humana.

> Agressão injusta.

> Agressão atual ou iminente.

> Agressão a direito próprio ou de terceiro.

> Meios necessários.

> Requisito subjetivo.

Ex.: "A" desafeto de "B" arma-se com um machado e prestes a desferir um golpe é surpreendido pela reação de "B", que saca um revólver e efetua um disparo.

"A" munido de um cão, atiça o animal na direção de "B" que para repelir a injusta agressão atira no enfurecido animal.

"A", menor de idade, pega um fuzil e, prestes a atirar em "B", é surpreendido por esse que pega uma bazuca, único meio disponível no momento, vindo a "explodir" "A".

Os meios necessários para conter a injusta agressão podem ser quaisquer que estejam disponíveis, inexiste equiparação dos meios utilizados.

É necessário que seja atual e iminente. Caso "B" ferido por "A" desloque-se até sua casa, depois de sofrida agressão, para apanhar revólver com intuito de se defender, não será mais válido, caso venha efetuar disparos contra "A".

2.13.3.1 Não Configura Legítima Defesa

Ex.: "A" marido traído chega a casa e surpreende "C" sua esposa em conjunção carnal com "B". Enfurecido, pega sua arma e dispara contra a esposa traidora.

"A" surpreendido por cão feroz, dispara para que não seja atacado.

"A" desafeto de "B" vai a sua procura e efetua disparo. Mais tarde provou-se que "B" também estava armado e queria igualmente executar "A".

2.13.4 Estrito Cumprimento do Dever Legal

Em síntese, é a ação praticada por um dever imposto por lei. É necessário que o cumprimento seja nos exatos ditames da lei. Do contrário, o agente incorrerá em excesso, podendo responder criminalmente.

Exs.: Policial que prende foragido da justiça vindo a causar-lhe lesões devido sua resistência.

Soldado que, em tempos de guerra, executa inimigo.

A execução efetuada pelo carrasco, quando o ordenamento jurídico admite.

2.13.5 Exercício Regular de Direito

É o desempenho de uma atividade ou a prática de uma conduta autorizada em lei.

> Tratamento médico ou intervenção cirúrgica, comete lesão corporal para realizar o ato cirúrgico.

> Ofendículos - (exercício regular do direito de defesa da propriedade), cerca elétrica, cacos de vidro, arame farpado, etc.

A lei não permite o emprego da violência física como meio para repelir injúrias ou palavras caluniosas, visto que não existe legítima defesa da honra. Somente a vida ou a integridade física são abrangidas pelo instituto da legítima defesa.

Admite-se a excludente de legítima defesa real contra quem pratica o fato acobertado por causa de exclusão da culpabilidade, como o inimputável.

Nos termos do Código Penal e na descrição da excludente de ilicitude, haverá legítima defesa sucessiva na hipótese de excesso, que permite a defesa legítima do agressor inicial.

É possível legítima defesa de provocações por meio de injúrias verbais, segundo a sua intensidade e conforme as circunstâncias, pode ou não ser agressão.

Agressão de inimputável constitui legítima defesa.

Agressão decorrente de desafio, duelo, convite para briga não constitui legítima defesa.

Agressão passada constitui vingança e não legítima defesa.

Agressão futura não autoriza legítima defesa (mal futuro).

Não existe legítima defesa da honra.

O agente tem que saber que está na legítima defesa.

Legítima defesa e porte ilegal de arma de fogo: Se portar anteriormente, responde pelo crime do Art. 14 ou Art. 16, caput do estatuto do desarmamento. Se for contemporâneo, não responde pelo crime dos artigos mencionados.

2.14 Da Imputabilidade Penal

Inimputáveis

Art. 26. *É isento de pena o agente que, por doença mental ou desenvolvimento mental incompleto ou retardado, era, ao tempo da ação ou da omissão, inteiramente incapaz de entender o caráter ilícito do fato ou de determinar-se de acordo com esse entendimento.*

Redução de Pena

Parágrafo único. *A pena pode ser reduzida de um a dois terços, se o agente, em virtude de perturbação de saúde mental ou por desenvolvimento mental incompleto ou retardado não era inteiramente capaz de entender o caráter ilícito do fato ou de determinar-se de acordo com esse entendimento.*

Imputabilidade: é a capacidade de entender o caráter ilícito do fato e de determinar-se de acordo com esse entendimento. É a capacidade de entendimento e a faculdade de controlar e comandar suas próprias ações.

- → Imputável (regra): Pode-se imputar (aplicar) pena ao sujeito.
- → **INI**mputável (exceção): Não pode sofrer pena. Ou seja, é a capacidade de compreensão do agente de que sua conduta é ilícita, inapropriada, é uma das espécies da culpabilidade que compõem o fato típico, ou seja, a capacidade de punir, ou não, o agente da conduta.

2.14.1 Exclusão da Imputabilidade

2.14.1.1 Doença Mental

É a doença mental de qualquer ordem. Compreende a infindável gama de moléstias mentais.

Ex.: Alcoolismo patológico.

2.14.1.2 Desenvolvimento Mental Incompleto ou Retardado

Ex.: Silvícola inadaptado - índio - menor de 18 anos.

2.14.2 Sistema Adotado pela Legislação Brasileira

2.14.2.1 Regra: BIOpsicológico

Não basta ter a enfermidade. No momento da ação ou omissão, o sujeito tem que ser inteiramente incapaz de entender e compreender o caráter ilícito do fato e determinar-se de acordo com esse entendimento.

2.14.2.2 Exceção: Biológico

Basta tão somente a menoridade - menos de 18 anos - para configurar a inimputabilidade.

2.14.2.3 Embriaguez

Art. 28, II. *A embriaguez, voluntária ou culposa, pelo álcool ou substância de efeitos análogos.*

§ 1º *É isento de pena o agente que, por embriaguez completa, proveniente de caso fortuito ou força maior, era, ao tempo da ação ou da omissão, inteiramente incapaz de entender o caráter ilícito do fato ou de determinar-se de acordo com esse entendimento.*

NÃO Exclui a Imputabilidade	Exclui a Imputabilidade
Voluntária	Caso Fortuito
Culposa	Força Maior
Preordenada	

A embriaguez não exclui a imputabilidade, quais sejam: a voluntária - toma por conta própria -, a culposa - toma além da conta - e a preordenada - toma para criar coragem - sendo que a última, é causa de aumento de pena, actio libera in causa.

§ 2º *A pena pode ser reduzida de um a dois terços, se o agente, por embriaguez, proveniente de caso fortuito ou força maior, não possuía, ao tempo da ação ou da omissão, a plena capacidade de entender o caráter ilícito do fato ou de determinar-se de acordo com esse entendimento.*

No caso da embriaguez por caso fortuito, caso ela seja completa, será causa de isenção de pena, caso seja semicompleta (semi-imputabilidade), incidirá em diminuição de pena - redução de culpabilidade - de 1/3 a 2/3.

2.15 Emoção e Paixão

Art. 28. *Não excluem a imputabilidade penal:*

I. *A emoção ou a paixão;*

A emoção pode, em alguns casos, servir como diminuição de pena - privilégio -, como no caso do homicídio e lesão corporal privilegiado. Os requisitos são: a emoção deve ser intensa; o agente deve estar sob o domínio dessa emoção; deve ter sido provocado por ato injusto da vítima; a reação do agente deve ser logo após a essa provocação.

A injusta provocação pode ser de forma indireta, por exemplo, alguém que maltrata um animal, com intenção de provocar o agente, utilizando desse objeto - cachorro - para obter seu desejo.

2.16 Menores de Dezoito Anos

Art. 27. *Os menores de 18 (dezoito) anos são penalmente inimputáveis, ficando sujeitos às normas estabelecidas na legislação especial.*

2.16.1 Fundamento Constitucional

O Art. 228 da CF prevê que ***são penalmente inimputáveis os menores de dezoito anos, sujeitos às normas de legislação especial.***

2.16.1.1 Critério adotado pelo Código Penal: Sistema Biológico

→ **Crime + contravenção penal maior de 18 anos.**

→ **Ato infracional menor de 18 anos.**

Não sofrem sanção penal pela prática do ilícito, em decorrência da ausência de culpabilidade. Estão sujeitos ao procedimento e as medidas socioeducativas previstas no ECA em virtude das condutas descritas como crime e contravenção penal ser consideradas ato infracional.

Para auxiliar, convém esquematizar as Excludentes de Imputabilidade:

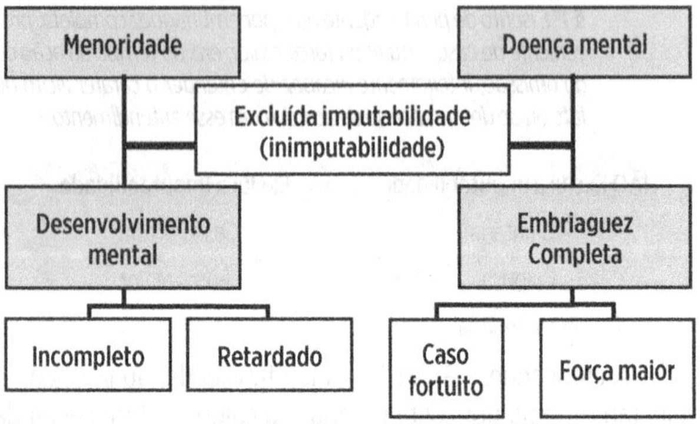

De acordo com entendimento, essas são as causas justificantes para a exclusão da imputabilidade, podemos dizer que são subespécies da culpabilidade, e a espécie que compõem os elementos do crime, juntamente com fato típico e a antijuridicidade.

2.17 Do Concurso de Pessoas

> ***Art. 29.*** *Quem, de qualquer modo, concorre para o crime incide nas penas a este cominadas, na medida de sua culpabilidade.*

Sujeitos da infração penal:

> Sujeito Ativo (quem comete a ação).

> Sujeito Passivo (quem sofre a ação).

Foco do estudo = Sujeito Ativo do Crime.

Quem pode ser sujeito ativo da infração penal:

> Maiores de dezoito anos:

Menor comete ato infracional (tudo que representa crime, para o menor é ato infracional, que, na verdade, constitui um tipo específica, tratado no ECA).

> Pessoas Jurídicas em atos lesivos ao **meio ambiente.**

As pessoas jurídicas podem ser responsabilizadas penalmente.

O Concurso de Pessoas também conhecido como concurso de agentes, ocorre quando duas ou mais pessoas concorrem para o mesmo crime. Colaborar ou concorrer para o crime é praticar o ato (moral ou material) que tenha relevância para a perpetração do ilícito.

2.17.1 Requisitos para que Ocorra o Concurso de Pessoas

2.17.1.1 Pluralidade de Agentes

Quem participa na execução do crime é coautor. Quem não executa o verbo do tipo é **partícipe.**

Ex.: "A" segura "B" enquanto "C" o esfaqueia até a morte. "A" e "C" são coautores do crime de homicídio. (divisão de tarefas no crime, ambos participam da execução)

"A" empresta arma para "B". "B" usa-se da arma para executar "C". "B" é autor (executou) e "A" é partícipe (auxiliou de forma material).

O código penal adotou a **Teoria Monista** de agentes, ou seja, todos responderão pelo mesmo crime, independente, de qual seja sua participação.

2.17.1.2 Relevância Causal

A conduta deverá ser relevante. Do contrário, não ocorrerá o concurso de pessoas.

Ex.: "A" empresta arma para "B", que para matar "C" usa um pedaço de pau. Nessa situação, o auxilio de "A" foi irrelevante para que o crime existisse. Somente "B" responde por homicídio. Contudo, se ao emprestar a arma, "A" de qualquer forma incentivou moralmente a atitude de "B", esse será partícipe do crime de homicídio.

Não houve nexo entre o homicídio e o empréstimo da arma, nessa situação, a conduta de "A" é atípica.

2.17.1.3 Liame Subjetivo

É a vontade de participar do crime. Pelo menos um agente tem que querer participar do crime do outro.

Ex.: "A", desafeto de "B", posiciona-se para matá-lo. "C", também inimigo mortal de "B", sabendo da vontade de "A", adere à vontade dele e juntos disparam a arma. Ambos responderão por homicídio como coautores.

2.17.1.4 Identidade de Infração

O Código Penal adotou a teoria Unitária ou Monista, em que todos que concorrem para o crime, responderão pelo mesmo crime, na medida de sua culpabilidade (responsabilidade).

2.17.1.4.1 Teorias do Concurso de Pessoas

Teoria do Caput

> Regra: Monista/ Igualitária / Unitária

> Exceção: Pluralista (não tem concurso de pessoas)

Ex.: Corrupção passiva e ativa.

2.17.1.4.2 Teoria do Autor

> Regra: Restritiva (Código Penal); Quem pratica o núcleo do tipo (verbo).

> Exceção: Domínio do Fato (Doutrina e Jurispridência); Teoria do Partícipe.

> Acessoriedade Limitada

Não pratica o verbo; contudo, auxilia de qualquer forma.

» Moral: instigado ou induzido.

» Material: qualquer auxílio.

> Não Ocorre Concurso de Pessoas
   » Autor Mediato (homem por trás)
   » Autoria Colateral
   » Participação Inócua (ineficaz)
   » Crimes de concurso necessário

Ex.: Associação criminosa - Art. 288

A exceção é a teoria pluralista:

Corrupção passiva e ativa.

Autoria Sucessiva ou Participação Sucessiva EM Concurso de Pessoas!

Autor (Teoria Restrita):

> Quem pratica o núcleo do tipo (verbo).

Partícipe:

> **Não** pratica o verbo; contudo, auxilia de qualquer forma.
   » **Moral**: instigado ou induzido.
   » **Material:** qualquer auxílio.

Mandante = Partícipe.

Autor Mediato (não ocorre concurso):

> São usados como instrumentos do crime:
   » Inimputável.
   » Doente mental.
   » Coação irresistível.
   » Obediência hierárquica.

Exceção: Teoria Pluralista.

2.17.2 Participação em Crime Diverso

§ 1º Se a participação for de menor importância, a pena pode ser diminuída de um sexto a um terço

§ 2º Se algum dos concorrentes quis participar de crime menos grave, ser-lhe-á aplicada a pena deste; essa pena será aumentada até metade, na hipótese de ter sido previsível o resultado mais grave.

Há hipóteses, todavia, em que o partícipe colabora com um crime e o autor, no momento da prática do ilícito vai além do imaginado pelo partícipe.

Ex.: É o caso em que dois indivíduos combinam um furto. Sendo que, um deles fica esperando no carro da fuga e o outro entra na residência. No interior da casa, o autor além de furtar, encontra a moradora e contra ela dispara vários tiros. Nessa situação, por força do Art. 29, § 2º, do CP, os agentes deverão responder por crimes diferentes. O que ficou no carro por furto (pois era esse que queria praticar) e o autor, por latrocínio.

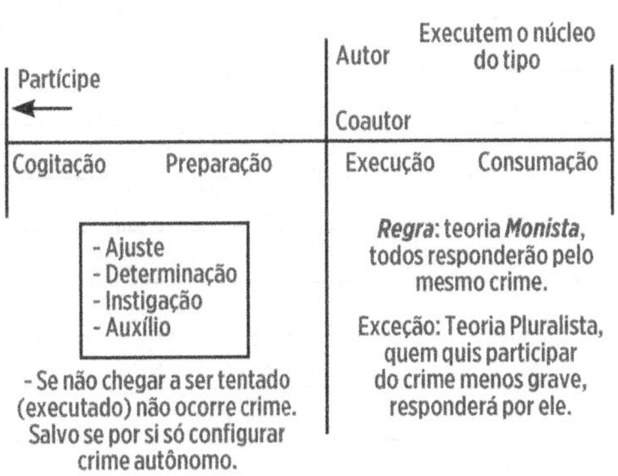

2.18 Circunstâncias Incomunicáveis

No crime culposo admite-se coautoria, mas NÃO participação.
Não existe tentativa em crime Preterdoloso.

Art. 30. *Não se comunicam as circunstâncias e as condições de caráter pessoal, salvo quando elementares do crime.*

Ex.: "A", funcionário público, convida "B" para furtar repartição pública em que trabalha. "B", desconhecendo a função de "A", acaba aceitando. Nesse caso, "A" responderá por peculato (Art. 312 CP) e "B" por furto (Art. 155 CP). Porém, caso "B" soubesse da função pública de "A", ambos responderiam por peculato.

Art. 31. *O ajuste, a determinação ou instigação e o auxílio, salvo disposição expressa em contrário, não são puníveis, se o crime não chega, pelo menos, a ser tentado.*

Ex.: "A" é induzido por "B" a cometer suicídio em momento depressivo por qual passava, entretanto, "A" nada faz. Nessa situação, a conduta de "B" é atípica.

Questões

01. A teoria da imputação objetiva prevê que não haverá nexo de causalidade se o agente atuar dentro do risco permitido, mesmo que a sua conduta gere resultado previsto em lei como crime.

Certo ( ) Errado ( )

02. A tentativa incruenta ou branca ocorre quando, iniciados os atos executórios, o agente não consegue a consumação do delito, por força alheia à sua vontade, e nem atinge o objeto material do crime.

Certo ( ) Errado ( )

03. O crime plurissubjetivo de condutas convergentes ocorre quando os agentes, desde o início do cometimento do crime, de comum acordo, praticam a conduta descrita no núcleo do tipo penal no sentido de auxílio mútuo, visando ao mesmo fim.

Certo ( ) Errado ( )

04. De acordo com a teoria da culpabilidade adotada pelo Código Penal, todo erro que recai sobre uma causa de justificação configura erro de proibição.

Certo ( ) Errado ( )

05. João e Maria foram casados por cinco anos e, após o divórcio, continuaram a residir no mesmo lote, porém em casas diferentes. Certo dia, João, depois de ingerir bebidas alcoólicas, abordou Maria em um ponto de ônibus e, movido por ciúmes, iniciou uma discussão e a ameaçou de morte. Maria, ao retornar para casa à noite depois do trabalho, encontrou o ex-marido ainda embriagado; ele novamente a ameaçou de morte, acusando-a de traição. Ela foi à delegacia e registrou boletim de ocorrência acerca do acontecido, o que ensejou início de procedimento criminal contra João. A embriaguez voluntária de João poderá ser considerada excludente de culpabilidade caso ele comprove que estava em estado de plena incapacidade nos momentos das ameaças.

Certo ( ) Errado ( )

06. (AlfaCon) Rogério e Fernando, pretendendo matar Alfredo, colocaram-se em emboscada, sem que um soubesse a intenção do outro. Rogério e Fernando, ante a aproximação de Alfredo, atiraram contra o desafeto, ficando, depois, provado que apenas um dos disparos provocara a morte da vítima. Nessa situação, Rogério e Fernando responderão por homicídio consumado em coautoria.

Certo ( ) Errado ( )

Gabaritos

01	CERTO	04	ERRADO
02	CERTO	05	ERRADO
03	ERRADO	06	ERRADO

3. DOS CRIMES CONTRA A PESSOA

Os direitos e garantias individuais não têm caráter absoluto, por esse motivo, o direito à vida é relativo.

Ex.: Pena de morte em caso de guerra externa. (Art. 5º, XLVII, "a", CF/88). O crime de homicídio, capitulado nos crimes contra a vida, está descrito no Art. 121 do Código Penal, e versa sobre a eliminação da vida humana extrauterina.

Vejamos no quadro abaixo quais são os crimes dolosos contra a vida, e suas principais peculiaridades:

Crimes Contra a Vida	
Homicídio (Art. 121, CP)	São todos crimes de Ação penal incondicionada.
Participação em Suicídio (Art. 122, CP)	São Julgados pelo tribunal do Júri.
Infanticídio (Art. 123, CP)	**Obs.:** O homicídio culposo é julgado pelo Juiz.
Aborto (Arts. 124 a 126, CP)	

Dos crimes culposos contra a vida, só temos o homicídio. Os demais não comportam a modalidade culposa, o aborto culposo pode ser resultado qualificado, mas crime autônomo ele não é. Não temos infanticídio culposo também. Só o homicídio admite a forma culposa.

3.1 Dos Crimes Contra a Vida

3.1.1 Homicídio Simples

***Art. 121.** Matar alguém:*

***Pena** - reclusão, de seis a vinte anos.*

Caso de Diminuição de Pena

***§ 1º** Se o agente comete o crime impelido por motivo de relevante valor social ou moral, ou sob o domínio de violenta emoção, logo em seguida a injusta provocação da vítima, ou juiz pode reduzir a pena de um sexto a um terço.*

3.1.2 Homicídio Qualificado

***§ 2º** Se o homicídio é cometido:*

***I.** Mediante paga ou promessa de recompensa, ou por outro motivo torpe;*

***II.** Por motivo fútil;*

***III.** Com emprego de veneno, fogo, explosivo, asfixia, tortura ou outro meio insidioso ou cruel, ou de que possa resultar perigo comum;*

***IV.** À traição, de emboscada, ou mediante dissimulação ou outro recurso que dificulte ou torne impossível a defesa do ofendido;*

***V.** Para assegurar a execução, a ocultação, a impunidade ou vantagem de outro crime:*

***Pena** - reclusão, de doze a trinta anos.*

3.1.3 Feminicídio

***VI.** Contra a mulher por razões da condição de sexo feminino:*

***VII.** Contra autoridade ou agente descrito nos Arts. 142 e 144 da Constituição Federal, integrantes do sistema prisional e da Força Nacional de Segurança Pública, no exercício da função ou em decorrência dela, ou contra seu cônjuge, companheiro ou parente consanguíneo até terceiro grau, em razão dessa condição: (Incluído pela Lei nº 13.142, de 2015).*

***Pena** - reclusão, de doze a trinta anos.*

***§ 2º-A.** Considera-se que há razões de condição de sexo feminino quando o crime envolve:*

***I.** Violência doméstica e familiar;*

***II.** Menosprezo ou discriminação à condição de mulher.*

***§ 7º** A Pena do feminicídio é aumentada de 1/3 (um terço) até a metade se o crime for praticado:*

***I.** Durante a gestação ou nos 3 (três) meses posteriores ao parto;*

***II.** Contra pessoa menor de 14 (catorze) anos, maior de 60 (sessenta) anos ou com deficiência;*

***III.** Na presença de descendente ou de ascendente da vítima.*

***Pena** - reclusão, de doze a trinta anos.*

A Lei nº 13.104/2015 introduziu no Código penal uma nova figura típica: o feminicídio. A pena para homicídio qualificado é de 12 a 30 anos de prisão, e será aumentada em um terço se o crime acontecer durante a gestação ou nos três meses posteriores ao parto; se for contra adolescente menor de 14 anos ou adulto acima de 60 anos ou ainda pessoa com deficiência. Também se o assassinato for cometido na presença de descendente ou ascendente da vítima.

3.1.3.1 Conceito

Podemos definir como uma qualificadora do crime de homicídio motivada pelo ódio contra as mulheres, tendo como ente motivador por circunstâncias específicas em que o pertencimento da mulher ao sexo feminino é central na prática do delito. Entre essas circunstâncias estão incluídos: os assassinatos em contexto de violência doméstica ou familiar e o menosprezo ou discriminação à condição de mulher.

Temos essa qualificadora conhecida como crime fétido.

3.1.3.2 Razões de Gênero

A qualificadora do feminicídio não poderá ser provada por um laudo pericial ou exame cadavérico, porque nem sempre um assassinado de uma mulher será considerado "feminicídio". Assim, para ser configurada a qualificadora do feminicídio, a acusação tem que provar que o crime foi cometido contra a mulher por razões da condição de sexo feminino.

O feminicídio foi acrescentado no § 2º-A. Essa conduta tomou a forma de uma norma explicativa do termo razões da condição de sexo feminino, podendo ocorrer em duas situações:

- Violência doméstica e familiar;
- Menosprezo ou discriminação à condição de mulher;

O § 7º do Art. 121 do CP estabelece causas de aumento de pena para o crime de feminicídio.

A pena será aumentada de 1/3 até a metade se for praticado:

- Durante a gravidez ou nos 3 meses posteriores ao parto;
- Contra pessoa menor de 14 anos, maior de 60 anos ou com deficiência;
- Na presença de ascendente ou descendente da vítima.

***Art. 1º.** São considerados hediondos os seguintes crimes, todos tipificados no Decreto-Lei nº 2.848, de 7 de dezembro de 1940 - Código Penal, consumados ou tentados:*

***I.** homicídio (Art. 121), quando praticado em atividade típica de grupo de extermínio, ainda que cometido por um só agente, e homicídio qualificado (Art. 121, § 2º, incisos I, II, III, IV, V, VI e VII);*

Como todo homicídio qualificado, o feminicídio também é considerado hediondo de acordo com o Art. 1º da Lei nº 8.072/90 (Lei de Crimes Hediondos).

Essa qualificadora foi inserida pela Lei nº 13.142/2015, que acrescentou objetivamente essa ação no rol dos crimes hediondos no Art. 1º inciso I-A e também aumentou a pena de 1/3 a 2/3 no Art. 129 (lesão corporal).

> ***VII.*** *Contra autoridade ou agente descrito nos Arts. 142 e 144 da Constituição Federal, integrantes do sistema prisional e da Força Nacional de Segurança Pública, no exercício da função ou em decorrência dela, ou contra seu cônjuge, companheiro ou parente consanguíneo até terceiro grau, em razão dessa condição:*

3.1.3.2.1 São autoridades previstas no Art. 142 da CF/88:

> ***Art. 142.*** *As Forças Armadas, constituídas pela Marinha, pelo Exército e pela Aeronáutica, são instituições nacionais permanentes e regulares, organizadas com base na hierarquia e na disciplina, sob a autoridade suprema do Presidente da República, e destinam-se à defesa da Pátria, à garantia dos poderes constitucionais e, por iniciativa de qualquer destes, da lei e da ordem.*

3.1.3.2.2 São autoridades do Art. 144 da CF/88:

> ***Art. 144.*** *A segurança pública, dever do Estado, direito e responsabilidade de todos, é exercida para a preservação da ordem pública e da incolumidade das pessoas e do patrimônio, através dos seguintes órgãos:*
>
> ***I.*** *Polícia federal;*
>
> ***II.*** *Polícia rodoviária federal;*
>
> ***III.*** *Polícia ferroviária federal;*
>
> ***IV.*** *Polícias civis;*
>
> ***V.*** *Polícias militares e corpos de bombeiros militares.*
>
> ***§8º.*** *Guardas municipais*

3.1.4 Homicídio Culposo

> ***§ 3º.*** *Se o homicídio é culposo:*
>
> ***Pena*** *- detenção, de um a três anos.*

3.1.4.1 Aumento de pena

> ***§ 4º.*** *No homicídio culposo, a pena é aumentada de 1/3 (um terço), se o crime resulta de inobservância de regra técnica de profissão, arte ou ofício, ou se o agente deixa de prestar imediato socorro à vítima, não procura diminuir as consequências do seu ato, ou foge para evitar prisão em flagrante. Sendo doloso o homicídio, a pena é aumentada de 1/3 (um terço) se o crime é praticado contra pessoa menor de 14 (quatorze) ou maior de 60 (sessenta) anos.*
>
> ***§ 5º.*** *Na hipótese de homicídio culposo, o juiz poderá deixar de aplicar a pena, se as consequências da infração atingirem o próprio agente de forma tão grave que a sanção penal se torne desnecessária.*

3.1.4.2 Conceito

O homicídio é morte injusta de uma pessoa praticada por outrem. De acordo com Nelson Hungria É o Crime por excelência.

No Art. 121, caput tem-se o chamado Homicídio Doloso Simples. No Art. 121, §1º, tem-se o chamado Homicídio Doloso Privilegiado. O Art. 121, §2º, traz o Homicídio Doloso qualificado. O Art.121, §3º, traz o Homicídio Culposo. O Art. 121, §4º, do CP traz as Majorantes de Pena, o §5º traz o Perdão Judicial.

E o homicídio preterdoloso? Está previsto no Art. 129, §3º do CP: é a lesão corporal seguida de morte.

Homicídio não é genocídio, são dois crimes distintos. Nem todo homicídio em massa vai ser genocídio. Para ser genocídio tem que se enquadrar na lei, o propósito tem que ser de exterminar total ou parcialmente um grupo étnico, social ou religioso. Se o objetivo não for esse, não temos o genocídio. Pode ser genocídio segregando membros de um grupo, impedindo o nascimento no seio de um grupo. Foi o que Saddam Hussein fez com os Curdos no Iraque.

3.1.5 Homicídio Simples

> ***Art. 121.*** *Matar alguém:*

Sujeito Ativo: é crime comum, pode ser praticado por qualquer pessoa.

Sujeito Passivo: da mesma forma, pode ser praticado por qualquer pessoa. Noronha entende que o Estado também figura como vítima do homicídio, justificando existir um interesse do ente político na conservação da vida humana, sua condição de existência.

Alguns autores dizem ainda que, quando a vítima for Presidente da República, do Senado Federal ou da Câmara dos Deputados, o crime pode ser contra a Segurança Nacional. Pode estar enquadrado no Art. 121 do CP ou do Art. 29 da Lei nº 7.170/83, que é matar alguém com motivação política. Caso isso ocorra, se está diante do Princípio da Especialidade.

3.1.5.1 Conduta Punida

A conduta punível nesse tipo penal nada mais é que tirar a vida de alguém. Atente-se para a diferença:

> **Vida intrauterina**: abortamento – aborto.
> **Vida extrauterina**: homicídio ou infanticídio.

Quanto ao início do parto, existem três correntes:

> 1ª Corrente: dá-se com o completo e total desprendimento do feto das entranhas maternas;
> 2ª Corrente: ocorre desde as dores do parto;
> 3ª Corrente: ocorre com a dilatação do colo do útero.

Forma de execução: trata-se de delito de execução livre, podendo ser praticado por ação ou omissão, meios de execução diretos ou indiretos.

Tipo Subjetivo: o Art. 121, caput é punido a título de dolo direto ou dolo eventual.

Verifica-se o dolo eventual quando o agente assumiu o risco de praticar a conduta delituosa. Atualmente os tribunais vêm entendendo que quando o agente, embriagado, pratica homicídio de trânsito, pode ser condenado pelo homicídio do Art. 121 do CP, tendo em vista que, ao ingerir bebida alcoólica e tomar a direção de um veículo, assumiu o risco de produzir o evento danoso.

A finalidade do agente pode servir como privilégio ou como qualificadora.

3.1.5.2 Consumação e Tentativa

Trata-se de delito material ou de resultado, ou seja, o delito consuma-se com a morte. A morte dá-se com a cessação da atividade encefálica. Cessando a atividade encefálica, o agente será considerado morto, conforme se extrai da Lei nº 9.434/97 – Lei de Transplantes. A tentativa é possível, considerando que o homicídio se trata de crime plurissubsistente, permitindo a execução fracionamento.

O homicídio simples pode ser considerado crime hediondo quando praticado em atividade típica de grupo de extermínio. É o chamado homicídio condicionado. O homicídio pode ser praticado através de relações sexuais ou atos libidinosos.

Ex.: "A", portador do vírus HIV (AIDS) e sabedor desta condição, com a intenção de matar, tem relação sexual com "B", com o fim de transmitir voluntária e dolosamente o vírus a este último. Nesta situação, após a transmissão, enquanto "B" não morrer, "A" responderá por tentativa de homicídio, após a morte de "B", "A" responderá por homicídio consumado.

3.1.6 Homicídio Privilegiado

***Art. 121**, § 1º. Se o agente comete o crime impelido por motivo de relevante valor social ou moral, ou sob o domínio de violenta emoção, logo em seguida a injusta provocação da vítima, ou juiz pode reduzir a pena de um sexto a um terço.*

O Homicídio Privilegiado é caso de diminuição de pena, havendo diminuição de pena de 1/6 a 1/3. Essa diminuição de pena é direito subjetivo do réu, sendo que, presentes os requisitos, o juiz deve reduzir a pena.

3.1.6.1 Hipóteses Privilegiadoras

3.1.6.1.1 Se o agente comete o crime por motivo de relevante valor social

No valor social, o agente mata para atender os interesses de toda coletividade.

Ex.: Matar estuprador do bairro; matar um assassino que aterroriza a cidade.

3.1.6.1.2 Se o agente comete o crime por relevante valor moral: o agente mata para atender interesses particulares, diferente do valor social

Esses interesses morais são ligados aos sentimentos de compaixão, misericórdia ou piedade.

Ex.: Eutanásia; A mata B porque matou o filho.

Alguns autores salientam que há uma doutrina cada vez mais recente de que a ortotanásia não seja crime, mas essa questão, indagada em concurso do MP de SC, foi considerada tão crime como a eutanásia.

3.1.6.1.3 Se o agente comete o crime sob o domínio de violenta emoção, logo em seguida a injusta provocação da vítima - Homicídio Emocional

Atente-se que domínio não se confunde com mera influência. A mera influência é uma atenuante de pena prevista no Art. 65 do CP.

É necessário observar que o homicídio deve ocorrer logo após a injusta provocação da vítima, ou seja, deve haver imediatidade da reação (reação sem intervalo temporal). Entende a jurisprudência que, enquanto perdurar o domínio da violenta emoção, a reação será considerada imediata.

Observa-se ainda que a provocação da vítima deve ser injusta, e isso não traduz, necessariamente, um fato típico. Pode haver injusta provocação sem configurar fato típico, mas serve para configurar o homicídio emocional.

Ex.: Adultério.

Se for injusta a agressão da vítima, será caso de legitima defesa.

O privilégio é sempre circunstância do crime. Sendo que as circunstâncias subjetivas são incomunicáveis, nos termos do Art. 30 do CP. Já as circunstâncias objetivas são comunicáveis, nos termos do Art. 30, in fine.

Circunstâncias Subjetivas	Circunstâncias Objetivas
Não se comunicam.	Comunicam-se.
Ligam-se ao motivo ou estado anímico do agente	Ligam-se ao meio / modo de execução
Como as privilegiadoras aqui citadas são subjetivas, não haverá comunicabilidade em relação aos demais autores do crime, logo não se aplica ao **coautor** se não restarem comprovados os mesmos requisitos.	

3.1.7 Homicídio Qualificado

O homicídio qualificado é sempre crime hediondo.

> Posição Majoritária – 6ª Turma do STJ (HC 78.643/PR), Nelson Hungria, Raúl Eugênio Zaffaroni e Alexandre Araripe Marinho – As qualificadoras não são, a rigor, circunstâncias, mas sim elementares do Tipo Derivado, porque dão pena abstrata nova, ou seja, podem ser identificadas antes mesmo da fixação da pena-base. Então sempre se comunicam.

3.1.7.1 Homicídio Qualificado

***§ 2º**. Se o homicídio é cometido:*

***I.** Mediante paga ou promessa de recompensa, ou por outro motivo torpe;*

***II.** Por motivo fútil;*

***III.** Com emprego de veneno, fogo, explosivo, asfixia, tortura ou outro meio insidioso ou cruel, ou de que possa resultar perigo comum;*

***IV.** À traição, de emboscada, ou mediante dissimulação ou outro recurso que dificulte ou torne impossível a defesa do ofendido;*

***V.** Para assegurar a execução, a ocultação, a impunidade ou vantagem de outro crime:*

***Pena** - reclusão, de doze a trinta anos.*

3.1.7.2 Motivo Torpe

É o motivo abjeto, ignóbil, vil, espelhando ganância.

É indagado se a qualificadora da torpeza se aplica também ao mandante, ou apenas para o executor.

Alguns autores dizem que a resposta depende se se entende que essa qualificadora é uma elementar ou se é circunstância. Entendendo que se trata de circunstância, somente o executor responde pelo homicídio qualificado já que a circunstância subjetiva não se comunica. Por outro lado, entendendo-se que se trata de elementar subjetiva do crime, haverá comunicabilidade, estendendo-se a qualificadora ao mandante (ambos respondem pela qualificadora – mandante e executor).

Atualmente, prevalece a segunda hipótese, ou seja, que se trata de elementar subjetiva do crime, e mandante e executor respondem pelo crime qualificado.

3.1.7.3 Mediante Paga ou Promessa de Recompensa

No caso de o agente matar mediante paga ou promessa de recompensa de natureza diversa da econômica, por exemplo, sexual, continua se tratando de motivo torpe, pois não deixa de se ajustar ao encerramento genérico, somente não configurando o exemplo dado no início do inciso. É o chamado homicídio mercenário.

Esse homicídio mercenário que nada mais é que um exemplo de torpeza. O executor é chamado de matador de aluguel.

O crime, mediante paga ou promessa, é crime de concurso necessário (plurisubsistente - plurilateral - plurisubjetivo), exigindo-se pelo menos duas pessoas (mandante e executor).

Neste caso, necessariamente a natureza é econômica, logo se a vantagem era promessa sexual, entre outras, não incidirá a qualificadora.

Nesse inciso I o legislador aqui encerrou de forma genérica, o que permite a interpretação analógica, ou seja, permite ao juiz a análise de outras situações que aqui podem se enquadrar.

3.1.7.4 Por Motivo Fútil

Segundo alguns autores é aquele que ocorre quando o móvel apresenta real desproporção entre o delito e a sua causa moral. Tem-se a pequeneza do motivo (matar por pouca coisa).

Ex.: Briga de trânsito.

Tem caráter SUBJETIVO, pois se refere à motivação do agente para cometer o crime.

> CIÚME não é considerado motivo torpe.
> AUSÊNCIA de motivo não é considerado motivo fútil.
> Um motivo não pode ser FÚTIL e TORPE ao mesmo tempo, pois um exclui o outro.

É um motivo insignificante, de pouca importância, completamente desproporcional à natureza do crime praticado.

Atente-se que, motivo fútil não se confunde com motivo injusto, uma vez que a injustiça é característica de todo e qualquer crime - injusto penal.

Se não há motivo comprovado nos autos, poderá ser denunciado por homicídio qualificado pelo motivo fútil? Aqui há duas correntes:

1ª Corrente: a ausência de motivos equipara-se ao motivo fútil, pois seria um contrassenso conceber que o legislador punisse com pena mais grave quem mata por futilidade, permitindo que o que age sem qualquer motivo receba sanção mais branda. (MAJORITÁRIA)

2ª Corrente: a ausência de motivos não pode ser equiparada ao motivo fútil, sob pena de se ofender o princípio da reserva legal. É o que entende Cezar Roberto Bitencourt – para ele o legislador que deve incluir a ausência de motivo no rol das qualificadoras.

3.1.7.5 Com Emprego de Veneno, Fogo, Explosivo, Asfixia, Tortura ou Outro Meio Insidioso ou Cruel, ou de que Possa Resultar Perigo Comum

Neste inciso, novamente se permite a interpretação analógica, trazendo alguns exemplos o inciso.

Tem caráter objetivo, pois se refere aos meios empregados pelo agente para o cometimento do homicídio.

Esse inciso permite igualmente a interpretação analógica, trazendo como exemplos o emprego de veneno, fogo, explosivo, asfixia ou tortura.

No caso do emprego de veneno, é imprescindível que a vítima desconheça estar ingerindo a substância letal.

No caso de tortura, o sofrimento é aquele desnecessário da vítima antes da sua morte.

Homicídio qualificado pela tortura (Art. 121, § 2º, III, CP)	Tortura com resultado morte (Art. 1º, § 3º, Lei nº 9.455/97)
Morte DOLOSA.	Morte PRETERDOLOSA.
O agente utiliza a tortura para provocar a morte da vítima.	O agente tem o dolo de torturar a vítima, e da tortura resulta culposamente sua morte.
Competência do tribunal do júri.	Competência do juiz.
A tortura foi o meio utilizado para a morte.	A tortura foi o fim desejado, mas a morte foi culposa.

3.1.7.6 A Traição, de Emboscada, ou Mediante Dissimulação ou Outro Recurso que Dificulte ou Torne Impossível a Defesa do Ofendido

O legislador cita como exemplos a traição, emboscada ou dissimulação, finalizando de maneira genérica o que também permite a interpretação analógica.

Tem caráter objetivo (modo de execução do crime).

Conceitos

Traição: ataque desleal, quebra de confiança.

Emboscada: aquele que ataca a vítima com surpresa. Ele se oculta para surpreender a vítima.

Dissimulação: significa fingimento, disfarçando o agente a sua intenção hostil.

Ex.: Aquele que convida para ir à casa de outrem e, lá chegando, mata o convidado.

3.1.7.7 Para Assegurar a Execução, Ocultação, a Impunidade ou Vantagem de Outro Crime

Tem caráter subjetivo (refere-se aos motivos do crime). Trata das hipóteses de conexão teleológica e consequencial.

→ Quando se comete o crime para assegurar a execução, classifica-se o homicídio como qualificado teleológico.

Ex.: "A" pretendendo cometer um crime de extorsão mediante sequestro contra uma pessoa muito importante e para assegurar a execução mata o segurança do empresário.

→ Já no homicídio consequencial são as seguintes hipóteses:

Conexão Consequencial	
Ocultação	Quer evitar a descoberta do crime cometido pelo agente. **Ex.:** Ocultar o cadáver após o homicídio.
Impunidade	O criminoso procura evitar que se descubra que ele foi o autor do crime. **Ex.:** Matar a testemunha ocultar de um crime.

Vantagem	O agente que usufruir a vantagem decorrente da prática de outro crime. **Ex.:** Um ladrão mata o outro para ficar com todo o dinheiro do roubo praticado por ambos.

O STF tem admitido a coexistência do privilégio (caráter subjetivo) com as qualificadoras de caráter objetivo (chamado homicídio privilegiado-qualificado).

Ex.: "A" matou "B" envenenado porque este último estuprou a filha de "A".

O homicídio privilegiado-qualificado não é considerado hediondo (pois a existência do privilégio afasta a hediondez do homicídio qualificado).

Matar por ocasião de outro crime, sem vínculo finalístico, não qualifica o crime.

O crime futuro deve ocorrer para gerar a conexão teleológica? O crime futuro não precisa ocorrer para gerar esta qualificadora, bastando matar para essa finalidade.

Matar para assegurar uma contravenção penal não qualifica o crime nesta modalidade, mas pode qualificá-lo pelo motivo fútil.

Há possibilidades do homicídio qualificado ser privilegiado? Sim. Há essa possibilidade, quando as qualificadoras são objetivas.

Ou seja, uma da privilegiadoras, e uma das qualificadoras do meio cruel ou da torpeza (objetivas).

Para a maioria da doutrina, o homicídio qualificado quando também privilegiado não será hediondo, uma vez que o privilégio é preponderante.

3.1.8 Homicídio Culposo

> ***§ 3º**. Se o homicídio é culposo:*
>
> ***Pena** - detenção, de um a três anos.*

3.1.8.1 Conceito

Ocorre o homicídio culposo quando o agente realiza uma conduta voluntária, com violação de dever objetivo de cuidado a todos imposto, por negligência, imprudência ou imperícia, produzindo, por consequência, um resultado (morte) involuntário, não previsto e nem querido, mas objetivamente previsível, que podia ter sido evitado caso observasse a devida atenção.

Modalidades de Culpa	
Negligência	Culpa negativa. O agente deixa de fazer aquilo que a cautela manda. **Ex.:** Viajar de carro com os freios danificados.
Imprudência	Culpa positiva. O agente pratica um ato perigoso. **Ex.:** Trafegar com veículo no centro da cidade a 180 km/h.
Imperícia	Culpa profissional. É a falta de aptidão para o exercício de arte, profissão ou ofício para a qual o agente, apesar de autorizado a exercê-la, não possui conhecimentos teóricos ou práticos para tanto. **Ex.:** Médico ginecologista que começa a realizar cirurgias plásticas sem especialização para tanto.

Por se tratar de infração de médio potencial ofensivo (já que a pena mínima é de um ano) há possibilidade de suspensão condicional do processo.

Já quando ocorre o delito previsto no Art. 302 do CTB – homicídio culposo na condução de veículo automotor – a pena é detenção de dois a quatro anos + a suspensão ou proibição da permissão de conduzir veículo.

Art. 121, §3º, CP	Art. 302, CTB
Norma geral	Norma especial: na direção de veículo automotor.
Pena varia de 01 a 03 anos à infração penal de médio potencial ofensivo.	A pena é de 02 a quatro anos à infração penal de grande potencial ofensivo.
Admite a suspensão do processo.	Não admite suspensão condicional do processo.

3.1.8.2 Aumento de Pena

> ***§ 4º**. No homicídio culposo, a pena é aumentada de 1/3 (um terço), se o crime resulta de inobservância de regra técnica de profissão, arte ou ofício, ou se o agente deixa de prestar imediato socorro à vítima, não procura diminuir as consequências do seu ato, ou foge para evitar prisão em flagrante. Sendo doloso o homicídio, a pena é aumentada de 1/3 (um terço) se o crime é praticado contra pessoa menor de 14 (quatorze) ou maior de 60 (sessenta) anos.*

Aqui se tem o rol das majorantes do homicídio doloso e o rol das majorantes do homicídio culposo.

3.1.8.2.1 Aumento de pena de 1/3

Se o crime resulta de inobservância de regra técnica de profissão, arte ou ofício: neste caso, apesar do agente dominar a técnica, não observa o caso concreto. É diferente da imperícia, pois nessa hipótese, o agente não domina a técnica.

Se o agente deixa de prestar imediato socorro à vítima: neste caso, é necessário para a incidência da majorante que o socorro seja possível, e que o agente não tenha risco pessoal na conduta.

Não incide aumento quando terceiros prestarem socorro ou morte instantânea incontestável.

Neste caso, não incide também o Art. 135 do CP (omissão de socorro), para evitar o bis in idem.

De acordo com o STF, se o autor do crime, apesar de reunir condições de socorrer a vítima não o faz, concluindo pela inutilidade da ajuda em face da gravidade da lesão, sofre a majorante do Art. 121, §4º, do CP:

Se não procura diminuir as consequências do seu ato;

Se foge para evitar prisão em flagrante: para a maioria da doutrina esta majorante é aplicável, pois o agente demonstra, ao fugir do flagrante, ausência de escrúpulo e diminuta responsabilidade moral, lembrando que prejudica as investigações.

Para a doutrina moderna, essa majorante não deveria incidir, pois a pessoa estaria obrigada, nessa hipótese, a produzir prova contra si mesma, o que vai de encontro ao instituto de liberdade, e já que a fuga sem violência não é crime e daí que não poderia também incidir essa majorante. (Defensoria Pública).

No homicídio doloso a pena é aumentada de 1/3 se o crime é praticado contra:

> Menor de 14 anos;
> Maior de 60 anos (não abrange aquele que tem idade igual a 60 anos).

A idade da vítima deve ser conhecida pelo agente.

E se, quando do disparo de arma de fogo, a vítima tenha menos de 14 anos, e quando falece já é maior de 14, incide a majorante? SIM, neste caso analisa-se se na ocasião da ação a vítima era menor de 14 anos.

NÃO incide aumento quando o agente foge em razão de sérias ameaças de linchamento.

3.1.8.2.2 Perdão Judicial

> ***§ 5º**. Na hipótese de homicídio culposo, o juiz poderá deixar de aplicar a pena, se as consequências da infração atingirem o próprio agente de forma tão grave que a sanção penal se torne desnecessária.*

Conceito: Segundo alguns autores, perdão judicial é o instituto pelo qual o Juiz, não obstante a prática de um fato típico e ilícito, por um agente comprovadamente culpado, deixa de lhe aplicar, nas hipóteses taxativamente previstas em lei, o preceito sancionador cabível, levando em consideração determinadas circunstâncias que concorrem para o evento.

O perdão judicial somente é concedido após a sentença.

O perdão judicial é uma causa extintiva da punibilidade. E caso seja indagado pelo examinador acerca da diferença do perdão judicial para o perdão do ofendido, é necessário observar que:

Perdão Judicial	Perdão do Ofendido
É ato unilateral (não precisa ser aceito pelo agente).	É ato bilateral (precisa ser aceito pelo agente).
Homicídio culposo ou lesão corporal culposa.	Somente na ação penal privada.

O perdão judicial somente ocorre no homicídio culposo, se as circunstâncias da infração atingirem o agente de forma tão grave que a sanção penal se torne desnecessária.

Ex.: Pai culposamente atropela filho na garagem de casa.

Natureza jurídica da sentença concessiva de perdão judicial: De acordo com a Súmula 18 do STJ: A sentença concessiva do perdão judicial é declaratória da extinção da punibilidade, não subsistindo qualquer efeito condenatório.

Perdão Judicial e Código de Trânsito Brasileiro: O perdão judicial no CTB estava previsto no Art. 300, mas este foi vetado.

> *Causa Específica de Aumento de Pena*
>
> ***§ 6º**. A pena é aumentada de 1/3 (um terço) até a metade se o crime for praticado por milícia privada, sob o pretexto de prestação de serviço de segurança, ou por grupo de extermínio.*

O CP afirma que a sentença é condenatória, considerando que há previsão no Art. 120 que a sentença não é considerada para fins de reincidente.

Esse parágrafo foi introduzido no Código Penal pela Lei nº 12.720 de 27 de setembro de 2012, juntamente com a mudança no §7º do crime de lesão corporal (Art. 129 do CP) e o novo crime de constituição de milícia privada (Art. 288-A do CP).

É uma majorante de concurso necessário, visto que um grupo não pode ser constituído por uma ou duas pessoas.

O legislador omitiu qual o número mínimo exigido para a configuração desses grupos de extermínio ou milícias, mas a interpretação que predomina é de no mínimo 03 pessoas.

Para que ocorra essa causa especial de aumento de pena, se faz necessário um especial fim de agir do grupo de milícia privada (pretexto de prestação de serviço de segurança). Essa majorante também é aplicada se for cometida por somente um integrante do grupo, somente se o referido homicídio já teria sido planejado pela milícia anteriormente.

Ex.: O que ocorre nas favelas do Rio de Janeiro.

3.1.9 Induzimento, Instigação ou Auxílio ao Suicídio

> ***Art. 122.** Induzir ou instigar alguém a suicidar-se ou prestar-lhe auxílio para que o faça:*
>
> ***Pena** - reclusão, de dois a seis anos, se o suicídio se consuma; ou reclusão, de um a três anos, se da tentativa de suicídio resulta lesão corporal de natureza grave.*
>
> ***Parágrafo único.** A pena é duplicada:*
> *Aumento de Pena*
>
> ***I.** Se o crime é praticado por motivo egoístico;*
>
> ***II.** Se a vítima é menor ou tem diminuída, por qualquer causa, a capacidade de resistência.*

3.1.9.1 Introdução

Para o Direito Penal Brasileiro, não é passível de punição a conduta do agente que tem como objetivo o extermínio da sua própria vida, ou seja, aquele que comete o suicídio (autocídio/autoquíria), bem como a possível lesão que o sujeito venha a sofrer caso sua tentativa não obtenha sucesso, devido à falta de previsão legal para tal conduta.

Contudo, o objetivo da norma penal ao tipificar essa conduta é punir o agente que participa na ocorrência do crime, auxiliando, induzindo ou instigando alguém a cometer o suicídio.

3.1.9.2 Classificação

É crime simples, comum, e material, pois sua consumação exige resultado. É crime de forma livre. Pode ser praticado por ação ou por omissão IMPRÓPRIA, quando presente o dever de agir. (Art. 13, § 2º, CP)

Condutas acessórias à prática do suicídio:

> Induzir - Implantar a ideia.
> Instigar - Reforçar a ideia preexistente.
> Auxiliar - Intromissão no processo físico de causação.

3.1.9.3 Sujeitos

Sujeito Ativo: crime comum, pode ser praticado por qualquer um.

> O crime previsto no Art. 122, CP é um crime condicionado ao resultado (morte ou lesão), pois se não se consumar, não terá relevância penal alguma e, portanto, não admite tentativa.

Sujeito Passivo: alguém que tenha capacidade para agir, pois caso contrário será crime de homicídio. Se ela tiver relativa capacidade (de 14 até fazer 18 anos – Art. 224, "a" e 217-A, CP), incorrerá na pena do Art. 122, parágrafo único, II, CP.

Natureza Jurídica do Art. 122, CP: Nelson Hungria, Luiz Regis Prado, Aníbal Bruno e Rogério Greco – Condição Objetiva de Punibilidade, porque o crime se perfaz quando se instiga, induz ou auxilia. Mas a lei condiciona a punibilidade dessa conduta à ocorrência do suicídio, ou pelo menos da lesão grave. São resultados que se encontram fora do Tipo e, por isso, são condições que a Lei coloca para que o Estado possa exercer o ius puniendi.

> ***Art. 13**, § 2º, CP. A omissão é penalmente relevante quando o omitente devia e podia agir para evitar o resultado. O dever de agir incumbe a quem:*
>
> ***a)** Tenha por lei obrigação de cuidado, proteção ou vigilância;*
>
> ***b)** De outra forma, assumiu a responsabilidade de impedir o resultado;*
>
> ***c)** Com seu comportamento anterior, criou o risco da ocorrência do resultado.*

A conduta só é punida na forma dolosa (o agente que participa), NÃO existindo previsão para modalidade culposa.

Descrição do crime: é conhecido também como o crime de participação em suicídio. Ademais, a participação deve dirigir-se a pessoa(as) determinada (as), pois NÃO é punível a participação genérica (um filme, livro, que estimule o pensamento suicida).

Sendo a conduta criminosa composta de vários verbos (induzir, instigar, auxiliar), ainda que o agente realize as três condutas, o crime será único, respondendo desta forma, apenas pelo Art. 122 do CP.

3.1.9.4 Considerações

Na participação material, o auxílio deve ser acessório, pois, caso seja direto e imediato, o crime será o de homicídio, visto que o sujeito não pode, em hipótese alguma, realizar uma conduta apta a eliminar a vida da vítima.

Ex.: "A" empresta sua arma de fogo para "B", contudo, "B" solicita para que esse ("A") efetue o disparo em sua cabeça.

O auxílio deve ser eficaz, ou seja, precisa contribuir efetivamente para o suicídio. Desse modo, se "A" empresta uma arma de fogo para "B" se matar, mas este acabe utilizando uma corda (enforcamento), nesse caso, a conduta de "A" será atípica.

3.1.9.5 Apontamentos

Exige-se que o agente imprima seriedade em sua conduta, querendo que a vítima efetivamente se suicide (dolo).

Não há crime se o agente fala, por brincadeira, para a vítima se matar e esta realmente se mata.

Não caracteriza constrangimento ilegal a coação (força) exercida para impedir o suicídio (Art. 146, §3º, II, CP).

Ex.: "A" induz "B" a suicidar-se e "C" empresta a arma de fogo. "B" se mata. "A" e "C" responderão como autores do crime previsto no Art. 122, CP.

Causas de Aumento de Pena

(Art. 122, Parágrafo Único) A pena será duplicada se o crime for cometido:	
Por motivo egoístico	É o que revela individualismo exagerado. O agente almeja alcançar algum proveito, econômico ou não, como consequência do suicídio da vítima. **Ex.:** filho único induz o pai a se suicidar para ficar com sua herança. O Vice-presidente de uma empresa instiga o presidente (o qual está com depressão) a se matar para assumir seu cargo.
Se a vítima é menor	**ATENÇÃO:** A vítima tem que ser menor de 18 e maior que 14 anos. Caso a vítima seja menor de 14 anos o crime será de homicídio.
Se a vítima tem diminuída, por qualquer causa, a capacidade de resistência	É a pessoa mais propensa a ser influenciada pela participação em suicídio. **Ex.:** pessoa parcialmente embriagada, sob efeito de entorpecente, com idade avançada. **Obs.:** Se o ébrio estiver completamente inconsciente o crime será homicídio.

Pacto de Morte ou Suicídio a Dois

Duas pessoas resolvem se suicidar conjuntamente. Ex.: câmara de gás. Podem ocorrer as seguintes situações:		
"A" e "B" sobreviveram e não ocorreu lesão corporal grave (ou gravíssima).	Os dois abriram a torneira de gás.	Os dois responderão por tentativa de homicídio.
"A" e "B" sobreviveram e não ocorreu lesão corporal grave (ou gravíssima).	"A" abriu a torneira.	"A" responderá por tentativa de homicídio e "B" não responderá por nada (Fato Atípico).
"A" e "B" sobreviveram, mas "B" ficou com lesão corporal grave (ou gravíssima).	"A" abriu a torneira.	"A" responderá por tentativa de homicídio e "B" responderá por participação em suicídio (Art. 122).
"A" morreu e "B" sobreviveu.	"A" abriu a torneira.	"B" responderá por participação em suicídio (Art. 122).
"A" morreu e "B" sobreviveu.	"B" abriu a torneira.	"B" responderá por homicídio.

Roleta-Russa e Duelo Americano

Os Sobreviventes Responderão pelo Crime:	
Roleta-russa	A arma de fogo (revólver) é municiada com um único projétil, sendo o gatilho acionado por ambos os participantes – conforme sua ordem – girando o "tambor" da arma a cada nova tentativa. "A" gira o tambor, mira em sua cabeça, e aciona o gatilho.
Duelo-Americano	Existem duas armas, sendo que apenas uma está municiada, cada um escolhe a sua e efetiva o disparo contra si mesmo, desconhecendo qual efetivamente está carregada.

3.1.10 Infanticídio

__Art. 123.__ Matar, sob a influência do estado puerperal, o próprio filho, durante o parto ou logo após:

__Pena__ - detenção, de dois a seis anos.

3.1.10.1 Conceito

O Art. 123 do CP é um homicídio especial, dotado de especializastes, possuindo pena menor, o que implica o fato de ser considerado Homicídio Privilegiado.

3.1.10.2 Requisitos

> Praticado pela própria mãe contra seu filho;

> Durante ou logo após o parto;

> Contra recém-nascido (neonato);

> Sob influência de estado puerpério (lapso temporal até que a mulher volte ao ciclo menstrual normal).

Trata-se de um crime próprio (praticado pela própria mãe).

É um crime comissivo (ação) ou omissivo (omissão imprópria), sendo também um crime material, consuma-se, efetivamente, com a morte da vítima.

3.1.10.3 Sujeitos

Sujeito Ativo: o sujeito ativo aqui é a mãe, sob influência do estado puerperal.

Indaga-se se o crime em questão admite concurso de pessoas (coautoria e participação)?

Sobre essa pergunta existem duas correntes:

1ª Corrente: o estado puerperal é condição personalíssima incomunicável, logo, não admite concurso de pessoas. Mas atente-se que o CP não reconhece essa condição personalíssima – não tem previsão do Art. 30 do CP.

2ª Corrente: o estado puerperal é condição pessoal comunicável, pelo que é admitido o concurso de agentes. (Majoritária)

→ Alguns autores dividem dessa forma:

1ª Situação: parturiente e médico matam o nascente ou neonato. Parturiente responde pelo Art. 123 e o médico também responde pelo Art. 123 em coautoria.

2ª Situação: parturiente, auxiliada pelo médico, mata nascente ou neonato. A parturiente responde pelo Art. 123 e o médico também, como partícipe.

3ª Situação: médico, auxiliado pela parturiente, mata nascente ou neonato. O médico responderá pelo crime de homicídio e a parturiente, também responderia pelo Art. 121 do CP na qualidade de partícipe. Mas aqui surgem duas correntes em face da injustiça existente:

Corrente Majoritária: o médico responde pelo Art. 121 do CP e a parturiente responde pelo Art. 123 para sanar a injustiça existente.

Sujeito Passivo: é próprio, ou seja, somente aquele que é o nascente (durante o parto) ou neonato (logo após o parto).

Diante da especialidade, tanto do sujeito ativo como do sujeito passivo, o crime é considerado bipróprio.

Supondo que a mãe mate aquele que supõe ser seu filho, mas na verdade é filho de outrem. Nesse caso continuará respondendo pelo crime de infanticídio, diante da aplicação do Art. 20 do CP, que determina a consideração das qualidades da vítima virtual.

3.1.10.4 Conduta

A conduta punível é tirar a vida extrauterina do próprio filho, durante ou logo após o parto.

→ Tem-se o matar + as seguintes especializantes:

Elemento temporal constitutivo do tipo: durante ou logo após o parto. Se for antes do parto, o crime é de aborto. Se, após o parto, o crime é de homicídio.

Influência do estado puerperal: a doutrina afirma que, o logo após perdura enquanto presente a influência do estado puerperal. Enquanto a gestante estiver sob a influência do estado puerperal, o elemento temporal constitutivo estará presente. Estado puerperal é um desequilíbrio fisio-psíquico.

Estado puerperal: Conforme Sanches, é o estado que envolve a parturiente durante a expulsão da criança do ventre materno, produzindo profundas alterações psíquicas e físicas.

Puerpério é o período que se estende do início do parto até a volta da mulher às condições pré-gravidez.

É preciso, também, que haja uma relação de causa e efeito entre o estado puerperal e o crime, pois nem sempre ele produz perturbações psíquicas na parturiente. Esse alerta se encontra na exposição de motivos do CP.

Dependendo do grau do estado puerperal é possível que a parturiente seja tratada como inimputável ou semi-imputável? Sim. Dependendo do grau de desequilíbrio fisio-psíquico, a parturiente pode sofrer o mesmo tratamento do inimputável ou semi-imputável. Essa é a posição de Mirabete.

3.1.10.5 Tipo Subjetivo

O crime descrito no Art. 123 é punido a título de dolo, não havendo possibilidade de punição na modalidade culposa.

Consumação e tentativa:

O crime se consuma com a morte, sendo perfeitamente possível a tentativa.

3.1.11 Aborto Provocado pela Gestante ou com seu Consentimento

__Art. 124.__ Provocar aborto em si mesma ou consentir que outrem lhe provoque:

***Pena** - detenção, de um a três anos.*

O crime de aborto ocorre quando há a interrupção da gravidez, ocasionando a morte do produto da geração, procriação, concepção, ou seja, é a eliminação da vida intrauterina.

Sob o aspecto jurídico, a gravidez tem início com a nidação (implantação do óvulo fecundado no útero – parede uterina).

Portanto, não há crime de aborto quando da utilização de meios que inibem a fixação do ovo na parede uterina. É o que ocorre com o DIU (diafragma intrauterino).

Espécies de Aborto

Criminoso	Interrupção dolosa da gravidez (Arts. 124 a 127, CP).
Legal ou Permitido	Não há crime por expressa previsão legal. Art. 128, CP: I) Quando não há outro meio para salvar a vida da gestante (aborto necessário ou terapêutico); II) Quando a gravidez resulta de estupro (aborto sentimental ou humanitário).
Natural	Interrupção espontânea da gravidez. Não há crime.
Acidental	A gestante sofre um acidente qualquer e perde o bebê. Não é crime, por ausência de dolo.
Eugênico ou Eugenésico	Interrupção da gravidez quando há anomalia ou algum defeito genético. É crime, exceto o aborto de anencéfalo.
Econômico ou Social	Interrupção da gravidez para não agravar a situação de miséria enfrentada pela mãe ou por sua família. É crime.

3.1.11.1 Objetividade Jurídica

Vida humana. No aborto provocado por terceiro SEM o consentimento da gestante (Art. 125), protege-se também a integridade física e psíquica da gestante.

3.1.11.2 Objeto Material

O produto da concepção (óvulo fecundado, embrião ou feto).

Deve haver prova da gravidez, pois se a mulher não está grávida, ou se o feto já havia morrido por outro motivo qualquer será crime impossível por absoluta impropriedade do objeto (Art. 17, CP).

O feto deve estar alojado no útero materno. Desse modo, se ocorrer a destruição de um tubo de ensaio que contém um óvulo fertilizado in vitro não haverá aborto.

O feto não necessita ter viabilidade. Basta que esteja vivo antes do crime.

3.1.11.3 Sujeitos do Crime

Sujeito Ativo: Os crimes do Art. 124, CP são de mão própria, pois somente a gestante pode provocar aborto em si mesma ou consentir que um terceiro lhe provoque. Não admitem coautoria, mas admite participação. É crime comum nos demais casos.

Sujeito Passivo: é o feto. No aborto provocado por terceiro SEM o consentimento da gestante (Art. 125) as vítimas são o feto e a gestante.

É crime de forma livre. Pode ser praticado de forma comissiva ou omissiva (Ex.: deixar dolosamente de ingerir medicamentos necessários para a preservação da gravidez). Se, contudo, o meio de execução for absolutamente ineficaz será crime impossível (Ex.: despachos, rezas e simpatias).

3.1.11.4 Elemento Subjetivo

É o dolo, direto ou eventual.

Não existe o crime de aborto culposo

Se a própria gestante agir culposamente e ensejar o aborto, o fato será atípico. Já o terceiro que provoca aborto por culpa responde por lesão corporal culposa contra a gestante.

3.1.11.5 Consumação e Tentativa

Ocorre com a morte do feto. É dispensável a expulsão do produto da concepção.

É admitida a tentativa.

Ex.: Realizou manobras abortivas e o feto foi expulso com vida: tentativa de aborto.

O agente quer ferir a gestante e realiza manobras abortivas e o feto é expulso com vida: lesão corporal grave (aceleração de parto – Art. 129, § 1º, IV, CP).

Realizou manobras abortivas e o feto foi expulso com vida. Logo em seguida o agente mata o feto: tentativa de aborto e homicídio em concurso material.

Realizou manobras abortivas e o feto foi expulso com vida, mas morreu alguns dias depois em razão da manobra realizada: aborto consumado.

3.1.11.6 Classificação Doutrinária

O aborto é crime: material, próprio e de mão própria ou comum, instantâneo, comissivo ou omissivo, de dano, unissubjetivo, unilateral ou de concurso eventual, plurissubjetivo ou de concurso necessário, plurissubsistente, de forma livre, progressivo.

O Art. 20 da LCP diz que constitui contravenção penal a conduta de anunciar processo, substância ou objeto destinado a provocar aborto.

3.1.11.7 Análise do Tipo Penal

1ª parte: provocar aborto em si.

É o autoaborto, um crime próprio e de mão própria.

Admite participação:

Ex.: Mulher gestante ingere medicamento abortivo que lhe foi dado por seu namorado e provoca o aborto. Nesta situação a gestante é autora de autoaborto e seu namorado é partícipe (induzir, instigar ou auxiliar) deste crime. Todavia, se o namorado tivesse executado qualquer ato de provocação do aborto seria autor do crime previsto no Art. 126, CP (aborto com o consentimento da gestante).

O partícipe do autoaborto, além de responder por este crime, pratica ainda homicídio culposo ou lesão corporal culposa se ocorrer morte ou lesão corporal grave em relação à gestante, pois o disposto no Art. 127 não se aplica ao crime do Art. 124.

Quanto à gestante que provoca aborto em si mesma, o aborto legal ou permitido, duas situações podem ocorrer:

> Se for aborto necessário ou terapêutico: não há crime (estado de necessidade);

> Se for aborto sentimental ou humanitário: há crime, pois nesta modalidade somente é autorizado no aborto praticado pelo médico.

2ª parte: consentir para que 3º lhe provoque o aborto.

O legislador criou uma exceção à teoria monista ou unitária no concurso de pessoas (Art. 29, Caput, CP) e criou crimes distintos: a gestante responde pelo Art. 124, 2ª parte, CP e o terceiro que provoca o aborto responde pelo Art. 126, CP.

Esse crime é de mão própria, pois somente a gestante pode prestar o consentimento. Não admite coautoria, mas admite participação.

A gestante dever ter capacidade e discernimento para consentir (ser maior de 14 anos e ter integridade mental). E o consentimento deve ser válido (isento de fraude e não tenha sido obtido por meio de violência ou grave ameaça).

3.1.12 Aborto Provocado por Terceiro

Art. 125. *Provocar aborto, sem o consentimento da gestante:*

Pena *- reclusão, de três a dez anos.*

Sujeito ativo: qualquer pessoa

Sujeito passivo: produto da concepção e a gestante.

Art. 126. *Provocar aborto com o consentimento da gestante:*

Pena *- reclusão, de um a quatro anos.*

Parágrafo único. *Aplica-se a pena do artigo anterior, se a gestante não é maior de quatorze anos, ou é alienada ou débil mental, ou se o consentimento é obtido mediante fraude, grave ameaça ou violência.*

3.1.12.1 Considerações

É crime de concurso necessário.

O legislador criou uma exceção à teoria monista ou unitária no concurso de pessoas (Art. 29, Caput, CP) e criou crimes distintos: a gestante responde pelo Art. 124, 2ª parte, CP e o terceiro que provoca o aborto responde pelo Art. 126, CP.

O consentimento da gestante (expresso ou tácito) deve subsistir até a consumação do aborto. Se durante a prática do crime ela se arrepender e solicitar ao terceiro a paralisação das manobras letais, mas não for obedecida, para ela o fato será atípico, e o terceiro responderá pelo crime do Art. 125, CP.

Se três ou mais pessoas associarem-se para o fim de praticarem abortos, responderão pelo crime de Associação Criminosa (Art. 288, CP) em concurso material com os abortos efetivamente realizados.

Se não tiver o consentimento da gestante responde pelo Art. 125 do CP.

> Caso a gestante consentir, mas seu consentimento não seja válido, por se enquadrar em alguma das hipóteses do parágrafo único do Art. 126 (gestante não maior de 14 anos ou alienada mental ou consentimento obtido através de fraude, grave ameaça ou violência), os agentes responderão pelo crime do Art. 125 do CP.

3.1.13 Forma Qualificada

Art. 127. *As penas cominadas nos dois artigos anteriores são aumentadas de um terço, se, em consequência do aborto ou dos meios empregados para provocá-lo, a gestante sofre lesão corporal de natureza grave; e são duplicadas, se, por qualquer dessas causas, lhe sobrevém a morte.*

Esses resultados são preterdolosos advindos da prática abortiva, ou seja, são resultados que só poderão ser imputados a título de culpa. Se houver dolo em relação a esses resultados haverá concurso.

3.1.13.1 Aborto Necessário

Art. 128. *Não se pune o aborto praticado por médico:*

Se não há outro meio de salvar a vida da gestante;

Depende de dois requisitos:

> Que a vida da gestante corra perigo em razão da gravidez;

> Que não exista outro meio de salvar sua vida. (Desse modo, há crime de aborto quando interrompida a gravidez para preservar a saúde da gestante).

O risco para a vida da gestante não precisa ser atual. Basta que exista, isto é, que no futuro possa colocar em perigo a vida da mulher.

Não necessita do consentimento da gestante e não haverá crime quando a gestante se recusa a fazê-lo e o médico provoca o aborto necessário.

Se o aborto necessário for realizado por ENFERMEIRA, ou por qualquer pessoa que não o médico, duas situações podem ocorrer:

> Há perigo atual para a gestante: estado de necessidade (Art. 24, CP);

> Não há perigo atual: há crime de aborto.

3.1.13.2 Aborto no Caso de Gravidez Resultante de Estupro

II. *Se a gravidez resulta de estupro e o aborto é precedido de consentimento da gestante ou quando incapaz, de seu representante legal.*

Necessita de três requisitos:

> Ser praticado por médico;

> Consentimento válido da gestante ou de seu representante legal (se for incapaz);

> Gravidez resultante de estupro.

Nesta hipótese, como não há perigo atual para a vida da gestante, haverá o crime de aborto se praticado por qualquer pessoa que não seja o médico.

O aborto será permitido mesmo que a gravidez resulte de ato libidinoso diverso da conjunção carnal (Ex.: Sexo anal, estupro de vulnerável) em razão da mobilidade dos espermatozoides. É considerada uma hipótese de analogia in bonam partem.

Não se exige autorização judicial para a realização desta espécie de aborto permitido.

3.1.14 Considerações

São causas especiais de exclusão da ilicitude. Embora o aborto praticado em tais situações seja fato típico, não há crime pelo fato de serem hipóteses admitidas pelo ordenamento jurídico.

Ambos devem ser praticados por médico (este não precisa de autorização judicial para realizar estas espécies de aborto).

Aborto sentimental também é autorizado quando a gravidez decorrer de estupro de vulnerável (analogia in bonam partem).

Aborto Econômico: não está previsto no ordenamento jurídico. Se praticado será crime de aborto.

De acordo com o Código Penal, existem apenas duas modalidades permissivas de aborto previstas no Art. 128 do CP (aborto necessário e aborto sentimental).

No entanto, em abril de 2012, o STF no julgamento da ADPF 54 passou a admitir uma terceira modalidade: o aborto de feto anencefálico (malformação fetal que leva à ausência de cérebro e à impossibilidade de vida).

Para tanto, não há necessidade de autorização judicial. Basta um laudo formal do médico atestando a anencefalia e a inviabilidade de vida.

) aborto de feto anencefálico é uma espécie de aborto eugênico.

3.2 Das Lesões Corporais

***Art. 129.** Ofender a integridade corporal ou a saúde de outrem:*

***Pena** - detenção, de três meses a um ano.*

Lesão Corporal de Natureza Grave

***§ 1º.** Se resulta:*

***I.** Incapacidade para as ocupações habituais, por mais de trinta dias;*

***II.** Perigo de vida;*

***III.** Debilidade permanente de membro, sentido ou função;*

***IV.** Aceleração de parto:*

***Pena** - reclusão, de um a cinco anos.*

***§ 2º.** Se resulta:*

***I.** Incapacidade permanente para o trabalho;*

***II.** Enfermidade incurável;*

***III.** Perda ou inutilização do membro, sentido ou função;*

***IV.** Deformidade permanente;*

***V.** Aborto:*

Pena - reclusão, de dois a oito anos.

Lesão Corporal Seguida de Morte

***§ 3º.** Se resulta morte e as circunstâncias evidenciam que o agente não quis o resultado, nem assumiu o risco de produzi-lo:*

***Pena** - reclusão, de quatro a doze anos.*

Diminuição de Pena:

***§ 4º.** Se o agente comete o crime impelido por motivo de relevante valor social ou moral ou sob o domínio de violenta emoção, logo em seguida a injusta provocação da vítima, o juiz pode reduzir a pena de um sexto a um terço.*

Substituição da Pena:

***§ 5º.** O juiz, não sendo graves as lesões, pode ainda substituir a pena de detenção pela de multa, de duzentos mil réis a dois contos de réis:*

***I.** Se ocorre qualquer das hipóteses do parágrafo anterior;*

***II.** Se as lesões são recíprocas.*

Lesão Corporal Culposa

***§ 6º.** Se a lesão é culposa:*

***Pena** - detenção, de dois meses a um ano.*

Aumento de Pena

***§ 7º.** Aumenta-se a pena de 1/3 (um terço) se ocorrer qualquer das hipóteses dos §§ 4º e 6º do Art. 121 deste Código.*

***§ 8º.** Aplica-se à lesão culposa o disposto no § 5º do Art. 121.*

Violência Doméstica

***§ 9º.** Se a lesão for praticada contra ascendente, descendente, irmão, cônjuge ou companheiro, ou com quem conviva ou tenha convivido, ou, ainda, prevalecendo-se o agente das relações domésticas, de coabitação ou de hospitalidade.*

***Pena** - detenção, de 3 (três) meses a 3 (três) anos.*

***§ 10.** Nos casos previstos nos §§ 1º a 3º deste artigo, se as circunstâncias são as indicadas no § 9º deste artigo, aumenta-se a pena em 1/3 (um terço).*

***§ 11.** Na hipótese do § 9º deste artigo, a pena será aumentada de um terço se o crime for cometido contra pessoa portadora de deficiência.*

***§ 12.** Se a lesão for praticada contra autoridade ou agente descrito nos Arts. 142 e 144 da Constituição Federal, integrantes do sistema prisional e da Força Nacional de Segurança Pública, no exercício da função ou em decorrência dela, ou contra seu cônjuge, companheiro ou parente consanguíneo até terceiro grau, em razão dessa condição, a pena é aumentada de um a dois terços.*

Essa qualificadora foi inserida pela Lei nº 13.142/2015.

São autoridades previstas no Art. 142 da CF/88:

***Art. 142.** As Forças Armadas, constituídas pela Marinha, pelo Exército e pela Aeronáutica, são instituições nacionais permanentes e regulares, organizadas com base na hierarquia e na disciplina, sob a autoridade suprema do Presidente da República, e destinam-se à defesa da Pátria, à garantia dos poderes constitucionais e, por iniciativa de qualquer destes, da lei e da ordem.*

São autoridades do Art. 144 da CF/88:

***Art. 144.** A segurança pública, dever do Estado, direito e responsabilidade de todos, é exercida para a preservação da ordem pública e da incolumidade das pessoas e do patrimônio, através dos seguintes órgãos:*

***I.** Polícia federal;*

***II.** Polícia rodoviária federal;*

***III.** Polícia ferroviária federal;*

***IV.** Polícias civis;*

***V.** Polícias militares e corpos de bombeiros militares.*

***§8º.** Guardas municipais*

Lesão corporal é a ofensa humana direcionada à integridade corporal ou à saúde de outra pessoa, quer do ponto de vista anatômico, quer do ponto de vista fisiológico ou mental. A dor, por si só, não caracteriza lesão corporal.

No crime de lesão corporal, protege-se a incolumidade física em sentido amplo: Saúde física ou corporal; Saúde fisiológica (correto funcionamento do organismo) e Saúde mental (psicológica).

Topografia do Art. 129	
Art. 129, *caput*	Lesão dolosa leve.
Art. 129, §1º	Lesão dolosa grave - Atenção! O § 1º não traz somente a lesão dolosa grave. Ele também tem lesão preterdolosa grave.
Art. 129, §2º	Lesão dolosa gravíssima - também no § 2º tem preterdolo.
Art. 129, §3º	Lesão seguida de morte (está genuinamente preterdolosa).
Art. 129, §4º	Lesão dolosa privilegiada.
Art. 129, §5º	Lesão culposa.

Art. 129, §6º	Majorantes.
Art. 129, §7º	Perdão judicial.
Art. 129, §§ 9, 10 e 11	Violência doméstica e familiar (aqui não é só contra mulher).
Art. 129, § 12	Praticada contra autoridade policial.

3.2.14.1 Classificação

Pode ser praticado por ação ou omissão, quando presente o dever de agir para evitar o resultado, Art. 13, §2º, CP.

Ex.: A mãe que deixa o filho pequeno sozinho na cama, desejando que ele caísse e se machucasse.

É crime de forma livre. Pode ser praticado por ação ou omissão. Pratica lesão quem cria ferimento ou quem agrava o ferimento que já existe.

Elemento subjetivo é o dolo (direto ou eventual) conhecido como animus laedendi, mas há também a culpa no §6º (lesão corporal culposa) e o preterdolo no §3º (lesão corporal seguida de morte).

> Qual crime é praticado, pelo policial militar que agride uma pessoa? Abuso de autoridade e lesão corporal.

3.2.14.2 Sujeitos do Crime

Sujeito Ativo: é crime comum, podendo ser praticado por qualquer pessoa.

Sujeito Passivo: em regra, qualquer pessoa.

Exceções: Art. 129, §1º, IV (aceleração de parto) e Art. 129, §2º, V (lesão que resulta aborto). Nestas duas hipóteses as vítimas são, necessariamente, gestantes. Também na lesão qualificada pela violência doméstica a vítima precisa ser ascendente, descendente, irmã, cônjuge ou companheira do agressor.

Exceções:

- Art. 129, §1º, IV (aceleração de parto).
- Art. 129, §2º, V (lesão que resulta aborto).

Nestas duas hipóteses as vitimas são, necessariamente, gestantes.

- Contra ascendente, descendente, irmã, cônjuge ou companheira do agressor.
- Agentes de Segurança descritos no Art. 129, §12º, assim com parente consanguíneo até terceiro grau.

3.2.14.3 Consumação e Tentativa

Por ser crime material se consuma com a efetiva lesão da vítima. A pluralidade de lesões contra a mesma vítima e no mesmo contexto temporal caracteriza crime único, mas deve influenciar na dosimetria da pena-base (Art. 59, CP).

A tentativa só é cabível nas modalidades dolosas. Não cabe tentativa na lesão culposa e na lesão corporal seguida de morte.

Lesão corporal (Art. 29, CP)	Contravenção penal de vias de fato (Art. 21, LCP)
Lesionar a vítima.	Agredir a vítima, sem lesioná-la Ex.: empurrão, puxão de cabelo.

3.2.1 Lesão Corporal Leve

A ação penal é pública condicionada à representação da vítima, de competência dos Juizados Especiais Criminais.

O conceito de Lesão Leve é considerado por exclusão: será de natureza leve se não for a lesão de natureza grave ou gravíssima.

Há jurisprudência admitindo o princípio da insignificância na lesão corporal, quanto às lesões levíssimas. Na doutrina, esse posicionamento é Pierangeri.

3.2.2 Lesão Corporal de Natureza Grave

§ 1º. Se resulta

I. *Incapacidade para as ocupações habituais, por mais de trinta dias;*

II. *Perigo de vida;*

III. *Debilidade permanente de membro, sentido ou função;*

IV. *Aceleração de parto:*

Pena *- reclusão, de um a cinco anos.*

Trata-se de infração de médio potencial ofensivo, considerando que a pena mínima é de um ano.

A ação penal é pública incondicionada.

I. *Incapacidade para as ocupações habituais por mais de trinta dias.*

As ocupações habituais são aquelas rotineiras, física ou mental, do cotidiano do ofendido e não apenas seu trabalho. É suficiente tratar-se de ocupação concreta, pouco importando se lucrativa ou não.

A atividade deve ser lícita, sendo indiferente se moral ou imoral.

Prostituta pode. Ladrão não pode.

Um bebê de tenra idade pode ser vítima dessa lesão? A resposta é afirmativa e há jurisprudência nesse sentido, trazendo como exemplo a hipótese em que o bebê, em razão da agressão não pode ser alimentado, pelo prazo de 30 dias.

É irrelevante a idade da vítima (pode ser idosa ou criança).

São exigidos dois exames periciais: um inicial realizado logo após o crime; e um exame complementar realizado logo que decorra o prazo de 30 dias da data do crime.

Supondo que a vítima sofra uma lesão ficando com um hematoma no olho, e, por vergonha não saiu de casa pelo prazo superior a trinta dias, nessa hipótese, restou configurado o delito de lesões corporais graves? Ensina a doutrina, seguida pela jurisprudência, que a relutância por vergonha de praticar as ocupações habituais não agrava o crime. É a lesão que deve incapacitar o agente e não a vergonha da lesão.

II. *Perigo de vida.*

Perigo de vida é a possibilidade grave, concreta e imediata de a vítima morrer em consequência das lesões sofridas. Trata-se de perigo concreto, comprovado por perícia médica, que deve indicar, de modo preciso e fundamentado, no que consistiu o perigo de vida proporcionado à vítima.

Nesta hipótese, é crime tipicamente PRETERDOLOSO, pois o resultado agravador deve resultar de culpa do agente.

Se o agente, ao praticar a lesão, quis o resultado ou assumiu o risco de produzi-lo, responderá por tentativa de homicídio.

O crime preterdoloso não está apenas na lesão corporal seguida de morte. O perigo de vida é um resultado necessariamente preterdoloso. O inciso II ora discutido nada mais é que um crime preterdoloso, isto é, dolo na lesão e culpa no perigo de vida. Está-se, pois, diante de um crime necessariamente preterdoloso.

***III.** Debilidade permanente de membro, sentido ou função.*

Debilidade é a diminuição ou o enfraquecimento da capacidade funcional. Há de ser permanente, isto é, duradoura e de recuperação incerta. Não se exige perpetuidade.

Ex.: O agente não fica cego, mas tem reduzida a capacidade visual.

Membros	São os braços, pernas, mãos e pés.
Sentidos	São os mecanismos sensoriais por meio dos quais percebemos o mundo externo: visão, audição, tato, olfato e paladar.
Função	É a atividade inerente a um órgão ou aparelho do corpo humano: respiratória, circulatória, digestiva etc.

A perda ou inutilização de membro sentido ou função é lesão corporal gravíssima (Art. 129, §2º, III, CP).

Órgãos duplos: (Ex.: Rins, olhos, pulmões) a perda de um deles caracteriza lesão grave pela debilidade permanente. Já a perda de ambos configura lesão corporal gravíssima pela perda ou inutilização.

A recuperação do membro, sentido ou função por meio cirúrgico ou ortopédico não exclui a qualificadora, pois a vítima não é obrigada a submeter-se a tais procedimentos.

***IV.** Aceleração de parto.*

É a antecipação do parto, o parto prematuro. A criança nasce com vida e continua a viver.

Para incidir essa qualificadora do inciso IV, é imprescindível que o agente saiba ou pudesse saber que a vítima da lesão era gestante, sob pena de restar caracterizada a responsabilidade penal objetiva, vedada pelo ordenamento jurídico. É necessário observar ainda que, em nenhuma dessas hipóteses o agente aceita ou quer o abortamento.

Se em consequência da lesão o feto for expulso morto do ventre materno, o crime será de lesão corporal gravíssima em razão do aborto (Art. 129, §2º, V, CP).

3.2.3 Lesão Corporal Dolosa Gravíssima

***§ 2º.** Se resulta*

***I.** Incapacidade permanente para o trabalho;*

***II.** Enfermidade incurável;*

***III.** Perda ou inutilização do membro, sentido ou função;*

***IV.** Deformidade permanente;*

***V.** Aborto:*

***Pena** - reclusão, de dois a oito anos.*

Em concurso, restou indagado se a expressão gravíssima era criação da lei, doutrina ou jurisprudência. Referida expressão é criação da doutrina que foi seguida pela jurisprudência.

A Lei nº 9.455/97, que é a lei de tortura, adotou a expressão doutrinária gravíssima. Na lei de tortura, no Art. 1º, §3º, há expressa menção à lesão grave ou gravíssima.

***I.** Incapacidade permanente para o trabalho.*

Deve tratar-se de incapacidade genérica para o trabalho, ou seja, a vítima fica impossibilitada de exercer qualquer tipo de atividade laborativa remunerada.

A incapacidade não significa perpetuidade, basta que seja uma incapacidade duradoura, dilatada no tempo.

***II.** Enfermidade incurável.*

É a alteração prejudicial da saúde por processo patológico, físico ou psíquico, que não pode ser eficazmente combatida com os recursos da medicina à época do crime. Deve ser provada por exame pericial.

Também é considerada incurável a enfermidade que somente pode ser enfrentada por procedimento cirúrgico complexo ou mediante tratamentos experimentais ou penosos, pois a vítima não pode ser obrigada a enfrentar tais situações.

A transmissão intencional do vírus da AIDS no Brasil é tida como de natureza letal, pelo que é considerada tentativa de homicídio. O certo seria a criação de tipo penal específico sobre a transmissão intencional do vírus da AIDS.

Em recente julgado o STF afastou essa ideia. Entendeu o STF, recentemente, que não se trata de tentativa de homicídio a transmissão intencional do vírus da AIDS.

***III.** Perda ou inutilização de membro, sentido ou função.*

Perda: é a ablação, a destruição ou privação de membro (Ex.: arrancar um braço), sentido (Ex.: perda da audição), função (Ex.: ablação do pênis que extingue a função reprodutora). Pode concretizar-se por meio de mutilação (o membro, sentido ou função é eliminado diretamente pela conduta do agressor) ou amputação (resulta da intervenção médico-cirúrgica realizada para salvar a vida do ofendido).

Inutilização: falta de aptidão do órgão para desempenhar sua função específica. O membro ou órgão continua ligado ao corpo da vítima, mas incapacitado para desempenhar as atividades que lhe são próprias.

> A perda de parte do movimento de um membro (braço, perna, mão ou pé) configura lesão grave pela debilidade permanente. Todavia, a perda de todo o movimento caracteriza lesão corporal gravíssima pela inutilização.

Ex.: A vítima ficou paraplégica.

A correção corporal da vítima por meios ortopédicos ou próteses não afasta a qualificadora, ao contrário do reimplante realizado com êxito.

***IV.** Deformidade permanente.*

Segundo doutrina e jurisprudências majoritárias, esta qualificadora está intimamente relacionada a questões estéticas. Desse modo, precisa ser visível, mas não necessariamente na face, e capaz de causar impressão vexatória em quem olha a vítima.

A vítima não é obrigada a se submeter a intervenção cirúrgica para a reparação da deformidade. Caso, no entanto, se submeta, e a deformidade for corrigida, desaparecerá a qualificadora, sendo cabível, inclusive, a revisão criminal. A correção da deformidade com o uso de prótese (Ex.: olho de vidro, orelha de borracha ou aparelho ortopédico) não exclui a qualificadora.

***V.** Aborto.*

Essa qualificadora é necessariamente preterdolosa. Há dolo na lesão e culpa no aborto. Se o agente quer, ou assume o risco do aborto haverá concurso de crimes.

A interrupção da gravidez, com a consequente morte do produto da concepção, deve ter sido provocada culposamente, pois se trata de crime preterdoloso.

Se a morte do feto foi proposital, o sujeito responderá por dois crimes: lesão corporal em concurso formal impróprio com aborto sem o consentimento da gestante (Art. 125). É obrigatório o conhecimento da gravidez por parte do agressor.

3.2.4 Lesão Corporal Seguida de Morte

§ 3º. Se resulta morte e as circunstâncias evidenciam que o agente não quis o resultado, nem assumiu o risco de produzi-lo.

***Pena** - reclusão, de quatro a doze anos.*

É crime exclusivamente preterdoloso (dolo no antecedente – lesão - e culpa no consequente – morte). Esse crime não vai a júri, considerando que não há dolo na morte.

A morte foi ocasionada a título culposo – temos o típico caso de crime preterdoloso (dolo na conduta antecedente e culpa na posterior).

Se presente o dolo direto ou dolo eventual quanto ao resultado morte, o sujeito responderá por homicídio doloso.

Essa modalidade de lesão corporal não admite tentativa.

3.2.5 Lesão Corporal Privilegiada

Diminuição de Pena

§ 4º. Se o agente comete o crime impelido por motivo de relevante valor social ou moral ou sob o domínio de violenta emoção, logo em seguida a injusta provocação da vítima, o juiz pode reduzir a pena de um sexto a um terço.

Esse privilégio se aplica a todos os tipos de lesão dolosa, contudo, é incabível nas lesões culposas.

Mesmas características do homicídio privilegiado (Art. 121, §1º, do CP).

Substituição da Pena

§ 5º. O juiz, não sendo graves as lesões, pode ainda substituir a pena de detenção pela de multa:

***I.** Se ocorre qualquer das hipóteses do parágrafo anterior;*

***II.** Se as lesões são recíprocas.*

A situação da substituição de penas somente se aplica ao caput, considerando que exige que as lesões corporais não sejam graves. A possibilidade de substituição, assim, somente se dá com a hipótese de lesões leves.

3.2.5.1 Quando a Lesão Corporal Leve for Privilegiada

Desse modo, caso as lesões sejam leves, o juiz terá duas opções: reduzir a pena de 1/6 a 1/3 (§4º) ou substituí-la por multa (§5º).

3.2.5.2 Se as Lesões Leves Forem Recíprocas

Uma pessoa agride outra e, cessada essa primeira agressão, ocorrer uma outra lesão pela primeira vítima.

3.2.6 Lesão Corporal Culposa

§ 6º. Se a lesão é culposa: (Vide Lei nº 4.611, de 1965)

***Pena** - detenção, de dois meses a um ano.*

> Diferentemente do que ocorre com as lesões dolosas (que podem ser leves, graves ou gravíssimas) o CP não fez distinção com relação às lesões culposas. Desse modo, qualquer que seja a intensidade da lesão, o agente responderá por lesão corporal CULPOSA. A gravidade da lesão será levada em consideração na fixação da pena-base (Art. 59).

Ocorre lesão corporal culposa quando o agente faltou com seu dever de cuidado objetivo por meio de imprudência, negligência ou imperícia. Desse modo, as consequências, embora previsíveis, não foram previstas pelo agente, ou se foram, ele não assumiu o risco de produzir o resultado.

Essa espécie de lesão depende de representação da vítima ou de seu representante legal (Art. 88, Lei nº 9.099/95), pois é crime de ação penal pública condicionada a representação e infração penal de menor potencial ofensivo (pena máxima menor que dois anos).

3.2.7 Aumento de Pena

§ 7º. Aumenta-se a pena de um terço, se ocorrer qualquer das hipóteses do Art. 121, §§ 4º e 6º.

***Art. 121**, §4º, CP. No homicídio culposo, a pena é aumentada de 1/3 (um terço), se o crime resulta de inobservância de regra técnica de profissão, arte ou ofício, ou se o agente deixa de prestar imediato socorro à vítima, não procura diminuir as consequências do seu ato, ou foge para evitar prisão em flagrante. Sendo DOLOSO o homicídio, a pena é aumentada de 1/3 (um terço) se o crime é praticado contra pessoa menor de 14 (quatorze) ou maior de 60 (sessenta) anos.*

***Art. 121**, §4º, CP. A pena é aumentada de 1/3 (um terço) até a metade se o crime for praticado por milícia privada, sob o pretexto de prestação de serviço de segurança, ou por grupo de extermínio.*

§ 8º. Aplica-se à lesão culposa o disposto no § 5º do Art. 121.

***Art. 121**, § 5º, CP. Na hipótese de homicídio CULPOSO, o juiz poderá deixar de aplicar a pena, se as consequências da infração atingirem o próprio agente de forma tão grave que a sanção penal se torne desnecessária.*

3.2.8 Violência Doméstica

§ 9º. Se a lesão for praticada contra ascendente, descendente, irmão, cônjuge ou companheiro, ou com quem conviva ou tenha convivido, ou, ainda, prevalecendo-se o agente das relações domésticas, de coabitação ou de hospitalidade:

***Pena** - detenção, de 3 (três) meses a 3 (três) anos.*

§ 10. Nos casos previstos nos §§ 1º a 3º deste artigo, se as circunstâncias são as indicadas no § 9º deste artigo, aumenta-se a pena em 1/3 (um terço).

§ 11. Na hipótese do § 9º deste artigo, a pena será aumentada de um terço se o crime for cometido contra pessoa portadora de deficiência.

A forma qualificada do §9º só se aplica à lesão corporal LEVE.

3.2.8.1 Considerações

Pode ser causa supralegal de exclusão da ilicitude (somente na lesão corporal leve), desde que presentes os seguintes requisitos, cumulativos:

> Deve ser expresso;
> Livre (não pode ter sido concedido em razão de coação ou ameaça);
> Ser moral e respeitar os bons costumes;
> Deve ser prévio à consumação da lesão;
> O ofendido deve ser capaz para consentir (maior de 18 anos e mentalmente capaz).

Durante a relação sexual, a mulher pede ao seu parceiro que a bata com força.

É irrelevante o consentimento do ofendido nos crimes de lesão corporal grave, gravíssima e seguida de morte, pois o bem jurídico protegido nestas hipóteses é indisponível.

3.2.8.2 Apontamentos

Autolesão: em razão do princípio da alteridade, não se pune a autolesão. Todavia, pode caracterizar o crime descrito no Art. 171, §2º, V, CP.

Jogador de golfe quebra o próprio braço para receber o valor do seguro.

Lesões em atividades esportivas: há a exclusão da ilicitude em razão do exercício regular do direito.

Cirurgias emergenciais: se há risco de morte de paciente, o médico que atua sem o consentimento do operado estará amparado pelo estado de necessidade de terceiro. Se não há risco de morte, a cirurgia depende de consentimento da vítima ou de seu representante legal para afastar o crime pelo exercício regular do direito.

Cirurgia de mudança de sexo: não há crime de lesão corporal gravíssima por ausência de dolo de lesionar a integridade corporal ou a saúde do paciente. Atualmente é permitida a realização dessa cirurgia – redesignação sexual – inclusive na rede pública de saúde (Portaria do Ministério da Saúde nº 1.707 de 19/08/08). Desse modo, o médico que realiza esta cirurgia não comete crime por estar acobertado pelo exercício regular de direito.

Cirurgia de esterilização sexual: não há crime na conduta do médico que realiza esta cirurgia (vasectomia, ligadura de trompas etc.) com a autorização do paciente, apesar da eliminação da função reprodutora. Exercício regular de direito.

3.3 Da Periclitação da Vida e da Saúde

3.3.1 Perigo de Contágio Venéreo

Art. 130. *Expor alguém, por meio de relações sexuais ou qualquer ato libidinoso, a contágio de moléstia venérea, de que sabe ou deve saber que está contaminado:*
Pena *- detenção, de três meses a um ano, ou multa.*
§ 1º. *Se é intenção do agente transmitir a moléstia:*
Pena *- reclusão, de um a quatro anos, e multa.*
§ 2º. *Somente se procede mediante representação.*

Esse crime configura-se quando o agente transmite ou expõe a perigo de contágio de uma doença venérea (sífilis, gonorreia etc.), bem como, caso ele a desconheça, venha a infectar uma possível vítima.

A forma de transmitir a doença pode ser por meio de relações sexuais (pênis x vagina), ou por qualquer outro ato libidinoso (ação que satisfaça a libido do agente, beijo lascivo, sexo oral, sexo anal, masturbação, etc.).

A AIDS não é considerada uma moléstia venérea, visto que pode ser contraída ou transmitida de formas diversas, além do contato sexual.

Se a intenção é transmitir, por tratar-se de crime formal, não é necessária a transmissão.

O §1º traz a forma qualificada do crime, ou seja, quando o agente tem intenção de transmitir a doença.

3.3.2 Perigo de Contágio de Moléstia Grave

Art. 131. *Praticar, com o fim de transmitir a outrem moléstia grave de que está contaminado, ato capaz de produzir o contágio:*
Pena *- reclusão, de um a quatro anos, e multa.*

É crime de Dano (caso exponha a perigo sem querer ou assumir o risco será hipótese do Art. 132, CP), Formal (não precisa transmitir) e de Forma Livre.

Nesse delito, o agente tem o fim especial de agir, ou seja, pratica um ato (diverso do contato sexual) com a intenção de transmitir uma moléstia grave (qualquer doença que acarrete em prejuízo a saúde da vítima – não sendo venérea), por exemplo, sarampo, tuberculose etc.

Ademais, em relação à AIDS, visto seu grau letal, é considerado como tentativa de homicídio (Art. 121 do CP), não há possibilidade alguma de enquadrá-la como moléstia grave.

3.3.3 Perigo para Vida ou Saúde de Outrem

Art. 132. *Expor a vida ou a saúde de outrem a perigo direto e iminente:*
Pena *- detenção, de três meses a um ano, se o fato não constitui crime mais grave.*
Parágrafo único. *A pena é aumentada de um sexto a um terço se a exposição da vida ou da saúde de outrem a perigo decorre do transporte de pessoas para a prestação de serviços em estabelecimentos de qualquer natureza, em desacordo com as normas legais.*

Estará configurado o crime quando o agente, de qualquer forma, expor em perigo a vida de uma pessoa determinada. Tal ação pode ser praticada de forma livre, ou seja, não exige uma conduta específica.

Soltar uma pedra do alto de um viaduto em um carro que passa pela rodovia com intenção de causar um acidente.

Caso a conduta do agente não seja contra uma pessoa determinada, será configurado um crime diverso que será avaliado de acordo com a situação (Arts. 250 a 259 do CP).

O incapaz não precisa ser necessariamente uma criança. Por exemplo, uma instrutora de escola de natação que deixa os alunos sozinhos na piscina enquanto vai ao banheiro.

Se o abandono se dá em uma situação em que não há risco, não haverá crime.

Para esse crime deve haver o dolo de perigo.

3.3.4 Abandono de Incapaz

> ***Art. 133.*** *Abandonar pessoa que está sob seu cuidado, guarda, vigilância ou autoridade, e, por qualquer motivo, incapaz de defender-se dos riscos resultantes do abandono:*
> ***Pena*** *- detenção, de seis meses a três anos.*
> ***§ 1º.*** *Se do abandono resulta lesão corporal de natureza grave:*
> ***Pena*** *- reclusão, de um a cinco anos.*
> ***§ 2º.*** *Se resulta a morte:*
> ***Pena*** *- reclusão, de quatro a doze anos.*
> *Aumento de Pena*
> ***§ 3º.*** *As penas cominadas neste artigo aumentam-se de um terço:*
> ***I.*** *Se o abandono ocorre em lugar ermo;*
> ***II.*** *Se o agente é ascendente ou descendente, cônjuge, irmão, tutor ou curador da vítima.*
> ***III.*** *Se a vítima é maior de 60 (sessenta) anos.*

Essa figura típica incrimina a conduta do agente, que tendo o dever de cuidado, guarda, vigilância ou autoridade abandona, desampara, deixa de prestar o devido cuidado para quem seja incapaz.

Ex.: A mãe deixa o filho em um parque central enquanto percorre lojas realizando compras, ou então, deixa-o dentro do veículo enquanto está no interior de um supermercado. Uma babá, que deixa a criança sozinha dentro de casa enquanto vai à feira.

Ademais, existem as figuras qualificadas caso, do abandono, resulte em lesão corporal de natureza grave, ou a morte do incapaz. Por conseguinte, ocorre também o aumento de pena nas hipóteses descritas nos incisos do § 3º deste artigo.

3.3.5 Exposição ou Abandono de Recém-Nascido

> ***Art. 134.*** *Expor ou abandonar recém-nascido, para ocultar desonra própria:*
> ***Pena*** *- detenção, de seis meses a dois anos.*
> ***§ 1º.*** *Se do fato resulta lesão corporal de natureza grave:*
> ***Pena*** *- detenção, de um a três anos.*
> ***§ 2º.*** *Se resulta a morte:*
> ***Pena*** *- detenção, de dois a seis anos.*

Esse delito é considerado uma forma privilegiada do crime de abandono de incapaz, artigo anterior, no entanto, nesse caso, a vítima é determinada – o recém-nascido – ademais, tal conduta visa proteção da honra do agente.

Uma jovem de 18 anos, mãe solteira, que abandona seu filho recém-nascido para preservar sua imagem perante a família.

Por conseguinte, também existe a forma qualificada do crime, expressa nos parágrafos primeiro e segundo, no caso de a ação resultar em lesão corporal de natureza grave ou a morte do recém-nascido.

3.3.6 Omissão de Socorro

> ***Art. 135.*** *Deixar de prestar assistência, quando possível fazê-lo sem risco pessoal, à criança abandonada ou extraviada, ou à pessoa inválida ou ferida, ao desamparo ou em grave e iminente perigo; ou não pedir, nesses casos, o socorro da autoridade pública:*
> ***Pena*** *- detenção, de um a seis meses, ou multa.*
> ***Parágrafo único.*** *A pena é aumentada de metade, se da omissão resulta lesão corporal de natureza grave, e triplicada, se resulta a morte.*

Essa norma penal tipifica a conduta omissa do agente que não presta auxílio – desde que tal prestação não incorra em risco pessoal – ou, quando não puder fazê-lo, deixa de pedir socorro para autoridade pública.

3.3.6.1 Classificação

É considerado um crime COMUM, visto que pode ser praticado por qualquer pessoa.

É um crime OMISSIVO PRÓPRIO ou PURO, pois a conduta omissiva está prevista no artigo em tela do Código Penal que ocorre quando o agente deixa de fazer o que lhe é imposto por lei – prestar socorro.

Comumente é praticado apenas por uma pessoa, sendo que é perfeitamente possível que haja o concurso de agentes, Art. 29 do CP.

3.3.6.2 Sujeitos do Crime

Sendo um crime comum, o sujeito ativo pode ser qualquer pessoa, enquanto o sujeito passivo são as pessoas elencadas no caput do próprio artigo: Criança abandonada ou extraviada (Perigo Abstrato). Pessoa ferida ou inválida com sérias dificuldades de movimentação (Perigo Abstrato). Ao desamparo ou em grave e eminente perigo (Perigo Concreto).

3.3.6.3 Consumação e Tentativa

O crime se consuma no momento da omissão, ademais, não será configurado o crime quando a vítima ofereça resistência que torne impossível a prestação de auxílio, ou então, caso ela esteja manifestamente em óbito.

Não admite tentativa.

3.3.6.4 Descrição do Crime

O crime pode ser cometido de duas formas distintas:

Falta de assistência imediata: o agente pode prestar socorro, sem risco pessoal, mas deliberadamente não o faz.

Falta de assistência mediata: o agente não pode prestar pessoalmente o socorro, mas também não solicita o auxílio da autoridade pública.

3.3.6.5 Observações

A simples condição de médico não o coloca como garantidor.

Pessoa inválida e pessoa ferida: é imprescindível que se encontrem ao desamparo no momento da omissão.

Se apenas uma pessoa presta o socorro, quando diversas poderiam tê-lo feito sem risco pessoal, não há crime para ninguém.

Omissão de socorro a pessoa idosa (igual ou superior a 60 anos), responde conforme o Art. 97, Lei nº 10.741/03 – Estatuto do Idoso.

3.3.6.6 Considerações

> ***Parágrafo único.*** *A pena é aumentada de metade, se da omissão resulta lesão corporal de natureza grave, e triplicada, se resulta a morte.*

A causa de aumento de pena é exclusivamente preterdolosa, o agente tem o dolo de se omitir (não presta o socorro) e disto, acaba resultando uma consequência não deseja pelo omitente.

3.3.7 Condicionamento de Atendimento Médico-Hospitalar Emergencial

> ***Art. 135-A.*** *Exigir cheque-caução, nota promissória ou qualquer garantia, bem como o preenchimento prévio de formulários administrativos, como condição para o atendimento médico-hospitalar emergencial:*
>
> ***Pena*** *- detenção, de 3 (três) meses a 1 (um) ano, e multa.*
>
> ***Parágrafo único.*** *A pena é aumentada até o dobro se da negativa de atendimento resulta lesão corporal de natureza grave, e até o triplo se resulta a morte.*

Esse delito tipifica a conduta do estabelecimento que presta atendimento médico-hospitalar emergencial e venha a exigir cheque, nota promissória ou qualquer garantia, como também, que sejam preenchidos formulários como condição necessária para que o socorro possa ser prestado.

Existe ainda o aumento de pena, tratado no parágrafo único, que é quando resulta em lesão corporal grave ou ainda a morte.

Inserido no Código Penal pela Lei nº 12.653/12 coibindo uma prática que era comum em estabelecimentos médico-hospitalares particulares.

3.3.8 Maus-Tratos

> ***Art. 136.*** *Expor a perigo a vida ou a saúde de pessoa sob sua autoridade, guarda ou vigilância, para fim de educação, ensino, tratamento ou custódia, quer privando-a de alimentação ou cuidados indispensáveis, quer sujeitando-a a trabalho excessivo ou inadequado, quer abusando de meios de correção ou disciplina:*
>
> ***Pena*** *- detenção, de dois meses a um ano, ou multa.*
>
> ***§ 1º.*** *Se do fato resulta lesão corporal de natureza grave:*
>
> ***Pena*** *- reclusão, de um a quatro anos.*
>
> ***§ 2º.*** *Se resulta a morte:*
>
> ***Pena*** *- reclusão, de quatro a doze anos.*
>
> ***§ 3º.*** *Aumenta-se a pena de um terço, se o crime é praticado contra pessoa menor de 14 (catorze) anos.*

Esse artigo tipifica a conduta do agente que pratique, sob a pessoa que esteja subordinada à sua autoridade, guarda ou vigilância, atos não condizentes como forma ou a pretexto de educá-la, ensiná-la, tratá-la ou reprimi-la.

3.3.8.1 Classificação

Trata-se de um crime PRÓPRIO, ou seja, o sujeito ativo deve ser superior hierárquico do sujeito passivo.

É um crime comissivo ou omissivo, porém suas condutas são vinculadas, ou seja, o artigo traz, expressamente, a forma como a conduta do agente deve ocorrer.

Haverá crime único desde que as condutas sejam praticadas contra a mesma vítima e no mesmo contexto fático.

3.3.8.2 Sujeitos do Crime

Sujeito Ativo: é um crime próprio, ou seja, somente aquele que tem o sujeito passivo sob sua autoridade, guarda ou vigilância, para fins de educação, ensino, tratamento ou custódia.

Sujeito Passivo: é aquele que se encontra sob a autoridade, guarda ou vigilância de outra pessoa, para fins de educação, ensino, tratamento ou custódia.

3.3.8.3 Consumação e Tentativa

O crime consuma-se com a exposição da vítima ao perigo. Não se exige o dano efetivo.

A conduta de privação de alimentos ou cuidados indispensáveis (modalidade omissiva) não admite tentativa. Contudo, as demais condutas admitem a tentativa.

3.3.8.4 Descrição do Crime

Apenas pode ser executado pelos meios/condutas indicados no tipo penal, sendo as seguintes:

- Privar a vítima de alimentos ou cuidados indispensáveis: caso a intenção do agente, ao privar a vitima de alimentos, seja matá-la, responderá pelo crime de homicídio (tentado ou consumado);
- Sujeitar a vítima a trabalhos excessivos ou inadequados;
- Abusar dos meios de disciplina ou correção.

As formas qualificadas do crime de maus-tratos (lesão corporal de natureza grave e morte) são exclusivamente preterdolosas – conduta dolosa no antecedente e culpa no consequente.

Aumenta-se a pena de 1/3 se o crime é praticado contra pessoa menor de 14 anos.

3.3.8.5 Considerações

A esposa não pode ser vítima de maus-tratos pelo marido, visto que não se encontra sob sua autoridade, guarda ou vigilância. Desse modo, o marido poderá responder pelo crime de lesão corporal (Art. 129 do CP).

Tratando-se de criança ou adolescente sujeita à autoridade, guarda ou vigilância de alguém e submetida a vexame ou constrangimento, aplica-se o Art. 232 da Lei nº 8.069/90 (ECA): submeter criança ou adolescente sob sua autoridade, guarda ou vigilância a vexame ou a constrangimento: pena: detenção de seis meses a dois anos.

A diferença entre o crime de maus-tratos e o crime de Tortura (Lei nº 9.455/97), reside no fato de que nesta a vítima é submetida a intenso sofrimento físico ou mental como forma de aplicar castigo pessoal ou medida de caráter preventivo (Art. 1º, II, Lei nº 9.455/97).

Caso a vítima seja idosa, incide o crime previsto no Art. 99 da Lei nº 10.741/2003 - Estatuto do Idoso.

3.4 Da Rixa

> ***Art. 137.*** *Participar de rixa, salvo para separar os contendores:*
>
> ***Pena*** *- detenção, de quinze dias a dois meses, ou multa.*
>
> ***Parágrafo único.*** *Se ocorre morte ou lesão corporal de natureza grave, aplica-se, pelo fato da participação na rixa, a pena de detenção, de seis meses a dois anos.*

3.4.8.1 Introdução

A rixa é um conflito tumultuoso que ocorre entre três ou mais pessoas, acompanhada de vias de fato (luta, briga), em que os participantes desferem violências recíprocas, não sendo possível identificar dois grupos distintos.

3.4.8.2 Classificação

É um crime comum, pois pode ser praticado por qualquer pessoa.

Ainda, enquadra-se em um delito plurissubjetivo, plurilateral ou de concurso necessário, visto que, para configurar o crime, devem existir no mínimo três pessoas. Por conseguinte, basta que apenas um dos participantes seja imputável (dois menores e um maior de 18 anos).

Também é considerado um crime de condutas contrapostas, ou seja, todos os participantes estão trocando agressões entre si, ora apanha, ora bate.

3.4.8.3 Sujeitos do Crime

No crime de rixa, ao mesmo tempo em que o agente é sujeito ativo, ele também é um sujeito passivo, pois assim como ele agride também está sofrendo uma agressão - reciprocidade.

3.4.8.4 Consumação e Tentativa

A consumação ocorre no momento em que os participantes iniciam as vias de fato ou ainda as violências recíprocas.

Admite a tentativa, quando ocorre, por exemplo, a intervenção policial no momento em que iriam se iniciar as agressões.

3.4.8.5 Descrição do Crime

Os três ou mais rixosos devem combater entre si, pois participa da rixa quem nela pratica, agressivamente, atos de violência material.

Não há rixa quando lutam entre si dois ou mais grupos contrários, perfeitamente definidos. Nesse caso, os membros de cada grupo devem ser responsabilizados pelos ferimentos produzidos nos membros do grupo contrário.

O crime pode ser praticado de forma comissiva (o agente que participa efetivamente da rixa), ou omissiva (quando o omitente podia e devia agir para evitar o resultado).

Ex.: O policial que assiste a três pessoas brigando entre si e nada faz para impedir o resultado.

Não há crime na conduta de quem ingressou no tumulto somente para separar os contendores.

3.4.8.6 Considerações

Sendo considerado um crime de perigo abstrato, para que se configure o crime não há necessidade de que os participantes sofram lesões, o simples fato de participar da rixa já acarreta em crime.

O contato físico é dispensável, sendo perfeitamente possível a rixa a distância com o arremesso de objetos, tiros, etc.

Na possibilidade em que ocorre lesão corporal de natureza leve em algum dos participantes e o agente que a causou possa ser identificado, nessa hipótese, ele responderá pelo crime de rixa em concurso material com o crime de rixa, se resulta em lesão corporal grave/gravíssima ou a morte, estará configurado o crime de rixa qualificada.

Quando houver briga entre torcidas, não configura rixa, mas sim o tipo penal descrito no Art. 41-B da Lei nº 10.671/2003 – Estatuto do Torcedor - tem-se um tipo penal específico incluído pela Lei nº 12.299/2010.

Rixa qualificada: também é conhecida como rixa complexa, sendo:

> **Parágrafo único.** *Se ocorre morte ou lesão corporal de natureza grave, aplica-se, pelo fato da participação na rixa, a pena de detenção, de seis meses a dois anos.*

A rixa qualificada é um dos últimos resíduos da responsabilidade penal objetiva - antigamente adotada pelo ordenamento jurídico brasileiro - pois, nesta hipótese, independe qual dos rixosos foi o responsável pela produção do resultado agravador – lesão corporal grave ou morte - todos aqueles que participaram responderão na modalidade qualificada.

Ainda, não importa se a morte ou a lesão corporal grave seja produzida em um dos rixosos ou então em uma terceira pessoa, alheia à rixa (apaziguador ou mero transeunte).

Há aqui três sistemas de punição:

Sistema da solidariedade absoluta: se da rixa resultar lesão grave ou morte, todos os participantes respondem pelo evento (lesão grave ou homicídio), independentemente de se apurar quem foi o seu real autor.

Sistema da cumplicidade correspectiva: havendo lesão grave ou morte, e não sendo apurado seu autor, todos os participantes respondem por esse resultado, sofrendo, entretanto, sanção intermediária à de um autor e de um partícipe.

Sistema da autonomia: a rixa é punida por si mesma, independentemente do resultado morte ou lesão grave, o qual, se ocorrer, somente qualificará o delito. Apenas o causador da lesão grave ou morte, se identificado, é que responderá também pelos delitos dos Arts. 121 e 129 do CP.

O CP adotou o princípio ou sistema da autonomia, nos termos do Art. 137, parágrafo único:

> **Parágrafo único.** *Se ocorre morte ou lesão corporal de natureza grave, aplica-se, pelo fato da participação na rixa, a pena de detenção, de seis meses a dois anos.*

3.4.8.7 Apontamentos

Até mesmo o rixoso que sofreu lesão corporal grave responde pela rixa qualificada (todos os que se envolvem no tumulto, daí sobrevindo lesão corporal grave ou morte respondem pela rixa qualificada).

O resultado agravador (lesão corporal grave ou a morte) pode ser doloso ou culposo, não se tratando de crime essencialmente preterdoloso.

Caso o resultado seja lesões leves ou ocorra uma tentativa de homicídio, não é capaz de qualificar a rixa.

Ex.: "A" participou da rixa, mas abandonou ANTES da produção do resultado agravador (lesão corporal grave ou morte): "A" responde por rixa qualificada, pois concorreu com o seu comportamento anterior para a produção do resultado.

"A" ingressou na rixa DEPOIS da produção do resultado agravador (lesão corporal grave ou morte): "A" responde por rixa simples.

RIXA versus LEGÍTIMA DEFESA – Durante uma rixa um dos participantes, "A", empunha uma arma para matar "B", este, em sua defesa, consegue defender-se, toma a arma de "A" e o mata. Nessa situação, caso "A" conseguisse matar "B", deveria responder pelo crime de rixa qualificada (resultando morte de um dos participantes) em concurso material com o crime de homicídio. Contudo, como "B" conseguiu reagir, em relação ao crime de homicídio que "A" tentara contra ele, caberá à exclusão de ilicitude – legítima defesa – em relação ao crime de homicídio (morte de "A"), porém, ainda assim, "B" e "C" responderão por rixa qualificada, pois a legítima defesa não é relevante para excluir a qualificação do crime de rixa.

3.5 Dos Crimes Contra Honra

Crime	Conduta	Honra ofendida
Calúnia: Art. 138, CP	Imputar fato criminoso sabidamente falso.	Há ofensa da honra objetiva. Ofende-se a reputação, diz respeito ao conceito perante terceiros.
Difamação: Art. 139, CP	Imputar fato desonroso, em regra não importando se verdadeiro ou falso.	Ofende-se a honra objetiva.
Injúria: Art. 140, CP	É a atribuição de qualidade negativa.	Ofende-se a honra subjetiva, a autoestima, ou seja, o que a vítima pensa dela mesma.

3.5.1 Calúnia

Art. 138. *Caluniar alguém, imputando-lhe falsamente fato definido como crime:*

Pena *- detenção, de seis meses a dois anos, e multa.*

§ 1º. *Na mesma pena incorre quem, sabendo falsa a imputação, a propala ou divulga.*

§ 2º. *É punível a calúnia contra os mortos.*

Exceção da Verdade

§ 3º. *Admite-se a prova da verdade, salvo:*

I. *Se, constituindo o fato imputado crime de ação privada, o ofendido não foi condenado por sentença irrecorrível;*

II. *Se o fato é imputado a qualquer das pessoas indicadas no nº I do Art. 141;*

III. *Se do crime imputado, embora de ação pública, o ofendido foi absolvido por sentença irrecorrível.*

Honra objetiva (o que os outros pensam de mim).

3.5.1.1 Sujeitos do Crime

Sujeito Ativo/Passivo: qualquer pessoa (crime comum).

Os mortos também podem ser caluniados, mas seus parentes é que serão os sujeitos passivos do crime. Não há regra semelhante no tocante aos demais crimes contra a honra.

Podem, ainda, serem vítimas os menores e os loucos.

A pessoa jurídica também pode ser sujeito passivo do crime de calúnia, pois pode cometer crimes ambientais (Lei nº 9.605/98).

Mas, observe-se que não podem praticar tal crime pessoas que desfrutam de inviolabilidade.

Ex.: Parlamentares.

Aqui se indaga se advogados são imunes à prática do crime de calúnia. Os advogados não têm imunidade profissional na calúnia, possuindo a imunidade somente no que tange à difamação e à injúria.

3.5.1.2 Objeto Material

É a pessoa que tem sua honra objetiva ofendida.

3.5.1.3 Núcleo do Tipo

A conduta típica consiste em caluniar alguém (imputar falsamente um fato definido como crime).

A imputação de fato definido como Contravenção Penal (Decreto-Lei nº 3.688/41) não constitui calúnia, pois não é crime, mas poderá caracterizar difamação.

Atribuir falsamente a alguém a prática de um fato atípico não constitui crime de calúnia, mas poderá configurar outro crime contra a honra.

Ex.: dano culposo.

3.5.1.4 Fato Determinado

É imprescindível a imputação da prática de um fato determinado, ou seja, de uma situação concreta, contendo autor, objeto e suas circunstâncias.

3.5.1.5 Pessoa Certa e Determinada

A ofensa deve se dirigir a pessoa certa e determinada.

Ex.: Dizer que no dia 25 de dezembro, por volta de 20h00min, Roberto se fantasiou de papai noel e praticou um furto na casa de Pedro, o qual reside no centro da cidade de Cascavel/PR.

3.5.1.6 Falsidade da Imputação

Deve ser falsa a imputação do fato definido como crime. Essa falsidade pode recair sobre o fato (o crime imputado à vitima não ocorreu) ou sobre o envolvimento no fato (o crime ocorreu, mas a vítima não praticou tal delito).

Quando o ofensor, agindo de boa-fé, supõe erroneamente ser verdadeira a afirmação, incidirá em Erro de Tipo. Desse modo, o fato será atípico, pois excluirá o dolo do fato típico.

3.5.1.7 Consumação

O crime de calúnia se consuma quando 3ª pessoa toma conhecimento do fato imputado. Não é necessário que a vítima tome conhecimento da ofensa.

Calúnia X Denunciação Caluniosa

Calúnia (Art. 138, CP)	Denunciação Caluniosa (Art. 339, CP)
Caluniar alguém, imputando-lhe falsamente fato definido como crime.	Dar causa à instauração de investigação policial, de processo judicial, instauração de investigação administrativa, inquérito civil ou ação de improbidade administrativa contra alguém, imputando-lhe crime de que o sabe inocente.
É crime contra honra.	É crime contra a Administração da Justiça.
Regra: Ação Penal Privada.	Ação Penal Pública Incondicionada.
Não admite a imputação falsa de contravenção.	Admite (é circunstância que importa na diminuição da pena pela metade (Art. 339 §2º, CP).

§ 1º. Na mesma pena incorre quem, sabendo falsa a imputação, a propala ou divulga.

> Propalar: relatar verbalmente.
> Divulgar: relatar por qualquer outro meio (panfletos, outdoors, gestos etc).

3.5.1.8 Considerações

Observa-se que também é punível a conduta daquele que propaga, divulga a calúnia criada por outrem.

Responde pelo caput quem cria a falsidade e responde pelo §1º do CP a pessoa que divulga (diversa da pessoa que criou – se for a mesma pessoa, o §1º configura pos facto impunível).

Exclui-se o crime quando o agente age:

> Com animus jocandi: intenção de brincar.
> Com animus consulendi: intenção de aconselhar.
> Com animus narrandi: intenção de narrar (é o animus da testemunha).
> Com animus corrigendi: intenção de corrigir.
> Com animus defendendi: intenção de defender direito

3.5.2 Exceção da Verdade

***§ 3º**. Admite-se a prova da verdade, salvo:*

***I.** Se, constituindo o fato imputado crime de ação privada, o ofendido não foi condenado por sentença irrecorrível;*

***II.** Se o fato é imputado a qualquer das pessoas indicadas no nº I do Art. 141;*

***III.** Se do crime imputado, embora de ação pública, o ofendido foi absolvido por sentença irrecorrível.*

Trata-se de incidente processual, forma de defesa indireta, por meio da qual o acusado de ter praticado calúnia pretende provar a veracidade do que alegou.

Somente haverá o crime de calúnia quando o fato for falso. Desse modo, se a imputação é verdadeira o fato é atípico.

A exceção da verdade é o instrumento adequado para se provar a veracidade do fato imputado a outrem.

A regra é a admissibilidade da exceção da verdade. Todavia, em três situações previstas pelo CP não será admitida a sua utilização:

***I.** Se, constituindo o fato imputado crime de ação privada, o ofendido não foi condenado por sentença irrecorrível;*

***II.** Se o fato é imputado a qualquer das pessoas indicadas no inciso I do Art. 141;*

(Presidente da República ou chefe de governo estrangeiro).

***III.** Se do crime imputado, embora de ação pública, o ofendido foi absolvido por sentença irrecorrível.*

3.5.3 Difamação

***Art. 139.** Difamar alguém, imputando-lhe fato ofensivo à sua reputação:*

***Pena** - detenção, de três meses a um ano, e multa.*

3.5.3.1 Conceito

Difamar é imputar a alguém um fato ofensivo à sua reputação.

Subsiste o crime de difamação ainda que seja verdadeira a imputação (salvo quando o ofendido é funcionário público e a ofensa é relativa ao exercício de suas funções), desde que dirigida a ofender a honra alheia.

3.5.3.2 Objetividade Jurídica

Honra objetiva (o que os outros pensam de mim).

3.5.3.3 Objeto Material

É a pessoa que tem sua honra objetiva ofendida.

3.5.3.4 Espécie de Honra Ofendida

A difamação ofende a honra objetiva.

3.5.3.5 Consumação e Tentativa

Se consuma no momento em que um terceiro toma conhecimento da ofensa.

3.5.3.6 Considerações

Morto não pode ser vítima de difamação.

Tendo em vista que pessoa jurídica tem reputação, então pode ser vítima de difamação.

O crime é punido a título de dolo, sendo imprescindível a vontade de ofender a reputação, a intenção de ofender a honra.

O fato pode ser: Verdadeiro ou Falso / Criminoso ou não criminoso / Contravenção penal;
O fato deve ser Determinado.

Em regra, admite tentativa. No caso de difamação verbal, não se admite a tentativa.

3.5.4 Exceção da Verdade

***Parágrafo único.** A exceção da verdade somente se admite se o ofendido é funcionário público e a ofensa é relativa ao exercício de suas funções.*

Na difamação, a exceção da verdade somente é admitida se o ofendido é funcionário público e a ofensa é relativa ao exercício de suas funções. É indispensável a relação de causalidade entre a imputação e o exercício da função pública.

Na difamação, a consequência da exceção da verdade, ao contrário da calúnia, atinge a ilicitude, e não a atipicidade da conduta, pois é uma hipótese especial de exercício regular do direito.

A procedência da exceção da verdade na difamação gera a absolvição, sendo uma forma especial de exercício regular de direito.

Art. 138	Art. 139
Admite prova da verdade.	A regra é não admitir a prova da verdade.
Exceções: Art. 138, § 3º I, II e III.	Exceção: Art. 139, Parágrafo único. Ofendido funcionário público mais ofensa funcional.
Procedência gera a absolvição sob o fundamento da atipicidade.	Procedência gera a absolvição, pois se trata de hipótese de exercício regular de direito. Descriminante especial.
Admite exceção de notoriedade.	Também.

3.5.5 Injúria

Art. 140. *Injuriar alguém, ofendendo-lhe a dignidade ou o decoro:*

Pena *- detenção, de um a seis meses, ou multa.*

§ 1º. O juiz pode deixar de aplicar a pena:

I. *Quando o ofendido, de forma reprovável, provocou diretamente a injúria;*

II. *No caso de retorsão imediata, que consista em outra injúria.*

§ 2º. Se a injúria consiste em violência ou vias de fato, que, por sua natureza ou pelo meio empregado, se considerem aviltantes:

Pena *- detenção, de três meses a um ano, e multa, além da pena correspondente à violência.*

§ 3º. Se a injúria consiste na utilização de elementos referentes a raça, cor, etnia, religião, origem ou a condição de pessoa idosa ou portadora de deficiência:

Pena *- reclusão de um a três anos e multa.*

3.5.5.1 Conceito

Injuriar é atribuir qualidade negativa à alguém.

3.5.5.2 Espécie de Honra Ofendida

Ofende a honra subjetiva da pessoa (o que a pessoa acha de si própria). A consumação ocorre quando a ofensa chega ao conhecimento da vítima.

Ofende a dignidade ou o decoro da vítima:

Na injúria, é irrelevante o fato de a qualidade negativa atribuída à vítima ser ou não verdadeira. Desse modo, se o agente chama uma pessoa de gorda, com a intenção de injuriar, estará configurado o crime de injúria, mesmo que a vítima seja mesmo gorda ou obesa.

> Dignidade: ofende as qualidades morais da pessoa.

Ex.: Chamar alguém de vagabundo.

> Decoro: ofende as qualidades físicas.

Exs.: Chamar alguém de monstro) ou intelectuais

Chamar alguém de retardado, idiota.

3.5.5.3 Queixa-Crime ou Denúncia

A queixa-crime ou denúncia ajuizada pelo crime de injúria deve descrever, minuciosamente sob pena de inépcia, quais foram as ofensas proferidas contra a vítima, por mais baixas e repudiáveis que possam ser.

3.5.5.4 Formas de Execução

Pode ser praticado por ação ou omissão.

Ex.: "A" estende a mão para cumprimentar "B" e este recusa o cumprimento.

3.5.5.5 Consumação e Tentativa

É crime de execução livre: pode ser praticado por meio de palavras, gestos, escritos etc. Aliás, pode ser praticado por ação ou omissão (o único exemplo dado pela doutrina de injúria por omissão é ignorar ou não retribuir um cumprimento, como forma de humilhar a pessoa na frente de outras).

Como a injúria protege a honra subjetiva, o crime se consuma quando a vítima toma conhecimento da injúria, dispensando-se o efetivo dano à sua honra (é crime formal). Consuma no momento em que o fato chega ao conhecimento da vítima, dispensando efetivo dano a sua dignidade ou decoro.

A tentativa é possível somente na forma escrita. A injúria realizada verbalmente não admite tentativa.

Exceção da verdade: a injúria não admite exceção da verdade, pois o ofensor atribui uma qualidade negativa à vítima e não um fato.

3.5.5.6 Elemento Subjetivo

É o dolo (direto ou eventual). Não admite a modalidade culposa de injúria.

Injúria Contra Funcionário Público X Desacato

Injúria contra funcionário público	Desacato (Art. 331, CP)
Atribuir qualidade negativa ao funcionário público durante sua ausência.	A ofensa é realizada na presença do funcionário público no exercício da função ou em razão dela.
É crime contra a honra.	É crime contra a Administração Pública.
Ação Penal Privada (Regra).	Ação Penal Pública Incondicionada.
Ex.: "A" Fala a seus vizinhos que o Promotor da cidade é bandido.	Ex.: "A" Durante uma audiência judicial chama o Juiz de corrupto.

3.5.5.7 Considerações

Atenção às imunidades! Quem detém imunidade por palavras, opiniões e votos não pratica calúnia, injúria ou difamação. São eles: senadores, deputados federais, deputados estaduais/distritais, vereadores no limite da vereança, advogado (que tem imunidade profissional na injúria - Art. 7º, §2º, do EOAB - a calúnia foi afastada pelo STF).

Pessoa jurídica pode ser vítima de injúria? Não, pois ela não tem honra subjetiva, não tem dignidade, decoro. Quanto a isso não há divergência.

Mirabete entende que pessoa jurídica não pode ser vítima de nenhum crime contra a honra, pois esse capítulo se aplicaria apenas às pessoas físicas.

3.5.5.8 Perdão Judicial

§ 1º. O juiz pode deixar de aplicar a pena:

I. *Quando o ofendido, de forma reprovável, provocou diretamente a injúria;*

II. *No caso de retorsão imediata, que consista em outra injúria.*

O perdão judicial é causa de extinção da punibilidade (Art. 107, IX, CP). A sentença que concede o perdão judicial é declaratória da extinção da punibilidade (Súmula 18, STJ).

Só o perdão do ofendido tem que ser aceito, o perdão do juiz não é oferecido, mas sim imposto.

Trata-se de um direito subjetivo do acusado, e não uma faculdade do juiz. Preenchidos os requisitos, o juiz deve perdoar.

> Quando o ofendido, de forma reprovável, provocou diretamente a injúria;

A provocação tem que ser reprovável e direta.

> No caso de retorsão imediata, que consista em outra injúria.

Retorsão é o revide. Deve ser imediata. É modalidade anômala de legítima defesa. Não há retorsão contra ofensa passada. Existe apenas retorsão imediata no crime de injúria.

3.5.5.9 Injúria Real

> ***§ 2º.*** *Se a injúria consiste em violência ou vias de fato, que, por sua natureza ou pelo meio empregado, se considerem aviltantes:*
>
> ***Pena*** *- detenção, de três meses a um ano, e multa, além da pena correspondente à violência.*

É a injúria praticada com um meio de execução especial: mediante violência ou vias de fato. Aqui a violência ou as vias de fato são o meio e a injúria é o fim. O agente usa da violência para injuriar.

Jogar ovos em um cantor, cuspir na cara, dar tapa no rosto.

Aviltantes: humilhantes.

O meio de execução é a violência ou então as vias de fato. Se a injúria real for praticada com vias de fato, a vias de fato fica absorvida.

A lei impõe o concurso material obrigatório entre as penas de injúria real e do resultante da violência (homicídio, lesão corporal etc.).

Não podemos confundir a injúria preconceito (Art. 140, §3º, CP) com o crime de racismo (Lei nº 7.716/89). Na injúria, ocorre a atribuição de qualidade negativa. Já no racismo, ocorre a segregação da vítima do convívio social.

3.5.5.10 Injúria Qualificada

> ***§ 3º.*** *Se a injúria consiste na utilização de elementos referentes a raça, cor, etnia, religião, origem ou a condição de pessoa idosa ou portadora de deficiência:*
>
> ***Pena*** *- reclusão de um a três anos e multa.*

Assim como nos demais crimes contra a honra, a ofensa deve ser dirigida a pessoa ou pessoas determinadas.

Injúria Qualificada X Crime de Racismo

Injúria Qualificada (Art. 140, § 3º, CP)	Crime de Racismo (Lei nº 7.716/89)
É crime afiançável.	É crime inafiançável.
Ação Penal Pública Condicionada a Representação.	Ação Pública Incondicionada.
Prescritível.	Imprescritível.
Atribuir a alguém qualidade negativa.	Manifestações preconceituosas generalizadas ou segregação racial.
Ex.: Chamar uma pessoa negra de macaco.	Ex.: Hotel que proíbe a hospedagem de pessoas negras. Ex.: Empresa que não contrata pessoas da religião evangélica.

Prevalece na doutrina, que a injúria preconceito não admite o perdão judicial do Art. 140, § 1º, tratando-se de violação mais séria à honra da vítima, ferindo uma das metas fundamentais do Estado Democrático de Direito, qual seja, dignidade da pessoa humana.

3.5.6 Disposições Comuns

> ***Art. 141.*** *As penas cominadas neste Capítulo aumentam-se de um terço, se qualquer dos crimes é cometido:*
>
> ***I.*** *Contra o Presidente da República, ou contra chefe de governo estrangeiro;*
>
> ***II.*** *Contra funcionário público, em razão de suas funções;*
>
> ***III.*** *Na presença de várias pessoas, ou por meio que facilite a divulgação da calúnia, da difamação ou da injúria.*
>
> ***IV.*** *Contra pessoa maior de 60 (sessenta) anos ou portadora de deficiência, exceto no caso de injúria.*
>
> ***Parágrafo único.*** *Se o crime é cometido mediante paga ou promessa de recompensa, aplica-se a pena em dobro.*

Este artigo não traz qualificadoras, mas sim causas de aumento de pena, majorantes (a serem consideradas pelo juiz na terceira fase de aplicação da pena).

É uma majorante aplicada a todos os crimes do capítulo – injúria, difamação e calúnia. Nenhum desses crimes escapa do aumento quando preenchidos os requisitos.

Aumentam-se de um terço, se qualquer dos crimes é cometido:

> ***I.*** *Contra o Presidente da República, ou contra chefe de governo estrangeiro;*

A pena é aumentada de 1/3, em razão da importância das funções desempenhadas pelo Presidente da República e pelo chefe de governo estrangeiro. A conduta criminosa, além de atentar contra a honra de uma pessoa, ofende também os interesses de toda a nação que ela representa.

> ***II.*** *Contra funcionário público, em razão de suas funções.*

Esse aumento de pena não se aplica quando a conduta se refere à vida privada do funcionário público.

É necessário o nexo de causalidade entre a ofensa e o exercício da função pública.

> ***III.*** *Na presença de várias pessoas, ou por meio que facilite a divulgação da calúnia, da difamação ou da injúria.*

A expressão "várias pessoas" se refere a no mínimo três pessoas. Não se incluindo neste número o ofensor, a vítima e eventuais coautores e partícipes.

O STF, após o julgamento da ADPF nº 130-7/DF decidiu que a Lei de Imprensa (Lei nº 5.250/67) não foi recepcionada pela CF/88. Desse modo, aos crimes contra a honra praticados por meio da imprensa (oral ou escrita) serão aplicadas as disposições do Código Penal (Arts. 138 a 145).

> ***IV.*** *Contra pessoa maior de 60 (sessenta) anos ou portadora de deficiência, exceto no caso de injúria.*

Esse inciso foi inserido no CP pela Lei nº 10.741/03 (Estatuto do Idoso). O ofensor tem que ter conhecimento da idade da vítima no momento do crime.

Não se aplica este inciso no caso de injúria, pois neste crime já existe a figura da injúria qualificada (Art. 140, §3º, CP) razão pela qual evita-se o bis in idem desta forma.

> ***Parágrafo único.*** *Se o crime é cometido mediante paga ou promessa de recompensa, aplica-se a pena em dobro.*

Hipótese de crime plurissubjetivo ou de concurso necessário. O pagamento, em ambos os casos, pode ser em dinheiro ou qualquer outro bem e a vantagem não precisa ser necessariamente econômica.

Ex.: Promessa de emprego, de casamento, de favores sexuais.

Essa majorante não se aplica ao mandante, apenas ao executor.

3.6 Exclusão do Crime

Art. 142. *Não constituem injúria ou difamação punível:*

I. *A ofensa irrogada em juízo, na discussão da causa, pela parte ou por seu procurador;*

II. *A opinião desfavorável da crítica literária, artística ou científica, salvo quando inequívoca a intenção de injuriar ou difamar;*

III. *O conceito desfavorável emitido por funcionário público, em apreciação ou informação que preste no cumprimento de dever do ofício.*

Parágrafo único. *Nos casos dos ns. I e III, responde pela injúria ou pela difamação quem lhe dá publicidade.*

Esse dispositivo não se aplica ao crime de calúnia, pois há neste crime o interesse do Estado e da sociedade em realizar a sua apuração.

advogado diz que o promotor foi subornado pelo réu para pedir sua absolvição.

A imunidade é relativa: para a maioria, a ressalva exarada pela expressão salvo quando se tem intenção de injuriar ou difamar se aplica não apenas ao inciso II, como também aos incisos I e III. Esse é o entendimento da maioria.

Nas hipóteses dos incisos I e III responde pela injúria ou difamação aquele que dá publicidade ao fato. É imprescindível, para tanto, o animus ofendendi.

I. *A ofensa irrogada em juízo, na discussão da causa, pela parte ou por seu procurador;*

Esta excludente de ilicitude não se aplica quando a ofensa é dirigida ao juiz (magistrado), pois este não é parte na causa.

Para o advogado, de acordo com o Art. 7º, §2º, da Lei nº 8.906/94 (Estatuto da OAB): O advogado tem imunidade profissional, não constituindo injúria, difamação ou desacato puníveis em qualquer manifestação de sua parte, no exercício de sua atividade, em juízo ou fora dele, sem prejuízo das sanções disciplinares perante a OAB, pelos excessos que cometer.

A expressão ou desacato foi declarada inconstitucional pelo STF, nos autos da ADIN 1.127-8. Desse modo, o advogado pode praticar o crime de desacato.

II. *A opinião desfavorável da crítica literária, artística ou científica, salvo quando inequívoca a intenção de injuriar ou difamar;*

III. *O conceito desfavorável emitido por funcionário público, em apreciação ou informação que preste no cumprimento de dever do ofício.*

Cuida-se de modalidade especial de estrito cumprimento do dever legal.

Ex.: Delegado de Polícia que, ao relatar o inquérito policial, refere-se ao indiciado como pessoa de alta periculosidade, covarde e impiedoso.

3.7 Retratação

Art. 143. *O querelado que, antes da sentença, se retrata cabalmente da calúnia ou da difamação, fica isento de pena.*

Parágrafo único. *Nos casos em que o querelado tenha praticado a calúnia ou a difamação utilizando-se de meios de comunicação, a retratação dar-se-á, se assim desejar o ofendido, pelos mesmos meios em que se praticou a ofensa.*

É necessário observar que, retratação não se confunde com confissão da calúnia ou da difamação. Retratar-se é escusar-se, retirar o que disse, trazer a verdade novamente à tona. Trata-se de causa extintiva da punibilidade.

Se o querelado se retrata, há exclusão do crime, mas isso não importa em exclusão de indenização na seara cível.

Atente-se que, somente em relação a calúnia e a difamação há possibilidade de retratação, não abrangendo a injúria. Atente-se que, na lei de imprensa, havia previsão relativa a injúria, mas esta não foi recepcionada pela CF, nos termos de decisão proferida pelo STF.

É possível retratação extintiva da punibilidade no crime contra a honra de funcionário público no exercício da função? Em regra, não, pois não haverá querelado (a ação penal é pública).

Na retratação não se exige a concordância do ofendido.

A retratação deve ser total e incondicional. Deve ainda, abranger tudo o que foi dito pelo ofensor.

3.7.6.1 Pedido de Explicações

Art. 144. *Se, de referências, alusões ou frases, se infere calúnia, difamação ou injúria, quem se julga ofendido pode pedir explicações em juízo. Aquele que se recusa a dá-las ou, a critério do juiz, não as dá satisfatórias, responde pela ofensa.*

Possui as seguintes características:

- É medida facultativa, pois a vítima não precisa dele se valer para o oferecimento da ação penal.
- Somente pode ser utilizado antes do ajuizamento da ação penal.
- Não possui procedimento específico.
- Não interrompe ou suspende o prazo decadencial.

O requerido não pode ser compelido a prestar as informações solicitadas. Desse modo, caso se omita, não poderá sofrer qualquer espécie de sanção.

3.7.6.2 Ação Penal

Art. 145. *Nos crimes previstos neste Capítulo somente se procede mediante queixa, salvo quando, no caso do Art. 140, § 2º, da violência resulta lesão corporal.*

Parágrafo único. *Procede-se mediante requisição do Ministro da Justiça, no caso do inciso I do caput do Art. 141 deste Código, e mediante representação do ofendido, no caso do inciso II do mesmo artigo, bem como no caso do § 3º do Art. 140 deste Código. (Redação dada pela Lei nº 12.033. de 2009).*

3.7.6.3 Espécies de Ação Penal

A regra geral é que os crimes contra a honra (Calúnia/Difamação/Injúria) são de Ação Penal privada.

→ Todavia, há três exceções:

> Pública Condicionada a requisição do Ministro da Justiça (crime contra o Presidente da República ou chefe de governo estrangeiro);

> Pública Condicionada a representação do ofendido (crime contra funcionário público em razão de suas funções ou crime de injúria qualificada – discriminação);

> Pública incondicionada: injúria real se resulta lesão corporal.

Crime contra a honra de funcionário público: Tratando-se de ofensa em razão da função, a ação penal é pública condicionada a representação.

Tratando-se de ofensa sem vínculo com a função pública, a ação penal é privada.

Súm. 714, STF. É concorrente a legitimidade do ofendido mediante queixa e do MP condicionada a representação do ofendido, para a ação penal por crime contra a honra de servidor público em razão do exercício de suas funções.

Caso a injúria preconceito tenha sido praticada antes da Lei nº 12.033/09 quando tal crime dependia de queixa e ao ingressar com a inicial já está em vigor tal lei. Será cabível queixa ou deverá ser oferecida representação para que o MP denuncie? Essa é uma alteração irretroativa pela qual a ação penal continuará sendo privada, nessa hipótese.

3.8 Dos Crimes contra Liberdade Individual

3.8.1 Dos Crimes contra a Liberdade Pessoal

3.8.1.1 Constrangimento ilegal

Art. 146. *Constranger alguém, mediante violência ou grave ameaça, ou depois de lhe haver reduzido, por qualquer outro meio, a capacidade de resistência, a não fazer o que a lei permite, ou a fazer o que ela não manda:*

Pena *- detenção, de três meses a um ano, ou multa.*

3.8.1.2 Aumento de Pena

§ 1º. *As penas aplicam-se cumulativamente e em dobro, quando, para a execução do crime, se reúnem mais de três pessoas, ou há emprego de armas.*

§ 2º. *Além das penas cominadas, aplicam-se as correspondentes à violência.*

§ 3º. *Não se compreendem na disposição deste artigo:*

I. *A intervenção médica ou cirúrgica, sem o consentimento do paciente ou de seu representante legal, se justificada por iminente perigo de vida;*

II. *A coação exercida para impedir suicídio.*

3.8.1.3 Ameaça

Art. 147. *Ameaçar alguém, por palavra, escrito ou gesto, ou qualquer outro meio simbólico, de causar-lhe mal injusto e grave:*

Pena *- detenção, de um a seis meses, ou multa.*

Parágrafo único. *Somente se procede mediante representação.*

3.8.1.4 Sequestro e Cárcere Privado

Art. 148. *Privar alguém de sua liberdade, mediante sequestro ou cárcere privado:*

Pena *- reclusão, de um a três anos.*

§ 1º. *A pena é de reclusão, de dois a cinco anos:*

I. *Se a vítima é ascendente, descendente, cônjuge ou companheiro do agente ou maior de 60 (sessenta) anos;*

II. *Se o crime é praticado mediante internação da vítima em casa de saúde ou hospital;*

III. *Se a privação da liberdade dura mais de quinze dias.*

IV. *Se o crime é praticado contra menor de 18 (dezoito) anos;*

V. *Se o crime é praticado com fins libidinosos.*

§ 2º. *Se resulta à vítima, em razão de maus-tratos ou da natureza da detenção, grave sofrimento físico ou moral:*

Pena *- reclusão, de dois a oito anos.*

Trata-se de infração de médio potencial ofensivo, admitindo-se a suspensão condicional do processo.

As pessoas que são impossibilitadas de se locomover podem ser vítimas do delito? A liberdade de movimento não deixa de existir quando se exerce à custa de aparelhos ou com o auxílio de outrem.

Essa é a posição que prevalece no Brasil. Há doutrinadores estrangeiros que afirmam que não seria esse o delito, mas sim o de constrangimento ilegal em se tratando de pessoas que não podem se locomover.

Caso a vítima seja Presidente da República, do SF, CD e STF, e, havendo motivação política, o delito pode ser considerado crime contra a Segurança Nacional (Art. 28 da Lei nº 7.170/83).

→ Conduta: é a privação da liberdade. Pode ser executada mediante:

> Sequestro: é privação da liberdade sem confinamento.

Ex.: Sítio, casa.

> Cárcere Privado: é a privação da liberdade com confinamento.

Ex.: Porão.

Quando o crime for praticado mediante cárcere privado, deve fixar esse meio mais gravoso na fixação da pena.

O crime pode ser praticado por ação ou omissão.

Médico que não concede alta para paciente já curado.

→ Tipo subjetivo: O dolo é a finalidade especial do crime.

Se a finalidade for obter vantagem econômica, o delito será o previsto no Art. 159 do CP. Se o fim for satisfazer pretensão, deixa de ser o delito do Art. 148 e passa a ser o delito previsto no Art. 345 (exercício arbitrário das próprias razões). Ex.: médico que não concede alta para paciente com a finalidade de satisfazer pretensão tida como legítima – pagamento do tratamento – o delito será de exercício arbitrário das próprias razões.

Na hipótese em que a finalidade é causar sofrimento físico ou mental, o delito será o de tortura.

→ Consumação e tentativa: Trata-se de delito permanente, e sua consumação se protrai no tempo. Consuma-se com a efetiva privação da liberdade ou locomoção da vítima.

A tentativa é perfeitamente difícil já que a privação da liberdade pode ser antecedida de violência e se o agente age de forma violenta, mas não consegue privar sua liberdade por circunstâncias alheias a sua vontade, terá havido tentativa.

→ Qualificadoras: Art. 148, §1º:

I. Ascendente, descendente, cônjuge ou companheiro do agente ou maior de 60 anos.

Neste caso, para qualificar não abrange o parentesco colateral, por afinidade, padrasto, ou madrasta do agente.

O idoso deve ter MAIS de 60 anos quando de sua libertação, não importando se quando da privação da liberdade tinha menos de 60 anos.

II. Se o crime é praticado mediante internação da vítima em casa de saúde ou hospital: Neste caso, tem que ser internação simulada ou fraudulenta.

III. Se a privação da liberdade dura mais de quinze dias: Este prazo inicia-se no momento da privação da vítima, até sua libertação.

IV. Crime praticado contra menor de 18 anos: neste inciso basta que a vítima seja maior de 18 anos ao final do sequestro, pouco importando se tinha menos que 18 anos no inicio do cárcere.

V. Se praticado com fins libidinosos: trata-se de ação penal pública incondicionada (e não ação privada, como era anterior a 2005).

3.8.1.5 Redução a Condição Análoga à de Escravo

Art. 149. *Reduzir alguém a condição análoga à de escravo, quer submetendo-o a trabalhos forçados ou a jornada exaustiva, quer sujeitando-o a condições degradantes de trabalho, quer restringindo, por qualquer meio, sua locomoção em razão de dívida contraída com o empregador ou preposto:*

Pena *- reclusão, de dois a oito anos, e multa, além da pena correspondente à violência.*

§ 1º*. Nas mesmas penas incorre quem:*

I. *Cerceia o uso de qualquer meio de transporte por parte do trabalhador, com o fim de retê-lo no local de trabalho;*

II. *Mantém vigilância ostensiva no local de trabalho ou se apodera de documentos ou objetos pessoais do trabalhador, com o fim de retê-lo no local de trabalho.*

§ 2º*. A pena é aumentada de metade, se o crime é cometido:*

I. *Contra criança ou adolescente;*

II. *Por motivo de preconceito de raça, cor, etnia, religião ou origem.*

3.8.1.6 Tráfico de Pessoas

Art. 149-A. *Agenciar, aliciar, recrutar, transportar, transferir, comprar, alojar ou acolher pessoa, mediante grave ameaça, violência, coação, fraude ou abuso, com a finalidade de: (Incluído pela Lei nº 13.344, de 2016)*

I. *remover-lhe órgãos, tecidos ou partes do corpo; (Incluído pela Lei nº 13.344, de 2016)*

II. *submetê-la a trabalho em condições análogas à de escravo; (Incluído pela Lei nº 13.344, de 2016)*

III. *submetê-la a qualquer tipo de servidão; (Incluído pela Lei nº 13.344, de 2016)*

IV. *adoção ilegal; ou (Incluído pela Lei nº 13.344, de 2016)*

V. *exploração sexual. (Incluído pela Lei nº 13.344, de 2016)*

Pena. reclusão, de 4 (quatro) a 8 (oito) anos, e multa. (Incluído pela Lei nº 13.344, de 2016)

§ 1º*. A pena é aumentada de um terço até a metade se: (Incluído pela Lei nº 13.344, de 2016)*

I. *o crime for cometido por funcionário público no exercício de suas funções ou a pretexto de exercê-las; (Incluído pela Lei nº 13.344, de 2016)*

II. *o crime for cometido contra criança, adolescente ou pessoa idosa ou com deficiência; (Incluído pela Lei nº 13.344, de 2016)*

III. *o agente se prevalecer de relações de parentesco, domésticas, de coabitação, de hospitalidade, de dependência econômica, de autoridade ou de superioridade hierárquica inerente ao exercício de emprego, cargo ou função; ou (Incluído pela Lei nº 13.344, de 2016)*

IV. *a vítima do tráfico de pessoas for retirada do território nacional. (Incluído pela Lei nº 13.344, de 2016)*

§ 2º. A pena é reduzida de um a dois terços se o agente for primário e não integrar organização criminosa. (Incluído pela Lei nº 13.344, de 2016)

3.8.2 Dos Crimes contra a Inviolabilidade do Domicílio

3.8.2.1 Violação de Domicílio

Art. 150. *Entrar ou permanecer, clandestina ou astuciosamente, ou contra a vontade expressa ou tácita de quem de direito, em casa alheia ou em suas dependências:*

Pena *- detenção, de um a três meses, ou multa.*

§ 1º*. Se o crime é cometido durante a noite, ou em lugar ermo, ou com o emprego de violência ou de arma, ou por duas ou mais pessoas:*

Pena *- detenção, de seis meses a dois anos, além da pena correspondente à violência.*

§ 2º*. Aumenta-se a pena de um terço, se o fato é cometido por funcionário público, fora dos casos legais, ou com inobservância das formalidades estabelecidas em lei, ou com abuso do poder.*

§ 3º*. Não constitui crime a entrada ou permanência em casa alheia ou em suas dependências:*

I. *Durante o dia, com observância das formalidades legais, para efetuar prisão ou outra diligência;*

II. *A qualquer hora do dia ou da noite, quando algum crime está sendo ali praticado ou na iminência de o ser.*

§ 4º*. A expressão "casa" compreende:*

I. *Qualquer compartimento habitado;*

II. *Aposento ocupado de habitação coletiva;*

III. *Compartimento não aberto ao público, onde alguém exerce profissão ou atividade.*

§ 5º*. Não se compreendem na expressão "casa":*

I. *Hospedaria, estalagem ou qualquer outra habitação coletiva, enquanto aberta, salvo a restrição do nº II do parágrafo anterior;*

II. *Taverna, casa de jogo e outras do mesmo gênero.*

3.8.3 Dos Crimes contra a Inviolabilidade de Correspondência

3.8.3.1 Violação de Correspondência

Art. 151. *Devassar indevidamente o conteúdo de correspondência fechada, dirigida a outrem:*

Pena *- detenção, de um a seis meses, ou multa.*

3.8.3.2 Sonegação ou Destruição de Correspondência

§ 1º*. Na mesma pena incorre:*

I. *Quem se apossa indevidamente de correspondência alheia, embora não fechada e, no todo ou em parte, a sonega ou destrói;*

3.8.3.3 Violação de Comunicação Telegráfica, Radioelétrica ou Telefônica

II. Quem indevidamente divulga, transmite a outrem ou utiliza abusivamente comunicação telegráfica ou radioelétrica dirigida a terceiro, ou conversação telefônica entre outras pessoas;

III. Quem impede a comunicação ou a conversação referidas no número anterior;

IV. Quem instala ou utiliza estação ou aparelho radioelétrico, sem observância de disposição legal.

§ 2º. As penas aumentam-se de metade, se há dano para outrem.

§ 3º. Se o agente comete o crime, com abuso de função em serviço postal, telegráfico, radioelétrico ou telefônico:

Pena - detenção, de um a três anos.

§ 4º. Somente se procede mediante representação, salvo nos casos do § 1º, IV, e do § 3º.

3.8.3.4 Correspondência Comercial

Art. 152. Abusar da condição de sócio ou empregado de estabelecimento comercial ou industrial para, no todo ou em parte, desviar, sonegar, subtrair ou suprimir correspondência, ou revelar a estranho seu conteúdo:

Pena - detenção, de três meses a dois anos.

Parágrafo único. Somente se procede mediante representação.

3.8.4 Dos Crimes contra a Inviolabilidade dos Segredos

3.8.4.1 Divulgação de Segredo

Art. 153. Divulgar alguém, sem justa causa, conteúdo de documento particular ou de correspondência confidencial, de que é destinatário ou detentor, e cuja divulgação possa produzir dano a outrem:

Pena - detenção, de um a seis meses, ou multa.

§ 1º. Somente se procede mediante representação.

§ 1º-A. Divulgar, sem justa causa, informações sigilosas ou reservadas, assim definidas em lei, contidas ou não nos sistemas de informações ou banco de dados da Administração Pública:

Pena - detenção, de 1 (um) a 4 (quatro) anos, e multa.

§ 2º. Quando resultar prejuízo para a Administração Pública, a ação penal será incondicionada.

3.8.4.2 Violação do Segredo Profissional

Art. 154. Revelar alguém, sem justa causa, segredo, de que tem ciência em razão de função, ministério, ofício ou profissão, e cuja revelação possa produzir dano a outrem:

Pena - detenção, de três meses a um ano, ou multa.

Parágrafo único. Somente se procede mediante representação.

Art. 154-A. Invadir dispositivo informático alheio, conectado ou não à rede de computadores, mediante violação indevida de mecanismo de segurança e com o fim de obter, adulterar ou destruir dados ou informações sem autorização expressa ou tácita do titular do dispositivo ou instalar vulnerabilidades para obter vantagem ilícita: (Incluído pela Lei nº 12.737, de 2012)

Pena - detenção, de 3 (três) meses a 1 (um) ano, e multa. (Incluído pela Lei nº 12.737, de 2012)

§ 1º Na mesma pena incorre quem produz, oferece, distribui, vende ou difunde dispositivo ou programa de computador com o intuito de permitir a prática da conduta definida no caput. (Incluído pela Lei nº 12.737, de 2012)

§ 2º Aumenta-se a pena de um sexto a um terço se da invasão resulta prejuízo econômico. (Incluído pela Lei nº 12.737, de 2012)

§ 3º Se da invasão resultar a obtenção de conteúdo de comunicações eletrônicas privadas, segredos comerciais ou industriais, informações sigilosas, assim definidas em lei, ou o controle remoto não autorizado do dispositivo invadido: (Incluído pela Lei nº 12.737, de 2012)

Pena - reclusão, de 6 (seis) meses a 2 (dois) anos, e multa, se a conduta não constitui crime mais grave. (Incluído pela Lei nº 12.737, de 2012)

§ 4º Na hipótese do § 3o, aumenta-se a pena de um a dois terços se houver divulgação, comercialização ou transmissão a terceiro, a qualquer título, dos dados ou informações obtidos. (Incluído pela Lei nº 12.737, de 2012)

§ 5º Aumenta-se a pena de um terço à metade se o crime for praticado contra: (Incluído pela Lei nº 12.737, de 2012)

I. Presidente da República, governadores e prefeitos; (Incluído pela Lei nº 12.737, de 2012)

II. Presidente do Supremo Tribunal Federal; (Incluído pela Lei nº 12.737, de 2012)

III. Presidente da Câmara dos Deputados, do Senado Federal, de Assembleia Legislativa de Estado, da Câmara Legislativa do Distrito Federal ou de Câmara Municipal; ou (Incluído pela Lei nº 12.737, de 2012)

IV. dirigente máximo da administração direta e indireta federal, estadual, municipal ou do Distrito Federal. (Incluído pela Lei nº 12.737, de 2012)

Ação penal

(Incluído pela Lei nº 12.737, de 2012)

Art. 154-B. Nos crimes definidos no art. 154-A, somente se procede mediante representação, salvo se o crime é cometido contra a administração pública direta ou indireta de qualquer dos Poderes da União, Estados, Distrito Federal ou Municípios ou contra empresas concessionárias de serviços públicos. (Incluído pela Lei nº 12.737, de 2012)

Questões

01. (Cespe) O homicídio praticado mediante paga ou promessa de recompensa classifica-se doutrinariamente como crime bilateral.

Certo ( ) Errado ( )

02. (Cespe) A natureza jurídica do homicídio privilegiado é de circunstância atenuante especial.

Certo ( ) Errado ( )

03. (Cespe) Um médico praticou aborto de gravidez decorrente de estupro, sem autorização judicial, mas com consentimento da gestante. Nessa situação, o médico deverá responder por crime, já que provocar aborto sem autorização judicial é sempre punível, segundo o CP.

Certo ( ) Errado ( )

04. (Cespe) Acerca do homicídio privilegiado, estando o agente em uma das situações que ensejem o seu reconhecimento, o juiz é obrigado a reduzir a pena, mas a lei não determina o patamar de redução.

Certo ( ) Errado ( )

05. (Cespe) Acerca do homicídio privilegiado, a violenta emoção, para ensejar o privilégio, deve ser dominante da conduta do agente e ocorrer logo após injusta provocação da vítima.

Certo ( ) Errado ( )

06. (Cespe) É inadmissível a ocorrência de homicídio privilegiado-qualificado, ainda que a qualificadora seja de natureza objetiva.

Certo ( ) Errado ( )

07. (Cespe) No delito de infanticídio incide a agravante prevista na parte geral do CP consistente no fato de a vítima ser descendente da parturiente.

Certo ( ) Errado ( )

08. (Cespe) A premeditação, apesar de não ser considerada qualificadora do delito de homicídio, pode ser levada em consideração para agravar a pena, funcionando como circunstância judicial.

Certo ( ) Errado ( )

09. (Cespe) Independentemente das consequências do crime de rixa, a punição aos contendores é sempre aplicável.

Certo ( ) Errado ( )

10. (Cespe) A lesão corporal grave, da qual resulta incapacidade por mais de trinta dias, somente pode ser reconhecida com base nas declarações da vítima ou na confissão do réu, sem que haja necessidade de exame pericial complementar.

Certo ( ) Errado ( )

Gabaritos

01	CERTO	06	ERRADO
02	ERRADO	07	ERRADO
03	ERRADO	08	CERTO
04	ERRADO	09	CERTO-
05	CERTO	10	ERRADO

4. DOS CRIMES CONTRA O PATRIMÔNIO

4.1 Do Furto

> ***Art. 155*** *- Subtrair, para si ou para outrem, coisa alheia móvel:*
> ***Pena*** *- reclusão, de um a quatro anos, e multa.*
> ***§ 1º*** *- A pena aumenta-se de um terço, se o crime é praticado durante o repouso noturno.*
> ***§ 2º*** *- Se o criminoso é primário, e é de pequeno valor a coisa furtada, o juiz pode substituir a pena de reclusão pela de detenção, diminuí-la de um a dois terços, ou aplicar somente a pena de multa.*
> ***§ 3º*** *- Equipara-se à coisa móvel a energia elétrica ou qualquer outra que tenha valor econômico.*
> *Furto qualificado*
> ***§ 4º*** *- A pena é de reclusão de dois a oito anos, e multa, se o crime é cometido:*
> ***I.*** *com destruição ou rompimento de obstáculo à subtração da coisa;*
> ***II.*** *com abuso de confiança, ou mediante fraude, escalada ou destreza;*
> ***III.*** *com emprego de chave falsa;*
> ***IV.*** *mediante concurso de duas ou mais pessoas.*
> ***§ 4º****-A A pena é de reclusão de 4 (quatro) a 10 (dez) anos e multa, se houver emprego de explosivo ou de artefato análogo que cause perigo comum. (Incluído pela Lei nº 13.654, de 2018)*
> ***§ 5º*** *- A pena é de reclusão de três a oito anos, se a subtração for de veículo automotor que venha a ser transportado para outro Estado ou para o exterior. (Incluído pela Lei nº 9.426, de 1996)*
> ***§ 6º*** *A pena é de reclusão de 2 (dois) a 5 (cinco) anos se a subtração for de semovente domesticável de produção, ainda que abatido ou dividido em partes no local da subtração. (Incluído pela Lei nº 13.330, de 2016)*
> ***§ 7º*** *A pena é de reclusão de 4 (quatro) a 10 (dez) anos e multa, se a subtração for de substâncias explosivas ou de acessórios que, conjunta ou isoladamente, possibilitem sua fabricação, montagem ou emprego. (Incluído pela Lei nº 13.654, de 2018)*

O crime de furto está descrito no rol dos crimes contra o patrimônio, mais precisamente, no Título II do Código Penal. Furto é se apropriar de algo alheio para si ou para outra pessoa.

Existem várias modalidades de furto, dentre as quais se destacam: o furto de coisa comum, furto privilegiado e o furto qualificado. Há que se distinguir furto de roubo: a principal diferença entre os dois é que no roubo há emprego de violência e no furto não há.

4.1.1 Bem Jurídico Tutelado

Tutela-se a propriedade, a posse e a detenção, desde que legítimas.

4.1.2 Classificação

É considerado um crime COMUM (praticado por qualquer pessoa) e MATERIAL (para sua consumação exige um resultado).

É um crime doloso (ânimo de assenhoramento definitivo da coisa. Vontade de se tornar dono / proprietário do bem).

4.1.3 Sujeitos do Crime

Sujeito Ativo: qualquer pessoa (exceto o proprietário).

Sujeito Passivo: qualquer pessoa (proprietário, possuidor ou detentor do bem). Pode ser pessoa física ou jurídica.

4.1.4 Consumação e Tentativa

De acordo com a teoria da inversão da posse, ocorre a consumação do furto no momento em que o bem sai da esfera de disponibilidade da vítima e passa para a do autor do delito.

E de acordo com o STJ não se exige a posse mansa e pacífica do bem para a sua consumação, bastando que o agente obtenha a simples posse do bem, ainda que por um curto período de tempo.

Precedentes do STJ e STF considera-se consumado o crime de furto com a simples posse, ainda que breve, do bem subtraído, não sendo necessária que a mesma se dê de forma mansa e pacífica, bastando que cesse a clandestinidade, ainda que por curto espaço de tempo.

> 01. Pungista (vulgarmente conhecido como batedor de carteira) coloca a mão no bolso da vítima, mas a carteira está no outro bolso: tentativa de furto.
> 02. Pungista coloca a mão no bolso da vítima, mas a carteira está em casa: crime impossível (Art. 17, CP).

4.1.4.1 Furto Consumado

Há perda dos bens subtraídos;

APF (Auto de Prisão em Flagrante) de apenas um dos agentes e fuga dos comparsas;

Subtração e posse de apenas parte dos bens;

APF (Auto de Prisão em Flagrante) no caso de flagrante presumido.

Por circunstâncias alheias à vontade do agente, este não consegue consumar o furto. É admitida a tentativa, pois se trata de crime material (exige resultado).

4.1.5 Tipo Subjetivo

O delito é punido a título de dolo. Mas, atente-se que é necessária a vontade de apoderamento definitivo, ou seja, a intenção de não mais devolver a coisa à vítima.

O furto de uso é fato atípico. Mas para ser caracterizado o furto de uso são necessários três requisitos: a internação desde o início de uso momentâneo da coisa, ser coisa não consumível (infungível) e a restituição seja imediata e integral à vítima.

Qual crime pratica o proprietário que subtrai coisa sua na legítima posse de terceiro? Há prática do delito de exercício arbitrário das próprias razões. E, aqui, pode se enquadrar no Art. 345 ou 346 do CP, a depender da qualidade da posse do agente.

E a coisa pública de uso comum, pode ser objeto material de furto?

A coisa pública, de uso comum, a todos pertence, não podendo ser subtraída e configurar furto. Sucede que, dependendo da situação, há possibilidade da prática de crime ambiental, do delito de usurpação de águas e do crime de dano.

Ex.: Furto de parte de estátua.

A vigilância física ou eletrônica em estabelecimentos comerciais torna o crime impossível? Primeiramente, deve-se analisar a natureza do equipamento. Se, por exemplo, se tem um equipamento que impede por si só a saída do estabelecimento com o bem seria configurado o crime impossível. O fato de haver câmeras ou seguranças apenas dificulta a consumação.

4.1.6 Furto Noturno

> ***Art. 155, § 1º, CP.*** *A pena aumenta-se de um terço, se o crime é praticado durante o repouso noturno.*

O repouso noturno só era aplicado ao furto simples (caput). Porém a jurisprudência hoje admite a previsão do aumento de pena tanto para o furto simples (caput) quanto para o furto qualificado (§§ 4º, 5º)

Aplica-se esta causa de aumento de pena, desde que o fato seja praticado durante o repouso noturno.

Não importa se a casa estava ou não habitada, ou o seu morador estava ou não dormindo (divergência).

Aplica-se esta majorante, também, aos furtos cometidos durante o repouso noturno em veículos estacionados em vias públicas, bem como em estabelecimentos comerciais (Divergência jurisprudencial).

Repouso Noturno	Noite
Período em que as pessoas se recolhem em suas casas para descansarem (dormirem). Varia conforme a região: grandes metrópoles ou pequenas cidades do interior.	Ausência de luz solar. Período que vai da aurora ou crepúsculo.

4.1.7 Furto Privilegiado

> ***§ 2º.*** *Se o criminoso é primário, e é de pequeno valor a coisa furtada, o juiz pode substituir a pena de reclusão pela de detenção, diminuí-la de um a dois terços, ou aplicar somente a pena de multa.*

Aplica-se apenas ao furto simples (*caput*) e ao furto noturno. Não se aplica ao furto qualificado (§§ 4º e 5º).

Criminoso primário: aquele que não é reincidente. Não precisa ser portador de bons antecedentes. Se já transcorrido o prazo de 5 anos entre a data de cumprimento ou extinção da pena e a infração penal posterior, o agente readquire a sua condição de primário (Art. 64, I, CP).

Coisa subtraída de pequeno valor: bem cujo valor seja de até um salário mínimo na data do fato.

"Coisa de pequeno valor" não se confunde com "coisa de valor insignificante". A primeira, se também presente a primariedade do agente, enseja a incidência do privilégio; a segunda conduz à atipicidade do fato, em decorrência do princípio da insignificância (criminalidade de bagatela).

Presentes estes dois requisitos legais, o juiz é obrigado a aplicar o privilégio ao criminoso (direito subjetivo do acusado).

4.1.8 Furto Qualificado-Privilegiado

O STF aceita a possibilidade de se aplicar o privilégio (Art. 155, §2º, CP) às figuras qualificadas (Art. 155, §§ 4º e 5º, CP) desde que não haja imposição isolada de pena de multa em decorrência do privilégio.

STF entendeu que no furto qualificado pelo concurso de agentes, não há óbice ao reconhecimento do privilégio, desde que estejam presentes os requisitos ensejadores de sua aplicação, quais sejam, a primariedade do agente e o pequeno valor da coisa furtada.

> ***§ 3º.*** *Equipara-se à coisa móvel a energia elétrica ou qualquer outra que tenha valor econômico.*

Trata-se de normal penal interpretativa. Entende por qualquer outra energia térmica, mecânica, radioatividade e genética (sêmen de animal).

4.1.9 Furto de Sinal de TV a Cabo

1ª Corrente: não é crime. A energia se consome, se esgota e pode, inclusive, terminar, ao passo que sinal de TV não se gasta, não diminui. É adotada por Bittencourt.

2ª Corrente: o furto de sinal de TV se encaixa no §3º do Art. 155, pois é uma forma de energia. É uma corrente adotada pelo STJ.

Furto de Energia X estelionato no Consumo de Energia

Furto de Energia Elétrica	Estelionato no Consumo de Energia
No furto de energia elétrica, o agente **não está autorizado via contrato, a gastar energia**.	Nesse caso o agente está autorizado, via contrato, a gastar energia.
O agente, mediante artifício, por exemplo, ligação clandestina, subtrai a energia.	O agente, mediante fraude, altera o medidor de consumo da energia, indicando valor menor que o efetivamente consumido.

4.1.10 Furto Qualificado

> ***§ 4º.*** *A pena é de reclusão de dois a oito anos, e multa, se o crime é cometido:*
>
> ***I.*** *Com destruição ou rompimento de obstáculo à subtração da coisa;*

Ex.: Arrombamento de fechaduras, janelas, portas, cadeados, cofres, trincos.

Se o obstáculo destruído for inerente à própria coisa não incidirá esta forma qualificada.

Ex.: Quebrar o vidro da porta de um carro com o objetivo de furtar o veículo (furto simples).

Todavia, caso o agente quebre o vidro apenas para viabilizar o furto do CD-Player, ou de qualquer outro objeto que se encontra em seu interior, responderá por furto qualificado.

Se o agente, apenas desliga o alarme não incidirá a qualificadora, pois não houve destruição ou rompimento de obstáculo.

Caso a violência seja empregada após a consumação do furto, o agente responderá por furto em concurso com o crime de dano (Art. 163).

De acordo com Fernando Capez, o furto da bolsa para obter o que está em seu interior não qualifica o delito, pois a bolsa não é obstáculo e sim forma de transportar as coisas. O obstáculo seria um cadeado.

Há decisões que entendem pela aplicabilidade da qualificadora quando há ligação direta no veículo.

> ***II.*** *Com abuso de confiança, ou mediante fraude, escalada ou destreza;*

- Confiança é circunstância subjetiva incomunicável o concurso de pessoas (Art. 30, CP).

Ex.: Famulato (furto praticado por empregado doméstico contra o patrão).

Essa qualificadora pressupõe dois requisitos:

> A vítima tem que depositar, por qualquer motivo (amizade, parentesco, relações profissionais etc.), uma especial confiança no agente;

> O agente deve se aproveitar de alguma facilidade decorrente da confiança nele depositada para cometer o crime.

A vítima tem que depositar, por qualquer motivo (amizade, parentesco, relações profissionais etc.), uma especial confiança no agente;

O agente deve se aproveitar de alguma facilidade decorrente da confiança nele depositada para cometer o crime.

Furto Mediante Abuso de Confiança	Apropriação Indébita
O agente tem mero contato com a coisa. O agente pode até ter posse, mas essa é uma posse precária vigiada.	O agente exerce a posse em nome de outrem. O agente tem posse desvigiada
O dolo está presente desde o início da posse.	O dolo é superveniente à posse.

Fraude é o artifício (emprego de algum objeto, instrumento ou vestimenta para enganar o titular do bem) ou ardil (conversa enganosa), isto é, o meio enganoso empregado pelo agente para diminuir a vigilância da vítima ou de terceiro sobre um bem móvel, permitindo ou facilitando sua subtração.

> A fraude como qualificadora há de ser empregada antes ou durante a subtração da coisa, ou seja, antecede a consumação do crime.

> Um ponto muito relevante é a diferenciação entre furto mediante fraude e estelionato.

Destreza: trata-se de peculiar habilidade física ou manual permitindo ao agente despojar a vítima sem que esta perceba.

Ex.: Batedores de carteira ou punguistas.

	Furto Mediante Fraude	Estelionato (Art. 171, CP)
FRAUDE	É qualificadora do crime.	É elementar do crime.
	Deve ser empregada antes ou durante a subtração do bem.	Antecede o apossamento da coisa.
	É utilizada para **diminuir a vigilância** da vítima sobre o bem, permitindo ou facilitando a substrução.	É utilizada para induzir a vítima em erro, mediante uma falsa percepção da realidade.
	Há a subtração do bem sem que a vítima perceba.	Ocorre a entrega espontânea (embora viciada) do bem pela vítima ao agente.
	Ex.: "A" e "B", banidos, se disfarçam de técnicos de TV a cabo e pedem para consertar a TV de "C". Enquanto "C" permanece em seu quarto "A" e "B" aproveitam sua distração para furtar objetos na sala de estar.	**Ex.:** "A" se disfarça de manobrista e fica parado em frente a um restaurante. "B" entrega seu veículo para que o falso manobrista o estacione. "A" desaparece com o carro.

***III.** Com emprego de chave falsa;*

Segundo alguns autores, chave falsa é todo o instrumento, com ou sem forma de chave, destinado a abrir fechaduras

Ex.: Grampos, arames, estiletes, micha etc.

A chave verdadeira, obtida fraudulentamente, não gera a qualificadora do inciso III.

***IV.** Mediante concurso de duas ou mais pessoas.*

Responderá por furto qualificado mesmo se um dos integrantes for menor de 18 anos.

> ***§ 4º-A** A pena é de reclusão de 4 (quatro) a 10 (dez) anos e multa, se houver emprego de explosivo ou de artefato análogo que cause perigo comum.*

A Lei 13.645, de 2018, inseriu uma nova qualificadora ao crime do furto, com o intuito de criminalizar mais gravemente a conduta relacionada à subtração com o emprego de explosivo ou artefato análogo, como o que acontece com os caixas de banco.

> ***§ 5º.** A pena é de reclusão de 3 (três) a 8 (oito) anos, se a subtração for de veículo automotor que venha a ser transportado para outro Estado ou para o exterior.*
>
> ***§ 6º** A pena é de reclusão de 2 (dois) a 5 (cinco) anos se a subtração for de semovente domesticável de produção, ainda que abatido ou dividido em partes no local da subtração.*
>
> ***§ 7º** A pena é de reclusão de 4 (quatro) a 10 (dez) anos e multa, se a subtração for de substâncias explosivas ou de acessórios que, conjunta ou isoladamente, possibilitem sua fabricação, montagem ou emprego.*

Outra modificação feita pela Lei 13.654 de 2018 foi a inserção do parágrafo 7º no Art. 155 do CP. Essa alteração pune mais gravemente a subtração de explosivos ou acessórios para a fabricação, montagem ou emprego.

4.1.11 Considerações Gerais

Bens Imóveis e Energia Elétrica

Os bens considerados imóveis pela legislação civil e que puderem ser deslocados de um local para outro podem ser objeto de furto.

Ex.: Navios, prédios, terrenos, carro, moto, animal de estimação, celular.

A energia elétrica ou qualquer outra que possua valor econômico é equiparada a coisa móvel (Art. 155, §3º, CP).

Ex.: Energia genética, energia nuclear, energia mecânica. Desse modo, a ligação clandestina de energia elétrica "gato" é crime de furto.

4.1.12 Modalidades de Furto

Abigeato: furto de gado.

Famulato: furto praticado pelo empregado doméstico contra o patrão. Não precisa ser realizado na residência do patrão, pode ser em qualquer lugar.

Furto famélico: hipótese em que o agente subtrai alimentos para saciar sua fome ou de sua família, pois se encontra em situação de extrema miséria e pobreza.

O furto famélico configura estado de necessidade, preenchidos os seguintes requisitos:

> Fato praticado para mitigar a fome;

> Que haja subtração de coisa capaz de contornar imediatamente e diretamente a emergência (fome).

> Inevitabilidade do comportamento lesivo.

> Impossibilidade de trabalho ou insuficiência dos recursos auferidos.

Somente pode ser aplicado o furto famélico àquele que está desempregado? Não. Caso os recursos obtidos sejam insuficientes, pode ser reconhecido o furto famélico.

O consentimento do ofendido, antes ou durante a subtração, torna o fato atípico (bem disponível), mas após a subtração, o fato será típico.

Não existe furto culposo.

É possível o furto privilegiado + repouso noturno.

É possível o furto privilegiado + furto qualificado desde que não haja imposição isolada da pena de multa em decorrência do privilégio.

4.1.13 Princípio da Insignificância no Furto

O princípio da insignificância é causa supralegal de exclusão da tipicidade (o fato não será crime).

4.1.13.1 Exige a Presença dos Seguintes Requisitos

Requisitos objetivos: mínima ofensividade da conduta; ausência de periculosidade social; reduzido grau de reprovabilidade do comportamento; e inexpressividade da lesão jurídica.

Requisitos subjetivos: importância do objeto material para a vítima (situação econômica + valor sentimental do bem); e circunstâncias e resultado do crime.

O princípio da insignificância, desde que presentes seus requisitos objetivos e subjetivos, é em tese aplicável tanto ao furto simples como ao furto qualificado.

Ex.: Duas pessoas, em concurso de agentes, furtam uma penca de bananas.

Subtração de cartão bancário ou de crédito: não há crime de furto (princípio da insignificância). Eventual utilização do cartão, para saques em dinheiro ou compras em geral, caracteriza o crime de estelionato (Art. 171, CP).

4.1.13.2 Apontamentos

Principais diferenças entre os crimes que mais são confundidos em provas de concurso:

4.1.13.2.1 Furto X Apropriação Indébita

O furto é diferente da apropriação indébita (Art. 168, CP), pois no primeiro a posse é vigiada e a subtração reside exatamente na retirada do bem desta esfera de vigilância. Já no segundo, a vítima entrega ao agente a posse desvigiada de um bem.

4.1.13.2.2 Furto X Peculato

O funcionário público que subtrai ou concorre para que seja subtraído bem público ou particular, que se encontra sob a guarda ou custódia da Administração Pública, valendo-se da facilidade que seu cargo lhe proporciona, pratica o crime de peculato furto (Art. 312, §1º, CP), também conhecido como peculato impróprio.

4.1.13.2.3 Furto X Exercício Arbitrário das Próprias Razões

Se um credor subtrai bens do devedor para se ressarcir de dívida não paga, o crime não será de furto, mas de exercício arbitrário das próprias razões (Art. 345, CP).

É pacífico o entendimento de que a coisa abandonada (*res derelicta*), a coisa de ninguém (*res nullius*) não podem ser objeto do crime de furto, como também a coisa perdida (*res desperdita*), porém a coisa perdida constitui o crime de apropriação de coisa achada, Art.169, II, do CP.

O ser humano não pode ser objeto de furto, salvo se forem partes definidas e com valor econômico.

Ex.: Cabelo.

Cadáver pode ser objeto de furto, desde que possua dono.

Ex.: Cadáver de faculdade de medicina.

> ***§ 5º.*** *A pena é de reclusão de três a oito anos, se a subtração for de VEÍCULO AUTOMOTOR que venha a ser transportado para outro Estado ou para o exterior. (Incluído pela Lei nº 9.426, de 1996)*

Esta majorante só incide quando o furto for de veículo automotor, não abrangendo embarcação nem aeronave, além disso, o veículo automotor deve ser levado para outro Estado ou país. Esqueceu-se de colocar o DF na qualificadora, porém a doutrina penal entende que o DF está abrangido também, pois o legislador ao utilizar a expressão Estado considerou os entes da federação, dentre eles o DF.

Não basta a intenção de ultrapassar os limites do Estado ou do país, sendo necessário que este ato seja consumado.

4.1.14 Furto de Coisa Comum

> ***Art. 156.*** *Subtrair o condômino, coerdeiro ou sócio, para si ou para outrem, a quem legitimamente a detém, a coisa comum:*
>
> ***Pena -*** *detenção, de seis meses a dois anos, ou multa.*
>
> ***§ 1º.*** *Somente se procede mediante representação.*
>
> ***§ 2º.*** *Não é punível a subtração de coisa comum fungível, cujo valor não excede a quota a que tem direito o agente.*

4.2 Do Roubo e da Extorsão

4.2.1 Roubo

> ***Art. 157*** *- Subtrair coisa móvel alheia, para si ou para outrem, mediante grave ameaça ou violência a pessoa, ou depois de havê-la, por qualquer meio, reduzido à impossibilidade de resistência:*
>
> ***Pena*** *- reclusão, de quatro a dez anos, e multa.*
>
> ***§ 1º*** *- Na mesma pena incorre quem, logo depois de subtraída a coisa, emprega violência contra pessoa ou grave ameaça, a fim de assegurar a impunidade do crime ou a detenção da coisa para si ou para terceiro.*
>
> ***§ 2º*** *A pena aumenta-se de 1/3 (um terço) até metade: (Redação dada pela Lei nº 13.654, de 2018)*
>
> ***I.*** *(revogado); (Redação dada pela Lei nº 13.654, de 2018)*
>
> ***II.*** *se há o concurso de duas ou mais pessoas;*
>
> ***III.*** *se a vítima está em serviço de transporte de valores e o agente conhece tal circunstância.*
>
> ***IV.*** *se a subtração for de veículo automotor que venha a ser transportado para outro Estado ou para o exterior; (Incluído pela Lei nº 9.426, de 1996)*
>
> ***V.*** *se o agente mantém a vítima em seu poder, restringindo sua liberdade. (Incluído pela Lei nº 9.426, de 1996)*
>
> ***VI.*** *se a subtração for de substâncias explosivas ou de acessórios que, conjunta ou isoladamente, possibilitem sua fabricação, montagem ou emprego. (Incluído pela Lei nº 13.654, de 2018)*
>
> ***§ 2º-A*** *A pena aumenta-se de 2/3 (dois terços): (Incluído pela Lei nº 13.654, de 2018)*
>
> ***I.*** *se a violência ou ameaça é exercida com emprego de arma de fogo; (Incluído pela Lei nº 13.654, de 2018)*

> ***II.*** *se há destruição ou rompimento de obstáculo mediante o emprego de explosivo ou de artefato análogo que cause perigo comum. (Incluído pela Lei nº 13.654, de 2018)*
>
> ***§ 3º*** *Se da violência resulta: (Redação dada pela Lei nº 13.654, de 2018)*
>
> ***I.*** *lesão corporal grave, a pena é de reclusão de 7 (sete) a 18 (dezoito) anos, e multa; (Incluído pela Lei nº 13.654, de 2018)*
>
> ***II.*** *morte, a pena é de reclusão de 20 (vinte) a 30 (trinta) anos, e multa.*

O crime de roubo está tipificado no rol dos crimes contra o patrimônio. Esse crime assemelha-se muito ao crime de furto, contudo possui elementos que, agregados à conduta "subtrair", formam um novo crime.

No roubo há a subtração de coisa móvel alheia, porém com o emprego de violência ou grave ameaça contra a pessoa, elementos esses que empregados, fazem com que a vítima entregue a coisa móvel, funcionando como circunstâncias especiais que relevam a distinção para o crime furto.

4.2.1.1 Classificação

É crime comum / Formal (STJ e STF) / instantâneo / plurissubsistente / de dano / de concurso eventual.

Ofende o patrimônio, integridade física e liberdade individual do indivíduo (Crime COMPLEXO).

É crime de forma livre: admite qualquer meio de execução.

Emprego de Grave Ameaça

Também denominada de violência moral ou vis compulsiva (consiste na promessa de mal grave, iminente e passível de realização).

Emprego de Violência

Também denominada de violência própria, violência física ou vis absoluta (consiste no emprego de força física sobre a vítima, mediante lesão corporal ou vias de fato, para facilitar a subtração do bem.

Qualquer Outro Meio que Reduza a Vítima à Impossibilidade de Resistência

Também conhecida como **violência imprópria ou violência indireta**. Abrange todos os outros meios (diferentes da violência ou grave ameaça) que impossibilitam a resistência da vítima no momento da execução do roubo.

Ex.: Drogar ou embriagar a vítima, usar soníferos (o famoso "Boa noite Cinderela") ou hipnose etc.

Não admite o princípio da insignificância, pois o desvalor da conduta é elevado, o que justifica a rigorosa atuação do direito penal.

O elemento subjetivo é o dolo e exige-se o fim de assenhoramento definitivo da coisa (*animus rem sibi habendi*). Não é admitida a modalidade culposa.

O crime de roubo admite arrependimento posterior? Para a maioria da doutrina o roubo próprio admite arrependimento posterior quando praticado mediante violência imprópria (Ex.: uso de psicotrópicos). Para a minoria, violência imprópria não admite arrependimento posterior, pois não deixa de ser espécie de violência.

4.2.1.2 Sujeitos do Crime

Sujeito Ativo: qualquer pessoa (crime comum), exceto o proprietário da coisa alheia móvel.

Sujeito Passivo: o proprietário, possuidor ou detentor da coisa alheia móvel, assim como qualquer outra pessoa que seja atingida pela violência ou grave ameaça. Pessoa Jurídica também pode ser sujeito passivo.

4.2.1.3 Consumação e Tentativa

Consuma-se o crime de roubo, no momento em que o agente se torna possuidor do bem subtraído mediante grave ameaça ou violência. Para que o agente se torne possuidor, é desnecessário que a coisa saia da esfera de vigilância da vítima, bastando que cesse a clandestinidade ou a violência. (Para esta corrente, o crime de Roubo é Formal).

A tentativa é plenamente admitida, haja vista o caráter plurissubsistente do crime de roubo.

Situações nas quais o roubo é considerado consumado:

> Destruição ou perda do bem subtraído;

> Prisão em flagrante de um dos ladrões e fuga do(s) comparsa(s) com o bem subtraído.

4.2.1.4 Roubo Impróprio

> ***§ 1º.*** *Na mesma pena incorre quem, logo depois de subtraída a coisa, emprega violência contra pessoa ou grave ameaça, a fim de assegurar a impunidade do crime ou a detenção da coisa para si ou para terceiro.*

	Roubo Próprio (caput)	Roubo Impróprio (§ 1º)
Meios de Execução	Violência ou Grave ameaça ou qualquer outro meio que reduza a vítima à impossibilidade de resistência (violência imprópria).	Violência ou Grave Ameaça.
Momento de Emprego do meio de execução	Antes ou Durante a subtração do bem.	Logo depois de subtrair a coisa, mas antes da consumação do furto.
Finalidade do meio de execução	Permitir a subtração do bem.	Assegurar a impunidade do crime ou a detenção da coisa (o bem já foi subtraído).

O roubo impróprio não admite a violência imprópria (qualquer outro meio que reduza a vítima à impossibilidade de resistência).

Para falarmos em roubo impróprio é imprescindível o prévio apoderamento da coisa.

O roubo impróprio consuma-se no momento em que o sujeito utiliza a violência à pessoa ou grave ameaça, ainda que não tenha êxito em sua finalidade de assegurar a impunidade do crime ou a detenção da coisa subtraída para si ou para terceiro (**é Crime Formal**).

4.2.1.5 Causas de Aumento de Pena

> ***§ 2º.*** *A pena aumenta-se de um terço até metade:*
>
> ***I.*** *(Revogado)*
>
> ***II.*** *Se há o concurso de duas ou mais pessoas;*

III. Se a vítima está em serviço de transporte de valores e o agente conhece tal circunstância.

IV. Se a subtração for de veículo automotor que venha a ser transportado para outro Estado ou para o exterior;

V. Se o agente mantém a vítima em seu poder, restringindo sua liberdade.

Se o crime é cometido em concurso de agentes e somente um deles utiliza a arma, a causa de aumento de pena se estende a todos os envolvidos no roubo, independentemente de serem coautores ou partícipes.

Arma de fogo	Efetivo uso: incide a causa de aumento. Porte ostensivo: Incide a causa de aumento. Porte simulado de arma: não incide a causa de aumento, mas caracteriza o roubo simples (grave ameaça).
Arma com defeito	Absoluta ineficácia de arma: não incide a causa de aumento, mas caracteriza o roubo simples (grave ameaça). Relativa ineficácia de arma: incide a causa do aumento.
Arma desmuniciada	Não incide a causa de aumento, mas caracteriza o roubo simples (grave ameaça). Conforme o STF, arma desmuniciada ou sem possibilidade de pronto municiamento não configura o crime tipificado no Art. 14 da Lei 10.826/03 (Estatuto do Desarmamento).
Arma de brinquedo	Não incide a causa de aumento, mas caracteriza o roubo simples (grave ameaça).

4.2.1.5.1 Se há o concurso de duas ou mais pessoas

Incide esta qualificadora ainda que um dos envolvidos seja inimputável (Ex.: Menor de 18 anos) ou não possa ser identificado.

Essa qualificadora incide ainda que apenas um dos envolvidos no roubo pratique atos executórios ou esteja presente no local do crime. Desse modo, aplica-se tanto aos coautores quanto aos partícipes.

4.2.1.5.2 Se a vítima está em serviço de transporte de valores e o agente conhece tal circunstância

Tem por finalidade conceder maior proteção às pessoas que prestam serviços relacionados ao transporte de valores, exclui-se o proprietário dos bens.

Ex.: Carros-fortes, office-boys, estagiários, funcionários de bancos etc.

Exige-se que o agente tenha conhecimento desta circunstância.

4.2.1.5.3 Se a subtração for de veículo automotor que venha a ser transportado para outro Estado ou para o exterior

Fundamenta-se na maior dificuldade de recuperação do bem pela vítima, quando ocorre a ultrapassagem das fronteiras estaduais ou internacionais.

Não incide esta causa de aumento de pena na hipótese de transporte de componentes isolados (peças) do veículo automotor para outro Estado ou para o exterior.

Esta majorante só incide quando o roubo for de veiculo automotor, não abrangendo embarcação nem aeronave. Além disso a causa de aumento de pena somente terá incidência quando o veículo automotor efetivamente for transportado para outro Estado ou para o Exterior.

De acordo com Cleber Masson, a majorante é compatível com a forma tentada em uma única hipótese: quando o agente é perseguido logo após a subtração e foge em direção a fronteira de outro País ou Estado, mas acaba sendo preso antes que transponha a fronteira. Nesse caso basta a intenção do agente de transpor a fronteira para a aplicação do aumento de pena.

Ex.: Um veículo foi roubado e desmanchado em Cascavel/PR e suas peças foram encaminhadas para São Paulo ou para o Paraguai.

Esta majorante só incide quando o roubo for de veículo automotor, não abrangendo embarcação nem aeronave, além disso, o veículo automotor deve ser levado para outro Estado ou país.

4.2.1.5.4 Se o agente mantém a vítima em seu poder, restringindo sua liberdade

Na hipótese desta qualificadora, a vítima deve ter restringida sua liberdade por tempo juridicamente relevante.

Ex.: Pedro, mediante grave ameaça, subtrai o carro de Rafael, e com ele permanece até abandoná-lo em um local distante, evitando, dessa forma, o pedido de socorro às autoridades.

> Se a subtração for de substâncias explosivas ou de acessórios que, conjunta ou isoladamente, possibilitem sua fabricação, montagem ou emprego.

Trata-se de mais uma alteração marcada pela Lei 13.654/2018. Nesse caso, vale a pena destacar o objeto material do roubo. Em se tratando de explosivos ou acessórios para fabricação, montagem ou emprego, haverá aumento de pena.

§ 2º-A A pena aumenta-se de 2/3 (DOIS TERÇOS):

I. se a violência ou ameaça é exercida com emprego de arma de fogo.

A Lei 13.654 de 2018 inseriu o parágrafo 2º A, restringindo o aumento de pena no crime de furto. Agora, será considerado aumento de pena apenas em se tratando de arma própria (fogo), não abrangendo mais a arma imprópria. Além disso, entende o STF que é desnecessária a perícia na arma e a apreensão (desde que haja outros meios de prova) para o enquadramento do aumento. Cabe à parte comprovar a ineficácia do meio.

> Em se tratando de simulacro, permanece o entendimento de que ainda é roubo (pois tem capacidade de constranger), mas é descaracterizado do aumento de pena!

*II. se há **destruição ou rompimento de obstáculo** mediante o emprego de **EXPLOSIVO** ou de **ARTEFATO** análogo que cause **PERIGO COMUM**. (grifo nosso)*

4.2.1.6 Roubo Qualificado

***§3º** Se da violência resulta: (Redação dada pela Lei nº 13.654, de 2018)*

> ***I.*** *lesão corporal grave, a pena é de reclusão de 7 (sete) a 18 (dezoito) anos, e multa; (Incluído pela Lei nº 13.654, de 2018)*
>
> ***II.*** *morte, a pena é de reclusão de 20 (vinte) a 30 (trinta) anos, e multa. (Incluído pela Lei nº 13.654, de 2018)*

Assim, existem duas qualificadoras do crime de roubo: a qualificação por lesão grave e ou pela morte, fato conhecido como latrocínio.

De acordo com o texto legal, somente é possível a incidência das qualificadoras quando o resultado agravador resultar de violência. Desse modo, se resultar de grave ameaça não incidirá esta qualificadora.

Imagine a seguinte situação hipotética: "A" apontou uma arma de fogo para "B", senhora de 80 anos, e anunciou o assalto. "B", com o susto da situação, sofreu um infarto fulminante e morreu em razão da grave ameaça empregada, momento em que "A" subtrai a bolsa da vítima. Nesta situação, "A" responderá por roubo consumado em concurso formal com homicídio culposo.

Segundo o Art. 1º da Lei nº 8.072/90, O latrocínio, consumado ou tentado, **é crime hediondo.**

De acordo com a **Súmula 603 do STF** a competência para o processo e julgamento do latrocínio é do **Juiz Singular** e não do Tribunal do Júri. Isso ocorre porque o latrocínio é crime contra o patrimônio e o Tribunal do Júri só julga os crimes dolosos contra a vida.

O resultado agravador (morte) pode ter sido causado de forma **dolosa ou culposa**. Percebe-se, então, que o latrocínio não é crime exclusivamente preterdoloso (dolo no antecedente e culpa no consequente). Admite-se a tentativa se o resultado agravador, morte, ocorrer de forma dolosa.

Qual crime pratica o assaltante que, duas semanas após o assalto, mata gerente que o reconheceu como um dos criminosos? Não pode ser o Art. 157, § 3º, uma vez que exige o fator tempo e o fator nexo. O crime será de roubo em concurso material com homicídio qualificado pela conexão consequencial.

4.2.1.7 Considerações

De acordo com a Súmula 610 do STF: Há crime de latrocínio, quando o homicídio se consuma, ainda que não realize o agente a subtração de bens da vítima. Atenção para as seguintes situações:

Subtração do Bem	Morte da Vítima	Latrocínio
Consumado	Consumado	Consumado
Tentada	Consumado	Consumado
Tentada	Tentada	Tentada
Consumado	Tentada	Tentada

4.2.2 Extorsão

> ***Art. 158.*** *Constranger alguém, mediante violência ou grave ameaça, e com o intuito de obter para si ou para outrem indevida vantagem econômica, a fazer, tolerar que se faça ou deixar fazer alguma coisa:*
>
> ***Pena -*** *reclusão, de quatro a dez anos, e multa.*
>
> ***§ 1º.*** *Se o crime é cometido por duas ou mais pessoas, ou com emprego de arma, aumenta-se a pena de um terço até metade.*
>
> ***§ 2º.*** *Aplica-se à extorsão praticada mediante violência o disposto no § 3º do artigo anterior.*
>
> ***§ 3º.*** *Se o crime é cometido mediante a restrição da liberdade da vítima, e essa condição é necessária para a obtenção da vantagem econômica, a pena é de reclusão, de 6 (seis) a 12 (doze) anos, além da multa; se resulta lesão corporal grave ou morte, aplicam-se as penas previstas no Art. 159, §§ 2º e 3º, respectivamente.*

A extorsão, ao contrário do roubo, não pode ser praticada mediante violência imprópria (Qualquer outro meio que reduza a vítima à impossibilidade de resistência).

Segundo Nelson Hungria, uma das formas mais frequentes de extorsão é a famosa "Chantagem" (praticada mediante ameaça de revelação de fatos escandalosos ou difamatórios, para coagir o ameaçado a "comprar" o silêncio do ameaçador). É um crime de ação penal pública incondicionada.

4.2.2.1 Classificação

Extorsão é crime comum / de forma livre / formal / instantâneo / plurissubsistente / de dano / doloso (não admite a modalidade culposa) / de concurso eventual.

É considerado um crime complexo, pois protege vários bens jurídicos. (patrimônio, integridade física e liberdade individual).

É crime formal / de consumação antecipada. A obtenção da indevida vantagem econômica pelo agente é exaurimento do crime que será levado em consideração na dosimetria da pena-base (Art. 59, CP).

4.2.2.2 Sujeitos do Crime

Por ser um crime comum, não se exige uma qualidade especial do sujeito ativo ou passivo, portanto pode ser cometido/sofrido por qualquer pessoa.

4.2.2.3 Consumação e Tentativa

> ***Súm. 96, STJ.*** *O crime de extorsão consuma-se independentemente da obtenção da vantagem indevida.*

A tentativa é admitida.

4.2.2.4 Causa de Aumento de Pena

- Se o crime é COMETIDO por duas ou mais pessoas;
- Se o crime é cometido com emprego de arma;

Extorsão (Art. 158, §1º, primeira parte, CP)	Roubo (Art. 157, §2º, II, CP)
Crime COMETIDO por duas ou mais pessoas.	Se há o CONCURSO de duas ou mais pessoas.
Admite coautoria, mas não admite participação.	Admite coautoria e participação.

4.2.2.5 Extorsão Qualificada

> ***Art. 158, § 2º, CP.*** *Aplica-se à extorsão praticada mediante violência o disposto no § 3º do artigo anterior.*

Se, da **violência** resulta lesão corporal grave (7 a 15 anos), se resulta morte (20 a 30 anos).

Se, o resultado agravador (lesão corporal grave ou morte) ocorrer em razão da grave ameaça empregada, o agente responderá pelo crime de Extorsão simples (*caput*).

A extorsão qualificada pela morte, consumada ou tentada é **crime hediondo** (Art. 1º, IV, Lei nº 8.072/90).

4.2.2.5.1 Extorsão mediante restrição da liberdade da vítima

> ***§ 3º.*** *Se o crime é cometido mediante a restrição da liberdade da vítima, e essa condição é necessária para a obtenção da vantagem econômica, a pena é de reclusão, de 6 (seis) a 12 (doze) anos, além da multa; se resulta lesão corporal grave ou morte, aplicam-se as penas previstas no Art. 159, §§ 2º e 3º, respectivamente.*

Popularmente conhecido como o crime de "Sequestro relâmpago".

Este crime, além de atentar contra o patrimônio da vítima, viola também sua liberdade de locomoção.

Ex.: "A", mediante uso de arma de fogo, ameaça de morte "B", o qual estava saindo de sua residência, e o constrange a dirigir seu veículo até um caixa eletrônico para que "B" saque dinheiro para entregar a "A".

Diferencia-se do Roubo (Art. 157, §2º, V, CP), pois é imprescindível um comportamento de "B" (digitar a senha do cartão do banco) para a consumação do crime de extorsão.

Diferenças entre o "sequestro relâmpago" com a extorsão mediante sequestro

Sequestro Relâmpago (Art. 158, §3º, CP)	Extorsão Mediante Sequestro (Art. 159, CP)
Restrição da liberdade.	Privação da liberdade.
Não há encarceramento da vítima.	A vítima é colocada no cárcere.
Finalidade de se obter indevida vantagem econômica.	Finalidade de se obter qualquer vantagem, como condição ou preço do resgate.

4.2.2.6 Considerações

Se a vantagem é devida (legítima), verdadeira ou supostamente, o agente responderá pelo crime de exercício arbitrário das próprias razões (Art. 345, CP).

A vantagem indevida deve ser econômica, pois se não o for, estará afastado o crime de extorsão.

Ex.: "A", mediante violência ou grave ameaça, coage "B" a assumir a autoria de um crime de difamação praticado contra "C".

Diferenças entre o crime de extorsão e roubo:

Roubo	Extorsão
O ladrão subtrai.	O extorsionário faz com que a vítima lhe entregue.
O agente busca vantagem imediata.	O agente busca vantagem mediata (futura).
Não admite bens imóveis.	Admite bens imóveis também.
Admite violência imprópria.	Não admite violência imprópria.
A colaboração da vítima é dispensável.	A colaboração da vítima é indispensável.

Diferenças entre o crime de Extorsão e Constrangimento ilegal

A **extorsão** se distingue do crime de constrangimento ilegal (Art. 146, CP), pois, no primeiro há a presença de um elemento subjetivo do tipo (especial fim de agir do agente) representado pela vontade de **obter indevida vantagem econômica, para si ou para outrem**.

Diferenças entre o crime de Extorsão e Concussão

Extorsão (Art. 158)	Concussão (Art. 316)
Crime Contra o Patrimônio.	Crime contra a Administração Pública.
Há emprego de violência ou grave ameaça.	Não há emprego de violência ou grave ameaça.
Em regra é praticado por particular, mas funcionário público pode praticar caso empregue violência ou grave ameaça.	Em regra é praticado por funcionário público, mas particular pode ser coautor ou partícipe.

É possível concurso de crimes de roubo e extorsão, por exemplo o agente, após roubar o carro da vítima, a obriga a entregar o cartão 24h com a senha, conforme STJ.

4.2.3 Extorsão Mediante Sequestro

> ***Art. 159.*** *Sequestrar pessoa com o fim de obter, para si ou para outrem, qualquer vantagem, como condição ou preço do resgate:*
>
> ***Pena*** *- reclusão, de oito a quinze anos.*
>
> ***§ 1º.*** *Se o sequestro dura mais de 24 (vinte e quatro) horas, se o sequestrado é menor de 18 (dezoito) ou maior de 60 (sessenta) anos, ou se o crime é cometido por bando ou quadrilha:*
>
> ***Pena*** *- reclusão, de doze a vinte anos.*
>
> ***§ 2º.*** *Se do fato resulta lesão corporal de natureza grave:*
>
> ***Pena*** *- reclusão, de dezesseis a vinte e quatro anos.*
>
> ***§ 3º.*** *Se resulta a morte:*
>
> ***Pena*** *- reclusão, de vinte e quatro a trinta anos.*
>
> ***§ 4º.*** *Se o crime é cometido em concurso, o concorrente que o denunciar à autoridade, facilitando a libertação do sequestrado, terá sua pena reduzida de um a dois terços.*

4.2.3.1 Objetividade Jurídica

Patrimônio e liberdade individual. Integridade física e vida humana (§2º e §3º).

→ **É crime complexo.**

Resulta da fusão da extorsão (Art. 158) e sequestro (Art. 148).

4.2.3.2 Objeto Material

A pessoa privada de sua liberdade e também aquela lesada em seu patrimônio.

É crime hediondo em todas as suas modalidades (tentados ou consumados). (Art. 1º, IV, Lei nº 8.072/90).

4.2.3.3 Núcleo do Tipo

"Sequestrar": privar uma pessoa de sua liberdade de locomoção por tempo juridicamente relevante.

4.2.3.4 Sujeitos do Crime

Sujeito Ativo: qualquer pessoa (crime comum). Se o sujeito ativo for funcionário público e cometer o crime no exercício de suas funções, responderá também pelo crime de abuso de autoridade (Arts. 3º, "a" e 4º, "a", Lei nº 4.898/65).

Pessoa que simula o próprio sequestro para extorquir seus pais, mediante o auxílio de terceiros, responde por extorsão (Art. 158).

Sujeito Passivo: pessoa que sofre a lesão patrimonial e pessoa privada de sua liberdade.

A vítima deve ser necessariamente uma pessoa humana. Desse modo, a privação da liberdade de um animal (de extinção ou raça) configura o crime de extorsão (Art. 158, CP).

Se a vítima for menor de 18 anos ou maior de 60 anos o crime será qualificado (§1º).

Supondo que haja subtração de animal de outrem e informa que somente será devolvido caso seja pago resgate. Há prática do crime de extorsão mediante sequestro? Não haverá tal crime já que o tipo penal se remete à pessoa. Nessa hipótese, será configurado o delito de extorsão.

4.2.3.5 Elemento Subjetivo

Dolo + (especial fim de agir) com o fim de obter, para si ou para outrem, qualquer vantagem, como condição ou preço do resgate. Não se admite a modalidade culposa.

4.2.3.6 Espécie da Vantagem

A maioria da doutrina entende que a vantagem deve ser econômica e indevida.

Se a vantagem for devida, o agente responderá pelos crimes de sequestro (Art. 148) e exercício arbitrário das próprias razões (Art. 345) em concurso formal.

4.2.3.7 Consumação e Tentativa

Consuma-se com a privação da liberdade da vítima, independente da obtenção da vantagem pelo agente. É crime formal. A tentativa é possível.

4.2.3.8 Juízo Competente

O Juízo Competente para julgamento é o do local em que ocorreu o sequestro da vítima, e não o da entrega do eventual resgate.

Se os parentes da vítima realizarem o pagamento do resgate, ocorrerá o exaurimento do crime.

4.2.3.9 Crime Permanente

É Crime Permanente (a consumação se prolonga no tempo e dura todo o período em que a vítima estiver privada de sua liberdade).

Por ser crime permanente, é cabível a prisão em flagrante a qualquer tempo, enquanto durar a permanência.

A privação da liberdade do sequestrado há de ser mantida por tempo juridicamente relevante.

4.2.3.10 Classificação Doutrinária

Crime comum / de forma livre/ FORMAL / PERMANENTE / plurissubsistente / de dano / de concurso eventual.

4.2.3.11 Ação Penal

A Ação Penal é pública incondicionada em todas as espécies do crime.

4.2.3.12 Figuras Qualificadas

> ***§ 1º.*** *Se o sequestro dura mais de 24 (vinte e quatro) horas, se o sequestrado é menor de 18 (dezoito) ou maior de 60 (sessenta) anos, ou se o crime é cometido por bando ou quadrilha. Pena - reclusão de 12 a 20 anos.*

Incide a qualificadora quando na data do sequestro a vítima possuía, por exemplo, 59 anos e 11 meses e na data da libertação possuía mais de 60 anos, pois o crime de extorsão mediante sequestro é crime permanente (a consumação prolonga-se no tempo por vontade do agente).

E se o crime se deu em exatas 24 horas, incide a qualificadora? Não. Tem que ser mais de 24 horas.

Se o crime é cometido por associação criminosa e esta for usada para qualificar o delito, não pode haver a punição pelo Art. 288 do CP, sob pena de ocorrência do *bis in idem*.

> ***§ 2º.*** *Se do fato resulta lesão corporal de natureza grave:*
> *Pena - reclusão de 16 a 24 anos.*
> ***§ 3º.*** *Se resulta a morte:*
> *Pena - reclusão de 24 a 30 anos.*

No roubo e na extorsão só existe a qualificadora quando a lesão corporal de natureza grave ou a morte resultam da "violência", ao passo que nesta hipótese o crime será qualificado quando do FATO resultar lesão corporal de natureza grave ou morte. Portanto o resultado agravador pode ser provocado por violência própria, violência imprópria ou GRAVE AMEAÇA.

Não incidirá esta qualificadora se o resultado agravador for produzido por força maior, caso fortuito ou culpa de terceiro.

Ex.: cai um raio no barraco onde a vítima era mantida em cativeiro e esta morre.

A morte ou lesão corporal grave podem ter sido provocadas dolosa ou culposamente. Não é crime exclusivamente preterdoloso (dolo no antecedente e culpa no consequente).

A pena da extorsão mediante sequestro qualificada pela morte (24 a 30 anos) é a maior do Código Penal.

4.2.3.13 Delação Premiada

> ***§ 4º.*** *Se o crime é cometido em concurso, o concorrente que o denunciar à autoridade,* ***facilitando a libertação do sequestrado****, terá sua pena reduzida de um a dois terços.*

É causa especial de diminuição da pena que somente pode ser aplicada pelo Juiz (Delegados e Promotores não podem).

Requisitos para a incidência deste parágrafo:

- Prática do crime em concurso de pessoas: não é exigível Associação Criminosa, basta o concurso de pessoas;
- Esclarecimento por parte de um dos criminosos a autoridade sobre o crime;
- Facilitação da libertação do sequestrado, ou seja, que a delação seja eficaz.

De acordo com a jurisprudência, deve ser aplicada a delação premiada quando a vítima é libertada diretamente por um dos sequestradores.

A redução de pena é proporcional conforme a maior ou menor colaboração do agente. Quanto mais auxiliar, maior a redução.

A delação deve ser EFICAZ, ou seja, deve ter contribuído decisivamente para a libertação da vítima. Desse modo, a pena não será diminuída se o refém foi solto por outro motivo qualquer, diverso da informação prestada pelo sequestrador.

Presentes os requisitos legais, o juiz é obrigado a reduzir a pena do criminoso (é direito subjetivo do réu).

A redução da pena da delação premiada não se comunica aos demais coautores ou partícipes que não denunciaram o fato à autoridade (circunstância pessoal), pois não facilitaram a libertação do refém.

4.2.4 Extorsão Indireta

Art. 160. *Exigir ou receber, como garantia de dívida, abusando da situação de alguém, documento que pode dar causa a procedimento criminal contra a vítima ou contra terceiro:*

Pena *- reclusão, de um a três anos, e multa.*

O crime de extorsão se consuma no momento em que é realizada a conduta de constrangimento mediante o uso de violência ou grave ameaça, portanto considerado crime formal. A obtenção da vantagem indevida configura mero exaurimento do crime.

4.3 Da Usurpação

4.3.1 Alteração de Limites

Art. 161. *Suprimir ou deslocar tapume, marco, ou qualquer outro sinal indicativo de linha divisória, para apropriar-se, no todo ou em parte, de coisa imóvel alheia:*

Pena *- detenção, de um a seis meses, e multa.*

§ 1º. *Na mesma pena incorre quem:*

4.3.1.1 Usurpação de Águas

I. *Desvia ou represa, em proveito próprio ou de outrem, águas alheias;*

4.3.1.2 Esbulho Possessório

II. *Invade, com violência a pessoa ou grave ameaça, ou mediante concurso de mais de duas pessoas, terreno ou edifício alheio, para o fim de esbulho possessório.*

§ 2º. *Se o agente usa de violência, incorre também na pena a esta cominada.*

§ 3º. *Se a propriedade é particular, e não há emprego de violência, somente se procede mediante queixa.*

4.3.2 Supressão ou Alteração de Marca em Animais

Art. 162. *Suprimir ou alterar, indevidamente, em gado ou rebanho alheio, marca ou sinal indicativo de propriedade:*

Pena *- detenção, de seis meses a três anos, e multa.*

4.4 Do Dano

Art. 163. *Destruir, inutilizar ou deteriorar coisa alheia:*

Pena *- detenção, de um a seis meses, ou multa.*

Dano Qualificado

Parágrafo único. *Se o crime é cometido:*

I. *Com violência à pessoa ou grave ameaça;*

II. *Com emprego de substância inflamável ou explosiva, se o fato não constitui crime mais grave;*

III. *contra o patrimônio da União, de Estado, do Distrito Federal, de Município ou de autarquia, fundação pública, empresa pública, sociedade de economia mista ou empresa concessionária de serviços públicos; (Redação dada pela Lei nº 13.531, de 2017)*

IV. *Por motivo egoístico ou com prejuízo considerável para a vítima:*

Pena *- detenção, de seis meses a três anos, e multa, além da pena correspondente à violência.*

4.4.2.1 Objetividade Jurídica

Patrimônio das pessoas físicas ou jurídicas.

Não há crime de dano quando a conduta do agente recair sobre *res derelicta* (coisa abandonada) ou *res nullius* (coisa de ninguém). Todavia se a conduta recair sobre *res despedita* (coisa perdida) haverá crime, pois se trata de coisa alheia.

4.4.2.2 Objeto Material

Coisa alheia, móvel ou imóvel, sobre a qual incide a conduta do agente.

4.4.2.3 Dano em Documentos (Públicos ou Privados)

Se o agente danificou para impedir utilização do documento como prova de algum fato juridicamente relevante, responderá pelo crime de supressão de documento (Art. 305, CP). Todavia, se a conduta foi praticada unicamente com o objetivo de prejudicar o patrimônio da vítima, responderá o agente pelo crime de dano (Art. 163, CP).

4.4.2.4 Tipo Misto Alternativo, Crime de Ação Múltipla ou de Conteúdo Variado

Haverá crime único na prática de várias condutas com objeto material no mesmo contexto fático.

É Crime de Forma Livre = Admite qualquer meio de execução.

Pode ser praticado por omissão, desde que presente o dever jurídico de agir (Art. 13, §2º, CP).

Empregada doméstica deixa, dolosamente, de fechar as janelas da casa da patroa durante uma chuva para que sejam danificados os objetos eletrônicos da casa.

O agente que pratica a conduta de pichar, grafitar ou por qualquer outro meio conspurcar (poluir) edificação ou monumento urbano responderá pelo crime previsto no Art. 65 da Lei nº 9.605/98 (Lei dos Crimes Ambientais).

4.4.2.5 Núcleos do Tipo

Destruir: extinguir a coisa (dano físico total).

Ex.: Quebrar totalmente um espelho; queimar um telefone celular.

Inutilizar: tornar uma coisa imprestável aos fins a que se destina.

Retirar a bateria de um carro.

Deteriorar: estragar parcialmente um bem, diminuindo-lhe o valor ou a utilidade (dano físico parcial).

Ex.: Riscar a lataria de um veículo.

Conduta de fazer DESAPARECER coisa alheia não é crime de dano.

Exs.: Pedro faz sumir o celular de Rafael, seu desafeto. Nesta situação Pedro responderá civilmente por sua conduta. Não responderá pelo crime de dano (Art. 163, CP).

"A" abre a porteira da fazenda de "B", seu desafeto, para que desapareça o cavalo de propriedade deste último. "A" responderá civilmente por sua conduta.

4.4.2.6 Sujeitos do Crime

Sujeito Ativo: é crime comum, pode ser praticado por qualquer pessoa, exceto o proprietário da coisa.

Se o proprietário danificar coisa própria, que se acha em poder de terceiro por determinação judicial ou convenção, responderá pelo previsto no Art. 346, CP.

Sujeito Passivo: qualquer pessoa (proprietário ou possuidor legítimo da coisa).

4.4.2.7 Elemento Subjetivo

É o Dolo. A finalidade do agente deve ser unicamente destruir, inutilizar ou deteriorar coisa alheia.

Importante: não existe o crime de dano culposo.

Se o dano constituir-se em meio para a prática de outro crime, ou então como qualificadora de outro crime, será por este absorvido. Ex.: Furto qualificado pela destruição ou rompimento de obstáculo (Art. 155, §4º, I, CP): o dano, crime-meio, será absorvido pelo furto, crime-fim.

4.4.2.8 Consumação e Tentativa

É crime material. Desse modo, ele se consuma quando o agente efetivamente destrói, inutiliza ou deteriora a coisa alheia. A tentativa é plenamente possível.

4.4.2.9 Dano Simples

O crime de dano simples (*caput*) é IMPO, Infração de Menor Potencial Ofensivo, de competência do Juizado Especial e de ação penal privada (Art. 167, CP).

4.4.2.10 Classificação Doutrinária

Crime comum / material / doloso / de forma livre / instantâneo / plurissubjetivo / de concurso eventual e não transeunte (deixa vestígios materiais).

4.4.1 Dano Qualificado

> ***Parágrafo único.*** *Se o crime é cometido:*
>
> ***I.*** *Com violência à pessoa ou grave ameaça;*
>
> ***II.*** *Com emprego de substância inflamável ou explosiva, se o fato não constitui crime mais grave;*
>
> ***III.*** *contra o patrimônio da União, de Estado, do Distrito Federal, de Município ou de autarquia, fundação pública, empresa pública, sociedade de economia mista ou empresa concessionária de serviços públicos; (Redação dada pela Lei nº 13.531, de 2017)*
>
> ***IV.*** *Por motivo egoístico ou com prejuízo considerável para a vítima:*
>
> ***Pena -*** *detenção, de seis meses a três anos, e multa, além da pena correspondente à violência.*

4.4.1.1 Com Violência à Pessoa ou Grave Ameaça

A vítima da violência ou grave ameaça pode ser pessoa diversa da vítima do dano.

Ex.: Ameaçar a empregada doméstica de seu vizinho para quebrar a vidraça de sua janela.

A violência ou grave ameaça deve ocorrer antes ou durante a prática do crime de dano, pois, se ocorrer depois, o agente responderá pelo crime de dano simples em concurso material com o crime de lesão corporal (Art. 129) ou ameaça (Art. 147).

De acordo com o Art. 167, CP, nesta hipótese de dano a ação penal será pública incondicionada.

4.4.1.2 Com Emprego de Substância Inflamável ou Explosiva, se o Fato não Constitui Crime Mais Grave

A expressão "**se o fato não constitui crime mais grave**" informa que esta qualificadora é expressamente subsidiária, ou seja, somente incidirá o dano qualificado quando a lesão ao patrimônio alheio não caracterizar um crime mais grave, nem funcionar como meio de execução de um delito mais grave.

Ex.: "A" explode o carro de "B" que estava no estacionamento: "A" responderá pelo crime de dano qualificado. Todavia se "A" explodiu o carro de "B" com a intenção de matá-lo, e efetivamente alcançou este resultado responderá pelo crime de homicídio qualificado (Art. 121, §2º, III, CP).

De acordo com o Art. 167 do CP, nesta hipótese de dano, **a ação penal será pública incondicionada**.

4.4.1.3 Contra o patrimônio da União, de Estado, do Distrito Federal, de Município ou de autarquia, fundação pública, empresa pública, sociedade de economia mista ou empresa concessionária de serviços públicos;

A Lei 13.531, de 2017, adicionou ao crime de dano qualificado todos os entes da Administração direta mais os concessionários de serviços públicos, o que de fato foi bem aplicado ao que acontece no dia a dia.

De acordo com o entendimento do STJ, o preso que danifica (destrói, deteriora ou inutiliza) as paredes e grades da cela dos presídios ou delegacias, com o objetivo de fuga não responde pelo crime de dano. Vejamos uma jurisprudência sobre o tema:

> *Conforme entendimento, há muito fixado nesta Corte Superior (STF), para a configuração do crime de dano, previsto no Art. 163 do CPB, é necessário que a vontade seja voltada para causar prejuízo patrimonial ao dono da coisa (animus nocendi).* **Dessa forma, o preso que destrói ou inutiliza as grades da cela onde se encontra, com o intuito exclusivo de empreender fuga, não comete crime de dano**. *2. Parecer do MPF pela concessão da ordem. 3. Ordem concedida, para absolver o paciente do crime de dano contra o patrimônio público (Art. 163, Parágrafo Único, III, do CPB).*

De acordo com o Art. 167 do CP, nesta hipótese de dano **a ação penal será pública incondicionada**.

4.4.1.4 Por Motivo Egoístico ou com Prejuízo Considerável para a Vítima

Motivo egoístico é aquele ligado à obtenção de um futuro benefício, de ordem moral ou econômica. Ex.: "A" e "B" foram aprovados na segunda fase do concurso de Delegado de Polícia Civil de um Estado qualquer. Então, no dia da prova oral, "A" sabota o carro de "B" para que este não consiga chegar a tempo para realizar o exame e seja eliminado do concurso.

> Aquele que destrói cadáver ou parte dele responde pelo crime previsto no Art. 211 do CP.

De acordo com o Art. 167 do CP, nesta hipótese de dano **a ação penal é privada**.

4.4.2 Introdução ou Abandono de Animais em Propriedade Alheia

Art. 164. *Introduzir ou deixar animais em propriedade alheia, sem consentimento de quem de direito, desde que o fato resulte prejuízo:*

Pena - *detenção, de quinze dias a seis meses, ou multa.*

4.4.3 Dano em Coisa de Valor Artístico, Arqueológico ou Histórico

Art. 165. *Destruir, inutilizar ou deteriorar coisa tombada pela autoridade competente em virtude de valor artístico, arqueológico ou histórico:*

Pena - *detenção, de seis meses a dois anos, e multa.*

4.4.4 Alteração de Local Especialmente Protegido

Art. 166. *Alterar, sem licença da autoridade competente, o aspecto de local especialmente protegido por lei:*

Pena - *detenção, de um mês a um ano, ou multa.*

4.4.5 Ação Penal

Art. 167. *Nos casos do art. 163, do inciso IV do seu parágrafo e do Art. 164, somente se procede mediante queixa.*

4.5 Da Apropriação Indébita

4.5.1 Apropriação indébita

Art. 168. *Apropriar-se de coisa alheia móvel, de que tem a posse ou a detenção:*

Pena - *reclusão, de um a quatro anos, e multa.*

Aumento de Pena

§ 1º. *A pena é aumentada de um terço, quando o agente recebeu a coisa:*

I. *Em depósito necessário;*

II. *Na qualidade de tutor, curador, síndico, liquidatário, inventariante, testamenteiro ou depositário judicial;*

III. *Em razão de ofício, emprego ou profissão.*

4.5.1.1 Conceito

A principal característica do crime de apropriação indébita é a existência de uma situação de **quebra de confiança**, pois a vítima entrega, voluntariamente, uma coisa móvel ao agente, e este, logo após, inverte seu ânimo no tocante ao bem, passando a comportar-se como seu dono.

4.5.1.2 Objetividade Jurídica

Patrimônio.

4.5.1.3 Objeto Material

Coisa alheia móvel sobre a qual recai a conduta criminosa (imóveis não).

Para o STJ é possível a prática do crime de apropriação indébita de coisas fungíveis (móveis que podem substituir-se por outros da mesma espécie, qualidade e quantidade).

Ex.: Dinheiro.

4.5.1.4 Núcleo do Tipo

É o verbo "apropriar" que significa tomar para si, fazer sua coisa alheia.

4.5.1.4.1 Posse/Detenção Legítima e Desvigiada

A posse ou a detenção do bem deve ser LEGÍTIMA e também desvigiada. Desse modo, o crime de apropriação indébita deve preencher os seguintes requisitos:

A vítima entrega o bem voluntariamente: se houver fraude para a entrega o crime será de estelionato, se houver violência ou grave ameaça à pessoa o crime será de roubo ou de extorsão.

O agente tem a posse ou detenção desvigiada do bem: se a posse ou detenção for vigiada e o bem for retirado da vítima sem sua autorização o crime será de furto.

O agente recebe o bem de boa-fé: se ao receber o bem o agente já tinha a intenção de apropriar-se dele, o crime será de estelionato. Obs.: a boa-fé é presumida.

Modificação posterior no comportamento do agente: após entrar licitamente (de boa-fé) na posse ou detenção da coisa, o agente passa a se comportar como se fosse dono. Momento em que apresenta seu ânimo de assenhoramento definitivo (*animus rem sibi habendi*). Essa alteração no comportamento do agente ocorre de duas formas:

a) **Prática de algum ato de disposição** (venda, doação, locação, troca etc.). Também conhecida como apropriação indébita própria.

b) **Recusa na restituição** (a vítima solicita a devolução do bem e o agente expressamente se recusa a devolver). Também denominada **negativa de restituição**.

4.5.1.5 Sujeitos do Crime

Ex.: Se o agente é funcionário público e apropria-se de dinheiro, valor ou qualquer outro bem móvel, público ou particular (sob a guarda ou custódia da Administração Pública), de que tem a posse em razão do cargo, responderá pelo crime de peculato-apropriação (Art. 312, caput, 1ª parte, CP). Em regra, a prova desse delito depende da prática de algum ato incompatível com a vontade de restituir.

Sujeito Ativo: qualquer pessoa, desde que tenha a posse ou detenção lícita da coisa alheia móvel. Sempre pessoa diversa do proprietário.

Sujeito Passivo: proprietário ou possuidor (pessoa física ou jurídica) do bem.

4.5.1.6 Elemento Subjetivo

Dolo. Doutrina e jurisprudência defendem a necessidade do ânimo de assenhoramento definitivo da coisa. Desse modo, não responderá por este crime aquele que simplesmente se esquece de devolver o bem na data previamente combinada. Não se admite a modalidade culposa.

4.5.1.7 Apropriação Indébita "De Uso"

Não se pune a apropriação indébita "de uso": situação em que a pessoa usa momentaneamente a coisa alheia, para em seguida restituí-la integralmente ao seu proprietário.

Apropriação Indébita X Estelionato

Apropriação indébita (Art. 168, CP)	Estelionato (Art. 171, CP)
O dolo é posterior ou subsequente.	O dolo é anterior ou antecedente.
A pessoa recebe a posse ou detenção de coisa de maneira legítima, surgindo a vontade de se apropriar posteriormente.	O agente já possuía a intenção de se apropriar do bem antes de alcançar a sua posse ou detenção.
Ex.: Pessoa vai a uma locadora de veículos, aluga um veículo, gosta dele e decide não devolver.	**Ex.:** Pessoa vai a uma locadora de veículos, já com a intenção de alugar o veículo e não devolvê-lo.

4.5.1.8 Consumação

Ocorre no momento em que o agente inverte seu ânimo em relação a coisa alheia móvel, ou seja, ele passa a se comportar como dono do bem. Pode se dar de duas maneiras:

Apropriação indébita própria	Se consuma com a prática de algum ato de disposição do bem, incompatível com a condição de possuidor ou detentor. **Ex.:** Vender, doar, permutar, emprestar o bem.
Negativa de restituição	Se consuma no momento em que o agente se recusar expressamente a devolver o bem ao seu proprietário.

4.5.1.9 Tentativa

A apropriação indébita própria admite tentativa.

Ex.: "A" é preso em flagrante no momento em que doava os DVDs de "B", do qual tinha a posse legítima e desvigiada.

A apropriação indébita negativa de restituição não admite tentativa (conatus), pois é crime unissubsistente: ou o sujeito recusa a devolver o bem, e o crime estará consumado, ou o devolve ao dono, e o fato será atípico.

4.5.1.10 Ação Penal

A Ação Penal é pública incondicionada.

4.5.1.11 Competência

Local em que o agente se apropria da coisa alheia móvel, dela dispondo ou negando-se a restituí-la ao seu titular. (Art. 70, *caput*, CPP).

Quando o crime de apropriação indébita for praticado por algum representante (comercial ou não) da vítima, a competência será do local em que o agente deveria ter prestado contas dos valores recebidos.

4.5.1.12 Classificação Doutrinária

Crime comum / material / de forma livre / de concurso eventual / doloso / em regra plurissubsistente, ou unissubsistente (negativa de restituição) / instantâneo.

Ex.:

01. O Art. 102 do Estatuto do Idoso (Lei nº 10.741/2003) prevê uma modalidade especial de apropriação indébita, quando praticada contra idoso:

> ***Art. 102.*** *Apropriar-se de ou desviar bens, proventos, pensão ou qualquer outro rendimento do idoso, dando-lhes aplicação diversa da de sua finalidade:*
> ***Pena*** *- reclusão de 1 a 4 anos.*

02. O Art. 5º, "caput", da Lei dos Crimes Contra o Sistema Financeiro Nacional (Lei nº 7.492/86) também contém uma modalidade especial de apropriação indébita:

> ***Art. 5º.*** *Apropriar-se, quaisquer das pessoas mencionadas no Art. 25 desta lei, de dinheiro, título, valor ou qualquer outro bem móvel de que tem a posse, ou desviá-lo em proveito próprio ou alheio:*
> ***Pena*** *- reclusão de 2 a 6 anos e multa.*

Trata-se de crime próprio, pois somente pode ser praticado pelo controlador e pelos administradores de instituição financeira (diretores e gerentes).

4.5.2 Aumento de Pena

> ***§ 1º.*** *A pena é aumentada de um terço, quando o agente recebeu a coisa:*
> ***I.*** *Em depósito necessário;*
> ***II.*** *Na qualidade de tutor, curador, síndico, liquidatário, inventariante, testamenteiro ou depositário judicial;*
> ***III.*** *Em razão de ofício, emprego ou profissão.*

A pena será aumentada de um terço quando o agente recebeu a coisa:

4.5.2.1 Em Depósito Necessário

De acordo com a doutrina majoritária, esta causa de aumento de pena incide apenas no **depósito necessário miserável, previsto no Art. 647, II, CC** (é o que se efetua por ocasião de alguma calamidade, como inundação, incêndio, saque ou naufrágio).

A palavra "síndico" deve ser substituída pela expressão "administrador judicial", em razão da alteração ocorrida pela Lei nº 11.101/2005 (Lei de Falência e Recuperação Judicial do Empresário e da Sociedade Empresária).

4.5.2.2 Na Qualidade de Tutor, Curador, Síndico, Liquidatário, Inventariante, Testamenteiro ou Depositário Judicial

O fundamento do tratamento penal mais rigoroso repousa na relevância das funções exercidas pelas pessoas indicadas neste inciso, as quais recebem coisas alheias para guardar consigo, necessariamente, até o momento da devolução.

4.5.2.3 Em Razão de Ofício, Emprego ou Profissão

Não necessita de relação de confiança entre o agente e a vítima.

Emprego	Prestação de serviço em subordinação e dependência. **Ex.:** Dono de um supermercado e seus funcionários.
Ofício	Ocupação mecânica ou manual, que necessita de um determinado grau de habilidade, e que seja útil ou necessário às pessoas em geral. **Ex.:** Mecânico, sapateiro etc.
Profissão	Atividade em que não há hierarquia e necessita de conhecimentos específicos (técnico e intelectual). **Ex.:** Advogado, dentista, médico, arquiteto, contador etc.

4.5.2.4 Apropriação Indébita Privilegiada

O Art. 170 do Código Penal dispõe o seguinte:

> *Nos crimes previstos neste Capítulo, aplica-se o disposto no Art. 155, § 2º.*
>
> ***Art. 155**, §2º, CP. Se o criminoso é primário, e é de pequeno valor a coisa furtada, o juiz pode substituir a pena de reclusão pela de detenção, diminuí-la de um a dois terços, ou aplicar somente a pena de multa.*

Portanto, é possível a caracterização da apropriação indébita privilegiada, em qualquer de suas espécies.

4.5.3 Apropriação Indébita Previdenciária

> ***Art. 168-A.** Deixar de repassar à previdência social as contribuições recolhidas dos contribuintes, no prazo e forma legal ou convencional:*
>
> ***Pena** - reclusão, de 2 (dois) a 5 (cinco) anos, e multa.*
>
> ***§ 1º.** Nas mesmas penas incorre quem deixar de:*
>
> ***I.** Recolher, no prazo legal, contribuição ou outra importância destinada à previdência social que tenha sido descontada de pagamento efetuado a segurados, a terceiros ou arrecadada do público;*
>
> ***II.** Recolher contribuições devidas à previdência social que tenham integrado despesas contábeis ou custos relativos à venda de produtos ou à prestação de serviços;*
>
> ***III.** Pagar benefício devido a segurado, quando as respectivas cotas ou valores já tiverem sido reembolsados à empresa pela previdência social.*
>
> ***§ 2º.** É extinta a punibilidade se o agente, espontaneamente, declara, confessa e efetua o pagamento das contribuições, importâncias ou valores e presta as informações devidas à previdência social, na forma definida em lei ou regulamento, antes do início da ação fiscal.*
>
> ***§ 3º.** É facultado ao juiz deixar de aplicar a pena ou aplicar somente a de multa se o agente for primário e de bons antecedentes, desde que:*
>
> ***I.** Tenha promovido, após o início da ação fiscal e antes de oferecida a denúncia, o pagamento da contribuição social previdenciária, inclusive acessórios; ou*
>
> ***II.** O valor das contribuições devidas, inclusive acessórios, seja igual ou inferior àquele estabelecido pela previdência social, administrativamente, como sendo o mínimo para o ajuizamento de suas execuções fiscais.*
>
> ***§ 4º.** A faculdade prevista no § 3º deste artigo não se aplica aos casos de parcelamento de contribuições cujo valor, inclusive dos acessórios, seja superior àquele estabelecido, administrativamente, como sendo o mínimo para o ajuizamento de suas execuções fiscais.*

4.5.3.1 Objetividade Jurídica

Seguridade social (saúde, previdência e assistência social - Art. 194, CF/88). Não se trata de crime contra o patrimônio.

4.5.3.2 Objeto Material

Contribuição previdenciária arrecadada e não recolhida.

4.5.3.3 Núcleo do Tipo

Deixar de repassar, significa **deixar de recolher**. (Recolher é depositar a quantia recebida - descontada ou cobrada).

É crime omissivo próprio ou puro (não admite tentativa).

4.5.3.4 Lei Penal em Branco Homogênea

Deve ser complementada pela legislação previdenciária em relação aos prazos de recolhimento.

4.5.3.5 Sujeitos do Crime

Sujeito Ativo: qualquer pessoa, crime comum (admite coautoria e participação).

Sujeito Passivo: União Federal.

Pessoa Jurídica não pode ser sujeito ativo.

4.5.3.6 Competência

Sendo o sujeito ativo União Federal, a competência será da Justiça Federal (crime praticado em detrimento dos interesses da União).

4.5.3.7 Elemento Subjetivo

É o dolo.

É dispensável (prescindível) o fim de assenhoramento definitivo (animus rem sibi habendi), pois o núcleo do tipo é "deixar de repassar", e não "apropriar-se" como no crime de apropriação indébita.

Não se admite a forma culposa.

4.5.3.8 Consumação

Para a maioria da doutrina é crime formal. Para o STF é crime material, pois deve haver a efetiva lesão aos cofres da União.

Se a conduta for praticada mediante fraude, o crime será de sonegação de contribuição previdenciária, previsto no Art. 337-A, CP.

4.5.3.9 É Crime Unissubsistente

A conduta se exterioriza em um único ato, suficiente para a consumação.

4.5.3.10 Ação Penal

Ação penal pública incondicionada.

4.5.3.11 Hipótese de Dificuldades Financeiras

Firmou-se o entendimento de que há inexigibilidade de conduta diversa (causa supralegal de exclusão da culpabilidade).

O STJ já decidiu que o fato é atípico em face da ausência de dolo.

Para o Cespe o fato se enquadra em estado de necessidade (excludente de ilicitude). Veja a questão:

(Cespe) Em razão de sérias dificuldades de ordem financeira, causadas pelos desajustes da economia nacional, o proprietário de determinada empresa se viu obrigado a não recolher aos cofres previdenciários os recursos relativos às contribuições arrecadadas de seus empregados. Nessa situação, comprovadas as dificuldades insuperáveis que motivaram a conduta do empresário e, em consequência, o estado de necessidade, não terá havido qualquer ilicitude a legitimar a persecução penal.

A questão está correta.

4.5.3.12 Extinção da Punibilidade

§ 2º. É extinta a punibilidade se o agente, espontaneamente, declara, confessa e efetua o pagamento das contribuições, importâncias ou valores e presta as informações devidas à previdência social, na forma definida em lei ou regulamento, antes do início da ação fiscal.

A ação fiscal tem início com a lavratura do Termo de Início da Ação Fiscal (TIAF).

Para que ocorra a extinção da punibilidade, devem-se preencher, cumulativamente, três requisitos:

> Espontânea declaração e confissão do débito;

> Prestação de informações à Previdência Social;

> Pagamento integral do débito previdenciário ANTES do início da Ação Fiscal.

4.5.3.13 Perdão Judicial e Aplicação Isolada de Pena de Multa

Para o STJ o pagamento integral do débito previdenciário, ANTES ou DEPOIS do recebimento da denúncia, é causa de extinção da punibilidade (Art. 9º, §2º, Lei nº 10.684/03). HC 63.168/SC.

§ 3º. É facultado ao juiz deixar de aplicar a pena ou aplicar somente a de multa se o agente for primário e de bons antecedentes, desde que:

I. Tenha promovido, após o início da ação fiscal e antes de oferecida a denúncia, o pagamento da contribuição social previdenciária, inclusive acessórios; ou

A hipótese do inciso I não se aplica mais, em razão regra contida no Art. 9, §2º, Lei nº 10.684/03 e do entendimento do STJ sobre o assunto.

II. O valor das contribuições devidas, inclusive acessórios, seja igual ou inferior àquele estabelecido pela previdência social, administrativamente, como sendo o mínimo para o ajuizamento de suas execuções fiscais.

4.5.3.14 Perdão Judicial e Parcelamento

§ 4º A faculdade prevista no § 3º deste artigo não se aplica aos casos de parcelamento de contribuições cujo valor, inclusive dos acessórios, seja superior àquele estabelecido, administrativamente, como sendo o mínimo para o ajuizamento de suas execuções fiscais.

4.5.3.15 Justa Causa e Prévio Esgotamento da Via Administrativa

Lei nº 9.430/96. Dispõe sobre a legislação tributária federal, as contribuições para a seguridade social, o processo administrativo de consulta; e dá outras providências:

Art. 83. A representação fiscal para fins penais relativa aos crimes contra a ordem tributária previstos nos Arts. 1º e 2º da Lei no 8.137, de 27 de dezembro de 1990, e aos crimes contra a Previdência Social, previstos nos Arts. 168-A e 337-A do Decreto-Lei no 2.848, de 7 de dezembro de 1940 (Código Penal), será encaminhada ao Ministério Público depois de proferida a decisão final, na esfera administrativa, sobre a exigência fiscal do crédito tributário correspondente. (Redação dada pela Lei nº 12.350, de 2010).

§ 1º. Na hipótese de concessão de parcelamento do crédito tributário, a representação fiscal para fins penais somente será encaminhada ao Ministério Público após a exclusão da pessoa física ou jurídica do parcelamento. (Incluído pela Lei nº 12.382, de 2011).

§ 2º. É suspensa a pretensão punitiva do Estado referente aos crimes previstos no caput, durante o período em que a pessoa física ou a pessoa jurídica relacionada com o agente dos aludidos crimes estiver incluída no parcelamento, desde que o pedido de parcelamento tenha sido formalizado antes do recebimento da denúncia criminal. (Incluído pela Lei nº 12.382, de 2011).

§ 3º. A prescrição criminal não corre durante o período de suspensão da pretensão punitiva. (Incluído pela Lei nº 12.382, de 2011).

§ 4º. Extingue-se a punibilidade dos crimes referidos no caput quando a pessoa física ou a pessoa jurídica relacionada com o agente efetuar o pagamento integral dos débitos oriundos de tributos, inclusive acessórios, que tiverem sido objeto de concessão de parcelamento. (Incluído pela Lei nº 12.382, de 2011).

4.5.3.16 Princípio da Insignificância

Para o STF, é possível a aplicação do princípio da insignificância (causa supralegal de exclusão da tipicidade - o fato não será crime) quando o valor do débito previdenciário não ultrapassar R$10.000,00 (dez mil reais). O fundamento está no Art. 20 da Lei nº 10.522/02, que determina o arquivamento das execuções fiscais, sem cancelamento na distribuição, quando os débitos inscritos como dívida ativa da União não excedam este valor.

4.5.3.17 Forma Privilegiada

Nos termos do Art. 170 do CP aplica-se o Art. 155, §2º, para este crime (forma privilegiada).

4.5.4 Apropriação de Coisa Havida por Erro, Caso Fortuito ou Força da Natureza

***Art. 169.** Apropriar-se alguém de coisa alheia vinda ao seu poder por erro, caso fortuito ou força da natureza:*

***Pena -** detenção, de um mês a um ano, ou multa.*

***Parágrafo único.** Na mesma pena incorre:*

Apropriação de Tesouro

***I.** Quem acha tesouro em prédio alheio e se apropria, no todo ou em parte, da quota a que tem direito o proprietário do prédio;*

Apropriação de Coisa Achada

***II.** Quem acha coisa alheia perdida e dela se apropria, total ou parcialmente, deixando de restituí-la ao dono ou legítimo possuidor ou de entregá-la à autoridade competente, dentro no prazo de quinze dias.*

***Art. 170.** Nos crimes previstos neste Capítulo, aplica-se o disposto no Art. 155, § 2º.*

4.6 Do Estelionato e outras Fraudes

4.6.1 Estelionato

Art. 171. *Obter, para si ou para outrem, vantagem ilícita, em prejuízo alheio, induzindo ou mantendo alguém em erro, mediante artifício, ardil, ou qualquer outro meio fraudulento:*

Pena *- reclusão, de um a cinco anos, e multa, de quinhentos mil réis a dez contos de réis.*

§ 1º. *Se o criminoso é primário, e é de pequeno valor o prejuízo, o juiz pode aplicar a pena conforme o disposto no Art. 155, § 2º.*

§ 2º. *Nas mesmas penas incorre quem:*

Disposição de Coisa Alheia Como Própria

I. *Vende, permuta, dá em pagamento, em locação ou em garantia coisa alheia como própria;*

Alienação ou Oneração Fraudulenta de Coisa Própria

II. *Vende, permuta, dá em pagamento ou em garantia coisa própria inalienável, gravada de ônus ou litigiosa, ou imóvel que prometeu vender a terceiro, mediante pagamento em prestações, silenciando sobre qualquer dessas circunstâncias;*

Defraudação de Penhor

III. *Defrauda, mediante alienação não consentida pelo credor ou por outro modo, a garantia pignoratícia, quando tem a posse do objeto empenhado;*

Fraude na Entrega de Coisa

IV. *Defrauda substância, qualidade ou quantidade de coisa que deve entregar a alguém;*

Fraude para Recebimento de Indenização ou Valor de Seguro

V. *Destrói, total ou parcialmente, ou oculta coisa própria, ou lesa o próprio corpo ou a saúde, ou agrava as consequências da lesão ou doença, com o intuito de haver indenização ou valor de seguro;*

Fraude no Pagamento por Meio de Cheque

VI. *De instituto de economia popular, assistência social ou beneficência.*

§ 4º. Aplica-se a pena em dobro se o crime for cometido contra idoso.

Esse crime tem o objetivo de punir a conduta do agente que, utilizando-se de uma **fraude**, induz ou mantém alguém em erro, no intuito de obter uma vantagem ilícita sobre essa vítima.

4.6.1.1 Classificação

É um crime COMUM, ou seja, pode ser praticado por qualquer pessoa.

É um crime instantâneo - consuma-se no momento da prática do ato - com efeitos permanentes.

Admite a modalidade comissiva (pratica a conduta do estelionato) ou omissiva (mantém a vítima em erro).

4.6.1.2 Sujeitos do Crime

Sujeito Ativo: sendo um crime comum, admite qualquer pessoa.

Sujeito Passivo: qualquer pessoa - física ou jurídica - que seja mantida em erro, desde que seja determinada, NÃO se admite uma vítima incerta.

O crime de estelionato **exige** VÍTIMA CERTA E DETERMINADA, logo, se a vítima for incerta ou indeterminada, trata-se de crime contra a economia popular - Art. 2º, XI, Lei nº 1.521/51.

Ex.: Adulteração de balança, de bomba de combustível, de taxímetro.

Se a vítima for incapaz ou alienada, o crime será o do Art. 173 do CP: abuso de incapazes - Abusar, em proveito próprio ou alheio, de necessidade, paixão ou inexperiência de menor, ou da alienação ou debilidade mental de outrem, induzindo qualquer deles à prática de ato suscetível de produzir efeito jurídico, em prejuízo próprio ou de terceiro.

4.6.1.3 Consumação e Tentativa

ADMITE tentativa, ademais a fraude deve ser idônea a ludibriar a vítima, pois, do contrário, será **crime impossível** em face da ineficácia absoluta do meio de execução (Art. 17 do CP).

Consuma-se com a obtenção da vantagem ilícita causando o prejuízo à vitima, passando pelos momentos de:

- Emprego de fraude pelo agente;
- Situação de erro na qual a vítima é colocada ou mantida;
- Obtenção de vantagem ilícita pelo agente;
- Prejuízo sofrido pela vítima.

4.6.1.4 Descrição

A vantagem **ilícita** deve ser de natureza econômica (patrimonial): se a vantagem for **lícita**, estará configurado o crime de exercício arbitrário das próprias razões, Art. 345 do CP: fazer justiça pelas próprias mãos, para satisfazer pretensão, **embora legítima**, salvo quando a lei o permite.

- Daí que o STF entendeu que o ponto eletrônico, ou a cola eletrônica são fatos atípicos em face da inexistência de vantagem econômica. Esse foi o entendimento prevalecente, apesar de haver minoria do STF que afirma tratar-se de fato típico.
- O silêncio pode ser usado como meio fraudulento para a prática de estelionato, bem como a mentira (tem que ser fraudulenta).
- A fraude bilateral não exclui o crime.

4.6.1.5 Formas de Execução

Ardil - caracteriza-se pela fraude de forma intelectual, fraude moral, representada pela conversa enganosa. É a lábia.

Ex.: "A", alegando ser especialista em conserto de computadores, convence "B" a entregar-lhe seu notebook para conserto.

Artifício - caracteriza-se pela fraude de forma material. O agente utiliza algum instrumento ou objeto para enganar a vítima.

Ex.: "A" se disfarça de manobrista e fica parado na porta de um restaurante para que "B" voluntariamente lhe entregue seu carro. Ou ainda, aquele que utiliza o bilhete premiado ou um documento falso.

Qualquer Outro Meio Fraudulento - é uma situação de interpretação analógica.

O silêncio. "A" comerciante entrega a "B", cliente, troco além do devido, mas este nada fala e nada faz, ficando com o dinheiro para si.

Estelionato e Crime Impossível - Qualquer que seja o meio de execução (artifício, ardil ou outro meio fraudulento) empregado na prática da conduta, somente haverá a tentativa quando apresentar idoneidade para enganar a vítima. A idoneidade leva em conta as condições pessoais do ofendido.

Se o meio fraudulento for capaz de enganar a vítima, estará caracterizado o conatus. Caso não tenha intenção de iludir a vítima ou apresente-se grosseiro será crime impossível, pois há impropriedade absoluta do meio de execução. (Art. 17 do CP).

Estelionato e Reparação do Dano: a reparação do dano não apaga o crime de estelionato, porém, dependendo do momento que ocorrer a indenização à vítima, podem ocorrer as seguintes situações:

> Se ANTERIOR ao RECEBIMENTO da DENÚNCIA ou QUEIXA, é possível o reconhecimento do arrependimento posterior, isso irá diminuir a pena de um a dois terços, nos termos do Art. 16 CP.

> Se ANTES da SENTENÇA, pode ser aplicada a atenuante genérica de acordo com o Art. 65, III, c, parte final, do CP.

> Se POSTERIOR à SENTENÇA, não surte efeito algum.

Pratica estelionato em sua modalidade fundamental (Art. 171, caput, do CP):

Exs.: "A" portando folha de cheque de "B" chega ao comércio e, se passando por "B", emite a cártula e obtém vantagem em prejuízo alheio.

"A" se apodera (furto, roubo...) de folha de cheque de "B" e a preenche indevidamente utilizando-a como meio fraudulento para induzir ou manter alguém em erro, e, por consequência, obtém vantagem ilícita em prejuízo alheio.

"A" está com sua conta bancária encerrada, mas continua comprando objetos e pagando com as folhas de cheques que ainda possui;

"A" cria uma conta bancária com documentos falsos e, posteriormente, emite cheques sem suficiente provisão de fundos para comprar objetos.

Regra contida no Art. 9, §2º, Lei nº 10.684/03 e do entendimento do STJ sobre o assunto.

4.6.1.6 Estelionato Privilegiado

*§1º. Se o criminoso é primário, e é de **pequeno valor o prejuízo**, o juiz pode aplicar a pena conforme o disposto no Art. 155, § 2º.*

O prejuízo de "pequeno valor" deve ser dano igual ou inferior a um salário mínimo vigente à época do fato.

4.6.1.7 Considerações

***Súm. 17, STJ.** Quando o falso se exaure no estelionato, sem mais potencialidade lesiva, é por este absorvido.*

Empregando a fraude, sem a intenção de se enriquecer e só com a intenção de prejudicar alguém, não se trata de estelionato. É necessário buscar a obtenção de indevida vantagem econômica.

Quando o agente, mediante fraude, consegue obter da vítima um título de crédito, o delito está consumado? Não, enquanto o título não é convertido em valor material, não há efetivo proveito do agente, podendo ser impedido de realizar a conversão por circunstâncias alheias a sua vontade. Assim, o crime ainda está na fase de execução. (**MAJORITÁRIA**).

4.6.1.8 Figuras Equiparadas

***§ 2º.** Nas mesmas penas incorre quem:*

4.6.1.8.1 Disposição de Coisa Alheia como Própria

***I.** Vende, permuta, dá em pagamento, em locação ou em garantia coisa alheia como própria;*

Nessa situação, admite-se que o bem seja móvel ou imóvel. É quando o agente, na posse do bem de um terceiro, utiliza-o como se fosse próprio.

Ex.: O inquilino de um imóvel, que aluga para uma terceira pessoa por um valor superior, na intenção de obter lucro, sem o consentimento ou ciência do proprietário real do imóvel.

4.6.1.8.2 Alienação ou Oneração Fraudulenta de Coisa Própria

***II.** Vende, permuta, dá em pagamento ou em garantia coisa própria inalienável, gravada de ônus ou litigiosa, ou imóvel que prometeu vender a terceiro, mediante pagamento em prestações, silenciando sobre qualquer dessas circunstâncias;*

Nessa situação, o bem é da própria pessoa, podendo também ser imóvel ou móvel.

Ex.: O agente vende veículo para três pessoas ao mesmo tempo, no entanto, tal bem se encontra em busca e apreensão por falta de pagamento, existe um ônus judicial sobre o patrimônio.

Trata-se de crime de duplo resultado: vantagem + prejuízo, punindo-se aquele que pratica um dos núcleos do tipo, silenciando sobre a circunstância.

4.6.1.8.3 Defraudação de Penhor

***III.** Defrauda, mediante alienação não consentida pelo credor ou por outro modo, a garantia pignoratícia, quando tem a posse do objeto empenhado;*

Seria a hipótese em que, um devedor, recebendo algo como penhor (garantia) de um credor, pratica ato de posse do bem, sem o consentimento dele (credor).

Ex.: Um empresário resolve penhorar seu veículo para levantar fundos para o investimento na sua empresa, entretanto a empresa que penhorou o veículo decide alugá-lo para que possa obter lucro.

4.6.1.8.4 Fraude na Entrega de Coisa

***IV.** Defrauda substância, qualidade ou quantidade de coisa que deve entregar a alguém;*

Pode ocorrer tanto em bens móveis quanto imóveis.

Ex.: Uma construtora vende imóveis na planta com dimensão de 200m², contudo, ao cabo das obras, na entrega da chave aos proprietários, esses constatam que os imóveis só possuem 170m².

Caso a qualidade, quantidade do objeto seja superior, não existe o crime (se o imóvel tivesse 230m², por exemplo).

Deve-se ter em mente que, na hipótese de RELAÇÃO COMERCIAL, pode-se estar diante do Art. 175 do CP.

4.6.1.8.5 Fraude para Recebimento de Indenização ou Valor de Seguro

***V.** Destrói, total ou parcialmente, ou oculta coisa própria, ou lesa o próprio corpo ou a saúde, ou agrava as consequências da lesão ou doença, com o intuito de haver indenização ou valor de seguro;*

É pressuposto fundamental deste crime, a prévia existência de um contrato de seguro em vigor. Caso não exista seguro, será crime impossível, diante da impropriedade absoluta do objeto material (Art. 17 do CP). Nessa situação o sujeito passivo deste crime será necessariamente a seguradora, sendo também admissível a hipótese de tentativa.

Por conseguinte, é um crime FORMAL, ou seja, consuma-se com a prática da conduta típica (destruir, ocultar, autolesionar e agravar), ainda que o sujeito NÃO consiga alcançar a indevida vantagem econômica pretendida.

Cuidado para não confundir esta hipótese de estelionato com o crime de incêndio doloso qualificado (Art. 250, §1º, I, CP).

Ex.: Pedro ateou fogo em sua loja de tecidos, com a finalidade de obter o respectivo seguro, colocando em risco os imóveis vizinhos. Em razão dessa conduta, Pedro responderá por crime de incêndio doloso qualificado pelo intuito de obter vantagem econômica em proveito próprio.

Na hipótese em que a fraude é perpetrada por terceiro, sem o conhecimento do segurado, sabendo que esse será o beneficiário do valor da apólice, o delito será o previsto no Art. 171, *caput*, do CP.

4.6.1.8.6 Fraude no Pagamento por meio de Cheque

***VI.** Emite cheque, sem suficiente provisão de fundos em poder do sacado, ou lhe frustra o pagamento.*

> Somente existe o crime, quando provado que, desde o início, EXISTE a má-fé do agente, ou seja, desde o momento em que colocou o cheque em circulação ele já não tinha intenção de honrar seu pagamento; seja pela ausência de suficiência de provisão de fundos, seja pela frustração de seu pagamento. Sendo assim, deve haver a finalidade específica que é a intenção de fraudar / enganar a vítima.

Sujeito Ativo: é um crime próprio (o titular da conta bancária), ademais, ADMITE coautoria e participação.

Sujeito Passivo: a pessoa física ou jurídica que suporta prejuízo patrimonial.

***Súm. 246, STF.** Comprovado NÃO ter havido fraude, não se configura crime de emissão de cheque sem fundos.*

"A" compra um produto na loja de "B", no momento da compra não possui dinheiro na conta. Ocorre que pretendia realizar o depósito na conta antes que "B" apresentasse a folha de cheque ao banco. Todavia acaba se esquecendo de realizar o depósito. Desse modo o cheque é devolvido por falta de fundos. NÃO É CRIME, pois o inciso VI do Art. 171 do CP, NÃO admite a forma culposa.

Esse crime se consuma no instante em que o banco se nega a efetuar o pagamento do cheque, quer pela ausência de fundos, quer pelo recebimento de contraordem (sustação) expedida pelo correntista, daí resulta o prejuízo patrimonial do ofendido. É crime material.

A falsidade ideológica é *ante factum* impunível, pois quem assina o cheque é o responsável pela fraude e não outra pessoa.

O crime do inciso VI do Art. 171, pode ser praticado de DUAS formas:

- O agente coloca o cheque em circulação sem ter dinheiro suficiente na conta;
- O agente possui fundos quando da emissão do cheque, no entanto, antes do beneficiário apresentar o título, o agente retira todo o numerário depositado ou apresenta uma contraordem de pagamento (sustação).

Fraude do cheque ocorre pelo agente que tem a conta encerrada, não é este estelionato do inciso VI, é estelionato simples do *caput*.

4.6.1.9 Considerações

***Súm. 521, STF.** O foro competente para o processo e julgamento dos crimes de estelionato, sob a modalidade da emissão dolosa de cheque sem provisão de fundos, é o do local onde se deu a recusa do pagamento pelo sacado.*

***Súm. 244, STJ.** Compete ao foro do local da recusa processar e julgar o crime de estelionato mediante cheque sem provisão de fundos.*

O Art. 70, caput, 1ª parte, CPP diz que a competência é, em regra, do local da consumação do delito.

***Súm. 554, STF.** O pagamento de cheque emitido sem provisão de fundos, APÓS o recebimento da denúncia, não obsta ao prosseguimento da ação penal.*

Desse modo, entende-se que o pagamento de cheque sem previsão de fundos, ATÉ o RECEBIMENTO da DENÚNCIA, impede o prosseguimento da ação penal, ou seja, é causa extintiva de punibilidade.

Na hipótese do inciso VI do Art. 171, a tentativa é possível, por exemplo: o correntista dolosamente emite um cheque sem suficiente provisão de fundos, mas seu pai, agindo sem seu conhecimento, deposita montante superior em sua conta corrente antes da apresentação da folha de cheque.

Segundo STJ, a emissão de cheques como garantia de dívida (pós-datado), e não como ordem de pagamento à vista, não constitui crime de estelionato, na modalidade prevista no Art. 171, §2º, VI, CP. Entretanto, é possível a responsabilização do agente pelo estelionato na modalidade fundamental, se demonstrado seu dolo em obter vantagem ilícita em prejuízo alheio no momento da emissão fraudulenta do cheque.

Mas atente-se que, se o agente pós-datar o cheque sabendo da inexistência de fundos, há má-fé e configurará o Art. 171, *caput*, do CP. Assim, se emissão do cheque é fraudulenta - presente a má-fé - caracteriza o Art. 171, *caput*.

NÃO é crime de estelionato a emissão de cheque sem fundos para pagamento de:

A. Dívida anteriormente existente;

Nessa hipótese a razão do prejuízo da vítima é diferente da fraude no pagamento por meio de cheque.

Ex.: "A" compra algumas roupas fiado na loja de "B" e não efetua o pagamento na data combinada. Seis meses após a compra, após insistentes cobranças de "B", "A" emite um cheque sem fundos para quitar a dívida.

B. Dívidas de jogos ilícitos.

Ex.: Apostas ilegais ou jogo do bicho.

C. Programas sexuais com prostitutas ou garotos de programa.

4.6.1.10 Apontamentos

- Emitir cheque, encerrando, logo após, a conta: tem-se o Art. 171, §2º, VI, aplicando-se as Súmulas 521 do STF e 224 do STJ.
- Emitir cheque de conta encerrada: aplica-se o Art. 171, ***caput***, sem aplicação das súmulas.
- Frustrar pagamento de cheque para não pagamento de dívida de jogo é crime? Nos termos do Art. 814 do CC, as dívidas de jogo não obrigam a pagamento, mas não se pode recobrar dívida dessa natureza então paga.

4.6.1.11 Causa de Aumento de Pena

Art. 171, § 3º, CP. *A pena aumenta-se de um terço, se o crime é cometido em detrimento de entidade de direito público ou de instituto de economia popular, assistência social ou beneficência.*

Fundamenta-se na maior extensão dos danos produzidos, pois com a lesão ao patrimônio público e ao interesse social toda coletividade é prejudicada.

Súm. 24, STJ. *Aplica-se ao crime de estelionato, em que figure como vítima entidade autárquica da Previdência Social, a qualificadora do § 3º do Art. 171, CP.*

Não se aplica o §3º no caso de estelionato contra o Banco do Brasil, considerando que esta não é entidade de Direito Público.

Jogos de Azar: há o crime de estelionato caso seja empregado meio fraudulento visando eliminar totalmente a possibilidade de vitória por parte dos jogadores.

> Súm. 73, STJ.
> A utilização de papel-moeda GROSSEIRAMENTE falsificado configura, em tese, o crime de estelionato, de competência da Justiça Estadual.

Adulteração de máquina de caça-níquel para que os apostadores nunca vençam.

Falsidade Documental: o sujeito que falsifica documento (público ou particular) e, posteriormente, dele se vale para enganar alguém, obtendo vantagem ilícita em prejuízo alheio responderia, EM TESE, por dois crimes: estelionato e falsidade documental (Art. 171, *caput*, e Art. 297 - documento público ou 298 - documento particular), contudo, nessa situação, o crime de estelionato absorve o crime de falsidade documental. É esse o teor da súmula do STJ:

Súm. 17, STJ. *Quando o falso se exaure no estelionato, sem mais potencialidade lesiva, é por este absorvido.*

Ocorre o "Princípio da Consumação", que é quando o crime-fim (estelionato) absorve o crime-meio (falsidade documental). Isso desde que a fé pública, o patrimônio ou outro bem jurídico qualquer não possam mais ser atacados pelo documento falsificado e utilizado por alguém como meio fraudulento para obtenção de vantagem ilícita em prejuízo alheio.

4.6.1.12 Competência

O Art. 70 do CPP prevê que a competência será, em regra, determinada pelo **lugar em que se consumar a infração**. Verifica-se nesta regra que no estelionato o juízo competente será o do local em que o sujeito obteve a vantagem ilícita em prejuízo alheio.

Súm. 107, STJ. *Compete à justiça comum estadual processar e julgar crime de estelionato praticado mediante falsificação das guias de recolhimento das contribuições previdenciárias, **quando não ocorre lesão à autarquia federal.***

É crime de competência da Justiça Estadual. No entanto, será de competência da Justiça Federal quando for praticado em detrimento de bens, serviços ou interesses da União ou suas entidades autárquicas ou empresas públicas. (Art. 109, inciso IV, CF).

Súm. 48, STJ. *Compete ao juízo do local da obtenção da vantagem ilícita processar e julgar crime de estelionato cometido mediante falsificação de cheque. Esta súmula está relacionada ao crime definido pelo estelionato em sua modalidade fundamental (caput).*

Súm. 521, STF. *O foro competente para o processo e julgamento dos crimes de estelionato, sob a modalidade da emissão dolosa de cheque sem provisão de fundos, é o do local onde se deu a recusa do pagamento pelo sacado. (Ou seja, local da agência bancária)*

4.6.2 Duplicata Simulada

Art. 172. *Emitir fatura, duplicata ou nota de venda que não corresponda à mercadoria vendida, em quantidade ou qualidade, ou ao serviço prestado.*

Pena - *detenção, de 2 (dois) a 4 (quatro) anos, e multa.*

Parágrafo único. *Nas mesmas penas incorrerá aquele que falsificar ou adulterar a escrituração do Livro de Registro de Duplicatas.*

4.6.3 Abuso de Incapazes

Art. 173. *Abusar, em proveito próprio ou alheio, de necessidade, paixão ou inexperiência de menor, ou da alienação ou debilidade mental de outrem, induzindo qualquer deles à prática de ato suscetível de produzir efeito jurídico, em prejuízo próprio ou de terceiro:*

Pena - *reclusão, de dois a seis anos, e multa.*

4.6.4 Induzimento à Especulação

Art. 174. *Abusar, em proveito próprio ou alheio, da inexperiência ou da simplicidade ou inferioridade mental de outrem, induzindo-o à prática de jogo ou aposta, ou à especulação com títulos ou mercadorias, sabendo ou devendo saber que a operação é ruinosa:*

Pena - *reclusão, de um a três anos, e multa.*

4.6.5 Fraude no Comércio

Art. 175. *Enganar, no exercício de atividade comercial, o adquirente ou consumidor:*

I. *Vendendo, como verdadeira ou perfeita, mercadoria falsificada ou deteriorada;*

II. *Entregando uma mercadoria por outra:*

Pena - *detenção, de seis meses a dois anos, ou multa.*

§ 1º. *Alterar em obra que lhe é encomendada a qualidade ou o peso de metal ou substituir, no mesmo caso, pedra verdadeira por falsa ou por outra de menor valor; vender pedra falsa por verdadeira; vender, como precioso, metal de outra qualidade:*

Pena - *reclusão, de um a cinco anos, e multa.*

§ 2º. *É aplicável o disposto no Art. 155, § 2º.*

4.6.6 Outras Fraudes

Art. 176. *Tomar refeição em restaurante, alojar-se em hotel ou utilizar-se de meio de transporte sem dispor de recursos para efetuar o pagamento:*

Pena - *detenção, de quinze dias a dois meses, ou multa.*

Parágrafo único. *Somente se procede mediante representação, e o juiz pode, conforme as circunstâncias, deixar de aplicar a pena.*

4.6.7 Fraudes e Abusos na Fundação ou Administração de Sociedade por Ações

Art. 177. *Promover a fundação de sociedade por ações, fazendo, em prospecto ou em comunicação ao público ou à assembleia, afirmação falsa sobre a constituição da sociedade, ou ocultando fraudulentamente fato a ela relativo:*

Pena - *reclusão, de um a quatro anos, e multa, se o fato não constitui crime contra a economia popular.*

§ 1º. *Incorrem na mesma pena, se o fato não constitui crime contra a economia popular:*

I. *O diretor, o gerente ou o fiscal de sociedade por ações, que, em prospecto, relatório, parecer, balanço ou comunicação ao público ou à assembleia, faz afirmação falsa sobre as condições econômicas da sociedade, ou oculta fraudulentamente, no todo ou em parte, fato a elas relativo;*

II. *O diretor, o gerente ou o fiscal que promove, por qualquer artifício, falsa cotação das ações ou de outros títulos da sociedade;*

III. *O diretor ou o gerente que toma empréstimo à sociedade ou usa, em proveito próprio ou de terceiro, dos bens ou haveres sociais, sem prévia autorização da assembleia geral;*

IV. *O diretor ou o gerente que compra ou vende, por conta da sociedade, ações por ela emitidas, salvo quando a lei o permite;*

V. *O diretor ou o gerente que, como garantia de crédito social, aceita em penhor ou em caução ações da própria sociedade;*

VI. *O diretor ou o gerente que, na falta de balanço, em desacordo com este, ou mediante balanço falso, distribui lucros ou dividendos fictícios;*

VII. *O diretor, o gerente ou o fiscal que, por interposta pessoa, ou conluiado com acionista, consegue a aprovação de conta ou parecer;*

VIII. *O liquidante, nos casos dos nºs I, II, III, IV, V e VII;*

IX. *O representante da sociedade anônima estrangeira, autorizada a funcionar no País, que pratica os atos mencionados nos nºs I e II, ou dá falsa informação ao Governo.*

§ 2º. *Incorre na pena de detenção, de seis meses a dois anos, e multa, o acionista que, a fim de obter vantagem para si ou para outrem, negocia o voto nas deliberações de assembleia geral.*

4.6.8 Emissão Irregular de Conhecimento de Depósito ou "Warrant"

Art. 178. *Emitir conhecimento de depósito ou warrant, em desacordo com disposição legal:*

Pena - *reclusão, de um a quatro anos, e multa.*

4.6.9 Fraude à Execução

Art. 179. *Fraudar execução, alienando, desviando, destruindo ou danificando bens, ou simulando dívidas:*

Pena - *detenção, de seis meses a dois anos, ou multa.*

Parágrafo único. *Somente se procede mediante queixa.*

4.7 Da Receptação

Art. 180. *Adquirir, receber, transportar, conduzir ou ocultar, em proveito próprio ou alheio, coisa que sabe ser produto de crime, ou influir para que terceiro, de boa-fé, a adquira, receba ou oculte:*

Pena - *reclusão, de um a quatro anos, e multa.*

Receptação Qualificada

§ 1º. *Adquirir, receber, transportar, conduzir, ocultar, ter em depósito, desmontar, montar, remontar, vender, expor à venda, ou de qualquer forma utilizar, em proveito próprio ou alheio, no exercício de atividade comercial ou industrial, coisa que deve saber ser produto de crime:*

Pena - *reclusão, de três a oito anos, e multa.*

§ 2º. *Equipara-se à atividade comercial, para efeito do parágrafo anterior, qualquer forma de comércio irregular ou clandestino, inclusive o exercício em residência.*

§ 3º. *Adquirir ou receber coisa que, por sua natureza ou pela desproporção entre o valor e o preço, ou pela condição de quem a oferece, deve presumir-se obtida por meio criminoso:*

Pena - *detenção, de um mês a um ano, ou multa, ou ambas as penas.*

§ 4º. *A receptação é punível, ainda que desconhecido ou isento de pena o autor do crime de que proveio a coisa.*

§ 5º. *Na hipótese do § 3º, se o criminoso é primário, pode o juiz, tendo em consideração as circunstâncias, deixar de aplicar a pena. Na receptação dolosa aplica-se o disposto no § 2º do Art. 155.*

§ 6º. *Tratando-se de bens e instalações do patrimônio da União, Estado, Município, empresa concessionária de serviços públicos ou sociedade de economia mista, a pena prevista no caput deste artigo aplica-se em dobro.*

Art. 180-A. *Adquirir, receber, transportar, conduzir, ocultar, ter em depósito ou vender, com a finalidade de produção ou de comercialização, semovente domesticável de produção, ainda que abatido ou dividido em partes, que deve saber ser produto de crime: (Incluído pela Lei nº 13.330, de 2016)*

Pena *- reclusão, de 2 (dois) a 5 (cinco) anos, e multa. (Incluído pela Lei nº 13.330, de 2016)*

Esse artigo tipifica a conduta do agente que adquire, recebe, transporta, conduz, dentre outras condutas, com intuito de obter vantagem, produto de crime (furto, roubo, extorsão, estelionato etc.). É considerado como delito, a conduta de adquirir (receptação própria), como a de influenciar para que uma terceira pessoa adquira esses produtos (receptação imprópria).

4.7.1 Classificação

A conduta do *caput* é considera como um crime comum, pois pode ser praticada por qualquer agente. Ademais, no § 1º, considera-se um crime PRÓPRIO, pois exige uma qualidade específica do agente, devendo ele ser comerciante ou industrial, mesmo que ele exerça de forma clandestina ou ilegal.

Ex.: Um ferro velho que vende peças de veículos furtados.

A receptação é crime acessório, pois depende da existência do crime anterior. Não é necessário que o crime anterior seja contra o patrimônio.

Ex.: Receptar bem oriundo do crime de corrupção passiva.

É um crime de ação múltipla e conteúdo variado, ou seja, a prática de várias condutas contra o mesmo bem, caracteriza crime único (adquire e vende).

O bem imóvel não pode ser objeto material do crime de receptação, somente bens móveis.

4.7.2 Sujeitos do Crime

Sujeito Ativo (*caput*): pode ser qualquer pessoa, exceto quem seja autor ou coautor do crime antecedente (furto, extorsão, roubo).

Sujeito Ativo (da receptação qualificada §1º): é um crime próprio, somente aquela pessoa que desempenha atividade comercial ou industrial.

Dono de ferro velho de carros e peças usadas.

> Admite a participação.
> A atividade deve ser habitual ou contínua.

Sujeito Passivo: é a vítima do crime anterior, ou seja, donde veio o produto do furto.

4.7.3 Consumação e Tentativa

Receptação Própria (*caput*): Adquirir, receber - crime material/instantâneo - transportar, conduzir ou ocultar - crime permanente - ambos **admitem** a tentativa.

Receptação Imprópria (2ª parte do *caput*): INFLUIR - crime FORMAL e UNISSUBSISTENTE - **NÃO** admite tentativa.

4.7.4 Descrição

Própria: adquirir, receber, transportar, conduzir ou ocultar, em proveito próprio ou alheio, coisa que SABE ser produto de crime.

Imprópria: ou **Influir** para que terceiro, de boa-fé, a adquira, receba ou oculte:

Na receptação **imprópria**, caso o agente influenciador seja o autor do crime antecedente, responderá **APENAS** por este delito, e não pela receptação. Trata-se de *post factum impunível* (Ex.: "A" coautor do furto de um computador, influi para que "B", de boa-fé, o compre).

4.7.4.1 Considerações

A expressão "coisa que sabe" é indicativa de dolo direto e implicitamente abrange o dolo eventual? Prevalece que, a expressão coisa que sabe indica apenas dolo direto. Assim, o *caput* do artigo não pune o dolo eventual.

Imaginando que Rogério venda um carro à Vânia. Após uma semana que vendeu o carro, Vânia fica sabendo que o carro é produto de crime, mas permanece com ele. Houve prática de receptação? Nesse caso, não se pode esquecer que se trata de dolo superveniente, e esse não configura o crime. Assim, o dolo superveniente não configura o crime. A má-fé deve ser contemporânea a qualquer das condutas previstas no tipo.

4.7.5 Receptação Culposa

> ***§ 3º.*** *Adquirir ou receber coisa que, por sua natureza ou pela desproporção entre o valor e o preço, ou pela condição de quem a oferece, deve presumir-se obtida por meio criminoso: (Alterado pela Lei nº 9.426, de 1996):*
>
> ***Pena*** *- detenção, de 1 (um) mês a 1 (um) ano, ou multa, ou ambas as penas.*

É necessário observar três circunstâncias que indicam ser o bem produto de crime:

> Sua natureza;
> Desproporção entre valor e preço;
> Condição de quem a oferece.

No crime de receptação simples (caput) é necessário que o agente tenha certeza de que o bem é produto de crime, pois, em caso de dúvida (culpa ou dolo eventual), o agente responderá pelo crime de receptação culposa (§3º).

4.7.5.1 Norma Penal Explicativa

> ***§ 4º.*** *A receptação é punível, ainda que desconhecido ou isento de pena o autor do crime de que proveio a coisa.*

Ainda que ocorra a extinção da punibilidade do crime antecedente, haverá o crime de receptação (Art. 180 do CP).

Ex.: A morte do agente do crime anterior, prescrição etc.

Esse parágrafo dá certa autonomia ao crime de receptação em relação ao crime antecedente.

Ex.: Ricardo, menor de idade, subtrai o DVD de um veículo e o vende a Pedro, o qual conhece a origem criminosa do bem. Nesta situação, mesmo sendo Ricardo inimputável, Pedro responderá pelo crime de receptação.

Segundo alguns autores, a receptação é crime acessório e pressupõe outro crime para que exista. Sucede que não há submissão à punição do crime principal para que seja punido, ou seja, sua punição é independente.

Se o crime pressuposto está prescrito ou teve extinta a punibilidade, não desaparece a receptação.

4.7.6 Receptação Privilegiada

> ***§ 5º.*** *Na hipótese do § 3º. Receptação CULPOSA. se o criminoso é primário, pode o juiz, tendo em consideração as circunstâncias, deixar de aplicar a pena.*

Na receptação dolosa aplica-se o disposto no § 2º do Art. 155:

> ***Art. 155, § 2º.*** *Se o criminoso é primário, e é de pequeno valor a coisa furtada, o juiz pode substituir a pena de reclusão pela de detenção, diminuí-la de um a dois terços, ou aplicar somente a pena de multa.*

A receptação privilegiada (2ª parte do §5º) somente se aplica à receptação dolosa (própria ou imprópria); culposa e qualificada NÃO!

Receptação Culposa (§3º) + Criminoso primário + Tendo em consideração as circunstâncias = Perdão Judicial (Juiz deixa de aplicar a pena)	Receptação dolosa (*caput*) + Criminoso primário + Coisa de pequeno valor = Art. 155, §2º, CP: Substituir a pena de reclusão pena de detenção; Diminuí-la de um a dois terços ou aplicar somente a pena de multa.

4.7.6.1 Causa de Aumento de Pena

> ***§6º.*** *Tratando-se de bens e instalações do patrimônio da União, Estado, Município, empresa concessionária de serviços públicos ou sociedade de economia mista, a pena prevista no caput deste artigo APLICA-SE EM DOBRO.*

Caso o bem seja produto de contravenção penal, NÃO existirá o crime de receptação. O fato será atípico, pois este delito somente existe em caso de bem produto de CRIME.

Aplicável somente para a receptação **SIMPLES** (*caput*). Não se aplica à receptação qualificada nem à culposa.

É possível a **receptação da receptação**, por exemplo, "A" adquire um relógio produto de furto e o vende a "B", este vende o mesmo bem a "C" ciente de sua origem criminosa.

> ***Art. 180-A.*** *Adquirir, receber, transportar, conduzir, ocultar, ter em depósito ou vender, com a finalidade de produção ou de comercialização, semovente domesticável de produção, ainda que abatido ou dividido em partes, que deve saber ser produto de crime:*
>
> ***Pena*** *- reclusão, de 2 (dois) a 5 (cinco) anos, e multa.*

4.8 Disposições Gerais

4.8.1 Imunidades Penais Absolutas ou Escusas Absolutórias

Art. 181. É isento de pena quem comete qualquer dos crimes previstos neste título, em prejuízo:

I. Do cônjuge, na constância da sociedade conjugal;

II. De ascendente ou descendente, seja o parentesco legítimo ou ilegítimo, seja civil ou natural.

Trata-se de causa de extinção da punibilidade.

No caso do inciso I, abrange-se também a união estável, os separados de fato e ainda as uniões homoafetivas.

Não importa o Regime de comunhão de bens do casamento.

Ex.: Separação total de bens.

No caso do inciso II, não se aplica esta escusa na hipótese de parentesco por afinidade (sogra, genro, cunhado...). Outrossim, verifica-se que não há abrangência aos colaterais e afins.

4.8.2 Imunidade Patrimonial Relativa

Art. 182. Somente se procede mediante representação, se o crime previsto neste título é cometido em prejuízo:

I. Do cônjuge desquitado ou judicialmente separado;

II. De irmão, legítimo ou ilegítimo;

III. De tio ou sobrinho, com quem o agente coabita.

Após a entrada em vigor da Lei nº 6.515/77, o desquite não existe mais no ordenamento jurídico brasileiro.

Aos ex-cônjuges divorciados não se aplica essa imunidade.

No caso dos incisos II e III, é necessária efetiva coabitação, para incidência desta imunidade.

Este é um dos artigos do Código Penal que mais caem em concurso. Portanto, é muito importante decorá-lo!

4.8.3 Inaplicabilidade das Imunidades

Art. 183. Não se aplica o disposto nos dois artigos anteriores:

I. Se o crime é de roubo ou de extorsão, ou, em geral, quando haja emprego de grave ameaça ou violência à pessoa;

II. Ao estranho que participa do crime;

III. Se o crime é praticado contra pessoa com idade igual ou superior a 60 (sessenta) anos.

Este inciso foi incluído pelo Estatuto do Idoso (Lei nº 10.741/03). **Preste muita atenção,** pois este é um dos dispositivos deste assunto que mais cai em concurso público.

É aplicada a imunidade na violência doméstica e familiar contra a mulher no ambiente familiar?

1ª Corrente: para Maria Berenice Dias, jurista brasileira, não se admite imunidade patrimonial na violência doméstica e familiar contra a mulher, benefício afastado pelo Art. 7º, IV, da Lei nº 11.340/06.

2ª Corrente: diz que a Lei Maria da Penha não vedou, expressamente, qualquer imunidade, diferente do Estatuto do Idoso que vedou a imunidade para o idoso.

Tem prevalecido a 2ª Corrente.

Questões

01. (Cespe) De acordo com o STJ, é possível aplicar ao delito de furto qualificado pelo concurso de agente aumento idêntico ao previsto para o roubo majorado pelo concurso de agentes, visto que mais benéfico.
Certo ( ) Errado ( )

02. (Cespe) A presença de sistema eletrônico de vigilância em estabelecimento comercial, torna crime impossível a tentativa de furto de um produto desse estabelecimento, por absoluta ineficácia do meio, conforme entendimento consolidado no STJ.
Certo ( ) Errado ( )

03. (Cespe) Para que o crime de extorsão seja consumado é necessário que o autor do delito obtenha a vantagem indevida.
Certo ( ) Errado ( )

04. (Cespe) O indivíduo que fizer uso de violência, após subtrair o veículo de outro, cometerá o denominado roubo próprio.
Certo ( ) Errado ( )

05. (Cespe) O crime de dano não admite a tentativa.
Certo ( ) Errado ( )

06. (Cespe) Diferenciam-se os crimes de extorsão e estelionato, entre outros aspectos, porque, no estelionato, a vítima quer entregar o objeto, pois foi induzida ou mantida em erro pelo agente mediante o emprego de fraude; enquanto, na extorsão, a vítima despoja-se de seu patrimônio contra a sua vontade, fazendo-o por ter sofrido violência ou grave ameaça.
Certo ( ) Errado ( )

07. (Cespe) O crime de apropriação indébita de contribuição previdenciária é delito material, exigindo-se, para a consumação, o fim específico de apropriar-se da coisa para si (*animus rem sibi habendi*).
Certo ( ) Errado ( )

08. (Cespe) O furto de coisa comum submete-se à ação penal pública incondicionada.
Certo ( ) Errado ( )

09. (Cespe) No crime de extorsão, mediante sequestro, praticado em concurso de agentes, o concorrente que o denunciar à autoridade terá sua pena reduzida, ainda que a delação não facilite a libertação do sequestrado.
Certo ( ) Errado ( )

10. (Cespe) A fraude eletrônica para transferir valores de conta Bancária por meio do *Internet banking* constitui crime de estelionato.
Certo ( ) Errado ( )

Gabaritos

01	ERRADO	06	ERRADO
02	ERRADO	07	ERRADO
03	ERRADO	08	ERRADO
04	ERRADO	09	ERRADO
05	ERRADO	10	ERRADO

5. DOS CRIMES CONTRA A DIGNIDADE SEXUAL

5.1 Estupro

Art. 213. *Constranger alguém, mediante violência ou grave ameaça, a ter conjunção carnal ou a praticar ou permitir que com ele se pratique outro ato libidinoso:*

Pena *- reclusão, de 6 (seis) a 10 (dez) anos.*

§ 1º *- Se da conduta resulta lesão corporal de natureza grave ou se a vítima é menor de 18 (dezoito) ou maior de 14 (catorze) anos:*

Pena *- reclusão, de 8 (oito) a 12 (doze) anos.*

§ 2º *- Se da conduta resulta morte:*

Pena - reclusão, de 12 (doze) a 30 (trinta) anos.

5.1.1 Sujeitos

Sujeito Ativo: na conjunção carnal, podem ser sujeitos ativo e passivo tanto homem quanto mulher. Trata-se de crime comum.

Da mesma forma, os atos libidinosos diversos, pode ser sujeito passivo e ativo qualquer pessoa, ainda que do mesmo sexo.

Sujeito Passivo: trata-se de delito comum, qualquer um pode ser vítima do crime, inclusive a prostituta e a esposa, quando cometido pelo marido.

Art. 7º, III, da Lei Maria da Penha*: afirma que a violência sexual é forma de violência contra a mulher sim.*

Art. 226, II do CP*: fala que é causa de aumento de pena nos crimes sexuais se o crime é cometido por cônjuge ou companheiro:*

5.1.2 Conduta

O Art. 213 pune "constranger", que é o núcleo do tipo.

Esse constrangimento deve se dar mediante violência ou grave ameaça.

É necessário observar que, a violência é uma das formas de se executar o crime. A outra forma é a grave ameaça, e aqui é necessário observar que não basta a ameaça, devendo essa ser grave.

O constrangimento se dá para a prática de conjunção carnal ou pela prática de ato libidinoso diverso da conjunção carnal.

Abrange o beijo lascivo? Beijo lascivo, de acordo com Nelson Hungria é aquele beijo que causa desconforto para quem olha. É interessante observar que beijo lascivo já foi considerado atentado violento ao pudor por conta dessa expressão porosa (atos libidinosos).

Assim, atos libidinosos devem ser considerados os atos de natureza sexual que atentam, de forma intolerável e relevante, contra a dignidade sexual da vítima.

Aqui se indaga se o contato físico é ou não dispensável para a prática de estupro.

> **1ª Corrente:** O contato físico entre os sujeitos é indispensável.

> **2ª Corrente:** diz que o contato físico entre os sujeitos é dispensável. Ex. obrigar a vítima a se masturbar. Mas atente-se que aqui deve haver resistência da vitima.

→ **Tipo subjetivo**: o crime é punido a título de dolo.

> Consumação e tentativa:

Consuma-se o delito com a prática do ato de libidinagem, que é gênero de conjunção carnal e atos libidinosos, visado pelo agente.

Trata-se de delito plurissubsistente, admitindo tentativa.

A depender do caso concreto, já entendeu o STJ que poderá haver o concurso de crimes, levando-se em conta os momentos da prática de cada conduta.

Se o agente, após a prática de conjunção carnal, pratica sexo anal e sexo oral, quantos crimes comete? Entende o STF e STJ que comete apenas um crime, que a pluralidade de atos não desnatura a unidade do crime, podendo essa interferir na dosagem da pena.

→ Qualificadora Idade da Vítima:

§ 1º *- Se da conduta resulta lesão corporal de natureza grave ou se a vítima é menor de 18 (dezoito) ou maior de 14 (catorze) anos:*

Pena *- reclusão, de 8 (oito) a 12 (doze) anos.*

Essa questão deve ser analisada antes e depois da Lei 12.015/09.

Antes da Lei 12.015/09	Após a Lei 12.015/09
A idade da vítima era mera circunstância judicial a ser analisada pelo juiz no momento do art. 59 do CP.	Atualmente, trata-se de qualificadora prevista no §1º, cuja pena varia de 08 a 12 anos. É qualificadora irretroativa, vez que maléfica.
Estavam previstos no Art. 223 do CP. Se da violência resultar lesão grave, a pena era de 08 a 12 anos. Nessa hipótese, a grave ameaça não estava abrigada. A expressão "do fato" amplia exageradamente o espectro punição.	Previu o Art. 213, §1º que: Se da conduta resultar lesão grave: a pena será de 08 a 12 anos. Se da conduta resultar morte, nos termos do §2, a pena é de 12 a 30 anos.

Tratando-se de resultado qualificador morte, o agente responderá pelos dois crimes, e, em se tratando de morte dolosa, o agente irá responder perante o Tribunal do Júri.

5.2 Violação Sexual Mediante Fraude

Art. 215. *Ter conjunção carnal ou praticar outro ato libidinoso com alguém, mediante fraude ou outro meio que impeça ou dificulte a livre manifestação de vontade da vítima:*

Pena *- reclusão, de 2 (dois) a 6 (seis) anos.*

Parágrafo único. *Se o crime é cometido com o fim de obter vantagem econômica, aplica-se também multa.*

Trata-se de crime comum, podendo ser praticado por qualquer pessoa, contra qualquer pessoa, devendo ser observado que, no que tange à conjunção carnal.

5.2.1 Conduta

Este artigo visa punir o ato de ter conjunção carnal ou praticar atos libidinosos diversos da conjunção carnal, mediante:

→ **Fraude**: quando, por exemplo, há o relacionamento amoroso com o irmão gêmeo.

→ **Outro meio que impeça ou dificulte a livre manifestação de vontade da vítima**: quando ocorre por exemplo, o temor reverencial, a embriaguez moderada.

A fraude utilizada na execução do crime não pode anular a capacidade de resistência da vítima, caso em que estará configurado o delito de estupro de vulnerável.

boa noite Cinderela.

5.2.2 Consumação e Tentativa

O crime consuma-se com a prática do ato de libidinagem pelo agente, sendo admissível a tentativa.

5.3 Assédio Sexual

Art. 216-A. Constranger alguém com o intuito de obter vantagem ou favorecimento sexual, prevalecendo-se o agente da sua condição de superior hierárquico ou ascendência inerente ao exercício de emprego, cargo ou função.

***Pena** – detenção, de 1 (um) a 2 (dois) anos.*

***Parágrafo único.** (VETADO) (Incluído pela Lei nº 10.224, de 15 de 2001)*

***§ 2º** - A pena é aumentada em até um terço se a vítima é menor de 18 (dezoito) anos.*

5.3.1 Objetividade Jurídica

Trata-se de delito pluriofensivo, resguardando a dignidade sexual do indivíduo e a liberdade de exercício do trabalho, o direito de não ser discriminado.

5.3.2 Sujeitos

Sujeito Ativo: só pode ser praticado por superior hierárquico ou ascendente em relação de emprego, cargo ou função.

Sujeito Passivo: é o subalterno ou subordinado do autor.

5.3.3 Conduta

É a insistência inoportuna de alguém em posição privilegiada, que usa dessa vantagem para obter favores sexuais de um subalterno.

5.3.4 Considerações

Alguns autores ditam que não é crime a mera relação entre docente e aluno, por ausência entre os dois sujeitos do vínculo do trabalho.

Trata-se de crime habitual, logo é imprescindível a prática de reiterados atos constrangedores. Neste caso, não se admite tentativa.

5.4 Dos Crimes Sexuais Contra Vulnerável

5.4.1 Sedução

Este crime foi revogado pelo Art. 217.

5.4.2 Estupro de Vulnerável

Art. 217-A. Ter conjunção carnal ou praticar outro ato libidinoso com menor de 14 (catorze) anos:

***Pena** - reclusão, de 8 (oito) a 15 (quinze) anos;*

***§ 1º.** Incorre na mesma pena quem pratica as ações descritas no caput com alguém que, por enfermidade ou deficiência mental, não tem o necessário discernimento para a prática do ato, ou que, por qualquer outra causa, não pode oferecer resistência. (Incluído pela Lei nº 12.015, de 2009)*

***§ 2º.** (VETADO) (Incluído pela Lei nº 12.015, de 2009)*

***§ 3º.** Se da conduta resulta lesão corporal de natureza grave:*

***Pena** - reclusão, de 10 (dez) a 20 (vinte) anos.*

***§ 4º** - Se da conduta resulta morte:*

***Pena** - reclusão, de 12 (doze) a 30 (trinta) anos.*

5.4.3 Corrupção de Menores

Art. 218. Induzir alguém menor de 14 (catorze) anos a satisfazer a lascívia de outrem:

***Pena** - reclusão, de 2 (dois) a 5 (cinco) anos.*

***Parágrafo único.** (VETADO). (Incluído pela Lei nº 12.015, de 2009).*

O ato a que o menor vulnerável é induzido a praticar, não pode consistir em conjunção carnal ou atos libidinosos diversos da cópula normal, casos em que, ocorrendo a sua prática efetiva, configurado estará o crime de estupro de vulnerável (art. 217-A do CP), tanto para quem induz, quanto para quem deles participa diretamente.

5.4.3.1 Sujeitos

Sujeito Ativo: qualquer pessoa.

Sujeito Passivo: somente a pessoa menor de 14 anos.

5.4.3.2 Consumação e Tentativa

Consuma-se com a prática do ato que importa na satisfação da lascívia de outrem, independentemente deste considerar-se satisfeito. Admite tentativa.

5.4.4 Satisfação de Lascívia Mediante Presença de Criança ou Adolescente

Art. 218-A. Praticar, na presença de alguém menor de 14 (catorze) anos, ou induzi-lo a presenciar, conjunção carnal ou outro ato libidinoso, a fim de satisfazer lascívia própria ou de outrem:

***Pena** - reclusão, de 2 (dois) a 4 (quatro) anos.*

5.4.5 Favorecimento da Prostituição ou Outra Forma de Exploração Sexual de Vulnerável

Art. 218-B. Submeter, induzir ou atrair à prostituição ou outra forma de exploração sexual alguém menor de 18 (dezoito) anos ou que, por enfermidade ou deficiência mental, não tem o necessário discernimento para a prática do ato, facilitá-la, impedir ou dificultar que a abandone:

***Pena** - reclusão, de 4 (quatro) a 10 (dez) anos.*

***§ 1º** - Se o crime é praticado com o fim de obter vantagem econômica, aplica-se também multa.*

***§ 2º** - Incorre nas mesmas penas:*

***I.** quem pratica conjunção carnal ou outro ato libidinoso com alguém menor de 18 (dezoito) e maior de 14 (catorze) anos na situação descrita no caput deste artigo;*

Por falta de previsão legal, não haverá crime na conduta daquele que contratar, diretamente com pessoa maior de 14 anos, serviços sexuais.

II. o proprietário, o gerente ou o responsável pelo local em que se verifiquem as práticas referidas no caput deste artigo.

§ 3º - Na hipótese do inciso II do § 2º, constitui efeito obrigatório da condenação a cassação da licença de localização e de funcionamento do estabelecimento.

5.5 Do Rapto

Este crime foi revogado pelos Arts. 219 a 222.

5.6 Disposições Gerais

Este crime foi revogado pelos Arts. 223 e 224.

5.6.1 Ação Penal

Art. 225. *Nos crimes definidos nos Capítulos I e II deste Título, procede-se mediante ação penal pública condicionada à representação.*

Parágrafo único. *Procede-se, entretanto, mediante ação penal pública incondicionada se a vítima é menor de 18 (dezoito) anos ou pessoa vulnerável.*

→ **Regra**: ação penal pública condicionada a representação da vítima.

→ **Exceção:** Vítima menor de 18 anos: ação penal pública incondicionada.

→ **Exceção:** Vítima vulnerável: ação penal pública incondicionada.

5.6.2 Aumento de Pena

Art. 226. *A pena é aumentada:*

I. de quarta parte, se o crime é cometido com o concurso de 2 (duas) ou mais pessoas;

II. de metade, se o agente é ascendente, padrasto ou madrasta, tio, irmão, cônjuge, companheiro, tutor, curador, preceptor ou empregador da vítima ou por qualquer outro título tem autoridade sobre ela;

5.7 Do Lenocínio e do Tráfico de Pessoa Para Fim de Prostituição ou Outra Forma de Exploração Sexual

5.7.1 Mediação Para Servir a Lascívia de Outrem

Art. 227 *- Induzir alguém a satisfazer a lascívia de outrem:*

Pena *- reclusão, de um a três anos.*

§ 1º - Se a vítima é maior de 14 (catorze) e menor de 18 (dezoito) anos, ou se o agente é seu ascendente, descendente, cônjuge ou companheiro, irmão, tutor ou curador ou pessoa a quem esteja confiada para fins de educação, de tratamento ou de guarda:

Pena *- reclusão, de dois a cinco anos.*

§ 2º - Se o crime é cometido com emprego de violência, grave ameaça ou fraude:

Pena *- reclusão, de dois a oito anos, além da pena correspondente à violência.*

§ 3º - Se o crime é cometido com o fim de lucro, aplica-se também multa.

5.7.2 Favorecimento da Prostituição ou Outra Forma de Exploração Sexual

Art. 228. *Induzir ou atrair alguém à prostituição ou outra forma de exploração sexual, facilitá-la, impedir ou dificultar que alguém a abandone:*

Pena *- reclusão, de 2 (dois) a 5 (cinco) anos, e multa.*

§ 1º - Se o agente é ascendente, padrasto, madrasta, irmão, enteado, cônjuge, companheiro, tutor ou curador, preceptor ou empregador da vítima, ou se assumiu, por lei ou outra forma, obrigação de cuidado, proteção ou vigilância:

Pena *- reclusão, de 3 (três) a 8 (oito) anos.*

§ 2º - Se o crime é cometido com emprego de violência, grave ameaça ou fraude:

Pena *- reclusão, de quatro a dez anos, além da pena correspondente à violência.*

§ 3º - Se o crime é cometido com o fim de lucro, aplica-se também multa.

5.7.3 Casa de Prostituição

Art. 229. *Manter, por conta própria ou de terceiro, estabelecimento em que ocorra exploração sexual, haja, ou não, intuito de lucro ou mediação direta do proprietário ou gerente:*

Pena *- reclusão, de dois a cinco anos, e multa.*

5.7.4 Rufianismo

Art. 230 *- Tirar proveito da prostituição alheia, participando diretamente de seus lucros ou fazendo-se sustentar, no todo ou em parte, por quem a exerça:*

Pena *- reclusão, de um a quatro anos, e multa.*

§ 1º - Se a vítima é menor de 18 (dezoito) e maior de 14 (catorze) anos ou se o crime é cometido por ascendente, padrasto, madrasta, irmão, enteado, cônjuge, companheiro, tutor ou curador, preceptor ou empregador da vítima, ou por quem assumiu, por lei ou outra forma, obrigação de cuidado, proteção ou vigilância:

Pena *- reclusão, de 3 (três) a 6 (seis) anos, e multa.*

§ 2º - Se o crime é cometido mediante violência, grave ameaça, fraude ou outro meio que impeça ou dificulte a livre manifestação da vontade da vítima:

Pena *- reclusão, de 2 (dois) a 8 (oito) anos, sem prejuízo da pena correspondente à violência.*

5.7.5 Tráfico Internacional de Pessoa Para Fim de Exploração Sexual

Art. 231. *Promover ou facilitar a entrada, no território nacional, de alguém que nele venha a exercer a prostituição ou outra forma de exploração sexual, ou a saída de alguém que vá exercê-la no estrangeiro.*

Pena *- reclusão, de 3 (três) a 8 (oito) anos.*

§ 1º - Incorre na mesma pena aquele que agenciar, aliciar ou comprar a pessoa traficada, assim como, tendo conhecimento dessa condição, transportá-la, transferi-la ou alojá-la.

§ 2º - A pena é aumentada da metade se:

I. a vítima é menor de 18 (dezoito) anos;

II. a vítima, por enfermidade ou deficiência mental, não tem o necessário discernimento para a prática do ato;

III. se o agente é ascendente, padrasto, madrasta, irmão, enteado, cônjuge, companheiro, tutor ou curador, preceptor ou empregador da vítima, ou se assumiu, por lei ou outra forma, obrigação de cuidado, proteção ou vigilância; ou

IV. há emprego de violência, grave ameaça ou fraude.

§ 3º - Se o crime é cometido com o fim de obter vantagem econômica, aplica-se também multa.

5.7.6 Tráfico Interno de Pessoa para Fim de Exploração Sexual

Art. 231-A. *Promover ou facilitar o deslocamento de alguém dentro do território nacional para o exercício da prostituição ou outra forma de exploração sexual:*

Pena *- reclusão, de 2 (dois) a 6 (seis) anos.*

§ 1º *- Incorre na mesma pena aquele que agenciar, aliciar, vender ou comprar a pessoa traficada, assim como, tendo conhecimento dessa condição, transportá-la, transferi-la ou alojá-la.*

§ 2º *- A pena é aumentada da metade se:*

I. *a vítima é menor de 18 (dezoito) anos;*

II. *a vítima, por enfermidade ou deficiência mental, não tem o necessário discernimento para a prática do ato;*

III. *se o agente é ascendente, padrasto, madrasta, irmão, enteado, cônjuge, companheiro, tutor ou curador, preceptor ou empregador da vítima, ou se assumiu, por lei ou outra forma, obrigação de cuidado, proteção ou vigilância; ou*

IV. *há emprego de violência, grave ameaça ou fraude.*

§ 3º *- Se o crime é cometido com o fim de obter vantagem econômica, aplica-se também multa.*

5.8 Do Ultraje Público ao Pudor

5.8.1 Ato Obsceno

Art. 233 *- Praticar ato obsceno em lugar público, ou aberto ou exposto ao público:*

Pena *- detenção, de três meses a um ano, ou multa.*

5.8.2 Escrito ou Objeto Obsceno

Art. 234 *- Fazer, importar, exportar, adquirir ou ter sob sua guarda, para fim de comércio, de distribuição ou de exposição pública, escrito, desenho, pintura, estampa ou qualquer objeto obsceno:*

Pena *- detenção, de seis meses a dois anos, ou multa.*

Parágrafo único *- Incorre na mesma pena quem:*

I. *vende, distribui ou expõe à venda ou ao público qualquer dos objetos referidos neste artigo;*

II. *realiza, em lugar público ou acessível ao público, representação teatral, ou exibição cinematográfica de caráter obsceno, ou qualquer outro espetáculo, que tenha o mesmo caráter;*

III. *realiza, em lugar público ou acessível ao público, ou pelo rádio, audição ou recitação de caráter obsceno.*

5.9 Disposições Gerais

5.9.1 Aumento de Pena

Art. 234-A. *Nos crimes previstos neste Título a pena é aumentada:*

I. *(VETADO); (Incluído pela Lei nº 12.015, de 2009).*

II. *(VETADO); (Incluído pela Lei nº 12.015, de 2009).*

III. *de metade, se do crime resultar gravidez; e*

IV. *de um sexto até a metade, se o agente transmite à vitima doença sexualmente transmissível de que sabe ou deveria saber ser portador.*

Art. 234-B. *Os processos em que se apuram crimes definidos neste Título correrão em segredo de justiça.*

Art. 234-C. *(VETADO). (Incluído pela Lei nº 12.015, de 2009).*

Questões

01. (Cespe) No ordenamento jurídico brasileiro, apenas o homem pode ser autor do delito de estupro; a mulher pode apenas ser partícipe de tal crime, uma vez que, biologicamente, não pode ter conjunção carnal com outra mulher.

Certo ( ) Errado ( )

02. (Cespe) Túlio praticou ato libidinoso, ao tocar os seios de Cida, e, nesse momento, decidiu estuprá-la. Túlio acabou, então, consumando ambas as condutas contra a mesma vítima e no mesmo contexto. Nessa situação hipotética, Túlio deverá responder pelos crimes de estupro e atentado violento ao pudor em continuidade delitiva.

Certo ( ) Errado ( )

03. (Cespe) Uma garota de programa que, além da prostituição, exerce outra profissão em estabelecimento comercial, não pode ser vítima do delito de assédio sexual nesse estabelecimento, pois a norma penal não a protege.

Certo ( ) Errado ( )

04. (Cespe) Tratando-se de crimes de mera conduta, o estupro e o atentado violento ao pudor inadmitem a modalidade tentada.

Certo ( ) Errado ( )

05. (Cespe) No crime de estupro, somente o homem pode ser sujeito ativo, enquanto o homem e a mulher podem ser sujeitos passivos.

Certo ( ) Errado ( )

06. (Cespe) No crime de atentado violento ao pudor, tanto o homem quanto a mulher podem ser sujeitos ativo e passivo.

Certo ( ) Errado ( )

07. (Cespe) Para a caracterização do crime de assédio sexual, não é necessário que o sujeito ativo tenha a condição de superior hierárquico ou a de ascendência inerentes ao exercício de emprego, cargo ou função, bastando que seja colega de trabalho da vítima.

Certo ( ) Errado ( )

08. (Cespe) O crime de corrupção de menores, previsto no art. 218 do Código Penal, é delito material, isto é, exige resultado naturalístico para a sua consumação.

Certo ( ) Errado ( )

09. (Cespe) No crime de estupro, a pena será aumentada se o agente possuir relação de parentesco ou autoridade com a vítima.

Certo ( ) Errado ( )

10. (Promotor de Justiça) A integração, no artigo 213 do CP, sob a rubrica de estupro, da conjunção carnal e dos atos libidinosos distintos desta, não impede o reconhecimento da tentativa nessa modalidade de crime.

Certo ( ) Errado ( )

Gabaritos

01	ERRADO	06	ERRADO
02	ERRADO	07	ERRADO
03	ERRADO	08	CERTO
04	ERRADO	09	CERTO
05	ERRADO	10	CERTO

6. DOS CRIMES CONTRA ADMINISTRAÇÃO PÚBLICA

6.1 Dos Crimes Praticados por Funcionário Público Contra a Administração em Geral

6.1.1 Peculato

> ***Art. 312.*** *Apropriar-se o funcionário público de dinheiro, valor ou qualquer outro bem móvel, público ou particular, de que tem a posse em razão do cargo, ou desviá-lo, em proveito próprio ou alheio:*
>
> ***Pena*** *- reclusão, de dois a doze anos, e multa.*
>
> ***§ 1º.*** *Aplica-se a mesma pena, se o funcionário público, embora não tendo a posse do dinheiro, valor ou bem, o subtrai, ou concorre para que seja subtraído, em proveito próprio ou alheio, valendo-se de facilidade que lhe proporciona a qualidade de funcionário.*
>
> ***Peculato Culposo***
>
> ***§ 2º.*** *Se o funcionário concorre culposamente para o crime de outrem:*
>
> ***Pena*** *- detenção, de três meses a um ano.*
>
> ***§ 3º.*** *No caso do parágrafo anterior, a reparação do dano, se precede à sentença irrecorrível, extingue a punibilidade; se lhe é posterior, reduz de metade a pena imposta.*

Esse artigo tem por objetivo tipificar a conduta do funcionário público que, aproveitando do cargo que ocupa, apropria-se de bem público ou particular. É necessário que o agente utilize das facilidades do seu cargo, pois, se não o fizer, responderá normalmente, a depender do caso concreto, nos crimes elencados no Titulo II. Dos Crimes Contra O Patrimônio, do Código Penal, por exemplo, o furto. (Art. 155 do CP).

6.1.1.1 Peculato Apropriação

> ***Art. 312.* apropriar-se** *o funcionário público de dinheiro, valor ou qualquer outro bem* **móvel, público ou particular**, *de que tem a posse em razão do cargo.(...)*

Nessa situação o funcionário público já possui a posse ou detenção lícita do bem (em razão do cargo que ocupa), porém passa a se comportar como se fosse o dono (pratica atos de disposição da coisa, venda, troca, doação etc.), não mais devolvendo ou restituindo o bem à Administração Pública.

6.1.1.2 Peculato-Desvio

> ***Art. 312.*** *(...) ou desviá-lo, em proveito próprio ou alheio.*

Também chamado de **peculato próprio**, valendo-se do cargo, o agente desvia, em proveito próprio ou de outrem; dinheiro, valor ou qualquer outro bem móvel, público ou particular.

6.1.1.3 Peculato Furto §1º

Também chamado de **peculato impróprio**. Só haverá este crime se o funcionário público valer-se dessa qualidade para subtrair o bem. Caso contrário, o crime será o de furto (Art. 155 do CP). Caso o particular não tenha conhecimento da qualidade de funcionário público, responderá por furto, enquanto esse último, responderá por peculato.

Exs.: "A" funcionário público, valendo-se do cargo, subtrai bem móvel da administração com auxílio de "B", o qual conhecia sua função. Ambos respondem por peculato, Art. 312 do CP.

"A" funcionário público, valendo-se do cargo, subtrai bem móvel da administração com auxílio de "B", o qual desconhecia a função de "A". "A" responderá por peculato (Art. 312 do CP), e "B" por furto (Art. 155 do CP).

"A" funcionário público, sem aproveitar do cargo que ocupa, com auxilio de "B", subtrai bem móvel da repartição em que "A" trabalha. Ambos respondem por furto (Art. 155 do CP).

São considerados crimes próprios, pois exigem a qualidade de funcionário público para sua classificação.

A conduta é sempre dolosa (apropriar-se, desviar, subtrair). Existe, no entanto, previsão para modalidade culposa (vide § 2º, peculato culposo).

É um crime comissivo, por conseguinte, pode incorrer em omissão imprópria, quando o agente, como garantidor, podendo evitar, nada faz para que o crime não seja consumado (Art. 13, §2°, do CP).

6.1.2 Peculato Culposo

6.1.2.1 Sujeitos do Crime

Sujeito Ativo: o funcionário público (crime próprio), mas admite-se coautoria e participação de particulares, desde que tenham conhecimento da qualidade de funcionário público do agente.

Se, comprovado que o particular desconhecia a qualidade funcional do agente, responde por apropriação indébita.

Sujeito Passivo: o Estado e secundariamente o particular, pessoa física ou jurídica, diretamente lesada em seu patrimônio.

6.1.2.2 Consumação e Tentativa

Admite tentativa.

Tratando-se do peculato apropriação, peculato furto e peculato culposo, são crimes materiais, pois estarão consumados com a efetiva posse do bem móvel. No caso do peculato desvio, é um crime formal, pois se consuma no momento em que ocorre o desvio do destino da verba.

6.1.2.3 Figura Culposa

> ***§ 2º.*** *Se o funcionário concorre culposamente para o crime de outrem:*

Essa situação é quando o funcionário público, por imprudência, imperícia ou negligência, diante de sua conduta, permite que um terceiro pratique um crime contra a Administração Pública.

Caso o agente não seja funcionário público, ou sendo, não se utilize das facilidades que o cargo lhe proporciona para a subtração, incorrerá no crime de furto.

É importante considerar que:

- É o único crime culposo da espécie dos delitos funcionais.
- É o único crime de menor potencial ofensivo entre os delitos funcionais.

O funcionário público só responderá por este crime se o crime doloso de outrem (terceiro) chegar a se consumar.

Qual crime de outrem? Qualquer crime de outrem? Ou apenas algumas modalidades de crime?

O § 2º merece uma interpretação topográfica. Então, esse crime de outrem só pode ser o do §1º. Só pode ser o do caput. Desse modo, só existe o crime de peculato culposo quando o funcionário público concorre culposamente para um peculato-furto ou peculato próprio (apropriação ou desvio), de outrem. Prevalece essa corrente, que é a restritiva.

No que tange ao diretor de sindicato que se apropria de quantia, ele não irá praticar peculato, pois não é funcionário público, sequer por equiparação. Não é o diretor de sindicato funcionário público típico ou atípico.

> ***§ 3º.*** *No caso do parágrafo anterior, a reparação do dano, se precede à sentença irrecorrível, extingue a punibilidade; se lhe é posterior, reduz de metade a pena imposta.*

No crime de peculato culposo, a reparação do DANO, se precede (é anterior) à sentença irrecorrível, extingue a punibilidade; se lhe é posterior, reduz de metade a pena imposta. Somente para o peculato culposo. No Peculato Doloso não é possível aplicação do § 3°.

6.1.2.4 Sentença Irrecorrível

Antes da sentença irrecorrível, extingue a punibilidade.

A reparação do dano após a sentença irrecorrível, há redução de metade da pena imposta. E, isso é feito pelo juiz da execução penal.

6.1.2.5 Considerações

Se a posse do bem (peculato apropriação ou desvio) decorre de violência ou grave ameaça, há crime de roubo (Art. 157) ou extorsão (Art. 158 do CP).

Peculato	
Peculato Doloso	Peculato apropriação (caput 1ª parte); Peculato desvio (peculato próprio) (caput 2ª parte); Peculato mediante erro de outrem (peculato estelionato) (Art. 313).
Peculato Culposo	(§2)

O Peculato de Uso não é crime, mas pode caracterizar ato de improbidade administrativa (Art. 9º, Lei nº 8.429/92). É o fato em que, por exemplo, um funcionário público apropria-se temporariamente de veículo público, no intuito de realizar diligências de caráter pessoal, restituindo o veículo ao pátio da repartição logo após o uso.

Se há desvio da verba em proveito da própria Administração, com utilização diversa da prevista em sua destinação, temos configurado o crime do Art. 315 do CP.

6.1.2.6 Apontamentos

O princípio da insignificância é causa supralegal de exclusão da tipicidade, ou seja, o fato não será considerado crime. Sendo assim, há duas posições sobre o assunto:

- STJ: **não** admite a incidência do princípio da insignificância nos crimes contra a Administração Pública, pois a norma penal busca resguardar não somente o aspecto patrimonial, mas a moral administrativa.
- STF: **admite** a aplicação do princípio da insignificância nos crimes contra a administração pública. (HC 107370/SP, rel. Min. Gilmar Mendes, 26.4.2011).

6.1.3 Peculato Mediante Erro de Outrem

> ***Art. 313.*** *Apropriar-se de dinheiro ou qualquer utilidade que, no exercício do cargo, recebeu por erro de outrem:*
> ***Pena*** *- reclusão, de um a quatro anos, e multa.*

6.1.3.1 Conduta

Pune-se a conduta do agente que inverter, no exercício do seu cargo, a posse de valores recebidos por erro de terceiro. O bem apoderado, ao contrário do que ocorre no peculato apropriação, não está naturalmente na posse do agente, derivando de erro alheio.

O erro do ofendido deve ser espontâneo, pois, se provocado pelo funcionário, poderá configurar o crime de estelionato.

6.1.3.2 Classificação

São considerados crimes próprios, pois exigem a qualidade de funcionário público para sua Classificação.

A conduta é sempre dolosa (apropriar-se). Não existe, no entanto, a forma culposa.

É um crime comissivo, por conseguinte, pode incorrer em omissão imprópria, quando o agente, como garantidor, podendo evitar, nada faz para que o crime não seja consumado (Art. 13, §2º do CP).

6.1.3.3 Sujeitos do Crime

Sujeito Ativo: o funcionário público (crime próprio), mas admite-se coautoria e participação de particulares, desde que tenham conhecimento da qualidade de funcionário público do agente.

Sujeito Passivo: o Estado e secundariamente o particular, pessoa física ou jurídica, diretamente lesada em seu patrimônio.

6.1.3.4 Consumação e Tentativa

6.1.3.4.1 ADMITE Tentativa

Sendo esse um crime material, consuma-se com a efetiva apropriação. Neste caso há divergência, alguns autores sustentam que a consumação se dará somente no momento em que o agente percebe o erro de terceiro e não o desfaz, ou seja, a consumação não se dá no momento do recebimento da coisa, mas sim no instante em que o agente se apropria da coisa recebida por erro, agindo como se dono fosse.

6.1.3.5 Descrição

O funcionário público que, no exercício do cargo, recebeu de terceiro, o qual estava em erro, dinheiro ou qualquer outra utilidade, e não prossegue com a efetiva destinação correta do recurso.

6.1.3.6 Apontamentos

Se o funcionário público se apropriou de dinheiro ou qualquer utilidade que recebeu fora do exercício do cargo, responderá pelo crime de: Apropriação de coisa havida por erro, caso fortuito ou força da natureza.

> ***Art. 169**, CP. Apropriar-se alguém de coisa alheia vinda ao seu poder por erro, caso fortuito ou força da natureza.*

Se o particular, por engano quanto à pessoa, coisa ou obrigação, entrega objeto a funcionário público, em razão do cargo deste, e se ele se apropria do bem, há crime de peculato mediante erro de outrem (Art. 313, CP).

6.1.4 Inserção de Dados Falsos em Sistema de Informações

> ***Art. 313-A.** Inserir ou facilitar, o funcionário autorizado, a inserção de dados falsos, alterar ou excluir indevidamente dados corretos nos sistemas informatizados ou bancos de dados da Administração Pública com o fim de obter vantagem indevida para si ou para outrem ou para causar dano:*
>
> ***Pena** - reclusão, de 2 (dois) a 12 (doze) anos, e multa.*

Pune-se a conduta do funcionário público autorizado que insere ou facilita inserção de dados falsos, altera ou exclui indevidamente dados nos sistema de informação da Administração Pública com o objetivo de receber vantagem indevida, tal crime é também conhecido como **peculato eletrônico**.

6.1.4.1 Classificação

Trata-se de crime de mão própria, pois exige a qualidade de funcionário público autorizado para sua Classificação, ou seja, não é qualquer funcionário público, mas sim aquele autorizado a inserir, alterar ou excluir dados nos sistemas informatizados ou banco de dados.

A conduta é sempre dolosa (inserir, alterar ou excluir). Não existe, no entanto, a possibilidade da forma culposa.

É um crime comissivo, por conseguinte, pode incorrer em omissão imprópria, quando o agente, como garantidor, podendo evitar, nada faz para que o crime não seja consumado (Art. 13, §2º, CP).

6.1.4.2 Sujeitos do Crime

Sujeito Ativo: o funcionário público autorizado (crime de mão própria), sendo possível a coautoria e participação do particular que tenha consciência da função pública do agente.

Sujeito Passivo: o Estado e secundariamente o particular, pessoa física ou jurídica, diretamente lesada em seu patrimônio.

6.1.4.3 Consumação e Tentativa

6.1.4.3.1 ADMITE Tentativa

Sendo um crime formal, consuma-se com a devida inserção, alteração ou exclusão, não sendo necessário o efetivo recebimento da vantagem indevida, considerada apenas mero exaurimento do crime.

Descrição

Visa punir o funcionário autorizado, o qual detém acesso aos sistemas de informação da Administração Pública, e, aproveitando-se dessa situação, realiza condutas indevidas causando prejuízo para Administração, bem como, aos particulares.

6.1.4.4 Apontamentos

É possível a ocorrência do erro do tipo, escusável ou inescusável, do agente que acredita estar agindo corretamente e acaba inserindo, excluindo ou alterando de forma equivocada, dados verdadeiros.

Mesmo sendo um crime de mão própria, é possível a figura da participação e coautoria, seja ela material ou moral.

6.1.5 Modificação ou Alteração Não Autorizada de Sistema de Informações

> ***Art. 313-B.** Modificar ou alterar, o funcionário, sistema de informações ou programa de informática sem autorização ou solicitação de autoridade competente:*
>
> ***Pena** - detenção, de 3 (três) meses a 2 (dois) anos, e multa.*
>
> ***Parágrafo único.** As penas são aumentadas de um terço até a metade se da modificação ou alteração resulta dano para a Administração Pública ou para o administrado.*

Consiste em punir a conduta do funcionário público que modifica ou altera, sem autorização, os sistemas de informações da Administração Pública.

6.1.5.1 Classificação

São considerados crimes próprios, pois exigem a qualidade de funcionário público para sua Classificação.

A conduta é sempre dolosa (modificar, alterar). NÃO existe, no entanto, a possibilidade da forma culposa.

É um crime comissivo, por conseguinte pode incorrer em omissão imprópria, quando o agente, como garantidor, podendo evitar, nada faz para que o crime não seja consumado (Art. 13, §2º, CP).

6.1.5.2 Sujeitos do Crime

Sujeito Ativo: o funcionário público (crime próprio), não exige a qualidade de ser funcionário autorizado, ademais é possível a coautoria e participação do particular que tenha consciência da função pública do agente.

Sujeito Passivo: o Estado e secundariamente o particular, pessoa física ou jurídica, diretamente prejudicada.

6.1.5.3 Consumação e Tentativa

6.1.5.3.1 ADMITE Tentativa

O crime se consuma no momento da efetiva modificação ou alteração do sistema de informação, sendo que, se resultar em dano, é causa de aumento de pena conforme parágrafo único desse artigo.

6.1.5.4 Descrição

Para configuração do crime em tela é necessário que a modificação ou alteração ocorra sem autorização, pois tal conduta resume-se ao dolo do agente, à vontade livre de provocar as modificações.

Os crimes previstos nos Arts. 313-A e 313-B, ambos do CP, são conhecidos como peculato eletrônico.

6.1.6 Extravio, Sonegação ou Inutilização de Livro ou Documento

> ***Art. 314.** Extraviar livro oficial ou qualquer documento, de que tem a guarda em razão do cargo; sonegá-lo ou inutilizá-lo, total ou parcialmente:*

***Pena** - reclusão, de um a quatro anos, se o fato não constitui crime mais grave.*

Para configuração deste crime, é indispensável que o funcionário público tenha a posse do livro ou documento em razão do cargo que ocupa. É considerado como sendo um **crime subsidiário**, pois comumente sendo aplicado, caso o resultado não constitua crime mais grave.

6.1.6.1 Classificação

É considerado crime próprio, pois exige a qualidade de funcionário público para sua Classificação.

A conduta é sempre dolosa (extravio, inutilização, sonegação). Não existe, no entanto, a possibilidade da forma culposa.

É um crime comissivo, por conseguinte, pode incorrer em omissão imprópria, quando o agente, como garantidor, podendo evitar, nada faz para que o crime não seja consumado (Art. 13, §2º, CP).

6.1.6.2 Sujeitos do Crime

Sujeito Ativo: somente funcionário público (crime próprio), ademais é possível a coautoria e participação do particular que tenha consciência da função pública do agente.

Sendo o sujeito ativo servidor em exercício junto a repartição fiscal ou tributária, o extravio de livre oficial, processo fiscal, ou qualquer documento por ele causado, configura crime especial previsto no Art. 3°, I, da Lei nº 8.137/90.

Sujeito Passivo: o Estado e, por conseguinte, o particular, pessoa física ou jurídica prejudicada.

6.1.6.3 Consumação e Tentativa

6.1.6.3.1 ADMITE Tentativa

O crime se consuma no momento do efetivo extravio ou inutilização, mesmo que seja de forma parcial, bem como, com a sonegação.

6.1.6.4 Descrição

Por ser um crime subsidiário, há depender do resultado naturalístico que ocasionar, o crime será absorvido de acordo com sua especificidade (princípio da consunção), conforme em alguns dos casos exposto abaixo.

> Quando há o dolo específico de agir, responde pelo Art. 305 do CP.

> Caso o funcionário não seja o responsável pela guarda do livro ou do documento, responderá pelo Art. 337 do CP.

> Se praticado por advogado ou procurador, responderá pelo Art. 356 do CP.

O crime tipificado no Art. 314, além de ser próprio, é subsidiário em relação ao delito previsto no Art. 305, que exige dolo específico. Veja as diferenças:

	Art. 305. Supressão de documento público	Art. 314. Extravio, sonegação ou inutilização de livro ou documento
Objetividade Jurídica	Crime contra a fé pública.	Crime contra a administração pública.
Sujeito Ativo	Qualquer pessoa (crime comum).	Funcionário público (crime próprio).
Conduta	Destruir, suprimir ou ocultar documento público ou particular verdadeiro.	Extraviar, sonegar ou inutilizar livro oficial ou qualquer documento de que tem guarda em razão do cargo.
Tipo Subjetivo	Há finalidade específica de tirar proveito próprio ou de outrem, ou visando causar prejuízo alheio.	Não se exige qualquer finalidade específica.
Pena	Reclusão, de 2 a 6 anos, e multa, se o documento é público, e reclusão, de 1 a 5 anos, e multa, se o documento é particular.	Reclusão de 1 a 4 anos, se o fato não constitui crime mais grave.

6.1.7 Emprego Irregular de Verbas ou Rendas Públicas

***Art. 315.** Dar às verbas ou rendas públicas aplicação diversa da estabelecida em lei:*

***Pena** - detenção, de um a três meses, ou multa.*

Este tipo penal visa penalizar o administrador público que destina a verba pública para projetos, despesas ou gastos que não foram previstos no Orçamento Público, ou então, que não foram autorizados pela Lei Orçamentária Anual.

6.1.7.1 Classificação

São considerados crimes próprios, pois exigem a qualidade específica do funcionário público dotado de competência para utilizar e destinar as verbas públicas.

A conduta é sempre dolosa (destinar a verba para outra situação a qual não era prevista). Não existe possibilidade para modalidade culposa.

É um crime comissivo, por conseguinte, pode incorrer em omissão imprópria, quando o agente, como garantidor, podendo evitar, nada faz para que o crime não seja consumado (Art. 13, §2°, CP).

6.1.7.2 Sujeitos do Crime

Sujeito Ativo: é crime próprio, pois o sujeito ativo será somente aquele funcionário público que tenha o poder de administração de verbas ou rendas pública (Ex.: Presidente da República, Ministros, Governadores etc.), ademais, é possível a coautoria e participação do particular que tenha consciência da função pública do agente.

Tratando-se de Prefeito Municipal, há crime próprio, prevalecendo pelo principio da especialidade o disposto no Art. 1º, III, do Decreto-Lei nº 201/67.

Sujeito Passivo: o Estado e secundariamente o particular, pessoa física ou jurídica, diretamente prejudicada.

6.1.7.3 Consumação e Tentativa

6.1.7.3.1 ADMITE Tentativa

O crime se consuma no momento da efetiva destinação ou aplicação das verbas ou rendas públicas.

A simples destinação, sem posterior aplicação, constitui tentativa, gerando perigo para a regularidade administrativa.

6.1.7.4 Descrição

Caso o agente público seja o Presidente da República, ele responderá pela lei de improbidade administrativa, Art. 11, Lei nº 1.079/50. Por conseguinte, sendo prefeito, responderá pelo Art. 1º, III, do Decreto-Lei nº 201/67.

6.1.7.5 Apontamentos

Segundo o STF

RT 617/396. Se o orçamento for aprovado por decreto do próprio Poder Executivo, e não por lei, não há o que se falar neste crime.

RT 883/462. Para que caracterize esse crime, é necessário que a lei que destina as verbas ou rendas públicas, seja em sentido formal e material.

6.1.8 Concussão

Art. 316. *Exigir, para si ou para outrem, direta ou indiretamente, ainda que fora da função ou antes de assumi-la, mas em razão dela, vantagem indevida:*

Pena *- reclusão, de dois a oito anos, e multa.*

§ 1º. *Se o funcionário exige tributo ou contribuição social que sabe ou deveria saber indevido, ou, quando devido, emprega na cobrança meio vexatório ou gravoso, que a lei não autoriza:*

Pena *- reclusão, de três a oito anos, e multa.*

§ 2º. *Se o funcionário desvia, em proveito próprio ou de outrem, o que recebeu indevidamente para recolher aos cofres públicos:*

Pena *- reclusão, de dois a doze anos, e multa.*

No crime de concussão, o funcionário público exige uma vantagem indevida e a vítima, temendo represálias, cede a essa exigência.

Trata-se de uma forma especial de extorsão, executada por funcionário público.

6.1.8.1 Classificação

São considerados crimes próprios, pois exigem uma qualidade específica, ser funcionário público.

A conduta é sempre dolosa (**exigir**). Não existe possibilidade para modalidade culposa.

É um crime comissivo, por conseguinte pode incorrer em omissão imprópria, quando o agente, como garantidor, podendo evitar, nada faz para que o crime não seja consumado (Art. 13, §2º, do CP).

6.1.8.2 Sujeitos do Crime

Sujeito ativo: somente funcionário público (crime próprio), ademais, é possível a coautoria e participação do particular que tenha consciência da função pública do agente.

Sujeito passivo: o Estado e, por conseguinte, o particular, pessoa física ou jurídica prejudicada.

6.1.8.3 Consumação e Tentativa

6.1.8.3.1 ADMITE Tentativa

O crime é formal, sendo assim, está consumado no momento da exigência.

6.1.8.4 Descrição

É atípica a conduta do particular (vítima) que efetivamente entregou o dinheiro exigido pelo funcionário público, pois ele agiu assim por medo de represálias.

Sendo um crime formal, e a consumação ocorrendo com a mera exigência da vantagem indevida. Pouco importa se o funcionário público recebe ou não. Porém, caso receba, haverá o exaurimento do crime.

6.1.8.5 Considerações

Se a vantagem for devida, o agente funcionário público responderá pelo crime de abuso de autoridade, Lei nº 4.898/65.

Caso a vantagem seja **para a própria Administração Pública**, poderá haver o crime de excesso de exação (Art. 316, §1º, CP).

O particular que se disfarça de policial e exige dinheiro (vantagem indevida) para não efetuar a prisão de alguém, responderá pelo crime de extorsão (Art. 158, CP).

Mesmo que seja funcionário público, mas que não tenha a competência para a prática do mal prometido, não responde por este crime, mas por extorsão.

No crime de concussão, o agente exige a vantagem indevida. Ademais, no crime de corrupção passiva, Art. 317 do CP, O agente solicita, recebe ou aceita promessa de vantagem indevida.

6.1.9 Excesso de Exação

Art. 316, §1º. *Se o funcionário exige tributo ou contribuição social que sabe ou deveria saber indevido, ou, quando devido, emprega na cobrança meio vexatório ou gravoso, que a lei não autoriza:*

Pena *- reclusão, de três a oito anos, e multa.*

Art. 316, §2º. *Se o funcionário desvia, em proveito próprio ou de outrem, o que recebeu indevidamente para recolher aos cofres públicos:*

Pena *- reclusão, de dois a doze anos, e multa.*

Trata-se da cobrança integral e pontual de tributos, em que o funcionário público exige ilegalmente tributo ou contribuição social em benefício da Administração Pública.

6.1.9.1 Classificação

São considerados crimes próprios, pois exige uma qualidade específica, ser funcionário público.

A conduta é sempre dolosa (**exigir tributo ou contribuição social ou desviar o recebimento indevido**). NÃO existe possibilidade para modalidade culposa.

É um crime comissivo, por conseguinte, pode incorrer em omissão imprópria, quando o agente, como garantidor, podendo evitar, nada faz para que o crime não seja consumado (Art. 13, §2º, CP).

6.1.9.2 Sujeitos do Crime

Sujeito Ativo: somente funcionário público (crime próprio), ademais, é possível a coautoria e participação do particular que tenha consciência da função pública do agente.

Sujeito Passivo: o Estado e, por conseguinte, o particular, pessoa física ou jurídica prejudicada.

6.1.9.3 Consumação e Tentativa

6.1.9.3.1 ADMITE Tentativa

O §1º diz que o crime é formal, sendo assim, está consumado no momento da exigência do tributo ou contribuição social por meio vexatório e gravoso, mesmo que a vítima não realize o pagamento.

O § 2º refere-se ao crime material, sendo consumado no momento que ocorre o desvio em proveito próprio ou de outrem, tendo recebido indevidamente.

6.1.9.4 Descrição

§ 1º do Excesso de Exação

Exigir um tributo ou contribuição social que **sabe ou deveria saber indevido**.

Ex.: Tributo que já foi pago pelo contribuinte; ou a quantia cobrada é superior à fixada em lei.

Exigir um tributo ou contribuição social devido, porém **empregando meio vexatório ou gravoso, que a lei não autoriza**.

Ex.: Meio vexatório: humilhar, causar vergonha ou constrangimento na vítima. Meio gravoso: causar maiores despesas ao contribuinte.

§ 2º da Qualificadora

O **desvio** do tributo ou contribuição social **indevido** ocorre antes de sua incorporação aos cofres públicos, pois, caso ocorra depois, o funcionário público responderá pelo crime de peculato desvio (Art. 312, *caput*, 2ª parte do CP).

6.1.9.5 Considerações

De acordo com o STF, existem cinco espécies de tributos: **impostos, taxas, contribuições de melhoria, empréstimos compulsórios e contribuições sociais.**

Segundo o STJ, **a custa e emolumentos concernentes aos serviços notariais e registrais possuem natureza tributária**, qualificando-se como taxas remuneratórias de serviços públicos. Desse modo, comete o crime de excesso de exação aquele que exige custas ou emolumentos que sabe ou deveria saber indevido.

Prevalece que a expressão deveria saber configura dolo eventual, entretanto há doutrina no sentido de que se trata de modalidade culposa do tipo.

6.1.10 Corrupção Passiva

> ***Art. 317.*** *Solicitar ou receber, para si ou para outrem, direta ou indiretamente, ainda que fora da função ou antes de assumi-la, mas em razão dela, vantagem indevida, ou aceitar promessa de tal vantagem:*
>
> ***Pena*** *- reclusão, de 2 (dois) a 12 (doze) anos, e multa.*
>
> ***§ 1º.*** *A pena é aumentada de um terço, se, em consequência da vantagem ou promessa, o funcionário retarda ou deixa de praticar qualquer ato de ofício ou o pratica infringindo dever funcional.*
>
> ***§ 2º.*** *Se o funcionário pratica, deixa de praticar ou retarda ato de ofício, com infração de dever funcional, cedendo a pedido ou influência de outrem:*
>
> ***Pena*** *- detenção, de três meses a um ano, ou multa.*

Apesar de possuir certas semelhanças com o delito de concussão, nesse delito podemos dizer que é menos constrangedor para a vítima, pois não há a coação moral da exigência, a honra da imagem do emprego vexatório, ocorre simplesmente a solicitação, o recebimento ou a simples promessa de recebimento.

6.1.10.1 Classificação

São considerados crimes próprios, pois exigem uma qualidade específica, ser funcionário público.

A conduta é sempre dolosa (**solicita, recebe ou aceita promessa**). Não existe possibilidade para modalidade culposa.

É um crime comissivo, por conseguinte, pode incorrer em omissão imprópria, quando o agente, como garantidor, podendo evitar, nada faz para que o crime não seja consumado (Art. 13, §2º, do CP).

6.1.10.2 Sujeitos do Crime

Sujeito Ativo: é o funcionário público no exercício da função, aquele fora da função, mas em razão dela, ou o particular que está na iminência de assumir, e atue criminosamente em razão dela. Pode ter a participação do particular que tenha consciência da função pública do agente.

Sujeito Passivo: o Estado e, por conseguinte, o particular, pessoa física ou jurídica prejudicada.

O particular só será vítima se a corrupção partir do funcionário corrupto.

6.1.10.3 Consumação e Tentativa

Admite tentativa somente na modalidade solicitar, quando formulada por meio escrito (carta interceptada).

O crime é formal, sendo assim, nesse delito, existem três momentos em que o crime pode se consumar. No momento da **solicitação**, no momento do **recebimento**, ou então no instante em que o agente aceita a **promessa** de **recebimento**, independe do efetivo pagamento ou recebimento para o crime estar consumado, caso ocorra, será mero exaurimento do crime.

6.1.10.4 Descrição

Solicitar: a conduta parte do funcionário público que pede a vantagem indevida. Nesta situação, o funcionário público responde por corrupção passiva e **o particular, caso entregue a vantagem indevida, não responderá por crime algum (fato atípico).**

Receber: a conduta parte do particular que oferece a vantagem indevida e o funcionário público recebe. Nesta situação, o funcionário público responde por corrupção passiva e o particular por corrupção ativa.

Aceitar promessa de tal vantagem: a conduta parte do particular que promete vantagem indevida ao funcionário público e este aceita a promessa. Nesta situação, o funcionário público responde por corrupção passiva e o particular por corrupção ativa. OBS.: não é necessário que o funcionário público efetivamente receba a vantagem prometida, pois o crime estará consumado com a mera aceitação de promessa.

Espécies de Corrupção Passiva

Corrupção Passiva Própria	Corrupção Passiva Imprópria
O funcionário público negocia um ato ILÍCITO. **Ex.:** PRF solicita R$ 100,00 para não multar motorista sem carteira de habilitação.	O funcionário público negocia um ato LÍCITO. **Ex.:** Juiz de Direito recebe dinheiro de autor de ação judicial para agilizar os trâmites do processo.

Mesmo que a propina seja para a prática de ato LEGAL, ocorrerá o crime em estudo.

Ex.: Comerciantes dão dinheiro para que policiais militares realizem rondas diárias no bairro onde os comerciantes trabalham. É crime, pois os servidores públicos já são remunerados pelo Estado para realizarem estas atividades.

6.1.10.5 Considerações

Particular que oferece ou promete vantagem indevida: O particular que oferece ou promete vantagem indevida ao funcionário público, responde pelo crime de corrupção ativa, Art. 333, do CP.

Exceção à teoria unitária ou monista no concurso de pessoas:

Art. 29, CP. Quem, de qualquer modo, concorre para o crime incide nas penas a este cominadas, na medida de sua culpabilidade.

Portanto, a regra é que todos aqueles que concorrem para a prática de um crime responderão pelo mesmo crime. Como se trata de **exceção**, o funcionário público que recebe ou aceita promessa de vantagem indevida responde por corrupção passiva, Art. 317, enquanto o particular que oferece ou promete vantagem indevida responde por corrupção ativa, Art. 333.

Não configura o crime de corrupção passiva o recebimento, pelo funcionário público, de gratificações usuais de pequeno valor por serviços extraordinários (desde que não se trate de ato contrário à lei), ou pequenas doações ocasionais, geralmente no Natal ou no Ano Novo.

Caso a vantagem recebida seja revertida em favor da própria Administração Pública não haverá o crime de corrupção passiva. Todavia, o funcionário público estará sujeito à prática de ato de improbidade administrativa (Lei nº 8.429/92).

6.1.10.6 Causa de Aumento de Pena

§ 1º. A pena é aumentada de um terço, se, em consequência da vantagem ou promessa, o funcionário retarda ou deixa de praticar qualquer ato de ofício ou o pratica infringindo dever funcional.

O que seria o exaurimento do crime funciona como causa de aumento de pena para o funcionário público. A pena será aumentada em 1/3.

Se a violação praticada pelo agente público constitui, por si só, um novo crime, haverá concurso formal ou material entre a corrupção e a infração dela resultante. Todavia, nessa hipótese, a corrupção deixa de ser qualificada, pois do contrário incidirá no *bis in idem*, considerando-se o mesmo fato duas vezes em prejuízo do funcionário réu.

6.1.10.7 Corrupção Passiva Privilegiada

§ 2º. Se o funcionário pratica, deixa de praticar ou retarda ato de ofício, com infração de dever funcional, cedendo a pedido ou influência de outrem:

***Pena** - detenção, de três meses a um ano, ou multa.*

Punem-se, nesse dispositivo, os famigerados favores administrativos.

Nesta hipótese, o particular não oferece ou promete vantagem indevida ao funcionário público. Ele apenas **pede** para que esse DÊ UM JEITINHO de praticar, deixar de praticar ou retardar ato de ofício, com infração de dever funcional.

Ex.: Pedro é abordado numa Blitz e seu veículo está com o IPVA atrasado. Diante disso, ele pede ao policial rodoviário que não aplique a devida multa ou apreenda o veículo. O policial atende ao pedido. Nesta situação, o policial praticou o crime de corrupção passiva privilegiada e Pedro é partícipe deste crime.

O § 2º tem grande incidência em concursos. É o famoso Dar um jeitinho.

Diferenças Importantes

Corrupção Passiva Privilegiada (Art. 317, §2º, CP)	Prevaricação (Art. 319, CP)
Se o funcionário pratica, deixa de praticar ou retarda ato de ofício, com infração de dever funcional, CEDENDO A PEDIDO OU INFLUÊNCIA DE OUTREM.	Retardar ou deixar de praticar, indevidamente, ato de ofício, ou praticá-lo contra disposição expressa de lei, PARA SATISFAZER INTERESSE OU SENTIMENTO PESSOAL. **Obs.:** Não há intervenção alheia nesse crime.

6.1.11 Facilitação de Contrabando ou Descaminho

Art. 318. Facilitar, com infração de dever funcional, a prática de contrabando ou descaminho (Art. 334):

***Pena** - reclusão, de 3 (três) a 8 (oito) anos, e multa.*

Conduta: a conduta criminosa consiste em facilitar, por ação ou omissão, o contrabando ou o descaminho.

6.1.11.1 Sujeitos do Crime

Sujeito Ativo: é crime próprio, somente o funcionário público incumbido de impedir a prática do contrabando ou descaminho poderá intentá-lo. Caso não ostente essa atribuição funcional, responderá pelo delito de contrabando ou descaminho, na condição de partícipe.

Sujeito Passivo: O Estado.

Exceção à teoria unitária ou monista no concurso de pessoas (Art. 29, CP)

O funcionário público que facilita, com infração de dever funcional, a prática de contrabando ou descaminho, responde pelo crime do Art. 318. Já o particular que realiza o contrabando ou descaminho responde pelo crime do elo crime do Art. 334 ou Art. 334 - A.

6.1.11.2 Conceito

Contrabando: é a importação ou exportação de mercadoria cuja entrada ou saída é proibida no Brasil. Ex.: máquinas caça-níquel, cigarros, quando em desacordo com autorização legal.

Descaminho: a importação ou exportação é permitida, porém o agente frauda o pagamento do tributo devido.

> Se a mercadoria importada ou exportada for arma de fogo, acessório ou munição, sem autorização da autoridade competente, o agente responderá pelo crime previsto no Art. 18 da Lei nº 10.826/03 (Estatuto do Desarmamento). Tráfico internacional de arma de fogo.

6.1.11.3 Consumação

Ocorre no momento em que o funcionário público efetivamente facilita o contrabando ou descaminho. **É crime formal ou de consumação antecipada**.

Não é necessário que a outra pessoa (autor do crime de contrabando ou descaminho - Art. 334) tenha sucesso em sua empreitada criminosa. Desse modo, mesmo que esta outra pessoa não obtenha êxito na realização do crime do Art. 334, o crime de contrabando e descaminho estará consumado, pois é crime formal.

6.1.11.4 Tentativa

Admitida somente na forma comissiva (ação). **A forma omissiva não admite o *conatus***.

6.1.11.5 Elemento Subjetivo

Dolo. Não se admite a modalidade culposa.

> Súm. 151, STJ. A competência para o processo e julgamento por crime de contrabando e descaminho define-se pela prevenção do Juízo Federal do lugar da apreensão dos bens.

6.1.11.6 Competência

Os crimes de contrabando e descaminho é da competência da **Justiça Federal**, pois ofende interesse da União (Art. 109, IV, CF/88).

Prevenir e reprimir o contrabando e o descaminho são atribuições da Polícia Federal (Art. 144, §1º, II, CF/88).

6.1.12 Prevaricação

Art. 319. *Retardar ou deixar de praticar, indevidamente, ato de ofício, ou praticá-lo contra disposição expressa de lei, para satisfazer interesse ou sentimento pessoal:*

Pena *- detenção, de três meses a um ano, e multa.*

Para que configure o delito de prevaricação, faz-se necessário que a ação ou omissão seja praticada de forma indevida, infrinja o dever funcional do agente público.

6.1.12.1 Classificação

É considerado crime de mão própria, pois exige uma qualidade específica, ser funcionário público e possuir determinado dever funcional.

Assim, é imprescindível que o funcionário tenha a atribuição para a prática do ato, pois, do contrário, não se pode considerar violação ao dever funcional.

A conduta é sempre dolosa, a qual se divide em três tipos: 1) Retardar indevidamente ato de ofício; 2) Deixar de praticar ato de ofício; 3) Praticar contra disposição expressa em lei.

NÃO admite a forma culposa.

6.1.12.2 Sujeitos do Crime

Sujeito Ativo: somente funcionário público (crime próprio).

Sujeito Passivo: o Estado e, por conseguinte, o particular, pessoa física ou jurídica prejudicada.

6.1.12.3 Consumação e Tentativa

Consuma-se o crime com o retardamento, a omissão ou a prática do ato, sendo dispensável a satisfação do interesse visado pelo servidor.

A tentativa não é admitida nas condutas retardar deixar de praticar, pois é crime omissivo próprio ou puro. Já a conduta praticá-lo contra disposição expressa de lei admite a tentativa por ser crime comissivo, ou seja, que exige uma ação.

É um crime formal. Para a consumação basta a intenção do funcionário público de satisfazer interesse ou sentimento pessoal, mesmo que não consiga êxito na concretização deste resultado.

6.1.12.4 Descrição

Crime de ação múltipla ou de conteúdo variado: Retardar, deixar de praticar ou praticá-lo. A realização de mais de um destes verbos, no mesmo contexto fático, caracteriza crime único. Todavia, tal fato será levado em conta pelo juiz no momento de fixação da pena-base (Art. 59 do CP).

6.1.12.5 Considerações

Retardar (atrasar / adiar): o funcionário público não realiza o ato de ofício dentro do prazo legal. Deixar de praticar (abster-se de praticar): não praticar o ato de ofício.

+

Indevidamente: (injustificavelmente / ilegalmente)

=

Prevaricação

Nessas duas hipóteses a prevaricação é crime omissivo próprio ou puro (condutas omissivas). Não admite tentativa (*conatus*).

NÃO há crime quando o funcionário público deixa de agir em razão de caso fortuito ou força maior.

Ex.: A falta de efetivo (pessoal) na repartição, incêndio, inundação etc.

Praticar (realizar um ato)
+
Contra Disposição Expressa de Lei
=
Prevaricação

Nesta hipótese a prevaricação é crime comissivo. Admite tentativa (*conatus*).

> No caso concreto, se ausente o interesse de satisfazer interesse ou sentimento pessoal e o funcionário público receber uma ordem que deveria cumprir e não cumpri-la, não estará configurado o crime de prevaricação. Todavia, poderá caracterizar ato de improbidade administrativa (Art. 11, II, Lei nº 8.429/92).

6.1.12.6 Apontamentos

Interesse Pessoal: é qualquer vantagem ou proveito de caráter moral ou patrimonial. Caso o funcionário público exija ou receba uma vantagem indevida a pretexto de praticar, retardar ou omitir a prática de um ato de ofício, o crime será de concussão (Art. 316 do CP) ou corrupção passiva (Art. 317 do CP).

Sentimento Pessoal: vingança, ódio, amizade, inimizade, inveja, amor.

Ex.: Promotor de Justiça solicita o arquivamento de inquérito policial o qual investiga crime que supostamente foi praticado por seu amigo de infância.

A desídia (preguiça), negligência ou comodismo (sem o fim de satisfazer interesse ou sentimento pessoal): não há crime de prevaricação. Todavia, o funcionário público poderá incorrer em ato de improbidade administrativa.

Diferenças Importantes

Prevaricação (Art. 319, CP)	Condescendência Criminosa (Art. 320, CP)
Retardar ou DEIXAR de PRATICAR, indevidamente, ATO DE OFÍCIO, ou praticá-lo contra disposição expressa de lei, para SATISFAZER INTERESSE OU SENTIMENTO PESSOA.	DEIXAR o funcionário, POR INDULGÊNCIA, DE RESPONSABILIDADE subordinado que cometeu infração no exercício do cargo ou, quando lhe falte competência, não levar o fato ao conhecimento da autoridade competente.

6.1.12.7 Prevaricação Imprópria

> ***Art. 319-A.*** *Deixar o Diretor de Penitenciária e/ou agente público de cumprir seu dever de vedar ao preso o acesso a aparelho telefônico, de rádio ou similar, que permita a comunicação com outros presos ou com o ambiente externo:*
>
> ***Pena*** *- detenção, de 3 (três) meses a 1 (um) ano.*

Esse crime foi introduzido pela Lei nº 11.466/07 e recebe várias denominações por parte da doutrina, prevaricação imprópria, prevaricação em presídios, omissão do dever de vedar ao preso o acesso a aparelhos de comunicação. Todas essas classificações são aceitáveis, haja vista o legislador não conferir, na elaboração do tipo, o *nomem iuris* da conduta, deixando para que a doutrina o fizesse.

6.1.12.8 Classificação

É um crime doloso, não exigindo qualquer fim específico da conduta. Não é admitida a culpa.

É um crime simples, pois ofende um único bem jurídico e é um crime próprio, ou seja, podendo ser cometido somente por agente público que tenha o dever funcional de impedir a entrada de aparelhos de comunicação ou Diretor de Penitenciária.

6.1.12.9 Sujeitos do Crime

Sujeito Ativo: por ser um crime próprio, pode ser cometido por agente público que deve ser interpretado de forma restrita, pois o agente deve ser incumbido de evitar a conduta descrita no tipo, para exemplificar podemos citar os agentes penitenciários, carcereiros e até mesmo pelos policiais responsáveis pela escolta.

O preso que for encontrado na posse de aparelho de comunicação não comete este crime, contudo incide em falta grave. Já o particular que fornece o aparelho para o preso comete o crime do Art. 349-A do CP.

6.1.12.10 Consumação e Tentativa

Por ser um crime formal, dá-se a consumação no momento em que o agente público ou Diretor de Penitenciária não faz nada para impedir a entrada de aparelho de comunicação ao preso, contudo devendo saber que tal situação é ilícita. É dispensável o efetivo acesso do preso ao aparelho de comunicação.

Não é possível a tentativa, haja vista ser este um crime omissivo próprio.

6.1.12.11 Descrição do Crime

A finalidade deste crime é impedir que o preso tenha acesso a qualquer tipo de aparelho de comunicação que possa se comunicar com qualquer pessoa (familiares, advogados, outros presos).

Os aparelhos eletrônicos podem ser, telefones (fixos ou móveis) *walkie-talkies* ou até mesmo uma *webcam*.

O fato é atípico quando o aparelho não tem nenhuma capacidade de comunicação ou, de qualquer forma, impossibilitado de funcionar. O mesmo acontece para cópias falsas de aparelhos.

Telefones celulares sem crédito tipificam a conduta, pois se verifica a possibilidade da obtenção de créditos de formas ilícitas, por exemplo, extorsões baseadas em falsos sequestros. Caracteriza-se a conduta, até mesmo quando o aparelho não tiver bateria, visto que existem meios alternativos para a sua ativação.

6.1.13 Condescendência Criminosa

> ***Art. 320.*** *Deixar o funcionário, por indulgência, de responsabilizar subordinado que cometeu infração no exercício do cargo ou, quando lhe falte competência, não levar o fato ao conhecimento da autoridade competente:*
>
> ***Pena*** *- detenção, de quinze dias a um mês, ou multa.*

Esse tipo penal tem por objetivo punir o superior hierárquico que por indulgência (clemência) deixa de punir seu subordinado, bem como aquele que, sem competência para responsabilização, tendo conhecimento de alguma infração, não leva a informação aquém de competência para punir o agente público.

Tem como base o poder disciplinar da Administração Pública.

6.1.13.1 Classificação

É considerado um crime próprio: omissivo próprio: sendo que ato está na inação (deixar de agir).

O dolo está na conduta de se OMITIR, sendo assim, não admite a forma culposa.

6.1.13.2 Sujeitos do Crime

Sujeito Ativo: somente funcionário público hierarquicamente superior ao servidor infrator.

Sujeito Passivo: o Estado e, por conseguinte, o particular, pessoa física ou jurídica prejudicada.

6.1.13.3 Consumação e Tentativa

6.1.13.3.1 NÃO Admite Tentativa

É um crime formal e omissivo próprio ou PURO. Consuma-se no momento em que o funcionário superior, depois de tomar conhecimento da infração, suplanta prazo legalmente previsto para a tomada de providências contra o subordinado infrator.

6.1.13.4 Descrição do Crime

O **crime** ocorre com a mera omissão do funcionário público que, ao tomar conhecimento da infração (administrativa ou penal) cometida pelo subordinado no exercício do cargo, deixa de tomar qualquer providência para responsabilizá-lo, ou, quando lhe faltar competência para tanto, não levar o fato ao conhecimento da autoridade competente. Não necessita da efetiva impunidade do infrator.

O fato será atípico quando o superior hierárquico, por negligência, não tomar conhecimento da infração cometida pelo funcionário público subalterno no exercício do cargo.

> Se o funcionário público superior hierárquico se omite para atender sentimento ou interesse pessoal, responderá pelo crime de prevaricação.
> Se o superior hierárquico se omite com o objetivo de receber alguma vantagem indevida do funcionário público infrator, responderá pelo crime de corrupção passiva (Art. 317 do CP).
> Não configura o crime em tela, eventuais irregularidades praticadas pelo subordinado "extra officio" (fora do cargo) e toleradas pelo superior hierárquico.

6.1.13.5 Considerações

Deve haver o nexo funcional, ou seja, a infração deve ter sido praticada no exercício do cargo público ocupado pelo funcionário público.

Ex.: Policial civil pratica peculato e o Delegado, após tomar conhecimento do caso, por indulgência (tolerância) nada faz.

Indulgência: é sinônimo de tolerância, perdão, clemência.

6.1.14 Advocacia Administrativa

Art. 321. *Patrocinar, direta ou indiretamente, interesse privado perante a administração pública, valendo-se da qualidade de funcionário:*

Pena *- detenção, de um a três meses, ou multa.*

Parágrafo único. *Se o interesse é ilegítimo:*

Pena *- detenção, de três meses a um ano, além da multa.*

Esse delito visa tipificar a conduta do agente que tem por objetivo defender, apadrinhar, advogar, interesse alheio perante a Administração Pública.

6.1.14.1 Classificação

É considerado crime próprio, pois exige uma qualidade específica, ser funcionário público.

A conduta é sempre dolosa. que pode ser praticada pela ação ou omissão. Não existe possibilidade para modalidade culposa.

É um crime comissivo, por conseguinte pode incorrer em omissão imprópria, quando o agente, como garantidor, podendo evitar, nada faz para que o crime não seja consumado (Art. 13, §2º, CP).

6.1.14.2 Sujeitos do Crime

Sujeito Ativo: somente funcionário público (crime próprio). Não necessariamente advogado, como diversas questões afirmam.

Admite-se o concurso de terceiro não qualificado, na modalidade de coautoria ou participação, desde que conhecedor da condição funcional do agente público.

Sujeito Passivo: o Estado e, por conseguinte, o particular, pessoa física ou jurídica prejudicada.

6.1.14.3 Consumação e Tentativa

6.1.14.3.1 ADMITE Tentativa

Consuma-se com a prática de ato revelador do patrocínio, que ofenda a moralidade administrativa, independente de obtenção de vantagem.

6.1.14.4 Descrição do Crime

Utilizando da qualidade de funcionário, o agente público defende interesse alheio de forma direta: pelo próprio funcionário, ou então, de forma indireta: participação de uma terceira pessoa.

6.1.14.5 Considerações

A advocacia administrativa exige mais do que um mero ato de encaminhamento ou protocolado de papéis. É necessário que se verifique o efetivo patrocínio de uma causa, complexa ou não, perante a administração.

6.1.14.5.1 Figura Qualificadora

Parágrafo único. *Se o interesse é ilegítimo:*

Para ensejar na qualificadora, o agente que pratica o ato de patrocínio deve ter conhecimento de que o pleito é ilegítimo.

6.1.14.6 Apontamentos

Caso o patrocínio seja referente à instauração de processo licitatório ou a celebração de contrato junto à Administração Pública, cuja invalidação seja decretada pelo Judiciário, o agente responderá pelo Art. 91 da Lei nº 8.666/90.

6.1.15 Violência Arbitrária

Art. 322. *Praticar violência, no exercício de função ou a pretexto de exercê-la:*

***Pena** - detenção, de seis meses a três anos, além da pena correspondente à violência.*

Esse delito tem por objetivo tipificar a conduta do agente público que atua com violência no exercício da sua função ou a pretexto dela.

Grande parte da doutrina entende que o presente artigo foi revogado tacitamente pela Lei nº 4.898/65 (Lei de abuso de autoridade). Entretanto, há decisões de Tribunais Superiores reconhecendo a vigência do artigo em comento.

6.1.15.1 Classificação

A conduta é sempre dolosa: que pode ser praticada pela ação ou omissão. Não existe possibilidade para modalidade culposa.

É um crime comissivo, por conseguinte, pode incorrer em omissão imprópria, quando o agente, como garantidor, podendo evitar, nada faz para que o crime não seja consumado (Art. 13, §2º, CP).

6.1.15.2 Sujeitos do Crime

Sujeito Ativo: somente funcionário público (crime próprio), não exige a qualidade específica de ser um policial, ademais, é possível a coautoria e participação do particular que tenha consciência da função pública do agente.

Sujeito Passivo: o Estado e, por conseguinte, o particular, pessoa física ou jurídica prejudicada.

6.1.15.3 Consumação e Tentativa

6.1.15.3.1 ADMITE Tentativa

Consuma-se no momento da prática do ato de violência (ação), com a lesão provocada.

6.1.15.4 Descrição do Crime

Conforme já mencionado, não é condição necessária que para incidir em violência arbitrária ou abuso de autoridade a condição específica de policial.

Ex.: Um fiscal sanitário que, no gozo de suas atribuições, ao encontrar uma bandeja de iogurte vencida, decide por lacrar o estabelecimento pelo prazo de noventa dias, além da aplicação da multa de R$ 100.000,00. Nessa hipótese, é claro observar que o agente abusou da atribuição do seu cargo prejudicando um particular. Pois, sua decisão, não foi proporcional ao agravo.

6.1.15.5 Considerações

6.1.15.5.1 Figura Qualificadora Especial

Caso o agente seja ocupante de cargo em comissão, função de direção ou assessoramento, Art. 327,§2º, CP.

O simples emprego de intimidação moral, formada por ameaças, não é suficiente para caracterizar o crime desse artigo.

A pena do crime de violência arbitrária será somada à pena correspondente à violência.

6.1.16 Abandono de Função

***Art. 323**. Abandonar cargo público, fora dos casos permitidos em lei:*

***Pena** - detenção, de quinze dias a um mês, ou multa.*

***§ 1º**. Se do fato resulta prejuízo público:*

***Pena** - detenção, de três meses a um ano, e multa.*

***§ 2º**. Se o fato ocorre em lugar compreendido na faixa de fronteira:*

***Pena** - detenção, de um a três anos, e multa.*

Tutela-se o regular desenvolvimento das atividades administrativas, punindo-se a interrupção do trabalho do servidor público que abandona suas atividades, fora dos casos permitidos em lei.

6.1.16.1 Classificação

Trata-se de um crime de mão própria, ou seja, que só pode ser cometido pelo próprio agente.

É um crime omissivo próprio, cometido por um funcionário específico, no momento em que não cumpre com suas funções.

Pune-se somente na modalidade dolosa.

6.1.16.2 Sujeitos do Crime

Sujeito Ativo: embora o dispositivo diga abandono de função, entende a doutrina que somente o funcionário ocupante de cargo público pode cometer o crime, logo não prevalece a regra do Art. 327, CP.

Sujeito Passivo: A Administração Pública.

6.1.16.3 Consumação e Tentativa

6.1.16.3.1 NÃO Admite Tentativa

É consumado após um tempo relevante, sendo previsto uma probabilidade de dano à Administração, porém sem necessidade que esse realmente ocorra para a efetiva consumação do crime.

Há doutrinadores que dizem que só haverá o crime de abandono após 31 dias ou mais de ausência injustificada no trabalho.

6.1.16.4 Descrição do Crime

6.1.16.4.1 Forma Qualificada pelo Prejuízo

***§ 1º**. Se do fato resulta prejuízo público:*

***Pena** - detenção, de três meses a um ano, e multa.*

Nessa hipótese, compreende duas espécies de prejuízo, sendo o prejuízo social ou coleto, bem como aquele que afeta os serviços públicos e o interesse da coletividade.

6.1.16.4.2 Forma Qualificada Pelo Lugar de Fronteira

***§ 2º**. Se o fato ocorre em lugar compreendido na faixa de fronteira:*

***Pena** - detenção, de um a três anos, e multa.*

Considera-se fronteira a faixa situada até 150 Km de largura, ao longo das fronteiras terrestres.

6.1.17 Exercício Funcional Ilegalmente Antecipado ou Prolongado

***Art. 324.** Entrar, no exercício de função pública antes de satisfeitas as exigências legais, ou continuar a exercê-la, sem autorização, depois de saber oficialmente que foi exonerado, removido, substituído ou suspenso:*

***Pena** - detenção, de quinze dias a um mês, ou multa.*

O exercício ilegal de função pública afeta toda uma estrutura organizacional da Administração Pública, influindo diretamente na prestação de serviço público e no seu normal funcionamento. O referido crime tem por finalidade punir quem entra, exerce ou continua no serviço público de forma ilegal. É um crime de ação penal pública incondicionada.

6.1.17.1 Classificação

É um crime simples, de mão própria e formal.

É um crime doloso, não existindo a modalidade culposa.

6.1.17.2 Sujeitos do Crime

Sujeito Ativo: é o funcionário público já nomeado que ainda não cumpriu todas as exigências para entrar no cargo ou que deixou de ser funcionário por ter sido exonerado, suspenso, removido etc.

Se for pessoa inteiramente alheia à função pública, o crime é o previsto no Art. 328 do CP.

Sujeito Passivo: é o Estado.

6.1.17.3 Consumação e Tentativa

Por ser um crime formal, o delito se consuma com o primeiro ato realizado pelo funcionário público em alguma das condições do tipo penal, não necessitando que a Administração Pública sofra um efetivo dano ou prejuízo. A tentativa é possível, haja vista o caráter plurissubsistente do crime.

6.1.17.4 Descrição do Crime

A primeira parte do *caput* versa uma norma penal em branco homogênea, pois necessita de complementação por legislação específica para saber quais são as exigências legais.

A segunda parte do *caput* descreve um elemento normativo específico, sendo necessário que o agente tenha o efetivo conhecimento de sua situação perante a Administração Pública.

Aquele que ingressa no exercício da função pública, antes de apresentar sua declaração de bens, incide no crime em tela se praticar algum ato inerente ao cargo.

6.1.18 Violação de Sigilo Funcional

> ***Art. 325.*** *Revelar fato de que tem ciência em razão do cargo e que deva permanecer em segredo, ou facilitar-lhe a revelação:*
>
> ***Pena*** *- detenção de seis meses a dois anos, ou multa, se o fato não constitui crime mais grave.*
>
> ***§1º.*** *Nas mesmas penas deste artigo incorre quem:*
>
> ***I.*** *Permite ou facilita, mediante atribuição, fornecimento e empréstimo de senha ou qualquer outra forma, o acesso de pessoas não autorizadas a sistemas de informações ou banco de dados da Administração Pública;*
>
> ***II.*** *Se utiliza, indevidamente, do acesso restrito.*
>
> ***§2º.*** *Se da ação ou omissão resulta dano á Administração Pública ou a outrem:*
>
> ***Pena*** *- reclusão, de dois a seis anos, e multa.*

Certos assuntos da Administração Pública possuem caráter sigiloso e são imprescindíveis à segurança da sociedade e do Estado. Esse artigo tem por finalidade preservar os interesses públicos, privados e coletivos do sigilo das informações necessárias ao normal funcionamento da máquina pública. É um crime de ação penal pública incondicionada.

6.1.18.1 Classificação

É um crime simples, de mão própria (somente pode ser cometido por funcionário público que tenha o dever de assegurar o sigilo) e formal.

É considerado um crime doloso não tendo especificado em seu tipo penal um especial fim de agir. Não admite a modalidade culposa.

6.1.18.2 Sujeitos do Crime

Sujeito Ativo: por ser um crime de mão própria, exige-se uma qualidade especial do sujeito ativo do crime, podendo ser tanto o funcionário público em efetivo exercício, quanto o aposentado, afastado ou em disponibilidade, podendo o particular ser partícipe do crime (Art. 325 do CP) se concorreu de qualquer modo com a revelação da informação.

Sujeito Passivo: é o ente público que teve o seu segredo revelado e, eventualmente, o particular lesado pela revelação do segredo.

6.1.18.3 Consumação e Tentativa

O delito passa a ser consumado no momento em que a informação sigilosa é revelada a terceira pessoa, não exigindo que tal informação seja de conhecimento geral do público.

A tentativa somente é aceita se for uma conduta por escrito e, por circunstâncias alheias à vontade do agente, a carta não chega ao destino.

6.1.18.4 Descrição do Crime

Figuras Equiparadas do §1º

Inciso I, exemplo: "A", um analista da Receita Federal, revela a senha do banco de dados do cadastro dos contribuintes, para que sua amiga encontre o endereço de seu ex-namorado.

Inciso II, exemplo: "A", analista da Receita Federal, utiliza a senha restrita do banco de dados dos servidores para descobrir informações fiscais de seus colegas de repartição.

Qualificadora §2º

Nessa figura, existe a lesão à Administração Pública ou a algum particular, ou seja, é considerado um crime de dano.

Aplicando-se o princípio da especialidade, a violação de sigilo funcional envolvendo certames de interesse público não caracteriza o crime do Art. 325, mas sim o do Art. 311-A do CP.

6.1.19 Violação de Sigilo de Proposta de Concorrência

> ***Art. 326.*** *Devassar o sigilo de proposta de concorrência pública, ou proporcionar a terceiro o ensejo de devassá-lo:*
>
> ***Pena*** *- detenção, de três meses a um ano, e multa.*

Revogado tacitamente pelo Art. 94 da Lei nº 8.666/93 (Lei das Licitações).

6.1.20 Funcionário Público

> ***Art. 327.*** *Considera-se funcionário público, para os efeitos penais, quem, embora transitoriamente ou sem remuneração, exerce cargo, emprego ou função pública.*
>
> ***§ 1º.*** *Equipara-se a funcionário público: quem exerce cargo, emprego ou função em entidade paraestatal, e quem trabalha para empresa prestadora de serviço contratada ou conveniada para a execução de atividade típica da Administração Pública.*

§ 2º. A pena será aumentada da terça parte quando os autores dos crimes previstos neste Capítulo forem ocupantes de cargos em comissão ou de função de direção ou assessoramento de órgão da administração direta, sociedade de economia mista, empresa pública ou fundação instituída pelo poder público.

Para fins penais, considera-se funcionário público aquele que trabalha para uma empresa particular que mantém convênio com o Poder Público, e para este presta serviço.

São funcionários públicos não só aqueles que desempenham cargos criados por lei, regularmente investidos e nomeados, remunerados pelo cofres públicos, como também os que exercem emprego público (contratados, mensalistas, diaristas, tarefeiros, nomeados a título precário) e, ainda, todos que, de qualquer forma, exercem função pública.

6.2 Dos Crimes Praticados por Particular contra a Administração em Geral

6.2.1 Usurpação de Função Pública

***Art. 328.** Usurpar o exercício de função pública:*

***Pena** - detenção, de três meses a dois anos, e multa.*

***Parágrafo único.** se do fato o agente aufere vantagem:*

***Pena** - reclusão, de dois a cinco anos, e multa.*

6.2.1.1 Introdução

Esse crime foi criado com o intuito de punir aquele que exerce função pública sem possuir legitimidade para tanto, pois o Estado tem interesse em preservação da função das pessoas realmente investidas ao exercício das funções públicas. É um crime de ação penal pública incondicionada.

6.2.1.2 Classificação

É um crime simples, comum e formal.

É considerado um crime doloso, não dependendo de nenhuma finalidade. Não é admitida a culpa.

6.2.1.3 Sujeitos do Crime

Sujeito Ativo: Por ser um crime comum, pode ser praticado por qualquer pessoa, inclusive por funcionário público. **Ex.:** um escrivão que atue exercendo tarefas exclusivas de um Delegado de Polícia.

Sujeito Passivo: Imediatamente é a Administração Pública e secundariamente a pessoa física ou jurídica à qual recaiu a conduta criminosa.

6.2.1.4 Consumação e Tentativa

Trata-se de crime formal. Consuma-se o delito com a prática de ato exclusivo, que só pode ser praticado por pessoa legalmente investida no ofício usurpado.

A tentativa é plenamente possível. No caso do agente ser impedido de executar ato de ofício por circunstâncias alheias a sua vontade.

6.2.1.5 Descrição do Crime

A figura qualificada (Art. 328, parágrafo único) se refere a um crime material, visto que o agente aufere vantagem do delito, sendo a vantagem de qualquer natureza.

6.2.2 Resistência

***Art. 329.** Opor-se à execução de ato legal, mediante violência ou ameaça a funcionário competente para executá-lo ou a quem lhe esteja prestando auxílio:*

***Pena** - detenção, de dois meses a dois anos.*

***§ 1º.** Se o ato, em razão da resistência, não se executa:*

***Pena** - reclusão, de um a três anos.*

***§ 2º.** As penas deste artigo são aplicáveis sem prejuízo das correspondentes à violência.*

6.2.2.1 Introdução

Esse crime visa proteger a Administração Pública e, também, a atuação do funcionário público na realização de atos legais e a integridade física e moral do particular que lhe presta auxílio. É um crime de ação penal pública incondicionada.

6.2.2.2 Classificação

É um crime **pluriofensivo** (atinge mais de um bem jurídico), comum e formal.

É um crime doloso e mais a intenção de impedir a execução de ato legal (especial fim de agir). Não se admite a modalidade culposa.

6.2.2.3 Sujeitos do Crime

Sujeito Ativo: pode ser praticado por qualquer pessoa (crime comum).

O funcionário público pode ser sujeito ativo deste crime nas situações em que age como particular.

O sujeito ativo (autor) pode ser pessoa alheia à execução do ato legal. Ex.: Filho que procura resistir à prisão legítima do pai mediante violência ou grave ameaça.

É indispensável que o particular esteja efetivamente acompanhado do funcionário público competente para a execução do ato para que se caracterize o crime de resistência, pois caso o particular esteja sozinho o agente responderá por outro crime (lesão corporal, ameaça, tentativa de homicídio etc.).

Sujeito Passivo: primariamente o Estado e, secundariamente, o funcionário público agredido ou ameaçado pela resistência.

6.2.2.4 Consumação e Tentativa

É crime formal. Não importa se o agente consegue ou não impedir a execução do ato legal, o crime estará consumado.

Em regra admite tentativa, com exceção de ameaça verbal.

6.2.2.5 Descrição do Crime

Opor-se: impedir a execução do ato legal. O ato legal deve ser específico e concreto, isto é, apto a gerar efeitos imediatos e dirigido a pessoa(s) determinada(s).

6.2.2.5.1 Espécies de Resistência

Resistência ATIVA: é o crime de resistência do Art. 329, *caput*, do Código Penal.

Resistência PASSIVA: o agente, sem o emprego de violência ou ameaça a funcionário público competente ou a quem lhe presta auxilio, se opõe à execução de ato legal.

Ex.: "A", policial civil, vai cumprir um mandado de prisão preventiva expedido em face de "B", este se agarra a um poste para não ser preso.

Nesta hipótese, (Resistência Passiva) não se configura o crime de Resistência. Todavia, o agente responderá pelo crime de Desobediência (Art. 330, CP).

Violência:

A violência deve ser dirigida contra pessoa, pois se for dirigida contra coisa o agente responderá pelo crime de dano qualificado (Art. 163, parágrafo único, III, CP).

A violência deve ser empregada durante a execução do ato legal, pois se for empregada antes ou depois o agente responderá pelo crime de ameaça (Art. 147, CP) ou lesão corporal (Art. 129, CP).

A violência deve ser empregada para impedir o cumprimento da ordem, se for outra a causa, o crime será outro.

Figura qualificada (Art. 329, §1º, CP): O que seria o exaurimento do crime funciona como uma qualificadora. Nesta hipótese o crime é material.

6.2.2.6 Considerações

Legalidade do Ato: o ato deve ser legal, mesmo que injusto.

Ex.: O juiz decretou a prisão preventiva de "A" pois ele é o principal suspeito de ter estuprado oito mulheres numa pequena cidade do interior. No momento da realização da prisão, "A" agrediu os policiais militares, pois jurava que era inocente. Uma semana após a prisão, "B" o verdadeiro estuprador fez duas novas vítimas e foi preso em flagrante. O juiz mandou soltar "A", mas este responderá pelo crime de resistência, pois o ato, apesar de injusto, era legal.

6.2.3 Desobediência

Art. 330. *Desobedecer a ordem legal de funcionário público:*
Pena *- detenção, de quinze dias a seis meses, e multa.*

O crime de desobediência, também conhecido como "resistência passiva", apresenta pontos em comum com o crime de resistência (Art. 329 do CP), porém se diferencia pela ausência de violência ou grave ameaça ao funcionário público ou a pessoa que está auxiliando o funcionário. É um crime de ação penal pública incondicionada.

6.2.3.1 Classificação

É um crime simples, comum e formal.

Dolo. O agente deve ter consciência da legalidade da ordem e da competência do funcionário público, sob pena de atipicidade do fato (o fato não será crime). Não se admite a modalidade culposa.

Pode ser praticado por ação ou por omissão.

6.2.3.2 Sujeitos do Crime

Sujeito Ativo: qualquer pessoa, desde que vinculada ao cumprimento da ordem legal imposta pela autoridade pública.

Se o agente devia cumprir a ordem, por dever de ofício, tipifica-se, em tese, o delito de prevaricação.

Sujeito Passivo: é o Estado de forma imediata e mediatamente é o funcionário público o qual teve a ordem descumprida injustificadamente.

6.2.3.3 Consumação e Tentativa

→ **A consumação depende do tipo de ordem:**

Se for uma **omissão** do agente: no momento em que o agente atuar, violando, assim, a ordem de abster-se;

Se for uma **ação** do agente: no momento em que transcorrer o prazo para que o agente realize determinado ato e este não cumpra a ordem dada.

Admite-se a tentativa na modalidade comissiva (ação). Não é cabível na modalidade omissiva.

6.2.3.4 Conduta

Desobedecer (Recusar cumprimento / Desatender / Descumprir) ordem legal de funcionário público competente para emiti-la. Necessita da presença de dois requisitos:

Existência de uma ordem legal: não se trata de uma mera solicitação ou pedido.

Ordem emanada de funcionário público competente: o funcionário deve possuir competência funcional para emitir a ordem.

6.2.3.5 Considerações

Segundo a Jurisprudência, pratica o crime de desobediência o indivíduo que se recusa a identificar-se criminalmente nos casos previstos em lei. Assim, como o indiciado que se recusa a identificar-se civilmente.

Pratica o crime previsto no Art. 307 da Lei nº 9.503/97 (Código de Trânsito Brasileiro), o indivíduo que viola a suspensão ou proibição de se obter a permissão ou a habilitação para dirigir veículo automotor.

Desobediência X Resistência

Desobediência (Art. 330, CP)	Resistência (Art. 329, CP)
Não há emprego de violência ou ameaça.	Há emprego de violência ou ameaça.

6.2.3.6 Apontamentos

→ Não é crime de desobediência a conduta do agente que se recusa a realizar:
  > Teste de bafômetro;
  > Exame de sangue (hematológico);
  > Exame de DNA;
  > Dosagem alcoólica;
  > Exame grafotécnico.

Lembre-se de que ninguém é obrigado a produzir prova contra si mesmo, pois trata-se de desdobramento lógico da garantia constitucional ao silêncio.

6.2.4 Desacato

***Art. 331.** Desacatar funcionário público no exercício da função ou em razão dela:*

***Pena** - detenção, de seis meses a dois anos, ou multa.*

Todo funcionário público representa o Estado e age em seu nome a todo o momento em que exerce sua função. O crime de desacato (Art. 332 do CP) foi criado com o intuito de proteger o agente público e o prestígio da função exercida pelo funcionário público. É um crime de ação penal pública incondicionada.

6.2.4.1 Classificação

Crime de forma livre, admitindo qualquer meio de execução.

Dolo. Vontade livre e consciente de agir com a finalidade de desprestigiar a função pública do ofendido. Não se admite a modalidade culposa.

É um crime formal. Independe, para sua consumação, de um resultado naturalístico.

6.2.4.2 Sujeitos do Crime

Sujeito Ativo: crime comum (pode ser praticado por qualquer pessoa).

É possível que o funcionário público seja autor do crime de desacato, pois, ao cometer este delito, ele se despe de sua qualidade de funcionário público e passa a atuar como um particular. Nesta situação não importa se o agente é ou não superior hierárquico do funcionário público ofendido.

Não há crime de desacato na hipótese em que o ofendido, no momento da conduta, não possui mais a condição de funcionário público (Ex.: aposentado, demitido etc). Todavia, poderá haver crime contra a honra (calúnia/difamação/injúria), pois neste caso há lesão contra um particular e não contra a Administração Pública.

O advogado pode praticar (ser sujeito ativo) o crime de desacato caso ofenda funcionário público no exercício da função ou em razão dela.

Sujeito Passivo: o Estado, primariamente, e o funcionário público ofendido, secundariamente.

Será vítima somente o funcionário público assim definido no caput do Art. 327 do CP, não abrangendo o equiparado.

6.2.4.3 Consumação e Tentativa

É crime Formal. Ocorre no momento em que o funcionário público é ofendido. Não importa se sente ou não ofendido com os atos praticados. Não é necessário que outras pessoas presenciem a ofensa proferida.

Admite-se a tentativa, salvo quando a ofensa é praticada verbalmente.

6.2.4.4 Descrição do Crime

O autor deste crime deve ter ciência de que o ofendido é funcionário público e se encontra no exercício da função pública ou que a ofensa é proferida em razão dela. Deve ter ainda o propósito de desprestigiar a função pública do funcionário público (especial fim de agir).

Não é necessário que o funcionário público se encontre no interior da repartição pública. Basta que esteja no exercício da função pública.

Ex.: Pedro encontra o Juiz de Direito no supermercado e o chama de corrupto.

Haverá crime único de desacato caso o agente ofenda vários funcionários públicos no mesmo contexto fático, pois o sujeito passivo é a Administração Pública.

6.2.4.5 Considerações

Não haverá o crime de desacato caso a ofensa diga respeito à vida particular do funcionário público. Todavia, poderá caracterizar crime contra a honra.

Ex.: Afirmar que o Promotor de Justiça foi visto saindo de um prostíbulo.

Vejamos as diferenças entre os crimes de injúria (Art. 140 do CP) e desacato (Art. 331 do CP).

Desacato (Art. 331, CP)	Injúria (Art. 140, CP)
A ofensa é proferida na PRESENÇA do funcionário público.	A ofensa é proferida na AUSÊNCIA do funcionário público.
Crime contra a Administração Pública.	Crime contra a honra.
Ação Penal Pública Incondicionada.	Regra: Ação Penal iniciativa privada.

6.2.5 Tráfico de Influência

***Art. 332.** Solicitar, exigir, cobrar ou obter, para si ou para outrem, vantagem ou promessa de vantagem, a pretexto de influir em ato praticado por funcionário público no exercício da função:*

***Pena** - reclusão, de 2 (dois) a 5 (cinco) anos, e multa*

***Parágrafo único.** a pena é aumentada da metade, se o agente alega ou insinua que a vantagem é também destinada ao funcionário.*

O crime de tráfico de influência foi criado pela Lei nº 9.127/95, porém antes de sua criação, o delito era chamado de exploração de prestígio (Art. 357 do CP), sendo esse um crime contra a Administração da justiça e o tráfico de influência (Art. 332 do CP) contra a Administração Pública. O crime em apreço é de ação penal pública incondicionada.

6.2.5.1 Classificação

É classificado como crime simples, comum e FORMAL.

É um crime doloso e com um especial fim de agir (vantagem para si ou para outrem). Não é admitida a modalidade culposa.

6.2.5.2 Sujeitos do Crime

Sujeito Ativo: por ser um crime comum, pode ser praticado por qualquer pessoa.

Sujeito Passivo: de maneira imediata é o Estado e mediatamente, o comprador da influência (pessoa que paga ou promete vantagem), com o fim de obter benefício do funcionário público.

6.2.5.3 Consumação e Tentativa

É um crime de consumação antecipada ou formal, caracterizando-se pela realização da conduta descrita no tipo penal, independentemente da obtenção da vantagem. Observação: com o núcleo do tipo "obter", o crime é material, consumando o delito no momento da obtenção da vantagem.

Tentativa é possível em determinados casos, do contrário não será admitida, pois se a conduta for realizada verbalmente não há que se falar em tentativa.

6.2.5.4 Descrição do Crime

Por haver vários núcleos do tipo (exigir, solicitar, obter, cobrar), o crime de tráfico de influência é classificado como crime de ação múltipla ou de conteúdo variado, respondendo o agente se praticado no mesmo contexto fático, por crime único, mesmo se realizar mais de um núcleo do tipo.

Segundo STJ é dispensável para a caracterização do delito que o agente efetivamente influa em ato praticado por funcionário público, basta que o mesmo alegue ter condições para tanto.

Ex.: "A", dizendo ser amigo de um Delegado de Polícia, sem realmente sê-lo, solicita a "B" que entregue certo valor a pretexto de convencer (influir) o Delegado a não instaurar uma investigação contra o filho de "A".

6.2.5.5 Considerações

Caso a aludida influência seja real, poderá haver outro crime (corrupção).

6.2.5.6 Causa de Aumento de Pena, Parágrafo Único

Caso o agente, além de toda a fraude empregada, alega que a vantagem também se destina ao funcionário público, será aquele merecedor de pena majorada, visto que o bem jurídico tutelado no tipo é mais gravemente afetado, qual seja, o prestígio da Administração Pública.

6.2.6 Corrupção Ativa

> ***Art. 333.*** *Oferecer ou prometer vantagem indevida a funcionário público, para determiná-lo a praticar, omitir ou retardar ato de ofício:*
>
> ***Pena*** *- reclusão, de 2 (dois) a 12 (doze) anos, e multa.*
>
> ***Parágrafo único.*** *A pena é aumentada de um terço, se, em razão da vantagem ou promessa, o funcionário retarda ou omite ato de ofício, ou o pratica infringindo dever funcional.*

O crime de corrupção ativa está tipificado no Art. 333 do Código Penal e faz parte dos crimes cometidos por particular contra a Administração Pública. Isso não quer dizer que não possa ser cometido por funcionário público que, se praticá-lo, estará se despindo de sua função pública e agindo como um particular.

É um crime de ação penal pública incondicionada.

6.2.6.1 Classificação

É considerado um crime formal, que para sua consumação não se exige um resultado.

Classificado como plurissubsistente, podendo sua conduta ser fracionada em diversos atos.

É um crime doloso, acrescido de um especial fim de agir (determinar o funcionário público a praticar, omitir ou retardar ato de ofício).

6.2.6.2 Sujeitos do Crime

Sujeito Ativo: crime comum (qualquer pessoa).

Funcionário público também pode ser sujeito ativo deste crime, desde que realize a conduta sem aproveitar-se das facilidades inerentes à sua condição funcional.

Ex.: Pedro, analista judiciário do TRF, oferece dinheiro a um Delegado de Polícia para que este não o prenda em flagrante pela prática do crime de porte ilegal de arma de fogo.

O particular só responderá por corrupção ativa se este oferecer ou prometer vantagem indevida. A simples entrega de vantagem ilícita solicitada por funcionário público não configura crime nestes casos, o particular será vítima secundária de corrupção passiva (Art. 317 do CP).

Sujeito Passivo: o Estado e, secundariamente, a pessoa física ou jurídica prejudicada pela conduta criminosa.

6.2.6.3 Consumação e Tentativa

É crime formal. Ocorre a consumação com a oferta ou promessa de vantagem indevida ao funcionário público, independentemente da sua aceitação. Ofereceu ou prometeu, o crime já está consumado.

Também não é necessária a prática, omissão ou retardamento do ato de ofício. Desse modo, se o agente oferece ou promete a vantagem indevida ao funcionário público, o crime estará consumado.

A tentativa é possível, salvo quando o crime é praticado verbalmente.

6.2.6.4 Descrição do Crime

Vantagem Indevida: não precisa ser necessariamente patrimonial/econômica. Pode ter qualquer natureza: patrimonial, sexual, moral etc.

Meios de Execução: o delito de corrupção ativa pode ser praticado de duas formas:

Oferecer vantagem indevida: nesta hipótese, a conduta parte do particular que põe à disposição a vantagem indevida ao funcionário público e este a recebe. Desse modo, o particular praticou o crime de corrupção ativa (Art. 333 do CP) e o funcionário público o crime de corrupção passiva (Art. 317 do CP).

PROMETE vantagem indevida: nesta hipótese, a conduta parte do particular que promete a vantagem indevida ao funcionário público e este a aceita. Desse modo, o particular praticou o crime de corrupção ativa (Art. 333 do CP) e o funcionário público o crime de corrupção passiva (Art. 317 do CP). Não é necessário que o particular efetivamente cumpra sua promessa para que ocorra a consumação do delito, basta a simples promessa.

Não se configura a infração penal quando a oferta ou promessa tem o fim de impedir ou retardar ato ilegal.

6.2.6.5 Causa de Aumento de Pena

> ***Parágrafo único.*** *A pena é aumentada de um terço, se, em razão da vantagem ou promessa, o funcionário retarda ou omite ato de ofício, ou o pratica infringindo dever funcional.*

A corrupção ativa é um crime formal. Desse modo, o que seria o exaurimento do crime (retardar ou omitir ato de ofício, ou o praticar infringindo dever funcional) funciona como uma causa de aumento de pena.

6.2.6.6 Considerações

O crime de corrupção ativa é uma exceção à Teoria Unitária ou Monista do concurso de pessoas (Art. 29 do CP), pois o particular que oferece ou promete vantagem indevida responde pelo crime de corrupção ativa (Art. 333 do CP), já o funcionário público que recebe ou aceita promessa de vantagem indevida responde pelo crime de corrupção passiva (Art. 317 do CP).

Corrupção Ativa (Art. 333, CP)	Corrupção Passiva (Art. 317, CP)
Sujeito Ativo: Particular	Sujeito Ativo: Funcionário Público
Fato Atípico ←	Solicitar
Oferecer →	Receber
Prometer →	Aceitar Promessa

É possível que ocorra o crime de corrupção ativa sem que ocorra corrupção passiva.

Ex.: Pedro oferece ou promete dinheiro, vantagem indevida, para que João (Delegado de Polícia) não o prenda em flagrante, mas João não recebe ou aceita a promessa.

Também é possível que ocorra o crime de corrupção passiva sem que ocorra corrupção ativa.

Ex.: Ronaldo (auditor fiscal) solicita vantagem indevida a André (empresário) para não aplicar uma multa milionária na empresa deste último.

Duas situações podem ocorrer: André realiza a entrega da vantagem indevida, ou não. Nas duas hipóteses, apenas Ronaldo praticou crime, pois a conduta de André é atípica.

6.2.6.7 Apontamentos

Na hipótese em que o particular pede para o funcionário público dar um jeitinho não responderá pelo crime de corrupção ativa, pois o agente não ofereceu nem prometeu vantagem indevida. Nessa hipótese, duas situações podem ocorrer:

> O funcionário público Dá o jeitinho. Responderá por corrupção passiva privilegiada (Art. 317, §2º, CP) e o particular será partícipe deste crime;

> O funcionário público Não dá o jeitinho. O fato é atípico para ambos.

6.2.7 Contrabando e Descaminho

6.2.7.1 Descaminho - Art. 334

Antes da publicação da Lei nº 13.008/14, o Art. 334 do Código Penal tipificava a prática dos crimes de contrabando e descaminho como crime único, atribuindo pena de reclusão de um a quatro anos. Com a nova redação ocorre a separação dos crimes de contrabando e descaminho, tornando-os crimes autônomos.

Art. 334. *Iludir, no todo ou em parte, o pagamento de direito ou imposto devido pela entrada, pela saída ou pelo consumo de mercadoria*

Pena *- reclusão, de 1 (um) a 4 (quatro) anos.*

§ 1º. *Incorre na mesma pena quem:*

I. *pratica navegação de cabotagem, fora dos casos permitidos em lei;*

II. *pratica fato assimilado, em lei especial, a descaminho;*

III. *vende, expõe à venda, mantém em depósito ou, de qualquer forma, utiliza em proveito próprio ou alheio, no exercício de atividade comercial ou industrial, mercadoria de procedência estrangeira que introduziu clandestinamente no País ou importou fraudulentamente ou que sabe ser produto de introdução clandestina no território nacional ou de importação fraudulenta por parte de outrem;*

IV. *adquire, recebe ou oculta, em proveito próprio ou alheio, no exercício de atividade comercial ou industrial, mercadoria de procedência estrangeira, desacompanhada de documentação legal ou acompanhada de documentos que sabe serem falsos.*

§ 2º. *Equipara-se às atividades comerciais, para os efeitos deste artigo, qualquer forma de comércio irregular ou clandestino de mercadorias estrangeiras, inclusive o exercido em residências.*

§ 3º. *A pena aplica-se em dobro se o crime de descaminho é praticado em transporte aéreo, marítimo ou fluvial.*

No Descaminho, as mercadorias apreendidas são legais no território brasileiro, porém não há o devido pagamento de tributos pela entrada e saída de mercadorias.

6.2.7.1.1 Descrição do Crime

> Objeto Material: tributos não recolhidos.

> Núcleo do Tipo: iludir, ou seja, ludibriar, frustrar o pagamento do tributo.

> Sujeito Ativo: crime comum (qualquer pessoa) por ser um crime comum, pode ser praticado por qualquer pessoa, até mesmo um funcionário público, desde que o funcionário não tenha o dever funcional de impedir a prática do crime de contrabando e descaminho.

> Sujeito Passivo: o Estado

Ex.: Tício, policial civil, auxilia Caio a contrabandear caixas de cigarro para o outro lado da fronteira. Tício não tem um especial dever funcional de evitar tal conduta, portanto responderá pelo crime de descaminho ou contrabando capitulados, respectivamente, nos Art. 334 e 334-A do CP, como partícipe ou coautor, a depender do contexto fático.

Apesar de existir divergência entre o STF e o STJ é cabível o princípio da insignificância no crime de Descaminho. Para a aplicação desse princípio o STJ estipula o valor de R$ 10.000,00, enquanto o STF entende que o valor é de R$ 20.000,00. Diante disso é de suma importância atentar-se para o comando da questão e observar qual dos posicionamentos a banca irá abordar.

6.2.7.2 Contrabando - Art. 334-A

Art. 334-A. *Importar ou exportar mercadoria proibida:*

Pena *- reclusão, de 2 (dois) a 5 (cinco) anos.*

§ 1º. *Incorre na mesma pena quem:*

I. *pratica fato assimilado, em lei especial, a contrabando;*

II. *importa ou exporta clandestinamente mercadoria que dependa de registro, análise ou autorização de órgão público competente;*

III. reinsere no território nacional mercadoria brasileira destinada à exportação;

IV. vende, expõe à venda, mantém em depósito ou, de qualquer forma, utiliza em proveito próprio ou alheio, no exercício de atividade comercial ou industrial, mercadoria proibida pela lei brasileira;

V. adquire, recebe ou oculta, em proveito próprio ou alheio, no exercício de atividade comercial ou industrial, mercadoria proibida pela lei brasileira.

§ 2º. Equipara-se às atividades comerciais, para os efeitos deste artigo, qualquer forma de comércio irregular ou clandestino de mercadorias estrangeiras, inclusive o exercido em residências.

§ 3º. A pena aplica-se em dobro se o crime de contrabando é praticado em transporte aéreo, marítimo ou fluvial.

Diferentemente do que ocorre no Descaminho, no crime de Contrabando as mercadorias são proibidas no território brasileiro. Dessa forma, NÃO é possível a aplicação do princípio da insignificância.

6.2.7.2.1 Descrição do Crime:

> Objeto Material: mercadoria contrabandeada.

> Núcleos do Tipo: importar, exportar mercadoria contrabandeada.

> Sujeito Ativo: crime comum (qualquer pessoa).

> Sujeito Passivo: o Estado.

6.2.7.2.2 Importante

A importação de bebidas é legal, porém a legislação traz uma restrição quanto à quantidade. Caso ocorra o excesso da quantidade permitida incidirá o Contrabando, Art. 334-A. Diferentemente ocorre no caso do crime de Descaminho, Art. 334, no qual ocorre a sonegação do tributo devido.

A redação anterior do Código Penal considerava que a pena seria aplicada em dobro mediante transporte aéreo. De acordo com o §3º dos Arts. 334 e 334-A, a nova redação passou a considerar esta previsão também para os transportes marítimos e fluviais.

É mais uma exceção à teoria monista ou unitária no concurso de pessoas (Art. 29, *caput*, CP). Haja vista ser a conduta do funcionário público que facilita o contrabando ou descaminho (Art. 318 do CP) ser mais reprovável em razão de sua natureza funcional perante a administração pública, as condutas foram separadas e com penas distintas, porém, ambos os crimes tipificam o mesmo resultado, qual seja, o descaminho ou o contrabando.

O funcionário público que:

Não possui o dever funcional de impedir o contrabando ou descaminho. Será coautor ou partícipe do crime de contrabando ou descaminho (Art. 334, CP).

Possui o dever funcional de impedir a prática do contrabando ou descaminho e concorre para a realização de qualquer destes crimes. Responderá pelo crime de facilitação de contrabando ou descaminho (Art. 318, CP).

> Trata-se de mais uma exceção à Teoria Unitária ou Monista do concurso de pessoas (Art. 29, CP).

São crimes materiais (consumam-se com a produção de um resultado)	
Contrabando	O agente importa ou exporta a mercadoria proibida pelas vias ordinárias (caminhos normais), ou seja, pela fiscalização alfandegária: o crime estará consumado no instante em que a mercadoria é liberada pela autoridade alfandegária.
	O agente se vale dos meios clandestinos para importar ou exportar a mercadoria proibida. O crime estará consumado no momento da entrada ou saída da mercadoria do território nacional.
Descaminho	Se consuma com a liberação da mercadoria (permitida) sem o pagamento de tributo devido pela sua entrada ou saída do Brasil.

No crime de contrabando a mercadoria não precisa ser necessariamente estrangeira (produzida no exterior). Desse modo é possível a fabricação da mercadoria em território nacional desde que seja destinada exclusivamente à exportação.

Ex.: Empresa fabrica explosivos no Brasil e os exporta para a Coreia do Norte. Posteriormente, um norte coreano ingressa com estes explosivos em território brasileiro.

Crimes específicos: por ter natureza genérica ou residual, o crime de contrabando e descaminho somente será aplicado quando a conduta de descaminho ou contrabando de mercadoria não configurar algum crime específico.

Ex.: O indivíduo que importar ou exportar drogas, sem autorização ou em desacordo com determinação legal, responderá pelo crime de tráfico internacional de drogas (Art. 33, Lei nº 11.343/06. Lei de Drogas).

O indivíduo que importar ou exportar arma de fogo, acessório ou munição, sem autorização da autoridade competente, responderá pelo crime de tráfico internacional de arma de fogo (Art. 18, Lei nº 10.826/03. Estatuto do Desarmamento).

Competência para julgamento: Justiça federal, pois ofendem interesses da União (Art. 109, IV, CF/88).

Súm. 151, STJ: A competência para o processo e julgamento por crime de contrabando ou descaminho define-se pela prevenção do Juízo Federal do lugar da apreensão dos bens.

6.2.8 Impedimento, Perturbação ou Fraude de Concorrência

Art. 335. *Impedir, perturbar ou fraudar concorrência pública ou venda em hasta pública, promovida pela administração federal, estadual ou municipal, ou por entidade paraestatal; afastar ou procurar afastar concorrente ou licitante, por meio de violência, grave ameaça, fraude ou oferecimento de vantagem:*

Pena *- detenção, de seis meses a dois anos, ou multa, além da pena correspondente à violência.*

Parágrafo único. *Incorre na mesma pena quem se abstém de concorrer ou licitar, em razão da vantagem oferecida.*

Revogado tacitamente pelos Art. 93 e 95 da Lei nº 8.666/93 (Lei das Licitações)

6.2.9 Inutilização de Edital ou de Sinal

> ***Art. 336.*** *Rasgar ou, de qualquer forma, inutilizar ou conspurcar edital afixado por ordem de funcionário público; violar ou inutilizar selo ou sinal, empregado por determinação legal ou por ordem de funcionário público, para identificar ou cerrar qualquer objeto:*
>
> ***Pena*** *- detenção, de um mês a um ano, ou multa.*

O que é protegido nesse crime é a Administração Pública, pois acarreta complicação ao interesse público e o normal desenvolvimento de suas atividades.

6.2.9.1 Classificação

É considerado um crime simples, pois ofende um único bem jurídico e também material, pois para sua consumação gera um resultado naturalístico.

É um crime doloso, não possuindo um especial fim de agir. Não é admitida a modalidade culposa.

6.2.9.2 Sujeitos do Crime

Sujeito Ativo: por ser um crime comum, pode ser praticado por qualquer pessoa, até mesmo funcionário público.

Sujeito Passivo: o Estado.

6.2.9.3 Consumação e Tentativa

É exigido para sua consumação um resultado naturalístico, não sendo suficiente para a consumação a conduta descrita no tipo.

É possível que haja o fracionamento do *iter criminis*, portanto é admitida a tentativa.

6.2.9.4 Descrição do Crime

Edital: tem natureza administrativa (licitação) ou judicial (citação).

Selo ou sinal: qualquer tipo de marca feita por determinação legal (lacre de interdição da vigilância sanitária).

Núcleos do tipo: rasgar, inutilizar, conspurcar (sujar) e violar.

Não haverá o crime se os objetos materiais referidos no tipo perderam utilidade, como na hipótese do edital com prazo vencido.

Não pratica o crime aquele que reage, moderadamente, contra ato abusivo (ilegal) de funcionário público, rasgando, por exemplo, tira de papel afixada por oficial de justiça na porta de sua moradia, anunciando seu despejo.

6.2.10 Subtração ou Inutilização de Livro ou Documento

> ***Art.337.*** *Subtrair, ou inutilizar, total ou parcialmente, livro oficial, processo ou documento confiado à custódia de funcionário, em razão de ofício, ou de particular em serviço público:*
>
> ***Pena*** *- reclusão, de dois a cinco anos, se o fato não constitui crime mais grave.*

Essa conduta de subtração, inutilização de livro oficial, processo ou documento é prevista em vários tipos do Código Penal. As leituras dos Arts. 305, 314, 337 e 356 são relativamente semelhantes, porém cada crime possui uma especificação diferente que os caracteriza. Esse crime é de ação penal pública incondicionada.

6.2.10.1 Classificação

Considerado um crime simples, pois ofende um único bem jurídico e comum, podendo ser praticado por qualquer pessoa.

É um crime doloso, e não depende de nenhuma finalidade específica. Não admite a modalidade culposa.

6.2.10.2 Sujeitos do Crime

Sujeito Ativo: por ser um crime comum, pode ser cometido por qualquer pessoa, desde que não seja pelo funcionário público responsável pela custódia dos documentos.

Caso o agente seja funcionário público, incumbido ratione officci da guarda dos objetos materiais, a conduta será enquadrada no Art. 314 do CP. Se o agente for advogado ou procurador que, nessa qualidade, tiver retirado o processo ou documentos, o crime será o do Art. 356 do CP.

Sujeito Passivo: primeiramente é o Estado, e secundariamente a pessoa jurídica ou física que foi prejudicada pela ação criminosa.

6.2.10.3 Consumação e Tentativa

Consuma-se o crime no momento da subtração de livro oficial, processo ou documento, mediante apoderamento do agente ou no momento da inutilização total ou parcial da coisa.

A tentativa é possível devido o crime ser de caráter plurissubsistente.

6.2.10.4 Descrição do Crime

Subtrair e inutilizar são os núcleos do tipo. Subtrair é retirar um dos elementos do tipo (livro oficial, processo ou documento) da custódia do funcionário público, se apoderando do item.

6.2.11 Sonegação de Contribuição Previdenciária

> ***Art. 337-A.*** *Suprimir ou reduzir contribuição social previdenciária e qualquer acessório, mediante as seguintes condutas:*
>
> ***I.*** *Omitir de folha de pagamento da empresa ou de documento de informações previsto pela legislação previdenciária segurados, empregado, empresário, trabalhador avulso ou trabalhador autônomo ou a este equiparado que lhe prestem serviços;*
>
> ***II.*** *Deixar de lançar mensalmente nos títulos próprios da contabilidade da empresa as quantias descontadas dos segurados ou as devidas pelo empregador ou pelo tomador de serviços;*
>
> ***III.*** *Omitir, total ou parcialmente, receitas ou lucros auferidos, remunerações pagas ou creditadas e demais fatos geradores de contribuições sociais previdenciárias:*
>
> ***Pena*** *- reclusão, de 2 (dois) a 5 (cinco) anos, e multa.*
>
> ***§ 1º.*** *É extinta a punibilidade se o agente, espontaneamente, declara e confessa as contribuições, importâncias ou valores e presta as informações devidas à previdência social, na forma definida em lei ou regulamento, antes do início da ação fiscal.*
>
> ***§ 2º.*** *É facultado ao juiz deixar de aplicar a pena ou aplicar somente a de multa se o agente for primário e de bons antecedentes, desde que:*
>
> ***II.*** *O valor das contribuições devidas, inclusive acessórios, seja igual ou inferior àquele estabelecido pela previdência social, administrativamente, como sendo o mínimo para o ajuizamento de suas execuções fiscais.*

§ 3º. Se o empregador não é pessoa jurídica e sua folha de pagamento mensal não ultrapassa R$ 1.510,00 (um mil, quinhentos e dez reais), o juiz poderá reduzir a pena de um terço até a metade ou aplicar apenas a de multa.

§ 4º. O valor a que se refere o parágrafo anterior será reajustado nas mesmas datas e nos mesmos índices do reajuste dos benefícios da previdência social.

No caso do §1º, preenchidos os requisitos para a concessão, é dever do juiz conceder o perdão ou aplicar a pena de multa. Trata-se de direito público subjetivo do réu.

6.3 Dos Crimes Praticados por Particular contra a Administração Pública Estrangeira

6.3.1 Corrupção Ativa em Transação Comercial Internacional

Art. 337-B. *Prometer, oferecer ou dar, direta ou indiretamente, vantagem indevida a funcionário público estrangeiro, ou a terceira pessoa, para determiná-lo a praticar, omitir ou retardar ato de ofício relacionado à transação comercial internacional:*

Pena *- reclusão, de 1 (um) a 8 (oito) anos, e multa.*

Parágrafo único. *A pena é aumentada de 1/3 (um terço), se, em razão da vantagem ou promessa, o funcionário público estrangeiro retarda ou omite o ato de ofício, ou o pratica infringindo dever funcional.*

6.3.2 Tráfico de Influência em Transação Comercial Internacional

Art. 337-C. *Solicitar, exigir, cobrar ou obter, para si ou para outrem, direta ou indiretamente, vantagem ou promessa de vantagem a pretexto de influir em ato praticado por funcionário público estrangeiro no exercício de suas funções, relacionado a transação comercial internacional:)*

Pena *- reclusão, de 2 (dois) a 5 (cinco) anos, e multa.*

Parágrafo único. *A pena é aumentada da metade, se o agente alega ou insinua que a vantagem é também destinada a funcionário estrangeiro.*

6.3.3 Funcionário Público Estrangeiro

Art. 337-D. *Considera-se funcionário público estrangeiro, para os efeitos penais, quem, ainda que transitoriamente ou sem remuneração, exerce cargo, emprego ou função pública em entidades estatais ou em representações diplomáticas de país estrangeiro.*

Parágrafo único. *Equipara-se a funcionário público estrangeiro quem exerce cargo, emprego ou função em empresas controladas, diretamente ou indiretamente, pelo Poder Público de país estrangeiro ou em organizações públicas internacionais.*

6.4 Dos Crimes contra a Administração da Justiça

6.4.1 Reingresso de Estrangeiro Expulso

Art. 338. *Reingressar no território nacional o estrangeiro que dele foi expulso:*

Pena *- reclusão, de um a quatro anos, sem prejuízo de nova expulsão após o cumprimento da pena.*

A expulsão do estrangeiro está regulada na Lei nº 6.815/80. Estatuto do Estrangeiro. Ocorrendo qualquer das hipóteses elencadas no Art. 65 desta lei, caberá ao Presidente da República, por meio de decreto, analisar o cabimento e conveniência da expulsão (ato discricionário administrativo).

Para tipificar a conduta, é indispensável, após a edição do decreto de expulsão, que o agente tenha efetivamente saído do país, retornando em seguida. Desta forma, não configura o crime a recusa do estrangeiro expulso em deixar o país.

6.4.2 Denunciação Caluniosa

Art. 339. *Dar causa à instauração de investigação policial, de processo judicial, instauração de investigação administrativa, inquérito civil ou ação de improbidade administrativa contra alguém, imputando-lhe crime de que o sabe inocente:*

Pena *- reclusão, de dois a oito anos, e multa.*

§ 1º. *A pena é aumentada de sexta parte, se o agente se serve de anonimato ou de nome suposto.*

§ 2º. *A pena é diminuída de metade, se a imputação é de prática de contravenção.*

O crime de denunciação caluniosa está capitulado no Art. 339 do Código Penal e versa sobre dar causa à instauração de algum procedimento de investigação contra alguém, imputando-lhe falsamente crime, sabendo que esse não o cometeu. O crime de denunciação caluniosa é de ação penal pública incondicionada.

Tal crime é também chamado calúnia qualificada.

6.4.2.1 Classificação

É considerado um crime pluriofensivo, ou seja, ofende mais de um bem jurídico como estudaremos no tópico **Sujeitos do Crime**, desse mesmo artigo.

É um crime comum, podendo ser praticado por qualquer pessoa e unissubjetivo, praticado por um só agente, mas admite concurso de pessoas.

O elemento subjetivo é o dolo direto, pois é indispensável que o agente tenha o conhecimento da inocência da pessoa a quem imputou falsamente o crime, segundo STJ.

6.4.2.2 Sujeitos do Crime

Sujeito Ativo: qualquer pessoa (crime comum).

Sujeito Passivo: o Estado e a pessoa acusada falsamente de crime.

6.4.2.3 Consumação e Tentativa

Por ser um crime material, consuma-se no momento em que se tem a efetiva instauração da investigação policial, de processo judicial, instauração de investigação administrativa, inquérito civil ou ação de improbidade administrativa contra alguém que o sabe ser inocente.

É admitida a tentativa.

Ex.: "A" vai à Delegacia e de forma dolosa, imputa "B" a prática de um crime de roubo, de que o sabia não ter cometido, com o fim de instaurar inquérito policial contra "B". O Delegado, contudo, já havia encerrado o referido caso e prendido o verdadeiro responsável pelo crime. Constatando a manobra de "A", o Delegado o prendeu em flagrante.

É necessário observar que não se faz necessário que seja a informação formalizada no inquérito policial. Basta que a conduta criminosa desencadeie atos preliminares de investigação. Aqui já se encontra consumado o crime e esse é o entendimento que prevalece.

6.4.2.4 Descrição do Crime

A falsa imputação deve estar relacionada com crime, se for contravenção, estará caracterizada a forma privilegiada de denunciação caluniosa (Art. 339, §2º, do CP).

A expressão "contra alguém" versa que deve ser dada a falsa imputação de pessoa determinada, indicando nome e atributos pessoais.

6.4.2.5 Considerações

Diferença entre o crime de calúnia e denunciação caluniosa.

CALÚNIA (Art. 138, CP)	DENUNCIAÇÃO CALUNIOSA (Art. 339, CP)
Caluniar alguém, imputando-lhe falsamente fato definido como crime.	Dar causa à instauração de investigação policial, de processo judicial, instauração de investigação administrativa, inquérito civil ou ação de improbidade administrativa contra alguém, imputando-lhe crime de que o sabe inocente.
É crime contra a honra.	É crime contra a Administração da Justiça.
Regra: Ação Penal Privada.	Ação Penal Pública Incondicionada.
Não admite a imputação falsa de Contravenção Penal.	Admite (é circunstância que importa na diminuição da pena pela metade (Art. 339, §22, CP).

Ex.: José assaltou o Banco do Brasil → Calúnia.

José assaltou o Banco do Brasil: eu afirmo isso para o Delegado, querendo a instauração de procedimento inútil e criminoso → denunciação caluniosa.

O advogado não tem imunidade penal na calúnia e, nem tampouco, na denunciação caluniosa.

> Pode ser praticado o crime de denunciação caluniosa até mesmo pelo Promotor de Justiça que denuncia alguém sabendo ser inocente. Essa denúncia criminosa do Promotor de Justiça é denominada denúncia temerária ou abusiva.

6.4.2.6 Denunciação Caluniosa Privilegiada

> ***§2º.** A pena é diminuída de metade, se a imputação é de prática de contravenção.*

A pena é reduzida de metade se a imputação é de contravenção penal. Passa-se a ter infração de menor potencial ofensivo, admitindo-se a suspensão condicional do processo.

6.4.3 Comunicação Falsa de Crime ou Contravenção

> ***Art. 340.** Provocar a ação de autoridade, comunicando-lhe a ocorrência de crime ou contravenção que sabe não se ter verificado:*
> ***Pena** - detenção, de um a seis meses, ou multa.*

6.4.3.1 Introdução

Em que pese ser muito semelhante o *caput* ao crime de denunciação caluniosa, veremos que suas diferenças são facilmente perceptíveis.

6.4.3.2 Classificação

É considerado um crime SIMPLES por ofender um único bem jurídico e COMUM, podendo ser cometido por qualquer pessoa.

É um crime CAUSAL ou MATERIAL, sendo que a consumação depende de alguma medida tomada pela autoridade.

O elemento subjetivo do agente é o DOLO direto, portanto se a pessoa tem DÚVIDA sobre a existência da infração o fato é atípico.

Ex.: "A" não tem certeza se seu relógio foi furtado ou se foi perdido, e mesmo assim comunica à autoridade), não tendo previsão da modalidade culposa.

6.4.3.3 Sujeitos do Crime

Sujeito Ativo: por ser um crime comum ou geral, pode ser cometido por qualquer pessoa.

Sujeito Passivo: o Estado.

6.4.3.4 Consumação e Tentativa

Por ser um crime material, a mera comunicação falsa não é suficiente para a consumação do delito, exigindo a provocação da ação da autoridade para fazer algo (conduta positiva). Consuma-se no momento em que a autoridade toma providência para apurar a ocorrência do crime, ou contravenção, comunicado falsamente.

A tentativa é possível. Vejamos como exemplo um indivíduo que comunica à autoridade um crime ou contravenção que sabe inexistente e, por circunstâncias alheias a sua vontade, a autoridade não toma nenhuma providência, tem-se o crime tentado.

6.4.3.5 Descrição do Crime

O delito é comunicação falsa de crime ou contravenção (Art. 340 do CP). O agente não acusa nenhuma pessoa, mas a ocorrência de um crime inexistente. Se o agente vier a individualizar o autor, o STF já decidiu: responde por denunciação caluniosa (Art. 339 do CP).

O núcleo do tipo provocar significa dar causa à ação da autoridade, podendo ocorrer de várias formas, uma delas é que o crime ou contravenção penal comunicado não existiu ou houve o fato, mas foi absolutamente diverso do comunicado para a autoridade. Por isso é considerado um crime de forma livre.

6.4.3.6 Considerações

Caracteriza uma figura equiparada de estelionato (Art. 171, §2º, V, do CP) quando a comunicação falsa de crime ou contravenção é um meio fraudulento para que o agente obtenha o valor do seguro. O delito (Art. 340 do CP) se torna um antefactum impunível. Aplica-se o princípio da consunção.

Ex.: "A" esconde seu automóvel que é amparado por contrato de seguro e comunica à autoridade que sofreu um furto, já com a intenção de receber o dinheiro do seguro.

Atentem-se às diferenças:

Na denunciada caluniosa, o agente imputa a infração penal imaginária a pessoa certa e determinada.

Na comunicação falsa de crime, apenas comunica a fantasiosa infração, não a imputando a ninguém ou, imputando, aponta personagem fictício.

6.4.4 Autoacusação Falsa

> ***Art. 341.*** *Acusar-se, perante a autoridade, de crime inexistente ou praticado por outrem:*
>
> ***Pena*** *- detenção, de três meses a dois anos, ou multa.*

O que leva uma pessoa a se autoacusar falsamente tem fundamento em vários motivos, por exemplo, alguém que recebe certa vantagem para assumir um crime praticado por outra pessoa ou o próprio pai diz ter sido o autor de um delito para que o filho não seja preso.

Para evitar esse comportamento, o crime de autoacusação falsa está tipificado no Art. 341 do Código Penal. Crime de ação penal pública incondicionada.

6.4.4.1 Classificação

Considerado um crime simples por ofender um único bem jurídico que é a Administração da justiça. Comum, podendo ser cometido por qualquer pessoa.

É um crime doloso, não tendo previsão para crime culposo.

Crime formal, não exigindo para sua consumação um resultado naturalístico, sendo possível então a tentativa.

6.4.4.2 Sujeitos do Crime

Sujeito Ativo: por ser um crime comum, pode ser praticado por qualquer pessoa, porém se ocorreu realmente o crime, não pode ser sujeito ativo o próprio autor, coautor ou partícipe do crime ocorrido.

Sujeito Passivo: é o Estado.

6.4.4.3 Consumação e Tentativa

É um crime formal, consumando-se no momento em que o sujeito efetua a autoacusação perante a autoridade, independentemente se a autoridade tomou alguma providência.

A tentativa só é possível quando a autoacusação é cometida por meio escrito, não se admitindo quando praticado verbalmente.

6.4.4.4 Descrição do Crime

Não há que se falar em autoacusação falsa quando essa conduta for de CONTRAVENÇÃO PENAL.

O agente que se autoacusa não pode ser autor, coautor ou partícipe do delito anterior.

A autoridade que recebe essa notícia de crime legalmente deve ter poderes de investigar a prática de delitos.

Não configura o crime quando o réu chama para si a exclusiva responsabilidade de ilícito penal de que deve ser considerado concorrente (RT 371/160).

6.4.4.5 Considerações

Para facilitar o entendimento do crime, exemplos:

Vantagem Pecuniária:

Ex.: "A" recebe dinheiro do verdadeiro autor do crime para autoacusar-se.

Sacrifício:

Ex.: Mãe se autoacusa para livrar o filho que cometeu um crime.

Exibicionismo:

Ex.: Criminoso se autoacusa para que tenha reputação entre a bandidagem de sua comunidade.

Álibi:

Ex.: "A" imputa a si próprio crime menos grave para se livrar de crime mais grave, alegando ser no mesmo horário, porém em lugar diferente.

Supondo que João assuma autoria de crime praticado por outrem, e não só assume a autoria, mas também imputa a coautoria a outrem, que não o autor do delito.

Nessa situação, Fernando Capez[1] diz que o agente irá responder pelos Art. 341 e 339, em concurso formal imperfeito, soma das penas.

6.4.5 Falso Testemunho ou Falsa Perícia

> ***Art. 342.*** *Fazer afirmação falsa, ou negar ou calar a verdade como testemunha, perito, contador, tradutor ou intérprete em processo judicial, ou administrativo, inquérito policial, ou em juízo arbitral:*
>
> ***Pena*** *- reclusão, de um a três anos, e multa.*
>
> ***§ 1º.*** *As penas aumentam-se de um sexto a um terço se o crime é praticado mediante suborno ou se cometido com o fim de obter prova destinada a produzir efeito em processo penal, ou em processo civil em que for parte entidade da administração pública direta ou indireta.*
>
> ***§ 2º.*** *O fato deixa de ser punível se, antes da sentença no processo em que ocorreu o ilícito, o agente se retrata ou declara a verdade.*

Muitas vezes o testemunho é o único meio probatório para a autoridade competente louvar-se da decisão. A testemunha que mente, nega ou cala a verdade não sacrifica apenas interesses individuais, mas atinge o Estado, responsável por assegurar a eficácia da justiça.

O Código Penal, visando preservar a busca pela verdade, versa em seu Art. 342 o crime de falso testemunho ou falsa perícia, sendo esse um crime de ação penal pública incondicionada.

6.4.5.1 Classificação

É um crime de ação múltipla ou de conteúdo variado, pois a prática de várias condutas típicas no tocante ao mesmo objeto material acarreta crime único.

Trata-se de crime de médio potencial ofensivo, admitindo-se a suspensão condicional do processo.

É um crime doloso, não exigindo qualquer finalidade específica.

Crime de mão própria, comissivo ou omissivo e instantâneo.

1 - Fernando Capez é um professor, jurista e político brasileiro.

6.4.5.2 Sujeitos do Crime

Sujeito Ativo: crime de mão própria, somente podendo ser praticado pela testemunha, perito, contador, tradutor ou intérprete.

Crime de mão própria. Em que pese o STF já ter admitido a coautoria quando o advogado instrui a testemunha, são frequentes as decisões de nossos Tribunais afirmando a incompatibilidade do instituto com o delito de falso testemunho, face a sua característica de mão própria. Desta forma, deve se tratar de mera participação.

Toda testemunha pratica o delito, ou apenas aquela que presta compromisso? A corrente majoritária entende que se a lei não submete a testemunha informante ao compromisso de dizer a verdade, não pode cometer o ilícito do Art. 342 do CP. Entretanto, já teve julgados no STF dizendo ser crime.

A vítima, por não ser testemunha (sequer equiparada), não pratica o crime do Art. 322, podendo ser autora de outro delito, como por exemplo, denunciação caluniosa. Art. 339 do CP.

Sujeito Passivo: é o Estado e, secundariamente, a pessoa prejudicada pelo falso testemunho ou pela falsa perícia.

6.4.5.3 Consumação e Tentativa

Consumação ocorre no momento em que o depoimento é encerrado ou que o laudo pericial, os cálculos, a tradução ou interpretação são entregues concluídos. Sendo admitida a tentativa.

É fato atípico a conduta de mentir para evitar sua própria incriminação, pois ninguém é obrigado a produzir prova contra si mesmo.

6.4.5.4 Descrição do Crime

Testemunha: aquela pessoa chamada para depor no processo, sob o compromisso de dizer a verdade fática. Perito: quem fornece laudos técnicos de conhecimentos específicos, que escapam da ciência do Juiz. Contador: especialista em assuntos contábeis. Pessoa que apresenta os cálculos a serem eventualmente efetuados. Tradutor: tem a função de adaptar textos em língua estrangeira para o vernáculo (idioma pátrio). Intérprete: responsável pela comunicação daquele que não conhece o idioma nacional.

O crime em tela possui três núcleos:

→ **Fazer Afirmação Falsa:**
  > Falsidade positiva;
  > Mentir para a autoridade.

Pedro mente para o juiz, dizendo que na data do crime estava viajando com Ronaldo (acusado) para Florianópolis.

→ **Negar a Verdade:**
  > Falsidade negativa;
  > Recusar-se a confirmar a veracidade de um fato.

Ex.: "A" nega que presenciou o latrocínio praticado por "B" contra "C".

→ **Calar a Verdade:**
  > Reticência;
  > Permanecer em silêncio sobre a verdade de determinado fato.

O juiz, durante a oitiva da testemunha formula várias perguntas a esta, mas ela nada responde.

O agente deve saber que falta com a verdade. Não há crime quando a testemunha ou perito é acometido por erro indesejado, pelo esquecimento dos fatos ou mesmo pela deformação inconsciente da lembrança em razão da passagem do tempo.

É imprescindível que a falsidade verse sobre fato juridicamente relevante (apto a influir de algum modo na decisão final da causa). Desse modo, exige-se que a falsidade tenha potencialidade lesiva, de modo a influir no futuro julgamento da causa.

6.4.5.5 Considerações

Falso Testemunho e Carta Precatória: na hipótese de falso testemunho prestado através de carta precatória, o foro competente para processar e julgar este crime é do juízo deprecado (comarca onde o falso testemunho foi prestado e onde o delito se consumou).

Falso Testemunho em CPI: responde pelo crime previsto no Art. 4º, II da Lei nº 1.579/52 a pessoa que presta falso testemunho perante CPI (Comissão Parlamentar de Inquérito).

O depoimento falso, prestado perante autoridade incompetente, não exclui o crime.

O depoimento falso, prestado em processo nulo, exclui o crime.

O compromisso de dizer a verdade (Art. 203, CPP) representa mera formalidade relacionada ao procedimento para a oitiva do juiz. Desse modo, tal ato é dispensável para a caracterização do crime.

6.4.5.6 Apontamentos

Teoria Subjetiva: O crime em estudo adotou a teoria subjetiva: só há crime quando o depoente (testemunha) tem consciência da divergência entre sua versão e o fato presenciado. Desse modo, é possível que haja o crime de falso testemunho ainda que o fato seja verdadeiro. Nesta hipótese, é necessário que a testemunha narre um fato que realmente ocorreu, mas não foi presenciado por ela.

Se o falso testemunho ou falsa perícia se der perante a justiça do trabalho, o seu processo e julgamento estarão afetos ao juízo criminal federal, por ser atingido interesse da União.

É perfeitamente possível o falso testemunho sobre fato verdadeiro, como no caso do agente que detalha minuciosamente episódios verdadeiros/ocorridos, que jamais presenciou.

6.4.5.7 Aumento de Pena

§1º. As penas aumentam-se de um sexto a um terço, se o crime é praticado mediante suborno ou se cometido com o fim de obter prova destinada a produzir efeito em processo penal, ou em processo civil em que for parte entidade da administração pública direta ou indireta.

→ **São três as causas de aumento de pena:**
  > Mediante suborno;
  > Com o fim de obter prova destinada a produzir efeito em processo penal;

> Com o fim de obter prova destinada a produzir efeito em processo civil em que for parte entidade da administração pública direta ou indireta.

Retratação: Art. 342, §2º. O fato deixa de ser punível se, antes da sentença, no processo em que ocorreu o ilícito, o agente se retrata ou declara a verdade. Trata-se de causa de extinção da punibilidade (Art. 107, VI, do CP).

A retratação formulada pelo autor deve comunicar-se aos partícipes do delito.

Se o perito, contador, tradutor ou intérprete solicitar, receber ou aceitar promessa de vantagem indevida a fim de fazer afirmação falsa, negar ou calar a verdade, mas não o faz, incorrerá no crime de corrupção ativa, pois o crime em estudo depende da efetiva afirmação falsa, negação ou omissão da verdade.

Em processo de competência do Tribunal do Júri, é possível a retratação extintiva da punibilidade, mesmo após a decisão de pronúncia, desde que anterior à sentença de mérito.

6.4.5.8 Corrupção Ativa de Testemunha ou Perito

> ***Art. 343.*** *Dar, oferecer ou prometer dinheiro ou qualquer outra vantagem a testemunha, perito, contador, tradutor ou intérprete, para fazer afirmação falsa, negar ou calar a verdade em depoimento, perícia, cálculos, tradução ou interpretação: (Redação dada pela Lei nº 10.268, de 28.8.2001)*
>
> ***Pena*** *- reclusão, de três a quatro anos, e multa.(Redação dada pela Lei nº 10.268, de 28.8.2001)*
>
> ***Parágrafo único.*** *As penas aumentam-se de um sexto a um terço, se o crime é cometido com o fim de obter prova destinada a produzir efeito em processo penal ou em processo civil em que for parte entidade da administração pública direta ou indireta.*

O tipo pode ser executado de forma livre (palavras, escritos, gestos etc). Entretanto, se o agente se utilizar de violência ou grave ameaça, o crime será o de coação no curso do processo. Art. 344 CP.

Conduta: trata-se de modalidade especial de corrupção ativa, abrangendo o mesmo comportamento criminoso, acrescido do núcleo dar.

Para configurar o delito em tela é necessário que haja algum procedimento oficial em andamento.

Consumação: trata-se de crime formal, logo se consuma com a simples realização de uma das condutas previstas no caput, sendo desnecessária a prática de qualquer ato pelos possíveis corrompidos.

6.4.6 Coação no Curso do Processo

> ***Art. 344.*** *Usar de violência ou grave ameaça, com o fim de favorecer interesse próprio ou alheio, contra autoridade, parte, ou qualquer outra pessoa que funciona ou é chamada a intervir em processo judicial, policial ou administrativo, ou em juízo arbitral:*
>
> ***Pena*** *- reclusão, de um a quatro anos, e multa, além da pena correspondente à violência.*

A razão pela qual existe esse crime é para impedir que frustrem a eficiência da Administração da justiça com violência ou ameaças e para garantir o regular andamento dos processos ou em juízo arbitral. Crime esse de ação penal pública incondicionada.

6.4.6.1 Classificação

É um crime **pluriofensivo**, pois atinge mais de um bem jurídico, primeiramente a Administração da justiça, e secundariamente a integridade física ou a liberdade individual.

Doloso e com um especial fim de agir, apresentado no tipo com o fim de favorecer interesse próprio ou alheio. Não admite a modalidade culposa.

Considerado um crime comum, instantâneo, de concurso eventual, e em regra comissivo.

6.4.6.2 Sujeitos do Crime

Sujeito Ativo: por ser um crime comum, pode ser cometido por qualquer pessoa, não sendo necessário que o agente tenha interesse no próprio processo.

Sujeito Passivo: é o Estado e de forma mediata, e secundariamente, figurará no polo passivo o indivíduo que sofreu a coação.

Magistrado, delegado, réu, testemunha, jurado etc.

6.4.6.3 Consumação e Tentativa

Ocorre a consumação no momento do emprego da violência ou grave ameaça do agente.

A tentativa é possível, visto que o crime tem caráter plurissubsistente.

Ex.: "A" manda uma carta ameaçadora para uma testemunha de um processo judicial, mas por circunstâncias alheias a sua vontade, a carta se extravia nos Correios.

Segundo STJ, o crime de coação no curso do processo, por ser um crime formal, se consuma tão só com o emprego da grave ameaça ou violência contra qualquer das pessoas referidas no Art. 344 do CP, independentemente do efetivo resultado pretendido ou de a vítima ter ficado intimidada. (STJ. REsp 819.763/PR)

6.4.6.4 Descrição do Crime

Se a conduta descrita no tipo penal for realizada no curso de processo de uma CPI, o agente incidirá no crime previsto no Art. 4º, I, da Lei nº 1.579/52 que versa sobre as Comissões Parlamentares de Inquérito.

Não basta para a configuração do delito que a violência ou grave ameaça seja proferida às pessoas do Art. 344. É necessário que se faça tal injusto com o interesse de favorecimento próprio ou alheio.

Ex.: "A" amigo do réu, ameaça a testemunha a depor em favor do amigo. / "B" réu em processo judicial, intimida o perito a não revelar o verdadeiro resultado do laudo pericial.

6.4.6.5 Considerações

Se da conduta criminosa resulta violência, restarão caracterizados dois crimes, incidindo em concurso material obrigatório, somando as penas da coação no curso do processo mais o crime de violência (lesão corporal ou homicídio).

6.4.7 Exercício Arbitrário das Próprias Razões

> ***Art. 345.** Fazer justiça pelas próprias mãos, para satisfazer pretensão, embora legítima, salvo quando a lei o permite:*
>
> ***Pena** - detenção, de quinze dias a um mês, ou multa, além da pena correspondente à violência.*
>
> ***Parágrafo único.** Se não há emprego de violência, somente se procede mediante queixa.*

Como disposto no Art. 345 do Código Penal, não é aceita a justiça entre particulares e a ninguém é dado o direito de versar sobre a justiça privada se não o próprio poder judiciário, que tem a competência para resolver as divergências existentes entre os indivíduos. Em regra, esse crime é de ação penal privada, contudo será de ação penal pública incondicionada se estiver presente a violência.

6.4.7.1 Classificação

Crime simples, pois atinge um único bem jurídico. Comum, cometido por qualquer pessoa.

É um crime doloso, acompanhado com um elemento subjetivo específico "para satisfazer pretensão, embora legítima". Não sendo admitida a modalidade culposa.

Em regra é comissivo e instantâneo, consumando-se em um momento determinado.

A ação penal será pública incondicionada quando o crime é praticado em detrimento do patrimônio ou interesse da União, Estado ou Município.

6.4.7.2 Sujeitos do Crime

Sujeito Ativo: pode ser cometido por qualquer pessoa, mas se o agente for funcionário público e comete o delito prevalecendo-se de sua condição, serão imputados dois crimes: exercício arbitrário das próprias razões + abuso de autoridade (Lei nº 4.898/65).

Ex.: "A" policial, proprietário de uma casa, encosta a viatura na frente de seu imóvel, entra na residência e, de arma em punho, expulsa "B", que não pagara o aluguel do mês anterior.

Sujeito Passivo: primeiramente é o Estado, e secundariamente a pessoa física ou jurídica prejudicada pela conduta criminosa.

> Não é regra que, sendo funcionário responda por abuso de autoridade, somente se ele se prevalecer das condições de seu cargo.

6.4.7.3 Consumação e Tentativa

Existe divergência entre os doutrinadores, mas majoritariamente foi classificado como um crime formal, consumando-se mesmo que a pretensão não seja atingida.

É plenamente aceitável a tentativa, visto o caráter plurissubsistente (ação composta por vários atos) do crime.

6.4.7.4 Descrição do Crime

O núcleo do tipo fazer justiça pelas próprias mãos, tem sentido de satisfazer pretensão pessoal. Essa pretensão pode ser de qualquer natureza, ligada ou não à propriedade, mas exigindo-se ao menos uma aparência de direito legítimo.

Ex.: Marido indignado com a traição da esposa, a expulsa da casa que construíram juntos.

A pretensão deve ser legítima, pois do contrário, a conduta acarretará na incidência de outros crimes, tais como o furto, roubo, estelionato, apropriação indébita, entre outros.

Ex.: "A", indignado com a traição de sua esposa, vai até a casa de "B" que é o homem que se deitou com ela e, para fazer justiça com as próprias mãos, obriga a mulher de "B" a manter relações sexuais com "A".

6.5 Subtração ou Dano de Coisa Própria em Poder de Terceiro

> ***Art. 346.** Tirar, suprimir, destruir ou danificar coisa própria, que se acha em poder de terceiro por determinação judicial ou convenção:*
>
> ***Pena** - detenção, de seis meses a dois anos, e multa.*

6.5.7.1 Sujeitos do Crime

Sujeito Ativo: somente pode ser executado pelo proprietário da coisa (crime próprio). Sendo que o concurso de pessoas é plenamente possível.

Sujeito Passivo: será o estado, e secundariamente o indivíduo possuidor da coisa ou aquele contra quem foi empregada violência.

6.5.1 Fraude Processual

> ***Art. 347.** Inovar artificiosamente, na pendência de processo civil ou administrativo, o estado de lugar, de coisa ou de pessoa, com o fim de induzir a erro o juiz ou o perito:*
>
> ***Pena** - detenção, de três meses a dois anos, e multa.*
>
> ***Parágrafo único.** Se a inovação se destina a produzir efeito em processo penal, ainda que não iniciado, as penas aplicam-se em dobro.*

O crime de fraude processual é um crime tacitamente subsidiário, somente sendo aplicável quando o fato não constituir crime mais grave. Delito esse de ação penal pública incondicionada.

6.5.1.1 Classificação

Considera-se um crime **simples**, pois ofende um único bem jurídico que é a Administração da justiça.

O crime de fraude processual também é considerado um crime **formal** ou de consumação antecipada, pois independe do resultado naturalístico.

Em regra é comissivo, considerado também um crime de dano, pois causa lesão à Administração da justiça.

Crime de concurso eventual, normalmente praticado por um só agente, mas o concurso é plenamente possível.

6.5.1.2 Sujeitos do Crime

Sujeito Ativo: considerado um crime comum, logo, é passível de ser cometido por qualquer pessoa. (vítima, acusado ou mesmo advogado)

Foge do alcance do tipo o perito, uma vez que, se inovar o estado de coisa, pessoa ou lugar no decorrer dos exames periciais, incorrerá no crime previsto no Art. 342 do CPI.

Sujeito Passivo: de forma imediata é o Estado, e de forma mediata é a pessoa prejudicada no processo administrativo, penal ou civil.

6.5.1.3 Consumação e Tentativa

Consuma-se no momento em que o agente utiliza o meio fraudulento para a inovação na pendência do processo.

A tentativa, entretanto, deve apresentar potencialidade real para enganar o juiz ou o perito. Se o artifício (fraude) for grosseiro ou perceptível é crime impossível (Art. 17 do CP) por ineficácia absoluta do meio.

Para o STJ não é exigido para a consumação do crime de fraude processual que o Juiz ou o perito sejam realmente induzidos a erro, basta que a inovação seja apta para produzir o resultado, mesmo que a pessoa não tenha interesse no processo. (STJ. HC 137.206/SP).

6.5.1.4 Descrição do Crime

É um crime doloso e também necessita de um elemento subjetivo específico que é a intenção de induzir a erro o juiz ou perito, não sendo admitida a modalidade culposa.

> Para o STJ não é exigido para a consumação do crime de fraude processual que o Juiz ou o perito sejam realmente induzidos a erro, basta que a inovação seja apta para produzir o resultado, mesmo que a pessoa não tenha interesse no processo. (STJ. HC 137.206/SP).

Estado de lugar, de coisa ou de pessoa é onde deve recair a conduta artificiosa, para enganar o juiz ou perito.

Ex.: Limpar as manchas de sangue onde ocorreu o crime / Colocar uma arma de fogo na mão de uma pessoa assassinada para simular um suicídio.

Nem toda a inovação caracteriza o surgimento do crime de fraude processual, pois esse elemento normativo do tipo deve ser empregado de forma artificiosa (ardil, fraude).

O parágrafo único aparentemente versa **uma causa especial de aumento de pena** sendo um tipo penal autônomo, pois a conduta de inovar artificiosamente foi cometida em processo penal que ainda não foi iniciado.

- Trata-se de infração subsidiária, logo absorvida quando a finalidade constituir crime mais grave.

> STJ pronunciou que o direito à não autoincriminação (nemo tenetur se detegere), não abrange a possibilidade dos acusados de mudarem a cena do crime de forma artificiosa, com o fim de induzir a erro Juiz ou perito. (STJ. HC 137.206/SP)

Conduta: os objetos materiais do crime são taxativos, e desta forma, descabida qualquer integração analógica em relação às inovações que poderão ser praticadas pelo agente.

Pressupõe-se a existência de processo - civil ou administrativo - em andamento.

Em atenção ao princípio da inexigibilidade de conduta diversa, já se entendeu que não ocorre o ilícito quando o autor de um crime de homicídio nega a autoria e dá sumiço à arma, atuando no direito natural de autodefesa (RT 258/356).

6.5.2 Favorecimento Pessoal

Art. 348. *Auxiliar a subtrair-se à ação de autoridade pública autor de crime a que é cominada pena de reclusão:*

Pena *- detenção, de um a seis meses, e multa.*

§ 1º. *Se ao crime não é cominada pena de reclusão:*

Pena *- detenção, de quinze dias a três meses, e multa.*

§ 2º. *Se quem presta o auxílio é ascendente, descendente, cônjuge ou irmão do criminoso, fica isento de pena.*

O crime de favorecimento pessoal basicamente consiste em prestar auxílio ao agente condenado com pena de reclusão para que escape da ação da autoridade pública. É um crime de ação penal pública incondicionada.

6.5.2.1 Classificação

Em análise ao Art. 348 do CP pode ser verificado que se trata de um crime acessório, pois depende da prática anterior de um crime com pena de reclusão (contravenção não).

Somente pode ser praticado de forma comissiva (ação), não havendo possibilidade de auxílio à subtração de autor de crime mediante uma conduta omissiva.

6.5.2.2 Sujeitos do Crime

Sujeito Ativo: não é exigida qualquer qualidade específica do agente.

A vítima do crime anterior pode ser sujeito ativo do crime de favorecimento pessoal (Art. 348 do CP). Ex.: uma vítima de roubo (Art. 157 do CP), logo após a ocorrência do crime, engana os policiais, prestando-lhes falsas informações do paradeiro do criminoso para que tenha êxito em sua fuga.

6.5.2.3 Consumação e Tentativa

Por ser um crime material, o crime se consuma com o efetivo auxílio, ainda que seja por curto período de tempo. Caso o criminoso tenha sido pego, o agente responderá pelo crime da mesma forma, já que a conduta de auxiliar o criminoso teve êxito, mesmo que breve.

É plenamente possível a tentativa.

O agente que deixa de comunicar à autoridade pública o local onde está escondido o autor do crime, mesmo que esta circunstância seja de conhecimento do agente, não comete crime algum.

6.5.2.4 Descrição do Crime

> Não esqueça, se quem presta o auxílio é cônjuge, ascendente, descendente ou irmão do criminoso, fica isento de pena.
> É a chamada escusa absolutória, presente no §2º do Art. 348 do CP.

Não é necessário que o autor do crime esteja em perseguição, fuga ou esteja sendo procurado pela autoridade pública no momento em que recebe o auxílio. Basta que, de forma idônea, o agente auxilie o criminoso a escapar da ação da autoridade pública.

Não existe o crime de favorecimento pessoal (Art. 348 do CP) quando a conduta de auxiliar a subtrair-se à ação de autoridade pública for referente a um crime cometido por um agente menor de idade ou qualquer outro inimputável, já que estes inimputáveis não cometem crimes, mas atos infracionais que acabarão sofrendo medidas de proteção ou medidas socioeducativas no caso dos menores de idade ou medidas de segurança quando forem doentes mentais ou tiverem desenvolvimento mental incompleto ou retardado.

Não há crime quando o agente estiver em escusa absolutória (cônjuge, ascendente, descendente ou irmão), quando o agente que cometeu o crime anterior estiver acobertado por uma excludente de ilicitude ou causa excludente de culpabilidade. E se o agente for absolvido pelo crime anterior, estará excluído o crime de favorecimento pessoal.

O favorecimento deve ocorrer APÓS o cometimento do crime e nunca para o cometimento do crime. Se o favorecimento for ajustado previamente, antes da consumação do crime, incidirá o agente como partícipe segundo o Art. 29 do Código Penal: *Quem de qualquer modo concorre para o crime, incide nas penas a este cominadas, na medida de sua culpabilidade.*

O agente que presta o auxílio deve ter ciência da atual situação do criminoso, se não, tem-se excluído o dolo.

Ex.: Tício de forma voluntária, empresta seu carro a Mévio para que este faça uma viajem de negócios, quando na verdade, Mévio, que acabara de cometer um crime, pretendia fugir da polícia. Desta forma Tício não responde pelo crime.

6.5.3 Favorecimento Real

Art. 349. *Prestar a criminoso, fora dos casos de coautoria ou de receptação, auxílio destinado a tornar seguro o proveito do crime:*

Pena *- detenção, de um a seis meses, e multa.*

O Código Penal prevê mais uma espécie de favorecimento, demonstrando ser este um crime acessório, pois necessita de algum crime já praticado anteriormente não alcançando as contravenções penais.

6.5.3.1 Classificação

É um crime de forma livre, ou seja, o favorecimento pode acontecer de diversas formas, como esconder o bem subtraído, aplicar no banco os valores provenientes de um estelionato, deixar um cofre aberto para que o agente que cometeu o crime guarde os documentos roubados no assalto.

É um crime doloso com um elemento subjetivo específico, no qual a finalidade do agente é tornar seguro o proveito do crime, porquanto o agente deve ter a ciência de que seu comportamento será efetivo para auxiliar o criminoso, não se admitindo portanto a modalidade culposa.

6.5.3.2 Sujeitos do Crime

Sujeito Ativo: o crime de favorecimento real é comum, podendo ser praticado por qualquer pessoa, salvo coautor ou partícipe do crime que antecede o favorecimento.

Ex.: Tício, conhecido de Mévio, se dispõe a auxiliar Mévio a esconder o dinheiro que será roubado de uma casa lotérica. Se efetivamente vier a ocorrer o roubo, Tício será partícipe do crime, por auxiliar Mévio. O intuito de auxiliar deve vir de forma posterior ao cometimento do crime.

Sujeito Passivo: é o Estado e secundariamente, a vítima do delito anterior.

6.5.3.3 Consumação e Tentativa

É considerado um crime formal ou de consumação antecipada, ou seja, o crime se consuma no instante em que o agente presta devido auxílio ao criminoso no intuito de tornar seguro o proveito do crime, mesmo que não venha a ocorrer efetivamente essa finalidade. A tentativa é plenamente aceitável em face do caráter plurissubsistente do delito.

6.5.3.4 Descrição do Crime

O auxílio deve ser destinado a tornar seguro o proveito do crime.

Favorecimento Pessoal. Art. 348 CP:

- **Objeto material:** autor de crime anterior; Se busca a fuga do criminoso.
- **Quanto ao resultado:** crime material (prevalece).
- **Escusa absolutória:** possui hipótese de escusa absolutória, se quem presta o auxílio é cônjuge, ascendente, descendente ou irmão do criminoso, fica isento de pena. É a chamada escusa absolutória, presente no §2º do Art. 348 do CP.

Favorecimento Real. Art. 349 CP:

- **Objeto material:** proveito de crime anterior; Presta-se auxílio não ao criminoso em si, mas indiretamente, assegurando para ele a ocultação da coisa, proveito do crime (real).
- **Quanto ao resultado:** crime formal.
- **Escusa absolutória:** não tem previsão de escusa absolutória.

Para que possa ocorrer o crime do Art. 349, é necessário que o crime anterior tenha alcançado a consumação e se no crime não houve qualquer tipo de proveito, também não haverá o crime de favorecimento real.

6.5.3.5 Considerações

Quem estuda de maneira superficial o crime de favorecimento real, certamente poderia interpretar de forma errônea as diferenças entre os crimes de receptação própria (CP, Art. 180, caput, 1ª parte) na modalidade "ocultar" e favorecimento real (CP, Art. 349). Vamos observar as diferenças:

Receptação própria "ocultar" (Art. 180, caput, 1ª parte, CP)	Favorecimento real (Art. 349, CP)
Crime Contra o Patrimônio.	Crime contra a Administração da Justiça.
Quem se beneficia é qualquer outra pessoa que não seja o autor do crime anteriormente praticado.	O próprio autor do crime anteriormente cometido é o beneficiado pela conduta.
Exige-se que o proveito seja econômico.	O proveito pode ser tanto econômico quando de outra natureza.

6.5.3.6 Favorecimento Real Impróprio

Art. 349-A. Ingressar, promover, intermediar, auxiliar ou facilitar a entrada de aparelho telefônico de comunicação móvel, de rádio ou similar, sem autorização legal, em estabelecimento prisional.

Pena - detenção, de 3 (três) meses a 1 (um) ano.

Esse crime foi introduzido pela Lei nº 12.012/2009 e o legislador não atribuiu denominação alguma para esse crime, transferindo essa tarefa à jurisprudência e à doutrina.

6.5.3.7 Classificação

É um crime de ação múltipla ou de conteúdo variado, ou seja, se o agente vier a cometer mais de um núcleo do tipo no mesmo contexto fático, configurará crime único.

É um crime de forma livre, admitindo qualquer meio de execução.

Ex.: A esposa de um detento que oculta um aparelho celular em suas partes íntimas e leva ao interno no dia de visita ou joga o aparelho por cima dos muros da cadeia e até mesmo coloca os aparelhos no interior de alimentos (bolo, torta).

6.5.3.8 Sujeitos do Crime

Sujeito Ativo: é um crime comum, podendo ser praticado por qualquer pessoa, vale ressaltar que até mesmo um preso pode ser sujeito ativo do crime tipificado no Art. 349-A, somente se este estiver em alguma permissão de saída ou saída temporária e também pode ser partícipe, por exemplo, o preso que induz sua esposa a levar a ele o aparelho de comunicação.

Sujeito Passivo: é o Estado.

6.5.3.9 Consumação e Tentativa

É considerado crime de mera conduta, ou seja, a lei sequer prevê qualquer resultado naturalístico. Consuma-se o crime quando é praticada qualquer das condutas descritas no tipo (ingressar, promover, intermediar, auxiliar ou facilitar a entrada de aparelho de comunicação ou similar em estabelecimento prisional).

A tentativa é plenamente possível.

Ex.: Tício, em horário de visita, ao tentar ingressar no presídio onde seu primo está preso, esconde em sua blusa um aparelho celular e acaba sendo preso em flagrante durante a revista pessoal.

6.5.3.10 Descrição do Crime

O objeto material do crime pode ser qualquer instrumento que tenha potencial de comunicação. (aparelho telefônico, *walkie-talkie*, *webcam*).

Não é exigido qualquer fim específico, basta o dolo, por parte do agente, de levar ao poder do preso o aparelho de comunicação.

6.5.4 Exercício Arbitrário ou Abuso de Poder

Art. 350. Ordenar ou executar medida privativa de liberdade individual, sem as formalidades legais ou com abuso de poder:

Pena - detenção, de um mês a um ano.

Parágrafo único. Na mesma pena incorre o funcionário que:

I. Ilegalmente recebe e recolhe alguém a prisão, ou a estabelecimento destinado a execução de pena privativa de liberdade ou de medida de segurança;

II. Prolonga e execução de pena ou de medida de segurança, deixando de expedir em tempo oportuno ou de executar imediatamente a ordem de liberdade;

III. Submete pessoa que está sob sua guarda ou custódia a vexame ou a constrangimento não autorizado em lei;

IV. Efetua, com abuso de poder, qualquer diligência.

Os crimes de exercício arbitrário e abuso de poder, tanto o caput como as figuras equiparadas do parágrafo único foram revogados pela Lei nº 4.898/65.

6.5.5 Fuga de Pessoa Presa ou Submetida a Medida de Segurança

Art. 351. Promover ou facilitar a fuga de pessoa legalmente presa ou submetida a medida de segurança detentiva:

Pena - detenção, de seis meses a dois anos.

§ 1º. Se o crime é praticado à mão armada, ou por mais de uma pessoa, ou mediante arrombamento, a pena é de reclusão, de dois a seis anos.

§ 2º. Se há emprego de violência contra pessoa, aplica-se também a pena correspondente à violência.

§ 3º. A pena é de reclusão, de um a quatro anos, se o crime é praticado por pessoa sob cuja custódia ou guarda está o preso ou o internado.

§ 4º. No caso de culpa do funcionário incumbido da custódia ou guarda, aplica-se a pena de detenção, de três meses a um ano, ou multa.

> Súmula 75 do STJ.
> Compete à justiça comum estadual processar e julgar o policial militar por crime de promover ou facilitar a fuga de preso de estabelecimento penal.

6.5.6 Evasão Mediante Violência contra a Pessoa

Art. 352. Evadir-se ou tentar evadir-se o preso ou o indivíduo submetido a medida de segurança detentiva, usando de violência contra a pessoa:

Pena - detenção, de três meses a um ano, além da pena correspondente à violência

6.5.7 Arrebatamento de Preso

Art. 353. Arrebatar preso, a fim de maltratá-lo, do poder de quem o tenha sob custódia ou guarda:

Pena - reclusão, de um a quatro anos, além da pena correspondente à violência.

6.5.7.1 Conduta

Somente uma conduta é prevista para a prática do crime, consubstanciada no núcleo arrebatar preso, com o fim de maltratá-lo (linchamento). Arrebatar significa arrancar, levar, retirar com violência.

Se não tiver o fim de maltratá-lo, não configurará este crime, mas poderá incorrer no Art. 351 do CP. promover ou facilitar fuga de pessoa presa.

O arrebatamento de pessoa submetida à medida de segurança (ou adolescente apreendido) com a finalidade de maltratá-la não configurará o crime do Art. 353 do CP. Nesses casos a retirada do internado da custódia da autoridade será atípica, respondendo o agente somente por eventual conduta posterior praticada contra o arrebatado (morte, lesões corporais etc).

6.5.8 Motim de Presos

Art. 354. *Amotinarem-se presos, perturbando a ordem ou disciplina da prisão:*

Pena - *detenção, de seis meses a dois anos, além da pena correspondente à violência.*

6.5.8.1 Considerações

No tipo penal não há descrição de quantos presos são necessários para configurar o motim. Para alguns autores, três presos são suficientes. Já Mirabete exige no mínimo quatro. Todavia, nenhum entendimento está consolidado, sendo essencial que constitua um ajuntamento tumultuário de aprisionados.

6.5.9 Patrocínio Infiel

Art. 355. *Trair, na qualidade de advogado ou procurador, o dever profissional, prejudicando interesse, cujo patrocínio, em juízo, lhe é confiado:*

Pena - *detenção, de seis meses a três anos, e multa.*

6.5.10 Patrocínio Simultâneo ou Tergiversação

Parágrafo único. Incorre na pena deste artigo o advogado ou procurador judicial que defende na mesma causa, simultânea ou sucessivamente, partes contrárias.

6.5.10.1 Sujeitos

Sujeito Ativo: o crime em tela somente poderá ser praticado por advogado ou procurador judicial devidamente inscrito nos quadros da OAB. Não estão incluídos no dispositivo os promotores e procuradores de justiça.

Sujeito Passivo: é o Estado e, possivelmente, o outorgante do mandato que foi prejudicado.

6.5.10.2 Conduta

Pode se dar por ação (Ex.: Manifesta-se no processo de forma contrária aos interesses da parte defendida), ou por omissão (Ex.: Deixa de recorrer).

Conforme alguns autores, o patrocínio infiel deve ser empreendido em causa judicial, pouco importando a natureza ou espécie. Desta forma, a atuação extrajudicial do profissional, como em inquérito policial, sindicância etc. não caracteriza o crime em estudo, sendo o agente passível, apenas, de punição disciplinar.

6.5.10.3 Consumação e Tentativa

Não é necessário que o patrocínio se dê no mesmo processo, bastando ser a mesma causa.

Consuma-se com a ocorrência do efetivo prejuízo ao patrocinado, ainda que a situação possa ser revertida.

A tentativa é possível apenas na forma comissiva.

O dispositivo traz duas formas de infidelidade profissional:

Patrocínio simultâneo: consiste na conduta do advogado ou procurador que, concomitantemente, zela (ainda que por interposta pessoa) os interesses de partes contrárias.

Patrocínio sucessivo ou tergiversação: consiste na conduta do advogado que renuncia ao mandato de uma parte (ou por ela é dispensado) e passa, em seguida, a representar a outra.

No parágrafo único é dispensável a comprovação de efetivo prejuízo ao patrocinado traído - delito formal.

6.5.11 Sonegação de Papel ou Objeto de Valor Probatório

Art. 356. *Inutilizar, total ou parcialmente, ou deixar de restituir autos, documento ou objeto de valor probatório, que recebeu na qualidade de advogado ou procurador:*

Pena - *detenção, de seis meses a três anos, e multa.*

6.5.12 Exploração de Prestígio

Art. 357. *Solicitar ou receber dinheiro ou qualquer outra utilidade, a pretexto de INFLUIR em juiz, jurado, órgão do Ministério Público, funcionário de justiça, perito, tradutor, intérprete ou testemunha:*

Pena - *reclusão, de um a cinco anos, e multa.*

Parágrafo único. *As penas aumentam-se de um terço, se o agente alega ou insinua que o dinheiro ou utilidade também se destina a qualquer das pessoas referidas neste artigo.*

6.5.12.1 Introdução

Versa de forma similar ao crime de tráfico de influência Art. 332 do CP. Com a edição da Lei nº 9.127/95, esses dois crimes foram diferenciados e o Art. 332 passou a ser o crime de tráfico de influência. Esse delito é de ação penal pública incondicionada.

6.5.12.2 Classificação

É um crime simples, pois ofende um único bem jurídico que é a administração da justiça.

Considerado um crime comum, podendo ser praticado por qualquer pessoa.

É um crime formal quando o agente (SOLICITAR) ou material (RECEBER).

É conhecido como um crime de ação múltipla ou de conteúdo variado, mesmo o agente praticando mais de um verbo do tipo no mesmo contexto, responderá por um único crime.

6.5.12.3 Sujeitos do Crime

Sujeito Ativo: por ser considerado um crime comum, pode ser cometido por qualquer pessoa, pois a própria Descrição do Crime não exige qualquer qualidade do agente.

Sujeito Passivo: o Estado, e também o servidor utilizado na fraude, bem como a pessoa ludibriada pelo agente.

6.5.12.4 Consumação e Tentativa

A consumação dependerá da conduta praticada:

Se a conduta do agente for solicitar, o crime se consuma com o simples pedido, independentemente do aceite da vítima enganada (crime formal).

A TENTATIVA é possível, porém dependerá de como será praticado o delito.

STF diz que, para a configuração do delito de exploração de prestígio, não é necessário que o agente influa na atuação das pessoas do tipo (juiz, jurado, perito etc.), bastando que o pedido da vantagem seja a PRETEXTO de influir. (STF. RHC 75.128/RJ)

Ex.: "A", alegando conhecer um jurado, sem realmente conhecê-lo, solicita a "B" uma determinada vantagem para supostamente convencer o jurado a absolver seu irmão, réu em determinada ação penal.

6.5.12.5 Descrição do Crime

Exige-se um especial fim de agir por parte do agente, portanto só caracteriza o crime na forma dolosa, não admitindo a forma culposa.

6.5.12.6 Causa de Aumento de Pena

Parágrafo único. *As penas aumentam-se de um terço, se o agente alega ou insinua que o dinheiro ou utilidade também se destina a qualquer das pessoas referidas no artigo.*

Não é exigida a afirmação explícita de qualquer das pessoas indicadas no caput desse artigo, basta a insinuação.

Se restar provado que o destinatário da vantagem é uma das pessoas indicadas no tipo penal, restará a este a corrupção passiva (Art. 317 do CP) e ao particular e ao intermediador o crime de corrupção ativa (Art. 333 do CP).

6.5.12.7 Considerações

Exploração de prestígio (Art. 357 do CP)	Tráfico de influência (Art. 332 do CP)
Solicitar ou receber.	Solicitar, exigir, cobrar ou obter.
Ato de disposição específica relativa aos órgão ou funcionários da administração da justiça.	Ato praticado por funcionário público no exercício da função.

6.5.13 Violência ou Fraude em Arrematação Judicial

Art. 358. *Impedir, perturbar ou fraudar arrematação judicial; afastar ou procurar afastar concorrente ou licitante, por meio de violência, grave ameaça, fraude ou oferecimento de vantagem:*

Pena *- detenção, de dois meses a um ano, ou multa, além da pena correspondente à violência.*

6.5.14 Desobediência a Decisão Judicial Sobre Perda ou Suspensão de Direito

Art. 359. *Exercer função, atividade, direito, autoridade ou múnus, de que foi suspenso ou privado por decisão judicial:*

Pena *- detenção, de três meses a dois anos, ou multa.*

6.6 Dos Crimes contra as Finanças Públicas

6.6.1 Contração de Operação de Crédito

Art. 359-A. *Ordenar, autorizar ou realizar operação de crédito, interno ou externo, sem prévia autorização legislativa:*

Pena *- reclusão, de 1 (um) a 2 (dois) anos.*

Parágrafo único. *Incide na mesma pena quem ordena, autoriza ou realiza operação de crédito, interno ou externo:*

I. *Com inobservância de limite, condição ou montante estabelecido em lei ou em resolução do Senado Federal;*

II. *Quando o montante da dívida consolidada ultrapassa o limite máximo autorizado por lei.*

6.6.2 Inscrição de Despesas não Empenhadas em Restos a Pagar

Art. 359-B. *Ordenar ou autorizar a inscrição em restos a pagar, de despesa que não tenha sido previamente empenhada ou que exceda limite estabelecido em lei:*

Pena *- detenção, de 6 (seis) meses a 2 (dois) anos.*

6.6.3 Assunção de Obrigação no Último Ano do Mandato ou Legislatura

Art. 359-C. *Ordenar ou autorizar a assunção de obrigação, nos dois últimos quadrimestres do último ano do mandato ou legislatura, cuja despesa não possa ser paga no mesmo exercício financeiro ou, caso reste parcela a ser paga no exercício seguinte, que não tenha contrapartida suficiente de disponibilidade de caixa:*

Pena *- reclusão, de 1 (um) a 4 (quatro) anos.*

6.6.4 Ordenação de Despesa não Autorizada

Art. 359-D. *Ordenar despesa não autorizada por lei:*

Pena *- reclusão, de 1 (um) a 4 (quatro) anos.*

6.6.5 Prestação de Garantia Graciosa

Art. 359-E. *Prestar garantia em operação de crédito sem que tenha sido constituída contragarantia em valor igual ou superior ao valor da garantia prestada, na forma da lei:*

Pena *- detenção, de 3 (três) meses a 1 (um) ano.*

6.6.6 Não Cancelamento de Restos a Pagar

Art. 359-F. *Deixar de ordenar, de autorizar ou de promover o cancelamento do montante de restos a pagar inscrito em valor superior ao permitido em lei:*

Pena *- detenção, de 6 (seis) meses a 2 (dois) anos.*

6.6.7 Aumento de Despesa Total com Pessoal no Último Ano do Mandato ou Legislatura

Art. 359-G. *Ordenar, autorizar ou executar ato que acarrete aumento de despesa total com pessoal, nos cento e oitenta dias anteriores ao final do mandato ou da legislatura:*

Pena *- reclusão, de 1 (um) a 4 (quatro) anos.*

6.6.8 Oferta Pública ou Colocação de Títulos no Mercado

Art. 359-H. *Ordenar, autorizar ou promover a oferta pública ou a colocação no mercado financeiro de títulos da dívida pública sem que tenham sido criados por lei ou sem que estejam registrados em sistema centralizado de liquidação e de custódia:*

Pena *- reclusão, de 1 (um) a 4 (quatro) anos.*

Questões

01. (Cespe) Um servidor da administração direta da União, violando dever funcional, apropriou-se de bens públicos de que tinha posse em razão do cargo e vendeu-os a terceiros, auferindo assim proveito financeiro. Nessa hipótese, o agente deverá responder pelo delito de peculato, sem prejuízo das sanções administrativas correspondentes.

Certo ( ) Errado ( )

02. (Cespe) Não haverá o crime de condescendência criminosa, quando faltar ao funcionário público competência para responsabilizar o subordinado que cometeu a infração no exercício do cargo.

Certo ( ) Errado ( )

03. (Cespe) No crime de prevaricação, a satisfação de interesse ou sentimento pessoal é mero exaurimento do crime, não sendo obrigatória a sua presença para a configuração do delito.

Certo ( ) Errado ( )

04. (Cespe) A ocorrência de prejuízo público como resultado do fato, não influencia a pena do crime de abandono de função.

Certo ( ) Errado ( )

05. (Cespe) O agente público que, mediante ameaças e lesão corporal, exige vantagem pecuniária indevida comete o crime de concussão.

Certo ( ) Errado ( )

06. (Cespe) É inadmissível a aplicação do princípio da insignificância aos delitos praticados contra a administração pública.

Certo ( ) Errado ( )

07. (Cespe) A autoridade administrativa que se nega a cumprir ordem judicial para satisfazer sentimento pessoal pratica o delito de desobediência.

Certo ( ) Errado ( )

08. (Consulplan) Considere a seguinte situação hipotética: "Tício", funcionário público municipal concursado, exige, para si, diretamente em razão da função, vantagem indevida. Em tal hipótese, o referido funcionário estará cometendo o crime de

a) Peculato.
b) Concussão.
c) Prevaricação.
d) Corrupção ativa.

09. (Cespe) Policial civil que ingressa no depósito de veículos e subtrai uma motocicleta apreendida, comete o crime de peculato desvio.

Certo ( ) Errado ( )

10. (Cespe) Se um gerente do Banco do Brasil, entidade paraestatal, apropriar-se de dinheiro particular de que tem a posse em razão do cargo, o crime por ele cometido será o de apropriação indébita, uma vez que ele não pode ser considerado funcionário público para fins penais.

Certo ( ) Errado ( )

Gabaritos

01	CERTO	06	ERRADO
02	ERRADO	07	ERRADO
03	ERRADO	08	B
04	ERRADO	09	ERRADO
05	ERRADO	10	ERRADO

7. LEI Nº 8.072/1990 LEI DOS CRIMES HEDIONDOS

O Brasil adotou o sistema legal(art. 5º, XLIII, CF/88) para a definição dos crimes hediondos, segundo o qual, somente a lei poderá definir quais crimes serão hediondos, nem mesmo o juiz poderá incluir ou excluir condutas como hediondas.

> ***Art. 5º, XLIII, CF/88****: A lei considerará crimes inafiançáveis e insuscetíveis de graça ou anistia a prática da tortura, o tráfico ilícito de entorpecentes e drogas afins, o terrorismo e os definidos como crimes hediondos, por eles respondendo os mandantes, os executores e os que, podendo evitá-los, se omitirem;*

Dessa forma, o legislador editou e publicou a Lei nº 8.072, de 1990, acerca dos crimes hediondos, sendo um rol taxativo. Assim, somente são hediondos os enumerados no caput do art. 1º (todos previstos no Código Penal) e os no parágrafo único (genocídio e posse ou porte ilegal de arma de fogo de uso restrito).

São figuras equiparadas aos crimes hediondos: tortura, terrorismo e tráfico de drogas.

→ **Características Gerais**

01. **Sistema legal**;
02. **Rol taxativo**;
03. Todos os crimes hediondos do caput do art. 1º estão no código penal;
04. **Consumados** ou **tentados**;
05. **Genocídio** e **posse ou porte ilegal de armas de fogo de uso restrito ou proibido** são os únicos crimes hediondos não previstos no código penal (art. 1º, parágrafo único);
06. **Equiparados a hediondo**: tortura, terrorismo e tráfico de drogas.
07. **Insuscetíveis de**: anistia, graça e indulto;
08. **Inafiançáveis**;
09. **Regime inicial fechado**: inconstitucional (stf);
10. **Progressão de regime**: 2/5 primário; 3/5 reincidente (genérico);
11. **Liberdade condicional**: 2/3 primário;
    > Não há p/ reincidente específico;
12. **Liberdade provisória**: o juiz decidirá fundamentadamente se o réu pode apelar em liberdade;
13. **Prisão temporária**: 30 dias (prorrogável);
14. A cargo da união estabelecimentos penais de segurança máxima;
15. Cria-se a forma de "**associação criminosa qualificada**";
16. Cria-se a "**delação eficaz**";
17. Cria-se a "**traição benéfica**".

7.1 Crimes em Espécie

7.1.1 Homicídio Qualificado e Grupo de Extermínio

> ***Art. 1º****, caput. São considerados hediondos os seguintes crimes, todos tipificados no Decreto-Lei nº 2.848, de 7 de dezembro de 1940 – Código Penal, consumados ou tentados:*
>
> ***I.*** *homicídio (art. 121), quando praticado em atividade típica de grupo de extermínio, ainda que cometido por um só agente, e homicídio qualificado (art. 121, §2º, incisos I, II, III, IV, V, VI e VII); (Inciso acrescido pela Lei nº 8.930, de 6/9/1994ecom redação dada pela Lei nº 13.142, de 6/7/2015)[...]*

Não são hediondos: nem o homicídio simples (art. 121, caput, CP), nem o privilegiado (art. 121, §1º, CP), nem o privilegiado-qualificado, e muito menos o culposo (art. 121, §3º, CP).

O §6º do art. 121 traz duas majorantes (modalidades que aumentam a pena) do homicídio, mas somente uma é hedionda: quando praticado em atividade típica de grupo de extermínio, ainda que cometido por um só agente.

Veja o que diz o art. 121, §6º, CP: "A pena é aumentada de 1/3 (um terço) até a metade se o crime for praticado por milícia privada, sob o pretexto de prestação de serviço de segurança, ou por grupo de extermínio".

Portanto, o homicídio praticado por "milícia privada sob pretexto de prestação de serviço de segurança"não é hediondo.

Novas leis incluíram algumas formas qualificadoras do homicídio, que são: feminicídio e homicídio funcional; respectivamente, os incisos VI e VII, do §2º, do art. 121, do Código Penal.

→ Homicídio qualificado:

> ***Art. 121****, §2º, CP: "Se o homicídio é cometido:*
>
> ***I.*** *mediante paga ou promessa de recompensa, ou por outro motivo torpe;*
>
> ***II.*** *por motivo fútil;*
>
> ***III.*** *com emprego de veneno, fogo, explosivo, asfixia, tortura ou outro meio insidioso ou cruel, ou de que possa resultar perigo comum;*
>
> ***IV.*** *à traição, de emboscada, ou mediante dissimulação ou outro recurso que dificulte ou torne impossível a defesa do ofendido;*
>
> ***V.*** *para assegurar a execução, a ocultação, a impunidade ou vantagem de outro crime;*
>
> ***VI.*** *contra a mulher por razões da condição de sexo feminino;*
>
> ***VII.*** *contra autoridade ou agente descrito nos arts. 142 e 144 da Constituição Federal, integrantes do sistema prisional e da Força Nacional de Segurança Pública, no exercício da função ou em decorrência dela, ou contra seu cônjuge, companheiro ou parente consanguíneo até terceiro grau, em razão dessa condição:*
>
> **Pena**. *reclusão, de doze a trinta anos.".*

Lembre-se que para configurar o feminicídio não basta o homicídio contra a mulher, mas deve ser motivado pelo menosprezo ou discriminação à condição de mulher ou envolver violência doméstica e familiar (art. 121, §2º-A, CP).

O homicídio funcional protege também os parentes até o 3º (terceiro) grau consanguíneo, em razão desta condição(de função de segurança), dos agentes descritos no arts. 142 (forças armadas) e 144(segurança pública) da Constituição Federal, integrantes do sistema prisional e da Força Nacional de Segurança Pública.

→ **Forças Armadas:**

> ***Art. 142**, caput, CF/88: "As Forças Armadas, constituídas pela Marinha, pelo Exército e pela Aeronáutica, são instituições nacionais permanentes e regulares, organizadas com base na hierarquia e na disciplina, sob a autoridade suprema do Presidente da República, e destinam-se à defesa da Pátria, à garantia dos poderes constitucionais e, por iniciativa de qualquer destes, da lei e da ordem.".*

→ **Órgãos de Segurança pública:**

> *Art.144, caput, CF/88: "A segurança pública, dever do Estado, direito e responsabilidade de todos, é exercida para a preservação da ordem pública e da incolumidade das pessoas e do patrimônio, através dos seguintes órgãos:*
>
> ***I.** polícia federal;*
>
> ***II.** polícia rodoviária federal;*
>
> ***III.** polícia ferroviária federal;*
>
> ***IV.** polícias civis;*
>
> ***V.** polícias militares e corpos de bombeiros militares.".*

A doutrina cita que é extensível a qualificadora pelo homicídio funcional aos guardas municipais (art. 144, §8º, CF/88).

7.1.2 Homicídio privilegiado-qualificado (homicídio híbrido)

O homicídio privilegiado-qualificado (homicídio híbrido) não é hediondo. "Por incompatibilidade axiológica e por falta de previsão legal, o homicídio qualificado-privilegiado não integra o rol dos denominados crimes hediondos (Precedentes).".

Caracteriza-se pela coexistência de circunstâncias privilegiadoras de natureza subjetiva(§1º, art. 121, CP) com qualificadoras de natureza objetiva(incs. III e IV, §2º, art. 121, CP).

"A jurisprudência do Supremo Tribunal Federal é firme no sentido da possibilidade de homicídio privilegiado-qualificado, desde que não haja incompatibilidade entre as circunstâncias do caso. Noutro dizer, tratando-se de qualificadora de caráter objetivo (meios e modos de execução do crime), é possível o reconhecimento do privilégio (sempre de natureza subjetiva)".

Privilegiadoras (Art. 121, §1º, Cp)	Qualificadoras (Art. 121, §2º, Cp)
Subjetivas	**Objetivas**
Relevante valor social;	Meios de execução (III)
Relevante valor moral;	Modos de execução (IV)
Domínio de violenta emoção.	

Poderá ser homicídio privilegiado-qualificado entre: privilegiadoras subjetivas e qualificadoras objetivas.

> Motivo torpe (I);
> Motivo fútil (II);
> Teleológica/consequencial (V);
> Feminicídio (VI);
> Homicídio funcional (VII).

7.1.3 Violência Funcional Hedionda

> ***Art. 1º**, caput. São considerados hediondos os seguintes crimes, todos tipificados no Decreto-Lei nº 2.848, de 7 de dezembro de 1940 – Código Penal, consumados ou tentados: [...]*
>
> ***I-A.** lesão corporal dolosa de natureza gravíssima (art. 129, §2º) e lesão corporal seguida de morte (art. 129, §3º), quando praticadas contra autoridade ou agente descrito nos arts. 142 e 144 da Constituição Federal, integrantes do sistema prisional e da Força Nacional de Segurança Pública, no exercício da função ou em decorrência dela, ou contra seu cônjuge, companheiro ou parente consanguíneo até terceiro grau, em razão dessa condição;*
>
> **(Inciso acrescido pela Lei nº 13.142, de 6/7/2015)**

A violência funcional que resulta lesão corporal de natureza leve (art. 129, caput, CP) ou de natureza grave (art. 129, §1º, CP) não é crime hediondo.

A violência funcional (art. 129, §12, CP) será hedionda quando resultar em lesão corporal de natureza gravíssima ou seguida de morte (art. 129, §§ 2º e 3º, CP).

Resultado da violência funcional	Hediondo?
Leve (art. 129, caput, CP):	Não será hediondo ☒
Grave (art. 129, §1º, CP):	Não será hediondo ☒
Gravíssima (art. 129, §2º, CP):	Hediondo ☑
Seguida de morte (art. 129, §3º, CP):	Hediondo ☑

7.1.4 Latrocínio

> ***Art. 1º**, caput. São considerados hediondos os seguintes crimes, todos tipificados no Decreto-Lei nº 2.848, de 7 de dezembro de 1940 – Código Penal, consumados ou tentados: [...]*
>
> ***II.** latrocínio (art. 157, §3º, in fine); (Inciso acrescido pela Lei nº 8.930, de 6/9/1994)*

Cuidado, o roubo qualificado será hediondo somente quando resultar em morte(art. 157, §3º, parte final, CP), uma vez que o roubo qualificado pela lesão corporal grave não é hediondo(art. 157, §3, primeira parte, CP).

O latrocínio (art. 157, §3º, parte final, CP) é crime contra o patrimônio (Título II, da Parte Especial, do CP – arts. 155 a 183) e, portanto, será processado pelo juizado comum (juiz singular) e não pelo tribunal do júri (art. 5º, XXXVIII, CF/88).

Ressalta-se que o latrocínio é crime agravado pelo resultado (doloso ou culposo), ou seja, duas condutas dolosas, em ambas as pontas do nexo causal: dolo no antecedente (causa) + dolo no consequente (resultado); como também na figura preterdolosa: dolo no antecedente(causa) +culpa no consequente(resultado). Porém, nessa última forma (preterdolosa), só existirá se a vítima efetivamente morrer em decorrência da violência: não cabe a tentativa na forma preterdolosa; já naquele (dolo + dolo), é latrocínio tanto na sua forma consumada quanto na tentada.

Súmula nº 610, STF: "Há crime de latrocínio, quando o homicídio se consuma, ainda que não realize o agente a subtração de bens da vítima".

Subtração	Morte	Latrocínio
Consumada	Consumada ✝	Consumado☑
Tentada	Consumada ✝	Consumado☑
Consumada	Tentada	Tentado☒
Tentada	Tentada	Tentado☒

✝ **Morte:** dolosa ou culposa.

7.1.5 Extorsão Qualificada pela Morte

Art. 1º, caput. São considerados hediondos os seguintes crimes, todos tipificados no Decreto-Lei nº 2.848, de 7 de dezembro de 1940 – Código Penal, consumados ou tentados: [...]

III. extorsão qualificada pela morte (art. 158, §2º); (Inciso acrescido pela Lei nº 8.930, de 6/9/1994)

Trata-se de um crime complexo, no qual se soma o constrangimento ilegal, mediante violência ou grave ameaça, com o intuito obter vantagem econômica indevida. Ademais, a vítima é apenas o meio para se o obter o fim desejado.

Ex.: Aguinaldo exige que Timóteo saque de sua conta bancária o valor disponível para retirada diária na máquina de autoatendimento, logo que recebe o dinheiro Aguinaldo mata a ví-tima. Houve o crime de extorsão qualificada pela morte (art. 158, §2º, CP).

A extorsão qualificada pela morte(art. 158, §2º, CP) é crime contra o patrimônio(Título II, da Parte Especial, do CP – arts. 155 a 183) e, portanto, será processado pelo juizado comum (juiz singular) e não pelo tribunal do júri (art. 5º, XXXVIII, CF/88).

Não são todas as modalidades qualificadas de extorsão que serão hediondas, mas somente quando resultar em morte (art. 158, §2º, parte final, CP); portanto, a extorsão qualificada pela lesão corporal grave (ou gravíssima) não é crime hediondo. Trata-se, nesse parágrafo, de uma norma penal em branco ao revés (ao reverso, ao avesso, ao contrário ou invertida), pois a pena (o preceito secundário) é remetida ao §3º do art. 157 (roubo qualificado).

Sequestro relâmpago com resultado morte é crime hediondo?

A resposta é não. Como os crimes hediondos estão enumerados em um rol taxativo e a extorsão qualificada pela restrição de liberdade da vítima (art. 158, §3º, CP) não está prevista na Lei nº 8.072/1990, então não se considera delito hediondo — respeito ao princípio da legalidade penal. Outrossim,no Direito Penal, veda-sea analogia in malam partem (analogia incriminadora) — proibição absoluta à analogia para prejudicar o réu. Ocorreu, na verdade, uma omissão (falha) legislativa, o que acaba beneficiando os bandidos.

7.1.6 Extorsão Mediante Sequestro

Art. 1º, caput.São considerados hediondos os seguintes crimes, todos tipificados no Decreto-Lei nº 2.848, de 7 de dezembro de 1940 – Código Penal, consumados ou tentados: [...]

IV. extorsão mediante sequestro e na forma qualificada (art. 159, caput, e §§ 1º, 2º e 3º); (Inciso acrescido pela Lei nº 8.930, de 6/9/1994)

A extorsão mediante sequestro (art. 159, CP) é crime contra o patrimônio(Título II, da Parte Especial, do CP – arts. 155 a 183) e, portanto, será processado pelo juizado comum (juiz singular) e não pelo tribunal do júri (art. 5º, XXXVIII, CF/88).

A extorsão mediante sequestro (art. 159, CP) é hedionda em todas as suas formas, seja na forma simples, seja na forma qualificada — o legislador acabou sendo redundante no texto de lei.Cuida-se da privação de liberdade da vítima tendo o fim de obter vantagem como condição ou preço do resgate (aqui o pedido é feito a terceiro). Portanto, trata-se da fusão entre o sequestro (art. 148, CP) e a extorsão (art. 158, CP).

7.1.7 Estupro

Art. 1º, caput. São considerados hediondos os seguintes crimes, todos tipificados no Decreto-Lei nº 2.848, de 7 de dezembro de 1940 – Código Penal, consumados ou tentados: [...]

V. estupro (art. 213, caput e §§ 1º e 2º);

(Inciso acrescido pela Lei nº 8.930, de 6/9/1994 e com nova redação dada pela Lei nº 12.015, de 7/8/2009)

O estupro (art. 213, CP) é delito hediondo em todas as suas formas, seja na forma simples, seja na forma qualificada, bem como o estupro de vulnerável (art. 217-A, CP) — o legislador acabou sendo redundante no texto de lei. Aqui há uma controvérsia legislativa, como pode o estupro contra imputável ser crime condicionado à representação (art. 225, CP) e ao mesmo tempo ser hediondo? Na sua forma simples (art. 213, caput, c/c art. 225, do CP), será hediondo condicionado à representação.

7.1.8 Estupro de Vulnerável

Art. 1º, caput.São considerados hediondos os seguintes crimes, todos tipificados no Decreto-Lei nº 2.848, de 7 de dezembro de 1940 – Código Penal, consumados ou tentados: [...]

VI. estupro de vulnerável (art. 217-A, caput e §§ 1º, 2º, 3º e 4º);

(Inciso acrescido pela Lei nº 8.930, de 6/9/1994 e com nova redação dada pela Lei nº 12.015, de 7/8/2009)

Estupro de vulnerável: é a conjunção carnal ou ato libidinoso com menor de 14 anos, mesmo sem violência ou grave ameaça (não há previsão do constrangimento). Em seu §1º equipara-se a vulnerável aquele que, por enfermidade ou deficiência mental, não tem o necessário discernimento para a prática do ato, ou que, por qualquer outra causa, não pode oferecer resistência. A sua ação penal é pública incondicionada (art. 225, parágrafo único, CP).Dessa forma, todas as formas de estupro são consideradas hediondas.

Súmula nº 593, STJ: *O crime de estupro de vulnerável se configura com a conjunção carnal ou prática de ato libidinoso com menor de 14 anos, sendo irrelevante eventual consentimento da vítima para a prática do ato, sua experiência sexual anterior ou existência de relacionamento amoroso com o agente.*

7.1.9 Epidemia com Resultado Morte

> ***Art. 1º**, caput. São considerados hediondos os seguintes crimes, todos tipificados no Decreto-Lei nº 2.848, de 7 de dezembro de 1940 – Código Penal, consumados ou tentados: [...]*
>
> ***VII.** epidemia com resultado morte (art. 267, §1º). (Inciso acrescido pela Lei nº 8.930, de 6/9/1994)*
>
> ***VII-A.** (VETADO) (Inciso vetado na Lei nº 9.695, de 20/8/1998)*

Esse inciso aplica-se apenas à epidemia patogênica dolosa com resultado morte, sendo assim, o crime de epidemia simples não é considerado hediondo (art. 267, caput, CP).

7.1.10 Falsificação, Corrupção, Adulteração ou Alteração de Produto Terapêutico ou Medicinal

> ***Art. 1º**, caput. São considerados hediondos os seguintes crimes, todos tipificados no Decreto-Lei nº 2.848, de 7 de dezembro de 1940 – Código Penal, consumados ou tentados: [...]*
>
> ***VII-B.** falsificação, corrupção, adulteração ou alteração de produto destinado a fins terapêuticos ou medicinais (art. 273, caput e §1º, §1º-A e §1º-B, com a redação dada pela Lei nº 9.677, de 2 de julho de 1998). (Inciso acrescido pela Lei nº 9.695, de 20/8/1998)*

Com relação aos produtos terapêuticos ou medicinais, ou seja, não se consideram como hediondos os cosméticos e os saneantes (art. 273, §1º-A, CP)nem a sua modalidade culposa, porquanto não são considerados ofensivos à saúde pública, dessa forma, a doutrina considera como uma interpretação restritiva de tal preceito.

7.1.11 Favorecimento da Prostituição ou de Outra Forma de Exploração Sexual de Criança ou Adolescente ou de vulnerável

> ***Art. 1º**, caput. São considerados hediondos os seguintes crimes, todos tipificados no Decreto-Lei nº 2.848, de 7 de dezembro de 1940 – Código Penal, consumados ou tentados: [...]*
>
> ***VIII.** favorecimento da prostituição ou de outra forma de exploração sexual de criança ou adolescente ou de vulnerável (art. 218-B, caput, e §§ 1º e 2º). (Inciso acrescido pela Lei nº 12.978, de 21/5/2014)*

Apesar de o *nomen juris* dizer apenas favorecimento ou exploração de criança, adolescente ou vulnerável, também haverá punição por outras condutas, quais sejam (§2º, do art. 218-B, do CP):

> ***Art. 218-B**, CP: "Submeter, induzir ou atrair à prostituição ou outra forma de exploração sexual alguém menor de 18 (dezoito) anos ou que, por enfermidade ou deficiência mental, não tem o necessário discernimento para a prática do ato, facilitá-la, impedir ou dificultar que a abandone:*
>
> ***§1º**. Se o crime é praticado com o fim de obter vantagem econômica, aplica-se também multa.*
>
> ***§2º**. Incorre nas mesmas penas:*
>
> ***I.** quem pratica conjunção carnal ou outro ato libidinoso com alguém menor de 18 (dezoito) e maior de 14 (catorze) anos na situação descrita no caput deste artigo;*
>
> ***II.** o proprietário, o gerente ou o responsável pelo local em que se verifiquem as práticas referidas no caput deste artigo.*
>
> ***§3º**. Na hipótese do inciso II do §2º, constitui efeito obrigatório da condenação a cassação da licença de localização e de funcionamento do estabelecimento.".*

Veja que quem, explorando a prostituição, pratica conjunção carnal ou outro ato libidinoso com uma prostituta menor de 18 anos e maior de 14 anos incorrerá neste crime (art. 218-B, §2º, I, CP). Caso seja praticado contra uma pessoa, por enfermidade ou deficiência mental, não possui nenhum discernimento para a prática do ato, ou menor de 14 anos, incorrerá no estupro de vulnerável (art. 217-A, CP).

7.1.12 Genocídio e Posse ou Porte Ilegal de Arma de Fogo de Uso Restrito

> ***Art. 1º**, Parágrafo único. Consideram-se também hediondos o crime de genocídio previsto nos arts. 1º, 2º e 3º da Lei nº 2.889, de 1º de outubro de 1956, e o de posse ou porte ilegal de arma de fogo de uso restrito, previsto no art. 16 da Lei nº 10.826, de 22 de dezembro de 2003, todos tentados ou consumados. (Parágrafo único acrescido pela Lei nº 8.930, de 6/9/1994,e com redação dada pela Lei nº 13.497, de 26/10/2017)*

→ **Genocídio: Art. 1º, Lei nº 2.889/1956:** "Quem, com a intenção de destruir, no todo ou em parte, grupo nacional, étnico, racial ou religioso, como tal:

a) matar membros do grupo;
b) causar lesão grave à integridade física ou mental de membros do grupo;
c) submeter intencionalmente o grupo a condições de existência capazes de ocasionar-lhe a destruição física total ou parcial;
d) adotar medidas destinadas a impedir os nascimentos no seio do grupo;
e) efetuar a transferência forçada de crianças do grupo para outro grupo;

Será punido: Com as penas do art. 121, §2º, do Código Penal, no caso da letra 'a';

- Com as penas do art. 129, §2º, no caso da letra 'b';
- Com as penas do art. 270, no caso da letra 'c';
- Com as penas do art. 125, no caso da letra 'd';
- Com as penas do art. 148, no caso da letra 'e';".

> ***Art. 2º**, Lei nº 2.889/1956: "Associarem-se mais de 3 (três) pessoas para prática dos crimes mencionados no artigo anterior:*

Pena - Metade da cominada aos crimes ali previstos.".

> ***Art. 3º**, Lei nº 2.889/1956: "Incitar, direta e publicamente alguém a cometer qualquer dos crimes de que trata o art. 1º:*

Pena - Metade das penas ali cominadas.

> ***§1º**. A pena pelo crime de incitação será a mesma de crime incitado, se este se consumar.*
>
> ***§2º**. A pena será aumentada de 1/3 (um terço), quando a incitação for cometida pela imprensa.".*

Leitor, veja o item: "Associação criminosa é crime hediondo?".

→ **Posse ou porte ilegal de arma de fogo de uso restrito:** com a nova redação feita pela Lei nº 13.497, de 26 de outubro de 2017, segundo a qual, incluiu-se o art. 16 do Estatuto do Desarmamento (Lei nº 10.826/2003) como delito hediondo. Entende-se ser todo o art. 16, uma vez que o legislador não citou que seria apenas o caput, portanto,tanto o caput quanto as formas equiparadas do parágrafo único se incluem na hediondez.

__Art. 16__, Lei nº 10.826/2003: "Possuir, deter, portar, adquirir, fornecer, receber, ter em depósito, transportar, ceder, ainda que gratuitamente, emprestar, remeter, empregar, manter sob sua guarda ou ocultar arma de fogo, acessório ou munição de uso proibido ou restrito, sem autorização e em desacordo com determinação legal ou regulamentar:

Pena - reclusão, de 3 (três) a 6 (seis) anos, e multa.

Parágrafo único. *Nas mesmas penas incorre quem:*

I. *suprimir ou alterar marca, numeração ou qualquer sinal de identificação de arma de fogo ou artefato;*

II. *modificar as características de arma de fogo, de forma a torná-la equivalente a arma de fogo de uso proibido ou restrito ou para fins de dificultar ou de qualquer modo induzir a erro autoridade policial, perito ou juiz;*

III. *possuir, detiver, fabricar ou empregar artefato explosivo ou incendiário, sem autorização ou em desacordo com determinação legal ou regulamentar;*

IV. *portar, possuir, adquirir, transportar ou fornecer arma de fogo com nume-ração, marca ou qualquer outro sinal de identificação raspado, suprimido ou adulterado;*

V. *vender, entregar ou fornecer, ainda que gratuitamente, arma de fogo, aces-sório, munição ou explosivo a criança ou adolescente; e*

VI. *produzir, recarregar ou reciclar, sem autorização legal, ou adulterar, de qualquer forma, munição ou explosivo.".*

7.2 Aspectos Processuais e Penais

7.2.1 Insuscetíveis de Graça, Anistia, Indulto e Fiança

Art. 2º. *Os crimes hediondos, a prática da tortura, o tráfico ilícito de entorpecentes e drogas afins e o terrorismo são insuscetíveis de:*

I. *anistia, graça e indulto;*

II. *fiança.*

(Inciso com redação dada pela Lei nº 11.464, de 28/3/2007)

A própria Constituição Federal (art. 5º, XLIII, CF) determina esses institutos, porém a Lei de Crimes Hediondos incluiu a insuscetibilidade do indulto— validamente constitucional para o STF.

"[...] é constitucional o art. 2º, I, da Lei nº 8.072/90, porque, nele, a menção ao indulto é meramente expletiva da proibição de graça aos condenados por crimes hediondos ditada pelo art. 5º, XLIII, da Constituição.

Na Constituição, a graça individual e o indulto coletivo — que ambos, tanto podem ser totais ou parciais, substantivando, nessa última hipótese, a comutação de pena — são modalidades do poder de graça do Presidente da República (art. 84, XII) — que, no entanto, sofre a restrição do art. 5º, XLIII, para excluir a possibilidade de sua concessão, quando se trata de condenação por crime hediondo.".

Lembre-se que tais dispositivos são cabíveis para os crimes hediondos e seus equiparados: tortura, terrorismo e tráfico de drogas. Cuidado, pois são delitos prescritíveis (art. 5º, XLIII, CF) , apenas serão imprescritíveis os descritos na Constituição Federal (art. 5º, XLII e XLIV , CF).

Delito	Imprescritibilidade	Insuscetibilidade de Anistia, Graça e Indulto	Inafiançabilidade
Ação de grupos armados, civis ou militares, contra a ordem constitucional e o Estado Democrático	✓	—	✓
Racismo	✓	—	✓
Crimes hediondos	—	✓	✓
Tortura	—	✓	✓
Tráfico de drogas	—	✓	✓
Terrorismo	—	✓	✓

Antes da Lei nº 11.464/2007 (que atualizou a Lei de Crimes Hediondos), previa-se também que não era cabível a liberdade provisória, redação alterada por essa lei,a qual prevê a insuscetibilidade de graça, anistia, indulto e fiança. Uma parte da doutrina se posicionou no sentido de, mesmo assim, não ser cabível a liberdade provisória, pois esta estava implícita na fiança. No entanto, o STF se pronunciou no sentido de que, a partir de 2007, a lei possibilitou a liberdade provisória para os crimes hediondos.

O réu preso em flagrante poderá obter liberdade provisória e até mesmo ter a prisão relaxada por excesso de prazo, segundo o STF.

Súmula nº 697, STF: "A proibição de liberdade provisória nos processos por crimes hediondos não veda o relaxamento da prisão processual por excesso de prazo.".

7.2.2 Regime Inicial Fechado

***Art. 2º**, §1º. A pena por crime previsto neste artigo será cumprida inicialmente em regime fechado.*

(Parágrafo com redação dada pela Lei nº 11.464, de 28/3/2007)

Antes da Lei nº 11.464/2007, a Lei dos Crimes Hediondos (Lei nº 8.072/1990) previa no§1º do art. 2º que a pena seria cumprida integralmente em regime fechado. Porém, o STF considerou inconstitucional esse parágrafo, além de outros dispositivos da lei, conforme a Súmula Vinculante nº 26(no próximo item).

Dessa forma, o legislador alterou o integralmente para inicialmente em regime fechado, o que possibilitou a progressão de regime. No entanto,o STF considerou que o regime inicial obrigatoriamente fechado inconstitucional; devendo-se seguir as regras previstas nos art. 33 e 59, do Código Penal.

"[...] superado o disposto na Lei dos Crimes Hediondos (obrigatoriedade de início do cumprimento de pena no regime fechado) para aqueles que preencham todos os demais requisitos previstos no art. 33, §§ 2º, 'b', e 3º, do CP, admitindo-se o início do cumprimento de pena em regime diverso do fechado.".

7.2.2.1 Cabimento de substituição da pena privativa de liberdade por restritiva de direitos

É possível a substituição da pena privativa de liberdade por restritiva de direitos se preenchidos os requisitos no art. 44 do CP, posição firmada no STF.

"PENA - REGIME FECHADO - INCONSTITUCIONALIDADE DO ARTIGO 1º, §1º, DA LEI Nº 8.072/1990. A imposição do regime inicial fechado, prevista na Lei de Crimes Hediondos, é inconstitucional, considerado o princípio da individualização da pena.

Precedente: Habeas Corpus nº 111.840, Relator Ministro Dias Toffoli, julgado pelo Pleno em 27 de junho de 2012, acórdão publicado no Diário da Justiça de 17 de dezembro de 2013. PENA – TRÁFICO DE DROGAS – SUBSTITUIÇÃO DA PRIVATIVA DA LIBERDADE PELA RESTRITIVA DE DIREITOS – INCONSTITUCIONALIDADE DO ARTIGO 44 DA LEI Nº 11.343/2006. A vedação à substituição da pena privativa de liberdade pela restritiva de direitos, prevista na Lei de Tóxicos, é inconstitucional, ante o princípio da individualização da pena. Precedente: Habeas Corpus nº 97.256, Relator Ministro Carlos Ayres Britto, julgado em 1º de setembro de 2010 pelo Pleno, acórdão publicado no Diário da Justiça de 16 de dezembro imediato.

Pena – *execução – regime de cumprimento. Não se tratando de réu reincidente, ficando a pena no patamar de 2 anos e sendo as circunstâncias judiciais positivas, cumpre observar o regime aberto e apreciar a substituição da pena privativa de liberdade pela restritiva de direitos – artigos 33 e 44 do Código Penal.*

7.2.3 Progressão de Regime

***Art. 2º**, §2º. A progressão de regime, no caso dos condenados aos crimes previstos neste artigo, dar-se-á após o cumprimento de 2/5 (dois quintos) da pena, se o apenado for primário, e de 3/5 (três quintos), se reincidente.*

(Parágrafo acrescido pela Lei nº 11.464, de 28/3/2007)

Reincidência genérica: no que tange à progressão de regime, a reincidência expressa a que se refere o §2º, do art. 2º, é a genérica, isto é, réu não primário em qualquer espécie de crime, por exemplo, o agente já condenado por porte de drogas ilícitas para consumo pessoal (art. 28, Lei nº 11.343/06) e que posteriormente cometa o delito de corrupção de produto terapêutico (art. 273, CP), deverá cumprir ao menos 3/5 (três quintos) da pena em cada regime para a sua progressão, porque se trata de réu não primário (reincidência genérica).

Conforme dispõe o STJ:

"[...] no tocante à reincidência indicada no §2º do artigo 2º da Lei dos Crimes Hediondos, não se exige 'que o sentenciado seja reincidente específico em crimes hediondos ou equiparados. O conceito de reincidência referido no art. 2º, §2º, da Lei nº 8.072/1990, com redação dada pela Lei nº 11.464/2007, é o do art. 63 do CP (reincidência genérica)' (JESUS, Damásio de. Código de Processo Penal Anotado. 23ª ed. São Paulo: Saraiva, 2009, p.729). Precedentes".

REGRAS GERAIS DE PROGRESSÃO DE REGIME	
Natureza do Crime	**Prazo para Progressão**
Crime comum (primário ou reincidente):	Cumprimento de 1/6 da pena
Crime hediondo ou equiparado+ primário:	Cumprimento de 2/5 da pena
Crime hediondo ou equiparado+reincidente genérico:	Cumprimento de 3/5 da pena

Irretroatividade da Lei nº 11.464/2007:aqueles que tenham praticado crime hediondo ou equiparado antes da Lei nº 11.464/2007, por força da irretroatividade da lei penal maléfica(irretroatividade da *lex gravior ou da novatio legis in pejus*), basta o cumprimento de 1/6 (um sexto) da pena para progressão de regime(Súmula nº 471, STJ), continua vigorando o art. 112 da Lei de Execução Penal (LEP) (Lei nº 7.210/1984).

Súmula nº 471, STJ: *Os condenados por crimes hediondos ou assemelhados cometidos antes da vigência da Lei nº 11.464/2007 sujeitam-se ao disposto no art. 112 da Lei nº 7.210/1984 (Lei de Execução Penal) para a progressão de regime prisional.*

→ **Progressão de Regime (Regra Geral)**

***Art. 112**, caput, LEP:"A pena privativa de liberdade será executada em forma progressiva com a transferência para regime menos rigoroso, a ser determinada pelo juiz, quando o preso tiver cumprido ao menos um sexto da pena no regime anterior e ostentar bom comportamento carcerário, comprovado pelo diretor do estabelecimento, respeitadas as normas que vedam a progressão".*

A realização de exame criminológico para conceder a progressão de regime aos delitos hediondos ou seus equiparados é facultativa.

→ **Exame criminológico:** não é obrigatório para progressão do regime aos condenados por crime hediondo ou equiparado; o juízo da execução avaliará se o condenado preenche os requisitos objetivos e subjetivos do benefício, podendo solicitar a realização de exame criminológico (facultativo), desde que devidamente motivado (Súmula Vinculante nº 26, STF).

Súmula Vinculante nº 26, STF: *Para efeito de progressão de regime no cumprimento de pena por crime hediondo, ou equiparado, o juízo da execução observará a inconstitucionalidade do art. 2º da Lei n. 8.072, de 25 de julho de 1990, sem prejuízo de avaliar se o condenado preenche, ou não, os requisitos objetivos e subjetivos do benefício, podendo determinar, para tal fim, de modo fundamentado, a realização de exame criminológico.*

7.2.4 Direito de apelar em liberdade

***Art. 2º**, §3º. Em caso de sentença condenatória, o juiz decidirá fundamentadamente se o réu poderá apelar em liberdade.*

(Primitivo §2º renumerado pela Lei nº 11.464, de 28/3/2007)

Nesse parágrafo está previsto o direito de o réu recorrer em liberdade, tal regra deve ser entendida da seguinte forma: após a sentença, se não existirem pressupostos para a prisão preventiva, o réu deverá responder em liberdade. Se, ao contrário, existirem pressupostos para a prisão preventiva, o réu recorrerá preso, sempre o juiz fundamentando as decisões.

7.2.5 Prisão temporária

***Art. 2º**, §4º. A prisão temporária, sobre a qual dispõe a Lei nº 7.960, de 21 de dezembro de 1989, nos crimes previstos neste artigo, terá o prazo de 30 (trinta) dias, prorrogável por igual período em caso de extrema e comprovada necessidade.*

(Primitivo §3º renumerado pela Lei nº 11.464, de 28/3/2007)

Esse prazo de prisão temporária dilatado (estendido) será cabível tanto aos crimes hediondos quanto às suas formas equiparadas, mesmo que ele não esteja previsto na Lei das Prisões Tempora-rias (Lei nº 7.960/1989).

***Art. 2º, Lei nº 7.960/1989:** A prisão temporária será decretada pelo Juiz, em face da representação da autoridade policial ou de requerimento do Ministério Público, e terá o prazo de 5 (cinco) dias, prorrogável por igual período em caso de extrema e comprovada necessidade.*

PRAZOS DA PRISÃO TEMPORÁRIA	
Natureza do Crime	**Prisão Temporária**
Crime não hediondo (regra)	5+5
Crime hediondo e equiparado	30+30

7.2.6 Estabelecimentos Penais de Segurança Máxima

> ***Art. 3º.*** *A União manterá estabelecimentos penais, de segurança máxima, destinados ao cumprimento de penas impostas a condenados de alta periculosidade, cuja permanência em presídios estaduais ponha em risco a ordem ou incolumidade pública.*

Trata-se de um mandamento à União em construir e manter presídios de segurança máxima, verdadeiramente importante para a manutenção social contra os condenados de alta periculosidade.

7.2.7 Livramento Condicional

> ***Art. 5º.*** *Ao art. 83 do Código Penal é acrescido o seguinte inciso:*
>
> ***V.*** *cumprido mais de dois terços da pena, nos casos de condenação por crime hediondo, prática da tortura, tráfico ilícito de entorpecentes e drogas afins, e terrorismo, se o apenado não for reincidente específico em crimes dessa natureza".*

A lei dos crimes hediondos trouxe uma alteração ao livramento condicional, previsto no art. 83 do CP (Código Penal). É importante observar que é vedado o livramento condicional ao reincidente específico em delitos de natureza hedionda (crimes hediondos e equiparados).

Contudo, a Lei nº 13.344/2016 inclui mais um crime nesse rol gravoso para liberdade condicional: o tráfico de pessoas (art. 149-A, CP).

> ***Art. 83****, V, CP: "cumpridos mais de dois terços da pena, nos casos de condenação por crime hediondo, prática de tortura, tráfico ilícito de entorpecentes e drogas afins, tráfico de pessoas e terrorismo, se o apenado não for reincidente específico em crimes dessa natureza".*
>
> *(Incluído pela Lei nº 13.344, de 2016)*

7.2.7.1 Regras gerais para o livramento condicional

NATUREZA DO CRIME	PRAZO PARA CONDICIONAL
Crime comum + primário	Cumprimento de 1/3 da pena
Crime comum +reincidente em crime doloso	Cumprimento de 1/2 da pena
Crime hediondo, equiparado ou tráfico de pessoas+primário (ou reincidente genérico)	Cumprimento de 2/3 da pena
Crime hediondo, equiparado ou tráfico de pessoas+reincidente específico nesses crimes	NÃO HÁ CONDICIONAL ☒

7.2.8 Delação eficaz

> ***Art. 7º.*** *Ao art. 159 do Código Penal fica acrescido o seguinte parágrafo: "Art. 159. §4º Se o crime é cometido por quadrilha ou bando, o coautor que denunciá-lo à autoridade, facilitando a libertação do sequestrado, terá sua pena reduzida de um a dois terços".*

Delação eficaz: trata-se de uma causa obrigatória de diminuição de pena— de 1/3 (um terço) a 2/3 (dois terços) – para o crime de extorsão mediante sequestro em concurso de agentes (art. 159, CP), devendo a denúnciaser eficaz, ou seja, possibilitando a libertação da vítima.

7.3 Associação Criminosa Qualificada

> ***Art. 8º.*** *Será de três a seis anos de reclusão a pena prevista no art. 288 do Código Penal, quando se tratar de crimes hediondos, prática da tortura, tráfico ilícito de entorpecentes e drogas afins ou terrorismo.*
>
> ***Parágrafo único.*** *O participante e o associado que denunciar à autoridade o bando ou quadrilha (associação criminosa), possibilitando seu desmantelamento, terá a pena reduzida de um a dois terços.*

Portanto, tome cuidado com o enunciado de prova, caso cite "de acordo com o Código Penal", então não há associação criminosa qualificada.

O crime de associação criminosa (art. 288, CP) será qualificado quando possuir o fim de praticar crimes hediondos e equiparados – exceto tráfico de drogas, pois a este delito incidirá o art. 35 da Lei nº 11.343/2006: associação para o tráfico de drogas. Contudo, tal qualificadora não está presente no Código Penal, mas somente na Lei dos Crimes Hediondos.

7.3.1 Traição benéfica

> ***Art. 8º****, Parágrafo único. O participante e o associado que denunciar à autoridade o bando ou quadrilha (associação criminosa), possibilitando seu desmantelamento, terá a pena reduzida de um a dois terços.*

DELAÇÃO EFICAZ ≠ TRAIÇÃO BENÉFICA
Na delação eficaz, deve-se possibilitar a libertação da vítima (efetivamente); enquanto na traição benéfica, o desmantelamento do grupo criminoso (o famoso "dedo duro").

Traição benéfica: trata-se de uma causa obrigatória de diminuição de pena— de 1/3 (um terço) a 2/3 (dois terços) – para associação criminosa (art. 288, CP), sendo que um ou mais dos agentes (associado ou partícipe) denuncie (traia) de modo eficaz, ou seja, possibilitando o desmantelamento do grupo (art. 8º, parágrafo único).

7.4 Jurisprudências e Temas Relevantes

7.4.1 Tráfico de Drogas Privilegiado Não é Equiparado a Hediondo

Atualmente, para ambos os Tribunais Superiores, não é equiparado a hediondo o tráfico privilegiado (art. 33, §4º, Lei nº 11.343/2006), por conseguinte, o STJ cancelou a Súmula nº 512.

> **Súmula nº512, STJ:** *A aplicação da causa de diminuição de pena prevista no art. 33, §4º, da Lei nº 11.343/2006 não afasta a hediondez do crime de tráfico de drogas. (CANCELADO)*

Para o STF, afasta a hediondez:"O tráfico de entorpecentes privilegiado (art. 33, §4º, da Lei nº 11.313/2006) não se harmoniza com a hediondez do tráfico de entorpecentes definido no ca-put e §1º do art. 33 da Lei de Tóxicos.".

7.4.2 Associação para o Tráfico de Drogas não é Equiparado a Hediondo

Segundo entendimento dos Tribunais Superiores, o crime de associação para o tráfico (art. 35, Lei nº 11.343/2006) não é equiparado a hediondo, razão pela qual a progressão de regime seguirá a regra geral dos delitos comuns, além dos requisitos subjetivos, o requisito objetivo de cumprimento de, ao menos, 1/6 da pena em cada regime: art. 112, LEP (Lei nº 7.210/1984).

"O Superior Tribunal de Justiça entende que o delito de associação para o tráfico de drogas não possui natureza hedionda, por não estar expressamente previsto nos arts. 1º e 2º, Lei nº 8.072/1990. [...], deve ser cumprido o lapso de 1/6 de pena para a progressão de regime, não se aplicando o disposto no art. 2º, §2º, Lei n.º 8.072/1990.".

→ **Progressão de Regime (Regra Geral)**

> ***Art. 112**, caput, LEP: A pena privativa de liberdade será executada em forma progressiva com a transferência para regime menos rigoroso, a ser determinada pelo juiz, quando o preso tiver cumprido ao menos um sexto da pena no regime anterior e ostentar bom comportamento carcerário, comprovado pelo diretor do estabelecimento, respeitadas as normas que vedam a progressão.*

7.4.3 Obrigatoriedade da Identificação do Perfil Genético aos Condenados em Crimes Hediondos

Há obrigatoriedade da coleta do perfil genético (DNA) dos condenados por crime doloso com violência de natureza grave contra pessoa ou por crime hediondo (art. 9º-A, Lei nº 7.210/1984).

> ***Art. 9º-A**, LEP: "Os condenados por crime praticado, dolosamente, com violência de natureza grave contra pessoa, ou por qualquer dos crimes previstos no art. 1º da Lei nº 8.072, de 25 de julho de 1990, serão submetidos, obrigatoriamente, à identificação do perfil genético, mediante extração de DNA - ácido desoxirribonucleico, por técnica adequada e indolor".*

Muita atenção, pois as bancas de concurso têm o costume de colocar essa obrigatoriedade (art. 9º-A, LEP) em outros temas, por exemplo, na identificação criminal pelo processo datiloscópico (errado!).

7.4.4 Ato Infracional Análogo ao Tráfico de Drogas

Os menores de 18 (dezoito) anos não cometem crimes, mas, por força da lei, diz-se que cometem atos infracionais análogos a crime. Diante disso, o menor de 18 anos que cometer delito equiparado a hediondo de tráfico de drogas não estará sujeito à medida socioeducativa de internação (medida privativa de liberdade), a qual só é cabível ao adolescente (maior de 12 anos e menor de 18 anos), por ser a medida mais gravosa do Estatuto da Criança e do Adolescente – ECA.

> **Súmula nº 492, STJ:** *O ato infracional análogo ao tráfico de drogas, por si só, não conduz obrigatoriamente à imposição de medida socioeducativa de internação do adolescente.*

7.4.5 Corrupção de Menores Majorada por Crime Hediondo

> ***Art. 244-B**, ECA: Corromper ou facilitar a corrupção de menor de 18 (dezoito) anos, com ele praticando infração penal ou induzindo-o a praticá-la:*
>
> **Pena** - reclusão, de 1 (um) a 4 (quatro) anos.
>
> ***§1º**. Incorre nas penas previstas no caput deste artigo quem pratica as condutas ali tipificadas utilizando-se de quaisquer meios eletrônicos, inclusive salas de bate-papo da internet.*
>
> ***§2º**. As penas previstas no caput deste artigo são aumentadas de um terço no caso de a infração cometida ou induzida estar incluída no rol do art. 1º da Lei no 8.072, de 25 de julho de 1990.*

O crime de corrupção de menores previsto no art. 244-B do ECA (Lei nº 8.069/1990) é diferente da corrupção de menores prevista no art. 218 do CP (crime contra a dignidade sexual). O ato de corromper menor de 18 (dezoito) anos de idade ou de facilitar a sua corrupção para a prática de infração penal (art. 244-B, ECA) é considerado delito formal, cuja caracterização demanda a coautoria ou participação de indivíduo maior de idade, majorando-se a pena caso o delito perpetrado em decorrência da corrupção seja hediondo.

Súmula nº 500, STJ: "A configuração do crime do art. 244-B do ECA independe da prova da efetiva corrupção do menor, por se tratar de delito formal.".

7.4.6 Associação Criminosa é Crime Hediondo?

Não. Nem prevista no Código Penal (art. 288, CP), ainda que tenha a finalidade de se praticar crimes hediondos e equiparados (art. 8º, Lei nº 8.072/1990), nem a prevista na Lei de Drogas (art. 35, Lei nº 11.343/2006), nem a organização criminosa (art. 1º, §1º, Lei nº12.850/2013).

Contudo, a associação criminosa com objetivo de genocídio é hedionda (art. 2º, Lei nº 2.889/1956), haja vista a definição expressa na Lei de Crimes Hediondos (art. 1º, parágrafo único, Lei nº 8.072/1990).

Veja o que diz o caput do art. 2º da Lei de Genocídio:

> ***Art. 2º**, caput, Lei nº 2.889/1956: Associarem-se mais de 3 (três) pessoas para prática dos crimes mencionados no artigo anterior: [...]*

É hedionda a incitação à prática de genocídio:

> ***Art. 3º**, caput,Lei nº 2.889/1956: Incitar, direta e publicamente alguém a cometer qualquer dos crimes de que trata o art. 1º: [...]*

Questões

01. (Cespe) A respeito de crimes hediondos, julgue o item subsequente. Considera-se hediondo o homicídio praticado em ação típica de grupo de extermínio ou em ação de milícia privada.

Certo ( ) Errado ( )

02. (Cespe) A respeito dos crimes hediondos, julgue o próximo item à luz da jurisprudência do STF e do STJ. O crime de associação para o tráfico é hediondo, razão pela qual a progressão de regime para o condenado por esse crime só pode ser concedida depois de cumpridos dois terços da pena.

Certo ( ) Errado ( )

(Cespe) A respeito do que dispõe a Constituição Federal de 1988 e a Lei nº 8.072/1990, julgue os itens.

03. A prática de racismo constitui crime hediondo, inafiançável e imprescritível.

Certo ( ) Errado ( )

04. A tortura é crime inafiançável, imprescritível e insuscetível de graça ou anistia.

Certo ( ) Errado ( )

05. O crime de lesão corporal dolosa de natureza gravíssima é hediondo quando praticado contra parente consanguíneo até o quarto grau de agente da segurança pública, em razão dessa condição.

Certo ( ) Errado ( )

06. A lei penal e a processual penal retroagem para beneficiar o réu.

Certo ( ) Errado ( )

07. O agente que pratica homicídio simples, consumado ou tentado, não comete crime hediondo.

Certo ( ) Errado ( )

Gabaritos

01	Errado	05	ERRADO
02	ERRADO	06	ERRADO
03	ERRADO	07	CERTO
04	ERRADO		

8. LEI MARIA DA PENHA - LEI Nº 11.340/2006

8.1 Conceitos introdutórios

8.1.1 Origem da Lei Maria da Penha

Interessantemente é o fato curioso do qual se originou a Lei nº 11.340/2006, mais conhecida por Lei Maria da Penha, a qual foi uma determinação da Comissão Interamericana de Direitos Humanos, **Renato Brasileiro Lima** (2016) explica a origem:

> *"Em data de 22 de setembro de 2006, entrou em vigor a Lei nº 11.340/06, referente à violência doméstica e familiar contra a mulher.* ***Esta lei ficou conhecida como Lei Maria da Penha em virtude da grave violência de que foi vítima Maria da Penha Maia Fernandes****: em 29 de maio de 1983, na cidade de Fortaleza, a farmacêutica Maria da Penha, enquanto dormia, foi atingida por disparo de espingarda desferido por seu próprio marido. Por força desse disparo, que atingiu a vítima em sua coluna, Maria da Penha ficou paraplégica. Porém, as agressões não cessaram. Uma semana depois, a vítima sofreu nova violência por parte de seu então marido, tendo recebido uma descarga elétrica enquanto se banhava. O agressor foi denunciado em 28 de setembro de 1984. Devido a sucessivos recursos e apelos, sua prisão ocorreu somente em setembro de 2002.*
>
> *Por conta da lentidão do processo, e por envolver grave violação aos direitos humanos, o caso foi levado à Comissão Interamericana de Direitos Humanos, que publicou o Relatório nº 54/2001, no sentido de que a ineficácia judicial a impunidade e a impossibilidade de a vítima obter uma reparação mostra a falta de cumprimento do compromisso assumido pelo Brasil de reagir adequadamente ante a violência doméstica. Cinco anos depois da publicação do referido relatório, com o objetivo de coibir e reprimir a violência doméstica e familiar contra a mulher e superar uma violência há muito arraigada na cultura machista do povo brasileiro, entrou em vigor a Lei nº 11.340/06, que ficou mais conhecida como Lei Maria da Penha."*[1] *(grifo do autor)*

Violação dos Direitos Humanos: a lei dita que a violência doméstica e familiar contra a mulher é uma conduta que viola os Direitos Humanos (art. 6º).

> ***Art. 6º.*** *A violência doméstica e familiar contra a mulher constitui uma das formas de violação dos direitos humanos.*

8.1.2 Objetivos

Os objetivos estão expostos na ementa da Lei e no seu art. 1º, quais sejam:

- Cria mecanismos para coibir e prevenir a violência doméstica e familiar contra a mulher, nos termos do §8º do art. 226 da Constituição Federal, da Convenção sobre a Eliminação de Todas as Formas de Violência contra a Mulher, da Convenção Interamericana para Prevenir, Punir e Erradicar a Violência contra a Mulher e de outros tratados internacionais ratificados pela República Federativa do Brasil;
- Dispõe sobre a criação dos Juizados de Violência Doméstica e Familiar contra a Mulher;
- Estabelece medidas de assistência e proteção às mulheres em situação de violência doméstica e familiar;
- Altera o Código de Processo Penal, o Código Penal e a Lei de Execução Penal; e
- Dá outras providências.

O referido artigo remete ao § 8º, do art. 226, da Constituição Federal; porém, a CF estabelece a proteção à família — de forma genérica (a todos que integram a família), isto é, não diretamente à mulher.[2]

8.1.3 Direitos das mulheres

> ***Art. 2º.*** *Toda mulher, independentemente de classe, raça, etnia, orientação sexual, renda, cultura, nível educacional, idade e religião, goza dos direitos fundamentais inerentes à pessoa humana, sendo-lhe asseguradas as oportunidades e facilidades para viver sem violência, preservar sua saúde física e mental e seu aperfeiçoamento moral, intelectual e social.*
>
> ***Art. 3º.*** *Serão asseguradas às mulheres as condições para o exercício efetivo dos direitos à vida, à segurança, à saúde, à alimentação, à educação, à cultura, à moradia, ao acesso à justiça, ao esporte, ao lazer, ao trabalho, à cidadania, à liberdade, à dignidade, ao respeito e à convivência familiar e comunitária.*
>
> ***§1º.*** *O poder público desenvolverá políticas que visem garantir os direitos humanos das mulheres no âmbito das relações domésticas e familiares no sentido de resguardá-las de toda forma de negligência, discriminação, exploração, violência, crueldade e opressão.*
>
> ***§2º.*** *Cabe à família, à sociedade e ao poder público criar as condições necessárias para o efetivo exercício dos direitos enunciados no 'caput'.*

Não é só dever do **poder público**, mas também da **família** e da **sociedade** criar condições para o exercício efetivo dos **direitos garantidos** no caput do art. 3º, quais sejam: direitos à vida, à segurança, à saúde, à alimentação, à educação, à cultura, à moradia, ao acesso à justiça, ao esporte, ao lazer, ao trabalho, à cidadania, à liberdade, à dignidade, ao respeito e à convivência familiar e comunitária (art. 3º, §2º). Todavia, cabe ao **poder público** (exclusivamente) desenvolver políticas a fim de garantir os **Direitos Humanos** das mulheres (art. 3º, §1º).

8.1.4 Sujeitos da violência doméstica e familiar contra a mulher

> ***Art. 4º.*** *Na interpretação desta Lei serão considerados os fins sociais a que ela se destina e, especialmente, as condições peculiares* ***das mulheres*** *em situação de violência doméstica e familiar.*

---

1 LIMA, R. B. **Legislação Criminal Especial Comentada**. 4ª ed. Salvador: JusPodivm, 2016, p. 899, grifo do autor.

2 Art. 226, caput, CF/88: A família, base da sociedade, tem especial proteção do Estado. [...] §8º. O Estado assegurará a assistência à família na pessoa de cada um dos que a integram, criando mecanismos para coibir a violência no âmbito de suas relações.

Sujeito passivo: exclusivamente a mulher — de nascença ou com *transgenitalização*[3], com a devida alteração em documento de registro civil de identificação autorizada por ordem judicial — em situação doméstica e/ou familiar.

Deve-se caracterizar o *vínculo familiar, de relação doméstica ou de afetividade*; basicamente, a existência de laços de convivência entre os sujeitos ativo (agressor) e passivo (vítima), com ou sem habitação.

> Os homens não são sujeitos passivos dessa lei (travestis, homossexuais ou transexuais). Há doutrina (minoritária) no sentido de ser extensível aos transexuais sem cirurgia de mudança de sexo.

> ***STJ:*** *Lei nº 11.340/06. Sujeito passivo: mulher. 'In casu', a relação de violência retratada neste feito ocorreu entre dois irmãos.* ***Inaplicabilidade****. Precedentes.4 (grifo nosso)*

Assevera-se que também é válido para ***hermafrodita***[5] que fez procedimento médico para concluir a sua natureza feminina, conforme a jurisprudência do **TJSC:**

> ***TJSC:*** *Conflito negativo de competência. Violência doméstica e familiar. Homologação de auto de prisão em flagrante. Agressões praticadas pelo companheiro contra pessoa civilmente identificada como sendo do sexo masculino.* ***Vítima submetida à cirurgia de adequação de sexo por ser hermafrodita. Adoção do sexo feminino.*** *Presença de órgãos reprodutores femininos que lhe conferem a condição de mulher. Retificação do registro civil já requerida judicialmente.* ***Possibilidade de aplicação, no caso concreto, da Lei nº 11.340/06.*** *Competência do juízo suscitante. Conflito improcedente.*[6] *(grifo nosso)*

Segundo o **STF**, no tema nº 761 de Repercussão Geral, o transexual poderá solicitar a alteração em registro civil do nome e sexo, mesmo sem a cirurgia de transgenitalização. Todavia, sem debater o mérito de aplicação da Lei Maria da Penha a esses indivíduos (não aplicável).

> ***STF, TEMA Nº 761:*** *Possibilidade de alteração de gênero no assento de registro civil de transexual, mesmo sem a realização de procedimento cirúrgico de redesignação de sexo.*
>
> *STF, TESE FIXADA COM REPERCUSSÃO GERAL:*
>
> ***I.*** *O transgênero tem direito fundamental subjetivo à alteração de seu prenome e de sua classificação de gênero no registro civil, não se exigindo, para tanto, nada além da manifestação de vontade do indivíduo, o qual poderá exercer tal faculdade tanto pela via judicial como diretamente pela via administrativa;*
>
> ***II.*** *Essa alteração deve ser averbada à margem do assento de nascimento, vedada a inclusão do termo 'transgênero';*
>
> ***III.*** *Nas certidões do registro não constará nenhuma observação sobre a origem do ato, vedada a expedição de certidão de inteiro teor, salvo a requerimento do próprio interessado ou por determinação judicial;*
>
> ***IV.*** *Efetuando-se o procedimento pela via judicial, caberá ao magistrado determinar de ofício ou a requerimento do interessado a expedição de mandados específicos para a alteração dos demais registros nos órgãos públicos ou privados pertinentes, os quais deverão preservar o sigilo sobre a origem dos atos.*[7]

Sujeito ativo: tanto o <u>homem</u> quanto a <u>mulher</u>, independentemente da opção sexual, por exemplo, em uma relação homoafetiva entre duas mulheres (art. 5º, parágrafo único).

Corrobora o STJ:

> ***STJ:*** *O sujeito passivo da violência doméstica objeto da Lei Maria da Penha é a mulher, já o sujeito ativo pode ser tanto o homem quanto a mulher, desde que fique caracterizado o vínculo de relação doméstica, familiar ou de afetividade, além da convivência, com ou sem coabitação.*[8]

8.1.5 Alcance da lei

> ***Art. 5º.*** *Para os efeitos desta Lei configura violência doméstica e familiar contra a mulher qualquer ação ou omissão baseada no gênero que lhe cause morte, lesão, sofrimento físico, sexual ou psicológico e dano moral ou patrimonial: (Vide Lei Complementar nº 150, de 2015)*
>
> ***I.*** *no âmbito da unidade doméstica, compreendida como o espaço de convívio permanente de pessoas, com ou sem vínculo familiar, inclusive as esporadicamente agregadas;*
>
> ***II.*** *no âmbito da família, compreendida como a comunidade formada por indivíduos que são ou se consideram aparentados, unidos por laços naturais, por afinidade ou por vontade expressa;*
>
> ***III.*** *em qualquer relação íntima de afeto, na qual o agressor conviva ou tenha convivido com a ofendida, independentemente de coabitação.*
>
> ***Parágrafo único.*** *As relações pessoais enunciadas neste artigo independem de orientação sexual.*

Mesmo que ocorra uma agressão contra a mulher, deve-se obrigatoriamente ser **baseada no gênero** para que seja aplicada a Lei Maria da Penha (art. 5º, *caput*).

Alcance da norma: a eficácia da lei em estudo tem alcance limitado a três situações (art. 5º, incs. I, II e III):

→ Âmbito doméstico: coabitação, hospitalar ou empregatício, etc.

Ex.: a patroa que bate na empregada doméstica a qual dorme, uma ou duas vezes por semana, na residência da empregadora (sem vínculo familiar e esporadicamente agregada)[12]; ou, uma colega agride a outra, em uma república de estudantes (coabitação).

→ Âmbito familiar: parentesco consanguíneo ou por afinidade.

Ex.: numa perspectiva de gênero e em condições de hipossuficiência ou inferioridade física e econômica, a irmã mais velha (22 anos) agride violentamente a caçula (17 anos) durante as férias à beira-mar (irmã que bate na irmã); ou, na mesma motivação, a mãe que bate na filha e vice-versa.

---

3 A transgenitalização (cirurgia de mudança de sexo) é regulada pela Resolução nº 1.955/2010 do Conselho Federal de Medicina — a primeira norma que regulamentou tal procedimento foi a Resolução CFM nº 1.482/1997.

4 **STJ, HC 212.767/DF,** Rel. Min. Vasco Della Giustina (Desembargador convidado do TJRS), julgado em 13/09/2011, 6ª Turma, DJe 09/11/2011. Precedente do STJ: CC 88.027/MG.

5 **Hermafrodita**: adj. (hist. nat.): diz-se dos indivíduos ou seres que têm reunidos em si os dois sexos. Subst. m. e f.: pessoa que possui os órgãos peculiares aos dois sexos. (Fonte: Dicionário Aulete – http://www.aulete.com.br/hermafrodita)

6 **TJSC, Conflito de Jurisdição nº 2009.006461-6,** da Capital, Rel. Des. Roberto Lucas Pacheco, julgado em 23/06/2009, 3ª Câmara Criminal, *DJe* 14/08/2009.

7 **STF, RE 670.422/RS,** Rel. Min. Dias Toffoli, julgado em 15/08/2018, Tribunal Pleno, *DJe* 20/08/2019.

8 **STJ, Jurisprudência em Teses nº 41.** *<u>Precedentes</u>: HC 277.561/AL; HC 250.435/RJ; HC 181.246/RS; HC 175.816/RS; CC 88.027/MG; RHC 46.278/AL (Vide Inf. 551).*

→ Relação íntima de afeto: casamento, noivado, namoro ou ex-namoro/noivado, separados, divorciados, etc.

Ex.: uma ex-namorada agride a ex-parceira, que nunca moraram juntas (relação homoafetiva independente de coabitação).

União homoafetiva e desnecessidade de coabitação: haverá aplicação da lei em apreço mesmo que em uma relação homossexual (art. 5º, par. único) e sem coabitação (art. 5º, III).

Nesse sentido é a jurisprudência do STJ:

> ***Súmula nº 600, STJ:*** *Para a configuração da violência doméstica e familiar prevista no artigo 5º da Lei nº 11.340/2006 (Lei Maria da Penha) não se exige a coabitação entre autor e vítima.*
>
> ***STJ:*** *A violência doméstica abrange qualquer relação íntima de afeto, dispensada a coabitação.*[9]
>
> ***STJ:*** *A Lei Maria da Penha atribuiu às uniões homoafetivas o caráter de entidade familiar, ao prever, no seu artigo 5º, parágrafo único, que as relações pessoais mencionadas naquele dispositivo independem de orientação sexual.*[10]

Rescindência de contrato de trabalho: o contrato de trabalho poderá ser rescindido, por culpa do empregador, se ele praticar qualquer forma de violência doméstica e familiar contra a mulher prevista na Lei Maria da Penha (Lei Complementar nº 150, de 1º/6/2015).[11]

Necessidade de demonstração de vulnerabilidade: a doutrina tende a entender que há necessidade de demonstração de vulnerabilidade da vítima quando o sujeito ativo for mulher.

> **STJ:** *Para a aplicação da Lei nº 11.340/2006, há necessidade de demonstração da situação de vulnerabilidade ou hipossuficiência da mulher, numa perspectiva de gênero.*[12]

Desnecessidade de demonstração de vulnerabilidade: Todavia, tem-se presumida a condição de vulnerável quando o sujeito ativo for homem.

> **STJ:** *A vulnerabilidade, hipossuficiência ou fragilidade da mulher têm-se como presumidas nas circunstâncias descritas na Lei nº 11.340/2006.*[13]

8.1.6 Formas de violência doméstica e familiar contra a mulher

> ***Art. 7º.*** *São formas de violência doméstica e familiar contra a mulher, entre outras:*
>
> ***I.*** *a violência física, entendida como qualquer conduta que ofenda sua integridade ou saúde corporal;*
>
> ***II.*** *a violência psicológica, entendida como qualquer conduta que lhe cause dano emocional e diminuição da autoestima ou que lhe prejudique e perturbe o pleno desenvolvimento ou que vise degradar ou controlar suas ações, comportamentos, crenças e decisões, mediante ameaça, constrangimento, humilhação, manipulação, isolamento, vigilância constante, perseguição contumaz, insulto, chantagem, violação de sua intimidade, ridicularização, exploração e limitação do direito de ir e vir ou qualquer outro meio que lhe cause prejuízo à saúde psicológica e à autodeterminação; (Redação dada pela Lei nº 13.772, de 19/12/2018)*
>
> ***III.*** *a violência sexual, entendida como qualquer conduta que a constranja a presenciar, a manter ou a participar de relação sexual não desejada, mediante intimidação, ameaça, coação ou uso da força; que a induza a comercializar ou a utilizar, de qualquer modo, a sua sexualidade, que a impeça de usar qualquer método contraceptivo ou que a force ao matrimônio, à gravidez, ao aborto ou à prostituição, mediante coação, chantagem, suborno ou manipulação; ou que limite ou anule o exercício de seus direitos sexuais e reprodutivos;*
>
> ***IV.*** *a violência patrimonial, entendida como qualquer conduta que configure retenção, subtração, destruição parcial ou total de seus objetos, instrumentos de trabalho, documentos pessoais, bens, valores e direitos ou recursos econômicos, incluindo os destinados a satisfazer suas necessidades;*
>
> ***V.*** *a violência moral, entendida como qualquer conduta que configure calúnia, difamação ou injúria.*

Violência geral: diante deste artigo, é possível perceber que os meios de violência doméstica e familiar contra a mulher são amplos, por isso a doutrina a nomeou de **violência geral:** física, psicológica, sexual, patrimonial e moral (art. 7º, incs. I a V).

Além disso, com relevância, não é qualquer ação ou omissão capaz de infligir sofrimento na mulher que se aplicará a Lei Maria da Penha, mas somente aquelas condutas que sejam algum tipo de ilícito civil ou penal (crime ou contravenção).

Ex.: Imagine que Tício, namorado de Mévia, decida terminar o relacionamento com ela, a qual fica desconsolada e chora compulsivamente por mais de 30 dias sem parar, sem se alimentar direito, nem saindo de seu quarto, sofrendo de uma forma descomunal. **Nessa situação hipotética, a Lei Maria da Penha será não será aplicada.**

> A aplicação da Lei Maria da Penha está condicionada à coexistência de **três requisitos**: sujeito passivo (art. 4º), âmbito (art. 5º) e violência geral (art. 7º).

8.1.7 Requisitos para aplicar a Lei Maria da Penha

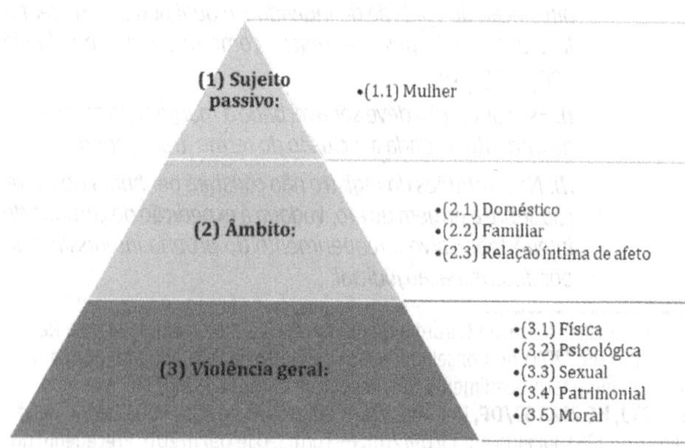

9 **STJ, Jurisprudência em Teses nº 41.** Precedentes: HC 280.082/RS; REsp 1.416.580/RJ; HC 181.246/RS; RHC 27.317/RJ; CC 91.979/MG; HC 179.130/SP; CC 107.238/MG; CC 105.201/MG (Vide Inf. 551).

10 **STJ, Jurisprudência em Teses nº 41.** Precedentes: REsp 1.183.378/RS; REsp 827.962/RS; REsp 1.026.981/RJ; REsp 1.236.524/SP.

11 **Art. 27, Parágrafo único, Lei Complementar nº 150/2015:** "O contrato de trabalho poderá ser rescindido por culpa do empregador quando: [...] VII – o empregador praticar qualquer das formas de violência doméstica ou familiar contra mulheres de que trata o art. 5º da Lei nº 11.340, de 7 de agosto de 2006.".

12 **STJ, Jurisprudência em Teses nº 41.** Precedentes: AgRg no REsp 1.430.724/RJ; HC 181.246/RS; HC 175.816/RS; HC 176.196/RS; CC 96.533/MG (Vide Inf. 524).

13 **STJ, Jurisprudência em Teses nº 41.** Precedentes: RHC 55.030/RJ; HC 280.082/RS; REsp 1.416.580/RJ (Vide Inf. 539).

8.2 Da assistência à mulher em situação de violência doméstica e familiar

8.2.1 Das medidas integradas de prevenção

Art. 8º. *A política pública que visa coibir a violência doméstica e familiar contra a mulher far-se-á por meio de um conjunto articulado de ações da União, dos Estados, do Distrito Federal e dos Municípios e de ações não-governamentais, tendo por diretrizes:*

I. *a integração operacional do Poder Judiciário, do Ministério Público e da Defensoria Pública com as áreas de segurança pública, assistência social, saúde, educação, trabalho e habitação;*

II. *a promoção de estudos e pesquisas, estatísticas e outras informações relevantes, com a perspectiva de gênero e de raça ou etnia, concernentes às causas, às consequências e à frequência da violência doméstica e familiar contra a mulher, para a sistematização de dados, a serem unificados nacionalmente, e a avaliação periódica dos resultados das medidas adotadas;*

III. *o respeito, nos meios de comunicação social, dos valores éticos e sociais da pessoa e da família, de forma a coibir os papéis estereotipados que legitimem ou exacerbem a violência doméstica e familiar, de acordo com o estabelecido no inciso III do art. 1º, no inciso IV do art. 3º e no inciso IV do art. 221 da Constituição Federal;*

IV. *a implementação de atendimento policial especializado para as mulheres, em particular nas Delegacias de Atendimento à Mulher;*

V. *a promoção e a realização de campanhas educativas de prevenção da violência doméstica e familiar contra a mulher, voltadas ao público escolar e à sociedade em geral, e a difusão desta Lei e dos instrumentos de proteção aos direitos humanos das mulheres;*

VI. *a celebração de convênios, protocolos, ajustes, termos ou outros instrumentos de promoção de parceria entre órgãos governamentais ou entre estes e entidades não-governamentais, tendo por objetivo a implementação de programas de erradicação da violência doméstica e familiar contra a mulher;*

VII. *a capacitação permanente das Polícias Civil e Militar, da Guarda Municipal, do Corpo de Bombeiros e dos profissionais pertencentes aos órgãos e às áreas enunciados no inciso I quanto às questões de gênero e de raça ou etnia;*

VIII. *a promoção de programas educacionais que disseminem valores éticos de irrestrito respeito à dignidade da pessoa humana com a perspectiva de gênero e de raça ou etnia;*

IX. *o destaque, nos currículos escolares de todos os níveis de ensino, para os conteúdos relativos aos direitos humanos, à equidade de gênero e de raça ou etnia e ao problema da violência doméstica e familiar contra a mulher.*

8.2.2 Da assistência à mulher em situação de violência doméstica e familiar

Art. 9º. *A assistência à mulher em situação de violência doméstica e familiar será prestada de forma articulada e conforme os princípios e as diretrizes previstos na Lei Orgânica da Assistência Social, no Sistema Único de Saúde, no Sistema Único de Segurança Pública, entre outras normas e políticas públicas de proteção, e emergencialmente quando for o caso.*

§1º. *O juiz determinará, por prazo certo, a inclusão da mulher em situação de violência doméstica e familiar no cadastro de programas assistenciais do governo federal, estadual e municipal.*

§2º. *O juiz assegurará à mulher em situação de violência doméstica e familiar, para preservar sua integridade física e psicológica:*

I. *acesso prioritário à remoção quando servidora pública, integrante da administração direta ou indireta;*

II. *manutenção do vínculo trabalhista, quando necessário o afastamento do local de trabalho, por até seis meses.*

III. *encaminhamento à assistência judiciária, quando for o caso, inclusive para eventual ajuizamento da ação de separação judicial, de divórcio, de anulação de casamento ou de dissolução de união estável perante o juízo competente. (Incluído pela Lei nº 13.894, de 29/10/2019)*

§3º. *A assistência à mulher em situação de violência doméstica e familiar compreenderá o acesso aos benefícios decorrentes do desenvolvimento científico e tecnológico, incluindo os serviços de contracepção de emergência, a profilaxia das Doenças Sexualmente Transmissíveis (DST) e da Síndrome da Imunodeficiência Adquirida (AIDS) e outros procedimentos médicos necessários e cabíveis nos casos de violência sexual.*

§4º. *Aquele que, por ação ou omissão, causar lesão, violência física, sexual ou psicológica e dano moral ou patrimonial a mulher fica obrigado a ressarcir todos os danos causados, inclusive ressarcir ao Sistema Único de Saúde (SUS), de acordo com a tabela SUS, os custos relativos aos serviços de saúde prestados para o total tratamento das vítimas em situação de violência doméstica e familiar, recolhidos os recursos assim arrecadados ao Fundo de Saúde do ente federado responsável pelas unidades de saúde que prestarem os serviços. (Incluído pela Lei nº 13.871, de 17/9/2019, publicada no DOU de 18/9/2019, em vigor 45 dias após a publicação)*

§5º. *Os dispositivos de segurança destinados ao uso em caso de perigo iminente e disponibilizados para o monitoramento das vítimas de violência doméstica ou familiar amparadas por medidas protetivas terão seus custos ressarcidos pelo agressor. (Incluído pela Lei nº 13.871, de 17/9/2019, publicada no DOU de 18/9/2019, em vigor 45 dias após a publicação)*

§6º. *O ressarcimento de que tratam os §§ 4º e 5º deste artigo não poderá importar ônus de qualquer natureza ao patrimônio da mulher e dos seus dependentes, nem configurar atenuante ou ensejar possibilidade de substituição da pena aplicada. (Incluído pela Lei nº 13.871, de 17/9/2019, publicada no DOU de 18/9/2019, em vigor 45 dias após a publicação)*

§7º. *A mulher em situação de violência doméstica e familiar tem prioridade para matricular seus dependentes em instituição de educação básica mais próxima de seu domicílio, ou transferi-los para essa instituição, mediante a apresentação dos documentos comprobatórios do registro da ocorrência policial ou do processo de violência doméstica e familiar em curso. (Incluído pela Lei nº 13.882, de 8/10/2019)*

§8º. *Serão sigilosos os dados da ofendida e de seus dependentes matriculados ou transferidos conforme o disposto no §7º deste artigo, e o acesso às informações será reservado ao juiz, ao Ministério Público e aos órgãos competentes do poder público. (Incluído pela Lei nº 13.882, de 8/10/2019)*

Prioridade de remoção de servidora pública: nos casos de violência doméstica e familiar contra a mulher que seja servidora pública da Administração Direta ou Indireta, o juiz deverá garantir prioridade na remoção desta para outro órgão a fim de garantir a integridade física e psicológica da vítima (art. 9º, §2º, I).

Manutenção de vínculo trabalhista até 6 meses: quando houver necessidade de afastamento da vítima, o juiz garantirá a manutenção do vínculo trabalhista por até 6 (seis) meses objetivando a incolumidade dela (art. 9º, §2º, II).

Ressarcimento ao Sistema Único de Saúde (SUS): a Lei nº 13.871/2019, que incluiu os §§ 4º, 5º e 6º, dispõe sobre a *responsabilidade do agressor pelo ressarcimento dos custos relacionados aos serviços de saúde prestados pelo Sistema Único de Saúde (SUS) às vítimas de violência doméstica e familiar e aos dispositivos de segurança por elas utilizados.* Todavia, tais parágrafos só terão vigência a partir de 2/11/2019 (45 dias após sua publicação no DOU).

Matrícula de dependentes na rede de educação básica: a Lei nº 13.882/2019, que inclui os §§ 7º e 8º, dispõe sobre a *garantia de matrícula dos dependentes da mulher vítima de violência doméstica e familiar em instituição de educação básica mais próxima de seu domicílio.* Tais parágrafos possuem eficácia imediata, uma vez que a lei previu a sua vigência a partir do dia de sua publicação (publicado no DOU em 9/10/2019).

8.2.3 Do atendimento pela autoridade policial

> ***Art. 10.*** *Na hipótese da iminência ou da prática de violência doméstica e familiar contra a mulher, à autoridade policial que tomar conhecimento da ocorrência adotará, de imediato, as providências legais cabíveis.*
>
> ***Parágrafo único.*** *Aplica-se o disposto no 'caput' deste artigo ao descumprimento de medida protetiva de urgência deferida.*

Prioridade de atendimento policial: o art. 10 determina a atuação imediata pela autoridade policial que tomar conhecimento da iminência ou da prática de violência doméstica e familiar contra a mulher.

> ***Art. 10-A.*** *É direito da mulher em situação de violência doméstica e familiar o atendimento policial e pericial especializado, ininterrupto e prestado por servidores — preferencialmente do sexo feminino — previamente capacitados. (Artigo acrescido pela Lei nº 13.505, de 8/11/2017)*
>
> ***§1º.*** *A inquirição de mulher em situação de violência doméstica e familiar ou de testemunha de violência doméstica, quando se tratar de crime contra a mulher, obedecerá às seguintes diretrizes:*
>
> ***I.*** *salvaguarda da integridade física, psíquica e emocional da depoente, considerada a sua condição peculiar de pessoa em situação de violência doméstica e familiar;*
>
> ***II.*** *garantia de que, em nenhuma hipótese, a mulher em situação de violência doméstica e familiar, familiares e testemunhas terão contato direto com investigados ou suspeitos e pessoas a eles relacionadas;*
>
> ***III.*** *não revitimização da depoente, evitando sucessivas inquirições sobre o mesmo fato nos âmbitos criminal, cível e administrativo, bem como questionamentos sobre a vida privada.*
>
> ***§2º.*** *Na inquirição de mulher em situação de violência doméstica e familiar ou de testemunha de delitos de que trata esta Lei, adotar-se-á, preferencialmente, o seguinte procedimento:*
>
> ***I.*** *a inquirição será feita em recinto especialmente projetado para esse fim, o qual conterá os equipamentos próprios e adequados à idade da mulher em situação de violência doméstica e familiar ou testemunha e ao tipo e à gravidade da violência sofrida;*
>
> ***II.*** *quando for o caso, a inquirição será intermediada por profissional especializado em violência doméstica e familiar designado pela autoridade judiciária ou policial;*
>
> ***III.*** *o depoimento será registrado em meio eletrônico ou magnético, devendo a degravação e a mídia integrar o inquérito.*

Atendimento policial e pericial especializado: a Lei nº 13.505, de 8/11/2017, que incluiu os arts. 10-A, 12-A e 12-B, dispõe sobre *o direito da mulher em situação de violência doméstica e familiar de ter atendimento policial e pericial especializado, ininterrupto e prestado por servidores —* ***preferencialmente do sexo feminino*** *— previamente capacitados.*

Veja que o dispositivo não determina o atendimento obrigatório por servidores do sexo feminino, mas sim preferencialmente, isto é, na ausência delas, poderá o atendimento ser feito por agente policial masculino.

Diretrizes obrigatórias da inquirição (§1º):	Procedimento preferencial da inquirição (§2º):
I. Salvaguarda da integridade da depoente;	I. Recinto especial;
II. Ausência de contato direto com investigados, suspeitos ou pessoas relacionadas;	II. Intermediação por profissional especializado;
III. Não revitimização da depoente.	III. Registro em meio eletrônico ou magnético.

> ***Art. 11.*** *No atendimento à mulher em situação de violência doméstica e familiar, a autoridade policial deverá, entre outras providências:*
>
> ***I.*** *garantir proteção policial, quando necessário, comunicando de imediato ao Ministério Público e ao Poder Judiciário;*
>
> ***II.*** *encaminhar a ofendida ao hospital ou posto de saúde e ao Instituto Médico Legal;*
>
> ***III.*** *fornecer transporte para a ofendida e seus dependentes para abrigo ou local seguro, quando houver risco de vida;*
>
> ***IV.*** *se necessário, acompanhar a ofendida para assegurar a retirada de seus pertences do local da ocorrência ou do domicílio familiar;*
>
> ***V.*** *informar à ofendida os direitos a ela conferidos nesta Lei e os serviços disponíveis, inclusive os de assistência judiciária para o eventual ajuizamento perante o juízo competente da ação de separação judicial, de divórcio, de anulação de casamento ou de dissolução de união estável. (Redação dada pela Lei nº 13.894, de 29/10/2019)*

Providências durante o atendimento policial à mulher: o art. 11 lista certas providências que devem ser executadas pela autoridade policial que estiver atendendo a mulher em situação de violência doméstica e familiar, as quais não estão listadas em um rol taxativo, mas sim um rol exemplificativo, por força do termo: "[...] entre outras providências: [...]".

Providências durante o atendimento policial à mulher (art. 11):	
Garantir:	Proteção policial (quando necessário).
Encaminhar:	A ofendida ao hospital ou posto de saúde e ao I.M.L.
Fornecer:	Transporte para abrigo ou local seguro (quando houver risco de vida).
Acompanhar:	Para assegurar a retirada de seus pertences (se necessário).
Informar:	Os direitos e os serviços disponíveis.

> ***Art. 12.*** *Em todos os casos de violência doméstica e familiar contra a mulher, feito o registro da ocorrência, deverá a autoridade policial adotar, de imediato, os seguintes procedimentos, sem prejuízo daqueles previstos no Código de Processo Penal:*
>
> ***I.*** *ouvir a ofendida, lavrar o boletim de ocorrência e tomar a representação a termo, se apresentada;*
>
> ***II.*** *colher todas as provas que servirem para o esclarecimento do fato e de suas circunstâncias;*

III. *remeter, no prazo de 48 (quarenta e oito) horas, expediente apartado ao juiz com o pedido da ofendida, para a concessão de medidas protetivas de urgência;*

IV. *determinar que se proceda ao exame de corpo de delito da ofendida e requisitar outros exames periciais necessários;*

V. *ouvir o agressor e as testemunhas;*

VI. *ordenar a identificação do agressor e fazer juntar aos autos sua folha de antecedentes criminais, indicando a existência de mandado de prisão ou registro de outras ocorrências policiais contra ele;*

VI-A. *verificar se o agressor possui registro de porte ou posse de arma de fogo e, na hipótese de existência, juntar aos autos essa informação, bem como notificar a ocorrência à instituição responsável pela concessão do registro ou da emissão do porte, nos termos da Lei nº 10.826, de 22 de dezembro de 2003 (Estatuto do Desarmamento); (Incluído pela Lei nº 13.880, de 8/10/2019)*

VII. remeter, no prazo legal, os autos do inquérito policial ao juiz e ao Ministério Público.

§1º. *O pedido da ofendida será tomado a termo pela autoridade policial e deverá conter:*

I. *qualificação da ofendida e do agressor;*

II. *nome e idade dos dependentes;*

III. *descrição sucinta do fato e das medidas protetivas solicitadas pela ofendida;*

IV. *informação sobre a condição de a ofendida ser pessoa com deficiência e se da violência sofrida resultou deficiência ou agravamento de deficiência preexistente. (Incluído pela Lei nº 13.836, de 4/6/2019)*

§2º. *A autoridade policial deverá anexar ao documento referido no §1º o boletim de ocorrência e cópia de todos os documentos disponíveis em posse da ofendida.*

§3º. *Serão admitidos como meios de prova os laudos ou prontuários médicos fornecidos por hospitais e postos de saúde.*

Procedimentos após o registro de ocorrência (art. 12):	
Ouvir, lavrar e tomar:	Ouvir a ofendida, lavrar o boletim de ocorrência e tomar a representação a termo, se apresentada;
Colher:	Todas as provas que servirem para o esclarecimento do fato e de suas circunstâncias;
Remeter:	No prazo de 48 (quarenta e oito) horas, expediente apartado ao juiz com o pedido da ofendida, para a concessão de medidas protetivas de urgência;
Determinar:	Que se proceda ao exame de corpo de delito da ofendida e requisitar outros exames periciais necessários;
Ouvir:	O agressor e as testemunhas;
Ordenar:	A identificação do agressor e fazer juntar aos autos sua folha de antecedentes criminais, indicando a existência de mandado de prisão ou registro de outras ocorrências policiais contra ele;
Verificar:	Se o agressor possui registro de porte ou posse de arma de fogo e, na hipótese de existência, juntar aos autos essa informação, bem como notificar a ocorrência à instituição responsável pela concessão do registro ou da emissão do porte, nos termos da Lei nº 10.826/03 (Estatuto do Desarmamento);
Remeter:	No prazo legal, os autos do inquérito policial ao juiz e ao Ministério Público.

Art. 12-A. *Os Estados e o Distrito Federal, na formulação de suas políticas e planos de atendimento à mulher em situação de violência doméstica e familiar, darão prioridade, no âmbito da Polícia Civil, à criação de Delegacias Especializadas de Atendimento à Mulher (DEAMS), de Núcleos Investigativos de Feminicídio e de equipes especializadas para o atendimento e a investigação das violências graves contra a mulher. (Artigo acrescido pela Lei nº 13.505, de 8/11/2017)*

Art. 12-B. *(VETADO na Lei nº 13.505, de 8/11/2017)*

§1º. *(VETADO na Lei nº 13.505, de 8/11/2017)*

§2º *(VETADO na Lei nº 13.505, de 8/11/2017)*

§3º. *A autoridade policial poderá requisitar os serviços públicos necessários à defesa da mulher em situação de violência doméstica e familiar e de seus dependentes. (Incluído pela Lei nº 13.505, de 8/11/2017)*

Art. 12-C. *Verificada a existência de risco atual ou iminente à vida ou à integridade física da mulher em situação de violência doméstica e familiar, ou de seus dependentes, o agressor será imediatamente afastado do lar, domicílio ou local de convivência com a ofendida: (Artigo acrescido pela Lei nº 13.827, de 13/5/2019)*

I. *pela autoridade judicial;*

II. *pelo delegado de polícia, quando o Município não for sede de comarca; ou*

III. *pelo policial, quando o Município não for sede de comarca e não houver delegado disponível no momento da denúncia.*

§1º. *Nas hipóteses dos incisos II e III do 'caput' deste artigo, o juiz será comunicado no prazo máximo de 24 (vinte e quatro) horas e decidirá, em igual prazo, sobre a manutenção ou a revogação da medida aplicada, devendo dar ciência ao Ministério Público concomitantemente.*

§2º. *Nos casos de risco à integridade física da ofendida ou à efetividade da medida protetiva de urgência, não será concedida liberdade provisória ao preso.*

8.3 Aspectos processuais relevantes

8.3.1 Competência mista e legislações aplicáveis

Art. 13. *Ao processo, ao julgamento e à execução das causas cíveis e criminais decorrentes da prática de violência doméstica e familiar contra a mulher aplicar-se-ão as normas dos Códigos de Processo Penal e Processo Civil e da legislação específica relativa à criança, ao adolescente e ao idoso que não conflitarem com o estabelecido nesta Lei.*

Aplicação subsidiária: por ser uma lei específica, a Lei Maria da Penha prevalece sobre a genérica naquilo que houver contradição, todavia, ainda se aplicará a lei geral quando aquela não versar sobre o assunto, por exemplo, os Códigos Processuais Penal e Civil (CPP e CPC), o Estatuto da Criança e do Adolescente (ECA), bem como o Estatuto do Idoso, entre outros.

8.3.2 Juizados de violência doméstica e familiar contra a mulher

Art. 14. *Os Juizados de Violência Doméstica e Familiar contra a Mulher, órgãos da Justiça Ordinária com competência cível e criminal, poderão ser criados pela União, no Distrito Federal e nos Territórios, e pelos Estados, para o processo, o julgamento e a execução das causas decorrentes da prática de violência doméstica e familiar contra a mulher.*

Parágrafo único. *Os atos processuais poderão realizar-se em horário noturno, conforme dispuserem as normas de organização judiciária.*

Competência cumulativa: os juizados de violência doméstica e familiar contra a mulher possuem a cumulação de *competência civil* e *criminal*, bem como de outras causas decorrentes (art. 14, *caput*).

> ***STJ:** Os Juizados de Violência Doméstica e Familiar contra a Mulher **têm competência cumulativa para o julgamento e a execução das causas decorrentes** da prática de violência doméstica e familiar contra a mulher, nos termos do art. 14, da Lei nº 11.340/2006.[14] (grifo nosso)*

Horário noturno: os atos processuais relativos à Lei Maria da Penha poderão se realizar em horário noturno (art. 14, par. único).

8.3.3 Opção da ofendida nos processos cíveis

> ***Art. 15.** É competente, por opção da ofendida, para os processos cíveis regidos por esta Lei, o Juizado:*
>
> ***I.** do seu domicílio ou de sua residência;*
>
> ***II.** do lugar do fato em que se baseou a demanda;*
>
> ***III.** do domicílio do agressor.*

8.3.4 Audiência de retratação

> ***Art. 16.** Nas **ações penais públicas condicionadas à representação** da ofendida de que trata esta Lei, só será admitida a renúncia à representação perante o juiz, em audiência especialmente designada com tal finalidade, **antes do recebimento da denúncia** e ouvido o Ministério Público.*

Retratação da representação: nos casos de violência doméstica e familiar contra a mulher, somente será possível a retratação da representação (nos crimes de ação penal pública condicionada) antes do recebimento da denúncia.

> O **art. 16 da Lei Maria da Penha** apresenta situação dilatada à regra geral descrita no CPP referente à retratação da representação (art. 25, CPP). Portanto, cuidado com esses temas em sua prova.

> ***STJ:** A audiência de retratação prevista no art. 16 da Lei nº 11.340/06 apenas será designada no caso de **manifestação expressa ou tácita da vítima** e desde que ocorrida **antes do recebimento da denúncia.**[15] (grifo nosso)*

Retratação da representação:	
Lei Maria da Penha:	Até o **recebimento** da denúncia (por exemplo: a denúncia está em mãos do juiz, mas ainda não se iniciou o processo).
CPP:	Até o **oferecimento** da denúncia (por exemplo: a denúncia ainda não foi encaminhada para o juiz, mas ainda está em mãos do Ministério Público).

8.3.5 Sanções vedadas

> ***Art. 17.** É vedada a aplicação, nos casos de violência doméstica e familiar contra a mulher, de penas de cesta básica ou outras de prestação pecuniária, bem como a substituição de pena que implique o pagamento isolado de multa.*

Aplicação de pena de cesta básica ou de prestação pecuniária: a fim de desencorajar o agressor, o legislador *proibiu* (vedou) a aplicação de penas de *cesta básica ou de prestação pecuniária* (pagamento em dinheiro à vítima), bem como a substituição de pena pelo *pagamento isolado de multa*.

Substituição de pena privativa de liberdade por restritiva de direitos: o STJ determinou a *impossibilidade* de substituição de *pena privativa de liberdade por restritiva de direitos*, nos casos de violência doméstica e familiar contra a mulher (Súm. 588, STJ).

> ***Súmula nº 588, STJ:** A prática de crime ou contravenção penal contra a mulher com violência ou grave ameaça no ambiente doméstico impossibilita a substituição da pena privativa de liberdade por restritiva de direitos.*

8.3.5.1 Princípio da insignificância e bagatela imprópria

Não se admite o **princípio da insignificância** (bagatela própria) para a violência doméstica e familiar contra a mulher (Súm. 589, STJ).

> ***Súmula nº 589, STJ:** É inaplicável o princípio da insignificância nos crimes ou contravenções penais praticados contra a mulher no âmbito das relações domésticas.*

Nem mesmo a aplicação da **bagatela imprópria:**

> ***STJ: Não é possível** a aplicação dos **princípios da insignificância e da bagatela imprópria** nos delitos praticados com violência ou grave ameaça no âmbito das relações domésticas e familiares[16] (grifo nosso)*

8.3.6 Vedação da Lei nº 9.099/95

> ***Art. 41.** Aos crimes praticados com violência doméstica e familiar contra a mulher, independentemente da pena prevista, não se aplica a Lei nº 9.099, de 26 de setembro de 1995.*

Não se aplica a **Lei nº 9.099/95** (JECrim) à violência doméstica e familiar contra a mulher, em todos os sentidos: *sursis* processual (suspensão condicional do processo), transação penal, reparação dos danos, entre outros dispositivos.

> ***Súmula nº 536, STJ:** A suspensão condicional do processo e a transação penal não se aplicam na hipótese de delitos sujeitos ao rito da Lei Maria da Penha.*

8.3.6.1 Lesão corporal leve e culposa

> ***Súmula nº 542, STJ:** A ação penal relativa ao crime de lesão corporal resultante de violência doméstica contra a mulher é pública incondicionada.*

> Na violência doméstica e familiar contra a mulher que gere lesão corporal leve ou culposa, a **ação penal é pública incondicionada.**

Os demais crimes de ação penal pública condicionada à representação **continuarão** com a mesma regra do Código Penal ou outras Leis Penais Especiais, o que não se aplica à Lei Maria da Penha é a Lei nº 9.099/95 (JECrim)[17].

---

14 STJ, Jurisprudência em Teses nº 41. Precedentes: REsp 1.475.006/MT (Vide Inf. 550).

15 **STJ, Jurisprudência em Teses nº 41.** Precedentes: RHC 41.545/PB; HC 184.923/DF; AgRg no AREsp 40.934/DF; HC 167.898/MG; AgRg no Ag 1.380.117/SE; RHC 27.317/RJ; REsp 1.533.691/MG; AREsp 518.363/DF.

16 **STJ, Jurisprudência em Teses nº 41.** Precedentes: REsp 1.537.749/DF; AgRg no REsp 1.464.335/MS; AgRg no AREsp 19.042/DF; REsp 1.538.562/SP; AREsp 652.428/DF; HC 317.781/MS.

17 **Art. 88, Lei nº 9.099/95:** *"Além das hipóteses do Código Penal e da legislação especial, dependerá de representação a ação penal relativa aos crimes de lesões corporais leves e lesões culposas.".* **(DISPOSITIVO NÃO APLICÁVEL À VIOLÊNCIA DOMÉSTICA E FAMILIAR CONTRA A MULHER)**

Por exemplo: o **crime de ameaça** contra a mulher em situação de violência doméstica e familiar, continua a ser de **ação penal pública condicionada** à representação da vítima, conforme dispõe o art. 147, parágrafo único, do Código Penal.

> ***STJ:*** *O crime de lesão corporal, ainda que leve ou culposo, praticado contra a mulher no âmbito das relações domésticas e familiares, deve ser processado mediante ação penal pública incondicionada.*[18]

8.4 Medidas protetivas de urgência

8.4.1 Disposições gerais

> ***Art. 18.*** *Recebido o expediente com o pedido da ofendida, caberá ao juiz, no prazo de 48 (quarenta e oito) horas:*
>
> ***I.*** *conhecer do expediente e do pedido e decidir sobre as medidas protetivas de urgência;*
>
> ***II.*** *determinar o encaminhamento da ofendida ao órgão de assistência judiciária, quando for o caso, inclusive para o ajuizamento da ação de separação judicial, de divórcio, de anulação de casamento ou de dissolução de união estável perante o juízo competente; (Redação dada pela Lei nº 13.894, de 29/10/2019)*
>
> ***III.*** *comunicar ao Ministério Público para que adote as providências cabíveis;*
>
> ***IV.*** *determinar a apreensão imediata de arma de fogo sob a posse do agressor. (Incluído pela Lei nº 13.880, de 8/10/2019)*

Atendimento policial e pericial especializado: a Lei nº 13.505, de 8/11/2017, que incluiu os arts. 10-A, 12-A e 12-B, dispõe sobre *o direito da mulher em situação de violência doméstica e familiar de ter atendimento policial e pericial especializado, ininterrupto e prestado por servidores* **— preferencialmente do sexo feminino —** *previamente capacitados.*

> ***Art. 19.*** *As medidas protetivas de urgência poderão ser concedidas pelo juiz, a requerimento do Ministério Público ou a pedido da ofendida.*
>
> ***§1º.*** *As medidas protetivas de urgência poderão ser concedidas de imediato, independentemente de audiência das partes e de manifestação do Ministério Público, devendo este ser prontamente comunicado.*
>
> ***§2º.*** *As medidas protetivas de urgência serão aplicadas isolada ou cumulativamente, e poderão ser substituídas a qualquer tempo por outras de maior eficácia, sempre que os direitos reconhecidos nesta Lei forem ameaçados ou violados.*
>
> ***§3º.*** *Poderá o juiz, a requerimento do Ministério Público ou a pedido da ofendida, conceder novas medidas protetivas de urgência ou rever aquelas já concedidas, se entender necessário à proteção da ofendida, de seus familiares e de seu patrimônio, ouvido o Ministério Público.*

Ministério Público ou ofendida: as medidas protetivas de urgências necessitam de autorização judicial e poderão ser concedidas por: [1] *requerimento do Ministério Público ou [2] pedido da ofendida.* Sendo assim, não cabe à autoridade policial solicitar medida protetiva de urgência, conforme a ausência legal no art. 19.

> ***Art. 20.*** *Em qualquer fase do inquérito policial ou da instrução criminal, caberá a prisão preventiva do agressor, decretada pelo juiz, de ofício, a requerimento do Ministério Público ou mediante representação da autoridade policial.*
>
> ***Parágrafo único.*** *O juiz poderá revogar a prisão preventiva se, no curso do processo, verificar a falta de motivo para que subsista, bem como de novo decretá-la, se sobrevierem razões que a justifiquem.*

Ministério Público ou autoridade policial: a prisão preventiva do agressor necessita de autorização judicial e poderá ser concedida: [1] *requerimento do Ministério Público ou [2] representação da autoridade policial* — no inquérito policial ou na instrução criminal (durante o processo penal poderá o juiz decretá-la de ofício).

> ***Art. 21.*** *A ofendida deverá ser notificada dos atos processuais relativos ao agressor, especialmente dos pertinentes ao ingresso e à saída da prisão, sem prejuízo da intimação do advogado constituído ou do defensor público.*
>
> ***Parágrafo único.*** *A ofendida não poderá entregar intimação ou notificação ao agressor.*

Notificação dos atos processuais: a ofendida deve ser "notificada" (ou "cientificada") sobre todos os atos processuais que envolverem o agressor; vedando-se, entretanto, que ela entregue intimação ou notificação ao agressor.

8.4.2 Medidas protetivas de urgência que obrigam o agressor

> ***Art. 22.*** *Constatada a prática de violência doméstica e familiar contra a mulher, nos termos desta Lei, o juiz poderá aplicar, de imediato, ao agressor, em conjunto ou separadamente, as seguintes medidas protetivas de urgência, entre outras:*
>
> ***I.*** *suspensão da posse ou restrição do porte de armas, com comunicação ao órgão competente, nos termos da Lei nº 10.826, de 22 de dezembro de 2003 (Estatuto do Desarmamento);*
>
> ***II.*** *afastamento do lar, domicílio ou local de convivência com a ofendida;*
>
> ***III.*** *proibição de determinadas condutas, entre as quais:*
>
> ***a)*** *aproximação da ofendida, de seus familiares e das testemunhas, fixando o limite mínimo de distância entre estes e o agressor;*
>
> ***b)*** *contato com a ofendida, seus familiares e testemunhas por qualquer meio de comunicação;*
>
> ***c)*** *frequentação de determinados lugares a fim de preservar a integridade física e psicológica da ofendida;*
>
> ***IV.*** *restrição ou suspensão de visitas aos dependentes menores, ouvida a equipe de atendimento multidisciplinar ou serviço similar;*
>
> ***V.*** *prestação de alimentos provisionais ou provisórios.*
>
> ***§1º.*** *As medidas referidas neste artigo não impedem a aplicação de outras previstas na legislação em vigor, sempre que a segurança da ofendida ou as circunstâncias o exigirem, devendo a providência ser comunicada ao Ministério Público.*
>
> ***§2º.*** *Na hipótese de aplicação do inciso I, encontrando-se o agressor nas condições mencionadas no 'caput' e incisos do art. 6º da Lei nº 10.826, de 22 de dezembro de 2003 (Estatuto do Desarmamento), o juiz comunicará ao respectivo órgão, corporação ou instituição as medidas protetivas de urgência concedidas e determinará a restrição do porte de armas, ficando o superior imediato do agressor responsável pelo cumprimento da determinação judicial, sob pena de incorrer nos crimes de prevaricação ou de desobediência, conforme o caso.*
>
> ***§3º.*** *Para garantir a efetividade das medidas protetivas de urgência, poderá o juiz requisitar, a qualquer momento, auxílio da força policial.*
>
> ***§4º.*** *Aplica-se às hipóteses previstas neste artigo, no que couber, o disposto no 'caput' e nos §§ 5º e 6º do art. 461 da Lei nº 5.869, de 11 de janeiro de 1973 (Código de Processo Civil).*

---

18 **STJ, Jurisprudência em Teses nº 41.** Precedentes: REsp 1.537.749/DF; AgRg no REsp 1.442.015/MG; RHC 42.228/SP; AgRg no REsp 1.358.215/MG; RHC 45.444/MG; AgRg no REsp 1.428.577/DF; AgRg no HC 213.597/MT; HC 184.923/DF; RHC 33.881/MG; HC 242.458/DF (Vide Inf. 509).

Medidas isoladas ou cumulativamente: determina o *caput* do art. 22 que o juiz poderá, de imediato, aplicar as medidas protetivas de urgência isoladas ou cumulativamente, entre outras, ou seja, o rol é exemplificativo.

Comunicação ao Ministério Público (§1º): como o rol é exemplificativo, poderá o juiz competente aplicar outras medidas previstas na legislação em vigor, mas sempre notificando o Ministério Público.

Agentes de segurança pública (§2º): tratando-se de agentes de segurança previstos no rol do *caput* e incisos do art. 6º do Estatuto do Desarmamento, o juiz competente irá comunicar o órgão competente e o superior hierárquico ficará responsável pela restrição do porte do subordinado sob de pena de incorrer nos crimes de prevaricação ou desobediência, conforme o caso.

Auxílio da força policial (§3º): a fim de garantir a efetividade das medidas protetivas, o juiz poderá requisitar o auxílio da força policial.

Medidas protetivas de urgência que obrigam o agressor, entre outras (art. 22):	
Suspensão de posse/porte de armas:	Com comunicação ao órgão competente, nos termos da Lei nº 10.826, de 22 de dezembro de 2003 (Estatuto do Desarmamento);
Afastamento do lar:	Ou local de convivência com a ofendida;
Proibição de condutas:	a) aproximação da ofendida, de seus familiares e das testemunhas, fixando o limite mínimo de distância entre estes e o agressor; b) contato com a ofendida, seus familiares e testemunhas por qualquer meio de comunicação; c) frequentação de determinados lugares a fim de preservar a integridade física e psicológica da ofendida;
Restrição de visitas:	Aos dependentes menores, ouvida a equipe de atendimento multidisciplinar ou serviço similar;
Prestação de alimentos:	Provisionais ou provisórios.

8.4.3 Medidas protetivas de urgência à ofendida

***Art. 23.** Poderá o juiz, quando necessário, sem prejuízo de outras medidas:*

***I.** encaminhar a ofendida e seus dependentes a programa oficial ou comunitário de proteção ou de atendimento;*

***II.** determinar a recondução da ofendida e a de seus dependentes ao respectivo domicílio, após afastamento do agressor;*

***III.** determinar o afastamento da ofendida do lar, sem prejuízo dos direitos relativos a bens, guarda dos filhos e alimentos;*

***IV.** determinar a separação de corpos;*

***V.** determinar a matrícula dos dependentes da ofendida em instituição de educação básica mais próxima do seu domicílio, ou a transferência deles para essa instituição, independentemente da existência de vaga. (Incluído pela Lei nº 13.882, de 8/10/2019)*

Medidas protetivas de urgência à ofendida, entre outras (art. 23):	
Programa de proteção:	Encaminhamento da ofendida e de seus dependentes à programa oficial ou comunitário de proteção ou de atendimento;
Recondução ao domicílio:	Determinação de reconduzir a ofendida e seus dependentes ao respectivo domicílio, após afastamento do agressor;
Afastamento do lar:	Determinação de afastar a ofendida do lar, sem prejuízo dos direitos relativos a bens, guarda dos filhos e alimentos;
Separação matrimonial:	Determinação da separação de corpos;
Matrícula escolar:	Determinação de matrícula dos dependentes da ofendida em instituição de educação básica mais próxima do seu domicílio, ou a transferência deles para essa instituição, independentemente da existência de vaga.

***Art. 24.** Para a proteção patrimonial dos bens da sociedade conjugal ou daqueles de propriedade particular da mulher, o juiz poderá determinar, liminarmente, as seguintes medidas, entre outras:*

***I.** restituição de bens indevidamente subtraídos pelo agressor à ofendida;*

***II.** proibição temporária para a celebração de atos e contratos de compra, venda e locação de propriedade em comum, salvo expressa autorização judicial;*

***III.** suspensão das procurações conferidas pela ofendida ao agressor;*

***IV.** prestação de caução provisória, mediante depósito judicial, por perdas e danos materiais decorrentes da prática de violência doméstica e familiar contra a ofendida.*

***Parágrafo único.** Deverá o juiz oficiar ao cartório competente para os fins previstos nos incisos II e III deste artigo.*

Medidas protetivas do patrimônio da ofendida (art. 24):	
Restituição de bens:	indevidamente subtraídos pelo agressor à ofendida;
Proibição temporária:	para a celebração de atos e contratos de compra, venda e locação de propriedade em comum, salvo expressa autorização judicial;
Suspensão de procurações:	conferidas pela ofendida ao agressor;
Prestação de caução provisória:	mediante depósito judicial, por perdas e danos materiais decorrentes da prática de violência doméstica e familiar contra a ofendida.

8.4.4 Do crime de descumprimento de medidas protetivas de urgência

8.4.4.1 Descumprimento de medidas protetivas de urgência

***Art. 24-A.** Descumprir decisão judicial que defere medidas protetivas de urgência previstas nesta Lei: (Artigo acrescido pela Lei nº 13.641, de 3/4/2018)*

***Pena** – detenção, de 3 (três) meses a 2 (dois) anos.*

***§1º.** A configuração do crime independe da competência civil ou criminal do juiz que deferiu as medidas.*

***§2º.** Na hipótese de prisão em flagrante, apenas a autoridade judicial poderá conceder fiança.*

§3º. O disposto neste artigo não exclui a aplicação de outras sanções cabíveis.

Antes da Lei nº 13.641, de 3 de abril de 2018, ao agente que descumprisse medida de protetiva de urgência, o juiz poderia aplicar outras sanções previstas, como exemplo, a possibilidade de se aplicar a prisão preventiva (art. 313, III, CPP)[19]. Portanto, antigamente o seu descumprimento não configurava crime na Lei Maria da Penha nem mesmo o de desobediência (art. 330, CP).

***STJ:** O descumprimento de medida protetiva de urgência não configura o crime de desobediência, em face da existência de outras sanções previstas no ordenamento jurídico para a hipótese.*[20]

> Mesmo após a vigência da Lei nº 13.641/18, não configura o delito de desobediência (art. 330, CP), mas sim o crime de **"descumprimento de medidas protetivas de urgência"** (art. 24-A, Lei nº 11.340/06) — especial modalidade de desobediência.

Sujeito ativo: é próprio (somente aquele que teve a medida protetiva de urgência decretada poderá cometê-lo).

Elemento subjetivo e conduta: é doloso (não admite a forma culposa) e comissivo (admite tentativa) ou omissivo (não admite tentativa).

Consumação e tentativa: trata-se de delito instantâneo (sua consumação se dá em momento certo: quando o agente *comete* a conduta proibida na decisão judicial ou *deixa* de praticar aquela que lhe foi ordenada) e; tanto é plurissubsistente (admite tentativa), *na forma comissiva;* como também, unissubsistente (não admite tentativa), *na forma omissiva.*

Princípio da especialidade: o crime de "descumprimento de medidas protetivas de urgência" (art. 24-A da Lei Maria da Penha) trata-se de especial modalidade de "desobediência" (art. 330 do Código Penal) e, por conseguinte, o tipo específico prevalece sobre o genérico, por força do princípio da especialidade.

Ação penal: é pública incondicionada, isto é, o Ministério Público deverá promover, privativamente, a ação penal pública (art. 129, I, CF/88), assim que tiver conhecimento, não podendo desistir da ação penal (art. 42, CPP).

Inquérito policial: mesmo que se trate de infração penal de menor potencial ofensivo, não se aplicará os institutos referentes a esta infração (art. 61, Lei nº 9.099/95), devendo, portanto, a autoridade policial instaurar inquérito policial de ofício assim que tomar conhecimento da materialidade do delito (art. 4º, caput, I, CPP).

Competência: é do Juizado de Violência Doméstica e Familiar Contra a Mulher (arts. 13 e 14).

19 **Art. 313, caput, CPP:** *"Nos termos do art. 312 deste Código, será admitida a decretação da prisão preventiva: [...] III - se o crime envolver violência doméstica e familiar contra a mulher, criança, adolescente, idoso, enfermo ou pessoa com deficiência, para garantir a execução das medidas protetivas de urgência; [...]".*

20 **STJ, Jurisprudência em Teses nº 41.** *Precedentes*: AgRg no HC 305.448/RS; Ag no REsp 1.519.850/DF; HC 312.513/RS; AgRg no REsp 1454609/RS; AgRg no REsp 1.490.460/DF; HC 305.442/RS; AgRg no AREsp 575.017/DF; HC 299.165/RS; AgRg no REsp 1.482.990/MG; AgRg no REsp 1.477.632/DF (Vide Inf. 544).

Descumprimento de medida protetiva penal ou civil (§1º): o descumprimento de decisão judicial que defere medida protetiva de urgência prevista na Lei Maria da Penha não é somente a de cunho penal, mas também a civil, por exemplo, as impostas pelos arts. 22 a 24.

Inadmissibilidade de fiança em sede policial (§2º): cuidado, pois o art. 24-A da Lei Maria da Penha é *delito afiançável em sede judicial,* mas será inafiançável em sede policial. Assim, a fiança somente poderá ser decretada pelo juiz competente.

Outras sanções (§3º): o cometimento do crime em estudo não impede a aplicação de outras sanções cabíveis, como a prisão preventiva (art. 313, III, CPP)[21].

8.4.5 Atuação do Ministério Público

***Art. 25.** O Ministério Público intervirá, quando não for parte, nas causas cíveis e criminais decorrentes da violência doméstica e familiar contra a mulher.*

***Art. 26.** Caberá ao Ministério Público, sem prejuízo de outras atribuições, nos casos de violência doméstica e familiar contra a mulher, quando necessário:*

***I.** requisitar força policial e serviços públicos de saúde, de educação, de assistência social e de segurança, entre outros;*

***II.** fiscalizar os estabelecimentos públicos e particulares de atendimento à mulher em situação de violência doméstica e familiar, e adotar, de imediato, as medidas administrativas ou judiciais cabíveis no tocante a quaisquer irregularidades constatadas;*

***III.** cadastrar os casos de violência doméstica e familiar contra a mulher.*

"Custos legis": o Ministério Público, quando não for parte da ação, intervirá como fiscal da lei (art. 25).

Competências do Ministério Público (art. 26):	
Requisitar:	força policial e serviços públicos *de saúde, de educação, de assistência social* e *de segurança,* entre outros;
Fiscalizar:	os estabelecimentos públicos e particulares de atendimento à mulher em situação de violência doméstica e familiar, e [...];
Adotar:	de imediato, as medidas administrativas ou judiciais cabíveis no tocante a quaisquer irregularidades constatadas;
Cadastrar:	os casos de violência doméstica e familiar contra a mulher (no banco de dados à que se referem os art. 38 e 38-A).

8.4.6 Da Assistência Judiciária

***Art. 27.** Em todos os atos processuais, cíveis e criminais, a mulher em situação de violência doméstica e familiar deverá estar acompanhada de advogado, ressalvado o previsto no art. 19 desta Lei.*

***Art. 28.** É garantido a toda mulher em situação de violência doméstica e familiar o acesso aos serviços de Defensoria Pública ou de Assistência Judiciária Gratuita, nos termos da lei, em sede policial e judicial, mediante atendimento específico e humanizado.*

21 **Art. 313, caput, CPP:** "Nos termos do art. 312 deste Código, será admitida a decretação da prisão preventiva: [...] III - se o crime envolver violência doméstica e familiar contra a mulher, criança, adolescente, idoso, enfermo ou pessoa com deficiência, para garantir a execução das medidas protetivas de urgência. [...]".

Assistência Judiciária: a ofendida deve estar acompanhada de advogado, caso não tenha condições para o seu pagamento, o Estado deverá lhe garantir que seja assistida pela Defensoria Pública. Tal assistência possui dois parâmetros: no inquérito policial e no processo judicial; além de atendimento específico e humanizado.

8.5 Da Equipe de Atendimento Multidisciplinar

Art. 29. *Os Juizados de Violência Doméstica e Familiar contra a Mulher que vierem a ser criados poderão contar com uma equipe de atendimento multidisciplinar, a ser integrada por profissionais especializados nas áreas psicossocial, jurídica e de saúde.*

Art. 30. *Compete à equipe de atendimento multidisciplinar, entre outras atribuições que lhe forem reservadas pela legislação local, fornecer subsídios por escrito ao juiz, ao Ministério Público e à Defensoria Pública, mediante laudos ou verbalmente em audiência, e desenvolver trabalhos de orientação, encaminhamento, prevenção e outras medidas, voltados para a ofendida, o agressor e os familiares, com especial atenção às crianças e aos adolescentes.*

Art. 31. *Quando a complexidade do caso exigir avaliação mais aprofundada, o juiz poderá determinar a manifestação de profissional especializado, mediante a indicação da equipe de atendimento multidisciplinar.*

Art. 32. *O Poder Judiciário, na elaboração de sua proposta orçamentária, poderá prever recursos para a criação e manutenção da equipe de atendimento multidisciplinar, nos termos da Lei de Diretrizes Orçamentárias (LDO).*

Equipe multidisciplinar: essa ajudará os Juizados de Violência Doméstica e Familiar Contra a Mulher que contará com profissionais específicos nas áreas psicossocial, jurídica e de saúde; devendo o Poder Judiciário prever recursos para a manutenção da equipe multidisciplinar, conforme dispõe a LDO.

8.6 Disposições Transitórias

Art. 33. *Enquanto não estruturados os Juizados de Violência Doméstica e Familiar contra a Mulher, as varas criminais acumularão as competências cível e criminal para conhecer e julgar as causas decorrentes da prática de violência doméstica e familiar contra a mulher, observadas as previsões do Título IV desta Lei, subsidiada pela legislação processual pertinente.*

Parágrafo único. *Será garantido o direito de preferência, nas varas criminais, para o processo e o julgamento das causas referidas no 'caput'.*

Locais em que não há Juizado de Violência Doméstica e Familiar Contra a Mulher: enquanto a comarca jurídica não possuir tais Juizados, ficará a cargo das varas criminais tais competências (cível e penal).

8.7 Disposições Finais

Art. 34. *A instituição dos Juizados de Violência Doméstica e Familiar contra a Mulher poderá ser acompanhada pela implantação das curadorias necessárias e do serviço de assistência judiciária.*

Art. 35. *A União, o Distrito Federal, os Estados e os Municípios poderão criar e promover, no limite das respectivas competências:*

I. centros de atendimento integral e multidisciplinar para mulheres e respectivos dependentes em situação de violência doméstica e familiar;

II. casas-abrigos para mulheres e respectivos dependentes menores em situação de violência doméstica e familiar;

III. delegacias, núcleos de defensoria pública, serviços de saúde e centros de perícia médico-legal especializados no atendimento à mulher em situação de violência doméstica e familiar;

IV. programas e campanhas de enfrentamento da violência doméstica e familiar;

V. centros de educação e de reabilitação para os agressores.

Art. 36. *A União, os Estados, o Distrito Federal e os Municípios promoverão a adaptação de seus órgãos e de seus programas às diretrizes e aos princípios desta Lei.*

Art. 37. *A defesa dos interesses e direitos transindividuais previstos nesta Lei poderá ser exercida, concorrentemente, pelo Ministério Público e por associação de atuação na área, regularmente constituída há pelo menos um ano, nos termos da legislação civil.*

Parágrafo único. *O requisito da pré-constituição poderá ser dispensado pelo juiz quando entender que não há outra entidade com representatividade adequada para o ajuizamento da demanda coletiva.*

Art. 38. *As estatísticas sobre a violência doméstica e familiar contra a mulher serão incluídas nas bases de dados dos órgãos oficiais do Sistema de Justiça e Segurança a fim de subsidiar o sistema nacional de dados e informações relativo às mulheres.*

Parágrafo único. *As Secretarias de Segurança Pública dos Estados e do Distrito Federal poderão remeter suas informações criminais para a base de dados do Ministério da Justiça.*

Art. 38-A. *O juiz competente providenciará o registro da medida protetiva de urgência. (Artigo acrescido pela Lei nº 13.827, de 13/5/2019)*

Parágrafo único. *As medidas protetivas de urgência serão registradas em banco de dados mantido e regulamentado pelo Conselho Nacional de Justiça, garantido o acesso do Ministério Público, da Defensoria Pública e dos órgãos de segurança pública e de assistência social, com vistas à fiscalização e à efetividade das medidas protetivas.*

Art. 39. *A União, os Estados, o Distrito Federal e os Municípios, no limite de suas competências e nos termos das respectivas leis de diretrizes orçamentárias, poderão estabelecer dotações orçamentárias específicas, em cada exercício financeiro, para a implementação das medidas estabelecidas nesta Lei.*

Art. 40. *As obrigações previstas nesta Lei não excluem outras decorrentes dos princípios por ela adotados.*

Art. 41. *Aos crimes praticados com violência doméstica e familiar contra a mulher, independentemente da pena prevista, não se aplica a Lei nº 9.099, de 26 de setembro de 1995 (Lei dos Juizados Especiais Cíveis e Criminais).*

Não se aplica a **Lei nº 9.099/95** (JECrim) à violência doméstica e familiar contra a mulher, em todos os sentidos: *sursis* processual (suspensão condicional do processo), transação penal, reparação dos danos, entre outros dispositivos.

Súmula nº 536, STJ: *A suspensão condicional do processo e a transação penal não se aplicam na hipótese de delitos sujeitos ao rito da Lei Maria da Penha.*

8.7.1 Lesão corporal leve e culposa

Súmula nº 542, STJ: *A ação penal relativa ao crime de lesão corporal resultante de violência doméstica contra a mulher é pública incondicionada.*

Na violência doméstica e familiar contra a mulher que gere lesão corporal leve ou culposa, a **ação penal é pública incondicionada.**

Os demais crimes de ação penal pública condicionada à representação **continuarão** com a mesma regra do

Código Penal ou outras Leis Penais Especiais, o que não se aplica à Lei Maria da Penha é a Lei nº 9.099/95 (JECrim)[22]. Por exemplo: o **crime de ameaça** contra a mulher em situação de violência doméstica e familiar, continua a ser de **ação penal pública condicionada** à representação da vítima, conforme dispõe o art. 147, parágrafo único, do Código Penal.

> **STJ:** *O crime de lesão corporal, ainda que leve ou culposo, praticado contra a mulher no âmbito das relações domésticas e familiares, deve ser processado mediante ação penal pública incondicionada.*[23]

8.8 Alterações legislativas

> ***Art. 42.*** *O art. 313 do Decreto-Lei nº 3.689, de 3 de outubro de 1941 (Código de Processo Penal), passa a vigorar acrescido do seguinte inciso IV:*
>
> *"Art. 313. ....*
>
> *IV. se o crime envolver violência doméstica e familiar contra a mulher, nos termos da lei específica, para garantir a execução das medidas protetivas de urgência."*
>
> ***Art. 43.*** *A alínea "f" do inciso II do art. 61 do Decreto-Lei nº 2.848, de 7 de dezembro de 1940 (Código Penal), passa a vigorar com a seguinte redação:*
>
> *"Art. 61...*
>
> *I - ....*
>
> *f) com abuso de autoridade ou prevalecendo-se de relações domésticas, de coabitação ou de hospitalidade, ou com violência contra a mulher na forma da lei específica;"*
>
> ***Art. 44.*** *O art. 129 do Decreto-Lei nº 2.848, de 7 de dezembro de 1940 (Código Penal), passa a vigorar com as seguintes alterações:*
>
> *"Art. 129. ....*
>
> ***§9º.*** *Se a lesão for praticada contra ascendente, descendente, irmão, cônjuge ou companheiro, ou com quem conviva ou tenha convivido, ou, ainda, prevalecendo-se o agente das relações domésticas, de coabitação ou de hospitalidade:*
>
> ***Pena*** *– detenção, de 3 (três) meses a 3 (três) anos.*
>
> ***§11.*** *Na hipótese do §9º deste artigo, a pena será aumentada de um terço se o crime for cometido contra pessoa portadora de deficiência. ...."*
>
> ***Art. 45.*** *O art. 152 da Lei nº 7.210, de 11 de julho de 1984 (Lei de Execução Penal), passa a vigorar com a seguinte redação:*
>
> *"Art. 152. ....*
>
> *Parágrafo único. Nos casos de violência doméstica contra a mulher, o juiz poderá determinar o comparecimento obrigatório do agressor a programas de recuperação e reeducação.*

22 **Art. 88, Lei nº 9.099/95:** "Além das hipóteses do Código Penal e da legislação especial, dependerá de representação a ação penal relativa aos crimes de lesões corporais leves e lesões culposas.". **(DISPOSITIVO NÃO APLICÁVEL À VIOLÊNCIA DOMÉSTICA E FAMILIAR CONTRA A MULHER)**

23 **STJ, Jurisprudência em Teses nº 41.** *Precedentes*: REsp 1.537.749/DF; AgRg no REsp 1.442.015/MG; RHC 42.228/SP; AgRg no REsp 1.358.215/MG; RHC 45.444/MG; AgRg no REsp 1.428.577/DF; AgRg no HC 213.597/MT; HC 184.923/DF; RHC 33.881/MG; HC 242.458/DF (Vide Inf. 509).

Questões

01. (CESPE/2013) Considerando que, inconformado com o término do namoro de mais de vinte anos, José tenha agredido sua ex-namorada Maria, com quem não coabitava, ele estará sujeito à aplicação da lei de combate à violência doméstica e familiar contra a mulher, conhecida como Lei Maria da Penha.

Certo ( ) Errado ( )

02. (CESPE/2013) Consoante o que dispõe a Lei Maria da Penha, a ação penal para apurar qualquer crime perpetrado nas circunstâncias descritas nessa lei será pública incondicionada, devendo o feito tramitar obrigatoriamente em segredo de justiça.

Certo ( ) Errado ( )

03. (CESPE/2012) É expressamente previsto na lei o dever de a autoridade policial acompanhar a ofendida, de forma a assegurar-lhe, se houver necessidade, o direito de retirar seus pertences do local da ocorrência ou do domicílio familiar.

Certo ( ) Errado ( )

04. (CESPE/2012) A Lei Maria da Penha incide apenas nos casos em que a violência doméstica e familiar contra a mulher, que consiste em ação ou omissão, baseada no gênero, que resulte em morte, lesão, sofrimento físico, sexual ou psicológico e dano moral ou patrimonial, é praticada no âmbito da unidade doméstica.

Certo ( ) Errado ( )

05. (CESPE/2012) Para a caracterização de violência doméstica e familiar contra a mulher, conceitua-se como unidade doméstica o local onde haja o convívio permanente de pessoas, inclusive as esporadicamente agregadas, em típico ambiente familiar, sem necessidade de vínculo natural ou civil.

Certo ( ) Errado ( )

06. (CESPE/2008) A possibilidade real de o acusado de prática de crime contra a mulher no âmbito doméstico e familiar cumprir ameaças de morte dirigidas a sua ex-esposa basta como fundamento para a sua segregação, sobretudo ante a disciplina protetiva da Lei Maria da Penha, que visa a proteção da saúde mental e física da mulher.

Certo ( ) Errado ( )

Gabaritos

01	CORRETO	04	ERRADO
02	ERRADO	05	CORRETO
03	CORRETO	06	CORRETO

1. INTRODUÇÃO AO DIREITO PROCESSUAL PENAL 699
1.1 Lei Processual Penal no Espaço 699
1.2 Lei Processual Penal no Tempo 699
1.3 Interpretação da Lei Processual Penal 700
2. INQUÉRITO POLICIAL 701
2.1 Polícia Administrativa X Polícia Judiciária 701
2.2 Conceito de Inquérito Policial 701
2.3 Atribuição 701
2.4 Características do Inquérito Policial 702
2.5 Valor Probatório do Inquérito Policial 704
2.6 Vícios 704
2.7 Incomunicabilidade 704
2.8 Notícia Crime 705
2.9 Procedimentos do Inquérito Policial 706
2.10 Arquivamento do Inquérito 707
2.11 Termo Circunstanciado de Ocorrência (TCO) 708
3. AÇÃO PENAL 709
3.1 Condições Gerais da Ação Penal 709
3.2 Classificação das Ações (Titular do Direito) 709
3.3 Ação Penal Pública 709
3.4 Ação Penal Privada 711
3.5 Ação Penal em Alguns Casos Especiais 713
4. JURISDIÇÃO E COMPETÊNCIA 715
4.1 Classificação da Competência 715
4.2 Competência Absoluta X Competência Relativa 720
4.3 Conexão e Continência 720
5. PROVA 723
5.1 Teoria Geral da Prova 723
5.2 Provas em Espécies 724
5.3 Exame de Corpo Delito 725
5.4 Interrogatório 726
5.5 Ofendido 727
5.6 Testemunha 727
5.7 Reconhecimento de Pessoas e Objetos 729
5.8 Acareação 729
5.9 Documentos 729
5.10 Dos Indícios 730
5.11 Busca e Apreensão 730

6. DAS CITAÇÕES E INTIMAÇÕES 732
6.1 Introdução 732
6.2 Das Citações 732
6.3 Das Intimações 735
6.4 Súmulas Importantes do STF e STJ 736
7. DA PRISÃO, DAS MEDIDAS CAUTELARES E DA LIBERDADE PROVISÓRIA 737
7.1 O que é Prisão? 737
7.2 Principais Prisões Disciplinares/Administrativas 737
7.3 Prisão Preventiva 740
7.4 Prisão Temporária (Lei 7.960/89) 741
7.5 Uso de Algemas 742
7.6 Liberdade Provisória 742
8. CONCEITO DE SENTENÇA NO PROCESSO PENAL 746
8.1 Sentença 746
8.2 Decisões Interlocutórias 746
8.3 Despachos 746
8.4 Requisitos da Sentença no Processo Penal 746
8.5 Classificação das Sentenças no Processo Penal 748
8.6 Princípio da Correlação (ou Congruência) entre Acusação e Sentença no Processo Penal 751
8.7 Publicação e Intimação da Sentença no Processo Penal 753
8.8 Efeitos da Sentença no Processo Penal 755
9. *HABEAS CORPUS* E SEU PROCESSO 758
9.1 Surgimento 758
9.2 Natureza Jurídica 758
9.3 Pedidos do ***Habeas Corpus*** 758
9.4 Espécies de ***Habeas Corpus*** 758
9.5 Legitimidade 758
9.6 Coação Ilegal 759
9.7 Formalidade do Pedido de ***Habeas Corpus*** 759
9.8 Competência para Conhecimento do ***Habeas Corpus*** 759
10. LEI Nº 9.099/1995 - JUIZADOS ESPECIAIS CÍVEIS E CRIMINAIS 763
10.1 Disposições Gerais 763
10.2 Dos Juizados Especiais Cíveis 763
10.3 Dos Juizados Especiais Criminais 767
10.4 Disposições Finais Comuns 770

1. INTRODUÇÃO AO DIREITO PROCESSUAL PENAL

Após a prática de um crime, cabe ao Estado a sua apuração para fins da aplicação da pena prevista no Direito Penal. Ele é o único titular do *jus puniendi*, que é o direito de aplicar uma sanção a quem comete um delito.

Como vivemos em um Estado Democrático de Direito, o Estado sofre limitações quanto ao uso de determinadas modalidades de penas, quanto aos meios utilizados para apurar um crime, às medidas adotadas e ao andamento processual, visando a respeitar a dignidade da pessoa humana, harmonizando-a com as medidas legais pertinentes à elucidação de um delito, bem como com a consequente aplicação posterior da pena.

Dessa forma, definimos o processo penal como um conjunto de normas jurídicas tendentes a direcionar a atuação da polícia judiciária, assim como de todo o poder judiciário criminal, objetivando a uma investigação, um processo e uma sentença justa, que se fundamentem na verdade dos fatos, a fim de respeitar todos os direitos constitucionais do homem, a ampla defesa, a presunção de inocência, dentre outros.

A manifestação da aplicação das normas de processo penal é o que chamamos de persecução penal, sendo esta o objeto do nosso estudo.

Ela comporta duas fases distintas: uma preliminar, de natureza administrativa, em que ocorrem as investigações presididas pela autoridade policial; e outra fase de natureza judicial, em que se desenrola o processo propriamente dito e é presidida por um juiz de direito.

Crime	Persecução penal Investigações + Processo Judicial	Pena

Os princípios do Direito Processual Penal serão trabalhados ao longo do material, para que assim você veja a aplicação dele nas diversas fases da persecução penal.

1.1 Lei Processual Penal no Espaço

O Código de Processo Penal, no Art. 1º, estabelece o Princípio da Territorialidade da Lei Processual Penal (Locus Regit Actum ou Lex Fori) de forma que se aplicam em território brasileiro as normas de cunho processual penal a todas as infrações penais relacionadas com o Estado brasileiro, de maneira a não haver hipóteses de extraterritorialidade de lei processual penal (princípio da absolutorieda-de da lei processual penal).

> A doutrina atual entende que não existe hipótese de incidência de lei processual penal fora do Brasil. Por isso a aplicação da lei processual penal tem como característica a absoluta territorialidade.

E o que vem a ser território brasileiro? O Art. 5º do Código Penal facilita o entendimento do que é território brasileiro.

***Art. 5º**, CP - Aplica-se a lei brasileira, sem prejuízo de convenções, tratados e regras de direito internacional, ao crime cometido no território nacional.*

***§ 1º** - Para os efeitos penais, consideram-se como extensão do território nacional as embarcações e aeronaves brasileiras, de natureza pública ou a serviço do governo brasileiro onde quer que se encontrem, bem como as aeronaves e as embarcações brasileiras, mercantes ou de propriedade privada, que se achem, respectivamente, no espaço aéreo correspondente ou em alto-mar.*

***§ 2º** - É também aplicável a lei brasileira aos crimes praticados a bordo de aeronaves ou embarcações estrangeiras de propriedade privada, achando-se aquelas em pouso no território nacional ou em voo no espaço aéreo correspondente, e estas em porto ou mar territorial do Brasil.*

O Art. 1º do CPP estabelece cinco exceções em relação à aplicação do Código de Processo Penal:

***I.** Os tratados, as convenções e regras de direito internacional;*

Quando o Brasil homologa a sua participação em um tratado ou convenção internacional que disciplina regras processuais próprias, o Código de Processo Penal Brasileiro não é adotado, ou seja, determinados crimes, mesmo que cometidos no território brasileiro, podem ser julgados por tribunal estrangeiro. **Ex.:** a Convenção de Viena sobre Relações Diplomáticas estabelece que os diplomatas, quando cometerem crimes no território de outro país, serão julgados pelas leis de sua nação de origem.

***II.** As prerrogativas constitucionais do Presidente da República, dos ministros de Estado, nos crimes conexos com os do Presidente da República, e dos ministros do Supremo Tribunal Federal, nos crimes de responsabilidade (Constituição, Arts. 86, 89, § 2º, e 100);*

Aqui tratamos das infrações político-administrativas, definidas na Lei 1.079/50, os chamados de crimes de responsabilidade que, na verdade, não se referem à matéria criminal e são julgados pelo Senado Federal, adotando o procedimento específico da referida lei para o seu processo e julgamento.

***III.** Os processos da competência da Justiça Militar;*

A Justiça Militar tem a competência constitucional para a deliberação das infrações penais militares, descritas nos Arts. 9º e 10 do Código Penal Militar. No julgamento desses casos, a justiça militar adota os procedimentos previstos no Código Processual Penal Militar (Decreto-Lei 1.002).

***IV.** Os processos da competência do tribunal especial;*

***V.** Os processos por crimes de imprensa.*

Quanto às duas últimas exceções referentes à aplicação do CPP na apuração e julgamento dos crimes, o parágrafo único do Art. 1º prevê que, na falta de norma, sejam aplicada as regras previstas no Código de Processo Penal de forma subsidiária. Um exemplo de tribunal especial seria o próprio tribunal militar que adota procedimentos próprios. Nos casos de crimes de imprensa, vale o CPP, pois a referida Lei teve os seus efeitos suspensos temporariamente pelo STF, enquanto aguarda decisão do plenário quanto à constitucionalidade da Lei.

A regra então é a aplicação do CPP nos delitos cometidos no território nacional, somente não sendo aplicadas suas normas, nas hipóteses acima descritas.

1.2 Lei Processual Penal no Tempo

A lei processual penal é aplicada no tempo da sua vigência, ou seja, a partir do momento em que ela entra em vigor, começa a regular todos os atos processuais penais que serão praticados daquele dia em diante, até a revogação da Lei.

É importante analisarmos que, se um processo estiver em andamento, sendo regulado pelas normas vigentes do CPP, e tivermos uma alteração nas normas, os atos praticados na vigência da lei anterior continuarão válidos, pois o que importa é o tempo da vigência da lei. A legislação nova será aplicada aos processos futuros e não aos passados.

1.3 Interpretação da Lei Processual Penal

A aplicação da lei processual penal segue as mesmas regras de hermenêutica que disciplinam a interpretação da legislação em geral. Interpretar significa definir o sentido e alcance de determinado conceito.

Em função da impossibilidade de se poder escrever na lei todo o seu significado ou ainda se prever todas as situações possíveis de ocorrer na vida real, o Art. 3º do Código de Processo Penal prevê que a lei processual penal admitirá:

→ Interpretação extensiva.

→ Aplicação analógica.

→ Suplemento dos princípios gerais de direito.

Questões

01. (Cespe) O direito processual brasileiro adota o sistema do isolamento dos atos processuais, de maneira que, se uma lei processual penal passa a vigorar estando o processo em curso, ela será imediatamente aplicada, sem prejuízo dos atos já realizados sob a vigência da lei anterior.

Certo ( ) Errado ( )

02. (Cespe) Em caso de leis processuais penais híbridas, o juiz deve cindir o conteúdo das regras, aplicando, imediatamente, o conteúdo processual penal e fazendo retroagir o conteúdo de direito material, desde que mais benéfico ao acusado.

Certo ( ) Errado ( )

03. A extraterritorialidade da lei processual penal brasileira ocorrerá apenas nos crimes perpetrados, ainda que no estrangeiro, contra a vida ou a liberdade do presidente da República e contra o patrimônio ou a fé pública da União, do Distrito Federal, de estado, de território e de município.

Certo ( ) Errado ( )

Gabaritos

01	CERTO
02	ERRADO
03	ERRADO

2. INQUÉRITO POLICIAL

Vamos partir da ideia de que a persecução penal é ferramenta utilizada pelo Estado para materializar a aplicação da pena ao autor de um crime. Ela se compõe de duas fases distintas: uma administrativa e outra judicial. Vamos agora estudar essa fase administrativa, chamada de inquérito policial.

2.1 Polícia Administrativa X Polícia Judiciária

2.1.1 Polícia Administrativa

É chamada também de polícia ostensiva, pois manifesta a sua atuação por meio do uso de fardas e viaturas caracterizadas, para que, dessa forma, mostre à sociedade que está presente. A polícia administrativa não é responsável pela produção do inquérito policial, pois ela atua visando prevenir o crime.

Ex.: Polícia Militar, Polícia Rodoviária Federal, Polícia Ferroviária Federal, Polícia Marítima (desempenhada pela PF).

2.1.2 Polícia Judiciária

É polícia de **Repressão**, que atua após a prática do crime, pois é utopia acreditar que a existência da polícia administrativa (PM, por exemplo) é suficiente para impedir a criminalidade. Sua atuação é marcada pela realização de diligências que objetivam descobrir a autoria e a existência de um crime.

Características da Polícia Judiciária:

Direção: delegado de polícia de carreira (bacharel em direito aprovado em concurso público).

Espécies: a polícia judiciária é dividida em Polícia Judiciária Estadual e Federal.

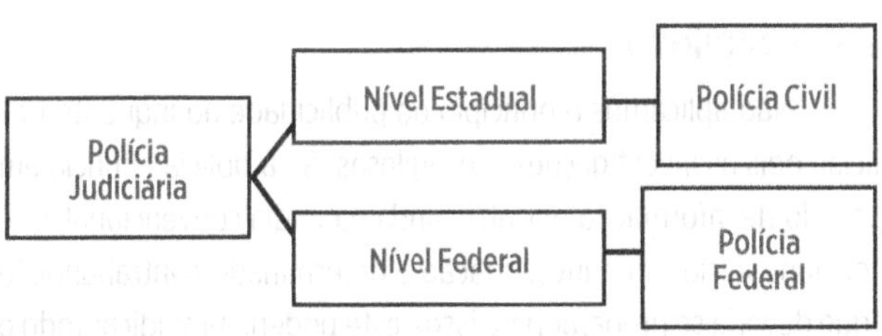

2.2 Conceito de Inquérito Policial

Inquérito policial é um procedimento administrativo inquisitivo, anterior ao processo, presidido pela autoridade policial (delegado de polícia) que conduz diligências, as quais objetivam apurar a autoria (responsável pelo crime) e a materialidade (existência) da infração penal. Essas informações colhidas no inquérito policial (indícios de autoria e materialidade do crime) serão disponibilizadas ao titular da ação penal para que este possa promover o processo judicial, que é a 2ª fase da persecução penal. Mas fiquemos ainda com o inquérito.

2.2.1 Finalidade

Informar o titular da ação penal sobre o resultado da investigação, colaborando na formação da sua opinião quanto à existência e à autoria de determinado crime.

2.2.2 Natureza Jurídica

Procedimento administrativo inquisitivo

2.2.3 Procedimento

Não pode ser confundido com processo, pois as regras são outras; é comum as provas de concursos falarem que o inquérito policial é um PROCESSO, o que está errado.

2.2.4 Administrativo

O inquérito policial é um procedimento administrativo, porque é realizado pela polícia judiciária, que é um órgão do poder executivo, a qual tem a função de administrar a coisa pública. Apesar do nome polícia judiciária, ela não é subordinada ao poder judiciário e sim ao poder executivo, haja vista o delegado de polícia ser subordinado ao secretário de segurança pública e este ser submisso ao governador do Estado, responsável pela administração pública.

2.2.4.1 DESTINATÁRIO DO IP

Como o principal fim do IP é subsidiar a opinio delicti, o destinatário imediato é o titular da ação penal, vale dizer, o MP (nos crimes de ação penal pública), ou o ofendido (nos casos de ação penal privada). Como de praxe, o procedimento de envio do relatório produzido como resultado da investigação criminal passa pelas mãos da autoridade judiciária, para que, em alguns casos, possa atender a alguma medida cautelar. No entanto, não é o juiz quem determina se haverá ou não oferecimento da denúncia, por isso tal autoridade funciona como destinatário mediato do IP.

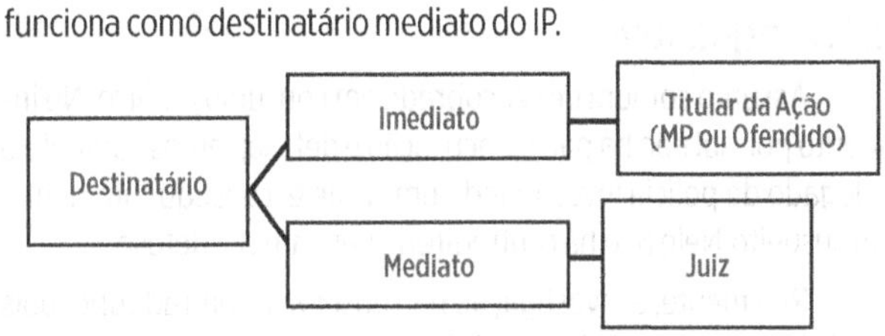

2.3 Atribuição

É a delimitação legal do poder conferido à autoridade policial para investigar crimes. Por essas regras, saberemos se a investigação é de competência da polícia federal ou estadual e de qual delegacia ou comarca. As regras são as seguintes:

2.3.1 Territorial

Regra Geral: teoria do resultado.

A atribuição é definida pela circunscrição (delimitação territorial da atuação daquela delegacia) da **Consumação** do crime.

Exceção: teoria da atividade.

A atribuição é definida pela circunscrição da Prática dos Atos Executórios.

Essa regra é aplicada nos seguintes casos:

> Crimes tentados

> Homicídio doloso e culposo (STJ)

Apesar de o homicídio doloso ser um crime que tem resultado, o STJ decidiu que as investigações referentes a tal fato devem ser realizadas pela polícia com circunscrição no local da prática dos atos executórios, pois assim se garante uma colheita de provas mais eficiente e também pode ser dada uma resposta mais satisfatória à sociedade lesada.

Ex.: Uma pessoa dispara uma arma de fogo com a intenção de matar outra em uma pequena cidade do interior do país e o disparo não mata imediatamente a vítima, que é levada para o pronto socorro de uma cidade vizinha maior e lá ocorre o óbito. Se fosse adotada a teoria do resultado, toda a investigação ficaria por conta da polícia do local onde a vítima morreu, mas adota-se a teoria da atividade e a investigação é realizada pela polícia do local da prática dos atos executórios.

2.3.2 Material

A atribuição é definida pela natureza do crime, com a atuação de uma delegacia especializada em determinado tipo de delito.

Essa regra é subsidiária à territorial, pois, em regra, temos que descobrir a atribuição territorial e, se no local do crime tiver uma delegacia especializada, ela assumirá a investigação.

Ex.: Delegacias especializadas: Delegacia Antissequestro, Delegacia de Repressão a Roubos e Assaltos, Delegacia da Mulher, Delegacia de Homicídios e Proteção à Pessoa, dentre outras.

Por meio da aplicação das normas de atribuição material, nós teremos a definição da investigação realizada pela polícia civil (âmbito estadual) e polícia federal (âmbito federal).

2.4 Características do Inquérito Policial

2.4.1 Inquisitivo

Assunto comum de ser cobrado em concurso público. No inquérito policial não há partes, acusação e defesa; temos somente o delegado de polícia investigando um crime e, consequentemente, um suspeito.Nele não há contraditório nem ampla-defesa.

Realmente, a investigação não observa o contraditório, pois a polícia não tem a obrigação de avisar um suspeito que o está investigando; e não há ampla-defesa, porque o inquérito não pode, em regra, fundamentar uma sentença condenatória, tendo o suspeito possibilidade de se defender durante o processo.

Atenção à redação do Art. 5º, LV da CF:

> *Aos litigantes, em processo judicial ou administrativo, e aos acusados em geral são assegurados o contraditório e ampla defesa, com os meios e recursos a ela inerentes.*

Como na fase da investigação não existe nenhuma acusação e nem partes, não há que se falar em contraditório e ampla defesa, pois o direito constitucional previsto no Art. 5º inciso LV da CF é válido para as partes de um processo. Além do inquérito policial não ter partes, é um procedimento e não um processo, conforme descrito na Constituição Federal.

2.4.2 Escrito

Todas as diligências realizadas no curso de um inquérito policial devem ser passadas a termo (escritas), para que seja facilitada a troca de informações entre os órgãos responsáveis pela persecução penal.

O delegado de polícia tem a faculdade de filmar ou gravar diligências realizadas, mas isso não afasta a obrigação de transcrever todas por escrito.

> ***Art. 405, § 1º, CPP.*** *Sempre que possível, o registro dos depoimentos do investigado, indiciado, ofendido e testemunhas será feito pelos meios ou recursos de gravação magnética, estenotipia, digital ou técnica similar, inclusive audiovisual, destinada a obter maior fidelidade das informações.*

Sendo assim, é possível que o delegado, havendo meios, documente os atos do IP através das formas de tecnologia existentes, inclusive captação de som e imagem.

2.4.3 Discricionário

Discricionariedade é a liberdade dentro da lei (esta determina ou autoriza a atuação do Estado). Assim sendo, o delegado tem liberdade na adoção e condução das diligências adotadas no curso de um inquérito policial.

O Art. 6º do CPP traz um rol de possíveis procedimentos que podem ser adotados pela polícia na condução de um inquérito; ele não é taxativo, pois a polícia pode adotar qualquer uma daquelas diligências na ordem que entender melhor, ou seja, o rol é exemplificativo.

Não podemos entender discricionariedade como uma faculdade do delegado de iniciar ou não uma investigação, porque, conforme veremos adiante, em alguns casos a investigação é obrigatória. A discricionariedade se refere ao fato de o delegado, sendo obrigado ou não a investigar, poder adotar as diligências que considere convenientes para a solução do crime, desde que esteja prevista tal diligência na lei.

Explica essa regra o fato de que cada crime é um acontecimento único no mundo e, sendo assim, a solução deles não tem uma receita certa, devendo a autoridade policial saber utilizar, dentre os meios disponíveis, aqueles adequados à solução do caso.

2.4.4 Sigiloso

Não aplicamos o princípio da publicidade ao inquérito policial, pois as investigações são sigilosas. Se a polícia anuncia em veículo de informação oficial, e ainda na mídia convencional, que tenciona iniciar uma investigação a determinado contrabandista (que deveria se preparar para isso), este poderia prejudicar todo o sucesso da averiguação.

Compete ao delegado zelar pelo sigilo do inquérito policial, pois ele é a autoridade responsável pela condução.

2.4.4.1 Finalidade do sigilo

O sigilo do inquérito policial tem a finalidade de preservar a imagem do suspeito e, ainda, garantir a eficiência das investigações.

2.4.4.2 Classificação do sigilo

Sigilo Externo: destinado aos terceiros desinteressados e a imprensa.

Sigilo Interno: destinado aos interessados no processo.

O sigilo do inquérito policial não atinge o **juiz**, o Ministério Público e o **advogado** do suspeito.

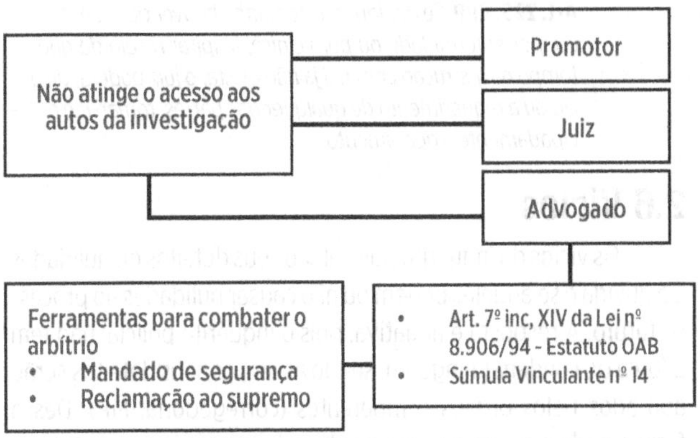

> ***Art. 7º, XIV, Estatuto da OAB.*** *São direitos do advogado: examinar em qualquer repartição policial, mesmo sem procuração, autos de flagrante e de inquérito, findos ou em andamento, ainda que conclusos à autoridade, podendo copiar peças e tomar apontamentos.*
>
> ***Súmula Vinculante 14.*** *É direito do defensor, no interesse do representado, ter acesso amplo aos elementos de prova que, já documentados em procedimento investigatório realizado por órgão com competência de polícia judiciária, digam respeito ao exercício do direito de defesa.*

É comum, em questões de concurso público, perguntar sobre esse tema, e as questões geralmente falam que o sigilo do inquérito se estende ao advogado, podendo o delegado negar a ele o acesso aos autos do inquérito policial. É evidente que se trata de questão errada, uma vez que ao advogado e, para acabar de vez com a dúvida, o STF editou a Súmula Vinculante 14. Sendo assim, o advogado pode se valer de duas ferramentas, caso algum delegado viole o seu direito de acesso aos autos de inquérito: um mandado de segurança ou uma reclamação ao supremo, que é a ferramenta eficaz para combater o desrespeito a uma súmula vinculante.

É importante saber que o advogado somente tem acesso aos autos do inquérito policial referente às investigações já concluídas e passadas a termo, ele não deve e não pode ter acesso às investigações em andamento, sendo tal acesso disponibilizado ao advogado após o término da diligência.

Ex.: Se um advogado, ao ter acesso aos autos do inquérito policial, ficar sabendo que a polícia está fazendo uma interceptação telefônica das conversas de seu cliente e estiver mal intencionado, irá informar o seu cliente e prejudicar todo o sucesso das investigações.

Apesar do inquérito policial ser sigiloso, o delegado, quando achar conveniente, pode quebrar o sigilo, prestando informações à imprensa, tais como: diligências que serão realizadas, divulgar o retrato de um suspeito, etc.

> **Decretação do segredo de justiça (preservar a imagem da vítima)**

Como acabamos de ver, o delegado pode, em alguns casos, quando achar conveniente, divulgar informações à imprensa. Para evitar tal conduta, visando especificamente a proteger a imagem da **vítima ou do acusado**, o juiz pode decretar o segredo de justiça da investigação; então as informações não poderão vazar. Mas, nesse caso, é mantido o acesso aos autos pelo **juiz, MP e advogados.**

2.4.5 Indisponível

Toda investigação iniciada deve ser concluída e encaminhada ao juízo competente, ou seja, o delegado não pode desistir de uma investigação iniciada.

> **O delegado não pode arquivar o inquérito policial**

Questões de prova envolvendo esse tema também são frequentes e a dica é a seguinte: o delegado **nunca** pode arquivar o inquérito, independente do motivo trazido; essa regra é absoluta. Quanto ao arquivamento do inquérito, estudaremos logo adiante, mas é bom saber: "o delegado não pode, nunca, arquivar um inquérito policial". Vale a pena ser redundante aqui.

2.4.6 Dispensável

O inquérito visa coletar indícios de autoria e materialidade do crime para que o titular da ação penal possa ingressar em juízo. Assim sendo, se ele tiver esses indícios colhidos por outros meios, como por um inquérito não policial, o inquérito policial se torna dispensável.

Assim, pode ser promovido um processo sem que seja realizado um inquérito policial. Aproveitando o tópico, vamos falar de outras espécies de inquérito.

Inquéritos extra-policiais ou não policiais: são aqueles presididos por outras autoridades e não pelo do delegado de polícia (Art. 4º do CPP).

Inquéritos parlamentares (CPI): presidido por parlamentares.

Inquéritos policiais militares: presididos por oficiais de carreira, visa à apuração das infrações militares.

Inquéritos presididos pelo promotor (MP): não é possível a presidência do IP por membro do MP, haja vista este ter o poder de requisitar a abertura de inquérito, a realização de diligências, bem como fiscalizar a atuação da polícia judiciária.

O STF trouxe, em recente decisão, a possibilidade do promotor presidir investigação criminal, porém, esta não deve ser confundida com a realizada a cargo da polícia. A investigação realizada sob a presidência do membro do MP conviverá harmonicamente com a realizada pela polícia, assim como as demais formas de inquérito.

Devemos observar também o teor da Súmula 234 do STJ:

> *A participação de membro do Ministério Público na fase investigatória criminal não acarreta seu impedimento ou suspeição para o oferecimento da denúncia.*

Ressaltamos mais uma vez que o promotor não pode presidir um inquérito policial. É questão comum no mundo do concurso público e a resposta é negativa, pois somente o delegado de polícia, e mais ninguém, preside o inquérito policial. Além disso, aquele pode presidir a sua própria investigação, que não se confunde com a policial.

2.4.7 Oficialidade

A realização do inquérito policial é atribuição de um órgão **oficial** do Estado (Polícia Judiciária).

2.4.8 Oficiosidade

Na maioria dos casos (crimes de ação penal pública incondicionada), a polícia judiciária é obrigada a investigar, independente de provocação de terceiros. Para isso, basta que aconteça o crime e que, de alguma forma, a polícia tome conhecimento para que ela atue de **ofício**, ou seja, sem provocação.

2.4.9 Autoritariedade

O presidente do inquérito policial (delegado de polícia) é a **Autoridade** oficial do Estado.

2.5 Valor Probatório do Inquérito Policial

O Inquérito Policial tem valor probatório relativo, pois ele serve para embasar o início do processo, mas não tem a força de, sozinho, sustentar uma sentença condenatória, porque as provas colhidas durante o IP não se submeteram ao contraditório e à ampla defesa. Enfatizamos que o valor probatório é relativo, uma vez que não fundamenta uma decisão judicial, porém pode dar margem à abertura de um processo criminal contra alguém.

> ***Art. 155, CPP.*** *O juiz formará sua convicção pela livre apreciação da prova produzida em contraditório judicial, não podendo fundamentar sua decisão exclusivamente nos elementos informativos colhidos na investigação, ressalvadas as provas cautelares, não repetíveis e antecipadas.*

2.5.1 Provas Cautelares, não Repetíveis e Antecipadas

São as provas extraídas do IP e que têm a força de, eventualmente, sustentar uma sentença condenatória, conforme orienta o Art. 155 do CPP.

2.5.1.1 Provas Cautelares:

São aquelas em que existe um risco de desaparecimento do objeto pelo decurso do tempo. Justificam-se pela necessidade, pela urgência.

Interceptação telefônica, busca e apreensão.

2.5.1.2 Provas Não Renováveis ou Irrepetíveis:

São colhidas na fase investigatória, porque não podem ser produzidas novamente na fase processual devido ao seu fácil perecimento.

Perícia nos vestígios do crime.

Para que essas provas tenham valor probatório de justificar uma sentença na fase processual, é necessário que elas sejam submetidas à ampla defesa e ao contraditório diferido ou postergado, ou seja, durante a fase processual.

2.5.1.3 Prova Antecipada:

Aqui nos referimos às provas que, em regra, deveriam ser colhidas durante o curso do processo e não durante o inquérito policial. Em alguns casos, é possível que o juiz antecipe a oitiva de uma testemunha para a fase das investigações, quando houver receio de que ela morra (idade avançada ou doença grave), ou então que a vítima se mude definitivamente para outro lugar, inviabilizando a sua audição. Nesse caso, não tem o que se falar em contraditório e ampla defesa diferido, pois o exercício desses direitos acontecerá durante a realização da prova, que será antecipada para o inquérito policial. Esse é o contraditório real.

> **Art. 225, CPP.** *Se qualquer testemunha houver de ausentar-se, ou, por enfermidade ou por velhice, inspirar receio de que ao tempo da instrução criminal já não exista, o juiz poderá, de ofício ou a requerimento de qualquer das partes, tomar-lhe antecipadamente o depoimento.*

2.6 Vícios

Os vícios do inquérito policial são seus defeitos ou nulidades e a dúvida é se aqueles podem ou não causar nulidades ao processo futuro. A resposta é negativa, pois o inquérito policial não tem a força de condenar ninguém, sendo assim, os seus defeitos serão apurados pelos órgãos competentes (corregedoria, MP). Dessa forma, podemos concluir que o delegado não pode ser considerado impedido ou suspeito de presidir o IP pelas futuras partes.

Prazos para a Conclusão dos Inquéritos Policiais

Autoridade	Indiciado Preso	Indiciado Solto
Delegado Estadual Art. 10 do CPP	10 dias improrrogáveis	30 dias prorrogáveis pelo juiz por quantas vezes forem necessárias
Delegado Federal Art. 66 da Lei 5.010/66	15 dias prorrogáveis uma única vez por mais 15 dias	Mesma regra do delegado Estadual
Investigações relativas ao combate ao tráfico de drogas e ao crime organizado	30 dias prorrogáveis uma única vez por mais 30 dias	90 dias prorrogáveis uma única vez

Toda prorrogação de prazo para a conclusão de um inquérito policial deve ser feita somente pelo juiz, pois o delegado não tem essa competência.

No caso das prorrogações referentes às investigações sobre tóxicos (Lei 11.343), é condicionada a prévia oitiva do MP. Esta não vincula a decisão do juiz de prorrogar ou não o prazo do inquérito, mas é uma formalidade que deve ser respeitada.

2.7 Incomunicabilidade

A incomunicabilidade visava a impedir a comunicação do suspeito preso com terceiros, durante um prazo de tempo, para que assim não viesse a interferir nas investigações. Tal regra é considerada não recepcionada pela Constituição Federal, ou seja, ela não tem mais aplicação prática, pois a CF em seu Art. 136, que trata do Estado de Defesa, veda a adoção dessa medida em tal ocasião. Então, o entendimento é que se eu não posso utilizar da incomunicabilidade em uma situação de anormalidade, não posso fazer uso dela em caso de normalidade.

É importante saber que a incomunicabilidade não foi recepcionada pela CF e está tacitamente sem efeitos, mas suas regras são cobradas em questão de concurso público e vamos estudá-las, a fim de que possamos enfrentá-las com facilidade.

2.7.1 Regras

- **Cabimento:**
  - Interesse da sociedade.
  - Conveniência da investigação o exigir.

> **Prazo:**

» 3 dias.

> **Forma:**

» Decreto fundamentado do juiz a requerimento do delegado ou do MP.

A incomunicabilidade não atinge o juiz, o MP e os advogados.

2.8 Notícia Crime

Notícia crime *(notitia criminis)* é a forma como é denominado o conhecimento espontâneo ou provocado por parte da autoridade policial de um fato aparentemente criminoso. Por meio dela, a autoridade policial dará início às investigações.

2.8.1 Destinatários da Notícia Crime

Um fato aparentemente criminoso pode ser comunicado ao Juiz, ao MP ou ao Delegado.

Quando quem recebe a notícia crime é o juiz ou o MP, eles requisitarão ao delegado o início das investigações.

2.8.2 Classificação da Notícia Crime

Ela é classificada em direta ou indireta, conforme veremos a seguir:

2.8.2.1 Notícia crime direta (cognição imediata ou espontânea)

A autoridade policial toma conhecimento de um fato supostamente criminoso por meio da atuação da própria polícia, quando noticiado o crime pela imprensa ou comunicado anonimamente por um particular.

Quanto à anônima, também chamada de notícia crime apócrifa, é uma forma de comunicação válida do crime, haja vista a existência, em todos os Estados, do serviço de *disk*-denúncia, pelo qual as pessoas podem comunicar delitos sem se identificarem.

É comum encontrarmos questões de concursos falando que tal modalidade de notícia é inválida, pois a CF veda o anonimato. Tal afirmativa está errada, porque apesar da CF vedar o anonimato, a denúncia anônima, hoje, é estimulada pelos órgãos oficiais do Estado responsável pela persecução do crime. Antes que uma comunicação anônima leve a instauração do inquérito, a autoridade policial deverá realizar diligências preliminares a fim de constatar se existe possibilidade da declaração anônima ser verdadeira.

2.8.2.2 Notícia Crime Indireta (cognição mediata ou provocada)

A polícia judiciária toma conhecimento do crime por meio da comunicação de um terceiro identificado.

2.8.2.2.1 Espécies de Notícia Crime Indireta

> **Requerimento**

É a comunicação de um fato supostamente criminoso, realizado pela **vítima** ou por seu **representante legal** (para menores de 18 anos de idade ou loucos). Além de comunicar o crime, também serve como um pedido para que a polícia inicie as investigações.

Segundo o CPP, diante de um requerimento, o delegado pode se recusar a iniciar as investigações e, neste caso, é cabível recurso ao chefe de polícia (Art. 5º, §2º do CPP). O código usa a expressão chefe de polícia, entretanto, tal cargo hoje não existe mais, mas é a resposta certa para a sua prova. Pense assim: O delegado pode negar o requerimento? SIM. Cabe recurso ao Requerente? SIM. A quem é encaminhado o recurso? Ao Chefe de Polícia.

> **Requisição**

É a comunicação do crime feita à autoridade policial pelo **promotor** ou pelo **juiz** e também uma determinação para o início das investigações. O delegado não pode se recusar a cumprir uma requisição.

É importante falarmos que, apesar da requisição ser sinônimo de ordem, o delegado não é subordinado hierarquicamente ao MP ou ao Juiz, entretanto, a requisição é uma ordem lastreada na lei. O Art. 13, §2º do CPP, determina que aquele deve cumprir as requisições emanadas pelo juiz ou pelo membro do MP.

Caso o delegado se negue a cumprir uma requisição, ele será responsabilizado na esfera administrativa e, em tese, pode haver responsabilização criminal por prevaricação, e não por desobediência, pois não existe desobediência de um servidor público para outro.

> **Delação**

É a comunicação do crime realizada por um terceiro identificado, também visa a pedir que a polícia inicie as investigações. A delação só é cabível em crimes de ação penal pública incondicionada.

> **Representação**

É a comunicação do crime e também uma autorização para que o Estado atue, seja investigando, seja processando o possível autor. A representação é apresentada pela vítima ou por seu representante legal nos crimes de ação penal pública condicionada a ela.

É importante saber que a falta da representação, nos casos em que a investigação dependa dela, impede definitivamente a atuação do Estado, ou seja, a polícia não pode investigar o fato, não pode lavrar um auto de prisão em flagrante e não haverá processo.

> **Requisição do Ministro da Justiça**

É a **comunicação** do crime e também uma **autorização política** para que o delegado inicie as investigações. Será necessária especificamente em crimes de ação penal pública condicionada à requisição do Ministro da Justiça, a qual não tem caráter de ordem como a do juiz ou do promotor. O nome requisição foi adotado, porque o ato é praticado por uma autoridade da alta cúpula do Poder Executivo.

A falta da requisição do Ministro da Justiça nos casos em que a apuração do fato dependa dela tem os mesmos efeitos da falta da representação, pois impede a investigação pela polícia, a lavratura de auto de prisão em flagrante e ainda o início do processo.

2.8.3 Notícia Crime com Força Coercitiva ou Notícia Crime por Apresentação

É comunicação de um crime decorrente de uma prisão em flagrante, porque a notícia crime se manifesta com a simples apresentação do autor do delito à autoridade policial, pela pessoa que realizou a prisão. Essa modalidade de notícia crime pode ser classificada como direta ou indireta.

Direta: prisão em flagrante realizada por forças policiais.

Indireta: prisão em flagrante feita por qualquer pessoa do povo.

2.9 Procedimentos do Inquérito Policial

Após estudarmos as regras fundamentais sobre o inquérito policial, podemos ver os procedimentos adotados na sua confecção. São eles: o início, o desenvolvimento e o final do Inquérito Policial.

2.9.1 Início

Após o recebimento da notícia crime, o delegado dá início ao inquérito policial através de um documento chamado PORTARIA. Ela é a peça que inicia o inquérito policial e nela deve conter as seguintes informações:

> O fato a ser investigado.

> Envolvidos.

> Diligências a serem imediatamente realizadas.

> Determinação do início das investigações.

2.9.2 Desenvolvimento

O IP se desenvolve por meio da realização de diligências que objetivam apurar a autoria e a materialidade do crime. O Art. 6º do CPP traz um rol exemplificativo de algumas diligências que podem ser adotadas pela polícia judiciária no curso de um inquérito policial.

Esse rol é exemplificativo, pois o inquérito é um procedimento discricionário, ou seja, o delegado tem liberdade para escolher as diligências que achar conveniente para o sucesso da investigação. A seguir, veja a redação do Art. 6º do CPP.

Art. 6º. *Logo que tiver conhecimento da prática da infração penal, a autoridade policial deverá:*

I. *Dirigir-se ao local, providenciando para que não se alterem o estado e conservação das coisas, até a chegada dos peritos criminais;*

II. *Apreender os objetos que tiverem relação com o fato, após liberados pelos peritos criminais;*

III. *Colher todas as provas que servirem para o esclarecimento do fato e suas circunstâncias;*

IV. *Ouvir o ofendido;*

V. *Ouvir o indiciado, com observância, no que for aplicável, do disposto no Capítulo III do Título VII, deste Livro, devendo o respectivo termo ser assinado por duas testemunhas que lhe tenham ouvido a leitura;*

VI. *Proceder a reconhecimento de pessoas e coisas e a acareações;*

VII. *Determinar, se for caso, que se proceda a exame de corpo de delito e a quaisquer outras perícias;*

VIII. *Ordenar a identificação do indiciado pelo processo datiloscópico, se possível, e fazer juntar aos autos sua folha de antecedentes;*

IX. *Averiguar a vida pregressa do indiciado, sob o ponto de vista individual, familiar e social, sua condição econômica, sua atitude e estado de ânimo antes e depois do crime e durante ele, e quaisquer outros elementos que contribuírem para a apreciação do seu temperamento e caráter.*

2.9.2.1 Reprodução Simulada do Fato

Também chamada de reconstituição do crime, é uma diligência prevista no Art. 7º do CPP, cobrada em questões de concursos públicos com frequência.

A reprodução simulada do fato é a famosa reconstituição do crime; tem a finalidade de verificar se a infração foi praticada de determinado modo. Nesse caso, o suspeito não é obrigado a contribuir com a diligência, mas é obrigado a comparecer.

Não será admitida uma reprodução simulada do fato que contrarie a **moralidade** ou a **ordem pública**. Imagine uma reprodução simulada do fato que tentasse reproduzir um crime de estupro; não é possível, pois estaria contrariando a moralidade. Ou imagine uma reconstituição do delito que tentasse reproduzir um incêndio; também não é possível, porque estaria contrariando a ordem pública.

> Combate ao Crime Organizado

Além de todas as diligências necessárias à elucidação de crimes praticados por organizações criminosas, ainda é prevista, em lei própria, a infiltração por agentes de polícia ou de inteligência em tarefas de investigação, constituída pelos órgãos especializados pertinentes, mediante circunstanciada autorização judicial. Essa autorização judicial será estritamente sigilosa e permanecerá nessa condição enquanto perdurar a infiltração.

2.9.2.2 Indiciamento

É o ato da autoridade policial que comunica a uma pessoa que ela é a suspeita de ter praticado determinado crime e está sendo investigada em um inquérito policial. O indiciamento não é um ato discricionário, pois se fundamenta nas provas colhidas durante as diligências. Se as provas apontam um suspeito, ele DEVE ser indiciado; se não apontam, o delegado não pode indiciar ninguém.

2.9.2.3 Indiciado menor

O CPP, em seu Art. 15, fala da figura do indiciado menor que era a pessoa suspeita de ter praticado determinado crime e que tinha entre 18 e 21 anos na data do fato. Segundo o código, nesse caso, o acusado deveria ser acompanhado de um curador. Entretanto, esse artigo está tacitamente revogado pelo Código Civil, pois à época da edição do código de processo penal, a maioridade civil era atingida somente aos 21 anos, e tal regra foi alterada no ano de 2002. Sendo assim, a maioridade hoje é atingida aos 18 anos de idade, ou seja, não existe mais o indiciado menor, porque ninguém é menor de idade tendo entre 18 e 21 anos. Essa norma então está tacitamente revogada.

2.9.3 Final do Inquérito Policial

Após a abertura do inquérito, realizada por meio da portaria, e o seu desenvolvimento, veremos o seu desfecho.

O inquérito policial é finalizado com a produção de um documento chamado **relatório**. Nele, o delegado vai relatar as diligências realizadas, dentre outras. Veja as suas características:

> É uma peça descritiva.

> Vai indicar as diligências realizadas durante o IP.

> Justifica as diligências que não foram realizadas por algum motivo.

> O delegado não deve emitir opinião.

Após a confecção desse relatório o inquérito policial estará concluído.

2.9.4 Destino do Relatório

Concluído o relatório, o delegado o encaminhará ao Juiz e este irá remetê-lo ao Ministério Público.

Classificação dos Destinatários

Os destinatários do relatório são classificados da seguinte forma:

» Destinatário IMEDIATO: **MP**

» Destinatário MEDIATO: **Juiz**

É pertinente reparar na inversão que temos aqui. O delegado encaminha o relatório ao juiz (destinatário mediato) que encaminha ao promotor (destinatário imediato). Essa classificação não leva em consideração a ordem de recebimento e sim a finalidade dada por essas autoridades ao inquérito. O juiz exerce um certo controle e, por isso, ele é destinatário também do inquérito, mas o inquérito policial é feito para que o titular da ação penal, em regra o MP, possa promover o processo.

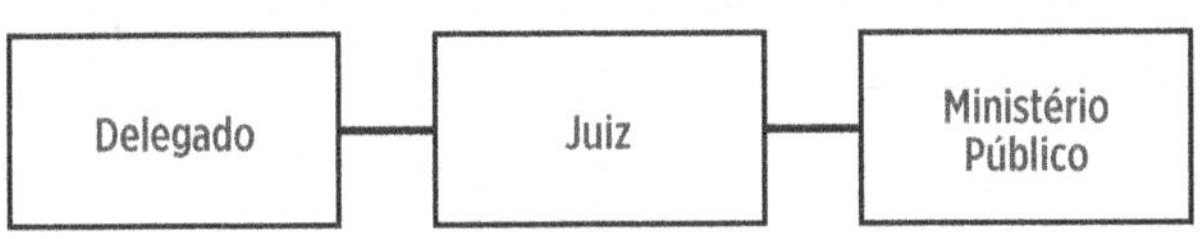

De posse do inquérito policial, o promotor terá as seguintes opções:

> **Iniciar a Ação Penal**

Acontece através do **oferecimento da denúncia**. Resulta do êxito obtido pelo IP, ou seja, ele conseguiu provas da materialidade do crime e traz indícios de autoria.

> **Requisitar Novas Diligências ao Delegado**

Caso o inquérito policial não tenha conseguido colher os indícios necessários de autoria e materialidade do crime, mas as investigações estejam no caminho certo. É a hipótese que justifica a prorrogação de um inquérito policial.

> **Requerer o Arquivamento do IP ao Juiz**

Caso o MP entenda que o inquérito não obteve êxito algum, não prova nem quanto ao fato nem quanto a autoria.

2.10 Arquivamento do Inquérito

Quando o MP entender que o inquérito não obteve êxito algum, não prova nada quanto a fato ou quanto à autoria, nem existe, no momento, expectativa de que novas diligências vão mudar esse cenário, o promotor irá requerer ao juiz o arquivamento do inquérito policial e, caso este concorde com o pedido, ele irá homologá-lo, arquivando o IP. Se discordar do pedido, ele irá encaminhar ao Procurador Geral de República (Nível Federal), para que este decida sobre o arquivamento do IP.

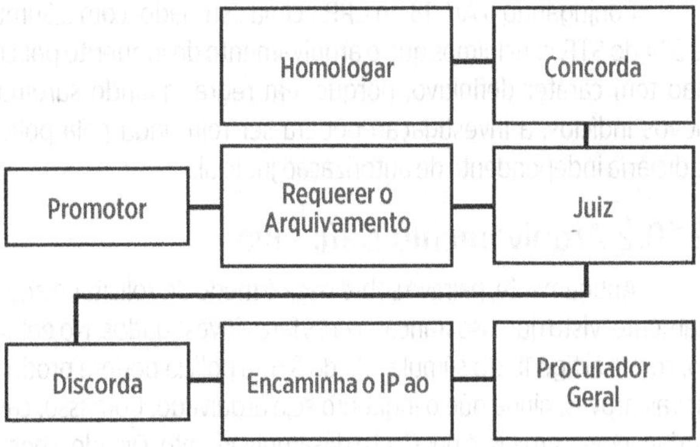

O Procurador de Justiça, nesse caso, poderá adotar as seguintes medidas:

> Caso concorde com o juiz:

» Oferecer a denúncia.

» Designar outro membro do MP para oferecer a denúncia.

Neste caso, o Procurador de Justiça somente pode designar outro promotor para oferecer a denúncia e não pode determinar que o mesmo que requereu o arquivamento apresente a acusação, pois os membros do MP tem independência funcional, e se o promotor entendeu que não há denúncia a oferecer, não é justo que este deva oferecê-la simplesmente por que o Procurador de Justiça determinou, pois assim não haveria empenho do promotor para conduzir o processo.

> Caso o Procurador de Justiça concorde com o Promotor:

» Determina o arquivamento do IP e, nesse caso, o juiz está obrigado a arquivar.

É importante notarmos o procedimento que leva ao arquivamento do inquérito policial. Quem arquiva é somente o juiz, mas desde que provocado pelo MP, ou seja, o juiz não pode arquivar o IP de ofício; o ato de arquivamento do inquérito policial é considerado complexo, pois depende da manifestação de vontade de dois órgãos, um que requere (MP) e outro que homologa (Judiciário).

2.10.1 Efeitos do Arquivamento do IP

Arquivado o inquérito policial, por despacho do juiz, a requerimento do promotor de justiça, não pode a ação penal ser iniciada sem novas provas (Súmula 524 do STF). Assim sendo, o arquivamento do IP veda o oferecimento da denúncia para a promoção da ação penal, mas tal vedação não é absoluta, pois, se surgirem novas provas, a acusação poderá ser oferecida e ser iniciada a ação penal.

> ***Art. 18, CPP.*** *Depois de ordenado o arquivamento do inquérito pela autoridade judiciária, por falta de base para a denúncia, a autoridade policial poderá proceder a novas pesquisas, se de outras provas tiver notícia.*

Essa regra também é importante, pois encontramos, com frequência, questões de concurso falando que, se surgirem novas provas, a autoridade policial poderá proceder a novas pesquisas, desde que autorizado pelo poder judiciário. Tal questão está errada, uma vez que não é necessária autorização alguma. O simples surgimento de novas provas autoriza a polícia a reiniciar as investigações, independente de autorização judicial, pois a lei já autorizou.

Conjugando o Art. 18 do CPP, acima estudado, com a Súmula 524 do STF, concluímos que o arquivamento do inquérito policial não tem caráter definitivo, porque, em regra, quando surgirem novos indícios, a investigação poderá ser reiniciada pela polícia judiciária independente de autorização judicial.

2.10.2 Arquivamento Definitivo

Antigamente, pairava sobre o MP o medo de solicitar o arquivamento, visto que isso trancafiava os fatos investigados. No entanto, com o artigo 18 e a súmula 524 do STF, a polícia poderá produzir novas provas, ainda que o inquérito seja arquivado. Com isso, caso surjam novas provas, é possível o desarquivamento. Devido à possibilidade de se discutir novamente o fato investigado, diz-se que o arquivamento do IP faz coisa julgada FORMAL, em regra, com efeitos endoprocessuais (apenas quanto ao fato investigado).

No entanto, vale ressaltar um posicionamento dos tribunais superiores e da doutrina. O inquérito não poderá ser desarquivado, nem mediante novas provas (pois faz coisa julgada MATERIAL), quando houver incidência de fato atípico (STF) ou extinção da punibilidade (doutrina); o mesmo NÃO vale para excludente de ilicitude (STF).

2.11 Termo Circunstanciado de Ocorrência (TCO)

Na apuração dos crimes de menor potencial ofensivo (crimes com pena máxima de até 2 anos e todas as contravenções comuns), o IP será substituído pelo Termo Circunstanciado de Ocorrência. Este será lavrado no momento da prática criminosa pela polícia civil ou militar e será diretamente encaminhado ao juizado especial criminal, para que se processe o julgamento.

2.11.1 Outros Arquivamentos

Por fim, cabe ressaltar algumas modalidades de arquivamento salientadas pela doutrina:

- Arquivamento ORIGINÁRIO é a solicitação de arquivamento feita diretamente pelo Procurador-Geral. Neste caso, não há discricionariedade ao juiz quanto à discordância do arquivamento, devendo este obrigatoriamente arquivar o IP.
- Arquivamento IMPLÍCITO é aquele realizado quando o houver oferecimento da denúncia de menos crimes (objetivo) ou menos autores (subjetivo) em relação ao indiciamento. É repudiado pela Jurisprudência do STF e do STJ.
- Arquivamento INDIRETO é aquele realizado quando houver investigação criminal acerca de um delito em que o membro do MP e o juiz são incompetentes para apreciar.

Não se arquiva investigação proveniente de crimes de ação penal privada!

3. AÇÃO PENAL

Ação Penal é o direito público subjetivo, previsto na Constituição Federal, de exigir do Estado, por meio do seu poder jurisdicional, a aplicação da pena ao autor do crime. Assim sendo, ação não é o processo, mas o direito de exigir que seja processado o causador de um delito para que o Estado possa aplicar ao criminoso a pena prevista na lei.

Conceito de Processo

É a ferramenta que vai efetivar o direito de ação, com a aplicação da lei ao caso concreto.

3.1 Condições Gerais da Ação Penal

Condições para a elaboração da ação penal são requisitos que devem obrigatoriamente ser observados, sob sanção de extinção do processo sem julgamento de mérito. Ora, o indivíduo não pode se utilizar de qualquer forma o direito de ação, visto que tal instituto se reveste de importância única. O legislador processual penal não distinguiu quais são as condições na ação penal. Para isso, a jurisprudência e a doutrina se valem do Art. 3º do CPP, no que tange à utilização da interpretação extensiva, aplicação analógica e aplicação dos princípios gerais do Direito. Assim, utilizam-se do novo CPC para determinar quais são as condições para o exercício da ação, sendo elas:

01. **LEGITIMIDADE**: é a legitimidade que as partes devem ter ao lançar mão do direito de ação. Pode ser *ad causam* (quando a legitimidade paira sobre o aspecto subjetivo – Ex.: caso em que o MP oferece a denúncia em um crime de ação privada ou contra menor de 18 anos), ou *ad processum* (relativo à legitimidade processual – Ex.: um menor assinando uma queixa-crime ou queixa impetrada pelo querelante, o qual não tem atividade postulatória).
02. **INTERESSE DE AGIR**: materializa-se em uma tríade de NECESSIDADE, UTILIDADE E ADEQUAÇÃO. A necessidade é contrastada com a obrigatoriedade de se ter uma ação para que haja a aplicação de uma pena. No processo civil não há que se falar em necessidade, pois as partes podem simplesmente acordar em pagar custos, coisa impossível no processo penal. O acusado não pode negociar a sua liberdade por conta de um acordo. Já a utilidade nada mais é do que a esperança, ainda que mínima, da aplicação da pena. Por fim, a adequação, expressão autoexplicativa, é utilizar o meio adequado para pleitear o direito em jogo.
03. **JUSTA CAUSA**: com a reforma do CPP, é comum as bancas cobrarem um posicionamento advindo da reforma do Código, o qual salientou a necessidade da "Justa Causa" (Art. 395, III, CPP), ou seja, a apresentação de um lastro probatório mínimo (indícios de autoria e de materialidade) para a implementação da ação penal.

Em relação à **POSSIBILIDADE JURÍDICA DO PEDIDO**, o novo CPC (2015) excluiu à menção desse requisito (para Renato Brasileiro e Nestor Távora), o qual prediz que, para que haja ação penal, a lei deve proteger um direito que foi ferido. O motivo da exclusão, segundo a doutrina, é que tal dispositivo se tratava de categoria que necessitava de excessiva retórica para ser justificada no ordenamento jurídico. A exclusão da possibilidade jurídica do pedido foi cobrada em 2017 pela banca Cespe/UnB, de forma que são consideradas condições genéricas da ação penal apenas a legitimidade, o interesse de agir e a justa causa. No entanto, parte da doutrina e algumas bancas (FUNDATEC) afirmam que deve ainda existir a possibilidade jurídica do pedido, logo, não há pacifismo quanto ao tema.

04. **ORIGINALIDADE**: a doutrina minoritária considera ainda como condição genérica da ação a originalidade. Para Afrânio Jardim e André Nicolitt, a ação penal deve ser original, não se admitindo reprodução, em face da vedação da dupla persecução criminal (*bis in idem*).

> *São condições específicas de procedibilidade a REPRESENTAÇÃO da vítima e a REQUISIÇÃO do MJ!*

3.2 Classificação das Ações (Titular do Direito)

3.2.1 Ação Penal Pública

É aquela cuja titularidade pertence privativamente ao Ministério Público, pois este é o órgão de acusação oficial do Estado (Art. 129, I da CF e Art. 257 do CPP).

3.2.2 Ação Penal Privada

É aquela titularizada pela própria vítima, ou o seu representante legal, que vai atuar na condição de substituição processual, pois aquela atua em nome próprio pedindo um direito alheio que pertence ao Estado, qual seja, o direito de punir (*jus puniendi*).

Processo Judicialiforme: Previsto no Art. 26 do CPP, era a possibilidade do delegado ou juiz, por meio de uma portaria, exercer a Ação Penal Pública. O instituto não foi recepcionado pela CF, estando tacitamente revogado, pois a esta declara expressamente que pertence ao MP privativamente o exercício desse direito.

3.3 Ação Penal Pública

3.3.1 Princípios / Características

Obrigatoriedade/Compulsoriedade: havendo provas suficientes e preenchidas as condições legais, a ação penal pública é obrigatória, em decorrência do dever funcional do promotor.

Indisponibilidade: o promotor não poderá desistir da ação iniciada. Ele pode requerer a absolvição do réu caso se convença da inocência deste. Mas, mesmo que o promotor requeira a absolvição, recorra em favor do réu, ou até mesmo ingresse com HC, não significa que ele está desistindo da ação, pois seria ficar inerte, deixando de agir.

Divisibilidade (STF/STJ): a ação penal pública pode ser desmembrada, tendo o seu início contra parte dos criminosos e depois a respectiva complementação via aditamento para o lançamento dos demais (posição adotada pelo Cespe).

A doutrina majoritária, entretanto, entende que a ação penal pública é **indivisível**, pois, já que todos precisam ser processados, o aditamento nada mais faz do que consolidar o polo passivo da ação (não é a posição adotada pelo Cespe).

Intranscendência / Pessoalidade: os efeitos da ação penal não ultrapassam a figura do réu.

Autoritariedade: o titular da ação pública é autoridade pública: Promotor de Justiça

Oficialidade: a titularidade da ação pública é conferida a um órgão oficial do Estado (MP).

Oficiosidade (*Ex officio*): o MP vai atuar, em regra, de ofício, ou seja, sem a necessidade de provocação ou autorização de terceiros.

3.3.2 Início da Ação Penal Pública

A ação penal é iniciada com o oferecimento da denúncia pelo MP.

Prazo	Indiciado preso	Indiciado solto
Oferecimento da Denúncia	5 dias	15 dias

O prazo para o oferecimento da queixa é de 5 dias, caso o indiciado esteja preso, e de 15 dias se estiver solto.

O prazo de 15 dias é impróprio, pois, estando o indiciado solto, o promotor pode oferecer a denúncia até que ocorra a prescrição do crime. Entretanto, se o promotor não cumprir esse prazo, é oportunizado à vítima, ou seu representante legal, o direito de queixa, para iniciar a ação penal privada subsidiária da pública.

3.3.3 Espécies / Modalidades

3.3.3.1 Ação Penal Pública Incondicionada

É aquela em que o MP pode atuar de ofício, sem necessidade de provocação (representação ou requisição do Ministro da Justiça). A maioria dos crimes são de ação penal pública incondicionada.

De acordo com o Art. 100 do CP, quando o texto de lei que disciplina um determinado delito é omisso, entendemos que este é de ação pública incondicionada.

3.3.3.2 Ação Penal Pública Condicionada

É aquela titularizada pelo MP, mas que tem o seu exercício subordinado a uma condição, a qual tanto pode ser a manifestação de vontade do ofendido ou de seu representante legal (representação), como também a requisição do Ministro da Justiça. Vejamos agora as características especiais da representação e da requisição.

Como condições de procedibilidade para a apuração do suposto evento criminoso, em alguns casos, a lei penal exige uma manifestação de vontade da vítima ou do seu representante legal, bem como, em outras hipóteses, a lei penal exige uma autorização expressa do Ministro da Justiça. Nesses casos, temos a representação e a requisição do Ministro Justiça. As características dessas duas condições representam o conteúdo mais cobrado do tema ação penal pública, sendo assim, vejamos as suas regras:

3.3.3.2.1 Representação

É o pedido e ao mesmo tempo a autorização necessária para que a persecução penal possa ser iniciada, ou seja, é uma condição subjetiva de procedibilidade. Assim sendo, sem a representação, não haverá ação, inquérito e nem mesmo a lavratura do auto de flagrante.

→ **Legitimidade Ativa** (quem pode representar):

» Vítima.

» Representante legal.

» Casos Especiais.

Caso a vítima represente ao MP ou ao Juiz, essas autoridades requisitarão ao delegado que instaure o inquérito, se necessário para a Ação.

O emancipado pela lei civil (por exemplo: menor que se casa) não tem legitimidade para representar, devendo o juiz nomear curador especial para que possa apresentar a representação em favor do emancipado, afinal de contas, a maioridade civil não tem efeitos na esfera penal.

Caso a vítima venha a falecer, ou seja, declarada ausente pelo juizado cível, o direito de representar vai ser transferido às seguintes pessoas: cônjuge, ascendentes, descendentes e irmãos. Esse rol é preferencial e taxativo.

» **C** = Cônjuge

» **A** = Ascendentes

» **D** = Descendentes

» **I** = Irmãos

As **pessoas jurídicas** também poderão representar, desde que o façam por intermédio da pessoa indicada no respectivo contrato ou estatuto social, ou, no silêncio desses, pelos seus diretores ou sócios-gerentes (Art. 37 do CPP).

→ **Destinatário (Legitimidade Passiva):**

» Delegado (IP).

» Ministério Público.

» Juiz.

→ **Prazo da representação:**

Seis meses contados do dia do conhecimento do autor do crime.

Natureza do prazo: Decadencial

Esse prazo é fatal, ou seja, não se interrompe, se suspende, e ou se prorroga, e a sua perda ocasiona a perda do direito de representar, havendo assim a preclusão. Para contarmos o período, usaremos a seguinte técnica: considera-se o dia do conhecimento do autor do crime pela vítima (1º dia) e exclui-se o último dia.

A vítima descobre quem é o autor do delito no dia 30 de março de 2011. Esse será o primeiro dia da contagem. Após seis meses, teríamos o dia 30 de setembro de 2011, porém, excluímos o último dia e temos então o dia 29 de setembro de 2011.

→ **Retratação da representação:**

Em consequência da representação, a vítima ou seu representante legal poderá se arrepender e retratar-se até antes do oferecimento da denúncia, que se caracteriza pelo ato do promotor de apresentá-la ao juiz para que ação seja iniciada.

> **Retratação da retratação da representação**

Caso a vítima, após se retratar de uma representação, se arrependa novamente, ela pode representar de novo até o esgotamento do prazo que ela tem para apresentar a representação, ou seja, 6 meses contados do momento em que a vítima descobriu quem é o autor do delito, ou seja, "cabe retratação da retratação da representação" (expressão da banca Cespe).

→ **Forma (STF/STJ):**

A representação não tem forma especial, ou seja, pode ser apresentada oralmente ou por escrito a qualquer dos destinatários.

→ **Efeitos da Representação:**

Caso a vítima, ao representar, cite parte dos infratores e o MP conclua que o crime foi praticado por outra pessoa ou por mais, ele está autorizado a oferecer denúncia contra todos os demais agentes, porque é o promotor o titular da ação penal e a vítima representa contra o fato e não contra as pessoas. Assim sendo, a representação não vincula o promotor, pois ele não é obrigado a oferecer a acusação contra os suspeitos citados na representação. Se o membro do MP acredita que, apesar da representação, o fato não constitui crime ou que houve delito, mas não foi encontrado o suspeito, ele não é obrigado a oferecer a denúncia, já que a representação autoriza a atuação do Estado, não o obriga a atuar diante de um fato que não seja criminoso.

→ **Requisição do Ministro da Justiça**

É o pedido e ao mesmo tempo a autorização de caráter eminentemente político que condiciona o início da persecução penal. Sem ela não há inquérito policial, processo e lavratura do auto de flagrante. Assim sendo, a requisição do Ministro da Justiça é uma condição de procedibilidade; sem ela, nenhuma providência pode ser tomada contra o infrator.

→ **Legitimidade Ativa (quem pode representar)**

» Ministro da Justiça

→ **Destinatário (Legitimidade Passiva)**

» Procurador Geral da República

→ **Prazo**

Não há prazo para que o Ministro da Justiça apresente a requisição, podendo apresentá-la até que ocorra prescrição do crime.

→ **Retratação**

A doutrina moderna entende que a requisição é retratável, em analogia ao que ocorre com a representação da vítima.

Entretanto, consagrados autores, como Tourinho Filho, entendem que o ato é irretratável, não só por ausência de previsão legal, mas também porque a retratação caracterizaria imaturidade do Ministro, comprometendo a imagem política do país (posição prevalente para concursos).

Os tribunais superiores nunca julgaram a matéria, sendo absolutamente omissos em relação à possibilidade ou não da retratação do Ministro.

→ **Efeitos da Requisição do Ministro da Justiça**

Caso o Ministro da Justiça, na sua requisição, se manifeste apenas contra parte dos infratores, está o MP autorizado a oferecer denúncia contra todos os demais agentes, pois é o promotor o titular da ação penal. Assim sendo, a requisição não vincula este, pois ele não é obrigado a oferecer a denúncia contra os suspeitos citados na requisição, porque se o membro do MP acredita que, apesar da requisição, a situação não constitui crime ou que houve crime, mas não foi encontrado o suspeito, ele não é obrigado a oferecer a delação, pois a representação autoriza a atuação do Estado, mas não o obriga a atuar diante de um fato que não seja criminoso.

3.4 Ação Penal Privada

É aquela titularizada pela própria vítima, ou o seu representante legal, que vai atuar na condição de **substituição processual**, pois ela atua em nome próprio, pedindo um direito alheio que pertence ao Estado, qual seja, o direito de punir (*jus puniendi*).

Nomenclatura	
Vítima	Querelante
Réu	Querelado
Petição Inicial	Queixa-crime

3.4.1 Princípios / Características

3.4.1.1 Oportunidade

A vítima tem a faculdade de ingressar ou não com a ação, de acordo com a sua conveniência.

3.4.1.1.1 Institutos Derivados do Princípio da Oportunidade

> **Decadência**

É a perda do direito de agir, pelo decurso do prazo, que é, em regra, de 6 meses, contados do dia em que a vítima tem conhecimento do responsável pelo crime. Geralmente, as questões de concurso tentam confundir o candidato, falando que a contagem do prazo para a apresentação da queixa-crime inicia o a partir da prática do delito, o que está errado, pois o tempo para apresentar a denúncia começa a decair a partir do momento em que a vítima descobre quem é o autor do crime.

A consequência da decadência é a extinção da punibilidade.

Seu prazo é contado nos termos do Art. 10 do CP, ou seja, é a mesma regra da contagem realizada para a decadência da representação, estudado anteriormente.

> **Renúncia**

A renúncia ocorre pela declaração expressa da vítima de que não deseja exercer a ação, ou acontece quando ela pratica um ato incompatível com esta vontade (renúncia tácita). Exemplo: temos a vítima que mantém relação de amizade, intimidade com o criminoso mesmo após a ocorrência do crime; vítima que convida o criminoso para ir a uma festa durante o prazo para apresentação da queixa.

> A renúncia tácita admite qualquer meio de prova legal.

> A consequência da renúncia é a extinção da punibilidade.

3.4.1.2 Disponibilidade

A vítima poderá desistir da ação que ela tenha iniciado, assim sendo, tem a faculdade de decidir se continua ou desiste da causa iniciada.

3.4.1.2.1 Institutos Derivados do Princípio da Disponibilidade:

→ **Perdão**

É o instituto que permite que a vítima desista da ação em curso. Pode ser expresso, quando ela declara que não deseja continuar com o processo, ou tácito, praticando um ato incompatível com essa vontade.

Como perdão tácito, ver o exemplo trazido na renúncia tácita.

O perdão pode ser ofertado até o trânsito em julgado da sentença.

Ele admite qualquer meio de prova legal.

> **Bilateralidade do Perdão**

Os efeitos do perdão (extinção da punibilidade) estão condicionados à aceitação dele pelo querelado.

> **Procurador**

Tanto o oferecimento do perdão quanto a sua aceitação podem ser apresentados por procurador, desde que este possua PODERES ESPECIAIS.

> **Aceitação Tácita**

Caso o querelante ofereça o perdão por meio de uma petição nos autos, o juiz estará incumbido em notificar o réu, que em 3 dias deverá se manifestar. Se este se calar, será entendido que houve aceitação tácita do perdão.

→ **Perempção**

É a penalidade imposta ao querelante negligente ocasionada pelo descaso da vítima na condução da ação privada.

As hipóteses de perempção são apresentadas de forma exemplificativa no Art. 60 do CPP e que, por consequência, levam à extinção da punibilidade. Veja a redação desse artigo:

> ***Art. 60.*** *Nos casos em que somente se procede mediante queixa, considerar-se-á perempta a ação penal:*
>
> ***I.*** *Quando, iniciada esta, o querelante deixar de promover o andamento do processo durante 30 dias seguidos;*
>
> ***II.*** *Quando, falecendo o querelante, ou sobrevindo sua incapacidade, não comparecer em juízo, para prosseguir no processo, dentro do prazo de 60 (sessenta) dias, qualquer das pessoas a quem couber fazê-lo, ressalvado o disposto no Art. 36;*
>
> ***III.*** *Quando o querelante deixar de comparecer, sem motivo justificado, a qualquer ato do processo a que deva estar presente, ou deixar de formular o pedido de condenação nas alegações finais;*
>
> ***IV.*** *Quando, sendo o querelante pessoa jurídica, esta se extinguir sem deixar sucessor.*

3.4.1.3 Indivisibilidade

Caso a vítima opte por exercer a ação, deverá fazê-la contra todos aqueles que contribuíram para o delito e que ela tem conhecimento. Ou seja, ou processa todos, ou nenhum.

Cabe ao promotor, como fiscal da lei, zelar pelo respeito ao princípio da indivisibilidade.

3.4.1.3.1 Consequências do Descumprimento

Caso a vítima, sabendo quem são todos os infratores, processe apenas parte deles, estará renunciando ao direito em favor dos não processados, o que leva à extinção da punibilidade em favor de todos. Por sua vez, se deseja apresentar o perdão, caso ela faça em favor de parte dos infratores, o ato se estenderá a todos que desejem aceitar o perdão. Ou processa todos os envolvidos, ou nenhum. Ou perdoa todos os envolvidos, ou nenhum.

3.4.1.4 Intranscendência /Pessoalidade

Os efeitos da ação penal privada não ultrapassam a figura do réu.

Quadro Comparativo	
Ação Penal Pública	Ação Penal Privada
Obrigatoriedade	Oportunidade
Indisponibilidade	Disponibilidade
Divisibilidade	Indivisibilidade
Intranscendência	Intranscendência
Oficialidade	
Oficiosidade	
Autoritariedade	

3.4.2 Espécies (Classificação)

3.4.2.1 Ação Penal Privada Exclusiva (Propriamente Dita)

É a ação exercida pela própria vítima ou por seu representante legal (vítima < 18 anos).

3.4.2.1.1 Sucessão por Morte ou Ausência

Caso a vítima venha a falecer, ou seja, declarada ausente pelo juizado cível, o direito de representar vai ser transferido às seguintes pessoas: cônjuge, ascendentes, descendentes e irmãos. Esse rol é preferencial e taxativo.

> **C** = Cônjuge

> **A** = Ascendentes

> **D** = Descendentes

> **I** = Irmãos

3.4.2.2 Ação Penal Privada Personalíssima

Essa modalidade de ação penal privada tem somente um titular, qual seja, a vítima. Não há representante legal e nem sucessão por morte ou ausência.

O único crime de ação personalíssima está no Art. 236 do CP: o crime de induzimento ou ocultação de impedimento ao casamento.

3.4.2.3 Ação Penal Privada Subsidiária da Pública

Tem seu fundamento no Art. 5º, LIX da CF, e na hipótese de o MP, nos casos de ação penal pública, não apresentar a denúncia nos prazos estabelecidos em lei (5 dias para o agente preso ou 15 dias para o agente solto), a vítima, ou seu representante legal, poderá ingressar com a ação penal privada subsidiária da pública. (Art. 29 do CPP).

> **Prazo**

Seis meses, contados do esgotamento do prazo que o promotor tinha para oferecer a denúncia, qual seja, 5 dias para o agente preso ou 15 dias se ele está solto.

> **Poderes do MP**

O promotor vai funcionar na ação penal privada subsidiária da pública como fiscal e ele tem amplos poderes para:

> ***I.*** *Propor prova;*
>
> ***II.*** *Apresentar recursos;*

III. Complementar a ação (inclusive lançando mais réus);

IV. Caso a vítima desista da ação, ela será afastada e o promotor retoma a ação como parte principal (na ação privada subsidiária não há perdão nem perempção).

Caso o promotor entenda que não houve inércia da sua parte, ele irá repudiar a petição apresentada pelo advogado da vítima (queixa-crime substitutiva) e, na sequência, oferecerá denúncia (substitutiva).

3.5 Ação Penal em Alguns Casos Especiais

3.5.1 Ação Penal nos Crimes Sexuais

Os crimes sexuais, com a reforma do Código Penal, são de ação penal pública condicionada à representação, ainda que resulte lesão grave, gravíssima ou até mesmo a morte.

A Súmula 608 do STF, declarando que o estupro praticado com agressão física seria em regra de ação pública incondicionada, não tem mais eficácia em razão da nova redação do Art. 225 do CP, já que a lei passa a ser a ação pública condicionada.

Exceções (casos de ação penal pública incondicionada):

> Vítima menor de 18 anos.

> Vítima não possui capacidade de resistir (Vulnerável).

3.5.2 Ação Penal nos Crimes contra a Honra

Nos crimes contra a honra (calúnia, injúria ou difamação), a regra é a ação penal privada. Entretanto, nos casos de injúria com conotação discriminatória, a modalidade de ação é pública condicionada à representação, fazendo de tal hipótese uma exceção à regra. Também desta forma é a ação penal nos crimes contra a honra do funcionário público, em que dispõe o funcionário da ação penal privada ou da ação penal pública condicionada à representação, podendo ele utilizar a que achar mais adequada.

Segundo o STF, na Súmula 714, o funcionário público, quando vítima de um crime contra a honra, terá duas possibilidades, podendo representar. Neste caso, a ação será pública condicionada ou poderá contratar advogado e a ação será privada. Isso é o que se chama de legitimidade concorrente.

Súmula 714 do STF. *É concorrente a legitimidade do ofendido, mediante queixa, e do Ministério Público, condicionada à representação do ofendido, para a ação penal por crime contra a honra de servidor público em razão do exercício de suas funções.*

Questões

01. (Cespe) Estará impedido ou suspeito de oferecer denúncia o membro do Ministério Público que, na fase inquisitorial, efetuar diligências investigatórias.

Certo ( ) Errado ( )

02. (Cespe) Diversamente do que ocorre em relação ao processo civil, no processo penal não se admite que, em caso de morte da vítima, os familiares assumam o lugar dela, no polo ativo da ação penal privada, para efeito de apresentação de queixa.

Certo ( ) Errado ( )

03. (Cespe) A renúncia ao exercício do direito de queixa e o perdão do ofendido, em relação a um dos autores do crime, a todos se estenderá, sem que produza, todavia, efeito em relação ao que o recusar.

Certo ( ) Errado ( )

04. (Cespe) Com a reforma parcial do CPP, a ação penal pública incondicionada passou a se submeter ao princípio da indivisibilidade, de forma que não é possível aditar a denúncia, após o seu recebimento, para a inclusão de corréu.

Certo ( ) Errado ( )

05. (Cespe) Nas ações penais de natureza privada, não se admite o perdão do ofendido depois do trânsito em julgado da sentença condenatória.

Certo ( ) Errado ( )

06. (Cespe) Em crime de ação pública condicionada, a ausência de representação implica nulidade ab initio do processo.

Certo ( ) Errado ( )

07. (Cespe) O direito de representação somente pode ser exercido pela vítima, sendo extinto em caso de morte.

Certo ( ) Errado ( )

08. (Cespe) No sistema jurídico brasileiro, a legitimidade ativa para persecução penal em juízo, como condição da ação penal, encontra-se somente nas mãos do MP, por expresso dispositivo constitucional.

Certo ( ) Errado ( )

09. (Cespe) Nas ações penais privadas, admite-se a extinção da punibilidade do agente pela decadência e perempção.

Certo ( ) Errado ( )

10. (Cespe) A requisição do Ministro da Justiça, na ação penal pública condicionada, é condição de procedibilidade.

Certo ( ) Errado ( )

11. (Cespe) Uma vez ajuizada ação penal privada subsidiária da pública, fica vedada por completo a intervenção do MP em qualquer fase do processo.

Certo ( ) Errado ( )

12. (Cespe) O CPP estabelece que, em caso de morte do ofendido, o direito de oferecer queixa-crime ou prosseguir na ação penal passará ao cônjuge, ascendente, descendente ou irmão. Trata-se de hipótese de substituição processual.

Certo ( ) Errado ( )

13. (Cespe) No caso de arquivamento do inquérito policial requerido pelo promotor de justiça e dele discordando o ofendido, a lei autoriza, no prazo decadencial de seis meses, a propositura de ação penal de iniciativa privada subsidiária da pública.

Certo ( ) Errado ( )

14. (Cespe) Considerando os efeitos jurídicos do perdão do ofendido, não se admite perdão extraprocessual.

Certo ( ) Errado ( )

15. (Cespe) A renúncia, nas ações penais privadas, pode ser tácita e admite, para tanto, todos os meios de prova, conforme previsto no CPP.

Certo ( ) Errado ( )

16. (Cespe) Em se tratando de crime contra a honra praticado contra funcionário público em razão de suas funções, há legitimidade ativa concorrente entre a vítima e o MP.

Certo ( ) Errado ( )

17. (Cespe) O princípio da indisponibilidade impede o MP de opinar pela absolvição, em sede de alegações finais. Em tal hipótese, o juízo competente pode, ainda assim, condenar o acusado.

Certo ( ) Errado ( )

Gabaritos

01	ERRADO	10	CERTO
02	ERRADO	11	ERRADO
03	ERRADO	12	ERRADO
04	ERRADO	13	ERRADO
05	CERTO	14	ERRADO
06	CERTO	15	CERTO
07	ERRADO	16	CERTO
08	ERRADO	17	ERRADO
09	CERTO		

4. JURISDIÇÃO E COMPETÊNCIA

Jurisdição: é o poder-dever, previsto na Constituição Federal, conferido ao poder judiciário de aplicar a lei ao caso concreto, visando à solução do crime.

Competência: é a medida da jurisdição, ou seja, a competência é a quantidade de poder previamente disciplinada pela lei, atribuída a um juiz ou a um tribunal. Assim sendo, pelas regras de competência, nós vamos descobrir a seguir o juiz competente a julgar um determinado crime.

O estudo da jurisdição e competência se resume em encontrar: o juiz de qual local e justiça irá julgar o crime, ou seja, é a busca pelo juiz competente para avaliar o delito, conforme veremos abaixo.

4.1 Classificação da Competência

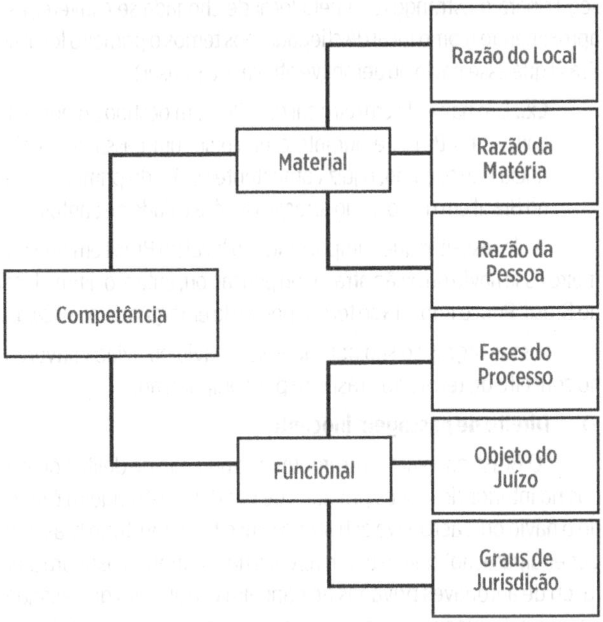

4.1.1 Competência em Razão do Lugar

Por meio do estudo da competência em razão do lugar, nós descobriremos o juiz territorialmente apto, ou seja, o juiz de qual cidade do Brasil irá avaliar o crime.

4.1.1.1 1ª Regra: teorias territoriais

4.1.1.1.1 Teoria do Resultado (Art. 70 caput do CPP)

É a regra no processo penal e por ele o juízo territorialmente competente é o que atua no local da consumação do delito, ou seja, onde ocorreu o resultado do crime.

> **Ex.:** Mévio foi assaltado na cidade de Cascavel, então, o juiz territorialmente competente é de Cascavel, não importando se a justiça será a especial ou a comum, pois foi nessa cidade que houve a consumação do crime.

Entretanto, em muitos casos não podemos aplicar a teoria do resultado para definir o juiz territorialmente capacitado, porque o crime pode ficar na tentativa, não sendo consumado. Então adotaremos a seguinte teoria:

4.1.1.1.2 Teoria da ação / atividade

A competência territorial é definida pelo local da prática dos atos executórios, pouco importando o momento da consumação do crime. Ela é aplicada nos seguintes casos:

- Crimes Tentados.
- Lei 9.099/95 - Jecrim.
- Homicídio Doloso (STJ).

Segundo o STJ, o homicídio doloso será julgado no local da ação, pela facilidade na produção de provas e para mostrar uma melhor resposta à sociedade. É a mesma regra dos inquérito policiais.

4.1.1.1.3 Teoria da ubiquidade (híbrida, mista)

É a chamada teoria do "tanto faz", o que significa que tanto faz o local da prática dos atos executórios ou o do resultado. Ela é aplicada aos crimes à distância (são aqueles em que a ação se origina no Brasil e o resultado ocorre no estrangeiro ou ainda quando a ação se origina no estrangeiro e o resultado ocorre no Brasil).

> **Ex.:** Tício envia uma carta-bomba de Foz do Iguaçu, no PR, a um desafeto seu que está na Cidade do Leste, no Paraguai, e quando o destinatário recebe a carta e a abre, explode e morre. Nesse caso, a prática dos atos executórios se deu na cidade de Foz do Iguaçu e o resultado no Paraguai, então, o juiz territorialmente competente é o de Foz do Iguaçu, pois foi o local no Brasil que ocorreu a ação. Agora, veja o contrário: uma carta bomba é confeccionada no Paraguai e enviada a uma pessoa no Rio de Janeiro (RJ), que a abre e morre. Então, temos a prática dos atos executórios no Paraguai e o resultado no Rio de Janeiro, assim sendo, o juiz que irá julgar o caso é o do Rio, pois foi o local no Brasil em que o crime gerou resultado.

Dessa forma, a competência brasileira será firmada pelo local no Brasil em que ocorrer a ação ou o resultado.

As teorias territoriais estudadas acima são utilizadas isoladamente, o que quer dizer: se o crime teve consumação, usa-se a teoria do resultado; se ficou na tentativa ou é homicídio doloso, teoria da atividade; e, caso seja um crime à distância, utiliza-se a teoria da ubiquidade.

4.1.1.2 2ª Regra: Domicílio ou residência do réu

Quando a primeira regra não puder ser aplicada por não se saber o local do resultado ou da ação do fato criminoso, a competência será definida pelo domicílio ou residência do réu. Aquele não define a competência territorial em matéria criminal.

4.1.1.2.1 Ação Penal Privada

Mesmo que o querelante saiba o local da consumação do crime, ele poderá optar por exercê-la no local do seu domicílio ou residência. Isso é uma faculdade do querelante; ele então pode promover a ação penal privada tanto no local da consumação como pela regra do domicílio ou residência do réu.

4.1.1.2.2 3ª Regra: Prevenção

Juiz prevento é aquele que pratica o primeiro ato da persecução penal, seja durante o IP, determinando a aplicação de medidas cautelares, ou durante a fase processual.

O juiz de plantão, quando praticar o primeiro ato da persecução penal, não poderá ser considerado prevento, isto é, ao juiz de plantão não se aplica a prevenção.

4.1.1.2.3 Aplicação

Crime consumado na divisa entre comarcas

Quando um crime é consumado na divisa de comarcas, pode haver dúvida quanto à definição do juiz competente, e, nessa hipótese, qualquer juiz das comarcas envolvidas é apto para julgar o caso. Sendo assim, a competência será definida pela prevenção.

Pluralidade de domicílios ou réu sem domicílio

Se o réu possui mais de um domicílio, qualquer deles pode definir a competência, assim sendo, esta será firmada pela prevenção.

Quando o réu não tiver residência fixa e as outras regras supracitadas não puderem definir o juiz competente, a competência será definida pela prevenção.

Crimes permanentes e continuidade delitiva

Tendo o crime se estendido por mais de uma comarca, a competência será definida pela prevenção.

> **Ex.:** Tício sequestrou Mévio e o colocou num cativeiro na cidade de Cascavel-PR. Após algum tempo, o cativeiro é transferido para Toledo-PR e, na sequência, o crime é solucionado pela polícia, que resgata Mévio e prende Tício. Nesse caso, houve um crime permanente e tanto o juiz de Cascavel quanto o de Toledo são competentes para julgar o crime, mas como haverá somente um processo, a competência será definida pela prevenção.

4.1.1.3 Competência territorial para os crimes ocorridos a bordo de navios ou aeronaves

Primeiro vamos definir o conceito de território brasileiro, a fim de aplicar as regras sobre a definição da competência territorial para crimes a bordo de navios e aeronaves.

4.1.1.3.1 Conceito de Território Brasileiro

- Fronteira
- Espaço aéreo (vai até a nossa camada atmosférica, não englobando o espaço cósmico)
- Mar territorial (0 a 12 milhas contadas na maré baixa)
- Território por equiparação:
  - Navios e aeronaves públicos de bandeira brasileira são Brasil em qualquer lugar do mundo;
  - Navios e aeronaves privados de bandeira brasileira são Brasil aqui e em alto mar;
  - Navios e aeronaves privados de bandeira estrangeira viram Brasil quando ingressam em nosso território.

Assim, como um navio ou uma aeronave pública de bandeira brasileira é Brasil em qualquer lugar do mundo, um de bandeira estrangeira será parte do território do seu país em qualquer lugar do mundo, bem como no Brasil.

> **Ex.:** O avião do presidente dos Estados Unidos (Força Aérea 1) será Estados Unidos em qualquer lugar do mundo, inclusive quando estiver no Brasil.

→ **Viagens nacionais**

A competência é definida pelo 1º local em que o navio atracar ou a aeronave pousar após a prática do crime.

> **Ex.:** Um avião sai da cidade de Curitiba com destino a São Paulo e uma passageira em início de gestação realiza o aborto do feto no banheiro do avião, enquanto a aeronave faz o seu trajeto. Chegando a São Paulo, o crime é descoberto. Sendo assim, o juiz competente será da cidade de São Paulo, pois lá foi o primeiro lugar que o avião pousou após o crime.

O que importa é o local do primeiro pouso, tanto faz se foi emergencial ou uma escala. Quando o avião pousar após o crime, será definida a competência territorial definida.

→ **Viagens internacionais**

A competência é fixada pelo local de saída se o navio ou avião estão se distanciando do Brasil, ou seja, o último local no Brasil em que esse navio ou aeronave esteve pousado ou atracado antes de seguir para o estrangeiro; e pelo local de chegada se estiverem se aproximando (como local de chegada, nós temos o primeiro local no Brasil que esse navio ou aeronave atracar ou pousar).

> **Ex.:** Um navio de cruzeiro sai da Itália com destino ao porto de Santos, no Brasil, e durante o percurso, um passageiro esfaqueia outro, então, o juiz competente será o do primeiro lugar no Brasil em que o navio atracar, isto é, a cidade de Santos.

Vale ressaltar que o importante é o local no Brasil em que primeiro esse navio ou avião atracar ou pousar, ou, então, o último local no Brasil. Pouco importa se foi um pouso de emergência ou escala.

Essas regras só são aplicadas se o navio ou avião estiverem no conceito de território brasileiro por equiparação.

→ **Direito de passagem inocente**

O Brasil não vai se intrometer na apuração de delitos ocorridos no interior de navios privados de bandeira estrangeira (quando o navio ou a aeronave estiver no conceito de território brasileiro por equiparação) que estejam apenas navegando à costa brasileira, ou de aeronaves privadas de bandeira estrangeira que estejam apenas sobrevoando o nosso espaço aéreo, desde que o fato não tenha reflexos no nosso território.

> **Ex.:** Se um navio sai da Argentina em direção à Inglaterra e, no seu percurso, ele passe pelo território brasileiro, porém sem aqui atracar, e caso ocorra um crime em seu interior enquanto passa por aqui, o Brasil não irá julgar esse crime, pois o fato não teve reflexos na justiça brasileira.

4.1.1.4 Competência territorial brasileira para os crimes consumados no estrangeiro

Devido à extraterritorialidade do Código Penal Brasileiro (Art. 7º do CP), é possível que o Brasil venha a julgar crimes ocorridos no exterior e teremos também que descobrir quem será o juiz brasileiro apto para avaliá-los.

Regras:

- O criminoso será julgado na capital do Estado brasileiro que por último tenha residido;
- Caso ele nunca tenha residido no Brasil, será julgado em Brasília.

Após descobrirmos, vamos atrás da justiça competente, ou seja, se é justiça estadual, federal, eleitoral ou militar. E para isso, aplicaremos as regras da competência em razão da matéria.

4.1.2 Competência em Razão da Matéria

A competência em razão da matéria vai nos levar a descobrir a justiça competente para julgar determinado crime, e essa descoberta se baseia na natureza deste, conforme estudaremos a seguir.

Aqui dividiremos a justiça em justiça comum e especial. Aquela vai se dividir em Estadual e Federal.

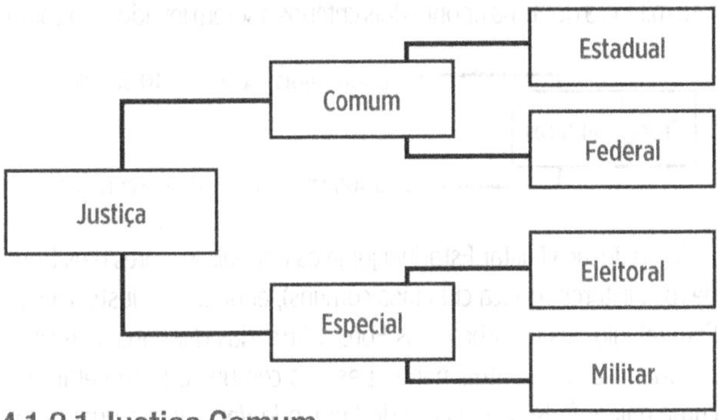

4.1.2.1 Justiça Comum

4.1.2.1.1 Justiça Estadual

Vai julgar o que não compete as demais justiças, ou seja, tem competência residual. Então, o que faremos é estudar as hipóteses que atraem a alçada das outras justiças e tudo que for crime e não se enquadrar nas hipóteses estudadas será de domínio da justiça estadual.

4.1.2.1.2 Justiça Federal

Art. 109 CF (Justiça de 1º grau) e Art. 108 CF (TRFs).

A competência dos juízes federais de 1º grau é definida no Art. 109 da CF, mas somente se trata da competência dos juízes federais criminais as regras previstas a partir do inciso IV do Art. 109.

> ***IV.*** *Os crimes políticos e as infrações penais praticadas em detrimento de bens, serviços ou interesse da união ou de suas entidades autárquicas ou empresas públicas, excluídas as contravenções e ressalvada a competência da justiça militar e da justiça eleitoral;*

Ela somente julga crimes, ou seja, não julga contravenção penal. E costuma ser cobrado em questões de concursos sobre a competência da justiça federal para avaliar contravenção penal. A resposta é negativa, pois a justiça federal não julga contravenção penal.

Bens: *É o patrimônio da União, tanto faz se móvel ou imóvel, sua previsão está no art. 20 da CF.*

Serviços: *Referente à prestação pública federal e, portanto, os delitos praticados contra servidor público federal ou pelo servidor no exercício funcional serão julgados pela justiça federal.*

Interesses:

» ***União:*** *toda a administração pública direta federal.*

» ***Autarquias Federais:*** *INSS, BC, Ag. Reguladoras;*

» ***Empresas Públicas Federais:*** *CEF, ECT;*

» ***Fundações Públicas Federais:*** *FUNAI, Biblioteca Nacional.*

Entes que não têm foro na Justiça Federal e que são rotineiramente cobrados nos Concursos Públicos.

> Sociedade de economia mista (BB, Petrobrás).

> Entidades particulares de ensino superior.

> Sindicatos.

> Conselhos de fiscalização profissional.

Quem julga crime envolvendo esses entes é a justiça estadual.

Ex.: crime contra o sindicato dos policiais federais de Salvador-BA são julgados pela justiça estadual.

Ordem dos Advogados do Brasil: o STF, recentemente, ao analisar uma ação direta de inconstitucionalidade, retirou da OAB o status de autarquia, entretanto, a competência criminal da justiça federal foi mantida nos crimes envolvendo essa entidade. Então, crime envolvendo essa instituição é julgado pela justiça federal.

> ***V.*** *Crimes previstos em tratados ou convenções internacionais que o Brasil assumiu o dever de combater.*

Além da previsão em tratado ou convenção internacional, é necessário também que o crime tenha caráter de **Internacionalidade,** ultrapassando as fronteiras do país, ou seja, se o delito se inicia no Brasil, o seu resultado deve ocorrer no estrangeiro e vice-versa. São os chamados crimes a distância.

Ex.: Tráfico internacional de drogas; tráfico internacional de armas.

> ***V-A.*** *(Emenda Constitucional 45/2004): crimes que ofendam os direitos humanos fundamentais, em que o Brasil obrigou-se por tratado ou convenção internacional a reprimir.*

Aqui não é necessário o caráter de internacionalidade e pode ser qualquer crime.

Um homicídio é um crime contra a vida e a vida é um direito humano fundamental, mas quem julga homicídio, em regra, é a justiça estadual. É que, para atrair a competência desta, o caso deve ter uma repercussão internacional.

Remessa da Competência da Justiça Federal para a Estadual: O § 5º do Art. 109, que foi inserido pela Emenda Constitucional nº 45, traz a possibilidade ao Procurador Geral da República de provocar o STJ quando a persecução penal que se refira a crimes que violem direitos humanos fundamentais estiver tramitando na justiça estadual, para que seja feita a remessa à federal.

Segundo o STJ, para que ocorra a remessa da persecução penal para a esfera federal, é imprescindível que a justiça tenha se mostrado morosa, ineficiente.

> ***VI.*** *Os crimes contra a organização do trabalho e nos casos determinados por lei contra o sistema financeiro e a ordem econômico-financeira;(Art. 197 a 207 do CP);*

Segundo o STJ, os crimes contra a organização do trabalho, somente quando ofender a coletividade dos trabalhadores, serão de competência da justiça federal.

No caso dos delitos contra o sistema financeiro, é imprescindível que a lei ordinária que regule-os declare expressamente que a competência é da justiça federal.

Ex.: Lei do Colarinho Branco. Caso a lei que trate do crime não atraia a competência da justiça federal, a justiça competente será a estadual.

Quando envolver crime contra a ordem econômica e financeira é necessário que a lei ordinária que discipline o delito declare expressamente que a competência é da justiça federal (não existe previsão legal dessa competência no Brasil).

> ***VII.*** *Os Habeas Corpus, em matéria criminal de sua competência ou quando o constrangimento provier de autoridade, cujos atos não estejam diretamente sujeitos a outra jurisdição;*
>
> ***VIII.*** *Os mandados de segurança e os Habeas Data contra ato de autoridade federal, excetuados os casos de competência dos tribunais federais;*
>
> ***IX.*** *Crimes ocorridos a bordo de Navios ou Aeronaves;*

Esta última não se aplica quando o navio ou a aeronave for militar, pois, nesses casos, impõe-se o código processual penal militar e não o que estamos estudando.

Navio: é a embarcação de grande porte que tenha aptidão para realizar viagens internacionais.

> ***X.*** *Crimes de Ingresso ou a Permanência Irregular do Estrangeiro.*

Como essa conduta é atípica, ou seja, não existe previsão expressa tanto no Código Penal quanto em leis penais extravagantes, é fundamental destacar que os delitos praticados para que o estrangeiro consiga ingressar ou permanecer irregularmente no Brasil é que serão julgados na Justiça Federal. (ver Art. 338 do CP e Art. 125, XI a XIII, da Lei 6.815/80 – Estatuto do Estrangeiro).

> ***XI.*** *Crimes que envolvem interesses indígenas.*

Segundo o STJ, na súmula 140, para que a competência da justiça federal se estabeleça, é essencial que o delito ofenda os interesses da coletividade indígena.

→ **Súmulas STJ (Superior Tribunal de Justiça)**

> ***42.*** *Compete à Justiça Comum Estadual processar e julgar as causas cíveis em que é parte sociedade de economia mista e os crimes praticados em seu detrimento.*
>
> ***62.*** *Compete à Justiça Estadual processar e julgar o crime de falsa anotação na Carteira de Trabalho e Previdência Social, atribuído à empresa privada.*
>
> ***73.*** *A utilização de papel-moeda grosseiramente falsificado configura, em tese, o crime de estelionato, da competência da Justiça Estadual.*
>
> ***104.*** *Compete à Justiça Estadual o processo e julgamento dos crimes de falsificação e uso de documento falso relativo a estabelecimento particular de ensino.*
>
> ***140.*** *Compete à Justiça Comum Estadual processar e julgar crime em que o indígena figure como autor ou vítima.*
>
> ***147.*** *Compete à Justiça Federal processar e julgar os crimes praticados contra funcionário público federal, quando relacionados com o exercício da função.*
>
> ***151.*** *A competência para o processo e julgamento por crime de contrabando ou descaminho define-se pela prevenção do Juízo Federal do lugar da apreensão dos bens.*
>
> ***165.*** *Compete à Justiça Federal processar e julgar crime de falso testemunho cometido no processo trabalhista.*
>
> ***200.*** *O Juízo Federal competente para processar e julgar acusado de crime de uso de passaporte falso é o do lugar onde o delito se consumou.*

→ **Súmulas TFR (Tribunal Federal de Recursos)**

> ***31.*** *Compete à Justiça Estadual o processo e julgamento de crime de falsificação ou de uso de certificado de conclusão de curso de 1º e 2º Graus, desde que não se refira a estabelecimento federal de ensino ou a falsidade não seja de assinatura de funcionário federal.*
>
> ***98.*** *Compete à Justiça Federal processar e julgar os crimes praticados contra servidor público federal, no exercício de suas funções e com estas relacionados.*
>
> ***254.*** *Compete à Justiça Federal processar e julgar os delitos praticados por funcionário público federal, no exercício de suas funções e com estas relacionados.*

4.1.2.1.3 Competência da Justiça Especial

A justiça especial se divide em justiça eleitoral e militar.

Justiça Eleitoral: julga os crimes eleitorais e os crimes comuns conexos a eles.

Justiça Militar: para definir quais crimes são julgados pela esfera militar, a doutrina aponta dois critérios a serem levados em conta:

Crimes Militares
- **1) Ratione legis - Arts. 9º e 10 do CPM.**
- **2) Ratione personae – Deve ser militar.**

A Justiça Militar Estadual julga os Policiais Militares e os Bombeiros Militares (nunca cidadãos comuns), enquanto a Justiça Militar Federal julga os membros das Forças Armadas (Marinha, Exército e Aeronáutica) e, eventualmente, pessoas comuns que cometam um crime militar federal. É o caso do Comando Vermelho, o qual se fortaleceu invadindo quartéis do Exército e subtraindo granadas e fuzis.

Além do exposto, para que haja infringência na Justiça Militar, é preciso que haja razões de natureza militar, ou seja, o policial militar precisa estar em serviço (entendimento dado pelo STJ em 2014). Portanto, o militar que chega à própria casa, flagra a esposa em adultério e acaba por matá-la, incide em crime comum.

JUSTIÇA MILITAR ESTADUAL	JUSTIÇA MILITAR FEDERAL
Polícia Militar e Corpo de Bombeiros Militares	Membros das Forças Armadas
NUNCA julga civil (Súmula 53 do STJ)	Julga militares das Forças Armadas e civis que cometam crime militar federal (ex.: furto de armamento do Exército)

Hoje, vale lembrar que os crimes dolosos contra a vida praticados por militar contra pessoa comum (civil) são infrações comuns a serem julgadas pelo Tribunal do Júri (entendimento dado pela Lei 13.491/17), salvo contexto de ação militar (como no caso de guerra).

Por fim, para sedimentar as principais questões de concursos acerca da Justiça Militar, vale apontar algumas observações:

- OBS. 1: Crimes dolosos contra a vida praticados por militar CONTRA CIVIL, tentados ou consumados, são da alçada do Tribunal do Júri. Se for contra militar, compete à Justiça Militar, assim como o homicídio culposo.
- OBS. 2: Em contexto de guerra, ainda que o militar mate um civil, a competência será da Justiça Militar.
- OBS. 3: Se houver erro na execução ou Aberratio ictus → considera a pessoa atingida, ainda que não haja dolo por parte do militar (neste aspecto, difere do Direito Penal).

Súmula 75 do STJ: Compete à Justiça Comum Estadual processar e julgar militar que facilita a fuga de preso; Súmula 6 do STJ: Cabe à Justiça Comum processar e julgar crime envolvendo viatura militar, exceto se o autor e a vítima forem militares em atividade.

No que tange aos crimes comuns, principalmente de abuso de autoridade e tortura, em tese, incidiria na esfera comum (STJ). Com o advento da Lei 13.491/17, a Justiça Castrense passa a ser competente também para julgar crimes comuns praticados por militares contra civis ou militares. Assim, no caso de abuso de autoridade ou tortura contra civil, a Justiça Castrense será a competente para apreciar o feito.

LEI 13.491/17

Art. 1º *O art. 9º do Decreto-Lei no 1.001, de 21 de outubro de 1969 - Código Penal Militar, passa a vigorar com as seguintes alterações:*

Art. 9º

II – os crimes previstos neste Código ***E OS PREVISTOS NA LEGISLAÇÃO PENAL****, quando praticados:*

§ 1º *Os crimes de que trata este artigo, quando* ***DOLOSOS CONTRA A VIDA*** *e cometidos por* ***MILITARES CONTRA CIVIL****, serão da competência do* ***TRIBUNAL DO JÚRI****.*

§ 2º *Os crimes de que trata este artigo, quando dolosos contra a vida e cometidos por militares das Forças Armadas contra civil, serão da competência da* ***JUSTIÇA MILITAR DA UNIÃO****, se praticados no contexto:*

I. *do cumprimento de atribuições que lhes forem estabelecidas pelo Presidente da República ou pelo Ministro de Estado da Defesa;*

II. *de ação que envolva a segurança de instituição militar ou de missão militar, mesmo que não beligerante; ou*

III. *de atividade de natureza militar, de operação de paz, de garantia da lei e da ordem ou de atribuição subsidiária, realizadas em conformidade com o disposto no art. 142 da Constituição Federal e na forma dos seguintes diplomas legais: (...)*

4.1.2.1.4 Competência pela natureza na Infração

Os legisladores podem estabelecer, dentro de cada justiça, o órgão competente para julgar um determinado tipo de crime em razão da sua natureza.

→ Hipóteses Constitucionais

a) Júri (Art. 5º, XXXVIII da CF) – Crimes dolosos contra a vida:

→ Homicídio.

→ Infanticídio.

→ Aborto.

→ Auxílio, induzimento ou instigação ao suicídio.

A ocorrência do resultado morte não indica que o crime seja doloso contra a vida, assim sendo, o **genocídio** e o **latrocínio** não vão a júri, afinal, este é um crime contra o patrimônio e aquele é contra a humanidade.

b) Juizados Especiais Criminais (Art. 98 da CF)

Julga as infrações de menor potencial ofensivo, que são:

> Crimes com pena máxima de até 2 anos.

> Todas as contravenções comuns.

Após concluirmos o estudo da competência em razão do lugar e da matéria, podemos saber quem é o juiz que irá julgar determinado crime e qual é a sua justiça.

Tício atira em um policial federal durante uma perseguição e este vem a óbito; o fato acontece na cidade de Corumbá. Então, nós temos que quem julgará esse crime é o tribunal do júri da justiça federal de Corumbá.

4.1.3 Competência em Razão da Pessoa

Essa regra é uma exceção que é aplicada a algumas autoridades do país e, aqui, as anteriormente estudadas (razão do lugar e matéria) não são utilizadas, ou seja, estudaremos a exceção à regra.

Estabelecida na CF de 88 e nas Constituições Estaduais, confe às principais autoridades do país a prerrogativa de julgamento diretamente perante tribunal. Iremos estudar somente o foro por prerrogativa de função, previsto na CF.

Constituição Federal	Executivo	Legislativo	Judiciário	Outros
STF	Pres. da República Vice- Presidente Ministros de Estado	Membros do Congresso Nacional: Deputados Federais Senadores	Membros dos tribunais superiores (STF, STJ, TST, TSE, STM)	Procurador Geral da República; Ministros do Tribunal de Contas da União; Comandantes das Forcas Armadas; Chefes de Missão Diplomática Permanente; Presidente do BC; Chefe da AGU; Controlador Geral da União.
STJ	Governadores		Membros dos Tribunais Regionais Federais; Membros dos Tribunais Estaduais.	Membros do MPU que atuam perante tribunal; Conselheiros dos tribunais de contas estaduais e municipais.
TJ	Prefeitos	Deputados Estaduais	Juiz Estadual de 1º grau	Todos os membros do MPE
TRF	Prefeitos	Deputados Estaduais	Juiz Federal de 1º grau	Membros do MPU que atuam no 1º grau

Têm status de Ministro e, por isso, são julgados pelo STF mesmo sem ser ministro:

» Presidente do BC.

» Chefe da AGU.

» Controlador Geral da União.

Súmula 208, STJ. *Compete à Justiça Federal processar e julgar prefeito municipal por desvio de verba sujeita à prestação de contas perante órgão Federal.*

Súmula 209, STJ. *Compete à Justiça Estadual processar e julgar prefeito por desvio de verba transferida e incorporada ao patrimônio municipal.*

Prefeitos e Deputados Estaduais, quando cometerem crimes de natureza federal, são julgados pelo TRF e, ao cometerem crimes de natureza estadual, são julgados pelo TJ.

As autoridades com foro por prerrogativa de função no TJ e no TRF, ao praticarem crime eleitoral, são julgados no TRE.

4.1.3.1 Foro Privilegiado X Júri

As autoridades cujo foro por prerrogativa de função é definido na CF de 88 não vão a júri, pois serão julgadas no seu tribunal de origem, entretanto, se o foro privilegiado é definido apenas na Constituição Estadual, a autoridade irá a júri (Súmula 721 do STF).

O Presidente da República, caso cometa um homicídio doloso, não irá a júri, porque será julgado pelo STF.

Súmula 721, STF. *A competência constitucional do Tribunal do Júri prevalece sobre o foro por prerrogativa de função estabelecido exclusivamente pela Constituição Estadual.*

4.1.3.2 Foro Privilegiado X Deslocamento

As autoridades com foro por prerrogativa de função perante o TJ ou o TRF, ao praticarem delito fora de seu Estado ou da sua região, serão julgadas no seu tribunal de origem.

Ex.: Prefeito de São Paulo, durante uma viagem a Brasília, se envolve numa discussão de trânsito e agride outra pessoa fisicamente, praticando o crime de lesão corporal. Sendo assim, ele será julgado pelo Tribunal de Justiça de São Paulo, independente do crime ter acontecido em outro estado.

4.1.3.3 Foro Privilegiado X Término do Mandato

Após a declaração de inconstitucionalidade dos §§ 1º e 2º do Art. 84 do CPP, o foro por prerrogativa de função passou a ser interpretado da seguinte forma:

Crimes: uma vez encerrado o cargo ou mandato, encerra-se o foro por prerrogativa de função ou seja, o processo irá para o juiz de primeiro grau.

Improbidade Administrativa: não há tramitação perante foro por prerrogativa de função, e a ação deve ser julgada pelo juiz de primeiro grau.

4.2 Competência Absoluta X Competência Relativa

Chama-se absoluta a hipótese de fixação de competência que não admite prorrogação, isto é, deve o processo ser remetido ao juiz natural determinado por normas constitucionais ou processuais penais, sob pena de nulidade do feito. Encaixam-se nesse perfil a competência em razão da matéria e em razão da pessoa.

Chama-se relativa a hipótese de fixação de competência que admite prorrogação, ou seja, não invocada a tempo a incompetência do foro, reputa-se apto o juízo que conduz o feito, não se admitindo qualquer alegação posterior de nulidade. É o caso da competência territorial, tanto pelo lugar da infração quanto pelo domicílio ou residência do réu. (Manual de Processo Penal e Execução Penal, 6ª Edição, NUCCI, Guilherme Souza).

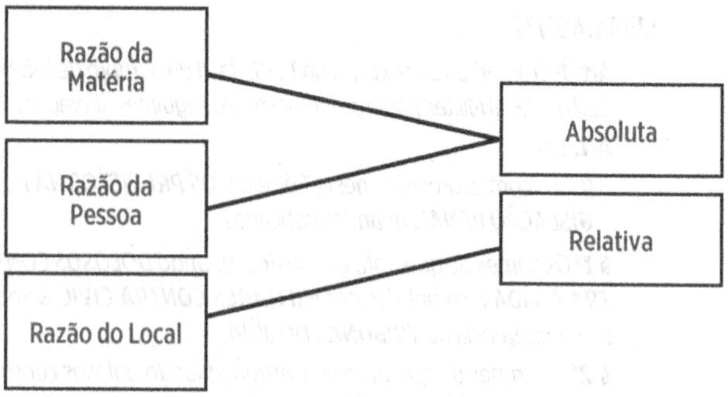

4.2.3.1 Prorrogação da Competência

Nas hipóteses de competência relativa, ou seja, em razão do local, caso o vício não seja alegado no momento oportuno, o juiz incompetente passará a ser competente.

4.3 Conexão e Continência

São as regras processuais as quais possibilitam que sejam reunidos, num mesmo processo, vários crimes ou criminosos que poderiam ser julgados isoladamente. Elas têm a finalidade de proporcionar maior celeridade ao processo, além de uma colheita de provas mais eficientes e também evitar a ocorrência de decisões contraditórias.

4.3.1 Conexão

É a ligação entre 2 ou mais crimes e que, por isso, são julgados no mesmo processo. Suas modalidades são:

4.3.1.1 Intersubjetiva

Dois ou mais delitos praticados por dois ou mais agentes:

Simultaneidade: as infrações penais ocorreram na mesma circunstância de tempo e espaço, sem prévio acordo.

Briga em estádio de futebol.

Concursal: dois ou mais delitos praticados por duas ou mais pessoas, que estavam previamente combinadas.

Reciprocidade: dois ou mais crimes praticados por 2 ou mais agentes uns contra os outros.

Lesões corporais recíprocas (as partes são ao mesmo tempo vítima e réu do processo).

A rixa não se caracteriza como exemplo de conexão intersubjetiva por reciprocidade, pois ela é crime único e, para conexão, precisamos de ao menos 2 delitos.

4.3.1.2 Lógica/teleológica/finalista

Um crime é praticado para levar vantagem, para criar impunidade ou para ocultar outro delito.

Ex.: Após um assalto realizado por duas pessoas, uma mata a outra para ficar com todo o dinheiro do crime. Nesse caso, temos dois crimes: um assalto a banco e um homicídio. Então, haverá a união processual.

4.3.1.3 Probatória/Instrumental

A prova da existência de um crime é fundamental para demonstrar a ocorrência de outro delito.

Ex.: Vínculo entre a receptação e o furto do bem adquirido.

4.3.2 Continência

A continência é caracterizada quando:

- Dois ou mais delitos são praticados com uma só conduta;
- Duas ou mais pessoas contribuem para um só crime.

São dividas em:

Continência por cumulação objetiva: uma só conduta que provoca 2 ou mais resultados delitivos, ou seja, havendo concurso formal de crimes, todos serão julgados no mesmo processo. Por exemplo: um único tiro disparado que venha a atingir mais de uma pessoa, matando ambas.

Continência por cumulação subjetiva: um só delito é praticado por 2 ou mais pessoas. Por exemplo: vários agindo em concurso para assaltar um banco.

4.3.3 Foro Prevalente

Com base nas regras do foro prevalente, nós saberemos quem é o juízo ou o tribunal que, por imposição legal, terá a responsabilidade de julgar todos os criminosos ou todos os crimes nas hipóteses de conexão ou continência.

4.3.3.1 Justiça Especial > Justiça Comum

Quando houver conexão ou continência entre crimes de competência da justiça comum e da justiça especial, prevalecerá a da justiça especial para julgar ambos os delitos. Ressalvada a competência da justiça militar que não se mistura, ou seja, não avalia crimes comuns.

4.3.3.2 Justiça Federal > Justiça Estadual

Quando houver conexão ou continência de crimes de competência da justiça federal e estadual, a justiça federal irá julgar ambos os crimes. (Súmula 122 do STJ)

4.3.3.3 Justiça de Maior Hierarquia > Justiça de Menor Hierarquia

Quando a conexão e a continência se der entre a justiça de 1º grau e tribunal, este será prevalente.

Por essa regra, as pessoas comuns do povo podem ser julgadas perante o tribunal quando praticarem delito com a autoridade que desfruta do foro privilegiado. E segundo o STF, na Súmula 704, essa atração não viola princípios estabelecidos na Constituição Federal.

Ex.: Alisson e o Presidente da República premeditam e executam um crime, sendo assim, o STF irá julgar o Presidente da República e também Alison que, em regra, seria julgado pela justiça comum.

> ***Súmula 704, STF.*** *Não viola as garantias do juiz natural, da ampla defesa e do devido processo legal a atração por continência ou conexão do processo do corréu ao foro por prerrogativa de função de um dos denunciados.*

4.3.3.4 Júri > demais Órgãos da Jurisdição Comum

Quando a concorrência se der entre o Júri e demais órgãos da jurisdição comum, aquele será prevalente. Isso significa dizer que o Júri tem competência para julgar os crimes dolosos contra a vida e, além deles, os delitos comuns conexos.

4.3.3.5 Juízes da mesma Justiça e de mesma Hierarquia concorrendo

- A competência será definida pelo local da consumação do crime que tenha a pena em abstrato (a prevista no código penal) mais alta;
- Se os crimes têm a mesma gravidade, prevalece o juiz que atua no local da consumação do maior número de delitos;
- Se os crimes têm a mesma gravidade e idêntica quantidade de pena, a competência será definida pela prevenção.

4.3.4 Separação de Processos

Mesmo nas hipóteses de conexão ou continência, é possível, ainda que os processos tramitem separadamente, que seja por imposição legal ou por um ato discricionário do juiz.

4.3.4.1 Modalidades

Obrigatória: é aquela imposta por lei (Art. 79 do CPP). Como exemplo podemos citar o caso de um crime militar conexo com um comum; haverá separação de processos, pois a justiça militar não julga crime comum e nem a justiça comum julga crime militar.

> ***Art. 79.*** *A conexão e a continência importarão unidade de processo e julgamento, salvo:*
>
> ***I.*** *No concurso entre a jurisdição comum e a militar;*
>
> ***II.*** *No concurso entre a jurisdição comum e a do juízo de menores.*
>
> ***§ 1º.*** *Cessará, em qualquer caso, a unidade do processo, se, em relação a algum corréu, sobrevier o caso previsto no Art. 152.*
>
> ***§ 2º.*** *A unidade do processo não importará a do julgamento, se houver corréu foragido que não possa ser julgado à revelia, ou ocorrer a hipótese do Art. 461.*

Facultativa: é aquela que tem cabimento por discricionariedade do juiz (Art. 80 do CPP).

> ***Art. 80.*** *Será facultativa a separação dos processos quando as infrações tiverem sido praticadas em circunstâncias de tempo ou de lugar diferentes, ou, quando pelo excessivo número de acusados e para não lhes prolongar a prisão provisória, ou por outro motivo relevante, o juiz reputar conveniente a separação.*

4.3.5 Perpetuação da Jurisdição

É o reconhecimento de que o juiz prevalente, mesmo que absolva o réu pelo crime que o tornou prevalente ou que desclassifique essa infração, continuará competente para julgar os crimes conexos. (art. 81 do CPP).

Questões

01. (Cespe) Um deputado federal praticou um crime contra a ordem tributária durante o exercício funcional. Nessa situação, a competência para processar e julgar o parlamentar será do STF, ainda que o inquérito policial ou a ação penal sejam iniciados após a cessação do exercício funcional.

Certo ( ) Errado ( )

02. (Cespe) Competem à justiça estadual o processo e o julgamento dos crimes contra a economia popular.
Certo ( ) Errado ( )

03. (Cespe) Havendo conexão entre delitos de competência da justiça estadual e federal, devem ser observadas as penas cominadas abstratamente pela lei a cada tipo penal, fixando-se a competência pela infração de pena mais grave.
Certo ( ) Errado ( )

04. (Cespe) A garantia do juiz natural e a vedação constitucional dos tribunais de exceção afastam do ordenamento jurídico brasileiro o instituto do foro especial ou privilegiado.
Certo ( ) Errado ( )

05. (Cespe) Compete à justiça federal o processo e o julgamento do delito de interceptação telefônica sem autorização judicial, pois resta evidenciado interesse específico da União em manter a integridade do sistema de comunicação nacional.
Certo ( ) Errado ( )

06. (Cespe) Caso determinada autoridade do estado do Rio Grande do Norte, detentora de foro especial por prerrogativa de função no TJRN, cuja previsão encontra-se apenas na respectiva constituição estadual, cometa crime doloso contra a vida, a competência para processá-la e julgá-la deve ser do tribunal do júri.
Certo ( ) Errado ( )

07. (Cespe) Por se tratar de hipótese de competência criminal absoluta, verificada a ocorrência de conexão entre delitos diversos, deve ser determinada a reunião dos processos, ainda que um deles já tenha sido julgado, sob pena de nulidade, que pode ser alegada a qualquer tempo e em qualquer grau de jurisdição.
Certo ( ) Errado ( )

08. (Cespe) Tratando-se de competência territorial pelo lugar da infração, em regra, o CPP adotou a teoria da atividade.
Certo ( ) Errado ( )

09. (Cespe) Em regra, observa-se a teoria do resultado para se firmar a competência no âmbito dos juizados especiais criminais estaduais.
Certo ( ) Errado ( )

10. (Cespe) Em caso de crime continuado e, também, de infração permanente, praticado em território de duas ou mais jurisdições, a competência processual penal será definida pela prevenção.
Certo ( ) Errado ( )

11. (Cespe) A competência estabelecida pela prevenção é absoluta, sob pena de ofender o princípio constitucional do juízo natural.
Certo ( ) Errado ( )

12. (Cespe) Será competente por conexão o juízo sob cuja jurisdição territorial for cometido o crime ao qual for cominada a pena mais grave, quando, havendo duas ou mais infrações consumadas em locais diversos, para as quais sejam isoladamente competentes diferentes juízos de uma mesma categoria, estas houverem sido umas praticadas para facilitar ou ocultar as outras, ou para conseguir impunidade ou vantagem em relação a qualquer delas.
Certo ( ) Errado ( )

13. (Cespe) A competência criminal da justiça federal é ampla, aberta e residual, podendo os juízes e tribunais federais intervir e julgar todas as causas em que vislumbrem interesse interestadual.
Certo ( ) Errado ( )

14. (Cespe) Nos crimes qualificados pelo resultado, por força da teoria da atividade, adotada pelo CPP, o foro competente é o do local da prática da ação, independentemente de onde se consumou o delito.
Certo ( ) Errado ( )

Gabaritos

01	ERRADO	08	ERRADO
02	CERTO	09	ERRADO
03	ERRADO	10	CERTO
04	ERRADO	11	ERRADO
05	ERRADO	12	CERTO
06	CERTO	13	ERRADO
07	ERRADO	14	ERRADO

5. PROVA

É tudo aquilo que é apresentado ao juiz, com o objetivo de contribuir na formação da sua opinião quanto aos fatos ou atos do processo que sejam relevantes para auxiliá-lo a chegar à sentença.

5.1 Teoria Geral da Prova

5.1.1 Destinatários

Imediato: Juiz.

Mediato: As partes.

5.1.2 Dispensa Probatória

Não é necessário provar os seguintes itens:

Direito Federal: é um dever funcional do juiz conhecer o direito federal, sendo assim, é desnecessário querer provar que existe ou não determinada lei federal. Os direitos estadual, municipal, alienígena, estrangeiro e consuetudinário (costumeiro) precisam ser provados quanto à existência e à vigência.

Fatos Notórios ou Verdade Sabida: são os fatos de conhecimento de parcela significativa da sociedade.

Feriados Nacionais.

Fatos Axiomáticos ou Intuitivos: são os fatos que se autodemonstram. Por exemplo: se encontramos um corpo sem cabeça, temos um morto.

Presunções: é a observação daquilo que normalmente acontece e que nos permite realizar conclusões. São classificadas em:

- **Presunção Homnis**: presunção vulgar.
- **Presunção Legis**: presunção positivada na Lei.
  - » **Absoluta:** não admite prova em contrário.

inimputabilidade de menores.

  - » **Relativa:** é aquela que admite prova em contrário.

Buscar provar que uma pessoa que alega insanidade mental e saudável intelectualmente.

Fatos Inúteis: são os fatos irrelevantes à demonstração da verdade.

5.1.3 Meios de Prova

São todos os recursos utilizados para produzir a prova e levá-la ao conhecimento do juiz.

5.1.4 Classificação das Provas

Provas Nominadas: são aquelas cujo meio de produção estão previstas em lei (Art. 158 a 250 do CPP).

Provas Inominadas: são aquelas cujos meios de produção não estão previstas na lei.

5.1.4.1 Princípio da liberdade na produção de provas

É possível a utilização de qualquer uma das duas modalidades de provas acima descritas, ou seja, as nominadas e as inominadas, em razão do princípio da liberdade na produção da prova.

Não há nenhuma hierarquia entre as provas, ou seja, tanto as nominadas quanto as inominadas têm o mesmo valor.

Tal princípio encontra exceção nas seguintes hipóteses:

- **Estado civil das pessoas**

__Art. 155, parágrafo único, CPP.__ Somente quanto ao estado das pessoas serão observadas as restrições estabelecidas na lei civil.

Para provar o estado civil é necessária a apresentação de certidão, não admitindo nenhum outro modo, como exemplo, a prova testemunhal.

- **Provas Ilícitas**

Recebem conceituação diferente pelo Código de Processo Penal e também pela doutrina. Veja a seguir:

» **Conceito de provas Ilícitas dentro do CPP**

Para o CPP, não há distinção entre as provas ilícitas e ilegítimas, sendo todas elas espécies de provas ilícitas, ou seja, estas, para o CPP, são aquelas que ferem normas constitucionais e infraconstitucionais. Assim sendo, tanto faz se fere norma de direito penal ou de direito processual penal.

__Art 157, CPP.__ São inadmissíveis, devendo ser desentranhadas do processo, as provas ilícitas, assim entendidas as obtidas em violação a normas constitucionais ou legais.

» **Conceito de provas Ilícitas para a doutrina**

Nesse caso, as provas ilícitas recebem uma subclassificação: ilícitas e ilegítimas.

- Provas ilícitas

São as que ofendem o direito material (Código Penal ou legislação penal extravagante) e também aquelas que ofendem os princípios constitucionais penais.

Violar uma correspondência para conseguir uma prova.

- Provas Ilegítimas

São as provas que ofendem o direito formal, processual, ou seja, o Código de Processo Penal e a legislação processual penal extravagante. Também são aquelas que violam os princípios constitucionais processuais penais. Por exemplo: laudo pericial confeccionado somente por um perito não oficial.

5.1.4.2 Teorias sobre a utilização das Provas Ilícitas

Teoria da proporcionalidade (Razoabilidade): uso da Prova Ilícita para Defesa do Réu.

Quando uma prova de origem ilícita é apresentada com a finalidade de defender o réu, o juiz deve aceitá-la, pois entre a formalidade na produção da prova e o risco de prisão do réu inocente, o direito fundamental de liberdade deve prevalecer.

Teoria dos frutos da Árvore Envenenada (*Fruits Of The Poisonous Tree*): Teoria da Prova Ilícita Por Derivação.

__Art, 157, § 1º, primeira parte.__ São também inadmissíveis as provas derivadas das ilícitas,

As provas que decorrem de uma ilícita também estarão contaminadas, não devendo ser utilizadas no processo.

Teoria da descoberta Inevitável: prova originária de fonte independente.

> ***§ 1º e 2º, CPP.*** *São também inadmissíveis as provas derivadas das ilícitas, salvo quando não evidenciado o nexo de causalidade entre umas e outras, ou quando as derivadas puderem ser obtidas por uma fonte independente das primeiras. Considera-se fonte independente aquela que por si só, seguindo os trâmites típicos e de praxe, próprios da investigação ou instrução criminal, seria capaz de conduzir ao fato objeto da prova.*

A prova derivada de uma ilícita poderá ser utilizada quando, seguindo os trâmites típicos e de praxe da investigação, ou da instrução criminal, pudermos chegar a mesma prova obtida por meio de uma ilícita.

Por meio de uma escuta ilegal, obtém-se a localização de um documento incriminador em relação ao indiciado. Ocorre que uma testemunha, depondo regularmente, também indicou à polícia o lugar onde se encontrava a referida prova. Podemos concluir que mesmo que esse documento não fosse confeccionado por meio de um procedimento ilegal, ele seria produzido após o interrogatório, por fonte independente.

Teoria da prova absolutamente independente:

> ***Art. 157, § 3º.*** *Preclusa a decisão de desentranhamento da prova declarada inadmissível, esta será inutilizada por decisão judicial, facultado às partes acompanhar o incidente*

A mera existência de uma prova ilícita no processo não necessariamente o contamina, pois, havendo outras provas lícitas absolutamente independentes da ilícita no processo serão aproveitadas.

A prova declarada ilícita pelo juiz será desentranhada dos autos e destruída com a presença facultativa das partes.

5.1.5 Dever de Produzir Provas

É de responsabilidade das partes, devendo demonstrar aquilo que alegarem ao longo do processo.

→ **Acusação**

> Autoria.

> Materialidade.

> Dolo.

> Culpa.

→ **Defesa**

> Excludente de ilicitude.

> Excludente de culpabilidade.

> Causas de extinção da punibilidade.

5.1.6 Princípio da Busca da Verdade Real

O juiz não deve se conformar somente com o que lhe é apresentado pelas partes, devendo, durante o processo, buscar a verdade, procurando reconstruir na audiência o que realmente aconteceu, e, para isso, pode até mesmo determinar a produção de provas de ofício.

É Importante ressaltar que o dever de provar é das partes, mas isso não impede que o juiz busque provas.

Ex.: Art. 209, CPP. o juiz, quando julgar necessário, poderá ouvir outras testemunhas, além das indicadas pelas partes.

Apesar do juiz não ter o dever de provar nada, este tem iniciativa probatória, pois, como já vimos, durante o processo se busca a verdade real.

Vale ressaltar que ele pode, de ofício, determinar prova para solucionar alguma dúvida sobre ponto relevante e também ordenar a produção delas durante o inquérito policial (prova antecipada, por exemplo: Art 225 do CPP, perícias).

5.1.7 Prova Emprestada

É a que, mesmo tendo sido produzida em um processo, pode servir de prova em outro.

→ **Requisitos:**

> Mesmas partes em ambos os processos – aqui há que se fazer uma ressalva: recentes posicionamentos do STJ levam em conta que, atualmente, é particularmente de difícil constatação a participação exatamente das mesmas partes em processos diferentes. Disso se extrai que, para a jurisprudência, não é necessário que os processos envolvam exatamente as mesmas partes, mas que tenham pelo menos como protagonista a figura do réu.

> Mesmos fatos (o fato deve ser importante para a demonstração da verdade nas duas ações).

> Respeito ao contraditório (a prova que se pretende emprestar deve ter sido produzida sob o crivo do contraditório).

> A prova que se pretende emprestar deve ser lícita.

Não é possível o empréstimo probatório do IP para o processo, pois as provas do IP não passaram pelo contraditório e pela ampla-defesa, salvo provas antecipadas.

5.1.8 Sistemas de Avaliação da Prova

5.1.8.1 Sistema do Livre Convencimento Motivado

O juiz tem ampla liberdade para decidir, podendo utilizar provas nominadas ou inominadas, devendo sempre, é claro, motivar as suas decisões (Art. 93 IX da CF; Art. 155 do CPP). É a regra no Brasil.

5.1.8.2 Sistema da Verdade Judicial / Íntima Convicção

Por esse sistema, o juiz está livre para decidir e não precisa motivar a sua decisão.

Ex.: Júri.

5.1.8.3 Sistema da Verdade da Legislação

Por esse sistema, o legislador pré-estabelece o valor de cada prova e o magistrado funciona como um intérprete em razão dos limites impostos pela lei.

Ex.: A exigência da perícia para demonstrar a existência do crime que deixar vestígios.

5.2 Provas em Espécies

5.2.1 Perícias (Considerações Gerais)

É o meio de prova em que o juiz vai se valer de especialistas em determinada área do conhecimento humano, pois ele é o perito do direito e não de todas as áreas de conhecimento.

5.2.1.1 Perito

É o especialista em determinada área do conhecimento humano que vai auxiliar o juiz por meio de seus saberes técnicos.

O perito deve ter nível superior completo.

> ***Art. 159, CPP.*** *O exame de corpo de delito e outras perícias serão realizados por perito oficial, portador de diploma de curso superior. Lei 11.690/2008.*

Até o ano de 2008, não era exigido aos peritos o diploma de curso superior, sendo assim, todos os que assumiram seus cargos por meio de aprovação em concurso público antes da alteração e não possuem nível superior continuam atuando, mas não podem realizar perícia, pois se passou a exigir o nível superior completo na área.

5.2.1.2 Classificação dos Peritos

Oficial: é o perito nomeado por meio de aprovação em concurso público; ele pode atuar isoladamente. Não precisa prestar o compromisso de bem e fielmente desempenhar o encargo toda vez que atua, pois já o fez quando entrou em exercício.

> ***Art. 159, § 2º, CPP.*** *Os peritos não oficiais prestarão o compromisso de bem e fielmente desempenhar o encargo.*

Não Oficial/Juramento: é a pessoa comum, portadora de diploma de nível superior, que é convocada a atuar como perito e compromissada a desempenhar esse encargo. Devem atuar em conjunto, ou seja, ao menos dois.

> ***Art. 159, § 1º, CPP.*** *Na falta de perito oficial, o exame será realizado por 2 (duas) pessoas idôneas, portadoras de diploma de curso superior preferencialmente na área específica, dentre as que tiverem habilitação técnica relacionada com a natureza do exame*

5.2.1.3 Laudo Pericial

O laudo pericial é o instrumento que formaliza a atuação do perito, apresentando ao juiz a percepção técnica do objeto periciado.

Prazo: 10 dias (prorrogáveis a requerimento do perito e por deliberação da autoridade).

> ***Art. 160, parágrafo único, CPP.*** *O laudo pericial será elaborado no prazo máximo de 10 dias, podendo esse prazo ser prorrogado, em casos excepcionais, a requerimento dos peritos.*

É admitido que o perito acesse os autos do IP ou do processo, visando assim a uma melhor elaboração do laudo.

5.2.1.3.1 Conteúdo do Laudo Pericial:

1º Preâmbulo

> Classificação do Perito.
> Indicação do objeto da perícia.

2º Esboço do Fato

> É a narração daquilo que os peritos perceberam sensorialmente.

3º Esboço Crítico

> É a aplicação dos conhecimentos técnicos aos fatos percebidos sensorialmente.

4º Resposta aos Quesitos

> São as perguntas que podem ser formuladas pelo MP, assistente de acusação, ofendido, querelante, acusado e também pelo juiz e que serão respondidas pelos peritos.

> ***Art. 159, § 3º, CPP.*** *Serão facultadas ao Ministério Público, ao assistente de acusação, ao ofendido, ao querelante e ao acusado a formulação de quesitos e indicação de assistente técnico.*

A doutrina majoritária entende que, nas perícias realizadas durante o IP, a defesa não pode formular quesitos, pois é um procedimento inquisitivo, ou seja, não comporta contraditório nem ampla-defesa.

A lei segue a mesma linha, pois, analisando o Art. 159 na íntegra, não encontramos nenhuma hipótese em que seja disponibilizado esse direito à defesa.

5º Autenticação

> Data e assinatura dos peritos.

6º Divergência entre os Peritos

> Caso a perícia seja realizada por mais de um perito, é possível que eles tenham conclusões conflitantes, e, quando isso acontecer, poderão realizar laudos individuais ou confeccionar um único laudo, porém, devem deixar claros os motivos da divergência. Caso isso aconteça, o juiz poderá resolver a celeuma da seguinte forma:
>
> » Nomear um 3º perito para solucionar a divergência.
>
> » Determinar uma nova perícia com a intervenção de outros peritos.

> ***Art. 180, CPP.*** *Se houver divergência entre os peritos, serão consignadas no auto do exame as declarações e respostas de um e de outro, ou cada um redigirá separadamente o seu laudo, e a autoridade nomeará um terceiro; se este divergir de ambos, a autoridade poderá mandar proceder a novo exame por outros peritos.*

5.2.1.4 Sistema de apreciação do Laudo

> O Brasil adota o sistema LIBERATÓRIO de apreciação do laudo, o que significa que o juiz é livre para decidir, podendo até mesmo contrariar a decisão, desde que de forma motivada.

> ***Art. 182, CPP.*** *O juiz não ficará adstrito ao laudo, podendo aceitá-lo ou rejeitá-lo, no todo ou em parte.*

5.3 Exame de Corpo Delito

Corpo de Delito: vestígios deixados vestígios deixados pelo crime, ou seja, é tudo aquilo que podemos perceber sensorialmente.

Exame de Corpo de Delito: perícia que tem por objeto analisar os vestígios deixados pelo crime.

Exame direto: é realizado diretamente sobre os vestígios do crime.

Exame indireto: não é realizado diretamente sobre os vestígios do crime. Nesse caso, é realizado sobre elementos acessórios para elaboração do laudo, como exemplo, uma oitiva de testemunha.

> ***Art. 176, CPP.*** *Não sendo possível exame direto ou indireto, a prova testemunhal suprirá a omissão.*

Segundo o STJ, o exame indireto é o ato do juiz de ouvir a testemunha, não se falando nesse caso da participação do perito.

A perícia nos vestígios do crime poderá ser realizada durante as 24 horas do dia (Art. 161, CPP. "O exame de corpo de delito poderá ser feito em qualquer dia e a qualquer hora."), devendo-se somente respeitar a inviolabilidade domiciliar (Art. 5º, XI da CF).

5.3.1 Autópsia

É a perícia que visa à identificação da causa da morte.

> É realizada, em regra, 6 horas após o óbito.
> Em razão da evidência da morte (ex: decapitação), esse prazo pode ser antecipado por meio da justificativa dos peritos

Art. 162, CPP. *A autópsia será feita pelo menos seis horas depois do óbito, salvo se os peritos, pela evidência dos sinais de morte, julgarem que possa ser feita antes daquele prazo, o que declararão no auto.*

5.3.2 Exumação

É a perícia que tem por finalidade desenterrar o cadáver, seja porque o corpo foi enterrado sem autópsia, ou se for necessário complementar uma análise anteriormente realizada.

Quem pode autorizar:

> Juiz.
> Delegado.

5.3.3 Exame Complementar de Lesão Corporal

É a perícia que visa a atestar a lesão corporal, podendo ser complementada em duas situações:

> Para atestar a real gravidade da lesão em razão da alteração do estado de saúde da vítima.

Ex.: Quando uma vítima de lesão corporal tem um membro do corpo debilitado permanentemente em virtude dessa lesão, isso indica um crime de lesão corporal grave, porém, com o passar de algum tempo, dessa mesma lesão resulta a amputação do mesmo membro, muda-se a tipificação do crime para lesão corporal gravíssima. Sendo assim, o exame é fundamental para que ocorra o aumento de pena, conforme previsto no art. 129 do CP.

> No crime de Lesão Corporal Grave por impossibilidade de desempenho das ocupações habituais por mais de 30 dias (Art. 129, § 1º, I do CP), deve ser realizado o exame complementar de lesão corporal para que o delito não seja desclassificado para lesão leve, para qual a pena é mais branda.

A prova testemunhal pode suprir a ausência do exame complementar em casos que já tenha ocorrido o desaparecimento dos vestígios do crime.

Art. 167, CPP. *Não sendo possível o exame de corpo de delito, por haverem desaparecido os vestígios, a prova testemunhal poderá suprir-lhe a falta.*

5.3.4 Perícia Laboratorial

Em alguns casos, os exames periciais devem ser realizados em laboratório, com o uso de reagentes químicos, para que se atinja o resultado esperado.

Ex.: Exame para comprovar se determinada substância é droga ou não.

Nesses casos, é imprescindível que seja guardada amostra do produto periciado até o final do processo para, se for necessário, servir de contraprova.

Art. 170, CPP. *Nas perícias de laboratório, os peritos guardarão material suficiente para a eventualidade de nova perícia. Sempre que conveniente, os laudos serão ilustrados com provas fotográficas ou microfotográficas, desenhos ou esquemas.*

5.3.5 Perícia em Objetos Relacionados a Crimes

É a perícia realizada em objetos destruídos, deteriorados ou que constituam produto ou proveito do crime. Pode ser decisiva para o cálculo da pena nos delitos de furto e de estelionato.

5.3.6 Exame Grafotécnico

É a perícia que tem a finalidade de identificar a autoria de determinada letra ou escrita.

O juiz pode se valer de todos os meios a sua disposição para produzir o material necessário à realização da perícia.

O juiz pode requisitar, de órgãos públicos e privados, documentos que, indiscutivelmente, foram produzidos pelo réu para, dessa forma, realizar a perícia.

Segundo o STF, a contribuição do réu com a autoridade, escrevendo aquilo que lhe for narrado, é mera faculdade, já que ninguém é obrigado a se autoincriminar.

5.3.7 Perícia nos Instrumentos do Crime

É a perícia realizada nos objetos utilizados para a prática do delito, visando a aferir se o objeto é apto ao fim almejado, pois se o meio é absolutamente ineficaz, estaremos diante de crime impossível.

Ex.: Perícia realizada numa arma de fogo para verificar se ela é apta a funcionar e se esse funcionamento é capaz de levar alguém a óbito.

5.3.8 Teste de Alcoolemia

Bafômetro / Etilômetro: Nenhuma pessoa pode ser obrigada a realizar tal exame, pois ninguém é obrigado a produzir prova contra si mesmo. Entretanto, a polícia poderá utilizar de qualquer outro meio para atestar a embriaguez.

Exame de sangue: As vítimas fatais de acidente de trânsito serão submetidas obrigatoriamente a esse exame, por disposição do Art. 3º da resolução 206/06 do **Contran**.

5.4 Interrogatório

É o momento processual no qual o juiz e também as partes farão perguntas ao réu, e também quando este poderá exercitar a sua ampla-defesa, apresentando, se quiser, a sua versão dos fatos pelos quais está sendo acusado.

5.4.1 Natureza

Por ser um meio de defesa, oportunizar o interrogatório é obrigatório sob pena de nulidade absoluta.

5.4.2 Procedimento

5.4.2.1 Direito de entrevista preliminar reservada

O réu tem o direito de ser orientado previamente pelo seu advogado, na expectativa de que tome conhecimento do que está por vir e de como se comportar durante a audiência.

> ***Art. 185, § 5º, CPP.*** *Em qualquer modalidade de interrogatório, o juiz garantirá ao réu o direito de entrevista prévia e reservada com o seu defensor; se realizado por videoconferência, fica também garantido o acesso a canais telefônicos reservados para comunicação entre o defensor que esteja no presídio e o advogado presente na sala de audiência do Fórum, e entre este e o preso.*

5.4.2.2 Presença do advogado no interrogatório

- Obrigatório.
- Nulidade absoluta (Súmula 523, STF).

5.4.2.3 Interrogatório do réu preso.

- Ida do Juiz ao estabelecimento prisional (é a regra)

  > **Art. 185, § 1º, CPP.** *O interrogatório do réu preso será realizado, em sala própria, no estabelecimento em que estiver recolhido, desde que estejam garantidas a segurança do juiz, do membro do Ministério Público e dos auxiliares bem como a presença do defensor e a publicidade do ato.*

- Ida do réu ao fórum.
- Vídeo conferência (§ 2º e seus incisos, Art. 185 do CPP).

→ **Hipóteses**

- Havendo risco à segurança pública
  - Risco de fuga.
  - Réu que integra organização criminosa.
  - Risco de intimidação da vítima ou da testemunha.
  - Risco da ordem pública.
- Impossibilidade de deslocamento do preso
  - Doença.
  - Idade avançada.

5.4.3 Interrogatório da Pessoa Jurídica

Atualmente, a pessoa jurídica pode ser autora de crime, no caso de delitos ambientais. Sendo assim, ela será ré em um processo criminal e também poderá ser interrogada, mas o interrogatório da pessoa jurídica se dará por meio de um preposto (advogado) de seus diretores ou dos seus sócios administradores, e essas declarações serão vinculadas à ré.

5.5 Ofendido

É a vítima identificada do suposto crime. Ela presta as suas declarações contribuindo para solucionar o fato.

Sempre que possível, o ofendido será qualificado e perguntado sobre as circunstâncias da infração, quem seja ou presuma ser o seu autor, as provas que possa indicar, tomando-se por termo as suas declarações.

Se o intimado para esse fim deixar de comparecer sem motivo justo, o ofendido poderá ser conduzido à presença da autoridade e ainda responderá criminalmente por desobediência.

5.5.1 Direitos do Ofendido

O ofendido será comunicado dos atos processuais relativos ao ingresso e à saída do acusado da prisão; à designação de data para audiência; e à sentença e respectivos acórdãos que a mantenham ou modifiquem.

As comunicações ao ofendido deverão ser feitas no endereço por ele indicado, admitindo-se, por opção do ofendido, o uso de meio eletrônico.

Antes do início da audiência e durante a sua realização, será reservado espaço separado para o ofendido. Se o juiz entender necessário, poderá encaminhá-lo para atendimento multidisciplinar, especialmente nas áreas: psicossocial, de assistência jurídica e de saúde, a expensas do ofensor ou do Estado.

O juiz tomará as providências necessárias à preservação da intimidade, vida privada, honra e imagem do ofendido, podendo, inclusive, determinar o segredo de justiça em relação aos dados, depoimentos e outras informações constantes dos autos a seu respeito para evitar sua exposição aos meios de comunicação.

Compromisso de dizer a verdade: não há compromisso de dizer a verdade, pois o ofendido não é testemunha. Caso falte com a verdade de forma intencional, fazendo com que o réu seja injustamente processado, será responsabilizado criminalmente por Denunciação Caluniosa.

5.6 Testemunha

É a pessoa que percebeu sensorialmente (por meio dos sentidos: visão, audição, tato, etc.) o fato apurado no processo. Ela vai prestar declarações sobre essa situação ou sobre algum ato processual.

5.6.1 Princípios

5.6.1.1 Judicialidade

Para que um testemunho tenha aptidão de sustentar uma sentença, é necessário que ele seja produzido perante um juiz, pois, nesse momento, ele será submetido ao contraditório e à ampla defesa.

5.6.1.2 Retrospectividade

Os fatos narrados pela testemunha são relativos ao passado (nunca ao futuro).

5.6.1.3 Oralidade

Prevalece a palavra falada.

Exceção: algumas autoridades prestarão suas declarações por escrito e o juiz deve lhes encaminhar as perguntas previamente:

- Presidente da República.
- Vice-Presidente.
- Presidente do Senado.
- Presidente da Câmara dos Deputados.
- Presidente do STF.

> ***Art. 204, CPP.*** *O depoimento será prestado oralmente, não sendo permitido à testemunha trazê-lo por escrito.*
>
> ***Art. 221, § 1º, CPP.*** *O Presidente e o Vice-Presidente da República, os presidentes do Senado Federal, da Câmara dos Deputados e do Supremo Tribunal Federal poderão optar pela*

prestação de depoimento por escrito, caso em que as perguntas, formuladas pelas partes e deferidas pelo juiz, lhes serão transmitidas por ofício.

Basta lembrarmo-nos das hipóteses de sucessão presidencial que não mais nos esqueceremos quem são as autoridades que poderão prestar suas declarações por escrito.

5.6.1.4 Recusas

Toda pessoa poderá ser testemunha, que não poderá eximir-se da obrigação de depor. Poderão, entretanto, recusar-se a fazê-lo o ascendente ou descendente, o afim em linha reta, o cônjuge, ainda que desquitado, o irmão e o pai, a mãe, ou o filho adotivo do acusado, salvo quando não for possível, por outro modo, obter-se ou integrar-se a prova do fato e de suas circunstâncias.

Caso esses parentes do réu sejam a única fonte de prova, então, serão obrigados a figurar como testemunha, não podendo exercer a recusa, porém não serão obrigadas a dizer a verdade.

5.6.1.5 Impedimentos

Algumas pessoas, devido à função, ministério, ofício ou profissão exercida na sociedade, estarão impedidas por lei de funcionar como testemunha, devendo guardar segredo dos fatos que tomam conhecimento. São elas:

→ **Pessoas que exercem Ministério**

> Atividade religiosa.
> Atividade de assistência social.
> Advogados.
> Médicos.
> Tutores.
> Curadores.

As pessoas impedidas poderão, excepcionalmente, funcionar como testemunhas se forem autorizadas pelo interessado e se assim desejarem. Nesse caso, se elas mentirem, responderão por falso testemunho, já que estarão compromissadas com a verdade.

Art. 207, CPP. *São proibidas de depor as pessoas que, em razão de função, ministério, ofício ou profissão, devam guardar segredo, salvo se, desobrigadas pela parte interessada, quiserem dar o seu testemunho.*

→ **Demais Impedimentos**

> Juízes e membros do MP: estão impedidos de atuar funcionalmente no processo e funcionar como testemunha nele.
> Corréu: havendo pluralidade de réus, um não poderá testemunhar nem a favor nem contra os demais.
> Deputados e Senadores: essas autoridades não estão obrigadas a funcionar como testemunha em razão de fatos que tomaram conhecimento durante o desempenho das funções.

5.6.1.6 Número de Testemunhas

→ **Procedimento comum ordinário:** 8 testemunhas.
→ **Procedimento comum sumário:** 5 testemunhas.
→ **Procedimento sumaríssimo:** 3 testemunhas.
→ **2ª fase do júri:** 5 testemunhas.

5.6.1.7 Classificação das Testemunhas

→ **Numerárias:**

São aquelas que integram o número legal (conforme estudado acima);, elas têm o compromisso de dizer a verdade.

→ **Extranumerárias:**

Não integram o número legal, mas também têm o compromisso de dizer a verdade.

→ **Informantes:**

São as pessoas que não prestam compromisso (Art. 208, CPP. *Não se deferirá o compromisso a que alude o Art. 203 aos doentes e deficientes mentais e aos menores de 14 (quatorze) anos, nem às pessoas a que se refere o Art. 206.*). São elas:

> Parentes do réu.
> Menores de 14 anos.
> Loucos.

→ **Testemunha da coroa:**

De acordo com a lei, que disciplina o combate ao crime organizado, os agentes de polícia poderão atuar infiltrados em organização criminosa por decisão judicial motivada, e, caso presenciem um crime, poderão funcionar como testemunha.

→ **Testemunha direta:**

É a testemunha que presta declaração sobre o fato principal da causa, sem que tenha havido nenhum tipo de interferência na formação da sua percepção.

→ **Testemunha indireta:**

É aquela que não teve uma percepção sensorial do fato, e sim acidental, ou seja, é que ouviu dizer alguma coisa da situação.

→ **Testemunha própria:**

É aquela que presta declaração sobre o fato a ser provado.

→ **Testemunha imprópria / instrumentária / Federativa:**

É a que concede declaração sobre um ato da persecução penal.

Ex.: testemunha instrumental da prisão em flagrante.

→ **Laudador / testemunha de beatificação:**

É a testemunha que presta declaração sobre os antecedentes do réu.

5.6.1.8 Deveres da Testemunha

Comparecer: o não comparecimento acarretará:

» Condução coercitiva.
» Pagamento de multa.
» Pagar as custas da diligência.
» Responsabilidade criminal por desobediência.

Art. 218, CPP. *Se, regularmente intimada, a testemunha deixar de comparecer sem motivo justificado, o juiz poderá requisitar à autoridade policial a sua apresentação ou determinar que seja conduzida por oficial de justiça, que poderá solicitar o auxílio da força pública.*

Art. 219, CPP. *O juiz poderá aplicar à testemunha faltosa a multa prevista no art. 453, sem prejuízo do processo penal por crime de desobediência, e condená-la ao pagamento das custas da diligência.*

→ **Dizer a Verdade**

» Dizer a verdade.

» Não calar a verdade.

» Não negar a verdade.

Caso a testemunha não cumpra com o compromisso, cometerá o crime de Falso Testemunho.

→ **Informar sobre qualquer mudança** de endereço no prazo de um ano a contar da data que a testemunha foi ouvida.

Se a testemunha não informar sua mudança de endereço e for convocada novamente pela autoridade, será considerada testemunha faltante e, assim, sofrerá todas as consequências por sua falta: condução coercitiva, pagar as custas da diligência, pagar multa, e ainda será responsabilizada criminalmente por desobediência.

> ***Art. 224, CPP.*** *As testemunhas comunicarão ao juiz, dentro de um ano, qualquer mudança de residência, sujeitando-se, pela simples omissão, às penas do não comparecimento.*

5.6.1.9 Funcionários Públicos e Militares

Deve o oficial de justiça notificar o respectivo funcionário público e o chefe da repartição para que ele providencie a substituição do funcionário no dia da sua ausência, em homenagem ao princípio da continuidade do serviço público.

Já o militar será convocado por meio do seu superior, em respeito à hierarquia e para evitar que o oficial de justiça transite no quartel, respeitando-se a respectiva inviolabilidade do quartel.

> ***Art. 221, §§ 2º e 3º, CPP.*** *Os militares deverão ser requisitados à autoridade superior. Aos funcionários públicos aplicar-se-á o disposto no art. 218, devendo, porém, a expedição do mandado ser imediatamente comunicada ao chefe da repartição em que servirem, com indicação do dia e da hora marcados.*

5.7 Reconhecimento de Pessoas e Objetos

É o meio de prova que tem por finalidade identificar se determinada pessoa ou objeto teve algum tipo de ligação com o crime apurado no processo. Sendo assim, alguém que já tenha visto uma coisa ou outra será chamado a identificá-lo.

5.7.1 Reconhecimento de Pessoas

Por meio deste expediente, busca-se identificar não somente o infrator, mas, em alguns casos, até mesmo a vítima e as testemunhas

5.7.1.1 Procedimento

> ***Art. 226, I, CPP.*** *a pessoa que tiver de fazer o reconhecimento será convidada a descrever a pessoa que deva ser reconhecida;*
>
> ***Art. 226, II, CPP.*** *a pessoa, cujo reconhecimento se pretender, será colocada, se possível, ao lado de outras que com ela tiverem qualquer semelhança, convidando-se quem tiver de fazer o reconhecimento a apontá-la;*

5.7.2 Reconhecimento de Objetos

Se for necessário proceder ao reconhecimento de objetos que tenham algum tipo de vínculo com o crime, se adotará o mesmo procedimento realizado para reconhecer uma pessoa (Art. 227, CPP. *No reconhecimento de objeto, proceder-se-á com as cautelas estabelecidas no artigo anterior, no que for aplicável.*).

É possível o reconhecimento de pessoas tanto por fotografias como também pela voz (modalidade de provas inominadas).

5.8 Acareação

É o meio de prova que tem por finalidade esclarecer divergências nas declarações de qualquer cidadão sobre fatos ou circunstâncias relevantes. A acareação pode se dar tanto entre acusados, acusado e testemunha, etc.

> ***Art. 229, CPP.*** *A acareação será admitida entre acusados, entre acusado e testemunha, entre testemunhas, entre acusado ou testemunha e a pessoa ofendida, e entre as pessoas ofendidas, sempre que divergirem, em suas declarações, sobre fatos ou circunstâncias relevantes.*

Natureza: meio de prova.

Pressupostos: divergência substancial sobre fato ou circunstância relevante, prestada previamente pelos confrontantes.

Procedimento: os acareados serão convocados à presença da autoridade (juiz ou delegado). Na sequência, serão provocados pela autoridade a mudar ou ratificar o depoimento anteriormente prestado.

5.9 Documentos

É o papel ou meio digital, fotográfico, etc, que tem por finalidade transmitir uma informação.

5.9.1 Classificação

5.9.1.1 Instrumento

É o documento produzido com a finalidade de provar algo.

Ex.: Um comprovante de pagamento, declaração do IR.

5.9.1.2 Documentos Eventuais

Não possuem a finalidade de provar nada, mas, excepcionalmente, podem funcionar como prova.

Ex.: Uma foto familiar.

5.9.1.3 Documentos Originais

São aqueles produzidos na fonte.

5.9.1.4 Cópias

É uma cópia do original.

5.9.1.5 Públicos

São produzidos por funcionário público no seu exercício funcional.

5.9.1.6 Particular

É confeccionado por particular ou até mesmo por funcionário público, estando este fora do seu exercício funcional.

5.9.2 Momento de Produção

A qualquer momento da persecução penal.

Quem pode produzir documento:

> Acusação.

> Defesa.

> Juiz (ex-ofício).

> Delegado (ex-ofício).

5.9.2.1 Tradução

Os documentos em língua estrangeira poderão ser traduzidos para que se obtenha a exata compreensão.

Segundo a doutrina, o que escrito em língua estrangeira, para que tenha valor de prova, deve ser traduzido para o português, respeitando-se assim o princípio da publicidade.

5.9.2.2 Restituição

Após a sentença transitar em julgado, será possível a devolução dos documentos originais ao proprietário, adotando-se o seguinte procedimento:

> Requerimento do proprietário.
> Prévia oitiva do MP antes da decisão juiz.
> Se o juiz deferir o pedido, deve ficar cópia nos autos.

Art. 238, CPP. *Os documentos originais, juntos a processo findo, quando não exista motivo relevante que justifique a sua conservação nos autos, poderão, mediante requerimento, e ouvido o Ministério Público, ser entregues à parte que os produziu, ficando traslado nos autos.*

5.10 Dos Indícios

Art. 239, CPP. *Considera-se indício a circunstância conhecida e provada, que, tendo relação com o fato, autorize, por indução, concluir-se a existência de outra ou outras circunstâncias.*

Ex.: Alguém passeia pela rua e se depara com uma pessoa com a roupa suja de sangue e uma faca na mão. Essa pessoa passa pela outra correndo e, após alguns metros, encontra um cidadão caído no chão com várias facadas no corpo. Pode-se concluir, logicamente, que aquela primeira que passou com a faca cometeu a agressão, mesmo que não se tenha visto o crime acontecer.

Indício negativo: É aquele que contradiz a conclusão extraída, ou seja, é o álibi.

5.11 Busca e Apreensão

Busca: é a procura de uma determinada pessoa ou de um objeto do rol do Art. 240 do CPP.

Apreensão: é resultante da busca bem sucedida, em que se apreende a respectiva pessoa ou objeto procurado.

Para a doutrina moderna, a busca e apreensão seria uma medida cautelar, que tem por finalidade prospectar objetos ou pessoas.

Momento: pode ser produzida a qualquer momento, antes, durante ou até mesmo após a persecução penal, ou seja, durante a execução da pena.

5.11.1 Modalidades

5.11.1.1 Busca Domiciliar

É a diligência realizada num domicílio ou residência determinados.

O que é casa?

Segundo o Art. 150 do CP, casa é qualquer ambiente de ocupação individual ou coletiva onde se possa invocar a intimidade.

Em qual horário pode ser realizada a Busca Domiciliar?

Durante o dia (das 6h às 18 horas), de acordo com o horário de cada localidade.

Se a diligência começar durante o dia, poderá se estender pela noite, desde que exista proporcionalidade. Caso contrário, deve ser interrompida.

A busca pode ser realizada aos sábados, domingos e feriados?

Pode, não há obstáculo algum.

5.11.1.1.1 Procedimento

> **Decretação**: Juiz.
> **Apresentação do mandado**:

A autoridade que preside a diligência deverá apresentar o respectivo mandado.

Caso o juiz realize o ato pessoalmente, estará dispensado da apresentação do mandado, o que não acontece com os delegados e, assim sendo, o Art. 244 do CPP, nesse item, está tacitamente revogado.

> **Mandado genérico**:

É aquele que não especifica concretamente o local, objeto ou pessoa que está sendo procurado, ou seja, nesse caso a busca é ilícita.

> **Busca e apreensão em escritório de advocacia**:

De acordo com o preceituado no Art. 7º do Estatuto da OAB, a diligência será acompanhada por um advogado indicado pela própria ordem e, segundo o STF, se a OAB for provocada e se omitir, a diligência acontecerá sem a presença do advogado.

5.11.1.2 Busca e apreensão pessoal

É a busca realizada no corpo da pessoa, abrangendo os objetos na sua esfera imediata de domínio: roupas, mochilas, automóveis. É a famosa "GERAL".

5.11.1.2.1 Requisitos: Ordem judicial motivada.

→ **Dispensa da ordem judicial:**

> Efetivação da prisão.
> No cumprimento da busca domiciliar.
> Fundada suspeita de que o indivíduo esteja com armas ou objetos que integram o corpo de delito.

5.11.1.2.2 Busca pessoal em mulher:

Será feita, preferencialmente, por outra mulher. Em casos de extrema urgência e necessidade, para que não se retarde ou traga prejuízo à diligência, poderá ser feita por um homem (Art. 249 do CPP: "A busca em mulher será feita por outra mulher, se não importar retardamento ou prejuízo da diligência.")

5.11.1.2.3 Inviolabilidade das correspondências e a Busca e Apreensão

Quanto às correspondências, devemos analisar os seguintes aspectos:

Correspondência aberta: comporta a medida.

Correspondência fechada: não comporta a medida (Art. 5º, XII da CF).

O STF entende que a correspondência fechada do preso pode ser fiscalizada pela administração penitenciária, pois o direito a intimidade não pode ser usado para a prática de crimes por quem está preso.

Questões

01. (Cespe) O direito processual regula os meios de prova, que são os instrumentos que trazem os elementos de convicção aos autos. A finalidade da prova é o convencimento do juiz, que é seu destinatário.
Certo ( ) Errado ( )

02. (Cespe) A materialidade da prova pode ser direta ou indireta, sendo a primeira colhida na flagrância da conduta delituosa, enquanto a última deriva do testemunho e da perícia.
Certo ( ) Errado ( )

03. (Cespe) Não se admite a acareação entre o acusado e a pessoa ofendida, considerando-se que aquele tem o direito constitucional ao silêncio e o ofendido não será compromissado.
Certo ( ) Errado ( )

04. (Cespe) Excepcionalmente, o juiz, por decisão fundamentada, de ofício ou a requerimento das partes, poderá realizar o interrogatório do réu preso por meio de sistema de videoconferência.
Certo ( ) Errado ( )

05. (Cespe) O interrogatório, na atual sistemática processual penal, deve ser realizado, como regra geral, por intermédio da videoconferência, podendo o juiz, por decisão fundamentada, nos expressos casos legais, decidir por outra forma de realização do ato. O CPP estabelece, de forma expressa, o uso da videoconferência ou de recurso tecnológico similar para oitiva do ofendido e de testemunhas, inclusive nos casos em que se admite a utilização de carta rogatória.
Certo ( ) Errado ( )

06. (Cespe) Nas infrações penais que deixem vestígios, o exame de corpo de delito será indispensável e, se realizado na fase inquisitiva, deverá ser renovado em juízo em observância ao princípio do contraditório.
Certo ( ) Errado ( )

07. (Cespe) No interrogatório do réu, assegura-se a presença das partes, que podem fazer reperguntas logo após a inquirição pela autoridade judiciária. No entanto, o mesmo princípio não encontra aplicação na fase policial em que o procedimento é inquisitivo, pois, aqui, não se aplica o princípio do contraditório.
Certo ( ) Errado ( )

08. (Cespe) Em respeito à vedação constitucional de provas obtidas por meios ilegais, esse tipo de prova não é admitido no processo penal brasileiro, ainda que em favor da defesa.
Certo ( ) Errado ( )

09. (Cespe) A busca e apreensão domiciliar pode ser realizada durante o dia ou a noite, quando houver autorização judicial.
Certo ( ) Errado ( )

10. (Cespe) Na falta de perito oficial, o exame de corpo delito deverá ser realizado por um profissional idôneo, indicado pelo juiz, que tenha habilitação técnica relacionada com a natureza do exame.
Certo ( ) Errado ( )

11. (Cespe) O juiz penal está adstrito ao laudo, não podendo rejeitar suas conclusões em face do princípio da persuasão racional.
Certo ( ) Errado ( )

12. (Cespe) De acordo com o CPP, os doentes mentais e os menores de quatorze anos de idade podem ser testemunhas não compromissadas.
Certo ( ) Errado ( )

13. (Cespe) Considerando o entendimento mais recente do STJ sobre a realização do exame de alcoolemia, popularmente denominado bafômetro, é inconstitucional a previsão legal desse exame, pois ofende o princípio *nemo tenetur se detegere*.
Certo ( ) Errado ( )

14. (Cespe) O sistema normativo processual penal e a jurisprudência vedam, de forma absoluta, expressa e enfática, a utilização, pelas partes, em qualquer hipótese, de prova ilícita no processo penal
Certo ( ) Errado ( )

15. (Cespe) Se a perícia requerida pelas partes não for necessária ao esclarecimento da verdade, o juiz ou a autoridade policial a negará, exceto na hipótese de exame de corpo de delito.
Certo ( ) Errado ( )

Gabaritos

01	CERTO	09	ERRADO
02	ERRADO	10	ERRADO
03	ERRADO	11	ERRADO
04	CERTO	12	CERTO
05	ERRADO	13	ERRADO
06	ERRADO	14	ERRADO
07	CERTO	15	ERRADO
08	ERRADO		

6. DAS CITAÇÕES E INTIMAÇÕES

6.1 Introdução

Para que o processo judicial tenha o devido desenvolvimento e os atos ali praticados tenham validade com a garantia de princípios fundamentais como contraditório, ampla defesa, razoabilidade, dentre outros, há a necessidade de o juiz se comunicar oficialmente (dentro do processo) com as partes e com outras pessoas importantes ao deslinde da causa.

As citações e intimações são as formas mais importantes de comunicação processual, cada qual com finalidade distinta.

6.2 Das Citações

Conforme preleciona o magistério de Denilson Feitoza, corroborado pelo magistério de Guilherme de Souza Nucci, a citação é o chamamento do réu a juízo, para que seja possível exercer a sua defesa, tomando conhecimento da acusação contra ele e ficando vinculado ao processo.

Outro ponto a ser destacado é aquele que está no artigo 564: a falta de citação constitui nulidade absoluta por não oportunizar ao acusado o seu direito de defesa.

6.2.1 Tipos de Citação

→ Conforme suas características, a citação pode ser assim entendida:

> **Citação Real (pessoal ou in facien):**

A Citação Real é feita na própria pessoa do acusado; esse tipo de citação possui várias hipóteses que serão vistas a seu tempo.

> **Citação ficta (presumida):**

Não é feita na própria pessoa do acusado, mas presume-se que ele tenha tomado ciência da citação. Sendo assim, temos como hipótese a citação por edital e a citação por hora certa.

6.2.2 Nulidades da citação

O artigo 564 apregoa que a falta de citação constitui nulidade absoluta por não oportunizar ao acusado o seu direito de defesa, porém, a citação feita com defeitos não acarretará em nulidade absoluta, mas tão somente em nulidade relativa, que deverá ser arguida tempestivamente. Outro aspecto interessante é o comparecimento do réu não citado a juízo, pois isso suprirá a citação conforme artigo 570 CPP:

> ***Art. 564:*** *A nulidade ocorrerá nos seguintes casos:*
>
> ***I.*** *por incompetência, suspeição ou suborno do juiz.*
>
> ***II.*** *por ilegitimidade de parte.*
>
> ***III.*** *por falta das fórmulas ou dos termos seguintes:*
>
> ***e)*** *a citação do réu para ver-se processar, o seu interrogatório, quando presente, e os prazos concedidos à acusação e à defesa;*
>
> ***Art. 570:*** *A falta ou a nulidade da citação, da intimação ou notificação estará sanada, desde que o interessado compareça, antes de o ato consumar-se, embora declare que o faz para o único fim de argui-la. O juiz ordenará, todavia, a suspensão ou o adiamento do ato, quando reconhecer que a irregularidade poderá prejudicar direito da parte.*

6.2.3 Hipóteses de Citação

→ A citação se dará nas seguintes hipóteses ou modalidades:

> Citação por mandado feita pelo oficial de justiça do foro.
> Citação por carta precatória.
> Citação por carta rogatória.
> Citação do Funcionário Público.
> Citação do militar, por requisição.
> Citação do preso.
> Citação em legações estrangeiras.
> Citação por carta de ordem.
> Citação por edital.
> Citação por hora certa.

Importante: no processo penal não existe a citação por correio (com AR) e a citação por correio eletrônico existentes no código de processo civil (***Art.*** 221, I e IV do CPC).

6.2.3.1 Citação por Mandado

A citação por mandado é a regra no código de processo penal, pois será feita pessoalmente pelo oficial de justiça e seguirá as regras dos artigos 351, 352 e 357 do CPP. Tais dispositivos legais assim determinam que a citação inicial far-se-á por mandado, quando o réu estiver no território sujeito à jurisdição do juiz que a houver ordenado.

→ **O mandado de citação indicará:**

> o nome do juiz;
> o nome do querelante nas ações iniciadas por queixa;
> o nome do réu, ou, se for desconhecido, os seus sinais característicos;
> a residência do réu, se for conhecida;
> o fim para que é feita a citação;
> o juízo e o lugar, o dia e a hora em que o réu deverá comparecer;
> A subscrição do escrivão e a rubrica do juiz.

→ **São requisitos da citação por mandado:**

> Leitura do mandado ao citando pelo oficial e entrega da contrafé, na qual se mencionarão dia e hora da citação;
> Declaração do oficial, na certidão, da entrega da contrafé, e sua aceitação ou recusa.

Na lei dos juizados a citação também pode ser por mandado, mas também é possível a citação pessoal feita no próprio juizado, conforme determina o artigo 60 da lei dos juizados especiais (lei 9.099/95):

> ***Art. 66.*** *A citação será pessoal e far-se-á no próprio Juizado, sempre que possível, ou por mandado.*

6.2.3.2 Citação por Carta Precatória

Conforme preceitua o artigo 353 do CPP, a citação por carta precatória se dará quando o réu estiver fora do território da jurisdição do juiz processante. Nesse caso este será denominado juiz **deprecante**, pois é aquele que envia a carta precatória para cumprimento da citação, e o juízo que cumpre a citação, que é aquele da localidade onde se encontra o réu, será denominado juiz **deprecado**. É importante ressaltar que a citação por carta precatória será realizada como uma citação por mandado cumprida pelo oficial de justiça do juízo deprecado.

A precatória indicará (Art. 354):

> o juiz deprecado (destinatário) e o juiz deprecante (remetente);

> a sede da jurisdição de um e de outro;

> o fim para que é feita a citação, com todas as especificações;

> O juízo do lugar, o dia e a hora em que o réu deverá comparecer.

A precatória será devolvida ao juiz deprecante, independentemente de traslado, depois de lançado o "cumpra-se" e de feita a citação por mandado do juiz deprecado.

Considera-se carta precatória itinerante a situação em que o juiz deprecado verifica que o réu está em outro território que não sujeito à sua jurisdição e envia a carta precatória para cumprimento nesse outro juízo, sem depender de determinação do deprecante e, não a enviando, anteriormente, para este. Somente é possível a carta precatória itinerante se ainda há tempo para a citação; cuja espécie de citação se encontra prevista no artigo 355, § 1° do CPP:

Verificado que o réu se encontra em território sujeito à jurisdição de outro juiz, a este remeterá o juiz deprecado os autos para efetivação da diligência, desde que haja tempo para fazer-se a citação.

Certificado pelo oficial de justiça que o réu se oculta para não ser citado, a precatória será imediatamente devolvida, para o fim previsto no ***Art.*** 362.

Se houver urgência, a precatória, que conterá em resumo os requisitos enumerados no ***Art.*** 354, poderá ser expedida por via telegráfica, depois de reconhecida a firma do juiz, o que a estação expedidora mencionará.

6.2.3.3 Citação por Carta Rogatória

É necessária quando o acusado se encontrar no estrangeiro e em lugar sabido, pois, se estiver no estrangeiro em local não sabido, a citação será feita por edital; nesse caso a prescrição será suspensa até o cumprimento da citação no país estrangeiro o qual recebeu a carta rogatória. Se esse país não cumprir carta rogatória, será caso de citação por edital em virtude de inacessibilidade jurídica. A citação por carta rogatória tem previsão no artigo 368, CPP, onde está estabelecido que, estando o acusado no estrangeiro, em lugar sabido, será citado mediante carta rogatória, suspendendo-se o curso do prazo de prescrição até o seu cumprimento (redação dada pela Lei nº 9.271, de 17.4.1996).

6.2.3.4 Citação do Funcionário Público

A citação do funcionário público seguirá a regra geral, ou seja, normalmente por mandado. O que a difere das demais citações é que o dia designado para comparecimento em juízo, como acusado, será comunicado ao chefe de sua repartição. Essa é a previsão do artigo 359: "O dia designado para funcionário público comparecer em juízo, como acusado, será notificado assim a ele como ao chefe de sua repartição.

6.2.3.5 Citação do militar

Segundo o ***Art.*** 358, a citação do militar far-se-á por intermédio do chefe do respectivo serviço. Vale ressaltar que,se o militar estiver em outra comarca, o juiz expedirá carta precatória e o juiz deprecado, a respectiva requisição para citação do militar.

6.2.3.6 Citação do Acusado Preso

A citação do acusado preso deve ser feita pessoalmente, mediante mandado, no estabelecimento prisional. Isso é o que dispõe o artigo 360 do código de processo penal com redação dada pela lei 10.792 de 2003. A redação anterior determinava que o juiz requisitava a presença do acusado preso em juízo e essa requisição era destinada à autoridade administrativa responsável pelo estabelecimento prisional.

> ***Art. 360*** - *Se o réu estiver preso, será pessoalmente citado.*

De acordo com o artigo 70 do código civil, o preso tem como domicílio necessário no estabelecimento prisional do lugar em que se cumpre a sentença, portanto, o juiz da mesma unidade da federação em que o réu se encontra preso não poderá citar por edital um acusado preso em seu estado. Esse entendimento foi exarado pelo STF na súmula 351:

> ***Art. 351*** - *É nula a citação por edital de réu preso na mesma unidade da federação em que o juiz exerce a sua jurisdição.*

6.2.3.7 Citação em Legações Estrangeiras

Por legações estrangeiras entenda como a sede (repartição) do local onde fica instalada a embaixada ou a missão diplomática. Ela será feita por carta rogatória, conforme artigo 369, que assim estabelece: "As citações que houverem de ser feitas em legações estrangeiras serão efetuadas mediante carta rogatória".

6.2.3.8 Citação por Carta Ordem

É a citação determinada pelo tribunal, quando dos processos de competência originária que tramitam perante o tribunal. Denomina-se carta ordem, porque o tribunal ordena ao juízo onde se encontra o réu, para que execute a citação. Portanto, se uma ação penal for intentada contra um promotor de justiça perante ao tribunal de justiça de um determinado Estado, o TJ determinará por carta de ordem que esse Promotor seja citado pelo juízo de onde se encontra.

6.2.3.9 Citação por Edital

A citação por edital se dará quando o réu não for encontrado para ser citado e, em regra, haverá o prazo de quinze dias para que ele compareça para interrogatório, segundo o *Art.* 361: "se o réu não for encontrado, será citado por edital, com o prazo de 15 (quinze) dias".

Também se dará a citação por edital quando o réu estiver no estrangeiro e em lugar não sabido, pois se for em lugar sabido se dará a citação por carta rogatória. Entende também a doutrina majoritária que o artigo 231 do CPC se aplica subsidiariamente à citação por edital do CPP e o próprio corrobora isso em seu artigo 364.

> ***Art. 231*** - *Far-se-á a citação por edital:*
>
> ***IV.*** *quando desconhecido ou incerto o réu;*
>
> ***V.*** *quando ignorado, incerto ou inacessível o lugar em que se encontrar;*

VI. nos casos expressos em lei.

§1º - Considera-se inacessível, para efeito de citação por edital, o país que recusar o cumprimento de carta rogatória.

§2º - No caso de ser inacessível o lugar em que se encontrar o réu, a notícia de sua citação será divulgada também pelo rádio, se na comarca houver emissora de radiodifusão.

As hipóteses de citação por edital quando o réu é desconhecido ou incerto são possíveis apenas se é certa a identidade física do acusado, conforme artigo 259 do CPP.

Art. 259 *- A impossibilidade de identificação do acusado com o seu verdadeiro nome ou outros qualificativos não retardará a ação penal, quando certa a identidade física. A qualquer tempo, no curso do processo, do julgamento ou da execução da sentença, se for descoberta a sua qualificação, far-se-á a retificação, por termo, nos autos, sem prejuízo da validade dos atos precedentes.*

Apesar de estar prevista apenas no código de processo civil, o próprio código de processo penal traz o prazo para apresentação do réu, no artigo 364:

Art. 364 *- No caso do artigo anterior, no I, o prazo será fixado pelo juiz entre 15 (quinze) e 90 (noventa) dias, de acordo com as circunstâncias, e, no caso de no II, o prazo será de trinta dias.*

O caso do inciso II de que trata o artigo é o revogado inciso II do artigo 363 do CPP, que tratava do caso de citação editalícia na hipótese de pessoa incerta, portanto, nesse caso, o prazo será de 30 dias.

A outra situação, a do inciso I, é a hipótese de citação editalícia, quando for inacessível o lugar onde se encontra o réu, portanto, nessa hipótese, o prazo será de 15 a 90 dias.

De acordo com 231, §1º CPC acima citado, se o indiciado se encontra em país que não cumpre carta rogatória, será ele citado por edital em virtude de inacessibilidade jurídica.

Os requisitos para citação por edital estão previstas no artigo 365 do CPP. O edital de citação indicará:

> o nome do juiz que a determinar;

> o nome do réu, ou, se não for conhecido, os seus sinais característicos, bem como sua residência e profissão, se constarem do processo;

> o fim para que é feita a citação;

> o juízo e o dia, a hora e o lugar em que o réu deverá comparecer;

> O prazo, que será contado do dia da publicação do edital na imprensa, se houver, ou da sua afixação.

Segue mais uma regra importante, prevista no parágrafo único do Art. 365:

Parágrafo único - O edital será afixado à porta do edifício onde funcionar o juízo e será publicado pela imprensa, onde houver, devendo a afixação ser certificada pelo oficial que a tiver feito e a publicação provada por exemplar do jornal ou certidão do escrivão, da qual conste a página do jornal com a data da publicação.

Também importante a súmula 366 do STF:

366 - Não é nula a citação por edital que indica o dispositivo da lei penal, embora não transcreva a denúncia ou queixa, ou não resuma os fatos em que se baseia.

Outro aspecto interessante não previsto no código de processo penal é a vedação de citação editalícia no Juizado especial criminal, mais precisamente no artigo 66, parágrafo único da lei 9.099/95:

Art. 66. *Parágrafo único. Não encontrado o acusado para ser citado, o Juiz encaminhará as peças existentes ao Juízo comum para adoção do procedimento previsto em lei (citação por edital).*

Vale notar que, se o acusado for citado por edital e não comparecer nem constituir advogado, ficarão suspensos o processo e o prazo Prescricional; antes da alteração feita pela lei 9.271/96, o processo corria a sua revelia. Importante notar que, caso ele não compareça, mas constituir advogado, o processo corre normalmente.

Art. 366 *- Se o acusado, citado por edital, não comparecer,* ***nem constituir advogado****, ficarão suspensos o processo e o curso do prazo prescricional, podendo o juiz determinar a produção antecipada das provas consideradas urgentes e, se for o caso, decretar prisão preventiva, nos termos do disposto no* ***Art.*** *312. (Redação dada pela Lei nº 9.271, de 17.4.1996)*

No caso da lei de lavagem de capitais, com alteração feita pela lei 12.683/12, o artigo 2º, §2º prevê que o artigo 366 acima não se aplica à lei de lavagem de capitais. Portanto, neste caso, se o réu for citado por edital, o processo não será suspenso e continuará com a nomeação de defensor dativo:

Art. 2º § 2º *- No processo por crime previsto nesta Lei, não se aplica o disposto no* ***Art. 366 do Decreto-Lei nº 3.689, de 3 de outubro de 1941 (Código de Processo Penal)****, devendo o acusado que não comparecer nem constituir advogado ser citado por edital, prosseguindo o feito até o julgamento, com a nomeação de defensor dativo. (Redação dada pela Lei nº 12.683, de 2012)*

6.2.3.10 Citação por Hora Certa

A citação por hora certa foi introduzida no código de processo penal em 2008 pela lei 11.719/08. Cabe uma pequena diferenciação entre citação por edital e citação por hora certa: no caso da primeira, o réu, em regra, não é encontrado, isto é, está em lugar incerto e não sabido; já na segunda, o culpado possui endereço certo e, quando da chegada do oficial de justiça, ele se esconde para não ser citado. Vale notar que antes da alteração produzida pela lei 11.719/08, essa era uma hipótese de citação por edital com prazo de 03 dias; a citação por hora certa está prevista no artigo 362 do CPP e seguirá as regras dos arts. 227 a 229 do CPC:

CPP: Art. 362 *- Verificando que o réu se oculta para não ser citado, o oficial de justiça certificará a ocorrência e procederá à citação com hora certa, na forma estabelecida nos arts. 227 a 229 da Lei no 5.869, de 11 de janeiro de 1973 - Código de Processo Civil.*

Parágrafo único *- Completada a citação com hora certa, se o acusado não comparecer, ser-lhe-á nomeado defensor dativo.*

CPC: Art. 227 *- Quando, por três vezes, o oficial de justiça houver procurado o réu em seu domicílio ou residência, sem o encontrar, deverá, havendo suspeita de ocultação, intimar a qualquer pessoa da família, ou em sua falta a qualquer vizinho, que, no dia imediato, voltará, a fim de efetuar a citação, na hora que designar.*

Art. 228 *- No dia e hora designados, o oficial de justiça, independentemente de novo despacho, comparecerá ao domicílio ou residência do citando, a fim de realizar a diligência.*

§1º *- Se o citando não estiver presente, o oficial de justiça procurará informar-se das razões da ausência, dando por feita a citação, ainda que o citando se tenha ocultado em outra comarca.*

§2º *- Da certidão da ocorrência, o oficial de justiça deixará contrafé com pessoa da família ou com qualquer vizinho, conforme o caso, declarando-lhe o nome.*

Art. 229 *- Feita a citação com hora certa, o escrivão enviará ao réu carta, telegrama ou radiograma, dando-lhe de tudo ciência.*

Um importante aspecto da citação por hora certa que a diferencia da citação por edital é que, de acordo com o parágrafo único do artigo 362 acima, se o acusado não comparecer, ser-lhe-á nomeado defensor dativo, ou seja, o processo seguirá à revelia do acusado.

Vale notar que a revelia do processo penal não significa que se consideram verdadeiros os fatos alegados na acusação, diferentemente do código de processo civil. Representa tão somente que não haverá necessidade de intimação dos atos processuais. O artigo 367 traz a hipótese de revelia no CPP:

> ***Art. 367*** *- O processo seguirá sem a presença do acusado que, citado ou intimado pessoalmente para qualquer ato, deixar de comparecer sem motivo justificado, ou, no caso de mudança de residência, não comunicar o novo endereço ao juízo.*

De acordo com o enunciado 110 do FONAJE (Fórum Nacional dos Juizados Especiais), é possível a citação por hora certa nos juizados especiais.

6.3 Das Intimações

Conforme preleciona Denilson Feitoza, intimação é a comunicação da prática de um ato processual à parte ou a outra pessoa. Essa definição diferencia sensivelmente citação de intimação, pois aquela traz uma pessoa ao processo e esta apenas notifica os cidadãos de atos ocorridos no processo.

A doutrina clássica costuma diferenciar intimação de notificação, sendo a a primeira a comunicação de um ato processual já ocorrido e a segunda a informação de um ato processual que está por vir. No entanto, tal diferenciação não encontra embasamento legal na lei.

O artigo 370 dispõe que as regras de citação aplicam-se, no que for cabível, à intimação. Logo, as hipóteses de citação se aplicam à intimação, como, por exemplo, intimação por mandado, por precatória, por edital.

→ No entanto, além das hipóteses de intimação equiparadas à citação, o CPP traz mais algumas de intimação:

» Intimação feita pela publicação no órgão oficial, prevista no ***Art.*** 370 §1°.

> ***Art. 370 § 1º*** *- A intimação do defensor constituído, do advogado do querelante e do assistente far-se-á por publicação no órgão incumbido da publicidade dos atos judiciais da comarca, incluindo, sob pena de nulidade, o nome do acusado.*

» Intimação feita por via postal, prevista no Art. 370§2°.

> ***Art. 370 § 2º*** *- Caso não haja órgão de publicação dos atos judiciais na comarca, a intimação far-se-á diretamente pelo escrivão, por mandado, ou via postal com comprovante de recebimento, ou por qualquer outro meio idôneo.*

» Intimação feita pelo escrivão (não pode ele citar), prevista no Art. 370 §3°.

> ***Art. 370 - § 3º*** *- A intimação pessoal, feita pelo escrivão, dispensará a aplicação a que alude o § 1o.*

» Intimação feita por despacho na petição em que for requerida, prevista no artigo 371.

> ***Art. 371*** *- Será admissível a intimação por despacho na petição em que for requerida, observado o disposto no Art. 357.*

» Intimação feita por termos nos autos, prevista no artigo 372.

> ***Art. 372*** *- Adiada, por qualquer motivo, a instrução criminal, o juiz marcará desde logo, na presença das partes e testemunhas, dia e hora para seu prosseguimento, do que se lavrará termo nos autos.*

Alguns sujeitos processuais somente podem ser intimados pessoalmente, tais pessoas são o ministério público na figura do promotor ou procurador, o membro da AGU (Advocacia-Geral da União), o defensor público e o nomeado ou dativo.

A contrário sensu, o defensor constituído do acusado, o advogado do querelante e o do assistente poderão ser intimados por publicação no órgão da imprensa e por via postal (pelo correio com AR – aviso de recebimento), conforme previsto no artigo 370, §1°, 2° e 4°.

> ***Art. 370:*** *§ 1º - A intimação do defensor constituído do advogado do querelante e do assistente far-se-á por publicação no órgão incumbido da publicidade dos atos judiciais da comarca, incluindo, sob pena de nulidade, o nome do acusado.*
>
> ***§2º*** *- Caso não haja órgão de publicação dos atos judiciais na comarca, a intimação far-se-á diretamente pelo escrivão, por mandado, ou via postal com comprovante de recebimento, ou por qualquer outro meio idôneo.*
>
> ***§4º*** *- A intimação do Ministério Público e do defensor nomeado será pessoal.*

6.3.1 Intimação de Sentença

→ A intimação de sentença segue regra específica do artigos 390 a 392, a saber:

> O escrivão, dentro de três dias após a publicação, e sob pena de suspensão de cinco dias, dará conhecimento da sentença ao órgão do Ministério Público.

> O querelante ou o assistente será intimado da sentença, pessoalmente ou na pessoa de seu advogado. Se nenhum deles for encontrado no lugar da sede do juízo, a intimação será feita mediante edital com o prazo de 10 dias, afixado no lugar de costume.

A intimação da sentença será feita:

> Ao réu, pessoalmente, se estiver preso.

> ao réu, pessoalmente, ou ao defensor por ele constituído, quando se livrar solto, ou, sendo afiançável a infração, tiver prestado fiança.

> Ao defensor constituído pelo réu, se este, afiançável ou não a infração, expedido o mandado de prisão, não tiver sido encontrado, e assim o certificar o oficial de justiça.

> Mediante edital, nos casos do nº II, se o réu e o defensor que houver constituído não forem encontrados, e assim o certificar o oficial de justiça.

> Mediante edital, nos casos do nº III, se o defensor que o réu houver constituído também não for encontrado e assim o certificar o oficial de justiça.

> Mediante edital, se o réu, não tendo constituído defensor, não for encontrado e assim o certificar o oficial de justiça.

O prazo do edital será de 90 dias, caso tenha sido imposta pena privativa de liberdade por tempo igual ou superior a um ano, e de 60 dias, nos outros casos.

O prazo para apelação correrá após o término do fixado no edital, salvo se, no curso deste, for feita a intimação por qualquer das outras formas estabelecidas neste artigo.

6.3.2 Intimação da Decisão de Pronúncia

A sentença de pronúncia é uma decisão que não põe fim ao processo, ela apenas indica que para o juiz existem provas da materialidade de um crime doloso contra a vida e indícios de que o acusado pode ser o culpado.

A intimação da decisão de pronúncia segue a regra do artigo 420 do CPP, a saber:

A intimação da decisão de pronúncia será feita:

→ Pessoalmente ao acusado, ao defensor nomeado e ao Ministério Público;

→ Ao defensor constituído, ao querelante e ao assistente do Ministério Público, na forma do disposto no § 1º do ***Art.*** 370 deste Código.

→ Será intimado por edital o acusado solto que não for encontrado.

6.4 Súmulas Importantes do STF e STJ

Como, normalmente, algumas bancas costumam cobrar em provas de concursos públicos os exatos termos de algumas súmulas do STF e STF, segue uma lista relacionada ao tema delas.

6.4.1 STF

Súm. 155 - *É relativa a nulidade do processo criminal por falta de intimação da expedição de precatória para inquirição de testemunha.*

Súm. 366 - *Não é nula a citação por edital que indica o dispositivo da lei penal, embora não transcreva a denúncia ou queixa, ou não resuma os fatos em que se baseia.*

Súm. 351 - *É nula a citação por edital de réu preso na mesma unidade da federação em que o juiz exerce a sua jurisdição.*

Súm. 431 - *É nulo o julgamento de recurso criminal, na segunda instância, sem prévia intimação, ou publicação da pauta, salvo em habeas-corpus.*

Súm. 631 - *Extingue-se o processo de mandado de segurança se o impetrante não promove, no prazo assinado, a citação do litisconsorte passivo necessário.*

Súm. 701 - *No mandado de segurança impetrado pelo Ministério Público contra decisão proferida em processo penal, é obrigatória a citação do réu como litisconsorte passivo.*

Súm. 707 - *Constitui nulidade a falta de intimação do denunciado para oferecer contrarrazões ao recurso interposto da rejeição da denúncia, não a suprindo a nomeação de defensor dativo.*

Súm. 708 - *É nulo o julgamento da apelação se, após a manifestação nos autos da renúncia do único defensor, o réu não foi previamente intimado para constituir outro.*

Súm. 710 - *No processo penal, contam-se os prazos da data da intimação, e não da juntada aos autos do mandado ou da carta precatória ou de ordem.*

6.4.2 STJ

Súm. 25 - *Nas ações da lei de falências, o prazo para a interposição de recurso conta-se da intimação da parte.*

Súm. 106 - *Proposta a ação no prazo fixado para o seu exercício, a demora na citação, por motivo inerentes ao mecanismo da justiça, não justifica o acolhimento da arguição de prescrição ou decadência.*

Súm.273 - *Intimada a defesa da expedição da carta precatória, torna-se desnecessária intimação da data da audiência no juízo deprecado.*

Súm. 429 - *A citação postal, quando autorizada por lei, exige o aviso de recebimento.*

Questões

(Vunesp-Adaptada) No tocante à citação, julgue os itens a seguir:

01. O processo seguirá sem a presença do acusado que, citado ou intimado pessoalmente para qualquer ato, deixar de comparecer sem motivo justificado.

Certo ( )   Errado ( )

02. Se o réu estiver preso, sua citação far-se-á por precatória.

Certo ( )   Errado ( )

03. Se o réu não for encontrado, será citado, por edital, com o prazo de 5 (cinco) dias.

Certo ( )   Errado ( )

04. Quando o réu estiver fora do território da jurisdição do juiz processante, será citado mediante mandado de citação expedido pelo juiz processante.

Certo ( )   Errado ( )

05. A citação inicial far-se-á por precatória, quando o réu estiver no território sujeito à jurisdição do juiz que a houver ordenado.

Certo ( )   Errado ( )

Gabaritos

01	CERTO
02	ERRADO
03	ERRADO
04	ERRADO
05	ERRADO

7. DA PRISÃO, DAS MEDIDAS CAUTELARES E DA LIBERDADE PROVISÓRIA

7.1 O que é Prisão?

É uma restrição à liberdade de ir e vir (liberdade ambulatorial ou de locomoção), por meio do recolhimento ao cárcere.

7.1.1 Constitucionalidade das Prisões

> ***Art. 5º, LXI, CF.*** *Ninguém será preso senão em flagrante delito ou por ordem escrita e fundamentada de autoridade judiciária competente, salvo nos casos de transgressão militar ou crimes propriamente militares definidos em lei.*

Assim sendo, exceto nas transgressões militares, a prisão só ocorrerá, em regra, por ordem escrita e fundamentada do juiz competente e, excepcionalmente, nos casos de flagrante delito. Somente o juiz pode decretar a prisão de alguém e mais nenhuma outra autoridade.

7.1.2 Princípio da Presunção de Inocência Durante a Prisão Cautelar

> ***Art. 5º, LVII, CF.*** *Ninguém será considerado culpado até o trânsito em julgado de sentença penal condenatória.*

Com base nessa norma, o STF consagrou o entendimento de que o princípio da presunção de inocência se estende até a sentença condenatória transitar em julgado, e, antes desse marco, a prisão é exceção que só se justifica naquelas situações expressamente consagradas em lei.

7.1.3 Modalidades de Prisão

Prisão Pena: é aquela que decorre do trânsito em julgado de uma sentença condenatória.

Prisão sem pena (Processual / Provisória / Cautelar): é modalidade de prisão cabível à persecução penal, ou seja, durante o inquérito policial e também durante o processo penal, e antes do trânsito em julgado da sentença penal condenatória.

- Prisão em Flagrante.
- Prisão Preventiva.
- Prisão Temporária.
- Prisão por Pronúncia.
- Prisão por sentença recorrível.

7.2 Principais Prisões Disciplinares/ Administrativas

7.2.1 Prisão em Flagrante

É a prisão cautelar de natureza administrativa que funciona como ferramenta de preservação social, autorizando a captura daquele que é surpreendido no instante em que pratica ou termina de concluir a infração penal. Caracteriza-se pela imediatidade entre o crime e a prisão. Essa modalidade de prisão comporta várias delas, e, a seguir, exemplificaremos cada hipótese de flagrante, conforme o que vem sendo cobrado nos principais concursos do país.

7.2.1.1 Modalidades de Flagrante

Existem várias modalidades de flagrantes; elas são estabelecidas nas leis, nas doutrinas e também na jurisprudência. A seguir, veremos cada uma delas:

Flagrante Obrigatório ou Compulsório

É o flagrante imposto pela lei às forças policiais (polícia militar e civil), ou seja, é um dever funcional do policial a realização da prisão em flagrante sempre que necessário, e, caso o policial não cumpra com o seu dever, ele é responsabilizado tanto na esfera criminal quanto na administrativa.

> ***Art. 301*** *do CPP. Qualquer do povo poderá e as autoridades policiais e seus agentes deverão prender quem quer que seja encontrado em flagrante delito.*

Flagrante Facultativo

É a possibilidade da realização da prisão em flagrante por qualquer do povo, pois a lei nos traz que, enquanto as forças policiais têm a obrigação de prender em flagrante, aquele pode realizar a prisão em flagrante. Quando uma pessoa comum do povo a realiza, ela está amparada pelo excludente de ilicitude denominado exercício regular de direito.

> ***Art. 301*** *do CPP. Qualquer do povo poderá e as autoridades policiais e seus agentes deverão prender quem quer que seja encontrado em flagrante delito.*

Flagrante Próprio (Real / Perfeito / Propriamente dito)

Tem cabimento em duas hipóteses:

- Quando o agente está cometendo o delito, ou seja, está em plena prática dos atos executórios.

Ex.: O agente saca uma faca e parte na direção de outra pessoa na tentativa de produzir lesões corporais, entretanto, antes que consiga ter sucesso é surpreendido pela polícia ou por terceiro que lhe domina e lhe dá a voz de prisão.

- Acaba de cometer o delito, isto é, o agente terminou de concluir a prática da infração penal, ficando evidente que é o autor do crime. Apesar do delito já ter se consumado, o agente ainda continua no local do crime, e por isso pode ser preso. Caso o autor consiga sair do de lá, o flagrante não será mais próprio.

Ex.: O agente saca uma faca e parte na direção de outra pessoa na tentativa de produzir um homicídio; consegue, então, desferir os golpes e provocar a morte da vítima. Imediatamente a isso e antes de conseguir empreender fuga, o assassino é surpreendido ainda no local do crime pela polícia ou por terceiros e é preso.

> ***Art. 302, I e II, CPP.*** *Considera-se em flagrante delito quem:*
> ***I.*** *Está cometendo a infração penal;*
> ***II.*** *Acaba de cometê-la;*

Flagrante Impróprio (Irreal / Imperfeito / Quase flagrante)

É a espécie de flagrante que ocorre quando o criminoso conclui o crime ou é interrompido pela chegada de terceiros e foge, sem ser preso no local, fazendo com que se inicie uma perseguição, seja pela polícia, pela vítima ou por terceiro.

Ex.: O agente dispara vários tiros de arma de fogo contra a vítima, sai da casa desta com a arma na mão e logo após é visto pela polícia que estava de patrulha na região. Inicia-se, então, uma perseguição que acaba resultando na prisão do agente.

> ***Art. 301, III, CP.*** *Considera-se em flagrante delito quem:*
> ***III.*** *É perseguido, logo após, pela autoridade, pelo ofendido ou por qualquer pessoa, em situação que faça presumir ser autor da infração.*

→ **Notas quanto à Perseguição:**

Tanto a polícia quanto qualquer pessoa do povo podem prender alguém em flagrante. Sendo assim, será caracterizada a perseguição quando o perseguidor, por informação própria ou de terceiro, logo após o crime, descobrir que o criminoso partiu em determinada direção e, a partir daí, seguir em seu encalço.

Não há prazo pré-fixado em lei. A perseguição se estende pelo tempo que for necessária, mesmo que não exista contato visual. Ela não pode ser interrompida; existe um mito quanto a um prazo para a perseguição, que seria de 24 horas.

Esse prazo não existe e a perseguição pode durar o tempo que for necessária, como exemplo, um mês, um ano. Ela só não pode ser interrompida.

Parte da doutrina entende que a invasão domiciliar só se justifica no flagrante próprio, sendo assim, em qualquer outra modalidade de flagrante, incluindo esta, não poderá haver invasão domiciliar para realizar a prisão. Também adota essa posição a Polícia Federal (instrução normativa 1/92 publicada no Diário Oficial da União, do Diretor do Departamento de Polícia Federal):

> ***Art. 73.*** *A autoridade policial somente procederá à busca domiciliar sem mandado judicial quando houver consentimento espontâneo do morador ou quando tiver certeza da situação de flagrância. (...) 73.2: Na segunda hipótese, é imprescindível ter-se certeza de que o delito está sendo praticado naquele momento.*

Flagrante presumido (Ficto ou Assimilado)

O criminoso é encontrado, logo depois de praticar o crime, com objetos, armas ou papéis que faça presumir ser ele o autor do delito. Nesse caso, não há perseguição.

Ex.: É o que acontece com frequência nos crimes patrimoniais, quando a vítima comunica à polícia a ocorrência de um roubo e a viatura sai pelas ruas próximas do bairro à procura do objeto subtraído, por exemplo. Então, o criminoso é encontrado de posse do bem logo após e a polícia lhe dá voz de prisão.

> ***Art. 301, IV, CPP.*** *Considera-se em flagrante delito quem:*
> ***IV.*** *É encontrado, logo depois, com instrumentos, armas, objetos ou papéis que façam presumir ser ele autor da infração.*

Flagrante Forjado

É o flagrante realizado para incriminar um inocente. A prisão é ilegal e o forjador irá responder criminalmente por denunciação caluniosa (Art. 339 do CP). E, caso o forjador seja um funcionário público, além da denunciação caluniosa, responde também por Abuso de Autoridade.

Alguém coloca na mochila de outra pessoa certa quantidade de entorpecente, para, abordando-o depois, conseguir dar voz de prisão em flagrante por transportar ou portar a droga.

Flagrante Esperado

Ocorre quando a polícia toma conhecimento da possibilidade da ocorrência de um crime, então, fica em campana, aguardando que se iniciem os primeiros atos executórios, na expectativa de concretizar a captura. Devido à falta de previsão legal do flagrante esperado, quando a tomada se concretiza, ele se transforma em flagrante próprio, sendo assim, essa é uma modalidade viável para autorizar a prisão em flagrante.

No flagrante esperado, a polícia em nada contribui com a prática do delito, ela simplesmente toma conhecimento do crime que está por vir e aguarda o delito acontecer para realizar a prisão. Não confundir com o flagrante preparado.

Flagrante Preparado (Provocado / Delito Putativo por Obra do Agente Provocador)

Ocorre quando o agente provocador (em regra, a polícia, podendo também ser terceiro) induz ou instiga alguém a cometer um crime. Não é admitido no Brasil, a prisão é ilegal, e o fato praticado não constitui crime, pois o é atípico, sendo a consumação da ação impossível, haja vista que, durante os atos executórios, haverá a prisão.

> ***Súmula 145, STF.*** *Não há crime, quando a preparação do flagrante pela polícia torna impossível a sua consumação.*

Flagrante Postergado (Diferido / Estratégico / Ação Controlada)

Caracteriza-se pela possibilidade que a polícia (e somente ela) tem de retardar a prisão em flagrante, na expectativa de realizá-lo num momento mais adequado para a colheita de provas, para a captura do maior número de infratores e também a fim de conseguir o enquadramento no delito principal da facção criminosa. Ele é possível:

No Art. 2º *caput* e inciso II da Lei nº 9.034/95 – Crime Organizado

> ***Art. 2º.*** *Em qualquer fase de persecução criminal, são permitidos, sem prejuízo dos já previstos em lei, os seguintes procedimentos de investigação e formação de provas:*
> ***II.*** *A ação controlada, que consiste em retardar a interdição policial do que se supõe ação praticada por organizações criminosas ou a ela vinculado, desde que mantida sob observação e acompanhamento para que a medida legal se concretize no momento mais eficaz do ponto de vista da formação de provas e fornecimento de informações.*
>
> ***Art. 53, Lei 11.343/06.*** *Tráfico de Drogas*
> ***Art. 53.*** *Em qualquer fase da persecução criminal relativa aos crimes previstos nesta Lei, são permitidos, além dos previstos em lei, mediante autorização judicial e ouvido o Ministério Público, os seguintes procedimentos investigatórios:*
> ***I.*** *A infiltração por agentes de polícia, em tarefas de investigação, constituída pelos órgãos especializados pertinentes;*
> ***II.*** *A não atuação policial sobre os portadores de drogas, seus precursores químicos ou outros produtos utilizados em sua produção, que se encontrem no território brasileiro, com a finalidade de identificar e responsabilizar maior número de integrantes de operações de tráfico e distribuição, sem prejuízo da ação penal cabível.*
> ***Parágrafo único.*** *Na hipótese do inciso II deste artigo, a autorização será concedida desde que sejam conhecidos o itinerário provável e a identificação dos agentes do delito ou de colaboradores.*

Dentre as modalidades de flagrante aqui estudadas, é importante ressaltar que estão previstos, no Código de Processo Penal, somente os flagrantes facultativo, obrigatório, próprio, impróprio e presumido.

Os flagrantes esperado, preparado e forjado são construções doutrinárias que caem com frequência em concursos públicos, conforme você poderá ver nos exercícios no final do capítulo.

O postergado não vem no Código Penal, mas tem previsão legal na lei que trata do crime organizado e também na Lei de Tráfico de Drogas.

7.2.1.2 Procedimento

Captura: é a restrição ao direito de locomoção que ocorre imediatamente ao crime.

Condução Coercitiva: é a apresentação do capturado à autoridade policial.

Formalização da Prisão: ocorre por meio da lavratura do auto de prisão em flagrante.

Recolhimento à Prisão: lavratura do Auto de Prisão em Flagrante.

7.2.1.3 Formalização

→ Observação quanto aos sujeitos envolvidos na Formalização:

> **Condutor:** quem captura o criminoso e o leva à autoridade policial.
> **Conduzido:** é o capturado.
> **Delegado:** é a autoridade que vai presidir a lavratura do auto de prisão em flagrante.

A autoridade que vai presidir a lavratura do auto é o delegado do local da prisão, e, caso não tenha um, o auto de prisão em flagrante será lavrado no local mais próximo onde haja delegado.

Art. 308, CPP. *Não havendo autoridade no lugar em que se tiver efetuada a prisão, o preso será logo apresentado à do lugar mais próximo.*

É possível que o juiz presida a lavratura do auto de prisão em flagrante caso:

> O crime seja praticado contra ele.
> O crime seja realizado na presença dele.

É imprescindível que o juiz esteja no seu exercício funcional.

Art. 307, CPP. *Quando o fato for praticado em presença da autoridade, ou contra esta, no exercício de suas funções, constarão do auto a narração deste fato, a voz de prisão, as declarações que fizer o preso e os depoimentos das testemunhas, sendo tudo assinado pela autoridade, pelo preso e pelas testemunhas e remetido imediatamente ao juiz a quem couber tomar conhecimento do fato delituoso, se não o for a autoridade que houver presidido o auto.*

7.2.1.4 Sequência dos Atos

7.2.1.4.1 Oitiva do Condutor:

> Serão colhidas as declarações do condutor, e reduzidas a termo;
> Na sequência, é recolhida também a sua assinatura;
> E, por fim, ao condutor é entregue pelo delegado um recibo de entrega atestando que o preso lhe foi apresentado e também as condições físicas deste;
> É dispensado o condutor.

Art. 304, CPP, primeira parte. *Apresentado o preso à autoridade competente, ouvirá esta o condutor e colherá, desde logo, sua assinatura, entregando a este cópia do termo e recibo de entrega do preso.*

7.2.1.4.2 Oitiva das Testemunhas

Devem ser ouvidas ao menos duas testemunhas, as quais são chamadas de numerárias, porque elas têm conhecimento do fato ocorrido:

> Serão colhidas suas declarações e reduzidas a termo;
> Na sequência, serão recolhidas suas assinaturas;
> As testemunhas serão dispensadas.

Art. 304, CPP, segunda parte e parte final. *Em seguida, procederá à oitiva das testemunhas que o acompanharem colhendo, após cada oitiva, suas respectivas assinaturas.*

Caso tenhamos apenas uma testemunha, o condutor funcionará como a segunda testemunha.

Se não tivermos nenhuma testemunha numerária, o auto será lavrado com a utilização de duas testemunhas instrumentais, ou seja, elas nada sabem sobre o crime, declarando apenas que presenciaram a apresentação do preso ao delegado. São também chamadas de testemunhas de apresentação ou fedatárias.

Art. 304, § 2º, CPP. *A falta de testemunhas da infração não impedirá o auto de prisão em flagrante; mas, nesse caso, com o condutor, deverão assiná-lo pelo menos duas pessoas que hajam testemunhado a apresentação do preso à autoridade.*

Qualquer um pode ser uma testemunha instrumental, inclusive o delegado de polícia, pois, segundo o STJ, quem escolhe aquela não é a autoridade, é o destino.

7.2.1.4.3 Oitiva do Conduzido

Ao preso será informado o direito ao silêncio e também o de assistência, ou seja, de comunicar alguém da sua escolha que ele está preso.

Fundamentação legal:

Art. 5º, LXIII, CF. *O preso será informado de seus direitos, entre os quais o de permanecer calado, sendo-lhe assegurada a assistência da família e de advogado.*

As declarações prestadas serão reduzidas a termo, ou seja, a escrito e o conduzido irá assinar as suas declarações. Caso o preso não saiba assinar, não queira ou não possa, a falta da sua assinatura será sanada com a utilização de duas testemunhas.

Art. 304, § 3º, CPP. *Quando o acusado se recusar a assinar, não souber ou não puder fazê-lo, o auto de prisão em flagrante será assinado por duas testemunhas, que tenham ouvido sua leitura na presença deste.*

A presença do advogado não é necessária, nem obrigatória para a lavratura do auto de prisão em flagrante, ela é um direito e não uma obrigação.

7.2.1.4.4 Desfecho

→ Caso o delegado entenda que:

> O crime existiu;
> Que a captura foi legal;
> O conduzido é o responsável pelo crime.

Lavrará o auto de prisão em flagrante e o conduzido será recolhido ao cárcere, caso contrário, o auto não será lavrado e a prisão será relaxada.

Art. 304, § 1º, primeira parte. *Resultando das respostas fundada a suspeita contra o conduzido, a autoridade mandará recolhê-lo à prisão.*

7.2.1.4.5 Comunicação da prisão

→ A prisão de qualquer pessoa deve ser comunicada imediatamente ao:

> Juiz competente;

> MP;

> Família do preso à pessoa por ele indicada.

Art. 306, CPP. *A prisão de qualquer pessoa e o local onde se encontre serão comunicados imediatamente ao juiz competente, ao Ministério Público e à família do preso ou à pessoa por ele indicada.*

Em até 24 (vinte e quatro) horas após a realização da prisão, será encaminhado ao juiz competente o auto de prisão em flagrante e, caso o autuado não informe o nome de seu advogado, cópia integral para a Defensoria Pública.

Art. 306, § 1º, CPP. *Em até 24 (vinte e quatro) horas após a realização da prisão, será encaminhado ao juiz competente o auto de prisão em flagrante e, caso o autuado não informe o nome de seu advogado, cópia integral para a Defensoria Pública.*

Art. 306, § 2º, CPP. *No mesmo prazo, será entregue ao preso, mediante recibo, a nota de culpa, assinada pela autoridade que lavrou o auto, com o motivo da prisão, o nome do condutor e os das testemunhas, com o objeto de materializar a regra constitucional abaixo exposta.*

Art. 5º, LXIV, CF. *O preso tem direito à identificação dos responsáveis por sua prisão ou por seu interrogatório policial.*

→ Ao receber o auto de prisão em flagrante, o juiz deverá fundamentadamente:

> Relaxar a prisão ilegal.

> Converter a prisão em flagrante em preventiva, quando cabível.

> Quando a prisão for legal, mas não for cabível a sua conversão em prisão preventiva, será então concedida a liberdade provisória, com ou sem fiança.

Quando o crime acontecer amparado por um excludente de ilicitude e o agente aceitar comparecer a todos os atos processuais para que for convocado, o juiz poderá também conceder a liberdade provisória.

7.2.1.4.6 Prazo

A lei não fala nada quanto ao prazo da prisão em flagrante, entretanto, com a alteração sofrida recentemente pelo CPP, subentende-se que agora ela tem a duração de 24 horas, pois esse é o prazo que o juiz tem para analisá-la e, conforme for o caso, relaxá-la, convertê-la em prisão preventiva ou conceder a liberdade provisória.

Se a prisão em flagrante se estender por mais de 24 horas, ela se tornará ilegal e deverá ser relaxada.

Caso um militar seja preso em flagrante, após a lavratura do auto de prisão em flagrante, ele deverá ser conduzido a uma prisão militar.

Art. 300*, parágro único, CPP. O militar preso em flagrante delito, após a lavratura dos procedimentos legais, será recolhido a quartel da instituição a que pertencer, onde ficará preso à disposição das autoridades competentes.*

7.2.1.5 Análise da Prisão em Flagrante em Alguns Casos Específicos

Em regra, a prisão em flagrante é possível para todos os crimes e contravenções. Destacaremos agora algumas situações especiais.

> **Crimes Permanentes**

Nessa hipótese, a prisão em flagrante pode ocorrer a qualquer tempo, enquanto perdurar a consumação, autorizando-se inclusive invasão domiciliar independente da hora do dia ou da noite.

> **Crimes de ação penal privada e de ação penal pública condicionada**

A lavratura do auto de prisão em flagrante depende de uma manifestação de vontade do legítimo interessado.

> **Infrações de menor potencial ofensivo (crimes com pena de até 2 anos e todas as contravenções comuns)**

Nessas hipóteses, o auto de prisão em flagrante é substituído pelo TCO (Termo Circunstanciado de Ocorrência), desde que o agente se comprometa a comparecer ao juizado, ou seja, imediatamente para lá encaminhado. Caso ele não aceite o compromisso, o APF será lavrado e o indivíduo recolhido ao cárcere.

> **Porte para uso de drogas e cultivo para uso próprio**

Nesse caso, o APF é substituído pelo TCO, mesmo que o capturado não assuma o compromisso de comparecer aos juizados, afinal, esses crimes não levam o criminoso à prisão.

> **Crimes Habituais**

É crime que exige reiteração de condutas para a sua consumação e pela dificuldade de constatarmos a habitualidade no momento da captura. O entendimento prevalente é de que não cabe flagrante.

7.3 Prisão Preventiva

É a medida cautelar de constrição da liberdade pessoal, cabível durante toda a persecução penal (IP + processo), decretada pelo juiz *ex officio* no curso da ação penal, ou a requerimento do MP, do querelante, do assistente ou por representação da autoridade policial. Não tem prazo e se justifica na presença dos requisitos estabelecidos nos Art. 312 e 313 do CPP.

7.3.1.1 Requisitos

> *Fumus commissi delicti* (fumaça da prática do crime): prova da materialidade e indícios de autoria.

> *Periculum libertatis* (perigo da liberdade): são as hipóteses de decretação da prisão preventiva:

Garantia da ordem pública: objetiva evitar que o agente continue a delinquir. Só pode ser aplicada quando, provavelmente, se possa concluir isso por meio dos seus antecedentes ou modo de vida.

Não justifica a decretação da prisão preventiva com base na garantia da ordem pública visando a proteger a integridade física do indiciado ou réu, tampouco com base no clamor social.

Garantia da ordem econômica: o objetivo é evitar a prática de novos delitos contra a ordem econômica.

Garantia da instrução criminal: é a prisão que tem por objetivo garantir a livre produção de provas.

Garantia da aplicação da lei penal: objetiva evitar a ocorrência de fugas. Caso o réu não compareça, injustificadamente, a um ato do processo, caberá condução coercitiva e não prisão preventiva.

Também é cabível a prisão preventiva quando houver descumprimento de qualquer das obrigações impostas por força das medidas cautelares previstas no Art. 319 do CPP.

> ***Art. 312, Parágrafo único.*** *A prisão preventiva também poderá ser decretada em caso de descumprimento de qualquer das obrigações impostas por força de outras medidas cautelares (Art. 282, § 4º)*
>
> ***Art. 282, § 4º.*** *No caso de descumprimento de qualquer das obrigações impostas, o juiz, de ofício ou mediante requerimento do Ministério Público, de seu assistente ou do querelante, poderá substituir a medida, impor outra em cumulação, ou, em último caso, decretar a prisão preventiva (Art. 312, parágrafo único).*

7.3.1.2 Cabimento da Prisão Preventiva

> ***I.*** *Nos crimes dolosos punidos com pena privativa de liberdade máxima superior a 4 (quatro) anos.*
>
> ***II.*** *Se tiver sido condenado por outro crime doloso, em sentença transitada em julgado, ressalvado o disposto no inciso I do caput do art. 64 do Decreto-Lei nº 2.848, de 7 de dezembro de 1940 - Código Penal.*
>
> ***III.*** *Se o crime envolver violência doméstica e familiar contra a mulher, criança, adolescente, idoso, enfermo ou pessoa com deficiência, para garantir a execução das medidas protetivas de urgência.*

Também será admitida quando houver dúvida sobre a identidade civil da pessoa ou se ela não fornecer elementos suficientes para esclarecê-la, devendo o preso ser colocado imediatamente em liberdade após a identificação, salvo se outra hipótese recomendar a manutenção da medida.

7.3.1.3 Impossibilidade de Decretação da Prisão Preventiva

Havendo indícios nos autos da presença de uma excludente de ilicitude, o juiz estará impedido de decretar a prisão preventiva. Por analogia, a mesma regra é aplicada quando existirem, nos autos, indícios de excludente de culpabilidade.

7.3.1.4 Fundamentação do Mandado

De acordo com o Art. 93, IX da CF e com o Art. 315 do CPP, a ordem judicial que decretar a preventiva deve ser obrigatoriamente motivada. A referência genérica ao texto da lei não substitui a exigência da motivação e, segundo o STJ, a prisão é ilegal.

7.3.1.5 Tempo da Prisão Preventiva

Não há prazo definido em lei acerca da duração dela, e se estende no tempo enquanto houver necessidade, que é dosada pela presença de seus requisitos legais. Se eventualmente estes desaparecem, a prisão preventiva será revogada e nada impede que ela seja decretada novamente, caso algum dos requisitos reapareça.

Por sua vez, se ela se estende no tempo de maneira desproporcional, se transforma em prisão ilegal, e, nesse caso, merecerá relaxamento.

7.4 Prisão Temporária (Lei 7.960/89)

É a prisão cautelar cabível apenas ao longo do IP, decretada pelo juiz a requerimento do MP ou por representação da autoridade policial (o juiz não pode decretar a medida de ofício e também não pode ser requerida pelo querelante nos casos de ação penal privada), com prazo pré-estabelecido em lei, uma vez presente os requisitos do Art. 1º da Lei 7.960/89.

→ **Prisão Temporária:**

- É a prisão cautelar.
- Cabível apenas ao longo do IP.
- Decretada pelo juiz.
- Requerida pelo MP ou pelo delegado.
- Com prazo pré-estabelecido em lei.
- Uma vez presente os seus requisitos.

7.4.1.1 Cabimento

> ***Art. 1º da Lei 7.960/89.*** *Caberá prisão temporária:*
>
> ***I.*** *quando imprescindível para as investigações do inquérito policial;*
>
> ***II.*** *quando o indicado não tiver residência fixa ou não fornecer elementos necessários ao esclarecimento de sua identidade;*
>
> ***III.*** *quando houver fundadas razões, de acordo com qualquer prova admitida na legislação penal, de autoria ou participação do indiciado nos seguintes crimes:*
>
> ***a)*** *homicídio doloso (art. 121, caput, e seu § 2º);*
>
> ***b)*** *sequestro ou cárcere privado (art. 148, caput, e seus §§ 1º e 2º);*
>
> ***c)*** *roubo (art. 157, caput, e seus §§ 1º, 2º e 3º);*
>
> ***d)*** *extorsão (art. 158, caput, e seus §§ 1º e 2º);*
>
> ***e)*** *extorsão mediante sequestro (art. 159, caput, e seus §§ 1º, 2º e 3º);*
>
> ***f)*** *estupro (art. 213, caput, e sua combinação com o art. 223, caput, e parágrafo único); (Vide Decreto-Lei nº 2.848, de 1940)*
>
> ***g)*** *atentado violento ao pudor (art. 214, caput, e sua combinação com o art. 223, caput, e parágrafo único); (Vide Decreto-Lei nº 2.848, de 1940)*
>
> ***h)*** *rapto violento (art. 219, e sua combinação com o art. 223 caput, e parágrafo único); (Vide Decreto-Lei nº 2.848, de 1940)*
>
> ***i)*** *epidemia com resultado de morte (art. 267, § 1º);*
>
> ***j)*** *envenenamento de água potável ou substância alimentícia ou medicinal qualificado pela morte (art. 270, caput, combinado com art. 285);*
>
> ***l)*** *quadrilha ou bando (art. 288), todos do Código Penal;*
>
> ***m)*** *genocídio (arts. 1º, 2º e 3º da Lei nº 2.889, de 1º de outubro de 1956), em qualquer de suas formas típicas;*
>
> ***n)*** *tráfico de drogas (art. 12 da Lei nº 6.368, de 21 de outubro de 1976);*
>
> ***o)*** *crimes contra o sistema financeiro (Lei nº 7.492, de 16 de junho de 1986).*
>
> ***p)*** *crimes previstos na Lei de Terrorismo. (Incluído pela Lei nº 13.260, de 2016)*

O crime de quadrilha ou bando não existe mais com essa nomenclatura. Agora, o crime abarcado é o de "associação criminosa"!

Esse rol de crimes descrito acima é taxativo, o que significa que somente esses delitos comportam a medida e mais nenhum outro. Para facilitar a memorização, vai uma dica: o rol acima comporta todos os crimes hediondos e mais alguns.

→ **Interpretação dos Incisos**

Inc. III + (Inc. I e/ou Inc. II) = Prisão temporária.

7.4.1.2 Procedimento

Requerimento do MP ou representação feita pelo delegado e apresentadas ao juiz, que não pode decretar de ofício. Ele tem 24 horas para decidir e, antes de decidir, deve ouvir o MP.

O mandado prisional será expedido em duas vias, a 1ª via ficará nos autos e a 2ª será entregue ao preso, funcionando como nota de culpa, a qual tem por finalidade informá-lo sobre os motivos da prisão e os seus responsáveis.

Tanto a Lei 7.960/89, no seu Art. 3º, quanto o CPP, em seu Art. 300, estabelecem que o preso provisório (aquele que sofre prisão cautelar) deve ficar separado do definitivo, entretanto, segundo a doutrina, a separação dependerá da existência de estrutura prisional.

7.4.1.2.1 Prazo

> Crimes Comuns:

Em regra, o prazo máximo é de 5 dias, mas esse tempo pode ser prorrogado por + 5 dias, havendo necessidade e desde que autorizado pelo juiz.

> Crimes Hediondos e Equiparados:

Em regra, o prazo máximo é de 30 dias, mas pode ser prorrogado por + 30 dias, havendo necessidade e desde que autorizado pelo juiz.

Só o juiz pode decretar a prisão temporária e também autorizar a prorrogação do seu prazo.

7.4.1.3 Fiscalização da Prisão Temporária pelo Juiz

No curso da prisão temporária, como forma de fiscalizar se o preso não está sofrendo maus tratos, o juiz, a qualquer tempo, pode adotar as seguintes medidas:

- Determinar que o preso lhe seja apresentado.
- Submeter o preso a exame de corpo de delito.
- Requisitar informações ao delegado.

7.5 Uso de Algemas

Devido a uma ausência de Decreto Federal tratando da matéria, o STF publicou a Súmula Vinculante nº 11 para disciplinar o uso das algemas no Brasil.

7.5.1.1 Cabimento

- Risco de fuga;
- Possibilidade de resistência: caracteriza-se pelo emprego de violência ou de ameaça para que o ato não se concretize;
- Risco à integridade física dos envolvidos (tanto o capturado como os executores da prisão e também terceiros).

7.5.1.2 Formalidade

Fundamentação por escrito da autoridade que decretou a medida ou dos agentes executores, a qual será lançada nos autos (IP ou processo).

7.5.1.3 Consequências do Descumprimento das Regras

→ A prisão é ilegal, cabendo relaxamento.

→ Nulidade do ato processual ou do ato praticado com a utilização irregular das algemas.

→ Responsabilização dos agentes responsáveis pela medida nas esferas:

- Cível.
- Administrativa.
- Criminal.

→ Responsabilização do Estado na esfera:

- Cível (responsabilidade objetiva).

7.6 Liberdade Provisória

É o remédio destinado ao combate da prisão em flagrante legal, porém, desnecessária, porque não estão presentes os requisitos da prisão preventiva, permitindo que o agente enfrente a persecução penal em liberdade, evitando os prejuízos da prisão a ele.

7.6.1.1 Modalidades

- Liberdade provisória sem fiança.
- Liberdade provisória mediante fiança.

7.6.1.2 Liberdade Provisória sem Fiança

É o direito de permanecer em liberdade ao longo da persecução penal, quando não presente os requisitos que provocam a decretação da prisão preventiva, como forma de não enfrentar a persecução penal preso.

7.6.1.2.1 Cabimento

O juiz concederá a liberdade provisória, quando entender, pela leitura do auto de prisão em flagrante, que o capturado não se enquadra nos requisitos que justificariam a decretação da prisão preventiva (Art. 312, CPP).

7.6.1.2.2 Formalidades

- Obrigação de comparecimento a todos os atos do IP e do processo para os quais seja convocado.
- O juiz, antes de decidir pela concessão da liberdade provisória sem fiança, deve ouvir o MP.

7.6.1.3 Liberdade Provisória com Fiança

A fiança é uma garantia pecuniária paga pelo acusado preso em flagrante, até antes do trânsito em julgado da sentença, como meio para garantir que ele possa permanecer em liberdade durante o curso do processo penal.

7.6.1.3.1 Vedação da Fiança

A fiança não poderá ser concedida ao acusado nos seguintes casos:

- Nos crimes de racismo.
- Nos crimes de tortura, tráfico ilícito de entorpecentes e drogas afins, terrorismo e nos definidos como crimes hediondos.
- Nos crimes cometidos por grupos armados, civis ou militares, contra a ordem constitucional e o Estado Democrático.
- Aos que, no mesmo processo, tiverem quebrado fiança anteriormente concedida ou infringido, sem motivo justo, qualquer das seguintes obrigações:
- Deixar o afiançado de comparecer perante à autoridade todas as vezes que for intimado para atos do inquérito e da instrução criminal e para o julgamento.
- Quando o réu não comparecer, a fiança será considerada quebrada.
- Se o afiançado mudar de residência, sem prévia permissão da autoridade processante, ou ausentar-se por mais de 8 (oito) dias de sua residência, sem comunicar àquela autoridade o lugar onde será encontrado.
- Em caso de prisão civil ou militar.
- Quando presentes os motivos que autorizam a decretação da prisão preventiva (Art. 312).

7.6.1.3.2 Quem Pode Aplicar a Fiança

- Delegado: quando a pena máxima da infração penal não for superior a 4 anos.
- Juiz: qualquer pena.

7.6.1.3.3 Valor da Fiança

O valor da fiança será estabelecido pela autoridade que conceder a medida e obedecerá os seguintes critérios: a natureza da infração, as condições pessoais de fortuna e vida pregressa do acusado, as circunstâncias indicativas de sua periculosidade, bem como a importância provável das custas do processo, até final julgamento. Além dos seguintes padrões:

- De 1 (um) a 100 (cem) salários mínimos, quando se tratar de infração cuja pena privativa de liberdade, no grau máximo, não for superior a 4 (quatro) anos.
- De 10 (dez) a 200 (duzentos) salários mínimos quando o máximo da pena privativa de liberdade cominada for superior a 4 (quatro) anos.

O afiançado, após pagar a fiança, estará obrigado a comparecer a todos os atos processuais ou da investigação que for convocado e, caso descumpra com tal obrigação, a fiança será considerada quebrada e a liberdade provisória convertida em prisão preventiva.

7.6.1.3.4 Formas de Pagamento da Fiança

- Depósito de dinheiro.
- Pedras.
- Objetos ou metais preciosos.
- Títulos da dívida pública, federal, estadual ou municipal.
- Hipoteca inscrita em primeiro lugar.

7.6.1.3.5 Destino da Fiança

O dinheiro ou objetos dados como fiança servirão ao pagamento das custas, da indenização do dano, da prestação pecuniária e da multa, se o réu for condenado.

7.6.1.3.6 Restituição da Fiança

Se a fiança for declarada sem efeito ou passar em julgado sentença que houver absolvido o acusado ou declarada extinta a ação penal, o valor que a constituir, atualizado, será restituído sem desconto.

7.6.1.3.7 Cassação da Fiança

A fiança que se reconheça não ser cabível na espécie será cassada em qualquer fase do processo, quando reconhecida a existência de delito inafiançável, no caso de inovação na classificação do delito.

7.6.1.3.8 Reforço da Fiança

- Quando a autoridade tomar, por engano, fiança insuficiente.
- Quando houver depreciação material ou perecimento dos bens hipotecados ou caucionados, ou depreciação dos metais ou pedras preciosas.
- Quando for inovada a classificação do delito.

Caso seja exigido o reforço e o réu não atenda à exigência, a fiança se tornará sem efeito e o réu será levado à prisão.

7.6.1.3.9 Quebra da Fiança

- Regularmente intimado para ato do processo, deixar de comparecer sem motivo justo.
- Deliberadamente praticar ato de obstrução ao andamento do processo.
- Descumprir medida cautelar imposta cumulativamente com a fiança.
- Resistir, injustificadamente, à ordem judicial.
- Praticar nova infração penal dolosa.

Caso a fiança seja quebrada, o réu perderá a metade do seu valor, além do juiz poder impor outras medidas cautelares, bem como a decretação da prisão preventiva.

Se for condenado e não comparecer para dar cumprimento à pena, perderá a fiança em sua totalidade e, nesse caso, será deduzido de tal valor as custas judiciais e os demais encargos que o acusado estiver obrigado a pagar e o restante será recolhido ao fundo penitenciário. Caso o réu compareça para cumprir a pena, o valor da fiança será utilizado para o pagamento das custas judiciais também, além do pagamento de demais encargos que couber ao acusado e o restante será devolvido a quem houver prestado a fiança (terceiros podem pagar a fiança para o réu, se quiserem e, nesse caso, eles sofrerão as consequências pecuniárias advindas dos casos acima estudados. As demais medidas, é claro, somente serão aplicadas ao réu.).

7.6.1.4 A Liberdade Provisória e Alguns Casos Específicos

Crimes Hediondos (8.072/90)

Não se admite a liberdade provisória com fiança, mas a sem fiança.

Crimes Equiparados a Hediondos

> Tortura (9.455/97) e Terrorismo

Não se admite fiança, mas a liberdade provisória sem fiança.

> Tráfico de Drogas (Art. 44 da Lei 11.343/06)

Segundo a lei, não é admitida a liberdade provisória com ou sem fiança. Entretanto, os tribunais superiores já a concederam para traficantes. O assunto ainda não está concluso, devemos esperar o parecer final do STF. Mas, caso caia na sua prova alguma questão a respeito da liberdade provisória no crime de tráfico de drogas, pode dizer que cabe a sem fiança, pois já foi concedida; agora, caso a sua prova pergunte com base no texto da Lei 11.343/06, não caberá a liberdade provisória.

Crime Organizado (Lei 9.034/95)

Não é admitida a liberdade provisória com ou sem fiança para as pessoas que tiveram intensa participação na organização criminosa.

Lavagem de Dinheiro (Lei 9.613/98)

Não se admite liberdade provisória com ou sem fiança.

Estatuto do Desarmamento

> Comércio ilegal de arma.

> Tráfico internacional de arma.

> Porte ilegal de arma de uso proibido.

Esses três crimes são inafiançáveis, mas, de acordo com o STF, passaram a comportar liberdade provisória sem fiança.

Questões

01. (Cespe) Ocorre o chamado quase flagrante quando, tendo o agente concluído os atos de execução do crime e se posto em fuga, inicia-se ininterrupta perseguição, até que ocorra a prisão.

Certo ( ) Errado ( )

02. (Cespe) Não há crime e, portanto, o agente não pode ser preso, quando a preparação do flagrante pela polícia torna impossível a consumação desse delito.

Certo ( ) Errado ( )

03. (Cespe) Ocorre flagrante forjado quando o fato típico não foi praticado, sendo simulado pela autoridade policial com o objetivo direto de incriminar alguém. Nesse caso, há absoluta ilegalidade e o responsável pelo ato responderá penal e administrativamente pela própria conduta.

Certo ( ) Errado ( )

04. (Cespe) Flagrante retardado é aquele no qual a polícia tem a faculdade de retardar a prisão em flagrante, visando obter maiores informações a respeito da ação dos criminosos.

Certo ( ) Errado ( )

05. (Cespe) Não deve ser concedida liberdade provisória, com ou sem estipulação de fiança, aos agentes que tenham intensa e efetiva participação em organização criminosa.

Certo ( ) Errado ( )

06. (Cespe) A prisão preventiva, para que seja decretada, é necessário que haja indícios do fato e suspeita fundada acerca da autoria.

Certo ( ) Errado ( )

07. (Cespe) Para o juiz fundamentar a decisão que decreta a preventiva, basta a remissão genérica às hipóteses legais.

Certo ( ) Errado ( )

08. (Cespe) É imprescindível à decretação da prisão preventiva a sua adequada fundamentação, com a indicação precisa, lastreada em fatos concretos, da existência dos motivos ensejadores da constrição cautelar, sendo, em regra, inaceitável que a só gravidade do crime imputado à pessoa seja suficiente para justificar a sua segregação provisória.

Certo ( ) Errado ( )

09. (Cespe) Caberá prisão temporária quando imprescindível para as investigações policiais, ou durante o transcurso da ação penal, quando houver fundadas razões de autoria ou participação do indiciado em crime doloso.

Certo ( ) Errado ( )

10. (Cespe) A prisão preventiva somente pode ser decretada em caso de crimes punidos com reclusão.

Certo ( ) Errado ( )

11. (Cespe) Não há crime quando a preparação do flagrante pela polícia torna impossível a sua consumação.

Certo ( ) Errado ( )

12. (Cespe) Assemelham-se as prisões preventiva e temporária porque ambas podem ser decretadas em qualquer fase da investigação policial ou da ação penal. No entanto, aquela pressupõe requerimento das partes, ao passo que a esta pode ser decretada de ofício pelo juiz.

Certo ( ) Errado ( )

13. (Cespe) Por completa falta de amparo legal, não se admite o flagrante forjado, que constitui, em tese, crime de abuso de poder, podendo ser penalmente responsabilizado o agente que forjou o flagrante.

Certo ( ) Errado ( )

14. (Cespe) No que diz respeito à prisão e à liberdade provisória, a Constituição Federal elegeu alguns delitos como inafiançáveis. Quanto a algumas infrações penais, declarou, de forma expressa, a inafiançabilidade e, quanto a outras, subordinou a vedação da fiança aos termos da lei ordinária. Os tribunais superiores sedimentaram o entendimento de possibilidade da liberdade provisória, nos termos estabelecidos pelo CPP, mesmo para o caso de inafiançabilidade proclamada expressamente pela Lei Fundamental.

Certo ( ) Errado ( )

15. (Cespe) A prisão preventiva e a temporária possuem a mesma finalidade e momento para decretação. A primeira ocorre nas ações penais públicas e a segunda, nas privadas.

Certo ( ) Errado ( )

16. (Cespe) Considere que Paulo tenha sido denunciado pela prática de latrocínio e se encontre submetido à prisão cautelar. Nessa situação hipotética, caso Paulo tenha sido preso em flagrante preparado, a defesa poderá requerer a revogação da prisão ou a concessão de liberdade provisória.

Certo ( ) Errado ( )

17. (Cespe) Considere a seguinte situação hipotética. Após assaltarem uma loja comercial no centro de Sobradinho - DF, Lauro e Tadeu fugiram em direção a Formosa - GO. Alguns policiais militares do DF que passavam próximo ao local do assalto saíram em perseguição aos bandidos e efetuaram a prisão dos assaltantes nessa cidade goiana. Nessa situação, a prisão é ilegal, uma vez que os referidos policiais deveriam ter acionado as autoridades policiais de Formosa, pois não têm autorização legal para atuar em outra unidade da Federação.

Certo ( ) Errado ( )

18. (Cespe) Não é concedida fiança em caso de prisão por mandado do juiz do cível, de prisão disciplinar militar ou quando presentes os motivos que autorizam a decretação da prisão preventiva.
Certo ( ) Errado ( )

Gabaritos

01	CERTO	10	ERRADO
02	CERTO	11	CERTO
03	CERTO	12	ERRADO
04	CERTO	13	CERTO
05	CERTO	14	CERTO
06	ERRADO	15	ERRADO
07	ERRADO	16	ERRADO
08	CERTO	17	ERRADO
09	ERRADO	18	CERTO

8. CONCEITO DE SENTENÇA NO PROCESSO PENAL

Previamente ao estudo das sentenças no processo penal, exsurge a necessidade de conceituar o mencionado instituto.

De acordo com o disposto no Art. 203 do Novo Código de Processo Civil, as manifestações do juiz poderão ser classificadas como (i) sentenças, (ii) decisões interlocutórias e (iii) despachos.

Já no processo penal, não há uma previsão expressa diferenciando os tipos de pronunciamentos do juiz, bem como não há uma classificação doutrinária pacífica.

Assim, usaremos neste estudo a classificação dada pela corrente majoritária na doutrina.

8.1 Sentença

A palavra sentença deriva do verbo sentire, do latim, que pode ser compreendida como a declaração do juiz daquilo que ele sente.

Em sentido amplo, citada palavra significa o julgamento proferido pelo juiz no curso de um processo. Em sentido estrito, tem significado de decisão proferida pelo juiz que pacifica o conflito de interesse envolvendo as partes.

Nos termos do Art. 203, §1º, do Novo Código de Processo Civil, sentença é um pronunciamento por meio do qual o juiz põe fim à fase cognitiva do processo comum, com ou sem resolução do mérito, bem como extingue a execução.

Sob a ótica do processo penal, o conceito consiste no pronunciamento por meio do qual o juiz põe fim ao processo, julgando o mérito.

Em outros termos, a sentença é o ato pelo qual o magistrado, manifestando-se sobre os fatos que integram o objeto do processo, condena ou absolve o acusado, ou ainda, resolve o mérito sem condenar ou absolver.

Importante dizer que o entendimento majoritário na doutrina é no sentido de que são classificadas como sentença tão somente a decisão que julga o mérito.

As decisões que colocam fim ao processo, mas que não julgam o mérito, são por eles tratadas como decisões interlocutórias mistas, e não como sentença (**Ex.:** decisão de rejeição da denúncia).

De modo geral, tem-se que a sentença é o resultado da atividade mental e intelectual do magistrado (representante do Estado no âmbito do Poder Judiciário) voltada para a resolução da questão que lhe foi imposta, aplicando a lei ao caso concreto.

Assim, o processo como um todo se encaminha à sentença penal, pois somente ela resolve, totalmente, as questões que envolvem o objeto no processo penal (o mérito).

8.2 Decisões Interlocutórias

De acordo com o Art. 203, §2º, do Novo Código de Processo Civil, decisão interlocutória é todo pronunciamento judicial de natureza decisória que não se enquadre no conceito de sentença.

Trazendo para o processo penal, a decisão interlocutória é aquela que traz uma decisão, colocando ou não fim ao processo, sem, contudo, analisar o mérito da ação penal.

Esta decisão se subdivide em:

8.2.1 (i) interlocutória simples

É a proferida para resolver questões incidentais e regulamentares no curso do processo, sem acarretar a extinção do processo ou do procedimento (**Ex.:** decretação de prisão provisória).

8.2.2 (ii) interlocutória mista

É a proferida no curso do processo ou do procedimento que, sem julgar o mérito, extingue o processo, encerra uma etapa processual ou resolvem procedimentos incidentais de maneira definitiva.

Diz que a decisão interlocutória mista é (i) terminativa, quando extingue o processo sem resolução do mérito ou, então, resolve procedimento acidental de forma definitiva (**Ex.:** rejeição da denúncia); ou (ii) não terminativa, quando encerra uma etapa do procedimento, mas sem pôr fim ao processo (**Ex.:** decisão de pronúncia).

8.3 Despachos

Também chamados de "despachos de mero expediente", os despachos são manifestações que impulsionam o processo e que não possuem qualquer decisão (**Ex.:** intimação de testemunha).

8.4 Requisitos da Sentença no Processo Penal

A doutrina pátria afirma que a sentença penal é um silogismo, composta de três proposições, quais sejam: premissa maior, premissa menor (ou premissa fática) e conclusão.

A premissa maior representa o texto legal, ou seja, a lei propriamente dita; a premissa menor é o caso concreto (ou fatos) que foi submetido à apreciação do Poder Judiciário e, por fim, a conclusão consistente na subsunção do fato à lei, ou seja, a aplicação da norma ao caso concreto.

Em outras palavras, o processo penal encontra no princípio da verdade real[1] uma de suas fontes de inspiração, ou seja, o magistrado, ao realizar a análise das provas constantes no curso do processo, bem como os elementos de informação colhidos na fase investigada, deverá proferir decisão concluindo pela condenação ou absolvição do acusado.

O Art. 381 do Código de Processo Penal estabelece os elementos que a sentença conterá:

> ***I.*** *os nomes das partes ou, quando não for possível, as indicações necessárias para identificá-las;*
>
> ***II.*** *a exposição sucinta da acusação e da defesa;*
>
> ***III.*** *a indicação dos motivos de fato e de direito em que se fundar a decisão;*
>
> ***IV.*** *a indicação dos artigos de lei aplicados;*
>
> ***V.*** *o dispositivo;*
>
> ***VI.*** *a data e a assinatura do juiz.*

Os mencionados requisitos se subdividem-se em intrínsecos e extrínsecos.

Requisitos intrínsecos: relatório, fundamentação e disposição.

1 O princípio da verdade real objetiva que o magistrado deve, no curso do processo penal, buscar os fatos como eles realmente ocorreram. O juiz deverá, por meio de um trabalho intelectual, reconstruir a situação fática imputada ao réu. No mesmo sentido, é possível que o julgador realize diligências para esclarecer dúvidas sobre pontos relevantes que pairam sobre os fatos. Por fim, o processo penal não busca a verdade formal, próprio do processo civil.

Requisitos extrínsecos: autenticação da decisão.

8.4.1 Relatório

O relatório representa um resumo dos pontos relevantes para a ação penal.

O magistrado deverá mencionar: (i) o nome das partes ou, quando não for possível, as indicações necessárias para sua identificação; (ii) fazer a exposição sucinta das alegações da acusação e das teses da defesa; e (iii) os principais atos praticados no curso da ação penal.

Não há qualquer óbice para que o relatório seja sucinto, mas, necessariamente, deve conter os elementos necessários à compreensão da causa.

O relatório tem como finalidade demonstrar que realmente houve o contato do juiz com a causa que lhe foi apresentada, bem como permite que as partes vislumbrem uma síntese sobre o processo penal.

A identificação do acusado é uma das formalidades da sentença, pois tem o condão de individualizar as partes envolvidas na persecução penal dentro da sociedade.

De rigor observar que, diante da ausência da identificação do acusado, não existe qualquer óbice que impeça o magistrado de proferir a sentença, pois, nos termos do Art. 381, inciso I, do Código de Processo Penal, basta apontar as indicações necessárias para identificá-lo, permitindo distingui-lo das demais pessoas no seio social.

O Art. 259 do Código de Processo Penal determina que a impossibilidade de identificação do acusado, seja pela ausência do verdadeiro nome ou de outros dados da qualificação, não retardará a ação penal, desde que certa a sua identidade física.

E, mais, traz que, se descoberta a qualificação, a retificação nos autos poderá ser feita a qualquer tempo no curso do processo, do julgamento ou da execução da sentença, sem prejuízo para os atos já realizados.

No tocante à identificação do(a) ofendido(a), ainda que a ação seja penal pública, a sentença deve fazer menção ao nome da vítima, pois, assim, os efeitos decorrentes da ação condenatória poderão ser, posteriormente, executados sem questionamentos.

Ressalta-se que, de acordo com o entendimento do Superior Tribunal de Justiça, caso a sentença não faça menção ao nome da vítima, mas faça referência apontando a denúncia em que consta a qualificação, não há que se falar em nulidade[2].

Prevalece entre os doutrinadores o entendimento de que a ausência de relatório maculará a sentença de nulidade absoluta, por caracterizar o disposto no Art. 564, inciso IV, do Código de Processo Penal[3].

Entretanto, há corrente minoritária que defende que a ausência do relatório caracteriza nulidade relativa, que, isoladamente, não autoriza a anulação da sentença desde que fique demonstrado na fundamentação que o juiz tenha pleno conhecimento dos fatos explanados nos autos.

Pautam o seu entendimento no Art. 81, §3º, da Lei nº 9.099/95, que dispensa o relatório da sentença no âmbito dos Juizados Especiais Criminais, o que demonstraria a prescindibilidade deste requisito.

Ademais, de acordo com o entendimento do Superior Tribunal de Justiça, ainda que o relatório não traga a exposição de todas as teses defensivas, não há que se falar em nulidade da sentença se todas as teses forem devidamente apreciadas na fundamentação da decisão[4].

8.4.2 Fundamentação (ou Motivação)

A fundamentação representa o momento da sentença em que o juiz deve expor suas argumentações e razões de decidir. Em outros termos, o magistrado deverá indicar os motivos de fato e de direito em que se funda a decisão.

Tem-se que, diante do princípio do livre convencimento[5], o juiz é livre para julgar de acordo com a sua persuasão racional e lógica, porém tal julgamento não deve ser feito de forma arbitrária. Daí a exigência da fundamentação da sentença.

Tendo como finalidade viabilizar o controle das decisões judiciais e assegurar o exercício do direito de defesa, a fundamentação é uma garantia constitucional, prevista no Art. 93, inciso IX, da Constituição Federal.

A fundamentação é um mecanismo para se analisar a imparcialidade da convicção do juiz, que deve ser formada de acordo com as provas contidas nos autos, a correta aplicação da lei ao caso concreto. É uma forma de controle das partes no que concerne a atividade intelectual do magistrado.

Vale ressaltar que a inexistência da fundamentação acarreta a nulidade absoluta da sentença, o que é expressamente previsto no Art. 93, inciso IX, da Constituição Federal.

Outrossim, será considerada nula a sentença com fundamentação *per relationem, na qual o juiz adota, por simples referência, as alegações contidas na manifestação de uma das partes como motivação da sua decisão.*

Isso porque, nesse tipo de fundamentação, o magistrado deixa de explicitar suas razões de decidir, afetando a imparcialidade da sentença e, até mesmo, pela referência, não suprir a exigência constitucional.

Da mesma forma, haverá nulidade absoluta das sentenças cuja fundamentação for insuficiente, ou seja, *quando a fundamentação deixa de trazer a análise de todas as questões de fato e de direito explanadas no processo pelas partes.*

Importante frisar que a fundamentação insuficiente é diferente da fundamentação sucinta.

A fundamentação sucinta é aquela em que o magistrado aprecia de forma concisa, mas clara, todos os pontos relevantes do processo. A apreciação de todos os fatos e alegações é feita de forma resumida, direta ou indiretamente.

Exemplificando, o juiz deixe de se manifestar expressamente sobre determinada alegação da parte, mas sua decisão mostra de forma clara que adotou posicionamento contrário a tese. Ocorrendo esta situação, não há que se falar em nulidade da sentença.

2 STJ, 5ª Turma, HC nº. 89.324/PE, Rel. Min. Napoleão Nunes Maia Filho, DJe 03/03/2008.

3 CPP, Art. 564 - A nulidade ocorrerá nos seguintes casos (...) (inciso IV) - por omissão de formalidade que constitua elemento essencial do ato.

4 STJ - HC nº. 134972 SC 2009/0079119-0, Rel. Min. FELIX FISCHER, Data de Julgamento: 20/04/2010, QUINTA TURMA, Data de Publicação: DJe 31/05/2010.

5 CPP, Art. 155 - O juiz formará sua convicção pela livre apreciação da prova produzida em contraditório judicial, não podendo fundamentar sua decisão exclusivamente nos elementos informativos colhidos na investigação, ressalvadas as provas cautelares, não repetíveis e antecipadas.

No tocante às sentenças proferidas pelo Tribunal do Júri, tem-se que a decisão dos jurados não precisa ser motivada, por força do sigilo das votações. Logo, ao juiz caberá apenas apresentar o veredicto dado pelos jurados. Mas, ao fixar a pena, o magistrado terá por obrigação fundamentar da dosimetria da pena aplicada.

8.4.3 Conclusão (ou Dispositivo)

A conclusão da sentença representa a decisão propriamente dita do magistrado, decorrente da fundamentação.

É a parte da sentença que traz o resultado final do julgamento - absolvição ou condenação.

Neste requisito da sentença, deverá o juiz indicar quais são os dispositivos de lei que pautam a sua decisão (Art. 381, incisos IV e V, Código de Processo Penal). É a parte da sentença responsável por gerar os efeitos da decisão, já que aplica a lei ao caso concreto.

Tratando-se de sentença absolutória, o magistrado sempre deverá apontar as disposições do Art. 386 do Código de Processo Penal. Todavia, a ausência desta menção poderá ser suprimida pelo conteúdo da fundamentação que aponta claramente o fundamento da absolvição.

Já em relação à sentença condenatória, esta será nula caso o juiz deixe de indicar o artigo pelo qual o acusado foi condenado. Mas esta nulidade poderá ser sanada quando na sentença existir referência ao nomen iuris do crime.

Por fim, a ausência da conclusão também macula a sentença de nulidade. Considera-se que sem conclusão não há propriamente decisão e, consequentemente, entende a doutrina, pela inexistência da sentença, que deve ser tratada como um não ato.

Caso a sentença seja anulada, em sede de apelação, ficará vinculada a nova sentença ao máximo da pena imposta na decisão anulada se a nulidade foi reconhecida em recurso da defesa.

Essa limitação é pautada pelo princípio da vedação da reformatio in pejus, o qual proíbe que a reforma da decisão seja para piorar a situação do acusado, quando o recurso for exclusivo da defesa.

8.4.4 Parte Autenticativa

A parte autenticativa consiste na data e assinatura do juiz, preenchendo o disposto no Art. 381, inciso VI, do Código de Processo Penal.

Ausente a data, a sentença estará meramente irregular, ou seja, poderá ser regularizada e produzirá efeitos.

Por outro lado, caso não conste a assinatura do magistrado, a sentença é considerada inexistente, como um não ato. E, não só, todas as folhas da sentença devem estar rubricadas.

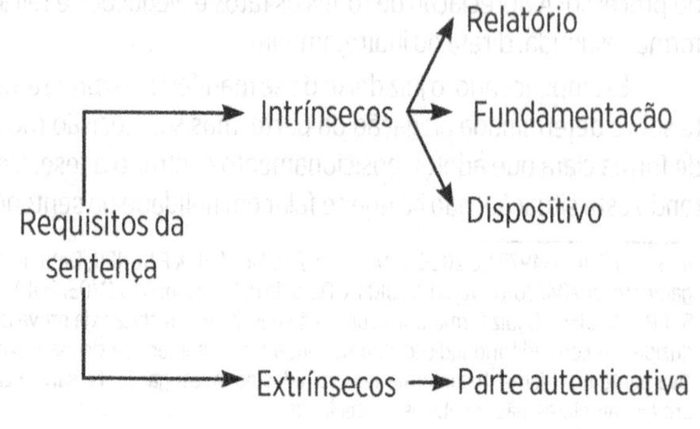

Lembre-se: os requisitos devem estar presentes em todos os tipos de sentença e o conteúdo disposto em cada parte deve ser feita de maneira lógica e compatível, de forma que não haja obscuridades, ambiguidades, contradições ou omissões na decisão. Existindo uma dessas situações, poderão as partes buscar o seu esclarecimento por meio de embargos de declaração, nos termos do Art. 382 do Código de Processo Penal.

8.5 Classificação das Sentenças no Processo Penal

É certo que as mais diversas doutrinas, ao analisar a classificação das sentenças, trata em conjunto sobre as espécies de sentença. Todavia, para estudo aqui realizado, não se julga necessário o aprofundamento nas espécies de sentença, bastando o conhecimento das classificações.

Assim, vamos nos limitar a análise da seguinte classificação: (i) sentença penal absolutória e suas subdivisões e (ii) sentença condenatória.

8.5.1 Sentença Penal Absolutória

Entende-se por sentença penal absolutória, a sentença que julga improcedente a pretensão punitiva, isentando o acusado da culpa ou da pena.

Partindo deste entendimento, tem-se que a sentença absolutória se subdivide em espécies, variando de acordo com as circunstâncias que acarretaram o magistrado decidir pela improcedência.

8.5.1.1 Sentença Penal Absolutória Própria

A sentença penal absolutória própria é aquela cuja absolvição se pauta no reconhecimento da inocência do acusado, diante de uma das seguintes situações apontadas pelo o Art. 386 do Código de Processo Penal:

I. estar provada a inexistência do fato

Nesta hipótese, ao analisar as provas e elementos do processo, o juiz entende que não existe fato delituoso. Há a certeza que o crime não ocorreu.

II. não haver prova da existência do fato

Diferente da primeira, nesse caso, ao analisar as provas, o magistrado não possui a certeza necessária de que o delito ocorreu. As provas não são suficientes para atestar a existência do crime.

Trata-se de uma decisão in dubio pro reo.

III. não constituir o fato infração penal

Trata-se do reconhecimento da atipicidade da conduta do agente, ou seja, ao proferir sua decisão o magistrado reconhece que a conduta praticada pelo acusado não caracteriza ilícito penal.

IV. estar provado que o réu não concorreu para a infração penal

Nesta situação, ao analisar as provas e elementos do processo, o juiz entende que o acusado não praticou ou contribuiu para a prática do delito. Há a certeza de que o acusado não é autor, coautor ou partícipe do crime.

V. não existir prova de ter o réu concorrido para a infração penal

Trata-se do caso em que o magistrado absolve por não possui a certeza necessária de que o acusado praticou ou concorreu para a prática do delito. As provas não são suficientes para atestar a participação do réu no crime.

VI. existirem circunstâncias que excluam o crime ou isentem o réu de pena, com exceção do reconhecimento da inimputabilidade penal (Art. 26 do CPP), ou mesmo se houver fundada dúvida sobre sua existência.

Nesta hipótese, a absolvição dar-se-á pelo reconhecimento de uma das causas de excludente de ilicitude ou da culpabilidade, com ressalva ao reconhecimento de inimputabilidade penal. Seja porque as provas dos autos são suficientes para atestar a ocorrência da excludente, ou basta que tragam a dúvida sobre a ocorrência.

Vale dizer, ainda, que o Art. mencione apenas as causas de excludentes previstas no Código Penal, o juiz também poderá pautar a absolvição em causas de excludentes previstas nas legislações penais especiais.

VII. não existir prova suficiente para a condenação

Trata-se de uma causa de absolvição residual, aplicável quando não for possível a aplicação das hipóteses previstas nos tópicos anteriores

8.5.1.2 Sentença Penal Absolutória Imprópria

A sentença penal absolutória imprópria é aquela que o juiz reconhece a ocorrência do crime, mas deixa de aplicar a pena, aplicando a medida de segurança por ficar demonstrada a inimputabilidade do acusado.

De acordo com os ditames do Art. 26 do Código Penal, a inimputabilidade penal ocorre quando, por doença mental ou desenvolvimento mental incompleto ou retardado, o agente era, ao tempo da ação ou da omissão, inteiramente incapaz de entender o caráter ilícito do fato ou de determinar-se de acordo com esse entendimento.

Em outros termos, diante do grau de desenvolvimento mental que possui, o acusado não é capaz de compreender e saber que a conduta que praticou é considerada crime.

Diante desta incapacidade, o acusado deixa de receber as sanções penais previstas no Art. 32 do Código Penal[6], como aqueles que possui a capacidade mental totalmente desenvolvida, mas recebe uma das medidas de segurança, dispostas no Art. 96 do Código Penal.

Esta sentença absolutória tem por fundamento o Art. 386, parágrafo único, inciso III, do Código de Processo Penal.

8.5.2 Sentença Penal Absolutória Sumária

A sentença penal de absolvição sumária é aquela que traz o julgamento antecipado da ação penal. O magistrado forma o seu convencimento antes mesmo do início da instrução processual.

Tratando-se do rito comum, de acordo com o Art. 397 do Código de Processo Penal, esta modalidade de sentença será proferida logo após a apresentação da resposta à acusação pelo acusado, quando o juiz, pelos elementos de prova até então juntado nos autos, tiver a certeza:

I. da existência manifesta de causa excludente da ilicitude do fato

Trata-se da hipótese em que resta claro que o agente agiu em legítima defesa, estado de necessidade, estrito cumprimento do dever legal ou exercício regular de direito.

II. da existência manifesta de causa excludente da culpabilidade do agente, salvo inimputabilidade

Nesta hipótese, a sentença de absolvição é pautada pela existência de uma situação que afasta a culpabilidade da conduta do agente, embora tenha ocorrido o ilícito. É, por exemplo, o caso de coação moral irresistível e obediência hierárquica de ordem não manifestamente ilegal de superior hierárquico.

Importante observar, que o legislador impossibilita a absolvição sumária nos casos de inimputabilidade penal. Nesta situação, é necessário que o processo siga o seu curso para somente no final, após colhidas as provas e realizado o exame de insanidade mental, o juiz prolate a sua decisão.

III. de que o fato narrado evidentemente não constitui crime

Trata-se da situação em que, diante do que foi juntado aos autos, o magistrado se convence de que a conduta até então narrada nos autos como criminosa, não caracteriza crime.

IV. da ocorrência de uma das causas de extinção de punibilidade do agente

Embora esteja prevista entre as causas de absolvição sumária, a sentença que reconhece a extinção de punibilidade não possui caráter de absolutória, mas sim de sentença declaratória[7].

O rito do Tribunal do Júri também comporta a sentença de absolvição sumária, mas com algumas peculiaridades.

Prevista no Art. 415 do Código de Processo Penal, a sentença absolutória sumária do Júri é proferida ao final da primeira fase do procedimento.

Em outros termos, ela é proferida após a realização da audiência de instrução e julgamento, quando o juiz se convencer de que:

I. está provada a inexistência do fato;

II. provado não ser o réu autor ou partícipe do fato;

III. o fato não constituir infração penal;

IV. demonstrada causa de isenção de pena ou de exclusão do crime.

Sentença de Absolvição Sumária		
	Rito Comum	Rito do Júri
Fundamentação Jurídica	Art. 379 do CPP	Art. 414 do CPP
Momento	Antes de iniciada a instrução	Após audiência de instrução e julgamento
Conteúdo	I. a existência manifesta de causa excludente de ilicitude de fato. II. a existência manifesta de causa excludente da culpabilidade do agente salvo inimputabilidade. III. o fato narrado evidentemente não constitui crime. IV. existência de causa de extinção de punibilidade do agente.	I. inexistência do fato II. não ser o acusado autor ou partícipe do fato III. o fato não constitui crime. IV. demonstrada causa de exclusão do crime.

6 CP, Art. 32: As penas são: (inciso I) privativas de liberdade; (inciso II) restritivas de direitos; (inciso III) de multa.

7 STJ, Súmula 18 - A sentença concessiva do perdão judicial é declaratória da extinção da punibilidade, não subsistindo qualquer efeito condenatório

8.5.2.1 Sentença Penal Absolutória Sumária Imprópria

A sentença penal absolutória imprópria sumária é aquela que, julgando antecipado a ação penal, reconhece a ocorrência do crime, mas deixa de aplicar a pena, aplicando medida de segurança por ficar demonstrada a inimputabilidade do acusado.

A sentença absolutória sumária imprópria poderá ser proferida em uma única situação: quando, no rito do júri, a inimputabilidade for a única tese defensiva.

8.5.3 Sentença Penal Condenatória

Entende-se por sentença penal condenatória, a sentença que julga procedente a pretensão punitiva, reconhecendo a responsabilidade criminal do acusado, aplicando-lhe uma pena.

Esta modalidade de sentença deverá ser prolatada mediante prova suficiente e idônea de que realmente existiu a infração penal e de sua autoria.

Não pode existir a simples possibilidade ou probabilidade de ocorrência do crime, é necessária a certeza, sob pena de infringir o princípio da presunção de inocência.

De acordo o determinado no Art. 387 do Código de Processo Penal, o juiz na sentença penal condenatória deverá:

> ***I.*** *mencionará as circunstâncias agravantes ou atenuantes definidas no Código Penal, e cuja existência reconhecer;*

Trata-se do reconhecimento da ocorrência de uma das situações previstas nos Arts. 61, 62 e 65 do CPP, nas quais a pena-base poderá ser agravante ou atenuante, influenciando, com isso, a segunda fase da dosimetria da pena.

Vale dizer que, somente nos casos de ação penal pública, poderá o juiz reconhecer, de ofício, a existência de circunstâncias agravantes. Em outros termos, tratando-se de ação penal privada o reconhecimento de agravantes acontecerá somente se alegada por uma das partes.

E mais. Ainda que reconhecida uma das circunstâncias atenuantes, a pena-base não poderá ser fixada abaixo do mínimo legal previsto, por respeito ao entendimento da Súmula 231 do Superior Tribunal de Justiça[8].

Da mesma forma, a pena-base não poderá ser fixada acima do máximo legal pelo reconhecimento da existência de uma circunstância agravante, mas tão somente se reconhecida a existência de causa de aumento de pena, que influenciará na terceira fase da dosimetria da pena.

> ***II.*** *mencionará as outras circunstâncias apuradas e tudo o mais que deva ser levado em conta na aplicação da pena, de acordo com o disposto nos Arts. 59 e 60 do Código Penal;*

Esta é a parte da sentença que fixa a pena-base ao acusado. É o momento em que o magistrado, analisando, minuciosa e detalhadamente, as circunstâncias judiciais do Art. 59 do Código Penal, fixa o tipo e quantidade de pena, bem como o tipo de regime em que a pena deverá ser cumprida.

Neste ponto é importante lembrar que o tempo de prisão provisória, de prisão administrativa ou de internação, no Brasil ou no estrangeiro, será computado para fins de determinação do regime inicial de cumprimento de pena privativa de liberdade.

8 STJ, Súmula 231 - A incidência da circunstância atenuante não poder conduzir à redução da pena abaixo do mínimo legal.

> ***III.*** *aplicará as penas de acordo com essas conclusões;*
>
> ***IV.*** *fixará valor mínimo para reparação dos danos causados pela infração, considerando os prejuízos sofridos pelo ofendido;*

Os comentários acerca dos valores relacionados a reparação do dano, serão tratados no capítulo dos efeitos da sentença no processo penal.

> ***V.*** *atenderá, quanto à aplicação provisória de interdições de direitos e medidas de segurança, ao disposto nos Arts. 373 a 380 do Código de Processo Penal;*

E não só. O magistrado decidirá, fundamentadamente, sobre a manutenção ou, se for o caso, a imposição de prisão preventiva ou de outra medida cautelar, sem prejuízo do conhecimento de apelação que vier a ser interposta.

> ***VI.*** *determinará se a sentença deverá ser publicada na íntegra ou em resumo e designará o jornal em que será feita a publicação (Art. 73, §1º, do Código Penal)*

Este inciso encontra-se prejudicado, uma vez que o Art. 73 do Código Penal teve sua redação alterada e não trata mais da forma de publicação da sentença. Assim, entende-se que a publicação será feita pela imprensa oficial.

Ainda sobre a sentença penal condenatória, é importante o observar a primeira parte do Art. 385 do Código de Processo Penal, que assim dispõe:

> ***Art. 385****, CPP. Nos crimes de ação pública, o juiz poderá proferir sentença condenatória, ainda que o Ministério Público tenha opinado pela absolvição (...)*

Como se vê, o magistrado não fica adstrito ao entendimento do Ministério Público. Caso entenda que as provas presentes nos autos demonstra ser caso de condenação, poderá assim decidir mesmo que o Parquet tenha apresentado o entendimento contrário.

Frisa-se: o juiz não modifica a definição jurídica dada pelo Ministério Público aos fatos apurados nos autos. Ele apenas entende de modo diferente do Parquet quanto a caracterização da materialidade e/ou autoria delitiva.

Quando a contradição é referente a definição jurídica diversa, ocorrerá os fenômenos *emendatio libelli ou mutatio libelli*, que serão estudados no próximo capítulo.

Em obediência ao princípio da presunção de inocência (Art. 5º, inciso LVII, da Constituição Federal), enquanto não transitar em julgado a sentença penal condenatória, não poderá ser determinado o lançamento do nome do réu no rol dos culpados.

No tocante aos efeitos da sentença penal condenatória, a análise será realizada em capítulo próprio.

8.5.4 Sentença Penal Declaratória

Entende-se por sentença declaratória, a decisão que declara a existência ou inexistência de uma situação jurídica preexistente.

Como principal exemplo deste tipo de sentença, temos a que reconhece a ocorrência de prescrição retroativa[9] pela pena em concreto e o perdão[10].

9 A prescrição é o instituto pelo qual o Estado tem uma limitação temporal para o exercício do poder punitivo (Art. 109 do Código Penal). A prescrição retroativa é calculada levando em conta a pena em concreta, contando o prazo para o passado, entre a data dos fatos e a prolação da sentença, considerando as causas interruptivas e suspensivas da prescrição (Art. 116 e 17 do Código Penal).

10 O perdão consiste na desistência do querelante de prosseguir com a ação penal privada.

Em ambas situações, após valorar a prova e entender pela procedência da acusação, o magistrado verifica e declara não haver mais razões para a condenação, por caracterizarem os institutos que extinguem a punibilidade.

Tome cuidado! Para uma corrente minoritária de doutrinadores a sentença penal que concede o perdão judicial não é declaratória, mas sim absolutória. Eles a denomina de sentença absolutória anômala.

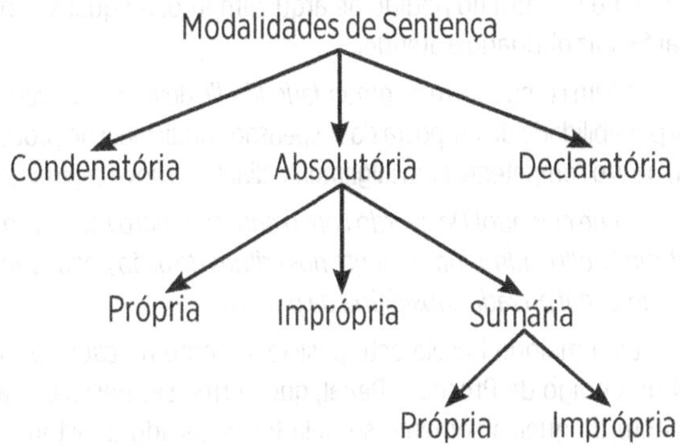

8.6 Princípio da Correlação (ou Congruência) entre Acusação e Sentença no Processo Penal

De grande importância é a análise do princípio da correlação (ou congruência) quando se estuda a sentença no processo penal, pois este princípio acaba sendo um dos limitadores da atuação do magistrado.

Pelo princípio da congruência, a sentença penal deve estar em consonância com os fatos narrados na denúncia ou na queixa-crime.

Em outras palavras, o juiz deve prolatar sua decisão de acordo com os fatos descritos na peça acusatória. Deve haver precisa correspondência entre os fatos imputados ao réu e a responsabilidade penal reconhecida na sentença.

Isso porque é certo que o acusado se defende de fatos, e não da simples capitulação legal da infração penal.

A inexistência da correlação (ou congruência) irá cercear o direito de defesa do acusado, assim como a atuação da acusação, já que o fato novo terá caráter de surpresa e impedirá o exercício do contraditório e da ampla defesa.

Dessa forma, a sentença deve estar em harmonia com as provas produzidas e com o postulado e sustentado pelas partes, sendo que juiz não pode:

> ***I.*** *julgar fora do que foi pedido pelas partes e dos fatos narrados na peça acusatória (sentença extra petita), como reconhecer a ocorrência de um crime não descrito na denúncia;*
>
> ***II.*** *julgar além do que foi pedido pelas partes e dos fatos narrados na peça acusatória (sentença ultra petita), como reconhecer qualificadora que não foi imputada ao acusado;*
>
> ***III.*** *deixar de apreciar o que foi pedido pelas partes e os fatos narrados na peça acusatória (sentença citra petita).*

Presente uma das três situações acima expostas, existirá o desrespeito ao princípio da congruência e, consequentemente, deverá ser reconhecida a nulidade absoluta da ação penal.

Violar o princípio da congruência significa desrespeitar os princípios constitucionais do devido processo legal, ampla defesa e contraditório.

Entretanto, há duas situações que fogem a regra: (i) *emendatio libelli* e (ii) *mutatio libelli*.

8.6.1 *Emendatio Libelli* (Art. 383 do CPP)

Entende-se por *emendatio libelli* a situação em que, sem modificar a descrição do fato contida na denúncia ou na queixa, o juiz poderá atribuir ao fato definição jurídica diversa da ali apontada, ainda que, em consequência, tenha de aplicar pena mais grave.

Em outros termos, ainda que julgue de forma diversa ao pedido pelas partes, o juiz pauta a sua decisão de acordo com os fatos apresentados na denúncia ou na queixa. Os fatos são os mesmos, sendo que o juiz apenas corrige a classificação do crime (tipificação ou artigo de lei) por a julgar errônea pelas provas produzidas.

Observa a doutrina que três são as hipóteses de aplicação de *emendatio libelli*:

> ***I.*** *por defeito de capitulação: o magistrado prolata sua decisão reconhecendo a ocorrência do fato criminoso descrito na denúncia, mas apresenta uma subsunção do fato à classificação dada pela acusação.*

Um exemplo desta situação ocorre quando o juiz reconhece uma causa de aumento de pena não apontada pela acusação em sua manifestação.

> ***II.*** *por interpretação diferente: nesta hipótese o juiz, ao analisar as provas, entende pela ocorrência de crime diverso ao apontado pela acusação.*

Tomemos como exemplo a situação em que o sujeito ao longo do processo responde pelo crime de furto qualificado pela fraude, mas é condenado por estelionato.

Os fatos que pautaram a decisão são os mesmos, mas, diante das circunstâncias, o magistrado divergiu do entendimento da acusação.

> ***III.*** *por supressão de elementar e/ou circunstância: ao analisar o conjunto probatório, entende o juiz que determinada elementar do crime ou circunstância não existiu e, por isso, a capitulação do delito deve ser alterada.*

Exemplo desta hipótese ocorre quando o juiz afasta a majorante do crime roubo pelo concurso de agente por restar demonstrado que o acusado agiu sozinho.

No tocante ao momento processual em poderá ser empregada pelo juiz, tem-se, em regra, que a *emendatio libelli* poderá ser feita somente após o encerramento da instrução processual, na prolação da sentença.

Porém, alguns poucos doutrinadores defendem que, excepcionalmente, a *emendatio libelli* poderá ocorrer na decisão de recebimento da denúncia, em especial, para fins de concessão de revogação da prisão preventiva e aplicação de medidas despenalizadoras, quando não houver necessidade de dilação probatória.

Tratando-se das decisões de segunda instância por ocasião de julgamento de recursos, é possível a ocorrência a *emendatio libelli*, mas o princípio da vedação da reformatio in peju deve ser respeitado. Se apenas o réu recorrer, não pode a pena ser agravada pela *emendatio libelli*, ou seja, não pode a situação do acusado ser agravada.

Importante dizer, ainda, que, se, em razão da nova capitulação, for cabível a suspensão condicional do processo, deverá a proposta ser oferecida ao acusado, por obediência ao disposto no § 1º, do Art. 383, do Código de Processo Penal.

E mais, quando diante da alteração da classificação também se alterar o juízo competente para julgamento, a este serão encaminhados os autos.

8.6.2 *Mutatio Libelli* (Art. 384 do Código de Processo Penal)

Ocorrerá a *mutatio libelli* quando, encerrada a instrução probatória, o juiz entender cabível nova definição jurídica do fato, em consequência de prova existente nos autos de elemento ou circunstância da infração penal não contida na acusação.

Ou seja, surge nos autos provas de uma nova elementar do delito ou circunstância que não está mencionada nos fatos narrado na denúncia ou queixa. Há uma alteração fática que se relaciona com o disposto na peca acusatória.

Observando esta situação, diferentemente do que ocorre na *emendatio libelli*, o magistrado não poderá de ofício alterar a definição jurídica da conduta. Ele deverá encaminhar os autos ao Ministério Público para que adite a peça acusatória, no prazo de cinco dias.

Se a necessidade do aditamento surgir em audiência, a alteração será feita oralmente pelo membro do Ministério Público e reduzida a termo nos autos.

Feito o aditamento, deverá ser aberto o prazo de cinco dias para que o acusado se manifeste da nova acusação.

Após a manifestação da defesa, surgem duas situações, quais sejam:

> ***I.*** *Se o aditamento for rejeitado pelo magistrado, o processo seguirá o seu curso normal.*
>
> ***II.*** *Por outro lado, caso seja recebido o aditamento, deverá o juiz designar nova data para o prosseguimento da audiência de instrução e julgamento.*

Como tratado no tópico da *emendatio libelli*, o acusado se defende de fatos, e não da capitulação do delito. Daí a necessidade de se aditar a denúncia nos casos de *mutatio libelli*.

Diferentemente da *emendatio libelli*, na *mutatio libelli* o que se altera não é a simples tipificação delituosa, mas os fatos narrados na denúncia, do quais o acusado se defende.

O aditamento da denúncia é fundamental para que haja o respeito aos princípios do contraditório, da ampla defesa e da congruência, pois é por meio do aditamento que se dará ciência ao acusado dos novos fatos pelos quais está sendo processado, possibilitando sua completa defesa.

Ademais, por ser o Ministério Público o titular da ação penal[11], caberá somente o aditamento, que nada mais é que a alteração dos fatos narrados da denúncia.

Havendo a inércia do Ministério Público, deverá ser aplicado o disposto no Art. 28 do CPP, in verbis:

Se o órgão do Ministério Público, ao invés de apresentar a denúncia, requerer o arquivamento do inquérito policial ou de quaisquer peças de informação, o juiz, no caso de considerar improcedentes as razões invocadas, fará remessa do inquérito ou peças de informação ao procurador-geral, e este oferecerá a denúncia, designará outro órgão do Ministério Público para oferecê-la, ou insistirá no pedido de arquivamento, ao qual só então estará o juiz obrigado a atender.

Assim como ocorre na *emendatio libelli*, deverá o juiz verificar (i) a possibilidade de proposta da suspensão condicional do processo e (ii) o juízo competente para julgamento diante da nova capitulação.

Tome cuidado! De acordo com o entendimento majoritário, a mutatio libelli é admitida somente nos crimes de ação penal pública ou ação penal privada subsidiária da pública.

Esta maioria baseia este posicionamento no *caput* do Art. 384 do Código de Processo Penal, que afirma ser possível o aditamento da queixa somente se dela ter decorrido a instauração de ação penal pública. Defendem que, se fosse possível a *mutatio libelli* nos crimes de ação penal privada, não teria motivos o legislador para fazer esta previsão.

Por fim, a Súmula 453 do Supremo Tribunal Federal[12] veda a possibilidade da *mutatio libelli nas decisões de segunda instância, em respeito ao duplo grau de jurisdição.*

Isso porque preconiza o citado princípio que os fatos devem ser examinados pelo juízo de primeira instância e depois reexaminados pelo juízo de segunda instância. Assim, caso ocorra a *mutatio libelli na segunda instância, haverá a supressão da análise pelo juízo de primeiro grau.*

	Emendatio Libelli	***Mutatio Libelli***
Fundamentação Jurídica	Art. 383 do CPP	Art. 384 do CPP
Conceito	Dar ao fato nova definição juírica, sem modificar a descrição do fato contida na denúncia ou queixa.	Dar ao fato nova definição jurídica, diante da existência de novos elementos e circunstâncias não contidos na denúncia ou na queixa
Quem Fará a Nova Definição	Juiz na própria sentença	Ministério Público por aditamento da denúncia
Aplicação em Segunda Instância	É possível	Não é possível

11 Art. 129, CF. São funções institucionais do Ministério Público:
I - promover, privativamente, a ação penal pública, na forma da lei (...)

12 Súmula 453, STF. Não se aplicam à segunda instância o Art. 384 e parágrafo único do Código de Processo Penal, que possibilitam dar nova definição jurídica ao fato delituoso, em virtude de circunstância elementar não contida, explícita ou implicitamente, na denúncia ou queixa.

8.7 Publicação e Intimação da Sentença no Processo Penal

8.7.1 Publicação da Sentença

A publicação é o ato pelo qual se formaliza a sentença como ato processual passível de produzir efeitos, pois a sentença sem publicidade nada mais é que um ato particular do magistrado, sem qualquer valor jurídico e efeito vinculante.

O Art. 389 do Código de Processo Penal estabelece que a sentença será publicada em mão do escrivão, que lavrará nos autos o respectivo termo, registrando-a em livro especialmente destinado a esse fim.

Assim, tem-se que a sentença ganha publicidade quando é recebida, em cartório, pelo escrivão e por este juntada aos autos, com a lavratura do respectivo termo e registro em livro próprio.

No tocante à sentença prolatada em audiência (Art. 403 do Código de Processo Penal[13]), a publicidade dar-se-á no momento da leitura em audiência na presença das partes. Após, caberá ao escrivão realizar a inserção da cópia da sentença no Livro de Registro de Audiência.

Publicação da sentença

Não proferida em audiência → Recebimento no cartório

Proferida em audiência → Leitura em audiência

No que tange à data da publicação, é importante entender que não é levada em consideração a data que consta na sentença, mas sim a data da publicação em cartório ou em audiência.

Assim, uma vez publicada a sentença, ela se torna irretratável, sendo que o juiz que a prolatou não poderá modificá-la naquilo que tange ao mérito, por considerar esgotada a função jurisdicional do magistrado em relação àquela lide.

Porém, aplicando subsidiariamente o Art. 494 do Novo Código de Processo Civil (Art. 463 do antigo Código de Processo Civil)[14], o juiz poderá modificar a sentença publicada apenas em duas situações: (i) para corrigir erros materiais ou de cálculo; e (ii) por oposição de embargos de declaração[15].

Deve-se entender por erros materiais a inexatidão da sentença quanto aos aspectos subjetivos, que não possuam relação com a matéria jurídica, como meros erros de digitação e cálculo errôneo. Nesta hipótese, o magistrado poderá corrigir o erro de ofício ou a requerimento da parte.

13 Art. 403, CPP. Não havendo requerimento de diligências, ou sendo indeferido, serão oferecidas alegações finais orais por 20 (vinte) minutos, respectivamente, pela acusação e pela defesa, prorrogáveis por mais 10 (dez), proferindo o juiz, a seguir, sentença.

14 Art. 494, CPC. Publicada a sentença, o juiz só poderá alterá-la:
I - para corrigir-lhe, de ofício ou a requerimento da parte, inexatidões materiais ou erros de cálculo;
II - por meio de embargos de declaração.

15 Art. 382, CPP. Qualquer das partes poderá, no prazo de 2 (dois) dias, pedir ao juiz que declare a sentença, sempre que nela houver obscuridade, ambigüidade, contradição ou omissão.

Referente aos embargos de declaração, este tem como finalidade corrigir obscuridade, ambiguidade, contradição ou omissão existente na sentença. O juiz só irá agir quando for provocado pelas partes, já que os embargos de declaração é uma modalidade de recurso.

Embora não esteja previsto no Art. supramencionado, também será possível que o magistrado altere sua decisão nos casos de recurso com efeito regressivo.

Nesses recursos, como é o caso do recurso em sentido estrito (RESE), antes que determine sua remessa ao Tribunal, o juiz poderá retratar-se de sua decisão tomada, modificando o seu sentido.

8.7.2 Intimação da Sentença

Dispõe o Art. 269 do Novo Código de Processo Civil (Art. 234 do antigo Código de Processo Civil) que intimação "é o ato pelo qual se dá ciência a alguém dos atos e termos do processo", para que faça ou deixe de fazer alguma coisa.

Em outras palavras, a intimação é o ato pelo qual: (i) as partes tomam conhecimento do conteúdo da sentença prolatada e (ii) são convocadas para oferecer recurso, caso entendam necessário, (iii) considera-se o transito em julgado da decisão, caso as partes não recorram.

"Sentença definitiva" é diferente de "sentença transitada em julgado".

A sentença definitiva é aquela que simplesmente põe fim ao processo, esgotando o procedimento em primeira instância, com o julgamento do mérito.

Já a sentença transitada em julgado é aquela contra a qual não cabe mais recurso, por já terem se esgotados os recursos possíveis ou pela por preclusão das impugnações possíveis.

O Art. 392 do Código de Processo Penal estabelece que a intimação da sentença será feita:

> ***I.*** *ao réu, pessoalmente, se estiver preso;*
>
> ***II.*** *ao réu, pessoalmente, ou ao defensor por ele constituído, quando se livrar solto, ou, sendo afiançável a infração, tiver prestado fiança;*
>
> ***III.*** *ao defensor constituído pelo réu, se este, afiançável, ou não, a infração, expedido o mandado de prisão, não tiver sido encontrado, e assim o certificar o oficial de justiça;*
>
> ***IV.*** *mediante edital, nos casos do nº. II, se o réu e o defensor que houver constituído não forem encontrados, e assim o certificar o oficial de justiça;*
>
> ***V.*** *mediante edital, nos casos do nº. III, se o defensor que o réu houver constituído também não for encontrado, e assim o certificar o oficial de justiça;*
>
> ***VI.*** *mediante edital, se o réu, não tendo constituído defensor, não for encontrado, e assim o certificar o oficial de justiça.*

Analisemos separadamente a forma como cada parte do processo deve ser intimada.

8.7.2.1 Intimação do Ministério Público

A intimação do Ministério Público, nos termos do Art. 370, §4º, do Código de Processo Penal, sempre será pessoal. Trata-se de uma prerrogativa dada ao membro do Ministério Público.

Em qualquer processo ou grau de jurisdição, a intimação do *Parquet* dar-se-á por meio da entrega do processo com vistas, sendo que a contagem dos prazos tem início no momento em que o auto é entregue na instituição.

Recente decisão do Superior Tribunal de Justiça16, tratando das hipóteses em que o Promotor de Justiça ou Procurador da República tomam ciência das decisões ou sentença proferidas pelo magistrado no próprio cartório judicial, entendeu que o prazo recursal começa a fluir do dia em que o membro do Ministério Público após seu ciente, haja vista o fato de ter ocorrido a intimação pessoal no cartório da Vara.

E, ainda, determina o Art. 390 do Código de Processo Penal que caberá ao escrivão providenciar a intimação do Ministério Público, no prazo de três dias a contar da publicação da sentença, sob pena de sanção administrativa, consistente na suspensão.

8.7.2.2 Intimação do Réu

Como é possível observar na leitura do Art. 392 do Código de Processo Penal, a regra geral é que a intimação do acusado seja sempre pessoal, independente de estar ele preso ou solto. Tal obrigatoriedade se justifica pela obediência ao princípio da ampla defesa[17].

Igualmente, a intimação do réu que estiver preso deverá ser feita pessoalmente, mediante oficial de justiça. Caso esteja preso em Estado diverso do qual tramitou o processo no qual foi proferida a sentença, a intimação deverá ser feita pessoalmente por carta precatória.

A legislação processual admite, assim, que a intimação do acusado seja feita por edital somente quando não for possível a sua localização.

Nesta hipótese, determina o § 1º, do Art. 392 do Código de Processo Penal, que:

> ***I.*** *o prazo do edital será de noventa dias, quando a condenação for a pena privativa de liberdade, igual ou superior a um ano.*
>
> ***II.*** *o prazo do edital será de sessenta dias, nas demais condenações.*

Embora o Art. 392 dispense a intimação do acusado que estiver solto, tratando-se de sentença condenatória e sentença absolutória imprópria, de primeira instância, a intimação é indispensável.

Em outros termos, a intimação do defensor não afasta a obrigatoriedade de intimar também o réu. Isso porque, tanto o réu como o advogado possuem capacidade para a interposição de recurso e a ausência da intimação afrontaria, assim, o princípio da ampla defesa.

Diante disso, conforme já decidido pelo Superior Tribunal de Justiça, uma vez que o condenado respondeu o processo solto, deverá ser ele intimado pessoalmente da condenação, sob pena de nulidade[18].

Já no tocante a decisões proferidas pelos Tribunais, em sede de segunda instância, a obrigatoriedade da intimação dupla deixa de existir. Basta a intimação do defensor, uma vez que este possui exclusivamente a capacidade postulatória perante os Tribunais.

Da mesma forma, tratando-se de sentença absolutória própria, a obrigatoriedade da intimação do acusado deixa de existir, sendo que basta a intimação do seu defensor.

16 STJ, 3ª Seção. EREsp 1.347.303-GO, Rel. Min. Gurgel de Faria, julgado em 10/12/2014.

17 Previsto no Art. 5º, inciso LV, da Constituição Federal, o princípio da ampla defesa garante ao acusado o direito de ser ouvido e se manifestar ao longo de todo o processo ("autodefesa"), bem como garante o direito de receber defesa técnica por um profissional habilitado.

18 STJ, 5ª Turma, HC nº. 160.557/SE, Rel. Min. Jorge Mussi, DJe 02/08/2010.

8.7.2.3 Intimação do Defensor

No que tange à intimação do defensor, diferenças existem na forma de se realizar a intimação quando falamos em defensor constituído pelo réu e defensor público ou dativo.

Quando o defensor foi constituído pelo réu, nas regras do Art. 370, §1º, do Código de Processo Penal, aquele deverá ser intimado por meio da Impressa Oficial. A intimação deverá conter o nome do acusado, sob pena de nulidade do ato.

Entretanto, quando o defensor não for localizado, a intimação será realizada por edital, ainda que tenha ocorrido a intimação do acusado, em face do princípio da ampla defesa. As regras do prazo do edital são as mesmas do acusado.

De outra banda, quando o defensor for público ou dativo, nos termos do Art. 370, §4º, do Código de Processo Penal, a intimação deverá ser sempre pessoal.

8.7.2.4 Intimação do Querelante e Assistente de Acusação

Seguindo disposto no Art. 391 do Código de Processo Penal, a intimação do querelante e do assistente de acusação poderá ser feita (i) pessoalmente ou (ii) na pessoa do seu advogado.

Referente à intimação realizada na pessoa do advogado, esta acontecerá por meio da Imprensa Oficial, seguindo os ditames do Art. 370, §1º, do Código de Processo Penal.

Caso o querelante ou assistente não seja localizado, assim como o seu advogado, a intimação será feita por edital, com prazo de dez dias.

Em ambas situações, o nome do acusado deverá constar da publicação.

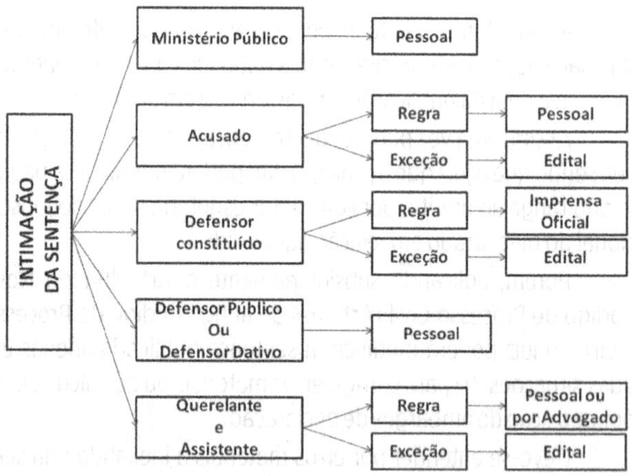

O prazo para a interposição de recurso tem como termo inicial de contagem a data da intimação.

Importante lembrar que o início de contagem do prazo é o dia em que a intimação acontece, e não a data em que o mandado de intimação ou carta precatória foi juntada ao processo. É o que determina a Súmula 710 do Supremo Tribunal Federal[19].

Nos casos em que a intimação é realizada por edital, o prazo recursal passa a ser computado após o término do prazo fixado no edital, salvo se, no curso deste prazo, for feita a intimação por qualquer das outras formas.

19 Súmula 710, STF. No processo penal, contam-se os prazos da data da intimação, e não da juntada aos autos do mandado ou da carta precatória ou de ordem.

Já nas intimações feitas pela Imprensa Oficial, considera-se como termo inicial da contagem o primeiro dia útil seguinte a data da publicação.

Para finalizar, caso a intimação ocorra em uma sexta-feira, a contagem do prazo terá início no primeiro dia útil que seguir[20].

8.8 Efeitos da Sentença no Processo Penal

Vários são os efeitos decorrentes da prolação de uma sentença, os quais podem ser classificados em (i) efeitos penais e (ii) efeitos extrapenais e (iii) efeitos civis.

8.8.1 Efeitos Penais

8.8.1.1 Sentença Penal Absolutória

Tratando-se de sentença penal absolutória, temos que o efeito primário dele é a soltura imediata do acusado que estiver preso, ainda que não tenha transitado em julgado a decisão com a interposição de recurso.

É certo que a apelação contra a sentença absolutória não possui efeito suspensivo, o que por si só autoriza o acusado aguardar o julgamento do recurso em liberdade.

Todavia, se a sentença absolutória for imprópria e o acusado estiver sob medida cautelar de internação, caso haja a interposição de recurso, a medida cautelar deve ser mantida, salvo se não mais existir a presença do *fumus comissi delicti* e *periculum libertatis* que autorizou a imposição da cautelar.

Por outro lado, temos que os efeitos secundários da sentença penal absolutória são:

> ***I.*** *a cassação dos efeitos das medidas cautelares e provisórias (Art. 386, parágrafo único, inciso II, do Código de Processo Penal), bem como das medidas assecuratórias, após o trânsito em julgado da sentença;*
>
> ***II.*** *a impossibilidade de arguição da exceção da verdade nos crimes contra a honra, após o trânsito em julgado da sentença;*
>
> ***III.*** *a restituição integral do valor pago como fiança, atualizado e sem desconto (Art. 337 do Código de Processo Penal);*
>
> ***IV.*** *coisa julgada material, pois, após o trânsito em julgado, ainda que surjam novas provas, a sentença não poderá ser revisada e nem oferecida nova denúncia em relação à mesma imputação.*

8.8.1.2 Sentença Penal Condenatória

Tratando-se da sentença penal condenatória, os efeitos penais são outros. Após o trânsito em julgado, tem-se a ocorrência de princípios primários e secundários.

Como efeito primário, temos:

> ***I.*** *imposição da pena e o início do seu cumprimento;*

Ressalta-se que recentemente entendeu o Supremo Tribunal Federal[21] que não é mais necessário o trânsito em julgado da sentença para que se inicie o cumprimento da pena, quando houver a interposição de recurso.

Basta que o Tribunal, em sede de apelação, confirme a sentença condenatória para que se inicie a execução provisória da pena, ainda que o réu tenha interposto recurso especial ou extraordinário ao Superior tribunal de Justiça ou Supremo Tribunal Federal, pois tais recursos possuem efeitos meramente devolutivos[22].

> ***II.*** *inclusão do nome do acusado no rol dos culpados, o que também ocorre somente com o trânsito em julgado da decisão.*

Já os efeitos secundários são:

> ***I.*** *a constituição da reincidência, nos moldes do Art. 63 do Código Penal;*
>
> ***II.*** *possível regressão de regime nos casos em que o acusado já se encontra preso provisoriamente;*
>
> ***III.*** *revogação e impossibilidade de concessão do sursis (Arts. 77 e 81 do Código Penal);*
>
> ***IV.*** *revogação do livramento condicional, nos termos do Art. 86 do Código Penal.*

8.8.2 Efeitos Extrapenais da Sentença Condenatória

Com previsão nos Arts. 91 e 92 do Código de Processo Penal, o legislador trouxe, ainda, os seguintes efeitos à sentença penal condenatória:

> ***I.*** *a perda, em favor da União, dos instrumentos e produtos do crime;*

Por instrumento do crime, entendem-se os objetos proibidos ou que se encontrem em situação de ilegalidade utilizados para a prática do delito. São utensílios cujo fabrico, alienação, uso, porte ou detenção constitua fato ilícito (**Ex.:** arma de fogo sem o devido registro).

Já por produto do crime, deve-se entender o objeto que está na posse do acusado como resultado, direto ou indireto, da prática do delito (**Ex.:** objeto furtado da vítima).

Observa-se que poderá ser decretada a perda de bens ou valores equivalentes ao produto ou proveito do crime quando estes não forem encontrados ou quando se localizarem no exterior.

> ***II.*** *perda de cargo, função pública ou mandato eletivo;*

De fácil percepção é o fato de que este Art. será aplicado somente aos acusados que ocupem cargos públicos.

> ***III.*** *incapacidade para o exercício do pátrio poder, tutela ou curatela, nos crimes dolosos, sujeitos à pena de reclusão, cometidos contra filho, tutelado ou curatelado;*

Para que decorra este efeito, basta que a sentença penal reconheça a existência de um crime doloso contra a vida contra o filho, o tutelado ou curatelado, independentemente do quantum de pena aplicado.

> ***IV.*** *inabilitação para dirigir veículo, quando utilizado como meio para a prática de crime doloso;*

Uma vez aplicado este efeito, o condenado voltará a ter o direito dirigir somente após sua reabilitação criminal, nos moldes dos Arts. 93 a 95 do Código Penal.

Importante dizer que com exceção da perda, em favor da União, dos instrumentos e produtos do crime, estes efeitos não são automáticos, ou seja, deverá o juiz declarar e motivas as suas aplicações ao prolatar a sentença (Art. 92, parágrafo único, do Código Penal).

20 Súmula 310, STF. Quando a intimação tiver lugar na sexta-feira, ou a publicação com efeito de intimação for feita nesse dia, o prazo judicial terá início na segunda-feira imediata, salvo se não houver expediente, caso em que começará no primeiro dia útil que se seguir.

21 STF. Plenário. HC 126292/SP, Rel. Min. Teori Zavascki, julgado em 17/02/2016

22 Nos termos do Art. 637 do Código de Processo Penal e Art. 27, §2º, da Lei nº. 8.038/90.

8.8.3 Efeitos Civis

Muitas vezes a conduta criminosa deixa de atingir apenas a esfera do ilícito criminal, atingindo a esfera civil ao ocasionar danos de cunho patrimonial à determinada pessoa.

Nos termos do Art. 186 do Código Civil, aquele que, por ação ou omissão voluntária, negligência ou imprudência, violar direito e causar dano a outrem, ainda que exclusivamente moral, comete ato ilícito.

Em complemento, o Art. 927 do Código Civil determina que aquele que comete o ato ilícito, ocasionando prejuízo a outrem, tem por obrigação repará-lo.

Diante disso, nas situações em que a prática do delito ocasionar dano patrimonial, aquele que sofreu o dano poderá pedir a reparação na esfera civil.

Assim, o legislador penal trouxe ao Código Penal, em seu Art. 91, inciso I, a previsão de que um dos efeitos automáticos da condenação é tornar certa a obrigação de indenizar o dano causado pelo crime.

Em outras palavras, caberá ao juiz no momento da prolação da sentença, reconhecendo a existência de danos ocasionados pela infração ao ofendido, fixar valor mínimo para reparação dos danos, nos moldes do Art. 387, inciso IV, do Código de Processo Penal.

A responsabilidade civil independe da responsabilidade penal.

Há situações em que haverá o ilícito penal, mas não haverá ilícito civil, seja pelo fato da conduta simplesmente não caracterizar ilícito civil ou, ainda, por não ofender o patrimônio de uma pessoa em específica.

Ressalta-se que, nos termos do Art. 515, inciso VI, do Novo Código de Processo Civil, (Art. 475-N do antigo Código de Processo Civil) a sentença penal condenatória, que contenha a fixação de reparação de dano, constitui título executivo judicial.

Logo, nos termos do *caput*, do Art. 63 do Código de Processo Penal, transitada em julgado a sentença condenatória, poderá o ofendido promover a execução, no juízo cível, para o efeito da reparação do dano.

Observa-se que o citado Art. autoriza, ainda que a execução seja promovida pelo representante legal ou seus herdeiros.

Por outro lado, o Art. 64 do Código de Processo Penal autoriza que a ação seja proposta no cível, também, contra o responsável civil do autor do crime.

Referente ao valor da indenização, o Art. 387, inciso IV, do Código de Processo Penal, determina que o juiz fixe o valor mínimo da reparação, o qual servirá de base para a execução, sem prejuízo da liquidação para a apuração do dano efetivamente sofrido.

Apesar disso, a ação de ressarcimento dos danos poderá ser proposta na esfera civil ainda que não se tenha a sentença penal condenatória. Seja porque ainda não se pôs fim ao processo criminal, seja porque ainda não houve o trânsito em julgado da sentença penal condenatória já prolatada, ou ainda, porque se tem uma sentença penal absolutória[23]. É a chamada "ação civil *ex delicto*".

Todavia, em regra, a ação ajuizada na esfera civil ficará suspensa até que se resolva a situação na esfera penal. Isso ocorre não porque uma ação depende da outra, mas sim para que se evite a prolação de decisões conflitantes, contraditórias.

Neste contexto, dispõe o Art. 935 do Código Civil, que a responsabilidade civil é independente da criminal, não se podendo questionar mais sobre a existência do fato, ou sobre quem seja o seu autor, quando estas questões se acharem decididas no juízo criminal.

Tratando-se da uma sentença penal absolutória, a ação de ressarcimento poderá ser proposta apenas em duas situações: (i) quando não tiver sido, categoricamente, reconhecida a inexistência material do fato e (ii) for afastada a autoria e participação.

Portanto, é necessária a observação das hipóteses de absolvição previstas no Art. 386 do CPP[24], para se saber quando é possível o ajuizamento da ação civil.

É certo que somente as posições previstas nos incisos I e IV, do Art. supramencionado trazem um estado de certeza na decisão prolata. Ou seja, somente nessas duas situações se tem a certeza de que não houve o fato criminoso, assim como que o acusado não é autor, coautor ou partícipe do delito. Logo, nestas situações há a caracterização da coisa julgada no juízo cível, já que não será cabível o ajuizamento da ação de ressarcimento.

Outrossim, tratando-se do inciso VI, do citado artigo, também é certo que não será possível o ajuizamento da ação de ressarcimento no cível quando na absolvição for reconhecida uma das causas da excludente de ilicitude.

Isso porque determina o Art. 65 do Código de Processo Penal que o reconhecimento do estado de necessidade, em legítima defesa, em estrito cumprimento de dever legal ou no exercício regular de direito, faz coisa julgada no cível.

Entretanto, tratando-se de legítima defesa putativa, estado de necessidade agressivo ou de excludente de ilicitude que tenha atingido terceiro de boa-fé, este poderá ajuizar a ação civil. Caberá ao acusado absolvido ajuizar ação regressiva contra quem deu causa à situação.

Além da sentença penal condenatória e da sentença penal absolutória, poderá a sentença que declare a extinção de punibilidade pautar o ajuizamento da ação civil, conforme o disposto no Art. 65, inciso II, do Código de Processo Penal.

Por fim, previu o legislador que, quando o titular do direito à reparação do dano for pobre[25], a execução da sentença condenatória ou a ação civil será promovida, a seu requerimento, pelo Ministério Público.

---

23 Art. 64, CPP. Sem prejuízo do disposto no Art. anterior, a ação para ressarcimento do dano poderá ser proposta no juízo cível, contra o autor do crime e, se for caso, contra o responsável civil.

24 Art. 386, CPP. O juiz absolverá o réu, mencionando a causa na parte dispositiva, desde que reconheça: (inciso I) estar provada a inexistência do fato; (inciso II) não haver prova da existência do fato; (inciso III) não constituir o fato infração penal; (inciso IV) estar provado que o réu não concorreu para a infração penal; (inciso V) não existir prova de ter o réu concorrido para a infração penal; (inciso VI) existirem circunstâncias que excluam o crime ou isentem o réu de pena (Arts. 20, 21, 22, 23, 26 e § 1º do Art. 28, todos do Código Penal), ou mesmo se houver fundada dúvida sobre sua existência; (inciso VII) não existir prova suficiente para a condenação. (Parágrafo único) Na sentença absolutória, o juiz: (inciso I) mandará, se for o caso, pôr o réu em liberdade; (inciso II) ordenará a cessação das medidas cautelares e provisoriamente aplicadas; (inciso III) aplicará medida de segurança, se cabível.

25 CPP, Art.32 - (...) 1º- Considerar-se-á pobre a pessoa que não puder prover às despesas do processo, sem privar-se dos recursos indispensáveis ao próprio sustento ou da família.

§ 2º - Será prova suficiente de pobreza o atestado da autoridade policial em cuja circunscrição residir o ofendido.

Questões

(Adaptada) Assinale a alternativa incorreta.

01. A sentença penal condenatória mencionará as circunstâncias agravantes ou atenuantes definidas no Código Penal, e cuja existência reconhecer.

Certo ( ) Errado ( )

02. A sentença penal condenatória fixará valor máximo para reparação dos danos causados pela infração, considerando os prejuízos sofridos pelo ofendido.

Certo ( ) Errado ( )

03. Na sentença absolutória o juiz ordenará a cessação das medidas cautelares e provisoriamente aplicadas.

Certo ( ) Errado ( )

04. O tempo de prisão provisória, de prisão administrativa ou de internação, no Brasil será computado para fins de determinação do regime inicial de pena privativa de liberdade. Mas o tempo de prisão provisória cumprido no estrangeiro não será computado.

Certo ( ) Errado ( )

05. Nos crimes de ação pública, o juiz poderá proferir sentença condenatória, ainda que o Ministério Público tenha opinado pela absolvição, bem como reconhecer agravantes, embora nenhuma tenha sido alegada.

Certo ( ) Errado ( )

Gabaritos

01	CERTO
02	CERTO
03	CERTO
04	ERRADO
05	CERTO

9. *HABEAS CORPUS* E SEU PROCESSO

Algumas doutrinas entendem que teria o *Habeas Corpus* nascido no Direito Romano, mas é com a Magna Carta de João Sem Terra (1215) que deu a forma mais expressiva ao *Habeas Corpus*, semelhante ao formato que possui hoje.

9.1 Surgimento

O *Habeas Corpus* também apareceu de forma expressa e foi evoluindo com o tempo em diversos documentos históricos, a saber:

→ ***Habeas Corpus*** ACT (1679 e 1816).

9.1.1 Aparecimento do Habeas Corpus no Brasil

→ No Brasil, apareceu expressamente no código criminal de 1832.

→ Lei 2.003 - estendeu o *Habeas Corpus* para os estrangeiros.

9.1.2 *Habeas Corpus* nas Constituições Federais Brasileiras

1891 - Habeas Corpus Brasileiro: nessa época o *Habeas Corpus* abrangia qualquer direito líquido e certo (o chamado *Habeas Corpus* brasileiro).

1926: a partir da CF de 1926, o *Habeas Corpus* passou a abranger tão somente a liberdade de locomoção.

1934: *Habeas Corpus* e mandado de segurança (criação deste).

9.2 Natureza Jurídica

O *Habeas Corpus* é um remédio constitucional. Também é uma ação de conhecimento de caráter fundamental. É uma ação autônoma de impugnação.

9.3 Pedidos do *Habeas Corpus*

O pedido pode se apresentar de diversas formas, a depender do momento em que é impetrado o *Habeas Corpus*, podendo ser:

> Meramente declaratório

Habeas corpus que busca a extinção da punibilidade.

> Constitutivo

Anulação da sentença.

> Condenatório

Pedido de condenação nas custas àquele que agiu de má-fé no cerceamento da liberdade.

Art. 653, parágrafo único, CPP. *Neste caso, será remetida ao Ministério Público cópia das peças necessárias para ser promovida a responsabilidade da autoridade.*

9.4 Espécies de *Habeas Corpus*

> Liberdade ou repressivo (efetivamente preso).

> Preventivo (ameaça de prisão ou detenção): se a ordem de ***Habeas Corpus*** for concedida para evitar ameaça de violência ou coação ilegal, dar-se-á ao paciente salvo-conduto assinado pelo juiz.

> ***Habeas Corpus*** para trancamento de ação ou inquérito.

9.5 Legitimidade

> Qualquer pessoa (não somente o cidadão como no caso da ação popular).

» Em seu favor ou de outrem.

Paciente	Autoridade Coatora	Impetrante
O paciente é o coagido da liberdade de locomoção e não pode ser pessoa jurídica.	Autoridade coatora é aquela que é responsável pela coação, pode ser ato de autoridade pública ou particular. É importante diferenciar a figura do coator, que é o responsável pela prisão, e o detentor, que é o agente responsável diretamente pela prisão. Este declarará à ordem de quem o paciente estiver preso.	Pode ser impetrante qualquer pessoa: - Pessoa maior ou menor. - Nacional ou estrangeiro. - Pessoa jurídica em favor de terceiro. - Analfabeto. - Ministério Público (muito importante). O próprio paciente. **Obs.:** o assistente de acusação não pode impetrar ***Habeas Corpus***.

> ***Habeas Corpus*** de ofício pelo juiz: este não poderá impetrar ***Habeas Corpus*** em favor de um terceiro, mas poderá concedê-lo de ofício num processo o qual preside.

> ***Habeas Corpus*** coletivo:

» Não é possível por falta de previsão legal. O STF já se manifestou pela possibilidade do mandado de injunção coletivo.

> Capacidade postulatória:

» Não há necessidade de capacidade postulatória, que é aquela de "falar" em juízo, competência esta outorgada aos advogados em geral. Diferentemente da capacidade processual, pois a banca Cespe, em suas provas, entende que esta é necessária para poder impetrar *Habeas Corpus*.

> Punições disciplinares militares:

» Não é cabível para discutir o mérito da punição, mas para se discutir a legalidade.

> Pena de exclusão de militar ou de perda de patente:

» Não é cabível *Habeas Corpus*.

> ***Habeas Corpus*** após o trânsito em julgado:

» É cabível o *Habeas Corpus* após o trânsito em julgado para alegar alguma nulidade. Nesse momento, também será cabível a revisão criminal.

> ***Habeas corpus*** após a extinção da pena privativa de liberdade:

» Não é cabível *Habeas Corpus* após a extinção da pena privativa de liberdade.

Súmula 695, STF. *Não cabe Habeas Corpus quando já extinta a pena privativa de liberdade.*

> Decisão condenatória à pena de multa:

» Não é cabível *habeas corpus* em virtude de uma pena de multa, pois a liberdade de locomoção não estará sendo coagida.

Súmula 693 do STF. *Não cabe habeas corpus contra decisão condenatória à pena de multa, ou relativo a processo em curso por infração penal a que a pena pecuniária seja a única cominada.*

> ***Habeas Corpus*** em favor de pessoa jurídica:
  - » Não é cabível, pois pessoa jurídica não sofre coação à liberdade de locomoção.

> ***Habeas Corpus*** por causa do Art. 28 da Lei 11.343/06 (usuário de drogas):
  - » Não há a possibilidade de pena privativa de liberdade, no de usuário, previsto no Art. 28 da Lei de Drogas, portanto não é cabível *Habeas Corpus* por causa do crime do usuário.

> Medida cautelar de recolhimento domiciliar.
  - » É cabível *Habeas Corpus*.

> ***Habeas Corpus*** contra prisão administrativa:
  - » Não cabe o *Habeas Corpus* contra a prisão administrativa, atual ou iminente, dos responsáveis por dinheiro ou valor pertencente à Fazenda Pública, alcançados ou omissos em fazer o seu recolhimento nos prazos legais, salvo se o pedido for acompanhado de prova de quitação ou de depósito do alcance verificado, ou se a prisão exceder o prazo legal.

> A concessão do ***Habeas Corpus*** não obstará, nem porá termo ao processo, desde que este não esteja em conflito com os fundamentos daquela.

> Muito importante: se o ***Habeas Corpus*** for concedido em virtude de nulidade do processo, este será renovado.

9.6 Coação Ilegal

O tópico coação ilegal trata das condutas que ensejam a impetração de *Habeas Corpus*. Essas condutas estão previstas no Art. 648 do Código de Processo Penal, mas é importante ressaltar que estão previstas em um rol exemplificativo, pois outras, mesmo que não previstas nesse rol, podem ensejar a impetração de *Habeas Corpus* (rol exemplificativo - *numerus apertus*).

→ **Não houver justa causa**

A ausência de justa causa se dá sempre que não existirem um mínimo de provas que sustentem a situação de prejuízo para o acusado.

→ **Possibilidade da Prisão:**
  - » Flagrante.
  - » Ordem escrita e fundamentada: salvo transgressões militares de crime propriamente militar.

Portanto, se a prisão se der fora desses casos, será ilegal.

> **Inquérito Policial:** abertura de inquérito policial sem um mínimo de materialidade.
  - » Nesse caso, cabe o *Habeas Corpus* para trancamento do inquérito policial.

→ **Quando alguém estiver preso por mais tempo que determina a lei**

> **Prisão temporária:**
  - » 05 dias + 05 dias.
  - » 30 dias + 30 dias, em caso de crime hediondo.

> **Prisão definitiva:**
  - » Pena já cumprida e réu ainda preso.

Súmula 21, STJ. *Pronunciado o réu, fica superada a alegação do constrangimento ilegal da prisão por excesso de prazo na instrução.*

Súmula 52, STJ. *Encerrada a instrução criminal, fica superada a alegação de constrangimento por excesso de prazo.*

Obs.: O excesso de prazo provocado pela defesa não enseja a aplicação de *Habeas Corpus*.

→ Quando quem ordenar a coação não tiver competência para fazê-lo.

→ Quando houver cessado o motivo que autorizou a coação.

→ Quando não for alguém admitido a prestar fiança nos casos em que a lei autoriza.

Obs.: Se a ilegalidade decorrer do fato de não ter sido o paciente admitido a prestar fiança, o juiz arbitrará o valor desta, que poderá ser prestada perante ele, remetendo, neste caso, à autoridade os respectivos autos, para serem anexados aos do inquérito policial ou aos do processo judicial.

→ Quando o processo foi manifestamente nulo.

→ Quando extinta a punibilidade.

Art. 648. *A coação considerar-se-á ilegal:*

I. *Quando não houver justa causa.*

II. *Quando alguém estiver preso por mais tempo do que determina a lei.*

III. *Quando quem ordenar a coação não tiver competência para fazê-lo.*

IV. *Quando houver cessado o motivo que autorizou a coação.*

V. *Quando não for alguém admitido a prestar fiança, nos casos em que a lei a autoriza.*

VI. *Quando o processo for manifestamente nulo.*

VII. *Quando extinta a punibilidade.*

9.7 Formalidade do Pedido de *Habeas Corpus*

O *Habeas Corpus*, em regra, não possui muitas formalidades para que haja a impetração. Como exemplo, os internos do presídio federal impetram *Habeas Corpus* em folhas simples denominadas requerimentos, que são usadas para o preso pedir alguma coisa aos agentes penitenciários. No entanto, exige-se que o *Habeas Corpus* possua um mínimo de requisitos, quais sejam:

> Nome do paciente e do coator;

> Espécie de constrangimento;

> Assinatura do impetrante.

Obs.: É possível o *habeas corpus* ser impetrado por telegrama, radiograma, telex ou até telefone.

9.8 Competência para Conhecimento do *Habeas Corpus*

A competência para conhecimento do *Habeas Corpus* será a autoridade jurisdicional hierarquicamente superior à autoridade coatora.

A assinatura do impetrante é um requisito mínimo para impetração de *Habeas Corpus*, portanto, não é possível a impetração de *Habeas Corpus* anônimo (*Habeas Corpus* apócrifo).

Exs.:

> *Se a autoridade coatora for Juiz de direito ou membro do MP, a competência será do Tribunal de Justiça.*

> *Se a autoridade coatora for juiz federal ou Procurador da República, a competência para julgamento será do Tribunal Regional Federal (TRF).*

> *Se a autoridade coatora for membro do Tribunal de Justiça ou do Tribunal Regional Federal, a competência para julgamento será do Superior Tribunal de Justiça (STJ).*

> *Se a autoridade coatora for promotor que atua perante o tribunal, a competência para julgamento é do Superior Tribunal de Justiça (STJ).*

> *Se a autoridade coatora for membro do Ministério Público do Distrito Federal e Territórios, a competência para julgamento será do Tribunal Regional Federal (TRF) e não do TJDFT.*

> *Decisão no âmbito dos Juizados Especiais Criminais:*

» *Se a decisão for de juiz do Juizado Especial, a competência será da Turma Recursal.*

» *Se a decisão for da Turma Recursal:*

Súmula 690, STF. *Compete originariamente ao Supremo Tribunal Federal o julgamento de habeas corpus contra decisão de turma recursal de juizados especiais criminais.*

A Súmula 690 está ultrapassada, pois entende o STF que o julgamento de habeas corpus contra ato de decisão de Turma Recursal deverá ser julgado pelo Tribunal de Justiça. Se for Juizado Especial Criminal Federal, o julgamento será de competência do TRF.

> *A competência do juiz cessará sempre que a violência ou coação provier de autoridade judiciária de igual ou superior jurisdição.*

9.8.1 Procedimento

Recebida a petição, a autoridade judiciária competente poderá intimar o Ministério Público?

Se for juiz de 1º grau: não intima (será intimado da decisão para que possa recorrer).

Se for Tribunal: intima-se o MP.

O assistente de acusação não participa do procedimento de *Habeas Corpus*, por esse motivo não precisa ser intimado.

9.8.1.1 Requisição de Informação da Autoridade Coatora

No Tribunal: há previsão para requisição de informações da autoridade coatora.

Nos casos de 1º grau: não há previsão para requisição, mas é usualmente feita.

O juiz, se julgar necessário e estiver preso o paciente, mandará que este lhe seja imediatamente apresentado em dia e hora que designar.

Em caso de desobediência, será expedido mandado de prisão contra o detentor, que será processado na forma da lei, e o juiz providenciará para que o paciente seja tirado da prisão e apresentado em juízo.

Se o paciente estiver preso, nenhum motivo escusará sua apresentação, salvo:

> Grave enfermidade do paciente (nesse caso, o juiz poderá ir ao local em que o enfermo se encontrar).

> Não estar ele sob a guarda da pessoa a quem se atribuiu a detenção.

> Comparecimento não tiver sido determinado pelo juiz ou tribunal.

Se o juiz ou o tribunal verificar que já cessou a violência ou coação ilegal, julgará prejudicado o pedido.

O carcereiro ou o diretor da prisão, o escrivão, o oficial de justiça ou a autoridade judiciária ou policial que embaraçar ou procrastinar a expedição de ordem de *Habeas Corpus*, as informações sobre a causa da prisão, a condução e apresentação do paciente, ou a sua soltura, serão multados, sem prejuízo das penas em que incorrer. As multas serão impostas pelo juiz do tribunal que julgar o *Habeas Corpus*, salvo quando se tratar de autoridade judiciária, caso em que caberá ao Supremo Tribunal Federal ou ao Tribunal de Apelação a imposição das multas.

Efetuadas as diligências e interrogado o paciente, o juiz decidirá, fundamentadamente, dentro de 24 (vinte e quatro) horas.

> Se a decisão for favorável ao paciente, será logo posto em liberdade, salvo se por outro motivo dever ser mantido na prisão.

> Se os documentos que instruírem a petição evidenciarem a ilegalidade da coação, o juiz ou o tribunal ordenará que cesse imediatamente o constrangimento.

Será imediatamente enviada cópia da decisão à autoridade que tiver ordenado a prisão ou tiver o paciente à sua disposição, a fim de juntar-se aos autos do processo.

Quando o paciente estiver preso em lugar que não seja o da sede do juízo ou do tribunal que conceder a ordem, o alvará de soltura será expedido pelo telégrafo, se houver, observadas as formalidades estabelecidas no Art. 289, parágrafo único, *in fine*, do Código de Processo Penal ou por via postal.

Em caso de competência originária dos Tribunais, a petição de *Habeas Corpus* será apresentada ao secretário, que a enviará imediatamente ao presidente do tribunal, da câmara criminal ou da turma que estiver reunida ou primeiro tiver de reunir-se.

Se a petição contiver os requisitos mínimos do *Habeas Corpus*, o presidente, se necessário, requisitará da autoridade indicada como coatora informações por escrito. Faltando, porém, qualquer daqueles requisitos, ele mandará preenchê-lo, logo que lhe for apresentada a petição.

As diligências ditas anteriormente não serão ordenadas, se o presidente entender que o *Habeas Corpus* deva ser indeferido liminarmente. Nesse caso, levará a petição ao tribunal, câmara ou turma, para que delibere a respeito.

Recebidas as informações, ou dispensadas, o *Habeas Corpus* será julgado na primeira sessão, podendo, entretanto, adiar-se o julgamento para a sessão seguinte.

A decisão será tomada por maioria de votos. Havendo empate, se o presidente não tiver tomado parte na votação, proferirá voto de desempate; caso contrário, prevalecerá a decisão mais favorável ao paciente.

O secretário do tribunal lavrará a ordem que, assinada pelo presidente do tribunal, câmara ou turma, será dirigida, por ofício ou telegrama, ao detentor, ao carcereiro ou autoridade que exercer ou ameaçar exercer o constrangimento.

A ordem transmitida por telegrama obedecerá ao disposto no Art. 289, parágrafo único, in fine.

Os regimentos dos Tribunais de Apelação estabelecerão as normas complementares para o processo e julgamento do pedido de *Habeas Corpus* de sua competência originária.

No processo e julgamento do *Habeas Corpus* de competência originária do Supremo Tribunal Federal, bem como nos de recurso das decisões de última ou única instância, denegatórias de *Habeas Corpus*, observar-se-á, no que lhes for aplicável, o disposto nos artigos anteriores, devendo o regimento interno do tribunal estabelecer as regras complementares.

9.8.2 Preferência e Prazo

A ação de *Habeas Corpus* terá preferência às demais e não possui prazo para que seja impetrada, desde que a coação à liberdade ainda exista.

Gratuidade: de acordo com a Constituição Federal, o *Habeas Corpus* será gratuito.

Questões

01. O *Habeas Corpus* somente deve ser impetrado por advogado, pois se trata de processo judicial.

Certo ( ) Errado ( )

02. Ordenada a soltura do preso em virtude de ordem de *habeas corpus*, será condenada nas custas a autoridade que, por má-fé ou evidente abuso de poder, tiver determinado a coação.

Certo ( ) Errado ( )

03. Não cabe *Habeas Corpus* nas hipóteses sujeitas à pena de multa, nos afastamentos dos cargos públicos por questões penais ou administrativas nem na preservação de direitos fundamentais que não a liberdade de locomoção de ir e vir, salvo manifesta teratologia a repercutir na liberdade de locomoção.

Certo ( ) Errado ( )

04. A ausência de justa causa tanto pode ser condição para sustentar o trancamento de ação penal como para promover a soltura do réu.

Certo ( ) Errado ( )

05. Na apreciação do *Habeas Corpus*, o órgão jurisdicional não está vinculado à causa de pedir e ao pedido, podendo, assim, ser a ordem concedida, em sentido diverso ou mais amplo do que foi pleiteado ou mencionado pelo impetrante.

Certo ( ) Errado ( )

06. Um juiz de direito, por motivo fútil, praticou um homicídio doloso, restando devidamente apurada a sua responsabilidade pelo crime. Nessa situação, será competente para o processo e o julgamento do eventual *habeas corpus* o tribunal do júri do local onde ocorreu o delito, pois incide a norma constitucional quanto à competência do júri para o julgamento dos crimes dolosos contra a vida.

Certo ( ) Errado ( )

07. Compete ao TRT julgar *Habeas Corpus* quando o coator for juiz do trabalho.

Certo ( ) Errado ( )

08. Compete, originariamente, ao STF o julgamento de *Habeas Corpus* contra decisão de turma recursal de juizados especiais criminais.

Certo ( ) Errado ( )

09. Não cabe *Habeas Corpus* quando já extinta a pena privativa de liberdade.

Certo ( ) Errado ( )

À luz dos conceitos e das normas aplicáveis à ação e ao processo penal, julgue o item subsequente.

10. Não é exigida capacidade processual para a impetração de *Habeas Corpus*, pois qualquer pessoa pode fazê-lo, em seu favor ou de outrem, conforme disposto no Código de Processo Penal.

Certo ( ) Errado ( )

11. A ação penal constitucional não condenatória de *Habeas Corpus* tem por finalidade evitar ou interromper violência à liberdade de locomoção por ato ilegal ou com abuso de poder perpetrado por agente público ou particular.

Certo ( ) Errado ( )

No item seguinte, é apresentada uma situação hipotética a respeito da aplicação do direito processual penal, seguida de uma assertiva a ser julgada.

12. Áureo, acadêmico de direito, interpôs recurso ordinário em *Habeas Corpus* com o objetivo de pleitear, perante o STJ, o trancamento de ação penal promovida contra Ângelo. Nessa situação, independentemente da qualidade técnica da peça recursal em questão, deve-se reconhecer a ausência de capacidade postulatória de Áureo, mas tal circunstância não impossibilitará que o órgão julgador defira a ordem de ofício, diante da magnitude dos direitos envolvidos.

Certo ( ) Errado ( )

Considerando as disposições constitucionais e legais aplicáveis ao processo penal e, quando for o caso, a doutrina e a jurisprudência correlatas, julgue o item que se segue.

13. Embora, como regra geral, não se admita dilação probatória em sede de *Habeas Corpus*, é possível a concessão da ordem para o reconhecimento de excesso de prazo no processo penal, em especial para aquelas hipóteses excepcionais nas quais a mora processual não seja atribuível à defesa, bem como se trate de causa dotada de menor complexidade probatória.

Certo ( ) Errado ( )

Gabaritos

01	ERRADO	08	ERRADO
02	CERTO	09	CERTO
03	CERTO	10	ERRADO

04	CERTO	11	CERTO
05	CERTO	12	CERTO
06	ERRADO	13	CERTO
07	CERTO		

10. LEI Nº 9.099/1995 - JUIZADOS ESPECIAIS CÍVEIS E CRIMINAIS

10.1 Disposições Gerais

Os Juizados Especiais Cíveis e Criminais, órgãos da **Justiça Ordinária**, serão criados pela União, no Distrito Federal e nos Territórios, e pelos Estados, para conciliação, processo, julgamento e execução, nas causas de sua competência.

Essa Lei aplica-se para a Justiça Comum Estadual. Na **Justiça Federal** ela pode ser utilizada de forma **subsidiária**, pois o Juizado Especial Federal tem legislação própria (Lei nº 10.259/2001).

O processo orientar-se-á pelos critérios da **oralidade, simplicidade, informalidade, economia processual e celeridade**, buscando, **sempre que possível**, a conciliação ou a transação.

O sistema dos **Juizados Especiais Civis** (JEC) aplica-se para **causas cíveis de menor complexidade**, enquanto os **Juizados Especiais Criminais** (JECRIM) são utilizados **em infrações penais de menor potencial ofensivo.**

10.2 Dos Juizados Especiais Cíveis

10.2.1 Competência

O Juizado Especial Cível tem competência para conciliação, processo e julgamento das causas cíveis de **menor complexidade**, sendo que essa Lei define quais são esses casos.

Podem ser apreciadas pelo JEC:

> Causas que não excedam 40 vezes o salário mínimo.
>
> Hipóteses enumeradas no Art. 275, II, do Código de Processo Civil (rito sumário do CPC).
>
> A ação de despejo para uso próprio.
>
> As ações possessórias sobre bens imóveis de valor não excedente a 40 salários-mínimos.

Essa competência é **facultativa**, isto é, o autor **pode optar** por ingressar com ação na Justiça Comum, mesmo que esteja enquadrada uma dessas hipóteses.

Se determinada ação for de valor superior a 40 salários-mínimos, e a parte optar por esse procedimento, estará **renunciando ao crédito excedente ao teto** estabelecido, salvo conciliação (as partes podem fazer um acordo de valor superior).

O Juizado Especial também é competente para **executar seus próprios julgados e dos títulos executivos extrajudiciais de valor até 40 salários-mínimos** (observadas as restrições estabelecidas na Lei nº 9.099/95).

Algumas ações, independentemente do valor, não podem ser apreciadas pelo Juizado Especial Cível, devendo tramitar na via comum.

São **excluídas** da competência do JEC as causas:

> De natureza Alimentar, Falimentar e Fiscal.
>
> De interesse da Fazenda Pública.
>
> Relativas a acidentes de trabalho, a resíduos e ao estado das pessoas (ainda que de cunho patrimonial).

Mesmo quando o valor for igual ou inferior a 40 salários mínimos, essas causas não poderão tramitar no JEC.

A Lei nº 9.099/95 também traz algumas regras de competência (locais em que a ação deve ser proposta).

Competência do foro:

> **Domicílio do réu** (autor pode optar pelo local onde o réu exerça atividades profissionais ou econômicas ou mantenha estabelecimento, filial, agência, sucursal ou escritório).
>
> **Local onde a obrigação deva ser satisfeita.**
>
> **Domicílio do Autor ou do local do ato/fato** – Reparação de danos de qualquer natureza.

Apesar dessas regras, em qualquer hipótese o autor pode optar por propor a ação no domicílio do réu.

10.2.2 Do Juiz, dos Conciliadores e dos Juízes Leigos

A Lei nº 9.099/95 traz um procedimento simplificado. O juiz possui **ampla liberdade** para determinar as provas a serem produzidas, para apreciá-las e para dar especial valor as regras de experiência comum ou técnica.

Ele adotará em cada caso a decisão que reputar **mais justa e equânime**, atendendo aos **fins sociais da lei** e às **exigências do bem comum**.

O juizado especial é fortemente caracterizado pelos princípios da **conciliação** e da **celeridade**. Para privilegiar esses princípios, a Lei nº 9.099/95 traz a figura de dois auxiliares da justiça no âmbito da competência dessa lei.

São auxiliares da Justiça:

> **Conciliadores** (bacharéis em Direito).
>
> **Juízes leigos** (advogados com mais de 5 anos de experiência – impedidos de exercer a advocacia perante os Juizados Especiais enquanto no desempenho de suas funções).

10.2.3 Das Partes no Juizado Especial

No Juizado Especial **não podem ser partes**:

> O incapaz.
>
> O preso.
>
> As pessoas jurídicas de direito público.
>
> As empresas públicas da União.
>
> A massa falida.
>
> O insolvente civil.

Independente do valor da causa ou matéria tratada, não poderão ser partes no JEC qualquer um dos acima indicados.

Somente podem **propor ação** perante o Juizado Especial (legitimados ativos):

> **As pessoas físicas capazes** (cessionários de direito de pessoas jurídicas são excluídos; considera-se capaz o **maior de 18 anos**, inclusive para conciliação).
>
> **As microempresas.**
>
> **OSCIP** (pessoas jurídicas qualificadas como Organização da Sociedade Civil de Interesse Público).

- **As sociedades de crédito ao microempreendedor.**

Nos termos dessa Lei, a obrigatoriedade de assistência por advogado depende do valor da causa:

- **Até 20 salários-mínimos – Facultativa** (as partes comparecem pessoalmente, elas constituem advogados apenas se quiserem).
- **Valor superior – Obrigatória** (devem obrigatoriamente constituir um advogado, não podem praticar os atos processuais pessoalmente).

No caso de **assistência facultativa**, se uma das partes comparecer assistida por advogado, ou se o réu for pessoa jurídica ou firma individual, terá a **outra parte, se quiser, assistência judiciária prestada por órgão instituído junto ao Juizado Especial, na forma da lei local**.

O Juiz alertará as partes da conveniência do patrocínio por advogado, quando a causa o recomendar.

O mandato ao advogado **poderá ser verbal**, salvo quanto aos poderes especiais (não precisa de procuração escrita para conferir poderes gerais de foro para o advogado).

Não é admitida, no processo, nenhuma forma de intervenção de terceiro ou de assistência (mas o litisconsórcio é admitido).

O Ministério Público intervirá nos casos previstos em lei.

10.2.4 Atos Processuais

Os atos processuais são **públicos** e poderão ser realizados em **horário noturno**, de acordo com o disposto nas **normas de organização judiciária**.

Sempre que **preencherem as finalidades** para as quais forem realizados, eles serão **considerados válidos** (atendidos os critérios definidos pela Lei nº 9.099/05, Art. 2º).

Aqui a Lei adota o princípio da **instrumentalidade das formas**, isto é, caso a Lei preveja determinada forma para a prática de um ato, sem cominação de nulidade, e o ato seja praticado de forma diversa, tendo ele alcançado a sua finalidade essencial, não será o mesmo anulado.

A prática de atos processuais em outras comarcas poderá ser solicitada por qualquer meio idôneo de comunicação.

Registro dos atos – serão registrados apenas aqueles atos que forem considerados essenciais (de forma resumida), em notas manuscritas, datilografada ou estenotipadas.

Os demais atos (não considerados essenciais) poderão ser gravados em fita magnética ou equivalente, que será **inutilizada após o trânsito em julgado da decisão**.

10.2.5 Do Pedido

O processo é instaurado com a **apresentação do pedido** à Secretaria do Juizado (isso pode ser feito **por escrito** ou até mesmo de **forma oral**). Nele constará de forma simples e em linguagem acessível:

- O nome, a qualificação e o endereço das partes.
- Os fatos e os fundamentos, de forma sucinta.
- O objeto e seu valor (pode ser formulado pedido genérico quando não for possível determinar, desde logo, a extensão da obrigação).

No caso de **pedido oral**, ele será **reduzido a escrito pela Secretaria do Juizado**, podendo ser utilizado o sistema de fichas ou formulários impressos.

Os pedidos Lei poderão ser **alternativos** ou **cumulados**. No caso de cumulação de pedidos, eles devem ser conexos e a **soma não ultrapasse o limite fixado na Lei** (40 salários-mínimos).

Registrado o pedido, independentemente de distribuição e autuação, a Secretaria do Juizado designará a sessão de conciliação, a realizar-se no prazo de **quinze dias.**

Comparecendo inicialmente ambas as partes, instaurar-se-á, desde logo, a sessão de conciliação, dispensados o registro prévio de pedido e a citação.

Havendo pedidos contrapostos, poderá ser dispensada a contestação formal e ambos serão apreciados na mesma sentença.

10.2.6 Das Citações e Intimações

A citação é a forma pela qual o réu tem ciência de que contra ele, corre um processo, sendo, nesse ato, chamado para integrar a relação processual.

A **citação** é feita:

- Por correspondência, com aviso de recebimento em mão própria.
- Tratando-se de pessoa jurídica ou firma individual, mediante entrega ao encarregado da recepção, que será obrigatoriamente identificado.
- Sendo necessário, por oficial de justiça, independentemente de mandado ou carta precatória.

O **comparecimento espontâneo suprirá a falta ou nulidade da citação**. Dessa forma, caso o réu não tenha sido citado ou a mesma tenha ocorrido de maneira nula (citou por engano o vizinho por exemplo), mas ele compareça espontaneamente em juízo, esse vício estará sanado.

A citação conterá cópia do pedido inicial, dia e hora para comparecimento do citando e advertência de que, não comparecendo este, considerar-se-ão verdadeiras as alegações iniciais, e será proferido julgamento, de plano (efeitos gerados pela revelia do réu).

Intimações - feitas na forma prevista para citação, ou por qualquer outro meio idôneo de comunicação.

Dos atos praticados na audiência, considerar-se-ão, desde logo, cientes as partes (não precisam ser intimados, pois tiveram ciência desses atos no momento em que os mesmos foram praticados).

As partes devem comunicar as mudanças de endereço que ocorrerem no curso do processo. Se não o fizerem, as intimações enviadas ao local anteriormente indicado serão **reputadas eficazes**.

10.2.7 Da Revelia

Não comparecendo o demandado à sessão de conciliação ou à audiência de instrução e julgamento, reputar-se-ão verdadeiros os fatos alegados no pedido inicial, salvo se o contrário resultar da convicção do Juiz.

10.2.8 Da Conciliação e do Juízo Arbitral

Aberta a sessão, o Juiz togado ou leigo esclarecerá as partes presentes sobre as vantagens da conciliação, mostrando-lhes os riscos e as consequências do litígio, especialmente quanto ao disposto no § 3º do Art. 3º desta Lei (renúncia ao crédito que exceder a 40 salários-mínimos).

A conciliação será conduzida pelo Juiz togado ou leigo ou por conciliador sob sua orientação. Obtida a conciliação, esta será **reduzida a escrito e homologada** pelo Juiz togado, mediante **sentença com eficácia de título executivo.**

Não comparecendo o demandado (revelia), o Juiz togado proferirá sentença.

Não obtida a conciliação, as partes poderão optar, de comum acordo, pelo juízo arbitral. O juízo arbitral considerar-se-á instaurado, **independentemente de termo de compromisso**, com a escolha do árbitro pelas partes. Se este não estiver presente, o Juiz convocá-lo-á e designará, de imediato, a data para a audiência de instrução. Esse árbitro será escolhido dentre os juízes leigos.

O árbitro conduzirá o processo com os mesmos critérios do Juiz (dirigirá o processo com liberdade para determinar as provas a serem produzidas, para apreciá-las e para dar especial valor às regras de experiência comum ou técnica), **podendo decidir por equidade**.

O árbitro apresentará o **laudo ao Juiz togado para homologação por sentença irrecorrível** ao término da instrução, ou nos cinco dias subsequentes.

10.2.9 Da Instrução e Julgamento

Caso não seja instituído o juízo arbitral, proceder-se-á imediatamente à audiência de instrução e julgamento, desde que não resulte prejuízo para a defesa.

Não sendo possível a sua realização imediata, será a audiência designada para um dos **quinze dias subsequentes**, cientes, desde logo, as partes e testemunhas eventualmente presentes.

Na audiência de instrução e julgamento, serão ouvidas as partes, colhidas as provas e, em seguida, proferida a sentença (as partes serão inquiridas ou interrogadas antes da produção das demais provas).

Serão **decididos de plano** (imediatamente) todos os incidentes que **possam interferir** no regular prosseguimento da audiência. As demais questões serão decididas na sentença.

As partes irão se **manifestar imediatamente** sobre os documentos apresentados pela parte contrária, **sem interrupção da audiência.**

10.2.10 Da Resposta do Réu

A contestação pode ser apresentada de **forma escrita ou oral**. Na contestação, deve estar contida **toda a matéria de defesa**, exceto arguição de suspeição ou impedimento do Juiz, que se processará na forma da legislação em vigor.

No âmbito dos Juizados Especiais, não se admitirá a reconvenção. Entretanto, é lícito ao réu, na contestação, formular pedido em seu favor, nos limites do Art. 3º desta Lei, desde que fundado nos mesmos fatos que constituem objeto da controvérsia (pedido contraposto).

O autor poderá responder ao pedido do réu na própria audiência ou requerer a designação da nova data, que será desde logo fixada, cientes todos os presentes.

10.2.11 Das Provas

Todos os meios de prova moralmente legítimos, ainda que não especificados em lei, são hábeis para provar a veracidade dos fatos alegados pelas partes.

Dessa forma, mesmo que determinado meio de prova não esteja previsto na legislação, mas seja moralmente legítimo, ele poderá ser utilizado para demonstrar a veracidade dos fatos narrados pelas partes.

Todas as provas serão produzidas na audiência de instrução e julgamento, **ainda que não requeridas previamente**, podendo o Juiz limitar ou excluir as que considerar excessivas, impertinentes ou protelatórias. Assim, não é requisito para a produção da prova que a parte a tenha requerido previamente.

No Juizado Especial Cível, é possível trazer até **três testemunhas**. Essas testemunhas comparecem à audiência de instrução e julgamento levadas pela parte que as tenha arrolado, **independentemente de intimação**, ou mediante esta, se assim for requerido (só ocorre a intimação de testemunha se a parte o requerer).

Esse requerimento para intimação das testemunhas será apresentado à Secretaria, no **mínimo, cinco dias antes** da audiência de instrução e julgamento.

Se, mesmo após regularmente intimada, a testemunha não comparecer, o Juiz poderá determinar sua imediata condução, valendo-se, se necessário, do auxílio da força pública (condução coercitiva).

Quando a prova do fato exigir, o Juiz poderá inquirir técnicos de sua confiança, permitida às partes a apresentação de parecer técnico. No curso da audiência, poderá o Juiz, de ofício ou a requerimento das partes, realizar inspeção em pessoas ou coisas, ou determinar que o faça pessoa de sua confiança, que lhe relatará informalmente o verificado.

A prova oral não será reduzida a escrito, a sentença deverá referir, no essencial, os informes trazidos nos depoimentos.

A instrução do processo poderá ser dirigida por Juiz leigo, sob a supervisão de Juiz togado.

10.2.12 Da Sentença

A sentença mencionará os elementos de convicção do Juiz (com breve resumo dos fatos relevantes ocorridos em audiência), **dispensado o relatório**.

Não se admitirá sentença condenatória por quantia ilíquida, **ainda que genérico o pedido**. Dessa forma, mesmo que a parte tenha formulado um pedido genérico, o juiz não pode proferir sentença ilíquida, ela já deve apresentar o valor da condenação.

É ineficaz a sentença condenatória na parte que exceder a alçada estabelecida nesta Lei. Dessa forma, caso a sentença condene o réu em quantia superior à 40 salários mínimos, ela será ineficaz (sem produção de efeitos) no que ultrapassar esse valor.

O Juiz Leigo que tiver dirigido a instrução proferirá sua decisão e, imediatamente a submeterá ao Juiz Togado, que **poderá**

homologá-la, proferir outra em substituição ou, antes de se manifestar, determinar a realização de atos probatórios indispensáveis.

Da sentença proferida, caberá recurso para o próprio Juizado (excetuada a homologatória de conciliação ou laudo arbitral). Esse recurso será julgado por uma turma composta por três Juízes togados, em exercício no primeiro grau de jurisdição, reunidos na sede do Juizado (Turma Recursal).

Apesar de, em determinados casos, a assistência de advogado ser facultativa no âmbito dos Juizados Especiais, no recurso, as partes serão obrigatoriamente representadas por advogado.

O prazo para interposição de recurso é de **dez dias**, contados da ciência da sentença, por petição escrita, da qual constarão as razões e o pedido do recorrente.

Após a interposição, a parte recorrente tem que realizar o preparo em 48 horas, independentemente de intimação, sob pena de deserção. Após o preparo, a Secretaria intimará o recorrido para oferecer resposta escrita no prazo de dez dias.

O recurso terá somente efeito devolutivo, mas o Juiz poderá dar-lhe efeito suspensivo, para evitar dano irreparável para a parte.

O julgamento em segunda instância constará apenas da ata, com a indicação suficiente do processo, fundamentação sucinta e parte dispositiva. **Se a sentença for confirmada pelos próprios fundamentos, a súmula do julgamento servirá de acórdão**.

10.2.13 Dos Embargos de Declaração

Os embargos de declaração constituem o recurso cabível quando, na sentença ou acórdão, houver **obscuridade, contradição, omissão ou dúvida**. Tratando-se apenas de erros materiais, esses podem ser corrigidos de ofício.

Os embargos de declaração serão interpostos **por escrito ou oralmente**, no prazo de **cinco dias**, contados da ciência da decisão. Quando interpostos contra a sentença, os embargos de declaração **suspenderão o prazo para recurso**.

10.2.14 Da Extinção do Processo Sem Julgamento do Mérito

O processo será extinto (sem resolução do mérito), além dos casos previstos em lei, quando:

- O autor deixar de comparecer a qualquer das audiências do processo (caso comprove ter sido por motivo de força maior, a parte poderá ser isentada pelo Juiz do pagamento das custas).
- Inadmissível o procedimento instituído por esta Lei ou seu prosseguimento, após a conciliação.
- For reconhecida a incompetência territorial.
- Falecido o autor, a habilitação depender de sentença ou não se der no prazo de trinta dias.
- Falecido o réu, o autor não promover a citação dos sucessores no prazo de trinta dias da ciência do fato.

A extinção do processo **independerá**, em qualquer hipótese, de prévia intimação pessoal das partes.

10.2.15 Da Execução

O Juizado possui competência para executar suas próprias decisões. A execução da sentença processar-se-á, no próprio Juizado, aplicando-se, no que couber, o disposto no Código de Processo Civil, com as seguintes alterações:

- As sentenças serão necessariamente líquidas, contendo a conversão em Bônus do Tesouro Nacional - BTN ou índice equivalente.
- Os cálculos de conversão de índices, de honorários, de juros e de outras parcelas serão efetuados por servidor judicial.
- A intimação da sentença será feita, sempre que possível, na própria audiência em que for proferida. Nessa intimação, o vencido será instado a cumprir a sentença tão logo ocorra seu trânsito em julgado, e advertido dos efeitos do seu descumprimento (inciso V).
- Não cumprida voluntariamente a sentença transitada em julgado, e tendo havido solicitação do interessado, que poderá ser verbal, proceder-se-á desde logo à execução, dispensada nova citação.
- Nos casos de obrigação de entregar, de fazer, ou de não fazer, o Juiz, na sentença ou na fase de execução, cominará multa diária, arbitrada de acordo com as condições econômicas do devedor, para a hipótese de inadimplemento. Não cumprida a obrigação, o credor poderá requerer a elevação da multa ou a transformação da condenação em perdas e danos, que o Juiz de imediato arbitrará, seguindo-se a execução por quantia certa, incluída a multa vencida de obrigação de dar, quando evidenciada a malícia do devedor na execução do julgado.
- Na obrigação de fazer, o Juiz pode determinar o cumprimento por outrem, fixado o valor que o devedor deve depositar para as despesas, sob pena de multa diária.
- Na alienação forçada dos bens, o Juiz poderá autorizar o devedor, o credor ou terceira pessoa idônea a tratar da alienação do bem penhorado, a qual se aperfeiçoará em juízo até a data fixada para a praça ou leilão. Sendo o preço inferior ao da avaliação, as partes serão ouvidas. Se o pagamento não for à vista, será oferecida caução idônea, nos casos de alienação de bem móvel, ou hipotecado o imóvel.
- É dispensada a publicação de editais em jornais, quando se tratar de alienação de bens de pequeno valor.
- O devedor poderá oferecer embargos, nos autos da execução, versando sobre:
  - Falta ou nulidade da citação no processo, se ele correu à revelia.
  - Manifesto excesso de execução.
  - Erro de cálculo.
  - Causa impeditiva, modificativa ou extintiva da obrigação, superveniente à sentença.

A execução de **título executivo extrajudicial**, no valor de **até 40 salários-mínimos**, obedecerá ao disposto no Código de Processo Civil, com as modificações introduzidas por esta Lei.

Efetuada a penhora, o devedor será intimado a comparecer à audiência de conciliação, quando poderá oferecer embargos (Art. 52, IX), por escrito ou verbalmente.

Na audiência, será buscado o **meio mais rápido e eficaz para a solução do litígio**, se possível com dispensa da alienação judicial, devendo o conciliador propor, entre outras medidas cabíveis, o pagamento do débito a prazo ou a prestação, a dação em pagamento ou a imediata adjudicação do bem penhorado.

Não apresentados os embargos em audiência, ou julgados improcedentes, qualquer das partes poderá requerer ao Juiz a adoção de uma das alternativas acima descritas.

Não encontrado o devedor ou inexistindo bens penhoráveis, o processo será imediatamente extinto, devolvendo-se os documentos ao autor.

10.2.16 Das Despesas

Em primeiro grau de jurisdição, o acesso ao Juizado Especial independerá do pagamento de custas, taxas ou despesas.

O preparo do recurso, na forma do § 1º do Art. 42 desta Lei (O preparo será feito, independentemente de intimação, nas quarenta e oito horas seguintes à interposição, sob pena de deserção), compreenderá todas as despesas processuais, inclusive aquelas dispensadas em primeiro grau de jurisdição, ressalvada a hipótese de assistência judiciária gratuita.

Em primeiro grau de jurisdição, não há condenação do vencido em custas e honorários de advogado (salvo se configurada litigância de má-fé)

Em segundo grau, o recorrente, vencido, **pagará as custas e honorários de advogado**, que serão fixados entre 10% e 20% do valor de condenação (não havendo condenação, utiliza-se do valor corrigido da causa como base de cálculo).

Na execução não serão contadas custas, salvo quando:

> Reconhecida a litigância de má-fé.

> Improcedentes os embargos do devedor.

> Tratar-se de execução de sentença que tenha sido objeto de recurso improvido do devedor.

10.2.17 Disposições Finais

Instituído o Juizado Especial, serão implantadas as curadorias necessárias e o serviço de assistência judiciária.

O **acordo extrajudicial**, de qualquer natureza ou valor, **poderá ser homologado**, no juízo competente, independentemente de termo, valendo a sentença como **título executivo judicial**.

Valerá como **título extrajudicial** o acordo celebrado pelas partes, por instrumento escrito, **referendado pelo órgão competente do Ministério Público**.

Nas causas sujeitas ao procedimento instituído pela Lei nº 9.099/95 **não é admitida a ação rescisória**.

10.3 Dos Juizados Especiais Criminais

10.3.1 Disposições Gerais do JECRIM

O Juizado Especial Criminal, **provido por juízes togados ou togados e leigos**, tem competência para a conciliação, o julgamento e a execução das **infrações penais de menor potencial ofensivo**, respeitadas as regras de conexão e continência.

Na hipótese de reunião de processos, perante o juízo comum ou o tribunal do júri, decorrentes da aplicação das regras de conexão e continência, **observar-se-ão os institutos da transação penal e da composição dos danos civis.**

→ Consideram-se infrações penais de menor potencial ofensivo (para os efeitos da Lei nº 9.099/95):

> As contravenções penais;

> Os crimes a que a lei comine pena máxima não superior a 2 anos (cumulada ou não com multa).

O processo perante o Juizado Especial orientar-se-á pelos critérios da oralidade, informalidade, economia processual e celeridade, objetivando, sempre que possível, a reparação dos danos sofridos pela vítima e a aplicação de pena não privativa de liberdade.

10.3.2 Da Competência e dos Atos Processuais

Competência do Juizado → determinada pelo lugar em que foi praticada a infração penal.

Os atos processuais serão públicos e poderão realizar-se em horário noturno e em qualquer dia da semana, conforme dispuserem as normas de organização judiciária.

Os atos processuais serão válidos sempre que preencherem as finalidades para as quais foram realizados, atendidos os critérios indicados no Art. 62 da Lei nº 9.099/95 (*critérios da oralidade, informalidade, economia processual e celeridade, objetivando, sempre que possível, a reparação dos danos sofridos pela vítima e a aplicação de pena não privativa de liberdade*).

No âmbito do Juizado Especial Criminal, a nulidade somente será pronunciada se houver prejuízo para alguma das partes.

A prática de atos processuais em outras comarcas poderá ser solicitada por qualquer meio hábil de comunicação.

Somente serão registrados por escrito os atos havidos por essenciais. Os atos realizados em audiência de instrução e julgamento poderão ser gravados em fita magnética ou equivalente.

A citação será pessoal e far-se-á no próprio Juizado, sempre que possível, ou por mandado. Não encontrado o acusado para ser citado, o Juiz encaminhará as peças existentes ao Juízo comum para adoção do procedimento previsto em lei.

A intimação far-se-á por correspondência, com aviso de recebimento pessoal ou, tratando-se de pessoa jurídica ou firma individual, mediante entrega ao encarregado da recepção, que será obrigatoriamente identificado, ou, sendo necessário, por oficial de justiça, independentemente de mandado ou carta precatória, ou ainda por qualquer meio idôneo de comunicação.

Dos atos que forem praticados em audiência, são consideradas intimadas desde logo cientes as partes, os interessados e defensores.

Do ato de intimação do autor do fato e do mandado de citação do acusado, constará a necessidade de seu comparecimento acompanhado de advogado, com a advertência de que, na sua falta, ser-lhe-á designado defensor público.

10.3.3 Da Fase Preliminar

A autoridade policial que tomar conhecimento da ocorrência lavrará termo circunstanciado e o encaminhará imediatamente ao Juizado, com o autor do fato e a vítima, providenciando-se as requisições dos exames periciais necessários.

Depois da ocorrência do fato, a autoridade policial lavra o TC (Termo Circunstanciado) e encaminha para o Juizado. Não há inquérito.

Se o autor do fato (trata-se do réu, mas a Lei usa o termo "autor do fato") que, após a lavratura do termo, for imediatamente encaminhado ao juizado ou assumir o compromisso de a ele comparecer, não se imporá prisão em flagrante, nem se exigirá fiança.

Em caso de violência doméstica, o juiz poderá determinar, como medida de cautela, seu afastamento do lar, domicílio ou local de convivência com a vítima.

Comparecendo o autor do fato e a vítima, e não sendo possível a realização imediata da audiência preliminar, será designada data próxima, da qual ambos sairão cientes.

Na falta do comparecimento de qualquer dos envolvidos, a Secretaria providenciará sua intimação e, se for o caso, a do responsável civil (intimação feita na forma dos Arts. 67 e 68 da Lei nº 9.099/95, acima visto).

Na audiência preliminar, presente o representante do Ministério Público, o autor do fato e a vítima e, se possível, o responsável civil, acompanhados por seus advogados, o Juiz esclarecerá sobre a possibilidade da composição dos danos e da aceitação da proposta de aplicação imediata de pena não privativa de liberdade.

A conciliação será conduzida pelo Juiz ou também por conciliador (sob orientação do juiz).

Esses conciliadores são auxiliares da Justiça, recrutados, na forma da lei local, **preferentemente** entre bacharéis em Direito (mas aqueles que exerçam funções na administração da Justiça Criminal estão excluídos, não podem atuar como conciliadores).

Na audiência de conciliação, devem estar presentes o Juiz, o Promotor, a vítima e o autor do fato. Nessa audiência eles podem fazer acordo.

A composição (acordo) dos danos civis:

> Será reduzida a escrito.

> Homologada pelo Juiz (sentença irrecorrível).

> Eficácia de título a ser executado no juízo civil competente.

Tratando-se de ação penal de iniciativa privada ou de ação penal pública condicionada à representação, o acordo homologado acarreta a **renúncia ao direito de queixa ou representação**.

Não obtida a composição dos danos civis, será dada imediatamente ao ofendido a oportunidade de exercer o direito de **representação verbal, que será reduzida a termo**. O não oferecimento da representação na audiência preliminar não implica decadência do direito, que poderá ser exercido no prazo previsto em lei.

Havendo representação ou tratando-se de crime de ação penal pública incondicionada, não sendo caso de arquivamento, o Ministério Público poderá propor a aplicação imediata de pena restritiva de direitos ou multas, a ser especificada na proposta.

Nas hipóteses de ser a pena de multa a única aplicável, o Juiz poderá reduzi-la **até a metade**.

Entretanto, **não se admitirá a proposta** se ficar comprovado:

> Ter sido o autor da infração **condenado**, pela prática de crime, à pena **privativa de liberdade**, por **sentença definitiva**.

> Ter sido o agente beneficiado anteriormente, no prazo de **cinco anos**, pela aplicação de pena restritiva ou multa, nos termos deste Art..

> **Não indicarem** os antecedentes, a conduta social e a personalidade do agente, bem como os motivos e as circunstâncias, **ser necessária e suficiente a adoção da medida**.

Se a proposta for aceita pelo autor da infração e seu defensor, será submetida à apreciação do Juiz.

Se acolher essa proposta, o Juiz aplicará a pena restritiva de direitos ou multa, que não importará em reincidência, sendo registrada apenas para impedir novamente o mesmo benefício no prazo de cinco anos.

A imposição dessa sanção não constará de certidão de antecedentes criminais, salvo para os fins previstos no mesmo dispositivo, e não terá efeitos civis, cabendo aos interessados propor ação cabível no juízo cível.

Dessa sentença cabe apelação (mas ela segue as regras previstas para esse recurso na Lei nº 9.099/95).

10.3.4 Do Procedimento Sumaríssimo

Na ação penal de iniciativa pública, quando não houver aplicação de pena, pela ausência do autor do fato (ou pela não ocorrência da aceitação da proposta acima estudada) o Ministério Público oferecerá ao Juiz, de imediato, denúncia oral, se não houver necessidade de diligências imprescindíveis.

Para o oferecimento da denúncia, que será elaborada com base no termo de ocorrência acima tratado, com dispensa do inquérito policial, prescindir-se-á do exame do corpo de delito quando a materialidade do crime estiver aferida por boletim médico ou prova equivalente (nesse caso, então, não é preciso o exame de corpo de delito).

Se a complexidade ou circunstâncias do caso não permitirem a formulação da denúncia, o Ministério Público poderá requerer ao Juiz o encaminhamento das peças existentes, na forma do parágrafo único do Art. 66 da Lei nº 9.099/95 (Não encontrado o acusado para ser citado, o Juiz encaminhará as peças existentes ao Juízo comum para adoção do procedimento previsto em lei).

Na ação penal **de iniciativa do ofendido**, poderá ser oferecida **queixa oral**, cabendo ao Juiz verificar se a complexidade e as circunstâncias do caso determinam a adoção das providências previstas no parágrafo único do Art. 66 dessa lei (anteriormente citado).

Oferecida a denúncia ou queixa, será reduzida a termo, entregando-se cópia ao acusado, que com ela ficará citado e imediatamente cientificado da designação de dia e hora para a audiência de instrução e julgamento, da qual também tomarão ciência o Ministério Público, o ofendido, o responsável civil e seus advogados.

Se o acusado não estiver presente, será citado na forma dos Arts. 66 e 68 da Lei nº 9.099/95 (pessoalmente no próprio Juizado ou por mandado) e cientificado da data da audiência de instrução e de julgamento, devendo a ela trazer suas testemunhas ou apresentar requerimento para intimação, no mínimo, cinco dias antes de sua realização.

Não estando presentes o ofendido e o responsável civil, serão intimados nos termos do Art. 67 desta Lei para comparecerem à audiência de instrução e julgamento (intimado por carta com aviso de recebimento ou qualquer outro meio idôneo).

As testemunhas arroladas serão intimadas por correspondência com aviso de recebimento ou qualquer outro meio idôneo.

No dia e hora designados para a audiência de instrução e julgamento, se na fase preliminar não tiver havido possibilidade de tentativa de conciliação e de oferecimento de proposta pelo Ministério Público, proceder-se-á a tentativa de conciliação (na forma acima estudada – fase preliminar).

Nenhum ato será adiado, determinando o Juiz, **quando imprescindível, a condução coercitiva** de quem deva comparecer.

Aberta a audiência, será dada a palavra ao defensor para responder à acusação. Após isso o Juiz receberá, ou não, a denúncia ou queixa; havendo recebimento, serão ouvidas a vítima e as testemunhas de acusação e defesa, interrogando-se a seguir o acusado, se presente, passando-se imediatamente aos debates orais e à prolação da sentença.

Todas as provas serão produzidas na audiência de instrução e julgamento, podendo o Juiz limitar ou excluir as que considerar excessivas, impertinentes ou protelatórias.

De todo o ocorrido na audiência será lavrado termo, assinado pelo Juiz e pelas partes, contendo breve resumo dos fatos relevantes ocorridos em audiência e a sentença. A sentença, dispensado o relatório, mencionará os elementos de convicção do Juiz.

O recurso cabível no caso de decisão que rejeite a denúncia ou queixa e também da sentença é a **APELAÇÃO**, que poderá ser julgada por turma composta de três Juízes em exercício no primeiro grau de jurisdição, reunidos na sede do Juizado.

A apelação será interposta no prazo de **dez dias**, contados da ciência da sentença pelo Ministério Público, pelo réu e seu defensor, por petição escrita, da qual constarão as razões e o pedido do recorrente (o recorrido será intimado para oferecer resposta escrita também no prazo de dez dias).

As partes poderão requerer a transcrição da gravação da fita magnética e serão intimadas da data da sessão de julgamento pela imprensa.

Se a sentença for confirmada pelos próprios fundamentos, a súmula do julgamento servirá de acórdão (nesse caso a Turma recursal confirmou a sentença dada, o acórdão é simplificado, consistirá apenas na súmula do julgamento).

Embargos de declaração:

> Recurso cabível quando houver obscuridade, contradição, omissão ou dúvida (em sentença ou em acórdão).

> Serão opostos por escrito ou oralmente.

> Opostos no prazo de cinco dias (contados da ciência da decisão).

Quando opostos contra sentença, os embargos de declaração suspenderão o prazo para o recurso.

Os erros materiais podem ser corrigidos de ofício (o próprio Juiz corrige, sem que ninguém requeria).

10.3.5 Da Execução

Se a única pena aplicada for a de multa, seu cumprimento far-se-á mediante pagamento na Secretaria do Juizado. Efetuado o pagamento, o Juiz declarará extinta a punibilidade, determinando que a condenação **não fique constando** dos registros criminais, exceto para fins de requisição judicial.

Mas caso não seja efetuado o pagamento de multa, será feita a conversão **em pena privativa da liberdade**, ou **restritiva de direitos**, nos termos previstos em lei.

A execução das penas privativas de liberdade e restritivas de direitos, ou de multa cumulada com estas, será processada perante o órgão competente, nos termos da lei.

10.3.6 Das Despesas Processuais

Nos casos de homologação do acordo civil e aplicação de pena restritiva de direitos ou multa, as despesas processuais serão reduzidas, conforme dispuser lei estadual.

10.3.7 Disposições Finais

Além das hipóteses do Código Penal e da legislação especial, dependerá de representação a ação penal relativa aos crimes de lesões corporais leves e lesões culposas.

Nos crimes em que a pena mínima cominada for igual ou inferior a um ano, abrangidas ou não por esta Lei, o Ministério Público, ao oferecer a denúncia, poderá propor a suspensão do processo, por dois a quatro anos, desde que o acusado não esteja sendo processado ou não tenha sido condenado por outro crime, presentes os demais requisitos que autorizariam a suspensão condicional da pena (Os requisitos para suspensão da pena são tratados no Art. 77 do Código Penal).

Aceita a proposta pelo acusado e seu defensor, na presença do Juiz, este, recebendo a denúncia, **poderá suspender o processo**, submetendo o acusado **a período de prova**, sob as **seguintes condições**:

> Reparação do dano (salvo impossibilidade de fazê-lo).

> Proibição de frequentar determinados lugares.

> Proibição de ausentar-se da comarca onde reside, sem autorização do Juiz.

> Comparecimento pessoal e obrigatório a juízo, mensalmente, para informar e justificar suas atividades.

O Juiz **poderá especificar outras condições** a que fica subordinada a suspensão, desde que adequadas ao fato e à situação pessoal do acusado.

A suspensão PODERÁ SER REVOGADA se o acusado vier a ser processado, no curso do prazo, por contravenção, ou descumprir qualquer outra condição imposta.

Se no curso do prazo da suspensão o beneficiário vier a ser processado por outro crime ou não efetuar a reparação do dano (sem motivo justificado) a suspensão SERÁ REVOGADA.

Expirado o prazo sem revogação, o Juiz declarará extinta a punibilidade. Não correrá a prescrição durante o prazo de suspensão do processo.

Se o acusado não aceitar a proposta para que seja feita a suspensão o processo prosseguirá em seus ulteriores termos.

As disposições desta Lei não se aplicam aos processos penais cuja instrução já estiver iniciada.

Sobre esse Art.: ADIN nº 1.719/90 do STF: *O Tribunal, por votação unânime, deferiu, em parte, o pedido de medida cautelar, para, sem redução de texto e dando interpretação conforme à Constituição, excluir, com eficácia ex tunc, da norma constante do Art. 090 da Lei nº 9099/95, o sentido que impeça a aplicação de normas de direito penal, com conteúdo mais favorável ao réu, aos processos penais com instrução já iniciada à época da vigência desse diploma legislativo.*

As disposições previstas na Lei nº 9.099/95 **não se aplicam no âmbito da Justiça Militar.**

Nos casos em que esta Lei passa a exigir representação para a propositura da ação penal pública, o ofendido ou seu representante legal será **intimado para oferecê-la no prazo de trinta dias, sob pena de decadência.**

Aplicam-se subsidiariamente as disposições dos Códigos Penal e de Processo Penal, no que não forem incompatíveis com esta Lei.

10.4 Disposições Finais Comuns

Lei Estadual disporá sobre o Sistema de Juizados Especiais Cíveis e Criminais, sua organização, composição e competência.

Os serviços de cartório poderão ser prestados, e as audiências realizadas fora da sede da Comarca, em bairros ou cidades a ela pertencentes, ocupando instalações de prédios públicos, de acordo com audiências previamente anunciadas.

Os Estados, Distrito Federal e Territórios criarão e instalarão os Juizados Especiais no prazo de seis meses, a contar da vigência desta Lei.

No prazo de 6 meses, contado da publicação desta Lei, serão criados e instalados os Juizados Especiais Itinerantes, que deverão dirimir, prioritariamente, os conflitos existentes nas áreas rurais ou nos locais de menor concentração populacional

Questões

01. (Cespe) Nos juizados especiais cíveis, não é admitida a reconvenção.
Certo ( ) Errado ( )

02. (Cespe) Os atos processuais dos juizados especiais criminais poderão ser realizados nos finais de semana, à exceção dos domingos e feriados.
Certo ( ) Errado ( )

Gabaritos

01	CERTO	02	ERRADO

Utilize seu código de acesso e descubra mais sobre o seu material didático!

CÓDIGO DE ACESSO

MPCE | AIABCACA | RESGATAR

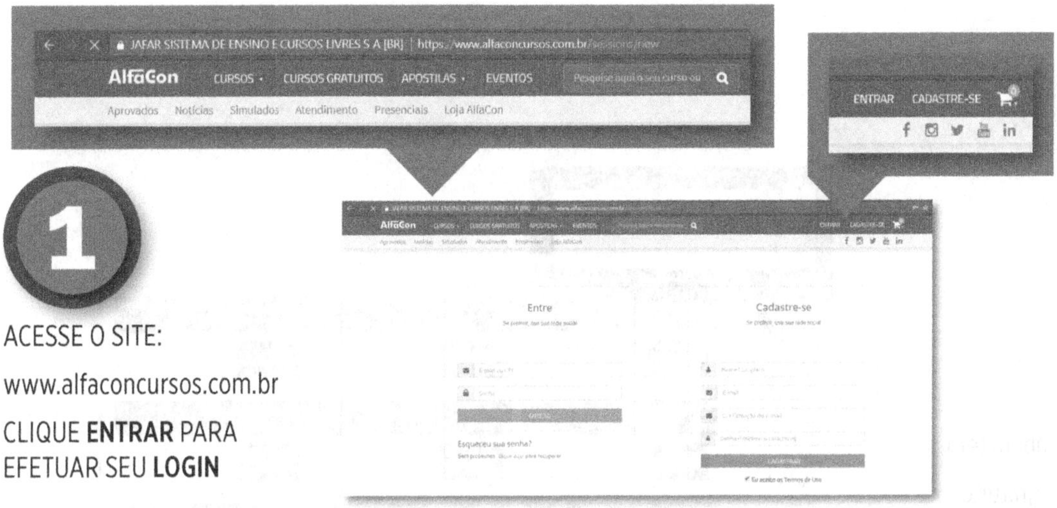

1

ACESSE O SITE:

www.alfaconcursos.com.br

CLIQUE **ENTRAR** PARA EFETUAR SEU **LOGIN**

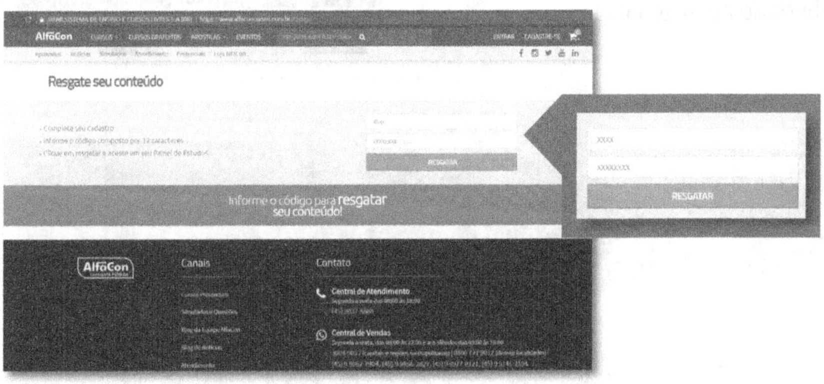

2

DIGITE O CÓDIGO:

Insira o **código** que se encontra

Na **última página** do material.

3

VISUALIZE SEUS MATERIAIS:

Você será redirecionado

para a página onde constam

os seus **materiais**

4

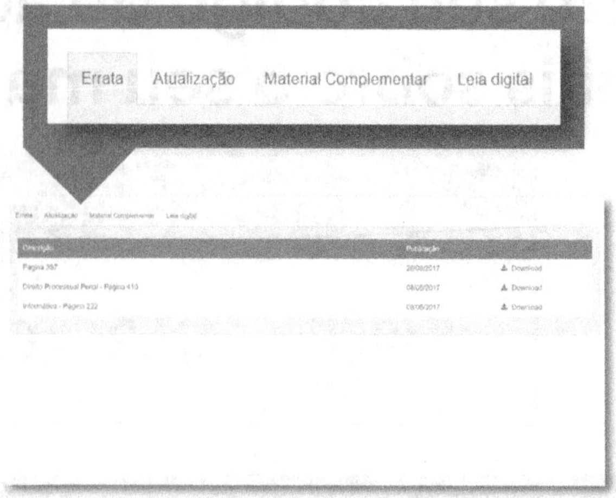

CLIQUE:

Nessa tela você terá acesso as erratas, atualizações, material complementar e o leia digital.

5

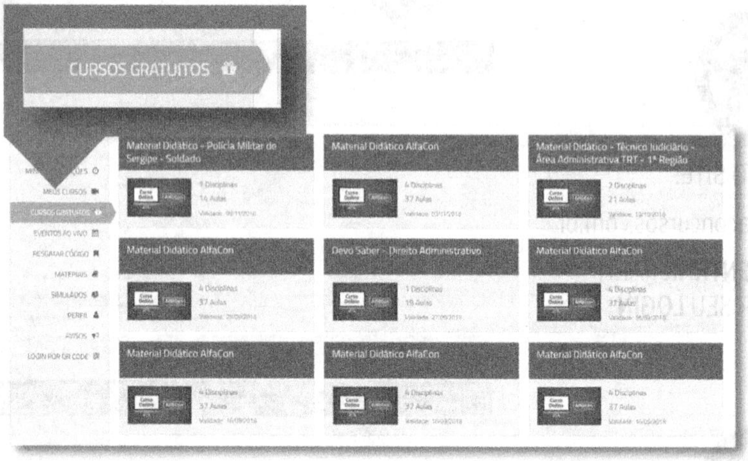

Navegue:

Nessa tela você também terá aesso ao conteúdo gratuito disponibilizado no material.

CÓDIGO DE ACESSO

MPCE AIABCACA RESGATAR

Pronto!

Agora é só aproveitar todo o conteúdo impresso e digital que SÓ o AlfaCon proporciona para você!

Impresso por

META

www.metabrasil.com.br